P. Lépine

DICTIONNAIRE
français-anglais
anglais-français

des

termes médicaux
et biologiques

2ᵉ édition préparée par :

Pierre LÉPINE, Professeur honoraire à l'Institut Pasteur, Membre de l'Académie des Sciences, Membre de l'Académie Nationale de Médecine

et

Philip R. PEACOCK, Ancien Directeur du Département de Recherche, Royal Beatson Memorial Hospital, Glasgow

PRÉFACE du Professeur Armand FRAPPIER, Montréal, CC, OBE, MD

FLAMMARION MÉDECINE-SCIENCES
20, Rue de Vaugirard - 75006 PARIS

P. Lépine

DICTIONARY

french - english
english - french

of

medical and
biological terms

2nd edition, edited by :

Pierre LÉPINE, Professor (emerit.) Pasteur Institute (Paris), Member of the Academy of Sciences, Member of the National Academy of Medicine

and

Philip R. PEACOCK, Late Director of the Department of Cancer Research, Royal Beatson Memorial Hospital, Glasgow

PREFACE of Professor Armand **FRAPPIER**, Montreal, CC, OBE, MD

FLAMMARION MÉDECINE-SCIENCES
20, Rue de Vaugirard - 75006 PARIS

I.S.B.N. 2-257-05982-4.

Library of Congress Catalog Card Number 73-91184.

Printed in France.

PRÉFACE

Un ouvrage comme le *Dictionnaire Français-Anglais, Anglais-Français des Termes Médicaux et Biologiques,* que publient le Professeur P. Lépine et le Docteur P. R. Peacock, a partout sa place dans le monde médical et biologique. Rappelons que les publications dans les langues anglaise ou française réunissent à elles seules plus des 9/10 de la littérature médicale occidentale.

Mais le besoin d'un tel dictionnaire paraît encore plus essentiel dans les pays bilingues, comme le Canada, ou dans tout pays qui favorise des échanges scientifiques, professionnels ou commerciaux. Dans l'exercice de ces communications, il est indispensable de pouvoir utiliser correctement l'une ou l'autre des langues courantes de la médecine et de la biologie.

Les professionnels de la santé et les scientifiques de la biologie, de même que les traducteurs des services gouvernementaux et des maisons industrielles ou commerciales, sont constamment à la recherche de la juste terminologie. La première édition du Dictionnaire leur a apporté une aide précieuse, mais cette édition a été vite épuisée. Aussi, la seconde édition est-elle attendue avec grand intérêt, particulièrement par ceux qui, de plus en plus nombreux dans les pays anglophones, francophones ou bilingues, acquièrent une double culture médicale et vont jusqu'à en incarner pour ainsi dire, une synthèse. Je pense également à ces étudiants post-scolaires et à ces professeurs accomplissant une année sabbatique ou un stage d'observation dans des cliniques ou des laboratoires de langue différente de la leur avec lesquels par la suite s'établissent presque toujours des relations, des échanges ou une collaboration réciproques. Alors, à un moment ou l'autre, s'impose le recours à un Dictionnaire comme celui-ci.

D'autre part, on remarque depuis déjà plusieurs années, que les consommateurs de littérature médicale ou biologique, distribuée par les agences gouvernementales, les industries, les commerçants, de même que les traducteurs en simultané et les participants aux congrès, réalisent de plus en plus la nécessité d'utiliser correctement la langue anglaise et la langue française de façon à donner à chaque mot ou terme son correspondant exact dans l'autre langue. Le présent Dictionnaire va beaucoup plus loin qu'une simple traduction, car il ajoute une courte définition qui fixe la précision du terme.

Cette nouvelle édition comble aussi le désir des éditeurs et des correcteurs d'épreuves de journaux scientifiques ou profanes qui publient des articles ou des résumés d'articles de nature médicale ou biologique en anglais et en français.

La présentation de cette édition du Dictionnaire Lépine et Peacock est améliorée et le nombre des mots considérablement augmenté.

Je n'ai rien dit encore de la compétence et du savoir reconnus des auteurs. Il va sans dire qu'ils maîtrisent à volonté l'une ou l'autre langue. Le Professeur Lépine, éminent virologiste, membre de l'Institut de France, a parcouru le monde depuis un demi-siècle comme professeur et conférencier recherché. Sa vaste culture scientifique et littéraire n'a pas peu contribué à la perfection du Dictionnaire. Le Docteur Peacock, cancérologue et anatomo-pathologiste, et par le fait même, habitué à la précision des termes, jouit d'une grande renommée dans le domaine de la recherche cancérologique et de la lutte contre le cancer. Pendant 38 ans Directeur du Département de Recherche au Royal Beatson Memorial Hospital et autrefois Trésorier de l'Union Internationale contre le Cancer, il possède une culture médicale et scientifique étendue ainsi qu'une longue expérience de la littérature médicale française.

Pendant près de 10 ans, le Professeur Lépine est venu au Canada comme professeur invité à l'Université de Montréal et à l'Institut de Microbiologie et d'Hygiène de Montréal, et comme conférencier devant divers auditoires médicaux et scientifiques du pays. Tous ont pu constater avec quel soin il exprimait sa pensée en utilisant dans l'une ou l'autre langue, anglaise ou française, les mots propres, sans jamais se faire prendre en défaut. Grand ami des Canadiens, particulièrement de la gent médicale et scientifique, le Professeur Lépine leur rend un service signalé en rééditant son Dictionnaire.

Au nom de tous ceux qui, chaque jour, sont aux prises avec la terminologie médicale ou biologique, française ou anglaise, je me fais un devoir de remercier Messieurs les Professeur Lépine et Docteur Peacock de l'effort considérable qu'ils se sont imposé pour rééditer ce Dictionnaire et le perfectionner. C'est un volume que l'on doit trouver, non seulement dans les bibliothèques, mais aussi sur le bureau de travail de chacun. Je suis certain que cette nouvelle édition mérite un très grand succès.

Armand FRAPPIER, CC, OBE, MD,
Membre de la Société Royale du Canada
Membre correspondant de l'Académie
Nationale de Médecine (France).

PREFACE

A work such as the new edition of the *French-English, English-French Dictionary of Medical and Biological Terms,* edited by Professor P. Lépine and Doctor P. R. Peacock, will find a welcome place in the world of Medicine and Biology. Let us remember that publications in English or French constitute over 9/10th of the scientific literature of the western world.

The need for such a dictionary is particularly evident in a bilingual country, like Canada, and in all countries which encourage professional, scientific and commercial exchanges, and where the correct use of medical and biological terms is essential.

Members of health services, scientists and biologists as well as translators in government departments and in industrial and commercial organizations are constantly in need of precise terminology. The first edition was a valuable aid to such people, but it was soon out of print and stocks were exhausted. Moreover, the second edition is awaited with great interest, particularly by those who, in ever increasing numbers, in predominently English of French speaking or bilingual communities are acquiring what amounts to a synthesis of two cultures in medical and scientific circles. I think also of post graduate students, of visiting Professors and scientists passing sabbatical years, or holding temporary posts in clinics or laboratories where the language may be unfamiliar at first, but this almost always lead to reciprocal exchanges and often to lasting collaboration and from time to time necessitates recourse to a dictionary such as this.

On the other hand one has been aware, for some time past, that the recipients of medical and biological literature, distributed by governmental agencies or by industrial or commercial organizations, as well as the simultaneous translators and the participants at international conferences, realize the necessity for precise and authoritative translation, both of words and phrases, to convey the correct meaning in the other language. The present dictionary goes well beyond simple translation, as it includes short definitions wherever this is needed for precise interpretation.

The new edition also meets the needs of editors and of proof readers of scientific journals, and of others who publish articles or summaries of medical and biological papers in English or French.

The format of the new edition has been improved and many new words have been added.

So far I have said nothing about the competence and reputation of the authors. It goes without saying that they are masters of both languages. Professor Lépine, eminent virologist, member of the Institute of France has travelled the world for half a century as a visiting professor and much sought after as lecturer at conferences. His vast scientific and literary culture has contributed much to the perfection of this dictionary. Doctor Peacock, a founder Fellow of the Royal College of Pathologists, for 38 years Director of Research at the Royal Beatson Memorial Hospital, erstwhile honorary Treasurer of the International Union against Cancer, is well known for his contributions in the field of Cancer Research. He is equally familiar with English and French medical and scientific literature.

For almost 10 years Professor Lépine has visited Canada at the invitation of the University of Montreal and of the Institute of Microbiology and Hygiene of Montreal and has given conferences before many medical and scientific audiences in that country. His audiences have appreciated the facility with which he can speak in English or French and have never found him at a loss for the right word in either language. A great friend of Canadians, and particularly of the medical and scientific community, Professor Lépine has rendered them a signal service in re-editing his dictionary.

In the name of all who have to wrestle daily with English and French medical and biological terminology, it is my pleasant duty to thank Professor Lépine and Doctor Peacock for the great effort they have made to re-edit and improve this dictionary. It is a volume that should find a place, not only in libraries, but in all our studies and consulting rooms. I am sure that the new edition deserves a great success.

Armand FRAPPIER, CC, OBE, MD,
Membre de la Société Royale du Canada
Membre correspondant de l'Académie
Nationale de Médecine (France).

AVERTISSEMENT AUX LECTEURS

La première édition (1952) de ce dictionnaire a connu un succès qui devait en peu d'années rendre inévitable la préparation d'une édition nouvelle. Mais au fur et à mesure que s'écoulaient les mois, et alors même que la première édition déjà épuisée en soulignait l'urgence, la tâche apparaissait de plus en plus ardue, particulièrement dans les domaines des antibiotiques, de la génétique, de la biologie moléculaire, de l'immunologie, sans parler des branches spécialisées comme la virologie, la culture des tissus ou les transplantations des organes, qui s'accompagnaient d'un flot de néologismes (à l'étymologie au moins inattendue comme laser ou arbovirus), termes ou abréviations (par ex. : OMS = WHO) que l'on ne pouvait songer à exclure du dictionnaire. Mais il était impossible d'autre part, de ne pas limiter d'une façon ou d'une autre le vocabulaire recueilli dans ses pages sans risquer de gonfler démesurément un livre qui doit rester avant tout un instrument de travail, visant à la précision plus qu'à l'érudition.

C'est pourquoi d'un commun accord entre le responsable de l'œuvre originale (P.L.) désormais secondé dans son travail de révision par un collègue britannique (P.R.P.), il fut décidé de commencer par élaguer le texte primitif en supprimant un certain nombre de mots peu usuels ou tombés en désuétude, ne retenant que ceux qui auraient de nos jours quelques chances de figurer dans la littérature médicale. L'introduction des mots nouveaux présentait d'autres problèmes : il a fallu renoncer à faire figurer les abréviations, hors les plus courantes, les noms chimiques ou de spécialités des préparations pharmaceutiques (pour lesquelles l'Organisation Mondiale de la Santé publie des listes très complètes) et limiter les termes synonymes aux plus usuels en veillant à donner ceux qui diffèrent dans les deux langues (comme : Maladie de Basedow et Graves' disease, pour : goitre exophtalmique).

Une traduction n'est claire que si elle rend sans ambiguïté la pensée de l'auteur. C'est pourquoi nous avons maintenu les courtes définitions données des mots traduits, sauf lorsque le même terme figure dans les deux langues avec la même acception (par ex. : abdomen) ou que la traduction ne laisse place à aucune hésitation (par ex. : hand : main).

Ainsi, dans notre pensée, ce dictionnaire doit-il servir aussi bien au lecteur qui cherche le sens précis d'un terme qui lui est étranger qu'à celui qui, rédigeant ou préparant un texte dans la langue qui lui est moins familière, ne doit pas être trahi par l'inexactitude des mots.

L'usage d'une même langue en Angleterre et en Amérique du Nord ne va pas sans causer quelques difficultés tenant surtout à des différences dans l'orthographe (par ex. : edema ou oedema), nous les avons fait figurer deux fois dans l'ordre alphabétique (en renvoyant parfois de l'un à l'autre). Lorsque la différence porte sur le corps du mot (par ex. : anemia et anaemia; celomic ou coelomic), les deux orthographes sont données concurremment. Enfin, pour éviter des répétitions nous avons supprimé des mots composés (hypo..., hyper...) lorsque la référence au mot principal ne laissait pas de doute sur le sens du mot composé.

Nous sommes pleinement conscients de ce que malgré tous nos efforts et un travail poursuivi en commun pendant plus de cinq années, nous avons encore omis des mots qui méritaient d'être inclus et maintenu d'autres qui pouvaient être abandonnés. Nous espérons que plusieurs lectures successives auront réduit les inévitables erreurs typographiques et que les lecteurs tireront profit de ce dictionnaire.

Il nous est agréable de remercier toutes les collaborations qui ont facilité notre tâche. Nous ne pouvons énumérer tous nos correspondants, mais il serait injuste de ne pas mentionner plus particulièrement le Dr M. Longson, de Manchester, qui a bien voulu nous faire bénéficier de ses conseils, et Mme H. Train qui a assumé avec un constant dévouement la tâche ingrate du secrétariat de cette entreprise, à laquelle les Editions Médicales et Scientifiques Flammarion ont bien voulu apporter tous leurs soins.

Qu'ils trouvent ici l'expression de notre gratitude.

Pierre Lépine,
Membre de l'Académie des Sciences
et de l'Académie Nationale de Médecine.

Philip R. Peacock,
M. B., B. S., F. R. C. P. (Glas.),
F. R. C. Path., hon. M. D. (Perugia).

NOTICE TO READERS

The first edition of this dictionary was sold out within a few years of its publication in 1952. As time passed the preparation of a second edition became inevitable; but the task became more and more formidable.

The rapid advances, in the last twenty years, in all fields of medicine and biology and related sciences, particularly in antibiotics, genetics, molecular biology, immunology, tissue and organ culture and transplantation and virology, have been accompanied by a flood of new words (often of bewildering etymology; e.g. Laser, Arbovirus) and abbreviations (e.g. WHO : OMS) now in common use, that must be included in the new edition. On the other hand there had to be some restriction in the total number of words, if the dictionary were to be kept within reasonable bounds, while preserving its essential role as a working instrument.

For such reasons the original author (P.L.) decided to invite an English colleague (P.R.P.) to participate in the preparation of the second edition. It is easier to translate into one's own than into a foreign language; so we agreed to revise the two main sections on this plan and to exchange our texts for co-ordination and correction. We decided to eliminate some obsolete or rarely used words (e.g. pancreatoncus) that appeared in the first edition, and may still be found in medical dictionaries in both languages; to restrict the use of initials to those in general use (e.g. DNA = ADN); to avoid eponymic names for diseases, except for those that are almost universally employed (e.g. Hodgkin's disease; Charcot's joint, etc.) or where different names are currently used to describe a common disease (e.g. Graves' disease : Maladie de Basedow) for exophthalmic goitre (UK) or goiter (USA). In general, the names of proprietary medecines (of which WHO publishes very detailed lists) have been excluded.

To be of value a translation must express the author's meaning without ambiguity. Where a word has precisely the same spelling, pronunciation and meaning in the two languages (e.g. abdomen), no explanation is needed ; the same applies where there are only very minor differences in spelling and/or pronunciation for a word of the same meaning (e.g. laparotomy : laparotomie); or where, though the words are quite different (e.g. hand : main) the meaning is quite clear. Unfortunately, however, many words of identical spelling and/or pronunciation have alternative translations which could easily cause confusion (e.g. douche, injection, etc.) and in all such cases we have given a brief definition of the relevant meaning in each language. Thus we hope that this dictionary will serve all who consult it, whether in search of the precise meaning of a foreign word, or in the course of writing a text in the language that is less familiar than his own.

Differences in orthography of the English language in Great Britain and in North America and some other parts of the world, present a special problem, particularly in the English-French section and to the French speaking reader, who may encounter. « edema » or « oedema » in journals published in UK or USA or Canada. We therefore decided to included both spellings in alphabetical sequence sometimes with cross-references; though this adds words to the total it should make life easier for the reader. Where differences are in the body of the word (e.g. anaemia or anemia;

celomic or coelomic) we have given the alternatives in alphabetic order, with strict impartiality.

Some space has been saved by omitting composite words with suffixes (hyper-, hypo-, etc.) where there is no confusion about the meaning of the principal part of the word in either language.

Nevertheless, we are well aware that despite our common effort during over five years and mostly at long range, we must have omitted some words that others would have included and retained some that might have been omitted.

We hope that we have corrected most, if not all, of the typographical errors that always creep in somehow in preparing the text, and that readers will find the dictionary useful and adequate to their needs.

It is a pleasure to thank all who have contributed to the work; naturally we cannot name them all, but we should like to thank Dr. M. Longson (Manchester) whose advice on some problems of translation was much appreciated, and Mrs. H. Train who undertook much of the thankless secretarial work, and the staff of Editions Médicales et Scientifiques Flammarion who put all their resources at our disposal; to all of them we express our gratitude.

Pierre LÉPINE,
Membre de l'Académie des Sciences
et de l'Académie Nationale de Médecine.

Philip R. PEACOCK,
M. B., B. S., F. R. C. P. (Glas.),
F. R. C. Path., hon. M. D. (Perugia).

LISTE DES ABRÉVIATIONS

CHART OF THE ABBREVIATIONS

a.	artère	arteria, artery
acoust.	acoustique	acoustics
adj.	adjectif	adjective
adv.	adverbe	adverb
all.	allemand	german
anat.	anatomie	anatomy
anesthesiol.	anesthésiologie	anesthesiology
angl.	anglais	english
anthrop.	anthropologie	anthropology
auscult.	auscultation	auscultation
bacter.	bactériologie	bacteriology
biochem., biochim.	biochimie	biochemistry
biol.	biologie	biology
bot.	botanique	botany
cardiol.	cardiologie	cardiology
cf.	voyez	see
chem., chim.	chimie	chemistry
chir.	chirurgie	surgery
crimin.	criminologie	criminology
cytol.	cytologie	cytology
derm.	dermatologie	dermatology
e.g.	exemple	example
electr.	électricité	electricity
embryol.	embryologie	embryology
entomol.	entomologie	entomology
enzymol.	enzymologie	enzymology
esp.	espagnol	spanish
ex.	exemple	example
except.	exceptionnellement	exceptionally
fr.	français	french
G.B.	Grande-Bretagne	Great-Britain
gastroenter.	gastro-entérologie	gastroenterology
genet.	génétique	genetics
germ.	allemand	german
gr.	grec	greek
hematol.	hématologie	hematology
histol.	histologie	histology
ichtyol.	ichtyologie	ichthyology
i.e	id est, c'est-à-dire	i.e (id est)
immunol.	immunologie	immunology
impr.	impropre, improprement	improper, improperly
inus.	inusité	not in use, obsolete
ital.	italien	italian
jap.	japonais	japanese

lab.	laboratoire	laboratory
lat.	latin	latin
math.	mathématiques	mathematics
med.	médecine	medicine
milit.	militaire	military
micr.	microbiologie	microbiology
morph.	morphologie	morphology
neurol.	neurologie	neurology
obs.	désuet, inusité	obsolete
obstet.	obstétrique	obstetrics
odont.	odontologie	odontology, dentistry
ophtal., ophthal.	ophtalmologie	ophthalmology
opt.	optique	optics
orn.	ornithologie	ornithology
p. pas.	participe passé	past participle
path.	pathologie	pathology
pharm.	pharmacie	pharmacy
phot.	photographie	photography
phys.	physique	physics
physiol.	physiologie	physiology
pl., plur.	pluriel	plural
pneumol.	pneumologie	pneumology
psych.	psychiatrie	psychiatry
psychanal.	psychanalyse	psychanalysis
q.q.f.	quelquefois	sometimes
q.v.	quod vide	quod vide
radiol.	radiologie	radiology
radiobiol.	radiobiologie	radiobiology
rept.	reptile	reptile
serol.	sérologie	serology
s.f.	substantif féminin	feminine substantive
s.m.	substantif masculin	masculine substantive
span.	espagnol	spanish
stom.	stomatologie	stomatology
surg.	chirurgie	surgery
syn.	synonyme	synonyme
techn.	technique, technologie	technique, technology
therap.	thérapeutique	therapy
toxicol.	toxicologie	toxicology
traumatol.	traumatologie	traumatology
urol.	urologie	urology
U.K.	Royaume Uni	United Kingdom
U.S.	U.S.A., américain	american
v.	verbe	verb
vernac.	vernaculaire, familier	vernacular
veter.	vétérinaire	veterinary
virol.	virologie	virology
zool.	zoologie	zoology

FRANÇAIS - ANGLAIS

A

aa : aa, symbol meaning ana : of each (*pharm.*).

abactériémique, *adj.* : abacteraemic, abacteremic.

abactérien, *adj.* : abacterial.

Abadie (signe d') : Abadie's symptom (analgesia of tendo Achillis upon pressure).

abaisse-langue, *s. m.* : tongue-depressor.

abaque, *s. m.* : chart, graph, table.

abarticulaire, *adj.* : abarticular.

abasie, *s. f.* : abasia; **astasie -** : abasia astasia; **- ataxique** : ataxic abasia **- paralytique des membres inférieurs** : paroxymal trepidant *or* spastic abasia; **- due à un tremblement des membres inférieurs** : trembling abasia, abasia trepidans.

abasique, *adj.* : abasic.

abattement, *s. m.* : rapid diminution of physical and mental power; minor depression.

abcédé, *adj.* : accompanied by abscesses; purulent.

abcedographie, *s. f.* : definition of abscesses by radiographic, xerographic ultrasonic *or* other techniques.

abcès, *s. m.* : abscess.

Abderhalden (réaction d') : Abderhalden's reaction *or* test.

abdomen, *s. m.* : abdomen.

abdominal, *adj.* : abdominal, abdominous.

abdominocardiaque (réflexe) : abdominocardiac reflex.

abducteur, *s. m.* : abductor; *cf.,* **muscle.**

abduction, *s. f.* : abduction.

aberrant, *adj.* : aberrant.

aberration, *s. f.* : aberration, aberratio (*lat.*).

aberromètre, *s. m.* : aberrometer (instrument for measuring optical aberration).

abêtalipoprotéinémie, *s. f.* : abetalipoproteinemia.

abiogenèse, *s. f.* : abiogenesis (production of life from matter not alive), spontaneous generation.

abiorexie, *s. f.* : abiorexia; mental anorexia.

abiose, *s. f.* : abiosis, absence of life.

abiotique, *adj.* : abiotic (opposed to, incapable of, incompatible with life).

abiotrophie, *s. f.* : abiotrophy (degeneration *or* decay due to defective vital endurance).

ablactation, *s. f.* : 1. ablactation (cessation of lactation, said of the mother); 2. weaning (of the infant).

ablation, *s. f.* : ablation (removal of a part by excision, amputation, etc.).

ablépharie, *s. f.* : ablepharia (total *or* partial absence of eyelids).

ablépharique, *adj.* : ablepharous, without eyelids.

ablution, *s. f.* : ablution, washing, separation of chemical impurities by washing; **faire ses -** : to perform one's ablutions.

abolition, *s. f.* : abolition, destruction, cessation, suspension (as a function).

aboiement, *s. m.* : barking cough.

abortif, *s. m., adj.* : abortive, abortient, abortifacient (drug); **manœuvres abortives** : procuring of abortion.

abouchement, *s. m.* : inosculation, inosculosis, anastomosis.

aboulie, *s. f.* : abulia (lack *or* defect of willpower).

abou-moukmouk, *s. m.* : central African name for alastrim.

Abrahams (signe d') : Abrahams' sign (1. dull percussion note over the acromion process in early apical tuberculosis; 2. painful pressure point between umbilicus and right ninth costal cartilage in vesicular lithiasis).

Abrams (réflexes d') : 1. reflex movement of lung on stimulation of overlying chest wall; 2. reduction of heart volume on stimulating the skin, *or* nasal mucosa.

abréaction, *s. f.* : abreaction, catharsis (emotional reaction resulting from recall of the original psychic trauma).

abrine, *s. f.* : abrin (poisonous principle of jequirity).

abruption, *s. f.* : transverse fracture.

absence, *s. f.* : absence; **- de mémoire** : lapse of memory, temporary amnesia.

absinthisme, *s. m.* : absinthism.

absorbant, *s. m.* : absorbent; *adj.* : absorbent, absorbefacient.

absorptif, *adj.* : absorptive, having the power of absorption.

absorptiomètre, *s. m.* : absorptiometer *(chem.)*.

absorption, *s. f.* : absorption.

abstème, *s. m.* : teetotaller.

abstergent, *s. m., adj.* : abstergent (cleansing agent; cleansing detergent).

abstersif, *s. m., adj.* : abstergent.

abstersion, *s. f.* : abstertion (act or process of cleansing).

abstinence, *s. f.* : abstinence (voluntary abstention from certain foods, drinks or sexual intercourse).

abstraction, *s. f.* : abstraction.

Abt-Letterer-Siwe (maladie d') : Abt-Letterer-Siwe's disease, Letterer-Siwe's disease (a type of generalized xanthomatosis).

acalculie, *s. f.* : acalculia.

acanthocéphale, *s. m.* : acanthocephalus (nematode worm); **infestation par des -** : acanthocephaliasis.

acanthocytose, *s. f.* : acanthocytosis.

acantholyse, *s. f.* : acantholysis (atrophy of the prickle-cell layer of the skin).

acanthome, *s. m.* : acanthoma (tumor in the prickle-cell layer of the skin).

acanthopelvis, *s. m.* : acanthopelvis, acanthopelyx (pelvis that is encroached upon by exostoses).

acanthose, *s. f.* : acanthosis (any disease of the prickle-cell layer of the skin).

acanthosis nigricans : acanthosis nigricans (general pigmentation of the skin with papillary growths).

acapnie, *s. f.* : acapnia (decrease of carbon dioxide in the blood).

acardiaque, *s. m., adj.* : acardiac (fetus without heart; having no heart).

acardie, *s. f.* : acardia (congenital absence of the heart).

acare, *s. m.* : acarid, acaridan, acarus, mite, itchmite.

acaricide, *s. m.* : acaricide.

acariose, *s. f.* : acariasis, acaridiasis, acarinosis.

acaridermatite, *s. f.* : acarodermatitis (dermatitis caused by mites).

acatalepsie, *s. f.* : acatalepsy (1. lack of understanding; 2. uncertain diagnosis).

acataphasie, *s. f.* : acataphasia (inability to speak in an orderly manner).

acathectique, *adj.* : acathectic, incontinent; **état -** : acathexia, incontinence.

acathésie, acathisie ou **akathisie,** *s. f.* : acathisia, akathisia (inability to sit down).

acathexie, *s. f.* : acathexia, incontinence.

acaudé, *adj.* : acaudate, acaudal, tailless.

acaulinose, *s. f.* : acaulinosis (mycotic dermatitis).

accablement, *s. m.* : 1. exhaustion, physical or mental; 2. profound depression.

accalmie traîtresse : deceptive lull in symptoms, e.g. in acute suppurative peritonitis.

accélérine, *s. f.* : accelerator factor (Owren's factor VI) the sixth essential factor in the formation of blood clot.

accélérinémie, *s. f.* : accelerinaemia, accelerinemia.

accepteur d'hydrogène : hydrogen acceptor.

accès, *s. m.* : attack, fit, outburst; **- de faiblesse** : fainting fit; **- de fièvre** : feverish attacks; **- de folie** : fit of madness; **- de goutte** : gouty attacks.

accident du travail : industrial or occupational injury.

accidenté, *s. m.* : casualty.

acclimatation, *s. f.* : acclimatation, acclimatization.

acclimatement, *s. m.* : adaptation to a new climate.

acclimater, *v.* : to acclimatise; **s' -** : to become acclimatized.

accommodation, *s. f.* : accommodation *(obstet., ophthal.)*.

accouchée, *s. f.* : woman who has been confined, woman in childbed; **salle des -** : maternity ward.

accouchement, *s. m.* : delivery, confinement, labour, lying-in, bringing forth (of a child); **centre d' -** : maternity center; **faire un -** : to deliver, to attend a confinement; **pratique des -** : midwifery; **- prématuré** : premature delivery, premature birth.

accoucher, *v.* : to deliver *(obstet.)*.

accoucheur, *s. m.* : specialist in midwifery, obstetrician.

accoucheuse, *s. f.* : midwife.

accouplement, *s. m.* : coitus, copulation, pairing, mating, coupling.

accoupler, *v.* : to mate.

accoutumance, *s. f.* : habituation.

accroissement, *s. f.* : growth, raising.

accroupissement, *s. m.* : squatting.

accusé, *adj.* : marked, considerable, pronounced.

acénesthésie, *s. f.* : acenesthesia (loss of sense of well being).

acentrique, *adj.* : acentric (said of a chromosome lacking a centromere).

acéphale, *s. m.* : 1. acephalan *(zool.)*; 2. acephalus, headless monster; *adj.* : acephalous, headless.

acéphalie, *s. f.* : acephalia (absence of head or part of the head).

acéphalocyste, *s. m.* : acephalocyst.

acervule, *s. m.* : acervulus, acervulus cerebris, brain sand (concretionary matter near the base of the pineal gland).

acétabule or **acétabulum,** *s. m.* : acetabulum, cotyloid cavity.

acétaldéhyde, *s. f.* : acetaldehyde.

acétate, *s. m.* : acetate.

acétobacter, *s. m.* : acetobacter.

acétonémique, *adj.* : acetonemic.

Achard-Thiers (syndrome d') : Achard-Thiers' syndrome, diabetes in hirsute women.

achéilie, achélie ou **achilie,** s. f. : achilia (congenital absence of one or both lips).

achéirie ou **achirie,** s. f. : acheiria (congenital absence of one or both hands).

Achille (tendon d') : Achille's tendon, tendo Achillis, tendo calcaneus; **bursite du tendon d' -** : achillobursitis; **suture du tendon d' -** : achillorrhaphy.

achillodynie, s. f. : achilodynia (pain referred to the insertion of the Achille's tendon).

achillorraphie, s. f. : achillorrhaphy (suturing ruptured Achille's tendon).

achirie, s. f. : 1. acheiria (absence of hands); 2. allocheiria (sensation referred to the opposite side).

achillodynie, s. f. : achillodynia.

achlorydrique, adj. : achlorhydric (devoid of hydrochloric acid).

achlorhydropepsie, s. f. : achlorhydropepsia.

achloropsie ou **achloroblepsie,** s. f. : achloropsia (blindness to green colors).

achoasme, s. m. : achoasma, auditive hallucinations, acoasma, acousma.

acholie, s. f. : acholia (absence of bile secretion).

acholurie, s. f. : acholuria (absence of biliary pigments in urine).

acholurique, adj. : acholuric.

achondroplasie, s. f. : achondroplasia, achondroplasty.

achorese, s. f. : achoresis, stenochoria, stenosis (constriction or diminution of lumen of a viscus).

achorion, s. m. : achorion (genus of fungal organisms causing favus).

achroiocythémie, s. f. : achroiocythemia (deficiency of hemoglobin in red corpuscles).

achromacyte, s. m. : achromacyte, achromatocyte (decolorized erythrocyte).

achromasie, s. f. : achromasia; absence of color in the body, cachectic pallor, inability of a cell to take or retain stains.

achromate, s., adj. : achromate.

achromatine, s. f. : achromatin (ground substance of the nucleus of a cell, so called because it is not readily stained).

achromatique, adj. : achromatic, colorless.

achromatisme, s. m. : achromatism (1. absence of chromatic aberration; 2. absence of color).

achromatophile, adj. : acromatophil.

achromatopsie, s. f. : achromatopsia, color blindness, daltonism.

achromaturie, s. f. : achromaturia (colorless state of urine).

achrome, adj. : achromatous, achromic.

achromie, s. f. : achromia, absence of color, albinism.

achromique, adj. : achromic, colorless.

achromodermie, s. f. : achromodermia (albinotic or colorless state of the skin).

achromycine, s. f. : achromycin.

achrooglycogénurie, s. f. : achrooglycogenuria.

achylie gastrique : achylia gastrica, achylosis, total absence of gastric juice.

achymose, s. f. : achymia, achymosis (deficiency of chyme).

aciculaire, adj. : acicular, needle-shaped.

acide, s. m. : acid; **- gras** : fatty acid; **- gras libre** : free fatty acid.

acidifiable, adj. : acidifiable.

acidification, s. f. : acidification.

acidimètre, s. m. : acidimeter; pH meter.

acidimétrie, s. f. : acidimetry.

acidité, s. f. : acidity.

acido-aminurie, s. f. : acidaminuria (excess of amino-acids in urine).

acido-cétose, s. f. : acido-ketosis.

acidogène, adj. : acidogenic.

acidogenèse, s. f. : acid formation.

acidophile, adj. : acidophil, acidophilic (1. easily stained with acid dyes; 2. growing best on acid media).

acidophilisme, s. m. : acidophilism.

acido-résistant, adj. : acid-fast, acid-proof.

acidose, s. f. : acidosis, acid intoxication.

acidose rénale : renal acidosis.

acidose rénale hyperchlorémique : hyperchloraemic acidosis.

acidosique, adj. : acidosic (affected by acidosis); acidotic (pertaining to acidosis).

acidulé, adj. : acidulated.

acidurie, s. f. : excess of acide in urine.

acinésie ou **akinésie,** s. f. : acinesia, akinesia (loss of power of motion).

acinesthésie ou **akinesthésie,** s. f. : acinesthesia, akinesthesia (loss of proprioception).

acinétique, adj. : acinetic, akinetic (as in petit mal attacks).

acineux, adj. : acinous, acinose (relating to acinus resembling a grape).

aciniforme, adj. : aciniform, grape-like.

acinus, s. m. : acinus, plur. acini.

aclasie, s. f. : aclasia, aclasis.

aclastique, adj. : aclastic, non-refringent.

acmé, s. f. : acme, climax (lat.).

acné, s. f. : acne; **- rosacée** : acne rosacea, bacchia.

acnéiforme, adj. : acneiform.

acnitis, s. f. : acnitis (1. folliculitis; 2. acne agminata).

aconit, s. m. : aconite.

aconitine, s. f. : aconitine.

acorée ou **acorie,** s. f. : acorea (absence of pupil).

acorticisme, s. m. : syndrome of adrenocortical insufficiency.

acoumétrie, *s. f.* : acoumetry, testing acuteness of hearing.

acouphène, *s. m.* : tinnitus.

acousmatognosie, *s. f.* : acousmatognosis (inability to recognize sounds due to mental disorder [*psych.*]).

acoustique, *s. f.* : acoustics; *adj.* : acoustic; **sensibilité -** : acouesthesia (sense of hearing); **acoustique (appareil** *ou* **prothèse)** : hearing aid.

acquis, *adj.* : acquired.

acrânien, *s. m.* : acranius (monster without skull).

âcre, *adj.* : acrid.

acriflavine, *s. f.* : acriflavin, acriflavine.

acritique, *adj.* : acritical, having no crisis.

acroagnosie, *s. f.* : acroagnosis (lack of sensory recognition of a limb).

acroasphyxie, *s. f.* : acroasphyxia, early symptom of Raynaud's disease.

acrobrachycéphalie, *s. f.* : acrobrachycephaly, shortening of anteroposterior diameter of skull.

acrocéphalie, *s. f.* : achrocephalia (pointed deformity of the skull).

acrocéphalosyndactylie, *s. f.* : acrocephalosyndactyly, Apert's syndrome.

acrochordon, *s. m.* : acrochordon, pedunculated wart.

acrocinésie, *s. f.* : acrocinesis (abnormal mobility of limbs).

acrocontracture, *s. f.* : acrocontracture, contracture of hand *or* foot.

acrocyanose, *s. f.* : acrocyanosis (cyanosis of the hands and feet).

acrodermatite, *s. f.* : acrodermatitis (inflammation of the skin of an extremity).

acrodynie, *s. f.* : acrodynia; **- infantile** : pink disease.

acroérythrose, *s. f.* : acroerythrosis, redness of the extremities due to vasodilatation.

acrogéria, *s. f.* : acrogeria, premature aging of the skin of the extremities.

acrokératome, *s. m.* : palmoplantar keratosis.

acrokératose verruciforme : acrokeratosis verruciformis.

acrokormique (rapport) : ratio of the volume of the head and limbs to that of the trunk.

acroléine, *s. f.* : acrolein.

acromacrie, *s. f.* : acromacria, arachnodactylia, arachnodactyly.

acromégale, *adj. et s. m.* : acromegalic.

acromégalie, *s. f.* : acromegalia, acromegaly.

acromégalique, *adj.* : acromegalic.

acromégalo-gigantisme, *s. m.* : acromegalic-gigantism.

acromélalgie, *s. f.* : acromelalgia, erythromelalgia.

acrométagenèse, *s. f.* : acrometagenesis, abnormal symetrical overgrowth of the extremities.

acromial, *adj.* : acromial.

acromicrie, *s. f.* : acromicria (abnormal smallness of the extremities).

acromio-huméral, *adj.* : acromiohumeral.

acromion, *s. m.* : acromion.

acromionite, *s. f.* : acromionitis, osteomyelitis of the acromion process.

acromio-thoracique, *adj.* : acromiothoracic.

acronécrose, *s. f.* : acronecrosis, top necrosis (potato virus).

acroneurose, *s. f.* : acroneurosis, neurosis of extremities.

acro-ostéolyse, *s. f.* : osteolysis of the extremities.

acropachydermie, *s. f.* : acropachyderma (thickening of the skin of the face and extremities).

acroparesthésie, *s. f.* : acroparesthesia (1. abnormal *or* perverted sensation in the extremities; 2. extreme *or* confirmed paresthesia).

acropathie, *s. f.* : acropathy (any disease of the extremities).

acropète, *adj.* : acropetal.

acrophobie, *s. f.* : acrophobia (morbid dread of being at a great height).

acroplastique (formule) : formula for precise description of the hands and feet.

acropolyarthrite, *s. f.* : polyarthritis of the hands and feet.

acroposthite, *s. f.* : acroposthitis (inflammation of the prepuce).

acrosarcomatose de Kaposi : Kaposi's sarcoma originating in the skin of the extremities.

acrosclérose, *s. f.* : acrosclerosis.

acrosome, *s. m.* : acrosome (extreme anterior end of spermatozoon).

acrostéalgie, *s. f.* : acrostealgia (painful apophysitis of the bones of the extremities).

acrotisme, *s. m.* : acrotism (absence or feebleness of the pulse).

acrotrophonévrose, *s. f.* : acrotrophoneurosis (trophoneurotic disturbance of the extremities).

acruorie, *s. f.* : chlorosis.

ACTH : abbreviation for adrenocorticotrophic hormone.

actinique, *adj.* : actinic; **chimie -** : actinochemistry.

actinisme, *s. f.* : actinism (1. chemical quality of light *or* sun rays; 2. radiation of heat *or* light, *or* that branch of science which treats of it).

actinite *ou* **actinodermatose,** *s. f.* : actinodermatitis (cutaneous lesion due to actinic rays).

actinium, *s. m.* : actinium.

actinogène, *adj., s. m.* : actinogenic; actinogen (producing radiation).

actinographe, *s. m.* : recording actinometer.

actinographie, *s. f.* : actinography.

actinologie, *s. f.* : actinology (1. study of radiant energy; 2. science of the chemical effects of light).

actinomètre, *s. m.* : actinometer.

actinométrie, *s. f.* . actinometry (measurement of radiation).

Actinomycète, *s. m.* : *Actinomyces*.

actinomycine, *s. f.* : actinomycin.

actinomycose, *s. f.* : actinomycosis (infectious disease due to *Actinomyces bovis*); necrobacillosis *(veter.)*.

actinoscopie, *s. f.* : actinoscopy.

actinothérapie, *s. f.* : actinotherapy, actinopraxis, therapeutic use of rays.

activateur, *s. m.* : activator (1. co-enzyme; 2. inductor, organizer).

activation, *s. f.* : activation.

activer, *v.* : to activate.

acuité, *s. f.* : acuity, acuteness.

acuminé *ou* **acumineux,** *adj.* : acuminate.

acupressure, *s. f.* : acupressure, acupression.

acupuncture *ou* **acuponcture,** *s. f.* : acupuncture.

acyclique, *adj.* : acyclic; aliphatic *(chem.)*.

adactylie, *s. f.* : adactylia, adactylism (lack of fingers *or* toes).

Adam (pomme d') : Adam's apple, pomum Adami, prominencia laryngea.

adamantin, *adj.* : adamantine (pertaining to the enamel of the teeth).

adamantinome, *s. m.* : adamantinoma, adamantoma (tumor consisting of enamel tissue).

adamantoblaste, *s. m.* : adamantoblast, enamel-cell.

Adams-Stokes (maladie *ou* **syndrome d')** : Adams-Stokes' disease *or* syndrome.

adaptation, *s. f.* : adaptation.

adapteur, *s. m.* : adapter.

adaptif, *adj.* : adaptive.

adaptomètre, *s. m.* : adaptometer.

adaptométrie, *s. f.* : adaptometry, measurement of retinal adaptation.

ad. *(lat.* **adde, addete)** : ad., abbreviation used in writing prescriptions meaning add.

Addis-Hamburger (technique d') : Addis-Hamburger's technique, Addis count (measurement of urinary output of cells).

Addison (maladie d') : Addison's disease, melasma suprarenale, dermatomelasma suprarenale, bronzed skin.

addisonisme, *s. m.* : addisonism (symptoms seen in certain diseases resembling Addison's disease).

addition latente : summation, cummulative effect of repeated subliminal stimuli (on nerve *or* muscle); cumulative doses.

adducteur, *s. m.* : adductor; *cf.*, **muscle.**

adduction, *s. f.* : adduction (any movement whereby a part is brought toward another *or* toward the median line of the body).

adendrique, *adj.* : adendric.

adénectomie, *s. f.* : adenectomy, excision of a gland.

adénectopie, *s. f.* : adenectopia, displacement of a gland.

adénine, *s. f.* : adenine (an essential amino-acid of nucleic acids).

adénite, *s. f.* : adenitis.

adéno-amygdalectomie, *s. f.* : adenotonsillectomy.

adénocancer, *s. m.* : adenocarcinoma.

adénocarcinome, *s. m.* : adenocarcinoma (carcinoma of glandular origin).

adénocèle, *s. m.* : adenocele, cystadenoma, intra-canalicular fibroadenoma.

adénochondrome, *s. m.* : adenochondroma, chondroadenoma (tumor consisting of both glandular and cartilaginous tissue).

adénochrome, *s. m.* : adenochrome (pigment of the adrenal glands).

adénodynie, *s. f.* : adenodynia, pain in a gland.

adénofibrome, *s. m.* : adenofibroma.

adénofibromyome, *s. m.* : adenofibromyoma.

adénogramme, *s. m.* : lymphadenogram (skiagram of lymph node).

adénographie, *s. f.* : adenography.

adénohypophyse, *s. f.* : *cf.*, **anté-hypophyse.**

adénoïde, *adj.* : adenogenous, adenoid; **végétation -** : adenoids (hypertrophy of the adenoid tissue in the nasopharynx of children).

adénoïdien, *adj.* : adenoidal.

adénoïdisme, *s. m.* : adenoidism, symptoms due to hypertrophic adenoids.

adénoïdite, *s. f.* : adenoiditis, inflammation of adenoids.

adénokystome, *s. m.* : cystadenoma.

adénolipome, *s. m.* : adenolipoma.

adénolipomatose, *s. f.* : adenolipomatosis.

adénologie, *s. f.* : adenology.

adénolymphangiome, *s. m.* : adenolymphangioma.

adénolymphite, *s. f.* : lymphadenitis, inflammation of lymph nodes.

adénolymphocèle, *s. m.* : adenolymphocele.

adénomalacie, *s. f.* : adenomalacia (abnormal softening of a gland).

adénomateux, *adj.* : adenomatous.

adénomatose, *s. f.* : adenomatosis.

adénomatose pluri-endocrinienne : multiple endocrine adenomatosis *or* Lloyd's syndrome.

adénome, *s. m.* : adenoma, glandular tumor; **- thyroïdien** *ou* **thyréotoxique** : thyroid adenoma, Plummer's disease; **- rénal** : nephradenoma.

adénomes sébacés symétriques de la face : adenoma sebaceum; multiple pale (Balzer) *or* red (Pringle) cystic papules *or* small tumours of the facial skin.

adénomyome, *s. m.* : adenomyoma (tumour composed of glandular and muscular tissues).

adénomyxome, *s. m.* : adenomyxoma (tumour of mixed glandular and mucoid of myxomatous connective tissue).

adénopathie, s. f. : adenopathy.

adénopharyngite, s. f. : adenopharyngitis.

adénophlegmon, s. m. : adenophlegmon (phlegmonous inflammation of lymph nodes).

adénosarcome, s. m. : adenosarcoma.

adénose, s. f. : adenosis.

adénosine diphosphate : adenosine diphosphate, ADP.

adénosine triphosphate : adenosine triphosphate (ATP), energy-rich nucleotide essential for muscular contraction.

adénosine triphosphorique (acide) : adenosine triphosphoric acid, an intermediate reaction product of carbohydrate metabolism.

adénotome, s. m. : adenotome.

adénotomie, s. f. : adenotomy.

adénotrichie, s. f. : folliculitis.

adénovirus, s. m. : adenovirus; a group of viruses with an affinity for lymphoid tissue.

adénylique (acide) : adenylic acid.

adermie, s. f. : adermia (congenital deficiency of skin).

adhérence, s. f. : adhesion; **- pleurales** : pleuritic adhesions; **séparation chirurgicale des -** : adhesiotomy.

adhésif, s. m., adj. : adhesive.

adiadococinésie, s. f. : adiadocokinesia (inability to perform rapidly alternating movements).

adiaphorèse, s. f. : adiaphoresis, adiapneustia (deficiency of perspiration).

adiastématie, s. f. : deficiency of interstitial (Leydig) cells of the testis causing eunuchism.

adiastolie, s. f. : adiastole.

Adie (maladie ou **syndrome d')** : Adie's syndrome (non-syphilitic abnormal pupil reactions associated with absence of certain tendon reflexes), pupillotonic pseudotabes.

adipeux, adj. : adipic, adipose; **tissu -** : panniculus adiposus.

adipocire, s. f. : adipocere, grave wax.

adipocyanose sus-malléolaire : erythrocyanosis, purple discoloration of the lower third of the legs (generally in women) due to cold.

adipogène, adj. : adipogenous.

adipogénie, s. f. : adipogenesis.

adipolytique, adj., s. m. : adipolytic.

adipome, s. m. : adipoma, lipoma (fatty tumor).

adiponécrose, s. f. : adiponecrosis, fat necrosis.

adipopexique, adj. : adipopexic, adipopectic; **fonction -** : adipopexis.

adiposalgie, s. f. : adiposalgia, painful areas of subcutaneous fat.

adipose ou **adiposité,** s. f. : adiposis; **- douloureuse** : adiposis dolorosa, Dercum's disease.

adiposo-génitale (dystrophie) : adiposogenital syndrome, Fröhlich's syndrome.

adiposo-hypergénital (syndrome) : macrogenitosomia (Ménétrier); ou **microcénitosomie précoce** : infantile virilism (infant Hercules).

adiposurie, s. f. : adiposuria, lipuria (presence of fat in the urine).

adipsie, s. f. : adipsia, lack of thirst.

aditus ad antrum : aditus ad antrum (anat.).

adiurétine, s. f. : antidiuretic hormone, ADH.

adjonction, s. f. : adjunction (combined medication).

adjuvant, s. m. : adjuvant, auxiliary remedy, juvantia.

Adler (théorie d') : Adler's theory (neuroses develop as compensations for some feeling of inferiority).

adolescentisme, s. m. : cf., **atéléiose.**

ADN : cf., **DNA.**

ADP : ADP, adenosine diphosphate.

adolescence, s. f. : adolescence.

adolescent, s. m. : adolescent.

adrénaline, s. f. : epinephrine.

adrénalinémie, s. f. : epinephrinemia, adrenalemia, adrenalinemia.

adrénalinique, adj. : pertaining to adrenalin.

adrénalinogène, adj. : adrenalinogenic.

adrénalinolytique, adj. : adrenalinolytic.

adrénalocorticomimétique, adj. : adrenocorticomimetic.

adrénarche, s. f. : adrenarche, prepubertal release of adrenocortical hormones.

adrénergie, s. f. : adrenergy, sympathicotonia.

adrénergique, adj. : adrenergic.

adrénochrome, s. m. : adrenochrome (oxidation product of epinephrine).

adrénocorticotrophique, adj. : **hormone -** : adrenocorticotropic or adrenocorticotrophic hormone.

adrénodontie, s. f. : adrenodontia (tooth form caused by adrenal predominence).

adrénogénital (syndrome) : adrenogenital syndrome (1. pseudo-hermaphroditism in girls or developing in women; both types caused by tumours of the adrenal cortex, some benign, others highly malignant).

adrénolytique, adj. : adrenolytic.

adrénomédullotrope, adj. : adrenomedullotropic.

adrénopause, s. f. : adrenopause, suppression of adrenocortical function.

adrénostérone, s. f. : adrenosterone, androgenic steroid isolated from adrenal cortex ($C_{19}H_{24}O_3$).

adrénothérapie, s. f. : adrenotherapy.

adrénotrophine, s. f. : adrenotrophin or adrenotropin.

adrénotropisme, s. m. : adrenotropism (constitutional predominance of the adrenals).

Adson (manœuvre d') : pressure on the subclavian artery, caused by raising and rotating the chin, diminishes the radial pulse on the affected side.

Adson (opération d') : lumbar sympathectomy for relief of arterial hypertension.

adsorbant, s. m. : adsorbent (substance which adsorbs).

adsorbat, s. m. : adsorbate (adsorbed substance).

adsorption, s. f. : adsorption.

adventice, adj. : adventitious; **bruits -** : adventitious sounds; **tunique -** : adventitia, tunica adventitia.

adynamie, s. f. : adynamia, lack of vital powers.

adynamique, adj. : adynamic, asthenic.

Aedes, s. m. : Aedes, genus of mosquitoes; vectors of yellow fever.

œquiface ou **œquivulte,** adj. : mesoprosopic, broad faced.

aérémie, s. f. : aeremia, aeropathy, caisson disease.

aérien, adj. : aerial.

aérifère, adj. : aeriferous.

aériforme, adj. : aeriform.

aérobie, s. m. : aerobe, aerobian, plur. aerobia; adj. : aerobic.

aérobiologie, s. f. : aerobiology, distribution of living organisms by the air.

aérobiose, s. f. : aerobiosis.

aérocolie, s. f. : aerocolia, aerocoly (distension of colon with gas).

aérodontalgie, s. f. : aerodontalgia (reflex toothache at reduced atmospheric pressure).

aérodynamique, s. f. : aerodynamics.

aéroembolisme, s. m. : air-embolism.

aérogastrie, s. f. : aerogastria, gas in the stomach.

aérogène, adj. : aerogenic.

aéroïléie, s. f. : gas in the small intestine.

aérologie, s. f. : aerology.

aéromètre, s. m. : aerometer.

aérophagie, s. f. : aerophagy.

aérophile, adj. : aerophilous.

aérophobie, s. f. : aerophobia.

aérophyte, s. m., adj. : aerophyte (microbe or plant living upon air).

aéropiésie ou **aéropiésothérapie,** s. f. : aeropiesotherapy (treatment by compressed or rarefied air).

aéropiésisme, s. m. : aeropathy, any disease caused by changes in atmospheric pressure.

aéropiésothermothérapie, s. f. : therapeutic use of hot air under pressure.

aéropléthysmographe, s. m. : aeroplethysmograph (apparatus for graphically recording the expired air).

aéroscope, s. m. : aeroscope.

aérosol, s. m. : aerosol.

aérosolthérapie, s. f. : treatment by inhalation of aerosols.

aérosporine, s. f. : aerosporin.

aérostatique, s. f. : aerostatics.

aérosthénie de l'aviateur : aerasthenia; psychasthenia peculiar to air-pilots.

aérostiers (mal des) : aerasthenia, attributed to combination of hypoxia and fatigue.

aérotactisme, s. m. : aerotaxis (form of taxis in which living organisms are attracted or repelled by oxygen).

aérothérapie, s. f. : aerotherapeutics, aerotherapy, air-cure.

aérothermothérapie, s. f. : aerothermotherapy (treatment with hot air).

aérotonomètre, s. m. : aerotonometer (device used in measuring the tension of the blood gases).

aérotropisme, s. m. : aerotropism; movement of organisms toward or away from a supply of air.

Aertrycke (bacille d') : bacillus of Aertrycke.

aesthésiogène, adj. : aesthesiogenic or esthesiogenic, producing sensation.

aesthésiogénie, s. f. : restoration of sensibility.

aesthésiomètre, s. m. : aesthesiometer or esthesiometer, instrument for measuring tactile sensibility.

aétiocholanolone, s. f. : etiocholanolone, a 17-ketosteroid derived from testosterone, excreted in the urine.

afébrile, adj. : afebrile, apyretic (without fever).

affaiblissement, s. m. : weakening, debilitation; **- d'une douleur** : abatement.

affaissement, s. m. : collapse, prostration, sinking, depression.

affect, s. m. : affect (emotional response to a stimulus).

affectif, adj. : affective (expressive of mental state) (psych.).

affection, s. f. : affection, morbid condition, diseased state.

affectivité, s. f. : affectivity (affective faculty) (psych.).

affekt-épilepsie (ou épilepsie réflexe), s. f. : reflex epilepsy; epileptic fit induced by any type of sensory stimulus.

afférent, adj. : afferent, eisodic, esodic.

affinité, s. f. : affinity; **- chimique** : chemical affinity; **- élective** : elective affinity.

afflux, s. m. : afflux, affluxion.

affrontement, s. m. : apposition, accurate closure (of a wound).

affronter, v. : to bring together (lips of a wound).

affusion, s. f. : affusion.

afibrinémie, s. f. : cf., **afibrinogénémie.**

afibrinogénémie, s. f. : abrinogenaemia, afibrinogenemia; (lack of fibrinogen in plasma).

aflatoxine, s. f. : aflatoxin.

Afrique (léthargie d') : African lethargy, sleeping sickness.

agalactia *ou* **agalaxie**, *s. f.* : agalactia (non-secretion *or* imperfect secretion of milk after childbirth).

agamète, *s. m.* : agamete (a protozoon that reproduces asexually).

agammaglobulinémie, *s. f.* : agammaglobulinaemia, agammaglobulinemia.

agamonte *ou* **schizonte**, *s. m.* : schizont, monont, agamont.

agar, *s. f.* : agar, agar-agar, culture-medium.

agaric, *s. m.* : agaric (mushroom of species *Agaricus*).

agastrie, *s. f.* : agastria (absence of stomach).

agastrique, *adj.* : agastric.

agénésie, *s. f.* : agenesia (1. imperfect development ; 2. sterility ; 3. agenesic homogenesis [*anthrop.*]).

agénitalisme, *s. m.* : agenitalism; immature sexual development due to lack of sex hormones.

agénosome, *s. m.* : agenosomus, fœtal monster exhibiting agenosomia (rudimentary development of uro-genital organs).

agent, *s. m.* : agent.

ageustie *ou* **agueusie**, *s. f.* : ageusia, ageustia (loss *or* lack of sense of taste).

agglomérat, *s. m.* : agmen, aggregation, aggregate.

aggloméré, *adj.* : agglomerated.

agglutinable, *adj.* : agglutinable.

agglutinant, *s. m.*, *adj.* : agglutinant, agglutinative.

agglutinat, *s. m.* : clump.

agglutinateur, *s. m.* : agglutinator.

agglutination, *s. f.* : agglutination, clumping.

agglutinine, *s. f.* : agglutinin.

agglutinogène, *s. m.* : agglutinogen.

agglutomètre, *s. m.* : agglutometer.

agitographie, *s. f.* : agitographia (hurried and inaccurate writing).

agitophasie, *s. f.* : agitophasia (hurried and inaccurate speech).

agitateur, *s. m.* : stirring rod.

agitation, *s. f.* : agitation (1. physical and mental restlessness; 2. mechanical shaking).

aglobulie, *s. f.* : aglobulia.

aglossie, *s. f.* : aglossia (congenital absence of the tongue).

aglycémie, *s. f.* : aglycemia (absence of sugar from the blood).

aglycone, *s. m.* : aglycone, aglucone (noncarbohydrate group of a glucoside molecule).

aglycosurique, *adj.* : aglycosuric.

agminé, *adj.* : agminate, aggregated, clustered ; **follicules -** : Peyer's patches, noduli lymphatici aggregati.

agnathie, *s. f.* : agnathia (lack of lower jaw).

agnosie *ou* **agnoscie**, *s. f.* : agnosia (loss of the perceptive power).

agnoso-apraxie, *s. f.* : agnoso-apraxia.

agocytique, *adj.* : accelerating cell growth.

agonie, *s. f.* : death agony, death struggle; **être à l'-** : to be at one's last gasp; **lente -** : lingering death, long protracted death.

agonique, *adj.* : agonal (on the point of death).

agonisant, *adj.* : agonal.

agoniste, *s. m.*, *adj.* : agonist.

agoraphobie, *s. f.* : agoraphobia (morbid fear of open spaces *or* places).

agrafe, *s. f.* : agraffe, clamp.

agrammatisme, *s. m.* : agrammatism (1. inability to form words grammatically; 2. suppression of certain words in a phrase).

agrandissement radiophotographique : X-ray enlargement.

agranulocyte, *s. f.* : agranulocyte (agranular leukocyte).

agranulocytose, *s. f.* : agranulocytosis, granulocytopenia, neutropenia (form of aplastic anemia).

agraphie, *s. f.* : agraphia (inability to express ideas in writing).

agravité, *s. f.* : weightlessness.

agrégat, *s. m.* : aggregate.

agrégation, *s. f.* : aggregation.

agrégé, *adj.* : aggregate, aggregated ; **professeur -** : associate professor.

agresseur, *s. m.* : aggressor.

agressine, *s. f.* : aggressin.

agression, *s. f.* : aggression.

agressivité, *s. f.* : aggressivity.

agressologie, *s. f.* : study of the effects of all types of shock.

agronomie, *s. f.* : agronomy.

agrypnie, *s. f.* : agrypnia, insomnia.

agrypnode, *adj.* : agrypnotic (preventing sleep, causing wakefulness); **coma -** : agrypnocoma vigil.

agueusie, *s. f.* : ageusia, loss of sense of taste.

agyrie, *s. f.* : agyria (defective development of cerebral gyri).

ahylognosie, *s. f.* : ahylognosia, inability to recognise objects by sense of touch.

aï, *s. m.* : tendovaginitis crepitans.

aide, *s. m.* : aid (1. assistance; 2. assistant); help.

aigreur, *s. f.* : heartburn, acid eructation.

aigu, *adj.* : acute, sharp, acuminate, pointed.

aiguille, *s. f.* : needle, acus *(lat.)*; **- de Bowman** : Bowman's suture needle; **- à paracentèse** : paracentesis needle; **- à suture** : suture needle; **- à tatouer** : tattooing needle.

aile, *s. f.* : wing, ala, *plur.* alae *(lat.)*; **- grise du plancher du 4ᵉ ventricule** : ala cinerea; **- du nez** : ala nasi, pinna nasi; **grande - du sphénoïde** :

ala magna; **petite - du sphénoïde** : ala parva; **- grise** : postfovea (floor of the fourth ventricle).

ailé, *adj.* : alate, winged.

ailerons du sacrum : partes laterales sacri, massae laterales sacri; **- antérieur** : Nuck's diverticulum; **- rotuliens** : marsupia patellaria.

aine, *s. f.* : groin, inguen *(lat.)*.

aïnhum, *s. m.* : ainhum, dactylolysis (disease peculiar to negroes in which little toes are slowly and spontaneously amputated).

air, *s. m.* : air; **- trapping** : retention of alveolar air (in emphysema).

aire, *s. f.* : area, *plur.* areae; **- germinative** : area germinativa.

aisselle, *s. f.* : armpit, axilla.

ajustage *ou* **ajustement,** *s. m.* : adjustment.

akathisie, *s. f.* : akathisia, a morbid fear of sitting down.

akératose, *s. f.* : akeratosis, aceratosis (deficience in formation of horny tissue).

akidopeirastique, *adj.* : akidopeirastica (exploration, incision *or* puncture).

akinesia algera : akinesia algera (affection characterized by abstinence from volontary movement on account of pain which any active movement causes).

akinésie, *s. f.* : akinesia, loss of motor function.

akinétique (crise) : akinetic crisis.

akoasme, *s. m.* : akoasm (hallucination of hearing).

alaire, *adj.* : alar, winged.

alaise, *s. f.* : *cf.,* **alèze.**

alalie, *s. f.* : alalia (lack of power of speech).

alambic, *s. m.* : alambic, still.

alarme (réaction d') : alarm reaction.

alastrim, *s. m.* : alastrim (mild form of smallpox).

albation, *s. f.* : albation (the act of bleaching *or* rendering white).

Albers-Schönberg (maladie d') : Albers-Schönberg's disease, osteosclerosis fragilis, marble bone.

Albini (nodosité d') : Albini's nodules.

albinisme, *s. m.* : albinism.

albinos, *s. m., adj.* : albino.

Albright (syndrome d') : Albright's disease (*or* syndrome), osteitis fibrosa cystica.

Albright (type) : hyperparathyroid.

albuginée (tunique) : tunica albuginea.

albuginite, *s. f.* : albuginitis (inflammation of any tunica albuginea).

albugo, *s. m.* : albugo (1. whitish, scaly eruption [nails]; 2. white spot as upon the cornea).

albumen, *s. m.* : albumen.

albuminate, *s. m.* : albuminate.

albumine, *s. f.* : albumine.

albuminémie, *s. f.* : albuminaemia, albuminemia.

albuminimètre, *s. m.* : albuminimeter (instrument for quantitative estimation of albumin in the urine).

albuminisme, *s. m.* : albuminism.

albuminocholie, *s. f.* : albuminocholia (presence of albumin in bile).

albuminoïde, *s. m., adj.* : albuminoid.

albuminorachie, *s. f.* : presence of excess of albumin in the cerebrospinal fluid.

albumino-réaction, *s. f.* : albumin reaction (urine, etc.).

albuminurie, *s. f.* : albuminuria (presence of albumin in urine); **- orthostatique,** *ou* **de posture,** *ou* **de la station debout** : postural albuminuria.

albumoptysie, *s. f.* : albumin in the sputum.

albumose, *s. f.* : albumose.

albumosémie, *s. f.* : albumosemia (presence of albumin in the blood).

albumosurie, *s. f.* : albumosuria (presence of albumin in urine).

alcalescent, *adj.* : alcalescent.

alcali, *s. m.* : alkali.

Alcaligenes, *s. m., pl.* : *Alcaligenes* (bacteriacea found in intestinal canal of normal animals).

alcalin, *adj.* : alkaline.

alcalinimétrie, *s. f.* : alkalimetry (measurement of the amount of an alkali in a substance).

alcalinisation, *s. f.* : alkalization.

alcalinité, *s. f.* : alkalinity; **- anormale du sang** : alkalemia.

alcalinomètre, *s. m.* : alkalimeter.

alcalinophagie, *s. f.* : immoderate consumption of alkali (bicarbonate of soda).

alcalinothérapie, *s. f.* : alkali-therapy.

alcaloïd, *s. m.* : alkaloid.

alcalose, *s. f.* : alkalosis.

alcalosique, *adj.* : alkalotic (characterized by alkalosis).

alcaptone, *s. f.* : alkapton.

alcaptonurie, *s. f.* : alkaptonuria, brenzkatechinuria (presence of alkapton in urine).

alcogel, *s. m.* : alcogel (gel in which alcohol is the solvent [*chem.*]).

alcool, *s. m.* : alcohol.

alcoolase, *s. f.* : alcoholase (enzyme which converts lactic acid into alcohol).

alcoolat, *s. m.* : alcoholate.

alcoolature, *s. f.* : alcoholature.

alcoolé, *s. m.* : solution in alcohol.

alcoolémie, *s. f.* : alcoholemia (presence of alcohol in blood).

alcool-éther (épreuve de l') : vasomotor reaction to friction with alcohol-ether.

alcoolique, *s. m., adj.* : alcoholic.

alcoolisation des nerfs : injection of alcohol into nerve trunks *or* ganglia for relief of neuralgia.

alcooliser, *v.* : to alcoholize.

alcoolisme, *s. m.* : alcoholism.

alcoolomanie, s. f. : alcoholomania, dipsomania.

alcoolothérapie, s. f. : treatment by alcohol, alcoholization.

alcoomètre, s. m. : alcoholometer.

alcoosol, s. m. : alcosol (alcoholic colloidal solution).

alcoyl, s. m., adj. : alkyl (radical [chem.]).

aldéhyde, s. f. : aldehyde; - **formique** : formaldehyde.

Alder (anomalie d') : Alder's anomaly; presence of large basophil granules in the cytoplasm of neutrophil or eosinophil leukocytes

aldolase, s. f. : aldolase.

aldostérone, s. f. : aldosterone.

aldostéronisme, s. m. : retention of sodium and excessive excretion of potassium due to over production of aldosterone.

alécithe, adj. : alecithal (having no distinct yolk as in ovum of mammals).

Alep (bouton d') : Aleppo boil, oriental sore.

alèse ou **alèze,** s. f. : drawsheet.

alésoir, s. m. : dilator, reamer.

aleucémique, adj. : aleucemic.

aleucie, s. f. : aleucemia, aleukemia (deficiency in the proportions of white cells in the blood).

aleurone, s. m. : aleurone (protein granules of seeds).

Alexander ou **Alquié-Alexander (opération d')** : 1. Alexander's operation (shortening of the round ligaments for cure of uterine displacements); 2. pulmonary lobectomy.

alexie, s. f. : alexia, word-blindness.

alexine, s. f. : alexin, complement.

alexipharmaque, s. m. : alexipharmac, antidote.

alexique, adj. : alexic.

alèze, alèse ou **alaise,** s. f. : cf., **alèse.**

algésimètre, s. m. : algesimeter.

algésiogène, adj. : painful.

algésiogénésie, s. f. : production of pain.

algesthésie, s. f. : algesthesia, algesthesis (perception of pain).

algide, adj. : algid.

algidité, s. f. : algid stage, algidity, algidism.

algie, s. f. : algia.

algique, adj. : algesic, algetic.

algodystrophie sympathique : reflex sympathetic dystrophy.

algogène, adj. : painful.

algogénésie, s. f. : algogenesia.

algohallucinose, s. f. : phantom-limb-pain.

algolagnie, s. f. : algolagnia, sadism (active), masochism (passive).

algomanie, s. f. : algomania, desire for pain.

algomètre, s. m. : algometer (instrument for measuring painful stimuli).

algoparalysie, s. f. : painful paralysis.

algoparésie, s. f. : painful paresis.

algoparesthésie, s. f. : painful paraesthesia.

algopareunie, s. f. : dyspareunia.

algophilie, s. f. : algophily (morbid pleasure in experiencing bodily pain).

algophobie, s. f. : algophobia (morbid dread of pain), odynophobia.

algospasme, s. m. : algospasm (painful cramp).

algostase, s. f. : temporary inhibition of painful sensation following severe trauma.

algue, s. f. : alga, plur. algae (lat.).

Alibert (maladie d') : Alibert's disease; 1. mycosis fungoides; 2. cicatricial (false) keloid.

alibile, adj. : alible, assimilable.

aliénation, s. f., ou - **mentale** : alienation, abalienatio mentis.

aliéné, ée, s. m. f., adj. : lunatic, mad (man), insane (person); **maison, asile d' -** : lunatic asylum, mental hospital; - **interdit** : certified lunatic.

aliénisme, s. m. : alienism (study or treatment of mental disorders).

aliéniste, s. m. : alienist, psychiatrist, mental specialist.

aliforme, adj. : aliform, shaped like a wing.

Ali Krogius (opération d') : cf., **Krogius.**

aliment, s. m. : aliment, food.

alimentaire, adj. : alimentary.

alimentation, s. f. : alimentation, diet.

aliphatique, adj. : aliphatic.

aliquot, lat. : aliquot.

alité, adj. : confined to one's bed; **être -** : to be bedridden, to be kept in bed.

alizarine, s. f. : alizarine.

alkyle, s. m. : cf., **alcoyl.**

allachesthésie, s. f. : allachaesthesia, allaesthesia, allachesthesia, sensation referred to a point other than that stimulated.

Allaines et Pointeau (opération de d') : operation for resection of colon.

allaitement, s. m. : lactation.

allaiter, v. : to suckle (child or young), to nurse, to feed (child) at the breast.

allantiasis, s. m. : allantiasis, botulism.

allantochorion, s. m. : allantochorion.

allantoïde, s. f. : allantois; adj. : allantoid.

allantoïne, s. f. : allantoin.

allantoïnurie, s. f. : allantoinuria.

allantoïque, adj. : allantoic.

allassothérapie, s. f. : allassotherapy (treatment by producing change in the general biological condition).

allégement, s. m. : relief.

allèle, s. m. : allele.

allélique, adj. : allelic.

allélognathie, s. f. : allelognathia (relation of upper to lower jaw).

allélomorphe, s. m. : allelomorph.

allélomorphique, adj. : allelomorphic; **gène - :** allelomorph.

Allen (épreuve ou **test d')** : for locating lesions of ulnar or radial artery.

Allen (méthode d') : for hypothermic anaesthesia.

Allen (triade d') : simultaneous acceleration of cardiac rhythm, increasing dyspnoeia and fever; sign of pulmonary embolism.

Allen-Doisy (test d') : Allen Doisy's test (test to detect female sex hormone in women by producing oestrus of young rat).

allénolique (acide) : allenolic acid (a synthetic oestrogen).

allergène, s. m. : allergen.

allergie, s. f. : allergia, allergy.

allergine, s. f. : allergin.

allergique, adj. : allergic.

allergisant, adj. : allergenic.

allergisation, s. f. : allergization.

allergographie, s. f. : method of recording graphically cutaneous allergic reactions.

allergologie, s. f. : allergology, study of allergy.

alliacé, adj. : alliaceous.

alliage, s. m. : alloy.

Allis (signe d') : Allis' sign, for fracture of the pelvis.

allium, lat. : garlic, allium.

allo- : a combining form denoting a condition different from the normal.

allochirie, s. f. : allocheira, allochesthesia.

allochromasie, s. f. : allochromasia (change in the color of the hair).

allocinésie, s. f. : allocinesia, disturbance of mobility.

allocortex, s. m. : allocortex (olfactory lobes, primitive area of the cortex).

allodromie, s. f. : allodromy, disturbed cardiac rhythm.

alloesthésie, s. f. : allochiria : pain referred symetrically to the opposite limb (in tabes).

allogamie, s. f. : allogamy (cross fertilization).

alloïdisme, s. m. : alloidism, variation in contour of different individuals.

allomérisme, s. m. : allomerism (change of chemical constitution without change of crystalline form).

allomorphe, adj. : allomorphic, allomorphous, allomorphus.

allomorphisme, s. m. : allomorphism (change of crystalline form without change of chemical constitution).

allopathe, s. m. : allopath, allopathist.

allopathie, s. f. : allopathy.

allophtalmie, s. f. : allophthalmia, heterophthalmia, dissimularity of eye colour, in the same individual.

alloplastie, s. f. : alloplastie (1. use of foreign material in plastic surgery; 2. libido for others, as opposed to self).

allopolyploïdie, s. f. : allopolyploidy.

allopsychique, adj. : allopsychic.

allopsychose, s. f. : allopsychosis.

allorythmie, s. f. : allodromy, allorhythmia (irregular rhythm of the pulse).

allosome, s. m. : allosome.

allostérique, adj. : allosteric.

allotétraploïde, adj. : allotetraploid.

allotoxine, s. f. : allotoxin.

allotherme, s. m. : allotherm (organism whose temperature depends on its culture-medium).

allotriodontie, s. f. : allotriodontia (1. transplanting of teeth from one person to another; 2. presence of teeth in abnormal places).

allotriophagie, s. f. : allotriophagy, pica.

allotriosmie, s. f. : allotriosmia, heterosmia, perverted sense of smell.

allotrophique, adj. : allotrophic (having perverted or modified characters as a nutrient).

allotropie, s. f., ou **allotropisme,** s. m. : allotropy, allotropism (chem.).

allotropique, adj. : allotropic (chem.).

alloxane, s. f. : alloxan.

alloxanémie, s. f. : alloxanaemia, alloxanemia.

alloxurémie, s. f. : alloxuremia, alloxuraemia.

allyle, adj. : allyl (univalent radical).

Almeida (maladie d') : Almeida's disease, South American blastomycosis.

alochie, s. f. : alochia (absence of the lochia).

alogie, s. f. : alogia, idiotic aphasia.

alopécie, s. f. : alopecia, baldness; **- congénitale :** alopecia adnata; **- en aires :** alopecia aerata; **- prématurée :** alopecia simplex.

alopécique (aire) : bald (patch).

Alpers (syndrome d') : Alpers' syndrome; mental inaccessibility, imperviousness.

alpha (onde et rythme) : alpha rhythm.

alphachymotrypsine, s. f. : alphachymotrypsin.

alphos, s. m. : psoriasis.

alternance des générations : metagenesis, alternate generation.

alternance du cœur : pulsus alternans (lat.), alternate strong and weak pulse.

alternance morbide : alternation of morbid conditions, e. g. asthma and eczema.

alternant, adj. : alternating.

alterne (folie) : alternating insanity, manic-depressive psychosis.

alterne (hémiplégie, paralysie ou syndrome) : cf., **hémiplégie.**

altitude (mal d') : mountain sickness.

aluminium, *s. m.* : aluminium, aluminum.

aluminose, *s. f.* : aluminosis (lung disease of alum workers).

alun, *s. m.* : alum.

alvéolaire, *adj.* : alveolar; **apophyse -** : processus alveolaris; **bord -** : alveolar process *or* ridge; **bronchite -** : alveobronchitis.

alvéole, *s. f.* : alveolus, *plur.* alveoli *(lat.);* **- d'une dent** : odontobothrion.

alvéolé, *adj.* : alveolate, faveolate (like a honeycomb).

alvéolite, *s. f.* : alvolitis, odontobothritis.

alvéolo-dentaire, *adj.* : alveolodental; **periostite -** : Rugg's disease, odontobothritis.

alvéolyse, *s. f.* : alveolysis, pyorrhea alveolaris.

alveus, *s. m.* : alveus hippocampi.

alvin, *adj.* : alvine.

Alzheimer (maladie d') : Alzheimer's disease, premature senile dementia.

amaas, *s. m.* : amaas (mild form of smallpox), alastrim.

amadou, *s. m.* : amadou.

amalgame, *s. m.* : amalgam.

Amanite, *s. f.* : Amanita (genus of mushrooms some very poisonous, *e. g. A. phalloides*).

Amann (opération d') : Amann's operation, for congenital absence of vagina.

amaril, *adj.* : amaril; **typhus** *ou* **fièvre -** : yellow fever.

amarine, *s. f.* : amarin (alkaloid).

amas, *s. m.* : bundle.

amass, *s. m.* : alastrim.

amastie, *ou* **amazie,** *s. f.* : amastia, amazia (congenital absence of mammary glands).

amaurose, *s. f.* : amaurosis (blindness without demonstrable lesion of the eye).

amaurotique, *adj.* : amaurotic (relating to *or* affected with amaurosis).

amaxophobie, *s. f.* : amaxophobia; pathological fear of vehicles.

amazie, *s. f.* : *cf.,* **amastie.**

Ambard (constante d') : Ambard's formula (formula for finding urea index in kidney diseases).

ambiant, *adj.* : ambiant, environmental.

ambidextre, *s. m.* : ambidexter; *adj.* : ambidextrous (working effectively with either hand).

ambigu, *s. m.* : ambiguous hermaphrodite.

ambivalence, *s. f.* : ambivalence *(psych.)* a symptom of schizophrenia.

amblyacousie, *s. f.* : amblyacousia, amblykusis (dulness of hearing).

amblyaphie, *s. f.* : amblyaphia (tactile insensitivity).

amblygueusie, *s. f.* : amblygeusia, amblygeustia (deficient sense of taste).

amblyopie, *s. f.* : amblyopia (dimness of vision).

ambocepteur, *s. m.* : amboceptor, sensibilizer.

Amboine (bouton d') : verruga peruana, Carrion's disease, Peruvian wart.

ambo-sexuel, *adj.* : ambosexual, bisexual.

ambre, *s. m.* : amber; **- gris** : ambergris.

ambulance, *s. f.* : ambulance; **poste d' -** : ambulance station; **voiture d' -** : ambulance (waggon).

ambulant, *adj.* : ambulatory.

ambulatoire, *adj.* : ambulatory, ambulant; **fièvre typhoïde** : ambulant typhoid fever.

âme, *s. f.* : soul, mind, psyche.

amélie, *s. f.* : amelia (congenital absence of limbs).

améloblaste, *s. m.* : ameloblast, adamantoblast (enamel-forming cell).

améloblastome, *s. m.* : ameloblastoma; adamantinoma.

aménorrhée, *s. f.* : aménorrhea, amenia (lack of *or* abnormal cessation of the menses).

americium, *s. m.* : americium.

amérisie, *s. f.* : amerisia (inability to articulate words).

amers, *s. m.* : amarae, amaroids (bitter medicines).

améristique, *adj.* : ameristic, unsegmented, undifferentiated.

amétrie, *s. f.* : ametria (congenital absence of the uterus).

amétromètre, *s. m.* : ametrometer (instrument for mesuring degree of ametropia).

amétropie, *s. f.* : ametropia (imperfection in the refractive powers of the eye).

amiante, *s. m.* : asbestos.

amibe, *s. f.* : amoeba, ameba.

amibiase, *s. f.* : amibiasis.

amibicide, *adj.* : amebicidal; *s. m.* : amebicide.

amibien, *adj.* : amebic; **dysenterie amibienne** : amebic dysentery.

amibocyte, *s. m.* : amebocyte (cell showing ameboid movement).

amiboïde, *adj.* : ameboid (resembling or having the movements of an ameba).

amiboïsme, *s. m.* : ameboidisme (performance of ameba-like movements).

amidase, *s. f.* : amidase (deamidizing enzyme).

amide, *s. m.* : amide.

amido- : amido-, (prefix which designs radical NH_2 associated with CO).

amidon, *s. m.* : starch, amylum *(lat.);* **empois d' -** : starch paste.

amimie, *s. f.* : amimia.

amine, *s. f.* : amine.

aminémie, *s. f.* : aminaemia, aminemia.

amino- : amino- (prefix which designs radical NH_2).

amino-acidémie, s. f. : amino-acidemia (presence of aminoacids in the blood).

amino-acidurie, s. f. : acidaminuria (excess of aminoacids in the urine).

aminophérase, s. f. : aminopherase.

aminopolypeptidase, s. f. : aminopolypeptidase.

aminoptérine, s. f. : aminopterin.

aminoptérinique (crise) : aminopterin crisis; multiple haemorrhagic lesions provoked by the drug during the treatment of acute leukemia.

aminothiazolthérapie, s. f. : aminothiazol therapy.

aminurie, s. f. : aminuria, aminosuria.

amitose, s. f. : amitosis (cell multiplication by direct division or simple cleavage).

amitosique ou **amitotique,** adj. : amitotic.

Ammon (corne d') : Ammon's horn, pes hippocampi, hippocampus major.

ammoniacal, adj. : ammoniacal.

ammoniaque, s. f. : ammonia.

ammoniémie, s. f. : ammoniemia (presence of ammonia or its compounds in the blood).

ammoniogenèse, s. f. : production of ammonia (metabolic regulation of acid-base equilibrium).

ammoniophanérèse, s. f. : liberation of ammonium compounds from the blood during renal metabolism.

ammonium, s. m. : ammonium (radical NH_4).

ammoniurie, s. f. : ammoniuria (excess of ammonia in the urine).

amnésie, s. f. : amnesia.

amnésique, adj. : amnesic.

amnestique, adj. : amnestic, causing amnesia.

amniographie, s. f. : amniography.

amniorrhée, s. f. : amniorrhea (escape of amniotic waters).

amnios, s. m. : amnion.

amniotique, adj. : amnionic, amniotic.

amniotite, s. f. : amnionitis (inflammation of the amnion).

amoebicide, adj. : amoebicidal, amebicidal.

amoebisme, s. m. : amoebism, amebism.

amoebome, s. m. : amoeboma, ameboma, local tumifaction caused by amoebiasis.

amok, s. m. : amok, amuck (Malayan term for homicidal mania, « running amuck »).

amoralisme, s. m. : amoralism (1. moral insanity; 2. doctrine that there is no universally valid morality).

amoralité, s. f. : moral insanity.

amorphe, adj. : amorphous.

amorphie, s. f. : amorphism.

amorphisme des dents : deformity or malformation of the teeth.

amorphognosie, s. f. : amorphognosia inability to recognise the shape of objects by sense of touch, astereognosia.

amortissement, s. m. : damping (of sound or amplitude).

ampérage, s. m. : amperage.

ampère, s. m. : ampere, amp.

ampèremètre, s. m. : amperemetre, ammeter.

amphétamine, s. f. : amphetamine.

amphétaminique (choc) : amphetamine shock, produced by intravenous injection of the drug (in mental patients).

amphiarthrose, s. f. : amphiarthrosis (joint in which the surfaces are connected by disks of fibrocartilage, e.g. : vertebrae).

amphiastre, s. m. : amphiaster, diaster.

amphibie, s. m. : amphibia.

amphiblastule, adj. : amphiblastula.

amphibole, s. f. : amphibole asbestos (silicate of calcium, magnesium and traces of iron, manganese, etc., e.g. tremolite).

amphibole, adj. : amphibolous (changeable, uncertain); **stade -** : amphibolia (uncertain period of fever or disease).

amphicrânie, s. f. : amphicrania (bilateral headache).

amphicréatine, s. f. : amphricreatine (leucomain from muscle).

amphicréatinine, s. f. : amphicréatinine (leucomain from muscle).

amphicyte, s. m. : amphicyte (capsule cell of cerebrospinal ganglion).

amphidiarthrose, s. f. : amphidiarthrosis, mixed articulation.

amphidiploïde, adj. : amphidiploid, tetraploid.

amphigastrula, s. f. : amphigastrula (gastrula of an amphiblastic ovum).

amphigonie, s. f. : amphigony, gamogenesis.

amphimixie, s. f. : amphimixis, sexual reproduction.

amphistome, s. m. : amphistoma hominis; **infestation par les -** : amphistomiasis.

amphithéâtre, s. m. : amphitheatre.

amphithymie, s. f. : amphithymia (alternating elation and depression).

amphodiplopie, s. f. : amphodiplopia (double vision in both eyes).

ampholophotriche, s. m. : variety of bacilli with terminal flagelli.

ampholyte, adj. et s. m. : ampholyte.

amphomimétisme, s. m. : amphomimetism, a property analogous to amphotropism.

amphophile, adj. : amphophilic, amphophilous (staining with either acid or basic dyes).

amphoricité, s. f. : amphoricity; **- de la voix** : amphorophony.

amphoriloquie, s. f. : amphoriloquy.

amphorique, adj. : amphoric ; **bruit** ou **résonance -** : amphoricity ; **souffle -** : amphoric breathing; **voix -** : amphoric vocal resonance.

amphorisme, s. m. : amphoric breathing.

amphoro-métallique (syndrome) : « bell sound » heard on auscultation in cases of pneumothorax when chest is percussed.

amphotère, adj. : amphoteric, amphoterous.

amphotonie, s. f. : amphotony (tonicity of sympathetic parasympathetic nervous systems).

amphotriche, s. m. : amphotrichous.

amphotropisme, s. m. : amphotropism, simultaneous action of certain substances on the sympathetic and vagus nerves.

amplexion ou **amplexation,** s. f. : amplexation.

amplificateur, s. m. : amplifier.

amplification, s. f. : amplification.

amplitude, s. f. : amplitude.

ampoule, s. f. : 1. ampule (sealed glass container) phial, vial used for sterile hypodermic solutions; 2. ampulla, plur. ampullae, bulla or blister; **- à brome** : tap-funnel, dropping funnel; **- à décanter** : separating funnel; **inflammation d'une -** : ampullitis; **petite -** : ampullula; **- à rayons X** : X-rays tube; **- de rechange** : refill.

ampullome vatérien : tumour of the ampulla of Vater.

amputation, s. f. : amputation; **- à lambeau (x)** : flap amputation; **- dans la continuité** : amputation through a bone; **- dans l'article** : amputation through a joint.

amputation cinématique : cinematic or cineplastic amputation, kineplasty.

amputation congénitale : congenital lack of or deformity of a limb attributed to intrauterine constriction of foetal part by amniotic bands.

amputation orthopédique : cf., **amputation cinématique.**

amputation spontanée : spontaneous amputation.

amputé, s. m.; **-ée,** s. f. : amputee (a person who has had one or more limbs amputated).

amputer, v. : to amputate, truncate, cut off.

amusie, s. f. : amusia, note blindness (disorders in musical comprehension); **- motrice** : motor amusia; **- réceptive** or **sensorielle** : sensory amusia.

Amussat (opération d') : Amussat's operation, colotomy.

amyélencéphalie, s. f. : amyencephalia; **monstre atteint d'-** : amyelencephalus.

amyélie, s. f. : amyelia (absence of spinal cord).

amyélinique, adj. : amyelinic (without myelin sheath), non medullated.

amyélotrophie, s. f. : amyelotrophy (atrophy of spinal cord).

amygdale, s. f. : tonsil, amygdala, plur. amygdalae (lat.); **- linguale** : lingual tonsil; **- palatine** : tonsil, palatine tonsil; **- pharyngienne** : pharyngeal tonsil; third tonsil; Luschka's gland; **- tubaire** : Gerlach's tubal tonsil.

amygdalectomie, s. f. : amygdalectomy, tonsillectomy (excision of tonsils).

amygdalin, adj. : amygdaline, tonsillar; **noyau -** : nucleus amygdalae; **calcul -** : amygdalolith, tonsillolith, tonsolith.

amygdalite, s. f. : amygdalitis, tonsillitis (inflammation of tonsils).

amygdaloïde (cavité) : amygdaloid fossa.

amygdalolithe, s. m. : amygdalolith, tonsillolith (a concretion in a tonsillar crypt).

amygdalotome, s. m. : amygdalotome, tonsillotome.

amygdalotomie, s. f. : amygdalotomy, tonsillotomy (partial or complete abscission of tonsils).

amygdalotrypsie, s. f. : amygdalothrypsis (removal of tonsils after crushing).

amyl, adj. : amyl (radical C_5H_{11}).

amylacée, adj. : amylaceous (containing starch, starch-like).

amylase, s. f. : amylase (enzyme which converts starch into sugar); amyloclast.

amylasémie, s. f. : amylasaemia, presence of amylase in the blood.

amylique, adj. : amylic.

Amylobacter, s. m. : Amylobacter.

amylodextrine, s. f. : amylodextrin.

amylogène, s. f. : amylogenic.

amylogenèse, s. f. : amylogenesis.

amyloïde, adj. : amyloid, starch-like.

amyloïdisme, s. m., **amyloïdose** ou **amylose,** s. f. : amyloidosis, amylosis, amyloid, waxy or lardaceous degeneration.

amylolyse, s. f. : amylolysis (digestive change of starch into sugar).

amylolytique, adj. : amylolytic (effecting the digestion of starch).

amyoesthésie, s. f. : amyoesthesis (lack of muscle sense).

amyoplasie congénitale, s. f. : congenital amyoplasia, amyoplasia congenital.

amyostasie, s. f. : amyostasia (muscle tremor).

amyosthénie, s. f. : amyosthenia (deficient muscular power).

amyotaxie, s. f. : amyotaxy (motor disturbance of the muscles, muscular ataxia).

amyotonie, s. f. : amyotonia (lack of muscular tone).

amyotonie congénitale ou **amyotonie d'Oppenheim** : Oppenheim's disease; congenital atonic pseudoparalysis.

amyotonie généralisée : Förster's syndrome, congenital laxity of ligaments and muscular atony.

amyotrophie, s. f. : amyotrophia, amyotrophy (muscle atrophy).

amyotrophique, adj. : amyotrophic.

amyxie, s. f. : amyxia (lack or deficiency of mucous secretion).

amyxorrhée, s. f. : amyxorrhea (absence of normal mucous secretion).

ana : ana (symbol meaning of each [pharm.]).

anabiose, s. f. : anabiosis, resuscitation.

anabiotique, adj. : anabiotic.

anabolisant, *adj.* : anabolising, favouring anabolism.

anabolisme, *s. m.* : anabolism, constructive metabolism.

anabolite, *s. m.* : anabolin, anabolite (any product of anabolism).

anacamptique, *s. f.* : anacamptics (study of reflection of light or sound); *adj.* : anacamptic (reflected as sound or light; pertaining to, *or* causing a reflection).

anacatesthésie, *s. f.* : anacatesthesia, anakatesthesia, floating sensation).

anachlorhydrie, *s. f.* : anachlorhydria (lack of hydrochloric acid in the gastric juice).

anachlorhydropepsie, *s. f.* : achylia gastrica.

anachorèse, *s. f.* : anachoresis, attracting of microbes to a point (fixation abscess, injection of a vaccine).

anacinésie, *s. f.* : anakinesia, re-education of motor function.

anacorèse, *s. f.* : anacoresis (increased system resistance to infection caused by BCG vaccination).

anacousie, *s. f.* : anacusia, anacusis (complete deafness).

anacroasie *ou* **anacroasia,** *s. f.* : anacroasia (inability to understand words that are heard [*psych.*]).

anacrote (onde) : anacrotic wave (of sphygmograph).

anacrotique, *adj.* : anacrotic; **soulèvement -** : anacrotism.

anacrotisme, *s. m.* : anacrotism (condition in which there are one *or* more notches on the ascending limb of the pulse-curve).

anadipsie, *s. f.* : anadipsia (intense thirst).

anaendotoxine, *s. f.* : inactivated endotoxin which is antigenic (used as vaccine).

anaérobie, *adj.* : anaerobic, anaerobiotic ; **microbe -** : anaerobe, anaerobion.

anaérobiose, *s. f.* : anaerobiosis.

anaéroplastique, *adj.* : anaeroplastic (pertaining to anaeroplasty).

anagocytique, *adj.* : anagocytic, retarding cell growth.

anagotoxique, *adj.* : anagotoxic, counteracting toxic action.

anakhré (*cf.*, **goundou**), *s. m.* : hypertrophic osteitis of the superior maxillae seen in west African negroes suffering from yaws.

anal, *adj.* : anal.

analepsie, *s. f.* : analepsia, analepsis (recovery of strength).

analeptique, *s. m., adj.* : analeptic (restorative, agent restoring health).

analgésie, *s. f.* : analgesia, analgia alganesthesia (absence of sensibility to pain).

analgésique, *s. m., adj.* : analgesic, analgetic.

analgognosie, *s. f.* : analgognosia, inability to localise and describe painful stimulus.

analgothymie, *s. f.* : analgothymia, indifference to perceived pain (opposite of analgognosia).

anallergique, *adj.* : anallergic (not allergic, not causing anaphylaxis).

analogie, *s. f.* : analogy (similarity in function *or* origin between parts *or* organs, without identity).

analogue, *s. f., adj.* : analogue.

analyse, *s. f.* : analysis.

analyseur, *s. m.* : analysor, Pavlov's term for that part of the nervous system responsible for controlling reaction to external stimuli.

anamnèse, *s. f. ou* **anamnestiques,** *s. m. plur.* : anamnesis (that which is remembered; information gained from the patient regarding the past history of a case).

anamnésie, *s. f.* : anamnesis (faculty of memory, recollection).

anamnésique *ou* **anamnestique,** *s. m., adj.* : anamnestic (1. pertaining to anamnesis: 2. remembering; 3. restorative of the memory).

anamorphose, *s. f.* : 1. anamorphosis, progressive changes in form in the course of evolution; 2. variations in length and breadth *(morph.)*.

ananabasie, *s. f.* : ananabasia, fear of climbing to high places.

ananastasie, *s. f.* : ananastasia, fear of loss of balance when standing *or* walking.

anancastique *ou* **anankastique,** *adj.* : anancastic, obsessive-compulsive *(psych.)*.

anandie, *s. f.* : anandia, aphemia (ataxic aphasia).

anangioplasie, *s. f.* : anangioplasia (congenital narrowing of the caliber of the blood vessels).

anangioplasique, *adj.* : anangioplastic.

anapeiratique, *adj.* : anapeiratic (condition due to excessive exercise as writer's cramp).

anaphrodisiaque, *s. m., adj.* : anaphrodisiac.

anaphrodisie, *s. f.* : anaphrodisia (impairment of sexual appetite).

anaphylactique, *adj.* : anaphylactic; **état -** : anaphylactia, anaphylactic state.

anaphylactogène, *s. m., adj.* : anaphylactogen, s.; anaphylactogenic, adj.

anaphylactoides (états) : anaphylactoid states.

anaphylatoxine *ou* **anaphylotoxine,** *s. f.* : anaphylatoxin (poisonous substance which produces the symptoms in anaphylaxis).

anaphylaxie, *s. f.* : anaphylaxis (state of increased susceptibility to a drug, protein *or* toxin, opposite of immunity).

anaplasie, *s. f.* : anaplasia (tendency of tissues, cells toward reversion).

anaplasme, *s. m.* : anaplasma *(paras.)*.

anaplasmose, *s. f.* : anaplasmosis (condition of being infected with anaplasma).

anaplastie, *s. f.* : anaplasty (plastic *or* restorative surgery).

anapnographe, *s. m.* : anapnograph, anapnometer (device registering movements of inspiration and expiration, quantity of air inhaled).

anaraxie, s. f. : anaraxia, malocclusion.

anarchie ventriculaire : complex irregularity of cardiac rhythm, impossible to classify.

anarrhénie, s. f. : hypogenitalism.

anarthrie, s. f. : anarthria (1. defective articulation; 2. absence of vigor; 3. without joints).

anasarque, s. f. : anasarca (general dropsy of the cellular tissues).

anasarque fœto-placentaire de Schridde : fœto-placental anasarca, Schridde's disease, haemolytic disease of the new-born.

anascitique, adj. : anascitic, without ascites.

anaspadias, s. m. : anaspadias, fissura urethralis superior.

anaspongiocytose, s. f. : anaspongiocytosis, absence of lipids in spongiocytes of the zona fasciculata of the adrenal cortex.

anastomosant, adj. : anastomotic, inosculating.

anastomose, s. f. : anastomosis, inosculation, inosculosis (1. intercommunication of blood vessels; 2. surgical or pathologic formation of a passage between two normally distinct spaces).

anatomie, s. f. : anatomy; **- microscopique** : microscopical anatomy; **- pathologique** : morbid anatomy, pathology; **pièce d'-** : anatomical specimen.

anatomique, adj. : anatomic, anatomical; **préparation -** : anatomical specimen.

anatomist, s. m. : anatomist.

anatomo-clinique (méthode) : Laennec's method of clinical examination.

anatomo-pathologie, s. f. : pathology; **micro -** : micropathology.

anatoxine, s. f. : formol toxoid (toxin treated so that the toxic properties are reduced or suppressed while the antigenic properties are retained).

anatoxino-sérothérapie, s. f. : combined active and passive immunisation.

anatoxino-thérapie, s. f. : toxoid therapy.

anatoxique, adj. : anatoxic, toxoid.

anatoxiréaction, s. f. : anatoxireaction, intracutaneous injection of toxoid for detection of sensitivity (Maloney's test).

anatoxithérapie, s. f. : toxoid therapy.

anaudie, s. f. : cf., **aphémie.**

anautogène, adj. : anautogenous, state of mosquitoes which can only lay eggs after blood-sucking.

anavaccin, s. m. : toxoid vaccine.

anavenin, s. m. : anavenin, formol-inactivated venom.

anavirulent, adj. : avirulent (after inactivation).

anavirus-vaccin, s. m. : vaccine prepared from inactivated virus.

anazoturie, s. f. : anazoturia (deficient excretion of urea in urine).

anchilops, s. m. : abscess of the inner canthus.

ancipité, adj. : ancipital, two-edged, two-headed.

anconagre, s. m. : anconagra (gouty seizure of the elbow).

anconé, s. m. : anconeus; adj. : anconal; **muscle -** : anconeus.

ancrage, s. m. : anchorage (surgical fixation of a displaced viscus).

ancyroïde, adj. : ancyroid, ankyroid; **apophyse -** : processus coracoides scapulae; **articulation -** : ankyrisme; **cavité -** : ankyroid cavity; **cavité - du cerveau** : cornu posterius ventriculi laterali cerebri.

Andersch (ganglion d') : Andersch's ganglion, ganglion petrosum or extracraniale.

Andersen (maladie d') : Andersen's disease, abnormal glycogen retention, due to absence of amylotransglucosidase.

Andersen (syndrome d') : Andersen's syndrome, bronchiectasis, cystic fibrosis of the pancreas and vitamin-A deficiency.

androgamone : cf., **gamone.**

androgène, adj. : androgen, androgenic (producing or stimulating male characteristics).

androgenèse, adj. : androgenesis, development of an egg which contains only paternal chromosomes.

androgénie, s. f. : androgeny.

androgyne, s. f. : androgyne, hermaphrodite ; s. m. : androgynus, hermaphrodite.

androgyne, adj. : androgynous.

androgynie, s. f. : androgyny, hermaphroditism.

androgynoïde, s. m. : androgynus, hermaphrodite.

androïde, s. m., adj. : android.

andrologie, s. f. : andrology (science of man and men's diseases).

andromanie, s. f. : andromania, nymphomania.

andromastie, s. f. : andromasty, atrophy of the female breast.

andromérogonie, s. f. : andromerogone, enucleated ovum developing after fertilization by sperm.

andropause, s. f. : male climacteric.

androphobie, s. f. : androphobia (morbid dislike of the male sex).

androphonomanie, s. f. : androphonomania (homicidal mania).

androsome, s. m. : androsome.

androstadiène, s. f. : androstadiene.

androstane, s. m. : androstane, a tetracyclic hydrocarbon from which androgens are derived.

androstanédiol, s. m. : androstanediol, androgen excreted in the urine of bulls and stallions.

androstène, s. f. : androstene.

androstènedione, s. m. : androstenedione.

androstérone, s. f. : androsterone.

-ane : -ane, suffix denoting a saturated hydrocarbon (chem.).

anectasine, *s. f.* : anectasin, a bacterial product causing vasoconstriction (opposite effect to that of ectasin).

anélectrotonus, *s. m.* : anelectrotonus (lessened irritability of a nerve at the anode).

anélytrie, *s. f.* : congenital absence of the vagina.

anémie, *s. f.* : anaemia, anemia ; **- achrestique** : achrestic anemia; **- agastrique** : agastric anemia, following gastrectomy; **- aiguë curable du nouveau-né** : erythroblastosis of the new-born; **- aiguë fébrile** : Lederer's anemia, acute infantile haemolytic anemia; **- aplastique** : aplastic anemia; **- arégénérative** : Blackfan-Diamond variety of infantile anemia; **- de Biermer** : Addison Biermer anemia; **- des briquetiers** : brickmaker's, miner's anemia caused by infection by larval hookworms in the soil; **- carentielle** *ou* **nutritionnelle** : nutritional anemia; **- de Cooley** : thalassemia, familial mediterranean anemia; **- drépanocytaire** *ou* **falciforme** : sickle-cell anemia; **- érythroblastique** : erythroblastic anemia; **- érythrodysgénétique** : aregenerative anemia of infancy; **- essentielle des jeunes filles** : chlorosis; **- ferriprive** : iron deficiency anemia; **- hémolytique** : hemolytic anemia; **- macrocytaire** : macrocytic anemia; **- megaloblastique** : megaloblastic anemia; **- microcytaire** : microcytic anemia; **- normocytaire** : normocytic anemia; **- pernicieuse** : pernicious anemia; **- sidéroblastique** : sideroblastic anemia.

anémique, *s. m., adj.* : anaemic, anemic.

anémomètre, *s. m.* : anemometer (instrument for measuring velocity of the wind).

anencéphale, *s. m.* : anencephalus; *adj.* anencephalous.

anencéphalie, *s. f.* : anencephalia (congenital absence of the brain).

anergie, *s. f.* : anergia, sluggishness, inactivity.

anergisant, *adj.* : enervating.

anerménie, *s. f.* : *cf.,* **anherménie.**

anérythroblepsie, *s. f.* : *cf.,* **anérythropsie.**

anérythropoïèse, *s. f.* : anerythropoiesis (deficient production of red blood corpuscles).

anérythropsie, *s. f.* : anerythropsia (impaired color-perception of red), red-blindness; **atteint d' -** : inability to distinguish the color red.

anesthésie, *s. f.* : anaesthesia, anesthesia; **- locale, générale** : local, general anaesthesia; **- rachidienne** : spinal anaesthesia.

anesthésié, *adj.* : anesthetized.

anesthésier, *v.* : to anaesthetize *or* anesthetize.

anesthésimètre, *s. m.* : anaesthesimeter, anesthesimeter.

anesthésiologie, *s. f.* : anaesthesiology, anesthesiology.

anesthésique, *s. m.* : anaesthetic, anesthetic.

anesthésiste, *s. m.* : anaesthetist, anesthetist.

Aneth, *s. m.* : anethum; **eau d' -** : dill water (*pharm.*).

anétique, *adj.* : anetic (relaxing, soothing).

anétodermie, *s. f.* : anetodermia.

aneuploïde, *adj.* : aneuploid.

aneuploïdie, *s. f.* : aneuploidy.

aneuploïdisation, *s. f.* : aneuploidisation.

aneurine, *s. f.* : aneurin *or* thiamin, vitamin-B1.

aneurinothérapie, *s. f.* : treatment with vitamin-B1.

aneutrophilie, *s. f.* : agranulocytosis (absence of neutrophil leukocytes from the blood).

anévrismal, *adj.* : aneurysmal (of the nature of, *or* pertaining to an aneurysm).

anévrisme *ou* **anévrysme,** *s. m.* : aneurism *or* aneurysma; **- cirsoïde** : aneurysma cirsoidum *or* racemosum cirsoid aneurysm; **- fusiforme** : fusiform aneurysm; **- miliaire** : miliary aneurysm; **- mycotique** : mycotic aneurism; **- sacciforme** : saccular aneurism; **- par transfusion** : arteriovenous aneurism.

anévrismorraphie, *s. f.* : aneurysmorraphy, arterioplasty (suturing of an aneurysm).

anexosmotique, *adj.* : diminishing intestinal secretion.

anfractueux, *adj.* : anfractuous.

anfractuosité, *s. f.* : anfractuosity, cerebral sulcus.

angéiologie, *s. f.* : angiology, the study of blood vessels and lymphatics.

angéiothérapie, *s. f.* : angiotherapy, intravascular therapy.

angéite *ou* **angiite,** *s. f.* : angeitis, angiitis *or* angitis.

Anger (méthode de Th.) : Anger's method for reduction of dislocation of the shoulder joint.

angialgie, *s. f.* : angialgia, pain in a blood vessel.

angiectasie, *s. f.* : angiectasis (dilatation of a lymphatic *or* blood vessel).

angiectopie, *s. f.* : angiectopia, angiophany (displacement *or* abnormal position of a vessel).

angine, *s. f.* : sore throat; angina; quinsy; **- de poitrine** : angor *or* angina pectoris.

angineux, *adj.* : anginose.

anginoïde, *adj.* : anginoid.

angioalgie, *s. f.* : *cf.,* **angialgie.**

angioblaste, *s. m.* : angioblast (1. mesenchymal precursor of blood vessels and blood cells; 2. vessel-forming cell).

angioblastome, *s. m.* : angioblastoma.

angiocardiogramme, *s. m.* : angiocardiogram.

angiocardiographie, *s. f.* : angiocardiography (roentgenography of the heart and blood vessels).

angiocardiopneumographie, *s. f.* : angiocardiopneumography.

angiocardiosclérose, *s. f.* : *cf.,* **cardioangiosclérose.**

angiocardite, *s. f.* : angiocarditis (inflammation of the heart and blood vessels).

angiocaverneux, *adj.* : angiocavernous.

angiocholécystite, *s. f.* : angiocholecystitis (inflammation of the gallbladder and bile ducts).

angiocholécystographie, *s. f.* : *cf.,* **cholangiographie.**

angiocholégraphie, *s. f.* : *cf.*, **cholangiographie.**

angiocholite, *s. f.* : cholangitis (inflammation of biliary ducts).

angiodermite, *s. f.* : angiodermatitis (inflammation of the vessels of the skin); **- pigmentée** *et* **purpurique** : pigmented purpuric angiodermatitis.

angiodysplasie, *s. f.* : angiodysplasia.

angiodystrophie, *s. f.* : angiodystrophy, angiodystrophia (defective nutrition of blood vessels).

angioencéphalographie, *s. f.* : angioencephalography.

angioendothéliome, *s. m.* : angioendothelioma.

angiofibrome, *s. m.* : angiofibroma.

angiofluoroscopie, *s. f.* : angiofluoroscopy.

angiogénie, *s. f.* : angiogenesis, angiogeny (development of the vessels).

angiogliome, *s. m.* : angioglioma.

angiographe, *s. m.* : angiograph.

angiographie, *s. f.* : angiography (1. treatise on the vessels; 2. roentgenological visualization of blood vessels).

angiohémophilie, *s. f.* : non-familial haemophilia.

angiohyalinose, *s. f.* : angiohyalinosis (hyaline degeneration of muscularis of blood vessels).

angiohypertonie, *s. f.* : angiohypertonia, angiospasm, vasoconstriction.

angiohypotonie constitutionnelle : constitutional hypotension.

angioïdes de la rétine (stries) : Grünblad-Strandberg syndrome, angioid streaks in the retina surrounding the optic disc.

angiokeratoma corporis diffusum de Fabry : familial diffuse angiokeratosis.

angiokératome, *s. m.* : angiokeratoma, angioceratoma, lymphangiectasis, telangiectatic wart.

angioleucite, *s. f.* : angioleucitis (inflammation of the lymphatic vessels).

angiolipome, *s. m.* : angiolipoma (angioma containing fatty tissue).

angiolithe, *s. m.* : angiolith, venous calculus.

angiolithique, *adj.* : angiolithic.

angiologie, *s. f.* : angiology (study of blood vessels and lymphatics).

angiolupoïde, *s. m.* : angiolupoid (tuberculous skin lesion).

angioma serpiginosum de Hutchinson-Crocker : angioma serpiginosum.

angiomalacie, *s. f.* : angiomalacia (softening of walls of vessels).

angiomateux, *adj.* : angiomatous.

angiomatose, *s. f.* : angiomatosis; **- hémorragique familiale** : familial angiomatosis.

angiome, *s. m.* : angioma, tumour derived from blood vessels *or* lymphatics and tending to form such vessels; **- stellaire** : spider angioma *or* spider telangiectasis.

angiomyome, *s. m.* : angiomyoma (myoma with angiomatous stroma).

angiomyoneurome artériel *ou* **tumeur glomique** : angiomyoneuroma, glomus tumour.

angiomyosarcome, *s. m.* : angiomyosarcoma.

angiomyxome, *s. m.* : angiomyxoma.

angionécrose, *s. f.* : angionecrosis.

angionéphrographie, *s. f.* : angionephrography, radiography of kidney immediately after intra-aortic injection of radiopaque fluid.

angioneurectomie, *s. f.* : angioneurectomy (excision of vessels and nerves).

angioneurose cutanée *ou* **muqueuse** : angioneurotic oedema *or* edema.

angioneurotique (œdème aigu) : acute angioneurotic oedema *or* edema.

angioneurose *ou* **angionévrose**, *s. f.* : angioneurosis (neurosis of the blood vessels).

angionévrose douloureuse du sein : painful angiospasm of mammary blood vessels.

angioneurotique, *adj.* : angioneurotic; **œdème -** : angioneurotic edema, Quincke's disease.

angioneurotomie *ou* **angionévrotomie**, *s. f.* : angioneurotomy (division of the nerves and vessels of a part).

angionome, *s. m.* : angionoma, ulcération of a blood vessel.

angiopancréatite, *s. f.* : angiopancreatitis (inflammation of the vascular tissue of the pancreas).

angioparalytique, *adj.* : condition of vasomotor paralysis as in erythromelalgia.

angiopathie, *s. f.* : angiopathy (any disease of the vascular system).

angioplastie, *s. f.* : angioplasty (plastic, surgery of blood vessels).

angiopneumographie, *s. f.* : angiopneumography, radiography of pulmonary blood vessels.

angiopsathyrose, *s. f.* : angiopsathyrosis (fragility of blood vessels).

angioréticulite, *s. f.* : angioreticulitis.

angioréticulome, *s. m.* : angioreticuloma, haemangioma (generally in the brain).

angiorraphie, *s. f.* : angiorraphy (suture of a vessel).

angiosarcome, *s. m.* : angiosarcoma (vascular sarcoma).

angiosclérose, *s. f.* : angiosclerosis (induration and thickening of the walls of the blood vessels).

angioscope, *s. m.* : angioscope (instrument for examining the blood vessels).

angioscopie *ou* **angiofluoroscopie**, *s. f.* : angioscopy (1. of cutaneous capillaries; 2. of retinal blood vessels).

angioscotome, *s. m.* : angioscotoma (restriction of the visual field by shadows of the retinal blood vessels).

angiose, *s. f.* : angiosis, angiopathy.

angiospasme, *s. m.* : angiospasm, vasomotor spasm.

angiospasmodique (syndrome) : angiospasmodic syndrome, Raynaud's disease.

angiospastique, adj. : angiospastic (characterized by, of the nature of, angiospasm).

angiosténose, s. f. : angiostenosis (narrowing of a vessel).

angiostéose, s. f. : angiosteosis (calcification of a vessel).

angiotensine, s. f. : angiotensine.

angiothérapie, s. f. : cf., **angéiothérapie.**

angiotomie, s. f. : angiotomy (1. incision into a vessel; 2. that branch of anatomy that relates to the vascular system).

angiotomographie, s. f. : angiotomography.

angiotonine, s. f. : angiotonin, hypertensin.

angiotribe, s. m. : angiotribe (clamp for crushing arteries).

angiotripsie, s. f. : angiotripsy (hemostasis by means of an angiotribe).

angle, s. m. : angle; **- cérébello-occipital de Sicard (syndrome de l')** : Sicard's or Collet-Sicard syndrome, glossolaryngoscapulopharyngeal hemiplegia, due to lesion of 9th-12th cranial nerves; **- de disparition de la pointe (mesure de l')** : radiological estimation of hypertrophy of the left ventricle; **- facial** : facial angle; **- du genou (phénomène de l')** : hyperextension of the kneejoint, a clinical sign of tabes; **- d'impédance (recherche de l')** : impedance angle, (ratio between body resistance to electric current and capacity); **- d'insuffisance circulatoire** : angle (to the vertical) at which cyanosis reappears as the leg is lowered, in cases of arteritis obliterans; **- morts rétrocardiaque et rétrohépatique** : radiological terms for regions which cannot be visualised, behind the heart and the liver; **- pariétal** : parietal angle; **- pontocérébelleux** : pontocerebellar angle; **- sternal ou de Louis** : sternal angle, between manubrium and body of sternum.

angoisse, s. f. : anguish, agony, anxiety.

angophrasie, s. f. : angophrasia (drawling and faltering form of speech).

angor ou **angor pectoris,** s. m. : angina pectoris.

angor abdominalis : paroxysmal severe pain (in aneurysm of the abdominal aorta).

angström (unité) : angström unit (unit of wavelength = 10^{-10} meter, symbol Å).

anguillule de l'intestin : anguillula intestinalis or stercoralis.

anguillulose, s. f. : anguilluliasis (infestation with Anguillula or Strongyloide intestinalis).

angulaire, adj. : angular.

angustie, s. f. : angusty, narrowness.

anhélation, s. f. : anhelation (shortness of breath).

anhématopoïèse, anhematopoiesis : anhaematopoiesis, anhematopoiesis.

anhématopoïétique, adj. : anhematopoietic (defective blood formation).

anhématosie, s. f. : anhematosis (defective blood formation due to hypoplasia of the bone marrow).

anhépatie, s. f. : anhepatia (absence or suppression of liver function).

anherménie, s. f. : anhermenia, defective speech due to bulbar paralysis.

anhidrose ou **anidrose,** s. f. : anhidrosis (partial or complete absence of sweat secretion).

anhidrose avec hypotrichose et anodontie (ou **syndrome de Christ-Siemens**) : hereditary ectodermal dysplasia, Siemens' syndrome.

anhidrotique, s. m., adj. : anhidrotic (agent that checks sweating; tending to check sweating).

anhiste, adj. : anhistic, anhistous (structureless, not organized).

anhydre, adj. : anhydrous.

anhydrémie, s. f. : anhydremia (lack of water in the blood).

anhydride, s. m. : anhydride.

anhydrisation, s. f. : anhydration.

anhydrobiose, s. f. : anhydrobiosis.

anhydromyélie, s. f. : anhydromyelia (deficiency of cerebrospinal fluid).

anicotinose, s. f. : deficiency of niacin, pellagra.

anictérique, adj. : anicteric, without jaundice.

anide, s. m. : anideus (form of omphalonsite).

anidéation, s. f. : anideation, negation of ideation.

anidrose, s. f. : cf., **anhidrose.**

aniline, s. f. : aniline.

anilisme, s. m. : anilism, aniline poisoning.

animal, s. m., adj. : animal.

animalcule, s. m. : animalcule.

anion, s. m. : anion (electronegative ion).

aniridie, s. f. : aniridia (congenital absence of iris).

anisergie circulatoire : anisergy (existence of different degrees of blood pressure in different parts of the circulatory system).

anisochrome ou **anisochromatique,** adj. : anisochromatic.

anisochromémie ou **anisochromic,** s. f. : anisochromia (variations in the intensity of stains of different blood corpuscles).

anisocorie, s. f. : anisocoria (inequality of the two pupils).

anisocytose, s. f. : anisocytosis (abnormal inequality in the size of the red blood corpuscles).

anisoménorrhée, s. f. : irregular menstrual rhythm.

anisométrie, s. f. : anisometria, unequal dimensions (of blood corpuscles).

anisométrope, s. m. : anisometrope; adj. : anisometropic.

anisométropie, s. f. : anisometropia (difference in the refraction of the two eyes).

anisoscillométrie, s. f. : unequal amplitude of pulsation.

anisosphygmie, s. f. : anisosphygmia (inequality in symmetrical arteries e.g. in the two radial arteries).

anisosthénie, s. f. : anisosthenic muscles (not having equal power).

anisotrope, *adj.* : anisotropal, anisotropic, anisotropous (term applied to doubly refracting bodies).

anisurie, *s. f.* : anisuria (condition characterized by alternate polyruria and oliguria).

anite, *s. f.* : inflammation of the anus.

ankyloblépharon, *s. m.* : ankyloblepharon (adhesion of the ciliary edges of the eyelids).

ankylochéilie, *s. f.* : ankylochilia, ankylocheilia (adhesion of the lips).

ankyloglosse, *s. m.* : ankyloglossia, frenum linguae, tongue-tie (congenital shortness of frenum interfering with its mobility); **opération de l' -** : ankylotomy; **scalpel pour l'opération de l' -** : ankylotome.

ankylorrhinie, *s. f.* : adhesion of walls of the nares.

ankylose, *s. f.* : ankylosis, stiffness.

ankylosé, *adj.* : ankylosed.

Ankylostoma, *s. m.* : *Ankylostoma duodenale, Necator americanus (parasit.)*, hookworm.

ankylostomiase, ankylostomasie *ou* **ankylostomose**, *s. f.* : ankylostomiasis, hookworm disease, brickmaker disease, tropical chlorosis, St Gothard's disease.

ankylotomie, *s. f.* : ankylotomy.

annamite (plaie *ou* **ulcère)** : Annam ulcer (phagedena common in hot countries).

anneau, *s. m.* : ring, annulus *(lat.)*; **- crural** : annulus femoralis; **- inguinal** : annulus inguinalis.

anneau limite (méthode de l') : diazoreaction.

anneau lilas : lilac ring (bordering sclerodermic plaques).

annelé, *adj.* : annulate.

annexe, *s. f.* : adnex, *plur.* : adnexa.

annexectomie, *s. f.* : adnexectomy (removal of adnexa e.g. of the uterus).

annexite, *s. f.* : adnexitis (inflammation of the adnexa).

annexopexie, *s. f.* : adnexopexy (fixation of the fallopian tubes and ovaries).

annulaire, *adj.* : annular.

annulite mitrale : inflammation of the auriculoventricular orifice.

annuloplastie, *s. f.* : annuloplasty (surgical repair of an abnormal orifice).

anoblepsie, *s. f.* : anoblepsy (type of ocular paresis causing upturned stare).

anochlésie, *s. f.* : anochlesia (1. tranquillity; 2. catalepsy).

anocie-association, *s. f.* : anociation, anoci-association (local and general anaesthesia to avoid nervous impulses).

anode, *s. f.* : anode, anelectrode; **- en bâtonnet** : rodanode *(radiol.)*.

anodin, *s. m.* : palliative, pain-killer, analgesic; *adj.* : anodyne, pain-alleviating, soothing, harmless.

anodique, *adj.* : anodal (pertaining to the anode).

anodontie, *s. f.* : anodontia (absence of the teeth).

anodynie, *s. f.* : anodynia (freedom from pain).

anœstrus, *s. m.* : anoestrus, anestrus.

anomalie, *s. f.* : anomaly, abnormality, abnormity.

anomie, *s. f.* : anomia (loss of capacity to recognize *or* name objects).

ânonnement, *s. m.* : angophrasia (drawling and hesitant speech).

anonychie, *s. f.* : anonychia (absence of the nails).

anonyme, *adj.* : anonymous.

anonymographie, *s. f.* : writing anonymous letters.

anoopsie, *s. f.* : cf., **anopsie**.

Anophèle, *s. m.* : *Anopheles* (genus of mosquitoes which are vectors for the malarial parasites).

anophélicide, *adj. ou s. m.* : 1. anophelicidal; 2. anophelicide.

anophelifuge, *s. m.* : anophelifuge (mosquito repellant).

anophélisme, *s. m.* : anophelism, infestation with anopheles mosquitoes.

anophtalmie, *s. f.* : anophthalmy, anophthalmus, anophthalmos (congenital absence of the eyes); **sujet atteint d' -** : anophthalmos, anophthalmus.

anoplastie, *s. f.* : anoplasty (operation for repair of the anus).

anopsie, *s. f.* : 1. anopsia (defect of vision); 2. anoopsia (upward strabismus).

anorchidie *ou* **anorchie**, *s. f.* : anorchism (congenital absence of the testicles).

anorectal, *adj.* : anorectal.

anorectogenital (syndrome) : anorectogenital syndrome (perineal elephantiasis due to obstructive lymphangitis; Jersild's syndrome).

anorexie, *s. f.* : anorexia, anorexy (lack *or* loss of appetite for food).

anorganique, *adj.* : cf., **inorganique**.

anormal, *adj.* : abnormal, anomalous.

anorthographie, *s. f.* : anorthography (loss of power of writing correctly).

anosmie *ou* **anophrésie**, *s. f.* : anosmia, anophrasia (defect *or* lack of the sense of smell).

anosodiaphorie, *s. f.* : anosodiaphoria (indifference to the presence of disease).

anosognosie, *s. f.* : anosognosia (ignorance real *or* pretended of the presence of disease, especially of paralysis).

anote, *adj.* : anotous, a monster without ears external *or* internal; **fœtus -** : anotus.

anoure, *adj.* : anourous, tailless.

anovarie, *s. f.* : anovarism (absence of ovaries).

anovulation, *s. f.* : anovulation, cessation of ovulation.

anoxémie, anoxhémie, anoxie *ou* **anoxyémie**, *s. f.* : anoxemia, anoxaemia, anoxyemia (deficient aeration of the blood).

anse, s. f. : loop, ansa (lat.); **- nerveuse de l'hy‹ poglosse** : ansa hypoglossi, loop of the hypoglossal nerve; **- sygmoïde** : colon sygmoides.

ansérine, adj. : anserine; **peau -** : anserine skin, goose-flesh.

ansotomie, s. f. : ansotomy (section of the ansa lenticularis).

antacide, s. m. : antacid.

antagonisme, s. m. : antagonism, opposition.

antagoniste, adj. : antagonistic; **muscle -** : antagonist, antagonistic muscle.

antalgique, s. m., adj. : antalgesic, antalgic (anodyne, analgesic, relieving pain).

anté-allergie, s. f., ou **anté-allergique (période)** : ante-allergic period.

antébacillaire (phase ou **période)** : a phase in tuberculosis in which bacilli are not found.

antécédents commémoratifs : case history, past record.

antéflexion, s. f. : anteflexion; **- de l'utérus** : anteflexion of uterus (condition in which the fundus is bent forward).

anté-hypophyse, s. f. : adenohypophysis.

antéposition, s. f. : anteposition; **- de l'utérus** : anteposition of uterus (forward displacement).

antérograde, s. m. : anterograde.

antéversion, s. f. : anteversion; **- de l'utérus** : anteversion of uterus (tilting forward of the uterus).

anthélix, s. m. : anthelix (curved ridge opposite the helix of the ear).

anthelminthique, s. m., adj. : anthelminthic, vermicide.

anthère, s. f. : anther (male sexual organ in plants).

anthocyanine, s. f. : anthocyanin (glucoside).

anthocyaninémie, s. f. : anthocyaninemia (anthocyanin in the blood).

anthocyaninurie, s. f. : anthocyaninuria (anthocyanin in the urine).

anthormone, s. f. : anthormone, colyone.

anthracine, s. f. : anthracine (ptomaine from cultures of anthrax).

anthracique, adj. : carbuncular.

anthracoïde, s. m., adj. : anthracoid (1. resembling carbon; 2. resembling a carbuncle).

anthracose, s. f. ou **anthracosis,** s. m. : anthracosis (form of pneumokoniosis caused by the inhalation of coal dust), collier's lung.

anthracosilicose, s. f. : anthracosilicosis.

anthrax, s. m. : furuncle, carbuncle.

anthropogénésie, s. f. : anthropogenesis (development of man as a race and as an individual).

anthropogénie, s. f. : anthropogeny (study or science of the descent of man).

anthropogéographie, s. f. : anthropogeography (study of man and his environment).

anthropoïde, s. m., adj. : anthropoid (manlike).

anthropologie, s. f. : anthropology (science of man, natural history of mankind).

anthropométrie, s. f. : anthropometry (measure of anatomical structures of man).

anthropomorphisme, s. m. : anthropomorphism (theory which ascribes human attributes to animals and plants).

anthropophagie, s. f. : anthropophagy, cannibalism (eating of human flesh).

anthropophilie, s. f. : anthropophilia (parasit.).

anthropophobie, s. f. : anthropophobia (morbid dread of society).

anthroposomatologie, s. f. : anthroposomatology (sum of knowledge regarding human body).

anti- : anti-, prefix meaning against.

antiagressine, s. f. : antiaggressin.

antiamaril, adj. **(vaccination)** : against yellow. fever.

antianaphylaxie, s. f. : antianaphylaxis (state of desensitisation).

antianémique (principe) : antianaemic factor Castle's intrinsic factor.

anti-anticorps, s. m. : anti-antibody.

antiathérogène, adj. : opposing the production of atheroma.

antibiogramme, s. m. : record of bacterial sensitivity to antibiotics.

antibiote, s. m. : antibiotic.

antibiothérapie, s. f. : treatment by antibiotics.

antibiotique, adj., s. m. : 1. antibiotic (tending to destroy life); 2. specific chemical substance produced by a microorganism which inhibits the growth of other microorganisms.

antiblastique (pouvoir) : antiblastique (property).

anticathode, s. f. : anticathode, target (radiol.).

anticataphylaxie, s. f. : anticataphylaxis.

anticéphaline, s. f. : plasma lipid antagonistic to intravascular thrombosis.

anticétogène, adj. : opposing the production of ketones.

anticholinergique, adj. : anticholinergic.

anticipation, antéposition (loi d') : anticipation (genet.), progressively earlier onset of hereditary disease in successive generations.

anticlasie, s. f. : any treatment designed to prevent haemoclastic crisis.

anticoagulant, adj. : anticoagulant.

anticolloïdoclasie, s. f. : cf., **anticlasie.**

anticomplémentaire, adj. : anticomplementary (immunol.).

anticorps, s. m. : antibody (characteristic constituant of the immune state).

antidéperditeur, adj. : controversial food-saving property of stimulants (tea, coffee, etc.).

antidiurétique (hormone) : antidiuretic (hormone).

antidote, s. m. : antidote (agent preventing or counteracting the action of poison).

antidromique (conduction) : antidromic nerve impulse (passing in the opposite direction to the normal).

antiémétique, *s. m., adj.* : antiemetic, antemetic preventing emesis, relieving nausea or vomiting.

antienzyme, *s. m.* : antienzyme.

antifébrile, *s. m., adj.* : febrifuge, antifebrile.

antiferment, *s. m.* : antiferment (agent that prevents fermentation).

antifibrinolysine, *s. f.* : antifibrinolysin.

antifolique, *adj.* : antifolic.

antifongique ou **antifungique**, *adj.* : antifungal.

antigène, *s. m.* : antigen (any substance which, when injected into an organism, is capable of causing the formation of an antibody).

antigène (réaction de l') (*syn.* **réaction de Debré et Paraf**) : recognition of bound (tuberculous) antigen-antibody by deviation of complement.

antigénique, *adj.* : antigenic; **motif -** : antigenic pattern.

antigénétique (pouvoir) : ability of the immunity cells to recognize a foreign protein as such.

antigénicité, antigénie, *s. f.* ou **antigénique (potentiel)** : antigenicity; antigenic potency.

antigénothérapie, *s. f.* : antigenotherapy.

antiglobuline (test à l') : Coomb's test.

antigoutteux, *adj.* : antipodagric (effective against gout).

antihelminthique, *adj.* : antihelminthic.

antihémophiliques (facteurs, ou **globulines,** ou **substances)** : antihaemolytic (factors, globulins or substances).

antihidrotique, *adj.* : anhidrotic, antihidrotic (checking the secretion of sweat).

antihistaminique, *adj.* : antihistaminic.

antihistaminothérapie, *s. f.* : antihistamine treatment.

antihormone, *s. f.* : antihormone, colyone.

antiléwisite, *s. m.* : antilewisite, BAL (British antilewisite), alkylant agent.

antilipotropique (substance) : antilipotropic (substance).

antiluétique, *adj.* : antisyphilitic, antiluetic.

antilysine, *s. f.* : antilysin.

antimalarique, *adj.* : antimalarial.

antimétabolite, *s. m.* : antimetabolite.

antimitotique, *adj.* : antimitotic.

antimoine, *s. m.* : antimony.

antimonial, antimonié, *adj.* : antimonial.

antipaludéen (enne), *adj.* : antimalarial, antipaludian.

antiparkinsonien (enne), *adj.* : antiparkinsonian.

antipellagreuse (vitamine) : antipellagra-factor, vitamin P-P, nicotinic acid, nicotinamide.

antipéristaltique, *adj.* : antiperistaltic.

antipesteux, *adj.* : antiplague, antilemic.

antiphage, *s. m.* : antiphage (opposing action of bacteriophage).

antiphagine, *s. f.* : antiphagin (substance formed in virulent bacteria which renders them resistant to the phagocytes).

antiphlogistique, *s. m., adj.* : antiphlogistic (counteracting fever or inflammation).

antiphone, *s. m.* : antiphone, ear plug.

antiplasmine, *s. f.* : antiplasmin.

antipolyurique (hormone) : *cf.,* **pitressine.**

antipsychotique, *adj.* : antipsychotic.

antipyrétique, *adj.* : antipyretic.

antipyrinide, *s. f.* : cutaneous reaction to pyridine.

antirachitique, *adj.* : antirachitic.

antiscorbutique, *s. m., adj.* : antiscorbutic.

antisepsie, *s. f.* : antisepsis (destruction of the germs that cause infection or putrefaction).

antiseptique, *s. m., adj.* : antiseptic (destroying bacteria, preventing development of bacteria).

antisérum, *s. m.* : antiserum (serum containing antibodies).

antisomeilleux (euse), *adj.* : antihypnotic.

antispasmodique, *adj.* : antispasmotic.

antistéatogène (substance) : *cf.,* **lipotrope, substance.**

antistreptokinase, *s. f.* : antistreptokinase.

antistreptolysine O : antistreptolysin O.

antisudoral, *s. m., adj.* : antisudoral, antisudorific.

antisulfamide, *s. m., adj.* : substances which inhibit the action of the sulfa-drugs, e.g., para-aminobenzoic acid.

antithermique, *s. m., adj.* : antithermic, antipyretic, antifebrile.

antithrombine, *s. f.* : antithrombin.

antithromboplastinogène, *s. m.* : antithromboplastinogen, antibody occasionally present in haemophilics, after repeated transfusions.

antithyroïdien, *adj.* : antithyroid.

antitoxine, *s. f.* : antitoxin.

antitoxique, *s. m., adj.* : antitoxic.

antitragien, *adj.* : antitragic.

antitragus, *s. m.* : antitragus (prominence of the ear fronting the tragus); **muscle de l'-** : antitragic muscle).

antitryptique, *adj.* : antitryptic (counteracting fermentation).

antivirus, *s. m.* : antivirus (bacterial filtrate inducing specific immunity).

antivirusthérapie, *s. j.* : treatment with « antivirus ».

antivitamine, *s. f.* : antivitamin.

antixénique, *adj.* : antixenic, reacting against foreign substances.

antixérophtalmique, *adj.* : antixerophthalmic.

Anton-Babinski (syndrome d') : *cf.,* **hémiasomatognosie.**

antonin (faciès) : facies antonia, ectropion and empty staring expression (seen in advanced leprosy).

antonomasie, s. f. : antonomasia, aphasia (particularly for nouns).

antral, adj. : antral (pertaining to an antrum).

antre, s. m. : antrum, cavity in a bone ; **- de Highmore** : antrum of Highmore, sinus maxillaris; **- mastoïdien** : mastoid antrum.

antrectomie, s. f. : 1. resection of the pyloric antrum; 2. removal of the walls of the mastoid antrum.

antrite, s. f. : antritis (inflammation of an antrum).

antro-atticotomie, s. f. : antro-atticotomy (operative opening of the antrum and the attic of the tympanum).

antroduodenostomie, s. f. : gastroduodenostomy.

antromastoïdite, s. f. : mastoiditis, inflammation of the mastoid antrum.

antropylorectomie, s. f. : antropylorectomy, partial gastrectomy.

antropylorite, s. f. : inflammation of the pyloric antrum.

antrosalpingite, s. f. (ou **otite sèche scléréma-teuse**) : otitis media sclerotica.

antrostomie, s. f. : antrostomy (making an opening in an antrum for drainage).

antrotome, s. m. : antrotome (instrument for mastoid antrotomy).

antrotomie, s. f. : antrotomy (incision of an antrum).

Antyllus (méthode d') : Antyllus' operation (ligation of an artery above and below an aneurism and evacuation of the contents by incision).

antyphosclérose, s. f. : replacement of damaged part of an organ by sclerotic tissue.

anucléé, adj. : anuclear, anucleate.

anurèse ou **anurie,** s. f. : anuresis, anuria (suppression of the urine).

anus, s. m. : anus; **- artificiel** : anus praeternaturalis, artificial anus; colostomy.

anuscope, s. m. : proctoscope.

anxiété, s. f. : anxiety, sensation of precordial constriction.

anxieux, adj. : anxious.

aorte, s. f. : aorta; **crosse de l'-** : arch of the aorta, archus aortae; **sclérose de l' -** : aortosclerosis; **- à cheval** ou **biventriculaire** : a type of dextrocardia.

aortectomie, s. f. : aortectomy, resection of part of the aorta.

aortique, adj. : aortal, aortic; **insuffisance -** : aortic insufficiency or incompetence ; **rétrécissement -** : aortarcia, aortis stenosis or stricture.

aortite, s. f. : aortitis.

aortoartériographie, s. f. : aortoarteriography.

aortographie, s. f. : aortography (roentgenographical examination of the aorta).

aortomyocardite, s. f. : aortomyocarditis, associated inflammation of aorta and myocardium.

aortopathie, s. f. : aortopathy (any disease of the aorta).

aortorraphie, s. f. : aortorrhaphy (suture of the aorta).

aoutat, s. m. (ou **rouget**) : popular (French) name for nymph octopod Thrombicula autumnalis a potential parasite for man. The bites cause pruritus and erythema.

apanthropie, s. f. : apanthropy (aversion to human society).

apareunie, s. f. : apareunia, physical impossibility of coitus.

apornétique (syndrome) : refusal to recognise malady.

apathie, s. f. : apathy.

apathique, adj. : apathic, apathetic, listless.

APC (virus) : cf., **adénovirus.**

apectomie, s. f. : apicectomy (excision of the root of a tooth).

apéidose, s. f. : apeidosis.

apelle, s. m. : apella, circumcised person; adj. : apellous; skinless, circumcised.

apepsie, s. f. : apepsia (complete cessation or failure of digestive function).

apepsinie, s. f. : apepsinia (absence of pepsin secretion by the stomach).

aperception, s. f. : apperception (conscious perception).

aperceptif, adj. : apperceptive, perceptive.

apériodique, adj. : aperiodic.

apéristaltisme, s. m. : aperistaltis (cessation of the peristaltic movements of the intestine).

Apert (maladie d') ou **Apert (syndrome d')** : Apert's syndrome, acrocephalosyndactylism.

Apert et Gallais (syndrome d') : cf., **génitosurré-nal (syndrome).**

apex orbitaire (syndrome de l') : unilateral paralysis of the 3rd, 4th and 6th cranial nerves and of the ophthalmic branch of the 5th, due to pressure in the sphenoidal fissure (tumour or syphilitic periostitis).

apexien, adj. : apical.

apexite, s. f. : apicitis (inflammation of the apex).

apexo-axillaire (souffle), adj. : a cardiac murmur radiating from the apex towards the axilla.

aphagocide, adj. : bactericidal action of active substances produced by leucocytes.

aphakie, s. f. : aphacia, aphakia (condition of an eye without lens).

aphalgésie, s. f. : cf., **haphalgésie.**

aphaque, s. m., adj. : aphacic, aphakic.

aphasie, s. f. : aphasia or dumbness; **- motrice** : motor aphasia; **- sensorielle** : sensory aphasia.

aphasique, s. m., adj. : aphasic, dumb.

aphelkia, s. f. : aphelxia (inattention to external impressions).

aphemesthésie, s. f. : aphemesthesia (failure of words perception).

aphémie, s. f. : aphemia, motor aphasia.

aphlegmasique, adj. : non-inflammatory.

aphone, adj. : aphonic.

aphonie, s. f. : aphonia.

aphosphatasie, s. f. : rare congenital absence of alkaline phosphatase (characterised by intractable rachitic or osteomalacic syndrome).

aphrasie, s. f. : aphrasia (dumbness of whatever kind except aphonia).

aphrodisiaque, adj., s. m. : aphrodisiac.

aphte, s. m. : aphta, plur. : aphtae; **- des nouveau-nés** : thrush.

aphtenxie, s. f. : aphtenxia (form of aphasia with impaired expression of articulate word).

aphteux, adj. : aphtous; **fièvre -** : foot and mouth disease, trench mouth.

aphtisation, s. f. : vaccination against aphtous fever (foot and mouth disease).

aphtongie, s. f. : aphtongia (aphasia due to spasm of tongue muscles).

aphtose, s. f. : aphtosis, any condition marked by aphthous ulcers.

aphylaxie, s. f. : aphylaxis (absence of immunity or protection against disease).

apical, adj. : apical.

apicocostovertébral douloureux (syndrome) : cf., **Pancoast et Tobias (syndrome de)**.

apicolyse, s. f. : apicolysis (collapse of the apex of a lung brought about by an opening in the anterior chest wall).

apinéalisme, s. m. : apinealism.

apithérapie, s. f. : apiotherapy (treating disease with bee venom).

apituitarisme, s. m. : apituitarism (1. pituitary dwarfism; 2. pituitary cachexia [Simmond's disease]; 3. Sheehan's syndrome [hypoglycaemia and arrest of lactation, due to anterior pituitary necrosis, following severe ante- or postpartum haemorrhage]).

aplaquettose, s. f. : athrombocytosis, thrombocytopenia.

aplasia ossea microplastica, aplasia periostalis : cf., **dysplasie périostale**.

aplasie, s. f. : aplasia.

aplasique ou **aplastique**, adj. : aplastic.

apnée, s. f. : apnea, apnoea (1. transient cessation of respiration; 2. asphyxia).

apneumatose ou **apneumatosis**, s. f. : apneumatosis (collapse of the air cells).

apochromatique, adj. : apochromatic.

apocope, s. m. : apocope (amputation wound with loss of substance).

apocrine, adj. : apocrine (secretion involving partial loss of cell contents).

apode, adj. : apodous, footless, monster without feet; **foetus -** : apus.

apodie, s. f. : apodia (congenital absence of feet).

apoenzyme, s. f. : apoenzyme (incomplete enzyme requiring coenzyme for activity).

apoferritine, s. f. : apoferritin.

apogamie, s. f. : apogamy (1. asexual reproduction; 2. total normal absence of sexual reproductive power).

apogastrie, s. f. : atrophic gastritis.

apogée, s. f. : climax, apogee.

apogénie, s. f. : apogeny (loss of reproductive function).

apolaire, adj. : apolar.

apomixie, s. f. : parthenogenesis.

apomyéline, s. f. : apomyelin.

aponévrectomie, s. f. : aponeurectomy (excision of the aponeuris of a muscle).

aponévroplastie, s. f. : fasciaplasty, fascioplasty.

aponévrorraphie, s. f. : aponeurorrhaphy.

aponévrose, s. f. : aponeurosis, fascia.

aponévrosite, s. f. : aponeurositis.

aponévrotite, s. f. : aponeurositis, fasciitis (inflammation of aponeurosis).

aponévrotique, adj. : aponeurotic, fascial.

aponévrotome, s. m. : aponeurotome (instrument for dividing fasciae).

aponévrotomie, s. f. : aponeurotomy, fasciotomy.

aponie, s. f. : aponia, freedom from pain.

apophlegmatique, adj. : apophlegmatic, expectorant; **médicament -** : apophlegmatisant.

apophylaxie, s. f. : apophylaxis.

apophysaire, adj. : apophyseal, apophysial, apophysary; **ostéite -** : apophyseopathia, Schlatter's disease.

apophyse, s. f. : apophysis, process, processus, plur. processi (lat.) ; **- articulaire supérieure** : prezygapophysis (vertebra) ; **petite - du calcanéum** : sustentaculum tali; **- clinoïde antérieure** : processus clinoideus anterior or alae parvae ; **- clinoïde postérieure** : processus clinoideus posterior or dorsi sellae ; **- coracoïde** : processus coracoideus; **- coronoïde** : processus coronoideus mandibulae or muscularis mandibulae ; **- crista galli** : crista galli, cock's comb; **- épineuse** : processus spinosus or spinalis; **- geni supérieure et inférieure** : genial tubercles; **- jugulaire** : processus jugularis ossis occipitalis; **- de Raw** ou **longue du marteau** : Raw's apophysis; **- mastoïdienne** : processus mastoideus; **- montante du maxillaire** : processus frontalis; **- ondotoïde** : ondotoid process; **- orbitaire** : processus temporalis; **- orbitaire externe** : processus zygomaticus ossis frontalis or jugularis ossis temporalis; **- ptérygoïde** : processus styloideus, **- transverse** : processus transversus ; **- unciforme de l'ethmoïde** : processus uncinatus; **- vaginale du temporal** : semivagina or vagina processus styloidei.

apophysite, s. f. : apophysitis (inflammation of an apophysis).

apophysite tibiale antérieure, s. f. : apophysitis tibialis adolescentium (Schlatter's disease).

apoplectiforme ou **apoplectoïde,** adj. : apoplectiform, apoplectoid.

apoplectique, s. m., adj. : apoplectic.

apoplexie, s. f. : apoplexy; **- blanche** : white apoplexy (ischaemia due to intravascular clotting of white cells in myeloid leukaemia).

apostème ou **apostume,** s. m. : apostema, abscess; **- aqueux** : hydrarthrosis.

aposthanasie, s. f. : aposthanasia, postponing of death.

apothème, s. m. : apothem, apotheme (dark deposit [chem.]).

apothicaire, s. m. : apothecary, pharmacist, druggist.

apotoxine, s. f. : apotoxin, anaphylatoxin.

apozème, s. m. : apozeme, medicinal ou medicated decoction.

appareil, s. m. : apparatus (1. appliance; 2. complex of parts which unite in any function); **- à attelles** : appliance with splints; **- avertisseurs** : monitoring instruments (radiol.); **- dentaire** : dental plate; **- détecteurs** : surveying instruments (radiol.); **- improvisé** : improvised appliance; **- de marche** : ambulatory splint; **- modelé** : close fitting appliance.

appareillage (centre d') : artificial limb supply center.

appareiller, v. : to fit someone with artificial limb.

appariement, s. f. : mating; **- croisé** : cross matching (blood grouping).

apparier, v. : to mate, to match.

appendicalgie, s. f. : appendalgia (pain in region of the vermiform appendix).

appendice, s. m. : appendix, appendage; **- caudal** : caudal appendage; **- vermiculaire** : vermiform appendix, processus vermiforis caeci; **- xiphoïde** : xiphisternum, processus xiphoideus, processus ensiformis, metasternum, mucro-sterni.

appendicectomie, s. f. : appendicectomy, appendectomy.

appendicémie, s. f. : toxaemia of appendicular origin.

appendicite, s. f. : appendicitis.

appendicocèle, s. f. : appendicocele (hernia of vermiform appendix).

appendicostomie, s. f. : appendicostomy, appendicoenterostomy, scoledochostomy.

appendiculaire, adj. : appendiceal, appendicial, appendicular.

appendiculocholécystite, s. f. : coexisting appendicitis and cholecystitis.

appétit, s. m. : appetite.

appétition (loi d') : appetition, directing desire (psych.).

applicateur, s. m. : applicator; **- dilatable** : expanding applicator (radiol.).

apport, s. m. : intake.

apposition, s. f. : apposition (contact of adjacent parts); contact graft.

appui, s. m. : support.

apracto-agnosie, s. f. : associated apraxia and agnosia.

apractophagie, s. f. : apractophagia, dysphagia (functional).

apraxie, s. f. : apraxia; **- constructive** ou **géométrique** : inability to arrange objects in a desired pattern; **- corticale** : cortical or motor apraxia; **- d'innervation** : motor apraxia; **- idéomotrice** : motor apraxia, **- psychosensorielle** : sensory or agnostic apraxia.

apraxique, adj. : apractic, apraxic (unable to perform normal acts).

aproctie, s. f. : aproctia (absence or imperforation of the anus).

aproperdinémie, s. f. : absence of properdine in the blood.

aprosexie, s. f. : aprosexia (inability to fix the mind upon any subject).

aprosodie, s. f. : aprosody, monotonous speech.

aprosopie, s. f. : aprosopia (congenital absence of the face); **fœtus atteint d'-** : aprosopus.

apsithyrie, s. f. : apsithyria (hysterical aphonia with inability to whisper).

apsychie, s. f. : apsychia.

apsychose, s. f. : apsychosis.

aptyalisme, s. m. : aptyalia, aptyalism (deficiency or absence of saliva).

apurinurique, adj. : apurinuric.

apycnomorphe, adj. : apyknomorphous.

apyrétique, adj. : apyrexia.

apyrogène, adj. : apyrogenic, apyrogenetic (not causing fever).

AQRS, AQRST : cf., **axe électrique du cœur.**

aqueduc, s. m. : aqueduct, aquaeductus (lat.); **- de Fallope** : aqueduct of Fallopius, canalis nervi facialis ; **- du limaçon** : aqueduct of cochlea ; aquaeductus cochleae; **- de Sylvius** : aqueduct of Sylvius; **- du vestibule** : canaliculus vestibuli.

aqueux, adj. : aqueous.

aquocapsulite, s. f. : aquocapsulitis, aquacapsulitis (inflammation of the membrane of Descemet).

arachnidis, s. m. : arachnidis (poisoning from spider bite).

arachnitis, s. f. : arachnitis, arachnoiditis; **- chronique** : chronic rachidian or spinal arachnitis.

arachnodactylie, s. f. : arachnodactyly, arachnodactylia.

arachnoïde, s. f., adj. : arachnoid, resembling a cobweb, arachnoid membrane, arachnoidea (lat.).

arachnoïdien, adj. : arachnoidal.

arachnoïdite ou **arachnoïdo-piemérite** : cf., **arachnitis, arachnoïditis.**

Aran (cancer vert d') : Aran's green cancer, chloroma; **lois d'-** : Aran's law (fractures of the skull).

Aran-Duchenne (amyotrophie d') : *cf.*, **atrophie musculaire progressive; - (muscles du groupe)** : thenar, hypothenar, interosseous and flexor muscles of the fingers; **- (syndrome ou type)** : Aran-Duchenne's atrophy, myelopathic muscular atrophy, progressive muscular atrophy.

Aranzi (canal veineux d') : Arantius canal *or* duct, ductus venosus; **ligament d'-** : Arantius' ligament; **tubercule** *ou* **nodule d'-** : Arantius' body *or* nodule; noduli valvularum *or* velorum semilunarium; **ventricule d'-** : Arantius' ventricle, fovea inferior, fovea caudalis, fossae rhomboideae.

arbor (virus) : arbor virus, arthropod-borne virus, arbovirus.

arborescent, *adj.* : arborescent, treelike.

arborisation, *s. f.* : arborization, dendritic marking.

arbovirus, *s. m.* : arbovirus.

arbre de vie : arbor vitae; **- du cervelet** : arbor vitae cerebelli; **- du col de l'utérus** : plicae palmatae cervicis.

Arbuthnot Lane (maladie d') : Arbuthnot Lane's disease (chronic functional intestinal stasis).

A.R.C. (sérum) : sérum antiréticulaire cytotoxique : antireticular cytotoxic serum, Bogomolets' serum.

arc, *s. m. ou* **arcade,** *s. f.* : arch, arcus *(lat.);* **- du côlon** : transverse colon; **- crurale** : Poupart's ligament; ligamentum inguinale *or* Poupartii; **- dentaire** : dental arch; **- palmaire profonde** : deep palmar arch, arcus volaris; **- palmaire superficielle** : superficial palmar arch; **- pubienne** : pubic arch; **- sourcilière** : arcus superciliaris.

arc aortique (syndrome de l') : aortic arch syndrome (syndrome due to lesions involving the branches of the aortic arch).

archaïque, *adj.* : archaic.

archébiose, *s. f.* : archebiosis, archegenesis, spontaneous generation.

archentère *ou* **archentéron,** *s. m.* : archenteron, embryonic alimentary cavity, archigaster.

archéoplasme, *s. m.* : abdominal swelling due to chronic intestinal obstruction (constipation).

archespore, *s. f.* : archesporium.

archétype, *s. m.* : archetype.

archipallium, *s. m.* : archipallium, rhinencephalon.

arciforme, *adj.* : arciform, arcuate.

arctiligne, *adj.* : longilineal, longitypical *(morph.).*

ardoisiers (maladie des) : *cf.*, **schistose.**

area Celsi : alopecia areata.

aréflectivité, *s. f.* : *cf.*, **irréflectivité.**

arénation, *s. f.* : arenation, amotherapy.

aréocèle, *s. f.* : aerocele (pouch filled with gas).

aréolaire, *adj.* : areolar.

aréole, *s. f.* : areola; **- du mamelon** : areola of nipple.

aréomètre, *s. m.* : areometer.

arête, *s. f.* : bone, ridge.

argas, *s. m.* : argas (genus of ticks).

argent, *s. m.* : silver, argentum *(lat.).*

argentaffine, *adj.* : argentaffin; **tumeur à éléments -** : argentaffinoma.

argentaffinome, *s. m.* : argentaffinoma.

argentation, *s. f.* : argentation.

argentin, *adj.* : argentine.

argentique, *adj.* : argentic, argentine.

argile, *s. f.* : clay.

arginase, *s. f.* : arginase (an enzyme of the liver).

arginine, *s. f.* : arginine (an aminoacid).

argon, *s. m.* : argon.

Argonz-del Castillo (syndrome d') *ou* **Forbes-Albright (syndrome de)** : amenorrhea associated with galactorrhea due to oxyphil adenoma of the pituitary.

Argyll-Robertson (signe d') : Argyll-Robertson's pupil.

argyrie *ou* **argyrose,** *s. f.* : argyria, argyriasis, argyrosis (cutaneous lesion due to use of silver preparation).

argyrique, *adj.* : argyric.

argyrisme, *s. m.* : argyrism (toxic disorders especially argyria due to the long use of soluble silver or silver compounds).

argyrophile, *adj.* : argyrophil.

ariboflavinose, *s. f.* : ariboflavinosis (deficiency of vitamin B2 in the diet).

arithmomanie, *s. f.* : arithmomania (insane instance upon incessant counting).

Armanni (lésion d') : Armanni-Ebstein's cells (epithelial cells in the terminal part of the first convoluted tubule containing glycogen; characteristic of diabetes mellitus).

armure, *s. f.* : armature *(biol.).*

Arneth (image d') : Arneth's formula *or* index (classification of polymorphonuclear leukocytes).

arnica, *s. m.* : arnica.

Arnold (ganglion d') : Arnold's ganglion, otic ganglion, ganglion oticum.

Arnold-Chiari (syndrome d') : Arnold-Chiari's malformation.

aromatique, *adj.* : aromatic.

aromatisme, *s. m.* : intoxication by aromatic beverages (aperitifs, bitters, etc.).

arome, *s. m.* : aroma.

Aron (réaction antéhypophysaire d') : Aron's test.

arousal, *s. m. ou* **réaction d'éveil** : arousal (change in electroencephalogram at moment of awakening).

arqué, *adj.* : arcate.

arqûre, *s. f.* : arcuation, incurvation, bending.

arrachement, *s. m.* : evulsion, wrench extraction.

arracher (une dent), *v.* : to pull out, *or* to draw (a tooth).

arrêt (du cœur), *s. m.* : cardiac arrest.

arrêt (réaction d') : *cf.*, **rythme alpha et bêta.**

arrhénoblastome, s. m. : arrhenoblastoma (ovarian tumor containing male sex cells and producing male sex characteristics).

arriération affective (syndrome d') : psychomotor retardation.

arriération intellectuelle ou **mentale** : mental retardation.

arrière-bouche, s. f. : fauces.

arrière-cavité des épiploons : bursa omentalis.

arrière-cavité des fosses nasales : pars nasalis pharyngis.

arrière-faix, s. m. : after-birth, secundines (placenta and membranes).

arrière-fond de la cavité cotyloïde : fossa acetabuli.

arséniate, s. m. : arsenate.

arsenic, s. m. : arsenic, arsenicum (lat.).

arsenical, adj. : arsenical; **médication thérapeutique -** : arrhenic or arsenical medication.

arsénicisme, s. m. : arseniasis, arsenicism; - **chronique** : arsenicalism.

arsenicophage, s. m. : one who eats arsenic (Tyrolean and Styrian peasants).

arsénicophagie ou **arsénophagie,** s. f. : arsenicophagy, arsenophagy.

arsénico-résistant, adj. : arsenfast, arsenicfast.

arsénié, adj. : arsenical, arsenicate.

arséniémie, s. f. : presence of arsenic in the blood.

arsénieux, adj. : arsenious or arsenous; **acide -** : arsenious acid; **anhydride -** : arsenious anhydride or arsenic trioxide (As_2O_3).

arsénionisation, s. f. : arsenionization.

arsénobenzène, s. m. : arsphenamine.

arsénoblaste, s. m. : arsenoblast (male pronucleus).

arséno-résistant, adj. : arsenoresistant, resistant to arsphenamine.

arsénothérapie, s. f. : arsenotherapy.

arsine, s. f. : arsine.

artéfact, s. m. : artefact, artifact.

artère, s. f. : artery, plur. arteries; arteria, plur. arteriae (lat.); - **abdominale (tégumenteuse)** : arteria epigastrica superficialis; - **acromiothoracique** : arteria thoracoacromialis; - **alvéolaire** : arteria alveolaris superior (anterior, posterior); - **auriculaires** : arteriae auriculares (arteria auricularis posterior; arteria auricularis profunda); - **axillaire** : arteria axillaris, axillary artery; - **basilaire (tronc)** : arteria basilaris, - **brachiale** ou **humérale** : brachial artery; - **brachiocéphalique (tronc)** : innominate artery; **bras (- circonflexe antérieure du)** : arteria circumflexa humeri (anterior or volaris); **bras (- circonflexe postérieure du)** : arteria circumflexa humeri posterior or dorsalis); - **bronchiques** : bronchial arteries; - **buccale** : arteria buccinatoria; - **capsulaire** : arteria suprarenalis; - **carotide externe** : external carotid artery; - **carotide interne** : internal carotid artery; - **carotide primitive** : common carotid artery; - **caver-**

neuse : arteria bulbi urethrae; - **cérébelleuse inférieure et antérieure** : arteria cerebelli inferior and anterior; - **cérébelleuse inférieure et postérieure** : arteria cerebelli inferior and posterior; - **cérébrale** : arteria encephali; - **cérébrale antérieure** : arteria cerebrali anterior; - **cérébrale moyenne** ou **sylvienne** : arteria cerebri media; - **cérébrale postérieure** : arteria cerebri posterior; - **cérébrale supérieure** : arteria cerebri superior; - **cervicale ascendante** : arteria cervicalis ascendans; - **cervicale profonde** : arteria cervicalis profunda; **choroïde (- du plexus)** : arteria choroidea; **ciliaires (- courtes ciliaires** ou **petites iriennes)** : arteriae ciliares anteriores or ramuli ciliares; - **ciliaires courtes postérieures** ou **choroïdiennes** : arteriae ciliares posteriores breves ; - **ciliaires longues** ou **grandes iriennes** : arteriae ciliares posteriores longae; - **circonflexe externe de la cuisse** : arteria circumflexa femoris lateralis or fibularis ; - **circonflexe interne de la cuisse** : arteria circumflexa femoris medialis or tibialis ; - **cœliaque (tronc -)** : caeliac artery; - **coliques** : arteriae colicae; - **collatérale interne** : arteria collateralis ulnaris (inferior, superior); - **collatérale interne de l'index** : arteria volaris indicis radialis; - **communicante antérieure** : arteria communicans anterior; - **communicante postérieure** : arteria communicans posterior; - **coronaire antérieure** : left coronary artery; - **coronaire postérieure** : right coronary artery; - **coronaire stomachique** : arteria gastrica sinistra; - **cubitale** : ulnar artery; - **déférentielle** : arteria deferentialis; - **dentaire inférieure** : alveolar inferior artery or alveolaris mandibularis; - **dentaires supérieures** : arteriae alveolares superior; - **diaphragmatiques** : phrenic arteries (inferior, superior); - **épigastrique** : arteria epigastrica inferior or caudalis; - **épigastrique (branche)** ou - **interne de terminaison de l'artère mammaire interne** : superior epigastric artery; - **ethmoïde antérieure** : anterior ethmoidal artery; - **ethmoïdale antérieure (branche de l')** : arteria nasalis anterior; - **ethmoïdale postérieure** : posterior ethmoidal artery; **face (- transverse de la)** : arteria transvers faciae; - **faciale** : facial artery; - **faciale (terminaison de l')** : arteria angularis or nasalis lateralis; - **fémorale** ou **crurale** : femoral artery; - **fémorale profonde** : arteria profunda femoris; - **fessière** : glutaea superior (inferior) or cranialis; - **frontale externe** ou **sus-orbitaire** : arteria frontalis lateralis or supraorbitalis; - **frontale interne** : arteria frontalis or frontalis medialis ; - **gastro-épiploïque** : arteria gastroepiploica; **genou (- grande anastomotique du)** : arteria genu suprema or descendans or anastomotica magna; arteria genu inferior (lateralis, medialis); arteria genu media; arteria genu superior (lateralis, medialis); - **hémorroïdales** : arteriae hemorrhoidales ; - **hémorroïdale inférieure** : arteria analis or rectalis caudalis or hemorrhoidalis inferior; - **hémorroïdale moyenne** : arteria haemorrhoidalis media ; - **hémorroïdale supérieure** : arteria rectalis cranialis or haemorrhoidalis superior; - **hépatique** : hepatic artery or hepatica communis; - **honteuse externe** : external pudendal artery; - **honteuse interne** : internal pudendal artery; - **humérale profonde** ou **collatérale externe du bras** : arteria profunda brachii or collateralis radialis; - **iléocolique** : iliocolic artery; - **iléolombaire** : iliolumbar artery; - **iliaque** *ou* **primitive** : common iliac artery; **iliaque (- circonflexe)** : arteria circumflexa iliaca profunda ; **- iliaque externe** : iliac external artery; **- iliaque interne** *ou* **hypogastrique** : internal iliac artery; **- intercostales** : intercostal arteries; **- interosseuses** : interosseous arteries; **- iriennes** : arteriae iridis; **- ischiatique** : inferior glutal artery; **- labiale inférieure (coronaire)** : inferior labial *or* mandibular artery; **- labiale postérieure** : posterior labial artery; **- labiale supérieure (- coronaire)** : superior labial artery; **- lacrymale** : lacrimal artery ; **- laryngée inférieure** : inferior laryngeal artery; **- laryngée supérieure** : superior laryngeal artery; **- linguale** : lingual artery; **- linguale (sous-)** : sublingual artery; **- lombaires** : lumbar arteries; **- malléolaires** : arteriae malleolares (arteria malleolaris anterior lateralis medialis; arteria malleolaris posterior lateralis, medialis); **- mammaire externe** *ou* **thoracique inférieure** : external mammary artery *or* arteria thoracica lateralis; **- mammaire interne** : internal mammary artery *or* thoracica interna; **- mammaire interne (branche externe** *ou* **thoracique de terminaison de l')** : arteria musculo-phrenica, **- massétérine** *ou* **massétérique** : masseteric artery ; **- maxillaire interne** : internal *or* maxillary artery; **- méningée antérieure** : anterior meningeal artery; **- méningée moyenne** *ou* **sphéno-épineuse** : middle meningeal artery; **- méningée postérieure** : posterior meningeal artery; **- mentale (sous-)** : submental artery; **- mésentérique inférieure** : arteria mesariaca *or* inferior mesenterica artery; **- mésentérique supérieure** : superior mesenteric artery; **- nasale** : arteria dorsalis nasi; **- nourricières** : arteriae nutricae (femoris, fibulae, humeri, tibiae); **- obturatrice** : obturator artery; **- occipitale** : occipital artery; **- œsophagiennes** : œsophageal arteries; **- ombilicale** : arteria umbilicalis; **- ophtalmique** : ophthalmic artery; **- orbitaire (sous-)** : infra-orbital artery; **- ovarienne (utéro-)** : ovarian artery; **- palatine inférieure** : arteria palatina ascendans; **- palatine supérieure** : arteria palatina descendans *or* minor; **- palatine supérieure (branche de l')** : arteria palatina major; **- palmaire** : palmar, digital artery, arteria palmar interosseous; **- pédieuse** : arteria dorsalis pedis; **- péronière** : arteria peronae *or* fibularis; **- perforante** : arteria perforans (prima, secunda, tertia); **- pharyngée inférieure** : pharyngeal ascendans artery; **- plantaire externe** : lateral plantar artery *or* arteria fibularis; **- plantaire interne** : medial plantar artery *or* arteria fibularis; **- poplitée** : popliteal artery; **- ptérygoïdienne** : pterygold artery; **- pulmonaire** : pulmonary artery; **- pylorique** : pyloric *or* gastric artery; **- radiale** : radial artery; **- ranine** : arteria profunda linguae *or* ranina; **- récurrentes** : arteriae recurrentes (radialis, tibialis anterior, tibialis posterior); **- rénale** : renal artery; **- de la rétine (centrale de l')** : arteria centralis retinae; **- sacrale latérale** : lateral sacral artery; **- sacrale moyenne** : middle sacral artery *or* aorta caudalis; **- scapulaire inférieure** *ou* **sous-scapulaire** : subscapular artery ; **- scapulaire postérieure** *ou* **cervicale transverse** : arteria transversa colli; **- scapulaire supérieure** *ou* **sus-scapulaire** : arteria transversa scapulae *or* suprascapularis; **- sigmoïde** : sigmoid artery; **- spermatique externe** : external spermatic artery *or* musculi cremasteris; **- sper-**

matique interne : internal spermatic artery; **- sphénopalatine** : arteria sphenopalatina *or* pteryopalatina *or* nasopalatina; **- spinale antérieure** : arteria spinalis anterior *or* ventralis; **- spinale postérieure** : arteria spinalis posterior *or* dorsalis, **- splénique** : splenic artery; **- sublinguale** : sublingual artery; **- sous-mentale** : submental artery; **- stylomastoïdienne** : stylomastoid artery; **- sylvienne** *ou* **cérébrale moyenne** : arteria fossae Sylvi *or* Sylvii; **- temporale moyenne** : middle temporal artery; **- temporale profonde** : deep temporal artery ; **- temporale profonde moyenne** (*ou* **- zygomato-malaire sus-aponévrotique**) : arteria zygomatico-orbitalis; **- temporale superficielle** : superficial temporal artery; **- thyroïdienne inférieure** : inferior thyroid artery; **- thyroïdienne supérieure** : superior thyroid artery; **- tibiale antérieure** : anterior tibial artery; **tibio-péronier** *avec* **- tibiale postérieure (tronc)** : posterior tibial artery; **- transversale de la face** : transverse facial artery; **- tympanique** : arteria tympanica (anterior, inferior, posterior, superior); **- utérine** : uterine artery; **- vertébrale** : vertebral artery; **- vésicale** : vesical artery; **- vidienne** : arteria canalis pterygoidei.

artères vides de sang (syndrome des) : bloodless arteries, non-thrombotic obstruction of branches of aortic arch by atheromatous plaques.

artérialisation, *s. f.* : arterialization; **- du sang** : aeration.

artériectasie, *s. f.* : arteriectasis.

artériectomie, *s. f.* : arteriectomy.

artériectopie, *s. f.* : arteriectopia.

artériel, *adj.* : arterial, arterious; **névralgie -** : arteriagra; **sang -** : arterial (aerated) blood; **atonie -** : arteriochalasis.

artériodème, *s. m.* : artery forceps.

artériocapillaire, *adj.* : arteriocapillary.

artériogramme, *s. f.* : arteriogram.

artériographie, *s. f.* : arteriography.

artériole, *s. f.* : arteriole, small artery.

artériolithe, *s. m.* : arteriolith (chalky concretion in an artery).

artériologie, *s. f.* : arteriology.

artériolosclérose, *s. f.* : arteriolosclerosis (hardening of the wall of the arterioles).

artériomalacie, *s. f.* : arteriomalacia (softening in an artery wall).

artériopathie, *s. f.* : arteriopathy.

artériophlébite, *s. f.* : arteriophlebitis.

artériophlébographie, *s. f.* : arteriophlebography.

artériophlébotomie, *s. f.* : arteriophlebotomy (local blood-letting).

artériopiézogramme, *s. m.* : *cf.,* **piézogramme artériel.**

artérioplanie, *s. f.* : arterioplania (deviation *or* tortuousness in the course of an artery).

artérioplastie, *s. f.* : arterioplasty (surgical repair of aneurysm).

artériorragie, *s. f.* : arteriorrhagia (arterial hemorrhage).

artériorraphie, *s. f.* : arteriorrhaphy (suture of an artery).

artériorrexie, *s. f.* : arteriorrhexis (rupture of an artery).

artériosclérose, *s. f.* : arteriosclerosis, arteriocapillary fibrosis (hardening of arterial walls).

artériospasme, *s. m.* : arteriospasm.

artériosténose, *s. f.* : arteriostenosis (narrowing of the caliber of an artery).

artériostéos *ou* **artériostose,** *s. f.* : arteriosteosis, arteriostosis, arteriosteogenesis (calcification of an artery).

arthériothérapie, *s. f.* : arteriotherapy, treatment by intra-arterial medication.

artériotome, *s. m.* : arteriotome.

artériotomie, *s. f.* : arteriotomy.

artériotrepsie, *s. f.* : arteriostrepsis (twisting of an artery to stop an hemorrhage).

artérioveineux, *adj.* : arteriovenous.

artérioxérose, *s. f.* : arterioxerosis, senile arteritis.

artérite, *s. f.* : arteritis; **- gigantocellulaire** : *cf.,* **- temporale**; **- noueuse** *ou* **périartérite noueuse** : periarteritis nodosa; **- temporale** : temporal arteritis.

arthralgie, *s. f.* : arthralgia (pain *or* gout in a joint).

arthrectomie, *s. f.* : arthrectomy (excision of a joint).

arthrifluent, *adj.* : arthrifluent.

arthrite, *s. f.* : arthritis, arthragra; **- fongueuse** : tumor albus; **- généralisée** : amarthritis.

arthritide, *s. f.* : arthritide (skin eruption of gouty origin).

arthritique, *adj.* : arthric, arthral, arthritic.

arthritisme, *s. m.* : arthritism, arthritic diathesis.

arthrobactérie, *s. f.* : arthrobacterium (bacterium forming arthrospores).

arthrocace sénile : arthrocace senile (caries in the joints occurring in the aged).

arthrocentèse, *s. f.* : arthrocentesis, puncture of a joint.

arthrocinétique, *adj.* : arthrocinetic *or* arthrokinetic.

arthrodèse, *s. f* : arthrodesis, arthrokleisis, Albert's operation (surgical fixation of a joint).

arthrodie, *s. f.* : arthrodia (a gliding joint).

arthrodynie, *s. f.* : arthrodynia (pain in a joint, arthralgia).

arthrogramme, *s. m.* : arthrogram (skiagram of a joint).

arthrographie, *s. f.* : arthrography.

arthrogrypose, *s. f.* : arthrogryposis (1. permanent flexure of a joint; 2. tetanoid spasm).

arthrolithe, *s. m.* : arthrolith (calculous deposit within a joint).

arthrologie, *s. f.* : arthrology.

arthrolyse *ou* **arthrolysie,** *s. f.* : arthrolysis (division *or* removal of adhesion and bone from an ankylosed joint).

arthromalacie, *s. f.* : arthromalacia (recessive hereditary epiphysial dysplasia).

arthro-oculo-salivaire (syndrome) : Sjögren's disease *or* syndrome (lacrimal and salivary deficiency with dry keratitis).

arthropathie, *s. f.* : arthropathy, arthronosus; **- tabétique** : Charcot's joints.

arthropathologie, *s. f.* : arthropathology.

arthrophyte, *s. m.* : arthrophyte (abnormal growth in a joint).

arthroplasie *ou* **arthroplastie,** *s. f.* : arthroplasty (1. making of an artificial joint; 2. reconstruction of a new joint from an ankylosed joint).

arthropneumographie, *s. f.* : arthropneumography *or* arthropneumoroentgenography (roentgenography of joints after injection of air).

arthropode, *s. m.* : arthropod.

arthropyose, *s. f.* : arthropyosis (pus formation in a joint).

arthrorise, *s. f.* : arthrorisis, arthroereisis (operation for limitation of abnormal mobility of joints).

arthrose, *s. f.* : arthrosis (disease of a joint).

arthrospore, *s. f.* : arthrospore (bacterial spore formed by fission).

arthrostomie, *s. f.* : arthrostomy (formation of an opening into a joint for purpose of drainage).

arthrosynovite, *s. f.* : arthrosynovitis (inflammation of the synovial membrane of a joint).

arthrotome, *s. m.* : arthrotome.

arthrotomie, *s. f.* : arthrotomy (incision of a joint).

arthrotyphoïde, *s. f.* : *cf.,* **arthrotyphus.**

arthrotyphus, *s. m.* : arthrotyphoid (typhoid fever with articular involvement).

Arthus (phénomène d') : Arthus phenomenon (local anaphylaxia).

articulaire, *adj.* : articular, articulatory.

articulation, *s. f.* : joint, articulation, junctura, articulatio *(lat.)*; **- de paroles** : articulation.

articulatoire, *adj.* : articulatory.

articulé, *adj.* : articulate, articulated, jointed.

articuler, *v.* : to articulate.

artificiel, *adj.* : artificial.

artioploïde, *s. f.* : polyploidy with even number of multiples of n (4n, 6n, 8n, ...) compared with normal number (2n).

aryépiglottiques (replis) : aryepiglottic *or* aryepiglottideal folds.

aryténoïde *ou* **aryténoïdien,** *adj.* : arytenoid.

aryténoïdite, *s. f.* : arytenoiditis (inflammation of arytenoid muscles or cartilage).

arythmie, *s. f.* : arrhythmia, arythmia.

arythmique, *adj.* : arrhythmic, arythmic.

arythmokinésie, *s. f.* : arrhythmokinesis (inability to make rhythmic movements).

asbeste, s. f. ou **asbestos,** s. m. : asbestos (magnesium and calcium silicate).

asbestiforme, adj. : asbestiform (having a fibrous structure).

asbestose, s. f. : asbestosis (pneumoconiosis caused by inhaling particles of asbestos).

ascaricide, s. m., adj. : ascaricide.

ascaricide, ascaris, s. m. : ascaris, plur. ascarides, thread worm, round worm (genera of order Nematoda).

ascaridiase ou **ascaridiose,** s. f. : ascariasis, ascaridiasis.

ascendant, adj. : ascending.

aschématie, s. f. : cf., **asomatognosie.**

Ascheim-Zondek (réaction d') : Ascheim-Zondek's test (test for diagnosis of pregnancy).

Aschner (signe d') : Aschner's phenomenon (slowing of pulse produced by pressure on the eye-ball).

Aschoff (nodule d') : Aschoff's bodies (rheumatic nodules in the myocardium).

ascite, s. f. : ascites (accumulation of fluid in the peritoneal cavity), abdominal dropsy.

ascitique, adj. : ascitic.

Ascococcus, s. m. : Ascococcus (genus of schizomycetes).

Ascoli (réaction d') : Ascoli's test (for anthrax).

ascomycète, s. m. : Ascomycetes.

ascorbate, s. m. : ascorbate.

ascorbémie, s. f. : cf., **ascorbinémie.**

ascorbie, s. f. : level of ascorbic acid (in an organ).

ascorbinémie, s. f. : ascorbaemia, ascorbemia, presence of ascorbic acid (vitamin-C) in the blood.

ascorbique (acide) : ascorbic acid, vitamin C.

ascorburie, s. f. : ascorburia (presence of ascorbic acid in urine).

ascospore, s. f. : ascospore (spore produced by, or in, an ascus).

asémie, s. f. : asemia, asymbolia (loss of power of mimic language).

asepsie, s. f. : asepsis (1. aseptic state; 2. aseptisism, aseptic treatment).

aseptique, adj. : aseptic.

aseptiser, v. : to asepticize.

asexué, s. m., adj. : asexual.

asialie, s. f. : asialia, aptyalism (deficiency or failure of the secretion of saliva).

asile d'aliénés : mental hospital, lunatic asylum, psychopathic institution.

asodé, adj. : lacking sodium.

asomatognosie, s. f. : asomatognosia, lack of conscience of part or whole of the body.

L-asparaginase, s. f. : L-asparaginase.

aspect, s. m. : aspect.

aspergilline, s. f. : aspergillin.

aspergillome, s. m. : granuloma caused by Aspergillus.

aspergillose, s. f. : aspergillosis (pseudotuberculosis, morbid lesions due to some species of Aspergillus).

Aspergillus, s. m. : Aspergillus.

aspermatisme, s. m. : aspermatism (deficient secretion of semen), defective ejaculation.

aspermie, s. f. : aspermia (lack of spermatozoids in semen).

aspersion, s. f. : aspersion (sprinkling).

asphygmie, s. f. : asphygmia (lack of pulse).

asphyxiant, adj. : asphyxiating, suffocating.

asphyxie, s. f. : asphyxia, asphyxiation, suffocation; **- des nouveau-nés** : asphyxia of the newborn; **- locale des extrémités** : acroasphyxia.

asphyxié, adj. : asphyxiated, suffocated.

asphyxier, v. : to asphyxiate, to suffocate.

asphyxique, adj. : asphyxic, asphyxial.

aspirateur, s. m. : aspirator (suction apparatus).

aspiration, s. f. : aspiration (1. withdrawal of fluid or gas; 2. the act of inspiration).

aspiratoire, adj. : 1. aspiratory; 2. inspiratory (of breathing).

asporogène, adj. : asporogenic.

asporulé, adj. : asporous.

asque, s. m. : ascus, spore case of certain fungi.

assa foetida : asafoetida (pharm.).

assainissement, s. m. : assanation, sanitation.

assimilable, adj. : assimilable.

assimilation, s. f. : assimilation; **- hydrocarbonée (coefficient d')** ou **tolérance hydrocarbonée** carbohydrate (glucose) tolerance.

association, s. f. : association.

assonance, s. f. : assonance (tendency to alliteration in speaking).

assortiment, s. m. : matching.

assoupissant, adj. : soporific, sleep-begetting ; **potion -** : sleeping draught.

assoupissement, s. m. : torpor, drowsiness.

assuétude, s. f. : addiction (to a drug).

astacoïde, adj. : lobster-red rash (described in hemorrhagic smallpox).

astasie, s. f. : astasia; **- abasie** : astasia-abasia, Briquet's ataxia (inability to stand or walk).

astasobasophobie, s. f. : astasobasophobia (fear of being unable to maintain balance).

astate, s. m. : astatine.

astéatose, s. f. : asteatosis (1. deficiency or lack of sebaceous secretion; 2. any skin disease characterized by scantiness or lack of the sebaceous secretion).

aster, s. m. : aster.

astéré, adj. : asteroid, stellate.

astéréognosie, s. f. : astereognosis, stereoagnosis (inability to recognize objects by the sense of touch).

astérion, *s. m.* : asterion, fonticulus mastoideus (point of the skull corresponding to the junction of the occipital, parietal and temporal bones).

asterixis, *s. m.* : flapping tremor.

asternal, *adj.* : asternal; **côtes -** : asternal *or* floating ribs.

asternie, *s. f.* : asternia (absence of the sternum).

astéroïde, *s. m.* : asteroid.

asthénie, *s. f.* : asthenia, debility; **- bulbospinale** : *cf.*, **myasthénie.**

asthénique, *s. m., adj.* : asthenic.

asthénobiose, *s. f.* : asthenobiosis (temporary reduction in activity similar to hibernation but not related to temperature, in insects and arthropods).

asthénomanie, *s. f.* : morbid asthenia.

asthénopie, *s. f.* : asthenopie (weakness of the ocular muscle or of visual power); **- accommodative** : accommodative asthenopia; **- musculaire** : muscular asthenopia.

asthénospermie, *s. f.* : asthenospermia (loss of mobility of spermatozoa).

asthmatique, *s.* : asthmatic subject; *adj.* : asthmatic, asthmatical.

asthme, *s. m.* : asthma; **- d'été, des foins** : hay fever; **- goitreux** : respiratory embarrassment caused by pressure of a goitre; **- de Millard** : *cf.*, **laryngite striduleuse** ; **- thymique** *ou* **de Kopp** : *cf.*, **laryngospasme.**

asthmogène, *s. m., adj.* : asthmagenic, asthmogenic.

asticot, *s. m.* : maggot (larval stage of flies).

astigmate, *adj.* : astigmatic.

astigmatisme *ou* **astigmie**, *s. f.* : astigmatism (defect in which refraction differs in two planes at right angles to one another).

astigmomètre, *s. m.* : astigmomanometer, astigmometer (instrument for measuring the degree of astigmatism).

astigmatoscope, *s. m.* : astigmatoscope.

astigmatoscopie, *s. f.* : astigmatoscopy.

Astley Cooper (hernie d') *ou* **hernie en bissac** : 1. bi-sacculated femoral hernia partly below partly above the cribriform fascia ; 2. retroperitoneal hernia.

Astley-Cooper (signe d') : Astley-Cooper's sign (pain and nausea on extending the thigh in femoral hernia).

astomie, *s. f.* : astomia (congenital absence of mouth).

astragale, *s. m.* : astragalus, talus, ankle-bone.

astragalectomie, *s. f.* : astragalectomy (surgical removal of the astragalus).

astragalien, *adj.* : astragalar.

astragalocalcanéen, *adj.* : talocalcanean, astragalocalcanean.

astragalocrural, *adj.* : talocrural, astragalocrural.

astraphobie, *s. f.* : astraphobia, astrapophobia (morbid fear of lightning).

astringent, *s. m., adj.* : astringent (causing contraction, binding).

astroblaste, *s. m.* : astroblast.

astroblasto-astrocytome, *s. m.* : astrocytoma undergoing malignant change to astroblastoma.

astroblastome, *s. m.* : astroblastoma (tumor made up of astroblasts).

astrocyte, *s. m.* : astrocyte, asteroid.

astrocytome, *s. m.* : astrocytoma (tumor composed of astrocytes).

astroglie, *s. f.* : astroglia macroglia (neuroglial tissue composed of astrocytes).

astrophobie, *s. f.* : astrophobia (morbid fear of celestial space).

astrosphère, *s. f.* : astrosphere (central mass of an aster).

asyllabie, *s. f.* : asyllabia (inhability to form letters into syallables).

asymbolie, *s. f.* : asymbolia (loss of power of communication even by signs or symbols).

asymétrie, *s. f.* : asymmetry.

asymptomatique, *adj.* : asymptomatic (showing no symptoms).

asynchronisme, *s. m.* : asynchronism.

asynclitisme, *s. m.* : asynclitism (oblique presentation of the fetal head).

asynergie, *s. f.* : asynergy (faulty coordination of the different organs *or* muscle normally acting in unison).

asystolie, *s. f.* : asystole, asystolia, asystolism.

ataraxie, *s. f.* : ataraxia, ataraxy (calmness of mind).

atavique, *adj.* : atavistic, atavic; **retour -** : throwback.

atavisme, *s. m.* : atavism.

ataxie, *s. f.* : ataxia.

ataxique, *adj.* : ataxic, ataxial; **aphasie -** : ataxiaphasia.

ataxo-adynamique (maladie) : ataxiadynamia.

ataxodynamie, *s. f.* : ataxodynamy (abnormality in the movements of a part *or* organ).

atélectasie, *s. f.* : atelectasis (imperfect expansion *or* partial collapse, of lungs), pneumatelectasis.

atéléïose *ou* **atéliose**, *s. f.* : atelia, ateleiosis (persistence of the child's characteristics in the adult; imperfect development).

atélencéphalie, *s. f.* : atelencephaly (imperfect development of the brain).

atélo- *ou par élision* **atél-** : atelo-, prefix signifying imperfect development.

athélie, *s. f.* : athelia, absence of nipple.

athenium, *s. m.* : athenium *(obs.), cf.*, **einsteinium.**

athermal, *adj.* : athermal (applied to spring-water of a temperature below 15° C).

athermane, *adj.* : athermanous (impervious to radiant heat).

athermanéite, *s. f.* : athermancy (state of being impervious to radiant heat).

athermique, *adj.* : athermanous, athermic, athermous, apyretic.

athermobiose, *s. f.* : athermobiosis (life in cold environment).

athermosystaltique, *adj.* : athermosystaltic (applied to striated muscles which do not contract under the influence of heat).

athérogène, *adj.* : atherogenic.

athérogenèse, *s. f.* : atherogenesis (formation of atheromatous lesions).

athéromasie, *s. f.* : atheromasia (atheromatous degeneration; the condition of atheroma).

athéromateux, *adj.* : atheromatous.

athérome, *s. m.* : atheroma (1. degenerated arteries; 2. encysted tumor, vein); **- arterial** : atherosis.

athérosclérose, *s. f.* : atherosclerosis (arteriosclerosis with atheromatous degeneration of the arterial walls).

athésie, *s. f.* : *cf.,* **athétose.**

athétoïde, *adj.* : athetoid.

athétose, *s. f.* : athetosis, ballism, ballismus.

athétosique, *adj.* : athetosic.

athlétoïde (constitution) : athletic constitution.

athrepsie, *s. f.* : athrepsia, athrepsy, malnutrition.

athrepsique, *s. m., adj.* : athreptic.

athrocytose, *s. f.* : athrocytosis (cytoplasmic absorption and concentration of foreign substances followed by formation of granules).

athrombasie, *s. f.* : athrombia (defective clotting of the blood).

athrombie, *s. f.* : athrombia.

athymie, *s. f.* : athymia (1. dementia; 2. absence of the thymus).

athymisme, *s. m.* : athymism (condition induced by removal of thymus).

athyréose, *s. f.* : athyreosis, aplasia of the thyroid gland (if congenital causing cretinism, if acquired in adult life, causing myxoedema).

athyroïdémie, *s. f.* : athyroidemia, myxoedema.

athyroïdie, *s. f.* : athyrea, athyria, athyroidism (condition arising from absence of thyroid gland *or* suppression of its function), myxoedema.

atlas, *s. m.* : atlas, first cervical vertebra; **- primitif** : proatlas.

atloïdo-axoïdien, *adj.* : alto-axoid (pertaining to the atlas and the axis).

atmocausis, *s. f.* : *cf.,* **atmokausis.**

atmographe, *s. m.* : atmograph.

atmokausis, *s. f.* : atmocausis (treatment by application of superheated steam).

atmolyse, *s. f.* : atmolysis (separation of mixed gases).

atmomètre, *s. m.* : atmometer.

atmorhinomètre, *s. m.* : apparatus for measuring the size of droplets condensed on a cold surface from air expired through the nose and hence the permeability of the nares.

atmosphère, *s. f.* : atmosphere.

atmosphérique, *adj.* : atmospheric.

atmothérapie, *s. f.* : atmiatrics, atmiatry (treatment by medicated vapors).

atocie, *s. f.* : atocia, female sterility.

atome, *s. m.* : atom.

atomicité, *s. f.* : atomicity.

atomic, *adj.* : atomic.

atone, atonique, *adj.* : atonic.

atonie, *s. f.* : atony, low physical condition; **- du foie** : sluggish liver.

atopène, *s. m.* : atopen (antigen responsible for atopy).

atopie, *s. f.* : atopy (manifestations of hypersensitivity such as asthma, hayfever, urticaria, etc.).

atopique, *adj.* : atopic (displaced).

atopognosie, *s. f.* : atopognosia, atopognosis (lack of power of locating a sensation).

atoxique, *s. m., adj.* : atoxic.

A.T.P. : abbreviation for adenosine-triphosphate, ATP.

atrabilaire, *adj.* : atrabiliary, atrabilious.

atrabile, *s. m.* (**atra bilis** *lat.*) : black bile (one of the four humours of Hippocratic medicine), melancholy.

atracoïde *ou* **vexiligne,** *adj.* : atracoid [*morph.*] (with prominent features).

atrémie, *s. f.* : Neftel's disease.

atrepsie, *s. f.* : atrepsia, atrepsy.

atrésie, *s. f.* : atresia (imperforation *or* closure of a normal opening or canal).

atrésique, *s. m., adj.* : atresic.

atréto- *ou par élision* **atrét-** : atreto, prefix meaning imperforate.

atrétogastrie, *s. f.* : atretogastria (imperforation of the stomach).

atréturétrie, *s. f.* : atreturethria (imperforation of the urethra).

atriche, *adj.* : atrichous.

atrichie *ou* **atrichiasis,** *s. f.* : atrichia, atrichosis (absence of the hair).

atriocommissuropexie, *s. f.* : atriocommissuropexy (fixation of the mitral valve).

atriogramme, *s. m.* : auricular complex, *or* P-wave, of electrocardiogram.

atriomégalie, *s. f.* : auricular dilatation.

atrionecteur (faisceau) : atrionector, sino-auricular node.

atrioparalysie, *s. f.* : auricular standstill, auricular arrest.

atrioseptopexie, *s. f.* : atrioseptopexy (surgical repair of defective interauricular septum).

atriotomie, *s. f.* : atriotomy (surgical incision of auricle).

atrioventriculaire, *adj.* : atrioventricular.

atrium, *s. m.* : atrium, *plur.* atria (1. auricle of the heart; 2. main part of the tympanic chamber).

atrophie, *s. f.* : atrophy, atrophia, emaciation.

atrophique, *adj.* : atrophic, auantic, atrophous.

atrophodermie, *s. f.* : atrophoderma.

atropine, *s. f.* : atropine.

atropisme, *s. m.* : atropinism, atropism.

attaque, *s. f.* : attack; **légère - de goutte** : mild attack of gout; **- d'épilepsie** : seizure, epileptic fit; **- d'apoplexie** : apoplectic stroke; **il a eu une -** : he had a stroke; **- de nerfs** : fit of hysterics.

attelle, *s. f.* : splint.

attelle-étrier, *s. f.* : calliper-splint.

atténuant, *s. m., adj.* : attenuant.

atténuation, *s. f.* : attenuation, emaciation; **- d'une douleur, d'un état, d'un symptôme** : abatement.

atténué, *adj.* : attenuated; **virus -** : attenuated virus.

atticite, *s. f.* : atticitis (inflammation of the attic).

attico-antromanie, *s. f.* : attico-antrotomy (opening of the attic and mastoid process).

atticotomie, *s. f.* : atticotomy (surgical opening of the attic).

attique, *s. f.* : attic, epitympanic recess.

attouchement, *s. m.* : 1. palpation, touching; 2. contact, contrectation (fondling).

attrition, *s. f.* : attrition, friction, abrasion.

atypique, *adj.* : atypic, atypical.

audible, *adj.* : audible.

audimutité, *s. f.* : deaf-mutism.

audiogramme, *s. m.* : audiogram (graph of variations in auditory acuity, according to a scale of sounds of different intensity.)

audiographie, *s. f.* : audiography (recording an audiometric graph).

audiologie, *s. f.* : audiology (study of hearing).

audiomètre, *s. m.* : audiometer.

audiométrie, *s. f.* : audiometry.

audio-viso-cardiographie, *s. f.* : simultaneous sound record of heart beats and electrocardiogram.

audiophone *ou* **audiphone**, *s. m.* : audiphone.

auditif, *adj.* : auditory, auditive; **agnosie -** : auditognosis; **canal** *ou* **conduit - externe** : meatus acusticus externus; **conduit - interne** : meatus acusticus internus.

audition, *s. f.* : audition.

Auenbrugger (signe d') : Auenbrugger's sign (bulging of the epigastrium due to pericardial effusion).

augnathe, *s. m.* : augnathus.

Aujeszky (maladie d') : pseudorabies (infectious bulbar paralysis).

aura, *s. m.* : aura (sensation which precedes an epileptic seizure).

auréole, *s. f.* : halo.

auréomycine, *s. f.* : aureomycin.

auriculaire, *adj.* : auricular, aural; **appendice - du cœur** : auricular appendix, auricula cordis; **gouttes -** : ear drops, auristillae; **tachysystolie -** : auricular flutter; **vertige -** : aural vertigo, Ménière's disease.

auriculaire (point) : auricular point (midpoint of external auditory meatus).

auricule, *s. f.* : auricle (flap of the ear), pinna.

auriculotemporal (syndrome de l') *ou* **syndrome de Lucie Frey** : auriculotemporal syndrome, Frey's syndrome (redness and sweating of cheek when eating, due to lesions of auriculotemporal nerve and parotid gland).

auriculotomie, *s. f.* : *cf.*, **atriotomie.**

auriculoventriculaire (nœud) : Aschoff's node, auriculo-ventricular node; **orifices -** : ostium venosum.

auride, *s. f.* : auride (skin eruption induced by treatment with gold).

aurique, *adj.* : auric.

auriscalpe, *s. m.* : auriscalpium (instrument for extracting wax of the ear).

auriste, *s. m.* : aurist, otologist, ear specialist.

aurothérapie, *s. f.* : aurotherapy, chrysotherapy.

auscultation, *s. f.* : auscultation, sounding.

auscultatoire, *adj.* : auscultatory.

ausculter, *v.* : to examine by auscultation, to sound (chest).

autacoïde, *s. m.* : autacoid, internal secretion.

autarcèse, *s. f.* : autarcesis, natural immunity.

authémographique (tracé) : autohaemographic tracing (track made by a bleeding artery on a moving paper, similar to sphygmogram).

autisme, *s. m.* : autism, morbid self-absorption.

autiste, *s. m., adj.* : autistic.

autistique, *adj.* : autistic (aggressively self-centered).

auto- : auto-, prefix meaning self or itself.

auto-accusateur, *s. m.* : self-accuser (one suffering from a guilt complex).

auto-accusation, *s. f.* : self-accusation (melancholic).

auto-agglutination, *s. f.* : auto-agglutination.

auto-agglutinine, *s. f.* : auto-agglutinin (agglutinin against autogenous red corpuscles).

auto-agression, *s. f.* : *cf.*, **auto-allergie.**

auto-allergie, *s. f.* : auto-allergy (reaction to auto-antigens).

auto-analgésie, *s. f.* : autonarcosis (self administered nitrous oxide and oxygen, *e.g.* during childbirth).

auto-anaphylaxie sérique : autoanaphylaxy induced by injection of patient's own serum.

auto-anticorps, *s. m.* : auto-antibody.

auto-antigène, *s. m.* : auto-antigen.

auto-antisepsie, s. f. : auto-antisepsis (physiological).

autobolique, adj. : autobolic.

autocatalyse, s. f. : autocatalysis.

autochtone, adj. : autochtonous, indigenous.

autocinétisme, s. m. : performance of conditioned reflexes.

autoclave, s. m. : autoclave.

autocopique (trophonévrose) : trophoneurosis.

autocritique, s. f. : self-critical.

autodénonciation, s. f. : self-denunciation.

autodétente, training autogène de Schultz, s. f. : training, self training.

autodigestion, s. f. : autodigestion, self-digestion.

auto-entretenues (maladies) : cf., **auto-allergie.**

auto-érotisme, s. m. : auto-erotism, auto-eroticism, narcissism.

autofécondation, s. f. : self-fertilization.

autogamie, s. f. : autogamy, self-fertilization.

autogammagraphie, s. f. : scintillography.

autogène, adj. : autogenic, autogenous.

autogenèse, s. f. : autogenesis, spontaneous generation.

autographisme, s. m. : autographism, dermographia, dermographism, dermography.

autogreffe, s. f. : autograft, autotransplantation.

autohémagglutinine, s. f. : autohaemagglutinin.

autohématothérapie, s. f. : autohaemotherapy (treatment by intramuscular injection of patients own unclotted blood).

autohémolyse, s. f. : autohemolysis.

auto-hémolysine ou **autolysine,** s. f. : autohemolysin.

autohépatotoxine, s. f. : autohepatoxin.

autohistiographie, s. f. : autohistoradiography.

autohistiothérapie, s. f. : desensibilisation by injection or transplantation of iso-antigens or tissues.

auto-immun, adj. : auto-immune.

auto-immunisation, s. f. : auto-immunization.

auto-immunité, s. f. : auto-immunity.

auto-infection, s. m. : auto-infection, self-infection.

auto-intoxication, s. f. : auto-intoxication, self-intoxication.

autokératoplastie, s. f. : autokeratoplasty (corneal grafting from one eye to the other in the same patient).

autokinétisme, s. m. : cf., **autocinétisme.**

autoleucocythérapie, s. f. : autoleukocytotherapy.

autologue, adj. : autologous.

autolysat, s. m. : autolysate.

autolyse, s. f. : autolysis.

autolysine ou **autohémolysine,** s. f. : autolysin.

automatisme, s. m. : automatism; **- médullaire** : automatic defense-reflex in parts below level of complete transverse myelitis.

automatisme mental (syndrome d') : automatism in early stages of hallucinatory psychosis.

automatose (syndrome d') : automatic body movements due to lesions of the temporal and parietal lobes of the brain.

automixie, s. f. : automixis, autogamy.

automutilation, s. f. : self-mutilation.

autonarcose, s. f., ou **auto-analgésie** : autonarcosis.

autonome, adj. : autonomic.

autonomie, s. f. : autonomy.

auto-observation, s. f. : self-observation.

auto-oxydation, s. f. : auto-oxidation.

autophagie, s. f. : autophagy.

autophagocytose, s. f. : autophagocytosis.

autophilie, s. f. : autophilia, self-admiration.

autophonie, s. f. : autophony.

autophylaxie, s. f. : autophylaxy (leukocytic reaction to phylactic substances).

autoplasmothérapie, s. f. : autoplasmotherapy (treatment by injection of the patient's own plasma).

autoplastie, s. f. : autoplasty, anaplasty, plastic surgery.

autoplastique, adj. : autoplastic.

autopolyploïdie, s. f. : autopoliploidy (having more than two chromosome sets as a result of redoubling the haploid set).

autoprotéolyse, s. f. : autoproteolysis, autolysis.

autopsie, s. f. : autopsy, necropsy, necroscopy.

autopsychose, s. f. : autopsychosis (derangement of ideas of self).

autopunition, s. f. : self-punishment.

autoradiographie, ou **scintillographie,** s. f. : autoradiography, radioautography (photographic recording of radioactive substances in the body, e.g. radio-isotopes).

autoreprésentation, s. f. : cf., **autoscopie.**

autoscopie, s. f. : autoscopy (visual hallucination of oneself).

autosensibilisation, s. f. : cf., **auto-allergie.**

autosérothérapie, s. f. : autoserotherapy (treatment by injection of patient's own serum).

autosite, s. m. : autosite (the larger more nearly normal of asymmetrical conjoined twins).

autosomatognosie, s. f. : autosomatognosis (feeling that an amputated limb is still present).

autosome, s. m. : autosome (ordinary paired chromosome).

autostérilisation, s. f. : autosterilisation (tendency of some viruses, e.g. poliomyelitis, to disappear from infected tissues).

autosuggestion, s. f. : autosuggestion.

autosuspension, s. f. : self suspension (suspension of the body by the head and axillae for the purpose of stretching the vertebral column).

autotétraploïde, adj. : cf., **tétraploïde.**

autotomie, s. f. : autotomy.

autotopagnosie, s. f. : autotopagnosis, autotopnosia (inability to locate or to orientate parts of the body).

autotoxicose, s. f. : autotoxicosis, auto-intoxication.

autotoxine, s. f. : autotoxin (toxic principle of metabolic origin).

autotransfusion, s. f. : autotransfusion (1. reinfusion of patient's own blood; 2. forcing blood into vital parts by elevating or bandaging limbs).

autotrophe, adj. : autotrophic (said of bacteria which thrive on inorganic salts).

autovaccin, s. m. : autovaccine (prepared from cultures of patients tissues or secretions).

autovaccination, s. f. : autovaccination (1. treatment with an autovaccine; 2. production of antibodies to antigens of invading bacteria).

autovaccinothérapie, s. f. : cf., **autovaccination.**

auxanologie, s. f. : auxanology, science of growth.

auxanomètre, s. m. : auxanometer (instrument used in biological study for measuring the growth of young organisms).

auxèse, s. f. : auxesis (increase in size or bulk).

auxilysine, s. f. : auxilysin.

auximone, s. f. : auximone (vitamin-like bodies for plants).

auxine, s. f. : auxin, phytohormone.

auxocyte, s. m. : auxocyte (1. oocyte; 2. spermatocyte; 3. sporocyte).

auxomètre, s. m. : auxometer (1. device for estimating magnifying power of lenses; 2. auxanometer; 3. dynamometer).

auxospore, s. m. : auxospore.

auxotonique, adj. : auxotonic, determined by growth.

avancement, s. m. : advancement (operative treatment for squint).

avant-bouche, s. f. : vestibulum oris.

avant-bras, s. m. : forearm, antebrachium.

avant-coin, s. m. : praecuneus.

avant-mur, s. m. : claustrum.

avasculaire, adj. : avascular.

avascularisation, s. f. : avascularization.

Avellis (syndrome d') : Avellis' syndrome (paralysis of one-half of the soft palate associated with a recurrent paralysis on the same side).

aveugle, s. m., f., adj. : blind, sightless; **bout -** : blind end; **devenir -** : to go blind; **- né** : blind from birth; **trou -** : foramen caecum.

aviateurs (mal des) : aviators' disease.

avidine, s. f. : avidin (a specific protein in egg-albumin).

avidité calcique (syndrome d') : cf., **hyperostéoïdose.**

avirulent, adj. : avirulent.

avitaminose, s. f. : avitaminosis, vitamin deficiency.

avivement, s. m. : refreshing (of edges of a wound).

avoir-du-poids : avoirdupois.

avortement, s. m. : 1. **(spontané)** : miscarriage; 2. **(provoqué)** : abortion, amblosis.

avorter, v. : to abort, to miscarry; **faire - quelqu'un** : to procure abortion, to bring on a miscarriage.

avorteur, s. m. : abortionist.

avorton, s. m. : abortion, abortus; misbegotten (animal, plant).

avulsion, s. f. : avulsion, tearing away of a part; **- dentaire** : pulling out of a tooth, extraction.

axe, s. m. : axis; **- électrique du cœur** : electrical axis of the heart (resultant of electromotive forces within the heart at any moment); **- moyen** : average resultant of events during the QRS waves of the electrocardiogram.

axénique, adj. : axenic (in pure culture).

axérophtol, s. m. : antixerophthalmic vitamin, vitamin-A.

axial, adj. : axial, axile.

axifuge, adj. : axifugal, axofugal, centrifugal.

axilemme, s. m. : axilemma, axiolemma (sheath of an axon).

axillaire, adj. : axillary.

axiphoïdie, s. f. : absence of xiphoid process.

axipète, adj. : axipetal, axopetal, centripetal.

axis, s. m. : axis (1. second cervical vertebra, epistropheus; 2. straight line through a center).

axodendrite, s. f. : axodendrite.

axone, s. f. : axon, axis-cylinder process.

axonème, s. m. : axoneme (axial thread of a chromosome).

axonge, s. f. : axungia, lard, adeps.

axonotmésis, s. f. : axonotmesis.

axoplasme, s. m. : axoplasm, neuroplasm.

Ayerza (maladie d') : Ayerza's disease (erythremia associated with sclerosis of the pulmonary artery).

azoamylie, s. f. : azoamyly (state of the cell in which loss of glycogen is greater than its replacement).

azoïque, s. m. ou **composé azoïque** : azocompound.

azoospermie, s. f. : azoospermia (lack of spermatozoa in semen).

azotation, s. f. : azotation.

azote, s. m. : nitrogen; **protoxyde d' -** : nitrous oxide, laughing gas.

azoté, adj. : azotized, nitrogenous.

azotémie, s. f. : azotemia, uremia (nitrogenous matter or excess of nitrogenous matter in the blood).

azotémique (coefficient) : azotaemic, azotemic coefficient.

azotémique (syndrome) : azotaemic syndrome.

azotorrée, *s. f.* : azotorrhea; azotorrhoea.

azoturie, *s. f.* : azoturia.

azoturique (coefficient) : ratio of nonprotein nitrogen in urine to that in the blood.

azurophile, *s. m., adj.* : azurophil.

azurophilie, *s. f.* : azurophilia.

azygographie, *s. f.* : phlebography of the azygos vein.

azygos (veines) : azigous veins.

azymique, *adj.* : azymic, azymous.

B

Babcock (opération de) : 1. abdominoperineal resection of the rectum; 2. extirpation of the saphenous vein, for varicose veins.

Babes (corps de) : Babes-Ernst's bodies (metachromatic granules).

babesia, *s. m.* : babesia (protozoan causing babesiasis).

babésiellose *ou* **babésiose,** *s. f.* : babesiasis (infection with babesia).

babeurre, *s. m.* : buttermilk.

Babinski (signe de) : Babinski's sign *or* reflex.

Babinski-Frœlich (syndrome de) : Frölich's syndrome, dystrophia adiposogenitalis.

bac, *s. m.* : flat bottomed dish (for freeze-drying).

Bacelli (signe de) : Bacelli's sign (whispering pectoriloquy in pleural effusion).

bacillaire, *s., adj.* : 1. term for a case of pulmonary tuberculosis; 2. bacillary.

bacille, *s. m.* : bacillus, *plur.* bacilli; **porteur de -** : germ-carrier, « carrier ».

bacillémie, *s. f.* : bacillemia (presence of bacilli in the blood).

bacillicide, *s. m.* : bacillicide, *adj.* : bacillicidal.

bacilliforme, *adj.* : bacilliform, rod-shaped.

bacillipare, *s., adj.* : bacilliparous (producing bacilli).

bacillisation, *s. f.* : 1. propagation of bacilli; 2. invasion by bacilli.

bacillogène, *s. m.* : bacillogen; *adj.* : bacillogenic.

bacilloscopie, *s. f.* : bacilloscopy (examination for bacilli).

bacillose, *s. f.* : bacillosis (ofter meaning tuberculosis); bacillary infection.

bacillurie, *s. f.* : bacilluria (presence of bacilli in the urine).

bacitracine, *s. f.* : bacitracin (antibiotic extracted from *B. subtilis*).

Bactériacées, *s. f. pl.* : *Bacteriaceae* (family of schizomycetes including only one genus *Bacterium*).

bactéricide, *s. m.,* : bactericide; *adj.* : bactericidal.

bactéride, *s. f.* : bacteride (skin eruption caused by bacteria).

bactéridie, *s. f.* : bacterid, bacteride; **- charbonneuse** : anthrax.

bactérie, *s. f.* : bacterium, *plur.* bacteria.

bactériémie, *s. f.* : bacteriemia (presence of bacteria in the blood).

bactérien, *adj.* : bacterial, bacteritic; **vaccin -** : bacterin, bacterial vaccine.

bactériforme, *adj.* : bacteriform (resembling a bacterium).

bactério-agglutination, *s. f.* : bacteriogenic agglutination, T-agglutination.

bactério-agglutinine, *s. f.* : bacterio-agglutinin (agglutinin formed by the action of bacteria).

bactériocholie, *s. f.* : bacteriocholia (presence of bacteria in the biliary tract).

bactériocyte, *s. m.* : « bacteriocyte », elongated red corpuscle.

bactériocytose, *s. f.* : presence of « bacteriocytes » in the blood.

bactériogène, *adj.* : bacteriogenic, bacteriogenous.

bactériologie, *s. f.* : bacteriology.

bactériologique, *adj.* : bacteriologic, bacteriological.

bactériologiste, *s. m.* : bacteriologist.

bactériolyse, *s. f.* : bacteriolysis (disintegration of bacteria).

bactériolysine, *s. f.* : bacteriolysin (specific antibody capable of lysing the corresponding bacteria).

bactériolyte, *s. m.* : cf., **bactériophage.**

bactériolytique, *adj.* : bacteriolytic.

bactériopexie, *s. f.* : bacteriopexia, bacteriopexy (fixation of bacteria by histiocytes *or* macrophages).

bactériopexique, *adj.* : bacteriopexic (capable of retaining bacteria).

bactériophage, *s. m.* : bacteriophage, phage.

bactériophagie, *s. f.* : bacteriophagia, bacteriophagy (destruction of bacteria by corresponding phage).

bactériophagique, *adj.* : bacteriophagic.

bactérioprécipitine, s. f. : bacterioprecipitin (precipitin for corresponding bacteria).

bactérioprotéine, s. f. : bacterioprotein, toxalbumin.

bactérioscopie, s. f. : bacterioscopy (microscopic study of bacteria).

bactérioscopique, adj. : bacterioscopic.

bactériose, s. f. : bacteriosis (any bacterial disease).

bactériostase, s. f. : bacteriostasis (arrest or inhibition of bacterial growth).

bactériostatique, adj. : bacteriostatic (arresting bacterial growth).

bactériotoxémie, s. f. : bacteriotoxemia (presence of bacterial toxins in the blood).

bactériotoxine, s. f. : bacteriotoxin.

bactériotoxique, adj. : bacteriotoxic.

bactériotrope, adj. : bacteriotropic (attracting or changing bacteria), opsonic.

bactériotropine, s. f. : bacteriotropin, immune opsonin.

bactériotropique (indice) : bacteriotropic index (for diagnosis of brucellosis).

bactériurie, s. f. : bacteriuria (passage of urine containing bacteria).

bactérioïde, adj. : bacteroid.

Baer (loi de von) : Baer's law (specialized forms and structures arise gradually from general forms).

bagassose, s. f. : bagassosis, bagasscosis (respiratory disease caused be inhalation of dust from sugar cane, bagasse).

baie, s. f. : 1. bay; 2. berry.

baillement, s. m. : yawn, yawning.

bain, s. m. : bath; **- de boue** : mud bath; **- froid** : cold bath; **- -marie** : water bath; **- de mer** : sea water bath; **- de pieds** : foot bath; **- publics** : public baths; **- de sable** : sand bath; **- de soleil** : sun bath; **- turcs** : turkish bath; **- de vapeur** : vapour bath.

B.A.L. : B.A.L., British anti-lewisite (2-3 dimercapto-propanol).

balafre, s. m. : cut, gash, slash, scar.

balance, s. f. : balance, scales.

balancement du médiastin : mediastinal flutter.

balanite, s. f. : balanitis; **- gonococcique** : balanoblennorrhea.

balanoplastie, s. f. : balanoplasty (plastic surgery of the glans penis).

balanoposthite, s. f. : balanoposthitis (inflammation of the glans penis and of the prepuce).

balanopréputial, adj. : balanopreputial.

balantidiase ou **balantidiose,** s. f. : balantidiosis, balantidosis (infestation with Balantidium coli).

balayage (cathodique) : scanning (cathode ray).

balbisme, s. m. : balbuties (lat.), stammering.

balbutiement, s. m. : 1. balbuties (in children, old or degenerate people); 2. mumbling, stammering, stuttering.

balistique, s. f. : 1. ballistics; 2. adj. : balistic, ballistic.

ballisme, s. m. : ballism, chorea.

ballistocardiogramme, s. m. : ballistocardiogram (tracing made by a ballistocardiograph).

ballistocardiographe, s. m. : ballistocardiograph.

ballon, s. m. : flask (chem., bacter.); **- d'oxygène** : oxygen gas-bag; **- jaugé** : volumetric flask.

ballonnement, s. m. : ballooning, bullation, distension, flatulence.

ballottement, s. m. : ballottement.

balnéation, s. f. : balneotherapy; taking medicinal baths.

balnéographie, s. f. : balneography.

balnéologie, s. f. : balneology, balneutics.

balnéothérapie, s. f. : balneotherapy (treatment of disease by baths).

balsamique, adj. : balsamic.

Bamberger (pouls bulbaire de) : Bamberger's bulbar pulse (in tricuspid defect); **signe de -** : Bamberger's sign, allocheiria.

bancale (jambe) : bow-leg; adj. : bandy-legged, bow-legged.

bandage, s. m. : bandage; **- de corps** : body binder, binder; **- herniaire** : truss; **- rampant** : spiral bandage; **- en triangle** : triangular bandage.

bandagiste, s. m. : 1. bandager, dresser; 2. truss-manufacturer.

bande, s. f. : band, bandage; **- Velpeau** : crepe bandage.

bandelette, s. f. : little band, fillet; **- demi-circulaire du corps strié** : taenia choroidea; **- du côlon** : taenia coli; **- de l'hippocampe** : taenia hippocampi; **- optiques** : optic tracts; **- de la paroi du troisième ventricule** : taenia ventriculi tertii; **- sur le plancher du ventricule latéral entre le noyau coudé et la souche optique** : taenia semicircularis; **- du plancher du quatrième ventricule** : taenia violacea, **- sillonnée** : sulcus spiralis cochleae; **- semi-circulaire** : stria terminalis.

Bandl (anneau de) : Bandl's ring (thickening of the uterus above the internal os during labour).

Bang (bacille de) : Bang's bacillus, Brucella abortus; **maladie de -** : brucellosis, undulant fever.

banque de sang, de tissus : blood bank; tissue bank.

Banti (maladie de) : Banti's disease (splenomegaly, anemia, leukopenia followed by hepatic cirrhosis, ascites and jaundice).

bantien, adj. : associated with Banti's disease.

baranesthésie, s. f. : baranesthesia (anesthesia of deep tissues under pressure).

Barany (signe de) : Barany's sign (reflex nystagmus caused by irrigating the normal ear with hot water, absent in vestibular disease).

barbes du calamus : acoustic striae, Bergmann's cords.

barbiturique, *s. m.* : barbiturate; *adj.* : barbiturique.

barbiturisme, *s. m.* : barbitalism, barbituism, barbiturism (toxic manifestations induced by barbiturates).

barbone, *s. f.* : barbone (septic pleuropneumonia in cattle).

barbotage, *s. m.* : barbotage (1. spinal anesthesia induced by withdrawing spinal fluid adding the drug and reinjecting the fluid; 2. passage of gas through liquid in a washing column).

barboteur, *s. m.* : bubbler, washing trap, wash bottle.

baresthésie, *s. f.* : baresthesia, pressure sense (sensitivity to weight *or* pressure).

baresthésiomètre, *s. m.* : baresthesiometer (instrument for measuring sense of weight *or* pressure).

barhypoesthésie, *s. f.* : lowered sensibility to pressure.

Barlow (maladie de) : Barlow's disease, infantile scurvy.

Barnes (dilatateur de) : Barnes' bag *or* dilator (*obstet.*).

baro- : bar-, prefix implying weight *or* pressure.
baro-électroesthésiomètre, *s. m.* : baro-electroesthesiometer.

barognosie, *s. f.* : barognosis (faculty for recognizing and estimating weight).

baromachromètre, *s. m.* : baromachrometer (instrument for measuring and weighing infants).

baromètre, *s. m.* : barometer; **- enregistreur** : barograph.

barométrographe, *s. m.* : barograph, barometrograph.

baronarcose, *s. f.* : baronarcosis (anesthesia under positive pressure, as used during intrathoracic operations).

barorécepteur, *s. m.* : sensory organ for detection of variations in pressure.

barorythmeur, *s. m.* : baro-pacer.

baroscope, *s. m.* : baroscope; 1. sensitive barometer; 2. instrument for quantitative estimation of urea.

barosensible, *adj.* : sensitive to pressure.

barosinusite, *s. f.* : aerosinusitis, sinus barotrauma.

barotraumatisme, *s. m.* : barotrauma (injury due to sudden change in pressure *e.g.* in divers).

barotropisme, *s. m.* : barotaxis, barotropism (reaction of living matter to changes in pressure).

Barr (corps de) : Barr body (Feulgen positive body in nuclear membrane of mammalian female somatic cells, identified with heterochromatin).

barrage, *s. m.* : abrupt blocking of impulse (*psych.*).

Barraquer (opération de) : *cf.*, **phacoérisis.**

Barraquer-Simons (maladie de) : Barraquer's *or* Simons' disease, lipodystrophia progressiva.

barre, *s. f.* : bar (1. barrier, rod; 2. that part of a horse's gums between the tusks and grinders [where the bit is held]).

barrière, *s. f.* : barrier; **- de Mercier** : middle lobe of the prostate; **- hémato-encéphalique** : blood-brain barrier; **- hémoplacentaire** : placental barrier; **- méningée** : blood-brain barrier; **- sang-humeur aqueuse** : blood-aqueous barrier.

Bartholin (conduit de) : Bartholin's duct; **glandes de -** : Bartholin's glands; **abcès des glandes de -** : bartholinian abscess.

bartholinite, *s. f.* : bartholinitis.

bartonellose, *s. f.* : bartonellosis (infection with *Bartonella bacilliformis*).

baryte, *s. f.* : baryta, barytes, barium oxide.

barytose, *s. f.* : baritosis, barytosis (pneumoconiosis due to inhalation of barite dust).

baryum, *s. m.* : barium.

basal, *adj.* : basal; **ganglion -** : basal ganglion; **métabolisme -** : basal metabolism.

basculant, *adj.* : basculating, tilting.

basculation, *s. f.* : basculation (replacing a retroverted uterus).

bascule (phénomène de) : « borrowing-lending » (postoperative contralateral arterial deficiency).

base, *s. f.* : base (1. lower part; 2. main ingredient of a compound; 3. substance which combines with acids to form salts and water; **- du cœur** : base of the heart).

Basedow (maladie de) : Graves' disease, Basedow's disease, exophthalmic goiter.

basedowien, *s., adj.* : sufferer from exophthalmic goiter.

basedowiforme *ou* **basedowoïde,** *adj.* : resembling exophthalmic goiter.

basedowisme iodique : Graves' disease.

bas-fond, *s. m.* : bas-fond, fundus of the urinary bladder.

basial, *adj.* : basial (pertaining to the basion).

basicité, *s. f.* : basicity.

baside, *s. m.* : basidium, *plur.* basidia (club-like spore-producing organ of higher fungi).

basihyal, *adj.* : basihyal, basihyoid.

basilaire, *adj.* : basilar; **apophyse -** : base of the occiput; **artère** *ou* **tronc -** : arteria basialis; **lame** *ou* **membrane -** : basilemma, lamina basialis.

basilatéral, *adj.* : basilateral.

basilique (veine) : basilic vein.

basioglosse, *s. m., adj.* : base of the tongue, basioglossus.

basion, *s. m.* : basion (midpoint of the anterior margin of the foramen magnum).

basiotribe, *s. m.* : basiotribe.

basiotripsie, *s. f.* : basiotripsy (crushing the fetal head).

basique, *adj.* : basic.

basiphénoïde, *s. m., adj.* : basisphenoid.

basoaminémie, *s. f.* : presence of aminobases in the blood.

basocellulaire (carcinome) : basal cell carcinoma (basaloma, basiloma [*obs.*]); **épithéliome -** : basal cell carcinoma.

basoérythrocyte, *s. m.* : baso-erythrocyte, red corpuscle with basophil granules.

basoérythrocytose, *s. f.* : basophilia, baso-erythrocytosis *(obs.)*.

basophile, *adj.* : basophil, basophilic; **cellule -** : basophil cell or leukocyte, basocyte.

basophilie, *s. f.* : basophilia (1. basophilic leukocytosis; 2. presence of basophilic red corpuscles in the blood, punctate basophilia).

basophilisme, *s. m.* : basophilism; **- pituitaire** *ou* **hypophysaire** : pituitary basophilism, Cushing's syndrome.

basophobie, *s. f.* : basiphobia, basophobia.

basoplasme, *s. m.* : basoplasm, basophilic cytoplasm.

bassin, *s. m.* : 1. bassin; 2. pelvis; **- de garde-robe** : bedpan; **détroits du -** : straits of the pelvis; **détroit inférieur du -** : pelvic outlet; **détroit supérieur du -** : pelvic inlet; **- épineux** : acanthopelvis; **- rétréci** : contracted pelvis; **- vicié** : deformed pelvis (incompatible with normal childbirth).

bassinet, *s. m.* : pelvis of the kidney, renal pelvis; **- arachnoïdien** : spider pelvis *(radiol.)*.

bathmisme, *s. m.* : bathmism (force which controls growth and nutrition).

bathmotrope, *adj.* : bathmotropic.

bathophobie, *s. f.* : bathophobia.

bathycardie, *s. f.* : bathycardia (low position of the heart).

bathyesthésie, *s. f.* : bathyesthesia, deep sensibility.

bathyhyperesthésie, *s. f.* : bathyhyperesthesia (increased sensibility of deep structures).

bathyhypoesthesia, *s. f.* : bathyhypoesthesia.

batiochromie, *s. f.* : slate-blue cyanosis due to methemoglobinemia.

bâtonnets (de la rétine) : retinal rods or rod cells (rhodopsin-containing cells particularly concerned with peripheral vision).

batracoplastie *ou* **batrachosioplastie,** *s. f.* : batrachoplasty (plastic operation for the cure of ranula).

battant, *adj.* : beating, throbbing.

battement, *s. m.* : 1. beat, throb; 2. battement (massage by beating); **avoir des - de cœur** : to suffer from palpitations; **- des tempes** : throbbing of the temples.

batteurs en grange (maladie des) : « threshers' lung » (acute mycotic infection due to inhaling dust containing *Candida albicans*; *N.B.*, « farmers' lung » in Britain is often due to aspergillosis).

bauhinite, *s. f.* : inflammation of the ileocæcal (Bauhin's) valve.

baume, *s. m.* : balm, balsam; **- du Canada** : Canada balsam; **- de copahu** : copaiba balsam; **- du Pérou, de Tolu** : balsam of Peru, of Tolu.

bave, *s. f.* : foam (of rabid animal); slobber (of dog); froth (of horse); spittle (of toad); **couvert de -** : beslavered.

baver, *v.* : to dribble, to slobber, to foam at the mouth (epilepsy, rabies).

Bayle (maladie de) : general paresis, general paralysis of the insane (G.P.I.); Bayle's disease.

BCG : BCG (bacille Calmette-Guérin); BCG-vaccine (for immunization against tuberculosis).

bébé, *s. m.* : baby; **pèse -** : baby-scales.

bec, *s. m.* : beak, rostrum; **- acromégalique** : characteristic beak-like profile of the sella turcica in acromegaly *(radiol.)*; **- du corps calleux** : rostrum corporis callosi; **- de cuiller** : cochleariform process; **du sphénoïde** : sphenoid rostrum; **- -de-lièvre** : harelip, cleft lip; **- -de- perroquet** : lipping of vertebra (osteoarthritic).

bécher, *s. m.* : beaker.

béchique, *s. m., adj.* : bechic, cough remedy, « cough-cure » *(vernac.)*.

Bechterew (maladie de) : Bechterew's disease, spondylitis deformans; **noyau de -** : Bechterew's nucleus, accessory auditory nucleus.

Bechterew-Mendel (réflexe de) : Mendel-Bechterew's foot reflex.

Béclard (hernie de) : Béclard's hernia (through the saphenous opening).

Bénard (aphte de) : Benard's aphthae (aphthous ulcers of the hard palate in young children).

bégaiement, *s. m.* : battarism, stammering, stuttering; **- urinaire** : urinary stuttering.

béhaviorisme, *s. m.* : behaviorism, psychology of behaviour.

béjel, *s. m.* : béjel.

bel, *s. m.* : bel (unit of sound intensity); *cf.*, **décibel.**

Bell (paralysie de) : Bell's palsy (peripheral paralysis of the facial nerve).

Bell (signe de) : Bell's sign or phenomenon.

Bell-Magendie (loi de) : Bell's law (the anterior spinal nerve-roots are motor, the posterior sensory).

belladone, *s. f.* : belladonna.

belladonine, *s. f.* : belladonnine (an alkaloid extracted from belladonna isomeric with apoatropine).

Bellini (tubes de) : Bellini's ducts, papillary ducts (terminal collecting tubules of the renal papillae).

Bellocq (sonde de) : Bellocq's cannula or sound (used in plugging the nares).

Bence-Jones (maladie de) : Kahler's disease, multiple myelomatosis; **reaction de -** : Bence-Jones albumose reaction.

Benedikt (syndrome de) : Benedikt's syndrome (paralysis of the motor oculi on one side and tremor of opposite arm).

bénin, *adj.* : benign, innocent, mild.

Béniqué (bougie de) : Béniqué's sound.

benjoin colloïdal (réaction au) : colloidal benzoin reaction (flocculation with syphilitic cerebrospinal fluid).

Bennett (fracture de) : Bennett's fracture (longitudinal fracture of the first metacarpal bone).

bentonite, *s. f.* : bentonite (clay used as a vehicle in pharmacy).

benzédrine, *s. f.* : benzedrine, amphetamine (α-methyl-phenethylamine).

benzénisme *ou* **benzolisme,** *s. m.* : benzolism (intoxication by benzene).

benzoate, *s. m.* : benzoate.

béquillard, *s. m.* : cripple; *adj.* : crippled; **syndrome** *ou* **paralysie des -** crutch palsy *or* paralysis.

béquillon, *s. m.* : Canadian crutch.

berbérine, *s. f.* : berberine (alkaloid).

Berger (rythme de) : α rhythm, Berger's rhythm (normal electroencephalographic rhythm of 10 per second).

Bergeron (maladie de) : Bergeron's disease, hysterical chorea.

Bergonié et Tribondeau (loi de) : Bergonié-Tribondeau law (the radiosensitivity of cells varies directly as their reproductive activity and inversely as their degree of differentiation).

béribéri, *s. m.* : beriberi.

Berkefeld (bougie) : Berkefeld filter.

berkelium, *s. m.* : berkelium.

bertillonage, *s. m.* : bertillonage (method of identification by recorded measurements and description of criminals).

Bertin (colonnes de) : Bertin's columns, columnae renales; **cornets de -** : Bertin's bones, sphenoturbinal bones; **ligament de -** : Bertin's ligament, Bigelow's ligament, ligamentum ileofemorale.

bérylliose, *s. f.* : berylliosis.

beryllium, *s. m.* : beryllium.

Besnier-Bœck-Schaumann (maladie de) : association of Bœck's sarcoid and Schaumann's lymphogranulomatosis.

bestialité, *s. f.* : bestiality (sexual connection with an animal).

bêta - bloquant (médicament) : betablocking agent.

bêta (onde et rythme) : β wave and rhythm (electroencephalographic rhythm with average frequency of 25 per second).

bétathérapie, *s. f.* : β-ray therapy (treatment by β-rays from radium, radio-isotopes *or* produced by a betatron).

bête rouge : red mite, harvest mite.

bétel, *s. m.* : betel (betel nut and shell-lime rolled in a betel leaf for chewing).

beurre, *s. m.* : butter; **- de Galam** : shea-butter (produce of a tropical African tree); **jaune de -** : butter-yellow (para-dimethyl-amino-azobenzene).

bézoard, *s. m.* : bezoar.

biarticulaire, *adj.* : biarticular.

biauriculaire, *adj.* : biaural, biauricular.

biballisme, *s. m.* : ballism, biballism (violent uncoordinated jerking movements due to lesions in the subthalamus).

bibasique, *adj.* : bibasic, dibasic.

biberon, *s. m.* : feeding-bottle, feeding-cup.

bicarbonate, *s. m.* : bicarbonate.

bicaténaire, *adj.* : double-stranded (DNA).

bicaudal *ou* **bicaudé,** *adj.* : bicaudal, bicaudate.

bicellulaire, *adj.* : bicellular.

bicéphale, *s. m.* : bicephalus, double-headed monster; *adj.* : bicephalic, bicephalous.

biceps, *s. m.* : biceps.

Bichat (boule graisseuse de) : Bichat's fat ball (sucking pad of new-born baby); **canal de -** : Bichat's canal; **grande fente cérébrale de -** : Bichat's fissure; **foramen de -** : Bichat's foramen.

bicilié, *adj.* : biciliate.

bicipital, *adj.* : bicipital; **gouttière** *ou* **coulisse -** : bicipital groove; **tubérosité -** : bicipital tuberosity of the radius.

biconcave, *adj.* : biconcave.

biconvexe, *adj.* : biconvex.

bicorne, *adj.* : bicornate, bicornuate; **utérus -** : bicornuate uterus.

bicuspide, *adj.* : bicuspid.

bidistillé, *adj.* : double-distilled, redistilled.

bien portant, *adj.* : healthy, well.

bien-être, *s. m.* : well being, good health.

Bier (méthodes de) : 1. Bier's hyperemia (passive congestion of part induced by constrictive bandage); 2. Bier's local intravenous anesthesia.

Biermer (maladie de) : Biermer's anemia, pernicious anemia; **signe de -** : Biermer's *or* Gerhardt's sign (change of percussion note in hydropneumothorax).

biermérien, *adj.* : relating to pernicious anemia.

bifide, *adj.* : bifid, forked.

biforis (utérus) : biforate uterus (having two cervical canals).

bifurcation, *s. f.* : bifurcation.

bifurqué, *adj.* : bifurcate, bifurcated, forked.

bigarrure, *s. f.* : streak (necrosis of the potato caused by a virus); **- avec chute des feuilles** : acropetal necrosis, leaf-drop streak.

bigéminé, *adj.* : bigeminal, bigeminous.

bigéminie, *s. f.,* *ou* **bigéminisme,** *s. m.* : bigeminal pulse.

bigonadisme, *s. m.* : true hermaphroditism.

bilabe, *s. m.* : bilabe (instrument for transurethral removal of vesical calculi).

bilan, *s. m.* : complete physical examination, « check-up ».

bilatéral, *adj.* : bilateral.

Bilharzia haematobium : *cf.*, **Schistosoma haematobium.**

bilharziose, *s. f.* : bilharziasis, bilharziosis, schistosomiasis.

biliaire, *adj.* : biliary, choleic; **acides -** : bile acids, biliary acids (taurocholic and glycocholic acids); **calcul -** : gall-stone, biliary calculus; **sécrétion -** : biliary secretion, biliation; **vésicule -** : gall bladder.

bilicyanine, *s. f.* : bilicyanin.

bilieux, *adj.* : bilious.

biliflavine, *s. f.* : biliflavin.

bilifuscine, *s. f.* : bilifuscin.

biligène, *adj.* : biligenic, biligenetic.

biligenèse *ou* **biligénie,** *s. f.* : biligenesis, bilifaction.

biligraphie, *s. f.* : cholangiography.

bilihumine, *s. f.* : bilihumin.

biline, *s. f.* : bilin.

bilioprive, *adj.* : deficient in bile.

biliphéine, *s. f.* : biliphein.

bilipurpurine, *s. f.* : bilipurpurin.

bilirachie, *s. f.* : bilirachia (presence of bile in the spinal fluid).

bilirubimétrie, *s. f.* : estimation of bilirubin.

bilirubine, *s. f.* : bilirubin.

bilirubinémie, *s. f.* : bilirubinaemia *or* bilirubinemia (bilirubine in the blood).

bilirubinurie, *s. f.* : bilirubinuria (bilirubin in the urine).

biliverdine, *s. f.* : biliverdin.

Billroth (opérations de) : Billroth's operations; 1. pylorectomy; 2. pylorogastrectomy with anterior gastroenterostomy; 3. resection of the tongue.

bilobé, *adj.* : bilobed, bilobate.

bilobulé, *adj.* : bilobular.

biloculaire, *adj.* : bilocular.

bilogie, *s. f.* : congenital malformation of the heart; interventricular defect with : 1. left-right shunt; 2. crossed shunt; 3. atresia of the pulmonary artery (right-left shunt).

bimanuel, *adj.* : bimanual.

bimastoïdien, *adj.* : bimastoid.

binaire, *adj.* : binary.

binauriculaire, *adj.* : 1. binaural, binotic (with two ears); 2. binauricular (with two auricles).

binoculaire, *adj.* : binocular : 1. pertaining to both eyes; 2. with two eye-pieces.

binucléaire *ou* **binucléé,** *adj.* : binuclear, binucleate.

binucléolé, *adj.* : binucleolate.

bioblaste, *s. m.* : bioblast (a fundamental element of cell activity).

biocatalyseur, *s. m.* : biocatalyst, enzyme.

biocénose, *s. f.* : biocoenosis (relations between diverse organisms living in association).

biochimie, *s. f.* : biochemistry.

biodynamique, *s. f.* : biodynamics.

bioénergétique, *s. f.* : bio-energetics.

biogenèse, *s. f.* : biogenesis.

biogénétique (loi) : biogenetic law (ontogenesis recapitulates phylogenesis).

biogéographie, *s. f.* : biogeography (geographic distribution of living organisms).

biologie, *s. f.* : biology, bionomics, bionomy; **- clinique** : clinical pathology.

biologique, *adj.* : biologic, biological; **essai** *ou* **titrage -** : bio-assay.

biologiste, *s. m.* : biologist.

biomécanique, *s. f.* : biomechanics (1. application of the laws of mechanics to living structures; 2. study of the effects of extrinsic factors on the structure of cells and living organisms).

biométéorologie, *s. f.* : biometeorology (study of the effects of climate on living organisms).

biométrie, *s. f.* : biometrics, biometry (1. application of statistical methods to biological data; 2. computation of expectation of life).

biomicroscope, *s. m.* : biomicroscope.

biomicroscopie, *s. f.* : biomicroscopy (1. microscopic study of living structures; 2. examination of the living eye with corneal microscope and slit-lamp).

bionose, *s. f.* : bionosis (disease due to living agents).

biophage, *adj.* : biophagous.

biophagie, *s. f.* : biophagism, biophagy.

biophore, *s. m.* : biophore (smallest unit showing vital activity).

biophotomètre, *s. m.* : biophotometer (instrument for measuring dark adaptation of the eye particularly in vitamin A deficiency).

biophylaxie, *s. f.* : biophylaxis (defensive mechanism against invasion by noxious agents).

biophysiologie, *s. f.* : biophysiology.

biophysique, *s. f.* : biophysics; **- moléculaire** : molecular biophysics.

bioplasie, *s. f.* : bioplasia (conversion of food energy into growth).

bioplasme, *s. m.* : 1. bioplasm (living matter); 2. bioplast (living unit, cell).

bioplasmique, *adj.* : bioplasmic (pertaining to bioplasm).

bioplaste, *s. m.* : bioplast (theoretical unit of living matter).

bioplastique, *adj.* : bioplastic (contributing to growth).

biopsie, *s. f.* : biopsy (examination of tissue removed during life) ; **- à l'éponge** : sponge biopsy; **- par aspiration** : aspiration *or* needle biopsy; **- par trépano-ponction** : punch biopsy, drill-biopsy.

bios, *s. m.* : bios (gr.), life.

bioscopie, *s. f.* : bioscopy (examination of a body to ascertain if life persists).

biosmose, *s. f.* : bio-osmosis.

biospectrométrie, *s. f.* : biospectrometry.

biospectroscopie, *s. f.* : biospectroscopy.

biostatique, *s. f.* : biostatics (1. science of structure related to function; 2. biostatistics, vital statistics).

biosynthèse, *s. f.* : biosynthesis.

biotaxie, *s. f.* : biotaxis, biotaxy (1. selecting and arranging capacity of living cells; 2. systemic classification of living organisms).

biotine, *s. f.* : biotin (factor H and coenzyme R of the vitamin B complex).

biotomie, *s. f.* : biotomy, vivisection.

biotope, *s. m.* : biotope (a geographical region in which a variety of species share a common environment).

biotropisme, *s. m.* : biotropism (1. lowered resistance which allows a latent infection to become virulent; 2. response to stimulus afforded by a living organism or tissue).

biotype, *s. m.* : biotype (group of individuals of the same genotype).

biotypologie, *s. f.* : biotypology (study of constitutional variations).

biovulaire, *adj.* : biovular, binovular.

biovulé, *adj.* : binovular.

biparasitaire, *adj.* : biparasitic (living parasitically on a parasite).

biparental, *adj.* : biparental.

bipède, *s. m.* : biped; *adj.* : biped, bipedal, two-footed, two-legged.

biperforé, *adj.* : biperforate.

bipolaire, *adj.* : bipolar.

biraméal, *adj.* : biramous (with two branches).

biréfringent, *adj.* : birefringent, birefractive.

bisacromial, *adj.* : bisacromial.

bisection, *s. f.* : bisection.

bisexué *ou* **bisexuel,** *adj.* : bisexual.

bis-iliaque, *adj.* : bisiliac.

bis-ischiatique, *adj.* : bisischiatic.

Biskra (bouton de) : Aleppo boil, Biskra boil, oriental sore (cutaneous leishmaniasis).

Bismarck (brun de) : Bismarck brown (aniline dye used in microscopy).

bismuth, *s. m.* : bismuth.

bismuthisme, *s. m.* : bismuthism, bismuthosis, bismuth poisoning; **- chronique** : bismuthosis.

bismuthomanie, *s. f.* : bismuthomania (habitual consumption of bismuth compounds).

bismuthothérapie, *s. f.* : therapeutic use of bismuth compounds.

bisphérique, *adj.* : bispherical.

bissa, *s.* : bissa (dropsy affecting men and sheep in Egypt attributed to eating a plant called bisse).

bistouri, *s. m.* : bistouri, surgical knife, scalpel.

bitemporal, *adj.* : bitemporal.

Bitot (tache *ou* **signe de)** : Bitot's spots (shiny, gray, triangular spots on the conjunctiva in vitamin A deficiency).

bitrochantérien, *adj.* : bitrochanteric.

bitume, *s. m.* : bitumen.

bituminose, *s. f.* : bituminosis.

biuret, *s. m.* : biuret ; **réaction du -** : biuret reaction.

bivalent, *adj.* : bivalent.

biventral, *adj.* : biventral.

bivitellin, *adj.* : bivitelline (with two yolks).

bizygomatique, *adj.* : bizygomatic.

blanc, *adj.* : 1. white; 2. blank, negative; **- de céruse** : withe lead; **- d'œuf** : white of egg.

blanchet, *s. m.* : thrush (aphthous stomatitis).

blancheur, *s. f.* : albedo, whiteness.

blanchiment, *s. m.* : dealbation, bleaching.

blanchir, *v.* : 1. to whiten; 2. to mask.

-blaste : -blast, suffix meaning « young cell ».

blastème, *s. m.* : blastema (1. a group of cells that will generate *or* regenerate an organ *or* part; 2. rudimentary substance from which cells are formed).

blastide, *s. m.* : blastid (site of organizing nucleus in the fertilized ovum).

blastocèle, *s. m.* : blastocele, segmentation cavity.

blastochyle, *s. m.* : blastochyle (fluid within the blastocele).

blastocyste, *s. m.* : blastocyst, segmentation cavity.

blastocyte, *s. m.* : blastocyte (undifferentiated embryogenic cell).

blastoderme, *s. m.* : blastoderm (germinal membrane lying on the internal surface of the vitelline membrane of the fertilized ovum).

blastodermique, *adj.* : blastodermic.

blastogenèse, *s. f.* : blastogenesis, blastogeny.

blastome, *s. m.* : blastoma, blastocytoma (an undifferentiated tumor).

blastomère, *s. m.* : blastomere, segmentation sphere.

Blastomycètes, *s. m.* : *Blastomycetes* (fungi).

blastomycose, *s. f.* : blastomycosis.

blastophore, *s. m.* : blastophore (that part of a spermatoblast that is not converted into spermatozoa).

blastopore, *s. m.* : blastopore (opening of the archenteron).

blastosphère, *s. f.* : blastosphere, blastula, germinal vesicle.

blastula, *s. f.* : blastula, blastosphere.

blastulation, *s. f.* : blastulation.

blatte, *s. f.* : cockroach.

blenno- : blenno-, prefix meaning pertaining to mucus.

blennogène, *adj.* : blennogenic, blennogenous, muciparous.

blennorragie, s. f. : blennorrhagia; 1. copious mucous discharge; 2. gonorrhea, clap (vernac.).

blennorragique, adj. : blennorrhagic.

blennorrhée, s. f. : blennorrhea, blennorrhoea.

blennorrhéique, adj. : blennorrheal.

blépharique, adj. : blepharal (pertaining to the eyelids).

blépharite, s. f. : blepharitis, palpebritis.

blépharo-adénite, s. f. : blepharoadenitis (inflammation of the meibomian glands).

blépharochalasis, s. m. : blepharochalasis (laxity of the skin of the eyelids due to atrophy of the intercellular tissue causing drooping of the lids).

blépharodiastasis, s. m. : blepharodiastasis (unusually wide palpebral opening).

blépharophtalmie, s. f. : blepharoconjunctivitis.

blépharoplaste, s. m. : blepharoplast; 1. point of origin, in the kinetoplast, of the axoneme; 2. intracytoplasmic rodlike granule in ependymoma cells.

blépharoplastie, s. f. : blepharoplasty.

blépharoplégie, s. f. : blepharoplegia, paralysis of the eyelids.

blépharopoïèse : cf., **blépharoplastie.**

blépharoptose, s. f. : blepharoptosis (drooping of the upper eyelid).

blépharorraphie, s. f. : blepharorrhaphy (suturing an eyelid).

blépharospasme, s. m. : blepharospasm; **- clonique** : blepharoclonus, winking.

blépharostat, s. m. : blepharostat (eyelid retractor).

bléphatotic, s. m. : convulsive blepharospasm, winking tic.

blépharotomie, s. f. : blepharotomy (incision of the eyelid).

blésité, s. f. : lisp.

blessé, s. m. : casualty; adj. : wounded, injured; **- au combat** : battle casualty.

blessure, s. f. : wound, injury; **blesser quelqu'un** : to wound someone; **- graves** : severe injuries; **- perforante** : penetrating wound.

bleue (maladie) : blue disease, blue-baby (persistent foramen ovale).

bloc ou **blocage,** s. m. : block, blockage, blockade; **- articulaire** : locked joint; **- du cœur** : heart block; **- ganglionnaire** : ganglion block (by ganglioplegic drugs); **- vertébral** : vertebral synostosis.

blockpnée d'effort, s. f. : angina of effort.

Blumenthal (maladie de) : Blumenthal's disease, erythroleukemia.

Bœck (sarcoïdose de) : Bœck's sarcoid or disease.

bois, s. m. : wood; **- de Campêche** : hematoxylin.

boîte, s. f. : box, container; **- crânienne** : skull, brainpan; **- de Pétri** : Petri dish.

boiterie, s. f. : claudication, limping, halting (in animals).

bol, s. m. : bolus; **- alimentaire** : alimentary bolus.

bolomètre, s. m. : bolometer; 1. instrument for measuring the force of the heart beat; 2. sensitive instrument for measuring radiant heat.

Bonnaire (manœuvre de) : Bonnaire's method of bimanual dilatation of the cervix for rapid delivery.

bonnet, s. m. : honeycomb bag or second stomach of ruminants.

bonnet phrygien : Phrygian cap (gall bladder with folded fundus).

Boophile, s. m. : Boophilus (genus of cattle ticks).

borate, s. m. : borate.

boraté, adj. : borated.

borborygme, s. m. : borborygmus, plur. borborygmi.

bord, s. m. : border, boundary (anat.).

bordant (corps) : fimbria hippocampi.

Bordet (phénomène de) : Bordet's phenomenon or serum test; **réaction de - et Gengou** : Bordet's specific complement fixation test.

Bordet-Wassermann (réaction de) : Wassermann's reaction (diagnosis of syphilis).

bore, s. m. : boron.

borgne, s., adj. : blind in one eye, one-eyed (person); **fistule -** : blind fistula; **trou -** : foramen caecum.

borisme, s. m. : borism (poisoning by a boron compound).

Borna (maladie de) : Borna disease, equine encephalomyelitis.

borne centrale : central terminal of electrocardiograph.

Bornholm (maladie de) : Bornholm's disease, epidemic myalgia.

Borrel (corpuscules de) : Borrel's bodies (minute granules composing the Bollinger's bodies of fowlpox).

borréliose, s. f. : borreliosis.

bosse, s. f. : bump, hump, lump, swelling; **- séro-sanguine** : external cephalhematoma (obstet.).

bosselé, adj. : bosselated.

bossu, s. m. : hunchback; adj. : crook-backed, humpbacked, hunchbacked.

Bostock (maladie de) : asthma, hay fever, Bostock's disease.

bot, bote, adj. : clubfoot, clubhand.

Botal (canal artériel de) : Botal or Botallo's duct, ductus arteriosus; **trou de -** : Botal or Botallo's foramen, foramen ovale.

botanique, s. f. : botany; adj. : botanical.

bothriocéphale, s. m. : bothriocephalus, diphyllobothrium.

bothriocéphalose, s. f. : bothriocephaliasis, diphyllobothriasis.

Botriogenes (Micrococcus) : Micrococcus botriogenes, Staphylococcus.

botryoïde, adj. : botryoid (like a bunch of grapes).

Botryomyces, s. : *Botryomyces.*

botryomycose, s. f. *ou* **botryomycome**, s. m. : botryomycosis, staphylococcal actinophytosis (a purulent granulomatosis in horses, camels and cattle).

botrytimycose, s. f. : botrytimycosis (infection with fungi of genus *Botrytis*).

botuliforme, adj. : botuliform, sausage-shaped.

botuline, s. f. : botulin (potent neurotoxin produced by *Clostridium botulinum*).

botulinique (acide) : botulinic acid.

botulisme, s. m. : botulism (food poisoning from eating nutriments contaminated with *Clostridium botulinum*).

boubas ou **buba**, s. m. : boubas, yaws.

Bouchard (nodosités de) : Bouchard's nodules or nodes (of interphalangeal joints).

bouche, s. f. : 1. mouth (os, *plur.* ora [*lat.*]); 2. aperture, mouth, opening.

bouchers (maladie des) : acute and generally fatal pemphigus (seen in butchers following infected skin lesions).

bouchon, s. m. : plug, stopper; **- de prise de courant** : electric plug.

boucle, s. f. : loop.

bouclier, s. m. : shield, scute, scutum (*lat.*).

boue, s. f. : mud; **- splénique** : splenic pulp, red pulp of the spleen.

bouffées de chaleur : hot flushes.

bouffi, adj. : puffy, puffed, swollen.

bouffissure, s. f. : puffiness, swelling.

bougie, s. f. : 1. candle; 2. candle-power; 3. bougie, sound (*chir.*); **- Berkefeld** : Berkefeld filter; **- Chamberland** : Chamberland filter.

bougirage, s. m. : bougienage, bouginage (dilatation with bougies).

bouillon, s. m. : bouillon, broth; **- de culture** : broth culture medium.

bouillonnement, s. m. : bubbling, frothing.

boule hystérique, : globus hystericus.

bouleau, s. m. : birch; **essence d'écorce de -** : birch oil (*pharm.*).

boulette médicinale : pulvule, pellet (*pharm.*).

boulimie, s. f. : boulimia, addephagia, cynorexia (morbid hunger).

bourbe, s. f. : sludge.

bourbillon, s. m. : core.

bourbouille, s. f. : prickly heat.

bourdonnement, s. m. : buzzing, murmur; **- amphorique** : amphoric resonance; **- d'oreilles** : buzzing or noises in the ears, tinnitus.

bourdonnet, s. m. : pledglet, swab.

bourgeon, s. m. : 1. bud (*bot.*); 2. bud, germ (*embryol.*); **- charnus** : exuberant granulations, proud flesh; **- du goût** : taste bud.

bourrage, s. m. : pack, packing; **- d'une plaie** : packing a wound.

bourrelet, s. m. : dropsical swelling; **- cotyloïdien** : labium articulare, labrum glenoidale; **- du corps calleux** : splenium corporis callosi.

bourse, s. f. : bursa, *plur.* bursae; **- subhyoïde** : Boyer's bursa; **- synoviale** : synovial bursa; **- du testicule** : scrotum.

boursectomie, s. f. : bursectomy.

boursite, s. f. : bursitis.

boursouflé, adj. : inflated, swollen, turgid.

boursouflement, s. m. : swelling, tumefaction.

boussarole, s. f. : pinta (dischromic dermatosis caused by *Treponema carateum* seen in central America).

bouton, s. m. : bleb, pimple, pock, pustule, boil; **- d'Alep** : Aleppo boil, Biskra button, Delhi sore, oriental sore; **- d'Amboine** : verruga peruana; **- de Bahia** : cutaneous leishmaniasis; **- de chemise (abcès en)** : collar-stud abcess; **- de fièvre** : fever blister, herpes labialis; **- gustatif** : taste bud.

boutonneuse (fièvre) : boutonneuse fever (endemic in Mediterranean countries, caused by rickettsia).

boutonnière, s. f. : button-hole incision (*surg.*); **suture en -** : button-hole, Billroth's suture.

bovin, adj. : bovine; **peste -** : rinderpest.

Bowen (maladie de) : Bowen's disease (precancerous dermatosis often with multiple foci of basal cell carcinoma in situ).

Bowman (capsule de) : Bowman's capsule, malpighian capsule ; **membrane de -** : Bowman's membrane, lamina elastica anterior corneæ.

Boyer (kyste des bourses de) : Boyer's cyst (painless gradual enlargement of the subhyoid bursa).

brachial, adj. : brachial ; **plexus -** : brachial plexus, brachiplex.

brachialgie, s. f. : brachialgia, brachionalgia.

brachiocéphalique, adj. : brachiocephalic.

brachiocéphalique (tronc) : innominate artery.

brachiocrural, adj. : brachiocrural.

brachiocubital, adj. : brachiocubital.

brachiofacial, adj. : brachiofacial.

brachionotomie ou **brachiotomie**, s. f. : brachiotomy (*chir.*, *obstet.*).

brachybasie, s. f. : brachybasia (short stepped shuffling gait).

brachycardie, s. f. : brachycardia.

brachycéphalie, s. f. : brachycephaly, brachycaphalism.

brachycéphalique, adj. : brachycephalic, brachycephalous.

brachydactylie, s. f. : brachydactylia (abnormal shortness of the fingers or toes).

brachygnathie, s. f. : brachygnathia (abnormal shortness of the lower jaw).

brachymélie, s. f. : micromelia (congenital shortness of the limbs).

brachymétrope, adj. : brachymetropic, myopic, near-sighted.

brachymétropie, s. f. : brachymetropia, myopia, near sightedness.

brachymorphe, adj. : brachymorphic (short and broad built).

brachymyomie, s. f. : limitation of movement due to abnormal shortness of muscles.

brachypnée, s. f. : brachypnea, brachypnoea (slow short respiration).

brachyskélie, s. f. : brachyskelia (relative shortness of the legs compared with the arms).

brachytypique, adj. : brachymorphic.

bradyarthrie, s. f. : bradyarthria, bradyalia (abnormally slow speech).

bradyarythmie, s. f. : bradycardia with cardiac arrhythmia.

bradycardie, s. f. : bradycardia, brachycardia, oligocardia (abnormally slow heart beat).

bradycinésie ou **bradykinésie,** s. f. : bradycinesia, bradykinesia (extreme slowness of movement).

bradydiastolie, s. f. : bradydiastole, bradydiastolia (abnormal prolongation of diastole).

bradyesthésie, s. f. : bradyesthesia (dulness of perception).

bradylalie, s. f. : bradylalia (abnormally slow speech).

bradylexie, s. f. : bradylexia (slowness of reading).

bradylogie, s. f. : bradylalia, bradylogia.

bradypepsie, s. f. : bradypepsia (slow digestion).

bradyphasie, s. f. : bradyphasia, bradylalia.

bradyphrénie, s. f. : bradyphrenia (extreme lassitude due to epidemic encephalitis).

bradypnée, s. f. : bradypnea, bradypnoea (abnormally slow breathing).

bradypsychie, s. f. : bradypsychia (slowness in psychic or mental reactions).

bradysinusie, s. f. : rare type of arrhythmia in which the auricles beat more slowly than the ventricles.

bradysphygmie, s. f. : bradysphygmia (abnormally slow pulse).

bradytrophie, s. f. : bradytrophia (any condition that retards nutrition).

bradyurie, s. f. : bradyuria (abnormally slow micturition).

brai, s. m. : tar, pitch; **maladie du -** : professional or industrial dermatoses in briquette makers sometimes followed by cancer.

braille, s. m. : braille (embossed printing for blind readers).

brancard, s. m. : stretcher.

brancardier, s. m. : stretcher-bearer.

branche, s. f. : 1. branch, bough; 2. branch (of science, medicine, etc.).

branchial, adj. : branchial.

branchies, s. f. pl. : 1. branchial arches; 2. gills (zool.).

branchiome, s. m. : branchioma (tumour derived from remains of a branchial arch).

bras, s. m. : arm; **- atrophié** : bird-arm (small forearm due to muscular atrophy).

brassard pneumatique : pneumatic cuff (of sphygmomanometer).

bravaisienne (épilepsie) : Jacksonian epilepsy.

brèche, s. f. : breech, gap, opening.

bréchet, s. m. : breastbone, chicken breast, pigeon breast.

bredouillement, s. m. : jabber, jabbering, mumbling.

bregma, s. m. : bregma (point of junction of coronal and sagittal sutures).

bregmatique, adj. : bregmatic.

bréphoplastie, s. f., ou **greffe bréphoplastique** : embryonic graft.

bréviligne, adj. : brevilineal (short-limbed relative to trunk).

bride, s. f. : 1. bridle, band, cord, ligament ; 2. adhesion (surg.).

bridge, s. m. : bridge (partial denture supported by adjacent teeth); **- work** : bridge-work (odont.).

Bright (mal de) ou **brightisme,** s. m. : Bright's disease, chronic nephritis.

Brill (maladie de) : Brill's disease (mild form of typhus fever).

Brill-Symmers (maladie de) : Brill-Symmers' disease, giant follicular lymphoma.

Brinton (maladie de) : Brinton's disease; 1. linitis plastica; 2. infantile scurvy.

Briquet (syndrome de) : Briquet's syndrome (dyspnea and aphonia in paralysis of the diaphragm).

brisement forcé : forcible breaking of structures causing ankylosis of a joint.

Broadbent (signe de) : Broadbent's sign (retraction of the chest wall on the left side near the eleventh rib during systole in adherent pericardium).

Broca (aphasie de) : Broca's aphasia, ataxic aphasia.

broche, s. f. : brooche, peg, spigor; **- de Kirschner** : Kirschner's apparatus (surg.); **- de Steinmann** : Steinmann's pin (surg.).

Brodie (abcès de) : Brodie's abscess (tuberculous abscess of bone); **maladie de -** : Brodie's disease (spinal neuralgia, often hysterical, following trauma).

bromate, s. m. : bromate.

bromatologie, s. f. : bromatology (science of dietetics).

brome, s. m. : bromine.

bromide, s. f. : bromide.

bromidrose ou **bromhidrose,** s. f. : bromidrosis, bromhidrosis, osmidrosis (fetid perspiration).

bromique (acide) : bromic acid.

bromisme, s. m. : bromism, brominism (dermatosis and debility produced by excessive use of bromides).

bromodermie ou **bromodermite,** s. f. : bromoderma (skin eruption due to ingestion of bromides).

bromure, s. m. : bromide.

bronche, s. f. : bronchus, plur. bronchi (lat.).

bronche-souche, s. f. : stem or main bronchus.

bronchectasiant, adj. : causing, dilatation of the bronchi.

bronchectasie ou **bronchiectasie,** s. f. : bronchiectasis.

bronchectasique, adj. : bronchiectasic.

bronchial, adj. : bronchial.

bronchio-alvéolite, s. f. : bronchio-alveolitis.

bronchiogène, adj. : bronchiogenic.

bronchiole, s. f. : bronchiole.

bronchiolite, s. f. : bronchiolitis.

bronchiolyse, s. f. : bronchiolysis (destructive lesion of the bronchial wall).

bronchique, adj. : bronchial.

bronchite, s. f. : bronchitis; **- alvéolaire** : alveobronchitis, alveobronchiolitis.

bronchitique, adj. : bronchitic.

bronchobiopsie, s. f. : biopsy taken during bronchoscopy.

bronchocaverneux, adj. : bronchocavernous.

bronchocèle, s. f. : 1. bronchocele; 2. goiter, goitre.

bronchoconstrictif ou **bronchoconstricteur,** adj. : bronchoconstrictor.

bronchodilatation, s. f. : bronchodilatation.

bronchodilateur, adj. : bronchodilator.

broncho-égophonie, s. f. : egobronchophonia (bleating voice typical of pleuropneumonia).

bronchogène, adj. : bronchogenic.

bronchogramme, s. m. : bronchogram (skiagram of the lungs after injection of the bronchi with opaque fluid).

bronchographie, s. f. : bronchography (making a bronchogram).

broncholithe, s. m. : broncholith, bronchial calculus.

broncholithiase ou **broncholithie,** s. f. : broncholithiasis (presence of calculi in the bronchial system).

bronchologie, s. f. : bronchology.

bronchologique, adj. : bronchologic.

bronchomoteur, adj. : bronchomotor.

bronchomucocèle, s. m. : bronchocele.

bronchomycose, s. f. : bronchomycosis (any bronchial disorder due to fungal infection).

bronchopathie, s. f. : bronchopathy (any disease of the bronchi).

bronchophonie, s. f. : bronchophony, bronchiloquy.

bronchoplastie, s. f. : bronchoplasty (1. plastic surgery of a bronchus; 2. surgical closure of a bronchial fistula).

bronchoplégie, s. f. : bronchoplegia (paralysis of the bronchial muscles).

bronchopneumonie, s. f. : bronchopneumonia.

bronchopneumopathie, s. f. : disease of the lungs.

bronchopulmonaire, adj. : bronchopulmonary.

bronchopyocèle, s. f. : purulent bronchocele.

bronchorragie, s. f. : bronchorrhagia (hemorrhage from a bronchus).

bronchorrée, s. f. : bronchorrhea, bronchoblennorrhea (mucopurulent bronchitis).

bronchoscope, s. m. : bronchoscope.

bronchoscopie, s. f. : bronchoscopy.

bronchosinusite, s. f. : bronchosinusitis.

bronchospasme, s. m. : bronchospasm, bronchiospasm, bronchial spasm.

bronchospirochétose, s. f. : bronchospirochetosis, Castellani's bronchitis.

bronchospirographie, s. f. : bronchospirography.

bronchospirométrie, s. f. : bronchospirometry.

bronchosténose, s. f. : bronchostenosis, bronchiarctia.

bronchostomie, s. f. : bronchostomy.

bronchotome, s. m. : bronchotome.

bronchotomie, s. f. : bronchotomy.

bronchovésiculaire, adj. : bronchovesicular.

bronzé, adj. : bronzed, suntanned; **diabète -** : bronzed diabetes, haemochromatosis; **- (maladie)** : 1. Addison's disease (in which bronzed skin is part of the syndrome); 2. spotted wilt.

brouhaha (effet de) : paracusia willisiana, « tea-party effect » (ability to hear better in noisy environment).

brownien (mouvement) : brownian movement.

Brown-Séquard (syndrome de) : Brown-Sequard's syndrome (motor paralysis and hyperesthesia on one side and anesthesia of the opposite side of the body in unilateral lesions of the spinal cord).

broyage, s. m. : crushing, grinding, milling.

broyeur, s. m. : crusher, grinder, grinding-mill.

Brucella, s. : Brucella (gram-negative cocco-bacilli pathogenic for man and many animals).

brucellaire, adj. : brucellar.

brucellose, s. f. : brucellosis, brucelliasis (undulant fever).

brucine, s. f. : brucine (an alkaloid extracted from Strychnos nux vomica).

Brudzinski (signes de) : Brudzinski's signs (1. in meningitis, when the head is bent forward, flexion of the hip, knee and ankle occurs; 2. contralateral reflex (passive flexion of one lower limb causes similar flexion of the other leg, in meningitis).

bruit, s. m. : murmur, sound; **- de clapotement** : splashing sound; **- de pistolet** : pistol-shot sound (cardiol.); **- de soufflet** : bellows murmur.

brûlure, *s. f.* : burn, scald.

Brünner (glandes de) : Brünner's glands (in the submucous layer of the first part of the duodenum).

Bryant (triangle de) : Bryant's iliofemoral triangle.

brycomanie *ou* **bruxomanie,** *s. f.* : bruxomania, brycomania (neurotic grinding of the teeth).

Bryson (signe de) : Bryson's sign (diminished inspiratory expansion of the chest in exophthalmic goiter).

buba, *s.* : buba (1. pian, yaws; 2. native name in South America for mucocutaneous leishmaniasis).

bubon, *s. m.* : bubo.

bubonalgie, *s. f.* : bubonalgia (pain in the groin).

bubonique, *adj.* : bubonic; **peste -** : bubonic plague.

bubonocèle, *s. f.* : bubonocele, inguinal hernia.

buccal, *adj.* : buccal.

buccinateur, *s. m., adj.* : buccinator.

buccule, *s. f.* : double chin, buccula *(lat.)*.

buckythérapie, *s. f.* : grenz-ray (very soft X ray) therapy.

Buerger (maladie de) : Buerger's disease, thrombo-angiitis obliterans.

bufotoxine, *s. f.* : bufotoxin (any toxin derived from toad-skin).

bulbaire, *adj.* : medullary.

bulbe, *s. m.* : bulb; **- de la veine jugulaire** : bulbe of the jugular vein; **- pileux** : hair bulb; **- rachidien** : medulla oblongata; **- de l'urètre** : bulb of the corpus cavernosum; **- du vagin** : vestibulo-vaginal bulb.

bulbeux, *adj.* : bulbous; **artère -** : perineal artery.

bulbie, *s. f.* : allergic reaction of the duodenal bulb.

bulbiforme, *adj.* : bulbiform.

bulbite, *s. f.* : bulbitis (inflammation of the bulbous portion of the urethra).

bulbocaverneux, *adj.* : bulbocavernosus.

bulbonucléaire, *adj.* : bulbonuclear (pertaining to the medulla oblongata).

bulbopathie, *s. f.* : generic name for lesions of the duodenal bulb.

bulbo-uréthral, *adj.* : bulbo-urethral.

bullage, *s. m.* : frothing.

bulle, *s. f.* : bubble, bleb, blister, bulla *(lat.)*.

bullé, *adj.* : bullate.

bulleux, *adj.* : bullous; **râle -** : bubbling rale.

Bunsen (bec *ou* **brûleur)** : Bunsen burner.

buphtalmie, *s. f.* : buphthalmia, buphthalmos (first degree of hydrophthalmos).

Burdach (faisceau de) : column of Burdach, fasciculus cuneatus.

burette, *s. f.* : burette.

burin, *s. m.* : chisel *(surg.)*.

bursal, *adj.* : bursal.

bursite, *s. f.* : bursitis.

Burton (liséré de) : Burton's line *or* sign (blue staining of the gum margin in lead poisoning).

but, *s. m.* : aim, objective target.

butane, *s. m.* : butane.

butée osseuse : osteoplastic ridge, designed to limit movement.

butyl, *adj.* : butyl.

butylène, *s. m.* : butylene.

butyrate, *s. m.* : butyrate.

butyromètre, *s. m.* : butyrometer (apparatus for estimating the proportion of butter-fat in milk).

buveur, *s. m.* : alcoholic, heavy drinker.

B.W. (Bordet-Wassermann) : W.R. (Wassermann reaction).

bysse *ou* **byssus,** *s. m.* : byssus, lint, charpie.

byssinose *ou* **byssinosis,** *s. f.* : byssinosis, byssophthisis (pneumoconiosis due to inhalation of cotton dust).

byssoïde *ou* **byssoïdéné,** *adj.* : byssoid, filamentous.

C

ça : id (Freud's term for instinctive impulses, the true unconscious).

Cabot (corps annulaire de) : Cabot's ring bodies (in stained red corpuscles in severe anemias).

cabotinage, *s. m.* : histrionism.

cabrade, *s. f.* : bucking (convulsive cough reflex of anesthetized intubated patient).

cachectique, *s. m., adj.* : cachectic.

cachet, *s. m.* : cachet, capsule; **- d'aspirine** : aspirin cachet.

cachexie, *s. f.* : cachexia, cachexy, general debility; **- hypophysaire** : cachexia hypophyseopriva; **- strumiprive** *ou* **thyroïprive** : cachexia strumipriva *or* thyreopriva.

caco- : caco-, prefix meaning bad or diseased.

cacographie, *s. f.* : cacography (defective writing).

cacogueusie, *s. f.* : cacogeusia (unpleasant taste).

cacophasie, *s. f.* : *cf.*, **jargonaphasie.**

cacophonie, *s. f.* : 1. cacophonia (altered, depraved or abnormal voice); 2. cacophony (discordant noise).

cacosmie, *s. f.* : cacosmia (1. disgusting smell; 2. hallucination of bad odour).

cacostomie, *s. f.* : cacostomia (1. a foul *or* gangrenous mouth; 2. noma).

cadavéreux, *adj.* : cadaverous; **pâleur -** : cadaveric *or* corpse-like pallor.

cadavérine, *s. f.* : cadaverine (one of the ptomaine poisons).

cadavérique, *adj.* : cadaveric; **rigidité -** : cadaveric rigidity, rigor mortis.

cadavre, *s. m.* : 1. cadaver, corpse (dead human body); 2. carcass (dead animal).

cade (huile de) : cade oil, oil of cade, juniper tar.

cadmium, *s. m.* : cadmium.

caducée, *s. m.* : caduceus.

caducité, *s. f.* : caducity, decay, senility.

caduque, *s. f.* : decidua, deciduous membrane; **- ovulaire** *ou* **réfléchie** : decidua reflexa; **- utéro-placentaire** *ou* **inter-utéro-placentaire** : decidua serotina, serotina; **- utérine** : decidua vera subplacenta.

caduque, *adj.* : caducous, decidual; **mal -** : epilepsy, falling sickness.

cæcal, *adj.* : caecal, cecal.

cæco-colostomie, *s. f.* : cecocolostomy.

cæcofixation *ou* **cæcopexie**, *s. f.* : cecopexy (surgical fixation of the cecum).

cæcoplicature, *s. f.* : cecoplication (operation of taking a fold in the cecum).

cæcosigmoidostomie, *s. f.* : cecosigmoidostomy (making an anastomosis between the cecum and the sigmoid).

cæcostomie, *s. f.* : cecostomy (formation of an artificial anus in the cecum).

cæcotomie, *s. f.* : cecotomy (cutting into the cecum).

cæcum, *s. m.* : caecum (*lat.*), cecum.

cæruloplasmine, *s. f.* : caeruloplasmin (α_2-globulin containing copper).

cæsium, *s. m.* : caesium.

cafard, *s. m.* : cockroach (*Periplaneta orientalis, Blatta orientalis*).

caféine, *s. f.* : caffeine.

caféisme, *s. m.* : caffeinism, caffeism (addiction to drinking coffee).

cagneux, *s. m., adj.* : knock-kneed, baker-legged (person).

cagot, *s. m.* : cagot, cretin (in isolated regions of the Pyrenees).

caillage, *s. m.* : curdling, clotting of milk.

caille (bruit de) : reduplication of the second heart sound.

caillebotage, *s. m.* : curdling.

caillebotté, *adj.* : curdled; **précipité -** : curdy *or* coagulated precipitate.

cailler, *v.* : 1. to clot, curdle (milk); 2. to clot, to congeal (blood); 3. to cake.

caillette, *s. f.* : fourth stomach (of ruminants), abomasum, reed, rennet stomach.

caillot, *s. m.* : clot; **rétractilité du -** : shrinking of clot; **- blanc** : buffy coat, crusta phlogistica.

cailloute, *s. f.* : silicosis.

caisse, *s. f.* : cavity; **- du tympan** : tympanic cavity, the middle ear.

caissons (maladies des) : caisson disease, bends, tunnel disease (*N.B.*, this term is also used for ankylostomiasis).

cal, *s. m.* : callus; - **difforme** : mishapen callus; - **douloureux** : painful callus; - **exuberant** : exuberant callus.

calamine, *s. f.* : calamine (mineral zinc oxide with a trace of iron) *(derm.)*.

calamus scriptorius : calamus scriptorius *(lat.)* (floor of the fourth ventricle between the restiform bodies).

calcaffine, *adj.* : calcaffin (having an affinity for calcium *or* its salts).

calcaire, *s. m.* : 1. chalk, limestone; 2. *adj.* : calcareous, chalky.

calcanéen, *adj.* : calcaneal, calcanean.

calcanéite, *s. f.* : calcaneitis (inflammation of the os calcis).

calcaneum, *s. m.* : calcaneum, heel bone, os calcis; **petite apophyse du -** : sustentaculum tali.

calcarifère, *adj.* : calciferous (containing lime).

calcariforme, *adj.* : calcariform, spur-shaped.

calcarin, *adj.* : calcarine (1. spur-shaped; 2. pertaining to the calcar).

calcémie, *s. f.* : calcaemia *or* calcemia.

calciférol, *s. m.* : calciferol, vitamin D2.

calcification, *s. f.* : calcification.

calcimètre, *s. m.* : calcimeter.

calcimyélie, *s. f.* : calcium content of the bone marrow.

calcination, *s. f.* : calcination; **résidu de -** : calx.

calciner, *v.* : to calcine.

calcinose, *s. f.* : calcinosis (deposition of lime salts in the tissues).

calciorégulateur, *adj.* : regulating calcium metabolism.

calcipénie, *s. f.* : calcipenia (deficiency of calcium).

calcipexie, *s. f.* : calcipexis, calcipexy (calcium fixation).

calciphylaxie, *s. f.* : calciphylaxis.

calciprivation, *s. f.* : calciprivia (deprivation *or* loss of calcium).

calciprive, *adj.* : 1. resulting from calcium deficiency; 2. calciprivic (pertaining to deficiency *or* loss of calcium).

calcique, *adj.* : calcic; **chlorure -** : calcium chloride; **dépôts -** : chalky deposits.

calcirachie, *s. f.* : calciorrhachia (presence of calcium in the cerebrospinal fluid).

calcistie, *s. f.* : presence of calcium in the tissues.

calcithérapie, *s. f.* : calciumtherapy (treatment with calcium salts).

calcitonine, *s. f.* : calcitonin.

calcium, *s. m.* : calcium.

calciurie, *s. f.* : calciuria (presence of calcium in the urine).

calcosphérite, *s. m.* : calcospherite (minute intercellular spherical deposits of calcoglobulin).

calcul, *s. m.* : calculus, *plur.* calculi *(lat.)*, stone; - **biliaire** : gallstone; - **urinaire** : vesical calculus, stone in the bladder.

calculeux, *adj.* : calculous; *s. m.* : patient suffering from stone.

calculo-cancer, *s. m.* : gallstone-cancer.

calebasse (image en) : calabash-shadow (flask-shaped shadow in pericardial effusion) *(radiol.)*.

caléfaction, *s. f.* : calefaction, heating.

calenture, *s. f.* : calenture (1. calentura [*span.*], sun-stroke; 2. tropical fever [of any kind] with delirium).

calibrage, *s. m.* : calibration, callipering, gauging, grading by size.

calibre, *s. m.* : 1. caliber (diameter of a tube), bore; 2. calliper, gauge; 3. kind, quality, sort.

calibré, *adj.* : calibrated; **membrane -** : graded membrane.

calices du rein : renal calyces; **dilatation des -** : caliectasis.

caliciforme, *adj.* : caliciform, calicular, cup-shaped; **papilles -** : circumvallate papillae.

californium, *s. m.* : californium.

calleux, *adj.* : callous, horny; **corps -** : corpus callosum; **circonvolution du corps -** : gyrus fornicatus.

callite, *s. f.* : osteitis arising in callus.

callosité, *s. f.* : callosity, callus.

calmant, *s. m.* : sedative (soothing drug); 2. *adj.* : calming, sedative, soothing.

caloricité, *s. f.* : caloricity.

calorie, *s. f.* : calorie, calory (unit of heat).

calorifiant, *adj.* : calorific, calorifacient.

calorifique, *s. m.*, *adj.* : calorific, heating, thermal; **spectre -** : heat-spectrum, infrared spectrum.

calorigène, *adj.* : calorigenic, calorigenetic.

calorimètre, *s. m.* : calorimeter.

calorimétrie, *s. f.* : calorimetry.

calorimétrique, *adj.* : calorimetric, calorimetrical; **bombe -** : bomb calorimeter.

calorique, *adj.* : caloric; **rendement -** : heating power; **valeur -** : heat value.

calotte, *s. f.* : calvaria, calvarium, brainpan; - **aponévrotique** : galea, galea aponeurotica; - **du pédoncule du cerveau** : tegmentum pedunculi.

Calvé (maladie de) : Calvé's disease, Perthes' disease, coxa plana.

calvitie, *s. f.* : baldness, calvities, atrichosis.

camisole de force, *s. f.* : camisole, strait-jacket, strait-waistcoat; **mettre la -** : to put into a strait-jacket.

camomille, *s. f.* : camomile, chamomile.

camphre, *s. m.* : camphor; **essence de -** : oil of camphor.

camphré, *adj.* : camphorated; **huile -** : camphorated oil.

campimètre, *s. m.* : campimeter, perimeter (also used in translation of **perimètre**).

campimétrie, *s. f.* : campimetry, perimetry (measurement of the visual field).

camptocormie, *s. f.* : camptocormia, campospasm, camptospasm (habitual forward flexion of the trunk, generally of hysterical origin).

camptodactylie, *s. f.* : camptodactylia, camptodactylism (permanent flexion of one or more fingers).

camptorachie, *s. f.* : *cf.,* **camptocormie.**

canal, *s. m.* : canal, duct, ductus, *plur.* ducti *(lat.)*; **- alimentaire** : alimentary canal *or* tract; **- artériel de Botal** : ductus arteriosus; **- biliaire** *ou* **cholédoque** : bile duct; **- cystique** : cystic duct; **- de Bartolin** : Bartolin's duct, ductus sublingualis major; **- de Bochdalek** : canal of His, thyroglossal duct; **- déférent** : vas deferens; **- de Fontana** : Fontana's canal *or* spaces, spatia anguli iridis; **- de l'aqueduc du vestibule** : ductus endolymphaticus; **- de Müller** : mullerian duct, urogenital duct; **- de Santorini** : Santorini's duct, lesser pancreatic duct; **- de Sténon** : Stensen's duct, parotid duct; **- de Wharton** : Wharton's duct, submaxillary duct; **- de Wirsung** : Wirsung's duct, pancreatic duct; **- hépatique** : hepatic duct; **- incisif** : foramen incisivum; **- nasal** : nasolacrimal duct; **- rachidien** : spinal canal; **- sousorbitaire** : infra-orbital canal; **- thoracique** : thoracic duct; **- veineux d'Aranzi** : ductus venosus (Arantii).

canaliculaire, *adj.* : canalicular.

canalicule, *s. m.* : canaliculus, ductule; **- biliaires** : bile ducts, biliary ducts.

canaliculite, *s. f.* : canaliculitis.

canalisation, *s. f.* : canalization.

canard, *s. m.* : 1. duck, drake; 2. feeding-cup.

canaux collecteurs : collecting *or* straight tubules (of the kidney).

canaux dérivatifs : Suquet-Hoyer anastomoses, cutaneous, digital *or* neuromyo-arterial glomus (regulating peripheral blood flow).

cancer, *s. m.* : cancer (any type of malignant tumour).

cancéré, *adj.* : cancerous, suffering from cancer.

cancéreux, *adj.* : cancerous, malignant; **état - :** carcinosis, carcinomatosis.

cancériforme, *adj.* : canceriform, cancroid.

cancérigène, *adj.* : cancerigenic, carcinogenic.

cancérisation, *s. f.* : canceration, malignant transformation.

cancérogenèse, *s. f.* : carcinogenesis.

cancérologie, *s. f.* : cancerology, cancrology.

cancérophobie, *s. f.* : cancerophobia, carcinophobia (morbid fear of cancer).

cancrelat, *s. m.* : cockroach.

cancroïde, *s. f.* : cancroid, cancer-like.

candela, *s. f.* : international candle (unit of luminosity).

Candida, *s. f.* : *Candida* (a genus of yeast-like fungi).

candidiase, *s. f.* : candidiasis, moniliasis, moniliosis.

canin, *adj.* : canine.

canine, *s. f.* : canine, canine tooth, dens caninus *(lat.);* **dent -** : canine tooth; **éminence -** : canine eminence; **fosse -** : canine fossa.

canitie, *s. f.* : canities, hoariness, whiteness of the hair.

cannabiose, *s. f.* : allergic respiratory syndrome caused by inhalation of hemp dust.

cannabisme, *s. f.* : cannabism (intoxication by hashish).

canne anglaise : Canadian crutch.

cannelle, *s. f.* : cinnamon.

canon, *s. m.* : canon *(veter.),* metacarpal and metatarsal region of horses.

cantharide, *s. f.* : 1. *Cantharis* (a genus of beetles); 2. cantharides *(pharm.).*

cantharidien, *adj.* : cantharidal.

cantharidine, *s. f.* : cantharidin (lactone of cantharidic acid, the active principle of « Spanish fly »).

canthoplastie, *s. f.* : canthoplasty (section of a canthus to lengthen the palpebral fissure).

canthotomie, *s. f.* : canthotomy (surgical division of a canthus).

canthus, *s. m.* : canthus (angle formed by the junction of the eyelids).

canule, *s. f.* : cannula, nozzle (of enema).

caoutchouc, *s. m.* : rubber; **gants de -** : rubber gloves.

capacité, *s. f.* : capacity.

capeline, *s. f.* : capeline bandage (as applied to the head *or* to an amputation stump).

capillaire, *s. m., adj.* : capillary (1. small vessel; 2. pertaining to *or* resembling a hair; **réseau -** : capillary bed; **vaisseaux -** : capillaries, capillary vessels).

capillarimètre, *s. m.* : capillarimeter.

capillarite, *s. f.* : capillaritis (inflammation of the capillaries).

capillarité, *s. f.* : capillarity, capillary attraction.

capillaroscope, *s. m.* : capillaroscope, angeioscope, angioscope.

capillaroscopie, *s. f.* : capillaroscopy (diagnostic examination of dermal capillaries with a microscope).

capillarotoxique, *adj.* : toxic for blood capillaries.

capillarotrope, *adj.* : capillarotropic.

capitonnage, *s. m.* : capitonnage *(surg.).*

capréolaire, *adj.* : capreolar, capreolary, capreolate (furnished with tendrils [*bot.*]); resembling tendrils *(anat.).*

capricant, *adj.* : caprizant, bounding (pulse).

capside, *s. f.* : capsid.

capsite, *s. f.* : capsitis (inflammation of the lens capsule).

capsomère, *s. m.* : capsomere.

capsulaire, *adj.* : capsular.

capsulation, *s. f.* : capsulation *(pharm.).*

capsule, *s. f.* : 1. capsule, capsula *(anat.)*; **- externe** : external capsule (of the corpus striatum); **- interne** : internal capsule; **- de Tenon** : Tenon's capsule (of the eyeball); 2. capsule, capseal *(pharm.).*

capsulé, *adj.* : encapsulated, capped.

capsulectomie, *s. f.* : capsulectomy.

capsulite, *s. f.* : capsulitis; 1. inflammation of the lens-capsule; 2. inflammation of the capsule of Tenon.

capsulorraphie, *s. f.* : capsulorrhaphy (suture of a capsule).

capsulotome, *s. m.* : capsulotome.

capsulotomie, *s. f.* : 1. capsulotomy (incision of the lens capsule in operation for cataract); 2. incision of a joint capsule.

captatif, *adj.* : captative *(psych.).*

caractériel, *adj.* : ill-humoured, ill-tempered, psychataxic; **enfant -** : psychoneurotic child.

caractérologie, *s. f.* : characterology (study of character and personality).

carapace, *s. f.* : carapace (the upper shell of some reptiles and crustaceas).

carapato, *s. m.* : carapato disease, tick-bite fever.

caraté, *s. m.* : carate, pinta, mal del pinto (tropical treponematosis in Central America).

carbamide, *s. m.* : carbamide, urea.

carbogénothérapie, *s. f.* : treatment by carbogen (oxygen plus 5 % CO_2).

carbohémoglobine, *s. f.* : carbohemoglobin, carbaminohemoglobin.

carbohydrase, *s. f.* : carbohydrase.

carbolisme, *s. m.* : carbolism, phenol poisoning.

carbomycine, *s. f.* : carbomycin.

carbonarcose, *s. f.* : sleep induced by breathing air rich in CO_2.

carbone, *s. m.* : carbon.

carbonisation, *s. f.* : carbonization, charring.

carbothérapie, *s. f.* : therapeutic use of CO_2.

carboxyhémoglobine, *s. f.* : carboxyhemoglobin.

carboxyl, *adj.* : carboxyl (radical COOH).

carboxylase, *s. f.* : carboxylase.

carboxypolypeptidase, *s. f.* : carboxypolypeptidase.

carbure, *s. m.* : carbide.

carcasse, *s. f.* : carcase, carcass (dead body of an animal).

Carcassonne (ligament périnéal de) : Carcassonne's ligament, triangular ligament of the urethra.

carcinogène, *s. m.* : carcinogen; *adj.*, carcinogenic.

carcinogenèse, *s. f.* : carcinogenesis.

carcinoïde, *adj.* : carcinoid.

carcinologie, *s. f.* : carcinology, cancerology, cancrology.

carcinolytique, *adj.* : carcinolytic.

carcinomateux, *adj.* : carcinomatous.

carcinomatose, *s. f.* : carcinomatosis, widespread dissemination of cancer.

carcinome, *s. m.* : carcinoma.

carcinosarcome, *s. m.* : carcinosarcoma.

carcinose, *s. f.* : carcinosis (1. carcinomatous cachexia; 2. carcinomatosis).

cardia, *s. m.* : cardia (esophageal orifice of the stomach).

cardialgie, *s. f.* : cardialgia, heartburn.

cardiaque, *s. m.* : cardiac, heart-case; *adj.*, cardiac; **crise -** : heart attack; **insuffisance -** : cardiac deficiency.

cardiasthénie, *s. f.* : cardiasthenia (neurasthenic weakness of the heart).

cardiazolthérapie, *s. f.* : cardiazol therapy.

cardiectasie, *s. f.* : cardiectasis (dilatation of the heart).

cardinal, *adj.* : cardinal; **veines -** : cardinal veins.

cardio- : cardio- (prefix meaning pertaining to the heart).

cardio-angiographie, *s. f.* : *cf.,* **angiocardiographie.**

cardio-angiosclérose, *s. f.* : cardiosclerosis associated with coronary arteriosclerosis.

cardiocentèse, *s. f.* : cardiocentesis, cardiopuncture.

cardiodiagramme, *s. m.* : *cf.,* **rhéocardiogramme.**

cardiodiagraphie, *s. f.* : *cf.,* **rhéocardiographie.**

cardiodynie, *s. f.* : cardiodynia, false angina pectoris.

cardiogramme, *s. m.* : cardiogram.

cardiographe, *s. m.* : cardiograph.

cardiographie, *s. f.* : cardiography; **gamma -** : gammacardiography, scintillation cardiography.

cardiographique, *adj.* : cardiographic.

cardiohépatique, *adj.* : cardiohepatic.

cardiohépatomégalie, *s. f.* : cardiohepatomegaly.

cardio-inhibiteur, *adj.* : cardio-inhibitory.

cardiologie, *s. f.* : cardiology.

cardiologue, *s. m.* : cardiologist, heart specialist.

cardiolyse, *s. f.* : cardiolysis (operation for the relief of pericardial adhesions).

cardiomégalie, *s. f.* : cardiomegaly, cardiac hypertrophy.

cardiomètre, *s. m.* : cardiometer.

cardiomyopathie, *s. f.* : cardiomyopathy.

cardiomyopexie, *s. f.* : cardiomyopexy.

cardiomyotomie, *s. f.* : cardiomyotomy (incision of the cardiac sphincter for relief of cardiospasm).

cardionecteur, *s. m.* : cardionector (sino-auricular node *or* atrionector and the bundle of His *or* ventriculonector).

cardio-omentopexie, *s. f.* : cardio-omentopexy.

cardiopathe, *s. m.* : cardiopath.

cardiopathie, *s. f.* : cardiopathy (any disease of the heart).

cardiopéricardiopexie, *s. f.* : cardiopericardiopexy.

cardiophrénoptose, *s. f.* : cardioptosis with downward displacement of the diaphragm.

cardioplastie, *s. f.* : cardioplasty (plastic operation for relief cardiospasm).

cardioplégie, *s. f.* : cardioplegia (paralysis of the heart).

cardioptose, *s. f.* : cardioptosis (downward displacement of the heart).

cardiopulmonaire, *adj.* : cardiopulmonary.

cardiopuncture, *s. f.* : cardiopuncture, cardiocentesis (surgical puncture of the heart).

cardiopylorique, *adj.* : cardiopyloric.

cardiorénal, *adj.* : cardiorenal.

cardiorraphie, *s. f.* : cardiorrhaphy (suturing the heart).

cardiorrhexie, *s. f.* : cardiorrhexis (rupture of the heart).

cardiosclérose, *s. f.* : cardiosclerosis (fibrous induration of the heart).

cardioscope, *s. m.* : cardioscope.

cardiospasme, *s. m.* : cardiospasm (1. spasm of the heart; 2. spasm of the cardia [esophageal sphincter of the stomach]).

cardiosphygmographe, *s. m.* : cardiosphygmograph.

cardiotachomètre, *s. m.* : cardiotachometer.

cardiothyréose, *s. f.* : cardiac complications of hyperthyroidism.

cardiothyréotoxicose, *s. f.* : cardiothyrotoxicosis.

cardiotomie, *s. f.* : cardiotomy (1. dissection or incision of the heart; 2. dissection or incision of the cardiac sphincter of the stomach).

cardiotonique, *s. m., adj.* : cardiotonic.

cardiotopométrie, *s. f.* : cardiotopometry (measurement of the area of cardiac dulness).

cardiotoxique, *s. m., adj.* : cardiotoxic.

cardiovalvulite *ou* **cardivalvulite,** *s. f.* : cardiovalvulitis.

cardiovalvulotome, *s. m.* : cardiovalvulotome.

cardiovalvulotomie, *s. f.* : cardiovalvulotomy.

cardiovasculaire, *adj.* : cardiovascular.

cardioversion, *s. f.* : cardioversion.

cardite, *s. f.* : carditis (inflammation of the heart).

carence, *s. f.* : deficiency; **maladies de - :** deficiency diseases; **- vitaminique :** vitamin deficiency.

carène (front en) : keel-shaped deformity of the frontal bone in congenital syphilis.

carène (thorax en) : keeled chest, pigeon-breast.

caréné, *adj.* : carinate, keeled, keel-shaped.

carentiel, *adj.* : deficient.

carie, *s. f.* : caries, decay; **- dentaire :** dental caries *or* decay.

carié, *adj.* : carious, decayed.

carillon (bruit de) : bell sound (in hydropneumothorax).

carmin, *s. m.* : carmine.

carminatif, *s. m., adj.* : carminative (relieving flatulence).

carnation, *s. f.* : carnation, flesh-colour, complexion.

carnification *ou* **carnisation,** *s. f.* : carnification (alteration of tissue to a fleshy appearance).

carnivore, *s. m.* : carnivore; *adj.*, carnivorous.

carnophobie, *s. f.* : carnophobia (aversion to eating meat).

caroncule, *s. f.* : caruncule, caruncula, *plur.* carunculae *(lat.)*; **- lacrymale :** lacrimal caruncle, lachrymal caruncle; **- myrtiformes :** carunculae hymenales *or* myrtiformes; **- papillaires** *ou* **papilles rénales :** renal papillae; **- de l'urètre :** urethral caruncle.

carotène, *s. f.* : carotene, carotin.

caroténémie *ou* **carotinémie,** *s. f.* : carotenaemia *or* carotenemia, carotinemia (carotene in the blood).

caroténodermie *ou* **carotinodermie,** *s. f.* : carotenodermia.

carotide, *s. f.* : carotid.

carotidien (ganglion) : carotid ganglion.

carotinoïde, *adj.* : carotenoid, yellow; *s.* : carotenoid (any one of many chromolipoids closely related to carotene, including the xanthophylls).

carpe, *s. m.* : wrist, carpus *(lat.)*; **os du - :** wrist bones.

carpectomie, *s. f.* : carpectomy (excision of one or more carpal bones).

carphologie, *s. f.* : carphologia, carphology, tilmus (plucking at bed clothes).

carpien, *adj.* : carpal.

carpocyphose, *s. f.* : carpokyphosis, Madelung's deformity.

carpométacarpien, *adj.* : carpometacarpal.

carré des lombes : quadratus lumborum (muscle).

carreau, *s. m.* : carreau (enlargement and induration of the abdomen due to tuberculous peritonitis).

Carrion (maladie de) : Carrion's disease, peruvian wart, verruga peruviana.

carteron, *s. m.* : cf., **quarteron.**

cartilage, *s. m.* : cartilage, gristle.

cartilagineux, *adj.* : cartilaginous.

cartilaginification, *s. f.* : cartilaginification.

cartographie, *s. f.* : cf., **scintigraphie.**

carus, *s. m.* : carus, deep coma.

caryoanabiose, *s. f.* : karyo-anabiosis (formation of multinucleate « foreign-body » giant cells).

caryochrome, *s. m.* : karyochrome, caryochrome.

caryoclasie, s. f. : caryoclasis, karyoclasis, karyorrhexis.

caryoclasique, adj. : caryoclasic, karyoclasic (said of a poison which stops karyokinesis).

caryogamie, s. f. : caryogamy, karyogamy (fusion of male and female nuclei).

caryogène, adj. : caryogenic, karyogenic.

caryokinèse, s. f. : caryocinesis, karyokinesis, mitotic division.

caryolymphe, s. f. : caryolymph, karyolymph (nuclear fluid).

caryolyse, s. f. : caryolysis, karyolysis (death and subsequent degeneration of the nucleus with loss of chromatin).

caryolytique, adj. : caryolytic, karyolytic.

caryomitome, s. m. : caryomitome, karyomitome (nuclear chromatin network).

caryomitose, s. f. : caryomitosis, karyomitosis, karyokinesis.

caryomixie, s. f. : caryogamy (fusion of two nuclei).

caryoplasme, s. m. : caryoplasm, karyoplasm, nucleoplasm.

caryorrexie, s. f. : caryorrhexis, karyorrhexis (splitting and disintegration of the nucleus).

caryoschise, s. f. : excretion or extrusion of nuclear elements by osmotic phenomena.

caryosome, s. m. : caryosome, karyosome (aggregated chromatin within the network).

caryotypage, s. m. : caryotyping, karyotyping.

caryotype, s. m. : caryotype, karyotype (chromosomal constitution).

cas, s. m. : case; **- limite** : borderline case; **un - de rougeole** : a case of measles.

Casal (collier de) : Casal's collar (pellagrous eruption around the neck).

caséase, s. f. : casease.

caséation, s. f. : caseation (1. cheesy (tuberculous) degeneration and necrosis; 2. precipitation of casein).

caséeux, adj. : caseous, cheesy, casein-like, tyroid; **dégénérescence -** : caseation, tyrosis, tyromatosis; **masse -** : tyroma.

caséification, s. f. : caseation.

caséiforme, adj. : caseous.

caséine, s. f. : casein.

caséinogène, s. m. : caseinogen; adj., caseinogenous.

caséose, s. f. : caseose (a protein produced during digestion of casein).

casque neurasthénique : helmet headache (psych.) (neurol.).

cassant, adj. : brittle.

casse, s. f. : cassia (pharm.).

cassette, s. f. : cassette (film or plate holder).

cassure, s. f. : break, fracture.

Castle (méthode de) : therapy of pernicious anemia by Castle's intrinsic factor (apoerythrotein);

principe de - : Castle's intrinsic factor (specific hemopoietic substance of normal gastric juice).

castoréum, s. m. : castor, castoreum (pharm.).

castrat, s. m. : castrate, eunuch (castrated man); gelding (castrated horse).

castration, s. f. : castration.

castré, adj. : castrated (said of man), gelded (said of animals).

castrer, v. : to castrate, to geld (male animal), to spay (female animal).

casuistique, s. f. : casuistics.

catabiose, s. f. : catabiosis (senescent degeneration of cells).

catabolique, s., adj. : catabolic.

catabolisme, s. m. : catabolism.

catacrotique, adj. : catacrotic.

catacrotisme, s. m. : catacrotism.

catadioptrique, adj. : catadioptric (phys.).

catagenèse, s. f. : catagenesis (involution, retrogression).

cataire (frémissement) : purring tremor, cat's purr.

catalase, s. f. : catalase.

catalepsie, s. f. : catalepsy.

cataleptiforme, adj. : cataleptiform, cataleptoid.

cataleptique, s. m., adj. : cataleptic.

catalysateur, s. m. : catalyser.

catalyse, s. f. : catalysis.

catalyseur, s. m. : catalyser.

catalytique, s., adj. : catalytic.

cataménial, adj. : catamenial (pertaining to the menses).

catamnèse, s. f. : case-history, catamnesis, follow-up.

cataphasie, s. f. : cataphasia (senseless repetition of the same word or phrase).

cataphora ou **cataphore,** s. m. : cataphora (lethargy with intervals of coma-vigil).

cataphorèse, s. f. : cataphoresis, electrophoresis, iontophoresis.

cataphylaxie, s. f. : cataphylaxis; 1. movement of leukocytes and antibodies to a site of infection; 2. destruction of the immune reaction to infection.

cataplasie, s. f. : cataplasia (retrograde metamorphosis).

cataplasme, s. m. : cataplasm, poultice, blister; **- cantharidé** : fly-blister; **- électrique** : electric pad; **- de farine de lin** : linseed poultice; **- mobile** : flying blister; **- sinapisé** : mustard plaster.

cataplectique, adj. : cataplectic.

cataplexie, s. f. : cataplexy (1. muscular rigidity following an emotional shock; 2. prostration at the sudden onset of disease; 3. hypnotic sleep).

cataptose, s. f. : cataptosis (epileptic fall).

cataracte, s. f. : cataract; **- congénitale** : congenital cataract; **- sénile** : senile cataract; **- sili**

queuse *ou* **pierreuse** : siliquose *or* dry-shelled cataract.

catarrhe, *s. m.* : catarrh; **- gastrique** : gastric catarrh; **- nasal** : cold in the head, common cold, coryza; **- printanier** : spring catarrh *or* vernal conjunctivitis; **- vésical** : cystitis.

catarrheux, *adj.* : catarrhal, catarrhous.

catathymie, *s. f.* : catathymia *(psych.)*.

catatonie, *s. f.* : catatonia (negativistic schizophrenia) *(psych.)*.

catatonique, *adj.* : catatonic *(psych.)*.

catécholamine, *s. f.* : catecholamine (sympatheticomimetic derivative of catechol, *e.g.* adrenalin).

catélectrotonus, *s. m.* : catelectrotonus (increased irritability of a nerve near the cathode).

caténaire, *adj.* : relating to the sympathetic chain.

cat-gut *ou* **catgut**, *s. m.* : catgut *(surg.)*.

catharsis, *s. f.* : abreaction, catharsis *(psych.)*.

cathartique, *s. m., adj.* : cathartic.

cathepsine, *s. f.* : cathepsin.

cathérétique, *s. m., adj.* : catheretic, caustic.

cathéter, *s. m.* : catheter (see table for corresponding size of French and American size numbers).

cathétériser, *v.* : to catheterize, to pass a catheter.

cathétérisme, *s. m.* : catheterism, catheterization.

cathion, *s. m.* : cf., **cation.**

cathode, *s. f.* : cathode.

cathodique, *adj.* : cathodal, cathodic; **lampe à luminescence -** : cathode ray glow-lamp; **rayons -** : cathode rays.

cathypnique, *adj.* : hypnic, pertaining to sleep.

cathypnose, *s. f.* : cathypnosis (1. sleeping sickness, African lethargy; 2. encephalitis lethargica).

cation, *s. m.* : cation.

catiopexique, *adj.* : fixing cations.

catophorie, *s. f.* : katophoria, katotropia *(opt., ophthal.)* (downward strabismus).

catoptrique, *s. f.* : catoptrics, katoptrics (study of reflected light).

cauchemar, *s. m.* : nightmare, bad dream.

caudal, *adj.* : caudal.

caudé, *adj.* : caudate, caudatus *(lat.)*; **noyau -** : caudate nucleus.

causalgie, *s. f.* ou **syndrome causalgique** : causalgia (burning pain).

caustique, *s. m., adj.* : caustic.

cautère, *s. m.* : cautery.

cautérisant, *s. m.* : cauterant (any cauterizing or caustic substance).

cautérisation, *s. f.* : cauterization.

cave (veine), *s. f.* : cava, vena cava *(lat.)*; **inflammation de la -** : cavitis.

caverne, *s. f.* : cavern, cavity (1. body cavity, *e.g.* peritoneal cavity; 2. pathological cavity, *e.g.* tuberculous pulmonary cavity).

caverneux, *adj.* : cavernous, cavernosus *(lat.)*; **corps -** : corpus cavernosum.

cavernite, *s. f.* : cavernitis (inflammation of the corpus cavernosum).

cavernome, *s. m.* : cavernous angioma.

cavernoscopie, *s. f.* : cavernoscopy (instrumental inspection of a pulmonary cavity).

cavernographie *ou* **cavernosographie**, *s. f.* : radiography of the cavernous sinus after injection of radiopaque fluid.

cavernostomie, *s. f.* : cavernostomy (drainage of a cavity).

cavernotomie, *s. f.* : cavernotomy (incision of a cavity wall).

cavernuleux, *adj.* : cavernulous (1. relating to small cavities; 2. full of small cavities).

cavitaire, *adj.* : cavitary.

cavité, *s. f.* : cavity, socket, cavum *(lat.)*; **- cotyloïde** : acetabulum; **- ancyroïde** *ou* **digitale du cerveau** : posterior horn *or* digital cavity of the lateral ventricle; **- glénoïde** : glenoid cavity.

cavo-manométrie, *s. f.* : measurement of intravenous pressure in the vena cava.

Cazenave (lupus de) : Cazenave's lupus, lupus erythematosus.

cébocéphale, *s. m.* : cebocephalus.

cébocéphalie, *s. f.* : cebocephaly, cebocephalia (ape-like deformity of the head).

cécité, *s. f.* : blindness, cecity, caecitas *(lat.)*; **- monoculaire transitoire** : amaurosis fugax; **- des neiges** : snow-blindness, nephablepsia; **- nocturne** : night-blindness; **- psychique** : psychic blindness; **- verbale** : word-blindness.

ceinture, *s. f.* : girdle *(anat.)*; **- pelvienne** : pelvic girdle.

-cèle : cele, suffix denoting hernia, swelling or tumor.

celloïdine, *s. f.* : celloidin (embedding medium).

celloïdiné, *adj.* : collodion-coated *(pharm.)*.

cellulaire, *adj.* : cellular; **membrane -** : cell membrane; **paroi -** : cell wall; **suc -** : cell sap.

cellulalgie, *s. f.* : painful non-infective cellulitis, fibrositis.

cellule, *s. f.* : cell, cellula, *plur.* cellulae *(lat.)*; **- bordante** : parietal *or* oxyntic cell; **- cible** : target cell; **- en grain d'avoine** : « oat cell »; **- falciforme** : sickle cell; **- fusiforme** : spindle cell; **- géante** : giant cell; **- granuleuse** : granule cell; **- gustative** : taste cell; **- hématimètre** : hemocytometer *or* blood-count cell; **- en houpette** : bristle cell; **- en panier** : basket cell; **- quadrillée** : counting chamber; **- à rigole (pour examen bactériologique)** : grooved slide; **- souche** : stem cell; **- vésicale** : bladder cell; **- xanthomatique** : foam cell, xanthoma cell.

cellulé, *adj.* : celled (composed of cells).

cellulicide, *s., adj.* : cellulicidal (lethal for cells).

cellulifuge, *s. m., adj.* : cellulifugal (directed away from a cell body, *e.g.* motor *or* efferent nerve impulse).

cellulipète, *adj.* : cellulipetal (directed towards a cell body *e.g.* sensory *or* afferent nerve impulse).

cellulite, *s. f.* : cellulitis, ethmyphitis (diffuse inflammation especially of subcutaneous cellular tissue).

cellulocapillarite, *s. f.* : cutaneous capillaritis.

cellulocutané, *adj.* : cellulocutaneous.

cellulofibrineux, *adj.* : cellulofibrinous.

cellulonévrite, *s. f.* : celluloneuritis.

celluloradiculonévrite, *s. f.* : *cf.,* **polyradiculonévrite.**

cellulose, *s. f.* : cellulose.

cellulosité, *s. f.* : cellulosity.

celorraphie, *s. f.* : *cf.,* **orchidopexie.**

celosomie, *s. f.* : celosomia (congenital hernia; hernial protrusion of fetal viscera).

celtium, *s. m.* : celtium *(obs.), cf.,* **hafnium.**

cément, *s. m.* : cement, cementum *(lat.) (odont.).*

cémentation, *s. f.* : cementation.

cémentite, *s. f.* : cementitis (inflammation of the cementum of a tooth) *(odont.).*

cémentoblaste, *s. m.* : cementoblast.

cémento-exostose, *s. f.* : cemento-exostosis, cementicle *(odont.).*

cendre, *s. f.* : ash.

cénesthésie, *s. f.* : cenesthesis (sense of existence).

cénesthésiopathie, *s. f.* : cenesthesiopathy.

cénesthésique, *adj.* : cenesthesic *or* cenesthetic.

cénestopathie, *s. f.* : cenesthopathia (1. general feeling of malaise; 2. any morbid perversion of consciousness).

cénotophobie, *s. f.* : cenotophobia (fear of anything new).

cénotoxine, *s. f.* : cenotoxin, kenotoxin (toxin produced by muscular fatigue).

cénotype, *s. m.* : cenotype.

centigrade, *adj.* : centigrade.

centinormal, *adj.* : centinormal.

central, *adj.* : central, centric.

central-terminal, *s. m.* : central terminal (electrocardiography).

centre, *s. m.* : centre, center; centrum *(lat.)* ; 1. midpoint of any surface *or* body; 2. ganglion or nerve center; **- de commande mobile** : wandering pace-maker; **- infantile médico-social** : child guidance clinic *or* center; **- nodaux** : nodal centers of the heart; **- ovale de Vieussens** : centrum ovale majus of Vieussens; **- phrénique** : central tendon of the diaphragm.

centrifuge, *adj.* : centrifugal *(phys.)* ; efferent *(anat.).*

centrifugeur, *s. m. ou* **centrifugeuse,** *s. f.* : centrifuge.

centriole, *s. f.* : centriole.

centripète, *adj.* : centripetal, afferent.

centro- : centro- prefix meaning central.

centrocyte, *s. m.* : centrocyte, Lipschütz's cell (seen in lichen ruber).

centrodesmose, *s. f.* : centrodesmose, centrodesmus (intracellular matter connecting the centrosome and the origin of the central spindle).

centrofolliculose géante : giant follicular lymphoma, Brill-Symmers' disease.

centronucléus, *s. m.* : centronucleus, amphinucleus (protozoan nucleus).

centrosome, *s. m.* : centrosome.

centrosphère, *s. f.* : centrosphere.

centrum (d'une vertèbre) : neurocentrum *(embryol., anat.).*

centurium, *s. m.* : centurium, *cf.,* **fermium.**

cénurose *ou* **cœnurose,** *s. f.* : coenurosis, louping-ill, staggers (brain disease of animals, especially of sheep, infested by *Coenurus cerebralis*).

céphalalgie, *s. f.* : cephalalgia, headache.

céphalalgique, *adj.* : cephalalgic.

céphalée, *s. f.* : cephalea, cephalalgia, headache.

céphalhématome, *s. m.* : cephalhematoma (hematoma beneath the pericranium).

céphalhydrocèle, *s. f.* : cephalhydrocele.

céphaline, *s. f.* : cephalin.

céphalique, *adj.* : cephalic; **indice -** : cephalic index.

céphalo- : cephalo-, prefix meaning relating to the head.

céphalocèle, *s. m.* : cephalocele (brain hernia).

céphalogyre, *adj.* : cephalogyric (head turning).

céphaloïde, *adj.* : cephaloid.

céphalome, *s. m.* : cephaloma, encephaloid carcinoma.

céphalomètre, *s. m.* : cephalometer.

céphalométrie, *s. f.* : cephalometry (measurement of the head).

céphalomoteur, *adj.* : cephalomotor.

céphalo-orbitaire, *adj.* : cephalo-orbital; **indice -** : cephalo-orbital index.

céphaloplastique (formule) : formula describing the head and features.

céphalorachidien, *adj.* : cephalorachidian, spinal; **liquide -** : cerebrospinal fluid (C.S.F.).

céphaloscope, *s. m.* : cephaloscope.

céphaloscopie, *s. f.* : cephaloscopy.

cephalospinal (indice) : ratio of the area of the foramen magnum to the cranial capacity.

céphalostyle, *s. m.* : cephalostyle (cranial end of the notochord); **rapport -** : ratio of circumference to height of the head.

céphalothlasie, *s. f.* : *cf.,* **céphalotripsie.**

céphalotome, *s. m.* : cephalotome.

céphalotomie, *s. f.* : cephalotomy (1. cutting the fetal head to help delivery; 2. dissection of the fetal head).

céphalotribe, *s. m.* : cephalotribe.

céphalotripsie, *s. f.* : cephalotripsy (crushing the fetal head).

cérasine, *s. f.* : cerasine.

cérat, *s. m.* : cerate, ceratum *(lat.)*.

cercaire, *s. m.* : cercaria (larval trematode).

cerclage, *s. m.* : cerclage.

cercle, *s. m.* : circle.

Cercomonas, *s. m.* : *Cercomonas* (genus of flagellate protozoa); **infestation par les - :** cercomoniasis.

céréale, *s. f.* : cereal.

cérébelleux, *adj.* : cerebellar.

cérébellifuge, *adj.* : cerebellifugal.

cérébellipète, *adj.* : cerebellipetal.

cérébellite, *s. f.* : cerebellitis (inflammation of the cerebellum).

cérébral, *adj.* : cerebral; **algie - :** cerebralgia, headache; **épuisement - :** brain fag; **fatigue - :** mental exhaustion, brain fag; **maladies - :** brain diseases ; **matière - :** brain substance; **méningite -** brain fever; **tronc - :** brain stem; **troubles - :** mental trouble *or* brain trouble.

cérébrasthénie, *s. f.* : cerebrasthenia, cerebral asthenia *or* neurasthenia, phrenasthenia.

cérébro-angiosclérose, *s. f.* : sclerosis of the cerebral blood vessels.

cérébroïde, *adj.* : cerebroid.

cérébromalacie, *s. f.* : cerebromalacia (softening of the brain tissue).

cérébrome, *s. m.* : cerebroma (extracranial growth containing brain tissue).

cérébroméningite, *s. f.* : cerebromeningitis.

cérébropontique, *adj.* : cerebropontile.

cérébroprotubérantiel, *adj.* : cerebropontile.

cérébrosclérose, *s. f.* : cerebrosclerosis (sclerosis of the brain).

cérébroscopie, *s. f.* cerebroscopy (1. retinoscopy in the diagnosis of brain disease; 2. encephaloscopy; 3. post-mortem examination of the brain).

cérébrose, *s. m.* : cerebrose (sugar isomeric with glucose found in brain tissue).

cérébroside, *s. m.* : cerebroside.

cérébrospinal, *adj.* : cerebrospinal; **méningite - :** cerebrospinal meningitis *or* fever.

cérébrotomie, *s. f.* : dissection of the brain.

cerium, *s. m.* : cerium.

cérolysine, *s. f.* : cerolysin.

céruloplasmine, *s. f.* : *cf.,* **caeruloplasmine.**

cérumen, *s. m.* : cerumen, ear-wax.

cérumineux, *adj.* : ceruminal, ceruminous; **glandes - :** ceruminous glands.

céruse, *s. f.* : white lead, lead carbonate.

cerveau, *s. m.* : 1. brain, cerebrum *(lat.)*; 2. brains, intellect, mind.

cervelet, *s. m.* : cerebellum; **lobule du bulbe du - :** tonsilla cerebelli, amygdala cerebelli; **- statique :** paleocerebellum.

cervical, *adj.* : cervical; **plexus - :** cervical plexus, cerviplex.

cervicalgie, *s. f.* : pain in the cervical region of the spine.

cervicarthrose, *s. f.* : arthrosis of the cervical spine.

cervicite, *s. f.* : cervicitis, trachelitis (inflammation of the uterine cervix).

cervico- : cervico-, prefix denoting relation to the neck or to the cervix of an organ.

cervico-cystopexie, *s. f.* : cervico-cystopexy (operation for the relief of orthostatic incontinence in women).

cervicopexie, *s. f.* : cervicopexy (fixation of the uterine cervix).

cervico-vésical, *adj.* : cervico-vesical.

césarienne (opération) : caesarian *or* cesarian section, cesarotomy.

césium, *s. m.* : cesium *or* caesium.

Cestode, *s. m.* : *Cestode*, tapeworm.

cestoïde, *s. m., adj.* : cestode, cestoid.

cétoacidose, *s. f.* : *cf.,* **acidocétose.**

cétodiérèse, *s. f.* : ketodieresis (renal capacity to fix and destroy ketone bodies).

cétogène, *adj.* : ketogenic.

cétogenèse, *s. f.* : ketogenesis (production of ketone bodies).

cétolyse, *s. f.* : ketolysis.

cétolytique, *adj.* : ketolytic (causing destruction of ketone bodies).

cétone, *s. f.* : ketone.

cétonémie, *s. f.* : ketonemia, acetonemia.

cétoniques (corps) : ketone bodies, acetone bodies.

cétonurie, *s. f.* : ketonuria.

cétose, *s. f.* : 1. ketosis; 2. ketose (any sugar with a carbonyl group).

17-cétostéroïdes, *s. m., pl.* : 17-ketosteroids (male and female sex hormones).

cétosurie, *s. f.* : ketosuria.

Chagas (maladie de) : Chagas' disease, american trypanosomiasis.

chaînon (bruit de) : rattling sound characteristic of certain hydatid cysts.

chair, *s. f.* : flesh, caro *(lat.)*; **- de poule :** goose-flesh.

Chalara, *s. m.* : *Chalara* (genus of fungi).

chalarose, *s. f.* : chalarosis (infection with *Chalara*).

chalaze, *s. f.* : chalaza (1. spiral cord which connects the yolk of the egg to the shell-membrane; 2. part of a seed where its coats unite with each other and the nucleus).

chalazion, *s. m.* : chalazion, stye, tarsal *or* meibomian cyst *or* tumor.

chalcose, *s. f.* : chalcosis (presence of copper deposits in the tissues); **- oculaire :** brassy eye, sunflower cataract *(ophthal.)*.

chaleur, *s. f.* : 1. heat warmth ; **- animale** : animal heat; **coup de -** : heat-stroke, heat apoplexy; **sensation de -** : glow, burning sensation; **- spécifique** : specific heat; 2. rut, heat (in animals at breeding season) **en -** : in heat, on heat.

chalicose, *s. f.* : calicosis, chalicosis (pneumoconiosis of flint workers).

chalodermie *ou* **chalazodermie,** *s. f.* : chalazodermia, dermatolysis *(derm.)*.

chalone, *s. f.* : chalone, colyone.

chalumeau, *s. m.* : blowpipe.

chamœprosope *ou* **chamœprosope,** *adj.* : chamaeprosopic, chameprosopic *(morph.)* (characterized by a low broad face).

Chamberland (bougie) : Chamberland filter.

chambre, *s. f.* : chamber, camera *(lat.)*; **- antérieure de l'œil** : anterior chamber of the eye; **- claire** : camera lucida ; **- noire** : darkroom ; **- d'ionisation** : ionization chamber; **- de protection** : protection chamber.

chamois (peau de) : chamois leather, « chammy » *(vernac.)*.

champ, *s. m.* : field; **angle de -** : visual angle; **- auditif** : auditory field, field of audition; **- corrigé** : flat field; **- magnétique** : magnetic field; **- du microscope** : microscopic field, field of the microscope; **- de netteté** : focal field; **- opératoire** : field of operation.

champignon, *s. m.* : 1. fungus, mushroom; 2. fungoid growth; 3. post-operative abscess following castration *(veter.)*.

chancelant, *adj.* : tottering, staggering; **santé -** : delicate health.

chancre, *s. m.* : chancre; **- mou** *ou* **simple** : chancroid, soft chancre; **- induré, infectant** *ou* **huntérien** : hard, hunterian, infective, non-suppurating *or* true chancre (primary lesion of syphilis).

chancreux, *adj.* : chancrous, cankerous, ulcerous.

chancriforme, *adj.* : chancriform (resembling a chancre).

chancroïde *ou* **chancrelle** : *cf.,* **chancre mou.**

chant du coq : cantus galli, laryngismus stridulus (« cock's crow » of laryngeal spasm).

Chantemesse (signe de) : Chantemesse's reaction, Calmette's ophthalmoreaction.

Chaoul (méthode de) : Chaoul's method, Chaoul's therapy (low-voltage contact X-ray therapy).

chapelet rachitique : rickety rosary.

chapelet scorbutique : intra-articular costochondral hemorrhages in infantile scurvy.

charbon, *s. m.* : anthrax; **- animal** : animal charcoal, activated charcoal.

Charcot (maladie de) : Charcot's disease (1. amyotrophic lateral sclerosis; 2. tabetic arthropathy).

Charcot (triade de) : Charcot's triad (nystagmus, intention tremor and staccato speech in disseminated sclerosis).

Charcot-Leyden (cristaux de) : Charcot-Leyden's crystals (in asthmatic sputum).

Charcot-Marie (signe de) : Marie's sign (tremor of hands, extremities *or* whole body in exophthalmic goiter).

Charcot-Marie-Tooth (maladie de) : Charcot-Marie-Tooth's disease, progressive muscular atrophy, neuropathic peroneal atrophy.

charge (épreuve de) : tolerance test for vitamin-C.

charlatan, *s. m.* : charlatan, quack; **remède de -** : quack remedy.

charlatanisme, *s. m.* : charlatanism, quackery.

charnu, *adj.* : fleshy.

charpente osseuse : skeleton.

charpie, *s. f.* : charpie, lint.

chasse (syndrome de) : dumping syndrome.

chassie, *s. f.* : rheum (mucous *or* mucoserous secretion in chronic conjunctivitis).

chassieux, *adj.* : blear-eyed, bleary, rheumy, rheumy-eyed.

chat, *s. m.* : cat; **cri du -** : crying cat syndrome; **griffure de -** : cat scratch.

chaton cricoïdien : plate of the cricoid cartilage.

chatonnement du placenta : *cf.,* **enchatonnement.**

chatouillement, *s. m.* : tickling, titillation.

chaudepisse, *s. f.* : *cf.,* **blennorragie.**

Chauffard-Still (maladie *ou* **syndrome de)** : Chauffard's *or* Chauffard-Still's syndrome (polyarthritis, fever and lymphadenopathy in patients with nonhuman tuberculosis).

chaulmoogra (huile de) : chaulmoogra oil *or* chaulmugra.

chaussette (signe de la) : sock-like distribution of cutaneous erythema in endarteritis obliterans.

Chaussier (aréole vésiculaire de) : Chaussier's areola (around the malignant pustule of anthrax); **signe de -** : Chaussier's sign (epigastric pain in eclampsia).

chauve, *s., adj.* : bald, hairless.

chaux, *s. f.* : chalk, lime, calx *(lat.)*; **- vive** : quicklime; **eau de -** : limewater.

chef, *s. m.* : 1. head, chief; 2. end (of a bandage); 3. head (of a muscle or bone).

chéilite, *s. f.* : cheilitis *or* chilitis (inflammation of the lip).

chéilochalasis, *s. f.* : cheilochalasia (atrophy and drooping of the lip).

chéilophagie *ou* **chilophagie,** *s. f.* : cheilophagia (biting of the lips).

chéiloplastie *ou* **chiloplastie,** *s. f.* : cheiloplasty, labioplasty (plastic surgery of the lip).

chéilorraphie, *s. f.* : cheilorrhaphy.

cheiloschisis, *s. f.* : cheiloschisis, harelip.

chéilotomie, *s. f.* : cheilotomy (1. resection of part of a lip; 2. excision of osteoarthritic lipping).

chéirobrachial (rapport) : cheirobrachial ratio *(morph.)*.

chéiromégalie, s. f. : cf., **chiromégalie.**

chéiromorphique (rapport) : ratio of length to breadth of the hand.

chéiropodal, adj. : chiropodal (relating to the hands or feet).

chéiropompholyx, s. m. : cheiropompholyx, dyshidrosis (sweat blisters on hands and feet).

chéirospasme, s. m. : cheirospasm, writers' cramp.

chélateur, adj. : chelating; **agent -** : chelating agent.

chélation, s. f. : chelation.

chéloïde, s. f. : cheloid, keloid, cheloma, keloma.

chéloïdose, s. f. : keloidosis.

chémosis, s. m. : chemosis (edema of the conjunctiva).

chémotique, adj. : chemotic.

chenille, s. f. : caterpillar, grub.

Cherchewski (maladie de) : Cherchewski's disease (neurasthenic atony of the bowel simulating intestinal obstruction).

chéromanie, s. f. : cheromania (pathological exaltation).

chétivisme, s. m. : Lorain's infantilism.

chevauchement, s. m. : overriding; **- (d'action, de temps, etc.)** : overlapping; **- des fragments** : overriding of fragments.

chevelure, s. f. : hair, head of hair, crop of hair.

chevêtre, s. m. : bandage.

cheveu, s. m. : hair, capillus (lat.); **les cheveux** : the hair.

cheville, s. f. : ankle, talus (lat.).

chevrotement, s. m. : quavering, tremolo, tremulousness of voice.

Cheyne-Stokes (respiration de) : Cheyne-Stokes breathing or respiration.

chiasma, s. m. : 1. chiasma (crossing of chromosome pair at prophase in first maturation division); 2. optic chiasma, optic commissure.

chiasmatique, adj. : chiasmal, chiasmatic.

chicot, s. m. : stump (of a tooth).

chien de fusil (attitude ou **position de)** : attitude like that of a « pointer » with head extended rigidly and limbs flexed (in meningeal irritation).

chiffonniers (maladie des) : rag-pickers' or woolsorters' disease (pulmonary anthrax).

chilopa, s. : akembe, onyalai (thrombopenic purpura in Africans).

chilotomie, s. f. : cf., **chéilotomie.**

chimbéré, s. m. : epidermomycosis among Indians of the Matto-Grosso.

chimère, s. f. : chimera (individual with characters belonging to two different genotypes).

chimiatrie, s. f. : cf., **iatrochimie.**

chimie, s. f. : chemistry.

chimiluminescence, s. f. : chemiluminescence.

chimiolyse, s. f. : chemolysis (chemical decomposition).

chimioprévention ou **chimioprophylaxie,** s. f. : chemoprophylaxis.

chimiorécepteur, s. m., adj. : chemoreceptor.

chimiorésistance, s. f. : chemoresistance (acquired resistance of cells to chemical agents).

chimiorésistant, adj. : drug-fast, drug resistant.

chimiosensible, adj. : chemosensitive.

chimiotactique, adj. : chemotactic.

chimiotactisme, s. m. ou **chimiotaxie,** s. f. : chemiotaxis, chemotaxis.

chimiothalamectomie, s. f. : destruction of the thalamus by injection of alcohol.

chimiothérapie, s. f. : chemotherapy.

chimiotropisme, s. m. : chemotropism, chemotaxis.

chimique, adj. : chemical; **lyse -** : chemolysis; **mal -** : phosphonecrosis, phossy jaw, necrosis of the jaw; **produit -** : chemical; **rayons -** : actinic rays.

chimisme, s. m. : chemism.

chimiste, s. m. f. : chemist.

chique, s. f. : 1. chigo, chigre, chigger, jigger, West-Indies sand-flea; 2. quid (chewing-tobacco; betel quid).

chiralgie, s. f. : chiralgie, chiragra (pain in the hand); **- paresthétique** : chiralgia paraesthetica.

chirokinesthésie, s. f. : cheirokinesthesia (perception of hand movements).

chiromégalie, s. f. : chiromegaly, pseudo-acromegaly (enlargement of one or both hands not of acromegalic nature).

chiropodal, adj. : cf., **chéiropodal.**

chiropodiste, s. m. : chiropodist.

chiropracteur, s. m. : chiropractor.

chiropraxie, s. f. : chiropractic or cheiropractic, chiropraxis or cheiropraxis.

chirurgical, adj. : surgical, chirurgical (used traditionally e.g. Medico-Chirurgical Society) ; **subir une intervention -** : to undergo an operation.

chirurgie, s. f. : surgery, chirurgery (used traditionally, e.g. M.Ch. abbreviation for Master of Chirurgery); **- plastique, esthétique** : plastic surgery.

chirurgien, s. m. : surgeon; **- dentiste** : dental surgeon, dentist.

chirurgique, adj. : surgical.

chitine, s. f. : chitin (insoluble polysaccharide constituent of invertebrate).

chitineuse, adj. : chitinous; **dégénérescence -** : chitinous degeneration.

chloasma, s. m. : chloasma (deposit of pigment in the skin).

chloral, s. m. : chloral.

chloraliser, v. : to chloralize.

chloralisme, s. m. : chloralism (chloral intoxication).

chloralomanie, s. f. : chloralomania (addiction to chloral).

chloramphénicol, *s. m.* : chloramphenicol.

chlorate, *s. m.* : chlorate.

chloration, *s. f.* : chlorination.

chlore, *s. m.* : chlorine.

chloré, *adj.* : chlorinated; **eau -** : chlorine water.

chloreux, *adj.* : chlorous.

chlorhydrate, *s. m.* : hydrochlorate.

chlorhydrie, *s. f.* : chlorhydria (excessive secretion of hydrochloric acid).

chlorhydrique, *adj.* : hydrochloric.

chlorique, *adj.* : chloric.

chlorite, *s. m.* : chlorite.

chloroanémie, *s. f.* : chloro-anemia (1. chlorosis; 2. secondary anemia).

chlorobromure, *s. m.* : chlorobromide.

chlorocyte, *s. m.* : chlorocyte (partly decolorized erythrocyte).

chloroforme, *s. m.* : chloroform; **- à la reine** : twilight sleep chloroformization; *adj.* : containing chloroform; **eau de -** : chloroform water.

chloroformisation, *s. f.* : chloroformization.

chloroleucémie, *s. f.* : chloroleukemia, chloromatous leukemia.

chlorolymphome, *s. m.* : chlorolymphoma *(obs.)*.

chloroma, chloromatose *ou* **chlorome,** *s. m.* : chloroma, chloroleukemia, green cancer.

chloromycétine, *s. f.* : chloromycetin, chloramphenicol.

chloromyélome, *s. m.* : chloromyeloma.

chloropénie, *s. f.* : chloropenia (deficiency of chlorine).

chloropexie, *s. f.* : chloropexia (chlorine fixation in the body).

chlorophane, *s. f.* : chlorophane.

chlorophylle, *s. f.* : chlorophyll.

chlorophyllien, *adj.* : chlorophyllic.

chloropicrine, *s. f.* : chloropicrin (vomiting gas).

chloroplaste, *s. m.* : chloroplast (chlorophyll bodies concerned with photosynthesis in plants).

chloroprive, *adj.* : chloroprivic (1. deficient in chlorides; 2. due to loss of chlorides).

chloropsie, *s. f.* : chloropia, chloropsia (visual defect in which all objects appear green).

chlorose, *s. f.* : chlorosis, green sickness (a type of hypochromic anemia once common in young women attributed to « tight-lacing »).

chlorotique, *adj.* : chlorotic.

chlortétracycline, *s. f.* : chlortetracyclin, aureomycin.

chlorurachie, *s. f.* : presence of chlorides in the cerebrospinal fluid.

chloruration, *s. f.* : 1. sodium chloride content of body fluids; 2. therapeutic administration of sodium chloride.

chlorure, *s. m.* : chloride; **- de sodium** : sodium chloride.

chlorurémie, *s. f.* : chloruremia, chloridemia (presence of urinary chlorides in the blood).

chlorurie, *s. f.* : chloruria (presence of chlorides in urine).

choanal, *adj.* : choanal (pertaining to a choana).

choane, *s. f.* : choana (posterior nares).

choc, *s. m.* : shock; **- anaphylactique** : anaphylactic shock; **- en dôme** : heaving precordial impulse of aortic deficiency; **- myotryptique** : crush syndrome; **onde de -** : shock wave; **- opératoire** : surgical shock; **- de la pointe** : apex beat.

cholagogue, *s. m.* : cholagogue; *adj.*, cholagogic, choleretic.

cholangiectasie, *s. f.* : cholangiectasis (dilatation of bile ducts).

cholangio-entérostomie, *s. f.* : cholangio-enterostomy.

cholangiogastrostomie, *s. f.* : cholangiogastrostomy.

cholangiographie, *s. f.* : cholangiography.

cholangiolite, *s. f.* : cholangiolitis (inflammation of bile capillaries).

cholangiome, *s. m.* : cholangioma.

cholangiométrie, *s. f.* : cholangiometry *(radiol.)*.

cholangiostomie, *s. f.* : cholangiostomy (drainage of a bile duct).

cholangiotomie, *s. f.* : cholangiotomy (incision of a bile duct).

cholangite, *s. f.* : cholangeitis, cholangitis inflammation of a bile duct).

cholate, *s. m.* : cholate (a salt *or* ester of cholic acid).

cholécystalgie, *s. f.* : cholecystalgia, biliary colic.

cholécystatonie, *s. f.* : cholecystatony (atony of the gallbladder).

cholécystectasie, *s. f.* : cholecystectasia (distension of the gallbladder).

cholécystectomie, *s. f.* : cholecystectomy (excision of the gallbladder).

cholécystentérostomie, *s. f.* : cholecystenterostomy.

cholécystique, *adj.* : cholecystic.

cholécystite, *s. f.* : cholecystitis (inflammation of the gallbladder).

cholécystocinétique, *adj.* : cholecystokinetic (causing contraction of the gallbladder).

cholécystocolostomie, *s. f.* : cholecystocolostomy (surgical anastomosis between the gallbladder and the colon).

cholécystocolotomie, *s. f.* : cholecystocolotomy (incision of the gallbladder and colon).

cholécystodochostomie, *s. f.* : cholecystodochostomy (drainage of the cystic duct).

cholécystoduodénostomie, *s. f.* : cholecystoduodenostomy (surgical anastomosis between the gallbladder and the duodenum).

cholécystogastrostomie, *s. f.* : cholecystogastrostomy.

cholécystogramme, s. m. : cholecystogram (radiol.).

cholécystographie, s. f. : cholecystography (radiography of the gallbladder after it has been made opaque to X-rays).

cholécysto-iléostomie, s. f. : cholecysto-ileostomy.

cholécystojéjunostomie, s. f. : cholecystojejunostomy.

cholécystokinine, s. f. : cholecystokinin.

cholécystolithotripsie, s. f. : cholecystolithotripsy (crushing of gallstones in the gallbladder).

cholécystopathie, s. f. : cholecystopathy.

cholécystopexie, s. f. : cholecystopexy (suture of the gallbladder to the abdominal wall).

cholécystorraphie, s. f. : cholecystorrhaphy (suture of the gallbladder).

cholécystostomie, s. f. : cholecystostomy (surgical drainage of the gallbladder).

cholécystotomie, s. f. : cholecystotomy (incision of the gallbladder).

cholédochoclyse, s. f. : choledochoclysis (instillation of fluid through a drainage tube in the common bile duct).

cholédochoduodénostomie, s. f. : choledochoduodenostomy.

cholédocho-entérostomie, s. f. : choledocho-enterostomy.

cholédochogastrectomie, s. f. : choledochogastrostomy.

cholédochographie, s. f. : choledochography (radiol.).

cholédocho-iléostomie, s. f. : choledocho-ileostomy.

cholédochojéjunostomie, s. f. : choledochojejunostomy.

cholédocholithiase, s. f. : choledocholithiasis (stone in the common bile-duct).

cholédocholithotripsie, s. f. : choledocholithotripsy (crushing a gallstone within the common bile-duct).

cholédochoplastie, s. f. : choledochoplasty (plastic operation on the common bile-duct).

cholédochorraphie, s. f. : choledochorrhaphy.

cholédochostomie, s. f. : choledochostomy (formation of a fistula between the common bile-duct and the abdominal wall).

cholédochotomie, s. f. : choledochotomy (incision into the common bile-duct).

cholédocite, s. f. : choledochitis (inflammation of the common bile-duct).

cholédoque (canal) : the common bile-duct, choledochus (lat.).

cholégraphie, s. f. : cf., **cholangiographie.**

cholélithiase, s. f. : cholelithiasis (presence or formation of gallstones).

cholélithotomie, s. f. : cholelithotomy (incision for removal of gallstones).

cholélithotripsie ou **cholélithotritie,** s. f. : cholelithotripsy, cholelithotrity (the crushing of gallstones).

cholémèse, s. f. : cholemesis (vomiting of bile).

cholémie, s. f. : cholemia, cholehemia (presence of bile in the blood); - **familiale** : familial cholemia, Gilbert's disease (congenital hemolytic jaundice).

cholémique, adj. : cholaemic or cholemic.

cholémimétrie, s. f. : cholemimetry (measurement of the amount of bile in the blood).

cholémogramme, s. m. : record of bile-pigments and cholesterol in the blood.

cholépathie, s. f. : cholepathia (disease of the bile-ducts).

cholépéritoine ou **cholépéritonite,** s. f. : choleperitoneum, choleperitonitis (presence of bile in the peritoneum).

cholépoèse ou **cholépoïèse,** s. f. : cholepoiesis (secretion of bile by the liver).

cholépoétique ou **cholépoïétique,** adj. : cholepoietic.

choléra, s. m. : cholera; - **des doigts** : painful dermatitis in tanners ; - **infantile** : infantile diarrhea; - **morbus** : asiatic, malignant or epidemic cholera; - **nostras** : infantile or summer diarrhea, acute gastroenteritis; - **sec** : dry cholera (in which death occurs before diarrhea develops).

cholérase, s. f. : cholerase (enzyme developed by the cholera vibrio and capable of lysing it).

cholérèse, s. f. : choleresis (secretion of bile).

cholérétique, adj. : choleretic (1. pertaining to choleresis; 2. increasing the flow of bile).

cholériforme, adj. : choleriform (resembling cholera).

cholérigène, adj. : cholerigenous (causing cholera).

cholérine, s. f. : cholerine (1. onset of epidemic cholera; 2. mild form of cholera).

cholérique, s., adj. : cholera patient; choleraic, adj. (pertaining to or resembling cholera).

choléroïde, adj. : cf., **cholériforme.**

cholerragie, s. f. : cholerrhagia, cholorrhagia (flow of bile).

choléstase, s. f. : cf., **cholostase.**

choléstatique, adj. : cf., **cholostatique.**

cholestéatome, s. m. : cholesteatoma.

cholestérase, s. f. : cholesterase (enzyme which splits cholesterol).

cholestérolémie, s. f. : cholesteremia, cholesterinemia, cholesterolemia (excess of cholesterol in the blood).

cholestérolurie, s. f. : cholesterinuria, cholesteroluria (presence of cholesterol in the urine).

cholestérol, s. m. : cholesterol.

cholestérolyse, s. f. : cholesterolysis.

cholestéropexie, s. f. : cholesteropexy (precipitation and retention of cholesterol in the tissues).

cholestérose, s. f. : cholesterosis, cholesterolosis; - **de la vésicule** : strawberry gallbladder.

choléthorax, s. f. : cholothorax (presence of bile in the thorax).

choline, *s. f.* : choline.

cholinergie, *s. f.* : *cf.,* **vagotonie.**

cholinergique, *adj.* : cholinergic (activated by acetylcholine *e.g.* parasympathetic nerve endings).

cholinestérase, *s. f.* : cholinesterase.

cholique, *adj.* : cholic; **acide -** : cholic acid.

cholopathie, *s. f.* : cholepathia (any disease of the bile ducts).

cholorrhée, *s. f.* : cholorrhea, cholorrhoea.

cholostase, *s. f.* : cholestasis (suppression of bile secretion *or* flow).

cholostatique, *adj.* : cholestatic.

cholothrombose, *s. f.* : cholothrombosis (distension of biliary passages by coaggulated bile).

cholurie, *s. f.* : choluria (presence of bile, bile-salts *or* bile-pigments in the urine).

chondralloplasie, *s. f.* : *cf.,* **chondrodysplasie.**

chondrectomie, *s. f.* : chondrectomy (surgical excision of cartilage).

chondrification, *s. f.* : chondrification (formation of, *or* transformation to, cartilage).

chondrine, *s. f.* : chondrin (mucoprotein of cartilage).

chondrioconte, *s. m.* : chondriocont (rod-shaped chondriosome).

chondriolyse, *s. f.* : chondriolysis (destruction of the chondriome).

chondriome, *s. m.* : chondriome (total chondriosome content of a cell).

chondriomite, *s. m.* : chondriomite (a chain of mitochondria).

chondriosome, *s. m.* : chondriosome.

chondrite, *s. f.* : chondritis (inflammation of cartilage).

chondro- : chondro-, prefix denoting relationship to cartilage.

chondro-adénome, *s. m.* : chondro-adenoma (adenoma with cartilaginous elements).

chondroblaste, *s. m.* : chondroblast, chondroplast.

chondroblastome, *s. m.* : chondroblastoma.

chondrocalcose, *s. f.* : osteochondritis, syphilitic epiphysitis.

chondroclaste, *s. m.* : chondroclast.

chondrocostal, *adj.* : chondrocostal, costochondral.

chondrocyte, *s. m.* : chondrocyte.

chondrodysplasie, *s. f.* : chondrodysplasia, chondro-alloplasia (abnormal distribution of skeletal cartilage).

chondrodystrophie, *s. f.* : chondrodystrophia, chondrodystrophy; **- osseuse** : chondro-osteodystrophy.

chondro-épiphysose, *s. f.* : *cf.,* **ostéochondrite.**

chondrofibrome, *s. m.* : chondrofibroma.

chondrogène, *s. m.* : chondrogen (basic substance of cartilage and corneal tissue).

chondrogenèse, *s. f.* : chondrogenesis (formation of cartilage).

chondroïde, *adj.* : chondroid.

chondrologie, *s. f.* : chondrology.

chondrolyse, *s. f.* : chondrolysis.

chondromalacie, *s. f.* : chondromalacia (softening of the cartilage).

chondromatose, *s. f.* : chondromatosis.

chondrome, *s. m.* : chondroma.

chondromitome, *s. m.* : chondromitome, paranucleus.

chondromucine, *s. f.* : chondromucin.

chondromucoïde, *adj.* : chondromucoid.

chondromyxome, *s. m.* : chondromyxoma.

chondrophyte, *s. m.* : chondrophyte.

chondroplastie, *s. f.* : chondroplasty.

chondroporose, *s. f.* : chondroporosis (formation of spaces within cartilage, as during normal ossification).

chondroprotéine, *s. f.* : chondroprotein.

chondrosarcome, *s. m.* : chondrosarcoma.

chondrosternal, *adj.* : chondrosternal.

chondrotome, *s. m.* : chondrotome.

chondrotomie, *s. f.* : chondrotomy (division of a cartilage).

chondroxiphoïde, *adj.* : chondroxiphoid.

Chopart (amputation *ou* **opération de)** : Chopart's amputation (at the midtarsal articulation).

chordé, *s. m.* : chordate (an animal which possesses a notochord).

chordée, *s. f.* : chordee (downward deformity of the penis either congenital *or* acquired, causing painful erection).

chordite, *s. f.* : chorditis (1. inflammation of the vocal cords; 2. inflammation of the spermatic cord).

chordome, *s. m.* : chordoma (malignant tumor arising from remnants of the notochord).

chordotomie, *s. f.* : chordotomy (surgical division of the anterolateral tracts of the spinal cord for relief of intractable pain).

chorée, *s. f.* : chorea, St. Vitus dance; **- de Bergeron, de Dubini** : electric chorea, Bergeron's chorea, Dubini's disease; **- de Huntington** : Huntington's chorea; **- hystérique** : hysterical chorea, chorea major; **- saltatoire** : epidemic chorea, choreomania, dancing disease.

choréiforme, *adj.* : choreiform.

choréique, *adj.* : choreal, choreic.

choréoathétose, *s. f.* : choreoathetosis.

choréoathétosique, *adj.* : choreoathetoid.

choréoide, *s. f.* : choreoid.

choréophrasie, *s. f.* : choreophrasia (repetition of meaningless phrases).

chorial, *adj.* : chorial, chorionic.

chorioadénome, *s. m.* : chorioadenoma, malignant mole.

choriocyclite, s. f. : choroidocyclitis (inflammation of the choroid and ciliary processes).

chorioépithéliome, s. m. : chorioepithelioma, chorionic carcinoma.

chorioméningite, s. f. : choriomeningitis; **- lymphocytaire** : acute lymphocytic choriomeningitis.

chorion, s. m. : chorion (fetal membrane); **- de la peau** : corium dermis, true skin.

chorionévrite, s. f. : neurochoroiditis.

chorionique, adj. : chorionic; **hormone -** : chorionic gonadotropin.

chorionitis, s. m. : chorionitis, scleroderma.

chorioplaxe, s. m. : chorioplaque (giant cell occurring in cellular infiltrations of the skin).

Chorioptes, s. m. : Chorioptes (genus of mites).

choriorétinite, s. f. : chorioretinitis (inflammation of the chorion and retina).

choristoblastome, s. m. : choristoblastoma (autonomous tumor originating in a choristoma).

choristome, s. m. : choristoma (tumor due to hyperplasia of heterotopic but histologically normal tissue).

choroïde, s. f., adj. : choroid; **couche pigmentaire de la -** : tapetum nigrum.

choroïdien, adj. : choroid, choroidal.

choroïdite, s. f. : choroiditis (inflammation of the choroid).

chou-fleur, s. m. : cauliflower; « cauliflower » tumor (term for any fungating tumor, e.g. of the cervix uteri).

Christmas (facteur) : Christmas factor, anti-hemophilic factor-B.

Christmas (maladie de) : Christmas' disease, hemophilia-B.

chromaffine, adj. : chromaffin (having affinity for and staining strongly with chromium salts, e.g. adrenal medullary cells).

chromaffinome, s. m. : chromaffinoma, phaeochromocytoma (any tumor containing chromaffin cells).

chromagogue, adj. : chromagogue (tending to eliminate pigments).

chromate, s. m. : chromate.

chromatide, s. f. : chromatid.

chromatine, s. f. : chromatin.

chromatique, s. f. : chromatics; adj. : chromatic (1. colored, relating to color; 2. chromatinic).

chromatisme, s. m. : chromatism (1. abnormal coloration of any tissue; 2. chromatic aberration).

chromatogène, adj. : chromatogenous.

chromatogramme, s. m. : chromatogram; **- sur papier** : paper chromatogram.

chromatographie, s. f. : chromatography; **- gazeuse** : gas chromatography.

chromatolyse, s. f. : chromatolysis (1. solution and disintegration of nuclear chromatin; 2. axon reaction (disappearance of Nissl bodies after division of a neuron).

chromatomètre, s. m. : chromatometer.

chromatophobie, s. f. : chromatophobia (aversion to certain colors).

chromatophore, s. m. : chromatophore (1. any pigment cell; 2. color producing plastid).

chromatophorome, s. m. : chromatophoroma (tumor of pigmented cells).

chromatopsie, s. f. : chromatopsia (1. vision in which colorless objects appear colored; 2. partial color blindness).

chromaturie, s. f. : chromaturia (abnormal coloration of the urine).

chrome, s. m. : chromium.

chromé, adj. : chromicized, chromium plated.

chromique (acide) : chromic acid.

chromo- : chromo-, prefix meaning colored.

chromoblaste, s. m. : chromoblast.

chromoblastomycosis, s. f. : chromoblastomycosis, dermatitis verrucosa.

chromocyte, s. m. : chromocyte.

chromocytoscopie, s. f. : chromocytoscopy, chromo-ureteroscopy (cytoscopy after administration of a dye that is excreted by the kidney).

chromodiagnostic, s. m. : chromodiagnosis (1. diagnosis of neuraxial hemorrhage from coloration of the cerebrospinal fluid; 2. diagnosis based on the rate of excretion of a dye; 3. diagnosis by change of color).

chromogène, s. m. : chromogen; adj., chromogenic.

chromogenèse, s. f. : chromogenesis.

chromohémodromographie, s. f. : chromohemodromography (study of the dilution curve of a dye injected into the blood stream).

chromolyse, s. f. : chromolysis, chromatolysis.

chromomère, s. m. : chromomere.

chromomètre, s. m. : cf., **colorimètre.**

chromonéma, s. : chromonema, axoneme, genoneme (genet., cytol.).

chromophile, adj. : chromophil, chromophilic, chromophilous.

chromophillyse, s. f. : chromatolysis (loss of chromophilic granules from the cytoplasm of nerve cells).

chromophobe, adj. : chromophobe (1. a nonstaining cell of the anterior pituitary lobe; 2. chromophobic, nonstaining or poorly staining).

chromophobie, s. f. : chromophobia (1. chromatophobia; 2. the quality of staining poorly).

chromophore, s. m. : chromophore; adj. : chromophoric.

chromophotothérapie, s. f. : chromophototherapy.

chromoplasme, s. m. : chromoplasm.

chromoplaste, s. m. : chromoplast, chromoplastid, chromoplastidule.

chromoprotéide ou **chromoprotéine,** s. f. : chromoprotein.

chromoptomètre, s. m. : chromoptometer (device for estimating color-perception).

chromoscopie, s. f. : chromoscopy, chromatoscopy.

chromosensible, adj. : color-sensitive (phot.).

chromosome, s. m. : chromosome; **- traînard** : lagger chromosome (genet., cytol.).

chromothérapie, s. f. : chromotherapy, light-treatment.

chromotropisme, s. m. : chromotropism.

chronaxie, s. f. : chronaxia, chronaxy (the constant or reciprocal of the rate of mouvement of ions in an electrically stimulated nerve).

chronaximètre, s. m. : chronaximeter (instrument for measuring chronaxy).

chronaximétrie, s. f. : chronaximetry.

chronicité, s. f. : chronicity.

chronique, adj. : chronic.

chronobiologie, s. f. : chronobiology.

chronographe, s. m. : chronograph.

chronomètre, s. m. : chronometer.

chronoscope, s. m. : chronoscope.

chronothérapie, s. f. : chronotherapy.

chronotrope, adj. : chronotropic.

chrysiase, s. f. : chrysiasis (deposition of gold in the tissues).

chrysocyanose, s. f. : chrysocyanosis (cutaneous pigmentation in chrysotherapy).

chrysopexie, s. f. : chrysopexy (intracytoplasmic fixation of gold).

chrysothérapie, s. f. : chrysotherapy, gold treatment.

chuchotement, s. m. : whisper, whispering.

chuintement, s. m. : defective speech in which « s » is pronounced like « sh ».

chute, s. f. : 1. fall; 2. drop (of temperature); 3. prolapse (of rectum).

chylangiome, s. m. : chylangioma (distension of lymphatics by retained chyle).

chyle, s. m. : chyle.

chylémie, s. f. : chylemia (presence of chyle in the blood).

chyleux, adj. : chylous.

chylhidrose, s. f. : chylidrosis (chylous perspiration).

chylifaction, s. f. : chylifaction, chylosis.

chylifère, adj. : chyliferous.

chylification, s. f. : chylification, chylifaction.

chyliforme, adj. : chyliform (resembling chyle).

chylomicron, s. m. : chylomicron.

chylopéritoine, s. m. : chyloperitoneum.

chylothorax, s. m. : chylothorax.

chylurie, s. f. : chyluria.

chymase, s. f. : chymase.

chyme, s. m. : chyme.

chymification, s. f. : chymification.

chymosine, s. f. : chymosin, rennin.

α-**chymotrypsine,** s. f. : α-chymotrypsin.

chymotrypsinogène, s. m. : chymotrypsinogen.

cicatrice, s. f. : scar, cicatrix; **- adhérente** : adherent scar; **- chéloïdienne** : cheloid, keloid, cheloid or keloid scar; **- par première intention** : healing by first intention; **- par seconde intention** : healing by second intention.

cicatriciel, adj. : cicatricial; **tissu -** : cicatricial or scar tissue.

cicatricule, s. f. : cicatricule, tread (of egg).

cicatrisant, s. m. : cicatrizant; adj., cicatrizing, healing.

cicatrisation, s. f. : cicatrization, healing (repair of a wound that leaves a scar).

cicatriser, v. : to cicatrize, to heal.

cicerisme, s. m. : chichism (pellagra due to intoxication by peas « pois chiche » from lat. cicero).

cil, s. m. : eyelash, cilium, plur. cilia (lat.); **- vibratile** : flagellum (bacter.).

ciliaire, adj. : ciliary; **ligament -** : ciliary ring.

ciliarectomie, s. f. : cyclectomy (excision of part of the ciliary body).

ciliarotomie, s. f. : ciliarotomy, cyclicotomy, cyclotomy (incision through the ciliary body for the relief of glaucoma).

cilié, adj. : ciliate, ciliated.

ciliectomie, s. f. : ciliectomy (1. excision of part of the ciliary body; 2. excision of part of the eyelid bearing eyelashes).

cilifère, adj. : ciliate, ciliated, bearing cilia; fringed with hairs or lashes.

cillement, s. m. : blinking, cilio, cillosis, nictitation; **- rapide** : cinclisis.

ciller, v. : to blink, to nictitate, to flutter the eyelids.

cil, s. m. : eyelash; **- gustatifs** : filiform taste buds.

ciment, s. m. : cement (1. cementum [bony crust of the root of a tooth]; 2. adhesive filling material, e.g. zinc oxychloride) (odont.).

cinabre, s. m. : cinnabar (red mercuric sulphide).

cinéangiocardiographie, s. f. : cineangiocardiography.

cinéangiographie, s. f. : cineangiography.

cinédensigraphie, s. f. : cinedensigraphy.

cinélyse, s. f. : rate of hemolysis of red corpuscles by distilled water.

cinématique, s. f. : cinematics, kinematics; adj., cinematic, kinematic; **amputation -** : cineplastics, cineplasty.

cinématisation des moignons : cineplastics, cineplasty, kineplasty.

cinématographe, s. m. : cinematograph, cinema (vernac.), movie (vernac. U.S.).

cinémyélographie, s. f. : cinemyelography (recording to flow of radiopaque injections into the subarachnoid space).

cinépathie, s. f. : motion-sickness.

cinéplastie, s. f. : cineplasty, kineplasty (surg.).

cinéradiographie, s. f. : cinematoradiography, cineroentgenography.

cinéradiométrie, s. f. : cineroentgenography of part of the alimentary tract and simultaneous recording of internal pressure and pH.

cinèse, s. f. : karyokinesis, mitosis.

cinésialgie, s. f. : cinesialgia, kinesalgia (local pain following muscular contraction).

cinésie, s. f. : cinesia, kinesia (general term for all types of physical energy).

cinésinévrose, s. f. : cinesioneurosis.

cinésiologie, s. f. : cinesiology, kinesiology (science of movements especially as therapeutic and hygienic agencies).

cinésique, adj. : kinetic.

cinésithérapie, s. f. : cinesitherapy, kinesitherapy, kinetotherapy (treatment by systematic active or passive movements).

cinesthésie, s. f. : cinesthesia, kinesthesia (perception of muscular movement and position).

cinétique, s. f. : kinetics (the science of force as developing motion); adj. : kinetic, motive.

cinétonucléus, s. m. : kinetonucleus, kinetoplast (micronucleus of some protozoa).

cinétose, s. f. : motion-sickness.

cinétospore, s. f. : mobile spore.

cingulotomie, s. f. : cingulotomy (surgical section of the cingulum).

cingulum, s. m. : cingulum (1. a bundle of nerve fibers in the fornicate gyrus; 2. the basal ridge of a tooth).

cinquième maladie : fifth disease, erythema infectiosum.

cionite, s. f. : cionitis (inflammation of the uvula).

cionotome, s. m. : cionotome (instrument for cutting the uvula).

circinal ou **circiné,** adj. : circinate.

circocèle, s. m. : varicocele.

circonflexe, adj. : circumflex.

circoncision, s. f. : circumcision.

circonscrit, adj. : circumscribed.

circonvolution, s. f. : convolution, gyrus, plur. gyri (lat.); **- cérébrales** : cerebral convolutions, gyri cerebri; **- du corps calleux** : fornicate gyrus; **- de l'hippocampe** : hippocampal gyrus; **crochet de la - de l'hippocampe** : uncinate gyrus; **- frontale** : frontal operculum, preoperculum.

circuit, s. m. : circuit; **couper le -** : to switch off; **court -** : short circuit (surg., electr.); **- fermé** : closed circuit; **- imprimé** : printed circuit (electr.); **- oscillatoire** : oscillating circuit; **ouvrir le -** : to switch on.

circulaire, adj. : circular; **amputation -** : circular amputation; **folie -** : alternating or cyclic insanity, cyclothymia.

circulaires du cordon : coiling of the umbilical cord around the fetal neck (during labor).

circulation, s. f. : circulation; **- extra-corporelle (C.E.C.)** : extracorporeal circulation; **- generale** : general or systemic circulation.

circulatoire, adj. : circulatory; **appareil -** : circulatory system.

circulus viciosus (lat.) : vicious circle (complication of gastroenterostomy).

circum- : circum-, prefix meaning around.

circumduction, s. f. : circumduction.

circumfusa (lat.) s. m. plur. : environment, environmental factors.

circumpilaire, adj. : circumpilar (surrounding a hair).

circumvallation, s. f. : circumvallation, Moreschi's operation (for varicose veins).

cire, s. f. : wax; **- d'abeilles** : beeswax; **- grasse** : cobbler's wax.

cireux, adj. : waxy; **degenerescence -** : amyloid degeneration, amyloidosis.

cirrhogène, adj. : cirrhogenous.

cirrhonose, s. f. : cirrhonosus (yellowness of fetal serous membranes).

cirrhose, s. f. : cirrhosis; **- atrophique** : atrophic cirrhosis; **- biliaire** : biliary cirrhosis; **- graisseuse** : fatty cirrhosis; **- hypertrophique** : hypertrophic cirrhosis; **- hypertrophique biliaire** : Todd's cirrhosis; **- de Laennec** : atrophic micronodular cirrhosis.

cirrhotique, s. m., adj. : cirrhotic.

cirsocèle, s. m. : cirsocele, varicocele (varicose swelling of the spermatic cord).

cirsoïde, adj. : cirsoid (resembling a varix); **anévrisme -** : cirsoid aneurysm.

cirsotome, s. m. : cirsotome.

cirsotomie, s. f. : cirsotomy (excision of a varix, treatment of varicoses veins by multiple incisions).

ciseau, s. m. : chisel.

ciseaux, s. m. plur. : scissors; **- canaliculaires** : canalicular or probe-pointed scissors; **- coudés** : coudé scissors (with elbow); **- courbés** : curved scissors; **- courbes sur le plat** : scissors curved on the flat; **- à énucléer** : enucleation or excision scissors; **- avec lame pointue** : sharp pointed scissors; **- à ressort** : de Wecker's (spring loaded) scissors; **- à strabisme** : strabismus scissors.

cisternal, adj. : cisternal (1. relating to the cisterna chyli; 2. relating to the cisterna magna).

cisternite, s. f. : cisternal meningitis.

cisternographie, s. f. : cisternography, pneumocisternography.

cisternotomie, s. f. : cisternotomy.

cistocolpoplastie, s. f. : cystoelytroplasty (surgical repair of vesicovaginal injuries).

cistron, s. m. : cistron (genet.).

citerne, s. f. : cistern, cisterna, plur. cisternae (lat.); **- de Pecquet** : receptaculum chyli, cisterna chyli; **grande - cérébrale** : cisterna magna.

citrate, s. m. : citrate.

citraté, adj. : citrated.

citraturie, s. f. : passage of citrates in the urine.

citrémie, s. f. : presence of citrates in the blood.

citrine, *s. f.* : citrin, vitamin P.

citrullinémie, *s. f.* : citrullinemia.

civière, *s. f.* : stretcher.

cladosporiose, *s. f.* : cladosporiosis (infection with the *fungus Cladosporium*).

cladothricose, *s. f.* : cladothricosis (infection with *Cladothrix*).

Cladothrix, *s. m.* : *Cladothrix* (former name for *Nocardia* q.v.).

clairance, *s. f.* (conseillé mais non usité), **clearance** : clearance; **- uréique** : blood-urea clearance.

clamp, *s. m.* : clamp, clamp-forceps.

clampage, *s. m.* : clamping.

clangor *ou* **bruit clangoreux** : clangour, clanging second sound of the heart.

clapier, *s. m.* : carbuncle, abscess with multiple sinuses (like a rabbit warren).

clapotement *ou* **clapotage,** *s. m.* : clapotement (splashing sound heard on succussion).

claquage, *s. f.* : clapping (technique of massage).

claquant, *adj.* : clapping, slapping.

claquement, *s. m.* : flapping sound, Bard's mitral vibration (auscult.); claquement (massage); **- d'ouverture** : opening snap; **- des dents** : chattering of the teeth; **- valvulaire** : claquement.

clarifiant, *s. m.* : clarificant, clearing agent.

clarification, *s. f.* : clarification.

Clarke (colonne vésiculaire de) : Clarke's vesicular column (anat.).

clasmatocyte, *s. m.* : clasmatocyte, histiocyte, macrophage.

clastique, *adj.* : clastic.

Claude Bernard-Horner (syndrome de) : Bernard-Horner's syndrome.

claudication, *s. f.* : claudication.

Claudius (cellules de) : Claudius' cells (of the cochlea); **fossette de -** : Claudius' fossa, ovarian fossa.

claustrophilie, *s. f.* : claustrophilia.

claustrophobie, *s. f.* : claustrophobia.

clava : clava (lat.) : clavate nucleus.

claveau, *s. m.* : virus of sheep-pox, clavelée.

clavelé, *adj.* : attacked by sheep-pox.

clavelée, *s. f.* : sheep-pox.

clavetage, *s. m.* : arthrodesis by the insertion of a bone graft (clavette).

claveleux, *adj.* : 1. attacked by sheep-pox; 2. pertaining to sheep-pox.

clavelisation, *s. f.* : clavelization (inoculation with sheep-pox virus).

claviculaire, *adj.* : clavicular, cleidal.

clavicule, *s. f.* : clavicle, collar bone.

claviculé, *adj.* : claviculate.

claviforme, *adj.* : claviform, club-shaped.

claviformine, *s. f.* : claviformin (antibiotic extracted from *Penicillium claviforme*).

clearance, *s. f.* : *cf.,* **clairance.**

clef (signe de la) : *cf.,* **Kérandel (signe de).**

cléidectomie, *s. f.* : cleidectomy (removal of the clavicle).

cléido- : cleido- prefix indicating connection with the clavicle.

cléidorrhexie, *s. f.* : cleidorrhexis (rupture of fetal clavicles to facilitate difficult delivery).

cléidotomie, *s. f.* : cleidotomy (division of the fetal clavicles to facilitate difficult delivery).

cleptomanie, *s. f.* : cleptomania, kleptomania.

clic, *s. m.* : click.

cliché, *s. m.* : photograph, negative (phot.); **- opaque** : dense negative.

clichement, *s. m.* : defective pronunciation of « s » as « sh ».

clientèle, *s. f.* : practice; **faire de la -** : to practise; **- hospitalière** : hospital practice; **- privée** : private practice.

clignement, *s. m.* : blink, wink, flicker of the eyelids.

cligner, *v.* : to blink, to wink.

clignotant, *adj.* : blinking, winking; **membrane -** : nictitating membrane (zool.).

clignotement, *s. m.* : blinking (of eyes); twitching (of eyelid); flickering (of arc-lamp).

climalyse, *s. f.* : technique of chronaxy for estimating muscular degeneration.

climat, *s. m.* : climate.

climatère, *s. m.* : climateric.

climatérique, *s. f., adj.* : climateric; **année -** : climateric, menopause; **maladies -** : climateric diseases.

climatique, *adj.* : climatic; **station -** : health resort.

climatisation, *s. f.* : air-conditioning.

climatologie, *s. f.* : climatology (sum of knowledge of climates).

climatopathologie, *s. f.* : study of climatic factors in pathogenesis.

climatothérapie, *s. f.* : climatotherapy (life in a favorable climate as a therapeutic measure).

clinicien, *s. m.* : clinician, internist.

clinique, *s. f., adj.* : 1. clinic, nursing-home, polyclinic; **- pulmonaire** : chest clonic; 2. clinical lecture, bedside instruction; **suivre la - d'un hôpital** : to walk a hospital; 3. teaching hospital of a medical school; 4. *adj.* : clinical; **médecine** *ou* **chirurgie -** : clinical medicine *or* surgery; **assister aux leçons -** : to walk the hospitals; to attend the « rounds ».

clino- : clino-, prefix denoting inclination or declination.

clinocéphalie, *s. f.* : clinocephalism (flatness of the cranial vertex).

clinodactylie, *s. f.* : clinodactyly, clinodactylism (deflection of the fingers from their normal axis).

clinomètre, *s. m.* : clinometer (ophtal.).

clinoprophylaxie, s. f. : cf., **chimioprophylaxie.**

clinoscope, s. m. : clinoscope (ophthal.).

clinostatique, adj. : clinostatic (occurring while the patient reclines).

clinostatisme, s. m. : clinostatism (recumbent position).

clinothérapie, s. f. : clinotherapy (treatment by keeping the patient at rest in bed).

clip, s. m. : clip, clamp (surg.).

cliséomètre, s. m. : cliseometer (instrument for measuring the degree of inclination of the pelvic axis to that of the spine).

clitoridectomie, s. f. : clitoridectomy (excision of the clitoris).

clitoridotomie, s. f. : clitoridotomy (1. incision of the clitoris; 2. female circumcision).

clitoris, s. m. : clitoris.

clitorisme, s. m. : clitorism (1. hypertrophy of the clitoris; 2. tribadism; 3. persistant erection of the clitoris).

clivage, s. m. : cleavage.

cloacal, adj. : cloacal; **poche -** : cloacal sac (zool.).

cloaque, s. m. : cloaca; combined urogenital and rectal opening (1. in the vertebrate embryo; 2. in birds and lower vertebrates).

cloison, s. f. : septum, partition, wall; **- transparente (du cerveau)** : septum pellucidum (cerebri).

clone, s. m. : clone (1. progeny of a single cell; 2. a group of plants that have been propagated vegetatively from a single specimen).

clonie, s. f. : clonism, clonicity.

clonique, adj. : clonic; **convulsion -** : clonism, clonic seizures.

clonisme, s. m. : clonism, clonismus.

clonorchiase, s. f. : clonorchiasis (infestation of the biliary passages by Clonorchis).

Clonorchis, s. m. : Clonorchis (genus of liver-flukes common in Asia).

clonus, s. m. : clonus, clonic spasm.

clopémanie, s. f. : cf., **kleptomanie.**

cloque, s. f. : bleb, blister.

Cloquet (canal de) : Cloquet's canal, hyaloid canal; **ganglion de -** : Cloquet's ganglion (expansion of the nasopalatine nerve in the anterior palatine canal); **hernie de -** : Cloquet's hernia (variety of femoral hernia).

Clostridium, s. m. : Clostridium (genus of anaerobic Gram-positive spore-forming bacteria many of which are pathogenic).

clou, s. m. : 1. boil, furuncle; 2. pin, nail (surg.); **- hémostatique** : hemostatic clot; **- hystérique** : hysterical stabbing pain; **- phtisique** : sharp pain of dry pleurisy or phtisis; **- plaquettaire** : plate thrombus; **- pour fracture** : fracture pin or nail.

clownisme, s. m. : clownism (hysterical clowning); **- congénital** : hystero-epilepsy.

clupéine, s. f. : clupeine (protamine extracted from herring-sperm).

clystère, s. m. : clyster, enema.

cnémalgie, s. f. : cnemalgia (painful shin).

cnidablaste, s. m. : nematocyst.

cnidose, s. f. ou **cnidosis,** s. m. : cnidosis, nettlerash, urticaria, urtication.

coacervat, s. m. : coacervate (viscous phase of a precipitating colloid).

coactivité, s. f. : coactivity.

coagglutination, s. f. : coagglutination, group agglutination (immunol.).

coagglutinine, s. f. : coagglutinin, group agglutinin.

coagulabilité, s. f. : coagulability.

coagulable, adj. : coagulable.

coagulant, s. m. : coagulant.

coagulase, s. f. : coagulase.

coagulateur, adj., s. m. : 1. a) coagulative, coagulatory; b) inspissant; 2. coagulator, coagulating agent; 3. inspissator (bacter.).

coagulation, s. f. : coagulation, clotting, curdling; **- sur fil** : wiring (surg.).

coagulé, adj. : coagulated, clotted.

coagulofilage, s. m. : wiring (surg.).

coagulographie, s. f. : coagulography (recording the coagulation time of the blood).

coagulomètre, s. m. : coagulometer (apparatus for determining the coagulability of the blood).

coagulum, s. m., plur. **coagula** (lat.) : clot, coagulum; **- sanguin** : blood clot.

coalescence, s. f. : coalescence (union of parts previously separated).

coalescent, adj. : coalescent, coalescing.

coallergie, s. f. : cf., **parallergie.**

coaptation, s. f. : coaptation (proper union or adjustment of the ends of a fractured bone, the lips of a wound etc.).

coarctation, s. f. : coarctation, stricture.

coarctotomie, s. f. : coarctotomy (cutting of a stricture).

cobalt, s. m. : cobalt.

cobaye, s. m. : guinea-pig.

cocaïne, s. f. : cocaine.

cocaïnisation, s. f. : cocainization (1. local anesthesia with cocaine [especially of the cornea]; 2. bringing under the influence of cocaine).

cocaïniser, v. : to cocainize, to bring under the influence of cocaine.

cocaïnisme, s. m. : cocainism (cocaine habit).

cocaïnomane, s. m. : cocain addict, cocainist, cocainomaniac.

cocaïnomanie, s. f. : cocainomania, cocaine addiction.

co-carboxylase, s. f. : cocarboxylase.

Coccacées, s. f. pl. : Coccobacteria, Cocci (spherical bacteria).

Coccidie, s. f. : Coccidium (genus of protozoa).

coccidien, *adj.* : coccidial.

coccidioïdomycose, *s. f.* : coccidioidomycosis.

coccidioïdine, *s. f.* : coccidioidin.

coccidiose, *s. f.* : coccidiosis.

cocco-bacille, *s. m.* : coccobacillus (short oval form intermediate between a bacillus and a coccus).

Coccus, *s. m.* : Coccus, plur. Cocci, Micrococcus.

coccydynie, *s. f.* : coccyalgia, coccydynia, coccygodynia (painful coccyx).

coccygotomie, *s. f.* : coccygotomy (surgical removal of the coccyx).

coccyx, *s. m.* : coccyx.

cochléaire, *adj.* : cochlear, cochleate.

cochléariforme, *adj.* : cochleariform.

cochlée, *s. f.* : cochlea.

cochléé, *adj.* : cochleate (shaped like a snail shell).

cochléen, *adj.* : cochlear (pertaining to the cochlea).

cochléite, *s. f.* : chocleitis (inflammation of the cochlea).

cochléovestibulaire, *adj.* : cochleovestibular.

coconscient, *s. m.* : coconsciousness (awareness of events outwith the main stream of consciousness).

coction, *s. f.* : coction (1. the process of boiling; 2. digestion).

coctolabile, *adj.* : coctolabile (capable of being altered by heating to boiling point).

coctostabile, *adj.* : coctostabile, coctostable (unchanged by heating to the temperature of boiling water).

codéine, *s. f.* : codeine.

code génétique : genetic code.

codéinomanie, *s. f.* : addiction to codeine.

codélirant, *adj.* : codelirant.

codéshydrase *ou* **codéshydrogenase,** *s. f.* : codehydrogenase.

codex, *s. m.* : codex, *plur.* codices *(lat.),* pharmacopoeia (specifically the French pharmacopoeia).

codon, *s. m.* : codon *(genet.);* **anti- -** : anticodon; **- contre-sens** : missense codon; **- initiateur** : initiator codon; **- non-sens** : nonsense codon.

coefficient, *s. m.* : coefficient.

cœliakie, *s. f.* : coeliac *or* celiac disease, celiaca (infantile sprue).

cœlialgie, *s. f.* : coelialgia, celialgia (abdominal pain).

cœliaque, *adj.* : coeliac, celiac, abdominal.

cœlioscopie, *s. f.* : coelioscopy, celioscopy (endoscopic examination of the abdominal cavity after distension with air).

cœliotomie, *s. f.* : coeliotomy, celiotomy (surgical opening of the abdominal cavity).

cœlome, *s. m.* : coelom (body, cavity of the embryo).

cœlomyélie, *s. f.* : coelomyelia (pathological cavities in the spinal cord).

cœlonychie, *s. f.* : koilonychia, spoon-nail.

cœlothéliome, *s. m.* : *cf.,* **mésothéliome.**

cœnurose, *s. f.* : coenurosis (infestation by taenia coenurus).

coenzyme, *s. f.* : coenzyme.

cœur, *s. m.* : heart, cor *(lat.);* **avoir mal au -** : to feel sick; **- de bœuf** : ox heart, cor bovinum (hypertrophy of the heart); **en -** : heart shaped; **- forcé** : soldier's heart, strained heart; **- gras** : fatty heart; **maladie de -** : heart disease; **- pulmonaire** : cor pulmonale.

cœur-poumon artificiel : artificial heart-lung.

coexcitation, *s. f.* : coexcitation.

cofacteur, *s. m.* : co-factor; **- de thromboplastine** : co-factor of thromboplastin.

coferment, *s. m.* : coferment, coenzyme.

cognition, *s. f.* : cognition.

cohérent, *adj.* : 1. coherent, connected; 2. confluent (*e.g.* confluent small-pox).

cohésion, *s. f.* : cohesion.

coiffe, *s. f.* : caul (fetal membrane covering the head).

coïlonychie, *s. f.* : *cf.,* **cœlonychie.**

coin, *s. m.* : wedge, cuneus *(lat.);* **en forme de -** : wedge-shaped.

coït, *s. m.* : coitus, coition, copulation, sexual intercourse; **- buccal** *ou* **ab ore** : fellatio, irrumation; **mal du -** : dourine *(veter.).*

col, *s. m.* neck, cervix, collum *(lat.);* **- du fémur** : neck of the femur; **- de l'utérus** : cervix uteri; **- vésical** : neck of the bladder.

colature, *s. f.* : colature (1. filtration, straining; 2. a filtrate or strained matter).

colectasie, *s. f.* : colectasia (dilatation of the colon).

colectomie, *s. f.* : colectomy (partial *or* total resection of the colon).

coléocèle, *s. f.* : coleocele (vaginal hernia).

coléocystite, *s. f.* : coleocystitis (inflammation of the vagina and bladder).

coléoptère, *s. m.* : beetle, coleopter.

coléoptose, *s. f.* : coleoptosis (vaginal prolapse).

coléorrhexie, *s. f.* : coleorrhexis (rupture of the vagina).

colibacillaire, *adj.* : colibacillary.

colibacille, *s. m.* : colon bacillus, Bacillus coli, Escherichia coli.

colibacillémie, *s. f.* : colibacillemia.

colibacillose, *s. f.* : colibacillosis.

colibacillurie, *s. f.* : colibacilluria.

colicystite, *s. f.* : colicystitis.

coliforme, *adj.* : coliform (1. resembling a colon bacillus; 2. cribriform).

colipyurie, *s. f.* : colipyuria (pus in the urine due to infection with E. coli).

colique, *s. f.* : colic (spasmodic pain in the abdomen); **- appendiculaire** : appendicular colic; **- de plomb** *ou* **saturnine** : Devonshire, lead *or* saturnine colic; **- hépatique** : biliary *or* hepatic colic; **- néphrétique** : renal colic; **- utérine** : uterine colic; **avoir la -** : to have an attack of colic; *adj.* : colic (pertaining to the colon); **artère -** : colic artery.

colite, *s. f.* : colitis; **- cryptogénétique, suppurante** *ou* **ulcéreuse** : ulcerative colitis; **- mucomembraneuse** *ou* **pseudo-membraneuse** : mucous colitis.

collaber, *v.* : to collapse (e.g. the lung by artificial pneumothorax).

collagénase, *s. f.* : collagenase.

collagène, *s. m.* : collagen; *adj.* : collagenous.

collagénose, *s. f.* : collagenosis, collagen disease.

collapsothérapie, *s. f.* : collapsotherapy (collapse of the lung by artificial pneumothorax).

collapsus, *s. m.* : collapse.

collatéral, *adj.* : collateral; **hémiplégie -** : collateral hemiplegia.

collatéralité, *s. f.* : collateral heredity.

colle de poisson : isinglass (fish-glue).

collémie, *s. f.* : collemia (capillary obstruction by urates).

collerette, *s. f.* : collerette (1. pellagrous eruption around the neck; 2. ciliary zone).

Colles (fracture de) : Colles' fracture (transverse fracture of the lower end of the radius); **ligament de -** : Colles' ligament.

collet, *s. m.* : cervix, neck.

Collet (syndrome de) : Collet-Sicard's syndrome (laryngeal paralysis due to total hemiplegia of the 9th, 10th, 11th and 12th cranial nerves).

colliculite, *s. f.* : colliculitis (inflammation of the colliculus seminalis).

collier de Casal : Casal's necklace (pellagrous eruption around the neck).

collier de Vénus : Venus' necklace (secondary syphilitic eruption around the neck).

collimateur, *s. m.* : collimating lens (opt.).

colliquatif, *adj.* : colliquative (marked by excessive fluid discharges).

colliquation, *s. f.* : colliquation (colliquative *or* liquifactive degeneration).

collodion, *s. m.* : collodion, collodium (lat.).

colloïd milium : cf., **colloïdome miliaire.**

colloïdal, *adj.* : colloidal; **solution -** : sol, colloidal solution.

colloïde, *s. m.* : colloid (fluid), gel (semi-solid); *adj.* : colloidal; **dégénérescence -** : colloid degeneration; **tumeur -** : colloid cancer, colloid carcinoma.

colloïdoclasie, *s. f.* : colloidoclasia (breaking up of the physical equilibrium of body colloids).

colloïdoclasique (choc *ou* **crise)** : colloidoclastic crisis *or* shock (due to absorption of chemically unchanged colloids in colloidoclasia).

colloïdome miliaire : 1. colloid milium (yellowish papules due to colloid degeneration in the dermis); 2. colloma *or* hyaloma (colloid cancer).

colloïdopexie, *s. f.* : colloidopexy.

colloïdothérapie, *s. f.* : treatment by injection of colloidal solutions (e.g. gold colloid) *or* by inducing colloidoclastic shock.

collopexie, *s. f.* : collopexia (surgical fixation of the uterine cervix).

colloque, *s. m.* : colloquium, symposium.

collutoire, *s. m.* : collutory, mouth-wash.

collyre, *s. m.* : collyrium, eye-lotion, ophthalmic remedy.

colmatage, *s. m.* : clogging.

coloboma *ou* **colobome,** *s. m.* : coloboma (congenital fissure of the iris, choroid *or* eyelid).

colocolostomie, *s. f.* : colocolostomy (surgical anastomosis between two parts of the colon).

colodystonie, *s. f.* : dystonia of the colon.

cololyse, *s. f.* : cololysis (freeing the colon from adhesions).

colomnisation, *s. f.* : cf., **columnisation.**

côlon, *s. m.* : colon; **saccule du -** : haustrum, *plur.* haustra coli (lat.).

colonie, *s. f.* : colony; **- microbienne** : bacterial colony.

colonne, *s. f.* : column, columna, *plur.* columnae (lat.): **- charnues des oreillettes et des ventricules** : columnae carnae cordis; **- du vagin** : columnae rugarum vaginae, columns of the vagina (folds in the vaginal mucosa); **- vertébrale** : spinal column, spine.

colopathie, *s. f.* : colopathy, colonopathy.

colopexie, *s. f.* : colopexy, colonopexy (fixation of the sigmoid flexure by suturing it to the abdominal wall).

colopexotomie, *s. f.* : colopexotomy (colopexy with formation of a colostomy).

coloplication, *s. f.* : coloplication, coliplication (operation of undfolding *or* taking a reef in the colon for relief of dilatation).

coloptose, *s. f.* : coloptosis (prolapse of the colon).

colorable, *adj.* : colorable, tingible, stainable.

coloration, *s. f.* : staining, staining technique.

colorectite, *s. f.* : colorectitis, coloproctitis, proctitis.

colorectorraphie, *s. f.* : colorectorrhaphy (surgical anastomosis of the cut ends of the colon and rectum after partial colectomy).

colorectostomie, *s. f.* : colorectostomy, coloproctostomy (formation of a new passage between the colon and the rectum).

colorimètre, *s. m.* : colorimeter, tintometer, chromometer.

colorimétrie, *s. f.* : colorimetry, tintometry.

colorimétrique, *adj.* : colorimetric, tintometric.

colorraphie, *s. f.* : colorrhaphy (suture of the colon).

colosigmoïdostomie, s. f. : colosigmoidostomy.

colostomie, s. f. : colostomy.

colostration, s. f. : colostration (illness of newborn infants attributed to the colostrum).

colostrum, s. m. : colostrum, neogala, protogala.

colosuccorrhée, s. f. : succorrhea of the colonic mucosa.

colotomie, s. f. : colotomy (incision of the colon), Amussat's operation.

colotyphoïde, s. f. ou **colotyphus,** s. m. : colotyphoid (typhoid with follicular ulceration of the colon and lesions in the small intestine).

colpectomie, s. f. : colpectomy (excision or surgical obliteration of the vagina).

colpite, s. f. : colpitis, vaginitis.

colpo- : colpo- prefix denoting relation to the vagina.

colpocèle, s. m. : colpocele (vaginal hernia).

colpocléisis, s. m. : colpocleisis (surgical closure of the vagina).

colpocœliotomie, s. f. : colpoceliotomy, celiocolpotomy, celio-elytrotomy (incision into the abdominal cavity by the vaginal route).

colpocystite, s. f. : colpocystitis (inflammation of the vagina and bladder).

colpocystoplastie, s. f. : colpocystoplasty (surgical repair of the vesicovaginal wall).

colpocystostomie, s. f. ou **colpocystotomie,** s. f. : colpocystotomy (incision of the bladder through the vaginal wall).

colpocytogramme, s. m. : record of vaginal cytology.

colpocytologie, s. f. : vaginal exfolliative cytology.

colpodesmorraphie, s. f. : colpodesmorrhaphy (suturing of the vaginal sphincter).

colpodynie, s. f. : colpodynia (pain in the vagina).

colpogramme, s. m. : cf., **colpocytogramme.**

colpohyperplasie, s. f. : colpohyperplasia.

colpohystérectomie, s. f. : colpohysterectomy.

colpohystéropexie, s. f. : colpohysteropexy, colpohysterorrhaphy.

colpohystérostomie, s. f. : incision of the compressed vaginal and uterine walls for extraction of the fetus in a retroflexed or incarcerated uterus.

colpohystérotomie, s. f. : colpohysterotomy.

colpokératose, s. f. : keratinization of the vaginal mucosa due to avitaminosis A.

colpomycose, s. f. : colpomycosis (fungal vaginitis).

colpopérinéoplastie, s. f. : colpoperineoplasty (plastic surgery of the vagina and perineum).

colpopérinéorraphie, s. f. : colpoperineorrhaphy (suturing of the vagina and perineum).

colpopexie, s. f. : colpopexy (fixation of the vagina).

colpoplastie, s. f. : colpoplasty.

colpoproctectomie, s. f. : colpoproctectomy (removal of the rectum through a longitudinal incision in the vagina).

colpoptose, s. f. : colpoptosis, vaginal prolapse.

colporraphie, s. f. : colporrhaphy.

colposcopie, s. f. : colposcopy.

colpostat, s. m. : colpostat (appliance for retaining a radium applicator in the vagina).

colposténose, s. f. : colpostenosis.

colpostricture, s. f. : colpostricture.

colpotomie, s. f. : colpotomy, coleotomy.

colpoxérose, s. f. : colpoxerosis.

columbium, s. m. : columbium (obs.), cf., **niobium.**

columelle, s. f. : columella, modiolus (central axis of the cochlea).

columnisation du vagin : columning, columnization (packing the vagina).

coma, s. m. : coma; - **agrypnode** : coma vigil; - **azotémique** : uremic coma; - **basedowien** : terminal coma in Graves' disease; - **diabétique** : diabetic coma; - **vigil** : coma vigil.

comateux, adj. : comatose.

comatogène, adj. : comatogenic (inducing coma).

combinaison, s. f. : combination (chem.).

combustion, s. f. : combustion.

Comby (signe de) : Comby's sign, Koplik's spots (papular stomatitis diagnostic of early stage of measles).

comédocarcinome, s. m. : comedocarcinoma (of the breast).

comédon, s. m. : comedo, plur. comedones (gr.), blackhead.

comestible, adj. : edible, eatable, esculent.

comitial, adj. : epileptic (from mal comitial).

comitialité, s. f. : epilepsy.

commande instable : wandering pace-maker.

commensal, adj., s. m. : commensal.

commensalisme, s. m. : commensalism, symbiosis.

comminution, s. f. : comminution (process of breaking or being broken into minute fragments).

comminutive (fracture) : comminuted fracture.

commissure, s. f. : commissure, commissura (lat.); line of junction; - **antérieure** : anterior commissure of the brain, precommissure; - **blanche postérieure** : postcommissure.

commissurotome, s. m. : commissurotome (instrument designed for the operation of mitral commissurotomy).

commissurotomie, s. f. : commissurotomy (surgical incision of a fibrous band uniting structures, e.g. the angle of the lips or the edges of cardiac valves).

commotion, s. f. : commotion, shock, commotio (lat.); - **cérébrale** : concussion of the brain.

communication, s. f. : communication, opening; - **interauriculaire** : patent foramen ovale; - **interventriculaire** : ventricular septal defect.

compas, s. m. : calipers.

compatibilité, s. f. : compatibility; - **sanguine** : compatibility of blood-group.

compensation, *s. f.* : compensation (counterbalancing any defect of structure *or* function).

compensatrice (opération) : compensating operation *(ophthal.)*.

compensé, *adj.* : compensated.

compétence, *s. f.* : competence; **- embryonnaire** : embryonic competence.

complément, *s. m.* : complement, alexin; **déviation du -** : deviation of complement ; **fixation du -** : complement fixation; **- inactivé** : complementoid.

complémentaire, *adj.* : complemental, complementary.

complexe, *s. m.* : complex, complexus *(lat.)*.

complexon, *s. m.* : chelating agent.

compliance pulmonaire : pulmonary elasticity.

complication, *s. f.* : complication.

comportement, *s. m.* : behaviour.

composant, *s. m., adj.* : component.

composé, *s. m.* : compound.

compresse, *s. f.* : compress, pad.

compresseur, *s. m.* : compressor; **muscle -** : compressor.

compression, *s. f.* : compression.

comprimé, *s. m.* : tablet, tabloid, pellet.

compte-gouttes, *s. m.* : dropper, pipette, stactometer.

compteur, *s. m.* : counter; **- de Geiger-Müller** : Geiger *or* Geiger-Müller counter; **- de particules** : particle counter (for α *or* β particles); **- à scintillations** : scintillation counter.

compulseur, *s. m.* : case-worker.

compulsion obsessionnelle : obsessional compulsion *(psych.)*.

conation, *s. f.* : conation *(psych.)*.

concassage, *s. m., ou* **concassation,** *s. f.* : concassation.

concave, *adj.* : concave.

concavité, *s. f.* : 1. concavity; 2. cavity, hollow.

concentration, *s. f.* : concentration; **- ionique** : hydrogen ion concentration.

concept, *s. m.* : concept.

conception, *s. f.* : conception.

concevoir, *v.* : to conceive (1. to become pregnant; 2. to invent *or* originate); **hors d'âge de -** : past child-bearing.

conchotome; *s. m.* : conchotome.

conchotomie *ou* **conchectomie,** *s. f.* : conchotomy (surgical removal of the turbinates).

concomitant, *adj.* : concomitant.

concrétion, *s. f.* : concretion (1. coagulation; 2. calculus, stone; 3. concrescence, abnormal union of adjacent parts; 4. dental tartar).

concurrent, *s. m.* : competitor; *adj.* : competitive.

concurrentiel, *adj.* : competitive.

condensateur, *s. m.* : condenser (of a microscope, a still, etc.); **- d'Abbe** : Abbe's condenser.

conditionné, *adj.* : conditioned.

conditionnement, *s. m.* : development of a conditioned reflex.

condom, *s. m.* : condom.

conductance, *s. f.* : conductance, conductivity.

conducteur, *s. m., adj.* : conductor (1. a conducting medium for heat, sound *or* electricity; 2. guide for a surgeon's knife; 3. part of the nervous system that transmits impulses; 4. healthy transmitter of a hereditary defect, *e.g.* the healthy daughter of a color-blind father).

conductibilité, *s. f.* : conductibility ; **aphasie de -** : conduction aphasia; **- spécifique** : conductance *(electr.)*.

conduction, *s. f.* : conduction.

conductivité, *s. f.* : conductivity.

conduit, *s. m.* : duct, ductus *(lat.)*; **- éjaculateur** : ejaculatory duct; **- lacrymal** : nasolacrimal canal; lacrimal canal *or* duct; **- nourricier** : Haversian canal.

condyle, *s. m.* : condyle, capitulum, condylus *(lat.)*.

condylien, *adj.* : condylar, capitular.

condyloïde, *adj.* : condyloid.

condylomateux, *adj.* : condylomatous.

condylome, *s. m.* : condyloma, *plur.* condylomata (tumor *or* wart-like growth in the anal and vulval region).

cône, *s. m.* : cone, conus *(lat.)* (1. a solid body with a circular base and terminating in a point; 2. myopic crescent *or* posterior staphyloma; **- rétinien** : retinal cone *or* cone cell; **- terminal** : filum terminale; 3. enlarger [*phot.*]).

cônes efférents : lobuli epididymidis.

confabulation, *s. f.* : confabulation.

conférence, *s. f.* : conference, lecture.

configuration, *s. f.* : configuration (1. structural arrangement of atoms in a molecule; 2. external form, outline).

confluent, *s. m., adj.* : confluent ; **- cérébello-médullaire** : postcisterna.

confluents, *s. m. pl.* : Magendie's (subarachnoid) spaces.

conformateur, *s. m.* : conformator (cephalograph for outlines of skull in craniometry).

conformation, *s. f.* : configuration, conformation, shape, structure; **vice de -** : deformity, malformation.

confrontation, *s. f.* : confrontation.

confusion, *s. f.* : confusion; **- mentale** : mental aberration, derangement of the mind.

congélateur, *s. m.* : freezer; **- à basse température** : deep-freeze cabinet.

congélation, *s. f.* : 1. congelation, congealment, freezing; 2. frost-bite; 3. coagulation; **coupes en -** : frozen sections *(histol.)*; **- en coquille** : shell freezing; **- par rotation lente** : shell freezing; **- par rotation rapide** : spin freezing; **- par le vide** : centrifugal freeze drying.

congénère, *s. m.* : congener; *adj.*, congenerous; **muscle -** : congenerous muscle.

congénital, *adj.* : congenital, genetous.

congestible, *adj.* : liable to congestion.

congestif, *adj.* : congestive.

congestion, *s. f.* : congestion; **- cérébrale** : congestion of the brain, stroke; **- pulmonaire** : congestion of the lung, pneumonia; **succomber aux suites d'une -** : to die of apoplexy.

congestionné, *adj.* : congested.

conglomérat, *s. m.* : conglomerate.

congloméré, *adj.* : conglomerate ; **glandes -** : conglomerate or acinous glands.

conglutinant, *adj.* : conglutinant, adhesive.

conglutination, *s. f.* : conglutination.

conglutinine, *s. f.* : conglutinin.

congrès, *s. m.* : congress, convention.

conicine, coniine *ou* conine, *s. f.* : coniine, conin, conine *(pharm.)*.

conidie, *s. f.* : conidium, *plur.* conidia (deciduous asexual spore of fungus).

coniose, *s. f.* : coniosis, koniosis.

coniotomie, *s. f.* : coniotomy (tracheotomy by incision through the cricothyroid membrane).

conique, *adj.* : conic, conical.

conisation, *s. f.* : conization (removal of a cone biopsy for suspected carcinoma in situ of the uterine cervix).

conjonctif, *adj.* : connective, conjunctive; **tissu -** : connective tissue.

conjonctival, *adj.* : conjunctival; **kératoplastie -** : conjunctivoplasty.

conjonctive, *s. f.* : conjunctiva.

conjonctivite, *s. f.* : conjunctivitis; **- granuleuse** : trachoma, granular conjunctivitis.

conjonctivome, *s. m.* : conjunctivoma (tumor of the conjunctival tissue of the eyelid).

conjugaison, *s. f.* : conjugation (fusion of two gametes); **cartilage de -** : epiphysial cartilage; **trou de -** : intervertebral foramen.

conjugal, *adj.* : conjugal, connubial.

conjugon, *s. m.* : conjugon *(genet.)*.

conjugué, *adj.* : conjugate; **foyers -** : conjugate foci *(opt.)*.

Conn (syndrome de) : Conn's syndrome, primitive hyperaldosteronism.

connaissance, *s. f.* : cognition, consciousness, knowledge.

conné, *adj.* : connate *(bot.)*.

connivent, *adj.* : connivent; **valvules -** : valvulae conniventes, Kerckring's valves.

conoïde, *adj.* : conoid.

conquassant, *adj.* : conquassant; **douleurs -** : conquassant labor-pains.

conque, *s. f.* : 1. shell; 2. concha (turbinate bone); **- de l'oreille** : external ear.

consanguin, *adj.* : 1. consanguineous (related by blood relationship; 2. inbred (animals).

consanguinité, *s. f.* : 1. consanguinity, blood relationship; 2. inbreedings.

conscience, *s. f.* : consciousness.

consensuel (réflexe) : consensual motion.

consensus, *s. m.* : consensus (general harmonious action of different organs).

conservateur, *adj.* : conservative, preservative.

conservation, *s. f.* : conservancy, conservation.

conserve, *s. f.* : 1. preserved food, canned food; 2. conserve *(pharm.)*.

conserves (maladie des) : scurvy-like syndrome of explorers or others subsisting for long periods on preserved food.

consistance, *s. f.* : consistence, consistency (degree of density or hardness).

consolidation, *s. f.* : consolidation (of bones), healing, uniting (of wounds).

consommation (test de - de prothrombine, de thrombine) : prothrombin, thrombin, consumption test.

consomption, *s. f.* : consumption, wasting, decline; **atteint de -** : consumptive.

consonant, *adj.* : consonant.

constatation, *s. f.* : 1. statement; 2. finding, verification; 3. inquest, inquiry.

constipant, *adj.* : constipating, binding *(vernac.)*.

constipation, *s. f.* : constipation, costiveness.

constipé, *adj.* : constipated, costive, belly-bound *(vernac.)*.

constitution, *s. f.* : constitution, temperament ; **- chimique** : chemical structure.

constitutionnel, *adj.* : constitutional.

constricteur, *s. m., adj.* : constrictor.

constriction, *s. f.* : constriction.

constructif (métabolisme) : constructive metabolism, anabolism.

consultant (médecin *ou* chirurgien) : consultant, consulting physician or surgeon.

consultation, *s. f.* : consultation, medical advice; **heures de -** : consulting hours.

contact, *s. m.* : contact; **épreuves par -** : contact print or proof; **verres de -** : contact lenses *(opt.)*.

contactothérapie *ou* contacthérapie, *s. f.* : cf., Chaoul (méthode de).

contage, *s. m.* : contact, contagion, virus; **- immédiat sans agent vecteur** : immediate contagion without vector or contact.

contagieux, *adj.* : contagious, infectious.

contagion, *s. f.* : contagion.

contagiosité, *s. f.* : contagiosity, contagiousness, infectivity, infectiousness.

contamination, *s. f.* : contamination (1. infection; 2. pollution).

contentif, *adj.* : retentive (appliance, bandage).

contention, *s. f.* : reduction or setting (of fracture); **moyen de -** : splint, splinting apparatus, support.

contigu, *adj.* : adjacent, approximal, contiguous.

contiguïté, *s. f.* : adjacence, adjacency, contiguity.

continance, *s. f.* : continence, self-restraint.

continue, *adj.* : continued, continuous; **fièvre - :** continued *or* uninterrupted fever.

continuité, *s. f.* : continuity; **amputation dans la - :** amputation in continuity, through a bone *or* joint.

contondant, *adj.* : contusive, bruising.

contraceptif, *adj.* : contraceptive.

contraception, *s. f.* : contraception (the prevention of conception *or* impregnation by any means), birth control.

contracter, *v.* : to contract (1. to draw together; to shrink; 2. to acquire by contagion; **- une maladie** : to catch *or* contract a disease).

contractile, *adj.* : 1. contractile (tending to contract); 2. contractible (capable of contracting *or* being contracted).

contractilité, *s. f.* : contractility.

contraction, *s. f.* : contraction.

contracture, *s. f.* : contracture, contracted condition.

contra-insuline (hormone) : contra-insular hormone.

contrainte, *s. f.* : restraint.

contralatéral, *adj.* : cf., **controlatéral.**

contraste, *s. m.* : contrast; **écran pour - :** contrast filter *(phot.)*; **papier - :** contrasty, hard paper *(phot.)*.

contre-choc, *s. m.* : reaction of defence (Selye).

contre-coup, *s. m.* : contrecoup, backlash, repercussion.

contre-essai, *s. m.* : control, check *or* control experiment *or* test.

contre-extension, *s. f.* : counterextension.

contrefracture, *s. f.* : counterfracture.

contre-incision, *s. f.* : counter-incision, contra-incision, counter-opening *(surg.)*.

contre-indication, *s. f.* : contra-indication.

contre-ouverture, *s. f.* : counter-opening.

contre-plaque, *s. f.* : backings *(odont.)*.

contrepoison, *s. f.* : antidote, counterpoison.

contre-réaction, *s. f.* : negative feed-back.

contrestimulant, *s. m.* : counterirritant.

contrestimulation, *s. f.* : counterirritation.

contretransférence, *s. f.* : countertransference *(psych.)*.

controlatéral, *adj.* : contralateral; **réflexe - :** contralateral reflex, Brudzinski's sign.

contrôle, *s. m.* : control (1. regulation, registration; 2. assay, assaying, testing).

contusion, *s. f.* : contusion, bruise.

contusionner, *v.* : to bruise, to contuse.

convalescence, *s. f.* : convalescence; **congé de - :** sick leave; **entrer en - :** to become convalescent; **maison de - :** convalescent (nursing) home.

convection, *s. f.* : convection.

convergence, *s. f.* : convergence *(embryol., opt.)*.

convergent, *adj.* : convergent; **strabisme - :** convergent strabismus.

conversion, *s. f.* : conversion *(obstet., psych.)*.

convertine, *s. f.* : convertin (Owren) (a pseudoglobulin involved in the clotting of blood).

convertinémie, *s. f.* : presence of convertin in the blood.

convexe, *adj.* : convex.

convexité, *s. f.* : convexity.

convexobasie, *s. f.* : convexobasia (forward deformity of the occiput seen in osteitis deformans, Paget's disease).

convulsif, *adj.* : convulsive; **medicament - :** convulsant.

convulsion, *s. f.* : convulsion; **- cloniques :** clonic convulsions *or* spasms.

convulsivant, *adj.* : convulsive (causing convulsions).

Cooley (syndrome ou anémie de) : thalassanemia, thalassemia.

Coombs (test de) : Coombs' test.

coordination, *s. f.* : coordination.

copahu, *s. m.* : capaiba; **baume de - :** copaiba balsam.

copeau (signe du) : light curetting in pityriasis versicolor raises epidermal scales without bleeding.

cophémie, *s. f.* : kophemia (word deafness).

cophochirurgie, *s. f.* : surgical treatment for deafness.

cophose, *s. f* : cophosis (deafness, dullness of hearing).

copie, *s. f.* : print *(phot.)*.

copra ou coprah, *s. f.* : copra (dried and crushed kernel of the coconut from which coconut oil is expressed).

coprémie, *s. f.* : copremia (toxemia of chronic constipation).

copro- : copro-, prefix meaning relating to faeces, feces.

coproculture, *s. f.* : plate culture of faeces, feces.

coprolalie, *s. f.* : coprolalia (insane utterance of obscene words).

coprolithe, *s. f.* : coprolith, stercolith.

coprologie, *s. f.* : coprology (study of the feces).

coprome, *s. m.* : coproma, stercoroma (tumor-like mass of feces in the rectum).

coprophile, *adj.* : 1. coprophil, coprophilic, coprophilous (said of bacteria that thrive in feces); 2. coprophile.

coproporphyrine, *s. f.* : coproporphyrin.

coproporphyrinurie, *s. f.* : coproporphyrinuria.

coprostase ou coprostasie, *s. f.* : coprostasis (impaction of feces in the bowel).

copulation, *s. f.* : 1. copulation *(physiol.)*; 2. coupling *(chem.)*.

coqueluche, *s. f.* : whooping-cough, pertussis.

coqueluchoïde, *adj.* : resembling whooping-cough.

cor, *s. m.* : corn, sitfast *(veter.)*.

coracoïde, *adj.* : coracoid; **apophyse -** : coracoid process; **échancrure -** : coracoid notch.

coracoïdite, *s. f.* : coracoiditis.

corbeille de fleurs : cornucopia (extensions of the choroid plexus).

corde, *s. f.* : cord, ligament, chorda, ligamentum *(lat.)*; **- d'Hippocrate** : Achille's tendon; **- du jarret** : hamstring; **- vocale inférieure** : true vocal cord; **- vocale supérieure** : false vocal cord.

cordectomie, *s. f.* : cordectomy (excision of a cord, *e.g.* a vocal cord).

cordial, *s. m.* : cordial.

cordiforme, *adj.* : cordiform, heart-shaped.

cordite, *s. f.* : corditis (inflammation of the spermatic cord).

cordon, *s. m.* : cord, chorda, funis, funiculus *(lat.)*; **- adamantin** : gubernaculum dentis; **circulaires du -** : coiling of the funis around the fetal neck during labor; **- médullaire** : spinal cord; **- nerveux** : funiculi of a nerve; **- ombilical** : umbilical cord, funis; **- sanitaire** : sanitary cordon.

cordonal, *adj.* : relating to the spinal nerve cords *or* funiculi.

cordotomie, *s. f.* : cf., **chordotomie.**

corectopie, *s. f.* : corectopia (anomalous position, displacement of the pupil).

corélysis, *s. m.* : corelysis (detachment of iritic adhesions to the lens *or* to the cornea).

corémorphose, *s. f.* : coremorphosis (formation of an artificial pupil).

coréométrie, *s. f.* : coreometry.

corescope, *s. m.* : coreoscope.

coricide, *s. m.* : corn cure, corn plaster.

cornage, *s. m.* : crowing, roaring, wind sucking (in animals).

corne, *s. f.* : horn, cornu, *plur.* cornua; **- d'Ammon** : horn of Ammon, cornu Ammonis; **- antérieure** : anterior horn (of the spinal cord); **- cutanée** : cutaneous horn; **- occipitale** : post-cornu (occipital horn of the lateral ventricle of the brain); **- temporale** : precornu, under horn (anterior horn of the lateral ventricle of the brain).

corné, *adj.* : corneous, horny; **couche -** : horny layer, stratum corneum.

cornéal, *adj.* : corneal.

cornée, *s. f.* : cornea; **- opaque** : sclera, sclerotic; **greffe de la -** : corneal graft, transplantation of the cornea.

cornéen, *adj.* : corneal.

cornéifié, *adj.* : cornified, keratinized.

cornet, *s. m.* : 1. cornet, ear-trumpet; 2. scroll bone, turbinate bone, concha *(lat.)*; **- de Bertin** : sphenoid, Bertin's cornet.

cornification, *s. f.* : cornification, keratinization.

cornu, *adj.* : horned; **animal -** : horned animal.

cornue, *s. f.* : retort, still.

corolle, *s. f.* : corolla *(bot.)*.

coronaire, *adj.* : coronary; **artère -** : coronary artery; **maladie -** : coronary disease.

coronal, *adj.* : coronal; **os -** : frontal bone; **suture -** : coronal suture.

coronarien, *adj.* : coronary.

coronarisme, *s. m.* : coronarism (angiospasm of the coronary arteries).

coronarite, *s. f.* : coronaritis (inflammation of the coronary arteries).

coronarographie, *s. f.* : radiography of the coronary arteries.

coronaropathie, *s. f.* : coronary disease.

coronoïde, *adj.* : coronoid; **apophyse -** : coronoid process; **fossette -** : coronoid fossa.

corpo-compteur, *s. m.* : whole-body counter.

corps, *s. m.* : 1. body (living); **- humain** : human body; 2. body (dead), corpse; 3. body (substance); **- composé** : compound *(chem., phys.)*; **- de Donovan** : Donovan bodies; **- étranger** : foreign body *(med., path.)*; **- simple** : simple *or* elementary body, element; **- vitré** : vitreous body *(anat.)*; 4. corpus, *plur.* corpora *(lat.)*; **bourrelet de - calleux** : splenium corporis callosi; **- calleux** : corpus callosum; **- caverneux** : corpus cavernosum *or* spongiosum; **- ciliaire** : ciliary body; **- genouillé** : geniculate body; **- genouillé externe** : external geniculate body; **- genouillé interne** : internal geniculate body; **- jaune** : corpus luteum; **- de Negri** : Negri bodies; **- de Nissl** : Nissl *or* tigroid bodies; **- restiforme** : restiform body; **- rhomboïdal du cervelet** : corpus dentatum cerebelli; **- strié** : corpus striatum; 5. corporation; **- médical** : medical staff.

corpulence, *s. f.* : corpulence, corpulency, stoutness.

corpulent, *adj.* : corpulent, stout, fat.

corpusculaire, *adj.* : corpuscular.

corpuscule, *s. m.* : corpuscle; **- élémentaires** : elementary bodies.

correctif, *s. m., adj.* : corrective.

correlation, *s. f.* : correlation.

Corrigan (maladie de) : Corrigan's disease, aortic insufficiency; **pouls de -** : Corrigan's pulse, collapsing *or* water-hammer pulse.

corroborant, *s. m.* : corroborant, tonic.

corrosif, *s. m., adj.* : corrosive; **sublimé -** : corrosive sublimate, mercuric chloride.

corrosion, *s. f.* : corrosion.

corrugateur, *s. m., adj.* : corrugator (muscle).

corrugation, *s. f.* : corrugation, rugosity.

corset, *s. m.* : corset; **- de sauvetage** : life-jacket; **plâtré** : plaster of Paris jacket.

cortex, *s. m.* : cortex, bark *(bot.)*, outer layer; **- adrenal** : adrenal cortex; **- cérébelleux** : cerebellar cortex; **- cérébral** : cerebral cortex.

Corti (arche de) : Corti's arch; **cellules de -** : Corti's cells; **membrane de -** : Corti's membrane;

organe de - : organ of Corti, acoustic papilla; **piliers de -** : pillars, rods *or* fibers of Corti ; **tunnel de l'organe de -** : Corti's canal *or* tunnel.

cortical, *adj.* : cortical; **hormone -** : cortical hormone, cortin.

corticifuge, *adj.* : corticifugal.

corticipète, *adj.* : corticipetal.

cortico-afférent, *adj.* : cortico-afferent (transmitting impulses to the cerebral cortex).

corticodépressif *ou* **corticodéprimant,** *s. m., adj.* : cortical depressant.

cortico-efférent, *adj.* : cortico-efferent (carrying impulses from the cerebral cortex to the periphery).

corticographie, *s. f.* : *cf.,* **électrocorticographie.**

corticoïdes, *s. m. pl.* : corticoids (hormones of the adrenal cortex and related compounds).

corticominéralotrope (hormone) : *cf.,* **minéralocorticoïdes.**

corticopleurite, *s. f.* : corticopleuritis (inflammation of the cortical *or* visceral pleura).

corticoprive, *adj.* : cortico-adrenal deficient.

corticorachidien, *adj.* : corticospinal (pertaining to the cerebral cortex and the spinal cord).

corticorésistance, *s. f.* : resistance to corticoadrenal therapy.

11-corticostéroïdes, *s. m. pl.* : 11-corticosteroids.

corticostérone, *s. f.* : corticosterone.

corticostimuline, *s. f.* : adreno-corticotrophic hormone, A.C.T.H.

corticosurrénal, *adj.* : cortico-adrenal.

corticosurrénale, *s. f.* : adrenal cortex.

corticosurrénalome, *s. m.* : corticosuprarenaloma, corticosuprarenoma.

corticothérapie, *s. f.* : corticotherapy.

corticotrope, *adj.* : corticotropic.

corticotrophine, *s. f.* : corticotrophin.

corticotropine, *s. f.* : corticotropin.

cortine, *s. f.* : cortin, cortical hormone.

cortinique, *adj.* : relating to « cortin » (obsolete term for adrenal cortical hormones).

cortisol, *s. m.* : 17-hydroxycorticosterone.

cortisone, *s. f.* : cortisone, 17-hydroxy-11-dehydrocorticosterone.

cortisonothérapie, *s. f.* : treatment with cortisone.

cortisonurie, *s. f.* : cortisonuria.

corymbiforme, *adj.* : corymbose *(bot.).*

corynébactériose, *s. f.* : corynebacteriosis (infection with any *Corynebacteria*).

coryza, *s. m.* : coryza, common cold.

cosmétique, *s. m., adj.* : cosmetics, *s.* ; cosmetic, *adj.*

cosmique, *adj.* : cosmic, universal.

cosmobiologie, *s. f.* : cosmobiology.

cosmopathologie, *s. f.* : cosmopathology.

costal, *adj.* : costal;

costectomie, *s. f.* : costectomy (excision of a rib).

costotransversectomie, *s. f.* : costotransversectomy (removal of a rib and the corresponding transverse process).

cotation d'Apgar : Apgar score.

côte, *s. f.* : rib; **- cervicale** : cervical rib; **fausses -** : asternal *or* false ribs; **- flottantes** : floating ribs; **vraies -** : true *or* sternal ribs.

côté, *s. f.* : side, flank.

co-thromboplastine, *s. f.* : *cf.,* **convertine.**

coton, *s. m.* : 1. cotton; 2. cotton-wool; **badigeon en -** : cotton-swab; **- hydrophile** : absorbent cotton-wool; **tampon en -** : cotton-plug, pack, tampon; **- de verre** : glass-wool.

cotyle, *s. m.* : socket *(anat.).*

cotylédon, *s. m.* : cotyledon.

cotyloïde, *adj.* : cotyloid; **cavité -** : acetabulum.

cou, *s. m.* : neck, cervix *(lat.);* **- de buffle** : buffalo neck, bull-neck.

couche, *s. f.* : layer, stratum *(lat.);* **- cornée de la peau** : horny layer, stratum corneum; **- des cônes et des bâtonnets** : rod-and-cone layer of the retina; **- muqueuse de Malpighi** : malpighian layer, stratum germinativum; **- optique** : optic thalamus, thalamus; **- pigmentaire de la choroïde** : stratum pigmenti; **- rouillée** : granular layer of the cerebellum, stratum ferruginium.

couches, *s. f. pl.* : lying in period, puerperium.

coude, *s. m.* : elbow; **orienté vers le -** : anconad; **pointe du -** : funnybone, point of the elbow, ancon; **se rapportant au -** : anconal.

coudé, *adj.* : angled, elbowed.

cou-de-pied, *s. m.* : instep.

coudure, *s. f.* : flexure, kink.

couenneux, *adj.* : pseudomembranous.

coulisse bicipitale : bicipital groove *(anat.).*

coulomb, *s. m.* : coulomb *(electr.).*

coup, *s. m.* : blow, bruise, stroke; **- de chaleur** : heat stroke; **- de dents** : bite; **- de fouet** : rupture of a ligament *or* muscle fibre; **- de soleil** : sunstroke.

coupe, *s. f.* : 1. cup, goblet; 2. section *(anat., histol.).*

coupe-circuit, *s. m.* : fuse *(electr.).*

couperose, *s. f.* : 1. copperas (commercial ferrous sulphate); 2. blotchiness, acne rosacea.

couperosé, *adj.* : blotchy, affected with acne rosacea; **teint -** : blotchy complexion.

coupole, *s. f.* : cupula (dome at the apex of the cochlea).

coupure, *s. f.* : cut, gash (on finger, etc.).

courant, *s. m.* : current *(électr.);* **- d'air** : draught.

courbature, *s. f.* : lameness, lumbago, stiffness.

courbe, *s. f.* : chart, graph.

courbure, *s. f.* : curve, curvature; **- de champ** : curvature of field *(opt.).*

couronne, *s. f.* : 1. corona *(bot.)*; 2. crown *(odont.)*; **- de Vénus** : corona Veneris (secondary syphilitic rash); **- rayonnante** : corona radiata (of thalamus; of ovum).

court-circuit, *s. m.* : short-circuit *(surg., electr.)*.

coussinet, *s. m.* : juxtaglomerular apparatus *(histol.)*.

coussins attelles : padded splints.

Coutard (radiothérapie à la) : Coutard's method *or* technique (protracted irradiation with fractional dosage of X-rays).

couteau, *s. m.* : knife; **- à amputation** : amputation knife; **- à discission** : cataract needle; **- de Graefe** : Graefe's (cataract) knife; **- lancéolaire** : lancet.

couture, *s. f.* : suture.

couveuse, *s. f.* : incubator.

couvre-objet, *s. m.* : cover-slip, cover-glass *(micr.)*.

co-valence, *s. f.* : co-valency.

Cowper (glandes de) : Cowper's glands; **kyste de rétention des glandes de -** : Cowper's cyst.

cowperite, *s. f.* : cowperitis (inflammation of Cowper's glands).

cow-pox, *s. m.* : cow-pox, vaccinia.

coxal, *adj.* : coxal; **os -** : hip-bone.

coxalgie, *s. f.* : coxalgia (1. coxodynia [painful hip-joint]; 2. disease of the hip joint, tuberculous hip).

coxalgique, *adj.* : coxalgic.

coxa-plana, *s. f.* : coxa plana (osteochondrosis of the hip).

coxarthrie, *ou* **coxarthrose,** *s. f.* : senile coxarthritis.

coxarthrite, *s. f.* : coxarthritis, coxitis (inflammation of the hip joint).

coxa-valga, *s. f.* : coxa valga.

coxa-vara, *s. f.* : coxa vara.

Coxiella burnetii : infective organism of Q fever.

coxite, *s. f.* : coxitis (inflammation of the hip joint).

coxofemoral, *adj.* : coxofemoral.

coxopathie, *s. f.* : disease of the hip joint.

coxotuberculose, *s. f.* : coxotuberculosis (tuberculosis of the hip joint).

cozymase, *s. f.* : cozymase.

crachat, *s. m.* : sputum.

crachement, *s. m.* : expectoration, spitting; **- de sang** : spitting blood.

cracher, *v.* : to expectorate, to spit.

crachoir, *s. m.* : cuspidor, spittoon.

crachotement, *s. m.* : sputtering, frequent spitting.

craie, *s. f.* : chalk, creta *(lat.)*.

crampe, *s. f.* : cramp; **- de l'écrivain** : scrivener's palsy, writer's cramp; **- de poitrine** : angina pectoris, breast pang; **- du tennis** : tennis elbow.

crâne, *s. m.* : skull, cranium *(lat.)*; **- en bécasse** : *cf.*, **cymbocéphalie.**

craniectomie, *s. f.* : craniectomy (excision of part of the skull).

crânien, *adj.* : cranial; **boîte -** : skull, skullcase, brain-pan; **calotte -** : calvarium *(lat.)*, brain-pan.

cranio- : cranio- prefix meaning relating to the cranium.

cranio-cérébral, *adj.* : craniocerebral.

cranioclasie, *s. f.* : cranioclasis (crushing the fetal head).

cranioclaste, *s. m.* : cranioclast (heavy forceps for crushing the fetal head).

craniographie, *s. f.* : craniography.

craniohydrorrhée, *s. f.* : cerebrospinal rhinorrhea (sign of fracture of the skull).

craniologie, *s. f.* : craniology (study of the skull).

craniomalacie, *s. f.* : craniomalacia, craniotabes (abnormal softness of the skull).

craniomètre, *s. m.* : craniometer, encephalometer.

craniométrie, *s. f.* : craniometry (ascertaining the proportions and measurements of skulls).

craniopage, *s. m.* : craniopagus, cephalopagus (double monster united by the heads).

craniopharyngé, *adj.* : craniopharyngeal.

craniopharyngiome, *s. m.* : craniopharyngioma (tumor arising from remnants of the craniopharyngeal duct).

cranioplastie, *s. f.* : cranioplasty (plastic surgery of the skull).

craniorachidien, *adj.* : craniospinal.

craniorrhée, *s. f.* : cerebral *or* cranial hydrorrhea, cerebrospinal rhinorrhea.

cranioschisis, *s. m.* : cranioschisis (congenital fissure of the skull).

craniosclérose, *s. f.* : craniosclerosis (thickening of the bones of the skull).

cranioscopie, *s. f.* : cranioscopy, phrenology (diagnostic examination of the head).

craniospongiose, *s. f.* : craniospongiosis, craniotabes.

craniosténose, *s. f.* : craniostenosis (hyperostosis with premature closure of cranial fissures and foramina).

craniostose, *s. f.* : craniostosis (congenital ossification of the cranial sutures).

craniotabes, *s. m.* : craniotabes, craniomalacia.

craniotome, *s. m.* : craniotome.

craniotomie, *s. f.* : craniotomy (1. excision of part of the skull; 2. cutting the fetal head to aid difficult delivery).

craniotympanique, *adj.* : craniotympanic (pertaining to the skull and tympanum).

craquement, *s. m.* : crepitation, *plur.* crackling rales.

crase, *s. f.* : crasis, constitution, temperament.

crasse, *s. f.* : 1. dirt; 2. sludge; **- des vieillards** : senile keratosis.

crateriforme, *adj.* : crateriform.

craw-craw, *s. m.* : craw-craw (type of filariasis).

créatinase, *s. f.* : creatinase.

créatine, *s. f.* : creatine.

créatinémie, *s. f.* : creatinemia (excess of creatine in the blood).

créatinine, *s. f.* : creatinine.

créatinine-kinase, *s. f.* : creatinine-kinase.

créatininémie, *s. f.* : presence of creatinine in the blood.

créatinurie, *s. f.* : creatinuria (increased concentration of creatine in the urine).

créatorrhée, *s. f.* : creatorrhea (presence of undigested muscle fibers in the feces).

crèche, *s. f.* : creche, day nursery for infants.

Credé (méthode de) : Credé's method (1. prophylactic use of 2 % silver nitrate solution to prevent ophthalmia neonatorum; 2. method of expelling the placenta).

crémaster, *s. m.* : cremaster.

crémastérique, *adj.* : cremasteric.

crémation, *s. f.* : cremation.

crème, *s. f.* : cream, cremor *(lat.).*

cremnophobie, *s. f.* : cremnophobia (morbid fear of precipices).

crémomètre, *s. m.* : cremometer (graduated tube for determining the percentage of cream in milk).

créneau (signe de) : spirographic anomaly (crenated outline) in bronchial obstruction.

crénelé, *adj.* : crenate, crenated, crenellated.

crénelure, *s. f.* : crenation, indentation.

crénocyte, *s. m.* : crenocyte (crenated erythrocyte).

crénothérapie, *s. f.* : crenotherapy, cronnotherapy (treatment by water from mineral springs, spa treatment).

créosote, *s. f.* : creosote; **- de houille** : coal tar creosote.

crépitant, *adj.* : crepitant; **rale -** : crepitant rale, crepitation, crepitus.

crépitation, *s. f.* : crepitation.

crépusculaire (état) : twilight state *(psych.).*

crétacé, *adj.* : cretaceous, chalky.

crête, *s. f.* : crest, crista *(lat.);* **- de coq** : cockscomb; **- ethmoïdale** : agger nasi, crista ethmoidalis; **- occipitale** : crista occipitalis; **- sous-trochantérienne** : pectoral ridge; **- tibiale** : tibial crest.

crétification, *s. f.* : calcification.

crétin, *s. m.* : cretin.

crétineux, *s. m., adj.* : cretin, s.; cretinous, *adj.*

crétinisme, *s. m.* : cretinism.

crétinoïde, *s. m., adj.* : cretinoid.

creuset, *s. m.* : crucible, melting-pot.

creux, *s. m.* : hollow; **- de l'aisselle** : armpit; **- de l'estomac** : pit of the stomach; **- pelvi-rectal inférieur** : ischiorectal fossa.

crevasse, *s. f.* : chap, crack, fissure, rhagades.

crevassé, *adj.* : chapped, cracked, fissured, rhagadiform.

crible, *s. m.* : sieve, cribrum, *plur.* cribra. *(lat.).*

criblé, *adj.* : riddled; **lame - de l'ethmoïde** : cribriform plate of the ethmoid; **visage - de petite vérole** : face pitted with smallpox.

cribriforme, *adj.* : cribriform, riddled (perforated like a sieve).

crico-aryténoïdien, *adj.* : crico-arytenoid.

cricoïde, *adj.* : cricoid; **cartilage -** : cricoid cartilage.

cricoïdectomie, *s. f.* : cricoidectomy (excision of the cricoid cartilage).

cricopharyngien, *adj.* : cricopharyngeal.

cricothyroïdien, *adj.* : cricothyroid.

cricotomie, *s. f.* : cricotomy (section of the cricoid cartilage).

cricotrachéotomie, *s. f.* : cricotracheotomy.

criminalité, *s. f.* : delinquency, criminality.

criminel, *adj.* : criminal.

criminogène, *adj.* : engendering crime.

criminologie, *s. f.* : criminology.

crin, *s. m.* : horsehair; **- de Florence** : silk gut, silkworm gut.

crise, *s. f.* : 1. crisis; 2. attack; **- cardiaque** : heart attack; **- de foie** : bilious attack; **- d'épilepsie** : epilepsy seizure; **- de goutte** : attack of gout; **- de nerfs** : fit of hysteria.

crispation, *s. f.* : crispation (slight involuntary muscular spasms).

cristal, *s. m.* : crystal.

cristallin, *s. m.* : crystalline lens, lens (of the eye); **capsule du -** : lens capsule, periphacus; **inflammation de la capsule du -** : periphacitis; *adj.* crystalline.

cristallisation, *s. f.* : crystallization.

cristalliser, *v.* : to crystallize.

cristallisoir, *s. m.* : crystallizing jar (flat bottomed vessel).

cristalloïde, *s. m., adj.* : crystalloid, s.; crystalloid, crystalloidal, *adj.*

cristalloïdite, *s. f.* : crystalloiditis, phakitis.

cristallographie, *s. f.* : crystallography.

cristallométrie, *s. f.* : crystallometry (science of measurement of the angles of crystals).

cristallophobie, *s. f.* : crystallophobia (morbid fear of glass).

cristaux asthmatiques : Charcot-Leyden crystals (in asthmatic sputum).

critique, *adj.* : critical; **age -** : critical age, change of life; **temperature -** : critical temperature.

crochet, *s. m.* : hook; **- aigu** : sharp hook; **- de l'hippocampe** : uncinate gyrus, uncus gyri hippocampi; **- mousse** : blunt hook; **- du pancréas** : Wlinslow's pancreas; **petit -** : tenaculum; **- à strabisme** : strabismus hook; *plur.* clasps; **- tranchant** : cutting hook.

crochu, *adj.* : coronoid, hooked, uncinate.

Crohn (maladie de) : Crohn's disease, regional enteritis.

croisement, *s. m.* : cross *(genet.)*; **- au hasard** : random mating *(genet.)*.

croissance, *s. f.* : growth, growing age; **douleurs de -** : growing pains; **principe de -** : growth principle.

croissant, *s. m.* : crescent.

crosse de l'aorte : aortic arch.

crossectomie, *s. f.* : resection of the saphenofemoral junction for cure of varicose veins.

croup, *s. m.* : croup; **faux -** : false croup.

croupal, *adj.* : croupous, croupy.

croupe, *s. f.* : croup, crupper (hindquarters of a horse), rump.

croupeux, *adj.* : croupous.

croûte, *s. f.* : crust, scab, scurf, crusta *(lat.)*; **- de lait** : impetigo neonatorum, milk crust.

croûteux, *adj.* : crusted, scabby.

cru, *adj.* : crude, raw.

crucial, *adj.* : crucial.

cruciforme, *adj.* : cruciform, cross-shaped.

cruenté, *adj.* : bloody, cruentous, raw.

cruor, *s. m.* : cruor (red blood clot).

crural, *adj.* : crural; **arcade -** : inguinal ligament, Poupart's ligament; **muscle -** : crureus, cruraeus *(lat.)*, vastus intermedius; **nerf -** : femoral nerve.

cruropelvimètre, *s. m.* : cruropelvimeter (instrument for registering the relative measurements of the pelvis and the legs).

crustacé, *s. m.* : crustacea (a large class of invertebrates, *e.g.* lobsters, shrimps, wood lice, water fleas, etc.).

cryanesthésie, *s. f.* : cryanesthesia (loss of the power of perceiving cold).

cryesthésie, *s. f.* : cryesthesia (undue sensitivity to cold).

crymothérapie, *s. f.* : crymotherapy (therapeutic use of local freezing).

cryoagglutinine, *s. f.* : cold agglutinin *(immunol.)*.

cryoanesthésie, *s. f.* : *cf.,* **cryanesthésie.**

cryocautère, *s. m.* : cryocautery (carbon dioxide snow-pencil).

cryodermatose, *s. f.* : chilblains, perniosis.

cryodessiccation, *s. f.* : cryodesiccation, freeze-drying, lyophilization.

cryogène, *s. m., adj.* : 1. cryogen, *s.,* freezing mixture; **laboratoire pour l'étude des -** : cryogenic laboratory; 2. cryogenic, *adj.*

cryoglobuline, *s. f.* : cryoglobulin.

cryoglobulinémie, *s. f.* : cryoglobulinemia (presence in the blood of an abnormal globulin precipitable by cold).

cryomètre, *s. m.* : cryometer (thermometer for measuring very low temperatures).

cryopathie, *s. f.* : cryopathy (any morbid condition caused by cold).

cryophilie, *s. f.* : cryophilia (condition of growing better at low temperatures characteristic of some bacteria).

cryoplexie, *s. f.* : effects on the body of temperature below 34° C.

cryoprotéine, *s. f.* : *cf.,* **cryoglobuline.**

cryoprotéinémie, *s. f.* : *cf.,* **cryoglobulinémie.**

cryoscopie, *s. f.* : cryoscopy.

cryoscopique, *adj.* : cryoscopic.

cryothalamectomie, *s. f.* : destruction of the thalamus by freezing.

cryothérapie, *s. f.* : cryotherapy (therapeutic use of cold).

cryptagglutinoïde, *s. m.* : cryptagglutinoid *(hematol.)*.

crypte, *s. f.* : crypt (1. small sac or follicle; 2. glandular cavity).

cryptesthésie métapsychique : cryptopsychism, parapsychology *(psych.)*.

crypto- : crypto-, prefix meaning (1. concealed, hidden; 2. pertaining to a crypt).

cryptococcose, *s. f.* : cryptococcosis (skin disease caused by the fungus *Cryptococcus*).

Cryptococcus ou **cryptocoque,** *s. m.* : *Cryptococcus* (a genus of yeast-like organisms).

cryptoérythroblastose, *s. f.* : cryptoerythroblastosis.

cryptogame, *s. m.* : cryptogam (any of the lower plants that have no true flowers); *adj.* : cryptogamic.

cryptogénétique ou **cryptogénique,** *adj.* : cryptogenetic, cryptogenic (1. of obscure origin; 2. parasitic from the outset within the host).

cryptoleucémie, *s. f.* : cryptoleukemia, cryptoleucosis.

cryptoménorrhée, *s. f.* : cryptomenorrhea (occurrence of menstrual symptoms but without menstrual flow, as in cases of imperforate hymen).

cryptophtalmie, *s. f.* : cryptophthalmia, cryptophthalmos (developmental anomaly in which the skin is continuous over imperfectly formed eyes).

cryptopodie, *s. f.* : cryptopodia (condition in which all but the soles of the feet are concealed by swollen legs).

cryptopsychisme, *s. m.* : cryptopsychism, parapsychology *(psych.)*.

cryptorchide, *s. m.* : cryptorchid, cryptorchis (male with undescended testicles).

cryptorchidie, *s. f.* : cryptorchidism (retention of the testicles within the abdomen *or* in the inguinal canal).

cryptotétanie, *s. f.* : *cf.,* **spasmophilie.**

cryptothyréose, *s. f.* : hyperthyroidism without goiter.

cryptotoxines, *s. f. pl.* : cryptotoxins.

cryptotoxique, *adj.* : cryptotoxic (not normally toxic but becoming toxic under changed physical conditions).

cryptotuberculose, *s. f.* : undiagnosed tuberculosis.

cryptozyge, adj. : cryptozygous (having a wide skull and a narrow face).

cubique, adj. : cubic.

cubital, adj. : cubital, ulnar.

cubitus, s. m. : cubitus, ulna; **- valgus** : cubitus valgus (abnormal curvature of the humeral diaphysis); **- varus** : cubitus varus (gunstock deformity).

cuboïde, s. m., adj. : cuboid.

cubomanie, s. f. : compulsive gambling (with dice; kubos [gr.]).

cucurbitain, s. m. : tapeworm segments shed in feces (so called because they look like cucumber seeds, lat. cucurbita).

cuillère, s. f. : spoon; **- à bouche** : tablespoon; **- à café** : teaspoon; **- à dessert** : dessert-spoon; **- à entremets** : dessert-spoon; **- à soupe** : soup- or table-spoon; **- à thé** : teaspoon.

cuir chevelu : scalp.

cuir neuf (bruit de) : « creaking leather » sound (characteristic of dry pleurisy or dry pericarditis).

cuissard, s. m. : bucket (of artificial limb).

cuisse, s. f. : thigh; **os de la -** : thigh-bone.

cuivre, s. m. : copper.

cuivré, adj. : 1. copper-colored; 2. copper-plated; **peau -** : bronzed skin.

cul-de-sac, s. m. : cul-de-sac, pouch; **- de Douglas** : Douglas' pouch, rectovesical pouch; **- vaginal** : vaginal fornix.

culdocentèse, s. f. : culdocentesis (aspiration of fluid from the pouch of Douglas through the vaginal wall).

culdoscopie, s. f. : culdoscopy (visual examination of the pelvic viscera through an endoscope introduced through the posterior vaginal fornix).

Culex, s. m. : Culex (a genus of mosquitoes).

culicide, ou **culicicide,** s. m. : culicide, culicicide.

culicides, s. m. pl. : Culicidae (gnats and mosquitoes).

culicidisme, s. m. : anophelism (infestation of a district by mosquitoes).

culicifuge, s. m. : culicifuge.

Cullen (signe de) : Cullen's sign (umbilical cyanosis in extra-uterine pregnancy).

culminectomie, s. f. : resection of the left upper lobe of the lung.

culot, s. m. : residue; **- de centrifugation** : deposit, pellet, sediment; **- urinaire** : urinary sediment or pellet.

culpabilité (sentiment de) : guilt complex (psych.).

culture, s. f. : cultivation, culture; **- en goutte pendante** : hanging drop culture; **milieu de -** : culture medium, plur. media; **- en profondeur** ou **ensemencée par piqûre** : stab culture.

cumulatif, adj. : cumulative.

cumulus proligère : cumulus or discus proligerus (site of developing graafian follicle).

cunéiforme, adj. : cuneate, cuneiform, wedge-shaped.

cunéo-hystérectomie, s. f. : cuneihysterectomy (wedge-shaped resection of uterine wall for correction of anteflexion).

cunéus, s. m. : cuneus (part of the occipital lobe of the brain).

cuprémie, s. f. : cupremia (presence of copper in the blood).

cuprorrachie, s. f. : presence of copper in the cerebrospinal fluid.

cuprothérapie, s. f. : therapeutic use of copper compounds.

cuprurie, s. f. : presence of copper in the urine.

cupulaire, adj. : cupular (bot.), cupped, cup-shaped.

cupule, s. f. : cupule (bot.).

cupuliforme, adj. : cup-shaped, cupuliform.

cupulogramme, s. m. : record of cupulometry.

cupulométrie, s. f. : method of studying the function of the semicircular canals.

curage, s. m. : curage, curettage.

curare, s. m. : curare.

curarisant, adj. : curarizing.

curarisation, s. f. : curarization, curarism.

curariser, v. : to curarize.

curatif, s. m., adj. : curative, sanative.

cure, s. f. : cure, recovery; **- libre** : open door treatment (psych.).

curetage ou **curettage,** s. m. : curettage, curetting, scraping; **faire le - de l'utérus** : to curette the uterus.

curette, s. f. : curet, curette.

curie, s. m. : curie (unit of measurement for radiotherapy with radium or radon).

curiepuncture, s. f. : insertion of radium needles.

curiethérapie, s. f. : curietherapy, radium therapy.

curium, s. m. : curium.

curo-vaccination, s. f. : curative vaccination.

Curschmann (spirales de) : Curschmann's spirals (coiled mucinous fibrils expectorated during an asthmatic paroxysm).

curseur, s. m. : cursor slider.

Cushing (maladie de) : Cushing's syndrome, pituitary basophilism.

cuspide, s. f. : 1. cuspid tooth canine; 2. a long sharp point.

cuspidé, adj. : cuspid, cuspidate.

cutané, adj. : cutaneous; **maladie -** : skin disease.

cuticule, s. m. : cuticle, cuticula (lat.); **- dentaire** : Nasmyth's membrane or cuticle, cuticula dentis; **- pileux** : cuticula pili (root sheath of hair follicle).

cuti-pronostic, s. m. : prognosis based on skin-tests.

cuti-réaction, s. f. : cutireaction, skin-test; **- à la tuberculine** : tuberculin skin-test.

4

cutisation, *s. f.* : cutization (metaplasia of mucous membrane to skin).

cutis laxa : cutis laxa, dermatolysis, cutis verticis gyrata.

cutite, *s. f.* : cutitis, dermatitis.

cuve, *s. f.* : tank; **- de sécurité** : splash-proof tank.

cuvette, *s. f.* : basin, dish.

cyanéphidrose *ou* **cyanidrose,** *s. f.* : cyanephidrosis, cyanhydrosis (blue sweat).

cyanhémoglobine, *s. f.* : cyanhemoglobin (cherry red compound found in the blood in cases of poisoning with prussic [hydrocyanic] acid).

cyanhydrique, *adj.* : hydrocyanic; **acide -** : hydrocyanic *or* prussic acid.

cyanique, *adj.* : cyanic.

cyanmethémoglobine, *s. f.* : cyanmethemoglobin.

cyano- : cyano-, prefix meaning blue.

cyanodermie, *s. f.* : cyanoderma, cyanosis.

cyanogène, *s. m.* : cyanogen.

cyanogenèse, *s. f.* : cyanogenesis.

cyanophile, *adj.* : cyanophil, cyanophilous (having an affinity for blue).

cyanopsie, *s. f.* : cyanopia, cyanopsia (vision in which all objects appear to the blue).

cyanose, *s. f.* : cyanosis.

cyanosé, *adj.* : cyanised.

cyanotique, *adj.* : cyanotic.

cyanure, *s. m.* : cyanide.

cybernétique, *s. f.* : cybernetics; *adj.* : cybernetic.

cycle, *s. m.* : cycle; **- aberrant** : aberrant cycle; **- cardiaque** : cardiac cycle; **- menstruel** : menstrual cycle.

cyclique, *adj.* : cyclic.

cyclite, *s. f.* : cyclitis (inflammation of the ciliary body).

cyclo- : cyclo-, prefix meaning relating to 1. a circle; 2. the ciliary body.

cyclocéphale, *s. m.* : cyclocephalus (single autositic monster).

cyclochoroïdite, *s. f.* : cyclochoroiditis, choroidocyclitis (inflammation of the ciliary body and the choroid).

cyclodialyse, *s. f.* : cyclodialysis (detachment of the ciliary body from the sclera).

cyclokératite, *s. f.* : cyclokeratitis, Dalrymple's disease.

cyclope, *s. m.* : cyclops (1. fetal monster showing cyclopia; 2. Cyclops [a genus of minute crustaceans which are hosts for tapeworms]).

cyclophorie, *s. f.* : cyclophoria (rotational heterophoria from deficiency of the oblique muscles).

cyclopie, *s. f.* : cyclopia (developmental defect in which there is a single rudimentary orbital fossa and nasal deformity).

cycloplégie, *s. f.* : cycloplegia (paralysis of the ciliary muscles).

cyclopropane, *s. m.* : cyclopropane (anesthetic).

cycloscope, *s. m.* : cycloscope (1. apparatus for measuring the field of vision; 2. spectroscope for observing metabolic reactions in live skin).

cyclose, *s. f.* : cyclosis (protoplasmic streaming).

cyclothymie, *s. f.* : cyclothymia, cyclophrenia, cyclic or manic depressive insanity.

cyclotomie, *s. f.* : cyclotomy (incision of the ciliary muscle).

cyclotron, *s. m.* : cyclotron.

cylindre, *s. m.* : 1. cylinder; **- central** : stele (*bot.*); 2. cast (in urine, etc.); **- cellulaires** : cellular casts; **- épithéliaux** : epithelial casts.

cylindrique, *adj.* : cylindric, cylindrical.

cylindro-adénome, *s. m.* : cylindroma, cylindroadenoma.

cylindrocéphalie, *s. f.* : cylindrocephaly (cylindrical type of skull).

cylindroïde, *s. m.* : cylindroid (urinary mucous cast).

cylindrome, *s. m.* : cylindroma (adenocarcinoma of cylindromatous type).

cylindrurie, *s. f.* : cylindruria (passage of urine containing hyaline casts).

cyllosome, *s. m.* : cyllosomus (monster with eventration and defective development of the corresponding leg).

cymbocéphalie, *s. f.* : cymbocephaly (boat-shaped head).

cynanche, *s. f.* : cynanche (acute throat infection with threatened suffocation).

cynanthropie, *s. f.* : cynanthropy (delusion of being a dog).

cynique, *adj.* : cynic, doglike; **spasme -** : cynic spasm, risus sardonicus (tetanic spasm of the jaw muscles).

cynocéphale, *s. m.* : cynocephalus (dog-faced monkey, baboon, mandril); *adj.* : cynocephalous, dog-headed.

cynophobie, *s. f.* : cynophobia (1. morbid fear of dogs; 2. spurious hydrophobia).

cynorexie, *s. f.* : bulimia, cynorexia (canine voracity; rapacious appetite).

cyphose, *s. f.* : kyphosis; **- heredo-traumatique** : Bechterew's disease.

cypridopathie, *s. f.* : cypridopathy (venereal adenopathy).

cypridophobie, *s. f.* : cypridophobia (1. fear of sexual intercourse; 2. fear of contracting venereal disease).

cyrtomètre, *s. m.* : cyrtometer (device for measuring curved surfaces).

cystadénome, *s. m.* : cystadenoma.

cystalgie, *s. f.* : cystalgia (pain in the bladder).

cystectasie, *s. f.* : cystectasia, cystectasy (1. dilatation of the bladder; 2. incision of the membranous urethra and dilatation of the neck of the bladder for extraction of stone).

cystectomie, s. f. : cystectomy (1. excision of the bladder [partial or total]; 2. excision of a cyst).

cystéine, s. f. : cysteine.

cystencéphale, s. m. : cystencephalus (fetal monster with a membranous sac in place of the brain).

cysticercose, s. f. : cysticercosis.

cysticerque, s. m. : cysticercus (lat.), cystworm, bladder-worm.

cystine, s. f. : cystine.

cystinémie, s. f. : cystinemia (presence of cystine in the blood).

cystinurie, s. f. : cystinuria (passage of cystine in the urine).

cystique, adj. : cystic; **ver -** : cysticercus, bladder-worm.

cystirragie, s. f. : cystirrhagia, cystorrhagia (hemorrhage from the bladder).

cystite, s. f. : cystitis (inflammation of the bladder).

cysto- : cysto-, prefix meaning pertaining to 1. the bladder; 2. a cyst.

cystocarcinome, s. m. : cystadenocarcinoma, cystocarcinoma.

cystocèle, s. m. : cystocele (hernia of the bladder).

cystochondrome, s. m. : cystochondroma.

cystodynie, s. f. : cystodynia, cystalgia.

cystoépithéliome, s. m. : cysto-epithelioma.

cystofibrome, s. m. : cystofibroma.

cystographie, s. f. : cystography (radiography of the bladder).

cystohystéropexie, s. f. : hysterocystopexy, ventrovesicofixation.

cystolithe, s. m. : cystolith, vesical calculus, stone.

cystome, s. m. : cystoma.

cystométrie, s. f. : cystometry.

cystopexie, s. f. : cystopexy (cure of cystocele by ventrofixation).

cystoplastie, s. f. : cystoplasty (plastic operation on the bladder).

cystoplégie, s. f. : cystoplegia (paralysis of the bladder).

cystoradiographie, s. f. : cystoradiography.

cystorragie, s. f. : cf., **cystirragie.**

cystorraphie, s. f. : cystorrhaphy (suture of the bladder).

cystosarcome, s. m. : cystosarcoma.

cystoscope, s. m. : cystoscope.

cystoscopie, s. f. : cystoscopy.

cystosigmoïdoplastie, s. f. : cystosigmoidoplasty (operation for reconstruction of urinary system using an isolated loop of the sigmoid).

cystostomie, s. f. : cystostomy (formation of a fistulous opening in the bladder wall); **- suspubienne** : Poncet's operation.

cystotome, s. m. : cystotome (1. knife for cystotomy; 2. cataract knife).

cystotomie, s. f. : cystotomy (surgical incision of the bladder).

cysto-uréthroscope, s. m. : cysto-urethroscope.

cytase, s. f. : cytase (1. complement; 2. a plant enzyme [bot.]).

cythémolyse, s. f. : cythemolysis (dissolution of blood corpuscles).

cyto- : cyto-, prefix meaning relating to cells.

cytoblaste, s. m. : cytoblast.

cytoblastème, s. m. : cytoblastema.

cytochimie, s. f. : cytochemistry.

cytochrome, s. m. : cytochrome.

cytocinèse, s. f. : cytocinesis, cytokinesis.

cytodiagnostic, s. m. : cytodiagnosis.

cytogène, adj. : cytogenous.

cytogenèse, s. f. : cytogenesis.

cytogénétique, adj. : cytogenetic.

cytoglobine, s. f. : cytoglobin.

cytohémolyse, s. f. : cytohemolysis, hemocytolysis (destruction of red corpuscles).

cytohyaloplasma, s. m. : cytohyaloplasm (protoplasmic reticulum).

cytologie, s. f. : cytology.

cytolymphe, s. f. : cytolymph, cytochylema.

cytolyse, s. f. : cytolysis.

cytolysine, s. f. : cytolysin.

cytomère, s. m. : cytomere, chondriome.

cytomètre, s. m. : cytometer.

cytométrie, s. f. : cytometry.

cytopathologie, s. f. : cytopathology (study of cells in disease).

cytopénie, s. f. : cytopenia (deficiency of cellular elements of the blood).

cytopexique, adj. : cytopexic.

cytophile, adj. : cytophil, cytophilic.

cytophylaxie, s. f. : cytophylaxis (1. protection of cells; 2. increase of cellular activity).

cytophysiologie, s. f. : cytophysiology.

cytoplasique, adj. : cytoplastic (forming cells).

cytoplastine, s. f. : cytoplastin (cell-protoplasm).

cytoscopie, s. f. : cytoscopy (examination of cells).

cytosidérose, s. f. : cytosiderosis (intracellular accumulation of cytosiderin).

cytosome, s. m. : cytosome, cell body (apart from the nucleus).

cytostatique, adj. : cytostatic (inhibiting cellular multiplication).

cytostéatonécrose, s. f. : cf., **stéatonécrose.**

cytothérapie, *s. f.* : cytotherapy (1. treatment by administration of live cells; 2. therapeutic use of cytolytic *or* cytotoxic serum).

cytotoxine, *s. f.* : cytotoxin.

cytotoxique, *adj.* : cytotoxic.

cytotrope, *adj.* : cytotropic (attracting or having affinity for cells).

cytotrophoblaste, *s. m.* : cytotrophoblast, Langhans' layer of the trophoblast.

cytotropisme, *s. m.* : cytotropism, cytotaxis.

cytozoaire, *s. m.* : cytozoon (a protozoan parasite within a cell).

cytozyme, *s. m.* : cytozyme, coagulin, thrombokinase.

D

dacry- *ou* **dacryo-** : dacry *or* dacryo, prefixes meaning pertaining to the tears *or* tear-ducts.

dacryadénite *ou* **dacryoadénite,** *s. f.* : dacryadenitis, dacryoadenitis (inflammation of a lacrimal gland).

dacryocystectomie, *s. f.* : dacryocystectomy (excision of the wall of the lacrimal sac).

dacryocystite, *s. f.* : dacryocystitis.

dacryocystocèle, *s. m.* : dacryocele, dacryocystocele (hernia *or* protrusion of the lacrimal sac).

dacryocystorhinostomie, *ou* **dacryorhinostomie plastique,** *s. f.* : dacryocystorhinostomy (intranasal operation for cure of dacryocystitis).

dacryogène, *adj.* : dacryogenic, lachrymogenic, lacrymogenic.

dacryolithe, *s. m.* : dacryolith (calcareous stone in the lacrimal duct or sac).

dacryon, *s. m.* : dacryon (the point of junction of the frontal, lacrimal and superior maxillary bones; the lacrimal point).

dacryops, *s. m.* : dacryops (1. a watery eye; 2. cystic distension of a tear duct).

dactyle (bruit de) : reduplicated second heart sound, dactylic rhythm.

dactylite, *s. f.* : dactylitis (inflammation of a finger *or* toe).

dactylodiastrophie, *s. f.* : dactylodiastrophy (congenital laxity of interphalangeal joints).

dactylogramme, *s. m.* : dactylogram, fingerprint.

dactylographe, *s. f.* : typist; **manuscrit -** : typescript.

dactylogryphose, *s. f.* : dactylogryposis (claw-like deformity of the hand).

dactylologie, *s. f.* : dactylology (study of the deaf and dumb language).

dactylomégalie, *s. f.* : dactylomegaly (abnormally large fingers *or* toes).

dactylophasie, *s. f.* : dactylophasia (deaf and dumb language).

dactyloscopie, *s. f.* : dactyloscopy (examination of fingerprints for identification).

dactylostyle (rapport) : ratio of perimeter to length of the phalanges.

dalacine *ou* **dalacyne,** *s. f.* : *cf.,* **streptovarycine.**

dalton, *s. m.* : dalton (unit of mass equal to 1/16 that of the atom of oxygen).

daltonien, *s. m.* : daltonian (a color-blind person).

daltonisme, *s. m.* : daltonism, color-blindness.

Damoiseau (courbe de) : Damoiseau's curve, Ellis' signe (during resorption of pleural effusion the upper border of the area of dullness forms a curve convex towards the head).

Daniell, *s. m.* : Daniell (1,124 volts); **pile de -** : Daniell's cell.

danse des hiles : hilus dance (marked pulsation of the hilar shadows in pulmonary regurgitation) *(radiol.).*

danse de Saint-Guy : St. Vitus dance, chorea.

Darier (maladie de) : Darier's disease, Brooke's disease, keratosis vegetans, follicular dyskeratosis.

Darling (maladie de) : Darling's disease, histoplasmosis.

darmous, *s. m.* : darmous (Moroccan name for dental dysplasia caused by excess of fluorine in the diet).

darsonvalisation, *s. f.* : d'arsonvalism, d'arsonvalization, treatment by high frequency current.

dartoïde, *adj.* : dartoic, dartoid.

dartos, *s. m.* : dartos (muscle), tunica dartos.

dartre, *s. f.* : 1. dartre (herpetiform dermatosis); 2. pityriasis (scurfy dermatosis); **- farineuse** : pityriasis; **- furfuracée** *ou* **volante** : dry seborrheic dermatitis.

dartreux, *adj.* : 1. dartrous (pertaining to or resembling the dartos); 2. herpetic; 3. scabby, scurfy.

Darwin (tubercule de) : Darwinian tubercle (tubercle sometimes present on the helix).

darwinisme, *s. m.* : darwinism (Darwin's theory of evolution).

daturisme, *s. m.* : daturism (intoxication by datura).

Davaine (bacille de) : Davaine's bacillus, anthrax bacillus.

davier, *s. m.* : heavy toothed forceps.

déambulation, *s. f.* : strolling, walking, wandering.

débile, *adj.* : feeble, weak, weakly; **cerveau -** : feeble intellect; **- intellectuel,** *s. m., f.* : mental defective.

débilitant, *adj.* : débilitant, debilitating, weakening.

débilitation, *s. f.* : debilitation.

débilité, *s. f.* : debility, weakness; **- mentale** : mental deficiency.

débit, *s. m.* : flow; **- cardiaque** : cardiac output; **- sanguin** : blood flow; **- urinaire** : urinary output.

déboîtement, *s. m.* : dislocation.

débouchement, *s. m.* : debouchement (opening or outlet of a passage into another cavity).

débridement, *s. m.* : debridement, toilet of a wound (removal of foreign matter and devitalized tissue).

débrider, *v.* : to incise, to slit open.

débris, *s. m.* : debris, fragments.

déca- : deca-, prefix meaning ten, ten times the unit.

décalage, *s. f.* : latent period.

décalcification, *s. f.* : decalcification.

décalcifier, *v.* : to decalcify.

décalque, *s. m.* : impression, smear (cytol.).

décalvant, *s. m.* : decalvant, hair-remover; *adj.,* decalvant; destroying hair.

décalvation, *s. f.* : destruction of hair.

décanormal, *adj.* : decanormal (chem.).

décantation, *s. f.* : decantation, decanting.

décanulation, *s. f.* ou **décanulement,** *s. m.* : decannulation (removal of a cannula).

décapitation, *s. f.* : decapitation, decollation.

décapsulation, *s. f.* : decapsulation.

décarboxylation, *s. f.* : decarboxylation.

décédé, *adj.* : dead, deceased.

décélération, *s. f.* : deceleration.

décentration, *s. f.* : décentration.

décérébration, *s. f.* : decerebration.

décès, *s. m.* : death, decease; **acte de -** : death certificate; **constatation de -** : proof of death; **taux de -** : death rate.

décharge, *s. f.* : discharge, outlet; **syndrome de -** : dumping syndrome.

déchaussement des dents : agomphiasis (looseness of the teeth).

déchéance, *s. f.* : decadence, decay.

déchet, *s. m.* : waste.

déchiré, *adj.* : lacerated, torn.

déchirement, *s. m.* : laceration; **- d'un muscle** : tearing of a muscle.

déchloruration, *s. f.* : dechloruration (1. production of decreased salt excretion by the kidneys; 2. dechloridation [removal of salt from the diet]).

déchloruré, *adj.* : salt-free.

deci- : deci-, prefix meaning one tenth of the unit.

décibel, *s. m.* : decibel (unit of sound intensity).

décidu, *adj.* : deciduous.

déciduite, *s. f.* : deciduitis, decidual endometritis.

déciduomatose, *s. f.* : deciduomatosis.

déciduome, *s. m.* : deciduoma; **- malin** : choriocarcinoma, malignant deciduoma, syncytioma malignum.

décinormal, *adj.* : decinormal (chem.).

déclampage, *s. m.* : release or removal of a clamp.

déclenchant (facteur ou point) : trigger factor or point.

déclenchement (rythme de) : type of tachycardia symptomatic of heart failure.

déclic, *s. m.* : click; **action de -** : trigger action.

déclin, *s. m.* : decline.

déclive, *adj.* : declivous, inclined, sloping.

décoagulation, *s. f.* : liquefaction.

décoction, *s. f.* : decoction.

décollation, *s. f.* : decollation.

décollement, *s. m.* : detachment, separation, decollement; **- de la rétine** : detachment of the retina.

décoloration, *s. f.* : decoloration, discoloration, bleaching.

décompensation, *s. f.* : decompensation.

décompensé, *adj.* : decompensated.

décomplémenté, *adj.* : uncomplemented; **serum -** : heated serum.

décomplémenter, *v.* : to decomplementize (serum).

décomposition, *s. f.* : decomposition (1. putrefaction; 2. chemical separation).

décompression, *s. f.* : decompression.

déconditionné, *adj.* : deconditioned (physiol.).

déconditionnement, *s. m.* : abolition of a conditioned reflex.

décongestif, *s. m., adj.* : decongestive.

déconnexion neurovégétative : suppression of neurovegetative reflexes.

décontraction, *s. f.* : relaxation (after contraction).

décortication, *s. f.* : decortication (1. removal of part or all of the cortical substance of an organ; 2. removal of the bark, husk or shell of a plant, seed or root).

décours, *s. m.* : 1. decrease (of symptoms); 2. recovery (from illness).

décrépit, *adj.* : decrepit.

décrépitation, *s. f.* : decrepitation.

décrépitude, *s. f.* : decrepitude, decay.

décubitus, *s. m.* : decubitus, posture in bed; **- dorsal** : supine position; **escarre de -** : bedsore, decubitus ulcer ; **- latéral (pleurésie)** : Andral's decubitus (lying on the sound side in pleurisy).

décussation, *s. f.* : decussation; **- des pyramides** : decussation of the pyramids.

dédifférenciation, *s. f.* : dedifferentiation.

dédoler, *v.* : to pare, to plane (*e.g.* with dermotome for skin grafts).

dédoublage *ou* **dédoublement,** *s. m.* : dividing, splitting, split.

défaillance, *s. f.* : failure, faintness, swoon; **- cardiaque** : heart failure; **- de mémoire** : lapse of memory.

défaut, *s. m.* : default, defect, deficiency, failure, insufficiency; **- de conformation** : physical defect, malformation.

défavorable, *adj.* : adverse, unfavorable.

défécation, *s. f.* : defaecation, defecation (1. discharge of faeces; 2. purifying a chemical solution by precipitating impurities).

défectif, *adj.* : defective.

défectueux, *adj.* : defective, impaired.

déféminisation, *s. f.* : defeminization, defemination.

défense musculaire : guard reaction (involuntary muscular contraction, *e.g.* of the abdominal muscles in acute appendicitis).

déférent, *adj.* : deferent; **canal -** : vas deferens.

déférentite, *s. f.* : deferentitis, spermatitis (inflammation of the vasa deferentia).

déférento-épididymectomie, *s. f.* : epididymo-deferentectomy.

déférento-urétrostomie, *s. f.* : implantation of the vas deferens into the corresponding ureter.

défervescence, *s. f.* : defervescence.

défibrillation, *s. f.* : defibrillation (1. arresting cardiac fibrillation; 2. separating fibers by blunt dissection).

défibrination, *s. f.* : defibrination, defibrinization (removal of fibrin from blood *or* lymph).

déficience, *s. f.* : deficiency; **- mentale** : mental deficiency.

définitif, *adj.* : definitive.

déflagration, *s. f.* : deflagration.

déflexion, *s. f.* : deflection, deflexion.

défloration, *s. f.* : defloration (rupturing the hymen).

déformant, *adj.* : deforming; **arthrite -** : arthritis deformans, rheumatoid arthritis; **ostéite -** : osteitis deformans, Paget's disease.

déformation, *s. f.* : 1. deformation, deformity; 2. distortion (*phot.*); **- en massue** : clubbing (of the fingers).

défoulement, *s. m.* : recollection (of repressed emotion *or* experience).

défrénation, *s. f.* : section of nerves responsible for vasodepression.

dégagement, *s. m.* : disengagement.

dégazage, *s. m.* : degassing (resuscitation after exposure to gas fumes).

dégénération, *s. f.* : 1. degeneration; 2. degeneracy.

dégénéré, *s., adj.* : degenerate.

dégénérer, *v.* : to degenerate.

dégénérescence, *s. f.* : degeneration; **- graisseuse** : fatty degeneration ; **maladies de -** : degenerative diseases ; **- maligne** : malignant change; **- subaiguë de la moelle** : subacute combined degeneration (of the spinal cord).

dégénérescent, *adj.* : degenerating, degenerative.

déglabration, *s. f.* : deglabration (process of becoming bald).

déglobulisation, *s. f.* : reduction in the number of circulating red cells.

déglutition, *s. f.* : deglutition (act of swallowing).

dégourdissement, *s. m.* : quickening (of fetus).

degré, *s. m.* : degree.

dégustation, *s. f.* : degustation (act *or* function of tasting).

déhanchement, *s. m.* : dislocation of the hip; **- en marchant** : swaying gait.

déhiscence, *s. f.* : dehiscence, splitting; **- prématurée du placenta;** premature detachment of the placenta, ablatio placentae.

déhydrase, *s. f.* : *cf.,* **déshydrase.**

déhydroandrostérone, *s. f.* : dehydroandrosterone.

déhydrogénase, *s. f.* : *cf.,* **déshydrogénase.**

déhydro-isoandrostérone, *s. f.* : dehydro-isoandrosterone.

déitéro-spinal (syndrome) : deitero-spinal syndrome (loss of balance, nystagmus and vertigo).

Deiters (cellules de) : Deiters's cells (1. glia cells [branched flattened cells of the neuroglia]; 2. outer phalangeal cell of the organ of Corti; **noyau de -** : Deiters' nucleus [in the medulla oblongata]; **prolongements des cellules de -** : Deiters' phalanges [phalangeal processes of Deiters' cells in the organ of Corti]).

déjà, *adv.* : already; **- entendu** : feeling of having heard something before; **- éprouvé** : impression of having done something before; **- vécu** : illusion of having lived through an experience before; **- vu** : illusion that a new situation is familiar from past experience.

déjection, *s. f.* : excrement.

délassement, *s. m.* : repose, relaxation, rest.

délétère, *adj.* : deleterious.

délicat, *adj.* : delicate, fragile.

délimitation, *s. f.* : delimitation.

déliquescence, *s. f.* : deliquescence.

déliquescent, *adj.* : deliquescent (dissolving in moisture absorbed from the air).

délirant, *adj.* : delitious, raving; **fièvre -** : febrile delirium.

délire, *s. m.* : delirium; **avoir le -, être en -** : to be delerious, to rave.

délirer, *v.* : to be delirious, to rave.

delirium tremens, *s. m.* : delirium tremens (a form of alcoholic psychosis).

délitescence, *s. m.* : delitescence (1. sudden resolution of inflammation *or* disease; 2. latent *or* incubation period of a morbid process).

délivrance, *s. f.* : childbirth, confinement, delivery of the afterbirth.

délivre, *s. m.* : afterbirth, placenta.

deltacisme, *s. m.* : defective pronunciation of « d » and « t ».

deltoïde, *adj.* : deltoid; **muscle -** : deltoid (muscle).

démagnétisation, *s. f.* : demagnetization.

démangeaison, *s. f.* : itching, pruritus.

démarcation, *s. f.* : demarcation.

démarche, *s. f.* : bearing, gait, step, walk.

déméchage, *s. m.* : removal of a drainage wick.

démasculinisation, *s. f.* : demasculinization, devirilization.

démence, *s. f.* : dementia, insanity, lunacy, madness; **être en -** : to be demented, insane, of unsound mind; **- paralytique** : general paralysis of the insane (GPI); **- précoce** : dementia praecox; **tomber en -** : to go out of one's mind.

dément, *s. m.* : dement, lunatic, madman; *adj.* : demented, insane, mad.

déméthylation, *s. f.* : demethylation.

démettre, *v.* : to dislocate, to put out of joint.

demi- : demi- *or* semi-, prefix meaning half.

demi-articulation, *s. f.* : amphiarthrosis, mixed joint.

déminéralisation, *s. f.* : demineralization.

démodécie, *s. f.* : infestation by *Demodex folliculorum*.

Demodex, *s. m.* : *Demodex* (genus of mites) ; **- canis** : mite of follicular mange in dogs; **- equi** : mite of sarcoptic mange in horses; **- follicularum** : face-mite *or* pimple-mite often present in pilosebaceous follicles of the face and nose in man.

démographie, *s. f.* : demography.

démonstration, *s. f.* : 1. demonstration; 2. detection, identification.

demorphinisation, *s. f.* : demorphinization (treatment of morphinism by gradual withdrawal of the drug).

démyélinisation, *s. f.* : demyelinization.

dénaturé, *adj.* : denatured.

dendraxe, *s. m.* : dendraxon *(anat., histol.)*.

dendriforme, *adj.* : dendriform.

dendrique, *adj.* : dendric, dendritic.

dendrite, *s. f.* : dendrite, dendron.

dendrone, *s. m.* : dendron, dendrite.

dénervation, *s. f.* : denervation.

dengue, *s. f.* : dengue, breakbone fever, dandy fever, solar fever.

dénitrifiant, *adj.* : denitrifying.

dénitrifier, *v.* : to denitrify.

densaplasie, *s. f.* : aplasia of the odontoid process of the atlas vertebra (congenital *or* traumatic in origin).

densigramme, *s. m.* : densigram, densogram.

densimètre, *s. m.* : densimeter, hydrometer.

densimétrie, *s. f.* : densimetry.

densimétrique, *adj.* : densimetric.

densité, *s. f.* : density, specific gravity; **flacon à -** : specific-gravity bottle *or* flask pyknometer; **- moyenne** : mean specific gravity.

densographie, *s. f.* : densography.

dent, *s. f.* : 1. tooth, *plur.* teeth; **alvéole d'une -** : socket; **- auditives** : auditary teeth of Huschke (in the organ of Corti); **- barrée** : impacted tooth; **- canines** : canine teeth; **coup de -** : bite; **émail des -** : enamel; **l'enfant fait ses -** : the child is teething; **- incisives** : incisors; **- incluse** : dental inclusion; **ivoire des -** : ivory; **- de lait** : milk-tooth, deciduous *or* first tooth ; **mal de -** : toothache; **- molaires** : molars; **- permanentes** : permanent *or* second teeth; **rage de -** : racking toothache; **- de sagesse** : wisdom teeth; **sans -** : toothless; 2. tooth *(techn.)*; **en - de scie** : serrated, toothed.

dentaire, *adj.* : dental, dentary; **art -** : dentistry; **carie -** : dental caries, dental decay; **chirurgie -** : dental surgery; **école -** : dental school; **nerfs -** : dental nerves.

dental, *adj.* : dental.

dentalgie, *s. f.* : toothache, dentalgia.

denté, *adj.* : dentate.

dentelé, *adj.* : serrated; **corps - du cerveau** : fascia dentata hippocampi; **corps - du cervelet** : dentate nucleus; **muscle grand -** : serratus magnus *or* anterior; **muscle petit - inférieur** : serratus posterior inferior; **muscle petit - supérieur** : serratus posterior superior.

dentelure, *s. f.* : dentation, denticulation, serration.

denticule, *s. m.* : denticle.

denticulé, *adj.* : denticulate.

dentier, *s. m.* : denture (set of false teeth).

dentification, *s. f.* : dentification.

dentiforme, *adj.* : dentiform, odontoid, tooth-like.

dentifrice, *s. m.* : dentifrice, tooth paste.

dentinaires (grains) : calcareous concretions in odontoplastic odontoma.

dentine, *s. f.* : dentin *or* dentine.

dentinification, *s. f.* : dentinification, dentinogenesis.

dentiste, *s. m.* : dentist; **chirurgien -** : dental surgeon.

dentition, *s. f.* : dentition (1. teething, eruption of teeth; **- de lait** : milk-teeth; **- définitive** : permanent teeth; 2. arrangement of the teeth).

dentome, *s. m.* : dentoma, odontoma.

denture, *s. f.* : denture; **- artificielle** : false teeth, denture.

dénudation, *s. f.* : denudation, stripping.

dénutrition, *s. f.* : denutrition (lack *or* failure of nutrition).

déontologie, *s. f.* : deontology (ethics in medicine).

dépassement, *s. m.* : overshooting.

déperdition, *s. f.* : dissipation, escape, loss; **- par dispersion** : leakage *(electr.).*

dépérir, v. : to decline, to languish.

dépérissement, *s. m.* : decay, wasting away.

dépersonnalisation, *s. f.* : depersonalization (loss of personal identity).

dépigmentation, *s. f.* : depigmentation.

dépigmenté, *adj.* : bleached, depigmented, colorless.

dépilation, *s. f.* : depilation (removal of hair).

dépilatoire, *s. m., adj.* : depilatory; **pâte -** : depilatory cream, hair remover.

dépiler, v. : to depilate.

dépistage, *s. m.* : case finding.

déplacé, *adj.* : displaced, atopic.

déplacement, *s. m.* : migration.

déplétif, *adj.* : depletive, depletory.

déplétion, *s. f.* : depletion (1. withdrawal of fluid; 2. exhaustion from loss of blood).

dépolarisation, *s. f.* : depolarization.

dépôt, *s. m.* : 1. deposit, accumulation of matter (in organ); 2. abscess; **- mortuaire** : mortuary.

dépouillement, *s. m.* : Babcock's operation (stripping of varicose veins).

dépravation, *s. f.* : depravation, depravity.

dépravé, *adj.* : depraved.

dépresseur, *s. m., adj.* : depressor ; **nerf - de Cyon** : Cyon's nerve.

dépression, *s. f.* : depression, nervous break-down.

dépressoir, *s. m.* : depressor *(surg.).*

déprimant, *s. m.* : depressant; *adj.* : depressive, depressing.

déprimé, *adj.* : depressed.

dépuratif, *s. m., adj.* : depurant, depurative.

dépuration, *s. f.* : depuration, cleansing (of blood), clearing (of liquid).

déradelphe, *s. m.* : deradelphus (monocephalic dual monstruosity).

dérangement, *s. m.* : derangement, disturbed *or* unsettled state; **- d'esprit** : mental derangement.

dératisation, *s. f.* : 1. rat-proofing; 2. extermination of rats.

Dercum (maladie de) : Dercum's disease, adiposis dolorosa.

dérivatif, *s. m., adj.* : derivant, derivative.

dérivation, *s. f.* : 1. derivation (drawing off blood *or* fluid exudate); 2. shunt, by-pass *(surg.).*

dérivé, *s. m.* : derivative *(chem.).*

dermabrasion, *s. f.* : taking skin grafts with a dermatome.

dermalgie *ou* **dermatalgie,** *s. f.* : dermalgia, dermatalgia (pain in the skin without any local lesion).

dermamyase, *s. f.* : dermamyasis (skin disease caused by flies).

dermatite, *s. f.* : dermatitis ; **- exfoliative des nouveau-nés** : dermatitis exfoliativa of infants, Ritter's disease.

dermato- : dermato-, prefix meaning pertaining to the skin.

dermatochalasie, *s. f.* : dermatochalasis (looseness of the skin).

dermatoconiose, *s. f.* : dermatoconiosis (skin disease caused by dust).

dermatofibrome, *s. m.* : dermatofibroma (fibroma of the skin).

dermatologie, *s. f.* : dermatology.

dermatologiste, *s. m.* : dermatologist.

dermatologue, *s. m.* : dermatologist.

dermatolyse *ou* **dermatolysie,** *s. f.* : dermatolysis (hypertrophy of the skin and subcutaneous tissues causing loose folds).

dermatome, *s. m.* : 1. dermatoma (any type of skin tumor); 2. a skin area supplied with sensory nerves from a single posterior nerve root; 3. the lateral part of a mesodermal somite; 4. dermatome (an instrument for incising *or* slicing the skin); **- de Padgett** : Padgett's dermatome (for cutting large thick-split skin grafts); **- de Reese** : Reese's dermatome (for cutting very thin split skin grafts).

dermatomycose, *s. f.* : dermatomycosis (fungal infection of the skin including dermatophytosis and ringworm).

dermatomyome, *s. m.* : dermatomyoma.

dermatomyosite, *s. f.* : dermatomyositis (non-suppurative infection of the skin and underlying muscle with local edema, fever and general depression).

dermatoneurose, *s. f.* : dermatoneurosis (any cutaneous neurosis).

dermatopathie, *s. f.* : dermatopathy.

dermatopathologie, *s. f.* : dermatopathology.

dermatophanéroplastique (formule) : dermatophaneroplastic formula (color of skin, hair and iris).

dermatophobie, *s. f.* : dermatophobia (dread of contracting any skin lesion).

dermatophyte, *s. m.* : dermatophyte (1. a fungus parasitic for the skin; 2. a cutaneous appendage).

dermatophytie *ou* **dermatophytose,** *s. f.* : dermatophytosis (fungal infection of the skin between the toes).

dermatoplastie, *s. f.* : dermatoplasty (skin-grafting).

dermatopolynévrite, *s. f.* : dermatopolyneuritis, acrodynia.

dermatorragie, *s. f.* : dermatorrhagia (hemorrhage from the skin).

dermatorrée, *s. f.* : dermatorrhea (excessive sweating).

dermatorrhexie, *s. f.* : dermatorrhexis (rupture of skin capillaries).

dermatosclérose, *s. f.* : dermatosclerosis, scleroderma.

dermatoscopie, s. f. : dermatoscopy (detailed examination of the skin).

dermatose, s. f. : dermatosis; **- pigmentaire progressive** : progressive pigmentary dermatosis, Schamberg's disease; **- stéréographique** : dermographia, dermographism, autographism, urticaria factitia; **- suintante** : weeping dermatitis.

dermatosiophobe, s. m. : dermatophobe, dermatosiophobe (a victim of dermatophobia).

dermatosome, s. m. : dermatosome.

dermatostomatite, s. f. : dermatostomatitis.

dermatosyphilographie, s. f. : dermosyphilography.

dermatothérapie, s. f. : dermatotherapy.

dermatotrope, adj. : dermatotropic.

dermatozoaire, s. m. : dermatozoon (skin parasite).

dermatozoonose, s. f. : dermatozoonosus, dermatozoiasis (parasitic skin lesions).

derme, s. m. : derm, derma, dermis, cutis, skin, corium, true skin.

dermique, adj. : dermal, dermic.

dermite, s. f. : dermitis, dermatitis.

dermo-antergie, s. f. : protective function of the skin against infection.

dermoblaste, s. m. : dermoblast.

dermographie ou **dermographisme,** s. f. : dermographia, dermographism, dermography.

dermohypodermite, s. f. : dermatocellulitis (inflammation of the skin and subcutaneous tissues).

dermoïde, adj. : dermoid; **kyste -** : dermoid cyst.

dermomyase, s. f. : cf., **dermamyase.**

dermopathie, s. f. : dermopathy (any skin disease).

dermophylaxie, s. f. : dermophylaxis (protective action of the skin against infection).

dermophytie, s. f. : dermophytosis.

dermotrope, adj. : dermotropic.

dermotropisme, s. m. : dermotropism.

dermostomatite de Baader : Baader's dermostomatitis.

dermovaccin, s. m. : dermovaccine.

dermoviscérite, s. f. : disease in which cutaneous and visceral lesions are associated (e.g. Libman-Sacks' disease).

dérotation, s. f. : osteoplastic correction of deformity by partial rotation of the lower segment, after section of a long bone, and osteosynthesis.

désaccoutumance, s. f. : deprivation, withdrawal (of a drug).

désacidification, s. f. : deacidification.

désactivation, s. f. : deactivation.

désagrégation sus-polygonale : cf., **désinhibition.**

désaimantation, s. f. : demagnetization, demagnetizing.

désalcoolisation, s. f. : dealcoholization.

désallergisation, s. f. : disallergization.

désallergiser, v. : to disallergize, to desensitize.

désaminase, s. f. : deaminase, desaminase.

désamination, s. f. : deamination.

désarticulation, s. f. : 1. disarticulation (amputation through a joint); 2. dislocation.

désarticuler, v. : to disarticulate, to disjoint, to dislocate.

désassimilation, s. f. : disassimilation, catabolism.

Descemet (membrane de) : Descemet's membrane (inner lining of the cornea).

descemétite, s. f. : descemetitis (inflammation of Descemet's membrane), aequocapsulitis.

descemétocèle, s. m. : descemetocele.

descendance, s. f. : lineage, progeny, offspring.

descente, s. f. : descent, dropping, falling, prolapse.

désensibilisation, s. f. : 1. desensitization, antianaphylaxis; 2. desensitizing (phot.).

désensibiliser, v. : to desensitize.

déséquilibration, s. f. : disequilibration, loss of balance.

déséquilibre, s. m. : disequilibrium, imbalance.

désexualisation, s. f. : desexualization.

désherbant, s. m. : herbicide, weedkiller.

déshumanisation, s. f. : dehumanization.

déshydrase ou **déshydrogénase,** s. f. : dehydrogenase.

déshydratation, s. f. : dehydration, deaquation.

déshydrater, v. : to dehydrate.

déshydrogénation, s. f. : dehydrogenation.

déshydrogéner, v. : to dehydrogenize.

désimmuniser, v. : to disimmunize.

désinfectant, s. m., adj. : disinfectant.

désinfecter, v. : to disinfect.

désinfection, s. f. : disinfection.

désinfestation, s. f. : disinfestation, delousing.

désinhibition, s. f. : disinhibition (abolition of inhibition).

désinsectisation, s. f. : disinsectization.

désinsertion, s. f. : disinsertion (1. rupture of the insertion of a tendon or muscle; 2. detachment of the retina).

désintégration, s. f. : disintegration, fission, splitting (of atom).

désintoxication, s. f. : disintoxication (1. treatment designed to restore to normal an intoxicated person; 2. detoxication).

désinvagination, s. f. : disinvagination (reduction of an invagination).

desmite, s. f. : desmitis (inflammation of a ligament).

desmo- : desmo-, prefix meaning pertaining to a band, bond or ligament.

desmodynie, s. f. : desmodynia (pain in a ligament).

desmoïde, *adj.* : desmoid; **- reaction** : rest for functional activity of the stomach performed with a desmoid bag.

desmologie, *s. f.* : desmology (anatomy of the ligaments).

desmon, *s. m.* : amboceptor, desmon.

desmopathie, *s. f.* : desmopathy (any disease of a ligament).

desmorrexie, *s. f.* : desmorrhexis (rupture of a ligament).

desmosome, *s. m.* : desmosome (a thickening at the middle of an intercellular bridge).

désoblitération *ou* **désobstruction artérielle** : embolectomy, thrombectomy.

désobstruant *ou* **désobstructif,** *s. m., adj.* : de-obstruent, aperient, laxative.

désodé, *adj.* : salt-free.

désodorant, *s. m., adj.* : deodorant.

désodorisant, *s. m.* : deodorant.

désodoriser, *v.* : to deodorize.

désopilation, *s. f.* : deoppilation (removal of obstructions).

désorganisation, *s. f.* : disorganization.

désorientation, *s. f.* : disorientation.

désossification, *s. f.* : deossification.

désoxycorticostérone, *s. f.* : desoxycorticosterone.

désoxydant, *s. m.* : deoxidizer; *adj.* : deoxidizing, deoxidating.

désoxydation, *s. f.* : deoxidation.

désoxyder, *v.* : to deoxidate, deoxidize.

désoxygénation, *s. f.* : deoxygenation, deoxidation.

désoxygéner, *v.* : to deoxygenate, deoxidize.

désoxyribonucléase, *s. f.* : desoxyribonuclease.

désoxyribonucléique (acide) : desoxyribonucleic acid (DNA).

désoxyribose, *s. f.* : desoxyribose.

déspécification, *s. f.* : despecification, despeciation (deviation from the characteristics of a species).

d'Espine (signe de) : d'Espine's sign (bronchophony over the spinous processes in pulmonary tuberculosis).

despumation, *s. f.* : despumation, skimming (removal of scum).

desquamation, *s. f.* : desquamation, defurfuration, peeling (of skin).

desséchement, *s. m.* : desiccation, dehydration, drying.

dessiccant, *adj.* : desiccant, desiccating.

dessiccateur, *s. m.* : desiccator, dryer; **- à vide** : vacuum desiccator.

dessiccatif, *adj.* : desiccative, drying.

dessiccation, *s. f.* : desiccation, drying.

désternalisation costale : desternalization (separation of the sternum from costal cartilages).

destructeur, *adj.* : destructive.

désulfuration, *s. f.* : desulphuration, desulphurization.

détache-tendons, *s. m.* : raspatory (instrument for scraping a bone).

détartrage (des dents) : scaling (removal of tartar from the teeth).

détection, *s. f.* : detection, recognition.

détente, *s. f.* : relaxation.

détergent, *s. m., adj.* : detergent.

déterger, *v.* : to clean, cleanse (a wound).

détérioration, *s. f.* : deterioration.

détermination, *s. f.* : determination (tendency to collect in a part).

déterminisme, *s. m.* : determinism.

détersif, *s. m., adj.* : detersive, detergent, abstersive, abstergent.

détersion, *s. f.* : detersion, abstersion, cleansing (of a wound).

détoxication, *s. f.* : detoxication.

détrition, *s. f.* : detrition, disintegration, wearing away.

détritus, *s. m.* : detritus.

détroits du bassin : straits of the pelvis; **détroit inférieur du bassin** : pelvic outlet; **détroit supérieur du bassin** : pelvic inlet.

détroncation, *s. f.* : detruncation, decapitation.

détubage, *s. m.* : removal of a tube (e.g. tracheotomy tube), detubation.

détubation, *s. f.* : detubation.

détumescence, *s. f.* : detumescence (1. subsidence of any swelling; 2. subsidence of erection following orgasm).

deutéranomalie, *s. f.* : deuteranomalopia (unusually acute perception of red color).

deutéranope, *adj.* : deuteranopic, deuteranopsic, green-blind.

deutéranopie, *s. f.* : deuteranopia, deuteranopsia, green-blindness.

deutérium, *s. m.* : deuterium, heavy hydrogen.

deutéropathie, *s. f.* : deuteropathy (disease secondary to another).

deutéroporphyrine, *s. f.* : deuteroporphyrin.

deutéroscopie, *s. f.* : *cf.,* **autoscopie.**

dévascularisation, *s. f.* : devascularization.

développement, *s. m.* : development, growth, evolution.

déviation, *s. f.* : deviation; **- de la colonne vertébrale** : curvature of the spine, rachiocampsis; **- conjuguée des yeux** : conjugate deviation; **- du complément** : complement fixation.

dévirilization, *s. f.* : devirilization, demasculinization.

dévitalisation, *s. f.* : devitalization.

dexiocardie, *s. f.* : *cf.,* **dextrocardie.**

dextrine, *s. f.* : dextrin.

dextrinose limite : limit dextrinosis.

dextrocardie, *s. f.* : dextrocardia, dexiocardia (transposition of the heart to the right side of the thorax).

dextrocardiogramme, *s. m.* : dextrocardiogram.

dextrogramme, *s. m.* : dextrocardiogram (that part of a cardiogram which represents the action of the right side of the heart).

dextrogyre, *adj.* : dextrogyre, dextrorotary ; **corps -** : dextrocompound.

dextroposition, *s. f.* : dextroposition (displacement or transposition to the right) ; **- de l'aorte** : dextroposition of the aorta; **- du cœur** : dextrocardia.

dextrose, *s. f.* : dextrose.

d'Hérelle (phénomène de) : d'Hérelle's phenomenon, Twort-d'Hérelle's phenomenon (transmissible bacteriolysis, bacteriophagia).

diabète, *s. m.* : diabetes; **- alloxanique** : alloxan-diabetes; **- arthritique** : gouty diabetes; **- azoturique** : azotic *or* azoturic diabetes; **- bronzé** : bronzed diabetes ; **- hydrurique** : hydruric diabetes; **- insipide** : diabetes insipidus; **- nerveux** : neurogenic diabetes; **- pancréatique** : pancreatic diabetes; **- rénal** : renal diabetes; **- sucré** : alimentary *or* sugar diabetes, diabetes mellitus ; **- toxique (phlorizine)** : toxic (phlorizin) diabetes.

diabétide, *s. f.* : diabetide (cutaneous manifestation of diabetes).

diabétique, *s., adj.* : diabetic.

diabétogène, *adj.* : diabetogenic, diabetogenous (causing diabetes).

diabétologie, *s. f.* : study of diabetes.

diabétomètre, *s. m.* : diabetometer (polariscope for estimation of sugar in urine).

diacaustique, *adj.* : diacaustic *(opt.)*.

diacétémie, *s. f.* : diacetemia (acidosis due to diacetic acid in the blood).

diacéturie, *s. f.* : diaceturia (presence of diacetic acid in the urine).

diachylon *ou* **diachylum,** *s. m.* : diachylon, diachylum, lead-plaster.

diacolpoproctectomie, *s. f.* : *cf.,* **colpoproctectomie.**

diacondylien, *adj.* : diacondylar; **fracture -** : diacondylar fracture.

diacopé, *s. m.* : oblique incised wound of the skull.

diacritique, *adj.* : diacritic, diagnosis.

diadococinésie, *s. f.* : diadochokinesia (ability to perform rapid alternating movements, *e.g.* pronation and supination).

diadynamique (courant) : sinusoidal current.

diagnose, *s. f.* : diagnosis.

diagnostic, *s. m.* : diagnosis; **- par exclusion** : exognosis; **science du -** : diagnostics.

diagnostiquer, *v.* : to diagnose, diagnosticate.

diagramme, *s. m.* : diagram; **- d'oxygénation artérielle** : oxigram.

diagraphe, *s. m.* : diagraph.

diagraphie, *s. f.* : graphic record of changes in contour *or* volume of organs.

diagynique, *adj.* : genetically transmissible through the female as sex-linked characteristic, *e.g.* hemophilia.

dialysable, *adj.* : dialysable.

dialysat, *s. m.* : dialysate.

dialyse, *s. f.* : dialysis.

dialysé, *adj.* : dialysed.

dialyseur, *s. m.* : dialyser.

diamagnétique, *adj.* : diamagnetic.

diaméatique, *adj.* : diameatal.

diamètre, *s. m.* : diameter.

diamide, *s. m.* : diamide (1. a compound with two amino groups; 2. hydrazine).

diamine, *s. f.* : diamine (1. a compound with two amino groups; 2. hydrazine); **- sulphate** : poisonous germicide.

diapason, *s. m.* : diapason, tuning-fork.

diapédèse, *s. f.* : diapedesis (passage of leukocytes through capillary walls).

diaphane, *adj.* : diaphanous, translucent.

diaphanéité, *s. f.* : diaphaneity, translucence, translucency.

diaphanomètre, *s. m.* : diaphanometer, lactoscope (instrument for testing milk *or* other translucent fluids).

diaphanoscope, *s. m.* : diaphanoscope (instrument for illuminating a body cavity).

diaphanoscopie, *s. f.* : diaphanoscopy (examination of body-cavities with a diaphanoscope).

diaphorèse, *s. f.* : diaphoresis, perspiration.

diaphorétique, *adj.* : diaphoretic, sudorific.

diaphragmatalgie, *s. f.* : phrenalgia (diaphragmatic pain).

diaphragmation, *s. f.* : stopping *(opt., phot.)*.

diaphragmatique, *adj.* : diaphragmatic; **artères -** : phrenic arteries; **nerfs -** : phrenic nerves; **fente -** : slit *(opt.)*.

diaphragmatite, *s. f.* : diaphragmatitis, diaphragmitis (inflammation of the diaphragm).

diaphragmatocèle, *s. f.* : diaphragmatocele, diaphragmatic hernia.

diaphragme, *s. m.* : diaphragm (1. midriff; 2. dialytic membrane; 3. stop [*phot.*]); **ouverture du -** : diaphragm aperture, stop.

diaphyse, *s. f.* : diaphysis.

diaphysectomie, *s. f.* : diaphysectomy (excision of part of the shaft of a long bone).

diapneusie, *s. f.* : indentation of the tongue by irregular teeth.

diapnoïque, *adj.* : diapnoic (causing slight perspiration).

diapophyse, *s. f.* : diapophysis (articular surface of a vertebral transverse process).

diapositif, *s. m.* : diapositive, lantern-slide, transparency *(phot.)*.

diarrhée, *s. f.* : diarrhoea, diarrhea; **- de sevrage** : weaning brash.

diarrhéique, *s. m.* : diarrheic patient ; *adj.* : diarrheic, diarrheal.

diarthrodial, *adj.* : diarthrodial.

diarthrose, *s. f.* : diarthrosis; **- rotatoire** : rotary joint, pivot joint.

diaschisis, *s. m.* : diaschisis (inhibition of continuity within the nervous system).

diascopie, *s. f.* : diascopy, transillumination.

diastalsis, *s. m.* : diastalsis (forward movement of bowel contents associated with peristalsis).

diastaltique, *adj.* : diastaltic, reflex; **mouvement -** : diastalsis.

diastase, *s. f.* : diastase, enzyme.

diastasigène, *adj.* : producing diastase.

diastasique, *adj.* : diastasic, enzymatic.

diastasis, *s. m.* : diastasis (1. dislocation of an epiphysis; 2. dislocation of an amphidiarthrodial joint).

diastématomyélie, *s. f.* : *cf.,* **myéloschisis.**

diastème, *s. m.* : diastema (1. space between two teeth; 2. plane of division of the cytosome in mitosis; 3. cleft, fissure).

diaster, *s. m.* : diaster.

diastole, *s. f.* : diastole.

diastolique, *adj.* : diastolic.

diathélique, *adj.* : diathelic.

diathermanéité *ou* **diathermansie,** *s. f.* : diathermancy (transmission of heat rays).

diathermie, *s. f.* : diathermy.

diathermique, *adj.* : diathermic, diathermanous.

diathermo-coagulation, *s. f.* : diathermic coagulation, surgical diathermy.

diathèse, *s. f.* : diathesis.

diathésique, *adj.* : diathetic.

diatomée, *s. m.* : diatom (microscopic alga).

diatomique, *adj.* : diatomic (1. divalent; 2. composed of diatoms, diatomaceous).

diazo- : diazo-, prefix signifying that a compound contains the group -N:N-; **- réaction** : diazoreaction.

diazoter, *v.* : to diazotize.

dibasique, *adj.* : dibasic.

dicéphale, *s. m.* : dicephalus (two headed monster); *adj.* : dicephalous.

dicéphalie, *s. f.* : dicephalism (the condition of having two heads).

dichotomie, *s. f.* : dichotomy (1. dividing in two; 2. fee-splitting between consultant and general practitioner).

dichroïque, *adj.* : dichroic.

dichroïsme, *s. m.* : dichroism (property of some crystals of showing different colors when viewed by reflected and by transmitted light).

dichromasie, *s. f.* : dichromasy (ability to perceive only two colors).

dichromatique, *adj.* : dichromatic (1. having or producing two colors; 2. seeing two colors).

dichromatopsie, *s. f.* : dichromatopsia, dichromasy; **sujet atteint de -** : dichromat.

Dick (réaction de) : Dick's test for scarlet fever.

diclonie, *s. f.* : myoclonia of both upper or lower limbs.

dicoumarine, *s. f. ou* **dicoumarol,** *s. m.* : dicoumarin, dicumarol (anticoagulant).

dicrocœliose, *s. f.* : dicroceliasis (infection with Dicrocoelium).

dicrote, *adj.* : dicrotic; **pouls -** : dicrotic pulse.

dicrotisme, *s. m.* : dicrotism (double pulse wave).

dictyome, *s. m.* : dictyoma, diktyoma (tumor of the retina).

didactique, *adj.* : didactic.

didelphe, *adj.* : didelphic, didelphous (having a double uterus).

didyme, *adj.* : didymous, twin, paired.

didymite, *s. f.* : didymitis.

didymium, *s. m.* : didymium (mixture of neodymium and praseodymium).

diécique, *adj.* : diecious, dioecious (having male and female sexes in different individuals) *(biol.).*

diélectrique, *adj.* : dielectric.

diélectrographie, *s. f.* : *cf.,* **rhéocardiographie.**

diélectrolyse, *s. f.* : dielectrolysis, introduction of a drug by electrophoresis.

diencéphale, *s. m.* : diencephalon *(anat.).*

diencéphalite, *s. f.* : diencephalitis.

diencéphalohypophysaire, *adj.* : diencephalohypophyseal.

diencéphalopathie, *s. f.* : diencephalopathy.

dienœstrol, *s. m.* : dienoestrol, dienestrol.

diérèse, *s. f.* : dieresis (solution of continuity, e.g. ulceration).

diète, *s. f.* : diet, regimen; **- absolue** : starvation diet; **être à la -** : to be on a (restricted) diet; **- lactée** : milk diet; **mettre quelqu'un à la -** : to put someone on a diet; **se mettre à la -** : to diet oneself.

diéthylstilbœstrol, *s. m.* : diethylstilboestrol, diethylstilbestrol.

diététicien, *s. m.* : dietitian, dietist, dietetist (an expert on questions of diet).

diététique, *s. f.* : dietetics; *adj.* : dietetic.

diétothérapie, *s. f.* : dietotherapy, dietetic treatment.

diétotoxicité, *s. f.* : dietotoxicity (toxicity of normally inoffensive food substances when taken in an unbalanced diet).

différenciation, *s. f.* : differentiation; **coloration par -** : differential staining.

différentiel, *adj.* : differential; **diagnostic -** : differential diagnosis; **numération leucocytaire -** : differential blood count.

diffluence, *s. f* : diffluence (condition of being almost fluid).

diffluent, *adj.* : diffluent.

difforme, *adj.* : deformed, ill-shaped, misshapen.

difformité, *s. f.* : deformity, malformation.

diffraction, *s. f.* : diffraction.

diffringent, *adj.* : diffracting, diffractive.

diffus, *adj.* : 1. diffuse (not circumscribed, *e.g.* inflammation); 2. diffused, scattered (*e.g.* light).

diffusat, *s. m.* : diffusate, dialysate.

diffusé, *adj.* : diffused.

diffusible, *adj.* : diffusible.

diffusion, *s. f.* : 1. diffusion (of light, heat); 2. spread (of disease).

digastrique, *adj.* : digastric; **fosse** *ou* **rainure** - : incisura mastoidea; **fossette** - : digastric fossa.

digastroscopie, *s. f.* : gastroscopic technique in which the stomach is manually compressed to form two pouches between which fluid *or* gas can be seen to pass.

digenèse, *s. f.* : digenesis (alternation of generation).

digérer, *v.* : to digest (*physiol., chem., pharm.*).

digesteur, *s. m.* : digester (autoclave).

digestibilité, *s. f.* : digestibility.

digestible, *adj.* : digestible.

digestif, *s. m., adj.* : digestive, digestant; **appareil** - : digestive tract; **tube** - : alimentary canal.

digestion, *s. f.* : 1. digestion (*physiol., chem.*); 2. maturation (*biol., med.*).

digital, *adj* : digital; **empreinte** - : fingerprint.

digitale, *s. f.* : digitalis (*pharm.*).

digitaliforme, *adj.* : digitaliform.

digitaline, *s. f.* : digitalin.

digitalisation, *s. f.* : digitalization.

digitation, *s. f.* : digitation.

digité, *adj.* : digitate.

digraphie, *s. f.* : radiographic technique for registering on the same film the pulmonary outlines in full inspiration and expiration.

digue, *s. m.* : dam, rubber-dam (*odont., surg.*).

dihydrostreptomycine, *s. f.* : dihydrostreptomycin.

diiodothyrosine, *s. f.* : diiodothyrosine (intermediate substance in conversion of thyroglobulin to thyroxin).

dikémanie, *s. f.* : dikemania (morbid interest in processes of justice).

diképhobie, *s. f.* : dikephobia (morbid fear of justice).

dilacération, *s. f.* : delaceration (1. tearing apart; 2. discision [of a cataract]; 3. a crease at the junction of the crown and root of a tooth).

dilacérer, *v.* : to delacerate, dilacerate (to tear to pieces).

dilatant, *s. m., adj.* : dilatant.

dilatateur, *s. m.* : 1. dilator (instrument for dilating a canal *or* orifice); 2. dilatator (dilating muscle).

dilatation, *s. f.* : dilation, dilatation, distension, expansion.

diluent, *s. m.* : diluent.

dilution, *s. f.* : dilution.

dimercaptol, *s. m.* : dimercaptol, British anti-lewisite, BAL.

dimérie, *s. f.* : dimerism (*genet.*).

dimidié, *adj.* : pertaining to half of the body.

dimorphe, *adj.* : dimorphic, dimorphous.

dimorphie, *s. f. ou* **dimorphisme,** *s. m.* : dimorphism (*biol., phys.*).

dinophobie, *s. f.* : dinophobia (fear of dizziness at heights).

diodoncéphale, *s. m.* : diodoncephalus (monster with double dental ridges).

diodrast, *s. m.* : diodrast (contrast medium for intravenous pyelography).

diœstrus, *s. m.* : dioestrus, diestrus.

dioptométrie, *s. f.* : dioptometry (measurement of refraction and accommodation).

dioptrie, *s. f.* : diopter, dioptre, dioptry (refractive power of a lens with a focal lenght of one meter).

dioptrique, *s. f.* : dioptrics; **- de l'œil** : dioptometric; *adj.* : dioptral, dioptric.

dip, *s. m.* : depression (brief depression of the curve of ventricular pressure in chronic constrictive pericarditis).

dipeptidase, *s. f.* : dipeptidase.

diphasé, *adj.* : diphase, diphasic.

diphénylchlorarsine, *s. f.* : diphenylchlorarsine (sneezing gas).

diphtérie, *s. f.* : diphtheria; **atteint de** - : diphtheritic.

diphtérique, *adj.* : diphtherial, diphtheric, diphtheritic; **toxine** - : diphtherin, diphtherotoxin; **porteur de germes** - : diphtheria carrier.

diphtéroïde, *adj.* : diphtheroid.

diphtonguie, *s. f.* : diphthongia (production of double vocal sounds).

diplacousie, *s. f.* : diplacusis (1. hearing one sound as two; 2. apparent difference in pitch of the same sound as hear by the right and left ears); **- dysharmonique** : diplacusis binauralis; **- en écho** : diplacusis binauralis echoica.

diplégie, *s. f.* : diplegia, bilateral paralysis; **- cérébrale infantile** : spastic cerebral diplegia of infancy, Little's disease.

duplicon, *s. m.* : duplicon (*genet.*).

diplo- : diplo-, prefix meaning double.

diplobacilie, *s. m.* : diplobacillus.

diplobactérie, *s. f.* : diplobacterium.

diplocéphalie, *s. f.* : diplocephalia (two-headed monstruosity).

Diplocoque, *s. m.* : *Diplococcus.*

diplocorie, *s. f.* : diplocoria, dicoria (double pupil).

diploé, *s. m.* : diploe (cancellous tissue between the inner and outer tables of the skull).

diploégraphie, *s. f.* : diploegraphy *(radiol.).*

diplogenèse, *s. f.* : diplogenesis (development of double or twin monstrosity).

diploïde, *adj.* : diploid.

diploïque, *adj.* : diploic, diploetic (relating to the diploe).

diplôme, *s. m.* : degree, diploma; **- d'hygiène** : diploma of public health (D.P.H.).

diplômé, *adj.* : certificated, graduated, qualified.

diplomyélie, *s. f.* : *cf.,* **myéloschisis.**

diplonte, *s. m.* : diplont (a diploid individual).

diplophonie, *s. f.* : diplophonia, diphthongia.

diplopie, *s. f.* : diplopia, double vision; **atteint de -** : diplopic.

diplosome, *s. m.* : diplosome (the two centrioles of mammalian cells).

diplosomie, *s. f.* : *cf.,* **disomie.**

diprosope, *s. m.* : diprosopus (monster with duplication of the face and part of the head).

dipsomane, *s. m.* : dipsomaniac.

dipsomanie, *s. f.* : dipsomania (uncontrollable craving for alcohol).

diptère, *adj.* : dipterous (having two wings *or* alar processes).

dipyge, *s. m.* : dipygus (monster with more *or* less duplication of the pelvis).

direct, *adj.* : direct, straight; **viseur -** : direct finder *(phot.).*

direction, *s. f.* : direction, course.

dirofilariose, *s. f.* : local reaction to *Dirofilaria nochtiella* following bite of infected mosquito.

disaccharide, *s. m.* : disaccharide *(chem.).*

discal, *adj.* : discal (relating to a disk, *e.g.* intervertebral disk).

discarthrose, *s. f.* : arthrosis of a disk.

discission, *s. f.* : discission (1. needling [for soft cataract]; 2. Ransohoff's operation [slitting the pleura for draining empyema]).

discite, *s. f.* : discitis, diskitis (inflammation of an interarticular cartilage).

discographie, *s. f.* : discography *(radiol.).*

discoïde, *adj.* : discoid; **variole -** : discrete smallpox.

discomycose, *s. f.* : discomycosis (infestation with *Discomyces [Streptomyces]*).

discopathie, *s. f.* : discopathy (any disease *or* lesion of an intervertebral disk).

discordance, *s. f.* : *cf.,* **dissonance.**

discret, *adj.* : discrete.

disgracié, *adj.* : deformed, disfigured.

disjonction, *s. f.* : 1. dislocation *(surg.)*; 2. disjunction *(genet.).*

dislocation, *s. f.* : dislocation.

disloqué, *adj.* : dislocated, out of joint.

disome, *s. m.* : disome (chromosome set with paired members).

disomie, *s. f.* : disoma.

disomus : double bodied monster.

disparate, *adj.* : disparate, dissimilar.

disparité, *s. f.* : disparity.

dispensaire, *s. m.* : dispensary, out-patient department *or* clinic, welfare center.

dispersé, *adj.* : dispersed.

dispersion, *s. f.* : dispersion, scattering.

dispositif à film réduit : spot film device.

disposition, *s. f.* : disposition, predisposition, state.

disque, *s. m.* : disc, disk, discus *(lat.)*; **- germinatif** : germinal disk; **- intervertébral** : intervertebral disk; **- optique** : optic disc; **- proligère** : discus proligerus, cumulus oophorus.

disruptif, *adj.* : disruptive; **décharge -** : disruptive discharge.

dissecteur, *s. m.* : dissector.

dissection, *s. f.* : dissection; **- aortique** : dissecting aortic aneurysm; **manuel de -** : dissector's handbook.

dissémination, *s. f.* : dissemination.

disséminé, *adj.* : disseminated.

disséquer, *v.* : to dissect.

dissimilation, *s. f.* : dissimilation, catabolism.

dissimulation, *s. f.* : celation, hiding.

dissipation, *s. f.* : dissipation.

dissociation, *s. f.* : dissociation, decomposition, disassociation.

dissocier, *v.* : to dissociate *(chem.).*

dissoluté, *s. m.* : solution.

dissolution, *s. f.* : 1. dissolution, disintegration, decomposition; 2. dissolving.

dissolvant, *s. m., adj.* : dissolvent, resolvent, solvent.

dissonance, *s. f.* : dissonance.

dissoudre, *v.* : to dissolve, disintegrate, decompose.

dissous, *adj.* : dissolved, in solution; **corps -** : solute.

distal, *adj.* : distal, terminal.

distance, *s. f.* : distance; **- focale** : focal distance *or* length.

distendre, *v.* : to distend, stretch, overstretch, strain.

distension, *s. f.* : distension, distention, overstretching, straining; **- de l'aine** : distension of the groin (sign of associated femoral and inguinal hernia).

distichiase, *s. f., ou* **distichiasis,** *s. m.* : distichia, dischiasis (developmental anomaly with two rows of eyelashes, the inner rubbing against the eye).

distillat, *s. m.* : distillate.

distillation, *s. f.* : distillation ; **- fractionnée** : fractional distillation; **queues de -** : last runnings; **- sèche** : destructive *or* dry distillation; **têtes de -** : first runnings.

distiller, v. : to distil.

distocclusion, s. f. : distocclusion, posterocclusion (malrelation of the dental arches with the mandibular too far behind the maxillary arch).

Distoma, s. m. : Distoma, Distomum (a genus of trematode worms).

distomiase ou **distomatose,** s. f. : distomiasis (infestation by Distoma).

distorsion, s. f. : distortion.

distribution à contrecourant : countercurrent distribution.

disystolique, adj. : disystolic, bigeminal (pulse).

Dittrich (bouchons de) : Dittrich's plugs (foul yellow masses in the sputum in putrid bronchitis and pulmonary gangrene).

diurèse, s. f. : diuresis.

diurétique, s. m. : diuretic, uretic.

divagation, s. f. : divagation.

divergence, s. f. : divergence, divarication.

diverticulaire, adj. : diverticular.

diverticule, s. m. : diverticulum; **- de Meckel** : Meckel's diverticulum.

diverticulectomie, s. f. : diverticulectomy.

diverticulite, s. f. : diverticulitis (inflammation of a diverticulum).

diverticulopexie, s. f. : diverticulopexy.

diverticulose, s. f. : diverticulosis (presence of many intestinal diverticula).

divulsion, s. f. : divulsion (forcible separation of parts).

dizygote, adj. : dizygote.

DNA : DNA, deoxyribonucleic acid.

docimasie, s. f. : docimasia (examination, testing, assaying); **- pulmonaire** : hydrostatic test (to establish whether a baby has ever breathed).

docimastique, adj. : docimastic.

docimologie, s. f. : docimology, study of examinations.

documentaliste, s. m. : case-worker.

doigt, s. m. : finger (hand), toe (foot), digit (lat.), dactyl (gr.); **- palmés** : webbed fingers, dactylion; **- à ressort** : snap or spring finger.

doigtier, s. m. : fingerstall.

dolabriforme, adj. : dolabrate, dolabriform (bot.).

dolicho- : dolicho-, prefix meaning long.

dolichocéphale, s. m. : dolichocephalus; adj. : dolichocephalic, dolichocephalous.

dolichocéphalie, s. f. : dolichocephalia, dolichocephaly (condition of being long-headed).

dolichocolie, s. f. ou **dolichocôlon,** s. m. : dolichocolon (abnormally long colon).

dolichoentérie, s. f. : dolichoentery.

dolichognathie, s. f. : dolicognathia (unusual length of lower jaw).

dolichomorphe, adj. : dolichomorphic (tall and slender).

dolichosigmoïde, s. m. : dolichosigmoid (abnormally long sigmoid colon).

dolichosténomélie, s. f. : acromacria, arachnodactyly, dolichostenomelia (spider fingers).

dolorimétrie, s. f. : dolorimetry (measurement of pain).

dôme, s. m. : dome, vault.

dominance, s. f. : 1. dominance (genet.); 2. predominance, prevalence.

dominant, adj. : dominant, predominant, prevalent; **caractère -** : dominant character (genet.).

donateur, s. m. : donator (chem.).

Donnan (équilibre de) : Donnan equilibrium.

donnée, s. f. : datum, fact.

donneur, s. m. : donor; **- de sang** : blood-donor; **- universel** : universal donor.

dopage, s. m. : doping.

dopamine, s. f. : abbreviation for dioxyphenylalanine (DOPA) -amine, precursor of noradrenalin and adrenalin.

dopa-réaction, s. f. : dopa reaction (conversion of dopa [dioxyphenylalanine] to melanin by dopaoxidase).

dorsal, adj. : dorsal.

dorsalgie, s. f. : dorsalgia (pain in the back).

dorsalisation, s. f. : dorsalization (developmental anomaly of the seventh cervical vertebra responsible for the growth of cervical ribs).

dorsarthrose, s. f. : spinal arthrosis.

dorsospinal, adj. : dorsispinal.

dos, s. m. : back, dorsum (lat.); **avoir le - rond** : to be round-shouldered; **- de fourchette** : dinner fork (deformity caused by Colles' fracture); **- du nez** : bridge of the nose; **être étendu sur le -** : to lie on one's back.

dosable, adj. : determinable, measurable (chem.).

dosage, s. m. : 1. quantitative analysis, quantity determination, titration; 2. dosage (of medicine).

dose, s. f. : 1. dose; **- anesthésique supplémentaire** : booster dose of anesthetic; **- d'attaque** : initial dose; **- d'entretien** : maintenance dose; **- intégrale** : volume-dose (radiol.); **- mortelle** : lethal dose; **- de rappel** : booster dose; 2. proportion, amount (chem.).

doser, v. : 1. to divide into doses, to dispense medicine; 2. to titrate.

dosimétrie, s. f. : dosimetry.

dosimétrique, adj. : dosimetric; **système -** : dosimetry.

double, adj. : double, twofold; **- anonymat** ou **insu** : double blind (test); **- menton** : double chin; **- objectif** : doublet; **- pesée** : double-weighing; **- quarte (fièvre)** : double quartan (fever); **- quotidienne** : double quotidian; **- tierce** : double tertian; **- vision** : diplopia, double vision.

doublet, s. m. : doublet (compound lens).

douche, s. f. : douche, shower, shower-bath; **- alternative** : alternating or transition douche;

- d'air chaud : stream of hot air; **- en cercles** : douche circus; **- chaude** : hot shower; **- écossaise** : Scotch douche; **- froide** : cold shower; **- en jets** : jet douche; **- en pluie** : shower; **- locale** : local douche; **- vaginale** : douche.

Douglas (cul-de-sac de) : Douglas' pouch; **ligament de -** : Douglas' fold, plica recto-uterina.

douglassite, s. f. : douglasitis (inflammation of the pouch of Douglas).

douleur, s. f. : pain, ache; **- aiguë** : acute or sharp pain; **couché sur un lit de -** : lying on a sick-bed or bed of suffering; **- de croissance** : growing pains; **- de l'enfantement** : pains of child-birth, labor pains; **pousser un cri de -** : to cry out with pain; **sans -** : painless; **se sentir des - par tout le corps** : to ache all over; **- térébrantes** ou **ostéocopes** : boring pain.

douleurs, s. f. pl. : labor pains; **- expulsives** : bearing down pains.

douloureux, adj. : painful, aching; **sensibilité - à la pression** ou **la palpation** : tenderness to pressure; **- au toucher** : tender, sore to the touch.

douve, s. f. : fluke (any parasitic trematode worm).

Down (syndrome de) : Down's syndrome, mongolism.

drachme, s. f. : drachm, dram (unit of weight = 60 grains = 1,722 g.).

dracontiase, s. f. : dracontiasis (guinea-worm disease).

dracunculose, s. f. : dracontiasis (infestation with Dracunculus medinensis).

dragée, s. f. : dragée, troche, sugar-coated pill.

dragonneau, s. m. : guinea-worm, Dracunculus medinensis.

drain, s. m. : drain, drainage tube.

drainage, s. m. : drainage, draining.

drastique, s. m. : drastic, purge; adj. : drastic, powerful, severe.

drépanocyte, s. m. : drepanocyte, sickle cell.

drépanocytose, s. f. : drepanocytemia, sickle cell anemia.

drogue, s. f. : drug, medicine.

droit, adj. : direct, straight, upright, right (as opposed to left).

droiterie, s. f. : right-handedness, dextromanuality.

droitier, s. m. : right-handed person; adj. : dextromanual, right-handed.

dromomanie, s. f. : dromomania, wanderlust (longing to roam).

dromophobie, s. f. : dromophobia (fear of running).

dromothérapie, s. f. : dromotherapy, treatment by running exercise.

dromotrope, adj. : dromotropic (affecting the conductivity of a nerve fiber).

dualisme, s. m. : dualism.

Dubini (chorée de) : Dubini's disease, electric chorea.

Dubin-Johnson (ictère de) : Dubin-Johnson's icterus.

Duchenne (maladie de) : Duchenne's disease, tabes dorsalis; **syndrome de -** : Duchenne's syndrome labioglossolaryngeal paralysis; **type pseudo-hypertrophique de -** : Erb-Duchenne paralysis, pseudohypertrophic muscular dystrophy.

Ducrey (bacille de) : Ducrey's bacillus (the microbe of soft chancre).

Duhring-Brocq (maladie de) : Duhring's disease, dermatitis herpetiformis.

Dukes-Filatow (maladie de) : Dukes' disease, exanthema subitum, fourth disease.

duodénal, adj. : duodenal.

duodénectomie, s. f. : duodenectomy (excision of part or all the duodenum).

duodénite, s. f. : duodenitis (inflammation of the duodenum).

duodénocholécystostomie, s. f. : duodenocholecystostomy.

duodénocholédochotomie, s. f. : duodenocholedochotomy.

duodénocystostomie, s. f. : duodenocystostomy.

duodénoentérostomie, s. f. : duodenoenterostomy.

duodénogastrectomie, s. f. : duodenogastrectomy.

duodénojéjunostomie, s. f. : duodenojejunostomy.

duodénopancréatectomie, s. f. : duodenopancreatectomy.

duodénoplastie, s. f. : duodenoplasty.

duodénorraphie, s. f. : duodenorrhaphy.

duodénoscopie, s. f. : duodenoscopy.

duodénostomie, s. f. : duodenostomy (the operation of forming an opening into the duodenum through the abdominal wall).

duodénotomie, s. f. : duodenotomy (surgical incision of the duodenum).

duodénum, s. m. : duodenum.

duomycine, s. f. : duomycin, chlortetracycline hydrochloride.

duplicature, s. f. : duplicature.

Dupuytren (attelle de) : Dupuytren's splint; **fracture de -** : Dupuytren's fracture (of the lower end of the fibula); **maladie de -** : Dupuytren's contracture (of the palmar fascia).

dural, adj. : dural, durematral; **hématome -** : durematoma (hematoma of the dura).

dure-mère, s. f. : dura, dura mater, pachymeninx; **sinus de la -** : sinus durae matris.

dure-mérien, adj. : dural, duramatral.

dureté d'oreille : hardness of hearing, partial deafness.

durillon, s. m. : corn, callosity, wart.

dynamique, s. f. : dynamics; adj. : dynamic.

dynamogène, adj. : dynamogenic.

dynamogénie, s. f. : dynamogeny, dynamogenesis (generation of force or power).

dynamographe, s. m. : dynamograph.

dynamomètre, s. m. : dynamometer.

dynamophore, *adj.* : dynamophoric (energy-bearing).

dynamoscope, *s. m.* : dynamoscope.

dynamoscopie, *s. f.* : dynamoscopy (observation of the performance of function by an organ or muscle).

dyne, *s. f.* : dyne (C.G.S. unit of force).

dyphtongie, *s. f.* : type of reflex dysphasia.

dys- : dys-, prefix meaning bad, difficult, faulty, hard (the opposite of eu-).

dysacousie, *s. f.* : dysacousia, dysacousis (discomfort caused by certain sounds).

dysacromélie, *s. f.* : dysacromelia, clubbing of the fingers.

dysallélognathie, *s. f.* : dysallilognathia (disproportion between the maxilla and the mandible).

dysankie, *s. f.* : dysankia (defective extension of the elbow-joint).

dysantigraphie, *s. f.* : dysantigraphia (inability to copy writing or print).

dysaraxie, *s. f.* : dysaraxia (irregular arrangement of opposing teeth).

dysarthrie, *s. f.* : dysarthria (imperfect articulation or utterance).

dysarthrose, *s. f.* : dysarthrosis (1. deformed joint; 2. false-joint; 3. dislocation of a joint).

dysautonomie familiale : dysautonomia, familial autonomic dysfunction.

dysbasie, *s. f.* : dysbasia (difficulty in walking); **- lordotique progressive,** *cf.,* **dystonie musculaire progressive.**

dysboulie, *s. f.* : dysbulia (impairment of will-power).

dyscalcie, *s. f.* : defective metabolism of calcium.

dyscataménie, *s. f.* : *cf.,* **dysmolimnie.**

dyscataposie, *s. f.* : dyscatabrosis (difficulty in swallowing food).

dyscéphalosyndactylie, *s. f.* : dyscephalosyndactyly.

dyschésie *ou* **dyschézie,** *s. f.* : dyschesia, dyschezia (difficult or painful defecation).

dyschondroplasie, *s. f.* : *cf.,* **chondrodysplasie.**

dyschondrostéoase, *s. f.* : dyschondrosteosis.

dyschromatopsie, *s. f.* : dyschromatopsia (partial color blindness).

dyschromie, *s. f.* : dyschromia (discoloration of the skin).

dyscinésie, *s. f.* : dyscinesia, dyskinesia (difficult or painful movement).

dyscorticisme, *s. m.* : disturbance of adrenal cortical secretion.

dyscrasie, *s. f.* : dyscrasia.

dysdiadococinésie, *s. f.* : dysdiadochocinesia, dysdiadochokinesia (deranged coordination of the action of opposed muscles).

dysdipsie, *s. f.* : dysdipsia (difficulty in drinking).

dysectasie, *s. f.* : dysectasia (difficulty in emptying the bladder).

dysélastose, *s. f.* : dyselastosis (degeneration of elastic tissue).

dysembryome, *s. m.* : dysembryoma.

dysembryoplasie, *s. f.* : dysembryoplasia.

dysendocrinie, *s. f.* : dysendocrinia, dysendocriniasis, dysendocrinism.

dysenterie, *s. f.* : dysentery.

dysentériforme, *adj.* : dysenteriform (resembling dysentery).

dysentérique, *adj.* : dysenteric.

dysergie, *s. f.* : dysergia (motor incoordination due to nervous defect).

dysesthésie, *s. f.* : dysesthesia (1. dullness of sensation; 2. painful and persistent sensation caused by a gentle touch).

dysfonctionnement, *s. m.* : dysfunction.

dysgénésie, *s. f.* : dysgenesia (loss or impairment of procreative power).

dysgénésique, *adj.* : dysgenic (detrimental to the stock); **homogénie -** : dysgenesia.

dysgerminome, *s. m.* : dysgerminoma.

dysglobulinémie monoclonale : monoclonal gammapathy.

dysgnosie, *s. f.* : dysgnosia (disordered intellect).

dysgrammatisme, *s. m.* : dysgrammatism (difficulty in speaking grammatically).

dysgraphie, *s. f.* : dysgraphia (1. impaired ability to write, of nervous origin; 2. writer's cramp).

dysgueusie, *s. f.* : dysgeusia (perversion of the sense of taste).

dyshépatie, *s. f.* : dyshepatia (disordered liver function).

dyshépatome, *s. m.* : dyshepatoma (cystic hepatic dysembryoma).

dyshidrose *ou* **dysidrise,** *s. f.* : 1. dyshidrosis, dysidrosis; 2. pompholyx, cheiropompholyx; **- tropicale** : prickly heat.

dyskératose, *s. f.* : dyskeratosis.

dyskinésie, *s. f.* : *cf.,* **dyscinésie.**

dyslalie, *s. f.* : dyslalia (impairment of the power of speaking, due to defective organs of speech).

dysleptique, *adj.* : dysleptic (inhibiting function of an organ).

dyslexie, *s. f.* : dyslexia (impairment of the ability to read).

dyslogie, *s. f.* : dyslogia (difficulty in expressing ideas due to mental disorder).

dysménorrhée, *s. f.* : dysmenorrhea, dysmenorrhoea (difficult or painful menstruation); **- membraneuse** : membranous dysmenorrhea.

dysmétrie, *s. f.* : dysmetria (difficulty in directing and limiting movements).

dysmimie, *s. f.* : dysmimia (impairment of the power of expression by gestures).

dysmnésie, *s. f.* : dysmnesia (impaired memory).

dysmolimnie, *s. f.* : hyperfolliculism without hyperfolliculemia.

dysmorphie ou **dysmorphose,** s. f. : dysmorphia, deformity.

dysmorphophobie, s. f. : dysmorphophobia (morbid fear of deformity).

dysontogénétique, adj. : dysontogenetic (due to defective embryonic growth).

dysopie ou **dysopsie,** s. f. : dysopia, dysopsia (defective vision).

dysorexie, s. f. : dysorexia (depraved or unnatural appetite).

dysosmie, s. f. : dysosmia, dysosphresia (defective or impaired sense of smell).

dysostose, s. f. : dysostosis; **- cléido-crânienne héréditaire** : cleidocranial dysostosis.

dysovarie, s. f. : ovarian dysfunction.

dyspareunie, s. f. : dyspareunia (painful or difficult copulation).

dyspepsie, s. f. : dyspepsia.

dyspepsique ou **dyspeptique,** s., adj. : dyspeptic.

dyspéristaltisme, s. m. : dysperistalsis (painful or abnormal peristalsis).

dyspermatisme, s. m. : dysspermia (impairment of the semen or of its ejaculation).

dysphagie, s. f. : dysphagia (difficulty in swallowing, inability to swallow).

dysphasie, s. f. : dysphasia (difficult speech of central origin).

dysphatnie, s. f. : dysphatnia (irregular curvature of the alveolar arch).

dysphémie, s. f. : dysphemia, stammering.

dysphonie, s. f. : dysphonia (impairment of the voice from any cause).

dysphorie, s. f. : dysphoria (disquiet, malaise, restlessness).

dysphrasie, s. f. : dysphrasia (imperfection of speech of central origin).

dyspituitarisme, s. m. : dyspituitarism (condition due to dysfunction of the pituitary body from any cause).

dysplasie, s. f. : dysplasia.

dyspnée, s. f. : dyspnea, dyspnoea (difficult or labored breathing).

dyspnéique, adj. : dyspneic, dyspnoeic.

dyspraxie, s. f. : dyspraxia (disordered or painful functioning of a part).

dysprosium, s. m. : dysprosium.

dysraphie, s. f. : dysraphia (incomplete closure of the primary neural tube).

dysrythmie, s. f. : dysrhythmia (1. any disturbance of rhythm; 2. abnormal rhythm of speech).

dyssymbolie, s. f. : dyssymbolia, dyssymboly (difficulty in putting thoughts into words).

dyssynergie, s. f. : dyssynergia (disturbed muscular coordination).

dystasie, s. f. : dystasia (difficulty in standing).

dysthymie, s. f. : dysthymia (1. mental depression; 2. dysfunction of the thymus).

dysthyroïdie, s. f. ou **dysthyroïdisme,** s. m. : dysthyroidism (imperfect development and function of the thyroid gland).

dystocie, s. f. : dystocia (difficult labor).

dystomie, s. f. : dysstomia (difficulty in pronunciation from any cause).

dystonie, s. f. : dystonia (disorder or lack of tonicity); **- musculaire déformante** : dystonia musculorum deformans; **- musculaire progressive** : tortipelvis, dystonia musculorum deformans.

dystopie, s. f. : dystopia (displacement of any organ).

dystrophie, s. f. : dystrophy; **- adiposogénitale** : dystrophia adiposogenitalis, Frölich's syndrome.

dystrophique, adj. : dystrophic.

dysurie, s. f. : dysuria, strangury (difficult or painful micturition).

dysurique, s. m. : dysuriac; adj. : dysuric.

E

E (composé) de Kendall : cortisone.

eau, *s. f.* : water, aqua *(lat.)*; **- lourde** : heavy water; **- mère** : mother liquor *(chem.)*; **- oxygénée** : hydrogen peroxide; **- régale** : aqua regia *(chem.)*.

ébauche, *s. f.* : anlage, primordium, rudiment.

Eberth (bacille d') : Eberth's bacillus, *E. typhi.*

Eberthella, *s.* : *Eberthella*, former name for a genus of bacteria now included in the genus *Salmonella.*

éberthien, *adj.* : eberthian (pertaining to typhoid bacillus, *E. typhi*).

éberthite, *s. f.* : septicemia due to Eberth's bacillus without localization in the intestine.

éblouissement, *s. m.* : dizziness, vertigo.

éborgnement, *s. m.* : 1. blinding of one eye; 2. blindness in one eye.

ébranlement, *s. m.* : concussion, shock; **- de la raison** : unhinging of the mind.

ébriété, *s. f.* : drunkenness, ebriety, inebriety.

ébullition, *s. f.* : 1. ebullition, boiling; **point d' -** : boiling point; 2. effervescence *(chem.)*; 3. skin eruption, rash.

éburnation *ou* **éburnification,** *s. f.* : eburnation (1. ivory-like density of bone following inflammation; 2. ossification of a cartilage; 3. calcareous infiltration of a tumor).

éburné *ou* **éburnéen,** *adj.* : eburnean, eburneous, ivory-like, ivory-white; **substance -** : dentine.

écaille, *s. f.* : scale, squame; **- de bois** : splinter; **- du temporal** : squamous portion of the temporal bone.

écailleux, *adj.* : scaly, squamous.

écarteur, *s. m.* : retractor *(surg.)*.

écart-type, *s. m.* : standard deviation.

écaudé, *adj.* : ecaudate, acaudate, tailless.

ecbolique, *adj.* : ecbolic (inducing labor, abortifacient, oxytocic).

ecchondrome, *s. m. ou* **ecchondrose,** *s. f.* : ecchondroma, ecchondrosis (cartilaginous tumor).

ecchymose, *s. f.* : ecchymosis, bruise.

ecchymotique, *adj.* : bloodshot, ecchymotic.

eccopé, *s. f.* : eccope (partial excision *or* vertical division of the cranium).

eccoprotique, *adj.* : eccoprotic, laxative, cathartic.

échancrure, *s. f.* : notch, incisura *(lat.)*; **grande - cotyloïdienne** : acetabular *or* cotyloid notch; **grande - sciatique** : greater sciatic notch; **- intercondylienne** : intercondyloid notch; **- jugulaire de l'occipital** : incisura jugularis ossis occipitalis; **- nasale de l'os frontal** : incisura ethmoidalis; **petite - sciatique** : lesser sciatic notch; **- sigmoïde de la mâchoire inférieure** : mandibular notch; **- susorbitaire** : supra-orbital notch.

ECG : ECG abbreviation for electrocardiogram.

échange d'ions : ion exchange *(chem.)*.

échantillon, *s. m.* : sample, specimen.

échappement, nodal, ventriculaire : nodal, ventricular escape *(cardiol.)*.

écharpe, *s. f.* : sling; **porter le bras en -** : to carry one's arm in a sling.

échauffement, *s. m.* : *cf.*, **blennorragie.**

échec, *s. m.* : failure, setback.

échelle, *s. f.* : ladder, scale; **- moyenne** : scala media, ductus cochlearis; **- du tympan** : scala tympani; **- du vestibule** : scala vestibuli.

échidnine, *s. f.* : echidnine (serpent venom).

échinococcose, *s. f.* : echinococcosis, echinococsiasis (hydatid disease).

échinocoque, *s. m.* : Echinococcus (a genus of tapeworms).

échinulé, *adj.* : echinulate (beset with small spines *or* prickles, *e.g.* bacterial cultures showing pointed outgrowths).

écho, *s. m.* : echo (repetition of a sound by reflection, reverberation).

ECHO-virus : ECHO-virus (abbreviation for « enteric-cytopathic-human-orphan »).

échocinésie *ou* **échokinésie,** *s. f.* : echokinesia, echokinesis (involuntary mimicry).

échographie, *s. f.* : echographia (ability to copy writing but not to express ideas).

écholalie, *s. f.* : echolalia, echophrasia (meaningless repetition of words spoken by another person).

échomatisme, *s. m.* : echomatism (aimless imitation of actions).

échomimie, *s. f.* : echomimia (imitation of the acts of others).

échopraxie, *s. f.* : echopraxia, echopraxis, echomatism.

éclaircissement (facteur d') : clearing factor (in heparinized serum).

éclairement, *s. m.* : radiance, luminosity.

éclampsie, *s. f.* : eclampsia, convulsions; **- puerpérale** : puerperal eclampsia; **- sans convulsions** : eclampsism.

éclamptique, *s. f., adj.* : eclamptic.

éclat, *s. m.* : 1. splinter; 2. flash; 3. brilliance.

éclectique, *adj.* : eclectic.

éclectisme, *s. m.* : eclecticism.

éclipse visuelle : amaurosis fugax, « blackout », transient blindness.

éclisse, *s. f.* : splint.

éclopé, *adj.* : crippled, lame, limping; *s.* : cripple.

ecmnésie, *s. f.* : ecmnesia (amnesia for recent events).

ecmnésique *ou* **ecmnétique,** *adj.* : ecmnesic.

écologie, *s. f.* : ecology, oecology (study of environment and life history of organisms).

écorce, *s. f.* : cortex, cortical layer, bark *(bot.)*.

écorché, *s. m.* : anatomical specimen with the skin reflected to display the muscular system, écorché; *adj.* : abraded, grazed, flayed.

écorchement, *s. m.* : abrasion, grazing (of the skin).

écorcher, *v.* : to flay, to skin.

écorchure, *s. f.* : abrasion, excoriation, graze, scratch.

écoulement, *s. m.* : discharge, flow, flux, outflow; **- caténial** : menses; **- catarrhal** : catarrh; **- de l'urètre** : gleet.

écouvillon, *s. m.* : swab, sponge, cotton-swab.

écouvillonage, *s. m.* : ecouvillonage, brushing, cleaning, swabbing out.

ecphylactique, *adj.* : ecphylactic.

ecphylaxie, *s. f.* : ecphylaxis (impotency of circulating antibodies).

écran, *s. m.* : 1. screen *(phot., radiol.)*; 2. filter *(phot.)*.

écrasement, *s. m.* : 1. ecrasement (removal by means of an ecraseur); 2. crushing (type of massage); **syndrome d' -** : crush syndrome, Bywater's syndrome.

écraseur, *s. m.* : écraseur, snare *(surg.)*.

écriture spéculaire : mirror-writing.

écrouelles, *s. f. pl.* : scrofula, king's evil (obsolete terms for tuberculous lymph nodes or ulcers).

ectasie, *s. f.* : ectasia, ectasis, distention, dilatation.

ectasine, *s. f.* : ectasin (vasomotor dilator).

ectasique, *adj.* : ectatic, distended, dilated.

ecthyma, *s. m.* : ecthyma.

ecto- : ecto-, prefix meaning outside, outwith (on the outer surface).

ectoblaste, *s. m.* : ectoblast, ectoderm.

ectocardie, *s. f.* : ectocardia (abnormal position of the heart).

ectoderme, *s. m.* : ectoderm.

ectodermique, *adj.* : ectodermic, ectodermal.

ectodermoïde, *adj.* : ectodermoidal.

ectodermose, *s. f.* : ectodermosis; **- neurotrope** : neurotropic ectodermosis.

ectogène, *adj.* : ectogenous.

ectolécithal, *adj.* : ectolecithal (having a peripherally situated food yolk).

-ectomie : -ectomy, suffix meaning excision.

ectoparasite, *s. m.* : ectoparasite.

ectophyte, *s. m.* : ectophyte.

ectopie, *s. f.* : ectopia, ectopy (malposition *or* displacement, usually congenital).

ectopique, *adj.* : ectopic.

ectoplacenta, *s. m.* : ectoplacenta (placenta developed from trophoblast in rodents).

ectoplasme, *s. m.* : ectoplasm, exoplasm (outer hyaline compact layer of protoplasm of a cell *or* unicellular organism).

ectoplasmique, *adj.* : ectoplastic, ectoplasmatic.

ectothrix, *s. m., adj.* : ectothrix.

ectozoaire, *s. m.* : ectozoon, ectoparasite.

ectrodactylie, *s f.* : ectrodactylia, ectrodactylism (congenital absence of any of the fingers *or* toes).

ectropion, *s. m.* : ectropion (eversion of a part, especially of an eyelid).

ectropodie, *s. f.* : ectropodism (born without a toe *or* toes).

écume, *s. f.* : foam, froth, scum.

écusson embryonnaire : embryonic disk, germinal area.

eczéma, *s. m.* : eczema; **- articulaire** : eczema articulorum, flexural eczema; **- des blanchisseuses** : washerwomens' itch; **- érythrodermique** : eczema erythematosum; **- humide** : weeping eczema; **- hypertrophique** : eczema hypertrophicum; **- marginé de Hebra** : eczema marginatum, tinea cruris; **- mélitagreux** : melitagra.

eczémateux, *adj.* : eczematous; **d'aspect -** : eczematoid; **maladie -** : eczematosis.

eczématide, *s. f.* : eczematid, eczematide.

eczématisation, *s. f.* : eczematization (eczematoid lesions caused by continual scratching).

eczématose, *s. f.* : eczematosis.

édenté, *adj.* : edentate, edentulous, toothless.

édestine, *s. f.* : edestin (globulin of hemp seed).

édo-vaccin, *s. m.* : oral vaccine.

édulcorant, s., adj. : edulcorant, sweetening.

édulcoration, s. f. : edulcoration, sweetening.

EEG : EEG, abbreviation for electroencephalogram.

effecteur, s. m. : effector (neurol.).

effémination, s. f. : effemination.

efférent, adj. : efferent.

effervescence, s. f. : effervescence.

effervescent, adj. : effervescent.

effet, s. m. : effect, result, action; **- pernicieux** : ill effects; **- secondaire** : side-effect.

effleurage, s. m. : effleurage, stroking (massage).

efflorescence, s. f. : efflorescence (1. spontaneous conversion of a crystalline substance into powder by loss of water of crystallization; 2. eruption of any skin rash).

efflorescent, adj. : efflorescent.

effluent, s. m. : effluent (outflow from sewage).

effluve, s. m. : 1. effluve (high voltage discharge); 2. effluvium, noxious vapour.

effondrement, s. m. : breakdown, collapse.

effort, s. m. : effort, exertion, strain, rupture.

effraction, s. f. : effraction.

effusion, s. f. : effusion (1. escape of fluid; 2. effused fluid; **- de sang** : bleeding, hemorrhage).

égagropile, s. m. : egagropilus, bezoar, hair-ball (in the stomach).

égarement d'esprit : mental aberration.

egesta (lat.), s. : egesta, excreta (excretion of waste matter).

égilops, s. m. : egilops, aegilops (perforating abscess of the inner canthus of the eye).

égocentrique, adj. : egocentric; **manie -** : egomania (excessive self-esteem).

égocentrisme, s. m. : autism (condition of being self centred).

égophonie, s. f. : egophony, tragophony (bleating quality of the voice on auscultation in consolidation of the lung).

égout, s. m. : sewer, drain.

égratignure, s. f. : scratch.

Ehrlich (réaction d') : Ehrlich's reaction; **théorie de l'immunité d'-** : Ehrlich's side-chain theory.

eidétisme, s. m. : eidetism (ability to visualize objects accurately).

einsteinium, s. m. : einsteinium.

éjaculat, s. m. : ejaculate, ejaculum (ejaculated semen).

éjaculateur, adj. : ejaculatory; **canal -** : ejaculatory duct.

éjaculation, s. f. : ejaculation; **- prématurée** : premature ejaculation, ejaculatio praecox.

éjaculatoire, adj. : ejaculatory.

éjaculatorite, s. f. : inflammation of the ejaculatory ducts.

éjaculer, v. : to ejaculate, to shoot forth.

éjection, s. f. : ejection (1. the act of ejecting; 2. that which is ejected).

ekiri, s. : ekiri (severe type of infantile diarrhea occurring in Eastern Asia).

élaboration, s. f. : elaboration (anabolism).

élaïoconiose, s. f. : elaioconiosis (acneiform folliculitis due to contamination with mineral oil).

élancement, s. m. : shooting pain, twinge.

élargissement, s. m. : enlarging, dilatation, widening.

élargisseur, s. m. : dilator, reamer.

élastance, s. f. : elastance (coefficient of elasticity).

élasticité, s. f. : elasticity, resilience.

élastinase, s. f. : elastinase.

élastine, s. f. : elastin.

élastique, adj. : elastic; **pseudo-xanthome -** : elastoma.

élastopathie, s. f. : elastopathy (deficiency or degeneration of elastic tissue).

élastorrhexie, s. f. : elastorrhexis (tearing of elastic tissue).

élastose, s. f. : elastosis (degeneration of elastic tissue).

élatérion ou **élatérium,** s. m. : elaterium (hydragogue cathartic prepared from the squirting cucumber, Ecballium elaterium).

élatéromètre, s. m. : elaterometer (apparatus for determining the elasticity of gases).

électif, adj. : elective; **affinité -** : elective affinity.

électivité, s. f. : electivity.

électricité, s. f. : electricity.

électrique, adj. : electric, electrical.

électrisation, s. f. : electrization.

électro- : electro-, prefix meaning relative to electricity.

électro-absence, s. f. : temporary unconsciousness induced by non-convulsive electroshock treatment.

électro-aimant, s. m. : electromagnet.

électro-analyse, s. f. : electro-analysis (chemical analysis involving use of electric current).

électro-anesthésie, s. f. : electro-anesthesia.

électrobiologie, s. f. : electrobiology.

électrobioscopie, s. f. : electrobioscopy.

électrocardiogramme, s. m. : electrocardiogram (ECG).

électrocardiographe, s. m. : electrocardiograph.

électrocardiographie, s. f. : electrocardiography.

électrocardioscope, s. m. : electrocardioscope.

électrocardioscopie, s. f. : electrocardioscopy.

électrocardiovectogramme, s. m. : vectorcardiogram (graphic record of the electric phenomena of the heart).

électrocatalyse, s. f. : electrocatalysis.

électrochimie, s. f. : electrochemistry.

électrochirurgie, *s. f.* : electrosurgery, surgical diathermy.

électrochoc, *s. m.* : electroshock, shock therapy; **traitement par -** : electrocoma therapy, electric convulsive therapy.

électrocoagulation, *s. f.* : diathermy.

électrocontractilité, *s. f.* : electrocontractility.

électroconvulsion, *s. f.* : electroconvulsion, electroshock.

électrocorticogramme, *s. m.* : electrocorticogram.

électrocorticographie, *s. f.* : electrocorticography.

électrocution, *s. f.* : electrocution.

électrode, *s. f.* : electrode; **- négative** : cathode, negative pole; **- positive** : anode, positive pole.

électrodiagnostic, *s. m.* : electrodiagnosis.

électrodynamique, *s. f.* : electrodynamics, electrodynamism.

électrodynamomètre, *s. m.* : electrodynamometer.

électro-encéphalogramme (EEG), *s. m.* : electroencephalogram (EEG).

électro-encéphalographie, *s. f.* : electroencephalography.

électrogastrogramme, *s. m.* : electrogastrogram.

électrogastrographie, *s. f.* : electrogastrography.

électrogenèse *ou* **électrogénie,** *s. f.* : electrogenesis (production of electricity, effects of application of electricity).

électrokymogramme, *s. m.* : electrokymogram (radiographic record of movement or changing density of an organ).

électrolepsie, *s. f.* : electrolepsy, Dubini's disease, electric chorea.

électrologie, *s. f.* : electrology, electrography.

électrolyse, *s. f.* : electrolysis.

électrolyte, *s. m.* : electrolyte.

électrolytémie, *s. f.* : blood-electrolyte level.

électrolytique, *adj.* : electrolytic.

électromagnétique, *s. f.* : electromagnetics.

électromagnétisme, *s. m.* : electromagnetism.

électromassage, *s. m.* : electromassage.

électromètre, *s. m.* : electrometer.

électrométrie, *s. f.* : electrometry.

électromoteur, *adj.* : electromotive; **force - (FEM)** : electromotive force (EMF).

électromyogramme (EMG), *s. m.* : electromyogram.

electromyographie, *s. f.* : electromyography.

électron, *s. m.* : electron; **- volt (eV)** : electron volt.

électronarcose, *s. f.* : electronarcosis.

électronégatif, *adj.* : electronegative.

électronique, *adj.* : electronic.

électrophone, *s. m.* : electrophone.

électrophore, *s. m.* : electrophorus.

électrophorégramme, *s. m.* : graphic record of electrophoresis.

électrophorèse, *s. f.* : electrophoresis.

électrophysiologie, *s. f.* : electrophysiology.

électropositif, *s. f., adj.* : electropositive.

électropuncture, *s. f.* : electropuncture, galvanopuncture.

électropyrexie, *s. f.* : electropyrexia (electrically induced pyrexia).

électroradiologie, *s. f.* : electroradiology.

électrorétinogramme, *s. m.* : electroretinogram.

électrorétinographie, *s. f.* : electroretinography.

électroscope, *s. m.* : electroscope.

electrospectrogramme, *s. m.* : electrospectrogram.

électrostatique, *s. f.* : electrostatics; *adj.* : electrostatic.

électrosynthèse, *s. f.* : electrosynthesis.

électrosystole *ou* **électrosystolie,** *s. f.* : electrosystole.

électrothérapie, *s. f.* : electrotherapy, electrotherapeutics.

électrotonus, *s. m.* : electrotonus (changes induced in a nerve *or* muscle by the passage of an electric current).

électrotropisme, *s. m.* : electrotropism, electrotaxis (reaction of cells *or* organisms to electricity).

électuaire, *s. m.* : electuary (soft medicated confection).

éléidine, *s. f.* : eleidin (oily granules in the stratum granulosum of the epidermis).

éléidome, *s. m.* : eleoma (swelling *or* tumor caused by the injection of oil into the tissues).

élément, *s. m.* : element; **- marqué** : labelled element.

élémentaire, *adj.* : elementary.

éléolat, *s. m.* : eleolate (volatile oily base).

éléolé, *s. m.* : ointment with a volatile base.

éléoptène, *s. m.* : eleoptene (liquid part of a volatile oil).

éléphantiasique, *adj.* : elephantiasic.

éléphantiasis, *s.* : elephantiasis; **- des Arabes** *ou* **des pays chauds** : elephantiasis Arabum, Barbadoes leg; **- des Grecs** : elephantiasis graecorum, leprosy.

élevage, *s. m.* : breeding rearing; **- consanguin** : inbreeding ; **- des moutons** : sheep-breeding ; **faire l'- des moutons** : to breed sheep.

élévateur, *s. m.* : elevator (instrument for extracting the roots of teeth).

éleveur, *s. m.* : breeder, stock-breeder.

éleveuse, *s. f.* : brooder (for chickens), incubator (for eggs).

élevure, *s. f.* : pimple, pustule, wheal.

éliminateur, *s. m.* : eliminator, eliminant; *adj.* : eliminant, eliminating.

élimination, *s. f.* : elimination, clearance; **épreuve d'- de l'urée** : urea clearance test.

élixir, *s. m.* : elixir.

ellipométrie, *s. f.* : small stature.

elliptocyte, *s. m.* : elliptocyte, elliptical erythrocyte (normal in the camel).

elliptocytose, *s. f.* : elliptocytosis.

élocution saccadée : logospasm (spasmodic utterance).

élongation, *s. f.* : elongation, stretching (*e.g.* of a nerve).

élution, *s. f.* : elution (separation of material by washing).

élytro- : elytro-, prefix meaning relating to the vagina.

élytrocèle, *s. f.* : elytrocele, colpocele, vaginal hernia.

éleytroplastie, *s. f.* : elytroplasty (plastic surgery upon the vagina).

élytroproctoplastie, *s. f.* : proctoelytroplasty (plastic surgery of the rectum and vagina).

élytroptose, *s. f.* : elytroptosis (vaginal prolapse).

élytrorragie, *s. f.* : elytrorrhagia (vaginal hemorrhage).

élytrorraphie, *s. f.* : elytrorrhaphy (suture of the vaginal wall).

élytrotomie, *s. f.* : elytrotomy (surgical incision of the vagina).

émaciation, *s. f.* : emaciation.

émail, *s. m.* : enamel; **tumeur embryonnaire de l'-** : enameloma.

émanation, *s. f.* : emanation (1. effluvium; 2. gaseous radioactive disintegration product of a radioactive series; **- du radium** : radon [Rn]).

émasculation, *s. f.* : emasculation, castration.

embarrure, *s. m.* : depressed fracture of the skull.

enbaumement, *s. m.* : embalming.

emboîtement réciproque : ball-and-socket joint.

embole, *s. f. ou* **embolus,** *s. m.* : embolus, *plur.* emboli (particle of bloodclot *or* other blood-borne material which obstructs a blood vessel).

embolectomie, *s. f.* : embolectomy (surgical removal of an embolus).

embolie, *s. f.* : 1. embolism (sudden blocking of a blood vessel by an embolus); 2. embole, emboly (gastrulation, invagination of the blastula).

emboligène, *adj.* : emboligenic.

embolique, *adj.* : embolic.

embolalie *ou* **embolophasie,** *s. f.* : embolalia, embolalalia, embolophrasia (interpolation of meaningless words into speech).

embonpoint, *s. m.* : plumpness, stoutness; **avoir de l'-** : to be fat, stout.

embouchure, *s. f.* : anastomosis, opening.

embrocation, *s. f.* : embrocation, fomentation, liniment.

embryectomie, *s. f.* : embryectomy (surgical removal of an embryo, *e.g.* in extra-uterine pregnancy).

embryocardie, *s. f.* : embryocardia (state in which the heart sounds are of fetal character).

embryoctonie, *s. f.* : embryoctony (destruction of fetus *in utero*).

embryogénie, *s. f.* : embryogeny, embryogenesis.

embryogénique, *adj.* : embryogenetic, embryogenic.

embryographe, *s. m.* : embryograph (microscope and camera lucida for embryological study).

embryographie, *s. f.* : embryography.

embryoïde, *adj.* : embryoid.

embryologie, *s. f.* : embryology.

embryologique, *adj.* : embryologic, embryological.

embryologiste, *s. m.* : embryologist.

embryome, *s. m.* : embryoma.

embryon, *s. m.* : embryo.

embryoniforme, *adj.* : embryoniform, embryonoid.

embryonisation, *s. f.* : embryonization.

embryonnaire, *adj.* : embryonal, embryonic, embryonate; **à l'état -** : in embryo; **sac -** : embryonic sac; **tissu -** : embryonic tissue.

embryonné, *adj.* : embryonated; **œuf -** : embryonated egg.

embryopathie, *adj.* : embryopathy.

embryoplastique, *adj.* : embryoplastic.

embryotome, *s. m.* : embryotome.

embryotomie, *s. f.* : embryotomy (1. cutting up the fetus to effect delivery; 2. dissection of embryos).

embryotoxon, *s. m.* : embryotoxon (congenital marginal opacity of the cornea).

émédullé, *adj.* : emedullate, emedullated.

émétine, *s. f.* : emetine; **empoisonnement par l'-** : emetism, Ipecac poisoning.

émétique, *s. m., adj.* : emetic.

émétisant, *adj.* : emetic.

émétocathartique, *s. m., adj.* : emetocathartic.

émétologie, *s. f.* : emetology, emeticology (sum of knowledge about emetics).

émigration, *s. f.* : emigration, migration.

éminence, *s. f.* : eminence, eminentia (*lat.*); **- du bulbe** : olive, olivary body; **- collatérale de la corne d'Ammon** : eminentia collateralis, pes accessorius ; **- cruciale de Malacarne** : Malacarne's pyramid, pyramid of the cerebellum; **- iliopectinée** : iliopectineal *or* iliopubic eminence ; **- mamillaire** *ou* **pisiforme** : corpus mamillare; **- mentonnière** : mental protuberance, genial process; **- pigmentée du quatrième ventricule** : locus caeruleus, cinereus *or* ferrugineus; **- porte antérieure** : quadrate lobe of the liver; **- porte postérieure** : caudate *or* spigelian lobe of the liver.

émissaire, *s. m.* : emissary, outlet; **- de Santorini** : emissary veins.

émission, *s. f.* : emission, discharge (especially of semen).

emménagogue, *s. m., adj.* : emmenagogue.

emménologie, *s. f.* : emmenology.

emmétrope, s. m. : emmetrope; adj. : emmetropic.

emmétropie, s. f. : emmetropia (normal or perfect vision).

émollient, s. m., adj. : emollient, demulcent (pharm.).

émonctoire, s. m. : emunctory (an excretory duct or organ); adj. : excretory.

émondation, s. f. : emundation (1. act of cleansing; 2. rectification of drugs).

émotif, adj. : emotive, emotional; **troubles - :** emotional disturbances.

émotion, s. f. : emotion; **- du pouls** : quickening of the pulse.

émotionnable, adj. : emotional, easily affected.

émotionnel, adj. : emotional.

émotivité, s. f. : emotivity.

émoussé, adj. : blunt.

empasme, s. m. : empasma (dusting powder).

emphysémateux, adj. : emphysematous.

emphysème, s. m. : emphysema (air or gas abnormally present in the tissues); **- pulmonaire** : pulmonary emphysema.

empilage ou **empilement,** s. m. : impilation (rouleaux formation by red cells).

empirique, adj. : empiric, empirical.

empirisme, s. m. : empiricism (reliance upon experience or observation) ; **- medical** (1. empirical practice; 2. quackery).

emplâtre, s. m. : plaster, emplastrum (lat.); **- adhésif** : sticking plaster; **- contre les cors** : cornplaster ; **- diachylon** : diachylon, lead plaster ; **- résineux** : adhesive plaster ; **- vésicatoire** : « fly-blister », vesicant plaster.

empoisonnement, s. m. : poisoning.

empreinte, s. f. : impression, print; **- cardiaque** : cardiac impression (on upper surface of liver); **- colique** : colic impression (on liver for hepatic flexure); **- à la cire** : wax impression; **- deltoïdienne** : deltoid impression; **- digitale** : fingerprint; **- duodénale** : duodenal impression; **- fonctionnelle** ou **rectifiée** : raised base or plate (odont.); **- gastrique** : gastric impression; **- en plâtre** : plaster cast; **- rénale** : renal impression; **- surrénale** : suprarenal impression (all above refer to the liver).

emprosthotonos, s. m. : emprosthotonia, emprosthotonos (tetanic forward spasm).

empyème, s. m. : empyema, pyothorax; **- à nécessité** : empyema necessitatis; **- pulsatile** : pulsating empyema.

empyèse, s. f. : empyesis (1. any pustular eruption; 2. hypopion [pus in the anterior chamber of the eye]).

empyreumatique, adj. : empyreumatic.

empyreume, s. m. : empyreuma (odor of organic matter undergoing destructive distillation).

émulgent, adj. : emulgent, draining.

émulseur, s. m. : emulsifier.

émulsif, adj. : emulsive.

émulsion, s. f. : emulsion, emulsio, emulsum (lat., pharm.).

émulsionnement, s. m. : emulsification.

émulsionner, v. : to emulsify.

émulsionneur, s. m. : emulsifier.

émulsoïde, s. m. : emulsoid (chem.).

énanthème, s. m. : enanthem, enanthema (eruption on a mucous membrane).

énantiomorphe, adj. : enantiomorphic, enantiomorphous (chem.).

énantiopathie, s. f. : enanthiopathy (antagonism of one disease to another).

énarthrodial, adj. : enarthrodial.

énarthrose, s. f. : enarthrosis, ball-and-socket joint.

encanthis, s. f. : encanthis (tumor of the inner canthus or caruncle).

encapsulation, s. f. : encapsulation.

encapsulé, adj. : encapsulated, encapsuled.

encastrement, s. m. : inlay graft.

enceinte, adj. : pregnant, « with child »; **femme -** : expectant mother; **elle est - de cinq mois** : she is five months pregnant (« five months gone », [vernac.]).

encéphalalgie, s. f. : headache, encephalalgia, encephalodynia.

encéphale, s. m. : encephalon (anat.).

encéphaline, s. f. : encephalin (nitrogenous glucoside of brain tissue).

encéphalique, adj. : encephalic.

encéphalite, s. f. : encephalitis; **- épidémique** ou **léthargique** : epidemic encephalitis, encephalitis lethargica ; **- péri-axiale diffuse** : Schilder's disease, encephalitis periaxialis diffusa ; **- post-vaccinale** : post-vaccinal encephalitis.

encéphalitique, adj. : encephalitic.

encéphalitogène, adj. : encephalitogenic.

encéphalo- : encephalo-, prefix meaning relating to the brain or encephalon.

encéphalocèle, s. f. : encephalocele, craniocele (herniation of brain tissue through a congenital or traumatic opening in the skull).

encéphalocystocèle, s. f. : encephalocystocele, hydrencephalocele.

encéphalographie, s. f. : encephalography.

encéphaloïde, adj. : encephaloid; **cancer -** : encephaloma, encephaloid cancer.

encéphalologie, s. f. : encephalology.

encéphalomalacie, s. f. : encephalomalacia (softening of the brain).

encéphalome, s. m. : encephaloma (encephaloid cancer).

encéphalomégalie, s. f. : encephalomegaly (enlargement of the brain due to glioblastosis or diffuse gliomatosis).

encéphalomyélite, s. f. : encephalomyelitis ; **- équine** : equine encephalomyelitis.

encéphalomyéloradiculite, *s. f.* : encephalomyeloradiculitis.

encéphalopathie, *s. f.* : encephalopathy.

encéphalorragie, *s. f.* : encephalorrhagia (cerebral hemorrhage).

encéphalose, *s. f.* : encephalosis (non-inflammatory brain disease).

encéphalotomie, *s. f.* : encephalotomy.

enchaînement, *s. m.* : linkage *(chem., genet.)*.

enchatonnement du placenta : incarceration of the placenta.

enchevillement, *s. m.* : fixation of a fracture by intramedullary peg.

enchondral, *adj.* : enchondral, endochondral.

enchondromatose, *s. f.* : enchondromatosis.

enchondrome, *s. m.* : enchondroma.

enchyléma *ou* **enchylème**, *s. f.* : enchylema (cell-sap).

enchymose, *s. f.* : flush, flushing, erythema, cutaneous hyperemia.

enclave, *s. f.* : enclave.

enclavement, *s. m.* : 1. heterotopia, inclusion dermoid; 2. incarceration of the fetal head during labor; 3. incarceration of the retroverted uterus.

enclavome, *s. m.* : *cf.*, **branchiome.**

enclétophilie *ou* **enclitophilie**, *s. f.* : psychopathic interest in criminals.

enclouage, *s. m.* : pinning (of fractures).

enclume, *s. f.* : anvil, incus *(lat.)*.

encoche jugulaire : incisura jugularis ossis occipitalis.

encoprésie, *s. f.* : encopresis (functional incontinence of feces).

encrassement, *s. m.* : sludge, sludging.

encroûtement calcique : chalky deposit.

endangéite, *s. f.* : endangeitis, endangiitis (inflammation of the intima of a blood vessel).

endapexien, *adj.* : apical *(cardiol.)*.

endartériectomie, *s. f.* : plastic operation for restoring the lumen of a blocked artery.

endartériose, *s. f.* : *cf.*, **thromboangéite oblitérante.**

endartérite *ou* **endartériolite**, *s. f.* : endarteritis, endoarteritis; **- oblitérante** : endarteritis obliterans, obliterating endarteritis.

endectomie, *s. f.* : ablation of the lining of a cavity.

endémicité, *s. f.* : endemicity, endemism.

endémie, *s. f.* : endemia, endemic (endemic disease).

endémique, *adj.* : endemic, endemial.

endémo-épidémique, *adj.* : endemo-epidemic.

endermique, *adj.* : endermatic, endermic ; **méthode -** : endermic medication, endermism, endermosis.

endo- : endo-, prefix meaning within.

endo-anévrismorraphie, *s. f.* : endo-aneurysmorraphy, aneurysmorrhaphy, Matas' operation; **- reconstituante** : aneurysmoplasty.

endo-antigène, *s. m.* : *cf.*, **auto-antigène.**

endo-appendicite, *s. f.* : endo-appendicitis (inflammation of the mucosa of the vermiform appendix).

endobiotique, *adj.* : endobiotic.

endoblaste, *s. m.* : endoblast (internal blastema).

endobronchique, *adj.* : endobronchial.

endocarde, *s. m.* : endocardium.

endocardiaque, *adj.* : endocardiac, endocardial.

endocardite, *s. f.* : endocarditis; **- infectieuse maligne à évolution lente** : subacute bacterial endocarditis.

endocervical, *adj.* : endocervical.

endocervicite, *s. f.* : endocervicitis, endotrachelitis.

endochondral, *adj.* : endochondral, enchondral.

endochrome, *s. m.* : endochrome (plant pigments other than chlorophyll).

endocrâne, *s. m.* : endocranium, dura mater.

endocrâniose hyperostosique : endocraniosis, intracranial hyperostosis.

endocrine, *adj.* : endocrine, endocrinic, endocrinous; **glande -** : endocrine gland.

endocrinide, *s. f.* : endocrinid, endocrinide.

endocrinie, *s. f.* : hormone, internal secretion.

endocrinien, *adj.* : endocrine, endocrinic.

endocrinologie, *s. f.* : endocrinology.

endocrinopathie, *s. f.* : endocrinopathy (disorder of any endocrine gland).

endocrinose, *s. f.* : endocrinosis, endocrinism, endocrinopathy.

endocrinothérapie, *s. f.* : endocrinotherapy.

endocyme, *s. m.* : endocyma (double monstrosity in which the parasite is contained within the body of the autosite).

endoderme *ou* **entoderme**, *s. m.* : endoderm, entoderm.

endodiascopie, *s. f.* : endodiascopy (exploration by intracavitary radioscopy).

endogène, *adj.* : endogenic, endogenous.

endogénote, *s. m.* : endogenote.

endoglobulaire, *adj.* : endoglobular (situated within a blood corpuscle).

endognathie, *s. f.* : narrowing of the maxilla.

endolymphe, *s. f.* : endolymph (labyrinthine fluid).

endolymphite, *s. f.* : endolymphitis, lymphanitis.

endolyse, *s. f.* : endolysis (dissolution of cytoplasm).

endolysine, *s. f.* : endolysin (bactericidal constituent of cells).

endomètre, *s. m.* : endometrium.

endométrial, *adj.* : endometrial.

endométrioïde, *s. m.* : endometrioma; *adj.* : endometrioid.

endométriome, *s. m.* : endometrioma.

endométriose, *s. f.* : endometriosis (presence of heterotopic endometrial tissue).

endométrite, *s. f.* : endometritis.

Endomyces albicans : *Endomyces* (former name for), *Candida albicans* (organism of thrush).

endomycose, *s. f.* : endomycosis.

endomyocardite, *s. f.* : endomyocarditis.

endomyopéricardite, *s. f.* : endomyopericarditis.

endomysium, *s. m.* : endomysium.

endonasal, *adj.* : endonasal.

endonéphrite, *s. f.* : endonephritis.

endonévrite, *s. f.* : endoneuritis.

endoparasite, *s. m.* : endoparasite (parasite living within the host).

endopélycoscopie, *s. f.* : *cf.,* **pélycoscopie.**

endopéricardite, *s. f.* : endopericarditis (inflammation of endocardium and pericardium).

endophlébite, *s. f.* : endophlebitis.

endophtalmie, *s. f.* : endophthalmitis; **- phako-anaphylactique** : endophthalmitis phacoanaphylactica.

endophtalmite, *s. f.* : endophthalmitis.

endoplasme, *s. m.* : endoplasm *(biol.).*

endoplasmique, *adj.* : pertaining to endoplasm.

endoplaste, *s. m.* : endoplast, nucleus.

endoprothèse, *s. f.* : endoprosthesis, internal prosthesis.

endormant, *adj.* : soporific; **potion -** : sleeping draught.

endosalpingiose, *s. f.* : endosalpingiosis, adenomyosis of the oviduct.

endoscope, *s. m.* : endoscope.

endoscopie, *s. f.* : endoscopy.

endosmomètre, *s. m.* : endosmometer.

endosmose, *s. f.* : endosmosis.

endosperme, *s. m.* : endosperm *(bot.).*

endospore, *s. f.* : endospore *(bot.).*

endostéite, *s. f.* : endosteitis, endostitis.

endostéome, *s. m.* : endosteoma, endostoma.

endostéthoscope, *s. m.* : endostethoscope (form of stethoscope for auscultation after introduction into the esophagus).

endothélial, *adj.* : endothelial.

endothéliochondrome, *s. m.* : chondroendothelioma.

endothéliocyte, *s. m.* : endotheliocyte, monocyte, endothelial phagocyte, large mononuclear leukocyte.

endothéliome, *s. m.* : endothelioma.

endothélium, *s. m.* : endothelium.

endothermique, *adj.* : endothermic, endothermal.

Endothrix, *s. m.* : *Endothrix* (Trichophyton which invades the hair).

endotoxicose, *s. f.* : endotoxicosis.

endotoxine, *s. f.* : endotoxin.

endo-urétral, *adj.* : endo-urethral.

endovasculaire, *adj.* : endovascular, intimal.

endoveineux, *adj.* : endovenous, intravenous.

endoveinite, *s. f.* : endovenitis; **- chimique** : chemically induced endophlebitis.

énéma, *s. m.* : enema.

énergamétrie, *s. f.* : method for assessing the degree of incapacity due to injury.

énergétique, *s. f.* : energetics; *adj.* : energizing (food, medicine).

énergie, *s. f.* : energy (1. force, vigour; 2. efficacy [of remedy]; **- cinétique** : kinetic energy; **- potentielle** : potential energy).

énergique, *adj.* : energetic, drastic; **remède -** : drastic remedy, strong medicine, « kill or cure » remedy.

énervation, *s. f.* : enervation (1. languor, prostration; 2. removal *or* section of a nerve; 3. pithing [killing by destroying the spinal cord]).

énervé, *adj.* : 1. enervated, flabby, nerveless; 2. fidgety, irritable.

énerver, *v.* : to enervate (1. to weaken; 2. to cripple, to hamstring; **- quelqu'un** : « to get on someone's nerves »; **s'-** : to become irritable, to get excited).

enfance, *s. f.* : 1. childhood: **première -** : babyhood, infancy; 2. childishness; **tomber en -** : to sink into one's second childhood *or* dotage; 3. children (collectively).

enfant, *s. m.* : child (boy or girl), infant, youngster *(vernac.)*; **être en mal d'-** : to be in labor; **- hercule** : infant Hercules.

enfantement, *s. m.* : childbirth, confinement.

enfanter, *v.* : to bear, to bring forth, to give birth.

enflé, *adj.* : inflated, swollen, turgid.

enflure, *s. f.* : swelling, turgidity.

enfoncement, *s. m.* : recess, hollow.

engagement, *s. m.* : engagement *(obstet.).*

engainé, *adj.* : encapsulated, sheathed.

engelure, *s. f.* : chiblain, pernio *(lat.)*; **- crevassée** *ou* **ulcérée** : chap, kibe.

engendrer, *v.* : to beget, to breed, to engender.

engorgé, *adj.* : engorged, congested, swollen.

engorgement, *s. m.* : engorgement, congestion; **- des seins** : swelling of the breasts.

engouement, *s. m.* : choking, congestion, obstruction.

engourdi, *adj.* : benumbed, numb, torpid.

engourdissement, *s. m.* : numbness, torpor.

engrènement, *s. m.* : impaction (interlocking of the fragments *or* ends of a fracture).

enivrant, *adj.* : intoxicating.

enivrement, *s. m.* : inebriation, intoxication, drunkenness.

enivrer, *v.* : to inebriate, to intoxicate; **s'-** : to become inebriated, intoxicated, « to get drunk » *(vernac.).*

enjambement, *s. m.* : crossing over *(genet.).*

enkysté, *adj.* : encysted.

enkystement, *s. m.* : encystment.

énol, *s. m.* : enol *(chem.).*

énophtalmie, *s. f.* : enophthalmia, enophthalmos (retraction of the eyeball into the orbit).

énostose, *s. f.* : enostosis (bony tumor within the medullary cavity).

enquête, *s. f.* : inquest.

enquêteur, *s. m.* : case-worker.

enragé, *s. m.* : lunatic, maniac, madman; *adj.* : 1. mad, insane ; 2. rabid, infected with rabies, hydrophobid.

enregistrement, *s. m.* : 1. record, recording; 2. registration.

enroué, *adj.* : hoarse, husky.

enrouement, *s. m.* : hoarseness, huskiness.

enroulé, *adj.* : coiled, convoluted.

enseignement médical : medical education *or* instruction.

ensellure lombaire : ensellure, saddleback, lordosis.

ensemencement, *s. m.* : seeding.

ensifolié, *adj.* : ensiform-leaved.

ensiforme, *adj.* : ensiform, gladiate; **cartilage** *ou* **appendice -** : ensiform cartilage.

entéralgie, *s. f.* : enteralgia (intestinal neuralgia).

entéramine, *s. f.* : enteramine, serotonin, 5-hydroxytryptamine.

entérectasie, *s. f.* : enterectasis (distension of the intestines).

entérectomie, *s. f.* : enterectomy (resection of part of the intestine).

entérique, *adj.* : enteral, enteric, intestinal.

entérite, *s. f.* : enteritis.

entéro- : entero-, prefix denoting relation to the intestine.

entéro-anastomose, *s. f.* : entero-anastomosis.

entérobiase, *s. f.* : enterobiasis, oxyuriasis.

entérocèle, *s. m.* : enterocele (hernia containing a loop of intestine); **- partiel** : Richter's hernia.

entéroclyse, *s. f.* : enteroclysis, high enema.

entérococcémie, *s. f.* : enterococcemia (presence of enterococci in the blood).

entérococcie, *s. f.* : morbidity due to enterococcal infection.

entérocolite, *s. f.* : enterocolitis, colo-enteritis.

entérocolostomie, *s. f.* : enterocolostomy.

entérocoque, *s. m.* : enterococcus.

entérocystocèle, *s. m.* : enterocystocele.

entérodynie, *s. f.* : enterodynia (pain referred to the intestines).

entéro-entérostomie, *s. f.* : entero-enterostomy.

entéro-épiplocèle, *s. m.* : entero-epiplocele, enterepiplocele.

entérogastrite, *s. f.* : enterogastritis, gastro-enteritis.

entérographie, *s. f.* : enterography.

entérohépatique, *adj.* : enterohepatic.

entérohépatite, *s. f.* : enterohepatitis.

entérohépatocèle, *s. m.* : enterohepatocele.

entéro-hydrocèle, *s. m.* : entero-hydrocele, hydrenterocele (hydrocele complicated by intestinal hernia).

entéroïde, *adj.* : enteroid.

entérokinase, *s. f.* : enterokinase.

entérokystome, *s. m.* : enterocystoma.

entérolithe, *s. m.* : enterolith.

entérolithiase, *s. f.* : enterolithiasis (formation of intestinal calculi).

entéro-mésentérique, *adj.* : enteromesenteric.

entérologie, *s. f.* : enterology.

entéromucose, *s. f.* : *cf.,* **entérocolite.**

entéromycose, *s. f.* : enteromycosis (any fungal disease of the bowel).

entéromyxorrhée, *s. f.* : muco-enteritis (acute catarrhal enteritis).

entéronévrite, *s. f.* : enteroneuritis.

entéronévrose muco-membraneuse : *cf.,* **entérocolite.**

entéropathie, *s. f.* : enteropathy; **- exsudative** : protein-loosing enteropathy.

entéropexie, *s. f.* : enteropexy, enteropexia.

entéroplastie, *s. f.* : enteroplasty.

entéroptose, *s. f.* : enteroptosis, Glenard's disease, intestinal prolapse.

entérorragie, *s. f.* : enterorrhagia (intestinal hemorrhage).

entérorraphie, *s. f.* : enterorrhaphy (suture of the intestine).

entéroscope, *s. m.* : enteroscope.

entérospasme, *s. m.* : enterospasm.

entérosténose, *s. f.* : enterostenosis (intestinal stricture).

entérostomie, *s. f.* : enterostomy.

entérotome, *s. m.* : enterotome.

entérotomie, *s. f.* : enterotomy.

entérotrope, *adj.* : enterotropic (with affinity for *or* attacking the intestine).

entérovirus, *s. m.* : enterovirus.

entérozoaire, *s. m.* : enterozoon, *pl.* enterozoa.

enthelminthe, *s. m.* : enthelminth (parasitic intestinal worm).

enthésite, *s. f.* : traumatic tenalgia (*e.g.* tennis elbow).

ento- : ento-, prefix meaning inner, internal, inside, within.

entoderme, *s. m.* : entoderm, endoderm.

entomologie, *s. f.* : entomology.

entonnoir, *s. m.* : funnel ; **- cannelé** : ribbed funnel; **- filtre** : porcelain funnel; **- des reins** : renal calyces; **- à robinet** : dropping funnel; **- à séparation** : separating funnel.

entoparasite, *s. m.* : entoparasite, endoparasite.

entophyte, *s. m.* : entophyte (internal vegetable parasite).

entoptique, *adj.* : entoptic (pertaining to the internal parts of the eye).

entorse, *s. f.* : sprain; **se donner une -** : to sprain one's ankle.

entoscopie, *s. f.* : entoscopy (inspection of the interior of the eye).

entotique, *adj.* : entotic (within the ear).

entourage, *s. m.* : environment, surroundings.

entozoaire, *s. m.* : entozoon, *pl.* entozoa.

entrailles, *s. f. pl.* : entrails, bowels, guts, intestines; **avoir des douleurs d'-** : to have intestinal pains, colic, « belly-ache » *(vernac.)*.

entraînement, *s. m.* : training.

entrée, *s. f.* : admission, inlet, opening, aditus *(lat.)*.

entrecroisement, *s. m.* : *cf.*, **enjambement**.

entropie, *s. f.* : entropy *(phys.)*.

entropion, *s. m.* : entropion, entropium (inversion of the eyelid).

énucléation, *s. f.* : enucleation (1. shelling out [of a tumor or organ from its capsule]; 2. radical excision of the eyeball); **- de l'œil** : enucleation of the eye.

énurésie, *s. f.* : enuresis, aconuresis (incontinence of urine).

enveloppe, *s. f.* : envelope, sheath, theca, tunic; **- conjonctive des follicules ovariens** : theca folliculi.

enveloppement, *s. m.* : 1. wrapping; 2. packing (of a patient); **- chaud** : hot pack; **- froid** : cold pack, pack sheet; **- humide** : wet pack.

envenimation, *s. f. ou* **envenimement**, *s. m.* : envenomization (poisoning by bites, stings or effluvia of reptiles, insects, etc.).

envenimer, *v.* : to envenom, aggravate, irritate (a wound); **s' -** : to fester, suppurate, « get worse ».

envie, *s. f.* : 1. agnail, hangnail; 2. birthmark, naevus.

environnement, *s. m.* : environment.

enzootie, *s. f.* : enzootic disease.

enzootique, *adj.* : enzootic.

enzymatique, *adj.* : enzymatic, enzymic.

enzyme, *s. m.* : enzyme.

enzymique, *adj.* : enzymatic, enzymic.

enzymologie, *s. f.* : enzymology.

enzymopathie, *s. f.* : enzymopathy (disturbance due to enzyme deficiency).

enzymothérapie, *s. f.* : treatment by enzymes.

éonisme, *s. m.* : eonism, transvestism.

éosine, *s. f.* : eosin.

éosinoblaste, *s. m.* : eosinoblast, myeloblast.

éosinocyte, *s. m.* : eosinocyte, eosinophil leukocyte.

éosinopénie, *s. f.* : eosinopenia, eosinophilopenia.

éosinophile, *s. m.* : eosinophil; *adj.* : eosinophil, eosinophilic, eosinophilous.

éosinophilie, *s. f.* : eosinophilia (1. eosinophil leukocytosis; 2. eosinophilic staining [tissues, microbes etc.]).

épaissi, *adj.* : inspissated, thickened, turbid.

épaississement, *s. m.* : denseness, spissitude (condition of becoming inspissated).

épanalepsie méditerranéenne : *cf.*, **périodique (maladie)**.

épanchement, *s. m.* : effusion, extravasation; **- de bile** : bilious attack; **- de synovie** : hydrarthrosis, simple *or* serous synovitis.

épaule, *s. f.* : shoulder; **- gelée** : « frozen shoulder », chronic scapulo-humeral periarthritis.

épendymaire, *adj.* : ependymal.

épendyme, *s. m.* : ependyma.

épendymite, *s. f.* : ependymitis.

épendymome, *s. m.* : ependymoma.

éperon, *s. m.* : spur (colostomy).

éphébique, *adj.* : ephebic, adolescent, puberal.

éphébocrasie, *s. f.* : ephebocrasis (hormonal disturbances, headache etc. often associated with puberty).

éphédrine, *s. f.* : ephedrine.

éphélide, *s. f.* : freckle, ephelis, *plur.* ephelides *(gr.)*, lentigo, *plur.* lentigines *(lat.)*.

éphémère, *adj.* : ephemeral.

éphidrose, *s. f.* : ephidrosis (excessive perspiration); **- noire** : melanidrosis.

éphippion, *s. m.* : sella turcica, ephippium, *pl.* ephippia.

épi- : epi-, prefix signifying upon.

épiblaste, *s. m.* : epiblast.

épiblastique, *adj.* : epiblastic.

épibole *ou* **épibolie**, *s. f.* : epibole, epiboly (differentiation of epiblast from hypoblast).

épicanthis, *ou* **épicanthus**, *s. m.* : epicanthus.

épibolique, *adj.* : epibolic.

épicarde, *s. m.* : epicardium (visceral pericardium).

épicardia, *s. m.* : epicardia (lower part of the esophagus between the diaphragm and the cardia).

épicardite, *s. f.* : epicarditis (inflammation of the visceral pericardium).

épichorion, *s. m.* : epichorion, decidua reflexa.

épicondylalgie, *s. f.* : epicondylalgia, « tennis elbow ».

épicondyle, *s. m.* : epicondyle; **- de l'humérus** : epicondyle (lateral *or* medial) of the humerus.

épicondylien, *adj.* : epicondylar.

épicondylite ou **épicondylose**, s. f. : epicondylitis.

épicrâne, s. m. : epicranium, scalp.

épicrânien, adj. : epicranial.

épicrise, s. f. : epicrisis (1. second or supplementary crisis; 2. critical discussion of a case-history).

épicutané, adj. : epicutaneous, epidermal.

épicyte, s. m. : epicyte (cell wall).

épidémicité, s. f. : epidemicity.

épidémie, s. f. : epidemic.

épidémiologie, s. f. : epidemiology.

épidémiologique, adj. : epidemiologic, epidemiological.

épidémique, adj. : epidemic.

épiderme, s. m. : cuticle, epidermis.

épidermicule, s. m. : cuticle.

épidermidose, s. f. : epidermidosis.

épidermique, adj. : epidermal, epidermic; **greffe -** : epidermization, epidermoplasty.

épidermisation, s. f. : 1. epidermization (process of becoming covered with epidermis); 2. skin grafting.

épidermodysplasie, s. f. : epidermodysplasia.

épidermoïde, adj. : epidermoid, epidermatoid; **kyste -** : epidermoid (cyst).

épidermolyse, s. f. : epidermolysis, acantholysis; **- bulleuse héréditaire** : épidermolysis bullosa, Kobner's or Goldscheider's disease.

épidermome, s. m. : epidermoma, cutaneous wart.

épidermomycose, s. f. : epidermomycosis.

Epidermophyton inguinale : Epidermophyton inguinale (fungus causing infection of the inguinal skin and « athlete's foot »).

épidermo-réaction, s. f. : skin-test.

épidiascope, s. m. : epidiascope.

épidiascopie, s. f. : epidiascopy.

épididyme, s. m. : epididymis.

épididymectomie, s. f. : epididymectomy.

épididymite, s. f. : epididymitis.

épididymographie, s. f. : epididymography.

épididymo-orchite, s. f. : epididymo-orchitis.

épididymotomie, s. f. : epididymotomy.

épidural, adj. : epidural; **espace -** : epidural space.

épidurite, s. f. : external pachymeningitis.

épigastralgie, s. f. : epigastralgia, epigastric pain.

épigastre, s. m. : epigastrium, pit of the stomach.

épigastrique, adj. : epigastric; **creux -** : pit of the stomach.

épigastrocèle, s. m. : epigastrocele, epigastriocele (hernia in the epigastric region).

épigenèse, s. f. : epigenesis.

épiglotte, s. f. : epiglottis.

épiglottique, adj. : epiglottic.

épiglottite, s. f. : epiglottiditis, epiglottitis.

épilation, s. f. : epilation, depilation.

épilatoire, s. m., adj. : depilatory, epilatory.

épilemme, s. m. : epilemma, sheath of Henle.

épilepsie, s. f. : epilepsy, falling sickness; **crise d' -** : epileptic fit ; **- bravais-jacksonienne** : Jacksonian epilepsy.

épileptiforme, adj. : epileptiform.

épileptique, s., adj. : epileptic.

épileptogène, adj. : epileptogenic.

épileptoïde, adj. : epileptoid.

épiler, v. : to depilate, to epilate.

épiloia, s. f. : epiloia.

épimysium, s. m. : epimysium (anat.).

épine, s. f. : spine, thorn; **- accolées** : kissing spines; **- dorsale** : backbone, spine; **- de Henle** : Henle's spine; **- iliaque antérieure et inférieure** : anterior inferior spine of the ilium; **- iliaque antérieure et supérieure** : anterior superior iliac spine; **- iliaque postérieure et inférieure** : posterior inferior iliac spine; **- iliaque postérieure et supérieure** : posterior superior iliac spine; **- nasale supérieure** : spina frontalis or nasalis ossis frontalis; **- de l'omoplate** : spina of the scapula; **- du sphénoïde** : spine of the sphenoid; **- de Spix** : lingula mandibulae.

épinéphrome, s. m. : epinephroma, hypernephroma, Grawitz's tumor (now classified as « clear cell carcinoma of the kidney »).

épineux, adj. : spinal; **apophyse -** : spinal process.

épinèvre, s. f. : epineurism (connective tissue sheath of a nerve).

épingle, s. f. : pin; **- de nourrice** : safety-pin.

épiphénomène, s. m. : epiphenomenon (adventitious phenomenon in course of disease).

épiphora, s. f. : epiphora (persistent overflow of tears).

épiphylaxie, s. f. : epiphylaxis, epiphylactic response.

épiphysaire, adj. : epiphyseal, epiphysial; **maladie -** : epiphyseopathy.

épiphyse, s. f. : epiphysis; **- du cerveau** : pineal body, pineal gland.

épiphysectomie, s. f. : epiphysectomy (1. excision of an epiphysis; 2. removal of the pineal gland).

épiphyséolyse ou **épiphysiolyse**, s. f. : epiphysiolysis (detachment of an epiphysis).

épiphysiodèse, s. f. : epiphysiodesis (fixing a detached epiphysis to its shaft).

épiphysite, s. f. : epiphyseitis, epiphysitis.

épiphyte, s. m., adj. : epiphyte (1. vegetable parasite growing on the surface of the body; 2. a plant growing parasitically upon another plant).

épiphytie, s. f. : epiphytic (outbreak of infectious disease among plants).

épiplasme, s. m. : epiplasm (protoplasm remaining in fungal sporangium after the formation of the spore).

épiplocèle, *s. m.* : epiplocele (omental hernia); **- fémoral** : epiplomerocele; **- ombilical** : epiplomphalocele; **- scrotal** : epiploscheocele.

épiploïque, *adj.* : epiploic, omental ; **appendices -** : epiploic appendages, appendices epiploicae.

épiploïte, *s. f.* : epiploitis.

épiploon, *s. m.* : epiploon, omentum; **arrière-cavité des -** : lesser sac of the peritoneum, bursa omentalis; **grand-** *ou* **- gastrocolique** : great omentum; **petit -** *ou* **- gastrohépatique** : lesser omentum, gastrohepatic omentum; **- gastrosplénique** : gastrosplenic omentum; **- pancréaticosplénique** : pancreaticosplenic omentum.

épiplopexie, *s. f.* : epiplopexy, Talma's operation.

épiploplastie, *s. f.* : epiploplasty.

épisclérite, *s. f.* : episcleritis.

épisclérotique, *s. f.* : episclera (loose connective tissue covering the sclera).

épisio- : episio-, prefix meaning relating to the pubes.

épisio-élytrorraphie, *s. f.* : episio-elytrorrhaphy.

épisiorraphie, *s. f.* : episiorrhaphy.

épisiotomie, *s. f.* : episiotomy.

épisome, *s. m.* : episome.

épispadias, *s. m.* : epispadias.

épispadique, *adj.* : epispadial, epispadiac (also, as noun, meaning sufferer from congenital epispadias).

épispastique, *s. m., adj.* : epispastic, blistering (agent).

épistase, *s. f.* : epistasis (scum on surface of urine).

épistasie, *s. f.* : 1. epistasy (masking of one hereditary characteristic by another); 2. reflex or referred symptoms (*e.g.* migraine due to endometritis).

épistaxis, *s. f.* : epistaxis, nose-bleeding (*vernac.*).

épisternal, *adj.* : episternal.

épistome bronchique : bronchial adenoma.

épithalamus, *s. m.* : epithalamus.

épithalaxie, *s. f.* : epithalaxia (shedding of epithelial cells).

épithélial, *adj.* : epithelial; **cellules -** : epithelial cells; **couche -** : epithelial layer.

épithéliite, *s. f.* : epitheliitis, epithelitis (radiol.).

épithélioblastome, *s. m.* : epithelioblastoma (any epithelial tumor).

épithélioïde, *adj.* : epithelioid.

épithélioma *ou* **épithéliome,** *s. m.* : epithelioma, epithelial cancer; **- basocellulaire** : basal cell carcinoma; **- cylindrique** : columnar *or* cylindrical cell carcinoma; **- malpighien** : squamous, *or* squamous cell, carcinoma (often incorrectly « epithelioma » without qualification).

épithéliomateux, *adj.* : epitheliomatous.

épithéliomatose, *s. f.* : epitheliomatosis.

épithéliose, *s. f.* : epitheliosis (1. proliferation of the conjunctival epithelium; 2. Borrel's term for epitheliotropic virus pox-diseases).

épithélium, *s. m.* : epithelium.

épithème, *s. m.* : epithem (*pharm.*) (any external application).

épitrochléalgie *ou* **épitrochléite,** *s. f.* : painful lesion of the epitrochlea, « tennis elbow ».

épitrochlée, *s. f.* : epitrochlea; **- de l'humérus** : medial epicondyle of the humerus.

épizoaire, *s. m.* : epizoon, *plur.* epizoa.

épizoïque, *adj.* : epizoic (1. pertaining to epizoa; 2. parasitic for the skin).

épizoonose, *s. f.* : epizoonosis.

épizootie, *s. f.* : epizootic, murrain (*veter.*).

épizootique, *adj.* : epizootic; **maladie -** : epizootic.

épluchage, *s. m.* : débridement, épluchage (toilet of a wound).

épointé, *adj.* : blunt, blunted.

éponge, *s. f.* : 1. sponge; 2. abscess (*veter.*).

époophore *ou* **épovarium,** *s. m.* : epoophoron, parovarium, body of Rosenmüller.

épouillage, *s. m.* : delousing; **poste d' -** : delousing station.

épouiller, *v.* : to delouse, to disinfest.

épreintes, *s. f. pl.* : violent colic, tenesmus.

épreuve, *s. f.* : 1. assay, experiment, test, trial; 2. proof; 3. print (*phot.*); **- au froid** : cold pressor test; **- croisée** : cross-matching (blood grouping); **- d'activité** : potency test.

éprouver, *v.* : to test.

éprouvette, *s. f.* : 1. test tube, test glass; **- à pied** : cylinder; **- graduée** : graduated cylinder *or* measure; 2. probe (*surg.*).

épuisement, *s. m.* : 1. exhaustion, loss of strength; **- cérébral** : brain fag; **- nerveux** : nervous breakdown; **réaction d' -** : myasthenic reaction; **stade d' -** : stage of exhaustion (Selye); 2. drainage, extraction (*chem.*).

épulide, épulie *ou* **épulis,** *s. f.* : epulis (fibrous tumor of the gingival margin arising in the alveolar periosteum).

épulotique, *s. m., adj.* : epulotic (promoting cicatrization).

épuration, *s. f.* : purification.

épure, *s. f.* : diagram.

épyphosclérose, *s. f.* : sclerosis of hyperplastic connective tissue.

équateur, *s. m.* : equator; **- du globe oculaire** : equator of the eye.

équation, *s. f.* : equation (*chem., math.*); **- personnelle** : personal equation (*psych.*).

équatorial, *adj.* : equatorial; **plaque -** : equatorial plate.

équiaxe, *adj.* : equiaxial.

équilénine *ou* **équiline,** *s. f.* : equilenin, equilin.

équilibration, *s. f.* : equilibration.

équilibre, *s. m.* : balance, equilibrium, poise (mental); **- hydrique** : water balance; **- dynamique** : dynamic equilibrium, stability.

équilibré, *adj.* : balanced, equilibrated, in equilibrium; **esprit bien -** : sane *or* well balanced mind; **mal -** : unbalanced.

équimoléculaire, *adj.* : equimolar, equimolecular.

équimolécularité, *s. f.* : equimolecularity.

équin, *adj.* : équine; **pied -** : club foot, talipes equinus; **pied bot - arqué** : talipes equinovalgus; **pied bot - varus** : talipes equinovarus; **variole -** : horsepox.

équinisme, *s. m.* : equinism (horselike gait).

équisetum, *s. m.* : equisetum (cryptogamous plant).

équivalence, *s. f.* : equivalence, equivalency.

équivalent, *s. m., adj.* : equivalent; **- calorifique** : Joule's equivalent; **- mécanique de la chaleur** : mechanical equivalent of heat.

équivoque, *adj.* : equivocal.

éradication, *s. f.* : eradication.

éraflure, *s. f.* : abrasion, scratch.

Erb (signe d') : Erb's sign (increased electrical irritability of motor nerves in tetany); **myasthénie primitive progressive, type scapulo-huméral** *ou* **forme juvénile d' -** : Erb's juvenile form of progressive muscular atrophy; **syndrome d' -** :Erb's syndrome, asthenic bulbar paralysis, myasthenia.

erbium, *s. m.* : erbium.

érecteur, *s. m., adj.* : erector.

érectile, *adj.* : erectile; **tissu -** : erectile tissue; **tumeur -** : erectile tumor.

érectilité, *s. f.* : erectility.

érection, *s. f.* : erection.

éreintant, *adj.* : back-breaking, exhausting.

éreinté, *adj.* : exhausted, fagged, tired out, tired to death.

éreintement, *s. m.* : exhaustion, prostration.

érepsine, *s. f.* : erepsin (intestinal enzyme).

érésipèle, *s. m.* : cf., **érysipèle.**

éréthisme, *s. m.* : erethism (morbidly increased excitability).

éréthistique, *adj.* : erethismic, erethistic.

éreutophobie, *s. f.* : ereutophobia (morbid fear of blushing).

erg, *s. m.* : erg (unit of work = 1 dyne per cm.).

ergastoplasme, *s. m.* : archiplasm, ergastoplasm (functional protoplasm).

ergodynamographe, *s. m.* : ergodynamograph (instrument for recording muscular work).

ergo-esthésiographe, *s. m.* : ergo-esthesiograph (apparatus for recording muscular aptitude of air pilots).

ergogenèse, *s. f.* : ergogenesis, ergogeny.

ergogramme, *s. m.* : ergogram.

ergographe, *s. m.* : ergograph (recording ergometer).

ergomètre, *s. m.* : ergometer (variety of dynamometer); **- enregistreur** : ergograph.

ergophore, *s. m.* : ergophore, toxophore (haptene of toxin, agglutinin, etc., that reacts with specific haptophore).

ergostérol, *s. m.* : ergosterol, pro-vitamin D.

ergot, *s. m.* : 1. spur; **- de Morand** : hippocampus minor, calcar avis; 2. **- de seigle** : ergot of rye (fungus).

ergothérapie, *s. f.* : ergotherapy (treatment by physical exercise).

ergotine, *s. f.* : ergotine *(pharm.).*

ergotisme, *s. m.* : ergotism, ergot poisoning.

érigne *ou* **érine,** *s. f.* : tenaculum *(surg.).*

érisiphake, *s. m.* : erisiphake *(ophthal., surg.).*

erlenmeyer *ou* **fiole d'Erlenmeyer** : Erlenmeyer flask.

éroder, *v.* : to erode, to abrade.

érogène, *adj.* : erogenous, erogenic, erotogenic *(physiol.).*

érosif, *s. m.* : erodent; *adj.* : erosive.

érosion, *s. f.* : erosion.

érotique, *adj.* : erotic.

érotisme, *s. m.* : erotism, eroticism (morbid sexual instinct *or* desire).

érotogène, *adj.* : erotogenous, erotogenic.

érotologie, *s. f.* : erotology.

érotomane *ou* **érotomaniaque,** *s. m.* : erotomaniac.

érotomanie, *s. f.* : erotomania, nymphomania (in women), satyriasis (in men).

érotophobie, *s. f.* : erotophobia (morbid aversion for sexual love).

errant, *adj.* : errant, wandering.

erratique, *adj.* : erratic (1. irregular; 2. eccentric).

érubescence, *s. f.* : erubescence, erythema.

éructation, *s. f.* : eructation, belching *(vernac.).*

éruptif, *adj.* : eruptive.

éruption, *s. f.* : eruption (1. skin rash; 2. eruption of teeth [*odont., physiol.*]).

érysipélateux, *adj.* : erysipelatous.

érysipèle, *s. m.* : erysipelas.

érysipéloïde, *s. f.* : erysipeloid (erythematous dermatitis).

erythema perstans : erythema perstans *or* migrans, erysipeloid.

érythémateux, *adj.* : erythematous.

érythème, *s. m.* : erythema; **- intertrigo** : erythema intertrigo; **- marginé** : erythema marginatum; **- noueux** : erythema nodosum; **- pernio** : chilblain.

érythématoïde, *adj.* : erythematoid, erythemoid.

érythralgie, *s. f.* : erythralgia (painful erythema of the skin).

erythrasma, *s. m.* : erythrasma *(derm.).*

érythrémie, *s. f.* : erythremia, erythraemia, erythrocythemia, polycythemia rubra.

érythrisme, s. m. : erythrism (red hair).

érythro- : erythro-, prefix meaning red.

érythroblaste, s. m. : erythroblast (microblast, megaloblast, normoblast).

érythroblastémie, s. f. : erythroblastemia.

érythroblastique, adj. : erythroblastic.

érythroblastolyse, s. f. : erythroblastolysis (destruction of erythroblasts).

érythroblastomatose, s. f. : erythroblastomatosis.

érythroblastome, s. m. : erythroblastoma (tumorlike mass of erythroblasts).

érythroblastopénie ou **érythroblastophtisie,** s. f. : erythroblastopenia.

érythroblastose, s. f. : erythroblastosis; **- du fœtus** ou **du nouveau-né** : erythroblastosis fetalis or neonatorum.

érythrochloropsie, s. f. : erythrochloropia (ability to distinguish red and green but not blue and yellow).

érythrocyanose, s. f. : erythrocyanosis (purple aspect of skin due to vascular spasm).

érythrocyte, s. m. : erythrocyte, red blood corpuscle.

érythrocytopénie, s. f. : erythrocytopenia, erythropenia.

érythrocytose, s. f. : erythrocytosis.

érythrodermie, s. f. : erythroderma, erythrodermia, erythrodermitis.

érythrodontie, s. f. : erythrodontia (reddish pigmentation of the teeth).

érythœdème épidémique : erythredema, pink disease.

érythrogenèse, s. f. : erythrogenesis (production of red corpuscles).

érythrogonie, s. f. : erythrogonium (immature erythroblast).

érythrolyse, s. f. : erythrolysis, erythrocytolysis, hemolysis.

érythromélalgie, s. f. : erythromelalgia, acromelalgia, Mitchell's disease.

érythromélie, s. f. : erythromelia.

érythromycine, s. f. : erythromycin.

érythromyéloblastome, s. m. : erythromyeloblastoma.

érythromyéloïde, adj. : erythromyeloid.

érythromyélose, s. f. : acute erythroblastosis.

érythropathie, s. f. : erythropathy.

érythropénie, s. f. : erythropenia.

érythrophage, s. m. : erythrophage.

érythrophagie, s. f. : erythrophagia.

érythrophile, adj. : erythrophil, erythrophilous.

érythrophléine, s. f. : erythrophleine (poisonous alkaloid).

érythrophobie, s. f. : erythrophobia (1. morbid intolerance for red colors; 2. ereutophobia, fear of blushing).

érythrophtisie, s. f. : Blackfan-Diamond anemia.

érythroplasie, s. f. : erythroplasia.

érythropoïèse, s. f. : erythropoiesis.

érythropoïétique, adj. : erythropoietic.

érythropsie, s. f. : erythropia, erythropsia.

érythrorrhexis, s. f. : erythrorrhexis, erythrocytorrhexis.

érythrosine, s. f. : erythrosin.

érythrose, s. f. : erythrosis (1. arterial plethora; 2. exaggerated tendency to blush).

érythrurie, s. f. : erythruria, haematuria or hematuria.

Esbach (réactif d') : Esbach's reagent (test for albumin in urine).

escarre, s. f. : eschar, scab, slough; **- de décubitus** : bedsore.

escarrification, s. f. : scabbing, sloughing (formation of an eschar).

escarrotique, s. m. : escharotic, caustic; adj. : escharotic, caustic, corrosive.

Escherichia : Escherichia (genus of schizomycetes); **- coli** : E. coli, B. coli.

Esmarch (bande ou **appareil d')** : Esmarch's bandage or apparatus.

ésophorie, s. f. : esophoria (ophthal.).

ésotérique, adj. : esoteric.

espace, s. m. : space; **- perforé antérieur** : anterior perforated substance; **- perforé postérieur** : posterior perforated substance; **- sous-arachnoïdien** : subarachnoid space.

espèce, s. f. : 1. species (biol., genet.); 2. species (obs.), compound, mixture, preparation (pharm.).

esprit, s. m. : spirit (1. alcohol; 2. mind).

esquille, s. f. : splinter.

esquillectomie, s. f. : esquillectomy (removal of fragments of a comminuted fracture).

esquilleux, adj. : splintered, splintering.

essai, s. m. : assay, test, trial.

essence, s. f. : 1. essence; 2. essential oil; 3. petrol (G.B.), gas, gasoline (U.S.); 4. nature, essential, spirit.

essencisme, s. m. : intoxication by essential liquors (e.g. absinthe).

essentiel, adj. : essential; **atteint dans les organes -** : hit in the vitals; **maladie -** : idiopathic disease.

essoufflé, adj. : breathless, out of breath, short of breath, winded; **respiration -** : breathlessness, shortness of breath; **voix -** : breathless voice.

essoufflement, s. m. : breathlessness, panting.

estafilade, s. f. : cut, gash, slash.

ester, s. m. : ester (chem.).

estérase, s. f. : esterase.

esthésie, s. f. : aesthesia, esthesia.

esthésiogène, adj. : esthesiogenic; **corps -** : esthesiogen.

esthésiogénie, s. f. : restoration of the senses.

esthésiologie, s. f. : esthesiology, esthematology.

esthésiomanie, s. f. : esthesiomania (insane perversion of the senses).

esthésiomètre, s. m. : esthesiometer (instrument for measuring tactile sensitivity).

esthésioneuroblastome, s. m. : esthesioneuroblastoma (radiosensitive glioma or neuroblastoma of the olfactory nerve).

esthiomène, s. m. : esthesiomene, esthiomene (chronic ulceration and elephantiasis of the vulva).

esthophysiologie, s. f. : esthophysiology.

estival, adj. : estival; **station -** : summer resort.

estivation, s. f. : estivation (1. summer dormancy, torpor; 2. prefloration [bot.]).

estomac, s. m. : stomach; **avoir mal à l' -** : to have a stomach-ache; **creux de l' -** : pit of the stomach; **mal d' -** : stomach-ache; **- en sablier** ou **biloculaire** : bilocular stomach.

estropié, adj. : crippled, disabled, maimed.

étage moyen : middle cranial fossa.

étain, s. m. : tin (lat. stannum).

étalement, s. m. : spreading (on slide); **- du sang** : making a blood film.

étalon, s. m. : standard; **condensateur -** : calibration condenser; **mètre -** : standard meter.

étalonnage, s. m. : calibration, standardization, gauging, grading (of negatives).

étamine, s. f. : 1. sieve, strainer; 2. stamen (bot.).

étanche, adj. : 1. tight, impervious; 2. insulated (electr.); **- à l'air, l'eau** : airtight, watertight.

étanchéité, s. f. : tightness; **- à l'humidité** : imperviousness to damp; **caoutchouc d' -** : insulating rubber; gasket.

étanchement, s. m. : stemming the flow (of liquid), staunching (of blood); **- de la soif** : quenching, slaking or thirst.

état, s. m. : state (1. condition; **- actuel** : present condition; 2. standing, status; **- crépusculaire** : twilight state; **- de charme** : hypnotic state, hypnosis ; **- d'esprit** : frame or state of mind; **- d'ivresse** : drunkenness, state of intoxication; **- de santé** : state of health; **- naissant** : nascent state; **- typhoïde** : typhoid state).

étendu, adj. : prone, procumbent, recumbent.

étendue d'accommodation : range of accommodation (ophthal.).

éternuement, s. m. : sneeze, sneezing.

éternuer, v. : to sneeze.

éther, s. m. : ether; **- anesthésique** : anesthetic ether; **- éthylique** : ethyl ether; **- de pétrole** : petroleum ether; **- sulfurique** : ether.

éthéré, adj. : ethereal.

éthérification, s. f. : etherification.

éthérifier, v. : to produce ether, to convert alcohol into ether.

éthérisation, s. f. : etherization (induction of anesthesia with ether).

éthérisme, s. m. : etherism (1. phenomena produced by etherization; 2. etheromania).

éthéromane, s. m., f. : ether addict.

éthéromanie, s. f. : etheromania, addiction to ether.

éthique, s. f. : ethics, moral philosophy; adj. : ethical.

ethmoïdal, adj. : ethmoidal.

ethmoïde, s. m., adj. : ethmoid.

ethmoïdectomie, s. f. : ethmoidectomy.

ethmoïdien, adj. : ethmoidal.

ethmoïdite, s. f. : ethmoiditis.

ethnique, adj. : ethnic.

ethnographie, s. f. : ethnography.

ethnologie, s. f. : ethnology.

éthologie, s. f. : ethology.

éthyle : ethyl (radical C_2H_5).

éthylène, s. m. : ethylene.

éthylique, adj. : ethylic.

éthylisme, s. m. : alcoholism, ethylism (alcoholic addiction).

étincelage, s. m. : fulguration, surgical diathermy.

étiolé, adj. : etiolated.

étiolement, s. m. : etiolation, chlorosis (bot.).

étiologie, s. f. : aetiology, etiology (scientific view of the causation of disease).

étiologique, adj. : etiologic, etiological.

étioprophylaxie, s. f. : chemoprophylaxy.

étiquette, s. f. : label.

étisie, s. f. : decline, emaciation, wasting.

étoilé, adj. : stellate, star-shaped.

étouffement, s. m. : asphyxiation, choking, suffocation; **avoir des -** : to have attacks of breathlessness.

étourdissement, s. m. : dizziness, giddiness, vertigo; **avoir un -** : to feel giddy, to have a fit of giddiness.

étranger, adj. : 1. foreign; 2. irrelevant; **corps -** : foreign body.

étranglement, s. m. : 1. strangling, strangulation; 2. constriction, narrowing; **- herniaire** : strangulated hernia.

étrier, s. m. : stirrup, stirrup-bone, stapes; **muscle de l' -** : stapedius muscle.

étuve, s. f. : drying oven, stove; **- à coagulation** : inspissator; **- à incubation, - bactériologique** : incubator; **- à vide** : vacuum drier.

eubinisme ou **eucodalisme,** s. m. : intoxication by eubine or eucodal (dehydro-oxycodeinone chlorhydrate).

eubiotique, s. m. : eubiotics (science of health).

eucalyptus, s. m. : eucalyptus; **essence d' -** : eucalyptus oil.

eucapnie, s. f. : eucapnia (normal level of carbon dioxide in the blood).

eucholie, s. f. : eucholia (normal secretion of bile).

euchromosome, s. m. : autosome, euchrosome.

eucinésie, s. f. : eukinesia (normal power of movement).

eucorticisme, *s. m.* : normal adrenocortical secretion.

eucrasie, *s. f.* : eucrasia (normal good health).

eudiomètre, *s. m.* : eudiometer.

eugénésie, *s. f.* : eugenesis, fertility.

eugénésique, *adj.* : eugenic; **homogénésie - :** eugenesis.

eugénie, eugénique *ou* **eugénisme,** *s. m.* : eugenics (science of human improvement).

euglobuline, *s. f.* : euglobulin.

eugnosie, *s. f.* : eugnosia (normal powers of perception).

euménorrhée, *s. f.* : eumenorrhea.

eumétrie, *s. f.* : normal proportions.

eunuchisme, *s. m.* : eunuchism.

eunuchoïde, *adj.* : eunuchoid.

eunuchoïdisme, *s. m.* : eunuchoidism, hypogenitalism (eunuchism in which testicles are present but not functional).

eunuque, *s. m.* : eunuch.

euosmie, *s. f.* : euosmia (1. normal sense of smell; 2. pleasant odour).

eupareunie, *s. f.* : eupareunia (normal sexual intercourse).

eupepsie, *s. f.* : eupepsia (normal good digestion).

eupeptique, *adj.* : eupeptic.

euphonie, *s. f.* : euphonia, euphony.

euphorie, *s. f.* : euphoria, eupathia (1. normal sense of well being; 2. extravagant sense of well being [*psych.*]).

euplastique, *adj.* : euplastic (healing normally).

eupnée, *s. f.* : eupnea (normal respiration).

eupraxie, *s. f.* : eupraxia (normal performance of coordinated movements).

europium, *s. m.* : europium.

eurycéphalie, *s. f.* : 1. eurycephalic type (morph.); 2. brachycephaly.

eurydolichotypique, *adj.* : relating length *or* height to breadth.

eurygnathe, *adj.* : eurygnathic (wide-jawed).

euryprosope, *adj.* : euryprosopic (broad-faced).

eurythmie, *s. f.* : eurhythmia (regularity of the pulse).

euscope, *s. m.* : euscope (type of projection microscope).

eusémie, *s. f.* : favourable aspects of a malady.

Eustache (trompe d') : eustachian tube; **valvule d' - :** eustachian valve, valvula venae cavae inferior.

eustachite, *s. f.* : eustachitis.

eustrongylose, *s. f.* : eustrongylosis (infestation of urinary tract in dogs, rarely in man, with nematode *Eustrongylus*).

eutectique, *s. m., adj.* : eutectic.

eutexie, *s. f.* : eutexia *(chem.).*

euthanasie, *s. f.* : euthanasia.

euthymie, *s. f.* : euthymia (1. cheerful behaviour; 2. euthymism [normal thymic activity]).

eutocie, *s. f.* : eutocia (normal childbirth).

eutocique, *adj.* : eutocic, eutocous.

eutrophie, *s. f.* : eutrophia. eutrophy (state of normal nutrition).

euzoamylie, *s. f.* : condition of a cell actively storing glycogen.

évacuant *ou* **évacuatif,** *s. m., adj.* : evacuant.

évacuateur, *s. m.* : evacuator.

évacuation, *s. f.* : evacuation (1. act of voiding; 2. defecation; 3. removal; **centre d' - :** casualty clearing station; **hôpital d' - :** clearing hospital *or* station).

évagination, *s. f.* : evagination.

évanescent, *adj.* : evanescent.

évanouir (s'), *v.* : to faint, to swoon; **tomber évanoui** : to fall down in a faint *or* swoon.

évanouissement, *s. m.* : faint, swoon, syncope.

évaporateur, *s. m.* : evaporator, dryer; **- à vide :** vacuum dryer *or* desiccator.

évaporation, *s. f.* : evaporation.

évasement, *s. m.* : bell-mouth (vessel, pipe).

éveil (réaction d') : waking reaction (change in EEG on awakening).

éventail (signe de l') : Babinski's sign (fan-like abduction of the toes on flexion and extension of trunk in infantile hemiplegia).

éversion, *s. f.* : eversion.

évidement, *s. m.* : evidement (scooping out a disease cavity).

éviration, *s. f.* : eviration (1. castration; 2. paranoia in which the patient thinks and acts as a woman).

éviscération, *s. f.* : evisceration.

évolutif, *adj.* : evolutive.

évolution, *s. f.* : evolution *(biol.)*; development.

évolutionnisme, *s. m.* : evolutionism.

évulsion, *s. f.* : evulsion, avulsion.

Ewing (sarcome d') : Ewing's tumor (ill-defined clinical and pathological entity).

ex- : ex-, prefix denoting out, away from, outside.

exacerbation, *s. f.* : exacerbation.

exacose, *s. f.* : blastomycosis, cryptococcosis, torulosis.

exaltation, *s. f.* : exaltation *(physiol., psych.).*

examen, *s. m.* : examination, inspection, investigation; **- de laboratoire** : laboratory finding; **- de la vue** : sight-testing.

exanie, *s. f.* : exania, rectal prolapse.

exanthémateux, *adj.* : exanthematous.

exanthématique, *adj.* : exanthematous; **typhus - :** exanthematous typhus.

exanthématologie, *s. f.* : exanthematology.

exanthème, *s. m.* : exanthem, rash; **- sérique** : serum rash.

exartérite, *s. f.* : exarteritis.

exarthrose, *s. f.* : exarthrima, *plur.* exarthrimata, dislocation, luxation.

exarticulation, *s. f.* : exarticulation (1. dislocation of a joint; 2. amputation through a joint).

excavation, *s. f.* : excavation.

excentrique, *adj.* : eccentric, excentric.

excipient, *s. m.* : excipient, vehicle *(pharm.).*

excision, *s. f.* : excision, resection.

excitabilité, *s. f.* : excitability *(physiol.).*

excitant, *s. m.* : excitant, stimulant; *adj.* : excitant, exciting, stimulating.

excitateur, *s. m.* : excitor, discharger; exciting dynamo; *adj.* : exciting.

excitation, *s. f.* : excitation *(physiol.);* **batterie d' -** : exciting battery; **tension d' -** : exciting voltage.

excité, *adj.* : excited.

exclusion, *s. f.* : exclusion; **diagnostic par -** : diagnosis by exclusion.

excoriation, *s. f.* : excoriation, abrasion.

excrément, *s. m.* : excrement.

excrémentiel *ou* **excrémentitiel,** *adj.* : excrementitious.

excreta, *lat.* : excreta.

excréter, *v.* : to excrete.

excréteur, *adj.* : excretive, excretory.

excrétion, *s. f.* : excretion (1. the act of excreting; 2. excreted matter).

excrétoire, *adj.* : excretory.

excroissance, *s. f.* : excrescence, outgrowth.

excursion oculaire : excursion (wandering of the eyes from a midposition).

exencéphale, *s. m.* : exencephalus (monster with brain partly outside the cranium).

exentération, *s. f.* : exenteration, evisceration.

exercice, *s. m.* : exercise.

exérèse, *s. f.* : exeresis (surgical excision *or* extraction).

exfœtation, *s. f.* : exfetation, extra-uterine *or* ectopic pregnancy.

exfoliation, *s. f.* : exfoliation.

exhalaison, *s. f.* : exhalation, effluvium.

exhalant, *adj.* : exhalant.

exhalation, *s. f.* : exhalation.

exhaustion, *s. f.* : exhaustion (method of refining a crude drug by percolation).

exhémie, *s. f.* : exemia, hemoconcentration.

exhibition, *s. f.* : exhibition (1. administration of a drug; 2. display).

exhibitionisme *ou* **exhibitionnisme,** *s. m.* : exhibitionism, indecent exposure.

exhibitioniste *ou* **exhibitionniste,** *s. m.* : exhibitionist.

exhilarant, *s. m., adj.* : exhilarant.

exhumation, *s. f.* : exhumation.

exo- : exo-, prefix meaning outside.

exocardiaque, *adj.* : exocardiac, exocardial.

exocardie, *s. f.* : exocardia, ectocardia (congenital displacement of the heart).

exocervical, *adj.* : exocervical.

exocervicite, *s. f.* : exocervicitis.

exocholécystopexie, *s. f.* : exocholecystopexy.

exocol, *s. m.* : ectocervix, vaginal cervix, portio vaginalis.

exocrine, *adj.* : eccrine, exocrine.

exo-enzyme, *s. m.* : exo-enzyme, extracellular enzyme.

exo-érythrocytaire, *adj.* : exo-erythrocytic (stage of development of malarial parasites outside the red corpuscles).

exogamie, *s. f.* : exogamy (1. protozoan fertilization by union of elements of two cells; 2. heterosexuality).

exogène, *adj.* : exogenous, exogenetic; **maladie -** : exogenous disease, exopathy.

exogénote, *s. m.* : exogenote.

exohémophylaxie, *s. f.* : exohemophylaxis (injection into a patient of his own blood mixed with, *e.g.* arsphenamine).

exomphale *ou* **exomphalocèle,** *s. f.* : exomphalos, exomphalocele (1. congenital hernia of viscera into the umbilical cord; 2. umbilical hernia).

exophorie, *s. f.* : exophoria (external squint).

exophtalmie, *s. f.* : exophthalmia, exophthalmos; **- pulsatile** : pulsating exophthalmos.

exophtalmique, *adj.* : exophthalmic; **goitre -** : exophthalmic goiter, Graves' *or* Basedow's disease.

exophtalmomètre, *s. m.* : exophthalmometer, proptometer.

exophtalmométrie, *s. f.* : exophthalmometry.

exoplasmique, *adj.* : exoplasmic; **substance -** : exoplasm, ectoplasm, plasma membrane.

exorbitis, *s. f. ou* **exorbitisme,** *s. m.* : exorbitism, exophthalmos.

exosérose, *s. f.* : exoserosis (serous oozing, *e.g.* in weeping eczema).

exosmose, *s. f.* : exosmosis.

exosplénopexie, *s. f.* : exosplenopexy *(surg.).*

exospore, *s. m.* : exospore.

exosquelette, *s. m.* : exoskeleton, dermoskeleton.

exostose, *s. f.* : exostosis.

exotérique, *adj.* : exoteric, ectoblastic.

exotherme *ou* **exothermique,** *adj.* : exothermic.

exothymopexie, *s. f.* : exothymopexy.

exotique, *adj.* : exotic; **maladies -** : tropical diseases.

exotoxine, *s. f.* : exotoxin.

expansibilité, *s. f.* : expansibility.

expansible, *adj.* : expansible.

expansif, *adj.* : expansive.

expansion, *s. f.* : expansion.

expansivité, *s. f.* : expansivity, expansiveness, euphoria.

expectant, *adj.* : expectant; **méthode -** : expectant treatment.

expectation, *s. f.* : 1. anticipation, expectation; 2. expectant treatment.

expectorant, *s. m., adj.* : expectorant.

expectoration, *s. f.* : expectoration (1. act of expectorating; 2. sputum; **- spumeuse** : frothy expectoration).

expérience, *s. f.* : experiment, test; **- de chimie** : chemical experiment; **procéder à une -** : to carry out an experiment; **faire l' - d'un poison** : to test a poison.

expérimental, *adj.* : experimental, tentative; **sciences -** : applied sciences.

expérimentation, *s. f.* : experimentation.

expérimenter, *v.* : to test, try, experiment.

expert, *s.* : expert; **médecin -** : medical expert; *adj.* : able, expert, skilled.

expirateur, *adj.* : expiratory.

expiration, *s. f.* : expiration (1. breathing out; 2. death; 3. discharge [steam]).

expirer, *v.* : to expire (1. to breath out; 2. to die).

explorateur, *s. m.* : explorer; *adj.* : exploratory, exploring; **ponction -** : exploratory puncture; **aiguille-canule pour ponction -** exploring needle.

exploration, *s. f.* : exploration.

explosion, *s. f.* : explosion (1. violent expansion; 2. sudden outbreak [of symptoms]; 3. discharge [of nerve cell]).

explosif, *adj.* : explosive; **consonne -** : explosive consonant (« p » and « b »).

exposer, *v.* : 1. to exhibit, explain, expound; 2. to expose, uncover, lay open; **s' -** : to expose oneself.

exposition, *s. f.* : 1. exhibition (medical, scientific etc.); 2. explanation, interpretation (of a theory etc.); 3. exposure (to heat, cold).

expression, *s. f.* : expression (1. facial aspect; 2. act of squeezing out, expressing [*surg.*, *obstet.*, *pharm.*]; **regard sans -** blank look or expression.

expressivité, *s. f.* : expressivity (*genet.*).

expulsif, *adj.* : expulsive; **douleurs - ou expultrices** : expulsive pains (second stage of labor).

expulsion, *s. f.* : expulsion, evacuation.

exquis, *adj.* : exquisite; **douleur -** : exquisite pain.

exsangue, *adj.* : exsanguine, anemic, bloodless; **rendre -** : to exsanguinate.

exsanguination, *s. f.* : exsanguination.

exsanguino-transfusion, *s. f.* : exchange-transfusion, replacement transfusion.

exsiccateur, *s. m.* : *cf.,* **dessicateur.**

exsiccation, *s. f.* : *cf.,* **déshydratation.**

exstrophie, *s. f* : exstrophy, exersion ; **- de la vessie** : exstrophy of the bladder.

exsudat, *s. m.* : exudate.

exsudatif, *adj.* : exudative.

exsudation, *s. f.* : exudation, transudation, sweating.

exsufflation, *s. f.* : exsufflation.

extase, *s. f.* : ecstasy, trance; **tomber en -** : to fall into a trance.

extemporané, *adj.* : extemporaneous.

extenseur, *s. m., adj.* : 1. extensor; 2. shock absorber.

extension, *s. f.* : extension (1. straightening [of a flexed limb or muscle]; 2. enlargement, lengthening, spreading; **- d'une maladie** : spread of a disease; **- continue** : extension [traction by springs *or* weights for correcting a fracture *or* dislocation]).

extensité, *s. f.* : proprioceptive perception.

exténuation, *s. f.* : extenuation, emaciation, exhaustion, debility.

extérioration, *s. f.* : referred *or* reflex sensation (*e.g.* sensation in a « phantom limb » after amputation).

extériorisation, *s. f.* : exteriorization (*surg.*, *psych.*).

externat, *s. m.* : 1. non-resident medical students' department; 2. out-patients' department.

externe, *s. m.* : extern (non-resident medical student *or* graduate attached to an hospital); *adj.* : external; **malade -** : out-patient (at hospital); **pour l'usage -** : « for external application only » *or* « not to be taken internally » (*pharm.*); **tunique -** adventitia extima.

extérocepteur, *s. m.* : exteroceptor (cutaneous sensory nerve ending).

extinction, *s. f.* : extinction; **attraper une - de voix** : to lose one's voice; **- de voix** : loss of voice.

extirpation, *s. f.* : 1. extirpation (radical removal); eradication (*odont.*).

extra- : extra-, prefix meaning outside.

extra-articulaire, *adj.* : extra-articular.

extra-capsulaire, *adj.* : extracapsular.

extra-cardiaque, *adj.* : extracardial.

extra-corporel, *adj.* : extracorporeal.

extracteur, *s. m.* : extractor; **- centrifuge** : centrifugal *or* spin drier.

extractif, *adj.* : extractive.

extraction, *s. f.* : extraction (1. avulsion; 2. making an extract; **- dentaire** : dental extraction).

extra-cystique, *adj.* : extracystic.

extra-cystite, *s. f.* : *cf.*, **paracystite.**

extra-dural, *adj.* : extradural.

extra-génital, *adj.* : extragenital.

extrait, *s. m.* : extract; **- bibliographique** : abstract; **- de viande** : meat extract *or* essence; **- sec** : dry matter, desiccate; **faire l' - sec** : to determine the quantity of matter soluble in a solvent.

extra-ligamenteux, *adj.* : extraligamentous.

extra-marginal, *adj.* : extramarginal.

extra-médullaire, *adj.* : extramedullary.

extra-nucléaire, *adj.* : extranuclear.

extra-polaire, *adj.* : extrapolar.

extrasystole, *s. f.* : extrasystole, premature beat; **- de retour** : retrograde extrasystole.

extra-utérin, *adj.* : extra-uterine; **grossesse -** : extra-uterine pregnancy.

extra-vaginal, *adj.* : extravaginal.

extravasation *ou* **extravasion,** *s. f.* : extravasation (1. escape *or* discharge of fluid from a vessel *or* viscus into the tissues; 2. extravasated fluid).

extra-vasculaire, *adj.* : extravascular.

extra-ventriculaire, *adj.* : extraventricular.

extraversion, *s. f.* : 1. extraversion *(psych.)*; 2. unusually wide dental arch *(odont.)*.

extraverti *ou* **extroverti,** *adj.* : extrovert *(psych.)*.

extrémité, *s. f.* : extremity (1. end, termination; 2. limb; **avoir les - froides** : to have cold hands and feet).

extrinsèque, *adj.* : extrinsic; **facteur -** : extrinsic factor (of Castle).

extroversion, *s. f.* : extroversion, exstrophy.

extrusion, *s. f.* : extrusion (1. a tooth which is pushed too far outward from the line of occlusion *[odont.]*; 2. expulsion).

exubérant, *adj.* : exuberant, copious.

exudation, *s. f.* : exudation (1. the act to exuding; 2. exsudate).

exulcération, *s. f.* : exulceration (superficial ulceration).

exutoire, *s. m.* : exutory (1. ulcer artificially maintained for drainage; 2. a remedy that promotes drainage).

exuviable, *adj.* : exuviable, exfoliative *(derm.)*.

F

F (composé) de Kendall : Kendall's « compound F » (17-hydroxycorticosterone).

F. : abbreviation for Fahrenheit, *cf.* temperature conversion tables.

fabisme, *s. m.* : *cf.,* **favisme.**

fabulation, *s. f.* : confabulation, fabrication (recounting imaginary events as if they were true; inability to distinguish facts from fancy common in young children and in some mental disorders).

Fabry (maladie de) : *cf.,* **angiokeratoma corporis diffusum de Fabry.**

face, *s. f.* : face, facies; **présentation par la -** : face presentation (*obstet.*).

facette, *s. f.* : facet, aspect (1. small plane surface [*e.g.* on a bone]; 2. abraded spot on a tooth; **- auriculaire** : facies auricularis; **- jugulaire** : jugum petrosum [temporal bone]).

facial, *adj.* : facial; **angle -** : facial angle; **névralgie -** : facial neuralgia; **paralysie -** : facial paralysis, Bell's palsy.

facies, *s. m.* : facies, aspect, appearance; **- du moribond** : hippocratic countenance, facies hyppocratica; **- cyanose, pâle, vultueux** : cyanosed, flushed, pale face.

facilitation, *s. f.* : facilitation (1. promotion of any process; 2. effect produced in a nerve by the passage of an impulse).

faciobrachial, *adj.* : faciobrachial.

faciocervical, *adj.* : faciocervical.

faciolingual, *adj.* : faciolingual.

facio-scapulo-huméral, *adj.* : facioscapulohumeral.

facteur, *s. m.* : factor, coefficient; **- intrinsèque** : Castle's intrinsic factor; **- extrinsèque** : Castle's extrinsic factor.

factice, *adj.* : artificial, factitious; **médicament -** : placebo.

facultatif, *adj.* : facultative, optional.

faculté, *s. f.* : 1. faculty, ability, capacity; **- de parler** : power of speech; **jouir de toutes ses -** : to be in full possession of one's faculties; 2. faculty (of arts, law, medicine).

fagopyrisme, *s. m.* : fagopyrism (poisoning by buckwheat).

Fahrenheit (thermomètre de) : Fahrenheit's thermometer, *cf.* table.

faible, *adj.* : feeble, weak; **- d'esprit** : feeble minded.

faiblesse, *s. f.* : faintness, feebleness, weakness; **accès de -** : fainting fit; **- du pouls** : feeble pulse; **tomber en -** : to faint, to swoon.

faim, *s. f.* : hunger; **avoir -** : to be hungry; **- douloureuse** : hunger pain; **- valle** : bulimy, morbid hunger, fames bovina *or* canina.

faisceau, *s. m.* : bundle, tract, fasciculus (*lat.*); **- antérieur de la moelle** : Flechsig's tract; **- de Burdach, - cunéiforme** *ou* **externe du cordon postérieur de la moelle** : Burdach's tract, fasciculus cuneatus; **- cérébelleux direct** : direct cerebellar tract; **- de Goll** *ou* **interne du cordon postérieur** : Goll's tract, fasciculus gracilis; **- de Gowers** : Gowers' tract *or* column, anterior ascending cerebellospinal tract; **- latéral mixte** : lateral basis bundle; **- pyramidal** : pyramidal tract; **- pyramidal croisé** *ou* **latéral** : crossed *or* lateral pyramidal tract; **- pyramidal direct** *ou* **antérieur** *ou* **- de Türck** : direct *or* anterior pyramidal tract; **- radiculaire antérieur** : anterior basis bundle; **- rubrospinal** : rubrospinal tract; **- sensoriel** : sensory tract; **- solitaire** : tractus solitarius; **- vasculaire** : vascular bundle.

faix, *s. m.* : conceptus (contents of the gravid uterus).

falciforme, *adj.* : falciform, falcate, falcular, sickle-shaped; **cellule -** : sickle cell; **hématie -** : drepanocyte, meniscocyte, sickle cell; **ligament -** : falciform ligament.

falciémie, *s. f.* : *cf.,* **sicklémie.**

falculaire, *adj.* : falcular, sickle-shaped.

Fallope (arcade *ou* **ligament de)** : fallopian ligament, Poupart's ligament, inguinal ligament; **aqueduc de -** : fallopian aqueduct *or* canal, facial canal; **trompe de -** : fallopian tube; **hiatus de -** : fallopian hiatus, Ferrein's foramen.

Fallot (maladie *ou* **tétralogie de)** : Fallot's tetrad *or* tetralogy.

falqué, *adj.* : falcate (*bot.*), sickle-shaped.

falsification, *s. f.* : falsification, adulteration (of food).

falsifié, *adj.* : falsified, adulterated.

famélique, *adj.* : famishing, famished, starving; **fièvre -** : famine fever.

familial, *adj.* : familial.

famille, *s. f.* : family.

famine, *s. f.* : famine, starvation.

fange, *s. f.* : mud, fango *(ital.)* (from thermal springs used for mud-baths).

fangothérapie, *s. f.* : fangotherapy (treatment by mud baths).

fanon, *s. m.* : fetlock (horse); dewlap (ox).

fantaisie, *s. f.* : fantasy, phantasy *(psych.)*.

fantaisiste, *s. m.* : fantast, day-dreamer.

fantasme, *s. m.* : phantasm, visual hallucination, illusion.

fantôme, *s. m.* : phantom (1. phantasm; 2. model or part, *or* whole, of the body; **membre -** : phantom limb [sensation referred to amputated limb]).

farad, *s. m.* : farad (unit of electrical capacity).

Faraday (loi de) : Faraday's law (of electrolysis).

faradique, *adj.* : faradaic, faradic; **électropuncture -** : faradipuncture.

faradisation, *s. f.* : faradism, faradization (thérapeutic use of induced currents).

faradmètre, *s. m.* : faradimeter, faradmeter.

farcin, *s. m.* : farcy (chronic form of glanders); **- du bœuf** : bovine farcy.

farcineux, *adj.* : farcied; **bouton -** : button farcy, farcinoma.

farcinose mutilante : glanders, chronic ulcerating farcy.

farinacé, *adj.* : farinaceous.

farine, *s. f.* : flour, farina; **ver de -** : mealworm; **- fossile** : infusorial earth.

farineux, *s. m.* : cereals, farinaceous food; *adj.* : farinaceous, floury, mealy.

fascia, *s. m.* : fascia, aponeurosis.

fasciculaire, *adj.* : fascicular, fasciculated.

fascicule, *s. m.* : fascicle.

fasciculé, *adj.* : fasciculated, fascicular.

fastigium, *s. m.* : 1. fastigium *(anat.)*; 2. the acme *or* climax (of a disease).

fatigant, *adj.* : fatiguing, tiring.

fatigue, *s. f.* : fatigue, tiredness, weariness.

fatigué, *adj.* : fatigued, tired, weary; **avoir la tête -** : to suffer from brainfag.

fauchage, *s. m.* : gait; **- spasmodique** : spastic gait.

Fauchard (maladie de) : pyorrhea alveolaris.

faune, *s. f.* : fauna, animal life; **- avienne** : avifauna, bird life.

fausset (voix de) : falsetto.

faux, *s. f.* : falx, sickle shaped fold; **- du cerveau** : falx cerebri, falciform process, mediastinum cerebri; **- du cervelet** : falx cerebelli, falcula mediastinum cerebelli; *adj.* : false; **- anévrisme** : false aneurysm; **- côtes** : false *or* floating ribs;

- couche : miscarriage *(obstet.)*; **- route** : false passage.

favéole, *s. f.* : faveolus, *plur.* faveoli, alveole, alveolus.

favéolé, *adj.* : faveolate, alveolate, honeycombed.

faveux, *adj.* : favose; **teigne -** : favus.

faviforme, *adj.* : faviform.

favisme, *s. m.* : favism, fabism (acute hemolytic anemia caused by eating, *or* even by contact with pollen of the bean *(Vicia fava)*.

favus, *s. m.* : favus (contagious skin disease caused by infection with the fungus *Trichophyton* or *Achorion*).

fébricide, *s. m.* : febricide.

fébricitant, *adj.* : feverish.

fébricule, *s. m.* : febricula (slight transient fever).

fébrifique, *adj.* : febrific, febrifacient.

fébrifuge, *s. m.* : antipyretic, febrifuge; *adj.* : antifebrile, antipyretic, febrifugal.

fébrigène, *s. m.* : febricant; *adj.* : febrifacient, febrific.

fébrile, *adj.* : febrile, feverish.

fébrilité, *s. f.* : febricity, febrility, feverishness.

fécal, *adj.* : faecal, fecal; **concrétion -** : fecalith.

fécaloïde, *adj.* : fecaloid (resembling feces).

fécalome, *s. m.* : fecaloma, scatoma (tumor-like mass of feces).

fécalurie, *s. f.* : fecaluria (passage of fecal matter in the urine).

fèces, *s. f. pl.* : faeces, feces (1. excrement, stool; 2. sediment from infusion [*chem.*]).

fécond, *adj.* : fecund, fertile.

fécondation, *s. f.* : fecundation, fertilization, impregnation *(biol.)*; pollination *(bot.)*.

fécondité, *s. f.* : fecundity, fertility.

fécule, *s. f.* : fecula, starch.

féculent, *s. m.* : starchy food, starchy substance; *adj.* : feculent, starchy; thick, turbid *(chem.)*.

Fehling (liqueur de) : Fehling's solution (for estimating sugar).

fêlure, *s. f.* : crack; **- du crâne** : fracture of the skull.

f.e.m. : E.M.F. abbreviation for electromotive force.

femelle, *s. f., adj.* : female.

féminin, *adj.* : feminine.

féminisant, *adj.* : feminizing.

féminisation, *s. f.* : feminization.

féminisme, *s. m.* : feminism.

féminité, *s. f.* : feminity, womanhood.

femme, *s. f.* : 1. female (human), lady, woman; 2. wife.

fémoral, *adj.* : femoral; **hernie -** : femoral hernia, femorocele.

fémoro- : femoro-, prefix denoting a relation with the femur.

fémorocutané (nerf) : cutaneus femoris externus (nerve).

fémorotibial, *adj.* : femorotibial.

fémur, *s. m.* : femur, thigh bone; **espace inter-condylien du -** : popliteal space; **ligne âpre du -** : linea aspera *or* crista femoris; **grande tubé-rosité du -** : greater trochanter; **petite tubérosité du -** : lesser trochanter.

fenestration, *s. f.* : fenestration *(surg.)*.

fenestré *ou* **fenêtré,** *adj.* : fenestrate, fenestrated; **bandage -** : fenestrated bandage.

fenêtre, *s. f.* : fenestra *(lat.)*; **- ovale** : fenestra ovalis; **- ronde** : fenestra rotunda (middle ear).

fenouil, *s. m.* : fennel.

fente, *s. f.* : fissure, fissura *(lat.)*; **grande - de Bichat** : fissure of Bichat, transverse cerebral fissure; **- sphénomaxillaire** : sphenomaxillary fissure; **- sphénoïdale** *ou* **orbitaire** : sphenoidal fissure.

fer, *s. m.* : iron, ferrum *(lat.)*.

férin, *adj.* : ferrine, noxious, savage, violent; **toux -** : dry barking cough.

ferment, *s. m.* : enzyme, ferment.

fermentable, *adj.* : fermentable.

fermentatif, *adj.* : fermentative.

fermentation, *s. f.* : fermentation; **- gastro-intestinale** : flatulence.

fermentescible, *adj.* : fermentable.

fermium, *s. m.* : fermium (also called centurium).

ferreux, *adj.* : ferrous.

ferri- : ferri-, prefix denoting a ferric compound.

ferriprive, *adj.* : iron-deficient.

ferrique, *adj.* : ferric.

ferritine, *s. f.* : ferritin.

ferro- : ferro-, prefix denoting a ferrous compound.

ferromètre, *s. m.* : ferrometer.

ferropexie, *s. f.* : ferropexy (fixation of iron).

ferrugineux, *adj.* : ferruginous, chalybeate.

ferruginosité, : iron content.

fertilisable, *adj.* : fertilizable.

fertilisation, *s. f.* : fertilization; **- croisée** : cross fertilization *(genet.)*.

fertilité, *s. f.* : fertility.

férulation, *s. f.* : ferulation *or* palettation (massage by tapping with a ruler *or* similar flat wooden instrument).

fesse, *s. f.* : buttock, rump.

fessier, *adj.* : gluteal; **région -** : buttocks, gluteal region; **muscle -** : gluteus; **inflammation des muscles -** : glutitis.

festination, *s. f.* : festination (involuntary quickening of the pace; a sign of parkinsonism).

festonné, *adj.* : crenate, crenated.

fétichisme, *s. m.* : fetichism *(psych.)*.

fétide, *adj.* : fetid, foetid, malodorous, rank.

feu, *s. m.* : fire; **- sacré, - de St. Antoine** : St. Anthony's fire, erysipelas.

feuille, *s. f.* : leaf; **- bouclées** : leaf-curl (due to plant viruses); **- de sauge** : bistoury *(surg.)*.

feuillées, *s. f. pl.* : camp *or* field latrines.

feuillet, *s. m.* : fardel, third stomach of ruminants; **- embryonnaires** : germ layers; **- magnétique** : magnetic layer *(electr.)*; **- pariétal, visceral (de la plèvre, du péritoine)** : parietal, visceral pleura, peritoneum; **- vasculaire** : parablast *(biol.)*.

fibre, *s. f.* : fiber, fibre; **- arciformes (du bulbe)** : arcuate fibers; **- commissurales** : commissurable fibres; **- du cœur** : chordae tendinae.

fibreux, *adj.* : fibrous; **dégénérescence -** : fibrosis.

fibrillaire, *adj.* : fibrillar, fibrillary.

fibrillation, *s. f.* : fibrillation; **- auriculaire** : auricular fibrillation; **- ventriculaire** : ventricular fibrillation.

fibrille, *s. f.* : fibril, fibrilla, *pl.* fibrillae.

fibrillo-flutter, *s. m.* : alternating auricular fibrillation and flutter.

fibrine, *s. f.* : fibrin.

fibrinémie, *s. f.* : fibrinemia, fibremia (presence of fibrin in the blood).

fibrineux, *adj.* : fibrinous.

fibrino- : fibrino-, prefix meaning relating to fibrin.

fibrinogène, *s. m.* : fibrinogen; *adj.* : fibrinogenic, fibrinogenous.

fibrinogénolyse, *s. f.* : fibrinogenolysis (solution *or* inactivation of fibrinogen).

fibrinogénopénie, *s. f.* : fibrinogenopenia, afibrinogenemia.

fibrinoglobuline, *s. f.* : fibrinoglobulin.

fibrinokinase, *s. f.* : fibrinokinase.

fibrinolyse, *s. f.* : fibrinolysis.

fibrinolysine, *s. f.* : fibrinolysin.

fibrinolytique, *adj.* : fibrinolytic.

fibrinopénie, *s. f.* : fibrinopenia.

fibrinoplastique, *adj.* : fibrinoplastic; **substance -** : fibrinoplastin, fibroplastin, paraglobuline.

fibrinurie, *s. f.* : fibrinuria.

fibroadénie, *s. f.* : fibroadenia (fibroid degeneration of malpighian bodies of the spleen, characteristic of Banti's disease).

fibroadénome, *s. m.* : fibroadenoma.

fibroaréolaire, *adj.* : fibroareolar.

fibroblaste, *s. m.* : fibroblast.

fibroblastome, *s. m.* : fibroblastoma.

fibroblastose, *s. f.* : fibroblastosis.

fibrocartilage, *s. m.* : fibrocartilage.

fibrocaséeux, *adj.* : fibrocaseous.

fibrocellulaire, *adj.* : fibrocellular.

fibrochondrite, *s. f.* : fibrochondritis.

fibrochondrome, *s. m.* : fibrochondroma, chondro-fibroma.

fibrochondro-ostéosarcome, *s. m.* : fibrochondro-osteosarcoma.

fibrocystique, *adj.* : fibrocystic.

fibrocystome, *s. m.* : fibrocystoma.

fibrocyte, *s. m.* : fibrocyte.

fibroélastique, *adj.* : fibroelastic.

fibroélastose endocardiaque : endocardial fibro-elastosis.

fibroenchondrome, *s. m.* : fibroenchondroma.

fibroglie, *s. f.* : fibroglia.

fibrogliome, *s. m.* : fibroglioma.

fibrograisseux, *adj.* : fibrofatty.

fibroïde, *adj.* : fibroid.

fibrokystique, *adj.* : fibrocystic; **tumeur -** : fibro-cystoma.

fibrolipome, *s. m.* : fibrolipoma.

fibromateux, *adj.* : fibromatous.

fibromatose, *s. f.* : fibromatosis.

fibrome, *s. m.* : fibroma; **- molluscum** : mollus-cum fibrosum; **- de l'utérus** : uterine fibroid, fibro-myoma of the uterus.

fibromectomie, *s. f.* : fibromectomy.

fibromembraneux, *adj.* : fibromembranous.

fibromusculaire, *adj.* : fibromuscular.

fibromyome, *s. m.* : fibromyoma.

fibromyomectomie, *s. f.* : fibromyomectomy.

fibromyomotomie, *s. f.* : fibromyomotomy.

fibromyosite, *s. f.* : fibromyositis.

fibromyxome, *s. m.* : fibromyxoma.

fibromyxosarcome, *s. m.* : fibromyxosarcoma.

fibropapillome, *s. m.* : fibropapilloma.

fibroplasie rétrocristallinienne *ou* **rétrolentale** : retrolental fibroplasia.

fibroplastique, *adj.* : fibroplastic.

fibropsammome, *s. m.* : fibropsammoma.

fibropurulent, *adj.* : fibropurulent.

fibrosarcome, *s. m.* : fibrosarcoma.

fibrose, *s. f.* : fibrosis; **- rétropéritonéale** : retro-peritoneal fibrosis.

fibroséreux, *adj.* : fibroserous; **membranes -** : fibroserous membranes.

fibrosite, *s. f.* : fibrositis (inflammatory hyperplasia of white fibrous tissue, particularly associated with muscular spasms causing lumbago).

fibrothorax, *s. m.* : fibrothorax (treatment for phthisis).

fibrotuberculome, *s. m.* : fibrotuberculoma.

fiel, *s. m.* : bile, gall *(obs.)*; **- de bœuf** : fel bovis *(pharm.)*.

fièvre, *s. f.* : fever, pyrexia; **accès de -** : attack *or* bout of fever; **avoir la -** : to be feverish; **- céré-brale** : brain fever; **- chaude** : brain fever; **- de cheval** : raging fever; **forte -** : high fever *or* tem-perature; **- hectique** : hectic fever; **- intermit-tente** : intermittent fever (commonly malarial), ague, « fever and ague » *(U.S.)*; **- jaune** : yellow fever; **- larvée** : masked fever; **- de Malte** : Malta *or* undulant fever; **- paludéenne** : marsh fever, malaria; **- pourprée des Montagnes Ro-cheuses** : spotted *or* Rocky Mountain fever; **- récurrente** : recurrent *or* relapsing fever.

fiévreux, *s.* : fever patient; *adj.* : fevered, feverish, pyrexial; pyrogenic; **état -** : feverish condition, feverishness; **marécage -** : fever swamp.

figure, *s. f.* : 1. face, appearance, visage; 2. figure, form.

fil, *s. m.* : thread, filum, *plur.* fila *(lat.)*; **- de fer** : iron wire; **- électrique** : electric wire; **- terminal** : filum terminale *(anat.)*.

filaire *ou* **filaria,** *s. f.* : filaria, guinea-worm.

filament, *s. m.* : filament, shred, filum; **- terminal** : filum terminale.

filaments : shreds (e.g. in pyuria).

filamenteux, *adj.* : filaceous, filamentous, filar, thready, stringy.

filant, *adj.* : filaceous, ropy, stringy.

filaricide, *s. m.* : filaricide; *adj.* : filaricidal.

filariforme, *adj.* : filariform, threadlike.

filariose, *s. f.* : filariasis (disease due to filarial infestation).

filet, *s. m.* : 1. fibre, filament; 2. frenum; **- de la langue** : fraenum linguae; **- de la verge** : fre-num of the prepuce, fraenum preputii.

filiation, *s. f.* : filiation (consanguinity in direct line).

filière Charrière : Charrière's gauge, Charrière scale (for sizing catheters).

filière pelvienne : birth canal *(obstet.)*.

filiforme, *adj.* : filiform, thread-like; **pouls -** : thready pulse.

film, *s. m.* : film; **boîte à -** : cassette *(phot., radiol.)*; **- cinématographique** : moving picture, « film » *(vernac.)*; **dispositif à - réduit** : spot film device; **- en couleurs** : color-film.

filtrable, *adj.* : filterable, filtrable; **virus -** : filte-rable virus.

filtrage, *s. m.* : filtration.

filtrant, *adj.* : filterable, filtering; **bacille -** : filter-passer; **bougie -** : filter-candle.

filtrat, *s. m.* : filtrate; **- glomérulaire** : glomerular filtrate.

filtration, *s. f.* : filtration, percolation; **- réab-sorption (théorie)** : filtration-reabsorption (theory).

filtre, *s. m.* : filter; **- coloré** : color-filter *(phot.)*; **écran -** : filter screen *(phot.)*; **papier -** : filter paper; **- presse** : filter-press.

filtrer, *v.* : to filter, to percolate, to strain.

fimbrié, *adj.* : fimbriate, fimbriated, fringed.

finalisme, *s. m.* : finalism.

finalité, *s. f.* : finality.

Finsen (méthode de) *ou* **finsenthérapie,** *s. f.* : Finsen bath *or* treatment (actinotherapy).

fiole, *s. f.* : flask, phial; **- à vide** : filter-flask, suction-flask, Buchner flask; **- jaugée** : graduated flask.

fission, *s. f.* : fission.

fissipares, *s. m. pl.* : fissipara; *adj.* : fissiparous.

fissiparité, *s. f.* : fissiparism, fissiparity, fissiparous reproduction, schizogenesis.

fissuaire, *adj.* : fissural.

fissure, *s. f.* : cleft, fissure, fissura *(lat.)*; **- cérébelleuse longitudinale** : great horizontal fissure of the cerebellum; **- de Glaser** : glaserian fissure; **- de l'anus** : anal fissure; **- palatine** : cleft palate.

fissuré, *adj.* : 1. cleft, fissured; 2. chapped, crasked.

fistulaire, *adj.* : fistular, fistulate.

fistule, *s. f.* : fistula; **- anale** : anal fistula; **- anorectale** : fistula in ano ; **- borgne externe** : blind external fistula; **- borgne interne** : blind internal fistula.

fistuleux, *adj.* : fistular, fistulous.

fistulisation, *s. f.* : fistulization.

fixage, *s. m.* : fixation, fixing *(phot. histol.)*.

fixateur, *s. m.* : 1. fixative, fixing solution *(phot.)*; 2. amboceptor, fixator; **- aluné** : alum hardening-fixing bath *(phot.)*; **- chimique** : chemical fixative.

fixation, *s. f.* : fixation ; **abcès de -** : fixation abscess; **- du complément** *ou* **réaction de -** : complement fixation (reaction).

fixe, *adj.* : fixed; **appareil à foyer -** : fixed focus camera; **idée -** : fixed idea.

fixé, *adj.* : bound *(chem.)*.

flabellé, *adj.* : flabellate *(bot.)*, fan-like.

flabelliforme, *adj.* : flabelliform, fan-shaped.

flaccide, *adj.* : flabby, flaccid, relaxed.

flaccidité, *s. f.* : flaccidity, limpness.

flacherie, *s. f.* : flacherie (fatal disease of silkworms).

flacon, *s. m.* : bottle, flagon, flask; **- à densité** : specific-gravity bottle; **- à réactifs** : reagent bottle; **- à robinet** : bottle with stopcock ; **- à tare** : weighing bottle; **- bouché à l'émeri** : glass-stoppered bottle; **- compte-gouttes** : dropping bottle; **- de garde** : safety-bottle; **- laveur** : wash bottle.

flagellaire, *adj.* : flagellate; **antigène -** : flagellar antigen.

flagellation, *s. f.* : flagellation (1. flogging; 2. sadistic whipping; 3. massage).

flagelle, *s. f. ou* **flagellum,** *s. m.* : flagellum, *pl.* flagella.

flagellé, *adj.* : flagellate.

flagellés, *s. m. pl.* : flagellates, flagellata; **spore de -** : flagellula.

flagelliforme, *adj.* : flagelliform, flagellate.

flagellose, *s. f.* : flagellosis (infection with flagellate protozoa).

flagellum, *s. m.* : *cf.,* **flagelle.**

flambée, *s. f.* : flare, flush, erythematous reaction.

flanc, *s. m.* : flank (the side of the body between the ribs and the pelvic brim).

flasque, *adj.* : flaccid, flabby.

flatulence, *s. f.* : flatulence (excessive amount of gas in the stomach and bowel).

flatulent, *adj.* : flatulent.

flatuosité, *s. f.* : flatus.

flavine, *s. f.* : 1. flavin, flavine (term for a variety of organic yellow pigments); 2. acriflavine.

flavo- : flavo-, prefix meaning yellow.

fléchir, *v.* : to flex, to bend.

fléchissement du pied : foot drop.

fléchisseur, *adj.* : flexor, *cf.,* **muscle.**

flegme, *s. m.* : phlegm (viscid mucus of upper air passages and sinuses).

fletchérisme, *s. m.* : fletcherism (thorough mastication of food).

fleur, *s. f.* : flower; **- de soufre** : flowers of sulphur.

flexibilitas cerea *(lat.)* : cataleptic state in which the limbs retain any position in which they are placed.

flexibilité, *s. f.* : flexibility, pliability, litheness, suppleness.

flexible, *adj.* : flexible, pliable, lithe, supple.

flexion, *s. f.* : 1. flexure, bend; 2. flexion, bending.

flexueux, *adj.* : flexuous, curving, wavy.

flocculus, *s. m.* : flocculus (lobe of the cerebellum).

flocon, *s. m.* : 1. flake, floccule; 2. tuft.

floconneux, *adj.* : floccose, flocculent.

floculation, *s. f.* : flocculation; **réaction de -** : flocculation reaction, flocculoreaction.

floculeux, *adj.* : flocculose, flocculent.

flore, *s. f.* : flora, plant-life.

floride, *adj.* : florid, red.

flot, *s. m.* : flood; **bruit de -** : succussion sound (sign of pneumothorax).

flottant, *adj.* : floating ; **côtes -** : floating ribs ; **rein -** : floating kidney.

flou, *s. m.* : blurred, indistinct, out of focus *(opt.)*; **- chromatique** : soft tone *(phot.)*.

fluctuation, *s. f.* : fluctuation.

fluent, *adj.* : flowing; **hémorroïdes -** : bleeding piles.

fluet, *adj.* : slender, thin.

flueurs blanches : fluor albus, leukorrhea.

fluide, *s. m., adj.* : fluid; **extrait -** : fluid extract.

fluor, *s. m.* : fluorine.

fluorescéine, *s. f.* : fluorescein.

fluorescence, *s. f.* : fluorescence.

fluorescent, *adj.* : fluorescent; **écran -** : fluorescent screen; **lumière -** : fluorescent light.

fluorochrome, *s. m.* : fluorochrome.

fluorographie, *s. f.* : fluorography.

fluoromètre, *s. m.* : fluorometer.

fluoroscope, *s. m.* : fluoroscope.

fluoroscopie, *s. f.* : fluoroscopy.

fluorose, *s. f.* : fluorosis (chronic fluorine poisoning).

fluorure, *s. m.* : fluoride.

flutter *ou* **flutter auriculaire** : auricular flutter.

flux, *s. m.* : flux, flow; **- menstruel** : menstrual flow, menses.

fluxion, *s. f.* : fluxion, inflammation; **- lunatique** : moon blindness (doubtful aetiology); **- de poitrine** : congestion of the lungs, pneumonia.

focal, *adj.* : focal ; **distance -** : focal length ; **plan -** : : focal plane; **obturateur -** : focal plane shutter *(phot.).*

fœtal, *adj.* : fetal, foetal.

fœticide, *s. m.* : feticide, foeticide; *adj.* : feticidal, foeticidal.

fœticulture, *s. f.* : foeticulure, feticulture, antenatal hygiene.

fœtoplacentaire, *adj.* : fetoplacental.

fœtus, *s. m.* : fetus; **- arlequin** : harlequin fetus, congenital ichthyosis.

foie, *s. m.* : liver; **huile de - de morue** : cod liver oil; **maladie de -** : liver complaint.

foins (rhume des) : hay fever.

foliacé, *adj.* : foliaceous.

folie, *s. f.* : dementia, folly, insanity, lunacy, madness; **accès de -** : fit of madness; **atteint de - furieuse** : raving mad; **- discordante** : dementia praecox; **- du suicide** : suicidal mania; **être pris de -** : to go mad; **- intermittente** : periodic insanity; **- maniaco-dépressive** : maniac-depressive insanity.

folié, *adj.* : foliated.

folliculaire, *adj.* : follicular ; **inflammation -** : agminate folliculitis; **furonculose - infantile** : folliculitis abscendens infantum.

follicule, *s. m.* : follicle, folliculus, *pl.* folliculi *(lat.);* **- agminés** : agminated follicles, Peyer's patches; **- clos** : solitary follicle; **- de Graaf** : graafian follicle ; **- de Graaf fécondé** : Baer's vesicle ; **- pileux** : hair follicle; **- primordial** : primordial follicle.

folliculeux, *adj.* : folliculous.

folliculine, *s. f.* : folliculin, generic term for estrogenic hormones.

folliculinie, *s. f.* : folliculinemia.

folliculinurie, *s. f.* : folliculinuria.

folliculite, *s. f.* : folliculitis.

folliculome, *s. m.* : folliculoma.

fomentation, *s. f.* : fomentation.

fonction, *s. f.* : function.

fonctionnel, *adj.* : functional; **troubles -** : functional disease.

fonctionnement, *s. m.* : action, operation (in the sense of « working »), working.

fond, *s. m.* : fundus; **- de l'œil** : fundus oculi, fundus of the eye.

fondamental, *adj.* : basic, fundamental; **couleurs -** : primary colors; **oscillation -** : : natural oscillation; **science -** : basic science.

fondement, *s. m.* : 1. basis, foundation, groundwork; 2. anus, breech, fundament.

fondiform, *adj.* : fundiform, sling-shaped.

fongicide, *s. f.* : fungicide; *adj.* : fungicidal.

fongiforme, *adj.* : fungiform, mushroom-shaped; **papilles - de la langue** : fungiform papillae.

fongique, *adj.* : fungal.

fongistatique, *adj.* : fungistatic.

fongoïde, *adj.* : fungoid, fungous.

fongosité, *s. f.* : fungosity.

fongueux, *adj.* : fungous.

fongus, *s. m.* : fungus, *plur.* fungi *(lat.);* **- hématode** : cavernous angioma.

fontanelle, *s. f.* : fontanel, fontanelle; **- antérieure** *ou* **bregmatique** : anterior fontanelle, prefontanel, fons pulsatilis.

forage, *s. m.* : 1. drilling, trephination, trephining; 2. forage, transurethral prostatectomy ; **- biopsique** : drill biopsy.

foramen, *s. m.* : foramen, orifice, hole (particularly through a bone); **- cæcum** : foramen caecum (1. of the frontal bone ; 2. of the tongue ; 3. postpontile recess of the medulla oblongata).

foraminé, *adj.* : foraminated, perforated.

force, *s. f.* : force (1. power; 2. strength).

forcé, *adj.* : forced, strained; **cœur -** : strained heart.

forceps, *s. m.* : midwifery forceps; **- de Tarnier** : Tarnier's forceps.

forcipressure, *s. f.* : forcipressure, clamping (with artery forceps).

foret, *s. m.* : drill *(surg.).*

formateur *ou* **formatif,** *adj.* : formative.

formation, *s. f.* : formation (1. development; 2. structure).

formes frustes : formes frustes, abortive *or* atypical diseases.

formicant, *adj.* : formicant; **douleur -** : « pins and needles »; **pouls -** : weak pulse.

formication, *s. f.* : formication, « pins and needles » (sensation as if ants were crawling over the skin).

formique (acide) : formic acid.

formulaire, *s. m.* : formulary (collection of formulae), pharmacopoeia.

formule, *s. f.* : formula, *plur.* formulae *(chem., pharm.),* recipe *(pharm.).*

formuler, *v.* : to formulate; **- une ordonnance** : to write out a prescription.

fornication, *s. f.* : fornication (illicite sexual intercourse).

fornix, *s. m.* : cerebral fornix; **commissure du -** : fornicommissure ; **pilier antérieur du -** : fornicolumn.

fosse, *s. f.* : cavity, depression, fossa, *pl.* fossae *(lat.)*; **- canine** : canine fossa; **- nasal** : nasal fossa; **- naviculaire** : navicular fossa (1. between the helix and the anthelix; 2. of the sphenoid bone; 3. of the male urethra); **- orbitaire** : orbit, orbital cavity; **- pituitaire** : pituitary fossa, **- sous-épineuse** : infraspinous fossa; **- sous-scapulaire** : subscapular fossa; **- sus-épineuse** : supraspinous fossa.

fossette, *s. f.* : dimple, fosset, fossa, fovea, *pl.* foveae *(lat.)*; **- coronoïde** : coronoid fossa; **- de l'aile grise** : fovea inferior; **- de Rosenmüller** : Rosenmüller's fossa; **- duodénojéjunale** : Jonnesco's *or* duodenojejunal fossa; **- du trijumeau** : fovea superior; **- lacrymale** : lacrimal *or* lachrymal fossa; **- nacivulaire** : fossa triangularis; **- olécrânienne** : olecranon fossa; **- utriculaire** : recessus utriculi (inner ear).

fou, fol, *adj. m.,* **folle,** *f.* : mad, insane.

foudroyant, *adj.* : fulminant, fulminating ; **apoplexie** **-** : lightning apoplexy.

fougère, *s. f.* : fern; **- mâle** : male fern *(Dryopteris filix masc.) (pharm.)*.

foulage, *s. m.* : foulage, fulling, kneading (massage).

fouloir, *s. m.* : plugger (dental instrument for insertion and impaction of fillings).

foulon (terre à) : fuller's earth.

foulure, *s. f.* : sprain; **- de la cheville** : sprained ankle.

fourbure, *s. f.* : laminitis *(veter.)*.

fourchette, *s. f.* : fork, fourchette; **- sternale** : jugular notch; **- vulvaire** : fourchet, fourchette, frenulum labiorum pudendi.

fourchu, *adj.* : forked.

fourmillements, *s. pl.* : cf., **formication.**

fovea, *s. f.* : fovea; **- centralis** : fovea centralis retinae; **- inferior** : fovea inferior (in floor of the fourth ventricle); **- superior** : fovea superior (in floor of the fourth ventricle).

fovéole, *s. f.* : foveola, *pl.* : foveolae *(lat.)*, small pit.

fovéolé, *adj.* : foveolate, pitted.

Fowler (liqueur de) : Fowler's solution *(pharm.)*, liquor potassii arsenitis.

Fowler (position de) : Fowler's position (semisitting position for postoperative cases).

foyer, *s. m.* : focus (1. focal point of light *or* sound waves; 2. centre of a morbid process).

fracas, *s. m.* : compound comminuted fracture.

fracture, *s. f.* : fracture; **- comminutive** : comminuted fracture; **- compliquée** : compound fracture; **- des boxeurs** : Bennett's fracture, « stave of the thumb » *(vernac.)*; **- de Colles ou de Pouteau** : Colles' fracture, « silver-fork » fracture; **- de Dupuytren** : Pott's fracture (ankle); **- de la colonne vertébrale** : fracture of the spine; **- en ailes de papillon** : butterfly fracture; **- en X, en Y** : X, Y shape fracture; **- incomplète** : incomplete fracture, infraction; **- ouverte** : open fracture; **- par arrache-**

ment : avulsion fracture; **- para-articulaire** : periarticular fracture; **- simple** : simple fracture; **- spiroïde, en V** *ou* **hélicoïdale** : spiral fracture; **- à projection** : « blow-out » fracture; **foyer de -** : seat of fracture; **réduire une -** : to set a fracture.

fracture-dislocation, *s. f.* : fracture-dislocation.

fragile, *adj.* : brittle, fragile, frail.

fragilité, *s. f.* : brittleness, fragility, weakness, fragilitas *(lat.)*; **- globulaire** : fragility of the red corpuscles, fragilitas sanguinis ; **- osseuse** : « brittle bones », fragilitas ossium.

fragment, *s. m.* : fragment, piece.

fragmentation, *s. f.* : fragmentation.

fraise, *s. f.* : burr *(surg., odont.)*.

frambœsia, *s. f.* : frambesia, framboesia, yaws.

frambœside, *s. f.,* **frambœsome,** *s. m.* : cutaneous *or* granulomatous manifestation of yaws.

frange, *s. f.* : fimbria, *pl.* fimbriae; **- d'interférence** : interference fringes *or* rings *(opt.)*; **- de la trompe** : fimbriae tubae, fimbriae of the fallopian tube; **- ovarique** : fimbria ovarica.

frangé, *adj.* : fimbriate, fimbriated, fringed.

frangible, *adj.* : breakable, brittle, frangible.

fratrie, *s. f.* : collective name for brothers sisters and cousins.

frayage, *s. m.* : facilitation *(physiol.)*.

frein, *s. m.* : frenum, frenulum; **- du clitoris** : frenulum clitoridis; **- de la langue** : frenum linguae; **- de la valvule de Vieussens** : frenulum veli medularis anterioris; **- de la verge** : frenum praeputii; **- de la vulve** : the fourchette.

freinage (symptôme du) : hesitancy, sudden checking of voluntary movements, symptomatic of disseminated sclerosis.

frémissement, *s. m.* : fremitus, quivering, shudder, tremor; **- cardiaque** : cardiac thrill; **- à l'auscultation** : vocal fremitus; **- à la palpation** : tactile fremitus; **- cataire** : cat's purr, purring thrill *or* tremor; **- systolique** : systolic thrill.

frénésie, *s. f.* : frenzy, raving madness.

fréquence, *s. f.* : frequency; **- d'une épidémie** : prevalence, frequent occurrence of an epidemic; **- du pouls** : pulse-rate.

Freud (théorie de) : Freud's theory (many nervous disorders are due to infantile sexual trauma and can be alleviated by psychoanalysis).

freudien, *adj.* : freudian.

freudisme, *s. m.* : freudism.

Freund (adjuvant de) : Freund's adjuvant.

friable, *adj.* : friable.

friction, *s. f.* : friction (1. rubbing; 2. type of massage).

Friedländer (bacille de) : Friedländer's bacillus.

Friedreich (maladie de) : Friedreich's ataxia, hereditary ataxia.

frigidité, *s. f.* : frigidity (sexual indifference in the female).

frigolabile, *adj.* : frigolabile.

frigorifique, adj. : frigorific.

frigorigène, s. m. : cold-producing substance.

frigostable ou **frigostabile,** adj. : frigostable, frigostabile.

frigothérapie, s. f. : frigotherapy (treatment of disease by cold).

fringale, s. f. : cf., **boulimie.**

frisolée ou **frisée,** s. f. : crinkle (leaf deforming disease caused by Y virus or Mormor upsilon); **mosaïque -** : severe mosaic disease of potatoes.

frisson, s. m. : shiver.

frissonner, v. : to shiver.

Frœlich (syndrome de) : cf., **Babinski-Frœlich (syndrome de).**

froid, s. m. : cold; adj. : cold, chilly, frigid, lifeless; **avoir -** : to be cold; **coup de -** : a chill.

froideur, s. f. : coldness, coolness, chilliness, indifference, frigidity (sexual).

froidure, s. f. : frostbite.

frôlement, s. m. : frolement (1. light massage; 2. rustling sound; **bruit de -** rustling sound on auscultation [in pericarditis]; **- hydatique** : hydatid fremitus).

fronde, s. f. : sling bandage, splint.

front, s. m. : forehead, front; **- fuyant** : receding forehead; **orienté vers le -** : frontad.

frontal, adj. : frontal (1. anterior [as opposed to dorsal]; 2. pertaining to the forehead); **lobe -** : frontal lobe; **muscle -** : frontalis muscle; **os -** : frontal bone; **sinus -** : frontal sinus.

fronto- : fronto-, prefix meaning anterior or relating to the forehead.

frottement, s. m. : 1. rubbing; 2. friction-sound, fremitus; **bruit de -** : pleural rub; **- de retour** : redux friction-sounds.

frottis, s. m. : smear (for microscopic examination); **- de sang** : blood-film, blood-smear.

fructose, s. f. : fructose, levulose.

fructosémie, s. f. : levulosemia (presence of [fructose] levulose in the blood).

fructosurie, s. f. : fructosuria, levulosuria.

frugalité, s. f. : frugality.

frugivore, adj. : fruitarian, frugivorous, fruit-eating.

fruit, s. m. : fruit.

fruitarien, s. m., adj. : fruitarian.

frumentacé, adj. : frumentaceous (bot.).

F.S.A. : abbreviation for fac secundum artem (pharm.).

fuchsine, s. f. : fuchsin.

fugace, adj. : fleeting, fugaceous, fugitive, transient.

fugue, s. f. : fugue (psych.).

fulgurant, adj. : fulgurant, like lightning ; **douleurs -** : lightning pains (tabetic).

fulguration, s. f. : fulguration (1. lightning stroke; 2. surgical diathermy).

fuligineux, adj. : fulginous.

fuliginosité, s. f. : fulginosity.

fulminant, adj. : fulminant, fulminating.

fumigation, s. f. : fumigation.

fundusectomie, s. f. : fundusectomy (excision of the fundus of the stomach).

funeste, adj. : funest, fatal.

fungicide, s. m. : fungicide; adj. : fungicidal.

funiculaire, adj. : funicular (relating to the umbilical or spermatic cord).

funiculalgie, s. f. : funiculalgia.

funicule, s. m. : funicle, funiculus (slender cord).

funiculite, s. f. : funiculitis (inflammation of the spermatic cord).

fureur ou **furie,** s. f. : frenzy, fury, rage.

furfur, s. m. ou **furfure,** s. f. : dandruff, furfur, scurf.

furfuracé, adj. : furfuraceous, branny, scurfy.

furoncle, s. m. : boil, furuncle.

furonculeux, adj. : furuncular, furunculous; **à l'aspect -** : furunculoid.

furonculose, s. f. : furunculosis.

fuscine, s. f. : fuscin (black pigment of the retina).

fuseau, s. m. : spindle.

fusée, s. f. : track (e.g. between an abscess and the skin surface).

fusible, adj. : fusible.

fusiforme, adj. : fusiform, spindle-shaped ; **cellule -** : spindle cell.

fusion, s. f. : blending, fusion, liquifaction, melting; **- à la soufflerie** : sealing with a blow-lamp; **en -** : fused, melted, molten; **point de -** : melting-point.

fusocellulaire, adj. : fusocellular, spindle-celled, spinocellular.

fusospirochétien, adj. : fusospirochetal (caused by or containing both fusiform bacilli and spirochetes).

fusospirochétose, s. f. : fusospirochetosis, Vincent's angina.

fustigation, s. f. : flogging, fustigation.

G

Gabon (ulcère du) : Gaboon ulcer, oriental sore (cutaneous leishmaniasis).

gadolinium, *s. m.* : gadolinium.

Gafsa (bouton de) : Gafsa button (cutaneous leishmaniasis).

gaiac, *s. m.* : guaiac, guaiacum; **résine de -** : guaiacum.

gaiacol, *s. m.* : guaiacol.

gaine, *s. f.* : sheath.

galact-, galacta-, galacto- : prefixes meaning pertaining to milk.

galactagogue, *s. m., adj.* : galactagogue, galactagog.

galactase, *s. f.* : galactase.

galactique, *adj.* : galactic.

galactocèle, *s. m.* : galactocele (1. mammary cyst due to retention of milk; 2. hydrocele with milky contents).

galactogène, *adj.* : galactic, galactogenous.

galactogenèse, *s. f.* : galactogenesis.

galactographie, *s. f.* : galactography (radiography of the breast after opaque injection of the galactophorous ducts).

galactomètre, *s. m.* : galactometer, lactometer.

galactopexie, *s. f.* : galactopexy (fixation of galactose by the liver).

galactophage, *adj.* : galactophagous (feeding upon milk).

galactophore, *s. m.* : galactophorus, artificial nipple, teat; *adj.* : galactophorous; **médicament -** : galactophore, galactogogue; **sinus ou ampoule -** : ampulla, *pl.* ampullae, receptacula lacti; **vaisseau -** : galactophore, milk-duct.

galactophorite, *s. f.* : galactophoritis (inflammation of the milk-ducts).

galactopoïèse, *s. f.* : galactopoiesis.

galactopoïétique, *adj.* : galactopoietic.

galactorrhée ou galactirrhée, *s. f.* : galactorrhea (excessive flow of milk).

galactose, *s. m.* : galactose.

galactosémie, *s. f.* : galactosemia.

galactosurie, *s. f.* : galactosuria.

galactozymase, *s. f.* : galactozymase.

galacturie, *s. f.* : chyluria, galacturia (milky urine).

galbe, *s. m.* : outline.

gale, *s. f.* : itch, scabies; **acare de la -** : itch mite, *Sarcoptes scabiei*; **- bédouine** : prickly heat; **- du ciment** : bricklayer's itch.

galéanthropie, *s. f.* : galeanthropy (delusion of being a cat).

galeati, *s. m. pl.* : neurasthenics who suffer from « helmet » headache.

galega, *s. m.* : goat's rue, galega officinalis (*pharm.*).

galénique, *adj.* : galenic, galenical.

galénisme, *s. m.* : galenism (Galen's doctrine).

galeux, *adj.* : itchy, scabby.

Gallen (veine de) : vena cerebri magna (galeni).

gallium, *s. m.* : gallium.

galop (bruit de) : gallop rhythm.

galopante (phtisie) : galloping consumption.

Galton (sifflet de) : Galton's whistle (for testing auditory acuity for high tones).

galvanique, *adj.* : galvanic; **électricité -** : galvanism, galvanic electricity.

galvanisation, *s. f.* : galvanization.

galvanisme, *s. m.* : galvanism.

galvano- : galvano-, prefix denoting direct current.

galvanocautère, *s. m.* : galvanocautery.

galvanofaradisation, *s. f.* : galvanofaradisation (combined use of direct and interrupted currents).

galvanomètre, *s. m.* : galvanometer; **- à aimant mobile** : moving magnet galvanometer; **- apériodique** : aperiodic *or* dead-beat galvanometer; **- à cadre mobile** : moving coil galvanometer; **- en dérivation** : shunted galvanometer.

galvanoplastie, *s. f.* : galvanoplasty, electroplating, electrotyping.

galvano-puncture, *s. f.* : galvanopuncture (*surg.*).

galvanoscope, *s. m.* : galvanoscope.

galvanoscopie, *s. f.* : galvanoscopy.

galvanothérapie, *s. f.* : galvanotherapy, galvanotherapeutics.

galvanotonus, *s. m.* : galvanotonus.

galvanotropisme, *s. m.* : galvanotropism.

gametange, *s. f.* : gametangium (structure in which the gamates of fungi develop).

gamète, *s. m.* : gamete.

gaméticide *ou* **gametocide,** *adj.* : gametocide, *s.*; gametocidal, *adj.* (antimalarial).

gamétocyte, *s. m.* : gametocyte.

gamétogenèse, *s. f.* : gametogenesis (development of male and female gametes).

gamétogonie, *s. f.* : gametogonia, gametogony (1. phase in malarial reproductive cycle; 2. reproduction by union of gametes, sexual reproduction).

gamétophyte, *s. m.* : gametophyte.

gamma (rayons) : gamma rays, γ-rays *(phys. radiol.).*

gammacisme, *s. m.* : gammacism (defective pronunciation of « g » and « k » sounds).

gamma-encéphalographie, *s. f.* : brain-scanning.

gammaglobuline, *s. f.* : gammaglobulin, γ-globulin (most antibodies are gamma globulins).

gammathérapie, *s. f.* : gammatherapy, γ-therapy *(radiol.).*

gamo- : gamo-, prefix meaning union, junction.

gamogenèse, *s. f.* : gamogenesis, amphigony (sexual reproduction).

gamogénétique, *adj.* : gamogenetic.

gamone, *s. f.* : gamone (cellular hormone which attracts cells of the opposite sex).

gamonte, *s. m.* : gamont, gamete.

gamopétale, *adj.* : gamopetalous *(bot.).*

gampsodactylie, *s. f.* : gampsodactylia, clawfoot.

gangliectomie, *s. f.* : gangliectomy.

gangliforme, *adj.* : gangliform.

gangliocytome, *s. m.* : gangliocytoma.

gangliogliome, *s. m.* : ganglioglioma, ganglioglioneuroma.

ganglioglioneurome, *s. m.* : ganglioglioneuroma.

gangliome, *s. m.* : *cf.,* **ganglioneurome.**

ganglion, *s. m.* : ganglion, *pl.* ganglia (1. well defined collection of nerve-cells and fibres forming a subsidiary nerve-center; 2. lymph node; 3. synovial cyst in a tendon sheath); **- cervical** : cervical ganglion; **- de Gasser** : gasserian *or* semilunar ganglion; **- géniculé** : geniculate ganglion; **- jugulaire** : Ehrenritter's *or* jugular ganglion; **- lymphatique** : lymph node; **- ophtalmique** : ciliary *or* ophthalmic ganglion ; **- otique** *ou* d'Arnold : Arnold's *or* otic ganglion; **- pétreux** *ou* d'Andersch **(portion inférieure du)** : ganglion superius; **- pétreux** *ou* d'Andersch **(portion supérieure du)** : ganglion petrosum glossopharyngei; **- plexiforme** : ganglion nodosum; **- rachidiens** : spinal ganglia; **- semi-lunaire** : cœliac ganglion; **- solaire** : solar plexus; **- sphénopalatin** *ou* **de Meckel** : Meckel's ganglion ; **- spinal** *ou* **intervertébral** : spinal ganglion.

ganglioneuroblastome, *s. m.* : ganglioneuroblastoma.

ganglioneurome, *s. m.* : ganglioneuroma.

ganglionévrome, *s. m.* : ganglioneuroma.

ganglionite, *s. f.* : ganglionitis.

ganglionnaire, *adj.* : ganglial, ganglionic; **maladie -** : gangliopathy; **neurone -** : ganglioneure, ganglioneuron.

ganglionné, *adj.* : ganglionated, gangliate, gangliated.

ganglioplégique, *adj.* : ganglioplegic, ganglionoplegic; *s. m.* : ganglion blocking agent.

gangliosympathectomie, *s. f.* : gangliosympathectomy.

gangosa, *s. f.* : gangosa (destructive form of nasopharyngitis).

gangrène, *s. f.* : gangrene; **- blanche** : white gangrene; **- cutanée** : necrodermatitis; **- gazeuse** : gas gangrene; **- humide** : moist gangrene; **- nosocomiale** : hospital *or* nosocomial gangrene; **- pulmonaire** : gangrene of the lung, necropneumonia; **- sèche** : dry gangrene; **- symétrique des extrémités** : symmetrical gangrene.

gangrené, *adj.* : gangrenous, gangrened.

gangreneux, *adj.* : 1. gangrenous; 2. cankerous *(bot.).*

garde, *s. f.* : 1. nurse; 2. nursing; **faire des -** : to do nursing, to go out nursing; **- malade** : sicknurse, nurse; 3. guard (surgical appliance on a knife that limits the depth of an incision).

gargariser (se), *v.* : to gargle.

gargarisme, *s. m.* : 1. gargarism, gargle; 2. gargling.

gargouillement, *s. m.* : 1. bubbling, gurgling ; 2. borborygmus, rumbling (of the bowels); 3. gurgling rales.

gargoylisme, *s. m.* : gargoylism, lipochondrodystrophy.

garrot, *s. m.* : garrot, tourniquet.

Gasser (ganglion de) : gasserian ganglion.

gassérectomie, *s. f.* : gasserectomy (excision of the gasserian ganglion).

gastralgie, *s. f.* : gasteralgia, gastralgia, stomachache.

gastrectasie, *s. f.* : gastrectasia, gastrectasis (dilatation of the stomach).

gastrectomie, *s. f.* : gastrectomy.

gastrie *ou* **gastride,** *s. f.* : gastritis of allergic origin.

gastrine, *s. f.* : gastrin (gastric hormone).

gastrique, *adj.* : gastric; **crise -** : gastric crisis; **embarras -** : gastric troubles; **lavage -** : gastric lavage, stomach washout; **sténose -** : gastrostenosis; **suc -** gastric juice.

gastrite, *s. f.* : gastritis.

gastro- : gastro-, prefix denoting relation to the stomach.

gastrobiopsie, *s. f.* : gastric biopsy.

gastrocèle, *s. m.* : gastrocele (hernia of the stomach).

gastrochronorrhée ou **gastrohyperchronorrhée**, s. f. : gastrochronorrhea, gastrosucorrhea, Reichmann's disease.

gastrocolique, adj. : gastrocolic.

gastrocolite, s. f. : gastrocolitis.

gastrocoloptose, s. f. : gastrocoloptosis.

gastrocolostomie, s. f. : gastrocolostomy (anastomosis of stomach and colon).

gastrodiaphanie ou **gastrodiaphanoscopie**, s. f. : gastrodiaphany, gastrodiaphanoscopy.

gastroduodénectomie, s. f. : gastroduodenectomy.

gastroduodénite, s. f. : gastroduodenitis.

gastroduodénostomie, s. f. : gastroduodenostomy.

gastrodynie, s. f. : gastrodynia, stomach-ache (vernac.).

gastro-élytrotomie, s. f. : gastrocolpotomy, gastro-elytrotomy (caesarean section with incision of the vagina).

gastro-entéralgie, s. f. : gastroenteralgia.

gastro-entérique, adj. : gastroenteric.

gastro-entérite, s. f. : gastroenteritis.

gastro-entérocolite, s. f. : gastroenterocolitis.

gastro-entérocolostomie, s. f. : gastroenterocolostomy.

gastro-entérologie, s. f. : gastroenterology.

gastro-entéropathie, s. f. : gastroenteropathy.

gastro-entéroplastie, s. f. : gastroenteroplasty.

gastro-entéroptose, s. f. : gastroenteroptosis.

gastro-entérostomie, s. f. : gastroenterostomy.

gastro-épiploïque, adj. : gastroepiploic.

gastrogastrostomie, s. f. : gastrogastrostomy.

gastrohépatique, adj. : gastrohepatic.

gastrohépatite, s. f. : gastrohepatitis.

gastrohystéropexie, s. f. : gastrohysteropexy.

gastrohystérorraphie, s. f. : gastrohysteropexy, gastrohysterorrhaphy.

gastrohystérosynaphie, s. f. : cf., **gastrohystéropexie.**

gastrohystérotomie, s. f. : gastrohysterotomy, caesarean section.

gastro-iléostomie, s. f. : gastro-ileostomy.

gastro-intestinal, adj. : gastro-intestinal.

gastrojéjunostomie, s. f. : gastrojejunostomy.

gastrolithe, s. m. : gastrolith (in man); bezoar (in animals).

gastrolyse ou **gastrolysis**, s. f. : gastrolysis (separation of gastric adhesions).

gastromalacie, s. f. : gastromalacia.

gastromégalie, s. f. : gastromegaly.

gastromuqueux, adj. : gastromucous.

gastromycose, s. f. : gastromycosis.

gastromyxorrhée, s. f. : gastromyxorrhea, gastrosucorrhea mucosa.

gastro-œsophagectomie, s. f. : gastro-oesophagectomy, gastroesophagectomy.

gastropathie, s. f. : gastropathy.

gastropexie, s. f. : gastropexy, gastropexis.

gastrophotographie, s. f. : gastrophotography.

gastroplastie, s. f. : gastroplasty.

gastroplégie, s. f. : gastroplegia.

gastroplication, s. f. : gastroplication.

gastroprive, adj. : pertaining to gastric deficiency.

gastroptose, s. f. : gastroptosia, gastroptosis (prolapse of the stomach).

gastropylorectomie, s. f. : gastropylorectomy.

gastropylorique, adj. : gastropyloric.

gastropylorospasme, s. m. : gastropylorospasm (cause of projectile vomiting in suckling infants).

gastrorragie, s. f. : gastrorrhagia.

gastrorraphie, s. f. : gastrorrhaphy, gastroplication.

gastrorrhée, s. f. : gastrorrhea.

gastroscope, s. m. : gastroscope.

gastroscopie, s. f. : gastroscopy.

gastrospasme, s. m. : gastrospasm.

gastrosplénique, adj. : gastrolienal, gastrosplenic.

gastrostome, s. m. : gastrostoma, gastric fistula.

gastrostomie, s. f. : gastrostomy.

gastrosucorrhée, s. f. : gastrosucorrhea, Reichmann's disease; - **muqueuse** : gastromyxorrhea, gastrosucorrhea mucosa.

gastrothoracique, adj. : gastrothoracic.

gastrotome, s. m. : gastrotome.

gastrotomie, s. f. : gastrotomy.

gastrotonométrie, s. f. : gastrotonometry.

gastrovolumétrie, s. f. : gastrovolumetry.

gastroxie, s. f. ou **gastroxynsis**, s. m. : gastroxia, gastroxynsis, hyperchlorhydria.

gastrula, s. m. : gastrula.

gastrulation, s. f. : gastrulation (embryol.).

gâté, adj. : damaged, decayed, spoiled, tainted.

gâtisme, s. m. : gatism, incontinence.

gaucher, s. m. : left-hander; adj. : left-handed, sinistromanual.

Gaucher (maladie de) : Gaucher's disease, familial splenomegaly.

gauss, s. m. : gauss (unit of magnetic flux), (phys., electr.).

gavage, s. m. : gavage (1. forcible feeding [by stomach tube]; 2. over-feeding, stuffing [vernac.]; 3. cramming [of poultry, especially of geese]).

gaz, s. m. : gas; - **asphyxiant** : asphyxiating (war) gas; - **de combat** : war gas; **étanche aux** - : gas-tight; - **hilarant** : laughing gas, nitrous oxide; - **de houille** : coal-gas; - **lacrymogène** : lacrimogene, lacrimatory gas, tear-gas; - **des marais** : marsh gas; **masque contre les** - : gas mask; - **moutarde (ypérite)** : mustard gas.

gaze, s. f. : gauze; - **aseptique, stérilisée** : sterile, aseptic gauze; **mèches de** - : gauze wicks.

gazé, adj. : gassed, overcome by fumes.

gazeux, adj. : gaseous.

gazomètre, s. m. : gasometer.

gazométrie, s. f. : gasometry.

gazométrique, adj. : gasometric.

géant, adj. : giant; **cellule -** : giant cell.

géantisme, s. m. : giantism, gigantism.

gel, s. m. : gel (gelatinous colloid).

gélatinase, s. f. : gelatinase.

gélatine, s. f. : gelatin; **éponge de -** : gelfoam.

gélatine, adj. : gelatinized ; **papier -** : gelatin paper (phot.).

gélatineux, adj. : gelatinous, jelly-like.

gélatinifère, adj. : gelatiniferous.

gélatiniforme, adj. : gelatiniform, gelatinoid.

gélatinisation, s. f. : gelatinization.

gélatiniser, v. : to gelatinize, to coat with gelatin.

gélatinoïde, s. m., adj. : gelatinoid.

gelée de Wharton : Wharton's jelly.

gelée royale : royal jelly (produced by bees for feeding the queen and young larvae).

gélose, s. f. : agar-agar, gelose; **- à l'amidon** : starch agar; **- au bouillon** : broth agar, infusion agar (liver, heart, etc.); **- au sang** : blood agar; **- au sang cuit** : « chocolate » agar; **- au sucre** : sucrose agar; **- en culot** : deep agar ; **- en paillettes** : granular agar; **- en plaque** : agar plate; **- en poudre** : dehydrated agar; **- glucosée, maltosée (de Sabouraud)** : Sabouraud's agar.

gélule, s. f. : gelule, gelatin capsule (for medicaments).

gelure, s. f. : frostbite; **- des tranchées** : trench-foot.

gémellaire, adj. : gemellary (pertaining to or resembling twins).

gémellipare, adj. : gemelliparous (producing twins); gemellipara (mother of twins).

gémination, s. f. : gemination, duplication.

géminé, adj. : geminate, in pairs.

gémir, v. : to groan, to moan; **- de douleur** : to groan with pain.

gémissement, s. m. : groan, moan.

gemmation, s. f. : gemmation (reproduction by budding).

gemmiparité, s. f. : gemmiparity, gemmation.

gemmule, s. m. : (1. a reproductive bud; 2. a small protoplasmic process of a nerve cell; 3. hypothetical units of somatic cells stored by germ cells).

génal, adj. : genal (relating to the cheek).

génalcaloïde, s. m. : pharmacologically active but less toxic derivative of an alkaloid.

gencive, s. f. : gum, gums; **abcès de la -** : gumboil.

gène, s. m. : gene ; **- allélomorphes** : allelic genes; **- de structure** : structural gene; **- domi-**nant : dominant gene; **- létal** ou **léthal** : lethal gene; **- liés** : linked genes; **- récessif** : recessive gene; **- régulateur** : regulatory gene.

-gène : -gen or -genous, suffix meaning producing, generating.

général, généralisé, adj. : general, generalized, systemic.

générateur, s. m. : generator (biol., electr.); adj. : generative.

génératif, adj. : generative.

génération, s. f. : generation; **- alterne** ou **alternante** : alternate generation; **- spontanée** : spontaneous generation, abiogenesis.

générique, adj. : generic.

genèse, s. f. : genesis (1. begetting, conceiving, producing; 2. development, formation, origin).

génésique, adj. : genesial, genesic, genetic.

généticien, s. m. : geneticist.

génétique, s. f. : genetics; adj. : genetic.

géniculé, adj. : geniculate; **corps -** : geniculate body, bodies; **ganglion -** : geniculate ganglion.

génien, adj. : genial, genian.

genièvre, s. m. : juniper (bot., pharm.) ; **alcool de -** : gin; **essence de -** : juniper oil.

génio- : genio-, prefix denoting connection with the chin.

génioplastie, s. f. : genioplasty.

génital, adj. : genital; **organes -** : genitals, genitalia (lat.).

génito- : genito-, prefix denoting relation to the genital organs.

génitocrural, adj. : genitocrural.

génito-urinaire, adj. : genitourinary.

génoblaste, s. m. : genoblast (1. nucleus of a fertilized ovum; 2. mature germ cell).

génodermatologie, s. f. : genodermatology.

génodermatose, s. f. : genodermatosis (hereditary skin disease).

génodystrophie, s. f. : genodystrophy (hereditary dystrophy).

géno-ectodermose, s. f. : cf., **géno-neurodermatose.**

génome, s. m. : genome (genet.).

géno-neurodermatose, s. f. : hereditary neurodermatosis (e.g. phakomatosis).

genouillé, adj. : geniculate.

génoplastie, s. f. : genoplasty, genyplasty (plastic surgery of the cheek).

génotype, s. m. : genotype.

génotypique, adj. : genotypic.

genou, s. m. : knee, genu (lat.), pl. genua; **- cagneux** : knock knee, genu intorsum, genu valgum, tragopodia.

genouillé, adj. : geniculate.

genre, s. m. : 1. genus, pl. genera; 2. manner, mannerism.

Gensoul (maladie de) : Gensoul's disease, Ludwig's angina (submaxillary abscess).

genu-cubitale (position) : genucubital position.

genu-pectorale (position) : genupectoral position.

genu recurvatum : genu recurvatum; **- valgum** : knock knee, genu valgum; **- varum** : bowleg, genu varum.

géode, s. f. : geode (dilated lymph space).

géophagie, s. f. ou **géophagisme,** s. m. : geophagy, geophagism, geotragia, earth eating.

géotactique, adj. : geotactic, geotropic.

géotactisme, s. m. ou **géotaxie,** s. f. : cf., **géotropisme.**

géotrichose, s. f. : geotrichosis.

géotropisme, s. m. : geotaxis, geotropism (growth influenced by gravity); **- négatif** : negative geotropism (growth upward away from the earth); **- positif** : positive geotropism (downward growth).

gercé, adj. : chapped, cracked (by exposure to cold).

gerçure, s. f. : chap, cleft, crack, fissure, split.

Gerdy (tubercule de) : tubercle of Gerdy (elevation on the tibia for proximal attachment of the tibialis anticus muscle).

Gerhardt (signe de) : 1. Gerhardt's change of pitch or tone on percussion over pulmonary cavities or pneumothorax with change from lying to sitting position; 2. immobility of the larynx in dypsnea due to aortic aneurysm; 3. systolic murmur heard between the mastoid process and the occiput in aneurysm of the vertebral artery.

Gerhardt (réaction de) : Gerhardt's reaction (for acetoacetic acid in urine).

gériatrie, s. f. : geriatrics, geratology, gereology (that branch of medicine which deals with the diseases of old age).

germain, s. m., **germaine,** s. f., adj. : brother, m., sister, f; **cousin -** : first cousin.

germanium, s. m. : germanium.

germe, s. m. : germ, seed, embryo, microbe (biol.), crystal nucleus (phys.); **porteur de -** : germcarrier.

germen, s. m. : germen.

germicide, s. m. : germicide; adj. : germicidal.

germinal, adj. : germinal.

germinatif, adj. : germinal, germinative.

germination, s. f. : germination.

gérodermie, s. f. : geroderma, gerodermia.

géromorphisme, s. m. : geromorphism.

gérontocomie, s. f. : gerocomia, gerocomy (hygiene and care of old people).

gérontologie, s. f. : gerontology.

gérontoxon ou **gérontotoxon,** s. m. : gerontoxon, gerontotoxon, arcus senilis.

gésier, s. m. : gizzard (the muscular stomach of birds).

gestation, s. f. : 1. gestation, pregnancy; 2. period of gestation.

gestose, s. f. : gestosis (any toxemia of pregnancy).

Giacomini (bandelette de) : Giacomini's band (anat.).

Giardia intestinalis : Giardia lamblia, Giardia or Lamblia intestinalis.

giardiase, s. f. : giardiasis, lambliasis.

gibbeux, adj. : gibbous, humpbacked, protuberant.

gibbosité, s. f. : gibbosity, humpback.

Gibert (pityriasis rosé de) : Gibert's pityriasis, pityriasis rosea.

Giemsa (colorant de) : Giemsa's stain.

Gierke (maladie de von) : Gierke's disease, glycogen disease.

Gifford (signe de) : Gifford's reflex, Gifford's sign.

gigantisme, s. m. : gigantism, gigantosoma.

gigantoblaste, s. m. : gigantoblast (very large megalocyte).

gigantocyte, s. m. : gigantocyte (very large erythrocyte).

Gigli (opération de) : Gigli's operation, hebotomy, pubiotomy; **scie de -** : Gigli's saw.

Gimbernat (ligament de) : Gimbernat's ligament, ligamentum lacunare.

gingival, adj. : gingival; **névralgie -** : gingivalgia.

gingivalgie, s. f. : gingivalgia.

gingivectomie, s. f. : gingivectomy.

gingivite, s. f. : gingivitis; **- expulsive** : expulsive gingivitis, pyorrhea; **- saturnine** : Burton's blue line, lead gingivitis.

gingivorragie, s. f. : gingivorrhagia.

ginglyme, s. m. : ginglymus, plur. ginglymi (lat.), hinge-joint.

ginglymoïdal, adj. : ginglymoid.

givre uréique : urea frost (deposit of urea crystals on the skin).

glabelle, s. f. : glabella, glabellum (anat.); **orienté vers la -** : glabellad; **se rapportant à la -** : glabellar.

glabre, adj. : glabrous.

glacé, adj. : chilled, cold, iced, icy.

glaire, s. f. : glair, mucus, phlegm.

glaireux, adj. : glairy, glairous, viscous, viscid.

glairine, s. f. : glairin, baregin (gelatinous substance found in thermal waters).

gland, s. m. : 1. glans; **- du clitoris** : glans clitoridis; **- du pénis** : glans penis; 2. acorn (bot.).

glande, s. f. : gland, glandula, pl. glandulae (lat.); **- acineuse** : racemose gland; **- à sécrétion interne** : ductless or endocrine gland; **avoir des -** : to have enlarged lymph-nodes or « glands »; **- carotide** : carotid body, glomus caroticum; **- coccygienne** : coccygeal body, glomus coccygeum; **- de Cowper** : Cowper's gland, bulbocavernous or bulbo-urethral gland; **- endocrine** : endocrine gland; **- lacrymale** : lachrymal or lacri-

mal gland; **- lymphatique** : lymph-node, « gland »;
- parathyroïdes : parathyroid (gland), Gley's gland
(obs.); **- pinéale** : pineal body *or* gland; **- sebacées** : sebaceous glands; **- sous-maxillaire** :
submaxillary gland; **- sudoripares** : sweat-glands;
- venimeuse : poison gland; **- vulvo-vaginale de
Bartholin** : Bartholin's gland.

glandiforme, *adj.* : glandiform.

glandulaire, *adj.* : glandular.

glandule, *s. f.* : glandule, small gland, glandula,
pl. glandulae *(lat.)*.

Glaser (fissure *ou* **scissure de)** : glaserian fissure,
glenoidal fissure.

glaucomateux, *adj.* : glaucomatous.

glaucome, *s. m.* : glaucoma; **- atrophique** : atrophic glaucoma, Donder's glaucoma; **cecité par -** :
glaucosis.

glaucopsie, *s. f.* : chloropia, chloropsia, green
vision (defective vision in which all objects appear
to be green).

glaucurie, *s. f.* : cyanuria, glaucosuria, indicanuria (passage of blue urine).

glène, *s. f.* : glene, socket.

glénoïdal, *adj.* : glenoid, glenoidal; **cavité -** :
glenoid cavity.

glénoïde, *s. f.* : glene, glenoid cavity; *adj.* : glenoid, glenoidal.

glénoïdite, *s. f.* : osteitis of the glenoid cavity.

gliadine, *s. f.* : gliadin (alcohol soluble protein of
wheat).

glioblastome, *s. m.* : glioblastoma, spongioblastoma; **- gisomorphe** : neurospongioma; **- multiforme** : glioblastoma multiforme.

glioblastose, *s. f.* : glioblastosis; **- cérébrale diffuse** : diffuse cerebral glioblastosis.

gliocinèse, *s. f.* : protoplasmic streaming.

gliocytome, *s. m.* : gliocytoma.

gliomateux, *adj.* : gliomatous.

gliomatose, *s. f.* : gliomatosis; **- médullaire** :
syringomyelia.

gliome, *s. m.* : glioma.

gliomyome, *s. m.* : gliomyoma.

gliomyxome, *s. m.* : gliomyxoma.

gliose, *s. f.* : gliosis.

glissement, *s. m.* : 1. slipping, sliding movement;
2. shift.

Glisson (capsule de) : Glisson's capsule, capsula
hepatis *(lat.)*; **maladie de -** : Glisson's disease,
rickets.

glissonite, *s. f.* : glissonitis.

globe, *s. m.* : globe; **- hystérique** : globus hystericus; **- oculaire** *ou* **de l'œil** : eye-ball, globe of
the eye; **- de sûreté** : the firm globular uterus
(palpable after normal parturition).

globeux, *adj.* : globose.

globine, *s. f.* : globin (protein of hemoglobin);
insuline - : globin insulin.

globulaire, *adj.* : globular.

globule, *s. m.* : globule (1. corpuscle; 2. pearl,
pilule [*pharm.*]).

globuleux, *adj.* : globular, globose, globulous;
noyau - : nucleus globosus *(anat.)*.

globulicide, *s. m.* : globulicide; *adj.* : globulicidal.

globulie, *s. f.* : red cell count *(hematol.)*.

globulin, *s. m.* : blood platelet, thrombocyte.

globuline, *s. f.* : globulin.

globulinémie, *s. f.* : globulinemia.

globulinurie, *s. f.* : globulinurie.

globulolyse, *s. f.* : cytolysis, globulolysis, hemolysis.

globulose, *s. f.* : globulose (proteose produced by
peptic digestion of globulins).

globus pallidus : globus pallidus, lenticular
nucleus.

glome, *s. m.* : 1. one of the two horny pads on
the hooves of solipeds; 2. globular flower head
(bot.); **- carotidien** : carotid body; **- choroïdien** :
glomus choroideum; **- coccygien** : coccygeal body.

glomérule, *s. m.* : glomerule, glomerulus, *pl.* glomeruli *(lat.)*, cluster, tuft; **- de Malpighi** : malpighian glomerulus; **- du rein embryonnaire** : glomus.

glomérulé, *adj.* : glomerulate, glomerular, glomerulose.

glomérulite, *s. f.* : glomerulitis, glomerulonephritis.

glomérulohyalinose, *s. f.* : intercapillary glomerulosclerosis, Kimmelstiel-Wilson syndrome.

glomérulonéphrite, *s. f.* : glomerulonephritis.

glomérulosclérose, *s. f.* : glomerulosclerosis.

glomérulose, *s. f.* : glomerular nephrosis.

glomérulostase, *s. f.* : glomerular stasis.

glomique, *adj.* : glomic.

glomus, *s. m.* : glomus; **- neurovasculaire** : neuromyo-arterial glomus.

glossalgie, *s. f.* : glossalgia.

glossectomie, *s. f.* : glossectomy.

glossien, *adj.* : glossal.

glossine, *s. f.* : glossina, tsetse fly.

glossite, *s. f.* : glossitis; **- exfoliatrice marginée** :
geographic tongue, glossitis areata exfoliativa.

glosso- : glosso-, prefix meaning pertaining to the
tongue.

glossocèle, *s. m.* : glossocele (extrusion of the
tongue due to swelling *or* oedema).

glossodynie, *s. f.* : glossodynia.

glosso-épiglottidien, *adj.* : glosso-epiglotidean,
glosso-epiglottic.

glossographe, *s. m.* : glossograph.

glossohyoïde, *adj.* : glossohyal, glossohyoid.

glossoïde, *adj.* : glossoid, linguiform.

glossolabial, *adj.* : glossolabial.

glossolalie, *s. f.* : glossolalia.

glossologie, *s. f.* : glossology.

glossomanie, s. f. : glossomania.

glossopalatin, adj. : glossopalatine.

glossopathie, s. f. : glossopathy.

glossopharyngien, adj. : glossopharyngeal.

glossophytie, s. f. : glossophytia, black tongue, nigrities linguae.

glossoplégie, s. f. : glossoplegia.

glossoptose, s. f. : glossoptosis.

glossotomie, s. f. : glossotomy.

glossy skin : glossy skin.

glotte, s. f. : glottis; **- respiratoire** ou **intercartilagineuse** : respiratory glottis, pars intercartilaginea rimae glottidis; **- vocale** ou **interligamenteuse** : true glottis, pars intermembranacea rimae glottidis.

glottique, adj. : glottal, glottic, glottidean.

glucagon, s. m. : glucagon (biochem.).

glucase, s. f. : glucase.

glucide, s. m. : glucide.

glucidogramme, s. m. : electrophoretic record of glucoprotein fractions.

glucido-protidiques (hormones), cf., **corticostéroïdes.**

glucinium, s. m. : cf., **beryllium.**

glucocorticoïdes, s. m. pl. : cf., **corticostéroïdes.**

glucoformateur, adj. : glucose producing.

glucokinase, s. f. : glucokinase.

gluconéogenèse, s. f. : glyconeogenesis, neoglycogenesis.

glucoprotéine, s. f. : glucoprotein.

glucose, s. m. : glucose, dextrose.

glucosécrétoire, adj. : glycosecretory.

glucoside, s. m. : glucoside.

Gluge (corpuscules de) : Gluge's corpuscles (granular cells in degenerating tissue).

glutathiémie ou **glutathionémie,** s. f. : glutathionemia.

glutathion, s. m. : glutathione.

gluten, s. m. : gluten.

glutineux, adj. : glutinous, sticky, viscid, viscous.

glutinine, s. f. : glutinin, blocking antibody.

glycémie ou **glycohémie,** s. f. : glycemia, glycohemia.

glycéride, s. m. : glyceride.

glycérine, s. f. : glycerin (pharm.), glycerol (chem.); **- boratée** : glycerin of borax; **- iodée** : glycerin of iodine; **- phéniquée** : carbol glycerin.

glycérol, s. m. : glycerol.

glycérolé ou **glycéré,** s. m. : glycerite, glyceritum, glycerolate, glycerolatum; **- d'amidon** : glycerin of starch.

glycinurie, s. f. : glycinuria.

glyco- : glyco-, prefix meaning sweet or related to sugar.

glycogénase, s. f. : glycogenase.

glycogène, s. m. : glycogen.

glycogenèse, s. f. : glycogenesis (production of glycogen).

glycogénie ou **glycogénésie,** s. f. : glycogenesis (production of 1. sugar 2. glycogen).

glycogénétique, adj. : glycogenetic.

glycogénique, adj. : glycogenic.

glycogénolyse, s. f. : glycogenolysis (conversion of glycogen into glucose by hydrolysis).

glycogénolytique, adj. : glycogenolytic.

glycogénopexie, s. f. : fixation of glycogen by the liver.

glycogénose, s. f. : glycogenosis, Gierke's disease, glycogen disease.

glycogueusie, s. f. : glycogeusia (a sweet taste in the mouth).

glycohémie, s. f. : glycaemia, glycemia, glycohemia.

glycolyse, s. f. : glycolysis.

glycolytique, adj. : glycolytic.

glycomyélie, s. f. : normal level of glucose in the bone marrow.

glyconéogenèse, s. f. : glyconeogenesis, neoglycogenesis.

glycopénique (complexe) : glycopenia (tendency to hypoglycemia).

glycopexie, s. f. : glycopexis.

glycophlycténie, s. f. : presence of glucose in blister fluid.

glycoprotéide, s. m. : glycoprotein.

glycorachie, s. f. : glycorrhachia (glucose in the cerebrospinal fluid).

glycorégulation, s. f. : glycoregulation (physiol.).

glycostase, s. f. : glycostasis.

glycostatique, adj. : glycostatic.

glycosurie, s. f. : glycosuria, glucosuria.

glycotrope, adj. : glycotropic.

glycuronurie, s. f. : glycuronuria.

glyoxalase, s. f. : glyoxalase.

Gmelin (réaction de) : Gmelin's test (for bile pigments in urine).

gnathite, s. f. : gnathitis (inflammation of the jaw).

gnathoplastie, s. f. : gnathoplasty.

gnatoschise, s. f. : gnathoschisis, cleft palate.

gnathostomose, s. f. : gnathostomiasis (infestation with Gnathostoma).

gnosie, s. f. : gnosia (faculty of perceiving and recognizing).

gnotobiote, s. f. : germ-free animal.

gnotobiotique, s. f. : gnotobiotics (germ-free life studies).

godet, s. m. : pitting on pressure (sign of oedema).

goitre, s. m. ; goitre, goiter; **- aberrant** : aberrant or accessory goiter; **- basedowifiant** ou **base-**

dowifié : basedowified *or* exophtalmic goiter ; **- exophtalmique** : exophthalmic goiter, Graves' disease; **- toxique** : toxic goiter.

goitreux, *s. m.* : goitrous person; *adj.* : goitrous.

goitrigène, *adj.* : goitrogenic, goitrigenous.

golfe de la veine jugulaire : sinus *or* gulf of the internal jugular vein.

golfe de l'urètre : bulb of the corpus cavernosum.

Golgi (cellules de) : Golgi's cells; **appareil de -** : Golgi apparatus *or* body.

Goll (faisceau de) : column *or* tract of Goll, fasiculus gracilis; **noyau de -** : Goll's nucleus, postpyramidal nucleus.

gomme, *s. f.* : 1. gum; **- adragante** : gum tragacanth; **- arabique** : gum arabic; 2. gumma, *pl.* gummata.

gommeux, *adj.* : 1. gummatous; 2. gummy.

gomphose, *s. f.* : gomphosis (articulation of the teeth with the jaws).

gonade, *s. m.* : gonad, sexual gland, ovary, testicle.

gonadoplastique (formule), *(morph.)* : secondary sexual characteristics.

gonadostimuline, *s. f.* : gonadotrophin, gonadotropin.

gonadothérapie, *s. f.* : gonadotherapy.

gonadothérapique, *adj.* : gonadotherapeutic.

gonadotrope, *adj.* : gonadotropic; **hormone -** : gonadotropic hormone.

gonadotrophine, *s. f.* : gonadotrophin, gonadotropin.

gonadotropisme, *s. m.* : gonadotropism.

gonagre, *s. f.* : gonagra, gonatagra (gout in the knee).

gonalgie, *s. f.* : gonalgia.

gonarthrie, *s. f.* : cf., **gonarthrose.**

gonarthrite, *s. f.* : gonarthritis.

gonarthrose, *s. f.* : gonarthrocace, arthrosis of the knee joint.

gonflé, *adj.* : distended, inflated, swollen.

gonflement, *s. m.* : distension (*e.g.* of stomach), edema, oedema, swelling.

gonidie, *s. f.* : gonidium, endospore (*bot.*).

goniome, *s. m.* : gonioma (any tumor derived from sex cells).

goniomètre, *s. m.* : goniometer (instrument for measuring angles).

goniométrie, *s. f.* : goniometry.

gonion, *s. m.* : gonion (*anat.*).

gonioscope, *s. m.* : gonioscope (*ophthal.*).

gonioscopie, *s. f.* : gonioscopy (examination of the angle of the anterior chamber of the eye).

goniotomie, *s. f.* : goniotomy (Barkan's operation for relief of glaucoma).

gonite, *s. f.* : gonitis, gonarthritis.

gonococcémie, *s. f.* : gonococcemia.

gonococcie, *s. f.* : gonococcal infection.

gonococcique, *adj.* : gonococcal, gonococcic.

gonocoque, *s. m.* : gonococcus, *Neisseria gonorrhoeae.*

gonocyte, *s. m.* : gonocyte (1. primitive reproductive cell of the embryo; 2. a secondary gamete-producing cell).

gonoréaction, *s. f.* : gonoreaction (diagnostic test for gonococcal antibodies).

gonorrhée, *s. f.* : gonorrhea, gonorrhoea.

gonorrhéique, *adj.* : gonorrheal.

gonosome, *s. m.* : gonosome, heterochromosome, allosome, sex chromosome.

Goodpasture (syndrome de) : Goodpasture's syndrome.

gorge, *s. f.* : 1. fauces, pharynx, throat; 2. neck (anterior aspect), throat; **avoir mal à la -** : to have a sore throat.

gosier, *s. m.* : fauces, gullet, pharynx; **isthme du -** : isthmus of the fauces.

goudron, *s. m.* : tar; **- de houille** : coal tar.

gouge, *s. f.* : gouge, hollow chisel (*surg.*).

goundou, *s. m.* : anakhre, goundou (osteoplastic periostitis of the nose in yaws).

goupillon, *s. m.* : bottle-brush, test-tube brush.

gourd, *adj.* : numb, numbed, stiff (with cold).

gourme, *s. f.* : 1. impetigo, rash; 2. gum rash, strophulus, teething rash; 3. strangles (*veter.*).

goût, *s. m.* : taste, sense of taste.

goutte, *s. f.* : 1. drop, gutta *pl.* guttae (*lat.*); **- à-goutte** : drip; **- à-goutte alimentaire** : drip feeding; **- à-goutte intraveineux** : intravenous drip; **- à-goutte rectal** : Murphy drip; **compte -** : dropping tube, pipette; **- militaire** : gleet; **- sciatique** : sciatica; **versez - à -** : guttatim, drop by drop; 2. gout.

gouttelette, *s. f.* : droplet.

goutteux, *adj.* : gouty.

gouttière, *s. f.* : 1. groove, gutter, sulcus (*lat.*); **- de la côte** : subcostal groove; **- de torsion de l'humérus** : sulcus radialis humeri; **- du sinus latéral** : sulcus transversus; **- du sinus longitudinal supérieur** : sulcus sagittalis; **- tympanale** : glenoid fossa; 2. splint; **- de Bonnet** : Bonnet's splint; **- plâtrée** : plaster (of Paris) splint; **- en toile métallique** : metal splint; **- en zinc** : zinc splint.

gouttiforme, *adj.* : guttate, drop-like.

Gowers (faisceau de) : Gower's column *or* tract.

Goyrand (hernie de) : Goyrand's hernia (incomplete inguinal hernia).

Graaf (follicules de) : graafian follicles; **follicule de - fécondé** : ovule, Baer's vesicle.

grabataire, *adj.* : bedridden.

gracile, *adj.* : gracile, slender.

Gradenigo (syndrome de) : Gradenigo's syndrome (acute otitis media followed by pain and abductor paralysis).

gradué, *adj.* : graduated; **verre -** : measuring cylinder, graduated measure.

Graefe (signe de von) : Graefe's sign.

grain, *s. m.* : 1. grain; **- de beauté** : beauty-spot, mole; 2. grain (*cf.* tables of weights).

graine, *s. f.* : seed; **- de lin** : linseed; **cataplasme de - de lin** : linseed poultice; **infusion de - de lin** : linseed tea.

grains, *s. m. pl.* : *cf.*, **grain**; **- dentinaires** : denticles found in odontoplastic odontoma; **- hordéiformes** : « joint-mice », « melon-seed » bodies; **- jaunes** : « sulphur » granules (in actinomycotic pus); **- de Porta** : telangiectases; **- riziformes** : ryzoid *or* rice-bodies, « joint-mice ».

graisse, *s. f.* : grease, fat; **- balsamique** : benzoinated lard; **- de laine** : lanoline; **- de porc** : lard.

graisseux, *adj.* : 1. greasy, oily, unctuous; 2. adipose, fatty; **dégénérescence -** : fatty degeneration.

Gram (méthode de) : Gram's stain (method); **ne prenant pas le -** *ou* **Gram-négatif** : gram-negative; **prenant le -** *ou* **Gram-positif** : gram-positive.

gram-rœntgen, *s. m.* : gram-röntgen *or* gram-roentgen (energy lost by 1 rep in 1 g. of air at N.T.P. — 83.8 ergs).

gramicidine, *s. f.* : gramicidin.

gramme, *s. m.* : gram, gramme (*cf.* tables weights); **atome -** : gram-atom; **molécule -** : gram-molecule.

Grancher (maladie de) : Grancher's disease, splenopneumonia; **schéma de -** : Grancher's triad (characteristic signs of early pulmonary tuberculosis); **signe de -** : Grancher's sign.

grand mal : epilepsy.

granula, *s. f.* : granula, granule.

granulaire, *adj.* : granular.

granulation, *s. f.* : granulation; **- de Pacchioni** : pacchionian bodies, arachnoidal granulations.

granule, *s. m.* : granule.

granuleux, *adj.* : granular, granulated, granulose, granulous; **cellule -** : granule cell; **leucocyte -** : granulocyte.

granulie, *s. f.* : granulitis, acute miliary tuberculosis.

granuliforme, *adj.* : granuliform.

granuloblaste, *s. m.* : granuloblast.

granuloblastome, *s. m.* : neuroblastoma, neurospongioma.

granulocytaire, *adj.* : granulocytic.

granulocyte, *s. m.* : granulocyte.

granulocytémie, *s. f.* : granulocytemia, granulocytic leukocytosis.

granulocytopénie, *s. f.* : agranulocytosis, granulocytopenia, malignant neutropenia.

granulocytose, *s. f.* : granulocytosis, granulocytemia.

granulogramme, *s. m.* : differential white cell count.

granulomatose, *s. f.* : granulomatosis; **- maligne** : Hodgkin's disease.

granulome, *s. m.* : granuloma; **- annulaire** : granuloma annulare; **- de Hodgkin** : malignant granuloma, Hodgkin's disease; **- éosinophilique des os** : eosinophilic granuloma, Hand-Schüller-Christian disease; **- inguinal** : granuloma inguinale *or* venereum, pudendal ulcer (apparently caused by *Donovania granulomatis*; distinct from lymphogranuloma venereum *q.v.*).

granulopénie, *s. f.* : granulocytopenia, granulopenia.

granulopexie, *s. f.* : granulopexy.

granulopexique, *adj.* : granulopectic (1. fixing granules; 2. fixing granulocytes).

granuloplasma, *s. m.* : 1. granoplasm, granular protoplasm; 2. granuloplasm, endoplasm, endosarc.

granulose, *s. f.* : 1. granulose (inner and soluble portion of starch), amylose; 2. a bacterial polysaccharide occurring as cytoplasmic granules which stain purple with iodine.

granulosis rubra nasi : granulosis rubra nasi (red maculo-papular skin disease affecting the nose and cheeks associated with hyperidrosis).

graphique, *s. m.* : graph, diagram; *adj.* : graphic.

graphite, *s. m.* : graphite, black-lead, plumbago.

graphitose, *s. f.* : pneumoconiosis caused by inhaling graphite.

grapho- : grapho-, prefix meaning to write.

graphologie, *s. f.* : graphology.

graphomanie, *s. f.* : graphomania.

graphorrhée, *s. f.* : graphorrhea.

graphospasme, *s. m.* : graphospasm, writer's cramp.

gras, *s. m., adj.* : fat, *s.*; fat, fatty, *adj.*; **acide -** : fatty acid; **- de cadavre** : adipocere; **peau -** : oily skin; **régime -** : meat diet, full diet; **série -** : aliphatic series (*chem.*); **toux -** : loose, phlegmy cough.

grattage, *s. m.* : 1. scraping, abrading, scratching; 2. grattage (scraping with a sharp spoon *or* stiff brush for removal of morbid growths).

gravatif, *adj.* : dull, heavy (producing a sensation of weight).

gravelle, *s. f.* : gravel (granular, sand-like urinary calculi).

graveleux, *adj.* : sabrelous, showing traces of gravel, suffering from gravel (urine) passing gravel (*vernac.*).

Graves (maladie de) : Graves' disease, Basedow's disease, exophthalmic goiter.

gravicepteur, *s. m.* : *cf.*, **barorécepteur.**

gravide, *adj.* : gravid, pregnant; **utérus -** : gravid uterus.

gravidique, *adj.* : gravidic, occurring in pregnancy.

gravidisme, *s. m.* : gravidism, gravidity, pregnancy.

gravidocardiaque, *adj.* : gravidocardiac.

gravidotoxique, *adj.* : due to toxemia of pregnancy.

gravimètre, *s. m.* : gravimeter (aerometer, hydrometer, urinometer).

gravimétrie, *s. f.* : gravimetry.

gravimétrique, *adj.* : gravimetric; **dosage -** : gravimetric analysis *(chem.).*

gravitation, *s. f.* : gravitation; **force de -** : force of gravity.

gravité, *s. f.* : gravity; **centre de -** : centre of gravity.

Grawitz (tumeur de) : Grawitz's tumor, hypernephroma; clear cell renal carcinoma.

greffe, *s. f.* : graft, grafting, transplant, transplantation; **- apposée** : onlay graft; **- autoplastique** : autoplastic graft, autograft; **- bréphoplastique** *ou* **embryonnaire** : embryonic graft; **- déchaînante** : second set graft; **- épidermique** : skin grafting; **- hétéroplastique** : heteroplastic graft, heterograft; **- incluse** : inlay graft.

greffer, *v.* : to graft.

greffon, *s. m.* : graft, transplant.

grégaire, *adj.* : gregarious; **instinct -** : gregarious or herd instinct.

grégarine, *s. f.* : Gregarina (protozoon); **infestation par les -** : gregarinosis.

grêle, *adj.* : slender, thin; **intestin -** : small intestine.

grêlé, *adj.* : pock-marked, pockpitted.

grelottant, *adj.* : shaking, shivering.

grelotter, *v.* : to shake, shiver, tremble.

grenailles, *s. f. pl.* : radiographic shadows seen in apical tuberculous scarring.

grenouille, *s. f.* : frog.

grenouillette, *s. f.* : frog-tongue, ranula.

grenu, *adj.* : granular, rough-grained.

griffe, *s. f.* : claw; **coup de -** : scratch (e.g. by a cat); **- des orteils** : claw-foot.

griffes de chat (maladie des) : cat-scratch disease.

grillage, *s. m.* : grating, lattice, reticulum.

grillagé, *adj.* : cancellous, latticed.

grippal, *adj.* : grippal, influenzal.

grippe, *s. f.* : grippe, influenza, « flu »; **- porcine** : « hog-flu », swine influenza.

grippé, *adj.* : suffering from influenza; **être -** : to have influenza, to be « down with flu » *(vernac.).*

gris, *adj.* : gray, grey; **substance -** : gray matter.

grisâtre, *adj.* : grayish, turning gray (hair).

griséofulvine, *s. f.* : griseofulvin.

grisou, *s. m.* : firedamp, marsh-gas, methane.

Gritti (opération de) : Gritti's operation (amputation above the knee-joint).

Grocco (triangle de) : Grocco's sign (paravertebral triangle of dullness on the side opposite to a pleural effusion).

grossesse, *s. f.* : pregnancy; **- abdominale** : abdominal pregnancy; **- ampullaire** : ampullar pregnancy; **- ectopique** *ou* **extra-utérine** : ectopic or extra-uterine pregnancy, paracyesis; **- gémellaire** : bigeminal *or* twin pregnancy; **- infundibulaire** *ou* **tubo-abdominale** : tuboabdominal pregnancy; **- interstitielle** : interstitial, intramural or parietal pregnancy; **- multiple** : multiple pregnancy; **- nerveuse** *ou* **fausse** : false or phantom pregnancy; **- ovarienne** : ovarian pregnancy; **- tubaire** : tubal pregnancy, fallopian gestation.

grosseur, *s. f.* : growth, swelling, tumor.

grossir, *v.* : 1. to enlarge *(phot.)*, to magnify; 2. to increase, swell.

grossissant, *adj.* : 1. amplifying, enlarging, magnifying; 2. growing, swelling; **verre -** : magnifier, magnifying glass.

grossissement, *s. m.* : 1. amplification, enlargement, magnification, magnifying power; 2. growth (increase in size), swelling.

groupage, *s. m.* : grouping, classifying; **- du sang** *ou* **sanguin** : blood grouping; **- par type** : blood typing.

groupe, *s. m.* : group; **réaction de -** : group reaction; **- sanguin** : blood group.

Gruby-Sabouraud (maladie de) : Gruby's disease, alopecia areata.

grumeau, *s. m.* : curd, grume.

grumeleux, *adj.* : clotted, curdled, grumous.

grutum, *s. m.* : grutum, milium, oaten grits.

grypose, *adj.* : gryposis, onychogryposis (abnormal curvature of the nails).

guanidine, *s. f.* : guanidine.

guanidinémie, *s. f.* : guanidinemia.

guanine, *s. f.* : guanine.

guano, *s. m.* : guano.

Guarnieri (corps de) : Guarnieri's bodies or corpuscles (inclusion bodies in small pox and vaccinia).

gubernaculum testis *(lat.)* : gubernaculum testis *(anat.).*

Gubler (tumeur de) : Gubler's tumor (distension of synovial sheaths on the back of the hand in lead palsy).

Guéneau de Mussy (point de) : Guéneau de Mussy's point (on the left border of the sternum at the level of the tenth rib exceedingly painful on pressure in diaphramgmatic pleurisy).

guêpe, *s. f.* : wasp; **taille de -** : wasp-like waist.

Guérin (valvule de) : Guérin's fold or valve (in the fossa navicularis of the urethra).

guérir, *v.* : 1. to cure, heal, restore to health; **- une brûlure** : to heal a burn; **- un rhume** : to cure a cold; 2. to be cured, to recover; **- de la fièvre** : to recover from a fever, to get over a fever.

guérison, *s. f.* : 1. recovery; **en voie de -** : on the way to recovery, convalescent; 2. cure (of disease); **- apparente** : apparent cure; **faire des -** : to effect cures; 3. healing (of wounds).

guérissable, *adj.* : curable, capable of healing, sanable.

guérisseur, *s. m.* : healer, quack; *adj.* : healing, sanative, sanatory.

gueule de loup : bilateral harelip and cleft palate.

Gunn (signe de) : Gunn's dots (brilliant white dots seen, on oblique illumination, about the macula lutea).

gustatif, *adj.* : gustatory; **cellules -** : gustatory *or* taste cells; **papilles -** : taste buds *or* bulbs.
gustation, *s. f.* : gustation, tasting.

guttiforme, *adj.* : guttate, guttiform.

guttural, *adj.* : guttural.

Guyon (procédé de) : Guyon's sign (ballottement in cases of renal tumor).

gymnastique, *s. f.* : gymnastics; *adj.* : gymnastic.

gymnocarpe, *adj.* : gymnocarpous.

gynandre, *s. f.* : gynander, hermaphrodite, masculine woman; *adj.* : gynandrous.

gynandrie, *s. f. ou* **gynanthropie**, *s. f.* : gynandria, gynandrism, gynandry.

gynandroïde, *s. f., adj.* : gynandroid.

gynandromorphe, *adj.* : gynandromorphous.

gynanthrope, *s. m.* : gynanthropus (predominantly male hermaphrodite).

gynatrésie, *s. f.* : gynatresia (imperforate vagina).

gynécographie, *s. f.* : gynecography.

gynécologie, *s. f.* : gynecology.

gynécologique, *adj.* : gynecologic, gynecological.

gynécologue, *s. m.* : gynecologist.

gynécomastie, *s. f.* : gynecomastia, gynecomasty, gynecomazia (hyperplasia of the male breast).

gynécophobie *ou* **gynéphobie**, *s. f.* : gynephobia.

gynogenèse, *s. f.* : gynogenesis.

gynoïde, *adj.* : gynecoid, woman-like.

gynophore, *s. m.* : gynophore *(biol.)*.

gynotermone, *s. f.* : gynotermon.

gypse, *s. m.* : gypsum, plaster of Paris.

gypsotomie, *s. f.* : cutting plaster *(e.g. splint)*.

gyration *ou* **giration**, *s. f.* : gyration.

gyrectomie, *s. f.* : gyrectomy.

gyromètre, *s. m.* : gyrometer.

H

habena *ou* habenula : habenula, peduncle of the pineal gland; noyau *ou* ganglion de l' - : ganglion habenulae.

habitat, *s. m.* : habitat.

habitude, *s. f.* : custom, habit, practice, use.

habituel, *adj.* : habitual, routine.

habitus, *s., (lat.)* : habitus, physique.

hachisch, *s. m.* : hashish, Indian hemp (habit forming intoxicant from the leaves and female flowers of *Cannabis indica*) marihuana, marijuana.

hachischisme, *s. m.* : cf., cannabisme.

hachure, *s. f.* : hachement, hacking (form of massage by chopping with the edge of the hand).

Hæckel (loi de) : Haeckel's law (ontogeny is a short repetition of phylogeny).

haema-, haemo-, héma-, hémo- : prefix denoting a relationship with the blood.

hafnium, *s. m.* : hafnium.

Hahnemann (doctrine *ou* méthode de) : hahnemannism, homeopathy.

hâle, *s. m.* : sunburn, sun-tan.

hâlé, *adj.* : sunburnt, tanned.

haleine, *s. f.* : breath; hors d' - : out of breath, dyspnoeic; mauvaise - : halitosis, bad breath.

halistérèse, *s. f.* : halisteresis, osteomalacia.

halistérique, *adj.* : halisteretic.

halitueux, *adj.* : clammy, halitous, moist.

hallomégalie, *s. f.* : hypertrophy of the great toe.

hallucination, *s. f.* : hallucination, delusion.

hallucinogène, *s. m.* : hallucinant, hallucinogen (hallucinatory drug); *adj.* : hallucinative, hallucinatory, hallucinogenic.

hallucinose, *s. f.* : hallucinosis (psychosis marked by hallucinations).

hallus *ou* hallux *(lat.)*, *s.* : great toe, hallux, *pl.* hallices; - flexus : hammer toe; - rigidus : hallux rigidus; - valgus : bunion, hallux valgus; - varus : hallux varus.

halo, *s. m.* : halo (1. circle seen around a light by glaucomatous patients; 2. ring seen around the macula lutea on ophthalmoscopic examination; 3. imprint of the ciliary body on the vitreous body; 4. halation [*phot.*]).

halogène, *s. m.* : halogen; *adj.* : halogenic, halogenous.

halogénure, *s. m.* : halide.

haloïde, *s. m., adj.* : haloid, saltlike.

halomètre, *s. m.* : halometer, instrument for measuring (1. ocular halos; 2. mean diameters of red corpuscles by their diffraction halos).

Halsted (procédé d') : Halsted's operation (for inguinal hernia).

hamartome, *s. m.* : hamartoma (1. tumor-like congenital malformation; 2. benign hemangioma).

hamster, *s. m.* : hamster *(zool.)*.

hamulus, *s. m.* : hamulus (hook-shaped process).

hanche, *s. f.* : hip, coxa *(lat.)*; - bote : coxa vara.

Hanot (maladie *ou* cirrhose de) : Hanot's hypertrophic biliary cirrhosis.

Hansen (bacille de) : Hansen's bacillus, *Mycobacterium leprae.*

haphalgésie, *s. f.* : haphalgesia (pain on touching objects *or* on being touched).

haphémétrie, *s. f.* : measuring tactile sensibility.

haploïde, *s. f.* : haploid, gametophyte.

haptène, *s. m.* : haptene *(immunol.)*.

haptoglobine, *s. f.* : haptoglobin.

haptoglobinémie, *s. f.* : haptoglobin.

haptoglobinémie, *s. f.* : haptoglobinemia.

haptoglobinogramme, *s. m.* : record of fluctuations in the haptoglobin index.

haptophore, *adj.* : haptophoric, haptophorous ; - groupement - : haptophore *(immunol.)*.

harara, *s. m.* : harara (skin disease caused by the bites of sandflies).

haricocèle, *s. f.* : atrophic testicle (following infantile orchitis).

Harley (maladie de) : Harley's *or* Dressler's disease, paroxysmal hemoglobinuria.

hasamyami, *s.* : Hasami fever (mild fever of Japan caused by *Leptospira autumnalis*).

Hashimoto (maladie de) : Hashimoto's disease (chronic thyroiditis, struma lymphomatosa).

Hasner (valvule de) : Hasner's valve, plica lacrimalis.

Haudek (niche de) : Haudek's niche (radiological characteristic of gastric ulcer).

haustral, *adj.* : haustral.

haustration, *s. f.* : haustration *(anat., surg.).*

hauteur, *s. f.* : height; **- d'un son** : pitch of a sound.

haut-mal, *s. m.* : epilepsy, haut-mal, grand mal.

Havers (canaux de) : haversian canals *(anat.).*

haversite, *s. f.* : inflammation of haversian canals.

hébéfrénie *ou* **hébéphrénie,** *s. f.* : hebephrenia *(psych.),* dementia praecox.

hébéphréno-catatonie, *s. f.* : hebephreniac catatonia *(psych.).*

Heberden (nodosités d') : Heberden's nodes ; **rhumatisme d'-** : Heberden's disease arthritis deformans.

hébétude, *s. f.* : hebetude, mental dullness.

hébostéotomie *ou* **hébotomie,** *s. f.* : hebosteotomy, hebotomy, pubiotomy *(obstet.).*

hecticité, *s. f.* : 1. hectic fever; 2. prostration caused by hectic fever.

hectique, *adj.* : hectic; **fièvre -** : hectic fever.

hecto- : hecto-, prefix meaning one hundred.

hédonisme, *s. m.* : hedonism.

hédra, *s. m., f.* : scalp wound.

hédrocèle, *s. m.* : hedrocele (1. sciatic hernia; 2. anal prolapse).

HeLa (cellules) : HeLa cells (strain of human cancer cells widely used for research).

hélicoïde, *adj.* : helicoid, spiral, coiled like a snail-shell.

hélicopode (démarche) : helicopodia, Charcot's gait, dragging gait.

hélicotrème, *s. m.* : helicotrema (foramen between the scala tympani and scala vestibuli).

héliodermite, *s. f.* : heliodermatitis, sunburn.

héliopathie, *s. f.* : heliopathia (any disorder caused by sunlight).

héliophobie, *s. f.* : heliophobia (morbid fear of exposure to sunlight).

hélioprophylaxie, *s. f.* : prophylactic sun-bathing.

héliosensibilité, *s. f.* : heliosensitivity.

héliostat, *s. m.* : heliostat.

héliothérapie, *s. f.* : heliotherapy.

héliotropique, *adj.* : heliotropic.

héliotropisme, *s. m.* : heliotropism, heliotropy.

hélium, *s. m.* : helium.

hélix, *s. m.* : helix, spiral.

helminthagogue, *s. m., adj.* : anthelmintic, helminthagogue, vermifuge.

helminthe, *s. m.* : helminth, worm, intestinal worm.

helminthiase, *s. f.* : helminthiasis.

helminthide, *s. f.* : skin lesion caused by helminthic toxins.

helminthoïde, *adj.* : helminthoid, wormlike.

helminthophobie, *s. f.* : helminthophobia (fear or obsession of being infested by worms).

hélodermie, *s. f.* : helosis (presence of callosities or corns).

hémachrome, *s. m.* : hemachrome, hematin.

hémagglutination, *s. f.* : hemagglutination.

hémagglutinine, *s. f.* : hemagglutinin.

hémagogue, *s. m.* : hemagogue; *adj.* : hemagogic.

hémal, *adj.* : hemal; **arc -** : hemal arch.

hémangiectasie, *s. f.* : hemangiectasis (permanent unphysiological dilatation of blood vessels).

hémangioblaste, *s. m.* : hemangioblast.

hémangioblastome, *s. m.* : hemangioblastoma.

hémangio-endothéliome, *s. m.* : hemangio-endothelioma.

hémangiofibrosarcome, *s. f.* : hemangiofibrosarcoma.

hémangiomatose, *s. f.* : hemangiomatosis.

hémangiome, *s. m.* : hemangioma.

hémangiopéricytome, *s. f.* : hemangiopericytoma.

hémaphéine, *s. f.* : hemaphein.

hémaphéique, *adj.* : hemapheic.

hémapophyse, *s. f.* : hemapophysis.

hémarthrose, *s. f.* : hemarthrosis (hemorrhage into a joint).

hémastatique, *s. f.* : hemastatics (that branch of physiology treating of the laws of equilibrium of the blood).

hématéine, *s. f.* : hematein (oxydation product of hematoxylin used as histological stain).

hématémèse, *s. f.* : hematemesis.

hématexodie, *s. f.* : stage of disintegration of red corpuscles.

hémathidrose *ou* **hématidrose,** *s. f.* : hematidrosis (sweating of blood *or* blood-stained sweat).

hématie, *s. f.* : red blood corpuscle.

hématimètre, *s. m.* : hematimeter, hemacytometer.

hématimétrie, *s. f.* : hematimetry, hemacytometry.

hématine, *s. f.* : hematin, heme.

hématinurie, *s. f.* : hematinuria, hemoglobinuria.

hématique, *adj.* : hematic, hematinic.

hémato- : hemato-, prefix meaning relating to the blood.

hématoblaste, *s. m.* : hematoblast (1. erythrogonium, proerythroblast [stem cell of the red corpuscle series); 2. blood platelet).

hématobulbie, *s. f.* : intra-medullary hemorrhage.

hématocatharsie, *s. f.* : hematocatharsis.

hématocèle, *s. f.* : hematocele.

hématocéphale, *s. m.* : hematocephalus (monstrosity *or* fetus born with cerebral hemispheres distended with blood).

hématochylurie, *s. f.* : hematochyluria.

hématocolpomètre, *s. m.* : hematocolpometra (accumulation of menstrual blood in the uterus and vagina due to an imperforate hymen).

hématocolpos, *s. m.* : hematocolpos.

hématocrite, *s. m.* : hematocrit.

hématocritie, *s. f.* : estimation of corpuscle volume by means of the hematocrit.

hématode, *adj.* : hematodes, hematoid *(histol., path.).*

hématogène, *adj.* : hematogenic, hematogenous.

hématogonie, *s. f.* : hematogone, hematogonium, hemocytoblast.

hématogramme, *s. m.* : *cf.*, **hémogramme.**

hématographie, *s. f.* : hematography.

hématoïde, *adj.* : hematoid.

hématoïdine, *s. f.* : hematoidin.

hématologie, *s. f.* : hematology.

hématologue, *s. m.* : hematologist.

hématolyse, *s. f.* : hematolysis, hemolysis.

hématome, *s. m.* : hématoma, bruise; **- dural** : hematoma of the dura mater; **- scrotal** : hematoscheocele.

hématomètre, *s. m.* : hematometra (accumulation of blood within the uterus).

hématométrie, *s. f.* : 1. hematometra; 2. hematometry, blood-count.

hématomyélie, *s. f.* : hematomyelia (effusion of blood into or around the spinal cord).

hématomyélite, *s. f.* : hematomyelitis (acute hemorrhagic myelitis).

hématonéphrose, *s. f.* : hematonephrosis, hemonephrosis (distension of the renal pelvis with blood).

hématopelvis, *s. m.* : hemopelvis.

hématophage, *s. m.* : hematophage, hemophagocyte; *adj.* : hematophagous.

hématophagie, *s. f.* : hematophagia (1. blood drinking; 2. blood sucking [insects]; 3. hemophagocytosis).

hématophobie, *s. f.* : hematophobia (morbid dread of the sight of blood).

hématopoïèse, *s. f.* : hematopoiesis.

hématopoïétine, *s. f.* : hematopoietin, hemopoietin.

hématopoïétique, *adj.* : hematopoietic, hemopoietic.

hématoporphyrie, *s. f.* : hematoporphyria, porphyria (congenital metabolic defect).

hématoporphyrinurie, *s. f.* : hematoporphyrinuria.

hématorrachis, *s. m.* : hematorrhachis, hemorrhachis (hemorrhage within the spinal canal).

hématosalpinx, *s. m.* : hematosalpinx, hemosalpinx.

hématoscope, *s. m.* : hématoscope.

hématoscopie, *s. f.* : hematoscopy.

hématose, *s. f.* : hematosis (1. formation of blood; 2. aeration of blood in the lungs).

hématospectroscope, *s. m.* : hematospectroscope.

hématospectroscopie, *s. f.* : hematospectroscopy.

hématospermie, *s. f.* : hematospermia (discharge of bloody sperm).

hématothérapie, *s. f.* : hematotherapy, hemotherapy.

hématotympan, *s. m.* : hematotympanum (hemorrhagic effusion in the middle ear).

hématoxyline, *s. f.* : hematoxylin *(histol.).*

hématozoaire, *s. m.* : hematozoon, *pl.* hematozoa, hemacytozoon.

hématurie, *s. f.* : haematuria or hematuria.

hémautographique, *s. m.* : 1. hemautograph (tracing made by an arterial blood jet); 2. hemautography (recording of a hemautograph).

hème, *s. m.* : haeme, heme.

héméralopie, *s. f.* : hemeralopia, day-blindness, aknephascopia.

hémi- : hemi-, prefix signifying half.

hémiachromatopsie, *s. f.* : hemiachromatopsia (color-blindness in one half of the visual field).

hémiagnosie, *s. f.* : hemiagnosia (unilateral agnosia).

hémiagueusie, *s. f.* : hemiageusia, hemiageustia (loss of taste in one side of the tongue).

hémiamblyopie, *s. f.* : hemiamblyopia (faulty vision in one half of the retina).

hémianalgésie, *s. f.* : hemianalgesia.

hémianesthésie, *s. f.* : hemianesthesia.

hémianopie *ou* **hémianopsie,** *s. f.* : hemianopia, hemianopsia (blindness in one half of the visual field).

hémianopsique, *adj.* : hemianoptic.

hémianosmie, *s. f.* : hemianosmia (loss of smell in one nostril).

hémiasomatognosie, *s. f.* : hemianosognosia (inability to appreciate defects on one side of the body).

hémiasynergie, *s. f.* : hemiasynergia.

hémiataxie, *s. f.* : hemiataxia.

hémiathétose, *s. f.* : hemiathetosis.

hémiatrophie, *s. f.* : hemiatrophy.

hémiballisme, *s. m.* : hemiballism.

hémicellulose, *s. f.* : hemicellulose.

hémichorée, *s. f.* : hemichorea.

hémichromatopsie, *s. f.* : hemichromatopsia.

hémiclonie, *s. f.* : unilateral myoclonia.

hémicolectomie, *s. f.* : hemicolectomy.

hémicorporectomie, *s. f.* : bilateral hemipelvectomy.

hémicranie, *s. f.* : hemicrania, migraine.

hémicraniose, *s. f.* : hemicraniosis.

hémicystectomie, *s. f.* : hemicystectomy.

hémidiaphragme, *s. m.* : hemidiaphragm (one half of the diaphragm).

hémidrose, *s. f.* : hemihidrosis.

hémidysergie, *s. f.* : hemidysegria (unilateral motor incoordination).

hémidysesthésie, *s. f.* : hemidysesthesia (unilateral disorder of sensation).

hémiépilepsie, *s. f.* : hemiepilepsy.

hémifacial, *adj.* : hemifacial.

hémiglossectomie, *s. f.* : hemiglossectomy.

hémiglossite, *s. f.* : hemiglossitis.

hémihypothalamectomie, *s. f.* : hemihypothalamectomy.

hémilaminectomie, *s. f.* : hemilaminectomy.

hémilaryngectomie, *s. f.* : hemilaryngectomy.

hémilatéral, *adj.* : hemilateral.

hémilésion, *s. f.* : hemilesion (unilateral lesion of the spinal cord).

hémimèle, *s. m.* : hemimelus (monster with incomplete *or* stunted extremities).

hémimélie, *s. f.* : hemimelia (congenital absence of the distal part of a limb).

hémi-mimie, *s. f.* : asymmetry of facial expression.

hémine, *s. f.* : hemin, haemin, crystalline hematin chloride.

héminéphrectomie, *s. f.* : heminephrectomy.

hémineurasthénie, *s. f.* : hemineurasthenia.

hémiopie *ou* **hémiopsie,** *s. f.* : hemiopia, hemianopsia.

hémiopique, *adj.* : hemiopic; **réaction - de Wernicke** : hemiopic pupillary reaction.

hémiparacousie, *s. f.* : hemiparacusia.

hémiparaplégie, *s. f.* : hemiparaplegia.

hémiparésie, *s. f.* : hemiparesis.

hémiparesthésie, *s. f.* : hemiparesthesia.

hémiplégie, *s. f.* : hemiplegia; **- alterne** : alternate hemiplegia; **- flasque** : flaccid hemiplegia; **- spasmodique infantile** : infantile spastic hemiplegia.

hémiplégique, *s. m.* : hemiplegiac; *adj.* : hemiplegic.

hémispasme, *s. m.* : hemispasm.

hémisphère, *s. f.* : hemisphere.

hémisphérectomie, *s. f.* : hemispherectomy.

hémispondylie, *s. f.* : congenital absence of half of one *or* more vertebrae.

hémisporose, *s. f.* : hemisporosis (mycosis caused by infection with *Hemispora stellata*).

hémisystolie, *s. f.* : hemisystole.

hémisurdité, *s. f.* : hemianacusia (deafness in one ear).

hémitérie, *s. f.* : hemiterata (malformations not grave enough to be called monstrous).

hémitétanie, *s. f.* : hemitetany.

hémithermie, *s. f.* : unilateral rise of temperature on the paralysed side in apoplectic hemiplegia.

hémithyroïdectomie, *s. f.* : hemithyroidectomy.

hémivertèbre, *s. f.* : *cf.,* **hémispondylie.**

hémizygote, *s. m.* : hemizygote (hemizygous cell *or* individual).

hémo- *ou* **hœmo-** : hemo-, haemo-, hem-, hema-, prefixes meaning to do with the blood.

hémo-agglutination, *s. f.* : hemo-agglutination, hemagglutination.

hémo-agglutinine, *s. f.* : hemo-agglutinin, hemagglutinin.

hémobilie, *s. f.* : bleeding into the biliary passages from any cause.

hémoblaste, *s. m.* : *cf.,* **hémocytoblaste.**

hémoblastose, *s. f.* : hemoblastosis, hemolymphadenosis, hemomyelosis.

hémocathérèse, *s. f.* : hemocatheresis.

hémocholécyste, *s. m.* : hemocholecyst.

hémochromatose, *s. f.* : hemochromatosis.

hémochromogène, *s. m.* : hemochromogen.

hémochromomètre, *s. m.* : hemochromometer.

hémoclasique (crise) : hemoclasia, hemoclastic crisis.

hémoconcentration, *s. f.* : hemoconcentration.

hémoconie *ou* **hématoconie** *(inus.),* *s. f.* : hemoconia, hemokonia, blood dust, Müller's dust-bodies (term applied to any microscopic refractile particle in the blood).

hémoconiose, *s. f.* : hemoconiosis (abnormal number of hemoconiae in the blood).

hémocrasie, *s. f.* : constitution of the blood.

hémocrinie, *s. f.* : hemocrinia (presence of hormones in the blood).

hémocrinothérapie, *s. f.* : hemocrinotherapy.

hémoculture, *s. f.* : hemoculture (1. culture of bacteria from a blood sample; 2. bacteriological culture on blood-agar).

hémocyanine, *s. f.* : hemocyanin, hematocyanin.

hémocytoblaste, *s. m.* : hemocytoblast.

hémocytoblastomatose *ou* **hémocytoblastose,** *s. f.* : myeloblastic leukemia.

hémocytomètre, *s. m.* : hemocytometer.

hémocytopénie, *s. f.* : hemocytopenia.

hémodiagnostic, *s. m.* : hemodiagnosis (hematological diagnosis).

hémodialyse, *s. f.* : hemodialysis (dialysis of circulating blood through an artificial kidney).

hémodilution, *s. f.* : hemodilution.

hémodromomètre, *s. m.* : hemodromometer, hematodromometer.

hémodromométrie, *s. f.* : hemodromometry.

hémodynamique, *s. f.* : hemodynamics, hemadynamics (science of the dynamics of the circulation of the blood).

hémodynamomètre, *s. m.* : hemadynamometer, hemodynamometer.

hémofuchsine, *s. f.* : hemofuscin (yellowish brown breakdown product of hemoglobin).

hémogénie, *s. f.* : hemogenia, pseudohemophilia (hemorrhagic diathesis due to some disturbance of the hemopoietic system).

hémogéno-hémophilie, *s. f.* : syndrome resulting from a combination of hemogenia and hemophilia.

hémoglobine, *s. f.* : hemoglobin.

hémoglobinémie, *s. f.* : hemoglobinemia.

hémoglobinique, *adj.* : hemoglobic, hemoglobiniferous.

hémoglobinobilie, *s. f.* : hemoglobinocholia.

hémoglobinomètre, *s. m.* : hemoglobinometer.

hemoglobinopathie *ou* **hémoglobinose,** *s. f.* : hereditary recessive anomaly with production of both adult (A) and fetal (F) hemoglobins.

hémoglobinurie, *s. f.* : hemoglobinuria.

hémoglobinurique, *adj.* : hemoglobinuric.

hémogramme, *s. m.* : hemogram.

hémohistioblaste, *s. m.* : hemohistioblast, hemocytoblast.

hémohistioblastique, *adj.* : hemohistioblastic.

hémohistioblastose, *s. f.* : *cf.,* **histiocytomatose.**

hémoïde, *adj.* : hemoid.

hémolymphangiome, *s. m.* : hemolymphangioma, hematolymphangioma.

hémolyse, *s. f.* : hemolysis, hematolysis.

hémolyser, *v.* : to hemolyse.

hémolysine, *s. f.* : hemolysin.

hémolytique, *adj.* : hemolytic; **index - :** hemolytic index; **sérum - :** hemolytic serum.

hémomédiastin, *s. m.* : hemomediastinum (effusion of blood into the mediastinum).

hémomètre, *s. m.* : hemometer, hemoglobinometer.

hémoneurocrinie, *s. f.* : transport of pituitary hormones to the hypothalamus by the pituitary portal system.

hémopathie, *s. f.* : hemopathy, hematopathy (any disease of the blood).

hémopéricarde, *s. m.* : hemopericardium, hematopericardium (effusion of blood into peritoneal cavity).

hémopexie, *s. f.* : hemopexis (coagulation of the blood).

hémopéritoine, *s. m.* : hemoperitoneum, hematoperitoneum (effusion of blood into the peritoneal cavity).

hémophile, *s. m.* : hemophiliac (sufferer from hemophilia), « bleeder » *(vernac.).*

hémophilie, *s. f.* : hemophilia (hereditary sex-linked hemorrhagic diathesis).

hémophilique, *adj.* : hemophilic.

hémophiloïde, *adj.* : hemophiloid.

hémophobie, *s. f.* : *cf.,* **hématophobie.**

hémophtalmie, *s. f.* : hemophthalmia.

hémophtisique (anémie) : hemophthisis.

hémopneumopéricarde, *s. m.* : hemopneumopericardium.

hémopneumothorax, *s. m.* : hemopneumothorax.

hémopoïèse, *s. f.* : *cf.,* **hématopoïèse.**

hémopoïétine, *s. f.* : hemopoietin.

hémoprévention, *s. f.* : prophylactic injection of immune serum, *e.g.* in measles.

hémopronostic, *s. m.* : prognosis based on blood examination.

hémoprophylaxie, *s. f.* : *cf.,* **hémoprévention.**

hémoprotozoose, *s. f.* : hematozoic disease (*e.g.* malaria, trypanosomiasis, etc.).

hémoptoïque, *adj.* : hemoptic, hemoptoic, hemoptysic (associated with hemoptysis).

hémoptysie, *s. f.* : hemoptysis.

hémoptysique, *adj.* : hemoptysic.

hémorragie, *s. f.* : haemorrhage, hemorrhage ; **- cutanée** : hematopedesis; **- interne** : concealed *or* internal hemorrhage; **- méningée obstétricale** : internale cephalhematoma ; **- occulte** : occult hemorrhage; **- rectale** : hemoproctia, rectal bleeding.

hémorragine, *s. f.* : hemorrhagin (cytolytic and hemolytic venom *or* poison, *e.g.* snake venom and ricin).

hémorragipare, *adj.* : hemorrhagenic, hemorrhagiparous.

hémorroïdal, *adj.* : hemorrhoidal; **flux -** : hemorrhoidal bleeding, bleeding from piles.

hémorroïde, *s. f.* : hemorrhoid, pile; **- procidentes** : external piles; **- sèches** : blind piles; **- sentinelle** : sentinel pile.

hémorroïdectomie, *s. f.* : hemorrhoidectomy, excision of piles.

hémosialémèse, *s. f.* : hemosialemesis.

hémosidérine, *s. f.* : hemosiderin.

hémosidérinurie, *s. f.* : hemosiderinuria.

hémosidérose, *s. f.* : hemosiderosis.

hémospermie, *s. f.* : hemospermia, hematospermia.

hémosporidie, *s. f.* : hemosporidium (sporozoa living in the blood stream).

hémosporidiose, *s. f.* : hemosporidiosis.

hémostase *ou* **hémostasie,** *s. f.* : hemostasis, hemostasia; **- provoquée** : arrest of hemorrhage; **- spontanée** : physiological process of thrombosis *or* of stagnation of the blood flow.

hémostatique, *adj.* : hemostatic; **pince -** : hemostat, pressure forceps.

hémotachomètre, *s. m.* : hemotachometer, hemodromometer.

hémothérapie, *s. f.* : hemotherapeutics, hemotherapy.

hémothorax, *s. m.* : hemothorax, hemopleura (effusion of blood within a pleural cavity).

hémotoxine, *s. f.* : hemotoxin (hemolytic toxin).

hémotrope, *adj.* : hemotropic.

hémotrypsie hémorragipare : hemotrypsia.

hémotympan, *s. m.* : *cf.,* **hématotympan.**

hémozoïne, *s. f.* : hemozoin (pigment found in malarial parasites).

Henderson-Hasselbach (équation de) : Henderson-Hasselbach equation.

Henle (anse de) : loop of Henle (U-shaped portion of uriniferous tubule); **gaine de -** : Henle's sheath (1. perineural sheath; 2. outer cellular layer of the inner root-sheath of a hair).

henry, *s. m.* : henry (unit of inductive resistance *or* self-induction).

Hensen (canal de) : Hensen's canal, ductus reuniens *or* canalis reuniens (short duct uniting the saccule with the scale media of the cochlea).

héparine, *s. f.* : heparin.

héparinémie, *s. f.* : heparinemia.

hépariner *ou* **hépariniser,** *v.* : to heparinize.

héparinocyte, *s. m.* : *cf.,* **mastocyte.**

héparinothérapie, *s. f.* : therapeutic use of heparin.

héparinurie, *s. f.* : heparinuria.

hépatalgie, *s. f.* : hepatalgia, hepatodynia.

hépatalgique, *adj.* : hepatalgic.

hépatargie, *s. f.* : hepatargy, hepatic insufficiency.

hépatargique, *adj.* : hepatargic; **crises - :** hepatic coma.

hépatectomie, *s. f.* : hepatectomy.

hépatico- : hepatico-, prefix meaning relating to the liver.

hépaticoduodénostomie, *s. f.* : hepaticoduodenostomy.

hépatico-entérostomie, *s. f.* : hepatico-enterostomy.

hépaticogastrostomie, *s. f.* : hepaticogastrostomy.

hépaticojéjunostomie, *s. f.* : hepaticojejunostomy.

hépaticolithotripsie, *s. f.* : hépaticolithotripsy.

hépaticostomie, *s. f.* : hepaticostomy.

hépaticotomie, *s. f.* : hepaticotomy.

hépatique, *adj.* : hepatic; **colique - :** biliary colic; **obstruction - :** hepatemphraxis.

hépatisation, *s. f.* : hepatization; **- grise** : gray hepatization; **- jaune** : yellow hepatization; **- rouge** : red hepatization.

hépatisé, *adj.* : hepatized, consolidated.

hépatisme, *s. m.* : hepatism (ill health due to liver disease).

hépatite, *s. f.* : hepatitis; **- enzootique** : enzootic hepatitis, Rift valley fever; **- épidémique** : epidemic infectious hepatitis; **- d'inoculation** : serum hepatitis; **- à virus** : viral hepatitis.

hépato- : hepato-, prefix denoting some relation to the liver.

hépatocèle, *s. f.* : hepatocele.

hépatocholangiocystoduodénostomie, *s. f.* : hepatocholangiocystoduodenostomy.

hépatocholangio-entérostomie, *s. f.* : hepatocholangio-enterostomy.

hépatocholangiogastrostomie, *s. f.* : hepatocholangiogastrostomy.

hépatocholangiostomie, *s. f.* : hepatocholangiostomy.

hépatocholangite, *s. f.* : hepatocholangitis.

hépatocirrhose, *s. f.* : cirrhosis of the liver, hepatocirrhosis.

hépatocoliase, *s. f.* : hepatocoliasis.

hépatocolique, *adj.* : hepatocolic.

hépatocrinie, *s. f.* : combined effects of hepatic and other hormones.

hépatocystique, *adj.* : hepatocystic.

hépatocystostomie, *s. f.* : anastomosis of an hepatic duct with the gallbladder.

hépatoduodénostomie, *s. f.* : hepatoduodenostomy.

hépatogastrite, *s. f.* : hepatogastritis.

hépatogène, *adj.* : hepatogenic, hepatogenous (originating in the liver).

hépatogramme, *s. m.* : hepatogram (1. cytological formula derived from liver biopsy; 2. skiagram of the liver; 3. tracing of liver pulsation).

hépatographie, *s. f.* : hepatography.

hépatoliénographie, *s. f.* : hepatolienography (radiological visualization of the liver and spleen).

hépatolithe, *s. m.* : hepatolith (intrahepatic gallstone).

hépatologie, *s. f.* : hepatology.

hépatolytique, *adj.* : hepatolytic.

hépatomacrosie, *s. f.* : *cf.,* **hépatomégalie.**

hépatomanométrie, *s. f.* : manometric measurement of intrahepatic pressure.

hépatome, *s. m.* : hepatoma.

hépatomégalie, *s. f.* : hepatomegalia, hepatomegaly.

hépatomphale, *s. m.* : hepatomphalocele, hepatomphalos (umbilical herniation of part of the liver).

hépatonéphrite, *s. f.* : hepatonephritis.

hépatonéphromégalie, *s. f.* : hepatonephromegaly.

hépatopathie, *s. f.* : hepatopathy.

hépatopexie, *s. f.* : hepatopexy.

hépatoptose, *s. f.* : hepatoptosis.

hépatorénal, *adj.* : hepatorenal.

hépatorraphie, *s. f.* : hepatorrhaphy.

hépatoscopie, *s. f.* : hepatoscopy.

hépatose, *s. f.* : hepatosis (any functional disorder of the liver).

hépatosidérose, *s. f.* : hepatic siderosis (abnormal deposits of iron in the liver).

hépatosplénique, *adj.* : hépatolienal, hepatosplenic.

hépatosplénite, *s. f.* : hepatosplenitis.

hépatosplénographie, *s. f.* : hepatosplenography.

hépatosplénomégalie, *s. f.* : hepatosplenomegaly.

hépatostomie, *s. f.* : hepatostomy.

hépatothérapie, *s. f.* : hepatotherapy.

hépatotomie, *s. f.* : hepatotomy.

hépatotoxémie, *s. f.* : hepatotoxemia.

hépatotoxine, *s. f.* : hepatotoxin.

hépatotrope, *adj.* : hepatotropic.

heptane, *s. m.* : heptane (*chem.*).

heptose, *s. m.* : heptose (*chem.*).

herbacé, *adj.* : herbaceous.

herbe, *s. f.* : 1. grass; 2. herb, simple; **infusion, tisane d'-** : herbal, herb tea; **- médicinales** : medicinal herbs.

herbier, *s. m.* : 1. herbal, herbarium; 2. paunch, rumen (of ruminants).

herbivore, *s. m., adj.* : herbivore, *pl.* herbivora *(zool.)*.

héréditaire, *adj.* : hereditary; **ataxie -** : hereditary ataxia, Friedreich's ataxia.

hérédité, *s. f.* : heredity.

hérédo- : heredo-, prefix meaning hereditary.

hérédodégénérescence, *s. f.* : heredodegenerescence.

hérédosyphilis, *s. f.* : heredosyphilis, heredolues.

Hering-Breuer (réflexe *ou* **réaction de)** : Hering-Breuer's reflex.

hermaphrodisme, *s. m.* : hermaphrodism, hermaphroditism.

hermaphrodite, *s. f.* : hermaphrodite; *adj.* : hermaphroditic.

hermétique, *adj.* : hermetic.

herniaire, *adj.* : hernial, herniary; **bandage -** : truss; **sac -** : hernial sac.

herniation, *s. f.* : herniation.

hernie, *s. f.* : hernia; **- crurale** : crural *or* femoral hernia; **- du cerveau** : cerebral hernia; **- étranglée** : strangulated hernia; **- inguinale** : inguinal hernia; **- ombilicale** : umbilical hernia.

hernié, *adj.* : herniated.

hernieux, *s. m.* : ruptured patient, person suffering from hernia; *adj.* : herniated (of a viscus), ruptured (of a patient).

hernioplastie, *s. f.* : hernioplasty.

herniorraphie, *s. f.* : herniorrhaphy.

herniotomie, *s. f.* : herniotomy.

héroïne, *s. f.* : heroine.

héroïnomanie, *s. f.* : heroinism, heroinomania (addiction to heroin).

héroïque, *adj.* : heroic, drastic (applied to treatment by large doses *or* by drastic surgical operations *or* any method involving risk).

Hérophile (pressoir d') : torcula of Herophilus, confluens sinuum durae matris.

herpangine, *s. f.* : herpangina, herpetic sore throat.

herpès, *s. m.* : herpes; **- à frigore** : cold sore, fever blister, herpes febrilis, herpes simplex; **- circiné** : herpes circinatus *or* tinea circinata; **- génital** : herpes genitalis; **- gestationis** : herpes gestationis; **- iris** : herpes iris; **- zoster (zona)** : herpes zoster, shingles, zona.

herpétide, *s. f.* : herpetic *or* herpetiform eruption.

herpétique, *adj.* : herpetic; **angine -** : herpangina, herpetic sore throat.

herpétisme, *s. m.* : herpetism.

Herpetomonas, *s.* : *Herpetomonas* (flagellate infusoria).

hersage des nerfs : hersage, endoneurolysis (operation for separating the individual fibres of a peripheral nerve in a diseased area).

Herter (maladie de) : Herter's infantilism.

hertziennes (ondes) : hertzian rays *or* waves.

Herxheimer (réaction de) : Herxheimer's reaction (increase of symptoms following antisyphilitic treatment).

Heryng (signe de) : Heryng's sign (infraorbital shadow seen on buccal transillumination in empyema of the antrum of Highmore).

Hesselbach (hernie de) : Hesselbach's hernia (hernia with a diverticulum through the cribriform fascia); **ligament de -** : Hesselbach's ligament, ligamentum interfoveolare.

hétéradelphe, *s. m.* : heteradelphus (joined twin monstrosity in which one fetus is much better developed than the other); *adj.* : heteradelphous; **tératisme -** : heteradelphia.

hétéradénique, *adj.* : heteradenic (pertaining to any abnormality of gland tissue); **tumeur -** : heteradenoma.

hétéralien, *s. m.* : heteralius (an extreme example of heteradelphia).

hétérauxèse, *s. f.* : heterauxesis (any asymmetrical growth, normal *or* abnormal).

hétéresthésie, *s. f.* : heteresthesia.

hétéro- : hetero-, heter-, prefix meaning other *or* related to another.

hétéroagglutinine, *s. f.* : heteroagglutinin.

hétéroalbumose, *s. f.* : heteroalbumose.

hétéroallergie, *s. f.* : allergy to a nonspecific allergen.

hétéroanticorps, *s. m.* : antibody effective against an antigen from another species.

hétéroantigène, *s. m.* : antigen capable of exciting antibodies in another species.

hétéroautoplastie, *s. f.* : heteroautoplasty.

hétérocarpe, *adj.* : heterocarpian, heterocarpous *(bot.)*.

hétérochirie, *s. f.* : heterochiria, allochiria, allocheiria.

hétérochromasie, *s. f.* : heterochromasia.

hétérochrome, *adj.* : heterochromous.

hétérochromie, *s. f.* : heterochromia, hetereochromatosis (difference in color, as between the irides of two eyes *or* in different parts of the same iris).

hétérochromosome, *s. m.* : heterochromosome, allochromosome.

hétérochronie, *s. f.* : heterochronia (1. formation of parts *or* occurrence of phenomena at an unusual time; 2. difference in the timing of two processes; 3. abnormal difference between the chronaxie of a muscle and its nerve).

hétérochronisme, *s. m.* : heterochron, heterochronaxie (difference in chronaxie between nerve fibres).

hétérocinésie, *s. f.* : heterocinesia.

hétérocrine, adj. : heterocrine, allocrine (producing more than one kind of secretion, e.g. the pancreas).

hétérocyclique, adj. : heterocyclic (chem.).

hétérodrome, adj. : heterodromous (cardiol.).

hétérodyme, s. m. : heterodymus, heterodidymus (double headed monster).

hétérodyname, adj. : heterodynamic (subject to asthenobiosis [insects, arthropods] unrelated to environment).

hétérogamétique, adj. : heterogametous (having both dominant and recessive germ cells).

hétérogène, adj. : heterogeneous, dissimilar.

hétérogenèse ou **hétérogénie,** s. f. : heterogenesis.

hétérogreffe, s. f. : heterograft, heterotransplant, heteroplasty.

hétérogroupe, adj. : belonging to another group (e.g. blood group).

hétérohémothérapie, s. f. : treatment by subcutaneous injection of blood from another person.

hétéroïde, adj. : heteroid, heteromorphic.

hétéro-immun, adj. : hetero-immune.

hétéro-immunisation, s. f. : hetero-immunization.

hétéro-infection, s. f. : hetero-infection.

hétérokératoplastie, s. f. : heterokeratoplasty (corneal graft taken from an animal).

hétérokinèse, s. f. : heterokinesis (stage of meiosis at which the sex chromosomes are differentially distributed to the gametes).

hétérolalie, s. f. : heterolalia, heterophasia.

hétérologie, s. f. : heterology.

hétérologue, adj. : heterologous; **sérum -** : heterologous serum; **tumeurs -** : heterologous tumors.

hétérolysat, s. m. : product of heterolysis.

hétérolyse, s. f. : heterolysis.

hétérolysine ou **hétérohémolysine,** s. f. : heterolysin.

hétéromère, adj. : heteromeric, heteromerous (sending processes through a commisure of white matter to the opposite side of the spinal cord).

hétérométrie, s. f. : heterometry (deviation from normal).

hétéromorphe, adj. : heteromorphic, heteromorphous.

hétéromorphisme, s. m. : heteromorphism (chem.).

hétéronome, adj. : heteronomous (1. subject to different laws of growth and differentiation [biol.]; 2. subject to another will [psych.]).

hétéronomie, s. f. : heteronomy (1. subordination to a law of adaptive modification; 2. segmentation).

hétéronyme, adj. : heteronymous (1. having names indicating correlation; 2. standing in opposite relations; bilaterally affected).

hétéro-ostéoplastie, s. f. : hetero-osteoplasty (bone grafting from one individual to another of the same species).

hétéropathie, s. f. : heteropathy, allopathy.

hétéropathique, adj. : heteropathic.

hétérophasie, s. f. : cf., **hétérophrasie.**

hétérophile, adj. : heterophilic (1. having affinity for nonspecific antigens or antibodies; 2. staining with stains other than the usual ones).

hétérophonie, s. f. : heterophonia.

hétérophorie, s. f. : heterophoria.

hétérophrasie, adj. : heterophrasia, heterophemia, heterophemy (saying one thing while intending another).

hétérophtalmie, s. f. : heterophthalmia, heterophthalmos, heterochromia.

hétéroplasie, s. f. : heteroplasia, alloplasia.

hétéroplasme, s. m. : heteroplasm.

hétéroplastie, s. f. : heteroplasty.

hétéroplastique, adj. : heteroplastic.

hétéroploïde, adj. : heteroploid.

hétéroprotéine, s. m. : conjugated protein (e.g. nucleoprotein).

hétéropsie, s. f. : hétéropsia.

hétérosérothérapie, s. f. : heteroserotherapy.

hétérosexuel, s., adj. : heterosexual.

hétéroside, s. f. : cf., **glucoside.**

hétérosis, s. f. : heterosis, hybrid vigour (genet.).

hétérospécifique, adj. : heterospecific (e.g. pregnancy with Rh + fetus and Rh— mother).

hétérotaxie, s. f. : heterotaxia, heterotaxis.

hétérothérapie, s. f. : heterotherapy.

hétérotope, adj. : heterotopic.

hétérotopie, s. f. : heterotopia.

hétérotopique, adj. : heterotopic.

hétérotriche, adj. : heterotrichous (furnished with cilia differing in sinze, shape, function or distribution).

hétérotrichosis, s. f. : heterotrichosis (growth of hair of different colors on part of the body).

hétérotrophe, adj. : heterotrophic.

hétérotype, adj. : heterotypic, heterotypical.

hétérotypique, adj. : heterotypic.

hétérovalve, adj. : heterovalvate (having two kinds of valve).

hétéroxène, adj. : heteroxenous (requiring two or more hosts for completion of the life cycle, e.g. tapeworms).

hétérozygote, s. m. : heterozygote; adj. : heterozygous.

hexa- : hexa-, prefix meaning six.

hexacanthe (embryon) : larval echinococcus (with three pairs of hooks).

hexadactylie, s. f. : hexadactylism (having six fingers or toes).

hexagone artériel de Willis : circle of Willis, circulus arteriosus cerebri.

hexavalent, adj. : hexavalent; **élément -** : hexad (any hexavalent element).

6

hexœstrol, *s. m.* : hexoestrol, hexestrol.

hexokinase, *s. f.* : hexokinase.

hexonique, *adj.* : hexonic; **bases -** : hexone bases.

hexose, *s. m.* : hexose *(chem.).*

hiatal, *adj.* : hiatal, cleft.

hiatus, *s. m.* : hiatus, cleft.

hibernation, *s. f.* : hibernation.

hibernome, *s. m.* : hibernoma (tumor of the hibernating gland).

hibernothérapie, *s. f.* : treatment by artificial hibernation.

hican, *s. m.* : hikan (rare disease due to vitamin-A deficiency seen in Japan).

hidradénite, *s. f.* : *cf.,* **hidrosadénite.**

hidradénome, *s. m.* : hidradenoma, siringocystadenoma.

hidro- : hidro-, prefix meaning sweat.

hidrocystome, *s. m.* : hidrocystoma, Robinson's disease (retention cyst of a sweat gland).

hidroneurodermie, *s. f.* : Fox-Fordyce disease, acanthosis circumpilaris pruriens.

hidrorrhée, *s. f.* : hidrorrhea, profuse perspiration.

hidrosadénite, *s. f.* : hidradenitis, hidrosadenitis.

hidrose, *s. f.* : hidrosis (1. secretion and excretion of sweat [*physiol.*]; 2. any primary disease of sweat glands; 3. profuse sweating).

hidrotique, *adj.* : hidrotic, sudorific.

hiérolisthésis, *s. m.* : hierolisthesis, displacement of the sacrum.

Highmore (antre de) : antrum of Highmore, maxillary antrum; **corps de -** : body of Highmore, mediastinum testis.

hilaire, *adj.* : hilar (pertaining to a hilum).

hile, *s. m.* : hilum, hilus; **- du foie** : hilum of the liver, porta hepatis; **- du noyau dentelé** : hilum nuclei dentati ; **- du noyau olivaire** : hilum nuclei olivaris, **- du poumon** : hilum of the lung; **- de la rate, - liénal, - splénique** : hilum of the spleen; **- du rein** : hilum of the kidney.

hippanthropie, *s. f.* : hippanthropia (delusion of being a horse).

Hippel (maladie de von) : Hippel's disease (hemangioma of the retina, glioma retinae).

hippocampe, *s. m.* : hippocampus, *pl.* hippocampi; **bandelette de l'-** : fimbria hippocampi; **grand -** : hippocampus major; **petit -** : hippocampus minor.

Hippocrate (bonnet d') : mitra Hippocratis.

hippocratique, *adj.* : hippocratic (as described by Hippocrates); **doigts -** : hippocratic fingers, clubbed or drumstick fingers; **facies -** : hippocratic countenance, expression, facies ; **succussion -** : hippocratic succussion.

hippocratisme digital, *s. m.* : clubbing of the fingers (hypertrophic pulmonary osteoarthropathy).

hippurate, *s. m.* : hippurate (any salt of hippuric acid).

hippuricase, *s. f.* : hippuricase.

hippuricurie *ou* **hippurie,** *s. f.* : hippuria.

hippurique, *adj.* : hippuric.

hippuropathie, *s. f.* : any disorder or lesion of the nerves of the cauda equina.

hippus, *s. m.* : hippus (spasmodic pupillary movement).

hircisme, *s. m.* : hircismus, strong smelling axillary perspiration (from hircus *lat.* for goat).

Hirschprung (maladie de) : Hirschprung's disease, congenital megacolon.

hirsute, *adj.* : hirsute, hairy, shaggy.

hirsutisme, *s. m.* : hirsutism (unusual hairiness especially in women).

hirudination *ou* **hirudinisation,** *s. f.* : hirudinization (1. application of leeches; 2. injection of hirudin as an anticoagulant).

hirudine, *s. f.* : hirudin (anticoagulant extracted from the buccal glands of leeches).

His (faisceau de) : His' muscular bundle, the bundle of His; **angle de -** : cardiac incisura or notch; **sulcus terminalis de -** : sulcus terminalis atrii dextri, terminal sulcus of the right auricle.

histaminase, *s. f.* : histaminase.

histaminasémie, *s. f.* : presence of histaminase in the blood.

histamine, *s. f.* : histamine.

histaminémie, *s. f.* : histaminaemia or histaminemia.

histaminergie, *s. f.* : histaminergic action of nerve endings.

histaminergique, *adj.* : histaminergic.

histaminolytique, *adj.* : histaminolytic.

histaminopexie, *s. f.* : histaminopexis.

histaminurie, *s. f.* : histaminuria.

histidine, *s. f.* : histidine.

histioblaste, *s. m.* : histioblast.

histioblastome, *s. m.* : histioblastoma, reticuloendothelioma.

histiocytomatose, *s. f.* : histiocytomatosis.

histiocytome, *s. m.* : histiocytoma, fibroxanthoma, xanthofibroma.

histiocytosarcome, *s. m.* : *cf.,* **histiosarcome.**

histiocytose, *s. f.* : histiocytosis ; **- lipoïdique essentielle** : lipoidal histiocytosis, Niemann-Pick's disease.

histioïde, *adj.* : histioid, histoid.

histiosarcome, *s. m.* : histiosarcoma, malignant histiocytoma.

histo- : histo-, prefix denoting relation to tissue.

histoblaste, *s. m.* : histoblast.

histochimie, *s. f.* : histochemistry.

histogenèse, *s. f.* : histogenesis, histogeny.

histogénique, *adj.* : histogenetic.

histographie, *s. f.* : histography.

histochématine, *s. f.* : histochematin, cytochrome.

histocompatibilité, *s. f.* : histocompatibility (mutual compatibility of graft and host tissues).

histologie, s. f. : histology.

histologique, adj. : histologic, histological.

histologiste, s. m. : histologist.

histolyse, s. f. : histolysis.

histone, s. m. : histone.

histonomie, s. f. : histonomy.

histopathologie, s. f. : histopathology.

histophysiologie, s. f. : histophysiology.

histoplasmose, s. f. ou **histoplasmosis,** s. m. : histoplasmosis, reticuloendothelial cytomycosis (disease caused by infection with *Histoplasma capsulatum*).

histopoïèse, s. f. : formation, growth and differentiation of tissue.

histopycnose, s. f. : induration of connective tissue (e.g. scleroderma).

historadiogramme, s. m. : historadiographic record.

historadiographie, s. f. : historadiography.

historique, s. m. : history.

histothérapie, s. f. : histotherapy.

histotripsie, s. f. : histotripsy (crushing of tissue with a histotribe).

histrionique, adj. : histrionic, dramatic.

histrionisme, s. m. : histrionism (psych.).

Hodgkin (maladie de) : Hodgkin's disease, lymphogranuloma, lymphadenoma (obs.).

hodi-potsy, s. m. : hodi-potsy (Madagascar name for *Tinea flava*).

hodologie, s. f. : hodology (neurol.).

hog-choléra, s. m. : hog cholera.

hog-flu, s. m. : hog flu, swine influenza.

holandrique, adj. : holandric (transmitted exclusively by genes located on the male Y-chromosome).

holmium : holmium.

holo- : holo-, prefix signifying entirely.

holoblastique, adj. : holoblastic.

holocarde, s. m. : holocardius (monstrous monozygotic twin without an independent heart).

holocentrique, adj. : holocentric.

holocrine, adj. : holocrine; **glande - :** holocrine gland (e.g. sebaceous gland).

holo-enzyme, s. m. : holo-enzyme.

hologenèse, s. f. : hologenesis.

hologynique, adj. : hologynic (transmitted exclusively through genes located on the [female] X-chromosome).

holoprotéide, s. m. : simple protein (which yields only amino-acids on hydrolysis).

holosystolique, adj. : holosystolic.

holothymique, adj. : exclusively psychological.

homatropine, s. f. : homatropine (pharm.).

homéostase ou **homéostasie,** s. f. : cf., **homœostasie.**

homicide, s m. : homicide; adj. : homicidal.

homicidomanie, s. f. : homicidal mania.

homme, s. m. : man, male, homo pl. homini (lat.).

homo-, homœo- : homo-, homeo-, homoio-, prefixes signifying similarity.

homoblastique, adj. : homoblastic.

homochromie, s. f. : adaptive coloration.

homochrone, adj. : homochronous; **hérédité - :** occuring at the same time in successive generations, homochronous.

homodrome, adj. : homodromous (moving or acting in the same direction).

homodyname, adj. : homodynamic (endowed with constant metabolic activity).

homœogreffe, s. f. : homeograft, homograft, homeotransplant, homotransplant, homoplastic graft, isoplastic graft.

homœomère, adj. : homeomerous (having given organs or parts distributed uniformly throughout).

homœomorphe, adj. : homeomorphous.

homœopathe, s. m. : homeopath, homoeopath, homeopathist.

homœopathie, s. f. : homeopathy, homoeopathy.

homœopathique, adj. : homeopathic, homoeopathic.

homœoplasie, s. f. : homeoplasia, homoioplasia.

homœoplastique, adj. : homeoplastic, homoplastic.

homœostasie, s. f. : homeostasis.

homœothérapie, s. f. : homeotherapy, homoeotherapy.

homœotherme, adj. : homeothermal, homoiothermal.

homogamétique, adj. : homogametic.

homogène, adj. : homogeneous.

homogénéisation, s. f. : homogenization.

homogénéité, s. f. : homogeneity.

homogénésie ou **homogénie,** s. f. : homogenesis, homogeny.

homogénéiser, v. : to homogenize.

homogreffe, s. f. : cf., **homœogreffe.**

homohémothérapie, s. f. : homohemotherapy.

homokératoplastie, s. f. : homokeratoplasty (corneal grafting from one person to another).

homolatéral, adj. : homolateral.

homologie, s. f. : homology.

homologue, s. m. : homologue; adj. : homologous.

homoncule, s. m. : dwarf, homunculus.

homonome, adj. : homonomous (1. subject to the same law; 2. having homologous serial parts, e.g. somites).

homonyme, adj. : homonymous.

homophanie, s. f. : active adaptive coloration (as in the Chamaeleon).

homoplastide, s. m. : homoplastid (organism composed of totipotential cells).

homoplastie, *s. f.* : *cf.*, **homœogreffe.**

homosexualité, *s. f.* : homosexuality.

homosexuel, *s.*, *adj.* : homosexual.

homothermal, *adj.* : homothermal, homothermic.

homotherme, *adj.* : homothermic.

homotransplant, *s. m.* : homotransplant.

homotransplantation, *s. f.* : homotransplantation.

homotype, *adj.* : homotypical; **organe -** : homotype.

homotypique, *adj.* : homotypical.

homozygote, *s. m.* : homozygote.

homozygotisme, *s. m.* : homozygosity.

honoraires, *s. m. plur.* : honorarium, *plur.* honoraria (monetary grant in lieu of fees).

hôpital, *s. m.* : hospital; **- de contagieux** : isolation hospital, fever hospital; **- d'évacuation** : clearing station; **- de l'intérieur** : base hospital; **fréquenter les -** : to walk the hospitals; **- ophtalmologique** : eye hospital, ophthalmic hospital; **- ouvert** : open door hospital; **- pour maladies vénériennes** : lock hospital; **vaisseau -** : hospital ship.

hoquet, *s. m.* : hiccup, hiccough; **avoir le -** : to have the hiccups.

hoqueter, *v.* : to hiccup, to have the hiccups.

horaire, *s. m.* : timing, time-table, time schedule.

hordéacé, hordéiforme, *adj.* : hordeaceous, hordeiform.

hordéole, *s. m.* : hordeolum, sty; **- interne** : chalazion, hordeolum meibomianum.

horizontal, *adj.* : horizontal.

hormonal, *adj.* : hormonal.

hormone, *s. f.* : hormone.

hormonémie, *s. f.* : presence of hormones in the blood.

hormoniurie, *s. f.* : excretion of hormones in the urine.

hormonogène, *adj.* : hormonogenic.

hormonogenèse, *s. f.* : hormonogenesis.

hormonogramme, *s. m.* : graphic record of hormone levels.

hormonologie, *s. f.* : hormonology.

hormonosynthèse, *s. f.* : *cf.*, **hormonogenèse.**

hormonothérapie, *s. f.* : hormonotherapy.

hormonurie, *s. f.* : *cf.*, **hormoniurie.**

Horner (syndrome de) : Horner's or Horner-Bernard's syndrome (slight ptosis, miosis retraction of the eyeball, flushing and anhidrosis on the same side as lesion of the cervical sympathetic).

horoptère, *s. m.* : horopter (total visual field with both eyes fixed).

horoptérique, *adj.* : horopteric.

horripilation, *s. f.* : horripilation, « goose flesh ».

horse-pox, *s. m.* : horse-pox, pustular grease (veter.).

hospice, *s. m.* : almshouse, asylum, home, hospice; **- des aliénés** : mental hospital; **- des enfants trouvés, assistés** : foundling hospital.

hospitalier, *adj.* : 1. hospitable; 2. attached to or pertaining to hospitals or hospices; **cité -** : hospital center.

hospitalisation, *s. f.* : hospitalization (1. transport and admission to an hospital; 2. treatment and care during a stay in hospital).

hospitalisé, ée, *s. m.*, *f.* : hospital inmate, inpatient.

hospitaliser, *v.* : to hospitalize.

hospitalisme, *s. m.* : hospitalism (1. morbid effects of prolonged association with other patients in hospital; 2. psychoneurotic habit of attending hospital dispensaries unnecessarily).

hôte, *s. m.* : host (animal or plant which harbours and nourishes a parasite).

hotte, *s. m.* : hood (laboratory), fume cupboard.

Houston (muscle de) : Houston's muscle, compressor venae dorsalis penis ; **valvules de -** : Houston's folds or valves, plicae transversalis recti.

Howship (lacunes de) : Howship's lacunae or pits (produced by osteoclasts).

huile, *s. f.* : oil, oleum *(lat.);* **- de naphte** : naphtha; **- de pétrole** : liquid paraffin; **- essentielle** : essential oil; **- minérale** : mineral oil.

huileux, *adj.* : oily.

huilome, *s. m.* : *cf.*, **oléome.**

humage, *s. m.* : aspiration (of fluid or gas).

humectant *ou* **humecteur,** *s. m.*, *adj.* : humectant, diluent.

humectation, *s. f.* : humectation, moistening.

huméral, *adj.* : humeral.

humérocubital, *adj.* : humero-ulnar.

huméroradial, *adj.* : humeroradial.

humérus, *s. m.* : humerus.

humeur, *s. f.* : humor (1. body-fluid; **- aqueuse** : aqueous humor; 2. disposition).

humide, *adj.* : humid, damp, moist; **gangrene -** : wet gangrene; **par voie -** : by wet process *(chem.).*

humidification, *s. f.* : humidifying, moistening.

humidifuge, *adj.* : moisture repellent, repelling dampness.

humidité, *s. f.* : humidity, dampness, damp, moisture.

humoral, *adj.* : humoral ; **théorie -** : humoral theory.

humorique (timbre) : bell sound (sign of hydropneumothorax).

humus, *s. m.* : humus, vegetable mould (decomposed organic matter in soil).

Hunter (canal de) : Hunter's canal, canalis adductorius; **méthode de -** : Hunter's method (treatment of aneurysm).

Hunter (syndrome de) : Hunter's syndrome, mucopolysaccharidosis II.

hunterien (chancre) : hunterian chancre, hard, indurated (syphilitic) chancre.

Huntington (chorée de) : Huntington's chorea.

Hurler (syndrome de) : Hurler's syndrome, muco-polysaccharidosis I.

Hutchinson (dents de) : Hutchinson's teeth (notched « peg-top » incisor teeth, characteristic of congenital syphilis) ; **facies de -** : Hutchinson's facies (peculiar facial expression caused by immobility of the eyeballs in ophthalmoplegia externa); **triade de -** : Hutchinson's triad (diffuse interstitial keratitis, labyrinthine disease and Hutchinson's teeth, pathognomonic of congenital syphilis).

hyalin, adj. : hyaline; **cartilage -** : hyaline cartilage; **cylindre -** : hyaline cast or cylinder; **dégénérescence -** : hyaline degeneration or hyalinosis.

hyalinose, s. f. : hyalinosis, hyaline degeneration.

hyalite ou **hyalitis,** s. f. : hyalitis (ophthal.).

hyalogène, s. m. : hyalogen.

hyaloïde ou **hyaloïdien,** adj. : hyaloid; **artère -** : hyaloid artery; **membrane -** : hyaloid membrane.

hyalome, s. m. : hyaloma, colloid milium.

hyaloplasma ou **hyaloplasme,** s. m. : hyaloplasm (fluid portion of protoplasm).

hyaluronidase, s. f. : hyaluronidase (Duran-Reynals or spreading factor).

hybridation, s. f. : hybridization, cross-breeding.

hybride, s. m., adj. : hybrid.

hybrider, v. : to hybridize, to cross (genet.).

hybridisme, s. m. : hybridism (1. state of being a hybrid; 2. production of hybrids).

hybridité, s. f. : hybridity (hybrid status).

hydarthrose, s. f. : hydrarthrosis (serous effusion into a joint); **- du genou** : « housemaid's knee ».

hydatide, s. f. : hydatid (1. a hydatid cyst; 2. any cystic structure; **- de Morgagni** : hydatid of Morgagni (appendix testis, ovarium masculinum).

hydatidémèse, s. f. : vomiting of hydatid cysts or membranes.

hydatidentérie, s. f. : voiding of hydatid cysts or membranes in the stools.

hydatidocèle, s. m. : hydatidocele (oscheocele with hydatid cysts).

hydatidologie, s. f. : study of hydatid diseases.

hydatidose, s. f. : hydatidosis (infestation with echinococcus).

hydatiforme, adj. : hydatiform, hydatidiform ; **môle -** : hydatidiform mole.

hydatique, adj. : hydatic; **kyste -** : hydatid cyst, hydatid, hydatidoma.

hydatisme, s. m. : hydatism (the sound caused by the movement of fluid in a body cavity).

hydaturie, s. f. : hydatiduria.

hydracide, s. m. : hydracid.

hydradénome, s. m. : hydradenoma, syringocystadenoma.

hydragogue, s. m., adj. : hydragogue.

hydramnios, s. m. : hydramnios, hydramnion (excess of amniotic fluid).

hydrargyrie, s. f. : hydrargyria, mercurial poisoning.

hydrargyrique, adj. : hydrargyric, mercurial, poisoning.

hydrargyrisme, s. m. : hydrargyrism, mercurialism; **- des chapeliers** : hatters shakes.

hydrargyrose, s. f. : hydrargyrosis, hydrargyrism.

hydrargyrostomatite, s. f. : mercurial stomatitis.

hydratation, s. f. : hydration.

hydrate, s. m. : hydrate; **- de carbone** : carbohydrate.

hydraté, adj. : hydrated.

hydraulique, s. f. : hydraulics; adj. : hydraulic.

hydrazine, s. f. : hydrazine.

hydrémèse, s. f. : hydremesis (vomiting watery fluid).

hydrémie, s. f. : hydremia.

hydrencéphalie, s. f. : cf., **hydrocéphalie.**

hydrencéphalocèle, s. m. : hydrencéphalocèle (hernial protrusion of brain substance containing cerebrospinal fluid).

hydrencéphalocrinie, s. f. : endocrine secretion into the cerebrospinal fluid.

hydriatrie, s. f. : hydriatrics, hydrytherapeutics.

hydrique, adj. : hydric; **épidémie d'origine -** : water-borne epidemic.

hydroa, s. m. : hydroa (derm.).

hydroaérique : **bruit -** : bell sound (sign of pneumothorax) ; **image -** : radiographic shadow with horizontal upper border characteristic of hydropneumothorax, pyopneumothorax.

hydrobiose, s. f. : hydrobiosis (origin and maintenance of life in fluid media).

hydrocarbure, s. m. : hydrocarbon.

hydrocarburisme, s. m. : hydrocarbonism (poisoning by hydrocarbons).

hydrocèle, s. f. : hydrocele.

hydrocéphale, adj. : hydrocephalic.

hydrocéphalie, s. f. : hydrocephalus; **- externe** : external hydrocephalus ; **- interne** ou **ventriculaire** : internal hydrocephalus.

hydrocéphalocèle, s. f. : hydrocephalocele.

hydrocholécyste, s. m. : hydrocholecystis (dropsy of the gallbladder).

hydrocirsocèle, s. f. : hydrocirsocele (hydrocele combined with varicocele).

hydrocolpos, s. m. : hydrocolpos.

hydrocortisone, s. f. : hydrocortisone.

hydrocution, s. f. : syncopal sudden death caused by immersion in cold water.

hydrocystome, s. m. : hydrocystoma.

hydrodynamique, s. f. : hydrodynamics.

hydroélectrique, adj. : hydroelectric.

hydroencéphalocèle, s. f. : cf., **hydrencéphalocèle.**

hydrofuge, adj. : hydrofuge, waterproof, water repellent.

hydrogastrie, *s. f.* : hydrogastria (dilatation of the stomach with watery contents due to pyloric constriction *or* stenosis).

hydrogel, *s. m.* : hydrogel *(phys., chem.).*

hydrogénase, *s. f.* : hydrogenase.

hydrogénation, *s. f.* : hydrogenation.

hydrogène, *s. m.* : hydrogen; **- lourd** : heavy hydrogen.

hydrohémarthrose, *s. f.* : arthrosis with blood-stained effusion.

hydrohématocèle, *s. f.* : hydrohematocele (hematocele associated with hydrocele).

hydrokinésithérapie, *s. f.* : hydrokinesitherapy.

hydrolase, *s. f.* : hydrolase.

hydrolat, hydrolé, *s. m.* : hydrolatum, *pl.* hydrolata *(lat.) (pharm.).*

hydrolipopexie, *s. f.* : hydroplasmic obesity.

hydrologie, *s. f.* : hydrology.

hydrolyse, *s. f.* : hydrolysis.

hydrolyser, *v.* : to hydrolyse.

hydrolytique, *adj.* : hydrolytic.

hydromanie, *s. f.* : hydromania.

hydroméningocèle, *s. f.* : hydromeningocele.

hydromètre, *s. m.* : hydrometer.

hydromètre, *s. m. ou* **hydrométrie,** *s. f.* : hydrometra (uterus distended with watery fluid).

hydrométrie, *s. f.* : hydrometry, areometry.

hydrométrique, *adj.* : hydrometric.

hydromphale, *s. m.* : hydromphalus (watery swelling *or* cyst at the navel).

hydromyélie, *s. f.* : hydromyelia (distention of the central canal of the spinal cord with fluid).

hydromyélocèle, *s. f.* : hydromyelocele.

hydronéphrose, *s. f.* : hydronephrosis.

hydropancréatose, *s. f.* : hydropancreatosis.

hydropathie, *s. f.* : hydropathy.

hydropénie, *s. f.* : hydropenia (deficiency of water in the body).

hydropéricarde, *s. m.* : hydropericardium (abnormal amount of serous fluid in the pericardium).

hydropéritoine, *s. m.* : hydroperitoneum, ascites.

hydropexie, *s. f.* : hydropexia, hydropexis.

hydrophile, *adj.* : hydrophilic, hydrophilous; **coton -** : absorbent cotton-wool.

hydrophilie, *s. f.* : hydrophilia, hydrophilism (property of absorbing water).

hydrophobie, *s. f.* : hydrophobia (1. fear of water; 2. rabies).

hydrophobique, *adj.* : hydrophobic (1. non-absorbent for water *or* damaged by water; 2. rabid [affected by rabies]).

hydrophone, *s. m.* : hydrophone.

hydrophtalmie, *s. f.* : hydrophthalmia, hydrophthalmos *(ophthal.).*

hydropigène, *adj.* : hydropigenous (causing dropsy).

hydropique, *adj.* : hydropic, anasarcous, dropsical.

hydropisie, *s. f.* : hydrops, anasarca, dropsy.

hydropneumatocèle, *s. f.* : hydropneumatocele.

hydropneumopéricarde, *s. m.* : hydropneumopericardium (fluid and gas within the pericardium).

hydropneumopéritoine, *s. m.* : hydropneumoperitoneum (fluid and gas within the peritoneal cavity).

hydropneumothorax, *s. m.* : hydropneumothorax.

hydrops, *s. m.* : hydrops, anasarca, dropsy.

hydroquinone, *s. f.* : hydroquinone.

hydrorachis, *s. m.* : hydrorachis; **- avec inflammation** : hydrorachitis.

hydrorragie, *s. f.* : interstitial effusion of serous fluid (in some cases of shock).

hydrorrhée, *s. f.* : hydrorrhea (flow of watery fluid).

hydrosalpinx, *s. m.* : hydrosalpinx.

hydroscopie, *s. f.* : hydroscopy.

hydrosodique (rétention) : abnormal retention of salt and water in the body.

hydrosol, *s. m.* : hydrosol.

hydrostat, *s. m.* : hydrostat.

hydrostatique, *s. f.* : hydrostatics; *adj.* : hydrostatic; **poussée -** : hydrostatic lift.

hydrosyntasie, *s. f.* : hydrosyntasis (swelling of gels by penetration of water without hydration) *(phys., chem.).*

hydrothérapie, *s. f.* : hydrotherapy, hydrotherapeutics, water-cure, spa treatment.

hydrothermique, *adj.* : 1. hydrothermal (relating to hot springs); 2. hydrothermic (relating to the temperature of hot water).

hydrothermothérapie, *s. f.* : treatment by hot baths.

hydrothorax, *s. m.* : hydrothorax.

hydrotimètre, *s. m.* : hydrotimeter (apparatus for measuring the calcareous salts [« hardness »] in water).

hydrotimétrie, *s. f.* : chemical analysis of mineral water.

hydrotomie, *s. f.* : hydrotomy (dissection by forcible injection of water).

hydrotropie, *s. f.* : hydrotaxis, hydrotropism.

hydrotympan, *s. m.* : hydrotympanum (collection of clear fluid in the middle ear).

17-hydroxycorticostéroïdes, *s. m., pl.* : 17-hydroxycorticosteroids.

17-hydroxycorticostérone, *s. f.* : 17-hydroxycorticosterone, hydrocortisone.

17-hydroxy-11-dehydrocorticostérone, *s. f.* : cortisone.

hydroxyl, *s. m.* : hydroxyl (radical —OH).

5-hydroxytryptamine, *s. f.* : 5-hydroxytryptamine, serotonin.

hydrurie, *s. f.* : hydruria, hydruresis (passage of low specific gravity urine).

hygiène, *s. f.* : hygiene; **- alimentaire** : nutrition; **diplôme d'-** : D.P.H., diploma of public health *(U.K.);* **- publique** : public health, sanitation.

hygiénique, *adj.* : hygienic, healthy, sanitary.

hygiénisation, *s. f.* : hygienization.

hygiénisme, *s. m.* : hygienism.

hygiéniste, *s. m.* : hygienist.

hygro- : hygro-, prefix meaning moist *or* relating to moisture.

hygrologie, *s. f.* : hygrology.

hygroma *ou* **hygrome,** *s. m.* : hygroma ; **- du genou** : « housemaid's knee ».

hygromètre, *s. m.* : hygrometer.

hygrométrie, *s. f.* : hygrometry.

hygrométrique, *adj.* : hygrometric.

hygroscope, *s. m.* : hygroscope.

hygroscopie, *s. f.* : hygroscopy.

hygroscopique, *adj.* : hygroscopic.

hylognosie, *s. f.* : hylognosia (capacity for recognizing by touch the nature of objects).

hylome, *s. m.* : hyloma, glioma.

hymen, *s. m.* : hymen.

hyménal, *adj.* : hymenal.

hyménoptère, *adj.* : hymenopterous.

Hyménoptères, *s. m. pl.* : *Hymenoptera* (order of insects with four membranous wings).

hyménotome, *s. m.* : hymenotome *(surg.).*

hyménotomie, *s. f.* : hymenotomy (1. surgical incision of the hymen; 2. anatomy *or* dissection of membranes).

hyo-épiglottique, *adj.* : hyo-epiglottic, hyo-epiglottidean.

hyoglosse, *adj.* : hyoglossal; **muscle -** : hyoglossus.

hyoïde, *adj.* : hyoid.

hyopharyngien (muscle) : hyopharyngeus.

hyoscyamine, *s. f.* : hyoscyamine *(pharm.).*

hyothyroïdien, *adj.* : hyothyroid.

hypéma, *s. m. ou* **hypémie,** *s. f.* : hypohaemia, hypohemia (unspecified anaemia).

hyper- : hyper-, prefix meaning above, beyond *or* excessive.

hyperacanthose, *s. f.* : hyperacanthosis (hypertrophy of the prickle cell layer of the skin).

hyperacide, *adj.* : hyperacid.

hyperacidité, *s. f.* : hyperacidity.

hyperacousie *ou* **hyperacusie,** *s. f.* : hyperacousia, hyperacusis (1. painfully acute sense of hearing; 2. auditory hyperesthesia).

hyperactivité, *s. f.* : hyperactivity.

hyperacuité, *s. f.* : hyperacuity.

hyperaffectivité, *s. f.* : hyperactivity, hyperaffectivity.

hyperalbuminémie, *s. f.* : hyperalbuminemia (raised level of plasma-albumin).

hyperalgésie, *s. f.* : hyperalgesia.

hyperalgie, *s. f.* : hyperalgia, hyperalgesia.

hyperallergie, *s. f.* : cf., **hyperergie.**

hyperandrisme, *s. m.* : virilism.

hyperandrogénie, *s. f. ou* **hyperandrogénisme,** *s. m.* : virilism.

hyperaphie, *s. f.* : hyperaphia (excessive tactile sensibility).

hyperazotémie, *s. f.* : hyperazotemia, hypernitremia (raised blood-nitrogen level).

hyperazoturie, *s. f.* : hyperazoturia (excessive output of nitrogen in the urine).

hypercalcémiant, *adj.* : causing hypercalcemia.

hypercalcémie, *s. f.* : hypercalcemia, hypercalcinemia.

hypercalcie, *s. f.* : disorders associated with hypercalcemia.

hypercalcifiant, *adj.* : causing hypercalcipexy.

hypercalcistie, *s. f.* : hypercalcipexy.

hypercalciurie, *s. f.* : hypercalcinuria, hypercalciuria.

hypercapnie, *s. f.* : hypercapnia (excess of carbon dioxide in the blood).

hypercémentose, *s. f.* : hypercementosis.

hyperchlorémie, *s. f.* : hyperchloremia.

hyperchlorhydrie, *s. f.* : hyperchlorhydria.

hyperchlorhydropepsie, *s. f.* : hyperchlorhydria with increased peptic secretion.

hyperchloruration, *s. f.* : hyperchloridation.

hyperchlorurie, *s. f.* : hyperchloruria.

hypercholémie, *s. f.* : increase of bile pigments in the blood.

hypercholestérinémie *ou* **cholestérolémie,** *s. f.* : hypercholesterolemia.

hypercholestérinocholie, *s. f.* : excess of cholesterol in the cystic bile.

hypercholestérorachie, *s. f.* : excess of cholesterol in the cerebrospinal fluid.

hypercholie, *s. f.* : hypercholia (excessive secretion of bile).

hyperchondroplasie, *s. f.* : hyperchondroplasia.

hyperchrome *ou* **hyperchromique (anémie)** : hyperchromemia, hyperchromic anemia with a high color index, *e.g.* pernicious anemia.

hyperchromie, *s. f.* : 1. hyperchromia (abnormal increase in the hemoglobin content of red corpuscles); 2. hyperchromasia, hyperchromatism, hyperchromatosis (excessive pigmentation *or* staining).

hypercinèse, *s. f.* : hypercinesis, hyperkinesis.

hypercitricémie, *s. f.* : raised blood-citrate level (over 27 µg/ml).

hypercoagulabilité, *s. f.* : hypercoagulability.

hypercoagulant, *adj.* : 1. hypercoagulable; 2. causing hypercoagulability.

hypercorticisme, *s. m.* : hypercorticism.

hypercrinie, *s. f.* : hypercrinia, hypercrinism (abnormal *or* excessive secretion, especially of the endocrine glands).

hypercuprémie, *s. f.* : hypercupremia.

hypercytose, *s. f.* : hypercytosis.

hyperdiastématique (type) : *cf.,* **hyperorchidie.**

hyperdiastolie, *s. f.* : hyperdiastole.

hyperélectrolytémie, *s. f.* : increased level of blood-electrolytes.

hyperémèse, *s. f.* : hyperemesis (excessive vomiting).

hyperémie *ou* **hyperhémie,** *s. f.* : hyperemia, congestion; **- active** : active *or* arterial hyperemia; **- passive** : Bier's passive (venous) congestion *or* hyperemia.

hyperémié, *adj.* : congested, hyperemic; **organe - :** congested organ.

hyperémotivité, *s. f.* : hyperemotivity.

hyperendémicité, *s. f.* : increased infectivity of an endemic disease.

hyperendophasie, *s. f.* : increased tendency to talk to oneself.

hyperéphidrose, *s. f.* : hyperephidrosis (excessive *or* prolonged sweating).

hyperépidermatrophie généralisée : congenital ichthiosiform erythroderma.

hyperépidose, *s. f.* : hypertrophy, overgrowth.

hyperergie, *s. f.* : hypergasia, hyperergia.

hyperesthésie, *s. f.* : hyperesthesia.

hyperextension, *s. f.* : hyperextension.

hyperfibrinémie, *s. f.* : hyperinosemia, hyperinosis (increased coagulability of the blood with high fibrin content).

hyperflexion, *s. f.* : hyperflexion (forcible overflexion of a limb).

hyperfocal, *adj.* : hyperfocal *(opt., phot.).*

hyperfolliculinisme, *s. m. ou* **hyperfolliculinie,** *s. f.* : hyperfolliculinism *(obs.),* hyperoestrogenism, hyperestrinism (any condition due to excess of oestrogen).

hyperfonctionnement, *s. m.* : hyperergasia (excessive functional activity).

hypergammaglobulinémie, *s. f.* : hypergammaglobulinemia.

hypergenèse, *s. f.* : hypergenesis, hypertrophy, excessive development.

hypergénitalisme, *s. m.* : hypergenitalism.

hyperglobulie, *s. f.* : hyperglobulia, erythrocytosis.

hyperglobulinémie, *s. f.* : hyperglobulinemia.

hyperglycémiant, *adj.* : causing hyperglycemia.

hyperglycémie, *s. f.* : hyperglycemia, hyperglycosemia.

hyperglycémique, *adj.* : hyperglycemic.

hyperglycistie, *s. f.* : hyperglycistia (excess of sugar in the tissues).

hyperglycorachie, *s. f.* : hyperglycorrhachia.

hypergueusie, *s. f.* : hypergeusia, hypergeusesthesia.

hypergynisme, *s. m.* : exaggeration of the female sexual characteristics.

hyperhémie, *s. f.* : *cf.,* **hyperémie.**

hyperhéparinémie, *s. f.* : hyperheparinemia.

hyperhépatie, *s. f.* : hyperhepatia.

hyperhidrose *ou* **hyperidrose,** *s. f.* : hyperhidrosis, hyperidrosis (excessive sweating).

hyperhormonal, *adj.* : hyperhormonal.

hyperhydratation, *s. f.* : hyperhydration.

hyperhydrémie, *s. f.* : hyperhydremia.

hyperhydropexie, *s. f.* : hyperhydropexia, hyperhydropexis, hyperhydropexy.

hypérinose, *s. f.* : *cf.,* **hyperfibrinémie.**

hyperinsulinémie, *s. f.* : hyperinsulinemia.

hyperinsulinie, *s. f. ou* **hyperinsulinisme,** *s. m.* : hyperinsulinism.

hyperkaliémie, *s. f.* : hyperkaliemia, hyperkalemia.

hyperkératose *ou* **hyperkérose,** *s. f.* : hyperkeratosis, acanthokeratodermia; **- d'origine parasitaire** : hyperkeratomycosis.

hyperkinésie, *s. f.* : hyperkinesia, hypercinesia.

hyperleucocytose, *s. f.* : hyperleucocytosis.

hyperlipémie, *s. f.* : hyperlipemia.

hyperlipidémie, *s. f.* : hyperlipemia, hyperlipoidemia.

hyperlordose, *s. f.* : hyperlordosis.

hyperlutéinémie, *s. f.* : hyperlutemia.

hyperlutéinie, *s. f.* : excessive secretion of progestin.

hypermacroskèle, *s. m.* : type of gigantism in which the legs are abnormally long, relative to the rest of the body.

hypermastie, *s. f.* : hypermastia (1. overgrowth of the mammary glands; 2. polymastia).

hyperménorrhée, *s. f.* : hypermenorrhea, menorrhagia.

hypermétamorphose, *s. f.* : hypermetamorphosis *(psych.).*

hypermétrie, *s. f.* : hypermetria (excessive range of movement of a part).

hypermétrope, *s. m.* : hypermetrope; *adj.* : hypermetropic.

hypermétropie, *s. f.* : hypermetropia, hyperopia, farsightedness.

hypermimie, *s. f.* : hypermimia (excessive gesticulation when speaking).

hypermnésie, *s. f.* : hypermnesia, hypermnesis (exceptionally retentive memory).

hypermyxie, *s. f.* : excessive secretion of mucus.

hypernatrémie, *s. f.* : hypernatremia (raised level of blood-sodium).

hypernéphrome, *s. m.* : hypernephroma, Grawitz's tumor.

hyperonychiose, *s. f.* : hyperonychia, hyperonychosis.

hyperorchidie, *s. f.* : hyperorchidism (abnormally increased internal secretion of the testicle).

hyperorexie, *s. f.* : bulimia, hyperorexia.

hyperosmie, *s. f.* : hyperosmia, hyperosphresis (morbid sensitiveness to odors).

hyperosmolarité, *s. f.* : increased osmotic pressure.

hyperostéoïdose, *s. f.* : abnormal production of osteoid tissue (e.g. in osteomalacia).

hyperostose, *s. f.* : hyperostosis; **- frontale interne** : Morgagni-Morel syndrome.

hyperovarie, *s. f.* : hyperovaria, hyperovarism (sexual precocity in girls due to excessive ovarian secretion).

hyperoxémie *ou* **hyperoxie,** *s. f.* : hyperoxemia, acidosis.

hyperpallesthésie, *s. f.* ; hyperpallesthesia (increased perception of vibrations).

hyperparathyroïdie, hyperparathyroïdisation, *s.f.* *ou* **hyperparathyroidisme,** *s. m.* : hyperparathyroidism.

hyperparotidie, *s. f.* : hyperparotidism.

hyperpathie, *s. f.* : hyperpathia (1. extreme illness; 2. extreme sensitivity).

hyperpepsie, *s. f.* : hyperpepsia (dyspepsia with hyperchlorhydria).

hyperperistaltisme, *s. m.* : hyperperistalsis.

hyperphagie, *s. f.* : hyperphagia, over-eating.

hyperphasie *ou* **hyperphrasie,** *s. f.* : hyperphasia, hyperphrasia, hyperlogia.

hyperphorie, *s. f.* : hyperphoria (vertical strabismus).

hyperpiésie, *s. f.* : hyperpiesia, hyperpiesis (abnormally high blood pressure).

hyperpituitarisme, *s. m.* : hyperpituitarism.

hyperplaquettose, *s. f.* : hyperthrombocytemia (increase in number of blood platelets).

hyperplasie, *s. f.* : hyperplasia.

hyperplastique, *adj.* : hyperplastic.

hyperpnée, *s. f.* : hyperpnea (panting, increase in rate and depth of breathing).

hyperpneumatose, *s. f.* : emphysema of the lung.

hyperprosexie, *s. f.* : hyperprosexia (concentration of a single idea).

hyperpyrétique, *adj.* : hyperpyretic (with a high fever).

hyperpyrexie, *s. f.* : hyperpyrexia (high fever).

hypersécrétion, *s. f.* : hypersecretion.

hypersémie, *s. f.* : exaggerated gesticulation.

hypersensible, *adj.* : hypersensitive.

hypersensibilisation, *s. f.* : hypersensitization.

hypersensibilité *ou* **hypersensitivité,** *s. f.* : hypersensitivity, hypersusceptibility.

hypersérinémie, *s. f.* : raised level of serum-albumin.

hypersidérose, *s. f.* : *cf.,* **hémosidérose.**

hypersodique, *adj.* : hypersaline.

hypersomnie, *s. f.* : hypersomnia (pathological somnolence).

hypersplénie, *s. f.* : hypersplenia, splenomegaly.

hypersplénisme, *s. m.* : hypersplenism.

hypersplénomégalie, *s. f.* : splenomegaly.

hypersthénie, *s. f.* : hypersthenia (exalted tonicity).

hypersurrénalisme, *s. m.* : hyperadrenalism.

hypersympathicotonie, *s. f.* : hypersympathicotonus (increased tone of the sympathetic nervous system).

hypertélorisme, *s. m.* : hypertelorism (*morph.*).

hypertenseur, *s. m.* : hypertensor (producing raised blood pressure).

hypertensif, *adj.* : hypertensive.

hypertensinase, *s. f.* : hypertensinase, angiotonase.

hypertensine, *s. f.* : hypertensin, angiotonin.

hypertension, *s. f.* : hypertension; **- artérielle** : high blood pressure.

hyperthermie, *s. f.* : hyperthermia.

hyperthymie, *s. f.* : hyperthymia (excessive emotionalism).

hyperthymisme, *s. m. ou* **hyperthymisation,** *s. f.* : hyperthymism, hyperthymization (overactivity of the thymus gland and resulting disorders).

hyperthyréose *ou* **hyperthyroïdie,** *s. f.* : hyperthyrea, hyperthyreosis.

hyperthyroïdation *ou* **hyperthyroïdisation,** *s. f.* : hyperthyroidism.

hyperthyroïdie, *s. f. ou* **hyperthyroïdisme,** *s. m.* : hyperthyroidism.

hyperthyroxinémie, *s. f.* : hyperthyroxinemia.

hypertonie, *s. f.* : hypertonia, hypertonicity, hypertension.

hypertonique, *s. m., adj.* : hypertonic; **solution -** : hypertonic saline.

hypertrichose, *s. f.* : hypertrichiasis, hypertricosis (excessive hairiness).

hypertrophie, *s. f.* : hypertrophy; **- des amygdales** : enlarged tonsils.

hyperuricémie, *s. f.* : hyperuricacidemia, hyperuricemia.

hypervascularisé, *adj.* : hypervascular.

hyperventilation pulmonaire : hyperventilation.

hypervitaminose, *s. f.* : hypervitaminosis.

hypervolhémie, *s. f.* : hypervolemia (abnormal increase in the volume of circulating blood).

hypesthésie, *s. f.* : *cf.,* **hypoesthésie.**

hyphe, *s. f.* : hypha, mould.

hyphédonie, *s. f.* : hyphedonia (diminished capacity for pleasure).

hyphéma, *s. m.* : *cf.,* **hypohéma.**

hyphémie, *s. f.* : hyphemia, hypohemia (unspecified anemia).

hyphomycètes, *s. m. pl.* : hyphomycetes (unclassified fungi).

hyphomycétome, *s. m.* : hyphomycetoma.

hypinose, *s. f.* : hypinosis (deficiency of fibrin-factors in the blood).

hypnagogique, *adj.* : hypnagogic, hypnotic.

hypnagogue, *s. m.* : hypnotic.

hypnalgie, *s. f.* : hypnalgia (pain recurring during sleep).

hypno- : hypno-, prefix denoting relation to sleep *or* to hypnosis.

hypnoanesthésie, *s. f.* : general anesthesia.

hypnocyste, *s. m.* : hypnocyst, hypnospore (encysted unicellular organism not undergoing sporulation).

hypnodrasie, *s. f.* : somnambulism.

hypnogène, *adj.* : hypnogenetic, hypnogenic, hypnogenous; **zones -** : hypnogenetic spots.

hypnoïde, *adj.* : hypnoid, hypnoidal.

hypnolepsie, *s. f.* : hypnolepsy (abnormal sleepiness).

hypnologie, *s. f.* : hypnology.

hypnonarcoanalyse, *s. f.* : hypnonarcoanalysis (psychanalysis under sedation).

hypnonarcose, *s. f.* : hypnonarcosis (hypnosis combined with narcosis).

hypnopathie, *s. f.* : hypnopathy, sleeping sickness, trypanosomiasis.

hypnopompique, *adj.* : hypnopompic (persisting after sleep).

hypnose, *s. f.* : hypnosis; **- provoquée** : induced hypnosis.

hypnoserie, *s. f.* : sleeping sickness asylum, trypanosomiasis treatment centre.

hypnosie, *s. f.* : 1. sleeping sickness; 2. hypnosia (irresistible drowsiness).

hypnospore, *s. f.* : hypnospore, hypnocyst.

hypnotique, *s. m., adj.* : hypnotic, hypnagogue.

hypnotiser, *v.* : to hypnotize.

hypnotisme, *s. m.* : hypnotism.

hypnurie, *s. f.* : nocturia, nocturnal frequency.

hypo- : hypo-, prefix denoting below, beneath, deficient.

hypoacidité, *s. f.* : hypacidity, hypoacidity; **- du sang** : hypacidemia.

hypoacousie, *s. f.* : hypacousia, hypacusia, hypacusis (slight deafness).

hypoalbuminémie, *s. f.* : hypoalbuminemia.

hypoalgésie, *s. f.* : hypoalgesia.

hypoaminoacidémie, *s. f.* : hypoaminoacidemia.

hypoamphotonie, *s. f.* : neurovegetative dystonia.

hypoandrisme, *s. m.* : male infantilism.

hypoandrogénie, *s. f.* : hypoandrogenism.

hypoarrhénie, *s. f.* : male regressive infantilism.

hypoazoturie, *s. f.* : hypoazoturia.

hypoblaste, *s. m.* : hypoblast.

hypoblastique, *adj.* : hypoblastic.

hypobromite, *s. m.* : hypobromite.

hypocalcémie, *s. f.* : hypocalcemia.

hypocalcie, *s. f.* : hypocalcia.

hypocalcipexie, *s. f.* : hypocalcipexy.

hypocalcistie, *s. f.* : calcium deficiency.

hypocalciurie, *s. f.* : diminished urinary calcium output.

hypocapnie, *s. f.* : hypocapnia (moderate degree of acapnia).

hypochlorémie, *s. f.* : hypochloremia.

hypochlorhydrie, *s. f.* : hypochlorhydria.

hypochlorite, *s. m.* : hypochlorite; **- de chaux** : bleaching powder.

hypochloruration, *s. f.* : hypochloridation.

hypochlorurie, *s. f.* : hypochloruria.

hypocholémie, *s. f.* : abnormally low level of bile pigments in the blood serum.

hypocholestérolémie, *s. f.* : hypocholesterolemia.

hypocholie, *s. f.* : hypocholia, oligocholia.

hypocholurie, *s. f.* : hypocholuria.

hypochondrie, *s. f.* : *cf.,* **hypocondrie.**

hypochrome (anémie) : hypochromemia.

hypochromie, *s. f.* : hypochromia (1. hypochromatism [abnormal pallor of the skin; deficient pigmentation]; 2. abnormally low hemoglobin content of red corpuscles).

hypochromique, *adj.* : hypochromic.

hypochylie, *s. f.* : hypochylia (deficient secretion of gastric juice).

hypocinétique, *adj.* : hypocinetic, hypokinetic.

hypocœlome, *s. m.* : hypocoelom, hypocelom (ventral part of the coelom).

hypocondre : 1. *s. m.* : hypochondrium *(anat.);* 2. *s. m., adj.* : hypochondriac.

hypocondriaque, *s. m., adj.* : hypochondriac.

hypocondrie, *s. f.* : hypochondria, hypochondriasis (morbid anxiety about health).

hypocorticalisme *ou* **hypocorticisme,** *s. m.* : hypocorticalism.

hypocrinie, *s. f.* : hypocrinia (deficient secretion).

hypocytose, *s. f.* : hypocytosis (deficiency of red corpuscles).

hypoderme, *s. m.* : hypoderm.

hypodermique, *adj.* : hypodermic; **injection -** : hypodermic injection, hypoderm; **thérapeutique -** : hypodermotherapy.

hypodermite, *s. f.* : subcutaneous inflammation, cellulitis.

hypodermoclyse, *s. f.* : hypodermatoclysis, hypodermoclysis (,subcutaneous injection of large quantities of physiological saline).

hypodynamie, *s. f.* : hypodynamia (diminished power).

hypoélectrolytémie, *s. f.* : diminution of blood-electrolytes.

hypoergie, *s. f.* : hypoergia, hypoergy.

hypoérythroblastose, *s. f.* : diminished production of erythroblasts.

hypoesthésie, *s. f.* : hypesthesia, hypoesthesia.

hypofibrinémie, *s. f.* : fibrinopenia (deficiency of fibrin-factors in the blood).

hypogalactie, *s. f.* : hypogalactia.

hypogastre, *s. m.* : hypogastrium *(anat.).*

hypogastrique, *adj.* : hypogastric; **ceinture - :** abdominal belt.

hypogastropage, *s. m.* : hypogastropagus (twin monsters united at the hypogastrium).

hypogène, *adj.* : hypogenetic (showing defective development).

hypogénésie, *s. f.* : hypogenesis (defective growth or development).

hypogénitalisme, *s. m.* : hypogenitalism.

hypoglandulaire, *adj.* : hypoglandular.

hypoglobulie, *s. f.* : hypoglobulia (deficiency of red corpuscles).

hypoglobulinémie, *s. f.* : hypoglobulinemia.

hypoglosse, *adj.* : hypoglossal; **nerf - :** hypoglossal nerve.

hypoglossite, *s. f.* : hypoglossitis.

hypoglycémie, *s. f.* : hypoglycemia.

hypoglycémique, *adj.* : hypoglycemic.

hypoglycorachie, *s. f.* : hypoglycorrhachia (abnormally low level of glucose in the cerebrospinal fluid).

hypognathe, *s. m.* : hypognathus (parasitic monster attached to the lower jaw of the autosite); *adj.* : hypognathous (having a protruding lower jaw).

hypogonadique, *adj.* : hypogonadic.

hypogonadisme, *s. m.* : hypogonadism.

hypogranulocytose, *s. f.* : hypogranulocytosis.

hypogueusie *ou* **hypogueustie,** *s. f.* : hypogeusia (diminished sense of taste).

hypogynisme, *s. m.* : female infantilism.

hypohéma, *s. m.* : hyphema (hemorrhage into the anterior chamber of the eye).

hypohémie, *s. f.* : hypohemia, anemia; **- intertropicale** : ankylostomiasis, miner's anemia.

hypohémoglobinie, *s. f.* : hypochromemia (anemia with a low color index).

hypohépatie, *s. f.* : hypohepatia, hepatic insufficiency.

hypohidrose, *s. f.* : hypohidrosis (scanty perspiration).

hypohydrémie, *s. f.* : hypohydremia, hypovolemia (deficiency in blood fluid).

hypohypophysie, *s. f.* : hypohypophysism, hypopituitarism.

hypo-insulinisme, *s. m.* : hypoinsulinism (cause of diabetes mellitus).

hypokalicytie, *s. f.* : diminished intracellular potassium.

hypokaliémie, *s. f.* : hypokalemia, hypokaliemia.

hypokinésie, *s. f.* : hypokinesia (abnormally decreased mobility).

hypolaryngite, *s. f.* : hypolaryngeal inflammation.

hypoleucie, *s. f.* : *cf.,* **leucopénie.**

hypoleydigisme, *s. m.* : hypoleydigism.

hypolipidémie, *s. f.* : diminished blood-lipids.

hypologie, *s. f.* : hypologia (type of aphasia in which speech is limited to words of one *or* two syllables, a sign of cerebral disease).

hypolutéinie, *s. f.* : deficient production of progesterone.

hypomanie, *s. f.* : hypomania (mania of a mild type).

hypomastie, *s. f.* : hypomastia, hypomazia (abnormal smallness of the breasts).

hypoménorrhée, *s. f.* : hypomenorrhea.

hypomimie, *s. f.* : limited and slow gesticulation.

hyponatrémie, *s. f.* : hyponatremia.

hypo-orchidie, *s. f.* : hypo-orchidia.

hypo-osmie, *s. f.* : hyposmia (impaired sense of smell).

hypo-osmolarité, *s. f.* : reduced osmotic pressure.

hypo-ovarie, *s. f.* : hypovaria, hypovarianism.

hypoxie, *s. f.* : hypoxia.

hypopallesthésie, *s. f.* : hypopallesthesia.

hypopancréatie, *s. f.* : hypopancreatism.

hypoparathyroïdie, *s. f. ou* **hypoparathyroïdisme,** *s. m.* : hypoparathyroidism, hypoparathyroidosis.

hypopepsie, *s. f.* : hypopepsia.

hypopharynx, *s. m.* : hypopharynx.

hypophonie, *s. f.* : hypophonia, whispering.

hypophorie, *s. f.* : hypophoria *(ophthal.).*

hypophosphatasie, *s. f.* : hypophosphatasia (fatal familial deficiency of alkaline phosphatases).

hypophosphaturie, *s. f.* : hypophosphaturia.

hypophrasie, *s. f.* : hypophrasia (slow monotonous speech).

hypophysaire, *adj.* : hypophyseal, pituitary; **cachexie - :** hypophyseal cachexia.

hypophyse, *s. f.* : hypophysis, pituitary body *or* gland.

hypophysectomie, *s. f.* : hypophysectomy.

hypophyséoprive *ou* **hypophysoprive,** *adj.* : hypophysioprivic, hypophysoprivic.

hypophysite, *s. f.* : hypophysitis.

hypophysogramme, *s. m.* : graphic record of hypophyseal function.

hypopinéalisme, *s. m.* : hypopinealism.

hypopion, *s. m.* : *cf.,* **hypopyon.**

hypopituitarisme, *s. m.* : hypopituitarism.

hypoplaquettose, *s. f.* : thrombocytopenia (deficiency of blood platelets).

hypoplasie, *s. f. ou* **hypoplastie,** *s. f.* : hypoplasia, hypoplasty.

hypopnée, *s. f.* : hypopnea.

hypopneumatose, *s. f.* : alveolar collapse (following bronchial obstruction).

hypoprosexie, *s. f.* : *cf.,* **aprosexie.**

hypoprothrombinémie, *s. f.* : hypoprothrombinemia.

hypopyon *ou* **hypopion,** *s. m.* : hypopyon (pus in the anterior chamber of the eye).

hyporéflectivité *ou* **hyporéflexie,** *s. f.* : hyporeflexia (weakening of the reflexes).

hyposensitif, *adj.* : hyposensitive (after desensitization).

hyposmie *ou* **hypo-osmie,** *s. f.* : hyposmia, hyposphresia (diminished sense of smell).

hyposodé *ou* **hyposodique,** *adj.* : having a low content of sodium.

hyposomnie, *s. f.* : hyposomnia, insomnia.

hypospade, *s. m., adj.* : hypospadiac.

hypospadias, *s. m.* : hypospadias.

hyposphyxie, *s. f.* : hyposphyxia (abnormally depressed circulation).

hypospongiocytose, *s. f.* : diminished lipid content of spongiocytes, *q.v.*

hypostase, *s. f.* : hypostasis (settling of blood in dependent parts of the body due to poor circulation, and especially post mortem).

hypostatique, *adj.* : hypostatic; **congestion -** : hypostasis.

hypostéatolyse, *s. f.* : hyposteatolysis (incomplete hydrolysis of fats).

hyposthénie, *s. f.* : hyposthenia, weakness.

hyposthénique, *adj.* : hyposthenic.

hyposthénisant, *adj.* : debilitating, hypostheniant, weakening.

hyposthénurie, *s. f.* : hyposthenuria (secretion of urine of low specific gravity).

hypostimulinie, *s. f.* : deficiency of hypophyseal stimulins.

hypostolie, *s. f.* : hyposystole.

hyposulfite, *s. m.* : hyposulphite, hyposulfite *(chem., phot.).*

hyposurrénalisme, *s. m.* : hyposuprarenalism.

hypotaxie, *s. f.* : hypotaxia (diminished will power).

hypotélisme, *s. m.* : relatively small size of a normal organ (e.g. of the mole's eye).

hypotélorisme, *s. m.* : hypotelorism *(morph.).*

hypotenseur, *s. m.* : hypotensor (a substance that lowers blood pressure).

hypotension, *s. f.* : hypotension; **- artérielle** : low blood pressure; **- de posture** : postural hypotension.

hypothalamectomie, *s. f.* : hypothalamectomy.

hypothalamique, *adj.* : hypothalamic.

hypothalamus, *s. m.* : hypothalamus *(anat.).*

hypothénar *ou* **éminence -** : hypothenar, hypothenar eminence *(anat.).*

hypothermie, *s. f.* : hypothermia, hypothermy.

hypothèse, *s. f.* : hypothesis.

hypothrepsie, *s. f.* : hypothrepsia, malnutrition.

hypothymie, *s. f.* : hypothymia, despondency (emotional depression).

hypothymisme, *s. m.* : hypothymism (deficient thymus activity).

hypothréose, *s. f.* : *cf.,* **hypothyroïdie.**

hypothyroïdation *ou* **hypothyroïdisation,** *s. f.* : hypothyroidation.

hypothyroïdie, *s. f. ou* **hypothyroïdisme,** *s. m.* : hypothyreosis, hypothyroidism, hypothyrosis (morbid states due to thyroid deficiency, cretinism in infants, myxoedema in adults).

hypotonie, *s. f.* : hypotonia, hypotonus.

hypotrichose, *s. f.* : hypotrichosis (partial *or* complete lack of hair).

hypotrophie, *s. f.* : hypotrophy (1. abiotrophy; 2. bacterial nutrition by the host).

hypotropia, *s. f.* : hypotropia (downward deviation of one eye when both are open).

hypovitaminose, *s. f.* : hypovitaminosis.

hypovolhémie, *s. f.* : hypovolemia.

hypoxanthine, *s. f.* : hypoxanthine.

hypoxémie *ou* **hypoxhémie,** *s. f.* : hypoxemia.

hypoxie, *s. f.* : hypoxia.

hypsarythmie, *s. f.* : hypsarrythmia.

hypsocéphalie, *s. f.* : hypsocephaly, hypsicephaly (a skull with a cranial index of over 75°).

hypurgie, *s. f.* : hypurgia, hypurgesis (medical care).

hypuricémie, *s. f.* : hypouricemia (low level of blood- uric acid).

hystér- : hyster, hystero-, prefix signifying relation to 1. the uterus; 2. hysteria.

hystéralgie, *s. f.* : hysteralgia (uterine pain).

hystérectomie, *s. f.* : hysterectomy; **- abdominale** *ou* **par « voie haute »** : abdominal hysterectomy; **- vaginale** *ou* **par « voie basse »** : vaginal hysterectomy.

hystérie, *s. f.* : hysteria.

hystérique, *s. m.* : hysteriac; *adj.* : hysteric, hysterical; **boule** *ou* **globe -** : globus hystericus, hysteropnix.

hystérocèle, *s. f.* : hysterocele.

hystérocleisis, *s. m.* : hysteroclysis, hysterostomatocleisis (surgical closure of the os uteri); **- vésical** : hysterocystocleisis.

hystérocolpectomie, *s. f.* : vaginal hysterectomy.

hystérocystocèle, *s. f.* : hysterocystocele.

hystéroépilepsie, *s. f.* : hysteroepilepsy.

hystérofrénateur, *adj.* : capable of checking hysteria.

hystérogène, *adj.* : hysterogenic; **zones -** : hysterogenic areas, points *or* zones.

hystérogramme, *s. m.* : hysterogram (skiagram of the uterus).

hystérographie, *s. f.* : hysterography *(radiol.).*

hystéromalacie, *s. f.* : hysteromalacia.

hystérome, *s. m.* : hysteromyoma, « uterine fibroid » (common but incorrect term).

hystéromètre, *s. m.* : hysterometer.

hystérométrie, *s. f.* : hysterometry.

hystéromyotomie, *s. f.* : hysteromyotomy.

hystéroneurasthénie, *s. f.* : hysteroneurasthenia.

hystéro-ovariectomie, *s. f.* : hystero-oophorectomy, hystero-ovariotomy.

hystéropexie, *s. f.* : hysteropexy.

hystérophore, *s. f.* : hysterophore, uterine pessary.

hystéroptose, *s. f.* : hysteroptosis, metroptosis, uterine prolapse.

hystérosalpingographie, *s. f.* : hysterosalpingography.

hystérosalpingomanographie, *s. f.* : manometrically controlled salpingography.

hystérosalpingostomie, *s. f.* : hysterosalpingostomy.

hystérostomatocleisis, *s. m.* : *cf.*, **hystérocleisis.**

hystérotomie, *s. f.* : hysterotomy; **- abdominale** : hysterotokotomy, hysterotomotokia, caesarian section.

hystérotomotokie, *s. f.* : hysterotomotokia, caesarian section.

hystérotraumatisme, *s. m.* : hysterotraumatism (hysterical symptoms due to *or* following traumatism).

hystricisme, *s. m.* : hystricism, hystriciasis, ichthyosis hystrix.

I

iatrochimie, *s. f.* : iatrochemistry (the theory that disease and its treatment are explicable on a chemical basis).

iatrogène, *adj.* : iatrogenic (resulting from the activity of doctors).

iatromécanisme, *s. m.* : theory that vital phenomena can be expressed in mathematical terms.

iatrophysique, *s. f.* : iatrophysics (1. the physics of medicine and of medical and surgical treatment; 2. physiotherapy).

ichor, *s. m.* : ichor (serous discharge); **- abondant** : ichorrhea (profuse discharge).

ichoreux, *adj.* : ichorous, serous.

ichtyocolle, *s. f.* : 1. ichthyocolla, isinglass (gelatin prepared from swimming-bladder of the surgeon); 2. fish-glue.

ichtyoïde, *adj.* : ichthyoid.

ichtyol, *s. m.* : ichtyol *(pharm.)*.

ichtyologie, *s. f.* : ichthyology (science of fishes, their anatomy, distribution and biology).

ichtyose *ou* **ichthyose,** *s. f.* : ichthyosis, « fish skin » disease *(derm.)*; **-' hystrix** : ichthyosis hystrix (variety with dry and warty projections), hystriciasis.

ichtyosisme, *s. m.* : ichtyism, ichthyotoxism (poisoning by eating stale *or* bad fish).

iconographie, *s. f.* : iconography (descriptive illustration).

ictère, *s. m.* : jaundice, icterus *(lat.)*; **- acholurique** : acholuric jaundice; **- amaril** : yellow fever jaundice; **- bleu** : cyanosis, blue jaundice; **- catarrhal** : catarrhal jaundice; **- érythroblastique, grave, familial, infectieux des nouveau-nés** : icterus neonatorum; **- grave, malin** *ou* **typhoïde** : malignant jaundice, icterus gravis; **- hémolytique** : hemolytic jaundice; **- infectieux à recrudescence fébrile** : febrile jaundice, Weil's disease; **- leptospirochétosique** : leptospiral *or* spirochaetal jaundice; **- noir** : black jaundice, Winckel's disease; **- nucléaire** : kernicterus, nuclear jaundice.

ictérigène, *adj.* : icterogenic.

ictérique, *adj.* : icteric, jaundiced.

ictéroïde, *adj.* : icteroid.

ictus, *s. m.* : ictus, stroke, sudden attack; **- apoplectique** : apoplectic stroke; **- laryngé** : laryngeal vertigo, tussive syncope.

id, *s. m.* : id (1. Weismann's term for chromomere; 2. Freud's term for the true unconscious self).

-ide : -ide, suffix signifying 1. binary compound of a nonmetal, *e.g.* chloride, sulphide etc.; 2. skin manifestation of constitutional disease.

idéal, *adj.* : ideal.

idéation, *s. f.* : ideation.

idée, *s. f.* : idea, thought; **- fixe** : fixed idea, conviction.

identification, *s. f.* : identification; **- par anthropométrie** : anthropometric identification, Bertillon's system; **- par empreintes digitales** : finger-printing, Galton system; **- par empreintes palmaires et plantaires** : dermatoglyphics of the palms and soles.

idéomoteur, *adj.* : ideomotor; **centre -** : ideomotor centre; **phénomènes -** : ideomotion (movement induced by thought).

idioblaste, *s. f.* : idioblast (theoretical ultimate cell unit).

idiochromosome, *s. m.* : idiochromosome, heterochromosome, sex chromosome.

idiocinèse, *s. f.* : *cf.* **mutation.**

idiocinétiques (facteurs) : mutagenic factors.

idioglossie, *s. f.* : idioglossia (faulty speech and utterance of meaningless sounds).

idiopathie, *s. f.* : idiopathy, idiopathic disease.

idiopathique, *adj.* : idiopathic, idiopathetic, spontaneous; **maladie -** : idiopathy.

idioplasma, *s. m.* : idioplasm, germ plasm.

idiosyncrasie, *s. f.* : idiosyncrasy, idiocrasy (1. a characteristic peculiar to an individual; 2. individual susceptibility to a drug, antigen, etc.).

idiosyncrasique, *adj.* : idiosyncratic, idiocratic.

idiot, *s. m.* : idiot (individual with mental age below two years); *adj.* : idiotic.

idiotie, *s. f.* : idiocy.

idioventriculaire, *adj.* : idioventricular.

ignifugé, *adj.* : fire-proof.

ignipuncture, *s. f.* : ignipuncture (cauterization with a hot needle).

ignition, *s. f.* : ignition.

iléite, *s. f.* : ileitis (inflammation of the ileum); **atteint d' - :** ileitic; **- régionale** *ou* **terminale :** regional *or* terminal ileitis, Crohn's disease.

iléocæcal, *adj.* : ileocaecal, ileocecal; **fossette - :** ileocecal fossa; **valvule - :** ileocecal valve, Bauhin's valve.

iléocæcostomie, *s. f.* : ileocaecostomy, ileocecostomy.

iléocolique, *adj.* : ileocolic, ileocolonic.

iléocolite, *s. f.* : ileocolitis.

iléocolostomie, *s. f.* : ileocolostomy.

iléocolotomie, *s. f.* : ileocolotomy.

iléocystoplastie, *s. f.* : ileocystoplasty.

iléo-iléostomie, *s. f.* : ileo-ileostomy.

iléologie, *s. f.* : ileology.

iléon, *s. m.* : ileum (distal portion of the small intestine from the jejunum to the ileocecal junction).

iléopathie, *s. f.* : ileopathy.

iléoportographie, *s. f.* : radiography of the portal system after radiopaque injection of a branch of the portal vein.

iléorectostomie, *s. f.* : ileorectostomy, ileoproctostomy.

iléorraphie, *s. f.* : ileorrhaphy.

iléosigmoïdostomie, *s. f.* : ileosigmoidostomy.

iléostomie, *s. f.* : ileostomy.

iléotomie, *s. f.* : ileotomy.

iléotransversostomie, *s. f.* : ileotransversostomy.

iléus, *s. m.* : ileus, intestinal obstruction.

iliaque, *adj.* : iliac.

iliocolotomie, *s. f.* : iliocolotomy (colotomy in the iliac region).

iliocostal, *adj.* : iliocostal.

iliofémoral, *adj.* : iliofemoral; **ligament - :** iliofémoral *or* Bertin's *or* Bigelow's ligament, ligamentum iliofemorale.

iliogramme, *s. m.* : myelogram obtained by puncture biopsy of the iliac crest.

iliolombaire, *adj.* : iliolumbar.

ilion *ou* **ilium,** *s. m.* : ilium, haunch-bone, os ilii (*lat.*).

iliopsoïte, *s. f.* : inflammation of the iliopsoas muscle (often of appendicular origin).

illégitime, *adj.* : illegitimate.

illégitimité, *s. f.* : illegitimacy.

illumination, *s. f.* : illumination.

illuminisme, *s. m.* : illuminism (prophetic hallucinations).

illusion, *s. f.* : illusion, delusion.

illusionnel, *adj.* : illusional.

illutation, *s. f.* : illutation, mud-bath, mud-cure.

îlot, *s. m.* : islet, isle, small island; **- de Langerhans :** islands *or* islets of Langerhans; **- de Reil :** island of Reil; **transplantation en - :** island flaps *(surg.)*.

image, *s. f.* : image; **- diverticulaire :** Haudek's niche (projecting shadow seen in skiagrams in gastric ulcer); **- latente :** latent image; **- réelle :** real image; **- renversée :** inverted image; **- virtuelle :** virtual image.

IMAO (inhibiteurs de la mono-amine-oxydase) : MAO inhibitors *(pharm.)*.

imbécile, *s. m., adj.* : imbecile (mental age between two and seven years).

imbécillité, *s. f.* : imbecility, mental deficiency.

imbibition, *s. f.* : imbibition.

imbrication, *s. f.* : imbrication *(surg., odont.)*, overlapping.

imbriqué, *adj.* : imbricated, overlapping.

imide, *s. m.* : imide *(chem.)*.

imitation, *s. f.* : imitation.

immaculé, *adj.* : immaculate, pure, spotless.

immature, *adj.* : immature, unripe, undeveloped, impuberal.

immédiat, *adj.* : immediate; **auscultation - :** immediate auscultation, direct auscultation (without a stethoscope).

immersion, *s. f.* : immersion; **objectif à - :** immersion lens *(micr.)*; **pied d' - :** trench foot.

immiscibilité, *s. f.* : immiscibility.

immiscible, *adj.* : immiscible.

immobilisine, *s. f.* : immobilisin (specific antibody against treponema pallidum).

immobilisation, *s. f.* : immobilization.

immun, *adj.* : immune; **- sérum :** antiserum, immune serum.

immunisant, *s. m.* : immunizer; *adj.* : immunizing; **sérum - :** immunizing serum.

immunisateur, *s. m.* : immunizator.

immunisation, *s. f.* : immunization.

immuniser, *v.* : to immunize, to render immune.

immunité, *s. f.* : immunity; **- acquise :** acquired immunity; **- active :** active immunity; **- de groupe :** herd immunity; **- naturelle** *ou* **congénitale :** congenital *or* natural immunity; **- passive :** passive immunity.

immunition, *s. f.* : residual immunity.

immunochimie, *s. f.* : immunochemistry.

immunofluorescence, *s. f.* : immunofluorescence.

immunogène, *adj.* : immunogenic.

immunoglobuline, *s. f.* : gammaglobulin.

immunohématologie, *s. f.* : immunohematology.

immunoleucopénie, *s. f.* : leucopenia induced by antileucocytic antibodies.

immunologie, *s. f.* : immunology.

immunologique, *adj.* : immunologic, immunological.

immunologiste, *s. m.* : immunologist.

immunomimétique, *adj.* : immunomimetic.

immunopathologie, *s. f.* : immunopathology.

immunothérapie, *s. f.* : immunotherapy.

immunotransfusion, *s. f.* : immunotransfusion.

impact, *s. m.* : impact, shock.

impaction, *s. f.* : impaction; **fracture avec - :** impacted fracture.

impair, *adj.* : azygous, odd, impar, unpaired.

impalpable, *adj.* : impalpable.

impaludation, *s. f.* : impaludation, malariotherapy.

impaludé, *adj.* : malarial, malarian, malarious.

impaludisme, *s. m.* : impaludism, malarial cachexia.

imparidensité, *s. f.* : term for the normal diurnal variation in specific gravity of urine.

impatiences (des jambes) : « restless legs ».

impédance, *s. f.* : impedance *(electr.)*; **bobine d' - :** impedance coil; **- oscillatoire** : oscillatory impedance.

impénétrabilité, *s. f.* : impenetrability, imperviousness.

impénétrable, *adj.* : impenetrable, impervious.

impératif, *adj.* : imperative.

imperforation, *s. f.* : imperforation; **- de l'anus, de l'œsophage** : imperforate anus, oesphagus.

imperforé, *adj.* : imperforate.

impérieux, *adj.* : imperative, imperious, overriding, overruling.

imperméable, *adj.* : impermeable, impervious; **- à l'eau** : waterproof, watertight; **- à la poussière** : dust-proof.

impétigineux, *adj.* : impetiginoid, impetiginous.

impétiginisation, *s. f.* : impetiginization.

impétigo, *s. m.* : impetigo; **- herpétiforme** : impetigo herpetiformis.

implacentaire, *adj.* : implacental (without a placenta).

implant, *s. m.* : implant *(surg.)*.

implantation, *s. f.* : implantation (1. grafting, transplantation; 2. attachment and embedding of the fertilized ovum in the endometrium; 3. introduction of a foreign body or substance by injection or insertion; 4. inoculation of bacteria into culture medium; 5. insertion of a natural or artificial tooth into a new socket).

impondérable, *adj.* : imponderable.

importé, *adj.* : imported *(e.g. infection)*.

impotence, *s. f.* : impotence (1. sexual impotency; 2. impregnation [histol.]).

impotent, *s. m.* : cripple; *adj.* : crippled, helpless, impotent.

imprégnation, *s. f.* : impregnation (1. fecundation; 2. impregnation [histol.]).

imprégné, *adj.* : impregnated (1. fertilized; 2. saturated).

imprégner, *v.* : to impregnate (1. to fertilize, fecundate; 2. to permeate); **s' - :** to become saturated.

impression, *s. f.* : impression, impress, print; **- digitales** : 1. digital impressions (on the inner surface of the cranium corresponding with the cerebral convolutions); finger-prints; 2. mental impression *(psych.)*.

impressionnabilité, *s. f.* : 1. impressibility, impressionnability; 2. sensitivity *(phot.)*.

impressionnable, *adj.* : 1. impressible, impressionnable; 2. sensitive *(phot.)*; **papier - :** sensitized paper.

impubère, *adj.* : impuberal (under the age of puberty).

impuberté, *s. f.* : impuberty, impuberism.

impuissance, *s. f.* : 1. impotence, impotency (sexual); 2. incapacity, disability.

impulsif, *adj.* : impulsive; **force - :** impulsion, impulsive urge.

impulsion, *s. f.* : impulse, impulsion.

impur, *adj.* : impure.

impureté, *s. f.* : impurety (1. uncleanliness; 2. indistinctness of the heart sounds; 3. chemical adulteration; 4. adulterant, pollution, contaminant).

imputabilité, *s. f.* : imputability (legal responsibility for an act).

imputrescibilisation, *s. f.* : prevention of decay.

imputrescible, *adj.* : imputrescible.

inaccessibilité, *s. f.* : imperviousness, Alpers' syndrome *(psych.)*, sign of lesion or tumor of the corpus callosum.

inactif, *adj.* : inactive; **corps - :** inert body or substance *(chem.)*.

inactinique, *adj.* : inactinic, nonactinic.

inaction, *s. f.* : inaction (diminished or absent response to a normal stimulus).

inactivation, *s. f.* : inactivation.

inactivé, *adj.* : inactivated, uncomplemented.

inactiver, *v.* : to inactivate.

inadhérence, *s. f.* : inadhesion, non-adherence.

inadhérent, *adj.* : inadherent, inadhesive.

inaltéré, *adj.* : unaltered, unchanged.

inanimé, *adj.* : inanimate, lifeless, unconscious.

inanisation, *s. f.* : partial inanition, near-starvation.

inanition, *s. f.* : inanition, starvation.

inappétence, *s. f.* : anorexia, inappetence (lack of appetite).

inapte, *adj.* : inapt, unfit.

inarticulé, *adj.* : inarticulate (1. not jointed; 2. not uttered distinctly).

inassimilable, *adj.* : unassimilable.

incandescence, *s. f.* : incandescence; **lumière à - :** incandescent light.

incandescent, *adj.* : incandescent.

incanescence, *s. m.* : incanescence, turning gray.

incarcération, *s. f.* : incarceration (imprisonment of a part).

incarcéré, *adj.* : incarcerated; **hernie - :** incarcerated hernia.

incarnatif, s. m., adj. : incarnant, incarnative.

incarnation, s. f. : incarnation (healing process), incarnification, incarnatio (lat.); **- de l'ongle** : onychogryphosis, incarnatio unguis.

incarné (ongle) : ingrowing nail.

inceste, s. m. : incest.

incidence, s. f. : incidence; **angle d' -** : angle of incidence (opt.).

incident, adj. : incident.

incinération, s. f. : incineration.

incipient, adj. : incipient.

incisé, adj. : incised.

inciser, v. : to incise.

incisif, adj. : incisive; **canal** ou **conduit -** : incisive canal (maxilla); **dent -** : incisor (odont.); **os -** : intermaxillary bone.

incision, s. f. : incision.

incisive, s. f. : incisor (tooth); adj. : incisive.

incisure, s. f. : incisure, incisura (lat.); **- du cervelet** : cerebellar notch, incisura cerebelli.

incitabilité, s. f. : irritability (response to stimuli).

incitation, s. f. : instigation, stimulus.

inclinable, adj. : inclinable, tilting.

inclinaison, s. f. : incline, inclination, slope; **boussole d'-** : inclination compass.

inclination, s. f. : inclination, propensity.

inclinomètre, s. m. : inclinometer.

inclusion, s. f. : 1. inclusion; **- cellulaire** : cell inclusion; **- d'une dent** : dental inclusion, impacted tooth ; **- fœtale** : fetal inclusion ; **- nucléaire** : intranuclear inclusion ; **urétrite à -** : inclusion gonorrhoea; 2. embedding, imbedding; **faire une -** : to embed (tissue) (histol.).

incoagulable, adj. : incoagulable.

incoercibilité, s. f. : incoercibility (phys.).

incoercible, adj. : incoercible, uncontrollable ; **vomissement -** : incoercible vomiting.

incohérence, s. f. : incoherence.

incohérent, adj. : incoherent; **molécules -** : incoherent molecules.

incolore, adj. : colourless, colorless.

incombustibilité, s. f. : incombustibility.

incombustible, adj. : incombustible, fireproof.

incompatibilité, s. f. : incompatibility ; **- sanguine** : incompatible blood group.

incompatible, adj. : incompatible.

incompressible, adj. : incompressible.

inconscience, s. f. : unconsciousness.

inconscient, adj. : 1. unconscious; 2. irresponsible.

incontinence, s. f. : incontinence; **- d'urine** : urinary incontinence; **- par regorgement** : overflow incontinence.

incoordination, s. f. : incoordination.

incorporation, s. f. : incorporation.

incrémant, s. m. : increment.

incrétion, s. f. : internal secretion, incretion.

incrustation, s. f. : incrustation.

incubateur, s. m. : incubator; adj. : incubating.

incubation, s. f. : incubation; **période d'-** : incubation period (of disease).

incuber, v. : to incubate.

incurabilité, s. f. : incurability, insanability.

incurable, adj. : incurable.

incurvation, s. f. : incurvation.

incurvé, adj. : incurved, incurvate, incurvated, concave.

indécent, adj. : indecent, improper.

indécision, s. f. : indecision.

indéhiscent, adj. : indehiscent (bot.).

index, s. m. : index (1. forefinger, index finger; 2. ratio of one part to another; 2. exponent of a power [math.]) ; **- splénique** : malarial splenic index.

indicanémie, s. f. : indicanemia.

indicanurie, s. f. : indicanuria.

indicateur, s. m. : indicator, gauge; adj. : indicatory.

indication, s. f. : indication, indicant (sign or symptom indicating diagnosis and treatment).

indice, s. m. : index, indication, mark, sign ; **- céphalique** : cranial index; **- de réfraction** : refractive index.

indifférence, s. f. : indifference.

indifférenciation, s. f. : dedifferentiation, anaplasia.

indifférent, adj. : indifferent, inert, neutral, not differentiated.

indigène, adj. : indigenous, native.

indigéré, adj. : undigested.

indigeste, adj. : 1. indigestible; 2. undigested.

indigestibilité, s. f. : indigestibility.

indigestible, adj. : indigestible.

indigestion, s. f. : indigestion; **avoir une -** : to have an attack of indigestion.

indirect, adj. : indirect.

indisposition, s. f. : illness, indisposition.

indium, s. m. : indium.

indole, s. m. : indole (chem.).

indolence, s. f. : indolence (1. apathy; 2. painlessness, insensitivity).

indolent, adj. : indolent (1. apathetic; 2. painless, insensitive).

indolurie, s. f. : indoluria.

indolore, adj. : indolent, painless.

indoxyle, s. m. : indoxyl.

indoxylémie, s. f. : indoxylemia.

indoxylurie, s. f. : indoxyluria.

inductance, s. f. : inductance.

inducteur, s. m. : inducer (genet.).

induction, *s. f.* : induction (1. morphogenetic effect [*e.g.* of organizers on embryo]; 2. inference, deduction; 3. electrical induction); **bobine d'-** : induction coil; **coefficient d'-** : inductance; **raisonner par -** : to reason by induction; **- zygotique** : zygotic induction.

inductomètre, *s. m.* : inductometer *(electr.)*.

induit, *adj.* : induced.

induration, *s. f.* : induration.

induré, *adj.* : indurated, hard; **chancre -** : hard or hunterian chancre.

indusie, *s. f.* : indusium *(bot.)*.

indusium gris : indusium griseum, supracallosal gyrus.

inébriant, *s. m.* : inebriant, intoxicant; *adj.* : inebriant, intoxicating.

inerte, *adj.* : inert, indifferent *(chem., psych.)* ; **résistance -** : passive resistance.

inertie, *s. f.* : inertia, inactivity, sluggishness ; **force d'-** : power of inertia.

in extremis *(lat.)* : in extremis, at the point of death.

infanticide, *s. m.* : infanticide (1. child murder; 2. murderer); *adj.* : infanticidal.

infanticulture, *s. f.* : infanticulture, puericulture.

infantile, *adj.* : infantile ; **diarrhée -** : infantile diarrhea; **paralysie -** : acute anterior poliomyelitis, infantile paralysis.

infantilisme, *s. m.* : infantilism; **- type Lorain** : Lorain's type of infantilism.

infarcissement, *s. m.* : infarction (formation of an infarct).

infarctus, *s. m.* : infarct, infarction; **atteint d'un -** : infarcted.

infécond, *adj.* : barren, infecund, infertile, sterile.

infécondité, *s. f.* : infecundity, infertility.

infect, *adj.* : foul, stinking.

infectant, *adj.* : 1. infectious, infecting; 2. foul, stinking.

infecté, *adj.* : infected; **- de la peste** : infected with the plague; **source -** : infected or contaminated spring or well.

infecter, *v.* : to infect.

infectieux, *adj.* : infectious, infective.

infection, *s. f.* : 1. infection, contagion; **- bactérienne** : bacterial contamination, infection; **foyer d'-** : centre of infection; **- purulente** : purulent infection, pyemia; **- putride** : septicemia; **répandre l'-** : to spread infection; 2. stench, stink.

infectiosité, *s. f.* : infectiosity, infectivity.

infériorité (complexe d') : inferiority complex.

infertile, *adj.* : infertile, sterile.

infertilisable, *adj.* : unfertilizable.

infertilisé, *adj.* : unfertilized.

infertilité, *s. f.* : barrenness, infertility, unfruitfulness.

infestation, *s. f.* : infestation.

infester, *v.* : to infest.

infibulation, *s. f.* : infibulation.

infiltrat, *s. m.* : infiltrate.

infiltration, *s. f.* : infiltration, infiltrate; **- cireuse** : amyloid or waxy infiltration; **- d'urine** : urinous infiltration.

infiltrer, *v.* : to infiltrate.

infini, *s. m.* : infinity; **régler à l'-** : to focus for infinity *(phot.)*; *adj.* : boundless, immeasurable, infinite.

infirme, *s. m.* : cripple, invalid; *adj.* : disabled, crippled, frail, weak.

infirmerie, *s. f.* : hospital, infirmary; **- portative** : first-aid outfit.

infirmier, *s. m.* : hospital attendant, male nurse, medical orderly, ambulance man.

infirmière, *s. f.* : hospital nurse, sick-nurse, ambulance nurse; **- en chef** : lady-superintendent, matron, head-nurse; **- d'hygiène sociale** : district nurse; **- diplômée** : graduate or qualified nurse; **élève -** : probationer; **- inscrite au tableau de l'Ordre** : registered nurse.

infirmité, *s. f.* : infirmity.

inflammation, *s. f.* : inflammation.

inflammatoire, *adj.* : inflammatory.

inflation, *s. f.* : inflation.

infléchi, *adj.* : bent, flexed, inflected.

inflexion, *s. f.* : inflection, inflexion (1. bending, change of direction; 2. modulation of tone of voice).

influenza, *s. m.* : influenza, « flu »; **- porcine** : swine influenza, hog-flu *(veter.)*.

influx, *s. m.* : influx; **- nerveux** : nerve impulse.

information, *s. f.* : information *(genet.)*.

infra- : infra-, prefix meaning below, beneath.

infra-axillaire, *adj.* : infra-axillary.

infraclinique, *adj.* : subclinical.

inframastite, *s. f.* : paramastitis, retromammary or submammary mastitis.

infrarouge, *adj.* : infrared *(phys., opt.)*.

infrason *ou* **infra-son,** *s. m.* : ultrasonic vibrations.

infrasonique, *adj.* : ultrasonic.

infrasonore, *adj.* : ultrasonic.

infrasonothérapie, *s. f.* : ultrasonic therapy.

infrathermothérapie, *s. f.* : infrared therapy.

infundibulectomie, *s. f.* : partial resection of the hypertrophic infundibulum of the pulmonary artery for relief of pulmonic stenosis.

infundibuliforme, *adj.* : infundibular, infundibuliform, funnel-shaped; **base - de la columelle** : infundibulum of the cochlea.

infundibulotomie, *s. f.* : infundibulotomy (incision of the conus arteriosus).

infundibulum, *s. m.* : infundibulum (1. of the brain [stalk of the pituitary gland]; 2. of the ethmoid bone; 3. of the heart [conus arteriosus]).

infusé, *s. m.* : infusion; *adj.* : infused.

infusible, *adj.* : infusible.

infusion, *s. f.* : infusion, decoction, « tea »; **- de camomille** : camomile tea.

infusoires, *s. m. pl.* : infusoria; **terre d'-** : infusorial earth, kieselguhr.

ingéniérie, *s. f.* : engineering.

ingesta, *s. m. plur. (lat.)* : ingesta (food and drink).

ingestion, *s. f.* : ingestion.

Ingrassias (apophyses d') : processes *or* wings of Ingrassias (alae parvae).

inguérissable, *adj.* : incurable.

inguinal, *adj.* : inguinal; **canal -** : inguinal canal; **ganglions -** : inguinal lymph nodes, « inguinal glands »; **hernie -** : inguinal hernia; **ligament -** : inguinal *or* Poupart's ligament.

inguino- : inguino-, prefix meaning pertaining to the groin.

ingurgitation, *s. f.* : ingurgitation, swallowing.

ingurgiter, *v.* : to swallow.

inhalant, *s. m.* : inhalant, inhalent.

inhalateur, *s. m.* : inhaler; **- d'oxygène** : oxygen inhaler; **- pulvérisateur** : atomizer, atomizing inhaler.

inhalation, *s. f.* : inhalation (1. inhaling; 2. inhalant).

inhaler, *v.* : to inhale.

inhérent, *adj.* : inherent.

inhiber, *v.* : to inhibit.

inhibiteur, *adj.* : inhibitory; **agent -** : inhibitor; **nerf -** : inhibitory nerve; **réflexe -** : inhibitory reflex.

inhibition, *s. f.* : inhibition.

inhibitoire, *adj.* : inhibitory.

inhumation, *s. f.* : inhumation, burial, interment.

inhumer, *v.* : to bury, inhume, inter.

initial, *adj.* : initial.

initiation, *s. f.* : initiation.

injectable, *adj.* : injectable.

injecté, *adj.* : 1. injected (by injection); 2. injected, congested, inflamed; **yeux - de sang** : bloodshot eyes.

injecter, *v.* : to inject.

injecteur, *s. m.* : injector.

injection, *s. f.* : injection (1. introduction of fluid *or* gas under pressure; 2. congestion; 3. enema; **- de rappel** : booster-dose; **- vaginale** : douche).

inlay, *s. m.* : inlay *(odont.)*.

inné, *adj.* : innate, congenital, hereditary, inbred.

innervation, *s. f.* : innervation.

innocuité, *s. f.* : innocuity, innocuousness, innoxiousness, harmlessness.

innominé, *adj.* : innominate; **artère -** : innominate artery; **corps - de Giraldès** : paradidymis; **ligne -** : linea arcuata; **os -** : innominate bone.

inoculabilité, *s. f.* : inoculability.

inoculable, *adj.* : inoculable.

inoculateur, *s. m.* : inoculator (1. person; 2. instrument).

inoculation, *s. f.* : inoculation; **- curative** : curative inoculation.

inoculer, *v.* : to inoculate; **- quelqu'un contre une maladie** : prophylactic *or* preventive inoculation; **- une maladie à quelqu'un** : to infect someone with a disease; **- un virus à quelqu'un** : to inoculate someone with a virus.

inoculum, *s. m.* : inoculum.

inodore, *adj.* : inodorous, odourless.

inodulaire (tissu) : fibrous scar tissue.

inoffensif, *adj.* : inoffensive, innocuous, innoxious.

inondation ventriculaire : flooding of the cerebral ventricles by hemorrhage.

inopérable, *adj.* : inoperable.

inopexie, *s. f.* : inopexia (tendency to spontaneous coagulation of the blood).

inophragme, *s. m.* : inophragma, ground membrane, Krause's membrane.

inorganique, *adj.* : inorganic.

inoscopie, *s. f.* : inoscopy *(bacter.)*.

inosculation, *s. f.* : inosculation, anastomosis.

inosite, *s. m.* : inosite, inose (muscle-sugar).

inositol, *s. m.* : inositol, hexahydroxycyclohexane (vitamine of B-complex).

inositurie *ou* **inosurie,** *s. f.* : inosituria, inosuria.

inotrope, *adj.* : inotropic (affecting the force of muscular [cardiac] contraction).

inovulé, *adj.* : anovular.

inoxydable, *adj.* : inoxidizable; **acier -** : stainless steel.

insalivation, *s. f.* : insalivation.

insalubre, *adj.* : insalubrious, insanitary, unhealthy.

insalubrité, *s. f.* : insalubrity.

insanité, *s. f.* : 1. insanity, madness; 2. insane act *or* remark.

insapide, *adj.* : *cf.*, **insipide.**

insatiabilité, *s. f.* : insatiability.

insatiable, *adj.* : insatiable; **soif -** : insatiable *or* unquenchable thirst.

inscription, *s. f.* : entry, matriculation, registration; **prendre ses - à l'Université** : to enter, to matriculate, to enrol.

insecte, *s. m.* : insect.

insecticide, *s. m.* : insecticide, mosquitocide; *adj.* : insecticidal.

insectifuge, *s. m.* : insectifuge (insect repellant); **poudre -** : insect-powder.

insectivore, *s. m.* : insectivore; *adj.* : insectivorous.

insémination, *s. f.* : insemination (1. planting of seed; 2. semination; 3. impregnation).

insensé, *adj.* : insane, mad; 2. foolish senseless.

insensibilisateur, *s. m.* : 1. anesthetic; 2. anesthetizing apparatus.

insensibilisation, *s. f.* : anesthetization.

insensibiliser, v. : to anesthetize, to render insensitive.

insensibilité, s. f. : 1. insensibility, unconsciousness; 2. frigidity, indifference.

insensible, adj. : 1. insensible, unconscious; 2. insensitive, frigid, indifferent; 3. imperceptible.

insertion, s. f. : insertion (1. point of attachment of a muscle to a bone; 2. act of implanting or being implanted); **- marginale** : marginal insertion; **- vélamenteuse** : velamentous insertion [obstet.].

insidieux, adj. : insidious; **maladie -** : insidious disease.

insipide, adj. : insipid, tasteless; **diabète -** : diabetes insipidus.

insolation, s. f. : insolation (1. sun-bathing, heliotherapy; 2. sunstroke; 3. daylight printing [phot.]); **être frappé d'-** : to have sunstroke.

insolubiliser, v. : to render insoluble.

insolubilité, s. f. : insolubility.

insoluble, adj. : insoluble.

insomnie, s. f. : insomnia, sleeplessness, wakefulness; **nuit d'-** : sleepless night.

inspection, s. f. : inspection.

inspirateur, adj. : inspiratory.

inspiration, s. f. : inspiration.

inspirer, v. : to inspire, to inhale, to take a breath.

instable, adj. : unstable.

instillateur, s. m. : instillator.

instillation, s. f. : instillation.

instinct, s. m. : instinct; **- de conservation** : instinct of self-preservation, biophilia; **- grégaire** : gregarious or herd instinct.

instinctif, adj. : instinctive.

institut, s. m. : institute, institution.

instrument, s. m. : instrument.

instrumental, adj. : instrumental.

instrumentation, s. f. : instrumentation.

insuffisance, s. f. : insufficiency, inadequacy ; **- aortique** : aortic insufficiency; **- cardiaque** : cardiac insufficiency; **- cardiaque aiguë** : acute cardiac, or heart, failure; **- rénale** : renal insufficiency.

insufflateur, s. m. : insufflator.

insufflation, s. f. : insufflation.

insula (lobe de l') : insula, island of Reil; **- postérieur** : postinsula.

insulaire, adj. : insular (pertaining to the islets of Langerhans).

insuline, s. f. : insulin.

insulinothérapie, s. f. : insulinotherapy.

insulome, s. m. : insuloma, islet adenoma, langerhansian adenoma.

intégrase, s. f. : integrase.

intégration, s. f. : integration.

intégrer, v. : to integrate.

intégrité, s. f. : integrity, entirety, wholeness.

intégument, s. m. : integument.

intellect, s. m. : intellect, mind, understanding.

intelligence, s. f. : intelligence, understanding.

intempérance, s. f. : intemperance (1. excess, immoderation; 2. drukenness, insobriety).

intensif, adj. : intensive.

intensification, s. f. : intensification.

intensité, s. f. : intensity, brilliancy (of light), depth (of color), force (of wind), loudness (of sound); **- du courant** : current strength (electr.); **- lumineuse** : light intensity.

intention, s. f. : intention (1. design, purpose; 2. healing [of wound]); **réunion par première, seconde -** : healing by first, second intention.

inter- : inter-, prefix signifying between.

intercondylien, adj. : intercondylar, intercondyloid; **échancrure -** : intercondylar fossa or notch.

intercricothyréotomie, s. f. : intercricothyrotomy, inferior laryngotomy.

intercurrent, adj. : intercurrent.

interdentaire, adj. : interdental; **espace -** : interdentium, interdental space.

interférence, s. f. : interference (phys.); **franges d'-** : interference rings, Newton's rings.

interférométrie, s. f. : interferometry.

interféron, s. m. : interferon (virol.).

interlobaire, adj. : interlobar; **pleurésie -** : interlobitis, interlobar pleurisy.

interlobite, s. f. : interlobitis, interlobar pleurisy.

intermédine, s. f. : intermedin.

intermenstruel, adj. : intermenstrual.

intermission, s. f. : intermission.

intermittence, s. f. : intermittence, intermission.

intermittent, adj. : intermittent, irregular.

intermusculaire, adj. : intermuscular.

internat, s. m. : resident appointment.

interne, s. m. : intern (U.S.), house physician, house surgeon (U.K.); adj. : internal; **capsule -** : internal capsule (brain).

interocepteur, s. m. : interoceptor (visceral sensory nerve-ending).

intéroceptif, adj. : interoceptive; **sensibilité -** : interocept sensibility.

interosseux, adj. : interosseous ; **couteau -** : catling (surg.).

interrompu, adj. : interrupted.

interrupteur, s. m. : interrupter (electr.).

interscapulaire, adj. : interscapular.

intersections tendineuses : inscriptiones tendineae, lineae transversae (of rectus abdominis muscle).

intersexualité, s. f. : intersexuality.

intersexué ou **intersexuel,** adj. : intersexual.

interstice, s. m. : interstice.

interstitiel, adj. : interstitial; **kératite - diffuse** ou **parenchymateuse** : interstitial keratitis ; **néphrite -** : interstitial nephritis.

intersystole, *s. f.* : intersystole.

intertrigineux, *adj.* : intertriginous.

intertrigo, *s. m.* : intertrigo.

intervalle, *s. m.* : interval; **- libre** *ou* **lucide** : free *or* lucid interval.

intervention chirurgicale : surgical intervention, operation.

interventriculaire, *adj.* : interventricular; **cloison -** : interventricular septum.

intervertebral, *adj.* : intervertebral; **disque -** : intervertebral disc; **trou -** : intervertebral notch, posterior intervertebral foramen.

intestin, *s. m.* : intestine, bowel, gut; **- grêle** : small intestine; **gros -** : large intestine.

intestinal, *adj.* : intestinal; **concrétion -** : enterolith, intestinal concretion ; **conduit -** : intestinal canal; **occlusion -** : intestinal obstruction; **suc -** : intestinal juice; **ver -** : intestinal worm.

intima *(lat.)* : intima (innermost of the three coats of a blood vessel).

intine, *s. f.* : intine (thin, inner cost of an endospore).

intolérance, *s. f.* : intolerance; **- d'un remède** : intolerance for a drug.

intolérant, *adj.* : intolerant.

intonation, *s. f.* : intonation, modulation, pitch, ring, tone (of the voice).

intoxication, *s. f.* : intoxication ; **- endogène** : auto-intoxication, toxicosis; **- exogène** : exogenous intoxication.

intra- : intra-, prefix meaning within or during.

intra-artériel, *adj.* : intra-arterial.

intracapsulaire, *adj.* : intracapsular.

intracornéen, *adj.* : intracorneal.

intracytoplasmique, *adj.* : intracytoplasmic.

intradermique, *adj.* : intradermic.

intradermoréaction, *s. f.* : intradermoreaction, intradermal reaction.

intraduremérien, *adj.* : intradural.

intradurographie, *s. f.* : radiography of the spinal roots after intrathecal radiopaque injection.

intramural, *adj.* : intramural.

intramusculaire, *adj.* : intramuscular.

intra-oculaire, *adj.* : intra-ocular.

intrapéritonéal, *adj.* : intraperitoneal.

intrarachidien, *adj.* : intraspinal, intrathecal.

intrasaculaire, *adj.* : intrasacular.

intrascléral, *adj.* : intrascleral.

intrasellaire, *adj.* : intrasellar.

intraténonien, *adj.* : within Tenon's capsule.

intrathécal, *adj.* : intrathecal.

intravasculaire, *adj.* : intravascular.

intraveineux, *adj.* : intravenous.

intraventriculaire, *adj.* : intraventricular.

intravertébral, *adj.* : intraspinal, intravertebral.

intrinsèque, *adj.* : intrinsic; **facteur -** : intrinsic factor (of Castle); **muscle -** : intrinsic muscle.

intro- : intro-, prefix meaning into or within.

introduit, *adj.* : introduced (*e.g.* infection).

intromission, *s. f.* : intromission.

introspection, *s. f.* : introspection.

introversion, *s. f.* : introversion.

introverti, *adj.* : introvert.

intrusion (complexe d') : Cain complex (psych.), rivalry between siblings.

intubateur, *s. m.* : intubator.

intubation, *s. f.* : intubation.

intuber, *v.* : to intubate.

intumescence, *s. f.* : intumescence, swelling.

intumescent, *adj.* : intumescent.

intussusception, *s. f.* : intussusception, introsusception.

inuline, *s. f.* : inulin.

in utero *(lat.)* : in utero.

invagination, *s. f.* : invagination.

invaginé, *adj.* : invaginated.

invalide, *s. m. f.* : 1. invalid; 2. disabled soldier; *adj.* : invalid, infirm, disabled.

invalidité, *s. f.* : 1. invalidism (chronic ill-health); 2. disablement, disability; **coefficient d'-** : degree of disablement; **pension d'-** : disability pension.

invasion, *s. f.* : invasion (onset of a disease) ; **période d'-** : invasive stage.

inverse, *adj.* : inverse.

inversion, *s. f.* : 1. inversion; **- du sens génital** : sexual inversion, homosexuality; 2. reversal *(phot.)*.

invertase, *s. f.* : invertase, invertin.

invertébré, *s. m., adj.* : invertebrate.

inverti, *s. m., adj.* : invert, homosexual.

investigation, *s. f.* : investigation.

invétéré, *adj.* : inveterate ; **caractère - (d'une maladie)** : inveteracy (of a disease).

in vitro *(lat.)* : in vitro (in the test tube).

in vivo *(lat.)* : in vivo (in the living body).

involontaire, *adj.* : involuntary.

involuté, *adj.* : involute, involuted.

involutif, *adj.* : involutional; **formes -** : involution forms.

involution, *s. f.* : involution; **- sénile** : senile involution; **- utérine** : involution of the uterus.

iodate, *s. m.* : iodate.

iode, *s. m.* : iodine; **teinture d'-** : tincture of iodine.

iodé, *adj.* : iodized; **eau -** : iodine water.

iodémie, *s. f.* : iodemia.

iodhydrate, *s. m.* : hydriodate.

iodhydrique, *adj.* : hydriodic.

iodide, *s. f.* : iododerma (any skin eruption due to iodism).

iodique, *adj.* : iodic; **acide -** : iodic acid.

iodisme, *s. m.* : iodism.

iodoforme, *s. m.* : iodoform.

iodométrie, *s. f.* : iodometry.

iodométrique, *adj.* : iodometric.

iodophile, *adj.* : iodophilous.

iodophilie, *s. f.* : iodophilia.

iodothyrine, *s. f.* : iodothyrine, iodothyrein.

iodure, *s. m.* : iodide.

iodurie, *s. f.* : ioduria.

ion, *s. m.* : ion.

ionisant, ionisateur, *s. m.* : ionizer.

ionisation, *s. f.* : ionization; **- par chocs** : impact ionization.

ioniser, *v.* : to ionize; **s'-** : to become ionized.

ionium, *s. m.* : ionium (isotope of thorium).

ionogramme, *s. m.* : graphic record of ion-concentration.

ionomètre, *s. m.* : ionometer.

ionométrie, *s. f.* : ionometry, roentgenometry.

ionophorèse, *s. f.* : iontophoresis.

ionothérapie, *s. f.* : iontherapy, iontophoresis, ionic medication.

iotacisme, *s. m.* : iotacism (defective utterance).

ipéca *ou* **ipécacuana,** *s. m.* : ipecac, ipecacuanha *(pharm.).*

ipsilatéral, *adj.* : ipsilateral, ipsolateral.

irascibilité, *s. f.* : irascibility.

iridectomie, *s. f.* : iridectomy *(ophthal.).*

iridectomésodialyse, *s. f.* : iridectomesodialysis (separation of adhesions around the iris and forming an artificial pupil).

iridencleisis, *s. m.* : iridencleisis, iridodesis.

iridescence, *s. f.* : iridescence.

iridescent, *adj.* : iridescent.

iridien, *adj.* : iridial, iridian, iridic.

iridium, *s. m.* : iridium; **- platiné** : iridoplatinum.

irido- : irido-, prefix meaning relating to the iris.

iridocapsulite, *s. f.* : iridocapsulitis (inflammation of the iris and of the capsule of the lens).

iridocèle, *s. f.* : iridocele.

iridochoroïdite, *s. f.* : iridochoroiditis, choroidoiritis.

iridocyclite, *s. f.* : iridocyclitis (inflammation of the iris and ciliary body).

iridodésis, *s. m.* : iridesis, iridodesis (making a new pupil).

iridodiagnostic, *s. m.* : iridodiagnosis.

iridodialyse, *s. f.* : iridodialysis (1. separation of the iris from its attachments; 2. splitting of the iris, congenital or other, making more than one pupil; 3. coredialysis).

iridodiastase, *s. f.* : iridodiastasis (peripheral defect in the iris producing more than one pupil).

iridodonèse, *s. f. ou* **iridodonésis,** *s. m.* : iridodonesis, hippus.

iridokératite, *s. f.* : iridokeratitis (inflammation of the iris and cornea).

iridomédialyse *ou* **iridomésodialyse,** *s. f.* : iridomedialysis, iridomesodialysis.

iridoplastie, *s. f.* : iridoplasty.

iridoplégie, *s. f.* : iridoplegia (paralysis of the iris).

iridopsie, *s. f.* : iridopsia, irisopsia (visual defect causing colored halos objects).

iridorrhexie *ou* **iridorrhexis,** *s. f.* : iridorrhexis.

iridoschisis, *s. f.* : iridoschisis, coloboma of the iris.

iridosclérotomie, *s. f.* : iridosclerotomy.

iridotome, *s. m.* : iridotome.

iridotomie *ou* **iritomie,** *s. f.* : iridotomy, iritomy.

iris, *s. m.* : iris *(anat.),* iris-diaphragm *(opt., phot.).*

irisopsie, *s. f.* : *cf.,* **iridopsie.**

iritis, *s. f.* : iritis.

irito-ectomie, *s. f.* : iritoectomy.

irradiant, *adj.* : irradiant, irradiating, radiant.

irradiation, *s. f.* : 1. irradiation; **- douloureuse** : referred pain; 2. halation *(phot.).*

irradier, *v.* : to irradiate.

irréductible, *adj.* : irreducible.

irréflectivité, *s. f.* : areflexia (absence of reflexes).

irrégularité, *s. f.* : irregularity.

irrégulier, *adj.* : irregular; **traits -** : irregular features.

irrespirable, *adj.* : irrespirable, unbreathable.

irréversibilité, *s. f.* : irreversibility.

irréversible, *adj.* : irreversible.

irrigateur, *s. m.* : irrigator, douche, enema.

irrigation, *s. f.* : irrigation.

irritabilité, *s. f.* : irritability.

irritable, *adj.* : irritable.

irritant, *s. m.* : irritant; *adj.* : irritant, irritating, irritative.

irritatif, *adj.* : irritating, irritative.

irritation, *s. f.* : irritation (1. act of irritating or stimulating; 2. over excitement, annoyance; 3. stimulus necessary to excite a vital response).

Isambert (maladie d') : Isambert's disease (tuberculosis of the fauces, pharynx and larynx).

ischémie, *s. f.* : ischemia.

ischialgie, *s. f.* : ischialgia.

ischiatique, *adj.* : ischial, ischiadic, ischiatic.

ischio- : ischio-, prefix indicating relationship to the ischium or hip.

ischiocèle, *s. m.* : ischiocele, ischiatic hernia.

ischiofémoral, *adj.* : ischiofemoral.

ischion, *s. m.* : ischium *(anat.).*

ischiopubiotomie, *s. f.* : ischiopubiotomy.

ischurie, *s. f.* : ischuria.

iso- : iso-, prefix meaning equal *or* in chemistry isomeric.

isoagglutination, *s. f.* : isoagglutination.

isoagglutinine, *s. f.* : isoagglutinin, isohemagglutinin.

isoagglutinogène, *s. m.* : isoagglutinogen.

isoagression, *s. f.* : *cf.,* **iso-immunisation.**

isoallergie, *s. f.* : isoallergy.

isoandrostérone, *s. f.* : isoandrosterone.

isoanticorps, *s. m.* : isoantibody.

isoantigène, *s. m.* : isoantigen.

isobare, *s. f.* : isobar *(phys.).*

isochromatique, *adj.* : isochromatic.

isochrome, *adj.* : isochromic, isochromatic; **anémie -** : isochromic anemia.

isochrone, *adj.* : 1. isochron (having equal chronaxie); 2. isochronic, isochronous.

isochronisme, *s. m.* : isochronism.

isocoagulabilité, *s. f.* : normal coagulability.

isocorie, *s. f.* : isocoria (equality in size of the two pupils).

isocortex, *s. m.* : isocortex, neopallium *(anat., embryol.).*

isocytose, *s. f.* : isocytosis.

isodactyle, *adj.* : isodactylous.

isodactylie, *s. f.* : isodactylism (with fingers *or* toes of relatively equal length).

isodiagnostic, *s. m.* : isodiagnosis, subinoculation.

isodiastolique, *adj.* : occurring early in diastole.

isodiphasisme, *s. m.* : similarity of Q and R waves of electrocardiogram (sign of myocardial infarction).

isodonte, *adj.* : isodontic (with all the teeth alike).

isodyname, *adj.* : isodynamic.

isodynamie, *s. f.* : caloric equivalence of different foods.

isoélectrique, *adj.* : isoelectric.

isoenzyme, *s. f.* : isoenzyme.

isogame, *adj.* : isogamous.

isogamie, *s. f.* : isogamy (conjugation of similar gametes).

isoglycémie, *s. f.* : isoglycaemia, isoglycemia.

isogone *ou* **isogonique,** *adj.* : isogonic.

isogroupe, *adj.* : belonging to the same blood group.

isohémagglutinine, *s. f.* : isohemagglutinin.

isohémagglutinogène, *s. m.* : isoagglutinogen.

isohémolysine, *s. f.* : isohemolysin.

isohygie, *s. f.* : similarity of hygienic conditions.

iso-immunisation, *s. f.* : iso-immunization.

isolant, *s. m.* : insulator; *adj.* : insulating, isolating.

isolement, *s. m.* : 1. isolation; 2. insulation.

isoler, *v.* : 1. to isolate; 2. to insulate.

iso-leuco-anticorps, *s. m.* : isoantibody to leucocytes (of members of same species).

isologue, *adj.* : isologous.

isolysine, *s. f.* : isolysin.

isomère, *s. m.* : isomer; *adj.* : isomeric, isomerous.

isomérie, *s. f. ou* **isomérisme,** *s. m.* : isomerism.

isomérique, *adj.* : isomeric.

isomérisation, *s. f.* : isomerization, isomeric change.

isomérisme, *s. m.* : isomerism.

isométrique, *adj.* : isometric.

isométropie, *s. f.* : isometropia (equality in the refraction of both eyes).

isomoléculaire, *adj.* : isomolar.

isomorphe, *adj.* : isomorphic, isomorphous.

isomorphisme, *s. m.* : isomorphism.

isoniazide (I.N.H.), *s. m.* : isoniazid, isonicotinicacidhydrazide (INH).

isopathie, *s. f.* : isopathy (active immunization).

isophénolisation, *s. f.* : isophenolization.

isophorie, *s. f.* : isophoria.

isorythmique, *adj.* : having equal rhythm.

iso-sensibilisation, *s. f.* : iso-immunization.

isosthénurie, *s. f.* : isosthenuria.

isothérapie, *s. f.* : isotherapy, homeopathy, homoeopathy.

isotherme, *adj.* : isothermal.

isothermie cutanée : uniform skin temperature (observed in exophthalmic goitre).

isothermique, *adj.* : isothermic.

isothermognosie, *s. f.* : isothermognosis (inability to distinguish cold from heat).

isothrombo-anticorps, *s. m.* : iso-antibody, to blood platelets from the same species.

isotonie, *s. f.* : isotonia, isotonicity (equality of tension).

isotonique, *adj.* : isotonic; **sérum -** : normal *or* physiological saline.

isotope, *s. m.* : isotope *(chem.);* **- radioactif** : radio-isotope, labelled isotope.

isotrope, *adj.* : isotropic, isotropous.

isotropie, *s. f.* : isotropy.

isthme, *s. m.* : isthmus *(anat.);* **- du corps thyroïde** : isthmus of the thyroid-gland; **- du gosier** : faucial isthmus.

isurie, *s. f.* : isuria.

-ite : -itis suffix signifying inflammation.

ivoire, *s. m.* : ivory.

ivre, *adj.* : drunk, inebriated, intoxicated.

ivresse, *s. f.* : drunkenness, inebriety, intoxication.

ivrogne, *s. m.* : drunkard; *adj.* : drunk, drunken; **nez d'-** : bibulous nose.

ivrognerie, *s. f.* : habitual drunkenness.

Ixodes, *s. m.* : *Ixodes* (a genus of ticks).

J

jabot, *s. m.* : crop (of a bird).

Jaboulay (procédé de) : Jaboulay's operation (for cure of hydrocele).

Jackson (membrane de) : Jackson's membrane (peritoneal fold extending across the caecum and ascending colon associated with pericolitis).

jacksonienne (épilepsie) : jacksonian epilepsy.

Jacobson (canal de) : Jacobson's canal; **cartilage hyalin de l'organe de -** : Jacobson's cartilage; **nerf de -** : Jacobson's nerve; **organe de -** : Jacobson's organ; **portion tympanique du nerf de -** : Jacobson's anastomosis *or* plexus; **sillon de -** : Jacobson's sulcus.

Jacquemier (signe de) : Jacquemier's sign (violet coloration of the vaginal mucosa below the urethral orifice in pregnancy).

jactation *ou* **jactitation,** *s. f.* : jactation, jactitation.

Jaksch-Hayem-Luzet (maladie *ou* **syndrome de)** : Jaksch's anemia, infantile pseudoleukemia.

jalap, *s. m.* : jalap; **poudre de - composée** : compound powder of jalap.

jambe, *s. f.* : leg; **- en équerre** : bandy legs; **- en guillemets** : genu valgum on one side and genu varum on the other side; **- en manches de veste** : osteitis deformans, Paget's disease of the tibia; **- sans repos**: restless legs.

jambier, *adj.* : tibial; **muscle - antérieur** : m. tibialis anterior; **muscle - postérieur** : m. tibialis posterior.

jambière, *s. f.* : elastic stocking.

janicéphale *ou* **janiforme,** *s. m.* : double monster joined by the heads.

jargon, *s. m.* : jargon *(psych.)*.

jargonaphasie, *s. f.* : jargon aphasia, gibberish aphasis.

jarret, *s. m.* : popliteal space, bend of the knee; **plier le -** : to bend the knee; **couper le - à un cheval** : to harmstring a horse.

jauge, *s. f.* : gauge, standard, calibration.

jaugeage, *s. m.* : calibration, graduation, standardization.

jaune, *adj.* : yellow; **corps -** : corpus luteum; **fièvre -** : yellow fever; **ligaments -** : ligamenta flava, interarcualia; **- d'œuf** : yolk of egg.

Javel (eau de) : bleaching solution (mixture of sodium chloride and hypochlorite).

javellisation, *s. f.* : javellization, chlorination; **trousse de -** : water sterilizing outfit.

jéjunal, *adj.* : jejunal.

jéjunectomie, *s. f.* : jejunectomy.

jéjunite, *s. f.* : jejunitis.

jéjunocœcostomie, *s. f.* : jejunocecostomy.

jéjunocolostomie, *s. f.* : jejunocolostomy.

jéjuno-iléite, *s. f.* : jejuno-ileitis.

jéjuno-iléon, *s. m.* : jejuno-ileum.

jéjuno-iléostomie, *s. f.* : jejuno-ileostomy.

jéjunorraphie, *s. f.* : jejunorrhaphy.

jéjunostomie, *s. f.* : jejunostomy.

jéjunotomie, *s. f.* : jejunotomy.

jéjunum, *s. m.* : jejunum.

jennérien, *adj.* : jennerian; vaccination; jennerian (arm-to-arm) vaccination.

jennérisation, *s. f.* : jennerization.

Jersild (syndrome de) : Nicolas-Favre's disease (rectal stricture and elephantiasis of the genitalia in lymphogranuloma venereum infection).

jet-lésion, *s. f.* : jet lesion *(cardiol.)*.

jeun (à) : fasting; **boire à -** : to drink on an empty stomach; **à prendre le matin à -** : to be taken fasting.

jeûne, *s. m.* : 1. fast; **observer un - rigoureux** : to observe a strict fast; **rompre le -** : to break one's fast; 2. fasting; **jour de -** : fast day, day of abstinence.

jeûner, *v.* : to fast.

Joffroy (signe de) : Joffroy's sign (absence of facial contraction when the eyes are turned upwards, in exophthalmic goitre).

Jolly (corps de) : Jolly's *or* Howell's bodies (nuclear remnants in erythrocytes).

jonction, *s. f.* : junction.

Jonnesco (opération de) : Jonnesco's operation (bilateral excision of sympathetic ganglia in the neck for relief of angina pectoris).

Josserand (signe de) : Josserand's sign (loud metallic sound heard over the pulmonic area in acute pericarditis).

joue, *s. f.* : cheek.

joug, *s. m.* : yoke, jugum *(lat.).*

joule, *s. m.* : joule *(electr.).*

journal (signe du) : Froment's paper sign (flexion of the distal phalanx of the thumb when a paper is held between the thumb and index finger, in lesions of the ulnar nerve).

journalier, *adj.* : daily.

jugal, *adj.* : jugal (1. yoked; 2. pertaining to the cheek, malar; **os -** : malar bone).

jugulaire, *adj.* : jugular; **apophyse -** : jugular process; **facette -** : jugular facet of the petrous portion of the temporal bone; **fosse -** : jugular fossa; **ganglion -** : jugular ganglion; **golfe de la -** : sinus *or* gulf of the internal jugular vein.

jugulation, *s. f.* : jugulation (prompt arrest of disease by treatment).

juguler, *v.* : to jugulate, check *or* stop promptly.

jujube, *s. m.* : jujube, lozenge *(pharm.).*

julep, *s. m.* : julep, cordial.

jumenteuse (urine) : jumentous (strong smelling) urine.

jumeau, *s. m.,* **jumelle,** *s. f.* : twin; **muscle -** : gemellus muscle.

jumelles, *s. f. pl.* : binoculars.

jungle (fièvre de) : jungle fever (yellow fever).

Junod (botte de) : Junod's boot.

jus, *s. m.* : juice.

jusquiame, *s. f.* : henbane; **huile de -** : henbane seed oil.

juvénile, *adj.* : juvenile.

juvénilisme, *s. m.* : minor degree of infantilism.

juxtaposition, *s. f.* : juxtaposition.

K

Kahler (maladie de) : Kahler's disease, multiple myeloma.

Kahn (réaction de) : Kahn's test (for syphilis).

kakke, s. m. : beriberi, kakke (jap.).

kala-azar, s. m. : kala-azar (black fever hindi), visceral leishmaniasis; **- infantile** : infantile, canine or Mediterranean kala-azar.

kalicytie, s. f. : intracellular potassium (normal level 4.6-6.6 mg/ml).

kaliémie, s. f. : kaliemia (normal level 2.26 mg/ml in blood; 0.20 mg/ml in plasma).

kaliopénie, s. f. : potassium deficiency.

kalisme, s. m. : potassium intoxication.

kalithérapie, s. f. : therapeutic use of potassium.

kaliurie, s. f. : kaliuria.

kallicréine, s. f. : kallikrein (hypotensive substance produced in the pancreas).

kallicréinogène, s. m. : kallikreinogen (proenzyme for kallikrein, present in blood).

kaolin, s. m. : kaolin (chinese), kaolinum (lat.).

Kaposi (maladie de) : Kaposi's disease (1. xeroderma pigmentosum; 2. varicelliform disease); **sarcomatose multiple hémorrhagique de -** : Kaposi's hemorrhagic sarcoma.

Kartagener (syndrome de, situs inversus de) : Kartagener's syndrome.

karyo- : caryo- or karyo-, prefix meaning relating to the cell nucleus (karyon).

karyocyte, s. m. : cf., **érythroblaste.**

karyogamie, s. f. : caryogamy, karyogamy.

karyokinèse, s. f. : cf., **mitose.**

karyolyse, s. f. : karyolysis.

karyolytique, adj. : karyolytic.

karyomitome, s. m. : karyomitome.

karyoplasme, s. m. : karyoplasm, nucleoplasm.

karyosome, s. m. : karyosome.

Kaschin-Beck (maladie de) : Kaschin-Beck's disease (type of arthropathy endemic in Manchukuo and neighbouring countries).

Katayama (maladie de) : Katayama's disease, schistosomiasis japonica.

Kedani (maladie de) : kedani's disease, tsutsugamuchi, japanese river fever.

kéfir ou **képhir**, s. m. : kefir, kefyr, kephir, kephyr (fermented milk beverage).

kéloïde, s. f. : keloid.

kélotomie, s. f. : kelotomy, herniotomy.

kérat- ou **kérato-** : kerat-, kerato-, prefix meaning horny or relating to the cornea.

kératalgie, s. f. : keratalgia (painful cornea).

kératectomie, s. f. : keratectomy.

kératine, s. f. : keratin.

kératinique, adj. : keratinous.

kératinisation, s. f. : 1. keratinization : development of horny structures; 2. coating pills with keratin.

kératinisé, adj. : 1. keratinized; 2. keratin-coated, enteric-coated (pharm.).

kératique, adj. : horny, keratose.

kératite, s. f. : keratitis (inflammation of the cornea).

kérato-acanthome, s. m. : keratoacanthoma.

kératocèle, s. f. : keratocele.

kératocône, s. m. : keratoconus (conical deformity of the cornea).

kératoconjonctivite, s. f. : keratoconjunctivitis; **- épidémique** : epidemic keratoconjunctivitis (virus infection).

kératodermatose, s. f. : keratodermia.

kératodermie, s. f. : keratoderma, keratodermia, keratodermatitis; **- symétrique des extrémités** : keratodermia erythematosa symmetrica.

kératogène, adj. : keratogenous.

kératoglobe, s. m. : keratoglobus, macrocornea, megalocornea.

kératoïde, adj. : keratoid, horn-like.

kérato-iridocyclite, s. f. : kerato-iridocyclitis.

kérato-iritis, s. f. : kerato-iritis.

kératolyse, s. f. : keratolysis (shedding or peeling of the horny layer of the skin).

kératolytique, adj. : keratolytic.

kératomalacie, s. f. : keratomalacia (softening of the cornea).

kératome, *s. m.* : keratoma, callosity.

kératomégalie, *s. f.* : megalocornea.

kératomètre, *s. m.* : keratometer *(ophthal.)*.

kératométrie, *s. f.* : keratometry.

kératomycose, *s. f.* : keratomycosis.

kératonyxis, *s. f.* : keratonyxis.

kératoplastie, *s. f.* : keratoplasty.

kératoplastique, *adj.* : keratoplastic.

kératosclérite, *s. f.* : keratoscleritis.

kératoscope, *s. m.* : keratoscope.

kératoscopie, *s. f.* : keratoscopy (1. examination of the cornea; 2. retinoscopy).

kératose, *s. f.* : keratosis; **- pilaire** : keratosis pilaris; **- sénile** : keratosis senilis.

kératotome, *s. m.* : keratome, keratotome.

kératotomie, *s. f.* : keratotomy.

kéraunoparalysie, *s. f.* : hysterical paralysis attributed to lightning.

kérectomie, *s. f.* : kerectomy.

kérion, *s. m.* : kerion, tinea kerion *(derm.)*.

kérithérapie, *s. f.* : keritherapy (1. treatment by paraffin baths; 2. paraffin treatment of extensive burns).

Kerckring (osselet de) : Kerckring's ossicle (point of ossification of the basilar process of the occipital bone).

kernictère, *s. m.* : kernicterus *(germ.)*, nuclear icterus.

Kernig (signe de) : Kernig's sign (inability to extend the flexed knee in the sitting position, in meningitis).

kérose, *s. f.* : type of keratodermia; **- palmoplantaire** : keratosis of the palms and soles.

kérosène, *s. m.* : kerosene, paraffin oil.

khi-huen, *s.* : khi-huen *(vietnamese)*, keratosis palmaris et plantaris.

kieselgurr, *s. m. (all.)* : kieselguhr, infusorial earth.

kilogramme, *s. m.* : kilogram *(cf.* tables of weights).

kilomètre, *s. m.* : kilometer *(cf.* table of measures).

kilowatt, *s. m.* : kilowatt; **- heure** : kelvin, kilowatt-hour.

kinase, *s. f.* : kinase.

kinédensigraphie, *s. f.* : oscillographic record of movements of the heart-shadow.

kinéscope, *s. m.* : kinescope *(ophthal.)* (aptitude for movement, used as suffix, *e.g.* bradykinesia, etc.).

kinéscopie, *s. f.* : kinescopy (subjective retinoscopy).

kinésie, *s. f.* : kinesia, cinesia (aptitude for movement, generally used as a suffix -cinesia, *e.g.* bradicinesia, etc.).

kinésisme, *s. m.* : autointoxication due to overwork.

kinésithérapie, *s. f.* : kinesitherapy.

kinésodique, *adj.* : kinesodic (pertaining to motor pathways).

kinesthésiomètre, *s. m.* : kinesthesiometer.

kinesthésique, *adj.* : kinesthetic (pertaining to muscular sense).

kinétoplasma, *s. m.* : kinetoplasma (chromatophilic granules in nerves cells).

kinétoplaste, *s. f.* : kinetoplast (micronucleus of many protozoa).

Kjeldahl (méthode de) : Kjeldahl's method (for nitrogen estimation).

Klebs (bacille de) : Klebs-Löffler bacillus, *Corynebacterium diphtheriae.*

kleptomanie, *s. f.* : kleptomania (compulsive stealing).

Kline (réaction de) : Kline's test (for syphilis).

Klinefelter (syndrome de) : Klinefelter's syndrome (XXY genotype).

Klippel (maladie de) : Klippel's disease (pseudoparalysis in arthritics).

Klippel-Fell (syndrome de) : Klippel-Fell's syndrome (short neck and restricted head movement in suboccipital Pott's disease).

Klumpke (paralysie de) : Klumpke's paralysis (lower-arm birth palsy).

Koch (bacille de) : Koch's bacillus, tubercle bacillus, *Mycobacterium tuberculosis;* **phénomène de -** : Koch's phenomenon, tuberculin reaction.

Kocher (opération de) : Kocher's operation, kocherization (exposure of the common bile duct by reflexion of a duodenal flap).

Kohlmeier-Degos (maladie de) : Kohlmeier-Degos disease.

Köhler (maladies de) : Köhler's disease (1. Freiberg's disease, infraction of the metatarsal head; 2. traumatic tarsal scaphoiditis).

koïlonychie, *s. f.* : koilonychia, spoon-nail.

kolatisme, *s. m.* : addiction to, and intoxication by, kola nut.

König (maladie de) : König's disease, osteochondritis dissecans.

König (syndrome de) : König's syndrome (tuberculous stenosis of the caecum).

kophémie, *s. f.* : *cf.*, **cophémie.**

Koplik (signe de) : Koplik's spots (on the buccal mucosa in early stage of measles).

Kopp (asthme de) : Kopp's asthma, laryngismus stridulus.

koro, *s. m.* : koro (morbid fear that the penis will retract within the abdomen with fatal consequences, observed in south-east Asia).

Korsakoff (psychose de) : Korsakoff's psychosis (chronic alcoholic delerium).

koumis *ou* **koumys,** *s. m.* : koumiss (fermented mare's milk drunk by Tartars).

Kraske (opération de) : Kraske's operation (resection of the coccyx and part of the sacrum for radical resection of rectal carcinoma).

kraurosis, *s. f.* : kraurosis; **- penis** : atrophic balanitis; **- vulvæ** : kraurosis vulvae.

Krause (corpuscles de) : Krause's corpuscles *or* end-bulbs of nerve endings in buccal (and other) mucosa.

Krebs (cycle de) : Krebs' cycle.

Krebs-Hanseleit (cycle de l'urée de) : urea cycle of Krebs-Hanseleit.

Kreysig (signe de) : Kreysig's sign (depression of intercostal spaces and epigastrium during systole, in adherent pericarditis).

Krœnlein (hernie de) : Kroenlein's hernia, inguino-properitoneal hernia.

Krukenberg (tumeur de) : Krukenberg's tumor (metastatic carcinoma of the ovary generally from a primary carcinoma of the stomach).

krypton, *s. m.* : krypton.

kubisagari, *s. m.* : kubisagari, kubisgari (Japanese endemic paralytic vertigo).

Kümmell-Verneuil (maladie de) : Kümmell's disease, traumatic spondylitis.

Kundrat (lymphosarcome de) : Kundrat's lymphosarcoma.

Kupffer (cellules de) : Kupffer's cells (stellate reticulo-endothelial cells of the sinusoids of the liver).

kupfférien, *adj.* : pertaining to Kupffer's cells.

Kussmaul (maladie de) : Kussmaul's disease, periarteritis nodosa.

Kussmaul et Kien (respiration de) : Kussmaul-Kien respiration, air-hunger.

kwashiorkor, *s. m.* : kwashiorkor (protein deficiency disease of African negro children).

kymodensigraphie, *s. f.* : *cf.,* **kinédensigraphie.**

kymogramme, *s. m.* : kymogram *(physiol.).*

kymographe *ou* **kymographion,** *s. m.* : kymograph, kymographion.

kymographie, *s. f.* : kymography.

kymomètre, *s. m.* : oscillometer for measuring average pressure.

kymoradiogramme, *s. m.* : radiokymogram, roentgen-kymogram.

kymoradiographie, *s. f.* : radiokymography, roentgen-kymography.

kystadénome, *s. m.* : cystadenoma.

kyste, *s. m.* : cyst; **- du cordon** : hydrocele; **- dentigère** : dentigerous cyst; **- dermoïde** : dermoid cyst; **- hydatique** : hydatid cyst; **- de l'ovaire** : ovarian cyst; **- sébacé** : sebaceous cyst; **- synovial** : ganglion, synovial cyst.

kystectomie, *s. f.* : cystectomy (1. capsulectomy; 2. excision of the bladder; 3. excision of a hydatid cyst).

kystique, *adj.* : cystic.

kystitome, *s. m.* : cystitome (knife for incising the lens capsule in cataract operations).

kystoanastomose, *s. f.* : anastomosis of a cyst (e.g. pancreatic cyst) with a neighbouring viscus.

kystome, *s. m.* : cystoma (cystic tumor, especially applied to ovarian cysts).

kystostomie, *s. f.* : ganglionostomy (opening a ganglion in a tendon sheath).

L

lab *ou* **lab-ferment** : lab, rennet.

Labbé (veine anastomotique de) : Labbé's vein.

labial, *adj.* : labial.

labialisation, *s. f.* : labialism, lisping.

labile, *adj.* : labile.

labilité, *s. f.* : lability, instability.

labimètre, *s. m.* : labimeter, labidometer.

labioalvéolaire, *adj.* : labioalveolar.

labiocervical, *adj.* : labiocervical.

labiodental, *adj.* : labiodental.

labioglossolaryngé, *adj.* : labioglossolaryngeal.

labioglossopharyngé, *adj.* : labioglossopharyngeal.

labiolecture, *s. f.* : labiomancy, lip reading.

labionasal, *adj.* : labionasal.

laboratoire, *s. m.* : laboratory.

labrocyte, *s. m.* : labrocyte, mast cell.

labyrinthe, *s. m.* : labyrinth (1. vestibule of the internal ear; 2. cortical labyrinth of the kidney).

labyrinthectomie, *s. f.* : labyrinthectomy.

labyrinthique, *adj.* : labyrinthic, labyrinthine; **vertige -** : Ménière's disease.

labyrinthite, *s. f.* : labyrinthitis, otitis interna.

lac, *s. m.* : lake, lacus (*lat.*); **- lacrymal** : lacus lachrymalis.

laccase, *s. f.* : laccase (enzyme of lac trees which oxidises their latex to lacquer).

lacération, *s. f.* : laceration.

lacéré, *adj.* : lacerated, torn.

lacet (signe du) : Rumpel-Leede phenomenon (petechial hemorrhages below a rubber arm-band, sign of capillary fragility).

lâche, *adj.* : loose.

lacis, *s. m.* : network, plexus.

lacodacryocystostomie, *s. f.* : dacryorhinocystostomy (operation of passing a probe through the lacrimal sac and nasal duct into the nose).

lacrymal, *adj.* : lacrimal, lachrymal; **appareil -** : lacrimal apparatus; **artère -** : lacrimal artery; **canalicules** *ou* **conduits -** : lacrimal canals *or* canaliculi; **canaux excréteurs des glandes -** : lacrimal ducts; **caroncule -** : lacrimal caruncle; **lac -** : lacus lachrymalis; **point -** : punctum lachrymale; **sac -** : lacrimal sac; **tubercule -** : lacrimal papilla.

lacrymation, *s. f.* : lacrimation, lachrymation, weeping.

lacrymogène, *adj.* : lacrimatory; **gaz -** : lacrimatory gas, tear-gas.

lacrymotomie, *s. f.* : lacrimotomy, lachrymotomy.

lactacidémie, *s. f.* : lactacidemia.

lactacidurie, *s. f.* : lactaciduria.

lactalbumine, *s. f.* : lactalbumin.

lactarium, *s. m.* : lactarium (establishment for collection and distribution of human milk).

lactase, *s. f.* : lactase.

lactate, *s. m.* : lactate.

lactation, *s. f.* : lactation (1. secretion of milk; 2. suckling; 3. period of milk production).

lacté, *adj.* : lacteous, milky; **fièvre -** : milk fever; **vaisseaux -** : lacteal.

lactescence, *s. f.* : lactescence, milkiness.

lactescent, *adj.* : lactescent.

lacticémie, *s. f.* : lacticemia, lactacidemia.

lactifère, *adj.* : lactiferous, lactigerous.

lactifuge, *s. m., adj.* : lactifuge.

lactigène, *adj.* : lactigenous.

lactiphage, *adj.* : lactiphagous, lactivorous (consuming *or* living on milk).

lacto- : lacto-, prefix meaning relating to milk.

lactobacille, *s. m.* : lactobacillus.

lactobutyromètre, *s. m.* : lactobutyrometer.

lactodensimètre, *s. m.* : lactodensimeter, lactometer, milk-gauge.

lactoflavine, *s. f.* : lactoflavin, riboflavin.

lactogenèse, *s. f.* : lactogenesis.

lactoglobuline, *s. f.* : lactoglobulin.

lactomètre, *s. m.* : lactometer.

lactone, *s. f.* : lactone.

lactoscope, *s. m.* : lactoscope (device for estimating proportion of cream in milk).

lactose, *s. m.* : lactose.

lactosémie, *s. f.* : lactosemia, lactosehemia (presence of lactose in the blood).

lactosérum, *s. m.* : lactoserum (1. whey; 2. serum of an animal which has been injected with foreign milk for production of specific antibody).

lactostimuline, *s. f.* : prolactin (lactogenic hormone).

lactovégétarien, *s. m., adj.* : lactovegetarian.

lacunaire, *adj.* : lacunal, lacunar.

lacune, *s. f.* : cavity, gap, lacuna *(lat.)*, *pl.* lacunae; **- de Howship** : Howship's *or* absorption lacunae; **- de Morgagni** : Morgagni's lacunae, urethral lacunae.

lacunes, *s. f. pl.* : cystic spaces in degeneration of the brain.

lacuneux, *adj.* : lacunose, furrowed, pitted.

ladre, *s. m.* : 1. leper; *adj.* : leprous; 2. measly (cysticercosis in swine).

ladrerie, *s. f.* : 1. leprosy; 2. leprosarium, lazarhouse; 3. cysticercosis, bladder-worm disease, pig-measles.

Laënnec (cirrhose de) : Laënnec's cirrhosis, hobnail liver; **catarrhe suffocant de -** : capillary bronchitis; **perles de -** : Laënnec's pearls (in bronchial asthma).

Lafora (corps de) : Lafora's bodies.

lagophtalmie, *s. f.* : lagophthalmos, lagophthalmus, « hare's eye » (inability to close the eyes completely).

lait, *s. m.* : milk, lac *(lat.)*; **dents de -** : milk teeth; **- de sorcière** : « witch's milk » (mammary secretion in the newborn); **petit -** : whey.

laiteries (grippe des) : *cf.*, **pseudo-typho-méningite des porchers.**

laiteux, *adj.* : lacteous, milky.

lallation, *s. f.,* **lalliement,** *s. m.* : lallation, lalling (baby talk).

laloneurose *ou* **lalonévrose,** *s. f.* : laloneurosis (any nervous disorder of speech).

lalopathie, *s. f.* : lalopathy (any disorder of speech).

lalophobie, *s. f.* : lalophobia (dread of speaking associated with stuttering).

laloplégie, *s. f.* : laloplegia (paralysis of the organs of speech, not due to paralysis of the tongue).

Lalouette (pyramide de) : Lalouette's pyramid, pyramidal lobe of the thyroid gland.

lamarckisme, *s. m.* : lamarckisme *(genet.)*.

lambda, *s. m.* : lambda (point of union of the lambdoid and sagittal sutures).

lambdacisme, *s. m.* : lambdacism (1. substitution of « l » for « r » sound in speaking; 2. difficulty in pronouncing « l »).

lambdoïde, *adj.* : lambdoid, lambdoidal.

lambeau, *s. m.* : flap *(surg.)*; **amputation à -** : flap amputation.

Lamblia intestinalis : Lamblia intestinalis, Giardia lamblia.

lambliase, *s. f.* : lambliasis (infestation with lamblia).

lame, *s. f.* : 1. foil, plate, sheet, lamina *(lat.)*, *pl.* laminae; **- cornée** : stria cornea, stria terminalis; **- criblée** : cribriform plate of the ethmoid; **- de l'ethmoïde** : lamina papyracea; **- perpendiculaire de l'ethmoïde** : lamina perpendicularis, crista galli; **portion membraneuse de la - spirale** : lamina basalis; **- quadrilatère du sphénoïde** : dorsum sellae; **- terminale** : triangular lamella; **- vitrée** : inner *or* vitreous table of skull; 2. slide *(micr.)*; 3. plate *(electr.)*.

lamellaire, *adj.* : lamellar.

lamelle, *s. f.* : lamella *(lat.)*, *pl.* lamellae; **- osseuse** : lamella of bone; **- sus-optique** : triangular lamella; cover-glass, cover-slip *(micr.)*.

laminaire, *s. f.* : 1. laminaria (algae); laminaria tent, sea-tangle tent; *adj.* : laminar, laminate, laminated.

laminé, *adj.* : laminated.

laminectomie, *s. f.* : laminectomy, lamnectomy.

lampas, *s. m.* : lampas *(veter.)*.

lampe, *s. f.* : lamp; **- à arc** : arc-lamp, arc-light; **- à fente** : slit-lamp *(ophthal.)*; **- éclair** : flash-lamp, flash *(phot.)*.

lancéolé, *adj.* : lanceolate.

lancette, *s. f.* : lancet; **coup de -** : lancing.

lancinant, *adj.* : lancinating, shooting (pain), throbbing.

lancination, *s. f.* : shooting pain.

Lancisi (tractus de) : Lancisi's nerve *or* stria, stria longitudinalis (corporis callosi).

Landouzy-Déjerine (type facio-scapulo-huméral d'atrophie musculaire de) : Landouzy-Déjerine's dystrophy, progressive muscular atrophy.

Landry (maladie *ou* syndrome de) : Landry's paralysis, acute ascending paralysis.

Lane (bride de) : Lane's kink, ileal kink; **opération de -** : Lane's operation (colectomy and ileosigmoidostomy).

langage, *s. m.* : language.

Lange (réaction de) : Lange's test, gold sol test (for syphilis).

Langenbeck (méthode de) : Langenbeck's rhinoplasty.

Langerhans (îlots de) : islets of Langerhans.

langue, *s. f.* : 1. tongue, lingua *(lat.)*; 2. language; **- chargée** : coated *or* furred tongue; **- de perroquet** : parrot tongue; **- géographique** : geographic tongue, exfoliatio linguae; **- noire** : black tongue, glossophytia; **- saburrale** : saburral tongue; **tirer la -** : to put out one's tongue.

langueur, *s. f.* : languor; **maladie de -** : decline.

laniaires (dents) : canine teeth.

lanoline, *s. f.* : lanolin (hydrous wool fat).

lanthane, *s. m.* : lanthanum.

lanugineux, *adj.* : lanuginous.

lanugo, *s. m.* : lanugo.

laparectomie, *s. f.* : laparectomy.

laparo- : laparo-, prefix meaning pertaining to the abdomen, loin or flank.

laparocèle, *s. f.* : laparocele, ventral hernia.

laparocolpohystérotomie *ou* **laparoélytrotomie,** *s. f.* : laparocolpohysterotomy (caesarean section by combined abdominal and vaginal method).

laparogastroscopie, *s. f.* : laparogastroscopy.

laparogastrostomie, *s. f.* : laparogastrostomy.

laparohystérectomie, *s. f.* : laparohysterectomy.

laparoplastie, *s. f.* : laparoplasty.

laparorraphie, *s. f.* : laparorrhaphy.

laparoscopie, *s. f.* : laparoscopy.

laparosplénectomie, *s. f.* : laparosplenectomy.

laparostat, *s. m.* : retractor for operation of laparotomy.

laparothoracophrénotomie, *s. f.* : operation for reduction of diaphragmatic hernia.

laparotomie, *s. f.* : laparotomy.

laqué, *adj.* : 1. laked; 2. lacquered; **sang -** : laked blood.

lardacé, *adj.* : lardaceous; **dégénérescence -** : lardaceous or amyloid degeneration.

larme, *s. f.* : tear, lacrima *(lat.).*

larmoiement, *s. f.* : epiphora, lacrimation, weeping.

larvaire, *adj.* : larval.

larve, *s. f.* : larva.

larvé, *adj.* : larvaceous, larval, larvate, larvated, masked; **fièvre -** : larval or masked fever; **pneumonie -** : larval pneumonia.

larvicide, *s. m.* : larvicide; *adj.* : larvicidal.

laryngé, *adj.* : laryngeal; **crise -** : laryngeal crisis (tabetic); **phtisie -** : tuberculous laryngitis, laryngophthisis.

laryngectomie, *s. f.* : laryngectomy.

laryngien, *adj.* : laryngeal; **cavité -** : laryngeal cavity; **tube -** : laryngeal tube.

laryngisme, *s. m.* : laryngismus, laryngeal spasm.

laryngite, *s. f.* : laryngitis; **- striduleuse** : false croup, laryngismus stridulus.

laryngo- : laryngo-, prefix denoting relation to the larynx.

laryngocèle, *s. f.* : laryngocele.

laryngodynie, *s. f.* : laryngalgia, laryngodynia (painful larynx).

laryngofissure, *s. f.* : laryngofissure.

laryngologie, *s. f.* : laryngology.

laryngologique, *adj.* : laryngologic, laryngological.

laryngologiste *ou* **laryngologue,** *s. m.* : laryngologist.

laryngopathie, *s. f.* : laryngopathy (any disease of the larynx).

laryngopharyngien, *adj.* : laryngopharyngeal.

laryngopharyngite, *s. f.* : laryngopharyngitis.

laryngopharynx, *s. m.* : laryngopharynx, hypopharynx.

laryngoplastie, *s. f.* : laryngoplasty.

laryngoplégie, *s. f.* : laryngoplegia.

laryngopuncture, *s. f.* : laryngocentesis, surgical puncture of the larynx.

laryngorhinologie, *s. f.* : laryngology.

laryngoscope, *s. m.* : laryngoscope.

laryngoscopie, *s. f.* : laryngoscopy.

laryngospasme, *s. m.* : laryngospasm, Knopp's asthma.

laryngospasmophilie, *s. f.* : spasmophilic laryngospasm (generally fatal).

laryngosténose, *s. f.* : laryngostenosis, laryngeal stricture.

laryngostomie, *s. f.* : laryngostomy.

laryngotomie, *s. f.* : laryngotomy; **- partielle** : median laryngotomy; **- sus-thyroïdienne** : subhyoid, superior or thyrohyoid laryngotomy.

laryngotrachéal, *adj.* : laryngotracheal.

laryngotrachéite, *s. f.* : laryngotracheitis.

laryngotyphoïde, *s. f. ou* **laryngo-typhus,** *s. m.* : laryngotyphoid.

larynx, *s. m.* : larynx; **catarrhe du -** : laryngeal catarrh; **hémorrhagie du -** : laryngorrhagia; **périchondrite du -** : vomica laryngis; **ponction du -** : laryngocentesis; **sclérome du -** : laryngoscleroma.

las, *adj.* : tired, weary.

lascif, *adj.* : lascivious, lustful, salacious.

Lasègue (maladie de) : Lasègue's type of persecution mania, paranoia; **signe de -** : Lasègue's sign (sciatica); **syndrome de -** : Lasègue's sign (hysteria).

laser, *s. m. (angl.)* : laser, L.A.S.E.R. (light amplification by stimulated emission of radiation).

lassitude, *s f.* : lassitude, weakness, weariness.

latence, *s. f.* : latency.

latent, *adj.* : latent; **chaleur -** : latent heat; **période -** : latent period (1. incubation period of a disease; 2. time lag between stimulus and response [*physiol.*]).

latéral, *adj.* : lateral.

latéralité, *s. f.* : laterality.

latérigrade, *s. m., adj.* : laterigrade.

latéro- : latero-, prefix meaning to one side, lateral.

latérocèle, *s. f.* : *cf.,* **laparocèle.**

latérocidence, *s. f.* : lateral prolapse of the umbilical cord during labor.

latérocolis, *s. m.* : torticolis with lateral displacement of the head.

latéroflexion, *s. f.* : lateroflexion.

latérognathie, *s. f.* : lateral asymmetry of the jaws.

latéroposition, *s. f.* : lateroposition.

latéropulsion, *s. f.* : lateropulsion.

latérosellaire, *adj.* : lateral to the sella turcica.

latérotorsion, *s. f.* : laterotorsion.

latéroversion, *s. f.* : lateroversion.

latex, *s. m.* : latex.

lathyrisme, *s. m.* : lathyrism, lupinosis (chronic poisoning by meal containing the vetch « chick-pea »).

latiface, *adj.* : *cf.*, euryprosope.

lativulte, *adj.* : *cf.*, euryprosope.

laudanisé, *adj.* : containing laudanum, tincture of opium.

laudanum, *s. m.* : laudanum, tincture of opium.

Laugier (hernie de) : Laugier's hernia (femoral hernia perforating Gimbernat's ligament); signe de - : Laugier's sign (styloid processes of radius and ulna at the same level in fracture of the lower third of the radius).

Laurence-Moon-Biedl (syndrome de) : Laurence-Moon-Biedl's syndrome.

laurier, *s. m.* : laurel; eau de - cerise : laurel water.

lavage, *s. m.* : lavage, irrigation *or* washing out of a viscus (*e.g.* stomach, bowel); liquides de - : washings.

lavement, *s. m.* : lavage, lavement, enema, colonic washout.

Laveran (hématozoaire) : Laveran's plasmodium, malarial parasite.

laveur, *s. m.* : gas washing bottle.

laxatif, *s. m., adj.* : laxative, aperient.

laxité, *s. f.* : laxity.

lazaret, *s. m.* : lazaretto, lazar-house, quarantine station.

L.C.R. (liquide céphalo-rachidien) : C.S.F. (cerebrospinal fluid).

Leber (maladie de) : Leber's disease, hereditary optic atrophy.

lécithase, *s. f.* : lecithinase.

lécithine, *s. f.* : lecithin.

Lederer (anémie aiguë de) : Lederer's anemia (acute megaloblastic anemia).

Lee (ganglion de) : Lee's ganglion, hypogastric ganglion, uterine cervical ganglion.

légal, *adj.* : legal; médecine - : forensic *or* legal medicine, medical jurisprudence.

Legg (maladie de) : Legg-Calvé-Perthes *or* Perthes' disease, osteochondritis of the hip.

légitimité, *s. f.* : legitimacy.

leiasthénie, *s. f.* : *cf.*, liasthénie.

Leiner-Moussus (maladie de) : Leiner's disease, erythroderma desquamativa.

léïomyome, *s. m.* : leiomyoma.

léïomyosarcome, *s. m.* : leiomyosarcoma.

léïotonique, *adj.* : leiomyotonic (causing contraction of smooth muscle).

leishmanide, *s. f.* : leishmanid, leishmanide.

leishmaniose, *s. f.* : leishmaniasis.

lemniscus, *s. m.* : lemniscus, fillet: - latéral : lateral fillet; - médian : medial fillet.

lemnoblaste, *s. m.* : lemmoblast, lemnoblast.

lemnocyte, *s. m.* : lemmocyte, lemnocyte.

leniceps, *s. m.* : leniceps (short-handled obstetric forceps).

lénitif, *s. m.* : lenitive (1. demulcent; *adj.* : 2. demulcent, soothing).

lente, *s. f.* : nit (egg of louse).

lenticône, *s. m.* : lenticonus, lentiglobus (conical deformity of the crystalline lens).

lenticulaire *ou* lenticulé, *adj.* : lenticular; noyau - : lenticular nucleus.

lenticulo-optique, *adj.* : lenticulo-optic, lenticulo-thalamic.

lenticulo-strié, *adj.* : lenticulostriate.

lentiforme, *adj.* : lentiform.

lentigineux, *adj.* : freckled, lentiginous.

lentiginose, *s. f.* : lentiginosis (presence of many freckles).

lentiglobe, *s. m.* : *cf.*, lenticône.

lentigo, *s. m.* : freckle, lentigo (*lat., gr.*), *pl.* lentigines.

lentille, *s. f.* : 1. lens (*opt.*); 2. freckle.

leontiasis, *s. m.* : leontiasis, facies leonina (leprosy); - ossea : leontiasis ossea. Virchow's disease.

lepidoptères, *s. m. pl.* : lepidoptera.

lépothrix, *s. m.* : lepothrix, trichomycosis axillaris (*derm.*).

lèpre, *s. f.* : leprosy, lepra (*lat.*), *pl.* leprae; - anesthétique : anesthetic leprosy; - maculeuse *ou* tachetée : macular *or* spotted leprosy; - mutilante : lazarine leprosy, lepra mutilans; - tuberculeuse *ou* tubéreuse : tuberculoid leprosy.

lepréchaunisme, *s. m.* : leprichaunism.

lépreux, *s. m.* : leper; *adj.* : leprous; ulcération - : leprelcosis.

lépride, *s. f.* : lepride.

léprologie, *s. f.* : leprology.

lépromateux, *adj.* : lepromatous.

léprome, *s. m.* : leproma.

lépromine, *s. f.* : lepromin.

léprose, *s. f.* : leprosy.

léproserie, *s. f.* : leprosarium, leper colony.

leptique, *s. m., adj.* : depressant (*pharm.*).

lepto- : lepto-, prefix meaning thin.

leptocéphale, *s. m.* : leptocephalus (*morph.*); *adj.* : leptocephalic, leptocephalous.

leptocyte, *s. m.* : leptocyte.

leptocytose héréditaire : hereditary leptocytosis, Cooley's anemia.

leptodactyle, *adj.* : leptodactylous (possessing slender fingers).

leptoïde, *adj.* : slender; constitution - : Kretschmer's longiligne *or* leptosome constitution.

leptoméninge, *s. f.* : leptomeninx, *pl.* leptomeninges (pia-arachnoid).

leptoméningiome, s. m. : leptomeningioma, endotheliomatous meningioma.

leptoméningite, s. f. : leptomeningitis.

leptoprosope, adj. : leptoprosopic (having a long narrow face).

leptorrhinien, adj. : leptorrhine.

leptosome, s. m. : leptosome; adj. : leptosomatic (morph.).

Leptospira, s. m. ou **Leptospire,** s. m. : Leptospira.

leptospirose, s. f. : leptospirosis.

leptostyle, adj. : leptosomatic, tall and slender.

leptothrix, s. m. : leptothrix.

leptotrichose, s. f. : leptothricosis, leptotrichosis.

lésion, s. f. : lesion, hurt, injury.

lésionnel, adj. : due to or resulting from a lesion.

lessivage, s. m. ou **lessivation,** s. f. : 1. washing; 2. leaching, lixiviation.

lessive, s. f. : 1. detergent, lixivium, lye (alkaline washing solution); 2. washing.

létal, adj. : lethal, fatal.

létalité, s. f. : lethality, fatality, mortality.

léthargie, s. f. : lethargy; - **d'Afrique** : African lethargy, sleeping-sickness.

léthargique, adj. : lethargic, apathetic.

léthologique, adj. : lethological (unable to remember words).

leucémide, s. f. : leukemid, leukemide (any cutaneous manifestation of leukemia).

leucémie, s. f. : leucemia, leukaemia, leukemia; - **aiguë** : acute leukemia; - **lymphatique** ou **lymphoïde** : lymphatic leukemia; - **myélogène** ou **myéloïde** : myelogenous leukemia.

leucémique, s. m. adj. : leucemic, leukaemic, leukemic.

leucémoïde, adj. : leukemoid.

leucine, s. f. : leucine.

leucinose, s. f. : leucinosis, « maple-syrup » disease.

leuco- : leuco-, leuko-, prefix meaning white.

leucoagglutination, s. f. : agglutination of leukocytes.

leucoagglutinine, s. f. : leucoagglutinin.

leucoanticorps, s. m. : antileukocytic antibody.

leucoblaste, s. m. : leukoblast.

leucoblastémie, s. f. : acute leukoblastic leukemia.

leucoblastique, adj. : leukoblastic.

leucoblastomatose, s. f. : cf., **leucoblastose.**

leucoblastorachie, s. f. : presence of leukoblasts in the cerebrospinal fluid.

leucoblastose, s. f. : leukoblastosis.

leucoblasturie, s. f. : presence of leukoblasts in the urine.

leucocidine, s. f. : leukocidin, leukocytolysin.

leucocytaire, adj. : leucocytic, leukocytic.

leucocyte, s. m. : leucocyte, leukocyte.

leucocythémie, s. f. : leukocythemia, leucemia, leukaemia, leukemia.

leucocytoblaste, s. m. : leukocytoblast.

leucocytogenèse, s. f. : leukocytogenesis.

leucocytolyse, s. f. : leukocytolysis, leukolysis.

leucocytolysine, s. f. : leukocytolysin, leukolysin.

leucocytométrie, s. f. : leukocytometry, enumeration of leukocytes.

leucocytopoïèse, s. f. : leukocytopoiesis.

leucocytose, s. f. : leukocytosis.

leucocytothérapie, s. f. : leukocytotherapy.

leucocyturie, s. f. : leukocyturia.

leucodermie, s. f. : leukoderma, leukodermia.

leucodystrophie, s. f. : leukodystrophia.

leucoencéphalite, s. f. : leukoencephalitis.

leucoérythroblastose, s. f. : leukoerythroblastosis.

leucogènes (substances) : leukogens (substances extracted from leukocytes or from bone marrow which stimulate leukopoiesis when injected into another animal).

leucogenèse ou **leucogénie,** s. f. : leukogenesis, leukopoiesis.

leucogramme, s. m. : leukogram (record of a differential leukocyte count).

leucokératose, s. f. : leukokeratosis, leukoplakia.

leucolyse, s. f. : leucolysis, leukocytolysis.

leucolysine, s. f. : leukolysin.

leucomaïne, s. f. : leukomaine.

leucomateux, adj. : leukomatous, leukomatoid.

leucomatose, s. f. : cf., **amyloïdose.**

leucome, s. m. : leucoma (white corneal opacity).

leucomélanodermie, s. f. : melanoleukoderma (association of melanoderma and leukoderma giving a mottled appearance).

leucomyélite, s. f. : leukomyelitis.

leucomyélose aiguë : cf., **leucémie aiguë.**

leuconévraxite, s. f. : leukomyelopathy (any disease of the white matter of the spinal cord).

leuconychie, s. f. : leuconychia (white discoloration of the nails).

leuco-opsonine, s. f. : opsonin favouring leukocytolysis.

leucopathie, s. f. : leukopathia, leukopathy (1. leukoderma; 2. any disease affecting leukocytes).

leucopédèse, s. f. : leukopedesis (diapedesis of leukocytes).

leucopénie, s. f. : leukopenia.

leucoplasie, s. f. : leukoplakia, leukoplasia.

leucoplaste, s. m. : 1. leucoplast, leukoplast, leukoplastid; 2. adhesive plaster.

leucopoïèse, s. f. : leukopoiesis.

leucoprécipitine, s. f. : leucoprecipitin.

leucoprophylaxie, s. f. : leukoprophylaxis.

leucopsine, s. f. : leukopsin (visual white produced from rhodopsin by light).

leucorragie, s. f. : leukorrhagia.

leucorrhée, s. f. : leucorrhea, leukorrhoea.

leucorrhéique, adj. : leukorrheal.

leucosarcome, s. m. : leukosarcoma.

leucose, s. f. : leucosis, leukosis, leukemia ; **- aviaire** : fowl leukosis, fowl leukemia.

leucosique, adj. : leucotic, leukotic.

leucotaxis, s. m. : leukotaxis.

leucothérapie, s. f. : leukotherapy; **- préventive** : leucoprophylaxis.

leucotome, s. m. : leukotome.

leucotomie, s. f. : leucotomy, leukotomy.

leucotoxicité, s. f. : leukotoxicity.

leucotoxine, s. f. : leukotoxin.

leucotoxique, adj. : leucotoxic, leukotoxic.

leucotransfusion, s. f. : transfusion of leukocytes.

leucotrichie, s. f. : leukotrichia, white hair.

levain, s. m. : yeast, barm.

levier, s. m. : elevator (surg., odont.), lever.

lévigation, s. f. : levigation, pulverization.

léviger, v. : to levigate, grind, pulverize.

lévitation, s. f. : levitation.

lévocardie, s. f. : levocardia, laevocardia.

lévocardiogramme ou **lévogramme,** s. m. : levocardiogram (part of the electrocardiogram representing the left ventricle).

lévogyre, adj. : levogyric, levogyrous, levorotatory.

lévorotation, s. f. : laevotorsion, levotorsion, levoclination (deflexion of both eyes to the left).

lévoversion, s. f. : laevoversion (1. turning to the left; 2. laevoclination [ophthal.]).

lèvre, s. f. : 1. lip ; 2. labium (lat.), pl. labia ; **grande -** : labium majus, labium pudendi majus; **petite -** : labium minus, labium pudendi minus.

lévulose, s. f. : laevulose, levulose.

lévulosémie, s. f. : levulosemia.

lévulosurie, s. f. : levulosuria.

levure, s. f. : yeast; **- de bière** : barm.

lévuride, s. f. : levurid, levuride (any cutaneous eruption due to handling yeasts).

Leyde (bouteille de) : Leyden jar (electr.).

Leyden (signe de) : Leyden's sign (vomiting in pyopneumothorax with subphrenic abscess).

Leyden-Möbius (atrophie musculaire type) : Leyden-Möbius type of progressive muscular atrophy.

leydigien, adj. : pertaining to Leydig's cells.

liaison, s. f. : link, linkage (genet.), linking, bond (chem.).

liasthénie, s. f. : leiasthenia (asthenia of smooth muscle).

libérateur, s. m. : releaser.

libération, s. f. : liberation, release.

libidineux, adj. : libidinous, lewd, lustfull.

libido, s. f. : libido.

Libman-Sacks (syndrome de) : Libman-Sacks' disease or syndrome (acute disseminated lupus erythematosus).

licence, s. f. : licence (1. legal permit; 2. abuse of liberty).

lichen, s. m. : lichen; **- nitidus** : lichen nitidus; **- pilaire** : lichen pilaris; **- plan, - ruber planus, - de Wilson** : lichen planus; **- scrofulosorum** : lichen scrofulosus; **- tropicus** : lichen tropicus; **- verruqueux** : lichen verrucosus.

lichéneux, adj. : lichenous.

lichénification, s. f. : lichenification.

lichénoïde, adj. : lichenoid.

Lichtheim (signe de) : Lichtheim's sign (substitution of dactology for speech in subcortical aphasia); **syndrome de -** : Lichtheim's syndrome (1. dorsolateral degeneration of the spinal cord ; 2. splenomegalic pernicious anemia with funicular myelosis).

lié, adj. : bonded, bound (chem.); linked (genet.).

Lieberkuhn (glandes de) : Lieberkuhn's crypts or glands.

lien, s. m. : band, ligament (anat.); bond (chem.).

liénal, adj. : lienal, splenic.

liénase, s. f. : splenic enzyme responsible for destruction of old red corpuscles.

lientérie, s. f. : lientery, lienteric diarrhoea.

Lieutaud (trigone de) : Lieutaud's triangle, trigone of the bladder.

ligament, s. m. : ligament, ligamentum (lat.), pl. ligamenta; **- annulaire du radius** : annular ligament of the radius; **- de Bertin** : Bertin's or Bigelow's ligament, ligamentum ileofemorale; **- cardinaux** : cardinal ligaments; **- caudal** : filum terminale; **- cervical postérieur** ou **- de la nuque** : ligamentum nuchae; **- croisés** : cruciate ligaments; **- falciforme** ou **- rond du foie** : ligamentum teres hepatis; **- de Gimbernat** : ligamentum lacunare; **- jaunes** : ligamenta flava; **- large de l'utérus** : broad ligament (uterus), **- de Poupart** : Poupart's ligament; **rond** ou **intra-articulaire** : ligamentum teres femoris; **- rond de l'utérus** : round ligament of the uterus; **- de la rotule** : ligamentum patellae; **- sciatique (petit)** : ligamentum sacrospinosum or sacrospinale; **- sciatique (grand)** : ligamentum sacrotuberosum or scarotuberale; **- stylomaxillaire** : stylo-maxillary ligament; **- triangulaire** : triangular ligament, diaphragma urogenitale.

ligamenteux, adj. : ligamental, ligamentary, ligamentous.

ligamentopexie, s. f. : ligamentopexis, ligamentopexy.

ligase, s. f. : ligase (genet.).

ligature, s. f. : ligature.

ligaturer, v. : to ligate, to ligature.

lignage, s. m. : lineage, descent, genealogy, pedigree.

ligne, s. f. : line, linea (lat.), pl. lineae; **- âpre du fémur** : linea aspera; **- blanche de l'abdomen** : linea alba; **- courbe occipitale** : curved line (superior, inferior) of the occipital bone; **- demi-circulaire de la fosse iliaque externe** : gluteal line; **- innominée de l'os iliaque** : linea arcuata ; **- maxillaire externe** : linea obliqua mandibulae; **- maxillaire interne** : mylohyoid line; **- oblique du tibia** : popliteal line.

lignée, s. f. : line, lineage.

ligneux, adj. : ligneous, woody (having a woody texture).

lignification, s. f. : lignification.

ligula (lat.) ou **ligule,** s. f. : ligula, fourth ventricle.

limaçon, s. m. : cochlea.

limaille, s. f. : filings, limatura; **- de fer** : iron filings.

limbe sclérocornéen : limbus corneae.

limbique, adj. : limbic; **lobe -** : limbic lobe (that surrounding the corpus callosum).

limbus sphenoidalis : limbus sphenoidalis (anat.).

lime, s. f. : file; **- à ongles** : nail-file; **bruit de -** : rasping murmur.

limen insulæ : limen insulae (lat.).

limitant, adj. : limiting.

limite, s. : limit; adj. : limiting; **angle -** : critical angle (opt.).

lin (graines de) : linseed, linum (lat.); **cataplasme de farine de -** : linseed poultice; **farine de -** : linseed meal; **huile de -** : linseed oil.

linéaire, adj. : linear.

linéal, adj. : lineal.

linéature, s. f. : lineament, face, features, outline.

lingual, adj. : lingual, glossal; **artère -** : lingual artery; **amygdale -** : lingual tonsil.

linguatula ou **linguatule,** s. f. : linguatula (arthropod wrongly called « tongue worm »).

linguatulose, s. f. : linguatulosis.

linguiforme, adj. : linguiform, tongue-shaped.

lingula (lat.) : lingula; **- cerebelli** : lingula cerebelli; **- mandibulæ** : lingula mandibulae; **- sphénoïde** : lingula of the sphenoid.

lingulaire, adj. : lingular, lingulate.

lingulé, adj. : lingulate.

lingulectomie, s. f. : lingulectomy.

liniment, s. m. : liniment, linimentum (pharm.).

linine, s. f. : linin (minute faintly staining threads connecting microsomata in the cell nucleus).

linite, s. f. : linitis; **- plastique** : linitis plastica.

linkage, s. m. : linkage (1. chemical bonding ; 2. close association of groups of genes in a chromosome persisting from generation to generation; 3. connection between a stimulus and its response [psych.]).

liodermie, s. f. : leiodermia (abnormally smooth and glossy skin).

liomyofibrome, s. m. : leiomyofibroma.

liomyome, s. m. : leiomyoma.

liomyosarcome, s. m. : leiomyosarcoma.

liparitose, s. f. : pneumoconiosis caused by inhaling pumice stone dust.

lipase, s. f. : lipase.

lipasémie, s. f. : presence and level of lipase in the blood.

lipectomie, s. f. : lipectomy.

lipémie ou **lipidémie,** s. f. : lipemia, piarhemia.

lipide, s. m. : lipid, lipide, lipoid.

lipidique, adj. : lipidic, lipoid; **métabolisme -** : lipometabolism.

lipidoglobuline, s. f. : cf., **lipoprotéine.**

lipidogramme, s. m. : graphic record of lipid levels in a body fluid.

lipidoprotéine, s. f. : cf., **lipoprotéine.**

lipidose, s. f. : lipidosis, lipoidosis.

lipiodol, s. m. : lipiodol.

lipo- : lipo-, prefix meaning fat or fatty.

lipo-arthrite, s. f. : lipo-arthritis.

lipoblastome, s. m. : lipoblastoma.

lipocaïque (hormone) : lipocaic (pancreatic hormone controlling fat metabolism).

lipocalcinogranulomatose symétrique progressive : chronic progressive calcinosis of the knees and elbows.

lipocèle, s. f. : lipocele, liparocele; **- ombilical** : lipomphalus.

lipochondrodystrophie, s. f. : lipochondrodystrophy.

lipochondrome, s. m. : lipochondroma.

lipochrome, s. m. : lipochrome.

lipochromie, s. f. : cf., **xanthochromie cutanée.**

lipocyte, s. m. : lipocyte, fat cell.

lipodiérase, s. f. : enzyme responsible for lipodieresis.

lipodiérèse, s. f. : lipodieresis (metabolic splitting of fats).

lipodystrophie, s. f. : lipodystrophy; **- intestinale** : intestinal lipodystrophy, Whipple's disease.

lipofibrome, s. m. : lipofibroma.

lipofuchsine, s. f. : lipofuscin (any brownish fatty pigment).

lipogène, adj. : lipogenous.

lipogenèse, s. f. : lipogenesis.

lipogranulomatose, s. f. : lipogranulomatosis.

lipogranulome, s. m. : lipogranuloma.

lipoïdase, s. f. : lipoidase.

lipoïde, s. m. : lipoid.

lipoïdémie, s. f. : lipoidemia.

lipoïdique, adj. : lipoid; **histiocytose - essentielle** : lipoid histiocytosis, Niemann-Pick's disease.

lipoïdoprotéinose, s. f. : lipoproteinosis.

lipoïdose, s. f. : lipoidosis.

lipolyse, s. f. : lipolysis.

lipolytique, *adj.* : lipolytic.

lipomateux, *adj.* : lipomatous.

lipomatose, *s. f.* : lipomatosis.

lipome, *s. m.* : lipoma.

lipomyome, *s. m.* : lipomyoma.

lipomyxome, *s. m.* : lipomyxoma.

liponéogenèse, *s. f.* : cf., **lipogenèse.**

lipopénie, *s. f.* : lipopenia.

lipopexie, *s. f.* : lipopexia.

lipophagie, *s. f.* : 1. lipophagia (destruction of fat), lipolysis; 2. lipophagy (the eating of fat).

lipoprotéine, *s. f.* : lipoprotein.

liposarcome, *s. m.* : liposarcoma.

liposclérose, *s. f.* : sclerosis of adipose tissue.

liposoluble, *adj.* : liposoluble.

lipothymie, *s. f.* : lipothymia.

lipothymome, *s. m.* : intrathymic lipoma.

lipotrope *ou* **lipotropique,** *adj.* : lipotropic.

lipotropisme, *s. m.* : lipotropism.

lipovaccin, *s. m.* : lipovaccine (vaccine with a fatty *or* oily menstruum).

lippe (déformation en) : lipping (1. development of a bony lip in osteoarthritis; 2. characteristic shadow of periosteal elevation in skiagram of chondrosarcoma).

lippitude, *s. f.* : lippitude, marginal blepharitis.

lipurie, *s. f.* : lipuria, adiposuria.

liquation, *s. f.* : 1. liquation; 2. liquefaction.

liquéfaction, *s. f.* : liquefaction.

liquéfiant, *s. m., adj.* : liquefacient.

liqueur, *s. f.* : 1. liquor, liquid, solution; 2. liqueur, cordial; **- titrée** : standard solution.

liquide, *s. m., adj.* : liquid.

liseré gingival : gingival line.

Lisfranc (amputation *ou* **opération de)** : Lisfranc's (trans-tarso-metatarsal) amputation; **tubercule de -** : Lisfranc's tubercle (*anat.*).

lisière, *s. f.* : margin.

Lissauer (zone marginale de) : Lissauer's tract *or* marginal zone.

lisse, *adj.* : smooth.

Lister (méthode de) : Lister's method (antiseptic surgery) ; **pansement de -** : Lister's (carbolic) dressing.

listerellose *ou* **listériose,** *s. f.* : listeriosis.

lit, *s. m.* : bed; **cloué au -** : bedridden; **- de douleurs** : bed of sickness; **prendre le -** : to take to bed.

lithagogue, *s. m., adj.* : lithagogue.

litharge, *s. f.* : litharge.

lithectomie, *s. f.* : lithectomy, lithotomy.

lithiase, *s. f.* : lithiasis; **- biliaire** : cholelithiasis.

lithium, *s. m.* : lithium.

litho- : litho-, prefix meaning relation to stone (calculus).

lithoclaste, *s. m.* : lithoclast, lithotrite (*surg.*).

lithoclastie, *s. f.* : lithotripsy, lithotrity.

lithocystotomie, *s. f.* : lithocystotomy.

lithogène, *adj.* : lithogenous.

lithogénie, *s. f.* : lithogeny.

litholabe, *s. m.* : litholabe (*surg.*).

litholapaxie, *s. f.* : litholapaxy.

lithologie, *s. f.* : lithology.

litholytique *ou* **lithotriptique,** *adj.* : litholytic, lithotriptic.

lithopédion, *s. m.* : lithopaedion, lithopedion.

lithopexie, *s. f.* : formation of tophi by gouty subjects.

lithotome, *s. m.* : lithotome.

lithotomie, *s. f.* : lithotomy.

lithotripsie, *s. f.* : lithotripsy, lithotrity.

lithotriptique, *adj.* : lithotriptic.

lithotriteur, *s. m.* : lithotriptor, lithotrite (*surg.*).

lithotritie, *s. f.* : lithotripsy, lithotrity.

litière, *s. f.* : litter (1. stretcher, portable bed; 2. stable-litter, bedding for animals).

litote, *s. f.* : litotes, understatement.

litre, *s. m.* : litre, liter (= 1.759 pints).

Litten (signe de) : Litten's sign (immobility of the diaphragm on the affected side in early pulmonary tuberculosis).

Little (maladie de) : Little's disease, congenital muscular spasticity, cerebral diplegia of infancy.

Littré (glandes de) : Littré's glands, urethral glands; **hernie de -** : Littré's hernia, diverticular hernia; **opération de -** : Littré's colostomy.

littrite, *s. f.* : littreitis, littritis.

livido, *s. f.* : livido, lividity.

livide, *adj.* : livid.

lividité, *s. f.* : lividity, livor (*lat.*); **- cadavérique** : cadaveric (postmortem) lividity.

lixiviation, *s. f.* : lixiviation, leaching (*chem.*).

loasis, *s. f.* : loasis, filariasis.

lobaire, *adj.* : lobar.

lobe, *s. m.* : lobe, lobus (*lat.*), pl. lobi; **- antérieur de l'hypophyse** : anterior lobe of the pituitary *or* hypophysis, prehypophysis; **- carré du cerveau** : precuneus, quadrate lobe of the cerebrum; **- carré du foie** : quadrate lobe of the liver; **- du cerveau** : lobe of the brain; **- frontal** : frontal lobe; **- olfactif** : olfactory lobe; **- de Spigel** : spigelian *or* caudate lobe (of the liver).

lobé, *adj.* : lobate, lobed.

lobectomie, *s. f.* : lobectomy (1. pulmonary lobectomy; 2. topectomy [partial frontal lobectomy]).

lobeline, *s. f.* : lobeline (alkaloid).

lobengulisme, *s. m.* : lobengulism, hypogonadal obesity.

lobite, *s. f.* : lobitis (inflammation of a lobe, especially of the lung).

lobostomie, *s. f.* : lobostomy.

lobotomie, *s. f.* : lobotomy.

Lobstein (maladie de) : Lobstein's disease, osteopsathyrosis; **placenta de -** : Lobstein's placenta, placenta velamentosa.

lobulaire, *adj.* : lobular.

lobule, *s. m.* : lobule, lobulus *(lat.), pl.* lobuli ; **- du bourgeon terminal** : lobuli semilunaris superior cerebelli; **- central (ailes du)** : lobulus quadrangularis cerebelli ; **- central (du cervelet)** : lobulus centralis; **- paracentral** : lobulus paracentralis.

lobulé, *adj.* : lobulated.

lobulite, *s. f.* : lobulitis (of the lung).

local, *adj.* : local, topical; **anesthésie -** : local anesthesia ; **anesthésique -** : local anesthetic ; **asphyxie -** : local asphyxia (Raynaud's disease); **remède -** : local remedy.

localisation, *s. f.* : localization (1. determination of the site of a lesion; 2. limitation of a process to a particular site; 3. faculty of locating sensory impressions).

localisé, *adj.* : localized.

lochial, *adj.* : lochial.

lochies, *s. f. pl.* : lochia; **absence ou suppression des -** : alochia.

lochiométrie, *s. f.* : lochiometra (retention of lochia in the uterus).

lochiorragie, *s. f.* : lochiorrhagia.

Locke (solution de) : Locke's solution.

locomoteur, *adj.* : locomotor; **appareil - de l'organisme** : locomotorium, locomotor system; **ataxie -** : locomotor ataxia, tabes dorsalis.

locomotion, *s. f.* : locomotion.

loculaire, *adj.* : locular.

locule, *s. f.* : locule, loculus *(lat.), plur.* loculi.

loculé, *adj.* : loculated, loculose, loculous.

locus, *s. m.* : locus, place, site; specific site of a gene on a chromosome *(genet.);* **- cinereus** : locus cinereus, caerulens *or* ferruginus (fourth ventricle); **- niger** : locus niger, substantia nigra, intercalatum.

Loeffler (syndrome de) : Loeffler's syndrome, pulmonary larva migrans.

Löffler (bacille de) : Löffler's bacillus, Klebs-Löffler's bacillus, Klebsiella diphtheriae.

logagnosie, *s. f.* : logagnosia, alogia, word-blindness.

logasthénie, *s. f.* : logasthenia (inability to comprehend speech).

loge, *s. f.* : lodge; **- prostatique** : prostatic capsule; **- sous-phrénique** : subphrenic space; **- sous-spigellienne** : lesser sac of the peritoneum.

logette (mur de la) : external wall of the attic (middle ear).

logo- : logo-, prefix meaning relating to speech.

logoclonie, *s. f.* : logoclonia, logoklony (spasmodic repetition of end syllables).

logocophose, *s. f.* : logocophosis, word-deafness.

logolatrie, *s. f.* : cult of words thought to have magical value.

logoneurose *ou* **logonévrose,** *s. f.* : logoneurosis (any neurosis with defective speech).

logopathie, *s. f.* : logopathy (any disease affecting speech).

logophonique (amnésie) : verbal amnesia.

logoplégie, *s. f.* : logoplegia (1. paralysis of speech organs; 2. inability to utter words that are remembered).

logorrhée, *s. f.* : logorrhea, loquacity.

logosémiotique (amnésie) : word-blindness.

lombaire, *adj.* : lumbar; **colostomie -** : lumbocolostomy ; **colotomie -** : lumbocolotomy ; **hernie -** : lumbifragium; **plexus -** : lumbar plexus; **ponction -** : lumbar puncture.

lombalgie, *s. f.* : lumbago.

lombalisation *ou* **lombarisation,** *s. f.* : lumbarization (coalescence of the first sacral vertebra with the transverse processes of the fifth lumbar vertebra).

lombarthrie, *s. f.* : lumbar spondylosis.

lombe, *s. f.* : loin, lumbus *(lat.).*

lombodiscarthrose, *s. f.* : arthrosis of lumbar intervertebral discs.

lombosciatalgie *ou* **lombosciatique,** *s. f.* : sciatica.

lombotomie, *s. f.* : lumbar laminectomy.

lombric, *s. m.* : lumbricus (1. earthworm; 2. ascaris).

lombrical, *adj.* : lumbrical.

lombricose, *s. f.* : lumbricosis.

longévité, *s. f.* : longevity.

longicaude, *adj.* : long-tailed.

longicaule, *adj.* : lung-stemmed.

longiface, *adj.* : cf., **dolichoprosope.**

longifolié, *adj.* : long-leaved.

longiligne, *adj.* : longilineal, dolichomorphic.

longimane, *adj.* : longimanous, long-handed.

longipède, *adj.* : longipedate, long-footed.

longipenne, *adj.* : long-winged, long-feathered.

longitudinal, *adj.* : longitudinal.

looch (arabic), *s. m.* : mucilaginous *or* syrupy medicament.

Lophotriche, *s. m.* : *Lophotrichea* (bacteria with a tuft of cilia at one pole); *adj.* : lophotrichous (with a tuft of cilia or flagella).

loquacité, *s. f.* : loquacity.

Lorain (infantilisme type) : Lorain's type of infantilism.

lordoscoliose, *s. f.* : lordoscoliosis.

lordose, *s. f.* : lordosis, saddle-back.

lordosique, *adj* : lordotic.

losange, *s. m.* : lozenge *(pharm.).*

lotion, *s. f.* : 1. lotion *(pharm.);* 2. bathing, lavage, washing.

louche, *adj.* : squint-eyed, squinting.

loucher, *v.* : to squint.

Louis (angle de) : Louis' angle, Ludwig's angle (that between the manubrium and the body of the sternum).

loupe, *s. f.* : 1. sebaceous cyst, wen; **- grais-seuse** : adipose wen; 2. lens, loupe *(opt.)* magnifying glass.

louping-ill, *s. m. (angl.)* : louping-ill *(veter.).*

Lower (tubercule de) : Lower's tubercle (small projection between the openings of the superior and inferior venae cavae in the right auricle).

L.S.D. : L.S.D. (abbreviation for Lyserg Saure Diethylamid *(germ.),* lysergic acid diethylamide, a habit forming stupefacient drug).

lubricité, *s. f.* : lubricity.

lubrifiant, *s. m., adj.* : lubricant.

lubrique, *adj.* : lubricious, lubricous, lascivious, lewd, libidinous, lustful.

lucide, *adj.* : lucid; **intervalle -** : lucid interval, period of lucidity.

luciférine, *s. f.* : luciferin (bioluminescent albulin).

lucidité, *s. f.* : lucidity.

Ludloff (signe de) : Ludloff's sign (swelling and ecchymosis in Scarpa's triangle in fracture of the lesser trochanter).

Ludwig (angine de) : Ludwig's angina (submaxillary abscess and cellulitis of the neck).

luette, *s. f.* : uvula, *pl.* uvulae; **- du cervelet** : uvula cerebelli, uvula vermis; **- de la vessie** : uvula vesicae; **- du voile du palais** : uvula palatina.

Lugol (solution de) *ou* **lugol** : Lugol's solution, Lugol's iodine.

lumbago, *s. m.* : lumbago, back-ache.

lumbarthrie *ou* **lumbarthrose,** *s. f.* : *cf.,* **lombarthrie.**

lumen, *s. m.* : lumen *(opt., phys.).*

lumière, *s. f.* : 1. light; 2. lumen (of a tube *or* blood vessel); **- fluorescente** : fluorescent lighting.

luminance, *s. f.* : luminance, brilliance.

luminifère, *adj.* : luminiferous.

luminosité, *s. f.* : luminosity.

lunaire, *adj.* : lunar; **os semi- -** : semilunar bone; **maladie du semi- -** : Kienböck's disease.

lunarite, *s. f.* : Kienböck's disease (osteochondrosis of the carpal semilunar bone).

lunatique, *s. m.* : lunatic; *adj.* : moody, whimsical.

lunettes, *s. f. pl.* : glasses, goggles, spectacles.

lunule, *s. f.* : lunula (white crescent at base of the nail).

lupoïde, *adj.* : lupoid; **sycosis -** : lupoid sycosis, ulerythema sycosiforma.

lupome, *s. m.* : lupoma (primary nodule of lupus).

lupoviscérite maligne : lupus erythematosus disseminatus.

lupus, *s. m.* : lupus, lupus vulgaris; **- érythémateux** *ou* **- de Cazenave** : lupus erythematosus,

Cazenave's lupus ; **- érythémato-folliculaire** : lupus erythematosus sebaceus; **- exedens** : lupus exedens, true *or* tuberculous lupus ; **- pernio** : lupus pernio, Boeck's sarcoid; **- tuberculeux** *ou* **vulgaire** : lupus vulgaris.

Luschka (trous de) : Luschka's foramina (fourth ventricle); **crypts de -** : Luschka's crypts (gallbladder); **glande de -** : coccygeal body, Luschka's gland.

lutécium, *s. m.* : lutecium.

lutéine, *s. f.* : lutein, progesterone.

lutéinémie, *s. f.* : presence of lutein (progesterone) in the blood.

lutéinique, *adj.* : luteinic.

lutéinisation, *s. f.* : luteinization.

lutéinisant, *adj.* : luteinizing; **hormone -** : gonadotrophin.

lux, *s. m.* : lux (unit of illumination = 1 lumen per square meter).

luxation, *s. f.* : luxation, dislocation; **- articulaire** : luxarthrus; **- cervicale** : dislocation of cervical vertebrae; **- iliaque** : dorsal dislocation of the hip; **- ischiatique** : sciatic dislocation of the hip ; **- obturatrice** : obturator dislocation; **- périnéale** : perineal dislocation; **- pubienne** : pubic dislocation; **- récidivante** : recurrent dislocation.

luxer, *v.* : to luxate, to dislocate; **se - le genou** : to put one's knee out of joint.

luxmètre, *s. m.* : light-meter, photometer, photocell meter.

Luys (corps de) : Luys' body *or* nucleus, subthalamic nucleus.

lymphadénie, *s. f.* : lymphadenia.

lymphadénite, *s. f.* : lymphadenitis.

lymphadénoïde, *adj.* : lymphadenoid.

lymphadénokyste, *s. m.* : lymphadenocyst.

lymphadénomatose, *s. f.* : lymphadenomatosis. lymphomatosis.

lymphadénome, *s. m.* : lymphadenoma.

lymphadénopathie, *s. f.* : lymphadenopathy.

lymphadénosarcome, *s. m.* : *cf.,* **lymphosarcome.**

lymphadénose, *s. f.* : lymphadenosis.

lymphagogue, *s. m., adj.* : lymphagogue.

lymphangiectasie, *s. f.* : lymphangiectasis.

lymphangiectode, *s. f.* : lymphiectodes, lymphangioma circumscriptum.

lymphangiectomie, *s. f.* : lymphangiectomy.

lymphangio-endothéliome, *s. m.* : lymphangio-endothelioma.

lymphangiome, *s. m.* : lymphangioma.

lymphangiophlébite, *s. f.* : lymphangiophlebitis.

lymphangioplastie, *s. f.* : lymphangioplasty.

lymphangiosarcome, *s. m.* : lymphangiosarcoma.

lymphangite, *s. f.* : lymphangitis, lymphangeitis, lymphangiitis.

lymphatique, *adj.* : lymphatic; **abcès -** : lymphapostema ; **ganglion -** : lymph node ; **tempéra-**

ment - : lymphatism ; **vaisseau -** : lymphatic, lymph duct, lymphatic vessel.

lymphatisme, *s. m.* : lymphatism, status lymphaticus.

lymphe, *s. f.* : lymph.

lymphémie, *s. f.* : lymphemia, lymphatic leukemia.

lymphoblaste, *s. m.* : lymphoblast.

lymphoblastomatose *ou* **lymphoblastose,** *s. f.* : lymphoblastosis.

lymphoblastome, *s. m.* : lymphoblastoma, lymphoblastic lymphosarcoma.

lymphocèle, *s. m.* : lymphocele, lymphocyst.

lymphocytaire, *adj.* : lymphocytic; **chorio-méningite - aiguë** : acute lymphocytic choriomeningitis; **réaction -** : lymphocytic reaction, lymphotaxis.

lymphocyte, *s. m.* : lymphocyte.

lymphocytémie, *s. f.* : lymphocythemia.

lymphocytolyse, *s. f.* : destruction of lymphocytes.

lymphocytomatose, *s. f.* : *cf.,* **lymphomatose.**

lymphocytome, *s. m.* : lymphocytoma.

lymphocytopénie, *s. f.* : lymphocytopenia.

lymphocytopoïèse, *s. f.* : lymphocytopoiesis.

lymphocytose, *s. f.* : lymphocytosis.

lymphodermie, *s. f.* : lymphodermia.

lymphœdème, *s. m.* : lymphoedema, lymphedema.

lymphoépithéliome, *s. m.* : lymphoepithelioma.

lymphoérythrocyte, *s. m.* : lymphoerythrocyte, anerythrocyte.

lymphogène, *adj.* : lymphogenic, lymphogenous.

lymphogenèse, *s. f.* : lymphogenesis.

lymphogonie, *s. f.* : lymphogonium, lymphoblast.

lymphogranulomatose, *s. f.* : lymphogranulomatosis benigna, Boecke's sarcoid, Schaumann's disease; **- inguinale** *ou* **vénérienne (maladie de Nicolas et Favre)** : lymphogranuloma venereum, poradenitis venerea ; **- maligne** : Hodgkin's disease, lymphogranulomatosis maligna.

lymphographie, *s. f.* : lymphography.

lymphoïde, *adj.* : lymphoid.

lymphoïdocyte, *s. m.* : lymphoidocyte, hemocytoblast.

lympholeucocyte, *s. m.* : lymphocyte, lympholeukocyte, large mononuclear leukocyte; **- hémomacrophage** : monocyte, large mononuclear leukocyte.

lympholyse, *s. f.* : lympholysis, destruction of lymphoid tissue and lymphocytes.

lymphomateux, *adj.* : lymphomatous.

lymphomatose, *s. f.* : lymphomatosis.

lymphome, *s. m.* : lymphoma; **- folliculaire** *ou* **- giganto-folliculaire** : giant follicular lymphoma, Brill-Symmer's disease.

lymphomycose sud-américaine : Brazilian *or* South American blastomycosis.

lymphopathie, *s. f.* : lymphopathy.

lymphopénie, *s. f.* : lymphopenia, lymphocytopenia.

lymphophile, *adj.* : showing affinity for lymphatic tissue.

lymphoplastie, *s. f.* : *cf.,* **lymphangioplastie.**

lymphopoïèse, *s. f.* : lymphopoiesis.

lymphoréticulose bénigne d'inoculation : cat scratch disease.

lymphorragie, *s. f.* : lymphorrhagia.

lymphorrhée, *s. f.* : lymphorrhea.

lymphosarcomatose, *s. f.* : lymphosarcomatosis.

lymphosarcome, *s. m.* : lymphosarcoma; **- de Kundrat** : Kundrat's lymphosarcoma.

lymphoscrotum, *s. m.* : elephantiasis of the scrotum.

lymphose, *s. f.* : lymphosis (elaboration of lymph).

lymphostase, *s. f.* : lymph stasis.

lymphotrope, *adj.* : lymphotropic.

lymphurie, *s. f.* : lymphuria.

lyophilisation, *s. f.* : freeze-drying, lyophilisation.

lyre, *s. f.* : lyra, psalterium (fornix of the brain); **- de la cavité du col** : plicae palmatae cervicis.

lysat, *s. m.* : lysate (product of bacteriolysis); **- vaccin** : lysed bacterial vaccine.

lyse, *s. f.* : lysis.

lyser, *v.* : to lyse, to dissolve.

lysimètre, *s. m.* : lysimeter.

lysine, *s. f.* : lysin.

lysis, *s. f.* : lysis (1. destruction by a specific lysis; 2. chemical decomposition; 3. freeing an organ from adhesions; 4. gradual decline of a disease, *or* of a fever).

lysobactérie, *s. f.* : *cf.,* **hétérolysat.**

lysogène, *s. m.* : lysogen; *adj.* : lysogenic.

lysokinase, *s. f.* : *cf.,* **profibrinolysine.**

lysosome, *s. m.* : lysosome.

lysotypie, *s. f.* : phage typing.

lyso-vaccinothérapie, *s. f.* : therapeutic use of lysed vaccines.

lysozyme, *s. f.* : lysozyme, muramidase.

lysses, *s. f. pl.* : lyssa (specific buccal lesions of incipient rabies).

lytique, *adj.* : lytic.

M

McBurney (point de) : McBurney's point or spot (point of tenderness in acute appendicitis).

macératé, s. m. : fluid product of maceration.

macérateur, s. m. : macerator.

macération, s. f. : maceration (1. softening matter by soaking; 2. mortification of a dead and retained fetus [obstet.]).

macéré, s. m. : macerated product; adj. : macerated.

macérer, v. : to macerate.

Macewen (opérations de) : Macewen's operations (1. for aneurysm; 2. for genu valgum; 3. for hernia); **signe de -** : Macewen's sign (resonance on percussion of the skull over cerebral abscess or hydrocephalus).

mâchement, s. m. : chewing, mastication.

mâcher, v. : to chew, to masticate.

mâchoire, s. f. : jaw, jawbone; **- inférieure** : lower jaw, mandible; **- supérieure** : upper jaw, maxilla.

mâchonnement, s. m. : 1. chewing, munching; 2. mumbling, muttering.

macilence, s. f. : emaciation.

macrencéphalie, s. f. : macrencephalia, macrencephaly.

macro- : macro-, prefix meaning great, large.

macroblaste, s. m. : macroblast, megaloblast.

macrocéphale, s. m. : macrocephalus; adj. : macrocephalic, macrocephalous.

macrocéphalie, s. f. : macrocephalia, macrocephaly.

macrochéilie ou **macrochilie,** s. f. : macrocheilia, macrochilia.

macrochirie, s. f. : macrocheiria, macrochiria.

macrocosme, s. m. : macrocosm.

macrocyste, s. m. : macrocyst.

macrocytaire, adj. : macrocytic.

macrocytase, s. f. : macrocytase.

macrocyte, s. m. : macrocyte (large erythrocyte, diameter from 9 to 12 μ).

macrocythémie, s. f. : macrocythemia.

macrocytose, s. f. : macrocytosis.

macrodactylie, s. f. : macrodactylia, macrodactyly.

macrodontie, s. f. : macrodontia, macrodontism (excessive size of the teeth).

macroérythroblaste, s. m. : macro-erythroblast, megaloblast.

macrogamète, s. m. : macrogamete (female form of malarial parasite).

macrogénitosomie précoce : macrogenitosomia praecox.

macroglie, s. f. : macroglia, astroglia (neuroglia of the gray matter).

macroglobulinémie, s. f. : presence of high molecular weight globulins in the plasma.

macroglossie, s. f. : macroglossia.

macroglossite, s. f. : inflammatory swelling of the tongue.

macrognathie, s. f. : macrognathia.

macrogyrie, s. f. : macrogyria.

macrolymphocyte, s. m. : macrolymphocyte, large lymphocyte.

macrolymphocytomatose, s. f. : cf., **leucémie aiguë.**

macromélie, s. f. : 1. macromelia (enlargement of one or more limbs); 2. hypertrophy of the cheeks.

macronormoblaste, s. m. : macronormoblast, macroblast.

macronucléus, s. m. : macronucleus.

macroparéite, s. f. : tumefaction of the cheek.

macrophage, s. m. : macrophage.

macrophagocytose, s. f. : phagocytosis by macrophages.

macropie, s. f. : cf., **macropsie.**

macropodie, s. f. : macropodia.

macroprosopie, s. f. : macroprosopia.

macropsie, s. f. : macropsia, megalopsia, macropia (disturbance of vision in which objects appear larger than they are).

macroscopie, s. f. : macroscopy (naked eye examination).

macroscopique, adj. : macroscopic.

macroskélie, s. f. : macroscelia, macroskelia.

macrosomatie ou **macrosomie,** s. f. : macrosomatia, macrosomia.

macrospore, s. m. : macrospore.

macrostomie, s. f. : macrostomia.

macrothrombocyte, s. m. : megaloplasmocyte.

macrotie, s. f. : macrotia.

macula lutea (lat.) : macula lutea (central yellow spot of the retina).

maculaire, adj. : macular.

maculation, s. f. : maculation.

macule, s. f. : macula, macule, spot.

maculé, adj. : maculate, spotted.

maculopapule, s. f. : maculopapule.

madarose ou **madarosis,** s. f. : madarosis (loss of eyelashes or eyebrows).

madéfaction, s. f. : madefaction, moistening.

Madelung (difformité ou **maladie de)** : Madelung's deformity, carpus curvus.

madréporique, adj. : madreporic, madreporiform, coralliform, coralline.

Madura (pied de) : Madura's foot, maduromycosis, mycetoma pedis.

maduromycose, s. f. : maduromycosis.

Magendie (trou de) : foramen of Magendie, metapore (between the fourth ventricle and the subarachnoid space).

magistral, adj. : magistral (prepared on prescription); **préparation -** : magistery.

magma, s. m. : magma (1. paste [pharm.]; 2. pastelike organic matter).

magnésie, s. f. : magnesia, magnesium oxide.

magnésémie ou **magnésiémie,** s. f. : magnesemia, magnesiemia.

magnésique, adj. : magnesic.

magnésium, s. m. : magnesium.

magnétique, adj. : magnetic; **champ -** : magnetic field; **électricité -** : magnetoelectricity.

magnétisation, s. f. : magnetization.

magnétiser, v. : to magnetize.

magnétisme, s. m. : magnetism.

magnétothérapie, s. f. : magnetotherapy.

Mahler (signe de) : Mahler's sign (gradual rise in pulse-rate without rise in temperature is sign of venous thrombosis).

Maier (sinus de) : Maier's sinus (diverticulum of the lacrimal sac).

maigre, adj. : lean, meagre, thin.

maigreur, s. f. : emaciation, leanness, thinness.

maigrir, v. : to grow thin, to lose weight.

main, s. f. : hand, manus (lat.); **- bote** : clawhand; **- bote à déviation antérieure** : manus extensa; **- bote à déviation cubitale** : manus valga; **- bote à déviation postérieure** : manus aflexa; **- bote à déviation radiale** : manus vara; **- d'accoucheur** : accoucheur's hand, obstetri-

cian's hand; **- de prédicateur** : benediction hand, preacher's hand (in ulnar paralysis); **- de singe** : monkey hand (in median nerve paralysis).

maïs, s. m. : maize, corn (U.S.).

maison de santé : nursing home.

Maisonneuve (appareil de) : Maisonneuve's plaster bandages and splints.

mal, s. m. : ache, ailment, harm, hurt, pain; adv. : badly, ill.; **- blanc** : gathering, whitlow; **- caduc** : epilepsy; **- chimique** : phosphonecrosis, phossy jaw; **- de l'air** : air sickness; **- de cœur** : nausea, sickness; **- de dents** : toothache; **- de gorge** : sore throat; **- de mer** : seasickness; **- des montagnes** : mountain sickness; **- de Pott** : Pott's disease; **- des rayons** : radiation sickness; **- de reins** : lumbago, **- du roi** : King's evil, scrofula; **- de tête** : headache; **- des transports** : motion sickness; **haut -** : grand or haut mal, epilepsy; **- perforant plantaire** : mal perforant, perforating (tabetic) ulcer of the foot; **avoir le - de mer** : to be seasick; **être atteint d'un - incurable** : to suffer from an incurable disease; **femme en - d'enfant** : woman in labour; **mes os me font -** : my bones ache; **tous les membres me font -** : I ache in every limb; **vous me faites -** : you are hurting me; **il va plus -** : he is worse; **se porter -** : to be ill or in bad health; **se sentir -** : to feel ill, faint, sick; **se trouver -** : to faint, swoon.

mal- : mal-, dis-, dys-, ill-, prefix meaning bad.

malabsorption, s. f. : malabsorption.

Malacarne (pyramide ou **éminence cruciale de)** : Malacarne's pyramid, pyramis vermis; **tubercule lamineux de -** : uvula vermis.

malachite (vert de) : malachite green (differential stain for colon and typhoid bacilli).

malacia, s. f. : malacia (appetite for spiced food).

malacie, s. f. : malacia (morbid softening of tissue).

malacoplasie, s. f. : malacoplakia vesicae (flat yellow fungoid growth on the mucosa of the bladder and ureters).

malade, s. m. : case, invalid, patient; adj. : ill, sick; **chambre des -** : sick-room; **dent -** : 1. aching tooth; 2. carious, decayed tooth; **être -** : to be ill; **être - de l'estomac** : to have stomach trouble; **faire le -** : to malinger; **jambe -** : bad leg; **se faire porter -** : to report sick; **tomber -** : to fall ill, to be taken ill; **service des - extérieurs** : outpatient department; **à mourir** : sick to death; **- d'esprit et de corps** : sick in body and mind.

maladie, s. f. : ailment, complaint, disease, illness, sickness; **- bleue** : cyanosis; **- cutanée** : skin disease; **- de l'enfance** : childish ailment, complaint; **- de foie** : liver complaint; **- grave** : serious or severe illness; **- infectieuse** : infectious disease; **- mortelle** : fatal disease; **- professionnelle** : occupational disease; **par suite de -** : through illness, ill-health; **périr de -** : to die of disease; **rechute d'une -** : relapse, setback; **- vénérienne** : venereal disease, V.D.

maladif, adj. : sickly, unfit, unhealthy.

maladrerie, s. f. : lazar-house, leper-hospital.

malaire, *adj.* : malar; **os - :** malar bone; **point - :** malar point (most prominent point on the outer aspect of the malar bone).

malaise, *s. m.* : malaise (1. discomfort, uneasiness; 2. faintness, indisposition).

malandre, *s. f.* : malanders, mallenders, callenders *(veter.).*

malandrie, *s. f.* : malandria (affection related to leprosy *or* elephantiasis).

malaria, *s. f. (angl.)* (improprement employé en français pour **paludisme**) : malaria.

malariathérapie, *s. f.* (impropr. pour **paludothérapie**) : malariatherapy, malariotherapy (for G.P.I.).

malarien, *adj.* (pour **paludéen**) : malarial.

malariologie, *s. f.* (pour **paludologie**) : malariology.

Malassez (spore de) : Malassezia (genus of fungi associated with pityriasis versicolor).

malate, *s. m.* : malate *(chem.).*

malaxage, *s. m.* : 1. malaxation; 2. massage.

mâle, *s. m., adj.* : male, masculine.

Malecot (sonde de) : Malecot's catheter.

malfaisant, *adj.* : harmful, injurious, noxious, unhealthy.

malformation, *s. f.* : malformation, abnormality, deformity.

maliforme, *adj.* : maliform (shaped like an apple).

malignité, *s. f.* : malignancy, malignity.

malin, *adj. m.,* **maligne,** *f.* : malignant (1. cancerous; 2. virulent; 3. deadly; **dégénérescence - :** malignant change; **tumeur - :** malignant tumor).

malléabilité, *s. f.* : malleability.

malléable, *adj.* : malleable.

malléatoire (chorée) : *cf.,* **chorée hystérique.**

malléine, *s. f.* : mallein *(bacter.);* **injection de - :** malleinization.

malléiner *ou* **malléiniser,** *v.* : to malleinize, to inject mallein *(veter.).*

malléolaire, *adj.* : malleolar.

malléole, *s. f.* : malleolus.

malléotomie, *s. f.* : malleotomy (1. dividing the malleus in ankylosis of the ossicles; 2. division of the intermalleolar ligaments).

Mallory (corps de) : Mallory's bodies.

Mallory-Weiss (syndrome de) : Mallory-Weiss' syndrome.

malocclusion, *s. f.* : malocclusion *(odont.).*

Malpighi (corpuscule de) : malpighian corpuscle (1. renal glomerulus; 2. germinal centres of the spleen; **couche de - :** malpighian layer, stratum germinativum; **glomérule de - :** glomerulus; **pyramides de - :** renal pyramids, malpighian pyramids).

malsain, *adj.* : pernicious, unhealthy.

malt, *s. m.* : malt; **extrait de - :** malt extract *(pharm.).*

maltase, *s. f.* : maltase.

Malte (fièvre de) : Malta fever, Mediterranean fever, undulant fever.

malthusianisme, *s. m.* : malthusianism.

maltose, *s. m.* : maltose.

maltosurie, *s. f.* : maltosuria.

mamanpian, *s. m.* : mamanpian (ulcer of yaws, frambesia).

mamelé, *adj.* : mammate.

mamellaire, *adj.* : mammary; **tissu - :** mammary tissue.

mamelle, *s. f.* : mamma, breast; **enfant à la - :** child at the breast, nursling; **maladie kystique** *ou* **maladie noueuse de la - :** Reclus' disease.

mamelliforme, *adj.* : mammilliform.

mamelon, *s. m.* : mammilla (1. nipple, teat; 2. papilla).

mamelonné, *adj.* : mamelonated, mammillated.

mamillaire, *adj.* : mammillary (pertaining to the nipple).

mamilloplastie, *s. f.* : mammilliplasty, thelyplasty (plastic surgery of the nipple).

mammaire, *adj.* : mammary; **glandes - :** mammary glands, breasts.

mammectomie, *s. f.* : mammectomy (amputation of the breast).

mammifère, *adj.* : mammalian.

mammifères, *s. m. pl.* : mammals, mammalia *(lat.).*

mammiforme, *adj.* : mammiform.

mammite, *s. f.* : mammitis, mastitis (inflammation of the breast).

mammographie, *s. f.* : *cf.,* **mastographie.**

mammose, *s. f.* : *cf.,* **mastose.**

mammotrophine *ou* **mammotropine,** *s. f.* : mammotropin, prolactin.

manche, *s. f.* : manubrium.

manche de veste (déformation en) : sabre-like deformity due to osteitis deformans *or* to badly set fracture.

manchon périvasculaire : perivascular cuff *or* cuffing *(histol.).*

manchot, *s. m.* : 1. penguin; 2. one-armed person; *adj.* : one-armed.

mandibulaire, *adj.* : mandibular.

mandibule, *s. f.* : mandible, mandibula *(lat.).*

mandibulé, *adj.* : mandibulate, mandibulated.

mandrin, *s. m.* : (1. mandrel, mandril [handle *or* shaft of a lathe]; 2. mandrin [stylet *or* guide for a catheter]).

manganémie, *s. f.* : presence of manganese in the blood.

manganèse, *s. m.* : manganese.

manganeux, *adj.* : manganous *(chem.).*

manganique, *adj.* : manganic *(chem.).*

manganisme, *s. m.* : manganism (chronic poisoning with manganese).

manganurie, *s. f.* : passage of manganese in the urine.

mangy, s. m. : painless non-inflammatory enlargement of the parotid glands, endemic in the highlands of Madagascar, of unknown aetiology.

maniaque, s. m. : maniac; adj. : maniacal.

manie, s. f. : 1. mania, mental derangement; 2. idiosyncrasy, hobby, whim.

maniement, s. m. : 1. handling; 2. management.

maniérisme, s. m. : mannerism.

manigraphe, s. m. : alienist, psychiatrist.

manipulation, s. f. : manipulation, handling.

mannequin, s. m. : manikin (anatomical model with movable and removable parts).

mannoheptulosurie, s. f. : mannoheptulosuria.

manomètre, s. m. : manometer.

manométrie, s. f. : manometry.

manométrique, adj. : manometric.

manque, s. m. : failure, lack; **- de courant** (electr.) : current failure.

manteau, s. m. : 1. mantle, cerebral cortex, pallium; 2. mantle, shell-membrane of molluscs (biol.).

Mantoux (réaction de) : Mantoux reaction or test.

manubrium, s. m. : manubrium (lat.), upper piece of the sternum.

manucure, s. m., f. : 1. manicure; 2. manicurist.

manuel, adj. : manual.

manunga, s. : akembe, onyalai (nutritional disorder seen in african negroes, a type of thrombopenic purpura).

maquignon (signe du) : slight claudication as a sign of coxalgia.

marais (fièvre des) : marsh fever, malaria, paludism.

marasme, s. m. : marasmus, emaciation, wasting (especially in infants).

marastique, adj. : marantic, marasmic; **thrombose -** : marasmic thrombosis.

marbrure, s. f. : marbleization (derm.).

marche, s. f. : cf., **démarche.**

Maréchal (réaction de) : Maréchal's test for bile pigments.

Marchiafava-Bignami (encéphalopathie de) : Marchiafava-Bignami's encephalopathy.

Marchiafava-Micheli (maladie de) : Marchiafava-Micheli's disease.

Marfan (maladie de) : Marfan's disease (spastic paraplegia in congenital syphilitic children); **syndrome de -** : Marfan's syndrome (congenital arachnodactylia and bilateral ectopia of the lens).

margaroïde, adj. : resembling margarine.

marge, s. f. : margin, border, margo (lat.).

marginal, adj. : marginal.

marginé, adj. : marginate, marginated.

Marie (maladie de Pierre) : Marie's disease (1. acromegaly; 2. hypertrophic pulmonary osteopathy).

Marie et Robinson (syndrome de) : Marie-Robinson's syndrome (impotence, insomnia melancholia and levulosuria).

Mariotte (loi de) : Mariotte's law.

marisque, s. f. : marisca, fibrosed external pile, hemorrhoid.

marmorisation, s. f. : marmoration, marbleization.

marque, s. f. : mark, label, tag.

marqué, adj. : marked; **corps -** : tracer, radiotracer (radiobiol.); **élément -** : labeled element (phys.); **être né -** : to be born with a birthmark.

marquer, s. m. : marker gene, isotopic marker (genet.).

Marsh (maladie de) : Marsh's disease, exophthalmic goiter.

Marsh (réaction de) : Marsh's test for arsenic.

Marshall (repli vestigial de) : Marshall's vestigial fold; **veine de -** : Marshall's oblique vein.

marsupialisation, s. f. : marsupialization (surg.).

marteau, s. m. : 1. hammer; 2. malleus (the largest of the auditory ossicles); **apophyse longue du -** : Rau's process or apophysis; **manche du -** : manubrium mallei (inferior process of the malleus).

martellement, s. m. : malleation (sharp swift twitching of the hands).

martial, adj. : martial, ferruginous.

masculin, adj. : masculine, male.

masculinisant, adj. : masculinizing.

masculinisation, s. f. : masculinization.

masculiniser, v. : to masculinize.

masculinisme, s. m. : masculinization.

masculinité, s. f. : masculinity.

maser, s. m. (angl.) : maser (microwave amplification by stimulated emission of radiation [M.A.S.E.R.]).

masochisme, s. m. : masochism (sexual perversion in which personal suffering is gratifying)

masochiste, s. m. : masochist.

masque, s. m. : mask; **- à anesthésier** : anesthetic mask; **- respirateur** : respirator.

masqué, adj. : masked, overshadowed.

massage, s. m. : massage.

masse, s. f. : mass (quantity of matter); **- maigre** : lean body-mass; **mettre le courant à la -** : to earth the current.

masser, v. : to massage.

massétérin ou **massétérique,** adj. : masseteric.

masseur, s. m. : cf., **kinésithérapeute.**

massicot, s. m. : massicot, litharge (lead monoxide, PbO).

massif, adj. : massive; **pneumonie -** : massive lobar pneumonia.

massothérapie, s. f. : massotherapy, massage.

mastectomie, s. f. : mastectomy.

masticage, s. m. : filling, stopping (odont.).

masticateur, s. m. : masticator (1. mincing machine; 2. animal that masticates); adj. : masticatory;

nerf - : masticator nerve, motor root of the trigeminal nerve.

mastication, s. f. : mastication, manducation.

masticatoire, s. m., adj. : masticatory.

mastiquer, v. : 1. to fill, to stop (odont.); 2. to masticate; **couteau à -** : putty knife.

Mastigophores, s. pl. : Mastigophora (a class of flagellate protozoa).

mastite, s. f. : mastitis.

masto- : masto-, prefix meaning relating to the breast.

mastocyte, s. m. : mastocyte, labrocyte, mast cell.

mastocytose, s. f. : presence of mast cells in the tissues.

mastocytoxanthome, s. m. : cf., **nævoxanthoendothéliome.**

mastodynie, s. f. : mastodynia, mazodynia (pain in the breast).

mastographie, s. f. : mammography.

mastoïde, adj. : mastoid; **apophyse -** : mastoid process.

mastoïdectomie, s. f. : mastoidectomy.

mastoïdien, adj. : mastoid, mastoidal; **angle -** : mastoid angle (of the parietal bone); **canal -** : aditus ad antrum, mastoid antrum; **cellules -** : mastoid cells, mastoid sinus or antrum.

mastoïdite, s. f. : mastoiditis; **- de Bezold** : Bezold's mastoiditis.

mastopathie, s. f. : mastopathy (any disease of, or pain in, the breast).

mastopexie, s. f. : mastopexy, mazopexy (surgical fixation of a pendulous breast).

mastoptose, s. f. : mastoptosis.

mastose, s. f. : mastosis.

masturbation, s. f. : masturbation, manustupration.

mastzellen, s. pl. (all.) : mast cells, mastocytes, labrocytes.

masurium, s. m. : masurium, former name for technetium.

mat, adj. : dull (percussion note without resonance).

Matas (opération de) : Matas' operation, endoaneurysmorrhaphy.

maternal, adj. : maternal, motherly.

maternité, s. f. : 1. maternity, motherhood; 2. maternity hospital, lying-in hospital; **service de la -** : maternity ward.

Mathieu (maladie de) : Mathieu's disease, Weil's disease, leptospiral jaundice.

matière, s. f. : 1. material; **- médicale** : materia medica; **- première** : raw material; 2. matter, substance; **- grise** : gray matter; **- purulente** : pus, matter (vernac.).

matité, s. f. : dullness (lack of resonance on percussion); **- absolue** : absolute dullness; **- relative** : relative dullness.

matras, s. m. : matrass (long-necked round-bodied flask) (chem.).

matrice, s. f. : matrix (1. uterus, womb [vernac.]; 2. interstitial substance [e.g. of hair, nail, etc.]; 3. mould in which a model is cast).

matrocline, adj. : matroclinous (inherited from the mother).

matroclinie, s. f. : maternal heredity.

matrone, s. f. : obsolete term of midwife.

maturation, s. f. : maturation.

maturité, s. f. : maturity.

matutinal, adj. : matutinal (occurring in the morning).

maxillaire, adj. : maxillary; **apophyse -** : maxillary process; **os -** : maxilla; **sinus -** : maxillary antrum or sinus, antrum of Highmore.

maxillaire inférieur : mandible.

maxillaire supérieur : maxilla.

maxillite, s. f. : maxillitis.

maximum, s. m., adj. : maximum.

Mayo-Robson (signe de) : Mayo Robson's point (1. below the right costochondral margin [tender to pressure in cholecystitis]; 2. below the left costovertebral angle [tender to pressure in acute pancreatitis]).

méat, s. m. : meatus (anat.); **- urinaire** : urethral or urinary meatus.

méatorraphie, s. f. : meatorrhaphy.

méatoscopie, s. f. : meatoscopy.

méatotomie, s. f. : meatotomy.

mécanique, s. f. : mechanics; adj. : mechanic, mechanical.

mécanisme, s. m. : mechanism.

mécanothérapie, s. f. : mechanotherapy.

méchage, s. m. : gauze drainage.

mèche, s. f. : meche, gauze wick.

Meckel (cartilage de) : Meckel's cartilage (of the first branchial arch).

Meckel (cavum de) : Meckel's cavity or space (for the gasserian ganglion); **diverticule de -** : Meckel's diverticulum; **ganglion de -** : Meckel's ganglion, sphenopalatine ganglion.

méconate, s. f. : meconate (salt of meconic acid).

méconique, adj. : meconic (pertaining to opium); **acide -** : meconic acid.

méconium, s. m. : meconium (1. first fecal discharge of the newborn; 2. opium).

médecin, s. m. : doctor, physician, medical man; **- chef** : senior physician; **- consultant** : consulting physician, consultant; **consulter un -** : to consult a doctor, to take medical advice; **femme -** : lady doctor; **- légiste** : medico-legal expert; **- militaire** : army doctor, army medical officier; **- praticien** : general practitioner, G.P.; **- de quartier, de l'endroit** : local practitioner; **- résidant** : house physician (U.K.), intern (U.S.); **- sanitaire** : medical officier of health, M.O.H.; **- spécialiste** : specialist.

médecine, *s. f.* : medicine (1. science of treating disease; **docteur en -** : doctor of medicine, M.D.; **étudiant en -** : medical student; **école de -** : medical school; **exercer la -** : to practise medicine; **- légale** : forensic medicine, medical jurisprudence; 2. any substance used for treating disease; **- noire** : black draught; **prendre une -** : to take a dose of medicine).

médiacalcose *ou* **médiacalcinose,** *s. f.* : calcified atheroma, Mönckeberg's arteriosclerosis.

médian, *adj.* : median, mesial; **artère -** : median artery; **nerf -** : median nerve.

médianécrose, *s. f.* : necrosis of the tunica media of arteries.

médiastin, *s. m.* : mediastinum; **- postérieur** : posterior mediastinum, posterior mediastinal space, postmediastinum.

médiastinal, *adj.* : mediastinal.

médiastinite, *s. f.* : mediastinitis.

médiastinopéricardite, *s. f.* : mediastinopericarditis.

médiastinoscopie, *s. f.* : mediastinoscopy.

médiastinotomie, *s. f.* : mediastinotomy.

médiastinum testis : mediastinum testis.

médiat, *adj.* : mediate, indirect; **auscultation -** : mediate auscultation.

médiateur, *s. m.* : mediator; **- chimique** : neurochemical mediator (*e.g.* acetylcholine).

médiation, *s. f.* : mediation.

médical, *adj.* : medical.

médicament, *s. m.* : medicament, medicine; **- factice** : placebo.

médicamenteux, *adj.* : medicinal; **éruption -** : drug rash, medicinal rash.

médicastre, *s. m.* : medicaster, charlatan, quack.

médicateur, *s. m.* : healer; *adj.* : healing, curative, medicative.

médication, *s. f.* : medication; **- hypodermique** : hypodermic medication.

médicinal, *adj.* : medicinal; **bains -** : medicinal baths.

médicochirurgical, *adj.* : medicochirurgical, medicosurgical.

médicolégal, *adj.* : medicolegal, forensic.

médiocarpien, *adj.* : mediocarpal, midcarpal.

médioligne, *adj. (morph.)* : harmoniously proportioned.

médius, *s. m.* : middle finger.

médullaire, *adj.* : medullar, medullary; **arthrite -** : medullo-arthritis; **canal -** : medullary canal; **carcinome -** : medullary cancer *or* carcinoma; **substance -** : renal medulla.

médullectomie surrénale : adrenal medullectomy.

médulleux, *adj.* : medullary, medullated.

médullisation, *s. f.* : medullization (conversion of bone into marrow in rarefying osteitis).

médullite, *s. f.* : medullitis.

médulloblaste, *s. m.* : medulloblast.

médulloblastome, *s. m.* : medulloblastoma.

médulloculture, *s. f.* : medulloculture (bacterial culture of bone marrow).

médullo-épithéliome, *s. m.* : medulloepithelioma *or* ciliary epithelium, dictyoma, diktyoma.

médullose, *s. f.* : medullosis, myelocytosis.

médullosurrénal, *adj.* : medulloadrenal.

médullosurrénalome, *s. m.* : medullosuprarenoma *(obs.)*, phaeochromocytoma, medullary chromocytoma.

méga- *ou* **mégalo-** : mega- *or* megalo-, prefixes meaning (1. large; 2. $10^6 \times$ unit).

mégabassinet, *s. m.* : congenital hydronephrosis.

mégabulbe, *s. m.* : megalobulbus *(radiol.)* (enlargement of the « duodenal cap »).

mégacapillaire, *s. m.* : congenital dilatation of the capillaries.

mégacaryoblaste, *s. m.* : megacaryoblast, megakaryoblast.

mégacaryocyte, *s. m.* : megacaryocyte, megakaryocyte, megalocaryocyte, megalokaryocyte.

mégacéphale *ou* **mégalocéphale,** *adj.* : megacephalic, megacephalous, megalocephalic.

mégacéphalie, *s. f.* : megacephaly.

mégacôlon, *s. m.* : megacolon, Hirschprung's disease.

mégadiaphragme, *s. m.* : congenital distension of the diaphragm.

mégadolicho-artère, *s. f.* : abnormally long and dilated artery.

mégadolichocôlon, *s. m.* : megadolichocolon.

mégaduodénum, *s. m.* : megaduodenum.

mégaestomac, *s. m.* : *cf.*, **mégastrie, mégalogastrie.**

mégalencéphalie, *s. f.* : *cf.*, **encéphalomégalie.**

mégalérythème épidémique : megalerythema, erythema infectiosum.

mégaloblaste, *s. m.* : megaloblast (primitive giant red cell more than 15 µ in diameter).

mégaloblastique, *adj.* : megaloblastic; **anémie -** : megaloblastic *or* pernicious anemia.

mégalocéphale, *adj.* : megalocephalic, megalocephalous.

mégalocéphalie, *s. f.* : megalocephaly.

mégalochirie, *s. f.* : megalocheiria (abnormal largeness of the hands).

mégalocornée, *s. f.* : megalocornea.

mégalocranie, *s. f. (morph.)* : large size of the head relative to the trunk.

mégalocytaire, *adj.* : megalocytic.

mégalocyte, *s. m.* : megalocyte (large erythrocyte more than 12 µ in diameter).

mégalocytique, *adj.* : megalocytic; **anémie -** : megalocytic *or* macrocytic anemia.

mégalocytose, *s. f.* : megalocytosis.

mégalodontie, *s. f.* : megalodontia, macrodontia.

mégalogastrie, *s f* : megalogastria (large but otherwise normal stomach).

mégalomane, *s. m.* : megalomaniac.

mégalomanie, *s. f.* : megalomania.

mégalophtalmie, *s. f.* : megalophthalmos, megalophthalmus.

mégalopodie, *s. f.* : megalopodia.

mégalopsie, *s. f.* : megalopsia, megalopia, macropsia.

mégalosplanchnie, *s. f.* : cf., **mégasplanchnie.**

mégalosplénie, *s. f.* : megalosplenia, splenomegaly.

mégalothymie, *s. f. ou* **mégalothymus,** *s. m.* : megalothymus.

mégaœsophage, *s. m.* : megaoesophagus, megaesophagus.

mégaorgane, *s. m.* : cf., **mégasplanchnie.**

mégarectum, *s. m.* : megarectum.

mégascope, *s. m.* : megascope (low power microscope for examining objects visible to the naked eye).

mégasème, *adj.* : megaseme (with an orbital index over 89°).

mégasigmoïde, *s. m.* : megasigmoid.

mégasplanchnie, *s. f.* : splanchnomegaly (enlargement of the viscera).

mégaspore, *s. m.* : megaspore, macrospore.

méga-uretère, *s. m.* : megalo-ureter.

mégavolt, *s. m.* : megavolt (10^6 volts).

mégohm, *s. m.* : megohm (10^6 ohms).

meibomiite, *s. f.* : meibomitis.

Meibomius (glandes de) : meibomian glands.

Meige (syndrome de) : Meige's *or* Milroy's disease (hereditary oedema of the legs).

Meinicke (réaction de) : Meinicke's test (for syphilis).

meiopragie, *s. f.* : cf., **miopragie.**

méiose, *s. f.* : 1. meiosis, miosis (reduction division); 2. miosis (contraction of the pupil); 3. meiosis, miosis (period when symptoms diminish).

meiostagmine (réaction de la) : Ascoli's reaction (miostagmin surface-tension test of sera).

melœna, *s. m.* : melaena, melena.

mélagre, *s. f.* : melagra (muscular pain in the limbs).

mélalgie, *s. f.* : melalgia (neuralgic pain in the limbs).

mélancolie, *s. f.* : melancholia.

mélancolique, *s. s.* : melancholiac, melancholic; *adj.* : melancholic.

mélange, *s. m.* : 1. mixture, admixture; 2. intermixture *(genet.)*, mixed breeding.

mélanger, *v.* : to mix, mingle, blend.

mélangez *(pharm.)* : mix, misce *(lat.)*, fiat mist *(pharm.).*

mélanémie, *s. f.* : melanemia, hemachromatosis.

mélanine, *s. f.* : melanin.

mélanique, *adj.* : melanic, melanous; **carcinome -** : melanocarcinoma; **sarcome -** : melanosarcoma; **squirrhe -** : melanoscirrhus, melanocarcinoma.

mélanisme, *s. m.* : melanism.

mélanoblaste, *s. m.* : melanoblast.

mélanoblastome, *s. m.* : melanoblastoma.

mélanoblastose, *s. f.* : melanoblastosis; **- neurocutanée** : neurocutaneous melanoblastosis.

mélanocinèse, *s. f.* : mobilization of melanin in the tissues.

mélanocyte, *s. m.* : melanocyte, chromatophore.

mélanocytome, *s. m.* : cf., **naevocarcinome.**

mélanodendrocyte, *s. m.* : cf., **mélanocyte.**

mélanodermatite, *s. f.* : melanodermatitis.

mélanodermie, *s. f.* : melanoderma.

mélanofibrome, *s. m.* : blue naevus.

mélanogenèse, *s. f.* : melanogenesis.

mélanogénocyte, *s. m.* : cf., **mélanocyte.**

mélanoglossie, *s. f.* : melanoglossia, black tongue.

mélanoïde, *adj.* : melanoid.

mélanomatose, *s. f.* : melanomatosis.

mélanome, *s. m.* : melanoma.

mélanoptysie, *s. f.* : expectoration of black sputum in anthracosis.

mélano-sarcome, *s. m.* : melanosarcoma.

mélanose, *s. f.* : melanosis.

mélanotrichie, *s. f.* : melanotrichia; **- linguale** : melanotrichia linguae, glossophytia.

mélanotrope (hormone) : MSH, melanotropic stimulating hormone.

mélanurie, *s. f.* : melanuria.

mélasme, *s. m.* : melasma, melanoderma.

mélasse, *s. f.* : molasses.

mélatonine, *s. f.* : melatonin.

méléna ou mélœna, *s. m.* : melaena, melena.

mélicérique, *adj.* : cf., **mélitagreux.**

mélicéris, *s. m.* : melicera, meliceris.

mélioïdose, *s. f.* : melioidosis (glanders-like disease in the Far East).

mélitagreux, *adj.* : suffering from melitagra.

mélitémie, *s. f.* : melitemia (excess of sugar in the blood).

mélitine, *s. f.* : melitin, melitine.

mélitococcie, *s. f.* : melitococcosis, Malta fever, undulant fever.

mélitose, *s. f.* : melitose, melitriose, raffinose.

méliturie, *s. f.* : melituria, diabetes mellitus.

Melkersson (syndrome de) : Melkersson's syndrome.

mellite, *s. m.* : mellite *(pharm.).*

mélomane, *s. m.* : melomaniac (one obsessively fond of music).

méloplastie, *s. f.* : meloplasty (1. plastic operation on the cheek; 2. plastic surgery of the extremities).

mélorhéostose, *s. f.* : melorheostosis.

mélotomie, *s. f.* : embryotomy involving section of a limb (obstructing delivery).

membrane, *s. f.* : membrane, membrana *(lat.)*; **- basilaire** : membrana basilaris *or* propria; **- calibrée** : graded membrane, gradocol membrane; **- de Corti** : Corti's membrane; **- flaccide de Schrapnell** : Schrapnell's membrane, pars flaccida, membrana flaccida, **- hyalines** : hyaline membranes; **- muqueuse** : mucous membrane; **- nictitante** : nictitating membrane; **- obturatrice** : obturator membrane; **- de Reissner** : Reissner's membrane, vestibular membrane; **- du tympan** : tympanic membrane, membrana tympani; **fausse -** : false *or* diphtheritic membrane.

membrané, *adj.* : membranous, membranaceous, webbed (fingers, toes).

membraneux, *adj.* : membranous, membranaceous; **d'aspect -** : membranoid; **labyrinthe -** : membranous labyrinth ; **urètre -** membranous urethra.

membraniforme, *adj.* : membraniform.

membranine, *s. f.* : membranin (1. the protein of Descemet's membrane and of the lens capsule; 2. the cellulose of yeast cells).

membre, *s. m.* : member, limb; **- fantôme** : phantom limb.

mémoration, *s. f.* : anterograde memory.

mémoire, *s. f.* : memory.

ménagogue, *adj.* : emmenagogue.

ménarche, *s. m.* : menarche.

Mendel (loi de) : Mendel's law *(genet.)*.

Mendel-Bechterew (réflexe ou signe de) : Mendel-Bechterew (1. foot reflex; 2. pupil reflex).

Mendeléeff (loi de) : Mendeléeff's law, periodic law; **tableau de -** : Mendeléeff's periodic table.

mendélisme, *s. m.* : mendelism.

Ménétrier (maladie de) : Ménétrier's hypertrophic gastritis.

menhidrose *ou* **ménidrose,** *s. f.* : menhidrosis, menidrosis.

Ménière (maladie de) : Ménière's disease, aural vertigo.

méninge, *s. f.* : meninx, *pl.* meninges.

méningé, *adj.* : meningeal; **complication -** : meningeal complication.

méningiome, *s. m.* : meningioma.

méningisme, *s. m.* : meningism, pseudomeningitis.

méningite, *s. f.* : meningitis.

méningitique, *adj.* : meningitic.

méningo- : meningo-, prefix meaning relating to the meninges.

méningocèle, *s. f.* : meningocele, meningeal hernia.

méningococcémie *ou* **méningococcie,** *s. f.* : meningococcemia.

méningocoque, *s. m.* : meningococcus.

méningocortical, *adj.* : meningocortical.

méningoencéphalite, *s. f.* : meningoencephalitis.

méningoencéphalocèle, *s. f.* : meningoencephalocele.

méningoencéphalomyélite, *s. f.* : meningoencephalomyelitis.

méningoépendymite, *s. f.* : meningoependymitis.

méningomalacie, *s. f.* : meningomalacia.

méningomyélite, *s. f.* : meningomyelitis, myelomeningitis.

méningo-myélocèle, *s. f.* : meningomyelocele.

méningopathie, *s. f.* : meningopathy (any disease of the meninges).

méningorachidien, *adj.* : meningorachidian.

méningoradiculaire, *adj.* : meningoradicular.

méningoradiculite, *s. f.* : meningoradiculitis.

méningorécidive, *s. f.* : neurorecidive, neurorelapse, neurorecurrence (nervous symptoms following organic arsenical treatment for syphilis).

méningorragie, *s. f.* : meningorrhagia, meningeal hemorrhage.

méningothéliome, *s. m.* : endotheliomatous *or* meningitheliomatous meningioma.

méningotropisme, *s. m.* : affinity for the meninges.

méningotyphoïde (fièvre) *ou* **méningotyphus,** *s. m.* : meningotyphoid.

méniscal, *adj.* : meniscal; **hernie -** : herniation of the nucleus pulposus.

méniscectomie, *s. f.* : meniscectomy.

méniscite, *s. f.* : meniscitis.

méniscographie, *s. f.* : radiography of the semilunar cartilages.

méniscopexie, *s. f.* : repair of the semilunar cartilages.

ménisque, *s. m.* : meniscus (1. curved surface of a column of liquid; 2. semilunar cartilage; 3. concavo-convex lens; **- convergent** : positive *or* converging meniscus; **- divergent** : negative *or* divergent meniscus, convexoconcave lens).

méno- : meno-, prefix meaning relating to the menses.

ménoméningococcie, *s. f.* : meningococcal meningitis.

ménopause, *s. f.* : menopause, climateric.

ménorragie, *s. f.* : menorrhagia.

ménorrhée, *s. f.* : menorrhea, menorrhoea.

ménorrhémie, *s. f.* : presence in the blood of menstrual products.

ménostase, *s. f.* : menostasia, menostasis (suppression of the menstrual flow).

ménoxénie, *s. f.* : menoxenia (abnormal menstruation).

menstruation, *adj.* : menstrual.

menstruel, *adj.* : menstrual.

menstrues, *s. f. pl.* : menses, menstrua.

mensuel, *adj.* : mensual, monthly.

mensuration, *s. f.* : mensuration, measurement.

mentagre, *s. f.* : mentagra, sycosis, barber's itch.

mental, *adj.* : mental; **aliénation -** : insanity.

mentalité, *s. f.* : mentality.

menthol, *s. m.* : menthol.

mentisme, *s. m.* : mentism.

menton, *s. m.* : chin, mentum *(lat.)*; **houppe du -** : mandibularis muscle; **à - fuyant** : mento-posterior *(obstet.)*; **à - proéminent** : mento-anterior *(obstet.)*.

mentonnier, *adj.* : mental; **point -** : mental point; **trou -** : mental foramen.

méphitique, *adj.* : mephitic, foul, noxious.

méphitisme, *s. m.* : mephitism, mephitis, foul air.

méralgie, *s. f.* : meralgia; **- paresthésique** : meralgia paraesthetica, Bernhardt's paresthesia.

mercaptan, *s. m.* : mercaptan *(chem.)*.

mercure, *s. m.* : mercury, quicksilver, hydrargyrum *(lat.)*.

mercureux, *adj.* : mercurous.

mercurialisation, *s. f.* : mercurialization.

mercurialiser, *v.* : to mercurialize.

mercurialisme, *s. m.* : mercurialism, hydrargism.

mercuriel, *adj.* : mercurial; **érythème -** : mercurial rash; **paralysie -** : mercurial palsy.

mercurique, *adj.* : mercuric.

mercurochrome, *s. m.* : mercurochrome, merbromin (antiseptic).

méridien, *s. m., adj.* : meridian.

méridional, *adj.* : meridional.

mérismopédie *ou* **mériste,** *s. f.* : merismopedia, merista, tetragenous bacteria.

méristique, *adj.* : meristic, symmetrical.

méro- : mero-, prefix meaning part.

méroblaste, *s. m.* : meroblast.

méroblastique, *adj.* : meroblastic (partially dividing); **œuf -** : meroblastic ovum.

mérocèle, *s. m.* : merocele, femoral hernia.

mérocrine, *adj.* : merocrine.

mérodiastolique, *adj.* : merodiastolic.

mérogénote, *s. f.* : merogenote *(embryol.)*.

mérogonie, *s. f.* : merogony *(embryol.)*.

méroplasmatique (formule) *(morph.)* : formula for expressing the relative proportions of the different parts of the body.

mérosystolique, *adj.* : merosystolic.

mérotomie, *s. f.* : merotomy.

mérozoïte, *s. m.* : merozoite.

mérozygote, *s. m.* : merozygote.

Méry (glandes de) : Méry's *or* Cowper's glands.

méricisme, *s. m.* : mericism, rumination.

méryite, *s. f.* : *cf.,* **cowpérite.**

mésaraïque, *adj.* : mesaraic, mesenteric.

mésartérite, *s. f.* : mesarteritis.

mésaticéphale, *adj.* : mesaticephalic (with a cephalic index between 75 and 79).

mésaticéphalie, *s. f.* : mesocephalic *or* mesaticephalic morphology.

mésatimorphe, *adj.* : *cf.,* **mésomorphe.**

mésencéphale, *s. m.* : mesencephalon, midbrain.

mésencéphalique, *adj.* : mesencephalic.

mésenchyme, *s. m.* : mesenchyme.

mésenchymome, *s. m.* : mesenchymoma.

mésentère, *s. m.* : mesentery.

mésentérique, *adj.* : mesenteric.

mésentérite, *s. f.* : mesenteritis.

mésentéron, *s. m.* : mesenteron.

mésiclusion *ou* **mésiocclusion,** *s. f.* : mesioclusion, mesio-occlusion *(odont.)*.

mesmérien *ou* **mesmérique,** *adj.* : mesmeric.

mesmérisme, *s. m.* : mesmerism, hypnotism.

méso- : meso-, prefix meaning (1. middle; 2. mesenteric).

mésoappendice, *s. m.* : mesoappendix.

mésoblaste, *s. m.* : mesoblast, early mesoderm.

mésocarde, *s. m.* : mesocardium.

mésocardie, *s. f.* : mesocardia (atypical central location of the heart).

mésocéphalie, *s. f.* : *cf.,* **mésaticéphalie.**

mésocolique, *adj.* : mesocolic.

mésocôlon, *s. m.* : mesocolon.

mésocolopexie, *s. f.* : mesocolopexy, mesocoloplication.

mésocyste, *s. m.* : mesocyst.

mésoderme, *s. m.* : mesoderm.

mésodermose, *s. f.* : any affection of mesodermal tissues.

mésodiastole, *s. f.* : mesodiastole, mid-diastole.

mésodiastolique, *adj.* : mesodiastolic, mid-diastolic.

mésoduodénite, *s. f.* : inflammation of the mesoduodenum.

mésoduodénum, *s. m.* : mesoduodenum.

mésogastre, *s. m.* : mesogaster, mesogastrium, midgut.

mésogastrique, *adj.* : mesogastric.

mésoglie, *s. f.* : mesoglia (1. microglia; 2. oligodendroglia).

mésognathie, *s. f. (morph.)* : average normal development of the jaws.

mésohistologie, *s. f.* : mesological influence on anatomical and histological characteristics.

méso-inositol, *s. m.* : meso-inositol, vitamin B7.

mésologie, *s. f.* : mesology, ecology.

mésomélique, *adj.* : mesomelic (pertaining to the midportion of the arm *or* leg).

mésomètre, *s. m.* : mesometrium (1. the myometrium; 2. the broad ligament below the mesovarium).

mésométrie, *s. f.* : *cf.,* **eumétrie.**

mésomorphe, *adj.* : mesomorphic *(morph.).*

mésoneurite *ou* **mésonévrite,** *s. f.* : mesoneuritis; **forme nodulaire de -** : nodular mesoneuritis.

mésopexie, *s. f.* : mesopexy, mesenteriopexy.

mésophragme, *s. m.* : mesophragma, Hensen's line (clear line in dark band of a sarcomere).

mésoprosope, *adj.* : mesoprosopic *(morph.).*

mésorectum, *s. m.* : mesorectum.

mésoroptre, *s. m.* : mesoropter (normal position of the eyes with their muscles at rest).

mésorrhinien, *adj.* : mesorrhine (with a nasal index of 48°-53°).

mésosalpinx, *s. m.* : mesosalpinx.

mésosème, *adj.* : mesoseme (with an orbital index of 84°-89°).

mésosigmoïdite, *s. f.* : mesosigmoiditis.

mésosigmoïdopexie, *s. f.* : mesosigmoidopexy.

mésosome, *s. m.* : mesosome *(genet.).*

mésosternum, *s. m.* : mesosternum, midsternum, gladiolus (second piece of the sternum).

mésosystole, *s. f.* : mesosystole, mid-systole.

mésosystolique, *adj.* : mesosystolic, mid-systolic.

mésotestis, *s. m.* : mesorchium.

mésothéliome, *s. m.* : mesothelioma.

mésothélium, *s. m.* : mesothelium.

mésothorax, *s. m.* : mesothorax.

mésovarium, *s. m.* : mesovarium.

mésozoaire, *s. m.* : mesozoon, *pl.* mesozoa *(zool.).*

mesure, *s. f.* : 1. measure, gauge, standard; 2. measurement, bounds, extent, limit ; **- étalon** : standard measure.

mesurer, *v.* : to measure, weigh, compare; **- au niveau** : to level, take the level.

métabase, *s. f.* : metabasis (1. change from one disease to another; 2. metastasis).

métabiose, *s. f.* : metabiosis.

métabolimétrie, *s. f.* : metabolimetry.

métabolique, *adj.* : metabolic.

métabolisme, *s. m.* : metabolism; **- basal, de base** *ou* **minimum** : basal metabolism.

métabolite, *s. m.* : metabolite.

métacarpe, *s. m.* : metacarpus *(anat.).*

métacarpien, *adj.* : metacarpal.

métacarpophalangien, *adj.* : metacarpophalangeal.

métacaryocyte, *s. m.* : metacaryocyte, metakaryocyte.

métachromasie, *s. f.* : metachromasia *(histol.).*

métachromatique, *adj.* : metachromatic.

métachromatisme, *s. m.* : metachromatism, metachromasia.

métachronose, *s. f.* : modification of chronaxy.

métacondyle, *s. m.* : metacondyle (distal phalanx *or* phalangeal bone).

métacortandralone, *s. f.* : delta-hydrocortisone.

métacortène, *s. m.* : *cf.,* **métacortandracine.**

métacritique, *adj.* : following the crisis of an illness.

métagaster, *s. m.* : metagaster (permanent intestinal canal of the embryo).

métagastrula, *s. m.* : metagastrula.

métagenèse, *s. f.* : metagenesis, alternate generation.

métagénésique, *adj.* : following fecundation.

métagmique, *adj.* : following a fracture.

métagranulocyte, *s. m.* : metagranulocyte, progranulocyte.

métakinèse, *s. f.* : metacinesis, metakinesis (separation of asters in mitosis).

métal, *s. m.* : metal.

métallique, *adj.* : metallic.

métalloïde, *s. m.* : metalloid (element with some of the properties of a true metal); *adj.* : metalloid (like metal).

métallophobie, *s. f.* : metallophobia *(psych.).*

métallothérapie, *s. f.* : metallotherapy.

métamère, *s. m.* : metamere *(biol.);* *adj.* : metameric; **composé -** : metameride.

métamérie, *s. f.* : metamerism (1. type of isomerism; 2. anatomical arrangement of metameres).

métamorphie, *s. f.* : metamorphic differentiation of connective tissue.

métamorphique, *adj.* : metamorphic.

métamorphopsie, *s. f.* : metamorphopsia (distorted vision of organic origin).

métamorphose, *s. f.* : metamorphosis (1. transition from one developmental stage to another [*e.g.* in insects and amphibia]; 2. degeneration).

métamyélocyte, *s. m.* : metamyelocyte *(hematol.).*

métanémie, *s. f.* : atypical anemia.

métanéphros, *s. m.* : metanephros *(embryol.).*

métaphase, *s. f.* : metaphase.

métaphyse, *s. f.* : metaphysis *(anat.).*

métaplasie, *s. f.* : metaplasia.

métaplastique, *adj.* : metaplastic; **processus -** : metaplasia.

métaplasma, *s. m.* : metaplasm (cytoplasm containing products of secretion *or* excretion).

métapneumonique, *adj.* : metapneumonic (following the crisis).

métastable, *adj.* : metastable.

métastase, *s. f.* : metastasis.

métastatique, *adj.* : metastatic.

métasyphilitique, *adj.* : metasyphilitic (1. resulting from syphilis; 2. pertaining to congenital syphilis).

métatarsalgie, *s. f.* : metatarsalgia, Morton's disease.

métatarse, *s. m.* : metatarsus *(anat.).*

métatarsien, *adj.* : metatarsal.

métatarsomégalie, *s. f.* : excessive growth of the metatarsal bones.

métathérapeutique, *adj.* : following treatment.

métathèse, *s. f.* : metathesis (1. transfer of a morbid process from one site to another; 2. chemical substitution reaction).

métatopie, *s. f.* : metatopia (local metaplastic overgrowth, *e.g.* ecchondroses in arthritis deformans).

métatrophique, *adj.* : metatrophic.

métatypie, *s. f.* : change of type.

métatypique, *adj.* : metatypic, metatypical.

métaxénie, *s. f.* : metaxeny, metoxeny (conditioned existence of a parasite upon an intermediate host).

métazoaire, *s. m.* : metazoon, *pl.* metazoa.

Metchnikoff (théorie phagocytaire de) : Metchnikoff's phagocytic theory.

métencéphale, *s. m.* : metencephalon, after-brain.

météorisme, *s. m.* : meteorism, tympanites (distention of the abdomen or bowel with gas).

météorographe, *s. m.* : meteorograph.

météorologie, *s. f.* : meteorology.

météorolabile, *adj.* : meteorosensitive (abnormally sensitive to weather changes).

météoropathie, *s. f.* : meteoropathy (any disorder due to climatic conditions).

météoropathologie, *s. f.* : meteoropathology.

météorotrope, *adj.* : meteorotropic.

méthane, *s. m.* : methane, marsh-gas.

méthanol, *s. m.* : methanol, methyl alcohol.

méthémoglobine, *s. f.* : methemoglobin.

méthémoglobinurie, *s. f.* : methemoglobinuria.

méthionine, *s. f.* : methionin.

méthode, *s. f.* : method.

méthomanie, *s. f.* : methomania (insanity due to alcoholism).

méthylate, *s. m.* : methylate.

méthylation, *s. f.* : methylation.

méthyle, *s. m.* : methyl, CH_3-radical.

méthylène, *s. m.* : methylene; **bleu de -** : methylene blue *(histol.).*

méthylique, *adj.* : methylic; **alcool -** : methyl alcohol, methanol.

métis, *s. m., adj.,* **métisse,** *s. f., adj.* : metis.

métissage, *s. m.* : cross-breeding, miscegenation.

métœstrus, *s. m.* : metoestrus, metestrus.

métopage, *s. m.* : metopagus, metopopagus (conjoined twins united at the forehead).

métopique, *adj.* : metopic, frontal; **point -** : metopic point, metopion *(anat.);* **suture -** : metopic suture, frontal suture.

métralgie, *s. f.* : metralgia, metrodynia (pain in the uterus).

mètre, *s. m.* : meter, metre (= 39.97 inches).

métrectomie, *s. f.* : metrectomy, hysterectomy.

métreurynter, *s. m.* : metreurynter (inflatable bag for dilating the uterine cervix).

métrique, *adj.* : metric; **système -** : metric system.

métrite, *s. f.* : metritis.

métro- : metro-, prefix meaning relating to the uterus.

métrocèle, *s. m.* : metrocele.

métrocolpocèle, *s. f.* : metrocolpocele.

métrocyte, *s. m.* : metrocyte (1. mother cell; 2. large normoblast, megaloblast).

métrologie, *s. f.* : metrology.

métromane, *s. m.* : metromaniac (one insanely fond of writing verses).

métromanie, *s. f.* : metromania.

métronome, *s. m.* : metronome.

métropathie, *s. f.* : metropathy (any uterine disease).

métropéritonite, *s. f.* : metroperitonitis.

métrophlébite, *s. f.* : metrophlebitis.

métroptose, *s. f.* : metroptosis, uterine prolapse.

métrorragie, *s. f.* : metrorrhagia flooding *(vernac.).*

métrorrhée, *s. f.* : metrorrhea.

métroscope, *s. m.* : metroscope, hysteroscope.

métroscopie, *s. f.* : metroscopy, hysteroscopy.

métrotomie, *s. f.* : metrotomy, hysterotomy.

meurtrissure, *s. f.* : bruise, contusion.

Meynert (faisceau de) : Meynert's bundle (brain).

Meynet (nodosités de) : Meynet's nodes (in joint capsules and tendon-sheaths).

miasmatique, *adj.* : miasmatic, miasmal, noxious; **maladies -** : miasmatic diseases, malarial diseases.

miasme, *s. m.* : miasma, *plur.* miasmata.

mica, *s. m.* : mica.

micacé, *adj.* : micaceous.

micelle, *s. f.* : micella, *plur.* micellae *(lat.),* micelle, tagma, *plur.* tagmata *(gr.).*

micro- : micro-, prefix meaning (1. very small; 2. one-millionth part of the unit to which it is prefixed).

micro-aérophile *ou* **micro-aérophilique,** *adj.* : microaerophilic.

microanalyse, *s. f.* : microanalysis.

microangiopathie thrombotique : thrombotic microangiopathy.

microbactéries, *s. f. pl.* : microbacteria.

microbalance, *s. f.* : microbalance, micrometer balance.

microbe, *s. m.* : microbe, microbien, micro-organism.

microbicide, s. m. : microbicide, germicide; adj. : microbicidal, germicidal.

microbie, s. f. : cf., **microbiologie.**

microbien, adj. : microbic, microbial, microbian.

microbiologie, s. f. : microbiology.

microbiologique, adj. : microbiological; **dosage -** : microbiological assay.

microbiologiste, s. m. : microbiologist.

microbisme, s. m. : microbism (microbial infection); **- latent** : latent microbism.

microblaste, s. m. : microblast (erythroblast less than 5 µ in diameter).

microcalorie, s. f. : microcalorie, microcalory.

microcardie, s. f. : microcardia.

microcaulie, s. f. : microcaulia.

microcentre, s. m. : centrosome, microcentrum.

microcéphale, s. m. : microcephalus; adj. : microcephalic, microcephalous, micrencephalous.

microcéphalie, s. f. : micephaly, microcephalism.

microchimie, s. f. : microchemistry.

microchirurgie, s. f. : microsurgery, microdissection.

microclimat, s. m. : microclimate.

micrococcus, s. m. : micrococcus.

microcôlon, s. m. : microcolon.

microconidie, s. f. : microconidium, plur. microconidia.

microcoque, s. m. : micrococcus.

microcosme, s. m. : microcosm.

microcosmique, adj. : microcosmic.

microculture, s. f. : microculture.

microcurie, s. f. : microcurie (10^{-6} curie).

microcytaire, adj. : microcytic.

microcytase, s. f. : microcytase.

microcyte, s. m. : microcyte (erythrocyte less than 5 µ in diameter).

microcytémie, s. f. : microcythemia, microcytosis.

microcytique, adj. : microcytic.

microcytose, s. f. : cf., **microcytémie.**

microdactylie, s. f. : microdactylia.

microdontisme, s. m. : microdontia, microdontism.

microdosage, s. m. : microdetermination, microestimation.

microdrépanocyte, s. m. : microdrepanocyte.

microdrépanocytose, s. f. : microdrepanocytosis.

microfarad, s. m. : microfarad (10^{-6} farad).

microfilaire, s. m. : microfilaria (prelarval stage of filariasis).

microgamète, s. m. : microgamete.

microgamétocyte, s. m. : microgametocyte.

microgastrie, s. f. : microgastria.

microgénie, s. f. : microgenia (smallness of the chin).

microgliocyte, s. m. : micragliacyte, microgliacyte.

microglie, s. f. : microglia.

microglossie, s. f. : microglossia.

micrognathie, s. f. : micrognathia.

microgramme, s. m. : microgram (µg. = 10^{-6} gram).

micrographe, s. m. : micrograph (1. instrument for recording minute movements; 2. photomicrograph).

micrographie, s. f. : micrography (1. description of microscopic objects; 2. very minute writing).

microgyrie, s. f. : microgyria (smallness of the cerebral convolutions).

microhématurie, s. f. : microscopically detectable hematuria.

microhm, s. m. : microhm (electr., 10^{-6} ohm).

microleucocytoculture, s. f. : bacterial culture grown from septicemic leucocytes.

microlithiase, s. f. : microlithiasis.

micrologie, s. f. : micrology.

micromanie, s. f. : micromania (delusion of reduced size or importance).

micromanipulateur, s. m. : micromanipulator.

micromanipulation, s. f. : micromanipulation.

micromastie, s. f. : micromastia, micromazia (abnormal smallness of the breast).

micromélie, s. f. : micromelia (abnormal smallness or shortness of the limbs).

micromètre, s. m. : micrometer; **- objectif** : stage micrometer; **- oculaire** : micrometer eyepiece or ocular.

micrométrie, s. f. : micrometry.

micron, s. m. : micron (symbol µ = 10^{-3} mm).

micronodulaire, adj. : micronodular.

micronucleus, s. m. : micronucleus (1. the smaller of two nuclei in ciliate protozoa; 2. a small nucleus).

micro-organisme, s. m. : micro-organism.

microparasite, s. f. : microparasite.

microphage, s. m. : microphage, microphagocyte.

microphagocytose, s. f. : phagocytosis of micro-organisms.

microphakie, s. f. : microphakia (abnormal smallness of the crystalline lens).

microphone, s. m. : microphone.

microphotographie, s. f. : microphotograph (photograph of very small size).

microphtalmie, s. f. : microphthalmia.

microphysique, s. f. : microphysics.

microphyte, s. m. : microphyte (bot.).

micropie ou **micropsie,** s. f. : micropia, micropsia.

micropyle, s. m. : micropyle (opening in the ovum through which a spermatozoon can penetrate).

microrchidie, s. f. : microrchidia.

microrhinie, s. f. : microrhinia.

microscope, s. m. : microscope; **- binoculaire** : binocular microscope; **- cornéen à lampe à fente** : slit-lamp microscope; **- à contraste de phase** :

phase contrast microscope; **- à dissection** : dissecting microscope; **- électronique** : electron microscope; **- à fluorescence** : fluorescence microscope; **- à fond noir** : dark field or dark ground microscope, ultramicroscope; **- à immersion** : immersion microscope; **- à interférence** : interference microscope; **- à platine chauffante** : warm or hot stage microscope; **- polarisant** : polarizing microscope; **- aux rayons ultraviolets** : ultraviolet microscope.

microscopie, s. f. : microscopy.

microscopique, adj. : microscopic.

microsème, adj. : microseme (with orbital index less than 84).

microsérologie, s. f. : microserology.

mikroskélie, s. f. : cf., **brachyskélie.**

microsomatie, s. f. : cf., **microsomie.**

microsome, s. m. : microsome (cytol.).

microsomie, s. f. : microsoma, microsomia (morph.); **- partielle** : meromicrosomia.

microspectroscope, s. m. : microspectroscope.

microsphère, s. f. : microsphere, centrosome.

microsphérocytose, s. f. : microspherocytosis.

microsphygmie, s. f. : microsphygmia, microsphygmy, microsphyxia (weak pulse).

microspondylie, s. f. : congenital smallness of the vertebrae.

microspore, s. m. : microsporon, Microsporum (genus of ringworm fungi).

microsporidies, s. f. pl. : Microsporidia.

microsporie, s. f. : microsporia, ringworm, Gruby's disease.

Microsporon, s. m. : Microsporon; **- furfur** : Microsporon furfur (parasite causing tinea versicolor).

microsporose, s. f. : microsporosis, trichophytosis.

microsthésie, s. f. : defective sense of touch, causing underestimation of size.

microstomie, s. f. : microstomia (abnormal smallness of the mouth).

microtherme, s. m. : microtherm (organism that lives at low temperatures).

microtie, s. f. : microtia (abnormal smallness of the ears).

microtome, s. m. : microtome; **- à congélation** : freezing microtome.

microtomie, s. f. : microtomy.

microvolt, s. m. : microvolt (electr. : 10^{-6} volt).

microzoaire, s. m. : microzoon.

microzyme, s. m. : microzyme (one of many names for subcellular particles endowed with metabolic activity).

miction, s. f. : miction, emiction, micturition; **- douloureuse et difficile** : stranguria, strangury.

micturition, s. f. : cf., **miction.**

mie de pain, s. f. : breadcrumbs, mica panis (lat.).

miel, s. m. : honey, mel (lat.).

migraine, s. f. : migrain, hemicrania, megrim; **- ophtalmique** : blinding headache.

migration, s. f. : migration.

Mikulicz (maladie ou syndrome de) : Mikulicz's disease (chronic enlargement of the lacrimal and salivary glands).

mildiou, s. m. : mildew.

miliaire, s. f. : miliaria, heat rash, prickly heat; **- blanche** : miliaria alba, sudamina crystallina; adj. : miliary; **acné -** : milium; **suette -** : miliaria papulosa; **tuberculose - aiguë** : acute miliary tuberculosis.

milieu, s. m. : 1. medium, plur. media; 2. environment.

milium, s. m. : milium (small white skin-nodule).

Millar (asthme de) : Millar's asthma, laryngismus stridulus.

Millard-Gübler (syndrome de) : Millar-Gübler syndrome, alternate hemiplegia.

Millon (réactif de) : Millon's reagent; **réaction de -** : Millon's test (for protein).

mimétique, adj. : mimetic, mimetical, mimic.

mimétisme, s. m. : mimesis, mimicry, imitation.

mimique, adj. : mimic, mimetic, imitative.

mimocinétique (amnésie) : amimia (loss of memory for the significance of gestures).

mince, adj. : thin, slender, slim.

mine, s. f. : aspect, appearance, expression.

minéral, adj. : mineral; **eau -** : mineral water ; **goudron -** : pitch; **huile -** : mineral.

minéralisation, s. f. : mineralization.

minéralocorticoïdes, s. m. pl. : mineralocorticoids.

minerve, s. f. : orthopedic appliance for supporting the head in cases of injury to the neck.

mineur, s. m. : 1. miner; **anémie des -** : miner's anemia, cachexia or disease; **nystagmus des -** : miner's nystagmus; 2. minor, under legal age; 3. burrowing; adj. : 1. burrowing; 2. minor, lesser, under age.

minimum, s. m. : minimum; **dose -** : minimal dose; **dose - mortelle** : minimum lethal dose (m.l.d.).

minium, s. m. : minium, lead tetroxide (Pb_3O_4).

minutage, s. m. : timing.

minute, s. f. : minute (of time).

miopragie, s. f. : miopragia (diminished functional activity).

miostagmine (réaction de la) : miostagmin reaction.

miotique, s. m., adj. : miotic (causing contraction of the pupil).

mire, s. f. : mire (ophthalmometer).

miroir, s. m. : mirror; **- frontal** : head or frontal mirror.

misandrie, s. f. : cf., **misanthropie.**

misanthrope, s. m. : misanthrope.

misanthropie, s. f. : misanthropy.

miscibilité, s. f. : miscibility.

miscible, *adj.* : miscible, mixable.

mise, *s. f.* : placing, putting, setting; **- à plat d'une plaie** : saucerization of a wound ; **- au point** : adjustment, focusing *(micr.)*; **- bas** : birth (of animals), dropping of young, litter.

misogamie, *s. f.* : misogamy.

misogyne, *s. m.* : misogynist, woman-hater; *adj.* : misogynous.

misogynie, *s. f.* : misogyny.

misologie, *s. f.* : misologia (1. morbid dread of conversation; 2. aversion to mental effort *or* intellectual activity).

misonéisme, *s. m.* : misoneism (dislike of novelty).

misonéiste, *s. m.* : misoneist.

mithridatisme, *s. m.* : mithridatism (habituation to poisons by taking gradually increasing doses).

mitigeant, *adj.* : mitigating, alleviating, moderating.

mitiger, *v.* : to mitigate, alleviate, moderate.

mitochondrie, *s. f.* : mitochondria.

mitoclasique, *adj.* : causing rupture of chromosomes.

mitogénétique, *adj.* : mitogenetic.

mitome, *s. m.* : mitome *(cytol.)*.

mitose, *s. f.* : mitosis, karyokinesis.

mitosine, *s. f.* : mitosin.

mitotique, *adj.* : mitotic.

mitral, *adj.* : mitral; **insuffisance -** : mitral insufficiency *or* regurgitation ; **maladie -** : mitral disease; **rétrécissement -** : mitral stenosis; **souffle de la valvule -** : mitral murmur; **valvule -** : mitral valve.

mitralite, *s. f.* : mitral valvulitis.

mixtion, *s. f.* : mixing, mixture.

mixture, *s. f.* : mixture.

miyagawanellose, *s. f.* : miyagawanellosis (japanese pararickettsiosis).

mnésique, *adj.* : remembering, retaining memory.

mobilisation, *s. f.* : mobilization (rendering an ankylosed part mobile).

mobilité, *s. f.* : mobility, movableness; **- de physionomie** : mobility of features.

modalité, *s. f.* : modality.

mode, *s. m.* : mode, method, modus *(lat.)*; **- d'emploi** : directions for use; **- de séparation** : means of separating; **- opératoire** : procedure.

modèle, *s. m.* : model, pattern.

Mœbius (maladie de) : Mœbius' disease, periodic paralysis of the motor oculi; **signe de -** : Mœbius' sign (failure of convergence in exophthalmic goitre).

moelle, *s. f.* : cord; marrow; medulla *(lat.)* (1. **- allongée** : medulla oblongata; **cordon latéral de la -** : funiculus of Rolando; **dégénérescence systématique de la** : system disease; **- épinière** : spinal cord; **formation réticulaire de la -** : formatio reticularis, lattice-work of the thalamus; **sclérose combinée de la -** : combined sclerosis; 2. **- osseuse** : bone marrow).

Moeller-Barlow (maladie de) : Moeller's *or* Barlow's disease, infantile scurvy.

mogigraphie, *s. f.* : mogigraphia, writer's cramp.

mogilalie, *s. f.* : mogilalia, stammering, stuttering.

mogiphonie, *s. f.* : mogiphonia.

moignon, *s. m.* : stump.

moisi, *adj.* : mildewy, mouldy.

moisissure, *s. f.* : 1. mildew, mold, mould; 2. mouldiness, mustiness.

moite, *adj.* : damp, moist.

moiteur, *s. f.* : dampness, humidity, moistness, moisture.

moitié, *s. f.* : half.

molaire, *s. f.* : molar *(odont.)*; *adj.* : molar (pertaining to 1. mass; 2. molar teeth); **physique -** : molar physics.

molaire, *adj.* : pertaining to a hydatidiform mole.

molal, *s. m.* : unit of molality (= 1 mol/1,000 g. of solvent).

molalité, *s. f.* : molality (number of mols /1,000 g. of solvent).

molariforme, *adj.* : molariform (shaped like a molar tooth).

molarité, *s. f.* : molarity (number of mols/litre of solvent).

mole, *s. f.* : gram-molecule.

môle, *s. f.* : mole *(obstet.)*.

moléculaire, *adj.* : molecular; **attraction -** : molecular attraction *or* force ; **masse ou poids -** : molecular weight.

molécule, *s. f.* : molecule; **- -gramme** : gram-molecule, mol.

molimen, *s. m.* : molimen, *pl.* molimina.

mollesse, *s. f.* : softness, flabbiness, mollities.

mollet, *s. m.* : calf *(anat.)*.

molluscum, *s. m.* : molluscum *(derm.)*; **- contagiosum** : molluscum contagiosum, Bateman's disease ; **fibrome - ou - pendulum** : molluscum fibrosum *or* pendulum; **- pseudo-carcinomatosum** : keratoacanthoma, molluscum sebaceum.

molybdate, *s. m.* : molybdate.

molybdène, *s. m.* : molybdenum.

molybdeux, *adj.* : molybdous.

molybdique, *adj.* : molybdic.

Momburg (méthode de) : Momburg's belt (used to check postpartum hemorrhage).

momification, *s. f.* : mummification, dry gangrene.

momifié, *adj.* : mummified.

monade, *s. m.* : monad *(biol., chem.)*.

monarthrite, *s. f.* : monarthritis.

monastère, *s. m.* : monaster, aster (mitotic prophase).

monère, *s. f.* : moner, moneron (non-nucleated simple unicellular organism).

mongolien, *adj.* : Mongolian, mongoloid; **idiotie ou imbécillité -** : Mongolian idiocy.

mongolique, *adj.* : mongoloid.

mongolisme, s. m. : Down's syndrome, mongolism.

mongoloïde, s. m. : mongoloid.

Monilethrix, s. m. : *Monilethrix (dermat.).*

Monilia, s. f. : *Monilia* (former name for a genus of fungi now called Candida).

moniliase, s. f. : cf., **moniliose.**

moniliforme, adj. : moniliform.

moniliose, s. f. : moniliosis, candidiasis.

monisme, s. f. : monism.

moniteur, s. m. : monitor.

mono- : mono-, prefix meaning one or single.

monoarthrite, s. f. : monoarthritis (arthritis affecting a single joint).

monoatomique, adj. : monoatomic.

monoballisme, s. m. : hemiballism limited to one arm.

monobasique, adj. : monobasic *(chem.).*

monoblaste, s. m. : monoblast *(cytol.).*

monoblepsie, s. f. : monoblepsia.

monocaténaire, adj. : single-stranded (DNA, RNA).

monocellulaire, adj. : unicellular; **couche -** : monocell-layer, unicellular layer.

monochorée, s. f. : monochorea.

monochromatique, adj. : monochromatic, monochroic, monochromic.

monocle, s. m. : monocle, single eyeglass.

monocouche, s. f. : monolayer.

monoculaire, adj. : monocular; **cécité -** : blindness in one eye; **diplopie -** : monodiplopia; **vision -** : monocular vision.

monocyclique, adj. : monocyclic.

monocytaire, adj. : monocytic; **angine -** : glandular fever, infectious mononucleosis.

monocyte, s. m. : monocyte, large mononuclear leucocyte; **angine à -** : infectious mononucleosis.

monocytodermie, s. f. : cutaneous manifestations of monocytosis.

monocytoïde, adj. : resembling a monocyte.

monocytose, s. f. : monocytosis.

monodactyle, adj. : monodactylous.

monogamie, s. f. : monogamy.

monogastrique, adj. : monogastric.

monogène, adj. : monogenic, monogenous, monogenetic.

monogenèse, s. f. : monogenesis; adj. : monogenetic.

monogénésique, adj. : monogenic, monogenetic.

monogénisme, s. m. : monogenism *(anthrop.).*

monographie, s. f. : monograph.

monohydraté, adj. : monohydrated.

monohydrique, adj. : monohydric.

monoïdéisme, s. m. : monoideism (morbid preoccupation with a single idea).

monomane ou **monomaniaque,** s. m., adj. : monomaniac.

monomanie, s. f. : monomania.

monomélique, adj. : monomelic (affecting one limb).

monomérie, s. f. : monomeric heredity.

monomérique, adj. : monomeric *(genet.).*

monomorphe, adj. : monomorphic, monomorphous.

mononévrite, s. f. : mononeuritis.

mononucléaire, s. m. : mononuclear; adj. : mononuclear, mononucleated.

mononucléose, s. f. : mononucleosis; **- infectieuse** : infectious mononucleosis, glandular fever.

monophasique, adj. : monophasic.

monophtalme, adj. : monophthalmic, cyclopic, one-eyed.

monophtalmie, s. f. : monophthalmia, cyclopia, monopsia.

monophylétique, adj. : monophyletic; **théorie -** : monophyletism, Haeckel's law.

monophylétisme, s. m. : monophyletism, monophyletic theory.

monoplaste, s. m. : monoplast, simple cell.

monoplastide, s. m. : monoplastid.

monoplégie, s. f. : monoplegia.

monopsie, s. f. : cf., **monophtalmie.**

monorchide, s. m. : monorchid, monorchis.

monorchidie, s. f. : monorchidism, monorchism.

monosaccharide ou **monose,** ou **ose,** s. m. : monosaccharide, monosaccharose, monose.

monosodique, adj. : monosodic *(chem.).*

monosome, s. m. : monosome *(genet.).*

monosymphytogyne, adj. : with adherent ovary.

monosymptomatique, adj. : monosymptomatic.

monothèle, adj. : with one ovary.

monothermie, s. f. : monothermia.

monotonie, s. f. : monotonia, monotonous voice.

monotriche, adj. : *Monotricha* (genus of bacteria with one polar flagellum).

monovalent, adj. : monovalent, univalent.

monoxène, adj. : monoxenous.

monozygote, adj. : monozygotic; **jumeau -** : monozygotic or identical twin.

Monro (point de) : Monro's point; **sillon de -** : Monro's sulcus *(anat.);* **trou de -** : foramen of Monro *(anat.).*

monstre, s. m. : monster, monstrosity; **- autositaire** : autositic monster; **- parasitaire** : parasitic monster.

monstruosité, s. f. : monstrosity.

mont de Vénus : mons veneris.

montage, s. m. : 1. montage, mounting *(phot.);* 2. assembling, setting up; 3. decoction, boiling up (of liquids); 4. connecting up *(electr.);* **- au baume** : mounting in balsam.

Montgomery (tubercules de) : Montgomery's or Morgagni's glands or tubercles.

monticule, s. m. : monticulus, small eminence.

Morand (ergot de) : Morand's spur, hippocampus minor.

Morax (diplobacillus de) : Morax-Axenfeld bacillus.

morbide, adj. : morbid, diseased.

morbidité, s. f. : morbidity (1. condition of being diseased; 2. condition inducing disease; 3, ratio of sick to well persons in a community; 4. ratio of sick persons to total population).

morbifique ou **morbigène,** adj. : morbific, morbigenous.

morbilleux, adj. : morbillous (pertaining to measles).

morbilliforme, adj. : morbilliform (resembling measles).

morcellement, s. m. : morcellement, morcellation (surg., obstet.).

mordançage, s. m. : mordanting; **virage par -** : mordant toning (phot.).

mordancer, v. : to mordant.

mordant, s. m., adj. : mordant, caustic, corrosive.

mordicant, adj. : mordicant, acrid, biting.

mordre, v. : to bite, to corrode.

Morestin (opération de) : Morestin's operation.

morfondure, s. f. : cold, panzootic catarrhal fever, influenza (horse, dog).

Morgagni (cartilages de) : Morgagni's or Wrisberg's cartilages (larynx); **colonnes de -** : Morgagni's columns (rectum); **hydatide sessile de -** : hydatid of Morgagni, appendix testis; **lacunes de -** : Morgagni's or urethral lacunae; **nodules de -** : corpora arantii, noduli valvularum semilunarium; **syndrome de -** : Morgagni's or Morel's syndrome, hyperostosis frontalis interna; **trou borgne de -** : Morgagni's foramen (1. interval between the basi-occiput and the superior constrictor muscle; 2. congenital defect in the diaphragm [site of diaphragmatic hernia]); **tubercules de -** : Morgagni's tubercles, Montgomery's glands (areola); **valvules de -** : Morgagni's sinuses or valves (rectum); **ventricule de -** : Morgagni's laryngeal ventricle, sacculus laryngis.

morgue, s. f. : morgue, mortuary.

moria, s. f. : moria.

moribond, s. m., adj. : moribund.

morphée, s. f. : morphea, morphoea, Addison's keloid, kelis, circumscribed scleroderma.

morphéique, adj. : somniferous, soporific.

morphine, s. f. : morphia, morphine.

morphinisme, s. m. : morphinism.

morphinomane, s. m., adj. : morphinomaniac.

morphinomanie, s. f. : morphinomania (1. craving for morphia; 2. mania in addicts).

morphogène, adj. : morphogenic.

morphogenèse ou **morphogénie,** s. f. : morphogenesis, morphogeny.

morphognosie, s. f. : ability to recognize shape by touch.

morphogramme, s. m. : cf., **morphotype.**

morphographie, s. f. : morphography.

morphologie, s. f. : morphology.

morphologique, adj. : morphologic, morphological.

morphoplasme, s. m. : morphoplasm (cellular reticulum).

morphose, s. f. : morphosis (act or mode of formation of an organism).

morphotype, s. m. : morphological type.

morpion, s. m. : crab-louse, pediculus pubis, morpio.

Morquio (maladie de) : Morquio's disease, eccentro-osteochondrodysplasia, osteochondrosis, osteochondrodystrophia deformans.

morsure, s. f. : 1. bite (by animal), sting (by insect); 2. act of biting; **- de la gelée** : frostbite.

mort, s. f. : death, mors (lat.); **- apparente** : apparent death, mors putativa; **arrêt de -** : death sentence; **râle de la -** : death rattle; **- subite** : sudden death, mors improvisa or subita; adj. : dead.

mort-né, adj. : stillborn, still-born, born dead.

mortalité, s. f. : mortality, death rate.

mortel, adj. : mortal, deadly, fatal, lethal.

mortier, s. m. : mortar.

mortification, s. f. : mortification, gangrene, necrosis.

mortifié, adj. : mortified, gangrenous.

mortinatalité, s. f. : mortinatality, natimortality, stillbirth rate.

Morton (toux de) : Morton's cough (persistent cough of pulmonary tuberculosis).

Morton (pied, maladie ou **névralgie de)** : Morton's disease, metatarsalgia.

mortuaire, adj. : mortuary; **acte -** : death certificate; **dépôt -** : mortuary.

morue, s. f. : cod, codfish, morrhua (lat.); **huile de foie de -** : cod liver oil.

morula, s. f. : morula.

morulation, s. f. : morulation.

Morvan (chorée fibrillaire de) : Morvan's chorea; **maladie** ou **panaris de -** : Morvan's disease (painless ulceration of the fingers in syringomyelia).

morve, s. f. : glanders, equinia, snot (veter.).

mosaïque, s. f. : mosaic (1. chromosomal mosaic [genet.]; 2. embryological arrangement of primitive stem cells; 3. mosaic disease of plants); **- aucuba** : aucuba mosaic; **frisolée -** : severe potato mosaic; **- légère** : mottle; **- plane** : mild potato mosaic; **- du tabac** : tobacco mosaic.

Moszkowicz (épreuve de) : Moszkowicz's test (for location of obliteration or obstruction in arteritis or arteriosclerosis).

moteur, adj. : motor, motive, motorial (neurol.); **aphasie -** : motor aphasia; **centres -** : motor centers; **force -** : motive power; **nerf -** : motor nerve ; **voies -** : motor paths, tracts ; **zone -** : motor area (brain).

motilité, s. f. : motility, motivity.

motivation, s. f. : motivation.

motricité, s. f. : motricity.

mouche, s. f. : fly; **- tsé-tsé** : tsetse fly, gossina; **- volantes** : spots before the eyes (vernac.), muscae volitantes, myiodesopsia.

moucheté, adj. : mottled, spotty, speckled.

moucheture, s. f. : speck, speckle, spot; scarification (slight).

mouillage, s. m. : damping, moistening.

mouillant, s. m., adj. : wetting agent.

mouiller, v. : to moisten, to wet.

moulage, s. f. : casting, moulding.

moule, s. m. : 1. mould, pattern; 2. cast.

moule, s. f. : mussel.

moulé, adj. : cast, moulded.

moulin (bruit de) : water-wheel sound.

mourir, v. : to die.

moussage, s. m. : foaming, foam.

mousse, s. f. : 1. froth, foam; **- de platine** : spongy platinum (chem.); 2. moss; **- d'Islande** : Iceland moss, Cetraria islandica; 3. adj. : blunt; **ciseaux -** : blunt-pointed scissors.

mousseline, s. f. : muslin, mull (very fine gauze).

moustiquaire, s. f. : mosquito-net; **gaze ou tulle à -** : mosquito-netting.

moustique, s. m. : mosquito; **à l'abri des -** : mosquito proof; **débarrassé des -** : mosquito free; **lutte préventive contre les -** : mosquito control; **piqûre de -** : mosquito bite, sting.

moutarde, s. f. : mustard, sinapis (lat.); **- azotée** : nitrogen mustard; **gaz -** : mustard-gas, yperite, dichloro-diethyl sulphide; **papier -** : mustard plaster.

mouvement, s. m. : movement, motion; **- en arrière** : backward motion; **- brownien** : brownian movement; **faire un -** to move, to make a movement; **mettre quelque chose en -** : to set something in motion; **rester sans -** : to remain motionless.

mouvoir, v. : to move, to impel, to stir up.

moxa, s. m. : moxa; **cautérisation avec des -** : moxibustion.

moyen, s. m. : means; **- de prémunition** : preventive measures; adj. : mean, average, medium, middle.

moyenne, s. f. : mean, average.

mucédine, s. f. : mucedin.

Much (granules de) : Much's bacillus (granular form of tubercle bacillus).

muciforme, adj. : muciform.

mucilage, s. m. : mucilage.

mucilagineux, adj. : mucilaginous, mucid, viscous.

mucinase, s. f. : mucinase.

mucine, s. f. : mucin.

mucinoïde, adj. : mucinoid, mucoid.

mucinose, s. f. : mucinous infiltration of tissues, myxoedema, myxedema.

mucipare, adj. : muciparous.

mucique, adj. : mucic; **acide -** : mucic acid.

mucocèle, s. f. : mucocele (1. cavity distended with mucus; 2. mucous polyp).

mucographie, s. f. : radiography of mucous membranes.

mucoïde, adj. : mucoid.

mucoïdes, s. m. pl. : mucoids (mucoproteins).

mucolyse, s. f. : mucolysis.

mucomembraneux, adj. : mucomembranous; **colite -** : mucocolitis, mucous colitis; **entérite -** : mucoenteritis.

mucomètre, s. m. : mucometra (distension of the uterus by mucus).

mucopolysaccharide, s. m. : mucopolysaccharide.

mucopolysaccharidose, s. f. : mucopolysaccharidosis.

mucoprotéine, s. m. : mucoprotein.

mucopurulent, adj. : mucopurulent.

mucopus, s. m. : mucopus.

Mucor, s. m. : Mucor (genus of fungi).

mucormycose, s. f. : mucormycosis.

mucorrhée, s. f. : cf., **myxorrhée.**

mucosine, s. f. : mucosin.

mucosité, s. f. : mucosity, mucousness.

mucoviscidose, s. f. : fibrocystic disease.

mucron, s. m. : mucro (lat.) (sharp-pointed-extremity).

mucronal, adj. : mucronate, sharp-pointed.

mucus, s. m. : mucus.

mue, s. f. : 1. molt, moult, moulting (shedding of feathers, casting of skin); 2. moulting season; 3. breaking of the voice in males at puberty.

muer, v. : 1. to moult, cast, shed, slough; 2. to break (voice).

muet, s. m. : mute, dumb person; adj. : aphasic, dumb, mute.

muguet, s. m. : thrush.

mulâtre, s. m. : mullato.

Müller (canal de) : Müller's duct or canal, mullerian duct; **loi de -** : Müller's law.

Müller (signe de Frédérick) : Müller's sign (pulsation of the fauces in aortic insufficiency).

mullérien, adj. : mullerian; **kyste -** : mullerian cyst.

multi- : multi-, prefix meaning many.

multicellulaire, adj. : multicellular.

multigeste, s. f. : multigesta, multigravida (pregnant for the third or more time).

multipare, s. f. : multipara; adj. : multiparous.

multiple, *adj.* : multiple, manifold.

multiplication, *s. f.* : multiplication, replication.

multivalent, *adj.* : multivalent.

Munro (point de) : Munro's point (mid-point between umbilicus and the left anterior superior spine of the ilium, point of election for paracentesis).

muqueuse, *s. f.* : mucous membrane, mucosa.

muqueux, *adj.* : mucous, mucosa; **cylindres -** : mucous casts; **glandes -** : mucous glands; **membrane -** : mucous membrane; **plaque -** : mucous patch.

mur de Schwartze et Eysell : tegmen mastoideum (roof of mastoid cells).

muramidase, *s. f.* : muramidase, lysozyme.

mûriforme, *adj.* : mulberry-shaped; **cellule - de Mott** : mulberry cell *(histol.).*

mûrir, *v.* : to ripen, to mature; **- un abcès** : to bring an abscess to a head.

murmure, *s. m* : murmur.

Murphy (bouton de) : Murphy's button *(surg.);* **méthode de -** : Murphy's treatment for peritonitis; **signe de -** : Murphy's sign (for cholecystitis).

musc, *s. m.* : musk.

muscarine, *s. f.* : muscarine (deadly alkaloid poison from certain mushrooms).

muscarinien *ou* **muscarinique,** *adj.* : muscarine-like.

muscle, *s. m.* : muscle, musculus *(lat.);* **- abducteur du petit doigt** : musculus abductor digiti quinti manus; **- accessoire du long fléchisseur des orteils** : musculus quadratus plantae; **- adducteur du gros orteil** : musculus adductor hallucis; **- premier adducteur de la cuisse** : musculus adductor longus; **- deuxième adducteur de la cuisse** : musculus adductor brevis; **- troisième adducteur de la cuisse** : musculus adductor magnus; **- anconé** : musculus anconaeus; **- angulaire de l'omoplate** : musculus levator scapulae; **- aryténoïdien** : musculus arytaenoideus *or* interarythaenoideus; **- auriculaires** : musculi auriculares; **- biceps de la cuisse** : musculus biceps femoris; **- biceps du bras** : musculus biceps brachii; **- brachial antérieur** : musculus brachialis *or* brachialis internus; **- buccinateur** : musculus buccinator; **- bulbocaverneux** : musculus bulbocavernous; **- canin** : musculus caninus *or* levator anguli oris; **- carré crural** : musculus quadratus femoris; **- carré des lombes** : musculus quadratus lumborum; **- carré du menton** : musculus quadratus labii inferioris *or* mandibularis *or* depressor labii inferioris; **- carré pronateur** : musculus pronator quadratus; **- chondroglosse** : musculus chondroglossus; **- ciliaire** : musculus ciliaris; **- des colonnes charnues des oreillettes et des ventricules** : musculi pectinati; **- constricteurs du pharynx** : musculi constrictores pharyngis; **- constricteur inférieur du larynx** : musculus laryngopharyngicus; **- constricteur moyen du pharynx** : musculus hyopharyngicus; **- constricteur supérieur du pharynx** : musculus cephalopharyngicus; **- coracobrachial** : musculus coracobrachialis; **- court adducteur du pouce** : mesothenar, mus-

culus adductor pollicis; **- court extenseur du pouce** : musculus extensor pollicis brevis; **- court fléchisseur commun des orteils** : musculus flexor digitorum pedis brevis; **- court fléchisseur du gros orteil** : musculus flexor hallucis brevis; **- court fléchisseur du petit doigt** : musculus flexor digiti quinti manus brevis; **- court fléchisseur du petit orteil** : musculus flexor digiti quinti pedis brevis; **- court fléchisseur du pouce** : musculus flexor pollicis brevis; **- court péronier latéral** : musculus peronaeus *or* fibularis brevis; **- court supinateur** : musculus supinator *or* supinator brevis; **- couturier** : musculus sartorius; **- crémaster** : musculus cremaster; **- cricoaryténoïdien latéral** : musculus cricoarytaenoideus lateralis; **- cricoaryténoïdien postérieur** : musculus cricoarytaenoideus posterior *or* dorsalis; **- cricothyroïdien** : musculus cricothyroideus; **- crural** : musculus cruralis *or* femoralis *or* vastus intermedius *or* vastus medius; **- cubital antérieur** : musculus flexor carpi ulnaris *or* ulnaris internus; **- cubital postérieur** : musculus extensor carpi ulnaris *or* ulnaris externus; **- deltoïde** : musculus deltoideus; **- demi-membraneux** : musculus semimembranosus; **- demi-tendineux** : musculus semitendineus *or* semitendinosus; **- digastrique** : musculus digastricus *or* biventer mandibulae; **- dilatateur des narines** : musculus depressor alae nasi; **dos (masse commune des - du)** : musculus sacrospinalis; **- droit antérieur de la cuisse** : musculus rectus femoris; **- droit externe de l'œil** : musculus rectus oculi externus *or* rectus oculi lateralis *or* bulbi temporalis; **- droit inférieur de l'œil** : musculus rectus oculi *or* bulbi, inferior; **- droit interne** : musculus gracilis; **- droit interne de l'œil** : musculus rectus oculi internus *or* rectus oculi medialis *or* bulbi nasalis; **- droit latéral de la tête** : musculus rectus capitis lateralis; **- droit supérieur de l'œil** : musculus rectus oculi *or* bulbi, superior; **- élévateur de la lèvre supérieure** : musculus quadratus labii superioris; **- épicranien** *ou* **occipito-frontal** : musculus epicranius; **- de l'étrier** : musculus stapedius; **- extenseur commun des doigts** : musculus extensor digitorum manus communis; **- extenseur commun des orteils** : musculus extensor communis longus digitorum pedis *or* extensor digitorum pedis longus; **- extenseur propre du gros orteil** : musculus extensor hallucis longus; **- extenseur propre de l'index** : musculus extensor indicis proprius; **- extenseur propre du petit doigt** : musculus extensor digiti quinti proprius; **faisceaux épineux du long dorsal** : musculus spinalis; **faisceaux inférieurs du - orbiculaire des paupières** : musculus malaris; **- fléchisseur profond des doigts** : musculus flexor digitorum manus perforans *or* flexor digitorum manus profundus; **- fléchisseur superficiel des doigts** : musculus flexor digitorum manus perforatus *or* flexor digitorum manus sublimis; **- frontal** : musculus frontalis; **- gastrocnémien** : musculus gastrocnemius; **- génioglosse** : musculus genioglossus; **- géniohyoïdien** : musculus geniohyoideus; **- grand complexus** : musculus complexus major; **- grand dentelé** : musculus serratus anterior *or* lateralis; **- grand dorsal** : musculus latissimus dorsi; **- grand droit antérieur de la tête** : musculus longus capitis; **- grand droit antérieur de l'abdomen** : musculus rectus abdominis; **- grand**

droit postérieur de la tête : musculus rectus capitis posterior or dorsalis major; **- grand fessier** : musculus glutaeus maximus; **- grand oblique de l'abdomen** : musculus obliquus abdominis externus or obliquus descendens; **- grand oblique de la tête** : musculus obliquus capitis inferior or atlantis; **- grand oblique de l'œil** : musculus obliquus oculi or bulbi, superior; **- grand palmaire** : musculus flexor carpi radialis or radialis internus; **- grand pectoral** : musculus pectoralis major; **- grand psoas** : musculus psoas major; **- grand rond** : musculus teres major; **- grand zygomatique** : musculus zygomaticus major; **- hyo-glosse** : musculus hyoglossus; **- iliaque** : musculus iliacus; **- intercostaux** : musculi intercostales; **- interépineux** : musculi interspinales; **- interosseux** : musculi interossei; **- intertransversaires** : musculi intertransversarii; **- ischiocaverneux** : musculus ischiocavernosus; **- ischiococcygien** : musculus coccygeus, **- ischio-jambier antérieur** : musculus tibialis anterior; **- jambier postérieur** : musculus tibialis posterior; **- jumeau inférieur** : musculus gemellus inferior; **- jumeau supérieur** : musculus gemellus superior; **- jumeaux pelviens** : musculi gemelli pelvis; **- lingual** : musculus lingualis; **- lombricaux** : musculi lumbricales; **- long abducteur du pouce** : musculus abductor pollicis longus; **- long dorsal** : musculus longissimus dorsi or transversalis dorsi; **- long du cou** : musculus longus colli; **- long extenseur du pouce** : musculus extensor pollicis longus; **- long fléchisseur commun des orteils** : musculus flexor digitorum pedis longus; **- long fléchisseur du gros orteil** : musculus flexor hallucis longus or flexor digitorum fibularis; **- long fléchisseur propre du pouce** : musculus flexor pollicis longus; **- long péronier latéral** : musculus peronaeus or fibularis, longus; **- long supinateur** : musculus brachioradialis or supinator longus; **- du marteau** : musculus mallei or tensor tympani; **- masséter** : musculus masseter; **- du menton (houppe du)** : musculus levator menti or mentalis; **- moyen fessier** : musculus glutaeus medius; **- multifide du rachis** ou **- transversaire-épineux** : musculus multifidus spinae; **- mylohyoïdien** : musculus mylohyoideus; **- myrtiforme** : musculus depressor septi or origo nasalis; **- obturateur externe** : musculus obturator externus; **- obturateur interne** : musculus obturator internus; **- occipital** : musculus occipitalis; **- occipito-frontal** ou **épicranien** : musculus epicranius ; **- omo-hyoïdien** : musculus omohoideus; **- opposant du petit doigt** : musculus opponens digiti quinti manus; **- opposant du petit orteil** : musculus opponens digiti quinti pedis, **- opposant du pouce** : musculus opponens pollicis; **- orbiculaire des lèvres** : musculus orbicularis oris; **- orbiculaire des paupières** : musculus orbicularis oculi; **- palatostaphylin** : musculus azygos uvulae or levator uvulae or palato-staphylinus or uvulae; **- palmaire cutané** : musculus palmaris brevis; **- papillaires** : musculi papillares; **- peaucier du cou** : musculus subcutaneus colli or latissimus colli; **- pectiné** : musculus pectineus; **- pédieux** : musculus extensor digitorum pedis brevis; **- péristaphyllin externe** : musculus sphenostaphylinus or tensor veli palatini; **- péristaphylin interne** : musculus levator veli palatini or petrostaphylinus; **- petit**

complexus : musculus complexus minor or longissimus capitis or trachelomastoideus or transversalis capitis; **- petit dentelé inférieur** : musculus dorsalis caudalis or serratus posterior inferior; **- petit dentelé supérieur** : musculus dorsalis cranialis or serratus posterior superior; **- petit droit antérieur de la tête** : musculus rectus capitis anterior or ventralis; **- petit droit postérieur de la tête** : musculus rectus capitis posterior or dorsalis, minor; **- petit fessier** : musculus gluteus minimus; **- petit oblique de l'abdomen** : musculus obliquus ascendens or obliquus abdominis internus; **- petit oblique de la tête** : musculus obliquus capitis (superior); **- petit oblique de l'œil** : musculus obliquus oculi or bulbi, inferior; **- petit palmaire** : musculus palmaris longus; **- petit pectoral** : musculus pectoralis minor; **- petit psoas** : musculus psoas minor; **- petit rond** : musculus teres minor; **- petit zygomatique** : musculus zygomaticus minor; **- pharyngo-staphylin** : musculus glossopalatinus or glossostaphylinus or palatoglossus or palatopharyngeus or pharyngopalatinus; **- pilo-moteur** : musculus arrector pili; **- plantaire grêle** : musculus plantaris; **- poplité** : musculus popliteus; **portion détachée du côté externe du - extenseur commun des orteils** : musculus peronaeus or fibularis, tertius; **portion du - constricteur moyen s'attachant aux grandes cornes de l'os hyoïde** : musculus ceratopharyngeus; **portion du - constricteur moyen s'attachant aux petites cornes de l'os hyoïde** : musculus chondroglossus; **portion inférieure du - lingual** : musculus longitudinalis inferior linguae or profundus linguae; **portion interne du - élévateur de la lèvre supérieure** : musculus levator labii superioris alaeque nasi; **portion interne du - pédieux se dirigeant vers le gros orteil** : musculus extensor hallucis brevis; **portion interne du transversaire épineux du cou** : musculus biventer cervicis; **portion supérieure du - lingual** : musculus longitudinalis superior linguae or superficialis linguae; **portion transverse du - adducteur du gros orteil** : musculus transversalis plantae; **portion transverse du - lingual** : musculus transversus linguae; **portion transverse du - triangulaire des lèvres** : musculus transversus menti; **portion verticale du - lingual** : musculus perpendicularis linguae or verticalis linguae; **- psoas iliaque** : musculus iliopsoas; **- ptérygoïdien externe** : musculus pterygoideus externus or lateralis; **- ptérygoïdien interne** : musculus pterygoideus internus or medialis; **- pyramidal de l'abdomen** : musculus pyramidalis; **- pyramidal (du bassin)** : musculus pyriformis or piriforme; **- pyramidal du nez** : musculus procerus or depressor glabellae; **- premier radial externe** : musculus extensor carpi radialis longus or radialis externus, longus; **- deuxième radial externe** : musculus extensor carpi radialis brevis or radialis externus, brevis; **- releveur de l'anus** : musculus levator ani; **- releveur de la paupière supérieure** : musculus levator palpebrae superioris; **- rhomboïde** : musculus rhomboideus; **- risorius de Santorini** : musculus risorius; **- rond pronateur** : musculus pronator teres; **- rotateurs (de vertèbres)** : musculi rotatores; **- sacrolombaire** : musculus sacrolumbalis or lumbalosacralis or iliocostalis; **- scalène antérieur** : musculus scalenus anterior or ventralis; - **scalène postérieur** : musculus scalenus posterior or dorsalis; - **sphincter de l'anus** : musculus sphincter ani; - **soléaire** : musculus soleus; - **sourcilier** : musculus corrugator supercilii; - **sous-clavier** : musculus subclavius; - **sous-costaux** : musculi subcostales; - **sous-épineux** : musculus infraspinatus or infra spinal; - **sous-scapulaire** : musculus subscapularis; - **splénius du cou** : musculus splenius colli; - **splénius de la tête** : musculus splenius capitis; - **sterno-cléido-mastoïdien** : musculus sternocleidomastoideus; - **sternohyoïdien** : musculus sternohyoideus; - **sterno-thyroïdien** : musculus sternothyreoideus; - **styloglosse** : musculus styloglossus; - **stylohyoïdien** : musculus stylohyoideus; **stylo-pharyngien** : musculus stylopharyngeus or stylopharyngicus; - **surcostaux** : musculi levatores costarum; - **sus-épineux** : musculus supraspinatus or supraspinam; - **temporal** : musculus temporalis or crotaphites; - **tenseur du fascia lata** : musculus tensor fasciae latae; - **thyro-aryténoïdien** : musculus thyreoarytaenoideus; - **thyrohyoïdien** : musculus thyreohyoideus; - **transversaire du cou** : musculus longissimus cervicis or longissimus colli or transversalis cervicis; - **transversaire épineux** : musculus transverso-occipitalis or semispinalis capitis or multifidus spinae; - **transverse de l'abdomen** : musculus transversus abdominis ; - **transverse du nez et dilatateur des narines** : musculus nasalis or complexus narium; - **transverse profond du périnée** ou **muscle de Guthrie** : musculus transversus perinei profundus or transverso-urethralis or urethralis; - **transverse superficiel du périnée** : musculus transversus perinaei superficialis; - **trapèze** : musculus trapezius or circularis; - **triangulaire des lèvres** : musculus depressor anguli oris or triangularis oris; - **triangulaire du sternum** : musculus transversus thoracis or triangularis stern; - **triceps brachial** : musculus triceps brachii; - **triceps crural avec le muscle droit antérieur de la cuisse** : musculus quadriceps femoris or extensor cruris quadriceps; - **triceps du bras** : musculus extensor brachii triceps; - **triceps sural** : musculus triceps surae; - **vaste externe** : musculus vastus lateralis or fibularis or vastus externus; - **vaste interne** : musculus vastus medialis or tibialis or vastus internus; **vessie (couche externe de la musculeuse de la)** : musculus detrusor urinae; - **de Wilson** : musculus sphincter urethrae diaphragmaticae.

musclé, adj. : muscular.

musculaire, adj. : muscular; **fibre -** : muscle fibre or fiber.

muscularité, s. f. : muscularity.

musculation ou **musculature**, s. f. : musculature, musculation.

musculeux, adj. : muscular.

musculo- : musculo, prefix meaning relating to muscles.

museau, s. m. : muzzle, snout.

muselière, s. f. : muzzle (device for preventing biting by animals).

musicomanie, s. f. : musicomania.

Musset (signe de) : Musset's sign (synchronous head movements with the pulse rate in aortic insufficiency or aneurysm).

mussitation, s. f. : mussitation (speechless movement of the lips).

mutacisme, s. m. : mutacism, mytacism (stammering over the « m » sound).

mutagène, s. m. : mutagen; adj. : mutagenic.

mutant, s. m. : mutant (genet.).

mutarotation, s. f. : mutarotation (chem.).

mutation, s. f. : mutation (genet.); - **contresens** : missense mutation; - **non-sens** : nonsense mutation ; - **réverse** : reverse mutation ; **taux de -** : mutation rate.

mutationnisme, s. m. : mutational theory of evolution.

mutilation, s. f. : mutilation.

mutilé, s. : cripple (mutilated or maimed person); adj. : crippled, maimed, mutilated; - **de guerre** : war crippled, disabled soldier; - **de la face** : disfigured; **il est - du bras** : he has lost an arm.

mutiler, v. : to mutilate, to maim; - **quelqu'un au visage** : to disfigure someone.

mutisme, s. m. : mutism, dumbness, muteness.

mutité, s. f. : mutism.

muton, s. m. : muton (genet.).

mutualisme, s. m. : mutualism, symbiosis.

Mya (maladie de) : Mya's or Hirschsprung's disease (congenital dilatation of the colon).

myalgie, s. f. : myalgia, muscular rheumatism; - **épidémique** : Bornhölm's disease, coxsackie fever, Inman's disease.

myase, s. f. : cf., **myiase.**

myasthénie, s. f. : myasthenia, muscular weakness; - **grave pseudo-paralytique** : myasthenia gravis, myasthenia gravis pseudoparalytica, Erb-Goldflam's disease.

myasthénique, adj. : myasthenic.

myatonie, s. f. : myatonia; - **congénitale** : myotonia congenita, amyotonia congenita.

myatrophie, s. f. : myatrophy.

mycélien, adj. : mycelial.

mycélium, s. m. : mycelium.

mycète, s. m. : mycetes, fungi.

mycétide, s. f. : non-infective cutaneous manifestations of fungal infections.

mycetogenèse, s. f. : mycetogenesis.

mycétome, s. m. : mycetoma, Madura foot.

mycétose, s. f. : mycetosis, mycosis.

mycétozoaires, s. m. pl. : Mycetozoa.

myco- : myco-, prefix meaning (1. fungal, fungoid or fungus; 2. mucus).

Mycobacterium, s. m. : Mycobacterium; - **para-tuberculosis** : Johne's bacillus (veter.).

Mycoderma aceti : Mycoderma aceti, Acetobacter, « mother of vinegar ».

mycoderme, s. m. : Mycoderma.

mycodermothérapie, s. f. : therapeutic use of yeasts.

mycologie, s. f. : mycology, mycetology.

mycolysat, s. m. : bacterial filtrate.

mycoplasma, s. m. : mycoplasma; **- mycoides** : pleuropneumonia-like organism.

mycose, s. f. : mycosis (any fungal disease).

mycosique, adj. : mycotic.

mycosis, s. m. : mycosis; **- fongoïde** : mycosis fungoides, Alibert's disease, granuloma sarcomatodes (chronic inflammatory neoplasm).

mycothérapie, s. f. : therapeutic use of fungal extracts (penicillin, etc.).

mydriase, s. f. : mydriasis (dilatation of the pupil).

mydriatique, s. m., adj. : mydriatic (pharm.).

myectomie, s. f. : myectomy.

myélasthénie, s. f. : myelasthenia.

myélémie, s. f. : myelemia, myeloid leukemia, myelogenic leukemia.

myélencéphale, s. m. : myelencephalon.

myélencéphalite, s. f. : myelencephalitis.

myéline, s. f. : myelin (1. substance of Schwann; 2. doubly refractive lipid of nerve tissues).

myélinique, adj. : myelinic.

myélinisation, s. f. : myelinization or myelinogenesis.

myélite, s. f. : myelitis, inflammation of 1. bone marrow; 2. spinal cord.

myélo- : myelo-, prefix meaning relating to 1. bone marrow; 2. spinal cord.

myéloblaste, s. m. : myeloblast.

myéloblastomatose, s. f. : myeloblastomatosis.

myéloblastome, s. m. : myeloblastoma (term including chloroma and myelogenous leukemia).

myéloblastose, s. f. : myeloblastosis, myeloblastemia.

myélocèle, s. f. : myelocele, spina bifida.

myéloculture, s. f. : tissue-culture of bone marrow.

myélocystocèle, s. f. : myelocystocele, myelocystomeningocele.

myélocyte, s. m. : myelocyte.

myélocytémie, s. f. : myelocythemia (presence of myelocytes in the blood).

myélocytome, s. m. : myelocytoma, myeloma, myelocytic leukemia.

myélocytose, s. f. : myelocytosis (excess of myelocytes in the blood).

myélodermie, s. f. : cutaneous manifestations of myeloid leukemia.

myélodysplasie, s. f. : myelodysplasia (occult spina bifida).

myéloendothéliome, s. m. : endothelial myeloma.

myélofibrose, s. f. : myelofibrosis.

myélogène, adj. : myelogenic, myelogenous; **leucémie -** : myelogenous leukemia.

myélogonie, s. f. : myelogone, myelogonium, myeloblast.

myélogramme, s. m. : myelogram (1. skiagram of the spinal cord; 2. bone marrow count).

myélographie, s. f. : myelography (radiol.).

myéloïde, adj. : myeloid (1. resembling marrow; 2. pertaining to the spinal cord); **sarcome -** : myeloid sarcoma.

myéloleucémique, adj. : pertaining to myeloid leukemia.

myélomalacie, s. f. : myelomalacia, myelomalacosis, myelomalaxis.

myélomatose, s. f. : myelomatosis (1. multiple myeloma, plasmocytoma, plasma cell myeloma; 2. myeloid leukemia).

myélome, s. m. : myeloma; **- plasmocytaire** : plasmocytoma.

myéloméningocèle, s. f. : myelomeningocele, spina bifida.

myélomère, s. m. : myelomere (embryol.).

myélopathie, s. f. : myelopathy (any disease of 1. the spinal cord; 2. myeloid tissues).

myélopathique, adj. : myelopathic.

myélophtisie, s. f. : myélophthisis, aleukia haemorrhagica, aplastic anemia.

myélophtisique, adj. : myelophthisical (destructive of bone marrow).

myéloplaxe, s. m. : myeloplaque, myeloplax.

myéloplaxome, s. m. : myeloplaxoma (obs.), osteoclastoma, giant cell tumor of bone.

myélopoïèse, s. f. : myelopoiesis.

myélorachischisis, s. m. : cf., **myéloméningocèle.**

myéloréticulose, s. f. : Schüller-Christian's disease, chronic idiopathic xanthomatosis.

myélosarcome, s. m. : myelosarcoma (obs.).

myéloschisis, s. f. : myeloschisis.

myéloschisoméningocèle, s. f. : cf., **myéloméningocèle.**

myélosclérose, s. f. : myelosclerosis (1. sclerosis of the spinal cord; 2. sclerosis of bone marrow).

myélose, s. f. : myelosis (1. dysplasia of bone marrow (toxic); 2. non-infectious disease of the spinal cord; 3. myelocytic leukemia); **- aplastique** : aplastic anemia.

myélotomie, s. f. : myelotomy.

myélotoxicose, s. f. : myelotoxicosis (disease of the bone marrow due to toxic agents).

myiase, s. f. : myiasis, myiosis (any disease due to maggots or flies).

myitis, s. f. : cf., **myosite.**

myiodopsie, s. f. : myiodesopsia, muscae volitantes, « spots before the eyes » (vernac.).

myo- : myo, prefix meaning relating to muscle.

myoblaste, s. m. : myoblast.

myoblastome, s. m. : myoblastoma.

myocarde, *s. m.* : myocardium.

myocardie, *s. f.* : myocardia (noninflammatory myocardial disease).

myocardique, *adj.* : myocardial; **hypodynamie - :** myocardia.

myocardite, *s. f.* : myocarditis.

myocardose, *s. f.* : myocardiosis, myocardosis (noninflammatory disease of the myocardium).

myocèle, *s. f.* : myocele.

myochondrome, *s. m.* : chondromyoma.

myochrome, *s. m.* : myochrome (any muscle pigment e.g. myohematin).

myochronoscope, *s. m.* : myochronoscope (*physiol.*).

myoclonie, *s. f.* : myoclonia; **- épileptique progressive familiale** : Unverricht's disease, myoclonus epilepsy; **- phrénoglottique** : hiccup.

myoclonique, *adj.* : myoclonic; **spasme - :** myoclonia, myoclonus.

myodynie, *s. f.* : myodynia, myalgia.

myoendocardite, *s. f.* : myoendocarditis.

myoépithélium, *s m.* : myoepithelium.

myofibrille, *s. f.* : myofibril.

myofibrosite, *s. f.* : myofibrositis.

myogène, *adj.* : myogenetic, myogenic, myogenous; **cellule - :** myoblast, myoplast.

myogénie, *s. f.* : myogenesis.

myoglie, *s. f.* : myoglia.

myoglobine, *s. f.* : myoglobin, myohemoglobin.

myoglobinurie, *s. f.* : myoglobinuria.

myoglobuline, *s. f.* : myoglobulin.

myogramme, *s. m.* : myogram (tracing made by a myograph).

myographe, *s. m.* : myograph (*physiol.*).

myographie, *s. f.* : myography (1. use of the myograph; 2. description of the muscles; 3. skiagraphy of muscles).

myographique, *adj.* : myographic.

myohémoglobinurie, *s. f.* : cf., **myoglobinurie.**

myoïde, *adj.* : myoid.

myokymie, *s. f.* : myokymia (persistent quivering of apparently normal muscles).

myolemme, *s. m.* : myolemma, sarcolemma.

myolipome, *s. m.* : myolipoma.

myologie, *s. f.* : myology.

myologique, *adj.* : myologic.

myologiste *ou* **myologue,** *s. m.* : myologist.

myolyse, *s. f.* : myolysis.

myomalacie, *s. f.* : myomalacia.

myomateux, *adj.* : myomatous.

myomatose, *s. f.* : myomatosis.

myome, *s. m.* : myoma; **- de l'utérus** : myoma, fibromyoma *or* « fibroid » of the uterus.

myomectomie, *s. f.* : myomectomy.

myomère, *s. m.* : myomere, myotome (*embryol.*).

myomètre, *s. m.* : myometrium (uterine muscular structure).

myoneurose, *s. f.* : myoneurosis.

myoœdème, *s. m.* : myoedema, myœdema, myoidem, myoidema (nodule of contraction at the site of sharp tap on a muscle).

myopathie, *s. f.* : myopathy; **- primitive progressive** : progressive muscular dystrophy.

myopathique, *adj.* : myopathic; **facies - :** myopathic facies.

myope, *s.* : myope; *adj.* : myopic (short-sighted).

myopie, *s. f.* : myopia (short sight).

myoplasma, *s. m.* : coagulable fluid expressed from refrigerated muscle myoserum.

myoplastie, *s. f.* : myoplasty (*surg.*).

myoplégie, *s. f.* : muscular paralysis; **- familiale** : familial periodic paralysis, Cavaré's disease.

myopsychie, *s. f.* : myopsychopathy, myopsychosis (myopathy associated with mental defect *or* disorder).

myorésolutif, *adj.* : muscle-relaxant.

myorrhaphie, *s. f.* : myorrhaphy.

myorrexis, *s. m.* : myorrhexis.

myorythmie, *s. f.* : slow involuntary repetitive movements.

myosalgie, *s. f.* : myosalgia, myalgia.

myosarcome, *s. m.* : myosarcoma.

myosclérose, *s. f.* : myosclerosis.

myose, *s. f.* : cf., **myosis.**

myosérum, *s. m.* : myoserum.

myosine, *s. f.* : myosin.

myosinogène, *s. m.* : myosinogen.

myosis, *s. m.* : myosis, miosis (excessive contraction of the pupil).

myosismie, *s. f.* : myoseism (jerky irregular muscular contractions).

myosite, *s. f.* : myositis; **- ossifiante** : myositis ossificans ; **- ossifiante progressive** : myositis ossificans progressiva ; **- parenchymateuse** : parenchymatous myositis.

myosolénome, *s. m.* : cf., **endométriose.**

myospasie, *s. f.* : myospasia, myospasmia.

myostéome traumatique : traumatic myosteoma, osseous metaplasia in injured muscle.

myosyndesmotomie, *s. f.* : section of muscle tendons and articular ligaments.

myotatique, *adj.* : myotatic; **réflexe - :** myotatic contraction.

myotexie, *s. f.* : muscular atrophy.

myotique, *adj.* : myotic, miotic (*pharm.*).

myotome, *s. m.* : myotome (1. instrument for cutting muscle; 2. myomere; 3. group of muscles innervated from a single spinal segment).

myotomie, *s. f.* : myotomy (1. surgical division of a muscle; 2. dissection of muscles).

myotonie, *s. f.* : myotonia; **- acquise** : myotonia acquisita, Talma's disease; **- congénitale** : myotonia congenita, Thomsen's disease; **- des extrémités** : acromyotonia.

myotonique, *adj.* : myotonic.

myotonomètre, *s. m.* : myotonometer.

myringectomie, *s. f.* : *cf.,* **tympanectomie.**

myringite, *s. f.* : myringitis (inflammation of the membrana tympani).

myringotomie, *s. f.* : myringotomy.

myrthe, *s. m.* : myrcia; **alcool de -** : spiritus myrciae; **huile essentielle de -** : oleum myrciae.

myrtiforme, *adj.* : myrtiform; **caroncules -** : myrtiform caruncles, carunculae hymenales.

mysophobie, *s. f.* : mysophobia (morbid dread of physical *or* moral uncleanness).

mytacisme, *s. m.* : mytacism, mutacism.

mythomanie, *s. f.* : mythomania.

mythoplastie, *s. f.* : mythoplasty, hysteria.

myure, *adj.* : myurous, diminishing ; **pouls -** : failing pulse.

myxochondrome, *s. m.* : myxochondroma.

myxœdémateux, *adj.* : myxedematous, myxoedematous.

myxœdème, *s. m.* : myxedema, myxoedema; **- opératoire** : operative myxedema, cachexia strumipriva.

myxofibrome, *s. m.* : myxofibroma.

myxomateux, *adj.* : myxomatous ; **dégénérescence -** : myxomatous degeneration.

myxomatose, *s. f.* : myxomatosis (1. dévelopment of multiple myxomata; 2. myxomatous degeneration; **- cuniculi** : myxomatosis cuniculi, infectious myxomatosis [fatal virus infection of rabbits]).

myxome, *s. m.* : myxoma.

Myxomycètes, *s. m. pl.* : *Myxomycetes,* slime-moulds (now classified as Myxobacteriales).

myxorrhée, *s. f.* : myxorrhea, myxorrhoea.

myxosarcome, *s. m.* : myxosarcoma.

myxospore, *s. m.* : myxospore.

Myxosporidies, *s. f. pl.* : *Myxosporidia* (endoparasitic amoeboid sporozoa).

myxovirus, *s. m.* : myxovirus.

N

Naboth (œufs de) : nabothian cysts *or* follicles (small retention cysts of mucous glands of the uterine cervix and os).

nacre, *s. f.* : nacre, mother-of-pearl.

nacré, *adj.* : nacreous, iridescent.

Nægele (bassin de) : Nägele's pelvis (obliquely contracted pelvis).

nævocancer *ou* **nævocarcinome,** *s. m.* : nævo-carcinoma, nevocarcinoma.

nævopachydermie, *s. f.* : nevoid elephantiasis.

nævoxantho-endothéliome, *s. m.* : nævoxantho-endothelioma, nevoxantho-endothelioma.

nævus, *s. m.* : nævus, *pl.* nævi *(lat.)*, nevus, birth-mark, mole; **- bleu** : blue nevus; **- pigmentaire** : pigmented nevus *or* mole; **- pigmentaire complexe** : compound pigmented nevus; **- pigmentaire intradermique** : intradermal pigmented nevus; **- pigmentaire verruqueux** : papillary pigmented nevus; **- stellaire** : spider nevus; **- vasculaire** : vascular nevus, capillary *or* cavernous angioma (claret *or* port-wine stain).

nagana, *s. m.* : nagana (disease of animals in Central Africa due to *Trypanosoma brucei* transmitted by the tsetse fly).

nain, *s. m.* : dwarf, nanus *(lat.)*; *adj.* : dwarfish, nanous.

naissance, *s. f.* : birth, origin, root, source; **acte de -** : birth-certificate; **donner - à un enfant** : to give birth to a child; **donner - à** : to give rise to, to produce; **muet de -** : dumb from birth; **prendre -** to arise, to originate; **régulation des -** : birth control; **tache de -** : birth-mark; **taux** *ou* **nombre de -** : birth-rate.

naissant, *adj.* : 1. new-born; 2. nascent *(chem.)*; **à l'état -** : in statu nascendi; **état -** : nascent state; **hydrogène -** : nascent hydrogen.

naître, *v.* : to be born, to arise, to originate.

nanisme, *s. m.* : nanism, dwarfishness; **- sénile** : geromorphism, progeria.

nanocéphalie, *s. f.* : nanocephalia, nanocephaly.

nanomélie, *s. f.* : nanomelia.

nanosomie, *s. f.* : nanosomia, dwarfism.

naphtalène, *s. m.* : naphthalene.

naphte, *s. m.* : naphtha, mineral oil; **- de houille** : coal-tar naphtha; **- de pétrole** : petroleum naph-tha.

naphtol, *s. m.* : naphthol.

naphtomanie, *s. f.* : naphthomania (addiction to sniffing naphtha vapour).

napiforme, *adj.* : napiform, turnip-shaped.

narcéine, *s. f.* : narceine (1. hypnotic alkaloid ; 2. an azo dye).

narcissisme, *s. m.* : narcism, narcissism, auto-ero-ticism.

narco- : narco-, prefix relating to narcosis, numbness or stupor.

narcoanalyse, *s. f.* : narcoanalysis (psychoanalysis under light narcosis).

narcobiose, *s. f.* : diminution of cellular activity.

narcobiotique, *adj.* : narcobiotic.

narcolepsie, *s. f.* : narcolepsy.

narcomanie, *s. f.* : narcomania (1. addiction to narcotics; 2. alcoholic insanity).

narcopsychanalyse, *s. f.* : narcolysis, narcoana-lysis.

narcose, *s. f.* : narcosis, stupor; **- provoquée** : induced narcosis (by drug *or* anesthetic).

narcothérapie, *s. f.* : treatment by prolonged narcosis.

narcotique, *s. m., adj.* : narcotic ; **administrer un - à quelqu'un** : to drug someone.

narcotiser, *v.* : to narcotize, to drug.

narcotisme, *s. m.* : narcotism (1. narcosis; 2. addiction to narcotics).

narine, *s. f.* : nostril, naris, *plur.* nares *(lat.)*.

nasal, *adj.* : nasal; **canal -** : nasolacrimal duct; **épine -** : nasal spine; **fosses -** : nasal fossae; **os -** : nasal bone; **point -** : nasion.

naseau, *s. m.* : nostril (of animals).

nasillement, *s. m.* : nasal intonation, « speaking through the nose » *(vernac.)*.

naso- : naso-, prefix meaning relating to the nose.

nasonnement, *s. m.* : nasal speech *or* voice, nasonnement.

nasopharyngien, *adj.* : nasopharyngeal.

nasopharynx, *s. m.* : nasopharynx.

nasosinusite, *s. f.* : nasosinusitis.

natal, *adj.* : natal, native.

natalité, *s. f.* : natality, birth-rate; **centre de - :** maternity center; **régulation de la - :** birth control.

natif, *adj.* : native, natural, inborn.

natiforme, *adj.* : natiform, buttock-shaped.

natrémie, *s. f.* : natremia.

natriurèse, *s. f.* : natruresis (excretion of sodium in the urine).

natriurie, *s. f.* : *cf.,* **natrurie.**

natropénie, *s. f.* : sodium-deficiency.

natrurie, *s. f.* : presence and level of sodium in the urine.

naturel, *adj.* : natural; **histoire - :** natural history; **sciences - :** natural sciences.

naturisme, *s. m.* : naturism.

naupathie, *s. f.* : naupathia, seasickness.

nausée, *s. f.* : nausea; **avoir des - :** to feel sick.

nauséeux, *adj.* : nauseous, nauseating.

nautopathie, *s. f.* : *cf.,* **naupathie.**

naviculaire, *adj.* : navicular, scaphoid (boat-sha-ped); **fosse - :** navicular fossa, fossa navicularis urethrae; **fossette - :** navicula, navicular fossa; **maladie - :** navicularthritis (*veter.*); **os - :** navi-cular bone.

néoarthrose, *s. f.* : nearthrosis (1. pseudarthrosis, false joint; 2. artificial joint).

nécro- : necro-, prefix meaning relating to death.

nécrobiose, *s. f.* : necrobiosis, bionecrosis (mole-cular death of tissues).

nécrobiotique, *adj.* : necrobiotic.

nécrocytose, *s. f.* : necrocytosis.

nécrocytotoxine, *s. f.* : necrocytotoxin.

nécrogène, *adj.* : necrogenic, necrogenous.

nécrologe, *s. m.* : obituary list.

nécrologie, *s. f.* : necrology (statistics *or* records of death).

nécrologue, *s. m.* : necrologist.

nécrophage, *adj.* : necrophagous.

nécrophagie, *s. f.* : necrophagy.

nécrophile, *adj.* : necrophilous.

nécrophilie, *s. f.* : necrophilia, necrophilism, necro-phily.

nécrophobie, *s. f.* : necrophobia.

nécropsie *ou* **nécroscopie,** *s. f.* : necropsy, au-topsy, postmortem examination.

nécrose, *s. f.* : necrosis; **- acropète :** acropetal necrosis, leaf-drop streak of potatoes (virus Y); **- de coagulation :** coagulative necrosis; **- papil-laire :** papillar necrosis, **- phosphorée de la mâ-choire :** phossy-jaw; **- du sommet :** acronecrosis of potatoes inoculated with virus X; **- du tabac :** tobacco necrosis.

nécroser, *v.* : to cause necrosis, to canker; **se - :** to necrose, to be necrotic.

nécrosique *ou* **nécrotique,** *adj.* : necrotic.

nécrospermie, *s. f.* : necrospermia.

nécrotoxine, *s. f.* : necrotoxin (cytotoxin produced by some staphylococci).

nécrotuberculose, *s. f.* : necrotic lesions induced experimentally in rabbits by injection of heat-killed tubercle bacilli.

néencephale, *s. m.* : neencephalon.

négatif, *s. m.* : negative (*phot.*); *adj.* : negative.

négation, *s. f.* : negation; **délire de - :** delusion of negation (*psych.*).

négativisme, *s. m.* : negativism (*psych.*).

Negri (corps de) : Negri bodies (rabies).

Negro (signe de) : Negro sign (exaggerated excur-sion of the eyeball on the affected side in facial paralysis when the eyes are turned upwards).

neige, *s. f.* : snow; **- carbonique :** carbon dioxide snow, CO_2 snow; **cécité des - :** snow-blindness.

neisserien, *adj.* : neisserian, gonococcal.

Nélaton *ou* **Nélaton-Roser (ligne de) :** Nélaton's line; **sonde de - :** Nélaton's catheter.

Némathelminthe, *s. m.* : *Nemathelminth,* nema-tode roundworm.

nématoblaste, *s. m.* : nematoblast, spermatid.

nématocyste, *s. m.* : nematocyst.

Nématode, *s. m.* : *Nematoda,* roundworm, thread-worm (endoparasite of class *Nematoda*); **infesta-tion par les - :** nematodiasis.

néocérébellum, *s. m.* : neocerebellum.

néocyte, *s. m.* : neocyte (immature leukocyte); **présence de - dans le sang périphérique :** neo-cytosis.

néocytémie, *s. f.* : presence of neoplastic cells in the blood.

néodyme, *s. m.* : neodymium.

néoformation, *s. f.* : neoformation, neoplasm, new-growth.

néogenèse, *s. f.* : neogenesis.

néogénétique, *adj.* : neogenetic.

néoglucogenèse, *s. f.* : neoglycogenesis, glyco-neogenesis.

néohippocratisme, *s. m.* : néohippocratism.

néolipogenèse, *s. f.* : lipogenesis, liponeogenesis.

néologisme, *s. m.* : neologism (1. a newly coined word; 2. a new connotation of an established word).

néomycine, *s. f.* : neomycin.

néon, *s. m.* : neon; **éclairage au - :** neon light.

néopallium, *s. m.* : neopallium (cerebral cortex apart from the olfactory lobes).

néophobie, *s. f.* : neophobia (abnormal dread of new scenes *or* of novelties).

néoplasie, *s. f.* : neoplasia, new growth (forma-tion of a neoplasm).

néoplasme, *s. m.* : neoplasm, new growth (often used as meaning cancer).

néoplastie, *s. f.* : neoplasty *(surg.).*

néoplastique, *adj.* : neoplastic (often meaning malignant); **processus -** : neoplasia.

néorickettsiose, *s. f.* : neorickettsiosis.

néostomie, *s. f.* : neostomy (surgical opening into an organ *or* between two organs).

népenthès, *s. m.* : nepenthe (drug for relief of pain).

néphélomètre, *s. m.* : nephelometer.

néphélométrie, *s. f.* : nephelometry, turbidimetry.

néphélion, *s. m.* : nebula (slight corneal opacity).

néphéloïde, *adj.* : nepheloid, cloudy, turbid.

néphralgie, *s. f.* : nephralgia.

néphralgique, *adj.* : nephralgic; **crises -** : nephralgic crises.

néphrangiospasme, *s. m.* : angiospasm of the renal arteries.

néphrectasie, *s. f.* : nephrectasia, sacciform kidney.

néphrectomie, *s. f.* : nephrectomy; **- par voie abdominale** : abdominal nephrectomy; **- par voie lombaire** : lumbar nephrectomy.

néphrétique, *adj.* : nephritic; **colique -** : nephrocolic, renal colic.

néphridie, *s. f.* : 1. nephridium (primitive embryonic excretory organ from which the kidney develops); 2. perirenal fat.

néphrite, *s. f.* : nephritis; **- chronique** : chronic nephritis, Bright's disease; **- interstitielle** : interstitial nephritis.

néphro- : nephro-, prefix meaning pertaining to the kidney.

néphroangiosclérose, *s. f.* : nephroangiosclerosis.

néphrocalcinose, *s. f.* : nephrocalcinosis.

néphrocèle, *s. f.* : nephrocele.

néphrocolopexie, *s. f.* : nephrocolopexy.

néphrocoloptose, *s. f.* : nephrocoloptosis.

néphrogène, *adj.* : nephrogenic, nephrogenous.

néphrogramme, *s. m.* : nephrogram *(radiol.).*

néphrographie, *s. f.* : nephrography *(radiol.).*

néphrolithe, *s. m.* : nephrolith, renal calculus.

néphrolithiase, *s. f.* : nephrolithiasis.

néphrolithotomie, *s. f.* : nephrolithotomy.

néphrologie, *s. f.* : nephrology.

néphrologiste *ou* **néphrologue,** *s. m.* : nephrologist.

néphrolyse, *s. f.* : nephrolysis (1. operative separation of adhesions around the kidney; 2. destruction *or* solution of kidney substance).

néphron, *s. m.* : nephron.

néphronévrose, *s. f.* : urinary anomalies of nervous origin (anuria alternating with polyuria).

néphro-omentopexie, *s. f.* : nephro-omentopexy.

néphropathie, *s. f.* : nephropathy (any disease of the kidneys).

néphropéritoine, *s. m.* : term proposed for peritoneal dialysis.

néphropexie, *s. f.* : nephropexy, nephrorrhaphy.

néphrophtisie, *s. f.* : nephrophthisis, renal tuberculosis.

néphroplastie, *s. f.* : nephroplasty.

néphroplicature, *s. f.* : nephroplasty.

néphroptose, *s. f.* : nephroptosia, nephroptosis (renal prolapse).

néphrorragie, *s. f.* : nephrorrhagia.

néphrorraphie, *s. f.* : nephrorrhaphy, nephropexy.

néphrosclérose, *s. f.* : nephrosclerosis.

néphrosclérotique, *adj.* : nephrosclerotic.

néphrose, *s. f.* : nephrosis (any noninflammatory disease of the kidney); **- lipoïdique** : lipoid nephrosis *or* Epstein's nephrosis.

néphrosonéphrite, *s. f.* : hemorrhagic nephrosonephritis, Korean fever.

néphrostomie, *s. f.* : nephrostomy.

néphrotique, *adj.* : nephrotic; **syndrome -** : nephrotic syndrome.

néphrotome, *s. m.* : nephrotome, intermediate cell mass *(embryol.).*

néphrotomie, *s. f.* : nephrectomy ; **- par voie abdominale** : abdominal nephrotomy; **- par voie lombaire** : lumbar nephrotomy; **- superficielle** : renal capsulotomy.

néphrotoxine, *s. f.* : nephrotoxin.

néphrotyphus, *s. m.* : nephrotyphoid (typhoid fever complicated by acute nephritis).

néphro-urétérectomie, *s. f.* : nephro-ureterectomy.

néphrozymase, *s. f.* : nephrozymase.

neptunium, *s. m.* : neptunium.

nerf, *s. m.* : nerve, nervus, *pl.* nervi *(lat.);* **- centrifuge** : efferent *or* sensory nerve; **- centripète** : afferent *or* motor nerve; **- abdomino-génital inférieur** : nervus ilio-inguinalis; **- abdomino-génital supérieur** : nervus ilio-hypogastricus; **- accessoire du brachial cutané interne** : nervus cutaneus brachii medialis *or* ulnaris, nervus cutaneus brachii internus minor; **- accessoire du saphène externe** : nervus cutaneus femoris posterior *or* fibularis ; **- alvéolaires postérieurs** : nervi alveolares superiores, rami alveolares maxillares posteriores; **- auditif** : nervus acusticus *or* statoacusticus ; **- auriculo-temporal** : nervus auriculotemporalis; **- axillaire** *ou* **circonflexe** : nervus axillaris; **- brachial cutané interne** : nervus cutaneus antibrachii medialis, nervus cutaneus brachii internus major; **branche auriculaire du plexus cervical** : nervus auricularis magnus; **branche cervicale transverse du plexus cervical** : nervus cutaneus colli; **branche crurale du nerf génito-crural** : nervus lombo-inguinalis; **branche fémorale du - fessier inférieur** : nervus cutaneus femoris posterior *or* dorsalis; **branche génitale du - génito-crural** : nervus spermaticus externus, ramus genitalis nervi genito-femoralis; **branche mastoïdienne du plexus cervical** : nervus occipitalis minor; **branche musculo-cutanée du - sciatique poplité externe** : nervus peronæus *or* fibularis superficialis; **bran-**

ches susclaviculaires du plexus cervical : nervi supraclaviculares ; **branches terminales du - musculo-cutané du bras** : nervus cutaneus antibrachii lateralis or radialis, nervus cutaneus brachii externus; **- circonflexe** : *cf.*, **- axillaire**; **- cochléen** : nervus cochleæ; **- cubital** : nervus ulnaris; **- crâniens** : nervi capitales or cerebrales; **- crural** : nervus cruralis or femoralis; **- dentaire inférieur** : nervus alveolaris inferior or mandibularis; **- dépresseur de Cyon** : Cyon's nerve (the depressor nerve of the heart, derived from the pneumogastric); **- du muscle de l'étrier** : nervus stapedius; **- facial** : nervus facialis; **- fémoro-cutané** : nervus cutaneus femoris lateralis or externus ; **- fessier inférieur** : nervus glutæus inferior or caudalis ; **- fessier supérieur** : nervus glutæus superior or cranialis; **filet cutané du - radial** : nervus cutaneus brachii posterior or dorsalis; **filet pharyngien de Bock** : nervi nasales posteriores; **- frontal** : nervus frontalis; **- frontal externe** ou **sus-orbitaire** : nervus supraorbitalis, ramus lateralis nervi frontalis; **- frontal interne** : nervus supratrochlearis, **- génito-crural** : nervus genitocruralis or genitofemoralis; **- glossopharyngien** : nervus glossopharyngeus or glossopharyngious; **- grand abdomino-scrotal** : *cf.*, **- abdominogénital inférieur**; **- grand hypoglosse** : nervus hypoglossus; **- grand palatin** : nervus palatinus anterior ; **- grand pétreux superficiel** : nervus petrosus superficialis major ; **- grand sympathique** : nervus sympathicus; **- hémorrhoïdaux inférieurs** : nervi rectales caudales; **- hémorrhoïdaux supérieurs** : nervi rectales craniales, nervi anales ; **- honteux interne** : nervi pudendus or pudendalis; **- intercostaux** : nervi intercostales ; **- intermédiaire de Wrisberg** : nervus intermedius; **- de Jacobson** : nervus tympanicus; **- lacrymal** : nervus lacrimalis; **- laryngé inférieur** : nervus laryngeus inferior or caudalis; **- laryngé supérieur** : nervus laryngeus superior or cranialis; **- lingual** : nervus lingualis; **- massétérin** : nervus masseteriusis; **- masticateur** : nervus masticatorius or crotaphitico-buccinatorius ; **- maxillaire inférieur** : nervus mandibularis; **- maxillaire supérieur dans la gouttière sous-orbitaire** : nervus infraorbitalis; **- maxillaire supérieur** : nervus maxillaris; **- médian** : nervus medianus; **- mentonnier** : nervus mentalis ; **- moteur oculaire commun** : nervus oculo-motorius; **- moteur oculaire externe** : nervus abducens; **- musculo-cutané** : musculocutaneus; **- musculo-cutané externe** : nervus cutaneus femoris medius; **- musculo-cutané interne** : nervus cutaneus femoris internus ; **- mylohyoïdien** : nervus mylohyoideus; **- nasal (du trijumeau)** : nervus nasociliaris; **- nasal externe** : nervus ethmoidalis anterior; **- nasal interne** : nervus ethmoidalis posterior; **- obturateur** : nervus obturatorius; **- occipital (grand -)** : nervus occipitalis major; **- occipital (petit -)** : nervus suboccipitalis; **- olfactif** : nervus olfactorius; **- ophtalmique de Willis** : nervus ophthalmicus; **- optique** : nervus opticus; **- palatins** : nervi palatini; **- pathétique** : nervus patheticus, nervus trochlearis; **- petit abdomino-scrotal** : *cf.*, **- abdominogénital inférieur**; **- petit pétreux superficiel** : nervus petrosus superficialis minor; **- pétreux profond** : nervus petrosus profundus; **- phrénique** : nervus phrenicus, **- plantaire externe** : nervus plantaris lateralis or fibularis; **- plantaire interne** :

nervus plantaris medialis or tibialis; **- pneumogastrique** : nervus vagus; **- rachidiens** : nervi spinales; **- radial** : nervus radialis; **rameau auriculaire postérieur du - facial** : nervus auricularis posterior; **rameau orbitaire du maxillaire supérieur** : nervus zygomaticus, nervus subcutaneus malæ; **- récurrent du pneumogastrique** : nervus recurrens vagi; **- saphène externe** : nervus cutaneus suræ medialis, nervus suralis; **- saphène interne** : nervus saphenus; **- saphène péronier** : *cf.*, **- accessoire du saphène externe; - de Scarpa** : nervus nasopalatinus ; **- sciatique (grand)** : nervus ischiadicus; **- sciatique (petit)** : *cf.*, **- fessier inférieur; - sciatique poplité externe** : nervus peronæus or fibularis, communis; **- sciatique poplité externe avec le nerf tibial postérieur** : nervus tibialis ; **- spinal** : nervus accessorius ; **- splanchniques** : nervi splanchnici; **- du sous-scapulaire** : nervi subscapularis; **- du sous-clavier** : nervus subclavius; **- sus-scapulaire** : nervus suprascapularis; **- sus-orbitaire** : *cf.*, **- frontal externe; - thoraciques antérieurs** : nervi thoracici anteriores or ventrales; **- thoracique postérieur** : nervus thoracodorsalis, nervus thoracicus longus, nervus thoracicus posterior or dorsalis, nervus thoracalis; **- tibial antérieur** : nervus peronæus or fibularis, profundus; **- trijumeau** : nervus trigeminus; **- vestibulaire** : nervus vestibulus, nervus staticus; **- vidien** : nervus vidianus, nervus canalis pterygoidei.

nerval, *adj.* : nerval.

nerveux, *adj.* : nervous; **cellule -** : nerve cell, neuron ; **dépression -** : nervous breakdown ; **état -** : nervousness; **fibre -** : nerve fibre or fiber, axon; **ganglion -** : neuroganglion, nerve ganglion; **influx -** : nerve impulse ; **système -** : nervous system.

nervin, *s. m.* : nervine (remedy for nervous disorders) ; *adj.* : nervine (1. affecting nerves ; 2. allaying nervous symptoms).

nervisme, *s. m.* : nervism (doctrine based on Pavlov's work on conditioned reflexes).

nervocidine, *s. f.* : nervocidine (alkaloid).

nervosisme, *s. m.* : nervosism (*obs.*), neurasthenia, nervousness, nervous diathesis.

nervosité, *s. f.* : nervosity (morbid nervousness).

nervotabes, *s. m.* : nervotabes, pseudotabes.

nesidioblastome, *s. m.* : nesidioblastoma, isletcell tumour of the pancreas.

Nessler (réactif de) : Nessler's reagent.

nettoyage, *s. m.* : cleaning, cleansing.

neural, *adj.* : neural; **arc -** : neural arch, vertebral arch.

neurapophyse, *s. f.* : neurapophysis (*anat.*).

neurapraxie, *s. f.* : neurapraxia.

neurasthénie, *s. f.* : neurasthenia, Beard's disease.

neurasthénique, *s. m. f.* : neurastheniac; *adj.* : neurasthenic.

neurectomie, *s. f.* : neurectomy.

neurépine, *s. f.* : neural spine (spinous process of a vertebra).

neuricrinie, *s. f.* : secretory function of neuroectodermal cells.

neurilemmome, s. m. : cf., **neurinome**.

neurine, s. f. : neurine (a poisonous ptomaine).

neurinome, s. m. : neurinoma, neurilemoma, schwannoma.

neurite, s. f. : neurite, axon.

neuro- : neuro-, prefix meaning relating to nerves.

neuro-arthritisme, s. m. : neuroarthritism.

neuroblaste, s. m. : neuroblast.

neuroblastome, s. m. : neuroblastoma, sympathicoblastoma.

neurobrucellose, s. f. : cf., **neuromélitococcie**.

neurocapillarite, s. f. : inflammation of cutaneous capillaries and of their nerve endings.

neurochimie, s. f. : neurochemistry.

neurochirurgie, s. f. : neurosurgery.

neurochirurgien, s. m. : neurosurgeon.

neurochoriorétinite, s. f. : neurochorioretinitis.

neurocirculatoire, adj. : neurocirculatory; **asthénie -** : neurocirculatory asthenia.

neurocrinie, s. f. : neurocrinia.

neurocytome, s. m. : neurocytoma (term used by different authors as synonymous with ganglioneuroma, neuroblastoma, medulloblastoma, sympathoblastoma etc.).

neurodermatose, s. f. : neurodermatosis.

neurodermite, s. f. : cf., **névrodermite**.

neuroectodermatose ou **neuroectodermose**, s. f. : phacomatosis, phakomatosis, neurofibromatosis, von Reckinghausen's disease ; **- congénitale** : hereditary ectodermal polydysplasia.

neuroépithéliome, s. m. : neuroepithelioma, retinoblastoma.

neuroépithélium, s. m. : neuroepithelium.

neurofibrille, s. f. : neurofibril.

neurofibromatose, s. f. : neurofibromatosis, von Recklinghausen's disease.

neurofibrome, s. m. : neurofibroma.

neurogangliome, s. m. : cf., **ganglioneurome**.

neurogastrique, adj. : neurogastric.

neurogène, adj. : neurogenous.

neuroglie, s. f. : neuroglia.

neurogliome, s. m. : neuroglioma (glioma, tumor derived from neuroglia).

neurogliomatose, s. f. : neurogliomatosis, neurogliosis, neurofibromatosis.

neurographie, s. f. : neurography.

neurohypophyse, s. f. : neurohypophysis, pars nervosa hypophysis.

neurolépride, s. f. : cutaneous lesion associated with leprous neuritis.

neuroleptique, s. m. : neuroleptic, tranquillizer; adj. : neuroleptic.

neurolipidose, s. f. : cf., **neurophospholipidose**.

neurolipomatose douloureuse : neurolipomatosis dolorosa, adiposis dolorosa.

neurologie, s. f. : neurology.

neurologiste ou **neurologue**, s. m. : neurologist, nerve-specialist.

neurolymphomatose, s. f. : neurolymphomatosis; **- des gallinacés** : avian lymphomatosis fowl paralysis, neurolymphomatosis gallinarum; **- périphérique** : peripheral neurolymphomatosis.

neurolyse, s. f. : neurolysis (1. exhaustion of a nerve by over-stimulation; 2. stretching a nerve; 3. freeing perineural adhesions; 4. disintegration of nerve tissue).

neurolytique, adj. : neurolytic.

neurome, s. m. : neuroma.

neuromélitococcie, s. f. : neuromelitococcosis, neurobrucellosis.

neuromère, s. m. : neuromere (one of the segments of the rhombencephalon).

neuromimétique, adj. : neuromimetic.

neuromusculaire, adj. : neuromuscular.

neuromyélite, s. f. : neuromyelitis; **- optique aiguë** : neuromyelitis optica.

neuromyosite, s. f. : neuromyositis.

neurone, s. m. : neuron, neurone, nerve cell.

neuronique, adj. : neuronal, neuronic.

neuronite, s. f. : neuronitis (inflammation of a neuron within the spinal cord).

neuronolyse, s. f. : destruction of degenerate nerve cells by phagocytes.

neuronophagie, s. f. : neuronophagia, neuronophagy.

neuropapillite, s. f. : neuropapillitis, optic neuritis.

neuropathie, s. f. : neuropathy; **- cérébrocardiaque** : Krishaber's disease.

neuropathologie, s. f. : neuropathology.

neurophospholipidose, s. f. : variety of lipoidosis associated with amaurotic familial idiocy.

neuroprophylaxie, s. f. : protection of the nervous system.

neurophysiologie, s. f. : neurophysiology.

neuropile, s. f. : neuropil, neuropile (delicate unmyelinated fibers permeating the central nervous system).

neuroplégique, adj. : cf., **neuroleptique**.

neuroprobasie, s. f. : neuroprobasia.

neuropsychiatrie, s. f. : neuropsychiatry.

neuropsychopharmacologie, s. f. : pharmacotherapeutics of the nervous functions.

neuropsychose, s. f. : neuropsychosis, psychosis.

neuropticomyélite aiguë : cf., **neuromyélite optique aiguë**.

neuroréaction, s. f. : neurotropic reaction (following organic arsenical therapy).

neuroréactivation, s. f. : Jarisch-Herxheimer reaction, reactivation of symptoms following specific treatment (e.g. in syphilis).

neurorécidive, s. f. : neurorelapse, neurorecidive, neurorecurrence.

neurorétinite, s. f. : neuroretinitis.

neurorraphie, *s. f.* : neurorrhaphy, neuro-suture (suture of a cut nerve).

neurosarcome, *s. m.* : neurogenic sarcoma (sarcomatous change in neurofibromatosis).

neurosécrétion, *s. f.* : neurosecretion.

neurospongiome, *s. m.* : neurospongioma, neuroglioma (variety of glioma).

neurosyphilis, *s. f.* : neurosyphilis, neurolues (rarely used in english).

neurotabes, *s. m.* : neurotabes.

neurotique, *adj.* : neurotic.

neurotisation, *s. f.* : neurotization (1. regeneration of a divided nerve; 2. implantation of a nerve into a paralysed muscle).

neurotmésis, *s. f.* : neurotmesis.

neurotome, *s. m.* : 1. neurotome (needle-like knife); 2. neurotome, neuromere (*embryol.*).

neurotomie, *s. f.* : neurotomy.

neurotonie, *s. f.* : neurotonia.

neurotoxine, *s. f.* : neurotoxin.

neurotripsie, *s. f.* : neurotripsy.

neurotrope, *adj.* : neurotropic.

neurotrophique, *adj.* : neurotrophic.

neurotropique, *adj.* : neurotropic.

neurotropisme, *s. m.* : neurotropism.

neuro-uvéo-parotidite, *s. f.* : uveoparotitic polyneuritis.

neurovaccin, *s. m.* ou **neurovaccine,** *s. f.* : neurovaccine.

neurovasculaire, *adj.* : neurovascular.

neurovirus, *s. m.* : neurovirus.

neutralisation, *s. f.* : neutralization.

neutraliser, *v.* : to neutralize.

neutre, *adj.* : neutral.

neutron, *s. m.* : neutron.

neutropénie, *s. f.* : neutropenia.

neutrophile, *adj.* : neutrophil; **leucocyte -** : neutrophil (polymorphonuclear neutrophil leucocyte).

neutrophilie, *s. f.* : neutrophilia.

névralgie, *s. f.* : neuralgia (pain in a nerve).

névralgique, *adj.* : neuralgic.

névralgisme facial : facial causalgia.

névraxe, *s. m.* : neuraxis, cerebrospinal axis, cerebrospinal nervous system, C.N.S.

névraxite, *s. f.* : neuraxitis, encephalitis; **- épidémique** : epidemic neuraxitis or encephalitis.

névrectomie, *s. f.* : neurectomy.

névrilème, *s. m.* : neurilemma, sheath of Schwann.

névrite, *s. f.* : neuritis; **- optique rétrobulbaire** : retrobulbar neuropathy.

névritique, *adj.* : neuritic.

névrodermie, *s. f.* : dermatoneurosis, neurodermatosis.

névrodermite, *s. f.* : neurodermatitis.

névrodocite, *s. f.* : neurodocitis (lesion of nerve roots due to pressure by the bony canal through which they pass).

névroglie, *s. f.* : neuroglia.

névroglique, *adj.* : neuroglial, neurogliar.

névrologie, *s. f.* : neurology.

névrome, *s. m.* : neuroma; **- d'amputation** : amputation neuroma; **- circoïde** : Verneuil's neuroma, plexiform neuroma.

névropathe, *s. m.* : neuropath (patient with a nervous diathesis).

névropathie, *s. f.* : neuropathy.

névrose, *s. f.* : neurosis; **- fonctionnelle** ou **professionnelle** : occupational or professional neurosis; **- traumatique** ou d'**Oppenheim** : traumatic neurosis.

névrosé, *adj.* : neurotic, neurasthenic.

névrosisme, *s. m.* : cf., **nervosisme.**

névrosthénie, *s. f.* : neurosthenia (great nervous power and excitability).

névrosthénique, *s. m., adj.* : nerve-stimulant.

névrotomie, *s. f.* : neurotomy.

Newcastle (maladie de) : Newcastle disease.

Newton (anneaux de) : Newton's rings (chromatic aberration).

nez, *s. m.* : nose, nasus, *plur.* nasi (*lat.*); **arête du** : bridge of the nose.

niacine, *s. f.* : niacin, nicotinic acid.

niche, *s. f.* : niche (defect in an otherwise even surface); **- de Haudek** : Haudek's niche (budlike prominence in the skiagram of a penetrating gastric ulcer).

nichée, *s. f.* : litter, litter-mates, brood.

nickel, *s. m.* : nickel.

nicol, *s. m.* : nicol, Nicol prism (*opt., phys.*).

Nicolaïer (bacille de) : Nicolaier's bacillus, *Clostridium tetani.*

Nicolas et Favre (maladie de) : lymphogranulomatosis inguinalis or venereum.

nicotianine, *s. f.* : nicotianine.

nicotinamide, *s. f.* : nicotinamide (antipellagra vitamin).

nicotinamidémie, *s. f.* : nicotinamidemia.

nicotine, *s. f.* : nicotine.

nicotinique, *adj.* : nicotinic; **acide -** : nicotinic acid.

nicotinisme, *s. m.* : nicotinism.

nictation, *s. f.* : cf., **nictitation.**

nictitant, *adj.* : nictitating, winking; **membrane -** : nictitating membrane (third) eyelid of birds and reptiles.

nictitation, *s. f.* : nictitation, winking.

nid, *s. m.* : nest, nidus (*lat.*).

nidation, *s. f.* : nidation (implantation of the fertilized ovum).

Niemann-Pick (maladie de) : Niemann-Pick's disease.

nigrescent, *adj.* : nigrescent, blackish, turning black.

nigrosine, *s. f.* : nigrosin (aniline dye).

niobium, *s. m.* : niobium (formerly called columbium).

niphablepsie, *s. f.* : niphablepsia, snow-blindness.

nipiologie, *s. f.* : nepiology.

Nissl (corps de) : Nissl's bodies (chromophilic bodies in nerve cells).

nit, *s. m.* : unit of brillance = 10^{-4} stilb.

nitrate, *s. m.* : nitrate.

nitration, *s. f.* : nitration *(chem.)*.

nitré, *adj.* : nitrated; **dérivé -** : nitro-compound.

nitreux, *adj.* : nitrous.

nitrifiant, *adj.* : nitrifying; **bactérie -** : nitrifier, nitrobacterium.

nitrification, *s. f.* : nitrification.

nitrifier, *v.* : to nitrify; **se -** : to nitrify, to become nitrified.

nitrile, *s. m.* : nitrile.

nitrique, *adj.* : nitric; **acide -** : nitric acid.

nitrite, *s. m.* : nitrite.

nitritoïde, *adj.* : nitritoid; **crise -** : nitritoid reaction (sometimes following injection of arsphemamine).

nitro- : nitro-, prefix denoting (1. combination with nitrogen; 2. combination with the radical NO_2).

nitrogène, *s. m.* *(cf.,* **azote***)* : nitrogen.

nitroglycérine, *s. f.* : nitroglycerin.

nitromètre, *s. m.* : nitrometer.

nitromonade, *s. f.* : nitromonas *(biol.)*.

nitrosation, *s. f.* : nitrosification.

nitroso- : nitroso-, prefix denoting combination with the radical NO.

Nitrosomonas, *s. m.* : nitrosobacteria, *Nitrosomonas.*

niveau, *s. m.* : 1. level; 2. standard.

nobles (cellules) : noble cells (differenciated normal cells); **gaz-** : noble *or* inert gases (helium, argon *etc.*); **métaux -** : noble metals (those which do not oxidise in air; gold, silver *etc.*).

Nocard (bacille de) : Nocard's bacillus, Salmonella typhimurium.

Nocardia, *s. f.* : *Nocardia* (actinomycetes).

nocardiose *ou* **nocardose,** *s. f.* : nocardiasis, nocardiosis.

nociceptif, *adj.* : nociceptive; **réflexe -** : nociceptive reflex (reflex response to painful stimulus).

nocif, *adj.* : nocuous, noxious, harmful, hurtful; **influence -** : noci-influence.

nocivité, *s. f.* : *cf.,* **nocuité.**

noctambule, *s.* : noctambulist, sleep-walker, somnambulist; *adj.* : noctambulant, somnambulant.

noctambulisme, *s. m.* : noctambulism, somnambulism, sleep-walking.

nocturne, *adj.* : nocturnal; **crises épileptiques -** : nocturnal epilepsy; **pollution -** : nocturnal emission *or* pollution.

nocuité, *s. f.* : nocuity, noxiousness, harmfulness.

nodal, *adj.* : nodal (1. atrioventricular; 2. pertaining to nodes); **points -** : nodal points *(opt.)*; **rythme -** : nodal *or* auriculo-ventricular *or* A.V. rhythm; **tissu -** : nodal tissue.

nodosité, *s. f.* : nodosity (1. state *or* quality of being nodose; 2. a node).

nodulaire, *adj.* : nodular.

nodule, *s. m.* : nodule, nodulus, *pl.* noduli *(lat.)*; **- de Morgagni** : Morgagni's nodules, corpora arantii, noduli valvularum semilunarium.

noduleux, *adj.* : nodular.

noétique, *adj.* : noetic (pertaining to cognition *or* to intellect).

nœud, *s. m.* : 1. knot; 2. node; **- sinusal** *ou* **de Keith et Flack** : pacemaker, sinoauricular node; **- vital** : vital node, respiratory center.

Noguchi (réaction de) : Noguchi's reaction (1. modified Wassermann reaction; 2. luetin skin test [positive reaction to luetin by syphilitics]).

noir, *adj.* : black; **- animal** : animal black, animal charcoal.

noix, *s. f.* : nut; **- muscade** : nutmeg; **- vomique** : nux vomica *(pharm.)*.

noli-me-tangere *(lat.)* : noli-me-tangere, rodent ulcer (basal cell carcinoma).

noma, *s. m.* : noma, cancrum oris, gangrenous stomatitis.

nombre, *s. m.* : number; **- type** : modal number.

nombril, *s. m.* : navel, umbilicus.

nomenclature, *s. f.* : nomenclature.

nomogramme, *s. m.* : nomogram, computation graph.

nomographie, *s. f.* : nomography.

nona, *s. f.* : nona (form of cecephalitis lethargica).

non-conducteur, *s. m.* : nonconductor, insulator (for electricity, heat *or* light).

non-viable, *adj.* : nonviable, incapable of living.

noradrénaline, *s. f.* : norepinephrin.

normal, *adj.* : normal; **solution -** : normal solution (containing 1 g equivalent per liter).

normalisation, *s. f.* : normalization, standardization.

normalité, *s. f.* : normality.

norme, *s. f.* : norm, standard.

normergie, *s. f.* : capacity to react normally, normergic state.

normobare, *adj.* : normal in weight and size *(morph.)*.

normoblaste, *s. m.* : normoblast.

normoblastose, *s. f.* : normoblastosis (excessive production of normoblasts by the bone marrow).

normocapnie, *s. f.* : normal level of CO_2 in blood.

normochrome, *adj.* : normochromic.

normocytaire, adj. : normocytic; **série -** : normocyte series.

normocytose, s. f. : normocytosis.

normodrome, adj. : normodromal (cardiol.).

normogalbe, adj. (morph.) : normally proportioned.

normospermie, s. f. : normal condition of sperm.

normostyle, adj. (morph.) : normally proportioned and of average size.

normothyroïdie, s. f. : normal functioning of the thyroid gland.

normotope, adj. : normotopic (normally located).

normotype, adj. (cardiol.) : normal type of heart beat.

normotypique, adj. (morph.) : of normal average stature.

normoxie, s. f. : normal level of oxygen in the blood.

nosencéphale, s. m. : nosencephalus (fetus with defective cranium and brain).

noso- : noso-, prefix signifying disease.

nosocomial, adj. : nosocomial; **gangrène -** : nosocomial or hospital gangrene.

nosogénie, s. f. : nosogenesis, nosogeny.

nosographie, s. f. : nosography.

nosologie, s. f. : nosology.

nosologique, adj. : nosologic, nosological.

nosomanie, s. f. : nosomania (1. morbid dread of disease; 2. delusion of suffering from disease).

nosophobie, s. f. : nosophobia, pathophobia.

nosophore, s. m. : mechanical bed for invalids.

nosothérapie, s. f. : nosotherapy.

nosotoxicose, s. f. : nosotoxicosis.

nostalgie, s. f. : nostalgia, homesickness.

nostalgique, adj. : nostalgic; **monomanie -** : nostomania.

nostras, adj. : nostras (denoting a disease belonging to the country in which it is described).

notalgie, s. f. : notalgia, back-pain.

notifiable, adj. : notifiable (as in the case of diseases that must be reported to the health authorities).

notochorde ou **notocorde,** s. f. : notochord, chorda dorsalis.

noueux, adj. : 1. ankylosed; 2. knotted, knotty; **érythème -** : erythema nodosum; **rhumatisme -** : rheumatoid arthritis, arthritis deformans.

nourri, adj. : nourished, fed; **mal -** : ill-fed, underfed, undernourished.

nourrice, s. f. : nurse, wet-nurse; **mère qui est -** : nursing mother; **mise en -** : foster-nursing; **mois de -** : suckling period; **- sèche** : dry-nurse.

nourricerie, s. f. : 1. nursery, baby-farm (vernac.); 2. stock-farm; 3. silkworm farm.

nourricier, adj. : nutritious, nutritive; **père -** : foster father.

nourrir, v. : 1. to suckle, to nurse; 2. to feed; **- un enfant au biberon** : to bottle-feed a baby; **se -** : to eat, to subsist; **se - de rien** : to eat next to nothing.

nourrissant, adj. : nutritive, nutritious, nourishing.

nourrisson, s. m. : infant, nursling.

nourriture, s. f. : 1. feeding, suckling; 2. nourishment, food; **priver quelqu'un de -** : to starve someone.

nouure, s. f. : node.

nouveau-né, s. m., adj. : new-born.

novocaïne, s. f. : novocaine.

novocaïnestérase (épreuve de la) : cf., **procaïnestérase (épreuve à la).**

novocaïnisation, s. f. : local anesthesia with novocain injection.

noyau, s. m. : nucleus, pl. nuclei (lat.) (biol., chem., anat.); **- amygdalien** : amygdaloid nucleus; **- caudé** : caudate nucleus; **- du faisceau de Goll** : nucleus gracilis, postpyramidal nucleus; **- gris centraux** : basal ganglia; **- lenticulaire** : lenticular nucleus; **- sphérique du cervelet** : nucleus globosus.

nubile, adj. : nubile, marriageable.

nubilité, s. f. : nubility.

nucléaire, adj. : nuclear; **fuseau -** : nuclear spindle, achromatic spindle; **ictère -** : kernicterus (germ.); **lyse -** : chromatolysis.

nucléase, s. f. : nuclease.

nucléé, adj. : nucleate, nucleated.

nucléiforme, adj. : nucleiform.

nucléine, s. f. : nuclein.

nucléique, adj. : nucleic; **acide -** : nucleic acid.

nucléo- : nucleo-, prefix meaning relating to a nucleus or to nuclein.

nucléo-albumine, s. f. : nucleo-albumin.

nucléo-albumose, s. f. : nucleo-albumose.

nucléohistone, s. f. : nucleohistone.

nucléolaire, adj. : nucleolar.

nucléole, s. m. : nucleolus, plur. nucleoli (lat.).

nucléomicrosome, s. m. : nucleomicrosome.

nucléoplasme, s. m. : nucleoplasm.

nucléoprotéine, s. f. : nucleoprotein.

nucléosidase, s. f. : nucleosidase.

nucléoside, s. m. : nucleoside.

nucléotide, s. m. : nucleotide.

Nück (canal de) : Nück's canal (anat.).

nudisme, s. m. : nudism.

Nuhn (glande de) : Nuhn's gland, Blandin's gland (tongue).

nuisible, adj. : harmful, injurious, noxious, pernicious.

nullipare, s. f. : nullipara; adj. : nulliparous.

nulliparité, s. f. : nulliparity (having never given birth to a viable infant).

numération, s. f. : numeration, counting; **- globulaire** : blood-count.

nummulaire, *adj.* : nummular, nummiform, coin shaped; **crachat -** : nummular sputum.

nunnation, *s. f.* : nunnation (frequent *or* abnormal use of the « n » sound).

nuque, *s. f.* : back of the neck, nucha *(lat.)*; **ligament de la -** : ligamentum nuchae.

nutation, *s. f.* : nutation (1. nodding; 2. partial rotation of the sacrum during pregnancy).

nutriment, *s. m.* : nutriment, nourishment, food.

nutritif, *adj.* : nutritive, nutrient, nutritional, nutritious; **matière -** : food; **valeur -** : food-value.

nutrition, *s. f.* : nutrition.

nutritivité, *s. f.* : nutritiveness, nutritiousness, food-value.

nyctalgie, *s. f.* : nyctalgia; **- paresthésique des membres supérieurs** : nocturnal acroparesthesia.

nyctalope, *s. m.* : night-blind.

nyctalopie, *s. f.* : night-blindness, nyctathyphlosis.

nycthémère, *s. m.* : nyctohemeral period, night and day (twentyfour hours).

nyctophobie, *s. f.* : nyctophobia (morbid dread of the dark).

nycturie, *s. f.* : nycturia.

nylon, *s. m.* : nylon.

nymphe, *s. f.* : 1. nympha, *pl.* nymphae *(lat.)*, labium minus of the vulva; 2. nymph (stage between larva and imago in insects and arthropods).

nymphectomie, *s. f.* : nymphectomy.

nymphomane, *s. f., adj.* : nymphomaniac.

nymphomanie, *s. f.* : nymphomania.

nymphotomie, *s. f.* : nymphotomy.

nystagmiforme, *adj.* : nystagmiform, nystagmoid.

nystagmique, *adj.* : nystagmic.

nystagmus, *s. m.* : nystagmus, nystaxis.

nystatine, *s. f.* : nystatin.

O

obélion, *s. m.* : obelion, fontanel *or* fontanelle of Gerdy.

Obermeier (spirille *ou* **spirochète d')** : Obermeier's spirillum (of relapsing fever).

obèse, *adj.* : obese, corpulent, fat, stout.

obésifuge, *adj.* : fat-reducing; **médicament -** : anti-fat remedy; **régime -** : reducing *or* slimming diet, Banting diet.

obésité, *s. f.* : obesity, fatness.

obex, *s. m.* : obex (thickening of the ependyma at the point of the calamus scriptorius).

obitoire, *s. m.* : 1. observation room for the apparently dead; 2. mortuary.

objet, *s. m.* : object; **porte -** : microscope slide, object slide (*micr.*).

objectif, *s. m., adj.* : objective, object glass *or* lens (*micr.*); **- à immersion** : immersion lens *or* objective ; **- automatique à focale variable** (*phot.*) : zoom lens (*phot.*); **- grand angulaire** : wide angle lens.

oblatif, *adj.* : oblative (*psych.*).

obligatoire, *adj.* : obligatory, compulsory; **maladie à déclaration -** : notifiable disease; **vaccination -** : compulsory vaccination.

oblique, *adj.* : oblique, slanting.

obliquité, *s. f.* : obliquity, obliqueness.

oblitération, *s. f.* : obliteration, destruction.

obnubilation, *s. f.* : obnubilation (clouded mentality).

obscurantisme, *s. m.* : obscurantism (*psych.*).

obsédant, *adj.* : obsessive-compulsive (marked by obsessions which lead to their gratification).

observation, *s. f.* : 1. observation; 2. case history, case report, clinical record.

obsession, *s. f.* : obsession (*psych.*).

obstétrical, *adj.* : obstetric, obstetrical.

obstétricien, *s. m.* : obstetrician.

obstétrique, *s. f.* : obstetrics, midwifery.

obstruant, *s. m., adj.* : obstruent.

obstructif, *adj.* : obstructive, obstruent.

obstruction, *s. f.* : obstruction (1. act of blocking *or* obstructing; 2. state of being obstructed; 3.

obstacle; **- intestinale** : intestinal obstruction, stoppage of the bowels [*vernac.*]).

obturateur, *s. m.* : obturator, obturator; *adj.* : obturating, closing.

obturation, *s. f.* : obturation (of duct); closing (of cavity); sealing (of vessel); stopping (of tooth).

obtus, *adj.* : obtuse, blunt.

obtusion, *s. f.* : obtusion.

occipital, *adj.* : occipital; **artère -** : occipital artery; **lobe -** : occipital lobe; **os -** : occipital bone; **protubérance - externe** : external occipital protuberance; **protubérance - interne** : internal occipital protuberance, occipital cross.

occipito- : occipito-, prefix denoting relation to the occipital bone *or* occiput.

occiput, *s. m.* : occiput.

occlure, *v.* : to occlude.

occlusif, *adj.* : occlusive, occluding.

occlusion, *s. f.* : occlusion, closure; **- dentaire** : dental *or* odontal occlusion (contact between the teeth with the jaws closed); **- des paupières** : closure of the eyelids; **- intestinale** : impaction of the bowel; **- pupillaire** : occlusion of the pupil.

occulte, *adj.* : occult, concealed, hidden; **hémorragie -** : occult blood; **maladie -** : occult disease.

ocelle, *s. m.* : ocellus (1. simple eye of invertebrates; 2. one of the elements of a compound eye; 3. eye-like marking [*e.g.* on butterfly wing]).

ocellé, *adj.* : ocelate, ocelated.

ochrodermie, *s. f.* : ochrodermia (yellowness of the skin).

ochronose, *s. f.* : ochronosis, ochronosus.

octane, *s. m.* : octane (*chem.*); *adj.* : octan; **fièvre -** : octan fever.

octo- : octo-, prefix denoting the number eight.

octovalent, *adj.* : octavalent, octad.

oculaire, *s. m.* : ocular, eyepiece; **- chercheur** : finder eyepiece; **- compensateur** : compensating eyepiece; **- micrométrique** : micrometer eyepiece; **- à redressement** : erecting eyepiece; **- à réticule** : crossline eyepiece; *adj.* : ocular; **phtisie -** : ophthalmomalacia.

oculariste, *s. m.* : ocularist, maker of artificial eyes.

oculist, *s. m.* : oculist.

oculistique, *s. f.* : oculistics (treatment of diseases of the eye).

oculo- : oculo-, prefix meaning pertaining to the eye.

oculo-cardiaque (réflexe) : oculocardiac reflex (slowing of the cardiac rhythm on compression of the eyeball).

oculogyration, *s. f.* : oculogyration.

oculogyre, *adj.* : oculogyric.

oculomoteur, *adj.* : oculomotor (1. pertaining to movement of the eye; 2. pertaining to the oculomotor nerve).

oculomycosis, *s. m.* : oculomycosis.

oculoréaction, *s. f.* : oculoreaction, Calmette's ophthalmoreaction.

ocytocine, *s. f.* : oxytocin (pituitary hormone which induces uterine contraction).

ocytocique, *s. m., adj.* : oxytocic, ocytocic.

Oddi (sphincter d') : sphincter of Oddi (at the ampula of Vater).

oddite, *s. f.* : odditis (inflammation of the sphincter of Oddi).

odeur, *s. f.* : odour, odor.

odontalgie, *s. f.* : odontalgia, toothache.

odontalgique, *adj.* : odontalgic.

odontaplasie, *s. f.* : aplasia of the odontoid process of the axis vertebra (after fracture or as congenital defect).

odontique, *adj.* : odontic, dental.

odontite, *s. f.* : odontitis.

odonto- : odonto-, prefix meaning pertaining to a tooth.

odontoblaste, *s. m.* : odontobast (dentine cell).

odontocie, *s. f.* : odontocia (softening of the teeth).

odontoclaste, *s. m.* : odontoclast.

odontogénie, *s. f.* : odontogeny, odontosis.

odontoïde, *adj.* : odontoid; **apophyse -** : odontoid process; **ligament -** : odontoid ligament.

odontolithe, *s. m.* : odontolith.

odontologie, *s. f.* : odontology.

odontologiste, *s. m.* : odontologist, dental surgeon, dentist.

odontome, *s. m.* : odontoma, odontome (1. tumor containing mixtures of enamel, dentine and cementum; 2. exostosis of alveolar periosteum; **- odontoplastique** : odontoplastic odontoma).

odontonécrose, *s. f.* : odontonecrosis.

odontopathie, *s. f.* : odontopathy.

odontorragie, *s. f.* : odontorrhagia (profuse bleeding from the socket of a tooth).

odontotechnie, *s. f.* : odontotechny, dentistry, dental surgery.

odontothèque, *s. m.* : odontheca, dental sac.

odorat, *s. m.* : osphresis, sense of smell.

odoriférant, *adj.* : odoriferous.

-odynie : -odyne, -odynia, suffix denoting pain.

odynophagie, *s. f.* : odynophagia, painful deglutition.

œcologie, *s. f.* : cf., **écologie.**

œdémateux, *adj.* : oedematous, edematous.

œdème, *s. m.* : oedema, edema; **- articulaire** : arthrophyma; **- blanc douloureux** : phlegmatia alba dolens, white leg; **- de Calabar** : calabar swellings; **- diffus** : anthorisma; **- généralisé** : anasarca.

Œdipe (complexe d') : Œdipus complex.

œdipisme, *s. m.* : oedipism, self-inflicted blindness.

œil, *s. m.* : eye, oculus, *plur.* oculi *(lat.);* **orbite de l' -** : eye-socket; **- -de-perdrix** : interdigital corn.

œillère, *s. f.* : eye-bath; **dent -** : eyetooth (upper canine tooth).

œnilisme, *s. m.* : oenolism (alcoholism due mainly to excessive wine drinking).

œnolature, *s. f. ou* **œnolé,** *s. m.* : medicinal preparation with wine as excipient.

œnomanie, *s. f.* : oinomania, enomania, delerium tremens.

Œrtel (méthode d') : Œrtel's method (mechanical treatment of circulatory disease).

œsoduodénostomie, *s. f.* : end-to-end anastomosis of the oesophagus and duodenum.

œsogastrostomie, *s. f.* : oesophagogastrostomy, esophagogastrostomy, gastroesophagostomy (operations for anastomosing the esophagus and the stomach for relief of stricture or tumor).

œsojéjunostomie, *s. f.* : end-to-end anastomosis between the esophagus and the jejunum.

œsophage, *s. m.* : esophagus, oesophagus.

œsophagectomie, *s. f.* : esophagectomy, oesophagectomy.

œsophagien, *adj.* : esophageal, oesophageal.

œsophagisme, *s. m.* : esophagism, oesophagism, esophagismus.

œsophagite, *s. f.* : esophagitis.

œsophagogastrostomie, *s. f.* : cf., **œsogastrostomie.**

œsophago-jéjuno-gastrostomose *ou* **-gastrostomie,** *s. f.* : esophagojejunogastrostomosis or esophagojejunogastrostomy.

œsophagojéjunostomie, *s. f.* : esophagojejunostomy.

œsophagomalacie, *s. f.* : esophagomalacia.

œsophagoplastie, *s. f.* : esophagoplasty.

œsophagorragie, *s. f.* : esophagorrhagia.

œsophagoscopie, *s. f.* : esophagoscopy.

œsophagospasme, *s. m.* : esophagospasm.

œsophagostomie, *s. f.* : esophagostomy.

œsophagotome, *s. m.* : esophagotome.

œsophagotomie, *s. f.* : esophagotomy.

œstral, *adj.* : estral, estrual, oestral, oestrual.

œstranediol, *s. m.* : estranediol.

œstre, *s. m.,* : botfly, gadfly, Oestrus *(entomol.);* larve d' - : bot.

œstriol, *s. m.* : estriol, oestriol.

œstrogène, *s. m.* : estrogen, oestrogen; *adj.* : estrogenic, oestrogenic.

œstrogénie, *s. f.* : presence of estrogens in the body.

œstrogénothérapie, *s. f.* : estrogentherapy.

œstromanie, *s. m.* : estromania, nymphomania, satyriasis.

œstrone, *s. f.* : estrone, oestrone.

œstrus, *s. m.* : estrus, oestrus.

œuf, *s. m.* : egg, ovum, *pl.* ova *(lat.);* - couvé : incubated egg; - fécondé : fertilized egg or ovum; - de Naboth : nabothian follicle.

officinal, *adj.* : officinal *(pharm.).*

officine, *s. f.* : pharmacy, druggist's shop.

Ogino-Knaus (loi d') : Ogino-Knaus' law (relating fertility to the ovulation period; basis for so called « safe-period » form of birth control).

ohm, *s. m.* : ohm *(electr.);* loi d' - : Ohm's law; - international : international ohm; - légal : congress ohm; - pratique : British Association ohm.

ohmmètre, *s. m.* : ohmmeter.

-oïde *ou* -ide : -oid, suffix meaning like.

oïdiomycose, *s. f.* : oidiomycosis, candidiasis.

Oïdium albicans : Oidium albicans, Candida, thrush fungus.

oignon, *s. m.* : bunion.

-ol : -ol, suffix indicating that the substance is an alcohol or a phenol.

oléagineux, *adj.* : oleaginous, oily.

oléate, *s. m.* : oleate.

olécranalgie, *s. f.* : pain in the olecranon.

olécrâne, *s. m.* : olecranon.

olécrânien, *adj.* : olecranal; cavité - : olecranoid fossa of the humerus.

oléidémie, *s. f.* : presence of aldehydes of unsaturated fatty acids in the blood.

oléique, *adj.* : oleic; acide - : oleic acid.

oléo- : oleo-, prefix meaning pertaining to oil.

oléolithe, *s. m.* : oleolith (urinary calculus formed by precipitates around oil droplets, following intravesical instillation of oil).

oléome, *s. m.* : oleoma, paraffinoma.

oléomètre, *s. m.* : oleometer.

oléothorax, *s. m.* : oleothorax (intrapleural injection of oil to compress the lung).

oléum, *s. m. (chim.)* : vitriol, oil of vitriol, concentrated sulphuric acid.

olfactif, *adj.* : olfactive, olfactory; bulbe - : olfactory bulb; ganglion - de Luggs : amygdaloid nucleus; gouttière - : olfactory sulcus (ethmoid bone); lobe - : olfactory lobe; nerf - : olfactory nerve; sensibilité - : osmesthesia (ability to perceive and distinguish odours).

olfaction, *s. f.* : olfaction.

olfactométrie, *s. f.* : olfactometry.

oliban, *s. m.* : olibanum, frankisense.

oligaimie, oligémie *ou* olighémie, *s. f.* : *cf.,* hypovolémie.

olighydramnios, *s. m.* : oligoamnios, oligohydramnios (less than 300 ml. of amniotic fluid at term).

oligo- : oligo-, prefix meaning little, scanty or few.

oligoamnios, *s. m.* : *cf.,* olighydramnios.

oligoasthénospermie, *s. f.* : oligoasthenospermia (scanty sperm with weak motility).

oligobare, *adj. (morph.)* : underweight for height.

oligocholie, *s. f.* : oligocholia (deficiency of bile).

oligochromémie, *s. f.* : oligochromemia.

oligocranie, *s. f. (morph.)* : small size of head relative to body.

oligocytémie, *s. f.* : oligocythemia, oligocytosis.

oligodendrocytome, *s. m.* : *cf.,* oligodendrogliome.

oligodendroglie, *s. f.* : oligodendroglia.

oligodendrogliome, *s. m.* : oligodendroglioma.

oligodipsie, *s. f.* : oligodipsia (abnormal absence of thirst).

oligodynamique, *adj.* : oligodynamic (active in minute quantities).

oligoélément, *s. m.* : trace element (essential for health but present in minute quantities in normal diet).

oligohormonal, *adj.* : deficient in hormones.

oligohydramnie, *s. f. ou* oligohydramnios, *s. m.* : *cf.,* olighydramnios.

oligoménorrhée, *s. f.* : oligomenorrhea.

oligophagie, *s. f.* : under-eating.

oligophrénie, *s. f.* : oligophrenia, imbecillity.

oligoposie, *s. f.* : oligoposy, insufficient fluid in the diet.

oligosidérémie, *s. f.* : oligosideremia.

oligospermie, *s. f.* : oligospermia, oligospermatism.

oligotrichie, *s. f.* : oligotrichia, oligotrichosis (thinness of hair).

oligurie, *s. f.* : oliguria.

olivaire, *adj.* : olivary, olive-shaped.

olive, *s. f.* : olive, oliva *(lat.);* - accessoire : paroliva, accessory olive; - bulbaire : olive, olivary body, oliva medullae oblongatae; - cérébelleuse : nucleus dentatus cerebelli; - supérieure : nucleus tegmenti.

Oliver (signe d') : Oliver's or Porter's sign (tracheal tugging in aortic aneurysm).

Ollier (maladie d') : Ollier's disease, achondroplasia.

omalgie, s. f. : omalgia, omodynia (pain in the shoulder).

omarthrite, s. f. : omarthritis.

omarthrose, s. f. : arthrosis of the shoulder joint.

omasum, s. m. : omasum, manifold, manyplies, psalterium (third stomach of ruminants).

ombilic, s. m. : navel, umbilicus (lat.), omphalos (gr.).

ombilical, adj. : umbilical; **cordon -** : umbilical cord; **hernie -** : omphalocele, umbilical hernia.

ombilication, s. f. : umbilication.

ombiliciforme, adj. : omplaloid, umbilicate.

ombiliqué, adj. : umbilicate, umbilicated.

oméga (anse) : sigmoid colon.

omental, adj. : omental.

omentofixation ou **omentopexie,** s. f. : omentofixation, omentopexy, Talma's operation.

omentoplastie, s. f. : omentoplasty (use of omental grafts).

omnipraticien, s. m. : general practitioner, G.P.

omnivore, adj. : omnivorous.

omohyoïdien, adj. : omohyoid; **muscle -** : omohyoid muscle.

omophage, adj. : omophagous.

omophagie, s. f. : omophagia, omositia (practice of eating raw flesh).

omoplate, s. f. : scapula, shoulder-blade.

omotocie, s. f. : omotocia, premature delivery.

omphalectomie, s. f. : omphalectomy.

omphalite, s. f. : omphalitis.

omphalo- : omphalo-, prefix meaning relating to the navel.

omphalocèle, s. f. : omphalocele, umbilical hernia.

omphalochorion, s. m. : omphalochorion (choriovitelline placenta).

omphalome, s. m. : omphaloma.

omphalomésentérique, adj. : omphalomesenteric, omphalomesaraic; **artère -** : omphalomesenteric artery; **conduit -** : omphalomesenteric or vitelline duct.

omphalopage, s. m. : omphalopagus (double monster united at the navel).

omphalorragie, s. f. : omphalorrhagia (umbilical hemorrhage).

omphalorrhexie, s. f. : omphalorrhexis (rupture of the umbilicus).

omphalotomie, s. f. : omphalotomy.

omphalotripsie, s. f. : omphalotripsy.

O.M.S. (Organisation Mondiale de la Santé) : W.H.O. (World Health Organization).

onanisme, s. m. : onanism.

once, s. f. : ounce (= 28.35 g).

onchocercose, s. f. : onchocercosis, onchocerciasis; **- oculaire** : river blindness.

Onchocerque, s. m. : Onchocerca, Oncocerca (genus of filarial worms).

oncogène, adj. : oncogenis (tumor formation).

oncogenèse, s. f. : oncogenesis (tumor formation).

oncographe, s. m. : oncograph.

oncographie, s. f. : oncography.

oncolyse, s. f. : oncolysis (destruction of a tumor or of tumor cells).

oncométrie, s. f. : oncometry (measurement of organs or of tumors).

oncose, s. f. : oncosis.

oncotique, adj. : oncotic (pertaining to, caused by or marked by swelling); **pression -** : oncotic pressure (osmotic pressure exerted by proteids and other colloids in a colloidal system).

onction, s. f. : unction, inunction.

onctueux, adj. : unctuous, greasy, oily.

onde, s. f. : wave ; **- calorifique** : heat wave ; **- de choc** : shock wave; **- électromagnétiques** : electromagnetic waves; **longueur d'-** : wavelength; **- lumineuse** : light wave; **- sonore** : sound wave.

ondinisme, s. m. : undinism (association of sexual ideas with water and urination).

ondulant, adj. : undulant, undulating; **fièvre -** : undulant fever, brucellosis; **membrane -** : undulating membrane (of trypanosome); **pouls -** : undulating pulse.

ondulation, s. f. : undulation (wave-like motion).

ondulatoire, adj. : undulatory; **mouvement -** : wave-motion ; **théorie -** : undulatory or wave theory.

ongle, s. m. : nail, unguis, pl. ungues (lat.), claw (of animal); **- incarné** : ingrowing (toe) nail, onychocryptosis ; **- hippocratique** : hippocratic or turtle-back nail.

onglée, s. f. : first stage of frostbite (recoverable).

onglet, s. m. : cf., **ptérygion.**

onguent, s. m. : ointment, unguent, liniment, unguentum (lat.); **- pour les yeux** : eyesalve.

onguiforme, adj. : unguiform, unciform, claw-like.

ongulé, s. m. : ungulate (animal of the class Ungulata); adj. : ungulate (1. hoof-shaped; 2. hoofed).

onirique, adj. : oneiric, oniric (relating to dreams).

onirisme, s. m. : onireirism (waking dream state).

oniro-analyse, s. f. : oneiro-analysis, oneiroscopy.

onirodynie, s. f. : oneirodynia, nightmare.

onomatologie, s. f. : onomatology.

onomatomanie, s. f. : onomatomania.

ontogenèse ou **ontogénie,** s. f. : ontogenesis, ontogeny.

onyalai, s. f. : onyalai (nutritional disorder with symptoms of thrombopenic purpura marked by hemorrhagic vesicles on the buccal mucosa, common in West Africa).

onycharthrose, s. f. : hereditary dystrophy of the nails associated with arthrosis.

onychatrophie, s. f. : onychatrophia, onychatrophy.

onychauxis, s. f. : onychauxis (overgrowth of the nails).

onychie, s. f. : onychia.

onychite, s. f. : onychitis.

onycho- : onycho-, prefix meaning relating to the nails.

onychographe, s. m. : onychograph.

onychogryphose ou onychogrypose, s. f. : onychogryphosis, onychogryposis.

onycholyse, s. f. : onycholysis (loosening or separation of the nail from its bed).

onychomalacie, s. f. : onychomalacia.

onychomycose, s. f. : onychomycosis, onychia parasitica (fungal disease of the nails).

onychopathie, s. f. : onychopathy (any disease of the nails).

onychophagie, s. f. : onychophagia, onychophagy (habit of biting the nails).

onychoptose, s. f. : onychoptosis (falling of the nails).

onychorrhexis, s. f. : onychorrhexis (splitting of the nails).

onychose, s. f. : onychosis, onychopathy.

onyxis, s. m. : onyxis, ingrowing nail.

oocinète, s. m. : oocinete, ookinete (fertilized malarial parasite).

oocyste, s. m. : oocyst (encysted ookinete in the wall of the mosquitos's stomach).

oogamie, s. f. : oogamy.

oogenèse, s. f. : oogenesis (origin and development of the ovum).

oogone ou oogonie, s. f. : oogonium, plur. oogonia (lat.).

oophoralgie, s. f. : oophoralgia (pain in the ovary).

oophorectomie, s. f. : oophorectomy.

oophorite ou oophoritis, s. f. : oophoritis, ovaritis.

oophoro- : oophoro-, prefix meaning relating to the ovary.

oophoro-hystérectomie, s. f. : oophorohysterectomy.

oophorosalpingectomie, s. f. : oophorosalpingectomy.

oophorosalpingite, s. f. : oophorosalpingitis.

oophorosalpingotomie, s .f. : oophorosalpingotomy.

oophorraphie, s. f. : oophorrhaphy (fixation by suture of a displaced ovary).

oosphère, s. f. : oosphère (biol.).

Oospora, s. m. : Oospora (genus of fungi).

oospore, s. m. : oospore (biol.).

oosporose, s. f. : oosporosis (infection by Oospora).

opacification, s. f. : opacification.

opacimètre, s. m. : opacimeter, densimeter, plate-tester, densitometer.

opacimétrie, s. f. : opacimetry, densitometry.

opacité, s. f. : opacity.

opaque, adj. : opaque.

opérable, adj. : operable (surg.).

opérateur, s. m. : operator (genet.).

opératif, adj. : operative, active, functional.

opération, s. f. : operation; - à chaud : emergency operation; - à froid : interval operation; salle d'- : operating theatre; table d'- : operating table.

opératoire, adj. : operative; champ - : field of operation; médecine - : surgery; mode - : mode of operation.

operculaire, adj. : opercular.

opercule, s. m. : operculum, pl. opercula (lat.) : 1. cover, lid; 2. cerebral convolutions covering the island of Reil.

operculé, adj. : operculate.

opéré, s. m. : patient after operation.

opérer, v. : to operate; - quelqu'un à chaud : to operate on someone in the acute stage, to perform an emergency operation; - quelqu'un à froid : operate on someone between attacks; se faire - : to undergo an operation.

opéron, s. m. : operon (genet.).

ophiase ou ophiasis, s. f. : ophiasis (alopecia areata in which baldness progresses in a serpentine form).

ophidisme, s. m. : ophidism, ophidiasis (poisoning by snake venom).

ophryon, s. m. : ophryon (mid-point of the transverse supra-orbital line).

ophtalmalgie, s. f. : ophthalmalgia.

ophtalmia nodosa : ophthalmia nodosa, caterpillar ophthalmia.

ophtalmie, s. f. : ophthalmia; - des neiges : ophthalmia nivialis, snow blindness; - phlycténulaire : phlyctenular ophthalmia; - sympathique : migratory or sympathetic ophthalmia.

ophtalmique, s. m. : ophthalmic remedy; adj. : ophthalmic.

ophtalmite, s. f. (inus.) : ophthalmitis.

ophtalmo- : ophthalmo-, prefix meaning relating to the eye.

ophtalmodynamomètre, s. m. : ophthalmodynamometer.

ophtalmodynie, s. f. : ophthalmodynia, ophthalmalgia.

ophtalmologie, s. f. : ophthalmology.

ophtalmologique, adj. : ophthalmologic, ophthalmological; consultation - : eye-clinic.

ophtalmologiste, s. m. : ophthalmologist.

ophtalmomalacie, s. f. : ophthalmomalacia.

ophtalmomètre, s. m. : ophthalmometer.

ophtalmométrie, s. f. : ophthalmometry.

ophtalmomycose, s. f. : ophthalmomycosis.

ophtalmoplastie, s. f. : ophthalmoplasty.

ophtalmoplégie, s. f. : ophthalmoplegia, - externe : ophthalmoplegia externa; - interne : ophthalmoplegia interna; - nucléaire : nuclear ophthalmoplegia.

ophtalmoréaction, *s. f.* : ophthalmoreaction.

ophtalmorrhée, *s. f.* : ophthalmorrhea.

ophtalmorrhexie, *s. f.* : ophthalmorrhexis.

ophtalmoscope, *s. m.* : ophthalmoscope.

ophtalmoscopie, *s. f.* : ophthalmoscopy.

ophtalmostat, *s. m.* : ophthalmostat.

ophtalmotomie, *s. f.* : ophthalmotomy.

ophtalmotonométrie, *s. f.* : ophthalmotonometry.

opiacé, *s. m., adj.* : opiate.

opiat, *s. m.* : opiate (1. a remedy containing opium; 2. any soporific).

opiomane, *s. m.* : opiomaniac, opium-addict; *adj.* : opium-smoking, addicted to opium.

opiomanie, *s. f.* : opiomania.

opiophage, *s.* : opium-eater; *adj.* : opiophagic, opium-eating.

opiophagie, *s. f.* : opiophagism, opiophagy, opium-eating.

opisthion, *s. m.* : opisthion (midpoint of the posterior border of the foramen magnum).

opisthognathisme, *s. m.* : opisthognathism (recession of the lower jaw).

opisthotonique, *adj.* : opisthotonic.

opisthotonos, *s. m.* : opisthotonos, opisthotonus.

opium, *s. m.* : opium.

opodeldoch, *s. m.* : opodeldoc (camphorated soap soap *or* liniment).

opothérapie, *s. f.* : opotherapy, organotherapy.

Oppenheim (maladie *ou* **amyotonie d')** : Oppenheim's disease, amyotonia *or* myotonia congenita; **maladie** *ou* **névrose d'-** : traumatic neurosis ; **signe d'-** : Oppenheim's reflex *or* sign.

oppositionisme, *s. m.* : automatic opposition of antagonistic muscles to passive movements.

opsiurie, *s. f.* : opsiuria.

opsoclonie, *s. f.* : opsoclonia (constant nystagmoid eye movements).

opsomane, *s. m.* : opsomaniac.

opsomanie, *s. f.* : opsomania (craving for some special food).

opsoménorrhée, *s. f.* : opsomenorrhea (delayed menstruation).

opsonifier, *v.* : to opsonize.

opsonine, *s. f.* : opsonin.

opsonique, *adj.* : opsonic ; **indice -** : opsonic index; **mesure de l'indice -** : opsonometry, Wright's opsonic method.

optimisme, *s. m.* : optimism.

optimum, *s. m.* : optimum.

optique, *s. f.* : optics; *adj.* : optic, optical; **axe -** : optic axis; **centre -** : optical center; **couche -** : optic thalamus; **gouttière -** : optic groove; **papille -** : optic disc; **trou -** : optic foramen.

optomètre, *s. m.* : optometer.

optométricien, *s. m.* : optometrist.

optométrie, *s. f.* : optometry.

optophone, *s. m.* : optophone (instrument for educating blind *or* deaf-mute children by audio-visual association).

optostrié, *adj.* : optostriate (pertaining to the optic thalamus and corpus striatum).

or, *s. m.* : gold, aurum *(lat.)*.

ora serrata *(lat.)* : ora serrata (serrated border of the retina).

oral, *adj.* : oral (pertaining to the mouth).

orbiculaire, *adj.* : orbicular; **os -** : orbiculare, orbicular ossicle.

orbitaire, *adj.* : orbital; **apophyse - externe** : zygomatic process of the frontal bone; **arcade -** : supraorbital ridge; **fente -** : sphenoidal fissure; **indice -** : orbital index *(anthrop.)*; **trou - antérieur** : anterior ethmoidal foramen; **trou - postérieur** : posterior ethmoidal foramen.

orbite, *s. f.* : orbit, eye-socket.

orbitonométrie, *s. f.* : orbitonometry.

orbito-oculaire (aponévrose) : capsula *or* fascia bulbi, capsule of Tenon.

orchialgie, *s. f.* : orchialgia, orchidalgia (neuralgia of the testicle).

orchichorée, *s. f.* : orchichorea (twitching of the testicle).

orchidectomie, *s. f.* : orchidectomy, orchectomy, orchiectomy, castration.

orchidopexie, *s. f.* : orchidopexy, orchiopexy, orchiorrhaphy (surgical fixation of an undescended testical in the scrotum).

orchidoptose, *s. f.* : orchidoptosis.

orchidorraphie, *s. f.* : *cf.,* **orchidopexie.**

orchidothérapie, *s. f.* : orchidotherapy.

orchidotomie, *s. f.* : orchidotomy.

orchido-vaginopexie, *s. f.* : orchidovaginopexy (orchidopexy with eversion of the tunica vaginalis for cure of varicocele).

orchiocèle, *s. m.* : orchiocele.

orchiotomie, *s. f.* : *cf.,* **orchidotomie.**

orchite, *s. f.* : orchitis.

ordinateur, *s. m.* : computer.

ordonnance, *s. f.* : prescription; **donner une - à quelqu'un** : to prescribe for someone; **préparer une -** : to make up a prescription; **rayon d'- médicales** : dispensing department.

ordonner, *v.* : to prescribe (treatment *or* drug), to write a prescription.

ordre, *s. m.* : order (1. systematic arrangement; 2. taxonomic group below a class and above a family).

ordure, *s. f.* : dirt, filth; **- ménagères** : garbage; **boîte à -** : dustbin *(U.K.)*, garbage can *(U.S.A.)*; **four à incinérer les -** : incinerator, garbage furnace, refuse destructor.

oreille, *s. f.* : ear, auris *(lat.)*; **avoir mal à l'-** : to have earache; **être dur d'-** : to be hard of hearing.

oreillette, *s. f.* : auricle, atrium cordis, auricula cordis.

oreillons, *s. m. pl.* : mumps, contagious parotitis.

orexigène, *adj.* : orexigenic.

organe, *s. m.* : organ ; **- cible** : target-organ ; **- sensoriels** *ou* **des sens** : special sense-organs.

organelle, *s. f.* : organelle.

organique, *adj.* : organic; **chimie -** : organic chemistry; **composé -** : organic compound; **maladie -** : organic disease.

organisation, *s. f.* : organization.

organisé, *adj.* : 1. organized, constituted; 2. organic; **êtres -** : organic beings.

organisme, *s. m.* : organism, structure, system; **mauvais pour l'-** : bad for the system.

organite, *s. m.* : 1. organizer *(embryol., genet.)* ; 2. differentiated cell-constituent.

organo- : organo-, prefix meaning relating to organs *or* organic.

organogenèse, organogénésie *ou* **organogénie,** *s. f.* : organogenesis, organogeny.

organographie, *s. f.* : organography (1. organology; 2. radiography of organs).

organoïde, *adj.* : organoid.

organoleptique, *adj.* : organoleptic.

organologie, *s. f.* : organology.

organopathie, *s. f.* : organopathy.

organoplastie, *s. f.* : organoplasty.

organoplastique, *adj.* : organoplastic.

organosol, *s. m.* : organosol *(chem., pharm.).*

organothérapie, *s. f.* : organotherapy.

organotrope, *adj.* : organotropic.

organotropisme, *s. m.* : organotropism, organotropy.

orgasme, *s. m.* : orgasm.

orgelet, *s. m.* : sty, stye, hordelum.

Orient (bouton d') : oriental boil *or* sore, Aleppo boil, Delhi boil, Biskra button.

orientation, *s. f.* : orientation.

orifice, *s. m.* : orifice, aperture, hiatus, ostium, foramen; **- abdominal** : ostium abdominale (fimbriated end of the oviduct); **- de l'aorte dans le diaphragme** : hiatus aorticus; **des artères dans les ventricules du cœur** : ostium arteriosum cordis; **- auriculo-ventriculaire du cœur** : ostium venosum cordis; **- inférieur du vagin** : vaginal orifice; **- interne du canal dentaire inférieur** : foramen alveolare *or* mandibulare; **- de l'œsophage dans le diaphragme** : hiatus œsophageus, foramen œsophageum; **- pharyngien** : ostium pharyngeum (orifice of the eustachian tube); **- rectangulaire de la veine cave dans le diaphragme** : foramen quadrilaterum; **- du sinus maxillaire** : hiatus maxillaris; **- tympanique** *ou* **postérieur** : ostium tympanicum (tympanic opening of the eustachian tube).

origine, *s. f.* : origin.

ornithose, *s. f.* : ornithosis (virus disease of birds, other than the parrot family, caused by *Miyagawanella ornithosis* and communicable to man).

oronge, *s. f.* : the group of amanita mushrooms; **fausse -** : fly agaric, amanita muscaria (poisonous); **- vireuse** : amanita verna *or* virosa, « angel of death ».

oro-pharynx, *s. m.* : oropharynx.

orosomucoïde, *s. m.* : seromucoid α_1 (one of the α_1-globulins).

Oroya (fièvre de la) : Oroya fever, Peruvian wart, Carrión's disease.

orpiment, *s. m.* : orpiment, arsenic trisulphide, As_2O_3.

orteil, *s. m.* : toe; **gros -** : big *or* great toe, hallux *(lat.),* pollex pedis *(lat.);* **- en marteau** : hammer toe.

orthacousie, *s. f.* : 1. normal hearing; 2. prophylactic treatment for auditory affections.

orthédrine, *s. f.* : amphetamine.

ortho- : ortho-, prefix meaning (1. normal, straight, true; 2. an isomer; 3. one of the positions of hydrogen substituents in cyclic compounds).

orthocéphale, *adj.* : orthocephalic (head with vertical index of 70.1-75).

orthochromatique, *adj.* : orthochromatic (1. normally colored; 2. sensitive to all colors but red *[phot.]*).

orthochrome, *adj.* : orthochromic.

orthodiagramme, *s. m.* : orthodiagram.

orthodiagraphie, *s. f.* : orthodiagraphy.

orthodiascopie, *s. f.* : orthodiascopy.

orthodontie, *s. f.* : orthodontics.

orthogenèse, *s. f.* : orthogenesis.

orthognathe, *adj.* : orthognathic, orthognathous.

orthognathisme, *s. m.* : orthognathism *(morph., anthrop.).*

orthoïde, *adj.* : cf., **rectiligne.**

orthométrie, *s. f.* : hysteropexy, uterofixation.

orthomorphie, *s. f. ou* **orthomorphisme,** *s. m.* : orthomorphia *(surg.).*

orthopédie, *s. f.* : orthopedia, orthopedics.

orthopédique, *adj.* : orthopedic.

orthopédiste, *s. m.* : orthopedist.

orthophonie, *s. f.* : orthophony.

orthoplasie, *s. f.* : orthoplas (directive *or* determining influence of organic selection in evolution).

orthophrénie, *s. f.* : orthophrenia.

orthophrénopédie, *s. f.* : education of mentally defective children.

orthopie, *s. f.* : orthopia (treatment of strabismus).

orthopnée, *s. f.* : orthopnea, orthopnoea.

orthopsychopédie, *s. f.* : orthopsychiatry, child psychiatry.

orthoptie, *s. f.* : orthoptics (the science of correcting visual defects).

orthoscope, *s. m.* : orthoscope *(ophthal.).*

orthostatique, *adj.* : orthostatic; **albuminurie -** : orthostatic *or* postural albuminuria.

orthostatisme, *s. m.* : orthostatism, erect posture.

orthosympathique, *adj.* : orthosympathetic (thoracolumbar division of the autonomic nervous system).

orthotonos, *s. m.* : orthotonos (tetanic spasm).

os, *s. m.* : bone, os, *pl.* ossa *(lat.)*; **grand - du carpe** : os capitatum; **- crochu du carpe** : os hamatum, unciform bone; **- pyramidal du carpe** : cuneiform bone; **- scaphoïde du carpe** : scaphoid bone; **- semi-lunaire du carpe** : semilunar bone; **- trapèze du carpe** : trapezium, os multangulum majus; **- trapézoïde du carpe** : trapezoid, os multangulum minus; **- coxal** : innominate bone, os coxae; **- iliaque** : ilium, os ilium; **- malaire** : malar bone, os zygomaticum; **- wormien** : wormian bone, Andernach's *or* epactal ossicle.

oschéo- : oscheo-, prefix meaning relating to the scrotum.

oschéocèle, *s. f.* : oscheocele, scrotal hernia.

oschéohydrocèle, *s. f.* : oscheohydrocele.

oschéoplastie, *s. f.* : oscheoplasty.

oschéotomie, *s. f.* : resection of part of the scrotum.

oscillateur, *s. m.* : oscillator.

oscillation, *s. f.* : oscillation.

oscillomètre, *s. m.* : oscillometer.

oscillométrie, *s. f.* : oscillometry.

oscillométrique, *adj.* : oscillometric.

oscillopsie, *s. f.* : oscillopsia.

-ose : 1. -ose, suffix denoting a carbohydrate ; 2. -osis, denoting a process *or* condition.

ose, *s. m.* : carbohydrate, monose.

Osler (maladie de) : *cf.*, **Rendu-Osler; nodule d'-** : Osler's sign (painful red skin nodules in malignant endocarditis).

osmhidrose *ou* **osmidrose**, *s. f.* : osmidrosis, bromidrosis (malodorous perspiration).

osmique, *adj.* : osmic; **acide -** : osmic acid.

osmium, *s. m.* : osmium.

osmogène, *s. m.* : osmogen *(physiol.)*.

osmole, *s. m.* : osmol (standard unit of osmotic pressure).

osmologie, *s. f.* : osmology (science of odors and the sense of smell).

osmonocivité, *s. f.* : disturbances caused by intravenous injection of anisotonic solutions.

osmorécepteur, *s. m., adj.* : osmoreceptor *(physiol.)*.

osmose, *s. f.* : osmosis.

osmothérapie, *s. f.* : osmotherapy.

osmotique, *adj.* : osmotic; **pression** *ou* **tension -** : osmotic pressure.

ossature, *s. f.* : ossature, skeleton.

osséine, *s. f.* : ossein, ostein.

osselet, *s. m.* : ossicle, ossiculum *pl.* ossicula *(lat.)*; **- de Kerkring** : Kerkring's ossicle (occipital bone).

ossements, *s. m. pl.* : bones (of the dead), remains, relics.

osseux, *adj.* : osseous, bony; **atrophie -** : osteanabrosis ; **régénérescence -** : osteanagenesis, osteanaphysis.

ossiculectomie, *s. f.* : ossiculectomy.

ossifiant, *adj.* : ossifying; **chondrome -** : ossifying chondroma; **myosite - progressive** : ossifying myositis.

ossification, *s. f.* : ossification.

ossifier, *v.* : to ossify; **s'-** : to ossify, to become ossified.

ossifique, *adj.* : ossific.

ossifluent, *adj.* : ossifluent.

ossiforme, *adj.* : ossiform.

ostéalgie, *s. f.* : ostalgia, ostealgia.

ostéide, *s. f.* : osteoid (calcareous infiltration of tissues).

ostéite, *s. f.* : osteitis; **- condensante** *ou* **productive** : condensing osteitis, eburnation, osteosclerosis ; **- déformante hypertrophique** : osteitis deformans, Paget's disease ; **- fibrokystique** : osteitis fibrosa cystica, von Recklinghausen's disease; **- raréfiante** : rarefying osteitis, osteoporosis.

ostéo- : osteo-, prefix meaning relating to bone.

ostéoarthrite, *s. f.* : osteoarthritis, ostearthritis; **- chronique** : arthroxesis; **- hypertrophique dégénérative** : hypertrophic degenerative arthritis, osteoarthritis.

ostéoarthropathie, *s. f.* : osteoarthropathy (any disease of bony articulations); **- dystrophique** : arthritis *or* arthrosis deformans; **- pneumonique hypertrophiante** : *cf.*, **ostéopathie**.

ostéoarthrose, *s. f.* : osteoarthrosis; **- interépineuse** : interspinous osteoarthrosis, « kissing spine ».

ostéoblaste, *s. m.* : osteoblast.

ostéoblastique, *adj.* : osteoblastic.

ostéoblastome, *s. m.* : osteoblastoma, osteosarcoma.

ostéocartilagineux, *adj.* : osteocartilaginous.

ostéochondrite, *s. f.* : osteochondritis; **- déformante juvénile** : Calvé-Perthes *or* Perthes' disease, Legg's disease, osteochondrosis of capitular epiphyses; **- disséquante** : osteochondritis dissecans ; **- vertébrale infantile** : osteochondritis deformans juvenilis dorsi, osteochondrosis of the vertebrae.

ostéochondrodystrophie, *s. f.* : osteochondrodystrophy.

ostéochondromatose, *s. f.* : osteochondromatosis.

ostéochondrome, *s. m.* : osteochondroma.

ostéochondrosarcome, *s. m.* : osteochondrosarcoma.

ostéoclasie, *s. f.* : 1. osteoclasia (destruction of bony tissue by osteoclasts); 2. osteoclasis (surgical fracture *or* refracture of bones for correcting deformity).

ostéoclaste, s. m. : 1. instrument for performing osteoclasis; 2. osteoclast (histol.).

ostéoclastome, s. m. : osteoclastoma, giant-cell tumor of bone.

ostéocope, adj. : osteocopic; **douleur -** : osteocope, osteocopic pain (symptomatic of tertiary syphilis).

ostéocyte, s. m. : osteocyte.

ostéodentine, s. f. : osteodentin (dentine resembling bone in the teeth of fish).

ostéodynie, s. f. : osteodynia, ostealgia.

ostéodystrophie, s. f. : osteodystrophy.

ostéofibromatose, s. f. : osteofibromatosis; **- kystique** : cystic osteofibromatosis, Jaffe-Lichtenstein disease.

ostéofibrome, s. m. : osteofibroma.

ostéofibrose, s. f. : generic term for osteofibrotic syndromes.

ostéogène, adj. : osteogenetic, osteogenic, osteogenous; **couche -** : osteogen (the periosteal layer from which bone is formed).

ostéogenèse ou **ostéogénie**, s. f. : osteogenesis, osteogeny.

ostéogenesis imperfecta : osteogeneseis imperfecta, brittle bones, fragilitas ossium, osteopsathyrosis.

ostéogénique, adj. : osteogenic; **maladie -** : dyschondroplasia ; **sarcome -** : osteogenic sarcoma, osteosarcoma.

ostéographie, s. f. : osteography.

ostéoïde, adj. : osteoid; **tissu -** : osteoid; **sarcome -** : osteosarcoma.

ostéoïdose, s. f. : cf., **ostéomalacie.**

ostéologie, s. f. : osteology.

ostéologue, s. m. : osteologist.

ostéolyse, s. f. : osteolysis, ossifluence.

ostéomalacie, s. f. : osteomalacia.

ostéomarmoréose, s. f. : osteopetrosis, « marble bones ».

ostéomatose, s. f. : osteomatosis.

ostéome, s. m. : osteoma.

ostéomyélite, s. f. : osteomyelitis.

ostéomyélosclérose, s. f. : osteosclerosis, myelofibrosis.

ostéonécrose, s. f. : osteonecrosis.

ostéonévralgie, s. f. : osteoneuralgia.

ostéopathie, s. f. : osteopathy (disease of bone); **- hypertrophiante pneumique** : hypertrophic pulmonary osteoarthropathy, Bamberger-Marie's disease, pseudo-acromegaly.

ostéopédion, s. m. : osteopedion, lithopedion (retained fetus that has become calcified or petrified).

ostéopériostite, s. f. : osteoperiostitis; **- alvéolodentaire** : Magitit's disease; **- rhumatismale** : rheumatoid periostitis, Poulet's disease.

ostéopétrose, s. f. : osteopetrosis, marble bones, Albers-Schönberg's disease.

ostéophyte, s. m. : osteophyte; **- dentaire** : odontosteophyte.

ostéophytose, s. f. : osteophytosis.

ostéoplasie, s. f. : atypical hyperphasia of bone.

ostéoplaste, s. m. : cf., **ostéoblaste.**

ostéoplastie, s. f. : osteoplasty.

ostéopœcilie, s. f. : osteopecilia, osteopoecilia, osteopoikilosis, osteosclerosis fragilis generalisata.

ostéoporomalacie, s. f. : osteoporosis associated with osteomalacia.

ostéoporose, s. f. : osteoporosis.

ostéopsathyrose ou **ostéopsathyrosis**, s. f. : osteopsathyrosis, osteogenesis imperfecta.

ostéopycnose, s. f. : cf., **mélorhéostose.**

ostéoradionécrose, s. f. : osteoradionecrosis (osteonecrosis following irradiation).

ostéosarcome, s. m. : osteosarcoma, osteogenic sarcoma.

ostéosclérose, s. f. : osteosclerosis; **- généralisée** : Albers-Schönberg's disease, osteosclerosis fragilis generalisata, « marble bones ».

ostéospongiome, s. m. : osteospongioma, osteoid osteoma.

ostéostéatome, s. m. : osteosteatoma.

ostéosynovite, s. f. : osteosynovitis.

ostéosynthèse, s. f. : osteosynthesis (surg.), internal fixation of fractures.

ostéotome, s. m. : osteotome (surg.).

ostéotomie, s. f. : osteotomy.

otalgie, s. f. : otalgia, ear-ache.

otalgic, adj. : otalgic.

othématome, s. m. : othematoma, haematoma auris (hematoma of the external ear).

oticodinie ou **oticodinose**, s. f. : oticodinia (vertigo due to ear disease).

otique, adj. : otic; **ganglion -** : otic ganglion otoganglion.

otite, s. f. : otitis; **- externe** : otitis externa; **- interne** : otitis interna; **- moyenne** : middle ear disease, otitis media, tympanitis; **- labyrinthique** : labyrinthitis, otitis labyrinthics.

oto- : oto-, prefix meaning relating to the ear.

otochalasis, s. f. : otochalasis.

otoconie, s. f. : otoconium, otolith.

otocopose, s. f. : temporary deafness.

otocyste, s. m. : otocyst, auditory vesicle.

otodynie, s. f. : otodynia, otalgia, ear-ache.

otographie, s. f. : otography.

otolithe, s. m. : 1. otolith (calcareous concretion within the membranous labyrinth); 2. ossicle of the ear.

otolithisme, s. m. : sudden vertigo without other symptoms due to transient irritation of the otolithic apparatus (not Menière's disease).

otologie, s. f. : otology.

otologique, adj. : otologic.

otologiste, *s. m.* : otologist.

otomastoïdite, *s. f.* : otomastoiditis, otoantritis.

-otomie : -otomy, suffix meaning cutting, dissection.

otomycose, *s. f.* : otomycosis (fungal disease of the ear).

otopathie, *s. f.* : otopathy (any affection *or* disease of the ear).

otoplastie, *s. f.* : otoplasty.

otopyorrhée, *s. f.* : otopyorrhea, otopyorrhoea, otorrhea.

otorhinolaryngologie, *s. f.* : otorhinolaryngology.

otorragie, *s. f.* : otorrhagia (bleeding from the external auditory meatus).

otorrhée, *s. f.* : otorrhea, otorrhoea.

otosclérose, *s. f.* : otosclerosis.

otoscope, *s. m.* : otoscope.

otoscopie, *s. f.* : otoscopy.

otoscopique, *adj.* : otoscopic.

otospongiose, *s. f.* : otospongiosis, otosclerosis.

ototomie, *s. f.* : ototomy.

ouate, *s. f.* : cotton-wool; **- de cellulose** : wood-wool; **- hydrophile** : absorbent cotton-wool.

ouïe, *s. f.* : hearing.

ouloplasique, *adj.* : cicatrizing.

ouraque, *s. f.* : urachus.

ourles, *s. f. pl.* : old french for **oreillons** : mumps.

ourlien, *adj.* : pertaining to mumps.

ouverture, *s. f.* : aperture, opening, orifice.

ovaire, *s. m.* : ovary.

ovalbumine, *s. f.* : ovalbumin.

ovale, *adj.* : oval; **centre - de Vieussens** : centrum semiovale cerebri; **fenêtre -** : fenestra ovalis; **trou -** : foramen ovale ossis sphenoidalis.

ovalocyte, *s. m.* : ovalocyte (elliptical red corpuscle, normal in the camel).

ovalocytose, *s. f.* : ovalocytosis.

ovarialgie, *s. f.* : ovaralgia, ovarialgia, oophoralgia.

ovariectomie, *s. f.* : ovariectomy, oophorectomy.

ovarien, *adj.* : ovarian.

ovario- : ovario-, prefix meaning relating to the ovary.

ovariocèle, *s. m.* : ovariocele.

ovariopexie, *s. f.* : adnexopexy, oophoropexy.

ovarioprive, *adj.* : lacking functional ovaries.

ovariothérapie, *s. f.* : ovarotherapy, ovotherapy.

ovariotomie, *s. f.* : ovariotomy, oophorotomy.

ovarite, *s. f.* : ovaritis, oophoritis.

oviducte, *s. m.* : oviduct, fallopian tube.

ovifère, *adj.* : oviferous.

oviforme, *adj.* : oviform, oval, egg-shaped.

ovigène, *adj.* : ovigenetic, ovigenic, ovigenous ; **couche -** : ovigenous layer (ovary).

ovigère, *adj.* : ovigerous; **disque -** : discus ovigerus, discus proligerus, cumulus oophorus.

ovillé, *adj.* : resembling sheep's droppings.

ovipare, *adj.* : oviparous.

oviparité, *s. f.* : oviparity.

ovipositeur, *s. m.* : ovipositor (*entomol.*).

ovisac, *s. m.* : ovisac, graafian follicle.

ovoblaste, *s. m.* : ooblast, oogonium (primordial cell from which the ovum develops).

ovocentre, *s. m.* : oocenter, ovocenter.

ovocyte, *s. m.* : oocyte, ovocyte.

ovoculture, *s. f.* : culture of any organism in an embryonated egg.

ovocyte, *s. m.* : oocyte, ovocyte.

ovogénie *ou* **ovogenèse**, *s. f.* : genesis, ovogenesis.

ovoglobuline, *s. f.* : ovoglobulin.

ovogonie, *s. f.* : oogonium, ovogonium.

ovoïde, *adj.* : ovoid.

ovovivipare, *adj.* : ovoviviparous.

ovulaire, *adj.* : ovular.

ovulation, *s. f.* : ovulation.

ovule, *s. m.* : ovule, ovulum, *plur.* ovula (*lat.*).

oxalate, *s. m.* : oxalate.

oxalémie, *s. f.* : oxalaemia, oxalemia (excess of oxalic acid in the blood).

oxaligène, *adj.* : producing oxalic acid.

oxalique, *adj.* : oxalic; **acide -** : oxalic acid.

oxalophore, *adj.* : providing a source of oxalic acid.

oxalorachie, *s. f.* : presence of oxalic acid in the cerebrospinal fluid.

oxalose, *s. f.* : oxalosis (rare metabolic defect with oxaluria and crystalline deposits of calcium oxalate in the kidneys of infants).

oxalurie, *s. f.* : oxaluria.

oxhydrique, *adj.* : oxyhydrogen; **chalumeau -** : oxyhydrogen blowpipe *or* torch.

oxime, *s. f.* : oxim, oxime (*chem.*).

oxycarbonémie, *s. f.* : carbohemia, carbonemia (presence of carbon monoxide in the blood).

oxycarbonisme, *s. m.* : carbon monoxide poisoning.

oxycéphalie, *s. f.* : oxycephalia, acrocephaly (high and pointed skull).

oxychlorure, *s. m.* : oxychloride.

oxycytochrome, *s. m.* : oxidized form of cytochrome.

oxydant, *s. m.* : oxidant, oxidizing agent; *adj.* : oxidizing.

oxydase, *s. f.* : oxidase, oxydase.

oxydation, *s. f.* : oxidation.

oxyde, *s. m.* : oxide.

oxyder, *v.* : to oxidize.

oxydone, *s. f.* : oxidone (enzyme with similar properties to oxidase but insoluble in water).

oxydoréduction, *s. f.* : oxidation-reduction system.

oxygénase, *s. f.* : oxygenase.

oxygénation, *s. f.* : oxygenation.

oxygène, *s. m.* : oxygen.

oxygénopexie, *s. f.* : oxygen-fixation (by red corpuscles).

oxygénothérapie, *s. f.* : oxygen therapy.

oxygueusie, *s. f.* : oxygeusia (unusually acute sense of taste).

oxyhémoglobine, *s. f.* : oxyhemoglobin, oxyhaemoglobin.

oxymel, *s. m.* : oxymel (medicated syrup of honey and vinegar).

oxymétrie, *s. f.* : oximetry, oxymetry.

oxyosmie, *s. f.* : oxyosmia (acute sense of smell).

oxyphile, *adj.* : oxyphil, oxyphilic, oxyphilous.

oxyregmie, *s. f.* : oxyrygmia, acid eructation.

oxytocique, *adj.* : oxytocic.

oxyurase *ou* **oxyurose,** *s. f.* : oxyurasis (infestation with *Oxyuris*).

Oxyure, *s. m.* : *Oxyuris* (genus of nematode worms); **- vermiculaire** : *Oxyuris vermicularis,* pinworm.

ozène, *s. m.* : ozena, ozoena.

ozocérite *ou* **ozokérite,** *s. f.* : ozokerite, ceresin, fossil wax *(pharm.).*

ozonateur, *s. m.* : ozonator, ozonizer.

ozone, *s. m.* : ozone.

ozonisation, *s. f.* : ozonisation (1. conversion of oxygen into ozone; 2. sterilization of water with ozone).

ozoniser, *v.* : to ozonize.

ozoniseur, *s. m.* : ozoniser (apparatus for applying ozone to wounds, sinuses *etc.*).

ozonomètre, *s. m.* : ozonometer.

ozonométrie, *s. f.* : ozonometry.

ozonothérapie, *s. f.* : ozone therapy.

P

Pacchioni (foramen ovale de), Pacchionian foramen, incisura tentorii; **granulations de -** : pacchionian bodies or glands, arachnoid villi.

pacemaker, s. m. : pacemaker, sino-auricular node.

Pachon (épreuve de) : Pachon's test (taking the blood pressure to test the collateral circulation in cases of aneurysm).

pachy- : pachy-, prefix meaning thick.

pachyblépharose, s. f. : pachyblepharon, thickening of the eyelids; **- chronique** : pachyblepharosis.

pachycapsulite, s. f. : thickening of the capsule of an organ (especially of the kidney).

pachycéphalie, s. f. : pachycephaly; **atteint de -** : pachycephalic, pachycephalous.

pachychéilie, s. f. : pachychilia (thickness of the lips).

pachychoroïdite, s. f. : Doyne's familial honeycombed choiroiditis.

pachydermatocèle, s. f. : pachydermatocele (1. plexiform neuroma, elephantiasis neuromatosa; 2. dermatolysis).

pachydermatose, s. f. : pachydermatosis, rosacea hypertrophica.

pachydermie, s. f. : pachyderma, pachydermia; **- chronique** : pachydermatosis.

pachydermique, adj. : pachydermic, pachydermatous, thick-skinned.

pachydermocèle, s. f. : cf., **pachydermatocèle.**

pachydermopériostose, s. f. : pachyperiosteoderma.

pachyexopleurite, s. f. : pachypleuritis as a complication of extrapleural pneumothorax.

pachyleptoméningite, s. f. : pachyleptomeningitis.

pachyméningite, s. f. : pachymeningitis; **- cérébrale** : cerebral pachymeningitis; **- cervicale hypertrophique** : pachymeningitis cervicalis hypertrophica; **- externe** : external pachymeningitis; **- interne** ou **hémorrhagique** : hemorrhagic internal pachymeningitis; **- rachidienne** : spinal pachymeningitis.

pachymètre, s. m. : pachymeter (phys.).

pachyonychie ou **pachyonyxis,** s. f. : pachyonychia, pachyonyxis.

pachypelvipéritonite, s. f. : pachypelviperitonitis.

pachypéricardite, s. f . : pachypericarditis.

pachypérihépatite, s. f. : chronic hyperplastico-perihepatitis, « icing-sugar » or « frosted » liver.

pachypéritonite, s. f. : pachyperitonitis.

pachypleurite, s. f. : pachypleuritis.

pachysalpingite, s. f. : pachysalpingitis.

pachystyle, adj. (morph.) : short and stout.

pachyvaginalite, s. f. : pachyvaginalitis (inflammatory thickening of the tunica vaginalis).

pachyvaginite, s. f. : pachyvaginitis.

Pacini (corpuscules de) : pacinian bodies or corpuscles, Krause's corpuscles.

Paget (maladie de) : Paget's disease (1) of the nipple (intra-epidermal carcinoma, often associated with intraduct carcinoma); **maladie osseuse de -** : Paget's disease (2), osteitis deformans.

pagétoïde, adj. : pagetoid, resembling Paget's disease.

paillasse, s. f. : laboratory bench.

paire, s. f. : pair (two related or similar objects).

palais, s. m. : palate, hard palate; **- fendu** : cleft palate; **piliers du voile du -** : pillars of the fauces, palatine arches; **voile du -** : soft palate; **voûte du -** : palatal or palatine vault or bone.

palatal, adj. : palatal, palatine.

palatin, adj. : palatine.

palatite, s. f. : palatitis (inflammation of the palate).

palato- : palato-, prefix meaning relating to the palate.

palatoplastie, s. f. : palatoplasty.

palatorraphie, s. f. : palatorrhaphy (suture of a cleft palate).

palatoschizis, s. f. : palatoschisis, cleft-palate.

pâle, adj. : pale, pallid.

palencéphale, s. m. : palencephalon, paleo-encephalon (anat.).

paléocérébellum, s. m. : paleocerebellum.

paléontologie, s. f. : paleontology.

paléopathologie, s. f. : paleopathology.

paléophrénie, s. f. : paleophrenia, schizophrenia.

paléosensibilité, s. f. : protopathic sensation, paleosensation.

paléothalamus, s. m. : paleothalamus.

palette, s. f. : 1. bleeding-bowl; 2. support shaped like a hand (for use in dessing or bandaging the hand or fingers).

pâleur, s. f. : pallor, paleness.

palicinésie, s. f. : palicinesia, palikinesia.

paligraphie, s. f. : palingraphia.

palikinésie, s. f. : cf., palicinésie.

palilalie, s. f. : palilalia.

palilogie, s. f. : palilalia.

palimphrasie, s. f. : palinphrasia, paliphrasia.

palindromique, adj. : palindromic, recurrent.

palinesthésie, s. f. : palinesthesia.

palingénésie, s. f. : palingenesis (1. regeneration of a lost part; 2. atavism).

palingnostique, adj. : delirious with illusions of false recognition.

pâlir, v. : 1. to become pale, to turn pale, to grow pale; 2. to blanche, to make pale, to bleach.

palissade, s. f. : palisade, panenchyma (bot.); cellule en - : palisade cell.

pâlissant, adj. : turning pale (face); fading (light); fading, paling (colour).

pâlissement, s. m. : 1. pallor; 2. turning pale.

palisyllabie, s. f. : stuttering.

palladium, s. m. : palladium.

pallanesthésie, s. f. : pallanesthesia, apallesthesia (loss of vibratory sensitivity).

pallesthésie, s. f. : pallesthesia.

palliatif, s. m., adj. : palliative.

pallidal, adj. : pallidal (anat.).

palmaire, adj. : palmar.

palmature, s. f. : palmature, syndactyly.

palmé, adj. : webbed; doigts - : webbed fingers; orteils - : webbed toes; pied - : webbed foot.

palmer, s. m. : micrometer gauge or calliper.

palmipède, s. m. : palmiped; adj. : web-footed.

palmitique, adj. : palmitic; acide - : palmitic acid.

palmo-plantaire, adj. : palmoplantar; signe - : palmoplantar sign, Filipovitch or Filipowicz's sign (yellow coloration of the palms and soles in typhoid fever).

palmospasme, s. m. : myopathic spasm of the hand (on faradic stimulation in progressive muscular atrophy).

palpable, adj. : palpable (1. tangible; 2. obvious, evident).

palpation, s. f. : palpation.

palpébral, adj. : palpebral; fente ou orifice - : palpebral fissure; inflammation - : palpebritis.

palper, v. : to palpate.

palpitation, s. f. : palpitation (1. throbbing, rapid beating of the heart felt by the patient; 2.

fluttering [of eyelid]; 3. quivering [of limb]); être sujet à des - : to be subject ta palpitation.

palpiter, v. : to palpitate, to flutter, to quiver, to throb.

paludéen, s. m. : malarial patient; adj. : 1. malarial; 2. marshy, paludal; fièvre - : marsh-fever, malaria, paludism.

paludide, s. f. : paludide (cutaneous manifestation of malaria).

paludique, s. m., adj. : cf., paludéen.

paludisme, s. m. : paludism, malaria, marsh fever.

paludologie, s. f. : malariology.

paludologue, s. m. : malariologist.

paludométrie, s. f. : malariometry, epidemiological and statistical study of malaria.

paludose, s. f. : cf., paludisme.

paludothérapie, s. f. : malariotherapy (treatment of general paralysis by infection with malaria).

palustre, adj. : cf., paludéen.

pâmoison, s. f. : fainting fit, swoon; tomber en - : to faint away, to swoon.

pampiniforme, adj. : pampiniform.

panacée, s. f. : panacea, cure-all, nostrum, quack remedy.

panachure infectieuse des fleurs : breaking (deformation of tulips due to a virus).

panagglutinine, s. f. : panagglutinin (effective for all blood groups).

panangéite, s. f. : panangeitis, panangiitis (1. inflammation of all the blood vessels in a region; 2. inflammation of all coats of a blood vessel).

pananticorps, s. m. : panantibody (panagglutinins and panhemolysins).

panaris, s. m. : panaris, felon, witlow; - analgésique ou de Morvan : painless witlow.

panartérite, s. f. : panarteritis (1. generalized arteritis; 2. inflammation of all coats of an artery).

panarthrite, s. f. : panarthritis.

pancardite, s. f. : pancarditis.

pancholécystite, s. f. : cholecystitis involving all coats of the gallbladder.

panchromatique, adj. : panchromatic (phot.).

pancréas, s. m. : pancreas; petit - : lesser or Winslow's pancreas; queue du - : tail of pancreas.

pancréatectomie, s. f. : pancreatectomy.

pancréatico-duodénostomie, s. f. : pancreatico-duodenostomy.

pancréatico-jéjunostomie, s. f. : pancreatico-jejunostomy.

pancréatine, s. f. : pancreatin.

pancréatique, adj. : pancreatic; calcul - : pancreatolith; canal - : canal of Wirsung, pancreatic duct; douleur - : pancreatalgia; hémorragie - : pancreatorrhagia; sécrétion - : pancreatic juice; ulcération - : pancreathelcosis.

pancréatite, s. f. : pancreatitis.

pancréatoduodénectomie, s. f. : cf., duodéno-pancréatectomie.

pancréatoentérostomie, *s. f.* : pancreatico- *or* pancreato-enterostomy.

pancréatogastrostomie, *s. f.* : pancreaticogastrostomy.

pancréatogène, *adj.* : pancreatogenic, pancreatogenous.

pancréatographie, *s. f.* : radiography of the pancreas.

pancréatojéjunostomie, *s. f.* : pancreaticojejunostomy.

pancréatokystotomie, *s. f.* : incision of a pancreatic cyst.

pancréatolyse, *s. f.* : pancreatolysis, pancreolysis.

pancréatoprive, *adj.* : pancreoprivic (deprived of pancreas).

pancréatostimuline, *s. f.* : pancreatotrophic hormone.

pancréatostomie, *s. f.* : pancreatostomy.

pancréatotomie, *s. f.* : pancreatotomy.

pancréatotrope, *adj.* : pancreatotropic, pancreatropic; **hormone -** : pancreatropic hormone.

pancréozymine, *s. f.* : pancreozymin.

pancytolyse, *s. f.* : pancytolysis (lysis of all types of blood cells).

pancytopénie, *s. f.* : pancytopenia, aplastic anemia.

pandémie, *s. f.* : pandemic.

pandémique, *adj.* : pandemic.

pandiculation, *s. f.* : pandiculation, stretching and yawning.

Pandy (réaction de) : Pandy's test (for globulin in the cerebrospinal fluid).

pangenèse, *s. f.* : pangenesis (Darwin's theory of heredity).

panhématopénie, *s. f.* : panhematopenia, pancytopenia.

panhypopituitarisme, *s. m.* : panhypopituitarism, pituitary cachexia, Simmonds disease.

paniléite, *s. f.* : regional ileitis, Crohn's disease.

panique, *s. f.* : panic.

panmastite, *s. f.* : diffuse suppurative mastitis.

panméristique, *adj.* : panmeristic *(biol.)*.

panmixie, *s. f.* : panmixia, random mating.

panmyélopathie constitutionnelle : Fanconi's anemia, familial aplastic anemia.

panmyélophtisie, *s. f.* : panmyelophthisis, general aplasia of bone marrow.

panneux, *adj.* : pertaining to pannus.

pannicule, *s. m.* : panniculus, layer, membrane; **- adipeux** : panniculus adiposus.

panniculite, *s. f.* : panniculitis.

pannus, *s. m.* : pannus; **- crassus** *ou* **sarcomateux** : pannus carnosus *or* crassus; **- tenuis** : pannus tenuis.

panophtalmie *ou* **panophtalmite,** *s. f.* : panophthalmia, panophthalmitis.

panoptique, *adj.* : panoptic; **lunettes -** : panoptic spectacles, pinhole spectacles.

panostéite, *s. f.* : panosteitis, panostitis.

panse, *s. f.* : paunch, belly, rumen (first stomach of ruminants).

pansement, *s. m.* : dressing; **faire un -** : to dress a wound, to apply a dressing; **paquet de -** : field dressing, first aid dressing; **trousse de -** : surgical dressing-case.

panser, *v.* : to dress; **- une blessure** : to dress a wound; **- un blessé** : to tend a wounded man *or* casualty.

panspermie, *s. f.* : panspermia, panspermatism (theory that germs are omnipresent).

pantogamie, *s. f.* : pantogamy, promiscuous sexual intercourse.

pantographe, *s. m.* : pantograph.

pantographie, *s. f.* : pantography.

pantophobie, *s. f.* : pantophobia, panophobia, panphobia (morbid fear of everything).

pantoptose, *s. f.* : panoptosis (prolapse of several viscera).

pantothénique (acide) : pantothenic acid, vitamin B5 (constituent of coenzyme A).

pantotrope, *adj.* : pantotropic.

panvascularite, *s. f.* : *cf.,* **panangéite.**

papaïnase, *s. f.* : papainase, catheptic enzyme.

Papanicolaou (test de) : Papanicolaou's test.

papier, *s. m.* : paper; **- au bromure** : bromide paper *(phot.)*; **- à contraste** : hard or contrasty paper *(phot.)*; **- filtre** : filter paper; **- à noircissement direct** : printing paper *(phot.)*.

papillaire, *adj.* : papillary; **tumeur -** : papillary tumor.

papille, *s. f.* : papilla, *pl.* papillae *(lat.)*; **- caliciforme** : circumvallate papilla; **- filiforme** : filiform papilla; **- fongiforme** : fungiform papilla; **- gustatives** : gustatory papillae, taste buds; **- nerveuse** : neurothele; **- optique** : optic disc *or* papilla, blind spot; **- rénale** : renal papilla.

papillectomie, *s. f.* : papillectomy.

papillifère, *adj.* : papilliferous.

papilliforme, *adj.* : papilliform.

papillite, *s. f.* : papillitis; **- linguale** : linguopapillitis.

papillomateux, *adj.* : papillomatous.

papillomatose, *s. f.* : papillomatosis; **- dyskératosique** : Darier's disease.

papillome, *s. m.* : papilloma; **- malin** : malignant papilloma, papillocarcinoma; **- pédiculé** : pedunculate papilloma.

papillorétinite, *s. f.* : papilloretinitis.

papillotomie, *s. f.* : papillotomy (incision of the ampulla of Vater for impacted gall-stone).

pappataci (fièvre à) : pappataci *or* sand-fly fever.

papulaire, *adj.* : papular.

papule, *s. f.* : wheal.

papyracé, adj. : papyraceous; **lame - (de l'ethmoïde)** : lamina papyracea or orbital plate of the ethmoid.

para- : para-, prefix meaning : 1. beside, beyond, near, opposite; 2. in chemistry indicates the substitution of two hydrogen atoms at opposite situations in the benzene ring (abbrevation *p*-).

para-amino-benzoïque (acide) : para-amino-benzoic acid, vitamin B6.

para-analgésie, s. f. : para-analgesia, paranalgesia.

para-anesthésie, s. f. : para-anesthesia, paranesthesia.

para-appendicite, s. f. : para-appendicitis.

paraballisme, s. m. : bilateral ballism (violent involuntary movements).

parabiose, s. f. : parabiosis (union of two individuals, as conjoined twins or by surgical operation); **- des nerfs** : temporary supression of conductivity in a nerve.

parablaste, s. m. : parablast (part of mesoblast which gives rise to the vascular system).

parablastique, adj. : parablastic.

paraboulie, s. f. : parabulia (perversion of the will).

parabrucellose, s. f. : paramalta fever, paramelitensis fever.

paracenesthésie, s. f. : paracenesthesia (disturance of the sense of well being).

paracentèse, s. f. : paracentesis.

paracentral, adj. : paracentral; **lobule -** : paracentral lobule (brain).

paracentre, s. m. : cf., **parasystole.**

paracholie, s. f. : paracholia.

parachromatine, s. f. : parachromatin, karyoplastin.

parachromatisme, s. m. : parachromatism, colour blindness.

paracolite, s. f. : paracolitis.

paracousie, s. f. : paracousis, paracusia, paracusis (perversion of the sense of hearing); **- double** : diplacusis, paracusia duplicata; **- de Willis** : paracusia perversa, paracusia willisiana.

paracoxalgie, s. f. : paracoxalgia.

paracystite, s. f. : paracystitis.

paradentaire, adj. : paradental, parodontal.

paradentite, s. f. : paradentitis, parodontitis.

paradiabétique, adj. : paradiabetic; **état -** : paradiabetes.

paradidyme, s. m. : paradidymis, parepididymis, organ of Giraldès.

paradoxie, s. f. ou **paradoxisme,** s. m. : paradoxical sexual development (either premature or retarded).

para-épilepsie, s. f. : para-epilepsy.

paraffine, s. f. : paraffin; **huile de -** : liquid paraffin.

paraffinome, s. m. : paraffinoma.

parafocal, adj. : parafocal (said of oculars and objectives so adjusted that they remain in correct focus when changing from one to another).

paragangliome, s. m. : paraganglioma, chromaffinoma, phaeochromocytoma, pheochromocytoma (tumor of cells like those of the adrenal medulla).

paraganglion, s. m. : paraganglion.

paraglobine, ou **paraglobuline,** s. f. : paraglobulin, fibrinoplastin, fibroplastin.

paraglosse, s. f. : paraglossa.

paraglossite, s. f. : paraglossia, paraglossitis.

paragnosie, s. f. : cf., **agnosie.**

paragonimiase, s. f. ou **paragonimiatis,** s. m. : paragonimiasis (lung-fluke disease).

Paragonimus, s. m. : *Paragonimus* (trematode, lung fluke).

paragraphie, s. f. : paragraphia.

paragueusie ou **paragueustie,** s. f. : parageusia (perversion of the sense of taste).

parakératose, s. f. : parakeratosis (any abnormality of the stratum corneum of the skin); **- psoriasiforme** : Brocq's disease.

parakinésie, s. f. : paracinesia, parakinesia, parakinesis.

paralalie, s. f. : paralalia (disturbance of the faculty of speech).

paralambdacisme, s. m. : paralambdacism (faulty pronunciation of « l » sound).

paralexie, s. f. : paralexia (impairment of the power of reading).

paralgésie, s. f. : paralgesia, paralgia (painful paresthesia).

parallaxe, s. f. : parallax (opt.).

parallélokinésie, s. f. : ability of some hemiplegics to move the affected limb only if the opposite limb is moved passively.

parallergie, s. f. : parallergy, pathergia.

paralogie, s. f. : paralogia (irrational and delusional speech).

paralogisme, s. m. : paralogism (meaningless or illogical language of the insane).

paralysant, adj. : paralysing; **agent -** : paralyser.

paralyser, v. : 1. to paralyse, paralyze; 2. to inhibit (secretions); **se -** : to become paralysed.

paralysie, s. f. : paralysis, palsy; **- agitante** : paralysis agitans, Parkinson's disease; **- ascendante aiguë** : acute ascending spinal paralysis, Landry's disease; **- atriale** : auricular standstill; **attaque de -** : paralytic stroke; **- de Bell** : facial, histrionic, mimetic or Bell's paralysis; **- des béquillards** : crutch paralysis; **- bulbaire asthénique** : asthenic bulbar paralysis, myasthenia gravis pseudo-paralytica; **- bulbospinale** : bulbar or Duchenne's paralysis; **- par encéphalopathie** : cerebral palsy; **- des extrémités** : acroparalysis, **- générale (maladie de Bayle), - générale progressive** : general paralysis of the insane, general paresis, paralytic dementia; **- infantile** : infantile paralysis, acute anterior poliomyelitis; **- ischémique** : ischemic paralysis; **- labio-glosso-**

laryngée : glossolabial paralysis; **- du matin** : Heine-Medin disease; **- musculaire pseudo-hyper-trophique** : Duchenne's paralysis; **- d'origine saturnine** : lead palsy, painter's paralysis.

paralytique, *s.*, *adj.* : paralytic; **- général** : paretic.

paramagnétisme, *s. m.* : paramagnetism *(phys.)*.

paramastite, *s. f.* : paramastitis.

Paramécie, *s. f.* : *Paramecium.*

paramédian, *adj.* : paramedian; **septum -** : para-median sulcus (spinal cord).

paramètre, *s. m.* : parameter *(math.)*.

paramétrite, *s. f.* : parametritis (inflammation of the parametrium).

paramétrium, *s. m.* : parametrium.

paramimie, *s. f.* : paramimia (form of aphasia characterized by misuse of gestures).

paramitome, *s. m.* : paramitome, hyaloplasm.

paramnésie, *s. f.* : paramnesia (1. retrospective falsification. 2. recollection of words without com-prehension of their meaning).

paramusie, *s. f.* : paramusia (perversion of musi-cal faculties).

paramycétome, *s. m.* : paramycetoma.

paramyélocyte, *s. m.* : paramyelocyte.

paramyélocytose, *s. f.* : presence of paramyelo-cytes in the blood.

paramyoclonus multiplex : paramyoclonus mul-tiplex (paroxysmal clonic muscular contractions).

paramyotonie, *s. f.* : paramyotonia; **- congéni-tale** : paramyotonia congenitalis.

paranéphrite, *s. f.* : *cf.*, **périnéphrite.**

parangi, *s. m.* : parangi, frambesia.

paranoïa, *s. f.* : paranoia.

paranoïaque, *s.*, *adj.* : paranoiac.

paranoïde, *adj.* : paranoid.

paranomia, *s. f.* : paranomia (aphasia in which the names of objects are confused).

paranucléine, *s. f.* : paranuclein.

paranucléole, *s. m.* : paranucleolus.

paranucléus, *s. m.* : paranucleus.

para-ombilical, *adj.* : para-omphalic, para-umbi-lical.

parapareunie, *s. f.* : extravaginal coitus.

parapathie, *s. f.* : parapathia, psychoneurosis.

parapexien, *adj.* : para-apical (near the apex of the heart).

paraphasie, *s. f.* : paraphasia (speech disorder with misuse of words).

paraphémie, *s. f.* : paraphemia (frequent misuse of the same words).

paraphie, *s. f.* : paraphia (perversion of the sense of touch).

paraphimosis, *s. f.* : paraphimosis, capistration.

paraphlébite, *s. f.* : *cf.*, **périphlébite.**

paraphobie, *s. f.* : paraphobia (mild phobia).

paraphonie, *s. f.* : paraphonia (partial aphonia *or* morbid change of voice).

paraphrasie, *s. f.* : paraphrasia (incoherent speech).

paraphrénie, *s. f.* : paraphrenia (paranoid state).

paraphrénitis, *s. f.* : paraphrenitis (inflammation of tissues adjacent to the diaphragm).

paraphronique (état) : paraphronia (change in character and disposition).

paraphrosyne, *s. f.* : 1. febrile delirium; 2. suns-troke, heat-stroke.

paraphtongie, *s. f.* : reflex error of speech.

paraphylaxie, *s. f.* : *cf.*, **anaphylaxie.**

paraphyse, *s. f.* : paraphysis (1. paraphysial body [derivative of the telencephalon]; 2. sterile filament of sexual organs of cryptogamous plants).

paraplasme, *s. m.* : paraplasm, hyaloplasm, meta-plasm.

paraplégie, *s. f.* : paraplegia; **- spasmodique** : spastic paraplegia.

paraplégique, *s.*, *adj.* : paraplegic, paraplectic.

parapleurésie, *s. f.* : parapleuritis (1. pleurodynia; 2. inflammation of the thoracic wall; 3. pleuropneu-monia).

parapophyse, *s. f.* : parapophysis (lower trans-verse process of a vertebra).

parapraxie, *s. f.* : parapraxia, parapraxis (1. irrational behaviour; 2. inability to accomplish intentional acts properly).

paraprotéinémie, *s. f.* : paraproteinemia.

parapsoriasis, *s. m.* : parapsoriasis *(derm.)*.

pararéflectivité, *s. f.* : parareflexia (any derange-ment or disorder of reflexes).

pararéflexe, *s. m.* : anomalous reflex.

pararythmie, *s. f.* : pararrhythmia, parasystole.

parasémie, *s. f.* : *cf.*, **paramimie.**

parasitaire, *adj.* : parasitic.

parasite, *s. m.* : parasite; *adj.* : parasitic.

parasitémia, *s. f.* : parasitemia (presence of para-sites, *e.g.* malarial, in the blood).

parasiticide, *s. m.*, *adj.* : parasiticide.

parasitisme, *s. m.* : parasitism.

parasitologie, *s. f.* : parasitology.

parasitologue, *s. m.* : parasitologist.

parasitophobie, *s. f.* : parasitophobia.

parasitose, *s. f.* : parasitosis.

parasitotrope, *adj.* : parasitotrope, parasitotropic.

parasomnie, *s. f.* : parasomnia.

parasympathicotonie, *s. f.* : parasympathicotonia, vagotonia.

parasympathique, *s. m.*, *adj.* : parasympathetic; **système -** : parasympathetic system.

parasympathome, *s. m.* : *cf.*, **paragangliome.**

parasyphilis, *s. f.* : parasyphilis.

parasyphilitique, *adj.* : parasyphilitic.

parasystole, *s. f.* : parasystole.

parathormone, *s. f.* : parathormone, parathyroid hormone.

parathymie, *s. f.* : parathymia (emotional disoder).

parathyréoprive, *adj.* : parathyroprival, parathyroprivic, parathyroprivous.

parathyréotrope (hormone) : parathyrotropic hormone.

parathyréose, *s. f.* : any noninflammatory disorder of the parathyroid glands.

parathyréostimuline, *s. f.* : parathyrotropic hormone.

parathyroïde, *s. f.* : parathyroid, parathyroid gland; *adj.* : parathyroid.

parathyroïdectomie, *s. f.* : parathyroidectomy.

parathyroïdien, adj. : parathyroidal.

parathyroïdite, *s. f.* : parathyroiditis.

parathyroïdome, *s. m.* : parathyroidoma (any tumor of the parathyroid gland).

paratonie, *s. f.* : paratonia, hyperextension.

paratuberculose, *s. f.* : paratuberculosis.

paratyphlite, *s. f.* : paratyphlitis.

paratyphoïde, *s. f.* : paratyphoid; **fièvre -** : paratyphoid fever.

paratyphus, *s. m.* : paratyphoid fever.

paravariole, *s. f.* : paravariola, alastrim.

paravitaminose, *s. f.* : paravitaminosis (term for symptomatic avitaminosis that no longer responds to specific treatment).

parectropie, *s. f.* : parectropia, apraxia.

parenchymal, *adj.* : parenchymal.

parenchymateux, *adj.* : parenchymatous.

parenchymatose, *s. f.* : degenerative changes associated with chronic infections.

parenchyme, *s. m.* : parenchyma.

parentéral, *adj.* : parenteral.

parergie, *s. f.* : predisposition, diathesis.

parésie, *s. f.* : paresis.

paresthésie, *s. f.* : paresthesia; **- agitante nocturne des jambes** : restless legs.

parétique, *adj.* : paretic.

parfumé, *adj.* : fragrant.

parhépatie, *s. f.* : hepatic disturbance or dysfunction.

paridensité, *s. f.* : constant density.

pariectomie, *s. f.* : cf., **pariétopleurectomie.**

pariétal, *adj.* : parietal; **angle -** : parietal angle (*anthrop.*); **bosse -** : parietal protuberance; **cellules -** : parietal cells (stomach); **lobe -** : parietal lobe brain); **os -** : parietal bone.

pariétite, *s. f.* : parietitis (inflammation of the wall of an organ).

pariéto- : parieto-, prefix meaning relating to the parietal bone or to the wall of an organ or body cavity.

pariétographie, *s. f.* : radiography of the abdominal wall after intravenous radiopaque injection.

pariétopleurectomie, *s. f.* : parietopleurectomy.

Parinaud (conjonctivite de) : Parinaud's conjunctivitis, leptothricosis of the conjunctiva (severe mucopurulent infection of animal origin); **syndrome de -** : Parinaud's ophthalmoplegia (paralysis of the external rectus of one eye and spasm of the internal rectus of the other).

parité, *s. f.* : parity.

Parkinson (maladie de) : Parkinson's disease, paralysis agitans.

parkinsonien, *s. m. adj.* : parkinsonian; **faciès -** Parkinson's facies or mask.

parkinsonisme, *s. m.* : parkinsonism.

parodontie, *s. f.* : cf., **parulie.**

parodontite, *s. f.* : paradentitis, parodontitis.

paroi, *s. f.* : paries, *pl.* parietes (*lat.*), wall of an organ or cavity; **- antérieure** ou **tubo-carotidienne de la caisse du tympan** : anterior wall of the tympanum; **- externe** ou **tympanique de la caisse du tympan** : outer wall of the tympanic cavity; **- inférieure** ou **jugulaire de la caisse du tympan** : floor of the tympanic cavity; **- interne** ou **labyrinthique de la caisse du tympan** : inner wall of the tympanic cavity; **- postérieure** ou **mastoïdienne de la caisse du tympan** : posterior wall of the tympanic cavity; **- supérieure** ou **crânienne de la caisse du tympan** : tegmental wall of the tympanic cavity.

parole, *s. f.* : saying, speech, spoken word, utterance.

paromphalocèle, *s. f.* : paromphalocele (para-umbilical hernia).

paronychie, *s. f.* : paronychia, perionychia.

paroophore, *s. m.* : paroophoron, parovarium (persistent mesonephric tubules in the broad ligament); **inflammation du -** : paroophoritis.

parophtalmie, *s. f.* : parophthalmia.

paropsie, *s. f.* : paropsia, paropsis (disordered or false vision).

parorchidie, *s. f.* : parorchidium (misplaced or undescended testicle).

parorexie, *s. f.* : parorexia (perverted appetite).

parosmie, *s. f.* : parosmia, parosphresis (perversion of the sense of smell).

parostal ou **parostéal**, *adj.* : parosteal.

parostéite ou **parostite**, *s. f.* : parosteitis, parostitis.

parotide, *s. f., adj.* : parotid, parotid gland; **abcès de la -** : parotid abscess; **- accessoire** ou **accessoire** parotid; **glande -** : parotid, parotid gland; **sclérose de la -** : parotidosclerosis; **squirrhe de la -** : parotidoscirrhus.

parotidectomie, *s. f.* : parotidectomy.

parotidite ou **parotite**, *s. f.* : parotiditis, parototis; **- épidémique** : mumps; **- secondaire** : metastatic parotitis.

paroxysme, *s. m.* : paroxysm, acme.

paroxysmique, *adj.* : paroxysmal.

Parrot (pseudo-paralysie ou **maladie de)** : Parrot's disease, syphilitic pseudoparalysis.

part, *s. m.* : partus (1. birth [particularly of animals]; 2. newborn).

parthénogenèse, *s. f.* : parthenogenesis (unisexual *or* virginal reproduction).

parthénologie, *s. f.* : parthenology (gynecology of virgins).

particulaire, *adj.* : particulate.

particule, *s. f.* : particle.

partie, *s. f.* : pars *(lat.)*, part, portio *(lat.) (anat.).*

parturiente, *s. f.* : parturient woman, woman in labour.

parturition, *s. f.* : parturition, labor, labour; **en -** : parturient, in labour.

parulie, *s. f.* : parulis, gum-boil.

parvicollis (uterus) : uterus parvicollis (uterus with a small cervix).

pas, *s. m.* : gait, pace, step.

P.A.S. : 1. PAS, para-amino-salicylic acid (used in treatment of tuberculosis); 2. PAS, periodic acid Schiff (reagent *or* stain).

passage, *s. m.* : 1. canal, iter *(lat.)*, track *(anat.);* 2. passage, transmission *(bacter., path., virol., etc.).*

passif, *adj.* : passive; **congestion -** : passive congestion; **immunité -** : passive immunity; **mouvement -** : passive movement.

passion, *s. f.* : passion, pain, suffering, rage, strong emotion.

passionnel, *adj.* : pasional.

passivité, *s. f.* : passivity *(psych.).*

Pasteur (réaction de) : Pasteur reaction *(biochem.);* **traitement de -** : original prophylactic immunization against rabies (introduced by Pasteur).

Pasteurella, *s. f.* : Pasteurella *(bacter.).*

pasteurellose, *s. f.* : pasteurellosis.

pasteurien, *adj.* : relating to Pasteur or to pasteurism; **méthode -** : pasteurism.

pasteurisateur, *s. m.* : pasteurizer (apparatus for pasteurization e.g. of milk).

pasteurisation, *s. f.* : pasteurization.

pasteuriser, *v.* : to pasteurize.

pastille, *s. f.* : pastil, pastille, lozenge, tablet.

pâte, *s. f.* : paste, pasta, *plur.* pastae *(lat.).*

patella partita *ou* **patella bipartita** *(lat.)* : patella bipartita *or* partita (divided patella due to congenital anomaly of ossification).

patellaire, *adj.* : patellar; **réflexe -** : patellar reflex, knee-jerk.

patellectomie, *s. f.* : patellectomy (excission of the patella).

patellite, *s. f.* : osteitis of the patella.

patelloplastie, *s. f.* : patelloplasty.

patence (période de) : patent period (during which parasites are demonstrable).

patent, *adj.* : open, patent.

pathergie, *s. f.* : pathergy, pathergia.

pathétique, *adj.* : pathetic; **nerf -** : pathetic or trochlear nerve.

patho- : patho-, prefix denoting disease.

pathogène, *adj.* : pathogenic; **microbe -** : pathogenic microbe.

pathogenèse, pathogénésie *ou* **pathogénie,** *s. f.* : pathogenesis, pathogeny.

pathogénétique, *adj.* : pathogenetic, pathogenic (1. causing disease; 2. caused by a pathogen).

pathogénicité, *s. f.* : pathogenicity.

pathogénique, *adj.* : pathogenetic, pathogenic.

pathognomonie, *s. f.* : pathognomy (science of the signs by which disease is recognized).

pathognomonique, *adj.* : pathognomonic, pathognostic.

pathologie, *s. f.* : general pathology, disorders, disease; **- microbiologique** : micropathology.

pathologique, *adj.* : pathological, pathologic.

pathomimie, *s. f.* : pathomimesis, pathomimia, malingering.

pathophobie, *s. f.* : pathophobia (morbid fear of disease).

patrocline, *adj.* : patroclinous (inheriting or inherited from the father).

patroclinie, *s. f.* : paternal heredity.

patron, *s. f.* : pattern, model, design.

patte, *s. f.* : foot, leg, paw; **- d'oie** : crow's-feet (wrinkles at the outer corners of the eyes), pes anserinus *(anat.).*

paucisymptomatique, *adj.* : giving rise to few symptoms.

Paul-Bunnell-Davidsohn (réaction de) : Paul-Bunnell's test (for infectious mononucleosis).

paume, *s. f.* : palm *(anat.).*

paupière, *s. f.* : eyelid, palpebra, *plur.* palpebrae *(lat.).*

pavillon, *s. m.* : pavilion; **- de l'oreille** : auricle (of the ear), external ear, pinna; **- de la trompe** : posterula (nasopharynx); **- de la trompe de Fallope** : fimbriated infundibulum of the fallopian tube, pavilion of the oviduct.

pavimenteux (épithélium) : pavement or squamous epithelium.

Pavlov (réflexe conditionné *ou* **conditionnel)** : Pavlov's conditioned or conditional reflex *(physiol.).*

pavlovien, *adj.* : pavlovian (relating to Pavlov or to his methods).

Pavy (maladie de) : Pavy's disease, cyclic albuminuria.

Pawlik (triangle de) : Pawlik's triangle, extravesical *or* vaginal triangle.

Péan (opération de) : Péan's operation (type of gastrectomy).

peau, *s. f.* : skin, hide (of animals), cutis *(lat.)*, dermis *(gr.);* **ansérine** : pellagrous dermatosis ; **- luisante** *ou* **lustrée** : glossy skin; **- d'orange** : peau d'orange, « pig-skin » (cutaneous edema).

pébrine, *s. f.* : pébrine (infectious disease of silkworms).

peccant, adj. : peccant, offensive, morbid, unhealthy; **humeurs - :** peccant humors.

pechblende, s. f. : pitchblende (uranium ore).

Pecquet (citerne de) : Pecquet's cistern, cisterna chyli, receptaculum chyli.

pectinase, s. f. : pectinase.

pectine, s. f. : pectin, vegetable jelly.

pectiné, adj. : pectinate, pectinated, pectinal (shaped like a comb).

pectiniforme, adj. : pectiniform (comb-shaped).

pectoral, s. m., adj. : pectoral (anat., pharm.).

pectoralgie, s. f. : pectoralgia.

pectoriloquie, s. f. : pectoriloquy; **- aphone** ou **aphonique** : whispering or aphonic pectoriloquy, Bacelli's sign.

pédale (signe de la) : tremor of the leg muscles when the foot rests on tiptoe, characteristic of exophthalmic goiter.

pédéraste, s. m. : pederast, sodomist, sodomite.

pédérastie, s. f. : pederasty, sodomy.

pédiatre, s. m. : paediatrician, pediatrician, pediatrist.

pédiatrie, s. f. : paediatrics, pediatrics, pediatry.

pédiculaire, adj. : pedicular, pediculous, lousy.

pédicule, s. m. : pedicle (1. stem-like process e.g. of an organ or tumor; 2. process connecting the lamina with the body of a vertebra); **- pulmonaire** : root of the lung.

pédiculé, adj. : pediculate, pedicellate, pedicellated.

pédiculicide, s. m. : pediculicide (agent lethal for lice); adj. : pediculicide, pediculicidal (lethal for lice).

pédiculose, s. f. : pediculosis, phthiriasis (infestation with lice).

pédicure, s. : pedicure, chiropodist.

pédieux, adj. : pedal (pertaining to the foot).

pédiométrie, s. f. : paedometry, pedometry (measurement of growth of infants).

pédionalgie, s. f. : pedionalgia (pain in the sole of the foot).

pédogenèse, s. f. : 1. paedogenesis, pedogenesis (reproduction by larval forms e.g. in some insects); 2. the reproductive cycle from fertilization to birth.

pédologie, s. f. : paedology, pedology (study of the life and development of children).

pédomètre, s. m. : cf., **podomètre.**

pédonculaire, adj. : peduncular.

pédoncule, s. m. : peduncle, pedunculus (lat.) ; **- antérieur de la glande pinéale** : pineal peduncle; **- cérébelleux inférieur** : inferior cerebellar peduncle, restiform body; **- cérébelleux moyen** : middle cerebellar peduncle, brachium pontis ; **- cérébelleux supérieur** : superior cerebellar peduncle, brachium conjunctivum cerebelli; **- du cerveau** : cerebral peduncle, midbrain; **- du cervelet** : cerebellar peduncle; **- olfactif** : olfactory peduncle, rhinocaul.

pédonculé, adj. : pedunculate, pedunculated.

pédonculotomie, s. f. : pedunculotomy (incision of a peduncle).

pédophilie, s. f. : paedophilia, pedophilia (morbid interest in children).

pédospasme, s. m. : carpopedal spasm (sign of tetany).

pelade, s. f. : pelada, pelade; **- achromateuse** : achronic pelade; **- ophiasique** : ophiasis.

peladique, adj. : peladic (1. alopecic; 2. pellagrous).

peladoïde, s. f. : trophoneurotic pelada.

Pel-Ebstein (maladie de) : Pel-Ebstein syndrome (Hodgkin's disease with periodic pyrexia and eosinophilia).

pelage, s. m. : pelage, coat, fur, wool (of animals).

pélagisme, s. m. : pelagism, seasickness.

péliome, s. m. : pelioma (livid or purpuric spot on the skin).

péliose, s. f. : peliosis, purpura; **- rhumatismale** : peliosis rheumatica, purpura rheumatica, Schönlein's disease.

pellagre, s. f. : pellagra.

pellagreux, s. m. : pellagrin; adj. : pellagrous.

pellagroïde, adj. : pellagroid.

Pellegrini-Stieda (maladie de) : traumatic periosteal osteochondritis.

pellet, s. m. : pellet.

pelliculaire, adj. : pellicular; **effet -** : skin effect (electr.); **négatif -** : film negative; **papier négatif -** : stripping-film (phot.).

pellicule, s. f. : pellicle (phys., derm.), film (phys., phot.); **- du cuir chevelu** : dandruff, scurf.

pelliculeux, adj. : scurfy (scalp).

Pellizzi (syndrome de) : macrogenitosomia.

pellucide, adj. : pellucid, limpid, translucent.

péloïde, s. m. : therapeutic mud.

pélose, s. f. : natural therapeutic mud.

pelote, s. f. : 1. pad, tampon; 2. electric coil.

pelvicellulite, s. f. : pelvic cellulitis, pelvi cellulitis.

pelvien, adj. : pelvic; **indice -** : pelvic index.

pelvigraphie, s. f. : pelvimetry with a pelvigraph.

pelvilogie, s. f. : obstetrical study of the normal and pathological pelvis.

pelvimètre, s. m. : pelvimeter, pyelometer.

pelvimétrie, s. f. : pelvimetry.

pelvimétrosalpingite, s. f. ou **pelvipéritonite,** s. f. : pelviperitonitis, pelvic peritonitis.

pelvispondylite rhumatismale : ankylosing spondylarthritis of the sacro-iliac joints.

pelvi-support, s. m. : pelvic support (for raising the pelvis during dressings or examination).

pelvitomie, s. f. : pelvitomy, pelviotomy (section of the pelvis at any point to aid delivery).

pélycogène, adj. : pelvic; **cyphose -** : kyphotic pelvis; **scoliose -** : scoliotic pelvis.

pélycoscopie, *s. f.* : pelvioscopy, pelycoscopy (visual examination of the pelvic cavity and its contents after abdominal *or* vaginal laparotomy).

pélycotomie, *s. f.* : ischio-pubiotomy, Farabeuf's operation.

pemphigoïde, *adj.* : pemphigoid; **- séborrhéique** : *cf.*, **pemphigus érythémateux.**

pemphigoïdes, *s. f. pl.* : bullous dermatoses other than true pemphigus.

pemphigus, *s. m.* : pemphigus; **- aigu des nouveau-nés** : pemphigus neonatorum, impetigo neonatorum; **- chronique bénin familial** : chronic benign familial pemphigus, Hailey's disease ; **- érythémateux** : pemphigus erythematosus, Senear-Usher syndrome; **- foliacé** : pemphigus foliaceus ; **- végétant** : pemphigus vegetans, Neumann's disease; **- vulgaire** : pemphigus vulgaris.

pemphix, *s. m.* : *cf.*, **pemphigus.**

pendulaire, *adj.* : pendular; **rythme -** : pendulum rhythm *(cardiol.).*

pénétrance, *s. f.* : penetrance (1. the extent to which penetration of a substance by another substance occurs; 2. frequency with which a hereditary characteristics is manifest as a phenotype [*genet.*]).

pénétrant, *adj.* : penetrating, piercing; **rayonnement -** : penetrating radiation *(phys.);* **plaie -** : perforating wound.

pénétration, *s. f.* : penetration.

pénicillé, *adj.* : penicillate.

pénicilliforme, *adj.* : penicilliform.

pénicillinase, *s. f.* : penicillinase.

pénicilline, *s. f.* : penicillin.

pénicillino-résistant, *adj.* : penicillin-fast, penicillin-resistant.

Penicillium, s. m. : *Penicillium* (genus of fungi).

pénien, *adj.* : penial, penile.

pénis, *s. m.* : penis; **amputation du -** : peotomy.

pénitis, *s. f.* : penitis.

penniforme, *adj.* : penniform.

pent- : pent-, penta-, prefix meaning five.

pentane, *s. m.* : pentane *(chem.),* C_5H_{12}.

Pentastome, *s. m.* : *Pentastoma* (genus of endoparasitic vermiform arthropods).

pentatomique, *adj.* : pentatomic.

pentavalent, *adj.* : pentavalent, quinquivalent ; **élément** *ou* **radical -** : pentad; **vaccin -** : pentavaccine (against typhoid, paratyphoid A and B, cholera and Malta fever).

pentose, *s. m.* : pentose *(chem.),* $C_5H_{10}O_5$.

pentosurie, *s. f.* : pentosuria.

péotillomanie, *s. f.* : peotillomania.

pépie, *s. f.* : pip (contagious disease of fowls).

pepsine, *s. f.* : pepsin.

pepsinogène, *s. m.* : pepsinogen; *adj.* : pepsinogenous.

pepsinurie, *s. f.* : pepsinuria.

pepsique, *adj.* : pepsic, peptic.

peptide, *s. m.* : peptide.

peptidolytique, *adj.* : peptidolytic.

peptique, *adj.* : peptic, pepsic; **ulcère -** : anastomotic ulcer, stomachal ulcer.

peptogène, *adj.* : peptogenic, peptogenous; **substance -** : peptogen.

peptone, *s. f.* : peptone.

peptonurie, *s. f.* : peptonuria.

perce-membrane, *s. m.* : any instrument used for piercing the fetal membranes during delivery.

percepteur, *adj.* : perceptive, discerning; **organes -** : sense organs.

perceptible, *adj.* : perceptible, discernible; **- à l'oreille** : audible.

perceptif, *adj.* : perceptive, perceptional.

perception, *s. f.* : perception (1. act of receiving sensory impressions; 2. faculty of receiving such impressions).

perceptivité, *s. f.* : perceptivity (capacity or faculty of receiving impressions).

percer, *v.* : to pierce; **- un abcès** : to lance an abscess; **ses dents percent** : he is « cutting his teeth », *or* teething.

perchlorure, *s. m.* : perchloride *(chem.).*

perclus, *adj.* : crippled, ankylosed, stiff jointed; **jambe -** : stiff leg.

percolateur, *s. m.* : percolator.

percolation, *s. f.* : percolation.

percussion, *s. f.* : 1. percussion; **- directe** : direct *or* immediate percussion; **- indirecte** : instrumental *or* mediate percussion; **- palpatoire** : palpatory percussion, plessesthesia; **- profonde** : deep percussion; **- superficielle** : light percussion; 2. massage by percussion.

percutané, *adj.* : percutaneous.

percuter, *v.* : to percuss, to sound by percussion.

percuti-réaction, *s. f.* : percutaneous reaction (*e.g.* tuberculin test).

perforant, *adj.* : 1. perforating; 2. perforans (said of some muscles and nerves).

perforatif, *s. m.* : perforator *(surg.); adj.* : perforative; **trépan -** : cephalotome.

perforation, *s. f.* : perforation (1. act of piercing; 2. hole pierced through a part of the wall of a cavity).

perforé, *adj.* : perforated, pierced through; **espace - antérieur** : anterior perforated space, precribrum, preperforatum (fissure of Sylvius); **espace - postérieur** : posterior perforated space, postcribrum, postpreperforatum (midbrain).

perforer, *v.* : to perforate, to bore through.

perfusion, *s. f.* : perfusion.

péri- : peri-, prefix meaning around or surrounding.

périadénite, *s. f.* : periadenitis (inflammation of the tissues around a gland).

périadénoïdite, *s. f.* : periadenoidal inflammation.

périangiocholite, s. f. : periangiocholitis (inflammation of the connective tissues around the biliary ducts).

périapical, adj. : periapical.

périapexite, s. f. : periapical inflammation (odont.).

périappendicite, s. f. : periappendicitis.

périartérite, s. f. : periarteritis; **- noueuse** : polyarteritis nodosa.

périarthrite, s. f. : periarthritis.

pérical, s. m. : Madura foot.

péricarde, s. m. : pericardium.

péricardectomie ou **péricardiectomie,** s. f. : pericardiectomy.

péricardiolyse, s. f. : pericardiolysis, cardiolysis.

péricardiotomie, s. f. : pericardiotomy, pericardotomy (incision of the pericardium).

péricardique, adj. : pericardiac, pericardial.

péricardite, s. f. : pericarditis.

péricardotomie, s. f. : pericardotomy, pericardiotomy.

péricarpe, s. m. : pericarp, seed-vessel (bot.).

péricaryon, s. m. : pericaryon, perikaryon (cytoplasm of a neurone).

péricémentite, s. f. : pericementitis, periodontitis, alveolodental osteoperiostitis.

péricholangiolite, s. f. : pericholangiolitis.

péricholécystite, s. f. : pericholecystitis.

périchondre, s. m. : perichondrium.

périchondrite, s. f. : perichondritis; **- du larynx** : laryngeal perichondritis, vomica laryngis.

périchondrome, s. m. : perichondroma.

péricololyse, s. f. : operative liberation of the colon from adhesions.

péricoronarite, s. f. : pericoronitis, inflammation of the gum over a partially erupted tooth.

péricowpérite, s. f. : periadenitis of Cowper's glands.

péricrâne, s. m. : pericranium, cranial periosteum.

péricysticite, s. f. : inflammation of the tissues around the cystic duct.

péricystite, s. f. : pericystitis.

péricyte, s. m. : pericyte, perithelial cell.

péridectomie, s. f. : peridectomy, peritectomy, peritomy, syndectomy (ophthal.).

pérididyme, s. f. : perididymis, tunica vaginalis testis.

pérididymite, s. f. : perididymitis.

péridiverticulite, s. f. : peridiverticulitis.

périduodénite, s. f. : periduodenitis.

périencéphalite, s. f. : periencephalitis (inflammation of the surface of the brain and overlying meninges).

périfolliculaire, adj. : perifollicular.

périfolliculite pilaire ou **pilosébacée** : perifolliculitis (inflammation around the hair follicles).

périgastrite, s. f. : perigastritis.

périglomérulaire, adj. : periglomerular.

périhépatite, s. f. : perihepatitis.

périkératique, adj. : perikeratic; **cercle -** : perikeratic vascularization (in keratitis).

périlobulite, s. f. : perilobulitis.

périlymphatique, adj. : perilymphatic.

périlymphe, s. m. : perilymph (fluid separating the membranous from the osseous labyrinth of the ear).

périmaxillite, s. f. : periosteitis of the maxilla.

périméningite, s. f. : perimeningitis, pachymeningite.

périmètre, s. m. : perimeter.

périmétrie, s. f. : perimetry, campimetry (measurement of the visual field).

périmétrite ou **périmétro-salpingite,** s. f. : perimetritis, perimetrosalpingitis.

périmyélite, s. f. : perimyelitis (1. spinal meningitis; 2. inflammation of the endosteum).

périmysium, s. m. : perimysium; **- externe** : epimysium, external perimysium, perimysium externum; **- interne** : endomysium, internal perimysium, perimysium internum.

périnéal, adj. : perineal.

périnéauxésis, s. m. : perineauxesis, colpoperineorrhaphy.

périnée, s. m. : perineum.

périnéo- : perineo-, prefix meaning relating to the perineum.

périnéocèle, s. f. : perineocele, perineal hernia.

périnéoplastie, s. f. : perineoplasty.

périnéorraphie, s. f. : perineorrhaphy.

périnéostomie, s. f. : perineostomy, Poncet's operation (perineal urethrostomy).

périnéotomie, s. f. : perineotomy.

périnéphrite, s. f. : perinephritis, paranephritis.

périnéphrose traumatique : pseudohydronephrosis, paranephritic cyst.

périnèvre, s. m. : perineurium, neurilemma.

périnévrite, s. f. : perineuritis, neurilemmitis.

période, s. f. : period; **- menstruelle** : menstrual period, menses, monthly period.

périodicité, s. f. : periodicity.

périodique, adj. : periodic, periodical; **maladie -** : familial mediterranean fever, familial paroxystic disease.

périodontique, adj. : periodontal, peridental; **membrane -** : periodontal membrane.

périodontite, s. f. : periodontitis; **- expulsive** : pyorrhea alveolaris; **- simple** : Magitot's disease, peridontoclasia; **- suppurée** : suppurative periodontitis.

périodontoclasie, s. f. : periodontoclasia.

périœsophagite, s. f. : perioesophagitis, periesophagitis.

périonyx, *s. m.* : perionyx (fetal nail fold).

perionyxis, *s. f.* : perionyxis (inflammation of the skin around a nail).

périophtalmite, *s. f.* : periophthalmia, periophthalmitis.

périorchite, *s. f.* : periorchitis (inflammation of the tunica vaginalis testis).

périostal *ou* **périostéal,** *adj.* : periosteal.

périoste, *s. m.* : periosteum; - **alvéolo-dentaire** : alveolar periosteum; - **orbitaire** : periorbit, periorbita (periosteum of the orbit).

périostéogenèse, *s. f.* : congenital syphilitic osteoperiostitis.

périostique, *adj.* : periosteal; **ostéome -** : periosteoma.

périostite, *s. f.* : periostitis, periosteitis; - **albumineuse** : albuminous periostitis, periosteal ganglion ; - **alvéolo-dentaire** *ou* **dentaire** : dental periostitis, Magitot's disease.

périostose, *s. f.* : periostosis, parostosis; - **engainante acromégalique** : pseudoacromegaly.

péripachyméningite, *s. f.* : peripachymeningitis.

périphérie, *s. f.* : periphery.

périphérique, *adj.* : peripheral, peripheric.

périphlébite, *s. f.* : periphlebitis.

péripilaire, *adj.* : cf., **circumpilaire.**

périplaste, *s. m.* : périplast, cytoplasm.

péripleurite, *s. f.* : peripleuritis.

péripneumonie, *s. f.* : peripneumonia (1. pneumonia; 2. pleuropneumonia).

périproctite, *s. f.* : periproctitis.

périprostatite, *s. f.* : periprostatitis.

périradiculite dentaire : perirhizoclasia, periapical odontitis.

périrectite, *s. f.* : perirectitis, periproctitis.

périsalpingite, *s. f.* : perisalpingitis.

périsigmoïdite, *s. f.* : perisigmoiditis.

périsplénite, *s. f.* : perisplenitis.

périspondylite, *s. f.* : perispondylitis, Gibney's disease.

périssoploïde, *adj.* : perissoploid (having an uneven number of chromosomes).

péristaltique, *adj.* : peristaltic.

péristaltisme, *s. m.* : peristalsis.

péristaltogène, *adj.* : inducing peristalsis.

péristaphylin, *adj.* : peristaphyline (situated around the uvula).

péristase, *s. f.* : peristasis, environment (*genet.*).

péristole, *s. f.* : peristole, peristalsis.

péristome, *s. m.* : peristoma, peristome (*biol.*, *bot.*, *zool.*).

périsynovite, *s. f.* : perisynovitis.

périsystole, *s. f.* : perisystole (*physiol.*).

périthéliome, *s. m.* : perithelioma.

périthélium, *s. m.* : perithelium.

péritoine, *s. m.* : peritoneum.

péritomie, *s. f.* : peritomy, circumcision.

péritomiste, *s. m.* : peritomist (one who performs ritual circumcision).

péritonéal, *adj.* : peritoneal.

péritonéopexie, *s. f.* : peritoneopexy (fixation of the uterus by the vaginal route).

péritonéoscopie, *s. f.* : peritoneoscopy.

péritonisation, *s. f.* : peritonization.

péritonisme, *s. m.* : peritonism.

péritonite, *s. f.* : peritonitis; - **généralisée** : general *or* diffuse peritonitis ; - **par perforation** : perforative peritonitis; - **tuberculeuse** : tuberculous peritonitis.

péritoxine, *s. f.* : capsular toxin (e.g. of tubercle bacillus).

Péritriche, *s. m.* : *Peritricha* (group of bacteria surrounded by flagella); *adj.* : peritrichal, peritrichous.

périunguéal, *adj.* : periungual; **repli -** : perionychium.

périurétérite, *s. f.* : periureteritis.

périurétrite, *s. f.* : periurethritis.

périvaginite, *s. f.* : perivaginitis, paracolpitis.

périvasculaire, *adj.* : perivascular.

périvascularite, *s. f.* : perivasculitis.

périvésiculite, *s. f.* : perivesiculitis.

périviscérite, *s. f.* : perivisceritis.

périwhartonite, *s. f.* : inflammation around Wharton's duct.

perle, *s. f.* : pearl; capsule (*pharm.*).

perlèche, *s. f.* : perlèche (labial moniliasis in young children).

permanent, *adj.* : permanent, enduring, fixed, lasting; **dents -** : permanent teeth.

permanganate, *s. m.* : permanganate.

perméabilité, *s. f.* : permeability.

perméable, *adj.* : permeable, pervious (affording passage).

perméase, *s. f.* : permease.

perméation, *s. f.* : permeation.

pernicieux, *adj.* : pernicious, deadly, harmful, fatal; **anémie -** : pernicious anemia; **les effets - de** : the ill-effects of.

pernion, *s. m.* : cf., **engelure.**

perniose, *s. f.* : perniosis.

péroné, *s. m.* : fibula.

péronéo- : peroneo-, prefix meaning relating to the fibula.

péronier, *adj.* : peroneal, fibular.

per os (*lat.*) : per os, by the mouth.

Pérou (écorce du) : Peruvian bark (source of quinine) ; **verruga du -** : Peruvian wart, verruga peruana.

peroxydase, *s. f.* : peroxidase, peroxydase.

peroxyde, *s. m.* : peroxide.

peroxyder, v. : to peroxidize, to peroxidate.

perpendiculaire, adj. : perpendicular; **lame - :** perpendicular plate (of ethmoid).

Perret et Devic (signe de) : cf., **Pins (signe de).**

persécution, s. f. : persecution; **délire de la - :** persecution mania.

persévération, s. f. : perseveration.

persistance, s. f. : persistance, continuance.

persistant, adj. : persistent, patent, open.

personnalité, s. f. : personality.

personnel, adj. : personal; **équation - :** personal equation.

perspiration, s. f. : perspiration.

persulfate, s. m. : persulfate, persulphate.

perte, s. f. : waste.

pertes, s. f. pl. : menstrual flow; **- blanches :** leukorrhea.

Perthes (maladie de) : Perthes' disease, Calvé's disease, pseudocoxalgia (osteochondrosis of the hip).

perturbation, s. f. : disquietude, disturbance, perturbation, restlessness.

perversion, s. f. : perversion.

perversité, s. f. : perversity, perverseness (psych.).

perverti, s. : pervert; adj. : perverted.

pesanteur, s. f. : 1. weight; 2. gravity; 3. heaviness, ponderousness (of movement); dullness, sluggishness (of mind).

pèse-acide, s. m. : acid hydrometer, acidimeter, acetometer.

pèse-alcool, s. m. : alcoholometer.

pesée, s. f. : weighing, weight, force, leverage, effort; **méthode par - :** gravimetric method.

pèse-filtre, s. m. : weighing bottle.

pèse-gouttes, s. m. : dropper, drop-counter.

pèse-lait, s. m. : lactometer (instrument for estimation the specific gravity and cream content of milk).

peser, v. : to weigh; **se - :** to be weighed, to weigh in.

pessaire, s. m. : pessary.

peste, s. f. : plague, pestilence, pest; **- aviaire :** fowl pest, fowl plague; **- bovine :** cattle plague, rinderpest (veter.); **- bubonique :** bubonic pague; **- porcine :** swine plague, hog cholera.

pesteux, adj. : pestilential (pertaining to the plague); **bacille - :** plague bacillus, bacillus pestis.

pestiféré, s. : plague-stricken person; adj. : pestiferous, plague-stricken ; **hôpital pour - :** pesthouse, lazaretto.

pestilence, s. f. : pestilence.

pestilentiel, adj. : pestilential.

pétéchial, adj. : petechial; **typhus - :** petechial typhus, spotted fever.

pétéchies, s. f. pl. : petechiae (lat.) (small flat purpuric spots due to local capillary hemorrhages in skin or mucous membranes).

Petges-Cléjat (maladie de) : poikiloderma atrophicans vasculare.

pétiole, s. m. : petiole, leaf-stalk.

Petit (canal de) : Petit's canal (circular channel around the lens).

Petit (hernie de J.-L.) : Petit's hernia (lumbar hernia); **ligament de J.-L. - :** Petit's ligament (concave fold forming the posterior and lateral borders of the pouch of Douglas); **triangle de J.-L. - :** Petit's triangle, triganum lumbale.

pétreux, adj. : petrosal, petrous.

Petri (boîte de) : Petri dish (bacter.).

pétrification, s. f. : petrifaction, petrification.

pétrissage, s. m. : petrissage, kneading (massage).

pétrolage, s. m. : 1. petrolization (spreading petroleum on water for destruction of mosquito larvae); 2. kindling with paraffin; 3. oiling.

pétrole, s. m. : petroleum, paraffin, mineral oil ; **- lampant :** kerosene.

pétrolatum, s. m. : petrolatum, petroleum jelly, soft paraffin.

pétromastoïdien, adj. : petromastoid; **canal - :** petromastoid canal; **orifice tympanique du canal - :** petromastoid foramen.

pétrosite, s. f. : petrositis, petrousitis (inflammation of the petrous part of the temporal bone).

pétrosquameux, adj. : petrosquamosal, petrosquamous; **scissure - :** petrosquamosal fissure, or suture.

Pettenkofer (réaction de) : Pettenkofer's test (for bile acids).

Peutz-Jeghers (maladie de) : Peutz-Jeghers' disease.

pexie, s. f. : pexia, pexis (1. fixation of a substance in a tissue; 2. surgical fixation by suturing).

Peyer (plaques de) : Peyer's glands or patches, aggregated follicles (of the small intestine).

Pfeiffer (bacille de) : Pfeiffer's bacillus, influenza bacillus, Hemophilus influenzae; **maladie de - :** Pfeiffer's disease, glandular fever, infective mononucleosis ; **phénomène ou expérience de - :** Pfeiffer's phenomenon or reaction (type of bacteriolysis).

Pfuhl (signe de) : Pfuhl's sign (in differential diagnosis of subphrenic abscess), Pfuhl-Jaffe sign.

pH : pH (symbol for hydrogen-ion concentration).

phaco- : phaco-, prefix meaning pertaining (1. to a lens; 2. to the lens of the eye).

phacocèle, s. f. : phacocele (hernia of the lens).

phacoérisis ou phacoérysis, s. f. : phacoerysis (Barraquer's method of lens extraction by suction with an erysophake).

phacolyse, s. f. : phacolysis (1. needling of the lens; 2. dissolution of the lens by phacolysin).

phacolysine, s. f. : phacolysin (an albumin extracted from the lens of the eye).

phacomalacie, s. f. : phacomalacia, soft cataract.

phacomatose, s. f. : phacomatosis, phakomatosis.

phacosclérose, *s. f.* : phacosclerosis, hard cataract.

phæochromocytome, *s. m.* : *cf.,* **phéochromocytome.**

phage, *s. m.* : phage, bacteriophage.

phagédénique, *adj.* : phagedenic; **ulcère -** : phagedena, phagedenoma.

phagédénisme, *s. m.* : phagedena, phagedenism; **- tropical** : tropical phagedena, cutaneous leishmaniasis.

phagocaryosis, *s. m.* : phagocaryosis, phagokaryosis (alleged phagoctic action by a cell nucleus).

phagocytaire, *adj.* : phagocytic.

phagocyte, *s. m.* : phagocyte.

phagocytoblaste, *s. m.* : phagocytoblast.

phagocytolytique, *adj.* : phagocytolytic, phagolytic.

phagocytose, *s. f.* : phagocytosis.

phagolyse, *s. f.* : phagocytolysis, phagolysis.

phagomanie, *s. f.* : phagomania (insatiable craving for food).

phagopyrose, *s. f.* : phagopyrosis, heartburn.

phagothérapie, *s. f.* : phagotherapy.

phakolyse, *s. f.* : *cf.,* **phacolyse.**

phakoscopie, *s. f.* : phacoscopy, phakoscopy.

phalange, *s. f.* : phalanx, *pl.* phalanges (any bone of a finger *or* toe), proximal phalanx.

phalangectomie, *s. f.* : phalangectomy (1. excision of a metacarpal *or* metatarsal bone; 2. amputation of a finger *or* toe).

phalangette, *s. f.* : phalangette, distal phalanx.

phalangien, *adj.* : phalangeal.

phalangine, *s. f.* : 1. medial phalanx; 2. middle joint of a finger *or* toe.

phalangisation, *s. f.* : phalangization (construction of a stump to serve as a finger).

phalangophalangien, *adj.* : phalangophalangeal.

phalangose, *s. f.* : phalangosis (condition in which the eyelashes grow in rows).

phallique, *adj.* : phallic.

phalloïde, *adj.* : phalloid (resembling a penis); **amanite -** : amanita phalloides (deadly poisonous mushroom).

phallus, *s. m.* : phallus, penis.

phanère, *s. m.* : dermoskeleton, exoskeleton (external and visible investments of the body : skin, teeth, hair, nails).

phanérogame, *s. m.* : phanerogam *(bot.).*

phanérogénétique, *adj.* : phanerogenetic, phanerogenic (having an obvious cause).

phantasme, *s. m.* : phantasm (1. optical illusion; 2. visual hallucination; 3. apparition).

pharmaceutique, *adj.* : pharmaceutic, pharmaceutical; **spécialité -** : patent medicine.

pharmacie, *s. f.* : pharmacy (1. pharmaceutics; 2. apothecary's, chemist's *or* druggist's shop, drugstore).

pharmacien, *s. m.* : pharmacist, pharmaceutist, apothecary, druggist, pharmaceutic, pharmaceutical chemist; **- diplômé** : dispensing chemist.

pharmaco- : pharmaco-, prefix meaning pertaining to drugs.

pharmacodynamie, *s. f.* : pharmacodynamics.

pharmacognosie, *s. f.* : pharmacognostics, pharmacognosy, pharmacography.

pharmacologie, *s. f.* : pharmacology.

pharmacologiste *ou* **pharmacologue,** *s. m.* : pharmacologist.

pharmacomanie, *s. f.* : pharmacomania.

pharmacopée, *s. f.* : pharmacopeia, pharmacopoeia.

pharmacophilie, *s. f.* : pharmacophilia.

pharmacophobie, *s. f.* : pharmacophobia.

pharmacopsychiatrie, *s. f.* : experimental psychiatry (study of mental disorders induced by drugs).

pharmacopsychologie, *s. f.* : psychopharmacology.

pharmacopsychose, *s. f.* : pharmacopsychosis (mental disease due to drug addiction).

pharmacoradiologie, *s. f.* : pharmacoradiology, pharmacoradiography.

pharmacothérapie, *s. f.* : pharmacotherapy.

pharyngectomie, *s. f.* : pharyngectomy.

pharyngien, *adj.* : pharyngeal ; **amygdale -** : « adenoids », pharyngeal tonsils; **orifice -** : posterula; **tubercule -** : pharyngeal spine *or* tubercle.

pharyngisme, *s. m.* : pharyngism, pharyngismus (pharyngeal spasm).

pharyngite, *s. f.* : pharyngitis; **- vésiculeuse** : herpangina, pharyngitis herpetica.

pharyngo- : pharyngo-, prefix meaning pertaining to the pharynx.

pharyngo-amygdalite, *s. f.* : pharyngo-amygdalitis, pharyngotonsillitis.

pharyngocèle, *s. f.* : pharyngocele, pharyngectasia (hernial pouch of the pharynx).

pharyngokératose, *s. f.* : pharyngitis keratosa.

pharyngolaryngite, *s. f.* : pharyngolaryngitis.

pharyngologie, *s. f.* : pharyngology.

pharyngomycose, *s. f.* : pharyngomycosis (any fungal disease of the pharynx).

pharyngosalpingite, *s. f.* : pharyngosalpingitis.

pharyngosclérome, *s. m.* : pharyngoscleroma.

pharyngoscope, *s. m.* : pharyngoscope.

pharyngoscopie, *s. f.* : pharyngoscopy.

pharyngostomie, *s. f.* : pharyngostomy.

pharyngotome, *s. m.* : pharyngotome.

pharyngotomie, *s. f.* : pharyngotomy.

pharynx, *s. m.* : pharynx.

phase, *s. f.* : 1. phase, period, stage; **les - d'une maladie** : the stages or phases of a disease; 2. phase *(electr.)*; **courant de -** : phase current;

décalage de - : difference of phase; **en -** : in phase.

Phelps-Kirmisson (opération de) : Phelps' operation (for clubfoot).

phénakitoscope, *s. m.* : phenakistoscope, stroboscope.

phénédrine, *s. f.* : amphetamine, alpha-methyl-phenethylamine.

phénique, *adj.* : phenic, phenolic, carbolic; **acide -** : phenic acid, phenol, carbolic acid.

phénocopie, *s. f.* : phenocopy *(genet.).*

phénol, *s. m.* : phenol, carbolic acid.

phénologie, *s. f.* : phenology (science of behaviour of living organisms under varying climatic conditions).

phénolphtaléine, *s. f.* : phenolphtalein *(chem.).*

phénolsulfonephtaléine (P.S.P.), *s. f.* : phenolsulfonphthalein, phenolsulphonphthalein; **épreuve de la -** : phenolsulphonphthalein test (for renal function).

phénomène, *s. m.* : phenomenon.

phénopsychisme, *s. m.* : apparent mental state.

phénotype, *s. m.* : phenotype (1. obvious hereditary characteristics of an individual; 2. a group of individuals who look alike though not genetically related).

phénozyge, *adj.* : phenozygous *(anat., morphol.).*

phényle, *s. m.* : phenyl (univalent radical C_6H_5).

phénylalanine, *s. f.* : phenylalanine.

phénylcétonurie, *s. f.* : phenylketonuria (congenital metabolic defect often associated with mental deficiency; phenylpyruvic oligophrenia).

phénylique, *adj.* : phenylic *(chem.).*

phéochromocytome, *s. m.* : phaeochromocytoma, pheochromocytoma, adrenal medullary chromaffinoma.

pHi : abbreviation for iso-electric point.

philanthrope, *s.* : philanthropist.

philanthropie, *s. f.* : philanthropy.

-philie : -philia, suffix meaning a strong affinity (literally love) for.

philtre, *s. m.* : philtre, philter, philtrum (love potion).

phimosis, *s. m.* : phimosis; **- congénital** : phimosis adnata *or* pueriis; **- labial** : labial *or* oral phimosis, oral atresia.

phléb- : phleb-, prefix meaning vein.

phlébalalgie *ou* **phlébalgie,** *s. f.* : phlebalgia.

phlébartérie simple de Broca : Pott's aneurysm, aneurysmal varix.

phlébartériectasie, *s. f.* : phlebarteriectasia, varicose aneurysm.

phlébartérite, *s. f.* : phlebitis associated with local arteritis.

phlébectasie, *s. f.* : phlebectasia, phlebectasis.

phlébectomie, *s. f.* : phlebectomy.

phlébite, *s. f.* : phlebitis.

phlébo- : phlebo-, prefix meaning pertaining to a vein.

phlébo-anesthésie, *s. f.* : phlebanesthesia, phlebonarcosis.

phlébocavographie, *s. f.* : phlebography of a vena cava.

phléboclyse, *s. f.* : phleboclysis, venoclysis (intravenous injection of saline solution or of isotonic medication).

phlébogène, *adj.* : phlebogenous; **angiome -** : cavernous angioma arising in vasa vasorum.

phlébogramme, *s. m.* : phlebogram (1. sphygmogram of a pulsating vein; 2. skiagram of veins after radiopaque injection).

phlébographe, *s. m.* : phlebograph.

phlébographie, *s. f.* : phlebography, venography.

phlébolithe, *s. m.* : phlebolith, vein stone (intravenous concretion or calculus).

phlébologie, *s. f.* : phlebology.

phlébolyse, *s. f.* : operative liberation of a vein from adhesions.

phlébomanomètre, *s. m.* : phlebomanometer.

phlébonarcose, *s. f.* : phlebonarcosis.

phlébopexie, *s. f.* : phlebopexy (extraserous transplantation of the testicle with preservation of the venous plexus for varicocele).

phlébopiézométrie, *s. f.* : phlebopiezometry (measurement of venous pressure).

phléboplastie, *s. f.* : phleboplasty.

phléborragie, *s. f.* : phleborrhagia (copious hemorrhage from a vein).

phléborraphie, *s. f.* : phleborrhaphy (suture of a vein).

phléborrhexie, *s. f.* : phleborrhexis (rupture of a vein).

phlébosclérose, *s. f.* : phlebosclerosis, venosclerosis.

phlébose, *s. f.* : phlebosis (noninfective inflammation *or* thrombosis of a vein).

phlébospasme, *s. m.* : phlebospasm (spasmodic contraction of a vein).

phlébothrombose, *s. f.* : phlebothrombosis (presence of an intravenous clot in absence of phlebitis).

phlébotome, *s. m.* : 1. phlebotome, fleam (old name for lancet used for blood letting); 2. *Phlebotomus,* sandfly.

phlébotomie, *s. f.* : phlebotomy, venesection, bloodletting.

phlébotonique, *adj.* : phlebotonic (increasing the tonicity of the wall of a vein).

phlegmasie, *s. f.* : phlegmasia, inflammation, fever; **- chronique indurée** : interstitial pneumonia.

phlegmatia alba dolens : phlegmasia alba dolens, leukophlegmasia, milk-leg.

phlegmatia cærulea dolens : phlegmasia caerulea dolens, blue phlebitis.

phlegmœdème, *s. m.* : inflammatory oedema.

phlegmon, *s. m.* : phlegmon (*obs.* term for inflammation of connective tissue leading to abscess or ulceration).

phlegmoneux, *adj.* : phlegmonous.

phlegmorragique (période) : stage of asiatic cholera characterized by « rice-water » stools, vomiting and cramp.

phloridzine, *s. f.* : phlorhizin, phloridzine, phloridzin (*chem.*); **épreuve de la -** : phlorhizin test (for renal function).

phlyctène, *s. f.* : phlycten, phlyctena, blister, vesicle.

phlycténose, *s. f.* : phlyctenosis; **- récidivante des extrémités** : acrodermatitis perstans.

phlycténulaire, *adj.* : phlyctenular.

phlycténule, *s. f.* : phlyctenule, phlyctenula, *pl.* phlyctenulae (*lat.*) (minute vesicular lesion on the cornea or conjunctiva).

phobie, *s. f.* : phobia, morbid fear.

-phobie : -phobia, suffix meaning morbid fear or dread.

phonasthénie, *s. f.* : phonasthenia (weakness of voice due to fatigue).

phonation, *s. f.* : phonation (production of vocal sounds).

phonautographe, *s. m.* : phonautograph (*phys.*).

phonème, *s. m.* : phoneme.

phonendoscope, *s. m.* : phonendoscope (stethoscope that intensifies auscultatory sounds).

phonendoscopie, *s. f.* : phonendoscopy.

phonétique, *s. f.* : phonetics, phonology; *adj.* : phonetic.

phoniatrie, *s. f.* : phoniatrics (treatment of speech defects).

phonique, *adj.* : phonic (pertaining to the voice); **spasme -** : phonic spasm.

phono- : phono-, prefix meaning relating to the voice or to sound.

phonangéiogramme *ou* **phonoangiogramme,** *s. m.* : graphic record of blood-vessel sounds.

phonangéiographie *ou* **phonangiographie,** *s. f.* : recording blood-vessel sounds.

phonangéiologie *ou* **phonangiologie,** *s. f.* : study of blood-vessel sounds.

phonoartériogramme, *s. m.* : graphic record of arterial sounds.

phonoartériographie, *s. f.* : recording of arterial sounds.

phonocardiogramme, *s. m.* : phonocardiogram (record of heart sounds).

phonocardiographe, *s. m.* : phonocardiograph (instrument for recording heart sounds).

phonocardiographie, *s. f.* : phonocardiography (registration of heart sounds).

phonographe, *s. m.* : phonograph.

phonomanie, *s. f.* : phonomania, homicidomania (homicidal insanity).

phonomètre, *s. m.* : phonometer (instrument for measuring intensity of sounds).

phonophobie, *s. f.* : phonophobia (1. dread of speaking aloud; 2. morbid dread of any noise or sound).

phonoscope, *s. m.* : phonoscope.

phonoscopie, *s. f.* : phonoscopy.

phonostéthographe, *s. m.* : phonostethograph.

phosgène, *s. m.* : phosgene (*chem.*).

phosphatase, *s. f.* : phosphatase; **- acide** : acid phosphatase (pH 5-6); **- alcaline** : alkaline phosphatase (pH 9).

phosphatasémie, *s. f.* : presence of phosphatase in the blood.

phosphate, *s. m.* : phosphate.

phosphatémie, *s. f.* : phosphatemia.

phosphatide, *s. m.* : phosphatide.

phosphatidémie, *s. f.* : presence of phosphatides in the blood.

phosphaturie, *s. f.* : phosphaturia.

phosphène, *s. m.* : phosphene (subjective luminous sensation caused by pressure on the eyeball).

phosphoglycérate-kinase, *s. f.* : phosphoglycérate-kinase.

phospholipidose, *s. f.* : Niemann-Pick's disease, lipoid histiocytosis.

phosphonucléase, *s. f.* : phosphonuclease, neucleotidase.

phosphoprotéide, *s. m.* : phosphoprotein.

phosphore, *s. m.* : phosphorus.

phosphoré, *adj.* : phosphorated, phosphoretted (containing phosphorus); **nécrose -** : « phossy jaw » (phosphorus-induced necrosis).

phosphorémie, *s. f.* : presence and level of phosphorus (as phosphate) in the blood.

phosphorescence, *s. f.* : phosphorescence (*phys.*).

phosphorescent, *adj.* : phosphorescent (*phys.*).

phosphoreux, *adj.* : phosphorous (*chem*); **acide -** : phosphorous acid.

phosphoride, *s. f.* : cutaneous lesion seen in industrial workers handling phosphorus.

phosphorique, *adj.* : phosphoric (*chem.*); **acide -** : phosphoric acid.

phosphorisme, *s. m.* : phosphorism (chronic phosphorus poisoning).

phosphorolyse, *s. f.* : phosphorolysis.

phosphoroscope, *s. m.* : phosphoroscope.

phosphorylase, *s. f.* : phosphorylase.

phosphorylation, *s. f.* : phosphorylation.

phot, *s. m.* : phot, phote (C.G.S. unit of illumination - one lumen per square cm).

photisme, *s. m.* : photism (visual sensation excited by sense of hearing, smell taste or toach).

photo- : photo-, prefix meaning relation to light.

photobiologie, *s. f.* : photobiology.

photobiotropisme, *s. m.* : photobiotropism, biotropism induced by light.

photocatalysateur, s. m. : photocatalyst, photo-catalyser.

photochimie, s. f. : photochemistry.

photochimique, ad. : photochemical.

photochromatique, adj. : photochromatic.

photocoagulation, s. f. : coagulation caused by light (e.g. by a laser).

photodermatose ou **photodermite,** s. f. : photo-dermatosis.

photoélectricité, s. f. : photoelectricity.

photoélectrique, adj. : photoelectric; **cellule -** : photoelectric cell, photocell.

photoépilepsie, s. f. : photogenic epileptic fit (induced by flashing lights).

photoérythème, s. m. : photoerythema.

photogène, adj. : photogenic, photogenous; **bac-térie -** : photogenic bacteria.

photographe, s. : photographer.

photographie, s. f. : 1. photography; 2. photo-graph, print (photographic picture).

photolyse, s. f. : photolysis (chemical or cytolytic decomposition by light).

photolyte, s. m. : photolyte (any substance that is decomposable by the action of light).

photome, s. m. : photoma (sensation of light or colour of intrinsic origin).

photomètre, s. m. : photometer.

photométrie, s. f. : photometry.

photomicrographie, s. f. : photomicrography.

photon, s. m. : photon (phys.).

photophobie, s. f. : photophobia (intolerance of light).

photophone, s. m. : photophone.

photophore, s. m. : photophore.

photopsie, s. f. : photopsia (sensation of flashes of light in retinal disease).

photosensibilisation, s. f. : photosensitization.

photosensible, adj. : photosensitive.

photosynthèse, s. f. : photosynthesis.

phototactisme, s. m. ou **phototaxie,** s. f. : pho-totaxis, phototropism.

photothérapie, s. f. : phototherapy.

phototropisme, s. m. : phototropism.

phrénalgie, s. f. : phrenalgia (1. psychalgia; 2. phrenodynia [pain in the diaphragm]).

phrénasthénie, s. f. : phrenasthenia (feeble-min-dedness).

phrénésie, s. f. : cf., **frénésie.**

phrénicectomie, s. f. : phrenicectomy (resection of the phrenic nerve).

phrénicotomie, s. f. : phrenicotomy (section of a phrenic nerve to cause unilateral paralysis of the diaphragm).

phrénicitripsie, s. f. : phrenicitripsy (crushing the phrenic nerve).

phrénique, adj. : phrenic (1. pertaining to the diaphragm; 2. pertaining to the mind).

phrénite, s. f. : phrenitis (inflammation of the diaphragm).

phrenitis, s. f. : 1. cf., **phrénite;** 2. phrenitis (deli-rium or frenzy in cerebral meningitis).

phréno- : phreno-, prefix meaning pertaining to 1. the diaphragm; 2. the mind.

phrénocardie, s. f. : phrenocardia, cardiasthenica, cardiovascular neurasthenia.

phrénocardiospasme, s. m. : cardiospasm (spasm of the cardiac sphincter).

phrénodynie, s. f. : phrenodynia.

phrénoglottique, adj. : phrenoglottic; **spasme -** : phrenoglottismus, Kopp's asthma laryngismus stri-dulus.

phrénoglottisme, s. m. : phrenoglottismus.

phrénologie, s. f. : phrenology.

phrénologiste, s. m. : phrenologist.

phrénonévrose, s. f. : neuropathic spasm of the diaphragm associated with abdominal distension and constipation.

phrénopathie, s. f. : phrenopathy (any mental disorder).

phrénoplégie, s. f. : phrenoplegia.

phrénoptose, s. f. : phrenoptosis.

phrénospasme, s. m. : phrenospasm (1. spasm of the diaphragm; 2. cardiospasm).

phrynodermie, s. f. : phrynoderma (derm.).

phtiriase, s. f. : phtiriasis, pediculosis.

phtisie, s. f. : phthisis (1. wasting of the body; 2. consumption, pulmonary tuberculosis); **- dor-sale** : Pott's disease; **- galopante** : galloping consumption; **- laryngée** : laryngeal phthisis, tu-berculosis of the larynx; **- des mineurs** : anthra-cosis, black phthisis; **- oculaire** : ophthalmomala-cia; **- pancréatique** : phthisis pancreatica; **- des tailleurs de pierre** : stonecutter's or grinder's phthisis, chalicosis).

phtisiogène, adj. : phthisiogenetic, phthisiogenic.

phtisiologie, s. f. : phthisiology.

phtisiophobie, s. f. : phthisiophobia (morbid dread of phthisis).

phtisiothérapie, s. f. : phthisiotherapy.

phtisique, s. : consumptive; adj. : phthisic, phthi-sical, consumptive.

phtisurie, s. f. : weakness due to excessive diu-resis (e.g. in diabetics).

phylactique, adj. : phylactic; **agent -** : phylactic or protective agent; **réaction -** phylactic reac-tion, phylaxis.

phylactisme, s. m. : phylaxis (bodily defense against infection), phylactic reaction.

phylaxie, s. f. : phylaxis.

phyllode, s. m. : cystosarcoma phyllodes (of the breast).

phylocytase, s. f. : amboceptor.

phylogenèse *ou* **phylogénie,** *s. f.* : phylogenesis, phylogeny (evolutionary history of living organisms).

phylogénique, *adj.* : phylogenic, phylogenetic.

phylum, *s. m.* : phylum (primary division of the animal or vegetable kingdom).

phyma, *s. m.* : phyma (any circumscribed cutaneous swelling).

physalis, *s. m.* : physalis (large cancer cell with mucoid cytoplasm).

physicien, *s. m.* : physicist.

physicochimie, *s. f.* : physical chemistry.

physicochimique, *adj.* : physicochemical.

physicopyrexie, *s. f.* : physiopyrexia (fever induced by physical means).

physicothérapie, *s. f.* : *cf.,* **physiothérapie.**

physinose, *s. f.* : physinosis (any disorder due to physical agents).

physiogène, *adj.* : physiogenic (due to physical causes; as opposed to psychogenic).

physiogenèse *ou* **physiogénie,** *s. f.* : physiogenesis.

physiognomonie, *s. f.* : physiognomy (estimation of character from study of the facial expression).

physiologie, *s. f.* : physiology.

physiologique, *adj.* : physiologic, physiological; **eau -** : normal saline, physiological saline, physiological salt solution.

physiologiste *ou* **physiologue,** *s. m.* : physiologist.

physionomie, *s. f.* : physiognomy, countenance, facial expression.

physiopathique, *adj.* : physiopathic.

physiopathologie, *s. f.* : physiopathology, pathological physiology.

physiothérapie, *s. f.* : physiotherapy.

physique, *s. f.* : physics, natural philosophy; *s. m.* : physique, constitution, external appearance; *adj.* : physical; **douleur -** : bodily pain; **force -** : physical force *or* strength.

physocèle, *s. m.* : physocele (1. emphysema of a hernial sac; 2. emphysema, of the scrotum).

physohydrométrie, *s. f.* : physohydrometra (presence of gas and fluid within the uterus).

physométrie, *s. f.* : physometra (distension of the uterus by gas).

physopyosalpinx, *s. m.* : physopyosalpinx.

phyto- : phyto-, prefix meaning relation to plants.

phytobézoard, *s. m.* : phytobezoar (gastric concretion of vegetable origin).

phytochimie, *s. f.* : phytochemistry, plant chemistry.

phytodermatite, *s. f.* phyto-anaphylactic dermatitis, aggravated by sunburn.

phytohormone, *s. f.* : phytohormone, auxin, plant hormone.

phytoparasite, *s. f.* : phytoparasite.

phytopathologie, *s. f.* : phytopathology.

phytophage, *adj.* : phytophagous, plant-eating, herbivorous.

phytostérol, *s. m.* : phytosterol.

phytothérapie, *s. f.* : phytotherapy.

phytovirus, *s. m.* : plant virus.

phytozoaire, *s. m.* : phytozoon, zoophyte.

pian, *s. m.* : pian, framboesia, frambesia, yaws; **- hémorrhagique** : Peruvian wart.

pian-bois, *s. m.* : pian bois, bouba braziliana, espundia, mucocutaneous leishmaniasis.

pianide, *s. f.* : secondary lesion of yaws.

pianome, *s. m.* : frambesioma, framboesioma.

pianomisation, *s. f.* : granulomatous development of primary lesion of yaws.

piastrinémie, *s. f.* : presence of megacaryocytes in the blood.

pic, *s. m.* : peak (*e.g.* in electrocardiogram).

pica, *s. m.* : pica, allotriophagy (depraved appetite for unnatural diet).

Pick (syndrome de) : Pick's disease (pseudocirrhosis of the liver in adhesive pericarditis).

Pick-Herxheimer (maladie de) : Pick's disease, erythromelia.

Pickwick (syndrome de) : Pickwickian syndrome.

picotement, *s. m.* : itching, pricking sensation.

picrique (acide) : picric acid.

pied, *s. m.* : 1. foot, pes, *plur.* pedes (*lat.*); 2. foot, base; foot (measure of length *cf.* table); **- d'athlète** : athlete's foot (fungal infection of the interdigital skin); **- ballant** : drop foot; **- bot** : clubfoot; **- bot équin** : talipes equinus; **- bot talus** : pes calcaneus, talipes calcaneus; **- bot talus valgus** : pes calcaneovalgus, talipes calcaneovalgus; **- bot varus** : talipes varus; **- à coulisse** : sliding caliper (*phys.*); **fléchissement du -** : drop foot; **- palmé** : webfoot; **plante du -** : sole of the foot; **- de tranchées** : trench foot.

piedra, *s. f.* : piedra (fungal disease of the hair).

pie-mère, *s. f.* : pia mater, pia; **- cérébrale** : pia mater of the brain; **- rachidienne** : pia mater of the cord.

pie-mérien, *adj.* : pial (pertaining to the pia mater).

piemérite, *s. f.* : leptomeningitis.

pierre, *s. f.* : stone, calculus.

piézo-électricité, *s. f.* : piezo-electricity (*phys.*).

piézogramme, *s. m.* : record of variations in pressure.

piézographe, *s. f.* : instrument for recording pressures.

piézomètre, *s. m.* : piezometer (*phys.*).

piézothérapie, *s. f.* : *cf.,* **pneumothorax artificiel.**

pigeonneau, *s. m.* : tanner's ulcer, chrome ulcer.

pigment, *s. m.* : pigment (1. any dye or paint, medicinal preparation for external application; 2.

any normal or abnormal coloring matter of the body; 3. microscopical stain).

pigmentaire, *ad.* : pigmentary; **cellule -** : pigment cell; **maladie -** : macular skin affection.

pigmentation, *s. f.* : pigmentation.

pigmenté, *adj.* : pigmented.

pigmenteux, *adj.* : pigmentary, pigmental.

Pignet (indice de) : Pignet's formula (standard of physical condition).

pilaire, *adj.* : pilary, pilar.

pile, *s. f.* : 1. pile, heap; 2. battery; **- atomique** : atomic pile, nuclear reactor; **élément de -** : cell; **- à élément humide** : wet cell; **- sèche** : dry cell.

pileus, *s. m.* : pileus, cap (of mushrooms and toadstools).

pileux, *adj.* : pilose, pilous, hairy; **bulbe -** : root of a hair.

pilier, *s. m.* : pillar, column; **- antérieur du trigone cérébral** : anterior pillar; **- interne et externe de l'anneau inguinal** : pillars of the internal and external inguinal *or* abdominal rings; **- du cœur** : papillary muscles of the heart; **- postérieur du trigone cérébral** : posterior pillar of the fornix; **- du trigone** : crura of the fornix; **- du voile du palais** : pillar of the fauces.

pilifère, *adj.* : piliferous, piligerous, hairy.

piliforme, *adj.* : piliform.

pilimiction, *s. f.* : pilimiction (passage of filamentous mucus casts in the urine).

pilo- : pilo-, prefix meaning relating to hair or hairy.

pilocarpine, *s. f.* : pilocarpine (*pharm.*).

pilomoteur, *adj.* : pilomotor; **nerfs -** : pilomotor nerves; **réflexe -** : pilomotor reflex.

pilon, *s. m.* : 1. pestle (*pharm.*); 2. wooden leg, « peg-leg ».

pilosébacé, *adj.* : pilosebaceous.

pilosité, *s. f.* : pilosity, hairiness.

pilulaire, *adj.* : pilular.

pilule, *s. f.* : pill, pilule, pilula, *plur.* pilulae (*lat.*).

pince, *s. f.* : forceps, tongs, pliers; **- à agrafes** : forceps for metal clips; **- d'arrêt** : pinch-cock, clip; **- capsulaire** : capsular forceps; **- à chalazion** : chalazion forceps; **- de Collin** : Collin's forceps, osteoclast; **- coupantes** : cutting forceps; **- courbe** : curved forceps; **- à creuset** : crucible tongs; **- à disséquer** : dissecting forceps; **- droite** : straight forceps; **- emporte-pièce** : punch forceps; **- à épiler** : epilation forceps; **- à esquilles** : splinter forceps; **- de Fergusson** : Fergusson's urethra forceps; **- à fixer** : fixation forceps; **- à forcipressure** : pressure forceps, artery forceps; **- fourche de Lucas-Championnière** : Lucas-Championnière's forked forceps; **- gouge de Péan** *ou* **Roux** : Péan's *or* Roux's gouge forceps; **- à granulations** : granulation forceps; **- à griffes** : serrated dissecting forceps; **- à hémorroïdes** : pile clamp; **- hémostatique** : hemostat, hemostatic clamp, artery clip *or* forceps, Spencer Wells' forceps; **- de Kocher, de Péan** : Kocher's, Péan's forceps; **- à kystes de Nélaton** :

Nelaton's cyst forceps; **- à langue** : tongue forceps; **- à ligaments larges** : broad ligament forceps; **- de Liston** : Liston's bone forceps; **- de Michel** : Michel's clamps; **- de Mohr** : screw-clip; **- à mors** : toothed forceps; **- de Museux** : Museux's vulsellum forceps; **- à pansements** : dressing forceps; **- prenante coudée** : bent seizing forceps; **- à ressort** : spring clips *or* forceps; **- en T** : T forceps; **- tire-balles** : bullet-forceps; **- à verrou** : screw forceps.

pincement, *s. m.* : pincement (type of massage by pinching).

pinéal, *adj.* : pineal; **glande -** : pineal body *or* gland; **pédoncule antérieur de la glande -** : pineal habena *or* habenula; **recessus -** : pineal ventricle.

pinéaloblastome, *s. m.* : pinealoma.

pinéalome, *s. m.* : pinealoma.

pinguécula *ou* **pinguicula,** *s. f.* : pinguecula.

pinnipèdes, *s. f. pl.* : pinnipedia (sealions, seals, walruses).

Pins (signe de) : Pins' sign (in pericarditis the pleuritic symptoms disappear when the patient is in the knee-chest position).

pinta, *s. f.* *ou* **mal del pinto** : pinta azul, bousarole, carate, mal de los pintos spotted sickness (caused by *Treponema carateum*).

pipette, *s. f.* : pipette (*chem., bacter.*); **- graduée** : graduated pipette.

piquer, *v.* : 1. to bite (flea), to sting (wasp), to prick (thorn); **- quelqu'un à la morphine** : to give someone an injection of morphine; 2. to puncture.

piquite, *s. f.* : cf., **pinta.**

piqûre, *s. f.* : 1. bite, sting (of insect), prick; 2. injection (hypodermic), « shot » (*vernac.*); 3. hole, puncture; **- anatomique** : dissection wound; **- de puces** : flea-bites, pulicosis.

piriforme, *adj.* : piriform, pear-shaped.

Pirogoff (opération de) : Pirogoff's amputation (of the foot).

piroplasme, *s. m.* : Piriplasma, Babesia (genus of hematozoa).

piroplasmose, *s. f.* : piroplasmosis, babesiosis.

Pirquet (réaction *ou* **test de von)** : von Pirquet's reaction (cutireaction with tuberculin).

pis, *s. m.* : udder (nipple of mammalian animals).

piscine, *s. f.* : swimming-pool.

pisiforme, *adj.* : pisiform; **os -** : pisiform bone.

pissenlit, *s. m.* : dandelion, taraxacum (*bot.*).

pissette, *s. f.* : wash-bottle (*chem.*).

pithiatique, *s. m., adj.* : pithiatic.

pithiatisme, *s. m.* : pithiatism.

pitocine, *s. f.* : pitocin, oxytocin.

Pitres (signes de) : Pitres' signs (1. anterior deviation of the sternum in pleuritic effusion; 2. hyperesthesia of the scrotum and testis in tabes dorsalis).

pitressine, *s. f.* : pitressin, vasopressin.

pituitaire, adj. : pituitary; **basophilisme -** : pituitary basophilism; **fosse -** : sella turcica; **glande -** : pituitary body or gland, pituitary; **muqueuse -** : olfactory, pituitary or schneiderian membrane; **repli -** : diaphragma sellae turcicae; **tige -** : infundibulum.

pituite, s. f. : pituita (lat.), gastric catarrh.

pituiteux, adj. : pituitous, mucous.

pituitoprive, adj. : deficient in pituitary function.

pituitrine, s. f. : pituitrin.

pityriasis, s. m. : pityriasis (skin disease characterized by branny desquamation); **- circiné et marginé** : pityriasis circinata et marginata; **- lingual** : geographic tongue; **- rosé de Gilbert** : Gibert's pityriasis, pityriasis rosea; **- rubra** : exfoliative dermatitis; **- rubra pilaire** : pityriasis rubra pilaris; **- versicolor** : tinea or pityriasis versicolor.

pivot, s. m. : pivot, axis; **dent à -** : artificial crown fitted to a natural tooth root by a dowel or pivot.

placebo, s. m. : placebo.

placenta, s. m. : placenta; **détachement prématuré du -** : ablatio placentae; **enchâtonnement du -** : incarcerated placenta; **petit -** : placentula; **- prœvia** : placenta praevia (placenta placed so that it covers the internal os).

placentaire, adj. : placental.

placentation, s. f. : placentation.

placentite, s. f. : placentitis, placuntitis.

placentographie, s. f. : placentography (radiol.).

placentome, s. m. : placentoma, placuntoma.

plafonnement (crise de) : oculogyric spasm (in encephalitis).

plage, s. f. : plaque; **technique de -** : plaque technique.

plagiocéphalie, s. f. : plagiocephalism, plagiocephaly.

plaie, s. f. : hurt, injury, sore, wound; **- contuse** : contused wound (in which the skin is bruised but not broken); **- pénétrante** : perforating wound.

plan, s. m. : 1. plane; 2. plan, scheme, schedule; adj. : even, flat, level plane; **- concave** : plano concave; **- convexe** : plano convex.

plancher, s. m. : floor; **- de la bouche** : floor of the mouth; **- de l'orbite** : floor of the orbit; **- pelvien** : pelvic diaphragm; **- du quatrième ventricule** : floor of the fourth ventricle, rhomboid fossa; **- ventriculaire** : pavimentum ventriculi.

planification, s. f. : planning.

planigalbie, s. f. : average (normal) profile.

planigraphie, s. f. : planigraphy, tomography (radiol.).

planimètre, s. m. : planimeter.

planimétrie, s. f. : planimetry.

plano- : plano-, prefix meaning (1. flat, level; 2. wandering).

planotopocinésie, s. f. : planotopokinesia (disorientation of the sense of position).

plaque, s. f. : patch, plaque, plate; **- équatoriale** : equatorial plate; **- des fumeurs** : smoker's patch,

leukoplakia; **- muqueuse** : mucous or opaline plaque (syphilitic); **- nacrée commissurale** : leukoplakia; **- de Peyer** : Peyer's patch; **- photographique** : photographic plate; **porte -** : plate holder, cassette (phot., radiol.).

plaquette, s. f. : platelet, blood-platelet, thrombocyte.

plaquettopénie, s. f. : thrombopenia (deficiency of blood platelets).

plaquettopoïèse, s. f. : thrombocytopoiesis (production of blood platelets).

plasma, s. m. : plasma; **- sanguin** : blood plasma; **- sec** : dried plasma.

plasmapexine, s. f. : plasmapexin (factor necessary for histaminopexis and deficient in allergic subjects).

plasmaphérèse, s. f. : plasmapheresis, plasmaphaeresis (separation of plasma from corpuscles).

plasmaphorèse, s. f. : plasmaphoresis (plasma depletion).

plasmarrhexis, s. f. : plasmarrhexis.

plasmase, s. f. : plasmase, fibrin ferment (obs.), thrombase, thrombin.

plasmasome, s. m. : plasmasome, leukocytic granule.

plasmathérapie, s. f. : plasmatherapy.

plasmatique, adj. : plasmatic; **coagulation -** : plasma clotting (after sedimenting the red cells).

plasmazell, s. f. (all.) : plasmocyte, plasma cell.

plasmine, s. f. : plasmin, fibrinogen.

plasminogène, s. m. : plasminogen.

plasmo- : plasmo-, prefix meaning relating to plasma or to plasm.

plasmocyte, s. m. : plasmocyte, plasma cell.

plasmocytomatose, s. f. ou **plasmocytome,** s. m. : plasmocytoma; **- extra-osseux (bénin ou malin)** : extraosseous plasmocytoma (benign or malignant); **- osseux malin** : malignant osseous plasmocytoma.

plasmocytosarcome, s. m. : malignant plasmocytoma.

plasmocytose, s. f. : presence in the blood of proplasmocytes or Türk cells.

plasmode, s. m. : plasmodium (multinucleate syncytium).

plasmodicide, ad. : plasmodicidal (lethal for malarial parasites).

plasmodies, s. f. pl. : plasmodia (Laneran's bodies; original name for malarial parasites).

plasmodiome, s. m. : hydatidiform mole, deciduoma malignum, chorioepithelioma.

Plasmodium, s. m. : Plasmodium (parasite of genus Plasmodium [malarial parasites]); **- falciparum ou praecox** : Plasmodium falciparum; **- malariae, - vivax** : Plasmodium vivax.

plasmokinase, s. f. : fibrinokinase.

plasmolyse, s. f. : plasmolysis, erythrocytolysis.

plasmolyser, v. : to plasmolyze.

plasmome, *s. m.* : plasmoma (granuloma consisting of plasma cells).

plasmoprévention, *s. f.* : prophylactic injection of plasma.

plasmoschise, *s. f.* : plasmoschisis (fragmentation of protoplasm).

plasmosome, *s. m.* : plasmosome (1. nucleolus; 2. Altman's granules, mitochondria).

plasmothérapie, *s. f.* : therapeutic use of any protoplasmic substance.

plasticité, *s. f.* : plasticity.

plastide, *s. f.* : plastid *(biol., bot.)*.

plastidule, *s. f.* : plastidule, biophore (hypothetical unit of living protoplasm).

-plastie : -plasty, suffix meaning shaping *or* surgical remodelling.

plastine, *s. f.* : plastin (nuclear protein).

plastique, *ad.* : plastic (1. formative [building up tissues]; **anémie -** : pernicious anemia; 2. conformable [capable of being molded]; **chirurgie -** : plastic surgery).

plastron appendiculaire : palpable resistance in the right iliac fossa due to guard reaction in appendicitis.

plateau, *s. m.* : plateau (flat part of a graph).

Plathelminthes, *s. m., pl.* : *Plathelminthes,* flatworms, flukes, tapeworms.

platine, *s. m.* : platinum; **mousse de -** : spongy platinum; **noir de -** : platinum black.

platine, *s. f.* : stage (of microscope); **- à chariot** : mechanical stage; **- chauffante** : hot stage; **- de l'étrier** : foot or base of the stapes.

platinifère, *ad.* : platiniferous.

platinique, *adj.* : platinic.

plâtre, *s. f.* : plaster, plaster of Paris.

platrée (bande) : plaster bandage.

platy- : platy-, prefix meaning broad.

platybasie, *s. f.* : platybasia, basilar impression *or* invagination.

platybasique, *adj.* : platybasic; **crâne -** : skull with basilar deformity of platybasia.

platycéphalie, *s. f.* : platycephaly (with a broad skull).

platycnémie, *s. f.* : platycnemia (lateral compression of the tibiae).

platymérie, *s. f.* : platymeria (anteroposterior compression of the femur).

platyonychie, *s. f.* : platyonychia (abnormal breadth and flatness of the nails).

platypodie, *s. f.* : platypodia, flatfoot.

platyrrhinien, *adj.* : platyrrhine, having a broad flat nose.

platyspondylie, *s. f.* : platyspondylia, platyspondylisis (congenital flattening of the vertebral bodies).

pléiade ganglionnaire : pleiades (group of enlarged lymph nodes).

plein-temps, *adj.* : full-time.

pléiochlorurie, *s. f.* : pleiochloruria (excess of chlorides in the urine).

pléiochromie, *s. f.* : pleiochromia (increased coloration, especially increased output of bile pigments).

pléiochromique, *adj.* : pleiochromic, polychromic; **ictère -** : pleiochromic jaundice.

pléiocytose, *s. f.* : *cf.,* **pléocytose.**

pléiomazie *ou* **pléomazie,** *s. f.* : pleomazia, pleomastia, polymastia, polymazia (presence of more than two breasts).

pléionurie, *s. f.* : *cf.,* **polyurie.**

pléiotropie, *s. f. ou* **pléiotropisme,** *s. m.* : pleiotropia (determination by a single gene of more than on bodily characteristic *or* function).

pléobare, *ad.* : pleobaric (heavy relative to height, *morph.*).

pléochroïsme, *s. m.* : pleochroism, pleochromatism (property of presenting different colours when viewed from different directions; *e.g.* anisotropic crystals).

pléochromatisme, *s. m.* : pleochromatism (optical characteristic of anisotropic crystals).

pléochromocytome, *s. m.* : pleochromocytoma.

pléocytose, *s. f.* : pleocytosis (increase of cells, especially of lymphocytes in the cerebrospinal fluid in tertiary syphilis).

pléomorphe, *adj.* : pleomorphic, pleomorphous, polymorphic, polymorphous.

pléomorphisme, *s. m.* : pleomorphism *(biol., chem., phys.)*.

pléonostéose, *s. f.* : pleonosteosis (excessive *or* premature ossification).

plésiocrinie, *s. f.* : secretion of tissue hormones locally (not into the blood).

plésiomorphe, *adj.* : plesiomorphous (of similar crystalline form but differing in chemical constitution).

plésioradiographie, *s. f.* : contact *or* body-section radiography (technique for sharpening detail at any desired level).

plésiothérapie, *s. f.* : contact or Chaoul therapy *(radiol.)*.

plessimètre, *s. m.* : plessimeter, pleximeter (disc *or* finger placed on the body to receive the stroke in mediate percussion).

plessimétrie, *s. f.* : pleximetry.

plessimétrique, *adj.* : plessimetric, pleximetric.

pléthore, *s. f.* : plethora.

pléthorique, *adj.* : plethoric.

pléthysmographe, *s. m.* : plethysmograph.

pléthysmographie, *s. f.* : plethysmography.

pleural, *adj.* : pleural; **épanchement -** : pleural effusion, pleurorrhea; **hémorragie -** : pleural hemorrhage, pleurorrhagia.

pleuraliser, *v.* : to pleuralize (to cover with pleura, in thoracotomy).

pleurapophyse, *s. f.* : pleurapophysis (a rib *or* homologous process of a vertebra).

pleurectomie, s. f. : pleurectomy.

pleurésie, s. f. : pleurisy; - **diaphragmatique** : diaphragmatic pleurisy; - **interlobaire** : interlobar or interlobular pleurisy; - **purulente** : empyema; - **sèche** : dry pleurisy; - **sérofibrineuse** : serofibrinous pleurisy.

pleurétique, adj. : pleuritic.

pleurite, s. f. : pleurisy, pleuritis.

pleuro- : pleuro-, prefix denoting relationship to the pleura, a rib or the side.

pleuroclyse, s. f. : pleuroclysis (1. intrapleural injection of fluid; 2. flushing out a pleural cavity).

pleurodonte, adj. : pleurodont (with teeth fixed to the side of the jaw).

pleurodynie, s. f. : pleurodynia.

pleurolyse, s. f. : pleurolysis, pneumonolysis.

pleurome, s. m. : pleural tumour.

pleuropéricardique, adj. : pleuropericardial.

pleuropéricardite, s. f. : pleuropericarditis.

pleuropéritonéal, adj. : pleuroperitoneal.

pleuropéritonite, s. f. : pleuroperitonitis.

pleuropneumolyse thoracoplastique : pleuropneumonolysis, Friedrich's operation.

pleuropneumonectomie, s. f. : block resection of lung and parietal pleura.

pleuropneumonie, s. f. : pleuropneumonia.

pleuropulmonaire, adj. : pleuropulmonary.

pleuroscope, s. m. : endoscope for examining the pleural cavity.

pleuroscopie, s. f. : pleuroscopy.

pleurothotonos, s. m. : pleurothotonos, pleurosthotonus (tetanic spasm with the body bent to one side).

pleurotomie, s. f. : pleurotomy.

pleurotyphoïde (fièvre) ou **pleurotyphus,** s. m. : pleurotyphoid.

plèvre, s. f. : pleura; - **costale** : costal pleura; - **diaphragmatique** : diaphragmatic pleura; **feuillet pariétal de la -** : parietal pleura; **feuillet viscéral de la -** : pulmonary or visceral pleura; - **médiastinale** : mediastinal pleura.

plexalgie, s. f. : plexalgia (1. neuralgia affecting a plexus [especially a sympathetic plexus]; 2. syndrome of exhaustion, aching limbs and insomnia [seen especially in troops on active service]).

plexiforme, adj. : plexiform, reticular, retiform.

plexite, s. f. : plexitis.

plexulaire, adj. : pertaining to a spinal plexus; **syndrome -** : plexitis.

plexus, s. m. : plexus ; - **choroïde** : choroid plexus; - **choroïde latéral** : paraplexus, proplex, proplexus.

pli, s. m. : 1. fold, plication, plicature, plica, pl. plicae (lat.); - **courbe** : angular gyrus; - **palmés** : plicae palmatae (of the cervical canal); - **de passage** : occipital gyri; - **salpingo-palatin** : salpingopalatine fold; - **unciforme** : uncus gyri hippocampi; 2. crease, wrinkle, ruga, pl. rugae (lat.).

plicatile, adj. : plicate, plicated (folded like a fan).

plié, adj. : plicate, folded.

plique, s. f. : plica polonica (matted and verminous hair).

ploïdie, s. f. : ploidy (genet.).

plomb, s. m. : lead, plumbum (lat.).

plombage, s. m. : plombage (1. the act of stopping, filling [teeth]; 2. metallic or other material for stopping teeth).

plombémie, s. f. : presence of lead in the blood.

plombique, adj. : plumbic.

plomburie, s. f. : presence of lead in the urine.

plongeurs (maladie des) : caisson disease, diver's disease, « bends ».

plumeux, adj. : feathery, plumose.

Plummer (adénome toxique de) : Plummer's disease, toxic goiter.

Plummer-Vinson (syndrome de) : Plummer-Vinson's or Paterson's syndrome, sideropenic dysphagia.

pluriglandulaire, adj. : pluriglandular, polyglandular; **syndrome - de Claude et Gougerot** : pluriglandular or polyglandular syndrome.

plutonium, s. m. : plutonium.

pluviométrique, adj. : pluviometric.

pnéomètre, s. m. : pneometer, spirometer.

phéoscope, s. m. : pneoscope, pneumoscope.

pneumallergène, s. m. : any allergen which on inhalation causes specific reaction (e.g. hay-fever, asthma).

pneumarthrographie, s. f. : pneumarthrography, pneumoarthrography (radiol.).

pneumarthrose, s. f. : pneumarthrosis (1. presence of air or gas in a joint; 2. inflation of a joint for radiological examination).

pneumatique, adj. : pneumatic.

pneumatisme, s. m. : pneumatism.

pneumato- : pneumato-, pneuma-, prefixes denoting relationship to air or gas, or to respiration.

pneumatocèle, s. f. : pneumatocele (1. hernia of the lung; 2. swelling containing air or gas; - **vaginal** : scrotal pneumatocele).

pneumatologie, s. f. : pneumatology.

pneumatomètre, s. m. : pneumometer.

pneumatométrie, s. f. : pneumatometry.

pneumatorectique (respiration) : air-hunger (gasping respiration typical of severe hemorrhage).

pneumatose, s. f. : pneumatosis; - **péricardique** : pneumopericardium.

pneumatothérapie, s. f. : pneumatotherapy.

pneumaturie, s. f. : pneumaturia (passage of urine containing free gas).

pneumectomie, s. f. : pneumectomy, pneumonectomy, pulmonectomy.

pneumoartériographie, s. f. : technique of intra-arterial injection of oxygen for contrast radiography.

Pneumobacille, *s. m.* : *Pneumobacillus,* Friedlander's bacillus, *Klebsiella pneumoniae.*

pneumobacillémie, *s. f.* : pneumobacillemia.

pneumocardie, *s. f.* : pneumocardial syndrome (rapidly fatal cyanosis and dyspnea in atrophic pulmonary emphysema with myocardial failure).

pneumocèle, *s. f.* : 1. pneumocele, pneumonocele; 2. pneumatocele.

pneumocéphale, *s. m. ou* **pneumocéphalie,** *s. f.* : pneumocephalon, pneumocephalus (presence of air or gas in the intracranial cavity).

pneumocisternographie, *s. f.* : *cf.,* **cisternographie.**

pneumococcémie, *s. f.* : pneumococcemia.

pneumococcie, *s. f.* : pneumococcosis (generalized pneumococcal infection).

pneumococcique, *adj.* : pneumococcal.

pneumococcose, *s. f.* : pneumococcosis.

pneumocolie, *s. f.* : pneumocolon.

pneumoconiose, *s. f.* : pneumoconiosis, pneumonoconiosis.

pneumocoque, *s. m.* : pneumococcus, *Diplococcus pneumoniae.*

pneumocoqueluche alvéolaire : whooping cough (with pulmonary complications).

pneumocrâne, *s. m.* : pneumocrania, pneumocranium, pneumocephalus.

pneumocystographie, *s. f.* : pneumocystography *(radiol.).*

pneumoencéphale, *s. m.* : *cf.,* **pneumocrâne.**

pneumoencéphalographie, *s. f.* : pneumoencephalography *(radiol.).*

pneumoentérite, *s. f.* : pneumoenteritis, hog cholera, swine plague.

pneumogastrique, *adj.* : pneumogastric; **nerf -** : pneumogastric *or* vagus nerve.

pneumogastrographie, *s. f.* : 1. pneumogastrography *(radiol.);* 2. gastrophotography.

pneumogramme, *s. m.* : pneumogram.

pneumographe, *s. m.* : pneumograph.

pneumographie, *s. f.* : pneumography.

pneumohémie, *s. f.* : pneumohemia; **- putride** : septicemia due to gas forming bacteria.

pneumohémopéricarde, *s. m.* : pneumohemopericardium.

pneumohémothorax, *s. m.* : pneumohemothorax.

pneumohydropéricarde, *s. m.* : pneumohydropericardium.

pneumohydrothorax, *s. m.* : pneumohydrothorax.

pneumokyste hydatique : ruptured hydatid cyst of the lung into which air has escaped without causing pneumothorax.

pneumolithe, *s. m.* : pneumolith, pulmonary concretion.

pneumologie, *s. f.* : pneumology.

pneumolyse, *s. f.* : pneumolysis, pneumonolysis (stripping the adherent pleura from the thoracic wall to allow the lung to collapse).

pneumomastographie, *s. f.* : radiography of the breast after aspiration of a mammary cyst and refilling it with air.

pneumomédiastin, *s. m.* : presence of air or gas in the mediastinum (1. following trauma *or* disease; 2. induced for contrast radiography).

pneumomètre, *s. m.* : pneumometer, pneumatometer, pneumonometer, spirometer.

pneumonectomie, *s. f.* : pneumonectomy, pneumectomy, pulmonectomy.

pneumonie, *s. f.* : pneumonia; **- blanche** : white pneumonia (syphilitic in newborn); **- catarrhale** : catarrhal pneumonia, bronchopneumonia; **- de déglutition** : deglutition *or* aspiration pneumonia; **- disséquante** : desquamative, parenchymatous *or* primary indurative pneumonia; **- double** : double pneumonia; **- hypostatique** : hypostatic pneumonia; **- lobaire franche** *ou* **fibrineuse** : lobar *or* fibrinous pneumonia; **lobulaire** : lobular pneumonia, bronchopneumonia; **- massive** : massive pneumonia ; **- purulente** : purulent pneumonia ; **- à virus** : atypical *or* virus pneumonia.

pneumonique, *adj.* : pneumonic.

pneumonite, *s. f.* : pneumonitis.

pneumonoconiose, *s. f.* : *cf.,* **pneumoconiose.**

pneumonologie, *s. f.* : *cf.,* **pneumologie.**

pneumonopathie, *s. f.* : *cf.,* **pneumopathie.**

pneumopaludisme, *s. m.* : pneumopaludism, pneumonopaludism (malarial lung disease); **- du sommet** : pneumopaludism, Brun's disease.

pneumopathie, *s. f.* : pneumopathy, pneumonopathy (any disease of the lung).

pneumopelvigraphie, *s. f.* : pelviography after inducing pneumoperitoneum *(radiol.).*

pneumopéricarde, *s. m.* : pneumopericardium.

pneumopéritonite, *s. f.* : pneumoperitonitis.

pneumopéritoine, *s. m.* : pneumoperitoneum.

pneumopexie, *s. f.* : pneumopexy, pneumonopexy.

pneumopyélographie, *s. f.* : pneumopyelography.

pneumopyothorax, *s. m.* : pneumopyothorax.

pneumorachie, *s. f. ou* **pneumorachis,** *s. m.* : pneumorachis, pneumatorachis (1. presence of gas in the spinal canal; 2. injection of gas into the spinal canal for contrast radiography).

pneumorragie, *s. f.* : pneumorrhagia (1. hemorrhage from the lungs; 2. pulmonary apoplexy [interstitial hemorrhage]).

pneumoséreuse, *s. f.* : pneumoserosa (1. presence of gas or air in any serous cavity; 2. injection of air into a serous cavity for contrast radiography).

pneumostratigraphie, *s. f.* : body section radiography after injection of air as contrast medium.

pneumotachographe, *s. m.* : pneumotachograph.

pneumotachographie, *s. f.* : pneumotachography.

pneumothérapie, *s. f.* : pneumotherapy, pneumatotherapy.

pneumothorax, *s. m.* : pneumothorax, aeropleura, aerothorax; **- artificiel, opératoire** *ou* **thérapeu-**

tique : artificial pneumothorax; - **extra-pleural** : extrapleural pneumothorax; - **à soupape** *ou* **suffocant** : valvular pneumothorax.

pneumotomie, *s. f.* : pneumotomy, pneumonotomy.

pneumotrope, *adj.* : pneumotropic.

pneumotympan, *s. m.* : pneumotympanum (air under pressure in the middle ear).

pneumotyphoïde (fièvre) *ou* **pneumotyphus,** *s. m.* : pneumotyphoid, pneumotyphus.

poche, *s. f.* : bag, pouch, sac; - **branchiale** : branchial cleft; - **des eaux** : bag of waters *(obstet.)*; - **valvulaire** : aortic sinus, sinus of Valsalva.

podagre, *s. f.* : podagra, gout; *adj.* : podagral, podagric, podagrous, gouty.

podalique, *adj.* : podalic; **version** - : podalic version *(obstet.)*.

pododynie, *s. f.* : pododynia, metatarsalgia.

podologie, *s. f.* : podology.

podologue, *s. m.* : podiatrist (specialist in treatment of disorders of the feet).

podomètre, *s. m.* : podometer.

podoskélique (rapport) : length of feet relative to length of leg.

podostyle (rapport) : length of perimeter at metatarsal level relative to the length of the foot.

pœcilocytose, *s. f.* : *cf.,* **poïkilocytose.**

pœcilotherme, *adj.* : *cf.,* **poïkilotherme.**

pœdogamie, *s. f.* : paedogamy, pedogamy, endogamy *(genet.)*.

poids, *s. m.* : weight, gravity, load; - **atomique** : atomic weight; - **moléculaire** : molecular weight; - **spécifique** : specific gravity.

poignet, *s. m.* : wrist.

poïkilocyte, *s. m.* : poikilocyte (large irregular erythrocyte).

poïkilocytose, *s. f.* : poikilocytosis.

poïkilodermatomyosite, *s. f.* : poikilodermatomyositis, poikiloderma atrophicans vasculare.

poïkilodermie, *s. f.* : poikiloderma; - **atrophique vasculaire** : poikiloderma atrophicans vasculare.

poïkilodermose congénitale : Thomson's disease (congenital hyperkeratotic and xerodermatous lesions).

poïkilotherme, *adj.* : poikilothermal, poikilothermic.

poil, *s. m.* : hair (human), fur (animal).

poilu, *adj.* : hairy, pilose, pilous.

poing, *s. m.* : fist.

point, *s. m.* : point, punctum, *pl.* puncta *(lat.)*; - **alvéolaire** : prostheon, prosthion, alveolar point; - **de congélation** : freezing point; - **de côté** : pain *or* twinge in the side; - **craniométrique** : craniometric point; - **déclenchant** : trigger point; - **d'ébullition** : boiling point; - **de fusion** : melting point; - **lacrymaux** : lacrimal *or* lachrymal points, puncta lacrimalia; - **moteur** : motor point; - **noirs** : blackheads, comedones; - **rubis** : de Morgan's spots; - **de Valleix** : Valleix's points, puncta dolorosa, - **vital** : vital point (of medulla

oblongata); **au -** : in focus *(opt.)*; **mettre au -** : to focus (image, lens), to bring into focus (image); **mise au -** : focussing (of lens).

pointe, *s. f.* : point, apex, tip, top; - **du cœur** : apex of the heart; - **de feu** : ignipuncture, thermocauterization, thermocautery.

pointillage, *s. m.* : pointillage (massage with the tips of the fingers).

pointillé, *adj.* : punctate.

pointillement, *s. m.* : *cf.,* **pointillage.**

Poirier (ligne naso-lambdoïde de) : Poirier's line (from the nasofrontal angle to a point just above the lambda).

poise, *s. m.* : poise (unit of viscosity).

Poiseuille (loi de) : Poiseuille's law *(phys.)*.

poison, *s. m.* : poison.

poitrinaire, *s., adj.* : comsumptive.

poitrine, *s. f.* : 1. bosom, breast ; 2. chest ; **rhume de -** : chest-cold.

poix, *s. f.* : pitch.

polaire, *adj.* : polar; **cellules -** : polar bodies, cells *or* globules.

polarimètre, *s. m.* : polarimeter.

polarimétrie, *s. f.* : polarimetry.

polarisation, *s. f.* : polarization.

polariscope, *s. m.* : polariscope.

polariser, *v.* : to polarize.

polariseur, *s. m.* : polarizer.

polarité, *s. f.* : polarity; - **inversée** : reversed polarity; **renversement de -** : change *or* reversal of polarity.

polarographe, *s. m.* : polarograph.

polarographie, *s. f.* : polarography (current-voltage curve in electro-analysis with dropping mercury cathode polarograph).

pôle, *s. m.* : pole *(biol., cytol., electr., phys.)*; - **frontal** : frontal pole; - **occipital** : occipital pole.

policlinique, *s. f.* : policlinic, out-patients department *or* dispensary.

polioencéphalite, *s. f.* : polioencephalitis, polioencephalitis; - **aiguë** : acute polioencephalitis; - **inférieure** : inferior polioencephalitis, bulbar paralysis; - **supérieure** : superior polioencephalitis.

polioencéphaloméningomyélite, *s. f.* : polioencephalomeningomyelitis.

polioencéphalomyélite, *s. f.* : polioencephalomyelitis.

polioencéphalopathie, *s. f.* : polioencephalopathy.

poliomyélencéphalite, *s. f.* : poliomyelencephalitis, poliomyeloencephalitis.

poliomyélite, *s. f.* : poliomyelitis; - **antérieure aiguë** : acute anterior poliomyelitis, infantile paralysis; - **chronique** : chronic anterior poliomyelitis, progressive muscular atrophy.

poliomyélopathie, *s. f.* : poliomyelopathy.

polionévraxite, *s. f.* : polioencephalomyelitis.

poliose, *s. f.* : poliosis (premature greyness of the hair).

Politzer (expérience de) : Politzer's method (inflation of the middle ear by means of a Politzer's bag), politzerization; **poire de -** : Politzer's bag.

pollakicoprose, *s. f.* : pollakicoprosis (abnormally frequent defecation).

pollakiménorrhée, *s. f.* : unduly frequent menstrual periods.

pollakiurie, *s. f.* : pollakiuria, pollakisuria, « frequency » *(vernac.)*.

pollen, *s. m.* : pollen *(bot.)*.

pollicisation, *s. f.* : pollicization (surgical reconstruction of a thumb).

pollinose, *s. f. ou* **polliniosis**, *s. m.* : pollinosis, hay-fever.

pollution, *s. f.* : pollution (1. defilement; 2. discharge of semen without coitus) ; **- atmosphérique** : air pollution.

polonium, *s. m.* : polonium.

poltose, *s. f.* : *cf.*, **péloïde.**

poly- : poly, prefix meaning many *or* much.

polyacide, *s. m.* : polyacid.

polyadène, *adj.* : polyadenous (having *or* involving many glands).

polyadénite, *s. f.* : polyadenitis.

polyadénome, *s. m.* : polyadenoma; **- du gros intestin** : intestinal polyposis.

polyalgies, *s. f. pl.* : multifocal pains.

polyallélie, *s. f. (génét.)* : multiplicity of allelomorphs.

polyangéite, *s. f.* : diffuse or multiple angeitis.

polyartérite, *s. f.* : polyarteritis.

polyarthrite, *s. f.* : polyarthritis; **- aiguë fébrile** : rheumatic fever; **- rhumatoïde** : rheumatoid arthritis.

polyarthropathie, *s. f.* : arthropathy affecting several joints.

polyarthrose, *s. f.* : polyarthrosis.

polyarticulaire, *adj.* : polyarticular, polyarthric (affecting many joints).

polyathéromatose, *s. f.* : generalized atheromatosis.

polyatomique, *adj.* : polyatomic.

polybasique, *adj.* : polybasic.

polyblaste, *s. m.* : polyblast, histiocyte, macrophage.

polycarentiel, *adj.* : lacking in a number of essential nutrients.

polycaryocyte, *s. m.* : polycaryocyte, polykaryocyte, myeloplax, multinucleate giant-cell.

polycellulaire, *adj.* : polycellular, multicellular.

polychimiothérapie, *s. f.* : polychemotherapy.

polycholie, *s. f.* : polycholia (excessive flow *or* secretion of bile).

polychreste, *s. f.* : polychrest; *adj.* : polychrest, polychrestic.

polychroïsme, *s. m.* : polychroism.

polychromasie, *s. f.* : polychromasia, polychromatia, polychromatophilia.

polychromatophile, *adj.* : polychromatophil, polychromatophilic; **érythrocyte -** : polychromatophil.

polychromatophilie, *s. f.* : polychromatophilia.

polychrome, *adj.* : polychrome, polychromatic, polychromic.

polychromie, *s. f.* : polychromia.

polycinétique (réflexe) : clonic reflex.

polyclinique, *s. f.* : polyclinic.

polyclonie, *s. f.* : polyclonia (affection marked by clonic spasms).

polycorie, *s. f.* : polycoria (existence of more than one pupil in the iris).

polycorique, *adj.* : hypertrophic due to accumulation of reserves.

polycrotisme, *s. m.* : polycrotism (condition in which there are several pulse-waves for every systole).

polycythémie, *s. f.* : polycythemia; **- essentielle** : familial polycythemia, Nichamin's disease; **- hypertonique** : polycythemia hypertonica; Gaisböck's disease; **- vraie** : polycythemia rubra *or* vera, erythremia, Osler's disease.

polycytose, *s. f.* : polycytosis.

polydactylie, *s. f. ou* **polydactylisme**, *s. m.* : polydactylia, polydactylism, polydactyly.

polydipsie, *s. f.* : polydipsia, excessive thirst.

polydysplasie, *s. f.* : polydysplasia.

polydyspondylie, *s. f.* : congenital deformity due to defective development of the vertebrae associated with retarded mentality.

polydystrophie, *s. f.* : dystrophy affecting several organs.

polyédrique, *adj.* : polyedral.

polyeidocyte, *s. m.* : undifferentiated cell characteristic of acute leukemias.

polyembryonie, *s. f.* : polyembryony (production more than one embryo from one ovum *or* seed).

polyémie, *s. f.* : polyemia (excessive quantity of circulating blood).

polyépiphysose, *s. f.* : *cf.*, **polyostéochondrite.**

polyesthésie, *s. f.* : polyesthesia (condition in which a single tactile impulse produces multiple sensations).

polyethnique, *adj.* : polyethnic (term for vaccines prepared from several strains of the same organism).

polyfibromatose neurocutanée pigmentaire : neurofibromatosis, von Recklinghausen's disease.

polygalactie *ou* **polygalie**, *s. f.* : polygalactia excessive secretion of flow of milk).

polyganglionévrite, *s. f.* : polyganglioneuritis.

polygénisme, *s. m.* : *cf.*, **polyphylétisme.**

polyglobulie, *s. f.* : polycythemia, polyglobulia, polyglobulism.

polygonal, *adj.* : polygonal.

polygone de Willis : circle of Willis (arterial anastomoses at the base of the brain).

polyhidrose, s. f. : polyhidrosis (1. excessive sweating; 2. miliary fever).

polyhydramnios, s. m. : polyhydramnios (more than 2 litres of amniotic fluid at term).

polyhygromatose, s. f. : hygromatous distension of several serous cavities.

polykinétique, adj. : cf., **polycinétique.**

polykystique, adj. : polycystic.

polykystome, s. m. : polycystoma (polycystic mazoplasia).

polykystose, s. f. : polycystosis (polycystic disease of any organ).

polymastie, s. f. : polymastia, polymazia, pleomastia, pleomazia (presence of more than two breasts).

polyménorrhée, s. f. : polymenorrhea (profuse menstrual flow).

polymérase, s. f. : polymerase.

polymère, s. m. : polymer, polymerid, polymeride; adj. : polymeric.

polymérie, s. f. : polymeria (presence of supernumerary parts or organs).

polymérisation, s. f. : polymerization.

polymérisme, s. m. : polymerism.

polymicroadénopathie, s. f. : chronic inflammation of multiple small lymph nodes.

polymicrobien, adj. : polymicrobial, polymicrobic.

polymorphe, adj. : polymorphic, polymorphous.

polymorphie, s. f. ou **polymorphisme,** s. m. : polymorphism.

polymyosite, s, f. : polymyositis.

polymyxine, s. f. : polymyxin (antibiotic).

polyneuromyosite, s. f. : associated polyneuritis and myositis.

polynévralgie, s. f. : polyneuralgia.

polynévrite, s. f. : polyneuritis.

polynucléaire, adj. : polynuclear, polynucleate; **leucocyte - :** polymorphonuclear leucocyte, polymorph.

polynucléose, s. f. : polynucleosis, polymorphonuclear leukocytosis.

polynucléotidase, s. f. : polynucleotidase.

polyodontie, s. f. : polyodontia.

polyome, s. m. : polyoma; **virus du - :** polyoma virus.

polyonychie, s. f. : polyonychia.

polyopie ou **polyopsie,** s. f. : polyopia, polyopsia; **- monoculaire :** monocular polyopia, polyopia monophthalmica.

polyorchidie, s. f. : polyorchidism.

polyorexie, s. f. : polyorexia, hyperorexia, bulimia (excessive hunger).

polyostéochondrose ou **polyostéochondrite,** s. f. : polyosteochrondrosis, Fairbank's disease.

polype, s. m. : polyp.

polypeptidase, s. f. : polypeptidase.

polypeptidasémie, s. f. : presence of polypeptidase in the blood.

polypeptide, s. m. : polypeptide.

polypeptidémie, s. f. : presence of polypeptides in the blood.

polypeptidogénie, s. f. : production of polypeptides.

polypeptidopexique, adj. : polypeptidopexic (retaining of fixing polypeptides).

polypeptidorachie, s. f. : polypeptidorrhachia (presence of polypeptides in the cerebrospinal fluid).

polypeptidotoxie, s. f. : intoxication by polypeptides.

polypeptidurie, s. f. : polypeptiduria (passage of polypeptides in the urine).

polypeux, adj. : polypous.

polyphagie, s. f. : polyphagia, bulimia (excessive feating).

polypharmacie, s. f. : polypharmacy, over-prescribing.

polyphrasie, s. f. : polyphrasia, verbigeration (morbid loquacity).

polyphylétisme, s. m. : polyphyletic theory of evolution.

polyploïde, adj. : polyploid.

polyploïdie, s. f. : polyploidy.

polyploïdisation, s. f. : appearance of polyploidy.

polypnée, s. f. : polypnea, polypnoea, panting.

polypoïde, adj. : polypoid.

polypointes, s. f. pl. : grouping of electroencephalographic peaks in clonic epilepsy.

Polypore, s. m. : Polyporos (genus of mushrooms).

polypose, s. f. : polyposis.

polypotome, s. m. : polypotome (instrument for excising polyps).

polypragmasie, s. f. : polypragmasy, polypharmacy.

polyradiculite, s. f. : polyradiculitis (inflammation of nerve roots).

polyradiculonévrite, s. f. : polyradiculoneuritis (Guillain-Barré's syndrome).

polysaccharide, s. m. : polysaccharide.

polysarcie, s. f. : polysarcia, obesity.

polysarque, adj. : polysarcous, corpulent, fat, obese.

polyscope, s. m. : polyscope.

polysensibilisation, s. f. : sensitization to several antigens.

polysérite, s. f. : polyserositis (progressive inflammation of serous membranes with serous effusion).

polysialie, s. f. : polysialia, ptyalism.

polysome, s. m. : 1. polysomus (monster with several bodies and one head); 2. polysome, polyribosome.

polysomie, s. f. : polysomia (development of several bodies).

polyspermie, s. f. : polyspermia, polyspermism (production and discharge of an excessive amount of seminal fluid; 2. polyspermy (impregnation of an ovum by more than one spermatozoon).

polysynovite, s. f. : polysynovitis.

polythélie, s. f. : polythelia, polythelism (presence of supernumerary nipples).

polytopique, adj. : multifocal.

polytrichie ou **polytrichose,** s. f. : polytrichia, polytrichosis, hypertrichosis.

polytritome, s. m. : Péan's trephine (surg.).

polytrophie, s. f. : polytrophia, polytrophy, overnutrition.

polyurie, s. f. : polyuria; **- essentielle** : diabetes insipidus.

polyurique, adj. : polyuric (passing excessive amounts of urine).

polyvalent, adj. : polyvalent, multivalent; **sérum -** : polyvalent serum.

polyviscéral, adj. : affecting several organs.

pommade, s. f. : pomade, ointment, pomatum (pharm.).

pomme, s. f. : apple; **- d'Adam** : Adam's apple, pomum adami, prominentia laryngea.

pommette, s. f. : cheek-bone.

pompe, s. f. : **- à air** : air pump; **- à lait** : breast pump; **- à salive** : saliva pump, dental pump.

Pompe (maladie de) : Pompe's disease.

pompes funèbres : funerals; **chapelle de -** : mortuary chapel; **entrepreneur** ou **ordonnateur de -** : mortician (U.S.), undertaker; **salon de -** : funeral parlor (U.S.), mortuary.

pompholyx, s. m. : cf., **dyshidrose.**

ponçage, s. m. : skin-planing (derm., surg.).

ponce, s. f. ou **pierre ponce** : pumice, pumice-stone.

Poncet (opération de) : Poncet's operation (perineal cystotomy); **rhumatisme de -** : Poncet's disease, tuberculous rheumatism.

ponction, s. f. : puncture, tap pricking (e.g. of a blister); **- -biopsie** : needle biopsy; **- lombaire** : lumbar or spinal puncture, spinal tap (U.S.); **- sous-occipitale** : cisternal or suboccipital puncture.

ponctionner, v. : to puncture, to prick, to tap.

ponctographe, s. m. : punctograph (instrument for radiological localization of foreign bodies).

ponctulé, adj. : punctate, punctiform.

pondérable, adj. : ponderable.

pondéral, adj. : ponderal.

pongitif, adj. : lancing, piercing; **douleur -** : stabbing pain.

ponogène, s. m. : ponogen (fatigue poison); adj. : ponogenic.

ponos, s. m. : ponos, infantile kala-azar.

ponose, s. f. : fatigue, physical exhaustion, prostration.

pont, s. m. : bridge (electr.); pons (anat.); **- de Varole** : pons, pons cerebelli, pons Varolii.

pontage, s. m. : by-pass, shunt.

ponticule, s. m. : ponticulus, propons (anat.).

pontobulbaire, adj. : pontobulbar.

pontopédonculaire, adj. : pontocrural (anat.).

poplité, adj. : popliteal; **creux -** : popliteal space, Jobert's fossa; **region -** : popliteus.

poradénique, adj. : suffering from poradenitis.

poradénite, s. f. : poradenitis, lymphogranuloma venereum, Nicolas-Favre's disease.

pore, s. m. : pore (minute hole of orifice).

porencéphalie, s. f. : porencephalia, porencephaly.

porencéphalite, s. f. : porencephalitis.

poreux, adj. : porous.

Porges (réaction de) : Porges or Porges-Meier's reaction (precipitation test for syphilis).

pornographie, s. f. : pornography.

poroadénolymphite, s. f. : poradenolymphitis, lymphogranuloma venereum.

porocéphalose, s. f. : porocephaliasis, porocephalosis.

porokératose, s. f. : porokeratosis (derm.).

porome, s. m. : poroma (inflammatory induration).

porose s. f. : porosis (1. poroma; 2. callus formation around a fracture; 3. cavitation; **- cérébrale** : cerebral porosis, porencephaly).

porosité, s. f. : porosity.

porphobilinogène, s. m. : porphobilinogen (colourless precursor of porphobilin).

porphyrie, s. f. : porphyria (familial disorder of porphyrin metabolism).

porphyrine, s. f. : porphyrin.

porphyrinémie, s. f. : porphyrinemia.

porphyrinurie, s. f. : porphyrinuria.

porphyrisation, s. f. : porphyrization, pulverization.

porracé, adj. : porraceous, leek-green; **vomissements -** : porraceous vomiting.

porrigo, s. m. : porrigo (old term for ringworm and other diseases of the scalp); **- decalvans** : alopecia areata, porrigo decalvans.

Porro (opération de) : Porro's operation, caesarian hysterectomy.

porte, adj. : portal, hilar; **circulation -** : portal circulation; **espace -** : portal fissure, porta hepatis; **veine -** : portal vein.

porte-aiguille, s. m. : needle forceps, needle holder.

porte-condensateur, s. m. : substage (micr.).

porte-objet, s. m. : 1. object-slide; 2. stage (micr.); **- avec cavité** : hollow-ground (microscope) slide.

porte-objectif, s. m. : nosepiece; **revolver -** : revolving nosepiece (micr.).

porteur de germes, germ-carrier, « carrier » (e.g. typhoid-carrier).

portion, *s. f.* : portion, portio *(lat.).*

portographie, *s. f.* : portography (radiograph of the portal vein).

portohépatographie, *s. f.* : radiography of the liver after radiopaque injection of the portal system.

pose, *s. f.* : pose, attitude, position, posture.

positif, *s. m.* : positive *(phot.);* *adj.* : positive, actual, real; **papier -** : printing paper *(phot.);* **pôle -** : positive pole.

position, *s. f.* : 1. position; 2. presentation *(obstet.).*

positivisme, *s. m* : positivism

posologie, *s. f.* : posology, dosage *(pharm.).*

posologique, *adj.* : posological, posologic.

post- : post-, prefix meaning behind (space), after (time).

poste, *s. m.* : post, position; **- de secours** : first aid post.

postérieur, *adj.* : posterior; **chambre -** : posterior chamber of the eye.

postéro- : postero-, prefix meaning behind, posterior.

posthectomie *ou* **posthéotomie,** *s. f.* : posthetomy, circumcision.

posthite, *s. f.* : posthitis (inflammation of the prepuce).

post-image, *s. f.* : after-image (persistence of a visual image).

post-maturité, *s. f.* : postmaturity (result of prolonged gestation).

post-menstruel, *adj.* : postmenstrual.

post-mortem *(lat.)* : 1. post-mortem, after death, *adj.;* 2. post-mortem, *s.*

post-partum *(lat.)* : post-partum, post-partum, after childbirth, after delivery.

postœstrus, *s. m.* : *cf.,* **métœstrus.**

postural, *adj.* : postural.

posture, *s. f.* : posture, attitude, position.

potable, *adj.* : potable, drinkable (fit to drink); **eau -** : drinking water.

Potain (appareil de) : Potain's apparatus (aspirator).

potasse, *s. f.* : potash.

potassémie, *s. f.* : potassemia, kaliemia.

potassique, *adj.* : potassic.

potassium, *s. m.* : potassium, kalium *(lat.).*

potentialisation, *s. f.* : potentialization, potentiation.

potentialiser, *v.* : to potentiate.

potentiation, *s. f.* : potentiation.

potentiel, *s. m., adj.* : potential; **différence de -** : difference of potential *(electr.);* **énergie -** : potential energy *(phys.).*

pot, *s. m.* : pot, vessel; **bruit de - fêlé** : cracked-pot sound (percussion).

potion, *s. f.* : potion, potio *(lat.).*

potomanie, *s. f.* : potomania (1. abnormal desire to drink; 2. delirium tremens).

Pott (fracture de) : Pott's fracture; **mal de -** : Pott's disease.

pou, *s. m.* : louse, *pl.* lice.

pouce, *s. m.* : 1. thumb, pollex *(lat.);* **- de pied** : big *or* great toe, hallux *(lat.);* 2. inch (=25.34 mm.); *cf.,* table of measures.

poudre, *s. f.* powder; **- abrasive** : grinding powder; **réduire quelque chose en -** : to pulverize, to reduce something to powder.

poulie, *s. f.* : pulley; **- astragalienne** : trochlear surface of the astragalus.

pouls, *s. m.* : pulse, pulsus *(lat.);* **- alternant** : alternating pulse, pulsus alternans; **- anacrote** : anacrotic pulse; **- bigéminé** : bigeminal pulse, pulsus bigeminus; **- capillaire** : capillary *or* Quincke's pulse; **- capricant** : caprizant *or* bounding pulse; **- de Corrigan** : Corrigan's pulse, locomotive *or* water-hammer pulse; **- dicrote** : dicrotic pulse; **- faible** : weak pulse; **- filiforme** : thready pulse; **- fréquent** : frequent, quick, rapid pulse; **- intermittent** : intermittent pulse; **- myure** : myurous, decurtate *or* mouse tail pulse; **- paradoxal** : paradoxical pulse; **- quadrigéminé** : quadrigeminal pulse; **- tricote** : tricrotic pulse; **- trigéminé** : trigeminal pulse; **- veineux** : venous pulse; **- veineux progressif, ventriculaire** *ou* **vrai** : ventricular venous *or* positive venous pulse.

poumon, *s. m.* : lung, pulmo, *pl.* pulmones *(lat.);* **- d'acier** : iron lung, Drinker respirator; **avoir les - faibles** : to have weak lungs; **- en rayon de miel** : honeycomb lung; **respirer à pleins -** : to take a deep breath.

Poupart (ligament de) : Poupart's ligament, inguinal ligament.

pouponnière, *s. f.* : nursery.

pourpre rétinien : visual purple.

pourriture, *s. f.* : putrifaction; **- d'hôpital** : hospital gangrene.

pousse, *s. f. (veter.)* : dyspnea in horses.

poussée, *s. f.* : bearing down *(obstet.).*

Pouteau (fracture de) : 1. Colles' fracture, « dinner-fork » fracture of the radius; 2. Smith's fracture (reversed Colles' fracture).

poutrelles du crâne *ou* **de Rathke** : Rathke's columns *or* trabeculae (two cartilages in the embryo which develop into the sella turcica).

Poxvirus, *s. m.* : Poxvirus.

pragmatamnésie, *s. f.* : pragmatamnesia (inability to remember the appearance of objects).

pragmato-agnosie, *s. f.* : pragmatagnosia (inability to recognize familiar objects).

prandial, *adj.* : prandial.

praséodyme, *s. m.* : praseodymium.

praticien, *s. m.* : practitioner.

pratique, *s. f.* : practice; *adj.* : practical, experienced, useful.

pratiquer, *v.* : to practise; **- la chirurgie** : to practise surgery; **médecin qui - dans cette ville** : doctor who practises in this town.

Prausnitz-Küstner (épreuve de) : Prausnitz-Küstner reaction (production of local hypersensitization by intradermal injection of the serum of an allergic person).

praxie, *s. f.* : praxis (performance of coordinated actions).

pré- : pre-, prefix meaning before.

préanesthésie, *s. f.* : preanesthesia, premedication.

précancéreux, *adj.* : precancerous.

précarence, *s. f.* : subclinical deficiency, latent avitaminosis.

précipitation, *s. f.* : precipitation (*bacter., chem., phys.*).

précipité, *s. m.* : 1. precipitate; 2. precipitated (*chem.*); *adj.* : precipitate, hasty.

précipiter, *v.* : to precipitate, to form a precipitate (*chem.*).

précipitine, *s. f.* : precipitin.

précipitinogène, *s. m.* : precipitinogen.

précirrhose, *s. f.* : precirrhosis.

précision, *s. f.* : precision, accuracy; **balance de -** : precision balance.

précocité, *s. f.* : precocity.

précoma, *s. m.* : initial stage of coma.

précordial, *adj.* : precordial; **région -** : precordia, precordium.

précordialgie, *s. f.* : precordialgia, precordial pain.

précuneus, *s. m.* : precuneus (*anat.*).

précurseur, *s. m.* : precursor (*genet.*).

prédiabétique, *adj.* : prediabetic; **état -** : prediabetes.

prédiastole, *s. f.* : prediastole.

prédiastolique, *adj.* : prediastolic; **bruit -** : prediastolic murmur.

prédigéré, *adj.* : predigested.

prédigestion, *s. f.* : predigestion.

prédisposant, *adj.* : predisposing.

prédisposé, *adj.* : predisposed, prone, susceptible.

prédisposition, *s. f.* : predisposition, proneness, susceptibility.

prednisone, *s. f.* : prednisone (*pharm.*).

pré-éclampsie, *s. f.* : pre-eclampsia.

préformation, *s. f.* : preformation.

préfrontal, *adj.* : prefrontal; **leucotomie -** : prefrontal leucotomy.

prégnandiol, *s. m.* : pregnandiol.

prégnandiolurie, *s. f.* : presence of pregnandiol in the urine.

prégnénolone, *s. f.* : pregnenolone.

préhenseur, *adj.* : prehensile, prehensory.

préhensile, *adj.* : prehensile.

préhension, *s. f.* : prehension, gripping, seizing; **appareil de -** : gripping device.

pré-immunisation, *s. f.* : preimmunization.

prélèvement, *s. m.* : sample, swab; **- de sang** : taking a blood sample; **faire un - dans la gorge de quelqu'un** : to take a throat-swab.

préluxation, *s. f.* : congenital dislocation.

prématuré, *adj.* : premature; **accouchement -** : premature labour.

prématurité, *s. f.* : prematurity.

prémédication, *s. f.* : premedication.

prémédiquer, *v.* : to premedicate.

prémenstruel, *adj.* : premenstrual.

prémolaire, *s. f., adj.* : premolar (*odont.*).

prémonitoire, *adj.* : premonitory.

prémuni, *adj.* : protected by premunition.

prémunir, *v.* : to protect by premunition.

prémunitif, *adj.* : premunitive.

prémunition, *s. f.* : premunition.

prémycosique, *adj.* : premycosic.

prémycosis, *s. m.* : premycosis (early stage of mycosis fungoides, before the appearance of cutaneous tumours).

prémyéloblaste, *s. m.* : premyeloblast.

prémyélocyte, *s. m.* : premyelocyte.

prénatal, *adj.* : prenatal.

préœdème, *s. m.* : subclinical *or* histological oedema.

préœstrus, *s. m.* : progestational stage (beta phase) of the ovarian cycle.

préparateur, *s. m.* : assistant, technician; **- de laboratoire** : laboratory technician.

préparation, *s. f.* : preparation (1. act of making ready; 2. prepared specimen [*anat., histol., path.*]; 3. pharmaceutical preparation, medicament, medicine).

prépatence (période de) : latent period.

prépuce, *s. m.* : prepuce, foreskin; **excision du -** : circumcision; **incision du -** : preputiotomy.

préputial, *adj.* : preputial.

presbyacousie, *s. f.* : presbyacusis, presbycusis.

presbyophrénie, *s. f.* : presbyophrenia, senile dementia.

presbyopie, *s. f.* : presbyopia (*ophthal.*).

presbyte, *s.* : presbyope; *adj.* : presbyopic, long-sighted (due to age).

presbytie, *s. f.* : presbytia, presbytism, presbyopia (*ophthal.*).

présclérose, *s. f.* : presclerosis (arterial hypertension preceeding arteriosclerosis).

prescription, *s. f.* : prescription (directions for preparation and administration of a remedy *or* treatment).

prescrire, *v.* : to prescribe.

préséance (loi de) : presence of a parasite explains the premunition of the host against further infection or infestation by the same parasite.

présellaire, *adj.* : presellar (anterior to the sella turcica.

présence, *s. f.* : presence; **en - :** face to face, in apposition.

présentation, *s. f.* : presentation, position *(obstet.).* *Nota. Les* **présentations obstétricales** *(positions of the fetus) sont désignées en anglais par trois initiales, au lieu de quatre en français, exprimant l'orientation du fœtus par rapport aux points cardinaux,* (Capuron's cardinal points) *du bassin. La première lettre désigne la position gauche* **(L,** left) *ou droite* **(R,** right); *la deuxième, la partie fœtale présentée : de l'épaule* (shoulder : **D,** dorsal); *faciale ou frontale* **(F,** face); *occipitale* (vertex : **O,** occiput); *du siège* (breech : **S,** sacral); *la troisième lettre indique la position antérieure* **(A)** *ou postérieure* **(P)** *de la présentation. La correspondance s'établit ainsi avec les désignations françaises :* **D.I.D.A.** : R.D.A.; **D.I.D.P.** : R.D.P.; **D.I.G.A.** : L.D.A.; **D.I.G.P.** : L.D.P.; **F.I.D.A.** : R.F.A.; **F.I.D.P.** : R.F.P.; **F.I.G.A.** : L.F.A.; **F.I.G.P.** : L.F.P.; **O.I.D.A.** R.O.A.; **O.I.D.P.** : R.O.P.; **O.I.G.A.** : L.O.A., **O.I.G.P.** : L.O.P.; **S.I.D.A.** : R.S.A.; **S.I.D.P.** : R.S.P.; **S.I.G.A.** : L.S.A.; **S.I.G.P.** : L.S.P.

présenter (se), *v.* : to present *(obstet.).*

préservateur, *adj.* : preservative, protective.

préservatif, *s. m.* : condom; *adj.* : preservative.

présphénoïde, *s. m.* : presphenoid; *adj.* : presphenoidal.

présphygmique, *adj.* : presphygmic (preceding the pulse-wave).

presseur, *s. m.* : pressor substance *(physiol., pharm.).*

pression, *s. f.* : pressure; **- osmotique** : osmotic pressure; **- sanguine** : blood pressure.

pressoir d'Hérophile : torcula Herophili *(anat.).*

pressorécepteur, *s. m.* : pressoreceptor *(physiol.).*

pressoréceptif *ou* **pressosensitif,** *adj.* : pressoreceptive, pressosensitive.

présternum, *s. m.* : presternum, manubrium sterni *(anat.).*

présure, *s. f.* : rennet.

présystole, *s. f.* : presystole.

présystolique, *adj.* : presystolic; **souffle -** : presystolic murmur.

prévaccination, *s. f.* : preventive vaccination.

préventif, *adj.* : preventive, prophylactic.

préventorium, *s. m.* : preventorium.

préventriculaire, *adj.* : preventricular.

prévertèbre, *s. f.* : metamere *(embryol.).*

Prévost (phénomène de) : Prévost's sign (conjugate deviation of the eyes and head in cerebral hemorrhage).

priapisme, *s. m.* : priapism.

Price-Jones (courbe de) : Price-Jones' curve (graph representing the variation in size of red corpuscles in different types of anemia).

primaire, *adj.* : primary; **amputation -** : primary amputation.

primate, *s. m.* : primate *(zool.).*

primigeste, *s. f.* : primigravida (written Gravida I); *adj.* : primigravid.

primipare, *s. f.* : primipara; *adj.* : primiparous.

primiparité, *s. f.* : primiparity.

primitif, *adj.* : primitive, first, original, primary.

primordial, *adj.* : primordial.

principal, *adj.* : principal, chief, main.

principe, *s. m.* : principle, constituent, element, source; **- actif** : agent, active principle; **- immédiat** : immediate principle, constituent, native substance; **- nutritif** : nutrient.

prise, *s. f. (chir.)* : « take » (successful graft); **- en masse** : solidification.

prismatique, *adj.* : prismatic; **condensateur -** : prismatic condenser.

prisme, *s. m.* : prism; **- à dispersion** : dispersing prism; **- réflecteur** : reflecting prism; **- à réflexion totale** : total-reflexion prism.

pro- : pro-, prefix meaning for, before, in front of.

pro-accélérine, *s. f.* : proaccelerin (co-factor of thromboplastin).

problème, *s. m.* : problem, puzzle.

procaïnestérase (épreuve de la) : procainesterase test.

procaïnisation, *s. f.* : local anesthesia with procaine.

procédé, *s. m.* : procedure, process; **- chimique** : chemical process.

procéphalique, *adj.* : procephalic.

procès, *s. m.* : cf., **processus.**

processus, *s. m.* : process, progress, course ; **- suppuratif** : suppurative process.

procidence, *s. f.* : procidentia, prolapse, prolapsus *(lat.);* **- du cordon** : prolapse of the cord; **- du rectum** : rectal prolapse, proctoptosis; **- de l'utérus** : prolapse of the uterus, procidentia uteri.

procolis, *s. m.* : torticolis with forward flexion of the neck.

proconvertine, *s. f.* : proconvertin, co-thrombin.

procréation, *s. f.* : procreation, begetting.

procréer, *v.* : to procreate, to beget.

procritique, *adj.* : procritical (preceding the crisis of an illness).

proctalgie, *s. f.* : proctalgia.

proctectomie, *s. f.* : proctectomy.

proctite, *s. f.* : proctitis.

procto- : procto-, prefix meaning relating to the anus *or* rectum.

proctocèle, *s. f.* : proctocele, rectocele.

proctoclyse, *s. f.* : proctoclysis (slow instillation of large amounts of liquid into the rectum); **- continue** : continuous rectal infusion (Murphy's drip).

proctodynie, *s. f.* : proctodynia.

proctologie, *s. f.* : proctology.

proctopexie, *s. f.* : proctopexy.

proctoplastie, *s. f.* : proctoplasty.

proctoptose, *s. f.* : proctoptosis, prolapse of the anus.

proctorragie, *s. f.* : proctorrhagia (rectal bleeding).

proctorrhée, *s. f.* : proctorrhea (escape of mucus through the anus).

proctoscope, *s. m.* : proctoscope.

proctoscopie, *s. f.* : proctoscopy.

proctospasme, *s. m.* : proctospasm.

proctotomie, *s. f.* : proctotomy (1. cutting an anal *or* rectal stricture; 2. opening an imperforate anus).

procubitus, *s. m. (obstet.)* : 1. ventral decubitus; 2. premature descent of the cord.

prodrome, *s. m.* : prodrome, premonitory symptom.

prodromique, *adj.* : prodromal, prodromic, prodromous, precursory.

productif, *adj.* : productive, fruitful.

produit, *s. m.* : product, produce, proceeds, yield.

proéminence, *s. f.* : prominence, protuberance.

proéminent, *adj.* : prominent, projecting ; **vertèbre -** : vertebra prominens (seventh cervical).

proenzyme, *s. f.* : proenzyme.

proérythroblaste, *s. m.* : proerythroblast, hematoblast (precursor of red cells).

proferment, *s. m.* : proferment, zymogen.

professionnel, *adj.* : professional, occupational; **maladie -** : occupational disease; **névralgie -** : occupational neuralgia.

profibrinolysine, *s. f.* : profibrinolysin.

profondeur de champ *(micr.)* : depth of field.

profus, *adj.* : profuse; **sueurs -** : profuse sweating.

progenèse, *s. f.* : hereditary and acquired characteristics that might affect the conception and development of a fetus.

progénésique, *adj.* : progamous (previous to fecundation).

progénie, *s. f.* : progenia, prognathism.

progéniture, *s. f.* : progeny, offspring.

progérie, *s. f.* : progeria (rare form of infantilism marked by premature senility).

progestatif, *adj.* : progestational (inducing pregravid change in the endometrium); **hormone -** : progesterone, luteal hormone.

progestérone, *s. f.* : progesterone, progestin, luteal hormone.

progestine, *s. f.* : progestin, progesterone.

proglottis, *s. m.* : proglottis, proglottid (segment of a tapeworm).

prognathe, *adj.* : prognathous.

prognathie, *s. f. ou* **prognathisme,** *s. m.* : prognathism.

prognose, *s. f.* : prognosis.

progranulocyte, *s. m.* : progranulocyte.

progressif, *adj.* : progressive, advancing gradually; **atrophie musculaire -** : progressive muscular atrophy; **myosite ossifiante -** : progressive ossifying myositis.

progression, *s. f.* : progression (1. forward movement ; 2. increasing malignancy in a tumour) ; **- rétrograde** : backward progression, walking backward (symptom of some nervous disorders).

projectile, *s. m.* : projectile, missile; *adj.* : projectile.

projection, *s. f.* : projection (1. act of throwing forward; 2. a part that juts out; 3. mental interpretation of impressions received by the sense organs ; 4. transfer of a repressed complex to another individual or object [*psych.*]).

prolabé, *adj.* : prolapsed.

prolactine, *s. f.* : prolactin.

prolan, *s. m. (inus.)* : prolan (gonadotropic principle in pregnancy urine; **- A** : follicle-stimulating hormone, FSH; **- B** : luteinizing hormone).

prolanémie, *s. f.* : presence of prolan in the blood.

prolanurie, *s. f.* : presence of prolan in the urine.

prolapsus, *s. m.* : prolapse, prolapsus (*lat.*); **- ani** : anal prolapse; **- du cordon** : prolapse of the cord; **- uteri** : uterine prolapse.

proleptique, *adj.* : proleptic (1. prognostic; 2. recurring sooner than expected); **fièvre -** : proleptic fever.

prolifération, *s. f.* : proliferation.

prolifère, *adj.* : proliferous, prolific, proliferative, multiplying; **kyste -** : proliferous cyst, proliferous cyst.

prolificité, *s. f.* : prolificness, fecundity, fruitfulness.

prolifique, *adj.* : prolific, fecund, fruitful.

proligère, *adj.* : proligerous, germinating; **disque -** : proligerous disc, discus proligerus, cumulus oophorus.

prolylpeptidase, *s. f.* : prolinase.

promastocyte, *s. m.* : cell with character intermediate between a histioblast and a mast cell.

promégaloblaste, *s. m.* : promegaloblast.

prométhium, *s. m.* : promethium.

promonocyte, *s. m.* : promonocyte.

promontoire, *s. m.* : promontory (*anat.*), projecting eminence; **- du sacrum** : promontory of the sacrum, sacral promontory.

promyélocyte, *s. m.* : promyelocyte.

pronateur, *adj.* : pronator; **muscle -** : pronator (*anat.*).

pronation, *s. f.* : pronation, prone position; **en -** : prone; **mettre en -** : to pronate.

pronéphros, *s. m.* : pronephros, pronephron (primordial kidney).

pronormoblaste, *s. m.* : pronormoblast, late megaloblast.

pronostic, *s. m.* : prognosis.

pronostiquer, *v.* : to prognose; **- au plus grave** : to give a very serious prognosis.

pronucléus, *s. m.* : pronucleus (*biol.*).

propagation, *s. f.* : propagation (1. reproduction; 2. dissemination, spreading); **- d'une maladie** : spreading of a disease.

propager, *v.* : to propagate, to spread; **se -** : to propagate, to be propagated, to reproduce, to spread.

propane, *s. m.* : propane (aliphatic hydrocarbon CH_3, CH_2, CH_3).

propédeutique, *s. f.* : propedeutics (preliminary instruction); *adj.* : propedeutical.

propepsine, *s. f.* : propepsin.

propeptone, *s. f.* : propeptone.

propeptonurie, *s. f.* : propeptonuria.

properdine, *s. f.* : properdine *(pharm.)*.

prophage, *s. m.* : prophage.

prophase, *s. f.* : prophase (first stage in mitosis).

prophylactique, *s. m., adj.* : prophylactic.

prophylactique, *s. f. ou* **prophylaxie,** *s. f.* : prophylaxis, preventive medicine; **- antivénérienne** : control of venereal disease (V.D.).

plasmocyte, *s. m.* : proplasmocyte, Türk's cell.

propriocepteur, *s. m.* : proprioceptor *(physiol.)*.

propulsion, *s. f.* : propulsion (1. act of pushing *or* driving forward; 2. tendency to fall forward when walking in parkinsonians).

prosaptoglobine, *s. f.* : prosaptoglobin.

prosaptoglobinémie, *s. f.* : prosaptoglobinemia (increased in tuberculosis).

prosécrétine, *s. f.* : prosecretin *(physiol.)*.

prosecteur, *s. m.* : prosector.

prosencéphale, *s. m.* : prosencephalon, proencephalon, forebrain; **cavité du -** : prosocoele, prosocele.

prosopagnosie, *s. f.* : inability to recognize faces.

prosopalgie, *s. f.* : prosopalgia, trigeminal neuralgia; **atteint de -** : prosopalgic.

prosoplégie, *s. f.* : prosopoplegia, facial paralysis; **- double** : prosopodiplegia; **atteint de -** : prosoplegic.

prosopomètre, *s. m.* : instrument for measuring the face and head.

prosoposchise, *s.* : prosoposchisis (congenital fissure of the face).

prosoposcopie, *s. f.* : prosoposcopy (study of the face and of the changes produced in it by disease).

prostatalgie, *s. f.* : prostatalgia.

prostate, *s. f.* : prostate, prostate gland.

prostatectomie, *s. f.* : prostatectomy.

prostatique, *adj.* : prostatic; **hypertrophie -** : hypertrophy of the prostate, prostatomegaly.

prostatisme, *s. m.* : prostatism.

prostatite, *s. f.* : prostatitis.

prostatodynie, *s. f.* : prostatodynia.

prostatorrhée, *s. f.* : prostatorrhea.

prostatotomie, *s. f.* : prostatotomy, prostatomy.

prostato-vésiculectomie, *s. f.* : prostatovesiculectomy.

prosthétique, *adj.* : prosthetic *(chem.)*; **groupement -** : prosthetic group (nonprotein component of heteroprotein molecule).

prostitution, *s. f.* : prostitution.

prostration, *s. f.* : prostration (1. lying prone; 2. exhaustion; **- nerveuse** : nervous breakdown).

prostré, *adj.* : prostrate, prostrated, exhausted.

protaminase, *s. f.* : protaminase.

protamine, *s. f.* : protamine (basic protein of fish sperm).

protanomalie, *s. f.* : protanomaly, protanomalopia (relatively slight red-green color blindness).

protanope, *adj.* : protanopic, red-blind.

protanopie, *s. f.* : protanopia, anerythropsia, red-blindness.

protéase, *s. f.* : protease.

protéide, *s. m.* : proteid, protein.

protéiforme, *adj.* : proteiform (changeable in form).

protéinase, *s. f.* : proteinase.

protéine, *s. f.* : protein, proteid, protide; **- de Bence Jones** : Bence Jones' protein (a distinct globulin present in the urine in myelomatosis).

protéinémie, *s. f.* : proteinemia, protidemia.

protéinose, *s. f.* : proteinosis; **- alvéolaire pulmonaire** : pulmonary alveolar proteinosis.

proteinothérapie, *s. f.* : proteinotherapy (protein shock therapy).

protéinurie, *s. f.* : proteinuria.

protéiprive, *adj.* : protein deficient.

protéique, *adj.* : proteinic.

protéléiose, *s. f.* : pinealism, macrogenitosomia praecox, Pellazzi's syndrome.

protéocrasique, *adj.* : proteocrasic.

protéolyse, *f.* : proteolysis.

protéolytique, *adj.* : proteolytic.

protéopexique, *adj.* : proteopexic.

protéose, *s. f.* : proteose.

protéosothérapie, *s. f.* : proteosotherapy.

protéotoxie, *s. f.* : any clinical manifestation of reaction to a proteotoxin.

prothèse, *s. f.* : prothesis, prosthesis; **- dentaire** : dental prosthesis, prosthodontia, « false teeth »; **- oculaire** : glass *or* plastic eye; **- valvulaire** : prosthetic valves.

prothétique, *adj.* : prosthetic *(surg., odont.)*; **appareil -** : artificial limb.

prothrombinase, *s. f.* : prothrombinase.

prothrombine, *s. f.* : prothrombin (also called thrombogen, thrombinogen, prothrombase).

prothrombinémie, *s. f.* : prothrombinemia.

prothrombokinine, *s. f.* : *cf.,* **thromboplastinogène.**

protide, *s. m.* : protide, proteid, protein.

protidémie, s. f. : protidemia, proteinemia.

protidique, adj. : proteidic, proteinic; **médication par choc -** : protein shock therapy.

protidolyse, s. f. : protidolysis, proteolysis.

protiste, s. m. : protista (lowest form of unicellular organism).

proto- : proto-, prefix meaning (1. first, original; 2. the lowest of a series of compounds of the same elements [chem.]).

protoactinium, s. m. : protoactinium.

protobactérie, s. f. : protobe, protobios; **- bactériophage** : protobiosis bacteriophagus, bacteriophage.

protoblaste, s. m. : protoblast.

protocole, s. m. : protocole (1. case history or report; 2. original notes of an experiment).

protodiastole, s. f. : first phase of diastole.

protodiastolique, adj. : protodiastolic (immediately following the second heart sound).

protohématine, s. f. : hematin, heme (insoluble, nonprotein iron-protoporphyrin constituent of hemoglobin).

proton, s. m. : proton (phys.).

protopathie, s. f. : protopathy, primary disease.

protophyte, s. m. : protophyte (bot.).

protoplasma ou **protoplasme,** s. m. : protoplasm.

protoplasmique, adj. : protoplasmic, protoplasmatic; **prolongement -** : protoplasmic process.

protoplaste, s. m. : protoplast (biol.).

protoporphyrine, s. f. : protoporphyrin.

protoporphyrinémie, s. f. : protoporphyrinemia.

protoporphyrinurie, s. f. : protoporphyrinuria.

Protoptère, s. m. : lung-fish, Protopterus.

protosome, s. m. : protosoma (name suggested for the smallest vital units e.g. bacteriophages, genes, viruses, etc.).

protosystole, s. f. : initial phase of systole.

protosystolique, adj. : protosystolic.

protovertébral, adj. : protovertebral.

protovertèbre, s. m. : protovertebra, provertebra, somite.

protoxyde, s. m. : protoxide (chem.); **- d'azote** : nitrous oxide, « laughing gas ».

protozoaire, s. m. : protozoon, pl. protozoa, protozoan; adj. : protozoal, protozoan, protozoic.

protozoologie, s. f. : protozoology.

protozoose, s. f. : protozoosis, protozoiasis (any disease caused by protozoa).

protracteur, s. m. : protractor (instrument for extracting bullets, bits of bone, etc. from wounds); adj. : protractile.

protraction, s. f. : protraction.

protrusion, s. f. : protrusion.

protubérance, s. f. : protuberance; **- annulaire** : pons Varolii, eminentia annularis; **- occipitale externe** : external occipital protuberance; **- occipitale interne** : internal occipital protuberance.

protubérant, adj. : protuberant; **yeux -** : bulging eyes.

provertèbre, s. m. : cf., **protovertèbre.**

provirus, s. m. : provirus.

provisoire, adj. : provisional, temporary.

provitamine, s. f. : provitamin.

provoqué, adj. : induced; **avortement -** : induced abortion.

Prowazek (chlamidozoaires de von) : Prowazek's bodies (1. trachoma bodies; 2. in Guarnieri's inclusion bodies).

prunelle, s. f. : pupil (of the eye).

prurigène, adj. : pruriginous.

prurigineux, adj. : pruriginous.

prurigo, s. m. : prurigo.

prurit, s. m. : pruritus, itching; **- vulvaire** : pruritus vulvae.

pruriteux, adj. : pruritic.

Prussak (poche de) : Prussak's pouch or space (attic of the middle ear).

Prusse (bleu de) : Prussian blue.

prussiate, s. m. : prussiate (obs.), cyanide (chem.).

prussique (acide) : prussic acid, hydrocyanic acid.

psaltérien, s. m. : psalterium, hippocampal commissure, lyra (anat.).

psammo-carcinome, s. m. : psammocarcinoma.

psammome, s. m. : psammoma.

psammothérapie, s. f. : psammotherapy, ammotherapy (treatment by sand baths).

pseudarthrose, s. f. : pseudarthrosis.

pseudesthésie, s. f. : pseudesthesia (1. imaginary sensation; 2. sense of pain in a lost part).

pseudo- : pseudo-, prefix meaning false.

pseudo-actinomycose, s. f. : pseudoactinomycosis, pseudactinomycosis (1. form of pulmonary tuberculosis in which the sputum contains granular bodies; 2. nocardiosis).

pseudo-anorexie, s. f. : pseudoanorexia.

pseudo-apoplexie, s. f. : pseudoapoplexy.

pseudoblepsie, s. f. : pseudoblepsis, pseudopsia (1. visual hallucination; 2. distorted visual image).

pseudo-bulbaire, adj. : pseudobulbar; **paralysie** ou **syndrome -** : pseudobulbar paralysis.

pseudo-cirrhose, s. f. : pseudocirrhosis; **- péricardiaque** : pericarditic pseudocirrhosis, Pick's syndrome.

pseudo-comital, adj. : epileptoid, epileptiform.

pseudo-croup, s. m. : pseudocroup (1. laryngismus stridulus; 2. thymic asthma).

pseudo-diascope, s. m. : pseudodiascope (opt.).

pseudo-diphtérie, s. f. : pseudodiphtheria (false membrane not due to C. diphtheriae).

pseudo-éléphantiasis neuro-arthritique : cf., **trophoedème.**

pseudo-énarthrose, s. f. : fibrosynovial pseudarthrosis.

pseudogamie, *s. f.* : fecundation by fusion of two undifferentiated cells of the same individual.

pseudo-gliome, *s. m.* : pseudoglioma (vitreous exudate).

pseudo-globuline, *s. f.* : pseudoglobulin.

pseudo-gueusesthésie, *s. f.* : pseudogeusesthesia (false sensation of taste).

pseudo-hématocèle, *s. f.* : pseudohematocele (extraperitoneal hematocele).

pseudo-hémophilie, *s. f.* : pseudohemophilia, thrombasthenia, hemogenia.

pseudo-hermaphrodisme, *s. m.* : pseudohermaphrodism, pseudohermaphroditism.

pseudo-hydronéphrose, *s. f.* : pseudohydronephrosis (paranephritic cyst).

pseudo-hypertrophie, *s. f.* : pseudohypertrophy (increase in size without true hypertrophy).

pseudo-hypertrophique, *adj.* : pseudohypertrophic; **paralysie musculaire -** : pseudohypertrophic paralysis.

pseudo-lèpre, *s. f.* : pseudoleprosy, punudos (disease in Guatamala clinically resembling leprosy but not due to *M. leprae*).

pseudo-leucémie, *s. f.* : pseudoleukemia.

pseudo-lipome, *s. m.* : pseudolipoma.

pseudo-manie, *s. f.* : pseudomania (1. pretended mental disorder; 2. pathological lying).

pseudo-membrane, *s. f.* : pseudomembrane, false membrane.

pseudo-membraneux, *adj.* : pseudomembranous.

pseudo-méningite, *s. f.* : pseudomeningitis, meningism.

pseudomnésie, *s. f.* : pseudomnesia (apparent recollection of imaginary events).

pseudo-mycétome, *s. m.* : pseudomycetoma.

pseudo-myxome du péritoine : pseudomyxoma peritonaei (mucoid growth and free mucoid matter from ruptured ovarian cyst).

pseudo-névralgie, *s. f.* : pseudoneuralgia.

pseudo-névrome d'attrition : pseudoneuroma (growth on a nerve following trauma simulating a neuroma).

pseudo-panaris, *s. m.* : pseudopanaris, Osler's nodes (painful nodules in the fingertips in subacute infective endocarditis).

pseudo-paralysie, *s. f.* : pseudoparalysis (inhibition or restriction of movement not due to a nerve lesion, *e.g.* on account of pain).

pseudo-pelade, *s. f.* : pseudopelade, alopecia cicatrisata (bald patches).

pseudo-péritonite, *s. f.* : pseudoperitonitis, peritonism.

pseudo-photesthésie, *s. f.* : pseudophotesthesia, photism.

pseudopode, *s. m.* : pseudopod, pseudopodium.

pseudo-porencéphalie, *s. f.* : pseudoporencephaly.

pseudo-rage, *s. f.* : pseudorabies, pseudohydrophobia, Aujeszky's disease (infectious [virus] bulbar paralysis of cattle and horses).

pseudo-rhumatisme, *s. m.* : pseudorheumatism (often gonococcal); **- infectieux** : infectious pseudorheumatism (multiple synovitis or arthritis not due to rheumatic fever).

pseudo-sclérose, *s. f.* : pseudosclerosis; **- en plaques** : Strümpell-Westphal pseudosclerosis; **- spastique de Jakob** : Jakob's disease.

pseudosmie, *s. f.* : pseudosmia (1. perversion of the sense of smell; 2. olfactory hallucination).

pseudo-somation, *s. f. (génét.)* : pseudosummation (hereditary variation due to chemically or physically induced mutations).

pseudo-tabès, *s. m.* : pseudotabes, pseudo-ataxia, neurotabes.

pseudo-tuberculose, *s. f.* : pseudotuberculosis; **- des rongeurs** : epizootic pseudotuberculosis (in laboratory rodents).

pseudo-typhoméningite des porchers : swineherd's disease, Bouchet's disease, leptospirosis of pig breeders.

pseudo-xanthome, *s. m.* : pseudoxanthoma; **- élastique** : pseudoxanthoma elasticum, elastoma, elastosis atrophicans, naevus elasticus.

psilose, *s. f.* : psilosis, baldness, alopecia.

psilosis, *s. m.* : psilosis, sprue.

psittacose, *s. f.* : psittacosis, parrot fever (infectious disease of the parrot family, contagious for man).

psoas, *s. m.* : psoas muscle.

psoïte *ou* **psoïtis,** *s. f.* : psoitis (inflammation often followed by abscess of the psoas muscle).

psore, *s. f.* : psora, scabies, itch.

psorentérie, *s. f.* : psorenteria, psorenteritis.

psoriasique, *adj.* : psoriasic, psoriatic.

psoriasis, *s. m.* : psoriasis; **- buccal** : psoriasis buccalis, leukoplakia buccalis.

psorique, *adj.* : psoric.

psorophtalmie, *s. f.* : psorophthalmia, marginal blepharitis.

psorose des citrus : psorosis *(bot.)*.

psorospermie, *s. f.* : psorosperm, sporozoon.

psorospermose, *s. f.* : psorospermosis, psorospermiasis; **- folliculaire végétante** : psorospermosis follicularis, keratosis follicularis, Darier's disease.

P.S.P. (épreuve de la) : P.S.P. phenolsulfophthalein (test).

psychalgie, *s. f.* : psychalgia *(psych.)*.

psychanalyse, *s. f.* : psychanalysis, psychoanalysis.

psychasthénie, *s. f.* : psychasthenia.

psychiatre, *s. m.* : psychiatrist, psychiater.

psychiatrie, *s. f.* : psychiatry, psychiatrics.

psychiatrique, *adj.* : psychiatric.

psychique, *adj.* : psychic, psychical.

psycho- : psycho-, prefix meaning relating to the mind.

psychoanaleptique, *s. m., adj.* : mental stimulant.

psychoanalyse, *s. f.* : psychoanalysis, psychanalysis.

psychoanémique (syndrome) : association of psychic disorders with pernicious anemia.

psychobiologie, *s. f.* : psychobiology (study of personality function).

psychochimie, *s. f.* : psychochemistry (application of chemical analysis to psychological reactions).

psychochirurgie, *s. f.* : psychosurgery (brain surgery for relief of mental and psychic symptoms).

psychodépresseur, *adj.* : *cf.,* **psycholeptique.**

psychodiagnostic, *s. m.* : psychodiagnostics.

psychodrame, *s. m.* : psychodram (having the patient re-enact conflicting situations of his daily life).

psychodysleptique, *s. m., adj.* : hallucinant, deliriant.

psycho-éclampsie, *s. f.* : psycheclampsia, acute mania.

psycho-embryopathie, *s. f.* : mental disturbance of embryopathic origin.

psychogène, *adj.* : psychogenetic, psychogenic.

psychogenèse, *s. f.* : psychogenesis (development of the mind).

psychogramme, *s. m.* : psychogram.

psychographique, *adj.* : psychographic; **trouble -** : psychogenic agraphia.

psycholepsie, *s. f.* : psycholepsy, paralepsy (sudden changes of mood tending to become depressive).

psycholeptique, *adj.* : psycholeptic, depressive.

psychologie, *s. f.* : psychology, psychics.

psychologique, *adj.* : psychologic, psychological.

psychologue, *s.* : psychologist.

psychométrie, *s. f.* : psychometry (1. measurement of the duration of psychic processes; 2. measurement of intelligence).

psychomoteur, *adj.* : psychomotor.

psychoneurasthénie *ou* **psychonévrose,** *s. f.* : psychoneurosis.

psychonose, *s. f.* : psychonosis, psychinosis, mental disease.

psychopathie, *s. f.* : psychopathy (any disease of the mind).

psychopathologie, *s. f.* : psychopathology; **spécialiste en -** : psychopathologist.

psychopharmacologie, *s. f.* : psychopharmacology.

psychophysique, *s. f.* : psychophysics; *adj.* : psychophysical.

psychophysiologie, *s. f.* : psychophysiology.

psychoplasme, *s. m.* : psychoplasm, protyl, protyle (hypothetical substance from which all matter was supposed to be derived); **- familial** : mental characteristics common to members of a family.

psychoplasticité, *s. f.* : hysterical manifestation.

psychoplégie, *s. f.* : psychoplegia.

psychoplégique, *adj.* : psychoplegic.

psychopolynévrite, *s. f.* : psychic disturbances associated with polyneuritis (e.g. in chronic alcoholics).

psychoprophylaxie, *s. f.* : prophylactic use of analgesic or tranquilizing drugs.

psychose, *s. f.* : psychosis; **- circulaire** *ou* **cyclothymique** : circular psychosis; **- de Korsakoff** : Korsakoff's psychosis, polyneutitic psychosis; **- maniaque dépressive** : manic-depressive psychosis.

psychosensoriel, *adj.* : psychosensorial, psychosensory.

psychosomatique, *adj.* : psychosomatic; **médecine -** : psychosomatic medicine.

psychotechnie *ou* **psychotechnique,** *s. f.* : psychotechnics.

psychothérapie *ou* **psychothérapeutique,** *s. f.* : psychotherapy, psychotherapeutics.

psychotique, *adj.* : psychotic.

psychotonique, *adj.* : psychotonic (enhancing mental activity).

psychotrope, *s. m.* : psychotrope (drug that affects mental activity); *adj.* : psychotropic (affecting the mind).

psychroalgie, *s. f.* : psychroalgia (painful feeling of cold).

psychrophobie, *s. f.* : psychrophobia (morbid fear of cold).

psychrothérapie, *s. f.* : psychrotherapy (therapeutic application of cold).

psydracié, *adj.* : pustular.

psyllium, *s. m.* : psyllium (*pharm.*).

ptérion, *s. m.* : pterion (point where the frontal, parietal, temporal and sphenoid bones meet).

pternalgie, *s. f.* : pternalgia (pain in the heel).

ptéroylglutamique (acide) : pteroylglutamic acid, folic acid.

ptérygion, *s. m.* : pterygium (triangular patch of thickened conjunctiva extending over part of the cornea on the nasal side and as far as the inner canthus); **- cicatriciel** : pseudopterygium; **- du cou** : pterygium colli (congenital deformity caused by a band of fascia stretching from mastoid to the clavicle and sternum); **- sébacé** : pimelopterygium (fatty outgrowth upon the conjunctiva).

ptérygoïdes de la conjonctive : conjunctival folds following trauma which may become grafted onto the cornea and be mistaken or pterygium.

ptérygoïde, *adj.* : pterygoid; **échancrure -** : ptérygoid fossa of the sphenoid bone.

ptilose, *s. f.* : ptilosis (1. falling out or loss of the eyelashes; 2. type of pneumoconiosis due to inhaling dust from ostrich feathers).

ptomaïne, *s. f.* : ptomaine, cadaveric *or* putrefactive alkaloid.

ptomaphagie, *s. f.* : *cf.,* **nécrophagie.**

ptose, *s. f.* : ptosis, prolapse.

ptosis, *s. m.* : ptosis (drooping of the upper eyelid from paralysis of the motor oculi nerve).

ptyaline, *s. f.* : ptyalin.

ptyalisme, *s. m.* : ptyalism, salivation.

ptyalocèle, *s. f.* : ptyalocele.

ptyalolithe, *s. m.* : ptyalith, ptyalolith, salivary calculus.

ptyalorrhœa ejaculativa *(lat.)* : ptyalorrhea, projectile salivation.

pubère, *adj.* : puberal, pubertal.

puberté, *s. f.* : puberty.

pubescence, *s. f.* : pubescence.

pubescent, *adj.* : pubescent (1. reaching the age of puberty; 2. covered with fine hair).

pubien, *adj.* : pubic; **os -** : pubic bone, pubis; **région -** : pubic region, pubes.

pubio- : pubo-, prefix meaning relation to the pubes.

pubiosacré (diamètre) : pubosacral diameter *(obstet.).*

pubiotomie, *s. f.* : pubiotomy *(surg., obstet.).*

pubis, *s. m.* : pubes, pubis, pubic bone.

puce, *s. f.* : flea, pulex, *pl.* pulices *(lat.);* **piqûre de -** : flea-bite.

puériculture, *s. f.* : puericulture.

puéril, *adj.* : puerile; **respiration -** : puerile respiration (exaggerated breathsounds).

puérilisme, *s. m.* : puerilism.

puerpéral, *adj.* : puerperal; **état -** : puerperium; **fièvre -** : puerperal fever.

puerpéralité, *s. f.* : puerperium, lying-in period.

pullulation, *s. f.* : pullulation, budding, germination.

pulluler, *v.* : to pullulate, to bud, to germinate.

pulmonaire, *adj.* : pulmonary; **cirrhose -** : interstitial pneumonia; **œdème -** : pulmonary edema, pneumochysis.

pulmoné, *adj* : pulmonate (having lungs).

pulpation, *s. f.* : pulpation, pulpefaction (conversion into pulp).

pulpe, *s. f.* : pulp; **- dentaire** : dental pulp.

pulpeux, *adj.* : pulpal, pulpous, pulpy, pultaceous.

pulpite, *s. f.* : pulpitis (inflammation of the dental pulp).

pulsatif, *adj.* : pulsating, pulsative, pulsatory; **douleur -** : throbbing pain. ,

pulsatile, *adj.* : pulsatile, pulsating, throbbing.

pulsation, *s. f.* : pulsation.

pulsatoire, *adj.* : pulsatile, pulsating rhythmically, throbbing.

pulsion, *s. f.* : pulsion (act of driving *or* pushing forward).

pultacé, *adj.* : pultaceous, pulpy.

pulvérisateur, *s. m.* : pulverizer, atomizer.

pulvérisation, *s. f.* : pulverization (reduction to a powder).

pulvériser, *v.* : to pulverize (to grind to a powder).

pulvérulence, *s. f.* : pulverulence, powderiness, dustiness.

pulvérulent, *adj.* : pulverulent, powdery, dusty.

pulvinar, *s. m.* : pulvinar (posterior tubercle of the optic thalamus).

pulviné, *adj.* : pulvinate (shaped like a cushion, *e.g.* bacterial cultures with a convex surface).

punaise, *s. f.* : bed-bug, bug, *Cimex lectularius.*

punctiforme, *adj.* : punctiform; **source de lumière -** : pin-hole light-source.

punctum *(lat.)* : point, punctum; **- caecum** : blind spot *(anat., ophthal.);* **- proximum** : punctum proximum, P.P., near-point *(opt., ophthal.);* **- remotum** : punctum remotum, P.R., far point *(opt., ophthal.).*

punudos, *s m.* : punudos, pseudoleprosy.

pupillaire, *adj.* : pupillary; **réflexe -** : pupillary reflex.

pupille, *s. f.* : pupil, pupilla *(lat.).*

pupillomètre, *s. m.* : pupillometer.

pupillométrie, *s. f.* : pupillometry.

pupilloscopie, *s. f.* : pupilloscopy, skiascopy, skiametry.

pupillotonie, *s. f.* : pupillotonia (tonic reaction of the pupil, Adie's syndrome).

pur, *adj.* : pure *(chem.),* axenic (in pure culture); **corps -** : chemically pure substance.

purgatif, *s. m., adj.* : purgative, cathartic.

purgation, *s. f.* : purgation, purge, purging, catharsis.

purge, *s. f.* : purge, purgative.

purger, *v.* : to purge, to cleanse.

purifiant, *adj.* : purifying, cleansing.

purification, *s. f.* : purification.

purifier, *v.* : to purify, to cleanse.

puriforme, *adj.* : puriform (resembling pus).

purine, *s. f.* : purine *(chem.).*

purique, *adj.* : puric *(chem.);* **bases -** : purine bases or bodies.

Purkinje (arbre *ou* **figures de)** : Purkinje's figures (shadows of retinal blood vessels); **cellules de -** : Purkinje's cells (large branched cells of the cerebellar cortex); **fibres de -** : Purkinje's fibers (subendocardial moniliform muscle fibers); **vésicule de -** : Purkinje's *or* germinal vesicle.

purpura, *s. m.* : purpura; **- annularis telangiectoides** : Majocchi's disease; **- fulminans** : purpura fulminans; **- hémorrhagique** : purpura haemorrhagica, Werlhof's disease, land-scurvy; **- rhumatoïde** *ou* **exanthématique** : purpura rheumatica, Schoenlein's purpura.

purpurine, *s. f.* : 1. purpurin (nuclear stain prepared from madder); 2. uroerythrin.

purpurique, *adj.* : purpuric.

purulence, *s. f.* : purulence, purulency.

purulent, *adj.* : purulent; **d'aspect -** : puriform, puruloid; **collection -** : gathering of pus; **épanchement -** : pyecchysis, purulent effusion; **foyer -** : abscess; **otorrhée -** : otopyorrhea.

pus, *s. m.* : pus; **- louable** : laudable pus; **- métastatique** : pyapostasis.

pustule, *s. f.* : pustule; **- faciale** : acne pustule; **- maligne** : malignant pustule, anthrax; **- variolique** : pock (smallpox pustule).

pustulé *ou* **pustuleux,** *adj.* : pustular, pustulous.

pustulose, *s. f.* : pustulosis.

putamen, *s. m.* : putamen *(anat.)*.

putréfactif, *adj.* : putrefactive.

putréfaction, *s. f.* : putrefaction, decay, decomposition.

putréfiable, *adj.* : putrescible (liable to putrefaction).

putréfiant, *adj.* : putrefactive.

putréfier, *v.* : to putrefy, to decompose; **se -** : to putrefy, to become putrid.

putrescence, *s. f.* : putrescence, rottenness.

putrescent, *adj.* : putrescent, putrefying, rotting.

putrescible, *adj.* : putrescible (liable to putrefy).

putride, *adj.* : putrid, tainted; **fermentation -** : putrefactive fermentation.

putrilagineux, *adj.* : putrilaginous.

pyarthrite *ou* **pyarthrose,** *s. f.* : pyarthrosis (suppurative arthritis).

pycnique, *adj.* : pyknic (short and stout).

pycnodysostose, *s. f.* : pycnodysostosis, pyknodysostosis (recessive familial dysostosis characterized by large skull, small chin, short stature and short thick hands and feet).

pycno-épilepsie, *s. f.* : *cf.,* **pycnolepsie.**

pycnoïde, *adj.* : *cf.,* **pycnomorphe.**

pycnolepsie, *s. f.* : pykno-epilepsy, pyknolepsy, petit mal.

pycnoleptique, *adj.* : pyknoleptic; **accès -** : attack of petit mal.

pycnomètre, *s. m.* : pyknometer (instrument for determining the specific gravity of body fluids).

pycnomorphe, *adj.* : pyknomorphic, pyknomorphous (having stainable parts compactly arranged, *e.g.* in some nerve cells).

pycnose, *s. f.* : pycnosis, pyknosis (condensation of nuclear chromatin into a structureless mass in degenerate cells).

pycnotique, *adj.* : pycnotic, pyknotic.

pyélectasie, *s. f.* : pyelactasia, pyelactasis (dilatation of the renal pelvis).

pyélite, *s. f.* : pyelitis.

pyélo- : pyelo-, prefix meaning relating to the renal pelvis.

pyélocystite, *s. f.* : pyelocystitis.

pyélogramme, *s. m.* : pyelogram *(radiol.)*.

pyélographie, *s. f.* : pyelography; **- ascendante** : ascending *or* retrograde pyelography; **- d'élimination, descendante** *ou* **excrétrice** : excretion *or* intravenous pyelography; **- gazeuse** : air pyelography *or* pneumopyelography.

pyélolithotomie, *s. f.* : pyelolithotomy.

pyélonéphrite, *s. f.* : pyelonephritis, nephropyelitis.

pyélonéphrose, *s. f.* : pyelonephrosis.

pyélonéphrotomie, *s. f.* : combined pyelotomy and nephrotomy.

pyélophlébite, *s. f.* : pyelophlebitis.

pyéloscopie, *s. f.* : pyeloscopy.

pyélostomie, *s. f.* : pyelostomy.

pyélotomie, *s. f.* : pyelotomy.

pyélo-urétéroplastie, *s. f.* : pyeloureteroplasty.

pyémie, *s. f.* : pyemia, pyaemia.

pygméisme, *s. m.* : dwarfism, nanism.

pyléphlébite, *s. f.* : pylephlebitis (inflammation of the portal vein).

pyléthrombose *ou* **pyléthrombosis,** *s. f.* : pylethrombosis (thrombosis of the portal vein).

pylore, *s. m.* : pylorus; **contraction du -** : pyloric stenosis, pyloristenosis; **divulsion digitale du -** : pylorodiosis; **obstruction du -** : pylorochesis; **ptose du -** : pyloroptosis; **rétrécissement du -** : pyloric stenosis; **squirrhe du -** : pyloroscirrhus.

pylorectomie, *s. f.* : pylorectomy.

pylorique, *adj.* : pyloric; **antre -** : pyloric antrum; **orifice -** : pyloric orifice, pylorus; **sphincter -** : pyloric sphincter; **valvule -** : pyloric valve.

pylorisme, *s. m.* : tenency to pylorospasm.

pylorite, *s. f.* : pyloritis.

pyloro- : pyloro-, prefix meaning relating to the pylorus.

pyloroduodénite, *s. f.* : pyloroduodenitis.

pylorogastrectomie, *s. f.* : pylorogastrectomy.

pyloroplastie, *s. f.* : pyloroplasty.

pylorospasme, *s. m.* : pylorospasm.

pylorostomie, *s. f.* : pylorostomy.

pylorotomie, *s. f.* : pylorotomy.

pyo- : pyo-, prefix meaning pertaining to pus.

pyocèle, *s. f.* : pyocele (1. distension of a cavity with pus; 2. pus in the scrotum).

pyocéphalie, *s. f.* : pyocephalus (pus in the cerebral ventricles).

pyocholécyste, *s. m.* : empyema of the gallbladder.

pyocholécystite, *s. f.* : purulent cholecystitis.

pyocolpos, *s. m.* : pyocolpos.

pyocyanine, *s. f.* : pyocyanin.

pyocyanique, *adj.* : pyocyanic; **hémolysine du bacille -** : pyocyanolysin.

pyocyte, *s. m.* : pyocyte, pus cell.

pyodermie *ou* **pyodermite,** *s. f.* : pyoderma, pyodermia, pyodermatitis, pyodermatosis.

pyogène, *adj.* : 1. pyogenic, pyogenetic (pusforming); 2. pyogenous (caused by pus); **microbe -** : pyogenic microorganism.

pyogénie, *s. f.* : pyogenesis (formation of pus), suppuration.

pyogénique, *adj.* : pyogenic; **membrane -** : pyogenic membrane, abscess membrane.

pyohémie, s. f. : pyohaemia, pyohemia, pyemia.

pyohémothorax, s. m. : pyohemothorax.

pyolabyrinthite, s. f. : pyolabyrinthitis (suppuration in the labyrinth of the ear).

pyomètre, s. m. ou **pyométrie,** s. f. : pyometra (collection of pus in the uterus).

pyomyosite, s. f. : pyomyositis.

pyonéphrite, s. f. : pyonephritis.

pyonéphrose, s. f. : pyonephrosis.

pyopéricarde, s. m. : pyopericardium.

pyopérihépatite, s. f. : purulent perihepatitis.

pyopéritoine, s. m. : pyoperitoneum.

pyophagie, s. f. : pyophagia (swallowing of pus).

pyophtalmie, s. f. : pyophthalmia, pyophthalmitis, purulent ophthalmia.

pyopneumocholécystite, s. f. : pyopneumocholecystitis.

pyopneumohydatide, s. f. : hydatid cyst infected by gas-forming organisms.

pyopneumokyste, s. m. : pyopneumocyst.

pyopneumopéricarde, s. m. : pyopneumopericardium.

pyopneumopérihépatite, s. f. : perihepatitis associated with local pyopneumoperitoneum.

pyopneumothorax, s. m. : pyopneumothorax.

pyorrhée, s. f. : pyorrhea; **- alvéolo-dentaire** : pyorrhea alveolaris, Rigg's disease, Fauchard's disease, cementoperiostitis, etc.

pyosalpinx, s. m. : pyosalpinx.

pyosclérose, s. f. : pyosclerosis.

pyospermie, s. f. : pyospermia.

pyostercoral, adj. : pyostercoral, pyofecal.

pyostérine, s. f. : bacteriostatic substance present in pus.

pyothérapie, s. f. : pyotherapy.

pyothorax, s. m. : pyothorax, empyema.

pyramide, s. m. : pyramid, pyramis, pl. pyramides (gr., lat.); **- antérieure du bulbe** : anterior pyramid; **- de Bertin** : Bertin's columns, septa renis; **- postérieur du bulbe** : posterior pyramid, clava, funiculus gracilis; **- de Ferrein** : pars radiata of a renal pyramid; **- de Lalouette** : Lalouette's pyramid, third lobe of the thyroid gland; **- de Malacarne** : posterior end of the pyramid of the cerebellum; **- de Malpighi** : malpighian pyramid, renal pyramid; **- de la caisse du tympan** : pyramid of the tympanum, eminentia pyramidalis.

pyrénine, s. f. : pyrenin, paranuclein.

pyrénoïde, s. f. : pyrenoid (refringent globules in the chromatophores of green algae and of some protozoa).

pyrétique, adj. : pyretic.

pyréto- : pyreto-, prefix meaning fever or febrile.

pyrétogène, adj. : pyretogenic, pyretogenetic, pyretogenous, pyrogenic; **agent -** : pyretogen, pyrogen.

pyrétogenèse, s. f. : pyretogenesis (origin and causation of fever).

pyrétologie, s. f. : pyretology.

pyrétothérapie, s. f. : pyretotherapy.

pyrexie, s. f. : pyrexia, fever.

pyridine, s. f. : pyridine (chem.).

pyridoxine, s. f. : pyridoxine, vitamin B6.

pyriforme, adj. : pyriform, pear-shaped.

pyrimidine, s. f. : pyrimidine (chem.).

pyrocatéchine, s. f. : pyrocatechin, pyrocatechol.

pyrocatécholamine, s. f. : pyrocatecholamine, catecholamine.

pyrogène, adj. : pyrogenic (producing fever).

pyroligneux, adj. : pyroligneous.

pyromanie, s. f. : pyromania (monomania for incendiarism); **- érotique** : pyrolagnia.

pyromètre, s. m. : pyrometer.

pyrophobie, s. f. : pyrophobia (morbid dread of fire).

pyroscope, s. m. : pyroscope.

pyrosis, s. m. : pyrosis, heartburn, waterbrash (acid eructation).

pyruvate-kinase, s. f. : pyruvate-kinase.

pyruvémie ou **pyruvicémie,** s. f. : pyruvemia (excess of pyruvic acid in the blood).

pyurie, s. f. : pyuria.

Q

Q (fièvre) : Q fever, Queensland fever.

Q.R.S.T. (complexe) : Q.R.S.T. (ventricular complex of the electrocardiogram).

q.s. *ou* **q.s.p.** : q.s., quantum suffict (as much as may be needed).

quadrangulaire *ou* **quadrangule,** *adj.* : quadrangular.

quadrant, *s. m.* : quandrant.

quadribasique, *adj.* : quadribasic, tetrabasic *(chem.).*

quadricuspidé, *adj.* : quadricuspid, quadricuspidate.

quadridigité, *adj.* : quadridigitate, tetradactylous (having four fingers *or* toes).

quadrigémellaire (accouchement) : birth of quadruplets.

quadrigéminé, *adj.* : quadrigeminal; **pouls -** : quadrigeminal pulse, pulsus quadrigeminus.

quadrigéminisme, *s. m.* : condition of having a quadrigeminal pulse.

quadrijumeau, *adj.* : quadrigeminal; **tubercules -** : quadrigeminal bodies, corpora quadrigemina.

quadrilatéral, *adj.* : quadrilateral, tetrahedral, four-sided.

quadrilatère, *s. m., adj.* : quadrilateral; **lame -** : dorsum sellae turcicae; **lobule -** : quadrate lobe (of cerebrum), precuneus.

quadriparésie, *s. f.* : paresis of all four limbs.

quadriplégie *ou* **quadruplégie,** *s. f.* : quadriplegia, tetraplegia (paralysis of all four limbs).

quadrivalence, *s. f.* : quadrivalent, tetravalent *(chem.).*

quadrumane, *s. m.* : quadrumane; *adj.* : quadrumanous.

quadrupède, *s. m.* : quadruped; *adj.* : quadruped, quadrupedal.

quadruplet, *s. m.* : quadruplet.

qualitatif, *adj.* : qualitative; **analyse -** : qualitative analysis.

quantitatif, *adj.* : quantitative; **analyse -** : quantitative analysis.

quantité, *s. f.* : quantity, amount; **- négative** : negative quantity.

quantum, *s., plur.* **quanta** *(lat.)* : quantum, prescribed amount; **théorie des -** : quantum theory.

quarantaine, *s. f.* : quarantine; **mettre en -** : to quarantine.

quarantenaire (maladie) : notifiable disease subject to quarantine.

quart, *adj.* : fourth; **fièvre -** quartan, quartan fever or ague, quartan malaria.

quartaine, *adj.* : quartan.

quarteron, *s. m.* : quadroon (offspring of a white person and a mulatto).

quassia, *s. m.* : quassia *(pharm.).*

quaternaire, *adj.* : quaternary.

Quatrefages (angle pariétal de) : parietal angle of Quatrefages (craniometry).

quatrième maladie : fourth disease, Dukes' or Dukes-Filatow's disease.

quatrième maladie vénérienne : fourth venereal disease (1. gangrenous balanitis; 2. venereal lymphogranuloma, Nicolas-Favre's disease).

québrachine, *s. f.* : quebrachin, yohimbine *(pharm.).*

Queckenstedt *ou* **Queckenstedt-Stookey (épreuve de)** : Queckenstedt's test (diagnosis of obstructon of the vertebral canal).

Queensland (fièvre du) : Queensland fever, Q fever.

Quénu-Mayo (opération de) : Quénu-Mayo's operation (radical resection of the rectum and regional lymph nodes for cancer).

Quénu-Sobottin (opération de) : Quénu's thoracoplasty.

quénuthoracoplastie, *s. f.* : quenuthoracoplasty (Quénu's thoracoplasty).

quérulence, *s. f.* : querulousness.

Quervain (maladie de) : Quervain's disease (painful stenosing tenosynovitis).

queue, *s. f.* : tail, cauda, *plur.* caudae *(lat.)*; **- de cheval** : cauda aquina; **- du pancréas** : tail of the pancreas; **produits de -** : tailings *(chem.).*

Quincke (maladie de) : Quincke's disease *or* edema, angioneurotic edema; **ponction lombaire de -** : lumbar puncture; **pouls de -** : Quincke's pulse *or* sign (diastolic blanching of fingernails in aortic insufficiency).

quinine, *s. f.* : quinine (alkaloid of cinchoma) *(pharm.).*

quininique, *adj.* : relating to quinine.

quininisation *ou* **quinisation,** *s. f.* : therapeutic use of quinine.

quininisme *ou* **quinisme,** *s. m.* : quininism, cinchonism (systemic effects of cinchona alkaloids).

Quinquaud (signe de) : Quinquaud's sign (tremor and crepitus of the fingers in chronic alkaloids).

quinquina, *s. m.* : cinchona, quinquina, Jesuit's *or* Peruvian bark *(bot., pharm.).*

quintan, *adj.* : quintan; **fièvre -** : quintan fever, trench fever.

quinte, *s. f.* : fit; **- de toux** : fit of coughing.

quintessence, *s. f.* : quintessence.

quintuplé, *adj.* : quintuplet.

quotidien, *adj.* : quotidian, daily; **fièvre -** : quotidian (malaria); **- double** : double quotidian.

quotient, *s. m.* : quotient; **- albumineux du sérum** : albumin quotient; **- intellectuel** : intelligence quotient; **- respiratoire** : respiratory quotient.

Q.V. *ou* **q.v.** : q.v., 1. quantum vis (as much as you wish); 2. quod vide (which see).

R

r. : r., symbol for roentgen *or* röntgen (international unit of X-radiation).

rabigène, *adj.* : rabific, causing rabies.

rabique, *adj.* : 1. rabic (pertaining to rabies); 2. rabiate, rabid (affected with rabies).

rabot, *s. m.* : plane, scraper *(surg.).*

rabougrissement, *s. m.* : stunting *(morph., bot.);* - **buissonneux** : busky stunt.

race, *s. f.* : race (1. ancestry *or* descent, lineage; 2. stock, breed [of animals]).

racème, *s. m.* : raceme *(bot.).*

racémeux, *adj.* : racemose (resembling a bunch of grapes).

racémique, *adj.* : racemic *(chem.).*

racémisation, *s. f.* : racemization *(chem.).*

rachi- : rachi-, rachio-, prefix relating to the spine.

rachialgie, *s. f.* : rachialgia.

rachialgite, *s. f.* : inflammatory rachialgia.

rachianalgésie, *s. f.* : rachianalgesia, rachianesthesia.

rachianesthésie, *s. f.* : rachianesthesia, spinal anesthesia.

rachicentèse, *s. f.* : rachicentesis, lumbar *or* spinal puncture.

rachidien, *adj.* : rachidian, rachidial, rachial, spinal.

rachis, *s. m.* : rachis, spinal *or* vertebral column, spine.

rachischisis, *s. m.* : rachischisis, spina bifida.

rachistovaïnisation, *s. f.* : rachistovainization (induction of spinal anesthesia by intrathecal injection of stovaine).

rachitigène, *adj.* : rachitogenic, causing rickets.

rachitique, *s.* : rachitic; *adj.* : rachitic, rickety; **chapelet-** : rickety rosary.

rachitisme, *s. m.* : rickets, rachitism.

rachitome, *s. m.* : 1. rachiotome (instrument for cutting the vertebrae) *(surg.) (obstet.);* 2. rachitome (instrument for opening the spinal canal) *(anat.) (surg.).*

rachitomie, *s. f.* : 1. rachiotomy (cutting the vertebrae *[surg.]* or sectioning the fetal spine *[obstet.]*);

2. rachitomy (anatomical *or* surgical opening of the spinal canal).

racial, *adj.* : racial.

racine, *s. f.* : root *(anat., bot.),* radix, *pl.* radices *(lat.);* - **motrice** : motor root; - **nerveuse** : nerve root; **petite -** : radicle, radicula *(lat.);* - **d'un poil** : root of a hair.

raclage, *s. m.* : abrasion, curettage, apoxesis *(odont.).*

rad, *s. m.* : rad (unit of dosage in radiotherapy; 1 rad = 100 ergs absorbed per gram of irradiated tissue).

radial, *adj.* : 1. radial (pertaining to the radius); 2. radial, radiating (diverging from a common center).

radian, *s. m.* : radian *(math.);* in ophthalmometry an arc of length equal to its radius of curvature.

radiant, *adj.* : 1. radiant (emitting radiation); 2. radiating (travelling radially); **chaleur -** : radiant heat; **point -** : radiant point; **pouvoir -** : radiating capacity.

radiation, *s. f.* : radiation; - **de la calotte** : tegmental radiation *(anat.).*

radical, *s. m.* : 1. radical, radicle *(chem.);* 2. radicle (small branch of a nerve *or* vessel); 3. radical (haptophore group of an antigen); *adj.* : 1. radical (belonging to a root); 2. attacking the root cause (of a disease); 3. the opposite of conservative.

radicotomie, *s. f.* : radicotomy, rhizotomy, section of nerve roots.

radiculaire, *adj.* : radicular (pertaining to 1. a root; 2. the root of a nerve; 3. the root of a tooth).

radiculalgie, *s. f.* : radiculalgia (neuralgia of nerve roots).

radiculite, *s. f.* : radiculitis (inflammation of a nerve root).

radiculographie, *s. f.* : radiography of spinal nerve roots.

radiculoméningomyélite, *s. f.* : radiculomeningo-myelitis, rhizomeningomyelitis.

radifère, *adj.* : radiferous, radioactive.

radio- : radio-, prefix meaning pertaining 1. to radium *or* radiant energy; 2. to the radius.

radioactif, *adj.* : radioactive; **corps simple -** : radioelement.

radioactivation, *s. f.* : rendering a tissue *or* organ radioactive by injection of radio-isotope.

radioactivité, *s. f.* : radioactivity.

radiobicipital, *adj.* : radiobicipital *(anat.)*.

radiobiotiques (effets) : biological effects of radiation.

radiocarbone, *s. m.* : radiocarbon (radioisotope or carbon ^{11}C and ^{14}C).

radiocardiographie, *s. f.* : radiocardiography.

radiocarpien, *adj.* : radiocarpal *(anat.)*.

radiocartographie, *s. f.* : *cf.*, **scintillographie.**

radiochimie, *s. f.* : radiochemistry.

radiocinématographie, *s. f.* : radiocinematography.

radiocubital, *adj.* : radio-ulnar *(anat.)*.

radiodermite, *s. f.* : radiodermatitis, actinodermatitis (skin lesions caused by ionizing radiations).

radiodiagnostic, *s. m.* : radiodiagnosis.

radioélectrokymographie, *s. f.* : *cf.*, **cinédensigraphie.**

radioélément, *s. m.* : radioelement.

radioépidermite, *s. f.* : radioepidermitis.

radioépithéliome, *s. m.* : epithelioma induced by ionizing radiations.

radioexcitation, *s. f.* : *cf.*, **radiostimulation.**

radiogramme, *s. m.* : radiogram, roentgenogram, skiagram.

radiographe, *s. m.* : radiographer; **chirurgien -** : surgeon radiotherapist.

radiographie, *s. f.* : radiography, roentgenography, skiagraphy.

radiohuméral, *adj.* : radiohumeral *(anat.)*.

radio-immunisation, *s. f.* : acquired radioresistance.

radio-isotope, *s. m.* : radioisotope.

radio-isotopographie, *s. f.* : autoradiograph, radioautograph (direct photograph of an organ *or* tissue containing radioelement *or* radioisotope).

radiokymographie, *s. f.* : radiokymography.

radiolabile, *adj.* : radiosensitive.

radiolabilité, *adj.* : radiosensitivity.

radiolésion, *s. f.* : radiolesion.

radioleucémie *ou* **radioleucose**, *s. f.* : leukemia *or* leukosis induced by ionizing radiations.

radiologie, *s. f.* : radiology.

radiologue, *s. m.* : radiologist.

radiolucite, *s. f.* : sunburn, actinic dermatitis.

radiomanométrie, *s. f.* : radiological study of vessels *or* ducts containing opaque fluid under controlled pressure (*e.g.* bile ducts).

radiomensuration, *s f.* : radiological mensuration (*e.g.* of skeleton, viscera, etc.).

radiomètre, *s. m.* : radiometer.

radiomimétique, *adj.* : radiomimetic.

radiomucite, *s. f.* : inflammatory reaction of a mucous membrane to irradiation.

radiomutation, *s. f.* : radiomutation (*biol., genet.*).

radionécrose, *s. f.* : radionecrosis.

radiopathie, *s. f.* : *cf.*, **radiolésion.**

radiopelvigraphie, *s. f.* : radiographic examination of the pelvis and its contents.

radiopelvimétrie, *s. f.* : radiopelvimetry.

radiophotographie, *s. f.* : radiophotography (photography of a fluoroscopic image); miniature skiagraphy; **- en masse** : mass miniature radiography.

radiorénogramme, *s. m.* : *cf.*, **néphrographie isotopique.**

radiorésistance, *s. f.* : radioresistance; **- acquise** : radioimmunization.

radiorésistant, *adj.* : radioresistant.

radiosarcome, *s. m.* : sarcoma induced by irradiation.

radioscopie, *s. f.* : radioscopy, fluoroscopy.

radiosensibilité, *s. f.* : radiosensitivity, radiosensibility.

radiostimulation, *s. f.* : application of small doses of radiation in the hope of stimulating function in the irradiated tissues.

radiothérapie, *s. f.* : radiotherapy.

radiothérapique, *adj.* : radiotherapeutic.

radiotomie, *s. f.* : radiotomy, tomography (body section radiography).

radiotoxémie, *s. f.* : radiotoxemia.

radium, *s. m.* : radium.

radiumpuncture, *s. f.* : radiumpuncture (insertion of radium needles).

radiumthérapie, *s. f.* : radiumtherapy.

radius, *s. m.* : radius *(anat., math.)*.

radon, *s. m.* : radon (niton, radium emanation).

radotage, *s. m.* : 1. nonsense; 2. dotage.

raffinase, *s. f.* : raffinase.

raffiner, *v.* : to refine.

raffinose, *s. m.* : raffinose.

rage, *s. f.* : 1. rabies, hydrophobia, lyssa; **- mue, muette** *ou* **paralytique** : dumb *or* paralytic rabies; **- des rues** : street rabies; 2. rage, fury, passion; 3. mania, frenzy; 4. acute *or* violent pain; **- de dents** : raging toothache.

rai, *s. m.* : ray; **- de lumière** : ray of light.

raide, *adj.* : rigid, stiff.

raideur, *s. f.* : rigidity, stiffness; **- de la nuque** : stiffness of the neck.

raie, *s. f.* : 1. line, stroke; 2. streak, stripe; 3. weal, wheal; **- blanche de Sergent** : Sergent's white adrenal line.

railway-brain, *s. (angl.)* : railway-brain (mental disorder following a railway accident).

railway-spine, *s. (angl.)* : railway-spine (spinal symptoms following injury).

rainure, *s. f.* : groove; **- digastrique** *ou* **mastoïdienne** : mastoid notch, digastric fossa.

raison, *s. f.* : 1. reason, proof; 2. mind, psyche, sanity; 3. ratio *(math.)*.

rajeunissement, s. m. : rejuvenescence ; **cure de -** : rejuvenation.

râle, s. m. : rale, rattle; **- amphorique** : amphoric rale; **- bulleux** : bubbling rale; **- caverneux** : cavernous rale; **- cliquetant** : clicking rale; **- crépitant** : crepitant or vesicular rale; **- extra-thoracique** : extrathoracic rale; **faux -** : pseudorhonchus ; **frottement -** : friction rale ; **- guttural** : guttural rale; **- humide** : moist rale; **- de la mort** : death rattle ; **- muqueux** : mucous rale ; **- de retour** : rale redux, crepitus redux; **- ronflant** : sonorous rale; **- sec** : dry rale; **- sibilant** : sibilant or whistling rale; **- sous-crépitant** : subcrepitant or Hirtz's rale.

râler, v. : to rattle.

ramaire, adj. : ramal, branching, rameous (bot.).

rameau, s. m. : ramus, branch.

rameux, adj. : ramose, ramous, branched.

ramicotomie, s. f. : ramicotomy, ramisection.

ramification, s. f. : ramification.

ramifier, v. : to ramify; **se -** : to ramify.

ramisection, s. f. : ramisection (section of sympathetic rami communicantes).

ramollissement, s. m. : ramollissement, softening; **- cérébral** : cerebral infarction; **- morbide** : ramollissement.

ramoneurs (cancer des) : chimneysweep's cancer (of the scrotum caused by soot).

rampe, s. f. : ramp, gradient, slope; **- tympanique** : scala tympani, tympanic canal; **- vestibulaire** : scala vestibuli, vestibular canal.

rance, adj. : rancid.

rancidité, s. f. : rancidity.

ranin, adj. : ranine; **artère -** : ranine artery, profunda linguae artery.

ranule, s. f. : ranula, « frog-tongue » (cystic tumor beneath the tongue).

Ranvier (nodules de) : Ranvier's nodes (normal constrictions of the neurilemma).

râpe, s. f. : raspatory; **bruit de -** : rasping cardiac murmur.

raphanie, s. f. : raphania (spastic disorder attributed to poisoning by wild radish seeds; clinically similar to ergotism).

raphé, s. m. : raphe (anat.).

rappel (bruit de) : reduplication of the second heart sound.

raptus, s. m. : raptus (sudden violent attack or seizure).

raréfaction, s. f. : rarefaction; **- du tissu osseux** : rarefaction of bone.

raréfier, v. : to rarefy, to deplete; **se -** : to become rarefied.

rareté, s. f. : rarity, scarcity, tenuity.

rascette, s. f. : rasceta (lat., pl.) (transverse creases on the palmar surface of the wrists).

rash, s. m. : rash (derm.); **- d'origine médicamenteuse** : drug rash.

Rasmussen (anévrysme de) : Rasmussen's aneurysm (dilatation of an artery in a tuberculous cavity).

rasoir, s. m. : razor, microtome knife.

rat, s. m. : rat; **fièvre par morsure de -** : rat-bite fever (1. due to Spirillum minus; 2. due to Streptobacillus moniliformis).

rate, s. f. : spleen, lien (lat.); **- lardacée** : lardaceous or waxy spleen; **- sagou** : sago or amyloid spleen; **- surnuméraire** : accessory spleen, lien accessorius.

râtelier, s. m. : artificial denture, false teeth.

Rathke (poche de) : Rathke's pouch, craniobuccal pouch (embryol.).

raticide, s. m. : raticide (any rat-killing substance).

ration, s. f. : ration (fixed allowance of diet).

rationalisme, s. m. : rationalism.

rationnel, adj. : rational, reasonable.

Rau (apophyse de) : Rau's process, long process of the malleus.

raucité, s. f. : raucity, hoarseness.

rauque, adj. : raucous, harsh, hoarse.

ravivement, s. m. : avivement (refreshing the edges of a wound).

Raynaud (maladie ou syndrome de) : Raynaud's disease (trophoneurosis characterized by acroasphyxial attacks culminating in gangrene).

re- : re-, prefix meaning again or back.

réactance, s. f. : reactance; **bobine de -** : reactance coil.

réactif, s. m. : reagent; adj. : reactive.

réaction, s. f. : reaction (1. counteraction; 2. vital response to a stimulus; 3. response to a test; 4. chemical reaction); **- de groupe** : group reaction; **- secondaires** : secondary reactions, side-effects.

réactivation, s. f. : reactivation (serol.).

réactiver, v. : to reactivate.

réactogène, s. m. : allergen; adj. : allergenic.

réadaptation, s. f. : readaptation, rehabilitation.

réagine, s. f. : reagin, antibody.

réanimation, s. f. : intensive care, resuscitation; **unité de -** : intensive care unit.

réanimer, v. : to reanimate, to resuscitate.

Réaumur (thermomètre) : Réaumur's thermometer ($1°$ R $= 1.25°$ C $= 2.65°$ F).

rebord, s. m. : border, brim, edge; **- alvéolaire** : alveolar arch.

rebouteux, s. m. : bone-setter, chiropractor, osteopath.

recalcification, s. f. : recalcification.

Récamier (opération de) : Récamier's operation (curettage of the uterus); **signe de -** : Rovighi's sign (palpable fremitus of hepatic hydatid).

réceptacle, s. m. : receptacle, receptaculum, plur., receptacula (lat.).

récepteur, s. m. : receptor.

réceptivité, s. f. : receptivity, receptiveness, susceptibility; **en état de -** : liable or susceptible to infection.

récessif, adj. : recessive; **caractère -** : recessive characteristic (genet.).

récessus, s. m. : recess, recessus, pl. recessus (lat.); **- hypotympanique** : Kretzshmann's space (middle ear); **- optique** : optic recess; **- pinéal** : pineal recess.

recette, s. f. : recipe, prescription.

receveur, s. m. : recipient; **- universel** : universal recipient (for blood transfusion).

recherche, s. f. : research; **faire des -** : to do research; **- minutieuse** : close or detailed investigation; **- scientifiques** : scientific research; **service de -** : research department.

rechloruration, s. f. : rechloridation.

rechute, s. f. : relapse, set-back, recurrence (return of symptoms of disease shortly after the beginning of convalescence).

récidivant, adj. : relapsing, recurring.

récidive, s. f. : relapse, recurrence, recrudescence.

récidiviste, s. : recidivist (psych., crimin.).

recipe, (lat.) : recipe, symbol R (meaning take; used at the head of a physician's prescription).

récipient, s. m. : container, receptacle, vessel ; **- de condensation** : receiver (chem.).

réciproque, adj. : reciprocal ; **emboîtement -** : enarthrosis, ball-and-socket joint.

Recklinghausen (maladie de) : von Recklinghausen's disease, neurofibromatosis; **maladie osseuse de -** : osteitis fibrosa cystica.

reclassement, s. m. : rehabilitation.

réclinaison, s. f. : reclination, couching (posterior dislocation of the lens; obsolete method of curing cataract).

Reclus (maladie de) : Reclus' disease (painless cystic mastopathy, incorrectly termed chronic cystic mastitis).

recombination, s. f. : recombination (genet.).

recon, s. m. : recon (genet.).

reconnaissance, s. f. : cognition, recognition, noesis (functioning of the mind).

reconstituant, s. m., adj. : reconstituant, restorative, tonic.

récrément, s. m. : recrement (secretion that is reabsorbed after functioning, e.g. saliva).

récriture, s. f. : rewriting.

recrudescence, s. f. : recrudescence.

recrudescent, adj. : recrudescent.

recrutement, s. m. : recruitment (recuperation of hearing above a certain intensity of sound in deafness due to cochear lesions).

rectal, adj. : rectal ; **névralgie -** : rectalgia ; **goutte-à-goutte -** : rectoclysis.

rectalgie, s. f. : rectalgia, proctalgia.

rectification, s. f. : rectification (1. correction, amendment; 2. redistillation).

rectiligne, adj. : 1. rectilinear; 2. morphologically normal.

rectite, s. f. : rectitis, proctitis.

recto- : recto-, prefix meaning relating to the rectum.

rectocèle, s. f. : rectocele, proctocele (hernial protrusion of the rectum into the vagina).

rectococcypexie, s. f. : rectococcypexy, proctococcypexy.

rectocolite, s. f. : rectocolitis, colorectitis (inflammation of the mucosa of both rectum and colon).

rectocolpoplastie, s. f. : proctocolpoplasty (repair of a rectovaginal fistula).

rectocystoplastie, s. f. : proctocystoplasty (repair of a rectovesical fistula).

rectocystotomie, s. f. : rectocystotomy, proctocystotomy (rectovesical approach for removal of vesical calculus).

rectographie, s. f. : photography through a proctoscope.

rectopérinéorraphie, s. f. : rectoperineorrhaphy, proctoperineorrhaphy.

rectopexie, s. f. : rectopexy, proctopexy.

rectophotographie, s. f. : cf., **rectographie.**

rectorragie, s. f. : rectal hemorrhage, proctorrhagia.

rectorraphie, s. f. : rectorrhaphy, proctorrhaphy.

rectoscope, s. m. : rectoscope, proctoscope, rectal speculum.

rectoscopie, s. f. : rectoscopy, proctoscopy.

rectosigmoïdite, s. f. : simultaneous inflammation of the rectum and sigmoid.

rectosigmoïdoscopie, s. f. : proctosigmoidoscopy.

rectotomie, s. f. : rectotomy, proctotomy.

rectum, s. m. : rectum.

recul, s. m. : 1. rebound, recoil; 2. recession.

récurrence, s. f. : recurrence.

récurrent, adj. : recurrent, recurrens (lat.) ; **artère -** : recurrent artery; **fièvre -** : recurrent or relapsing fever.

récurrenthérapie ou **récurrentothérapie,** s. f. : recurrence therapy (inoculation with the treponema of recurrent fever in cases of general paralysis).

récurvé, adj. : recurvate (bent backward).

redistillation, s. f. : redistillation, rectification (of spirit); **appareil de -** : redistillation plant, secondary still.

redondance, s. f. : redundancy.

redondant, adj. : redundant.

redressement, s. m. : redressement (1. correction of a deformity; 2. replacement of a dislocated part; **- forcé** : redressement forcé, forcible correction of a deformity).

réductase, s. f. : reductase, dehydrogenase.

réducteur, s. m. : reducer, reducing agent; adj. : reducing.

réductible, adj. : reducible.

réduction, s. f. : reduction (chem., surg., phot.).

réduplication, s. f. : reduplication; **- des bruits du cœur** : reduplication of the heart sounds.

réduve, s. m. : assassin bug, kissing bug.

redux (lat.) : redux, returning; **chancre -** : chancre redux.

rééducation, s. f. : re-education, rehabilitation.

réfléchi, adj. : reflected; **lumière -** : reflected light; **onde -** : reflected wave.

réflecteur, s. m. : reflector (of light or sound).

réflectivité, s. f. : referred reflex (neurol.).

réflexe, s. m. : reflex; **- abdominal** : abdominal reflex; **- absolu** ou **inconditionnel** : unconditioned reflex; **- achilléen** : Achille's tendon reflex ; **- anal** : anal reflex; **- bicipital** : biceps reflex ; **- bulbo-caverneux** : bulbo-cavernous reflex; **- conditionné** ou **conditionnel** : conditioned reflex ; **- consensuel** : consensual or crossed reflex ; **- cornéen** : corneal reflex; **- crémastérien** : cremasteric reflex, **- cubito-pronateur** : wrist reflex; **- fessier** ou **glutéal** : gluteal reflex; **- de Haab, idéo-moteur** ou **à l'attention** : Haab's pupil reflex; **- osseux, cutané** ou **tendineux** : bone, skin or tendon reflex; **- patellaire** ou **rotulien** : knee jerk, patellar reflex; **- pharyngé** : faucial reflex; **- plantaire** : plantar reflex; **- de préhension** : grasping reflex; **- pupillaire** : pupillary reflex; **- total** ou **masse -** : mass reflex; **- tricipital** ou **olécrânien** : elbow or triceps reflex.

réflexion, s. f. : reflection, reflexion (acoust., opt.).

réflexogène, adj. : reflexogenic (causing or increasing reflex action).

réflexométrie, s. f. : estimation of the strength of a reflex compared with what would be expected in a normal individual.

réflexopathie, s. f. : reflex or remote complications of a lesion.

réflexothérapie, s. f. : reflexotherapy.

reflux, s. m. : reflux, regurgitation.

refoulement, s. m. : repression (psych.).

réfractaire, adj. : refractory.

réfracté, adj. : refracted (opt.); **dose -** : divided (repeated) dose.

réfracter, v. : to refract; **se -** : to be refracted, to suffer refraction.

réfractif, adj. : refractive, refracting.

réfraction, s. f. : refraction (1. act of bending back or refracting; 2. deviation of a ray of light; 3. refractive power of the eye; 4. process of correcting errors of ocular refraction [with glasses]); **indice de -** : refractive index.

réfractomètre, s. m. : refractometer (1. instrument for determining the refraction of the eye; 2. instrument for determining the refractive indices of transparent substances or liquids).

refracture, s. f. : refracture, anaclasia (for resetting a fracture in better alignment).

réfrangibilité, s. f. : refrangibility (opt., phys.).

réfrangible, adj. : refrangible (opt., phys.).

réfrigérant, s. m. : refrigerant (med.), condenser (chem.); **- à reflux** : reflux condenser; adj. : refrigerant, refrigerating, cooling.

réfrigérateur, s. m. : refrigerator; **- à basse température** : deep-freeze.

réfrigération, s. f. : refrigeration.

réfringence, s. f. : refringence, refractivity.

réfringent, adj. : refringent, refracting, refractive.

refroidissement, s. m. : 1. cooling, chilling; 2. a chill, common cold.

refus, s. m. : rejection ; **phénomène tissulaire de -** : tissue rejection (immunol.).

regard, s. m. : gaze, glance, look; **- fixe** : stare.

régénération, s. f. : regeneration.

régénérer, v. : to regenerate.

régime, s. m. : regime, regimen, diet; **- lacté** : milk diet; **être au -** : to be on a diet; **se mettre au -** : to diet oneself; **- sans sel** : salt-free diet.

région, s. f. : region.

régional, adj. : regional.

registre, s. m. : register (1. written official record; 2. pitch and tone of voice).

réglage, s. m. : regulation, setting, timing.

règles, s. f. pl. : courses, menses, periods, menstrua (lat.); **- métastatiques** : menometastasis, vicarious menstruation.

réglisse, s. m. : liquorice, licorice.

regorgement, s. m. : retention overflow (of urine).

régressif, adj. : regressive; **caractère -** : regressive characteristic (genet.).

régression, s. f. : regression, retrograde metamorphosis, retrogression.

régulateur, s. m., adj. : regulator.

régulier, adj. : regular.

régurgitant, adj. : regurgitant.

régurgitation, s. f. : regurgitation.

régurgiter, v. : to regurgitate.

réhabilitation, s. f. : rehabilitation.

réhydratation, s. f. : rehydration.

Reichmann (maladie ou **syndrome de)** : Reichmann's disease, gastrosucorrhea.

Reil (couronne rayonnante de) : Reil's ansa, ansa peduncularis (optic thalamus); **insula de -** : island of Reil; **ruban de -** : band or ribbon of Reil, medial fillet or lemniscus; **sillon de -** : Reil's sulcus.

réimplantation, s. f. : reimplantation, replantation (reinsertion of a drawn tooth into its socket).

rein, s. m. : kidney, ren, pl. renes (lat.); **- artificiel** : artificial kidney; **- flottant** ou **mobile** : floating kidney; **- primordial** : pronephron, pronephros, protonephros; **les -** : the back or loins; **mal aux -** ou **douleur de -** : lumbago; **transplantation de -** : kidney or renal transplant.

réinfection, s. f. : reinfection.

réinoculation, s. f. : reinoculation.

réintégration, s. f. : reintegration; **- sociale** : rehabilitation.

Reissner (membrane de) : Reissner's membrane, membrana vestibularis (inner ear).

Reiter (maladie ou syndrome de) : Reiter's disease (arthritis, conjunctivitis, urethritis and jaundice with intermittent fever not gonococcal).

relâché, adj. : relaxed; **ventre -** : loose bowels.

relâchement, s. m. : relaxation, loosening, slackening, relaxing.

relâcher, v. : to relax, to loosen; **se -** : to abate (fever), to become relaxed.

relation, s. f. : relation, connection.

relaxation, s. f. : relaxation.

relaxé, adj. : relaxed.

relaxer, v. : to relax; **se -** : to be or become relaxed.

releveur, s. m., adj. : levator (anat., surg.); **- de l'anus** : levator ani; **- de paupière** : eyelid retractor (surg.).

reliquat, s. m. : residual symptom.

reluxation, s. f. : reluxation, redislocation.

rem, s. m. : rem (initials of rad equivalent [for] man).

Remak (fibres de) : Remak's fibers, nonmedullated nerve fibers; **fibrilles des fibres de -** : Remak's fibrils; **syndrome de -** : Remak's palsy (arm).

remboîtement, s. m. : setting (fracture).

remède, s. m. : remedy, cure; **administrer un - à quelqu'un** : to give someone a dose of medicine; **- de charlatan** : nostrum, quack remedy; **- guérit-tout** : cure-all, panacea; **- héroïque** : kill-or-cure remedy; **- secret** : patent medicine.

remédier, v. : to remedy, to cure, to make better.

rémission, s. f. : remission, abatement.

rémittence, s. f. : remission, abatement.

rémittent, adj. : remittent.

remontant, s. m. : stimulant, tonic; adj. : stimulating, stimulant, tonic.

remplaçant, s. m. : substitute; **- d'un médecin** : locum tenens.

rénal, adj. : nephric; **atonie -** : nephratonia, nephratony; **calcul -** : renal calculus, nephrolith, kidney stone; **congestion -** : nephremia; **contraction -** : nephromeiosis, nephromiosis; **dilatation -** : nephrectasia, nephrectasy; **hémorragie -** : nephrorrhagia; **hypertrophie -** : nephrauxe, nephrohypertrophy, nephromegaly; **induration -** : nephrosclerosis; **insuffisance -** : renal insufficiency; **maladie -** : nephropathy, renal disease; **œdème -** : nephredema; **tumeur -** : renal tumor; **ulcération -** : nephrelcosis, ulceration of the kidney.

renaturation, s. f. : renaturation (genet.).

rendement, s. m. : yield.

Rendu-Osler (maladie de) : Rendu-Osler-Weber's disease (familial epistaxis and telangiectasia).

renflement, s. m. : bulging, swelling, enlargement; **- cervical** : cervical enlargement; **- lombaire** : lumbar enlargement (spinal cord).

renforçage, s. m. : intensification (phot.).

renforçateur, s. m. : 1. amplifier, magnifier (phys.); 2. intensifier (phot.).

renforcement, s. m. : 1. renforcement, strengthening; 2. intensifying, reinforcing (phys.); intensification (phot.).

renforcer, v. : 1. to reinforce, strengthen; 2. to reinforce, amplify, magnify (phys.); 3. to intensify (phot.); 4. to boost (bacter.).

reniflement, s. m. : sniffing, snivelling, snuffling.

réniforme, adj. : reniform, kidney-shaped.

rénine, s. f. : renin.

rénitence, s. f. : renitency, assistance.

renitent, adj. : renitent, resistant.

rénotrope, adj. : renotropic.

renversé, s. m. : reversed bandage.

renvoi, s. m. : belch, eructation.

réovirus, s. m. : reovirus, virus ECHO-10.

rep, s. m. : rep (initial of « röntgen equivalent physical »).

réparti au hasard : randomized, ramdomly distributed.

repas, s. m. : repast, meal; **- d'épreuve** : test meal; **- fictif** : sham feeding.

répercussion, s. f. : repercussion.

repiquage ou **repiquement,** s. m. : explanting, transplanting (tissu culture); subculturing (bacter.).

repiquer, v. : to subculture.

replantage ou **replantement,** s. m. : reimplantation (odont.).

réplétion, s. f. : 1. repletion, surfeit (of food); 2. corpulence, plethora.

repli, s. m. : fold, recess, recessus (lat.); **- iléoappendiculaire** : Treves' bloodless fold (anat., surg.).

réplicase, s. f. : replicase (genet.).

réplicon, s. f. : replicon, duplicon (genet.).

repliement, s. m. : marsupialization (opening a cyst and suturing its cut edges to those of the open wound to encourage granulation).

repolarisation, s. f. : repolarization (return of polarity in cardiac muscle).

repos, s. m. : rest.

reposition, s. m. : reposition.

répresseur, adj. : repressor (genet.).

répressible, adj. : repressible (genet.).

répression, s. f. : repression (genet.).

réprimé, adj. : repressed (genet.).

reproducteur, adj : reproducing, reproductive; **organes -** : reproductive organs.

reproductif, adj. : reproductive.

reproduction, s. f. : reproduction, breeding; **- asexuée** : asexual reproduction; **- endogène** : endogenous reproduction; **- sexuée** : sexual reproduction.

répulsif, adj. : repulsive, repelling, repellent.

répulsion, *adj.* : repulsion (1. act of driving back *or* apart; 2. force which tends to keep *or* drive two bodies apart).

réseau, *s. m.* : 1. net, network, plexus, rete, pl. retia *(lat.)*; **- de Haller** *ou* **testiculaire** : rete halleri, rete testis; 2. diffraction grating *(opt.)*.

résection, *s. f.* : resection *(surg.)*.

réséquer, *v.* : to resect *(surg.)*.

réserve, *s. f.* : reserve; **- alcaline** : alkali reserve, alkaline reserve.

réservoir, *s. m.* : reservoir, storage tank; **- d'infection** : reservoir of infection; **- de Pecquet** : Pecquet's reservoir, receptaculum chyli.

résidu, *s. m.* : residue, remainder *(math.)*, residuum *(chem.)*; **- fœtal** : embryogenic rest.

résiduaire, *adj.* : residual.

résiduel, *adj.* : residual.

résine, *s. f.* : resin, colophony; **- acrylique** : acrylic resin; **- échangeuse d'ions** : ion exchange resin.

résineux, *adj.* : resinous; **emplâtre -** : adhesive plaster.

résinoïde, *adj.* : resinoid.

résistance, *s. f.* : resistance; **bobine de -** : resistance coil; **- de champ** : field resistance *(electr.)*; **facteur de -** : resistance factor, R-factor *(genet.)*; **facteur de transfert de la -** : resistance transfer factor, RTF *(genet.)*.

résistant, *adj.* : résistant; **acido -** : acid-fast, acid-proof.

résistivité, *s. f.* : resistivity *(electr.)*.

résolutif, *s. m., adj.* : resolvent.

résolution, *s. f.* : resolution.

résorber, *v.* : to resorb.

résonance, *s. f.* : resonance *(med., phys.)*.

résorcine, *s. f.* : resorcin *(chem.)*.

résorption, *s. f.* : resorption.

respirable, *adj.* : respirable, breathable.

respirant, *adj.* : respiring, breathing.

respirateur, *s. m.* : respirator; *adj.* : respiratory; **- automatique** iron-lung.

respiration, *s. f.* : respiration, breathing; **- assistée** : artificial respiration; **- de Cheyne-Stokes** : Cheyne-Stokes' respiration, tidal breathing; **avoir la - coupée** : to be short; of breath; **avoir la - difficile** : to breathe with difficulty; **- saccadée** : cogwheel, interrupted *or* jerky respiration; **- sibilante** : hissing respiration.

respiratoire, *adj.* : respiratory, breathing; **appareil -** : breathing apparatus.

respirométrie, *s. f.* : measurement of the respiratory exchanges of cells *or* micro-organisms in culture.

ressentir les effets d'une maladie : to feel the effects of an illness.

resserrement, *s. m.* : constriction, contraction, tightening.

ressuscitation, *s. f.* : resuscitation.

ressusciter, *v.* : to resuscitate, to revive.

reste, *s. m.* : rest, remainder, remnant; **- embryonnaire** : embryonic rest.

resténose, *s. f.* : recurrence of stenosis.

restiforme, *adj.* : restiform, rope-like; **corps -** : restiform body, restibrachium, restis *(lat.)*.

restitution, *s. f.* : restitution, restoration, restitutio *(lat.)*; **- complète** : complete return to health, restitutio ad integrum *(lat.)*.

restriction, *s. f.* : restriction, limitation, restraint; **- sensorielle** : loss of sensation.

résumé, *s. m.* : summary.

résupiné, *adj.* : resupinate, inverted *(bot.)*.

résurgence, *s. f.* : recruitment (increase to maximal strength of a reflex under uniform prolonged stimulation).

rétablir, *v.* : to restore; **- un malade** : to restore a patient to health; **se -** : to revover.

rétablissement, *s. m.* : recovery.

retard, *s. m.* : retardation; **- de croissance** : delayed development, underdevelopment; **pénicilline -** : depot penicillin.

retardateur, *s. m.* : retarder, restrainer *(phot.)*; *adj.* : retarding, retardative.

retardement, *s. m.* : delay, hinderance, retardation.

rete testis *(lat.)* : rete testis, rete halleri.

rétention, *s. f.* : retention; **- des règles** : retention of menses (due to atresia of the vagina *or* imperforate hymen); **- d'urine** : retention of urine.

rétentionniste, *s. m.* : patient suffering from retention of urine.

réticulaire, *adj.* : reticular; **couche -** : reticular layer, rete malpighii, rete mucosum.

réticule, *s. m.* : reticle *(opt.)*.

réticulé, *adj.* : reticulate, reticulated, reticular, reticulose; **tissu -** : reticulum, reticular tissue.

réticulémie, *s. f.* : presence of normal *or* pathological reticuloendothelial cells in the blood.

réticulide, *s. f.* : cutaneous manifestation of reticuloendotheliosis.

réticulite, *s. f.* : 1. reticulitis (inflammation of the reticulum of a ruminant); 2. inflammation of the reticuloendothelial system; 3. the reticular appearance seen in skiagrams of perilobulitis.

réticulocyte, *s. m.* : reticulocyte.

réticulocytopénie, *s. f.* : reticulocytopenia.

réticulocytose, *s. f.* : reticulocytosis, reticulosis (excess of reticulocytes in the blood).

réticulo-endothélial, *adj.* : reticuloendothelial; **système -** : reticuloendothelial system.

réticulo-endothéliome, *s. m.* : reticuloendothelioma.

réticulo-endothéliosarcome, *s. m.* : cf., **réticulo-sarcome.**

réticulo-endothéliose, *s. f.* : reticuloendotheliosis, histiocytomatosis.

réticulo-endothélium, *s. m.* : reticuloendothelium.

réticulogranulomatose, s. f. : general term for lipoid granulomatoses (including xanthomatoses, Letterer-Siwe's disease, Hand-Schuller-Christian's disease, etc.).

réticulohistiocytaire, adj. : reticulohistiocytary; **système -** : reticuloendothelial system.

réticulopathie, s. f. : any disease of the reticulo-endothelial system.

réticulosarcome, s. m. : reticulosarcoma, reticulum cell sarcoma.

réticulose, s. f. : cf., 1. **réticulo-endothéliose;** 2. **réticulogranulomatose.**

réticulotrope, adj. : having affinity for the reticulo-endothelial system.

réticulum, s. m. : reticulum (1. a network [particularly of intercellular or intracellular fibers]; 2. the second stomach of ruminants).

rétinacle, s. m. : retinaculum (1. a small ligament; 2. tenaculum forceps).

rétine, s. f. : retina; **anémie de la -** : retinal ischemia; **- cilio-rétinienne** : pars ciliaris retinae; **décollement de la -** : detachment of the retina; **œdème de la -** : edema of the retina, albedo retinae; **hémorragie de la -** : retinal apoplexy, retinal haemorrhage.

rétinien, adj. : retinal; **image -** : retinal image; **pourpre -** : retinal or visual purple, rhodopsin.

rétinite, s. f. : retinitis; **- albuminurique** : albuminuric retinitis; **- diabétique** : diabetic or glycosuric retinitis; **- pigmentaire** : retinitis pigmentosa; **- syphilitique** : syphilitic retinitis.

rétinoblastome, s. m. : retinoblastoma, neuroepithelioma.

rétinocytome, s. m. : retinocytoma, glioma of the retina.

rétinopathie, s. f. : retinopathy.

rétinoscopie, s. f. : retinoscopy, skiametry.

rétinose, s. f. : retinosis (non inflammatory degenerative disease of the retina).

retorte, s. f. : retort (chem.), still.

rétothéliose, s. f. : cf., **réticulo-endothéliose.**

rétothéliosarcome, s. m. : cf., **réticulosarcome.**

retourné, s. m. : cf., **renversé.**

rétracter, v. : to retract; **se -** : to be retracted, to retract.

rétracteur, s. m. : retractor (surg.); adj. : retracting retrahens (lat.); **muscle -** : retractor; **muscle - de l'oreille** : retrahens aurem.

rétractile, adj. : retractile.

rétractilité, s. f. : retractility.

rétraction, s. f. : retraction, shrinkage.

retraite, s. f. : retirement.

rétrécissement, s. m. : narrowing, stricture; **- fonctionnel** : functional or spasmodic stricture; **- perméable** : permeable or passable stricture; **- de la pupille** : contraction of the pupil; **- valvulaire** : valvular stenosis.

rétro- : retro-, prefix meaning back, backward or behind.

rétro-action, s. f. : feed-back; **- rétracté** : delayed feed-back.

rétroclaviculaire, adj. : retroclavicular.

rétrocolis, s. m. : retrocollis ,wryneck with retraction of the head.

rétrodéviation, s. f. : retrodeviation, retrodisplacement (backward displacement).

rétrodural, adj. : retrodural (anat.).

rétroflexion, s. f. : retroflexion.

rétrognathie, s. f. : retrognathia (morph.).

rétrograde, adj. : retrograde.

rétrolisthésis, s. m. : backward displacement of a vertebra, usually associated with a lumbar disc lesion or « slipped disc ».

rétropéritonite, s. f. : retroperitonitis.

rétropharyngien, adj. : retropharyngeal; **espace -** : retropharynx.

rétropituitrine, s. f. : cf., **pituitrine.**

rétropneumopéritoine, s. m. : retropneumoperitoneum (induced by injection of gas to improve contrast in radiography of viscera).

rétroposition, s. f. : retroposition (1. backward displacement; 2. reposition; **- de l'utérus** : retroposition of the uterus [without flexion or version]).

rétroprotubérantiel, adj. : postpontile (anat.).

rétropulsion, s. f. : retropulsion (1. pushing back the fetal head during labor; 2. tendency to walk backward, as in tabetics).

rétrosellaire, adj. : retrosellar (behind the sella turcica).

rétrotraction, s. f. : involuntary contraction of the lumbar muscles in parkinsonism.

rétrotubérite, s. f. : inflammation of the pharyngeal mucosa behind the orifices of the eustachian tubes.

rétroversion, s. f. : retroversion; **- de l'utérus** : retroversion of the uterus.

Retzius (cavité de) : Retzius' space, cave of Retzius (anat.).

réunion, s. f. : reunion, union; **- par première** ou **par deuxième intention** : healing by first or by second intention.

Reverdin (aiguille de) : Hagedorm needle.

Reverdin (greffe de) : Reverdin's method of skin-grafting.

réverser, v. : to revert (genet.).

réversibilité, s. f. : reversibility.

réversible, adj. : reversible.

réversion, s. f. : reversion (1. return to a previous condition; 2. appearance of characteristics inherited from a remote ancestor).

revêtement, s. m. : integument.

révision chirurgicale : Wangensteen's second look operation (for detection of recurrent tumors).

revivification, s. f. : revivification (surg., psych.).

reviviscence, *s. f.* : reviviscence (*zool., immunol.*).

révulsif, *s. m., adj.* : revulsive, revulsant, counter-irritant.

révulsion, *s. f.* : revulsion, counter-irritation.

Rh (facteur), : Rh factor, rhesus factor (*hematol., immunol.*).

Rhabditis, *s. m.* : *Rhabditis* (minute nematode occasionally parasitic for man).

rhabdoïde, *adj.* : rhabdoid, rhabditiform, rod-shaped.

rhabdomyoblastome, *s. m.* : rhabdomyoblastoma.

rhabdomyolyse récurrente : idiopathic paroxysmal myoglobinuria.

rhabdomyome, *s. m.* : rhabdomyoma.

rhabdomyosarcome, *s. m.* : rhabdomyosarcoma.

rhagade, *s. f.* : rhagades (fissures in the skin).

rhénium, *s. m.* : rhenium.

rhéo- : rheo-, prefix meaning relating to a current.

rhéobase, *s. f.* : rheobase (minimum potential for stimulation).

rhéogramme, *s. m.* : rhéogram (record obtained with a rheograph).

rhéographe, *s. m.* : rheograph (instrument for recording changes in electric conductivity in body tissues and organs).

rhéographie, *s. f.* : rheography (recording with a rheograph).

rhéologie, *s. f.* : rheology (study of the flow of liquids).

rhéomètre, *s. m.* : rheometer (1. flowmeter; 2. galvanometer).

rhéophore, *s. m.* : rheophore, electrode.

rhéostat, *s. m.* : rheostat, variable resistance (*electr.*); **- de champ** : field rheostat.

rhéotaxie, *s. f.* : rheotaxis (reaction of a body to changes in flow of the fluid in which it floats).

rhéotome, *s. m.* : rheotome, interrupter (*electr.*).

rhéotrope, *s. m.* : rheotrope (reversing switch).

Rhésus, *s. m.* : Rhesus, rhesus monkey; **facteur -** : rhesus *or* Rh factor.

rhétinolé, *s. m.* : external medicament with a resinous base.

rhin- : rhin-, rhino, prefix meaning pertaining to the nose.

rhinalgie, *s. f.* : rhinalgia, rhinodynia (pain in the nose).

rhinencéphale, *s. m.* : rhinencephalon (olfactory brain).

rhinion, *s. m.* : rhinion (lower end of the suture between the nasal bones).

rhinite, *s. f.* : rhinitis; **- aiguë** : acute rhinitis, common cold; **- atrophiante, atrophique** *ou* **chronique fétide** : atrophic rhinitis, ozena; **- chronique hypertrophique** : chronic catarrhal (hypertrophic rhinitis).

rhino- : *cf.,* **rhin-.**

rhinodynie, *s. f.* : rhinodynia.

rhinœdème, *s. m.* : rhinedema, dropsy of the nose.

rhinohydrorrhée, *s. f.* : rhinorrhea.

rhinolalie, *s. f.* : rhinolalia, rhinophonia (nasal voice); **- fermée** : rhinolalia clausa (due to narrowness of the nares); **- ouverte** : rhinolalia aperta *or* open rhinolalia (due to wide posterior nares).

rhinolithe, *s. m.* : rhinolith, nasal calculus.

rhinologie, *s. f.* : rhinology; **spécialiste en -** : rhinologist.

rhinologique, *adj.* : rhinologic, rhinological.

rhinométrie, *s. f.* : measurement of the nose and nasal passages.

rhinomycose, *s. f.* : rhinomycosis (fungal infection of the nose).

rhinopathie, *s. f.* : rhinopathia, rhinopathy (any disease of the nose).

rhinopharynx, *s. m.* : rhinopharynx, nasopharynx.

rhinopharyngite, *s. f.* : rhinopharyngitis, nasopharyngitis.

rhinophonie, *s. f.* : rhinophonia, rhinolalia.

rhinophyma, *s. m.* : rhinophyma.

rhinoplastie, *s. f.* : rhinoplasty (*surg.*).

rhinoplastique, *adj.* : rhinoplastic.

rhinoréaction, *s. f.* : rhinoreaction, Moeller's reaction (nasal tuberculin test).

rhinorragie, *s. f.* : rhinorrhagia, epistaxis, nose-bleeding.

rhinorraphie, *s. f.* : rhinorrhaphy.

rhinorrhée, *s. f.* : rhinorrhea, rhinorrhoea.

rhinosalpingite, *s. f.* : rhinosalpingitis.

rhinosclérome, *s. m.* : rhinoscleroma.

rhinoscope, *s. m.* : rhinoscope, nasoscope, nasal speculum.

rhinoscopie, *s. f.* : rhinoscopy; **- postérieure** : pharyngorhinoscopy.

rhinosinusite, *s. f.* : nasosinusitis, sinusitis (inflammation of the nasal sinuses).

rhinosporidiose, *s. f.* : rhinosporidiosis.

rhinotomie, *s. f.* : rhinotomy.

rhinovirus, *s. m.* : rhinovirus.

rhizalyse, *s. f.* : spontaneous resorption of a tooth root by lytic phagocytic action.

rhizarthrose, *s. f.* : arthrosis of the root of a digit.

rhizo- : rhizo-, prefix meaning root.

rhizoïde, *adj.* : rhizoid, rhizoidal, root-like.

rhizome, *s. m.* : rhizome (*bot.*), root.

rhizomélique, *adj.* : rhizomelic (involving the root of a limb *i.e.*, hip *or* shoulder).

rhizomère, *s. m.* : cutaneous region supplied by a spinal root ganglion and nerves.

rhizopode, *s. m.* : rhizopod (protozoon of subclass Rhizopoda, including the amebae).

rhizotomie, *s. f.* : rhizotomy (section of the posterior nerve roots).

rhodium, *s. m.* : rhodium.

rhodonychie, s. f. : redness of the nails.

rhombencéphale, s. m. : rhombencéphalon, hind-brain (embryol.).

rhomboïdal, adj. : rhomboidal.

rhomboïde, s. m., adj. : rhomboid; **muscle -** : rhomboid muscle.

rhonchus, s. m. : rhoncus, rale (cf., **râle**).

rhotacisme, s. m. : rhotacism (incorrect utterance of « r » sounds).

rhumatisant, s. m., adj. : rheumatic.

rhumatismal, adj. : rheumatismal, rheumatic; **diathèse -** : rheumatic diathesis; **douleur -** : rheumatalgia; **fièvre -** : rheumatic fever.

rhumatisme, s. m. : rheumatism; **- articulaire** : rheumatoid arthritis, rheumatic gout; **- articulaire aigu** : rheumarthritis, acute articular rheumatism; **- blennorragique** : gonorrheal rheumatism; **- chronique** : chronic rheumatism; **- déformant** : rheumatoid arthritis; **- de Poncet** : tuberculous rheumatism.

rhumatoïde, adj. : rheumatoid.

rhumatologie, s. f. : rheumatology.

rhume, s. m. : cold, common cold, rheum; **- de cerveau** : cold in the head; **- des foins** : hay fever; **- de poitrine** : cold on the chest (vernac.).

rhus, s. m. : rhus toxicodendron, poison ivy (bot., toxicol.).

rhytidose, s. f. : rhytidosis, rutidosis (1. premature wrinkling of the skin; 2. wrinkling of the cornea [sign of impending death]).

riboflavine, s. f. : riboflavin, lactoflavin (obs.), vitamin B₂.

ribonucléase, s. f. : ribonuclease.

ribonucléique (acide), RNA : ribonucleic acid, RNA.

ribonucléotide, s. f. : ribonucleotide.

ribosome, s. m. : ribosome.

ricin, s. m. : ricinus (bot.), castor oil plant; **huile de -** : castor oil, purgative oil (U.S.), ricini oleum (pharm.).

ricine, s. f. : ricin (poisonous albumin of castor oil seeds).

rickettsie, s. f. : rickettsia (microorganism of genus Rickettsia).

rickettsiémie, s. f. : rickettsemia.

rickettsiose, s. f. : rickettsiosis (any rickettsial disease); **- vésiculeuse** : rickettsial pox.

ricochet, s. m. : ricochet, rebound.

Ricord (chancre de) : Ricord's chancre (parchment-like initial lesion of syphilis).

rictus, s. m. : rictus, gape (vertical width of the open mouth).

ride, s. f. : wrinkle, ruga, plur. rugae (lat.); **- du vagin** : rugae vaginales.

rideau (signe du) : curtain-like displacement of the posterior pharyngeal wall toward the sound side, in unilateral paralysis of the superior constrictor muscle, in response to local stimulation.

Rieder (cellule de) : Rieder's cell (lymphoblast with a notched or lobulated nucleus).

riedériforme, adj. : resembling a Rieder's cell.

Rieux (hernie de) : Rieux's hernia, retrocecal hernia.

Rift (fièvre de la vallée du) : Rift valley fever (enzootic viral hepatitis).

Riga (maladie de) : Riga's disease (diphtheroid aphthous ulceration of the frenum of the tongue).

rigide, adj. : rigid, tense.

rigidité, s. f. : rigidity, rigidness, stiffness, tenseness, rigiditas (lat.); **- cadavérique** : cadaveric rigidity, rigor mortis.

rigor, s. m. : rigor, shivering, chill.

Ringer (solution de) : Ringer's solution.

Rinne (épreuve de) : Rinne's test (acoustic test).

Riolan (arcade de) : Riolan's arch (mesenteric arch of the mesocolon); **muscle de -** : Riolan's muscle (ciliary portion of the orbicularis palpebrarum).

rire, s. m. : laugh, laughter, risus (lat.); **- cynique ou sardonique** : risus sardonicus (distorted grin seen in tetanic spasms).

Ritter (maladie de) : Ritter's disease, dermatitis exfoliativa infantum.

rivalité, s. f. : rivalry, competition.

Rivalta (épreuve de) : Rivalta's test (for differentiating exsudate from transudate).

Rivinus (canal de) : canal or duct of Rivinus (the smaller of the sublingual ducts).

riz, s. m. : rice.

riziforme, adj. : riziform (like grains of rice); **selles -** : rice-water stools.

RNA : RNA, ribonucleic acid.

rob, s. m. : rob (fruit jelly or syrup, sometimes used as excipient).

Robert (bassin de) : Robert's pelvis (transversely contracted doubly synosteotic pelvis).

robinet, s. m. : cock, tap; **- d'arrêt** : stop-cock; **- à soupape** : screw valve; **- à trois voies** : three-way cock.

roboratif, s. m., adj. : roborant, tonic (pharm.).

rocher, s. m. : petrous portion of the temporal bone, petrous bone, petrosa (lat.).

rœntgen, s. m. : roentgen or röntgen international unit of X- or γ-radiation.

rœntgenisation, s. f. : cf., **rœntgenthérapie.**

rœntgenogramme, s. m. : roentgenogram, röntgenogram, skiagram.

rœntgenographie, s. f. : roentgenography, röntgenography, skiagraphy.

rœntgenologie, s. f. : roentgenology, röntgenology.

rœntgenométrie, s. f. : roentgenometry, röntgenometry.

rœntgenoscopie, s. f. : roentgenoscopy, röntgenoscopy, fluoroscopy.

rœntgenthérapie, s. f. : roentgenotherapy, röntgenotherapy, röntgentherapy.

Roger (maladie de) : Roger's disease (congenital persistent opening between the ventricles of the heart).

Rokitansky-Fredrichs (maladie de) : Rokitansky's disease (acute yellow atrophy of the liver).

rolandique, *adj.* : rolandic (described by Rolando).

Rolando (scissure de) : fissure of Rolando, rolandic fissure, sulcus centralis; **substance gélatineuse de -** : Rolando's gelatinous substance, substantia gelatinosa (of the spinal cord).

Romberg (maladie de) : Romberg's disease, or trophoneurosis, facial hemiatrophy; **signe de -** : Romberg's sign (1. for tabes; 2. for obturator hernia).

ronchus, *s. m.* : rhoncus, coarse rale.

ronflant, *adj.* : snoring; **râle -** : sonorous rale.

ronflement, *s. m.* : snore, snoring.

rongeur, *s. m., adj.* : rodent; **ulcère -** : rodent ulcer.

ronron, *s. m.* : purr, purring.

röntgen, *s. m.* : cf., **roentgen.**

rosace, *s. f.* : roset, rosette, spireme.

rosacée, *s. f.* : cf., **acné rosacée.**

Rose (position de) : Rose's position (head hanging back over the end of the table).

Rosenbach (maladie de) : Rosenbach's disease, Heberden's nodes (painful nodular swelling of the last interphalangeal joints); **signes de -** : Rosenbach's signs (1. loss of abdominal reflex in enteritis; 2. tremor of the closed eyelids in exophthalmic goiter) ; **syndrome de -** : Rosenbach's syndrome (paroxysmal tachycardia with gastric and respiratory complications).

Rosenmüller (fossette de) : Rosenmüller's fossa (behind the pharyngeal opening of the eustachian tubes); **organe de -** : Rosenmüller's organ, parovarium; **valvule de -** : Rosenmüller's valve (at junction of the lacrimal duct with the lacrimal sac).

Rosenthal (canal spiral de) : Rosenthal's canal (spiral canal of the modiolus).

roséole, *s. f.* : roseola; **- épidémique** : rubeola (1. measles; 2. rubella).

Roser-Braun (signe de) : Roser-Braun's sign (absence of pulsation of the dura in cases of intracerebral abscess or tumour).

Roser-Nélaton (ligne de) : Roser-Nélaton's line, Nélaton's line (from the anterior superior iliac spine to the ischial tuberosity).

Rossbach (maladie de) : Rossbach's disease, paroxysmal hyperchlorhydria.

rossignol des tanneurs : tanner's ulcer, chrome ulcer.

Rossolimo (réflexe ou signe de) : Rossolimo's reflex or sign (plantar flexion of the toes in response to stimulation of their plantar surfaces; sign of lesion of the pyramidal tracts).

rostral, *adj.* : rostral, beak-like.

rostre, *s. m.* : beak, rostrum *(lat.).*

rostré, *adj.* : rostrate, beaked (having a beak-like process).

rostriforme, *adj.* : rostriform (shaped like a beak).

rot, *s. m.* : belch, eructation.

rotatif, *adj.* : rotative, rotary, rotating.

rotation, *s. f.* : rotation.

rotatoire, *adj.* : rotatory, rotary; **diarthrose -** : pivot or rotary joint; **pouvoir -** : rotatory capacity or power.

Rotch (signe de) : Rotch's sign (dullness in the fifth right intercostal space in pericardial effusion).

rotule, *s. f.* : kneecap, patella, rotula *(lat.).*

rotulien, *adj.* : rotular, patellar.

roue, *s. f.* : wheel; **- dentée** : cogwheel; **phénomène de la -** : cogwheel movement.

rouge, *adj.* : red, ruber *(lat.)*; **noyau - de Stilling** : Stilling's nucleus, red nucleus.

Rouge (opération de) : Rouge's operation (on nasal cavities).

rougeole, *s. f.* : measles, morbili, rubeola.

rouget, *s. m.* : chigger, harvest mite, red mite; **- du porc** : swine-erysipelas.

rougeur, *s. f.* : blush, flush, redness, rubedo *(lat.)*; **couvert de -** : blotchy.

Rougnon-Heberden (maladie de) : Rougnon-Heberden's disease, angina pectoris.

rouille, *s. f.* : rust (1. ferric oxide or hydroxide; 2. fungus disease of plants).

rouleur, *s. m.* : roller-drum (for tissue culture).

Roux (sérum de) : Roux's serum, antitetanic serum.

ruban, *s. m.* : ribbon, band; **- de Reil latéral** : lateral fillet or lateral lemniscus; **- de Reil médian** : medial fillet; **- de Vicq d'Azyr** : Vicq d'Azyr's band *(anat.).*

rubéfaction, *s. f.* : rubefaction.

rubéfiant, *s. m., adj.* : rubefacient.

rubéole, *s. f.* : rubella, epidemic roseola, German measles; **- scarlatiniforme** : rubella scarlatinosa, Dukes' disease, fourth disease.

rubéoleux, *adj.* : suffering from rubella.

rubéoliforme, *adj.* : resembling rubella.

rubescent, *adj.* : rubescent.

rubidium, *s. m.* : rubidium.

rubigine, *s. f.* : hemosiderin.

rubigineux, *adj.* : rubiginous, rusty, rust-coloured.

Rubin (méthode de) : Rubin's test (transuterine insufflation of the fallopian tubes with carbon dioxide).

rubrocérébelleux, *adj.* : cerebellorubrospinal.

rudiment, *s. m.* : rudiment, rudimentum, *pl.* rudimenta *(lat.).*

rudimentaire, *adj.* : rudimentary.

rue, *s. f.* : rue *(bot., pharm.)* (abortifacient and emmenogogue).

rugine, *s. f.* : rugine, raspatory, periosteal rasp.

rugosité, *s. f.* : rugosity, corrugation, wrinkle.

rugueux, *adj.* : rugose, rugous, corrugated, wrinkled.

Ruhmkorff (bobine de) : Ruhmkorff's coil *(electr.)*.

rumen, *s. m.* : rumen, paunch (first stomach of ruminants).

ruminant, *s. m., adj.* : ruminant.

rumination, *s. f.* : rumination, merycism.

Rumpel-Leede (phénomène de) : Rumpel-Leede sign (of capillary fragility).

rupia, *s. m.* : rupia (bullous eruption with formation of large dirty-brown crusts).

rupophobie, *s. f.* : rupophobia (morbid fear of dirtiness).

rupture, *s. f.* : rupture, break, fracture.

Russell (corpuscules de) : Russell's bodies (fuchsinophil inclusion bodies, probably degenerating plasma cells).

rut, *s. m.* : rut; **saison du -** : rutting season, breading season; **être en -** : to rut, to lust (male animals); to be in heat (female animals).

ruthénium, *s. m.* : ruthenium.

rutine or **rutoside,** *s. f.* : rutin (vitamin P).

rythme, *s. m.* : rhythm.

rythmique, *adj.* : rhythmic.

S

sable, *s. m.* : 1. sand; **bain de -** : sand bath (*chem.*); 2. gravel (urinary deposit).

sableux *ou* **sablonneux**, *adj.* : sandy.

saburral, *adj.* : saburral; **langue -** : coated tongue.

saburre, *s. f.* : saburra (grittiness of the tongue and teeth; sign of indigestion).

sac, *s. m.* : 1. sac, pouch, saccus (*lat.*); **- conjonctival** : conjunctival sac; **- herniaire** : hernial sac; **- lacrymal** : lacrimal *or* lachrymal sac; **- vitellin** : vitelline *or* yolk sac; 2. bag, pouch, sack; **- à glace** : ice-bag.

saccadé, *adj.* : jerky; **respiration -** : cog-wheel respiration.

saccharide, *s. m.* : saccharide.

saccharifère, *adj.* : sacchariferous.

saccharification, *s. f.* : saccharification.

saccharimètre, *s. m.* : saccharimeter, saccharometer.

saccharimétrie, *s. f.* : saccharimetry.

saccharine, *s. f.* : saccharin.

saccharocorie, *s. f.* : saccharocoria (abhorrence of sugar).

saccharolé, *s. m.* : medicine with a sugar base, saccharate (*pharm.*).

Saccharomyces, *s. m.* : *Saccharomyces*, yeast; **- albicans** : *S. albicans*, *Candida albicans* (fungus of thrush); **- cerevisiæ** : *S. cerevisiae*, brewers yeast.

saccharomycète, *s. f.* : *cf.*, **Saccharomyces.**

saccharomycose, *s. f.* : saccharomycosis.

saccharose, *s. m.* : saccharose, sucrose, sugar (cane- *or* beet-).

saccharosurie, *s. f.* : saccharosuria, sucrosuria.

saccharure, *s. m.* : saccharate made with coloured sugar.

sacciforme, *adj.* : sacciform, saccular, bag-shaped.

sacculaire, *adj.* : saccular.

saccule, *s. m.* : 1. saccule, small sac, sacculus (*lat.*); 2. saccule, sacculus, vestibularis *or* proprius, statocyst.

Sachs-Georgi (réaction de) : Sachs-Georgi's reaction (precipitation test for the diagnosis of syphilis).

sacralgie, *s. f.* : sacralgia.

sacralisation, *s. f.* : sacralization (fusion of the fifth lumbar vertebra with the sacrum).

sacré, *adj.* : sacral.

sacro- : sacro-, prefix meaning sacral.

sacroantérieur, *adj.* : sacro-anterior.

sacrococcygien, *adj.* : sacrococcygeal.

sacrocoxalgie, *s. f.* : sacrocoxalgia.

sacro-iliaque, *adj.* : sacro-iliac; **symphyse -** : sacro-iliac synchondrosis.

sacrolisthésie, *s. f.* : sacrolisthesis (condition in which the sacrum slides in front of the fifth lumbar vertebra).

sacrolombaire, *adj.* : sacrolumbar.

sacrolombalisation, *s. f.* : sacralization and lumbarization.

sacrosciatique, *adj.* : sacrosciatic.

sacrospinal, *adj.* : sacrospinal.

sacrovertébral, *adj.* : sacrovertebral; **angle -** : sacrovertebral angle.

sacrum, *s. m.* : sacrum; **- basculé** : sacrolisthiasis.

sactosalpinx, *s. m.* : sactosalpinx, hydrosalpinx.

sadique, *s. m.* : sadist; *adj.* : sadistic.

sadisme, *s. m.* : sadism.

Sœmisch (ulcère de) : Saemisch's ulcer (infectious serpiginous ulcer of the cornea).

sage-femme, *s. f.* : midwife.

sagittal, *adj.* : sagittal; **suture -** : sagittal suture, rhabdoid suture.

saignée, *s. f.* : bleeding, blood-letting; **faire une - à quelqu'un** : to bleed someone.

saignement, *s. m.* : bleeding; **- de nez** : epistaxis; **temps de -** : Duke's test.

saigner, *v.* : to bleed, to draw *or* take blood; **- à blanc** : to bleed white, to bleed to death; **- quelqu'un** : to bleed someone.

saillant, *adj.* : projecting, protruding, bulging; **dents -** : projecting teeth, prominent teeth.

saillie, *s. f.* : protrusion ; **menton qui fait - :** protruding chin.

sain, *adj.* : 1. fit, healthy, sound; 2. sane; **- d'esprit** : sane, sound in mind.

saindoux, *s. m.* : lard.

saisissement, *s. m.* : seizure, sudden shock, pang.

salaam (tic de) : salaam convulsion, nodding spasm.

salacité, *s. f.* : salacity, lubricity.

salé, *adj.* : salted.

salicyle, *adj.* : salicyl *(chem.).*

salicylé, *adj.* : salicylated.

salicylémie, *s. f.* : salicylemia.

salicylisme, *s. m.* : salicylism.

salicylothérapie, *s. f.* : salicyltherapy.

salidiurétique, *s. m., adj.* : diuretic salt.

salifère, *adj.* : saliferous.

salifiable, *adj.* : salifiable.

salin, *adj.* : saline.

salinomètre, *s. m.* : salinometer, salimeter (hydrometer for reading the strength of saline solutions).

salivaire, *adj.* : salivary; **calcul -** : salivary stone *or* calculus, ptyalith, ptyalolith, sialolith ; **déficience -** : sialaporia; **fistule -** : salivary fistula, sialosyrinx; **flux -** : ptyalism; **glande -** : salivary gland ; **de nature -** : sialic, sialine, salivary ; **pompe -** : saliva-pump, dental pump.

salivation, *s. f.* : salivation.

salive, *s. f.* : saliva, spittle *(vernac.).*

saliver, *v.* : to salivate.

Salkowski (réaction de) : Salkowski's reaction (1. for carbon monoxide in the blood; 2. for cholesterol).

salle, *s. f.* : hall, room; **- de consultation** : consulting room; **- des contagieux** : isolation ward; **- d'hôpital** : hospital ward; **- d'opération** : operating theater; **- de pansement** : treatment room; **- de travail** : labor *or* predelivery room.

salmonellose, *s. f.* : salmonellosis.

salol, *s. m.* : salol, phenyl salicylate *(pharm.).*

salpêtre, *s. m.* : saltpeter, potassium nitrate; **- du Chili** : Chili saltpeter, sodium nitrate.

salpingectomie, *s. f.* : salpingectomy.

salpingique, *adj.* : salpingian (pertaining to 1. a fallopian tube; 2. an eustachian tube).

salpingite, *s. f.* : salpingitis (inflammation of 1. a fallopian tube; 2. an eustachian tube).

salpingo- : salpingo-, prefix denoting relation to 1. a fallopian tube; 2. an eustachian tube.

salpingographie, *s. f.* : salpingography *(radiol.).*

salpingolysis, *s. f.* salpingolysis *(surg.).*

salpingo-ovariectomie, *s. f.* : salpingo-oophorectomy, salpingo-ovariectomy, salpingo-oothectomy (excision of an oviduct and ovary).

salpingo-ovariopexie, *s. f.* : fixation of the ovary to the fallopian tube.

salpingo-ovariosyndèse, *s. f.* : suture of the ovary to the corresponding fallopian tube.

salpingo-ovariotripsie, *s. f.* : morcellement of the ovary and fallopian tube and their removal by the vaginal route.

salpingo-ovarite, *s. f.* : salpingo-oophoritis, salpingo-oothecitis, salpingo-ovaritis.

salpingopharyngien, *adj.* : salpingopharyngeal ; **fascia -** : salpingopharyngeus.

salpingoplastie, *s. f.* : salpingoplasty.

salpingorraphie, *s. f.* : salpingorrhaphy.

salpingoscope, *s. m.* : salpingoscope.

salpingoscopie, *s. f.* : salpingoscopy.

salpingostomie, *s. f.* : salpingostomy.

salpingotomie, *s. f.* : salpingotomy.

saltation, *s. f.* : saltation (1. chorea, St. Vitus' dance; 2. mutation [*genet.*]).

saltatoire, *adj.* : saltatory; **chorée -** : saltatory spasm.

salubre, *adj.* : salubrious, healthy.

salubrité, *s. f.* : salubrity, healthiness.

salurétique, *s. m., adj.* : cf., **salidiurétique.**

salutaire, *adj.* : salutary, wholesome, beneficent.

salvatelle du petit doigt (veine) : salvatella (small vein of the dorsum of the little finger and hand).

samarium, *s. m.* : samarium.

sanatorium, *s. m.* : sanatorium, sanitarium.

Sanders (signe de) : Sander's sign (undulatory cardiac impulse in adherent pericardium).

sang, *s. m.* : 1. blood, sanguis *(lat.);* **écoulement de -** : bleeding, hemorrhage; **- laqué** : laked blood; **- de rate** : anthrax in sheep; 2. blood, lineage, race.

Sängers (macule de) : Saenger's *or* Sänger's macula, macula gonorrheica (bright red spot at the orifice of the duct of a Bartholin's gland in cases of gonorrheal vulvitis).

sanglant, *adj.* : bloody, bloodstained; **par la méthode -** : surgically; **par la voie -** : by open reduction (of a fracture).

sanglot, *s. m.* : sob; **spasme du -** : laryngospasm in infants caused by prolonged sobbing *or* crying.

sangsue, *s. f.* : leech, sanguisuga, hirudo *(lat.).*

sanguicole, *adj.* : sanguicolous.

sanguin, *adj.* : sanguine (1. full-blooded, sanguineous; 2. ardent, hopeful); **courant -** : blood stream; **débit -** : blood flow; **globule -** ; blood corpuscle; **groupe -** : blood group; **plaquette - :** blood platelet, thrombocyte; **pression -** : blood pressure; **vaisseau -** : blood vessel.

sanguinolent, *adj.* : sanguinolent, tinged with blood; **crachats -** : bloodstained sputum.

sanie, *s. f.* : sanies (bloodstained discharge).

sanieux, *adj.* : sanious.

sanitaire, *adj.* : sanitary; **administration -** : sanitary authority (public health); **cordon -** : sanitary cordon; **formation -** : hospital unit; **train -** : hospital train.

San Fillipo (maladie de) : San Fillipo's disease, mucopolysaccharidosis III.

santé, *s. f.* : health; **maison de -** : nursing home; **Ministère de la - publique** : Ministry of Health (England), Bureau of Public Health Service (U.S.).

Santorini (canal de) : Santorini's duct, accessory pancreatic duct; **cartilage de -** : Santorini's cartilage, corniculate cartilage, cornicula laryngis; **muscle risorius de -** : risorius *or* Santorini's muscle; **tubercule de -** : Santorini's papilla, ampulla of Vater; **veines de -** : Santorini's veins, emissary veins.

saphène, *s. f., adj.* : saphena, saphenous vein; **grande -** : long *or* internal saphenous vein; **petite -** : short *or* posterior saphenous vein; *adj.* : saphenous; **nerfs -** : saphenous nerves ; **veines -** : saphenous veins.

saphénectomie, *s. f.* : saphenectomy.

saphisme, *s. m.* : sapphism, lesbianism, tribadism.

sapide, *adj.* : sapid, palatable, tasty.

sapidité, *s. f.* : sapidity, savouriness.

saponacé, *adj.* : saponaceous, soapy.

saponaire, *s. f.* : saponaria (*bot., pharm.*).

saponé, *s. m.* : saponatus (medication containing soap).

saponifiable, *adj.* : saponifiable.

saponification, *s. f.* : saponification.

saponifier, *v.* : to saponify.

saponine, *s. f.* : saponin.

saponulé, *s. m.* : alcoholic soap solutions of gelatinous consistency.

saponure, *s. m.* : mixture of powdered soap and resinous substances.

saprémie, *s. f.* : sapraemia, sapremia, septicemia.

sapro- : sapro-, prefix signifying decay, decrepitude, putrescence.

saprogène, *adj.* : saprogenic, saprogenous, putrescent, putrid, rotten.

saprophage, *adj.* : saprophagous.

saprophyte, *s. m.* : saprophyte, necroparasite ; *adj.* : saprophytic, saprophilous.

saprozoïte, *s. m.* : saprozoite (*zool.*).

sarcine, *s. f.* : sarcina, *pl.* sarcinae (*lat.*) (saprophytic schizomycete).

sarco- : sarco-, prefix meaning fleshy.

sarcocèle, *s. m., f.* : sarcocele (fleshy swelling *or* tumor of the testicle).

sarcode, *s. m.* : sarcode, animal protoplasm.

sarcodique, *adj.* : protoplasmic; **mouvements** *ou* **déformations -** : postmortem changes in the shape, consistency *or* position of cells.

sarco-épiplocèle, *s. m.* : sarcepiplocele (omental hernia with sarcocele).

sarco-épiplomphale, *s. m.* : epiplocele with thickened omentum.

sarcohydrocèle, *s. m.* : sarcohydrocele.

sarcoïde, *s. f.* : sarcoid; **- cutané** *ou* **dermique** : Boeck's sarcoid; **- hypodermique de type Darier-**

Roussy : Darier-Roussy's sarcoid, multiple benign sarcoid.

sarcoïdose, *s. f.* : sarcoidosis.

sarcolemme, *s. m.* : sarcolemma, myolemma.

sarcoleucémie, *s. f.* : leukosarcomatosis.

sarcologie, *s. f.* : sarcology, myology.

sarcolyte, *s. m.* : sarcolyte (disintegrating muscle fiber).

sarcomateux, *adj.* : sarcomatous.

sarcomatose, *s. f.* : sarcomatosis; **- multiple hémorragique de Kaposi** : Kaposi's disease *or* sarcoma.

sarcome, *s. m.* : sarcoma; **- à cellules rondes** : round cell sarcoma; **- fusocellulaire** : spindle cell sarcoma; **- globocellulaire** *ou* **encéphaloïde** : encephaloid sarcoma, globocellular *or* round cell sarcoma, globomyeloma (*obs.*) ; **- mélanique** : melanotic sarcoma ; **- myéloïde** *ou* **à myéloplaxes** : osteoclastoma, giant-cell tumor of bone (previously termed myeloid sarcoma); **- de Hodgkin** : Hodgkin's sarcoma (malignant type of Hodgkin's disease).

sarcoplasme, *s. m.* : sarcoplasm.

sarcoplaste, *s. m.* : sarcoplast.

sarcoplastique, *adj.* : sarcoplastic.

sarcopte, *s. m.* : sarcoptes; **- de la gale** : *Sarcoptes scabiei*, itch-mite.

sarcoptose, *s. f.* : sarcoptidosis, infestation with itch-mites, scabies.

sarcose, *s. f.* : sarcosis (1. presence of multiple fleshy tumors; 2. undue increase of flesh).

sarcotripsie, *s. f.* : sarcotripsy, histotripsy.

sardonique, *adj.* : sardonic; **rire -** : risus sardonicus, sardonic grin, risus caninus.

satellite, *s. m.* : satellite (1. a vein that closely accompanies an artery; 2. a small lesion associated with a larger one; 3. a small mass of chromatin attached to a chromosome by a filament).

satellitisme, *s. m.* : satellitism, mutualism, symbiosis.

satiété, *s. f.* : satiety.

saturation, *s. f.* : saturation; **dissoudre un sel jusqu'à -** : to make a saturated solution of a salt; **point de -** : saturation point; **tension de -** : saturation voltage (*electr.*).

saturé, *adj.* : saturated (*chem.*).

saturnin, *adj.* : saturnine (pertaining to *or* produced by lead); **colique -** : lead-colic, saturnine colic, painters' colic; **liséré -** : Burton's line.

saturnisme, *s. m.* : saturnism, plumbism, lead-poisoning.

satyriasis, *s. m.* : satyriasis, satyromania (venereal lust in the male).

Sauerbruck (opération de) : Sauerbruck's pneumonectomy.

sauna, *s. m.* : sauna bath.

sauriasis, *s. m.* : sauriasis, ichthyosis (*derm.*).

saveur, *s. f.* : savour, flavour, taste.

savon, s. m. : soap, sapo (lat.).

saxifrage, s. m. : saxifrage, sassafras (bot., pharm.) ; adj. : saxifragant (litholytic or litho-triptic).

saxitoxine, s. f. : saxitoxin (shellfish poison).

Sayre (méthode de) : Sayre's plaster of Paris jacket for supporting the spine.

scabieux, adj. : scabious, scabby.

scabrosité, s. f. : scabbiness, scabrities, scabrousness (rough, scabby state of the skin).

scœvolisme, s. m. : scaevolism (self-mutilation by burning).

scalariforme, adj. : scalariform (like the rungs of a ladder).

scalène, adj. : scalene (unequally three-sided); **muscle -** : scalene muscle.

scalénotomie, s. f. : scalenotomy (surg.).

scalpel, s. m. : scalpel, knife (surg.).

scalpement, s. m. : scalping.

scalper, v. : to scalp.

scandium, s. m. : scandium.

scansion, s. f. : scansion, scanning (slow measured speech typical of multiple sclerosis).

scaphocéphalie, s. f. : scaphocephaly.

scaphoïde, s. m., adj. : scaphoid (anat.); **fosse -** : scapha, scaphoid fossa.

scaphoïdite, s. f. : scaphoiditis; **- tarsienne** : tarsal scaphoiditis, Kohler's disease (osteochondrosis of the scaphoid bone).

scapholisthésis, s. m. : fracture dislocation of the tarsal scaphoid bone.

scapula, (lat.) : scapula, shoulder-blade; **- alata** : winged scapula.

scapulaire, s. m. : scapulary (shoulder bandage); adj. : scapulary.

scapulalgie, s. f. : scapulalgia, scapulodynia, omalgia (pain in the scapula).

scapulectomie, s. f. : scapulectomy.

scapulo- : scapulo-, prefix meaning relating to the shoulder.

scapulohuméral, adj. : scapulohumeral, glenohumeral.

scapulopexie, s. f. scapulopexy (surg.).

scarificateur, s. m. : scarificator (surg.).

scarification, s. f. : scarification.

scarifier, v. : to scarify.

scarlatine, s. f. : scarlatin, scarlet fever; **- chirurgicale** : scarlatina traumatica; **- puerpérale** : puerperal scarlatina.

scarlatineux, s. m. : scarlet fever patient; adj. : scarlatinal.

scarlatiniforme, adj. : scarlatiniform, scarlatinoid; **rubéole -** : scarlatinella, fourth disease, Dukes' disease.

scarlatinoïde métadiphtérique : scarlatiniform diphtheria (probably concurrent scarlatina and diphtheria).

Scarpa (ganglion de) : Scarpa's ganglion; **triangle de -** : Scarpa's triangle (anat.).

scatologie, s. f. : scatology.

scatologique, adj. : scatologic.

scatome, s. m. : cf., **fécalome.**

scatophage, adj. : scatophagous.

scatophilie, s. f. : scatophilia.

Schaeffer (signe de) : Schaeffer's reflex or sign (flexion of the foot and toes on pinching the Achilles tendon; seen in hemiplegia).

Schamberg (maladie de) : Schamberg's disease, pigmentodermia.

schampooing, s. m. : shampoo, hair-wash.

Schede (opération de) : Schede's operation (radical thoracoplasty).

Scheie (maladie de) : Scheie's disease, mucopolysaccharidosis.

schéma, s. m. : schema, diagram, plan.

schématique, adj. : schematic, diagramatic.

schème, s. m. : cf., **schéma.**

Schick (réaction de) : Schick's reaction (skin reaction to diphtheria toxin).

Schilder-Foix (maladie de) : Schilder's disease, periaxial encephalitis.

Schilling (test de) : Schilling's test.

schistocyte, s. m. : schistocyte, schizocyte.

schistose, s. f. : schistosis (pneumoconiosis in slate workers).

Schistosoma, s. f. : genus of trematodes.

schistosomiase, s. f. : schistosomiasis.

schizocyte, s. m. : cf., **schistocyte.**

schizogonie, s. f. : schizogony, sporogony.

schizogonique, adj. : schizogonic.

schizoïde, adj. : schizoid (psych.).

schizomanie, s. f. : schizoidism, schizophrenia.

schizomycète, s. m. : schizomycete (organism belonging to the class Schizomycetes so called because they divide by fission).

schizonoia, s. f. : discordance between conscious intent and subconscious response.

schizonte, s. m. : schizont, sporocyte.

schizonychie, s. f. : schizonychia (splitting of the nails).

schizophrasie, s. f. : schizophrasia.

schizophrène, s. m., adj. : schizophrenic.

schizophrénie, s. f. : schizophrenia, dementia praecox.

schizophyte, s. m. : cf., **schizomycète.**

schizoprosopie, s. f. : schizoprosopia (fissure of the face; harelip or cleft palate).

schizose, s. f. : schizosis, autism.

schizothymie, s. f. : schizothymia, schizoidism.

schizotrichie, s. f. : schizotrichia.

Schlemm (canal de) : Schlemm's canal (anat.).

Schmidt (syndrome de) : Schmidt's syndrome (unilateral paralsis of the soft palate, vocal cord, sternomastoid and trapezius muscles, due to a lesion of the nucleus ambiguus and nucleus accessorius).

Schneider (membrane de) : schneiderian membrane, olfactory membrane.

Schœnlein ou **Schœnlein-Henoch (maladie** ou **syndrome de)** : 1. Schœnlein's disease nonthrombopenic purpura; 2. Schœnlein-Henoch's disease, peliosis or purpura rheumatica.

Schrapnell (membrane flaccide de) : Schrapnell's membrane, pars flaccida of the tympanic membrane.

Schuchardt et Schauta (opération de) : Schuchardt's paravaginal hysterectomy.

Schuller-Christian (maladie de) : Schuller-Christian's disease, Hand-Schuller-Christian's disease, chronic ideopathic xanthomatosis.

Schultz-Charlton (réaction de) : Schultz-Charlton's reaction or test (local blanching of the rash at site of intradermal injection of convalescent serum in scarlet fever).

Schwabach (épreuve de) : Schwabach's test for deafness.

Schwann (gaine de) : sheath of Schwann, axilemma, neurilemma.

schwannite, s. f. : schwannitis, schwannosis (interstitial hypertrophic neuritis).

schwanngliome, s. m. : cf., **neurinome.**

schwannomatose, s. f. : multiple tumors arising in the sheath of Schwann.

schwannome, s. m. : cf., **neurinome.**

sciage, s. m. : sciage (sawing movement in massage).

sciatalgie, s. f. : sciatica.

sciatalgique, adj. : suffering from sciatica.

sciatique, s. f. : sciatica; adj. : sciatic; **grande échancrure -** : greater sciatic notch; **nerf -** : sciatic nerve; **petite échancrure -** : lesser sciatic notch.

scie, s. f. : saw; **bruit de -** : sawing sound, rasping murmur (cardiac); **en dents de -** : serrate, serrated; **- de Gigli** : Gigli's wire saw.

science, s. f. : science, knowledge; **docteur ès -** : doctor of science, D.Sc. or Sc.D.; **- expérimentales** : applied sciences; **homme de -** : scientist; **- physiques** : physical sciences; **- pure** : pure science.

scientifique, adj. : scientific.

scille, s. f. : scilla, squill (bot., pharm.).

scillitoxine, s. f. : scillitoxin (chem., pharm.).

scintigramme, s. m. : scintiscan.

scintigraphie, s. f. : use of a scintiscanner.

scintillation, s. f. ou **scintillement,** s. m. : scintillation (1. emission of sparks or flashes; 2. subjective visual sensation as of sparks).

scintillogramme, s. m. : scintigram (graphic record produced by a scintiscanner).

scintillographie, s. f. : cf., **scintigraphie.**

scintillomètre, s. m. : scintillation counter (phys.).

scissile, adj. : scissile, fissionable.

scission, s. f. : scission, cleavage, division, fission, splitting.

scissipare, adj. : scissiparous, fissiparous (reproduced by fission).

scissiparité, s. f. : scissiparity, schizogenesis (reproduction by fission).

scissure, s. f. : scissure, cleavage, cleft, fissure, scissura (lat.); **- calcarine** : calcarine fissure; **- calloso-marginale** ou **sous-frontale** : marginal convolution, sulcus frontalis inferior; **- interhémisphérique** : interlobular or longitudinal fissure; **- perpendiculaire externe** : sulcus temporalis inferior; **- de Rolando** : fissure of Rolando, sulcus centralis; **- de Sylvius** : sylvian fissure, fissure of Sylvius.

scissurite, s. f. : interlobular pleurisy.

scléradénite, s. f. : scleradenitis (inflammation and induration of a gland).

sclérectasie, s. f. : sclerectasia, sclerectasis bulging sclera).

sclérecto-iridectomie, s. f. : sclerecto-iridectomy.

sclérectomie, s. f. : sclerectomy.

sclérème, s. m. : sclerema (sclerosis of the skin); **- des adultes** : scleroderma, sclerema adultorom; **- des nouveau-nés** : sclerema neonatorum.

sclérémie, s. f. : cf., **sclérodermie.**

sclérenchyme, s. m. : sclerenchyma (bot.).

scléreux, adj. : 1. scleral (ophthal.); 2. sclerosed, sclerous, hard.

sclérite, adj. : scleritis (inflammation of the sclera).

scléro- : sclero-, prefix meaning (1. hard; 2. relating to the sclera).

scléroblastème, s. m. : scleroblastema (skeletogenous layer of the embryo).

sclérochoroïdite, s. f. : sclerochoroiditis (ophthal.).

scléroconjonctivite, s. f. : scleroconjunctivitis.

sclérodactylie, s. f. : sclerodactylia, sclerodactyly, acroscleroderma.

sclérodermatomyosite, s. f. : associated scleroderma and muscular atrophy.

sclérodermie, s. f. : scleroderma; **- en plaques** : scleroderma circumscriptum, morphea.

sclérodermiforme, adj. : resembling scleroderma.

sclérodesmie, s. f. : sclerodesmia (hardening of ligaments).

scléroedème s. m. : scleredema, sclerema oedematosum.

sclérogène, adj. : sclerogenous, sclerogenic.

scléro-iritis, s. m. : sclero-iritis.

sclérokératite, s. f. : sclerokeratitis.

sclérolipomatose, s. f. : sclerosis and fatty degeneration or infiltration of an organ.

sclérolyse, s. f. : resorption of fibrotic lesions.

scléromalacie, s. f. : scleromalacia.

sclérome, s. m. : scleroma (induration especially of the nasal or laryngeal tissues).

scléroméningite, s. f. : cf., **pachyméningite.**

scléromètre, s. m. : sclerometer (device for determining hardness).

scléromyosite, s. f. : sclerosis of muscles associated with scleroderma.

scléronychie, s. f. : scleronychia.

scléronyxie, s. f. : scleronyxis (surgical puncture of the sclera).

sclérophtalmie, s. f. : sclerophthalmia, xerophthalmia.

scléroplastie, s. f. : scleroplasty.

scléropoïkilodermie, s. f. : scleroderma associated with pigmentation and telangiectasis.

scléroprotéine, s. f. : scleroprotein.

sclérosant, adj. : sclerosing; **otite chronique -** : otitis media hypertrophica.

sclérosarcome, s. m. : sclerosarcoma (hard fleshy variety of epulis).

sclérose, s. f. : sclerosis, induration (especially by hypertrophy of fibrous tissue); **- combinée de la moelle** : subacute combined degeneration of the spinal cord; **- des cordons postérieurs** : locomotor ataxia, tabes dorsalis; **- en plaques** : multiple sclerosis; **- latérale amyotrophique** : amyotrophic lateral sclerosis; **- pulmonaire** : fibrosis of the lung; **- viscérale** : splanchnosclerosis.

sclérosé, adj. : sclerosed.

scléroser, v. : to sclerose; **se -** : to become sclerosed.

sclérotendinite, s. f. : sclerosis of tendons subjacent to areas of scleroderma..

scléroticonyxis, s. f. : scleroticonyxis, scleronyxis (puncture of the sclera).

scléroticotomie, s. f. : cf., **sclérotomie.**

sclérotique, s. f. : sclera, sclerotic; adj. : sclerotic; **membrane -** : sclera (sclerotic coat of the eyeball).

sclérotite, s. f. : sclerotitis, scleritis.

sclérotome, s. m. : sclerotome (1. instrument for incising the sclera; 2. area of bone innervated from a single spinal segment; 3. mesenchymal precursor of the vertebrae and ribs).

sclérotomie, s. f. : sclerotomy, scleroticotomy (incision of the sclerotic).

scolex, s. m. : scolex, pl. scolices (gr.), head of a tapeworm.

scoliose, s. f. : scoliosis.

scoliotique, adj. : scoliotic.

-scope : -scope, suffix meaning to see or examine.

-scopie : -scopy, suffix meaning inspection or examination.

scorbut, s. m. : scurvy, scorbutus (lat.); **- infantile** : infantile scurvy, Barlow's disease.

scotodinie, s. f. : scotodinia (vertigo and appearance of black spots before the eyes).

scotome, s. m. : scotoma (ophthal.); **- scintillant** : scintillating scotoma.

scotomètre, s. m. : scotometer, scotomameter.

scrofule, s. f. : scrofula, « king's evil » (obsolete terms for tuberculous lymphadenitis).

scrofuleux, adj. : scrofulous, strumous; **état -** : scrofulosis.

scrofulide, s. f. : scrofulide (obs.).

scrofulisme, s. m. : scrofulism (scrofulous diathesis or condition).

scrofuloderme, s. m. : scrofuloderm, scrofuloderma (any cutaneous tuberculous lesion); **- tuberculeux** : scrofulophyma.

scrotal, adj. : scrotal; **hernie -** : scrotal hernia, scrotocele.

scrotocèle, s. f. : scrotocele.

scrotum, s. m. : scrotum.

Scultet (appareil de) : scultetus bandage (used for compound fractures).

scuttellaire, s. f. : scutellaria (bot.); adj. : scutellate, scutellated.

scutelle, s. f. : scutellum, pl. scutella (lat.), bony plate.

scutelliforme, adj. : scutellate.

scutiforme, adj. : scutiform, shield-shaped.

scybales, s. f. pl. : scybala (hard dry masses of feces).

séance, s. f. : session.

sébacé, adj. : sebaceous; **glande -** : sebaceous gland; **kyste -** : sebaceous cyst.

sébocystomatose, s. f. : sebocystomatosis (multiple sebaceous cysts).

sébopoïèse, s. f. : secretion of sebum.

séborrhée, s. f. : seborrhea, seborrhoea, seborrhagia; **- congestive,** seborrhea congestiva, lupus erythematosus; **- graisseuse** ou **huileuse** : seborrhea adiposa or oleosa, **- sèche** : seborrhea sicca, seborrheic dermatitis; **atteint de -** : seborrheic, seborrhoic.

séborrhéide, s. f. : seborrheid (seborrheic eruption).

sébum, s. m. : sebum.

sec, adj. : dry; **râle -** : dry rale, ronchus.

sécable, adj. : divisible.

séchage, s. m. : desiccation, drying.

secondaire, adj. : secondary.

seconde, s. f. : second; **fraction de -** : split-second.

secondines, s. f. pl. : secundine or secundines, after-birth, placenta and membranes.

secours, s. m. : aid, help; **poste de -** : first-aid post.

secousse, s. f. : concussion, jerk, jolt, shake, shock (phys.).

secreta, s. m. pl. : secreta (lat.), products of secretion.

sécréter, v. : to secrete.

sécrétine, *s. f.* : secretin *(physiol.).*

sécrétion, *s. f.* : secretion (1. act of secreting; 2. substance secreted); **- externe** : external secretion; **- interne** : internal secretion; **- lactée** : lactation.

sectaire, *s. m.* : sectarian.

secteur, *s. m.* : sector.

section, *s. f.* : section, sectio *(lat.)* (1. cutting, dividing; 2. cut, cut surface; 3. segment; 4. division, section [administrative]).

sédatif, *s. m., adj.* : sedative *(pharm.).*

sédation, *s. f.* : sedation *(med., pharm.).*

sédentaire, *adj.* : sedentary.

sédiment, *s. m.* : sediment, deposit.

sédimentaire, *adj.* : sedimentary.

sédimentation, *s. f.* : sedimentation.

segment, *s. m.* : segment.

segmentaire, *adj.* : segmental, segmentary.

segmentation, *s. f.* : segmentation.

segmentectomie, *s. f.* : resection of a segment of a lobe of the lung.

ségrégateur, *s. m.* : segregator, ureteral catheter.

ségrégation, *s. f.* : segregation, separation, isolation.

Seidlitz (sel de) : Seidlitz powder *(pharm.).*

Seignette (sel de) : Seignette's salt, Rochelle salt, potassium sodium tartrate.

sein, *s. m.* : breast, bosom; **bout de -** : nipple, teat; **donner le - à un enfant** : to suckle a child, to put a baby to the breast.

seismesthésie, *s. f.* : seismesthesia (tactile perception of vibrations).

sel, *s. m.* : salt, sal *(lat.)*; **- biliaire** : bile salts.

sélecteur, *s. m.* : selector; *adj.* : selective; **écran -** : selective filter *(phot.).*

sélectif, *adj.* : selective.

sélection, *s. f.* : selection; **- artificielle** : artificial selection; **- naturelle** : natural selection.

séléniate, *s. m.* : selenate *(chem.).*

sélénifère, *adj.* : seleniferous.

sélénique, *adj.* : selenic; **acide -** : selenic acid.

sélénium, *s. m.* : selenium.

self (bobine de) : self-induction coil; **- induction** : self-induction, inductance; **coefficient de - induction** : inductance.

séline, *s. f.* : formation of white spots or selenes on the nails.

sellaire, *adj.* : sellar (pertaining to the sella turcica).

selle, *s. f.* : 1. stool, bowel movement; 2. saddle; **- ballon** : ballooning of the sella turcica *(radiol.);* **- turcique** : sella turcica, pituitary fossa.

Selter-Swift-Feer (maladie de) : acrodynia.

sémantique, *s. f.* : semantics; *adj.* : semantic.

séméiologie *ou* **sémiologie,** *s. f.* : semeiology, symptomatology (not used in English as in French).

semelle, *s. f.* : sole (of shoe); **- veineuse** : plantar rete.

semence, *s. f.* : 1. seed; 2. semen.

semi- : semi-, prefix meaning half.

semi-circulaire, *adj.* : semicircular; **canaux -** : semicircular canals.

semi-létal, *adj.* : semilethal; **facteur** *ou* **gène -** : semilethal gene.

semi-lunaire, *adj.* : semilunar; **espace - de Traube** : semilunar space of Traube (left anterior thoracic area corresponding to the tympanitic resonance of the stomach); **fibrocartilages -** : semilunar cartilages (knee); **ganglion -** : celiac, coeliac *or* semilunar ganglion; **maladie du -** : Kienböck's disease; **os -** : semilunar bone, semilunare; **repli -** : semilunar fold, plica lacrimalis, plica ductus naso-lacrimalis; **valvules -** : semilunar valves.

séminal, *adj.* : seminal; **vésicule -** : seminal vesicule, vesicular gland.

sémination, *s. f.* : semination *(biol., bot.).*

séminifère, *adj.* : seminiferous, seminific.

séminome, *s. m.* : seminoma.

sémiologie, *s. f.* : cf., **séméiologie.**

sémiologique, *adj.* : sémeiotic, semiotic (1. concerning the signs and symptoms of disease; 2. pathognomonic).

sémiotique *ou* **séméiotique,** *s. f.* : semeiotics, symptomatology.

sénécine, *s. f.* : senecine (alkaloid from ragwort).

sénescence, *s. f.* : senescence, aging.

sénestrogyre, *adj.* : cf., **lévogyre.**

sénile, *adj.* : senile, old; **dégénérescence -** : senile decay; **gangrène -** : senile gangrene.

sénilisme, *s. m.* : senilism (premature old age).

sénilité, *s. f.* : senility; **- précoce** : senilism.

sens, *s. m.* : sense (1. sensation; **organes des -** : sensory organs; 2. judgement, understanding; **bon -** : common sense; 3. meaning).

sensation, *s. f.* : sensation; **éprouver une - de malaise** : to have a feeling of discomfort; **- consécutrice** : after sensation *(psych.);* **- externe** : external sensation (transmitted from an organ of special sense); **- objective** : objective sensation; **- subjective** : general, internal *or* subjective sensation.

sensibilisateur, *s. f.* : sensitizer, sensitizing bath *(phot.);* *adj.* : sensitizing.

sensibilisation, *s. f.* : 1. sensibilization, sensitization *(immunol.)* ; 2. sensitization, sensitizing *(phot.).*

sensibilisatrice, *s. f.* : sensitizer, amboceptor, immune body, philocytase.

sensibilisé, *adj.* : sensitized.

sensibiliser, *v.* : to sensitize.

sensibilisine, *s. f.* : sensibilin, sensibilisin, toxogenin.

sensibilité, *s. f.* : 1. sensitiveness, sensitivity ; **- épicritique** : epicritic sensibility; **- intérocep-**

tive : visceral sensibility; **- proprioceptive** : proprioceptive sensibility; **- protopathique** : protopathic sensibility; **réducteur de -** : desensitizer *(phot.)*; 2. sensibility, feeling.

sensible, *adj.* : 1. sensible, perceptible; 2. sensitive, impressionable, susceptible, responsive; 3. sore, tender.

sensitif, *adj.* : sensitive.

sensitine, *s. f.* : sensitin (term for any secretion which excites autonomic nerve endings).

sensitivité, *s. f.* : sensitivity.

sensitivomoteur, *adj.* : sensorimotor *(physiol.)*.

sensitomètre, *s. m.* : sensitimeter *(phot.)*.

sensoriel, *adj.* : sensorial, sensory; **paralysie -** : sensoparalysis.

sensualité, *s. f.* : sensuality, sensualism.

sensuel, *adj.* : sensual.

senteur, *s. f.* : aroma, odour.

sepsine, *s. f.* : sepsin (ptomaine).

septal, *adj.* : septal, septile (relating to a septum).

septane (fièvre) : septan fever, seven-day fever.

septicémie, *s. f.* : septicaemia, septicemia; **- charbonneuse** : malignant anthrax ; **- veineuse** : septicophlebitis.

septicémique, *adj.* : septicemic.

septicité, *s. f.* : septicity, putrifaction, putrescence.

septicopyémie *ou* **-pyohémie**, *s. f.* : septicopyemia.

septinévrie *ou* **septinévrite**, *s. f.* : spread of infection along nerve tracks.

septique, *adj.* : septic; **fosse -** : septic tank.

septite, *s. f.* : inflammation of a septum.

septotomie, *s. f.* : septotomy (incision of the nasal septum).

septum, *s. m.* : septum, *pl.* septa *(lat.)*, division, partition, wall; **- lingual** : septum linguae; **- lucidum** : septum lucidum *or* pellucidum; **- paramédian** : septum of the medulla oblongata.

sépulture, *s. f.* : sepulture (1. burial; 2. burial-place, cemetery).

séquelle, *s. f.* : sequel, sequela, *pl.* sequelae *(lat.)*, after-effects.

séquence, *s. f.* : sequence.

séquestration, *s. f.* : sequestration, isolation, seclusion.

séquestre, *s. m.* : sequester, sequestrum, *pl.* sequestra *(lat.)* (detached dead bone lying in a cavity, abscess *or* wound).

séquestrectomie *ou* **séquestrotomie**, *s. f.* : sequestrectomy, sequestrotomy.

séreuse, *s. f.* : serosa, serous membrane.

séreux, *adj.* : serous; **épanchement** *ou* **exsudat -** : serous effusion *or* exudate; **membrane -** : serous membrane, serosa.

série, *s. f.* : series; **- aliphatique** : aliphatic series *(chem.)*; **- aromatique** : aromatic series *(chem.)*.

sériescopie, *s. f.* : serioscopy (serial radiography).

sérine, *s. f.* : serine *(chem.)*.

sérinémie, *s. f.* : normal presence of serum albumin in the blood.

seringue, *s. f.* : syringe.

sérinurie, *s. f.* : serinuria (passage of serum albumin in the urine).

sériographe, *s. m.* : serialograph (apparatus for taking rapid serial skiagrams).

sériographie, *s. f.* : serialography (taking serial skiagrams).

sérioscopie, *s. f.* : *cf.*, **sériescopie.**

sérique, *adj.* : serous; **accidents -** : serum sickness; **réaction -** : seroreaction.

sérine, *s. f.* : serine (1. serum albumin; 2. an aminoacid extracted from silk).

sérite, *s. f.* : serositis.

séro- : sero-, prefix meaning relating to serum or serosa.

séro-agglutination, *s. f.* : serodiagnosis, seroflocculation.

séro-albumine, *s. f.* : seralbumin, serum albumin.

séro-anatoxithérapie, *s. f.* : *cf.*, **sérovaccination.**

séro-appendix, *s. m.* : hydroappendix.

séro-atténuation, *s. f.* : prophylactic use of convalescent antiserum.

séroculture, *s. f.* : seroculture.

sérodiagnostic, *s. m.* : serodiagnosis, seroreaction (e.g. Widal's reaction).

sérofibrineux, *adj.* : serofibrinous.

séroflocculation, *s. f.* : seroflocculation.

sérologie, *s. f.* : serology.

sérologique, *adj.* : serologic, serological.

sérologiste, *s. m.* : serologist.

séromucoïde, *s. m.* : an alpha-globulin composed of two fractions (1. α_1 [orosomucoid]; 2. α_2 [haptoglobulin]).

séroprécipitation, *s. f.* : precipitin reaction.

séroprévention, *s. f.* : seroprevention.

séropronostic, *s. m.* : seroprognosis (prognosis based on seroreactions).

séroprophylaxie, *s. f.* : seroprophylaxis, seroprevention.

séroréaction, *s. f.* : seroreaction, serodiagnosis, serological *or* blood test.

sérosite, *s. f.* : serositis.

sérosité, *s. f.* : serosity (1. the quality of serous fluids; 2. serous fluid not secreted by a serous membrane).

sérothérapie, *s. f.* : serotherapy.

sérotonine, *s. f.* : serotonin, 5-hydroxytryptamine.

sérotoninémie, *s. f.* : presence of serotonin in the blood (raised in carcinoid).

sérovaccination, *s. f.* : serovaccination.

sérozyme, *s. m.* : serozyme, plasmozyme, prothrombin, thrombogen.

serpigineux, adj. : serpiginous; **croûte - :** serpigo; **ulcère - :** serpiginous ulcer.

serratile, adj. : serrate, saw-like; **pouls - :** pulse palpable at intervals along an artery.

serratique (bruit) : cornage, roaring (saw-like respiratory sound, heard in horses with laryngeal obstruction) (veter.).

serre-fil, s. m. : clamp (electr.).

serrefine, s. f. : serrefine (mosquito forceps).

serrenœud, s. m. : serrenœud, Jarvis' snare (surg.); **- électrique** : galvanocaustic or hot snare; **- normal** : cold snare.

serretelle de Desmarres : Desmarres' capsular forceps (ophthal.).

sérum, s. m. : serum; **- albumine** : serine, serum albumin; **- décomplémenté** : heat-inactivated serum; **- -globuline** : serum globulin; **- immunisant** : immune serum, prophylactic serum; **- isotonique** : normal (physiologic) saline solution ; **maladie du -** : serum sickness; **- physiologique** : physiological saline solution, « saline ».

sérumthérapie, s. f. : cf., **sérothérapie.**

service, s. m. : service, department, ward; **- de chirurgie** : surgical department ; **- des contagieux** : isolation hospital or ward; **- des eaux** : water supply; **- d'hygiène** : public health service, administrative health authority ; **- des malades extérieurs** : outpatient department; **- de santé** : national health service (U.K.), medical or health service.

sésamoïde, adj. : sesamoid; **cartilage - :** sesamoid cartilage (nose); **os - :** sesamoid bone.

sésamoïdite, s. f. : sesamoiditis.

sesqui- : sesqui-, prefix meaning one and a half.

sesquioxyde, s. m. : sesquioxide (chem.).

sessile, adj. : sessile.

sétacé, adj. : setaceous.

sétifère, adj. : setiferous, setigerous, bristly.

sétiforme, adj. : setiform, bristle-shaped.

sétigère, adj. : cf., **sétifère.**

séton, s. m. : seton (1. thread drawn through a skin wound to produce a fistula; 2. fistula so formed; **blessure en - :** flesh wound).

seuil, s. m. : threashold.

sève, s. f. : sap (bot.).

sevrage, s. m. : ablactation, weaning.

sevrer, v. : to ablactate, to wean.

sex- : sex-, prefix meaning six.

sexdigitisme, s. m. : cf., **hexadactylie.**

sexe, s. m. : sex; **- chromatinien** ou **nucléaire** : sex chromatin, heterochromatin, Barr body.

sextane (fièvre) : sextan fever (recurring every sixth day).

sextuplé, s. m. : sextuplet (one of six offspring of a single gestation).

sexualité, s. f. : sexuality.

sexuel, adj. : sexual; **inversion - :** homosexuality, sexual inversion; **organes - :** sexual organs, genitalia ; **perversion - :** sexual perversion ; **rapports - :** sexual intercourse, copulation.

Shepherd (fracture de) : Shepherd's fracture (of the outer part of the astragalus).

Shiga (bacille de) : Shiga's or Shiga-Krause bacillus, Sh. dysenteriae.

shigellose, s. f. : shigellosis (bacillary dysentery).

shock, s. m. : cf., **choc.**

shunt, s. m. : shunt (surg., electr.); **mettre en - :** to shunt, to put in shunt.

shunter, v. : to shunt, to put in shunt (electr.).

Shwartzman (phénomène de) : Shwartzman's phenomenon (bacter., immunol.).

sialagogue, s. m., adj. : sialagogue, sialogogue.

sialisme, s. m. : sialism, salivation, ptyalism.

sialodochite, s. f. : sialodochitis (inflammation of a salivary duct).

sialogène, adj. : sialogenous, sialogogic.

sialogramme, s. m. : sialogram (skiagram of the salivary tract).

sialographie, s. f. : sialography (radiol.).

sialolithe, s. m. : sialolith, salivary calculus.

sialophagie, s. f. : sialophagia (excessive swallowing of saliva).

sialorrhée, s. f. : sialorrhea, salivation.

sialosémiologie, s. f. : sialosemeiology (salivary analysis as an aid to diagnosis).

sibilance, s. f. : sibilance, sibilancy.

sibilant, adj. : sibilant, hissing; **râle - :** sibilant rale, sibilus (lat.).

sibilation, s. f. : sibilation (pronunciation in which « s » sounds are too marked).

siccatif, s. m., adj. : siccative, drying.

siccité, s. f. : dryness; **évaporer une solution jusqu'à -** : to evaporate a solution to dryness.

sidérant, adj. : siderant, fulminating (of abrupt and violent onset).

sidération, s. f. : sideration (1. lightening-stroke; 2. therapeutic application of electric sparks; 3. apoplexy; 4. gangrene).

sidérémie, s. f. : normal content of iron in the blood.

sidérine, s. f. : hemosiderin.

sidérinurie, s. f. : siderinuria (excretion of iron in the urine).

sidéroblaste, s. m. : hemocytoblast.

sidérocyte, s. m. : siderocyte (erythrocyte containing non-hemoglobin iron).

sidéronécrose, s. f. : cell necrosis due to overloading with iron.

sidéropénie, s. f. : sideropenia, iron deficiency.

sidéropénique, adj. : sideropenic, iron-deficient.

sidéropexie, s. f. : fixation of iron in the tissues.

sidérophage, s. m. : macrophage loaded with iron.

sidérophilie, s. f. : siderophilia (affinity for iron).

sidérophiline, *s. f.* : siderophilin, transferrin.

sidérophore, *adj.* : loaded with iron pigments.

sidériprive, *adj.* : cf., **ferriprive.**

sidérose, *s. f.* : siderosis (1. pneumoconiosis due to inhalation of iron particles; 2. excess of iron in the blood; 3. hemosiderosis; **- hépatique** : hepatic siderosis; **- pulmonaire** : siderotic pneumoconiosis *or* interstitial pneumonia).

sidérosilicose, *s. f.* : siderosilicosis.

sidérothérapie, *s. f.* : therapeutic use of iron *or* its compounds.

sidérurie, *s. f.* : passage of iron in the urine.

siège, *s. m.* : 1. seat; **bain de -** : hip-bath, sitz-bath; 2. breech (obstet.); **présentation par le -** : breech presentation; **présentation par le - décomplété** : frank breech.

sifflement, *s. m.* : wheezing ; **- respiratoire** : asthmoid *or* wheezing respiration.

sigmodon, *s. m.* : cotton-rat.

sigmoïde, *adj.* : sigmoid (1. shaped like « sigma » Σ *gr.* for S; 2. pertaining to the sigmoid colon; **anse -** : sigmoid flexure [colon]; **échancrure -** : sigmoid notch, incisura mandibulae; **grande cavité -** : greater sigmoid cavity, incisura semilunaris ulnae; **mésocôlon -** : sigmoid mesocolon; **petite cavité -** : lesser sigmoid cavity, incisura radialis ulnae; **valvules -** : sigmoid *or* semilunar valves).

sigmoïdectomie, *s. f.* : sigmoidectomy.

sigmoïdite, *s. f.* : sigmoiditis.

sigmoïdopexie, *s. f.* : sigmoidopexy.

sigmoïdorectostomie, *s. f.* : sigmoidorectostomy, sigmoidoproctostomy.

sigmoïdoscopie, *s. f.* : sigmoidoscopy.

sigmoïdostomie, *s. f.* : sigmoidostomy.

signalétique, *adj.* : signaletic, descriptive.

signal-symptôme, *s. m.* : signal, premonitory *or* prodromal symptom (first warning *or* aura of an epileptic fit).

signe, *s. m.* : sign (1. objective evidence of disease; 2. indication, mark, symbol).

silencieux, *adj.* : 1. silent; 2. asymptomatic.

silicate, *s. m.* : silicate.

silicatose, *s. f.* : silicatosis (pneumoconiosis due to inhalation of silicates).

silice, *s. f.* : silica.

siliceux, *adj.* : siliceous.

silicique, *adj.* : silicic.

silicium, *s. m.* : silicium, silicon.

silicone, *s. f.* : silicone (analogue of an organic compound in which Si replaces C).

silicose, *s. f.* : silicosis (pneumoconiosis due to inhalation of silica).

silicotique, *adj.* : silicotic.

silicotuberculose, *s. f.* : silicotuberculosis.

silique, *s. f.* : siliqua (lat.), pod (bot.).

siliqueux, *adj.* : siliquose, siliquous (resembling a pod *or* husk).

sillon, *s. m.* : furrow, groove, sulcus, *pl.* sulci (lat.); **- balano-préputial** : cervix *or* collum glandis ; **- basilaire** : septum of the pons; **- branchial** : branchial cleft; **- circonférentiel de Vicq d'Azyr** : sulcus horizontalis cerebelli; **- circulaire** *ou* **de Reil** : Reil's sulcus; **- de l'habenula** : sulcus habenae, pineal stria; **- de l'hippocampe** : hippocampal sulcus; **- de Monro** : Monro's sulcus, aulix, sulcus hypothalamique; **- optostrié** : stria medullaris thalami, sulcus limitans; **- post-rolandique** : sulcus postcentral; **- prérolandique** : precentral sulcus.

Simmonds (maladie de) : Simmonds' disease, hypophyseal *or* pituitary cachexia.

Simon (opération de) : Simon's operation, perineorrhaphy.

simple, *adj.* : simple (1. ordinary, plain, pure; 2. artless, simple-minded).

simples, *s. f. pl.* : simples, medicinal herbs.

simulation, *s. f.* : simulation (1. similarity between different diseases; 2. malingering).

sinapisation, *s. f.* : erythema induced by a mustard-plaster *or* sinapism.

sinapisé, *adj.* : sinapized (mixed with mustard).

sinapisme, *s. m.* : sinapism, mustard-plaster *or* paper.

sinciput, *s. m.* : sinciput (forepart of the skull).

singe, *s. m.* : ape, monkey.

singultueuse, *adj.* : sobbing; **respiration -** : jerky respiration interrupted by sobs.

sinistralité, *s. f.* : left handedness.

sinistro- : sinistro-, prefix meaning left or toward the left side.

sinistrocardie, *s. f.* : sinistrocardia.

sinistrogyre, *adj.* : sinistrogyric, levorotatory, sinistrorse, turned to the left.

sinistrose, *s. f.* : sinistrosis, shell-shock.

sinistroversion, *s. f.* : acquired levocardia (consequent on intra-thoracic effusion *or* tumour).

sino-auriculaire, *adj.* : sino-auricular; **nœud - de Keith et Flack** : sino-auricular node.

sinu-aortique (syndrome) : reflex hypotensive attacks caused by over stimulation of the carotid sinus (e.g. by a bout of coughing).

sinu-carotidien, *adj.* : pertaining to the carotid sinus; **réflex -** : carotid sinus reflex; **syndrome -** : carotid sinus reflex *or* syndrome.

sinué, *adj.* : sinuate (bot.), wavy.

sinueux, *adj.* : sinuose, sinuous.

sinuosité, *s. f.* : sinuosity, anfractuosity.

sinus, *s. m.* : sinus; **- carotidien** : carotid sinus; **- caverneux** : cavernous sinus; **- du cœur** : cardiac sinus, sino-atrial node; **- coronaire** : coronary sinus; **- droit** : straight sinus; **- frontal** : frontal sinus, **- galactophore** : sinus lacteus *or* lactiferus; **- lacrymal** : tearpit (in equidae); **- latéral** : lateral sinus; **- longitudinal inférieur** : inferior longitudinal sinus; **- longitudinal supérieur** : superior longitudinal sinus; **- maxillaire** : maxillary sinus, antrum of Highmore; **- occipital** : occipital sinus; - **pétreux inférieur** : inferior petrosal sinus; - **pétreux supérieur** : superior petrosal sinus; - **prostatique** : prostatic utricle; - **du rein** : renal pelvis; - **spéno-pariétal** : sphenoparietal sinus, sinus alae parvae; - **de Valsalva** : aortic sinus, sinus of Valsalva; - **veineux** : sinus venosus.

sinusal, adj. : sino-atrial, sino-auricular.

sinusectomie, s. f. : ablation of the frontal sinus.

sinusite, s. f. : sinusitis.

sinusographie, s. f. : radiography of the cranial sinuses.

sinuso-hydrorrhée, s. f. : nasal hydrorrhea.

sinusoïdal, adj. : sinusoidal; **courant -** : sinusoidal current; **onde -** : sine-wave, sinusoid (math.).

siphon, s. m. : siphon.

siphonage, s. m. : siphonage.

siphonner, v. : to siphon.

sirop, s. m. : syrup, syrupus (lat.).

sirupeux, adj. : syrupy.

sismothérapie, s. f. : seismotherapy, sismotherapy (treatment by vibrations); - **électrique** : cf., **électrochoc.**

sismothère, s. m. : apparatus for producing electroshock (E.C.T.).

sitiologie, s. f. : sitiology, sitology, dietetics.

sitiomanie, s. f. : sitiomania, sitomania (1. excessive hunger; 2. periodic bulimia).

sitiophobie ou **sitophobie,** s. f. : sitiophobia, sitophobia (morbid aversion to food).

sitostérol, s. m. : sitosterol (chem.).

situs inversus, (lat.) : lateral transposition of the thoracic and abdominal viscera, situs inversus viscerum (lat.).

sixième maladie : sixth disease, exanthema subitum.

Sjögren (syndrome de) : Sjögren's syndrome, in sarcoidosis.

skélalgie paresthésique, skelalgia (pain in the leg).

skélostyle (rapport) : relationship between the average perimeters of the thigh and calf, and the length of the leg.

Skene (glandes de) : Skene's glands (two glands just within the meatus of the female urethra ; analogues of the male prostate).

skénite, s. f. : skenitis (inflammation of Skene's glands).

skeptophylaxie, s. f. : cf., **tachyphylaxie.**

skiagramme, s. m. : skiagraphy, radiography, röntgenography.

skiascopie, s. f. : skiascopy, retinoscopy.

skodique (bruit) : Skoda's resonance, sign or tympany, skodaic resonance (heard on percussion above the fluid level in pleural effusion or above the line of pneumonic consolidation).

skodisme, s. m. : skodaic resonance.

smegma, s. m. : smegma (1. smegma clitoridis; 2. smegma praeputii).

Smith (signe de) : Smith's sign (a murmur heard on auscultation over the sternum when the head is thrown back in cases of enlarged bronchial lymph nodes).

smyridose, s. f. : pneumoconiosis in emery workers.

social, adj. : social; **science -** : sociology.

sociologie, s. f. : sociology.

sodique, adj. : sodic (chem.).

sodium, s. m. : sodium or natrium.

sodoku, s. m. : sodoku, sokosho (jap.), rat-bite fever.

sodomie, s. f. : sodomy (anal copulation).

sodomite, s. m. : sodomite, sodomist, pederast.

Soemmering (substance noire de) : Soemmering's ganglion, intercalatum, locus niger, substantia nigra of the cerebral peduncles.

soi, s. f. : self (psych.).

soie, s. f. : silk; - **grège** : floss.

soins, s. m. pl. : aid, care, nursing; - **post-hospitaliers** : follow-up care; **premiers -** : first aid.

sokosho, s. m. : cf., **sodoku.**

sol, s. m. : 1. soil, earth, ground; 2. sol (colloidal solution).

solaire, adj. : solar; **plexus -** : solar plexus; **syndrome -** : solarity.

solarisation, s. f. : solarization (phot., phys.).

solarium, s. m. : solarium.

sole, s. f. : sole (of animal's hoof); - **battue** : bruised hoof (veter.).

soléaire (muscle) : soleus.

solénoïde, s. m. : solenoid (coil-winding of electromagnet).

solénome, s. m. : solenoma, endometrioma.

solidarité, s. f. : solidarity.

solide, adj. : 1. solid (as opposed to liquid or gaseous); 2. sound, strong.

solidification, s. f. : solidification, solidifying.

solitaire, adj. : solitary; **faisceau -** : solitary bundle or fasiculus (medulla).

solubilité, s. f. : solubility.

soluble, adj. : soluble.

soluté, s. m. : solute (substance in solution).

solution, s. f. : solution (1. break, separation; - **de continuité** : solution of continuity; 2. process of dissolving or being dissolved; 3. liquid in which a substance has been dissolved; - **étalon** : standard or test solution; - **fatale d'une maladie** : fatal solution [of an illness]).

solvant, s. m., adj. : solvent.

soma, s. m. : soma (the body apart from the germ cells).

somation, s. f. : acquired somatic characteristics (as opposed to mutations).

somatique, adj. : somatic, somal; **asthénie -** : somasthenia; **douleur -** : somatalgia; **mort -** : somatic death.

somato-agnosie, *s. f.* : autotopagnosia (inability to locate different parts of the body).

somatognosie, *s. f.* : somathesthesia (consciousness of the body).

somatologie, *s. f.* : somatology.

somatologique, *adj.* : somatologic.

somatomorphique, *adj.* : somatomorphic (concerning bodily shape); **formule -** : somatotyping, somatotypy.

somatoparaphrénie, *s. f.* : autotopagnosia accompanied by delirium.

somatoplasme, *s. m.* : somatoplasm (protoplasm of body cells other than germ cells).

somatopleure, *s. f.* : somatopleure (*embryol.*).

somatoschisis, *s. m.* : somatoschisis (developmental defect in the vertebral bodies and fissure of the trunk).

somatotrope, *adj.* : somatotropic (1. having affinity for the body cells ; 2. having somatropic hormone-like action).

somatotrophine, *s. f.* : somatotropic hormone (STH).

somesthésie, *s. f.* : somesthesia, somatesthesia.

somite, *s. m.* : somite (mesoblastic segment, protovertebra).

sommation, *s. f.* : summation (accumulation of effects, especially of muscular, mental *or* sensory stimuli).

sommeil, *s. m.* : 1. sleep; 2. sleepiness, somnolence; **avoir -** : to feel sleepy; **- crépusculaire** : twilight sleep (partial anesthesia for relief of labour pains); **- hypnotique** : hypnotic sleep; **- léthargique** : lethargy, lethargic sleep; **maladie du -** : sleeping sickness, African lethargy, trypanosomiasis; **sans -** : sleepless.

sommeiller, *v.* : to doze, to slumber.

sommet, *s. m.* : summit, apex, peak, top, vertex; **- du crâne** : cranial vertex; **- du nez** : root of the nose; **- du poumon** : apex of the lung; **- de la vessie** : apex of the bladder.

somnanbule, *s. m.* : somnambulator, somnambulist; *adj.* : somnambulant.

somnambulisme, *s. m.* : somnambulism, sleepwalking; **- provoqué** : hypnotic state.

somnifère, *s. m.* : soporific, hypnotic, narcotic, sleeping-draught; *adj.* : somniferous, hypnotic, narcotic, somnifacient, soporific.

somniloque, *s. m.* : somniloquist (one who talks in his sleep); *adj.* : somniloquent, somniloquous.

somniloquie, *s. f.* : somniloquence, somniloquism, somniloquy (habit of talking in one's sleep).

somnolence, *s. f.* : somnolence, drowsiness, sleepiness.

somnolent, *adj.* : somnolent, drowsy, sleepy.

son, *s. m.* : 1. sound, sonus (*lat.*); 2. bran; **- retentissant** : bandbox sound (percussion sound typical of emphysema of the lung); **- tympanique** : tympanic resonance; **tache de -** : freckle.

sondage, *s. m.* : 1. catheterization; 2. random sampling.

sonde, *s. f.* : sound, bougie, catheter, probe; **- cannelée** : grooved director; **- à demeure** : self-retaining catheter; **- œsophagienne** : probang; **introduire une - dans une plaie** : to probe a wound.

sonder, *v.* : to sound, to probe.

sonomètre, *s. m.* : sonometer (*phys.*); **- électrique** : audiometer.

sonore, *adj.* : sonorous; **râles -** : sonorous rales.

sophistication, *s. f.* sophistication (adulteration of food *or* medicine).

sophistiquer, *v.* : to sophisticate, to adulterate.

sopor, *s. m.* : sopor (*lat.*), profound sleep (symptomatic of a morbid state).

soporatif, *adj.* : soporiferous, soporific.

soporeux, *adj.* : soporous, sleepy.

soporifique, *s. m., adj.* : cf., **somnifère; potion -** : sleeping draught.

sorbique, *adj.* : sorbic; **acide -** : sorbic acid.

sorbitol, *s. f.* : sorbitol (*chem.*).

sordide, *adj.* : sordid, filthy.

sou (signe du) : bell sound, coin sound (ringing sound heard on percussion over a large thoracic cavity).

souche, *s. f.* : stock; **- microbienne** : microbial strain.

soude, *s. f.* : caustic soda, sodium hydroxide.

souder, *v.* : to solder, to fuse, to join, to weld.

soudure, *s. f.* : join, junction, union.

soufflage, *s. m.* n: glass-blowing.

souffle, *s. m.* : 1. breath, breathing, respiration; 2. souffle, soft blowing sound *or* murmur; **- amphorique** : amphoric breathing; **- cardiaque** : cardiac murmur; **- d'une explosion** : blast, air concussion; **- utérin** : uterine souffle; **accidents du - ou effets de -** : blast-injuries.

soufflerie, *s. f.* : bellows.

soufflet, *s. m.* : bellows; **bruit de -** : bellows murmur (puffing systolic murmur).

souffleur, *s. m.* : 1. blower; **- de verre** : glass-blower; 2. roarer (*veter.*), roaring horse.

souffrance, *s. f.* : pain, suffering.

souffrant, *adj.* : 1. suffering, in pain; 2. indisposed, ill, unwell.

souffreteux, *adj.* : sickly, poorly.

souffrir, *v.* : to suffer (1. to endure, to undergo; 2. to feel pain; **- d'un accès de fièvre** : to be ill with a fever; **- de la tête** : to suffer from headaches).

soufre, *s. m.* : sulphur, sulfur.

souillure, *s. f.* : dirt, impurety, contamination, pollution.

soulagement, *s. m.* : alleviation, relief.

soupape, *s. f.* : valve; **- à bille** : ball-valve; **- de sûreté** : safety-valve.

soupir, *s. m.* : sigh; **pousser un -** : to sigh, to give a sigh; **rendre le dernier -** : to drawone's last breath.

soupirer, v. : to sigh.

Souques (signe de) : Souque's phenomenon *or* sign (involuntary separation and extension of the fingers when the arm is raised; seen in incomplete hemiplegia).

sourcil, s. m. : eyebrow, supercilium *(lat.).*

sourcilier, adj. : superciliary; **arcades -** : superciliary ridges.

sourd, s. m. : deaf person; adj. : 1. deaf; 2. dull; **douleur -** : dull pain.

sourd-muet, s. m. : deaf-mute, surdomute; adj. : deaf-and-dumb.

sourire, s. m. : smile; v. : to smile.

souris, s. f. : : mouse; **- articulaire** : joint-mouse, arthrolith.

sous- : sub-, infra-, under-, prefixes meaning below, beneath, under.

sous-alimentation, s. f. : subalimentation, malnutrition, underfeeding.

sous-amortissement, s. m. : over-shooting (in electrocardiography).

sous-aponévrotique, adj. : subfascial *(anat.).*

sous-cloison du nez : septum membranaceum nasi, membranous nasal septum.

sous-costal, adj. : subcostal; **point -** : subcostal point (2 cm. below the tip of the tenth rib; painful on pressure in cases of pyelonephritis *or* of renal calculus).

sous-crépitant, adj. : subcrepitant; **râle -** : subcrepitant rale.

sous-culture, s. f. : subculture *(bacter., tissue culture).*

sous-cutané, adj. : subcutaneous, hypodermatic, hypodermic.

sous-épineux, adj. : infraspinous; **aponévrose du muscle -** : infraspinous fascia; **fosse -** : infraspinous fossa; **muscle -** infraspinatus.

sous-maxillaire, adj. : submaxillary; **glande -** : submaxillary gland.

sous-maxillite, s. f. : submaxillaritis (inflammation of the submaxillary gland).

sous-orbitaire, adj. : suborbital, infraorbital; **canal -** : infraorbital canal; **gouttière -** : infraorbital foramen; **nerf -** : infraorbital nerve.

sous-produit, s. m. : by-product (product of secondary importance).

Southey (tube de) : Southey's tube (canula *or* tube of small caliber introduced into edematous tissues by trocar for purpose of drainage).

soutien, s. m. : support.

Soxhlet, s. m. : Soxhlet's apparatus *(chem.).*

spanémie, s. f. : spanemia, anaemia, anemia.

spanioménorrhée, s. f. : spaniomenorrhea, spamenorrhea, scanty menstruation.

spanopnée, s. f. : spanopnea, spanopnoea (slow deep breathing).

sparadrap, s. m. : sparadrap (medicated bandage *or* adhesive plaster).

sparganose, s. f. : sparganosis (infestation with *Sparganum mansoni*) *(parasit.).*

spartéine, s. f. : sparteine (alkaloid).

spasme, s. m. : spasm, spasmus *(lat.);* **- bronchique** : bronchial spasm; **- clonique** : clonic spasm; **- cynique** : canine *or* cynic spasm, risus sardonicus; **- fonctionnel** : functional, fatigue, handicraft, occupational *or* professional spasm; **- glottique essentiel des nourrissons** : spasm of the glottis, laryngospasm; **- en torsion** : torsion spasm.

spasmo- : spasmo-, prefix meaning pertaining to spasms.

spasmodicité, s. f. : cf., **spasticité.**

spasmodique, adj. : spasmodic, spastic.

spasmogène, adj. : spasmogenic.

spasmologie, s. f. : spasmology.

spasmolytique, adj. : spasmolytic.

spasmophile, adj. : spasmophilic ; **diathèse -** : spasmophilia.

spasmophilie, s. f. : spasmophilia.

spasticité, s. f. : spasticity.

spastique, adj. : spastic, spasmodic; **paralysie -** : spastic paralysis.

spatial, adj. : spatial.

spatule, s. f. : 1. spatula (flat, blunt and flexible instrument); 2. spatule (broad tail feather); **doigts en -** : spatulate fingers.

spatulé, adj. : spatulate.

spécialiste, s. m. : specialist.

spécialité, s. f. : speciality, specialty; **- pharmaceutique** : patent medicine, proprietary drug.

spécificité, s. f. : specificity.

spécifique, adj. : specific; **chaleur -** : specific heat; **médicament -** : specific remedy, specific; **poids -** : specific gravity.

spécimen, s. m. : specimen (1. sample; 2. preparation of tissue *or* other material).

spectral, adj. : spectral; **analyse -** : spectral analysis.

spectre, s. m. : spectrum; **- d'absorption** : absorption spectrum; **bande du -** : spectrum band; **- de diffraction** : diffraction spectrum; **- d'émission** : emission spectrum; **- radiologique** : X-ray spectrum; **- solaire** : solar spectrum.

spectro- : spectro-, prefix meaning relating to the spectrum.

spectrocolorimètre, s. m. : spectrocolorimeter.

spectrographe, s. m. : spectrograph; **- de masse** : mass spectrograph.

spectromètre, s. m. : spectrometer; **- à réseau** : grating spectrometer.

spectrométrie, s. f. : spectrometry.

spectrophotomètre, s. m. : spectrophotometer.

spectrophotométrie, s. f. : spectrophotometry.

spectropolarimètre, s. m. : spectropolarimeter.

spectroscope, s. m. : spectroscope; **- à prismes** : prism *or* prismatic spectroscope; **- à réseau** : grating spectroscope.

spectroscopie, *s. f.* : spectroscopy.

spectroscopique, *adj.* : spectroscopic.

spéculaire, *adj.* : 1. specular, mirror-like; 2. transparent; 3. as seen in a mirror; **écriture -** : specular *or* mirror-writing.

spéculum, *s. m.* : speculum *(surg.)*.

spédatrophie, *s. f.* : progressive unilateral facial atrophy.

spéléomorphique, *adj.* : cavernous.

spéléoscopie, *s. f.* : endoscopy of a cavity.

spéléostomie *ou* **spéléotomie**, *s. f.* : surgical opening of a pulmonary cavity.

spélonque, *s. f.* : pulmonary cavity.

spermaceti, *s. m.* : spermaceti; **huile de -** : sperm oil, cetaceum.

spermatide, *s. f.* : spermatid.

spermatique, *adj.* : spermatic; **cordon -** : spermatic cord.

spermato- : spermato-, prefix meaning pertaining to semen *or* sperm.

spermatoblaste, *s. m.* : spermatoblast, spermatid.

spermatocèle, *s. m.* : spermatocele (cystic dilatation of the epididymis containing spermatozoa).

spermatocyste, *s. m.* : spermatocyst (1. seminal vesicle; 2. spermatocele).

spermatocystectomie, *s. f.* : spermatocystectomy.

spermatocystite, *s. f.* : spermatocystitis, seminal vesiculitis.

spermatocyte, *s. m.* : spermatocyte.

spermatogenèse, *s. f.* : spermatogenesis, spermatogeny.

spermatogonie, *s. f.* : spermatogonium.

spermatologie, *s. f.* : spermatology.

spermatomère, *s. m.* : spermatomere, spermatomerite.

spermatorrhée, *s. f.* : spermatorrhea (involuntary discharge of semen without orgasm).

spermatorrhéophobie, *s. f.* : spermatophobia (morbid fear of spermatorrhea).

spermatozoïde, *s. m.* : spermatoid (1. spermatozoon; 2. male germ cell of plants).

spermaturie, *s. f.* : spermaturia, semenuria (passage of semen in the urine).

sperme, *s. m.* : sperm (1. male gamete; 2. semen).

spermine, *s. f.* : spermine *(chem.)*.

spermocentre, *s. m.* : spermocenter (centrosome of male gamete).

spermoculture, *s. f.* : spermoculture (bacteriological culture of semen).

spermogramme, *s. m.* : record of detailed examination of semen.

spermolithe, *s. m.* : spermolith (calculus in the spermatic duct).

spermoloropexie, *s. f.* : spermoloropexis, spermoloropexy.

spermotoxine, *s. f.* : spermotoxin, spermatoxin, spermolysin *(immunol.)*.

sphacèle, *s. m.* : gangrene, slough, sphacelus *(lat.)*.

sphacélé, *adj.* : sphacelate, sphacelous, gangrenous, mortified, necrosed.

sphacélisme, *s. m.* : sphacelism, sphacelation, mortification.

sphéno- : spheno-, prefix meaning relating to the sphenoid bone *or* wedge-shaped.

sphénobasilaire, *adj.* : sphenobasilar (pertaining to the sphenoid and basiocciput).

sphénoïde, *s. m.* : sphenoid, sphenoidale, sphenoid bone; **face antérieure du corps du -** : sphenoidale basilare anticum; **face inférieure du corps du -** : sphenoidale basioposticum; **face latérale du corps du -** : sphenoidale laterale posticum; **grandes ailes du -** : greater wings of the sphenoid; *adj.* : sphenoid; **os -** : sphenoid bone.

sphénoïdite, *s. f.* : sphenoiditis.

sphénoïdostomie, *s. f.* : sphenoidostomy.

sphénomaxillaire, *adj.* : sphenomaxillary.

sphénopalatin, *adj.* : sphenopalatine ; **échancrure -** : sphenopalatine notch; **ganglion -** : sphenopalatine *or* Meckel's ganglion; **trou -** : sphenopalatine foramen.

sphénopariétal, *adj.* : sphenoparietal.

sphénotemporal, *adj.* : sphenotemporal.

sphénotrésie *ou* **sphénotripsie**, *s. f.* : sphenotresia, sphenotripsy (boring *or* crushing the fetal skull with a sphenotribe).

sphénotribe, *s. m.* : sphenotribe *(obstet.)*.

sphère, *s. f.* : sphere *(geom., fig.)*; **- attractive** : sphere of attraction (clear spot in cytoplasm at time of mitosis) ; **- auditive** : auditory center ; **- sensoriale** : projection center.

sphérique, *adj.* : spheric, spherical; **tumeur -** : spheroma.

sphéroblastome, *s. m.* : *cf.,* **neurospongiome.**

sphérocyte, *s. m.* : spherocyte (erythrocyte without the usual biconcave profile).

sphérocytose, *s. f.* : spherocytosis.

sphéroïde, *s. m.* : spheroid; **- allongé** : prolate spheroid; **- aplati** : oblate spheroid; *adj.* : spheroid, spheroidal.

sphérophakie, *s. f.* : spherical deformity of the crystalline lens.

sphéroplaste, *s. m.* : pleuropneumonia-like organism.

sphérule, *s. f.* : spherule, small sphere.

sphincter, *s. m.* : sphincter.

sphinctéralgie, *s. f.* : sphincteralgia (pain in a sphincter especially in the anal sphincter).

sphinctérectomie, *s. f.* : sphincterectomy.

sphinctérien, *adj.* : sphincteral, sphincteric.

sphinctérométrie, *s. f.* : measurement of the tone of a sphincter.

sphinctéroplastie, *s. f.* : sphincteroplasty.

sphinctérospasme, *s. m.* : sphincterismus (spasm of the sphincter ani).

sphinctérotomie, s. f. : sphincterotomy.

sphingolipidose, s. f. : sphingolipidosis.

sphingomyéline, s. f. : sphingomyelin.

sphygmique, adj. : sphygmic (pertaining to the pulse).

sphygmo- : sphygmo-, prefix meaning pertaining to the pulse.

sphygmobolomètre, s. m. : sphygmobolometer.

sphygmobolométrie, s. f. : sphygmobolometry (physiol.).

sphygmocardiographe, s. m. : sphygmocardiograph, sphygmocardioscope ; - enregistreur : sphygmochronograph.

sphygmogramme, s. m. : sphygmogram (physiol.).

sphygmographe, s. m. : sphygmograph.

sphygmographie, s. f. : sphygmography.

sphygmomanomètre, s. m. : sphygmomanometer.

sphygmomètre, s. m. : sphygmometer.

sphygmo-oscillomètre, s. m. : sphygmo-oscillometer.

sphygmoscope, s. m. : sphygmoscope.

spica, s. m. : spica (spiral bandage with reversed turns).

spiculaire, adj. : spicular; cristal - : spicula.

spicule, s. m. : spicule (sharp, needle-like body), spicula, pl. spiculae (lat.).

Spiegel (ligne semi-lunaire de) : Spigelius's line; spigelian lobe, caudate lobe.

spina-bifida, s. m. : spina-bifida, rachischis; - latent ou occulta : spina-bifida occulta.

spinal, adj. : spinal (pertaining 1. to the spinal cord; 2. to the spine).

spinalgie, s. f. : spinalgia.

spina-ventosa, s. m. : spina ventosa, rarifying osteitis.

spinite, s. f. : spinitis, myelitis.

spintéromètre, s. m. : spintherometer, spintometer (radiol.).

spinthariscope, s. m. : spinthariscope (instrument for demonstrating the impact of α-particles on a fluorescent screen).

spinthéropie, s. f. : spintheropia, spintherism, photopsia (sensation of sparks before the eyes).

spinulosisme, s. m. : acne keratosa.

spiral, s. m. : spiral, spiral bandage; adj. : spiral; canal - de Rosenthal : spiral canal of the cochlea; lame - : spiral lamina, lamina spiralis ossea.

spiramycine, s. f. : spiramycin.

spirème, s. m. : spirem, spireme (formed at prophase of mitosis).

spirille, s. m. : spirillum, pl. spirilla (lat.).

spirillicide, adj. : spirillicidal.

spirillose, s. f. : spirillosis (any affection due to a Spirillum).

spiro- : spiro-, prefix meaning (1. spiral; 2. respiratory).

Spirochæta, s. (gr.) : Spirochaeta, spirochete (bacter.).

spirochète, s. m. : spirochaete, spirochete (general term for organisms of the order Spirochaetales).

spirochétogène, adj. : spirochetogenous.

spirochétose, s. f. : spirochetosis.

spirographe, s. m. : spirograph.

spirographie, s. f. : spirography.

spiroïde, adj. : spiroid.

spirométrie, s. f. : spirometry.

spirophore, s. m. : spirophore (instrument for performing artificial respiration).

spiroscope, s. m. : spiroscope.

spiroscopie, s. f. : spiroscopy.

Spix (épine de) : Spix's spine, lingula mandibularis.

splanchnectomie ou splanchnicectomie, s. f. : splanchnicectomy, splanchnic neurectomy.

splanchnicotomie, s. f. : splanchnicotomy (division of a splanchnic nerve).

splanchnique, adj. : splanchnic; esthésie - : splanchnesthesia.

splanchno- : splanchno-, prefix meaning visceral.

splanchnocèle, s. m. : splanchnocoele, ventral coelom (embryol.).

splanchnodyme, s. m. : compound monster with reduplication of viscera.

splanchnologie, s. f. : splanchnology.

splanchnomégalie, s. f. : splanchnomegalia, splanchnomegaly.

splanchnomicrie, s. f. : splanchnomicria (abnormally small viscera).

splanchnopleure ou splanchnoplèvre, s. f. : splanchnopleure (embryol.).

splanchnoptose, s. f. : splanchnoptosia, splanchnoptosis, visceroptosis.

splanchnotomie, s. f. : splanchnotomy (anatomy or dissection of the viscera).

splén- ou spléno- : splen-, spleno-, prefixes meaning pertaining to the spleen.

splénalgie, s. f. : splenalgia, splenodynia (splenic neuralgia).

splénectomie, s. f. : splenectomy.

splénétique, adj. : splenetic, splenic.

splénique, adj. : splenic; induration - : splenokeratosis; leucémie - : splenemia, splenic leukemia.

splénisation, s. f. : splenization (change produced by congestion, especially in the lung, causing the tissue to resemble that of the spleen).

splénite, s. f. : splenitis; - spodogène : spodogenous splenitis (due to accumulation of foreign or waste matter).

splénocèle, s. f. : splenocele, splenic hernia.

splénocléisis, s. m. : splenocleisis (1. abrasion of the splenic surface to stimulate the formation of new fibrous tissue; 2. extraperitoneal transplantation of the spleen).

splénocontraction, s. f. : splenic contraction.

splénoculture, s. f. : seeding culture medium with fragments of spleen for bacteriological examination.

splénocyte, s. m. : splenocyte.

splénocytome, s. m. : cf., **splénome.**

splénodiagnostic, s. m. : splenodiagnosis (enlargement of the spleen following injection of typhoid antigen in cases of typhoid fever).

splénogène, adj. : splenogenic, splenogenous (of splenic origin).

splénogramme, s. m. : splenogram (1. differential cell-count of smear from a splenic puncture biopsy; 2. skiagram of the spleen).

splénogranulomatose sidérosique : splenogranulomatosis siderotica, Gamna's disease.

splénographie, s. f. : splenography.

splénohépatite, s. f. : splenepatitis (inflammation of both liver and spleen).

splénoïde, adj. : splenoid (resembling the spleen).

splénologie, s. f. : splenology.

splénomanométrie, s. f. : measurement of the internal pressure of the spleen by splenic puncture.

splénome, s. m. : splenoma (any splenic tumor).

splénomégalie, s. f. : splenomegalia, splenomegaly; **- mycosique** : siderotic splenomegaly; **- myéloïde idiopathique** : myelophtisic splenomegaly.

splénopathie, s. f. : splenopathy.

splénopexie, s. f. : splenopexia, splenopexis, splenopexy.

splénophlébite, s. f. : phlebitis of the splenic vein.

splénopneumonie, s. f. : splenopneumonia (pneumonia with splenization).

splénoportographie, s. f. : splenoportography (radiol.).

splénorraphie, s. f. : splenorraphy.

splénosclérose, s. f. : sclerosis of the spleen.

splénothérapie, s. f. : splenotherapy.

spléno-thrombose, s. f. : thrombosis of the splenic vein.

splénotomie, s. f. : splenotomy.

splénotyphoïde, s. f. : splenotyphoid (typhoid fever with splenic complications).

spodogène, adj. : spodogenous (cf., **splénite).**

spondyl- ou **spondylo-** : spondyl- or spondylo-, prefixes meaning vertebral.

spondylarthrite, s. f. : spondylarthritis.

spondylarthrose, s. f. : spondylarthrosis (non inflammatory arthrosis of the spine).

spondylite, s. f. : spondylitis; **- tuberculeuse** : tuberculous spondylitis, Pott's disease of the spine.

spondylizème, s. m. : spondylizema (settling of a vertebra into the place of a subjacent one that has collapsed).

spondylocléisis ou **spondyloklisis,** s. m. : spondylocleisis (partial spondylolisthesis in which the displaced vertebra does not encroach on the pelvic brim).

spondylolisthésis, s. m. : spondylolisthesis.

spondylolyse, s. f. ou **spondylolysis,** s. m. : spondylolysis.

spondylomalacie, s. f. : spondylomalacia.

spondylopathie, s f. : spondylopathy.

spondyloptose, s. f. ou **spondyloptosis,** s. m. : spondyloptosis (acute spondylolisthesis).

spondylorhéostose, s. f. : vertebral melorrheostosis.

spondyloschisis, s. m. : spondyloschisis (congenital fissure of a vertebral arch).

spondylose, s. f. : spondylosis; **- rhizomélique** : rhizomelic spondylosis, spondylitis ankylopoietica, Strümpell-Marie's disease.

spondylothérapie, s. f. : spondylotherapy.

spongieux, adj. : spongy; **urètre -** ; spongy portion of the urethra, corpus spongiosum.

spongiforme, adj. : spongiform.

spongioblaste, s. m. : spongioblast (embryonic precursor of neuroglial and ependymal cells).

spongioblastome, s. m. : spongioblastoma (term often inaccurately applied to an anaplastic astrocytoma).

spongioplasma, s. m. : spongioplasm (1. the reticular structure of fixed cells; 2. granular material of an axon).

spongiose, s. f. : spongiosis (intercellular edema).

spongoïde, adj. : spongioid, spongiform, spongy.

spontané, adj. : spontaneous; **génération -** : spontaneous generation.

sporadicité, s. f. : sporadic occurrence (of disease).

sporadique, adj. : sporadic, scattered, separate, occuring in a isolated manner.

sporange, s. m. : sporangium, spore-case, spore-capsule (bot.).

spore, s. f. : spore; **- composée** : sporidesm (bot.).

sporidie, s. f. : sporidium, plur. sporidia (lat.).

Sporidium vaccinale : *Sporidium vaccinale* (sporozoon found in vaccinia pustules).

sporifère, adj. : sporiferous.

sporo- : sporo-, prefix meaning relation to a spore or seed.

sporo-agglutination, s. f. : sporoagglutination.

sporoblaste, s. m. : sporoblast (body within the malarial oocyst).

sporocyste, s. m. : sporocyst, sporocyte (mother-cell of a spore).

sporoderme, s. m. : sporoderm (the coat of a spore, exospore and endospore).

sporoducte, s. m. : sporoduct (tube through which spores leave sporocysts).

sporogenèse, *s. f.* : sporogenesis, sporogeny.

sporogone, *s. m.* : sporogone, sporogonium, *pl.* sporogonia *(lat.).*

sporogonie, *s. f.* : sporogony (exogenous sporulation).

sporophore, *s. m.* : sporophore *(bot.).*

sporophylle, *s. m.* : sporophyll *(bot.).*

sporophyte, *s. m.* : sporophyte *(bot.).*

sporotriche, *s. m.* : Sporothrix, Sporotrichum (genus of fungi).

sporotrichose, *s. f.* : sporotrichosis.

sporozaire, *s. m.* : sporozoon (any organism belonging to the class Sporozoa).

sporozoïte, *s. m.* : sporozoite, gametoblast, zygotoblast *(parasit.).*

sporozoose, *s. f.* : sporozoosis (infection with sporozoa).

sporulation, *s. f.* : sporulation.

sporule, *s. f.* : sporule.

sporulé, *adj.* : sporulated, sporuliferous; **de nature -** : sporular.

spray, *s. m. (angl.)* : spray (1. a jet of minute liquid droplets suspended in air; 2. an atomizer [instrument for producing a spray]).

Sprengel (maladie ou déformation de) : Sprengel's deformity (congenital upward displacement of the scapula).

sprue, *s. f.* : sprue, psilosis, hill diarrhea.

spume, *s. f.* : spume, froth, foam.

spumescent, *adj.* : spumescent, foaming, frothing.

spumeux, *adj.* : spumous, spumy, foamy, frothy.

spumosité, *s. f.* : spumescence.

sputation, *s. f.* : expectoration (habit of spitting).

squame, *s. f.* : squame, scale, exfoliation.

squamé, *adj.* : squamate.

squameux, adj. : squamous, squamose, scaly; **d'aspect -** : squamoid.

squamosité, *s. f.* : squamous or scaly state; **- de la peau** : scaliness.

squarreux, *adj.* : squarrose, squarrous, scurfy.

squelette, *s. m.* : skeleton.

squelettique, *adj.* : 1. skeletal; 2. emaciated « thin as a skeleton » *(vernac.).*

squelettisation, *s. f.* : 1. extreme emaciation; 2. dissection of soft parts down to the skeleton.

squelettologie, *s. f.* : skeletology.

squénite, *s. f.* : *cf.,* **skénite.**

squirrhe, *s. m.* : scirrhus, a hard carcinoma; **- de la glande lacrymale** : scirrhencanthus (scirrhus of the lacrimal gland); **- du globe oculaire** : scirrhophthalmia (scirrhus of the eye); **- de la paupière** : scirrhous tumour of the eyelid; **- du sein** : scirrhous carcinoma of the breast; **- du testicule** : scirrhocele.

squirrheux *ou* **squirreux,** *adj.* : scirrhous, hard; **d'aspect -** : scirrhoid.

stabile, *adj.* : stabile, stable; **courant -** : stabile current (electric current applied by electrodes held in a fixed position on a part).

stabilisant, *s. m.* : stabilizer.

stabilisateur, *s. m.* : stabilizer; *adj.* : stabilizing.

stabilité, *s. f.* : stability.

stable, *adj.* : stable, fixed; **corps -** : stable substance.

stabulation, *s. f.* : rest cure.

stade, *s. m.* : 1. stadium; 2. stage, period; **- amphibole** : stadium amphiboles, period of doubtful prognosis; **- de chaleur** : stadium caloris, febrile stage or period; **- de froid** : stadium frigoris, cold or febrile stage (of intermittent fever); **- prodromique** : stadium contagii or prodromorum, prodromal stage; **- de sueur** : stadium sudoris, sweating stage (of malarial attack).

stagnation, *s. f.* : stagnation, stasis.

stalagmomètre, *s. m.* : stalagmometer, stactometer (instrument for measuring drops).

stalagmométrie, *s. f.* : stalagmometry (determination of surface tension by counting the number of drops in a given volume of fluid using a stalagmometer).

staminé, *adj.* : staminate, stamened *(bot.).*

staminode, *s. m.* : staminode (aborted stamen) *(bot.).*

standardisation, *s. f.* : standardization.

stannate, *s. m.* : stannate *(chem.).*

stanneux, *adj.* : stannous.

stannifère, *adj.* : stanniferous (containing tin).

stannine, *s. f.* : stannine, stannite, tin pyrites (tin ore containing copper, iron and sulphur).

stannique, *adj.* : stannic.

stannose, *s. f.* : toxic manifestations due to absorption of tin.

stapédien, *s. m.* : stapedius (muscle); *adj.* : stapedial; 1. stirrup-shaped; 2. relating to the stapes.

staphylectomie, *s. f.* : excision of a staphyloma of the cornea (N.B. staphylectomy means excision of the uvula, uvulectomy).

staphylhématome, *s. m.* : staphylematoma, staphylhematoma (hematoma of the uvula).

staphylin, *adj.* : staphyline (1. resembling a bunch of grapes; 2. uvular).

staphylite, *s. f.* : staphylitis (inflammation of the uvula).

staphylocoagulase, *s. f.* : staphylocoagulase.

staphylococcémie, *s. f.* : staphylococcemia.

staphylococcie, *s. f.* : staphylococcia (1. cutaneous staphylococcal suppuration; 2. secondary infection by staphylococcus).

staphylococcique, *adj.* : staphylococcal, staphylococcic; **angine -** : staphyloangina, staphylococcal sore throat; **dermatite -** : staphylodermatitis.

staphylocoque, *s. m.* : staphylococcus.

staphylolysine, *s. f.* : staphylolysin.

staphylome, *s. m.* : staphyloma (bulging of the cornea or sclera); **- antérieur** : anterior staphyloma; **- cornéen** : staphyloma corneae, conical cornea; **- postérieur** : posterior staphyloma, Scarpa's staphyloma, staphyloma posticum.

staphyloplastie, s. f. : staphyloplasty (plastic operation on the soft palate and or uvula).

staphylorraphie, s. f. : staphylorraphy, palatorrhaphy (suture of cleft soft palate).

staphylotome, s. m. : staphylotome (surg.).

staphylotomie, s. f. : staphylotomy (1. incision or removal of the uvula; 2. incision of a staphyloma).

staphylotoxine, s. f. : staphylotoxin, staphylolysin.

Starling (loi de) : Starling's principle.

stase, s. f. : stasis.

statif, s. m. : stand (microscopic).

stationnaire, adj. : stationary, static.

statique, s. f. : statics; adj. : static, statical; **électricité -** : static electricity.

statistique, s. f. : statistics; **- démographiques** : demographic, medical or vital statistics; adj. : statistical.

stator, s. m. : stator.

stature, s. f. : stature, height.

stauroplégie, s. f. : stauroplegia, crossed hemiplegia.

stéarate, s. m. : stearate (chem.).

stéarine, s. f. : stearin, glyceryl triestearate.

stéarique, adj. : stearic; **acide -** : stearic acid.

stéarolé, s. m. : stearol, pommade (pharm.).

stéarrhée, s, f. : 1. steatorrhea (fatty stools); 2. seborrhea.

stéato- : steato-, prefix meaning fatty.

stéatocèle, s. f. : steatocele (fatty swelling in the scrotum).

stéatocystomes multiples : steatocystoma multiplex, steatomatosis.

stéatolyse, s. f. : steatolysis (physiol.).

stéatolytique, adj. : steatolytic.

stéatome, s. m. : steatoma (1. sebaceous cyst; 2. lipoma).

stéatomérie, s. f. : steatomery (fat deposits on the thighs and buttocks).

stéatonécrose, s. f. : steatonecrosis, fatty necrosis.

stéatopyge, adj. : steatopygous.

stéatopygie, s. f. : steatopygia (excessive fatness of the buttocks, Hottentot deformity).

stéatorrhée, s. f. : cf., **stéarrhée.**

stéatose, s. f. : steatosis (1. fatty degeneration or infiltration; 2. sebaceous adenosis).

stéatotrochantérie, s. f. : steatotrochanteria, steatomery.

Steel (signe de) : Steel's sign (exaggerated pulsation over the whole cardiac region).

Stegomya ou **Stegomye,** s. m. : Stegomya (subgenus of mosquitoes).

Steinert (maladie de) : Steinert's disease, myotonic dystrophy.

Stein-Leventhal (maladie de) : Stein-Leventhal's disease, ovarian cortical sclerosis.

Steinmann (broche de) : Steinmann pin (driven through the distal fragment of a fractured bone as a means of applying traction).

stellectomie, s. f. : stellectomy (division of the cervical sympathetic cord above the stellate ganglion for relief of angina pectoris).

Stellwag (signe de) : Stellwag's sign (retraction of the upper eyelids and loss of the blinking reflex in exophthalmic goiter).

Stellwag-Dalrymple (signe de) : abnormal width of the palpebral opening, in exophthalmic goiter (Abadie's sign).

sténo- : steno-, prefix meaning narrow or constricted.

sténocardie, s. f. : stenocardia, angina pectoris.

sténocéphalie, s. f. : stenocephaly, stenocephalia (narrowness of the head in one or more diameters).

Sténon (canal de) : Stensen's duct, Stenon's duct, ductus parotidicus.

sténopéique, adj. : stenopeic (having a narrow slit); **lunettes -** : stenopeic or panoptic glasses (discs with central pinhole giving universal sharp focus).

sténose, s. f. : stenosis; **- cardiaque** : cardiac stenosis; **- du canal de Sténon** : stenostegnosis, stenostenosis (stenosis of Stensen's duct); **- cicatricielle** : cicatricial stenosis; **- du pylore** : pyloric stenosis, pyloristenosis.

sténotherme, adj. : stenothermal.

sténothorax, s. m. : stenothorax (abnormally narrow chest).

stéphanion, s. m. : stephanion (point of intersection of the temporal ridge and coronal ridge).

steppage, s. m. : 1. steppage gait (high-stepping gait necessitated by foot-drop in paralysis of the peroneal nerve); 2. ataxic or tabetic gait.

stercobiline, s. f. : stercobilin.

stercoraire ou **stercoral,** adj. : stercoral, stercoraceous, stercorous, fecal.

stercorémie, s. f. : stercoremia, copremia (toxemia of chronic constipation).

stercorome, s. m. : stercoroma, coproma (tumorlike mass of feces in the rectum).

stéréo- : stereo-, prefix meaning solid or three-dimensional.

stéréoagnosie, s. f. : stereoagnosis, astereognosis.

stéréocardiogramme, s. m. : stereocardiogram.

stéréochimie, s. f. : stereochemistry.

stéréochimique, adj. : stereochemical.

stéréodéviation, s. f. : ocular stereodeviation (Magendie-Hertwig sign).

stéréognosie, s. f. : stereognosis (ability to recognize objects by touch).

stéréognostique, adj. : stereognostic.

stéréogramme, s. m. : stereogram (1. stereoscopic skiagram; 2. stereoscopic drawing or picture).

stéréographe, *s. m.* : stereograph.

stéréographie, *s. f.* : stereography.

stéréoisomère, *s. m.* : stereoisomer; *adj.* : stereo-isomeric.

stéréoisomérie, *s. f.* : stereoisomerism.

stéréomètre, *s. m.* : stereometer.

stéréométrie, *s. f.* : stereometry.

stéréophotographie, *s. f.* : stereophotography.

stéréoplasme, *s. m.* : stereoplasm (solid part of cytoplasm).

stéréoradiographie, *s. f.* : stereoradiography, stereoroentgenography.

stéréoradioscopie, *s. f.* : stereoradioscopy.

stéréoscope, *s. m.* : stereoscope.

stéréoscopie, *s. f.* : stereoscopy.

stéréoscopique, *adj.* : stereoscopic; **vision -** : stereopsis, sterioscopic vision.

stéréotaxie, *s. f.* : stereotactic technique.

stéréotaxique, *adj.* : stereotatic, stereotaxic; **chirurgie -** : stereotactic *or* stereotaxic surgery.

stéréotropisme, *s. m.* : stereotropism.

stéréotypé, *adj.* : stereotyped; **actes -** : stereotyped actions.

stéréotypie, *s. f.* : stereotypy (senseless repetition).

stérile, *adj.* : sterile (1. incapable of reproduction, infertile; 2. aseptic, germ-free).

stérilisateur, *s. m.* : sterilizer.

stérilisation, *s. f.* : sterilization (1. act of rendering incapable of reproduction; 2. process of freeing a substance of germs).

stérilisé, *adj.* : sterilized.

stériliser, *v.* : to sterilize.

stérilité, *s. f.* : sterility (1. barrenness; 2. aseptic state).

sternal, *adj.* : sternal.

sternalgie, *s. f.* : sternalgia, sternodynia.

Sternberg (cellule de) : Sternberg-Reed *or* Reed-Sternberg giant cell (typical of Hodgkin's disease).

sternèbre, *s. f.* : sternebra (any one of the sternal segments).

sterno- : sterno-, prefix denoting connection with the sternum.

sternogramme, *s. m.* : myelogram obtained by sternal puncture.

sternopagie, *s. f.* : sternopagia, sternodymia.

sternotomie, *s. f.* : sternotomy.

sternum, *s. m.* : sternum.

sternutation, *s. f.* : sternutation, sneezing.

sternutatoire, *s. m., adj.* : sternutatory; **gaz -** : sternutator.

stéroïdémie, *s. f.* : presence of steroids in the blood.

stéroïdes (hormones) : steroid hormones.

stérol, *s. m.* : sterol.

stérolytique, *adj.* : sterolytic.

stertor, *s. m.* : stertor, stertorous, breathing.

stertoreux, *adj.* : stertorous; **respiration -** : stertorous breathing.

stéthacoustique, *adj.* : stethacoustic (audible through a stethoscope).

stétho- : stetho-, prefix meaning pertaining to the chest.

stéthographe, *s. m.* : stethograph.

stéthomètre, *s. m.* : stethometer (instrument for measuring the expansion of the chest).

stéthoscope, *s. m.* : stethoscope; **- biauriculaire** : binaural stethoscope.

stéthoscopie, *s. f.* : stethoscopy.

stéthoscopique, *adj.* : stethoscopic.

sthénique, *adj.* : sthenic, active, strong; **fièvre -** : sthenic fever, sthenopyra.

stibial, *adj.* : stibial, antimonial.

stibialisme, *s. m.* : stibialisme.

stibié, *adj.* : stibiated, antimoniated.

stibieux, *adj.* : stibious, antimonious.

stibique, *adj.* : stibic, antimonic.

stibio-intolérance, *s. f.* : intolerance for antimomy.

stigma folliculaire : follicular stigma (spot on the surface of the ovary at which the graafian follicle will rupture).

stigmasie, *s. f.* : stigmatodermia (any disease of the prickle-cell layer of the skin).

stigmate, *s. m.* : stigma, *pl.* stigmata *(gr.)* (1. spot, dot; 2. characteristic sign of a condition; 3. receptive organ for pollen grains at the top of a pistil [*bot.*]).

stigmatique, *adj.* : stigmatic.

stigmatisation, *s. f.* : stigmatization (formation of stigmata).

stigmatisé, *adj.* : stigmatized, marked with stigmata.

stigmatisme, *s. m.* : stigmatism (1. condition due to stigmata; 2. accurate focusing by a lens).

stigmatodermie, *s. f.* : stigmatodermia, *cf.,* **stigmasie.**

stilb, *s. m.* : stilb (unit of brilliance).

stilbœstrol, *s. m.* : stilbestrol, stilboestrol.

stilet, *s. m.* : stilet, stylet, stylus *(surg.)*.

Still (maladie de) : Still's disease, Chauffard's *or* Chauffard-Still's syndrome (polyarthritis in children with fever and enlarged spleen and lymph nodes).

Stiller (signe de) : Stiller's sign (unusual mobility of the tenth rib in gastroptosis or enteroptosis).

stilligoutte, *s. m.* : dropping-tube, dropper.

Stilling (canal de) : Stilling's canal, hyaloid canal (central canal of the vitreus).

stimulant, *s. m.* : stimulant (stimulating drug *or* alcoholic drink); *adj.* : stimulant, stimulating.

stimulateur, *s. m.* : pace-maker *(cardiol.)*.

stimulation, *s. f.* : stimulation.

stimuler, *v.* : to stimulate.

stimulon, *s. m.* : stimulon (antagonist to interferon) *(virol.)*.

stimulus, *s. m.* : stimulus.

stock-vaccin, *s. m.* : stock vaccine (made from mixed strains of a common species).

stock-vaccination, *s. f.* : vaccination with stock vaccine.

Stokes (loi de) : Stokes' law (inflammation of mucous or serous membranes leads to paralysis of the subjacent muscles).

Stokes-Adams (maladie de) : Stokes-Adams' disease (permanent bradycardia).

stolon, *s. m.* : stolon *(bot.)*.

stomacace, *s. m.* : stomacace, stomatocace, ulcerative stomatitis.

stomacal, *adj.* : stomachal, gastric; **pompe -** : stomach-pump.

stomachique, *adj.* : stomachic (promoting gastric secretion).

stomate, *s. m.* : stoma, *pl.* stomata *(gr.)* (1. aperture, mouth, opening [e.g. colostomy opening]; 2. microscopic opening between cells lining a serous cavity or lymph channel).

stomatique, *adj.* : stomatic (pertaining to the mouth).

stomatite, *s. f.* : stomatitis; **- aphteuse** : aphthous stomatitis; **- crémeuse** : thrush, mycotic stomatitis; **- mercurielle** : mercurial stomatitis.

stomato- : stomato-, prefix meaning pertaining to the mouth.

stomatodynie, *s. f.* : stomatodynia, stomatalgia (pain in the mouth).

stomatogastrique, *adj.* : stomatogastric.

stomatolalie, *s. f.* : stomatolalia (speaking with the nares closed).

stomatologie, *s. f.* : stomatology.

stomatologique, *adj.* : stomatologic, stomatological.

stomatologiste, *s. m.* : stomatologist.

stomatoplastie, *s. f.* : stomatoplasty (plastic surgery of 1. the mouth; 2. the os uteri).

stomatoplastique, *adj.* : stomatoplastic.

stomatorragie, *s. f.* : stomatorrhagia (bleeding from the mouth).

stomatoscope, *s. m.* : stomatoscope.

stovaïne, *s. f.* : stovaine, amylocaine hydrochloride.

stovaïner *ou* **stovaïniser,** *v.* : to anesthetize locally with stovaine.

strabique, *s. m.* : squinter; *adj.* : strabismal, strabismic, squinting, squint-eyed.

strabisme, *s. m.* : strabismus, squint; **- concomitant** : concomitant strabismus; **- convergent** : convergent or internal strabismus; **- divergent** : divergent or external strabismus; **- paralytique** : paralytic strabismus; **- sursumvergent** : strabismus sursum vergens, supravergence.

strabomètre, *s. m.* : strabometer *(opt., ophthal.)*.

strabotomie, *s. f.* : strabotomy (operation for correction of strabismus).

strangulation, *s. f.* : strangulation (1. choking, garrotting [*forensic med.*]; 2. constriction).

strangurie, *s. f.* : stranguria, strangury, painful micturition.

stratification, *s. f.* : stratification.

stratifié, *adj.* : stratified.

stratiforme, *adj.* : stratiform.

stratigraphie, *s. f.* : stratigraphy, tomography *(radiol.)*.

stréphendopodie, *s. f.* : strephendopodia, talipes varus.

stréphexopodie, *s. f.* : strephexopodia, talipes valgus.

stréphopodie, *s. f.* : strephopodia, talipes equinus.

strepto- : strepto-, prefix meaning twisted.

streptobacille, *s. m.* : streptobacillus.

streptococcémie, *s. f.* : streptococcemia.

streptococcie, *s. f.* : streptococcicosis, streptococcal infection.

streptococcique, *adj.* : streptococcal, streptococcic; **dermatite -** : streptodermatitis; **septicémie -** : streptosepticemia.

streptocoque, *s. m.* : streptococcus, *pl.* streptococci.

streptodiphtérie, *s. f.* : diphtheria associated with streptococcal infection.

streptodornase, *s. f.* : streptodornase.

streptokinase, *s. f.* : streptokinase.

streptolysine, *s. f.* : streptolysin.

streptomycine, *s. f.* : streptomycin.

streptomycino-dépendance, *s. f.* : streptomycin dependance *(bacter.)*.

streptomycinorachie, *s. f.* : presence of streptomycin in the cerebrospinal fluid.

streptomycino- *ou* **streptomycorésistant,** *adj.* : streptomycin-resistant.

streptomycino- *ou* **streptomycothérapie,** *s. f.* : therapeutic use of streptomycin.

streptomycose, *s. f.* : streptomycosis.

streptothricine, *s. f.* : streptothricin.

streptothricose, *s. f.* : streptothricosis.

Streptothrix, *s. m.* : *Streptothrix* (original name for *Actinomyces, Nocardia, Streptomyces* and other genera).

stress, *s. m.* : stress *(odont., psych.)*.

striation, *s. f.* : striation (1. act of striating; 2. state of being striated; 3. a striated structure).

stricture, *s. f.* : stricture (narrowing of a duct or passage e.g. the urethra).

stricturectomie, *s. f.* : resection of a stricture.

stricturotomie, *s. f.* : stricturotomy (surgical division of a stricture).

stridor, *s. m.* : stridor.

stridoreux *ou* **striduleux,** *adj.* : stridulous; **laryngite -** : laryngismus stridulus.

strie, *s. f.* : streak, furrow, stria, *pl.* striae *(lat.);* **- acoustiques** *ou* **médullaires** : acoustic striae, striae medullares acusticae.

strié, *adj.* : striate, striated, furrowed, grooved, streaked; **corps -** : corpus striatum, striatum ; **muscle -** : striated, stripted, skeletal *or* voluntary muscle.

striopallidal, *adj.* : relating to the globus pallidus and to the corpus striatum.

strobilacé, *adj.* : strobilaceous *(bot.).*

strobilation, *s. f.* : strobilation *(biol.).*

strobile, *s. m.* : strobile (1. catkin, pine-cone; 2. strobila, tapeworm).

stroboscope, *s. m.* : stroboscope.

stroboscopie, *s. f.* : stroboscopy (recording the vibrations of the vocal cords).

stroboscopique, *adj.* : stroboscopic.

stroma, *s. m.* : stroma; **dissolution du -** : stromatolysis.

strongle, *s. m.* : *Strongylus* (genus of parasitic nematodes).

strongyloïdes, *s. m. pl.* : *Strongyloides* (genus of intestinal nematodes).

strongyloïdose, *s. f.* : strongyloidosis, strongyloidiasis.

strongylose, *s. f.* : strongylosis.

strontium, *s. m.* : strontium.

strophulus, *s. m.* : strophulus, gum- *or* tooth-rash (transient dermatosis in infants).

structural, *adj.* : structural.

structure, *s. f.* : structure.

Strümpell-Lorrain (paraplégie spasmodique familiale) : Strümpell's type of spastic paralysis.

strychnine, *s. f.* : strychnine.

strychnisme, *s. m.* : strychninism, strychnism (chronic strychnine poisoning).

stupéfaction, *s. f.* : stupefaction, stupor.

stupéfiant, *s. m.* : stupefacient, stupefactive, narcotic; **s'adonner aux -** : to take drugs, to become a drug addict; **trafic des -** : drug traffic; *adj.* : stupefacient, stupefactive, stupefying narcotic.

stupeur, *s. f.* : stupor.

stupidité, *s. f.* : stupidity.

stuporeux, *adj.* : stuporous, semiconscious.

Sturge-Weber-Krabbe (maladie de) : Sturge-Kalisher's disease (nevoid amentia).

stylalgie, *s. f.* : pharyngeal pain due to pressure by an abnormally long styloid process.

stylet, *s. m.* : style, stylet, stylus *(surg.).*

styliforme, *adj.* : styliform.

stylo- : stylo-, prefix referring to the styloid process of the temporal bone.

styloglosse, *s. m.* : styloglossus; *adj.* : styloglossal.

stylohyoïdien, *adj.* : stylohyoid.

styloïde, *adj.* : styloid; **apophyse -** : styloid process.

stylomastoïdien, *adj.* : stylomastoid.

stylomaxillaire, *adj.* : stylomaxillary.

stylotypique (rapport) : relationship between the perimeter and the length of a limb segment.

stypage, *s. m.* : stypage (local anesthesia applied by a stype or tampon).

styptique, *s. m., adj.* : styptic, astringent.

sub- : sub-, prefix meaning beneath, under or deficient.

subconscience, *s. f.* : subconsciousness.

subconscient, *s. m., adj.* : subconscious.

subdélire *ou* **subdelirium,** *s. m.* : subdelirium (muttering delirium with lucid intervals).

subduction, *s. f.* : subduction (downward deflection of the eye).

subérose, *s. f.* : allergic syndrome caused by inhaling suberin in cork dust.

subfébrile, *adj.* : subfebrile.

subfébrilité, *s. f.* : slight fever.

subglossite, *s. f.* : subglossitis; **- diphtéroïde** : Riga-Fede's disease, sublingual granuloma at site of abrasion by lower incisors in children.

subictérique, *adj.* : subicteric.

subintrant, *adj.* : subintrant, anticipating (beginning before the termination of a previous paroxysm of malarial ague).

subinvolution, *s. f.* : subinvolution, incomplete involution; **- de l'utérus** : subinvolution of the uterus after delivery.

subir, *v.* : to suffer, to undergo.

subjectif, *adj.* : subjective (perceived by the individual but not by others).

subjectivité, *s. f.* : subjectivity *(psych.).*

subléthal, *adj.* : sublethal; **facteur** *ou* **gène -** : sublethal factor or gene *(genet.).*

subleucémie, *s. f.* : subleukemia, subleukemic or aleukemic leukemia.

sublimation, *s. f.* : sublimation *(chem., psych.).*

sublimé, *s. m.* : 1. sublimate *(chem.);* 2. corrosive sublimate, mercuric chloride *(pharm.); adj.* : sublimated.

subluxation, *s. f.* : subluxation, partial dislocation.

submatité, *s. f.* : slight dullness (on percussion).

submersion, *s. f.* : submersion; **mort par -** : death by drowning.

subnarcose, *s. f.* : subnarcosis, partial anesthesia.

subréflectivité, *s. f.* : weakness of reflexes.

subsistance, *s. f.* : subsistence, food.

subseptus (utérus) : subseptate uterus.

substance, *s. f.* : substance, substantia, *pl.* substantiae *(lat.);* **- blanche** : white matter; **- corticale du rein** : renal cortex; **- grise** : gray matter;

- médullaire : medullary substance; **- noire de Soemering** : substantia nigra.

substitutif, *s. m.* : substitute; *adj.* : substitutive, vicarious.

substitution, *s. f.* : substitution.

substrat, *s. m.* : substrate.

subtiline, *s. f.* : subtilin.

suc, *s. m.* : juice, sap, succus (lat.); **- gastrique** : gastric juice; **- intestinal** : succus entericus; **- pancréatique** : pancreatic juice.

succédané, *s. m.* : succedaneum, substitute; *adj.* : succedaneous.

succinate, *s. m.* : succinate.

succinique, *adj.* : succinic; **acide -** : succinic acid.

succion, *s. f.* : suction, sucking; **pratiquer la - d'une plaie** : to suck a wound.

succulent, *adj.* : succulent, juicy.

succussion, *s. f.* : succussion, shaking; **- hippocratique** : hippocratic succussion.

sucer, *v.* : to suck.

sucrase, *s. f.* : sucrase, invertase.

sucrate, *s. m.* : sucrate.

sucre, *s. m.* : sugar; **- de betterave** : beet sugar; **- de canne** : cane sugar; **- d'érable** : maple sugar *or* syrup.

sucrose, *s. f.* : sucrose, saccharose.

sudation, *s. f.* : sudation, sweating.

sudatoire, *s. m.* : sudatorium, hot air bath, sweating-room; *adj.* : sudatory, diaphoretic.

sudorifère, *adj.* : sudoriferous.

sudorifique, *s. m., adj.* : sudorific, diaphoretic.

sudoripare, *adj.* : sudoriparous, sudoriferous, perspiratory; **glande -** : sweat-gland.

sudoripore, *s. m.* : sweat-gland.

suer, *v.* : to sweat, to perspire.

suette anglaise : sudor anglicus, miliary fever; **- miliaire** : miliaria.

sueur, *s. f.* : sweat, perspiration, sudor (lat.); **- fétide** : bromidrosis, osmidrosis; **- nocturnes** : night sweats; **- de sang** : bloody sweat, hematidrosis, sudor cruentus.

suffocant, *adj.* : suffocating, suffocative; **catarrhe -** : suffocative catarrh, capillary bronchitis.

suffocation, *s. f.* : suffocation, choking.

suffoquer, *v.* : to suffocate, to choke.

suffusion, *s. f.* : suffusion, flush.

suggestible, *adj.* : suggestible.

suggestibilité, *s. f.* : suggestibility, susceptibility (psych.).

suggestion, *s. f.* : suggestion (1. imparting an idea; 2. a suggested idea; **- hypnotique** : hypnotic suggestion).

sugillation, *s. f.* : suggilation, bruise, ecchymosis.

suicide, *s. m.* : suicide, self-murder.

suicidé, *s. m. f.* : suicide, self-murderer.

suicider (se), *v.* : to commit suicide, to take one's own life.

suicidomane, *s. m.* : suicidal maniac.

suicidomanie, *s. f.* : suicidal mania.

suif, *s. m.* : suet, tallow, sevum (lat.).

suint, *s. m.* : suint, wool-fat.

sujet, *s. m.* : subject.

sulciforme, *adj.* : sulciform, grooved.

sulcus (lat.), *s.* : sulcus, furrow, groove; **- terminalis de His** : terminal sulcus of His *or* of the right atrium; **- tympanicus** : sulcus tympanicus.

sulfamide, *s. m.* : 1. sulfanilamide, sulphanilamide; 2. sulfa *or* sulpha drugs.

sulfamidémie, *s. f.* : presence of sulphanilamides in the blood.

sulfamidorachie, *s. f.* : presence of sulphanilamides in the cerebrospinal fluid.

sulfamidorésistance, *s. f.* : bacterial resistance to sulfa-drugs.

sulfamidothérapie, *s. f.* : therapeutic use of sulfa-drugs.

sulfamidurie, *s. f.* : passage of sulfanilamides in the urine.

sulfate, *s. m.* : sulfate, sulphate.

sulfhémoglobine, *s. f.* : sulfhemoglobin, sulphaemoglobin.

sulfhémoglobinémie, *s. f.* : sulfhemoglobinemia, sulphaemoglobinemia.

sulfhydrisme, *s. m.* : poisoning due to inhalation of hydrogen sulphide.

sulphite, *s. m.* : sulfite, sulphite.

sulfo- : sulfo-, sulpho-, prefixes denoting compounds containing divalent sulfur *or* the group SO_2OH.

sulfocarbonisme, *s. m.* : carbon disulfide poisoning.

sulfonamide, *s. m.* : sulfonamide, sulphonamide.

sulfonation, *s. f.* : sulfonation, sulphonation (chem.).

sulfone, *s. f.* : sulfone, sulphone (1. the radical SO_2; 2. any compound of SO_2 with hydrocarbons).

sulfopyrétothérapie, *s. f.* : sulfopyretotherapy (pyrexia induced by intramuscular injection of sulphur solutions).

sulfuration, *s. f.* : sulfuration, sulphuration.

sulfure, *s. m.* : sulfide, sulphide.

sulfuré, *adj.* : sulfurated, sulfureted, sulphurated, sulphuretted; **hydrogène -** : sulfureted *or* sulphuretted hydrogen, H_2S.

sulfureux, *adj.* : sulfurous, sulphurous; **acide -** : sulfurous, sulphurous acid, H_2SO_3.

sulfurique, *adj.* : sulfuric, sulphuric; **acide -** : sulfuric, sulphuric acid, H_2SO_4.

super- : super-, prefix meaning above, over *or* excessive.

superembryonnement, *s. m. ou* **superfécondation,** *s. f.* : superfecundation (successive fertilization of two or more ova from to same period by separate inseminations).

superfétation, *s. f.* : superfetation, superfoetation (a second conception during the course of a pregnancy).

superficie, *s. f.* : outer surface, superficies *(lat.)*; **- de contact** : interface.

superimprégnation, *s. f.* : superimpregnation, superfecundation, superfetation.

superinfection, *s. f.* : superinfection.

superinvolution de l'utérus : superinvolution of the uterus.

supersyphilisation, *s. f.* : reinfection with syphilis.

supertuberculisation, *s. f.* : reinfection with tuberculosis.

supinateur, *s. m., adj.* : supinator.

supination, *s. f.* : supination (1. lying on the back; 2. turning the palm of the hand upward; **en -** : supine).

support, *s. m.* : support, stand, sustentaculum *(lat.)*; **cellules de -** : Sertoli's or sustentacular cells (testicle); **- pour tubes à essai** : test tube stand, test tube holder.

suppositoire, *s. m.* : suppository, suppositorium, *plur.* suppositoria *(lat., pharm.)*.

suppresseur, *s. m.* : suppressor *(genet.)*.

suppression, *s. f.* : suppression (1. sudden cessation of secretion; 2. conscious inhibition [in contrast to subconscious repression] [psych.]).

suppuratif, *s. m., adj.* : suppurant, suppurative.

suppuration, *s. f.* : suppuration.

supra- : supra-, prefix meaning above or over.

suprachoroïde, *s. f.* : suprachoroidea (the outer layer of the choroid), lamina fusca.

supramastite, *s. f.* : dermatitis of the skin over, but not involving the breast.

suprasellaire, *adj.* : suprasellar.

suprasonique, *adj.* : suprasonic, ultrasonic.

supraventriculaire, *adj.* : atrioventricular.

suractivité, *s. f.* : superactivity, overactivity.

suraiguë, *adj.* : hyperacute, superacute, very acute.

suralimentation, *s. f.* : suralimentation, superalimentation, overfeeding.

suralimenter, *v.* : to overfeed, to feed up *(vernac.)*.

suramortissement, *s. m.* : over-damping (electrocardiography).

suranné, *adj.* : obsolete, outdated.

surbase, *s. f.* : raised base or plate *(odont.)*.

surcharge, *s. f.* : overloading; **- ventriculaire** *ou* **systolique** : ventricular strain; **- volumétrique** *ou* **diastolique** : ventricular overloading (due to aortic or pulmonary obstruction).

surcompensation, *s. f.* : overcompensation.

surcorrection, *s. f.* : overcorrection (use of too strong lenses).

surcroissance, *s. f.* : overgrowth.

surdi-mutité, *s. f.* : surdimutism, deaf-mutism.

surdité, *s. f.* : deafness, surdity; **- musicale** : tone-deafness; **- verbale** : word-deafness.

surexcitation, *s. f.* : surexcitation, overexcitation, overexcitement, overstimulation.

surexposition, *s. f.* : overexposure *(phot.)*.

surextension, *s. f.* : 1. overextension; 2. overdistension.

surface, *s. f.* : surface, area.

surfusion, *s. f.* : superfusion *(phys.)*.

surinfection, *s. f.* : *cf.,* **superinfection.**

surjet, *s. m.* : edge-to-edge suture.

Surmay (opération de), Surmay's operation, jejunostomy, nesteostomy.

surmenage, *s. m.* : overexertion, overstrain; **fièvre de -** : fatigue fever; **- intellectuel** : mental strain, nervous exhaustion, brain-fag.

surnageant, *adj.* : supernatant (fluid).

suroxygénation, *s. f.* : hyperoxia, overoxygenation.

surpigmentation, *s. f.* : chromatosis, overpigmentation.

surplatine, *s. f.* : superstage (microscope).

surra, *s. m.* : surra (epizootic febrile disease of horses, camels, *etc.,* attributed to *Trypanosoma evansi,* characterized by progressive and fatal anemia).

surréflectivité, *s. f.* : exaggerated reflex response.

surrénal, *adj.* : adrenal, suprarenal, surrenal; **capsule** *ou* **glande -** : adrenal, surrenal or suprarenal gland, body or capsule.

surrénalectomie, *s. f.* : adrenalectomy, suprarenalectomy.

surrénalite, *s. f.* : adrenalitis, adrenitis.

surrénalo-génital (syndrome) : adrenogenital syndrome (masculinization in the female due to hyperadrenalism).

surrénalome, *s. m.* : suprarenoma (any tumor of the adrenal tissue).

surrénaloprive, *adj.* : *cf.,* **surrénoprive.**

surrénalotrope, *adj.* : adrenotropic.

surrénogénital (syndrome) : *cf.,* **surrénalo-génital (syndrome).**

surrénoprive (état) : adénoprival state, asuprarenalism, asurrenalism.

survivance, *s. f.* : survival, survivorship *(forensic med.)*.

sus- : supra-, prefix meaning above or upon.

sus-acromiotomie, *s. f.* : supra-acromial incision of a fetus to facilitate relivery.

susapexien, *adj.* : supra-apical (above the apex of the heart).

susceptible, *adj.* : susceptible, sensitive.

susceptibilité, *s. f.* : susceptibility, susceptivity, sensibility, sensitivity.

sus-nasal *ou* **sus-orbitaire (point)** : ophryon (midpoint of the supraorbital line).

suspendu, *adj.* : suspended (1. hanging; 2. interrupted).

suspenseur, *adj.* : suspensory; **ligament - :** suspensory ligament; **ligament - du foie :** suspensory ligament of the liver.

suspensoïde, *s. m.* : suspensoid, colloid.

suspensoir, *s. m.* : suspensory.

suspirieuse (respiration) : sighing or heavy breathing.

sustentaculum tali *(lat.)* : process of the os calcis supporting the astragalus.

sustentation, *s. f.* : sustentation, support.

susurration, *s. f.* : susurration, murmur, susurrus *(lat.)*.

Sutton (maladie de) : Sutton's disease, leukoderma acquisitum centrifugum, perinervoid vitiligo.

sutural, *adj.* : sutural.

suture, *s. f.* : suture, sutura, *pl.* suturae *(lat.)*; 1. line of closure, articulation of cranial bones; 2. stitch *or* series of stitches closing a wound **- en boutonnière** : buttonhole suture; **- en capiton** : matrass stitch *or* suture; **- empennée plumée** : quilled suture; **- enchevillée** : quilled suture; **- harmonique** : harmonia (articulation between flat bony surfaces that are closely and firmly apposed); **- intermaxillaire** : intermaxillary suture; **- lambdoïde** : lambdoid suture; **- mediofrontale** *ou* **métopique** : frontal, mediofrontal *or* metopic suture; **- sagittale** : sagittal suture; **- en surjet** : Cushing's suture; **- à tampons** : bolster, compound *or* quilled suture.

suturer, *v.* : to suture, to stitch up.

sychnosphygmie, *s. f.* : sychnosphygmia (rapid pulse of tachycardia).

sychnurie, *s. f.* : sychnuria, pollakiuria.

sycosiforme, *adj.* : sycosiform.

sycosis, *s. m.* : sycosis, barber's itch; **- lupoïde** : keloid *or* lupoid sycosis.

Sydenham (chorée de) : Sydenham's chorea, chorea minor; **hématurie de -** : hematuria due to renal calculus; **ludanum de -** : Sydenham's laudanum, tincture of opium.

syllabe, *s. f.* : syllabe.

syllabique, *adj.* : syllabic; **aphasie -** : syllabic aphasia.

sylvien, *adj.* : sylvian (relating to Sylvius); **artère -** : sylvian artery; **syndrome de -** : encephalomalacia due to obliteration of the sylvian artery.

Sylvius (aqueduc de) : sylvian aqueduct; **fosse de -** : sylvian fossa; **scissure de -** : sylvian fissure, sulcus temporalis superior.

symbiose, *s. f.* : symbiosis, commensalism; **- dysharmonique** : antagonistic symbiosis.

symbiote, *s. f.* : symbion, symbiont; **association de -** : symbiote; **en -** : symbiotic.

symbiotique, *adj.* : symbiotic.

symblépharon, *s. m.* : symblepharon.

symbole, *s. m.* : symbol.

Syme (amputation *ou* **opération de)** : Syme's amputation (through the ankle-joint); **opération de -** : Syme's opertation, external urethrotomy.

symèle, *s. m.* : symelus, symmelus (monster with defective pelvis and partly fused lower limbs).

symétrie, *s. f.* : symmetry.

symétrique, *adj.* : symmetric, symmetrical; **gangrène - des extrémités** : Raynaud's disease, symmetrical gangrene, sphaceloderma.

sympathalgie, *s. f.* : sympatheticalgia (pain in the cervical sympathetic ganglion); **- faciale** : facial neuralgia.

sympathectomie, *s. f.* : sympathectomie, sympatheticectomy; **- périartérielle** : arteriosympathectomy.

sympathicisme, *s. m.* : sympathetic neuralgia.

sympathicogénique, *adj.* : of sympathetic origin.

sympathicogonioblastome, *s. m.* : name proposed for a type of neuroblastoma intermediate between sympathicogonioma and sympathicoblastoma.

sympathicogoniome, *s. m.* : sympathicogonioma.

sympathicolytique, *adj.* : sympathicolytic, sympatholytic.

sympathicomimétique, *adj.* : sympatheticomimetic, sympathomimetic.

sympathicothérapie, *s. f.* : sympathicotherapy.

sympathicotonie, *s. f.* : sympathicotonia, sympatheticotonia.

sympathicotripsie, *s. f.* : sympathicotripsy *(obstet.)*.

sympathicotrope, *adj.* : sympathicotropic.

sympathicotropisme, *s. m.* : 1. action of sympathicotropic substances; 2. sympathicotonia.

sympathie, *s. f.* : sympathy.

sympathine, *s. f.* : sympathin (sympathicotropic hormone said to be secreted by sympathetic nerve endings after stimulation).

sympathique, *s. m.* : sympathetic nervous system; *adj.* : sympathetic; **ophtalmie -** : sympathetic ophthalmia; **plexus -** : sympathetic plexus.

sympathoblaste, *s. m.* : sympathoblast, sympathicoblast.

sympathogonie, *s. f.* : sympathogonium (embryonic precursor of sympathetic cells).

sympathogoniome, *s. m.* : cf., **sympathicogoniome.**

sympathologie, *s. f.* : study of physiological and pathological reactions of the sympathetic system.

sympatholyse, *s. f.* : destruction of sympathetic nerves.

sympatholytique, *adj.* : sympatholytic.

sympathome, *s. m.* : sympathoma (any tumor thought to be derived from the sympathetic system); **- embryonnaire** : one of many names for neuroblastoma.

sympathomimétique, *adj.* : sympathomimetic, sympatheticomimetic.

sympathose, *s. f.* : general term for disorders of the sympathetic nervous system.

symphalangie, s. f. : symphalangia, symphalangism (ankylosis of the finger joints).

symphatnie, s. f. : curve of the alveolar arch.

symphonallaxie, s. f. : substitution of consonnants (e.g. « l » for « r »).

symphysaire, adj. : symphysial.

symphyse, s. f. : symphysis (1. line of junction between bones; 2. adhesion between serous membranes); **- mentonnière** : symphysis menti or mandibulae; **- pleurale** : adherent pleura; **- pleuropéricardique** : pleuro-pericardial adhesion; **- pubienne** : symphysis pubis; **- vasculaire** : angiosymphysis.

symphyséotomie, s. f. : symphyseotomy (Sigault's operation) (obstet).

symphysiectomie, s. f. : symphysiectomy.

symphysite, s. f. : inflammation of the symphysis pubis.

sympiézomètre, s. m. : sympiesometer (phys.).

sympodique, adj. : sympodic (bot.).

symptomatique, adj. : symptomatic, diagnostic, prognostic; **médication -** : symptomatic treatment.

symptomatologie, s. f. : symptomatology.

symptomatologique, adj. : symptomatologic.

symptôme, s. m. : sign, symptom (subjective evidence of disease or of a patient's condition).

syn- : syn-, prefix meaning together or with.

synalgésie ou **synalgie,** s. f. : synalgia (pain in one place due to a lesion or stimulation of another).

synapse, s. f. : synapse, synapsis.

synaptase, s. f. synaptase.

synaptique, adj. : synaptic; **temps -** : synaptic phase.

synaptolytique ou **synaptoplégique,** adj. : ganglionoplegic (blocking transmission of impulses through sympathetic or parasympathetic ganglia).

synaraxie, s. f. : alignment of the teeth in the upper and lower jaws.

synarthrodial, adj. : synarthrodial.

synarthrose, s. f. : synarthrosis (immovable joint).

synchéilie ou **synchilie,** s. f. : syncheilia, synchilia (congenital adhesion between the lips).

synchisis ou **synchysis,** s. m. : synchysis; **- scintillant** : synchysis scintillans (abnormally soft vitreous with crystals of cholesterol floating in it producing flashes of reflected light or spintharism).

synchondrose, s. f. : synchondrosis.

synchondrostéotomie, s. f. : synchondroseotomy (operation for exstrophy of the bladder by cutting through the sacro-iliac ligaments and forcing the pubic bones together to close the pubic arch).

synchondrotomie, s. f. : synchondrotomy, symphyseotomy.

synchronisme, s. m. : synchronism.

syncinésie, s. f. : syncinesis, synkinesis (associated reflex movement).

synclitisme, s. m. : synclitism (obstet.).

syncopal, adj. : syncopal, syncopic.

syncope, s. f. : syncope, faint, fainting, swoon; **- mortelle** : heart-failure; **tomber en -** : to faint, to swoon.

syncytiome, s. m. : syncytioma.

syncytium, s. m. : syncytium (1. multinucleate mass of protoplasm; 2, chorionic epithelium).

syndactyle, s. m. : syndactylus; adj. : syndactylous, web-fingered, web-toed.

syndactylie, s. f. : syndactylia, syndactylism, syndactyly, dactylosymphysis.

syndesmite, s. f. : syndesmitis (1. inflammation of a ligament or tendon; 2. conjunctivitis).

syndesmographie, s. f. : syndesmography.

syndesmologie, s. f. : syndesmology.

syndesmopexie, s. f. : syndesmopexy.

syndesmophyte, s. m. : syndesmophyte .

syndesmose, s. f. : syndesmosis (articulation between bones connected by ligaments).

syndesmotomie, s. f. : syndesmotomy.

syndrome, s. m. : syndrome; **- d'écrasement** ou **de Bywaters** : Bywaters' or crush syndrome; **- de chasse** ou **décharge** : dumping syndrome.

synéchie, s. f. : synechia, adhesion (ophthal.); **- antérieure** : anterior synechia (adhesion of the iris to the cornea); **- postérieure** : posterior synechia (adhesion between the iris and the lens); **- palpébrale** : symblepharosis, blepharosynechia.

synéchotomie, s. f. : synechotomy.

synergie, s. f. : synergia, synergy (cooperative action of two or more drugs or organs).

synergisme, s. m. : synergism (combined action more effective than the sum of the individual actions).

synestalgie, s. f. : causalgia excited by remote stimulation.

synesthésalgie, s. f. : synesthesialgia, synesthesia algica.

synesthésie, s. f. : synesthesia (local sensation produced by remote stimulation); **- douloureuse** : synesthesalgia.

syngénésie, s. f. : syngenesis (biol., bot., genet.).

synkaryon, s. m. : synkaryon (fertilization nucleus).

synophrys, s. m. : synophrys (condition of the eyebrows growing together).

synopsie, s. f. : synopsy (1. association between colours and sounds; 2. suggestion of human or other] shapes by numerals [psych.]).

synoque (fièvre) : synocha, synochus, synochal or continued fever.

synorchidie, s. f. : synorchidism, synorchism (partial or complete fusion of the testicles).

synostéographie, s. f. : synosteography.

synostéologie, s. f. synosteology.

synostose, s. f. : synosteosis, synostosis; **- congénitale** : synosteophyte.

synovectomie, s. f. : synovectomy.

synovial, *adj.* : synovial; **membrane -** : synovial membrane, synovialis *(lat.).*

synovie, *s. f.* : synovia, synovial fluid.

synoviome, *s. m.* : synovioma.

synoviosarcome, s. m. : malignant synovioma, synovial sarcoma.

synovite, *s. f.* : synovitis; **- fongueuse** : chronic purulent *or* fungous synovitis; **- sèche** : dry *or* fibrinous synovitis.

synthèse, *s. f.* : synthesis.

synthétase, *s. f.* : synthetase.

synthétique, *adj.* : synthetic, artificial.

synthétiser, v. : to synthesize.

syntonie, *s. f.* : syntonic, stable *or* well integrated personality *(psych.).*

syphilide, *s. f.* : syphilide (any cutaneous syphilitic lesion).

syphiligraphe, *s. m.* : syphilographer.

syphilimétrie, *s. f.* : syphilimetry.

syphiliphobie, *s. f.* : *cf.,* **syphilophobie.**

syphilis, *s. f.* : syphilis.

syphilisation, *s. f.* : syphilization (inoculation with syphilis).

syphilisé, *adj.* : syphilized.

syphilitique, *adj.* : syphilitic.

syphiloïde, *adj.* : syphiloid.

syphilologie, *s. f.* : syphilology.

syphilomanie, *s. f.* : syphilomania, syphilophobia.

syphilomateux, *adj.* : syphilomatous.

syphilome, *s. m.* : syphiloma, gumma; **- cutané** : syphilophyma.

syphilophobie, *s. f.* : syphilophobia (1. morbid fear of syphilis; 2. morbid delusion of being infected with syphilis).

syphonome, *s. m.* : syphonoma, cylindroma.

syringobulbie, *s. f.* : syringobulbia.

syringocystadénome *ou* **syringome,** *s. m.* : syringocystadenoma, hidradenoma, adenoma of sweat glands.

syringocystome, *s. m.* : syringocystoma.

syringomyélie, *s. f.* : syringomyelia; **- type dorso-lombaire** : Schlesinger's type of syringomyelia.

syringomyélique, *adj.* : pertaining to *or* suffering from syringomyelia.

syringomyélite, *s. f.* : syringomyelitis.

syringomyélobulbie, *s. f.* : syringobulbia associated with syringomyelia.

syringotomie, *s. f.* : syringotomy (incising a fistula, particularly anal fistula).

syssarcose, *s. f.* : syssarcosis (connection of bones by muscular attachments e.g. the hyoid bone with the lower jaw).

systaltique, adj. : systaltic, pulsatory.

systématique, *adj.* : systematic.

systématisation, *s. f.* : systematization.

système, *s. m.* : system (1. methodical arrangement; 2. combination of parts into a whole; **- C.G.S.** : centimeter-gram-second system; **- métrique** : metric system; **- nerveux** : nervous system; **- porte** : portal system).

systole, *s. f.* : systole.

systolique, *adj.* : systolic.

T

T (bandage en forme de) : T bandage.

T.A.B. : T.A.B. (vaccine against typhoid, parathyphoid A and paratyphoid B).

tabac, *s. m.* : tobacco, tabacum *(lat.)*; **nécrose du -** : tobacco necrosis.

tabacosis *ou* **tabagisme,** *s. m.* : tabacism, tabacosis, tabagism, nicotinism.

tabashir, *s. m.* : tabasheer *(hindu) (pharm.)*; sap from bamboo joints used for treatment for coughs.

tabatière anatomique : anatomist's *or* anatomical snuff-box (hollow on the back of the hand at the base of the thumb).

tabes, *s. m.* : tabes, tabes dorsalis, locomotor ataxia; **- dorsal spasmodique** : spasmodic tabes, lateral sclerosis of the spinal cord; **- héréditaire** : Friedreich's ataxia *or* tabes.

tabescence, *s. f.* : tabefaction, tabification, emaciation, wasting.

tabescent, *adj.* : tabescent.

tabétique, *adj.* : tabetic; **d'aspect -** : tabetiform.

tabéto-spasmodique (démarche) : tabetic gait.

table, *s. f.* : table (1. **- de laboratoire** : laboratory bench; **- de distribution** : switchboard; **- d'opération** : operating table; 2. lamina [flat plate of bone, *e.g.* cranial bones]; **- vitrée** : vitreous table, lamina interna [cranium]; 3. list, table).

tableau, *s. m.* : 1. blackboard; 2. picture; 3. list, catalogue; **- clinique** : clinical picture; **- A, B, C** : French classification of drugs; A : toxic, B : stupefacient, C : dangerous.

tablette, *s. f.* : tablet, tabloid, lozenge, troche *(pharm.)*.

tablier, *s. m.* : apron; **- d'Hottentot** : pudendal *or* Hottentot apron, artificially elongated nymphae.

tabouret, *s. m.* : foot-stool; **signe du -** : difficulty in rising from a low stool seen in some cases of hypothyroidism.

tabourka (bruit de) : metallic timbre, resonant second heart sound.

tabulaire, *adj.* : tabular.

tache, *s. f.* : spot, macule, macula *(lat.)*; **- blanches** : taches blanches (white spots on the liver in some infectious diseases); **- ou signe de Bitot** : Bitot's spot, xerosis corneae; **- bleuâtre** : macula cerulea, bluish spots (seen in some typhoid cases); **- bleue sacrée** *ou* **mongolique** : blue *or* « Mongolian » spot; **- cérébrale** *ou* **méningéale** : meningeal streak (congested streak elicited by drawing the nail across the skin in certain nervous diseases); **- germinative** : germinal spot; **- jaune** : fovea, Soemmering's *or* yellow spot, macula lutea, fovea centralis retinae; **- de rousseur** : freckle; **- spinale** : tache spinale; **- de vin** : port wine stain, strawberry mark, naevus.

taches en anneaux : ring spot (virus disease of tobacco due to *Annulus tabaci* and *Marmor dubium*).

tacheté, *adj.* : mottled, spotted; **fièvre - des Montagnes Rocheuses** : spotted *or* Rocky Mountain fever.

tacheture, *s. f.* : mottling.

tachographie, *s. f.* : tachography.

tachy- : tachy-, prefix meaning rapid.

tachyarythmie, *s. f.* : auricular fibrillation.

tachycardie, *s. f.* : tachycardia; **- essentielle** : essential tachycardia; **- orthostatique** : orthostatic tachycardia; **- paroxystique** : paroxysmal tachycardia; **- symptomatique** : reflex tachycardia.

tachygenèse, *s. f.* : tachygenesis (accelerated embryonic development, Haeckel's law).

tachyphagie, *s. f.* : tachyphagia (rapid eating).

tachyphasie *ou* **tachyphrasie,** *s. f.* : tachyphasia, tachyphrasia, extreme volubility.

tachyphémie, *s. f.* : tachyphemia, tachyphasia, tachyphrasia.

tachyphylaxie, *s. f.* : tachyphylaxis, rapid immunization.

tachypnée, *s. f.* : tachypnea.

tachypsychie, *s. f.* : tachypsychia.

tachysynéchie, *s. f.* : tachysynthesis, tachyphylaxis.

tachysystolie, *s. f.* : tachysystole.

tachyurie, *s. f.* : rapid duresis.

tact, *s. m.* : tact, touch, tactile sense.

tactile, *adj.* : tactile; **anesthésie -** : tactile anesthesia; **aphasie -** : tactile aphasia; **cellules -** :

tactile cells; **corpuscules -** : tactile corpuscles; **perceptions -** : tactile perceptions; **organe sensoriel -** : tactile end-organ, tactor.

tactisme, *s. m.* : *cf.,* **tropisme.**

tactognosique, *adj.* : recognizable by touch.

tænia, *s. m.* : 1. taenia, tenia, tapeworm; 2. lingula, taenia ventriculi quarti.

tæniase, *s. f.* *ou* **tæniasis,** *s. m.* : taeniasis, teniasis (infestation by tapeworms).

tænicide, *s. m.* : taeniacide, tenicide; *adj.* : tenicidal.

tænifuge, *s. m.* : taeniafuge, teniafuge ; *adj.* : teniafugal, tenifugal.

tagma, *s. m.* : tagma (aggregate of molecules; molecular mass of protoplasmic unit).

taie, *s. f.* : albugo, leucoma, nubecula (white speck on the eye).

taille, *s. f.* : 1. cutting, section, lithotomy; **- hypogastrique** : suprapubic cystotomy; **- périnéale** : lateral lithotomy; 2. stature, height; 3. waist, waist measurement.

Taillefer (valvule de) : Taillefer's valve (a fold of mucous membrane in the nasal duct).

talalgie, *s. f.* : talalgia (pain in the heel).

talantémie, *s. f.* : circulatory balance between two organs.

talc, *s. m.* : talc, talcum *(lat.).*

talcage, *s. m.* : introduction of talc powder into a serous cavity to cause adhesions.

talcose, *s. f.* : talcosis.

Talma (opération de) : Talma's operation (omentopexy for creation of vascular anastomoses between portal and systemic blood streams for relief of ascites in cirrhosis of the liver).

talon, *s. m.* : heel.

talus, *s. (lat.)* : *cf.,* **pied.**

tambour, *s. m.* : 1. tambour, drum *(physiol.)* ; 2. tympanum, ear-drum.

tamis, *s. m.* : sieve, strainer; **- à gaze métallique** : wire-gauze sieve.

tamisage, *s. m.* : filtering, sifting, straining.

tamiser, *v.* : to filter, to sift, to strain.

tampane, *s. f.* : tampane (type of vitiligo common on the Isle of Reunion).

tampon, *s. m.* : tampon, plug, pledget, swab; **solution -** : buffer solution.

tamponade, *s. f.* : cardiac tamponade (acute compression of the heart by pericardial effusion).

tamponnement, *s. m.* : packing, plugging, tamponade.

tamponner, *v.* : 1. to pack, to plug, to tent *(obs.);* 2. to buffer *(chem.).*

Tangier (maladie de) : Tangier's disease.

tanin, *s. m.* : tannin.

tannage, *s. m.* : tanning.

tannate, *s. m.* : tannate.

tanne, *s. f.* : sebaceous cyst, wen.

tannique, *adj.* : tannic; **acide -** : tannic acid.

Tanret (réactif de) : Tanret's reagent for albumin.

tantale, *s. m.* : tantalum.

taon, *s. m.* : gadfly, horse-fly.

tapetum *(lat.)* : tapetum (corpus callosum).

tapis, *s. m.* : tapetum lucidum (retina).

Tapia (syndrome de) : Tapia's syndrome (unilateral paralysis of the larynx and tongue without affecting the soft palate).

tapotage (signe du) : tapotage (coughing and expectoration excited by a sharp tap over a tuberculous cavity in the lung).

tapotement, *s. m.* : tapping, tapotement (type of massage).

Tardieu (taches de) : Tardieu's spots (subpleural ecchymoses in cases of death from asphyxia; drowning, strangling *or* suffocation).

tare, *s. f.* : 1. defect, deficiency; **- héréditaire** : taint (insanity etc.); **cheval sans -** : sound horse *(veter.);* 2. tare, tared weight (weight of material in its receptacle); **faire la -** : to tare, to ascertain the tare; **faire la - d'un ressort** : to calibrate a spring.

tarentule, *s. f.* : tarantula (1. a species of venomous spider; 2. dancing mania).

tarer, *v.* : 1. to damage, to spoil; 2. to tare.

Tarin (valvule de) : Tarin's valve, posterior medullary velum (cerebellum).

tarsalgie, *s. f.* : tarsalgia; **- des adolescents** : flatfoot, fallen-arches, tarsoptosis.

tarse, *s. m.* : tarsus, instep; **muscle du -** : tarsalis; **os du -** : tarsale; **- des paupières** : tarsus palpebrarum, tarsal cartilage; **tumeur du -** : tarsophyma (any tarsal tumour).

tarsectomie, *s. f.* : tarsectomy (1. excision of the tarsus *or* part of it; 2. excision of a tarsal cartilage).

tarsien, *adj.* : tarsal.

tarsite, *s. f.* : tarsitis (inflammation of the tarsal cartilages).

tarso- : tarso-, prefix meaning pertaining to the tarsus.

tarsoclasie, *s. f.* : tarsoclasis (intentional fracture and resetting of the tarsus for correction of clubfoot).

tarsomégalie, *s. f.* : tarsomegaly.

tarsométatarsien, *adj.* : tarsometatarsal.

tarsoplastie, *s. f.* : tarsoplasty.

tarsoptose, *s. f.* : tarsoptosis, flatfoot.

tarsorraphie, *s. f.* : tarsorrhaphy, blepharorrhaphy.

tarsostrophie, *s. f.* : tarsoplastic reversal of the tarsal plates (for relief of trachoma).

tarsotomie, *s. f.* : tarsotomy (1. incision of a tarsal cartilage; 2. operation upon the tarsus of the foot).

tartarisé, *adj.* : tartarated, tartrated *(chem.).*

tartrate, *s. m.* : tartrate.

11

tartre, s. m. : tartar (chem., odont.).

tartrique, adj. : tartaric; acide - : tartaric acid.

tasicinésie ou takicinésie, s. f. : tasikinesia (morbid urge to get up and walk).

tasse, s. f. : cup.

tatouage, s. m. : tattooing.

taurine, s. f. : taurine (bile).

taurocholate, s. m. : taurocholate.

taurocholique (acide) : taurocholic acid.

tautomère, adj. : tautomeric (chem.).

tautomérie, s. f. : tautomerism (chem.).

taux, s. m. : amount, percentage, proportion, rate, strength.

taxie, s. f. : taxis, tropism.

taxinomie, s. f. : taxonomy, taxology.

taxis, s. m. : taxis (surg.), manipulation (surg.).

taxonomie, s. f. : cf., taxinomie.

Tay-Sachs (maladie de) : Tay-Sachs' disease (amaurotic familial idiocy).

technique, s. f. : technic, technique; - courante, d'entretien ou usuelle : routine; adj. : technical.

technopathie, s. f. : generic name for industrial, occupational or professional diseases.

tegmen, s. m. : tegmen (anat.), tegument (bot.); - tympani : tegmen tympani (roof of the tympanic cavity).

tégument, s. m. : tegument (bot.), integument, skin.

tégumentaire, adj. : tegumental, tegumentary, cutaneous.

Teichmann (cristaux de) : Teichmann's crystals, hemin crystals; réaction de - : Teichmann's test for hemin or blood.

teichopsie, s. f. : teichopsia, scintillating scotoma.

teigne, s. f. : 1. tinea (fungus infection of the skin); - amiantacée : tinea amiantacea or asbestina; - faveuse ou favique : favus, tinea favosa; - microsporique ou tondante : ringworm, tinea tonsurans, tinea trichophytina; 2. thrush (veter.).

teint, s. m. : complexion.

teinte, s. f. : tint, shade, tinge.

teinter, v. : to tint, to dye, to colour, to stain.

teinture, s. f. : 1. tincture, tinctura (lat.) (pharm.); 2. dyeing, tinting; 3. dye, colour, stain, tint.

télangiectasie, s. f. : telangiectasia, telangiectasis, angiotelectasis.

télangéite ou téléangiite, s. f. : telangiitis (inflammation of the capillaries).

téléautoradiographie, s. f. : tele-autoradiography.

télécœsiothérapie, s. f. : teletherapy using ^{133}Cs.

télécardiophone, s. m. : telecardiophone (apparatus for rendering the heart sounds audible to listeners at a distance from the patient).

téléclitoridie, s. f. : malformation of the clitoris situated abnormally far forward in relation to the vulva.

télécobalthérapie, s. f. : telecobalt-therapy, teletherapy using ^{58}Co.

télécuriethérapie, s. f. : telecurietherapy (treatment with radium placed at a distance from the body).

télédiastole, s. f. : telediastole (the last phase of diastole).

télédiastolique, adj. : telediastolic.

télégammathérapie, s. f. : teletherapy using any source of γ-rays.

télékinèse, s. f. : telecinesia, telecinisis, telekinesis (alleged power of moving remote objects without touching them).

télencéphale, s. m. : telencephal, telencephalon.

téléobjectif, s. m. : telephoto-lens; photographie au - : telephotography.

téléologie, s. f. : teleology (doctrine of final causes).

téléologique, adj. : teleologic.

télépathie, s. f. : telepathy, thought-transference (alleged extrasensory perception of the thoughts of another person).

télépneumolyse, s. f. : extrafascial pneumonolysis.

téléradiocinématographie, s. f. : projection by television of radiocinematographic pictures.

téléradiographie, s. f. : teleradiography, teleröntgenography.

téléradiokymographie, s. f. : radiokymography using a source of radiation at a sufficient distance to avoid distortion of the image.

téléradiophotographie, s. f. : projection of radiophotographic images by television.

téléradioscopie, s. f. : projection of radioscopic images by television.

téléradiothérapie, s. f. : cf., téléroentgenthérapie.

téléradiumthérapie, s. f. : cf., télécuriethérapie.

téléroentgenthérapie, s. f. : teleroentgentherapy.

téléscope, s. m. : telescope.

téléscopique, adj. : telescopic.

télestéréoscope, s. m. : telestereoscope.

télésurveillance, s. f. : monitoring.

télésystole, s. f. : telesystole (final phase of systole).

télésystolique, adj. : telesystolic.

tellurate, s. m. : tellurate.

tellure, s. m. : tellurium.

tellurique, adj. : telluric (1. pertaining to the earth; fièvre - : telluric fever (obsolete name for malaria); 2. pertaining to tellurium; acide - : telluric acid).

tellurisme, s. m. : tellurism.

téloblaste, s. m. : teloblast (biol.).

téloderme, s. m. : periderm, epitrichium (outer layer of the fetal epidermis).

télolécithe, adj. : telolecithal (having a yoke concentrated at one pole).

télophase, *s. m.* : telophase (final phase of karyokinesis).

télophragme, *s. m.* : telophragma, Krause's membrane, Hensen's line (light line in the center of the dark band of a sarcomere).

télotisme, *s. m.* : telotisme (1. complete performance of a function; 2. complete erection of the penis).

témoin, *s. m.* : control, sample, test; **animal -** : control animal; **échantillon -** : test sample; **expérience -** : control experiment.

tempe, *s. f.* : temple *(anat.)*, tempus *(lat.)*.

tempérament, *s. m.* : temperament, character.

tempérance, *s. f.* : temperance, moderation.

tempérant, *adj.* : 1. temperate, moderate, sober; 2. temperative, sedative.

température, *s. f.* : temperature; **- absolue** : absolute temperature *(phys.)*; **- critique** : critical temperature; **avoir de la -** : to have a (high) temperature; **feuille de -** : temperature chart.

tempéré, *adj.* : temperate, moderate.

tempête (bruit de) : mixture of crepitant, moist and sonorous rales (in capillary bronchitis).

temporal, *s. m.* : temporal bone, temporal; **écaille du -** : squamosa, squamous portion of the temporal bone; *adj.* : temporal; **artère -** : temporal artery; **fosse -** : temporal fossa; **muscle -** : temporal muscle; **os -** : temporal, temporal bone.

temporaire, *adj.* : temporary, provisional.

temporo- : temporo-, prefix denoting relation to the temple.

temporopariétal (rapport) : ratio of the bitemporal to the biparietal diameter.

temps de coagulation : coagulation time.

tenace, *adj.* : 1. tenacious, adhesive, retentive; 2. stubborn, obstinate.

ténacité, *s. f.* : tenacity, retentiveness, stubbornness.

tenaculum, *s. m.* : tenaculum *(surg.)*.

ténalgie, *s. f.* : tenalgia, tenodynia (pain in a tendon); **- crépitante** : tenalgia crepitans.

tendance, *s. f.* : tendency, inclination, propensity, trend.

tendineux, *adj.* : tendinous; **réflexe -** : tendon reflex.

tendinite, *s. f.* : tendinitis, tenonitis, tenontitis (inflammation of a tendon).

tendinopériostite, *s. f.* : inflammation of the extraarticular insertion of a tendon.

tendon, *s. m.* : tendon, tendo, *pl.* tendines *(lat.)*; **- d'Achille** : tendo achillis, Achilles tendon; **- de Zinn** : tendon or zonule of Zinn (eye).

tendovaginite, *s. f.* : tendovaginitis, tenosynovitis.

tendu, *adj.* : tense.

ténesme, *s. m.* : tenesmus (straining at stool or urination).

tenette, *s. f.* : lithotomy forceps.

teneur, *s. f.* : amount, content, degree, percentage; **- en germes** : bacterial content; **- d'une solution** : strength of a solution.

ténia, *s. m.* : *cf.,* **tænia.**

ténifuge, *s. m., adj.* : taeniafuge, tenifuge.

téno- : teno-, prefix meaning pertaining to a tendon.

ténodèse, *s. f.* : tenodesis (surgical fixation of a tendon).

ténologie, *s. f.* : tenology, tenontology.

Tenon (capsule de) : Tenon's capsule, fascia *or* membrane; **espace de -** : Tenon's space (eye).

tenonien, *adj.* : pertaining to Tenon's capsule.

ténonite, *s. f.* : tenonitis (inflammation of Tenon's capsule).

ténontologie, *s. f.* : tenontology, tenology.

ténontoplastie, *s. f.* : tenontoplasty, tenoplasty (plastic surgery of tendons).

ténontorraphie, *s. f.* : *cf.,* **ténorraphie.**

ténontotomie, *s. f.* : *cf.,* **ténotomie.**

ténopexie, *s. f.* : tendon advancement (for cure of squint).

ténoplastie, *s. f.* : *cf.,* **ténontoplastie.**

ténorraphie, *s. f.* : tenorraphy, tendinosuture, tenosuture (suturing a tendon).

ténosite, *s. f.* : tenositis, tenonitis, tenontitis (inflammation of a tendon); **- crépitante** : tendovaginitis crepitans.

ténosynovite, *s. f.* : tenosynovitis, tendovaginitis (inflammation of a tendon and its sheath); **- aiguë sèche** : tenalgia *or* tendovaginitis cretipans.

ténotome, *s. m.* : tenotome *(surg.)*.

ténotomie, *s. f.* : tenotomy.

tensif, *adj.* : tensive; **douleur -** : tensive pain.

tensioactif, *adj.* : surface active (affecting surface tension).

tension, *s. f.* : tension (1. stretching *or* being stretched; 2. pressure; 3. voltage); **- artérielle** : arterial tension, blood-pressure; **état de -** : tensity, state of tension; **- superficielle** : surface tension.

tensionnel, *adj.* : concerned with pressure *or* tension.

tentaculaire, *adj.* : tentacular.

tentacule, *s. f.* : tentacle.

tentaculé, *adj.* : tentaculated, tentaculiferous (having tentacles).

tente, *s. f.* : tent (1. plug of expansible material used for dilating an orifice; 2. covering of fabric enclosing a space; **- à oxygène** : oxygen tent; 3. tentorium; **- du cervelet** : tentorium cerebelli; **- de l'hypophyse** : tentorium of the hypophysis).

tentoriel, *adj.* : tentorial.

tentoriographie, *s. f.* : radiography of the tentorial region.

ténu, *adj.* : tenuous, minute, slender.

ténuiligne, *adj.* : slim, slender.

ténuité, *s. f.* : tenuity, tenuousness, thinness, slenderness, slimness.

téphromyélite, *s. f.* : tephromyelitis (inflammation of the gray matter of spinal cord).

terabdelle, *s. f.* : terabdella, artificial leech.

tératencéphalie, *s. f.* : cranial monstrosity.

tératique, *adj.* : teratic, monstrous.

tératisme, *s. m.* : teratism, teratosis, monstrosity.

tératogenèse *ou* **tératogénie,** *s. f.* : teratogenesis, teratogeny.

tératoïde, *adj.* : teratoid; **tumeur -** : teratoma, teratoblastoma, teratoid tumor.

tératologie, *s. f.* : teratology.

tératome, *s. m.* : teratoma, teratoblastoma, teratoid tumour.

tératopage, *s. m.* double monster.

tératospermie, *s. f.* : teratospermia (presence of deformed spermatozoa in the semen).

terbium, *s. m.* : terbium.

térébellum, *s. m.* : cephalotome used for embryotomy.

térébène, *s. m.* : terebene *(pharm.).*

térébenthène, *s. m.* : terebenthene, oil of turpentine.

térébenthine, *s. f.* : terebenthina, turpentine; **essence de -** : terebenthene.

térébrant, *adj.* : terebrant, terebrating, boring, piercing; **douleur -** : boring pain.

térébration, *s. f.* : terebration, trephining.

terme, *s. m.* : 1. time, term; **accouchement avant -** : premature labour; **accoucher avant -** : to be delivered prematurely; **être à -** : to be at full term; 2. term, expression, word.

terminaison, *s. f.* : termination, end.

terminal, *adj.* : terminal; **lame -** : terma, lamina terminalis cerebri.

terminologie, *s. f.* : terminology.

termone, *s. f.* : termone (gamete hormone).

ternaire, *adj.* : ternary.

terne, *adj.* : dull .

terpène, *s. m.* : terpene.

terrain, *s. m.* : soil (1. earth, ground; 2. terrain *[med.];* **cure de -** : Oertel's treatment [diet, exercises and massage for obesity etc.]).

terramycine, *s. f.* : terramycin.

terre, *s. f.* : earth, terra *(lat.);* **- à foulon** : fuller's earth; **- d'infusoires** : infusorial earth, kieselguhr *(germ.);* **- rares** : rare earths.

terreurs nocturnes : night terrors, pavor nocturnus *(lat.) (psych.).*

tertiaire, *adj.* : tertiary.

tertiarisme, *s. m.* : tertiarism, tertiary syphilis.

tessellé, *adj.* : tessellated, checkered.

test, *s. m.* : test, trial; **- croisé** : cross matching *(hematol.);* **- cutané** : skin test; **- éliminatoire** : screening test; **- mental** : intelligence test; **- d'objet** : test-object *(opt.);* **- professionnel** . trade test; **- de Vollmer** *ou* **percutané** : Vollmer's tuberculin patch test.

testiculaire, *adj.* : testicular; **douleur -** : orchialgia, orchidalgia, orchiodynia.

testicule, *s. m.* : testicle, testis, *pl.* testes *(lat.),* orchis, *pl.* orchides *(gr.);* **squirrhe du -** : orchioscirrhus.

testiculo-mammaire (syndrome) : gynecomasty associated with choriocarcinoma of the testicle.

testocorticoïde *ou* **testocorticostéroïde,** *s. m.* : testocorticosteroides.

testostérone, *s. f.* : testosterone.

tétanie, *s. f.* : tetany, tetania *(lat.);* **- infantile** : carpopedal spasm, tetany; **- de la femme enceinte** : tetania gravidarum; **- idiopathique** *ou* **constitutionnelle** : spasmophilia; **- parathyréoprive** : tetania parathyreopriva.

tétaniforme, *adj.* : tetaniform, tetanoid.

tétanine, *s. f.* : tetanine (ptomaine from *Cl. tetani*).

tétanique, *adj.* : tetanic; **convulsion -** : tetanic convulsion; **crampe -** : tetanic spasm; **état -** : tetanism, tetanic state; **spasme -** : tetanic spasm.

tétanisation, *s. f.* : tetanization (induction of tetanic convulsions *or* spasms).

tétaniser, *v.* : to tetanize.

tétanisme, *s. m.* : tetanism, tetanic state.

tétanolysine, *s. f.* : tetanolysin.

tétanos, *s. m.* : tetanus, lockjaw; **- céphalique** *ou* **hydrophobique de Rose** : cephalic, cerebral *or* kopf tetanus; **- ombilical** : tetanus neonatorum; **- post-opératoire** : postoperative tetanus; **- d'origine traumatique** : traumatic tetanus.

tétartanopie, *s. f.* : blue-yellow colour-blindness without reduction of the visual spectrum.

tétartanopsie, *s. f.* : tetartanopia, tetartanopsia (blindness in a corresponding quadrant of each visual field).

tête, *s. f.* : head, caput *(lat.);* **mal de -** : headache; **avoir mal à la -** : to have a headache; **- de Méduse** : Medusa's head (1. periumbilical varices; 2. cirsoid aneurysm of the scalp).

tétée, *s. f.* : feed (amount of milk taken by a baby at one breast-feed); **heure de la -** : infant's feeding-time.

téter, *v.* : to suck; **donner à - à un enfant** : to nurse *or* suckle a child.

téterelle, *s. f.* : 1. nipple-shield; 2. breast-pump.

tétine, *s. f.* : 1. teat, nipple; 2. rubber teat (of feeding bottle).

téton, *s. m.* : teat, nipple.

tétra- : tetra-, prefix meaning four.

tétrabasique, *adj.* : tetrabasic.

tétrachlorure, *s. m.* : tetrachloride; **- de carbone** : carbon tetrachloride, tetrachlormethane.

tétracoque, *s. m.* : tetracoccus (micrococcus occuring in groups of four).

tétracycline, *s. f.* : tetracyclin, achromycin.

tétracyne, *s. f.* : cf., **tétracycline.**

tétradactyle, *adj.* : tetradactylous (1. having four digits on each limb *[zool.];* 2. having four finger *or* toes).

tétragène, *s. m.* : tetracoccus, micrococcus tetragenus, *Gaffkya tetragena; adj.* : tetragenic, tetragenous.

tétragone, *s. m.* tetragon, quadrilateral (four sided figure).

tétralogie de Fallot : tetralogy of Fallot (dextroposition of the aorta; stenosis of the pulmonary artery; interventricular septal defects; right ventricular hypertrophy).

tétramère, *adj.* : tetrameric, tetramerous.

tétranopsie, *s. f.* : tetranopsia (loss of quarter of the visual field).

tétraplégie, *s. f.* : tetraplegia (paralysis of all four limbs).

tétraploïde, *adj.* : tetraploid *(genet).*

tétrapode, *s. m., adj.* : tetrapod *(biol., phys.).*

tétratomique, *adj.* : tetratomic.

tétravalent, *adj.* : tetravalent, quadrivalent *(chem.).*

Texas (fièvre du) : Texas fever (infectious disease of cattle).

texte, *s. m.* : text.

texture, *s. f.* : texture.

thalamectomie, *s. f.* : *cf.,* **thalamotomie.**

thalamencéphale, *s. m.* : thalamencephalon, diencephalon.

thalamique, *adj.* : thalamic; **syndrome -** : thalamic syndrome (Déjerine-Roussy's syndrome, thalamic hyperesthetic anesthesia).

thalamotomie, *s. f.* : thalamotomy.

thalamus, *s. m.* : thalamus, optic thalamus.

thalassémie, *s. f.* : thalassanemia, thalassemia Cooley's anemia.

thalassophobie, *s. f.* : thalassophobia (morbid fear of the sea).

thalassothérapie, *s. f.* : thalassotherapy (treatment by sea air, bathing and sea voyages).

thalidomide, *s. f.* : thalidomide.

thalle, *s. m.* : thallus *(bot.).*

thallium, *s. m.* : thallium.

thanatologie, *s. f.* : thanatology.

thanatomètre, *s. m.* : thanatometer (thermometer for taking the temperature of a body cavity to confirm that it is so cold that death is certain).

thanatophobie, *s. f.* : thanatophobia (morbid fear of death).

thé, *s. m.* : tea.

thébaïne, *s. f.* : thebaine, diethyl morphine, paramorphine (alkaloid found in opium).

thébaïque, *adj.* : thebaic; **extrait -** : thebaic extract, opium extract.

thébaïsme, *s. m.* : thebaism, opium poisoning.

Thébésius (valvule de) : thebesian or coronary valve; **veines de -** : thebesian veins, venae cordis minimae.

thécal, *adj.* : thecal.

thécome, *s. m.* : thecoma, theca-cell tumour (of the ovary).

**thei
lériose,** *s. f.* : theiliasis, piroplasmosis.

théine, *s. f.* : theine, caffeine (in tea leaves).

théisme, *s. m.* : theism, theinism (ill effects of excessive tea drinking).

thélalalgie, *s. f.* : thelalgia (pain in the nipple).

thélite, *s. f.* : thelitis.

thélorragie, *s. f.* : thelorrhagia (bleeding from the nipple).

thélotisme, *s. m.* : thelotism, thelothism, thelerethism (erection or protrusion of the nipples).

thénar, *adj.* : thenar; **éminence -** : thenar eminence.

théobromine, *s. f.* : theobromine (alkaloid of cacao bean).

théomanie, *s. f.* : theomania (religious mania).

théorie, *s. f.* : theory.

théorique, *adj.* : theoretical.

thèque, *s. f.* : 1. theca, ascus *(bot.);* 2. theca folliculi *(anat.).*

thérapeute, *s. m.* : therapeutist, therapist.

thérapeutique, *s. f.* : therapeutics, therapy; **- animale** : theriatrics; **- empirique** : empirical treatment; **- par hypnotisme** : suggestion therapy; **- rationnelle** : rational therapy; **- spécifique** : specific therapy; *adj.* : therapeutic, therapeutical.

therapia sterilisans magna *(lat.)* : Ehrlich's concept of chemotherapy.

thérapie, *s. f.* : therapy, treatment.

thériaque, *s. f.* : theriaca, treacle *(pharm.).*

thermal, *adj.* : thermal; **eau -** : thermal (spring) water; **eaux -** : hot or thermal springs; **établissement -** : hydropathic establishment; **station -** : spa, watering-place.

thermalgie, *s. f.* : thermalgia, causalgia.

thermalisme, *s. m.* : all aspects of hot-spring treatment.

thermalité, *s. f.* : nature and quality of hot-spring water.

thermes, *s. m. pl.* : thermae *(lat.),* thermal baths.

thermie, *s. f.* : therm (unit of heat = 1000 large calories).

thermique, *adj.* : thermic, thermal; **moteur -** : heat-engine.

thermite, *s. f.* : heat dermatosis.

thermo- : thermo-, prefix meaning heat.

thermoanalgésie, *s. f.* : thermanalgesia, thermoanalgesia (insensibility to heat).

thermoanesthésie, *s. f.* : thermoanesthesia (loss of perception of thermal impressions).

thermocautère, *s. m.* ou **thermocautérisation,** *s. f.* : thermocautery.

thermochimie, *s. f.* : thermochemistry.

thermoclimatisme, *s. m.* : association of thermal and climatic treatment.

thermocoagulation, *s. f.* : thermocoagulation, surgical diathermy.

thermocouple, *s. m.* : thermocouple, thermopile *(electr., phys.).*

thermodiffusion, *s. f.* : thermodiffusion *(phys.).*

thermodynamique, *s. f.* : thermodynamics; *adj.* : thermodynamic.

thermoélectricité, *s. f.* : thermoelectricity.

thermoélectrique, *adj.* : thermoelectric; **pile - :** thermopile.

thermoesthésie, *s. f.* : thermesthesia, thermoesthesia (ability to perceive heat and cold).

thermoesthésiomètre, *s. m.* : thermoesthesiometer.

thermoexcitateur, *adj.* : thermoexcitory.

thermogène, *adj.* : thermogenetic, thermogenic, thermogenous; **appareil - :** thermogen.

thermogenèse, *s. f.* : thermogenesis *(physiol.).*

thermogénie, *s. f.* : thermogenesis *(chem., phys.).*

thermographe, *s. m.* : thermograph *(phys.).*

thermo-inhibiteur, *adj.* : thermo-inhibitory (inhibiting heat production).

thermo-ionique, *adj.* : thermionic.

thermolabile, *adj.* : thermolabile.

thermologie, *s. f.* : thermology.

thermoluminescence, *s. f.* : thermoluminescence *(phys.).*

thermolyse, *s. f.* : thermolysis (1. dissipation of animal heat; 2. chemical decomposition by heat).

thermolytique, *adj.* : thermolytic.

thermomagnétisme, *s. m.* : thermomagnetism *(phys.).*

thermomètre, *s. m.* : thermometer; **- à air :** air thermometer; **- à alcool :** alcohol thermometer; **- avertisseur :** alarm thermometer; **- à boule mouillée :** wet bulb thermometer; **- à boule sèche :** dry bulb thermometer; **- centigrade :** centigrade thermometer; **- contrôlé :** calibrated thermometer; **- enregistreur :** self-recording thermometer, thermometrograph; **- Fahrenheit :** Fahrenheit thermometer; **- à maxima et minima :** maximum and minimum thermometer; **- médical :** clinical thermometer; **- à mercure :** mercury thermometer; **- à platine :** platinum thermometer; **- Réaumur :** Réaumur thermometer.

thermométrie, *s. f.* : thermometry.

thermométrique, *adj.* : thermometric.

thermométrographe, *s. m.* : thermometrograph, self-recording thermometer.

thermonucléaire, *adj.* : thermonuclear *(phys.).*

thermopalpation, *s. f.* : thermopalpation.

thermoparesthésie, *s. f.* : disturbance of heat perception.

thermopénétration, *s. f.* : thermopenetration, diathermy.

thermophile, *adj.* : thermophil, thermophilic; **microbe - :** thermophil (bacteria which develop best at temperatures from 40° to 70° C).

thermophobie, *s. f.* : thermophobia (morbid dread of heat).

thermopile, *s. f.* : thermopile *(electr.).*

thermoplastique, *adj.* : thermoplastic.

thermoplongeur, *s. m.* : immersion heater *(electr.).*

thermorégulateur, *s. m.* : thermoregulator, thermostat.

thermorégulation, *s. f.* : thermoregulation, heat control.

thermoscope, *s. m.* : thermoscope.

thermosensibilité, *s. f.* : sensitivity to heat.

thermostabile *ou* **thermostable,** *adj.* : thermostabile, thermostable.

thermostabilité, *s. f.* : thermostability.

thermostat, *s. m.* : thermostat.

thermostatique, *s. f.* : thermostatics; *adj.* : thermostatic.

thermotaxie, *s. f.* : thermotaxis (physiological adjustment of body temperature).

thermothérapie, *s. f.* : thermotherapy.

thermotropisme, *s. m.* : thermotropism, thermotaxis (orientation of cells in response to heat).

thesaurismose *ou* **thesaurose,** *s. f.* : thesaurismosis, thesaurosis (disorders due to faulty metabolism with accumulation of lipids etc.).

thèse, *s. f.* : thesis.

thiamine, *s. f.* : thiamine, vitamin B1.

thiémie, *s. f.* : thiemia.

Thiersch (greffe de) : Thiersch's graft (very thin skin graft).

thigmotropisme, *s. m.* : thigmotaxis, thigmotropism (orientation of a cell in response to contact stimulus).

thio- : thio-, prefix denoting the presence of sulphur.

thioacide, *s. m.* : thioacid.

thiocyamate, *s. m.* : thiocyamate.

thiogenèse, *s. f.* : metabolic elaboration of sulphur compounds.

thiopexique, *adj.* : thiopectic, thiopexic (fixing sulphur).

thiosulfate, *s. m.* : thiosulfate, thiosulphate.

thiourée, *s. f.* : thiourea.

Thomas-Lardennois (attelle de) : Thomas's splint.

Thomsen (maladie de) : Thomsen's disease, myotonia congenita.

thoracalgie, *s. f.* : thoracalgia, thoracodynia (pain in the chest).

thoracectomie, *s. f.* : thoracectomy (thoracotomy with resection of part of one *or* more ribs).

thoracentèse, *s. f.* : thoracentesis, thoracocentesis.

thoracique, *adj.* : thoracic; **aorte - :** thoracic aorta; **canal - :** thoracic duct; **douleur - :** thoracalgia, thoracodynia.

thoraco- : thoraco-, prefix meaning thoracic.

thoracocaustie *ou* **thoracocaustique,** *s. f.* : thoracocautery (division of pulmonary adhesions by cautery; Jacobaeus' operation).

thoracocentèse, *s. f.* : thoracocentesis, thoracentesis.

thoracolaparotomie, *s. f.* : thoracolaparotomy.

thoracologie, *s. f.* : chest diseases, chest clinic.

thoracolyse, *s. f.* : thoracolysis (section of ribs to free adhesions).

thoracopage, *s. m.* : thoracopagus (double monster joined by the sternal region).

thoracophrénolaparotomie, *s. f.* : *cf.,* **thoraco-laparotomie.**

thoracoplastie, *s. f.* : thoracoplasty.

thoracopleuropneumonectomie, *s. f.* : pleuro-pneumonectomy followed by thoracoplasty.

thoracoscopie, *s. f.* : thoracoscopy (direct visual examination of the thoracic cavity by endoscopy).

thoracostomie, *s. f.* : thoracostomy.

thoracostyle (rapport) : ratio of thoracic peri-meter to the lenght of the sternum.

thoracotomie, *s. f.* : thoracotomy.

thorax, *s. m.* : thorax; **- en carène** : pigeon-breast, keeled chest; **- paradoxal** : paradox tho-rax; **- en tonneau** : barrel chest (emphysema).

thorium, *s. m.* : thorium.

thoriumthérapie, *s. f.* : thorium therapy, treatment with thorium X.

Thornwaldt (angine de) : Thornwaldt's *or* Thorn-waldt's bursitis (abcess of the pharyngeal bursa with nasopharyngeal stenosis).

thoron, *s. m.* : thoron, thorium emanation.

thrill, *s. m.* : thrill (tremor *or* vibration perceived on palpation due to fremitus).

thrombase, *s. f.* : thrombase, thrombin.

thrombasthénie, *s. f.* : thrombasthenia (functional deficiency of the blood platelets); **- héréditaire** : hereditary thrombasthenia.

thrombectomie, *s. f.* : thrombectomy (surgical removal of a thrombus).

thrombélastogramme, *s. m.* : *cf.,* **thromboélasto-gramme.**

thrombélastographe, *s. m.* : *cf.,* **thromboélasto-graphe.**

thrombélastographie, *s. f.* : *cf.,* **thromboélasto-graphie.**

thrombine, *s. f.* : thrombin, thrombase, fibrin fer-ment *(obs.).*

thrombo- : thrombo-, prefix meaning pertaining to a thrombus.

thromboagglutination, *s. f.* : agglutination of thrombocytes.

thromboagglutinine, *s. f.* : agglutinin for throm-bocytes.

thromboangéite, *s. f.* : thromboangeitis, thrombo-angiitis; **- oblitérante** : thromboangeitis oblite-rans, Buerger's disease.

thromboangiose, *s. f.* : thromboangeitis oblite-rans.

thromboanticorps, *s. m.* : 1. thrombolysin; 2. thromboagglutinin.

thromboartériose, *s. f.* : atheromatous thrombo-arteritis.

thromboartérite, *s. f.* : thromboarteritis.

thromboblaste, *s. m.* : thromboblast (one term for megakaryocyte).

thrombocyte, *s. m.* : thrombocyte, blood platelet.

thrombocytémie, *s. f.* : thrombocythemia (excess of platelets in the blood).

thrombocytolyse, *s. f.* : thrombocytolysis.

thrombocytopénie, *s. f.* : thrombocytopenia.

thrombocytopoïèse, *s. f.* : thrombocytopoiesis.

thrombodynamogramme, *s. m.* : *cf.,* **thrombo-élastogramme.**

thrombodynamographe, *s. m.* : *cf.,* **thrombo-élastographe.**

thrombodynamographie, *s. f.* : *cf.,* **thrombo-élastographie.**

thromboélastogramme, *s. m.* : curve recorded by a thrombelastograph.

thromboélastographe, *s. m.* : thrombelastograph, thromboelastograph.

thromboélastographie, *s. f.* : thrombelastogra-phy (recording the coagulation time of the blood).

thromboembolique (maladie) : thromboembo-lism.

thromboendarterectomie, *s. f.* : endarterial thrombectomy.

thrombogène, *s. m.* : thrombogen, prothrombo-gen; *adj.* : thrombogenic.

thrombogenèse, *s. f.* : thrombogenesis.

thrombographie, *s. f.* : study of blood clotting.

thrombokinase, *s. f.* : thrombokinase.

thrombokinine, *s. f.* : thromboplastin.

thrombolymphatisme, *s. m.* : status thymolym-phaticus.

thrombolyse, *s. f.* : thrombolysis.

thrombolysine, *s. f.* : thrombolysin.

thrombolytique, *adj.* : thrombolytic.

thrombopathie, *s. f.* : thrombopathia, thrombo-pathy.

thrombopénie, *s. f.* : thrombopenia, purpura haemorrhagica, Werlhof's disease.

thrombophilie, *s. f.* : thrombophilia.

thrombophlébite, *s. f.* : thrombophlebitis; **- mi-gratrice** : migratory thrombophlebitis.

thromboplastine, *s. f.* : thromboplastin, thrombo-kinase.

thromboplastinogénase, *s. f.* : enzyme (factor III) active in converting thromboplastinogen to throm-boplastin.

thromboplastinogène, *s. m.* : thromboplastino-gen.

thromboplastique, *adj.* : thromboplastic.

thrombosclérose sténosante : phlebosclerosis, proliferative endophlebitis.

thrombose, *s. f.* : thrombosis, clotting.

thrombosé, *adj.* : thrombosed (blocked by blood clot).

thrombostase, *s. f.* : thrombostasis (stasis of blood circulation leading to thrombosis).

thrombostatique, *adj.* : thrombostatic, anticoagulant.

thrombotest, *s. m.* : Owren's test (for four factors concerned in blood clotting).

thrombozyme, *s. m.* : thromboplastin.

thrombus, *s. m.* : thrombus (intravascular blood clot).

thulium, *s. m.* : thulium.

thym, *s. m.* : thyme *(bot.)*.

thymectomie, *s. f.* : thymectomy.

thymie, *s. f.* : condition of mind.

thymine, *s. f.* : thymine, methyl uracil.

thymique, *adj.* : thymic (1. pertaining to the thymus gland; 2. contained in *or* pertaining to thyme; 3. concerned with exterior behaviour); **asthme -** : thymic asthma, Kopp's asthma, laryngismus stridulus.

thymocytome, *s. m.* : thymocytoma, thymoma.

thymoépithéliome, *s. m.* : epithelioma originating in Hassal's corpuscles.

thymol, *s. m.* : thymol, methylisopropyl alcohol *(pharm.)*.

thymolymphatique, *adj.* : thymicolymphatic (pertaining to the thymus and lymphatic system); **état -** : status thymicolymphaticus.

thymome, *s. m.* : thymoma.

thymoparathyroïdectomie, *s. f.* : Leriche's operation (simultaneous removal of the thymus and of a parathyroid gland).

thymopathie, *s. f.* : thymopathy (1. mental disease; 2. disease of the thymus).

thymoprive, *adj.* : thymoprivic, thymoprivous.

thymus, *s. m.* : thymus, thymus gland.

thyréocèle, *s. m.* : thyrocele, goiter, goitre.

thyréogène, *adj.* : thyreogenic, thyreogenous.

thyréoglobuline, *s. f.* : thyroglobulin.

thyréopathie, *s. f.* : thyropathy (any disease of the thyroid).

thyréoprive, *adj.* : thyroprival, thyroprivic, thyroprivous.

thyréoptose, *s. f.* : thyroptosis (displacement of a goiter so that it is concealed within the thorax).

thyréose involutive : Hashimoto's disease, struma lymphomatosa.

thyréostimuline, *s. f.* : thyrotropin.

thyréotoxicose, *s. f.* : thyrotoxicosis, thyrotoxemia.

thyréotrope, *adj.* : thyrotropic; **hormone -** : thyrotropic hormone.

thyréotrophine, *s. f.* : thyrotrophin, thyrotropin, thyrotropic hormone.

thyro- : thyro-, prefix meaning pertaining to the thyroid (gland *or* cartilage).

thyrochondrotomie, *s. f.* : thyrochondrotomy (surgical incision of the thyroid cartilage).

thyrofrénateur, *adj.* : decreasing thyroid secretion.

thyroglobuline, *s. f.* : thyroglobulin.

thyroïde, *s. f.* : thyroid gland, thyroid; *adj.* : thyroid; **glande -** : thyroid gland.

thyroïdectomie, *s. f.* : thyroidectomy.

thyroïdie, *s. f.* : goiter, goitre.

thyroïdien, *adj.* : thyroid; **adénome -** : adenoma of the thyroid; **adénome - toxique** : Plummer's disease.

thyroïdisme, *s. m.* : thyroidism (1. hyperthyroidism; 2. thyroprivia; 3. thyroid poisoning [overdosing with thyroxin]).

thyroïdite, *s. f.* : thyroiditis; **- ligneuse diffuse** : ligneous thyroiditis, Riedel's struma.

thyroïdomanie, *s. f.* : thyroidomania.

thyroïdose, *s. f.* : thyrosis; **- chronique** *ou* **involutive** *ou* **lymphadénoïde** : Hashimoto's disease.

thyroïdothérapie, *s. f.* : thyroidotherapy, thyrotherapy.

thyroïtoxémie, *s. f.* : acute hyperthyroidism.

thyrotomie, *s. f.* : thyrotomy (incision *or* splitting of the thyroid cartilage).

thyrotoxicosis, *s. f.* : thyrotoxicosis.

thyroxine, *s. f.* : thyroxin, thyroxine.

thyroxinémie, *s. f.* : thyroxinemia.

thyroxinien, *adj.* : thyroxinic (pertaining to thyroxin).

thyroxinothérapie, *s. f.* : thyroxin treatment.

thysanothrix, *s. m.* : thysanotrix, *cf.* trichostachis spinosa, trichostasis spinulosa *(derm.)*.

tibia, *s. m.* : tibia, shin-bone; **- en fourreau** *ou* **en lame de sabre** : sabre *or* saber tibia (gummatous periostitis); **- valga** : tibia valga; **- vara** : tibia vara.

tibial, *adj.* : tibial.

tibio- : tibio-, prefix meaning tibial.

tic, *s. m.* : tic; **- convulsif** : convulsive tic; **maladie des - convulsifs** : Tourette's disease, impulsive tic; **- douloureux de la face** : tic douloureux; **- rotatoire** : rotatory spasm *or* tic; **- de salaam** : bowing tic, salaam convulsions.

tick fever *(angl.)* : tick fever, tick bite fever, *cf.* : **tique.**

tiède, *adj.* : tepid, lukewarm.

tiédeur, *s. f.* : tepidity, warmth.

tierce, *adj.* : tertian; **fièvre -** : tertian fever, tertian ague.

tifomycine, *s. f.* : *cf.*, **chloramphénicol.**

tige, *s. f.* : stalk, stem *(anat., bot.)*; **- pituitaire** : stalk of the pituitary.

tigedite, *s. f.* : tetanic spasm of the neck muscles.

Tillaux et Phocas (maladie de) : Tillaux-Phocas disease (one of many terms for chronic nodular *or* cystic mastropathy).

timbre, *s. m.* : timbre (musical quality of a sound); **- respiratoire** : vesicular breathing.

tinctorial, *adj.* : tinctorial.

tinea, s. (lat.) : tinea, fungal infection; **- albigena** : type of tinea pedis; **- flava** : tinea flava, tropical pityriasis versicolor; **- imbricata** : tinea imbricata, Tokelau ringworm.

tintement métallique : metallic, tinkling sound (heard over large pulmonary cavities or in pneumothorax); **- d'oreilles** : tinnitus aurium tinnitus.

tique, s. f. : tick; **fièvre à -** : tick fever, Rocky Mountain spotted fever, Texas fever; **fièvre à - africaine** : African relapsing fever; **fièvre à - du Colorado** : Colorado tick fever : **fièvre par morsure de -** : tick bite fever.

tirage, s. m. : 1. printing; **- à part** : reprint, off-print; 2. developing (phot.); **- par développement** : developing of prints (phot.).

tiraillement, s. m. : twinge.

tire-balle, s. m. : bullet forceps, tirebal (instrument like a corkscrew for extracting bullets).

tire-fond, s. m. : tirefond (surg.).

tire-lait, s. m. : breast pump.

tire-racine, s. m. : stump-forceps (odont.).

tisane, s. f. : tisane, decoction, infusion.

tissu, s. m. : tissue.

tissulaire, adj. : tissular.

titane, s. m. : titanium.

titillation, s. f. : titillation, tickling.

titillomanie, s. f. : titillomania (habit of incessant scratching).

titrage, s. m. : 1. titration; 2. bio-assay.

titre, s. m. : 1. title; 2. heading; 3. content, grade, strength, titer, titre.

titré, adj. : titrated; **solution -** : standard solution.

titrer, v. : to titrate, to standardize.

titrimétrie, s. f. : titrimetry (analysis by titration).

titubation, s. f. : titubation, reeling, staggering, stumbling (of central origin).

tocographie, s. f. : tocography (graphic record of uterine contractions).

tocologie, s. f. : tocology, obstetrics.

tocophérol, s. m. : tocopherol, vitamin E (α, β and γ tocopherols).

tocotechnie, s. f. : midwifery.

toile, s. f. : 1. cloth, gauze, linen, tissue; **- métallique** : wire gauze; **- métallique amiantée** : asbestos wire gauze; 2. tela (lat.), membrane ; **- choroïdienne** : tela choroidea; **- choroïdienne inférieure** ou **du quatrième ventricule** : tela choroidea ventriculi quarti.

toit, s. m. : roof, tectum (lat.), tegmen (lat.); **- de la caisse du tympan** : tegmen tympani; **- du quatrième ventricule** : roof of the fourth ventricle; **noyau du -** : roof nucleus, nucleus fastigii.

tokélau, s. m. : Tokélau ringworm, tinea imbricata.

tolérance, s. f. : tolérance; **- d'un remède** : drug tolerance; **- tissulaire** : tissue tolerance or compatibility.

tolérant, adj. : tolerant.

toléré, adj. : tolerated; **dose -** : tolerance dose (radiol.).

Tolu (baume de) : balsam of Tolu (pharm.).

toluène ou **toluol,** s. m. : toluene, toluol.

toluidine, s. f. : toluidine; **bleu de -** : toluidine blue.

Tomaselli (maladie de) : Tomaselli's disease, quinine fever.

tomenteux, adj. : tomentose. tomentous, downy, velvety.

-tomie : -tomy, suffix denoting a cutting operation.

tomogramme, s. m. : tomogram (sectional skiagram or rœntgenogram).

tomographie, s. f. : tomography (radiol.).

tomophotographie, s. f. : photography of a tomographic image.

ton, s. m. : tone (1. intonation; 2. colour, tint; 3. tonicity [physiol.]; 4. tone [phot.]).

tonalité, s. f. : tonality; **- respiratoire** : pitch of the breath sounds; **régler la -** : to tune.

tonaphasie, s. f. : tonaphasia (inability to remember a tune).

tondante, s. f., adj. : ringworm.

tonicardiaque, adj. : cardiotonic.

tonicité, s. f. : tonicity, tone, tonus.

tonifiant, adj. : tonic, invigorating.

tonifier, v. : to tone up, to invigorate; **se -** : to be invigorated.

tonique, s. m., adj. : tonic; **convulsion -** : tonic spasm.

tonisme, s. m. : tonic spasm, convulsion.

tonofibrille, s. f. : tonofibril.

tonométrie, s. f. : tonometry (measurement of tension, especially intra-ocular tension).

tonsille, s. f. : tonsil; **- du cervelet** : tonsil of the cerebellum, amygdala or tonsilla cerebelli.

tonsillectomie, s. f. : tonsillectomy.

tonsillolithe, s. m. : tonsillolith, tonsillar calculus.

tonsillotome, s. m. : tonsillotome (surg.).

tonsurant (herpès) : ringworm.

tonsure, s. f. : tonsure.

tonus, s. m. : tonus (lat.), tone, tonicity.

topectomie, s. f.: topectomy (ablation of a small area of the frontal cortex in treatment of mental disease).

tophacé, adj. : tophaceous, gritty; **concrétion -** : tophus, « chalkstone » (gout).

tophus, s., plur. **tophi** (lat.) : tophus, « chalkstone » (stony deposits of urates in the knuckles and ears in gouty subjects).

topique, s. m. : local external medication, topica; adj. : topical, local.

topo- : topo-, prefix meaning local or localized.

topoalgie, s. f. : topalgia, topoalgia (fixed of localized pain).

topognosie, *s. f.* : topognosia, recognition of the locality of a sensation).

topographie, *s. f.* : topography.

topographique, *adj.* : topographic, topographical; **anatomie -** : topographical anatomy, topology.

toponymie, *s. f.* : toponymy (topical terminology).

topophobie, *s. f.* : topophobia (morbid dread of certain places).

topophylaxie, *s. f.* : topophylaxis (limiting prophylaxis following injection of arsphenamine by applying a tourniquet) .

topotomie, *s. f.* : topotomy (Scoville's operation, prefrontal lobotomy, leukotomy).

tormina intestinorum nervosa *(lat.)* : violent intestinal colic, dysentery.

tormineux, *adj.* : torminal, torminous, griping.

torpeur, *s. f.* : torpor, torpidity, inactivity, numbness, sluggishness.

torpide, *adj.* : torpid, inactive, sluggish.

torpidité, *s. f.* : torpidity.

torréfaction, *s. f.* : torrefaction.

torréfier, *v.* : to torrefy.

torse, *s. m.* : torso, trunk.

torsion, *s. f.* : torsion, twisting; **balance de -** : torsion balance; **électromètre de -** : torsion electrometer.

torticolis, *s. m.* : torticollis, wryneck; **- spasmodique** : spasmodic torticollis, torticollis spastica.

tortueux, *adj.* : tortuous, crooked, twisting, winding.

torula, *s. f.* : torula, thalamus *(bot.)*.

torule, *s. m.* : Torula (old name for yeastlike fungi, the cryptococci).

toruleux, *adj.* : torulose, torulous, cylindrical.

torulopsidose *ou* **torulose,** *s. f.* : torulosis, cryptococcosis.

toucher, *v.* : to touch; *s. m.* : touch, palpation *(lat.)*; **délicatesse de -** : tactus eruditus *or* expertus, expert palpation; **- vaginal** : vaginal palpation *or* touch *(obstet.)*.

toupie (bruit de) : humming-top sound, venous hum.

tourbillon, *s. m.* : vortex.

Tournay (réaction *ou* **réflexe de)** : Tournay's sign (unilateral dilatation of the pupil on extreme lateral fixation).

tournesol, *s. m.* : litmus; **papier -** : litmus paper *(chem.)*.

tourniole, *s. f.* : perionychia, whitlow.

tourniquet, *s. m.* : 1. tourniquet *(surg.)*; 2. Gerlier's disease, paralytic vertigo.

tournure, *s. f.* : figure, form.

tourtereau, *s. m.* : tanners ulcer, chrome ulcer.

tousser, *v.* : to cough; **- gras** : to have a loose cough, to cough up phlegm; **- sec** : to have a dry *or* unproductive cough.

toussotement, *s. m.* : short hacking cough.

tout-à-l'égout, *s. m.* : sewerage, main drainage.

tout ou rien (loi du) : « all-or-none » law (1. the heart will contract fully or not at all in response to stimulation; 2. below a threshold dose of any hormone there is no response, above this dose the response is [said by some to be] maximal [not generally accepted]).

toux, cough, tussis *(lat.)*; **- grasse** : loose cough; **- d'irritation** : tickling cough; **quinte de -** : fit of coughing; **- sèche** : dry cough; **- suffocante** : whooping cough; **- utérine** : uterine reflex cough.

toxalbumine, *s. f.* : toxalbumin.

toxémie, *s. f.* : toxemia, toxaemia, toxicohemia, blood poisoning.

toxicité, *s. f.* : toxicity (1. virulence [of a microbe or poison]; 2. minimum lethal dose).

toxicodendron, *s. m.* : poison ivy, Rhus toxicodendron.

toxicodermie, *s. f.* toxicoderma, toxicodermia, toxicodermatosis.

toxicogène, *adj.* : toxicogenic.

toxicologie, *s. f.* : toxicology.

toxicologique, *adj.* : toxicologic, toxicological.

toxicologue, *s. m.* : toxicologist.

toxicomane, *s. m.* : toxicomaniac, drug addict, dope-fiend *(vernac.)*.

toxicomaniaque, *adj.* : addicted to drugs, suffering from toxicomania.

toxicomanie, *s. f.* : toxicomania.

toxicomanogène, *adj.* : inducing toxicomania.

toxicophore, *adj.* : poisonous (said of animals which, if eaten, are poisonous).

toxicose, *s. f.* : toxicosis.

toxidermie, *s. f.* : toxidermia, toxicoderma.

toxigène, *adj.* : toxigenic, toxicogenic.

toxi-infection, *s. f.* : toxi-infection, toxinfection.

toxine, *s. f.* : toxin (poison of microbic, animal *or* vegetable origin).

toxine-antitoxine, *s. f.* : toxin-antitoxin (mixture of diththeria toxin and antitoxin).

toxinémie, *s. f.* : toxinaemia, toxinemia.

toxinique, *adj.* : toxinic.

toxinogenèse, *s. f.* : production of toxins.

toxinothérapie, *s. f.* : cf., **toxithérapie.**

toxique, *s. m.* : toxicant, poison; *adj.* : toxic, toxicant; **albumose -** : toxalbumose; **enzyme -** : toxenzyme; **gaz -** : poison gas.

toxithérapie, *s. f.* : toxitherapy.

toxituberculide, *s. f.* : toxituberculide.

toxogénine, *s. f.* : toxogenin, sensibilin.

toxoïde, *s. f.* : toxoid (a product of a bacterial toxin that is nontoxic but retains the capacity to combine with *or* stimulate production of specific antitoxin).

toxolyse, *s. f.* : toxolysis *(biol., chem.)*.

toxomimétique, *adj.* : toxomimetic (stimulating the action of a toxin).

toxone, s. f. : toxon, toxone (bacter., immunol.).

toxophobie, s. f. : toxiphobia, toxicophobia (morbid fear of poisons).

toxophore, s. m. : toxophore; adj. : toxophorous (bacter., immunol.).

toxoplasme, s. m. : toxoplasma (genus of sporozoa) (parasit.).

toxoplasmose, s. f. : toxoplasmosis.

toxurie, s. f. : toxuria, uraemia, uremia.

Toynbee (épreuve de) : Toynbee's experiment (rarefaction of the air in the tympanic cavity caused by swallowing while the mouth and nose are closed).

trabéculaire, adj. : trabecular.

trabécule, s. f. : trabecula, plur. trabeculae (lat.).

trace, s. f. : trace (1. vestige; 2. outline, sketch, print; 3. scar).

traceur, s. m. : tracer.

trachée, s. f. : trachea, windpipe; **signe de la - :** Oliver's sign, tracheal tug (of aortic aneurysm).

trachéite, s. f. : tracheitis; **- purulente** : tracheopyosis.

trachelhématome, s. m. : trachelematoma (hematoma of the sternomastoid muscle).

trachélisme, s. m. : trachelism, trachelismus (1. spasm of the neck muscles; 2. spasmodic retraction of the head in epilepsy).

trachélo- : trachelo-, prefix denoting relation to 1. the neck; 2. the cervix uteri.

trachélopexie, s. f. : trachelopexy (fixation of the neck of the uterus).

trachéloplastie, s. f. : tracheloplasty (plastic surgery of the uterine neck).

trachélorraphie, s. f. : trachelorraphy (repair of a lacerated uterine neck).

trachéo- : tracheo-, prefix meaning relationing to the trachea.

trachéobronchite, s. f. : tracheobronchitis.

trachéobronchoscopie, s. f. : tracheobronchoscopy.

trachéocèle, s. f. : tracheocele (hernial protrusion of tracheal mucous membrane).

trachéofistulisation, s. f. : tracheofistulization (intratracheal medication by injection through needles or cannulas).

trachéomalacie, s. f. : tracheomalacia (softening of tracheal cartilages).

trachéoplastie, s. f. : tracheoplasty.

trachéorraphie, s. f. : tracheorrhaphy.

trachéoscopie, s. f. : tracheoscopy.

trachéosténose, s. f. : tracheostenosis.

trachéostomie, s. f. : tracheostomy.

trachéotomie, s. f. : tracheotomy; **- basse** : low or inferior tracheotomy; **- supérieure** : high or superior tracheotomy.

trachomateux, adj. : trachomatous.

trachome, s. m. : trachoma.

tract, s. m. : tract, tractus (lat.).

tracteur, s. m. : tractor (1. instrument for exerting traction; 2. obsolete quack device which when drawn across the skin was supposed to cure disease).

traction, s. f. : traction, pulling: **- de la langue** : traction of the tongue.

tractotomie, s. f. : tractotomy (severing or incising a nerve tract).

tragus, s. m. : tragus, antilobium (ear).

trait, s. m. : mark, tracing; **- de jauge** : calibration mark; **- de lime** : file scratch.

traits, s. m. pl. : lineaments, features.

traitant, adj. : treating; **médecin -** : practising doctor, medical practitioner.

traitement, s. m. : treatment; **- causal, conservateur, empirique, préventif, spécifique, symptomatique** : causal, empirical, preventive or prophylactic, specific, symptomatic treatment; **malade en -** : patient under treatment; **premier -** ou **- d'urgence** : first aid.

traiter, v. : to treat; **se faire -** : to undergo treatment.

trajet, s. m. : track.

trame, s. f. : stroma.

tramite, s. f. : tramitis (radiographic appearance of lung in early tuberculosis).

tranchées, s. f. pl. : colic, griping pains, tormina; **- utérines** : after-pains.

tranquillisant, s. m. : tranquillizer; adj. : tranquillizing.

trans- : trans-, prefix meaning through or across.

transaminase, s. f. : transaminase.

transaminasémie, s. f. : presence of transaminase in the blood.

transamination, s. f. : transamination.

transcortine, s. f. : transcortin (α-globulin responsible for the transport of hydrocortisone).

transduction, s. f. : transduction (genet.).

transducteur, s. m. : transductor (genet.).

transe, s. f. : trance.

transfection, s. f. : transfection (genet).

transferrine, s. f. : transferrin.

transfert, s. m. : transfer, transference.

transforateur, s. m. : transforator (obstet.).

transforation, s. f. : transforation (perforation of the fetal skull).

transformateur, s. m. : transformer (electr.).

transformation, s. f. : 1. transformation, metamorphosis; 2. modification induced by a virus.

transformisme, s. m. : transformism, transmutation of species (Lamarck's theory).

transformiste, s., adj. : transformist; **théorie -** : transformism.

transfuser, v. : to transfuse.

transfuseur, s. m. : transfuser.

transfusion, s. f. : transfusion; **- sanguine** : blood transfusion; **- continue goutte à goutte** : drip transfusion; - **sanguine directe** : direct or immediate transfusion; - **par voie artérielle** : arterial transfusion; - **par voie intraveineuse** : intravenous transfusion; - **de sang conservé** : indirect of mediate transfusion.

transfusionnel, adj. : pertaining to transfusion.

transillumination, s. f. : transillumination, diaphanoscopy.

transition, s. f. : transition, change.

transitoire, adj. : transitory, temporary, transient; **période** - : transition or transitional stage.

translation, s. f. : translation, translocation (change of place).

translocation, s. f. : translocation (genet.).

translucide, adj. : translucent, semi-transparent.

translucidité, s. f. : translucence, translucency.

transmésocolique, adj. : transmesocolic.

transméthylation, s. f. : transmethylation (chem.).

transmigration, s. f. : transmigration, diapedesis.

transmissibilité, s. f. : transmissibility.

transmissible, adj. : transmissible, transmittable.

transmission, s. f. : transmission (biol., genet., phys.); - **de la résonance** : transmitted resonance, transonnance (auscultation).

transmutation, s. f. : transmutation.

transorbitome, s. m. : instrument for performing transorbital frontal lobotomy.

transparence, s. f. : transparency.

transparent, adj. : transparent.

transpéritonéal, adj. : transperitoneal.

transpiration, s. f. : transpiration (insensible perspiration).

transpirer, v. : 1. to perspire, to sweat; 2. to exhale; 3. to transpire (bot.); **faire - quelqu'un** : to induce perspiration, to make someone sweat; **remède qui fait** - : diaphoretic, sudorific (pharm.).

transplant, s. m. : transplant, graft.

transplantation, s. f. : transplantation, grafting.

transpleural, adj. : transpleural.

transports (mal des) : motion sickness.

transporteur, s. m. : transporter; - **d'hydrogène** : hydrogen-transporter (chem.); - **mécanique** : carrier, vecter (parasit.).

transposition, s. f. : transposition; - **des viscères** : transposition of viscera.

transsacculaire, adj. : transsaccular.

transsonnance percutatoire : auscultatory percussion.

transsudat, s. m. : transudate (fluid that has oozed through a membrane).

transsudation, s. f. : transudation (passage of serum or other fluid through a semipermeable membrane).

transsuder, v. : to transude, to ooze through.

transthermie, s. f. : transthermia, thermopenetration, diathermy.

transurétral, adj. : transurethral.

transvaginal, adj. : transvaginal.

transvasement, s. m. : decanting.

transvaser, v. : to decant.

transvatérien, adj. : transvaterian (through the papilla of Vater).

transversal, adj. : transversal, transverse; **apophyse** - : transverse process.

transverse, adj. : transverse; **grande** - : biparietal diameter; **petite** - : bitemporal diameter.

transversion, s. f. : transversion (genet.).

transvestisme, s. m. : transvestism, eonism (psych.).

trapèze, s. m. : trapezium (carpal bone); adj. : trapesius; **muscle** - : trapezius; **os** - : trapezium.

trapézoïde, s. m. : 1. trapezoid (carpal bone); 2. trapezoid (geom.); adj. : trapezoid, trapezoidal; **ligament** - : trapezoid ligament; **os** - : cf., **trapézoïde** 1.

Traube (double ton de) : Traube's phenomenon (double diastolic and systolic sound heard over peripheral arteries [femoral] in aortic insufficiency and sometimes in mitral stenosis); **espace de** - : Traube's semilunar space (in which the tympanitic resonance of the stomach is normally audible over the lower ribs on the left side).

traulisme, s. m. : difficulty in pronouncing « k » and « r » experience by deaf-mutes.

trauma, s. m. : trauma.

traumatique, adj. : traumatic; **fièvre** - : traumatic fever, traumatopyra; **hystérie** - : traumatic hysteria; **typhus** - : hospital gangrene.

traumatisme, s. m. : traumatism.

traumatologie, s. f. : traumatology.

traumatopnée, s. f. : traumatopnea (escape of respiratory air through a chest wound).

travail, s. m. : 1. work, occupation, employment, study; 2. labour, childbirth, travail (obstet.); - **d'équipe** : team-work (psych.); - **faux** : false labour; **femme en** - : woman in labour.

travée, s. f. : framework.

trébuchet, s. m. : assay or pharmaceutical balance.

treillage, s. m. : lattice, reticulum.

Treitz (hernie de) : Treitz's hernia (retroperitoneal or duodenojejunal hernia); **muscle de** - : Treitz's muscle (suspensory muscle of the duodenum).

trématode, s. m. : trematode, fluke, flat-worm.

tremblant, adj. : trembling, quivering, tremulous.

tremblement, s. m. : trembling, quivering, shaking, tremor; - **de fièvre** : fit of ague; - **intentionnel** : intention or volitional tremor.

trembler, v. : to tremble, to quiver, to shake, to shiver; - **de fièvre** : to shake with ague or fever (malaria), to have a rigor.

tremblotant, adj. : trembling, quivering, shivering, tremulous.

tremblotement, s. m. : 1. trembling, quivering shivering; 2. quiver, shiver, tremor.

tremor *(lat.)* : tremor; **flapping -** *(angl.)* : flapping tremor.

trémulation, *s. f.* : tremulation; **- épileptoïde** : epileptoid tremor.

Trendelenburg (position de) : Trendelenburg's position (on the back on an inclined operating table with the pelvis higher than the head and the legs hanging over the end of the table).

trépan, *s. m.* : trepan, trephine.

trépanateur, *s. m.* : trepanner, trephiner *(surg.)*.

trépanation, *s. f.* : trepanation, trephination (act of trephining).

trépanoponction, *s. f.* : exploratory puncture of the brain following trephining; **biopsie par - :** trephine biopsy.

tréphine, *s. f.* : trephine *(surg.)*.

tréphocyte, *s. m.* : trephocyte.

tréphocytose, *s f.* : action of trephocytes.

tréphone, *s. f.* : trephone (hypothetical substance produced by certain cells and used by other cells as food or structural material).

trépidation, *s. f.* : trepidation (1. tremor, clonus; 2. anxiety, fear).

trépied, *s. m.* : tripod; **- vital** : tripod of life, vital tripod (brain, heart and lungs).

tréponème, *s. m.* : treponema; **- pâle** : *Treponema pallidum* (syphilis); **- pertenue** : *Treponema pertenue* (yaws).

tréponématose, *s. f.* : treponematosis, treponemiasis.

tréponémicide, *adj.* : treponemicidal.

tréponémose, *s. f.* : *cf.,* **tréponématose.**

tressaillement, *s. m.* : flutter, thrill.

tri- : tri-, prefix meaning three or thrice.

triangle, *s. m.* : triangle, trigone, trigonum; **- de Bryant** : Bryant's or iliofemoral triangle; **- externe** : Hesselbach's triangle; **- de l'habenula** : trigonum habenulae (thalamus); **- de Pawlik :** Pawlik's or vaginal triangle, extravesical triangle; **- de J.-L. Petit** : Petit's triangle, trigonum lumbale; **- de Scarpa** : Scarpa's or inguinal triangle, trigonum femorale; **- rétro-stylo-hyoïdien ou stylo-digastrique** : Malgaigne's or superior carotid triangle.

triangulaire, *adj.* : triangular, trigonal.

triatomique, *adj.* : triatomic.

tribadisme, *s. m.* : tribadism, sapphism, lesbianism (homosexual perversion among females).

tribasique, *adj.* : tribasic.

triboélectricité, *s. f.* : static electricity produced by rubbing.

trichesthésie, *s. f.* : trichesthesia, trichoesthesia (hair sensibility).

trichiasis, *s. m.* : trichiasis (1. ingrowing eyelashes; 2. trichosis).

Trichina spiralis : genus of parasitic nematodes (found encysted in the muscles of many animals; transmissible to man through infested meat).

trichine, *s. f.* : trichina, *Trichina spiralis*.

trichiné, *adj.* : trichiniferous, trichinous.

trichinose, *s. f.* : trichinosis (disease caused by eating pork infested with *Trichina spiralis*).

trichlorure, *s. m.* : trichloride *(chem.)*.

trichobézoard, *s. m.* : trichobezoar, hair-hall (formed in the stomachs of animals which lick their fur).

trichocéphale, *s. m.* : trichocephalus, trichiuris, threadworm.

trichocéphalose, *s. f.* : trichocephaliasis, trichocephalosis, trichuriasis.

trichoclasie, *s. f.* : trichoclasia, trichoclasis (brittleness of the hair).

trichoclastie, *s. f.* : trichoclasty (nervous tic consisting of constantly pulling or stroking the hair, beard, etc.).

trichocyste, *s. m.* : trichocyst (cytoplasmic vesicle containing a thead in Infusoria).

trichodesmotoxicose, *s. f.* : intoxication by *Trichodesma meanum* (parasitic plant affecting wheat).

trichoépithéliome, *s. m.* : trichoepithelioma, benign adenoid cystic epithelioma (tumour originating in pilosebaceous follicles).

trichogénique, *adj.* : trichogenous.

trichoglossie, *s. f.* : trichoglossia, hairy-tongue.

trichoïde, *adj.* : trichoid (resembling hair).

trichologie, *s. f.* : trichology.

trichomalacie, *s. f.* : patchy alopecia with scanty growth of coarse very soft hair.

trichomanie, *s. f.* : trichomania, trichotillomania (hair pulling mania).

trichome, *s. m.* : trichoma (1. entropion; 2. plica polonica).

trichomonacide, *adj.* : trichomonacidal (lethal for *Trichomonas*).

***Trichomonas*,** *s. m.* : *Trichomonas* (genus of infusoria); **- intestinalis** : *Trichomonas intestinalis* or *hominis*; **- vaginalis** : *Trichomonas vaginalis*.

trichomonase, *s. f.* : trichomoniasis.

trichomycose, *s. f.* : trichomycosis (any fungal hair disease); **- noueuse** : trichomycosis nodosa.

trichonodosis, *s. m.* : trichonodosis, trichorrhexis nodosa.

trichopathie, *s. f.* : trichonosis, trichonosus, trichopathy (any disease of the hair).

trichophagie, *s. f.* : trichophagy (habit of swallowing hair).

trichophytide, *s. f.* : trichophytid (allergic reaction to *Trichophyton fungi*).

trichophytie, *s. f.* : trichophytosis (contagious disease due to infection by *Trichophyton fungi*).

***Trichophyton*,** *s. m.* : *Trichophyton* (genus of fungi of which several species are parasitic for the hair, nails and skin of man).

trichoplastique (formule) : formula expressing the extent and type of hair growth (male and female).

trichoptilose, *s. f.* : trichoptilosis, trichorrhexis nodosa, trichosis distrix.

trichorrhexie, *s. f.* : trichorrhexis (brittleness of the hair); **- noueuse** : trichorrhexis nodosa, trichoptilosis.

trichorrhexomanie, *s. f.* : trichorrhexomania (tic of breaking off one's hair).

trichose, *s. f.* : trichosis (any morbid affection of the hair; **- d'origine syphilitique** : trichosyphilis, trichosyphilosis.

trichosis, *s. m.* : *cf.*, **trichiasis.**

trichosporie, *s. f.* : trichosporosis (infestation with *Trichosporon*).

Trichosporon, *s. m.* : *Trichosporon* (genus of fungi).

trichotillomanie, *s. f.* : trichotillomania, trichomania.

trichotomie, *s. f.* : trichotomy (division into three parts).

trichroïque, *adj.* : trichroic *(opt.).*

trichroïsme, *s. m.* : trichroism *(opt.).*

trichromate, *adj.* : trichromatic, trichromic (able to see all three primary colours.

trichrome, *adj.* : trichromatic *(opt., phot.).*

trichromie, *s. f.* : three colours process *(phot.).*

tricrote, *adj.* : tricrotic (having three sphygmographic waves for each pulse beat); **état de pouls -** : tricrotism, tricrotic pulse.

tricuspide, *adj.* : tricuspid, three-pointed; **valvule -** : tricuspid valve.

tricuspidien, *adj.* : (affecting or produced at the tricuspid valve).

tricuspidien, *adj.* : tricuspid (affecting or produced at the tricuspid valve).

tridactyle, *adj.* : tridactylous (having three digits).

tridenté, *adj.* : trident, tridentate, three-toothed.

tridermique, *adj.* : tridermic developed from ectoderm, endoderm and mesoderm; **tumeur -** : tridermoma (teratoma containing tissues from the three germ layers).

trieurs de laine (maladie des) : wool sorters' disease, anthrax.

trifacial (nerf) : trifacial or trigeminal nerve.

trifide, *adj.* : trifid, trice-cleft.

trigastrique, *adj.* : trigastric (muscle with three bellies).

trigémellaire (accouchement) : birth of triplets.

trigéminé, *adj.* : trigeminal, trigeminate *(anat., bot.);* **pouls -** : trigeminal pulse.

trigéminisme, *s. m.* : trigeminy, trigeminal pulse.

triglycéride, *s. m.* : triglycéride.

trigone, *s. m.* : trigone, triangle, trigonum *(lat., gr.);* **- cérébral** : fornix, psalix trigonum cerebrale; **lyre du - cérébral** : psalterium; **- de l'hypophyse** : trigonum hypoglossi; **- de Lieutaud** ou **vésical** : trigone of the bladder, vesical triangle; **- olfactif** : olfactory trigone; **- du pneumogastrique** ou **du vague** : trigonum vagi; **- sous-pinéal** : trigonum dorsale; **- vaginal** : Pawlik's triangle.

trigonite, *s. f.* : trigonitis (inflammation of the trigone of the bladder).

trigonocéphalie, *s. f.* : trigonocephaly (deformity of the skull due to premature union of the mediofrontal suture); **sujet atteint de -** : trigonocephalus.

trijumeau, *adj.* : trifacial, trigeminal; **nerf -** : trifacial or trigeminal nerve.

trilabe, *s. m.* : trilabe (instrument for removing small stones from the bladder).

trilateral, *adj.* : trilateral.

trilobé, *adj.* : trilobate, trilobed.

triloculaire, *adj.* : trilocular.

trimestre, *s. m.* : trimester, quarter (period of three months).

trimorphe, *adj.* : trimorphic, trimorphous.

trimorphisme, *s. m.* : trimorphism *(chem. phys.).*

tringlage, *s. m.* : stripping of varicose veins.

triolet (bruit de) : dry sharp sound between the first and second heart sounds.

triorchide, *s. m.* : triorchid, triorchis; *adj.* : triorchid.

triorchidie, *s. f.* : triorchidism, triorchism.

triose, *s. f.* : triose *(chem.).*

trioxyde, *s. m.* : trioxide.

triphasique, *adj.* : triphasic.

triple, *adj.* : triple, threefold.

triplégie, *s. f.* : triplegia.

triplet, *s. m.* : triplet (1. one of three children born at one birth; 2. optical system consisting of three lenses; 3. sequence of three aminoacid pairs in the genome).

triploïde, *adj.* : triploid.

triplopie, *s. f.* : triplopia (disordered vision in which objects appear tripled).

triplo-X (syndrome) : triplo-X syndrome.

triquètre, *adj.* : triquestrous, triangular, three-cornered.

trismus, *s. m.* : trismus, lockjaw (tonic spasm of the masticatory muscles, an early symptom of tetanus).

trisomie, *s. f.* : trisomy *(genet.).*

trisplanchnique, *adj.* : trisplanchnic.

trisubstitué, *adj.* : trisubstituted *(chem.).*

tritanope, *adj.* : tritanopic, colour-blind for blue and yellow.

tritanopie, *s. f.* : tritanopia, blue-blindness (inability to distinguish between blue and yellow).

triticé, *adj.* : triticeous (shaped like a grain of wheat); **cartilage -** : triticeum (small cartilage in the thyrohyoid ligament).

tritium, *s. m.* : tritium.

triturable, *adj.* : triturable.

trituration, *s. f.* : trituration, grinding.

triturer, *v.* : to triturate, to grind, to reduce to a powder.

trivalence, *s. f.* : trivalence, trivalency *(chem.).*

trivalent, *adj.* : trivalent.

trivalve, *adj.* : trivalve, trivalvular.

trocart, *s. m.* : trocar *(surg.)*.

trochanter, *s. m.* : trochanter; **grand -** : greater trochanter, trochanter major; **petit -** : lesser trochanter, trochanter minus, trochantin.

trochantérien, *adj.* : trochanteric.

trochantin, *s. m.* : trochantin, lesser trochanter.

trochéarthrose, *s. f.* : hinge *or* pivot joint.

trochin, *s. m.* : trochin (lesser tuberosity of the humerus).

trochisque, *s. m.* : trochiscus, troche, lozenge *(pharm.)*.

trochiter, *s. m.* : trochiter (greater tuberosity of the humerus).

trochlée, *s. f.* : trochlea; **- humorale** : trochlea of the humerus.

trochléen, *adj.* : trochlear.

trochocéphalie, *s. f.* : trochocephalia, trochocephaly (rounded deformity of the head due to premature *or* abnormal union of the frontal and parietal bones).

trochoïde, *s. f.* : trochoides (pulley-joint); *adj.* : trochoid.

Troisier (ganglion ou signe de) : Troisier's ganglion *or* sign (enlargement of left supraclavicular lymph nodes, indicating malignant disease of the abdominal *or* retrosternal regions).

Trolard (grande veine anastomotique de) : Trolard's vein, great anastomotic vein (connecting the middle cerebral vein with the sagittal sinus).

Trombicula, *s.* : genus of acarine mites; **- akamushi** *(jap.)* : kedani mite.

trombidiose, *s. f.* : trombidiosis (infestation with mites : cf., **Trombidium**).

Trombidium, *s. m.* : *Trombidium* (former name for *Trombicula*, a genus of mites).

trompe, *s. f.* : 1. tube, tuba *(lat.)*; **- d'Eustache** : eustachian tube; **- de Fallope** : fallopian tube, oviduct; 2. aspirator, pump, siphon; **- aspirante** : suction pump; **- à eau** : water suction pump; **- à vide** : vacuum *or* filter pump; **filtrer à la -** : to filter with suction *or* under reduced pressure; 3. proboscis, probe (of insects).

tronc, *s. m.* : trunk, truncus *(lat.)*; 1. torso; 2. main bood vessel, lymphatic *or* nerve; **- cerebral** : brain stem.

tronculaire, *adj.* : pertaining to a nerve trunk.

-trope : -tropic, suffix meaning turning towards.

trophicité, *s. f.* : trophicity (trophic influence *or* state).

trophine, *s. f.* : generic term for endocrinotropic hormones.

trophique, *adj.* : trophic, nutrient; **centre -** : trophic center; **nerf -** : trophic nerve.

trophisme, *s. m.* : trophism, nutrition.

tropho- : tropho-, prefix relating to nourishment *or* nutrition.

trophoblaste, *s. m.* : trophoblast *(biol., embryol.)*.

trophodermatoneurose, *s. f.* : trophodermatoneurosis, infantile acrodynia.

trophologie, *s. f.* : trophology (science of nutrition).

trophoneurotique, *adj.* : trophoneurotic.

trophonévrose, *s. f.* : trophoneurosis; **- de la face** : facial trophoneurosis, facial hemiatrophy, trophoneurosis of Romberg.

trophonose, *s. f.* : trophonosis (any disease of nutritional origin).

trophopathie, *s. f.* : trophopathy, disorder of nutrition.

trophoplasma, *s. m.* : trophoplasm (vital substance of a cell).

trophoplaste, *s. m.* : trophoplast, plastid *(bot.)*.

trophosponge, *s. f.* : trophospongium, Holmgren apparatus.

trophotropisme, *s. m.* : trophotropism, chemotaxis.

trophozoïte, *s. f.* : trophozoite (active motile stage of malarial parasite).

tropisme, *s. m.* : tropism *(biol., bot.)*.

trop-plein, *s. m.* : 1. overflow; 2. surplus, excess.

trou, *s. m.* : hole, foramen, *pl.* foramina *(lat.)* (opening, especially in a bone); **- borgne** : foramen caecum; **- de Botal** : Botallo's foramen, foramen ovale cordis; **- carotidien** : sphenotic foramen, foramen lacerum medium; **- condylien** : condyloid foramen; **- de conjugaison** : intervertebral foramen; **- déchiré antérieur** : sphenoid fissure, foramen lacerum anterius; **- déchiré postérieur** : jugular foramen, foramen lacerum posterius; **- mentonnier** : mental foramen; **- de Monro** : foramen of Monro, interventricular foramen; **- nourricier** : nutrient foramen; **- obturateur** : obturator foramen; **- occipital** : occipital foramen, foramen magnum; **- optique** : optic foramen; **- orbitaire interne** : foramen ethmoidale; **- sous-orbitaire** : infraorbital foramen; **- sus-orbitaire** : supraorbital foramen; **- ovale** : foramen ovale (sphenoid); **- grand rond** : foramen rotundum (sphenoid); **- petit rond** : foramen spinosum (sphenoid); **grand - sciatique** : great sacrosciatic foramen; **- sphénopalatin** : sphenopalatine foramen; **- transversaire** : costotransverse foramen; **- vertébral** : vertebral foramen; **- de Winslow** : foramen of Winslow, epiploic foramen, small omental foramen.

trouble, *s. m.* : 1. confusion, disorder; **- mentaux** : mental disorders; 2. turbidity *(chem.)*; *adj.* : confused, turbid; **avoir la vue -** : to be dimsighted; **aux yeux -** : blear-eyed.

Trousseau (point apophysaire de): Trousseau's apophysiary points (pain on pressure over the spinous processes in neuralgia); **raie de -** : Trousseau's spots, taches cérébrales, meningeal streaks (dermographic reaction in certain cases of meningitis); **signe de -** : Trousseau's phenomenon (spasm of the muscles on pressure of their nerves, seen in cases of tetany).

trypaflavine, *s. f.* : trypaflavine.

trypanocide, *adj.* : trypanocidal, trypanosomacidal.

trypanosome, *s. m.* : trypanosome (organism of the genus *Trypanosoma*).

trypanosomiase, trypanosomatose ou **trypanoso-mose,** s. f. : trypanosomiasis.

trypsine, s. f. : trypsin, proteolytic enzyme.

trypsinogène, s. m. : trypsinogen.

trypsique, adj. : tryptic.

tryptase, s. f. : tryptase, fibrinolysin, plasmin.

tryptophane, s. m. : tryptophan.

tsé-tsé, s. f. : tsetse (fly of genus *Glossina* common in central Africa; vector for sleeping sichness).

tsutsugamushi, s. m. (jap.) : tsutsugamushi disease, scrub or tropical typhus, Japanese river fever (caused by *Rickettsia tsutsugamushi* transmitted by bite of lava of a mite *Trombicula akamushi*).

tubage, s. m. : tubage, intubation.

tubaire, adj. : tubal; **grossesse -** : tubal gestation or pregnancy; **grossesse - interstitielle** : tubo-uterine pregnancy; **souffle -** : tubal respiration, tubular breathing.

tube, s. m. : tube, tuba (lat.); **- allongé** : extension tube (phot.); **- à brome** : dropping funnel; **- capillaire** : capillary tube; **- contournés (rein)** : convoluted tubules; **- de dégagement** : delivery tube, outlet tube; **- digestif** : digestive tube, alimentary canal; **- droits (rein)** : straight tubules; **- à entonnoir** : funnel tube; **- à essai** : test tube; **- porte-lentille** : lens-holder, draw tube; **- roulant** : roller tube; **- scellé** : sealed tube; **- pour sédimentation urinaire** : sedimentation tube ; **- pour tubage** : intubation tube; **- à vide** : vacuum tube.

tuber cinereum (lat.) : tuber cinereum (third ventricle).

tubercule, s. m. : tubercle, tuberculum (lat.); 1. small nodule; 2. rounded bony prominence; 3. specific lesion of tuberculosis; **- anatomique** : anatomical or dissection tubercle; **- antérieur** : anterior tubercle (1. of the atlas; 2. of the optic thalamus); **- de Lisfranc** : Lisfranc's or scalene tubercle; **- de Lower** : Lower's tubercle, tuberculum intervenosum; **- miliaire** : miliary tubercle; **- pharyngien** : pharyngeal tubercle; **- postérieur** : posterior tubercle of the atlas; **- quadrijumeaux** : corpora quadrigemina; **- quadrijumeaux antérieurs** : nates (of optic lobes), pregemina; **- quadrijumeaux postérieurs** : testes (of optic lobes), postgemina; **- du vagin** : tubercle of the vagina; **- zygomatique** : zygomatic tubercle.

tuberculé, adj. : tuberculate, tuberculated.

tuberculeux, s. m. : tubercular or tuberculous patient, consumptive; adj. : tubercular, tuberculous, consumptive.

tuberculide, s. f. : tuberculide, tuberculoderm (any tuberculous cutaneous manifestation).

tuberculine, s. f. : tuberculin Koch's lymph of 1890; many subsequent preparations.

tuberculinique (réaction) : tuberculin reaction.

tuberculinisation, s. f. : tuberculinization, tuberculization (treatment by tuberculin or application of tuberculin tests).

tuberculisation, s. f. : tuberculization (formation of tubercles).

tuberculiser, v. : to tuberculize; **se -** : to become tubercular.

tuberculoïde, adj. : tuberculoid.

tuberculose, s. f. : tuberculosis; **- articulaire** : tuberculosis of the joints, « surgical tuberculosis »; **- aviaire** : avian tuberculosis; **- bovine** : bovine tuberculosis; **- miliaire aiguë** : acute miliary tuberculosis; **- osseuse** : tuberculosis of the bones, « surgical tuberculosis »; **- pulmonaire** : pulmonary tuberculosis or phthisis.

tuberculostatique, adj. : tuberculostatic (inhibiting growth of *M. tuberculosis*).

tubéreux, adj. : tuberose, tuberous; **abcès -** : hidrosadenitis; **sclérose - de Bourneville** : tuberous sclerosis.

tubérien, adj. : pertaining to the tuber cinereum.

tubérosité, s. f. : tuberosity, tuber, tuberositas, tuberculum (lat.); **- bicipitale** : bicipital tuberosity, tuberosity of the radius; **- du calcanéum** : tuberosity of the os calcis; **- coracoïdienne** : coracoid tubercle, tuberositas coracoidea; **- costale** : costal tuberosity of the clavicle; **grosse - de l'estomac** : fundus ventriculi or gastric fundus; **petite - de l'estomac** : pyloric antrum; **grosse - de l'humérus** : greater tuberosity of the humerus, trichiter; **petite - de l'humérus;** lesser tuberosity of the humerus, trochin; **- iliaque** : iliac tuberosity; **- de l'ischion** : ischial tuberosity; **- du maxillaire supérieur** : tuber maxillaire; **- du tibia** : tibial tuberosity.

tubes cristallins : lens fibers (eye).

tubo- : tubo-, prefix meaning relating to a tube.

tuboabdominal, adj. : tuboabdominal; **grossesse -** : tubo-ovarian pregnancy.

tubotympanite, s. f. : tubotympanal inflammation (inflammation of the middle ear and of the eustachian tube).

tubulaire, adj. : tubular.

tubule, s. m. : tubule; **- urinifère contourné** : convoluted tubule; **- urinifère droit** : straight tubule.

tubulé, adj. : tubulated, tubulous (bot.); **épithéliome -** : tubulodermoid.

tubulisation, s. f. : tubulization (neurorrhaphy).

tubulonéphrite, s. f. : tubular nephritis; **- aiguë** : acute tubular nephritis.

tubulonéphrose, s. f. : tubular nephrosis.

tubulopathie, s. f. : any disease affecting the renal tubules.

tubulure, s. f. : tubulure, tubulature (the tube of a receiver or retort); **flacon à trois -** : three-necked bottle.

Tuffier (opération de) : Tuffier's operation, apicolysis (collapse of the apex of the lung by thoracotomy); **procédé de -** : Tuffier's method of spinal anesthesia.

tularémie, s. f. : tularemia (specific infectious disease due to *Pasteurella tularensis*, transmissible to man from infected rodents by blood sucking insects or through abrasions in the skin).

tularine, s. f. : tularin.

tulle, *s. m.* : tulle, muslin; **- gras stérile** : sterile tulle gras, vaseline gauze.

tuméfaction, *s. f.* : tumefaction ; **- trouble** : cloudy swelling.

tuméfié, *adj.* : tumified, tumefacient.

tuméfier, *v.* : to tumefy; **se -** : to swell, to become tumified.

tumescent, *adj.* : tumescent, swelling.

tumeur, *s. f.* : tumour, tumor, newgrowth, swelling, neoplasm; **- bénigne** : benign tumour; **- blanche** : tumor albus, « white swelling » (tuberculous joint); **- dermoïde de la paroi abdominale** : Nélaton's tumour; **- de Gubler** : Gubler's tumour (swelling on the back of the wrist); **- kystique** : cystic tumour; **- maligne** : malignant tumour, cancer; **- organoïde** *ou* **tératoïde** : teratoblastoma; **- rénitente** : tumour resisting pressure.

tumoral, *adj.* : tumorous.

tumorigène, *adj.* : tumorigenic.

tungstène, *s. m.* : tungsten *or* wolfram.

tunique, *s. f.* : tunic, tunica *(lat.)*, coat, layer, tegument; **- adventice** *ou* **externe** : tunica adventitia *or* externa (of artery); **- de Bichat** *ou* **interne** : tunica interna *or* intima (of artery) ; **- moyenne** *ou* **propre** : tunica media (of artery), middle coat.

tunnel, *s. m.* : tunnel; **bruit de -** : Gibson's sign (continuous murmur of patient ductus arterious); **- de Corti** : canal of Corti.

tunnellisation, *s. f.* : tunnellization *(surg.)*.

tuphos, *s. m. (gr.)* : typhoid state.

turbidimétrie, *s. f.* : turbidimetry, nephalometry.

turbidité, *s. f.* : turbidity, turbidness, cloudiness.

turbiné, *adj.* : turbinal, turbinate, turbinated, whorled; **os -** : turbinate, turbinated bone.

turbinectomie, *s. f.* : turbinectomy.

Türck (faisceau de) : Türck's bundle, direct pyramidal tract.

turgescence, *s. f.* : turgescence, swelling, engorgement.

turgescent, *adj.* : turgescent, swelling, tumid.

turgide, *adj.* : turgid, bloated, tumid, swollen.

turgor, *s. m.* : turgor, turgescence, active hyperemia.

Türk (cellule de) : Türk cell, proplasmacyte.

turricéphalie, *s. f.* : turricephaly, oxycephaly, acrocephaly (pointed skull).

tussigène, *adj.* : causing a cough.

tussipare (zone) : any site at which a cough reflex can be initiated.

tussiplégique, *adj.* : bechic, antitussive.

tuyau, *s. m.* : pipe, tube; **- en caoutchouc** : rubber tubing; **- de gaz** : gas-pipe.

Twort-d'Hérelle (phénomène de) : Twort's *or* Twort-d'Hérelle's phenomenon, bacteriophagia.

tylose, *s. f. ou* **tylosis,** *s. m.* : tylosis; **- gompheux** : corn.

tympan, *s. m.* : tympanum *(lat.)*, ear-drum; **corde du -** : tympanichord, chorda tympani; **membrane du -** : tympanic membrane; **paroi de la caisse du -** : tympanic bone *or* plate; **toit de la caisse du -** : tegmen tympani.

tympanal (anneau) : tympanic ring (temporal bone).

tympanectomie, *s. f.* : tympanectomy, myringectomy.

tympanique, *adj.* : 1. tympanic (pertaining to the ear-drum); 2. tympanic (bell-like), tympanitic, tympanous; **abcès -** : tympanitic abscess; **son -** : tympanism, tympanites, tympany, tympanitic resonance.

tympanisme, *s. m.* : tympanism, tympanites, tympany (distention with gas).

tympanite, *s. f.* : tympanitis, otitis media.

tympanité, *s. f.* : tympanism, meteorism (flatulent distention).

tympano-labyrinthopexie, *s. f.* : tympanolabyrinthopexy, fenestration.

tympanosclérose, *s. f.* : tympanosclerosis.

tympanotomie, *s. f.* : tympanotomy.

tyndallisation, *s. f.* : tyndallization, intermittent sterilization.

typage, *s. m.* : typing (of bacteria etc.).

type, *s. m.* : type, standard; *adj.* : typical, standard; **culture -** : type culture; **solution -** : standard solution.

typhique, *s. m.* : case of typhoid *or* typhus, typhoid *or* typhus patient; *adj.* : typhose, typhous.

typhisation, *s. f.* : typhization.

typhlatonie, *s. f.* : typhlatonia, typhlatony (atonic cecum).

typhlectasie, *s. f.* : typhlectasis (dilatation of cecum).

typhlite, *s. f.* : typhlitis (inflammation of the cecum).

typhlo- : typhlo-, prefix meaning relating to the cecum.

typhloappendicite, *s. f.* : typhloappendicitis (inflammation of the cecum and of the appendix).

typhlocholécystite, *s. f.* : typhlocholecystitis (cholecystitis accompanied by symptoms of recurrent subacute appendicitis).

typhlocolite, *s. f.* : typhlocolitis.

typhlohépatite, *s. f.* : typhlohepatitis (1. amebic dysentery; 2. infectious enterohepatitis of turkeys).

typhlolexie, *s. f.* : typhlolexia, word-blindness.

typhlomégalie, *s. f.* : typhlomegaly (abnormal enlargement of the cecum).

typhlopexie, *s. f.* : typhlopexia, typhlopexy, cecopexy.

typhlorraphie, *s. f.* : typhlorrhaphy.

typhlosigmoïdostomie, *s. f.* : cecosigmoidostomy.

typhlostomie, *s. f.* : typhlostomy, cecostomy.

typhlotomie, *s. f.* : typhlotomy, cecotomy.

typho- : typho-, prefix meaning relating to typhoid or typhus.

typhobacillose, *s. f.* : typhobacillosis.

typhogène, *adj.* : typhogenic (causing either typhoid or typhus fever).

typhoïde, *s. f.* : typhoid fever, typhoid; *adj.* : typhoid; **état -** : typhoid state; **fièvre -** : typhoid fever, enteric fever.

typhomalarien, *adj.* : typhomalarial (malarial but with typhoid symptoms); **fièvre -** : typhomalarial fever, typhopaludism (malaria with typhoid symptoms).

typhomanie, *s. f.* : typhomania, typhonia (muttering delirium of the typhoid state).

typhose, *s. f.* : typhosis, the typhoid state.

typhus, *s. m.* : typhus; **- abdominalis** : abdominal typhus, typhoid fever; **- bénin, exanthématique mexicain** *ou* **murin** : murine typhus, Mexican typhus, tabardillo ; **- de brousse** : scrub typhus; **- exanthématique, historique** *ou* **pétéchial** : epidemic *or* petechial typhus; **- hépatique** : Weil's disease; **- levissimus** : typhus levissimus (mild enteric fever); **- récurrent** : relapsing fever; **- traumatique** : hospital gangrene.

typique, *adj.* : typical.

tyraminase, *s. f.* : tyraminase.

tyramine, *s. f.* : tyramine.

tyraminémie, *s. f.* : presence of tyramine in the blood.

tyrocidine, *s. f.* : tyrocidine (bactericidal constituent of tyrothricin).

Tyrode (solution de) : Tyrode's solution.

tyroleucine, *s. f.* : tyroleucine.

tyrosinase, *s. f.* : tyrosinase.

tyrosine, *s. f.* : tyrosine.

tyrothricine, *s. f.* : tyrothricin.

Tyson (glandes de) : Tyson's glands (sebaceous glands of the corona glandis and prepuce that secrete the smegma).

tysonite, *s. f.* : tysonitis (inflammation of Tyson's glands).

U

U (en forme de) : U-shaped; **porte-objectif en -** : stirrup lens-front *(phot.)*; **tube en -** : U-tube.

ulatrophie, *s. f.* : ulatrophia, ulatrophy (shrinkage of the gums).

ulcératif, *adj.* : ulcerative.

ulcération, *s. f.* : ulceration.

ulcère, *s. m.* : ulcer, ulcus *(lat.)*; **- de contact** : kissing ulcer; **- de Curling** : Curling's ulcer (of the duodenum following severe burns); **- gangreneux** : carious *or* gangrenous ; **- peptique** *ou* **récidivant** : peptic ulcer; **- perforant** : perforating ulcer; **- phagédénique des pays chauds, - annamite** *ou* **du Gabon** : phagedenic, Aden *or* Annam ulcer; **- rond** *ou* **- simple de l'estomac** : round gastric ulcer; **- de Sœmisch** : Saemisch's ulcer (infectious corneal ulcer); **- serpigineux** : serpiginous ulcer; **- symptomatique** : symptomatic ulcer; **- variqueux** : varicose ulcer; **- vésical de Hunner** : Hunner's ulcer (ulcerating interstitial cystitis).

ulcéré, *adj.* : ulcerated.

ulcérer, *v.* : to ulcerate; **s' -** ; to ulcerate, to become ulcerated, to fester.

ulcéreux, *adj.* : ulcerous, ulcerated.

ulcériforme, *adj.* : ulcer-like.

ulcérocancer, *s. m.* : ulcerocancer (cancer developing in a chronic gastric ulcer).

ulcérogène, *adj.* : causing ulceration.

ulcéromembraneux, *adj.* : ulceromembranous.

ulcus *(lat.)* : ulcer, ulcus *(lat.)*; **- elevatum tertiaire** : ulcus cruris (indolent ulcer of the leg); **- rodens** : ulcus rodens, rodent ulcer, Jacob's ulcer.

ulérythème, *s. m.* : ulerythema *(derm.)*; **- ophryogène** : ulerythema of the eyebrows with loss of hair); **- sycosiforme** : ulerythema sycosiforme, lupoid sycosis.

ulétomie, *s. f.* : cf., **ulotomie.**

ulexine, *s. f.* : ulexine (alkaloid derived from the seeds of furze *or* gorse).

uliginaire *ou* **uligineux,** *adj.* : uliginous, muddy, slimy.

ulite, *s. f.* : ulitis, gingivitis (inflammation of the gums).

ulnaire, *adj.* : ulnar.

ulotomie, *s. f.* : 1. uletomy, ulotomy (incision of scar tissue); 2. ulotomy, (incision of the gum).

ulotrique, *adj.* : ulotrichous, wooly-haired.

ultime, *adj.* : ultimate, final, last, terminal.

ultra- : ultra-, prefix meaning : 1. excess ; 2. beyond.

ultracentrifugeur, *s. m.* ou **ultracentrifugeuse,** *s. f.* : ultracentrifuge.

ultrafiltration, *s. f.* : ultrafiltration.

ultramicroscope, *s. m.* : ultramicroscope.

ultramicroscopie, *s. f.* : ultramicroscopy.

ultramicroscopique, *adj.* : ultramicroscopic, ultramicroscopical; **corps -** : ultrasome.

ultrason *ou* **ultra-son,** *s. m.* : ultra-sound, ultrasonic waves.

ultrasonographie, *s. f.* et **ultrasonoscopie,** *s. f.* : diagnostic use of ultrasonic waves.

ultrasonore, *adj.* : ultrasonic.

ultrasonothérapie, *s. f.* : therapeutic use of ultrasonic waves.

ultraviolet, *adj.* : ultraviolet; **rayons -** : ultraviolet rays.

ultravirus, *s. m.* : ultravirus, filterable virus, filterpasser, virus.

ululation, *s. f.* ou **ululement,** *s. m.* : ululation, howling, wailing.

uncarthrose, *s. f.* : type of cervical spondylitis.

unciforme, *adj.* : unciform, uncinate, hook-like; **apophyse -** : unciform process.

uncinariose, *s. f.* : uncinariosis, ankylostomiasis, hookworm disease.

uncinulé, *adj.* : unciform, uncinate.

uncodiscarthrose, *s. f.* : arthrosis of the cervical spine and intervertebral discs.

uncus, *s. (lat.)* : uncus (hook); **- de l'hippocampe** : uncus, uncinate gyrus *or* convolution, uncus gyri hippocampi.

unguéal *ou* **unguinal,** *adj.* : ungual (having nails, claws *or* hoofs); **phalange -** : ungual phalanx.

unguis *(lat.),* *s.* : unguis, lacrimal bone.

uni- : uni-, prefix meaning one *or* single.

unicellulaire, *adj.* : unicellular.

unilatéral, *adj.* : unilateral.

uniloculaire, *adj.* : unilocular.

uniovulaire, *adj.* : uniovular; **jumeaux -** : uniovular *or* monozygotic twins.

unipare, *adj.* : uniparous (1. primiparous; 2. producing only one offspring at a time; **femme -, femelle -** : unipara [often written para-l]).

unipotent, *adj.* : unipotent (capable of only one line of development) *(embryol.).*

unisexualité, *s. f.* : unisexuality.

unisexué *ou* **unisexual,** *adj.* : unisexual *(bot.).*

unitaire, *adj.* : unitary, single; **monstre -** : single monster (representing only one individual).

unité, *s. f.* : unit (1. a single thing; 2. standard quantity).

univalence, *s. f.* : univalence, univalency, monovalency.

univalent, *adj.* : univalent, monovalent.

univitellin, *adj.* : univitelline *(biol.).*

Unna (botte de) : Unna's paste boot (for varicose veins); **colle de -** : Unna's paste *(derm.)* ; **colorant de -** : Unna's alkaline methylene blue *(histol.).*

Unverricht-Lundborg (syndrome d') : Unverricht's disease, myotonia congenita.

uracil, *s. m.* : uracil *(chem., genet.).*

uranate, *s. m.* : uranate *(chem.)*

urane, *s. m.* : uranyl, uranium dioxide (UO_2).

uranisme, *s. m.* : uranism, urningism, urnism, homosexuality.

uraniste, *s. m.* : uranist, homosexual.

uranium, *s. m.* : uranium.

uranoplastie *ou* **uranostéoplastie,** *s. f.* : uraniscoplasty, uroplasty (plastic operation for repair of cleft palate); **- en double pont** : uranostaphylorrhaphy; palatorrhaphy.

uranoplégie, *s. f.* : uranoplegia (paralysis of the soft palate).

uranoschizis, *s. f.* : uranoschisis, cleft palate.

uranostaphyloplastie, *s. f.* : uranostaphyloplasty.

uranostaphylorraphie, *s. f.* : uranostaphylorrhaphy.

urate, *s. m.* : urate; **excès d'- dans le sang** : uratemia; **décomposition des -** : uratolysis.

uratohistéchie, *s. f.* : uratohistechia (excess of urea, urates *or* uric acid in a tissue).

uraturie, *s. f.* : uraturia.

urbanisme, *s. m.* : urbanization.

urcéolé, *adj.* : urceolate, urceiform, pitcher-shaped.

-ure : -ide, terminations denoting combination of two elements *or* of a radical and an element.

uréase, *s. f.* : urease, urase (urea enzyme present in soy *or* soja bean and in many micro-organisms).

urée, *s. f.* : urea.

uréique, *adj.* : ureal.

urémie, *s. f.* : uraemia, uremia.

urémigène, *adj.* : uremigenic.

urémique, *adj.* : uraemic, uremic.

uréogenèse *ou* **uréogénie,** *s. f.* : *cf.,* **uréopoïèse.**

uréomètre, *s. m.* : ureameter, ureometer.

uréométrie, *s. f.* : ureametry, ureometry.

uréopoïèse, *s. f.* : ureapoiesis, ureopoiesis (formation of urea).

uréosécrétoire, *adj.* : ureosecretory; **constante - d'Ambard** : Ambard's coefficient (for estimating renal efficiency).

urèse, *s. f.* : uresis, urination.

urétéral, *adj.* : ureteral; **fistule -** : ureterostoma, ureteral fistula.

urétéralgie, *s. f.* : ureteralgia.

uretère, *s. m.* : ureter.

urétérectomie, *s. f.* : ureterectomy.

urétérique, *adj.* : ureteric.

urétérite, *s. f.* : ureteritis.

urétéro- : uretero-, prefix meaning relating to the ureter.

urétérocèle, *s. f.* : ureterocele (cystic dilatation of the terminal portion of the ureter with herniation into the bladder due to stenosis of the ureteric meatus).

urétérocolostomie, *s. f.* : ureterocolostomy.

urétérocystonéostomie, *s. f.* : ureterocystoneostomy, ureteroneocystostomy (surgical transplantation of the ureter to a new site in the bladder).

urétérocystostomie, *s. f.* : ureterocystostomy, ureteroneocystostomy.

urétéroentérostomie, *s. f.* : uretero-enterostomy, uretero-entero-anastomosis (surgical transplantation of one or both ureters into the bowel).

urétérographie, *s. f.* : ureterography *(radiol.).*

urétérohydronéphrose, *s. f.* : hydro-ureter associated with hydronephrosis.

urétérohydrose, *s. f.* : hydro-ureter.

urétéro-iléo-plastie, *s. f.* : transplantation of the ureters into an isolated loop of ileum wich is anastomosed with the bladder.

urétéro-intestinale (anastomose) : uretero-intestinal anastomosis.

urétérolithotomie, *s. f.* : ureterolithotomy.

urétéroplastie, *s. f.* : ureteroplasty.

urétéropyélographie rétrograde (U.P.R.) : retrograde ureteropyelography.

urétéropyélonéostomie, *s. f.* : ureteropyeloneostomy, ureteroneopyelostomy (resection of part of a ureter and anastomosis of the distal portion with the renal pelvis).

urétéropyélonéphrite, *s. f.* : ureteropyelonephritis.

urétérorectostomie, *s. f.* : ureterorectostomy, ureteroproctostomy, ureterorectoneostomy.

urétérorraphie, *s. f.* : ureterorrhaphy (suture of the ureter).

urétérosigmoïdostomie, *s. f.* : ureterosigmoido-stomy.

urétérostomie, *s. f.* : ureterostomy (formation of a permanent ureteric fistula).

urétérotomie, *s. f.* : ureterotomy.

urétéro-urétérostomie, *s. f.* : uretero-uretero-stomy, uretero-ureteral anastomosis.

urétérovésical, *adj.* : ureterovesical.

uréthane, *s. m.* : urethan, ethyl carbamate *(chem.).*

urèthre, *s. m.* : cf., **urètre.**

urétral, *adj.* : urethral; **caroncule -** : urethral caruncle (small vascular eminence marking the female external urethral meatus); **crête -** : crista urethralis; **rétrécissement -** : urethral stricture.

urétralgie, *s. f.* : urethralgia, urethrodynia (pain in the urethra).

urètre, *s. m.* : urethra; **- féminin** : female ure-thra; **imperforation de l'-** : urethratresia; **- mas-culin** : male urethra; **- membraneux** : membra-nous urethra, pars membranacea; **- prostatique** : prostatic urethra, pars prostatica; **- spongieux** : spongy portion of the male urethra, pars caver-nosa, pars spongiosa.

urétrectomie, *s. f.* : urethrectomy (total *or* sub-total resection of the urethra).

urétrite, *s. f.* : urethritis; **- gonococcique** : gonor-rheal urethritis, « specific » *or* venereal urethritis; **- gonococcique chronique** : chronic gonorrheal urethritis, gleet; **- à inclusions** : inclusion gonor-rhea.

urétro- : urethro-, prefix denoting relation to the urethra.

urétrobulbaire, *adj.* : urethrobulbar.

urétrocèle, *s. f.* : urethrocele (prolapse of the female urethra through the external meatus).

urétrocystite, *s. f.* : urethrocystitis.

urétrocystographie, *s. f.* : urethrocystography *(radiol.).*

urétrocystographie, *s. f.* : urethrography *(radiol.).*

urétropénien, *adj.* : urethropenile.

urétropérinéal, *adj.* : urethroperineal.

urétroplastie, *s. f.* : urethroplasty.

urétroprostatique, *adj.* : urethroprostatic.

urétrorectal, *adj.* : urethrorectal.

urétrorragie, *s. f.* : urethrorrhagia.

urétrorraphie, *s. f.* : urethrorrhaphy.

urétrorrhée, *s. f.* : urethrorrhea (any abnormal discharge from the urethra).

urétroscope, *s. m.* : urethroscope.

urétroscopie, *s. f.* : urethroscopy.

urétro-skénite, *s. f.* : urethritis associated with skenitis.

urétrospasme, *s. m.* : urethrospasm.

urétrosténie, *s. f.* : urethrostenosis, urethral stric-ture.

urétrostomie, *s. f.* : urethrostomy (perineal sec-tion and formation of a permanent perineal fistula opening into the membranous urethra).

urétrotome, *s. m.* : urethrotome.

urétrotomie, *s. f.* : urethrotomy (cutting a stric-ture); **- externe** : external urethrotomy, perineal section; **- interne** : internal urethrotomy.

urétro-urétéral, *adj.* : urethroureteral.

urétrovaginal, *adj.* : urethrovaginal.

urétrovesical, *adj.* : urethrovesical.

urgence, *s. f.* : urgency, emergency; **d' -** : imme-diately.

urgent, *adj.* : urgent, pressing; **cas -** : emer-gency, urgent case.

urhidrose, *s. f.* : urhidrosis, uridrosis (excretion of urea *or* uric acid in the sweat).

uricase, *s. f.* : uricase.

uricémie, *s. f.* : uricaemia, uricemia, uricacidemia.

uricogenèse, *s. f.* : cf., **uricipoïèse.**

uricolyse, *s. f.* : uricolysis.

uricolytique, *adj.* : uricolytic.

uricopexie, *s. f.* : precipitation and retention of uric acid (causing gout *or* lithiasis).

uricopoïèse, *s. f.* : uricopoiesis (formation of uric acid).

uricopoïétique, *adj.* : producing uric acid.

uricosurie ou **uricurie,** *s. f.* : uricosuria, uricaci-duria.

uridrose, *s. f.* : uridrosis, urhidrosis.

urinaire, *adj.* : urinary; **calcul -** : urinary cal-culus; **cylindre -** : urinary cast; **voies -** : urinary system.

urinal, *s. m.* : urinal.

urination, *s. f.* : urination, miction, micturition.

urine, *s. f.* : urine, urina *(lat.).*

urinémie, *s. f.* ; urinemia, uraemia, uremia, toxu-ria.

uriner, *v.* : to urinate, to micturate.

urineux, *adj.* : urinous.

urinifère, *adj.* : uriniferous.

urinipare, *adj.* : uriniparous (producing urine).

urique, *adj.* : uric; **acide -** : uric acid.

uro- : uro-, prefix meaning pertaining to urine or uric acid.

urobiline, *s. f.* : urobilin; **présence d'- dans le sang** : urobilinemia.

urobilinogène, *s. m.* : urobilinogen.

urobilinurie, *s. f.* : urobilinuria.

urocèle, *s. m.* : urocele (distension of the scro-tum with extravasated urine).

urochrome, *s. m.* : urochrome.

uroculture, *s. f.* : bacteriological culture of urine.

urocytogramme, *s. m.* : cytological report on urine.

urodynie, *s. f.* : urodynia, painful micturition.

uroémie, *s. f.* : *cf.,* **urémie.**

urogenèse, *s. f.* : *cf.,* **uropoïèse.**

urogénital, *adj.* : urogenital.

urographie, *s. f.* : urography, excretion pyelography, intravenous pyelography.

urokinase, *s. f.* : urokinase (enzyme in human urine capable of activating prothrombolysin).

urolagnie, *s. f.* : urolagnia (sexual excitement associated with urination *or* with watching another person micturating).

urolithe, *s. m.* : urolith, urinary calculus.

urolithiase, *s. f.* : urolithiasis.

urologie, *s. f.* : urology.

urologique, *adj.* : urologic.

urologue, *s. m.* : urologist.

uromètre, *s. m.* : urometer, urinometer (hydrometer for ascertaining the specific gravity of urine).

uronéphrose, *s. f.* : uronephrosis, hydronephrosis.

uropepsine, *s. f.* : uropepsin (pepsin-like enzyme found in urine).

uropoïèse, *s. f.* : uropoiesis, production of urine.

uropoïétique, *adj.* : uropoietic; **fonction -** : uropoiesis.

uroporphyrine, *s. f.* : uroporphyrin.

uropyonéphrose, *s. f.* : uropyonephrosis.

uroscopie, *s. f.* : uroscopy (analysis *or* examination of the urine).

urostalagmie, *s. f.* : urostalagmometry.

urothérapie, *s. f.* : urotherapy (1. therapy designed to modify the urine; 2. therapeutic subcutaneous injection of a patient's urine).

urotoxie, *s. f.* : urotoxia, urotoxy (1. toxicity of the urine; 2. unit of toxicity equal to the quantity of urine required for a lethal dose [per kilogram of body weight of test animal]).

urotoxique, *adj.* : urotoxic; **coefficient -** : urotoxic coefficient.

urticaire, *s. f.* : urticaria, hives, nettle-rash; **- pigmentée** : urticaria pigmentosa; **- tubéreuse** : urticaria tuberosa.

urticant, *adj.* : urticant, stinging.

urticarien, *adj.* : urticarial, urticarious.

urtication, *s. f.* : urtication (1. flagellation with nettles to produce local irritation; 2. stinging sensation accompanying urticaria).

usage, *s. m.* : usage (1. use; 2. custom); **pour - externe** : for external application (only) (*pharm.*);

perdre l'- d'un œil : to lose the sight (*or* use). of an eye.

utéralgie, *s. f.* : uteralgia, uterismus, uterodynia (pain in the uterus).

utérin, *adj.* : uterine; **grossesse -** : uterine pregnancy; **souffle -** : uterine souffle.

utéro- : utero-, prefix meaning pertaining to the uterus.

utérographie, *s. f.* : uterography, hysterography (*radiol.*).

utéroplacentaire, *adj.* : uteroplacental; **caduque -** : decidua basalis *or* serotina.

utérus, *s. m.* : uterus, womb; **- acollis** : uterus acollis; **- bicorne** : uterus bicornis; **- biforis** : uterus biforis; **- didelphe** *ou* **diductus** : uterus didelphys, uterus duplex; **- gravide** : gravid *or* pregnant uterus ; **- infantile** : infantile uterus ; **- parvicollis** : uterus parvicollis; **- septus** *ou* **bilocularis** : uterus septus *or* bilocularis; **- subseptus** : uterus subseptus; **- unicollis** : uterus bipartitus unicollis; **- unicornis** : uterus unicornis.

utriculaire, *adj.* : utricular.

utricule, *s. m.* : utricle, utriculus vestibuli, sacculus communis; **- prostatique** : prostatic utricle, utriculus masculinus.

utriforme, *adj.* : utriform, bottle-shaped.

uvéale, *adj.* : uveal (*ophthal.*).

uvée, *s. f.* : uvea (the pigmentary layer of the eye investing the iris, ciliary body and choroid).

uvéite, *s. f.* : uveitis.

uvéo-encéphalite, *s. f.* : acute progressive uveo-encephalitis (probably viral), Harada's disease.

uvéoparotidite, *s. f.* : uveoparotitis, uveoparotid fever (a typical mumps with involvement of the eye).

uviforme, *adj.* : uviform, uveous (resembling a grape).

uviothérapie, *s. f.* : therapeutic use of ultraviolet rays.

uvula du vermis : uvula vermis, uvula cerebelli.

uvulaire, *adj.* : uvular.

uvule, *s. f.* : uvula; **- du vermis** : uvula vermis, uvula cerebelli.

uvulectomie, *s. f.* : uvulectomy.

uvulite, *s. f.* : uvulitis, cionitis (inflammation of the uvula).

uvulotomie, *s. f.* : uvulatomy, uvulotomy (incising *or* cutting off part of the uvula).

V

vaccin, *s. m.* : 1. vaccine; 2. vaccinia, cow-pox; **- autogène** : autogenous vaccine; **- bactérien** : bacterial vaccine; **- d'origine bovine** : bovine vaccine; **- hétérogène** : heterogenous vaccine; **- polyvalent** : polyvalent vaccine (1. vaccine prepared from more than one species of bacteria; 2. multivalent *or* polyvalent vaccine made from two *or* more strains of the same species of bacteria).

vaccinable, *adj.* : vaccinable.

vaccinal, *adj.* : vaccinal, vaccine; **lymphe -** : vaccine lymph; **pustule -** : vaccine pustule.

vaccinateur, *s. m.* : vaccinator.

vaccination, *s. f.* : vaccination, prophylactic inoculation or injection (1. originally inoculation of cowpox *or* vaccinia virus to immunize against smallpox; 2. inoculation with any virus preparation to induce immunity against infectious disease); **- de bras à bras** : arm-to-arm vaccination; **- obligatoire** : compulsory vaccination.

vaccine, *s. f.* : vaccinia, cowpox.

vaccinelle, *s. f.* : vaccinella, vacciniola (secondary eruption following vaccination resembling the rash of smallpox).

vacciner, *v.* : to vaccinate; **se faire -** : to get vaccinated.

vaccinide, *s. f.* : vaccinid (vesicular reaction to vaccination).

vaccinifère, *adj.* : said of the person *or* animal (vaccinifer) used as a source of vaccine-virus.

vacciniforme, *adj.* : vacciniform.

vaccinogène, *adj.* : vaccinogenous.

vaccinogenèse, *s. f.* : establishment of immunity against vaccinia.

vaccinoïde, *s. f.* : vaccinoid, vaccinella (spurious *or* modified vaccinia).

vaccino-prophylaxie, *s. f.* : prophylactic vaccination.

vaccinostyle, *s. m.* : vaccinostyle, vaccinator (small lance for vaccination).

vaccinothérapie, *s. f.* : vaccinotherapy.

vacuolaire, *adj.* : 1. vacuolar; 2. vesicular.

vacuole, *s. f.* : 1. vacuole; 2. vesicle.

va-et-vient, *s. m.* : to-and-fro; **bruit de -** : to-and-fro murmur (pericardial).

vagabonds (maladie des) : vagabond's disease, parasitic melanoderma, vagrant's disease (pigmentation of the skin due to bites of fleas and lice).

vagal, *adj.* : vagal.

vagin, *s. m.* : vagina; **- mâle** : utriculus masculinus.

vaginal, *adj.* : vaginal; **cul-de-sac -** : vaginal fornix; **injection -** : vaginal douche, douche ; **mycose -** : vaginomycosis; **prolapsus -** : colpoptosis, kysthoptosis *(obs.)*; **spéculum -** : vaginal speculum, colposcope, vaginoscope; **voûte -** : vault of the vagina, vaginal vault.

vaginalité, *s. f.* : vaginalitis (inflammation of the tunica vaginalis of the testicle); **- plastique** : pachyvaginalitis.

vaginé, *adj.* : vaginate, sheathed.

vaginifère, *adj.* : vaginiferous (having a vagina).

vaginisme, *s. m.* : vaginismus (painful spasm of the vagina).

vaginite, *s. f.* : vaginitis, colpitis, kysthitis *(obs.)*.

vagino- : vagino-, prefix meaning pertaining to the vagina.

vagino-abdominal, *adj.* : vagino-abdominal.

vaginodynie, *s. f.* : vaginodynia, vaginismus, colpalgia, colpodynia.

vaginofixation, *s. f.* : vaginofixation, vaginopexy; **- de l'utérus** : vaginal hysteropexy.

vaginolabial, *adj.* : vaginolabial.

vaginopéritonéal, *adj.* : vaginoperitoneal.

vaginoplastie, *s. f.* : vaginoplasty *(surg., obstet.)*.

vaginotrope, *adj.* : vaginotropic (having affinity for the vagina).

vaginovésical, *adj.* : vaginovesical.

vaginovulvaire, *adj.* : vaginovulvar.

vagissement, *s. m.* : vagitus, cry, wail (of new-born infant).

vagolytique, *adj.* : paralysing the vagus nerve.

vagomimétique, *adj.* : vagomimetic (having an effect like that of vagal stimulation).

vagotomie, *s. f.* : vagotomy (section of the vagus nerve).

vagotonémie, *s. f.* : presence of vagotonin in the blood.

vagotonie, *s. f.* : vagotonia, vagotony.

vagotonine, *s. f.* : vagotonin (vagomimetic pancreatic hormone).

vagotonique, *adj.* : vagotonic.

vagotrope, *adj.* : vagotropic.

vagotropisme, *s. m.* : vagotropism.

vague *ou* **nerf vague** : vagus, pneumogastric nerve.

vairons (yeux) : 1. different coloration of the irises; 2. wall-eyed.

vaisseau, *s. m.* : vessel, canal, duct, vas *(lat.)*; **- chylifère** : lacteal, chyliferous intestinal lymphatic; **- courts** : vasa brevia (short branches of the splenic artery); **- sanguin** : blood vessel.

valence, *s. f.* : valence, valency *(chem.)*.

valériane, *s. f.* : valerian *(pharm.)*.

valet, *s. m.* : stand (for laboratory use); **- sur la platine d'un microscope** : movable stage with clamp.

valétudinaire, *s., adj.* : valetudinarian, invalid.

valétudinarisme, *s. m.* : valetudinarism, invalidism, feeble health.

valeur, *s. f.* : value; **- globulaire** *ou* **hémoglobinique** : colour index (relative amount of hemoglobin per red corpuscle compared with normal).

valgus, *s. (lat.)* : valgus (limb which is bowed outward from the midline).

vallécule, *s. f.* : vallecula.

vallées ciliaires : striae ciliares (of the ciliary body).

Valleix (points de) : Valleix's points (tender points along nerves in peripheral neuralgia where the nerves pass through fascia or bony canals).

valori-segmentaires (rapports) : ratio of the volume of distal to proximal segments of the body.

Valsalva (épreuve de) : Valsalva's test (forcible expiratory effort with the mouth and nose closed testing the possibility of expanding a lung collapsed by pneumothorax; it also inflates the tympanic cavity if the eustachian tube is patent) ; **manœuvre** *ou* **signe de -** : Valsalva's experiment (expiratory effort with the mouth and nose closed causing at first increasing, but if continued, decreasing blood-pressure); **sinus de -** : sinus of Valsalva, aortic sinus, Petit's sinus.

valvaire, *adj.* : valval, valvar (pertaining to valves).

valve, *s. f.* : valve (1. mechanical device within a pipe which allows passage of fluid or gas in only one direction; 2. anatomical structure, such as a fold of membrane, within a canal, duct or vessel which allows fluid to pass in only one direction; 3. vaginal retractor); **- redresseuse** : rectifying valve.

valvé, *adj.* : valvate (having or resembling a valve).

valviforme, *adj.* : valviform, valve-shaped.

valvulaire, *adj.* : valvular, valvate; **insuffisance -** : valvular insufficiency.

valvule, *s. f.* : valve, valvula *(lat.)*; **- auriculoventriculaires** : atrioventricular *or* auriculoventricular valves; **- conniventes** : valves of Kerkring, valvulae conniventes; **- d'Eustache** : eustachian valve; **- de Guérin** : Guérin's valve, valvula fossae navicularis (urethra); **- de Hasner** *ou* **de Bianchi** : Hasner's valve, plica lacrimalis; **- spirale de Heister** : Heister's *or* Amussat's valve, valvula spiralis (cystic duct); **- de Houston** *ou* **rectales** : valves of Houston, rectal valves; **- iléocœcale** *ou* **de Bauhin** : ileocecal *or* Bauhin's valve; **- mitrale** : mitral or bicuspid valve; **- pylorique** : pyloric valve; **- sigmoïde** : semilunar *or* sigmoid valve; **- de Tarin** : valve of Tarinus, posterior medullary velum; **- de Thébésius** : valve of Thebesius, coronary valve; **- tricuspide** : tricuspid valve; **- de Vieussens** : valve of Vieussens, anterior medullary velum.

valvulectomie, *s. f.* : valvulectomy.

valvulite, *s. f.* : valvulitis.

valvuloplastie, *s. f.* : valvuloplasty.

valvulotomie, *s. f.* : valvulotomy.

vampire, *s. m.* : vampire (1. blood-sucking bat; 2. necrophil).

vampirisme, *s. m.* : vampirism (1. necromania, necrophilism [sexual intercourse with a corpse]; necrosadism [mutilation of a corpse for sexual motives]; 2. belief in vampires).

vanadium, *s. m.* : vanadium.

vanillisme, *s. m.* : vanillism (dermatitis common among handlers of raw vanilla caused by a mite).

vannillyl-mandélique (acide) : vannillyl-mandelic acid.

van den Bergh (réaction de) : van den Bergh's reaction.

van Swieten (liqueur de) : van Swieten's liquor *or* solution (aqueous-alcoholic solution of corrosive sublimate).

van't Hoff (loi de) : van't Hoff's law *(phys.)*.

vapeur, *s. f.* : vapor, vapour; **bain de -** : vapour bath, vaporarium, vaporium; **avoir des -** : to have the vapours.

vaporimètre, *s. m.* : vaporimeter, pressure gauge.

vaporisateur, *s. m.* : vaporizer, atomizer.

vaporisation, *s. f.* : vaporization, atomization, evaporation, nebulization.

vaporiser, *v.* : to vaporize, to atomize, to nebulize, to spray, to volatilize; **se -** : to evaporate, to be vaporized.

Vaquez (maladie *ou* **syndrome de)** : Vaquez's *or* Osler's disease, erythremia.

variabilité, *s. f.* : variability.

variable, *s. f.* : variable; *adj.* : variable, changeable; **pouls -** : unequal pulse.

variation, *s. f.* : variation; **- des espèces** : variation of species.

varice, *s. f.* : varix, varicosity, varicose vein; **- anévrismale** : aneurysmal varix, Pott's aneurysm; **- de la conjonctive** : varicula; **- lympha-tique** : varix lymphaticus (usually due to filariasis); **- de l'ombilic** : varix of the navel, varicomphalus; **- de la paupière** : varicoblepharon; **excision d'une -** : varicotomy.

varicelle, s. f. : chickenpox, chicken-pox, varicella.

varicelliforme, adj. : varicelliform.

varicocèle, s. f. : varicocele (varicosity of the spermatic cord causing a soft elastic swelling of the scrotum, feeling like a « bag of worms »).

varicographie, s. f. : varicography (radiol.).

variété, s. f. : variety.

variolaire, adj. : variolar.

variole, s. f. : smallpox, variola; **- aviaire** : fowl-pox; **- cohérente** : coherent smallpox; **- con-fluente** : confluent smallpox, variola confluens; **- hémorragique** : hemorrhagic or black smallpox; **- ovine** : ovinia.

variolé, adj. : variolate, pock-marked.

varioleux, adj. : variolous.

variole-vaccine, s. f. : variolovaccinia (form of vaccinia in the heifer induced by inoculation of smallpox virus).

varioliforme, adj. : varioliform.

variolique, adj. : variolic, variolous, pocky.

variolisation, s. f. : variolation, variolization.

varioloïde, s. f. : varioloid (mild form of variola in previously vaccinated case).

variolo-vaccine, s. f. : cf., **variole-vaccine.**

variqueux, adj. : varicose; **anévrisme -** : vari-cose aneurysm; **état -** : varicosis, varicosity; **ulcère -** : varicose ulcer.

Varole (pont de) : pons varolii, pons (anat.).

varus, adj. : varus (said of a limb which is curved inward, e.g. knock-kneed).

vas aberrans de Haller : vas aberrans (vestigial mesonephric tubule).

vasculaire, adj. : vascular, angeial; **dilatation -** : angiectasis; **faisceau -** : vascular bundle; **obstruc-tion -** : angiemphraxis; **pression -** : blood pressure; **système -** : vascular system, vasculature; **tissu -** : vasalium.

vascularisation s. f. : vascularization.

vasculariser, v. : to vascularize.

vascularité, s. f. : vasculatitis, angiitis.

vasculotoxique, adj. : vasculotoxic.

vase, s. m. : vase, vessel, receptacle; **- clos** : retort; **- à filtration chaude** : beaker; **- gradué** : graduated vessel; **- poreux**: porous cell (electr.).

vasectomie, s. f. : vasectomy, resection of part of the vas deferens).

vaseline, s. f. : vaseline, petrolatum, mineral or petroleum jelly; **huile de -** : liquid paraffin; **- offi-cinale** : vaseline.

vaselinome, s. m. : vaselinoma, oleoma.

vasiforme, adj. : vasiform, vase-shaped.

vaso- : vaso-, prefix meaning pertaining to a blood vessel.

vasoconstricteur, adj. : vasoconstrictor.

vasoconstriction, s. f. : vasoconstriction.

vasodilatateur, adj. : vasodilator.

vasodilatation, s. f. : vasodilatation, vasodilation.

vaso-inhibition, s. f. : inhibition of vasomotor nerves.

vasolabilité, s. f. : vasomotor instability.

vasoligature, s. f. : vasoligation (ligation of the vas deferens).

vasomoteur, adj. : vasomotor, vasculomotor, pressor.

vasomotricité, s. f. : vasomotricity.

vasoplégie, s. f. : vasomotor paralysis, vaso-paresis.

vasopressine, s. f. : vasopressin (pressor hor-mone of the posterior lobe of the pituitary gland).

vasotomie, s. f. : vasotomy (incision of the vas deferens).

vasotribe, s. m. : vasotribe, angiotribe.

vasotripsie, s. f. : vasotripsy, angiotripsy.

vasotrope, adj. : vasotropic.

vasovagal, adj. : vasovagal; **syndrome -** : vaso-vagal syndrome.

vasovésiculectomie, s. f. : vasovesiculectomy (re-section of the vas deferens and seminal vesicles).

Vater (ampoule de) : ampulla of Vater, duodenal papilla.

vecteur, s. m. : vector (carrier, especially ar-thropod, which transfers an infective agent from one individual to another; adj. : vector, vectorial; **agent - (d'une maladie)** : fomes, pl. fomites (lat.), vehicle of disease; **contage immédiat sans agent -** : direct contagion without vehicle..

vectoballistocardiogramme ou **vectoballisto-gramme,** s. m. : ballistocardiogram.

vectocardiogramme ou **vectogramme,** s. m. : vec-torcardiogram.

vectocardiographie ou **vectographie,** s. f. : vec-torcardiography.

vectoscopie, s. f. : observation of a vectocardio-graphic tracing.

végétal, s. m. : plant, vegetable; adj. : vegetable, vegetal; **régime -** : vegetable diet.

végétarianisme, s. m. : vegetarianism.

végétarien, s., adj. : vegetarian.

végétatif, adj. : vegetative.

végétation, s. f. : vegetation (1. plant life; 2. fun-goid growth [neoplasm]; 3. mass of fibrin [gene-rally in vegetative endocarditis]); **- adénoïdes** : « adenoids », adenoid vegetations.

végéto- : vegeto-, prefix meaning pertaining to the vegetable kingdom.

végéto-animal, adj. : vegeto-animal (common to plants and animals).

véhicule, s. m. : vehicle, excipient (pharm.).

veille, s. f. : wakefulness; **suggestion à l'état de -** : suggestion in the waking state.

veillée, *s. f.* : 1. night-nursing (of a patient); 2. vigil (watching by a corpse).

veilleuse, *s. f.* : 1. night-nurse; 2. night-light; 3. pilot burner; 4. watcher.

veine, *s. f.* : vein, vena, *pl.* venae *(lat.)*; **- angulaire** : angular vein; **- auriculaires** : auricular veins; **- axillaire** : axillary vein; **- azygos** : azygos vein, vena azygos; vena azygos major, vena azygos dextra; **- petite azygos** : hemiazygos vein, vena hemiazygos, vena azygos minor; **- basilaire** : basilar vein; **- basilique** : basilic vein; **- cardiaques** : auricular veins; **petites - cardiaques** *ou* **- cardiaques accessoires** : venae minimae cordis; **- cave inférieure** : vena cava inferior; **- cave supérieure** : vena cava superior, vena cava anterior; **- céphalique** : cephalic vein; **- cérébrales** : cerebral veins; **- cérébrales profondes** : veins of Galen; **- coronaires** : auricular veins; **grande - coronaire** : coronary vein; **- coronaire stomachique** : coronary vein; **- du corps strié** : vena corporis striati; **- cubitale** : ulnar vein; **- émissaire** : emissary vein; **- faciale** : facial vein; **- fémorale** : femoral vein; **- fémorale profonde** : deep femoral vein; **- frontale** *ou* **préparate** : frontal vein; **- de Galien** : veins of Galen, venae Galeni; **- gastro-épiploïque** : gastric vein; **- hémorroïdales** : hemorroidal veins; **- iliaque externe** : external iliac vein; **- iliaque interne** : internal iliac vein; **- iliaque primitive** : common iliac vein; **- jugulaire antérieure** : anterior jugular vein; **- jugulaire externe** : external jugular vein; **- jugulaire interne** : internal jugular vein; **- de Marshall** *ou* **- oblique de l'oreillette gauche** : vein of Marshall, oblique vein of Marshall; **- maxillaire interne** : internal maxillary vein; **- grande mésaraïque** : superior mesenteric vein; **- petite mésaraïque** : inferior mesenteric vein; **- médiane basilique** : median basilic vein; **- médiane céphalique** : median cephalic vein; **- ombilicale** : umbilical vein; **- ophtalmique** : ophthalmic vein; **- poplitée** : popliteal vein; **- porte** : portal vein; **- pulmonaires** : pulmonary veins; **- radiale superficielle** *ou* **médiane** : superficial radial vein; **- ranines** : ranine veins; **- rénales** : renal veins, emulgent veins; **- saphène externe** : short *or* external saphenous vein; **- saphène interne** : long *or* internal saphenous vein; **- sous-clavière** : subclavian vein; **- spermatiques** : spermatic veins; **- splénique** : splenic vein; **- temporales** : temporal veins; **- de Thébésius** : venae Thebesii; **grande - anastomotique de Trolard** : vein of Trolard; **vorticineuses** : venae vorticosae.

veineux, *adj.* : venous; **anévrisme -** : venous aneurism, phlebangioma; **saignée -** : vena section; **sang -** : venous blood; **semelle -** : plantar veins; **sinus -** : sinus venosus.

veinite, *s. f.* : chemically induced phlebitis (for varicose veins).

veinographie, *s. f.* : *cf.,* **phlébographie.**

veinospasme, *s. m.* : *cf.,* **phlébospasme.**

veinule, *s. f.* : venule.

vélamenteux, *adj.* : velamentous, velar.

velpeau, *s. m.* : crape *or* crepe bandage *(surg.)*.

velu, *adj.* : hairy.

velvétique, *adj.* : velvety.

vénéneux, *adj.* : venenous, poisonous, toxic.

vénénifère, *adj.* : veneniferous, poison-bearing.

vénénifique *ou* **vénénipare,** *adj.* : venenific, poison-producing.

vénéréologie, *s. f.* : venereology.

vénéréologue, *s. m.* : venereologist.

vénérien, *adj.* : venereal; **maladies -** : venereal diseases, V.D.

venimeux, *adj.* : venomous, poisonous; **glandes -** : poison glands.

venimosité, *s. f.* : venomousness.

venin, *s. m.* : venom (poison secreted by a serpent, spider, insect of other animal); **- formolé** : anavenin (venom inactivated by formaldehyde).

vénosité, *s. f.* : venosity.

vent, *s. m.* : wind; **avoir des -** : to suffer from wind *or* flatulence; **- du boulet** : shock-wave.

ventilation, *s. f.* : ventilation.

ventiler, *v.* : to ventilate.

ventouse, *s. f.* : artificial leech, cupping glass, ventouse; **application de -** : cupping.

ventral, *adj.* : ventral; **hernie -** : ventral hernia.

ventre, *s. m.* : belly, venter, *pl.* ventres *(lat.)* (1. the stomach; 2. the abdominal cavity; 3. the womb [*vernac.*]; 4. the belly of a muscle; **- de batracien** : spider *or* frog belly; **- de bois** : board-like rigidity [of acute peritonitis]; **- en bateau, - en carène** : scaphoid abdomen; **- en besace** : pendulous abdomen; **- de fourchette (fracture)** : dinnerfork fracture, Colles' fracture; **- de potentiel** : antinode, ventral segment [*electr.*]; **avoir mal au -** : to have « stomach-ache » [*vernac.*]; **prendre du -** : to grow stout, to put on weight).

ventriculaire, *adj.* : ventricular; **carrefour -** : cella media, pars centralis.

ventricule, *s. m.* : ventricle, ventriculus *(lat.)*; **- du cerveau** : ventricle of the brain; **- du cœur** : ventricle of the heart; **- droit** : right ventricle; **- gauche** : left ventricle; **- latéral** : lateral ventricle (of the brain); **- de Morgagni** : ventricle of the larynx *or* of Morgagni; **plancher du quatrième -** : floor of the fourth ventricle, fossa rhomboides; **quatrième -** : fourth ventricle (of the brain); **- terminal de la moelle** : terminal ventricle (of the spinal medulla); **troisième -** : third ventricle (of the brain).

ventriculite, *s. f.* : ventriculitis (inflammation of one or more cerebral ventricles).

ventriculo-atriostomie, *s. f.* : operation for drainage of hydrocephalic cerebral ventricles by a plastic tube connecting the distended ventricle with the right auricle of the heart.

ventriculogramme, *s. m.* : ventriculogram *(radiol.)*.

ventriculographie, *s. f.* : ventriculography *(radiol.)*.

ventriculostomie, *s. f.* : ventriculostomy (operation for drainage of the third ventricle into the underlying cisterna interpeduncularis in cases of hydrocephalus).

ventriculotomie, *s. f.* : ventriculotomy (cardiac).

ventrière, *s. f.* : binder, abdominal belt.

ventriloquie, *s. f.* : ventriloquism, ventriloquy.

ventro- : ventro-, prefix denoting the belly or anterior aspect of the body.

ventrofixation, *s. f.* : ventrofixation; **- de l'uté-rus** : ventrohysteropexy.

ventrohystéropexie, *s. f.* : ventrohysteropexy.

ventroscopie, *s. f.* : ventroscopy (visual examination of the abdominal cavity during open operation *or* by endoscopy).

ventru, *adj.* : ventrose, abdominous.

vénule à prise de sang : sterile ampule for collection of a sample of blood.

verbigération, *s. f.* : verbigeration (uncontrollable repetition of meaningless words and phrases).

ver, *s. m.* : worm; **- solitaire** : tapeworm.

verdunisation, *s. f.* : verdunization (chemical sterilization of water as practised in besieged Verdun in 1916).

verge, *s. f.* : penis.

vergetures, *s. f. pl.* : vergetures, striae atrophicae cutis, vibices *(lat.).*

Verheyen (étoiles de) : Verheyen's stars, stellate veins (kidney).

vérification *s. f.* : verification, checking, confirming.

vermicide, *s. m.* : vermicide, *adj.* : vermicidal.

vermiculaire, *adj.* : vermicular, vermiform, worm-like; **appendice -** : appendix, vermiform appendix, vermix; **mouvement -** : vermiculation peristalsis.

vermiculé, *adj.* : vermiculate.

vermien (syndrome) : cerebellar agenesis syndrome, Nonne's syndrome.

vermiforme, *adj.* : vermiform.

vermifuge, *s. m.* : vermifuge, anthelmintic; *adj.* : vermifugal, anthelmintic; **poudre -** : worm-powder.

vermilion, *s. m.* : vermilion, cinnabar, red mercuric sulphide.

vermination, *s. f.* : vermination (1. infestation with worms *or* other parasites; 2. breeding of worms).

vermine, *s. f.* : vermin; **couvert de -** : verminous.

vermineux, *adj.* : verminous; **maladie -** : verminosis, infestation with worms.

vermiothes *ou* **vermiotes,** *s. f. pl.* : comedo-like plugs of keratin (which can be expressed from some cancers of the tongue).

vermis, *(lat.), s.* : vermis, vermis cerebelli; **- infé-rieur** : inferior vermis, postvermis; **- supérieur** : superior vermis, prevermis.

vernal, *adj.* : vernal (occurring in *or* pertaining to the spring); **conjonctivite -** : vernal catarrh *or* conjunctivitis (often associated with hay-fever).

Vernes (réaction de) : Vernes' test (for syphilis).

Vernet (syndrome de) : Vernet's syndrome (hemiplegia of the soft palate in cases of associate paralysis of the larynx).

vernier, *s. m.* : vernier (graduated sliding scale).

vernix caseosa *(lat.)* : vernix caseosa (sebaceous deposit normally covering the surface of the fetus at term).

vérole, *s. f.* : pox, great pox, syphilis; **petite -** : smallpox, variola.

verre, *s. m.* : 1. glass; 2. lens, *pl.* glasses, spectacles; **- de champ** : field lens; **- de contact** : contact lenses; **- à double foyer** : bifocal lenses; **- grossissant** : magnifying glass; **- de montre** : watch-glass (small), clock-glass (large); **- à pied** : demonstration glass; **coton de -** : glasswool.

verrerie, *s. f.* : glassware.

verrou, *s. m.* : obex (thickening of the ependyma at the point of the calamus scriptorius).

verrucome de Gougerot : Gougerot's syndrome, keratoacanthoma.

verrue, *s. f.* : wart verruca *(lat.);* **- planes juvé-niles** : juvenile warts; **- plantaires** : plantar warts.

verruga du Pérou : Peruvian wart, verruga peruana, Carrion's disease.

verruqueux, *adj.* : verrucose, verrucous, warty.

vers (mal des) : occupational dermatitis in handlers of silkworm cocoons.

versicolore, *adj.* : versicolor, variegated, changing colour.

version, *s. f.* : version *(obstet.);* **- bipolaire** : bipolar version; **- bipolaire mixte** : combined *or* mixed version; **- céphalique** : cephalic version; **- par manœuvres externes** : abdominal *or* external version; **- par manœuvres internes** : internal version; **- podalique** : podalic version; **- spon-tanée** : spontaneous version.

vert-de-gris, *s. m.* : verdigris, cooper subacetate aerugo *(lat.).*

vertébral, *adj.* : vertebral; **canal -** : vertebral canal. 1. spinal canal; 2. canalis vertebralis (for passage of the vertebral arteries); **colonne -** : vertebral column, blackbone, spine.

vertèbre, *s. m.* : vertebra; **- cervicale** : cervical vertebra; **- coccygienne** : coccygeal vertebra; **- dorsale** : thoracic vertebra; **- lombaire** : lumbar vertebra; **- sacrée** : sacral vertebra.

vertébré, *adj.* : vertebrate, vertebrated.

vertébrés, *s. m. pl.* : vertebrates, Vertebrata *(lat.),* vertebrate kingdom *(zool.).*

vertebro- : vertebro-, prefix relating to a vertebra.

vertex, *s. m.* : vertex, top of the head.

vertical, *adj.* : vertical.

verticille, *s. m.* : verticil, whorl.

verticillié, *adj.* : verticillate, whorled.

vertige, *s. m.* : 1. dizziness, giddiness, vertigo *(lat.);* **- auriculaire** *ou* **labyrinthique** : aural, auditory or labyrinthine vertigo, Ménière's disease; **- paralysant** : paralyzing vertico, Gerlier's disease; **- stomacal** : gastric *or* stomachal vertigo, Trousseau's disease; 2. dizziness, swimming in the head at heights.

vertigineux, *adj.* : vertiginous.

vertigo, *s. m.* : staggers *(veter.)* ; **- des chevaux** : laco disease *(veter.).*

veru montanum *(lat.)* : verumontanum, colliculus seminalis, caput gallinaginis; **syndrome du -** : verumontanitis, colliculitis.

vésanie, *s. f.* : insanity, vesania *(obs.).*

vésanique, *adj.* : vesanic (pertaining to pure insanity).

vésical, *adj.* : vesical (pertaining to the bladder); **trigone -** : trigone, vesical triangle.

vésicant, *s. m., adj.* : vesicant, vesicatory, blistering.

vésication, *s. f.* : vesication, blistering.

vésicatoire, *s. m., adj.* : vesicatory.

vésico- : vesico, prefix relating to the bladder.

vésicopustule, *s. f.* : vesicular pustule.

vésicosigmoïdostomie, *s. f.* : vesicosigmoidostomy.

vésiculaire, *adj.* : vesicular; **colonne - de Clarke** : Clarke's or postero-vesicular column; **murmure - de la respiration** : vesicular murmur; **râle -** : vesicular or crepitant rale.

vésiculation, *s. f.* : vesiculation.

vésicule, *s. f.* : vesicle, vesicula *(lat.);* **- auditive** : auditory vesicle; **- biliaire** : gallbladder, vesica fellea; **- fraise** : strawberry gallbladder (cholecystitis); **- germinative** : germinal vesicle; **- oculaire** : ocular vesicle, optic vesicle *(embryol.);* **- séminale** : seminal vesicle, vesicular gland.

vésiculectomie, *s. f.* : vesiculectomy (partial or complete resection of the seminal vesicles).

vésiculeux, *adj.* : vesicular, vesiculose, vesiculous; **eczéma -** : vesicular or weeping eczema.

vésiculiforme, *adj.* : vesiculiform.

vésiculite, *s. f.* : vesiculitis.

vésiculographie, *s. f.* : vesiculography *(radiol.).*

vésiculopustule, *s. f.* : vesiculopustule.

vésiculotomie, *s. f.* : vesiculotomy.

vespertilio, *s. m.* : butterfly lupus (symmetrical lupus of the nose and cheeks).

vessie, *s. f.* : bladder, vesica *(lat.),* vesica urinaria; **- à cellules** : sacculated bladder; **- en colonnes** : fasiculated bladder; **- « spinale »** : « cord bladder » (incontinence due to lesions of the spinal cord, tabes, myelitis, etc.).

vestibulaire, *adj.* : vestibular.

vestibule, *s. m.* : vestibule, vestibulum *(lat.);* **- de la bouche** : vestibule of the mouth; **- du larynx** : vestibule of the larynx (part above the vocal cords); **- du nez** : vestibule of the nose (anterior part of the nostrils); **- de la vulve** : vestibule of the vagina or vulva; **aqueduc du -** : aqueduct of the vestibule, aquaeductus vestibuli; **orifice postérieur de l'aqueduc du -** : receptaculum Cotunni.

vestige, *s. m.* : vestige, vestigium *(lat.).*

vétérinaire, *s. m.* : veterinarian, veterinary (surgeon); *adj.* : veterinary; **médecine -** : veterinary medicine.

viabilité, *s. f.* : viability.

viable, *adj.* : viable, (capable of living).

vibices, *s. f. pl.* : vibices *(lat.),* linear ecchymoses.

vibrant, *adj.* : vibrant, vibrating.

vibrateur, *s. m.* : vibrator.

vibratile, *adj.* : vibratile.

vibration, *s. f.* : 1. vibration; 2. resonance.

vibratoire, *adj.* : vibratory, vibrating; **massage -** : vibromassage.

vibrion, *s. m.* : vibrio (organism of the genus *Vibrio),* comma bacillus, *V. cholerae.*

vibrisse, *s. f.* : bristle; filiform feather.

vibrisses, *s. f., pl.* : vibrissae (1. hairs within the nostrils; 2. whiskers [*zool.*]).

vibro-massage, *s. m.* : vibromassage.

vibro-masseur, *s. m.* : vibromasseur.

vicariant, *adj.* : vicarious, substituted (taking the place of something else or occurring in an unusual site, e.g. vicarious menstruation).

vice, *s. m.* : vice (1. physical defect; 2. viciousness, moral depravity).

viciation, *s. f.* : vitiation, contamination, pollution.

vicieux, *adj.* : vicious, defective, depraved, faulty, imperfect.

Vicq d'Azyr (faisceau de) : Vicq d'Azyr's bundle; **sillon circonférentiel de -** : Vicq d'Azyr's band or stripe.

vidage *s. m.* : depletion, clearing, emptying.

vidange, *s. f.* : dumping, disposal of refuse.

vide, *s. m.* : vacuum; **cellule à - poussé** : vacuum arc lamp; **cloche à -** : vacuum desiccator, vacuum jar; **distillation dans le -** : vacuum distillation; **étuve à -** : vacuum drier; **fiole à -** : suction-flask, vacuum-flask; **indicateur de -** : vacuum gauge; **lampe à arc dans le -** : vacuum arc lamp; **pompe à -** : vacuum pump; **- de Torricelli** : torricellian vacuum (in a barometric tube); **tube à -** : vacuum tube *(phys., radiol.).*

vidien, *adj.* : vidian (named in honour of Guido Guidi [*lat.* Vidius], 1500-1569); **artère -** : vidian artery; **canal -** : vidian canal; **nerf -** : vidian nerve.

vie, *s. f.* : life.

vieillesse, *s. f.* : old age, oldness, senility.

vieillir, *v.* : to age, to grow old.

vieillissement, *s. m.* : 1. aging, growing old; 2. obsolescence (becoming out-dated).

vierge, *s. f.* : virgin; *adj.* : virgin, virginal.

Vieussens (anse de) : Vieussens' annulus (1. ansa subclavia; 2. limbus fossae ovalis); **centre ovale de -** : Vieussens' centrum ovale, centrum médullare (roof of the lateral ventricles); **pores de -** : thebesian foramina (openings of the thebesian veins in the walls of the auricles); **valvule de -** : Vieussens' valve, anterior medullary velum (roof of the fourth ventricle).

vif, *adj.* : live, lively, quick, rapid.

vigil (coma) : coma vigil.

vigilambulisme, *s. m.* : vigilambulism (ambulatory automatism while awake).

vigilance, *s. f.* : 1. vigilance; 2. insomnia, wakefulness.

Vigouroux (signe de) : Vigouroux's sign (diminished resistance of the skin to electric stimulation in exophthalmic goiter).

villeux, *adj.* : hairy; villose, villous (covered with villi *or* fine hairs); **placenta -** : villiplacental; **tumeur -** : villoma, villous papilloma.

villifère, *adj.* : villiferous, hairy.

villiforme, *adj.* : villiform.

villosité, *s. f.* : villosity, villus *(lat.)*; **- arachnoïdiennes** : pacchionian bodies.

villotoxémie, *s. f.* : postulated absorption of toxins from chorionic villi in toxemia of pregnancy.

vin, *s. m.* : wine, vinum *(lat.)*; **- de Bordeaux** : claret; **- médicinal** : medicinal wine.

vinaigre, *s. m.* : vinegar.

Vincent (angine de) : Vincent's angina, ulceromembranous angina; **bacille de -** : Vincent's bacillus, *Bacterioides fusiformis;* **spirochète de -** : Vincent's spirillum, *Spirochaeta vincenti.*

vineux, *adj.* : 1. vinous; 2, claret-coloured.

vinique, *adj.* : vinic.

vinomètre, *s. m.* : vinometer.

vinyl, *adj.* : vinyl *(chem.).*

viol, *s. m.* : rape, stupration, violation.

violet, *s. m., adj.* : violet; **achromatopsie pour le -** : violet blindness; **- de gentiane** : gentian violet *(chem.).*

viomycine, *s. f.* : viomycin.

vipère, *s. f.* : viper, adder (poisonous snake).

vipérin, *adj.* : viperine, viperous, venomous.

Vipond (signe de) : Vipond's sign (general adenopathy in children during the incubation period of exanthemata).

Virchow (tumeur sableuse de) : psammoma.

virémie, *s. f.* : viremia (presence of virus in the blood).

vireux, *adj.* : virose, vireux, nauseous, noxious, poisonous.

virginal, *adj.* : virginal.

virginité, *s f.* : virginity, maidenhood, virginitas *(lat.).*

virgule, *s. f.* : comma; **bacille -** : comma bacillus, vibrio *(bacter.);* **- de Schultze** : comma tract of Schultze *(anat.).*

viril, *adj.* : virile, manly; **membre -** : male *or* virile member, penis.

virilisme, *s. m.* : virilism; (1. masculine secondary characteristics predominating in a female; 2. hermaphroditism in which the external genitals appear to be male though the subject is female genetically).

virilité, *s. f.* : virility, masculinity.

viriloïde, *adj.* : android.

virion, *s. m.* : virion *(genet., virol.).*

viriopexie, *s. f.* : viriopexis, viropexis *(virol.).*

virologie, *s. f.* : virology.

virose, *s. f.* : virus disease (of animals *or* plants).

virtuel, *adj.* : virtual; **foyer -** : virtual focus *(opt.);* **image, -** : virtual image *(opt.).*

virulence, *s. f.* : virulence.

virulent, *adj.* : virulent.

virulicide, *adj.* : viricidal, virucidal, virulicidal.

virus, *s. m.* : virus; **adéno- -** : adenovirus, A.P.C. virus; **- adjoint** : helper virus; **- A.P.C.** : A.P.C.-virus (adeno-pharyngo-conjunctival); **arbor -** : arbor-virus (arthropod borne); **- atténué** : attenuated virus; **- complémentaire** : helper virus; **- ECHO** : ECHO-virus (enteric-cytopathogenic-orphan); **- filtrable** *ou* **filtrant** : filterable *or* filtrable virus; **- fixe** : fixed virus, virus fixé (rabies); **- H.E.P.** : H.E.P.-virus (High-Egg-Passage); **maladie à -** : virus disease; **- neurotrope** : neurotropic virus; **- pneumotrope** : pneumotropic virus; **- protéine** : virus-protein; **- des rues** : street virus (rabies); **- -vaccin** : virus-vaccine.

vis, *s. f.* : screw; **- calante** : levelling screw; **- micrométrique** : micrometer screw.

visage, *s. m.* : visage, countenance, face.

viscéral, *adj.* : visceral.

viscéralgie, *s. f.* : visceralgia

viscère, *s. m.* : viscus, *pl.* viscers *(lat.).*

viscéro- : viscero-, prefix meaning visceral.

viscérocepteur, *s. m.* : interoceptor (sensory nerve terminals of viscera).

viscérographie, *s. f.* : viscerography *(radiol.).*

viscéroptose, *s. f.* : visceroptosis, Glenard's disease.

viscérotrope, *adj.* : viscerotropic.

viscidité, *s. f.* : *cf.,* **viscosité.**

viscose, *s. f.* : viscose (cellulose product from which « artificial silk » is made).

viscosimètre, *s. m.* : viscosimeter.

viscosimétrie, *s. f.* : viscosimetry.

viscosité, *s. f.* : viscosity, viscidity, stickiness; **- spécifique** : specific viscosity.

visibilité, *s. f.* : visibility.

visible, *adj.* : visible.

vision, *s. f.* : vision, sight, visus *(lat.);* **acuité de la -** : visual acuity; **- binoculaire** : binocular vision.

visions, *s. f. pl.* : visions, visual hallucinations.

visqueux, *adj.* : viscid, viscous.

vissage, *s. m.* : plating (fixation of fractures with screws *or* by screwing a plate to the broken bone to ensure good alignment).

visuel, *adj.* : visual ; **angle -** : visual angle ; **champ -** : visual field, field of vision.

vital, *adj.* : vital; **capacité -** : vital capacity; **centre -** : vital center.

vitalisme, *s. m.* : vitalism (theory that biological activity is directed by a « vital force »).

vitalité, *s. f.* : vitality (1. being alive *or* lively; 2. hypothetical « vital force »).

vitamine, *s. f.* : vitamin; **- A, A1, A2** : vitamin A, A1, A2, fat-soluble (antixerophthalmic); **- B (complexe)**: vitamin B complex (see below), water-soluble; **- B1** : thiamine; **- B2** : lactoflavin, riboflavin; **- B3** : growth factor for pigeons; **- B4** : antiparalytic factor for chicks and rats; **- B5** :

growth factor for pigeons and rats; **- B6** : pyridoxine, pyridoxal, pyridoxamine; **- B8** : adenylic acid; **- B10, B11** : folic acid compounds necessary for growth of feathers; **- B12** : cobalamin, cyanocobalamin (anti-pernicious anemia factor [West], extrinsic factor [Castle]; **- B14** : (anti-pernicious anemia factor in urine); **- B15** pangamic acid; **- Bc** : folic acid; **- Bx** : para-aminobenzoic acid; **- B-PP** : (pellagra-preventing) nicotinic acid and nicotinamide (many other compounds belong to this complex); **- C** : ascorbic acid, antiscorbutic vitamin, (water-soluble); **- D, D1, D2, D3** : antirachitic vitamins, calciferol, ergosterol, *etc.*; **- E** : α-, β-, γ-tocopherols, necesary for fertility in rats, fat-soluble; **- F** : various fatty acids, fat-soluble; **- G** riboflavin, *cf.*, B complex; **- H** : biotin; **- K** : coagulation or prothrombin factor; **- P** : citrin, permeability factor; **- P-P** : nicotinic acid.

vitaminisation, *s. f.* : vitaminization.

vitaminologie, *s. f.* : vitaminology.

vitaminothérapie, *s. f.* : vitaminotherapy.

vitellin, *adj.* : vitelline, vitellary; **membrane -** : vitelline membrane, vitellicle; **sac -** : yolk sac.

vitelline, *s. f.* : vitellin (globulin).

vitellus, *s. m.* : vitellus, yolk (of egg).

vitesse, *s. f.* : rate, speed; **- de sédimentation** : sedimentation rate.

vitiligo, *s. m.* : vitiligo, leukoderma, piebald skin.

vitré, *adj.* : vitreous, glassy; **corps** *ou* **humeur -** : vitreous body or humor, vitreus; **lame -** : vitreous table (of the skull).

vitreux, *adj.* : vitreous, glassy; **dégénérescence -** : vitreous or hyaline degeneration.

vitriol, *s. m.* : vitriol (1. old name for any crystalline sulphate; **- blanc** : zinc sulphate, white vitriol; **- bleu** : copper sulphate, blue vitriol; **- vert** : ferrous sulphate, green vitriol; **huile de -** : oil of vitriol, H_2SO_4, concentrated sulphuric acid; 2. oil of vitriol [sulphuric acid]).

vitropression (manœuvre de la) : vitropression (pressure with a glass slide on the skin to aid in study and diagnosis of pigmented lesions of the skin, other than those due to hyperemia).

vivant, *s. m.* : living being; *adj.* : alive, live, living, life like; likely; **les êtres -** : living creatures.

vividialyse, *s. f.* : vividialysis (dialysis through a living membrane).

vivification, *s. f.* : vivification.

vivipare, *adj.* : viviparous.

viviparité, *s. f.* : viviparity.

vivisecteur, *s. m.* : vivisector, vivisectionist.

vivisection, *s. f.* : vivisection, biotomy; **pratiquer la -** : to vivisect.

vivre, *v.* : to live, to be alive.

vocal, *adj.* : vocal; **apophyse - du cartilage aryténoïde** : vocal process of the arytenoid cartilage; **cordes -** : vocal cords.

voie, *s. f.* : duct, passage, tract; **- d'abord** : surgical approach; **- d'administration** : route of administration; **- biliaires** : bile ducts; **- diges-**

tives : digestive tract; **- respiratoire** : respiratory tract.

voile, *s. m.* : veil, velamen, velum *(lat.)*; **- du palais** : soft palate.

Vogt-Hueter (point de) : Vogt's point (for trephining in traumatic meningeal hemorrhage).

voir, *v.* : to see.

voix, *s. f.* : voice, vox *(lat.)*; **- bitonale** : diplophonia; **- bronchique** *ou* **tubaire, - chevrotante** : egophony; **- de fausset** : falsetto or eunuchoid voice; **- rauque** : raucous, hoarse, husky voice.

volatile, *adj.* : volatile.

volatilisation, *s. f.* : volatilization.

volatiliser, *v.* : to volatilize; **se -** : to evaporate, to be volatilized.

Volhard (dosage des halogènes par la méthode de) : Volhard's volumetric method (for estimating halogens).

Volhard (épreuves de) : Volhard's tests (for renal function).

volhémie, *s. f.* : total blood volume.

Volhynie (fièvre de) : Volhynia fever, trench fever (typhus-like rickettsiosis).

volitif, *adj.* : volitional, volitive.

volition, *s. f.* : volition, determination, will.

Volkmann (déformation *ou* **difformité de)** : Volkmann's deformity (congenital tibiotarsal dislocation); **maladie, syndrome, contracture** *ou* **rétraction musculaire ischémique de -** : Volkmann's ischemic contracture.

volontaire, *adj.* : voluntary; **muscle -** : voluntary, skeletal or striped muscle.

volonté, *s. f.* : will.

volt, *s. m.* : volt (unit of electromotive force; symbol V).

voltage, *s. m.* : voltage *(electr.)*.

voltaïque, *adj.* : voltaic; **arc -** : voltaic arc, electric arc; **pile -** : voltaic or galvanic battery or cell.

voltaïsme, *s. m.* : voltaism, galvanism *(electr.)*.

voltampèremètre, *s. m.* : voltammeter (universal galvanometer).

voltmètre, *s. m.* : voltmeter; **- enregistreur** : voltage recorder, recording voltmeter.

volume, *s. m.* : volume bulk, mass; **- courant** : tidal volume ; **- spécifique** : specific volume *(phys.)*.

volumétrie, *s. f.* : volumetric analysis.

volumétrique, *adj.* : volumetric; **analyse** *ou* **dosage -** : volumetric analysis.

volvulus, *s. m.* : volvulus (intestinal obstruction due to twisting of the bowel); **- de l'épiploon** : omentovolvulus.

vomer, *s. m.* : vomer *(anat.)*.

vomique, *s. f.* : vomica (sudden expectoration of purulent contents of an abscess of the lung that has ruptured into a bronchus); *adj.* : vomica *(lat.)*; **noix -** : nux vomica.

vomir, *v.* : to vomit; **envie de -** : nausea.

vomissement, *s. m.* : vomit, vomiting, vomitus *(lat.)*; **- biliaires** : bilious vomit; **- cycliques** *ou* **périodiques** : cyclic vomiting; **- incoercibles** *ou* **graves de la grossesse** : pernicious vomiting; **- de sang** : hematemesis, vomitus cruentus.

vomitif, *s. m., adj.* : vomitive, emetic, vomitory.

vomito negro : vomito negro, black vomit, yellow fever.

vomiturition, *s. f.* : vomiturition, retching.

Von Economo (encéphalite de) : Von Economo encephalitis.

Von Euler (maladie de) : Von Euler's disease.

Von Gierke (maladie de) : Von Gierke's disease.

Von Huppel (maladie de) : Von Huppel's disease.

Von Recklinghausen (maladie de) : Von Recklinghausen's neurofibromatosis.

Von Willebrand (maladie de) : Von Willebrand's thrombasthenia.

vorace, *adj.* : voracious.

vortex des fibres du cœur : vortex cordis (whorled arrangement of the heart muscle at the apex).

vorticineuses (veines) : vorticose veins, Stensen's veins, vasa vorticosa.

voussure, *s. f.* : bulging, prominence.

voûte, *s. f.* : vault, dome, roof, tegmen; **- du crâne** : dome of the skull; **- palatine** : hard palate.

vue, *s. f.* : sight; **avoir la - basse, courte** : to be short-sighted *or* myopic; **avoir la - longue** : to be long-sighted *or* hypermetropic; **- en couleurs** : colour picture; **- en coupe** : cross-section, sectional diagram; **- de côté, de face** : side view, front view; **se gâter la -** : to strain one's eyes, to ruin one's sight; **prise de -** : taking a picture, shooting a film; **- stéréoscopique** : stereoscopic view.

vulcaniser, *v.* : to vulcanize.

vulcanite, *s. f.* : vulcanite, ebonite.

vulnérable, *adj.* : vulnerable.

vulnéraire, *s. m., adj.* : vulnerary.

Vulpian (atrophie musculaire progressive spinale type) : Vulpian's type of progressive muscular atrophy.

Vulpian et Prévost (loi de) : Vulpian-Prévost's law (in apoplexy the head turns toward the side of the lesion).

vultueux, *adj.* : bloated (with red and puffy face).

vultuosité, *s. f.* : puffiness, bloated appearance.

vulvaire, *adj.* : vulval, vulvar; **prurit -** : pruritus vulvae, pudendagra pruriens.

vulve, *s. f.* : vulva (1. female external genitalia; 2. aulic recess, aditus ad infundibulum).

vulvectomie, *s. f.* : vulvectomy.

vulviforme, *adj.* : shaped like the vulva.

vulvite, *s. f.* : vulvitis.

vulvovaginal, *adj.* : vulvovaginal; **glande - de Bartholin** : Bartholin's gland.

vulvovaginite, *s. f.* : vulvovaginitis.

W

Wagstaffe (fracture de) : Wagstaffe's fracture (separation of the internal malleolus).

Wahl (signe de von) : von Wahl's sign (1. local meteorism above an intestinal obstruction; 2. blowing sound heard over a partly ruptured artery).

Walcher (position de) : Walcher's position *(obstet.)*.

Waldenstrom (maladies de) : 1. osteochondrosis of head of the femur; 2. macroglobulinemia, hyperglobulinemic purpura.

Wallenberg (syndrome de) : Wallenberg's or Babinski-Nageotte syndrome.

wallérienne (dégénérescence) : wallerian degeneration (of a nerve after section).

Wangensteen (méthode de) : Wangensteen's continuous aspiration of gas and fluid through a duodenal tube in intestinal obstruction; **opérations de -** : 1. fundusectomy for gastric ulcer; 2. « second-look » operation for detection and removal of isolated metastases.

Warburg (méthode de) : Warburg's manometric method (respiration of tissues *in vitro*); **théorie de -** : Warburg's theory (anaerobic glycolysis in cancer).

Wardrop (maladie de) : Wardrop's disease, onychia maligna; **méthode de -** : Wardrop's operation (ligation of an artery beyond an aneurism).

Wassermann (réaction de) : Wassermann's reaction, W.R. (test for syphilis).

Waterhouse-Friderischsen (syndrome de) : Waterhouse-Friderischsen's syndrome (fulminating meningococcal meningitis).

Watson-Crick (double hélice de) : Watson-Crick double helix (DNA code) *(genet.)*.

watt, *s. m.* : watt (unit of electric power, ampere-volt); **- heure** : watt-hour.

wattage, *s. m.* : wattage *(electr.)*.

wattmètre, *s. m.* : wattmeter, watt-hour meter.

Weber (épreuve de) : Weber's test (a vibrating tuning fork held against the midline of the vertex is heard best by the normal ear in unilateral disease of the auditory apparatus, but by the affected ear in obstruction of the eustachian tube).

Weber (glandes de) : Weber's glands (mucous glands of the tongue).

Weber (syndrome de) : Weber's syndrome (oculomotor paralysis on the side of a lesion in the cerebral peduncle and spastic hemiplegia on the opposite side).

Weeks (bacille de) : Weeks of Koch-Weeks bacillus (acute conjunctivitis).

Weil (maladie de) : Weil's disease, acute leptospiral jaundice; **syndrome de -** : Weil's syndrome (unilateral hyperesthesia of muscles nerve-trunks and bones, sometimes associated with pulmonary tuberculosis).

Weil-Felix (réaction de) : Weil-Felix's reaction (agglutination of cultures of *Proteus* X 19 bacilli by the serum of typhus fever patients).

Weill (signe de) : Weill's signe (absence of chest expansion in the subclavicular region on the affected side in severe lobar-pneumonia).

Weinberg (réaction de) : Weinberg's reaction (complement-fixation test for diagnosis of hydatid disease).

Weir (opération de) : Weir's operation, appendicostomy.

Weir-Mitchell (maladie de) : Weir-Mitchell's disease, erythromelalgia.

Weiss (signe de) : Weiss' *or* Chvostek-Weiss' sign (facial spasm on tapping over branches of the facial nerve in tetany).

Werlhof (maladie de) : Werlhof's disease, land scurvy, purpura haemorrhagica.

Werneking (commissure de) : Werneking's commissure (decussating fibers of the middle cerebellar peduncle).

Wernicke (aphasie de) : Wernicke's aphasia (cortical sensory aphasia); **maladie de -** : Wernicke's disease, acute hemorrhagic polioencephalitis; **réaction hémiopique de -** : Wernicke's reaction or sign (hemiopic pupillary reaction).

Wertheim (opération de) : Wertheim's operation (1. radical hysterectomy for cancer of the uterus; 2. plastic operation for uterine prolapse).

Westphal (signe de) : Westphal's sign (absence of patellar reflex in tabes).

Westphal-Piltz (réflexe de) : Westphal-Piltz or Gifford's reflex (contraction of the pupil when an effort is made to close the eyelids agaisnt resistance).

Westphal-Strümpell (syndrome de) : Westphal-Strümpell's neurosis (hysterical symptoms resembling those of multiple sclerosis).

Wharton (canal de) : Wharton's duct (submaxillary gland); **gelée de -** : Wharton's jelly (umbilical cord); **inflammation du canal de -** : whartonitis.

Wheatstone (pont de) : Wheatstone's bridge *(electr.)*.

Whipple (méthode de) : Whipple's treatment of pernicious anemia with fresh liver.

White (syndrome de) : trench foot, water-bite (condition similar to frost-bite due to standing in wet trenches; common during 1914-1918 war).

Whitehead (opération ou procédé de) : Whitehead's operation (excision of piles).

Whitman (opération de) : Whitman's operation (for talipes calcaneus).

Whitmore (bacille de) : Whitmore's bacillus (specific organism of melioidosis).

Widal (réaction de) : Widal's reaction *or* test (diagnosis of typhoid fever).

Williams (signe de) : Williams' sign (diminished inspiratory expansion on the left side in adherent pericardium).

Willis (branche ophtalmique de) : Willis' ophthalmic branch (of the internal carotid); **hexagone artériel de -** : circle of Willis (arterial anastomosis at the base of the brain); **maladie de -** : Willis' disease diabetes mellitus; **paracousie de -** : Willis' paracusis (increased hearing power in presence of loud noise).

Wilms (tumeur de) : Wilms' tumour, embryonal adenosarcoma *or* nephroma, nephroblastoma.

Wilson (maladie de) : Erasmus Wilson's disease, general exfoliative dermatitis.

Wilson (maladie de) : Kinnier Wilson's syndrome, progressive lenticular degeneration.

Winckel (maladie de) : Winckel's disease (epidemic fatal cyanosis, jaundice and hemoglobinuria in the newborn).

Winiwarter (opération de von) : Winiwarter's operation (cholecystenterostomy in two stages).

Winslow (hiatus de) : Winslow's foramen, epiploic foramen, porta omenti.

Wintrich (signe de) : Wintrich's sign (change in pitch of the percussion note when the mouth is open (higher) *or* closed (lower) in pneumothorax *or* open cavities in the lung).

Wirsung (canal de) : canal *or* duct of Wirsung, pancreatic duct.

wirsungographie, *s. f.* : radiography of Wirsung's duct.

Wolff (canal de) : wolffian duct; **canalicules de -** : wolffian tubules; **corps de -** : wolffian body, mesonephron; **éperon de -** : crista supraventricularis.

Wolff (loi de) : Wolff's law (change in the static relations and function of a bone cause changes both in its external form and internal structure).

wolffien, *adj.* : wolffian *(anat., embryol.)*.

Wood (filtre de) : Wood's filter *or* glass (nickel oxide glass which is opaque to visible light but transparent to ultraviolet rays, 4,000-3,100 A, used for observing fluorescence phenomena) *(derm., opt., phys.)*.

wormien, *adj.* : wormian; **os -** : wormian bones, Andernach's ossicles (skull).

Wreden (épreuve de) : Wreden's test *or* sign (presence of gelatinous matter in the external auditory meatus of stillborn babies).

Wright (méthode de) : Wright's method, opsonic method *(bacter., immunol.)*.

Wrisberg (anse mémorable de) : Wrisberg's ansa memorabilis (loop formed by the right semilunar ganglion and the anastomosis of the right vagus and great splanchnic nerves); **cartilages de -** : Wrisberg's *or* cuneiform cartilages (larynx); **ganglion de -** : Wrisberg's ganglion, superficial cardiac plexus; **nerf intermédiaire de -** : Wrisberg's nerve.

Wunderlich (lois de) : Wunderlich's law (signs and symptoms of typhoid fever); **courbe de -** : Wunderlich's curve (characteristic temperature chart of typhoid fever).

Wylie (opération de) : Wylie's operation (shortening of the round ligaments).

X

xanthéine, *s. f.* : xanthein.

xanthélasma, *s. m.* : xanthelasma, xanthoma of the eyelids.

xanthème plan : xanthelasma.

xanthémolyse, *s. f.* : local hemolysis of extravasated blood giving rise to yellow discoloration of the skin.

xanthine, *s. f.* : xanthine.

xanthique, *adj.* : xanthic, yellow.

xantho- : xantho-, prefix meaning yellow.

xanthochromie, *s. f.* : xanthochromia (1. yellow discoloration of the skin; 2. yellow discoloration of the cerebrospinal fluid after hemorrhage).

xanthodermie, *s. f.* : xanthoderma, xanthodermia.

xantho-erythroderma perstans : parakeratosis psoriasiformis.

xanthomateux, *adj.* : xanthomatous; **maladie -** : xanthomatosis.

xanthomatose, *s. f.* : xanthomatosis (multiple deposits of lipoids in the tissues due to errors of metabolism : cf., Gaucher's disease, Niemann-Pick disease and Schuller-Christian disease).

xanthome, *s. m.* : xanthoma (flat plaques of lipoid deposits in the skin); **- éruptif** *ou* **tubéreux multiple** : xanthoma tuberculatum *or* tuberosum; **- plan** : xanthoma palpebrarum *or* planum.

xanthomisation secondaire : xanthomatous infiltration.

xanthomyélome, *s. m.* : xanthomyeloma, xanthosarcoma.

xanthophore, *s. m.* : xanthophore (chromatophore *or* lipophore of cold-blooded animals containing yellowish pigment granules).

xanthophylle, *s. m.* : xanthophyll (yellow colouring matter of plants).

xanthoprotéine, *s. f.* : xanthoprotein.

xanthoprotéique, *adj.* : xanthoproteic; **acide -** : xanthoproteic acid; **réaction -** : xanthoproteic reaction (test for proteins).

xanthopsie, *s. f.* : xanthopsia, xanthopia, yellow vision.

xanthosis, *s. m.* : xanthosis (yellow discoloration especially of the skin, sometimes seen in carcinomatous cachexia).

X (corps) : X-bodies (amorphous intracytoplasmic inclusion due to virus condensation in plants) *(bot., virol.)*.

xénodiagnostic, *s. m.* : xenodiagnosis.

xénogenèse, *s. f.* : xenogenesis, xenogeny, heterogenesis *(genet.)*.

xénon, *s. m.* : xenon.

xénoparasitisme, *s. m.* : production of lesions resembling parasitic lesions by inert foreign bodies, *e.g.* splinters of glass, vegetable fibres, *etc.*

xénopathique (pensée) : obtrusion of an unexplained strange thought *(psych.)*.

xénophobe, *s.* : xenophobe; *adj.* : xenophobic.

xénophobie, *s. f.* : xenophobia (dread of strangers *or* foreigners).

xénophonie, *s. f.* : xenophonia (change in tone and accent so that the voice is unrecognizable).

xénophtalmie, *s. f.* : xenophthalmia (traumatic conjunctivitis).

xéro- : xero-, prefix meaning dry.

xeroderma pigmentosum *(lat.)* : xeroderma pigmentosum, Kaposi's disease.

xérodermie, *s. f.* : xeroderma, xerodermia (mild form of ichthyosis characterized by dryness and roughness of the skin and scaly desquamation).

xérodermostéose, *s. f.* : xerodermosteosis.

xérome, *s. m.* : xeroma, xerophthalmia.

xérophagie, *s. f.* : xerophagia, xerophagy (eating of dry food).

xérophtalmie, *s. f.* : xerophthalmia, xeroma (dry lusterless conjunctiva due to deficiency of vitamin-A).

xérorhinie, *s. f.* : dryness of the nasal mucosa.

xérose, *s. f.* : xerosis, abnormal dryness.

xérosis, *s. m.* : xerosis conjunctivae (early stage of xerophthalmia).

xérostomie, *s. f.* : xerostomia, aptyalism (dryness of the mouth).

xiphisternum, *s. m.* : xiphisternum, xiphoid appendix, cartilage *or* process, ensiform process (of the sternum).

xiphodyme, *s. m.* : xiphodymus (sysomian double monster united below the base of the thorax).

xiphodynie, *s. f.* : xiphodynia.

xiphoïdalgie, *s. f.* : xiphodynia (pain in the xiphoid cartilage).

xiphoïde, *adj.* : xiphoid; **appendice -** : xiphoid appendix, cartilage *or* process.

xiphopage, *s. m.* : xiphopagus (symmetrical conjoined twins united in the region of the xiphoid process).

X (rayons) : X-rays, Roentgen *or* Röntgen rays.

xylène, *s. m.* : xylene, xylol, dimethylbenzene *(chem., histol.).*

xylol, *s. m.* : *cf.,* **xylène.**

xylose, *s. f.* : xylose.

Y

yaourt *ou* **yogourt,** *s. m.* : yoghurt.

yakriton, *s. m.* : yakriton *(jap.)* (hepatic antitoxic hormone).

yaws *(angl.)* : *cf.,* **pian.**

Yersin (bacille de) : plague bacillus, *P. pestis.*

Yersin-Roux (sérum de) : Yersin-Roux's serum (prophylactic curative serum used in the treatment of plague).

yeux, *s. m. pl.* : eyes; **- au plafond (phénomène des)** : *cf.,* **oculogyre.**

yoghourt, *s. m.* : *cf.,* **yaourt.**

Young (signe de) : Young's sign (palpation of the prostate per rectum, with a béniqué sound in the urethra, allows the exploring finger to distinguish between malignant tumours and benign hypertrophy by the degree of palpability of the sound through the intervening tissue).

Young (syndrome de) : Young's syndrome (progressive obesity increasing with each pregnancy associated with stillbirths and finally with development of diabetes; attributed [by Abaza 1953] to over-production of somatotropic hormone during pregnancy).

ypérite, *s. f.* : mustard gas, dichlorodiethyl sulphide, yperite (first used at Ypres in 1917).

ytterbium, *s. m.* : ytterbium.

yttrium, *s. m.* : yttrium.

Y (tubes en) : Y-tube.

Z

Zaglas (ligament de) : Zaglas' ligament, oblique sacro-iliac ligament.

Zander (méthode de) : Zander's system, mechanotherapy (passive movement by means of special apparatus).

zéine, s. f. : zein (prolamine from maize).

zéisme, s. m. : zeism (skin disease due to excessive use of maize in the diet).

zèle morbide, : zelotypia (1. insane zeal; 2. insane jealousy).

Zenker (liquide de) : Zenker's solution (fixative).

zéro, s. m. : zéro, naught, nothing; **- absolu** : absolute zero (theoretically the lowest possible temperature; freezing point of hydrogen —273.13° C); **correction du -** : zero or index correction; **point -** : zeropoint.

zézaiement, s. m. : lisp, lisping.

zézayer, v. : to lisp.

Ziehen-Oppenheim (maladie de) : Ziehen-Oppenheim's disease, dystonia musculorum deformans, tortipelvis (progressive spinal distortion due to involuntary clonic spasms especially when walking; rare disease of childhood).

Ziehl (solution de) : Ziehl's solution (histol.).

Ziehl-Neelsen (coloration de) : Ziehl-Neelsen's stain (for acid-fast organisms).

Zimmerlin (amyotrophie type) : Zimmerlin's type of progressive muscular atrophy.

zinc, s. m. : zinc.

Zinn (anneau de) : Zinn's circle; **tendon de -** : Zinn's tendon or ligament; **zone de -** : Zinn's membrane, ciliary zonule; **zonule de -** : zonule of Zinn, ciliary zonule.

zirconium, s. m. : zirconium.

zoïque, adj. : zoic.

zoïsme, s. m. : zoism (doctrine or belief that life is the manifestation of the operation of a hypothetical vital force or principle).

zomothérapie, s. f. : zomotherapy (treatment of disease by a raw meat diet).

zona, s. m. : herpes zoster, zona, shingles.

zonal, adj. : zonal.

Zondek et Aschheim (méthode de) : Zondek-Ashheim's test (for pregnancy).

zone, s. f. : zone, zona (lat.), area, belt, region; **- muette** : silent area (frontal).

zonulaire, adj. : zonular; **cataracte -** : zonular cataract (1. lamellar cataract; 2. cataract involving the ciliary zonule).

zonule, s. m. : zonule, zonula (lat.); **- de Zinn** : zonule of Zinn, zonula ciliaris; **inflammation du - de Zinn** : zonulitis.

zoo- : zoo-, prefix meaning animal or pertaining to animals.

zoobiologie, s. f. : zoobiology.

zoochimie, s. f. : zoochemistry, zoochemy.

zoochimique, adj. : zoochemical.

zoocyste, s. m. : zoocyst.

zoogamète, s. m. : zoogamete.

zoogamie, s. f. : zoogamy.

zoogénie, s. f. : zoogenesis, zoogeny (evolution and development of animal life).

zooglée, s. f. : zooglea (stage in the life-history of certain bacteria in which they lie embedded in a gelatinous matrix).

zoogonie, s. f. : zoogonia, zoogony (production of live offspring).

zoographie, s. f. : zoography.

zoogreffe, s. f. : zoograft, zooplastic graft (heterografting of animal tissue).

zooïde, adj. : zooid, animal-like.

zoolite, s. m. : zoolite, zoolith (fossilized or petrified animal or part of such a fossil).

zoologie, s. f. : zoology.

zoologiste, s. m. : zoologist.

zoomanie, s. f. : zoomania (morbid love of animals).

zoométrie, s. f. : zoometry.

zoomorphisme, s. m. : zoomorphism.

zoomylien, s. m. : zoomylus, dermoid cyst, teratoma.

zoonite, s. m. : zoonite, cerebrospinal metamere.

zoonomie, s. f. : zoonomy, zoobiology.

zoonose, *s. f.* : zoonosis (disease of animals that may be transmitted to man).

zooparasite, *s. m.* : zooparasite (any animal parasite).

zoopathie, *s. f.* : 1. animal diseases; 2. zoanthropy.

zoopathologie, *s. f.* : zoopathology.

zoophage, *adj.* : zoophagous, carnivorous.

zoophilie, *s. f.* : zoophilism, zoophily (1. fondness for animals; 2. attraction of one species of animal for another, *e.g.* of mosquitoes for mammals); **- érotique** : erotic zoophilism (sexual gratification in fondling animals).

zoophobie, *s. f.* : zoophobia (abnormal dread of animals).

zoophyte, *s. m.* : zoophyte (plantlike animals *e.g.* sponges).

zooprophylaxie, *s. f.* : zooprophylaxis (1. veterinary prophylaxis; 2. prophylaxis against animal parasites).

zoopsie, *s. f.* : zoopsia (hallucination in which the patient thinks he sees animals).

zoose, *s. f.* : zoosis (any disease due to animal agents).

zoosporange, *s. m.* : zoosporangium (sporangium which produces zoospores).

zoospore, *s. f.* : zoospore (motile spore).

zoostérol, *s. m.* : zoosterol (any sterol of animal origin).

zootechnie, *s. f.* : zootechnics, zootechny (art of animal husbandry).

zootomie, *s. f.* : zootomy (dissection of animals).

zootomiste, *s. m.* : zootomist.

zootrophique, *adj.* : zootrophic (pertaining to the nutrition of animals).

zoster (herpès) : zoster, herpes zoster, zona.

zostérien, *adj.* : caused by or pertaining to herpes zoster.

zostériforme, *adj.* : zosteriform.

zygapophyse, *s. f.* : zygapophysis (articular process of a vertebra).

zygoma, *s. m.* : zygoma (1. zygomatic arch [formed by the zygomatic process of the temporal bone and the malar bone]; 2. the malar bone).

zygomatique, *adj.* : zygomatic; **arcade -** : zygomatic arch; **muscle -** : zygomaticus.

zygose, *s. f.* : zygosis (sexual union of two unicellular organisms).

zygospore, *s. f.* : zygosperm, zygospore.

zygote, *s. m.* : zygote (1. the fertilized ovum; 2. organism *or* individual produced by the union of two gametes).

zygotique, *adj.* : zygotic.

zymase, *s. f.* : zymase.

zymo- : zymo-, prefix meaning pertaining to *or* produced by fermentation.

zymo-diagnostic, *s. m.* : test based on the capacity for digesting coagulated albumin possessed by the myelocytic series of leukocytes, but not by lymphocytes.

zymogène, *s. m.* : zymogen; *adj.* : zymogenic.

zymohydrolyse, *s. f.* : zymohydrolysis, hydrolysis by fermentation.

zymologie, *s. f.* : zymology.

zymonématose, *s. f.* : zymonematosis, blastomycosis.

zymoplastine, *s. f.* : thrombokinase, thromboplastin.

zymosan, *s. m.* : zymosan.

zymosimètre, *s. m.* : zymometer, zymosimeter.

zymosthénique, *adj.* : zymosthenic (enhancing enzymatic activity).

zymotechnie, *s. f.* : zymotechnics.

zymotique, *adj.* : zymotic; **maladie -** : zymotic disease, infectious disease.

DONNÉES NUMÉRIQUES ET TABLES

pour la conversion des mesures anglaises
en mesures métriques internationales

NUMERICAL DATA AND TABLES

for the conversion into international metric units of the
English scales of temperatures, lengths, weights and volumes

TEMPÉRATURES — TEMPERATURES

1° Equivalences des températures
Temperature conversion

Pour convertir une température Fahrenheit en température centigrade : soustraire 32, multiplier par 5 et diviser par 9.

Pour convertir une température centigrade en température Fahrenheit : multiplier par 9, diviser par 5 et ajouter 32.

Pour convertir une température Fahrenheit en température Réaumur : soustraire 32, multiplier par 4 et diviser par 9.

Pour convertir une température Réaumur en température Fahrenheit : multiplier par 9, diviser par 4 et ajouter 32.

Soit :

$$n° \text{ Fahrenheit} = (n - 32)\,\frac{5}{9}\,° \text{ centigrades} = (n - 32)\,\frac{4}{9}\,° \text{ Réaumur.}$$

$$n° \text{ centigrades} = \frac{9}{5}\,n + 32° \text{ Fahrenheit} = \frac{4}{5}\,n° \text{ Réaumur.}$$

$$n° \text{ Réaumur} = \frac{5}{4}\,n° \text{ centigrades} = \frac{9}{4} + 32° \text{ Fahrenheit.}$$

2° Table de conversion des températures
Temperature conversion tables

Mode d'emploi.

Les nombres en caractères gras de la colonne centrale représentent les degrés, centigrades ou Fahrenheit, que l'on désire convertir en degrés de l'échelle opposée. La colonne de gauche donne l'équivalent cherché en degrés centigrades si l'on veut convertir des degrés Fahrenheit, et la colonne de droite donne l'équivalent en degrés Fahrenheit des degrés centigrades que l'on veut convertir.

Directions for use.

The numbers in bold face type refer to the temperature either in degrees Centigrade or Fahrenheit which it is desired to convert into the other scale. If converting from Fahrenheit degrees to Centigrade degrees, the equivalent will be found in the left column, while if converting from degrees Centigrade to degrees Fahrenheit, the answer will be found in the column on the right.

Facteurs d'interpolation.
Interpolation factors.

Degrés centigrades		Fahrenheit degrees	Degrés centigrades		Fahrenheit degrees
0,56	1	1.8	3,33	6	10.8
1,11	2	3.6	3,89	7	12.6
1,67	3	5.4	4,44	8	14.4
2,22	4	7.2	5,00	9	16.2
2,78	5	9.0	5,56	10	18.0

Degrés centigrades		Fahrenheit degrees	Degrés centigrades		Fahrenheit degrees
— 17,8	0	32	13,9	57	134.6
— 17,2	1	33.8	14,4	58	136.4
— 16,7	2	35.6	15,0	59	138.2
— 16,1	3	37.4	15,6	60	140.0
— 15,6	4	39.2	16,1	61	141.8
— 15,0	5	41.0	16,7	62	143.6
— 14,4	6	42.8	17,2	63	145.4
— 13,9	7	44.6	17,8	64	147.2
— 13,3	8	46.4	18,3	65	149.0
— 12,8	9	48.2	18,9	66	150.8
— 12,2	10	50.0	19,4	67	152.6
— 11,7	11	51.8	20,0	68	154.4
— 11,1	12	53.6	20,6	69	156.2
— 10,6	13	55.4	21,1	70	158.0
— 10,0	14	57.2	21,7	71	159.8
— 9,44	15	59.0	22,2	72	161.6
— 8,89	16	60.8	22,8	73	163.4
— 8,33	17	62.6	23,3	74	165.2
— 7,78	18	64.4	23,9	75	167.0
— 7,22	19	66.2	24,4	76	168.8
— 6,67	20	68.0	25,0	77	170.6
— 6,11	21	69.8	25,6	78	172.4
— 5,56	22	71.6	26,1	79	174.2
— 5,00	23	73.4	26,7	80	176.0
— 4,44	24	75.2	27,2	81	177.8
— 3,89	25	77.0	27,8	82	179.6
— 3,33	26	78.8	28,3	83	181.4
— 2,78	27	80.6	28,9	84	183.2
— 2,22	28	82.4	29,4	85	185.0
— 1,67	29	84.2	30,0	86	186.8
— 1,11	30	86.0	30,6	87	188.6
— 0,56	31	87.8	31,1	88	190.4
0	32	89.6	31,7	89	192.2
0,56	33	91.4	32,2	90	194.0
1,11	34	93.2	32,8	91	195.8
1,67	35	95.0	33,3	92	197.6
2,22	36	96.8	33,9	93	199.4
2,78	37	98.6	34,4	94	201.2
3,33	38	100.4	35,0	95	203.0
3,89	39	102.2	35,6	96	204.8
4,44	40	104.0	36,1	97	206.6
5,00	41	105.8	36,7	98	208.4
5,56	42	107.6	37,2	99	210.2
6,11	43	109.4	37,8	100	212.0
6,67	44	111.2	43	110	230
7,22	45	113.0	49	120	248
7,78	46	114.8	54	130	266
8,33	47	116.6	60	140	284
8,89	48	118.4	66	150	302
9,44	49	120.2	71	160	320
10,0	50	122.0	77	170	338
10,6	51	123.8	82	180	356
11,1	52	125.6	88	190	374
11,7	53	127.4	93	200	392
12,2	54	129.2	99	210	410
12,8	55	131.0	100	212	413
13,3	56	132.8			

MESURES DE LONGUEUR — LINEAR MEASURES

1° Equivalent des mesures anglaises en mesures métriques

1 inch	= 25,399	millimètres
1 foot (12 inches)	= 0,30480	mètre
1 yard (3 feet)	= 0,914399	m
1 fathom (6 feet)	= 1,8288	m
1 pole (5 1/2 yards)	= 5,0292	m
1 chain (22 yards)	= 20,1168	m

1 furlong (220 yards)	= 201,168	m
1 mile (8 furlongs)	= 1 609,31	m
(= 1 760 yards)		
1 nautical mile	= 1 851	m
(= 2 206 yards)		

2° Linear measures

Inch.		Foot.		Yard.		Fathom.		Perch.		Furlong.		Mile.
12	=	1										
36	=	3	=	1								
72	=	6	=	2	=	1						
198	=	16.5	=	5.5	=	2.75	=	1				
7 920	=	660	=	220	=	110	=	40	=	1		
63 360	=	5 280	=	1 760	=	880	=	320	=	8	=	1

3° English equivalent of metric units

1 millimètre (mm)	= 0.03937	inch
1 centimètre (cm)	= 0.3937	inch (or $\frac{3}{8}$ inch)
1 décimètre (dm)	= 3.937	inch
1 mètre (m)	= 39.370113	inches
	= 3.280843	feet
	= 1.0936143	yard

1 décamètre (dam)	= 10.936	yards
1 hectomètre (hm)	= 109.36	yards
1 kilomètre (km)	= 0.62137	mile

(1 km = roughly $\frac{5}{8}$ mile)

MESURES DE SURFACE — SQUARE MEASURES

1° Equivalence des mesures anglaises en unités métriques

1 sq. inch	= 6,4516	cm²
1 sq. foot (144 sq. inch)	= 9,2903	dm²
1 sq. yard (9 sq. feet)	= 0,836126	m²
1 perch (30 1/2 sq. yards)	= 25,293	m²

1 rood (40 perch)	= 10,117	ares
1 acre (4 840 sq. yards)	= 0,40468	ha
1 sq. mile (640 acres)	= 259,894	ha
	(2,59 km²)	

2° Conversion of metric units into square measures

1 centimètre carré (cm²)	= 0.15500	sq. inch
1 décimètre carré (dm²)	= 15.500	sq. inch
1 mètre carré (m²)	= 10.7639	sq. feet
	1.1960	sq. yard

1 are (100 m²)	= 119.60	sq. yards
1 hectare		
(ha = 10 000 m²)	= 2.4711	acres

TABLE DE CONVERSION DES POUCES, PIEDS ET YARDS EN MESURES MÉTRIQUES
Table of inches, feet and yards converted into metrical measures

POUCES *Inches*		PIEDS *Feet*		YARDS	
1 =	0,0254 *meter*	1 =	0,30479	1 =	0,91432
2 =	0,0508	2 =	0,60959	2 =	1,82877
3 =	0,0762	3 =	0,91438	3 =	2,74315
4 =	0,1016	4 =	1,26918	4 =	3,65753
5 =	0,1270	5 =	1,52397	5 =	4,57192
6 =	0,1523	6 =	1,82877	6 =	5,48630
7 =	0,1778	7 =	2,13356	7 =	6,40068
8 =	0,2032	8 =	2,43836	8 =	7,31507
9 =	0,2286	9 =	2,74315	9 =	8,22945
10 =	0,2539	10 =	3,04794	10 =	9,14383
11 =	0,2794	11 =	3,35274	11 =	10,05822
12 =	0,3048	12 =	3,65753	12 =	10,97260
13 =	0,3302	13 =	3,96233	13 =	11,88698
14 =	0,3556	14 =	4,26712	14 =	12,80137
15 =	0,3810	15 =	4,57192	15 =	13,71575
16 =	0,4064	16 =	4,87671	16 =	14,63014
17 =	0,4318	17 =	5,18151	17 =	15,54452
18 =	0,4572	18 =	5,48630	18 =	16,45890
19 =	0,4826	19 =	5,79110	19 =	17,37329
20 =	0,5080	20 =	6,09589	20 =	18,28767
21 =	0,5334	21 =	6,40068	21 =	19,20202
22 =	0,5587	22 =	6,70548	22 =	20,11643
23 =	0,5842	23 =	7,01027	23 =	21,03082
24 =	0,6096	24 =	7,31507	24 =	21,94520
25 =	0,6349	25 =	7,61986	25 =	22,85959
26 =	0,6604	26 =	7,92466	26 =	23,77397
27 =	0,6858	27 =	8,22945	27 =	24,68835
28 =	0,7112	28 =	8,53425	28 =	25,60274
29 =	0,7366	29 =	8,83904	29 =	26,51712
30 =	0,7619	30 =	9,14383	30 =	27,49150
31 =	0,7874	31 =	9,44863	31 =	28,34589
32 =	0,8128	32 =	9,75343	32 =	29,26027
33 =	0,8381	33 =	10,05822	33 =	30,17445
34 =	0,8636	34 =	10,36301	34 =	31,08904
35 =	0,8890	35 =	10,66781	35 =	32,00342
36 =	0,9144	36 =	10,97260	36 =	32,91780

ÉQUIVALENCE DES FRACTIONS DÉCIMALES DU POUCE ANGLAIS
(en millimètres et microns).

1 inch =	25,399 mm	1/200 =	0,127 mm	1/500 =	51 μ	1/3 000 =	8,4 μ
5/10 =	12,700 mm	1/250 =	0,102 mm	1/600 =	42 μ	1/4 000 =	6,3 μ
2/10 =	5,080 mm	1/300 =	0,085 mm	1/700 =	36 μ	1/5 000 =	5,1 μ
1/10 =	2,540 mm	1/350 =	0,073 mm	1/800 =	32 μ	1/6 000 =	4,2 μ
1/20 =	1,270 mm	1/400 =	0,063 mm	1/900 =	28 μ	1/7 000 =	3,6 μ
1/50 =	0,508 mm	1/450 =	0,056 mm	1/1 000 =	25 μ	1/8 000 =	3,2 μ
1/100 =	0,254 mm	1/500 =	0,051 mm	1/2 000 =	13 μ	1/9 000 =	2,8 μ
1/150 =	0,169 mm					1/10 000 =	2,5 μ

VOLUMES ET CAPACITÉS — VOLUMES AND CAPACITIES

1° EQUIVALENT MÉTRIQUE DES MESURES ANGLAISES DE VOLUME

1 cubic inch $\quad = 16,387 \quad$ cm³
1 cubic foot
$\quad$ (1 728 cubic inches) $\quad = \quad$ 0,028317 m³

1 cubic yard
$\quad$ (27 cubic feet) $\quad = 0,764553$ m³
1 measured ton
$\quad$ (40 cubic feet) $\quad = 1,132$ m³ (tonneau d'arrimage)

2° MESURES DE CAPACITÉ

Liquides

1 gill $\quad = \quad$ 0,141983 l (1,42 dl)
1 pint (4 gills) $\quad = \quad$ 0,567935 l
1 quart (2 pints) $\quad = \quad$ 1,135870 l

1 gallon (4 quart) ou
$\quad$ Imperial gallon $\quad = \quad$ 4,5459631 l
1 barrel (32 gallons) $= $ 145,390656 l
1 US gallon (U.S.A.) $\quad = \quad$ 3,78 $\quad$ l

Matières sèches

1 bushel (8 gallons) $= \quad$ 36,34760 litres
1 sack (3 bushels) $\quad = \quad$ 109,043 l

1 quarter (8 bushels) $\quad = \quad$ 290,781 $\quad$ l
1 caleron (12 sacks) $\quad = 1 308,516 \quad$ l

Mesures pharmaceutiques
(Apothecaries measures)

1 minime (min) $\quad = \quad$ 0,059 $\quad$ cm³
1 scruple (20 min) $\quad = \quad$ 1,183 $\quad$ cm³
1 fluid dram (3 scr) $\quad = \quad$ 3,551 $\quad$ cm³

1 fluid ounce (8 fl. dr.) $\quad = \quad$ 28,4123 cm³
1 pint (20 fl. oz.) $\quad = \quad$ 548,34 $\quad$ cm³
1 gallon (8 pt) $\quad = 4 545,963$ cm³

3° ENGLISH EQUIVALENT OF METRIC VOLUMES

1 millimètre cube (mm³) $= \quad$ 0.00006 cubic inch
1 centimètre cube (cm³) $= \quad$ 0.0610 $\quad$ cubic inch

1 décimètre cube (dm³) $\quad = \quad$ 61.024 $\quad$ cubic inch
1 mètre cube (m³) $\quad = 35.3148 \quad$ cubic feet
$\quad$ or $\quad$ 1.307954 cub. yard

4° MEASURES OF CAPACITY

1 millilitre (ml) $= $ 1,00016 cm³
1 centilitre (cl) $= $ 0.070 $\quad$ gill
1 décilitre (dl) $\quad = \quad$ 0.176 $\quad$ pint

1 litre (l) $\quad = $ 1.75980 pint
1 décalitre (dal) $= $ 2.200 $\quad$ gallons
1 hectolitre (hl) $= $ 2.75 $\quad$ bushels

POIDS — WEIGHTS

Unités Avoirdupois :

1 grain (gr)	=	0,0648	gramme (g)
1 dram (dr)	=	1,772	g
1 ounce (oz = 16 dr)	=	28,350	g
1 pound (lb = 16 oz = 7 000 gr)	=	0,45359243	kilogramme (kg)
1 stone (14 lbs)	=	6,350	kg
1 quarter (28 lbs)	=	12,70	kg
1 hundredweight (112 lbs)	=	50,80	kg or 0,5080 quintal
1 ton (20 CWt)	= 1 016		kg or 1,0160 tonne

Unités Troy :

Livre		Onces		Deniers		Grains
1	=	12	=	240	=	5 760
		1	=	20	=	480
				1	=	24

1 grain	=	0,0648 gramme
1 pennyweight = 1 denier	=	1,5552 g
1 troy ounce = 20 deniers	=	31,1035 g

(Apothecaries units Pharmacie) :

1 grain (gr)	=	0,0648	gramme
1 scruple (120 gr)	=	1,296	g
1 drachm (60 gr)	=	3,89	g
1 ounce (8 drachms)	=	28,35	g
1 pound (1 lb = 16 oz)	=	453,60	g

1 milligramme (mg)	=	0.015 grain (gr)
1 centigramme (cg)	=	0.154 gr
1 décigramme (dg)	=	1.543 gr
1 gramme (g)	=	5.644 drams $\begin{cases} = & 0.03215 \text{ oz troy} \\ = & 15.432 \text{ grains} \end{cases}$
1 hectogramme (hg)	=	3.257 ounces
1 kilogramme (kg)	=	2.2046223 lbs
		or 15 432.3564 grains
1 quintal (100 kg)	=	1.968 hundredweights
1 tonne (1 000 kg)	=	0.9842 tons

TABLE FOR CONVERTING TROY WEIGHTS INTO METRIC UNITS

Grains	Grammes	Grains	Grammes
$\frac{1}{50}$	0,00130	$\frac{1}{5}$	0,01296
$\frac{1}{32}$	0,00202	$\frac{1}{4}$	0,01620
$\frac{1}{20}$	0,00324	$\frac{1}{3}$	0,02160
$\frac{1}{18}$	0,00360	$\frac{1}{2}$	0,03240
$\frac{1}{16}$	0,00405	$\frac{2}{3}$	0,04860
$\frac{1}{15}$	0,00432	1	0,0648
		2	0,1296
		3	0,1944
$\frac{1}{12}$	0,00540	4	0,2592
		5	0,3240
$\frac{1}{10}$	0,00648	6	0,3888
		7	0,4536
		8	0,5184
$\frac{1}{8}$	0,00810	9	0,5832
		10	0,6480
$\frac{1}{6}$	0,01080	50	3,2340
		100	6,4792

TABLE DE CONVERSION DES UNITÉS MÉTRIQUES EN POIDS TROY

Grammes	Grains	Grammes	Grains
0,01	0.1543	0,6	9.259
0,02	0.3086	0,7	10.803
0,03	0.4630	0,8	12.346
0,04	0.6173	0,9	13.889
0,05	0.7717	1,0	15.432
0,06	0.9260	2,0	30.805
0,07	1.0803	3,0	46.297
0,08	1.2347	4,0	61.729
0,09	1.3890	5,0	77.162
0,1	1.543	6,0	92.594
0,2	3.086	7,0	108.026
0,3	4.630	8,0	123.459
0,4	6.173	9,0	138.891
0,5	7.716	10,0	154.323

CORRESPONDANCE DE TAILLES DES CATHÉTERS ET SONDES URÉTRALES FRANÇAISES ET AMÉRICAINES

CORRESPONDING SIZES OF FRENCH AND AMERICAN CATHETERS AND URETHRAL SOUNDS SIZE-NUMBERS

NUMÉROS FRANÇAIS	DIAMÈTRE (millimètres) Diameter (millimeters)	AMERICAN SIZES
2	0,5	1
3	1	2
5	2,5	3
6	2	4
8	4,5	5
9	3	6
11	3,5	7
12	4	8
14	4,5	9
15	5	10
17	5,5	11
18	6	12
20	6,5	13
21	7	14
22	7,5	15
24	8	16
26	8,5	17
27	9	18
29	9,5	19
30	10	20
32	10,5	21
33	11	22

TABLEAU DES CORPS SIMPLES
CHART OF THE CHEMICAL ELEMENTS

Nombre atomique Atomic number (protons)	Symbole Symbol	Corps simple	Element	Masse atomique Atomic weight	Neutrons
1	H	Hydrogène	Hydrogen	1,008	0
2	He	Hélium	Helium	4,003	2
3	Li	Lithium	Lithium	6,98	4
4	Be	Glucinium	Beryllium	9,02	4
5	B	Bore	Boron	10,82	5
6	C	Carbone	Carbon	12,01	6
7	N	Azote	Nitrogen	14,008	7
8	O	Oxygène	Oxygen	16,00	8
9	F	Fluor	Fluor	19,00	10
10	Ne	Néon	Neon	20,183	10
11	Na	Sodium	Sodium	22,997	12
12	Mg	Magnésium	Magnesium	24,32	12
13	Al	Aluminium	Aluminium	26,97	14
14	Si	Silicium	Silicon	28,06	14
15	P	Phosphore	Phosphorus	30,98	16
16	S	Soufre	Sufphur	32,06	16
17	Cl	Chlore	Chlorine	35,457	18
18	A	Argon	Argon	39,944	22
19	K	Potassium	Potassium	39,096	20
20	Ca	Calcium	Calcium	40,08	20
21	Sc	Scandium	Scandium	45,10	24
22	Ti	Titane	Titanium	47,90	26
23	V	Vanadium	Vanadium	50,95	28
24	Cr	Chrome	Chromium	52,01	28
25	Mn	Manganèse	Mangenese	54,93	30
26	Fe	Fer	Iron	55,86	30
27	Co	Cobalt	Cobalt	58,94	32
28	Ni	Nickel	Nickel	58,69	32
29	Cu	Cuivre	Copper	63,57	34
30	Zn	Zinc	Zinc	65,38	36
31	Ga	Gallium	Gallium	69,72	38
32	Ge	Germanium	Germanium	72,6	41
33	As	Arsenic	Arsenic	74,91	42
34	Se	Sélénium	Selenium	78,96	44
35	Br	Brome	Bromine	79,916	44
36	Kr	Krypton	Krypton	83,7	48
37	Rb	Rubidium	Rubidium	85,48	50
38	Sr	Strontium	Strontium	87,63	49
39	Yt	Yttrium	Yttrium	88,92	50
40	Zr	Zirconium	Zirconium	91,22	51
41	Cb	Niobium	Columbium	92,91	52
42	Mo	Molybdène	Molybdenum	95,95	54
43	Tc	Masurium	Masurium	96,00	53
44	Ru	Ruthénium	Ruthenium	101,7	58
45	Rh	Rhodium	Rhodium	102,91	58
46	Pd	Palladium	Palladium	106,7	60
47	Ag	Argent	Silver	107,88	60
48	Cd	Cadmium	Cadmium	112,41	64
49	In	Indium	Indium	114,76	66
50	Sn	Etain	Tin	118,70	69
51	Sb	Antimoine	Antimony	121,76	72

Nombre atomique / Atomic number (protons)	Symbole / Symbol	Corps simple	Element	Masse atomique / Atomic weight	Neutrons
52	Te	Tellure	Tellurium	127,61	76
53	I	Iode	Iodine	126,92	74
54	Xe	Xénon	Xenon	131,3	77
55	Cs	Césium	Cesium	132,91	78
56	Ba	Baryum	Barium	137,36	81
57	La	Lanthane	Lanthanum	138,92	82
58	Ce	Cérium	Cerium	140,13	82
59	Pr	Praséodyme	Praseodymium	140,92	82
60	Nd	Néodyme	Neodymium	144,27	84
61	Il	Illinium	Illinium	146,00	83
62	Sm	Samarium	Samarium	150,43	88
63	Eu	Europium	Europium	152,00	88
64	Gd	Gadolinium	Gadolinium	156,9	93
65	Tb	Terbium	Terbium	159,2	94
66	Dy	Dysprosium	Dysprosium	162,96	96
67	Ho	Holmium	Holmium	163,5	98
68	Er	Erbium	Erbium	167,2	99
69	Tm	Thulium	Thulium	169,4	100
70	Yb	Ytterbium	Ytterbium	173,04	103
71	Lu	Lutécium	Lutecium	174,99	104
72	Hf	Celtium	Hafnium	178,6	106
73	Ta	Tantale	Tantalum	180,88	108
74	W	Tungstène	Tungsten	183,92	110
75	Re	Rhénium	Rhenium	186,31	112
76	Os	Osmium	Osmium	190,2	114
77	Ir	Iridium	Iridium	193,1	116
78	Pt	Platine	Platinum	195,23	117
79	Au	Or	Gold	197,2	118
80	Hg	Mercure	Mercury	200,61	122
81	Tl	Thallium	Thallium	204,39	124
82	Pb	Plomb	Lead	207,21	125
83	Bi	Bismuth	Bismuth	209,0	126
84	Po	Polonium	Polonium	210,0	128
85	At	Astate	Astatine	218,0	133
86	Rn	Radon	Radon	222,0	136
87	Fr	Francium	Francium	223,0	136
88	Ra	Radium	Radium	226,05	136
89	Ac	Actinium	Actinium	227,05	138
90	Th	Thorium	Thorium	232,06	142
91	Pa	Proctatinium	Proctatinium	231,0	140
92	U	Uranium	Uranium	238,07	146
93	Np	Neptunium	Neptunium	237,0	144
94	Pu	Plutonium	Plutonium	242,0	148
95	Am	Américium	Americium	243,0	148
96	Cm	Curium	Curium	244,0	148
97	Bk	Berkélium	Berkelium	249	152
98	Cf	Californium	Californium	256	158
99	Ae	Athénium	Athenium	255	156
100	Fm	Fermium	Fermium	257	157
101	Md	Mendelevium	Mendelevium	258	157
102	No	Nobelium	Nobelium	255	153
103	Lr	Lawrencium	Lawrencium	260	157
104	Rf	Rutherfordium	Rutherfordium	257	153
105	Ha	Hahnium	Hahnium	262	157

ABRÉVIATIONS INTERNATIONALES DES UNITÉS DE MESURE
INTERNATIONAL ABBREVIATIONS OF UNITS OF MEASURE

Symbole / Symbol	Définition / Definition		Français	English
a	1 a	$= 100\ m^2 = 119,5985\ yd^2$	are	are
a	1 a	$= 365,2425\ d$	année	year
ac	1 ac	$= [US]\ 4046,873\ m^2$	—	acre
atm	1 atm	$= 1,033\ 227\ kp\ cm^{-2}$	atmosphère physique	physical atmosphere
A			ampère	ampere
Å	1 Å	$= 0,1\ nm = 10^{-10}\ m$	Ångström	ångström
b			bar	bar
c	1 c	$= 3,700 \times 10^{10}$ désintégrations par seconde	curie	curie
cal	1 cal	$= 4,1855\ J$	calorie	calorie
ch	1 ch	$= 735,498\ kW$	cheval-vapeur	cf. HP
cm	1 cm	$= 0,3937\ in$	centimètre	centimeter
cm²	1 cm²	$= 0,154\ 999\ in^2$	centimètre carré	square centimeter
cm³	1 cm³	$= 0,999\ 972\ ml$ $= 0,061\ 023\ 38\ in^3$	centimètre cube	cubic centimeter
cps	cps cf. Hz			cycle per second
°C	0 °C	$= 273,15\ °K = 32°F$ $= 0°R$ (Réaumur) $= 491,67\ °R$ (Rankine)	degré centésimal	
d	1 d	$= 1\ m^{-1}$	cf. δ	diopter
dB	1 dB	$= 0,115\ 13\ N$	décibel	decibel
dl	1 dl	$= 100,0028\ cm^3$ $= 6,102\ 509\ in^3$	décilitre	deciliter
dm	1 dm	$= 3,937\ in$	décimètre	decimeter
dm²	1 dm²	$= 15,499\ 97\ in^2$	décimètre carré	square decimeter
dm³	1 dm³	$= 0,999\ 972\ l$ $= 61,023\ 38\ in^3$	décimètre cube	cubic decimeter
δ	cf. d		dioptrie	cf. d
emu			cf. UEM	electromagnetic unit
erg	1 erg	$= 10^{-7}\ J$	erg	erg
esu			cf. UES	electrostatic unit
eV	1 eV	$= 1,602\ 02 \times 10^{-19}\ J$	électron-volt	electron volt
Eq			équivalent (g-val, kg-val)	equivalent (also equiv., g. equiv., kEq, kg. equiv.)
fl. oz	1 fl. oz	$= [US]\ 29,572\ 88\ ml$ $= [GB]\ 28,412\ 27\ ml$		fluid ounce
ft	1 ft	$= 30,480\ cm$		foot
ft²	1 ft²	$= 929,03\ cm^2$		square foot
ft³	1 ft³	$= 28,316\ l$		cubic foot
F			farad	farad
°F			degré Fahrenheit	degree Fahrenheit
g			gramme	gram
gal	1 gal	$= [US]\ 3,785\ 329\ l$ $= [GB]\ 4,545\ 963\ l$		gallon
gi	1 gi	$= [US]\ 118,291\ 5\ ml$ $= [GB]\ 142,061\ 3\ ml$		gill
gr	1 gr	$= 64,798\ 92\ mg$		grain
h	1 h	$= 60\ min$	heure	hour

Symbole *Symbol*		Définition *Définition*	Français	English
ha	1 ha	$= 2{,}471\ 044$ ac	hectare	hectare
hl	1 hl	$= 3{,}531\ 544$ ft³	hectolitre	hectoliter
H			henry	henry
HP	1 HP	$= 735{,}498\ 8$ kW	*cf.* ch	horsepower
Hz	1 Hz	$= 1/S$	hertz	hertz
in	1 in	$=$ [US] $2{,}540\ 005$ cm $=$ [GB] $2{,}539\ 996$ cm		inch
in²	1 in²	$= 6{,}451\ 626$ cm²		square inch
in³	1 in³	$= 16{,}387$ ml		cubic inch
J	1 J	$= 10^7$ erg $= 2{,}7 \times 10^{-7}$ kWh	joule	joule
kcal	1 kcal	$= 4185{,}5$ J	kilocalorie	kilocalorie
kg	1 kg	$= 2{,}204\ 622$ lb. av.	kilogramme	kilogram
km	1 km	$= 0{,}621\ 369$ mi [US] $= 1093{,}611$ yd [US]	kilomètre	kilometer
kW	1 kW	$= 1{,}359\ 622$ PS	kilowatt	kilowatt
kWh	1 kWh	$= 3{,}6 \times 10^6$ J $= 1{,}359\ 622$ PSh	kilowatt-heure	kilowatt-hour
°K			degré Kelvin	degree Kelvin
l	1 l	$= 61{,}025\ 09$ in³	litre	liter
lb. ap.	1 lb. ap.	$= 373{,}241\ 8$ g		pound (apothecary)
lb. av.	1 lb. av.	$= 453{,}592\ 4$ g		pound (avoirdupois)
lb. t.	1 lb. t.	$= 373{,}241\ 8$ g		pound (troy)
liq. pt	1 liq. pt	$= 473{,}166$ ml		liquid pint
liq. qt	1 liq. qt	$= 946{,}3321$ ml		liquid quart
lm			lumen	lumen
lmh			lumenheure	lumenhour
lx			lux	lux
m	1 m	$= 1{,}093\ 61$ yd $= 3{,}280\ 83$ ft	mètre	meter
m²	1 m²	$= 1{,}195\ 98$ yd² $= 10{,}763\ 87$ ft²	mètre carré	square meter
m³	1 m³	$= 1{,}307\ 94$ yd³ $= 35{,}314\ 45$ ft³	mètre cube	cubic meter
mb	1 mb	$= 0{,}750\ 061\ 7$ Torr $= 9{,}869\ 233 \times 10^{-4}$ atm	millibar	millibar
mc	1 mc	$= 3{,}7 \times 10^7$ désintégrations par seconde	millicurie	millicurie
mg	1 mg	$= 0{,}015\ 432$ gr	milligramme	milligram
mho	1 mho	$= 1/\Omega$	ohm réciproque	mho
mi	1 mi	$= 1{,}609\ 34$ km		land mile
min	1 min	$= 60$ s	minute	minute
ml	1 ml	$= 1{,}000\ 028$ cm³ $= 0{,}061\ 025\ 09$ in³	millilitre	milliliter
mm	1 mm	$= 0{,}039\ 37$ in	millimètre	millimeter
mμ *cf.* nm				
mm Hg	1 mm Hg	$= 1333{,}223\ 87$ dyn/cm² $1{,}000\ 000\ 14$ Torr	millimètre de mercure	millimeter of mercury
mm H₂O	1 mm H₂O	$= 98{,}0638$ dyn/cm²	millimètre d'eau	millimeter of water
MU			*cf.* UM	Mach unit
MU			*cf.* UM	mass unit
Mx			maxwell	maxwell
μg	1 μg	$= 1{,}543\ 236 \times 10^{-5}$ gr	microgramme	microgram

SYMBOLE *Symbol*		DÉFINITION *Définition*	FRANÇAIS	ENGLISH
µl	1 µl	$= 1,000\ 028$ mm^3 $= 6,102\ 509 \times 10^{-5}$ in [US]	microlitre	microliter
µm	1 µm	$= 3,937 \times 10^{-5}$ in	micromètre	micrometer
nm	1 nm	$= 3,937 \times 10^{-8}$ in $= 10$ Å	nanomètre	nanometer
N	1 N	$= 10^5$ dyn $\ = 101,971\ 6$ p	newton	newton
oz. ap.	1 oz. ap.	$= 31,103\ 48$ g		ounce (apothecary)
oz. av.	1 oz. av.	$= 28,349\ 53$ g		ounce (avoirdupoids)
oz. t.	1 oz. t.	$= 31,103\ 48$ g		ounce (troy)
Ω			ohm	ohm
ph	1 ph	$= 10^4$ lx	phot	phot
ppm				parts per million
pt	1 pt	$= 568,245\ 4$ ml		pint
qt	1 qt	$= 1,136\ 491$ l		quart
r	1 r	$= 1$ esu$/0,001\ 293$ g air	roentgen	roentgen
rad	1 rad	$= 100$ erg$/1$ g	rad	rad
rem				roentgen-equivalent- man
rep	1 rep	$= 93$ erg/g		roentgen-equivalent- physical
s	1 s	$= 0,016$ min	seconde	second
t			tonne	metric ton
Torr	1 Torr	$= 1333,223\ 68$ dyn/cm^2	torricelli	torricelli
UEM			unité électromagnétique	*cf.* emu
UES			unité électrostatique	*cf.* esu
UM			unité de Mach	*cf.* MU
UM			unité de masse	*cf.* MU
UX			unité X de Siegbahn	*cf.* XU
V			volt	volt
W	1 W	$= 1,359\ 622 \times 10^{-3}$ PS	watt	watt
Wb			weber	weber
XU			*cf.* UX	Siegbahn X-unit
yd	1 yd	$= 0,914\ 4$ m		yard

ANGLAIS-FRANÇAIS

A

a- : a-, préfixe privatif (pour les mots commençant par **a** : *cf.*, le mot sans préfixe).

aa : *cf.*, **ana.**

abacterial, *adj.* : abactérien.

abactio, *s.* : avortement provoqué.

Abadie's sign : signe de Stellwag-Dalrymple, spasme du muscle élévateur de la paupière dans le goitre exophtalmique; **- symptom** : signe d'Abadie, analgésie à la pression du tendon d'Achille.

abalienated, *adj.* : aliéné.

abalienatio mentis (*lat.*) : démence.

abalienation, *s.* : déclin des facultés mentales.

abaptiston, *s.* : trépan pourvu d'une pointe conique.

abarognosis, *s.* : perte du sens du poids.

abarthrosis, *s.* : *cf.*, **abarticulation.**

abarticular, *adj.* : abarticulaire, qui est en dehors de l'articulation.

abarticulation, *s.* : 1. articulation par glissement des surfaces articulaires; 2. luxation.

abasia, *s.* : abasie; **- astasia** : abasie-astasie; **ataxic -** : abasie ataxique; **paralytic -** : abasie paralytique; **paroxysmal -** *or* **spastic -** : abasie paralytique des membres inférieurs; **static -** : abasie statique; **trembling -** *or* **- trepidans** : abasie due à un tremblement des membres inférieurs.

abasic, *adj.* : abasique.

abatardissement, *s.* : abâtardissement.

abatement, *s.* : affaiblissement, atténuation.

Abderhalden's reaction *or* **test** : réaction d'Abderhalden.

abdomen, *s.* : abdomen.

abdominal, *adj.* : abdominal; **- bell-sound** : signe du son abdominal.

abdominocardiac reflex : réflexe abdomino-cardiaque.

abdominocentesis, *s.* : paracentèse abdominale.

abdominohysterotomy, *s.* : hystérotomie abdominale.

abdominoscopy, *s.* : scopie de la cavité abdominale; laparoscopie.

abdominous, *adj.* : abdominal, ventru.

abduct, *v.* : faire un mouvement ayant pour effet d'écarter de la ligne médiane.

abduction, *s.* : abduction, déplacement, séparation, écartement.

abductor, *s.* : abducteur (*cf.*, **musculus**).

Abegg's rule : loi d'Abegg (tous les atomes ont le même nombre de valences).

abenteric, *adj.* : situé hors de l'intestin, extra-intestinal.

abepithymia, *s.* : paralysie du plexus solaire.

Abernethy's fascia : couche tissulaire autour de l'artère iliaque externe; **- operation** : ligature de l'artère iliaque externe; **- sarcoma** : tumeur graisseuse localisée au tronc.

aberrant, *adj.* : aberrant, anormal.

aberratio, *s.* (*lat.*) : aberration (anomalie dans la situation, dans la conformation des organes *ou* dans l'exercice de leurs fonctions).

aberration, *s.* : aberration : 1. déviation du cours habituel; 2. vice de réfraction d'une lentille; **mental -** : confusion mentale.

aberrometer, *s.* : instrument pour mesurer l'aberration optique.

abetalipoproteinemia, *s.* : abétalipoprotéinémie.

abeyance, *s.* : suspension d'activité, de fonctionnement.

ability, *s.* : faculté, puissance physique, capacité.

abiogenesis, *s.* : abiogenèse, archébiose, génération spontanée.

abionergy, *s.* : *cf.*, **abiotrophy.**

abiorexia *or* **abiorexy,** *s.* : abiorexie (anoréxie mentale).

abiosis, *s.* : abiose, absence de vie.

abiotic, *adj.* : abiotique, contraire à la vie.

abiotrophy, *s.* : abiotrophie (défaut de capacité vitale).

abirritant, *s., adj.* : calmant.

abirritation, *s.* : atonie, sensibilité diminuée.

ablactation, *s.* : ablactation, cessation de la lactation (considérée par rapport à la mère).

ablastemic, *adj.* : non germinatif.

ablate, *v.* : enlever, couper, extirper, pratiquer une ablation.

ablatio placentae : détachement prématuré du placenta; **- retinae** : décollement de la rétine.

ablation, *s.* : ablation, enlèvement (section d'un membre, d'un organe, d'une tumeur).

ablepharia, *s.* : ablépharie (absence congénitale totale des paupières).

ablepharous, *adj.* : ablépharique.

ablepsia or **ablepsy,** *s.* : cécité.

ablution, *s.* : ablution, lavage; action de débarrasser des matières étrangères *(chim.).*

abnormal, *adj.* : anormal, irrégulier, difforme.

abnormality or **abnormity,** *s.* : anomalie, malformation, difformité, irrégularité.

abolition, *s.* : abolition, arrêt (d'une fonction), destruction.

aboral, *adj.* : opposé à, éloigné de la bouche.

abort, *v.* : avorter.

aborted, *adj.* : 1. avorté; 2. imparfait, rudimentaire.

aborticide, *s.* : substance qui détruit le fœtus, *ou* personne qui le détruit, *ou* acte commis pour le détruire.

abortient, *adj.* : abortif, avorté.

abortifacient, *s.*, *adj.* : abortif, substance favorisant la résorption.

abortion, *s.* : avortement, développement incomplet (d'un animal, d'une plante, d'un organe), avorton; **to procure -** : faire avorter quelqu'un : **procuring of -** : manœuvres abortives.

abortionist, *s.* : avorteur.

abortive, *adj.* : abortif, avorté.

abou-moukmouk, *s.* : nom de l'alastrim en Afrique centrale.

abrachia, *s.* : abrachie (absence congénitale des bras).

abrade, *v. a.* : raser, frotter, ronger (se dit de l'action des médicaments aigus, corrosifs, des caustiques et des maladies cancéreuses).

abrasion, *s.* : abrasion, éraflure, usure, raclure, excoriation, séparation ou excision de petits fragments muqueux superficiels.

abrasive, *s.*, *adj.* : abrasif.

abreaction, *s.* : abréaction, réapparition à la conscience d'une émotion passée oubliée *ou* maintenue dans le subconscient par des barrages psychiques.

abrin, *s.* : abrine.

abruptio placentae *(lat.)* : *cf.*, **ablatio placentae.**

abscess, *s.* : abcès; **collar-stud -** : abcès en bouton de chemise.

abscissa *s.*, *plur.* **abscissae** *(lat.)* : abscisse.

absinthium, *s.* : absinthe, grande absinthe.

absorbefacient, *adj.* : absorbant, résorbant.

absorbent, *s.*, *adj.* : absorbant; **- cotton-wool** : coton hydrophile, ouate.

absorptiometer, *s.* : absorptiomètre *(chim.).*

absorption, *s.* : absorption, résorption.

absorptive, *adj.* : absorptif (se dit des substances qui ont la faculté d'absorber [*chim.*]).

abstergent, *s.*, *adj.* : abstergent, détersif.

abstersion, *s.* : abstersion, détersion (action de nettoyer).

abstinence, *s.* : abstinence.

abstract or **abstractum,** *s.* : extrait, tiré à part.

abstraction, *s.* : abstraction.

Abt-Letterer-Siwe's disease : maladie d'Abt-Letterer (xanthomatose généralisée).

abtorsion, *s.* : énucléation bilatérale *(ophtal.).*

abulia, *s.* : aboulie (absence *ou* diminution de la volonté).

abutment, *s.* : dent servant d'aboutement pour un bridge.

acalcerosis, *s.* : déficience en calcium.

acalcicosis, *s.* : état dû à une déficience calcique du régime.

acalculia, *s.* : acalculie.

acampsia, *s.* : impossibilité de plier une articulation.

acanthesthesia, *s.* : sensation de piqûre par une pointe.

acanthion, *s.* : point à la base antérieure de la cloison nasale.

acantocephaliasis, *s.* : infestation par des Acanthocéphales *(parasit.).*

Acantocephalus, *s.* : Acantocéphale (ver nématode).

acanthocytosis, *s.* : acanthocytose *(histol.).*

acantholysis, *s.* : acantholyse (état particulier des cellules des corps muqueux de Malpighi, caractérisé par la diminution de leur adhérence réciproque).

acanthoma, *s.* : acanthome (tumeur cutanée développée aux dépens de la couche de Malpighi).

acanthopelvis, *s.* : acanthopelvis, bassin épineux.

acanthosis, *s.* : acanthose (lésion cutanée caractérisée par l'épaississement du corps muqueux de Malpighi); **- nigricans** : acanthosis nigricans, dystrophie papillaire et pigmentaire.

acapnia, *s.* : acapnie (diminution de la teneur du sang en CO_2).

acardia, *s.* : acardie (absence congénitale du cœur).

acardiac, *s.*, *adj.* : acardiaque, anide.

acariasis, *s.* : acariose (infestation par des acares).

acaricide, *s.*, *adj.* : acaricide.

acarid or **acaridan,** *s.* : *cf.*, **acarus.**

acaridiasis, *s.* : acariose.

acarodermatitis, *s.* : acarodermatite.

Acarus, *s.* : acare (type : *Sarcoptes scabiei*).

acaryote, *adj.* : sans noyau, anucléé.

acatalepsy, *s.* : 1. acatalepsie, diagnostic douteux; 2. démence.

acataleptic, *s.* : dément, *adj.* : douteux (se dit du pronostic et du diagnostic d'une maladie).

acatamathesia, *s.* : 1. incapacité de comprendre une conversation; 2. surdité ou cécité psychique entraînant des troubles de la perception.

acataphasia, *s.* : acataphasie (trouble de la faculté du langage).

acathectic, *adj.* : acathectique, incontinent.

acathexia, *s.* : acathexie; incontinence.

acathisia, *s.* : acathésie (impossibilité de s'asseoir ou de rester assis).

acaudal *or* **acaudate,** *adj.* : acaudé, privé de queue.

acaulinosis, *s.* : acaulinose (dermatite mycosique).

accessory olive : olive accessoire.

accladiosis, *s.* : accladiose (ulcération cutanée due à une moisissure observée à Ceylan).

acclimatation, acclimation *or* **acclimatization,** *s.* : acclimatation, acclimatement.

acclimatize, *v.* : acclimater.

accommodation, *s.* : accommodation (*obstét.,* ophtal.).

accretion, *s.* : 1. accroissement organique; 2. apposition; 3. soudure des doigts des orteils.

acelomate, *adj.* : sans cœlome, sans cavité cœlomique.

acenesthesia, *s.* : acénesthésie.

acentric, *adj.* : périphérique, acentrique (chromosome).

acephalia *or* **acephalism,** *s.* : acéphalie (absence de la tête ou d'une partie de la tête).

acephalous, *adj.* : acéphale, sans tête.

acephalus, *s.* : acéphale (monstre sans tête).

aceratosis, *s.* : *cf.,* **akeratosis.**

acervuline, *adj.* : aggminé, agrégé.

acervuloma, *s.* : *cf.,* **psammoma.**

acervulus, *s.,* *or* **acervulus cerebri** (*lat.*) : acervule (granulations calcaires de la glande pinéale et des plexus choroïdes).

acescence, *s.* : acidisme, acescence.

acestoma, *s.* : granulome inflammatoire.

acetabulum, *s.* : acétabule, acetabulum, cavité cotyloïde.

acetaldehyde, *s.* : acétaldéhyde.

acetate, *s.* : acétate.

Acetobacter : *Acetobacter;* **- aceti** : bactérie de la fermentation acétique.

acetometer, *s.* : acétomètre, acétimètre (instrument pour doser l'acide acétique).

acetone, *s.* : acétone.

acetonemia, *s.* : acétonémie.

acetonuria, *s.* : acétonurie.

acetylcholine, *s.* : acétylcholine.

acetylene, *s.* : acétylène.

achalasia, *s.* : achalasie (troubles dans le fonctionnement des sphincters).

Achard-Thiers' syndrome : syndrome d'Achard-Thiers.

ache, *s.* : mal, douleur; *v.* : faire mal, avoir mal; **my feet -** : mes pieds me font mal.

acheilia, *s.* : acheilie, achélie, achilie (absence congénitale totale *ou* partielle des lèvres).

acheiria, *s.* : acheirie ou achirie (absence congénitale de l'une *ou* des deux mains).

Achille's tendon : tendon d'Achille.

achillobursitis, *s.* : bursite du tendon d'Achille.

achillodynia, *s.* : achillodynie (douleur à l'insertion du tendon d'Achille).

achillorraphy, *s.* : suture du tendon d'Achille.

achillotenotomy *or* **achillotomy,** *s.* : ténotomie du tendon d'Achille.

aching, *adj.* : douloureux, endolori.

achlorhydria, *s.* : achlorhydrie, anachlorhydrie.

achlorhydropepsy, *s.* : achlorhydropepsie.

achlorocythemia, *s.* : manque d'hémoglobine dans les globules rouges.

achloropsia, *s.* : achloropsie, achloroblepsie, deutéranopie (daltonisme pour le vert).

achoasma, *s.* : achoasme.

acholia, *s.* : acholie (absence de sécrétion biliaire).

acholuria, *s.* : acholurie.

acholuric, *adj.* : acholurique.

achondroplasia *or* **achondroplasty,** *s.* : achondroplasie.

achoresis, *s.* : achorèse.

Achorion, *s.* : achorion (parasite du favus).

achroma, *s.* : absence de couleur, albinisme.

achromacyte *or* **achromatocyte,** *s.* : achromatocyte, globule rouge décoloré.

achromasia, *s.* : achromasie, décoloration du corps, pâleur cachectique.

achromate, *s.,* *adj.* : achromate.

achromatic, *adj.* : achromatique, incolore.

achromatin, *s.* : achromatine (fond du noyau, ainsi appelé parce qu'il se colore difficilement).

achromatism, *s.* : achromatisme (1. absence d'aberration chromatique; 2. absence de couleur).

achromatolysis, *s.* : désorganisation des éléments colorables d'une cellule.

achromatophil, *adj.* : achromatophile.

achromatopsia, *s.* : achromatopsie, daltonisme (abolition de la perception des couleurs).

achromatosis, *s.* : toute maladie marquée par une déficience de pigmentation.

achromatous, *adj.* : achrome, incolore.

achromaturia, *s.* : achromaturie (état incolore de l'urine).

achromia, *s.* : achromie (diminution ou disparition complète de la pigmentation normale de la peau).

achromic, *adj.* : achrome, achromique, incolore.

achromodermia, *s.* : achromodermie (état incolore de la peau).

achromophil, *adj.* : difficilement colorable.

achromotrichia, *s.* : absence de pigmentation capillaire.

achromycine, *s.* : achromycine.

achylia *or* **achylosis,** *s.* : achylie, anachlorhydropepsie.

achymia *or* **achymosis,** *s.* : absence de chyme.

acicular, *adj.* : aciculaire, en forme d'aiguille.

acid, *s.* : acide; **- base balance** : équilibre acido-basique.

acidaminuria, *s.* : amino-acidurie.

acidemia, *s.* : acidose sanguine.

acid-fast, *adj.* : acido-résistant.

acidifiable, *adj.* : acidifiable.

acidification, *s.* : acidification.

acidimeter, *s.* : acidimètre, acidomètre, pèse-acide.

acidimetry, *s.* : acidimétrie.

acidism or **acidismus,** *s.* : acidisme.

acidity, *s.* : acidité.

acidocyte, *s.* : cellule acidophile.

acidogenic, *adj.* : acidogène.

acidogenesis, *s.* : acidogenèse.

acidophil *or* **acidophilic,** *adj.* : acidophile (1. aisément colorable par les colorants acides; 2. se développant bien en milieu acide).

acidophilism, *s.* : acidophilisme.

acidosic, *adj.* : acidosique.

acidosis, *s.* : acidose, acidité anormale.

acidostéophyte, *s.* : ostéophyte pointu, en forme d'aiguille.

acidulated, *adj.* : acidulé.

acinesia, *s.* : acinésie.

acinesthesia *or* **akinesthesia,** *s.* : acinesthésie ou akinesthésie.

acinetic, *adj.* : acinétique.

aciniform, *adj.* : aciniforme, en forme de grappe.

acinitis, *s.* : inflammation des acini d'une glande.

acinous *or* **acinose,** *adj.* : acineux; **- glands** : glandes conglomérées, glandes en grappe.

acinus, *s.,* plur. **acini** (*lat.*) : acinus (grappe, lobule).

acladiosis, *s.* : dermatite ulcérative due aux moisissures du genre *Acladium*.

aclasia *or* **aclasis,** *s.* : aclasie.

aclastic, *adj.* : aclastique.

acleiocardia, *s.* : béance du trou de Botal.

aclusion, *s.* : occlusion dentaire imparfaite.

acme, *s.* : acmé, période d'état.

acne, *s.* : acné; **- atrophica** or **varioliformis** : acné varioliforme; **congestive -, - erythematous** *or* **rosacea** : acné rosacée, acné érythémateuse,

couperose; **elephantiasic -** *or* **- hypertrophica** : acné hypertrophique, rhinophyma; **- mentagra** : sycosis; **- miliaris** : acné miliaire; **- punctata** : acné ponctuée, comédon; **- sebacea** : acné sébacée.

acneiform, *adj.* : ressemblant à l'acné.

acnemia, *s.* : atrophie des mollets.

acnitis, *s.* : acnitis, dermatose folliculaire.

acomia, *s.* : calvitie.

aconite, *s.* : aconit.

aconitine, *s.* : aconitine.

aconuresis, *s.* : énurèse ou énurésie.

acoprosis, *s.* : formation fécale déficiente.

acorea, *s.* : acorée ou acorie.

acoria, *s.* : appétit insatiable, boulimie.

acouesthesia, *s.* : sensibilité acoustique.

acoumeter *or* **acouometer,** *s.* : acoumètre.

acouophonia, *s.* : percussion à l'auscultation.

acouphone, *s.* : appareil électrique pour sourds.

acousia, *s.* : 1. action involontaire; 2. faculté d'entendre.

acousma, *s.* : audition de bruits imaginaires.

acousmatagnosis, *s.* : acousmatognosie, surdité mentale.

acousmatamnesia, *s.* : surdité par amnésie.

acoustic, *adj.* : acoustique, sonore, phonique.

acoustics, *s.* : science, étude de l'acoustique.

acquired, *p. pas.* : acquis, non congénital.

acragnosis, *s.* : agnosie vis-à-vis des membres.

acral, *adj.* : affectant les extrémités.

acrania, *s.* : absence totale *ou* partielle de crâne.

acrasia, *s.* : toute espèce d'intempérance.

acratia, *s.* : manque absolu de forces.

acraturesis, *s.* : impossibilité d'uriner par atonie de la vessie.

acremoniosis, *s.* : maladie caractérisée par de la fièvre et de l'enflure, due aux champignons du genre *Acremonion*.

acribometer, *s.* : appareil pour mesurer les objets très petits.

acrid, *adj.* : âcre.

Acridia (*lat.*) : famille d'insectes comprenant les acares et les tiques.

acridin, *s.* : acridine.

acriflavin *or* **acriflavine,** *s.* : acriflavine.

acrisia, *s.* : absence de crise dans la guérison d'une maladie.

acritical, *adj.* : acritique, sans crise.

acritochromacy, *s.* : daltonisme.

acro- : acro-, préfixe signifiant : qui a trait aux extrémités.

acroagnosis, *s.* : acroagnosie.

acroblast, *s.* : couche externe du mésoblaste.

acrobystia, *s.* : 1. prépuce; 2. circoncision.

acrobystiolith, s. : calcul du prépuce.

acrobystitis, s. : inflammation du prépuce.

acrocentric, adj. : acrocentrique (chromosome dont le centromère se situe près de l'extrémité).

acrocephalia, s. : acrocéphalie, oxycéphalie, crâne en tour.

acrocephalosyndactylism or **acrocephalosyndactyly,** s. : acrocéphalosyndactylie, maladie d'Apert.

acrochordon, s. : acrochordon, verrue pédiculée.

acrocinesis, s. : acrocinésie, mobilité excessive.

acrocontracture, s. : contracture d'une extrémité.

acrocyanosis, s. : acrocyanose, syndrome de Crocq et Cassirer.

acrodermatitis, s. : acrodermatite.

acrodynia, s. : acrodynie, maladie de Selter-Swift-Feer, trophodermatoneurose.

acro-esthesia, s. : 1. sensibilité exagérée; 2. douleur dans les extrémités.

acrogeria, s. : acrogérie.

acrognosis, s. : faculté de connaissance sensorielle d'un membre.

acrohyperhidrosis, s. : éphidrose des mains et des pieds.

acrohypothermy, s. : hypothermie des mains et des pieds.

acrokeratosis verruciformis (lat.) : acrokératose verruciforme.

acrokinesia, s. : acrocinésie, mobilité anormale.

acrolein, s. : acroléine.

acromacria, s. : acromacrie, dolichosténomélie.

acromastitis, s. : congestion du mamelon.

acromegalia or **acromegaly,** s. : acromégalie, mégalacrie, maladie de Pierre Marie.

acromelalgia, s. : acromélalgie, érythromélalgie.

acrometagenesis, s. : malformation au niveau des membres due à une anomalie de l'hypophyse.

acromial, adj. : acromial.

acromicria, s. : acromicrie (arrêt de développement des extrémités et parfois de la tête, nanisme et adipose).

acromioclavicular, adj. : acromio-claviculaire.

acromiohumeral, adj. : acromiohuméral.

acromion, s. : acromion.

acromiothoracic, adj. : acromio-thoracique.

acromphalus, s. : 1. centre de l'ombilic; 2. premier stade de la hernie ombilicale; 3. extrémité du cordon ombilical qui tient au nombril de l'enfant.

acromyotonia, s. : myotonie des extrémités.

acronarcotic, s. : narcotique âcre; adj. : à la fois narcotique et âcre.

acronecrosis, s. : acronécrose, nécrose du sommet.

acroneurosis, s. : acroneurose (troubles nerveux des extrémités).

acronyx, s. : ongle incarné.

acropachy, s. : doigts hippocratiques (en baguettes de tambour).

acropachydermia, s. : acropachydermie.

acroparalysis, s. : paralysie des extrémités.

acroparesthesis, s. : acroparesthésie, fourmillement des extrémités.

acropathology, s. : pathologie des extrémités.

acropathy, s. : acropathie (nom générique donné aux affections des extrémités).

acropetal, adj. : acropète.

acrophobia, s. : acrophobie (phobie des lieux élevés).

acroposthitis, s. : acroposthite (inflammation du prépuce).

acroscleroderma, s. : sclérodactylie, sclérodermie limitée aux doigts.

acrose, s. : sucre optiquement inactif.

acrosome, s. : acrosome, bouton céphalique (biol.).

acrosphacelus, s. : gangrène des doigts.

acrostealgia, s. : acrostéalgie, apophysite due au surmenage.

acrotic, adj. : 1. se rapportant à une pulsation défectueuse; 2. se rapportant aux glandes de la peau.

acrotism, s. : pulsation défectueuse.

acrotrophoneurosis, s. : acrotrophonévrose, trophonévrose des extrémités.

ACTH : abréviation pour : hormone adrénocorticotrope.

actinic, adj. : actinique; **- balance** : bolomètre.

actinism, s. : actinisme (1. propriétés chimiques des rayons lumineux; 2. radiation actinique, science de la radiation actinique).

actinium, s. : actinium.

actinocutitis, s. : actinodermatose, actinite (dermatose due à l'action des rayons lumineux).

actinogen, s. : corps radio-actif.

actinogen, actinogenic, adj. : actinogène (émettant des radiations).

actinogenesis, s. : formation de rayons actiniques.

actinogramme, s. : radiographie.

actinograph, s. : radiographie.

actinology, s. : actinologie (science consacrée à l'étude des rayons lumineux et à leur action biologique).

actinolyte, s. : appareil pour concentrer les rayons lumineux en photothérapie.

actinometer, s. : actinomètre; **recording -** : actinographe.

actinometry, s. : actinométrie.

Actinomyces, s. : Actinomycète (type *Actinomyces bovis*).

actinomycin, s. : actinomycine.

actinomycoma, s. : tumeur due aux actinomycètes.

actinomycosis, s. : actinomycose (maladie infectieuse due aux actinomycètes).

actinoneuritis, *s.* : névrite due aux rayons X ou au radium.

actinopraxis, *s.* : *cf.*, **actinotherapy**.

actinoscopy, *s.* : actinoscopie (étude de la transparence des tissus et des organes).

actinotherapy, *s.* : actinothérapie (toute méthode thérapeutique utilisant les radiations, en particulier les rayons lumineux, ultra-violets et infrarouges).

actinotoxemia, *s.* : toxémie actinique.

activate, *v.* : activer.

activation, *s.* : activation.

activator, *s.* : activateur. 1. co-enzyme; 2. inducteur, organisateur *(embryol.)*.

acufilopressure, *s.* : acupressure et ligature combinées (pour arrêter une hémorragie).

acuity, *s.* : acuité.

acuminate, *adj.* : acuminé, acumineux *(bot.)*, pointu.

acupression *or* **acupressure**, *s.* : acupressure (mode de compression d'une artère à l'aide d'une aiguille).

acupuncture, *s.* : acupuncture, acuponcture (introduction dans les tissus *ou* les organes d'aiguilles dans un but thérapeutique).

acus *s. (lat.)* : aiguille.

acute, *adj.* : aigu.

acuteness, *s.* : acuité, intensité (d'une douleur), caractère aigu d'une maladie, finesse (d'ouïe), acuité (de la vision).

acutorsion, *s.* : acupressure et torsion combinées (pour arrêter une hémorragie).

acyclic, *adj.* : acyclique.

acyesis, *s.* : 1. stérilité féminine; 2. absence de grossesse; 3. incapacité d'accoucher normalement.

acystia, *s.* : absence congénitale de vessie.

acystinervia *or* **acystineuria**, *s.* : paralysie de la vessie; atonie vésicale.

ad. *(lat.* **addete)** : ad., abréviation pour addete, ajouter.

adacrya, *s.* : déficience de la sécrétion lacrymale.

adactylia, *s.* : absence congénitale de doigts.

adactylous, *adj.* : sans doigts.

adamantine, *adj.* : adamantin.

adamantinome *or* **adamantoma**, *s.* : adamantinome (tumeur des maxillaires provenant des restes de l'appareil dento-formateur).

adamantoblast, *s.* : adamantoblaste, cellule adamantine.

adamantoblastoma, *s.* : hyperplasie de cellules adamantines.

Adam's apple : pomme d'Adam.

Adam's operation : ostéotomie pour ankylose du col du fémur; 2. aponévrotomie pour maladie de Dupuytren.

Adams-Stokes' disease *or* **syndrome** : maladie *ou* syndrome de Stokes-Adams.

adaptation *or* **adaption**, *s.* : adaptation; 1. accommodation; 2. adaptation rétinienne.

adapter *or* **adaptor**, *s.* : allonge d'alambic *(chim.)*; parquet d'adaptation de l'appareil *(phot.)*; **plate -** : cadre intermédiaire, châssis adaptateur; **lens -** : bague porte-objectif.

adaptometer, *s.* : adaptomètre.

adaptometry, *s.* : adaptométrie (mesure de l'adaptation rétinienne).

adatome, *s.* : atome adsorbé sur une surface.

addephagia, *s.* : boulimie.

addict, *adj.* : intoxiqué; **drug -** : toxicomane.

addiction, *s.* : accoutumance, assuétude, toxicomanie (trois degrés d'une même tendance); asservissement d'un sujet à une drogue; **- to morphia** : morphinomanie.

addisonism, *s.* : addisonisme (syndrome atténué de la maladie d'Addison constaté au cours de certaines maladies).

Addison's disease : maladie d'Addison, maladie bronzée.

adduction, *s.* : adduction (mouvement d'un membre *ou* d'un segment de membre le rapprochant du plan médian du corps).

adductor, *s.* : adducteur (muscle adducteur).

adelomorphous, *adj.* : de forme indéfinie.

adelphotaxy, *s.* : tendance des cellules à se disposer d'une manière déterminée.

adenalgia *or* **adenalgy**, *s.* : douleur glandulaire.

adenase, *s.* : enzyme de la rate, du pancréas et du foie.

adenasthenia, *s.* : asthénie glandulaire.

adendric, *adj.* : adendrique.

adenectomy, *s.* : adénectomie (ablation des végétations adénoïdes).

adenectopia, *s.* : adénectopie (situation d'une glande hors de sa place normale).

adenemphraxis, *s.* : obstruction d'un conduit glandulaire.

adenia, *s.* : adénie, lymphadénie de Bonfils, lymphadénie aleucémique à forme ganglionnaire.

adeniform, *adj.* : en forme de glande.

adenine, *s.* : adénine (acide aminé, constituant essentiel de l'ATP et des acides nucléiques).

adenitis, *s.* : adénite.

adenoblast, *s.* : 1. cellule ganglionnaire; 2. cellule embryonnaire d'où provient le tissu ganglionnaire.

adenocarcinome, *s.* : adénocarcinome, adénocancer.

adenocele, *s.* : adénocèle (tumeur kystique ganglionnaire).

adenocellulitis, *s.* : inflammation d'une glande et du tissu conjonctif environnant.

adenochondroma, *s.* : adénochondrome (chondrome au niveau d'une glande).

adenochrome, *s.* : adénochrome (pigment des glandes surrénales).

adenocyst *or* **adenocystoma,** *s.* : adénokystome, cystadénome.

adenodynia, *s.* : adénodynie, douleur ganglionnaire.

adenofibroma, *s.* : adénofibrome.

adenofibromyome, *s.* : adénofibromyome.

adenogenous, *adj.* : d'origine glandulaire.

adenoglanditis, *s.* : conjonctivite du nouveau-né inflammation des glandes de Meibomius et de la conjonctive.

adenography, *s.* : adénographie.

adenohypersthenia, *s.* : hypersthénie glandulaire.

adenohypophysis, *s.* : adénohypophyse (lobe antérieur de l'hypophyse).

adenoid, *adj.* : adénoïde.

adenoidectomy, *s.* : excision des végétations adénoïdes.

adenoiditis, *s.* : adénoïdite (poussée inflammatoire au niveau des végétations adénoïdes).

adenoids, *s. plur.* : végétations adénoïdes (hypertrophie du tissu glandulaire dans le naso-pharynx des enfants).

adenolipoma, *s.* : adénolipome.

adenolipomatosis, *s.* : adénolipomatose.

adenology, *s.* : adénologie.

adenolymphitis, *s.* : lymphadénite.

adenolymphocele, *s.* : adénolymphocèle (dilatation variqueuse des ganglions lymphatiques).

adenolymphoma, *s.* : lymphadénome, lymphome.

adenoma, *s.* : adénome; **thyroid -** : adénome thyroïdien *ou* thyrotoxique.

adenomalacia, *s.* : adénomalacie (ramollissement anormal des glandes).

adenomatome, *s.* : pinces coupantes pour végétations adénoïdes.

adenomatosis, *s.* : adénomatose.

adenomatous, *adj.* : adénomateux.

adenomycosis, *s.* : mycose ganglionnaire.

adenomyoma, *s.* : adénomyome, endométriome.

adenomyxoma, *s.* : adénomyxome (tumeur développée aux dépens des éléments d'une glande, le tissu conjonctif évoluant suivant le type muqueux).

adenomyxosarcoma, *s.* : myxosarcome glandulaire.

adenoncosis, *s.* : tuméfaction glandulaire.

adenoncus, *s.* : tumeur glandulaire.

adenoneure, *s.* : neurone contrôlant le fonctionnement glandulaire.

adenopathy, *s.* : adénopathie.

adenopharyngitis, *s.* : adénopharyngite.

adenophthalmia, *s.* : inflammation des glandes de Meibomius.

adenosarcoma, *s.* : adénosarcome.

adenosclerosis, *s.* : sclérose glandulaire.

adenosine, *s.* : adénosine (molécule formée par l'association d'adénine et de ribose).

adenosis, *s.* : adénose.

Adénot's experiment : expérience d'Adénot.

adenotome, *s.* : adénotome.

adenotomy, *s.* : adénotomie.

adenotonsillectomy, *s.* : adéno-amygdalectomie.

adenovirus, *s.* : adénovirus.

adenylic acid : acide adénylique.

adeps, *s.* : lard, axonge.

adermia, *s.* : adermie, absence de peau.

adermine, *s.* : vitamine B6, pyridoxine.

adermogenesis, *s.* : développement cutané déficient.

adermotrophia, *s.* : atrophie cutanée.

ADH : abréviation pour **anti-diuretic hormone** : hormone anti-diurétique.

adherent pleura : symphyse pleurale; **- pericardium and pleura** : symphyse pleuro-péricardique.

adhesion, *s.* : adhérence; **pleuritic -** : adhérences pleurales.

adhesiotomy, *s.* : section chirurgicale des adhérences.

adhesive, *s., adj.* : adhésif, adhérent; **- attraction** : attraction moléculaire.

adhesiveness, *s.* : adhésivité.

adiadococinesia *or* **- kinesia,** *s.* : adiadococinésie.

adiaphanous, *adj.* : opaque.

adiaphoresis, *s.* : adiaphorèse (défaut *ou* suppression de la transpiration).

adiaphoria, *s.* : neutralité (*chim.*).

adiastole, *s.* : adiastolie.

adiathermancy, *s.* : imperméabilité à la chaleur.

Adie's syndrome : maladie *ou* syndrome d'Adie, syndrome de Weil et Reys (affection non syphilitique caractérisée par des troubles pupillaires et l'abolition des réflexes tendineux).

adiemorrhysis, *s.* : arrêt de la circulation sanguine.

adipectomy, *s.* : excision de tissu adipeux.

adipic *or* **adipose,** *adj.* : adipeux; **- acid** : acide adipique.

adipocele, *s.* : hernie renfermant du tissu adipeux.

adipocellular, *adj.* : formé de tissu adipeux et conjonctif.

adipocere, *s.* : adipocire, gras de cadavre.

adipofibroma, *s.* : fibrome à éléments adipeux.

adipogenous, *adj.* : adipogène.

adipolysis, *s* : hydrolyse, destruction des graisses.

adipolytic, *s., adj.* : adipolytique.

adipoma, *s.* : lipome, adipome (tumeur formée de tissu adipeux).

adiponecrosis, *s.* : adiponécrose.

adipopectic *or* **adipopexic,** *adj.* : adipopexique.

adipopexis, *s.* : fonction adipopexique.

adipose, *adj.* : adipeux.

adiposis, *s.* : adipose, adiposité, lipomatose ; **- dolorosa** : adipose douloureuse, maladie de Dercum.

adiposogenital syndrome : dystrophie adiposo-génitale, syndrome de Babinski-Frölich.

adiposuria, *s.* : lipurie (présence de graisses dans l'urine).

adipsia, *s.* : adipsie (absence de soif).

aditus, *s. (lat.)* : entrée; **- ad antrum** : aditus ad antrum (*anat.*); **- pelvis** : détroit supérieur du bassin.

adjacent, *adj.* : contigu.

adjunction, *s.* : adjonction.

adjustment, *s.* : ajustement, ajustage, mise au point (*micr.*); réajustement.

adjuvant, *s.* : adjuvant, remède auxiliaire.

Adler's theory : théorie d'Adler (le développement des névroses est dû à une sensation d'infériorité).

adnerval *or* **adneural**, *adj.* : se produisant à un nerf, situé sur un nerf.

adnex, *s., plur.* **adnexa** *(lat.)* : annexe; **- oculi** : glandes lacrymales; **- uteri** : trompes et ovaires.

adnexal, *adj.* : se rapportant aux annexes.

adnexectomy, *s.* : annexectomie, salpingo-ovariectomie.

adnexitis, *s.* : annexite (inflammation des annexes).

adnexogenesis, *s.* : développement embryonnaire des annexes.

adnexopexy, *s.* : annexopexie, salpingo-ovariopexie.

adolescence, *s.* : adolescence.

adolescent, *s.* : adolescent.

adoral, *adj.* : situé près de la bouche.

ADP : abréviation pour adénosine diphosphate.

adrenal, *s.* : glande ou capsule surrénale; **- cortex** : cortico-surrénale; *adj.* : surrénal.

adrenalectomy, *s.* : surrénalectomie.

adrenalemia, adrenalinemia *or* **adreninemia**, *s.* : adrénalinémie (présence d'adrénaline dans le sang).

adrenalinuria, *s.* : adrénalinurie (présence d'adrénaline dans l'urine).

adrenalitis *or* **adrenitis**, *s.* : surrénalite (inflammation des capsules surrénales).

adrenergic, *adj.* : adrénergique.

adrenergy, *s.* : adrénergie, sympathicotonie.

adrenochrome, *s.* : adrénochrome (produit de l'oxydation de l'adrénaline).

adrenocorticomimetic, *adj.* : adrénalocorticomimétique.

adrenocorticotropic hormone : hormone corticotrophique, A.C.T.H.

adrenodontia, *s.* : adrénodontie.

adrenodullotropic, *adj.* : adrénodullotropique.

adrenogenital syndrome : syndrome génito-surrénal.

adrenotoxin, *s.* : adrénotoxine.

adrenotropic, *s.* : adrénotrope.

adrenotropism, *s.* : adrénotropisme; caractéristique présentant une prédominance surrénale sur les autres fonctions endocrines.

Adson's operation : opération d'Adson.

adsorbate, *s.* : adsorbat (substance adsorbée).

adsorbent, *s.* : adsorbant (substance qui adsorbe).

adsorption, *s.* : adsorption.

adterminal, *adj.* : se déplaçant vers l'insertion du muscle (se dit des courants électriques [*physiol.*]).

adtorsion, *s.* : strabisme double convergent.

adulterated, *adj.* : adultère, falsifié.

adulteration, *s.* : falsification.

adustion, *s.* : cautérisation.

advancement, *s.* : (avancement) opération pour corriger le strabisme (*ophtal.*).

adventitia, *s. (lat.)* : tunique externe, tunique adventice.

adventitious sounds : bruits adventices.

adynamia, *s.* : adynamie, asthénie.

adynamic, *adj.* : adynamique, asthénique.

Aeby's plane : plan passant par le basion et le point nasal, perpendiculaire au plan médian (*craniométrie*).

Aedes : *Aedes*, genre de moustiques, *Stegomyia*.

aerated blood : sang artériel.

aeration, *s.* : aérification; **- of blood** : artérialisation du sang (*physiol.*).

aeremia *or* **aeropathy**, *s.* : aérémie, maladie des caissons.

aerendocardia, *s.* : présence d'air dans le cœur.

aerenterectasia, *s.* : flatulence, distension de l'intestin par de l'air ou des gaz.

aerhemoctonia, *s.* : mort par la présence d'air dans un vaisseau sanguin.

aerial, *adj.* aérien.

aeriferous, *adj.* : aérifère.

aeriform, *adj.* : aériforme, qui a l'apparence de l'air, gazeux.

aerobe, *s.* : aérobie.

aerobic, *adj.* : aérobie.

aerobion, *s., plur.* **aerobia** : aérobie.

aerobiosis, *s.* : aérobiose.

aerocele, *s.* : tumeur de la région thyroïdienne variant sous l'influence de la respiration, laryngocèle.

aerocolia *or* **aerocoly**, *s.* : aérocolie (distension du côlon par air ou gaz).

aerocystoscopy, *s.* : examen de la vessie préalablement distendue par infiltration d'air.

aerodermectasia, *s.* : 1. emphysème d'origine chirurgical; 2. emphysème sous-cutané.

aerodontalgia, *s.* : aérodontalgie (mal de dents réflexe dû à une réduction de la pression atmosphérique).

aerodynamics, *s.* : aérodynamique.

aero-embolism, *s.* : aéro-embolisme, maladie des caissons.

aerogen, *s.* : bacille aérogène.

aerogenic, *adj.* : aérogène (qui produit de l'air *ou* des gaz).

aerohydropathy *or* **aerohydrotherapy**, *s.* : aérothérapie combinée à l'hydrothérapie.

aerology, *s.* : aérologie.

aerometer, *s.* : aéromètre.

aeromicrobe, *s.* : bacille aérobie.

aero-otitis media : otite moyenne par traumatisme aérien.

aeroperitonia, *s.* : présence d'air *ou* de gaz dans la cavité péritonéale.

aerophagy, *s.* : aérophagie.

aerophilous, *adj.* : aérophile.

aerophyte, *s., adj.* : aérophyte (microbe ou plante vivant exclusivement dans l'air).

aeropiesotherapy, *s.* : aéropiésie, aéropiésothérapie, thérapeutique par air comprimé *ou* raréfié (1. cure d'altitude; 2. chambre pneumatique).

aeroplethysmograph, *s.* : aéropléthysmographe (appareil pour enregistrer les changements de volume du thorax pendant la respiration).

aeropleuria, *s.* : pneumothorax.

aeroporotomy, *s.* : opération destinée à admettre l'air dans les poumons, soit par intubation, soit par trachéotomie.

aeroscope, *s.* : aéroscope.

aerosinusitis, *s.* : barosinusite.

aerosol, *s.* : aérosol.

aerostatics, *s.* : aérostatique.

aerotaxis, *s.* : aérotactisme, incitation motrice par l'oxygène.

aerotherapeutics *or* **aerotherapy**, *s.* : aérothérapie, cure d'air.

aerothermotherapy, *s.* : aérothermothérapie (emploi thérapeutique de l'air chaud).

aerothorax, *s.* : pneumothorax.

aerotonometer, *s.* : aérotonomètre (appareil pour mesurer la tension des gaz dans le sang et les autres liquides de l'organisme).

aerotympanal, *adj.* : tympano-aérien.

aero-urethroscope, *s.* : urétroscope insufflateur.

aero-urethroscopy, *s.* : urétroscopie avec insufflation.

Aertrycke's bacillus : bacille d'Aertrycke.

aesthesiometer, *s.* : esthésiomètre.

afebrile, *adj.* : apyrétique.

affect, *s.* : disposition, condition mentale, réaction émotionnelle à un stimulus *(psych.)*.

affection, *s.* : affection (processus morbide envisagé dans ses manifestations actuelles, abstraction faite de ses causes).

affective, *adj.* : affectif (exprimant un état mental [*psych.*]).

affectivity, *s.* : affectivité.

afferent, *adj.* : afférent, centripète.

affinity, *s.* : affinité; **chemical -** : affinité chimique; **elective -** : affinité élective.

afflux *or* **affluxion**, *s.* : afflux.

affusion, *s.* : affusion.

aflatoxin, *s.* : aflatoxine (facteur toxique produit par *Aspergillus flavus*, moisissure pathogène).

African lethargy : léthargie d'Afrique, maladie du sommeil, cathypnose, hypnosie.

after, *adv.* : après, à venir, arrière; **- birth** : arrière-faix, délivre ; **- brain** : mésencéphale ; **- care** : surveillance (de convalescents); **- effects** : séquelles (d'une maladie); **- image** : image persistante (sur la rétine); **- pains** : tranchées utérines; **- treatment** : soins ultérieurs (à donner à un convalescent), traitement ultérieur (d'un produit).

agalactia, *s.* : agalactie, agalaxie (absence de sécrétion lactée après l'accouchement).

agalorrhea, *s.* : arrêt de la sécrétion lactée.

agamete, *s.* : agamète (protozoaire se reproduisant asexuellement).

agammaglobulinemia, *s.* : agammaglobulinémie.

agamogenesis, *s.* : reproduction asexuée.

agar *or* **agar-agar**, *s.* : agar, gélose; **chocolate -** : gélose chocolat, gélose au sang cuit; **deep -** : gélose profonde, gélose en culot; **dehydrated -** : gélose en poudre; **granular -** : gélose en paillettes; **heart infusion -** : gélose au bouillon de cœur; **liver infusion -** : gélose au bouillon de foie; **liver veal infusion -** : gélose au bouillon de foie de veau; **nutrient -** : gélose nutritive; **- plate** : plaque de gélose; **- slant** : gélose inclinée; **starch -** : gélose à l'amidon; **sugar -** : gélose au sucre.

agaric : agaric.

agastria, *s.* : agastrie, absence d'estomac.

agastric, *adj.* : agastrique.

agastroneuria, *s.* : défaut d'action nerveuse de l'estomac.

agenesis, *s.* : agénésie (1. impuissance; 2. arrêt partiel du développement de l'embryon; 3. homogénie agénésique [*anthrop.*]).

agenitalism, *s.* : complexe des hommes atteints d'anorchie, des femmes atteintes d'anovarie.

agenosomia, *s.* : développement défectueux des organes génitaux.

agent, *s.* : agent.

ageusia *or* **ageustia**, *s.* : agueusie, ageustie (diminution *ou* abolition du sens du goût).

agger nasi, *s. (lat.)* : crête ethmoïdale, agger nasi.

agglomerated, *adj.* : aggloméré.

agglutinable, *adj.* : agglutinable.

agglutinant or **agglutinative**, *s.*, *adj.* : agglutinant.

agglutinatio *(lat.)* : agglutination; **- maxillae inferioris** : trismus.

agglutination, *s.* : agglutination; **bacteriogenic -,** or **T -** : bactério-agglutination.

agglutinator, *s.* : agglutinateur.

agglutinin, *s.* : agglutinine; **cold -** : cryoagglutinine.

agglutinogen, *s.*, *adj.* : agglutinogène.

agglutinoid, *s.* : agglutinine dont le groupe zymotoxique est affaibli ou détruit.

agglutometer, *s.* : agglutomètre.

aggregate, *s.* : agrégat.

aggregated, *adj.* : agrégé; **- glands** : plaques de Peyer *(anat.)*.

aggregation or **agmen**, *s.* : agrégation, agglomérat.

aggressin, *s.* : agressine (substance particulière sécrétée par certaines bactéries et possédant une action agressive envers les cellules de l'organisme).

aggression, *s.* : agression.

aggressivity, *s.* : agressivité.

aggressor, *s.* : agresseur.

aging, *s.* : vieillissement.

agitation, *s.* : agitation (physique et mentale).

agitographia, *s.* : agitographie (écriture hâtive et inexacte).

agitophasia, *s.* : agitophasie (parole hâtive, embarrassée et inexacte).

aglaukopsia, *s.* : daltonisme pour le vert.

aglobulia, *s.* : aglobulie (diminution du nombre total des globules rouges).

aglossia, *s.* : aglossie (absence congénitale de langue).

aglutition, *s.* : impossibilité d'avaler.

aglycemia, *s.* : absence de glycémie.

aglycosuric, *s.*, *adj.* : exempt de glycosurie.

agmatology, *s.* : traité des fractures.

agminate, *adj.* : aggminé, agrégé; **- glands** : plaques de Peyer.

agnathia, *s.* : agnathie (absence congénitale du maxillaire inférieur).

agnea, *s.* : état du malade qui ne reconnaît rien de ce qui l'entoure.

agnogenic, *adj.* : d'origine inconnue.

agnosia, *s.* : agnosie.

agomphiasis, *s.* : déchaussement des dents.

agonad, *s.* : castrat, individu sans gonades.

agonadal, *adj.* : castré, sans gonades.

agonal, *adj.* : agonisant.

agonist, *s.*, *adj.* : agoniste (se dit d'un muscle dont l'action produit le mouvement désiré).

agony, *s.* : agonie.

agoraphobia, *s.* : agoraphobie, peur des espaces.

agraffe, *s.* : agrafe.

agramatism, *s.* : agrammatisme; 1. vice de prononciation par omission de lettres dans un mot; 2. aphasie syntactique.

agranulocyte, *s.* : leucocyte non granuleux.

agranulocytosis, *s.* : agranulocytose, aneutrophilie, granulocytopénie maligne.

agranuloplastic, *adj.* : incapable de former des cellules granuleuses.

agraphia, *s.* : agraphie, aphasie motrice graphique.

agraphic, *adj.* : atteint de, *ou* se rapportant à l'agraphie.

agria, *s.* : éruption pustuleuse.

agronomy, *s.* : agronomie.

agrypnia, *s.* : agrypnie, insomnie.

agrypnocoma, *s.* : coma vigil, coma agrypnode.

agrypnotic, *s.*, *adj.* : agrypnode (empêchant le sommeil, causant l'insomnie, médicament empêchant le sommeil).

ague, *s.* : fièvre intermittente; **fit of -** : accès de fièvre; **- spleen, - cake** : rate hypertrophiée, splénomégalie.

aguish, *adj.* : fiévreux, fébrile; **- climate** : climat paludéen; **- person** : impaludé.

agyria, *s.* : agyrie (développement défectueux des circonvolutions cérébrales).

ahypnia, *s.* : insomnie.

aid, *s.* : aide; 1. assistance; 2. assistant; **first -** : premiers secours.

ailment, *s.* : mal, maladie légère; **- due to teething** : troubles de la dentition.

ainhum, *s.* : aïnhum (affection caractérisée par l'amputation spontanée d'un orteil; ne s'observe que dans la race noire et ne frappe que le sexe masculin).

air, *s.* : air; **- bladder** : vésicule aérienne, vessie natatoire *(icht.)*; **- borne** : d'origine atmosphérique *ou* aérienne; **- borne infection** : contamination par inhalation; **- cells** : alvéoles pulmonaires; **- conditioning** : climatisation; **- cure** : cure d'air; **- duct** : canal aérien (des poissons, etc.); **- pollution** : pollution atmosphérique; **- sacs** : sacs aériens (oiseaux).

airways : voies aériennes ou voies respiratoires.

akaryocyte, *s.* : globule rouge sans noyau.

akatama, *s.* : névrite périphérique sévissant en Afrique occidentale.

akatamathesia, *s.* : impossibilité de comprendre.

akathisia, *s.* : akathisie, acathésie, acathisie (impossibilité de s'asseoir *ou* de rester assis).

akembe or **onyalai**, *s.* : chilopa (purpura thrombopénique des Africains).

akeratosis or **aceratosis**, *s.* : akératose (absence de formation du tissu corné).

akidopeirastica, *s.* : akidopeirastique, méthode d'exploration au moyen d'instruments piquants.

akinesia, *s.* : akinèse, acinésie, immobilisation, paralysie; **- algera** : akinesia algera, syndrome de Moebius (syndrome caractérisé par des sensations douloureuses à l'occasion des mouvements volontaires).

aknephascopia, *s.* : héméralopie, amblyopie crépusculaire.

akoasm, *s.* : akoasme (ensemble des hallucinations auditives élémentaires et différenciées).

ala, *s., plur.* **alae** *(lat.)* : aile, apophyse en forme d'aile; **- cinerea** : aile grise du plancher du quatrième ventricule; **- magna** : grande aile du sphénoïde; **- nasi** : aile du nez; **- parva** : petite aile du sphénoïde; **- vespertilionis** : ligament large de l'utérus.

alalia, *s.* : alalie, aphémie, aphasie motrice vocale.

alambic, *s.* : alambic.

alar, *adj.* : se rapportant à une aile, en forme d'aile, alaire.

alastrim, *s.* : alastrim, paravariole.

alate, *adj.* : ailé.

alba, *s.* : substance blanche (moelle épinière).

albaras, *s.* : maladie cutanée avec formation de plaques blanches.

albation, *s.* : albation, albification, déalbation; opération ayant pour résultat le blanchiment *(chim.)*.

albedo, *s.* : blancheur; **- retinae** : œdème de la rétine.

Albee's operation : opération *ou* méthode d'Albee.

Albers-Schönberg disease : maladie d'Albers-Schönberg, ostéopétrose.

Albert's disease : achillodynie, achillobursite; **- operation** : opération d'Albert, arthrodèse.

Albini's nodules : nodosités d'Albini, nodosités de Cruveilhier.

albinism, *s.* : albinisme.

albino, *s.* : albinos (individu atteint d'albinisme); *adj.* : albinos.

albinuria, *s.* : 1. chylurie (blancheur de l'urine); 2. albuminurie.

albocinereus, *adj.* : renfermant de la substance blanche et de la substance grise.

Albright's syndrome *or* **disease** : syndrome *ou* maladie d'Albright : ostéite fibrokystique, *ou* maladie de Recklinghausen.

albuginea, *s. (lat.)* : albuginée, couche de tissu fibreux blanc recouvrant un organe; **- oculi** : sclérotique; **- testis** : tunique albuginée du testicule.

albugineotomy, *s.* : incision de la tunique albuginée.

albuginitis, *s.* : albuginite (inflammation du tissu albuginé ou fibreux).

albugo, *s.* : albugo (1. troubles trophiques des ongles; 2. taches blanches de la cornée).

albumen, *s.* : albumen.

albumin, *s.* : albumine.

albuminate, *s.* : albuminate.

albuminaturia, *s.* : présence d'albuminates dans l'urine.

albuminemia, *s.* : albuminémie.

albuminiferous, *adj.* : produisant de l'albumine.

albuminimeter, *s.* : albuminimètre (appareil pour mesurer l'albumine dans l'urine).

albuminiparous, *adj.* : produisant de l'albumine.

albuminocholia, *s.* : albuminocholie (présence d'albumine dans la bile).

albuminogenous, *adj.* : produisant de l'albumine.

albuminoid, *s., adj.* : albuminoïde.

albuminolysin, *s.* : lysine détruisant les albumines.

albuminolysis, *s.* : protéolyse.

albuminorrhea, *s.* : élimination excessive d'albumines.

albuminosis, *s.* : excès anormal d'éléments albumineux ou l'état qui en découle.

albuminuria, *s.* : albuminurie (présence d'albumine dans l'urine); **postural -** : albuminurie orthostatique (causée par la station debout).

albumoscope, *s.* : appareil pour déceler la présence de l'albumine dans l'urine et la doser.

albumose, *s.* : albumose.

albumosemia, *s.* : albumosémie (albumose dans le sang).

albumosuria, *s.* : albumosurie (albumose dans l'urine).

alcalescent *or* **alkalescent,** *adj.* : alcalescent.

Alcaligenes, *s.* : *Alcaligenes* (bactéries de l'intestin d'animaux normaux).

alcogel, *s.* : alcogel (gel ayant l'alcool pour solvant [*chim.*]).

alcohol, *s.* : alcool.

alcoholase, *s.* : alcoolase (enzyme qui transforme l'acide lactique en alcool).

alcoholate, *s.* : alcoolat.

alcoholature, *s.* : alcoolature.

alcoholemia, *s.* : alcoolémie (alcool dans le sang).

alcoholic, *adj.* : alcoolique.

alcoholism, *s.* : alcoolisme.

alcoholize, *v.* : alcooliser.

alcoholomania, *s.* : alcoolomanie, dipsomania.

alcoholometer, *s.* : alcoolomètre.

alcoholophilia, *s.* : besoin morbide de boissons alcooliques.

alcoholuria, *s.* : présence d'alcool dans l'urine.

alcosol, *s.* : alcoosol, solution colloïdale alcoolique.

aldehyde, *s.* : aldéhyde.

aldolase, *s.* : aldolase.

aldosterone, *s.* : aldostérone.

aldosteronism, *s.* : aldostéronisme.

alecital, *adj.* : alécithe (se dit de l'œuf de mammifère qui ne renferme pas de jaune distinct).

alembic, *s.* : alambic.

alemmal, *adj.* : dénotant une fibre nerveuse dépourvue de gaine.

Aleppo boil, - button, - sore : bouton d'Alep, bouton d'Orient.

aletocyte, *s.* : cellule errante.

aleukemia, *s.* : aleucie, leucopénie (diminution du nombre des leucocytes).

aleukemic, *adj.* : aleucémique.

aleukocytosis, *s.* : leucopénie.

aleurone, *s.* : aleurone (granule protéidique [*bot.*]).

Alexander's operation : opération d'Alexander, opération d'Alquié - Alexander, ligamentopexie extra-abdominale.

alexeteric, *adj.* : antivenimeux, anti-infectieux, antitoxique.

alexeterium, *s.* : remède externe antitoxique, anti-infectieux, antivenimeux.

alexia, *s.* : alexie, cécité verbale.

alexic, *adj.* : alexique.

alexin, *s.* : alexine.

alexipharmac, *s.* : alexipharmaque, antidote, anti-vénéneux.

alexipyrétique, *s., adj.* : fébrifuge.

alexocyte, *s.* : cellule antitoxique *ou* microbicide.

alga, *s., plur.* **algae** (*lat.*) : algue.

alganesthesia, *s.* : analgésie.

algefaciens, *adj.* : rafraîchissant, réfrigérant.

algenesthesia *or* **algesthesis,** *s.* : algesthésie, esthésie algique, sensibilité douloureuse, maladie douloureuse.

algesia, *s.* : algie.

algesic *or* **algetic,** *adj.* : algique.

algesimeter, *s.* : algésimètre.

algia, *s.* : algie.

algid, *adj.* : algide; **- stage** : algidité.

algidism *or* **algidity,** *s.* : algidité.

algogenic, *adj.* : 1. algésiogène; 2. provoquant l'algidité.

algogenesia, *s.* : algogénésie.

algolania, *s.* : algolagnie, sadisme, masochisme.

algomania, *s.* : algomanie.

algometer, *s.* : algomètre (instrument pour éprouver la sensibilité douloureuse d'un organe).

algophilia, *s.* : algophilie (recherche morbide des sensations douloureuses).

algophobia, *s.* : algophobie (crainte exagérée de la douleur).

algor, *s.* : sensation de froid.

algospasm, *s.* : crampe douloureuse, spasme musculaire douloureux.

Alibert's disease : maladie d'Alibert (mycosis fongoïde).

alices, *s.* : taches précédant l'éruption variolique.

alienated, *adj.* : aliéné.

alienation, *s.* : aliénation *ou* aliénation mentale.

alienia, *s.* : absence de rate.

alienism, *s.* : aliénisme (partie de la médecine qui s'occupe des aliénés).

alienist, *s.* : aliéniste.

aliform, *adj.* : aliforme, en forme d'aile.

aliment, *s.* : aliment.

alimentary, *adj.* : alimentaire; **- tract** : tube digestif.

alimentation, *s.* : alimentation.

alimentotherapy, *s.* : thérapeutique par alimentation systématique.

alinasal, *adj.* : se rapportant à l'une ou l'autre aile du nez.

aliphatic, *adj.* : aliphatique.

alipogenetic, *adj.* : non lipogène.

aliquot, *s., adj.* (*lat.*) : aliquot.

alisphenoid, *s.* : os formant la partie principale de la grande aile du sphénoïde; *adj.* : se rapportant à la grande aile du sphénoïde.

alizarin, *s.* : alizarine.

alkalemia, *s.* : alcalose, alcalinité anormale du sang.

alkalescent *or* **alcalescent,** *adj.* : alcalescent.

alkali, *s.* : alcali.

alkalimeter, *s.* : alcalinomètre.

alkalimetry, *s.* : alcalinimétrie (dosage de l'alcalinité).

alkaline, *adj.* : alcalin.

alkalinity, *s.* : alcalinité.

alkalinuria, *s.* : alcalinité de l'urine.

alkalipenia, *s.* : abaissement du taux d'alcalinité du sang.

alkalization, *s.* : alcalinisation.

alkaloid, *s.* : alcaloïde.

alkalometry, *s.* : dosimétrie des alcaloïdes.

alkalosis, *s.* : alcalose (exagération de l'alcalinité ionique des fluides de l'organisme, spécialement du sang).

alkalotic, *adj.* : alcalosique.

alkaptone, *s.* : acide homogentisique.

alkaptonuria, *s.* : alcaptonurie (présence d'acide homogentisique dans l'urine).

alkyl, *s., adj.* : alcoyl.

alkylating agents : agents alkylants.

allachesthesia, allocheiria, allesthesia, *or* **allochesthesia,** *s.* : alloesthésie, allochirie, hétérochirie (trouble de la sensibilité).

Allaines and Pointeau's operation : opération de d'Allaines et Pointeau (résection du côlon).

allantiasis, *s.* : allantiasis, botulisme.

allantochorion, s. : allantochorion.

allantoic, adj. : allantoïque.

allantoid, adj. : allantoïde.

allantoin, s. : allantoïne.

allantoinuria, s. : allantoïnurie.

allantois, s. : allantoïde.

allassotherapy, s. : allassothérapie (changement brutal des conditions biologiques générales de l'organisme).

allele, s. : allèle.

allelic, adj. : allélique.

allelomorph, s. : allélomorphe, gène allélomorphe, allèle.

allelomorphic, adj. : allélomorphique.

allelotaxy, s. : développement d'un organe à partir de structures embryonnaires différentes.

Allen-Doisy test : test d'Allen-Doisy (test pour déceler la présence de folliculine en produisant l'œstrus chez la souris impubère).

allenthesis, s. : présence de corps étrangers dans les tissus.

allergen, s. : allergène (substance déterminant l'allergie).

allergenic, adj. : allergisant.

allergia or **allergy,** s. : allergie.

allergic, adj. : allergique.

allergin, s. : allergine.

allergization, s. : allergisation.

allergodermia, s. : dermatose d'origine allergique.

allergography, s. : allergographie.

allergology, s. : allergologie.

alleviation, s. : allègement de la douleur.

alleviative, s. : lénitif; adj. : adoucissant, calmant.

alliaceous, adj. : alliacé.

allium, s. (lat.) : allium, ail.

allo- : allo-, préfixe désignant une condition différente de la normale.

allocheiria, s. : cf., **allachesthesia.**

allochezia, s. : 1. élimination de fèces par un orifice anormal; 2. élimination de matières non fécales par l'anus.

allochroism, s. : changement de couleur, diversité de couleur.

allochromasia, s. : allochromasie; 1. changement de couleur d'un organe ou d'un tissu; 2. dyschromatopsie.

allocinesia, s. : allocinésie, hétérocinésie (trouble de la motilité).

allocortex, s. : allocortex (lobes olfactifs).

allodromy, s. : allorythmie (arythmie périodique du cœur et du pouls).

allogamy, s. : allogamie.

allolalia, s. : alalie, aphémie (trouble de la parole).

allomerism, s. : allomérisme (changement de constitution chimique sans changement de forme cristalline).

allomorphic, allomorphous or **allomorphus,** adj. : allomorphe.

allomorphism, s. : allomorphisme (changement de forme cristalline sans changement de constitution chimique).

allongement, s. (fr.) : allongement.

allopath or **allopathist,** s. : allopathe.

allopathy, s. : allopathie.

allophthalmia, s. : allophtalmie, hétérophtalmie.

alloplasia, s. : hétéroplasie.

alloplasty, s. : alloplastie, hétérogreffe, hétéroplastie, greffe hétéroplastique.

allopolyploidy, s. : allopolyploïdie (plusieurs éléments chromosomiques dérivés d'espèces ancestrales différentes).

allopsychic, adj. : allopsychique.

allopsychosis, s. : allopsychose.

allorhythmia, s. : allorythmie (arythmie périodique du cœur et du pouls).

allosome, s. : allosome, hétérochromosome.

allosteric, adj. : allostérique (chim.).

allotherm, s. : allotherme (organisme dont la température dépend du milieu ambiant).

allotoxin, s. : allotoxine.

allotriodontia, s. : allotriodontie, implantation anormale des dents.

allotriogeustia, s. : perversion du goût, anomalie de l'appétit.

allotriophagy, s. : allotriophagie, pica.

allostriosmia, s. : allotriosmie.

allotriuria, s. : anomalie de l'urine.

allotrophic, adj. : allotrophique (dont les propriétés nutritives sont modifiées par changements moléculaires).

allotropic, adj. : allotropique (chim.).

allotropism or **allotropy,** s. : allotropisme, allotropie (chim.).

alloxan, s. : alloxane; **- diabetes** : diabète alloxanique.

alloxanemia, s. : alloxanémie.

alloxin, s. : toute base provenant des nucléoprotéines qui, par oxydation, donne de l'acide urique.

alloxur bases or **bodies** : bases puriques.

alloxuremia, s. : toxémie due à la résorption des bases puriques.

alloxuria, s. : élimination pathologique de bases puriques dans l'urine.

alloy, s. : alliage.

allyl, s. : allyle (radical chimique).

Almeida's disease : maladie d'Almeida (blastomycose sud-américaine).

Almen's tests : recherche du sang, de l'albumine et du sucre dans l'urine.

almshouse, s. : hospice.

alochia, s. : absence ou suppression des lochies.

alogia, s. : alogie, idiotie aphasique.

alopecia, s. *(lat.)* : alopécie; **- adnata** : alopécie congénitale; **- areata** : pelade, alopécie en aires; **- simplex** : alopécie prématurée.

Alpers' syndrome : syndrome d'Alpers.

alpha rhythm or **wave** : rythme ou onde alpha (onde de l'électroencéphalogramme normal ayant une fréquence de 8 à 13 par seconde).

alpha test : test mental pour recrues dans l'armée américaine.

Alport's syndrome : syndrome d'Alport.

Alquié-Alexander's operation : *cf.*, **Alexander's operation.**

alteration, s. : modification, lésion.

alternans, s. : alternance; **- of the heart** : arrêt du cœur survenant entre chaque battement.

alternating, *adj.* : alternant, à appui alterné; s. : matelas ondulant ou alternant.

alternation of generations : métagenèse.

alum, s. : alun.

aluminium, s. or **aluminum** *(U.S.)* : aluminium.

aluminosis, s. : aluminose (pneumoconiose due à l'inhalation de silicate d'alumine, de bauxite, etc.).

Alvegniat's pump : pompe pour extraire les gaz du sang.

alveobronchitis, s. : bronchite alvéolaire.

alveolar, *adj.* : alvéolaire; **- capillary block** : bloc alvéolo-capillaire; **- process or ridge** : bord alvéolaire du maxillaire.

alveolaris pyorrhea, s. : pyorrhée alvéolaire.

alveolate or **faveolate**, *adj.* : alvéolé.

alveolitis, s. : alvéolite; 1. périostite alvéolo-dentaire; 2. inflammation des alvéoles pulmonaires.

alveolodental, *adj.* : alvéolo-dentaire.

alveolus, s., *plur.* **alveoli** *(lat.)* : alvéole (1. alvéole d'une dent; 2. cellule; 3. alvéole d'un poumon; 4. cavité).

alveolysis, s. : alvéolyse (destruction des alvéoles dentaires, pyorrhée alvéolo-dentaire).

alveus *(lat.)* : alveus (employé pour canal, cavité); **- ampullescens** : citerne de Pecquet; **- hippocampi** : alveus (structure de l'hémisphère cérébral dans la partie convexe du grand hippocampe).

alvinolith, s. : calcul de la partie terminale de l'intestin.

alymphia, s. : absence de lymphe.

alymphopotent, s., *adj.* : incapable de produire des lymphocytes.

Alzheimer's disease : maladie d'Alzheimer (démence sénile caractérisée par l'existence de condensations des neurofibrilles intracellulaires [basket cells]).

ama, s. : orifice non ampullaire (rocher).

amaas, s. : amaas, alastrim, milk pox (variole bénigne).

amacrine cells or **amacrines** : cellules nerveuses entièrement dépourvues de cylindraxe.

amadou, s. : amadou.

amalgam, s. : amalgame.

amanite, s. : amanite.

amara, s., *plur.* **amarae** *(lat.)* : 1. amers; 2. alcaloïdes amers; 3. drain; *plur.* gouttière de l'hélix, fossette naviculaire (oreille externe).

amaril, *adj.* : amaril (qui a rapport à la fièvre jaune).

amarin, s. : amarine (alcaloïde).

amaroids, s. : amers (produits du règne végétal caractérisés par leur amertume et classés parmi les toniques [*thérap.*]).

amarthritis, s. : arthrite généralisée.

amasesis, s. : impossibilité de mastiquer.

amastia or **amazia**, s. : amastie, amazie (absence congénitale de glande mammaire).

amaurosis, s. : amaurose, cécité (perte complète de la vue sans altération des milieux de l'œil); **- fugax** : cécité monoculaire transitoire.

amaurotic, *adj.* : amaurotique (se rapportant à l'amaurose).

amazia : *cf.*, **amastia.**

Ambard's formula : constante d'Ambard (constante uréo-sécrétoire).

amber, s. : ambre.

ambergris, s. : ambre gris.

ambi- : ambi-, préfixe signifiant des deux côtés.

ambiant, *adj.* : ambiant.

ambidexter, s. : ambidextre.

ambidextrous, *adj.* : ambidextre (capable d'utiliser également bien les deux mains).

ambilateral, *adj.* : se rapportant à, ou affectant les deux côtés.

ambilevous, s., *adj.* : maladroit des deux mains.

ambiopia, s. : diplopie, perception de deux images pour un seul objet.

ambivalence, s. : ambivalence.

amblyacusia, s. : atténuation de l'ouïe.

amblyaphia, s. : affaiblissement du sens tactile.

amblychromasia, s. : état où le noyau cellulaire se colore faiblement.

amblygeustia, s. : affaiblissement du goût.

amblyopia, s. : amblyopie, diminution de l'acuité visuelle.

amblyoscope, s. : instrument pour corriger l'amblyopie.

amboceptor, s. : ambocepteur, sensibilisatrice.

ambon, s. : bord cartilagineux des cavités des os entourant la cavité où s'emboîte un os long.

ambosexual, *adj.* : bisexué, ambosexué.

ambulance, s. : ambulance, hôpital ambulance; **- plane** : avion sanitaire; **- station** : poste d'ambulance; **- waggon** : (voiture d') ambulance.

ambulant or **ambulatory**, adj. : ambulatoire; - **typhoid fever** : fièvre typhoïde ambulatoire.

ambustial, adj. : se rapportant à une brûlure.

ambustion, s. : cautérisation chirurgicale.

ameba or **amoeba**, s. : amibe.

amebiasis, s. : amibiase.

amebic or **amoebic**, adj. : amibien; - **dysentery** : dysenterie amibienne.

amebicidal, adj. : détruisant les amibes.

amebicide, s., adj. : remède détruisant les amibes.

amebism, s. : amoebisme (1. mouvement amiboïde; 2. invasion de l'organisme par des amibes).

amebocyte, s. : amibocyte (cellule animale ou végétale revêtant la forme et possédant les caractères des amibes).

ameboid, adj. : amiboïde (qui ressemble aux amibes).

ameboidism, s. : amiboïsme (propriété de certains éléments cellulaires de l'organisme d'émettre des pseudopodes et de se déplacer comme des amibes).

ameboma, s. : amoebome.

ameburia, s. : présence d'amibes dans l'urine.

amelia, s. : amélie (difformité congénitale caractérisée par l'absence de membres).

amelification, s. : formation de l'émail dentaire au moyen des améloblastes.

ameloblast or **adamantoblast**, s. : cellule de l'émail dentaire.

ameloblastoma, s. : améloblastome.

amenia, s. : aménorrhée.

ament, s. (lat.) : idiot de naissance.

amentia, s. (lat.) : idiotie congénitale.

americium, s. : americium.

amerisia, s. : amérisie (incapacité d'articuler des mots).

ameristic, adj. : améristique, non segmenté, indifférencié.

ametria, s. : absence d'utérus.

ametrohemia, s. : manque d'apport de sang utérin.

ametrometer, s. : amétromètre (instrument pour mesurer l'amétropie).

ametropia, s. : amétropie (troubles de la réfraction dus à une mauvaise mise au point de l'image sur la rétine).

amicroscopic, adj. : invisible au microscope.

amidase, s. : amidase.

amido- : amido- (préfixe pour désigner le radical NH_2 associé à CO).

amimia, s. : amimie (perte plus ou moins complète du pouvoir d'expression par gestes).

amine, s. : amine.

amino- : amino- (préfixe pour désigner le radical NH_2).

amino-acidemia, s. : amino-acidémie (présence d'acides aminés dans le sang).

aminopherase, s. : aminophérase, transférase.

aminopolypeptidase, s. : aminopolypeptidase.

aminosis, s. : présence ou production d'aminoacides dans le corps.

aminosuria or **aminuria**, s. : aminurie (présence d'amines dans l'urine).

aminothiazole, s. : aminothiazol (utilisé dans le traitement de l'hyperthyroïdisme).

amitosis, s. : amitose, division amitosique, division acinétique, division de Remak (division indirecte des cellules).

amitotique, adj. : amitosique.

ammeter or **am-meter**, s. : ampèremètre.

ammo-aciduria, s. : ammoniurie et acidurie associées.

Ammon's horn : corne d'Ammon, grand hippocampe.

ammonia, s. : ammoniaque.

ammoniated, adj. : ammoniacal.

ammoniemia, s. : ammoniémie (présence d'ammoniaque ou de composés ammoniacaux dans le sang).

ammonium, s. : ammonium (radical NH_4).

ammoniuria, s. : ammoniurie.

amnesia, s. : amnésie.

amnesic, adj. : amnésique.

amnestic, adj. : amnestique, qui fait perdre la mémoire.

amniochorial, adj. : se rapportant à l'amnios et au chorion.

amnioclepsis, s. : perte latente et inaperçue du liquide amniotique.

amniography, s. : amniographie.

amnion, s. : amnios.

amnionique, adj. : amnionique.

amnionitis, s. : amniotite, inflammation de l'amnios.

amniorrhea, s. : amniorrhée (écoulement de liquide amniotique).

amniote, s. : tout animal ayant un amnios.

amniotic, adj. : amniotique.

amniotome, s. : instrument pour ponctionner l'amnios.

amok or **amuk**, s. : amok (terme malais pour : manie homicide, « running amok »).

amorphous, adj. : amorphe.

amotio retinae (lat.) : décollement de la rétine.

amp. : abréviation pour ampère.

ampelotherapy, s. : cure uvale.

amperage, s. ampérage.

ampere, s. : ampère.

amperemeter, s. : ampèremètre.

amphamphoterodiplopia, cf. : **amphodiplopia**.

amphetamine, s. : amphétamine.

amphiarthrosis, s. : amphiarthrose (articulation consistant dans l'union de deux surfaces articulaires par des disques fibrocartilagineux; *ex.* : vertèbre).

amphiaster, *s.* : amphiaster.

amphibia, *s.* : amphibie.

amphiblastula, *s.* : amphiblastula.

amphibolia, *s.* : stade amphibole (dans une fièvre *ou* une maladie, période située entre le stade d'état et la défervescence).

amphibolus, *adj.* : amphibole.

amphicelous, *adj.* : biconcave *(biol.)*.

amphicentric, *adj.* : prenant son origine et se terminant dans le même vaisseau.

amphichromic *or* **amphichromatic,** *adj.* : présentant une réaction amphotère.

amphicrania, *s.* : migraine affectant les deux côtés de la tête.

amphicreatine, *s.* : amphicréatine, leucomaïne du muscle.

amphicyte, *s.* : cellule capsulaire (cellule formant la capsule qui entoure la cellule d'un ganglion cérébrospinal).

amphicytula, *s.* : œuf fécondé.

amphidiarthrosis, *s.* : amphidiarthrose (articulation permettant le mouvement en deux sens).

amphidiploid, *adj.* : amphidiploïde, tétraploïde.

amphidiplopia, *s.* : amphidiplopie (double vision des deux yeux).

amphigastrula, *s.* : amphigastrula (gastrula qui dérive de l'amphiblastula).

amphigony, *s.* : amphigonie, gamogenèse.

amphimixis, *s.* : amphimixie, reproduction sexuée.

amphipyrenin, *s.* : constituant de la membrane nucléaire de la cellule.

amphistoma hominis *(lat.)* : amphistome (vers trématodes).

amphistomiasis, *s.* : infestation par les amphistomes.

amphitheatre, *s.* : amphithéâtre.

amphitrichous, *s., adj.* : amphotriche.

amphithymia, *s.* : amphithymie (dépression et exaltation successives).

amphodiplopia, *s.* : diplopie monoculaire double.

ampholyte, *s., adj.* : ampholyte.

amphophil *or* **amphophilous,** *adj.* : amphophile (acidophile et basophile [*histol.*]).

amphomimetism, *s.* : amphomimétisme.

amphoric, *adj.* : amphorique; **- breathing** : souffle amphorique, amphorisme; **- vocal resonance** : voix amphorique; **- echo** : bruit d'airain.

amphoriloquy, *s.* : amphoriloquie, pectoriloquie aphone.

amphorisity, *s.* : amphoricité, bruit *ou* résonance amphorique.

amphorophony, *s.* : amphoricité de la voix.

amphoteric *or* **amphoterous,** *adj.* : amphotère (à la fois acide et alcalin).

amphotony, *s.* : amphotonie (tonicité des systèmes sympathique et parasympathique).

amphotrichous, *s.* : amphotriche.

amphotropism, *s.* : amphotropisme.

amplexation, *s.* : amplexation *ou* amplexion.

amplification, *s.* : amplification.

amplifier, *s.* : amplificateur.

amplitude, *s.* : amplitude.

ampoule *or* **ampul,** *s.* : ampoule (petite capsule de verre scellée pour solutions hypodermiques stériles).

ampulla, *s.,* *plur.* **ampullae** *(lat.)* : 1. extrémité dilatée d'un canal; 2. ampoule (cloque); **- chyli** : citerne de Pecquet; **- of rectum** : ampoule rectale (partie située au-dessus de la courbure périnéale).

ampullaceous, *adj.* : ampullacé, en forme d'ampoule.

ampullitis, *s.* : inflammation d'une ampoule.

ampullula, *s. (lat.)* : petite ampoule.

amputate, *v.* : amputer, faire l'amputation de.

amputation, *s.* : amputation; **flap -** : amputation à lambeaux; **- through a bone** : amputation dans la continuité; **- through a joint** : amputation dans la contiguïté, dans l'article, désarticulation.

amputee, *s.* : amputé.

amusia, *s.* : amusie, trouble de la faculté musicale; **motor -** : amusie motrice; **sensory -** : amusie réceptive ou sensorielle.

Amussat's operation : opération d'Amussat, colotomie.

amyasthenia, *s.* : *cf.,* **amyosthenia.**

amyelencephalia, *s.* : amyélencéphalie (absence de moelle épinière et d'encéphale).

amyelia, *s.* : amyélie (absence de moelle épinière).

amyeloneuria, *s.* : parésie de la moelle épinière.

amyelotrophy, *s.* : amyélotrophie (atrophie de la moelle épinière).

amygdala, *s., plur.* **amygdalae** *(lat.)* : 1. amygdale; 2. noyau amygdalin; **- cerebelli** : amygdale cérébelleuse.

amygdalectomy, *s.* : amygdalectomie (ablation totale des amygdales).

amygdaline, *adj.* : amygdalin, se rapportant aux amygdales.

amygdalitis, *s.* : amygdalite (inflammation des amygdales).

amygdaloid fossa *(lat.)* : cavité amygdaloïde.

amygdalolith, *s.* : calcul amygdalin.

amygdalopathy, *s.* : maladie des amygdales.

amygdalothrypsis, *s.* : amygdalotripsie (écrasement d'une amygdale suivi d'excision).

amygdalotome, *s.* : amygdalotome, tonsillotome.

amygdalotomy, *s.* : amygdalotomie, amygdalectomie partielle.

amyl, *adj.* : amyle (radical C_5H_{11}).

amylaceous, *adj.* : amylacé, qui renferme de l'amidon.

amylase, *s.* : amylase, ferment amylolytique.

amylenization, *s.* : anesthésie par l'amylène.

amylic, *adj.* : amylique.

Amylobacter, *s.* : Amylobacter.

amyloclast, *s.* : amylase.

amylodextrin, *s.* : amylodextrine.

amylodyspepsia, *s.* : dyspepsie due à une alimentation amylacée.

amylogenesis, *s.* : amylogenèse.

amylogenic, *adj.* : amylogène, produisant de l'amidon.

amyloid, *adj.* : amyloïde, qui ressemble à l'amidon; **- degeneration** : maladie amyloïde, dégénérescence amyloïde, amylose.

amyloidosis, *s.* : amyloïdose, amyloïdisme, amylose.

amylolysis, *s.* : amylolyse, saccharification de l'amidon.

amylolytic, *adj.* : amylolytique.

amylosis, *s.* : amylose, dégénérescence, infiltration ou maladie amyloïde, dégénérescence cireuse ou lardacée.

amylum, *s. (lat.)* : amidon.

amyluria, *s.* : présence d'amidon dans l'urine.

amyocardia, *s.* : manque de puissance musculaire dans les contractions du cœur.

amyo-esthesis, *s.* : amyoesthésie (absence de sens musculaire).

amyoplasia, *s.* : amyoplastie.

amyostasia, *s.* : tremblement musculaire.

amyosthenia, *s.* : amyosthénie (affaiblissement des mouvements volontaires).

amyosthenic, *s., adj.* : 1. médicament produisant l'amyosthénie; 2. se rapportant à l'amyosthénie.

amyotaxy, *s.* : amyotaxie (convulsions involontaires d'origine réflexe), ataxie musculaire.

amyotonia, *s.* : amyotonie, réaction myotonique (manque de tonus musculaire).

amyotrophia or **amyotrophy,** *s.* : amyotrophie, myatrophie (atrophie musculaire).

amyotrophic, *adj.* : amyotrophique (se rapportant à l'amyotrophie); **- lateral sclerosis** : sclérose latérale amyotrophique, maladie de Charcot.

amyous, *adj.* : faible, déficient du point de vue musculaire.

amyxia, *s.* : amyxie (absence de sécrétion muqueuse).

amyxorrhea, *s.* : amyxorrhée (absence de sécrétion muqueuse).

ana : ana, symbole signifiant de chaque *(pharm.)*, habituellement abrégé en : àà.

ana- : ana-, préfixe signifiant en arrière, de nouveau, excessif.

anabasis, *s.* : période d'accroissement d'une maladie.

anabiosis, *s.* : anabiose (retour à la vie active après la vie latente).

anabiotic, *adj.* : anabiotique, par voie d'assimilation.

anabolergy, *s.* : travail fait dans l'anabolisme.

anabolic, *adj.* : anabolique.

anabolin or **anabolite,** *s.* : anabolite (produit formé au cours de l'anabolisme).

anabolism, *s.* : anabolisme; processus constructif, assimilation (transformation des matériaux nutritifs en tissu vivant).

anabrosis, *s.* : ulcération superficielle.

anacamptic, *adj.* : anacamptique (qui réfléchit la lumière ou le son [*phys.*]).

anacamptics, *s.* : anacamptique, catoptrique (partie de l'optique qui traite de la réflexion de la lumière en général).

anacamptometer, *s.* : instrument pour mesurer les réflexes.

anacatharsis, *s.* : expectoration, vomissement.

anacathartic, *s., adj.* : émétique, expectorant.

anacatesthesia or **anakatesthesia,** *s.* : anacatesthésie.

anacinesia or **anakinesia,** *s.* : anacinésie.

anachlorhydria, *s.* : anachlorhydrie, achlorhydrie (absence d'acide chlorhydrique dans le suc gastrique).

anachoresis, *s.* : anachorèse, attraction des microbes en un point de l'organisme (par abcès de fixation, etc.).

anaclasimeter, *s.* : instrument pour mesurer la réfraction oculaire.

anaclasis, *s.* : anaclase [1. réflexion ou réfraction de la lumière ou du son; 2. fracture; 3. flexion par force d'une articulation ankylosée].

anacmesis ou **anakmesis,** *s.* : arrêt de développement des leucocytes.

anacoresis, *s.* : anacorèse, résistance générale vis-à-vis des infections conférée par la vaccination au BCG.

anacroasia, *s.* : anacroasie, anacroasia (surdité verbale).

anacrotic, *adj.* : anacrotique.

anacrotism, *s.* : anacrotisme, soulèvement anacrotique.

anacusia or **anacusis,** *s.* : anacousie (surdité totale).

anadenia, *s.* : insuffisance de fonctionnement glandulaire.

anadicrotic, *adj.* : anadicrote.

anadicrotism, *s.* : anadicrotisme, dicrotisme de l'onde ascendante du tracé sphygmographique.

anadipsia, *s.* : soif intense.

anaendotoxin, *s.* : anaendotoxine.

anaerobic or **anaerobiotic,** *adj.* : anaérobie.

anaerobiosis, *s.* : anaérobiose.

anaerobism, *s.* : anaérobisme.

anaerophyte, *s.* : plante capable de vivre sans apport direct d'oxygène.

anaerosis, *s.* : interruption de la fonction respiratoire.

anaesthesia, *s.* : *cf.,* **anesthesia.**

anaesthetize, *v.* : *cf.,* **anesthetize.**

anagenesis, *s.* : régénération tissulaire.

anagocytic, *adj.* : retardant la croissance des cellules.

anagotoxic, *adj.* : anagotoxique.

anahaematopoiesis, *s.* : état de déficience de la moelle osseuse.

anakhre, *s.* : *cf.,* **goundou.**

anakusis, *s.* : *cf.,* **anacusia.**

anal, *adj.* : anal.

analepsia or **analepsis,** *s.* : analepsie (rétablissement des forces chez un convalescent).

analeptique, *s., adj.* : analeptique (se dit des médicaments qui rétablissent les forces et stimulent le fonctionnement).

analgesia, *s.* : analgésie (abolition de la sensibilité à la douleur).

analgesic or **analgectic,** *s., adj.* : analgésique.

analgia, *s.* : analgésie.

analgognosia, *s.* : analgognosie (incapacité de localiser et de décrire un stimulus douloureux).

analgothymia, *s.* : analgothymie (indifférence à un stimulus douloureux).

anallergic, *adj.* : anallergique, non allergique (ne produisant pas d'anaphylaxie).

analogue, *s., adj.* : analogue.

analogy, *s.* : analogie (se dit pour une similitude de fonction *ou* d'origine sans identité entre des organes *ou* des parties du corps).

analysis, *s.* : analyse.

analyzer, *s.* : 1. analyste; 2. prisme biréfringent, nicol (polarimètre); 3. appareil pour enregistrer les tremblements.

anamnesis, *s.* : 1. anamnésie (retour de la mémoire); 2. anamnèse, anamnestique (histoire *ou* souvenirs du malade).

anamnestic, *s., adj.* : anamnésique, anamnestique, commémoratif.

anamnionic or **anamniotic,** *adj.* : sans amnios.

anamorphosis, *s.* : anamorphose (1. anomalie du développement; évolution [*biol.*]; 2. procédé pour modifier une image [*opt.*]).

ananastasia, *s.* : ananastasie (incapacité de se mettre ou de se tenir debout).

anandia, *s.* : anandie (aphasie ataxique).

anandria, *s.* : manque de virilité, impuissance.

anangioplasia, *s.* : anangioplasie (insuffisance du système vasculaire caractérisée par l'étroitesse et le peu d'élasticité des artères).

anangioplastic, *adj.* : anangioplasique.

anapeiratic, *adj.* : anapeiratique (causé par un emploi exagéré, par surentrainement) (*ex.* : crampe de l'écrivain).

anaphase, *s.* : anaphase (phase de la mitose précédant la formation des asters).

anaphia, *s.* : déficience, absence du sens tactile.

anaphoresis, *s.* : diminution du fonctionnement des glandes sudoripares.

anaphoria, *s.* : déviation des yeux et de l'axe visuel vers le haut.

anaphrodisia, *s.* : anaphrodisie (diminution *ou* absence du désir sexuel).

anaphrodisiac, *s., adj.* : anaphrodisiaque.

anaphylactia, *s.* : anaphylaxie, état anaphylactique.

anaphylactic, *adj.* : anaphylactique.

anaphylactin or **anaphylaxin,** *s.* : substance produisant l'anaphylaxie.

anaphylactogen, *s.* : **- ic,** *adj.* : anaphylactogène (corps capable de produire l'état anaphylactique).

anaphylatoxin, *s.* : anaphylatoxine, anaphylotoxine (substance toxique obtenue en traitant de diverses manières le sérum normal, détermine des effets analogues au choc anaphylactique).

anaphylaxis, *s.* : anaphylaxie (augmentation de la sensibilité de l'organisme à un poison sous l'influence de l'injection de ce poison).

anaplasia, *s.* : anaplasie, cataplasie (tendance de certains tissus, de certaines cellules à évoluer de façon rétrograde).

Anaplasma, *s.* : Anaplasme *(parasit.).*

anaplasmosis, *s.* : anaplasmose (infestation des bovidés et des ovidés par des protozoaires du genre *Anaplasma* [*vétér.*]).

anaplastic, *adj.* : anaplastique.

anaplasty, *s.* : anaplastie, autoplastie, autogreffe, greffe autoplastique.

anapnea, *s.* : respiration, cessation de l'apnée.

anapnograph or **anapnometer,** *s.* : anapnographe (spiromètre enregistreur pour mesurer la capacité vitale d'un poumon).

anapnoic, *adj.* : facilitant la respiration.

anapophysis, *s.* : apophyse vertébrale accessoire.

anaptic, *adj.* : se rapportant à, caractérisé par la perte du sens du toucher.

anaraxia, *s.* : anaraxie.

anarithmia, *s.* : impossibilité de compter.

anarthria, *s.* : anarthrie, aphasie motrice souscorticale (trouble du langage).

anasarca, *s. (gr.)* : anasarque, œdème hydropique du tissu sous-cutané.

anasarcous, *adj.* : hydropique.

anascitic, *adj.* : anascitique.

anaspadias, *s.* : anaspadias (malformation de l'urètre).

anastalsis, *s.* : action styptique; contraction de l'intestin dans la digestion.

anastatic, *s.* : 1. anastatique, styptique, astringent; 2. centripète.

anastate, *s.* : substance *ou* état caractéristique des processus de l'anabolisme.

anastigmat, *s.* : objectif anastigmatique, anastigmate; **convertible -** : anastigmate dédoublable.

anastole, *s.* : rétraction, écartement des lèvres d'une plaie.

anastomosis, *s.* : anastomose (1. communication entre deux vaisseaux; 2. abouchement pathologique *ou* chirurgical, dans un but thérapeutique, entre deux organes normalement séparés).

anatherapeusis, *s.* : thérapeutique par doses croissantes.

anatomic *or* **anatomical,** *adj.* : anatomique; **- specimen** : pièce d'anatomie, préparation anatomique.

anatomical snuffbox : tabatière anatomique.

anatomist, *s.* : anatomiste.

anatomy, *s.* : anatomie, dissection, pièce d'anatomie, squelette; **morbid -, pathological -** : anatomie pathologique.

anatoxic, *adj.* : anatoxique, anaphylactique.

anatoxin, *s.* : anatoxine (toxine modifiée qui perd ses propriétés toxiques et conserve ses propriétés immunisantes).

anatoxireaction, *s.* : anatoxireaction.

anatresis, *s.* : trépanation, transfixion.

anatricrotism : anatricrotisme, triple soulèvement dans le tracé sphygmographique du pouls.

anatripsis, *s.* : 1. friction, onction, inunction; 2. mouvement centripète pour masser; 3. écrasement, broyage (d'un calcul); 4. démangeaison, grattage pour calmer la démangeaison.

anatrophic, *adj.* : 1. qui corrige ou empêche l'atrophie; 2. remède qui empêche la perte des tissus.

anatropia, *s.* : déviation vers le haut de l'axe visuel d'un œil, l'autre étant fixe.

anatropic, *adj.* : appartenant à l'anatropie, déviant vers le haut.

anavenin, *s.* : anavenin.

anaxon *or* **anaxone,** *s.* : cellule nerveuse dépourvue de cylindraxe.

anazoturia, *s.* : anazoturie (diminution notable *ou* disparition complète de l'urée dans l'urine).

anchorage, *s.* : ancrage, pexie, fixation chirurgicale d'un viscère déplacé.

ancipital, *adj.* : ancipité, à deux tranchants.

ancon, *s.* : coude, pointe du coude.

anconad, *adj.* : orienté vers le coude.

anconagra, *s.* : goutte localisée à l'articulation du coude.

anconal, *adj.* : anconé (se rapportant au coude).

anconeus, *s.* (*lat.*) : muscle anconé, anconé.

anconitis, *s.* : inflammation de l'articulation du coude.

ancyroid, *adj.* : ancyroïde, qui a la forme courbe d'un crochet.

Andernach's ossicles : os wormiens.

Ander's disease : forme d'adipose douloureuse avec dégénérescence graisseuse se produisant par nodules.

Andersch's ganglion : ganglion d'Andersch.

Andersen's syndrome : syndrome d'Andersen (bronchiectasie, fibrose kystique du pancréas et avitaminose A).

andro- : andro-, préfixe indiquant un rapport avec l'homme ou le sexe masculin.

androgalactosemia, *s.* : sécrétion lactée chez le mâle.

androgen *or* **androgenic,** *adj.* : androgène (qui provoque l'apparition des caractères sexuels masculins).

androgenesis, *s.* : développement à partir d'un œuf qui ne renferme que des chromosomes paternels.

androgenous, *adj.* : donnant naissance à des mâles.

androgyna, *s.* : gynandre, hermaphrodite (personne du sexe féminin évoluant suivant le type masculin).

androgynism, *s.* : hermaphrodisme.

androgynous, *adj.* : androgyne, hermaphrodite (personne ayant les caractéristiques des deux sexes).

androgynus, *s.* : androgyne, androgynoïde (individu du sexe masculin évoluant suivant le type féminin).

androgyny, *s.* : androgynie, hermaphrodisme.

android, *s.,* *adj.* : androïde.

androlepsy, *s.* : processus de fécondation chez la femelle.

andrology, *s.* : andrologie (étude de l'homme, des maladies spéciales de l'homme).

andromania, *s.* : andromanie, nymphomanie.

andromasty, *s.* : andromastie.

androphobia, *s.* : androphobie (aversion pour le sexe masculin).

androphonomania, *s.* : démence homicide.

androsome, *s.* : androsome (chromosome présent exclusivement dans le noyau mâle).

androsterone, *s.* : androstérone.

anectasin, *s.* : anectasine, toxine microbienne qui détermine la vaso-constriction.

anectasis, *s.* : taille déficiente d'un organe ou d'un membre.

Anel's operation : méthode d'Anel (traitement de l'anévrisme artériel circonscrit par ligature près du sac).

anelectrode, *s.* : anode.

anelectrotonus, *s.* : anélectrotonus (abaissement de l'excitabilité à l'anode d'un nerf ou d'un muscle).

anematosis, *s.* : anémie généralisée.

anemia, *s.* : anémie; **achrestic -** : anémie acrestique; **Addison** *or* **addisonian -** : anémie d'Addison *ou* de Biermer; **cerebral -** : anémie cérébrale; **agastric -** : anémie agastrique (consécutive à une gastrectomie); **Biermer -** : anémie de Biermer *ou* d'Addison; **Brill -** : anémie de Brill; **brickmakers' -** : anémie des briquetiers *ou* des mineurs, ankylostomiase; **Cooley's -** : anémie de Cooley (leptocytose héréditaire); **hypo-ferric -** : anémie ferriprive; **Ledera's -** : anémie de Ledera-Briff, anémie infantile aiguë; **miners' -** : anémie des mineurs, ankylostomiase.

anemic, s., adj. : anémique, exsangue; **to make someone -** : anémier quelqu'un; **to become -** : s'anémier.

anemometer, s. : anémomètre, instrument pour connaître la vitesse du vent.

anemopathy, s. : thérapeutique par inhalation.

anemotrophy, s. : déficience dans la nutrition du sang.

anencephalia, s. : anencéphalie (absence d'encéphale).

anencephalohemia, s. : déficience d'apport sanguin au cerveau.

anencephalous, adj. : anencéphale.

anepia, s. : impossibilité de parler.

anergasia, s. : absence d'activité fonctionnelle.

anergia, s. : anergie, état d'un organisme incapable de se défendre (immunol.).

anergic, adj. : anergique, se rapportant à l'anergie.

anerythrocyte, s. : érythrocyte privé d'hémoglobine.

anerythropoiesis, s. : anérythropoïèse, anhématopoïèse (arrêt ou trouble dans la production des hématies).

anerythropsia, s. : anérythropsie, anérythroblepsie, protanopie (non-perception de la couleur rouge).

anesis, s. : atténuation, relâchement de la gravité des symptômes.

anesthecinesia, s. : paralysie sensorielle et motrice.

anesthesia or **anaesthesia,** s. : anesthésie; **general, local -** : anesthésie générale, locale; **spinal -** : anesthésie rachidienne.

anesthesimer, s. : anesthésimètre (instrument pour mesurer la quantité administrée d'un anesthésique).

anesthesiology, s. : science de l'anesthésie et des anesthésiques.

anesthetic, s. : 1. anesthésique; 2. anesthésié.

anesthetist or **anesthetizer,** s. : anesthésiste.

anesthetization, s. : anesthésiation, fait d'anesthésier.

anesthetize, v. : anesthésier.

anethum, s. : aneth.

anetic, adj. : anétique.

anetodermia, s. : anétodermie (relâchement cutané).

aneuploid, s., adj. : aneuploïde (ayant plus ou moins que le nombre diploïde normal de chromosomes).

aneuploidy, s. : aneuploïdie.

aneuria, s. : défaut d'action nerveuse, faiblesse.

aneurin, s. : aneurine (thiamine, vitamine B_1).

aneurism, s. : anévrisme, anévrysme, artériectasie (tumeur produite sur le trajet d'une artère).

aneurysma, s. (lat.) : anévrisme; **- cirsoidum** or **racemosum** or **cirsoid aneurism** : anévrisme cirsoïde; **- dissecans** or **dissecting aneurism** : anévrisme disséquant; **spurium** or **false aneurism** : faux anévrisme; **- varicosum** or **varicose aneurism** or **arterio-venous aneurism** : anévrisme variqueux ou artério-veineux.

aneurysmal, adj. : anévrismal, se rapportant à l'anévrisme.

aneurysmectomy, s. : excision d'un sac anévrismal.

aneurysmoplasty, s. : endo-anévrismorraphie reconstituante.

aneurysmorraphy, s. : anévrismorraphie, endo-anévrismorraphie, opération de Matas (mode de traitement des anévrismes par voie endo-vasculaire).

aneurysmotomy, s. : incision d'un sac anévrismal.

anfractuosity, s. : anfractuosité, sillon du cerveau.

anfractuous, adj. : anfractueux.

angeial, adj. : vasculaire.

angeitis, s. : cf., **angiitis.**

angel's wing : infirmité où les deux omoplates font saillie.

Angers' method : méthode d'Angers (réduction de la luxation de l'épaule).

angiealgia, s. : angie-algie (douleur dans un vaisseau).

angiectasis, s. : angiectasie, dilatation vasculaire.

angiectopia, s. : angiectopie, situation anormale d'un vaisseau.

angiemphraxis, s. : obstruction vasculaire.

angiitis, s. : angiite, angéite (nom générique des inflammations vasculaires).

angina, s. : angine, cynanche; **- pectoris** : angine de poitrine.

anginoid, adj. : anginoïde.

anginophobia, s. : peur morbide de l'angine de poitrine.

anginose, adj. : angineux.

angioasthenia, s. : asthénie, atonie vasculaire.

angioblast, s. : angioblaste (cellule embryonnaire du tissu vasculaire).

angioblastoma, s. : angioblastome.

angiocardiography, s. : angiocardiographie (radiographie du cœur et des vaisseaux du thorax).

angiocardiokinetic, s., adj. : médicament influençant les mouvements du cœur et des vaisseaux sanguins.

angiocardiopathy, s. : angiocardiopathie, maladie du cœur et des vaisseaux sanguins.

angiocarditis, s. : angiocardite (inflammation du cœur et des vaisseaux).

angiocavernous, adj. : angiocaverneux.

angioceratoma, s. : cf. **angiokeratoma.**

angiochalasia, *s.* : dilatation ou relaxation des vaisseaux sanguins.

angiocholecystitis, *s.* : angiocholécystite (inflammation de la vésicule et des voies biliaires).

angiocholitis, *s.* : angiocholite (inflammation des voies biliaires).

angiocrine, *adj.* : se rapportant à des troubles vaso-moteurs d'origine endocrinienne.

angiocrinosis, *s.* : troubles vasomoteurs d'origine endocrinienne.

angiodermatitis, *s.* : angiodermite (inflammation des vaisseaux de la peau).

angiodysplasia, *s.* : angiodysplasie.

angiodystrophia *or* **angiodystrophy,** *s.* : dystrophie vasculaire.

angioelephantiasis, *s.* : éléphantiasis avec localisation vasculaire.

angiofibroma, *s.* : angiome fibreux.

angiogenesis *or* **angiogeny,** *s.* : angiogénie, formation *ou* développement des vaisseaux.

angioglioma, *s.* : gliome riche en vaisseaux sanguins.

angiograph, *s.* : angiographe.

angiography, *s.* : angiographie; 1. traité sur les vaisseaux; 2. examen radiographique des vaisseaux.

angiohyalinosis, *s.* : angiohyalinose.

angiohypertonia, *s.* : angiospasme (spasme vasomoteur).

angiohypotonia, *s.* : paralysie vasomotrice.

angiokeratoma, *s.* : angio-kératome, télangiectasie verruqueuse, verrue télangiectasique, lymphangiectasie des mains et des pieds.

angioleucitis, *s.* : angioleucite, lymphangite, leucite (inflammation des vaisseaux lymphatiques).

angiolipoma, *s.* : angiolipome, angiome infiltré dans le tissu cellulo-adipeux.

angiolith, *s.* : angiolithe (concrétion calcaire à l'intérieur d'un angiome caverneux).

angiolithic neoplasm *or* **sarcoma** : sarcome angiolithique, endothéliome méningé.

angiology, *s.* : angiologie, angéiologie (étude des vaisseaux).

angiolupoid, *s.* : angiolupoïde (lésion de la face de la tuberculose cutanée atypique).

angiolymphitis, *s.* : *cf.,* **angioleucitis.**

angiolymphoma, *s.* : tumeur des vaisseaux lymphatiques.

angioma, *s.* : angiome, angiose; **- cavernosum** : angiome caverneux, tumeur érectile; **- racemosum** : anévrisme cirsoïde ; **- telangiectodes** : nævus vasculaire.

angiomalacia, *s.* : angiomalacie (diminution de l'élasticité d'un vaisseau).

angiomatosis, *s.* : angiomatose (maladie caractérisée par la formation d'angiomes multiples); **hemorrhagic family -** : angiomatose hémorragique familiale, maladie de Rendu-Osler; **- of retina** : maladie de Hippel.

angiomatous, *adj.* : angiomateux.

angiomegaly, *s.* : hypertrophie vasculaire (se voit surtout à la paupière).

angiometer, *s.* : *cf.,* **sphygmograph.**

angiomyocardiac, *adj.* : se rapportant aux vaisseaux et au muscle cardiaque.

angiomyoma, *s.* : angiomyome (tumeur formée de fibres musculaires lisses et de nombreux vaisseaux).

angiomyosarcoma, *s.* : tumeur présentant les éléments de l'angiome, du myome et du sarcome.

angionecrosis, *s.* : angionécrose.

angioneoplasma, *s.* : néoplasme vasculaire.

angioneurectomy, *s.* : angioneurectomie, angionévrectomie (résection des vaisseaux et nerfs du cordon spermatique, le canal déférent restant intact).

angioneuredema *or* **angioneuroedema** : *cf.,* **angioneurotic edema.**

angioneurosis, *s.* : angioneurone, angionévrose, névrose vasculaire.

angioneurotic, *adj.* : angioneurotique; **- edema** : œdème angioneurotique.

angioneurotomy, *s.* : angioneurotomie, angionévrotomie (section des vaisseaux et des nerfs).

angionoma, *s.* : ulcération vasculaire.

angiopancreatitis, *s.* : angiopancréatite (inflammation ascendante des voies pancréatiques).

angioparalysis, *s.* : paralysie vasomotrice.

angioparalytic, *adj.* : angioparalytique (se rapportant à une paralysie vasomotrice).

angioparesis, *s.* : parésie vasomotrice.

angiopathy, *s.* : angiopathie (nom générique des affections vasculaires).

angioplany, *s.* : angiectopie, anomalie de position, de cours, de structure, d'un vaisseau.

angioplasty, *s.* : angioplastie, chirurgie plastique des vaisseaux.

angiopoietic, *adj.* : se rapportant à la formation des vaisseaux.

angiopressure, *s.* : production d'une hémostase à l'aide d'un angiotribe et de pinces sans ligature.

angiopsathyrosis, *s.* : angiopsathyrose (fragilité des vaisseaux sanguins).

angiorhigosis, *s.* : rigidité des vaisseaux.

angiorragia *or* **angeiorrhagia,** *s.* : hémorragie.

angiorrhaphy, *s.* : angiorraphie (suture vasculaire, anastomose).

angiorrhexis, *s.* : rupture d'un vaisseau.

angiosarcoma, *s.* : angiosarcome (sarcome où la prolifération cellulaire dérive des éléments conjonctifs des vaisseaux sanguins).

angiosclerosis, *s.* : angiosclérose (nom générique désignant les scléroses vasculaires).

angioscope, *s.* : angioscope (instrument pour examiner les vaisseaux capillaires).

angioscotoma, *s.* : angioscotome.

angiosialitis, *s.* : inflammation d'un canal salivaire.

angiosis, *s.* : angiose, angiopathie.

angiospasm, *s.* : angiospasme (spasme vasomoteur).

angiospasmodic syndrome : syndrome angiospasmodique, maladie de Raynaud.

angiospastic, *adj.* : angiospastique (se rapportant à un angiospasme).

angiostaxis, *s.* : hémophilie.

angiostenosis, *s.* : angiosténose (rétrécissement des vaisseaux).

angiosteosis, *s.* : angiostéose (calcification des vaisseaux).

angiostomy, *s.* : création d'une ouverture dans un vaisseau.

angiostrophy, *s.* : torsion d'un vaisseau pour arrêter l'hémorragie.

angiosymphisis, *s.* : symphyse vasculaire.

angiosynizesis, *s.* : adhésion des parois vasculaires.

angiotelectasis, *s.* : télangiectasie, angiome simple.

angiotensin, *s.* : angiotensine.

angiotitis, *s.* : inflammation des vaisseaux de l'oreille.

angiotome, *s.* : segment de tissu vasculaire de l'embryon.

angiotomy, *s.* : angiotomie (1. incision vasculaire; 2. partie de l'anatomie traitant du système vasculaire).

angiotonic, *adj.* : augmentant la tension vasculaire.

angiotribe, *s.* : angiotribe (forte pince pour écraser les vaisseaux).

angiotripsy, *s.* : angiotripsie (procédé d'hémostase à l'aide d'un angiotribe).

angiotrophic, *adj.* : se rapportant à la nutrition vasculaire.

angitis, *s.* : *cf.,* **angiitis.**

angle, *s.* : angle.

angled, *adj.* : coudé.

Anglesey leg : sorte de jambe artificielle articulée.

anglicus sudor : suette anglaise.

angophrasia, *s.* : angophrasie, ânonnement.

angor, *or* **angor pectoris** : angine de poitrine.

Angström unit : unité Angström (unité de longueur d'onde = 1.10^{-10} mètre).

Anguillula intestinalis *or* **stercoralis** : anguillule de l'intestin (nématode).

anguilluliasis, *s.* : anguillulose.

angular, *adj.* : angulaire.

angulation, *s.* : plicature, formation d'un angle obstructif dans l'intestin.

angusty, *s.* : angustie, rétrécissement, étroitesse.

anhedonia, *s.* : diminution ou disparition de la sensation de plaisir.

anhelation, *s.* : anhélation, respiration courte et fréquente.

anhematopoiesis, *s.* : anhématopoïèse (arrêt ou trouble dans la production des hématies).

anhematopoietic, *adj.* : anhématopoïétique.

anhematosis, *s.* : anhématosie (insuffisance de l'hématose due à une mauvaise respiration).

anhemolytic, *adj.* : non hémolytique.

anhepatic *or* **anhepatogenic,** *adj.* : ne provenant pas du foie.

anhermenia, *s.* : anherménie (trouble de l'élocution dû à une paralysie bulbaire).

anhidrosis, *s.* : anhidrose, anidrose (abolition *ou* diminution de la sécrétion sudorale).

anhidrotic, *s., adj.* : anhidrotique (médicament qui diminue la sécrétion sudorale).

anhistic *or* **anhistous,** *adj.* : anhiste (qui n'a pas de texture déterminée) (*histol.*).

anhormonia, *s.* : déficience hormonale.

anhydration, *s.* : anhydrobiose (déshydratation tissulaire).

anhydremia, *s.* : anhydrémie (diminution et insuffisance de la quantité d'eau contenue dans le sang).

anhydride, *s.* : anhydride.

anhydrochloric, *adj.* : achlorhydrique.

anhydromyelia, *s.* : anhydromyélie (déficience en liquide céphalo-rachidien).

anhydrous, *adj.* : anhydre.

anhypnia, anhypnosis, *s.* : insomnie.

anianthinopsy, *s.* : non-perception de la couleur violette.

anicteric, *adj.* : anictérique.

anideus, *s.* : anide, acardiaque (monstre unitaire omphalosite).

aniline, *s.* : aniline.

anilinophil *or* **anilonophilous,** *adj.* : se colorant aisément à l'aniline.

anilism, *s.* : anilisme (intoxication par l'aniline).

animal, *s.* : animal.

animalcule, *s.* : animalcule.

animalized, *adj.* : animalisé.

anion, *s.* : anion (ion se dégageant autour de l'anode).

aniridia, *s.* : aniridie (absence congénitale de l'iris).

anischuria, *s.* : énurèse, énurésie (incontinence d'urine).

aniseikonia *or* **anisoiconia,** *s.* : inégalité des images rétiniennes.

anisergy, *s.* : anisergie circulatoire (indépendance relative que possèdent dans leur fonctionnement les différents segments de l'appareil circulatoire).

anisochromatic, *adj.* : anisochrome, anisochromatique.

anisochromia, *s.* : anisochromémie, anisochromie (inégalité de coloration des globules rouges).

anisocoria, *s.* : anisocorie (inégalité pupillaire).

anisocytosis, *s* : anisocytose (inégalité de dimension des globules rouges).

anisogamy, *s.* : fusion de deux gamètes de forme ou de taille différente.

anisognathous, *adj.* : anisognathe (ayant des mâchoires inégales).

anisohypercytosis, *s.* : hyperleucocytose avec modification du taux normal des différentes sortes de leucocytes.

anisohypocytosis, *s.* : leucopénie avec modification du taux normal des différentes sortes de leucocytes.

anisoleukocytosis, *s.* : *cf.,* **anisonormocytosis.**

anisomastia, *s.* : anisomastie (inégalité des seins).

anisomelia, *s.* : anisomélie (inégalité entre les bras ou les jambes).

anisometrope, *s.* : anisométrope *(ophtal.).*

anisometropia, *s.* : anisométropie (inégalité du pouvoir réfringent des deux yeux).

anisometropic, *adj.* : anisométrope.

anisonormocytosis, *s.* : taux leucocytaire normal, inversion de la formule leucocytaire.

anisopia, *s.* : anisopie, inégalité du pouvoir visuel des deux yeux.

anisopiesis, *s.* : inégalité de la pression sanguine dans différentes parties du corps.

anisorhythmia, *s.* : arythmie (cœur).

anisophygmia, *s.* : anisophygmie (inégalité de l'amplitude des pulsations).

anisosthenic muscles : anisosthénie (inégalité de tonus dans des groupes musculaires devant agir synergiquement).

anisotropal, anisotropic or **anisotropous,** *adj.* : anisotrope (se dit des substances qui jouissent de la biréfringence).

anisuria, *s.* : anisurie (inégalité du débit urinaire).

ankle, *s.* : cheville; **- bone** : astragale; **- clonus** : trépidation épileptoïde, clonus du pied.

ankylo- : ankylo-, préfixe signifiant courbé, ou en forme de boucle ou de nœud.

ankyloblepharon, *s.* : ankyloblépharon (soudure partielle ou totale, congénitale ou acquise, des bords palpébraux).

ankylochilia or **ankylocheila,** *s.* : ankylochéilie (soudure des lèvres).

ankylocolpos, *s.* : atrésie du vagin ou de la vulve.

ankylodactylia, *s.* : adhérence des doigts.

ankylodeire, ankylodere or **ankyloderis,** *s.* : torticolis.

ankylodontia, *s.* : irrégularité dans la position des dents.

ankyloglossia or **ankyloglossum,** *s.* : ankyloglosse (adhérence, acquise ou congénitale, de la langue).

ankylomerism, *s.* : adhérence anormale de deux parties du corps.

ankyloproctia, *s.* : atrésie de l'anus.

ankylorrhinia, *s.* : ankylorrhinie (adhérence des parois des narines).

ankylosed, *adj.* : ankylosé.

ankylosis, *s.* : ankylose.

Ankylostoma duodenale : *Ankylostome (parasit.).*

ankylostoma, *s.* : trismus.

ankylostomiasis, *s.* : ankylostomiase, ankylostomose (infestation par des nématodes du genre ankylostome).

ankylotia, *s.* : adhérence des parois du conduit auditif.

ankylotome, *s.* : 1. scalpel pour opérer l'ankyloglosse; 2. tout scalpel recourbé.

ankylotomy, *s.* : opération de l'ankyloglosse.

ankylurethria, *s.* : rétrécissement, atrésie urétrale.

ankyrism, *s.* : articulation ancyroïde, en crochet.

ankyroid cavity : cavité ancyroïde ou digitale du cerveau.

anlage, *s. (all.)* : zone embryonnaire où paraissent les premières traces des organes.

Annam ulcer : plaie ou ulcère annamite, ulcère du Gabon, ulcère phagédénique des pays chauds.

annealing, *s.* : mise sous forme bicaténaire d'un acide nucléique.

annectent gyri *(gr.)* : circonvolutions situées entre le lobe pariétal et le lobe occipital.

annuens, *s. (lat.)* : muscle droit antérieur de la tête.

annular, *s., adj.* : annulaire.

annulate, *adj.* : annelé.

annulitis, *s.* : annulite mitrale (inflammation de l'orifice auriculo-ventriculaire).

annulorrhaphy, *s.* : occlusion d'un étranglement herniaire ou d'un sac herniaire par suture.

annulus *(lat.)* : anneau; **- femoralis** : anneau crural; **- inguinalis** : anneau inguinal; **- tympanicus** : os tympanal.

anochlesia, *s.* : anochlésie (1. tranquillité; 2. catalepsie).

anociation or **anoci-association,** *s.* : anocie-association, méthode de Crile (association d'anesthésie locale et d'anesthésie générale).

anococcygeal, *adj.* : anococcygien.

anodal, *adj.* : anodique.

anode, *s.* : anode; **rod -** : anode en bâtonnet *(radiol.).*

anodmia, *s.* : manque, perte d'odorat.

anodontia, *s.* : anodontie (absence de dents).

anodyne, *s., adj.* : anodin, calmant, antalgique (qui apaise la douleur).

anodynia, *s.* : anodynie (absence de douleur).

anoia, *s.* : idiotie.

anomalous, *adj.* : anormal.

anomaly, s. : anomalie.

anomia, s. : perte du pouvoir de nommer les objets *ou* de reconnaître les noms.

anonychia, s. : anonychie (absence des ongles).

anonyma, s., adj. (lat.) : artère innominée.

anonymous, adj. : anonyme; **alcoholics - :** action mutuelle antialcoolique (U. S.).

anoopsia, s. : anopsie.

Anopheles, s. : Anophèle (parasit.).

anophthalmia, s. : anophtalmie (absence congénitale des yeux).

anophthalmos *or* **anophthalmus,** s. : 1. anophtalmie; 2. sujet atteint d'anophtalmie.

anopia, s. : absence de vision, cécité (par manque d'yeux).

anoplasty, s. : anoplastie.

anopsia, s. : anopsie (privation de la vue).

anorchism, s. : anorchidie, anorchie (absence de testicules).

anorchous, adj. : anorchide.

anorectal, adj. : anorectal.

anorexia *or* **anorexy,** s. : anorexie (perte *ou* diminution de l'appétit); **- nervosa :** anorexie mentale.

anorthography, s. : anorthographie (trouble de l'écriture).

anorthopia, s. : vision déformée ou asymétrique.

anorthosis, s. : absence d'érectilité.

anosia, s. : santé normale.

anosmatic, adj. : 1. ayant de petits lobes olfactifs; 2. ayant un odorat peu précis.

anosmia *or* **anosphrasia,** s. : anosmie, anosphrésie (diminution *ou* perte de l'odorat).

anosognosia, s. : anosognosie (méconnaissance par un malade de son affection, cependant évidente, telle qu'une paralysie).

anospinal, adj. : anospinal; **- center :** centre lombaire anospinal.

anostosis, s. : développement défectueux d'un os; atrophie osseuse.

anotia, s. : absence congénitale d'oreilles.

anotous, adj. : anote, sans oreilles.

anotropia, s. : état où l'axe visuel tend à s'élever au-dessus de l'objet examiné.

anovarism, s. : anovarie (absence ou aplasie plus ou moins complète des ovaires).

anovesical, adj. : ano-vésical.

anoxemia, anoxœmia *or* **anoxyemia,** s. : anoxémie, anoxhémie, anoxie, anoxyémie (diminution de la quantité d'oxygène du sang).

anoxybiosis, s. : cf., **anaerobiosis.**

anoxycausis, s. : combustion sans oxygène.

ansa, s., plur. **ansœ** (lat.) : anse; **- hypoglossi :** anse nerveuse de l'hypoglosse; **- of Henle :** anse de Henle (tube urinifère); **- subclavialis :** anneau de Vieussens; **- of Wrisberg :** nerf intermédiaire de Wrisberg.

anserine, adj. : ansérine; **- adeps :** graisse d'oie; **- disease :** atrophie musculaire des extrémités; **- skin :** peau ansérine (chair de poule).

antacid, s. : antacide.

antagonism, s. : antagonisme.

antagonist, s. : (muscle) antagoniste.

antagonistic, adj. : antagoniste; **- muscle :** muscle antagoniste (se dit d'un muscle dont l'action s'oppose à celle d'un autre muscle).

antalgesic *or* **antalgic,** s., adj. : antalgique (se dit de tout ce qui calme la douleur), anodin.

antebrachium, s. (lat.) : avant-bras.

antecardium, s. (lat.) : creux de l'épigastre.

anteflexion, s. : antéflexion; **- of uterus :** antéflexion de l'utérus (déviation où le fond se trouve incliné en avant et le col reste normal).

antelocation, s. : luxation antérieure, déplacement d'un organe *ou* d'un viscère en position antérieure.

antemetic, s. : cf., **antiemetic.**

ante mortem (lat.) : avant la mort.

antenatal, adj. : prénatal.

ante partum, s. (lat.) : avant l'accouchement.

anteposition, s., : antéposition; **- of uterus :** antéposition de l'utérus (déplacement en totalité de l'utérus, qui se trouve porté en avant).

anteprostate, s. : glandes de Cowper.

anteprostatic, adj. : situé devant la prostate; **- glands :** 1. glandes de Cowper; 2. petites glandes accessoires entre les glandes de Cowper et la prostate.

anteprostatitis, s. : inflammation des glandes de Cowper, cowpérite.

antepyretic, adj. : avant la fièvre.

antereisis, s. : résistance opposée par des os luxés au cours de leur réduction.

anterograde, adj. : antérograde (qui se déplace vers l'avant).

anteversion, s. : antéversion; **- of uterus :** antéversion de l'utérus (déviation où le fond se trouve incliné en avant et le col remonté en arrière).

anthelix, s. : anthélix (circonvolution du pavillon de l'oreille).

anthelmintic, s., adj. : anthelminthique, vermifuge.

anther, s. : anthère (organe sexuel mâle des plantes).

anthocyanin, s. : anthocyanine (glucoside).

anthocyaninemia, s. : anthocyaninémie (anthocyanine dans le sang).

anthocyaninuria, s. : anthocyaninurie (anthocyanine dans l'urine).

anthorisma, s. : œdème diffus.

anthracemia, s. : 1. charbon, fièvre charbonneuse; fièvre splénique animale; présence du bacille du charbon dans le sang; 2. asphyxie par empoisonnement à l'oxyde de carbone.

anthracia, *s.* : maladie caractérisée par la formation d'anthrax.

anthracin, *s.* : anthracine, toxine des cultures de la bactéridie du charbon.

anthracoid, *adj.* : anthracoïde (1. qui a la couleur du charbon; 2. qui ressemble à la pustule *ou* au bacille du charbon).

anthracometer, *s.* : appareil pour doser la quantité d'anhydride carbonique de l'air.

anthraconecrosis, *s.* : transformation nécrotique d'un tissu en une masse noire.

anthracosis, *s.* : anthracosis, anthracose (infiltration des poumons par la poussière de charbon inhalée).

anthracotherapy, *s.* : anthracothérapie (emploi thérapeutique du charbon).

anthrax, *s.* : charbon bactérien; **- bacillus** : bactéridie charbonneuse; **malignant -** : septicémie charbonneuse.

anthropogenesis, *s.* : anthropogénésie (étude du développement de l'homme en tant que race et en tant qu'individu).

anthropogeny, *s.* : anthropogénie (étude de l'homme du point de vue race).

anthropoid, *s., adj.* : anthropoïde (ressemblant à l'homme).

anthropology, *s.* : anthropologie (étude du groupe humain envisagé dans son ensemble, dans les détails et dans ses rapports avec le reste de la nature).

anthropometry, *s.* : anthropométrie (mensuration des diverses parties du corps).

anthropomorphism, *s.* : anthropomorphisme (attribution des caractéristiques humaines aux organismes animaux et végétaux).

anthropophagy, *s.* : anthropophagie (habitude de manger de la chair humaine).

anthropophilia, *s.* : anthropophilie.

anthropophobia, *s.* : anthropophobie (peur morbide de la société).

anthroposomatology, *s.* : anthroposomatologie (somme des connaissances sur la structure du corps humain).

anti- : anti-, préfixe employé pour : action contraire, propriété inhibitrice *ou* contrariante.

antibacterial, *adj.* : antibactérien.

antibiogram, *s.* : antibiogramme.

antibiotic, *s., adj.* : antibiotique, antibiote (qui s'oppose à la vie).

antibody, *s.* : anticorps (agent de l'immunité acquise); **blocking -** : anticorps bloquant.

anticheirotonus, *s.* : inflexion spasmodique du pouce.

anticholinergic, *adj.* : anticholinergique.

anticholinesterase, *s.* : anticholinestérase.

anticlinical vertebra : dixième vertèbre thoracique.

anticoagulant, *s., adj.* : anticoagulant.

antidote, *s.* : antidote, contre-poison.

antidromic nerve impulse : conduction antidromique (se dit d'une conduction qui se ferait dans une fibre nerveuse, en direction inverse du sens habituel).

antidiuretic hormone : hormone antidiurétique, A.D.H.

antiemetic, *s., adj.* : anti-émétique, antémétique (qui arrête les vomissements).

antigen, *s.* : antigène (terme générique servant à désigner toute substance capable d'engendrer des anticorps [*immunol.*]; **- T** : antigène T, antigène tumoral).

antigenic, *adj.* : antigénique.

antihemophilic factor : facteur antihémophilique, facteur XI.

antilemic, *adj.* : cf., **antiplague.**

antilewisite : antilewisite (BAL : British antilewisite).

antilobium, *s.* : tragus (*anat.*).

antimetropia, *s.* : état caractérisé par un pouvoir de réfraction contraire des deux yeux, hypermétropie de l'un, myopie de l'autre.

antimonial, *adj.* : antimonial, stibial, antimonié, stibié; **- wine** : vin émétique.

antimony, *s.* : antimoine.

antineuritic, *adj.* : antinévritique; **- vitamin** : vitamine B_1.

antiphagin, *s.* : antiphagine (substance qui défend les microbes contre l'englobement par les phagocytes).

antiphlogistic, *s., adj.* : antiphlogistique (qui combat l'inflammation).

antiphone, *s.* : antiphone (obturateur du conduit auditif externe destiné à amortir les sons violents).

antiplague, *adj.* : antipesteux.

antipodagric, *adj.* : antigoutteux.

antisepsis, *s.* : antisepsie (prévention de l'infection par la destruction des bactéries).

antiseptic, *s., adj.* : antiseptique (qui détruit les microbes et empêche leur développement).

antiserum, *s.* : antisérum, immunsérum, sérum précipitant *ou* neutralisant.

antithrombin, *s.* : antithrombine.

antithromboplastin, *s.* : antithromboplastine.

antitoxic, *s., adj.* : antitoxique.

antitragic, *adj.* : antitragien; **- muscle** : muscle de l'antitragus.

antitragus, *s.* : antitragus (éminence du pavillon de l'oreille).

antitrismus, *s.* : spasme empêchant de fermer la bouche.

antitryptic, *adj.* : antitryptique (se dit du pouvoir d'empêcher la digestion des protéines par la protéase).

antitussive, *s.* : expectorant.

antonomasia, *s.* : antonomasie, aphasie (pour les noms).

antral, *adj.* : antral.

antrectomy, *s.* : ablation des parois de l'antre mastoïdien.

antritis, *s.* : antrite (inflammation de l'antre mastoïdien).

antro-atticotomy, *s.* : antro-atticotomie, attico-antrotomie (large trépanation ouvrant à la fois l'attique et l'antre mastoïdien).

antrocele, *s.* : hydropisie du sinus maxillaire.

antroscope, *s.* : instrument pour examiner l'antre mastoïdien.

antroscopy, *s.* : examen de l'antre mastoïdien.

antrostomy, *s.* : antrostomie (trépanation pour ponctionner l'antre mastoïdien).

antrotome, *s.* : antrotome (trépan pour l'antre mastoïdien).

antrotomy, *s.* : antrotomie (trépanation donnant accès à l'antre mastoïdien).

antrum, *s.,* *plur.* **antra** *(lat.)* : 1. antre, cavité, sinus; 2. antre de Highmore.

Antyllus' operation : opération d'Antyllus (ligature d'une artère au-dessus et au-dessous d'un anévrisme et évacuation du contenu par incision).

anuclear *or* **anucleate,** *adj.* : sans noyau, anucléé.

anuresis *or* **anuria,** *s.* : anurie, anurèse (absence d'urine).

anus, *s.* : anus; **artificial -** *or* **- prœternaturalis** : anus artificiel.

anvil, *s.* : enclume.

anxiety, *s.* : anxiété.

aorta : aorte; **arch of the -** : crosse de l'aorte.

aortal *or* **aortic,** *adj.* : aortique; **- insufficiency** *or* **incompetence** : insuffisance aortique; **- stenosis** *or* **- stricture** : rétrécissement aortique.

aortarctia, *s.* : rétrécissement aortique.

aortectasia, *s.* : dilatation aortique.

aortitis, *s.* : aortite.

aortoclasia *or* **aortoclasis,** *s.* : rupture de l'aorte.

aortography, *s.* : aortographie (radiographie de l'aorte).

aortolith, *s.* : calcul dans l'aorte.

aortomalacia, *s.* : ramollissement de l'aorte.

aortopathy, *s.* : nom générique donné à toutes les maladies de l'aorte.

aortoptosia *or* **aortoptosis,** *s.* : affaissement de l'aorte abdominale avec viscéroptose.

aortorrhaphy, *s.* : aortorraphie.

aortosclerosis, *s.* : sclérose de l'aorte.

aortostenosis, *s.* : sténose de l'aorte, rétrécissement aortique.

apallesthesia, *s.* : pallanesthésie, abolition de la sensibilité vibratoire.

apandria, *s.* : aversion pour le sexe masculin.

apanthropy, *s.* : apanthropie, aversion pour la société.

apareunia, *s.* : apareunie.

apastia, *s.* : abstinence alimentaire due à des troubles mentaux.

apathy, *s.* : apathie.

apathic *or* **apathetic,** *adj.* : apathique.

APC (virus) : virus adéno-pharyngo-conjonctivite (adénovirus).

apeidosis, *s.* : apéidose (processus de convergence).

apella, *s.* : apelle, circoncis.

apellous, *adj.* : apelle (1. sans peau; 2. circoncis).

apepsia, *s.* : apepsie (disparition complète de la réaction fermentaire du suc gastrique).

apepsinia, *s.* : manque de pepsine dans le suc gastrique.

aperient, *s.* : laxatif, purgatif doux; *adj.* : légèrement purgatif.

aperistalsis, *s.* : apéristaltisme (absence de péristaltisme d'une partie *ou* de la totalité de l'intestin).

Apert's syndrome : maladie d'Apert *ou* acrocéphalosyndactylisme.

aperture *or* **apertura,** *s. (lat.)* : 1. ouverture; 2. taille d'ouverture du diaphragme de la lentille; **- pelvis inferior** : détroit inférieur du bassin; **- pelvis superior** : détroit supérieur du bassin.

apex, *s.* : sommet, apex; **- beat** : choc de la pointe; **- of the bladder** : sommet de la vessie; **- of the heart** : pointe du cœur; **- of the lung** : sommet du poumon.

apexial area : région périapexienne.

Apgar's score : cotation d'Apgar.

aphacia *or* **aphakia,** *s.* : aphakie (absence de cristallin d'origine traumatique *ou* opératoire).

aphacic *or* **aphakic,** *s., adj.* : aphaque.

aphagia, *s.* : impossibilité d'avaler.

aphalangiasis, *s.* : perte, absence de doigts.

aphasia, *s.* : aphasie, muétisme; **auditory -** : surdité verbale; **conduction -** : aphasie de conductibilité; **motor -** : aphasie motrice, aphémie; **sensory -** : aphasie sensorielle.

aphasic, *s., adj.* : aphasique.

aphelxia, *s.* : aphelkia, distraction, rêverie.

aphemesthesia, *s.* : aphémesthésie, défaut de compréhension du langage.

aphemia, *s.* : aphémie, alalie, anaudie, aphasie motrice vocale.

aphonia, *s.* : aphonie (perte plus ou moins complète de la voix).

aphonic, *adj.* : aphone, sans voix.

aphoresis, *s.* : 1. ablation par excision ou amputation; 2. impossibilité d'endurer une douleur.

aphoria, *s.* : stérilité féminine.

aphose, *s.* : sensation subjective d'obscurité, mouche volante *(ophtal.)*.

aphrasia, *s.* : aphrasie (1. aphémie; 2. paraphasie).

aphrenia, *s.* : 1. démence; 2. inconscience.

aphrodisia, *s.* : aphrodisie (exagération des désirs sexuels).

aphrodisiac, *s., adj.* : aphrodisiaque.

aphronesia *or* **aphronesis**, *s.* : dérangement des facultés intellectuelles, démence.

aphtha, *s., plur.* **aphthæ** *(lat.)* : aphte, pustule aphteuse.

aphthenxia, *s.* : aphtenxie (forme d'aphasie avec expression inégale des sons articulés).

aphthongia, *s.* : aphtongie (aphasie par spasme musculaire).

aphthosis, *s.* : aphtose.

aphthous, *adj.* : aphteux.

aphylaxis, *s.* : aphylaxie (absence de phylaxie).

apical, *adj.* : apical, apexien.

apicectomie, *s.* : apicectomie, excision de la racine d'une dent avec extirpation du tissu granulaire congestionné.

apicitis, *s.* : apexite (inflammation localisée au sommet *ou* à la pointe d'un organe).

apicoectomy, *s.* : excision de la pointe de la racine d'une dent.

apicolysis, *s.* : apicolyse, opération de Tuffier, pneumolyse extra-pleurale.

apicotomy, *s.* : excision, amputation de la pointe, du sommet d'un organe.

apinealism, *s.* : symptômes et état dus à l'absence de glande pinéale.

apinoid, *adj.* : propre; **- cancer** : squirrhe.

apiotherapy, *s.* : apithérapie (emploi thérapeutique du venin d'abeille).

apisination, *s.* : empoisonnement par venin d'abeille, inoculation de venin d'abeille contre certaines affections.

apituitarism, *s.* : état causé par l'absence de sécrétion hypophysaire due à l'ablation de la glande.

aplacental, *adj.* : dépourvu de placenta.

aplanasia, *s.* : absence totale *ou* presque totale d'aberration sphérique.

aplasia, *s.* : aplasie (variété d'atrophie due à l'arrêt du développement d'un tissu *ou* d'un organe).

aplastic, *adj.* : aplastique, aplasique.

apnea *or* **apnœa**, *s.* : apnée (1. arrêt plus ou moins prolongé de la respiration; 2. asphyxie).

apneumatosis, *s.* : apneumatosis, apneumatose, atélectasie, état fœtal du poumon.

apneumia, *s.* : absence congénitale des poumons.

apneusis, *s.* : manque de respiration, absence des mouvements d'inspiration.

apobole, *s.* : expulsion, avortement.

apocatastasis, *s.* : 1. retour à un état antérieur; 2. délitescence d'une tumeur.

apocenosis, *s.* : 1. augmentation du débit sanguin ou de l'élimination des humeurs; 2. évacuation partielle.

apochromatic, *adj.* : apochromatique.

apocope, *s.* : apocope (amputation, blessure avec perte de substance).

apocrine, *adj.* : apocrine.

apocrustic, *s., adj.* : astringent, styptique.

apodemialgia, *s.* : besoin de se déplacer, de voyager.

apodia, *s.* : apodie (absence congénitale de l'un ou des deux pieds).

apodous, *adj.* : apode, atteint d'apodie.

apoenzyme, *s.* : apoenzyme (fraction de l'enzyme qui requiert la présence du coenzyme pour former une enzyme complète).

apogamy, *s.* : apogamie (1. reproduction asexuée; 2. incapacité normale de pouvoir reproducteur).

apogee, *s.* : apogée.

apogeny, *s.* : apogénie (perte du pouvoir reproducteur).

apolar, *adj.* : apolaire, sans prolongements.

apolepsis, *s.* : rétention *ou* suppression d'une sécrétion *ou* d'une excrétion, arrêt d'une fonction.

apomixis, *s.* : apomixie (reproduction sans fécondation, par parthénogenèse *ou* par apogamie).

apomorphosis, *s.* : phénomène chimique où un corps agissant sur un autre lui prend quelque chose.

apomyelin, *s.* : apomyéline.

aponeurectomy, *s.* : aponévrectomie (excision d'une aponévrose).

aponeurology, *s.* : étude des aponévroses.

aponeurorrhaphy, *s.* : aponévrorraphie.

aponeurosis, *s.* : aponévrose.

aponeurositis, *s.* : aponévrotite, inflammation d'une aponévrose.

aponeurotic, *adj.* : aponévrotique, fascial.

aponeurotome, *s.* : aponévrotome (instrument pour diviser les aponévroses).

aponeurotomy, *s.* : aponévrotomie (section chirurgicale d'une aponévrose).

aponia, *s.* : aponie (absence, cessation de la douleur).

apophlegmatic, *adj.* : apophlegmatique (qui fait saliver, cracher).

apophlegmatisant, *s.* : médicament apophlegmatique.

apophylaxis, *s.* : diminution du pouvoir protecteur du sang.

apophysary, *s.* : apophysaire.

apophysate, *adj.* : apophysé.

apophyseal, apophysial, *adj.* : apophysaire.

apophyseopathia, *s.* : ostéite apophysaire, maladie de Schlatter.

apophysis, *s.* : apophyse (cf., **process**).

apophysitis, *s.* : apophysite (ostéite limitée à une apophyse).

apoplasmia, *s.* : déficience du plasma sanguin.

apoplectic, s., adj. : apoplectique.

apoplectiform or **apoplectoid**, adj. : apoplecti-forme, apoplectoïde.

apoplectigenous, adj. : produisant l'apoplexie.

apoplexy, s. : apoplexie, attaque ou ictus apo-plectique, congestion cérébrale; **heat -** : coup de chaleur, coup de soleil; **to die of -** : mourir de congestion.

apopsychia, s. : syncope, évanouissement.

aporia, s. : état d'anxiété, particulièrement au cours de la fièvre.

aporioneurosis, s. : névrose anxieuse.

aporrhegma, s. : cf., ptomaine.

aposia, s. : adipsie, absence de soif.

apositia, s. : dégoût de la nourriture.

apospory, s. : incapacité de former des spores.

apostasis, s. : 1. abcès; 2. crise (changement annonçant la fin d'une maladie); 3. exfoliation.

apostema, s. : apostème, abcès.

aposthia, s. : absence congénitale de prépuce ou de pénis.

apothanasia, s. : apothanasie, recul de la mort.

apothecary, s. : apothicaire.

apothem or **apotheme**, s. : dépôt brun, pulvé-rulent (chim.).

apotheter, s. : instrument pour fixer le cordon ombilical.

apotoxin, s. : apotoxine, anaphylotoxine.

apoxesis, s. : raclage, curetage (odont.).

apozeme, s. : apozeme, tisane composée, décoc-tion ou infusion médicinale.

apparatotherapy, s. : mécanothérapie.

apparatus, s. : appareil (1. instrument; 2. en-semble des organes qui accomplissent une fonc-tion).

appendage, s. : appendice, annexe (d'un organe); **caudal -** : appendice caudal.

appendalgia, s. : appendicalgie.

appendectomy, s. : cf., **appendicectomy**.

appendiceal, appendicial, adj. : cf., **appendi-cular.**

appendicectomy, s. : appendicectomie, prosphy-sectomie.

appendicitis, s. : appendicite.

appendicocele, s. : appendicocèle.

appendico-enterostomy, s. : appendicostomie (formation d'un abouchement entre l'appendice et l'intestin grêle).

appendicosis, s. : état de malaise continu sans température avec nausées et douleurs locales dans l'appendicite.

appendicostomy, s. : appendicostomie.

appendicular, adj. : appendiculaire (1. se rappor-tant à l'appendice iléo-cæcal; 2. se rapportant aux membres).

appendix, s. (lat.) : appendice; **- testis** : hyda-tide de Morgagni; **vermiform -** : appendice ver-miculaire, vermiforme, iléo-cæcal.

apperception, s. : aperception, perception cons-ciente d'une impression sensorielle.

apperceptive, adj. : aperceptif.

appetite, s. : appétit; **loss of -** : inappétence, anorexie.

applanatio, s. (lat.) : aplanissement, aplatisse-ment; **- corneæ** : aplatissement de la cornée.

applicator, s. : instrument pour faire des appli-cations locales; **expanding -** : applicateur dila-table.

apposition, s. : apposition; **to bring the ends of a broken bone into -** : affronter les extrémités d'un os fracturé.

approach, s. : abord, accès, approche, étude, conception, ligne de conduite; voie d'abord (chir.).

approximal, s. : contigu.

approximation, s. : localisation.

apractic or **apraxic**, adj. : apraxique.

apractophagia, s. : apractophagie.

apraxia, s. : apraxie; **sensory -, agnostic -** : apraxie psycho-sensorielle; **motor -** : apraxie idéo-motrice.

aproctia, s. : aproctie, absence ou imperforation de l'anus.

aprosexia, s. : aprosexie (syndrome caractérisé par la diminution de la mémoire, l'impossibilité de fixer l'attention et de comprendre ce qu'on lit et ce qu'on entend).

aprosopia, s. : aprosopie (absence congénitale de la face).

aprosopus, s. : fœtus atteint d'aprosopie.

apselaphesia, s. : déficience ou perte du sens du toucher.

apsithyria, s. : apsithyrie, aphonie caractérisée par l'impossibilité d'émettre le plus léger mur-mure, s'observe dans l'hystérie (psych.).

apsychia, s. : apsychie.

apsychosis, s. : apsychose.

aptyalis or **aptyalism**, s. : aptyalisme, xérosto-mie.

apulosis, s. : cicatrisation, cicatrice.

apyknomorphous, adj. : apyknomorphe.

apyous, adj. : sans pus.

apyretic, adj. : apyrétique.

apyrexal, adj. : apyrétique.

apyrexis, s. : apyrexie.

aqua, s. (lat.) : eau.

aquacapsulitis, s. : cf., **aquocapsulitis.**

aquæductus, s. (lat.) : aqueduc; **- cerebri** or **mesencephali** : aqueduc de Sylvius; **- cochleæ** : aqueduc du limaçon.

aquamedin, s. : pitressine.

aquapuncture, s. : injection sous-cutanée d'eau.

aqueduct, s. : aqueduc; **- of cochlea** : aqueduc du limaçon; **- of Fallopius** : aqueduc de Fallope; **- of Sylvius** : aqueduc de Sylvius.

aqueous, adj. : aqueux ; **- humor** : humeur aqueuse.

aquocapsulitis, s. : aquo-capsulite, kératite ponctuée, descémétite.

aqula externa (lat.) : périlymphe; **- interna** : endolymphe.

arachnidism, s. : arachnidisme (affection causée par la morsure des araignées).

arachnitis, s. : arachnitis, arachnoïdite; **rachidian** or **spinal -** : arachnitis chronique, paralysie générale progressive.

arachnodactylia or **arachnodactyly,** s. : arachnodactylie.

arachnoid, s., adj. : arachnoïde.

arachnoidal, adj. : arachnoïdien.

arachnoidea, s. (lat.) : arachnoïde.

arachnoiditis : cf., **arachnitis.**

Aran's green cancer : cancer vert d'Aran, chlorome; **- law** : loi d'Aran (fractures du crâne).

Aran-Duchenne's disease : maladie d'Aran-Duchenne, atrophie musculaire progressive.

Arantius' body or **nodule** : tubercule d'Aranzi ou de Morgagni (reliquat du canal veineux); **- ventricle** : ventricule d'Aranzi; **- canal** or **duct** : canal veineux d'Aranzi.

arbor vitæ cerebelli (lat.) : arbre de vie du cervelet.

arborescent, adj. : arborescent.

arborization, s. : arborisation.

arbovirus, s. : arbovirus (virus Arbor, transmis par les arthropodes).

Arbuthnot-Lane's disease : maladie d'Arbuthnot-Lane (stase intestinale fonctionnelle chronique).

A.R.C. serum : abréviation pour antireticular cytotoxic serum : sérum antiréticulaire cytotoxique, sérum de Bogomoletz.

arcate, adj. : arqué, courbé.

arch, s. : arc, arcade; **- of the aorta** : crosse de l'aorte; **alveolar -** : arcade dentaire; **bronchial -** : arc bronchial ; **epencephalic -** : arc occipital ; **femoral -** : arcade crurale profonde ; **- of the foot** : voûte plantaire; **inguinal -** : ligament de Poupart; **mandibular -** : arc mentonnier; **palatal -** : voûte du palais; **palmar -** : arcade palmaire; **plantar -** : arcade plantaire; **- of pubes** : arc pubien; **Riolan's -** : anse de Riolan (mésentère); **supraorbital -** : arcade sourcilière; **- of a vertebra** : arc vertébral (partie osseuse du canal rachidien) ; **vertebral -** : arc neural ; **zygomatic -** : arcade zygomatique.

archaic, adj. : archaïque.

archamphiaster, s. : amphiaster générateur des globules polaires.

archebiosis or **archegenesis,** s. : archébiose, abiogenèse, génération spontanée.

archencephalon, s. : partie antérieure et mésencéphale du cerveau embryonnaire.

archenteron, s. : archentère, archentéron, intestin primitif (embryol.).

archeocyte, s. : cellule amiboïde libre ou errante.

archeokinetic, adj. : se dit du mode primitif de mécanisme nerveux moteur.

archepyon, s. : pus très épais.

archesporium, s. : archéspore.

archetype, s. : 1. archétype; 2. étalon (de poids ou de mesure).

archiblast, s. : 1. disque proligère; 2. tissu parenchymateux.

archiblastoma, s. : tumeur constituée par du tissu parenchymateux.

archigaster, s. : cf., **archenteron.**

archinephron, s. : cf., **Wolffian body.**

archineuron, s. : neurone primitif.

archipallium, s. : rhinencéphale.

archiplasm, s. : cf., **archoplasm.**

archistome, s. : petite ouverture dans le canal de la notochorde.

architis, s. : proctite, anite (inflammation de l'anus).

archocele, s. : hernie rectale.

archocystocolposyrinx or **archocolpocystosyrinx,** s. : fistule de l'anus, du vagin et de la vessie.

archocystosyrinx, s. : fistule de l'anus et de la vessie.

archoptoma or **archoptosis,** s. : proctoptose, prolapsus du rectum.

archorrhagia, s. : hémorragie rectale.

archorrhea, s. : proctorrhée (écoulement sanguin ou muqueux par l'anus).

archostegnoma or **archostenosis,** s. : rétrécissement rectal.

archosyrinx, s. : 1. seringue rectale; 2. fistule anale.

arciform, adj. : arciforme.

arcuate, adj. : arqué, arciforme.

arcus, s. (lat.) : arc, arcade; **- aortæ** crosse de l'aorte; **- dentalis** : arcade dentaire; **- palatini** : piliers du palais; **- pubis** : arcade pubienne; **- senilis** : arc sénile ou gérontoxon; **- superciliaris** : arcade sourcilière; **- volaris** : arcade palmaire.

ardanesthesia, s. : thermo-anesthésie ou thermo-analgésie.

ardent, adj. : 1. fiévreux; 2. ardent.

ardor urinæ (lat.) : micturition douloureuse avec sensation de brûlure; **- venereus** : désir sexuel; **- ventriculi** : pyrosis.

area, s., plur. **areæ** (lat.) : aire, zone, région; **- cribriformes** : taches criblées; **- germinativa** : aire ou tache germinative; **- olfactoria** : espace perforé antérieur; **silent -** : zone muette (du lobe frontal); **- vertibularis** or **acustica** : aile blanche externe du calamus scriptorius.

areflexia, s. : aréflexie, aréflectivité, irréflectivité (absence des réflexes).

aregeneration, *s.* : absence de régénération.

arena, *s. (lat.)* : gravelle.

arenation, *s.* : arénation, traitement par bains de sable chaud.

areocardia, *s.* : bradycardie, brachycardie.

areola, *s.* : aréole (1. aréole [du mamelon]; 2. espace interstitiel [dans un tissu]).

areolar, *adj.* : aréolaire; **- tissue** : tissu conjonctif lâche.

areolate *or* **areolated,** *adj.* : aréolé.

areolitis, *s.* : inflammation de l'aréole du mamelon.

areometer, *s.* : aréomètre.

argamblyopia, *s.* : amblyopie due au fait que l'œil est inemployé.

Argas, *s.* : *Argas* (tiques du genre acarien [*parasit.*]).

argema, *s.* : ulcère blanc du bord de la cornée.

argentaffine, *adj.* : argentaffine, argyrophile.

argentaffinoma, *s.* : tumeur à éléments argentaffines.

argentation, *s.* : argentation.

argentic, *adj.* : argentique.

argentine, *adj.* : argentin, argentique.

argentum, *s. (lat.)* : argent.

arginase, *s.* : arginase (enzyme).

arginine, *s.* : arginine (acide aminé).

argon, *s.* : argon.

Argyll-Robertson pupil : signe d'Argyll-Robertson.

argyria, argyriasis *or* **argyrosis,** *s.* : argyrie, argyrose (lésion *ou* coloration cutanée due aux sels d'argent).

argyric, *adj.* : argyrique.

argyrism, *s.* : argyrisme (ensemble des phénomènes toxiques, surtout argyrie, provoqués par les sels d'argent).

argyrophil, *adj.* : argyrophile.

arhigosis, *s.* : incapacité de percevoir le froid.

arhinia, *s.* : absence de nez.

ariboflavinosis, *s.* : ariboflavinose (maladie causée par une carence en vitamine B_2 dans le régime).

aristocardia, *s.* : déviation du cœur vers la gauche.

aristolochic, *s., adj.* : médicament pour expulser le placenta *ou* déclencher les lochies.

arithmomania, *s.* : arithmomanie (manie de compter).

arkyochrome, *s.* : cellule nerveuse à chromatine réticulée.

arkyostichochrome, *adj.* : se dit des cellules nerveuses où la chromatine est à la fois striée et réticulée (ex. : cellules de Purkinje).

arm, *s.* : bras; **- center** : centre cortical des mouvements du bras.

Armanni-Ebstein cells : cellule d'Armanni (cellules épithéliales à l'extrémité des tubes contour-

nés contenant du glycogène, caractéristiques du diabète sucré).

armature, *s.* : armure *(biol.)*.

armilla, *s.* : 1. ligament annulaire du poignet; 2. ganglion de Gasser.

armpit, *s.* : aisselle, creux de l'aisselle.

Armstrong's disease : maladie d'Armstrong.

arm-to-arm vaccination : vaccination de bras à bras (procédé de Jenner pour la vaccination antivariolique).

Arneth's formula *or* **index** : image d'Arneth (classification des polynucléaires d'après le nombre des noyaux).

arnica, *s.* : arnica; **- plaster** : emplâtre d'arnica.

Arnold's canal : canal situé dans le rocher; **- ganglion** : ganglion otique, ganglion d'Arnold; **- nerve** : branche auriculaire du pneumogastrique.

Arnold-Chiari's syndrome : malformation d'Arnold-Chiari.

aroma, *s.* : arome.

aromatic, *s., adj.* : aromatique.

arrachement, *s. (fr.)* : arrachement, extraction.

arrector, *s. (lat.)* : érecteur; **- pili** : muscle pilo-moteur.

arrhea, *s.* : arrêt, suppression d'un écoulement.

arrhenic medication : médication *ou* thérapeutique arsenicale.

arrhenoblastoma, *s.* : arrhénoblastome, tumeur masculinisante de l'ovaire.

arrhinencephalic, *s.* : anencéphalie partielle avec malformation du nez.

arrythmia, *s.* : arythmie.

arrhythmokinesis, *s.* : arythmokinésie (incapacité de faire des mouvements rythmiques).

arrosion, *s.* : rongement, destruction des parois vasculaires par les processus ulcéreux.

arsenate, *s.* : arséniate.

arsenfast *or* **arsenic-fast,** *adj.* : arsénico-résistant.

arseniasis, *s., cf.* : **arsenicism.**

arsenic *or* **arsenicum,** *s.* : arsenic.

arsenical, *adj.* : arsenical, arsénié.

arsenicalism, *s.* : arsénicisme chronique.

arsenicate, *adj.* : arsénié.

arsenicism, *s.* : arsénicisme.

arsenicophagy *or* **arsenophagy,** *s.* : arsénicophagie, arsénophagie.

arsenionization, *s.* : ionisation arsenicale.

arsenoblast, *s.* : élément mâle de la cellule sexuelle.

arsenorelapsing : faisant une rechute après traitement arsenical.

arsenoresistant, *s., adj.* : arsénorésistant (résistant aux arsénobenzènes).

arsenotherapy, *s.* : arsénothérapie.

arsine, *s.* : arsine.

arsonvalization, *s.* : d'Arsonvalisation, darsonvalisation, diathermie.

arsphenamine, *s.* : arsénobenzène.

artefact *or* **artifact,** *s.* : artefact.

arterectomy, *s.* : artériectomie.

arteria, *s.,* *plur.* **arteriæ** *(lat.) or* **artery,** *plur.* **arteries** : artère; **- alveolaris inferior** *or* **- alveolaris mandibularis** : artère dentaire inférieure; **- alveolares superiores** *or* **- alveolares maxillares** : artères dentaires supérieures; **- analis** : artère hémorroïdale inférieure; **- angularis** : terminaison de l'artère faciale; **- anonyma** : tronc brachio-céphalique; **- auriculares** : artères auriculaires; **- axillaris** : artère axillaire; **- basilaris** : tronc basilaire ; **- brachialis** : artère brachiale *ou* humérale; **- bronchialis** : artères bronchiques; **- buccinatoria** : artère buccale; **- bulbi urethræ** : artère caverneuse; **- canalis pterygoidei** : artère vidienne; **- carotis communis** : artère carotide primitive; **- carotis externa** : artère carotide externe; **- carotis interna** : artère carotide interne; **- centralis retinæ** : artère centrale de la rétine; **- cerebelli inferior anterior** : artère cérébelleuse inférieure et antérieure; **- cerebelli inferior posterior** : artère cérébelleuse inférieure et postérieure; **- cerebelli superior** : artère cérébelleuse supérieure; **- cerebri anterior** : artère cérébrale antérieure; **- cerebri media** : artère cérébrale moyenne *ou* sylvienne; **- cerebri posterior** : artère cérébrale postérieure; **- cervicalis ascendens** : artère cervicale ascendante; **- cervicalis profunda** : artère cervicale profonde; **- choroidea** : artère du plexus choroïde; **- ciliares anteriores** *or* **ramuli ciliares** : artères courtes ciliaires *ou* petites iriennes; **- ciliares posteriores breves** : artères ciliaires courtes postérieures *ou* choroïdiennes; **- ciliares posteriores longæ** : artères ciliaires longues *ou* grandes iriennes ; **- circumflexa femoris lateralis** *or* **fibularis** : artère circonflexe externe de la cuisse; **- circumflexa femoris medialis** *or* **tibialis** : artère circonflexe interne de la cuisse; **- circumflexa humeri anterior** *or* **volaris** : artère circonflexe antérieure du bras; **- circumflexa humeri posterior** *or* **dorsalis** : artère circonflexe postérieure du bras; **- circumflexa ilium profunda** : artère circonflexe iliaque; **- cœliaca** : tronc cœliaque; **- colicæ** : artères coliques; **- collateralis radialis** : artère collatérale externe *ou* humérale profonde; **- collateralis ulnaris** : artère collatérale interne; **- communicans anterior** : artère communicante antérieure; **- communicans posterior** : artère communicante postérieure; **- coronaria dextra** : artère coronaire postérieure; **- coronaria sinistra** : artère coronaire antérieure; **- deferentialis** : artère déférentielle; **- dorsalis nasi** : artère nasale; **- dorsalis pedis** : artère pédieuse; **- encephali** : artère cérébrale; **- epigastrica inferior** *or* **caudalis** : artère épigastrique; **- epigastrica superficialis** : artère tégumenteuse abdominale; **- epigastrica superior** *or* **cranialis** : branche interne *ou* épigastrique de terminaison de l'artère mammaire interne; **- ethmoidalis anterior** : artère ethmoïdale antérieure; **- ethmoidalis posterior** : artère ethmoïdale postérieure; **- femo-**

ralis : artère fémorale *ou* crurale; **- fibularis** : artère péronière; **- fossæ Sylvii** : artère cérébrale moyenne *ou* sylvienne; **- frontalis** *or* **frontalis medialis** : artère frontale interne; **- frontalis lateralis** : *cf.,* **- supraorbitalis; - gastrica dextra** : artère pylorique; **- gastrica sinistra** : artère coronaire stomachique; **- gastroepiploica** : artère gastro-épiploïque; **- genus suprema** *or* **descendens** : artère grande anastomotique du genou; **- glutœa inferior** *or* **caudalis** : artère ischiatique; **- glutœa superior** *or* **cranialis** : artère fessière; **- hœmorrhoidales** : artères hémorroïdales; **- hepatica** *or* **hepatica communis** : artère hépatique; **- hypogastrica** *or* **iliaca interna** : artère hypogastrique *ou* iliaque interne; **- ileocolica** : artère iléo-colique; **- iliaca communis** : artère iliaque primitive; **- iliaca externa** : artère iliaque externe; **- iliaca interna** : artère iliaque interne *ou* hypogastrique; **- iliolumbalis** : artère iléo-lombaire; **- infraorbitalis** : artère sous-orbitaire; **- intercostales** : artères intercostales; **- interosseæ** : artères interosseuses; **- iridis** : artères iriennes; **- labialis inferior** *or* **mandibularis** : artère coronaire labiale inférieure; **- labialis superior** *or* **maxillaris** : artère coronaire labiale supérieure; **- lacrimalis** : artère lacrymale; **- laryngea inferior** *or* **caudalis** : artère laryngée inférieure; **- laryngea superior** *or* **cranialis** : artère laryngée supérieure; **- lienalis** : artère splénique; **- lingualis** : artère linguale; **- lumbales** : artères lombaires; **- malleolares** : artères malléolaires; **- mammaria externa** : *cf.,* **- thoracica lateralis; - mammaria interna** *or* **thoracica interna** : artère mammaire interne; **- masseterica** : artère massétérine *ou* massétérique; **- maxillaris externa** *or* **facialis** : artère faciale; **- maxillaris interna** *or* **maxillaris** : artère maxillaire interne; **- meningea anterior** *or* **meningica frontalis** : artère méningée antérieure; **- meningea media** *or* **meningica media** : artère méningée moyenne *ou* sphéno-épineuse; **- meningea posterior** *or* **meningica occipitalis** : artère méningée postérieure; **- mesaraica** : *cf.,* **- mesenterica; - mesenterica inferior** *or* **caudalis** : artère mésentérique inférieure; **- mesenterica superior** *or* **cranialis** : artère mésentérique supérieure; **- musculi cremasteris** : artère spermatique externe; **- musculophrenica** : branche externe *ou* thoracique de terminaison de l'artère mammaire interne; **- nasalis anterior** : branche de l'ethmoïdale antérieure; **- nasalis lateralis** *cf.,* **- angularis; - nasalis posterior** *cf.,* **- sphenopalatina; - nutriciæ** : artères nourricières; **- obturatoria** : artère obturatrice; **- occipitalis** : artère occipitale; **- œsophageæ** : artères œsophagiennes; **- ophthalmica** : artère ophtalmique; **- ovarica** : artère utéro-ovarienne; **- palatina ascendens** : artère palatine inférieure; **- palatina descendens** : artère palatine supérieure; **- palatina major** : branche de l'artère palatine supérieure; **- peronea** *or* **fibularis** : artère péronière; **- pharyngea ascendens** : artère pharyngée inférieure; **- phrenicæ** : artères diaphragmatiques; **- plantaris lateralis** *or* **fibularis** : artère plantaire externe; **- plantaris medialis** *or* **tibialis** : artère plantaire interne; **- poplitea** : artère poplitée; **- profunda brachii** : artère humérale profonde *ou* collatérale externe du bras; **- profunda femoris** : artère fémorale profonde; - **profunda linguæ** : artère ranine; - **pterygopalatina** : artère sphénopalatine; - **pudenda communis** : *cf.,* - **pudenda interna**; - **pudenda externa** : artère honteuse externe; - **pudenda interna** : artère honteuse interne; - **pulmonalis** : artère pulmonaire; - **radialis** : artère radiale; - **ranina** : *cf.,* - **profunda linguæ**; - **rectalis caudalis** : artère hémorroïdale inférieure; - **rectalis cranialis** : artère hémorroïdale supérieure; - **recurrentes** : artères récurrentes; - **renalis** : artère rénale; - **sacralis lateralis** : artère sacrale latérale; - **sacralis media** *or* **aorta caudalis** : artère sacrale moyenne; - **spermatica externa** *or* - **musculi cremasteris** : artère spermatique externe; - **spermatica interna** *or* **spermatica** : artère spermatique interne; - **sphenopalatina** : *cf.,* - **pterygopalatina**; - **spinalis anterior** *or* **ventralis** : artère spinale antérieure; - **spinalis posterior** *or* **dorsalis** : artère spinale postérieure; - **stylomastoidea** : artère stylomastoïdienne; - **subclavia** : artère sous-clavière; - **sublingualis** : artère sous-linguale; - **submentalis** : artère sous-mentale; - **subscapularis** : artère sous-scapulaire *ou* scapulaire inférieure; - **supraorbitalis** *or* - **frontalis lateralis** : artère sus-orbitaire *ou* frontale externe; - **suprarenalis** : artère capsulaire; - **Sylvii** : *cf.,* - **fossæ Sylvii**; - **temporalis media** : artère temporale moyenne; - **temporalis profunda** : artère temporale profonde; - **temporalis superficialis** : artère temporale superficielle; - **thoracica lateralis** : artère thoracique inférieure *ou* mammaire externe; - **thoracica interna** : *cf.,* - **mammaria interna**; - **thoracica longa** : *cf.,* - **thoracica lateralis**; - **thoracoacromialis** : artère acromiothoracique; - **thyreoidea inferior** *or* **caudalis** : artère thyroïdienne inférieure; - **thyreoidea superior** *or* **cranialis** : artère thyroïdienne supérieure; - **tibialis anterior** : artère tibiale antérieure; - **tibialis posterior** : tronc tibiopéronier avec l'artère tibiale postérieure; - **transversa colli** : artère cervicale transverse *ou* scapulaire postérieure; - **transversa faciei** : artère transverse de la face; - **transversa scapulæ** *or* **suprascapularis** : artère sus-scapulaire *ou* scapulaire supérieure; - **tympanica** : artère tympanique; - **ulnaris** : artère cubitale; - **umbilicalis** : artère ombilicale; - **uterina** : artère utérine; - **vertebralis** : artère vertébrale; - **vesicalis** : artère vésicale.

arteriagra, *s.* : névralgie artérielle.

arterial, *adj.* : artériel.

arterialization, *s.* : artérialisation.

arteriarctia, *s.* : sténose *ou* constriction artérielle.

arteriasis, *s.* : dégénérescence des parois artérielles.

arteriectasis *or* **arteriectasia**, *s.* : artériectasie, anévrisme.

arteriectopia, *s.* : artériectopie.

arteriocapillary, *adj.* : artério-capillaire; - **fibrosis** : fibrose des capillaires artériels.

arteriochalasis, *s.* : atonie artérielle.

arteriococcygeal gland : glande de Luschka.

arteriodialysis, *s.* : amincissement des parois artérielles, avec ou sans rupture.

arteriodiastasis, *s.* : 1. rétraction des deux extrémités d'une artère coupée ; 2. artériectopie ; 3. écartement de deux artères normalement près l'une de l'autre.

arteriofibrosis, *s.* : *cf.,* **arteriocapillary fibrosis**.

arteriogram, *s.* : artériogramme.

arteriography, *s.* : artériographie.

arteriola, *s.*, *plur.* **arteriolæ** *(lat.)* : artériole; - **recta** : artériole des pyramides du rein; - **aucularis cordis** : artères coronaires du cœur; - **rectæ renis** : artères tubulaires rénales.

arteriole, *s.* : artériole.

arteriolith, *s.* : artériolithe, concrétion calcaire dans une artère.

arteriology, *s.* : artériologie.

arteriolosclerosis, *s.* : artériolo-sclérose (dégénérescence hyaline de la paroi vasculaire).

arteriomalacia, *s.* : artériomalacie (ramollissement de la paroi des artères).

arteriometer, *s.* : instrument pour mesurer les changements de calibre d'une artère pendant les pulsations.

arterionecrosis, *s.* : nécrose artérielle.

arteriopathy, *s.* : artériopathie.

arterioperissia *or* **arterioperittia**, *s.* : développement artériel anormal.

arteriophlebotomy, *s.* : artériophlébotomie.

arteriopituitous, *adj.* : se rapportant aux artères des voies nasales.

arterioplania, *s.* : artérioplanie, déplacement *ou* allongement des artères.

arterioplasty, *s.* : artérioplastie, anévrismorraphie, opération de Matas.

arteriopressor, *adj.* : vasopresseur.

arteriorenal, *adj.* : se rapportant aux artères rénales.

arteriorrhagia, *s.* : artériorragie, hémorragie artérielle.

arteriorrhaphy, *s.* : artériorraphie (suture d'une artère).

arteriorrhexis, *s.* : artériorrexie (rupture d'une artère).

arteriosclerosis, *s.* : artériosclérose (durcissement des parois des artères).

arteriospasm, *s.* : artériospasme.

arteriostenosis, *s.* : artériosténose, oblitération artérielle.

arteriosteogenesis, **arteriosteosis** *or* **arteriostosis**, *s.* : artériostéose (artériostose, calcification artérielle).

arteriostrepsis *or* **arteriotrepsis**, *s.* : artériotrepsie, torsion d'une artère pour arrêter l'hémorragie.

arteriosympathectomy, *s.* : sympathectomie péri-artérielle.

arteriotome, *s.* : artériotome.

arteriotomy, *s.* : artériotomie.

arterious, *adj.* : artériel.

arteriovenous, *adj.* : artério-veineux.

arterioversion, *s.* : arrêt de l'hémorragie en retournant l'artère.

arterioverter, *s.* : appareil pour retourner l'artère.

arteritis, *s.* : artérite.

artery, *s.* : artère.

arthragra, *s.* : arthrite.

arthral, *adj.* : arthritique.

arthralgia, *s.* : arthralgie (douleur dans une articulation).

arthrectasia *or* **arthrectasis,** *s.* : dilatation de la cavité d'une articulation.

arthrectomy, *s.* : arthrectomie, synovectomie.

arthredema, *s.* : œdème articulaire.

arthrelcosis, *s.* : ulcération articulaire.

arthremia, *s.* : congestion articulaire.

arthrempyesis, *s.* : pyarthrose, suppuration articulaire.

arthrentasis, *s.* : distorsion des membres due à la goutte.

arthresthesia, *s.* : sensibilité articulaire.

arthric, *adj.* : *cf.*, **arthritic** (2).

arthrifluent, *adj.* : arthrifluent.

arthrifuge, *s.* : remède contre la goutte.

arthritic, *adj.* : arthritique (1. se rapportant à une arthrite; 2. articulaire); **- diathesia** : arthritisme; **- rheumatism** : rhumatisme noueux.

arthritide, *s.* : arthritide, manifestation cutanée sous la dépendance de l'arthritisme.

arthritis, *s.* : arthrite; **rheumatoid -** : rhumatisme articulaire, arthrite sèche déformante.

arthritism, *s.* : arthritisme.

arthrobacterium, *s.* : arthrobactérie (bactérie engendrant des spores qui se forment par segmentation).

arthrocace, *s.* : arthrite fongueuse, strumeuse *ou* tuberculeuse; carie articulaire; **- senile** : arthrocace sénile, arthrite déformante *ou* sèche.

arthrocele, *s.* : tumeur *ou* épanchement articulaire.

arthrocentesis, *s.* : arthrocentèse (ponction d'une articulation).

arthrochondritis, *s.* : chondrite articulaire.

arthroclasia, *s.* : fracture d'une ankylose.

arthrodesis, *s.* : arthrodèse, opération d'Albert.

arthrodia, *s.* : arthrodie (articulation formée d'une cavité osseuse peu profonde dans laquelle s'emboîte l'extrémité peu saillante d'un autre os).

arthrodynia, *s.* : arthrodynie, rhumatisme chronique (Cullen).

arthro-empyesis, *s.* : suppuration articulaire.

arthro-endoscopy, *s.* : endoscopie articulaire.

arthrography, *s.* : arthrographie.

arthrogryposis, *s.* : arthrogrypose (1. flexion permanente d'une articulation; 2. spasme tétaniforme).

arthrokleisis, *s.* : arthrodèse.

arthrolith, *s.* : *cf.*, **arthrophyte.**

arthrology, *s.* : arthrologie.

arthrolysis, *s.* : arthrolyse, arthrolysie (opération destinée à rendre la mobilité à une articulation ankylosée).

arthromalacia, *s.* : arthromalacie.

arthromeningitis, *s.* : synovite, inflammation d'une arthroméninge *ou* capsule articulaire.

arthrometer, *s.* : appareil pour mesurer et enregistrer l'étendue du mouvement dans une articulation.

arthroneuralgia, *s.* : névralgie articulaire.

arthronosus, *s.* : arthropathie.

arthropathology, *s.* : arthropathologie.

arthropathy, *s.* : arthropathie.

arthrophlogosis, *s.* : inflammation articulaire.

arthrophlysis, *s.* : éruption chez un rhumatisant.

arthrophyma, *s.* : œdème articulaire.

arthrophyte, *s.* : arthrophyte, concrétion articulaire, souris articulaire, corps étranger organique (Cruveilhier), corps mobile et flottant (Nélaton); cartilage mobile (Velpeau).

arthroplasty, *s.* : arthroplastie, arthroplasie (1. formation d'une articulation artificielle; 2. réfection opératoire d'une jointure ankylosée).

arthropoda, *s.* : arthropode.

arthropyosis, *s.* : pyarthrose, arthropyose, suppuration articulaire.

arthrorheumatism, *s.* : rhumatisme articulaire.

arthrorisis *or* **arthroereisis,** *s.* : arthrorise.

arthrosclerosis, *s.* : sclérose articulaire.

arthrosis, *s.* : 1. articulation; 2. arthrose, ostéoarthropathie dystrophique, dégénérative *ou* déformante.

arthrospore, *s.* : arthrospore (spore bactérienne formée par segmentation).

arthrosteitis, *s.* : ostéite articulaire.

arthrostenosis, *s.* : contraction articulaire.

arthrostomy, *s.* : arthrostomie (ouverture chirurgicale d'une articulation dans un but de drainage).

arthrosynovitis, *s.* : arthrosynovite (inflammation de la synoviale articulaire).

arthrotome, *s.* : arthrotome.

arthrotomy, *s.* : arthrotomie (incision d'une articulation).

arthrotyphoid, *s.* : arthrotyphus (fièvre typhoïde à déterminations articulaires prédominantes).

arthroxerosis, *s.* : ostéo-arthrite chronique.

arthroxesis, *s.* : traitement chirurgical d'une surface articulaire par raclage.

Arthus phenomenon : phénomène d'Arthus (manifestation locale d'anaphylaxie).

artiad : terme désignant en chimie un élément ou radical à valence paire.

articular, *adj.* : articulaire.

articulate, *v.* : articuler; *adj.* : articulé.

articulated, *adj.* : articulé.

articulatio, *s. (lat.)* : articulation.

articulation, *s.* : articulation (1. jointure des os; 2. énoncé de paroles).

articulatory, *adj.* : articulaire.

articulo mortis *(lat.)* : au moment de la mort, à l'article de la mort.

artifact, *s.* : cf., **artefact.**

artificial, *adj.* : artificiel; **- respiration** : respiration assistée.

aryepiglottic, *adj.* : cf., **arytenoepiglottic.**

aryl- : aryl-, préfixe dénotant l'appartenance du radical à la série aromatique.

arytenoepiglottic, *adj.* : aryténo-épiglottique, aryépiglottique; **- folds** : replis aryépiglottiques.

arytenoid, *adj.* : aryténoïde, aryténoïdien.

arytenoidectomy, *s.* : ablation d'un cartilage aryténoïde.

arytenoiditis, *s.* : aryténoïdite (inflammation de la région aryténoïdienne).

asafœtida, *s.* : assa fœtida.

asaphia, *s.* : articulation indistincte des syllabes.

asbestiform, *adj.* : asbestiforme, de structure fibreuse.

asbestos, *s.* : amiante, asbeste (silicate de magnésium et de calcium).

asbestosis, *s.* : asbestose (pneumoconiose due à l'inhalation de poussières d'amiante).

ascariasis or **ascaridiasis,** *s.* : ascaridiase, ascaridiose.

ascaricide, *s., adj.* : ascaricide.

ascaris, *s., plur.* **ascarides** *(gr.)* : ascaris.

ascending, *adj.* : ascendant.

Aschheim-Zondek test : réaction d'Aschheim-Zondek (diagnostic de la grossesse).

aschistodactylia, *s.* : syndactylie.

Aschner's phenomenon : signe d'Aschner, réflexe oculo-cardiaque.

Aschoff's bodies : nodules d'Aschoff, granulome rhumatismal; **- node** : nœud auriculo-ventriculaire.

ascia, *s.* : bandage en spirale sans retour.

ascites, *s.* : ascite, hydropéritoine.

ascitic, *adj.* : ascitique.

Ascococcus : *Ascococcus* (genre de schizomycètes).

Ascoli's reaction : réaction de la miostagmine (Ascoli) (diagnostic de la fièvre typhoïde, syphilis, tumeurs malignes).

ascomycetes, *s.* : ascomycètes.

ascorbate, *s.* : ascorbate.

ascorbic acid : acide ascorbique, vitamine C.

ascorburia, *s.* : ascorburie (présence d'acide ascorbique dans l'urine).

ascospore, *s.* : ascospore, spore d'ascomycète.

ascus, *s.* : asque (cellule renfermant l'ascospore), thèque.

asemasia, *s.* : abolition du pouvoir de communiquer par paroles *ou* par signes.

asemia, *s.* : asémie, abolition du langage mimique.

asepsis, *s.* : asepsie.

aseptic, *adj.* : aseptique.

asepticize, *v. a.* : aseptiser.

asexual, *s., adj.* : asexué.

asexualization, *s.* : désexualisation.

asialia, *s.* : asialie, aptyalisme, xérostomie.

asiderosis, *s.* : déficience de l'organisme en fer.

asitia, *s.* perte de l'appétit, dégoût pour les aliments.

L-asparaginase, *s.* : L-asparaginase.

aspastic, *adj.* : non spastique.

aspect, *s.* : aspect.

aspergillin, *s.* : aspergilline.

aspergillosis, *s.* : aspergillose, pseudo-tuberculose aspergillaire.

Aspergillus, *s.* : *Aspergillus.*

aspermatism, *s.* : aspermatisme (défaut d'émission de sperme).

aspermia, *s.* : aspermie (absence de spermatozoïdes dans le sperme).

aspersion, *s.* : aspersion.

aspherinia, *s.* : diminution du nombre des globules rouges.

asphyctic, *adj.* : asphyxique.

asphygmia, *s.* : asphygmie (absence de pouls).

asphyxia, *s.* : asphyxie.

asphyxial, *adj.* : asphyxié.

asphyxiate, *v.* : asphyxier.

aspiration, *s.* : aspiration.

aspirator, *s.* : aspirateur (pompe aspirante pour évacuer les gaz *ou* les liquides accumulés dans l'organisme).

asporogenic, *adj.* : asporogène.

asporous, *adj.* : asporulé.

assay, *s.* : essai, dosage, titrage.

assident sign or **symptom** : symptôme occasionnel dans une maladie, par opposition aux signes pathognomoniques.

assimilable, *adj.* : assimilable.

assimilation, *s.* : assimilation.

associate professor, *s.* : professeur agrégé.

associated, *adj.* : associé; **- movements** : mouvements associés; **- paralysis** : paralysie associée; **- spasm** : spasme associé.

association, *s.* : association.

assonance, *s.* : assonance (tendance morbide à l'allitération).

assurin, *s.* : substance du tissu cérébral.

astasia, *s.* : astasie; **- abasia** : astasie-abasie (ataxie par défaut de coordination automatique).

astatine, *s.* : astatine, astate.

asteatosis, *s.* : astéatose (1. déficience ou absence de sécrétion sébacée; 2. toute maladie cutanée caractérisée par une déficience de sécrétion sébacée).

aster, s. : aster, centrosome.

astereognosis, s. : astéréognosie, stéréoagnosie (perte du sens stéréognostique).

asterion, s. : astérion (point où se rencontrent les trois sutures pariéto-mastoïdienne, lambdoïde et occipito-mastoïdienne).

asterixis or **flapping tremor,** s. : astérixis.

asternal, adj. : asternal; **- ribs** : fausses côtes, côtes asternales.

asternia, s. : asternie, absence de sternum.

asteroid, s. : astrocyte; adj. : astéré, en forme d'étoile.

asthenia, s. : asthénie; **- pigmentosa** : maladie d'Addison.

asthenic, s., adj. : asthénique.

asthenocoria, s. : paresse du réflexe pupillaire.

asthenometer, s. : appareil pour déceler et mesurer l'asthénie.

asthenope, s. : sujet atteint d'asthénopie.

asthenopia, s. : asthénopie, kopiopie; **accommodative -** : asthénopie accommodative; **muscular -** : asthénopie musculaire.

asthenopic, adj. : se rapportant à l'asthénopie.

asthenospermia, s. : asthénospermie (perte de la mobilité des spermatozoïdes).

asthenoxia, s. : oxydation insuffisante des produits de dégradation du métabolisme.

asthma, s. : asthme.

asthmatic, s., adj. : asthmatique.

astigmatic, adj. : astigmate.

astigmatism, s. : astigmatisme, astigmie (défaut de courbure des milieux réfringents de l'œil).

astigmatometer or **astigmometer,** s. : astigmomètre, optomètre binoculaire.

astigmatoscope, s. : astigmatoscope.

astigmatoscopy, s. : astigmatoscopie.

astomatous or **astomous,** adj. : sans bouche.

astomia, s. : astomie, absence congénitale d'orifice buccal.

astragalar, adj. : astragalien.

astragalectomy, s. : astragalectomie (extirpation de l'astragale).

astragalus, s. : astragale.

astriction, s. : 1. action d'un astringent; 2. constipation.

astringent, s., adj. : astringent, styptique, constipant.

astroblast, s. : astroblaste.

astroblastoma, s. : astroblastome (gliome développé aux dépens des astroblastes).

astrocyte, s. : astrocyte.

astrocytoma, s. : astrocytome (gliome développé aux dépens des astrocytes).

astroglia, s. : astroglie (tissu de la névroglie composé d'astrocytes).

astrokinetic motions : mouvements du centrosome.

astrosphere, s. : astrosphère, masse centrale du centrosome.

astrostatic, adj. : se dit de l'état d'immobilité du centrosome.

astyclinic, s. : polyclinique.

astysia, s. : érection imparfaite du pénis.

asuprarenalism or **asurrenalism,** s. : état surrénoprive.

asyllabia, s. : asyllabie (variété d'aphasie sensorielle où le malade reconnaît les lettres, mais ne peut constituer de syllabes).

asylum, s. : hospice; **lunatic -** : maison, hospice, hôpital psychiatrique; **private -** : maison de santé.

asymbolia, s. : asymbolie (nom générique de tous les troubles de l'utilisation des signes).

asymmetry, s. : asymétrie.

asymphytous, adj. : séparé, distinct.

asymptomatic, adj. : asymptomatique (qui manque de symptômes cliniques).

asynchronism, s. : absence de synchronisme.

asynclitism, s. : asynclitisme (défaut de conjonction entre l'axe pelvien et l'axe de la tête fœtale pendant l'engagement).

asynechia, s. : absence de continuité de structure.

asynergy, s. : asynergie (perturbation dans la faculté d'association des mouvements élémentaires dans les actes complexes).

asynesia, s. : stupidité.

asynodia, s. : impuissance sexuelle.

asynovia, s. : déficience ou absence de liquide synovial.

asystematic, adj. : non systématique, confus.

asystole, asystolia or **asystolism,** s. : asystolie, asthénie cardio-vasculaire.

atactic, adj. : cf., **ataxic.**

atactilia, s. : perte du sens tactile.

ataraxia or **ataraxy,** s. : ataraxie, tranquillité morale.

atavic, adj. : atavique.

atavism, s. : atavisme, hérédité ancestrale ou en retour.

atavistic, adj. : cf., **atavic.**

ataxaphasia, s. : aphasie ataxique.

ataxia, s. : ataxie (incoordination des mouvements volontaires avec conservation de la force musculaire); **locomotor -** : ataxie locomotrice progressive, tabes.

ataxiadynamia, s. : maladie ataxo-adynamique.

ataxic or **ataxial,** adj. : ataxique.

ataxodynamy, s. : ataxodynamie (anomalie dans les mouvements d'un membre ou d'un organe).

ataxophemia, s. : incoordination du langage articulé.

ataxophobia, s. : 1. peur morbide du désordre; 2. peur morbide de l'ataxie locomotrice.

ataxy, : cf., ataxia.

atelectasis, s. : atélectasie, pneumonie marginale, apneumatose.

atelencephaly, s. : atélencéphalie (développement incomplet de l'encéphale).

atelia or **ateleiosis,** s. : atéliose, atéléiose (trouble du développement où l'individu imparfait garde plusieurs ou tous les caractères de l'enfant).

atelic, adj. : sans fonction.

atelo- : atélo- ou par élision atel-, préfixe indiquant le développement incomplet.

atelocardia, s. : atélocardie (absence ou développement incomplet du cœur).

atelocephalous, adj. : atélocéphale.

atelocheilia, s. : atélochéilie (développement défectueux des lèvres).

atelocheiria, s. : atélochirie (développement défectueux de la main).

ateloglossia, s. : atéloglossie (anomalie de la langue).

atelomyelia, s. : atélomyélie (développement défectueux de la moelle épinière).

ateloprosopia, s. : atéloprosopie (malformation congénitale de la face).

atelorachidia, s. : atélorachidie (développement défectueux de la colonne vertébrale).

atelostomia, s. : atélostomie (formation incomplète de la bouche).

athalposis, s. : incapacité de percevoir la chaleur.

athenium, s. : athénium.

athermal, adj. : athermal (se dit des eaux minérales dont la température est inférieure à 15° C).

athermancy, s. : athermanéité.

athermanous, adj. : athermane, athermique (se dit d'un corps qui ne se laisse pas traverser par les radiations calorifiques).

athermic or **athermous,** adj. : 1. apyrétique, sans fièvre; 2. athermane, athermique.

athermosystaltic, adj. : athermosystaltique (se dit des muscles striés qui ne se contractent pas sous l'influence de la chaleur).

atheroma, s. : 1. athérome (kyste sébacé, loupe); 2. athérome artériel.

atheromasia, s. : athéromasie (dégénérescence athéromateuse).

atheromatosis, s. : état athéromateux plus ou moins généralisé des artères.

atheromatous, adj. : athéromateux.

atherosclerosis, s. : athérosclérose (sclérose des artères, artériosclérose et athérome artériel).

atherosis, s. : athérome artériel.

athetoid, adj. : athétoïde.

athetosia, s. : athétose, athésie, maladie de Hammond.

athlete's foot : pied d'athlète (mycose).

athrepsia or **athrepsy,** s. : athrepsie, algidité progressive des nouveau-nés.

athreptic, s., adj. : athrepsique (qui se rapporte à, qui est atteint d'athrepsie).

athrombia, s. : athrombasie (absence de coagulation sanguine).

athymia, s. : athymie (1. démence; 2. absence de thymus).

athymic, s., adj. : atteint d'athymie.

athyrea or **athyria,** s. : athyroïdie (état dû à une absence de glande thyroïde, de sécrétion thyroïdienne, déterminant le myxœdème).

athyreosis, s. : atrophie ou absence de glande thyroïde et l'état pathologique (myxœdème) résultant de l'absence de sécrétion thyroïdienne.

athyroidea, s. : cf., **athyrea.**

athyroidemia, s. : myxœdème.

athyroidism, s. : cf., **athyrea, athyreosis.**

atlantad, adv. : orienté vers l'atlas (anat.).

atlantal, adj. : se rapportant à l'atlas (anat.).

atlas, s. (lat.) : atlas (première vertèbre cervicale).

atlo-axoid, adj. : atloïdo-axoïdien (se rapportant à l'atlas et à l'axis).

atlodymus, s. : atlodyme (monstre caractérisé par deux têtes contiguës reposant sur un corps unique).

atmiatrics or **atmiatry,** s. : atmiatrie, atmidiatrie, médication par vapeurs.

atmocausis, s. : atmokausis (cautérisation par jet de vapeur à haute température).

atmocautery, s. : appareil pour atmokausis.

atmograph, s. : atmographe.

atmolysis, s. : atmolyse, analyse des gaz.

atmometer, s. : atmomètre.

atmos, s. : unité de pression (1 dyne par centimètre carré).

atmosphere, s. : atmosphère.

atmospheric, adj. : atmosphérique.

atmospherization, s. : artérialisation, transformation du sang veineux en sang artériel.

atmotherapy, s. : 1. traitement des tics par une réduction méthodique de la respiration; 2. thérapeutique par la vapeur.

atocia, s. : atocie, stérilité chez la femme.

atom, s. : atome.

atomic, adj. : atomique.

atomicity, s. : atomicité.

atomization, s. : pulvérisation (d'un liquide), vaporisation.

atomizer, s. : vaporisateur, pulvérisateur.

atonic, adj. : atonique.

atonicity, s. : absence de tonicité.

atony, s. : atonie (diminution de la tonicité normale d'un organe contractile).

atopen, s. : atopène (antigène responsable de l'atopie).

atopic, adj. : atopique (allergie), déplacé (embryol.).

atopognosia or **atopognosis,** s. : atopognosie, perte du pouvoir de localiser une sensation.

atopy, s. : atopie (état de sensibilisation clinique sujet à des influences héréditaires : rhume des foins, asthme, eczéma).

ATP : adénosine triphosphate.

atrabiliary, s., adj. : atrabilaire.

atracoid, adj. : atracoïde.

at random : au hasard.

atremia, s. : 1. absence de tremblements; 2. atrémie (affaissement de l'énergie morale allant jusqu'à l'impuissance motrice complète des membres inférieurs).

atrepsia or **atrepsy,** s. : nom donné par Ehrlich à une théorie de l'immunité anti-tumorale.

atresia, s. : atrésie (occlusion complète ou incomplète, congénitale ou acquise, d'un orifice ou d'un conduit naturel).

atresic, s., adj. : atrésique.

atreto- : atréto- ou atrét-, préfixe marquant l'imperforation d'un orifice naturel.

atretogastria, s. : atrétogastrie, imperforation de l'estomac.

atreturethria, s. : atréturétrie, imperforation de l'urètre.

atrial, adj. : auriculaire, atrial.

atrichia or **atrichiasis,** s. : atrichie, atrichiasis.

atrichosis, s. : calvitie.

atrichous, adj. : atriche, dépourvu de poils.

atrionector, s. : faisceau atrio-necteur, nœud de Keith et Flack (cardiol.).

atrioventricular, adj. : atrio-ventriculaire, nodal, septal.

atrium, s., plur. **atria** (lat.) : atrium (1. oreillette [cœur]; 2. partie de la cavité tympanique).

atrophia, s. : atrophie.

atrophic, adj. : atrophique.

atrophoderma, s. : atrophodermie.

atrophodermatosis, s. : ensemble des maladies cutanées caractérisées par une atrophie de la peau.

atrophy, s. : atrophie.

atropine, s. : atropine.

atropinism or **atropism,** s. : atropisme (intoxication par la belladone ou l'atropine).

atropinization, s. : atropinisation.

atropinize, v. : atropiniser.

attacks, s. : attaque, accès, crise; **feverish - :** accès de fièvre; **gouty - :** accès de goutte.

attenuant, s., adj. : atténuant.

attenuated virus : virus atténué.

attenuation, s. : atténuation; **- of body :** exténuation du corps, amaigrissement.

attic, s. : attique; **external wall of the - :** mur de la logette (anat.).

atticitis, s. : atticite (otite moyenne où l'inflammation prédomine dans l'attique).

attico-antrotomy, s. : attico-antrotomie (large trépanation ouvrant à la fois l'attique et l'antre mastoïdien).

atticotomy, s. : atticotomie (trépanation du temporal donnant accès à l'attique).

attitude, s. : attitude.

atto- : atto-, préfixe indiquant un sous-multiple représentant 10^{18} fois l'unité (symbole a).

attrition, s. : attrition (écorchure résultant d'un frottement, très violente contusion).

atylosis, s. : tuberculose atypique.

atypic or **atypical,** adj. : atypique.

auante, s. : atrophie, dégénérescence.

auantic, adj. : atrophique.

audibility or **audibleness,** s. : audibilité, perceptibilité d'un son.

audible, adj. **(- sound)** : perceptible (à l'oreille); **(- speech, voice)** : distinct, intelligible, qu'on peut entendre.

audiclave, s. : appareil de prothèse auditive.

audiogram, s. : audiogramme.

audiometer, s. : audiomètre (appareil pour mesurer l'acuité auditive).

audiometry, s. : audiométrie (mesure, vérification du sens de l'ouïe).

audiphone, s. : audiphone, audiophone.

audition, s. : ouïe, faculté d'entendre, audition.

auditive, adj. : auditif.

auditognosis, s. : agnosie auditive.

auditory, adj. : auditif; **- organ** : organe de l'ouïe; **external, internal - meatus** : conduit auditif externe, interne; **- teeth of Huschke** : dents auditives (dans l'organe de Corti).

Auenbrugger's sign : ballonnement de l'épigastre dû à un fort épanchement péricardique.

Auer's bodies : corps en forme de bâtonnets dans les leucocytes des malades atteints de leucémie.

Auerbach's ganglia : nodules ganglionnaires du plexus d'Auerbach; **- plexus** : plexus nerveux d'Auerbach, situé entre les fibres longitudinales et circulaires de l'intestin.

Aufrecht's disease : ictère infectieux avec lésions hépatiques et rénales; **- sign** : faible bruit respiratoire perçu au-dessus du creux jugulaire dans la sténose de la trachée.

augnathus, s. : augnathe.

Aujeszky's disease : maladie d'Aujeszky, pseudorage.

aula, s. : portion antérieure du troisième ventricule.

aulatela, s. : membrane recouvrant la portion antérieure du troisième ventricule.

auliplexus, s. : plexus choroïde de la portion antérieure du troisième ventricule.

aulix, s. : trou de Monro (anat.).

aura, s., *(lat.)* : aura (sensation précédant la crise épileptique).

aural, *adj.* : auriculaire; **- vertigo** : vertige auriculaire, syndrome de Ménière.

aurantiasis cutis *(lat.)* : coloration jaune de la peau due à une alimentation trop riche en oranges *ou* aliments renfermant du carotène.

aureomycin, s. : auréomycine.

auric, *adj.* : aurique.

auricle, s. : 1. auricule, pavillon de l'oreille; 2. oreillette (cœur).

auricula cordis : appendice auriculaire du cœur.

auricular, *adj.* : auriculaire; **- appendix** : appendice auriculaire du cœur; **- flutter** : flutter auriculaire, tachysystolie auriculaire; **- point** : point auriculaire; **- standstill** : arrêt auriculaire.

auriculare : point auriculaire (centre de l'orifice du conduit auditif externe).

auride, s. : auride (éruption cutanée provoquée par un traitement à l'or).

aurilave, s. : appareil pour laver l'oreille.

auripuncture, s. : paracentèse de la membrane du tympan.

auris, s. *(lat.)* : oreille.

auriscalpium, s. : auriscalpe, curette pour extraire le cérumen.

auriscope, s. : otoscope.

aurist, s. : auriste.

auristillæ, s. *(lat.)* : gouttes auriculaires.

aurococcus, s. : staphylocoque doré.

aurometer, s. : instrument pour mesurer le degré d'acuité auditive.

aurotherapy, s. : aurothérapie, chrysothérapie.

aurum, s. *(lat.)* : or.

auscult *or* **auscultate,** *v. a.* : ausculter.

auscultation, s. : auscultation.

auscultatory, *adj.* : auscultatoire.

auscultoscope, s. : stéthoscope.

Auspitz's dermatosis : granulome fungoïde.

Australian blight : œdème angio-neurotique, maladie de Quincke; **- X-disease** : encéphalomyélite.

autacoid, s. : autacoïde, sécrétion interne.

autarcesiology, s. : étude de l'immunité naturelle.

autarcesis, s. : autarcèse, état d'immunité reposant sur l'équilibre physiologique de l'organisme.

autarcetic, *adj.* : se rapportant à l'autarcèse.

autechoscope, s. : instrument pour l'auto-auscultation.

autemesia, s. : vomissement sans cause manifeste.

autism, s. : autisme, concentration morbide sur soi-même, narcissisme, égocentrisme.

autistic, *s., adj.* : autiste, autistique.

auto- : auto-, préfixe signifiant soi, de soi-même.

auto-activation, s. : auto-activation.

auto-agglutination, s. : auto-agglutination, agglutination spontanée.

auto-audible, *adj.* : se dit des bruits du cœur perçus par le malade.

autoblast, s. : autoblaste.

autocatalysis, s. : autocatalyse.

autocatheterism, s. : autocathétérisme.

autochthon, s. : autochtone.

autochthonous, *adj.* : autochtone (se dit d'un caillot).

autocinesia *or* **autocinesis,** s. : autocinétisme (ensemble des mouvements fixés par une longue habitude et ne différant des réflexes que parce qu'ils ont été appris [réflexe conditionné]).

autoclasis, s. : autoclasie.

autoclave, s. : autoclave.

autoconduction, s. : autoconduction (électrothérapie).

autocystoplasty, s. : autocystoplastie.

autocytolysis, s. : autolyse, autoprotéolyse (auto-digestion des tissus abandonnés à eux-mêmes).

autodermic, *adj.* : autodermique.

autodiagnostic, s. : autodiagnostic.

autodigestion, s. : autodigestion.

auto-echolalia, s. : auto-écholalie.

autoecic, *adj.* : vivant toujours sur le même organisme.

auto-erotic, *adj.* : auto-érotique.

auto-eroticism *or* **auto-erotism,** s. : auto-érotisme.

autogamy, s. : autogamie, autofécondation.

autogenesis, s. : autogenèse, génération spontanée.

autogenetic, *adj.* : autogénétique.

autogenic *or* **autogenous,** *adj.* : autogène.

autograft, s. : autogreffe, anaplastie, autoplastie, greffe autoplastique.

autographism, s. : autographisme, dermographie.

autohemolysin, s. : autohémolysine.

autohemolysis, s. : autohémolyse.

autohemotherapy, s. : autohémothérapie.

autohydrolysis, s. : hydrolyse spontanée.

auto-immunity, s. : auto-immunité.

auto-immunization, s. : auto-immunisation.

auto-infection, s. : auto-infection.

auto-infusion, s. : refoulement du sang vers le cœur par compression des extrémités, de l'aorte abdominale, etc...

auto-inoculation, s. : auto-inoculation.

auto-intoxication, s. : auto-intoxication, nosotoxicose.

autolaryngoscopy, s. : autolaryngoscopie.

autolysate, s. : autolysat.

autolysin, s. : autolysine, auto-hémolysine.

autolysis, s. : autolyse, auto-protéolyse.

autolytic, *adj.* : autolytique.

automatic, *adj.* : automatique.

automation, *s.* : automatisation.

automatism, *s.* : automatisme.

automatograph, *s.* : instrument pour enregistrer les mouvements involontaires.

automysophobia, *s.* : peur morbide d'être sale.

autonephrectomy, *s.* : stricture totale de l'uretère empêchant l'urine d'aller du rein à la vessie.

autonomic *or* **autonomous,** *adj.* : autonome; **- nervous system** : système nerveux sympathique.

autonomy, *s.* : autonomie.

auto-ophthalmoscope, *s.* : auto-ophtalmoscope.

auto-ophthalmoscopy, *s.* : auto-ophtalmoscopie.

autopepsia, *s.* : autodigestion.

autophagy, *s.* : autophagie.

autophilia, *s.* : autophilie.

autophony, *s.* : autophonie.

autophylaxy, *s.* : autophylaxie.

autoplasmotherapy, *s.* : autoplasmothérapie (emploi thérapeutique du plasma sanguin prélevé sur le malade même).

autoplastic, *adj.* : autoplastique.

autoplasty, *s.* : autoplastie.

autoploid, *adj.* : autoploïde.

autoprecipitin, *s.* : autoprécipitine.

autopsy, *s.* : autopsie.

autopsychic, *adj.* : autopsychique.

autopsychosis, *s.* : autopsychose.

autopyotherapy, *s.* : autopyothérapie.

autoscope, *s.* : autoscope (instrument pour examiner ses propres organes).

autoscopy, *s.* : autoscopie.

autosepticemia, *s.* : autosepticémie.

autoserodiagnosis, *s.* : autosérodiagnostic.

autoserotherapy, *s.* : autosérothérapie.

autoserous, *adj.* : autoséreux.

autoserum, *s.* : autosérum.

autosite, *s.* : autosite (1. monstre né viable; 2. chez un monstre double, celui qui se développe aux dépens de l'autre).

autosomatognosis, *s.* : autosomatognosie (sensation de la présence d'un membre amputé).

autosome, *s.* : autosome (nom donné à tous les chromosomes qui n'ont pas d'action sur la détermination du sexe).

autosterilization, *s.* : autostérilisation.

autostethoscope, *s.* : autostéthoscope.

autosuggestion, *s.* : autosuggestion.

autotherapy, *s.* : 1. guérison spontanée d'une maladie; 2. traitement de soi-même; 3. autosérothérapie.

autotomy, *s.* : autotomie (1. mécanisme d'amputation spontanée chez certains animaux [*biol.*]; 2. opération sur soi-même [*chir.*]).

autotopagnosia, *s.* : autotopagnosie (perte de l'orientation sur son propre corps).

autotoxemia, *s.* : toxémie due à ses propres poisons.

autotoxicosis, *s.* : symptômes dus à une auto-toxémie, autotoxicose.

autotoxin, *s.* : autotoxine.

autotransfusion, *s.* : autotransfusion.

autotransplantation, *s.* : autogreffe.

autotrophic, *adj.* : autotrophe (se dit des bactéries dont la nutrition est inorganique).

autotuberculin, *s.* : autotuberculine.

autotyphization, *s.* : production d'un état ressemblant à la fièvre typhoïde par mauvaise élimination des déchets.

autovaccination, *s.* : autovaccination.

autovaccine, *s.* : autovaccin.

autumn catarrh : variété automnale de rhume des foins.

auxanography, *s.* : méthode auxanographique indiquant le milieu convenant le mieux à la culture d'un microbe.

auxanology, *s.* : auxanologie, science du développement.

auxanometer, *s.* : auxanomètre (instrument destiné à mesurer la croissance [*biol.*]).

auxesis, *s.* : auxèse, période d'accroissement, accroissement.

auxetic, *s., adj.* : se rapportant à l'auxèse, stimulant la prolifération cellulaire.

auxilysin, *s.* : auxilysine.

auxilytic, *adj.* : augmentant, favorisant la lyse.

auximone, *s.* : auximone (substance jouant chez les plantes le rôle des vitamines).

auxin, *s.* : auxine, phytohormone.

auxocardia, *s.* : 1. diastole; 2. accroissement du volume du cœur au cours de la diastole.

auxochrome, *s.* : auxochrome (1. qui renforce la couleur [*histol.*]; 2. groupe chimique qui, ajouté à une molécule chromophore, donne naissance à la matière colorante [*chim.*]).

auxocyte, *s.* : auxocyte, cellule jouant un rôle dans le développement ou la reproduction.

auxometer, *s.* : auxomètre (1. instrument pour mesurer le pouvoir de grossissement des lentilles; 2. auxanomètre; 3. dynamomètre).

auxospore, *s.* ; auxospore.

auxotonic, *adj.* : auxotonique, déterminé par le développement.

auxotroph, *s.* : auxotrophe.

auxotrophic, *adj.* : auxotrophe.

avascular, *adj.* : avasculaire.

avascularization, *s.* : avascularisation.

Avellis' syndrome : syndrome d'Avellis (hémiparalysie du voile du palais associée à une paralysie du nerf récurrent du même côté).

aversion therapy : cure de dégoût.

aviator's dazzling : asthénopie des aviateurs.

aviator's disease : mal des aviateurs; **- ear** : *cf.*, **aero-otitis media.**

avidin, *s.* : avidine (protéine spécifique de l'ovalbumine).

avirulent, *adj.* : avirulent.

avitaminosis, *s.* : avitaminose.

Avogadro's law : loi d'Avogadro-Ampère.

avoirdupois, *s.* : avoir-du-poids, système des mesures pondérales anglaises.

avulsion, *s.* : avulsion, arrachement, extraction.

axanthopsia, *s.* : daltonisme vis-à-vis de la couleur jaune.

axenic, *adj.* : axénique.

axial *or* **axile,** *adj.* : axial.

axifugal, *adj.* : centrifuge, axifuge.

axil *or* **axilla,** *s.* : aisselle.

axilemma, *s.* : axilemme, gaine de Schwann.

axillary, *adj.* : axillaire.

axioplasm, *s.* : *cf.*, **axoplasm.**

axipetal, *adj.* : centripète, axipète.

axis, *s.* *(gr.)* : 1. axis (deuxième vertèbre cervicale); 2. axe; 3. ligne théorique passant au travers de la lentille ou du système de lentilles d'avant en arrière; **- cylinder** : cylindre-axe.

axodendrite, *s.* : axodendrite.

axofugal, *adj.* : *cf.*, **axifugal.**

axolemma, *s.* : *cf.*, **axilemma.**

axolysis, *s.* : dégénérescence d'un cylindre-axe.

axon, *s.* : axone, cylindraxe.

axoneme, *s.* : axonème (1. filament axial d'un chromosome; 2. filament axial de flagelle).

axoneure, *s.* : cellule du système nerveux central.

axoneuron, *s.* : neurone du système nerveux central.

axonometer, *s.* : 1. instrument pour déterminer l'axe de l'astigmatisme; 2. appareil pour déterminer l'axe d'un cylindre.

axopetal, *adj.* : *cf.*, **axipetal.**

axoplasm, *s.* : axoplasme, substance entourant les fibrilles du cylindre-axe.

axospongium, *s.* : structure réticulaire du cylindre-axe.

axungia, *s.* : axonge.

Ayerza's disease : maladie d'Ayerza (érythrémie accompagnée de sclérose de l'artère pulmonaire).

azoamyly, *s.* : azoamylie (état de la cellule qui perd plus de glycogène qu'elle n'en acquiert).

azo-compound : azoïque, composé azoïque.

azoospermia, *s.* : azoospermie (absence de spermatozoïdes dans le sperme).

azotation, *s.* : azotation.

azote, *s.* : azote.

azotemia, *s.* : azotémie, urémie.

azotenesis, *s.* : maladie due à un excès d'azote.

azotification, *s.* : nitrification.

azotized, *adj.* : azoté, nitré.

azotometer, *s.* : uréomètre.

azotorrhea, *s.* : azotorrhée.

azoturia, *s.* : azoturie.

Aztec type : idiotie associée à la microcéphalie.

azurophil, *s.*, *adj.* : azurophile.

azurophilia, *s.* : azurophilie.

azygos, *adj.* : impair, azygos *(anat.).*

azygous, *adj.* : impair; **- ganglion** : ganglion coccygien ; **- muscle** : muscle palato-staphylin; **- veins** : veines azygos.

azymia, *s.* : azymie, absence d'enzyme.

azymic *or* **azymous,** *adj.* : azyme.

B

Baader's dermatostomatitis : dermostomatite de Baader.

Babbit metal : métal antifriction, alliage pour stomatologie (8 Sn, 2 Sb, 1 Cu).

Babcock's operation : 1. dépouillement (arrachage des veines variqueuses); 2. résection abdomino-périnéale du rectum.

Babcock's test : centrifugation d'une quantité égale de lait et d'acide sulfurique qui donne la teneur en graisse du lait.

Babesia : *Babesia*, agent des babésioses.

babesiasis, s. : babésiellose, babésiose, piroplasmose des bovidés.

Babinski's reflex : signe de Babinski, réflexe cutané plantaire.

baboon, s. : babouin.

baby, s. : nourrisson; **- farm** : pouponnière, garderie d'enfants; **- farmer** : garde, jardinière d'enfants; **- linen** : layette; **- scale** : pèse-bébé.

bacchia, s. : acné rosacée.

bacillar, bacillary, adj. : bacillaire.

bacillemia, s. : bacillémie (présence de bacilles dans le sang).

bacillicidal, adj. : bactéricide.

bacilliform, adj. : bacilliforme.

bacilliparous, adj. : bacillipare, producteur de bacilles.

bacilloscopy, s. : bacilloscopie (recherche microscopique des bacilles).

bacillosis, s. : bacillose (état dû à une infection bacillaire).

bacillotherapy, s. : bacillothérapie, bactériothérapie.

bacilluria, s. : bacillurie (présence de bacilles dans l'urine).

bacillus, s., plur. **bacilli** (lat.) : bacille; **- infection** : bacillisation, bacillose.

bacitracin, s. : bacitracine (antibiotique extrait de *Bacillus subtilis*).

back, s. : dos; **to be on one's -** : être étendu sur le dos, être alité; **- board** : planche (pour s'allonger dans la position droite); **- rest** : cadre dorso-lombaire (pour malades alités).

backache, s. : lombalgie, maux de reins, courbature.

backbone, s. : épine dorsale, colonne vertébrale, grande arête (de poisson).

backboned, adj. : vertébré.

backcross, s. : rétrocroisement, croisement d'un hétérozygote avec un de ses parents.

background radiation : radioactivité de base (dose de radiations à laquelle un organisme est soumis dans les conditions naturelles : radiations cosmiques et radioactivité terrestre).

backing, s. : contre-plaque *(odont.)*.

backward progression : progression rétrograde.

backwardness, s. : retard (d'un enfant); lenteur d'intelligence, arriération mentale.

Bacteriaceæ : Bactériacées.

bacteriaemia, s. : bactériémie.

bacterial, adj. : bactérien; **- contamination** : infection bactérienne; **- virus** : bactériophage.

bactericidal, adj. : bactéricide.

bactericide, s., adj. : bactéricide.

bacterid or **bacteride**, s. : bactéridie.

bacterin, s. : vaccin bactérien.

bacterinia, s. : état maladif consécutif à une vaccination.

bacterio-agglutinin, s. : bactério-agglutinine (substance provoquant l'agglutination des microbes).

bacteriocholia, s. : présence de bactéries dans les voies biliaires.

bacteriocidin, s. : toute substance dans le sang capable de détruire les bactéries.

bacteriocin, s. : bactériocine.

bacteriogenic or **bacteriogenous**, adj. : bactériogène.

bacterioid, adj. : bacilliforme, ressemblant à une bactérie.

bacteriologic or **bacteriological**, adj. : bactériologique.

bacteriologist, s. : bactériologiste.

bacteriology, s. : bactériologie.

bacteriolysin, s. : bactériolysine (substance détruisant les bactéries).

bacteriolysis, s. : bactériolyse (destruction des bactéries).

bacteriolytic, adj. : bactériolytique.

bacteriopathology, s. : pathologie bactériologique.

bacteriopexia, s. : bactériopexie (fixation des bactéries dans l'organisme).

bacteriopexic, adj. : bactériopexique.

bacteriophage, s. : bactériophage, phage.

bacteriophagic, adj. : bactériophagique.

bacteriophagy, s. : bactériophagie (lyse des bactéries par les bactériophages).

bacteriophobia, s. : peur morbide des bactéries.

bacterioprecipitin, s. : bactérioprécipitine.

bacterioprotein, s. : bactérioprotéine, toxalbumine.

bacteriopsonin, s. : opsonine agissant sur les bactéries.

bacterioscopic, adj. : bactérioscopique.

bacterioscopy, s. : bactérioscopie, bacilloscopie.

bacteriosis, s. : action des bactéries dans l'organisme; infection d'origine bactérienne.

bacteriostasis, s. : bactériostase (arrêt de la multiplication des germes).

bacteriostat, s. : produit ayant une action bactériostatique.

bacteriostatic, adj. : bactériostatique (se dit de l'action de certaines substances qui arrêtent le développement des bactéries).

bacteriotherapeutic, adj. : bactériothérapeutique.

bacteriotherapy, s. : bactériothérapie (emploi thérapeutique de cultures microbiennes vivantes ou mortes).

bacteriotoxic, adj. : bactériotoxique.

bacteriotoxin, s. : bactériotoxine (toxine d'origine bactérienne).

bacteriotropic, adj. : bactériotrope (se dit des substances qui se fixent d'une façon élective sur les bactéries).

bacteriotropin, s. : bactériotropine, opsonine spécifique.

bacterium, s., plur. **bacteria** (lat.) : bactérie.

bacteriuria, s. : bactériurie (présence de bactéries dans l'urine).

bacteroid, adj. : bactéroïde.

Bacteroides, s. : bactéroïdes (genre de bactéries anaérobies non sporulées, souvent présentes dans la flore normale de la bouche ou de l'intestin).

baculiform, adj. : en forme de bâtonnet.

badger-legged, adj. : boîteux.

Baer's cavity : cavité de segmentation de la vésicule blastodermique; **- law** : loi de von Baer (l'embryon d'une forme supérieure ressemble non à l'animal plus élémentaire, mais seulement à l'embryon de ce dernier); **- vesicle** : vésicule de Baer (follicule de Graaf après fécondation).

bag, s. : 1. sac, poche; 2. scrotum; **- of waters** : poche des eaux.

bagassosis or **bagasscosis,** s. : bagassose (maladie provoquée par l'inhalation de poussières de canne à sucre [bagasse]).

baker-legged : aux genoux cagneux.

baker's itch : eczéma des boulangers, psoriasis; **- stigmata** : callosités sur les mains dues au pétrissage de la pâte.

BAL (British anti-lewisite) : dimercaprol (nom chimique : 2,3-dimercapto-1-propanol, antidote du gaz arsenical de combat lewisite).

balance, s. : 1. balance; 2. équilibre; **water -** : équilibre hydrique.

balaneutics, s. : balnéologie.

balanic, adj. : se rapportant au gland du pénis ou du clitoris.

balanitis, s. : balanite (inflammation de la muqueuse du gland).

balano- : balano-, préfixe indiquant un rapport avec le gland du pénis.

balanoblennorrhea, s. : balanite gonococcique.

balanoplasty, s. : balanoplastie (chirurgie plastique du gland du pénis).

balanoposthitis, s. : balanoposthite (inflammation du gland et du prépuce).

balanopreputial, adj. : balanopréputial.

balanorrhagia, s. : balanite gonococcique avec forte émission de pus.

balantidiosis, s. : balantidiase, balantidiose (infestation par *Balantidium coli*).

balbuties, s. : 1. balbisme (bégaiement idiopathique); 2. balbutiement (articulation imparfaite et hésitante, enfants, vieillards, dégénérés et débiles).

bald, s., adj. : chauve; **- patch** : aire alopécique.

baldness, s. : calvitie, alopécie.

Baldy's operation : opération de Baldy (correction de la rétroflexion et de la rétrodéviation de l'utérus).

Balfour's disease : chloroma, chloromatose, chlorome.

Balfour's granule : petit granule des hématies dans la spirochétose des poules (vétér.).

Balkan frame or **splint** : appareil pour extension continue des fractures du fémur.

ball, s. : 1. balle (objet de forme sphérique); 2. organe de forme ronde (anat.); 3. pilule (méd. vétér.); **- and-socket joint** : énarthrose, emboîtement réciproque; **- thrombus** : caillot mobile dans le cœur.

ballism, s. : ballisme (inus.), chorée.

ballismus, s. : 1. athétose; 2. maladie de Parkinson.

ballistics, s. : balistique.

ballistocardiograph, s. : ballistocardiographe, ballistographe.

ballistophobia, s. : peur morbide des projectiles.

balloon, s. : ballon (chim.); v. : dilater une cavité du corps à l'aide de poches d'air ou de poches d'eau ; **- sickness** : mal de l'air (par anoxémie).

ballooning, *s.* : ballonnement (distension d'une cavité).

ballottement, *s.* *(fr.)* : ballottement.

balm, *s.* : baume; *cf.,* **balsam.**

balneography, *s.* : balnéographie.

balneology, *s.* : balnéologie.

balneotherapy, *s.* : balnéothérapie (emploi des bains en thérapeutique).

balsam, *s.* : baume *(pharm.)*; **true -, - of Mecca** : térébenthine de Judée ; **Canada -** : baume du Canada ; **copaiba -** : baume de copahu ; **- of Peru, of Tolu** : baume du Pérou, de Tolu ; **calaba -** : baume Marie, baume vert des Antilles.

balsamic, *adj.* : balsamique.

Balser's fatty necrosis : dégénérescence graisseuse du pancréas, de l'épiploon et du mésentère, cytostéatonécrose.

Bamberger's bulbar pulse : pouls bulbaire de Bamberger; **- disease** : chorée saltatoire; **- hematogenic albuminuria** : albuminurie se produisant aux derniers stades d'une anémie grave; **- sign** : signe de Bamberger, allochirie; **- type of hypertrophic pulmonary osteopathy** : forme d'ostéopathie avec épaississement douloureux des os longs.

Bamberger-Marie's disease : ostéo-arthropathie pneumatique hypertrophique.

bancroftosis, *s.* : filariose due à *Filaria bancrofti.*

band, *s.* : lien, bandage, ligament.

bandage, *s.* : 1. *(méd.)* bandage, bande, bandelette; **crape -** : bande Velpeau; **triangular -** : bande en triangle; 2. *(chir.)* bande de pansement, pansement; **- for the jaw** : chevêtre; **supporting -** : pansement de soutien ou de préhension; **plaster -** : bandage plâtré; **to put a - on someone, something** : bander quelqu'un, quelque chose, mettre un pansement à quelqu'un ; **to remove a - from a wound** : débander une plaie, enlever l'appareil, le pansement; *v.* **to -** : bander (un bras cassé, une plaie), poser un appareil, mettre un pansement.

bandager, *s.* : bandagiste.

bandaging, *s.* : bandage, pose de l'appareil, pansement.

banding, *s.* : cerclage *ou* ceinturage *(chir. vascul.).*

Bandl's ring : anneau de Bandl *(obstét.)* (limite supérieure du canal cervico-utérin).

bandy legs : jambes arquées, jambes bancales, jambes en manches de veste.

bandy-legged, *adj.* : bancal, bancroche, aux jambes arquées.

Bang's bacillus : bacille de Bang *(Brucella abortus bovis).*

bank, *s.* : banque; **blood -** : banque du sang; **bone -** : banque des os; **eye -** : banque des yeux; **human milk -** : banque de lait de femme; **skin -** : banque de peau; **sperm -** : banque de sperme; **tissue -** : banque de tissus.

Banti's disease : maladie de Banti (splénomégalie avec anémie progressive et cirrhose biliaire).

Banting treatment *or* **bantingism** : traitement de l'obésité par le régime.

Banting's diabetic method : traitement du diabète par l'insuline.

baptitoxin, *s.* : baptitoxine (alcaloïde toxique).

bar, *s.* 1. barre, bande; 2. barres (intervalle entre incisives et molaires où l'on place le mors chez le cheval); 3. arcade; 4. proéminence de la symphyse pubienne avançant dans la cavité du bassin; 5. unité de pression atmosphérique; 6. couleur des yeux de la drosophile *(génét.).*

Bar's incision : incision de Bar (dans une césarienne, incision abdominale médiane au-dessus de l'ombilic; l'incision de l'utérus va du fond à l'anneau de Bandl).

Barany's sign *or* **nystagmus** : épreuve *ou* signe de Barany, épreuve calorique, réaction vestibulaire thermique, nystagmus vestibulaire calorique.

barber's itch : sycosis, mentagre.

barbiers, *s.* : maladie nerveuse sévissant à La Réunion.

barbiturate, *s.* : barbiturate.

barbituric, *s., adj.* : barbiturique.

barbiturism, barbitalism *or* **barbituism,** *s.* : barbiturisme (intoxication par les dérivés de l'acide barbiturique).

barbone, *s.* : barbone (pleuro-pneumonie septique des bovidés en Extrême-Orient).

barbotage, *s.* : barbotage (1. anesthésie rachidienne avec ponction de liquide céphalorachidien auquel on ajoute le médicament avant de réinjecter le tout; 2. passage du gaz par flacon laveur [*chim.*]).

baresthesia, *s.* : baresthésie, sensibilité à la pression des tissus profonds.

baresthesiometer, *s.* : baresthésiomètre.

baric, *adj.* : 1. se rapportant au baryum; 2. se rapportant à la pression atmosphérique.

barium, *s.* : baryum; **- hydrate** : baryte hydratée.

Barkan's operation : *cf.,* **goniotomy.**

Barkow's ligaments : ligaments antérieur et postérieur du coude.

Barlow's disease : maladie de Barlow, scorbut infantile.

Barnes' bags *or* **dilators** : dilatateur de Barnes *(obstét.)*; **- curve** : en obstétrique, segment d'un cercle dont le promontoire sacré est le centre, la concavité étant orientée vers l'arrière.

baro- : baro-, préfixe impliquant le poids.

baroelectroesthesiometer, *s.* : instrument pour mesurer la quantité de pression au moment où la sensibilité électrique à la douleur est ressentie.

barognosis, *s.* : barognosie, appréciation du poids et de la consistance des objets *(neurol.).*

barograph, *s.* : barométrographe, baromètre enregistreur.

baromacrometer, *s.* : appareil pour mesurer le poids et la longueur des nouveau-nés.

barometer, *s.* : baromètre.

barometrograph, *s.* : barométrographe.

baro-pacer, *s.* : baro-régulateur (de pression).

baroscope, *s.* : baroscope.

barospirator, *s.* : respirateur artificiel (par variation de pression d'air dans une chambre close).

barotaxis or **barotropism,** *s.* : barotropisme (propriété de la matière vivante de réagir à la pression).

barotrauma, *s.* : barotraumatisme.

Barraquer-Simon's disease : maladie de Barraquer-Simon (lipopolydystrophie progressive).

Barraquer's method : méthode de Barraquer (phacoerysis).

Barr body : corps de Barr (corpuscule Feulgennégatif de la membrane nucléaire des cellules somatiques féminines identifié à l'hétérochromatine); **- test** : test de Barr (recherche de la chromatine sexuelle dans les cellules épithéliales).

barrel chest : forme cylindrique de thorax, thorax en barrique; **- of the ear** : caisse du tympan.

barren, *adj.* : stérile.

barrenness, *s.* : stérilité.

barrier, *s.* : barrière; **blood-aqueous -** : barrière sang-humeur aqueuse; **blood-brain -** : barrière méningée, barrière hématoencéphalique; **placental -** : barrière hémo-placentaire.

Bartholin (duct of) : conduit de Bartholin; **foramen of -** : trou obturateur ou sous-pubien; **glands of -** : glandes de Bartholin.

Bartholinian abscess : abcès des glandes de Bartholin.

bartholinitis, *s.* : bartholinite (inflammation de la glande de Bartholin).

bartonellosis, *s.* : bartonellose.

baruria, *s.* : forte densité de l'urine.

bary- : bary-, préfixe signifiant difficile.

baryecolia, *s.* : diminution de la perception auditive, surdité partielle.

baryglossia, *s.* : émission de paroles difficile, lente.

baryphonia, *s.* : difficulté pour parler.

baryta, *s.* : baryte.

barythymia, *s.* : mélancolie.

barytosis or **baritosis,** *s.* : barytose (pneumoconiose due à l'inhalation de baryum).

basal, *adj.* : basal; **- cell carcinoma** : épithélioma basocellulaire; **- ganglion** : noyau gris central; **- metabolism** : métabolisme basal.

basaloma, *s.* : 1. cancer basocellulaire; 2. cellule cancéreuse basocellulaire.

basculation, *s.* : basculation (remise en place d'un utérus rétroversé).

bascule movement : recul systolique du cœur.

base, *s.* : base (1. partie inférieure; 2. ingrédient principal d'un composé; 3. partie non acide d'un sel); **- of the heart** : base du cœur (surface supérieure arrière); **raised -** : empreinte fonctionnelle ou rectifiée *(odont.).*

Basedow's disease : maladie de Basedow, goitre exophtalmique; **iod -** : Basedow iodique.

basement membrane : membrane sous-épidermique *ou* sous-épithéliale.

bas-fond, *s. (fr.)* : bas-fond (vessie).

Basham's mixture : acétate d'ammonium.

basial, *adj.* : basial (se rapportant au basion).

basiarachnitis or **basiarachnoiditis,** *s.* : inflammation de la partie de l'arachnoïde située à la base du crâne.

basic, *adj.* : basique, fondamental; **- science** : science fondamentale.

basicranial, *adj.* : se rapportant à la base du crâne; **- axis** : ligne joignant le basion au gonion.

basidium, *s.,* plur. **basidia** *(lat.)* : baside, cellule sporogène de certains champignons.

basifacial, *adj.* : se rapportant à la partie inférieure de la face; **- axis** : ligne joignant le gonion au centre de la base de l'arête du nez.

basihyal or **basihyoid,** *s., adj.* : basihyal.

basilad, *adj.* : orienté vers la base, d'orientation basilaire.

basilateral, *adj.* : basilatéral.

basilemma, *s.* : 1. membrane basilaire; 2. neuroglie.

basilic vein : veine basilique.

basiloma, *s.* : carcinome basocellulaire.

basilysis, *s.* : fracture de la base du crâne fœtal (craniotomie).

basioccipital bone : os basioccipital.

basioglossus, *s., adj.* : basioglosse.

basion, *s.* : basion, bord antérieur du trou occipital sur la ligne médiane.

basiotribe, *s.* : basiotribe.

basiotripsy, *s.* : basiotripsie (opération qui consiste à broyer la tête fœtale au niveau de sa base à l'aide du basiotribe).

basirhinal fissure : fissure cérébrale à la base du lobe olfactif.

basisylvian fissure : scissure de Sylvius.

basket-cell, *s.* : cellule en panier, cellule désintégrée.

basocyte, *s.* : cellule basophile.

baso-erythrocyte, *s.* : érythrocyte à granulations basophiles.

basophil, basophilic or **basophilous,** *adj.* : basophile.

basophilia, *s.* : accroissement du nombre des cellules basophiles dans le sang.

basophilism, *s.* : basophilisme; **pituitary -** : basophilisme pituitaire ou hypophysaire, maladie de Cushing.

bass deafness : surdité aux notes musicales basses.

Bassini's operation : opération de Bassini (cure radicale de la hernie inguinale).

bastard, *s., adj.* : bâtard.

basyl : élément chimique électropositif.

Bateman's disease : molluscum contagiosum.

bath, *s.* : bain; **bed -** : bassin; **cold -** : bain froid; **eye -** : œillère; **foot -** : bain de pieds, pédiluve; **mud -** : bain de boue; **mustard -** : bain de moutarde; **pit-head -** : lavabo; **public -** : bains publics; **shower -** : douche; **sun -** : bain de soleil; **- tub** : baignoire; **turkish -** : bain turc; **turkish baths** : hammam; **vapour -** : bain de vapeur; **water -** : bain-marie.

bath-chair, *s.* : fauteuil roulant, chaise roulante.

bathe, *v.* : se baigner, prendre un bain.

bathmism, *s.* : bathmisme, énergie topographique de croissance.

bathmotropic, *adj.* : bathmotrope (se dit en physiologie de tout ce qui concerne la fonction de l'excitabilité de la fibre musculaire et myocardique).

bathophobia, *s.* : 1. acrophobie; 2. peur des objets élevés.

bathycardia, *s.* : bathycardie (position anormalement basse du cœur).

bathycentesis, *s.* : ponction chirurgicale profonde, acupuncture en profondeur.

bathyesthesia, *s.* : bathyesthésie (sensibilité en profondeur).

bathygastry, *s.* : gastroptose.

bathyhyperesthesia, *s.* : bathyhyperesthésie (sensation accrue des structures profondes du corps).

bathyhypoesthesia *or* **bathyhypesthesia**, *s.* : bathyhypoesthesia (sensation diminuée des structures profondes du corps).

batonoma, *s.* : tumeur d'origine végétale.

batracoplasty, *s.* : batracoplastie, batrachosioplastie (opération destinée à guérir la grenouillette et à empêcher son renouvellement).

battarism, *s.* : bégaiement.

Battey's operation : méthode de Battey (castration ovarienne).

battledore placenta : placenta avec attache latérale du cordon.

Baudelocque's diameter : diamètre externe du bassin.

Bauhin's valve : valvule iléo-cæcale.

Baumès' law : loi de Baumès, loi de Colles (syphilis).

baunscheiditism, *s.* : forme d'acupuncture avec aiguilles courtes trempées dans un liquide irritant.

bavarian splint : éclisse.

Bayle's disease : maladie de Bayle, paralysie générale progressive.

bayonet leg : ankylose du genou après déplacement en arrière du tibia et du péroné.

Bazin's disease : 1. psoriasis interne de la joue; 2. ulcère scrofuleux de la jambe; **- erythema** : variété de mycosis fongoïde.

BCG *or* **BCG vaccine** : BCG (initiales désignant le bacille bilié Calmette-Guérin).

beaker, *s.* : bécher, vase à filtration chaude.

Beale's fiber : fibre de Beale (fine fibre spiralée entourant les prolongements des cellules des ganglions sympathiques de la grenouille).

bear a child (to) : donner naissance à un enfant, mettre au jour un enfant, avoir un enfant.

Beard's disease : maladie de Beard, neurasthénie.

bearing of a child : mise au monde d'un enfant; **to be past -** : ne plus être d'âge à avoir des enfants.

bearing-down, *s.* : pesanteur dans le bassin; **- pains** : douleurs utérines au cours du travail.

beat, *s.* : battement, pulsation; **apex -** : choc de la pointe; **premature -** : extra-systole; **- knee** : cellulite sous-cutanée de la rotule.

beating, *s.* : battage (terme de massage).

Beccaria's sign : pulsation occipitale dans la grossesse.

bechesthesis, *s.* : sensation qui incite à tousser.

bechic, *adj.* : béchique, employé contre la toux.

Bechterew's disease : maladie de Bechterew, cyphose hérédo-traumatique; **- nucleus** : noyau de la partie vestibulaire du nerf auditif.

Béclard's hernia : hernie de Béclard (hernie à travers l'orifice de la saphène).

bed, *s.* : lit; **to be in -** : être alité; **- cradle**, *s.* : cerceau de lit; **- of sickness** : lit de douleurs; **- pan**, *s.* : bassin de garde-robe; **- ridden**, *adj.* : cloué au lit, grabataire; **- sore** : escarre de décubitus; **- warmer**, *s.* : chauffe-lit, bassinoire.

bedlam, *s.* : hôpital, asile d'aliénés (corruption de Bethlehem Hospital, Londres).

Bednar's aphthae : aphte de Bednar, aphte du palais.

bedside, *s.* : chevet (d'un malade); **- lamp** : veilleuse.

Beer's knife : bistouri à lame triangulaire pour incision cornéenne.

beet, *s.* : betterave.

beetle, *s.* : scarabée, coléoptère.

behavior, *s.* : comportement; **- therapy** : thérapie du comportement.

behaviorism, *s.* : behaviorisme (conception particulière de la psychologie basée sur le comportement).

Behçet's disease : maladie de Behçet.

Behring's serum : sérum de Behring (sérum anti-diphtérique).

Beigel's disease : maladie de Beigel (nodosités capillaires, trichorrexie noueuse).

bejel, *s.* : bejel (syphilis non vénérienne d'Arabie).

bel, *s.* : bel (unité d'intensité de son; le décibel [0,1 bel] est plus souvent employé).

belch, belching, *s.* : éructation.

bell, *s.* : cloche; **- sound or tympany** : signe du son; **- mouth** : évasement (d'un orifice).

Bell's disease *or* **mania** : périencéphalite aiguë; **- law** : loi de Bell-Magendie (la racine antérieure d'un nerf est motrice, la racine postérieure sensitive); **- palsy** or **paralysis** : paralysie de Bell (paralysie du nerf facial); **- phenomenon** : signe de Bell (dans la paralysie faciale à type périphérique, le globe oculaire se porte involontairement en haut et en dehors quand le malade fait effort pour abaisser sa paupière supérieure paralysée).

belladonna, s. : belladone; **- liniment** : liniment belladoné.

belladonnine, s. : belladonine (alcaloïde).

Bellini's ducts : tubes de Bellini (segments de tubes urinifères).

bellows, s. : soufflerie; **- sound** or **murmur** : bruit de soufflet.

belly, s. : ventre, panse; **- ache** : mal de ventre, colique; **- bound** : constipé; **- button** : nombril; **- of a muscle** : ventre, partie charnue du muscle.

belonoskiascopy, s. : rétinoscopie par ombres et mouvements.

Bence-Jones albumose reaction : réaction de Bence-Jones.

Bence-Jones protein : protéine de Bence-Jones.

bends, s. (vernac.) : maladie des caissons ou aérémie.

beneceptor : mécanisme nerveux pour l'appréciation et la transmission des stimuli nerveux.

Benedict's test : réaction pour l'identification du dextrose.

Benedikt's syndrome : syndrome de Benedikt, paralysie du moteur oculaire commun, hémiplégie croisée, tremblements et mouvements choréoathétosiques.

Béniqué's sound : béniqué, bougie de Béniqué.

Bennett's corpuscles : grandes cellules épithéliales remplies de détritus graisseux qui se voient dans les kystes de l'ovaire.

Bennett's disease : maladie de Bennett; **- fracture** : fracture de Bennett, fracture des boxeurs, fracture du premier métacarpien.

bentonite, s. : bentonite (matière argileuse servant de support en pharmacie).

benzaconine, s. : benzaconine (alcaloïde).

benzedrin, s. : benzédrine, amphétamine.

benzoate, s. benzoate.

benzoin, s. : benjoin; **colloidal - reaction** : réaction au benjoin colloïdal dans le diagnostic de la syphilis.

benzolism, s. : benzolism, benzénisme (intoxication par le benzène et ses homologues).

benzyl, adj. : benzyl; **- alcohol** : alcool benzylique.

Bérard's aneurysm : anévrisme variqueux; **- ligament** : ligament suspenseur du péricarde rattaché aux troisième et quatrième vertèbres dorsales.

Beraud's valve : repli de la muqueuse qui se trouve parfois dans le sac lacrymal et qui le sépare des voies nasales.

berberine, s. : berbérine (alcaloïde).

Berger rhythm : rythme de Berger, rythme alpha.

Bergeron's disease : maladie de Bergeron, chorée.

Bergmann's fibers or **Bergmann-Deiters fibers** : prolongements des cellules de Deiters; **- incision** : incision en oblique dans le flanc pour atteindre le rein.

Bergonié's method : traitement de l'obésité par la méthode de Bergonié.

beriberi, s. béribéri, kakke.

Berkefeld filter : bougie Berkefeld.

berkelium, s. : berkélium.

Bernard-Horner's syndrome : syndrome de Claude Bernard-Horner.

Bernhardt's paresthesia : maladie de Bernhardt, méralgie paresthésique.

bertillonage, s. : bertillonage (prise des empreintes digitales).

Bertin's bones : cornets de Bertin, cornets sphénoïdaux **- columns** : colonnes de Bertin; **- ligament** : ligament ilio-fémoral de Bertin.

berylliosis, s. : bérylliose.

beryllium, s. : béryllium ou glucinium.

besiclometer, s. : bésiclomètre.

Besnier's rheumatism : rhumatisme articulaire chronique, arthrosynovite chronique.

bestiality, s. : bestialité.

beta-adrenergic blocking agent : agent bêtabloquant.

betatron, s. : bêtatron.

betel, s. : bétel.

between-brain, s. : mésencéphale.

bezoar, s. : bézoard (concrétions calculeuses des voies digestives ou urinaires chez les quadrupèdes).

Bezold's ganglion : ganglion de la cloison interauriculaire du cœur de grenouille; **- mastoiditis** : mastoïdite de Bezold (destruction du sommet de l'apophyse mastoïdienne avec tendance à formation d'abcès du cou).

biarticular, adj. : biarticulaire.

biasteriac, biasterial or **biasteric**, adj. : se rapportant à l'astérion de chaque côté du crâne.

biauricular, adj. : biauriculaire.

bibasic, adj. : bibasique.

bicarbonate, s. : bicarbonate.

bicaudal et **bicaudate**, adj. : bicaudé, ayant deux queues ou appendices.

bicellular, adj. : bicellulaire.

bicephalic or **bicephalous**, adj. : bicéphale.

biceps, s. : biceps.

Bichat's canal : canal de Bichat; **- fat ball** : boule graisseuse de Bichat; **- fissure** : grande fente cérébrale de Bichat; **- foramen** : foramen de Bichat; **- tunic** : endartère, endoveine.

bichloride, s. : bichlorure.

bicho, s. : rectite gangréneuse épidémique.

biciliate, adj. : bicilié.

bicipital, adj. : bicipital.

biconcave, adj. : biconcave (lentille).

biconvex, adj. : biconvexe (lentille).

bicornuate uterus : utérus bicorne.

bicuspid, adj. : bicuspide (ayant deux pointes).

bicuspid, s. : prémolaire.

Bidder's ganglion : ganglion de la cloison auriculaire du cœur de grenouille.

Bier's hyperemia : méthode de Bier (application méthodique de l'hyperémie veineuse); **- local anesthesia** : 1. anesthésie d'un membre par injection intraveineuse de cocaïne après ligature et suspension de ce membre pour arrêter la circulation; 2. archianesthésie (anesthésie partielle), méthode de Bier.

Biermer's anemia : maladie de Biermer ou anémie pernicieuse; **- change of pitch** : signe de Biermer (changement de tonalité de la résonance métallique dans les hydro-pneumothorax).

Biernacki's sign : signe de Biernacki, anesthésie du nerf cubital dans la gouttière épitrochléenne, signe de tabès.

Biett's collar : collerette de Biett (soulèvement épidermique des lésions cutanées de la syphilis secondaire).

bifid, adj. : bifide, fissuré, en deux parties.

biforate, adj. : percé de deux trous; **- uterus** : utérus biforis.

Bigelow's ligament : ligament iléo-fémoral, ligament en Y de l'articulation de la hanche; **- operation** : litholapaxie; **- septum** : ergot du col du fémur.

bigeminal or **bigeminous,** adj. : bigéminé, géminé; **- bodies** : paire antérieure des tubercules quadrijumeaux.

bilabe, s. : bilabe, instrument pour ôter les calculs de la vessie par l'urètre.

bilateral, adj. : bilatéral.

bile, s. : bile; **- acids** : acides biliaires (acides taurocholique et glycocholique) ; **- duct** : canal biliaire; **- pigments** : pigments biliaires.

Bilharzia haematobia : Bilharzia haematobia.

bilharziasis or **bilharziosis,** s. : bilharziose, schistosomiase (ensemble des accidents provoqués par la Bilharzia et surtout par ses œufs).

biliary, adj. : biliaire; **- calculus** : calcul biliaire; **- cirrhosis** : cf., **- diabetes**; **- colic** : colique hépatique; **- diabetes** : maladie de Hanot, cirrhose hypertrophique avec ictère chronique; **- ducts** : canalicules biliaires.

biliation, s. : sécrétion biliaire.

bilicyanin, s. : bilicyanine.

bilification, s. : biligenèse, biligénie, fonction biligénique.

biliflavin, s. : biliflavine.

bilifuchsin, s. : bilifuchsine.

biligenesis, s. : biligenèse, biligénie, fonction biligénique.

bilihumin, s. : bilihumine.

bilineurin, s. : cf., **choline.**

bilious, adj. : bilieux; **- attack** : débordement de bile.

biliousness, s. : état bilieux, affection biliaire, malaise accompagné d'un excès de bile, crise de foie, crise hépatique.

biliphein, s. : bilirubine (matière colorante de la bile).

biliprasin, s. : biliprasine (pigment vert des calculs biliaires).

bilipurpurin, s. : bilipurpurine (pigment pourpre).

bilirachia, s. : bilirachie (présence de bile dans le liquide céphalo-rachidien).

bilirubin, s. : bilirubine.

bilirubinemia, s. : bilirubinémie (bilirubine dans le sang).

bilirubinuria, s. : bilirubinurie (bilirubine dans l'urine).

biliuria, s. : biliurie (présence de bile dans l'urine).

biliverdin, s. : biliverdine.

Billroth's disease : 1. fausse méningocèle; 2. maladie de Hodgkin; **- anesthetic** or **mixtion** : mélange anesthésique se composant de trois parties de chloroforme, une partie d'éther et une partie d'alcool; **- operations** : opérations de Billroth (gastrectomies partielles); **- suture** : suture en boutonnière.

bilobate or **bilobed,** adj. : bilobé.

bilobular, adj. : bilobulé.

bilocular, adj. : biloculaire, ayant deux cellules.

bimanual, adj. : bimanuel.

bimastoid, adj. : bimastoïdien.

binary, adj. : binaire.

binaural or **binauricular,** adj. : binauriculaire, biauriculaire.

binder, s. : ceinture abdominale (pour la femme enceinte).

binding, adj. : astringent, constipant.

binocular, adj. : binoculaire; s. : binoculaire (micr.).

binotic, adj. : cf., **binaural.**

binovular, adj. : biovulé.

binuclear or **binucleate,** adj. : binucléaire, binucléé.

binucleolate, adj. : binucléolé.

bio- : bio-, préfixe indiquant un rapport avec la vie.

bio-assay, s. : essai biologique, titrage biologique.

bioblast, s. : bioblaste.

biocatalyst, s. : biocatalyseur, enzyme.

biochemistry, s. : biochimie, chimie physiologique.

biocolloid, s. : colloïde d'origine animale ou végétale.

biocoenosis, s. : biocénose (interdépendance dans les communautés écologiques).

biodynamics, *s*. : biodynamique (science des lois et fonctions vitales).

bioenergetics, *s*. : bioénergétique.

biogenesis, *s*. : biogenèse.

biogenetic, *adj*. : biogénétique; **- law** : loi biogénétique (loi d'après laquelle l'ontogenèse reproduit la phylogenèse).

biokinetics, *s*. : science, étude de la cinétique des organismes vivants.

biologic or **biological**, *adj*. : biologique.

biologist, *s*. : biologiste.

biology, *s*. : biologie.

bioluminescence, *s*. : bioluminescence (luminescence produite par des organismes vivants, phosphorescence).

biolysis, *s*. : biolyse, destruction de la vie, décomposition de la matière organique par des organismes vivants.

biolytic, *adj*. : biolytique, destructeur de la vie.

biomedical engineering : génie sanitaire, génie médical.

biometer, *s*. : biomètre.

biometrics or **biometry**, *s*. : biométrie (1. étude de l'application des méthodes statistiques aux faits biologiques; 2. calcul de la durée probable de la vie).

biomicroscope, *s*. : biomicroscope.

biomicroscopy, *s*. : biomicroscopie (1. examen au microscope des tissus vivants; 2. examen de l'œil sur le vivant au microscope cornéen et à la lampe à fente).

bion, *s*. : organisme ou élément individuel vivant.

bionecrosis, *s*. : bionécrose.

bioenergy, *s*. : énergobiose.

bionomics or **bionomy**, *s*. : bionomie, biologie.

bionosis, *s*. : bionose (nom générique des maladies causées par des agents animés).

bio-osmosis, *s*. : biosmose.

biophagism or **biophagy**, *s*. : biophagie.

biophagous, *adj*. : biophage.

biophilia, *s*. : instinct de conservation.

biophore, *s*. : biophore (la plus petite unité qui présente les formes vitales primaires).

biophotometer, *s*. : biophotomètre.

biophylaxis, *s*. : biophylaxie.

biophysics, *s*. : biophysique.

bioplasm, *s*. : bioplasme (toute matière vivante).

bioplasmic, *abj*. : bioplasmique (se rapportant à, ou de la nature du bioplasme).

bioplasmin, *s*. : substance hypothétique de la cellule nécessaire à la vie et à l'activité fonctionnelle de la cellule.

bioplast, *s*. : bioplaste (masse ou cellule qui serait une unité de matière vivante).

bioplastic, *adj*. : bioplastique (se dit de la propriété que possèdent les cellules vivantes de réparer les pertes qu'elles ont subies).

biopsy, *s*. : biopsie (ablation sur le vivant d'un fragment d'organe ou de tumeur pour examen microscopique); **gastric -** : gastrobiopsie; **needle -** : ponction-biopsie; **sponge -** : biopsie à l'éponge; **trephine -** : biopsie par trépanoponction.

bios, *s*. : bios (facteur de croissance pour certaines levures).

bioscopy, *s*. : bioscopie (observation des phénomènes de la vie).

biose, *s*. : diholoside, corps à double fonction sucrée (type saccharose).

biospectrometry, *s*. : biospectrométrie.

biospectroscopy, *s*. : biospectroscopie.

biostatics, *s*. : biostatique (1. biologie statique; 2. statistiques vitales).

biosynthesis, *s*. : biosynthèse.

Biot's breathing or **respiration** : respiration rapide et courte avec arrêts de plusieurs secondes (pronostic défavorable dans la méningite).

biotaxis or **biotaxy**, *s*. : biotaxie, taxinomie (1. pouvoir de sélection et de répartition des cellules vivantes; 2. classification des organismes vivants).

biotherapy, *s*. : biothérapie (thérapeutique par emploi de cultures vivantes ou de produits organiques).

biotics, *s*. : biologie, étude des phénomènes biologiques.

biotin, *s*. : biotine (coenzyme B, vitamine H).

biotomy, *s*. : biotomie, vivisection.

biotope, *s*. : biotope.

biotoxin, *s*. : toxine provenant de tissus vivants.

biotripsis, *s*. : desquamation sénile.

biotropism, *s*. : biotropisme (exaltation de la virulence des parasites de l'organisme par des agents chimiques, physiques ou d'origine bactérienne).

biotype, *s*. : biotype.

biotypology, *s*. : biotypologie (étude des variations constitutionnelles).

biparasitic, *adj*. : biparasitaire.

biparous, *adj*. : bipare, secundipare.

biped, *s*., *adj*. : bipède.

biperforate, *adj*. : biperforé.

bipolar, *adj*. : bipolaire.

biramous, *adj*. : biraméal, ayant deux branches.

birch, *s*. : bouleau; **- oil** : essence d'écorce de bouleau (*pharm.*).

bird-arm : bras atrophié (petit avant-bras dû à une atrophie musculaire).

birefractive or **birefringent**, *adj*. : biréfringent.

birth, *s*. : naissance; **- canal** : filière pelvienne; **- control** : régulation des naissances; **- mark** : envie, tache de naissance, naevus, macule; **- palsy** : paralysie accidentelle à la naissance; **premature -** : accouchement prématuré, avant terme; **- rate** : natalité; **to give - to**, *v*. : donner naissance à, donner le jour à.

bisacromial, *adj.* : bis-acromial.

bisection, *s.* : bisection.

bisexual, *s.* : hermaphrodite; *adj.* : bisexué.

bisferious, *adj.* : dicrote.

bisiliac, *adj.* : bi-iliaque.

bisischiatic, *adj.* : bi-ischiatique.

Biskra button : bouton de Biskra, bouton d'Orient.

Bismarck brown : brun de Bismarck.

bismuth, *s.* : bismuth; **- poisoning** : bismuthisme.

bismuthosis, *s.* : bismuthisme chronique.

bissa, *s.* : bisse (hydropisie survenant en Egypte et attribuée à l'ingestion d'une plante appelée « bisse »).

bistephanic, *adj.* : appartenant aux deux stéphanions.

bistoury, *s.* : bistouri.

bisulfate *or* **bisulphate**, *s.* : bisulfate.

bite, *s.* : 1. coup de dent; 2. morsure; 3. piqûre; **- plate** : cire d'articulation, empreinte *(stom.)*; *v.* : mordre, piquer.

bitemporal, *adj.* : bitemporal.

Bitot's spots : taches *ou* signes de Bitot (taches nacrées, triangulaires siégeant sur la conjonctive bulbaire observées dans la xérophtalmie).

bitrochanteric, *adj.* : bitrochantérien.

bitter, *adj.* : amer.

bitters, *s.* : amers, apéritif.

bitumen, *s.* : bitume.

bituminosis, *s.* : bituminose (forme de pneumoconiose).

biuret, *s.* : biuret; **- reaction** : réaction du biuret (réaction d'identification des protéides).

bivalent, *adj.* : bivalent.

biventral, *adj.* : biventral.

bivitelline, *adj.* : bivitellin.

bizygomatic, *adj.* : bizygomatique.

Bizzozero's blood-platelets : thrombocyte, globuline, plaquette *(inus.)*; **- corpuscles** : *cf.*; **Neumann's corpuscles; - crystals** : *cf.*, **Charcot's crystals.**

Bjerrum screen : écran utilisé dans l'étude du champ visuel; **- sign** : scotome en croissant constaté au début du glaucome.

black, *adj.* : noir; **animal -, bone -, ivory -,** *or* **Paris -** : noir animal; **- blood** : sang veineux; **- cancer** : mélanome; **- death** : peste bubonique; **- measles** : rougeole purpurine; **- sickness** : fièvre cérébro-spinale; **- tongue** : langue noire, glossophytie; **- vomit** : *vomito negro* (symptôme caractéristique de la fièvre jaune).

blackhead, *s.* : comédon.

blackleg, *s.* : charbon symptomatique du bétail *(Bac. chauvoei) (vétér.).*

blackout, *s.* : *cf.*, **amaurosis fugax.**

blacktongue, *s.* : maladie canine dont les symptômes ressemblent à la pellagre humaine *(vétér.).*

blackwater fever : fièvre bilieuse hémoglobinurique, hématurie paludéenne.

bladder, *s.* : vessie, vésicule; **- cells** : cellules vésicales; **cord -** : vessie spinale; **fasciculated -** : vessie en colonnes; **- worm** : cysticerque.

blade-bone, *s.* : omoplate.

blain, *s.* : pustule.

Blainville's ear : asymétrie congénitale des deux oreilles.

Blalock's operation : opération de Blalock (anastomose de l'artère sous-clavière avec l'artère pulmonaire).

blank, *adj.* : blanc, négatif.

-blast : -blaste, suffixe signifiant cellule avant maturité.

blast, *s.* : souffle (d'une explosion); **- injury** : lésion par souffle *(traumatol.).*

blastema, *s.* : blastème (matière vivante liquide ou semi-liquide qui s'organiserait en éléments figurés).

blastid *or* **blastide**, *s.* : blastide (première indication du noyau dans l'œuf fécondé).

blastin, *s.* : substance qui stimule le développement et l'activité cellulaires.

blastocele, *s.* : blastocèle.

blastochyle, *s.* : blastochyle.

blastocyst, *s.* : blastocyste, vésicule germinative.

Blastocystis hominis *(lat.)* : blastocyste de l'homme *(parasit.).*

blastocyte, *s.* : blastocyte (cellule embryonnaire non différenciée).

blastocytoma, *s.* : blastocytome (tumeur faite de cellules embryonnaires non différenciées).

blastoderm, *s.* : blastoderme (membrane primitive de l'embryon).

blastodermic membrane : membrane blastodermique; **- rim** : bord épaissi du disque germinal; **- vesicle** : vésicule blastodermique.

blastodisc : disque entourant la vésicule germinative.

blastogenesis *or* **blastogeny**, *s.* : blastogenèse.

blastolysis, *s.* : destruction du blastoderme.

blastoma, *s.* : 1. tumeur granuleuse d'origine microbienne; 2. l'une des tumeurs d'origine embryonnaire, tel chondrome, gliome, etc.

blastomere, *s.* : blastomère (premiers plastides résultant de la segmentation de l'œuf dans le développement embryologique normal).

Blastomycetes, *s.* : Blastomycètes (famille de champignons).

blastomycosis, *s.* : blastomycose, exascose (infection par les blascomycètes).

blastoneuropore, *s.* : ouverture temporaire de l'embryon produite par la réunion de l'ouverture allant au canal de la notochorde et de l'ouverture située à l'extrémité antérieure de la vésicule cérébrale antérieure.

blastophore, *s.* : blastophore (partie de la cellule spermatique qui n'est pas transformée en spermatozoïde).

blastophthoria, s. : blastophtorie.

blastopore, s. : blastopore (petite ouverture dans le canal de la notochorde).

blastosphere, s. : blastosphère, sphère de blastème.

blastula, s. : blastula.

blastulation, s. : blastulation.

bleaching, s. : décoloration.

bleaching powder : chlorure de chaux commercial (mélange de chlorure de chaux et d'hypochlorite).

blear-eye : blépharite marginale.

bleb, s. : pustule, phlyctène, bleb (pneumol.).

bleed, v. : saigner; **to - to death** : saigner à blanc.

bleeder, s. : 1. phlébotomiste; 2. hémophile; 3. dispositif de drainage, drain.

bleeder's disease : hémophilie.

bleeding, s. : écoulement de sang, saignée; adj. : saignant.

blennadenitis, s. : inflammation des glandes muqueuses et des follicules.

blennemesis, s. : vomissement de mucus.

blennenteria, s. : diarrhée ou dysenterie muqueuse.

blennenteritis, s. : 1. entérite avec forte émission de mucus. 2. inflammation de la membrane muqueuse de l'intestin.

blennisthmia, s. : catarrhe pharyngé.

blenno- : blenno-, préfixe signifiant mucus.

blennocele, s. : épididymite gonococcique.

blennocystis, s. : catarrhe de la vessie.

blennogenic or **blennogenous,** adj. : blennogène, mucipare.

blennoid, adj. : muciforme, mucoïde.

blennoma, s. : 1. polype muqueux; 2. myxome.

blennometritis, s. : catarrhe utérin.

blennophlogisma or **blennophlogosis,** s. : inflammation d'une muqueuse.

blennophthalmia, s. : inflammation de la conjonctive donnant lieu à un écoulement mucopurulent.

blennoptysis, s. : expectoration muqueuse bronchique.

blennorrhagia, s. : blennorragie, échauffement, gonorrhée.

blennorrhagic, adj. : blennorragique.

blennorhea or **blennorhoea,** s. : blennorrhée, métrite chronique, écoulement chronique de mucopus.

blennorrheal or **blennorrhoic,** adj. : blennorhéique.

blennorrhinia, s. : coryza, catarrhe nasal.

blennosis, s. : toute maladie des membranes muqueuses.

blennostasis, s. : arrêt d'une émission de mucus.

blennostatic, s. : agent arrêtant une émission de mucus; adj. : arrêtant une émission de mucus.

blennothorax, s. : catarrhe pulmonaire.

blennuria, s. : présence de mucus dans l'urine.

blepharadenitis, s. : adénite blépharique, inflammation des glandes de Meibomius.

blepharal, adj. : blépharique.

blepharelcosis, s. : trichiasis.

blepharism, s. : blépharospasme (clignement rapide involontaire).

blepharitis, s. : blépharite; **ciliary -** : blépharite ciliaire, grattelle.

blepharo -, or **blephar -** : préfixe dénotant un rapport avec la paupière ou les cils.

blepharo-adenitis : cf., **blepharadenitis.**

blepharo-adenoma, s. : adénome de la paupière.

blepharo-atheroma, s. : kyste sébacé de la paupière.

blepharochalasis, s. : blépharochalasis (atrophie du derme des paupières supérieures accompagnée de relâchement du tissu cellulaire souscutané, d'où repli gênant de vision).

blepharochromidrosis, s. : sueur colorée, généralement bleue, des paupières.

blepharoclonus, s. : blépharospasme clonique.

blepharocunjunctivitis, s. : conjonctivite palpébrale.

blepharodiastasis, s. : écartement excessif des paupières.

blepharoncus, s. : tumeur de la paupière.

blepharopachynsis, s. : épaississement maladif de la paupière.

blepharophimosis, s. : blépharophimosis (insuffisance de la longueur de la fente palpébrale).

blepharophryplasty : cf., **blepharoplasty.**

blepharoplast, s. : blépharoplaste; 1. centrosome individuel de certains protozoaires; 2. nucléole d'un noyau; 3. point d'origine de l'axonème.

blepharoplasty, s. : blépharoplastie (opération qui a pour but de réparer une paupière détruite ou déformée par une cicatrice).

blepharoplegia, s. : blépharoplégie, paralysie de la paupière.

blepharoptosis, s. : blépharoptose, ptosis (chute de la paupière supérieure).

blepharopyorrhea, s. : écoulement purulent de la paupière.

blepharorrhaphy, s. : blépharorraphie (suture des paupières).

blepharospasm, s. : blépharospasme (contraction spasmodique de l'orbiculaire des paupières).

blepharosphincterectomy, s. : opération destinée à réduire la pression exercée par la paupière supérieure sur la cornée.

blepharostat, s. : blépharostat (instrument destiné à maintenir les deux paupières écartées).

blepharostenosis, *s.* : sténose de la fente palpébrale.

blepharosynechia, *s.* : synéchie palpébrale.

blepharotomy, *s.* : blépharotomie, incision palpébrale.

blepsopathia *or* **blepsopathy**, *s.* : fatigue oculaire.

blind, *s., adj.* : aveugle; **- gut** : cæcum; **green -** *or* **color -** : deutéranope; **- loop** : anse borgne (*chir. intestin.*); **- spot** : tache aveugle (rétine); **- test** : double épreuve à l'insu *ou* méthode à l'insu.

blinding, *adj.* : aveuglant, éblouissant; **- headache** : migraine ophtalmique.

blindness, *s.* : cécité; **- in one eye** : cécité monoculaire; **cortical -** : cécité corticale; **color -** : achromatopsie; **day -** : héméralopie; **night -** : nyctalopie; **snow -** : ophtalmie des neiges; **psychic -** : cécité psychique; **word -** : cécité verbale.

blink, *s.* : battement, clignotement, clignement des paupières.

blinking, *s.* : clignotement, cillement; *adj.* : clignotant.

blister, *s.* : 1. ampoule, vésicule, cloque, phlyctène; 2. vésicatoire; **fever -** : bouton de fièvre; **to -** : appliquer un vésicatoire.

blistering, *s.* : vésication, formation d'ampoules à la peau; *adj.* : vésicant.

block, *s.* : 1. arrêt, blocage; 2. obstruction du passage des influx musculaires ou nerveux; 3. en stomatologie, masse d'or pour obturation dentaire; **heart -** : syndrome d'Adams-Stokes, pouls lent permanent.

blocking, *s. adj.* : 1. arrêt de transmission nerveuse par injection d'anesthésique; 2. rejet d'une idée de la conscience par conflit mental; **- out** : fait de recouvrir les parties non nécessaires d'un négatif avec un badigeon opaque qui le fait apparaître en blanc sur le positif.

blocking agent : agent bloquant (*pharm.*); **adrenergic -** : agent alpha ou bêta-bloquant; **depolarizing -** : dépolarisant de la plaque neuro-musculaire; **ganglionic -** : ganglioplégique.

blood, *s.* : sang; **to draw -** : faire saigner quelqu'un; **to let - from someone** : saigner quelqu'un; **- bank** : banque de sang, stock de sang conservé (transfusion sanguine); **- cell** : globule rouge ou blanc; **- clot** : caillot sanguin; **- count** : numération globulaire; **- count cell** : hématimètre; **- disk** : plaquette sanguine; **- flow** : débit sanguin; **- giver** : donneur de sang; **- group** : groupe sanguin; **- grouping** : groupage du sang; **laked -** : sang laqué; **- letting** : saignée; **- platelet** : plaquette sanguine, thrombocyte; **- poisoning** : empoisonnement du sang, toxémie; **- pressure** : pression sanguine; **- shot** : ecchymotique; **- shot eye** : œil injecté de sang; **- smear** : frottis de sang; **- stroke** : apoplexie; **- sucker** : sangsue; **- tumour** : hématome; **- typing** : détermination du groupe sanguin; **- vessel** : vaisseau sanguin.

bloodless, *adj.* : exsangue, pâle, anémié.

bloody, *adj.* : sanglant, ensanglanté; **- flux** : dysenterie; **- sweat** : éphidrose.

blotch, *s.* : 1. tache; 2. naevus vasculaire; 3. pustule.

blotchiness, *s.* : couperose.

blow, *s.* : coup.

blowing murmur : bruit de soufflet.

blow-pipe, *s.* : chalumeau.

blue tongue : langue bleue du mouton.

Blumenthal's disease : maladie de Blumenthal, polyglobulie avec hyperleucocytose portant sur les éléments granuleux.

blunt, *adj.* : émoussé, épointé; **- needle** : aiguille épointée; **- scissors** : ciseaux à bout mousse.

blur, *s.* : brouillage, apparence confuse de la configuration d'une image (*phot.*).

Bochdalek's ganglion : nodule à la jonction des nerfs dentaires antérieur et moyen.

body, *s.* : corps ou corpuscules; **carotid -** : glome; **coccygeal -** : glome coccygien; **ciliary -** : corps ciliaire; **compound -** : corps composé (*chim. phys.*); **elementary -** : corps élémentaire; **Donovan -** : corps de Donovan; **external geniculate, preginuculatum** *or* **preginiculum -** : corps genouillé; **foreign -** : corps étranger; **human -** : corps humain; **Negri -** : corps de Negri; **Pacchionian -** : granulations de Pacchioni (arachnoïde); **simple -** : corps simple; **tigroid -** : corps de Nissl; **vitreous -** : corps vitré.

Boeck's disease *or* **sarcoid** : sarcome de Boeck.

boil, *s.* : furoncle, clou; **Aleppo -** : bouton d'Alep (leishmaniose cutanée).

bolometer, *s.* : bolomètre.

bolus, *s.* : bol, grosse pilule (*vétér.*); **alimentary -** : bol alimentaire.

bond, *s.* : liaison (*chim.*).

bone, *s.* : 1. os; 2. arête de poisson; **back -** : épine dorsale; **- black** : noir animal; **cheek -** : os malaire; **jaw -** : mâchoire; **knuckle -** : articulation du doigt (osselet); **leg -** : tibia; **marble -** : maladie d'Albers-Schönberg, ostéosclérose; **- setter** : rebouteux.

bonelet, *s.* : osselet.

Bonnaire's method : manœuvre de Bonnaire (procédé de dilatation forcée et rapide au cours de l'accouchement dystocique).

Bonnet's capsule : capsule de Tenon; **- operation** : énucléation du globe oculaire; **- position** : flexion, abduction et rotation extérieure de la cuisse dans la coxalgie.

boohoo, *s.* : gastrite des îles du Pacifique.

Boophilus : boophile (genre de tiques).

boopia, *s.* : regard bovin.

boost, *v.* : renforcer.

booster (dose of anesthesia) : dose anesthésique supplémentaire; **- injection** : injection de rappel; injection destinée à relever le niveau des anticorps.

borate, *s.* : borate.

borated, *adj.* : boraté.

borborygmus, *s.* : borborygme.

border, *s.* : bord (limite d'une zone, d'une surface [*anat.*]); **- line case** : cas limite.

Bordet's phenomenon : phénomène de Bordet; **- specific test** : réaction de Bordet et Gengou, déviation du complément, réaction de fixation.

borism, *s.* : borisme, empoisonnement par le bore.

Borna disease : maladie de Borna (encéphalomyélite équine).

Bornholm disease : maladie de Bornholm (myalgie épidémique).

boron, *s.* : bore.

Borrelia, *s.* : *Borrelia*; spirochètes (fièvres récurrentes).

borreliosis, *s.* : borréliose.

borrowing-lending (phenomenon of) : phénomène de bascule, transfert du flot sanguin ou hémométakinésie.

borsten, *s.* : maladie cutanée des nouveau-nés en Finlande.

bosom, *s.* : poitrine, sein.

boss, *s.* : protubérance, bosse.

bosselated, *adj.* : bosselé.

Bossi dilator : dilatateur de Bossi (*obstét.*).

Bostock's catarrh : maladie de Bostock, asthme des foins, coryza spasmodique périodique.

bot, *s.* : larve d'œstre.

Botal *or* **Botallo's duct** : canal artériel de Botal; **- foramen** : trou de Botal; **- ligament** : relique persistante du canal artériel de Botal.

botany, *s.* : botanique.

bothriocephaliasis, *s.* : bothriocéphaliase.

bothrion, *s.* : 1. petite cavité, alvéole dentaire; 2. facette; 3. ulcère profond de la cornée.

Botryomyces, *s.* : *Botryomyces,* botriomycète.

botryomycoma, *s.* : botryomycome, granulome pyogénique, tumeur framboisiforme, granulome télangiectasique.

botryomycosis, *s.* : botryomycose (affection du cheval caractérisée par des tumeurs inflammatoires *ou* botryomycomes, transmissible à l'homme).

botryotherapeutics *or* **botryotherapy,** *s.* : cure uvale.

Böttcher's canal : canal entre l'utricule et le saccule de l'oreille interne; **- cells** : cellules basophiles du limaçon; **- crystals** : cristaux de spermine.

Bottini's operation : opération de Bottini (incision de la prostate avec le galvanocautère).

bottle nose : acné rosacée, avec hypertrophie nasale, rhinophyma.

bottom disease : maladie des équidés causée par l'ingestion de *Crostalaria sagittalis* (*vétér.*).

botulin, *s.* : botuline, toxine botulique.

botulinic acid : acide botulinique.

botulism, *s.* : botulisme.

botyroid, *adj.* : botyroïde, en forme de grappe.

boubas, *s.* : boubas, buba, pian.

Bouchard's nodules : nodosités de Bouchard.

Bouchut's tubes : tubes pour intubation.

bougie, *s.* : bougie (*urol.*).

bougienage *or* **bouginage,** *s.* : dilatation par bougies.

Bouillaud's disease : maladie de Bouillaud, rhumatisme articulaire aigu, fièvre rhumatismale, polyarthrite aiguë fébrile; **- metallic tinkling** : son particulier à droite du choc de la pointe dans l'hypertrophie cardiaque.

bouillon, *s.* : bouillon; **- culture** : culture en bouillon.

Bouilly's operation : opération de Bouilly (métrite cervicale).

bound *or* **linked,** *adj.* : lié, fixé (*chim.*).

Bourneville's disease : sclérose tubéreuse de Bourneville.

boutonneuse, *adj., s.* : fièvre boutonneuse (fièvre endémique du bassin méditerranéen causée par *Rickettsia conori*).

bovine, *adj.* : bovin.

bowel, *s.* : intestin, boyaux, entrailles; **- disorders** : troubles intestinaux; **impaction of the -** : occlusion intestinale; **- pain** : entéralgie; **- movement** : selle.

Bowen's disease : maladie de Bowen (dyskératose évoluant vers le cancer).

bowleg, *s.* : jambe arquée.

Bowman's capsule : capsule de Bowman (enveloppe des corps de Malpighi); **- disks** : plaques discoïdes des fibres musculaires striées; **- glands** : glandes tubulaires de la muqueuse olfactive; **- lamina** *or* **membrane** : membrane de Bowman (membrane basilaire de l'épithélium cornéen); **- muscle** : muscle ciliaire; **- probe** : sonde pour dilater le conduit lacrymal.

Boyer's bursa : bourse subhyoïde; **- cyst** : kyste des bourses de Boyer.

Boyle's law : loi de Mariotte.

Bozeman's catheter : sonde de Bozeman.

B.P. (blood pressure) : pression sanguine.

brachial, *adj.* : brachial; **- artery** : artère brachiale (extension de l'artère axillaire sur la partie interne du bras); **- glands** : glandes lymphatiques du bras; **- plexus** : plexus brachial; **- veins** : veines brachiales.

brachialgia, *s.* : brachialgie, brachionalgie (névralgie du plexus brachial).

brachiocephalic, *adj.* : brachiocéphale, brachiocéphalique.

brachiocrural, *adj.* : brachiocrural.

brachiocubital, *adj.* : brachiocubital.

brachiocyllosis, *s.* : difformité du bras, paralysie consécutive à cette difformité.

brachiofacial, *adj.* : brachiofacial.

brachioradialis, *s.* : long supinateur.

brachiotomy, s. : brachiotomie.

brachiplex, s. : plexus brachial.

brachium, s., plur. **brachia** (lat.) : 1. bras; 2. pédoncule cérébelleux; **- conjunctivum cerebelli** or **crus cerebellocerebrale** : pédoncule cérébelleux supérieur; **- pontis** or **crus pontocerebellari** : pédoncule cérébelleux moyen.

brachy- : brachy-, préfixe signifiant court.

brachybasia, s. : brachybasie (démarche à petits pas) : cf., **bradybasia.**

brachycardia : cf., **bradycardia.**

brachycephalic or **brachycephalous,** s., adj. : brachycéphale.

brachicephalism or **brachycephaly,** s. : brachycéphalie.

brachydactylia, s. : brachydactylie (malformation des doigts qui n'ont pas leur longueur normale).

brachygnathia, s. : brachygnathie (brièveté d'une ou des deux mâchoires).

brachymetropia, s. : brachymétropie (état de l'œil où l'image de l'objet supposé à l'infini se forme en avant de la rétine, d'où myopie).

brachymetropic, adj. : brachymétrope, myope.

brachymorphic, adj. : bradymorphic.

brachypnoea : cf., **bradypnea.**

brachyskelia : faible longueur des jambes par rapport aux bras.

brady- : brady-, préfixe signifiant lent.

bradyacusia, s. : diminution de la perception auditive.

bradyarthria, s. : bradyarthrie, bradylalie, parole scandée, monotone et lente.

bradybasia, s. : bradybasie (démarche à petits pas).

bradycardia, s. : bradycardie, brachycardie (ralentissement des battements du cœur).

bradycinesia or **bradykinesia,** s. : bradycinésie, bradikinésie (lenteur des mouvements volontaires).

bradydiastolia, s. : bradydiastolie (prolongement considérable de la pause diastolique).

bradyecoia, s. : surdité partielle.

bradyesthesia, s. : bradyesthésie (lenteur de la perception des sensations).

bradyglossia or **bradylalia,** s. : bradylalie, bradyarthrie.

bradykinin, s. : bradykinine.

bradylexia, s. : bradylexie (lecture anormalement lente).

bradylogia, s. : bradylogie (langage coupé de temps d'arrêt).

bradymorphic, adj. : bradymorphe.

bradypepsia, s. : bradypepsie (digestion lente).

bradyphagia, s. : bradyphagie (action de manger lentement).

bradyphasia, s. : bradyphasie (lenteur de la prononciation des mots).

bradyphrenia, s. : bradyphrénie ou bradypsychie (viscosité psychique).

bradypnea, s. : bradypnée (respiration lente).

bradyspermatism, s. : éjaculation lente du sperme.

bradysphygmia, s. : bradysphygmie (ralentissement du pouls).

bradyteliosis, s. : bradytéliose (adolescence retardée).

bradytocia, s. : parturition lente ou retardée.

bradytrophia, s. : bradytrophie.

bradyuria, s. : bradyurie (émission urinaire lente).

braidism, s. : braidisme, hypnotisme.

Braille : Braille (écriture en relief pour les aveugles).

brain, s. : cerveau; **brains** : matière cérébrale; **- cap** : calotte crânienne; **- diseases** : maladies cérébrales : **- disorders** : troubles cérébraux ; **- exhaustion** : fatigue cérébrale; **- fag** : épuisement cérébral; **- fever** : méningite cérébrale; **- pan** : boîte crânienne, **- stem** : tronc cérébral; **- storm** : trouble cérébral brusque et aigu ; **- waves** : ondes cérébrales (courants électriques venant du cortex et enregistrés sur l'électroencéphalogramme).

branch, s. : branche (d'une artère, d'un nerf).

branched, adj. : ramifié.

branchia, s., plur. **branchiae** (lat.) : branchies ouïes (ichtyol.).

branchial, adj. : branchial; **- arches** : arcs branchiques.

branchiogenic or **branchiogenous,** adj. : produit ou développé à partir d'une scissure branchiale.

branchioma, s. : branchiome (tumeur mixte du cou).

branchiomere, s. : segment du mésoderme entre deux scissures branchiales.

Brasdor's operation : méthode de Brasdor (traitement de l'anévrisme artériel circonscrit par ligature immédiatement au-dessous du sac).

brash, s. : trouble digestif, éruption, accès court de maladie; **teething -** : troubles de la dentition; **water -** : pyrosis; **weaning -** : troubles du sevrage.

Braune's canal : passage continu formé par la cavité utérine et le vagin au cours du travail, après dilatation totale de l'orifice externe du col.

brawn, s. : muscles, partie charnue des membres.

brawniness, s. : carrure musclée, forte carrure.

brawny, adj. : charnu, musculeux, musclé; **- arm :** gros bras (œdème du bras après ablation du sein); **- induration** : durcissement et épaississement pathologique des tissus.

break, s. : fracture, cassure (génét.).

breakbone fever : dengue.

breakdown, s. : rupture du ligament suspenseur chez le cheval, dépression; **mental -** : effondrement de la raison, raptus; **nervous -** : dépression nerveuse.

breaking, s. : 1. coupure, rupture; 2. panachure infectieuse des fleurs (symptôme décrit chez la tulipe dû à un virus [bot.]).

breast, *s.* : 1. thorax (et surtout sa partie antérieure) ; 2. seins, poitrine ; **- bone** : sternum ; **broken -** : abcès de la glande mammaire ; **caked -** : distension douloureuse du sein au début de la lactation; **chicken -** : bréchet; **child at the -** : enfant au sein; **gathered -** : abcès mammaire; **pigeon -** : poitrine en bréchet ou en « carène de vaisseau »; **- pump, - reliever** : tire-lait; **thrush -** : aspect moucheté du tissu musculaire sous l'endocarde dans la dégénérescence graisseuse du cœur.

breath, *s.* : haleine, souffle ou respiration; **foul -** : haleine fétide; **well marked - sounds** : respiration forte; **harsh - sounds** : respiration rude; **weak - sounds** : respiration faible; **absent - sounds** : respiration abolie; **pitch of the - sound** : tonalité respiratoire; **to draw -** : respirer; **to draw a deep -** : respirer profondément; **to gasp for -** : haleter, anhéler; **to have a bad -** : avoir mauvaise haleine; **to hold one's -** : retenir son souffle; **hold your -** : ne respirez pas; **to be short of** or **out of -** : être essoufflé, avoir la respiration coupée.

breathe, *v.* : respirer, vivre.

breathing, *s.* : respiration, souffle; **amphoric -** : souffle amphorique; **- apparatus** : appareil respiratoire; **bronchial -** : souffle; **cavernous -** : souffle caverneux; **heavy -** : respiration bruyante, pénible; **jerky** or **cog-wheeled -** : respiration saccadée; **pleuritic, bronchial -** : souffle pleurétique; **tidal -** : respiration de Cheyne-Stokes; **tubular -** : souffle tubaire; **vesicular -** : timbre respiratoire.

breathless, *adj.* : hors d'haleine, essoufflé, haletant.

breathlessness, *s.* : essoufflement, manque de souffle, oppression.

breech, *s.* : siège, fondement; **- presentation** or **delivery** : présentation par le siège; **frank -** : présentation par le siège décomplété.

breed, *s.* : race.

breeding, *s.* : reproduction.

bregma, *s.* : bregma (point de rencontre des sutures sagittale et coronale).

bregmatic, *adj.* : bregmatique.

Breiske's disease : kaurosis vulvae (atrophie sclérosante de la vulve).

Brenner tumor : fibro-épithélioma kystique ou nodulaire.

brenzkatechinuria, *s.* : alcaptonurie.

breviductor, *s.* *(lat.)* : muscle deuxième adducteur de la cuisse.

breviflexor, *s.* *(lat.)* : muscle court fléchisseur.

brevilineal, *adj.* : bréviligne (raccourcissement des membres par rapport au tronc).

bricklayer's itch : gale du ciment ou des cimentiers.

brickmaker's disease : ankylostomiase.

bridge, *s.* : 1. dos, arête (du nez); 2. arcade (d'une paire de lunettes); 3. bridge (artifice pour remplacer une ou plusieurs dents fixé aux dents naturelles adjacentes); **- work** : bridge-work

(odont.); **measuring -** : pont de mesure *(électr.);* **induction -** : balance d'induction *(électr.);* **- piece** : point polaire (d'accus).

bridle, *s.* : bride (1. ligament; 2. adhésion).

brightic, *s., adj.* : malade atteint de brightisme.

Bright's disease : mal de Bright, brightisme, néphrite chronique.

Brill's disease : maladie de Brill (variété atténuée du typhus historique).

Brill-Symmers' disease : centrofolliculose géante.

brilliance, *s.* : éclat.

brim, *s.* : bord supérieur du bassin, promontoire.

Brinton's disease : 1. maladie de Brinton, linite plastique (lésion de l'estomac); 2. scorbut infantile.

Briquet's ataxia : astasie-abasie; **- syndrome** : syndrome de Briquet, paralysie diaphragmatique d'origine hystérique.

brisement forcé : brisement forcé (ankylose d'une articulation).

brise-pierre : lithotriteur.

British anti-lewisite : *cf.,* **BAL.**

broad, *adj.* : large, étendu: **- ligament** : 1. ligament large de l'utérus; 2. ligament suspenseur du foie.

Broadbent's sign : signe de Broadbent (dépression systolique de la région postérieure gauche du thorax au niveau des insertions postérieures du diaphragme, dans la symphyse cardiaque).

Broca's aphasia : aphasie de Broca, aphasie ataxique.

Brocq's disease : parakératose psoriasiforme; **- syndrome** : pemphigus malin subaigu.

Brodie's abscess : abcès de Brodie (variété d'ostéomyélite aiguë caractérisée par un abcès au centre de l'os); **- disease** : maladie de Brodie, coxalgie hystérique; **- ligament** : ligament huméral transverse.

Brokaw ring : anneau caoutchouté enroulé de catgut pour anastomose intestinale.

bromate, *s.* : bromate.

bromatology, *s.* : bromatologie (traité des aliments, étude d'une substance considérée au point de vue alimentaire).

bromatothérapy, *s.* : thérapeutique par le régime.

bromatoxism, *s.* : empoisonnement par nourriture avariée.

bromic acid : acide bromique.

bromide, *s.* : bromure.

bromidrosis, *s.* : bromidrose, bromhidrose, osmidrose (sécrétion de sueur d'odeur désagréable).

bromine, *s.* : brome.

brominism or **bromism,** *s.* : bromisme (accidents toxiques provoqués par le brome et ses composés).

bromodermia, *s.* : bromodermie, bromide (ensemble des accidents cutanés causés par le brome et ses composés).

bromohyperhidrosis, s. : éphidrose nauséabonde.

bromoiodism, s. : empoisonnement par le brome et l'iode.

bromomania, s. : démence causée par un abus des bromures.

bromopnea or **bromopnoea,** s. : respiration fétide.

bronchadenitis, s. : adénobronchite.

bronchia, s. : bronches, tubes bronchiques, bronchioles.

bronchial, adj. : bronchique.

bronchiarctis, s. : bronchosténose.

bronchiectasic, adj. : bronchiectasique.

bronchiectasis, s. : bronchectasie, bronchiectasie.

bronchiloquy, s. : bronchophonie.

bronchiocele, s. : turgescence, dilatation d'une bronchiole.

bronchiocrisis, s. : crise bronchique.

bronchiogenic, adj. : bronchogène.

bronchiole, s. : bronchiole.

bronchiolectasis, s. : forme rare de bronchiectasie envahissant les poumons en entier.

bronchiolitis, s. : bronchiolite (inflammation des dernières ramifications bronchiques).

bronchiopneumonia, s. : cf., **bronchopneumonia.**

bronchiospasm, s. : bronchospasme.

bronchiostenosis, s. : bronchosténose.

bronchitic, adj. : bronchitique.

bronchitis, s. : bronchite.

broncho-adenitis, s. : adénobronchite.

broncho-alveolitis, s. : broncho-alvéolite, bronchopneumonie.

bronchocavernous, adj. : bronchocaverneux.

bronchocele, s. : bronchocèle.

bronchoconstriction, s. : bronchoconstriction.

bronchoconstrictor, adj. : bronchoconstricteur.

bronchodilatation, s. : bronchodilatation.

bronchodilator, s. : bronchodilateur.

broncho-egophony, s. : broncho-égophonie, bronchophonie chevrotante.

broncho-esophagoscopy, s. : œsophago-bronchoscopie.

bronchogenic, adj. : bronchogène.

bronchogram, s. : bronchogramme (image obtenue par la bronchographie).

bronchography, s. : bronchographie (examen radiographique d'une partie de l'aire bronchique injectée préalablement avec du lipiodol).

broncholith, s. : broncholithe (calcul des bronches).

broncholithiasis, s. : broncholithiase, broncholithe, lithiase bronchique.

bronchologic, adj. : bronchologique.

bronchology, s. : bronchologie.

bronchomotor, adj. : bronchomoteur.

bronchomycosis, s. : bronchomycose (inflammation des bronches provoquée par des champignons).

bronchopathy, s. : bronchopathie.

bronchophony, s. : bronchophonie, voix bronchique ou tubaire.

bronchoplasty, s. : bronchoplastie.

bronchoplegia, s. : bronchoplégie (paralysie des bronches).

bronchopneumonia, s. : bronchopneumonie, pneumonie lobulaire, pneumonie catarrhale.

bronchopulmonary, adj. : bronchopulmonaire.

bronchorraphy, s. : suture d'une bronche.

bronchorrhagia, s. : bronchorragie (hémorragie des bronches).

bronchorrhea, s. : bronchorrhée (hypersécrétion pathologique du mucus bronchique).

bronchoscope, s. : bronchoscope.

bronchoscopy, s. : bronchoscopie.

bronchosinusitis, s. : bronchosinusite.

bronchospasm, s. : bronchospasme (contraction spasmodique des bronches).

bronchospirochetosis, s. : bronchospirochétose, spirochétose broncho-pulmonaire.

bronchospirography, s. : bronchospirographie.

bronchospirometry, s. : bronchospirométrie (spirométrie de l'un des poumons pratiquée à l'aide du bronchoscope).

bronchostenosis, s. : bronchosténose.

bronchostomy, s. : bronchostomie.

bronchotetany, s. : bronchotétanie (très forte dyspnée causée par le spasme des muscles des bronches empêchant l'arrivée de l'air à ces dernières).

bronchotome, s. : bronchotome.

bronchotomy, s. : bronchotomie.

bronchotracheal, adj. : trachéo-bronchique.

bronchotyphoid, s. : bronchotyphoïde.

bronchovesicular, adj. : bronchovésiculaire.

bronchus, s., plur. **bronchi** (lat.) : bronche; stem - : bronche souche.

bronzed skin : peau bronzée, symptôme de la maladie d'Addison (maladie bronzée).

brood cell : cellule mère.

broth, s. : bouillon; - **culture** : culture en bouillon; **glucose brain** - : bouillon de cerveau glucosé.

brow, s. (s'emploie au plur.) : 1. arcades sourcilières; 2. sourcils; 3. front; - **ridges** : arcades sourcilières.

brownian movement : mouvement brownien.

Brown-Séquard's disease or **paralysis** : syndrome de Brown-Séquard, hémiparaplégie spinale.

Bruce's septicemia : brucellose ou fièvre ondulante.

Brucella, s. : Brucella.

brucellar, adj. : brucellaire.

brucellemia, brucelliasis or **brucellosis,** s. : brucellose.

Bruch's glands : ganglions lymphatiques de la conjonctive autour du grand canthus chez les animaux; **- layer** or **membrane** : membrane basilaire formant la limite interne de la choroïde.

brucine, s. : brucine (alcaloïde de la noix vomique).

Brudzinski's signs : signes de Brudzinski (1. réflexe contro-latéral; 2. signe de la nuque).

Bruhl's disease : anémie splénique accompagnée de fièvre.

bruise, s. : contusion, meurtrissure, coup.

bruised hoof : sole battue (vétér.); **- wound** : plaie contuse.

bruising, s. : écrasement des chairs, contusion.

bruit, s. : mot français employé dans le sens de son ou murmure surtout anormal.

Brünner's glands : glandes de Brünner (glandes du duodénum qui sécrètent le suc intestinal).

Bruns' disease : maladie de Bruns, pneumo-paludisme; **- symptome** : ataxie frontale de Bruns.

bruxomania or **brycomania,** s. : bruxomanie, brycomanie (grincement de dents).

Bryant's iliofemoral triangle : triangle de Bryant.

Bryson's sign : signe de Bryson (défaut d'ampliation du thorax pendant l'inspiration, se voit dans le goitre exophtalmique).

BSP test : épreuve à la BSP (brome-sulfone-phtaléine).

bubbler, s. : barboteur (pour gaz).

bubbling, adj. : bouillonnement; **- rale** : râle bulleux.

bubo, s. : bubon.

bubon d'emblée : terme français pour : bubon vénérien primitif (apparu sans symptôme antécédent).

bubonalgia, s. : bubonalgie.

bubonic, adj. : bubonique; **- plague** : peste bubonique.

bubonocele, s. : bubonocèle, hernie inguino-pubienne.

buccal, adj. : buccal.

buccinator, s., adj. : buccinateur, muscle buccinateur.

buccula, s. : buccule, double menton.

bucellation, s. : hémostase par tampon de charpie.

bucket, s. : cuissard (d'une jambe artificielle).

bucking, s. : cabrade (réaction de toux convulsive chez un malade intubé sous anesthésie).

buck-teeth (U. S.) : dents saillantes.

Bucky's diaphragm or **Bucky-Potter diaphragm** : diaphragme pour rayons X empêchant le passage des rayons secondaires.

bucnemia, s. : maladie inflammatoire de la jambe, éléphantiasis, phlegmatia alba dolens; **- tropica** : éléphantiasis des Arabes.

bud, s. : bourgeon (embryol.); **taste -** : papille gustative.

Budd's cirrhosis : cirrhose de Budd (sclérose du foie due à une auto-intoxication d'origine intestinale); **- jaundice** : maladie de Rokitansky-Fredrichs.

Buerger's disease : maladie de Buerger, thrombo-angéite oblitérante.

buffalo-neck : cou de bison, bosse de bison.

buffer, s. : tampon (substance stabilisant le pH [chim.]); adj. : **- solution** : solution tampon; v. : tamponner, ajuster à un pH donné.

buffy coat : caillot blanc (centrifugation du sang).

bufidin, s. : bufidine (alcaloïde toxique du venin de crapaud).

bufotherapy, s. : bufothérapie (thérapeutique par venin de crapaud).

bufotoxin, s. : bufotoxine (toxine de la peau du crapaud).

bug, s. : insecte; **bed -** : punaise.

Buhl's disease : maladie de Buhl, ictère des nouveau-nés.

Bulam boil or **Bulama boil** : furoncle causé par une larve se produisant dans l'île de Bulam.

bulb, s. : bulbe; **hair -** : bulbe pileux.

bulbar, adj. : bulbaire.

bulbiform, adj. : bulbiforme.

bulbitis, s. : bulbite (suppuration persistante de la muqueuse urétrale au niveau du cul-de-sac bulbaire).

bulbocavernous, adj. : bulbo-caverneux.

bulbonuclear, adj. : bulbo-nucléaire.

bulbo-urethral, adj. : bulbo-urétral.

bulbous, adj. : bulbeux.

bulbus, s. (lat.) : bulbe; **- arteriosus** : bulbe de l'aorte; **- duodeni** : partie supérieure du duodénum; **- medullae oblongatae** : bulbe rachidien; **- oculi** : globe de l'œil; **- olfactorius** : bulbe olfactif; **- venae jugularis** : golfe de la veine jugulaire; **- vestibuli** : glande vulvo-vaginale.

bulging, s. : voussure, saillie; **- eyes** : yeux protubérants.

bulimia, s. : boulimie.

bulla, s. : bulle (vésicule de grande dimension).

bullate, adj. : bullé (bot.).

bullation, s. : inflation, distension par air, gaz ou liquide.

Buller's shield : écran de Buller (protecteur des yeux).

bullous, adj. : bulleux.

bulpiss, s. : maladie cutanée parasitaire du Nicaragua.

bundle, s. : amas, faisceau; **- of His** : faisceau de His; **vascular -** : faisceau vasculaire.

bundle-branch block : bloc de branche, forme de dissociation auriculo-ventriculaire où les deux ventricules se contractent indépendamment l'un de l'autre.

bungpagga, s. : maladie de l'Afrique occidentale (caractérisée par une forte fièvre et des tumeurs dans les muscles).

bunion, s. : inflammation de la base du gros orteil qui accompagne l'hallux valgus; oignon.

bunsen burner : bec ou brûleur Bunsen.

buphthalmia, s. : buphtalmie (augmentation du volume de l'œil).

Burdach's columns : faisceau de Burdach.

burette, s. : burette.

burial, s. : enterrement, inhumation.

Burkitt's lymphoma : lymphosarcome de Burkitt.

burn, s. : brûlure.

Burns' amaurosis : amaurose de Burns.

burr, s. : fraise (odont.).

burrowing : formation de fistules ou de tractus renfermant du pus; **- ulcer** : ulcère térébrant.

bursa, s., plur. **bursae** (lat.) : bourse; **- omentalis** : arrière-cavité des épiploons.

bursal, adj. : bursal.

bursalis, s. : muscle obturateur interne.

bursalogy, s. : science, étude des bourses, anatomie, physiologie et pathologie des bourses.

bursectomy, s. : bursectomie.

bursitis, s. : bursite, inflammation des bourses séreuses, hygroma des bourses.

bursolith, s. : calcul ou concrétion dans une bourse.

bursopathy, s. : toute maladie des bourses, en particulier hydropisie.

burst size : rendement total en virus.

Burton's line or **sign** : liséré de Burton, liséré plombique.

bury, v. : inhumer.

bushel, s. : boisseau (= 8 gallons, environ 36 litres).

butane, s. : butane.

butter, s. : beurre; **- of antimony** : trichlorure de Sb; **- of cacao** : beurre de cacao; **- of tin** : chlorure de Sn; **- of zinc** : chlorure de zinc; **- yellow** : jaune de beurre.

buttermilk, : babeurre.

buttock, s. : fesse, région fessière, croupe.

button, s. : bouton, ulcère.

button-hole, s. : boutonnière, petite incision (chir.); **- stitch** : suture en boutonnière (chir.).

butyl, adj. : butyl; s. : butyle (C_4H_9).

butylamine, s. : butylamine (C_4H_9NH), substance à propriétés diurétiques trouvée dans l'huile de foie de morue.

butylene, s. : butylène (C_4H_8).

butyrate, s. : butyrate.

butyrometer, s. : butyromètre.

B.W. : abréviation pour Bordet-Wassermann.

by-pass, s. : dérivation, pontage, court-circuit.

Byrd-Dew method : méthode de Byrd (technique de réanimation des nouveau-nés).

bysma, s. : tampon.

byssinosis or **byssophtisis,** s. : byssinose, byssinosis (pneumoconiose des ouvriers qui travaillent le coton).

byssoid, adj. : byssoïde, d'aspect fibreux.

byssus, s. : bysse ou byssus, charpie.

Bywater's syndrome : syndrome de Bywater ou d'écrasement.

C

Cabot's ring bodies : corps annulaires de Cabot (anneaux plus ou moins réguliers que l'on voit dans certaines hématies au cours d'anémies).

cacaerometer, *s.* : appareil pour détecter les impuretés de l'air.

cacanthrax, *s.* : charbon, fièvre charbonneuse (*Bacillus anthracis*).

cacation, *s.* : défécation.

cacatory, *adj.* : se dit d'une fièvre accompagnée de déjections abondantes.

cacemia, *s.* : état maladif du sang.

cacergasia, *s.* : fonctionnement défectueux.

cacesthesis, *s.* : sensation morbide.

cachectic, *adj.* : cachectique.

cachet, *s.* : cachet, capsule.

cachexia *or* **cachexy,** *s.* : cachexie; **- hypophyseopriva** : cachexie hypophysaire; **lymphatic -** : pseudo-leucémie; **malarial -** : cachexie palustre; **miner's -** : ankylostomose; **pachydermic -** : myxœdème; **- strumipriva** *or* **thyreopriva** : cachexie strumiprive ou thyréoprive; **thyroid -** : cachexie thyroïdienne, goitre exophtalmique.

cachinnation, *s.* : rire hystérique, fou rire.

caco- : caco-, préfixe signifiant mauvais.

cacochymia, *s.* : cacochymie (altération profonde des humeurs aboutissant à la cachexie).

cacogenesis, *s.* : production morbide, monstrueuse *ou* pathologique.

cacogenic, *adj.* : contraire aux lois de l'eugénisme.

cacogenics, *s.* : contraire de l'eugénisme.

cacogeusia, *s.* : mauvais goût.

cacography, *s.* : cacographie (écriture défectueuse).

cacomelia, *s.* : état pathologique congénital, difformité d'un membre.

cacopathy, *s.* : tout état ou maladie grave, maligne.

cacophonia, *s.* : cacophonie.

cacoplasia, *s.* : formation de tissus anormaux ou malades.

cacoplastic, *adj.* : 1. caractérisé par un degré inférieur d'organisation; 2. se rapportant à des tissus anormaux ou malades.

cacosmia, *s.* : cacosmie, odeur fétide.

cacostomia, *s.* : cacostomie (1. odeur fétide de la bouche due à une maladie; 2. noma).

cacothenics, *s.* : dégénérescence raciale par dégradation de l'environnement et hygiène défectueuse.

cacotrophy, *s.* : troubles de la nutrition.

cacozyme, *s.* : microorganisme pathogène.

cacumen, *s.* (*lat.*) : 1. sommet; 2. portion antérieure et montante du vermis supérieur du cervelet.

cadaver, *s.*, *plur.*, **cadavera** (*lat.*) : cadavre.

cadaveric, *adj.* : cadavérique.

cadaverine, *s.* : cadavérine (ptomaïne).

cadaverous, *adj.* : cadavéreux.

cadaverousness, *s.* : pâleur cadavérique.

cade oil : huile de cade.

cadmium, *s.* : cadmium.

caduca, *s.* : *cf.*, **decidua.**

caduceus, *s.* : caducée.

caducous, *adj.* : caduc; **- morbus** : épilepsie.

caecocolostomy, *s.* : caecocolostomie.

caecum *or* **cecum,** *s.* : cæcum.

caeruloplasmin, *s.* : céruloplasmine (α_2-globuline fixant le cuivre).

caesarian operation *or* **section** operation césarienne, hystérotomie abdominale.

caesium *or* **cesium,** *s.* : césium.

caffeine, *s.* : caféine.

caffeinism *or* **caffeism,** *s.* : caféisme.

cagot, *s.* : cagot (type de crétin rencontré dans des collectivités isolées des Pyrénées).

cagot ear : oreille dépourvue de lobe inférieur.

Cain complex : complexe d'intrusion (rivalité familiale entre membres d'une même fratrie).

cainophobia or **cainotophobia**, s. : peur morbide de ce qui est nouveau.

caisson disease : maladie des caissons, aérémie.

cajeput or **cajuput oil** : eucalyptol.

caked, adj. : agglutiné, aggloméré; **- bag** : inflammation de la glande mammaire chez la vache; **- breast** : sein où le lait s'est durci et épaissi, mammite.

calaba-balsam : baume Marie, baume vert des Antilles (pharm.).

Calabar bean : fève de Calabar (pharm.) ; **- swellings** : œdèmes de Calabar.

calamine, s. : calamine (oxyde de zinc naturel).

calamus scriptorius (lat.) : calamus (triangle inférieur du plancher du quatrième ventricule).

calcaneal or **calcanean**, adj. : calcanéen.

calcaneitis, s. : calcanéite, ostéomyélite du calcanéum.

calcaneocavus, s. : pied bot (talon et arche plantaire).

calcaneotibial, adj. : calcanéo-tibial.

calcaneovalgocavus, s. : pied-bot (talon, bord interne et arche plantaire).

calcaneum, s. : calcanéum.

calcaneus, s. : 1. cf., **calcaneum**; 2. cf., **talipes.**

calcanodynia, s. : douleur dans le taion.

calcar, s. (lat.) : 1. ergot; 2. ergot de seigle; 3. calcanéum; 4. apophyse styloïde de l'os temporal; **- avis** : ergot de Morand; **- femorale** : plaque tissulaire entourant le col du fémur ; **- pedis** : calcanéum.

calcarea or **calcaria**, s. (lat.) : chaux; **- usta** : chaux vive.

calcareous, adj. : calcaire, calcifié.

calcariform, adj. : calcariforme, en forme d'ergot.

calcarine, adj. : en forme d'ergot, se rapportant à l'ergot de Morand.

calcariuria, s. : élimination des sels de calcium dans l'urine.

calcaroid, s. : pseudo-calcification cérébrale.

calcemia, s. : calcémie (taux de calcium dans le sang).

calcic, adj. : calcique.

calcicosis, s. : chalicose, phtisie des tailleurs de pierre, cailloute, mal de Saint-Roch.

calciferol, s. : calciférol, vitamine D2.

calciferous, adj. : calcifère.

calcification, s. : calcification, infiltration, transformation, dégénérescence calcaire.

calcigerous, adj. : calcigène (se dit des cellules de la dentine, des tubules des os).

calcigrade, adj. : marchant sur les talons.

calcimeter, s. : calcimètre.

calcination, s. : calcination.

calcine, v. : calciner.

calcinosis, s. : calcinose (affection caractérisée par des dépôts de sels de chaux dans les tissus).

calcipenia, s. : calcipénie.

calcipexy, s. : calcipexie, fixation de calcium.

calciphylaxis, s. : calciphylaxie.

calciprivia, s. : calciprivation (carence en calcium).

calciprivic, adj. : privé de calcium.

calcis, s. (os) : calcanéum.

calcitonin, s. : calcitonine.

calcium, s. : calcium.

calciuria, s. : calciurie.

calcoglobulin, s. : calcoglobuline (composé d'un sel de calcium et d'une protéine).

calcoid, s. : néoplasme de la pulpe dentaire.

calcophorous, s. : cf., **calcigerous.**

calcospherites or **calcosphaerites**, s. : granulations calcaires de la pulpe dentaire et des os.

calculary, adj. : calculeux.

calculifragous, adj. : calculifrage, lithotriptique.

calculoid, s., adj. : calcul, d'aspect calculeux.

calculus, s., plur. **calculi** (lat.) : calcul; **urinary -** : calcul urinaire.

calefacient, adj. : réchauffant.

calefaction, s. : caléfaction.

calenture, s. : calenture (fièvre tropicale avec délire).

calf, s. : mollet; **- bone** : péroné; **- teeth** : dents de lait.

caliber, s. : calibrage.

calibrated, adj. : calibré.

calibration, s. : calibrage, étalonnage.

calibrator, s. : calibreur, appareil étalon.

caliculus opticus (lat.) : excavation papillaire.

caliectasis, s. : calicectasie, dilatation des calices du rein.

California disease : coccidioïdose (maladie due à Coccidioidum immitis).

californium, s. : californium.

caligation or **caliginosity**, s. : cf., **caligo.**

caliginous, adj. : se rapportant à, ou atteint d'une atténuation de la vue.

caligo, s. (lat.) : faiblesse de la vue, opacité de la cornée, du cristallin ou du corps vitré.

calipers or **callipers**, s. : compas, palmer ; **- square** : pied à coulisse; **- splint** : attelle-étrier (chir.).

calisthenics, s. : exercices physiques, gymnastique.

calix, s. : cf., **calyx.**

calissection, s. : vivisection indolore.

Callisen's operation : colotomie lombaire.

callosal, adj. : se rapportant au corps calleux.

callosity, s. : callosité, induration du revêtement cutané, durillon.

callous, adj. : calleux.

callus, s. : cal, callosité.

calmant, *s.* : calmant, sédatif.

Calmette's reaction *or* **test** : ophtalmo-tuberculino-réaction.

calor animalis : chaleur animale.

caloradiance, *s.* : radiation entre 250 et 55 000 mμ (soleil, arcs au carbone, filaments incandescents).

calorescence, *s.* : nom donné par Tyndall à la conversion des rayons caloriques en rayons lumineux.

Calori's bursa : poche située entre la crosse de l'aorte et la trachée.

caloric, *s., adj.* : calorique, thermique.

caloricity, *s.* : caloricité.

calorifacient, *adj.* : calorifiant.

calorific, *adj.* : calorifique, calorifiant.

calorigenic, *adj.* : calorigène.

calorimeter, *s.* : calorimètre; **- bomb** : bombe calorimétrique.

calorimetric *or* **calorimetrical,** *adj.* : calorimétrique.

calorimetry, *s.* : calorimétrie.

calorinesis, *s.* : toute maladie caractérisée par une modification de la quantité de chaleur animale.

calory, *s., plur.* **calories** : calorie.

Calot's method : réduction d'une déviation angulaire de la colonne vertébrale.

calvaria *or* **calvarium,** *s. (lat.)* : sinciput, calotte crânienne.

Calvé's disease : maladie de Calvé, coxaplana, maladie de Perthes.

calvities, *s.* : calvitie.

calx, *s., plur.* **calces** *(lat.)* : 1. talon; 2. chaux; 3. résidu de calcination *(chim.).*

calyciform, *adj.* : en forme de calice, d'entonnoir.

calyculus, *s.* : structure en forme de bouton ou de tasse.

calyx, *s., plur.* **calyces** *(lat.)* : calice, entonnoir; **- of ovum** : paroi du follicule de de Graaf d'où s'est détaché l'œuf; **- renalis** *or* **- of the kidneys** : calices des reins.

camera, *s. (lat.)* : 1. cavité, chambre, ventricule; **- aquosa** : chambre antérieure de l'œil; **- cordis** : péricarde ; **- lucida** : chambre claire ; **- oculi** : chambre de l'œil; **- septi lucidi** : cinquième ventricule du cerveau; 2. chambre (d'un appareil photographique et, par extension, l'appareil lui-même).

camisole, *s.* : camisole de force.

Cammidge's test : réaction de Cammidge (réaction sur l'urine caractéristique d'une inflammation du pancréas).

camomile *or* **chamomile,** *s.* : camomille.

camp-fever : maladie des camps, typhus.

camphor, *s.* : camphre ; **- oil** : essence de camphre; **peppermint -** : menthol.

camphorated, *adj.* : camphré; **- oil** : huile camphrée.

camphoromania, *s.* : toxicomanie pour le camphre.

campimeter, *s.* : campimètre (instrument destiné à mesurer l'étendue du champ visuel).

campimetry, *s.* : campimétrie.

campsis, *s.* : toute déviation anormale.

camptocormia, *s.* : camptocormie, camptorachis.

camptodactylia, *s.* : camptodactylie (malformation des doigts).

can, *s.* : récipient en métal, boîte de conserve.

Canadian crutch : canne anglaise, canne-béquille.

canal, *s.* : canal; **alimentary -** : tractus digestif; **spinal -** : canal rachidien.

canalicular, *adj.* : canaliculaire.

canaliculitis, *s.* : canaliculite.

canaliculus, *s. (lat.)* : canalicule; **- cochleae** : aqueduc du limaçon; **- tympanicus** : canal de Jacobson.

canalis, *s. (lat.)* : canal, conduit; **- adductorius** *or* **hunteri** : canal du troisième adducteur *ou* canal de Hunter; **- caroticus** : canal carotidien; **- cysticus** : canal cystique; **- facialis** *or* **Fallopii** : aqueduc de Fallope *ou* canal inflexe du rocher: **- fasciculi optici** : trou optique; **- fontanae** : canal de Fontana ; **- petiti** : canal godronné ; **- pharyngeus** : canal ptérygo-palatin; **- pterygoideus** : canal vidien; **- rotondus** : grand trou rond; **- schlemmii** : canal ciliaire de Schlemm.

canalization, *s.* : canalisation.

cancellate *or* **cancellated,** *adj.* : réticulé.

cancellation, *s.* : 1. fait d'avoir une structure réticulée; 2. action d'annuler, de supprimer.

cancellous, *adj.* : d'aspect réticulé.

cancellus, *s., plur.* **cancelli** *(lat.)* : espace dans un tissu osseux réticulé, texture réticulée d'un os.

cancer, *s.* : cancer; **- hospital** : centre anti-cancéreux; **- patient** : cancéreux.

canceration, *s.* : cancérisation (transformation de cellules saines en cellules néoplasiques).

cancered, *adj.* : cancéreux.

cancerigenic, *adj.* : cancérigène.

cancerism, *s.* : état cancéreux.

cancerology *or* **cancrology,** *s.* : cancérologie.

Canceromyces, *s.* : *Canceromyces.*

cancerophobia, *s.* : cancérophobie.

cancerous, *adj.* : cancéreux.

cancriform, *adj.* : cancériforme.

cancroid, *s.* : cancroïde.

cancrum, *s.* : cancer, ulcère à propagation rapide.

cancrum oris : ulcération fétide de la bouche; **- pudendi** : noma.

Candida, *s.* : *Candida (ou Monilia).*

candidiasis, *s.* : candidiase, candidose.

candle, *s.* : bougie; **foot -** : unité d'éclairement (= 10,764 lux); **- power** : 1. puissance lumineuse d'une bougie; 2. puissance lumineuse, intensité (en bougies); **standard** *or* **decimal -** : bougie décimale; **English standard -** : bougie anglaise (= 1,01 bougie décimale).

canicaceous, *adj.* : furfuracé.

canine, *adj.* : canin; **- tooth** : canine *(odont.)*.

canister, *s.* : boîte en fer blanc ou en matière plastique.

canities, *s.* : canisie (décoloration généralisée *ou* partielle, congénitale *ou* acquise, du système pileux).

canker, *s.* : ulcération buccale, ulcère, rougeur; **- rash** : scarlatine avec ulcération de la gorge.

cannabis indica : chanvre indien (d'où est tiré le haschich).

cannabism, *s.* : intoxication par le haschich.

cannula, *s.* : canule.

cannulated needle : aiguille tubulée *(chir.)*.

canon, *s.* : canon (région métatarsienne et métacarpienne chez le cheval [*vétér.*]).

cantering rhythm : bruit de galop (auscultation cardiaque).

canthal, *adj.* : se rapportant au canthus, à la commissure des paupières.

cantharidal, *adj.* : cantharidien.

cantharis, *s.*, *plur.* **cantharides** *(gr.)* : cantharide.

cantharidin, *s.* : cantharidine.

cantharidism, *s.* : intoxication par la cantharidine.

canthectomy, *s.* : excision d'un angle palpébral.

canthitis, *s.* : inflammation d'un angle palpébral.

cantholysis, *s.* : canthotomie avec section du ligament externe.

canthoplasty, *s.* : canthoplastie (prolongement de la fente palpébrale par incision de la commissure externe de l'œil).

canthorrhaphy, *s.* : raccourcissement de la fente palpébrale par suture de l'angle palpébral.

canthotomy, *s.* : canthotomie, incision de la commissure externe des paupières.

canthus, *s.* : canthus, commissure des paupières; **- lateralis** : petit angle de l'œil; **- medialis** : grand angle de l'œil.

cantus galli *(lat.)* **or laryngismus stridulus** *(lat.)* : chant du coq dans la laryngite striduleuse et la coqueluche, stridor.

capacitance, *s.* : résistance de capacité, capacitance.

capacity, *s.* : capacité.

capeline bandage : capeline (bandage sur la tête *ou* sur un moignon).

capillarectasis, *s.* : dilatation des capillaires.

capillarimeter, *s.* : capillarimètre.

capillariomotor, *adj.* : vasomoteur, capillaromoteur.

capillaritis, *s.* : capillarite; **cutaneous -** : cellulo-capillarite.

capillarity, *s.* : capillarité.

capillaroscope, *s.* : capillaroscope.

capillaroscopy, *s.* : capillaroscopie, micro-angioscopie (examen au microscope des capillaires sur le sujet vivant).

capillary, *s.* : capillaire (vaisseau); *adj.* : capillaire (ressemblant à un cheveu); **- bed** : réseau capillaire; **- vessels** : vaisseaux capillaires, capillaires.

capistration, *s.* : phimosis.

capistrum, *s.* *(lat.)* : 1. capeline; 2. trismus.

capitate, *adj.* : en forme de tête.

capitatum, *s.* *(lat.)* : grand os du carpe.

capitellum, *s.* *(lat.)* : condyle de l'humérus.

capitonnage, *s.* : capitonnage *(chir.)*.

capitular, *adj.* : condylien.

capitulum, *s.* *(lat.)* : condyle, petite tête; **- fibulae** : tête du péroné; **- humeri** : condyle de l'humérus; **- radii** : tête du radius; **- ulnae** : tête du cubitus.

cappa, *s.* : cappa, lame ectocinéréale du mésencéphale.

capreolar, **capreolary** *or* **capreolate**, *adj.* : capréolaire, flexueux; **- vessels** : conduits spermatiques.

caprizant, *adj.* : capricant (se dit d'un pouls dur, inégal).

capsid, *s.* : capside (enveloppe extérieure du virion).

capsitis, *s.* : capsite.

capsomere, *s.* : capsomère (sous-unité protéique de la capside).

capsular, *adj.* : capsulaire.

capsulation, *s.* : capsulation *(pharm.)*.

capsule, *s.* : capsule (1. sac membraneux entourant un organe; 2. enveloppe entourant certains organismes; 3. enveloppe soluble pour médicaments); **prostatic -** : loge prostatique.

capsulectomy, *s.* : capsulectomie (résection partielle d'une capsule articulaire).

capsulitis, *s.* : capsulite, périophtalmite, ténonite.

capsulociliary, *adj.* : se rapportant à la capsule du cristallin et au corps ciliaire.

capsulolenticular, *adj.* : se rapportant au cristallin et à sa capsule.

capsulorrhaphy, *s.* : capsulorraphie (suture de la capsule articulaire pour guérir une déchirure ou empêcher une luxation).

capsulotome, *s.* : capsulotome.

capsulotomy, *s.* : capsulotomie.

captative, *adj.* : captatif *(psych.)*.

Capuron's cardinal points : points cardinaux du détroit du bassin (en avant : les deux éminences ilio-pectinées; en arrière : les deux articulations sacro-iliaques).

caput, *s.* *(lat.)* : 1. tête; 2. chef (d'un muscle ou d'un os); **- gallinaginis** : crête urétrale; **- obstipum** : torticolis; **- succedaneum** : œdème du crâne fœtal.

caraate, *s.* : caraté *ou* pinta (tréponématose cutanée de l'Amérique Centrale).

carapato disease : carapato (fièvre à tiques).

carbamide, *s.* : carbamide.

carbide, s. : carbure.

carbo animalis, (lat.) : noir animal.

carbohemia, s. : carbohémie.

carbohydrase, s. : carbohydrase.

carbohydrate, s. : hydrate de carbone, glucide.

carbohydraturia, s. : excès d'hydrates de carbone dans l'urine.

carbol fuchsin : fuchsine de Ziehl (bactér.).

carbol glycerin, s. : glycérine phéniquée.

carbolated, adj. : phéniqué; **- gauze** : gaze phéniquée.

carbolic, adj. : phéniqué; **- acid** : acide phénique.

carbolism, s. : carbolisme (intoxication par le phénol).

carboluria, s. : présence de phénol dans l'urine.

carbomycin, s. : carbomycine.

carbon, s. : carbone; **- dioxide snow pencil** : cryocautère.

carbonemia, s. : cf., **carbohemia.**

carbonometry, s. : détermination de la quantité d'acide carbonique.

carbonuria, s. : présence d'acide carbonique dans l'urine.

carboxyhemoglobin, s. : carboxyhémoglobine, hémoglobine oxycarbonée.

carboxyl, adj. : carboxyl (radical COOH).

carboxylase, s. : carboxylase.

carbuncle, s. : anthrax, furoncle.

carbuncular, adj. : charbonneux, rouge et enflammé.

carbunculosis, s. : furonculose.

Carcassonnne's ligament : ligament de Carcassonne (ligament triangulaire de l'urètre).

carcinelcosis, s. : escarre, ulcère cancéreux.

carcinogenesis, s. : carcinogenèse, cancérogenèse.

carcinogenetic or **carcinogenic,** adj. : carcinogène, cancérigène.

carcinoid, adj. : carcinoïde.

carcinology or **cancerology,** s. : carcinologie, cancérologie.

carcinolytic, adj. : carcinolytique (se dit d'une substance qui détruit les cellules cancéreuses).

carcinoma, s. : carcinome, cancer; **scirrhus -** : squirrhe (tumeur maligne à consistance fibreuse).

carcinomatophobia, s. : peur du cancer.

carcinomatosis, s. : carcinomatose.

carcinomatous, adj. : carcinomateux.

carcinomectomy, s. : carcinomectomie.

carcinomelcosis, s. : ulcération carcinomateuse.

carcinosarcoma, s. : carcinosarcome.

carcinosis, s. : carcinose, carcinomatose.

carcoma, s. : granulations brunâtres des fèces dans les pays tropicaux.

Cardarelli's symptom : signe de Cardarelli (battements latéraux imprimés à la trachée par un anévrisme de la crosse de l'aorte).

cardia, s. (lat.) : 1. cardia (orifice œsophagien de l'estomac); 2. fond de l'estomac.

cardiac, adj. : cardiaque; **acute - failure** : insuffisance cardiaque aiguë; **- asthma** : dyspnée chez un cardiaque; **- output** : débit cardiaque.

cardiactita, s. : rétrécissement cardiaque.

cardiagra, s. : 1. douleur ou rhumatisme cardiaque; 2. angine de poitrine.

cardialgia, s. : cardialgie, pyrosis.

cardiameter, s. : appareil pour déterminer la position du cardia par rapport à l'estomac.

cardiamorphia, s. : malformation cardiaque.

cardianastrophe, s. : inversion splanchnique du cœur.

cardianesthesia, s. : anesthésie cardiaque.

cardianeuria, s. : déficience du tonus cardiaque.

cardianeurysma, s. : anévrisme du cœur.

cardiataxia, s. : ataxie cardiaque.

cardiectasis, s. : cardiectasie (dilatation partielle ou totale du cœur).

cardiectomy, s. : excision du cardia.

cardiemphraxia, s. : stase ou arrêt du courant sanguin dans le cœur.

cardieurysma, s. : dilatation cardiaque.

cardinal, adj. : cardinal; **- points of Capuron** : points cardinaux de Capuron (bassin); **- veins** : veines cardinales (troncs veineux embryonnaires qui formeront les veines jugulaires).

cardio - : cardio-, préfixe dénotant un rapport avec le cœur.

cardiocele, s. : cardiocèle; **- abdominalis** : protrusion herniale du cœur dans l'abdomen.

cardiocentesis, s. : cardiocentèse, ponction cardiaque.

cardiocinetic, s., adj. : stimulant l'action cardiaque.

cardiocirrhosis, s. : maladie de cœur associée à une cirrhose du foie.

cardioclasis, s. : rupture du cœur.

cardiodemia, s. : cœur gras, dégénérescence graisseuse du cœur.

cardiodilator, s. : instrument pour dilater le cardia.

cardiodynia, s. : douleur cardiaque.

cardiogmus, s. : 1. cardialgie; 2. anévrisme du cœur; 3. angine de poitrine; **- strumosus** : goitre exophtalmique.

cardiogram, s. : cardiogramme.

cardiograph, s. : cardiographe (appareil destiné à enregistrer les pulsations de la pointe du cœur).

cardiographic, adj. : cardiographique.

cardiography, s. : cardiographie (étude graphique des mouvements du cœur).

cardiohepatic, adj. : cardiohépatique.

cardio-inhibitory, adj. : cardio-inhibiteur.

cardiolith, s. : concrétion cardiaque.

cardiologist, s. : cardiologue.

cardiology, s. : cardiologie.

cardiolysis, s. : cardiolyse (destruction chirurgicale des adhérences péricardiques après incision du péricarde avec ou sans résection costale).

cardiomalacia, s. : cardiomalacie (ramollissement du cœur).

cardiomegaly, s. : cardiomégalie (augmentation de volume du cœur).

cardiometer, s. : cardiomètre.

cardiometry, s. : estimation de la taille du cœur par auscultation et percussion.

cardiomyoliposis, s. : dégénérescence graisseuse du muscle cardiaque.

cardiomyopathy, s. : cardiomyopathie.

cardiomyotomy, s. : cardiomyotomie (incision du cardia gastrique).

cardionecrosis, s. : gangrène du cœur.

cardionephric, adj. : cardio-rénal.

cardio-omentopexy, s. : cardio-omentopexie, opération de O'Shaugnessy.

cardiopalmus, s. : palpitation du cœur.

cardioparaplasis or **cardioparaplasmus,** s. : malformation cardiaque.

cardiopath, s. : cardiopathe.

cardiopathy, s. : cardiopathie (nom générique de toutes les affections du cœur).

cardiopericarditis, s. : cardite et péricardite associées.

cardiophone, s. : cardiophone (instrument pour enregistrer le bruit du cœur en connection avec l'électrocardiographie).

cardioplasty, s. : cardioplastie (opération plastique portant sur la partie terminale de l'œsophage et sur le cardia, destinée à remédier au spasme ou au rétrécissement de cette partie du tube digestif).

cardioplegia, s. : cardioplégie (paralysie du cœur).

cardiopneumatic, adj. : se rapportant au cœur et à la respiration.

cardioptosis, s. : cardioptose (déplacement du cœur par suite de l'allongement de ses moyens de suspension).

cardiopulmonary, adj. : cardiopulmonaire.

cardiopuncture, s. : cardiocentèse.

cardiopyloric, adj. : cardiopylorique.

cardiorenal, adj. : cardiorénal.

cardiorrhaphy, s. : cardiorraphie (suture des plaies du cœur).

cardiorrhexis, s. : cardiorrhexie (rupture du cœur).

cardiosclerosis, s. : cardiosclérose (sclérose du cœur).

cardioscope, s. : cardioscope.

cardiospasm, s. : cardiospasme, phrénospasme, rétrécissement essentiel cardio-œsophagien.

cardiosphygmograph, s. : cardiosphygmographe.

cardiostenosis, s. : sténose du cœur, en particulier de la partie des ventricules qui donne accès aux grandes artères.

cardiotachometer, s. : cardiotachomètre (instrument pour mesurer la rapidité des battements du cœur).

cardiotomy, s. : cardiotomie (1. incision chirurgicale du cœur; 2. incision du cardia).

cardiotonic, s., adj. : cardiotonique, tonicardiaque (qui augmente la tonicité du muscle cardiaque).

cardiotopometry, s. : cardiotopométrie (mensuration de l'aire de la matité cardiaque).

cardiotoxic, s., adj. : cardiotoxique.

cardiotrauma, s. : traumatisme ou blessure du cœur.

cardiotromus, s. : palpitation cardiaque.

cardiovalvulotome, s. : cardiovalvulotome.

cardiovalvulotomy, s. : cardiovalvulotomie.

cardiovascular, adj. : cardiovasculaire.

cardioversion, s. : cardioversion, choc électrique appliqué au cœur en fibrillation.

carditis, s. : cardite (inflammation des parois du cœur).

cardivalvulitis, s. : cardiovalvulite, endocardite valvulaire.

care, s. : soins, précautions, ménagement; **after -** : surveillance (de convalescence); **follow-up -** : soins post-hospitaliers; **intensive -** : réanimation; **intensive-unit -** : unité de réanimation; v. : **to - for invalids, for children** : soigner des malades, des enfants.

careotrypanosis, s. : maladie de Chagas, trypanosomose américaine.

caribi, s. : rectite gangréneuse épidémique.

caricous, adj. : caricoïde, cariqueux.

caries, s. (lat.) : carie; **- fungosa** : forme de tuberculose osseuse; **necrotic -** : carie avec fragments osseux dans une cavité suppurante; **- sicca** : carie sèche tuberculeuse.

carina, s. (lat.) : 1. toute structure en forme de carène, bréchet; 2. bord médian de la surface inférieure du trigone cérébral; 3. colonne vertébrale; **- aquaeductus Sylvius** : bord inférieur en carène de l'aqueduc de Sylvius; **- trachae** : carène de la trachée; **- vaginae** : colonne antérieure du vagin.

carinal or **carinate,** adj. : caréné, en forme de carène.

carious, adj. : carié.

carminative, s., adj. : carminatif (qui a la propriété de faire expulser les gaz intestinaux).

carnal, adj. : charnel, sensuel, sexuel.

carnation, s. : teint.

carnification, s. : carnification ou carnisation (aspect particulier du parenchyme pulmonaire).

carnivorous, s., adj. : carnivore.

carnophobia, s. : carnophobie.

carnosity, s. : excroissance de chair.

caro, *s. (lat.)* : chair, tissu musculaire; **- luxurious** : bourgeons charnus en abondance.

carotene *or* **carotin,** *s.* : carotène.

carotenemia *or* **carotinemia,** *s.* : caroténémie (présence de carotène dans le sang).

carotenosis, *s.* : pigmentation due à la présence de carotène dans les tissus.

carotic, *s., adj.* : stupéfiant, somnifère.

carotid, *s.* : carotide; **- ganglion** : ganglion carotidien.

carotidaneurysma, *s.* : anévrisme de la carotide.

carotinoid, *s., adj.* : caroténoïde (se dit des substances contenant du carotène).

carpagra, *s.* : douleur carpienne, rhumatisme carpien.

carpal, *adj.* : carpien; *s.* : os carpien; **- tunnel syndrome** : syndrome du canal carpien.

carpectomy, *s.* : carpectomie (résection totale ou partielle des os du carpe).

carphologia *or* **carphology,** *s.* : carphologie, crocidisme (mouvements continuels et automatiques des mains).

carpitis, *s.* : inflammation d'une ou plusieurs articulations du carpe.

carpo - : carpo-, préfixe dénotant un rapport avec le carpe.

carpocace, *s.* : état maladif du poignet.

carpokyphosis, *s.* : carpocyphose, carpus curvus, subluxation spontanée de la main, maladie de Madelung.

carpo-metacarpal, *adj.* : carpo-métacarpien.

carpopedal, *adj.* : se rapportant aux poignets et aux pieds; **- contraction** : tétanie chez les enfants due à la dentition ou aux vers; **- spasm** : spasme carpopédal de la tétanie.

carpoptosis, *s.* : fléchissement du poignet, paralysie des extenseurs de la main.

carpus, *s. (lat.)* : carpe (poignet, les huit os du poignet).

carreau, *s.* : carreau (tuberculose des ganglions mésentériques).

carrier, *s.* : porteur de germes; **diphtheria -** : porteur de germes diphtériques.

Carrion's disease : maladie de Carrion, verruga du Pérou, bouton d'Amboise.

carron-oil : liniment oléo-calcaire *(pharm.)*.

car-sickness, *s.* : mal des transports, cinépathie.

cartilage, *s.* : cartilage.

cartilaginification, *s.* : formation de cartilage.

cartilaginoid, *adj.* : cartilagineux.

cartilaginous, *adj.* : cartilagineux.

cartilago, *s., plur.* **cartilagines** *(lat.)* : cartilage.

cartilagotropic, *adj.* : cartilagotrope.

caruncle, *s.* : caroncule; **lacrimal -** : caroncule lacrymale; **morgagnian -** : lobe moyen de la prostate *ou* commissure pré-spermatique ou pré-séminale; **urethral -** : caroncule urétrale (à l'embouchure de l'urètre féminin).

caruncula, *s., plur.* **carunculae** *(lat.)* : caroncule; **- mammillaris** : tubercule olfactif; **carunculae myrtiformes** : caroncules myrtiformes.

caryo - : caryo-, préfixe dénotant un rapport avec le noyau; *cf.* : les mots commençant par **karyo.**

Casal's collar : collier de Casal (éruption de la pellagre).

case, *s.* : 1. cas, observation, dossier (d'une maladie); **- book** : recueil d'observations; **borderline -** : cas limite; **- finding** : dépistage; **- history** : antécédents, commémoratifs; anamnèse; **- taking** : ensemble de protocoles sur un cas individuel servant au diagnostic et aux enquêtes médico-légales; 2. calotte; **brain -** : boîte crânienne; 3. boîte, trousse, étui, écrin; **spectacle -** : étui à lunettes; **- of surgical instruments** : trousse chirurgicale; **- work** : étude, compulsion de dossier, travail sur pièces; psychothérapie sociale individuelle (psychiatrie); **- worker** : compulseur, documentaliste.

casease, *s.* : caséase.

caseation, *s.* : caséation (précipitation de la caséine, dégénérescence graisseuse).

casein, *s.* : caséine.

caseinogen, *s., adj.* : caséinogène.

caseose, *s.* : caséose.

caseous, *adj.* : caséeux, caséiforme.

Casoni's reaction : épreuve de Casoni (intradermo-réaction avec le liquide du kyste hydatique).

cassette, *s.* : cassette, châssis à plaques ou films *(radiol.)*.

cast, *s.* : cylindre (masse de substance fibreuse ou plastique qui a pris la forme de la cavité dans laquelle elle s'est moulée); moule; **cellular -** : cylindres cellulaires; **epithelial -** : cylindres épithéliaux; **granular -** : cylindres granuleux; **plaster -** : plâtre, appareil plâtré; **urinary -** : cylindre urinaire.

Castellani's disease : maladie de Castellani, spirochétose bronchopulmonaire.

Castle's intrinsic factor : principe de Castle (hématopoïétine).

castor, *s.* : castoréum (substance ressemblant au musc provenant des follicules de la barbe; antispasmodique stimulant); **- oil** : huile de ricin.

castoreum, *s. (lat.)* : castoréum.

castrate, *s.* : castrat (qui a subi la castration); *v.* : castrer, châtrer.

castration, *s.* : castration.

casual, *s.* : accidenté, blessé; *adj.* : fortuit, accidentel; **- ward** : salle des accidentés dans un hôpital.

casualty, *s.* : accident, blessé, tué; **battle -** : pertes par blessés au combat; **- list** : liste des morts, blessés et disparus; **- ward** : salle des accidentés.

casuistics, *s.* : casuistique.

cat, *s.* : chat; **- crying syndrome** : maladie du cri du chat; **cat's ear** : oreille de chat (déformation ressemblant à l'oreille d'un chat); **- eye** :

apparence jaunâtre, malsaine, du fond de l'œil; **- eye pupil** : élongation de la pupille; **- scratch disease** : maladie des griffes du chat, lymphoréticulose bénigne d'inoculation; **cat's purr** : frémissement cataire.

cata- : cata-, préfixe désignant une grandeur allant en diminuant ou inférieure à la limite considérée.

catabasis, *s.* : déclin d'une maladie.

catabatic, *adj.* : se rapportant au déclin d'une maladie.

catabiosis, *s.* : catabiose (dégénérescence cellulaire de sénescence).

catabiotic, *s.*, *adj.* : catabiotique.

catabolergy, *s.* : énergie dépensée dans les processus cataboliques.

catabolic, *adj.* : catabolique.

catabolism, *s.* : catabolisme (transformation en énergie des matériaux assimilés par les tissus).

catacrotic, *adj.* : catacrotique.

catacrotism, *s.* : catacrotisme, soulèvement catacrotique.

catadicrotic, *adj.* : catadicrote.

catadicrotism, *s.* : catadicrotisme (pulsation caractérisée par une onde double).

catadioptric, *adj.* : catadioptrique *(phys.)*.

catadrome, *s.* : 1. début d'une maladie; 2. déclin d'une maladie.

catagenesis, *s.* : catagenèse (évolution régressive des espèces vivantes).

catalase, *s.* : catalase.

catalepsy, *s.* : catalepsie (perte momentanée de la contractilité volontaire des muscles).

cataleptic, *adj.* : cataleptique.

cataleptiform *or* **cataleptoid,** *adj.* : cataleptiforme.

catalyze, *s.* : catalyse, action catalytique.

catalyzer, *s.* : catalyseur.

catamenia, *s.* : flux menstruel, règles.

catamenial, *adj.* : caténial (qui a rapport aux règles).

catamnesis, *s.* : catamnèse (renseignements obtenus sur un malade, permettant d'étudier l'évolution de sa maladie et d'en établir le pronostic).

cataphasia, *s.* : cataphasie (trouble de la parole).

cataphora, *s.* : cataphore (assoupissement profond intermédiaire entre sopor et coma).

cataphoresis, *s.* : cataphorèse, électrophorèse.

cataphoria, *s.* : tendance au déplacement vers le bas de l'axe visuel.

cataphoric, *adj.* : 1. passant de l'anode à la cathode; 2. se rapportant à la léthargie ou à l'apoplexie.

cataphylaxis, *s.* : cataphylaxie (transport des agents phylactiques au siège de l'infection).

cataplasia, *s.* : cataplasie, anaplasie.

cataplasm, *s.* : cataplasme.

cataplectic, *adj.* : cataplectique.

cataplexia *or* **cataplexy,** *s.* : cataplexie (1. état cataleptique chez les animaux; 2. apoplexie foudroyante; 3. affections caractérisées par la perte soudaine plus ou moins complète du tonus sous l'influence d'une émotion).

cataptosis, *s.* : cataptose (chute soudaine lors d'une attaque d'épilepsie ou d'apoplexie).

cataract, *s.* : cataracte; **- spoon** : cuiller à cataracte; **sunflower -** : chalcose oculaire; **web -** : cul de verre *(vétér.)*.

catarrh, *s.* : catarrhe; **gastric -** : catarrhe gastrique, pituite; **recurrent bronchial -** : bronchite à répétition; **spring -** : catarrhe printanier, bronchite allergique.

catarrhal, *adj.* : catarrheux; **- fever** : grippe.

catarrhectic, *adj.* : purgatif.

catastalsis, *s.* : onde contractile descendante dans l'estomac au cours de la digestion.

catastaltic, *s.*, *adj.* : 1. astringent; 2. agent inhibiteur ou sédatif.

catastate, *s.* : 1. état, condition; 2. déclin, atténuation des symptômes; 3. remise en place d'un organe déplacé.

catatonia *or* **catatony,** *s.* : catatonie (forme d'aliénation mentale).

catatrophia, *s.* : cf., **cataphoria.**

cataxia, *s.* : cataxie (brisement des associations microbiennes).

catecholamine, *s.* : catécholamine.

catelectrotonus, *s.* : catélectrotonus (augmentation de l'excitabilité du nerf *ou* du muscle au voisinage de la cathode).

caterpillar, *s.* : chenille.

catgut, *s.* : catgut.

catharsis, *s.* : catharsis, purge.

cathartic, *s.*, *adj.* : cathartique, qui purge légèrement.

cathepsin, *s.* : cathepsine.

catheresis *or* **cathaeresis,** *s.* : 1. prostration ou faiblesse due à l'ingestion de médicaments; 2. action caustique faible.

catheretic, *s.*, *adj.* : cathérétique, caustique faible.

catheter, *s.* : cathéter, sonde creuse; **urethral -** : sonde urétrale *(N.-B. — Pour la correspondance des numéros des cathéters dans les séries françaises et américaines, cf., tableau pages roses)*.

catheterism *or* **catheterization,** *s.* : cathétérisme (introduction d'une sonde *ou* d'une bougie dans un canal *ou* conduit naturel de l'organisme), sondage; **cardiac -** : cathétérisme intracardiaque pour la prise des différentes pressions.

cathodal, *adj.* : cathodique.

cathode, *s.* : cathode; **- rays** : rayons cathodiques; **- ray glow-lamp** : tube cathodique (oscilloscope).

cathodic, *adj.* : cathodique.

catholicon, *s.* : catholicon *(pharm.)*.

cathypnosis, *s.* : cathypnose, maladie du sommeil.

cation, s. : cation.

catlin or **catling,** s. : couteau à amputations, couteau interosseux.

catoptric test : diagnostic de la cataracte par réflexion des images de la cornée et du cristallin.

captoptrics, s. : catoptrique (étude de la lumière réfléchie).

cattle plague : typhus contagieux du bétail, peste bovine (vétér.).

catulotic, adj. : cicatrisant.

cauda, s. (lat.) : queue, tout appendice ressemblant à une queue; **- equina** : queue de cheval (anat.).

caudad, adj. : orienté vers la queue, dirigé vers le bas.

caudal, adj. : caudal.

caudate, adj. : caudé; **- nucleus** : noyau caudé.

caudation, s. : 1. fait d'avoir une queue; 2. élongation du clitoris.

caudatum, s. (lat.) : noyau caudé, corps strié.

caul, s. : 1. coiffe (membrane fœtale recouvrant la tête durant le travail); 2. épiploon.

cauliflower ear : hématome de l'oreille, oreille de boxeur; **- excrescence** : chou-fleur (papillome du col utérin).

cauma, s. : fièvre, pyrosis; **- enteritis** : entérite aiguë.

caumesthesia, s. : état dans lequel à basse température le malade éprouve une sensation de chaleur brûlante.

causalgia, s. : causalgie, douleur à type de brûlure.

caustic, s., adj. : caustique; corrosif; **common -** : pierre à cautère; **lunar -** : pierre infernale.

cauterant, s. : cautérisant.

cauterization, s. : cautérisation; **heat -** : ignipuncture, pointes de feu.

cautery, s. : cautère.

cava, s. (lat.) : veine cave.

caval, adj. : appartenant à une veine cave.

cavalry bone : formation osseuse dans le muscle troisième adducteur de la cuisse chez les cavaliers.

Cavaré's disease : maladie de Cavaré (myoplégie familiale).

cavascope, s. : endoscope, instrument pour éclairer une cavité.

cavern, s. : caverne, spélonque (excavation située dans l'épaisseur d'un parenchyme, et en particulier dans le poumon).

cavernitis, s. : inflammation des corps caverneux.

cavernoma, s. : tumeur angiomateuse.

cavernoscopy, s. : cavernoscopie.

cavernostomy, s. : cavernostomie ou cavernotomie (drainage d'une cavité pulmonaire).

cavernosum, s. : cf., **corpus cavernosum.**

cavernous, adj. : caverneux.

cavernulous, adj. : caverneux (tissu).

cavitary, adj. : cavitaire.

cavitas, s. (lat.) : cavité; **- glenoidalis** : cavité glénoïde; **- pulpae** : cavité pulpeuse de la dent, cavité dentaire.

Cavite fever : maladie contagieuse aiguë sévissant aux Philippines caractérisée par des douleurs musculaires et de la sensibilité des globes oculaires.

cavitis, s. : inflammation de la veine cave.

cavity, s. : cavité, creux, alvéole; **nasal -** : fosses nasales; **tympanic -** : caisse du tympan.

cavo valgus : pied bot valgus accompagné de cambrure excessive.

cavum, s. (lat.) : cavité; **- nasi** : fosse nasale; **- subarachnoideale** or **leptomeningicum** : espace sous-arachnoïdien.

cavus, s. (lat.) : 1. creux, cavité, dépression; 2. cambrure excessive du pied.

Cazenave's lupus : lupus de Cazenave, lupus érythémateux.

ceasma, s., plur. **ceasmata** (gr.) : esquille, état crevassé.

ceasmic, adj. : crevassé, fissuré, restant à l'état fissuré embryonnaire.

cecal, adj. : cæcal.

cecectomy, s. : excision du cæcum.

cecitas, s. (lat.) : cécité.

cecitis, s. : typhlite, inflammation du cæcum.

cecity, s. : cécité.

cecocele, s. : hernie cæcale.

cecopexy, s. : cæcopexie, cæcofixation, typhlopexie.

cecoplication, s. : cæcoplicature, typhlorraphie.

cecoptosis, s. : ptose cæcale.

cecosigmoidostomy, s. : cæco-sigmoïdostomie, typhlo-sigmoïdostomie.

cecostomy, s. : cæcostomie, typhlostomie.

cecotomy, s. : cæcotomie.

cecum, s. : cæcum.

cecutiency, s. : tendance à, ou début de la cécité.

celarium, s. : épithélium du cœlome.

-cele : -cèle, suffixe indiquant une tumeur.

celectome, s. : instrument pour prélever un morceau de tumeur pour examens microscopiques, trocart à biopsies.

celiac, adj. : cœliaque (qui a rapport au ventre et aux intestins).

celiac disease : maladie cœliaque, entéropathie au gluten, sprue nostras.

celiaca, s. : cœliakie, maladie de Gee.

celialgia, s. : cœlialgie (algie abdominale profonde sympathique d'origine névropathique).

celiectasia, s. : distension de la cavité abdominale.

celiectomy, s. : excision d'un organe abdominal.

celiemia, s. : hyperémie des viscères abdominaux.

celio- : célio-, préfixe dénotant un rapport avec l'abdomen.

celiocentesis, s. : ponction abdominale.

celiocolpotomy or **celio-elytrotomy,** s. : colpo-cœliotomie (ouverture de la cavité péritonéale par le vagin).

celiocyesis, s. : grossesse extra-utérine.

celiodynia, s. : douleur abdominale.

celio-enterotomy, s. : abouchement de l'intestin à la paroi (chir.).

celiogastrotomy, s. : gastrotomie par voie abdominale.

celiohysterectomy, s. : 1. hystérectomie par voie abdominale; 2. opération de Porro.

celiohysterotomy, s. : 1. opération césarienne; 2. incision de l'utérus par voie abdominale.

celioma, s. : tumeur abdominale.

celiomyalgia, s. : douleur dans les muscles abdominaux.

celiomyitis, s. : inflammation des muscles abdominaux.

celiomyomectomy, s. : myomectomie par voie abdominale.

celioncus, s. : tumeur abdominale.

celioparacentesis, s. : paracentèse abdominale.

celiopathy, s. : maladie abdominale.

celiopyosis, s. : suppuration de la cavité abdominale.

celiorrhaphy, s. : suture de la paroi abdominale.

celiorrhea, s. : diarrhée.

celioschisis, s. : laparoschisis.

celioscope, s. : appareil pour examen visuel direct de la cavité abdominale, cœlioscope.

celioscopy, s. : cœlioscopie (examen visuel direct de la cavité abdominale éclairée par un instrument spécial introduit par une boutonnière sous-ombilicale).

celiotomy, s. : cœliotomie, laparotomie abdominale.

celitis, s. : inflammation abdominale.

cell, s. 1. cellule; **basket -** : cellule en panier; **bladder -** : cellule vésicale; **blood count -** : hématimètre ; **- body** : cytoplasme ; **bristle -** : cellule en houpette; **foamy -** : cellule spumeuse; **ganglion -** : ganglion nerveux; **granule -** : cellule granuleuse; **heart -** : cellule cardiaque; **- like** : alvéolaire; **- membrane** : membrane cellulaire; **oat -** : cellule en grain d'avoine; **parietal** or **oxyntic -** : cellule bordante; **red blood -** : hématie; **sickle -** : cellule falciforme, drépanocyte; **spindle -** : cellule fusiforme, fibroblaste; **stem -** : cellule souche; **target -** : cellule cible, targetcell; **taste -** : cellule gustative; **- wall** 1. paroi cellulaire; 2. élément de pile (électr.); **dry -** : pile sèche.

cellated or **celled,** adj. : 1. cellulé; 2. **one-celled** : à une cellule; **two - battery** : batterie à deux piles, accumulateur à deux éléments.

cellula, s. (lat.) : cellule.

cellular, adj. : cellulaire, celluleux; **- tissue** : tissu cellulaire, connectif, conjonctif.

cellulicidal, adj. : cellulicide (qui tue la cellule).

cellulifugal, adj. : cellulifuge.

cellulipetal, adj. : cellulipète.

cellulitis, s. : cellulite (inflammation du tissu cellulaire).

cellulocutaneous, adj. : cellulo-cutané.

cellulofibrinous, adj. : cellulo-fibrineux.

celluloneuritis, s. : cellulo-névrite (atteinte simultanée du centre cellulaire du neurone et de ses prolongements).

cellulosa, s. (lat.) : revêtement cellulaire; **- choroideae** : couche externe de la choroïde.

cellulose, s. : cellulose.

cellulosity, s. : cellulosité.

celo- : célo-, préfixe dénotant un rapport : 1. avec une tumeur; 2. avec une cavité.

celology, s. : étude des hernies.

celom or **celoma,** s. : cœlome, syn. cavité cœlomique ou pleuro-péritonéale.

celophlebitis, s. : inflammation d'une veine cave.

celophthalmia, s. : enfoncement des yeux.

celoscope, s. : endoscope, instrument pour éclairer une cavité.

celosis, s. : formation d'une cavité.

celosomia, s. : célosomie (protrusion viscérale).

celotome, s. : scalpel pour hernie.

celotomy, s. : opération de la hernie étranglée par incision de la stricture.

Celsus' area : aire alopécique; **- chancre** : chancre mou; **- kerion** : kérion de Celse, teigne tonsurante avec suppuration.

celtium, s. : celtium ou hafnium.

cement, s. : 1. ciment; 2. mastic, lut (odont.); 3. cément (d'une dent); v. **to -** : mastiquer, obturer une dent.

cementation, s. : 1. cémentation; 2. mastication, obturation (d'une dent).

cementification, s. : formation du ciment autour de la racine de la dent.

cementitis, s. : cémentite.

cementoblast, s. : cémentoblaste (ostéoblaste du cément dentaire).

cemento-exostosis or **cementicle,** s. : cémento-exostose (odont.).

cementoma, s. : tumeur produite par une irritation du périoste alvéolaire.

cementoperiostitis, s. : pyorrhée alvéolaire.

cementum, s. (lat.) : cément (d'une dent).

cenesthesis, s. : cénesthésie (sentiment vague que nous avons de notre être indépendamment du concours des sens).

cenesthesic or **cenesthetic,** adj. : cénesthésique.

cenesthesiopathy, s. : cénesthésiopathie.

cenosis, *s.* : 1. évacuation, flux morbide. 2. inanition.

cenotic, *s., adj.* : drastique, purgatif.

cenotoxin *or* **kenotoxin,** *s.* : cénotoxine (toxine produite par la contraction musculaire).

center *(U.S.),* **centre,** *s.* : centre (1. point central d'une surface *ou* d'un corps; 2. ganglion *ou* plexus d'où sont issus les nerfs qui contrôlent une fonction); **auditory -** : sphère auditive; **nodal - of heart** : centres nodaux; **projection -** : sphère sensorielle.

centering, *s.* : centrage; 1. déplacement de l'objet pour que le centre coïncide avec l'axe optique du microscope; 2. pupille et centre optique du cristallin dans le même axe.

centesis, *s.* : ponction, perforation.

centigrade, *adj.* : centigrade.

centinormal, *adj.* : centinormal.

centrad, *adj.* : orienté vers le centre, d'orientation centrale.

central, *adj.* : central; **- core disease** : maladie congénitale du noyau central du muscle; **- fissure** : scissure *ou* fissure de Rolando; **- ganglia** : corps strié et couche optique; **- ligament** : ligament terminal de la moelle épinière; **- lobe** : îlot de Reil; **- venous pressure** : pression veineuse centrale, PVC.

centraphose, *s.* : sensation d'obscurité subjective provenant des centres optiques.

centre, *s.* : cf., **center.**

centric, *adj.* : central, du centre, qui se rapporte à un centre nerveux.

centricipital, *adj.* : pariétal; **- vertebra** : l'axis ou les plus centrales des trois principales vertèbres du cou.

centriciput, *s.* : partie de la tête située entre l'occiput et le sommet du crâne.

centrifugal, *adj.* : centrifuge; **- machine** : centrifugeuse, centrifuge, centrifugeur.

centrifuge, *s.* : centrifuge ou centrifugeur; *v.* : centrifuger.

centriole, *s.* : centriole (organite satellite du centrosome).

centripetal, *adj.* : centripète.

centro- : centro-, préfixe signifiant central.

centrocyte, *s.* : centrocyte (cellule de Lipschütz).

centrodesmus, *s.* : centrodesmose (bande réunissant à l'origine les centrosomes et donnant naissance au fuseau central).

centrolecithal, *adj.* : centrolécithe.

centromere *or* **kinetochore,** *s.* : centromère.

centroplasm, *s.* : protoplasme du centrosome.

centrosclerosis *or* **centro-osteosclerosis,** *s.* : ostéosclérose de la cavité centrale des os.

centrosome *or* **centrosphere,** *s.* : centrosome.

centrostaltic, *adj.* : se rapportant à l'action d'une force nerveuse sur un centre spinal.

centrostigma, *s.* : en morphologie, ayant tous les axes convergeant vers un point central.

centrotherapy, *s.* : centrothérapie.

centrum, *s. (lat.)* : 1. centre, corps d'une vertèbre; 2. épine, apophyse pointue; **- commune** : plexus solaire; **- ovale cerebri** : centre ovale de Vieussens ; **- tendineum diaphragmatis** : centre phrénique.

centurium, *s.* : centurium, *cf.,* **fermium.**

cephaelin, *s.* : émétine (alcaloïde de *C. ipecacuana* et *C. acuminata*).

cephalad, *adj.* : orienté vers la tête.

cephalagra, *s.* : migraine rhumatismale.

cephalalgia, *s.* : céphalalgie (douleur de tête quelle que soit sa nature).

cephalalgic, *adj.* : céphalalgique.

cephalea, *s.* : céphalée (douleur de tête violente et tenace), céphalalgie.

cephaledema, *s.* : œdème de la tête, œdème cérébral.

cephalemia, *s.* : congestion du cerveau.

cephalhematocele, *s.* : hématocèle sous le cuir chevelu.

cephalhematoma, *s.* : céphalhématome (tumeur formée par un épanchement sanguin entre les os du crâne et leur périoste); **external -** : bosse séro-sanguine (nouveau-nés); **internal -** : hémorragie méningée (traumatique).

cephalhydrocele, *s.* : céphalhydrocèle.

cephalic, *s.* : remède céphalique; *adj.* : céphalique; **- index** : indice céphalique.

cephalin, *s.* : céphaline (phospho-protéine de la substance cérébrale).

cephalitis, *s.* : cf., **encephalitis.**

cephalo- : céphalo-, préfixe dénotant un rapport avec la tête.

cephalocele, *s.* : céphalocèle (nom sous lequel on désigne l'ensemble des méningocèles et des encéphalocèles).

cephalocentesis, *s.* : ponction chirurgicale du crâne.

cephalocercal, *adj.* : de la tête à la queue *(anat.).*

cephalochord, *s.* : céphalochorde (partie céphalique de la notochorde au stade embryonnaire).

cephalodymia, *s.* : union tératologique de jumeaux par fusion de leurs têtes.

cephalodynia, *s.* : rhumatisme du muscle occipito-frontal, douleur du front et des globes oculaires.

cephalogaster, *s.* : portion antérieure du canal entérique de l'embryon.

cephalogenesis, *s.* : branche de l'embryologie qui traite de l'origine de la conformation de la tête.

cephalograph, *s.* : céphalographie (appareil permettant d'obtenir un tracé représentant les dimensions céphaliques).

cephalography, *s.* : céphalographie (description anatomique de la tête).

cephalogyric, *adj.* : céphalogyre.

cephalohemometer, *s.* : instrument pour enregistrer les variations de pression sanguine intra-crâniennes.

cephaloid, *adj.* : céphaloïde.

cephaloma, *s.* : céphalome, carcinome encéphaloïde.

cephalomeningitis, *s.* : méningite céphalique.

cephalometer, *s.* : céphalomètre.

cephalometry, *s.* : céphalométrie (mensuration méthodique de la tête).

cephalomotor, *adj.* : céphalomoteur.

cephalomyitis, *s.* : inflammation des muscles de la tête.

cephalonia, *s.* : macrocéphalie avec hypertrophie cérébrale.

cephalo-orbital, *adj.* : céphalo-orbitaire; **- index** : indice céphalo-orbitaire (rapport qui existe sur le squelette entre la somme du volume des deux orbites et la capacité cérébrale [*anthrop.*]).

cephalopagy, *s.* : craniopagie.

cephalopathy, *s.* : maladie de la tête.

cephaloplegia, *s.* : paralysie des muscles de la tête et de la face.

cephalorachidian, *adj.* : céphalorachidien.

cephaloscope, *s.* : céphaloscope.

cephaloscopy, *s.* : céphaloscopie.

cephalostat, *s.* : clamp pour tenir la tête.

cephalostyle, *s.* : céphalostyle (extrémité crânienne de la notochorde).

cephalotome, *s.* : céphalotome, trépan perforatif.

cephalotomy, *s.* : céphalotomie, craniotomie.

cephalotractor, *s.* : pince obstétricale, forceps.

cephalotribe, *s.* : céphalotribe (instrument pour extraire la tête fœtale après l'avoir broyée).

cephalotripsy, *s.* : céphalotripsie, céphalothlasie (broyage de la tête fœtale).

cephalotrypesis, *s.* : trépanation du crâne.

cephaloxia, *s.* : torticolis.

ceptor, *s.* : 1. récepteur, corps intermédiaire ; 2. mécanisme nerveux qui enregistre les sensations; **chemical -** : récepteur qui transforme chocs physiques en réactions chimiques; **contact -** : stimulus perçu par contact physique direct; **distance -** : stimulus perçu malgré la distance du corps.

cera, *s. (lat.)* : cire; **- alba** : cire d'abeille raffinée; **- flava** : cire d'abeille brute.

ceraceous, *adj.* : cireux, d'aspect cireux.

ceramodontia, *s.* : céramique dentaire.

ceramuria, *s.* : *cf.,* **phosphaturia.**

cerasine, *s.* : cérasine.

cerate, *s.* : cérat (médicament externe ayant pour base la cire et l'huile).

ceratocele, *s.* : kératocèle (hernie de la membrane de Descemet à travers une ulcération de la cornée).

ceratocricoid muscle : muscle kératocricoïde.

ceratoglossus, *s.* : muscle kératoglosse.

ceratonosus, *s.* : kératite (toute maladie de la cornée).

ceratoplasty, *s.* : *cf.,* **keratoplasty.**

ceratoscope, *s.* : kératoscope.

ceratotome, *s.* : kératotome.

ceratotomy, *s.* : *cf.,* **keratotomy.**

ceratum, *s. (lat.)* : cérat.

cercaria, *s.* : cercaire.

cerclage, *s. (fr.)* : cerclage (contention d'un os fracturé à l'aide de fils ou de lames métalliques qui encerclent les fragments; cerclage du col utérin lors des béances du col d'un utérus gravide).

Cercomonas intestinalis : *Cercomonas* (parasites intestinaux).

cercomoniasis, *s.* : infestation par *Cercomonas intestinalis.*

cerea flexibilitas *(lat.)* : flexibilitas cerea, catalepsie.

cereal, *s.* : céréale.

cerebellar, *adj.* : cérébelleux.

cerebellifugal, *adj.* : cérébellifuge.

cerebellipetal, *adj.* : cérébellipète.

cerebellitis, *s.* : cérébellite.

cerebellum, *s. (lat.)* : cervelet.

cerebral, *adj.* : cérébral; **- infarction** : ramollissement cérébral; **- palsy** : paralysie par encéphalopathie.

cerebralgia, *s.* : algie cérébrale.

cerebrasthenia, *s.* : cérébrasthénie, neurasthénie cérébrale.

cerebration, *s.* : ensemble des fonctions du cerveau.

cerebrifugal, *adj.* : centrifuge, efférent, transmettant ou transmis du cerveau à la périphérie.

cerebrin, *s.* : cérébrine (lipoïde du cerveau).

cerebripetal, *adj.* : centripète, afférent, transmettant *ou* transmis de la périphérie au cerveau.

cerebritis, *s.* : inflammation cérébrale; **local -** : ramollissement cérébral.

cerebroid, *adj.* : cérébroïde.

cerebrology, *s.* : étude du cerveau.

cerebroma, *s.* : cérébrome, ganglioneurome, neurogliome (tumeur dont les éléments dérivent des structures nerveuses).

cerebromalacia, *s.* : cérébromalacie, ramollissement cérébral.

cerebromeningitis, *s.* : cérébroméningite.

cerebrometer, *s.* : instrument pour enregistrer les influx cérébraux.

cerebropathy, *s.* : 1. ensemble de symptômes consécutifs à un surmenage intellectuel; 2. maladie cérébrale.

cerebropontile, *adj.* : cérébropontique.

cerebropsychosis, *s.* : troubles mentaux dus à une maladie des centres psychiques.

cerebrorachidian, *adj.* : cérébro-spinal.

cerebrosclerosis, *s.* : cérébro-sclérose (lésion cérébrale due à l'artériosclérose).

cérébroscope, *s.* : ophtalmoscope pour diagnostic de maladies cérébrales.

cerebroscopy, *s.* : cérébroscopie (1. ophtalmoscopie pour diagnostic de maladie cérébrale ; 2. encéphaloscopie; 3. examen nécropsique du cerveau).

cerebrose, *s.* : cérébrose (sucre isomère du glucose qui se trouve dans le cerveau).

cerebroside, *s.* : cérébroside.

cerebrosis, *s.* : troubles cérébraux.

cerebrospinal, *adj.* : cérébro-spinal; **- meningitis** *or* **fever** : méningite cérébro-spinale.

cerebrospinant, *s.* : médicament agissant sur le cerveau et la moelle.

cerebrostimulin, *s.* : cérébrostimuline (substance excitante du cerveau produite par l'hypophyse se trouvant dans le liquide céphalo-rachidien).

cerebrotomy, *s.* : sectionnement chirurgical ou anatomique de tissu cérébral.

cerebrum, *s. (lat.)* : cerveau; **- abdominale** : plexus solaire.

cereolus, *s.* : bougie urétrale.

cerium, *s.* : cérium.

cerolysin, *s.* : lysine agissant sur la cire.

ceroma, *s.* : tumeur kystique qui a subi une dégénérescence graisseuse.

ceroplasty, *s.* : inclusion de pièces anatomiques dans la paraffine.

cerosis, *s.* : état morbide d'une membrane ayant subi une dégénérescence graisseuse.

certifiable, *adj.* : se dit des maladies à déclaration obligatoire; **- lunatic** : aliéné interdit.

certificate, *s.* : certificat, attestation; **- of absence** *or* **medical -** : absent pour cause de santé; **doctor's -** : attestation du médecin; **- of health** : bulletin de santé; **public health -** : diplôme d'hygiène.

cerumen, *s.* : cérumen.

ceruminal, *adj.* : cérumineux.

ceruminosis, *s.* : hypersécrétion de cérumen.

ceruminous, *adj.* : cérumineux.

cervical, *adj.* : cervical.

cervicalis, *adj. (lat.)* : 1. cervical ; 2. artère, muscle, nerf ou veine cervicale.

cerviciplex, *s.* : plexus cervical.

cervicitis, *s.* : cervicite (1. inflammation du col utérin, métrite localisée au col; 2. inflammation du col de la vessie, cystite du col).

cervico- : cervico-, préfixe dénotant un rapport avec le cou *ou* le col d'un organe.

cervicopexy, *s.* : cervicopexie.

cervimeter, *s.* : instrument pour mesurer le col utérin.

cervix, *s. (lat.)* : cou, col, partie semblable à un col; **- uteri** : col de l'utérus; **vaginale -** : exocol; **- vesicæ** : col vésical.

cesarean, caesarean section *or* **cesarotomy,** *s.* : opération césarienne, gastro-hystérotomie, hystérotomie abdominale, laparohystérotomie.

cesium *or* **caesium,** *s.* : césium.

Cestoda, *s.* : cestodes (plathelminthes).

cestode *or* **cestoid,** *s.* : ver cestoïde; *adj.* : cestode, cestoïde.

cetaceum, *s. (lat.)* : spermaceti.

Ceylon sickness : béribéri.

chaeromania, *s.* : aménomanie (manie caractérisée par de l'exaltation et de la gaieté).

Chagas' disease : maladie de Chagas, trypanosomiase américaine.

Chagres fever : type de paludisme endémique à Panama.

chain of the ossicles : chaîne des osselets de l'oreille moyenne.

chalara, *s.* : chalara, chalare.

chalarosis, *s.* : chalarose (mycose due à un champignon du genre *Chalara*).

chalaza, *s.* : chalaze (1. filaments d'albumine appendus à chacune des extrémités du jaune de l'œuf; 2. surface d'attache du nucelle au tégument de l'ovule [*bot.*]).

chalazion, *s.* : chalazion (tumeur palpébrale bénigne).

chalazodermia, *s.* : chalazodermie, chalodermie.

chalazonephritis, *s.* : néphrite granulaire.

chalcitis, *s.* : grave inflammation oculaire due au frottement des yeux par les mains ayant touché le cuivre.

chalcose, *s.* : chalcose (dépôt de particules de cuivre dans les tissus).

chalice-cell, *s.* : cellule en calice.

chalicosis, *s.* : silicose, chalicose, cailloute, mal de Saint-Roch.

chalinoplasty, *s.* : opération pour reconstituer un frein à la langue.

chalk, *s.* : craie; **- stone** : concrétion goutteuse des mains ou des pieds.

chalky, *adj.* : calcaire, crayeux.

challenge inoculation : inoculation d'épreuve.

chalodermia, *s.* : chalodermie, dermatolyse (relâchement de la peau).

chalone, *s.* : chalone, anthormone (produit endocrinien inhibant *ou* diminuant l'activité d'un organe).

chalybeate, *adj.* : ferrugineux.

chamber, *s.* : 1. alvéole; 2. chambre oculaire; **condenser -** : chambre d'ionisation; **protection -** : chambre de protection; **resonance -** : caisson de résonance (acoustique).

Chamberland filter : bougie Chamberland.

chamois leather : peau de chamois.

chancre, *s.* : chancre; **hard, hunterian, indurated, infecting, non-suppurating -** : chancre induré, infectant, hunterien (syphilis); **non-inoculatory, non-infecting, simple** *or* **soft -** : chancre mou *ou* simple, chancrelle, chancroïde.

chancriform, *adj.* : ayant l'apparence d'un chancre.

chancroid, *adj.* : chancroïde, chancrelle, chancre mou.

chancrous, *adj.* : chancreux.

Chaoul's method : méthode de Chaoul (radiothérapie à courte distance dite « de contact »).

chap, *s.* : gerçure, crevasse.

chappa, *s.* : maladie sévissant en Afrique du Sud caractérisée par des douleurs musculaires et articulaires, puis des nodules suivis d'ulcérations cutanées et enfin une atteinte des os.

chapped, *adj.* : gercé.

character, *s.* : caractère.

characterology, *s.* : caractérologie.

charbon, *s.* : charbon bactéridien, fièvre charbonneuse.

charcoal, *s.* : charbon animal; **activated -** : charbon animal activé.

Charcot's artery : artère de l'hémorragie cérébrale; **- crystals** : cristaux de Charcot-Leyden, cristaux asthmatiques; **- disease** : 1. maladie de Charcot, sclérose latérale amyotrophique; 2. arthropathie des tabétiques; 3. sclérose cérébrospinale diffuse; **- fever** : septicémie consécutive à un ictère d'origine lithiasique; **- gait** : démarche dans l'ataxie héréditaire; **- sensory crossway** : carrefour sensitif; **- sign** : signe du sourcil; **- syndrome** : claudication intermittente; **- triad** : triade de Charcot (nystagmus, tremblement intentionnel et parole saccadée dans la sclérose en plaques); **- zones** : zones hystérogènes.

Charcot-Guinon's disease : démence avec dystrophie musculaire progressive.

Charcot-Leyden's crystals : *cf.,* **Charcot's crystals.**

Charcot-Marie's symptom : signe de Charcot-Marie (tremblement menu et rapide symptomatique du goitre exophtalmique); **- type of progressive muscular atrophy** : atrophie musculaire progressive type Charcot-Marie, atrophie péronière de Charcot-Marie-Tooth.

charleyhorse, *s.* : raideur du bras et des jambes chez les joueurs de base-ball.

charpie *or* **lint,** *s.* : charpie.

chart, *s.* : graphique, diagramme, courbe; **calculation -** : abaque.

charta, *s. (lat.)* : papier, ordonnance médicale.

chartula, *s. (lat.)* : sachet (pour médicament en poudre).

chasma *or* **chasmus,** *s.* : bâillement.

Chassaignac's tubercle : tubercule de Chassaignac.

Chauffard's syndrome : maladie ou syndrome de Chauffard-Still.

chaulmoogra *or* **chaulmugra oil** : huile de chaulmogra (traitement de la lèpre).

Chaussier's areola : aréole vésiculaire de Chaussier; **- sign of eclampsia** (douleur au creux épigastrique dans la toxémie gravidique).

Chautard's test : test de la présence d'acétone (recoloration en violet de la fuchsine préalablement virée au jaune par addition d'acide sulfurique).

check experiment : expérience de contrôle, contre-essai.

check-up, *s.* : examen de santé (systématique).

cheek, *s.* : joue; **- bone** : os malaire; **- tooth** : molaire.

cheesy, *adj.* : caséeux, caséiforme (qui a l'apparence du fromage); **- degeneration** *or* **necrosis** : dégénérescence caséeuse, caséification.

cheil - *or* **cheilo -** : *cf.,* **chil -** *or* **chilo -.**

cheiro - : *cf.,* **chiro -.**

chelating, *adj.* : chélateur *(chim.).*

chelation, *s.* : chélation *(chim.).*

chelen, *s.* : chlorure d'éthyle, kélène.

cheloid, *s.* : chéloïde (cicatrice hypertrophique).

chemic, *adj.* : chimique.

chemical, *adj.* : chimique; *s. plur.* : produits chimiques, drogues.

chemicity, *s.* : fait d'avoir des propriétés chimiques.

chemicocautery, *s.* : cautérisation par agents chimiques.

cheminosis, *s.* : chiminose (nom générique des maladies causées par les agents chimiques).

chemiotaxis, *s.* : *cf.,* **chemotaxis.**

chemism, *s.* : propriétés chimiques.

chemist, *s.* : 1. chimiste; 2. pharmacien.

chemistry, *s.* : chimie.

chemo- : chemo-, préfixe indiquant une action chimique.

chemocephalus, *s.* : individu à tête plate.

chemoimmunity, *s.* : immunité à des maladies causées par des produits chimiques.

chemoimmunology, *s.* : étude des processus chimiques ayant rapport à l'immunité.

chemolysis, *s.* : lyse chimique.

chemoprophylaxis, *s.* : chimioprophylaxie, prophylaxie chimique, chimio-prévention.

chemoreceptor, *s.* : chimiorécepteur.

chemoreflex, *s.* : réflexe dû à une action chimique.

chemoresistance, *s.* : chimiorésistance.

chemoresistant, *adj.* : chimiorésistant.

chemosensitive, *adj.* : chimiosensible.

chemosensitivity, *s.* : chimiosensibilité.

chemosis, *s.* : chémosis, infiltration œdémateuse de la conjonctive.

chemotactic, *adj.* : chimiotactique.

chemotaxis, *s.* : chimiotactisme, chimiotaxie, chimiotropisme, trophotropisme.

chemotherapeutic index : index chimiothérapeutique *ou* chimiotoxique (rapport de la dose active à la dose toxique d'un médicament).

chemotherapy, *s.* : chimiothérapie.

chemotic, *adj.* : chémotique, dû au chémosis.

chemotropism, *s.* : *cf.*, **chemotaxis.**

Cherchewsky's disease : maladie de Cherchewsky (atonie intestinale).

cheromania, *s.* : chéromanie (exaltation pathologique).

cherophobia, *s.* : peur morbide de la gaieté.

cherry leaf roll virus : virus de l'enroulement du cerisier.

chest, *s.* : poitrine, poitrail; **- clinic** : clinique pulmonaire; **- deformity** : déformation thoracique; **- expansion** : ampliation thoracique; **- troubles** : maladies de poitrine; **to have a weak -** : avoir les bronches délicates.

chew, *v.* : mâcher.

chewing, *s.* : mastication; **- gum** : gomme à mâcher.

Cheyne-Stokes' asthma : dyspnée due à de la congestion pulmonaire dans la myocardite chronique; **- nystagmus** : nystagmus rythmique; **- phenomenon, respiration** or **dyspnea** : respiration de Cheyne-Stokes.

chiasm or **chiasma**, *s.* : 1. chiasma (commissure optique); 2. entrecroisement; **Camper's -** : croisement des fibres internes des tendons du muscle fléchisseur superficiel des doigts après leur séparation pour laisser passage aux tendons du fléchisseur profond.

chiasmal or **chiasmatic**, *adj.* : chiasmatique.

chiastometer, *s.* : appareil pour mesurer la déviation des axes optiques.

Chiazzi's operation : épiplopexie, opération de Talma, omentofixation.

chichism, *s.* : cicérisme (pellagre causée par intoxication par les pois : cicera (*lat.*) : pois chiche).

chicken, *s.* : poulet; **- breast** : bréchet; **- breasted** : qui a la poitrine bombée; **- cholera** : choléra des poules; **- fat clot** : caillot de sang jaunâtre; **- pox** : varicelle.

chifo or **chigre**, *s.* : puce-chique (*parasit.*).

chignon fungoid : fungoïde capillaire.

chil- : *cf.*, **chilo-.**

chilalgia, *s.* : névralgie labiale.

chilblain, *s.* : engelure.

child, *s.* : enfant; **psychoneurotic -** : enfant caractériel; **to be with -** : être enceinte.

child-bearing, *s.* : 1. *cf.*, **child-birth;** 2. gestation, grossesse; **woman past -** : femme trop âgée pour concevoir.

child-bed, *s.* : couches; **to die in -** : mourir en couches; **- fever** : fièvre puerpérale.

child-birth, *s.* : enfantement, couches, accouchement; **to die in -** : mourir en couches.

child-crowing, *s.* : faux croup, laryngite striduleuse.

childhood, *s.* : enfance.

child-murder, *s.* : infanticide.

child's guidance clinic : centre infantile médico-social.

chilectropion, *s.* : éversion de la lèvre.

chilitis, *s.* : chéilite (inflammation des lèvres).

chill, *s.* : frisson, coup de froid; **to catch a -** : prendre froid; *v.* : refroidir; **chilled** : refroidi à la température de la glace (*chim.*).

chilly, *adj.* : frissonnant, frileux.

chilo- : chilo-, cheilo-, préfixe dénotant un rapport avec les lèvres.

chiloangioscope, *s.* : appareil pour observer la circulation sanguine dans les lèvres.

chilocace, *s.* : tuméfaction dure et rougeâtre de la lèvre chez les enfants scrofuleux.

chilognathopalatoschisis, *s.* : fissure de la lèvre, de la portion alvéolaire du maxillaire supérieur et du palais; colobome de la face.

chilognathoprosoposchisis, *s.* : persistance de la fissure faciale latérale.

chilognathouranoschisis, *s.* : bec-de-lièvre avec fente palatine.

chilognathus, *s.* : bec-de-lièvre.

chiloncus, *s.* : tumeur labiale.

chilophagia, *s.* : chilophagie.

chiloplasty, *s.* : chiloplastie (chirurgie esthétique des lèvres).

chilorrhagia, *s.* : hémorragie labiale.

chiloschisis, *s.* : bec-de-lièvre.

chilotomy, *s.* : chilotomie (excision d'une partie de lèvre).

chimera, *s.* : chimère (individu ayant les caractères de deux génotypes différents).

chimney-sweep's cancer : cancer des ramoneurs (épithélioma scrotal).

chin, *s.* : menton; **double -** : double menton; **- jerk** or **reflex** : clonus du maxillaire inférieur par percussion sur la mâchoire inférieure.

chionablepsia or **chionablepsy**, *s.* : cécité des neiges.

chiragra, *s.* : chiragre (rhumatisme de la main).

chiralgia, *s.* : chiralgia.

chirapsia, *s.* : friction avec la main, massage.

chirarthritis, *s.* : rhumatisme ou arthrite de la main.

chirismus, *s.* : 1. massage; 2. spasme de la main.

chiro or **cheiro-** : chiro- ou chéiro-, préfixe signifiant main.

chirobrachial ratio : rapport chirobrachial.

chirognomy, *s.* : chirognomie (aspect de la main).

chirokinesthesia, *s.* : chirokinesthésie (perception des mouvements de la main).

chirokinesthetic, *adj.* : se rapportant aux perceptions subjectives des mouvements de la main.

chirology, *s.* : dactylologie (mode de communication avec les sourds-muets).

chiromancy, s. : chiromancie.

chiromegaly, s. : chiromégalie, chéiromégalie (hypertrophie des doigts et des mains).

chiroplasty, s. : opération plastique, esthétique sur la main.

chiropodal, adj. : chiropodal.

chiropodalgia, s. : cf., acrodynia.

chiropodist, s. : pédicure, chiropodiste.

chiro-pompholyx, s. : cheiro-pompholyx (variété de dyshidrose siégeant aux mains).

chiropractic, s. : chiropraxie.

chiropractor, s. : manipulateur, chiropracteur.

chiroscope, s. : appareil pour corriger le strabisme.

chirospasm, s. : crampe des écrivains.

chirurgery, s. : cf., surgery.

chirurgia, s. (lat.) : chirurgie.

chirurgical, adj. : cf., surgical.

chisel, s. : ciseau, burin, rugine, gouge.

chitin, s. : chitine.

chitinous, adj. : chitineux; - degeneration : dégénérescence chitineuse ou amyloïde.

chloasma, s. : chloasma, tache pigmentaire sur la peau; - gravidarum : masque de la grossesse.

chloracne, s. : éruption acnéiforme due au chlore.

chloral, s. : chloral.

chloralism, s. : 1. chloralisme (accidents morbides provoqués par l'absorption du chlore); 2. chloromanie.

chloralize, v. : chloraliser.

chloramphenicol, s. : chloramphénicol, chloromycétine, tifomycine.

chloranemia, s. : cf., chlorosis.

chlorate, s. : chlorate.

chlorated, adj. : chloré.

chloremia, s. : 1. chlorose; 2. excès de chlorures dans le sang.

chlorephidrosis, s. : état caractérisé par une transpiration verte.

chlorhydria, s. : chlorhydrie (somme de l'acide chlorhydrique et du chlore combiné aux matières organiques dans le suc gastrique).

chloric, adj. : chlorique.

chloride, s. : chlorure.

chloridimetry, s. : dosage des chlorures dans l'urine (ou autres liquides).

chloriduria, s. : présence de chlorures en excès dans l'urine.

chlorinated, adj. : chloré, javellisé.

chlorination, s. : javellisation (de l'eau), chloration, verdunisation.

chlorine, s. : chlore.

chlorite, s. : chlorite.

chloro-anemia, s. : chloro-anémie, chlorose.

chlorobromide, s. : chlorobromure.

chlorocyte, s. : chlorocyte (érythrocyte partiellement décoloré).

chloroform, s. : chloroforme; to put under - : endormir au chloroforme; - water : eau chloroformée.

chloroformism, s. : 1. emploi de chloroforme en excès pour son pouvoir narcotique; 2. symptômes produits par l'emploi du chloroforme.

chloroformization, s. : chloroformisation.

chloroleukemia, s.: chloro-leucémie (variété de chlorome dans laquelle on observe une hyperleucocytose considérable).

chlorolymphoma, s. : chlorolymphome (variété de chlorome à prédominance ganglionnaire).

chloroma, s. : chlorome, cancer vert d'Aran, myélomatose leucémique et myélocytome combinés.

chloromycetin, s. : chloromycétine, chloramphénicol, tifomycine.

chloromyeloma, s. : chloromyélome.

chloropenia, s. : chloropénie (diminution des chlorures de l'organisme).

chloropexia, s. : chloropexie (fixation des chlorures dans les tissus).

chlorophane, s. : chlorophane.

chlorophyl or chlorophyll, s. : chlorophylle.

chlorophyllian, adj. : chlorophyllien.

chloropia or chloropsia, s. : trouble de la vue où les objets paraissent verts.

chloropicrin, s. : chloropicrine.

chloroplast, s. : chloroplaste.

chloroprivic, adj. : chloroprive.

chlorosis, s. : chlorose, anémie essentielle des jeunes filles.

chlorotic, s., adj. : chlorotique.

chlorous, adj. : chloreux.

chlortetracyclin, s. : chlortétracycline, auréomycine.

chlorum, s. (lat.) : chlore.

chloruremia, s. : chlorurémie.

chloruria, s. : chlorurie (présence normale de chlorures dans l'urine).

choana, s. (lat.) : choane (orifice postérieur des fosses nasales).

choke, v. : étouffer, suffoquer, étrangler.

choked disk : papillite, inflammation de la papille optique.

chokes, s. : maladie des caissons.

choking, s. : étouffement, suffocation, étranglement, strangulation.

cholaemia, s. : cf., cholemia.

cholagogic, adj. : cholagogue (se dit des substances qui facilitent l'évacuation de la bile).

cholagogue, s., adj. : cholagogue.

cholangeitis, s. : cf., cholangitis.

cholangiectasis, s. : cholangiectasie (dilatation des conduits biliaires).

cholangio-enterostomy, *s.* : cholangio-entérostomie.

cholangiography, *s.* : cholangiographie (radiographie des voies biliaires intrahépatiques).

cholangiolitis, *s.* : angiocholite.

cholangioma, *s.* : tumeur des voies biliaires, cholangiome.

cholangiostomy, *s.* : cholangiostomie (abouchement à la peau d'un conduit biliaire).

cholangiotomy, *s.* : cholangiotomie (ouverture chirurgicale d'un conduit biliaire).

cholangitis, *s.* : inflammation d'un conduit biliaire.

cholate, *s.* : cholate.

cholecyst or **cholecystis,** *s.* : vésicule biliaire.

cholecystalgia, *s.* : cholécystalgie.

cholecystatony, *s.* : cholécystatonie.

cholecystectasia, *s.* : cholécystectasie (distension de la vésicule biliaire).

cholecystectomy, *s.* : cholécystectomie (ablation de la vésicule biliaire).

cholecystendesis or **cholecystendisis,** *s.* : cholécystostomie.

cholecystenterorrhaphy, *s.* : opération qui consiste à suturer la vésicule biliaire au duodénum.

cholecystenterostomy, *s.* : cholécystentérostomie, opération de von Winiwarter (opération qui consiste à aboucher la vésicule biliaire à l'intestin).

cholecystic, *adj.* : cholécystique.

cholecystitis, *s.* : cholécystite (inflammation de la vésicule biliaire).

cholecystocolostomy, *s.* : cholécysto-colostomie (opération qui consiste à aboucher directement la vésicule biliaire dans le côlon).

cholecystocolotomy, *s.* : cholécysto-colotomie.

cholecystoduodenostomy, *s.* : cholécysto-duodénostomie (opération qui consiste à aboucher directement la vésicule biliaire au duodénum).

cholecystogastrostomy, *s.* : cholécysto-gastrostomie (opération qui consiste à aboucher directement la vésicule biliaire dans l'estomac).

cholecystogram, *s.* : cholécystogramme.

cholecystography, *s.* : cholécystographie.

cholecysto-ileostomy, *s.* : cholécysto-iléostomie.

cholecystojejunostomy, *s.* : cholécysto-jéjunostomie.

cholecystokinin, *s.* : cholécystokinine (principe endocrinien de la muqueuse intestinale qui active la motilité de la vésicule biliaire).

cholecystolithiasis, *s.* : lithiase biliaire.

cholecystopexy, *s.* : cholécystopexie, opération de Czerny (fixation de la vésicule biliaire à la paroi abdominale).

cholecystorrhaphy, *s.* : cholécystorraphie (suture d'une plaie, opératoire ou non, de la vésicule biliaire).

cholecystostomy, *s.* : cholécystostomie, opération de Lawson-Tait.

cholecystotomy, *s.* : cholécystotomie (incision de la vésicule biliaire pour évacuer du pus ou des calculs).

choledoch, *s.* : canal cholédoque.

choledochectasis, *s.* : dilatation du canal cholédoque.

choledochectomy, *s.* : excision d'une partie du canal cholédoque.

choledochitis, *s.* : cholédocite, inflammation du cholédoque.

choledocho-enterostomy, *s.* : cholédocho-entérostomie (abouchement du canal cholédoque dans l'intestin).

choledocho-ileostomy, *s.* : cholédocho-iléostomie.

choledocho-jejunostomy, *s.* : cholédocho-jéjunostomie.

choledochoplasty, *s.* : cholédochoplastie.

choledochorraphy, *s.* : cholédochorraphie (suture du canal biliaire incisé).

choledochotomy, *s.* : cholédochotomie.

choledoclysis, *s.* : cholédoclyse.

cholehemia, *s.* : *cf.*, **cholemia.**

choleic, *adj.* : biliaire.

cholelith, *s.* : cholélithe (calcul biliaire).

cholelithiasis, *s.* : cholélithiase (formation de calculs biliaires).

cholelithotomy, *s.* : cholélithotomie.

cholemesis, *s.* : cholémèse, vomissement de bile.

cholemia, *s.* : cholémie (présence d'éléments de la bile dans le sang).

cholemic, *adj.* : cholémique.

cholemimetry, *s.* : cholémimétrie (dosage du pigment biliaire dans le sang).

choleperitoneum, *s.* : cholépéritoine.

cholera, *s.* : choléra; **asiatic, malignant** or **epidemic -** : choléra asiatique, cholera morbus; **dry -** or **cholera sicca** *(lat.)* : choléra sec; **chicken** or **fowl -** : choléra aviaire; **hog -** : peste porcine; **infantum -** : choléra infantile; **summer** or **bilious -** : cholera nostras, cholérine.

cholerase, *s.* : cholérase (enzyme bactériolytique du vibrion cholérique).

choleresis, *s.* : cholérèse (sécrétion de la bile).

choleretic, *s., adj.* : cholérétique (se dit des substances qui augmentent la sécrétion biliaire).

choleriform, *adj.* : cholériforme, choléroïde.

choleringenous, *adj.* : cholérigène.

cholerine, *s.* : cholérine, cholera nostras.

cholerization, *s.* : vaccination contre le choléra.

cholerophobia, *s.* : peur morbide du choléra.

cholerraghia, *s.* : cholerragie (écoulement abondant de bile).

cholestasia, *s.* : cholestase (arrêt de l'écoulement biliaire).

cholestatic, *adj.* : cholestatique.

cholesteatoma, *s., plur.* **cholesteatomata** *(gr.)* : cholestéatome.

cholestegnosis, s. : épaississement de la bile.

cholesterase, s. : cholestérase.

cholesteremia, cholesterinemia or **cholesterolemia,** s. : cholestérinémie, cholestérolémie (excès de cholestérol dans le sang).

cholesterin, s. : cf., **cholesterol.**

cholesterinuria or **cholesteroluria,** s. : cholestérinurie, cholestérolurie (présence de cholestérol dans l'urine).

cholesterol, s. : cholestérol.

cholesterosis, s. : cholestérose.

choletherapy, s. : emploi thérapeutique de la bile.

choleuria, s. : présence de bile dans l'urine.

cholic, adj. : cholique.

cholicele, s. : tumeur de la vésicule biliaire due à une accumulation de bile.

choline, s. : choline.

cholinergia, s. : cholinergie.

cholinergic, adj. : cholinergique (qui agit par l'intermédiaire de l'acétylcholine).

cholinesterase, s. : cholinestérase.

cholochrome, s. : pigment biliaire.

cholohemothorax, s. : présence de bile et de sang dans le thorax.

chololith, s. : cholélithe (calcul biliaire).

cholopoiesis, s. : cholépoïèse, cholérèse.

cholopathia, s. : cholopathie (toute maladie des voies biliaires).

cholorrhagia, s. : cholerragie (écoulement abondant de bile).

cholorrhea, s. : cholorrhée (sécrétion biliaire excessive).

cholosis, s. : maladie causée par un trouble de la sécrétion biliaire.

cholothorax, s. : choléthorax.

choluria, s. : cholurie (présence dans l'urine des éléments de la bile, des pigments biliaires).

chondral, adj. : chondral, cartilagineux.

chondralgia, s. : douleur dans un cartilage ou autour.

chondralloplasia, s. : chondro-dysplasie, dyschondroplasie, maladie d'Ollier.

chondrectomy, s. : chondrectomie (résection de cartilage).

chondric, adj. : cartilagineux.

chondrification, s. : chondrification, cartilaginification.

chondrin, s. : chondrine.

chondriocont, s. : chondrioconte (chondriosome en bâtonnet).

chondriomite, s. : chondriomite (grains groupés en chapelet dans le chondriome).

chondriome, s. : chondriome (ensemble des chondriosomes dans la cellule).

chondriosome, s. : chondriosome.

chondritis, s. : chondrite.

chondro- : chondro- préfixe dénotant un rapport avec le cartilage.

chondro-arthritis, s. : inflammation des parties cartilagineuses d'une articulation.

chondroblast, s. : chondroblaste.

chondroblastoma, s. : chondroblastome.

chondrocarcinoma, s. : carcinome renfermant du tissu cartilagineux.

chondroclasis, s. : broyage d'un cartilage.

chondroclast, s. : chondroclaste.

chondroconia, s. : granules rougeâtres trouvés dans les myélocytes.

chondrocostal, adj. : chondro-costal.

chondrocranium, s. : crâne embryonnaire cartilagineux.

chondrocyte, s. : chondrocyte, cellule du cartilage.

chondrodialysis, s. : décomposition du cartilage.

chondrodynia, s. : douleur dans un cartilage.

chondrodysplasia, s. : chondrodysplasie, dyschondroplasie.

chondrodystrophia, s. : chondrodystrophie (terme désignant tous les troubles de l'ossification enchondrale).

chondro-endothelioma, s. : endothélio-chondrome.

chondrofibroma, s. : fibrochondrome, chondrofibrome.

chondrogen, s. : chondrogène.

chondrogenesis, s. : chondrogenèse.

chondroid, adj. : chondroïde (qui ressemble au cartilage).

chondrology, s. : chondrologie.

chondrolysis, s. : chondrolyse.

chondroma, s. : chondrome (tumeur formée de tissu cartilagineux).

chondromalacia, s. : chondromalacie (ramollissement des cartilages).

chondromatosis, s. : chondromatose.

chondromitome, s. : chondromitome.

chondromucin, s. : chondromucine.

chondromucoid, adj. : chondromucoïde.

chondromyoma, s. : myochondrome.

chondromyxoma, s. : chondromyxome, myxochondrome.

chondro-osteodystrophy, s. : maladie de Morquio ou chondro-dystrophie osseuse.

chondrophyte, s. : chondrophyte (néoplasme fongeux naissant d'un cartilage).

chondroplast or **chondroblast,** s. : chondroblaste.

chondroplasty, s. : chondroplastie.

chondroporosis, s. : chondroporose (formation de lacunes dans le cartilage).

chondroprotein, s. : chondroprotéine (protéine du cartilage).

chondrosarcoma, *s.* : chondrosarcome (tumeur mixte présentant, avec du tissu cartilagineux, des éléments embryonnaires).

chondrosis, *s.* : 1. formation de cartilage; 2. tumeur cartilagineuse.

chondrosteoma, *s.* : ostéochondrome, chondrome ossifiant.

chondrosternal, *adj.* : chondrosternal.

chondrotome, *s.* : chondrotome, costotome.

chondrotomy, *s.* : chondrotomie (section d'un cartilage).

chondroxiphoid, *adj.* : chondroxiphoïde.

Chopart's amputation : amputation ou opération de Chopart *ou* désarticulation médio-tarsienne ; **- joint** : articulation médio-tarsienne, articulation de Chopart.

chorda, *s., plur.* **chordae** (*lat.*) : corde, tendon, filament nerveux; **- dorsalis** *or* **vertebralis** : notocorde; **- magna** : tendon d'Achille; **- spermatica** : cordon spermatique; **- tendinea** : cordons tendineux (cœur); **- tympani** : corde du tympan; **- umbilicalis** : cordon ombilical; **- venae umbilicalis** : ligament rond du foie, ligament falciforme; **- uteroinguinalis** : ligament rond de l'utérus; **- vocalis** : corde vocale.

chordal, *adj.* : se rapportant à un cordon ou à la notocorde.

chordate, *s.* : animal muni de notocorde.

chordee, *s.* : chordée (difformité du pénis congénitale [hypospadias] *ou* acquise [blennoragie]).

chorditis, *s.* : cordite (inflammation des cordes vocales).

chordoma, *s.* : chordome (tumeur le plus souvent maligne développée aux dépens des restes de la corde dorsale).

chordoskeleton, *s.* : partie du squelette entourant la notocorde.

chordotomy, *s.* : chordotomie (section chirurgicale des cordons antéraux-latéraux de la moelle).

chordurethritis, *s.* : *cf.,* **chordee.**

chorea, *s.* : chorée; **chronic hereditary** *or* **Huntington's -** : chorée de Huntington; **hysterical -, - major** (*lat.*) : chorée kystérique.

choreal, *adj.* : choréique, qui a rapport à la chorée.

choreic, *adj.* : choréique.

choreiform, *adj.* : choréiforme, qui ressemble à la chorée.

chorelania, *or* **choreomania,** *s.* : chorée saltatoire, danse de Saint-Guy.

choreoathetoid, *adj.* : choréo-athétosique.

choreoathetosis, *s.* : choréo-athétose.

choreoid, *adj.* : choréoïde.

chorial *or* **chorionic,** *adj.* : chorial, chorionique.

chorio-adenoma, *s.* : chorio-adénome (môle placentaire maligne, môle hydatiforme.)

chorioblastosis, *s.* : anomalie dans le développement du derme et du tissu conjonctif souscutané.

choriocapillaris, *s.* : réseau de capillaires couvrant la portion interne de la choroïde.

choriocarcinoma, *s.* : *cf.,* **chorio-epithelioma.**

choriocele, *s.* : protrusion herniaire de la choroïde.

chorio-epithelioma, *s.* : chorio-épithéliome, déciduome malin, placentome.

chorioid, *s.* : *cf.,* **choroid.**

chorioditis, *s.* : *cf.,* **choroiditis.**

chorioma, *s.* : choriome, néoplasme du chorion.

choriomeningitis, *s.* : chorioméningite; **acute lymphocytic -** : chorioméningite lymphocytaire, maladie d'Armstrong.

chorion, *s.* : chorion; **- frondosum** *or* **shaggy -** : portion du chorion recouverte par les villosités; **- laeve** : portion membraneuse du chorion.

chorionic, *adj.* : se rapportant au chorion.

chorionitis, *s.* : chorionite, sclérodermie.

chorioplaque, *s.* : chorioplaxe (cellule conjonctive hypertrophiée).

Chorioptes, *s.* : *Chorioptes* (genre d'acares).

chorioretinitis, *s.* : chorio-rétinite (inflammation de la choroïde et de la rétine).

choristoblastoma, *s.* : choristoblastome (tumeur provenant du développement du choristome, tumeur hétérotopique).

choristoma, *s.* : choristome, malformation congénitale d'aspect tumoral (hétérotopie des auteurs français).

choroid, *s.* : choroïde; *adj.* : choroïdien; **- plexus** : plexus choroïde.

choroideremia, *s.* : absence de choroïde.

choroiditis, *s.* : choroïdite (inflammation de la choroïde).

choroidocyclitis, *s.* : cyclo-choroïdite.

choroidoiritis, *s.* : irido-choroïdite (inflammation de l'iris et de la cornée).

choroidoretinitis, *s.* : rétino-choroïdite.

choromania, *s.* : chorémanie.

chrisom-child, - babe, *s.* : enfant âgé de moins d'un mois ou qui meurt au cours du premier mois.

Christian's syndrome : syndrome de Christian : *cf.,* maladie de Schüller-Christian.

Christmas factor : facteur Christmas (antihémophilique B).

chromaffin, *adj.* : chromaffine (1. se dit des cellules qui se colorent en brun par les sels de chrome; 2. se dit du système qui sécrète l'adrénaline).

chromaffinoma, *s.* : chromaffinome (toute tumeur contenant des cellules chromaffines).

chromaffinopathy, *s.* : état morbide *ou* pathologique des cellules chromaffines *ou* du système chromaffine.

chromagogue, *adj.* : chromagogue (éliminant les pigments).

chromate, *s.* : chromate.

chromatelopsia, *s.* : perception imparfaite des couleurs.

chromatic, *adj.* : chromatique.

chromatics, *s.* : chromatique, science des couleurs ou de la coloration.

chromatid, *s.* : chromatide (les deux bras d'un chromosome dédoublé encore joints par un seul centromère).

chromatin, *s.* : chromatine.

chromatism, *s.* : chromatisme (1. coloration anormale d'un tissu; 2. aberration chromatique).

chromatogenous, *adj.* : chromatogène.

chromatogram, *s.* : chromatogramme; **paper strip -** : chromatogramme sur papier.

chromatography, *s.* : chromatographie.

chromatology, *s.* : science des couleurs; étude spectrographique des couleurs.

chromatolysis, *s.* : chromatolyse (modification, dégénérescence et disparition de la chromatine dans le noyau de la cellule).

chromatometer, *s.* : chromatomètre, chromoptomètre.

chromatopathy, *s.* : maladie pigmentaire de la peau, pigmentation.

chromatophil, chromatophilic *or* **chromophilous,** *s., adj.* : qui se colore aisément.

chromatophobia, *s.* : chromatophobie, aversion morbide pour certaines couleurs.

chromatophore, *s.* : chromatophore (cellule conjonctive qui fabrique du pigment).

chromatophoroma, *s.* : chromatophorome (tumeur formée aux dépens des chromatophores).

chromatoplasm, *s.* : substance formant les cellules conjonctives qui fabriquent du pigment.

chromatoplast, *s.* : *cf.,* **chromatophore.**

chromatopsia, *s.* : chromatopsie.

chromatoptometry, *s.* : chromoptométrie (mesure de la dyschromatopsie et de l'achromatopsie partielle).

chromatosis, *s.* : pigmentation, maladie pigmentaire.

chromaturia, *s.* : chromaturie (coloration anormale de l'urine).

chrome, *s.* : *cf.,* **chromium.**

chromesthesia, *s.* : association des couleurs avec mots, lettres et sons.

chromic acid : acide chromique.

chromicized, *adj.* : chromé.

chromidium, *s., plur.* **chromidia** *(lat.)* : granule de substance nucléaire du cytoplasme.

chromidrosis, *s.* : chromidrose, chromhidrose (trouble fonctionnel des glandes sudoripares avec sécrétion de sueur colorée).

chromium, *s.* : chrome; **- plated** : chromé.

chromo- : chromo-, préfixe signifiant coloré.

chromoblast, *s.* : chromoblaste.

chromoblastomycosis, *s.* : chromoblastomycose.

chromocrinia, *s.* : sécrétion, élimination de matière colorante.

chromocystoscopy, *s.* : chromocystoscopie (examen cystoscopique des éjaculations urétrales après injection d'une substance colorée).

chromocyte, *s.* : chromocyte (cellule colorée).

chromocytometer, *s.* : hémoglobinomètre (appareil pour doser l'hémoglobine du sang).

chromocytometry, *s.* : hémoglobinométrie.

chromodermatosis, *s.* : dermatose caractérisée par une coloration anormale de la surface.

chromodiagnosis, *s.* : chromodiagnostic (diagnostic des lésions des centres nerveux par l'examen de la coloration du liquide céphalo-rachidien).

chromogen, *s.* : chromogène.

chromogenesis, *s.* : chromogenèse.

chromogenic, *adj.* : chromogène.

chromohemodromography, *s.* : chromohémodromographie (étude de la courbe de dilution d'un colorant injecté dans le courant sanguin).

chromolume, *s.* : appareil produisant des rayons colorés utilisé en thérapeutique.

chromolysis, *s.* : *cf.,* **chromatolysis.**

chromomere, *s.* : chromomère (petit granule du chromosome).

chromometer, *s.* : chromomètre.

chromometry, *s.* : dosage du pouvoir colorant d'une substance.

chromonema, chromoneme, axoneme *or* **genoneme,** *s.* : chromonème (filament, partie centrale du chromosome).

chromoparic *or* **chromoparous,** *adj.* : se dit de certaines bactéries éliminant un produit coloré diffusible.

chromopexic, *adj.* : fixant un pigment, chromopexique.

chromophane, *s.* : pigment rétinien.

chromophil, *adj.* : chromophile (se colorant aisément).

chromophilic *or* **chromophilous,** *adj.* : chromophile.

chromophobe, *adj.* : chromophobe.

chromophore, *s.* : 1. bactérie chromogène pigmentée; 2. dans un colorant, noyau chimique qui possède le pouvoir tinctorial.

chromophoric, *adj.* : chromophore.

chromophose, *s.* : sensation subjective de couleur.

chromophytosis, *s.* : 1. décoloration de la peau due à un parasite végétal, maladie cutanée pigmentaire d'origine parasitaire végétale; 2. pityriasis versicolor.

chromoplasm, *s.* : chromoplasme.

chromoplast, chromoplastid *or* **chromoplastidule,** *s.* : chromoplaste.

chromoprotein, *s.* : chromoprotéine.

chromoptometer, *s.* : chromoptomètre (instrument destiné à reconnaître et à mesurer la dyschromatopsie et l'achromatopsie partielle).

chromoradiometer, *s.* : instrument pour mesurer le pouvoir de pénétration des rayons X.

chromoscopy, s. : chromoscopie (étude de la couleur d'un liquide organique).

chromosomal, adj. : chromosomique.

chromosome, s. : chromosome; **lambrush -** : chromosome en goupillon; **- Philadelphia** : chromosome Philadelphie; **sex -** : chromosome sexuel; **X -** : chromosome X; **Y -** : chromosome Y.

chromospermism, s. : état où le sperme est coloré.

chromotherapy, s. : chromothérapie (1. application thérapeutique de la lumière colorée; 2. emploi thérapeutique des matières colorantes).

chromotoxic, adj. : se dit d'un état pathologique dû à la destruction de l'hémoglobine.

chromotropism, s. : chromotropisme.

chromo-ureteroscopy, s. : chromo-cystoscopie.

chronaxia, s. : chronaxie (temps de passage du courant nécessaire pour obtenir le seuil de la contraction avec une intensité double de la rhéobase).

chronaximeter, s. : chronaximètre.

chronaxy, s. : chronaxie.

chronic, adj. : chronique.

chronicity, s. : chronicité.

chronobiology, s. : chronobiologie.

chronograph, s. : chronographe.

chronometer, s. : chronomètre.

chronoscope, s. : chronoscope.

chrysiasis, s. : taches cutanées dues à la chrysothérapie.

chrysocyanosis, s. : chrysocyanose (pigmentation cutanée provoquée par une chrysothérapie prolongée).

chrysopexy, s. : chrysopexie (fixation intracytoplasmique de l'or).

chrysotherapy, s. : chrysothérapie, aurothérapie (emploi thérapeutique des sels d'or).

chthonophagia, s. : géophagie.

churning sound : bruit de clapotement particulier dans l'épanchement pleural.

Chvostek's sign or **symptom** : signe de Chvostek, signe du facial.

chylangioma, s. : chylangiome (dilatation variqueuse des vaisseaux lymphatiques de l'abdomen).

chyle, s. : chyle.

chylemia, s. : chylémie (présence de chyle dans le sang).

chylidrosis, s. : chylidrose.

chylifacient, adj. : producteur de chyle.

chylifaction, s. : chylifaction.

chyliferous, adj. : chylifère.

chylific, adj. : produisant du chyle, se rapportant à la chylification.

chyliform, adj. : chyliforme.

chylocele, s. : effusion de chyle dans la vaginale du testicule.

chylocyst, s. : citerne de Pecquet.

chylocystic, adj. : se rapportant à la citerne de Pecquet.

chyloderma, s. : lymphoscrotum.

chylogaster, s. : duodénum.

chylomicron, s. : 1. petite particule de chyle ou de graisse; 2. hémoconie.

chylopericardium, s. : présence de chyle dans le péricarde.

chyloperitoneum, s. : chylopéritoine, ascite chyleuse.

chylopleura, s. : pleurésie chyleuse.

chylopoiesis, s. : chylification.

chylopoietic, adj. : se rapportant à la chylification.

chylosis, s. : chylification.

chylothorax, s. : chylothorax, pleurésie chyleuse (épanchement de chyle dans la plèvre à la suite de la rupture du canal thoracique).

chylous, adj. : chyleux, chylaire.

chyluria, s. : chylurie.

chyme, s. : chyme.

chymiferous, adj. : capable de produire du chyme.

chymification, s. : chymification.

chymosin, s. : rennine, présure (enzyme du suc gastrique).

chymosinogen, s. : corps formant la présure.

chymotrypsin, s. : chymotrypsine.

cibarian, adj. : se rapportant à la nourriture et aux organes de la mastication et de la déglutition.

cibarious, adj. : servant d'aliment, nutritif, comestible, mangeable.

cibation, s. : 1. le fait d'être alimenté; 2. le processus pour condenser un liquide.

cibisotome, s. : instrument pour inciser la capsule du cristallin.

cibophobia, s. : aversion morbide pour la nourriture.

cicatricial, adj. : cicatriciel.

cicatrisotomy, s. : excision de tissu cicatriciel.

cicatrix, s., plur. **cicatrices** (lat.) : cicatrice; **keloid -** : cicatrice chéloïde.

cicatrizant, s., adj. : cicatrisant.

cicatrization, s. : cicatrisation.

cicatrize, v. : 1. cicatriser, marquer de cicatrices; 2. se cicatriser.

ciliariscopy, s. : prisme pour examen de la région ciliaire.

ciliarotomy, s. : ciliarotomie (section du plexus ciliaire dans certaines formes de glaucome).

ciliary, adj. : ciliaire; **- body** : muscle et procès ciliaires; **- canal** : canal de Fontana; **- ganglion** : ganglion ciliaire de l'orbite; **- movement** : mouvement ciliaire par cils vibratiles ; **- nerves** : nerfs ciliaires; **- muscle** : muscle ciliaire de l'accommodation; **-** **processes** : procès ciliaires de l'œil; **-** **zone** : région péricornéenne des procès ciliaires.

ciliate or **ciliated**, adj. : cilié, cilifère, ciligère.

ciliation, s. : le fait d'avoir des cils.

ciliectomy, s. : ciliectomie; 1. ablation d'une partie du corps ciliaire; 2. ablation d'une partie des paupières portant les cils.

ciliospinal, adj. : ciliospinal ; **-** **center** : centre cilio-spinal commandant les réflexes pupillaires.

cilium, s., plur. **cilia** (lat.) : cil, cil vibratile.

cillo or **cillosis**, s. : cillement.

cimbia, s. (lat.) : bande blanche du pédoncule cérébral.

cinchona, s. : quinquina.

cinchonism, s. : quinquinisme.

cinclisis, s. : cinclise, cillement rapide.

cincture, s. : ceinture; **-** **feeling** : douleur en ceinture.

cinedensigraphy, s. : cinédensigraphie (cinéradiographie de viscères en mouvement).

cinematics, s. : cinématique.

cinematoradiography, s. : radiocinématographie.

cinemyelography, s. : cinémyélographie (enregistrement cinématographique de l'écoulement des liquides opacifiants dans l'espace sub-arachnoïdien).

cineplastics, **cineplasty** or **kineplasty**, s. : cinéplastie (amputation cinématique, cinématisation des moignons).

cinerea, s. : substance grise du système nerveux.

cinereal, adj. : 1. appartenant à la substance grise du système nerveux; 2. cendré.

cineritious, adj. : cendré, d'aspect cendré.

cinesalgia, s. : cinésalgie (douleur provoquée par la rupture des fibres musculaires profondes d'un muscle épais).

cinesthesia or **kinesthesia**, s. : cénesthésie.

cingula, s. : 1. ceinture, zone; 2. partie supérieure de la circonvolution du corps calleux.

cingule, s. : sillon de l'incisive.

cingulotomy, s. : cingulotomie.

cingulum, s. (lat.) : 1. ceinture, taille, 2. zona, herpès zoster; 3. cf., **cingule**; 4. cingulum (faisceau du corps calleux).

Ciniselli's method : méthode de Ciniselli (traitement des anévrismes de la crosse de l'aorte par l'électro-puncture).

cinnabar, s. : cinabre, sulfure de mercure.

cinnamon, s. : canelle.

cion, s. : luette.

cionectomy, s. : ablation de la luette.

cionitis, s. : cionite (inflammation de la luette).

cionoptosis, s. : prolapsus de la luette.

cionotomy, s. : incision de la luette.

circadian, adj. : circadien (période de vingt-quatre heures).

circellus, s., plur. **circelli** (lat.) : petit cercle.

circinate, adj. : circinal, circiné.

circle, s. : cercle, anneau; **ciliary -** : ligament ciliaire; **-** **of** **Haller** : 1. anneau de Zinn (plexus de vaisseaux formés par les petites artères ciliaires sur la sclérotique à l'entrée du nerf optique); 2. veine mammaire circulaire située sous l'aréole du mamelon; **Huguier's -** : anastomose formée par les branches des artères utérines à la jonction du corps et du col; **-** **of** **Willis** : hexagone artériel de Willis; **-** **of** **Zinn** : anneau de Zinn.

circular, adj. : circulaire (1. en forme de cercle; 2. se rapportant à un cercle; 3. caractérisé par une alternance de dépression et d'excitation) ; **-** **amputation** : amputation circulaire; **-** **insanity** : folie circulaire, cyclothymie, psychose maniaco-dépressive.

circulation, s. : circulation; **extracorporeal -** : circulation extra-corporelle.

circulatory, adj. : circulatoire.

circulus, s. (lat.) : cercle; **-** **arteriosus cerebri** : hexagone artériel de Willis.

circum- : circum-, circon-, préfixe signifiant autour.

circumcision, s. : circoncision, pézitomie, posthectomie.

circumclusion, s. : compression artérielle.

circumcorneal, adj. : autour de la cornée.

circumduction, s. : circumduction (mouvement faisant décrire à un membre ou à un segment de membre un cône dont l'articulation supérieure forme le sommet).

circumflex, adj. : circonflexe.

circuminsular, adj. : entourant l'îlot de Reil.

circumintestinal, adj. : entourant l'intestin.

circumlental, adj. : entourant le cristallin.

circumnuclear, adj. : entourant un noyau ou voisin d'un noyau.

circumocular, adj. : entourant l'œil.

circumpilar, adj. : circumpilaire (entourant un cheveu).

circumrenal, adj. : entourant le rein.

circumscribed, adj. : circonscrit.

circumvallate papillae (lat.) : papilles caliciformes de la langue.

circumvallation, s. : circumvallation (chir.).

circumvolution, s. : circonvolution.

circus movements : mouvements involontaires dus à des lésions nerveuses.

cirrhogenous, adj. : cirrhogène.

cirrhonosus, s. : cirrhonose (coloration roussâtre de la plèvre, du péritoine).

cirrhosis, s. : cirrhose; **atrophic -** : cirrhose atrophique; **biliary -** : cirrhose biliaire; **Budd's -** : hépatomégalie chronique provenant d'intoxication intestinale; **fatty -** : cirrhose graisseuse; **hypertrophic -** : cirrhose hypertrophique de Hanot; **portal -** : cirrhose des espaces portes; **Todd's -** : cirrhose hypertrophique biliaire.

cirrhotic, *adj.* : cirrhotique.

cirsectomy, *s.* : excision d'une partie de veine variqueuse.

cirso- : cirso-, préfixe indiquant une relation avec les varices.

cirsocele, *s.* : cirsocèle, varicocèle (dilatation variqueuse des veines du cordon spermatique).

cirsoid, *adj.* : cirsoïde (qui ressemble aux varices).

cirsomphalos, *s.* : état variqueux de l'ombilic.

cirsotome, *s.* : cirsotome.

cirsotomy, *s.* : cirsotomie (extirpation des varices).

cistern, *s.* : 1. citerne; 2. dilatation entre les espaces méningés; **- of Pecquet** : citerne de Pecquet.

cisterna, *s., plur.* **cisternae** *(lat.)* : citerne; **- chyli** : citerne de Pecquet; **- magna** : grande citerne cérébrale.

cisternal, *s., adj.* : appartenant à une citerne; **- puncture** : ponction cisternale.

cisternography, *s.* : cisternographie, pneumocisternographie.

cis-trans test : test cis-trans *(génét.)*.

cistron, *s.* : cistron (gène en tant qu'unité fonctionnelle, identifié par une méthode expérimentale appelée cis-trans test).

citrate, *s.* : citrate.

citrated, *adj.* : citraté.

citrin, *s.* : citrine, vitamine P.

citrullinemia, *s.* : citrullinémie.

cittosis, *s.* : pica.

Cladothrix, *s.* : *Cladothrix* (bactérie à longs filaments).

clamp, *s.* : clamp, pince.

clamping, *s.* : forcipressure, clampage.

clang : clangor, bruit clangoreux.

clapotement, *s. (fr.)* : clapotement, clatopage (auscultation).

clapper *or* **valve,** *s.* : clapet, soupape.

clapping *or* **slapping,** *adj.* : claquant; *s.* : claquade (terme de massage).

Clapton's lines : décoloration verdâtre des gencives et des dents dans l'empoisonnement par le cuivre.

claquement, *s. (fr.)* : 1. claquement (massage); 2. claquement valvulaire.

claret stain : tache de vin, nævus vasculaire plan (claret : vin de Bordeaux).

clarificant, *s., adj.* : clarifiant.

clarification, *s.* : clarification.

Clarke's corroding ulcer : ulcère du col de l'utérus; **- tongue** : langue de Clarke, glossite scléreuse profonde, langue parquettée.

Clarke's vesicular column : colonne de Clarke (noyau de la face interne de la corne postérieure de la moelle épinière).

clasmatoblast, *s.* : polynucléaire basophile, granulocyte basophile *ou* mastzell.

clasmatocyte, *s.* : clasmatocyte (cellule migratrice se réduisant dans le tissu conjonctif en débris granulaires).

clasmatocytosis, *s.* : éclatement des cellules phagocytaires mobiles en débris et en granules.

clasp-knife rigidity : état spasmodique d'un membre résultant d'une extension déclenchant un mouvement de ressort (signe du canif).

clasps, *s.* : crochets, agrafes.

clastic, *adj.* : clastique.

Clastothrix, *s.* : agent de la trichorrhexie noueuse.

Clathrocystis, *s.* : genre de schizomycètes.

claudication, *s.* : claudication.

Claudius' cells : cellules de Claudius (larges cellules près de l'organe de Corti); **- fossa** : fossette de Claudius.

claustrophilia, *s.* : claustrophilie.

claustrophobia, *s.* : claustrophobie.

claustrum, *s. (lat.)* : avant-mur *(anat.)*.

clava, *s. (lat.)* : noyau du faisceau de Goll.

clavate, *adj.* : clavé, claviforme, en forme de bâton; **- nucleus** : clava, noyau du faisceau de Goll.

clavelization, *s.* : clavelisation (inoculation du virus claveleux dans un but d'immunisation).

clavicle, *s.* : clavicule.

clavicotomy, *s.* : ablation de la clavicule.

clavicula, *s. (lat.)* : clavicule.

clavicular, *adj.* : claviculaire.

claviculate, *adj.* : 1. claviculé; 2. ridé, rugueux.

clavus, *s. (lat.)* : clou, cor, tubercule cutané ; **- hystericus** : clou hystérique.

claw, *s.* : 1. griffe, serre, ongle; 2. coup de griffe, d'ongle, de patte.

claw-foot, *s.* : pied-bot.

claw-hand, *s.* : main en griffe.

claw-shaped, *adj.* : onguiforme.

clay-pipe cancer : épithélioma de la lèvre, cancer des fumeurs de pipe en argile.

clean, *v.* : nettoyer; **to - a wound** : déterger, nettoyer une plaie.

cleanse, *v.* : 1. assainir; 2. purifier, dépurer le sang ; 3. déterger, désenvenimer (une plaie) ; 4. guérir.

cleansing, *adj.* : assainissant, purifiant; *s.* : 1. assainissement; 2. purification, dépuration, détersion.

clearance, *s.* : 1. jeu, tolérance (d'une pièce); **valve -** : jeu d'une soupape; 2. clearance *ou* clairance, coefficient d'épuration; **urea - test** : épreuve d'élimination de l'urée sanguine.

clearing agent : agent clarifiant *(micr.)*; **- station** : centre de triage, d'évacuation (de blessés).

cleavage, *s.* : segmentation, division *(embryol.)*; clivage *(anat.)*; **- nucleus** : noyau de segmentation.

cleft, *s.* : scissure, sillon ; **branchial -** : sillon branchial; **- palate** : bec-de-lièvre; **- sternum**

fissure congénitale du sternum; - **tongue** : langue parsemée de sillons.

cleg or **horse-fly,** s. : taon.

cleidagra or **cleisagra,** s. : douleur rhumatismale de la clavicule.

cleidal, adj. : claviculaire.

cleidarthritis, s. : inflammation de l'articulation sterno-claviculaire.

cleidectomy, s. : cléidectomie.

cleido- : cléido-, préfixe indiquant une corrélation avec la clavicule.

cleidocranialiasis or **cleidocranial dysostosis** : dysostose cleidéo-crânienne héréditaire, hydrocéphalie, héréditaire, maladie de P. Marie et Sainton.

cleidorrhexis, s. : cléidorrhexie (fracture des deux clavicules dans l'accouchement tête dernière).

cleidotomy, s. : cléidotomie (sectionnement d'une clavicule ou des deux lorsque le diamètre bisacromial où l'étroitesse du bassin empêche le passage des épaules).

cleoid, s. : instrument à griffes utilisé en stomatologie.

cleptomania, s. : cleptomanie.

clergyman's sore throat : pharyngite avec dysphonie.

Clevenger's fissure : sillon occipital inférieur.

click, s. : déclic, click d'éjection.

clier, s. : inflammation glandulaire chez le bétail (vétér.).

climacteric, adj. : climatère, année climatérique (période critique de la vie humaine); - **age** or **epoch** : ménopause; - **diseases** : maladies climatériques, dues à la sénilité.

climate, s. : climat.

climatic, adj. : climatique.

climatology, s. : climatologie (étude des différents climats et de leurs actions sur l'organisme sain ou malade).

climatotherapy, s. : climatothérapie (application à la cure des maladies de l'action produite sur l'organisme par les différents climats).

climax, s. : acmé, période d'état, apogée.

clinic, s. : clinique, dispensaire clinique ; **outpatient -** : consultation externe (d'un hôpital), dispensaire.

clinical, adj. : clinique ; - **doctor** : clinicien ; - **medicine** or **surgery** : médecine ou chirurgie clinique.

clinician or **clinicist,** s. : clinicien.

clino- : clino-, préfixe dénotant une déviation.

clinocephalism, s. : clinocéphalie.

clinodactylism or **clinodactyly,** s. : clinodactylie.

clinodactylous, adj. : se rapportant à la clinodactylie (déviation des doigts ou des orteils).

clinoid, adj. : clinoïde; - **processes** : les trois paires d'apophyses clinoïdes.

clinometer, s. : clinomètre (ophtal.).

clinoscope, s. : clinoscope (ophtal.).

clinostatic, adj. : clinostatique (se dit des phénomènes provoqués par la station couchée).

clinostatism, s. : clinostatisme (position couchée et phénomènes qui en résultent).

clinotherapy, s. : clinothérapie.

clip or **clamp,** s. : clip.

cliseometer, s. : cliséomètre (instrument pour mesurer l'inclinaison du bassin).

clition, s. : point central du bord antérieur du dos de la selle turcique.

clitoralgia, s. : douleur localisée au clitoris.

clitoridauxe, s. : hypertrophie du clitoris.

clitoridectomy, s. : clitoridectomie (ablation du clitoris).

clitoriditis, s. : cf., **clitoritis.**

clitoridotomy, s. : clitoridotomie (1. incision du clitoris; 2. circoncision de la femelle).

clitoris, s. : clitoris.

clitorism, s. : clitorisme (1. hypertrophie clitoridienne; 2. tribadisme; 3. érection douloureuse et persistante du clitoris).

clitoritis, s. : inflammation du clitoris.

clitoromania, s. : nymphomanie.

clitorotomy, s. : incision du clitoris.

clitorrhagia, s. : hémorragie clitoridienne.

clivus, s. (lat.) : pente; - **ossis** or - **of Blumenbach** : partie postérieure et déclive du sphénoïde entre la selle turcique et l'apophyse basilaire de l'os occipital; - **monticuli** : portion postérieure et descendante du vermis superior.

cloaca, s. : cloaque.

cloacal, adj. : cloacal; - **sac** : poche cloacale (zool.).

clock-glass, s. : verre de montre (chim.).

clogging, s. : obstruction, colmatage (d'un filtre), empâtement (d'un cliché).

clone, s. : clone (descendance d'une seule cellule [génét.] ou d'un seul plant [bot.]).

clonic, adj. : clonique.

clonicity, s. : le fait d'être atteint de clonisme.

clonicotonic, adj. : clonico-tonique.

clonism or **clonismus,** s. : clonisme, convulsion clonique.

clonograph, s. : appareil pour enregistrer les spasmes cloniques.

clonorchiasis or **clonorchiosis,** s. : infestation par les douves du Clonorchis, clonorchiase.

Clonorchis, s. : Clonorchis (douve).

clonospasm, s. : convulsion clonique.

clonus, s. : clonus; **ankle -, foot -, toe -, wrist -** : clonus de la cheville, du pied, du doigt, du poignet; trépidation épileptique ou spinale, clonus du pied.

Cloquet's canal : canal de Cloquet, canal hyaloïde; - **ganglion** : ganglion de Cloquet (enflure du nerf palatino-nasal dans le canal palatin antérieur); **- hernia** : hernie de Cloquet, hernie pectinéale.

clostridial, *adj.* : se rapportant aux bactéries du genre *Clostridia.*

clot, *s.* : caillot, coagulum; **blood -** : caillot sanguin; **hemostatic -** : clou hémostatique; **- in the brain** : embolie cérébrale; *v.* : 1. se grumeler, se cailler, se coaguler; 2. cailler, figer.

clotted, *adj.* : grumelé, caillé, coagulé, grumeleux.

clotting, *s.* : coagulation.

cloudy swelling : dégénérescence cellulaire, ballonnisante.

cloven spine : spina bifida.

cloves (oil of) : essence de girofle.

clownisme, *s.* : clownisme congénital (laxité articulaire permettant des subluxations et des contorsions multiples).

clubbed fingers : doigts déformés, noueux, en baguettes de tambour.

clubbing : en massue, hippocratisme (digital).

club-foot, *s.* : pied-bot, pied équin.

club-hand, *s.* : main bote.

clump, *s.* : agglutinat.

clumping, *s.* : agglutination.

clupeine, *s.* : clupéine.

clysis, *s.* : clystère, administration d'un clystère.

clyster, *s.* : clystère, lavement.

cnemalgia, *s.* : cnémalgie.

cnemial, *adj.* : crural.

cnemis, *s.* : tibia.

cnemitis, *s.* : inflammation du tibia.

cnemoscoliosis, *s.* : déviation latérale des jambes.

cnidosis, *s.* : cnidose, cnidosis (nom donné parfois à l'urticaire).

coacervate, *s.* : coacervat (aggloméré de particules plus ou moins miscibles, en démixition partielle [Burgenberg de Jung]).

coactivity, *s.* : coactivité.

coagglutination, *s.* : coagglutination (propriété du sérum de certains malades d'agglutiner non seulement le microbe causal, mais aussi certains microbes voisins).

coagglutinin, *s.* : coagglutinine.

coagulable, *adj.* : coagulable, concrescible.

coagulability, *s.* : coagulabilité.

coagulant, *adj.* : coagulant.

coagulation, *s.* : coagulation; **- time** : temps de coagulation.

coagulative, *adj.* : coagulateur.

coagulatometer, *s.* : coagulomètre (appareil pour déterminer la vitesse de coagulation du sang).

coagulum, *s.,* *plur.* **coagula** (*lat.*) : coagulum syn. caillot.

coalescence, *s.* : coalescence (adhérence de deux surfaces en contact), union, fusion, combinaison (chim.).

coalescent, *adj.* : coalescent.

coalitus, *s.* (*lat.*) : coalescence, coalescent ; **- artuum** : adhérence des membres.

coal-miner's disease : anthracose.

coal-tar, *s.* : goudron de houille, coaltar.

coaptation, *s.* : coaptation (réduction d'une fracture *ou* d'une luxation).

coarctation, *s.* : constriction, coarctation (du pouls), rétrécissement (d'un conduit naturel, de l'aorte).

coarctotomy, *s.* : coarctotomie (urétrotomie interne).

coarse, *adj.* : gros, grossier ; **- features of disease** : lésions organiques macroscopiques.

coarticulation, *s.* : synarthrose.

coat, *s.* : pellicule, membrane (recouvrant un organe ou une substance); **buffy -** : couche fibrineuse supérieure du caillot de sang coagulé ; **protein -** : enveloppe protéique d'un virus ; **uveal -** : uvée; **vaginal -** : 1. capsule fibreuse du globe oculaire; 2. tunique vaginale.

coated, *adj.* : enduit, couvert, enrobé; **- tongue** : langue saburrale, langue pâteuse.

coating, *s.* : paroi, enrobement, enduit ; **- of pills** : dragéification des pilules.

cobalt, *s.* : cobalt.

Cobelli's glands : anneau de glandes muqueuses situées au-dessus du cardia dans la muqueuse de l'œsophage.

cocaine, *s.* : cocaïne; **- addict** : cocaïnomane.

cocainism, *s.* : cocaïnisme (intoxication par la cocaïne); **- addiction** : cocaïnomanie.

cocainist, *s.* : cocaïnomane.

cocainization, *s.* : cocaïnisation (emploi thérapeutique de la cocaïne).

cocainomania, *s.* : cocaïnomanie (habitude morbide de la cocaïne).

cocainomaniac, *s.* : cocaïnomane.

cocarboxylase, *s.* : cocarboxylase.

coccal, *adj.* : se rapportant aux cocci.

coccidial, *adj.* : coccidien.

coccidioidin, *s.* : coccidioïdine.

coccidioidomycosis, *s.* : coccidioïdomycose.

coccidiosis, *s.* : coccidiose.

Coccidium, *s.* : Coccidie (parasite unicellulaire de la classe des sporozoaires).

Coccobacterium, *s.,* *plur.* **Coccobacteria** (*lat.*) : cocco-bacille, bactérie ovoïde.

coccogenous, *adj.* : causé par des cocci.

coccoid, *adj.* : ressemblant à un coccus.

coccomelasma, *s.* : mélanose granuleuse dermique.

Coccus, *s.* : Coccus, Micrococcus.

coccyalgia, *s.* : *cf.*, **coccygodynia.**

coccycephalus, *s.* : coccycéphale.

coccydynia, *s.* : coccydynia, coccygodynie.

coccygeal, adj. : coccygien.

coccygectomy, s. : excision du coccyx.

coccygodynia, s. : coccygodynie (douleur localisée au coccyx).

coccygotomy, s. : coccygotomie (section du coccyx).

coccyx, s. : coccyx.

cochlea, s. (lat.) : limaçon (de l'oreille), cochlée.

cochlear, adj. : cochléaire ou cochléen; - canal : canal du limaçon.

cochleariform, adj. : cochléaire, spiralé, cochléariforme.

cochleate, adj. : cochléé, spiralé.

cochleitis, s. : inflammation du limaçon, cochléite.

cochleovestibular, adj. : cochléo-vestibulaire.

cockroach, s. : blatte, cafard, cancrelat.

cocktail, s. : mélange.

cocoa, s. : cacao.

coconscious, adj. : ce qui n'est pas dans le champ du conscient, mais est remémorable.

coconsciousness, s. : conscience secondaire.

cocontraction, s. : coordination des muscles antagonistes.

coction, s. : coction : 1. ébullition; 2. digestion.

coctolabile, adj. : coctolabile (capable d'être altéré par la chaleur).

coctoprecipitin, s. : précipitine produite par injection d'un sérum ou d'un autre antigène chauffé.

coctostabile, adj. : coctostable (non modifié par chauffage).

cod liver oil : huile de foie de morue.

code, s. : code; genetic - : code génétique.

codein, s. : codéine.

codex, s., plur. codices (lat.) : Codex, pharmacopée française.

coding, s. : codage.

codon, s. : codon (séquence de trois nucléotides successifs constituant le code d'un acide aminé [ou d'une terminaison de chaîne]; degenerated - : codons dégénérés (deux ou plusieurs codons dont le code correspond à un même acide aminé); initiator - : codon initiateur (de la synthèse des protéines); missense - : codon contresens (qui, à la suite d'une mutation, code pour un acide aminé différent); nonsense - : codon nonsens (qui ne correspond à aucun acide aminé) (génét.).

coefficient, s. : coefficient.

coelio- : cf., celo-.

coelom, s. : cœlome.

coelomyelia, s. : cœlomyélie.

coenobium, s. : colonie de cellules indépendantes réunies pour un rôle commun.

coenoblast, s. : couche germinative primitive.

coenocyte, s. : cénocyte (cellule [bot.])

coenotype, s. : type fondamental d'un groupe.

coenurosis, s. : cénurose, cœnurose (infestation de l'organisme par les larves de Tænia cœnurus et de Tænia cerialis).

coenzyme, s. : coenzyme (composé organique dialysable thermostable qui doit s'unir à l'apoenzyme pour former une enzyme complète).

coetanous, adj. : du même âge.

coexcitation, s. : coexcitation.

cofactor, s. : cofacteur.

coferment, s. : coferment.

coffeinism, s. : caféisme.

coffeurin, s. : corps éliminé par l'urine après abus de café.

cognition, s. : connaissance.

cogwheel phenomenon : signe de la roue dentée.

cogwheel respiration : respiration saccadée.

cohabitation, s. : cohabitation, coït.

cohesion, s. : cohésion, cohérence.

Cohnheim's theory : théorie de Cohnheim (les néoplasmes proviendraient du développement plus ou moins tardif de cellules embryonnaires).

cohobation, s. : cohobation (1. redistillation; 2. récurrence d'une maladie).

coil, s. : enroulement, bobine, bobine de rein artificiel.

coin counting : mouvements du pouce et de l'index dans la maladie de Parkinson (mouvements d'émiettement).

coition, s. : coït.

coitus, s. : coït.

coko disease : variété de pian des îles Fidji.

colalgia, s. : douleur dans le côlon.

colation, s. : drainage.

colatorium, s. (lat.) : tamis, filtre (pharm.).

colauxe, s. : distension du côlon.

colchicine, s. : colchicine.

cold, s. : 1. froid; - pression test : épreuve au froid; 2. rhume, coryza; to catch a - : s'enrhumer; - in the head, head - : rhume de cerveau; - on the chest, chest - : rhume de poitrine, fluxion de poitrine; common - : rhume de cerveau; adj. : froid; - agglutinins : agglutinines froides, cryoagglutinines.

colectasia, s. : colectasie.

colectomy, s. : colectomie (résection de la totalité ou d'une partie du côlon).

coleocele, s. : coléocèle (hernie vaginale).

coleocystitis, s. : coléocystite.

coleopter, s. : coléoptère.

coleoptosis, s. : coléoptose (prolapsus du vagin).

coleorrhexis, s. : coléorrhexie (rupture du vagin).

coleostegnosis, s. : coléostégnose (rétrécissement du vagin).

coleotomy, s. : colpotomie (incision du vagin).

colibacillary, *adj.* : colibacillaire.

colibacillemia, *s.* : colibacillémie.

colibacilluria, *s.* : colibacillurie.

colibacillus *or* **Bacillus coli** : bacille du côlon, colibacille, *syn. Escherichia coli.*

colic, *adj.* : colique (qui se rapporte au côlon); **- artery** : artère colique; *s.* : colique; **appendicular -** : colique appendiculaire; **biliary** *or* **hepatic -** : colique hépatique; **Devonshire, lead** *or* **saturnin -** : colique de plomb *ou* saturnine; **menstrual -** : douleurs de la menstruation; **renal -** : colique néphrétique; **uterine -** : colique utérine; **vermicular -** : 1. douleur appendiculaire; 2. colique due à des vers intestinaux.

colica, *s. (lat.)* : 1. artère colique; 2. colique.

colicin, *s.* : colicine; **- factor** : facteur colicinogène.

colicodynia, *s.* : douleurs dans le côlon.

colicolitis, *s.* : colite produite par *E. coli.*

colicoplegia, *s.* : paralysie intestinale.

colicystitis, *s.* : colicystite.

colicystopyelitis, *s* : pyélocystite due à *E. coli.*

coliform, *adj.* : coliforme.

colipuncture, *s.* : *cf.,* **colocentesis.**

colipyuria, *s.* : colipyurie (présence de pus et de colibacilles dans les urines).

colitis, *s.* : colite.

coliuria, *s.* : colibacillurie.

collagen, *s.* : collagène.

collagenase, *s.* : collagénase.

collagenosis, *s.* : collagénose.

collagenous, *adj.* : collagène.

collapse, *s.* : collapsus (du cœur), effondrement, affaissement (de la plèvre du poumon), syncope (cardiaque); **to -** : s'affaisser (subitement), s'évanouir.

collapsing pulse : pouls de Corrigan.

collapsotherapy, *s.* : collapsothérapie.

collar-bone *or* **collarbone,** *s.* : clavicule.

collarette, *s.* : collerette.

collateral, *adj.* : collatéral.

collemia, *s.* : collémie (ensemble des accidents goutteux dus à l'excès d'acide urique dans le sang).

Colles' fascia : aponévrose périnéale superficielle; **- fracture** : fracture de Pouteau-Colles (fracture de l'extrémité inférieure du radius); **- law** : loi de Colles ou loi de Baumes (loi régissant la syphilis conceptionnelle); **- ligament** : ligament de Colles.

colliculectomy, *s.* : ablation du veru montanum.

colliculus, *s.,* plur. **colliculi** *(lat.)* : 1. petite éminence; 2. éminence des parois cérébrales; 3. veru montanum, crête urétrale; **- seminalis** *or* **urethralis** : *cf.* (3).

collier's lung : anthracose pulmonaire.

collilongus, *s.* : muscle long du cou.

colliquation, *s.* : colliquation (liquéfaction, désintégration d'un tissu *ou* d'un organe).

colliquative, *adj.* : colliquative (se dit de sécrétions anormalement abondantes dues à une liquéfaction tissulaire).

collodion, *s.* : collodion.

collodium, *s. (lat.)* : collodion.

collogenesis, *s.* : terme employé par les biologistes pour marquer l'origine colloïdale de la vie.

colloid, *s., adj.* : colloïde; **- cancer** : tumeur colloïde; **- degenerescence** : dégénérescence colloïde.

colloidal, *adj.* : colloïdal.

colloidoclasis, *s.* : colloïdoclasie (brusque déséquilibre des colloïdes du sang).

colloidopexy, *s.* : colloïdopexie (fixation des colloïdes électro-négatifs par le système réticulo-endothélial).

colloma, *s.* : colloid milium, colloïdome miliaire, hyalome (dégénérescence colloïde du derme).

collonema, *s.* : myxome, myxosarcome.

collopexia, *s.* : collopexie, trachélopexie (fixation du col de l'utérus).

colloquium, colloquy, *s.* : colloque.

collum, *s. (lat.)* : col, sillon; **- distortum** : torticolis; **- glandis** : sillon balano-préputial.

collunarium, *s. (lat.)* : lavage nasal.

collutory, *s.* : collutoire.

collyrium, *s.* : collyre.

coloboma, *s.* : colobome, coloboma (fissure congénitale de la paupière, de l'iris et de la choroïde ou de la rétine).

colocentesis, *s.* : paracentèse du côlon.

colocleisis, *s.* : occlusion du côlon.

coloclysis *or* **coloclyster,** *s.* : clystère du côlon.

colocolostomy, *s.* : colo-colostomie (opération pour aboucher deux anses du côlon).

coloenteritits, *s.* : entéro-colite.

colohepatopexy, *s.* : fixation du côlon au foie.

cololysis, *s.* : cololyse.

colon, *s.* : côlon; **- bacillus** : bacille du côlon, colibacille; **- sigmoideum** : S iliaque.

colonalgia, *s.* : douleur dans le côlon, colique.

colonic, *adj.* : se rapportant au côlon.

colonitis, *s.* : *cf.,* **colitis.**

colonometer, *s.* : appareil pour compter les colonies bactériennes.

colonopathy *or* **colopathy,** *s.* : colopathie (affection du côlon).

colonopexy, *s.* : *cf.,* **colopexia.**

colonoscope, *s.* : instrument pour examiner le côlon.

colonoscopy, *s.* : examen du côlon.

colony, *s.* : colonie; **bacterial -** : colonie microbienne.

colopexia *or* **colopexy,** *s.* : colopexie (fixation du côlon).

colopexotomy, *s.* : colopexotomie (colopexie avec ouverture de l'intestin à la paroi abdominale).

coloplication, *s.* : coloplication (opération pour plisser le côlon afin de diminuer son volume).

coloproctitis, *s.* : colorectite.

coloproctostomy, *s.* : colorectostomie.

coloptosis, *s.* : coloptose (ptose du côlon transverse).

colopuncture, *s.* : *cf.,* **colocentesis.**

color, *s. (lat.) (U.S.)* : *cf.,* **colour.**

colorectitis, *s.* : colorectite.

colorectorrhaphy, *s.* : colorectorraphie.

colorectostomy, *s.* : colorectostomie.

colorimeter, *s.* : colorimètre.

colorimetric, *adj.* : colorimétrique.

colorrhaphy, *s.* : colorraphie (suture du côlon).

colostomy, *s.* : colostomie (création d'un anus artificiel).

colostration, *s.* : colostration (maladie infantile due à l'action du colostrum).

colostrorrhea, *s.* : émission abondante de colostrum.

colostrum, *s. (lat.)* : colostrum.

colotomy, *s.* : colotomie.

colothyphoid, *s.* : colothyphoïde, colotyphus (fièvre typhoïde où les ulcérations siègent dans le côlon).

colour, *s.* : couleur, coloris, pigment; **- blind** : daltonien; **- blindness** : daltonisme, achromatopsie; **- cell** : cellule pigmentaire; **- gustation** : sensations colorées accompagnant les sensations gustatives ; **- producing** : chromogène *(biol.)* ; **- sensation** : perception de la couleur; **- sensitive** : orthochromatique, chromosensible *(phot.)*.

colpalgia, *s.* : douleur vaginale.

colpatresia, *s.* : occlusion *ou* atrésie du vagin.

colpectasia *or* **colpectasis,** *s.* : dilatation vaginale.

colpectomy, *s.* : colpectomie.

colpedema, *s.* : œdème du vagin.

colpeurynter, *s.* : colpeurynter.

colpeurysis, *s.* : dilatation vaginale avec un colpeurynter.

colpitis, *s.* : colpite, vaginite.

colpo- : colpo-, préfixe dénotant un rapport avec le vagin.

colpocace, *s.* : gangrène du vagin.

colpocele, *s.* : colpocèle, coléocèle (hernie vaginale).

colpoceliotomy, *s.* : colpocœliotomie (ouverture de la cavité péritonéale par le vagin).

colpocleisis, *s.* : colpocléisis (oblitération du vagin).

colpocystitis, *s.* : colpocystite.

colpocystocele, *s.* : cystocèle avec prolapsus vaginal.

colpocystoplasty, *s.* : colpocystoplastie.

colpocystostomy, *s.* : colpocystostomie (taille vésicale pratiquée à travers la cloison vésico-vaginale).

colpocysto-ureterocystostomy, *s.* : urétérostomie par incision des parois de la vessie et du vagin.

colpodesmorrhaphia, *s.* : colpodesmorraphie, colpostricture.

colpodynia, *s.* : douleur vaginale.

colpohyperplasia, *s.* : colpohyperplasie.

colpohysterectomy, *s.* : colpohystérectomie.

colpohysteropexy, *s.* : colpohystéropexie, hystéropexie vaginale.

colpohysterorrhaphy, *s.* : colpohystérorraphie.

colpohysterotomy, *s.* : colpohystérotomie.

colpokeratosis, *s.* : colpokératose (symptôme d'avitaminose A).

colpomyomectomy, *s.* : myomectomie par voie vaginale.

colpomyotomy, *s.* : myotomie par voie vaginale.

colpopathy, *s.* : toute maladie du vagin.

colpoperineoplasty, *s.* : colpopérinéoplastie (pour remédier au prolapsus vaginal).

colpoperineorrhaphy, *s.* : colpopérinéorraphie (pour remédier au prolapsus des organes génitaux chez la femme jeune).

colpexy, *s.* : colopexie (fixation à la paroi vaginale du col de l'utérus rétrofléchi après son redressement).

colpoplasty, *s.* : colpoplastie (création d'un vagin artificiel).

colpopolypus, *s.* : polype vaginal.

colpoptosis, *s.* : colpoptose (prolapsus du vagin).

colporrhagia, *s.* : hémorragie vaginale.

colporrhaphy, *s.* : colporraphie, élytrorraphie (pour remédier au prolapsus des organes génitaux).

colporrhea, *s.* : leucorrhée vaginale.

colporrhexis, *s.* : rupture du vagin.

colposcope, *s.* : colposcope, spéculum vaginal.

colposcopy, *s.* : colposcopie.

colpostat, *s.* : colpostat (appareil pour application vaginale de radium).

colpostenosis, *s.* : colposténose.

colpostenotomy, *s.* : opération pour la colposténose.

colpostricture, *s.* : colpostricture (rétrécissement du vagin par voie chirurgicale).

colpotomy, *s.* : colpotomie (incision du vagin).

colpo-ureterocystotomy, *s.* : incision de l'uretère par le vagin.

colpoxerosis, *s.* : colpoxérose (sécheresse morbide du vagin).

colpus, *s.* : espace entre les seins.

columbium, s. : columbium; cf., **niobium**.

columella, s. (lat.) : columelle, axe central du limaçon; - **nasi** : cloison nasale.

column, s. : colonne (partie osseuse qui offre quelque ressemblance avec une colonne).

columna, s., plur. **columnae** (lat.) : colonne ; **columnae carnae cordis** : colonnes charnues des oreillettes et des ventricules; **columnae fornicis** : piliers du trigone cérébral; **columnae medullae spinalis** : cornes de la moelle épinière; **columnae renales** : pyramides de Bertin; **columnae plicarum** or **rugarum** : colonnes du vagin; **columna vertebralis** : colonne vertébrale.

columnar layer : couche des cônes et des bâtonnets (dans la rétine).

columning or **columnization**, s. : tamponnement du vagin.

colyone, s. : sécrétion interne ayant une action inhibitrice ou antihormonale.

colypeptic, s., adj. : qui empêche ou retarde la digestion.

colyseptic, s., adj. : antiseptique.

colytic, s., adj. : préventif, inhibiteur, antiseptique.

coma, s. : coma; **azotemic** - : coma azotémique; - **inducing** : soporeux; - **vigil** : coma vigil.

comatogenic, adj. : comatogène.

comatose, adj. : 1. comateux, soporeux; 2. dans le coma.

combined sclerosis : sclérose combinée de la moelle.

combustion, s. : combustion.

Comby's sign : signe de Comby (stomatite érythémato-pultacée).

comedo, s., plur. **comedones** (lat.) : comédon, acné ponctuée.

comedocarcinoma, s. : comédocarcinome.

comes, s., plur. **comites** (lat.) : artère accompagnant un tronc nerveux.

comma bacillus : bacille virgule (vibrion cholérique).

commensal, s., adj. : commensal.

commensalism, s. : commensalisme, symbiose.

comminuted fracture : fracture comminutive.

comminution, s. : comminution (acte par lequel un os est brisé en nombreux fragments).

commissura, s. (lat.) : commissure; - **brevis** : partie postérieure du vermiforme inférieur du cerveau; - **magna** : corps calleux; - **simplex** : lobule du vermiforme supérieur.

commissure, s. : commissure.

commotio, s. (lat.) : commotion; - **cerebri** : commotion cérébrale; - **retinae** : paralysie de la rétine; - **spinalis** : railway-spine (troubles médullaires consécutifs à un accident de chemin de fer, auto, etc.).

communicable, adj. : communicable, contagieux.

compact tissue : tissu compact (os).

compatibility, s. : compatibilité.

compensating operation : opération compensatrice (ophtal.).

compensation, s. : compensation (suppression des effets nuisibles d'une lésion).

competence, s. : compétence.

competitive, adj. : compétitif, concurrent, concurrentiel.

complaint, s. : symptôme accusé par le malade; (plur.) : doléance.

complement, s. : complément, alexine; - **fixation** or **deviation** : fixation, déviation du complément.

complemental or **complementary**, adj. : complémentaire.

complementoid, s. : complément inactivé.

completion, s. : union de l'ambocepteur avec le complément.

complex, s. : complexe.

complexion, s. : teint.

complexus, s. (lat.) : complexe; - **muscle** : muscle complexus ou transversaire épineux.

compliance, s. : compliance.

complication, s. : complication.

component, s. : composant, constituant, lentille (opt.).

composition, s. : composition, constitution (d'un mélange).

compos mentis, adj. : sain d'esprit.

compound, s. : (corps) composé; v. : composer, mélanger, combiner; adj. : composé; - **fracture** : fracture compliquée.

compress, s. : compresse.

compressed, adj. : comprimé.

compression, s. : compression.

compressor, s. : 1. compresseur; 2. muscle compresseur; 3. ressort de platine (micr.).

compulsion, s. : compulsion.

compulsive, adj. : compulsif.

computer, s. : ordinateur.

conarium, s. (lat.) : glande pinéale.

conation, s. : volition, mise en action de la volonté.

concassation, s. : concassage.

Concato's disease : tuberculose progressive des membranes séreuses évoluant vers la tuberculose pulmonaire.

concave, adj. : concave, incurvé.

concavity, s. : concavité, creux, fosse, fossette.

conceive, v. : concevoir, devenir enceinte.

concentration, s. : concentration; **hydrogen ion** - : concentration ionique, pH.

concept, s. : concept.

conception, s. : conception.

concha, s., plur. **conchae** (lat.) : cornet, conque; **conchae sphenoidales** : cornets de Bertin; - **labyrinthi**, : limaçon; **nasal** - : cornets du nez.

conchitis, s. : inflammation des cornets.

conchoscope, s. : spéculum et miroir pour examen de la cavité nasale.

conchotome, s. : conchotome.

conchotomy, s. : conchotomie, conchectomie, turbinectomie (ablation des cornets).

concomitant, adj. : concomitant.

concrescence, s. : cf., **concretion** (3).

concretion, s. : concrétion (1. solidification d'un corps fluide; 2. calcul; 3. union anormale de parties adjacentes; 4. dépôt dentaire).

concussion, s. : secousse, ébranlement, commotion; **- of the brain** : commotion cérébrale.

condensation, s. : condensation (phys. chim.), congestion avec durcissement, début de l'hépatisation.

condensed, adj. : condensé; **- milk** : lait condensé.

condenser, s. : 1. condensateur (électr.); 2. réfrigérant (chim.); 3. condensateur (opt.); **Abbe -** : condensateur d'Abbe (d'un microscope).

condensing osteitis : ostéite condensante (forme d'ostéite productive conduisant à l'éburnation).

condensor, s. : condenseur, piège (lyophilisation).

conditioned, adj. : conditionné.

condom, s. : condom, préservatif masculin.

conductance, s. : conductance, conductibilité spécifique.

conductibility, s. : conductibilité.

conduction, s. : conduction, transmission.

conductivity, s. : conductivité, conductibilité, conductance.

conductor, s. : conducteur (1. corps transmettant la chaleur, l'électricité; 2. électrodes et fils d'une batterie; 3. instrument servant à guider le bistouri; 4. en physiologie, partie du système nerveux qui transmet l'influx).

condylar, adj. : condylien.

condylarthrosis, s. : articulation condylienne.

condyle, s. : condyle.

condylectomy, s. : excision d'un condyle.

condylion, s. : en craniométrie, point situé à l'extrémité latérale d'un condyle de la mâchoire.

condyloid, adj. : condyloïde.

condyloma, s., plur. **condylomata** (gr.) : condylome (tumeur siégeant au niveau de l'anus ou de la vulve).

condylomatous, adj. : condylomateux.

condylosis, s. : formation d'un condylome.

condylotomy, s. : ostéotomie extra-articulaire, section chirurgicale par les condyles.

condylus, s., plur. **condyli** (lat.) : condyle.

cone, s. : 1. cône (corps solide ayant un cercle pour base et se terminant en pointe); 2. élément mécanique de la couronne d'une dent; 3. lambeau de tissu choroïdien atrophique en forme de croissant situé près de la papille optique dans la myopie; 4. manchons coniques ou tubulaires adaptés sur les tubes à rayons X pour limiter la zone de radiation; **- bipolars** : cellules bipolaires de la couche nucléaire interne de la rétine; **- cell** : cellule de l'épithélium sensoriel ou nerveux de la rétine ; **- fiber** : fibre de cône rétinien ; **- foot** : prolongement bulbeux des granules en cône de la rétine; **- granules** : granules en couche nucléaire externe de la rétine; **- of light** : 1. triangle lumineux (réflexion triangulaire sur la membrane tympanique normale); 2. faisceau de rayons lumineux formant l'image rétinienne; **retinal -** : cône rétinien; **spermatic -** : série de cônes formant la tête de l'épididyme.

confabulation, s. : confabulation, colloque.

configuration, s. : configuration (structure de la molécule).

confinement, s. : 1. alitement; 2. couches, accouchement; **to attend a -** : faire un accouchement.

confluens sinuum durae matris : pressoir d'Hérophile.

confluent, adj. : confluent.

conformator, s. : conformateur (craniométrie).

confrontation, s. : confrontation.

confusion, s. : confusion; **to be in a state of mental -** : être atteint de confusion mentale ; **circle of -** : cercle de diffusion (opt., phot.).

congelation, s. : congélation.

congener, adj. (lat.) : 1. congénère; 2. muscle congénère.

congenerous, adj. : congénère; **- diseases** : maladies apparentées; **- muscles** : muscles congénères.

congenital, adj. : congénital ; **- idiot** : atteint d'idiotie congénitale.

congested, adj. : congestionné.

congestion, s. : congestion; **- of the brain** : congestion cérébrale; **- of the lungs** : congestion pulmonaire.

congestive, adj. : congestif.

conglobate, adj. : conglobé (agrégé en une masse arrondie).

conglomerate, s. : conglomérat, aggloméré; adj. : congloméré; **- glands** : glandes conglomérées, glandes en grappe.

conglutinant, adj. : conglutinant, adhésif.

conglutination, s. : conglutination, adhésion.

conglutinin, s. : conglutinine.

Congo red : rouge Congo.

congress, s. : congrès, réunion.

conic or **conical,** adj. : conique; **- cornea** : cornée conique, kératocône, staphylome pellucide conique.

conidium, s., plur. **conidia** (lat.) : conidie (spore de champignon).

coniism, s. : intoxication par la conicine.

conine, s. : conine, conicine, cicutine (pharm.).

coniosis, s. : coniose (maladie causée par les poussières).

coniotomy, s. : coniotomie.

conization, s. : prélèvement d'un cône de tissu (col de l'utérus) pour biopsie.

conjugal, adj. : conjugal.

conjugata, s. (lat.) : diamètre du bassin; **- diagonalis** : diamètre promonto-sous-pubien; **- externa** : diamètre externe du bassin; **- vera** : diamètre antéro-postérieur du détroit supérieur.

conjugate, s. : cf., **conjugata**; adj. : conjugué; **- foci** : foyers conjugués.

conjugation, s. : conjugaison, zygose; **- nucleus** : noyau de segmentation.

conjunctiva, s. : conjonctive.

conjunctival, adj. : conjonctival ; **- reaction** : oculo-réaction.

conjunctivitis, s. : conjonctivite; **granular -** : conjonctivite granuleuse, trachome.

conjunctivoma, s. : conjonctivome (type rare de tumeur congénitale d'origine branchiale formée de cellules conjonctives).

conjunctivoplasty, s. : kératoplastie conjonctivale.

Conn's syndrome : syndrome de Conn, hyperaldostéronisme primaire.

connate, adj. : 1. inné, congénital ; 2. conné, coadné (bot., zool.).

connective, adj. : connectif; **- tissue** : tissu cellulaire, connectif, conjonctif; **- tissue diseases** : collagénoses.

connectivum, s. (lat.) : tissu conjonctif.

connivent, adj. : connivent; **- valves** : valvules conniventes (de l'intestin).

connubial, adj. : conjugal, relatif au mariage.

connubiality, s. : 1. état conjugal; 2. pratique du mariage, droit de se marier; plur. : manifestations d'amour conjugal, relations conjugales.

conoid, adj. : conoïde; **- body** : glande pinéale.

conomyoidin, s. : substance protoplasmique contractile trouvée dans les cônes de la rétine.

conquassant, adj. : conquassant; **- labor pains** : douleurs conquassantes (obstét.).

consanguine or **consanguineous**, adj. : consanguin.

consanguinity, s. : consanguinité.

consciousness, s. : conscience.

consenescence, s. : déclin, vieillissement.

consensual motion : réflexe consensuel.

consensus, s. (lat.) : consensus (relation qui existe entre les différentes parties du corps).

conservancy, s. : conservation, préservation.

conservation, s. : conservation; **- of energy** : conservation de l'énergie.

conservative, adj. : conservateur.

conserve, s. : conserve, préparation sucrée (pharm.).

consistence, s. : consistance, compacité.

consolidant or **consolidating**, adj. : consolidant, raffermissant, favorisant la cicatrisation.

consolidation, s. : consolidation (terme employé pour désigner l'hépatisation pulmonaire à ses différents stades [anat., radiol.]), hépatisation.

consonant or **consonanting**, adj. : consonant (se dit des bruits pulmonaires qui s'entendent à l'auscultation en même temps que d'autres bruits).

constant, adj. : constant, stable.

constipated, adj. : constipé.

constipating, adj. : constipant, échauffant.

constipation, s. : constipation.

constitution, s. : constitution (anat.), composition (chim.); **mental -** : idiosyncrasie.

constitutional, adj. : constitutionnel, diathésique.

constraint, s. : contrainte par corps ; **to put someone under -** : faire enfermer, interner un aliéné.

constriction, s. : constriction, étranglement.

constrictor, s. : 1. (muscle) constricteur; 2. compresseur (chir.).

constructive metabolism : métabolisme constructif, anabolisme.

consultant, s. : médecin ou chirurgien consultant

consultation, s. : consultation.

consulting, adj. : **- physician** : médecin consultant; **- chemist** : chimiste conseil; **- hours** : heures de consultation; **- room** : cabinet, salon de consultation.

consumption, s. : 1. consommation, dépense d'énergie, de calories; 2. tuberculose, phtisie; **to go into -** : devenir poitrinaire; **galloping -** : phtisie galopante.

consumptive, adj. : poitrinaire, phtisique, tuberculeux; **- cough** : toux de poitrinaire.

contact, s. : 1. contact; 2. contage; **immediate - without vehicle** : contage immédiat sans agent vecteur; **- action** : catalyse; **- breaker** : interrupteur (électr.); **- lenses** : verres de contact (opt.); **- therapy** : contacthérapie, contactothérapie.

contagion, s. : 1. contagion; 2. maladie contagieuse.

contagious, adj. : contagieux.

contagiousness, s. : contagiosité.

contagium, s. (lat.) : virus, substance morbigène; **- animatum** or **vivum** : agent causal vivant propagateur d'une maladie infectieuse.

contiguity, s. : contiguïté, proximité; **amputation in the -** : amputation au niveau de l'articulation; **solution of -** : luxation.

continence, s. : continence, chasteté.

continued, adj. : continu; **- fever** : fièvre continue, continente, continuelle.

continuity, s. : continuité; **amputation in the -** : amputation dans la continuité ou par sectionnement de l'os; **solution of -** : déchirement tissulaire par traumatisme, inflammation, fracture.

contra-aperture, s. : contre-ouverture.

contraception, s. : contraception.

contraceptive, s., adj. : anticonceptionnel.

contract, v. : 1. contracter, resserrer; 2. se contracter, se resserrer, se rétrécir; 3. contracter (une maladie).

contractile, *adj.* : contractile.

contractility, *s.* : contractilité.

contraction, *s.* : contraction, striction, resserrement.

contractor, *s.* : muscle fléchisseur, constricteur.

contracture, *s.* : contracture.

contrafissura *or* **contrafissure,** *s.* : fissure *ou* fracture crânienne éloignée ou à un point opposé de la lésion.

contraindication, *s.* : contre-indication.

contralateral, *adj.* : contra-latéral, contro-latéral, du côté opposé; **- reflex** : réflexe contro-latéral *ou* signe de Brudzinski.

contrast, *s.* : contraste; **- filter** : écran pour contrastes *(phot.)*; **- picture** : image contrastée; **- range** : intervalle de noircissement (de l'émulsion).

contrecoup, *s.* : contre-coup.

contrectation, *s.* : attouchement.

control, *s.* : contrôle, témoin, régulation; **- animal** : animal témoin; **- experiment** : expérience témoin; **- of diseases** : prévention des maladies, prophylaxie; **mosquito -** : lutte préventive contre les moustiques; **birth -** : planification familiale, régulation des naissances; **genetic -** : dépendance génétique; *v.* : **to - a disease** : réduire *ou* supprimer une maladie.

contrude, *v.* : se pousser *ou* se presser ensemble (se dit des dents).

contrusion, *s.* : action de presser ensemble (se dit des dents).

contunding, *adj.* : contondant.

contuse, *v.* : contusionner, meurtrir.

contused, *adj.* : contus; **- wound** : plaie contuse.

contusion, *s.* : contusion, meurtrissure.

contusive, *adj.* : contondant.

conus, *s.,* *plur.* **coni** *(lat.)* : 1. cône; 2. lambeau de tissu choroïdien atrophique en forme de croissant situé près de la papille optique dans la myopie; **- arteriosus** : pointe conique du ventricule droit d'où s'élève l'artère pulmonaire; **- cochleae** : columelle (du limaçon); **- cordis** : partie ventriculaire du cœur; **- corporis striati** : extrémité ventrale du corps strié; **- elasticus** : membrane crico-thyroïde; **coni Malpighi** *or* **tubuli** : pyramides de Malpighi; **- medullaris** *or* **terminalis** : cône terminal; **coni retinae** : cônes de la rétine ; **coni testiculi** *or* **vasculosi** : cônes efférents.

convalescence, *s.* : convalescence.

convalescent, *s.,* *adj.* : convalescent; **- home** : maison de convalescence.

convection, *s.* : convection.

convention, *s.* : congrès, conférence, assemblée.

conventional, *adj.* : classique, courant, traditionnel.

convergence, *s.* : convergence.

convergent, *adj.* : convergent.

conversion, *s.* : conversion; 1. processus par lequel les émotions sont transformées en mani-festations physiques *(psychanal.)*; 2. rétablissement de la position du fœtus au cours du travail; 3. transformation d'une réaction négative en réaction positive; 4. recombinaison génétique non réciproque *(génét.)*.

convex, *adj.* : convexe; **double -** : biconvexe.

convexity, *s.* : convexité.

convexobasia, *s.* : convexobasie.

convoluted, *adj.* : contourné; **- bones** : cornets du nez.

convolution, *s.* : circonvolution; **cerebral -** : circonvolution cérébrale.

convulsant, *s.* : médicament convulsif.

convulsion, *s.* : convulsion; **infantile -** : convulsions des enfants.

convulsivant, *s.* : agent convulsif.

convulsive, *adj.* : convulsif; **- movements of the limbs** : soubresauts.

Cooley's anemia : anémie de Cooley, thalassémie.

Coolidge tube : tube de Coolidge *(radiol.)*.

coolie-itch, *s.* : ankylostomiase.

Coombs' test : test de Coombs, direct *ou* indirect.

Coopernail's sign : ecchymose du périnée et des parties adjacentes dans les fractures du bassin.

coordination, *s.* : coordination.

coordinator, *s.* : partie du système nerveux qui contrôle la coordination.

copaiba, *s.* : copahu; **- balsam** : baume de copahu.

cophosis, *s.* : cophose (abolition complète du sens de l'ouïe).

copiopa, *s.* : fatigue oculaire.

copodyskinesia, *s.* : peine à se mouvoir due à la répétition constante du même acte; spasme professionnel; crampe des écrivains.

copos, *s.* : 1. lassitude, épuisement après une maladie; 2. crampe dans le mollet.

copper, *s.* : cuivre; **- coloured** : cuivré, cuivreux; **- complexion** : teint cuivré; **- skinned** : au teint cuivré, bronzé.

copra, *s.* : copra *ou* coprah.

copragogue, *s.* : purgatif.

copremesis, *s.* : vomissement de matière fécale.

copremia, *s.* : coprémie, stercorémie (accidents toxiques provoqués par une constipation opiniâtre).

copro- : copro-, préfixe dénotant un rapport avec les fèces.

coproctic, *adj.* : fécal.

coprolagnia, *s.* : coprolagnie (excitation sexuelle produite par la pensée *ou* la vue des fèces).

coprolalia, *s.* : coprolalie, manie blasphématoire.

coprolith, *s.* : coprolithe (concrétions de matières fécales durcies dans les selles).

coprology, *s.* : coprologie (étude des matières fécales), scatologie.

coproma, s. : coprome, scatome (accumulation de matières qui simule une tumeur intestinale).

coprophilia or **scatophilia,** s. : coprophilie, scatophilie.

coprophilous, adj. : coprophile.

coproplanesis, s. : élimination de matière fécale par une fistule ou une ouverture anormale.

coproporphyrin, s. : coproporphyrine.

coprorrhea, s. : diarrhée.

coprostatis, s. : coprostase, coprostasie (accumulation de matières fécales dans le gros intestin).

copula, s. (lat.) : 1. lame mince joignant le bec du corps calleux à la couche de substance grise; 2. schizonte; 3. ambocepteur; 4. coït; **- alba cerebri** : commissure antérieure du cerveau.

copulation, s. : copulation, coït, accouplement.

cor, s. (lat.) : cœur; **- adiposum** : cœur gras; **- bovinum** : cœur de Traube; **- membranaceum** : cœur membraneux (portion auriculaire); **- mobile** : cœur mobile; **- pulmonale** : cœur pulmonaire.

coracoid, adj. : coracoïde; **- ligament** : ligament triangulaire unissant l'apophyse coracoïde à l'acromion; **- notch** : échancrure coracoïde; **- process** : apophyse coracoïde.

coracoiditis, s. : coracoïdite.

corasthma, s. : rhume des foins.

Corbus' disease : balanite gangréneuse.

cord, s. : cordon, corde; **spinal -** : moelle épinière; **subacute combined degeneration of spinal -** : sclérose multiple subaiguë de la moelle.

cordate, adj. : cordiforme, en forme de cœur.

cordectomy, s. : cordectomie (excision d'une corde, ex. corde vocale).

cordial, s., adj. : cordial.

cordiform, adj. : cordiforme, en forme de cœur.

corditis, s. : cordite (inflammation du cordon spermatique).

cordotomy, s. : cordotomie (1. section d'une corde vocale; 2. chordotomie (section de la moelle).

core- : core-, préfixe dénotant un rapport avec la pupille de l'œil.

core, s. : 1. bourbillon (d'un abcès), cornillon (d'un cor); 2. cachexie aqueuse (mouton); 3. partie centrale du corpuscule terminal d'un nerf; 4. noyau, nucléoïde d'un virus ou d'une bactérie.

coreclisis or **corecleisis,** s. : séclusion pupillaire.

corectasis, s. : dilatation pupillaire.

corectome, s. : instrument pour iridectomie.

corectomedialysis, s. : 1. iridectomie; 2. cf., **coredialysis.**

corectomy, s. : iridectomie.

corectopia, s. : corectopie (anomalie congénitale ou acquise de la pupille qui se trouve placée en dehors du centre de l'iris).

coredialysis, s. : production d'une pupille artificielle sur le bord ciliaire de l'iris.

corediastasis, s. : dilatation pupillaire.

corelysis, s. : corelysis (opération qui consiste à rompre les adhérences de l'iris au cristallin ou à la cornée).

coremorphosis, s. : corémorphose (opération pour établir une pupille artificielle).

corenclisis, s. : établissement d'une pupille artificielle par déplacement, l'iris étant déplacé et en partie excisé.

coreometer, s. : coréomètre (instrument pour mesurer la pupille de l'œil).

coreometry, s. : coréométrie (mesure de la pupille).

coreoncion, s. : pince à double crochet pour iris.

coreoplasty, s. : toute opération pour faire une pupille artificielle.

coreoscope, s. : coréoscope (instrument pour examiner la pupille).

coreostenoma, s. : rétrécissement de la pupille.

coretomedialysis, s. : iridectomie.

coretomy, s. : 1. iridotomie; 2. iridectomie.

corium, s. (lat.) : derme, chorion.

corky bark virus : virus de la tubérose corticale.

corm, s. : tige souterraine bulbeuse.

corn, s. : 1. cor, oignon, durillon; **- cure, - plaster** : coricide; **- cutter** : pédicure, coupe-cors; **soft -** : œil de perdrix; 2. grain, blé, céréales, maïs (U.S.), avoine (Ecosse); **cattle -** : maïs commun; **- liquor** : alcool de maïs; **- moth** : fausse teigne des blés; **- stalk** : cf., **cornstalk disease; - starch** : amidon de maïs, maïzena; **sweet -** : maïs comestible.

cornea, s. : cornée; **conical -** : kératocône; **transplantation of -** : greffe de la cornée.

corneal, adj. : cornéen, cornéal.

corneitis, s. : kératite.

corneoblepharon, s. : adhérence de la paupière à la cornée.

corneoiritis, s. : inflammation de la cornée et de l'iris.

corneosclera, s. : cornée et sclérotique.

corneous, adj. : corné; **- layer** : couche cornée.

cornet, s. : 1. cornet (pour sourds); 2. couche osseuse; **sphenoid** or **Bertin's -** : cornet de Bertin.

corneum, s. (lat.) : couche cornée.

corniculate, adj. : corniculé.

corniculum, s. (lat.) : petite corne, apophyse d'aspect cornu; **- laryngis** : cartilage de Santorini.

cornification, s. : kératinisation.

cornified, adj. : cornifié, kératinisé.

cornstalk disease : maladie des chevaux et du bétail attribuée à l'ingestion de paille de maïs.

cornu, s., plur. **cornua** (lat.) : corne; **Ammon's -** : corne d'Ammon.

cornual, adj. : se rapportant à une corne; **- myelitis** : myélite de la corne antérieure de la moelle.

cornucopia, *s.* : corbeille de fleurs (prolifération du plexus choroïde).

corolla, *s.* : corolle *(bot.).*

corona, *s. (lat.)* : couronne; **- ciliaris** : petite circonférence du corps ciliaire; **- glandis** : couronne du gland; **- radiata** : couronne radiante *ou* rayonnante (1. du thalamus optique; 2. de l'ovule); **- veneris** : couronne de Vénus (syphilides secondaires).

coronal, *adj.* : coronal; **- bone** : os coronal; **- suture** : suture coronale (fronto-pariétale).

coronale, *s. (lat.)* : 1. os frontal; 2. point de la suture coronale où le diamètre frontal est le plus grand.

coronaria, *s.* : artère coronaire.

coronarism, *s.* : coronarisme (spasme douloureux des artères coronaires).

coronaritis, *s.* : coronarite.

coronary, *adj.* : coronaire; *s.* : coronarite; **- disease** : maladie coronarienne, coronarite.

corone, *s.* : apophyse coronoïde (du maxillaire inférieur).

coroner, *s.* : coroner (officier d'état civil chargé d'instruire, assisté d'un jury, en cas de mort violente *ou* de décès subit).

coronion, *s.* : sommet de l'apophyse coronoïde du maxillaire inférieur.

coronoid, *adj.* : coronoïde; **- fossa** : fossette coronoïde; **- process** : apophyse coronoïde.

coroparelcysis, *s.* : déplacement de la pupille pour pallier une opacité partielle de la cornée.

corophthisis, *s.* : contraction pupillaire due à une consomption de l'œil.

corpse, *s.* : cadavre.

corpulence *or* **corpulency,** *s.* : corpulence, obésité.

corpulent, *adj.* : corpulent, obèse.

corpus, *s., plur.* **corpora** *(lat.)* : corps; **- callosum** : corps calleux; **- candicans** *or* **mamillare** : éminence mamillaire ou pisiforme : **- cavernosum** : corps caverneux; **corpora cavernositis** : inflammation du corps calleux avec priapisme; **- ciliare** : corps ciliaire; **- dentatum cerebelli** : corps rhomboïdal du cervelet ou olive cérébelleuse; **- dentatum olivae** : lame olivaire; **- geniculatum** : corps genouillé; **- luteum** : corps jaune; **- pineale** : glande pinéale; **- quadrigeminum** : tubercules quadrijumeaux; **- restiforme** : pédoncule cérébelleux inférieur *ou* corps restiforme; **- spongiosum** : corps caverneux; **- striatum** : corps strié; **- suprarenale** : capsule surrénale; **- vitreum** : corps vitré.

corpuscle, *s.* : corpuscule; **Malpighian -** : glomérule de Malpighi; **blood -** : globule sanguin; **red blood -** (*or* **r.b.c.**) : globule rouge.

corpuscular, *adj.* : corpusculaire.

corpusculum, *s., plur.* **corpuscula** *(lat.)* : corpuscule.

corradiation, *s.* : focalisation *(radiol.)*

correctant *or* **corrective,** *s.* : correctif; *adj.* : modifiant favorablement.

correlation, *s.* : corrélation.

Corrigan's disease : maladie de Corrigan (insuffisance aortique); **- pulse** : pouls de Corrigan.

corroborant, *s.* : corroborant, fortifiant.

corrosion, *s.* : corrosion.

corrosive, *adj.* : corrosif.

corrugant, *s.* : médicament pour arrêter les sécrétions.

corrugated, *adj.* : ridé, plissé; **- lens** : lentille à gradins, lentille prismatique de Fresnel.

corrugator, *s.* : (muscle) corrugateur (du front), muscle sourcilier.

corset, *s. (fr.)* : corset.

cortex, *s.* : cortex (couche externe, écorce); **adrenal -** : cortex surrénal; **cerebellar -** : cortex cérébelleux; **cerebral -** : cortex cérébral.

Corti's arch : arche de Corti; **- canal** *or* **funnel** : tunnel de l'organe de Corti; **- cells** : cellules de Corti; **- ganglion** : ganglion du limaçon; **- membrane** : membrane de Corti *ou* tectoria; **- organ** : organe de Corti; **- rods** *or* **fibers** : piliers de Corti; **- teeth** : 1. dents auditives; 2. pointes dentelées du bord de la lame spirale de l'oreille.

cortical, *adj.* : cortical; **- cataract** : opacité de la couche externe du cristallin; **- depressant** : cortico-dépressif, cortico-dépresseur; **- epilepsy** : épilepsie d'origine corticocérébrale; **- hormone** : hormone corticale *ou* cortine.

corticifugal, *adj.* : corticifuge.

corticipetal, *adj.* : corticipète.

cortico-afférent, *adj.* : cortico-afférent.

cortico-efférent, *adj.* : cortico-efférent.

corticoid, *adj.* : corticoïde.

cortico-pleuritis, *s.* : cortico-pleurite, splénopneumonie.

corticospinal, *adj.* : corticorachidien.

corticotrophin, corticotropin, *s.* : corticotrophine (hormone corticotrope, ACTH).

cortin, *s.* : cortine, corticostérone.

cortisone, *s.* : cortisone.

cortisone-like, *adj.* : à effet cortisonique.

coruscation, *s.* : phosphène *(ophtal.)*, scintillement.

corybantism, *s.* : délire hallucinatoire.

corynebacteriosis, *s.* : corynébactériose.

Corynebacterium, *s.* : *Corynebacterium.*

coryza, *s.* : coryza, rhume de cerveau.

cosmesis, *s.* : art de conserver *ou* d'accroître la beauté.

cosmetic, *s.* : cosmétique; *adj.* : embellissant.

cosmetology, *s.* : cosmétologie.

cosmic, *adj.* : cosmique; **- radiation** : rayon cosmique.

cosmobiology, *s.* : cosmobiologie.

cosmopathology, *s.* : cosmopathologie.

costa, *s., plur.* **costae** *(lat.)* : côte; **costae fluctuantes** : côtes flottantes; **costae accessoriae, illegitimae, mendosae** *or* **spuriae** : fausses côtes; **costae legitimae** *or* **verae** : vraies côtes.

costal, *adj.* : costal; **- respiration** : respiration costale.

costalgia, *s.* : névralgie intercostale, douleur dans les côtes.

costate, *adj.* : ayant des côtes.

costectomy, *s.* : costectomie (résection costale).

costicartilage, *s.* : cartilage costal, côte sternale non ossifiée.

costive, *adj.* : constipé.

costiveness, *s.* : constipation.

costo- : costo-, préfixe dénotant un rapport avec les côtes.

costochondral, *adj.* : costochondral.

costoclavicular, *adj.* : costoclaviculaire.

costocoracoid, *adj.* : costocoracoïdien.

costoscapularis, *s.* : muscle grand dentelé; *adj.* : costo-scapulaire.

costosternal, *adj.* : costosternal.

costotome, *s.* : costotome.

costotomy, *s.* : résection, sectionnement d'une côte.

costotransversectomy, *s.* : costotransversectomie (résection des apophyses et des têtes de côtes correspondantes).

costovertebral, *adj.* : costovertébral.

cot, *s.* : 1. lit d'enfant; **basket -** : moïse; 2. doigtier; **fever** *or* **Kibbee's -** : lit spécial pour donner des bains froids aux malades ayant de la fièvre.

Cotard's syndrome : syndrome de Cotard, délire des négations.

Cotting's operation : opération de l'ongle incarné.

cotton, *s.* : coton; **- plug** : tampon de coton; **medicated** *or* **absorbent -** : coton hydrophile; **- rat** : sigmodon (*Sigmodon hispidus hispidus*, rongeur réceptif au virus poliomyélitique vivant dans les plantations de coton aux Etats-Unis); **- swab** : tampon monté, badigeon en coton, écouvillon; **- tail** : lapin de garenne (genre *Sylvilagus*); **- wool** : ouate.

Cotugno's canal : aqueduc du vestibule; **- disease** : sciatique; **- liquor** : périlymphe; **- nerve** : nerf naso-palatin; **- space** : cul-de-sac endolymphatique.

Cotunnius : *cf.*, **Cotugno.**

cotyla, *s.* : cotyle.

cotyledon, *s.* : cotylédon (1. villosité vasculaire du chorion se projetant dans la caduque utérine; 2. une des multiples portions arrondies de la surface utérine du placenta; 3. partie de la graine qui donnera naissance aux feuilles, sert de réserve nutritive à la plante [*bot.*]).

cotyloid, *adj.* : cotyloïde; **- cavity** *or* **fossa** : cavité cotyloïde de l'os coxal; **- ligament** : ligament de la cavité cotyloïde; **- notch** : échancrure du bord antérieur interne de la cavité cotyloïde.

couching, *s.* : opération de l'abaissement (cataracte).

cough, *s.* : toux; **to have a -** : tousser; **dry -** : toux sèche; **fit of -** : quinte de toux; **loose -** : toux grasse; **- drop** : pastille pectorale; **- mixture** : potion béchique; *v.* : tousser; **to - up** : cracher en toussant; **to - up blood** : cracher du sang.

coulomb, *s.* : coulomb, ampère-seconde.

Councilman bodies : corps de Councilman (*hist.*).

count, *s.* : compte, numération; **blood -** : numération globulaire, formule sanguine.

counter, *s.* : compteur; **Geiger-Muller -** : compteur de Geiger; **scintillation -** : compteur à scintillations.

counteraction, *s.* : action contraire, neutralisation.

countercurrent distribution : distribution à contre-courant.

counterextension, *s.* : contrextension.

counterirritant, *s., adj.* : calmant, sédatif, anti-irritant, révulsif.

counterirritation, *s.* : révulsion, dérivation.

counteropening, *s.* : contre-ouverture.

counterpoison, *s.* : contrepoison.

counterstain, *s.* : coloration de contraste (*histol.*).

counting cell : cellule pour numération globulaire, cellule de Nageotte.

courses (*vernac.*), *s.* : règles.

court-plaster, *s.* : sparadrap.

Couton's disease : spondylite tuberculeuse, mal de Pott.

cover-glass, *s.* : lamelle couvre-objet; **to remove a - from a preparation** : décoiffer une préparation.

Cowper's cyst : kyste de rétention des glandes de Cowper; **- glands** : glandes de Cowper, de Méry *ou* bulbo-urétrales; **- ligament** : ligament de l'aponévrose de la cuisse rattaché à la crête du pubis.

cowperitis, *s.* : cowpérite (inflammation des glandes de Cowper).

cowpox, *s.* : vaccine, cow-pox.

coxa, *s.* (*lat.*) : hanche; **- plana** : coxa plana, arthrite déformante juvénile, ostéo-chondrite déformante infantile; **- valga** : coxa valga (déviation du membre inférieur en abduction et rotation externe avec limitation de la rotation interne et allongement du membre); **- vara** : coxa vara, coxa adducta, coxa flecta, hanche bote.

coxalgia, *s.* : coxalgie.

coxalgic, *adj.* : coxalgique.

coxankylometer, *s.* : appareil pour mesurer les déformations dans les maladies de la hanche.

coxarthritis, *s.* : *cf.*, **coxitis.**

coxarthrocace, *s.* : inflammation fongueuse de l'articulation de la hanche.

coxarum morbus (*lat.*) : maladie de l'articulation coxo-fémorale.

Coxiella burnetii : *Coxiella burnetii* (agent de la fièvre Q).

coxitis, *s.* : coxite (arthrite coxofémorale); **- coty- loidea** : coxite localisée à la cavité cotyloïde; **senile -** : coxarthrie, coxarthrose, arthrite sénile, morbus coxas senilis.

coxodynia, *s.* : coxalgie.

coxofemoral, *adj.* : coxofémoral.

coxopathy, *s.* : toute maladie de l'articulation coxofémorale.

coxotuberculosis, *s.* : coxotuberculose (coxalgie tuberculeuse).

cozymase, *s.* : cozymase.

crab-louse, *s.* : pou du pubis, morpion (*Phthirius pubis*).

crachotement, *s. (fr.)* : crachotement (réflexe consécutif aux opérations de l'utérus et des ovaires).

crack, *s.* : fêlure; fissure.

cracked pot sound : bruit de pot fêlé (à la percussion de la cavité bronchique); **- voice** : voix fêlée, qui mue.

craddle, *s.* : 1. berceau (d'enfant); 2. gouttière (de contention); 3. cerceau (de lit).

craft-palsy, *s.* : névrose professionnelle de type hystérie de conversion.

Craigia, *s.* : *Craigia* (protozoaires amiboïdes parasitaires).

craigiasis, *s.* : infestation par les *Craigia*.

cram, *v.* : bourrer la mémoire pour passer un examen; **- stunt** *(U.S.)* : arrêt du développement mental par surmenage.

cramp, *s.* : crampe; **writer's -** : crampe des écrivains.

cranial, *adj.* : crânien; **- index** : indice céphalique.

craniamphitomy : incision totale du crâne.

craniectomy, *s.* : craniectomie.

craniencephalometer, *s.* : instrument pour déterminer la position des circonvolutions cérébrales par la surface extérieure.

cranio- : cranio-, préfixe dénotant un rapport avec le crâne.

craniocele, *s.* : encéphalocèle (ectopie, à la face externe du crâne, d'une partie du cerveau ou de ses enveloppes).

craniocerebral, *adj.* : cranio-cérébral.

craniocervical, *adj.* : cranio-cervical.

cranioclasis, *s.* : cranioclase (extraction de la tête fœtale à l'aide du crânioclaste).

cranioclasm, *s.* : *cf.*, **cranioclasis**.

cranioclast, *s.* : cranioclaste (instrument pour extraire la tête fœtale).

cranioclasty, *s.* : *cf.*, **cranioclasis**.

craniocleidodysostosis, *s.* : dysostose cléido-crânienne.

craniodiaclast, *s.* : instrument pour briser le crâne dans la craniotomie.

craniodidymus, *s.* : céphalopage.

craniograph, *s.* : craniographe (instrument pour mesurer les contours du cerveau).

craniography, *s.* : craniographie.

craniology, *s.* : craniologie (1. étude du crâne; 2. phrénologie).

craniomalacia, *s.* : craniomalacie, craniotabes.

craniometer, *s.* : craniomètre.

craniometry, *s.* : cranométrie (mensuration des os du crâne).

craniopathy, *s.* : toute maladie de la tête.

craniopharyngeal, *adj.* : craniopharyngé.

craniopharyngioma, *s.* : craniopharyngiome (tumeur cérébrale kystique se développant au-dessus de la selle turcique aux dépens du canal craniopharyngé).

cranioplasty, *s.* : cranioplastie (greffe ostéopériostique).

cranioschisis, *s.* : cranioschisis.

craniosclerosis, *s.* : craniosclérose.

cranioscopy, *s.* : cranioscopie, craniologie.

craniospinal, *adj.* : craniorachidien.

craniospongiosis, *s.* : craniospongiose.

craniostenosis, *s.* : contraction de la boîte crânienne.

craniostosis, *s.* : craniostose (ossification congénitale des sutures crâniennes).

craniotabes, *s.* : craniotabès, craniomalacie, occiput mou.

craniotome, *s.* : craniotome.

craniotomy, *s.* : craniotomie (sectionnement des os du crâne).

craniotractor, *s.* : cranioclaste spécial pour extraction.

craniotripsotome, *s.* : instrument pour cranioclasie.

craniotrypesis, *s.* : trépanation.

craniotympanic, *adj.* : craniotympanique.

cranitis, *s.* : inflammation des os du crâne.

cranium *s. (lat.)* : crâne.

crapulent or **crapulous**, *adj.* : caractérisé par des excès de nourriture et de boisson.

craseology or **crasiology**, *s.* : science de la constitution.

crasis, *s.* : constitution.

crassamen : *cf.*, **crassamentum**; **- sanguinis** : *cf.*, **buffy coat**.

crassamentum, *s.* : caillot.

crateriform, *adj.* : cratériforme, en forme de coupe.

craw-craw, *s.* : craw-craw (filariose cutanée).

cream, *s.* : crème.

crease, *s.* : pli, fossette.

creatinase, *s.* : créatinase.

creatine, *s.* : créatine; **- phosphatase** : créatine phosphatase.

creatinemia, *s.* : créatinémie.

creatinine, *s.* : créatinine.

creatinuria, *s.* : créatinurie.

creatorrhea, *s.* : azotorrhée, élimination de tissu musculaire dans les fèces.

crebruria, *s.* : micturition fréquente.

creche, *s. (fr.)* : crèche, pouponnière.

Crédé's method : 1. méthode de Crédé, méthode d'expression placentaire; 2. ensemble des moyens proposés pour la prophylaxie de la conjonctivite purulente des nouveau-nés.

creek dots : petits points brillants de nature inconnue, souvent héréditaires, se présentant parfois sur la rétine.

creeping (of skin), *s.* : chair de poule; *adj.* : progressif, rampant; **- eruption** : maladie cutanée caractérisée par une éruption linéaire rouge s'étendant d'un côté et disparaissant de l'autre; **- paralysis** : paralysie progressive; **- replacement** : remplacement des os *ou* des cartilages morts par des couches de nouveau tissu; **- sickness** : ergotisme gangréneux.

cremaster, *s.* : cremaster (muscle).

cremasteric, *adj.* : crémastérien; **- reflex** : réflexe crémastérien.

cremate, *v.* : incinérer.

cremation, *s.* : crémation, incinération.

crematory, *s.* : four crématoire.

cremnophobia, *s.* : cremnophobie (peur morbide des précipices).

cremometer, *s.* : crémomètre (instrument destiné à mesurer la crème du lait).

cremor, *s. (lat.)* : crème.

crena, *s. (lat.)* : échancrure; **- ani** : sillon fessier.

crenate, **crenated**, **crenellated**, *adj.* : crénelé, échancré, festonné.

crenation, *s.* : crénelure, aspect crénelé des bords des hématies.

crenocyte, *s.* : crénocyte (érythrocyte crénelé).

creosote, *s.* : créosote; **coal tar -** : créosote de houille, huile lourde.

crepitant, *adj.* : crépitant; **- rale** : râle crépitant.

crepitation, *s.* : crépitation (1. osseuse; 2. sanguine; 3. neigeuse; 4. parcheminée).

crepitus, *s. (lat.)* : 1. crépitation; 2. râle crépitant; **- redux** : râle de retour.

crescent, *s.* : croissant; **- of Gianuzzi** : croissants de Gianuzzi; *adj.* : croissant, qui croît.

crescentic, *adj.* : en forme de croissant, de nouvelle lune.

crest, *s.* : crête, arête (d'un os).

creta, *s. (lat.)* : craie.

cretaceous, *adj.* : crétacé, crayeux.

cretin, *s.* : crétin.

cretinism, *s.* : crétinisme; **acquired** *or* **adult -** : myxœdème.

cretinoid, *s., adj.* : crétinoïde.

cretinous, *s., adj.* : crétineux.

Creutzfeldt-Jacob's disease : maladie de Creutzfeldt-Jacob.

crevice, *s.* **(gingival)** : sillon gingival.

crevicular, *adj.* : se rapportant au sillon gingival.

crewels, *s.* : scrofule.

crib, *s.* : berceau, crèche, couchette, cadre.

cribrate, *adj.* : perforé, tamisé.

cribrum, *s., plur.* **cribra** *(lat.)* : crible, tamis.

crick, *s.* : crampe; **- in the neck** : torticolis; 2. effort, foulure; **- in the back** : tour de reins.

crico- : crico-, préfixe dénotant un rapport avec le cartilage cricoïde.

crico-arytenoid, *adj.* : crico-aryténoïdien.

cricoid, *adj.* : cricoïde, en forme d'anneau; **- cartilage** : cartilage cricoïde.

cricoidectomy, *s.* : cricoïdectomie.

crycodynia, *s.* : douleur dans le cartilage cricoïde.

cricopharyngeal, *adj.* : cricopharyngien.

cricothyreotomy, *s.* : incision dans les cartilages cricoïde et thyroïde.

cricothyroid, *adj.* : cricothyroïdien.

cricothyrotomy, *s.* : laryngotomie par le cartilage cricoïde et la membrane crico-thyroïdienne.

cricotomy, *s.* : cricotomie (laryngotomie par le cartilage cricoïde).

cricotracheotomy, *s.* : cricotrachéotomie (trachéotomie par le cartilage cricoïde).

criminal, *adj.* : criminel; **- abortion** : avortement provoqué sans raisons thérapeutiques; **- assault** : attentat à la pudeur, outrage aux mœurs.

criminology, *s.* : criminologie.

crinate *or* **crinated**, *adj.* : velu, chevelu.

criniform, *adj.* : filiforme.

crinkle, *s.* : frisolée, frisée (symptômes provoqués chez certaines plantes par le virus Y ou *Marmor upsilon* et certains complexes).

crino, *s., plur.* **crinones** *(lat.)* : 1. affection cutanée infantile; 2. comédon.

crinogenic, *adj.* : stimulant la production des sécrétions.

crinose, *adj.* : chevelu.

crinosity, *s.* : aspect hirsute.

cripple, *s.* : estropié, boiteux, impotent, infirme; **war -** : mutilé de guerre.

crippled, *adj.* : estropié; **- with rheumatism** : perclus de rhumatismes.

crisis, *s.* : crise (1. changement rapide dans l'état d'un malade; 2. accident subit ou aggravation brusque).

crispation, *s.* : crispation, contracture.

crispatura, *s. (lat.)* : plissement (du visage), froncement (des sourcils), contracture; **- tendinum** : rétraction de l'aponévrose palmaire (maladie de Dupuytren).

criss-cross inheritance : héritage des caractères du parent du sexe opposé.

crista, *s., plur.* **cristae** *(lat.)* : crête; **- anterior tibiae** : crête tibiale; **- galli** : apophyse crista-galli; **- iliaca** : crête iliaque; **- occipitalis** : crête occipitale.

cristate, *adj.* : à crête, cristé.

Critchett's operation : opération de Critchett (ablation du staphylome cornéen suivie de la suture des lèvres de la plaie).

critical, *adj.* : critique, dangereux; **- age** : âge critique ; **- temperature** : température critique ; **- angle** : angle limite *(opt.)*; **- definition** : pouvoir séparateur *(opt.)*.

critically ill : dangereusement malade ; **- circumstanced** : dans une situation critique.

crocidism, crocidismus *or* **crocidixis,** *s.* : crocidisme, carphologie.

Crohn's disease : maladie de Crohn, entérite régionale ou iléite terminale.

Cromble's ulcer : petit ulcère gingival au niveau des molaires se produisant lors de la sprue.

crookedness, *s.* : difformité (de stature); déjettement, scoliose (de la colonne vertébrale).

Crookes' tube : tube de Crookes *(radiol.)*.

cross, *s.* : 1. croisement (fécondation croisée); 2. structure en croix ; **back -** : rétrocroisement ; **- breed** : 1. race croisée; 2. métis; **- breeding** : croisement de races, hybridation, métissage; **- cut** : coupe transversale; **eyed -** : louche; **- fertilization** : fécondation croisée, pollinisation croisée, hybridation; **- finger** : autoplastie à doigts croisés *(chir.)* ; **- foot** : pied varus ; **- infection** : infection surajoutée, contagion secondaire; **- knee** : genu valgum; **- leg** : infirmité où les jambes croisent en marchant (conséquence fréquente d'une maladie coxofémorale double); **- legged** : autoplastie à jambes croisées; **- matching** : test croisé *(hématol.)* pour la compatibilité rhésus ; **occipital -** : protubérance occipitale interne; *v.* : **- fertilize** : hybrider.

crossed, *adj.* : 1. en forme de croix; 2. affectant les côtés opposés du corps ; **- amblyopia** : amblyopie atteignant l'œil opposé au site de la lésion; **- anesthesia** : anesthésie d'un côté du corps due à une lésion centrale de l'autre côté; **- hairs** : réticules d'un objectif, d'un viseur; **- hemiplegia** *or* **paralysis** : hémiplégie alterne; **- line** : fils croisés de viseur *(opt.)*; **- reflexes** : réflexes contralatéraux ; **- section** : coupe transversale; **- threads** : fils en croix *(opt.)*.

cross-over design : schéma d'expériences croisées.

cross-over study : étude par permutation.

crossing-over : *s.* : enjambement *(génét.)*.

crotaphion, *s.* : point craniométrique à l'extrémité dorsale du ptérion.

crotchet, *s.* : crochet utilisé pour délivrer le fœtus après la craniotomie.

crounotherapy, *s.* : crénothérapie, thérapeutique par eaux minérales.

croup, *s.* : croup; **false -** : faux croup, laryngite striduleuse.

croupine, *s.* : laryngite striduleuse.

croupous, *adj.* : croupeux.

croupy, *adj.* : croupal.

crowding, *s.* : rétraction *(radiol. pulm.)*.

crown, *s.* : couronne *(cf.,* **corona***)*.

crowning, *s.* : 1. fait de fixer une couronne à une dent; 2. apparition de la tête fœtale à la vulve au cours du travail.

crucial, *adj.* : crucial (ligament), cruciforme.

crucible, *s.* : creuset *(chim.)*.

cruciform, *adj.* : cruciforme (en forme de croix).

crude, *adj.* : brut, cru; **- oil** : huile brute.

cruentous, *adj.* : cruenté, saignant.

cruenturesis, *s.* : hématurie.

cruor, *s.* : cruor, caillot.

crupper, *s.* : croupe (de cheval).

cruraeus, *s. (lat.)* : muscle crural.

crural, *adj.* : crural.

cruritis, *s.* : phlegmatia alba dolens, œdème blanc douloureux.

crus, *s.,* *plur.* **crura** *(lat.)* : cuisse, pédoncule; **- cerebelli** : pédoncule cérébelleux ; **- cerebrocerebellare** : pédoncule cérébelleux supérieur ; **- cerebri** : pédoncule cérébelleux inférieur; **- pontocerebellare** : pédoncule cérébelleux moyen; **crura diaphragmatis** : piliers du diaphragme ; **- fornicis** : piliers du trigone cérébral.

crush, *s.* : écrasement; **- injury** : lésion d'écrasement; **- syndrome** : syndrome d'écrasement, de Bywater, choc myotriptique.

crust, *s.* : croûte (d'une plaie), escarre; **milk -** : impétigo.

crusta, *s. (lat.)* : 1. *cf.,* **crust**; 2. partie inférieure du pédoncule cérébelleux ; **- adamantina dentium** : émail dentaire; **- lactea** : séborrhée du cuir chevelu chez le nourrisson; **- lamellosa** : psoriasis; **- petrosa** : fine couche osseuse sur la racine de la dent; **- phlogistica** : caillot blanc.

crustal, *adj.* : se rapportant à une croûte, se rapportant à la partie inférieure du pédoncule cérébelleux.

crusted, *adj.* : croûteux.

crutch, *s.* : béquille ; **Canadian -** : béquillon, canne-béquille; **- palsy,** **- paralysis** : paralysie des béquillards.

Cruveilhier's atrophy : atrophie musculaire progressive; **- Baumgarten's syndrome** : cirrhose de Cruveilhier-Baumgarten; **- disease** : 1. maladie de Cruveilhier (ulcère simple de l'estomac); 2. atrophie musculaire progressive; **- fascia** : couche superficielle de l'aponévrose périnéale ; **- plexus** : 1. plexus de la région cervicale postérieure; 2. plexus des veines variqueuses dans certaines formes d'angiome.

Cruz's trypanosomiasis : maladie de Chagas.

cry, *s.* : 1. cri; 2. pleurs; 3. *v.* : pleurer.

cryalgesia, *s.* : algésie due au froid.

cryanesthesia, *s.* : cryanesthésie, cryo-anesthésie (anesthésie au froid).

cryesthesia, *s.* : cryesthésie (sensibilité particulière au froid).

crymodynia, *s.* : algie due au froid.

crymotherapy, *s.* : crymothérapie, frigothérapie (méthode thérapeutique qui utilise les tempéra-

17

tures très basses, celles pour lesquelles le corps humain devient diathermane).

cryo- : cryo-, préfixe dénotant un rapport avec le froid.

cryocautery, s. : cryocautère.

cryodesiccation, s. : cryodessiccation.

cryogen, s. : cryogène, réfrigérant.

cryogenic, adj. : cryogène; **- laboratory** : laboratoire pour l'étude des cryogènes, du froid artificiel.

cryoglobulin, s. : cryoglobuline.

cryology, s. : cryologie.

cryometer, s. : cryomètre (thermomètre pour basses températures).

cryopathy, s. : cryopathie (tout état morbide causé par le froid).

cryophilic, adj. : cryophile.

cryoscopic, adj. : cryoscopique.

cryoscopy, s. : cryoscopie.

cryotherapy, s. : cryothérapie (application thérapeutique du froid).

crypt- : cf., **crypto-**.

crypt, s. : crypte (1. follicule; 2. cavité glandulaire).

cryptagglutinoid, s. : cryptagglutinoïde (hématol.).

cryptanamnesia, s. : mémoire subconsciente.

cryptitis, s. : inflammation d'une crypte; **- urethral** : inflammation des follicules muqueux de l'urètre.

crypto- : crypto-, préfixe signifiant caché, ou un rapport avec une crypte, un follicule, une cavité.

cryptobiotic, adj. : ayant une vie assoupie.

cryptocephalus, s. : cryptocéphale.

cryptococcosis, s. : cryptococcose (affection provoquée par le développement des cryptocoques dans la peau, les poumons et l'axe cérébro-spinal).

Cryptococcus, s. : Cryptococcus, cryptocoque.

cryptogam, s. : cryptogame.

cryptogamic or **cryptogamous,** adj. : cryptogame.

cryptogenetic or **cryptogenic,** adj. : cryptogénétique ou cryptogénique (1. obscur quant à l'origine; 2. parasitaire).

cryptoleukemia, cryptoleucosis, s. : cryptoleucémie.

cryptolith, s. : calcul dans une crypte.

cryptolithiasis, s. : calcification et ossification des tumeurs de la peau et du tissu sous-cutané.

cryptomenorrhea, s. : cryptoménorrhée (absence apparente de menstruation).

cryptomenorachischisis, s. : spina bifida occulta.

cryptophthalmos or **cryptophthalmia,** s. : 1. cryptophtalmie (adhérence congénitale des paupières sur des yeux imparfaits); 2. personne atteinte de synéchie palpébrale.

cryptopodia, s. : cryptopodie.

cryptopsychism, s. : cryptopsychisme, cryesthésie métapsychique, parapsychologie.

cryptopyic, adj. : caractérisé par une suppuration cachée.

cryptorchid or **cryptorchis,** s. : cryptorchide.

cryptorchidism, s. : cryptorchidie (absence de testicules par suite de leur arrêt dans l'abdomen).

cryptorhetic or **cryptorrheic,** adj. : appartenant aux sécrétions internes.

cryptorrhea, s. : sécrétion indue d'une glande endocrine.

cryptoscope, s. : fluoroscope.

cryptotoxic, adj. : cryptotoxique.

cryptotoxin, s. : cryptotoxine.

cryptozygous, adj. : cryptozyge.

crystal, s. : cristal.

crystalbumin, s. : albumine du cristallin.

crystalfibrin, s. : fibrine du cristallin.

crystallin, s. : globuline du cristallin.

crystalline, adj. : cristallin; **- lens** : cristallin (de l'œil).

crystallization, s. : cristallisation.

crystallography, s. : cristallographie.

crystalloid, adj. : cristalloïde.

crystallometry, s. : cristallométrie (étude de la mesure des angles des cristaux).

crystallophobia, s. : cristallophobie (appréhension angoissante de toucher les objets en verre).

crystalluridrosis, s. : cristallisation sur la peau des éléments urinaires de la transpiration.

C.S.F. : abréviation pour **cerebrospinal fluid** : liquide céphalo-rachidien, L.C.R.

cubic, adj. : cubique.

cubit, s. : cubitus, coude.

cubital, adj. : cubital.

cubitale, s. : os cunéiforme.

cubitus, s. : cubitus, coude; **- valgus** : cubitus valgus (exagération de la légère abduction que présente normalement l'avant-bras); **- varus** : cubitus varus (déformation de la région du coude qui porte l'avant-bras en abduction).

cuboid, s., adj. : cuboïde.

cucurbit, s. : 1. ventouse; 2. plante de l'ordre des Cucurbitacées (bot.).

cucurbitation, s. : pose des ventouses.

cuff, s. : manchon; **perivascular -** : manchon périvasculaire; **pneumatic -** : brassard pneumatique.

cuffed, adj. : entouré d'un manchon.

cuffing, s. : formation de manchons.

Cuignet's method : méthode de Cuignet, skiascopie, papilloscopy, kératoscopie.

cul-de-sac, s. (fr.) : cul-de-sac; **Douglas -** : cul-de-sac rectovaginal ou poche de Douglas.

culdocentesis, s. : culdocentèse.

culdoscopy, s. : culdoscopie.

Culex, *s. (lat.)* : Culex.

Culicidae, *s. (lat.)* : culicidés (moustiques).

culicide, *adj.* : culicide.

culicifuge, *adj.* : culicifuge, préparation anti-moustique.

Cullen's sign : signe de Cullen ou Cullen-Hellendall (coloration bleuâtre autour de l'ombilic dans les cas de grossesse extra-utérine).

culmen, *s. (lat.)* : portion antérieure et montante du vermis supérieur du cervelet.

cultivation, *s.* : culture.

cultural, *adj.* : appartenant à la culture.

culture, *s.* : culture; **blood -** : hémoculture; **- medium** : milieu de culture; **shake -** : culture agitée; **stab -** : culture en profondeur *ou* ensemencée par piqûre; **slant -** : culture en gélose inclinée; **tissue -** : culture de tissus; **type -** : culture type.

cumulative, *adj.* : cumulatif; **- action** *or* **effect** : effet cumulatif.

cumulus, *s. (lat.)* : amas, mont; **- oophorus** *or* **discus proligerus** : disque proligère.

cuneate, *adj.* : cunéiforme; **- fasciculus** *or* **funiculus** : faisceau cunéiforme; **- column** : faisceau de Burdach.

cuneocuboid, *adj.* : se rapportant aux os cunéiforme et cuboïde.

cuneohysterectomy, *s.* : cunéohystérectomie (excision d'un coin de paroi utérine en respectant la muqueuse).

cuneus, *s. (lat.)* : cunéus.

cuniculus, *s. (lat.)* : sillon cutané dû au sarcopte de la gale.

cunnilingus, *s. (lat.)* : coït linguo-vulvaire.

cunnus, *s. (lat.)* : vulve.

cup, *s.* : 1. tasse, gobelet, coupe; 2. calice *(bot.)*; 3. ventouse; **dry -** : ventouse sèche; **wet -** : ventouse scarifiée; 4. cupule *(chir.)*; **favus -** : godet favique; **glaucomatous -** : excavation glaucomateuse; **physiological -** : concavité normale de la papille optique; **retinal -** : excavation du disque optique; **- shaped** : cupulaire, cupuliforme *(bot.)*; *v.* : ventouser, appliquer des ventouses.

cupola, *s. (lat.)* : 1. dôme à l'extrémité du canal cochléaire; 2. sommet d'une glande intestinale; **- space** : attique.

cupping, *s.* : 1. méthode de traitement par application de ventouses; 2. formation de la ventouse; **- glass** : ventouse.

cuprum, *s. (lat.)* : cuivre.

cupula, *s. (lat.)* : revêtement de la crête acoustique qui n'est visible qu'après coagulation ou fixation.

cupula terminalis *(lat.)* : membrane de Corti ou membrane tectoria.

cupule, *s.* : cupule *(bot.)*.

curage, *s. (fr.)* : curage; *cf.,* **curettage.**

curare, *s.* : curare (poison végétal paralysant des Indiens).

curarization, *s.* : curarisation.

curarize, *v.* : curariser.

curarizing, *adj.* : curarisant.

curative, *s.* : remède; *adj.* : curatif, médicateur, sanatoire.

curd, *s.* : lait caillé.

curdled, *adj.* : coagulé, figé, caillé.

cure, *s.* : 1. cure; 2. guérison; **milk -** : cure de lait; **- all** : panacée.

curet, *s.* : curette.

curettage, *s.* : curetage, curettage, curage.

curie, *s.* : curie ([Ci] unité de mesure pour les substances radioactives); **- therapy** : curiethérapie, radiumthérapie.

curium, *s.* : curium.

curl, *s.* : feuilles bouclées (maladie des plantes due à un virus).

curled, *adj.* : ondé (colonie de bacilles); vrillé (feuille).

Curling's ulcer : ulcère de Curling (ulcère du duodénum survenant chez les grands brûlés).

curly top : enroulement du sommet (virus des plantes).

currant jelly clot : caillot post-mortem.

current, *s.* : courant.

Curschmann's spirals : spirales de Curschmann, exsudat spiroïde (pelotons de filaments muqueux trouvés dans l'expectoration des asthmatiques).

curvature, *s.* : 1. courbure, inflexion; 2. déviation; **anterior -** : cyphose; **backward -** : lordose; **lateral -** : scoliose; **- of spine** : déviation de la colonne vertébrale; **- of field** : courbure de champ *(opt.)*.

curve, *s.* : 1. courbe; 2. courbure; **- of Carus** : axe longitudinal incurvé du canal pelvien ayant la symphyse pubienne pour centre.

Cusco's speculum : spéculum de Cusco.

Cushing's disease : maladie de Cushing, adénome basophile hypophysaire, basophilisme pituitaire; **- suture** : suture intestinale continue.

cushion, *s.* : coussin, agrégat de tissu adipeux ou élastique.

cusp, *s.* : pointe, corne.

cuspid, *s.* : dent canine; *adj.* : ayant une pointe.

cuspidate, *adj.* : cuspidé; **- tooth** : dent canine.

cuspidor, *s.* : crachoir.

cutaneous, *adj.* : cutané; **- larva migrans** : larva migrans cutanée; **- test,** *s.* : test cutané.

cutaneous femoris, *adj. (lat.)* : fémoro-cutané.

cuticle, *s.* : épiderme, cuticule.

cuticolous, *adj.* : vivant sous la peau (larve parasite).

cuticula, *s.* : cuticule, couche externe de la paroi des kystes hydatiques; **- dentis** : cuticule dentaire; **- pili** : cuticule pileux.

cuticular, *adj.* : cuticulaire.

cuticularization, *s.* : formation de l'épiderme.

cutification, *s.* : formation de la peau.

cutis, *s.* *(lat.)* : derme; **- anserina** : chair de poule, réaction ansérine; **- laxa** : cutis laxa, dermatolyse; **- pendula** : peau flasque; **- testacea** : séborrhée généralisée; **- unctuosa** : séborrhée; **- vera** : derme; **- verticis gyrata** : hypertrophie et relâchement de la peau avec tendance à retomber en plis.

cutisector, *s.* : instrument pour biopsie de la peau.

cutitis, *s.* : cutite, dermatite.

cutization, *s.* : cutisation (induration et sécheresse de certaines muqueuses exposées à l'air).

cyanemia, *s.* : sang bleuâtre.

cyanhemoglobin, *s.* : cyanhémoglobine (produit de l'acide hydrocyanique et de l'hémoglobine, d'une couleur rouge cerise).

cyanhidrosis or **cyanephidrosis**, *s.* : cyanhidrose, cyanéphidrose (sueur bleue).

cyanic, *adj.* : cyanique.

cyanid, *s.* : cyanure.

cyano- : cyano-, préfixe signifiant bleu.

cyanobalamine, *s.* : cyanobalamine (vitamine B$_{12}$).

cyanogen, *s.* : cyanogène.

cyanogenesis, *s.* : cyanogenèse.

cyanomycosis, *s.* : infection par *Micrococcus pyocyaneus* (production de pus bleu).

cyanophil or **cyanophilous**, *adj.* : cyanophile (ayant une affinité pour le bleu).

cyanopia or **cyanopsia**, *s.* : perversion de la vision qui rend tout bleu.

cyanosis, *s.* : cyanose, ictère violet, dyshématose (coloration bleue des téguments).

cyanospermia, *s.* : sperme bleu.

cyanotic, *adj.* : cyanotique.

cyanuria, *s.* : cyanurie.

cyasma, *s.* : pigmentation cutanée de la femme enceinte.

cyathus, *s.* : 1. tasse, verre; 2. canal de l'hypophyse au cerveau.

cybernetics, *s.* : cybernétique.

cyclarthrosis, *s.* : articulation en pivot, permettant la rotation.

cycle, *s.* : cycle; **aberrant -** : établissement d'une communication entre les vaisseaux pulmonaires et bronchiques pour congestion due à une sténose mitrale; **cardiac -** : cycle cardiaque; **estrous -** : cycle œstral; **menstrual -** : cycle menstruel.

cyclectomy, *s.* : ciliairectomie (résection d'un fragment du corps ciliaire).

cyclic, *adj.* : cyclique, intermittent.

cyclicotomy, *s.* : ciliairotomie (section du plexus ciliaire).

cyclitis, *s.* : cyclite (variété d'iritis ou d'irido-choroïdite localisée au cercle ciliaire).

cyclo- : cyclo-, préfixe dénotant (1) rapport avec un cercle; (2) rapport avec le corps ciliaire.

cyclocephalus, *s.* : cyclocéphale (monstre dont les deux yeux sont confondus en un seul et dont l'appareil nasal est complètement atrophié).

cyclochoroiditis, *s.* : cyclochoroïdite (inflammation du corps ciliaire et de la choroïde).

cyclodialysis, *s.* : cyclodialyse (détachement du corps ciliaire de la sclérotique).

cyclogeny, *s.* : cycle évolutif d'un microbe.

cyclophoria, *s.* : cyclophorie (variété de trouble de l'équilibre oculo-moteur caractérisé par un déplacement rotatoire).

cyclopia, *s.* : cyclopie (malformation congénitale caractérisée par la fusion des deux orbites et l'existence d'un seul œil).

cycloplegia, *s.* : cycloplégie (ophtalmoplégie totale).

cyclopropane, *s.* : cyclopropane (*anesthésiol.*).

cyclops, *s.* : cyclope.

cycloscope, *s.* : cycloscope.

cycloserin, *s.* : cyclosérine.

cyclosis, *s.* : cyclose (motilité du protoplasme à l'intérieur des cellules).

cyclospasm, *s.* : cyclospasme.

cyclothymia, *s.* : cyclothymie.

cyclotomy, *s.* : cyclotomie (section du plexus ciliaire).

cyclotron, *s.* : cyclotron.

cyesiognosis, *s.* : diagnostic de grossesse.

cyesiology, *s.* : science de la grossesse.

cyesis, *s.* : grossesse.

cyesnatocardia, *s.* : rythme du cœur fœtal.

cyetic, *adj.* : se rapportant à la grossesse.

cylicotomy, *s.* : incision du muscle ciliaire.

cylinder, *s.* : 1. cylindre; 2. calcul; 3. lentille cylindrique; **Bence-Jones' -** : cylindres séminourinaires, formations cylindriques allongées provenant des tubules séminifères se trouvant dans l'urine.

cylindric or **cylindrical**, *adj.* : cylindrique.

cylindro-adenoma, *s.* : cylindro-adénome (adénome renfermant des masses cylindriques de substance hyaline).

cylindrocephalic, *adj.* : atteint de cylindrocéphalie.

cylindrocephaly, *s.* : cylindrocéphalie (déformation crânienne caractérisée par l'allongement du crâne en forme de cylindre).

cylindroid, *s.* : cylindroïde (cylindre muqueux urinaire).

cylindroma, *s.* : cylindrome, épithéliome à corps oviformes, myxosarcome, syphonome, tumeur hétéradénique à corps oviformes.

cylindrosarcoma, *s.* : tumeur à éléments cylindromateux et sarcomateux.

cylindrosis, *s.* : forme d'articulation osseuse.

cylindruria, *s.* : cylindrurie (présence de cylindres d'origine rénale dans l'urine).

cyllopodia, *s.* : fait d'avoir un pied bot.

cyllosis, *s.* : pied bot, déformation du pied.

cymbocephaly, *s.* : cymbocéphalie, kumbocéphalie, crâne en besace.

cyniatria, *s.* : étude des maladies canines et de leur traitement.

cynic, *adj.* : cynique, qui concerne les muscles canins; **- spasm** : spasme cynique (contraction convulsive des muscles canins).

cynocephalous, *adj.* : cynocéphale.

cynocephalus, *s.* : cynocéphale.

cynodontes, *s.* : dents canines.

cynorexia, *s.* : cynorexie, boulimie.

cynospasmus, *s.* : spasme cynique.

Cyon's nerve : nerf dépresseur de Cyon.

cyophoria, *s.* : grossesse.

cyotrophy, *s.* : nutrition du fœtus.

cyphosis, *s.* : cyphose (déviation de la colonne vertébrale à convexité postérieure).

cypridopathy, *s.* : maladie vénérienne.

cypridophobia *or* **cypriphobia**, *s.* : cypridophobie (1. peur des maladies vénériennes; 2. peur de l'acte sexuel).

cyrtocephalus, *adj.* : à tête courte.

cyrtoid, *adj.* : d'aspect bossu.

cyrtometer, *s.* : cyrtomètre.

cyrtosis, *s.* : déviation de la colonne vertébrale; difformité osseuse.

cyst, *s.* : kyste, vésicule; **hydatid -** : kyste hydatique; **ovarian -** : kyste de l'ovaire.

cystadenoma, *s.* : cystadénome.

cystadenosarcoma, *s.* : cystadénome et sarcome combinés.

cystalgia, *s.* : cystalgie, cystodynie (névralgie de la vessie).

cystatrophia, *s.* : atrophie de la vessie.

cystauchenitis, *s.* : inflammation du col de la vessie.

cystauchenotomy, *s.* : incision du col de la vessie.

cystauxe, *s.* : épaississement de la vessie.

cystectasia *or* **cystectasy**, *s.* : cystectasie (dilatation de la vessie).

cystectomy, *s.* : 1. cystectomie (résection totale ou partielle de la vessie); 2. excision du canal cystique; 3. ablation d'un kyste.

cysteine, *s.* : cystéine.

cystelcosis, *s.* : ulcération de la vessie.

cystencephalia, *s.* : l'état du cystencéphale.

cystencephalus, *s.* : cystencéphale (monstre dont le cerveau est remplacé par un kyste).

cystendesis, *s.* : suture de la vésicule biliaire, de la vessie.

cysterethism, *s.* : éréthisme de la vessie.

cysthitis, *s.* : inflammation de la vulve.

cysthus, *s.* *(lat.)* : 1. vulve; 2. anus.

cysthypersarcosis, *s.* : hypertrophie de la paroi musculaire de la vessie.

cystic, *adj.* : cystique (se rapportant : 1. à un kyste; 2. à la vessie ou à la vésicule biliaire).

cysticercosis, *s.* : cysticercose (maladie due au développement de cysticerques dans l'organisme).

Cysticercus, *s.* : cysticerque (taenia au stade larvaire).

cysticolithectomy, *s.* : lithectomie par incision du canal cystique.

cysticotomy, *s.* : cysticotomie (incision du canal cystique).

cystidolaparotomy, *s.* : incision abdomino-vésicale.

cystidomyeloma, *s.* : carcinome médullaire de la vessie.

cystiform, *adj.* : en forme de kyste.

cystin, *s.* : cystine.

cystinemia, *s.* : cystinémie (cystine dans le sang).

cystinosis, *s.* : cystinose.

cystinuria, *s.* : cystinurie (élimination de cystine par l'urine).

cystipathy, *s.* : maladie de la vessie.

cystirrhagia, *s.* : cystirragie, cystorragie (hémorragie vésicale).

cystirrhea, *s.* : catarrhe vésical.

cystitaxis, *s.* : suintement de sang de la membrane muqueuse de la vessie.

cystitis, *s.* : cystite (inflammation aiguë *ou* chronique de la vessie).

cysto- : cysto-, préfixe dénotant un rapport avec la vessie.

cystoadenoma, *s.* : cystadénome.

cystobubonocele, *s.* : hernie inguinale de la vessie.

cystocarcinoma, *s.* : cystocarcinome (carcinome avec dégénérescence kystique).

cystocele, *s.* : cystocèle (hernie de la vessie).

cystochondroma, *s.*, *plur.* **cystochondromata** *(gr.)* : cystochondrome (myxochondrome où le tissu muqueux ramolli donne naissance à un kyste).

cystocolostomy, *s.* : abouchement chirurgical entre la vésicule biliaire et le côlon).

cystodynia, *s.* : cystodynie, cystalgie.

cystoelytroplasty, *s.* : cystoélytroplastie (réfection chirurgicale d'une fistule vésico-vaginale).

cystoenterocele, *s.* : hernie intestino-vésicale.

cystoepiplocele, *s.* : hernie de la vessie et de l'épiploon.

cystoepithelioma, *s.* : cystoépithéliome.

cystofibroma, *s.* : cystofibrome (fibrome à cavités kystiques).

cystogastrostomy, *s.* : opération pour pratiquer une anastomose entre la vésicule biliaire et l'estomac.

cystogenia *or* **cystogenesis**, *s.* : formation de kystes.

cystography, *s.* : cystographie.

cystohemia, s. : congestion de la vessie.

cystohemorrhagia, s. : hémorragie vésicale.

cystoid, s. : pseudo-kyste; adj. : cystoïde (1. qui a l'apparence d'une vessie, qui a l'apparence d'un kyste; 2. formé d'un amas de kystes).

cystolith, s. : calcul vésical.

cystolithectomy, s. : 1. excision d'un calcul de la vessie; 2. enlèvement d'un calcul de la vésicule biliaire.

cystolithiasis, s. : calcul vésical, état consécutif à un calcul vésical.

cystolithic, adj. : se rapportant à un calcul vésical.

cystolutein, s. : matière colorante jaune trouvée dans les kystes.

cystoma, s. : cystome; **- glandulare proliferum** or **proliferum papillare** : cysto-épithéliome de l'ovaire; épithélioma mucoïde, kyste prolifère.

cystomerocele, s. : hernie fémorale de la vessie.

cystometry, s. : cystométrie.

cystomorphous, adj. : ressemblant à un kyste.

cystomyoma, s. : myome renfermant des kystes.

cystomyxoadenoma, s. : myxome kystique et adénome.

cystomyxoma, s. : myxome kystique.

cystoncus, s. : tuméfaction de la vessie.

cystonephrosis, s. : hydronéphrose kystique, dilatation kystique du rein.

cystoneuralgia, s. : névralgie de la vessie, cystalgie.

cystoparalysis, s. : paralysie de la vessie.

cystopexy, s. : cystopexie (fixation de la vessie).

cystophotography, s. : cystophotographie (photographie de l'intérieur de la vessie).

cystoplasty, s. : cystoplastie.

cystoplegia, s. : cystoplégie (paralysie de la vessie).

cystoproctostomy, s. : abouchement de la vessie dans le rectum.

cystoptosis, s. : ptose de la muqueuse vésicale dans l'urètre.

cystopyelitis, s. : inflammation de la vessie et du bassinet, cystite et pyélite associées.

cystopyelonephritis, s. : cf., **cystopyelitis.**

cystopyic, adj. : se rapportant à la suppuration de la vessie.

cystoradiography, s. : cystoradiographie.

cystorectostomy, s. : formation d'une fistule entre le rectum et la vessie.

cystorrhagia, s. : cystorragie (hémorragie vésicale).

cystorrhaphy, s. : cystorraphie (suture de la vessie).

cystosarcoma, s. : cystosarcome.

cystoschisis, s. : fissure congénitale de la vessie.

cystoscirrhus, s. : squirrhe de la vessie.

cystoscope, s. : cystoscope.

cystoscopy, s. : cystoscopie (examen de la vessie au cystoscope).

cystose, adj. : kysteux, kystique, atteint de ou siège de kystes.

cystospasm, s. : spasme de la vessie.

cystospermitis, s. : inflammation des vésicules séminales.

cystostomy, s. : cystostomie (abouchement de la vessie à la paroi abdominale).

cystotome, s. : cystotome (1. bistouri pour cystotomie; 2. bistouri pour inciser la capsule du cristallin dans l'opération de la cataracte).

cystotomy, s. : cystotomie, taille (ouverture chirurgicale de la vessie pour en extraire les calculs ou pour dériver l'urine).

cysto-urethritis, s. : inflammation de la vessie et de l'urètre.

cysto-urethroscope, s. : cysto-urétroscope.

cystworm, s. : cysticerque.

cytase, s. : cytase (enzyme leucocytaire).

-cyte, s. : -cyte, suffixe indiquant un rapport avec une cellule.

cytemia, s. : cytémie (présence de cellules étrangères dans le sang).

cythemolysis, s. : cythémolyse (destruction des globules rouges).

cytherean, adj. : vénérien; **- shield** : condom, préservatif.

cytitis, s. : dermatite.

cyto- : cyto-, préfixe dénotant un rapport avec une cellule.

cytoblast, s. : cytoblaste.

cytoblastema, s. : cytoblastème.

cytochemism, s. : chimisme cytologique.

cytochemistry, s. : cytochimie.

cytochrome, s. : cytochrome.

cytochylema, s. : jus cellulaire.

cytocinesis, s. : cytocinèse.

cytoclasis, s. : nécrose cellulaire.

cytode, s. : cytode (masse protoplasmique sans noyau).

cytodendrite, s. : fibrille collatérale cellulifuge d'une cellule nerveuse.

cytodiagnosis, s. : cytodiagnostic.

cytodieresis, s. : mitose (processus de la division cellulaire).

cytodistal, adj. : se dit de la portion du cylindraxe la plus éloignée de la cellule d'origine.

cytogenesis, s. : cytogenèse.

cytogenetic, adj. : cytogénétique.

cytogenous, adj. : cytogène.

cytoglobin, s. : cytoglobine.

cytography, s. : description des cellules.

cytohyaloplasm, s. : cytohyaloplasme, réticulum du protoplasme.

cytoid, adj. : ressemblant à une cellule.

cytology, s. : cytologie.

cytolymph, s. : cytolymphe (matrice du cytoplasme cellulaire).

cytolysin, s. : cytolysine.

cytolysis, s. : cytolyse (dissolution *ou* destruction des cellules).

cytoma, s. : tumeur cellulaire.

cytomegalic inclusion disease : maladie des inclusions cytomégaliques.

cytomegalovirus, s. : virus des inclusions cytomégaliques.

cytomere, s. : cytomère.

cytometry, s. : cytométrie.

cytomicrosome, s. : microsome du cytoplasme.

cytomorphosis, s. : étude de l'évolution cellulaire.

cyton, s. : 1. cellule; 2. cellule nerveuse.

cytopathogenic, *adj.* : cytopathogène.

cytopathology, s. : cytopathologie (étude des maladies de la cellule).

cytopathy, s. : maladie de la cellule vivante.

cytopenia, s. : cytopénie.

cytopexic, *adj.* : cytopexique.

cytophagous, *adj.* : phagocyte.

cytophagy, s. : phagocytose.

cytophil, *adj.* : cytophile.

cytophylaxis, s. : cytophylaxie.

cytophysiology, s. : physiologie cellulaire.

cytoplasm, s. : cytoplasme, protoplasme.

cytoplastic, *adj.* : cytoplasique.

cytoplastin, s. : cytoplastine (substance protéique du protoplasme).

cytoproximal, *adj.* : partie du cylindraxe proche de la cellule d'origine.

cytoreticulum, s. : *cf.,* **cytomitome.**

cytoscopy, s. : cytodiagnostic.

cytosiderosis, s. : cytosidérose.

cytosome, s. : cytosome.

cytospongium, s. : réseau cellulaire renfermant l'hyaloplasme.

cytost, s. : sécrétion cellulaire.

cytostasis, s. : blocage des capillaires par les cellules du sang.

cytostatic, *adj.* : cytostatique.

cytostome, s. : ouverture buccale d'un organisme unicellulaire.

cytotactic, *adj.* : se rapportant au cytotropisme.

cytotaxis, s. : cytotropisme.

cytotherapy, s. : cytothérapie (procédés thérapeutiques qui dérivent de l'étude des cytotoxines).

cytothesis, s. : réfection cellulaire.

cytotoxic, *adj.* : cytotoxique.

cytotoxin, s. : cytotoxine.

cytotrochin, s. : élément cytotrope d'un médicament.

cytotrophoblast, s. : cytotrophoblaste, couche de Langhans.

cytotrophy, s. : développement et évolution cellulaires.

cytotropic, *adj.* : cytotrope.

cytotropism, s. : cytotropisme.

cytozoon, s. : cytozoaire.

cytozyme, s. : cytozyme, thrombokinase.

cytula, s. : œuf fécondé.

cytuloplasm, s. : protoplasme du spermatozoïde et protoplasme de l'œuf mélangés dans l'œuf fécondé.

Czermak's interglobular spaces : espaces irréguliers dans la couche osseuse de la racine des dents et dans l'émail.

Czerny's operation : cure radicale de la hernie inguinale; **- suture** : mode de suture pour lésions intestinales.

D

dacnomania, *s.* : dacnomanie (besoin morbide de mordre).

Da Costa's disease : goutte récidivante.

dacry- *or* **dacryo-** : dacry- *ou* dacryo-, préfixe signifiant un rapport avec les larmes ou les conduits lacrymaux.

dacryadenalgia, *s.* : douleur dans une glande lacrymale.

dacryadenitis, *s.* : dacryadénite, dacryoadénite (inflammation de la glande lacrymale).

dacryadenoscirrhus, *s.* : cancer de la glande lacrymale.

dacryagogastresia, *s.* : obturation du conduit lacrymal.

dacryaogue, *s., adj.* : dacryogène, lacrymogène.

dacrycystalgia, *s.* : *cf.,* **dacryocystalgia.**

dacryelcosis, *s.* : *cf.,* **dacryohelcosis.**

dacryoadenitis, *s.* : dacryo-adénite, dacry-adénite.

dacryoblennorrhea, *s.* : inflammation chronique de sac lacrymal avec écoulement muqueux.

dacryocele, *s.* : *cf.,* **dacryocystocele.**

dacryocyst, *s.* : dacryocyste, sac lacrymal.

dacryocystalgia, *s.* : douleur dans le sac lacrymal.

dacryocystectomy, *s.* : dacryocystectomie (ablation du sac lacrymal dans la dacryocystite).

dacryocystitis, *s.* : dacryocystite (inflammation du sac lacrymal).

dacryocystoblennorrhea, *s.* : inflammation chronique du sac lacrymal avec écoulement mucopurulent.

dacryocystocele, *s.* : dacryocystocèle (protrusion du sac lacrymal).

dacryocystoptosis, *s.* : prolapsus du sac lacrymal.

dacryocystorhinostomy, *s.* : dacryocystorhinostomie, dacryorhinostomie plastique (opération intranasale pour la dacryocystite).

dacryocystotome, *s.* : instrument pour inciser le canal lacrymal.

dacryogenic *or* **lacrimogenic**, *adj.* : dacryogène, lacrymogène.

dacryohelcosis, *s.* : ulcération du sac lacrymal, d'un conduit lacrymal.

dacryohemorrhea, *s.* : pleurs de larmes de sang.

dacryoid, *adj.* : ressemblant à une larme.

dacryolin, *s.* : substance albumineuse des larmes.

dacryolite *or* **dacryolithe**, *s.* : dacryolithe (calcul formé dans les conduits lacrymaux).

dacryolithiasis, *s.* : syndrome dû à la présence de dacryolithes, présence de dacryolithes.

dacryoma, *s.* : 1. tumeur lacrymale; 2. obturation du point lacrymal.

dacryon, *s.* : dacryon (point situé sur le côté de la racine du nez où se rencontrent le frontal, l'unguis et l'apophyse montante du maxillaire supérieur).

dacryops, *s.* : dacryops (kyste de la portion palpébrale de la glande lacrymale).

dacryoptosis, *s.* : 1. écoulement de larmes; 2. prolapsus du sac lacrymal.

dacryopyorrhea, *s.* : larmes purulentes.

dacryopyosis, *s.* : suppuration de l'appareil lacrymal.

dacryorrhea, *s.* : écoulement anormal de larmes.

dacryosolen, *s.* : conduit lacrymal.

dacryosolenitis, *s.* : inflammation d'un conduit lacrymal.

dacryostenosis, *s.* : rétrécissement d'un conduit lacrymal.

dacryosyrinx, *s.* : 1. fistule lacrymale; 2. seringue lacrymale.

dactyl *s. (lat.)* : doigt.

dactylagra, *s.* : attaque de goutte dans les doigts.

dactylate, *adj.* : dactylé.

dactylic, *adj.* : se rapportant aux doigts de la main ou du pied.

dactyliferous, *adj.* : 1. qui a des doigts ou des parties digitées; 2. qui porte des dattes, comme le palmier-dattier *(bot.)*.

dactylion, *s.* : syndactylie.

dactylitis, *s.* : dactylie (panaris, inflammation d'un doigt); **- syphilitica** : dactylite syphilitique.

dactylocampsodynia, s. : flexion douloureuse des doigts.

dactylodiastrophy, s. : dactylodiastrophie (dystrophie congénitale des articulations interphalangiennes).

dactylogram, s. : dactylogramme, empreinte digitale.

dactylograph, s. : dactylographe.

dactylogriposis, s. : dactylogripose (courbure anormale des doigts).

dactyloid, adj. : ressemblant à un doigt.

dactylology, s. : dactylologie.

dactylolysis, s. : perte des doigts ou orteils; **- spontanea** : aïnhum (amputation spontanée d'un orteil).

dactylomegaly, s. : dactylomégalie (hypertrophie des doigts ou des orteils).

dactylophasia, s. : dactylophasie (langage des sourds-muets).

dactyloscopy, s. : dactyloscopie (étude des empreintes digitales).

dactylospasm, s. : spasme d'un doigt.

dactylosymphisis, s. : syndactylie.

dactylotheca, s. : doigtier.

dactylus, s. : 1. doigt, orteil; 2. orteil (par opposition à digitus).

Dakin's solution : solution de Dakin, dakin.

Dallas' operation : opération pour la cure radicale de la hernie inguinale et de la hernie fémorale.

Dalrymple's disease : cyclokératite; **- sign** : signe de Dalrymple (agrandissement de la fente palpébrale, diminution ou absence des cillements de paupières chez les basedowiens).

dalton, s. : dalton (unité de masse : 1/16 de la masse de l'atome d'oxygène, soit environ $1,65 \times 10^{-24}$ g).

daltonian, s. : daltonien.

daltonism, s. : daltonisme (abolition de la perception de certaines couleurs).

Damoiseau's curve : courbe de Damoiseau (courbe parabolique à convexité supérieure qui forme la limite supérieure des épanchements de la plèvre).

damp, s. : humidité (de l'air), moiteur (de la peau); **- proof** : hydrofuge, imperméable, étanche à l'eau.

damper, s. : soupape de réglage d'un galvanomètre.

damping (of sound or **amplitude)** : amortissement.

dampness, s. : humidité, moiteur de la peau.

Dance's sign : signe de Dance (dépression du flanc droit, considérée comme un signe d'invagination intestinale chronique).

dancing disease : tarentisme (variété de chorée hystérique); **- mania** : chorée hystérique, chorée saltatoire.

dandelion, s. : pissenlit.

dander, s. : petits fragments du poil ou des plumes des animaux qui peuvent se montrer allergènes pour les sujets sensibilisés.

dandruff, s. : séborrhée sèche, pellicules, croûte squameuse (du cuir chevelu).

dandy fever, s. : dengue.

Dandy-Walker's syndrome : syndrome de Dandy-Walker, hydrocéphalie par imperforation du trou de Magendie.

daniell, s. : daniell (1,124 volts); **- cell** - pile de Daniell.

Danielssen's disease : lèpre anesthésique.

Danysz's bacillus : bacille de Danysz; **- phenomenon** : phénomène de Danysz, combinaison progressive toxine-antitoxine.

Darier's disease : maladie de Darier (psorospermose folliculaire végétante).

dark, adj. : sombre, obscur, noir; **- ground illumination** : éclairage sur fond noir (micr.); **- room** : chambre noire (phot.); **- slide** : châssis négatif, châssis à plaques (phot.).

Darling's disease : maladie de Darling (histoplasmose).

darmous, s. : darmous (intoxication du bétail par le fluor en Afrique du Nord).

d'arsonvalization or **d'arsonvalism,** s. : darsonvalisation (traitement par les courants de haute fréquence).

dartoic or **dartoid,** adj. : dartoïde, dartoïque (se rapportant au dartos), élastique.

dartos, s. : dartos.

dartre, s. : dartre, affection herpétique.

dartrous, adj. : dartreux, herpétique.

Darwinian tubercule : tubercule de Darwin (tubercule constaté parfois sur le bord de l'hélix).

darwinisme, s. : darwinisme.

dasetherapy, s. : cure dans une région de pins et de sapins.

datum, s., plur. **data** (lat.) : donnée, renseignement, chiffre.

daturism, s. : daturisme, intoxication par le datura.

daughter, s. : fille; **- cell** : cellule fille.

Davaine's bacillus : bacille de Davaine, bactéridie charbonneuse.

Daviel's operation : capsulotomie pour la cataracte.

day-dream, s. : phantasme.

day-nurse, s. : infirmière de jour.

day-nursery, s. : crèche, pouponnière.

deacidification, s. : désacidification (neutralisation d'un acide).

deactivation, s. : désactivation.

dead, s., adj. : mort; **- finger** : doigt mort (maladie de Raynaud, acrocyanose); **- house** : morgue; **- nettle** : nom commun de Lamium album (bot.); **- space** : 1. cavité restant après la suture d'une plaie; 2. espace mort aérien.

deadliness, s. : nature mortelle (d'un poison).

deadly, adj. : mortel, fatal.

deadness, s. : torpeur, engourdissement (des membres).

D.E.A.E.-cellulose : diéthylaminoéthyl-cellulose.

deaf, adj. : sourd; **- and dumb** : sourd-muet; **- dumbness** : surdimutité; **- mute** : sourd-muet; **- muteness** or **- mutism** : surdimutité.

deafness, s. : surdité; **conductive -** : surdité de transmission; **sensoneural -** : surdité de perception; **temporary -** : assourdissement; **tone -** : surdité musicale ; **word -** : surdité tonale ou verbale.

dealbation, s. : blanchiment, décoloration.

deallergize, v. : désallergiser.

deamidase, s. : désamidase.

deamidation, s. : conversion d'amino-acides en oxy-acides.

deaminase or **desaminase,** s. : désaminase.

deamination, s. : désamination (1. transformation de sels d'ammonium en urée; 2. remplacement dans un amino-acide d'un radical amino par un oxygène ou un hydroxyl).

deanesthesiant, s. : action ou produit qui fait sortir le malade de l'état d'anesthésie.

deaquation, s. : déshydratation.

dearterialization, s. : transformation du sang artériel en sang veineux.

death, s. : 1. mort; **- bed** : lit de mort; **black -** : peste noire; **- certificate** : acte de décès; **lingering -** : lente agonie, **- mask** : masque mortuaire; **molar -** : nécrose, gangrène; **molecular -** : mort cellulaire, ulcération; **- point** : température critique de stérilisation; **- rate** : mortalité, taux de la mortalité; **- rattle** : râle, râlement de la mort; **- roll** : liste des morts; **- trance** : léthargie; 2. décès; **to notify a -** : notifier un décès; **register of -** : registre mortuaire; **proof of -** : constatation de décès.

deathlike, adj. : cadavéreux, de mort, semblable à la mort; **- pallor** : pâleur cadavérique, teint cadavéreux; **- sleep** : sommeil de mort.

debilitant, s., adj. : débilitant.

debilitating, adj. : débilitant.

debilitation, s. : débilitation, affaiblissement.

debility, s. : débilité, asthénie; **nervous -** : neurasthénie.

debouchement, s. (fr.) : débouchement.

Debove's disease : maladie de Debove (splénomégalie primitive avec légère hypertrophie du foie); **- membrane** : membrane basale des muqueuses trachéobronchiques et intestinales.

debrancher enzyme deficiency : glycogénose par déficit en enzyme débranchant.

débridement, s. (fr.) : débridement.

debris, s. (fr.) : débris.

deca- : déca-, préfixe signifiant dix.

decalcification, s. : décalcification.

decalcify, v. : décalcifier.

decalvant, s., adj. : décalvant (qui rend chauve).

decannulation, s. : décannulement (enlèvement d'une canule ou d'un tube).

decanormal, adj. : décanormal (chim.).

decantation, s. : décantation, décantage, transvasement.

decanter, s. : vase à décanter, carafon.

decapitation, s. : décapitation, décollation.

decapsulation, s. : décapsulation.

decay, s. : 1. pourriture, putréfaction, carie ; **prevention of -** : imputrescibilisation ; 2. déchéance, décrépitude, délabrement, dépérissement; **senile -** : affaiblissement sénile, gâtisme; **in senile -** : gâteux.

decayed, adj. : gâté; **- tooth** : dent gâtée, cariée, malade.

decease, s. : décès.

deceased, adj. : décédé.

deceleration, s. : décélération.

decentration, s. : décentration.

decerebrate rigidity : rigidité de décérébration.

decerebration, s. : décérébration.

dechloridation or **dechlorination,** s. : mise au régime déchloruré.

dechloruration, s. : déchloruration.

deci- : déci-, préfixe signifiant un dixième de l'unité.

decidua, s. (lat.) : caduque; **- reflexa** : caduque ovulaire ou réfléchie; **- serotina** : caduque utéro-placentaire ou inter-utéro-placentaire ; **- vera** : caduque utérine.

decidual, adj. : caduc.

deciduation, s. : desquamation de la caduque au cours de la menstruation.

deciduitis, s. : deciduite (inflammation des caduques d'un utérus gravide).

deciduoma, s., plur. **deciduomata** (gr.) : déciduome; **- malignum** : déciduome malin, chorioépithéliome, placentome.

deciduosarcoma, s. : déciduome malin, chorioépithéliome.

deciduous, adj. : décidu, caduc; **- teeth** : dents de lait.

decimal, adj. : décimal; **- point** : virgule (math.); s. : décimale; **recurring -** : fraction périodique.

decinormal, adj. : décinormal.

decipher, v. : déchiffrer.

deck-plate, s. : partie supérieure effilée du tube médullaire d'un embryon.

declinator, s. : instrument pour décliner un organe pendant une opération chirurgicale.

decline, s. : déclin.

declivis cerebelli : portion postérieure et descendante du vermis supérieur.

decoction, s. : décoction.

decoctum, s., plur. **decocta** (lat.) : décoction.

decollation, s. : décollation, décapitation.

decollator, s. : instrument pour décapiter le fœtus.

decollement, s. : décollement.

decoloration, s. : décoloration.

decompensated, adj. : décompensé.

decompensation, s. : décompensation.

decomplementize, v. : ôter le complément, décomplémenter (un sérum).

decomposition, s. : décomposition. (1. putréfaction; 2. séparation chimique).

decompression, s. : décompression; **- sickness** : maladie des caissons.

deconditioned, adj. : déconditionné.

decongestive, s., adj. : décongestif.

deconnection, s. : déconnexion (anesthésiol.).

decortication, s. : décortication.

decrepit, adj. : décrépit, caduc.

decrepitation, s. : 1. décrépitation; 2. calcination.

decrepitude, s. : décrépitude, sénilité.

decubation, s. : période de guérison finale d'une maladie infectieuse.

decubital, adj. : du décubitus, qui a trait au décubitus.

decubitus, s. : décubitus; **dorsal -** : décubitus dorsal; **- ulcer** : escarre de décubitus.

decussarium, s. (lat.) : instrument pour abaisser la dure-mère après trépanation.

decussatio, s. (lat.) : décussation; **pyramidum -** : décussation des pyramides.

decussation, s. : décussation, croisement en X.

dedalous or **daedalous,** adj. : dédaléen, en forme de labyrinthe, inextricable.

dedifferentiation, s. : dédifférenciation.

deep, adj. : profond; **- wound** : blessure profonde ; **- wrinkles** : rides très accentuées ; **- freezer** : conservateur (à basse température); **- freezing** : surgélation.

defatigatio, s. (lat.) : surmenage ; **- mentis** : épuisement cérébral.

defecation, s. : défécation (1. expulsion des fèces; 2. séparation des sédiments formés dans un liquide et décoloration de ce liquide).

defect, s. : lacune, défaut, imperfection, défectuosité, anomalie, perte, tare; **- of eyesight** : trouble visuel; **- in pronunciation** : vice, défaut de prononciation; **physical -** : défaut, vice de conformation.

defective, adj. : défectueux, imparfait, défectif; **- child** : enfant anormal; **- memory** : mémoire infidèle.

deferent, adj. : déférent; **- duct** : canal déférent.

deferentectomy, s. : excision d'un canal déférent.

deferentitis, s. : déférentite (inflammation des canaux déférents).

deferred shock : choc différé (manifestation différée d'un choc).

defervescence, s. (fr.) : défervescence (diminution ou disparition complète de la fièvre).

defibrillation, s. : défibrillation (1. arrêt de la fibrillation du cœur; 2. séparation des fibres par dissection).

defibrination or **defibrinization,** s. : defibrination (soustraction de la fibrine du sang par battage); **- syndrome** : syndrome de défibrination ou de fibrinolyse aiguë.

deficiency, s. : 1. manque, insuffisance, défaut, imperfection; 2. carence, déficience; **physical -** : déficience physique; **vitamin -** : carence vitaminique; **- diseases** : maladies de ou par carence.

defining power or **definition** : résolution, pouvoir de définition (d'une lentille); netteté de l'image (phot.); **negative with fine definition** : cliché très fouillé; **bad definition** : manque de netteté, flou.

definitive, adj. : définitif.

deflagration, s. : déflagration.

deflection or **deflexion,** s. : déflexion.

defloration, s. : défloration.

defluvium capillorum : chute rapide, soudaine, des cheveux, alopécie.

defluxion, s. : écoulement abondant, disparition soudaine.

deformation, s. : 1. défiguration; 2. déformation; **field -** : torsion du champ (électr.); **lateral -** : déviation latérale; 3. changement en mal, altération; **Sprengel's -** : déviation ascendante congénitale de l'épaule; **Volkmann's -** : luxation tarsotibiale congénitale.

deforming, adj. : déformant, défigurant.

deformity, s. : déformité; **angular -** : gibbosité; **anterior -** : lordose; **gunstock -** : difformité du bras due à une fracture d'un des condyles de l'humérus.

defunctionalization, s. : le fait de détruire une fonction.

defurfuration, s. : desquamation.

deganglionate, v. : ôter un ou des ganglions.

degassing, s. : traitement des gazés, décontamination, dégazage (phys.).

degenerate, s. : dégénéré; v. : dégénérer, abâtardir.

degeneration, s. : dégénérescence, dégénération, appauvrissement, abâtardissement; **amyloid -** : dégénérescence amyloïde, lardacée ou amylose; **black -** : mélanose; **diseases consequent on -** : maladies de dégénérescence; **fatty -** : dégénérescence graisseuse, stéatose; **subacute combined -** : sclérose combinée de la moelle; **waxy -** : amylose cireuse.

degenerative, adj. : dégénérescent.

deglabration, s. : déglabration, décalvation, chute des cheveux.

deglutition, s. : déglutition, action d'avaler.

degradation, s. : 1. dégradation (chim.); 2. dégénérescence, métamorphose rétrograde (biol.).

degree, s. : 1. degré, titre, teneur (phys.); 2. grade universitaire, diplôme; **medical -** : doctorat en médecine; **to take a -** : passer un diplôme ou un doctorat.

degustation, s. : dégustation.

Dehio's test : épreuve de Dehio (bradycardie).

dehiscence, s. : déhiscence.

dehumanization, s. : déshumanisation.

dehydrate, v. : déshydrater.

dehydration, s. : déshydratation, anhydrisation.

dehydrogenase, s. : déshydrogénase, déhydrase ou déshydrase.

dehydrogenation, s. : déshydrogénation.

dehydrogenize, v. : déshydrogéner.

deintoxication, s. : désintoxication.

deitero-spinal syndrome : syndrome déitéro-spinal (perte d'équilibre, nystagmus et vertige).

Deiters' cells : cellules de Deiters (1. cellules de la névroglie; 2. cellules cylindroconiques de la membrane basilaire de l'organe de Corti); - nucleus : noyau de Deiters (bulbe); - phalanges : prolongement des cellules de Deiters; - process : névraxe.

dejecta, s. : déjections, excréments.

dejection, s. : déjection (1. décharge des fèces, matières fécales; 2. dépression mentale).

Déjerine's disease : névrite hypertrophique familiale, type Déjerine-Sottas.

Déjerine-Sottas' disease or - type of muscular atrophy : cf., Déjerine's disease.

delactation, s. : 1. sevrage; 2. arrêt de l'allaitement.

delamination, s. : division du blastoderme en couches.

delay, s. : délai, retard.

deleterious, adj. : nuisible, délétère.

deletion, s. : délétion, amputation chromosomique (perte d'une section du matériel génétique du chromosome pouvant aller d'un seul nucléotide à une section contenant un certain nombre de gènes [génét.]).

Delhi boil or sore : ulcère infectieux dû à Leishmania tropica (bouton d'Alep, clou de Biskra, leishmaniose cutanée).

delicate, adj. : délicat, faible, chétif.

deligation, s. : ligature.

delimitation, s. : délimitation.

delinquency, s. : délinquence, criminalité.

deliquescent, adj. : déliquescent, dissolvant.

deliriant or delirifacient, s., adj. : tout médicament qui cause le délire.

delirious, adj. : (malade) délirant; to be - : avoir le délire, délirer.

delirium, s. : délire; - tremens : delirium tremens; fit of - : accès de délire.

delitescence, s. : délitescence, disparition d'un phénomène morbide.

deliver, v. : délivrer, accoucher; to - a woman : accoucher une femme.

delivery, s. : 1. accouchement, délivrance; premature - : accouchement prématuré; 2. distribution (de courant, eau, etc.).

delomorphous, adj. : de forme bien délimitée; Rollet's - cells : glandes de la muqueuse gastrique qui secrètent l'acide.

delouse, v. : ôter les poux, épouiller.

delousing, s. : épouillage; - station : poste d'épouillage.

delta, s. : espace triangulaire; - mesoscapulus : triangle scapulo-huméral.

deltoid, adj. : deltoïde; s. : muscle deltoïde.

delusion, s. : hallucination, illusion.

demagnetization, s. : démagnétisation, désaimantation.

demarcation, s. : démarcation, délimitation.

demedication, s. : enlèvement de médicaments nocifs pour l'organisme par cataphorèse.

demembration, s. : 1. amputation; 2. castration.

dement, s. : dément, fou.

demented, adj. : fou, dément ou en démence; to become - : tomber en démence.

dementia, s. : démence; - praecox : démence précoce ou juvénile, hébéphrénocatatonie.

demi- : demi-, préfixe signifiant moitié.

demilune cells : cellules en demi-lune.

demineralization, s. : déminéralisation.

Demodex folliculorum : Demodex folliculorum (parasit.).

demography, s. : démographie.

demonomania, s. : démonomanie.

demonopathy, s. : démonopathie, démonomanie.

demonstration, s. : 1. démonstration; 2. détection, identification, mise en évidence.

demonstrator, s. : préparateur, prosecteur.

De Morgan's spots : taches rouges brillantes ayant l'aspect d'un nævus, constatées par de Morgan sur la peau des cancéreux, mais sans signification diagnostique.

demorphinization, s. : démorphinisation (traitement de la morphinomanie par suppression graduelle de la morphine).

Demour's membrane : cf., Descemet's membrane.

demulcent, s., adj. : émollient, adoucissant.

demyelinating diseases : troubles de démyélinisation.

denarcotized, adj. : dénarcotisé.

denatured, adj. : dénaturé.

dendraxon, s. : dendraxe.

dendric, adj. : dendritique.

dendriform, adj. : dendriforme.

dendrite or dendron, s. : dendrite.

Denecke's spirillum : spirille isolé dans le fromage.

denervated, adj. : énervé.

denervation, s. énervation.

dengue, s. : dengue.

denidation, *s.* : désintégration et éjection de la partie superficielle de la muqueuse utérine.

denitrify, *v.* : dénitrifier, dénitrer, désazoter.

denitrifying, *adj.* : dénitrifiant.

Denman's spontaneous evolution : mode de version se produisant dans la présentation par les épaules.

Denonvillier's fascia : aponévrose recto-vésicale entre la prostate et le rectum.

dens, *s.,* plur. **dentes** *(lat.)* : 1. dent; 2. apophyse odontoïde de l'axis; **- serotinus** : dent de sagesse.

densigram or **densogram,** *s.* : densigramme.

densimeter, *s.* : densimètre.

densimetric, *adj.* : densimétrique.

densimetry, *s.* : densimétrie.

densitometer, *s.* : densitomètre (instrument pour mesurer la densité photographique).

density, *s.* : 1. densité; 2. densité, opacité d'un cliché, intensité de noircissement; **buoyant -** : densité par flottaison.

densography, *s.* : densigraphie.

dentagra, *s.* : 1. mal de dents; 2. pince pour arracher les dents.

dental, *adj.* : 1. dentaire; **- decay** : carie dentaire; **- inclusion** : dent incluse; **- school** : école dentaire; **- surgery** : chirurgie dentaire; **- surgeon** : dentiste; 2. dental.

dentalgia, *s.* : mal de dents.

dentary, *s.* : mâchoire inférieure; *adj.* : dentaire.

dentata, *s.* : deuxième vertèbre cervicale, axis.

dentate, *adj.* : denté, dentelé; **- body** : olive cérébelleuse.

dentation, *s.* : dentelure.

dentatum *(lat.)* : corps rhomboïdal du cervelet, olive cérébelleuse.

dentelation, *s.* : condition d'être dentelé.

dentes *s.* (*plur. of* **dens**) *(lat.)* : dents; **- acuti** : incisives; **- adulti** : dents permanentes; **- adversi** : incisives; **- angulares** : canines; **- bicuspidati** : dents bicuspides; **- canini** : canines; **- cariosi** : dents cariées; **- cuspidati** : dents cuspides, *ou* canines; **- exserti** : dents proéminentes cuspides; **- lactei** : dents de lait; **- molares** : molaires; **- primores** : incisives; **- sapientiae** : dents de sagesse; **- tomici** : incisives.

denticle, *s.* : denticule.

dentification, *s.* : dentification.

dentiform, *adj.* : dentiforme, odontoïde.

dentifrice, *s.* : dentifrice.

dentigerous, *adj.* : dentigène (renfermant *ou* produisant des dents).

dentin or **dentine,** *s.* : dentine, substance éburnée.

dentinal, *adj.* : se rapportant à la dentine.

dentinalgia, *s.* : douleur dans la dentine.

dentinification, *s.* : dentinification (formation de la dentine).

dentinitis, *s.* : inflammation des fibrilles de la dentine.

dentinogenesis, *s.* : dentinification.

dentinoid, *adj.* : 1. semblable à la dentine; 2. se rapportant à un dentome.

dentist, *s.* : dentiste.

dentistry, *s.* : dentisterie, art dentaire.

dentition, *s.* : dentition.

dento-alveolitis, *s.* : pyorrhée alvéolaire.

dentoid, *adj.* : ressemblant à une dent.

dentoliva, *s.* : lame olivaire.

dentoma, *s.* : dentome.

denture, *s.* : 1. denture; 2. dentier.

Dénucé's ligament : ligament court et large de l'articulation du poignet reliant le radius au cubitus.

denucleated, *adj.* : énucléé, privé de noyau.

denudation, *s.* : dénudation, ablation.

denuding, *s.* : dénudation, dépouillement.

denutrition, *s.* : dénutrition.

deobstruent, *s.* : désobstruant, désobstructif.

deodorant, *s., adj.* : désodorisant.

deodorize, *v.* : désodoriser.

deodorizer, *s.* : désodorisateur, désodorisant.

deontology, *s.* : déontologie.

deoppilant or **deoppilative,** *adj.* : désobstruant, désobstructif.

deorsum, *adj. (lat.)* : dirigé vers le bas.

deorsumduction, *s.* : mouvement orienté vers le bas.

deossification, *s.* : déossification.

deoxidation, *s.* : désoxydation.

deoxy-, *cf.,* **desoxy-.**

department (outpatients) : consultation externe, service des malades extérieurs.

dependence, *s.* : dépendance; **streptomycin -** : streptomycino-dépendance.

depersonalization, *s.* : dépersonnalisation.

depigmentation, *s.* : dépigmentation.

depilate, *v.* : dépiler, épiler.

depilation, *s.* : dépilation, épilation.

depilatory, *s., adj.* : dépilatoire, épilatoire.

depilous, *adj.* : chauve, épilé.

depletion, *s.* : déplétion (diminution de la quantité de liquide du corps *ou* d'un organe).

depletive or **depletory,** *s., adj.* : déplétif.

deplumation, *s.* : chute des cils ou sourcils.

depolarization, *s.* : dépolarisation.

deposit, *s.* : dépôt, précipité.

depravation, *s.* : dépravation.

depraved, *adj.* : dépravé.

depressant, *s., adj.* : déprimant, médicament abaissant l'activité fonctionnelle, sédatif.

depressed, *adj.* : déprimé.

depressing, *adj.* : déprimant.

depression, *s.* : 1. dépression, enfoncement, affaissement; 2. affaissement interne d'un organe; 3. diminution des fonctions vitales sous l'influence d'un agent déprimant.

depressive, *adj.* : déprimant.

depressor, *s.* : 1. muscle abaisseur; 2. nerf diminuant l'activité fonctionnelle d'un organe; 3. corps sécrété par l'infundibulum de l'hypophyse; 4. dépressoir *(chir.)*; 5. dépresseur *(génét.)*; *adj.* : dépresseur; **Cyon's - nerve** : nerf de Cyon.

deprimens, *adj. (lat.)* : abaissant, muscle abaissant; **- oculi** : muscle droit inférieur de l'œil.

deprivation, *s.* : privation, état de carence; **sensory -** : restriction sensorielle.

depth, *s.* : profondeur, hauteur, gravité (d'un son), intensité (de coloris); **- of field** : profondeur de champ *(micr.)*; **- of focus** : profondeur de foyer *(opt.)*.

depurant, *s., adj.* : dépuratif.

depurated, *adj.* : dépuré, purifié.

depuration, *s.* : dépuration.

depurative, *s., adj.* : dépuratif, dépuratoire.

deradelphus, *s.* : déradelphe.

deradenitis, *s.* : inflammation des glandes cervicales.

deradenoncus, *s.* : tuméfaction d'une glande cervicale.

derangement, *s.* : dérangement d'esprit, aliénation mentale; **- of digestion** : troubles de digestion.

deratization, *s.* : dératisation.

derbyshire neck : goitre, bronchocèle.

Dercum's disease : maladie de Dercum, adipose douloureuse.

derencephalus, *s.* : dérencéphale (monstre autositaire).

derepressed, *adj.* : déréprimé *(génét.)*.

derepression, *s.* dérépression *(génét.)*.

deric, *adj.* : externe, se rapportant à l'ectoderme.

derivant, *s., adj.* : dérivatif.

derivation, *s.* : dérivation (du liquide d'un organe).

derivative, *s.* : 1. agent dérivatif, dérivatif; 2. dérivé *(chim.)*; *adj.* : dérivatif.

derm or **derma,** *s.* : derme.

derma-, *cf.,* **dermato-.**

Dermacentor, *s.* : Dermacentor (genre de tiques *[parasit.]*).

dermad, *adj.* : externe, orienté vers le derme.

dermagra, *s.* : pellagre.

dermal, *adj.* : dermique, cutané.

dermalaxia, *s.* : ramollissement morbide de la peau.

dermalgia, *s.* : dermalgie, dermatalgie.

dermamyiasis, *s.* : myase cutanée (maladie du derme causée par des mouches *ou* par leurs larves).

dermanaplasty, *s.* : greffe cutanée.

dermapostasis, *s.* : maladie cutanée avec formation d'abcès.

dermat-, *cf.,* **dermato-.**

dermatagra, *s.* : 1. dermatalgie; 2. pellagre.

dermatalgia, *s.* : dermatalgie, dermalgie (douleur spontanée, ressentie dans la peau, en dehors de toute lésion appréciable du tégument *ou* du système nerveux).

dermataneuria, *s.* : trouble de l'irrigation nerveuse de la peau déclenchant de l'anesthésie *ou* de la paralysie.

dermatatrophia, *s.* : *cf.,* **dermatrophia.**

dermatauxe, *s.* : hypertrophie de la peau, épaississement de la peau.

dermathemia, *s.* : congestion de la peau.

dermatic, *s.* : remède pour les maladies de peau; *adj.* : se rapportant à la peau.

dermatitis, *s.* : dermatite; **- exfoliativa of infants** : dermatite exfoliative des nouveau-nés, maladie de Ritter; **weeping -** : dermatose suintante.

dermato-, derma-, dermat-, dermo- : dermato-, derma-, dermat-, dermo-, préfixe signifiant un rapport avec la peau.

dermato-autoplasty, *s.* : dermatoplastie par autogreffe.

Dermatobia : *Dermatobia,* mouche de l'Amérique du Sud.

dermatobiasis, *s.* : myiase cutanée causée par la *Dermatobia.*

dermatocele, *s.* : dermatolyse, naevi, pachydermiques.

dermatocellulitis, *s.* : inflammation du tissu conjonctif sous-cutané.

dermatochalasis, *s.* : dermatochalasie (flaccidité cutanée).

dermatoconiosis, *s.* : maladie cutanée due aux poussières.

dermatocyst, *s.* : kyste de la peau.

dermatodynia, *s.* : dermatalgie.

dermatodyschroia, *s.* : pigmentation anormale de la peau.

dermatofibroma, *s.* : dermato-fibrome, molluscum (fibrome de la peau sessile *ou* pédiculé).

dermatoglyphics, *s.* : 1. stries superficielles de la paume des mains et de la plante des pieds; 2. prise des empreintes digitales.

dermatography, *s.* : 1. dermatographie; 2. dermographie, dermographisme.

dermatoheteroplasty, *s.* : greffe cutanée hétéroplastique.

dermatoid, *adj.* : *cf.,* **dermoid.**

dermatokiledosis, *s.* : pigmentation de la peau.

dermatologist, *s.* : dermatologiste.

dermatology, *s.* : dermatologie.

dermatolysis, *s.* : dermatolyse, chalazodermie, pachydermatocèle.

dermatoma, *s.* : dermatome (néoplasme cutané).

dermatome, *s.* : dermatome (1. instrument pour inciser la peau *ou* pour prélever des greffes cutanées; 2. zone radiculaire).

dermatomere, *s.* : segment de l'intégument embryonnaire.

dermatomucosomyositis, *s.* : inflammation de la peau, des muqueuses et des muscles.

dermatomycosis, *s.* : dermatomycose, dermatophytie.

dermatomyoma, *s.* : dermatomyome (myome de la peau).

dermatomyositis, *s.* : dermatomyosite (inflammation infectieuse de la peau et des muscles, accompagnée d'œdème, de fièvre et d'affaiblissement généralisé).

dermatoneuria, *s.* : *cf.,* **dermatoneurosis.**

dermatoneurology, *s.* : neurologie de la peau.

dermatoneurosis, *s.* : dermatoneurose (affection cutanée secondaire à une lésion du système nerveux central ganglionnaire ou périphérique).

dermatonosis *or* **dermatonosus,** *s.* : toute maladie de peau; **neuropathic - :** maladie cutanée d'origine nerveuse.

dermatopathy, *s.* : dermatopathie (maladie de la peau en général).

dermato-phaneroplastic formula : formule de dermato-phaneroplastie (couleur de la peau, des cheveux et de l'iris).

dermatophobia, *s.* : dermatophobie.

dermatophyte, *s.* : 1. dermatophyte (champignon parasite); 2. phanère.

dermatoplasia, *s.* : pouvoir de cicatrisation de la peau.

dermatoplasty, *s.* : dermatoplastie, traitement des lésions cutanées par greffe.

dermatopolyneuritis, *s.* : dermatopolynévrite, érythrœdème épidémique, pink disease, polynévrite pellagroïde.

dermatorrhagia, *s.* : dermatorragie (hémorragie cutanée).

dermatorrhea, *s.* : dermatorrhée (sudation abondante morbide).

dermatorrhexis, *s.* : dermatorrhexie (rupture des capillaires de la peau).

dermatosclerosis, *s.* : dermatosclérose, sclérodermie.

dermatoscopy, *s.* : dermatoscopie.

dermatosis, *s.* : dermatose, dermopathie; **- Kaposi** : maladie de Kaposi; **- papulosa nigra** : acanthosis nigricans; **pigmented -** : dermatose pigmentaire progressive, maladie de Schamberg.

dermatosome, *s.* : dermatosome (épaississement dans la région équatoriale de chaque fibre fusiforme pendant la mitose).

dermatospasm, *s.* : réaction ansérine, chair de poule.

dermatostomatitis, *s.* : dermatostomatite.

dermatosyphilis, *s.* : dermatosyphilis.

dermatotherapy, *s.* : dermatothérapie.

dermatotomy, *s.* : anatomie, dissection de la peau.

dermatotropic, *adj.* : dermatotrope.

dermatozoon, *s.* : dermatozoaire (parasite de la peau).

dermatozoonosus, *s.* : dermatozoonose (maladie de la peau provoquée par des parasites).

dermatrophia *or* **dermatrophy,** *s.* : atrophie de la peau.

dermenchysis, *s.* : injection hypodermique.

dermic, *adj.* : dermique; **- graft** : greffe cutanée; **- layer** : couche moyenne de la membrane du tympan.

dermis, *s.* : derme.

dermitis, *s.* : dermite, dermatite.

dermoactinomycosis, *s.* : infection cutanée due à des actinomycètes.

dermoblast, *s.* : dermoblaste.

dermocyma *or* **dermocymus,** *s.* : dermocyme (tumeur sous-cutanée formée par une masse où l'on trouve des vestiges de fœtus).

dermographia, dermographism *or* **dermography,** *s.* : dermographie, dermographisme, autographisme, dermatose stéréographique.

dermoid, *adj.* : dermoïde (dont la structure rappelle celle de la peau); **- cyst** : kyste dermoïde.

dermoidectomy, *s.* : excision d'un kyste dermoïde.

dermopathy, *s.* : dermopathie, dermatose.

dermophlebitis, *s.* : inflammation des veines cutanées.

dermophylaxis, *s.* : dermophylaxie (fonction protectrice permanente et multivalente de la peau contre les agents infectieux).

dermophyma venereum *(lat.)* : condylome vénérien.

dermophytosis, *s.* : dermophytie.

dermoskeleton, *s.* : exosquelette, phanère (ensemble des parties externes visibles du corps relevant de l'ectoderme).

dermostenosis, *s.* : sclérodermie.

dermostomatis (Baeder's) : dermostomatite de Baeder.

dermostosis, *s.* : ossification du derme.

dermosynovitis, *s.* : association de dermatite et de synovite.

dermosyphilography, *s.* : dermato-syphiligraphie.

dermosyphilopathy, *s.* : syphilis cutanée.

dermotropic, *adj.* : dermotrope.

dermotropism, *s.* : dermotropisme.

dermotuberculin reaction : cuti-réaction à la tuberculine, réaction *ou* test de von Pirquet.

dermovaccine, *s.* : dermo-vaccin.

derodidymus, *s.* : dérodyme.

derospasmus, s. : spasme *ou* crampe du cou.

desanimania, s. : idiotie, déficience cérébrale.

Descemet's membrane : membrane de Descemet.

descemetitis, s. : descémétite, kératite ponctuée.

descemetocele, s. : descémétocèle (hernie de la membrane de Descemet).

descendens, *adj. (lat.)* : descendant, dirigé vers le bas.

desensitization, s. : désensibilisation.

desensitize, v. : désensibiliser.

desensitizing, s. : désensibilisation.

desiccant, s., *adj.* : dessiccant, produit desséchant.

desiccation, s. : dessiccation, dessèchement.

desiccative, s., *adp.* : dessiccatif.

desiccator, s. : dessiccateur.

desmectasia *or* **desmestasis**, s. : allongement d'un ligament.

desmepithelium, s. : revêtement épithélial des vaisseaux et des poches synoviales, portion épithéliale du mésoderme.

desmiognathus, s. : desmiognathe (monstre double parasitaire).

desmo- : desmo-, préfixe signifiant ligament, bande, lien.

Desmobacterium, s. : bactérie filiforme.

desmoblast, s. : aire opaque du blastoderme.

desmocyte, s. : cellule d'un tissu de soutien.

desmocytoma, s. : tumeur composée de cellules de soutien, sarcome.

desmodynia, s. : desmodynie (douleur dans les ligaments).

desmogenous, *adj.* : d'origine *ou* de cause ligamenteuse.

desmography, s. : description des ligaments.

desmoid, *adj.* : desmoïde, fibreux; **- tumor** : fibrome.

desmology, s. : desmologie (étude, traité des ligaments).

desmoma, s. : fibrome.

desmon, s. : sensibilisatrice, ambocepteur.

desmoneoplasm, s. : néoplasme du tissu conjonctif.

desmopathology, s. : pathologie des ligaments.

desmopathy, s. : desmopathie (affection des ligaments).

desmopexia, s. : ligamentopexie (fixation du ligament rond pour corriger la rétro-déviation de l'utérus).

desmopyknosis, s. : forme de ligamentopexie.

desmorrhexis, s. : desmorrhexie (rupture des ligaments).

desmosis, s. : maladie du tissu conjonctif.

desmosome, s. : desmosome.

desmotomy, s. : dissection des ligaments, ablation d'un ligament.

desmurgia *or* **desmurgy**, s. : art d'appliquer les bandages, les ligatures.

Desnos' pneumonia : maladie de Grancher, spléno-pneumonie, corticopleurite.

desoxy- : désoxy-, préfixe indiquant un produit de réduction *(chim.)*.

desoxycorticosterone, s. : désoxycorticostérone.

d'Espine's sign : signe de d'Espine, chuchotement, bronchophonie aphone.

despumation, s. : despumation (purification d'un liquide par enlèvement de l'écume, de la mousse [*chim.*]).

desquamation, s. : desquamation (exfoliation de l'épiderme).

desternalization, s. : désternalisation costale.

destitution, s. : indigence.

destructive, *adj.* : destructeur, destructif; **- distillation** : distillation sèche; **- metabolism** : catabolisme; **- to health** : fatal à la santé.

desudation, s. : 1. éphidrose morbide; 2. sudamina.

desulfuration *or* **desulfurization**, s. : désulfuration, désoufrage.

desumvergence, s. : inclinaison des yeux vers le bas.

detachment, s. : action de détacher, séparation, décollement; **- of the placenta and membranes** : délivrance; **- of the retina** : décollement de la rétine.

detection, s. : détection.

detention, s. : quarantaine.

detergent, s., *adj.* : détergent, détersif.

determination, s. : détermination, tendance, afflux, dosage; **- of blood to the head** : détermination, afflux de sang à la tête; **sex -** : détermination du sexe.

determine, v. : déterminer, doser.

determinism, s. : déterminisme.

detersion, s. : détersion.

detersive, s., *adj.* : détersif.

dethyroidism, s. : athyroïdie.

detorsion, s. : redressement d'une déviation anormale, remise en place après luxation.

detoxication, s. : 1. détoxication; 2. désintoxication.

detrition, s. : détrition, usure, frottement, désintégration.

detritus, s. : détritus.

detruncation, s. : détroncation, décollation, dérotomie.

detrusor, s. *(lat.)* : 1. moyen *ou* instrument pour faire une expulsion; 2. muscle dont le rôle est d'expulser; **- urinae** : couche externe de la musculeuse de la vessie.

detubation, s. : détubage (enlèvement d'un tube, *ex.* : d'un tube de trachéotomie).

detumescence, s. : détumescence (1. délitescence d'une tumeur; 2. impulsion d'éjaculer le liquide séminal accumulé).

deuteranopia or **deuteranopsia,** s. : deutéranopie, achloropsie (daltonisme pour le vert, non-perception du vert).

deuteria, s. : arrière-faix.

deuterium, s. : deutérium, hydrogène lourd.

deutero-, deuto- : deutéro-, préfixe signifiant second.

deuterology, s. : biologie du placenta.

deuteropathia or **deuteropathy,** s. : deutéropathie (affection secondaire à une autre maladie).

deuteroporphyrin, s. : deutéroporphyrine.

deuteroscopy, s. : deutéroscopie, autoscopie externe.

deuterotocia or **deuterotoky,** s. : forme de parthénogenèse où la femelle procrée des rejetons des deux sexes.

deutoscolex, s. : scolex secondaire, hydatide.

devascularization, s. : dévascularisation.

develop, v. : 1. développer, se développer; 2. être atteint (d'une maladie); 3. poursuivre une étude.

developer, s. : révélateur (phot.).

development, s. : développement, évolution.

deviation, s. : déviation; **conjugate -** : déviation conjuguée des yeux; **- of complement** : déviation du complément.

deviometer, s. : appareil pour mesurer le degré du strabisme.

devisceration, s. : éviscération.

devitalization, s. : dévitalisation (perte pour le virion de son pouvoir de multiplication).

devolution, s. : 1. involution ; 2. catabolisme ; 3. dégénérescence.

Devonshire colic : colique saturnine.

dew, s. : rosée; **- claw** : ergot (des chiens); **- point** : point de rosée, de condensation ; **- point hygrometer** : hygromètre à condensation; v. : humecter, arroser, mouiller; **brow dewed with sweat** : front perlé de sueur; **eyes dewed with tears** : yeux mouillés de larmes.

dewlap, s. : double menton.

dexiocardia, s. : dextrocardie (déplacement du cœur vers la droite).

dexter (lat.) : droit, du côté droit.

dextrad, adj. : orienté vers la droite, dextrogyre.

dextral, adj. : droit, droitier, situé à droite.

dextrality, s. : état d'être du côté droit, de tourner vers le côté droit, de se rapporter au côté droit.

dextran, s. : dextrane.

dextrin, s. : dextrine.

dextrinuria, s. : présence de dextrine dans l'urine.

dextro- : dextro-, préfixe indiquant un rapport avec la droite.

dextrocardia, s. : dextrocardie.

dextrocardiogram, s. : dextrogramme (cardiogramme du ventricule droit).

dextroclination, s. : rotation compensatrice des globes oculaires dans l'inclinaison de la tête sur le côté droit.

dextrocompound, s. : corps dextrogyre (chim.).

dextrocular, adj. : ayant l'œil droit directeur.

dextrocularity, s. : le fait d'avoir l'œil droit directeur.

dextroduction, s. : mouvement oculaire dextrogyre.

dextrogyre, adj. : dextrogyre.

dextromanual, adj. : droitier.

dextromanuality, s. : droiterie.

dextropedal, adj. : dextropode.

dextropedality, s. : dextropodie.

dextrorotatory, adj. : dextrogyre.

dextrose, s. : dextrose.

dextrosuria, s. présence de dextrose dans l'urine.

dextrotorsion, s. : cf., **dextroclination.**

dextroversion, s. : version vers la droite.

dezymotize, v. : priver de ferment.

d'Hérelle's phenomenon : phénomène de d'Hérelle.

dhobie itch : 1. nom hindou des épidermophytoses; 2. nom donné à toute dermatite tropicale supposée transmise par les vêtements.

diabetes, s. : diabète; **alimentary -** : diabète sucré; **alloxan -** : diabète alloxanique; **alternating -** : alternance de diabète sucré et de goutte; **artificial -** : diabète déclenché par piqûre du plancher du quatrième ventricule; **azoturic -** : diabète azoturique; **biliary -** : cirrhose hypertrophique avec ictère chronique, maladie de Hanot; **bronzed -** : diabète bronzé, cirrhose pigmentaire diabétique; **composite -** : diabète avec élimination de sucre, d'acide oxybutyrique et ses dérivés dans l'urine; **- decipiens** : diabète sucré sans polyurie ni polydipsie; **gouty -** : diabète arthritique; **hydruric -** : diabète hydrurique; **- insipidus** : diabète insipide; **- mellitus** : diabète sucré, méliturie; **neurogenic -** : diabète nerveux; **phloridzin -** : diabète toxique; **phosphatic -** : diabète caractérisé par un excès de phosphates dans l'urine; **puncture -** : cf., **artificial diabetes; renal -** : diabète rénal.

diabetic, adj. : diabétique.

diabetide, s. : diabétide (lésion cutanée sous la dépendance du diabète).

diabetogenic or **diabetogenous,** adj. : diabétogène (qui détermine le diabète).

diabetometer, s. : diabétomètre (polarimètre pour dosage du sucre dans l'urine des diabétiques).

diacaustic, s., adj. : 1. diacaustique (opt.); 2. très caustique.

diacele, diacoele or **diacoelia,** s. : troisième ventricule du cerveau.

diacetemia, s. : diacétémie (acide diacétique dans le sang).

diacetonuria, s. : cf., **diaceturia.**

diaceturia, *s.* : diacéturie (acide diacétique dans l'urine).

diachorema, *s.* : excréments, matières fécales.

diachoresis, *s.* : élimination des fèces.

diachoretic, *s.,* *adj.* : laxatif.

diachylon *or* **diachylum,** *s.* : diachylon, diachylum (emplâtre au plomb).

diaclasia *or* **diaclasis,** *s.* : fracture.

diaclast, *s.* : instrument pour briser la tête fœtale.

diacrisis, *s.* : 1. émission anormale; 2. trouble de la sécrétion; 3. maladie caractérisée par des troubles de la sécrétion.

diacritic *or* **diacritical,** *adj.* : diacritique, pathognomonique.

diad, *s.* : 1. bivalent; 2. radical bivalent; 3. ensemble constitué de deux parties distinctes mais formant un tout.

diaderm, *s.* : ectoderme et endoderme.

diadexis, *s.* : substitution d'une maladie à une autre.

diadokokinesia, *s.* : diadococinésie (faculté de faire se succéder rapidement certains mouvements, pronation et supination).

diagnose *or* **diagnosticate,** *v.* : diagnostiquer.

diagnosis, *s.* : diagnose, diagnostic.

diagnostic, *s.* : diagnostic.

diagnostician, *s.* : médecin habile pour le diagnostic.

diagnostics, *s.* : science du diagnostic.

diagram, *s.* : diagramme, schéma.

diagraph, *s.* : diagraphe.

diakinesis, *s.* : diakinèse.

dialysate, *s.* : dialysat.

dialysis, *s.* : dialyse.

dialytic, *adj.* : dialytique.

dialyzable, *adj.* : dialysable.

dialyzed, *adj.* : dialysé.

dialyzer, *s.* : dialyseur.

diamagnetic, *adj.* : diamagnétique.

diameter, *s.* : diamètre ; **biparietal -** : grand transverse; **bitemporal -** : petit transverse.

diamid *or* **diamide,** *s.* : diamide.

diamine, *s.* : diamine.

diaminuria, *s.* : présence de corps diaminés dans l'urine.

diapason, *s.* : diapason.

diapedesis, *s.* : diapédèse (migration des leucocytes hors des capillaires).

diaphane, *s.* : 1. membrane transparente entourant un organe *ou* une cellule; 2. lampe pour diaphanoscopie.

diaphaneity, *s.* : diaphanéité.

diaphanometer, *s.* : diaphanomètre, lactoscope.

diaphanoscope, *s.* : diaphanoscope.

diaphanoscopy, *s.* : diaphanoscopie, transillumination, diascopie.

diaphanous, *adj.* : diaphane, translucide.

diaphametric, *adj.* : se rapportant aux mesures de la sensibilité tactile.

diaphoresis, *s.* : diaphorèse (transpiration, sueurs abondantes).

diaphoretic, *s.,* *adj.* : diaphorétique, sudorifique.

diaphragm, *s.* : 1. diaphragme (*anat.*); 2. diaphragme, membrane, cloison (dialyse); 3. diaphragme (*phot.*); **- aperture** : ouverture du diaphragme.

diaphragma, *s.* (*lat.*) 1. diaphragme (*anat.*); 2. voile des hydroméduses (*biol.*); **- auris** : membrane du tympan; **- cerebri** *or* **ventriculorum lateralium** : cloison transparente du cerveau ; **- hypophyseos** *or* **sellae** : repli pituitaire; **- nasium** : septum nasal ; **- oris** : plancher de la bouche; **- pelvicum** *or* **pelvis** : plancher pelvien; **- pharyngis** : luette; **- urogenitale** : ligament triangulaire.

diaphragmalgia *or* **diaphragmatalgia,** *s.* : douleur dans le diaphragme, point de côté.

diaphragmatic, *adj.* : diaphragmatique.

diaphragmatitis *or* **diaphragmatis,** *s.* : diaphragmatite (inflammation du diaphragme).

diaphragmatocele, *s.* : diaphragmatocèle (hernie des viscères abdominaux à travers un orifice du diaphragme).

diaphragmodynia, *s.* : douleur dans le diaphragme.

diaphysectomy, *s.* : diaphysectomie (résection d'une partie de la diaphyse d'un os long atteint d'ostéomyélite).

diaphysis, *s.* : diaphyse.

diaphysitis, *s.* : inflammation d'une diaphyse.

diaplasis, *s.* : réduction d'une fracture ou d'une luxation.

diaplex *or* **diaplexus,** *s.* : plexus choroïde du troisième ventricule.

diapnoe, *s.* : transpiration légère.

diapnoic, *s.,* *adj.* : diapnoïque, sudorifique léger.

diapophysis, *s.* : diapophyse.

diapositive, *s.* : diapositive (*phot.*).

diapyemia, *s.,* *plur.* **diapyemata** (*gr.*) : abcès.

diapyesis, *s.* : suppuration.

diapyetic, *s.,* *adj.* : déclenchant la suppuration.

diarrhea *or* **diarrhoea,** *s.* : diarrhée.

diarrheal, *adj.* : diarrhéique.

diarthrodial, *adj.* : diarthrodial.

diarthrosis, *s.* : diarthrose.

diaschisis, *s.* : diaschisis (phénomène d'inhibition consistant en l'interruption d'une fonction nerveuse par suppression du courant nerveux).

diascopy, *s.* : diascopie, transillumination.

diasostic, *adj.* : hygiénique.

diastalsis, *s.* : diastalsis, mouvement diastaltique.

diastaltic, *adj.* : diastaltic.

diastase, *s.* : diastase, enzyme.

diastasic or **diastatic,** adj. : diastasique (1. se rapportant à une levure; 2. se rapportant à une séparation d'os, une luxation articulaire).

diastasis, s. : diastasis (1. séparation de l'épiphyse du corps de l'os sans fracture; 2. luxation articulaire).

diastema, s. : diastème, espace interstitiel.

diastema- : diastema-, préfixe signifiant scissure, fissure longitudinale.

diastematomyelia, s. : diastématomyélie.

diaster, s. : diaster.

diastole, s. : diastole.

diastolic, adj. : diastolique.

diastrephia, s. : démence accompagnée de cruauté et de perversion morale.

diatactic, adj. : préparatoire.

diataxia, s. : ataxie bilatérale.

diatela or **diatele,** s. : toit du troisième ventricule.

diateretic, adj. : hygiénique.

diatherma, s. : partie du plancher du troisième ventricule.

diathelic, adj. : diathélique (à travers le mamelon).

diathermal or **diathermanous,** adj. : diathermique, diathermal.

diathermancy or **diathermansis,** s. : diathermanéité, diathermansie.

diathermia or **diathermy,** s. : diathermie, thermopénétration, transthermie.

diathermic, adj. : diathermique; **- coagulation** : diathermo-coagulation.

diathesis, s. : diathèse.

diathetic, adj. : diathésique.

diatomic, adj. : diatomique, bivalent.

diaxon or **diaxone,** s. : neurone ayant deux axes (biol.).

diazo- : diazo-, préfixe signifiant qu'un corps contient un phényl lié à deux atomes d'azote; **- reaction** or **test** : diazoréaction (réaction présentée par certaines urines pathologiques).

diazoma, s. : diaphragme.

diazotize, v. : diazoter (chim.).

dibasic, adj. : dibasique.

diblastula, s. : blastula avec ectoderme et endoderme.

dicentric, adj. : dicentrique (se dit des chromosomes ayant deux centromères).

dicephalism, s. : dicéphalie (monstruosité caractérisée par l'existence de deux têtes).

dicephalous, adj. : dicéphale.

dicephalus, s. : dicéphale.

dichastasis, s. : fissiparité spontanée.

dichotomy, s. : dichotomie.

dichroic, adj. : dichroïque.

dichroism, s. : dichroïsme (propriété de certaines substances et de certaines solutions d'offrir une couleur différente suivant qu'on les examine par réflexion ou par réfraction).

dichromasy, s. : dichromasie.

dichromat, s. : sujet atteint de dichromatopsie.

dichromatopsia, s. : dichromatopsie (forme de daltonisme).

dichromic, adj. : 1. dichromique (ayant deux atomes de chrome); 2. dichromatique; **- vision** : vision affectée de daltonisme dichromatique.

dichromism, s. : dichroïsme, dichromatopsie.

dichromophilism, s. : faculté de prendre une double coloration.

dichromous, dichroous or **dichrous,** adj. : bicolore, dichroïque.

Dick's test (for scarlet fever) : réaction de Dick (intradermoréaction dans la scarlatine).

dicliditis, s. : congestion valvulaire, valvulite.

diclidostosis, s. : ossification des valves des veines.

diclidotomy, s. : 1. incision d'une valve, valvotomie; 2. incision des replis du rectum.

dicoria, s. : diplocorie (pupille double).

dicoumarin, s. : dicoumarine.

dicrotic, adj. : dicrote; **- pulse** : pouls dicrote.

dicrotism, s. : dicrotisme (soulèvement de la ligne de descente d'un tracé sphygmographique).

dicrocoeliasis, s. : dicrocœliose (infection par Dicrocœlium).

dictyitis, s. : rétinite.

dictyoma or **diktyoma,** s. : dictyome (tumeur de la rétine).

dictyopsia, s. : sensation de filet devant les yeux.

dicumarol, s. : dicoumarol ou dicoumarine (nom d'un dérivé de la coumarine : 3'3'-méthylène-bis-[4-hydroxy-coumarine]).

didactic, adj. : didactique.

didactylism, s. : état de celui qui est didactyle, qui possède deux doigts, deux appendices opposables en manière de doigts.

didelphic or **didelphous,** adj. : didelphe, diductus (se dit d'une malformation caractérisée par la présence de deux utérus).

diduction, s. : séparation en deux, retrait d'une partie.

didymalgia, s. : douleur testiculaire.

didymitis, s. : orchite.

didymodynia, s. : douleur testiculaire.

didymous, adj. : didyme, double.

didymus, s. : jumeau, monstruosité gémellaire, testicule.

die, v. : mourir; **- away curve, factor** : courbe, facteur de décroissance (math.).

diecious, adj. : diécique (biol.).

dielectric, adj. : diélectrique; **- constant** : pouvoir inducteur spécifique.

dielectrolysis, s. : 1. diélectrolyse (phénomènes électrolytiques produits par le courant galvanique à travers les tissus); 2. ionisation (introduction d'un médicament par électrolyse galvanique à travers la partie malade).

diencephalitis, s. : diencéphalite.

diencephalon, s. : diencéphale, cerveau intermédiaire.

diencephalopathy, s. : diencéphalopathie.

dienoestrol or **dienestrol,** s. : diénœstrol.

dieresis, s. : diérèse (division, solution de continuité sans perte de substance, qu'il s'agisse d'une plaie accidentelle ou chirurgicale).

dieretic, adj. : destructif, corrosif.

diestrum or **dioestrum,** s. : diœstrus (période de repos sexuel de certaines femelles animales).

diet, s. : 1. alimentation, nourriture; 2. régime, régime alimentaire; **to be on a -** : être au régime; **milk -** : régime lacté, diète lactée; **to be on a restricted -** : être à la diète; **starvation -** : diète absolue; **salt-free -** : régime déchloruré; **to - oneself** : se mettre au régime.

dietarian, s. : personne au régime.

dietary, s. : régime alimentaire; adj. : diététique, qui a trait au régime; **- survey** : enquête alimentaire; **- toxicity** : diétotoxicité (de substances normalement inoffensives).

dietetic, adj. : diététique.

dietetics, s. : diététique.

dietitian, s. : diététicien, expert en matière d'alimentation.

dietotherapy, s. : réglementation thérapeutique du régime.

Dieulafoy's erosion : gastro-entérite ulcéreuse consécutive à une pneumonie; **- triad** : triade de Dieulafoy (sensibilité cutanée, contraction musculaire et sensibilité profonde au point de McBurney permettant le diagnostic d'appendicite).

differential, adj. : différentiel; **- blood count** : numération avec formule leucocytaire; **- diagnosis** : diagnostic différentiel; **- staining** : coloration par différenciation (ex. : Gram, Mann).

differentiation, s. : différenciation.

diffluence, s. : diffluence.

diffluent, adj. : diffluent (se dit des tissus ramollis ayant une consistance presque liquide).

diffraction, s. : diffraction (opt.); **electron, X-rays -** : diffraction électronique, des rayons X; **- grating,** réseau (opt.).

diffusate, s. : diffusat, dialysat.

diffuse, adj. : diffus, dispersé, répandu, non localisé; **- inflammation** : inflammation diffuse.

diffused, adj. : diffus, diffusé ; **- focus lens** : objectif anachromatique.

diffusible, adj. : diffusible.

diffusion, s. : diffusion, dialyse; **- circle** : cercle de dispersion (des rayons) : **- screen**; écran diffuseur.

digastric, adj. : digastrique.

digenesis, s. : alternance de génération sexuée et asexuée.

digest, v. : 1. digérer; 2. digérer (faire macérer une substance en présence d'enzymes dans un milieu liquide [pharm., chim.]).

digestant, s., adj. : digestif, corps qui favorise la digestion.

digester, s. : digesteur (variété d'autoclave).

digestibility, s. : digestibilité.

digestible, adj. : digestible.

digestion, s. : 1. digestion des aliments (physiol.); 2. digestion d'une substance (chim.); **- of the emulsion** : maturation de l'émulsion (phot.).

digestive, s. : digestif, suppuratif (pharm.); adj. : digestif; **- tract** : appareil digestif.

digit, s. (lat.) : doigt, doigt de pied, orteil, digitation.

digital, adj. : digital.

digitaliform, adj. : en forme de doigt, digitaliforme.

digitalin or **digitalinum,** s. : digitaline (pharm.).

digitalis, s. : digitale.

digitalization, s. : digitalisation.

digitate, adj. : digité.

digitation, s. : digitation.

digitiform, adj. : digitiforme.

digitus, s., plur. **digiti** (lat.) : doigt, orteil.

diglossia, s. : fait d'avoir une langue double.

dihydrostreptomycin, s. : dihydrostreptomycine.

dihypercytyosis, s. : hyperleucocytose avec accroissement de neutrophiles.

dihysteria, s. : présence d'un utérus double ou didelphe.

dikephobia, s. : diképhobie (crainte morbide de la justice).

diktyoma, s. : tumeur de l'épithélium ciliaire.

dilacerate, v. : dilacérer.

dilaceration, s. : dilacération.

dilatant, s., adj. : dilatant.

dilatation or **dilation,** s. : dilatation, élargissement.

dilatator, s. : dilatateur (muscle).

dilator, s. : dilatateur (instrument, ex. : bougie).

diluent, s., adj. : diluant, délayant.

dilution, s. : dilution (1. action de diluer; 2. produit de la dilution).

dimercaprol, s. : nom chimique du 2,3-dimercapto-1-propanol (British anti-lewisite).

dimetria, s. : utérus double, didelphe.

dimorphism, s. : dimorphisme, dimorphie.

dimorphous, adj. : dimorphe.

dimple, s. : fossette.

dimpled, adj. : à fossette.

dineuric, adj. : à double névraxe.

dinic or **dinical,** adj. : se rapportant à, guérissant les vertiges.

dinner-fork, s. : dos de fourchette; **- deformity** : déformité dans la fracture de Colles.

dinomania, s. : chorée saltatoire.

dinophobia, *s.* : dinophobie (peur des hauteurs, vertige).

dinucleotide, *s.* : dinucléotide.

diodrast, *s.* : diodrast (milieu de contraste contenant de l'iode organique, utilisé en urographie intraveineuse).

diopter, *s.* : dioptrie.

dioptometer, *s.* : optomètre.

dioptometry, *s.* : optométrie, dioptrique de l'œil.

dioptric, *adj.* : dioptrique.

dioptrics, *s.* : dioptrique.

diorthrosis, *s.* : réduction, redressement d'un membre fracturé *ou* luxé.

diosmosis, *s.* : osmose.

diosmotic, *adj.* : osmotique.

diostosis, *s.* : déplacement d'un os.

diotic, *adj.* : biauriculaire.

dioxide, *s.* : bioxyde.

dip, *s.* : inclinaison (de l'aiguille aimantée); **- plateau** : aspect en plateau des péricardites constrictives au cathétérisme cardiaque.

dipeptidase, *s.* : dipeptidase.

diphase *or* **diphasic,** *adj.* : diphasé.

diphenylchlorarsine, *s.* : diphénylchlorarsine (gaz sternutatoire).

diphtheria *or* **diphtheritis,** *s.* : diphtérie.

diphtherial *or* **diphtheric,** *adj.* : diphtérique.

diphtheriaphor, *s.* : porteur de germes diphtériques.

diphtherin, *s.* : toxine diphtérique.

diphtheritic, *adj.* : atteint de la diphtérie; **- membrane** : membrane couenneuse.

diphtheroid, *adj.* : diphtéroïde (1. ressemblant à la diphtérie; 2. ayant l'apparence d'une fausse membrane).

diphtherotoxin, *s.* : toxine diphtérique.

diphthongia, *s.* : diphtonguie, diplophonie, voix bitonale.

diphyodont, *adj.* : ayant deux dentitions successives.

diplacusis, *s.* : diplacousie, paracousie double; **- binauralis** : diplacousie dysharmonique; **- uniauralis** : diplacousie en écho.

diplegia, *s.* : diplégie, double hémiplégie, paralysie bilatérale; **spastic cerebral - of infancy** : diplégie cérébrale infantile, maladie de Little.

diplegic, *adj.* : se rapportant à la diplégie.

diplo- : diplo-, préfixe signifiant double.

diplobacillus, *s.* : diplobacille.

diplobacterium, *s.* : diplobactérie.

diploblastic, *adj.* : ayant deux couches germinales.

diplocardiac, *adj.* : ayant un cœur double.

Diplococcus, *s.* : diplocoque.

diplocoria *or* **dicoria,** *s.* : diplocorie (pupille double).

diploe, *s.* : diploé (tissu cellulaire situé entre les deux tables des os du crâne).

diploetic *or* **diploic,** *adj.* : diploïque, se rapportant au diploé.

diplogenesis, *s.* : diplogenèse (nom générique donné aux monstruosités doubles).

diploid, *adj.* : diploïde *(génét.)* [ayant deux jeux de chromosomes]).

diploidy, *s.* : diploïdie *(génét.)*.

diplomellituria, *s.* : coexistence *ou* alternance de glycosurie diabétique et non diabétique chez le même sujet.

diplomyelia, *s.* : moelle épinière d'apparence double par fissure longitudinale.

diploneural, *adj.* : ayant un apport nerveux double.

diplont, *s.* : diplonte (individu diploïde).

diplophonia, *s.* : diplophonie.

diplopia, *s.* : diplopie (perception de deux images pour un seul objet).

diplopic, *adj.* : se rapportant à, ou atteint de diplopie.

diplopiometer, *s.* : instrument pour mesurer le degré de la diplopie.

diploscope, *s.* : instrument pour l'étude de la vision binoculaire.

diplosome, *s.* : diplosome (les deux centrioles des cellules de mammifères).

dipping, *s.* : palpation du foie par pression brusque; **- needle** : aiguille magnétique mobile dans un plan vertical.

dipsesis, *s.* : soif intense.

dipsetic, *adj.* : qui provoque la soif, se rapportant à la soif.

dipsomania, *s.* : dipsomanie.

dipsomaniac, *s.* : dipsomane.

dipsopathy, *s.* : cure par la soif, thérapeutique par limitation de la boisson.

dipsorrhexia, *s.* : premier stade de l'alcoolisme où il n'y a pas encore de lésions apparentes, mais stimulation de l'appétit.

dipsosis, *s.* : *cf.,* **dipsesis.**

dipsotherapy, *s.* : thérapeutique par diminution de la boisson.

dipterous, *adj.* : diptère (ayant deux ailes ou deux prolongements en forme d'aile).

direct, *adj.* : direct, droit, sans interposition; **- current** : courant continu; **- view finder** : viseur iconométrique, viseur direct, clair *(phot.)*.

direction, *s.* : direction, sens; **- finder** : radiogonomètre; **- spindle** : corps fusiforme de l'ovule.

director, *s.* : guide; **grooved -** : guide cannelé pour bistouri.

directoscope, *s.* : instrument pour examen direct du larynx.

dirigomotor, *adj.* : contrôlant l'activité musculaire.

disability, *s.* : 1. incapacité, impuissance; **physical -** : infirmité; 2. invalidité; **degree of -** : coefficient d'invalidité.

disabled, *adj.* : infirme, estropié; **man - in the war** : réformé de guerre; **- soldier** : invalide, soldat estropié; **- ex-service men** *or* **- veterans** : mutilés de guerre.

disablement, *s.* : invalidité, incapacité de travail.

disaccharide, *s.* : disaccharide.

disarthral, *adj.* : se rapportant à des muscles passant sur deux articulations.

disarticulation, *s.* : désarticulation (amputation au niveau d'une articulation *ou* amputation dans la continuité).

disassimilation, *s.* : désassimilation.

disassociation, *s.* : désassociation, dissociation.

disc *or* **discus,** *s. (lat.)* : *cf.,* **disk.**

discharge, *s.* : 1. écoulement, perte, suppuration; **nasal -** : jetage (signe de la morve chez le cheval [*vétér.*]); **purulent -** : écoulement purulent; 2. décharge, déversement, évacuation, ce qui est évacué; 3. décharge, libération d'énergie; *v.* : 1. décharger; 2. réformer, renvoyer; **to - a patient from hospital** : renvoyer un malade guéri; 3. dégager, suppurer, sécréter.

discharging, *adj.* : suppuratif; **- lesion** : lésion cérébrale qui libère brusquement des influx nerveux moteurs.

discission, *s.* : discission (1. opération qui consiste à pratiquer à la cristalloïde antérieure une petite ouverture destinée à favoriser l'imbibition et la résorption par l'humeur aqueuse du cristallin atteint de cataracte; 2. dilacération, à l'aide d'un crochet mousse, de l'amygdale hypertrophiée *ou* lacunaire; 3. *cf.,* **Ransohoff's operation**).

discitis, *s.* : discite (1. inflammation d'un disque; 2. inflammation d'un disque intervertébral).

discoblastic, *adj.* : soumis à une segmentation discoïde du vitellus.

discography, *s.* : discographie (*radiol.*).

discoid, *adj.* : discoïde; *s.* : gouge à lame discoïde (*odont.*).

discoloration, *s.* : décoloration.

discophorous, *adj.* : ayant un organe en forme de disque.

discoplacenta, *s.* : placenta discoïde.

discoplasm *or* **discoplasma,** *s.* : plasma des globules rouges.

discostroma, *s.* : stroma de globule rouge.

discrete, *adj.* : discret, non confluent; **- small pox** : variole discrète.

discus, *s. (lat.)* : *cf.,* **disk** : disque; **- articularis** : fibrocartilage interarticulaire; **- proligerus** : disque proligère.

discutient, *s.* : remède à pouvoir résorbant *ou* dissolvant.

disdiaclast, *s.* : petit élément à double pouvoir réfringent trouvé dans la substance contractile du muscle.

disease, *s.* : maladie; **cat's scratch -** : lymphoréticulose bénigne d'inoculation; **cytomegalic inclusion -** : maladie à inclusions cytomégaliques; **fatal -** : maladie mortelle; **fell -** : maladie impitoyable, redoutable; **fifth -** : cinquième maladie (mégalérythème épidémique, érythema infectiosum [*lat.*]); **fourth -** : quatrième maladie : exanthema subitum (*lat.*); **hemolytic - of the new-born** : maladie hémolytique du nouveau-né, érythroblastose fœtale; **pulmonary hyaline membranes -** : maladie des membranes hyalines; **iatrogenic -** : maladie due au médecin, au traitement; **runt -** : maladie hypotrophique; **salivary glands -** : *cf.,* **cytomegalic inclusion -**; **sixth -** : sixième maladie, exanthema subitum (*lat.*); **skin -** : maladie cutanée; **system -** : dégénérescence systématisée de la moelle (n'atteint électivement qu'un faisceau de la moelle); **trade** *or* **occupational -** : maladie professionnelle; **tropical -** : maladie exotique; **X -** : 1. nom donné par Mackenzie à une série de symptômes d'origine inconnue; 2. maladie à virus du bétail.

disembowelling, *s.* : éviscération.

disengagement, *s.* : désengagement.

disequilibrium, *s.* : déséquilibre.

disgorgement, *s.* : 1. évacuation par vomissement; 2. séquelles de congestion.

disgregation, *s.* : dispersion, séparation, désagrégation.

dish, *s.* : plat, cuvette; **Petri -** : boîte de Petri.

disinfect, *v.* : désinfecter.

disinfectant, *s.* : désinfectant.

disinfection, *s.* : désinfection.

disinfestation, *s.* : désinfestation, épouillage.

disinsectization, *s.* : désinsectisation.

disinsertion, *s.* : désinsertion (d'un muscle *ou* d'un tendon).

disintegrate, *v.* : désintégrer, désagréger.

disintegration, *s.* . désintégration, désagrégation.

disinvagination, *s.* : désinvagination (réduction d'une invagination).

disjoint, *v.* : désarticuler.

disk, *s.* : disque; 1. **blood -** : plaquette sanguine, thrombocyte; **Bowman's -** : disque de Bowman (segment de fibre musculaire); **choked -** : papillite; **- diameter** : diamètre de la papille optique; **embryonic -** : écusson embryonnaire; **germinal -** : disque germinatif; **Hensen's -** : pâle ligne transversale d'une fibre musculaire; **intervertebral -** : disque intervertébral; **optic -** : papille, disque optique.

dislocation, *s.* : luxation; **- of the hip** : déhanchement; **sciatic -** : luxation ischiatique; **dorsal -** : luxation iliaque; **perineal -** : luxation périnéale; **obturator -** : luxation obturatrice; **anterior (pubic) -** : luxation pubienne; **- of cervical vertebra** : luxation cervicale; **sacro-iliac -** : disjonction sacro-iliaque; **recurrent -** : luxation récidivante.

disocclude, *v.* : ouvrir.

disorders, *s.* : troubles, modifications de l'état normal; **mental -** : troubles mentaux; **nervous -** : troubles nerveux.

disorganization, s. : désorganisation.

disorientation, s. : désorientation.

dispar, adj. (lat.) : inégal, non identique.

disparate, adj. : disparate, différent, non assorti; **- points** : points non identiques de la rétine dont l'impression simultanée donne la sensation de deux lumières.

disparity, s. : inégalité, disparité.

dispensary, s. : dispensaire.

dispensatory, s. : pharmacopée.

dispense, v. : préparer (des médicaments); **to - a prescription** : exécuter une ordonnance.

dispensing, s. : préparation, composition (des ordonnances); **- chemist** : pharmacien diplômé; **- department** : rayon d'ordonnances médicales.

dispermy, s. : dispermie (pénétration de deux spermatozoïdes dans l'œuf).

disperse, v. : résoudre, dissoudre (une tumeur), disperser (la lumière).

dispersion, s. : dispersion, diffusion.

dispersoid, s. : système colloïdal à grande dispersion.

dispirem, s. : aspect mitotique qui suit le diaster.

displacement, s. : déplacement, ectopie.

display, s. : exhibition, exposition; v. : manifester, présenter.

disposition, s. : disposition, tendance.

disruptive, adj. : disruptif; **- discharge** : décharge disruptive (électr.).

dissect, v. : disséquer, exciser.

dissecting, s. : dissection; **- out** : excision.

dissection, s. : dissection; **- tubercle** : verrue anatomique; **- wound** : piqûre anatomique.

dissector, s. : 1. dissecteur; 2. manuel de dissection; 3. scalpel.

disseminated, adj. : disséminé, répandu, diffus; **- lupus erythematosus** : lupus érythémateux disséminé; **- sclerosis** : sclérose en plaques.

dissemination, s. : dissémination, propagation.

dissepiment, s : cloison, septum.

dissimilation, s. : dissimilation, catabolisme.

dissipation, s. : dissipation, déperdition.

dissociate, v : dissocier (un composé).

dissociation, s. : dissociation, dédoublement.

dissolution, s. : 1. dissolution; 2. mort.

dissolve, v. : dissoudre.

dissolved, adj. : dissous.

dissolvent, s., adj. : dissolvant.

distad, adj. : orienté vers l'extrémité.

distal, adj. : distal, situé vers l'extrémité (se dit d'un chromosome dont le centromère est situé plus près d'une extrémité); **- end** : bout périphérique.

distance, s. : distance; **focal -** : distance focale.

distemper, s. : 1. maladie; 2. maladie des chiens, maladie de Carré; v. : rendre malade; **distempered mind** : esprit dérangé, égaré.

distention, s. : distension, dilatation, ballonnement.

distichia or **distichiasis,** s. : distichiase, distichiasis (déviation en arrière de la rangée postérieure des cils).

distil, v. : distiller.

distillate, s. : distillat.

distillation, s. : distillation; **destructive -** or **dry -** : distillation sèche; **fractional -** : distillation fractionnée.

distilled, adj. : distillé; **double -** or **redistilled** : bidistillé.

distocclusion, s. : distocclusion (mauvaise concordance des arcs dentaires).

Distoma or **Distomum,** s. : distome, douve, Distoma hepaticum.

distomia, s. : le fait d'avoir deux bouches.

distomiasis, s. : distomiase, distomatose (infestation par les douves).

distortion, s. : distorsion, torsion (d'un kyste), altération (des traits), contorsion (du corps), déviation (magnétique), déformation, distorsion (opt.).

distraction, s. : mode de traitement de maladies articulaires et de fractures par extension et contre-extension.

districhiasis, s. : développement de deux cheveux dans un follicule pileux.

distrix, s. : division du cheveu à son extrémité.

disturbance, s. : perturbation.

disvolution, s. : dégénérescence.

ditokus, s. : naissance de jumeaux, ponte de deux œufs.

Dittrich's plugs : bouchons de Dittrich (masses granuleuses jaunâtres ou verdâtres malodorantes dans les produits d'expectoration de la gangrène pulmonaire); **- stenosis** : sténose de la partie des ventricules du cœur qui donne accès aux grandes artères.

diuresis, s. : diurèse.

diuretic, s., adj. : diurétique, polyurique.

diurnule, s. : cachet renfermant la dose journalière maxima (d'un médicament).

divagation, s. : divagation.

divaricatio palpebrarum (lat.) : ectropion.

divarication, s. : divarication (séparation, éclatement des lèvres d'une plaie).

divergence, s. : divergence.

diver's paralysis : cf., **caisson disease.**

diverticular, adj. : diverticulaire.

diverticulectomy, s. : diverticulectomie (ablation chirurgicale d'un diverticule du tube digestif).

diverticulitis, s. : diverticulite (inflammation d'un diverticule).

diverticulosis, s. : diverticulose (existence de diverticules en un point quelconque du tube digestif).

diverticulum, *s. (lat.)* : diverticule, cavité en forme de cul-de-sac; **Meckel's -** : diverticule de Meckel; **Nuck's -** : canal de Nuck.

divulsion, *s.* : divulsion (1. dilatation forcée; 2. arrachement).

divulsor, *s.* : instrument pour faire une dilatation.

dizygotic, *adj.* : dizygote.

dizziness, *s.* : étourdissement, vertige (*par ext.* ivresse).

dizzy, *adj.* : pris d'étourdissement, de vertige.

dmelcos, *s.* : dmelcos (vaccin contre le bacille de Ducrey).

DNA : abréviation pour desoxyribonucleic acid : acide désoxyribonucléique (DNA).

DNase : DNase, désoxyribonucléase.

dochmiasis, *s.* : infestation de l'organisme par des parasites du genre *Dochmius,* ankylostomiase.

Dochmius, *s. (lat.)* : nématode de la famille des strongles; **-** *duodenalis* : ankylostome.

docimasia, *s.* : docimasie (examen, essai, épreuves auxquelles on soumet un cadavre pour déterminer les circonstances de la mort).

docimasiology, *s.* : science de la recherche.

doctor, *s.* : docteur.

dodecadactylitis, *s.* : inflammation du duodénum.

dodecadactylon, *s.* : duodénum.

dolabrate *or* **dolabriform,** *adj.* : dolabriforme *(bot.).*

doli capax *(lat.)* : responsable *(méd. légale);* **doli incapax** : irresponsable (moralement *ou* légalement).

dolicho- : dolicho-, préfixe signifiant long.

dolichocephalia, *s.* : dolichocéphalie (forme allongée du crâne).

dolichocephalic *or* **dolichocephalous,** *adj.* : dolichocéphale.

dolichocephalus, *s.* : dolichocéphale.

dolichocolon, *s.* : dolichocôlon, dolichocolie (allongement d'un segment de côlon).

dolichoentery, *s.* : dolichoentérie.

dolichognathy, *s.* : dolichognathie.

dolichosigmoid, *adj.* : dolichosigmoïde.

doll's head anesthesia : anesthésie de la tête, du cou et de la poitrine.

dolor, *s., plur.* **dolores** *(lat.)* : douleur hyperesthésique *ou* paroxystique; **- capitis** : mal de tête.

dolores osteocopi : douleurs térébrantes *ou* ostéocopes.

dolorimetry, *s.* : dolorimétrie.

dominance, *s.* : dominance, prédominance.

dominant, *adj.* : dominant; **- character** : caractère dominant *(génét.).*

Donath-Landsteiner test : épreuve de Donath et Landsteiner.

donda ndugu : maladie sévissant en Afrique, caractérisée par de l'œdème et des ulcérations aux jambes.

Donders' curve : courbe de Donders; **- glaucoma** : glaucome atrophique simple; **- law** : loi de Donders; **- rings** : anneaux aux couleurs du spectre perçus dans certains cas et certaines circonstances par l'œil hypertonique, traduisant vraisemblablement un œdème de la cornée.

donee, *s.* : receveur malade qui reçoit la transfusion de sang.

Donnan's equilibrium : équilibre de Donnan *(chim. colloïd.).*

Donné's corpuscles : 1. corpuscules du colostrum; 2. thrombocytes; **- test for pus** : réaction d'identification du pus dans l'urine.

donor, *s.* : donneur (transfusion); **universal -** : donneur universel.

Donovan bodies : corpuscules de Donovan.

dopa, *s.* : dopa-réaction (noircissement de la peau des addisoniens en présence de dioxyphénylalanine).

dope, *s.* : 1. liquide visqueux; 2. médicament dopant, stimulant, excitant, stupéfiant, narcotique, anesthésique; **- fiend** : toxicomane; **- habit** : toxicomanie; *v.* : doper, narcotiser.

doping, *s.* : dopage.

doraphobia, *s.* : peur morbide de toucher la peau ou le poil des animaux.

dorsad, *adj.* : orienté vers le dos, d'orientation *ou* d'aspect dorsal.

dorsal, *adj.* : dorsal.

dorsalgia, *s.* : douleur dans le dos.

dorsicolumn, *s.* : colonne dorsale de la moelle épinière.

dorsicommissura, *s.* : commissure grise de la moelle épinière.

dorsicornu, *s.* : corne postérieure de la moelle épinière.

dorsicumbent, *adj.* : en position de décubitus dorsal.

dorsiduct *or* **dorsiduction,** *s.* : déplacement vers le dos.

dorsiflexion, *s.* : flexion dorsale.

dorsimesad, *adj.* : orienté vers la ligne dorsale médiane.

dorsimeson, *s.* : ligne dorsale médiane.

dorsispinal, *adj.* : dorso-spinal.

dorsocephalad, *adj.* : orienté vers le dos de la tête.

dorsodynia, *s.* : douleur dorsale.

dorsum, *s. (lat.);* 1. dos; 2. dos d'un organe; **- sellae** : lame quadrilatère du sphénoïde.

dosage, *s.* : dosage, dose, posologie.

dose, *s.* : dose; **initial -** : dose d'attaque; **lethal -** : dose mortelle; **maintenance -** : dose d'entretien; **volume -** : dose intégrale *(radiol.).*

dose, *v.* : doser (un médicament), droguer; **to - someone** : administrer un médicament à quelqu'un.

dosimeter, *s.* : dispositif de dosage, doseur, dosimètre *(radiol.).*

dosimetric, *adj.* : dosimétrique.

dosimetry, *s.* : dosimétrie, système dosimétrique.

dossil, *s.* : bourdonnet *(chir.)*.

dotage, *s.* : radotage, gâtisme, sénilité.

dothienenteritis, *s.* : dothiénentérie, dothiénenté-rite, fièvre typhoïde.

double, *adj.* : double; **- blind test** : épreuve, essai à double insu; **- chin** : double menton; **- concave** : biconcave; **- headed** : bicéphale; **- vision** : double vision; diplopie.

doublet, *s.* : objectif double, dédoublable.

douche, *s. (fr.)* : 1. douche; 2. bock, irrigateur; 3. injection vaginale; **- spray** : douche en jets; **- shower** : douche en pluie.

Douglas crescentic folds : replis de Douglas; **- culdesac** *or* **pouch** : cul-de-sac de Douglas; **- ligament** : ligament de Douglas; **line of -** : extrémité incurvée du repli de Douglas limitant le feuillet pariétal du péritoine sur la paroi abdominale antérieure; **- semilunar fold** : repli de Douglas formant la partie inférieure de l'aponévrose postérieure des muscles grands droits ; **- septum** : septum de Douglas (formé chez l'embryon par l'union des replis de Rathke, aboutissant à la formation du rectum).

douglasitis, *s.* : douglassite (péritonite chronique localisée au cul-de-sac de Douglas).

dourine, *s.* : dourine, mal du coït (trypanosomiase des équidés).

dowel, *s.* : embase d'une couronne dentaire *(odont.)*.

Down's disease, syndrome : syndrome de Down, mongolisme, trisomie 21.

Doyère's eminence, hillock, papilla *or* **tuft** : renflement de la fibre musculaire correspondant à la pénétration de la fibre nerveuse.

dracontiasis, *s.* : draconculose (infestation de l'organisme par la filaire de Médine ou ver de Guinée).

Dracunculus medinensis : filiaire de Médine, dragonneau, *Filaria medinensis*, ver de Guinée.

draft, *s.* : *cf.,* **draught.**

dragée, *s. (fr.)* : dragée.

drain, *s.* : 1. drain; 2. tuyau d'écoulement, égoût; **- tap** : robinet de vidange, siphon.

drainage, *s.* : drainage; **- tube** : drain.

draining, *s.* : drainage (d'une plaie).

drastic, *s., adj.* : énergique, violent, drastique (purgatif énergique).

draught, *s.* : potion, breuvage, potion prise en une seule gorgée.

draw, *v.* : tirer, aspirer, faire mûrir (un abcès); **- out** : arracher (une dent).

drawing, *s.* : dessin; **sectional -** : vue en coupe.

dream, *s.* : rêve.

dreamy, *adj.* : rêveur; **- state** : état de rêve *(psych.)*.

drench, *s.* forte quantité de potion *ou* de médicament.

drepanocyte, *s.* : drépanocyte, hématie falciforme.

drepanocytic anemia : drépanocytose, anémie à hématies falciformes.

dress, *v.* : panser, faire un pansement.

dresser, *s.* : externe, panseur, assistant.

dressing, *s.* : 1. pansement, compresse; 2. pansement, soins; **- of wounds** : pansement des blessures; **to apply a -** : faire un pansement; **field -** : pansement individuel, pansement sommaire.

Dressler's disease : hémoglobinurie paroxystique essentielle *ou* « a frigore »; **- syndrome** : syndrome de Dressler, péricardite post-infarctus.

dribbling, *s.* : flux salivaire inconscient.

drill, *s.* : foret, perceuse; **- biopsy** : biopsie par forage; *v.* : perforer; **to - a tooth** : buriner une dent.

drink, *s.* : potion; *v.* : boire.

Drinker respirator : appareil à respiration artificielle dit « poumon d'acier ».

drip, *s.* : goutte-à-goutte; **- feeding** : goutte-à-goutte alimentaire; **intravenous -** : goutte-à-goutte intraveineux; **Murphy -** : goutte-à-goutte rectal.

drip-tube, *s.* : pipette compte-gouttes, compte-gouttes.

dromograph, *s.* : hémodromomètre enregistreur.

dromotropic, *adj.* : dromotrope (se rapportant à la conductibilité de la fibre nerveuse).

drop, *s.* : 1. goutte; **- bottle** : flacon compte-gouttes ; 2. chute ; **wrist -** : fléchissement du poignet.

droplet, *adj.* : gouttelette; **- infection** : contamination par aérosols.

dropped, *adj.* : en état de ptose, de fléchissement; **- beat pulse** : pouls intermittent; **- eyelid** : chute de la paupière; **- wrist** : fléchissement du poignet.

dropper, *s.* : compte-gouttes.

dropping, *s.* : descente, abaissement (d'un organe); **- tube** : pipette compte-gouttes, stilligoutte.

dropsical, *adj.* : hydropique.

dropsy, *s.* : hydropsie, anasarque; **abdominal -** : ascite; **false -** : kyste de rétention; **- of pericardium** : hydropéricarde; **- of peritoneum** : hydropéritoine, ascite.

drown, *v.* : noyer.

drowsiness, *s.* : assoupissement, somnolence, coma vigil.

drug, *s.* : médicament, drogue, substance médicinale, produit pharmaceutique; **to be doing drugs** : faire sa pharmacie; **to take drugs** : se droguer, s'adonner aux stupéfiants; **- addict** : toxicomane; **- fast** : chimiorésistant; **- habit** : toxicomanie; **- store** : pharmacie *(U.S.)*; *v.* : donner, administrer un narcotique, des stupéfiants; **to - oneself** : prendre un narcotique, s'adonner aux stupéfiants.

druggist, *s.* : pharmacien.

drum, *s.* : tympan.

drumhead, *s.* : membrane du tympan.

dry, *adj.* : sec; **- nurse** : nourrice sèche; *v.* : **to - nurse** : élever au biberon.

Drysdale's corpuscles : cellules rencontrées dans la sérosité des kystes ovariens.

dualism, *s.* : dualisme, dualité.

Dubin-Johnson's syndrome : syndrome de Dubin-Johnson, ictère chronique idiopathique.

Dubini's disease : chorée de Dubini (variété de chorée électrique).

Duchenne's attitude : abaissement de l'épaule dans la paralysie du trapèze; **- disease** : maladie de Duchenne; **- paralysis** : paralysie musculaire pseudo-hypertrophique *ou* type pseudo-hypertrophique de Duchenne; **- sign** : abaissement de l'épigastre dans les cas d'hydropéricarde ou de mobilité affaiblie du diaphragme; **- syndrome** : syndrome de Duchenne, paralysie labio-glosso-pharyngée.

duckbill speculum : spéculum vaginal bivalve.

Ducrey's bacillus : bacille de Ducrey.

duct, *s.* : canal ou conduit; **bile -** : canal biliaire; **lacrimal -** : conduit lacrymal; **lymph -** : canal lymphatique; **thoracic -** : canal thoracique.

ductance, *s.* : transfert, quotient d'échange.

ductile, *adj.* : ductile, malléable.

duction, *s.* : expression familière employée pour abduction, adduction, etc.

ductless glands : glandes à sécrétion interne, endocrines.

ductule, *s.* : canalicule.

ductus, *s., plur.* **ducti** *(lat.)* : canal ou conduit; **- arteriosus** : canal artériel de Botal; **- biliferi** : canalicules biliaires; **- choledochus** : canal cholédoque; **- cysticus** : canal cystique; **- deferens** : canal déférent; **- ejaculatorius** : conduit éjaculateur; **- endolymphaticus** : canal de l'aqueduc du vestibule; **- hepaticus** : canal hépatique; **- lymphaticus dexter** : grande veine lymphatique; **- nasolacrimalis** : canal basal; **- pancreaticus major** : canal de Wirsung; **- pancreaticus minor** : canal de Santorini; **- parotideus** : canal de Sténon; **patent - arteriosus** : persistance du canal artériel; **- sublingualis major** : canal de Bartholin; **- submaxillaris** *or* **submandibularis** : canal de Wharton; **- thoracicus** : canal thoracique; **- venosus hepatis** : canal veineux d'Aranzi.

Duhring's disease : maladie de Duhring-Brocq, dermatite herpétiforme; **- pruritus** : prurit hibernal.

Duke's test : épreuve de Duke.

Dukes' disease : maladie de Dukes-Filatow, quatrième maladie, rubéole scarlatiniforme.

dull, *adj.* : 1. lent, lourd, à l'esprit engourdi; **- hearing** : ouïe peu sensible; **- look** : regard atone; 2. sourd; **- ache** : douleur sourde; 3. émoussé; 4. terne, mat; **- sighted** : à la vue faible.

dullness *or* **dulness,** *s.* : 1. lenteur, pesanteur (de l'esprit), émoussement (des sens); 2. matité (à la percussion); **- at the base of the lung** : matité à la base du poumon.

dumb, *adj.* : muet, aphasique; **deaf and -** : sourd-muet; **born -** : muet de naissance.

dumbness, *s.* : muétisme, aphasie, mutisme.

dumping syndrome : syndrome d'évacuation accélérée *(gastro-entér.)*.

duodenal, *adj.* : duodénal; **- cap** : partie ascendante du duodénum; **- papilla** : caroncule de Santorini (éminence au point où le canal cholédoque pénètre dans le duodénum).

duodenectomy, *s.* : duodénectomie (résection du duodénum).

duodenitis, *s.* : duodénite (inflammation du duodénum).

duodeno- : duodéno-, préfixe indiquant un rapport avec le duodénum.

duodenogram, *s.* : roentgenogramme du duodénum.

duodénojejunostomy, *s.* : duodéno-jéjunostomie (opération qui consiste à mettre en communication le duodénum et le jéjunum).

duodenostomy, *s.* : duodénostomie (création d'une bouche sur le duodénum).

duodenotomy, *s.* : duodénotomie (incision du duodénum).

duodenum, *s.* : duodénum.

duoparental, *adj.* : à parenté double, originaire de deux éléments sexués.

Duplay's bursitis : maladie de Duplay (périarthrite scapulo-humérale s'accompagnant de calcification de la bourse séreuse sous-acromiale); **- operation** : opération de Duplay et Duplay-Marion (épispadias et hypospadias).

duplex, *adj.* : double.

duplication, *s.* : *cf.* **replication.**

Dupré's bursitis : bursite de l'articulation scapulaire; **- syndrome** : méningisme, pseudo-méningite.

Dupuytren's contracture : maladie de Dupuytren (rétraction de l'aponévrose palmaire); **- fracture** : fracture de Dupuytren (fracture du tibia); **- hydrocele** : hydrocèle double de la vaginale; **- splint** : attellement de Dupuytren.

dura *or* **durameter,** *s. (lat.)* : dure-mère.

dural *or* **duramatral,** *adj.* : dural, dure-mérien.

duraplasty, *s.* : opération de la dure-mère.

durematoma, *s.* : hématome dural.

duritis, *s.* : pachyméningite (inflammation de la dure-mère).

duro-arachnitis, *s.* : congestion de la dure-mère et de l'arachnoïde.

Duroziez's disease : maladie de Duroziez (rétrécissement mitral); **- murmur** *or* **sign** : signe de Duroziez (double souffle intermittent crural).

du Vernay's fracture : fracture de du Vernay (fracture transversale de l'os iliaque).

dwarf, *s., adj.* : nain; **prune -** : nanisme du prunier; **maize rough -** : nanisme rugueux du maïs; **rice -** : nanisme du riz; **sterile -** : nanisme stérile; **yellow -** : nanisme jaune (de la pomme de terre).

dwarfishness or **dwarfism**, *s.* : nanisme, petite taille.

dyad, *s.* : radical divalent.

dye, *s.* : colorant; **- test** : toxoplasmolyse; *v.* : colorer (*histol.*).

dynamia, *s.* : dynamie.

dynamic, *adj.* : dynamique.

dynamization, *s.* : action d'agiter et secouer un médicament dans le but prétendu d'en développer l'efficacité.

dynamogenesis, *s.* : dynamogénie.

dynamogenic, *adj.* : dynamogène (qui crée, augmente la force, qui surexcite la fonction d'un organe).

dynamogeny, *s.* : dynamogénie (contraire d'inhibition).

dynamograph, *s.* : dynamographe, dynamomètre enregistreur.

dynamometer, *s.* : dynamomètre.

dynamoneure, *s.* : neurone rachidien moteur.

dynamoscope, *s.* : dynamoscope.

dynamoscopy, *s.* : dynamoscopie (procédé d'auscultation).

dynatherm, *s.* : appareil pour diathermie.

dyne, *s.* : dyne (unité de force qui, appliquée à une masse de 1 gramme, lui communique une vitesse de 1 centimètre-seconde).

dys- : dys-, préfixe indiquant une idée de gêne, de difficulté.

dysacousia or **dysacousma**, *s.* : sensation douloureuse ou désagréable causée par le bruit; difficulté à entendre.

dysacromelia, *s.* : dysacromélie.

dysankia, *s.* : dysankie (articulation défectueuse de l'articulation du coude).

dysantigraphia, *s.* : dysantigraphie (variété d'agraphie).

dysarthria, *s.* : dysarthrie (trouble de la parole).

dysarthrosis, *s.* : dysarthrose (articulation défectueuse).

dysbasia, *s.* : dysbasie (difficulté de la marche).

dysbulia, *s.* : dysboulie (trouble morbide de la volonté).

dyscatabrosis, *s.* : dyscataposie (difficulté d'avaler).

dyschezia, *s.* : dyschésie, dyschézie (défécation difficile).

dyschondroplasia, *s.* : dyschondroplasie, chondrodysplasie, maladie d'Ollier.

dyschondrosteosis, *s.* : dyschondrostéose.

dyschroa or **dyschroea**, *s.* : décoloration de la peau.

dyschromatopsia, *s.* : dyschromatopsie (troubles dans la perception des couleurs).

dyschromia, *s.* : dyschromie (troubles de la pigmentation de la peau).

dyscinesis, *s.* : dyscinésie (difficulté des mouvements).

dyscrasia, *s.* : dyscrasie.

dyscrinism, *s.* : état résultant de troubles des sécrétions internes, en particulier des glandes endocrines, insuffisance glandulaire.

dysdiadochocinesia, *s.* : dysdiadochocinésie (incapacité de coordonner l'action des muscles opposés).

dysdipsia, *s.* : dysdipsie (difficulté à boire).

dysecoea or **dysecoia**, *s.* : dysécée, hypoacousie.

dysectasia, *s.* : dysectasie (déplétion incomplète ou difficile de la vessie).

dyselastosis, *s.* : dysélastose (dégénérescence du tissu élastique).

dysembryoma, *s.* : dysembryome.

dysembryoplasia, *s.* : dysembryoplasie.

dysemia or **dysoemia**, *s.* : terme employé en médecine légale pour désigner une mort par poison minéral.

dysendocrinism, *s.* : dysendocrinie.

dysenteric, *adj.* : dysentérique.

dysenteriform, *adj.* : dysentériforme.

dysentery, *s.* : dysenterie.

dyserethesia, *s.* : affaiblissement de la sensibilité.

dysergia, *s.* : dysergie (trouble fonctionnel).

dysesthesia, *s.* : dysesthésie (diminution ou exagération de la sensibilité).

dysfunction, *s.* : dysfonctionnement.

dysgenesis, *s.* : dysgénésie, homogénie dysgénésique.

dysgerminoma, *s.* : dysgerminome.

dysgeusia, *s.* : dysgeusie (perversion du goût).

dysgrammation, *s.* : dysgrammatisme (difficulté de parler de façon grammaticale).

dysgraphia, *s.* : dysgraphie.

dyshepatoma, *s.* : dyshépatome (dysembryome hépatique kystique).

dyshidrosis, *s.* : dyshidrose, disidrose (affection cutanée caractérisée par une éruption de vésicules).

dyskeratosis, *s.* : dyskératose (troubles de la kératinisation des téguments cutanés ou muqueux).

dyskinesis, *s.* : dyskinésie, dyscinésie (difficulté des mouvements quelle qu'en soit la cause).

dyslalia, *s.* : dyslalie (difficulté de la prononciation des mots due à une malformation ou à une lésion de l'appareil extérieur de la parole).

dysleptic, *adj.* : dysleptique.

dyslexia, *s.* : dyslexie (difficulté pour lire).

dyslogia, *s.* : dyslogie, logoneurose, logopathie.

dysmenorrhea or **dysmenorrhoea**, *s.* : dysménorrhée (menstruation difficile et douloureuse).

dysmetria, *s.* : dysmétrie.

dysmimia, *s.* : dysmimie (difficulté de l'utilisation des gestes).

dysmnesia, *s.* : dysmnésie (affaiblissement de la mémoire).

dysmorphia, s. : dysmorphie, dysmorphose, difformité.

dysmorphophobia, s. : dysmorphophobie (crainte morbide de devenir difforme).

dysneuria, s. : déséquilibre du fonctionnement nerveux.

dysodynia, s. : douleurs inefficaces de l'enfantement.

dysopia, s. : vision défectueuse, douloureuse.

dysorexia, s. : dysorexie, inappétence.

dysosmia or **dysosphresia,** s. : dysosmie (troubles de l'olfaction).

dysostosis, s. : dysostose; **cleidocranial -** : dysostose cléido-crânienne héréditaire, hydrocéphalie héréditaire, maladie de P. Marie et Sainton.

dysovarism, s. : dysovarie (trouble fonctionnel de l'ovaire).

dyspareunia, s. : dyspareunie (coït douloureux).

dyspepsia, s. : dyspepsie.

dyspeptic, s., adj. : dyspeptique, dyspepsique.

dysperistalsis, s. : dyspéristaltisme.

dysphagia, s. : dysphagie (difficulté d'accomplir l'action de manger).

dysphasia, s. : dysphasie (difficulté de la fonction de langage provoquée par des lésions des centres cérébraux).

dysphemia, s. : dysphémie (difficulté de la prononciation des mots).

dysphonia, s. : dysphonie (difficulté de la phonation).

dysphoria, s. : état de malaise.

dysphrasia, s. : dysphrasie (vice de construction du langage par dyslogie).

dysphrenia, s. : dysphrénie.

dyspituitarism, s. : dyspituitarisme (déviation des fonctions de l'hypophyse).

dysplasia, s. : dysplasie.

dyspnea or **dyspnoea,** s. : dyspnée (difficulté de respirer).

dyspneic or **dyspnoeal,** adj. : dyspnéique.

dyspraxia, s. : dyspraxie (ensemble des diverses formes d'apraxie).

dysraphia, s. : dysraphie.

dysrhythmia, s. : dysrythmie.

dysspermia, s. : dyspermatisme.

dysstasia, s. : dystasie (difficulté de la station debout).

dysstomia, s. : dysstomie (terme général pour toutes les difficultés de prononciation).

dyssymbolia, s. : dyssymbolie (difficulté de traduire les pensées par des mots).

dyssynergia, s. : dyssynergie (trouble de la coordination musculaire).

dysthanasia, s. : mort lente et douloureuse.

dysthymia, s. : mélancolie, perversion mentale.

dysthyroidism, s. : dysthyroïdie (développement et fonctionnement imparfaits de la glande thyroïde).

dystocia, s. : dystocie (accouchement difficile).

dystonia, s. : dystonie (trouble de la tension, de la tonicité ou du tonus); **- musculorum deformans** : dystonie musculaire déformante, dysbasie lordotique progressive, maladie de Zichen-Oppenheim.

dystopia, s. : dystopie (anomalie dans la situation d'un organe).

dystrophia, s. : cf., **dystrophy; - adiposo-genitalis** : dystrophie adiposo-génitale, syndrome de Babinski-Froelich.

dystrophic, adj. : dystrophique.

dystrophy, s. : dystrophie (trouble de la nutrition d'un organe ou d'une partie anatomique avec les lésions qui en sont la conséquence).

dysuresia or **dysuresis,** s. : maladie de l'appareil urinaire.

dysuria, s. : dysurie (difficulté de la miction).

dysuriac, s. : dysurique.

dysuric, adj. : dysurique.

E

Eales' disease : syndrome d'Eales (hémorragies dans la rétine et le corps vitré).

ear, s. : oreille; **external -** : 1. oreille externe; 2. pavillon de l'oreille, conque; **middle -** : oreille moyenne, barillet; **internal -** : oreille interne, labyrinthe; **- ache** : mal d'oreille, otalgie; **- buzzing** : bourdonnement d'oreille; **- cough** : toux réflexe due à une irritation de l'oreille; **- drum** : tympan; **lobe** or **lobule of the -** : lobe de l'oreille; **- minded** : sensible aux impressions auditives, auditif *(psych.)*; **- ossicle** : osselet; **- plug** : antiphone, tampon auriculaire; **- scoop** : cure-oreilles; **- shaped** : auriforme; **- specialist** : auriste; **- trumpet** : cornet acoustique; **- wax** : cérumen.

earth, s. : terre; **- eating** : géophagisme; **fuller's -** : terre à foulon; **infusorial -** : terre d'infusoires, kieselgur; **rare - s** *(chim.)* : terres rares.

eat, v. : 1. manger; 2. corroder.

Eberth's bacillus : bacille d'Eberth, bacille typhique, *Salmonella typhi*.

Ebner's glands : glandes acineuses de la langue.

ebonation, s. : extraction d'esquilles osseuses libres d'une blessure.

ebriety or **inebriety,** s. ébriété, ivresse.

Ebstein's anomaly : malformation de la valvule tricuspide d'Ebstein.

ebullition, s. : ébullition.

ebur, s. *(lat.)* : ivoire; **- dentis** : dentine.

eburnated, adj. : éburné, éburnéen (qui a la couleur ou la consistance de l'ivoire).

eburnation, s. : éburnation, éburnification (1. transformation des cartilages en matière éburnée; 2. accroissement de la densité d'un os; 3. infiltration des tumeurs par des sels de chaux).

eburnean, adj. : éburnéen.

ecaudate, adj. : écaudé, sans queue.

ecbolic, adj. : ecbolique, abortif.

eccentric, adj. : excentrique (1. éloigné du centre; 2. original).

eccentricity, s. : excentricité, décentrement, désaxage; 2. excentricité, bizarrerie, originalité.

eccentropiesis, s. : pression exercée de l'intérieur vers l'extérieur (traitement de la fistule anale).

eccephalosis, s. : cf., **cephalotomy, excerebration.**

ecchondroma, s., plur. **ecchondromata** *(gr.)* : ecchondrome, ecchondrose.

ecchondrosis, s. : ecchondrose, ecchondrome (saillie formée par la prolifération du tissu cartilagineux).

ecchondrotome, s. : instrument pour ablation des ecchondromes.

ecchymoma, s., plur. **ecchymomata** s. *(gr.)* : tumeur ecchymotique.

ecchymosis, s. : ecchymose.

ecchymotic, adj. : ecchymotique.

ecchysis, s. : maladie de peau caractérisée par un épanchement dans le derme.

ecclisis, s. : 1. luxation; 2. déplacement d'os fracturés; 3. répulsion *(biol.)*.

eccope, s. : eccopé (plaie du crâne ayant fait dans les os une section droite plus ou moins profonde).

eccoprosis, s. : défécation, purgation.

eccoprotic, adj. : eccoprotique (qui facilite la défécation).

eccrine, adj. : excrétoire; **- function** : fonction excrétoire.

eccrisis, s. : excrétion.

eccritic, s., adj. : excrétoire.

eccyesis, s. : grossesse extra-utérine.

eccyllosis, s. : trouble du développement.

ecdemic, adj. : non endémique.

ecderon, s. : ectoderme, épiderme, épithélium superficiel.

ecdysis, s. : desquamation (surtout chez les serpents, etc.).

ECG : abréviation du mot électrocardiogramme.

echidnase, s. : échidnase.

echidnin, s. : échidnine (corps formant la base du venin).

echidnotoxin, s. : cf., **echidnin**.

echidnovaccine, s. : vaccin anti-venin.

echinococcosis, s. : échinococcose (maladie due au développement dans l'organisme de la larve de *Echinococcus granulosus*).

echinococcotomie, s. : méthode de Bobrow, méthode de Thornton-Bond (traitement du kyste hydatique par incision suivie de suture sans drainage).

Echinococcus, s. (lat.) : 1. échinocoque; 2. hydatide (état larvaire ou vésiculaire du *E. granulosus*); **- cyst** : kyste hydatique *(parasit.)*.

echinulate, adj. : échinulé (1. muni de pointes; 2. colonies bactériennes à prolongements pointus).

echma, s., plur. **echmata** (gr.) : obstruction, arrêt.

echmasis, s. : obstruction, maladie obstructive.

echo, s. : écho (son réfléchi); **amphoric -** : résonance amphorique; **- sign** : symptôme d'épilepsie quand le malade répète le ou les derniers mots de la phrase; **- speech** : écholalie.

ECHO virus (Enteric Cytopathogenic Human Orphan virus) : virus ECHO.

echoacousia, s. : sensation subjective d'échos après audition de sons normaux.

echographia, s. : échographie.

echokinesia or **echokinesis**, s. : échocinésie, échokinésie, échopraxie (répétition des mouvements).

echolalia, s. : écholalie (répétition des paroles).

echolalus, s. : personne qui sous hypnose répète les mots sans les comprendre.

echomatism, s. : échomatisme (échocinésie et écholalie).

echomimia, s. : échomimie (répétition des mouvements vus).

echopathie, s. : répétition d'un mot, d'un son, d'un acte.

echophony, s. : écho d'un son vocal à l'auscultation bronchique.

echophotony, s. : production d'une sensation colorée associée à des sons.

echophrasia, s. : cf., **echolalia**.

echopraxis or **echopraxy**, s. : échopraxie, échocinésie.

Eck's fistula : fistule d'Eck, anastomose portocave.

eclabium, s. : éversion d'une ou des deux lèvres.

eclampsia, s. : éclampsie, accès éclampsiques; **puerperal -** : éclampsie puerpérale, convulsions puerpérales.

eclampsism, s. : éclampsie sans convulsions.

eclamptic, s., adj. : éclamptique.

eclamptism, s. : état morbide dû à la rétention de différents principes toxiques et à une auto-intoxication gravidique.

eclectic, adj. : éclectique.

eclecticism, s. : éclecticisme.

eclipse, s. : éclipse; **- phase** : phase de la multiplication virale pendant laquelle on ne peut mettre le virus en évidence.

ecmenesia, s. : ecménésie (forme d'amnésie partielle).

ecmenesic, adj. : ecménésique, ecmétique.

ecnoea, s. : démence.

ecology, s. : écologie (étude de l'habitat d'une espèce animale ou végétale).

Economo's (von) disease : maladie de von Economo (encéphalite épidémique).

ecostate, adj. : sans côtes.

ecphlysis, s., plur. **ecphlyses** (lat.) : éruption vésiculaire.

ecphronia, s. : démence.

ecphylactic, adj. : ecphylactique.

ecphylaxis, s. : ecphylaxie (suppression, dans une région donnée, du pouvoir de défense de l'organisme).

ecphyma, s. : excroissance de la peau; **- globulus** : maladie contagieuse sévissant en Irlande caractérisée par la formation de tubercules cutanés.

ecphysesis, s. : respiration rapide, polypnée.

ecrasement, s. (fr.) : écrasement.

ecraseur, s. (fr.) : écraseur.

ecrodactylia, s. : aïnhum.

ecstasy, s. : extase.

ectacolia or **ectacoly**, s. : dilatation congénitale du côlon.

ectal, adj. : sur ou orienté vers la partie externe ou superficielle.

ectasia or **ectasis**, s. : ectasie, dilatation; **- ventriculi** : dilatation de l'estomac.

ectasin, s. : ectasine (nom donné aux toxines microbiennes qui déterminent la vaso-dilatation).

ectatic, adj. : ectatique, distendu, dilaté.

ectental, adj. : appartenant à la ligne unissant l'ectoderme et l'endoderme.

ectethmoid, s. : l'une des masses cellulaires latérales de l'ethmoïde.

ecthyma contagiosum, s. : ecthyma contagieux (affection cutanée due à un poxvirus, caractérisée par des pustules nummulaires ayant tendance à s'étendre avec croûte au centre, masquant une ulcération qui laisse une cicatrice).

ecthyreosis, s. : cf., **athyreosis**.

ectiris, s. : partie de la membrane de Descemet située devant l'iris.

ecto- : ecto-, préfixe signifiant au dehors, à l'extérieur, sur le côté externe.

ecto-antigen, s. : antigène facilement séparable de la bactérie.

ectoblast, s. : ectoblaste, ectoderme.

ectocardia, s. : ectocardie (anomalie de situation du cœur).

ectocervix, vaginal cervix or **portio vaginalis** : exocol.

ectochoroidea, *s.* : couche externe de la choroïde.

ectocinerea, *s.* : substance grise du cortex cérébral.

ectocolon, *s.* : dilatation du côlon.

ectocolostomy, *s.* : colostomie.

ectocondyle, *s.* : condyle externe.

ectocornea, *s.* : conjonctive de la cornée.

ectocuneiform, *s.* : os cunéiforme externe; *adj.* : se rapportant à l'os cunéiforme externe du pied.

ectoderm, *s.* : ectoderme.

ectodermal *or* **ectodermic,** *adj.* : ectodermique.

ectodermosis, *s.* : ectodermose; **neurotropic - :** ectodermose neurotrope.

ecto-enzyme, *s.* : enzyme extra-cellulaire.

ectogenous, *adj.* : ectogène.

ectoglobular, *adj.* : se formant en dehors des globules.

ectogony, *s.* : influence de l'embryon sur la mère.

ectokelostomy, *s.* : opération de Vitrac (hernie).

ectolecithal, *adj.* : ectolécithal (se dit des œufs dont le vitellus nutritif est situé à la périphérie).

ectomere, *s.* : cellule devant participer à la formation de l'ectoderme.

ectomia, *s.* : ablation, excision, amputation.

-ectomy, : -ectomie, suffixe signifiant ablation.

ectoparasite, *s.* : ectoparasite (parasite animal ou végétal vivant à la surface du corps).

ectoperitonitis, *s.* : péritonite externe.

ectophyte, *s.* : ectophyte (parasite végétal cutané, excroissance végétale parasitaire).

ectopia *or* **ectopy,** *s.* : ectopie (anomalie de situation d'un organe).

ectopic, *adj.* : ectopique; **- gestation :** grossesse extra-utérine.

ectoplacenta, *s.* : ectoplacenta (placenta se développant à partir du trophoblaste chez les rongeurs).

ectoplasm, *s.* : ectoplasme.

ectoplasmatic *or* **ectoplastic,** *adj.* : ectoplasmique.

ectopocystis, *s* .: ectopie de la vessie.

ectopotomy, *s.* : laparotomie pour extraction du fœtus dans une grossesse extra-utérine.

ectopterygoid, *s.* : muscle ptérygoïde externe.

ectoretina, *s.* : couche externe pigmentaire de la rétine.

ectosac, *s.* : membrane externe de l'œuf.

ectoscopy, *s.* : scopie des contours des poumons.

ectosite, *s.* : *cf.,* **ectoparasite.**

ectoskeleton, *s.* : *cf.,* **exoskeleton.**

ectosphere, *s.* : ectosphère (d'un centrosome).

ectosteal, *adj.* : se rapportant, situé, se produisant hors d'un os.

ectosteomyces, *s.* : excroissance d'origine fongueuse sur un os.

ectostosis, *s.* : ossification venant de la couche externe originaire du périchondre.

ectothrix, *s.* : ectothrix (*Trichophyton*).

ectotoxemia, *s.* : toxémie due à une cause externe.

ectozoon, *s.* : ectozoaire, épizoaire (animal parasite vivant à la surface du corps).

ectrodactylia *or* **ectrodactylism,** *s.* : ectrodactylie (absence congénitale d'un ou de plusieurs doigts).

ectrogenic, *adj.* : dû à une perte tissulaire, surtout congénitale.

ectrogeny, *s.* : perte ou absence congénitale d'un organe ou d'un membre.

ectroma, *s.* : œuf, fœtus avorté.

ectromelia, *s.* : ectromélie.

ectropia, *s.* : *cf.,* **exstrophy.**

ectropic, *adj.* : retourné, renversé, éversé.

ectropion *or* **ectropium,** *s.* : ectropion (renversement en dehors des paupières; éversion de la muqueuse du col utérin).

ectropodism, *s.* : ectropodie (absence congénitale d'un pied en totalité ou en partie).

ectrosis, *s.* : avortement, avortement provoqué.

ectrosyndactyly, *s.* : malformation de la main avec fusion de certains doigts.

eczema, *s.* : eczéma; **- arthriticum :** eczéma articulaire; **- erythematosum :** eczéma érythrodermique; **- fissum :** forme d'eczéma articulaire; **- hypertrophicum :** eczéma hypertrophique; **lichenoid - :** eczéma caractérisé par un épaississement de l'épiderme; **- madidans** *or* **rubrum :** forme d'eczéma à larges surfaces suppuratives parsemées de points rouges; **- marginatum :** eczéma marginé de Hebra; **- papulosum :** forme d'eczéma associé avec des petites papilles dures et rouge foncé; **- pustulosum :** stade de l'eczéma caractérisé par des pustules; **- seborrhoeicum :** séborrhée; **- vesiculosum :** eczéma caractérisé par la présence de vésicules.

eczematid, *s.* : eczématide.

eczematisation, *s.* : eczématisation (transformation eczémateuse survenant souvent au cours de certaines dermatoses).

eczematoid, *adj.* : d'aspect eczémateux.

eczematosis, *s.,* *plur.* **eczematoses** *(lat.)* : maladie eczémateuse.

eczematous, *adj.* : eczémateux.

edea *or* **aedoea,** *s.* : organes génitaux externes.

Edebohis' operation : opération d'Edebohis, rénodécortication, décapsulation totale, décortication du rein; **- position** *or* **posture** : *cf.,* **Simon's posture.**

edema *or* **oedema,** *s.* : œdème; **angioneurotic - :** œdème aigu angioneurotique, toxinévropathique, paroxystique héréditaire, maladie de Quincke; **cerebral - :** hydrocéphalie; **compact - :** forme œdémateuse de sclérème des nouveau-nés; **cretinoid - :** myxœdème; **- disease :** œdème par carence; **infectious** *or* **malignant - :** œdème malin; **Iwanoff's - :** dégénérescence kystique de la rétine; **- oculi :** hydrophtalmie; **- puerperarum :** œdème blanc douloureux, phlegmatia alba dolens; **traumatic - :** œdème post-traumatique; **war - :**

œdème par carence, par déséquilibre alimentaire, de dénutrition, d'alimentation, de famine, de guerre.

edematization, *s.* : œdème produit par l'injection d'une solution saline à 2 p. 100 à une température inférieure à 37° C.

edematous, *adj.* : œdémateux.

edentate, *adj.* : édenté.

edeodynia or **aedoeodynia,** *s.* : douleur dans les organes génitaux externes.

edeoptosis or **aedoeptisis,** *s.* : ptose d'une partie des organes génitaux.

edeoscopy or **aedoescopy,** *s.* : examen des organes génitaux.

edestin, *s.* : édestine (globuline).

edible, *adj.* : comestible, mangeable.

edipism, *s.* : œdipisme (énucléation volontaire de l'œil).

educt, *s.* : produit de décomposition.

edulcorant, *s., adj.* : édulcorant.

edulcoration, *s.* : édulcoration (adjonction d'une substance sucrée).

EEG : abréviation du mot électroencéphalogramme.

effect, *s.* : effet, action, influence; résultat, conséquence; **to feel the - of an illness** : ressentir les effets d'une maladie; **after -** : séquelles, réactions secondaires; **ill - of** : effets pernicieux de; **side -** : réaction secondaire (dans une maladie), réaction latérale *(chim.)*.

effector, *s.* : effecteur; 1. petites molécules [métabolites] qui activent *ou* inactivent le répresseur [génét.]; 2. métabolite régulateur d'une protéine qui modifie l'affinité de l'enzyme pour son substrat *(enzymol.)*; 3. nom donné, par opposition à récepteur, aux terminaisons nerveuses dans les organes, les glandes, les muscles.

effemination, *s.* : effémination.

efferent, *adj.* : efférent.

effervescence, *s.* : effervescence (liquide), dégagement (gaz).

effervescent, *adj.* : effervescent.

effete, *adj.* : épuisé, usé.

effleurage, *s. (fr.)* : effleurage (mode de massage).

efflorescence, *s.* : efflorescence (1. dissociation chimique; 2. exanthème).

effluent, *s., adj.* : effluent (liquide qui s'écoule, liquide de déversement des eaux d'égoût).

effluvium, *s.* : effluve.

efflux or **effluxion,** *s.* : 1. flux, écoulement (liquide), dégagement, émanation (gaz); 2. avortement.

effort syndrome : état consécutif à un effort, asthénie neuro-circulatoire.

effraction, *s.* : effraction.

effuse, *adj.* : se dit d'une culture bactérienne fine et largement propagée.

effusion, *s.* : 1. effusion, épanchement; 2. liquide épanché.

egagropilus, *s.* : égagropile (concrétion formée de poils dans les voies digestives des ruminants).

egertic, *adj.* : produisant l'insomnie.

egest, *v.* : évacuer.

egesta, *s. (lat.)* : egesta, excreta (déchets rejetés hors de l'organisme : fèces, urine, sueur, bile, etc.).

egestion, *s.* : évacuation, éjection, expulsion.

egg, *s.* : œuf; **- laying** : ponte; *adj.* : ovipare; **embryonated -** : œuf embryonné; **incubated -** : œuf incubé.

ego, *s. (lat.)* : Moi, ego *(psych.)*.

egilops or **aegilops,** *s.* : égilops (petite ulcération de l'angle interne de l'œil).

egobronchophony, *s.* : association d'égophonie et de bronchophonie.

egocentric, *adj.* : égocentrique.

egomania, *s.* : manie égocentrique.

egophony, *s.* : égophonie, voix chevrotante *ou* de polichinelle.

Egyptian chlorosis : ankylostomiase; **- ophthalmia** : trachome.

Ehlers-Danlos' disease : cutis hyperelastica, maladie de Ehlers-Danlos.

Ehrenritter's ganglion : ganglion jugulaire.

Ehrlich's anaemia : anémie aplastique; **- reaction** : réaction d'Ehrlich, diazo-réaction; **- side-chain theory** : théorie de l'immunité d'Ehrlich.

Eichhorst's corpuscles : corpuscules sanguins petits et sphériques trouvés dans l'anémie pernicieuse et considérés comme caractéristiques de cette maladie, **- neuritis** : névrite interstitielle ; **- type of progressive muscular atrophy** : type d'Eichhorst (variété de myopathie progressive primitive).

Eichstedt's disease : pityriasis versicolor.

eiditism, *s.* : eidétisme.

eidoptometry, *s.* : mesure de l'acuité de la perception visuelle.

eighth nerve : VIIIe paire, nerf auditif.

eilema, *s.,* plur. **eilemata** *(gr.)* : coliques intestinales, douleurs tormineuses, volvulus.

eilod, *adj.* : ayant une structure spiralée.

einsteinium or **athenium,** *s.* : einsteinium.

Einthoven lead system : système de dérivations précordiales d'Einthoven (ECG), triangle d'Einthoven.

Einsenmenger's syndrome : complexe d'Eisenmenger, cardiopathie congénitale.

eisodic, *s.* : *cf.,* **esodic.**

eisophobia, *s.* : *cf.,* **agoraphobia.**

eisophoria, *s.* : *cf.,* **esophoria.**

eispnea, *s.* : inspiration.

ejaculate, *s.* : éjaculat; *v.* : éjaculer.

ejaculatio praecox : éjaculation prématurée.

ejaculation, *s.* : éjaculation.

ejaculatory, *adj.* : éjaculateur, éjaculatoire; **- duct** : canal éjaculateur.

ejecta, s. *(lat.)* : matières rejetées, excréments, matières excrémentielles.

ejection, s. : éjection, rejet, expulsion.

ekiri, s. : ekiris (maladie épidémique dysentériforme sévissant sur les enfants au Japon).

elaboration, s. : élaboration, anabolisme.

elacin, s. : élacine.

elaioconiosis, s. : élaïconiose (follicule acnéiforme par action locale d'une huile minérale).

elastance, s. : élastance (coefficient d'élasticité).

elastic, *adj.* : élastique; **- lamina** : membrane de Descemet; **- tissue** : tissu conjonctif formé de fibres élastiques.

elasticity, s. : élasticité, tonicité (des muscles).

elastin, s. : élastine.

elastinase, s. : élastinase.

elastoid degeneration : dégénérescence hyaline des fibres élastiques de la paroi artérielle.

elastoma, s. : pseudo-xanthome élastique (dermatose des régions péri-articulaires).

elastometer, s. : appareil pour déterminer l'élasticité des tissus.

elastopathy, s. : élastopathie.

elastosis, s. : élastose (dégénérescence du tissu élastique).

elaterium, s. : élatérion, élatérium *(Ecballium elaterium)*, suc épaissi de concombre sauvage *(pharm.)*.

elaterometer, s. : élatéromètre (appareil pour déterminer l'élasticité des gaz).

elation, s. : exaltation, ivresse, joie, gaieté.

elbow, s. : coude; **to lean on one's -** : être accoudé, s'accouder, s'appuyer sur les coudes; **- bone** : cubitus ; **- jerk** : réflexe bicipital ; **- joint** : articulation du coude; **tennis -** : épicondylite des joueurs de tennis.

elective, *adj.* : électif; **- affinity** : affinité élective; **- treatment** : thérapeutique choisie parmi plusieurs disponibles et correctes.

electivity, s. : électivité.

electric or **electrical,** *adj.* : électrique; **- chorea** : chorée de Dubini; **- shock therapy** : électrochoc, méthode de Cerletti et Bini.

electricity, s. : électricité.

electro- : électro-, préfixe dénotant un rapport avec l'électricité.

electro-affinity, s. : potentiel électrolytique.

electro-anesthesia, s. : 1. anesthésie locale par produits introduits par courant électrique; 2. insensibilité cutanée à l'électricité.

electrobiology, s. : électrobiologie.

electrocardiogram, s. : électrocardiogramme.

electrocardiograph, s. : électrocardiographe.

electrocardiography, s. : électrocardiographie.

electrocardioscopy, s. : électrocardioscopie.

electrocatalysis, s. : électrocatalyse.

electrocautery, s. : cf., **galvanocautery.**

electrochemistry, s. : électrochimie.

electrocoagulation, s. : électrocoagulation.

electrocomatherapy, s. : traitement par électrochoc.

electrocontractility, s. : électrocontractilité.

electroconvulsion, s. : cf., **electroshock.**

electrocorticogram, s. : électrocorticogramme.

electrocorticography, s. : électrocorticographie.

electrocution, s. : électrocution.

electrocytoscopy, s. : cytoscopie par illumination électrique.

electrode, s. : électrode.

electrodiagnosis, s. : électrodiagnostic (application de l'électricité à l'examen des malades).

electrodynamics or **electrodynamism,** s. : électrodynamique.

electrodynamometer, s. : électrodynamomètre.

electroencephalogram (EEG), s. : électroencéphalogramme (EEG).

electro-encephalography, s. : électroencéphalographie.

electrogastrogram, s. : électrogastrogramme.

electrogastrography, s. : électrogastrographie.

electrogenesis, s. : électrogenèse, électrogénie (production d'électricité par les tissus vivants comme résultat de leur activité spéciale *ou* de leur activité nutritive).

electrogram, s. : épreuve positive d'une radiographie.

electrography, s. : 1. radiographie; 2. électrologie.

electrohaemostasis, s. : hémostase par pince dans les griffes de laquelle passe un courant électrique.

electrokinetic, *adj.* : électromoteur.

electrokinetics, s. : 1. électricité galvanique ; 2. électricité appliquée à la mécanique.

electrokymogram, s. : électrokymogramme (enregistrement radiographique des mouvements, d'un organe).

electrolepsy, s. : électrolepsie, chorée électrique de Bergeron.

electrolithotrity, s. : lithotritie par l'électricité.

electrology, s. : électrologie.

electrolysis, s. : électrolyse.

electrolyte, s. : électrolyte.

electrolytic, *adj.* : électrolytique.

electrolyzer, s. : électrolyseur.

electromagnet, s. : électro-aimant.

electromagnetics, s. : électromagnétisme.

electromassage, s. : électromassage.

electrometer, s. : électromètre.

electrometry, s. : électrométrie.

electromotive, *adj.* : électromoteur; **- force** (E.M.F.) : force électromotrice (f.e.m.).

electromyography, s. : électromyographie.

electron, s. : électron; **- volt (eV)** : électronvolt.

electronarcosis, s. : électronarcose.

electronegative, adj. : électronégatif.

electronic, adj. : électronique.

electronics, s. : électronique (science des phénomènes électroniques).

electro-optics, s. : étude des phénomènes optiques par la lumière électrique.

electrophone, s. : électrophone.

electrophoresis, s. : électrophorèse (étude des migrations des particules dans un champ électrique).

electrophorus, s. : électrophore.

electropositive, adj. : électropositif.

electroprognosis, s. : pronostic à l'aide de l'électricité.

electropuncture, s. : électropuncture, galvanopuncture.

electropyrexia, s. : électropyrexie (élévation artificielle de la température du corps humain au moyen de l'électricité dans un but thérapeutique).

electroretinogram, s. : électrorétinogramme.

electroscission, s. : morcellement des tissus au moyen du bistouri électrique.

electroscope, s. : électroscope.

electroshock, s. : électrochoc.

electrosol, s. : métal colloïdal.

electrostatics, s. : électrostatique.

electrosurgery, s. : électrochirurgie.

electrosynthesis, s. : électrosynthèse.

electrotaxis, s. : mouvement d'attraction ou de répulsion des organismes ou cellules vis-à-vis de l'électricité.

electrotherapeutics or **electrotherapy,** s. : électrothérapie.

electrotonus, s. : électrotonus (état électrique d'un nerf parcouru dans une partie de sa longueur par un courant constant).

electrotropism, s. : électrotropisme (propriété du plasma d'être attiré ou repoussé par l'électricité).

electuary, s. : électuaire (préparation pharmaceutique de consistance molle).

eleidin, s. : éléidine (huile se trouvant sous forme de granulations dans l'épiderme).

element, s. : élément.

elementary, adj. : élémentaire; **- body** : corps élémentaire.

eleo- : éléo-, préfixe dénotant un rapport avec l'huile.

eleoma, s. : éléidome (tuméfaction ayant tendance à s'étendre, due à des injections d'huile végétale).

eleomyenchisis, s. : 1. injection intramusculaire d'huile dans le traitement du spasme chronique local; 2. prothèse chirurgicale par injection de paraffine (peu utilisée à cause des risques).

eleoptene, s. : éléoptène (partie liquide d'une huile volatile).

eleotherapy, s. : oléothérapie.

eleothorax, s. : oléothorax (injection d'huile dans la cavité pleurale).

elephantiac or **elephantiasic,** adj. : éléphantiasique.

elephantiasis, s. : éléphantiasis, pachydermie; **- anaesthetica** : lèpre anesthésique; **- arabum** : éléphantiasis des Arabes ou des pays chauds; **- asturiensis** : pellagre; **- congenita cystica** : état caractérisé par des vices de conformation du squelette, de l'anasarque généralisée et des kystes du tissu sous-cutané; **- dura** or **scirrhosa** : éléphantiasis avec sclérose du tissu conjonctif sous-cutané; **- graecorum** : éléphantiasis des Grecs, lèpre; **nevoid -** or **- telangiectodes** : éléphantiasis avec accroissement des vaisseaux sanguins, dermatolyse à naevi pachydermiques; **- sclerosa** : sclérodermie, sclérémie.

elevation, s. : éminence (anat.).

elevator, s. : 1. muscle releveur; 2. instrument pour relever un organe, pour extraire une racine de dent, érigne.

eleventh nerve : nerf spinal, XIe paire.

Elford membrane : membrane gradocol (virol.).

eliminant, s., adj. : éliminateur.

elimination, s. : élimination.

elinguation, s. : ablation de la langue.

elixir, s. : élixir.

elkodermatosis, s. : dermatite ulcérative.

Elliot's operation : trépanation scléro-cornéenne dans le glaucome.

elliptocyte, s. : elliptocyte.

elliptocytosis, s. : elliptocytose.

elodes, s. : fièvre paludéenne, paludisme; **- icteroides** : fièvre jaune.

eluate, s. : éluat; v. : éluer.

elution, s. : élution.

elutriation, s. : décantation après pulvérisation d'un solide dans l'eau.

elytritis, s. : vaginite.

elytro- : élytro-, préfixe dénotant un rapport avec le vagin.

elytrocele, s. : élytrocèle, entérocèle vaginale.

elytroclasia, s. : rupture du vagin.

elytrocleisis or **elytroclisis,** cf., **colpocleisis.**

elytroplasty, s. : élytroplastie (autoplastie vaginale).

elytroptosis, s. : élytroptose (prolapsus de la muqueuse vaginale).

elytrorrhagia, s. : élytrorragie (hémorragie vaginale).

elytrorrhaphy, s. : élytrorrhaphie, colporrhaphie.

elytrorrhea, s. : leucorrhée vaginale.

elytrostenosis, s. : colposténose, rétrécissement du vagin.

elytrotomy, s. : élytrotomie (incision d'un cul-de-sac vaginal).

emaciation, *s.* : émaciation, amaigrissement pathologique.

emancipation, *s.* : émancipation.

emaculation, *s.* : enlèvement des éphélides ou autres taches de la figure.

emailloblast, *s.* : *cf.,* **ameloblast.**

emailloid, *s.* : tumeur se développant à partir de l'émail dentaire et composée de cet émail.

emanation, *s.* : émanation; **radium -** : radon.

emanatorium, *s.* : institut pour thérapeutique par émanations radioactives.

emanotherapy, *s.* : émanothérapie (emploi thérapeutique des émanations du corps radioactif).

emansio mensium : aménorrhée, primaire ou secondaire.

Emanuel's disease : forme nécrotique et purulente de placentite.

emasculation, *s.* : émasculation (castration chez l'homme).

embalming, *s.* : embaumement.

Embden-Meyerhof pathway : cycle d'Embden-Meyerhof (dégradation du glucose en acide pyruvique).

embed, *v.* : faire une inclusion *(histol.)*.

embolalia, *s.* : *cf.,* **embololalia.**

embole, *s.* : 1. réduction d'une luxation; 2. embolie *ou* invagination (gastrulation); 3. énarthrose; 4. embolie (oblitération vasculaire).

embolectomy, *s.* : embolectomie (ablation chirurgicale du caillot qui provoque l'embolie).

embolemia, *s.* : 1. état du sang prédisposant à la formation de caillots déterminant l'embolie; 2. présence d'emboles dans le sang.

embolic, *adj.* : embolique.

emboliform, *adj.* : ressemblant à une embole.

emboligenic, *adj.* : emboligène.

embolism, *s.* : embolie (oblitération brusque d'un vaisseau par un corps étranger).

emboloid, *adj.* : ressemblant à un embole.

embololalia *or* **embolophasia,** *s.* : embololalie *ou* embolophasia (trouble du langage).

embolus, *s.,* *plur.* **emboli** *(lat.)* : embole, embolus.

emboly, *s.* : embolie, invagination (gastrulation).

embrocation, *s.* : embrocation.

embryectomy, *s.* : embryectomie (enlèvement par opération chirurgicale du fœtus, en particulier dans la grossesse extra-utérine).

embryo, *s.* : embryon; **- sac** : sac embryonnaire; **in -** : à l'état embryonnaire.

embryocardia, *s.* : embryocardie, rythme fœtal.

embryoctonic *or* **embryoctonus,** *adj.* : abortif, se rapportant à l'embryoctonie.

embryoctony, *s.* : embryoctonie (destruction du fœtus).

embryogenesis *or* **embryogeny,** *s.* : embryogenèse (développement de l'embryon).

embryogenetic *or* **embryogenic,** *adj.* : embryogénique.

embryograph, *s.* : embryographe (microscope et chambre claire pour études embryologiques).

embryography, *s.* : embryographie.

embryoid, *adj.* : embryoïde.

embryoism *or* **embryonism,** *s.* : fait d'être un embryon.

embryolemma, *s.,* *plur.* **embryolemmata** *(gr.)* : membranes fœtales.

embryology, *s.* : embryologie.

embryoma, *s.* : embryome, dysembryome tératoïde, tumeur embryoïde, embryonnée *ou* tridermique.

embryonal, *adj.* : *cf.,* **embryonic.**

embryonate, *adj.* : 1. embryonnaire, en germe; 2. fécondé, embryoné *ou* embryonné.

embryonic, *adj.* : embryonnaire, en germe; **- abortion** : avortement précoce; **- area** *or* **spot** : tache germinative; **- tissue** : tissu embryonnaire.

embryoniform, *adj.* : embryoniforme.

embryonization, *s.* : retour d'un tissu, d'une cellule vers un type embryonnaire.

embryonoid, *adj.* : embryoniforme.

embryopathy, *s.* : embryopathie.

embryoplastic, *adj.* : embryoplastique (se dit des tumeurs dont les éléments revêtent le type embryonnaire).

embryoscope, *s.* : appareil pour suivre l'évolution de l'embryon à travers la coquille de l'œuf.

embryotocia, *s.* : avortement.

embryotome, *s.* : embryotome.

embryotomy, *s.* : embryotomie (nom générique des opérations consistant à écraser *ou* morceler la tête du fœtus).

embryotoxon, *s.* : embryotoxon (opacité congénitale du bord de la cornée).

embryotroph, *s.,* *adj.* : embryotrophe.

embryotrophy, *s.* : nutrition du fœtus.

embryulcia, *s.* : 1. extraction par force du fœtus; 2. embryotomie.

embryulcus, *s.* : forceps.

emedullate, *v.* : extraire la moelle.

emedullate *or* **emedullated,** *adj.* : émédullé.

emergency, *s.* : urgence; **- operation** : opération à chaud; **- ration** : ration de combat (K ration, U.S.).

emergent, *adj.* : émergent.

emesis, *s.* : vomissement.

emetic, *s.,* *adj.* : émétique (substance qui provoque le vomissement).

emetin, *s.* : émétine (alcaloïde).

emetism, *s.* : empoisonnement par l'émétine.

emethocatharsis, *s.* : vomissement et purgation.

emetocathartic, *s.,* *adj.* : éméto-cathartique, vomipurgatif.

emiction, s. : miction (action d'uriner).

emictory, s., adj. : diurétique.

emigration, s. : émigration (des polynucléaires).

eminence, s. : éminence, saillie (anat.); **annular -** : protubérance annulaire; **articular -** : saillie de l'os temporal; **capital -** : condyle de l'humérus; **collateral -** : hippocampe accessoire ou éminence collatérale; **intercondylar -** : épine du tibia.

emissarium, s. (lat.) : émissaire, canal veineux du crâne.

emissary, s., adj. : émissaire, émonctoire; **- veins** : émissaires de Santorini (crâne).

emission, s. : émission (écoulement sous pression de certains liquides).

emmenagogue, s., adj. : emménagogue (qui provoque ou régularise le flux menstruel).

emmenia, s. (lat.) : règles.

emmeniopathy, s. : troubles de la menstruation.

emmenology, s. : emménologie (science des phénomènes de la menstruation).

emmenorrhea, s. : règles.

Emmet's operation : 1. opération d'Emmet, trachélorraphie; 2. suture du périnée.

emmetrope, s. : emmétrope.

emmetropia, s. : emmétropie (vision normale).

emmetropic, adj. : emmétrope.

emollient, adj. : émollient.

emotion, s. : émotion.

emotional, adj. : 1. émotif; **- disturbances** : troubles émotifs; **- insanity** : démence caractérisée par une hyperémotivité; 2. émotionnable.

emotive, adj. : émotif.

emotivity, s. : émotivité.

empathy, s. : partage des émotions d'autrui.

emphlysis, s., plur. **emphlyses** (gr.) : éruption vésiculaire ou exanthémateuse.

emphraxis, s. : obstruction, infarctus, congestion.

emphysatherapy, s. : injection gazeuse thérapeutique.

emphysema, s. : emphysème (infiltration gazeuse diffuse du tissu cellulaire); **surgical -** : air dans la peau du thorax après blessure de la plèvre.

emphysematous, adj. : emphysémateux.

emphysemodyspnoea, s. : dyspnée dans l'emphysème pulmonaire.

empiric, s. : charlatan; adj. : empirique.

empirical, adj. : 1. empirique; 2. se rapportant à un charlatan.

empiricism, s. : 1. empirisme (médecine fondée sur l'expérience); 2. charlatanisme.

emplastique, s., adj. : emplastique (qui a les caractères de l'emplâtre).

emplastrum, s., plur. **emplastra** (lat.) : emplâtre.

empodistic, s., adj. : préventif.

emptysis, s. : hémorragie pulmonaire, hémoptysie.

empyema, s. : empyème; **- necessitatis** : empyème de nécessité; **pulsating -** : empyème pulsatile.

empyesis, s. : empyèse (collection purulente); maladie caractérisée par des pustules purulentes.

empyocele, s. : tumeur scrotale purulente.

empyomphalus, s. : collection purulente ombilicale.

empyreuma, s. : empyreume (odeur dégagée par la matière organique soumise à la distillation sèche).

empyreumatic, adj. : empyreumatique; **- oil** : huile pyrogénée.

emulgent, adj. : émulgent; s. : 1. veine ou artère rénale; 2. médicament facilitant les organes émonctoires.

emulsification, s. : émulsionnement.

emulsifier, s. : émulseur, émulsionneur.

emulsify, v. : émulsionner.

emulsion, s., plur. **emulsiones** (lat.) : émulsion.

emulsionize, v. : émulsionner.

emulsive, adj. : émulsif; **- substance** : émulsif.

emulsoid, adj. : émulsoïde (chim.).

emulsum, s. (lat.) : émulsion.

emunctory, s., adj. : émonctoire.

emundation, s. : émondation (nettoyage, purification [chim.]).

emusculate, adj. : sans muscles.

enamel, s. : émail (odont.).

enameloma, s. : tumeur embryonnaire de l'émail.

enantesis, s. : soudure des vaisseaux ascendants et descendants; anastomose.

enanthem or **enanthema,** s., plur. **enanthemata** (gr.) : énanthème.

enanthematous, adj. : se rapportant à un énanthème.

enanthesis, s. : éruption muqueuse due à une maladie interne.

enanthrope, s. : origine interne d'une maladie.

enantiobiosis, s. : commensalisme où les deux organismes sont antagonistes.

enantiomorphous or **enantiomorphic,** adj. : énantiomorphe.

enanthiopathic, adj. : palliatif, se rapportant à l'énantiopathie.

enanthiopathy, s. : énanthiopathie (maladie antagoniste d'une autre maladie).

enarkyochrome, s. : cellule nerveuse chromatophile.

enarthrodia, s. : cf., **enarthrosis.**

enarthrodial, adj. : énarthrodial.

enarthrosis, s. : énarthrose, articulation mobile sphérique.

enarthrum, s. : corps étranger dans une articulation.

enation, s. : énation (virose végétale caractérisée par des excroissances en forme de lamelles apparaissant à la face intérieure du limbe [ex. : « enation mosaic » de la tomate, maladie du « Kroepeck » du tabac] [bot.]).

encanthis, s. : encanthis (affection de la caroncule lacrymale et du repli semi-lunaire).

encapsulated, adj. : encapsulé, capsulé.

encapsulation, s. : encapsulation.

encarditis, s. : endocardite.

encatarrhaphy, s. : greffe.

encelitis or **encoelitis,** s. : inflammation des viscères abdominaux.

encephalalgia, s. : encéphalalgie; **- hydropica** : hydrocéphalie.

encephalanalosis, s. : atrophie cérébrale.

encephalasthenia, s. : asthénie cérébrale.

encephalatrophy, s. : atrophie cérébrale.

encephalauxe, s. : hypertrophie cérébrale.

encephaledema, s. : œdème du cerveau.

encephalelcosis, s. : ulcération cérébrale.

encephalic, adj. : encéphalique.

encephalin, s. : encéphaline (glucoside azoté du tissu cérébral).

encephalion, s. : cervelet.

encephalitic, adj. : encéphalitique.

encephalitis, s. : encéphalite.

encephalitogenic, adj. : encéphalitogène.

encephalo- : encéphalo-, préfixe dénotant un rapport avec l'encéphale.

encephalocele, s. : encéphalocèle (ectopie à la face externe du crâne, d'une partie du cerveau ou de ses enveloppes).

encephalocoele, s. : 1. cavité crânienne; 2. ventricules du cerveau.

encephalocystocele, s. : encéphalo-cystocèle (ectopie cérébrale contenant une cavité provenant d'un diverticule des ventricules cérébraux).

encephalodialysis, s. : ramollissement du cerveau.

encephalodynia, s. : encéphalalgie, céphalée.

encephalogram, s. : encéphalogramme.

encephalography, s. : encéphalographie.

encephalohaemia, s. : congestion cérébrale.

encephaloid, adj. : encéphaloïde.

encephalolith, s. : calcul du cerveau.

encephalolithiasis, s. : formation de calculs dans le cerveau.

encephalology, s. : encéphalologie.

encephaloma, s. : encéphalome (encéphalocèle constitué par du tissu nerveux compact).

encephalomalacia, s. : encéphalomalacie (ramollissement cérébral).

encephalomegaly, s. : encéphalomégalie.

encephalomeningitis, s. : méningo-encéphalite.

encephalomeningocele, s. : méningo-encéphalocèle.

encephalomere, s. : encéphalomère.

encephalometer, s. : craniomètre.

encephalomyelic, adj. : cérébrospinal.

encephalomyelitis, s. : encéphalomyélite; **equine -** : encéphalomyélite équine.

encephalomyelopathy, s. : encéphalomyélopathie, névraxite, maladie du névraxe.

encephalon, s. : encéphale.

encephaloncus, s. : cf., **encephalophyma.**

encephalopathy, s. : encéphalopathie.

encephalophyma, s. : tumeur cérébrale.

encephalopyosis, s. : abcès du cerveau.

encephalorrhagia, s. : encéphalorragie (hémorragie intracrânienne).

encephalosclerosis, s. : sclérose cérébrale.

encephaloscopy, s. : examen du cerveau par encéphaloscopie.

encephalosepsis, s. : encéphalite purulente.

encephalosis, s. : encéphalose (affection de l'encéphale de nature non inflammatoire).

encephalospinal, adj. : encéphalo-spinal; **- axis** : moelle épinière.

encephalotome, s. : encéphalotome.

encephalotomy, s. : encéphalotomie.

enchondral, adj. : enchondral, endochondral (qui se trouve ou se produit à l'intérieur du cartilage).

enchondroma, s., plur. **enchondromata** (gr.) : enchondrome, chondrome interne.

enchondromatosis, s. : enchondromatose.

enchondromatous, adj. : se rapportant à un enchondrome.

enchondrosarcoma, s. : chondrosarcome, sarcome cartilagineux.

enchondrosis, s., plur. **enchondroses** (gr.) : excroissance cartilagineuse à partir de laquelle se développe le chondrome.

enclave, s. (fr.) : enclave.

enclavement, s. (fr.) : enclavement.

enclitic, adj. : se présentant obliquement.

encoleosis, s. : invagination.

encolpism or **encolpismus,** s. : 1. ovule (pharm.), suppositoire vaginal; 2. thérapeutique par ovules.

encolpitis, s. : vaginite.

encopresis, s. : incontinence fécale.

encranial, adj. : cf., **intracranial.**

encraty, s. : 1. maîtrise de soi; 2. continence, chasteté.

encrusted, adj. : encroûté.

encyesis, s. : grossesse.

encyst, v. : enkyster.

encystation, s. : enkystement.

encysted, adj. : enkysté.

encystement, s. : enkystement.

end, s. : bout, extrémité, chef (d'une bande chirurgicale); - artery : artère terminale, ne s'anastomosant pas; - body : partie terminale du complément; - brain : télencéphale; - brush : filament terminal du cylindraxe; - organ : terminaison d'un nerf afférent.

Endameba, Endamoeba or Entomoeba : amibes parasites de l'intestin des vertébrés.

endangeitis or endangiitis, s. : inflammation de la tunique interne d'un vaisseau.

endangic or endangitic, adj. : endovasculaire.

endangium, s. : tunique interne d'un vaisseau.

endaortitis, s. : inflammation de la tunique interne de l'aorte.

endarteritis, s. : endartérite, endartériolite; obliterating - or - obliterans : artérite obliterans.

endaxoneuron, s. : neurone rachidien (dont les prolongements ne dépassent pas la moelle rachidienne).

endectoplastic, adj. : se dit des cellules qui forment le tissu par métamorphose du protoplasme à la périphérie et au centre.

endeictic, adj. : symptomatique.

endeixis, s. : symptôme.

endemia, s. : endémie.

endemic, adj. : endémique.

endemicity or endemism, s. : endémicité.

endemology, s. : science des maladies endémiques.

endemo-epidemic, adj. : endémo-épidémique.

endemy, s. : endémie.

endepidermis, s. : épithélium.

endermatic or endermic, adj. : endermique; - medication : méthode endermique (méthode thérapeutique qui utilise le pouvoir d'absorption de la peau dépouillée de son épiderme).

endermism, s. : méthode endermique.

endermosis, s. : 1. méthode endermique; 2. maladie herpétique des muqueuses.

enderon, s. : derme et partie non épithéliale de la membrane muqueuse.

endexoteric, adj. : dû à des causes externes et internes.

endo- : endo-, préfixe signifiant à l'intérieur.

endo-aneurysmorrhaphy, s. : endo-anévrismorraphie, opération de Matas.

endo-angiitis, s. : endo-artérite.

endoappendicitis, s. : endo-appendicite (appendicite sans lésion péritonéale).

endoarteritis, s. : cf., endarteritis.

endoauscultation, s. : auscultation par tube œsophagien introduit dans l'estomac.

endobiotic, adj. : endobiotique.

endoblast, s. : endoblaste (feuillet interne du blastoderme).

endobronchial, adj. : endobronchique.

endobronchitis, s. : inflammation de la muqueuse bronchique.

endocardiac or endocardial, adj. : endocardiaque (se dit des bruits et autres phénomènes qui se passent dans les cavités du cœur).

endocarditis, s. : endocardite (inflammation de l'endocarde); - lenta : endocardite infectieuse maligne à évolution lente, maladie de Jaccoud-Osler.

endocardium, s. : endocarde.

endocarpe, s. : endocarpe (bot.).

endocellular, adj. : intracellulaire.

endocervical, adj. : endocervical.

endocervicitis, s. : endocervicite (inflammation de la muqueuse du canal cervical utérin).

endocervix, s. : intérieur du col de l'utérus.

endochondral, adj. : endochondral, enchondral.

endochrome, s. : endochrome (matière colorante, autre que le vert, de l'endoplasme de la cellule, des diatomées ou des fleurs).

endocolitis, s. : colite.

endocomplement, s. : complément intracellulaire.

endocranial, adj. : 1. se rapportant à l'endocrâne; 2. cf., intracranial.

endocranitis, s. : inflammation de l'endocrâne; pachyméningite externe, scléro-méningite.

endocranium, s. : 1. endocrâne; 2. dure-mère.

endocrine, adj. : endocrine, à sécrétion interne; - gland : glande endocrine.

endocraniose, s. : endocraniose hyperostosique.

endocrinism, s. : endocrinose.

endocrinology, s. : endocrinologie.

endocrinopathy, s. : endocrinopathie, endocrinose.

endocrinotherapy, s. : endocrinothérapie (emploi thérapeutique d'extraits de glandes endocrines).

endocrinous or endocrinic, adj. : endocrine.

endocritic, adj. : endocrine, se rapporte aux sécrétions internes.

endocystitis, s. : cystite.

endocyte, adj. : substance étrangère à l'intérieur de la cellule.

endoderm, s. : endoderme, entoderme, endoblaste, feuillet interne.

endodermal, adj. : endodermique.

endodiascopy, s. : endodiascopie (examen direct par tube de Crookes introduit dans une cavité naturelle).

endodontitis, s. : pulpite, inflammation de la pulpe dentaire.

endo-enteritis, s. : entérite.

endo-enzyme, s. : enzyme intracellulaire.

endo-esophagitis, s. : inflammation des muqueuses de l'œsophage.

endogastritis, s. : inflammation de la muqueuse stomacale.

endogenesis or endogeny, s. : endogenèse.

endogenic or endogenous, adj. : endogène.

endogenote, *s.* : endogénote *(génét.).*

endoglobular, *adj.* : endoglobulaire.

endognathion, *s.* : milieu du maxillaire supérieur.

endo-intoxication, *s.* : empoisonnement par toxine endogène.

endolarynx, *s.* : cavité du larynx.

endolymph, *s.* : endolymphe.

endolymphangeal, *adj.* : situé dans *ou* appartenant à un vaisseau lymphatique.

endolymphatic *or* **endolymphic,** *adj.* : se rapportant à l'endolymphe.

endolysin, *s.* : endolysine.

endolysis, *s.* : endolyse.

endomastoiditis, *s.* : mastoïdite.

endometrectomy, *s.* : extirpation de l'endomètre.

endometrial, *adj.* : se rapportant à l'endomètre; situé dans l'utérus.

endometrioid, *adj.* : endométrioïde.

endometrioma, *s.* : endométriome, endométrioïde, solénome *(inus.),* (tumeur bénigne formée d'éléments normaux aberrants de la muqueuse utérine).

endometriosis, *s.* : endométriose (présence d'éléments de l'endomètre dans un lieu anormal).

endometritis, *s.* : endométrite (inflammation de la muqueuse utérine); **cervical -** : endocervicite; **- dissecans, dissecting -** *or* **- exfoliativa** : dysménorrhée membraneuse.

endometrium, *s.* : endomètre.

endometry, *s.* : mesure de l'intérieur d'un organe ou d'une cavité.

Endomyces, *s.* : *Endomyces* (ascomycètes); **- albicans** : *Candida albicans.*

endomycosis, *s.* : endomycose.

endomyocarditis, *s.* : endomyocardite (inflammation de l'endocarde et du myocarde).

endomysium, *s.* : endomysium.

endonasal, *adj.* : endonasal.

endonephritis, *s.* : pyélite.

endonuclear, *adj.* : intranucléaire.

endoneural, *adj.* : se rapportant à, *ou* situé dans l'intérieur d'un nerf.

endoneurial, *adj.* : se rapportant à l'endonèvre.

endoneuritis, *s.* : endonévrite.

endoneurium, *s.* : endoneurium, endonèvre.

endoparasite, *s.* : endoparasite (parasite végétal *ou* animal vivant dans l'intérieur de l'organisme).

endopathy, *s.* : maladie endogène.

endoperiarteritis, *s.* : endartérite et péri-artérite, endopéri-artérite.

endopericarditis, *s.* : endopéricardite (inflammation du péricarde et de l'endocarde).

endoperimyocarditis, *s.* : association de péricardite, myocardite et endocardite

endoperitonitis, *s.* : péritonite.

endophlebitis, *s.* : endophlébite (inflammation de la tunique interne de la veine).

endophthalmitis, *s.* : endophtalmie (inflammation des tissus externes du globe oculaire).

endophyte, *s.* : *cf.,* **entophyte.**

endoplasm, *s.* : endoplasme.

endoplasmic, *adj.* : endoplasmique.

endoprothesis, *s.* : endoprothèse (prothèse interne).

endorhinitis, *s.* : rhinite.

endorrhachis, *s.* : dure-mère.

endosalpingitis, *s.* : salpingite des muqueuses des trompes de Fallope.

endoscope, *s.* : endoscope.

endoscopy, *s.* : endoscopie.

endosepsis, *s.* : septicémie d'origine endogène.

endoskeleton, *s.* : squelette.

endosmometer, *s.* : endosmomètre.

endosmose *or* **endosmosis,** *s.* : endosmose (courant osmotique allant de l'extérieur vers l'intérieur); **electrical -** : cataphorèse.

endosperm, *s.* : endosperme.

endospore, *s.* : endospore.

endosteitis, *s* : inflammation de l'endostéum.

endosteoma *or* **endostoma,** *s.,* *plur.* **endeostomata** *(gr.)* : tumeur osseuse située à l'intérieur de l'os, dans une cavité entourée par un os.

endostethoscope, *s.* : endostéthoscope (stéthoscope et sonde œsophagienne pour auscultation par l'œsophage).

endosteum, *s.* : endoste, endosteum (région vascularisée limitant la cavité médullaire des os).

endostosis, *s.,* *plur.* **endostoses** *(gr.)* : ossification d'un cartilage.

endothelial, *adj.* : endothélial.

endotheliitis, *s.* : inflammation endothéliale.

endotheliocyte, *s.* : endothéliocyte (grand mononucléaire).

endothelioinoma, *s.* : tumeur fibreuse d'origine endothéliale.

endotheliolysin, *s.* : hémorragine.

endothelioma, *s.* : endothéliome (tumeur développée aux dépens des cellules endothéliales).

endotheliomyoma, *s.* : myome d'origine endothéliale.

endotheliomyxoma, *s.* : endothéliomyxome, myxome d'origine endothéliale.

endothéliotoxin, *s.* : hémorragine.

endothelium, *s.* : endothélium.

endothermal *or* **endothermic,** *adj.* : endothermique.

endothermy, *s.* : production endogène de chaleur.

endothrix, *s.* : endothrix *(Trichophyton).*

endothyreopexy *or* **endothyropexy,** *s.* : opération pour séparer la thyroïde de la trachée avec fixation.

endotoscope, s. : cf., **otoscope.**

endotoxicosis, s. : endotoxicose.

endotoxin, s. : endotoxine ; **- shock** : réaction d'Herxheimer.

endotoxoid, s. : anatoxine préparée à partir d'une endotoxine.

endotracheitis, s. : trachéite, inflammation de la muqueuse de la trachée.

endo-urethral, adj. : endo-urétral.

endovascular, adj. : intravasculaire, endovasculaire.

endovasculitis, s. : cf., **endangeitis.**

endovenitis, s. : endovénite chimique (endophlébite provoquée par des substances chimiques).

endovenous, adj. : endoveineux, intraveineux, intravasculaire.

endyma, s. : épendyme.

endymal, adj. : épendymaire.

enema, s., plur. **enemata** (gr.) : lavement, clystère.

enepidermatic or **enepidermic,** adj. : se rapportant à une thérapeutique par application cutanée.

energometer, s. : appareil pour mesurer la pression sanguine.

energize, v. : donner de l'énergie, stimuler ; aimanter, amorcer (électr.).

energizing, adj. : qui donne de l'énergie, stimulant, activant, énergétique; **- circuit** : circuit d'aimantation (d'une bobine), circuit d'amorçage (d'une dynamo).

energy, s. : 1. énergie, force, vigueur; 2. énergie, travail; travail mécanique, travail moteur; **- consumed** : puissance absorbée; **kinetic -** : énergie cinétique; **potential -** : énergie potentielle.

enervate, v. : énerver, affaiblir, amollir.

enervating, adj. : énervant, amollissant, débilitant.

enervation, s. : 1. énervation (ablation ou section d'un nerf); 2. affaiblissement, lassitude, langueur par déficience de tonus nerveux.

engagement, s. : engagement (obstét.).

Engelmann's intermediate disk : cf., **Krause's membrane; - lateral disk** : cf., **Hensen's disk.**

English disease : rachitisme; **- sweating fever** : suette anglaise.

englobe, v. : englober (par un phagocyte ou macrophage).

Engman's disease : dermatite infectieuse d'aspect eczémateux.

engonus, s. : 1. indigène; 2. rejeton.

engorged, adj. : engorgé, congestionné; **- disk** : papillite (ophtal.).

engorgement, s. (fr.) : engorgement, congestion.

engram, s. : image ou impression latente laissée par un stimulus continu dont l'effet est de prolonger l'action du stimulus après que celui-ci a cessé.

enhematospore or **enhemospore,** s. : première spore produite par le parasite du paludisme dans le corps humain.

enkatarrhaphy, s. : suture des deux bords d'un sillon pour enfouir la partie épithéliale.

enlargement, s. : hypertrophie (d'un organe).

enol, s. : énol (chim.).

enomania, s. : oenomania, delirium tremens, délire alcoolique aigu.

enophthalmia or **enophthalmos,** s. : énophtalmie (rétraction du globe oculaire dans l'orbite).

enostosis, s. : énostose (production osseuse dans le canal médullaire de l'os).

ens, s. : entité, qualité, capacité inhérente ; **- morbi** : pathologie d'une maladie, indépendamment de son étiologie.

ensellure, s. (fr.) : ensellure, ensellure lombaire.

ensiform, adj. : ensiforme; **- process** : appendice xyphoïde; **- leaved** : ensifolié (bot.).

ensisternum, s. : appendice xyphoïde.

enstrophe, s. : inversion, rotation interne, éversion (de la paupière).

entad, adj. : orienté vers le centre, intérieurement.

ental, adj. : interne, central.

entallantoic, adj. : situé dans le sac allantoïque.

entamniotic, adj. : situé dans les replis de l'amnios.

Entamoeba or **Entameba,** s. : amibe de l'intestin.

entamoebiasis or **entamebiasis,** s. : amibiase intestinale.

entasia or **entasis,** s. : action musculaire spasmodique, spasme tonique.

entectic, adj. : 1. produisant un spasme, une contraction; 2. aphrodisiaque.

entelçao, s. : maladie sévissant au Brésil, caractérisée par des crises récurrentes de déglutition difficile.

entelechy, s. : 1. résultat d'une action ou d'une fonction; 2. principe vital.

entepicondylar, adj. : situé à la face interne de l'épicondyle.

entepicondyle, s. : épicondyle de l'humérus.

enteque, s. : maladie sud-américaine caractérisée chez certains animaux par des épines osseuses pulmonaires.

enter- : cf., **entéro-.**

enteraden, s., plur. **enteradenes** (gr.) : glande intestinale.

enteradenitis, s. : inflammation d'une glande intestinale.

enteradenology, s. : anatomie, physiologie et pathologie des glandes intestinales.

enteraemia, s. : congestion intestinale.

enteral, adj. : intestinal, entérique.

enteralgia, s. : entéralgie.

enteramine, s. : entéramine, sérotonine.

enterauxe, s. : hypertrophie des muscles de la paroi intestinale.

enterectasis, s. : entérectasie (dilatation de l'intestin).

enterectomy, s. : entérectomie (résection d'une partie du tube intestinal).

enterelcosis, s. : ulcération de l'intestin.

enterembole, s. : invagination de l'intestin.

enteremphraxis, s. : obstruction intestinale.

enterepiplocele, s. : entéro-épiplocèle.

enterepiplomphalocele, s. : entéro-épiplocèle et omphalocèle.

enteric, adj. : entérique; **- fever** : fièvre typhoïde; **- coated** : kératinisé (se dit des médicaments libérables dans l'intestin).

entericoid, adj. : ressemblant à la fièvre typhoïde; **- fever** : fièvre d'aspect typhoïdique.

enteritic, adj. : se rapportant à l'entérite.

enteritis, s. : entérite; **muco -** : entéro-myxorrhée.

entero- : entéro, préfixe dénotant un rapport avec l'intestin.

enteradenitis, s. : adénite mésentérique.

enteroanastomosis, s. : entéro-anastomose, opération de Maisonneuve.

enterobiliary, s. : entre l'intestin et le canal biliaire.

enterobiasis, s. : entérobiase, oxyuriase.

enterocele, s. : entérocèle (hernie ne comprenant que des anses intestinales).

enteroceliac or **enterocoeliac,** adj. : se rapportant à la cavité abdominale.

enterocentesis, s. : ponction intestinale.

enterochirurgia, s. : chirurgie intestinale.

enterocholecystostomy, s. : cholécystentérostomie, opération de von Winiwarter.

enterocholecystotomy, s. : incision de la vésicule biliaire et de l'intestin.

enterocinesia, s. : péristaltisme.

enterocinetic, s., adj. : péristaltique.

enterocleisis, s. : occlusion intestinale.

enteroclysis, s. : entéroclyse (lavage intestinal).

enteroclysm, s. : 1. injection intestinale; 2. seringue.

enterococcemia, s. : entérococcémie.

Enterococcus, s. : entérocoque.

enterocoele, s. : cavité abdominale.

enterocolitis, s. : entérocolite (inflammation simultanée des muqueuses de l'intestin grêle et du côlon); **acute necrotizing-** : entérocolite ulcéreuse hémorragique.

enterocolostomy, s. : entérocolostomie (abouchement entre l'intestin grêle et le côlon).

enteroconiosis or **enterokoniosis,** s. : entéroconiose (affection gastro-intestinale causée par les poussières).

enterocyst, s. : kyste intestinal.

enterocystocele, s. : entérocystocèle (hernie dont le sac contient de l'intestin et une partie de la vessie).

enterocystoma, s. : tumeur kystique de l'intestin.

enterocystocheocele, s. : hernie scrotale renfermant de l'intestin et une partie de la vessie.

enterodynia, s. : entérodynie (douleur intestinale).

entero-enterostomy, s. : formation chirurgicale d'une fistule entre deux anses intestinales.

entero-épiplocele, s. : entéro-épiplocèle.

enterogastritis, s. : entérogastrite.

enterogastrocele, s. : hernie abdominale, entérogastrocèle.

enterogenic or **enterogenous,** adj. : prenant naissance dans l'intestin.

enterography, s. : entérographie.

enterohaemorrhage, s. : hémorragie intestinale.

enterohepatic, adj. : entérohépatique.

enterohepatitis, s. : entérohépatite (inflammation du foie et de l'intestin).

enterohepatocele, s. : entérohépatocèle (hernie ombilicale embryonnaire contenant le foie avec des anses intestinales).

enterohydrocele, s. : entérohydrocèle (hernie intestinale compliquée d'hydrocèle).

enteroid, adj. : entéroïde.

enteroidea, s. : fièvre intestinale.

entero-intoxication, s. : entéro-intoxication.

enterokinase, s. : entérokinase.

enterolit or **enterolith,** s. : entérolithe (concrétion intestinale).

enterolithiasis, s. : entérolithiase (formation de calculs intestinaux).

enterology, s. : entérologie (traité, étude de l'intestin).

enteromalacia, s. : ramollissement pathologique des parois intestinales.

enteromere, s. : entéromère (segment embryonnaire de l'intestin).

enteromerocele, s. : hernie fémorale impliquant l'intestin.

enteromesenteric, adj. : entéromésentérique ; **- fever** : fièvre typhoïde.

enterometer, s. : instrument pour mesurer la lumière de l'intestin grêle.

enteromphalus, s. : hernie ombilicale de l'intestin.

enteromycosis, s. : mycose intestinale.

enteromyiasis, s. : myiase intestinale.

enteron, s. : 1. intestin; 2. canal alimentaire, à l'exclusion des parties d'origine ectodermique.

enteroncus, s. : tumeur de l'intestin.

enteroneuritis, s. : entéronévrite (inflammation des filets nerveux de l'intestin).

enteropathy, s. : entéropathie.

enteropexia or **enteropexy,** s. : entéropexie.

enteroplasty, s. : entéroplastie.

enteroplegia, s. : paralysie de l'intestin.

enteroplexia or **enteroplexy,** s. : mise en apposition des parois intestinales.

enteroptosis, *s.* : entéroptose (prolapsus intestinal).

enteropyra, *s.* : 1. entérite; 2. fièvre typhoïde; **- asiatica** : choléra.

enterorrhagia, *s.* : entérorragie (hémorragie intestinale).

enterorrhaphy, *s.* : entérorraphie (suture d'une plaie intestinale).

enterosarcoma, *s.* : sarcome intestinal.

enteroscope, *s.* : entéroscope.

enterosepsis, *s.* : septicémie intestinale.

enterospasm, *s.* : entérospasme (contraction spasmodique, douloureuse de l'intestin).

enterostasis, *s.* : stase intestinale.

enterostenosis, *s.* : entérosténose (rétrécissement de l'intestin).

enterostomy, *s.* : entérostomie (établissement d'une ouverture artificielle dans l'intestin par la paroi abdominale).

enterotome, *s.* : entérotome (1. ciseaux pour ouvrir le tube digestif; 2. pince de Dupuytren pour section de l'éperon d'un anus artificiel).

enterotoxication, *s.* : auto-intoxication intestinale.

enterotoxin, *s.* : entérotoxine.

enterotoxism, *s.* : état pathologique dû à l'action des micro-organismes sur les matières alimentaires que renferme l'intestin.

enterotropic, *adj.* : entérotrope (qui présente de l'affinité pour l'intestin).

enterotyphus, *s.* : fièvre typhoïde.

enterovirus, *s.* : entérovirus.

enterozoon, *s.*, *plur.* **enterozoa** *(gr.)* : entérozoaire.

enthelminth, *s.* : enthelminthe (ver parasite).

enthesis, *s.* : greffe avec du tissu non vivant.

enthetic, *adj.* : exogène (se dit surtout pour l'infection syphilitique et autres maladies contagieuses spécifiques).

enthlasis, *s.* : fracture du crâne avec enfoncement des esquilles.

entiriris, *s.* : uvée (couche interne et pigmentaire de l'iris).

entity, *s.* : entité (employé souvent abusivement pour unité).

ento- : ento-, préfixe signifiant à l'intérieur.

entoblast, *s.* : endoblaste.

entocele, *s.* : hernie interne, ectopie, déplacement d'un organe.

entoceliac *or* **entocelian**, *adj.* : situé dans une cavité cérébrale, intraventriculaire.

entocelic *or* **entocoelic**, *adj.* : intra-intestinal.

entocentral, *adj.* : près du centre, du côté central.

entochorioidea *or* **entochoroidea**, *s.* : couche interne de la choroïde oculaire.

entocinerea, *s.* : substance grise entourant les cavités du cerveau et de la moelle épinière.

entocondyle, *s.* : condyle interne.

entoconid, *s.* : pointe interne et postérieure de la molaire inférieure.

entocornea, *s.* : partie de la membrane de Descemet qui adhère à la surface interne de la cornée.

entocyte, *s.* : les constituants de la cellule.

entoderm, *s.* : entoderme, endoderme.

entome, *s.* : bistouri pour rétrécissement urétral.

entomere, *s.* : cellule centrale du blastomère de l'œuf de mammifère.

entomion, *s.* : point où l'incisure pariétale du temporal reçoit le prolongement antérieur de l'angle mastoïdien du temporal.

entomology, *s.* : entomologie.

entoparasite, *s.* : endoparasite (parasite interne, endozoaire, endophyte).

entophthalmia, *s.* : inflammation des parties internes du globe oculaire.

entophyte, *s.* : entophyte (végétal vivant en endoparasite, comme les bactéries pathogènes).

entopic, *adj.* : situé à sa place (par opposition à ectopique).

entoptic, *adj.* : entoptique (se dit des sensations lumineuses nées sur la rétine).

entoptoscopy, *s.* : entoscopie (examen des capillaires de notre propre rétine).

entoretina, *s.* : couche interne de la rétine.

entorrhagia, *s.* : hémorragie interne.

entostosis *or* **entosteosis**, *s.* : poussée osseuse dans une cavité médullaire.

entothalamus, *s.* : zone thalamique grise interne.

entotic, *adj.* : entotique.

entozoon, *s.*, *plur.* **entozoa** *(gr.)* : entozoaire.

entrails, *s.* : entrailles.

entropion, *s.* : entropion (renversement des paupières en dedans).

entropionize, *v.* : tourner en dedans.

entropy, *s.* : entropie *(phys.)*.

enucleatio bulbi *(lat.)* : énucléation de l'œil.

enucleation, *s.* : énucléation (1. extirpation d'une tumeur encapsulée; 2. extirpation de l'œil à travers la conjonctive incisée).

enuresis, *s.* : énurèse, énurésie (incontinence d'urine).

envelope, *s.* : enveloppe.

envenom, *v.* : envenimer.

envenomization, *s.* : envenimation, envenimement

environment, *s.* : environnement, entourage, mi lieu ambiant.

enzootic, *adj.* : enzootique; **- disease** : enzootie (maladie qui frappe une ou plusieurs espèces ani males dans une région, soit d'une façon cons tante, soit à certaines époques déterminées).

enzyme, *s.* : enzyme, diastase; **constitutive -** enzyme constitutive (synthétisée en quantités fixes, indépendamment des conditions de crois sance); **inducible -** : enzyme inductible (dont le taux de production est accru par la présence d'inducteurs dans la cellule); **repressible -**

enzyme répressible (dont le taux de production est inversement proportionnel à la concentration intracellulaire de certains métabolites).

enzymic or **enzymatic**, *adj.* : enzymatique, diastasique.

enzymology, *s.* : enzymologie.

enzymopathy, *s.* : enzymopathie.

enzymosis, *s.* : fermentation due à une enzyme.

enzymotic, *adj.* : enzymatique.

enzymuria, *s.* : présence d'enzymes dans l'urine.

eonism, *s.* : éonisme (pratique habituelle du travesti).

eosin, *s.* : éosine.

eosinoblast, *s.* : éosinoblaste.

eosinocyte, *s.* : éosinocyte, leucocyte éosinophile.

eosinopenia, *s.* : éosinopénie (abaissement du taux normal des éosinophiles dans le sang périphérique).

eosinopenic, *adj.* : éosinopénique.

eosinophil, *s.* : éosinophile.

eosinophilia, *s.* : éosinophilie (1. accroissement du taux des éosinophiles; 2. état des microbes ou éléments ayant une affinité pour l'éosine).

eosinophilous, *adj.* : éosinophile.

eosinotactic, *adj.* : attirant *ou* repoussant les éosinophiles.

epactal, *adj.* : intercalé; **- bones** : os wormiens; **- cartilages** : petits nodules cartilagineux sur le bord supérieur des cartilages des narines.

eparsalgia, *s.* : douleurs rhumatismales dues au surmenage.

epaxial, *adj.* : situé ou s'étendant sur un axe.

epencephalon, *s.* : arrière-cerveau (cervelet et protubérance annulaire).

ependyma, *s.* : épendyme.

ependymal, *adj.* : épendymaire.

ependymitis, *s.* : épendymite (inflammation du canal de l'épendyme).

ependymoma, *s.* : épendymome (tumeur siégeant dans les ventricules cérébraux ou à l'intérieur de la moelle, développée aux dépens des cellules de l'épendyme).

ephebic, *adj.* : éphébique (se rapportant à la jeunesse, l'adolescence, la puberté).

ephebology, *s.* : science de la jeunesse, de l'adolescence, de la puberté.

ephedrine, *s.* : éphédrine.

ephelis, *s.*, *plur.* **ephelides** *(gr.)* : tache de rousseur.

ephemeral, *adj.* : éphémère.

ephidrosis, *s.* : éphidrose (sécrétion sudorale excessive).

ephippium, *s.*, *plur.* **ephippia** *(lat.)* : ephippium, selle turcique.

epi- : épi-, préfixe signifiant sur, dessus.

epiblast, *s.* : épiblaste.

epiblastic, *adj.* : épiblastique.

epibola or **epiboly**, *s.* : épibole, épibolie (mode de développement de l'œuf).

epibulbar, *adj.* : situé sur le globe de l'œil.

epicanthus, *s.* : épicantis, épicanthus (repli semilunaire que forme parfois la peau au-devant du grand angle de l'œil).

epicardia, *s.* : partie supérieure du cardia à l'extrémité inférieure de l'œsophage.

epicardial, *adj.* : 1. se rapportant à la partie supérieure du cardia; 2. se rapportant au feuillet viscéral de la séreuse péricardique.

epicardium, *s.* : feuillet viscéral de la séreuse péricardique.

epicarditis, *s.* : épicardite.

epicardium, *s.* : épicarde (feuillet viscéral de la séreuse péricardique).

epicarp, *s.* : épicarpe *(bot.)*.

epicele or **epicoele**, *s.* : quatrième ventricule.

epicerebral, *adj.* : situé sur le cerveau.

epichorion, *s.* : 1. épichorion, caduque; 2. épiderme.

epicolic, *adj.* : situé sur le côlon.

epicoma, epicomus or **epicome**, *s.* : épicome (monstre caractérisé par une tête accessoire insérée par son sommet sur le sommet de la tête principale).

epicondylalgia, *s.* : épicondylalgie (forme légère d'épicondylite).

epicondylar, *adj.* : épicondylien.

epicondyle, *s.* : épicondyle.

epicondylic, *adj.* : épicondylien.

epicondylitis, *s.* : épicondylite, épicondylose.

epicondylus, *s. (lat.)*. : épicondyle; **- extensorius** : condyle externe de l'humérus; **- flexorius** : condyle interne (de l'humérus); **- lateralis** : épicondyle (de l'humérus); **- medialis** : épitrochlée (de l'humérus).

epiconus, *s. (lat.)* : partie du renflement lombbaire situé juste au-dessus du cône terminal.

epicophosis, *s.* : surdité due à une maladie.

epicranial, *adj.* : épicrânien.

epicranium, *s.* : épicrâne.

epicranius, *s. (lat.)* : muscle occipito-frontal.

epicrisis, *s.* : épicrise.

epicritic, *adj.* : se localisant avec précision (se dit des fibres nerveuses sensorielles cutanées).

epicyesis, *s.* : superfétation.

epicystic, *adj.* : sus-pubien, situé au-dessus de la vessie.

epicystitis, *s.* : inflammation des tissus situés devant la vessie.

epicystotomy, *s.* : incision sus-pubienne de la vessie.

epicyte, *s.* : 1. paroi cellulaire; 2. épicyte, membrane d'enveloppe des protozoaires grégariniens.

epicytoma, *s.* : épithéliome malin.

epidemic, *s.* : épidémie; *adj.* : épidémique.

epidemicity, *s.* : épidémicité.

epidemiologic, *adj.* : épidémiologique.

epidemiologist, *s.* : épidémiologiste.

epidemiology, *s.* : épidémiologie.

epiderm, *s.* : *cf.,* **epidermis.**

epiderma, *s., plur.* **epidermata** *(gr.)* : excroissance anormale de l'épiderme.

epidermal, *adj.* : épidermique.

epidermatoid, *adj.* : épidermoïde.

epidermatoplasty, *s.* : greffe de Thiersch (greffe épidermique), greffe de Reverdin (greffe épidermique à petits greffons).

epidermic, *adj.* : épidermique.

epidermidosis, *s.* : nom générique donné aux excroissances anormales cutanées d'origine et de type épithélial.

epidermis, *s.* : épiderme.

epidermization, *s* : 1. formation de l'épiderme; 2. greffe épidermique.

epidermoid, *adj.* : épidermoïde; *s.* : kyste épidermoïde.

epidermolysis, *s.* : épidermolyse bulleuse héréditaire, pemphigus héréditaire.

epidermoma, *s.* : épidermome (excroissance cutanée, verrue).

epidermomycosis, *s.* : épidermomycose, dermatomycose.

epidermophyton, *s.* : épidermophyton inguinal ou interdigital (mycose cutanée).

epidermophytosis, *s.* : épidermophytose, épidermophytie (dermatose érythémateuse et légèrement squameuse due à la présence d'*Epidermophyton inguinale*).

epidiascope, *s.* : épidiascope.

epididymal *or* **epididymic,** *adj.* : se rapportant à l'épididyme.

epididymectomy, *s.* : épididymectomie (ablation chirurgicale de l'épididyme).

epididymis, *s.* : épididyme.

epididymitis, *s.* : épididymite (inflammation de l'épididyme).

epididymography, *s.* : épididymographie.

epididymo-orchitis, *s.* : orchi-épididymite.

epididymotomy, *s.* : épididymotomie (incision de l'épididyme).

epididymovasostomy, *s.* : formation d'une anastomose latérale *ou* abouchement du canal déférent et de l'épididyme.

epidural, *adj.* : épidural; **- space** : espace épidural, canal sacré (espace compris entre méningés et vertèbres); **- haemorrhage** : hémorrhagie épiduréenne.

epifolliculitis, *s.* : inflammation des follicules pileux du cuir chevelu.

epigaster, *s.* : côlon embryonnaire.

epigastralgia, *s.* : épigastralgie (douleur à l'épigastre).

epigastric, *adj.* : épigastrique; **- fossa** : creux épigastrique; **- reflex** : formation de rides par excitation cutanée près des aisselles.

epigastrium, *s.* : épigastre.

epigastrocele, *s.* : épigastrocèle.

epigenesis, *s.* : épigenèse.

epiglottic *or* **epiglottean,** *adj.* : épiglottique.

epiglottidectomy, *s.* : excision de l'épiglotte.

epiglottiditis, *s.* : épiglottite (inflammation aiguë du larynx et du pharynx ayant son maximum au niveau de l'épiglotte).

epiglottis, *s.* : épiglotte.

epiglottitis, *s.* : *cf.,* **epiglottiditis.**

epignathus, *s.* : épignathe (monstre double caractérisé par l'insertion du parasite sur le maxillaire supérieur).

epihyal bone : ligament stylohyoïde ossifié.

epilating forceps : pince à épiler.

epilation, *s.* : épilation.

epilatory, *s.* : épilatoire.

epilate, *v.* : épiler.

epilemma, *s., plur.* **epilemmata** *(gr.)* : périnèvre des ramifications des filaments nerveux.

epilepsia, *s. (lat.)* : *cf.,* **epilepsy.**

epilepsy, *s.* : épilepsie.

epileptic, *s., adj.* : épileptique; **- fit** *or* **seizure** : crise d'épilepsie.

epileptiform, *adj.* : épileptiforme.

epileptogenic *or* **epileptogenous,** *adj.* : épileptogène.

epileptoid, *adj.* : épileptoïde.

epileptosis, *s.* : toute maladie du groupe épileptique.

epiploia, *s.* : épilepoïa, maladie de Bourneville et Brissaud, sclérose tubéreuse du cerveau.

epilymph, *s.* : périlymphe (oreille).

epimandibular, *adj.* : sus-maxillaire.

epimenorrhagia, *s.* : abondance de menstruations fréquentes.

epimenorrhoea, *s.* : polyménorrhée, menstruation trop fréquente.

epimysium, *s.* : épimysium, gaine musculaire.

epinephral, *adj.* : surrénal.

epinephrectomy, *s.* : surrénalectomie.

epinephrinaemia, *s.* : adrénalinémie.

epinephrine *or* **epinephrin,** *s.* : adrénaline; **- test** : épreuve de Goetsch.

epinephritis, *s.* : surrénalite.

epinephroma, *s.* : épinéphrome, surrénalome (tumeur de la glande surrénale).

epineural, *adj.* : situé sur la colonne vertébrale.

epineurium, *s.* : périnèvre (gaine de tissu conjonctif entourant le nerf).

epipharynx, *s.* : nasopharynx.

epiphenomenon, *s.* : épiphénomène (symptôme accessoire).

epiphora, *s.* : épiphora, larmoiement.

epiphylactic response : épiphylaxie.

epiphylaxis, *s.* : épiphylaxie (réaction de défense instantanée de l'organisme au moyen de substances non spécifiques).

epiphyseal *or* **epiphysial**, *adj.* : épiphysaire (qui se rapporte à l'épiphyse des os ou à la glande pinéale).

epiphyseitis, *s.* : épiphysite (inflammation d'une épiphyse).

epiphyseolysis, *s.* : épiphyséolyse, épiphysiolyse.

epiphyseopathy, *s.* : maladie épiphysaire (soit épiphyse des os, soit glande pinéale).

epiphysiodesis, *s.* : épiphysiodèse.

epiphysis, *s.* : épiphyse; **- cerebri** : glande pinéale.

epiphysitis, *s.* : *cf.*, **epiphyseitis**.

epiphyte, *s.*, *adj.* : épiphyte (plante parasite).

epiphytic, *s.* : épiphytie; *adj.* : causé par les épiphytes.

epipial, *adj.* : situé sur la pie-mère.

epiplasm, *s.* : épiplasme (protoplasme de l'asque [*bot.*]).

epiplerosis, *s.* : engorgement, ballonnement.

epiplexus, *s.* : plexus choroïde du quatrième ventricule.

epiplocele, *s.* : épiplocèle (hernie de l'épiploon).

epiploenterocele, *s.* : entérocèle et épiplocèle.

epiploenteroscheocele, *s.* : entérocèle et épiplocèle dans le scrotum.

epiploic, *adj.* : épiploïque; **- appendages** : appendices épiploïques; **- foramen** : foramen ovale de Winslow.

epiploischiocele, *s.* : épiplocèle dans le trou sciatique.

epiploitis, *s.* : épiploïte.

epiplomerocele, *s.* : épiplocèle fémoral.

epiplomphalocele, *s.* : épiplocèle ombilical.

epiploon, *s.* : épiploon.

epiplopexy, *s.* : épiplopexie, omento-fixation, opération de Talma.

epiploplasty, *s.* : épiploplastie (variété de péritonisation).

epiplorrhaphy, *s.* : *cf.*, **epiplopexy**.

epiplosarcomphalocele, *s.* : induration de l'épiploon dans l'épiplocèle ombilical.

epiploscheocele, *s.* : épiplocèle scrotal.

epipygus, *s.* : *cf.*, **pygomelus**.

episclera, *s.* : épisclérotique (tissu conjonctif entre la conjonctive et la sclérotique).

episcleral, *adj.* : situé hors de la sclérotique.

episcleritis, *s.* : épisclérite (inflammation du tissu cellulaire qui entoure la sclérotique).

episcope, *s.* : épiscope.

episio- : épisio-, préfixe dénotant un rapport avec le pubis.

episiocele, *s.* : prolapsus de la paroi vaginale interne.

episioclisia, *s.* : occlusion chirurgicale de la vulve.

episioelytrorrhaphy, *s.* : suture du périnée déchiré et rétrécissement du vagin pour soutenir un prolapsus de l'utérus.

episiohaematoma, *s.*, *plur.* **episiohematoma** *(gr.)* : hématome de la vulve, des organes génitaux externes.

episioperineorrhaphy, *s.* : *cf.*, **episioelytrorraphy**.

episioplasty, *s.* : opération plastique de la région pubienne ou de la vulve.

episiorrhagia, *s.* : hémorragie vulvaire.

episiorrhaphy, *s.* : épisiorraphie (opération qui consiste à oblitérer le vagin en avivant et en suturant les faces internes des grandes lèvres).

episiostenosis, *s.* : sténose de la vulve.

episiotomy, *s.* : épisiotomie.

episode, *s.* : épisode.

episome, *s.* : épisome (élément génétique qui peut exister libre ou faire partie d'un chromosome; ex. : facteur sexuel F^+ et DNA du bactériophage lysogène).

epispadial, *adj.* : épispadique.

epispadias, *s.* : épispadias (malformation congénitale de l'urètre masculin, avec orifice sur la face dorsale de la verge).

epispastic, *s.*, *adj.* : épispastique (nom donné aux substances qui provoquent la vésication de la peau).

epispinal, *adj.* : 1. situé sur la colonne vertébrale; 2. situé sur la moelle épinière; 3. situé sur une vertèbre, sur une apophyse.

episplenitis, *s.* : inflammation de la tunique fibreuse de la rate.

epistasis, *s.* : 1. épistase (qui surnage dans l'urine); 2. arrêt (d'une sécrétion), arrêt de développement (d'un organisme); 3. *cf.*, **epistasy**.

epistasy, *s.* : épistasie (masquage d'un caractère héréditaire par un autre).

epistaxis, *s.* : épistaxis (saignement de nez).

episternal, *adj.* : épisternal.

episternum, *s.* : manubrium, poignée, présternum.

epistropheus, *s. (gr.)* : axis (deuxième vertèbre cervicale).

epitela, *s.* : tissu arachnéen de la valvule de Vieussens.

epitendineum *or* **epitenon**, *s.* : gaine fibreuse entourant le tendon.

epithalamic, *adj.* : situé sur le thalamus.

epithalamus, *s.* : épithalamus (terme englobant la glande pinéale, les habenae *ou* pédoncules antérieurs de la glande pinéale et la commissure blanche postérieure).

epithalaxia, *s.* : épithalaxie (chute massive des épithéliums de revêtement des surfaces muqueuses).

epithelial, *adj.* : épithélial; **- cancer** : épithélioma.

epithelioblastoma, *s.* : épithélioblastome (toute tumeur épithéliale).

epitheliogenetic, *adj.* : provenant d'une prolifération épithéliale.

epithelioid, *adj.* : épithélioïde.

epitheliolytic, *adj.* : capable de détruire les cellules épithéliales.

epithelioma, *s.* : épithélioma, épithéliome; **basal cell -** : épithélioma baso-cellulaire; **columnar, cylindrical** or **cylindro-cellular -** : épithélioma cylindrique; **squamous cell -** : épithélioma malpighien.

epitheliomatosis, *s.* : épithéliomatose.

epithéliomatous, *adj.* : épithéliomateux.

epitheliosis, *s.* : épithéliose (nom générique pour désigner les maladies à prolifération épithéliale).

epithelitis, *s.* : épithéliite (inflammation superficielle et lésion exsudative de l'épiderme dues à la radiothérapie).

epithelium, *s.* : épithélium.

epithelization, *s.* : développement d'épithélium sur une surface brute.

epithem, *s.* : épithème (topique à l'exclusion des onguents et des emplâtres).

epitonic, *adj.* : fortement tiré, en extension.

epitonos or **epitonus,** *s.* : 1. *cf.*, **epitonic**; 2. tout ce qui est en extension anormale.

epitoxoid, *s.* : toxoïde ayant moins d'affinité pour l'anticorps que la toxine correspondante.

epitrichium, *s.* : épitrichium (couche superficielle de l'épiderme fœtal).

epitrochlea, *s.* : épitrochlée (condyle interne de l'humérus).

epituberculosis, *s.* : épituberculose, réaction tuberculeuse.

epitympanum, *s.* : attique.

epityphlon, *s.* : appendice vermiforme.

epizoic, *adj.* : épizooïque.

epizoicide, *s.* : produit pour détruire les parasites externes.

epizoon, *s.*, *plur.* **epizoa** *(gr.)* : épizoaire, ectozoaire.

epizootic, *s.* : épizootie; *adj.* : épizootique.

epizooty, *s.* : épizootie, maladie épizootique.

epluchage, *s.* : épluchage, débridement *(chir.)*.

eponychium, *s.* : kératinisation de l'épiderme du deuxième au huitième mois de la vie fœtale à l'endroit de l'ongle.

epoophorectomy, *s.* : excision de l'organe de Rosenmüller.

epoophoron, *s.* : époophore, organe de Rosenmüller (vestiges embryonnaires du mésonéphros).

epostoma, *s.* : exostose.

Epstein-Barr virus : virus EB, virus d'Epstein-Barr.

Epstein's pearls : petites masses blanc jaunâtre situées de chaque côté de la ligne médiane de la voûte palatine à la naissance; **- nephrosis** : maladie d'Epstein, néphrose lipoïdique.

Epstein-Pel's disease : leucémie de type intermittent.

epoxy resin : résine époxy.

epulis, *s. (gr.)* : épulis, épulie, épulide (tumeur des gencives).

epulosis, *s.* : cicatrisation, cicatrice.

epulotic, *s.*, *adj.* : épulotique, cicatrisant.

equalization, *s.* : égalisation; **pressure -** : égalisation des pressions d'un côté et de l'autre du tympan

equate, *v.* : égaliser, mettre en équation.

equation, *s.* : équation *(chim., math.)*; **- division** : division du noyau avec division égale de chaque chromosome; **personal -** : équation personnelle *(psych.)*.

equator, *s.* : équateur; **- of a cell** : plaque équatoriale; **- of the eye** : équateur du globe oculaire.

equatorial, *adj.* : équatorial; **- plate** : plaque équatoriale.

equiaxial, *adj.* : équiaxe.

equilibrating operation : cure du strabisme paralytique.

equilibrium, *s.* : équilibre, aplomb.

equimolecular, *adj.* : équimoléculaire *(chim.)*.

equinated, *adj.* : inoculé avec le bacille de la morve.

equine, *adj.* : équin; **- encephalomyelitis** : encéphalomyélite équine.

equinia, *s. (lat.)* : morve.

equinism, *s.* : équinisme (hyperextension du pied sur la jambe).

equinocavus, *adj* : (pied bot) équin arqué.

equinovarus, *adj.* : (pied bot) équin varus.

equinus, *s.* : pied bot équin; *adj.* : équin.

equipotential, *adj.* : équipotentiel; **- surface** : surface de potentiel constant.

equisetum, *s.* : équisetum (cryptogame toxique pour le cheval).

equivalence or **equivalency,** *s.* : équivalence.

equivalent, *s.*, *adj.* : équivalent; **glucose -** : effet hypoglycémique d'une unité d'insuline; **Joule's -** : équivalent calorifique; **mechanical - of heat** : équivalent mécanique de la chaleur.

equivocal, *adj.* : équivoque, incertain, douteux.

eradicate, *v.* : extirper.

eradication, *s.* : éradication, arrachement.

erasion, *s.* : 1. acte d'érafler, de curetter; 2. curetage d'une articulation; 3. arthrectomie.

Erb's disease : syndrome d'Erb, syndrome d'Erb-Goldflam, myasthénie; **- juvenile form** or **progressive muscular atrophy** : myopathie primitive progressive, type scapulo-huméral ou forme juvénile d'Erb; **- palsy** or **paralysis** : paralysie des muscles du bras, d'origine traumatique; **- point** :

point sus-claviculaire; **- sign** : signe d'Erb (augmentation de l'excitabilité des muscles et des nerfs dans la tétanie).

Erb-Charcot's disease : tabès dorsal spasmodique, paralysie spinale spastique.

erbium, s. : erbium.

erect, adj. : droit, debout; **to stand -** : se tenir droit; v. : dresser; 2. redresser (opt.).

erectile, adj. : érectile; **- tissue** : tissu érectile; **- tumor** : tumeur érectile.

erectility, s. : érectilité.

erecting, s. : 1. cf., **erection**; 2. redressement (d'une image [opt.]); **- prism** : prisme redresseur; **- eyepiece** : oculaire à redressement.

erection, s. : érection.

erector, s. : 1. muscle érecteur, érecteur; 2. inverseur (opt.); **- nerves** : nerfs érecteurs (fibres nerveuses reliant les second et troisième nerfs sacrés au rectum, à la vessie et aux organes génitaux); **- pili** : fibres musculaires lisses produisant le réflexe pilomoteur.

eremacausis, s. : oxydation lente, combustion lente.

eremiophobia, s. : phobie de la solitude.

erepsin, s. : érepsine (enzyme de la muqueuse intestinale).

erethism or **erethismus,** s. : éréthisme (état d'excitation d'un organe).

erethisma, s. : irritant.

erethismal, adj. : de la nature d'un éréthisme.

erethismic or **erethistic,** adj. : éréthistique, irritant, se rapportant à l'éréthisme.

ereutophobia, s. : éreutophobie (crainte morbide de rougir, accompagnée d'une rougeur effective).

ereuthosis, s. : grande facilité de rougir.

erg, s. : erg (1 dyne par cm).

ergasiomania, s. : 1. désir de travailler; 2. manie d'opérer.

ergasiophobia, s. : 1. timidité pour opérer, peur des opérations; 2. dégoût du travail.

ergasthenia, s. : asthénie due au surmenage.

ergastoplasm or **archiplasm,** s. : ergastoplasme.

ergo-aesthesiograph, s. : ergo-esthésiographe (appareil pour l'enregistrement graphique de la tonicité).

ergodynamograph, s. : ergodynamographe.

ergogenesis or **ergogeny,** s. : ergogenèse (énergie de croissance chez les êtres vivants [Ryder]).

ergogram, s. : ergogramme (tracé fait par un ergographe).

ergograph, s. : ergographe (appareil destiné à enregistrer le travail d'un muscle ou d'un groupe musculaire), ergomètre enregistreur.

ergometer, s. : ergomètre (instrument destiné à mesurer le travail exécuté par un muscle ou par un groupe musculaire); **recording -** : ergograph.

ergonomy, s. : ergonomie (science qui s'efforce d'adapter le travail aux travailleurs).

ergophobia, s. : peur morbide du travail.

ergophore group : toxophore.

ergostat, s. : appareil pour mesurer la force musculaire.

ergosterol, s. : ergostérol.

ergot, s. : ergot de seigle (pharm.).

ergotherapy, s. : thérapeutique par travail physique.

ergotine, s. : ergotine (alcaloïde).

ergotism, s. : ergotisme (ensemble des accidents provoqués par l'usage alimentaire répété de seigle ergoté).

Erichsen's disease : sinistrose, hystérie traumatique; **- ligature** : mode de ligature des nævi; **- sign** : signe d'Erichsen (douleur déterminée au niveau de l'interligne sacro-iliaque dans la sacro-coxalgie par le rapprochement des os iliaques).

eriometer, s. : instrument pour mesurer le diamètre des globules.

erisiphake, s. : érisiphake (appareil qui utilise le vide pour attirer le cristallin et l'arracher sans rupture de la capsule dans la phacoérisis).

Erlenmeyer flask : erlenmeyer, fiole d'Erlenmeyer.

erode, v. : éroder, ronger, corroder.

erodent, s. : érosif (pharm.).

erogenous or **erogenic,** adj. : érogène (physiol.).

erosion, s. : érosion.

erosive, adj. : érosif.

erotic, adj. : érotique.

erotism, s. : érotisme.

erotogenic, adj. : érotogène.

erotology, s. : érotologie.

erotomania, s. : érotomanie (délire marqué par des préoccupations d'ordre génital).

erotomaniac, s. : érotomane, érotomaniaque.

erotopathia or **erotopathy,** s. : perversion de l'instinct sexuel.

erotophobia, s. : érotophobie, phobie des instincts sexuels.

erratic, adj. : erratique (1. irrégulier; 2. éloigné).

errhysis, s. : saignement, hémorragie lente.

erubescence, s. : érubescence (rougeur de la peau).

eructation, s. : éructation (émission bruyante par voie buccale de gaz stomacaux).

erugation, s. : enlèvement des rides.

eruption, s. : 1. éruption (rougeurs, rash, purpura, vésicules, phlyctènes); 2. éruption des dents (apparition des dents).

eruptive, adj. : éruptif.

erysipelas, s. : érysipèle, érésipèle.

erysipelatous, adj. : érysipélateux.

erysipeloid, adj. : érysipéloïde, maladie de Rosenbach.

erythema, s. : érythème; **- a frigore** or **a gelu** : érythème pernio, engelure; **infectious -** : érythème infectieux; **- intertrigo** : érythème inter-trigo, intertrigo; **Lewin's - of the larynx** : ca-tarrhe syphilitique du larynx; **- marginatum** : éry-thème marginé ; **- migrans** *or* **perstans** : ery-thema perstans, erysipela perstans faciei (Kaposi); **- nodosum** : érythème noueux, dermatite contusi-forme.

erythematous, *adj.* : érythémateux.

erythemoid *or* **erythematoid,** *adj.* : érythémoïde; **- reaction** : érythrémie.

erythralgia, *s.* : érythralgie (rougeur douloureuse de la peau).

erythrasma, *s.* : érythrasma (mycose de la peau causée par *Microsporum minutissimum*).

erythredema, *s.* : érythrœdème épidémique, der-mato-polyneuritis, pink disease, polynévrite pella-groïde.

erythremia *or* **erythraemia,** *s.* : polyglobulie, polycythémie.

erythristic, *adj.* : se rapportant à l'érythrisme.

erythro- : érythro, préfixe signifiant rouge.

erythroblast, *s.* : érythroblaste (mégaloblaste, normoblaste).

erythroblastaemia, *s.* : érythroblastémie (pré-sence d'érythroblastes dans le sang).

erythroblastoma, *s.* : érythroblastome (myélome développé aux dépens des cellules de la lignée des hématies).

erythroblastomatosis, *s.* : érythroblastomatose.

erythroblastosis, *s.* : érythroblastose; **- foetalis** *or* **neonatorum** : érythroblastose fœtale *ou* du nou-veau-né, anasarque fœto-placentaire de Schridde, ictère grave familial du nouveau-né, anémie grave érythroblastique du nouveau-né.

erythrocatalysis, *s.* : destruction excessive des globules rouges par phagocytose.

erythrochloropsia, *s.* : érythrochloropsie (percep-tion du vert et du rouge à l'exclusion des autres couleurs).

erythrochromia, *s.* : coloration rouge.

erythroclasis, *s.* : rupture des globules rouges.

erythroclastic, *adj.* : se rapportant à une rupture des globules rouges.

erythrocyanosis, *s.* : érythrocyanose.

erythrocyte, *s.* : érythrocyte.

erythrocythaemia, *s.* : érythrémie.

erythrocytic, *adj.* : se rapportant aux érythrocytes.

erythrocytoblast, *s.* : érythroblaste.

erythrocytolysin, *s.* : hémolysine.

erythrocytolysis, *s.* : érythrolyse, hémolyse.

erythrocytometer, *s.* : hématimètre.

erythrocyto-opsonins : opsonines spécifiques des globules rouges.

erythrocytopenia *or* **erythropenia,** *s.* : érythro-cytopénie.

erythrocytorrhexis, *s.* : rupture du globule rouge et libération du plasma globulaire.

erythrocytoschisis, *s.* : formation de corps dis-coïdes à partir des globules rouges dégénérés.

erythrocytosis, *s.* : érythrocytose.

erythrodegenerative, *adj.* : caractérisé par une désintégration des globules rouges.

erythroderma, *s.* : érythème, érythrodermie; **con-genital ichthyosiform -** : dermatose ichtyosi-forme généralisée congénitale.

erythrodermia, *s.* : érythrodermie, pityriasis rubra.

erythrodermitis, *s.* : érythrodermie.

erythrodontia, *s.* : érythrodontie (pigmentation rouge des dents).

erythrogenesis, *s.* : érythrogenèse (production d'érythrocytes); **- imperfecta** : érythropoïèse inefficace.

erythrogonium, *s.* : hématoblaste.

erythrogranulose, *s.* : granulose (de l'amylodex-trine) se colorant en rouge avec l'iode.

erythroid, *adj.* : rouge, rougeâtre.

erythrolysin, *s.* : hémolysine.

erythrolysis, *s.* : érythrolyse, hémolyse.

erythromelalgia, *s.* : érythromélalgie (accès de douleurs accompagnés de gonflement et de rou-geur des téguments siégeant aux extrémités).

erythromelia, *s.* : érythromélie, acrodermatite chronique atrophiante, dermatite chronique atro-phique de Pick-Herxheimer.

erythrometer, *s.* : appareil pour mesurer le degré de rougeur.

erythromycin, *s.* : érythromycine.

erythromyeloblastoma, *s.* : érythromyéloblastome.

erythromyeloid, *adj.* : érythromyéloïde.

erythron, *s.* : ensemble de la lignée des glo-bules rouges et de leurs précurseurs dans les organes embryonnaires.

erythroneocytosis, *s.* : présence de formes régé-nératrices de globules rouges dans la circulation sanguine.

erythropathy, *s.* : érythropathie (maladie des glo-bules rouges).

erythropenia, *s.* : érythropénie (diminution du nombre des globules rouges).

erythrophage, *s.* : érythrophage.

erythrophagia, *s.* : érythrophagie, hématophagie (phagocytose des globules rouges).

erythrophil, *s.* : substance érythrophile du noyau.

erythrophilous, *adj.* : érythrophile.

erythrophlein, *s.* : érythrophléine (alcaloïde).

erythrophlogosis, *s.* : inflammation accompagnée de rougeur.

erythrophobe, *s.* : individu atteint d'érythrophobie.

erythrophobia, *s.* : érythrophobie (1. intolérance au rouge; 2. peur de rougir, éreutophobie).

erythrophose, *s.* : sensation subjective de rouge.

erythropia, *s.* : *cf.,* **erythropsia.**

erythroplasia, *s.* : érythroplasie.

erythroplastid, *s.* : globule rouge sans noyau.

erythropoiesis, *s.* : érythropoïèse.

erythropoietic, *adj.* : érythropoïétique.

erythroprosopalgia, *s.* : état caractérisé par de la rougeur et des douleurs névralgiques faciales, similaire à l'érythromélalgie.

erythropsia, *s.* : érythropsie (teinte rouge uniforme qui semble colorer tous les objets).

erythropsin, *s.* : pourpre rétinien.

erythropyknosis, *s.* : dégénérescence des érythrocytes caractéristique des infections estivo-automnales (apparence cuivreuse et crénelée du globule rouge).

erythrorrhexis, *s.* : rupture des globules rouges.

erythrosin, *s.* : érythrosine (*histol.*).

erythrosis, *s.* : érythrose (1. coloration rouge des téguments dans la polyglobulie; 2. tendance exagérée à rougir).

erythruria, *s.* : érythrurie, hématurie (coloration rouge de l'urine).

Esbach's reagent : réactif d'Esbach (identification de l'albumine dans l'urine).

escape, *s.* : échappement (nodal et ventriculaire).

eschar, *s.* : escarre.

escharodermitis, *s.* : dermite escarrotique.

escharosis, *s.* : escarrification (formation d'une escarre).

escharotic, *s., adj.* : escarrotique (produisant des escarres, caustique).

Escherichia : *Escherichia;* **- coli** : *Escherichia coli,* colibacille.

eschrolalia, *s.* : *cf.,* **coprolalia.**

Escudero's test : test d'Escudero (épreuve d'élimination de l'acide urique pour les goutteux).

esculent, *adj.* : comestible, sapide, esculent.

Esmarch's bandage *or* **apparatus** : bande ou appareil d'Esmarch; **- operation** : 1. amputation de l'articulation coxo-fémorale; 2. opération pour remédier à l'ankylose de la mâchoire inférieure.

eso- : eso-, préfixe signifiant à l'intérieur de.

esocolitis, *s.* : inflammation de la muqueuse du côlon, dysenterie.

esodic, *adj.* : afférent.

esoethmoiditis, *s.* : ethmoïdite.

esogastritis, *s.* : gastrite.

esophagalgia *or* **œsophagalgia,** *s.* : douleur dans l'œsophage.

esophageal *or* **œsophageal,** *adj.* : œsophagien.

esophagectasia *or* **œsophagectasia,** *s.* : dilatation idiopathique de l'œsophage.

esophagectomy *or* **œsophagectomy,** *s.* : œsophagectomie (résection d'une partie de l'œsophage).

esophagectopy *or* **œsophagectopy,** *s.* : ectopie de l'œsophage.

esophagism, œsophagism, esophagismus *or* **œsophagismus,** *s.* : œsophagisme (contraction spasmodique de l'œsophage).

esophagitis *or* **œsophagitis,** *s.* : œsophagite (inflammation de l'œsophage).

esophago- *or* **œsophago-** : œsophago, préfixe dénotant un rapport avec l'œsophage.

esophagocele *or* **œsophagocele,** *s.* : distension anormale d'une partie de l'œsophage.

esophagodynia *or* **œsophagodynia,** *s.* : douleur dans l'œsophage.

esophagoectasis *or* **œsophagoectasis,** *s.* : dilatation de l'œsophage due à une sténose du cardia.

esophagoenterostomy *or* **œsophagoenterostomy,** *s.* : gastrectomie totale avec anastomose de l'œsophage au duodénum.

esophagogastroscopy *or* **œsophagogastroscopy,** *s.* : endoscopie de l'œsophage et de l'estomac.

esophagogastrostomy *or* **œsophagogastrostomy,** *s.* : œsophago-gastrostomie, opération de Heyrovski.

esophagojejunogastrostomosis, œsophagojejuno- gastrostomosis, esophagojejunogastrostomy *or* **œsophagojejunogastrostomy,** *s.* : œsophago-jéjuno-gastrostomose ou -gastrostomie, opération de Roux.

esophagomalacia *or* **œsophagomalacia,** *s.* : œsophago-malacie (friabilité de la paroi œsophagienne).

esophagometer *or* **œsophagometer,** *s.* : instrument pour mesurer l'œsophage.

esophagomycosis *or* **œsophagomycosis,** *s.* : mycose de l'œsophage.

esophagoplasty *or* **œsophagoplasty,** *s.* : œsophagoplastie.

esophagoplication *or* **œsophagoplication,** *s.* : opération chirurgicale pour diminuer le calibre de l'œsophage en faisant des plis longitudinaux.

esophagoptosis *or* **œsophagoptosis,** *s.* : prolapsus de l'œsophage.

esophagorrhagia *or* **œsophagorrhagia,** *s.* : hémorragie de l'œsophage.

esophagorrhea *or* **œsophagorrhea,** *s.* : suppuration, épanchement dans l'œsophage.

esophagoscopy *or* **œsophagoscopy,** *s.* : œsophagoscopie (application de l'endoscope à l'examen de l'œsophage).

esophagostenosis *or* **œsophagostenosis,** *s.* : sténose de l'œsophage.

esophagostomy *or* **œsophagostomy,** *s.* : œsophagostomie (formation d'un orifice dans l'œsophage).

esophagotome *or* **œsophagotome,** *s.* : œsophagotome.

esophagotomy *or* **œsophagotomy,** *s.* : œsophagotomie (ouverture de l'œsophage par sectionnement).

esophagus, *s.* : œsophage.

esophoria, *s.* : ésophorie (trouble de l'équilibre oculo-moteur caractérisé par une tendance à la convergence au repos).

esosphenoiditis, *s.* : ostéomyélite du sphénoïde.

esotropia, *s.* : strabisme convergent.

espundia, *s.* : forme de leishmaniose en Amérique du Sud.

esquillectomy, *s.* : esquillectomie (ablation d'une esquille).

essential, *adj.* : essentiel.

esterase, *s.* : estérase.

esterize, *v.* : estérifier.

esthematology, *s.* : esthésiologie, aesthésiologie.

esthesia, *s.* : esthésie, sensibilité.

esthesioblast, *s.* : cellule ganglionnaire embryonnaire.

esthesiodermia, *s.* : affection cutanée avec dérèglement des fonctions sensorielles.

esthesiogen, *s.* : corps esthésiogène.

esthesiogenic, *adj.* : esthésiogène.

esthesiogeny, *s.* : esthésiogénie.

esthesiology, *s.* : esthésiologie, aesthésiologie.

esthesiomania, *s.* : esthésiomanie (perversion maniaque des sens).

esthesiometer, *s.* : esthésiomètre (instrument pour mesurer la sensibilité tactile).

esthesioneure, *s.* : neurone sensoriel.

esthesioneuroblastoma, *s.* : esthésioneuroblastome (neuroépithéliome de l'olfactif).

esthesioneurosis, *s.* : névrose avec troubles sensoriels.

esthesodic, *adj.* : qui transmet les sensations (se dit des nerfs sensitifs).

esthiomenus, *s.* : esthiomène.

esthophysiology, *s.* : esthophysiologie (science des relations qui existent entre les états de conscience et les états nerveux).

estival, *adj.* : estival.

estivation, *s.* : estivation (1. engourdissement des plantes et animaux durant l'été; 2. préfloraison).

estivoautumnal fever : paludisme, tierce maligne; **- parasite** : *Plasmodium falciparum.*

Estlander's operation : opération d'Estlander-Létiévant (résection sous-périostée de côtes dans la pleurésie).

estradiol, *s.* : œstradiol.

estrin, *s.* : œstrine, hormone sexuelle femelle, folliculine, hormone féminine ou ovarienne.

estriol *or* **œstriol**, *s.* : œstriol, hydrate de folliculine.

estrogenic, *adj.* : œstrogène; **- hormone** : œstrine.

estrogen, *s.* : œstrogène.

estrual, *adj.* : œstral.

estruation, *s.* : œstrus.

estrus, estrum *or* **œstrum**, *s.* : œstrus, rut (phase d'activité sexuelle, particulièrement chez les mammifères).

estuarium, *s.* : bain de vapeur.

estuation, *s.* : chaleur, fièvre.

esuritis, *s.* : ulcération gastrique due à l'inanition.

état mamelonné *(fr.)* : hyperplasie de la muqueuse stomacale dans la gastrite chronique.

état vermoulu *(fr.)* : ulcérations irrégulières à la surface du cerveau dans l'artério-sclérose à un stade avancé.

ethanol, *s.* : éthanol, alcool éthylique.

ethereal, *adj.* : éthéré, volatil; **- oil** : huile essentielle; **- salt** : éther composé.

etherification, *s.* : étherification.

etherify, *v.* : éthérifier.

etherism, *s.* : 1. éthérisme (ensemble des phénomènes provoqués par l'éther absorbé sous forme de vapeur [éthérisation] *ou* en boisson); 2. éthéromanie.

etherization, *s.* : éthérisation (procédé d'anesthésie par l'éther).

etheromania, *s.* : éthéromanie.

etherometer, *s.* : appareil pour doser l'éther au cours de l'anesthésie.

ethics, *s.* : éthique; **medical -** : déontologie.

ethiomopemphigus, *s.* : pemphigus latent.

ethiopification, *s.* : noircissement de la peau par abus de médication par les sels d'argent, de mercure *ou* d'arsenic.

ethmocarditis, *s.* : inflammation du tissu conjonctif cardiaque.

ethmoid, *s., adj.* : ethmoïde.

ethmoidal, *adj.* : ethmoïdal, ethmoïdien.

ethmoidectomy, *s.* : 1. excision des cellules ethmoïdales; 2. excision d'une partie de l'ethmoïde.

ethmoiditis, *s.* : ethmoïdite (inflammation de la muqueuse qui recouvre l'ethmoïde et de l'os lui-même).

ethmyphitis, *s.* : cellulite.

ethnic, *adj.* : ethnique.

ethnography, *s.* : ethnographie.

ethnology, *s.* : ethnologie.

ethyl- : éthyle (radical C_2H_5).

ethylene, *s.* : éthylène.

ethylic, *adj.* : éthylique.

ethylism, *s.* : éthylisme, alcoolisme.

etiocholanolone, *s.* : étiocholanolone.

etiolate, *v.* : 1. étioler; 2. s'étioler.

etiolated, *adj.* : étiolé, anémié.

etiolation, *s.* : étiolement, chlorose.

etiologic *or* **etiological**, *adj.* : étiologique.

etiology, *s.* : étiologie (étude des causes des maladies).

etrotomy, *s.* : section du bassin.

eu- : eu-, préfixe signifiant conforme à la fonction ou à l'état normal, ou bon.

eubiotics, *s.* : eubiotique.

eubolism, *s.* : métabolisme normal.

eucalyptus, *s.* : eucalyptus, **- oil** : essence d'eucalyptus.

eucanthus, s. : eucanthus, hyperplasie de la caroncule lacrymale.

eucapnia, s. : eucapnie (taux normal de CO_2 dans le sang).

eucaryote, s. : eucaryote (ayant un noyau complet).

euchlorhydria, s. : acidité normale du suc gastrique.

eucholia, s. : bile normale.

euchromatin, s. : euchromatine.

euchromatopsy, s. : chromatopsie normale.

euchromosome, s. : euchromosome, autosome.

euchylia, s. : condition normale du chyle.

euchymia, s. : état normal des liquides du corps.

eucinesia or **eukinesia,** s. : pouvoir normal de motilité.

eucrasia, s. : eucrasie (bonne constitution).

eucyesia or **eucyesis,** s. : grossesse normale.

eudiaemorrhysis, s. : écoulement sanguin normal à travers les capillaires.

eudiaphoresis, s. : diaphorèse normale.

eudiometer, s. : eudiomètre (appareil pour juger de la pureté de l'air et doser les gaz).

euesthesia, s. : esthésie normale.

eugenesis, s. : eugénésie, homogénésie eugénésique, hybridité directe.

eugenic, adj. : eugénésique, callipédique.

eugenics, s. : eugénie, eugénique, eugénisme, callipédie, puériculture prénatale.

euglobulin, s. : euglobuline.

eugnosia, s. : eugnosie (pouvoir de perception normal).

Eulenburg's disease : paramyotonie congénitale.

eumenorrhea, s. : euménorrhée (menstruation normale).

eunuch, s. : eunuque.

eunichism, s. : eunuchisme.

enuchoid, adj. : eunuchoïde.

eunuchoidism, s. : eunuchoïdisme (nom donné à l'eunuchisme observé chez des sujets dont les organes génitaux paraissent normaux).

euosmia, s. : euosmie (sens olfactif normal).

eupad, s. : mélange de chlorure de chaux et d'acide borique employé comme antiseptique.

eupancreatism, s. : fonctionnement pancréatique normal.

eupareunia, s. : compatibilité sexuelle.

eupathia, s. : 1. euphorie; 2. sensation normale; 3. réceptivité aux impressions.

eupepsia, s. : eupepsie (digestion normale).

eupeptic, adj. : eupeptique.

euphonia or **euphony,** s. : euphonie.

euphoria, s. : euphorie (état ou sensation générale de bien-être).

euplastic, adj. : euplastique.

eupnea, s. : eupnée (respiration facile).

eupraxia, s. : eupraxie (faculté de conformer les mouvements au but proposé).

eupyrexia, s. : pyrexie légère au début d'une infection.

eurodontia, s. : carie dentaire.

europisocephalus, adj. : ayant le crâne large dans la région occipitale.

europium, s. : europium.

europrocephalus, adj. : ayant le crâne large devant.

eury- : eury-, préfixe signifiant large, grand.

eurycephalic or **eurycephalous,** adj. : atteint d'eurycéphalée (1. crâne large; 2. brachycéphale [Huxley]).

eurygnathism, s. : condition d'eurygnathe.

eurygnathus or **eurygnathous,** adj. : eurygnathe (type mongolique).

euryon, s. : point craniométrique situé à l'extrémité du plus grand diamètre transversal du crâne.

eurysma, s. : 1. dilatation; 2. structure qui a subi une dilatation.

euscope, s. : euscope (microscope pour examen de l'œil).

eusol, s. : solution d'acide hypochloreux employée comme antiseptique.

Eustachian artery, s. : 1. branche de l'artère vidienne; 2. branche de l'artère sphéno-palatine; **- catheter** : sonde pour examiner, dilater, soigner la trompe d'Eustache; **- muscle** : muscle acoustico - malléen; **- tube** : trompe d'Eustache; **- valve** : valvule d'Eustache (oreillette droite).

eustachitis, s. : inflammation de la trompe d'Eustache.

Eustrongylus, s. : Eustrongylus (nématode parasite urinaire).

eusystole, s. : systole normale.

eutectic, s., adj. : eutectique (1. stable; 2. se dit d'un corps dont le point de fusion est inférieur à celui de ses constituants).

eutexia, s. : eutexie (chim.).

euthanasia, s. : euthanasie.

euthenics, s. : étude de l'amélioration raciale par le milieu ambiant.

euthyroid, s. : activité thyroïdique normale, euthyroïdique.

eutocia, s. : eutocie (accouchement normal).

eutocous, adj. : eutocique.

eutrophy or **eutrophia,** s. : eutrophie (nutrition et développement parfaits et régulier de toutes les parties de l'organisme).

evacuant, s., adj. : évacuant, évacuatif.

evacuation, s. : évacuation, défécation.

evacuator, s. : évacuateur.

evagination, s. : évagination (d'une partie engainée).

evaluation, s. : évaluation, expertise.

evanescent, adj. : évanescent.

evaporation, *s.* : évaporation, vaporisation, volatilisation; **- point** : point de vaporisation.

evetics, *s.* : terme ancien pour hygiène.

evenimation *or* **evanomation,** *s.* : processus pour contrecarrer l'action du venin.

eventration, *s.* : éventration (hernie ventrale).

eversion, *s.* : éversion, retournement (d'un organe); **- of the eyelid** : ectropion.

évidement, *s. (fr.)* : évidement.

eviration, *s.* : éviration (1. castration; 2. perversion sexuelle où le malade prend l'aspect féminin).

eviscerated, *adj.* : éviscéré, dévaginé.

evisceration, *s.* : éviscération, exentération.

evisceroneurotomy, *s.* : énucléation et division du nerf optique.

evolution, *s.* : 1. évolution développement; 2. dégagement (*phys., chim.*).

evolutionism, *s.* : évolutionisme.

evolutive, *adj.* : évolutif.

evolve, *v.* : dégager (*chim.*), développer, évoluer (une maladie).

evulsion, *s.* : évulsion, arrachement.

Ewart's sign : signe d'Ewart (signe d'épanchement péricardique).

Ewing's tumor : tumeur d'Ewing, endothéliome osseux.

ex- : ex-, préfixe signifiant hors de, éloigné de.

exacerbation, *s.* : exacerbation (exagération des symptômes d'une maladie); paroxysme (d'une fièvre); aggravation d'une douleur.

exaltation, *s.* : exaltation (1. accroissement d'activité fonctionnelle; 2. accroissement d'activité mentale; 3. état morbide caractérisé par de la surexcitation, de l'optimisme et des idées de grandeur).

examination, *s.* : 1. examen; **finger-print -** : étude des empreintes digitales; dactyloscopie; 2. inspection; **medical -** : visite médicale.

exania, *s.* : exanie (prolapsus du rectum).

exanthem *or* **exanthema,** *s., plur.* **exanthemata** (*gr.*) : exanthème; **- subitum** : exanthema subitum, sixième maladie.

exanthematology, *s.* : exanthématologie (étude des maladies exanthémateuses, des éruptions cutanées).

exanthematous, *adj.* : exanthémateux, exanthématique.

exanthesis, *s., plur.* **exantheses** (*gr.*) : 1. apparition de l'exanthème; 2. maladie exanthématique; 3. efflorescence (*bot.*); **- rosalia arthrodynia** : dengue.

exanthrope, *s.* : source de maladies en dehors de l'espèce humaine.

exanthropia, *s.* : dégoût morbide de la société.

exarteritis, *s.* : exartérite (inflammation de la tunique externe des artères).

exarticulation, *s.* : 1. exarticulation (désarticulation); 2. amputation au niveau d'une articulation.

excarnation, *s.* : détachement de vaisseaux congestionnés de l'organe contigu.

excavatio, *s. (lat.)* : excavation, cul-de-sac, cavité; **- papillae nervi optici** : dépression centrale de la papille optique; **- recto-uterina** : cul-de-sac de Douglas; **- rectovesicalis** : cul-de-sac vésico-rectal; **- vesico-uterina** : cul-de-sac utéro-vésical.

excavation, *s.* : excavation, cul-de-sac, cavité.

excavator, *s.* : gouge, lithotriteur.

excentric, *s., adj.* : excentrique.

excerebration, *s.* : extraction de la tête fœtale par embryotomie.

excernant, *adj.* : facilitant l'excrétion, la sécrétion.

excipient, *s.* : excipient (véhicule d'un médicament).

excision, *s.* : excision (amputation), épluchage, abscission, ablation.

excitability, *s.* : excitabilité.

excitable, *adj.* : 1. excitable; 2. irritable; **- area** : aire motrice du cortex cérébral.

excitant, *s., adj.* : excitant.

excitation, *s.* : excitation.

excited, *adj.* : excité, fiévreux.

exciter, *s.* : 1. stimulant; 2. excitateur (*électr.*).

exciting, *adj.* : excitateur; **- cause** : cause excitatrice (*méd.*); **- dynamo** : dynamo d'excitation, excitatrice; **- voltage** : tension d'excitation (*électr.*).

excitometabolic, *adj.* : excitant les processus du métabolisme.

excitomotor, *adj.* : excito-moteur.

excitomuscular, *adj.* : excitant l'activité musculaire.

excitor, *s.* : 1. excitateur; 2. excitateur (*électr.*); 3. électrode excitatrice.

excitosecretory, *adj.* : excito-sécrétoire.

exclave, *s. (fr.)* : exclave (portion détachée d'un organe).

exclusion, *s.* : exclusion; **diagnosis by -** : diagnostic par élimination.

excochleation, *s.* : curettage d'une cavité.

excoriation, *s.* : excoriation (écorchure légère).

excrementitious, *adj.* : excrémentiel, excrémentitiel.

excrescence, *s.* : excroissance; **morbid -** : production morbide.

excreta, *s. plur. (lat.)* : excreta.

excrete, *v.* : excréter, sécréter.

excretion, *s.* : excrétion, sécrétion.

excretory, *adj.* : excrétoire, excréteur.

excursion, *s.* : excursion oculaire.

excurvation, *s.* : 1. gibbosité; 2. déformation de la paupière dans laquelle le tarse supérieur est concave.

excyclotropia, *s.* : déviation du globe oculaire en haut et en dehors.

exdermoptosis, *s.* : hypertrophie des glandes sébacées avec rétention de la sécrétion.

exedent, *s.* : rougeur.

exemia, *s.* : exhémie, exsiccose (diminution de la masse de sang circulant).

exencephalocele, *s.* : hernie cérébrale, tumeur exencéphale.

exenteration, *s.* : exentération, éviscération.

exenteritis, *s.* : inflammation de la paroi externe de l'intestin.

exercise, *s.* : exercice; **lack of -** : sédentarité.

exeresis, *s.* : exérèse (ablation chirurgicale d'une partie inutile *ou* nuisible à l'organisme, *ou* d'un corps étranger).

exfetation, *s.* : grossesse extra-utérine.

exflagellation, *s.* : ablation des filaments mobiles de chromatine du parasite mâle du paludisme.

exfoliatio, *s. (lat.)* : exfoliation, desquamation; **- linguae** : langue géographique, glossite exfoliatrice marginée.

exfoliation, *s.* : exfoliation (élimination sous forme de lamelles de parties nécrosées, séquestre superficiel).

exfoliative, *adj.* : exfoliatif, exfoliative.

exhalant, *adj.* : exhalant; *s.* : spore, organe exhalant.

exhalation, *s.* : exhalation, expiration, effluve, exhalaison.

exhaust, *s.* : échappement.

exhauster, *s.* : instrument pour ablation de la cataracte.

exhaustion, *s.* : 1. exhaustion, aspiration *(phys.)*; 2. épuisement, affalement, misère physiologique; **to be in a state of complete -** : être complètement à bout de forces.

exhibit, *v.* : 1. donner un médicament; 2. montrer, présenter.

exhibition, *s.* : 1. exhibition; 2. administration d'un médicament.

exhibitionism, *s.* : 1. exhibitionnisme; 2. administration d'un remède.

exhibitionist, *s.* : exhibitionniste.

exhilarant, *s., adj.* : hilarant, exhilarant.

exhumation, *s.* : exhumation.

Exner's plexus : couche de plexus nerveux dans le cortex cérébral.

exo- : exo-, préfixe signifiant hors de.

exocardia, *s.* : exocardie (ectopie cardiaque extra-thoracique).

exocardiac or **exocardial**, *adj.* : exocardiaque.

exocarditis, *s.* : péricardite.

exocataphoria, *s.* : déplacement extérieur et vers le bas de l'axe visuel.

exocervical, *adj.* : exocervical.

exocervitis, *s.* : exocervite (lésion superficielle de la surface du col de l'utérus).

exocolitis, *s.* : inflammation de la couche péritonéale du côlon.

exocranium, *s.* : surface externe du crâne.

exocrine, *adj.* : exocrine (à sécrétion externe).

exocrinosis, *s.* : exocrinose.

exocystis, *s.* : prolapsus de la vessie.

exodic, *adj.* : efférent, centrifuge.

exodontia, *s.* : 1. protrusion des dents; 2. extraction de dents.

exo-enzyme, *s.* : exo-enzyme.

exo-erythrocytic, *adj.* : exo-érythrocytaire (stade de développement des agents du paludisme en dehors des érythrocytes).

exogamy, *s.* : exogamie (union entre sujets non consanguins).

exogastritis, *s.* : périgastrite.

exogenetic, *adj.* : exogène.

exogenote, *s.* : exogénote *(génét.)*.

exogenous, *adj.* : exogène; **- disease** : maladie exogène.

exognathion, *s.* : bord alvéolaire du maxillaire supérieur.

exognosis, *s.* : diagnostic par exclusion.

exohemophylaxis, *s.* : exo-hémophylaxie (tachyphylaxie à l'arsénobenzol).

exohysteropexy, *s.* : fixation d'un utérus descendu à la paroi abdominale.

exometritis, *s.* : périmétrite.

exomphalia, *s.* : exomphale (protrusion ombilicale).

exomphalocele, *s.* : exomphalocèle (hernie ombilicale).

exomphalos, *s.* : exomphale, exomphalocèle.

exopathic, *adj.* : se rapportant à des causes exogènes pour une maladie.

exopathy, *s.* : maladie d'origine exogène.

exopexy, *s.* : fixation d'un organe hors de sa cavité.

exophoria, *s.* : exophorie (trouble de la vision de près dû à la difficulté de convergence des yeux.

exophthalmetry, *s.* : exophtalmétrie.

exophthalmia, *s.* : *cf.*, **exophtalmos.**

exophthalmic, *adj.* : exophtalmique; **- goiter** : goitre exophtalmique.

exophthalmometer, *s.* : exophtalmomètre.

exophthalmos or **exophthalmus**, *s.* : exophtalmie; **pulsating -** : exophtalmos pulsatile; exophtalmie pulsatile.

exoplasm, *s.* : substance exoplasmique.

exoplasmic, *adj.* : exoplasmique.

exorbitism, *s.* : exorbitisme, exorbitis, exophtalmie.

exormia, *s.* : éruption papulaire cutanée.

exosepsis, *s.* : septicémie d'origine exogène.

exoserosis, *s.* : exosérose.

exoskeleton, *s.* : exo-squelette, phanère.

exosmosis, *s.* : exosmose (courant osmotique dirigé du dedans vers le dehors).

exosplenopexia or **exosplenopexy**, s. : exosplénopexie (fixation de la rate hors de la cavité abdominale pour en provoquer le sphacèle).

exospore, s. : exospore (couche externe d'une spore).

exostome, s. : exostome (1. orifice de la couche externe de l'ovule; 2. péristome externe d'une moisissure).

exostosis, s. : exostose.

exoteric, adj. : exotérique.

exothermic, adj. : exothermique, exotherme.

exothymopexy, s. : exothymopexie (opération qui consiste à luxer le thymus de sa loge et à le fixer dans la région susternale).

exotic, adj. : exotique.

exotospore, s. : germe du paludisme transmis par un anophèle.

exotoxic, adj. : se rapportant à une exotoxine.

exotoxin, s. : exotoxine (toxine extra-cellulaire).

exotropia, s. : strabisme.

expansibility, s. : dilatibilité, expansibilité (phys.).

expansible, adj. : dilatable, expansible (phys.).

expansion, s. : expansion, dilatation, élargissement, amplification.

expansive, adj. : expansif, dilatable.

expansivity, s. : expansivité (comportement euphorique).

expectant, adj. : expectant; **- mother** : femme enceinte; **- treatment** : expectation ou méthode expectante.

expectation, s. : cf., **expectant; - of life** : probabilité de survie, vie moyenne, vie probable; **- of life tables** : tables de survie.

expectorant, s., adj. : expectorant.

expectoration, s. : expectoration, crachement; **blood-stained -** : crachats sanguinolents.

expellent, s., adj. : expulsif, expulseur.

experience, s. : expérience.

experiment, s. : expérience, essai, expérimentation, épreuve; **chemical -** : expérience de chimie; v. : expérimenter, faire une, des expériences; **to - upon dogs** : expérimenter sur les chiens.

experimental, adj. : expérimental, d'expérience.

experimentation or **experimenting**, s. : expérimentation.

expert, s. : expert, spécialiste; **medical -** : médecin expert; adj. : expert, adroit.

expertness, s. : adresse, habileté, connaissances techniques.

exphallation, s. : amputation du pénis.

expiration, s. : expiration, mort.

expiratory, adj. : expirateur.

expire, v. : expirer (1. exhaler; 2. mourir).

explant, s. : explant.

exploration, s. : exploration.

explorator, s. : explorateur (chir.).

exploratory, adj. : explorateur; **- puncture** : ponction exploratrice.

explorer, s. : sonde.

exploring needle, : aiguille cannelée pour ponction exploratrice.

explosion, s. : explosion, débordement (1. expansion d'un corps; 2. venue brusque d'un symptôme; 3. mutation, saltation [de Vries, biol.]); **- bomb** : bombe calorimétrique (phys.).

explosive, adj. : explosif; **- consonant** : consonne explosive; **- speech** : langage caractérisé par la manière brusque et explosive de son énonciation.

exposure, s. : 1. mise à nu; **indecent -** : outrage à la pudeur; 2. exposition (à l'air, au froid); **to die of -** : mourir de froid; 3. pose (phot.); **to make an -** : prendre une photo; **- meter** : photomètre, posemètre.

expression, s. : expression (1. pousser dehors; 2. facies).

expulsion, s. : expulsion.

expulsive, adj. : expulsif.

exquisite pain : douleur exquise.

exsanguinate, v. : rendre exsangue; adj. : exsangue, anémique.

exsanguination, s. : exsanguination (l'acte de rendre exsangue).

exsanguinity, s. : fait d'être exsangue.

exsection, s. : excision.

exsiccation, s. : exsiccation, dessiccation.

exsiccatif, adj. : dessiccatif.

exsiccator, s. : exsiccateur, dessiccateur.

exsiccosis, s. : exsiccose, exhémie.

exsomatized, adj. : enlevé du corps.

exstrophy, s. : exstrophie, extroversion; **- of the bladder** : exstrophie de la vessie.

exsufflation, s. : exsufflation (soustraction d'une certaine quantité de gaz d'une cavité).

extemporaneous, adj. : extemporané.

extension, s. : 1. extension (d'un membre, d'un muscle); 2. extension continue (immobilisation des fractures); **- tube** : réfrigérant à air (chim.).

extensor, s. (lat.) : extenseur (muscle).

extenuation, s. : exténuation, affaiblissement extrême.

exterioration, s. : extérioration (d'une sensation, ex. : illusion des amputés).

exteriorization, s. : extériorisation (1. psych.; 2. chir.).

extern, adj. : externe; s. : 1. malade non hospitalisé; 2. externe (étudiant en médecine).

external, adj. : externe; **for - application** : pour l'usage externe.

externalia, s. (lat.) : organes génitaux externes.

exteroceptive impulses : influx nerveux afférents.

exteroceptor, s. : organe terminal qui reçoit des stimulus d'origine exogène.

extima, *s.* : tunique externe, tunique adventice.

extinction, *s.* : extinction.

extirpation, *s.* : extirpation, éradication.

extorsion, *s.* : 1. torsion externe; 2. forme de strabisme.

extra- : extra-, préfixe signifiant dehors, en dehors.

extra-articular, *adj.* : extra-articulaire.

extracapsular, *adj.* : extra-capsulaire.

extracardial, *adj.* : extra-cardiaque.

extra-corporeal, *adj.* : extra-corporel.

extract, *s.* : extrait; *v.* : 1. extraire; 2. arracher.

extraction, *s.* : extraction (1. arrachement; 2. épuisement [*chim.*]).

extractive, *adj.* : extractif.

extractor, *s.* : extracteur.

extractum, *s. (lat.)* : extrait.

extracystic, *adj.* : extra-cystique.

extradural, *adj.* : extra-dural (situé en dehors de la dure-mère).

extragenital, *adj.* : extra-génital.

extraligamentous, *adj.* : extra-ligamenteux.

extra-luminal vein stripper : tringle extra-variqueuse.

extramalleolus, *s. (lat.)* : malléole externe de la cheville.

extramedullary, *adj.* : extra-médullaire.

extraneous, *adj.* : étranger, hors de l'organisme.

extranuclear, *adj.* : extra-nucléaire.

extrapolar, *adj.* : extra-polaire.

extrasystole, *s.* : extrasystole; **return -** : extrasystole de retour.

extra-uterine, *adj.* : extra-utérin; **- pregnancy** : grossesse extra-utérine.

extravaginal, *adj.* : extra-vaginal.

extravasation, *s.* : extravasation, extravasion (épanchement).

extravascular, *adj.* : extra-vasculaire.

extraventricular, *adj.* : extra-ventriculaire.

extremital, *adj.* : distal, situé vers ou se rapportant à une extrémité.

extremity, *s.* : extrémité (point extrême d'un membre *ou* d'un organe).

extrication, *s.* : libération *(chim.)*.

extrinsic, *adj.* : extrinsèque.

extroversion, *s.* : extroversion, exstrophie.

extrusion, *s.* 1. expulsion; 2. proéminence (dent).

extubation, *s.* : détubage (action de retirer un tube trachéal).

extuberence, *s.* : protubérance.

exsudate, *s.* : exsudat.

exuberant, *adj.* : exubérant.

exudation, *s.* : exsudation (suintement d'une humeur).

exudative, *adj.* : exsudatif.

exulceration, *s.* : exulcération, ulcération.

exumbilication, *s.* : protrusion ombilicale.

exuviable, *adj.* : exuviable.

exuviation, *s.* : chute des dents de lait, chute de portions de l'épiderme.

eye, *s.* : 1. œil; **- ball** : globe oculaire; **brassy -** : chalcose oculaire; **- clinic** : consultation ophtalmologique; **- doctor** : oculiste; **glass -** : œil de verre ; **- glasses** : lorgnon, binocle, lunettes ; **- guard** : lunettes de sécurité; **- hospital** : hopital ophtalmologique; **- shaped** : oculiforme *(biol.)*; **- strain (to suffer from)** : avoir les yeux fatigués; **- tooth** : dent œillère, dent canine; **- ward** : salle d'hôpital pour les maladies des yeux; 2. œilleton *(phot.)*; **electric -** : cellule photo-électrique.

eyebrow, *s.* : sourcil.

eyelash, *s.* : cil.

eyeless, *adj.* : sans yeux, aveugle.

eyelid, *s.* : paupière; **dropped -** : chute de la paupière.

eyepiece, *s.* : oculaire *(micr.)*.

eyesight, *s.* : 1. vue; 2. portée de la vue.

eyespot, *s.* : ocelle de mollusque.

eyespotted, *adj.* : ocellé.

eyestrings, *s.* : fibres de l'œil.

F

F compound : composé de Kendall (17-hydroxy-corticostérone).

F factor : facteur F (facteur de fertilité, facteur sexuel [*génét.*]).

F+ : mâle; **F−** : femelle (*génét., bactér.*).

F prime (F') : facteur F qui a incorporé un fragment du chromosome bactérien (*génét.*).

fabella, *s.* : fibrocartilage sésamoïde *ou* petit os se développant parfois dans le soléaire.

fabism, *s.* : fabisme, favisme (ictère hémolytique avec anémie).

fabrication, *s.* : fabulation (habitude de certains malades de faire des récits fantaisistes).

face, *s.* : 1. face, figure, visage; **- ache,** : névralgie faciale; **adenoid -** : faciès adénoïdien; **dish -** : scaphocéphalie; **hippocratic -** : faciès de moribond; **moon -** : faciès lunaire; 2. mine, physionomie; 3. apparence, aspect; 4. surface.

facial, *adj.* : facial, qui se rapporte à la figure; **- angle** : angle facial ; **- nerve** : nerf facial ; **- outline** : contour du visage; **- surgery** : chirurgie esthétique du visage.

facies, *s.* : 1. face, faciès, expression faciale ; 2. facette, surface.

facilitation, *s.* : facilitation; frayage.

facio- : facio-, préfixe dénotant un rapport avec la face.

faciobrachial, *adj.* : faciobrachial.

faciocervical, *adj.* : facio-cervical.

faciolingual, *adj.* : faciolingual.

facioplegia, *s.* : paralysie faciale.

facioscapulohumeral, *adj.* : facio-scapulo-huméral : cf. **Landouzy-Déjérine.**

factitious, *adj.* : factice, artificiel.

factor, *s.* : 1. facteur (concourant à un résultat); 2. facteur, coefficient (*électr., phot., math.*); **Christmas -** : facteur *IX* ou facteur antihémophilique B; **intrinsic -** : principe anti-anémique de Castle, facteur antipernicieux.

facultative, *adj.* : facultatif, contingent.

faculty, *s.* : 1. faculté, pouvoir, facilité, talent; **mental -** : facultés mentales; **- of speech** : don de la parole; **to have the - of observation** : savoir bien observer; 2. faculté, corps enseignant; **- of medicine** : faculté de médecine.

faecal, *adj.* : fécal.

faecalith, *s.* : coprolithe, concrétion fécale.

faecaloid, *adj.* : fécaloïde (qui a l'odeur ou l'aspect des matières fécales).

faecaloma, *s.* : fécalome, scatome.

faecaluria, *s.* : fécalurie (émission de matières fécales mélangées à l'urine).

faeces, *s.* : fèces, excréments, selles.

fag, *s.* : fatigue, surmenage; **brain -** : épuisement cérébral, surmenage intellectuel.

Faget's sign : signe de Faget (discordance entre la courbe du pouls et celle de la température dans la fièvre jaune).

fagopyrism, *s.* : fagopyrisme (intoxication par le sarrasin).

Fahrenheit's thermometer : thermomètre de Fahrenheit (cf. table de conversion des degrés F en degrés C).

failure, *s.* : 1. manque, défaut, défaillance, insuffisance; **acute cardiac -** : insuffisance cardiaque aiguë; **heart -** : défaillance cardiaque; **liver -** : insuffisance hépatique grave; **renal -** : insuffisance rénale; **respiratory -** : défaillance respiratoire; 2. panne (de courant); 3. échec.

faint, *s.* : syncope, évanouissement, défaillance; **to fall down in a -** : tomber évanoui, avoir une syncope; *adj.* : faible, défaillant; *v.* : s'évanouir, défaillir, se trouver mal.

fainting, *s.* : évanouissement, défaillance; *adj.* : défaillant; **- sickness** : épilepsie (petit mal).

faintness, *s.* : faiblesse, malaise.

faith-cure, *s.* : guérison par suggestion, auto-suggestion.

faith-healer, *s.* : guérisseur (thérapeutique par auto-suggestion).

falcate, *adj.* : falciforme, falqué.

falcial, *adj.* : se rapportant à la faux du cerveau *ou* à la faux du cervelet.

falciform, *adj.* : falciforme; **- ligament** : ligament falciforme; **- process** : faux procès du cerveau.

falcula, *s.* : faux du cervelet.

falcular, *adj.* : 1. falciforme; 2. se rapportant à la faux du cervelet; 3. falculaire.

fallectomy, *s.* : salpingectomie.

falling, *s.* : chute; **- away in flesh** : amaigrissement, émaciation; **- of the womb** : procidence de l'utérus; *adj.* : tombant; **- body** : corps en chute *(phys.)*; **- temperature** : température en baisse; **- sickness** : épilepsie, mal caduc, grand mal.

fallopian, *adj.* : décrit par Fallope; **- aqueduct or canal** : aqueduc de Fallope; **- gestation** : grossesse tubaire; **- hiatus** : hiatus de Fallope; **- ligament** : 1. ligament rond de l'utérus; 2. ligament de Poupart; **- tube** : trompe de Fallope, oviducte.

fallostomy, *s.* : salpingostomie.

Fallot's tetrad *or* **tetralogy** : maladie ou tétralogie de Fallot (malformations cardiaques congénitales).

false, *adj.* : faux; **- aneurysm** : faux anévrisme; **- membrane** : fausse membrane; **- ribs** : fausses côtes.

falsetto, *s. it.* : voix de fausset.

falcification, *s.* : falsification, contrefaçon.

falx, *s. (lat.)* : faux; **- cerebelli** : faux du cervelet; **- cerebri** : faux du cerveau.

famelic, *adj.* : famélique.

familial, *adj.* : familial.

family, *s.* : famille.

famine, *s.* : famine, disette; **- dropsy** : œdème de famine, hydropisie d'origine famélique; **- fever** : 1. typhus; 2. fièvre récurrente.

famished, *adj.* : affamé.

Fanconi's syndrome : syndrome de Toni-Debré-Fanconi.

fang, *s.* : 1. racine d'une dent; 2. dent longue ou proéminente, croc (de chien), défense (de sanglier), crochet (de vipère).

fanged, *adj.* : pourvu de crocs, défenses, crochets; **three - molar** : molaire à racine avec trois prolongements.

far, *adv.* : loin; **- point** : le point le plus éloigné que l'œil voit nettement sans accommoder ; **- sight** : hypermétropie; **- sighted** : hypermétrope, presbyte, **- sightedness** : hypermétropie, presbytie.

Farabeuf's amputation : mode d'amputation de la jambe.

faradipuncture, *s.* : électropuncture faradique.

faradism *or* **faradization,** *s.* : faradisation (application des courants d'induction).

farcin, *s.* : farcin (tumeur ganglionnaire du bœuf).

farcy, *s.* : farcin, morve chronique; **- bud** *or* **- button** : bouton farcineux, **- pipes** : vaisseaux lymphatiques enflés dans la morve *(vétér.)*; **chronic ulcerative -** : farcinose mutilante *(vétér.)*.

fardel, *s.* : feuillet, troisième estomac des ruminants; **- bound** : se dit d'un ruminant atteint d'inflammation de l'abdomen et du feuillet avec occlusion du feuillet *(vétér.)*.

farinaceous, *adj.* : farineux, farinacé; **- food** : farineux.

Farre's tubercles : masses cancéreuses sur la surface du foie.

farsightedness : presbytie.

fascia *or* **aponeurosis,** *s.* : fascia, aponévrose; **- bulbi** : capsule de Tenon; **- dentata** : corps godronné *ou* frangé *ou* dentelé de l'hippocampe; **- diaphragmatis urigenitalis inferior** *or* **externa** : aponévrose périnéale moyenne, ligament périnéal de Carcassonne; **- lata** : fascia lata.

fascial, *adj.* : aponévrotique.

fasciaplasty, *s.* : chirurgie plastique des aponévroses.

fascicle, *s.* : fascicule.

fascicular, *adj.* : fasciculé, fasciculaire.

fasciculated, *adj.* : fasciculé, fasciculaire.

fasciectomy, *s.* : excision de bandes dans une aponévrose.

fascination, *s.* : fascination (stade d'hypnotisme entre le somnambulisme et la catalepsie).

fasciodesis, *s.* : suture d'un tendon sur une aponévrose.

fasciola, *s.* : 1. continuation dorsale du corps dentelé de l'hippocampe; 2. sorte de ver trématode (type *Fasciola hepatica*).

fascioliasis, *s.* : distomatose, distomiase.

fasciorrhaphy, *s.* : suture d'une aponévrose.

fasciotomy, *s.* : aponévrotomie.

fasciitis, *s.* : inflammation d'une aponévrose.

fast, *s.* : 1. jeûne; **I have not yet broken my -** : je suis encore à jeun; 2. diète; *v.* : 1. jeûner; 2. être à la diète; *adj.* : résistant; **acid -** : acido-résistant.

fastidium, *s. (lat.)* : dégoût, aversion, répugnance.

fastigium, *s. (lat.)* : 1. fastigium (acmé d'une maladie); 2. noyau du toit du quatrième ventricule.

fasting, *s.* : 1. jeûne; 2. diète; *adj.* : à jeun; **to be taken -** : à prendre le matin à jeun ; **- blood sugar** : glycémie à jeun.

fastness, *s.* : fermeté, stabilité, résistance; **acid -** : acido-résistance.

fat, *s.* : 1. graisse; 2. lipide; **- reducing diet** : régime amaigrissant; *adj.* : gros, adipeux.

fatal, *adj.* : mortel; **- blow** : coup fatal, mortel; **- disease** : maladie mortelle.

fatality, *s.* : accident mortel; **- rate** : taux de mortalité (d'une maladie).

fate, *s.* : sort, destin.

father, *s.* : père; *v.* : engendrer.

fatherhood, *s.* : paternité.

fatigue, *s.* : fatigue, surmenage; **to drop with -** : tomber de lassitude; **- fever** : fièvre de surmenage.

fatiguing, *adj.* : fatigant, épuisant.

fatness, *s.* : 1. adiposité, embonpoint, corpulence; 2. graisse; 3. onctuosité.

fattening, *s.* : engraissement *(élevage)*; *adj.* : engraissant.

fatty, *adj.* : gras, graisseux, oléagineux; **- acid** : acid gras ; **- degeneration** : dégénérescence graisseuse; **- liver** : stéatose hépatique; **- series** : série grasse, aliphatique ou acyclique *(chim.).*

fauces, *s. plur. (lat.)* : gosier.

faucial, *adj.* : se rapportant au gosier.

faucitis, *s.* : stomatite; pharyngite.

fault, *s.* : défaut, imperfection, vice de construction.

fauna, *s., plur.* **faunae** *(lat.)* : faune.

favaginous, *adj.* : ressemblant au favus, ayant une surface alvéolée, en nid d'abeilles.

faveolate, *adj.* : favéolé, alvéolé, en nid d'abeilles.

faviform, *adj.* : faviforme (qui a la forme d'alvéoles).

favism, *s.* : favisme, fabisme.

favus, *s. (lat.)* : favus, teigne faveuse.

FD₅₀ : dose létale pour 50 % de l'échantillon *(pharm.).*

fear, *s.* : phobie, crainte, peur, appréhension; **height -** : vertige.

featural surgery : chirurgie esthétique du visage.

feature, *s.* : 1. trait (du visage); **the features** : physionomie; 2. caractère, aspect, particularité.

febricula, *s.* : fébricule, petite fièvre.

febrifugal, *adj.* : fébrifuge (qui détruit la fièvre).

febrifuge, *s., adj.* : fébrifuge.

febrile, *adj.* : fébrile, fiévreux.

Fechner's law : loi de Fechner (la sensation varie comme le logarithme de l'excitation).

fecula, *s.* : 1. fécule, amidon; 2. sédiment se précipitant d'une infusion.

feculent, *adj.* : féculent, chargé de sédiment.

fecundation, *s.* : fécondation.

fecundity, *s.* : fécondité, productivité.

Fede's disease : maladie de Fede, subglossite diphtéroïde.

fee, *s.* : honoraires (d'un médecin).

feeble, *adj.* : faible, infirme, débile; **- bodied** : faible de corps, infirme; **- pulse** : pouls déprimé, rare; **- minded** : faible d'esprit.

feeblemindedness, *s.* : imbécilité, idiotie, faiblesse d'esprit.

feebleness, *s.* : faiblesse, débilité, infirmité.

feed, *s.* : alimentation, nourriture; *v.* : nourrir, ravitailler, alimenter.

feed-back, *s.* : rétro-action; **negative -** : rétro-action négative.

feeder, *s.* : 1. instrument pour nourrir de force les déments; 2. bavette; 3. biberon, canard.

feeding, *s.* : alimentation, affouragement, abecquement; **- bottle** : biberon; **- cup** : canard; **forcible -** : gavage; **sham -** : repas fictif.

feel, *s.* : toucher, tact, sensation; *v.* : 1. toucher, tâter, palper; 2. sentir, se sentir, avoir conscience de quelque chose, ressentir.

feeling, *s.* : 1. toucher, tact; 2. sensation; 3. sentiment.

Fehling's solution : liqueur de Fehling (réactif pour dosage du sucre).

fellatio, *s. (lat.)* : coït buccal.

felon, *s.* : 1. panaris, abcès de la pulpe du doigt; 2. criminel.

Felty's syndrome : syndrome de Felty (nom donné par les auteurs nord-américains à la maladie de Chauffard-Still chez l'adulte).

female, *s.* : femme, femelle; *adj.* : 1. du sexe féminin, femelle; 2. femelle (partie creuse d'un dispositif emboîtant); **- catheter** : sonde urinaire pour femme.

feminine, *adj.* : féminin.

feminism, *s.* : féminisme.

feminity, *s.* : féminité, caractère féminin.

feminization, *s.* : féminisation.

feminonucleus, *s.* : noyau embryonnaire femelle.

femora, *s.* : pluriel de fémur.

femoral, *adj.* : fémoral; *cf.,* **musculus.**

femoro- : fémoro-, préfixe dénotant un rapport avec le fémur.

femorocele, *s.* : hernie fémorale.

femorotibial, *adj.* : fémoro-tibial.

femto- : femto-, préfixe indiquant un sous-multiple représentant 10^{-15} fois l'unité (symbole f).

femur, *s.* : fémur.

fenestra, *s. (lat.)* : 1. fenêtre; **- ovalis** *or* **vestibuli** : fenêtre ovale; **- rotunda cochlae** *or* **triquetra** : fenêtre ronde; 2. espace ouvert de la lame d'une pince; 3. ouverture dans un bandage *ou* un pansement.

fenestral *or* **fenestrate,** *adj.* : fenestré, fenêtré, muni d'ouvertures.

fenestrated, *adj.* : fenêtré, perforé; **- bandage** : bandage fenêtré; **- membrane of Henle** : gaine de Henle, gaine lamelleuse ou lamellaire.

fenestration, *s.* : fenestration, état fenestré.

feral, *adj.* : mortel, sauvage.

ferine, *adj.* : férin, nocif, violent; **- cough** : toux ferrine, toux sèche et opiniâtre.

ferment, *s.* : ferment, enzyme.

fermentable, *adj.* : fermentable, fermentescible.

fermental, *adj.* : doué du pouvoir de déclencher la fermentation.

fermentation, *s.* : fermentation.

fermentogen, *s.* : toute substance (ex. pepsinogène, trypsinogène) qui, sous une certaine influence, se transforme en ferment.

fermium, *s.* : fermium.

fern, *s.* : fougère; **- oil** : essence de fougère; **sweet - oil** : essence de comptonia.

Ferrein's canal : canal de Ferrein (forme prise par la fente palpébrale pendant le sommeil); **- cords** : cordes vocales; **- foramen** : hiatus de Fallope; **- pyramids** : pyramides de Ferrein (rein); **- tubes** : tubules urinifères contournées.

ferri- : ferri-, préfixe dénotant un composé ferrique.

ferric, adj. : ferrique.

ferritin, s. : ferritine.

ferro- : ferro-, préfixe dénotant un composé ferreux.

ferropexy, s. : ferropexie (fixation de fer).

ferrotherapy, s. : thérapeutique par médicaments à base de fer.

ferrous, adj. : ferreux.

ferruginous, adj. : ferrugineux.

ferrule, s. : bague dentaire.

fertile, adj. : fécond, fertile, fécondant.

fertility, s. : fertilité, fécondité; **- factor** : facteur de fertilité (F) (génét.).

fertilizable, adj. : fertilisable.

fertilization, s. : fécondation, fertilisation, pollinisation (bot.), **cross -** : fertilisation croisée, hybridation; **incapable of -** : infertilisable, infécondable; **self -** : auto-fécondation, pollinisation directe (bot.).

fertilized egg : œuf fécondé.

fertilizer, s. : agent fécondant; **artificial** or **chemical -** : engrais chimique.

fester, s. : ulcère, pustule, inflammation, écorchure avec suppuration; v. : suppurer, ulcérer, s'ulcérer.

festering, s. : suppuration, ulcération, putréfaction; adj. : ulcéreux, suppurant, putrescent.

festination, s. : festination (démarche à rapidité croissante dans la maladie de Parkinson).

fetid, adj. : fétide.

fetishism, s. : fétichisme.

fetlock, s. : fanon (du cheval); **- joint** : boulet (vétér.).

fetlow, s. : panaris du bétail (vétér.).

fetor, s. (lat.) : mauvaise odeur, puanteur; **- narium** : ozène; **- oris** : fétidité de l'haleine.

fetus : cf., **fœtus.**

fever, s. : fièvre; **- and ague** : fièvre intermittente; **to be in a -** : avoir la fièvre; **biduotercian -** : fièvre double tierce; **bout of -** : accès de fièvre; **black water -** : fièvre bilieuse hémoglobinurique; **brain -** : fièvre cérébrale, fièvre chaude; **double quartan -** : fièvre double quarte; **double quotidian -** : fièvre double quotidienne; **double tertian -** : fièvre double tierce; **famine -** : 1. typhus; 2. fièvre récurrente; **free from -** : apyrétique; **gaol -** : typhus; **glandular -** : mononucléose infectieuse; **hay -** : rhume des foins, asthme d'été; **hectic -** : fièvre hectique; **high -** : forte fièvre; **intermittent -** : fièvre intermittente; **jungle -** : fièvre des jungles; **low -** : fièvre lente; **malarial -** : fièvre paludéenne; **masked -** : fièvre larvée; **miliary -** : suette miliaire; **military -** : fièvre des armées, peste de guerre, typhus, fièvre typhoïde; **Q -** : fièvre Q, fièvre du Queensland; **raging -** : fièvre de cheval; **relapsing -** : fièvre récurrente; **Rift valley -** : fièvre de la vallée du Rift, hépatite enzootique; **scar-**

let - : scarlatine; **spotted -** : fièvre pourprée des Montagnes Rocheuses; **swine -** : rouget du porc; **tick -** : fièvre à tiques africaine; **tick bite -** : fièvre par morsure de tiques; **undulant -** : mélitococcie, fièvre de Malte, fièvre ondulante; **yellow -** : fièvre jaune; **- blister** : herpès (qui apparaît au cours d'une fièvre); **- heat** : température de fièvre; **- hospital** : hôpital des maladies contagieuses, hôpital de contagieux; **- patient** : fiévreux; **- producing** : pyrogène; **- smitten** : atteint de la fièvre; **- sore** : bouton de fièvre; **- stricken** : terrassé par la fièvre, en proie à la fièvre; **- swamp** : marécage fiévreux où règne le paludisme; **- trap** : coin fiévreux, endroit malsain; **- tree** : arbre à fièvre (bot.); **- ward** : salle des maladies infectieuses; **- zones** : zones d'impaludisme; v. : enfiévrer, donner la fièvre.

fevered, adj. : enfiévré, fiévreux.

feverish, adj. : fiévreux, fébrile.

feverishness, s. : état fiévreux, fébrilité, pyrexie.

fiber or **fibre,** s. : fibre.

fibralbumin, s. : globuline.

fibremia, s. : fibrinémie (taux de fibrine dans le sang).

fibriform, adj. : en forme de fibres, fibreux.

fibril or **fibrilla,** s., plur. **fibrillae** (lat.) : fibrille.

fibrillar or **fibrillary,** adj. : fibrillaire.

fibrillation, s. : fibrillation (1. formation de fibrilles; 2. tremor musculaire); **auricular -** : fibrillation auriculaire; **ventricular -** : fibrillation ventriculaire.

fibrilloblast, s. : cf., **odontoblast.**

fibrillolysis, s. : dissolution des fibrilles.

fibrin, s. : fibrine; **- ferment** : fibrinferment, plasmase, thrombase; thrombine; **- globulin** : fibrinoglobuline.

fibrination, s. : augmentation du taux de fibrine dans le sang.

fibrinemia, s. : fibrinémie.

fibrino- : fibrino-, préfixe dénotant un rapport avec la fibrine.

fibrinogen, s. : fibrinogène.

fibrinogenic, adj. : fibrinogène.

fibrinoglobulin, s. : fibrino-globuline.

fibrinokinase, s. : fibrinokinase.

fibrinolysin, s. : fibrinolysine.

fibrinolysis, s. : fibrinolyse (dissolution du caillot).

fibrinolytic, adj. : fibrinolytique.

fibrinopenia, s. : fibrinopénie.

fibrinoplastin, s. : substance fibrinoplastique, paraglobine, paraglobuline.

fibrinoscopy, s. : fibrinoscopie.

fibrinosis, s. : état caractérisé par un excès de fibrine dans le sang.

fibrinous, adj. : fibrineux.

fibrinuria, s. : fibrinurie (élimination par l'urine de fibrine ou de fibrinogène en dehors de toute hématurie).

fibro- : fibro-, préfixe dénotant un rapport avec les fibres ou le tissu fibreux.

fibroadenia, s. : fibro-adénie (dégénérescence fibreuse d'une glande).

fibroadenosis, s. : fibro-adénose des seins.

fibroadenoma, s. : adénofibrome.

fibroareolar, adj. : fibro-aréolaire.

fibroblast, s. : fibroblaste (cellule fusiforme provenant des cellules conjonctives en voie de prolifération).

fibroblastoma, s. : fibroblastome (tumeur prenant naissance aux dépens des fibroblastes de la gaine des nerfs).

fibroblastosis, s. : fibroblastose.

fibrobronchitis, s. : bronchite avec expectoration de cylindres fibreux.

fibrocarcinoma, s., plur. **fibrocarcinomata** (gr.) : carcinofibrome, fibrocarcinome.

fibrocartilage, s. : fibrocartilage.

fibrocaseous, adj. : fibrocaséeux.

fibrocellular, adj. : fibrocellulaire.

fibrochondritis, s. : fibrochondrite (inflammation d'un fibrocartilage).

fibrochondroma, s. : fibrochondrome, chondrofibrome (variété de chondrome où les lobules cartilagineux sont séparés par un abondant tissu fibreux).

fibrocyst, s. : fibrokyste.

fibrocystic, adj. : fibrokystique, fibrocystique ; **- disease of the pancreas** : mucoviscidose.

fibrocystoma, s. : fibrocystome (tumeur fibrokystique).

fibrocyte, s. : fibrocyte.

fibroelastic, adj. : fibro-élastique.

fibroelastosis, s. : fibro-élastose.

fibroenchondroma, s., plur. **fibroenchondromata** (gr.) : fibro-enchondrome.

fibrofatty, adj. : fibrograisseux.

fibroglia, s. : fibroglie (base du tissu conjonctif).

fibroglioma, s. : fibrogliome (gliome dans lequel le tissu conjonctif participe à l'hyperplasie tumorale).

fibroid, s. : 1. fibroïde; 2. myome de l'utérus; adj. : fibroïde; **- degenerescence** : dégénérescence fibreuse.

fibroidectomy, s. : fibromectomie.

fibrolipoma, s. : fibrolipome (lipome contenant une grande quantité de tissu conjonctif).

fibroma, s. : fibrome (tumeur formée de tissu fibreux); **- lipomatomatodes** : xanthome; **- molluscum** : fibroma molluscum, molluscum, molluscum vrai; **- of the womb** : fibrome de l'utérus.

fibromatosis, s. : fibromatose (développement de tumeurs fibreuses).

fibromatous, adj. : fibromateux.

fibromectomy, s. : fibromectomie (excision d'un fibrome).

fibromembranous, adj. : fibromembraneux.

fibromucous, adj. : fibromuqueux.

fibromuscular, adj. : fibromusculaire.

fibromyositis, s. : fibromyosite (myosite avec dégénérescence fibreuse).

fibromyoma, s. : fibromyome (tumeur utérine formée de tissu conjonctif et de tissu musculaire lisse).

fibromyomectomy, s. : fibromyomectomie.

fibromyotomy, s. : fibromyotomie.

fibromyxoma, s. : fibromyxome (tumeur complexe formée de tissu fibreux et de tissu muqueux et pouvant présenter la malignité cancéreuse).

fibromyxosarcoma, s. : fibro-myxo-sarcome.

fibroneuroma, s. : neurofibrome.

fibropapilloma, s. : fibropapillome.

fibropericarditis, s. : péricardite constrictive.

fibroplasia, s. : fibroplasie.

fibroplastic, adj. : fibroplastique.

fibroplastin, s. : paraglobuline, paraglobine, substance fibrinoplastique.

fibropsammoma, s. : fibropsammome.

fibrosarcoma, s. : fibrosarcome.

fibroserous, adj. : fibroséreux; **- membranes** : membranes fibroséreuses.

fibrosis, s. : fibrose, dégénérescence fibreuse; **arterio-capillary -** : artériosclérose ; **- of the lung** : sclérose pulmonaire.

fibrositis, s. : fibrose (inflammation, d'origine souvent rhumatismale, du tissu fibreux articulaire et péri-articulaire).

fibrothorax, s. : fibrothorax.

fibrotic, adj. : se rapportant à, ou caractérisé par la fibrose.

fibrous, adj. : fibreux; **- tissue** : tissu conjonctif.

fibula, s. (lat.) : péroné.

fibulocalcaneal, adj. : péronéo-calcanéen.

Ficker's diagnosticum : émulsion d'une culture de bacilles typhiques morts employés pour la réaction de Widal.

ficosis, s. : cf., **sycosis.**

fidgets, s. : agitation nerveuse, inquiétudes, énervement, nervosité.

fidicinales, s. : muscles lombricaux de la main.

Fiedler's disease : maladie de Weil, ictère infectieux à recrudescence fébrile; **Fiedler's myocarditis** : myocardite à Coxsackie B.

field, s. : champ, terrain, étendue, domaine; **- of audition** or **auditory -** : champ auditif; **magnetic -** : champ magnétique; **- of a microscope** : champ du microscope; **- of vision** : champ visuel; **flat -** : champ corrigé; **focal -** : champ de netteté; **- of attraction** : région attractive; **operative -** : champ opératoire; **- dressing** : paquet individuel de pansement; **- glass** : jumelles (opt.); **- hospital** : ambulance divisionnaire, **- magnet** : inducteur; **- magnet coil** : bobine d'induction; **- surgeon** : chirurgien d'ambulance; **- winding** : bobinage inducteur.

Fielding's membrane : tapetum *(anat.)*.

fienulum pudendi, *s.* : fourchette vulvaire.

fifth disease : cinquième maladie éruptive, érythème infectieux aigu, mégalérythème épidémique.

fig, *s.* : figue; **- shaped** : caricoïde; **- wart** : variété de condylome.

figurate, *adj.* : ayant une forme fixe et définie (se dit de certaines éruptions cutanées).

figure, *s.* : 1. figure, forme extérieure, représentation (de la forme humaine); 2. chiffre; 3. illustration.

filaceous, *adj.* : filamenteux.

filament, *s.* : filament, filet, cil; **- battery** : batterie de chauffage *(électr.)*.

filamentation, *s.* : formation de filaments.

filamentous, *adj.* : filamenteux.

filar, *adj.* : filamenteux.

filaria, *s.* : filaire, filaria, dragonneau.

filarial, *adj.* : appartenant à une filaire, causé par une filaire.

filariasis, *s.* : filariose (état maladif dû à la présence de filaires).

filaricidal, *adj.* : filaricide.

filariform, *adj.* : filariforme.

Filatow's disease : maladie de Filatow, maladie de Dukes-Filatow, rubéole scarlatiniforme.

file, *s.* : 1. lime; **case -** : dossier d'un malade; **- cutters' disease** : forme de pneumoconiose; 2. dossier; *v.* : limer; **to - a tooth** : limer une dent.

filicism, *s.* : empoisonnement par une dose trop forte d'extrait de fougère mâle.

filiform, *adj.* : filiforme; **- pulse** : pouls filiforme.

Filipowicz' sign : signe de Filipowicz, signe palmo-plantaire.

filipuncture : traitement de l'anévrisme par insertion de fil pour provoquer la coagulation.

filix, *s.*, *plur.* **filices** *(lat.)* : fougère.

fillet, *s.* : 1. ruban de Reil, faisceau latéral oblique de l'isthme; 2. anse pour extraire le fœtus.

filling, *s.* : plombage, obturation dentaire.

film, *s.* : 1. pellicule, couche; **- over the eye** : taie sur l'œil; **gray - on the cornea** : opacité grise, voile de la cornée; 2. pellicule *(phot.)*, film; **colour -** : film en couleurs *(phot.)*; **spot - device** : dispositif à microfilmer.

filopodium, *s.* : pseudopode.

filopressure, *s.* : compression d'un vaisseau par un fil *ou* une aiguille.

filovaricosis, *s.* : varicosité du cylindraxe d'une fibre nerveuse.

filter, *s.* : filtre, écran (pour radiations); **- beaker** : vase à filtration chaude; **colour** *or* **color -** : écran coloré; **- paper** : papier-filtre; **- passing** : (microbe) filtrable; **- press** : filtre presse; **- pump** : pompe à vide; **- screen** : écran, filtre *(phot.)*; **sintered glass -** : filtre en verre fritté; *v.* : filtrer, épurer, tamiser.

filterable, *adj.* : filtrable.

filtering, *s.* : filtration; **- candle** : bougie filtrante.

filth, *s.* : ordure, saleté.

filtrable, *adj.* : filtrable.

filtrate, *s.* : filtrat.

filtration, *s.* : filtration, colature *(pharm.)*.

filum, *s.* *(lat.)* : filament, structure filamenteuse, fil *(chir.)*; **- terminale** : filum terminale.

fimbria, *s.*, *plur.* **fimbriae** *(lat.)* : frange, corps bordant; **fimbriae tubae** : franges de la trompe; **- hippocampi** : bandelette de l'hippocampe, corps bordant; **- ovarica** : frange ovarique.

fimbrial, *adj.* : se rapportant au corps bordant, aux franges de la trompe.

fimbriate, *adj.* : fimbrié, frangé.

fimbriated, *adj.* : fimbrié, frangé; **- body** : corps bordant.

fimbriatum, *s.* *(lat.)* : corps bordant.

fimbriocele, *s.* : hernie englobant les franges de la trompe.

finality, *s.* : finalité.

finding, *s.* : constatation, résultat.

finger, *s.* : doigt (de la main); **- cot** : doigtier; **first -** : index; **little -** : auriculaire; **middle -** : médius; **- nail** : ongle de la main; **- print** : empreinte digitale; **- print identification** : dactyloscopie; **third -** *or* **ring -** : annulaire; **webbed -** : doigt palmé, syndactylie.

fingeragnosia, *s.* : agnosie tactile.

Finney's operation : gastroduodénostomie.

Finsen light treatment : méthode de Finsen, finsenthérapie (application au traitement des affections cutanées des rayons lumineux chimiques).

fire, *s.* : 1. feu; **- alarm** : avertisseur d'incendie; **- drill** : exercice de sauvetage; **- fly** : luciole; **- proof** : ignifugé; **St Anthony's -** : ergotisme; 2. érysipèle.

first, *adj.* : premier; **- aid** : premiers soins; **- intention** : cicatrisation par première intention; **- cranial nerve** : nerf olfactif.

fish, *s.* : poisson; **- bone** : arête de poisson; **- breeding** : pisciculture; **- eating** : ichtyophagie; **- kettle** : poissonnière *(lab.)*; **- skin** : peau de poisson; **- skin disease** : ichtyose.

fission, *s.* : 1. fissiparité *(biol.)*; 2. désintégration, fission *(phys.)*; **- fungi** : schizomycètes.

fissipara, *s.* *plur.* : fissipares *(biol.)*.

fissiparism *or* **fissiparity**, *s.* : fissiparité, scissiparité (reproduction par segmentation).

fissiparous, *adj.* : fissipare.

fissura, *s.* *(lat.)* : fente, fissure, scissure, sillon; **- cerebri lateralis** : scissure de Sylvius; **- longitudinalis cerebri** *or* **interhemisphaerica** : grande scissure interhémisphérique; **- mediana medullae** : sillon médian de la moelle; **- orbitalis inferior** *or* **sphenomaxillaris** : fente sphénomaxillaire; **- orbitalis superior** *or* **cerebralis** : fente sphénoïde ou orbitaire; **- petrotympanica** : fissure de Glaser; **- transversa cerebri** *or* **telodiencephalica** : grande fente de Bichat.

fissural, *adj.* : fissuaire; **- syndrome** : syndrome anal fissuaire.

fissuration, *s.* : 1. *cf.*, **fission**; 2. ordonnancement des fissures, des scissures d'un organe.

fissure, *s.* : fissure, fente, scissure; **anal -** : fissure anale; **sphenoïdal -** : fente sphénoïdale; **- of the liver** : sillon du foie.

fissured, *adj.* : fissuré, crevassé.

fist, *s.* : poing.

fistula, *s.*, *plur.* **fistulae** (*lat.*) : fistule; **anal -** : fistule anale; **external blind -** : fistule borgne externe; **internal blind -** : fistule borgne interne; **- sacra** : scissure de Sylvius.

fistular, **fistulate** or **fistulous**, *adj.* : fistulaire, fistuleux.

fistulatome, *s.* : bistouri pour traitement opératoire des fistules.

fistulization, *s.* : fistulisation.

fistulo-enterostomy, *s.* : fistulo-entérostomie.

fistulous, *adj.* : fistuleux.

fit, *s.* : 1. attaque, accès; **- of coughing** : quinte de toux; **- of madness** : accès de démence; 2. **apoplectic -** : attaque d'apoplexie; **epileptic -** : crise épileptique; **fainting -** : syncope; **to fall into a -** : tomber en convulsions; **to send someone into a -** : provoquer une crise d'épilepsie, une congestion; 3. en bonne santé; **medically -** : physiquement sain; *v.* : adapter, ajuster.

fixation, *s.* : fixation; **- abcess** : abcès de fixation; **- of the complement** or **complement -** : réaction de fixation du complément, réaction de Bordet-Gengou, fixation du complément.

fixative, *s.* : 1. fixateur; 2. ambocepteur.

fixator, *s.* : ambocepteur.

fixed, *adj.* : fixe, arrêté; **- idea** : idée fixe; **lenses with - separation** : lentilles à écartement invariable (*opt.*); **- focus camera** : appareil à foyer fixe (*phot.*).

fixi dentes (*lat.*) : dents permanentes, dentition définitive.

fixing, *s.* : fixage; posage.

flabby, *adj.* : flasque, mou.

flabellate or **flabelliform**, *adj.* : flabellé, flabelliforme.

flabellum, *s.* (*lat.*) : fibres blanches du corps strié.

flaccid, *adj.* : flaccide, flasque; **- cheeks** : joues pendantes.

flaccidity, *s.* : 1. flaccidité; 2. flacherie (des vers à soie).

flagellar, *adj.* : flagellaire; **- antigen** : antigène flagellaire.

flagellata, *s.* (*lat.*) : flagellés (protozoaires).

flagellate, *adj.* : flagellé, flagellaire, flagelliforme.

flagellation, *s.* : flagellation (1. fustigation; 2. perversion sexuelle; 3. mode de massage; 4. terme employé par Ross pour l'expulsion des granules de chromatine des leucocytes sous l'influence d'un stimulus artificiel).

flagelliform, *adj.* : flagelliforme.

flagellosis, *s.* : flagellose (infestation par des flagellés).

flagellospore, *s.* : *cf.*, **flagellula.**

flagellula, *s.* : spore de flagellés.

flagellum, *s.*, *plur.* **flagella** (*lat.*) : flagellum, flagellé.

flail, *s.* : jambe ou bras ne se trouvant pas sous contrôle musculaire; **- joint** : mobilité anormale d'une articulation après résection.

Flajani's disease : maladie de Flajani-Basedow, goitre exophtalmique.

flange, *s.* : collet, bride, boudin, rebord; **- joint** : joint à brides.

flank, *s.* : flanc, côté.

flap, *s.* : manchette, lambeau (*chir.*) : **- amputation** : amputation de lambeaux.

flapping sound : claquement (auscultation).

flare, *s.* : flamboiement irrégulier, flamme vacillante; flambée; réaction érythémateuse, explosion (d'une épidémie); **- lamp** : gazéificateur; **- spot** : tache centrale, spectre secondaire (*phot.*).

flarimeter, *s.* : variété de spiromètre.

flash-method : pasteurisation rapide (du lait) à haute température, suivie de refroidissement brusque, upérisation.

flash-point : point d'éclair, d'inflammation, de combustion, d'ignition (pétrole).

flask, *s.* : flacon; **drying -** : flacon sécheur; **Dumas' -** : ampoule de Dumas; **flatbottomed -** : ballon à fond plat; **glass-stoppered -** : flacon bouché à l'émeri; **volumetric -** : ballon jaugé.

flat, *adj.* : 1. plat; 2. à l'auscultation, percussion sourde; **- field** : champ de microscopie plane; **- foot** : pied plat; **- worm** : plathelminthe (bothriocéphales, douves, ténias).

flatness, *s.* : matité (son sourd obtenu à la percussion d'un organe privé d'air ou d'un gros épanchement).

flatulence, *s.* : flatulence, ballonnement, météorisation, fermentation gastro-intestinale.

flatulent, *adj.* : flatulent.

flatus, *s.* (*lat.*) : flatuosité, gaz intestinaux, éructation.

flavedo, *s.* (*lat.*) : jaunisse, aspect jaune de la peau.

flavescent, *adj.* : jaunâtre.

flavine, *s.* : flavine.

flavo- : flavo-, préfixe dénotant un rapport avec la couleur jaune.

flavour or **flavor**, *s.* : goût, saveur, odeur, parfum, fumet.

flaxseed, *s.* : graine de lin; *cf.*, **linseed.**

flaxure, *s.* : coudure.

flay, *v.* : écorcher, dépouiller.

flea, *s.* : puce; **- bite** : piqûre de puce.

fleam, *s.* : phlébotome.

Flechsig's area : faisceau cérébelleux de la moelle épinière; **- column, tract or oval field** :

faisceau antérieur de la moelle épinière, faisceau de Fleschig.

fleece of Stilling : lacis de fibres blanches entourant l'olive cérébelleuse.

flesh, s. : chair; **goose -** : chair de poule; **proud -** : granulation tissulaire excessive d'une blessure ou d'un ulcère; **- wound** : blessure en séton.

fleshiness, s. : embonpoint, empâtement des chairs.

fleshy, adj. : charnu.

fletcherism, s. : fletchérisme (mastication lente et complète).

flex, v. : fléchir.

flexible or **flexile,** adj. : flexible, souple, pliant, pliable.

flexion, s. : flexion, courbure.

flexor, s. (lat.) : fléchisseur; **- spasm** : spasme en flexion.

flexuous, adj. : flexueux.

flexura, s. (lat.) : flexion, angle, courbure; **- coli** : angle du colon; **- sigmoidea** : S iliaque.

flexure, s. : flexion, angle, courbure, pli; **- of the colon** : angle colique.

flightiness, s. : instabilité (de caractère), étourderie.

flighty, adj. : écervelé, évaporé; **- imagination** : imagination vagabonde.

flint disease : chalicose.

Flint's murmur : signe de Flint (roulement présystolique qu'on entend à la pointe du cœur dans l'insuffisance aortique).

floating, adj. : flottant, libre, mobile; **- ribs** : côtes flottantes.

floccilegium or **floccilation,** s. : carphologie.

floccose, adj. : floconneux.

flocular, adj. : se rapportant au lobule du pneumogastrique.

flocculation, s. : floculation.

flocculent, flocculose or **flocculous,** adj. : floculeux, floconneux.

flocculoreaction : réaction de floculation.

flocculose, adj. : floculeux.

flocculus, s., plur. **flocculi** (lat.) : 1. précipité; 2. flocculus (lobule du pneumogastrique); **accessory -** : paraflocculus.

Flood's ligament : ligament gléno-huméral.

flooding, s. : hémorragie utérine, métrorragie.

floor, s. : plancher (limite basale d'un organe); **- cells** : cellules du plancher de l'organe de Corti; **- of the pelvis** : plancher pelvien.

flora, s. : flore.

florid, adj. : 1. coloré, rubicond; 2. en pleine évolution; **- phthisis** : phtisie galopante.

Florence's crystals : cristaux de Florence (diagnostic de la présence du sperme par action de l'iode).

floss, s. : soie grège.

flour, s. : farine, poudre.

Flourens' doctrine : théorie selon laquelle la totalité du cerveau participerait à tout processus psychique : **- vital node** : nœud vital.

flow, s. : 1. écoulement, flux; 2. règles; v. : couler, fluer; **- meter** : gyromètre.

fluctuation, s. : fluctuation (1. mouvement ondulatoire communiqué à un liquide contenu dans une cavité de l'organisme; 2. variations non héréditaires [biol.]).

fluid, s., adj. : fluide, liquide; **allantoic -** : liquide allantoïque; **amniotic -** : liquide amniotique; **cerebrospinal -** : liquide cephalorachidien; **- extract** : extrait fluide; **- measures** : mesures pour les liquides; **- pressure** : pression exercée par un fluide; **single - cell** : élément à un liquide (électr.); **tissue -** : humeurs, sécrétions.

fluid-acet-extract, s. : extrait fluide à l'acide acétique.

fluidglyceratum, s. : glycérolé.

fluid ounce or **fluidounce,** s. : mesure liquide équivalant à 8 fluidrams (cf. tables).

fluidram or **fluidrachm,** s. : mesure liquide équivalent à 56,96 grammes d'eau distillée.

fluke, s. : trématode, douve (du foie).

flumen, s., plur., **flumina** (lat.) : 1. flux; 2. nom donné par Duret aux principaux sillons du cerveau; **flumina pilorum** : lignes de répartition du système pileux sur le corps.

fluorescein, s. : fluorescéine.

fluorescin, s. : fluorescine.

fluorescence, s. : fluorescence; **- microscope** : microscope à fluorescence.

fluorescent, adj. : fluorescent; **- screen** : écran fluorescent; **- treponemal antibody test** : diagnostic de la syphilis par immunofluorescence.

fluorine, s. : fluor.

fluorochrome, s. : fluorochrome.

fluorometer, s. : 1. posemètre; 2. localisateur (radiol.).

fluoroscope, s. : appareil à radioscoper.

fluoroscopic examination : examen radioscopique.

fluoroscopy, s. : fluoroscopie (examen des téguments rendus fluorescents par l'action des rayons ultraviolets); 2. radioscopie.

fluorosis, s. : fluorose, cachexie fluorique.

flush, s. : rougeur, suffusion, ecchymose; bouffées congestives (gastro-entérol.); **hot flushes** : bouffées de chaleur.

flushing, s. : 1. rougeur; 2. nettoyage par écoulement d'eau rapide.

flutter or **auricular flutter,** s. : flutter, flutter auriculaire, tachycardie permanente par flutter, tachysystolie auriculaire.

flux, s. : 1. flux, écoulement abondant; 2. dysenterie; **alvine -** : diarrhée; **bloody -** : dysenterie; **white -** : sprue, stéatorrhée.

fluxion, s. : fluxion, congestion active.

fly, *s.* : mouche; **spanish** *or* **blistering -** : cantharide; **- blister** : cataplasme cantharidé.

f number : mesure de l'ouverture du diaphragme pour une lentille donnée *(phot.)*.

foam, *s.* : 1. bave (animal enragé) *(vétér.)*; 2. écume.

foaming, *s.* : moussage.

foamy, *adj.* : spumeux; **- virus** : virus spumeux.

focal, *adj.* : focal; **- disease** : maladie localisée à un foyer; **- epilepsy** : épilepsie bravais-jacksonienne ou corticale partielle; **- infection** : infection due à une localisation microbienne focale; **- length** : distance focale; **- plane** : plan focal; **- point** : foyer *(opt.)*; **- spot** : zone de production des rayons X dans un tube.

focalization, *s.* : mise au point, focalisation.

focalize, *v.* : 1. concentrer, faire converger; 2. mettre au point; 3. localiser (une maladie à son foyer).

focus, *s., plur.* **foci, focuses** *(lat.)* : 1. foyer (point de convergence des rayons lumineux *ou* des ondes sonores); **in -** : au point; **out of -** : pas au point, mal centré; **image out of -** : image floue; **virtual -** : foyer virtuel (lentille divergente) *(opt.)*; 2. foyer (siège principal d'une maladie, endroit exact d'une lésion); 3. foyer (lieu d'où rayonne une maladie).

focus, *v.* : 1. concentrer, converger (rayons, son); 2. mettre au point *(opt.)*.

focusing, *s.* : 1. concentration, convergence (rayons, son); 2. mise au point; **- screw** : vis de mise au point *(opt.)*.

foeniculum, *s. (lat.)* : fenouil; **- oil** : essence de fenouil.

Foerster's operation : opération de Foerster (section bilatérale intra-dure-mérienne de racines médullaires postérieures, opération destinée à faire disparaître la paraplégie spasmodique).

fœtal, *adj.* : fœtal.

fœtalism, *s.* : présence *ou* persistance de certaines conditions fœtales dans le corps après la naissance.

fœtation, *s.* : 1. formation du fœtus; 2. grossesse; **super -** : grossesse multiple.

foeticide, *s., adj.* : fœticide.

foeticulture, *s.* : fœticulture.

foetography, *s.* : radiographie du fœtus *in utero*.

foetometry, *s.* : mensuration du fœtus.

foetoplacental, *adj.* : fœto-placentaire.

foetus *or* **fetus,** *s.* : fœtus.

fogging maneuver : procédé ayant pour but le relâchement de l'accommodation en utilisant des verres sphériques convexes pour faciliter la correction optique *(opt.)*.

foil, *s.* : feuille de métal *(ex.,* pour obturation dentaire); **- carrier, - plugger** : instrument pour placer la feuille de métal dans la dent.

fold, *s.* : pli, repli.

foliaceous, *adj.* : foliacé.

folian process : apophyse longue du marteau.

folic, *adj.* : folique (acide), acide ptéroylglutamique.

folie, *s.* : folie.

Folin's test : réaction de Folin (dosage quantitatif de l'urée et de l'acide urique).

folium, *s., plur.* **folia** *(lat.)* : 1. feuille; 2. feuillet de substance grise de l'arbre de vie du cervelet; **- cacuminis** : lobule supérieur du vermis; **- vermis** : bourgeon terminal du vermis supérieur.

follicle, *s.* : follicule; **Graafian -** : follicule de Graaf; **sebaceous -** : follicule sébacé; **- stimulating hormone** : FSH.

folliclis, *s.* : folliculites disséminées, symétriques des parties glabres à tendances cicatricielles.

follicular, *adj.* : folliculaire; **- hormone** : folliculine, œstrone; **- cyst** : kyste sébacé.

folliculin, *s.* : folliculine, œstrone.

folliculinemia, *s.* : folliculinémie.

folliculinuria, *s.* : folliculinurie (présence de folliculine dans l'urine).

folliculitis, *s.* : folliculite, adénotrichie; **- abscedens infantum** : furonculose folliculaire infantile; **agminate -** : inflammation folliculaire ; **- barbae** : sycosis; **- decalvans** : alopécie en aires.

folliculoma, *s.* : folliculome (tumeur dont la morphologie et les éléments cellulaires rappellent ceux du follicule de de Graaf).

folliculosis, *s.* : maladie caractérisée par un développement excessif des follicules lymphoïdes.

folliculous, *adj.* : folliculeux.

folliculus, *s., plur.* **folliculi** *(lat.)* : follicule **- oophorus primarius** : follicule primordial; **- oophorus vesiculosus** : follicule de de Graaf; **- pili** : follicule pileux.

follow-up, *s.* : post-observation, catamnèse; **- care** : soins post-hospitaliers; **- study** : surveillance (d'une évolution ou des suites d'une maladie); *v.* : suivre (un cas, un malade, une maladie).

fomentation, *s.* : fomentation (action d'appliquer la chaleur comme moyen thérapeutique).

fomes, *s., plur.* **fomites** *(lat.)* : vecteur passif.

fons pulsatilis *(lat.)* : fontanelle antérieure.

fontanel *or* **fontanelle,** *s.* : fontanelle.

fonticulus, *s. (lat.)* : 1. fontanelle; 2. petit ulcère artificiel; **- gutturis** : fosse jugulaire.

food, *s.* : nourriture, aliments, vivres; **- control** : ravitaillement, rationnement; **- material** : matière nutritive; **- poisoning** : intoxication alimentaire; **- value** : valeur nutritive.

foot, *s., plur.* **feet** : pied (1. extrémité terminale de la jambe; 2. base d'un microscope; 3. mesure de longueur équivalant à 30,470 cm); **- and mouth disease** : fièvre aphteuse *(vétér.)*; **- candle** : unité d'éclairement (10,764 lux); **- clonus** : clonus du pied; **- drop** : fléchissement du pied; **fungus -** : pied de Madura; **tabetic -** : pied tabétique; **trench -** : pied de tranchées.

footless, *adj.* : apode (sans pieds, sans pattes).

forage, *s.* : fourrage; **- poisoning** : méningite cérébrospinale épizootique du cheval *(vétér.)*; 2. forage (prostatique [*chir.*]).

foramen, *s., plur.* **foramina** *(lat.)* : trou, orifice, foramen; **- alveolare** *or* **mandibulare** : orifice interne du canal dentaire inférieur; **anterior lacerated** *or* **sphenoidal -** : trou déchiré antérieur; **Botallo's -** *or* **- ovale cordis** : trou de Botal; **- cæcum** : trou borgne; **- condyloideum** : trou condylien; **- epiploicum** : trou de Winslow; **- ethmoidale** : trou orbitaire interne; **great sacrosciatic -** : grand trou sciatique; **- incivum** : canal incisif; **infraorbital -** : trou sous-orbitaire; **- interventriculare cerebri** *or* **of Monro** : trou de Monro; **- intervertebrale** : trou de conjugaison; **- ischiadicum majus** : grand trou sciatique; **- ischiadicum minus** : trou déchiré postérieur; **- lacerum anterius** : trou déchiré antérieur; **- magnum** *or* **occipital** : trou occipital; **- mastoideum** : trou stylo-mastoïdien; **mental -** : trou mentonnier; **nutrient -** : trou nourricier; **obturator -** : trou obturateur *ou* sous-pubien; **optic -** : trou optique; **- ovale cordis** : trou de Botal; **- ovale (ossis sphenoidalis)** : trou ovale; **posterior lacerated** *or* **jugular -** : trou décliné postérieur; **- quadrilaterum** : orifice rectangulaire de la veine cave dans le diaphragme; **- rotondum** : grand trou rond; **small sacrosciatic -** : petit trou sciatique; **sphenotic -** : trou carotidien; **sphenopalatine -** : trou sphénopalatin; **- spinosum** *or* **spinae** : petit trou rond, trou sphéno - épineux; **supraorbital -** : trou sus-orbitaire; **accessory transverse -** *or* **- costotransversarium vertebrae cervicalis** : trou de l'apophyse transverse; **vertebral -** : trou vertébral; **- of Winslow, small omental -** *or* **- epiploicum** : trou de Winslow.

foraminated, *adj.* : foraminé.

foraminulum, *s.* : trou, orifice très petit.

force, *s.* : force (énergie, effort, intensité, activité, efficacité).

forced, *adj.* : forcé (obligatoire, contraint).

forceps, *s.* : 1. pince, forceps *(obstét.)*; davier *(odont.)*; **artery -** : pince à artères, pince hémostatique, artériodème, clamp; **bent seizing -** : pince prenante coudée; **brood ligament -** : pince à ligaments larges; **bullet -** : pince tire-balles; **capsular -** : pince capsulaire; **chalazion -** : pince à chalazion; **dessing -** : pince à pansements; **entropion -** : pince à entropion; **epilation -** : pince à épiler; **Fergusson's urethra -** : pince de Fergusson; **fixation -** : pince à fixer; **granulation -** : pince à granulations; **Liston's bone -** : pince de Liston; **Lucas-Championnière's forked -** : pince fourche de Lucas-Championnière; **Museux's vulsellum -** : pince de Museux; **Nélaton's cyst -** : pince à kyste de Nélaton; **pressure -** : pince à forcipressure; **punch -** : pince à emporte-pièce; **Roux's** *or* **Pean's gouge -** : pince-gouge de Roux ou de Péan; **serrated dissection -** : pince à griffes; **Spencer Wells' -** : pince hémostatique; **splinter -** : pince à esquilles; **straight -** : pince droite; **stump -** : tire-racine *(stom.)*; **suture -** : serre-fine; **T -** : pince en T; **Tarnier's -** : forceps de Tarnier; **tongue -** : pince à langue; **- with catch** *or* **screw** : pince à verrou; **- with serrated points** : pince à mors; 2. prolongement des fibres rayonnantes du corps calleux; **- major** : prolongement occipital des fibres rayonnantes du corps calleux; **- minor** : prolongement frontal des fibres rayonnantes du corps calleux.

forcing, *s.* : forçage, gavage.

forcipressure, *s.* : forcipressure (méthode d'hémostase provisoire consistant à saisir un vaisseau sectionné dans les mors d'une pince hémostatique).

Fordyce's disease : maladie de Fordyce (altération de la muqueuse buccale caractérisée par un semis de petits points jaunes).

fore- : fore-, préfixe dénotant une position antérieure.

forearm, *s.* : avant-bras.

forebrain, *s.* : protencéphale, cerveau antérieur.

forefinger, *s.* : index.

forefoot, *s.* : pied antérieur, patte de devant.

foregilding, *s.* : processus histologique pour traiter le tissu nerveux frais.

foregut, *s.* : tube embryonnaire correspondant au pharynx, à l'œsophage, l'estomac et le duodénum.

forehead, *s.* : front.

foreign, *adj.* : étranger; **- body** : corps étranger.

forekidney, *s.* : rein embryonnaire.

foremilk, *s.* : colostrum.

forensic medicine : médecine légale.

foreskin, *s.* : prépuce.

forewaters, *s.* : poche des eaux.

forked, *adj.* : fourchu, bifide.

Forlanini's method : méthode de Forlanini, pneumothorax opératoire.

formation, *s.* : formation.

formative, *adj.* : formatif, formateur.

formes frustes, *s. (fr.)* : formes frustes.

formication, *s.* : formication, fourmillement (sensation de fourmis dans un membre engourdi).

formiciasis, *s.* : symptômes, état consécutif à des piqûres de fourmi.

formula, *s., plur.* **formulae** *(lat.)* : formule, ordonnance.

formulary, *s.* : formulaire.

fornicate convolution : circonvolution du corps calleux.

fornication, *s.* : fornication.

fornicolumn, *s.* : pilier antérieur du fornix.

fornicommissure, *s.* : commissure du fornix.

fornix, *s., plur.* **fornices** *(lat.)* : fornix, trigone cérébral; **cerebral -** : fornix, trigone cérébral; **- vaginae** : cul-de-sac de l'extrémité supérieure du vagin.

fortification spectrum : scotome scintillant.

fossa, *s., plur.* **fossae** *(lat.)* : fosse; **acetabular -** : arrière-fond de la cavité cotyloïde; **axillary -** : creux de l'aisselle; **canine -** : fosse canine; **- cerebri lateralis** *or* **Sylvian -** : creux de la scissure de Sylvius; **- coronoides humeri** : fossette coronoïde; **glenoid -** : cavité glénoïde; **infraspinous -** : fosse sous-épineuse; **intercondyloid -** : échancrure intercondylienne; **ischiorectal -** : creux pelvirectal inférieur; **lacrimal -** : fossette lacrymale; **olecranion -** : fossette olécranienne;

perineal - : creux pelvi-rectal inférieur; **pituitary** - : fossette pituitaire; **popliteal** - : creux poplité; **rhomboid** - : plancher du quatrième ventricule; **subcapsular** - : fosse sous-capsulaire; **supraspinous** - : fossette sus-épineuse; **triangular** - : fossette naviculaire (de l'oreille externe).

fosset or **fossette,** s. : 1. fossette; 2. petit ulcère profond de la cornée.

fossula, s., plur. **fossulae** (lat.) : petite fosse, petite dépression de la surface du cerveau.

foster, v. : nourrir, élever, prendre en nourrice; **- father** : père nourricier; **- mother** : mère nourricière.

Fothergill's disease : maladie de Fothergill (névralgie faciale cinquième paire); **- sore throat** : angine ulcérative de la scarlatine.

foulage, s. : foulage (massage).

foundling, s. : enfant trouvé; **- hospital** : orphelinat.

fourchet or **fourchette,** s. : 1. fourchette vulvaire; 2. instrument pour diviser le frein de la langue.

Fournier's treatment of syphilis : traitement de la syphilis par le mercure; **- gangrene** : gangrène scrotale.

fourth cranial nerve : nerf pathétique, IVe paire; **- disease** : maladie de Dukes-Filatow, rubéole scarlatiniforme, quatrième maladie; **- ventricule** : quatrième ventricule.

fovea, s., plur. **foveae** (lat.) : fossette, dépression (s'applique plus particulièrement à la fovea centralis ou tache jaune); **- capituli radii** : cupule du radius; **- centralis retinae** : fovea centralis, tache jaune, macula lutea; **- costalis** : facette articulaire (du corps de la vertèbre avec la côte); **- inferior** or **caudalis fossae rhomboideae** : ventricule d'Aranzi; **- inferior** : fossette de l'aile grise (plancher du quatrième ventricule); **- superior** : fossette du trijumeau; **- trochlearis** : empreinte trochléaire.

foveate, adj. : ayant des fossettes, des cupules.

foveola, s., plur., **foveolae** (lat.) : fovéole, petite fossette, petite dépression;

foveolate, adj. : fovéolé, chargé de fossettes.

Foville's syndrome : syndrome protubérantiel supérieur de Foville; **- tract** : faisceau cérébelleux direct de la moelle épinière.

fowl : volaille, **- pox** : peste aviaire.

Fowler's position : position de Fowler (attitude relevée du tronc et de la tête donnée aux malades et surtout aux opérés).

Fowler's solution : liqueur de Fowler (pharm.).

fractional, adj. : fractionné; **- distillation** : distillation fractionnée.

fractionation, s. : fractionnement (chim.).

fracture, s. : fracture; **by avulsion -** : fracture par arrachement ; **Bennett's -** : fracture des boxeurs; **blow-out -** : fracture à projection; **butterfly -** : fracture en ailes de papillon; **comminuted -** : fracture comminutive; **compound -** : fracture compliquée; **greenstick -** : fracture en bois vert; **helicoidal** or **spiral -** : fracture spiroïde,

en V, hélicoïdale; **impacted -** : fracture engrenée; **pathological -** : fracture spontanée; **periarticular -** : fracture para-articulaire; **- pin** or **- nail** : clou, broche pour fracture; **Pott's -** : fracture de Dupuytren; **- of the spine** : fracture de la colonne vertébrale; **seat of -** : foyer de fracture; **silver fork** or **Colles' -** : fracture de Colles, fracture de Pouteau; **simple -** : fracture simple; **to set a -** : réduire une fracture; **transverse -** : abruption; **X shape** or **stellate -** : fracture en X; **Y shape -** : fracture en Y.

Fraenkel's diplococcus : pneumocoque; **- glands** : petites glandes situées sous le bord des cordes vocales; **- leucemia** : leucémie aiguë à mononucléaires; **- sign** : hypotension des muscles des extrémités inférieures dans le tabes.

fragile, adj. : 1. fragile, cassant; 2. faible, chétif.

fragilitas, s. (lat.) : fragilité; **- crinium** : trichorexie; **- ossium** : fragilité osseuse; **- sanguinis** : fragilité globulaire.

fragility, s. : fragilité, faiblesse, délicatesse (de santé).

fragmentation, s. : fragmentation (1. subdivision en fragments; 2. scission de bactéries en segments pour la multiplication).

frambesia or **framboesia,** s. : pian.

frambesioma or **framboesioma,** s. : pianome, « fraise ».

frame, s. : 1. cadre, monture, charpente, support; **spectacle -** : monture de lunettes; 2. état; **- of mind** : état d'esprit.

frameshift mutation : mutation déterminant un décalage de lecture (génét.).

framework, s. : architecture interne; ossature; châssis; carcasse.

frangible, adj. : frangible, cassant, fragile.

frangula, s. : écorce de bourdaine (pharm.).

Frankenhäuser's ganglion : ganglion cervical (col de l'utérus).

frankincense, s. : encens, oliban; **- oil** : essence d'encens.

Franklin plate : condensateur de Franklin (électr.); **- glasses** : lunettes bifocales à demiverres.

Frank's operation : mode de gastrostomie.

Frauhofer lines : raies d'absorption du spectre solaire.

freckle, s. : éphélide, tache de rousseur, tache de son, lentigo.

free fatty acids : acides gras libres.

freeze-dryer, s. : lyophilisateur (appareil à lyophiliser); **drum -** : lyophilisateur à tambour; **shaking** or **vibrating -** : lyophilisateur à vibreur; **spray -** : lyophilisateur par pulvérisation.

freeze-drying or **lyophilization,** s. : lyophilisation; **centrifugal -** : congélation sous vide avec centrifugation.

freezer, s. : congélateur; **deep -** : congélateur à basse température.

freezing, *s.* : congélation, réfrigération; **deep -** : trempe (congélation profonde et brutale); **- microtome** : microtome à congélation; **- mixture** : mélange réfrigérant; **- point** : point de congélation; **shell -** : congélation en coquille par rotation lente; **snap -** : saisie (congélation brutale et superficielle); **spin -** : congélation en coquille par rotation rapide; **vacuum -** : congélation sous vide.

Freiberg's disease : maladie de l'épiphyse de la tête du second os métatarsien chez les adolescents, surtout du sexe féminin.

fremitus, *s. (lat.)* : frémissement (à l'auscultation), murmure vibrant; **hydatid** *or* **hepatic -** : frémissement hydatique; **rhoncal -** : rhoncus; **tactile -** : vibration vocale (à la palpation); **vocal -** : vibration vocale (à l'auscultation).

frenal, *adj.* : se rapportant à un frein *(anat.)*.

Frenkel's exercise treatment of ataxia : méthode de Frenkel (rééducation méthodique des mouvements pour corriger l'incoordination des tabétiques).

frenotomy *or* **fraenotomy,** *s.* : ablation d'un frein, en particulier le filet de la langue dans l'ankyloglosse.

frenulum, *s., plur.* **frenula** *(lat.)* : frein, filet; **- labiorum pudendi** : fourchette vulvaire, frein de la vulve; **- veli** : frein de la valve de Vieussens.

frenum, *s., plur.* **freni** *(lat.)* : frein; **- clitoridis** : frein du clitoris; **- labiorum pudendi** : fourchette vulvaire; **- linguae** : frein *ou* filet de la langue; **- praeputii** *or* **of penis** : frein *ou* filet de la verge.

frenzy, *s.* : frénésie, phrénésie (délire violent provoqué par une affection cérébrale aiguë), fureur, furie.

freudian, *adj.* : freudien.

freudism, *s.* : freudisme.

Freund's adjuvant : adjuvant de Freund.

Freund's operation : opération de Freund; chondriotomie; **- reaction** : lyse des cellules cancéreuses par le sérum normal.

friable, *adj.* : friable.

friction, *s.* : friction (1. le fait de frotter, de faire pénétrer un médicament par frottement; 2. mode de massage); **- sounds** : frottements (bruits perçus à l'auscultation); **redux - sounds** : frottements de retour.

Friedländer's bacillus : bacille de Friedländer, pneumobacille.

Friedländer's disease : artérite oblitérante.

Friedman's test for pregnancy : modification de la réaction d'Asheim-Zondek pour le diagnostic de la grossesse.

Friedmann's disease : paralysie spinale infantile à rechutes.

Friedreich's ataxia *or* **disease** : maladie de Friedreich, ataxie héréditaire; **- foot** : pied bot

talus arqué avec hypertension digitale; **- sign** : affaiblissement diastolique des veines jugulaires dans la symphyse cardiaque.

Friend virus : virus de Friend.

fright, *s.* : peur, effroi ; **- neurosis** : hystérie d'origine traumatique.

frigidity, *s.* : frigidité.

frigolabile, *adj.* : frigolabile.

frigorific, *adj.* : frigorifique.

frigorism, *s.* : état résultant d'un froid excessif sur le corps.

frigostable *or* **frigostabile,** *adj.* : frigostable, frigostabile.

frigotherapy, *s.* : frigothérapie, cryothérapie (application thérapeutique du froid).

fringing, *s.* : 1. déformation dans l'image radiographique du bassinet des reins constatée dans la tuberculose rénale; 2. iridescence *(opt.)*.

Frisch's bacillus : bacille de Frisch (agent pathogène du rhinosclérome).

frog, *s.* : 1. grenouille; 2. aphte; **- belly** : ventre de batracien; **- face** : déformation de la figure due à la présence de polypes *ou* de tumeurs dans les fosses nasales; **- tongue** : ranule, grenouillette; **- in throat** : un « chat dans la gorge » *(vernac.)* (raucité de la voix due aux mucosités pharyngées).

Froin's syndrome : syndrome de Froin, syndrome de Lépine-Froin (xanthochromie et hyperalbuminose avec parfois coagulation massive spontanée du liquide céphalorachidien).

Frölich's syndrome : syndrome de Frölich, syndrome de Babinski-Frölich, dystrophie adiposo-génitale.

frolement, *s.* : frôlement (1. massage; 2. bruit perçu à l'auscultation).

Froment's paper sign : signe du journal, signe du pouce (s'observe dans la paralysie ulnaire).

frons, *s. (lat.)* : front.

front, *s.* : front.

frontal, *adj.* : 1. orienté vers le front; 2. frontal (1. se rapportant à la partie antérieure d'un organe *ou* du corps; 2. se rapportant au front; **- bone** : os frontal; **- lobe** : lobe frontal; **- sinuses** : sinus frontaux).

frontalis muscle : muscle frontal.

fronten, *adj.* : appartenant à l'os frontal même.

frontier sore : bouton d'Orient, bouton d'Alep (leishmaniose cutanée).

fronto- : fronto-, préfixe dénotant une position antérieure ou un rapport avec le front.

front-tap reflex : contraction réflexe du muscle gastrocnémien après percussion des muscles antérieurs de la jambe.

frost, *s.* : gelée, gel; **- bite** : gelure, froidure; **- itch** : prurit hibernal; **urea -** : cristaux d'urée se formant sur la peau.

frost-bitten, *adj.* : gelé; **- foot** : engelure; **- feet** : pieds gelés.

froth, *s.* : écume, bave.

frothing, *s.* : bullage.

frothy, *adj.* : écumeux, mousseux; **- sputum** : expectoration spumeuse.

fructose, *s.* : fructose, lévulose.

fructosemia, *s.* : fructosémie.

fructosuria, *s.* : fructosurie.

frugivorous, *adj.* : frugivore.

fruit, *s.* : fruit (1. ovaire développé de la plante; 2. progéniture des animaux)

fruitarian, *adj.* : fruitarien.

frumentaceous, *adj.* : frumentacé *(bot.).*

F.S.H. : abréviation pour folliculo-stimuline hypophysaire.

frumentum, *s. (lat.)* : froment.

fuchsin, *s.* : fuchsine.

fuchsinophil, *adj.* : colorable à la fuchsine.

Fuerstner's disease : paralysie pseudo-spasmodique accompagnée de tremblements.

fugacious, *adj.* : fugace (douleur), transitoire.

fugue, *s.* : fugue.

Fukala's operation : extraction du cristallin dans les cas de myopie extrême.

fulgurant, *adj.* : fulgurant (rapide comme l'éclair); **- pains** : douleurs fulgurantes.

fulguration, *s.* : fulguration (1. action de la foudre, par extension, de l'électricité sur le corps des hommes et des animaux; 2. étincelage, thérapeutique par étincelles de haute fréquence et de haute tension).

fuliginous, *adj.* : fuligineux.

full, *adj.* : plein; **- time** : plein temps.

fuller's earth : terre à foulon.

Fuller's operation : incision des vésicules séminales.

fulling, *s.* : foulage (mode de passage).

fulminant or **fulminating,** *adj.* : fulminant, foudroyant, suraigu.

fumigation, *s.* : fumigation.

function, *s.* : fonction.

functional, *adj.* : fonctionnel; **- disease** : troubles fonctionnels.

funda, *s., plur.* **fundae** *(lat.)* : bandage à quatre extrémités.

fundal, *adj.* : se rapportant au fond, à la base d'un organe, surtout de l'œil.

fundament, *s.* : fondement.

fundamental, *adj.* : fondamental; **- tissue** : parenchyme.

fundiform, *adj.* : fondiforme.

fundus, *s. (lat.)* : fond, base d'un organe, infundibulum (s'emploie habituellement pour fond de l'œil); **- glands** : glandes gastriques du fundus; **- oculi** : fond de l'œil; **- tympani** : base de la cavité du tympan; **- uteri** : fond supérieur arrondi de l'utérus; **- ventriculi** : grosse tubérosité de l'estomac; **- vesicae** : bas-fond de la vessie.

funduscope, *s.* : ophtalmoscope.

fungal, *adj.* : fongique, se rapportant à ou ressemblant aux moisissures.

fungate, *v.* : pousser rapidement (telle une moisissure *ou* une tumeur fongueuse).

fungating, *adj.* : se dit des tumeurs d'apparence fongueuse.

fungicidal or **fungicide,** *s., adj.* : fongicide.

fungiform, *adj.* : fongiforme.

fungistatic, *adj.* : fongistatique.

fungoid, *adj.* : fongoïde.

fungosity, *s.* : fongosité.

fungous, *adj.* : fongueux, fongoïde; **- growth** : excroissance fongueuse.

fungus, *s., plur.* **fungi** *(lat.)* : 1. fongus (tumeur de la consistance d'une éponge); 2. plante de l'espèce champignon ou moisissure, mycète ; **- foot** : pied de Madura; **ray -** : actinomycète; 3. excroissance, bourgeon charnu.

funic, *adj.* : appartenant au cordon.

funicle, *s.* : cordon.

funicular, *adj.* : funiculaire (se rapportant au cordon ombilical, au cordon spermatique); **- process** : portion de la vaginale qui entoure le cordon spermatique.

funiculitis, *s.* : funiculite (inflammation du cordon spermatique).

funiculopexy, *s.* : suture du cordon spermatique sur les tissus environnants.

funiculus, *s., plur.* **funiculi** *(lat.)* : cordon, faisceau; **- cuneatus** : faisceau de Burdach; **- gracilis** : faisceau de Goll; **- spermaticus** : cordon spermatique; **- teres** : funiculus teres; **- umbilicalis** : cordon ombilical; **funiculi medullae spinalis** : cordons de la moelle.

funis, *s. (lat.)* : cordon, cordon ombilical.

funnel, *s.* : infundibulum; 2. entonnoir; **bromine -** : ampoule à brome; **bulbed** or **separating -** : ampoule à décanter ; **dropping -** : entonnoir à robinet; **porcelain -** : entonnoir filtre; **- breast** or **chest** : rétrécissement thoracique vers l'abdomen.

funny bone *(vernac.)* : « petit juif », condyle interne de l'humérus.

fur, *s.* : enduit de la langue, aspect saburral.

furcal or **furcate,** *adj.* : fourchu.

furcula, *s. (lat.)* : crête en forme de fer à cheval du larynx embryonnaire.

furculum, *s. (lat.)* : clavicules soudées chez l'oiseau.

furfur, *s., plur.* **furfures** *(lat.)* : furfur, furfure, squame, écaille épidermique de la peau.

furfuraceous, *adj.* : furfuracé.

furor, *s. (lat.)* : folie frénétique.

furred, *adj.* : recouvert d'un enduit sébacé, de plaques épithéliales; granulaire; saburral.

furrow, *s.* : sillon, ride (de la figure).

furuncle, *s.* : furoncle.

furuncular, *adj.* : furonculeux.

furonculoid, *adj.* : à l'aspect furonculeux, ressemblant à un furoncle.

furunculosis, *s.* : furonculose (éruption d'une série de furoncles).

furunculous, *adj.* : furonculeux.

furunculus orientalis : bouton d'Orient.

fuscin, *s.* : fuscine (pigment noir de la rétine).

fusible, *adj.* : fusible, liquéfiable.

fusiform, *adj.* : fusiforme.

fusion, *s.* : fusion.

fusocellular, *adj.* : fusocellulaire.

fusospirillosis : angine de Vincent.

fusospirochetal, *adj.* : fusospirochétien.

fusospirochetosis, *s.* : fusospirochétose.

fustigation, *s.* : fustigation; **electric -** : mode d'électrothérapie.

G

Gaboon ulcer : ulcère du Gabon, ulcère phagé-dénique des pays chauds, plaie ou ulcère anna-mite.

Gadus morrhua (*lat.*) : morue.

Gaffkya : genre de bactéries de la famille des *Micrococcaceae*; **tetragena** - : *Micrococcus tetra-genes*, tétragène, tétracoque.

gag, *s.* : 1. ouvre-bouche (*odont.*); 2. réflexe nauséeux.

Gaillard's suture : mode de suture pour l'ectro-pion.

gait, *s.* : démarche, allure, port; **ataxic** - : démarche ataxique; **cerebellar steppage** - : step-page cérébelleux; **cerebellar spastic** - : démarche cérébello-spastique; **choreic** - : démarche cho-réique; **festinating** - : démarche parkinsonienne; **helicopod** - : démarche fauchante; **hemiplegic** - : démarche hémiplégique; **scissor** - : démarche des spastiques paraplégiques; **swaying** - : démarche cérébelleuse; **tabetic** - : démarche tabétique; **unst-eady** - : pas chancelant.

galact-, galacto- : galact-, galacto-, préfixe déno-tant un rapport avec le lait.

galactacrasia, *s.* : défaut, anomalie dans la com-position du lait.

galactaemia, *s.* : aspect laiteux du sang.

galactagogue *or* **galactagog**, *s., adj.* : galacta-gogue (substance médicamenteuse *ou* alimentaire qui favorise la sécrétion lactée).

galactangioleucitis, *s.* : lymphangite associée à la lactation.

galactapostema, *s., plur.* **galactapostemata** (*gr.*) : abcès mammaire de la lactation.

galactase, *s.* : galactase (enzyme du lait).

galactic, *adj.* : galactique, galactagogue.

galactidrosis, *s.* : sudation d'aspect laiteux.

galactin, *s.* : galactine.

galactoblast, *s.* : corpuscule du colostrum.

galactocele, *s.* : galactocèle (1. kyste contenant du lait plus ou moins modifié, se formant au cours de la lactation; 2. hydrocèle chyleuse).

galactoedema, *s.* : œdème du sein dû à une accumulation de lait.

galactogen, *s.* : galactogène.

galactogenous, *adj.* : se rapportant à la produc-tion du lait.

galactoglycosuria, *s.* : glycosurie relevant de la lactation.

galactoid, *adj.* : ressemblant au lait.

galactoma, *s., plur.* **galactomata** (*gr.*) : galac-tocèle.

galactometer, *s.* : galactomètre, pèse-lait, lacto-densimètre.

galactopexy, *s.* : galactopexie (fixation du galac-tose dans les tissus).

galactophagous, *adj.* : galactophage.

galactophlysis, *s.* : 1. éruption vésiculaire ren-fermant un fluide laiteux; 2. séborrhée du cuir chevelu chez le nourrisson.

galactophore, *s.* : vaisseau galactophore, qui conduit le lait.

galactophoritis, *s.* : galactophorite (inflammation des conduits galactophores).

galactophorous, *adj.* : galactophore.

galactophorus, *s.* : galactophore, « bout de sein », appareil adaptable à une bouteille pour remplacer le biberon.

galactophtisis, *s.* : amaigrissement et anémie dus à une hypersécrétion lactée.

galactoplania, *s.* : métastase du lait, maladie due à la métastase du lait.

galactopoiesis, *s.* : galactopoïèse.

galactopoietic, *adj.* : galactopoïétique, se rappor-tant à la galactopoïèse.

galactoposia, *s.* : galactotrophie, thérapeutique par régime lacté, cure de lait.

galactopyra, *ou* **galactopyretus**, *s.* : fièvre de lait.

galactopyretic, *adj.* : se rapportant à la fièvre de lait.

galactorrhea *or* **galactorrhaea**, *s.* : galactorrhée, galactirrhée; (1. écoulement surabondant de lait chez une nourrice; 2. écoulement de lait en dehors des conditions ordinaires de la lactation).

galactoschesia *or* **galactoschesis**, *s.* : arrêt, sup-pression de la sécrétion lactée.

galactose, *s.* : galactose (sucre).

galactosidase, s. : galactosidase.

galactosis, s. : sécrétion du lait *(physiol.).*

galactostasia or **galactostasis,** s. : 1. suppression de la sécrétion lactée; 2. stase laiteuse.

galactosuria, s. : galactosurie (présence de galactose dans l'urine).

galactotherapy, s. : 1. traitement du nourrisson malade par administration de remèdes à la mère *ou* à la nourrice; 2. cure de lait.

galactotoxism, s. : empoisonnement par le lait.

galactozymase, s. : galactozymase (enzyme du lait liquéfiant l'amidon).

galacturia, s. : galacturie (présence de graisse émulsionnée en quantité considérable, dans l'urine, lui donnant l'aspect du lait, variété de la lipurie).

Galassi pupillary phenomenon : réflexe de Galassi, réflexe de Westphal-Piltz, réflexe palpébral de la pupille (rétrécissement de la pupille pendant l'occlusion des paupières).

galea, s., *plur.* **galeae** *(lat.)* : 1. bandage pour la tête; 2. encéphalalgie s'étendant sur toute la tête; 3. calotte aponévrotique; amnios, coiffe *(obstét.);* **- aponeurotica** : *cf.,* **galea** (3); **- capitis** : *cf.,* **galea** (1 et 3).

galeamaurosis, s. : réflexe à la lumière dans la choroïdite.

Galeati's glands : glandes intestinales telles que celles de Lieberkühn.

galenic or **galenical,** *adj.* : galénique.

galenism, s. : galénisme.

galeropia or **galeropsia,** s. : galéropie (aspect anormalement clair et brillant des objets).

gall, s. : 1. bile; 2. excoriation *(vétér.);* 3. **- bladder** : vésicule biliaire; **nut -** : noix de galle *(bot.);* **silent - stone** : calcul biliaire latent (se voit en radiophoto mais ne présente aucun symptôme); **- stone** : calcul biliaire.

gallium, s. : gallium.

gallop rhythm : bruit de galop.

galloping consumption : phtisie galopante; **- paresis** : paralysie générale à progression rapide.

Galton's A.L.W. : caractéristique des empreintes digitales (arch, loop, whorl : arc, boule, tourbillon); **- delta** : triangle de la base de l'empreinte digitale; **- law** : loi sur l'hérédité; **- whistle** : sifflet de Galton (sifflet pour mesurer l'acuité auditive).

galvanic, *adj.* : galvanique; **- electricity** : électricité galvanique.

galvanism, s. : galvanisme.

galvanization, s. : galvanisation.

galvano- : galvano-, préfixe dénotant un courant galvanique.

galvanocautery, s. : galvanocautère.

galvanochemistry, s. : électrochimie.

galvanocontractility, s. : propriété de se contracter sous l'action du courant galvanique.

galvanofaradization, s. : galvano-faradisation (application simultanée de courants continus et de courants d'induction).

galvanometer, s. : galvanomètre; **dead beat -** or **aperiodic -** : galvanomètre apériodique; **moving coil -** : galvanomètre à cadre mobile; **moving magnet -** : galvanomètre à aimant mobile; **shunted -** : galvanomètre en dérivation.

galvanoplasty, s. : galvanoplastie.

galvanoprostatotomy, s. : opération de Bottini (incision de la prostate avec le galvanocautère).

galvanopuncture, s. : galvanopuncture, électropuncture (implantation dans un tissu d'aiguilles par lesquelles on fait passer un courant électrique).

galvanoscope, s. : galvanoscope.

galvano-surgery, s. : électrochirurgie, emploi du galvanisme en chirurgie.

galvanotaxis, s., *cf.* : **galvanotropism.**

galvanotherapeutics or **galvanotherapy,** s. : galvanothérapie, électrothérapie.

galvanothermy, s. : électrothermie, production de chaleur d'origine galvanique.

galvanotonus, s. : 1. galvanotonus (persistance de la contraction musculaire provoquée par le passage du courant continu et cessant avec la fin de ce passage); 2. électrotonus.

galvanotropism, s. : galvanotropisme (propriété que possède le protoplasme de réagir sous l'influence de la galvanisation).

gamete, s. : gamète, gamonte.

gametic, *adj.* : se rapportant aux gamètes.

gameticide, *adj.* : gaméticide, gamétocide.

gametoblast, s. : *cf.,* **sporozoite.**

gametocyte, s. : gamétocyte.

gametogenesis, s. : gamétogenèse, formation de gamètes.

gametogonia or **gametogony,** s. : 1. phase de reproduction dans le cycle vital des parasites du paludisme; 2. reproduction par union des gamètes.

gametokinetic, *adj.* : stimulant les gamètes.

gametophyte, s. : gamétophyte.

Gamgee tissue : pansement chirurgical constitué par une couche épaisse de coton hydrophile entre deux couches de gaze.

gamic, *adj.* : sexuel (se dit des œufs qui ne se développent qu'après fécondation).

gammaglobulin, s. : gammaglobuline.

gamma rays : rayons gamma *(radiol.).*

gammacism, s. : gammacisme (vice de prononciation caractérisé par la difficulté ou l'impossibilité de prononcer la lettre g *ou* k).

gammapathy, s. : dysglobulinémie.

gammatherapy, s. : gammathérapie (traitement par les rayons gamma).

Gamna disease : maladie de Gamna (splénomégalie avec nodules et fibrose de la capsule).

gamo- : gamo-, préfixe dénotant union, jonction.

gamogenesis, *s.* : gamogenèse (reproduction sexuée).

gamogenetic, *adj.* : gamogénétique.

gamont, *s.* : gamonte (l'un *ou* l'autre des individus qui se conjuguent, p. ex. dans la reproduction des grégarines).

Gandy-Gamna nodules : nodules de Gandy-Gamna (splénomégalie).

ganglial *or* **gangliar**, *adj.* : ganglionnaire.

gangliate *or* **gangliated**, *adj.* : ganglionné.

gangliectomy, *s.* : gangliectomie (ablation d'un ganglion).

gangliform, *adj.* : gangliforme.

gangliitis, *s.* : inflammation d'un ganglion.

ganglioblast, *s.* : cellule ganglionnaire embryonnaire.

gangliocyte, *s.* : cellule ganglionnaire.

gangliocytoma, *s.* : gangliocytome.

ganglioma, *s.* : 1. ganglioneurome *ou* neuroblastome; 2. synoviome; 3. tumeur des ganglions lymphatiques.

ganglion, *s.*, *plur.* **ganglia** *(gr.)* : 1. ganglion nerveux; 2. kyste tendineux; **cervical -** : ganglion cervical; **ciliary -** : ganglion ophtalmique; **geniculate -** : ganglion géniculé; **jugular -** : ganglion jugulaire; **- jugulare glossopharyngei** : *cf.*, **superius**; **nasal -** : *cf.*, **sphenopalatine -**; **- nodosum** : ganglion plexiforme; **ophthalmic -** : ganglion ophtalmique; **otic -** : ganglion otique *ou* d'Arnold; **petrosum glossopharyngei -** *or* **petrosal -** : portion supérieure du ganglion pétreux *ou* d'Andersch; **- semilunar** *or* **gasserian -** : ganglion de Gasser; **solar -** : ganglion solaire; **sphenopalatine** *or* **pterygopalatine -** : ganglion sphénopalatin *ou* de Meckel; **spinal -** : ganglion spinal *ou* intervertébral; **- superius** *or* **intracraniale glossopharyngeis** : portion inférieure du ganglion pétreux *ou* d'Andersch.

ganglionar, *adj.* : ganglionnaire.

ganglionated, *adj.* : ganglionné.

ganglionervous system : système nerveux sympathique.

ganglioneuroma, *s.* : ganglioneurome, cérébrome, neurogliome.

ganglioneurone, *s.* : neurone ganglionnaire.

ganglionic, *adj.* : ganglionnaire; **- blocking agent** : ganglioplégique.

ganglionitis, *s.* : ganglionite.

gangliopathy, *s.* : maladie ganglionnaire, troubles dus à une maladie ganglionnaire.

ganglioplegic *or* **ganglionoplegic**, *adj.* : ganglioplégique (qui bloque l'influx au niveau des ganglions sympathiques).

gangliosympathectomy, *s.* : excision d'un ganglion sympathique.

ganglioside, *s.* : ganglioside (nom général pour les cérébrosides du système nerveux central).

Gangolphe's sign : signe de Gangolphe (épanchement séro-hématique dans la cavité péritonéale dans les cas d'obstruction de l'intestin grêle).

gangosa, *s.* : gangosa (rhinopharyngite mutilante, accident tertiaire du pian).

gangrene, *s.* : gangrène, nécrose, sphacèle; **decubital** *or* **pressure -** : escarre; **diabetic -** : gangrène diabétique; **dry -** : gangrène sèche; **embolic -** : gangrène d'origine embolique; **gas -** : gangrène gazeuse; **hospital -** *or* **nosocomial -** : gangrène nosocomiale, pourriture d'hôpital; **moist -** : gangrène humide; **oral -** : noma; **Raynaud's -** *or* **symmetrical -** : gangrène symétrique des extrémités, maladie de Raynaud; **white -** : gangrène blanche.

gangrenosis, *s.* : état d'un organisme mortifié, gangréneux *ou* sur le point de gangréner.

gangrenous, *adj.* : gangréneux; **- emphysema** : œdème malin; **- stomatitis** : noma.

ganoblast, *s.* : *cf.*, **ameloblast**.

Gant's operation : opération pour l'ankylose de l'articulation coxo-fémorale.

gaol fever : typhus.

gap, *s.* : trou, brèche, fissure; **auscultatory** *or* **silent -** : trou auscultatoire; **- toothed** : aux dents écartées.

gape, *s.* : bâillement; *v.* : bâiller.

gapes, *s.* : syngamose (maladie de la volaille due à la présence du syngame trachéal).

gapeworm, *s.* : syngame trachéal.

garbage, *s.* : ordures ménagères; **- can** : boîte à ordures.

gargarism, **gargarisma**, *s.*, *plur.* **gargarismata** *(gr.)* : gargarisme.

garget, *s.* : 1. mammite; 2. œdème du larynx chez le bétail *(vétér.)*.

gargle, *s.* : gargarisme; *v.* : se gargariser.

gargling sound : gargouillement.

gargoylism, *s.* : gargoylisme, polydystrophie.

garlic, *s.* : ail.

Garrod's test for hematoporphyrin in the urine : réactions chimiques suivies d'examen spectroscopique pour déceler l'hématoporphyrine dans l'urine; **- test for uric acid in the blood** : épreuve du fil de Garrod (procédé pour déceler l'acide urique dans le sang des goutteux).

garrot, *s.* : garrot, tourniquet; *v.* : étrangler *(méd. légale)*.

Gartner's canal *or* **duct** : canal de Malpighi-Gartner (débris du canal de Wolff); **- cyst** : tumeur kystique se développant aux dépens du canal de Malpighi-Gartner.

gas, *s.* : gaz; **- bacillus** : vibrion septique (*Clostridium welchii*); **- carbon** : charbon de cornue; **coal -** : gaz de houille; **- cylinder** : tube de gaz comprimé; **lacrimatory** *or* **tear -** : gaz lacrymogène; **laughing -** : gaz hilarant, protoxyde d'azote; **marsh -** : gaz des marais, méthane; **mustard -** : gaz moutarde, ypérite; **- oil** : gaz de pétrole; **- tight** : étanche aux gaz; **- tube** : tube à rayons X sans filaments dans la cathode; **war -** : gaz de combat; *v.* : gazer.

gaseous *or* **gasiform**, *adj.* : gazeux.

gash, *s.* : coupure, entaille, estafilade, balafre.

Gaskell's bridge : faisceau atrioventriculaire.

gasometer, *s.* : gazomètre.

gasometric, *adj.* : gazométrique.

gasometry, *s.* : gazométrie.

gasp, *s.* : anhélation, soupir agonique; *v.* : haleter, suffoquer.

gasping, *s.* : halètement, respiration pénible; *adj.* : haletant.

gassed, *adj.* : gazé, atteint par les gaz asphyxiants.

gassing, *s.* : passage aux gaz, asphyxie (gaz de combat, gaz d'éclairage); dégagement gazeux.

gasserectomy, *s.* : gassérectomie (excision du ganglion de Gasser).

Gasserian ganglion : ganglion de Gasser.

gasteralgia, *s.* : *cf.,* **gastralgia.**

gastraemia, *s.* : congestion des parois de l'estomac.

gasterangiemphraxis, *s.* : congestion des vaisseaux sanguins de l'estomac.

gasteremphraxis, *s.* : 1. obstruction du pylore; 2. météorisation.

Gaston's syndrome : prurigo anesthésique, souvent d'origine alcoolique.

gastr- : *cf.,* **gastro.**

gastral, *adj.* : gastrique.

gastralgia, *s.* : gastralgie, gastrodynie.

gastralgokenosis, *s.* : névrose sensorielle due à un vide de l'estomac.

gastraneuria, *s.* : paresse de l'estomac, dyspepsie atonique.

gastratrophia, *s.* : atrophie gastrique.

gastrectasia *or* **gastrectasis,** *s.* : gastrectasie.

gastrectomy, *s.* : gastrectomie (résection totale ou partielle de l'estomac).

gastremia, *s.* : congestion des parois de l'estomac.

gastric, *adj.* : gastrique, stomacal; **- catarrh** : catarrhe de l'estomac, pituite; **- contents** : bol alimentaire; **- crisis** : crise gastrique; **- fever** : gastrite aiguë; **- influenza** : grippe gastro-intestinale; **- juice** : suc gastrique; **- troubles** : embarras gastrique; **- ulcer** : ulcère simple de l'estomac, gastrite ulcérante.

gastricism, *s.* : dyspepsie, indigestion, troubles gastriques.

gastrin, *s.* : gastrine (hormone stomacale).

gastritis, *s.* : gastrite.

gastro- : gastro-, préfixe dénotant un rapport avec l'estomac.

gastroadenitis, *s.* : adénite gastrique.

gastroanastomosis, *s.* : gastro-gastrostomie.

gastroatonia, *s.* : dyspepsie atonique.

gastroblennorrhea, *s.* : hypersécrétion de mucus dans l'estomac.

gastrobrosia *or* **gastrobrosis,** *s.* : ulcère perforant de l'estomac.

gastrocele, *s.* : gastrocèle, hernie de l'estomac.

gastrochronorrhea, *s.* : gastrochronorrhée, gastrohyperchronorrhée, gastrosuccorrhée, maladie *ou* syndrome de Reichmann (prolongation de la durée de la sécrétion gastrique).

gastrocnemius, *s.* : *cf.,* **musculus.**

gastrocoele, *s.* : estomac embryonnaire.

gastrocolic, *adj.* : gastrocolique; **- omentum** : épiploon.

gastrocolitis, *s.* : gastrocolite (inflammation simultanée de l'estomac et du côlon).

gastrocoloptosis, *s.* : gastrocoloptose (ptose simultanée de l'estomac et du côlon transverse).

gastrocolostomy, *s.* : gastrocolostomie (anastomose de l'estomac et du côlon).

gastrocolotomy, *s.* : 1. *cf.,* **gastrocolostomy;** 2. incision dans l'estomac et le côlon.

gastrodiaphanoscopy *or* **gastrodiaphany,** *s.* : gastrodiaphanie, gastro-diaphanoscopie (exploration de l'estomac par la source lumineuse introduite dans la cavité stomacale).

gastrodiscoides : genre de ver trématode; **- hominis** : ver parasitaire d'Extrême-Orient.

gastroduodenitis, *s.* : gastroduodénite.

gastroduodenostomy, *s.* : gastroduodénostomie (anastomose entre l'estomac et le duodénum).

gastrodynia, *s.* : gastrodynie, gastralgie.

gastro-enteralgia, *s.* : gastro-entéralgie.

gastro-enteric, *adj.* : gastro-entérique.

gastro-enteritis, *s.* : gastro-entérite.

gastro-enteroanastomosis, *s.* : anastomose entre l'estomac et l'intestin.

gastro-enterocolitis, *s.* : gastro-entérocolite.

gastro-enterocolostomy, *s.* : anastomose entre l'estomac, l'intestin et le côlon.

gastro-enterology, *s.* : gastro-entérologie (étude de la physiologie et de la pathologie de l'estomac et de l'intestin).

gastro-enteropathy, *s.* : gastro-entéropathie.

gastro-enteroplasty, *s.* : gastro-entéroplastie (opération plastique sur l'estomac et l'intestin).

gastro-enteroptosis, *s.* : gastro-entéroptose (prolapsus de l'estomac et de l'intestin).

gastro-enterostomy, *s.* : gastro-entérostomie (anastomose entre l'estomac et une anse intestinale).

gastro-enterotomy, *s.* : incision de l'intestin par la paroi abdominale.

gastro-epiploic, *adj.* : gastro-épiploïque.

gastro-esophagitis, *s.* : gastrite et œsophagite.

gastrogastrostomy, *s.* : gastrogastrostomie (opération qui consiste à aboucher l'une à l'autre les deux poches d'un estomac rendu biloculaire par sténose médiogastrique).

gastrograph, *s.* : appareil pour enregistrer les mouvements péristaltiques de l'estomac.

gastrohepatic, *adj.* : gastrohépatique.

gastrohepatitis, *s.* : gastrohépatite.

gastrohydrorrhoea, *s.* : hydrorrhée stomacale ne renfermant ni acide chlorhydrique, ni suc gastrique.

gastrohyperneuria *or* **gastrohypernervia,** *s.* : activité morbide des nerfs de l'estomac.

gastrohyponeuria *or* **gastrohyponervia,** *s.* : activité déficiente des nerfs de l'estomac.

gastrohysterectomy, *s.* : hystérectomie abdominale.

gastrohysteropexy, *s.* : gastrohystéropexie, hystéropexie abdominale, gastrohystérorraphie, gastrohystérosynaphie, ventrofixation.

gastrohysterorrhaphy, *s.* : *cf.,* **gastrohysteropexy.**

gastroid, *adj.* : ressemblant à un estomac.

gastro-intestinal, *adj.* : gastro-intestinal.

gastrojejunostomy, *s.* : gastrojéjunostomie (opération qui consiste à mettre en communication l'estomac et le jéjunum).

gastrolavage, *s.* : lavage gastrique.

gastrolienal, *adj.* : gastrosplénique.

gastrolith, *s.* : calcul gastrique.

gastrolithiasis, *s.* : syndrome dû à la présence de calculs gastriques.

gastrology, *s.* : gastrologie (1. traité sur l'estomac; 2. ensemble des connaissances concernant l'estomac et ses maladies).

gastrolysis, *s.* : gastrolyse (opération qui consiste à libérer l'estomac de brides et d'adhérences avec les organes voisins).

gastromalacia, *s.* : gastromalacie (ramollissement des parois stomacales).

gastromegaly, *s.* : gastromégalie.

gastromelus, *s.* : gastromèle (monstre à membres accessoires insérés entre les membres pelviens et les membres thoraciques).

gastromucous, *adj.* : gastromuqueux.

gastromycosis, *s.* : gastromycose (gastrite due à des moisissures).

gastromyeloma, *s.* : sarcome médullaire de l'estomac.

gastromyotomy, *s.* : myotomie gastrique.

gastromyxorrhea, *s.* : gastromyxorrhée, gastrosucorrhée muqueuse (hypersécrétion de mucus gastrique).

gastronephritis, *s.* : gastrite et néphrite.

gastronesteostomy, *s.* : gastrojéjunostomie (anastomose entre l'estomac et le jéjunum).

gastropancreatitis, *s.* : gastrite et pancréatite.

gastroparalysis, *s.* : paralysie de l'estomac.

gastroparesis, *s.* : gastroparésie.

gastropathy, *s.* : gastropathie (nom générique donné à toutes les affections de l'estomac).

gastroperiodynia, *s.* : gastralgie périodique.

gastropexis *or* **gastropexy,** *s.* : gastropexie (fixation de l'estomac dans le cas de gastroptose).

gastrophore, *s.* : appareil pour fixer l'estomac au cours des opérations.

gastrophotor, *s.* : appareil pour gastrophotographie.

gastrophrenic, *adj.* : se rapportant à l'estomac et au diaphragme.

gastroplasty, *s.* : gastroplastie (opération plastique sur l'estomac).

gastroplegia, *s.* : gastroplégie (paralysie de l'estomac).

gastroplication, *s.* : gastroplication, gastrorraphie (opération qui consiste à pratiquer le plissement de l'estomac).

gastroptosia *or* **gastroptosis,** *s.* : gastroptose.

gastropulmonary, *adj.* : pneumogastrique.

gastropylorectomy, *s.* : gastropylorectomie, pylorogastrectomie (résection d'une partie de l'estomac et du pylore).

gastropyloric, *adj.* : gastropylorique.

gastroradiculitis, *s.* : inflammation des racines des nerfs rachidiens postérieurs dont les fibres sensorielles sont reliées à l'estomac.

gastrorrhagia, *s.* : gastrorragie (hémorragie de la face interne de l'estomac).

gastrorrhaphy, *s.* : 1. gastrorraphie, gastroplication; 2. suture d'une lésion de la paroi abdominale.

gastrorrhoea, *s.* : gastrorrhée (1. maladie ou syndrome de Reichmann [hypersécrétion continue de suc gastrique]; 2. vomissement ou régurgitation d'un liquide aqueux provenant de l'estomac malade).

gastrorrhexis, *s.* : rupture de l'estomac.

gastroschisis, *s.* : malformation congénitale où l'estomac reste ouvert.

gastroscope, *s.* : gastroscope.

gastroscopy, *s.* : gastroscopie (examen direct de la cavité gastrique).

gastrosis, *s. (gr.)* : maladie de l'estomac, de l'abdomen.

gastrospasm, *s.* : gastrospasme (contracture totale de la tunique musculaire de l'estomac).

gastrosplenic, *adj.* : gastrosplénique.

gastrostaxis, *s.* : suintement de sang de la muqueuse gastrique.

gastrostenosis, *s.* : sténose gastrique.

gastrostomize, *v.* : faire une gastrostomie, une fistule gastrique.

gastrostomy, *s.* : gastrostomie (opération consistant à établir une ouverture permanente qui fait communiquer l'estomac et la paroi abdominale).

gastrosuccorrhoea, *s.* : gastrosuccorrhée, maladie ou syndrome de Reichmann; **- mucosa** : gastrosuccorrhée muqueuse, gastromyxorrhée.

gastrothoracic, *adj.* : gastrothoracique.

gastrothoracopagus, *s.* : monstre double réuni à l'abdomen et au thorax.

gastrothoracodipygus, *s.* : monstre double dans lequel un parasite constitué par le bassin et les extrémités inférieures seulement est attaché à l'abdomen de l'autosite.

gastrotome, s. : gastrotome (instrument pour gastrotomie).

gastrotomy, s. : gastrotomie (opération qui consiste à ouvrir l'estomac après laparotomie).

gastrotonometry, s. : gastrotonométrie.

gastrotoxin, s. : cytotoxine spécifique de l'estomac.

gastrotrachelotomy, s. : opération césarienne où l'utérus est ouvert par section transversale du col.

gastrotubotomy, s. : cf., **laparosalpingotomy.**

gastrotympanitis, s. : tympanite gastrique.

gastroxia or **gastroxynsis,** s. : gastroxie, gastroxynsis (névrose survenant d'une façon paroxystique et se manifestant par une céphalée violente et diffuse et une hypersécrétion acide de la muqueuse gastrique; conséquence du surmenage intellectuel).

gastrula, s. : gastrula.

gastrulation, s. : gastrulation (processus de formation de la gastrula par invagination de la blastula).

Gatch bed : lit mécanique pour asseoir le malade.

gathering, s. : abcès, enflure, mal blanc.

gatism, s. : gâtisme, incontinence sénile.

Gaucher's disease : maladie de Gaucher.

gauge, s. : filière, calibre, jauge.

gauntlet, s. : gantelet, bandage pour la main et les doigts.

Gauss' sign : mobilité anormale de l'utérus dans le premier mois de la grossesse.

gauze, s. : gaze; **sterilized, antiseptic -** : gaze aseptique stérilisée; **- wicks** : mèches de gaze.

gavage, s. : gavage à la sonde.

Gavard's muscle : fibres musculaires obliques de la paroi stomacale.

gaze, s. : regard; **- palsy** : paralysie du regard, ophtalmoplégie.

Geigel's reflex : réflexe inguinal chez la femme.

Geiger counter or **Geiger-Müller counter** : compteur de Geiger.

gel, s. : gel.

gelase, s. : gélase (enzyme capable de dégrader la gélose).

gelasma or **gelasmus,** s. : rire hystérique, dément.

gelate, v. : transformer une solution en gel.

gelatin, s. : gélatine; **- meat-broth** : bouillon de culture; **- paper** : papier gélatiné (phot.).

gelatinase, s. : gélatinase.

gelatination, s. : cf., **gelification.**

gelatiniferous, adj. : gélatinifère.

gelatiniform, adj. : gélatiniforme; **- degeneration** : dégénérescence colloïde, gélatineuse ou gélatinoïde.

gelatinize, v. : 1. gélatiniser; 2. se gélatiniser.

gelatinized, adj. : gélatinisé.

gelatinolytic, adj. : se rapportant à la dissolution ou la décomposition de la gélatine.

gelatinous, adj. : gélatineux.

gelatio, s. (lat.) : gelure, froidure.

gelation, s. : 1. congélation, gelure, froidure, engelure; 2. catalepsie.

geld, v. : castrer, châtrer (vétér.).

gelding, s. : 1. castration; 2. animal châtré.

gelfoam, s. : éponge de gélatine.

gelid, adj. : glacé, glacial.

gelification, s. : gélification, gélatinisation.

Gellé's test : épreuve de Gellé (épreuve destinée à déceler l'ankylose plus ou moins complète des osselets de l'oreille).

gelose, s. : gélose.

gelsemism, s. : empoisonnement par la gelsémine, alcaloïde de *Gelsemium sempervirens*.

gemellary, adj. : gémellaire.

gemelliparous, adj. : gémellipare.

gemellus, s., plur. **gemelli** (lat.) : cf., **musculus.**

geminate, adj. : géminé, par paires.

gemination, s. : gémination.

geminous, adj. : géminé.

gemma, s., plur. **gemmae** (lat.) : bourgeon, gemme, cellule (d'une mousse).

gemmation, s. : gemmation (1. bourgeonnement; 2. reproduction par bourgeonnement).

gemmiparity, s. : gemmiparité (reproduction par fission).

gemmule, s. : gemmule.

genal, adj. : génal (se rapportant aux joues).

-gen, : -gène, suffixe signifiant engendrant.

gene, s. : gène; **allelic -** : gènes allélomorphes, allèles; **linked -** : gènes liés (gènes situés sur le même chromosome et qui tendent donc à se transmettre ensemble); **- locus** : locus (lat.) (position occupée par un gène sur le chromosome); **regulation -** : gène régulateur; **structure -** : gène de structure.

general, adj. : général; **- paralysis (of the insane, G.P.I.)** : paralysie générale.

generalize, v. : généraliser, répandre.

generate, v. : engendrer, produire.

generation, s. : génération (1. acte de procréer; 2. période allant de la naissance d'un individu à la naissance de son enfant); **alternate -** : génération alterne ou alternante, digenèse; **asexual -** : reproduction asexuée; **organs of -** : organes de reproduction; **sexual -** : reproduction sexuée; **spontaneous -** : génération spontanée, abiogenèse.

generative, adj. : génératif, générateur, producteur.

generic, adj. : générique.

generotype, s. : générotype.

genesial or **genesic,** adj. : génésique; **- cycle** : période allant de la puberté à la ménopause, période d'activité génitale.

genesiology, *s.* : science de la reproduction.

genesis, *s.* : genèse, origine, formation libre.

genetic, *adj.* : génétique (qui a rapport aux fonctions de génération).

geneticist, *s.* : généticien.

genetics, *s.* : génétique (science qui a pour objet d'étude tous les phénomènes et tous les problèmes relatifs à la descendance).

genetous, *adj.* : congénital.

Gengou's phenomenon *or* **reaction** : réaction de Bordet et Gengou, réaction de fixation du complément.

genial, *adj.* : mentonnier, génien; - **process** : éminence mentonnière; - **tubercles** : apophyses géni supérieure et inférieure.

-genic : -génique, suffixe signifiant producteur de.

genicular, *adj.* : se rapportant à l'articulation du genou.

geniculate *or* **geniculated,** *adj.* : géniculé ; - **bodies** : corps géniculés; - **ganglion** : ganglion géniculé.

geniculum, *s. (lat.)* : 1. petite structure angulaire; 2. structure d'aspect noueux; 3. corps genouillé; **post -** : corps genouillé externe; **pre -** : corps genouillé interne (diencéphale).

genio- : génio-, préfixe dénotant un rapport avec le menton.

genion, *s.* : 1. menton; 2. point situé au sommet de l'apophyse géni inférieure.

genioplasty, *s.* : génioplastie (opération qui consiste à réparer par l'autoplastie les pertes de substance du menton).

genital, *adj.* : génital; - **eminence** *or* **tubercle** : tubercule génital *(embryol.)*.

genitalia, *s. (lat.)* : organes génitaux.

genitals, *s.* : organes génitaux.

genito- : génito-, préfixe dénotant un rapport avec les organes génitaux.

genitocrural, *adj.* : génito-crural.

genitoplasty, *s.* : chirurgie plastique des organes génitaux.

genito-urinary, *adj.* : génito-urinaire.

genius, *s.* : 1. qualité dominante d'une maladie; - **epidemicus** : génie épidémique; (1. caractéristique prédominante d'une maladie épidémique ou endémique; 2. totalité des conditions qui favorisent la prévalence d'une maladie endémique *ou* épidémique); - **morbi** : caractère particulier *ou* prédominant d'une maladie; 2. génie.

genoblast, *s.* : 1. noyau de l'œuf fécondé; 2. œuf *ou* spermatozoïde.

genodermatosis, *s.* : génodermatose (maladie cutanée héréditaire).

genome, *s.* : génome (l'ensemble des facteurs héréditaires d'un chromosome).

genoneme, *s.* : *cf.*, **chromonema.**

genotype, *adj.* : génotype.

genotypic, *adj.* : génotypique.

Gensoul's disease : maladie de Gensoul, angine de Ludwig.

gentianophile *or* **gentianophilous,** *adj.* : ayant une affinité pour les colorants à base de violet de gentiane.

gentianophobic *or* **gentianophobous,** *adj.* : se colorant difficilement *ou* pas du tout par les colorants à base de violet de gentiane.

genu, *s.,* *plur.* **genua** *(lat.)* : 1. genou; 2. toute structure courbée comme un genou; - **extorsum** *or* **varum** : genu varum, jambes arquées; - **introrsum** *or* **valgum** : genu valgum, genou cagneux; - **recurvatum** : genu recurvatum.

genual, *adj.* : se rapportant à un genou ou une structure en forme de genou.

genuclast, *s.* : instrument pour briser des adhésions osseuses du genou.

genucubital position : position geni-cubitale.

genupectoral posture : position genu-pectorale.

genus, *s.,* *plur.* **genera** *(lat.)* : genre.

genyantralgia, *s.* : douleur, névralgie de l'antre de Highmore.

genyantritis, *s.* : inflammation de l'antre de Highmore.

genyantrum, *s.* : sinus maxillaire, antre de Highmore.

genyplasty, *s.* : *cf.*, **genoplasty.**

geode, *s.* : géode.

geographic tongue : langue géographique, glossite exfoliatrice marginée.

geophagia, geophagism *or* **geophagy,** *s.* : géophagisme, géophagie.

geotaxis *or* **geotropism,** *s.* : géotaxie, propriétés géotaxiques, géotactisme, géotropisme (sensibilité du protoplasme à la pesanteur).

geotrichosis, *s.* : géotrichose.

geracomium, *s.* : *cf.*, **gerocomium.**

geramorphism, *s.* : *cf.*, **geromorphism.**

geratic, *adj.* : *cf.*, **gerontic.**

geratology, *s.* : *cf.*, **gerontology.**

Gerdy (fibres of) : fibres transversales de l'aponévrose palmaire superficielle; **fontanelle of -** : obélion; **ligament of -** : ligament suspenseur du creux de l'aisselle; **tubercle of -** : tubercule de Gerdy.

gereology *or* **geraelogy,** *s.* : *cf.*, **geriatrics.**

Gerhardt's change of pitch : signe de Gerhardt (modification du son tympanique obtenu par la percussion de certaines cavernes pulmonaires sous l'influence des changements de position du malade); - **disease** : érythromélalgie; - **sign** : signe de Gerhardt (bruit vasculaire entendu au niveau de l'occiput et de l'apophyse mastoïde dans les cas d'anévrisme de l'artère basilaire et des artères vertébrales).

Gerhardt's reaction for acetoacetic acid in the urine : réaction de Gerhardt (présence d'acide diacétique dans l'urine des malades atteints de cétose).

geriatrics, s. : gériatrie, gérontologie (branche de la médecine qui s'occupe des maladies des vieillards).

Gerlach's network : formation réticulaire (moelle épinière); **- tubal tonsil** : amygdale tubaire (pharynx); **- valve** : valvule de Gerlach (appendice vermiculaire).

Gerlier's disease : maladie de Gerlier, vertige paralysant.

germ, s. : 1. germe; 2. microbe; **- carrier** : porteur de germes pathogènes; **- cell** : cellule génitale (spermatozoïde, ovule); **- cup** : gastrula; **- disease** : maladie microbienne; **- free** : sans germe, axénique, gnotobiotique; **- killer** : microbicide.

german measles : rubéole.

germen, s. : germen (tissu génital par opposition au soma).

germicidal, adj. : microbicide, antiseptique.

germicide, s. : microbicide, antiseptique.

germinal, adj. : germinal, germinatif; **- area** : zone germinative.

germination, s. : germination.

germinative, adj. : germinatif.

gerocomia or **gerocomy,** s. : gérontocomie (hygiène spéciale des vieillards).

gerocomium, s. : hospice pour vieillards.

geroderma or **gerodermia,** s. : gérodermie, géromorphisme cutané.

gerodontia, s. : gérodontologie.

geromorphism, s. : géromorphisme (sénilité précoce); **cutaneous -** : gérodermie.

gerontal, adj. : sénile.

gerontic, adj. : sénile.

gerontology, s. : gérontologie (science, étude des modifications biologiques causées par la sénilité).

gerontoxon, s. : gérontoxon, gérontotoxon, arc sénile.

Gerota's capsule : fascia périrénal.

gestation, s. : gestation, grossesse; **double -** : 1. grossesse gémellaire; 2. coexistence de grossesses utérine et extra-utérine; **ectopic** or **extra-uterine -** : grossesse extra-utérine.

gestosis, s. : manifestation toxémique dans la grossesse.

Ghon's focus : lésion pulmonaire de primo-infection tuberculeuse.

ghost, s. : spectre secondaire, image blanche (opt.); 2. fantôme, stroma (globules rouges, phage); **- corpuscle** : cf., **phantom corpuscle.**

Giacomini's band : bandelette de Giacomini (anat.).

giant, s., adj. : géant; **- cell** : cellule géante ; **eunuchoid -** : géant eunuchoïde; **- finger** : macrodactylie.

giantism, s. : cf., **gigantism.**

Gianuzzi (cells or **crescents of)** : cellules séreuses aplaties situées entre la membrane basilaire et les cellules sécrétrices des glandes salivaires.

Giardia, s. : Giardia ou Lamblia intestinalis.

giardiasis, s. : giardiase, lambliase.

gibber, v. : baragouiner.

gibberish, s. : baragouin, jargon, charabia.

Gibbon's hydrocele or **hernia** : hydrocèle avec hernie volumineuse.

gibbous, adj. : bossu, ayant une gibbosité.

gibbus, s. (lat.) : bosse.

Gibert's pytiriasis : pytiriasis rosé de Gibert.

Gibson's bandage : bandage pour fracture de la mâchoire inférieure.

gid, s. : tournis (des moutons) (vétér.).

giddiness, s. : étourdissement, faiblesse, vertige.

giddy, adj. : étourdi; **to feel -** : être pris de vertige, avoir un étourdissement.

Giemsa's stain : colorant de Giemsa.

Gierke's disease : maladie de von Gierke, maladie glycogénique.

Gifford's reflex : réflexe de Gifford (contraction spasmodique des paupières); **- sign** : signe de Gifford (contraction et impossibilité de retourner la paupière supérieure, signe de goitre exophtalmique).

giga- : giga-, préfixe indiquant un multiple représentant 10^9 fois l'unité (symbole G).

gigantism, s. : gigantism, géantisme.

giganto- : giganto-, préfixe signifiant énorme, géant.

gigantoblast, s. : gigantoblaste, mégaloblaste géant.

gigantocyte, s. : gigantocyte, mégalocyte géant.

Gigli's operation : opération de Gigli, pubiotomie; **- saw** : scie de Gigli.

gill, s. : 1. ouïes, branchies; 2. unité de volume équivalant à 140 ml environ (cf., tables de conversions des mesures [pages roses]).

Gilles de la Tourette's disease : maladie de Gilles de la Tourette, maladie des tics convulsifs.

Gimbernat's ligament : ligament de Gimbernat.

gin, s. : genièvre, gin; **- drinker's liver** : foie cirrhotique.

gingiva, s., plur. **gingivae** (lat.) : gencive.

gingival, adj. : gingival.

gingivectomy, s. : excision des gencives.

gingivitis, s. : gingivite; **expulsive -** : gingivite expulsive, pyorrhée alvéolaire; **lead -** : gingivite saturnine, liséré de Burton; **marginal -** : gingivite marginale; **ulceromembranous -** : angine de Vincent.

gingivoglossitis, s. : inflammation des gencives et de la langue, stomatite.

gingivorrhagia, s. : gingivorragie (saignement des gencives).

ginglymo-arthrodial, adj. : ginglymoïdal et arthrodial.

ginglymoid, adj. : ginglymoïdal.

ginglymus, s., plur. **ginglymi** (gr.) : ginglyme, articulation en charnière (variété de diarthrose).

Giraldes' organ : paradidyme.

girdle, s. : ceinture, structure en forme de bande; **- anesthesia** : anesthésie en ceinture (anneau anesthésique autour du corps); **- pain** or **sensation** : douleur en ceinture (correspondant à la sensation d'une ceinture serrée fortement autour du corps); **pelvic -** : ceinture pelvienne (bassin osseux); **shoulder -** : 1. clavicules, omoplate et manubrium sternal; 2. corset orthopédique.

gizzard, s. : gésier (deuxième estomac aviaire).

glabella or **glabellum,** s. : glabelle (saillie située sur le squelette entre les deux crêtes sourcilières).

glabellar, adj. : se rapportant à la glabelle.

glabrate, adj. : devenant glabre, lisse, chauve.

glabrification, s. : processus de devenir lisse, glabre, chauve.

glabrous, adj. : glabre.

glacial, adj. : glacial, glaciaire, cristallisé.

gladiate, adj. : ensiforme.

gladiolus, s. (lat.) : corps, lame, mésosternum.

glair, s. : glaire, albumine d'œuf.

glairin, s. : glairine, barégine (substance organique azotée qui se trouve dans les eaux thermales).

glairy, adj. : glaireux, visqueux, gluant.

gland, s. : glande; **apocrine -** : glande apocrine; **- cell** : cellule glandulaire; **ductless -** or **endocrine -** : glande à sécrétion interne, endocrine; **eccrine -** : glande à sécrétion externe; **holocrine -** : glande holocrine; **lymph -** : ganglion lymphatique; **poison -** : glande à venin; **racemose -** : glande acineuse; **sweat -** : glande sudoripare.

glandebelae, s. (lat.) : duvet axillaire.

glanderous, adj. : morveux.

glanders, s. : morve.

glandiform, adj. : glandiforme.

gandilemma, s. : capsule d'une glande.

glandular, adj. : glandulaire, adénoïde; **- fever** : mononucléose infectieuse.

glandule, s. : glandule, petite glande.

glans, s. (lat.) : gland; **- clitoridis** : gland du clitoris; **- penis** : gland du pénis.

Glaserian artery : artère tympanique; **- fissure** : scissure de Glaser, suture tympano-squameuse antérieure.

glass, s. : verre, lentille (opt.); **bloomed -** : verre fluoré; **- blower** : souffleur de verre; **- blowers disease** : hypertrophie parotidienne; **crown -** : type de verre utilisé dans les systèmes optiques; **cupping -** : ventouse en verre; **- eye** : œil vitreux; **flint -** : verre de plomb; **magnifying -** : verre grossissant; **- rod** : baguette de verre; **- stopper** : bouchon de verre, bouchon à l'émeri; **toric -** : lunettes ou verres toriques; **water -** : silicate de soude ou de potasse; **Wood's -** : verre perméable aux rayons ultraviolets; plur. : lunettes; **sun glasses** : lunettes de soleil.

glassy, adj. : vitreux, hyalin.

Glauber's salt : sulfate de soude (pharm.).

glaucoma, s. : glaucome.

glaucomatous, adj. : glaucomateux.

glaucosis, s. : cécité par glaucome.

gleet, s. : urétrite gonococcique chronique.

Glénard's disease : entéroptose.

glenoid or **glenoidal,** adj. : glénoïde, glénoïdal; **- cavity** : glénoïde, cavité glénoïdale; **- fissure** : scissure de Glaser; **- fossa** : gouttière tympanale.

Gley's cells : cellules du tissu interstitiel testiculaire; **- glands** : glandes parathyroïdes.

glia, s. : neuroglie; **- cells** : cellules de Deiters.

gliacyte, s. : cellule de la neuroglie.

gliadin, s. : gliadine.

glial, adj. : se rapportant à la neuroglie.

gliding movement : se dit du mode d'articulation le plus simple où une surface glisse sur l'autre.

gliobacteria, s. : bactéries capsulées.

glioblast, s. : glioblaste.

glioblastoma, s. : glioblastome.

glioblastosis, s. : glioblastose; **diffuse cerebral -** : glioblastose cérébrale diffuse.

gliococcus, s. : microcoque encapsulé.

gliocyte, s. : cf., **gliacyte.**

glioma, s. : gliome, tumeur de la névroglie; **ependymal -** : gliome du quatrième ventricule; **ganglionic -** : neuroblastome, ganglioneurome.

gliomatosis, s. : gliomatose.

gliomatous, adj. : gliomateux.

gliomyoma, s. : glyomyome.

gliomyxoma, s. : association de gliome et de myxome.

glioneuroma, s. : gliome à cellules ganglionnaires, neuroblastome.

gliosarcoma, s. : gliosarcome.

gliosis, s. : gliose (présence de gliome[s]).

Glisson's capsule : capsule de Glisson (foie); **- disease** : maladie de Glisson, rachitisme; **- sling** : attelle pour extension de la colonne vertébrale.

Glissonian cirrhosis : capsulite périhépatique, périhépatite.

glissonitis, s. : glissonite (inflammation de la capsule de Glisson).

globate, adj. : sphéroïde, en forme de globe.

globe, s. : globe; **- of the eye** : globe oculaire.

globin, s. : globine (protéine); **- insulin** : insuline-globine.

globinometer, s. : appareil pour calculer le taux d'oxyhémoglobine dans le sang.

globomyeloma, s. : sarcome globocellulaire, sarcome encéphaloïde (sarcome à cellules rondes).

globose, adj. : globeux.

globular, adj. : globulaire, globuleux, sphérique.

globule, s. : globule.

globulicide, s., adj. : globulicide.

globulimeter, s. : instrument pour estimer la teneur du sang en corpuscules.

globulin, s. : globuline; **AC -** : thrombogène, facteur V de coagulation.

globulinemia, s. : globulinémie (présence de globulines dans le sang).

globulinuria, s. : globulinurie (présence de globulines dans l'urine).

globulism, s. : polyglobulie, polycythémie, érythrémie.

globulolysis, s. : globulolyse, hémolyse.

globus, s. (lat.) : sphère, boule; **- hystericus** : globe ou boule hystérique; **- major** : tête de l'épididyme; **- minor** : queue de l'épididyme; **- pallidus** : globus pallidus (noyau lenticulaire du cerveau).

glomer, s. : glande conglomérée.

glomangioma, s. : angiome.

glomerate, adj. : glomérulé, congloméré.

glomerular, adj. : se rapportant à un glomérule du rein; **- filtrate** : filtrat glomérulaire.

glomerule or **glomerulus**, s. : 1. glomérule; 2. glomérule de Malpighi (rein).

glomerulitis, s. : glomérulite.

glomerulonephritis, s. : glomérulonéphrite.

glomerulosclerosis, s. : gloméruloslérose.

glomerulose, adj. : glomérulé.

glomus, s. (lat.) : 1. glomérule du rein embryonnaire; 2. glomus; **- carotideum** : glomus carotidien; **- chorioideum** : plexus choroïdes latéraux du télencéphale; **- coccygeum** : glande coccygienne.

glossa, s. : langue.

glossagra, s. : douleur rhumatismale dans la langue (goutte).

glossal, adj. : lingual, glossien.

glossalgia, s. : glossalgie, glossodynie (névralgie linguale).

glossanthrax, s. : furoncle de la langue.

glossauxesis, s. : hypertrophie de la langue.

glossectomy, s. : amputation, ablation de la langue.

Glossina, s. : glossine, mouche tsé-tsé.

glossitic, adj. : se rapportant à, ou atteint de glossite.

glossitis, s. : glossite (nom donné à toutes les lésions inflammatoires de la langue, superficielles ou profondes, aiguës ou chroniques).

glosso-, gloss- : glosso-, gloss-, préfixe signifiant langue.

glossocele, s. : glossocèle (saillie de la langue hors de la bouche quelle qu'en soit la cause).

glossodynamometer, s. : dynamomètre lingual.

glossodynia, s. : glossodynie, glossalgie.

glossoepiglottic or **glossoepiglottidean**, adj. : glosso-épiglottique.

glossograph, s. : glossographe (instrument pour enregistrer les mouvements de la langue en parlant).

glossography, s. : tracé des mouvements de la langue.

glossohyal or **glossohyoid**, adj. : glossohyoïde.

glossoid, adj. : glossoïde, qui ressemble à une langue.

glossolabial, adj. : glosso-labial.

glossolysis, s. : paralysie de la langue.

glossopalatine, adj. : glossopalatin.

glossopalatinus, s. : cf., **musculus.**

glossopathy, s. : toute maladie de la langue.

glossopharyngeal, adj. : glossopharyngien.

glossopharyngeus, s. : cf., **musculus.**

glossophyte or **glossophyton**, s. : végétation parasitaire de la langue chez les sujets atteints de langue noire.

glossophytia, s. : glossophytie, langue noire.

glossoplegia, s. : paralysie de la langue.

glossoptosis, s. : glossoptose (refoulement en arrière de la langue dont la base fait basculer l'épiglotte et rétrécit le pharynx).

glossopyrosis, s. : sensation brûlante dans la langue.

glossorrhagia, s. : hémorragie de la langue.

glossorrhaphy, s. : 1. suture d'une blessure de la langue; 2. fixation chirurgicale de la langue.

glossoscopy, s. : examen de la langue.

glossospasm, s. : spasme de la langue.

glossosteresis, s. : excision de la langue, absence de langue.

glossotilt, s. : tire-langue.

glossotomy, s. : glossotomie (incision de la langue).

glossotrichia, s. : cf., **hairy tongue.**

glossy, adj. : luisant, lustré; **- skin** : syndrome neuroparalytique cutané.

glottic, adj. : glottique.

glottidean, adj. : glottique.

glottis, s. : glotte.

glottiscope, s. : forme de laryngoscope.

glove, s. : gant; **- anaesthesia** : anesthésie subjective de la main; **surgical -** : gants chirurgicaux.

glucagon, s. : glucagon.

glucase, s. : glucase (enzyme qui convertit l'amidon en glucose).

glucide, s. : glucide (terme sous lequel on désigne les hydrates de carbone : sucres simples, polysaccharides, glucosides).

glucinium, s. : cf., **béryllium.**

glucocorticoid, s. : glucocorticoïde.

glucogen, s. : glycogène.

glucogenic, adj. : glycogénique.

glucokinase, s. : glucokinase.

glucolysis, *s.* : glycolyse.

glucoprotein, *s.* : glucoprotéine.

glucose, *s.* : glucose.

glucosidase, *s.* : glucosidase.

glucoside, *s.* : glucoside.

glucotropic, *s.* : effet anti-insuline.

glue, *s.* : colle forte; **casein -** : colle caséine; **gelatine -** : colle à la gélatine.

Gluge's corpuscles : corpuscules granuleux du système nerveux central.

gluside *or* **glusidum**, *s.* : saccharine.

glutathione, *s.* : glutathion.

gluteal, *adj.* : fessier.

gluten, *s.* : gluten; **- bread** : pain pour diabétique; **- free diet** : régime sans gluten.

gluteofascial, *adj.* : se rapportant à l'aponévrose de la région fessière.

gluteus, *s.*, *plur.* **glutei** *(lat.)* : muscle fessier; **- maximus, medius** *or* **minimus** : cf., **musculus.**

glutin, *s.* : 1. caséine végétale; 2. substance gluante dans la gélatine, glutine.

glutinous, *adj.* : glutineux (collant et visqueux).

glutitis, *s.* : inflammation des muscles fessiers.

glycaemia *or* **glycemia**, *s.* : glycémie, glycohémie.

glyceride, *s.* : glycéride.

glycerin, *s.* : glycérine (terme erroné employé pour glycérol); **carbol -** : glycérine phéniquée.

glycerite *or* **glyceritum**, *s.* : cf., **glycerolate.**

glycerol, *s.* : glycérol.

glycerolate *or* **glycerolatum**, *s.* : glycéré, glycérolé (préparation pharmaceutique dans laquelle l'excipient est formé par la glycérine).

glycinuria, *s.* : glycinurie.

glyco- : glyco-, préfixe dénotant un radical sucre, en rapport avec le sucre.

glycogen, *s.* : glycogène.

glycogenase, *s.* : glycogénase (enzyme qui transforme le glycogène en dextrose).

glycogenesis, *s.* : 1. glycogénie (formation de glycogène); 2. glycogénie, glycogenèse (formation de sucre dans le foie aux dépens du glycogène).

glycogenetic, *adj.* : glycogénétique.

glycogenic, *adj.* : glycogénique (se rapportant au glycogène, à la formation du sucre à partir du glycogène).

glycogenolysis, *s.* : glycogénolyse (transformation du glycogène en glucose par hydrolyse).

glycogenolytic, *adj.* : glycogénolytique (qui a la propriété de diminuer la teneur en glycogène du foie).

glycogenosis, *s.* : glycogénose, maladie glycogénique, maladie de von Gierke, hépatonéphromégalie glycogénique.

glycogeny, *s.* : cf., **glycogenesis.**

glycogeusia, *s.* : glycogeusia (goût sucré dans la bouche).

glycohaemia *or* **glycohemia**, *s.* : glycohémie, glycémie.

glycol, *s.* : glycol.

glycolysis, *s.* : glycolyse (diminution ou disparition du sucre contenu dans les tissus ou liquides de l'organisme).

glycolytic, *adj.* : glycolytique.

glycometabolism, *s.* : métabolisme du sucre.

glyconeogenesis, *s.* : glyconéogenèse, formation d'hydrates de carbone à partir de lipides ou de protéines.

glycopenia, *s.* : état hypoglycémie.

glycopexis, *s.* : glycopexie (fixation du sucre dans les tissus).

glycophilia, *s.* : tendance à l'hyperglycémie après ingestion de faible quantité de glucose.

glycopolyuria, *s.* : diabète avec faible augmentation du taux du sucre dans l'urine et accroissement du taux d'acide urique dans le sang.

glycoprotein, *s.* : glycoprotéine.

glycoptyalisme, *s.* : élimination de glucose par la salive.

glycoregulation, *s.* : glycorégulation (régulation du métabolisme des hydrates de carbone).

glycorrhachia, *s.* : glycorrachie (présence normale de glucose dans le liquide céphalorachidien).

glycorrhoea, *s.* : élimination de sucre.

glycosaemia *or* **glycosemia**, *s.* : glycémie.

glycosamine, *s.* : glucosamine.

glycosialia, *s.* : glycosialie (présence de glucose dans la salive).

glycosialorrhea, *s.* : ptyalisme glucosé, sialorrhée avec glycosialie.

glycostasis, *s.* : glycostase.

glycosuria, *s.* : glycosurie.

glycotropic, *adj.* : glycotrope.

glycuresis, *s.* : élimination du sucre par l'urine.

glycuronia, *s.* : glycuronie (présence d'acide glycuronique dans l'urine).

Gmelin's test for bile pigments in the urine : réaction de Gmelin (identification des pigments biliaires dans l'urine).

gnat, *s.* : cousin, moucheron, moustique *(entomol.)*.

gnathalgia, *s.* : névralgie de la mâchoire.

gnathic, *adj.* : se rapportant à la mâchoire; **- index** : rapport de la distance entre le basion et le point alvéolaire à la distance entre le basion et le point nasal, multiplié par 100.

gnathion, *s.* : point inférieur de l'éminence mentonnière.

gnathitis, *s.* : inflammation de la mâchoire ou de la joue.

gnathodynia, *s.* : douleur dans la mâchoire.

gnathography, *s.* : mesure de la puissance des muscles de la mâchoire.

gnathoplasty, *s.* : chirurgie plastique des joues, de la mâchoire.

gnathoplegia, s. : paralysie des muscles de la mâchoire.

gnathorrhagia, s. : hémorragie des joues ou de la mâchoire.

gnathoschisis, s. : fissure congénitale de la mâchoire, bec-de-lièvre.

Gnathostoma, s. : Gnathostoma hispidum (ver nématode).

gnathostomiasis, s. : gnathostomose (infestation par Gnathostoma hispidum).

gnosis or **gnosia,** s. : gnosie (faculté de percevoir et de reconnaître).

gnotobiont, s. : gnotobionte, animal sans germe, axénique.

gnotobiotic, adj. : gnotobiotique, axénique.

gnotobiotics, s. : étude des animaux sans germe.

goat-fever : fièvre ondulante.

goblet cell : cellule épithéliale caliciforme.

goggle, v. : rouler les yeux; **- eyed** : qui a des yeux à fleur de tête, en boule de loto, exophtalme.

goggles, s. : 1. lunettes de protection; 2. tournis (vétér.).

goiter or **goitre,** s. : goitre (tumeur thyroïdienne); **aberrant** or **accessory -** : goitre aberrant; **aerial -** : aérocèle; **basedowified -** : goitre basedowifiant ou basedowifié; **cabbage -** : goitre chez le lapin recevant un régime de cruciféracées; **cancerous** or **carcinimatous -** : carcinome de la glande thyroïde; **colloid -** : goitre colloïde; **exophthalmic -** : goitre exophtalmique, maladie de Basedow; **plunging -** : goitre intrathoracique qui apparaît dans le cou quand le malade avale; **simple -** : goitre non toxique; **toxic -** : goitre toxique, adénome thyroïdien toxique; **wandering -** : cf., **plunging -**.

goitrogen, s., adj. : goitrogène.

goitrogenic or **goitriferous,** adj. : goitrogène, strumigène.

goitrous, adj. : goitreux.

gold, s. : or.

Goldflam's disease : syndrome d'Erb, syndrome d'Erb-Goldflam, asthénie bulbospinale, myasthénie grave pseudo-paralytique, paralysie bulbaire asthénique.

Golgi's cells : cellules de Golgi; **- apparatus** : appareil de Golgi, trophosponge.

Goll's column : faisceau de Goll (moelle épinière); **- nucleus** : noyau de Goll (corne postérieure du bulbe).

gomphiasis, s. : état branlant des dents.

gomphosis, s. : gomphose (type d'articulation).

gonad, s. : gonade, glande sexuelle, testicule, ovaire.

gonadal, adj. : se rapportant à une gonade.

gonadectomy, s. : excision d'une gonade, d'un testicule, d'un ovaire.

gonadopathy, s. : gonadopathie.

gonadotherapy, s. : thérapeutique par extraits testiculaires ou ovariens, hormonothérapie.

gonadotrope, s. : 1. individu qui présente une hypersécrétion des gonades; 2. adj. : gonadotrope.

gonadotrophic or **gonadotropic,** adj. : se rapportant à un état influencé par les sécrétions des glandes sexuelles, se rapportant aux organes génitaux; **- hormone** : hormone gonadotrope, gonadotropine.

gonadotrophin or **gonadotropin,** s. : gonadotrophine, gonadotropine, gonadostimuline.

gonadotrophism or **gonadotropism,** s. : gonadotropisme (constitution physiologique anormalement influencée par les sécrétions des glandes sexuelles).

gonaduct, s. : canal déférent, oviducte.

gonagra, s. : goutte dans l'articulation du genou.

gonalgia, s. : gonalgie (douleur du genou).

gonangiectomy, s. : excision du canal déférent.

gonarthritis, s. : gonarthrite; 1. inflammation du genou; 2. arthrite gonococcique.

gonarthrocace, s. : œdème blanc du genou (tuberculose).

gonarthromeningitis, s. : inflammation de la membrane synoviale du genou.

gonarthrotomy, s. : incision dans le genou.

gonatocele, s. : œdème, tumeur du genou.

gonecyst or **gonecystis,** s. : vésicule séminale.

gonecystitis, s. : inflammation des vésicules séminales.

gonecystolith, s. : calcul dans une vésicule séminale.

gonecystopyosis, s. : suppuration d'une vésicule séminale.

gonepoiesis, s. : sécrétion du sperme, formation du sperme.

gonic, adj. : se rapportant au sperme, à la fécondation.

gonid or **gonidium,** s., plur. **gonidia** (gr.) : gonidie (bot.).

goniocraniometry, s. : craniométrie, mesure des angles du crâne.

goniometer, s. : goniomètre (instrument destiné à mesurer les angles, face et crâne, en anthropologie, amplitude des mouvements de certaines articulations en physiologie).

gonioma, s. : goniome.

goniometry, s. : goniométrie.

gonion, s. : gonion (région de l'angle de la mâchoire inférieure).

gonioscope, s. : appareil pour vérifier la mobilité oculaire et la rotation.

gonioscopy, s. : gonioscopie.

goniotomy, s. : goniotomie (opération de Barkan dans le glaucome).

gonitis, s. : inflammation du genou.

gonoblast, s. : cellule germinative.

gonoblennorrhea, s. : 1. gonorrhée; 2. conjonctivite gonococcique.

gonobolia, *s.* : 1. éjaculation du sperme; 2. spermatorrhée.

gonocèle, *s.* : spermatocèle.

gonochorismus, *s.* : spécialisation du sexe, différenciation des organes génitaux chez l'embryon.

gonococcal, *adj.* : gonococcique.

gonococcemia, *s.* : gonococcémie (infection sanguine due au gonocoque).

gonococcic, *adj.* : gonococcique.

gonococcid *or* **gonococcocide,** *adj.* : destructif du gonocoque.

gonococcus, *s.* : gonocoque.

gonocyte, *s.* : gonocyte (cellule primitive reproductive d'une glande sexuelle).

gonocytoma, *s.* : tumeur maligne d'origine spermatique.

gonohaemia *or* **gonohemia,** *s.* : présence de gonocoques dans le sang.

gonoid, *adj.* : semblable au sperme.

gonophage, *s.* : bactériophage spécifique des gonocoques.

gonophore, *s.* : se dit de tout organe qui conserve *ou* véhicule des cellules sexuelles (canal déférent, vésicules séminales, trompes de Fallope, utérus).

gonoreaction, *s.* : test pour la gonorrhée par fixation du complément.

gonorrhea, *s.* : gonorrhée, blennorragie; **inclusion -** : urétrite à inclusions.

gonorrheal, *adj.* : gonorrhéique, blennorragique.

gonoscheocele, *s.* : distension du testicule due au sperme.

gonosome, *s.* : gonosome (chromosome sexuel).

gonotoxemia, *s.* : toxémie d'origine gonococcique.

gonycrotesis, *s.* : genu valgum, genou cagneux.

gonyectyposis, *s.* : genu varum, jambes arquées.

Goodpasture's syndrome : syndrome de Goodpasture (hémoptysie, anémie et glomérulonéphrite).

goose flesh *or* **goose skin** : chair de poule, réaction ansérine.

Gordon's bodies : corpuscules trouvés dans la maladie de Hodgkin; **- reflex** *or* **paradoxal reflex** : signe de Gordon (l'extension du gros orteil déterminé par la compression des muscles du mollet révèle une lésion du faisceau pyramidal); **- sign** : diminution de la zone de matité cardiaque chez les cancéreux en décubitus dorsal; **- test** : épreuve de Gordon (l'inoculation dans le cerveau du lapin d'une émulsion de tissu lymphatique d'un sujet atteint de maladie de Hodgkin est suivie de paralysie, d'ataxie et souvent de mort de l'animal).

gorged, *adj.* : engorgé.

gorget, *s.* : gorgeret *(chir.).*

gouge, *s.* : gouge *(chir.).*

goundou, *s.* : goundou, anakhré (ostéite hypertrophiante de la face).

Gouraud's disease : hernie inguinale.

gout, *s.* : goutte; **chronic -** : goutte nouée; **latent -** : goutte latente, hyperuricémie; **rheumatic -** : rhumatisme goutteux, goutte rhumatismale; **tophaceous -** : goutte tophacée.

gouty, *adj.* : goutteux; **- diathesis** *or* **habit** : prédisposition pour la goutte; **- kidney** : contraction rénale chronique d'origine goutteuse; **- tophus** : tophus *ou* concrétions tophacées caractéristiques de la goutte.

Gowers' column *or* **tract** : faisceau de Gowers, faisceau médullo-cérébelleux ventral; **- disease** : chorée saltatoire; **- intermediate process** : corne latérale (substance grise de la moelle épinière).

Goyrand's hernia : hernie de Goyrand, hernie inguino-interstitielle.

Graafian vesicles *or* **follicles** : follicules de Graaf.

gracile, *adj.* : gracile, grêle.

gracilis muscle : muscle droit interne de la cuisse.

grade, *s.* : degré d'intensité (d'une fièvre), état (d'une maladie), qualité (d'un produit).

graded membrane : membrane calibrée *(micr.).*

Gradenigo's syndrome : syndrome de Gradenigo, syndrome de la pointe du rocher.

gradient, *s.* : gradient.

graduate, *s.* : 1. diplômé; 2. récipient gradué; *v.* : 1. prendre ses diplômes, passer sa licence; 2. graduer.

graduated, *adj.* : 1. gradué, jaugé; **- flask** : fiole jaugée; **- cylinder** : tube gradué; 2. progressif, graduel; 3. diplômé.

Graefe's sign *or* **symptom (von)** : signe de von Graefe (défaut de synchronisme entre les mouvements d'élévation et d'abaissement de la paupière supérieure et les mouvements semblables du globe oculaire).

graft, *s.* : greffe, greffon; **arterial -** : greffe artérielle; **autologous** *or* **autoplastic** *or* **auto -** : greffe autologue; **bone -** : greffe osseuse; **cable -** : greffe constituée par plusieurs sections de nerf, à la manière d'un câble; **delayed -** : greffe retardée; **fascia -** : greffe aponévrotique; **free -** : greffe de tissu complètement séparé de son support; **full thickness -** : greffe constituée par toute l'épaisseur de la peau sans tissu sous-cutané; **heterologous, heteroplastic** *or* **hetero -** : greffe hétérologue; **homologous, homoplastic** *or* **homo -** : greffe homologue; **implantation -** : *cf.*, split-skin graft; **inlay -** : greffe encastrée ou incrustée; **island -** : greffe en îlot; **isologous, isoplastic** *or* **iso -** : greffe isologue; **nerve -** : greffe nerveuse; **onlay -** : greffe apposée; **organ -** : greffe d'organe; **pedicle -** : greffe à l'italienne; **razor -** *or* **split-skin -** : greffe épidermique; **tube -** : *cf.*, pedicle graft; *v.* : greffer, implanter.

grafting, *s.* : greffe, implantation; **skin -** : greffe épidermique; **embryonic -** : bréphoplastie, greffe embryonnaire, greffe bréphoplastique.

grain, *s.* : 1. grain; 2. grain, *symbole* gr (0,0648 gramme).

gram *or* **gramme**, *s.* : gramme, *symbole* g (Nota. — *Dans la littérature anglo-saxonne, le symbole* g *est souvent remplacé par l'abréviation* Gm) (poids en gramme×0,035=poids en onces); **- atom** : atome-gramme; **- calory** : petite calorie; **- molecule** : moléculegramme; **- molecular weight** : molécule-gramme.

Gram's method : méthode de Gram (méthode de coloration des microbes par la solution de Gram permettant leur différenciation).

gramicidin, *s.* : gramicidine.

gram-negative, *adj.* : gram-négatif, ne prenant pas le gram.

gram-positive, *adj.* : gram-positif, prenant le gram.

Grancher's disease : maladie de Grancher, splénopneumonie, corticopleurite; **- sign** : signe de Grancher; **- triad** : schéma de Grancher (groupement de signes caractéristiques de la tuberculose).

grand mal : grand mal, mal caduc, épilepsie généralisée.

Grandry's corpuscles : corpuscules ovoïdes *ou* sphériques des papilles du bec et de la langue des oiseaux.

granula, *s.* : granula (protoplasme).

granular, *adj.* : granulaire, granuleux, grenu ; **- layer** : couche réticulaire de la rétine; **- lids** : trachome, conjonctivite granuleuse ; **- pharyngitis** : forme de pharyngite à aspect granulaire de la muqueuse.

granulated, *adj.* : granulé, granuleux.

granulation, *s.* : granulation, bourgeonnement; **arachnoid -** : granulation de Pacchioni (arachnoïde).

granule, *s.* : granule; **- cell** : cellule granuleuse; **sulphur -** : grain jaune dans le pus actinomycosique.

granuliform, *adj.* : granuliforme.

granulitis, *s.* : granulie, tuberculose miliaire aiguë, phtisie aiguë granulique.

granuloblast, *s.* : myéloblaste, cellule-mère d'un granulocyte.

granulocorpuscle, *s.* : corpuscule de la maladie de Nicolas et Favre.

granulocytaemia, *s.* : polynucléose.

granulocyte, *s.* : granulocyte, leucocyte granuleux.

granulocytic, *adj.* : granulocytaire.

granulocytopenia, *s.* : granulocytopénie.

granulocytopoiesis *or* **granulopoiesis**, *s.* : formation des granulocytes.

granulocytosis, *s.* : granulocytose.

granulofatty, *adj.* : se dit de cellules qui subissent la dégénérescence graisseuse, qui renferment des granules de graisse.

granuloma, *s.* : granulome, plasmome; **- inguinale** : granulome inguinal (ulcération infectieuse de l'aine avec corps de Donovan, observée surtout chez les Noirs d'Amérique; quoique d'ori-

gine vénérienne probable, diffère spécifiquement de la maladie de Nicolas et Favre).

granulomatosis, *s.* : granulomatose; **lipoid -** : maladie de Hand-Schüller-Christian; **malignant -** : granulomatose maligne, maladie de Hodgkin ; **- siderotica** : fibrose ferreuse des poumons.

granulopectic, *adj.* : granulopexique.

granulopenia, *s.* : granulopénie, granulocytopénie.

granulopexia, *s.* : granulopexie.

granuloplasm, *s.* : masse protoplasmique granulaire de la partie interne de la cellule.

granulopoiese, *s.* : *cf.*, **granulocytopoiese.**

granulosa, *cf.*, **membrana granulosa.**

granulose, *s.* : granulose, amylose (portion soluble des grains d'amidon); *adj.* : *cf.*, **granular.**

granulosis rubia nasi : granulosis rubia nasi (affection du nez caractérisée par une hyperhidrose persistante et de petites papules miliaires rouges).

grape, *s.* : raisin; **- cure** : cure uvale; **- sugar** : dextrose, sucre de raisin.

graph, *s.* : 1. graphique, diagramme, courbe ; 2. abaque.

graphic, *adj.* : graphique.

graphite, *s.* : graphite, plombagine.

grapho- : grapho-, préfixe signifiant écrire.

graphology, *s.* : graphologie.

graphomania, *s.* : graphomanie, graphorrée, scribomanie (besoin irrésistible d'écrire chez certains aliénés).

graphomaniac, *s.* : individu atteint de graphomanie.

graphorrhea, *s.* : graphorrhée.

graphoscope, *s.* : lentille concave pour traitement de l'asthénopie et de certaines formes de myopie.

graphospasm, *s.* : crampe de l'écrivain.

grasping reflex : réflexe de préhension, grasping.

graticule, *s.* : réticule (*opt.*).

grating, *s.* : 1. grille; 2. son discordant; **diffraction -** : réseau (*opt.*).

grattage, *s.* : grattage (mode de prélèvement des productions morbides).

grave, *s.* : tombe, fosse; **- wax** : adipocire, gras de cadavre; *adj.* : grave, inquiétant; **- symptoms** : symptômes graves, inquiétants.

gravel, *s.* : gravelle (1. concrétion rénale ; 2. lithiase urinaire).

Graves' disease : maladie de Basedow.

gravid, *adj.* : gravide, enceinte (femme); gravide, pleine (animal); **- uterus** : utérus gravide.

gravida, *s.* : femme enceinte, gravide.

gravidic, *adj.* : gravidique.

gravidin, *s.* : gravidine (ensemble des substances gonadostimulantes se trouvant dans l'urine des femmes enceintes).

gravidism *or* **gravidity**, *s.* : gravidisme (état physiologique de la femme enceinte).

gravidocardiac, *adj.* : gravido-cardiaque (se dit des troubles cardiaques survenant pendant la grossesse).

gravimeter, *s.* : gravimètre, aéromètre.

gravimetric, *adj.* : gravimétrique; **- analysis** : dosage pondéral, gravimétrique *(chim.).*

gravimetry, *s.* : gravimétrie.

gravitation, *s.* : gravitation.

gravity, *s.* : gravité, poids, pesanteur ; **center of -** : centre de gravité; **force of -** : force de gravitation, attraction gravifique; **specific -** : densité; **specific - bottle** : flacon à densité, picnomètre.

Grawitz' granules : petites granulations basophiles des hématies décelées dans certains états pathologiques; **- tumor** : tumeur de Grawitz, hypernéphrome.

gray, *adj.* : gris; **- atrophy** *or* **degeneration** : dégénérescence de la substance grise par inflammation chronique; **- matter** : substance grise; **- softening** : ramollissement du cerveau ou de la moelle.

graze, *s.* : écorchure, éraflure; *v.* : écorcher, érafler.

grease, *s.* : 1. graisse; 2. *vernac.* : horse-pox *(vétér.).*

green, *adj.* : vert; **- blind** : atteint d'achloropsie; **- sickness** : chlorose; **- softening** : ramollissement purulent de la substance nerveuse cérébrale; **- stick fracture** : fracture incomplète.

greffotome, *s.* : couteau à greffe.

gregarinosis, *s.* : infestation par les grégarines.

gregarious, *adj.* : grégaire; **- instinct** : instinct grégaire.

Grenz rays : rayons W (rayons de 2 angströms employés en dermatologie).

gressorial, *adj.* : ambulatoire.

grid, *s.* : 1. grille, grillage; 2. grille de lampe électronique, de microscope électronique; 3. graticule; 4. réseau électrique.

Griesinger's disease : uncinariose; forme d'ankylostomiase due à l'infestation duodénale associée à de l'anémie pernicieuse.

grinder, *s.* : molaire.

grinder's asthma : forme de pneumoconiose.

grip *or* **grippe,** *s.* : grippe.

grip, *s.* : prise, serrage; **in the - of a disease** : sous l'étreinte d'une maladie; *v.* : saisir, serrer, étreindre, empoigner.

gripe, *s.* : saisissement, étreinte; *plur.* : colique, étreintes, tranchées; tranchées rouges *(vétér.);* *v.* : saisir, étreindre, donner la colique.

griping, *s.* : 1. saisissement; 2. coliques; *adj.* : coliqueux; **- pains** : colique, tranchées.

grippal, *adj.* : grippal.

gripping, *s.* : prise, étreinte; **- device** : appareil de préhension.

griseofulvin, *s.* : griséofulvine.

Gritti's operation : opération de Gritti (procédé d'amputation de la cuisse).

groan, *s.* : gémissement, plainte; *v.* : gémir; **to - with pain** : gémir de douleur.

Grocco's sign : triangle de Grocco (matité relative affectant la forme d'un triangle que l'on observe du côté sain chez les malades porteurs d'un épanchement pleural liquide).

grocer's itch : 1. infestation dermatologique des épiciers due à des insectes; 2. irritation des mains par le sucre.

groin, *s.* : aine.

groove, *s.* : sillon, gouttière, rainure (d'un os).

gross, *adj.* : macroscopique, visible à l'œil nu; **- anatomy** : anatomie macroscopique; **- appearance** : aspect macroscopique; **- lesion** : lésion macroscopique.

Grossich's method : procédé de Grossich (désinfection par teinture d'iode).

ground, *s.* : 1. fond, sol, terre; **- bundle** : faisceau principal d'un groupe de fibres nerveuses; **- itch** : uncinariose *(parasit.);* 2. masse *(électron.).*

group, *s.* : groupe; **blood -** : groupe sanguin; **- reaction** : réaction de groupe; **serological -** : groupe sérologique; **- specific** : spécifique de groupe.

grouping, *s.* : groupage; **blood -** : groupage (recherche de groupe sanguin).

growing pains : douleurs de croissance.

growth, *s.* : 1. croissance; **one-step -** : développement en cycle unique; 2. grosseur, tumeur, excroissance ; **morbid -** : production morbide; **new -** : néoplasme, tumeur; **- principle** *or* **hormone** : principe de croissance, hormone du lobe antérieur de l'hypophyse, STH.

grub, *s.* : larve, asticot.

Gruby's disease : maladie de Gruby-Sabouraud, trichophytie.

grume, *s.* : caillot (de sang), grumeau (de pus).

grumose *or* **grumous,** *adj.* : grumeleux, à demi coagulé.

grutum, *s.* : grutum, acné miliaire, milium.

gryochrome, *s.* : cellule nerveuse.

gryposis, *s.* : grupose (incurvation des ongles observée dans la cachexie).

guaiac *or* **guaiacum,** *s.* : résine de gaïac *(pharm.).*

guaiacol, *s.* : gaïacol.

guanidine, *s.* : guanidine.

guanidinaemia, *s.* : guanidinémie (présence de guanidine dans le sang).

guanine, *s.* : guanine (une des bases des acides nucléiques).

guano, *s.* : guano.

guard, *s.* : garde (de bistouri); **abdominal -** : ceinture protectrice abdominale, bandage de corps; correctif (de médicament); *v.* : protéger.

Guarnieri's bodies : corps de Guarnieri (inclusions spécifiques de la vaccine).

gubernaculum testis *(lat.)* : gubernaculum testis *(anat.).*

Guéneau de Mussy's point : point de Guéneau de Mussy, bouton diaphragmatique.

Guérin's fold or **valve** : valvule de Guérin ; **- glands** : glandes de Skene; **- sinus** : cul-de-sac de la fosse naviculaire (urètre masculin).

guide, s. : sonde cannelée.

guidance, s. : direction, conseil; **child - clinic** : consultation psychiatrique pour enfants.

Guillain-Barré syndrome : syndrome de Guillain-Barré (polyradiculonévrite).

guinea-pig, s. : cobaye; **- worm** : ver de Guinée, ver de Médine, filaire, dragonneau (parasit.).

gum, s. : 1. gomme ; **atragacanth -** : gomme adragante; **- acacia** : gomme arabique (gomme d'Acacia senegal); **- benjamin** : benjoin; **blue -** : gomme d'eucalyptus; **british -** : dextrine; **- elastic** : gomme caoutchouc ; 2. gencives ; **red -** : atropholus, feux de dents; 3. chassie (de l'œil).

gumma, s., plur. **gummata** (gr.) : gomme (gomme syphilitique).

gummatous, adj. : gommeux.

gummy, adj. : 1. gommeux, gluant, visqueux ; 2. chassieux (yeux); 3. enflé, bouffi (cheville, membre).

Gunn's dot : signe de Gunn, signe du croisement (ophtal.).

gunstock difformity : difformité du bras par fracture d'un des condyles de l'humérus.

gurgling, s. : gargouillement; adj. : glouglouttant; **- rale** : gargouillement (auscultation).

gustation, s. : gustation, goût.

gustatory, adj. : gustatif.

gut, s. : intestin, boyau; **blind -** : cæcum; **silk -** : crin de Florence; **small -** : intestin grêle.

gutta, s. (lat.) : goutte; **- rosacea** : acné rosacée; **- serena** : amaurose.

guttapercha, s. : gutta-percha (latex solidifié de Dichopsis gutta).

guttate, adj. : 1. guttiforme; 2. tacheté, moucheté.

guttiform, adj. : guttiforme.

Guttmann's sign : frémissement perçu à l'auscultation sur la thyroïde dans le goitre exophtalmique.

guttural, adj. : guttural; **- duct** : trompe d'Eustache.

gutturotetany, s. : forme de bégaiement avec difficulté de prononcer g, k, q.

Guyon's sign : procédé de Guyon (recherche du ballottement rénal par palpation bimanuelle, signe de tumeur rénale).

gymnastic, adj. : gymnastique.

gymnastics, s. : gymnastique, éducation physique.

gymnocarpous, adj. : gymnocarpe.

gymnocyte, s. : organisme unicellulaire, nu.

gymnoplast, s. : corps protoplasmique sans membrane limitante.

gymnospore, s. : spore nue.

gyn-, gynae, gyne-, gyneco-, gyno- : gyn-, gyne, gyneco-, gyno-, préfixe indiquant une relation avec la femme ou avec le sexe féminin.

gynaecic or **gynecic**, adj. : se rapportant à la femme.

gynaecography or **gynecography**, s. : gynécographie.

gynaecoid or **gynecoid**, adj. : gynécoïde.

gynaecologic, gynecologic or **gynaecological**, adj. : gynécologique.

gynaecologist or **gynecologist**, s. : gynécologue.

gynaecology or **gynecology**, s. : gynécologie.

gynaecomania or **gyneconomania**, s. : cf., **satyriasis**.

gynaecomastia or **gyneconomastia**, s. : gynécomastie (hypertrophie mammaire chez l'homme).

gynaecopathy or **gyneconopathy**, s. : maladies des femmes.

gynaecophobia or **gynecophobia**, s. : gynéphobie, gynécophobie, mysogynie.

gynander, s. : androgyne, gynandre (individu génétiquement féminin ayant l'aspect masculin).

gynandria or **gynandrism**, s. : gynandrie, gynanthropie.

gynandroid, adj. : gynandroïde.

gynandromorphous, adj. : gynandromorphe.

gynandrous, adj. : gynandre.

gynanthropus, s. : gynanthrope (hermaphrodite à caractéristiques féminines prédominantes).

gynatresia, s. : gynatrésie (atrésie d'une partie du canal génital chez la femme).

gyneco-, cf., **gyn-**.

gyniatrics, s. : gynécologie.

gynogenesis, s. : gynogenèse.

gynophore, s. : gynophore (bot.).

gynoplastic, adj. : se rapportant à une opération plastique sur les organes génitaux féminins.

gypsum, s. : gypse.

gyral, adj. : se rapportant à une circonvolution du cerveau.

gyration, s. : gyration, giration.

gyre, s. : cf., **gyrus**.

gyrectomy, s. : gyrectomie (résection d'une circonvolution cérébrale).

gyrencephalic, adj. : se rapportant à un cerveau ayant de nombreuses circonvolutions cérébrales.

gyro- : gyro-, préfixe signifiant rond ou en rapport avec les circonvolutions.

gyroma, s. : myome ovarien dont le tissu fibreux présente un aspect ondé.

gyromele, s. : sonde stomacale.

gyrometer, s. : gyromètre.

gyrosa, s. : vertige dû à des troubles gastriques.

gyrospasm, s. : spasme rotatoire de la tête, tic de Salaam.

gyrus, s., plur. **gyri** (gr.) : circonvolution, pli; **- angularis** : pli courbe; **- dentatus** : corps godronné ou frangé ou dentelé de l'hippocampe; **- fornicatus** : circonvolution du corps calleux; **- hippocampi** : circonvolution de l'hippocampe; **- supramarginalis** : gyrus sigmoïde; **- uncinatus** : crochet de la circonvolution de l'hippocampe.

H

Haab's pupil reflex *or* **sign** : réflexe de Haab, réflexe idéo-moteur, réflexe à l'attention.

habena, *s.* : *cf.,* **habenula.**

habenal *or* **habenar,** *adj.* : se rapportant à la membrane basilaire (oreille interne).

habenula, *s.* : 1. frein (cheval); 2. nom donné à différentes parties de la membrane basilaire (de l'oreille interne); 3. habenula, habena, pédoncule antérieur de la glande pinéale; **- arenata** : zone interne de la membrane basilaire du limaçon; **- conarii** : habenula.

habenular, *adj.* : se rapportant à l'habenula; **- ganglion** : noyau *ou* ganglion de l'habenula.

habit, *s.* : habitude, manière d'être, tempérament, constitution physique; **- spasm** *or* **- chorea** : tic, tic spasmodique *ou* convulsif; **drug -** : assuétude à une drogue.

habitat, *s.* : habitat.

habituation, *s.* : accoutumance, tolérance acquise par usage répété.

habitus, *s.* (*lat.*) : habitus, *cf.* : **habit.**

habromania, *s.* : démence accompagnée de gaîté excessive.

Habronema, *s.* : *Habronema* (ver nématode) (*parasit.*).

habronemiasis, *s.* : habronémose (infestation par les parasites du genre *Habronema*).

hachement *or* **hacking,** *s.* : hachure (mode de massage).

hadernkrankheit (*germ.*), *s.* : maladie des chiffonniers due, pour certains, à *Clostridium chauvei,* pour d'autres, à *Clostridium œdematiens.*

Haeckel's law : loi de Haeckel (loi fondamentale de la biogénétique).

haema-, haemato-, haemo-, hem- : hémato-, hémo-, hém-, préfixe indiquant un rapport avec le sang.

haeme, *s.* : hème.

Haffkine's serum *or* **vaccine** *or* **prophylactic fluid** : vaccin préventif de la peste, lymphe de Haffkine.

haffkinize, *v.* : immuniser contre le choléra, la peste.

hafnium, *s.* : hafnium *ou* celtium.

Hagedorn needle : aiguille de Reverdin.

hahnemannism, *s.* : doctrine *ou* méthode de Hahnemann, homéopathie.

hair, *s.* : 1. cheveu, poil; **axillary -** : poils axillaires; **beaded** *or* **moniliform -** : monilethrix; **- bulb** : bube pileux; **- cell** : cellule épithéliale garnie de fins prolongements; **- compas** : compas de précision, compas à cheveux; **- follicle** : follicule pileux; **ingrowing -** : cheveu incarné; **- matrix** : matrice *ou* racine du cheveu; **- papilla** : papille du poil; **pubic -** : poil du pubis; **removal of -** : épilation; **root of -** : racine du cheveu; **shaft of -** : axe du cheveu; **twisted -** : malformation congénitale du cheveu qui le rend fragile et court; 2. pelage, crin (de cheval), soie (porc).

hairiness, *s.* : 1. aspect hirsute (du corps); épaisseur *ou* longueur du poil; 2. pubescence (*bot.*).

hairless, *adj.* : chauve, sans poils.

hairy, *adj.* : velu, poilu, chevelu; **- heart** : cœur enduit d'une masse exsudative rugueuse; **- tongue** : langue recouverte de papilles à l'aspect chevelu.

halation, *s.* : halo, irradiation, auréole (*phot.*).

Haldane haemoglobin standard : 100 p. 100 carboxyhemoglobin = 14,8 g.

hale, *adj.* : vigoureux, robuste, sain.

half-caste, *s.* : métis.

half-life, *s.* : période (d'un élément radioactif).

halide, *s.* : halogénure; *adj.* : haloïde.

halisteresis, *s.* : halistérèse (appauvrissement du tissu osseux en sels minéraux).

halisteretic, *adj.* : halistérique.

halitosis, *s.* : mauvaise haleine, fétidité de l'haleine.

halituous, *adj.* : halitueux, se dit de la peau lorsqu'elle est chaude et moite.

halitus, *s.* (*lat.*) : exhalation, expiration.

Hall's disease : forme d'hydrocéphalie infantile.

Haller's ansa : anse de Haller (*anat.*).

hallex, *s.*, *plur.* **hallices** (*lat.*) : *cf.,* **hallux.**

Hallopeau's disease : adénomes sébacés symétriques de type Hallopeau-Leredde-Darier, variété dure et fibreuse d' « adénomes sébacés symétriques de la face ».

hallucal, *adj.* : se rapportant à l'orteil.

hallucination, *s.* : hallucination, illusion.

hallucinogen, *s., adj.* : hallucinogène.

hallucinogenic, *adj.* : hallucinogénique.

hallucinosis, *s.* : hallucinose, délire hallucinatoire.

hallux, *s., plur.* **halluces** *(lat.)* : orteil, hallus, hallux; **- dolorosus** *or* **flexus** : hallus *ou* hallux flexus; **- rigidus** : hallus *ou* hallux rigidus; **- valgus** : hallus *ou* hallux valgus; **- varus** : hallus *ou* hallux varus.

halo, *s.* : 1. halo, cercle lumineux, auréole *(opt.)*; **glaucomatous -** : halo glaucomateux (cercle brillant qui entoure la pupille de l'œil glaucomateux).

halogen, *s.* : halogène; **- acne** : acné due aux sels halogènes (bromides, iodides, etc.).

halogenic *or* **halogenous,** *adj.* : halogène, halogénique.

halometer, *s.* : halomètre (instrument pour mesurer 1. le halo dans l'œil; 2. le diamètre moyen des érythrocytes par les zones de diffraction).

halophile, *s.* : halophile, germe *ou* plante qui croît en présence de fortes concentrations de sel.

Halsted's operation : mammectomie élargie avec curage ganglionnaire pour cancer du sein.

ham, *s.* : cuisse.

hamamelis (B.P.C.) : les feuilles ou l'écorce du buisson hamamélis.

hamarthritis, *s.* : polyarthrite.

hamartia, *s.* : vice de développement d'origine tissulaire.

hamartoma, *s.* : hamartome (1. dysembryoplasie; 2. bronchiome polymorphe).

hamate bone, *s.* : os unciforme, os crochu du carpe.

hammer, *s.* : 1. marteau *(anat.)*; **- bone** : marteau; **- toe** : orteil en marteau; 2. marteau; **percussion** *or* **patellar -** : marteau à réflexe *(neurol.)*.

Hammond's disease : maladie de Hammond, athétose.

hamster, *s.* : hamster *(zool.)*; **syrian -** : hamster doré *(Cricetus auratus)*.

hamstrings, *s.* : muscles longs de la partie postérieure de la cuisse (1. tendon latéral du biceps fémoral; 2. tendon médian du demi-membraneux et du demi-tendineux).

hamular, *adj.* : en forme de crochet.

hamulus, *s.* : apophyse en forme de crochet; **- of the cochlea** : apophyse en crochet de la lame osseuse de la coupole (limaçon).

hand, *s.* : main; **- barrow** : civière, brancard; **claw -** : main-en-griffe; **drop -** : paralysie des extenseurs de la main; **obstetrician's -** : main d'accoucheur; **spade -** : main d'acromégalie; **trench -** : main gonflée et froide par l'immersion ou l'humidité.

handling, *s.* : manipulations.

hanging drop culture : culture en goutte pendante.

hangnail, *s.* : envie, filet de peau détaché de l'ongle.

Hanot's disease : maladie *ou* syndrome de Hanot, cirrhose hypertrophique avec ictère chronique.

Hansen's bacillus : bacille de Hansen, bacille de la lèpre, *Mycobacterium lepræ.*

hapalonychia, *s.* : ongles mous.

haphalgesia, *s.* : haphalgésie (variété de paresthésie).

haplodermatitis *or* **haplodermitis,** *s.* : inflammation cutanée simple.

haplodont, *s.* : se dit des animaux dont les molaires ont une couronne simple ou unique.

haploid, *adj.* : haploïde *(génét.)*.

haplopathy, *s.* : maladie sans complications.

haploscope, *s.* : forme de stéréoscope.

happening : impromptu (incident) *(psych.)*.

haptene, *s.* : haptène.

haptic, *adj.* : tactile, se rapportant au toucher.

haptoglobin, *s.* : haptoglobine.

haptophore, *s.* : groupement haptophore (groupement chimique qui permet à une molécule de substance quelconque de se fixer sur les tissus).

harara, *s.* : harara (nom donné aux accidents cutanés occasionnés par les insectes piqueurs, notamment les phlébotomes).

hardening, *s.* : 1. durcissement; **- of the arteries** : artério-sclérose; 2. durcissement, tannage *(histol.* et *phot.)*.

hardness, *s.* : dureté (eau).

hardy, *adj.* : robuste.

hare-lip, *s.* : bec de lièvre.

harlequin, *adj.* : panaché, diversicolore;

Harley's disease : maladie de Harley, hémoglobinurie paroxystique.

harpoon, *s.* : harpon (instrument pour biopsie).

Harrisson's groove : courbe allant du niveau de l'appendice xiphoïde à l'aisselle et correspondant à l'insertion du diaphragme (très marquée dans le rachitisme).

Hartley-Krause operation : excision du ganglion de Gasser et de ses racines pour soulager la névralgie faciale.

Hartmann's fossa : fossette iléocæcale antérieure.

Hartnup's disease : maladie de Hartnup.

Hashimoto's disease : maladie de Hashimoto (thyroïdose lymphadénoïde).

hashish, *s.* : hachich, kif, marijuana.

Hasner's valve : valvule de Hasner *ou* de Bianchi (repli muqueux qui limite en dedans l'orifice inférieur du canal lacrymo-nasal).

Hassall's corpuscles : corpuscules du thymus.

hatch, v. : couver (des poussins).

hatters' disease : nom donné aux empoisonnements mercuriels, aux dermatites, aux maladies des voies respiratoires, constatées chez les chapeliers.

Haudek's niche : niche de Haudek, image diverticulaire (radiol.).

haunch, s. : hanche; **- bone** : os iliaque.

haustration, s. : haustration.

haustrum, s., plur. **haustra** (lat.) : saccule; **haustra coli** : saccules du côlon.

haustus, s. (lat.) : potion; **- niger** : purgatif, médecine noire.

haut-mal, s. (fr.) : haut-mal, épilepsie essentielle.

Havers' or **Haversian canals** : canaux de Havers; **- lamellæ** : lamelles concentriques de l'os qui forment les canaux de Havers.

hay fever or **hay asthma** : rhume des foins, asthme d'été, fièvre des foins.

Haygarth's nodes or **nodosities** : exostose des articulations des doigts dans l'arthrite déformante.

Hayne's operation : ponction du quatrième ventricule dans la méningite suppurative.

head, s. : tête (1. sommet du corps; **after coming -** : tête dernière (obstét.); **floating -** : tête flottante; 2. sommet d'un os, d'un muscle, d'un furoncle); **- louse** : pou de tête.

headache, s. : mal de tête; céphalée; **to have a -** : avoir mal à la tête; **to have a splitting -** : avoir un très fort mal de tête; **blind -** : migraine ophtalmique; **distension -** : sinusite; **helmet -** : casque neurasthénique; **puncture -** : maux de tête après rachicentèse; **vacuum -** : sinusite.

heal, v. : 1. guérir (une maladie), cicatriser (une plaie); 2. se guérir, se cicatriser; **- all** : panacée.

healer, s. : guérisseur; **faith -** : guérisseur, charlatan.

healing, s. : 1. guérison; 2. cicatrisation, consolidation; **primary -** or **- by first intention** : cicatrisation immédiate, cicatrisation par première intention; **- by second intention** : cicatrisation médiate, cicatrisation par deuxième intention; adj. : curatif, sanatoire, cicatrisant, vulnéraire; **metaphysical -** : foi curative; **religious -** : guérison miraculeuse; **- sore** : plaie qui se cicatrise.

health, s. : santé; **bill of -** : patente de santé (marine); **Board of -** : Conseil sanitaire, Commission d'hygiène, Ministère de la Santé publique; **chief medical officer of -** : directeur de la Santé; **- certificate** : certificat médical; **- conference** : conférence d'hygiène; **- Department** : Ministère ou Service de la Santé; **Institutes of -** : Institut pour la recherche médicale; **National - Service** : Sécurité sociale; **- of the community** : hygiène publique; **- giving** : assainissant, fortifiant, vivifiant; **- insurance** : assurance maladie; **- officer** : médecin du service de santé, médecin sanitaire, inspecteur de l'hygiène, agent de la santé (d'un port); **- Service** : Service de la Santé; **- visitor** : inspecteur des services de la Santé;

medical officer of - : médecin de la Santé; **Ministry of -** : Ministère de l'Hygiène; **public -** : hygiène, salubrité publique; **public - laboratory** : laboratoire d'hygiène; **public - certificate** or **diploma** : diplôme d'hygiène; **public - specialist** : hygiéniste; **emotional -** : équilibre affectif.

healthful, adj. : salubre (air); salutaire (exercice, effet).

healthiness, s. : salubrité.

healthy, adj. : sain, en bonne santé, robuste, bien portant, salubre; **- minded** : à l'esprit sain.

hear, v. : entendre, écouter.

hearing, s. : 1. ouïe; **- aid** : appareil de prothèse auditive; **organ of -** : organe de l'ouïe; 2. audition; **- distance** : la plus grande distance à laquelle un son donné peut être entendu; **double -** : diphacousie; **hard of -** : dur d'oreille.

heart, s. : cœur; **apex of -** : pointe du cœur; **- attack** : crise cardiaque; **base of -** : base du cœur; **- beat** : battement, pulsation du cœur; **- block** : pouls permanent; **boxing glove -** : cœur en gant de boxeur; **bovine -** : cœur de bœuf, cœur de Traube; **- case** : cardiaque; **- disease** : cardiopathie; **- failure** : défaillance cardiaque, crise cardiaque; **fatty -** : cœur gras; **- flutter** : tachycardie paroxystique; **left -** : cœur gauche; **pulmonary -** : cœur pulmonaire; **right -** : cœur droit; **sabot** or **wooden-shoe -** : cœur en sabot ou tétralogie de Fallot (radiol.); **soldier's -** or **strain -** : cœur forcé; **- stroke** : battement de cœur; **- throb** : battement de cœur, palpitation; **to have a weak -** : être cardiaque.

heartburn, s. : pyrosis, aigreurs d'estomac.

heat, s. : 1. chaleur; **- energy** : énergie thermique; **- insulator** : calorifuge; **radiant -** : rayons infrarouges; **- ray** : rayon calorifique; **- resistance** : résistance thermique; **- resistant mutants** : mutants résistant à la chaleur; **specific -** : chaleur spécifique; **- stroke** : coup de chaleur; **- treatment** or **cure** : thermothérapie; **- wave** : onde calorifique; 2. chaleur, rut; 3. rougeur (sur la peau); **prickly -** : lichen vésiculaire, bourbouille, gale bédouine, dyshydrose tropicale; **- rash** : échauffaison, échauffure; **- regulator** : thermostat.

heating, adj. : échauffant; **- food** : nourriture échauffante.

heave, v. : avoir des hauts-le-cœur, faire des efforts (comme) pour vomir.

hebeostotomy, cf. : **hebosteotomy.**

hebephrenia, s. : hébéfrénie, hébéphrénie.

Heberden's disease : 1. rhumatisme d'Heberden; 2. angine de poitrine; **- nodes** : nodosités d'Heberden.

hebetic, adj. : se rapportant à la puberté, à l'adolescence.

hebetude, s. : hébétude (premier degré de la stupeur).

hebosteotomy or **hebotomy,** s. : hébostéotomie, hébotomie, pubiotomie, opération de Gigli, taille latéralisée du pubis.

hecatomeral *or* **hecatomeric**, *adj.* : se dit d'un neurone dont les prolongements se partagent également entre les deux moitiés latérales de la moelle.

hectic, *adj.* : hectique; **- cough** : toux de phtisique; **- fever** : fièvre hectique; **- flush** : rougeur hectique.

hecto- : hecto-, préfixe signifiant cent.

hedonia, *s.* : gaieté anormale.

hedonism, *s.* : hédonisme (recherche du plaisir).

hedrocele, *s.* : hédrocèle (hernie des anses intestinales faisant saillie par l'anus en repoussant le rectum prolabé).

hedrosyrinx, *s.* : fistule anale.

heel, *s.* : 1. talon; 2. éperon, ergot, derrière du sabot; **- bone** : calcaneum.

hegemony, *s.* : hégémonie.

Heidenhain's crescents *or* **demilunes** : corps en forme de croissant situés entre les cellules et la membrane du lobe d'une glande salivaire; **- rods** *or* **striæ** : cellules des tubules du rein.

Heine's infantile paralysis (von) : maladie de Heine-Medin, paralysie spinale infantile.

Heine-Medin disease : maladie de Heine-Medin, poliomyélite antérieure aiguë.

Heine's operation : cyclodialyse pour traitement du glaucome.

Heinecke-Milkulicz's operation : pyloroplastie.

Heinz *or* **Heinz-Erlich bodies** : corps éosinophiles apparaissant dans les hématies lors de certaines anémies hémolytiques.

Heister's diverticulum : sinus de la veine jugulaire; **- valves** : bosselures du canal cystique.

HeLa cells : cellules HeLa (cellules d'un cancer du col de l'utérus utilisées en cultures de tissus).

helcodermatosis, *s.* : dermatite ulcérante.

helcoid, *adj.* : ulcéreux, d'aspect ulcéreux.

helcoma, *s.* : ulcère de la cornée.

helcoplasty, *s.* : traitement des ulcères par greffe cutanée.

heliciform, *adj.* : spiralé.

helicine, *adj.* : 1. spiralé, de structure spiralée; 2. appartenant à l'hélix; **- arteries** : artères spiralées du tissu érectile du pénis.

helico- : hélico-, préfixe dénotant un rapport avec une hélice ou une spirale.

helicoid, *adj.* : hélicoïde, spiralé.

helicopod *or* **helicopodia**, *s.* : démarche hélicopode, démarche en fauchant.

helicotrema *(gr.)* : hélicotrème (orifice de l'oreille interne).

helio- : hélio-, préfixe indiquant un rapport avec le soleil.

heliopathia, *s.* : héliopathie.

heliophilia, *s.* : affinité morbide pour le soleil.

heliophobia, *s.* : héliophobie, photophobie (crainte morbide de la lumière solaire).

heliosis, *s.* : bain de soleil, coup de soleil.

heliostat, *s.* : héliostat.

heliotaxis, *s.* : forme de tropisme vis-à-vis du soleil ou de la lumière solaire (**positive -** : attraction; **négative -** : répulsion).

heliotherapy, *s.* : héliothérapie (application thérapeutique des rayons solaires).

heliotropic, *adj.* : heliotropique.

heliotropisme *or* **heliotropy**, *s.* : héliotropisme.

helium, *s.* : hélium.

helix, *s.* : hélice; **double -** : double hélice *(génét.)*.

hellebore *or* **helleborus**, *s.* : ellébore.

Heller's plexus : réseau artériel dans la couche interne de la muqueuse intestinale; **- test** : réaction d'identification de l'albumine dans l'urine.

Helmholtz's ligament : portion du ligament antérieur du marteau qui encercle l'apophyse longue; **- line** : ligne perpendiculaire au plan de l'axe de rotation des yeux.

helminth, *s.* : helminthe, ver parasite.

helminthagogue, *s.*, *adj.* : helminthagogue, anthelminthique, vermifuge.

helminthemesis, *s.* : vomissement d'helminthes.

helminthiasis, *s.* : helminthiase (nom générique donné aux maladies causées par les vers intestinaux).

helminthicide, *s.*, *adj.* : vermicide.

helminthism, *s.* : présence d'helminthes dans le corps.

helminthoid, *adj.* : helminthoïde, vermiforme.

helminthology, *s.* : helminthologie.

helminthoma, *s.*, *plur.* **helminthomata** *(gr.)* : tumeur due à la présence d'un ver parasite.

helminthous, *adj.* : infesté de vers.

helodermatous, *adj.* : se dit d'une peau verruqueuse.

helodes, *s.* : 1. fièvre accompagnée d'un accroissement de sécrétion sudorale; 2. fièvre des marais; *adj.* : uligineux.

heloma, *s.* : cor, durillon (main, pied).

Helweg's triangular bundle : faisceau triangulaire de la partie ventrale du cordon antéro-latéral de la moelle épinière.

hem- : *cf.*, **hemo-**.

hemachromatosis, *s.* : pigmentation hématogène.

hemachrome, *s.* : hémochrome.

hemachrosis, *s.* : 1. coloration rouge du sang; 2. toute maladie dans laquelle le sang est anormalement coloré.

hemacyanine, *s.* : hémocyanine.

hemacytometer, *s.* : hématimètre.

hemacytozoon, *s.* : hématozoaire.

hemad, *adv.* : orienté vers le côté ventral, vers le côté vasculaire; *s.* : globule sanguin.

hemaden, *s.* : glande endocrine.

hemadenology, *s.* : endocrinologie.

hemadonosos, *s.* : maladie du sang, des vaisseaux.

hemadostenosis, *s.* : sténose d'un vaisseau sanguin.

hemafacient, *s.* : agent qui accroît la quantité et la qualité du sang.

hemafecal, *adj.* : caractérisé par des selles sanguinolentes.

hemagglutination *or* **hemoagglutination,** *s.* : hémoagglutination, hémodiagnostic, hémagglutination (se dit particulièrement de l'agglutination des hématies par certains virus); **- inhibition** : inhibition de l'hémagglutination; **- titre** : taux d'hémagglutination.

hemagglutinin *or* **hemoagglutinin,** *s.* : hémagglutinine, hémoagglutinine.

hemagogue, *s.*, *adj.* : hémagogue (nom donné aux substances qui amènent l'écoulement des règles ou du flux hémorroïdal).

hemaleucin, *s.* : fibrine.

hemalopia, *s.* : 1. épanchement de sang dans l'œil; 2. érythropsie.

hemalum, *s.* : hémalun (colorant [*histol.*]).

hemanalysis, *s.* : analyse du sang.

hemangiectasis, *s.* : hémangiectasie (dilatation des vaisseaux sanguins).

hemangioblast, *s.* : hémangioblaste.

hemangioblastoma, *s.* : hémangioblastome, angioblastome.

hemangio-endothelioma, *s.* : hémangio-endothéliome.

hemangioma, *s.*, *plur.* **hemangiomata** (*gr.*) : hémangiome.

hemangiomatosis, *s.* : hémangiomatose.

hemangiosarcome, *s.* : angio-sarcome.

hemaphein, *s.* : hémaphéine (matière brune résultant de la décomposition de l'hématine).

hemapoiesis, *s.* : hématopoïèse.

hemapoietic, *adj.* : hématopoïétique.

hemapophysis, *s.* : hémapophyse.

hemarthrosis, *s.* : hémarthrose (épanchement de sang dans une cavité articulaire).

hemartoma, *s.* : tumeur vasculaire.

hemastatics, *s.* : hémastatique (partie de la physiologie qui traite de l'équilibre du sang dans les vaisseaux).

hemasthenosis, *s.* : appauvrissement, altération du sang.

hemat..aboly, *s.* : métabolisme du sang.

hematalloscopy, *s.* : identification du groupe sanguin.

hematedema, *s.* : œdème dû à un épanchement sanguin.

hematein, *s.* : hématéine (matière colorante dérivée de l'hématoxyline [*histol.*]).

hematemesis, *s.* : hématémèse (vomissement de sang).

hematherapy, *s.* : hématothérapie, hémothérapie.

hemathermal *or* **hemathermous,** *adj.* : à sang chaud.

hematic, *s.* : agent thérapeutique agissant sur le sang; *adj.* : hématique, qui est d'origine sanguine.

hematid, *s.* : hématie.

hematidrosis *or* **hemathidrosis,** *s.* : hémathidrose, hématidrose (sueur de sang).

hematimeter, *s.* : hématimètre.

hematin, *s.* : hématine (produit de dénaturation de l'hémoglobine).

hematinemia, *s.* : présence d'hématine dans le sang.

hematinic, *adj.* : 1. hématique; 2. se rapportant à l'hématine.

hematinometer, *s.* : hématimètre.

hematinuria, *s.* : hématinurie, hémoglobinurie.

hemato- : hémato-, hémo-, préfixe dénotant un rapport avec le sang.

hemato-aerometer, *s.* : appareil pour mesurer la pression des gaz dans le sang.

hematobious, *adj.* : vivant dans le sang.

hematobium, *s.* : hématozoaire.

hematoblast, *s.* : hématoblaste.

hematocele, *s.* : hématocèle, tumeur sanguine.

hemeatocephalus, *s.* : épanchement sanguin dans le cerveau.

hematochromatosis, *s.* : *cf.*, **hemochromatosis.**

hematochyluria, *s.* : hématochylurie.

hematocolpometra, *s.* : hématocolpomètre (rétention de sang menstruel dans l'utérus et le vagin).

hematocolpos, *s.* : hématocolpos (rétention du sang menstruel dans le vagin).

hematocrit, *s.* : hématocrite.

hematocryal, *adj.* : à sang froid.

hematocyst, *s.* : kyste sanguin.

hematocystitis, *s.* : cystite hémorragique.

hematocyte, *s.* : globule sanguin.

hematocytoblast, *s.* : hémocytoblaste.

hematocytolysis, *s.* : hémolyse.

hematocytometer, *s.* : hématimètre.

hematocytozoon, *s.* : hématozoaire.

hematocyturia, *s.* : hématurie.

hematodyscrasia, *s.* : dyscrasie sanguine.

hematodystrophy, *s.* : anémie, oligocytémie.

hematoedema, *s.* : *cf.*, **hematedema.**

hematoencephalic barrier : barrière hémato-encéphalique.

hematogaster, *s.* : épanchement de sang dans l'estomac.

hematogenesis, *s.* : formation du sang.

hematogenic *or* **hematogenous,** *adj.* : hématogène.

hematography, *s.* : hématographie, hématologie.

hematohidrosis, *s.* : *cf.*, **hematidrosis.**

hematoid, *adj.* : hématoïde, ressemblant au sang.

hematologist, s. : hématologue.

hematology, s. : hématologie.

hematolymphangioma, s. : hémolymphangiome (tumeur complexe formée de l'association de l'hémangiome et du lymphangiome).

hematolysis, s. : hématolyse, hémolyse.

hematolytic, adj. : hémolytique.

hematoma, s. : hématome; **dural -** : hématome dural.

hematomanometer, s. : sphygmomanomètre.

hematomatous, adj. : se rapportant à, de la nature d'un hématome.

hematomediastinum, s. : hématomédiastin (épanchement sanguin siégeant dans le tissu cellulaire du médiastin).

hematometer, s. : hémomètre, hémodynamomètre.

hematometra, s. : hématomètre, hématométrie (masse d'aspect tumoral formée par la rétention du sang menstruel dans l'utérus).

hematometry, s. : numération globulaire et estimation de la quantité d'hémoglobine.

hematomphalocele, s. : hernie ombilicale avec épanchement sanguin.

hematomyces, s. : fongus hématode, angiome caverneux.

hematomyelia, s. : hématomyélie (hémorragie de la moelle épinière).

hematomyelitis, s. : myélite aiguë avec hématomyélie.

hematomyelopore, s. : formation de cavités médullaires par suite d'hémorragie, syringomyélie post-hémorragique ou traumatique.

hematonephrosis, s. : hématonéphrose (épanchement sanguin dans le bassinet et le rein).

hematonic, s. : tonique pour le sang.

hematopathology, s. : 1. pathologie du sang; 2. branche de la biologie clinique se rapportant aux maladies du sang.

hematopedesis, s. : hémorragie cutanée.

hematopericardium, s. : hémopéricarde.

hematoperitoneum, s. : hémopéritoine.

hematopexis, s. : coagulation du sang.

hematophage, adj. : hématophage.

hematophagia, s. : hématophagie, phagocytose des hématies.

hematophagous, adj. : hématophage (insecte).

hematophilia, s. : cf., **hemophilia.**

hematophobia, s. : hématophobie, hémophobie (crainte morbide du sang).

hematophthalmia : cf., **hemophthalmia.**

hematopoiesis, s. : hématopoïèse, hématopoèse (formation des globules).

hematopoietic, adj. : hématopoïétique.

hematopoietin or **hemopoietin,** s. : hématopoïétine.

hematoporia, s. : anémie.

hematoporphyria, s. : hématoporphyrie.

hematoporphyrin, s. : hématoporphyrine.

hematoporphyrinuria, s. : hématoporphyrinurie, porphyrinurie (présence d'hématoporphyrine dans l'urine).

hematoprecipitin, s. : précipitine spécifique du sang.

hematorrhachis or **hemorrhachis,** s. : hématorrachis (hémorragie intra-rachidienne).

hematorrhea, s. : forte hémorragie.

hematosalpinx, s. : hématosalpinx, hémato-salpingite (hématome de la trompe utérine).

hematoscheocele, s. : hématome scrotal.

hematoscope, s. : hematoscope.

hematoscopy, s. : hématoscopie.

hematose, adj. : rempli de sang.

hematosepsis, s. : septicémie.

hematosis, s. : 1. hématose (oxydation du sang dans le poumon, transformation du sang veineux en sang artériel); 2. hématopoïèse.

hematospectroscope, s. : hématospectroscope.

hematospectroscopy, s. : hématospectroscopie.

hematospermatocele, s. : spermatocèle renfermant du sang.

hematospermia, s. : hématosperme, hémospermie.

hematosteon, s. : hémorragie dans la cavité médullaire d'un os.

hematotherapy, s. : hématothérapie, hémothérapie.

hematothermal, adj. : à sang chaud.

hematothorax, cf. : **hemothorax.**

hematotoxic, adj. : se rapportant à l'hémotoxie, à l'empoisonnement du sang.

hematotrachelos, s. : accumulation de sang dans le col de l'utérus.

hematotympanum, s. : hématotympan (exsudat hémorragique dans la cavité du tympan).

hematoxin, s. : hémotoxine.

hematoxylin, s. : hématoxyline (histol.).

hematoxylon, s. : bois de campêche.

hematozoon, s., plur. **hematozoa** (gr.) : hématozoaire.

hematozymosis, s. : fermentation du sang.

hematuresis : cf., **hematuria.**

hematuria, s. : hématurie.

hemautograph or **hemautography,** s. : hémautographique, tracé authémographique.

heme, s. : hème (pigment brun constituant de l'hémoglobine).

hemeralopia, s. : héméralopie.

hemeraphonia, s. : héméraphonie, aphonie diurne.

hemi- : hémi-, préfixe signifiant moitié.

hemiablepsia or **hemianopia,** s. : hémiablepsie.

hemiachromatopsia, s. : hémiachromatopsie (hémianopsie portant sur les couleurs).

hemiageusia, *s.* : hémiagueusie (abolition du goût sur une moitié de la langue).

hemialbumose, *s.* : hémialbumose, albumose.

hemialbumosuria, *s.* : hémialbumosurie, albumosurie.

hemialgia, *s.* : hémialgie, névralgie unilatérale.

hemiamaurosis, *s.* : forme de cécité transitoire avec hémianopsie d'un côté du champ visuel et amblyopie de l'autre.

hemiamblyopia, *s.* : hémianopsie.

hemianacusia, *s.* : surdité unilatérale.

hemianalgesia, *s.* : hémianalgésie.

hemianesthesia, *s.* : hémianesthésie.

hemianopia or **hemianopsia,** *s.* : hémianopsie (affaiblissement ou perte de la vue dans une moitié du champ visuel).

hemianoptic, *adj.* : hémianopsique.

hemianosmia, *s.* : hémianosmie, anosmie unilatérale.

hemiarthrosis, *s.* : fausse synchondrose.

hemiataxy, *s.* : hémiataxie.

hemiathetosis, *s.* : hémiathétose.

hemiatrophy, *s.* : hémiatrophie, atrophie unilatérale.

hemic, *adj.* : sanguin.

hemicanities, *s.* : canitie unilatérale.

hemicardia, *s.* : moitié de cœur à quatre cavités (une oreillette et un ventricule); **- dextra, - sinistra** : côté droit *ou* gauche du cœur.

hemicentrum, *s.* : partie latérale du corps de la vertèbre.

hemicephalia, *s.* : *cf.,* **hemicrania.**

hemichorea, *s.* : hémichorée.

hemichromatopsia, *s.* : hémiachromatopsie.

hemicrania, *s.* : 1. hémicranie, migraine; 2. développement imparfait *ou* absence d'une partie du crâne.

hemicraniectomy, *s.* : opération de Doyen consistant à sectionner la boîte crânienne et à exposer la moitié du cerveau.

hemidiaphoresis, *s.* : hémidiaphorèse, hémidrose (exagération de la sécrétion sudorale limitée à une moitié du corps).

hemiepilepsy, *s.* : hémi-épilepsie.

hemifacial, *adj.* : hémifacial.

hemigastrectomy, *s.* : 1. gastrectomie partielle; 2. ablation de l'orifice pylorique de l'estomac.

hemiglossitis, *s.* : hémiglossite (glossite circonscrite à une moitié de la langue).

hemignathia, *s.* : avoir seulement une mâchoire.

hemihidrosis, *s.* : hémidrose, hémidiaphorèse.

hemilaryngectomy, *s.* : hémilaryngectomie.

hemilateral, *adj.* : hémilatéral.

hemilesion, *s.* : hémilésion.

hemimelia, *s.* : hémimélie.

hemimelus, *s.* : hémimèle (monstre dont les bras et les cuisses sont de dimensions normales tandis que les avant-bras, les jambes, les mains et les pieds sont réduits à l'état de moignons).

hemin, *s.* : hémine (chlorhydrate d'hématine sous forme de cristaux de Teichmann); **test for -** : réaction de Teichmann.

hemineurastheny, *s.* : hémineurasthénie, neurasthénie dimidiée.

hemiopia, *s.* : hémiopie (conservation de la vision normale dans une seule moitié du champ visuel).

hemiopic, *adj.* : 1. hémiopique; 2. se rapportant à un seul œil; **- pupillary reaction** : réaction hémiopique de Wernicke.

hemipagus, *s.* : hémipage.

hemiparaplegia, *s.* : hémiparaplégie.

hemiparesis, *s.* : hémiparésie.

hemiparesthesia, *s.* : hémiparesthésie.

hemiplegia, *s.* : hémiplégie; **alternate -** : hémiplégie alterne; **ascending -** : hémiplégie ascendante; **crossed -** : hémiplégie croisée; **flaccid -** : hémiplégie flasque; **spastic -** : hémiplégie spastique, hémiplégie spasmodique infantile; **spinal -** : hémiplégie spinale, syndrome de Brown-Séquard.

hemiplegiac, *s.* : hémiplégique.

hemiplegic, *adj.* : hémiplégique.

hemispasm, *s.* : hémispasme, spasme unilatéral.

hemisphere, *s.* : hémisphère.

hemistrumectomy, *s.* : excision de la moitié d'un goitre.

hemisystole, *s.* : hémisystole (systole limitée à un seul des deux ventricules).

hemiterata, *s. plur. (gr.)* : hémitérie (anomalies simples).

hemizygote, *s.* : hémizygote.

hemizygous, *adj.* : hémizygote.

hemlock, *s.* : ciguë; **containing -** : cicuté (pharm.).

hemo- or **haemo-** : hémo-, haemo-, préfixe indiquant un rapport avec le sang.

hemoagglutination, *s.* : hémoagglutination, hémodiagnostic.

hemoagglutinin, *s.* : hémoagglutinine, agglutinine.

hemo-alkalimeter, *s.* : appareil pour doser l'alcalinité du sang.

hemobilinuria, *s.* : présence d'urobiline dans le sang et dans l'urine.

hemoblastosis, *s.* : modifications des tissus hématopoïétiques et des cellules sanguines au cours des leucémies.

hemocatheresis, *s.* : hémocathérèse.

hemocelom or **haemocoelom,** *s.* : kyste sanguin.

hemocholecyst, *s.* : hémocholécyste.

hemochromatosis, *s.* : hémochromatose (imprégnation de l'organisme par des composés ferrugineux formés aux dépens de l'hémoglobine).

hemochrome, *s.* : hémochrome (nom générique des pigments sanguins).

hemochromogen, *s.* : hémochromogène (hématine privée d'oxygène).

hemochromometer, *s.* : hémochromomètre.

hemoclasia, *s.* : *cf.*, **hemoclasis.**

hemoclasis, *s.* : hémolyse.

hemoclastic, *adj.* : hémolytique; **- crisis** : crise hémoclasique (crise vasculo-sanguine résultant d'un brusque déséquilibre apporté à l'état des constituants du plasma sanguin).

hemoconcentration, *s.* : hémoconcentration.

hemoconiosis, *s.* : hémoconiose.

hemocrinotherapy, *s.* : hémocrinothérapie.

hemoculture, *s.* : hémoculture (culture de sang pour isolement de microorganismes).

hemocyanin, *s.* : hémocyanine.

hemocyte, *s.* : globule sanguin.

hemocytoblast, *s.* : hémocytoblaste.

hemocytogenesis, *s.* : hématopoïèse.

hemocytolysis, *s.* : hémolyse.

hemocytometer, *s.* : hémocytomètre, hématimètre.

hemocytopoiesis, *s.* : hématopoïèse.

hemocytotripsis, *s.* : désintégration des globules sous l'influence de la pression.

hemocytozoon, *s.* : hématozoaire.

hemodia, *s.* : hypersensibilité dentaire.

hemodiagnosis, *s.* : hémodiagnostic.

hemodialysis, *s.* : hémodialyse.

hemodiapedesis, *s.* : diapédèse du sang par la peau.

hemodiarrhea, *s.* : dysenterie.

hemodromograph, *s.* : variété d'hémodromomètre destiné à enregistrer les modifications dans la vitesse du courant sanguin.

hemodromometer, *s.* : hémodromomètre (instrument pour mesurer la vitesse du courant sanguin).

hemodromometry, *s.* : hémodromométrie.

hemodynamics, *s.* : hemodynamique (science des phénomènes mécaniques de la circulation sanguine).

hemodynamometer, *s.* : hémodynamomètre (instrument destiné à mesurer la pression sanguine intravasculaire).

hemofuscin, *s.* : hémofuchsine, pigment brun (pigment ferrugineux voisin de la rubigine).

hemogen, *adj.* : hémogène.

hemogenase, *s.* : hémogénase (Castle's intrinsic factor).

hemoglobic, *adj.* : hémoglobinique.

hemoglobin, *s.* : hémoglobine.

hemoglobinemia, *s.* : hémoglobinémie (hémoglobine dans le plasma).

hemoglobiniferous, *adj.* : producteur d'hémoglobine.

hemoglobinocholia, *s.* : hémoglobinobilie (hémoglobine dans la bile).

hemoglobinolysis, *s.* : destruction de l'hémoglobine.

hemoglobinometer, *s.* : hémoglobinomètre, hémoglobinimètre.

hemoglobinopepsia : *cf.*, **hemoglobinolysis.**

hemoglobinophilic, *adj.* : vivant sur l'hémoglobine.

hemoglobinorrhea, *s.* : déperdition d'hémoglobine par les vaisseaux; **- cutis** : épanchement hémoglobinique cutané.

hemoglobinuria, *s.* : hémoglobinurie (hémoglobine dans l'urine).

hemoglobinuric, *adj.* : hémoglobinurique.

hemogram, *s.* : hémogramme.

Hemogregarina : protozoaires du sang des malades atteints de paludisme.

hemohistioblast, *s.* : hémohistioblaste, cellule de Ferrata.

hemohydraulic, *s.* : étude de la circulation sanguine.

hemohydronephrosis, *s.* : tumeur kystique du rein renfermant du sang et de l'urine.

hemoid, *adj.* : hémoïde, qui ressemble au sang.

hemokonia, *s.* : hémoconie.

hemokoniosis, *s.* : quantité anormale d'hémoconies dans le sang.

hemoleukocyte, *s.* : leucocyte.

hemolipase, *s.* : lipase trouvée dans le sang.

hemolith, *s.* : calcul de la paroi d'un vaisseau sanguin.

hemolymph, *s.* : 1. fluide nutritif de certains invertébrés; 2. sang et lymphe.

hemolysin, *s.* : hémolysine.

hemolysis, *s.* : hémolyse, hématolyse.

hemolytic, *adj.* : hémolytique; **- anaemia** *or* **anemia** : anémie hémolytique; **- index** : index hémolytique; **minimum - dose** : dose hémolytique; **- sérum** : sérum hémolytique; **- system** : mélange ambocepteur et hématies (réaction de fixation du complément).

hemolytopoietic, *adj.* : hémolytique et hématopoïétique.

hemolyze, *v.* : hémolyser, produire l'hémolyse.

hemomanometer, *s.* : sphygmomanomètre.

hemomediastinum, *s.* : hémomédiastin.

hemomere, *s.* : partie du métamère dérivant du système vasculaire ou jouant un rôle dans sa formation.

hemometra, *s.* : *cf.*, **hematometra.**

hemometry, *s.* : numération globulaire, taux de l'hémoglobine du sang.

hemomyelogram, *s.* : cytologie de la moelle osseuse.

hemonephrosis, *s.* : hématonéphrose.

hemonormoblast, *s.* : érythroblaste.

hemoophoritis, *s.* : ovarite avec hémorragie.

hemopathology, *s.* : *cf.,* **hematopathology.**

hemopathy, s. : hémopathie (nom générique de toutes les affections caractérisées par une modification du sang).

hemopelvis, s. : hématopelvis.

hemopericardium, s. : hémopéricarde (épanchement de sang dans le péricarde).

hemoperitoneum, s. : hémopéritoine (épanchement de sang dans le péritoine).

hemopexia, s. : toute maladie caractérisée par une tendance du sang à se coaguler.

hemopexin, s. : enzyme coagulant le sang.

hemopexis, s. : 1. coagulation du sang; 2. temps de coagulation.

hemophagic, adj. : hématophage (se dit de certains parasites du sang).

hemophagocyte, s. : leucocyte ou autre phagocyte se trouvant dans le sang.

hemophilia, s. : hémophilie.

hemophiliac, s. : hémophile.

hemophilic, adj. : hémophilique; **- anti-globuline** or **serum** : facteur antihémophilique.

hemophil or **haemophile,** s. : se dit des germes qui croissent dans un milieu contenant du sang.

hemophobia, s. : hémophobie, hématophobie.

hemophthalmia or **hemophthalmos,** s. : hémophtalmie (épanchement de sang dans l'intérieur du globe de l'œil).

hemoplasmodium, s. : plasmodium du paludisme.

hemopleura, s. : présence de sang dans la cavité pleurale.

hemopneumothorax, s. : hémopneumothorax épanchement de sang et d'air dans la cavité pleurale).

hémopoiesis, s. : hématopoïèse.

hemopoietin, s. : hémopoïétine, facteur de Castle.

hemoproctia, s. : 1. hémorragie rectale; 2. hémorragie d'origine hémorroïdale.

Hemoproteus : protozoaire, parasite du sang des oiseaux atteints de paludisme aviaire.

hemopsonin, s. : opsonine.

hemoptysis, s. : hémoptysie.

hemopyelectasis, s. : dilatation du bassinet par épanchement sanguin.

hemorrhage, s. : hémorragie; **concealed -** : hémorragie interne.

hemorrhagenic, adj. : hémorragipare.

hemorrhagic, adj. : hémorragique; **- diathesis** or **disease** : hémophilie; **- fever** : fièvre hémorragique (arbovirus).

hemorrhea or **haemorrhoea,** s. : forte hémorragie.

hemorrhoid, s. : hémorroïde; **blind -** : hémorroïdes non saignantes; **external -** : hémorroïdes procidentes.

hemorrhoidal, adj. : hémorroïdal.

hemorrhoidectomy, s. : excision des hémorroïdes.

hemosalpinx, s. : hématosalpinx.

hemosiderin, s. : hémosidérine, rubigine, sidérine, pigment ocre.

hemosiderosis, s. : hémosidérose (surcharge pathologique des organes et en particulier du foie par l'hémosidérine).

hemosozin, s. : antihémolysine.

hemospasia, s. : action d'attirer le sang (ventouse).

hemospermia, s. : hémospermie, hématospermie.

hemosporidium : hémosporidie (sporozoaire du genre *Plasmodium*).

hemostasis or **hemostasia,** s. : hémostase, hémostasie [phénomène physiologique (- spontanée) ou opération (- provoquée) qui arrête l'hémorragie].

hemostat, s. : pince hémostatique.

hemostatic, s., adj. : hémostatique.

hemostix, s. : lancette pour prélèvement de gouttes de sang *(hématol.).*

hemotachometer, s. : hémotachomètre (instrument pour mesurer la vitesse du flux sanguin).

hemotelangiosis, s. : 1. maladie des capillaires; 2. télangiectasie.

hemotherapeutics, s. : hémothérapie, hématothérapie.

hemothorax, s. : hémothorax (épanchement de sang dans la cavité pleurale).

hemotoxin, s. : hémotoxine (substance exerçant une action nocive sur le globule rouge).

hemotoxis, s. : empoisonnement du sang.

hemotropic, adj. : hémotrope.

hemotrypsia, s. : hémotrypsie hémorragique.

hemotympanum, s. : présence de sang dans la cavité du tympan.

hemovolumetry, s. : mesure du volume sanguin.

hemoxometer, s. : instrument pour doser l'oxygène du sang.

Henderson-Hasselbalch equation : équation d'Henderson-Hasselbalch pour l'équilibre acido-basique.

hemozoin, s. : hémozoïne, pigment palustre noir.

hemozoon, s. : hématozoaire.

hemp, s. : 1. chanvre, *Cannabis satira*; 2. hachisch, *Cannabis indica (pharm.).*

Henle's ampulla : 1. ampoule du canal déférent; 2. ampoule (de la trompe de Fallope); **canal of -** : partie des tubes urinifères; **- cells** : cellules des voies spermatiques; **- fenestrated membrane** : couche fibro-élastique sous-endothéliale de la tunique intime (artère); **- glands** : glandes de la conjonctive palpébrale; **- internal cremaster** : fibres musculaires lisses entourant le canal déférent et les vaisseaux du cordon spermatique; **- ligament** : ligament de Henle; **- loop** : anse de Henle; **- outer fibrous layer** : zone des cônes au bord de la tache jaune (rétine); **- sheath** : gaine de Henle (1. périnèvre; 2.

bulbe pileux); **- sphincter** : sphincter lisse de l'urètre.

Henoch's purpura : purpura rhumatoïde de Henoch, maladie de Schœnlein.

henogenesis, s. : ontogenèse.

henosis, s. : 1. cicatrisation; 2. symblépharon.

henpuye, s. : goundou, anakhré (« nez de chien » : déformation pianique des os du nez).

Hensen's canal : canal de Hensen (oreille interne); **- cells** : cellules épithéliales de l'organe de Corti; **- disc** or **line** : ligne transversale incolore qui coupe en deux un élément de fibre de muscle strié.

Hensing's fold or **ligament** : ligament supérieur du cæcum.

HEP virus (High Egg Passage virus) : virus Flury (rage).

hepar, s. (gr.) : foie.

heparin, s. : héparine (anticoagulant naturel abondant dans le foie et les muscles).

heparinaemia, s. : présence d'héparine dans le sang.

heparinize, v. : hépariner.

hepatalgia, s. : hépatalgie (douleur au niveau du foie).

hepatalgic, adj. : hépatalgique.

hepatapostema, s., plur. **hepatapostemata** (gr.) : abcès du foie.

hepatargy, s. : hépatargie, insuffisance hépatique.

hepatatrophia or **hepatatrophy,** s. : atrophie hépatique.

hepatauxe, s. : hypertrophie du foie.

hepatectomize, v. : faire une hépatectomie.

hepatectomy, s. : hépatectomie (résection d'une partie du foie).

hepatic, adj. : hépatique; **- failure** : syndrome de défaillance hépatique; **- function tests** : exploration fonctionnelle du foie.

hepatico- : hépatico-, préfixe dénotant un rapport, une appartenance avec le foie.

hepaticoduodenostomy, s. : hépaticoduodénostomie (opération qui consiste à anastomoser le canal hépatique avec le duodénum).

hepatico-enterostomy, s. : hépatico-entérostomie (opération qui consiste à anastomoser le canal hépatique avec l'intestin).

hepaticogastrostomy, s. : hépaticogastrostomie (opération qui consiste à aboucher le canal hépatique dans l'estomac).

hepaticolithoptripsy, s. : hépaticolithotripsie (inus.), broyage des calculs à travers la paroi du canal hépatique.

hepaticostomy, s. : hépaticostomie.

hepaticotomy, s. : hépaticotomie (incision du canal hépatique).

hepatism, s. : hépatisme (ensemble des symptômes qui relèvent des affections chroniques du foie).

hepatitis, s. : hépatite; **amoebic -** : abcès du foie amibien; **chlorpromazine -** : hépatite au Largactil; **infectious -** : hépatite épidémique; **serum -** : hépatite de la seringue; **transfusion -** : hépatite sérique.

hepatization, s. : hépatisation (modification de l'aspect macroscopique d'un tissu [en général, poumon], dont la couleur et la densité rappellent le tissu hépatique).

hepato- : hépato-, préfixe dénotant un rapport avec le foie.

hepatocarcinogenic, adj. : hépatocarcinogène.

hepatocele, s. : hépatocèle, (hernie du foie).

hepatocholangio-enterostomy, s. : hépatocholangio-entérostomie (abouchement dans l'intestin des gros conduits biliaires intrahépatiques).

hepatocholecystopathy, s. : maladie du parenchyme, hépatique et des voies biliaires.

hepatocirrhosis, s. : hépatocirrhose, cirrhose du foie ou hépatique.

hepatocolic, adj. : hépato-colique.

hepatocystic, adj. : hépato-cystique.

hepatoduodenal, adj. : qui intéresse le foie et le duodénum.

hepatoduodenostomy, s. : hépatoduodénostomie (anastomose entre le foie et le duodénum).

hepatodynia, s. : douleur hépatique.

hepatodysentery, s. : inflammation hépatique avec dysenterie.

hepatodystrophy, s. : nécrose aiguë du foie.

hepato-enteric, adj. : hépato-entérique, se rapportant au foie et à l'intestin.

hepatogastric, adj. : hépatogastrique, se rapportant au foie et à l'estomac.

hepatogastritis, s. : hépatogastrite (inflammation du foie et de l'estomac).

hepatogenic or **hepatogenous,** adj. : produit par ou dans le foie.

hepatography, s. : hépatographie.

hepatohemia, s. : congestion sanguine du foie.

hepatoid, adj. : ressemblant au foie.

hepatolenticular degeneration : hépatite familiale juvénile avec dégénérescence du corps strié, dégénérescence lenticulaire progressive, maladie de Wilson.

hepatolith, s. : hépatolithe, calcul biliaire.

hepatolithectomy, s. : excision des calculs biliaires.

hepatolithiasis, s. : maladie caractérisée par la formation de calculs biliaires.

hepatology, s. : hépatologie.

hepatolysin, s. : cytolysine agissant sur les cellules hépatiques.

hepatoma, s. : hépatome, tumeur du foie.

hepatomalacia, s. : ramollissement du foie.

hepatomegaly or **hepatomegalia,** s. : hépatomégalie, mégalhépatie, hépatomacrosie.

hepatomelanosis, s. : mélanose du foie.

hepatomphalocele, *s.* : hépatomphale, hernie ombilicale du foie.

hepatonecrosis, *s.* : nécrose du foie.

hepatonephric, *adj.* : se rapportant au foie et au rein.

hepatonephromegaly, *s.* : hépatonéphromégalie (hypertrophie du foie et des reins).

hepatopathy, *s.* : hépatopathie (nom générique donné à toutes les affections du foie).

hepatoperitonitis, *s.* : inflammation du revêtement péritonéal du foie.

hepatopexy, *s.* : hépatopexie (fixation chirurgicale du foie déplacé *ou* d'un lobe hépatique flottant).

hepatophlebitis, *s.* : inflammation des veines du foie.

hepatophlebotomy, *s.* : phlébotomie du foie.

hepatopneumonic, *adj.* : se rapportant au foie et aux poumons.

hepatoportal, *adj.* : se rapportant à la circulation porte du foie.

hepatopostema, *s.* : abcès du foie.

hepatoptosis, *s.* : hépatoptose (abaissement et mobilité anormale du foie par suite du relâchement de ses moyens de fixité).

hepatorenal, *adj.* : hépatorénal.

hepatorrhagia, *s.* : hépatorragie, hémorragie du foie.

hepatorrhaphy, *s.* : hépatorraphie (suture des lèvres d'une plaie hépatique).

hepatorrhea, *s.* : hypersécrétion biliaire.

hepatorrhexis, *s.* : rupture du foie.

hepatoscopy, *s.* : hépatoscopie.

hepatosis, *s.* : hépatose.

hepatosplenitis, *s.* : inflammation du foie et de la rate, hépatite et splénite.

hepatostomy, *s.* : hépatostomie.

hepatotherapy, *s.* : hépatothérapie (emploi thérapeutique du foie).

hepatotomy, *s.* : hépatotomie (incision chirurgicale du foie).

hepatotoxic, *adj.* : hépatotoxique, toxique pour le foie.

hepatotoxin, *s.* : cytotoxine du foie.

heptad, *s.* : tout élément ayant sept pour valence.

heptane, *s.* : heptane (carbure d'hydrogène servant d'anesthésique en médecine, de solvant en chimie).

heptoses, *s.* : heptoses (sucres).

herb, *s.* : herbe; **- of grace** : rue (*bot.*); **medicinal -** : herbes, plantes médicinales, simples; **- tea, - water** : infusion, tisane d'herbes.

herbaceous, *adj.* : herbacé.

herbal, *s.* : 1. herbier; 2. infusion d'herbes.

herbalist, *s.* : guérisseur (par les plantes).

herbarium, *s.* : herbier.

Herbert's operation : mode d'opération du glaucome.

herbicarnivorous, *adj.* : herbivore et carnivore.

herbicide, *s.* : désherbant.

herbivora, *s. pl.* : herbivores (*zool.*).

herbivore, *s.* : herbivore.

herd instinct : instinct grégaire.

hereditary, *adj.* : héréditaire; **- ataxia** : ataxie héréditaire, maladie de Friedrich; **- syphilis** : hérédosyphilis.

heredity, *s.* : hérédité.

heredo- : hérédo-, préfixe signifiant héréditaire.

heredo-ataxia, *s.* : ataxie héréditaire, maladie de Friedreich.

heredodegeneration, *s.* : hérédodégénérescence.

heredolues *or* **heredosyphilis**, *s.* : syphilis congénitale.

Hering's law : loi sur la sensation; **- test** : test pour la vision binoculaire; **- theory of color-sensation** : loi sur l'assimilation et la désassimilation des couleurs (*opt.*).

Hering-Breüer reflex : réflexe d'Hering (respiratoire).

heritage, *s.* : somme totale des caractéristiques transmises des parents aux enfants.

hermaphrodism *or* **hermaphroditism**, *s.* : hermaphrodisme.

hermaphrodite, *s.* : hermaphrodite.

hernia, *s.* : hernie; **cerebral -** : hernie du cerveau; **crural** *or* **femoral -** : hernie crurale, mérocèle; **diaphragmatic** *or* **hiatus -** : hernie diaphragmatique; **inguinal -** : hernie inguinale; **strangulated -** : hernie étranglée; **tonsillar -** : hernie de l'amygdale du cervelet; **umbilical -** : hernie ombilicale, omphalocèle.

hernial *or* **herniary**, *adj.* : herniaire; **- sac** : sac herniaire.

herniate, *v.* : former une hernie.

herniated, *adj.* : hernie, hernieux.

herniation, *s.* : formation d'une hernie.

hernioceliotomy, *s.* : *cf.*, **herniolaparotomy.**

hernio-enterotomy, *s.* : herniotomie et entérotomie.

hernioid, *adj.* : ressemblant à une hernie.

herniolaparotomy, *s.* : cœlotomie pour traitement d'une hernie.

herniology, *s.* : partie de la chirurgie qui traite des causes, du diagnostic et du traitement des hernies.

hernioplasty, *s.* : opération pour la guérison radicale de la hernie.

herniopuncture, *s.* : ponction d'une hernie.

herniorraphy, *s.* : herniorraphie.

herniotomy, *s.* : herniotomie (cure radicale de la hernie).

heroic, *adj.* : héroïque, se dit d'un remède brutal ou de moyens impliquant un risque.

heroin, *s.* : héroïne (éther diacétique de morphine).

heroinism *or* **heroinomania,** *s.* : héroïnomanie (habitude morbide de l'héroïne).

herpangina, *s.* : angine herpétiforme, pharyngite vésiculeuse.

herpes, *s.* : herpès; **- circinatus** : herpès circiné, trichophytie circinée, herpès parasitaire; **- genitalis** : herpès génital; **- gestationis** : herpès de la gestation, dermatite polymorphe douloureuse récidivante de la grossesse; **- iris** : herpès iris, hydroa vésiculeux; **- pyaemicus** : impétigo herpétiforme; **- tonsurans** : teigne tondante; **- zoster** : zona.

herpes virus : herpès virus, virus de l'herpès; **- hominis** : virus de l'herpès humain; **- simiae** : virus B du singe; **- suis** : virus de la maladie d'Aujesky, pseudorage; **- varicellae** : virus de la varicelle-zona.

herpetic, *adj.* : herpétique; **- gingivostomatitis** : stomatite aphteuse; **- sore throat** : angine herpétique.

herpetiform, *adj.* : herpétiforme.

herpetism, *s.* : herpétisme.

Herpetomonas : *Herpetomonas* (infusoire flagellé parasite).

hersage, *s. (fr.)* : hersage des nerfs, dilacération des fibres nerveuses.

Herter's infantilism *or* **disease** : maladie de Herter, maladie de Gee, cœliaquie, maladie cœliaque, infantilisme intestinal, sprue non tropicale, stéatorrhée idiopathique.

Herxheimer's spiral fibers : fibres spiralées de l'épiderme; **- reaction** : réaction de Herxheimer (réaction due à la libération des endotoxines tréponémateuses lors de l'instauration du traitement antibiotique de la syphilis).

Heryng's benign ulcer : ulcère unique du gosier ayant l'aspect d'une large vésicule herpétique; **- sign** : signe de Heryng (signe permettant le diagnostic de la sinusite maxillaire).

hesperanopia, *s.* : nyctalopie.

Hesselbach's hernia : hernie de Hesselbach, hernie crurale à diverticules multiples; **- ligament** : ligament de Hesselbach; **- triangle** : triangle formé par le bord latéral du muscle droit abdominal, l'artère épigastrique et le ligament inguinal.

heteradenic, *adj.* : hétéradénique; se dit d'un tissu morbide, développé en dehors d'une glande et ayant la structure d'une glande.

heteradenoma, *s.,* *plur.* **heteradenomata** *(gr.)* : tumeur hétéradénique.

heterecism *or* **heteroecism,** *s.* : hétéroparasitisme.

heteresthesia *or* **heteraesthesia,** *s.* : hétéresthésie.

hetero- : héter- *ou* hétéro-, préfixe qui marque la différence *ou* l'étrangeté (du grec *heteros,* différent).

heteroagglutinin, *s.* : hétéroagglutinine (agglutinine agissant sur les globules d'un individu d'espèce différente).

heteroalbumose, *s.* : hétéroalbumose.

heteroalbumosuria, *s.* : présence d'hétéroalbumose dans l'urine.

heteroautoplasty, *s.* : hétéro-autoplastie (greffe des tissus d'une partie du corps sur une autre).

heteroblastic, *adj.* : provenant de tissus différents.

heterocarpian *or* **heterocarpous,** *adj.* : hétérocarpe *(bot.).*

heterochiral, *adj.* : se rapportant à l'autre main.

heterochromasia, *s.* : hétérochromasie.

heterochromatosis, *s.* : 1. pigmentation de la peau due à des substances étrangères; 2. hétérochromie.

heterochromatin, *s.* : hétérochromatine (chromatine inerte du point de vue génétique, constituée d'histone, acide désoxyribonucléique et acide nucléique).

heterochromia, *s.* : hétérochromie (coloration différente des deux iris; différences de coloration dans le même iris).

heterochromosome, *s.* : hétérochromosome, allosome, *par ex.* chromosome sexuel, chromosome X.

heterochromous, *adj.* : hétérochrome.

heterocinesia, *s.* : hétérocinésie, allocinésie.

heterocrisis, *s.* : crise anormale dans une maladie.

heterodermic, *adj.* : se dit pour une hétérogreffe cutanée.

heterodesmotic, *adj.* : se dit de fibres nerveuses réunissant des centres différents ou associant des centres nerveux à d'autres organes.

heterodont, *adj.* : hétérodonte.

heterodrome, *adj.* : hétérodrome.

heterodymus, *s.* : hétérodyme.

heterodynamic, *adj.* : hétérodyname.

heteroepidermic, *cf.* : **heterodermic.**

heterogametous, *adj.* : hétérogamétique (se dit d'un être vivant et sexué dont la paire d'hétérochromosomes est formée de deux éléments différents et dont, par conséquent, les gamètes sont dissemblables).

heterogeneity, *s.* : hétérogénéité.

heterogeneous, *adj.* : hétérogène, qui n'est pas de la même nature.

heterogenesis, *s.* : hétérogenèse, hétérogénie.

heterogenetic, *adj.* : hétérogène.

heterogony, *s.* : hétérogénie.

heterograft, *s.* : hétérogreffe, greffe hétéroplastique, hétéroplastie.

heteroid *or* **heteroideus,** *adj.* : hétéroïde, de forme différente.

hetero-immune, *s.* : possédant une immunité contre un antigène d'une espèce animale différente.

hetero-infection, *s.* : hétéro-infection.

hetero-inoculation, *s.* : hétéro-inoculation (inoculation d'un individu avec un virus provenant d'un autre individu).

hetero-intoxication, *s.* : intoxication par un poison exogène (par opposition à auto-intoxication).

heterokinesis, *s.* : hétérokinèse (stade de la méïose auquel les chromosomes sexuels sont répartis de façon différente dans les gamètes).

heterolalia, *s.* : paraphémie (trouble du langage).

heterolateral, *adj.* : controlatéral, se rapportant au côté opposé, situé sur le côté opposé.

heterologous, *adj.* : hétérologue, hétéromorphe; **- serum** : sérum hétérologue; **- tumors** : tumeurs hétérologues.

heterology, *s.* : hétérologie (anomalie de forme, de nature, de structure; évolution d'une structure anormale).

heterolysin, *s.* : hétérolysine, hétérohémolysine (nom donné aux hémolysines qui détruisent les hématies d'individus d'espèces différentes).

heterolysis, *s.* : hétérolyse (action hémolytique du sérum d'un animal sur les globules d'une autre espèce animale).

heteromeral *or* **heteromeric,** *adj.* : hétéromère, neurone dont l'axone se dirige de l'autre côté de la moelle.

heterometropia, *s.* : inégalité entre l'indice de réfraction des deux yeux.

heterometry, *s.* : hétérométrie (anomalie du développement tissulaire).

heteromorphism, *s.* : hétéromorphisme.

heteromorphosis, *s.* : malformation, difformité; toute maladie caractérisée par une difformité.

heteromorphous, *adj.* : hétéromorphe.

heteronomous, *adj.* : hétéronome.

hetero-osteoplasty, *s.* : hétéroostéoplastie, hétérogreffe, greffe hétéroplastique des fragments osseux.

heteropathic, *adj.* : hétéropathique.

heteropathy, *s.* : 1. hétéropathie, allopathie; 2. réaction anormale à un stimulus, une irritation.

heterophasia, heterophemia *or* **heterophemy,** *s.* : paraphémie.

heterophile, *adj.* : hétérophile; **- antibody** : anticorps du type Paul-Bunell-Davidsohn.

heterophonia, *s.* : hétérophonie, voix anormale.

heterophoralgia, *s.* : fatigue *ou* douleur oculaire due à l'hétérophorie.

heterophoria, *s.* : hétérophorie (trouble de l'équilibre oculo-moteur caractérisé par une absence de parallélisme).

heterophthalmos, *s.* : hétérophthalmie, hétérochromie, allophtalmie.

heteroplasia, *s.* : hétéroplasie.

heteroplasm, *s.* : hétéroplasme (tissu dont le site est anormal).

heteroplastic, *adj.* : hétéroplastique.

heteroplastid, *s.* : greffe hétéroplastique.

heteroplasty, *s.* : hétéroplastie.

heteroploid, *adj.* : hétéroploïde.

heteropsia, *s.* : hétéropsie (vision inégale des deux yeux).

heteropsychology, *s.* : psychologie basée sur l'objectivité.

heteroptics, *s.* : vision dénaturée.

heteroserotherapy, *s.* : hétérosérothérapie.

heterosexual, *s., adj.* : hétérosexuel.

heterosexuality, *s.* : sexualité normale.

heterosis, *s.* : hétérosis (état dans lequel la première génération d'hybrides est plus vigoureuse que les deux parents).

heterospecific, *adj.* : hétérospécifique.

heterotaxia *or* **heterotaxis,** *s.* : hétérotaxie (inversion viscérale totale ou partielle).

heterotherapy, *s.* : hétérothérapie (thérapeutique d'une maladie par des médicaments non spécifiques).

heterotonia, *s.* : tension variable.

heterotopic *or* **heterotopous,** *adj.* : hétérotopique, déplacé.

heterotoxin, *s.* : toxine exogène.

heterotransplant, *s.* : hétérogreffe.

heterotrichosis, *s.* : croissance de cheveux de couleurs différentes.

heterotrophia *or* **heterotrophy,** *s.* : difficulté de nutrition (se dit des germes dont la nutrition exige l'apport de métabolites complexes).

heterotropia, *s.* : strabisme.

heterotypic *or* **heterotypical,** *adj.* : 1. hétérotypique; 2. hétérotypien, hétérotype.

heteroxenous, *adj.* : hétéroxène.

heterozygosis, *s.* : hétérozygose (formation d'un zygote par union de gamètes de constitution génétique non identique).

heterozygote, *s.* : hétérozygote (individu possédant différents allèles pour un caractère donné).

heterozygous, *adj.* : hétérozygote (dont les gènes sont allélomorphes; les sujets hétérozygotes ont le même phénotype que les homozygotes, mais transmettent le caractère récessif à la moitié de leur descendance).

hettocyrtosis, *s.* : légère déviation de la colonne vertébrale.

hexa- : hexa-, préfixe signifiant six.

hexachromic, *adj.* : se dit des individus qui ne peuvent percevoir que six des sept couleurs du spectre.

hexad, *s.* : élément hexavalent.

hexadactylism, *s.* : hexadactylie, sexdigitisme.

hexatomic, *adj.* : hexatomique.

hexavalent, *adj.* : hexavalent.

hexiology, *s.* : science des rapports entre l'organisme et le milieu ambiant.

hexokinase, *s.* : hexokinase.

hexose, *s.* : hexose (sucre en C_6).

Hey's infantile hernia : hernie enkystée de Cooper; **- internal derangement** : luxation des cartilages semi-lunaires de l'articulation interne du genou; **- ligament** : ligament fémoral; **- operation** : 1. amputation *ou* opération de Lisfranc (désarticulation tarso-métatarsienne); 2. mode d'amputation de la jambe.

Hfr (haute fréquence de recombinaison) : bactéries contenant le facteur F intégré au chromosome bactérien.

hiant, *s.* : bâillement.

hiatal, *adj.* : hiatal.

hiation, *s.* : le fait de bâiller, de s'étirer en bâillant.

hiatus, *s.* *(lat.)* : orifice, ouverture; **- aortic** : orifice de l'aorte dans le diaphragme; **- canalis facialis** *or* **Fallopii** : hiatus de Fallope; **- hernia** : hernie diaphragmatique; **maxillary -** : orifice du sinus maxillaire; **- œsophageal** : orifice de l'œsophage dans le diaphragme; **- sacral** : hiatus sacralis, échancrure sacrée; **- semilunaris** : 1. sillon de la fosse nasale où débouchent l'antre de Highmore et les cellules ethmoïdes; 2. orifice de l'aponévrose profonde du bras pour le passage de la veine basilique; **- tendineus** : ouverture antérieure du canal de Hunter; **vena** *or* **caval -** : orifice de la veine cave inférieure dans le diaphragme.

hibernation, *s.* : hibernation.

hibernoma, *s.* : hibernome (tumeur de la glande d'hibernation).

hiccup *or* **hiccough**, *s.* : hoquet, myoclonie phréno-glottique.

Hick's sign : contractions utérines intermittentes se manifestant après le troisième mois de la grossesse ou causées par une tumeur de l'utérus.

hidradenitis *or* **hidroadenitis** : *cf.*, **hidrosadenitis**.

hidradenoma, *s.* : hidradénome, syringocystadénome, syringome (adénome des glandes sudoripares).

hidro- : hidro-, préfixe signifiant sueur.

hidroa, *s.* : sudamina (lésion cutanée apparaissant à la suite de transpirations abondantes), (à ne pas confondre avec hydroa).

hidrocystoma, *s.*, *plur.* **hidrocystomata** *(gr.)* : hidrocystome (adénome kystique développé aux dépens des glomérules sudoripares).

hidropedesis, *s.* : transpiration excessive.

hidropoiesis, *s.* : formation de la sueur.

hidrorrhoea, *s.* : hidrorrhée (sueurs abondantes).

hidrosadenitis, *s.* : hidrosadénite, hidradénite, adénite sudoripare.

hidroschesis, *s.* : rétention, suppression de la transpiration.

hidrosis, *s.* : hidrose (1. formation et sécrétion de la sueur; 2. transpiration excessive; 3. adénite sudoripare; 4. toute maladie de la peau à laquelle est associé un mauvais fonctionnement des glandes sudoripares).

hieralgia, *s.* : douleur dans le sacrum.

hierolisthesis, *s.* : hiérolisthésis, sacrum basculé, sacrolisthésis.

Higgins' technique : mode d'anastomose urétéro-intestinale.

Higginson's syringe : pompe pour lavements.

Highmore (antrum of) : antre de Highmore; **body of -** *or* **- corpus** : corps de Highmore (testicule).

highmoritis, *s.* : inflammation de l'antre de Highmore.

hikan, *s.* : hican (maladie rare due à une carence en vitamine A au Japon).

hilar, *adj.* : hilaire, se rapportant au hile; **- dance** : danse des hiles *(radiol.)*.

hillock, *s.* : légère proéminence; **seminal -** : veru montanum.

Hilton's muscle : muscle aryténo-épiglottidien; **- sac** : ventricule de Morgagni.

hilum *or* **hilus**, *s.* : hile; **- of the kidney** : hile du rein; **- of the lung** : hile du poumon; **- of the liver** : hile du foie, etc.

hind, *adj.* : de derrière, postérieur; **- brain** : partie de l'embryon qui donne naissance au bulbe et au cervelet; **- gut** : partie de l'embryon qui donne naissance au cæcum, à l'appendice vermiforme, au côlon et au rectum; **- kidney** : partie de l'embryon qui donne naissance au rein et à l'uretère; **- quarters** : arrière-train; **- quarter amputation** : amputation à la hanche.

hinge joint : diarthrose.

hip, *s.* : hanche; **- bath** : bain de siège; **- bone** : ischion; **congenital dislocation of the -** : luxation congénitale de la hanche; **- girdle** : arc pelvien; **- joint** : articulation coxo-fémorale.

Hippel's disease : maladie de von Hippel, angiomatose de la rétine.

hippiatry, *s.* : médecine vétérinaire pour chevaux.

hippocamp, *s.* : hippocampe.

hippocampal, *adj.* : se rapportant à l'hippocampe; **- convolution** : circonvolution de l'hippocampe; **- fissure** : sillon de l'hippocampe.

hippocampus, *s.*, *plur.* **hippocampi** *(gr.)* : hippocampe.

hippocoryza, *s.* : morve.

Hippocratic, *adj.* : hippocratique, qui concerne Hippocrate et sa doctrine; **- cord** : tendon d'Achille; **- expression** *or* **facies** : facies hippocratique; **- fingers** : doigts hippocratiques; **- oath** : serment d'Hippocrate; **- sound** : succussion hippocratique.

hippocratism, *s.* : hippocratisme.

hippolith, *s.* : bézoard du cheval *(vétér.)*.

hippology, *s.* : anatomie, pathologie, etc., du cheval.

hippomelanin, *s.* : pigment de la tumeur mélanique du cheval *(vétér.)*.

hippomyxoma, *s.* : œdème accompagnant la morve et le farcin *(vétér.)*.

hippopathology, s. : science des maladies du cheval.

hippophagy, s. : hippophagie.

hipposteology, s. : ostéologie du cheval.

hippuria, s. : hippurie (excès d'acide hippurique ou d'hippurates dans l'urine).

hippuric acid : acide hippurique; **reaction for - acid,** cf. : **Luecke's reaction for hippuric acid.**

hippuricase, s. : hippuricase.

hippus, s. : hippus, athétose pupillaire.

hircismus, s. : bromidrose axillaire.

hircus, s., plur. **hirci** (lat.) : 1. tragus; 2. duvet axillaire.

Hirschfeld's disease : forme mortelle de diabète; **- ganglion** : circonvolution de l'hippocampe.

Hirschsprung's disease : maladie de Hirschprung, mégacôlon congénital.

hirsute, adj. : hirsute, velu.

hirsuties, s. : développement excessif du système pileux.

hirsutism or **hirsutismus,** s. : hirsutisme, virilisme pilaire.

hirudin, s. : hirudine (sécrétion de la glande buccale de la sangsue).

hirudinization, s. : hirudinisation, hirudination, apposition de sangsues.

hirudo, s., plur. **hirudines** (lat.) : sangsue.

His' bundle : faisceau de His; **- canal** : canal thyréoglosse, canal de His; **- sulcus terminalis** : sulcus terminalis de His (oreillette droite).

histaffine, adj., s. : 1. ayant de l'affinité pour les tissus; 2. substance hypothétique à laquelle est attribuée la déviation du complément dans la syphilis et la trypanosomiase.

histaminase, s. : histaminase (enzyme détruisant l'histamine dans le sang et les tissus).

histamine, s. : histamine (substance naturelle dérivée de l'histidine).

histaminergic, adj. : histaminergique.

histic, adj. : tissulaire.

histidine, s. : histidine.

histioblast, s. : histioblaste.

histioblastoma, s. : réticulo-endothéliome.

histiocyte, s. : histiocyte, cellule histioïde.

histiocytoma, s. : histiocytome.

histiocytomatosis, s. : histiocytomatose, réticulo-endothéliose, histiocytose, réticulose.

histiocytosis, s. : histiocytose, forme de réticulo-endothéliose; **lipoid -** : histiocytose lipoïdique, maladie de Niemann-Pick; **- X** : maladie de Hand-Schüller-Christian.

histioid, adj. : histioïde.

histioma, s. : tumeur tissulaire.

histo- : histo-, préfixe dénotant un rapport avec les tissus.

histoblast or **histioblast,** s. : histioblaste.

histochemistry, s. : histo-chimie.

histocompatibility, s. : histocompatibilité (tolérance mutuelle de tissus empruntés à deux organismes différents [greffes]).

histocompatible, adj. : histocompatible.

histocyte or **histiocyte,** s. : histiocyte.

histocytosis, s. : cf., **histiocytosis.**

histodiagnosis, s. : diagnostic par examens histologiques.

histodialysis, s. : dissolution tissulaire.

histofluorescence, s. : administration de médicaments fluorescents au cours du traitement par rayons X.

histogenesis, s. : histogenèse.

histogenetic, adj. : histogénique.

histogeny, s. : cf., **histogenesis.**

histography, s. : histographie, description des tissus organiques.

histoid, adj. : histioïde.

histokinesis, s. : motilité des petits éléments structurels du corps.

histologic or **histological,** adj. : histologique.

histologist, s. : histologiste.

histology, s. : histologie.

histolysis, s. : histolyse, destruction des tissus.

histolytic, adj. : se rapportant à l'histolyse.

histoma, s. : tumeur tissulaire.

histone, s. : histone (protéine extraite des noyaux cellulaires, du type des albumoses).

histonomy, s. : histonomie (lois du développement et de l'ordonnancement des tissus organiques).

histonuria, s. : présence d'histone dans l'urine.

histopathologist, s. : anatomo-pathologiste.

histopathology, s. : histopathologie.

histophysiology, s. : histophysiologie.

histoplasmosis : histoplasmose (mycose tropicale due à un champignon Histoplasma capsulatum, déterminant une hyperplasie élective du système réticulo-endothélial).

histopoiesis, s. : histopoïèse.

historadiography, s. : historadiographie.

history, s. : historique; **case -** : anamnèse.

histotherapeutics or **histotherapy,** s. : emploi thérapeutique des tissus animaux.

histotome, s. : microtome.

histotomy, s. : dissection anatomique des tissus.

histotoxic, s. : toxique pour les tissus.

histotripsy, s. : histotripsie, écrasement tissulaire.

histotrophic, adj. : concernant la nutrition tissulaire.

histotropic, adj. : ayant une affinité pour les tissus.

histozoic, adj. : parasite cellulaire.

histozyme, s. : hippuricase (enzyme) trouvée dans les reins des porcs et jouant un rôle dans la dégradation de l'acide hippurique.

histrionic, *adj.* : histrionique; **- mania** : démence avec affectation et manières hautaines; **- muscles** : muscles de la figure; **- paralysis** : paralysie de Bell; **- spasm** : tic des muscles de la figure.

histrionism, *s.* : manières théâtrales dans la démence ou l'hystérie.

hives, *s.* : urticaires.

HLA : HLA, antigène d'histocompatibilité (homme); **H2** : antigène d'histocompatibilité (souris).

hoariness, *s.* : 1. blancheur (des cheveux); 2. vieillesse.

hoarse, *adj.* : enroué, rauque.

hoarseness, *s.* : enrouement, raucité (d'un son).

hoary, *adj.* : blanchi, chenu, blanchâtre, couvert de poils blancs, de duvet blanc.

hobnail liver : foie cirrhotique.

Hochsinger's sign *or* **phenomenon** : dans la tétanie, fermeture du poing à la suite de compression du côté interne du biceps brachial.

hock, *s.* : jarret *(vétér.)*.

Hodara's disease : forme de trichorrhexie noueuse observée par Hodara sur les femmes à Constantinople.

Hodgkin's disease : maladie de Hodgkin, lymphogranulomatose maligne.

Hodgson's disease : maladie de Hodgson, anévrisme de l'aorte.

hodograph, *s.* : odomètre.

hodology, *s.* : odologie.

hodoneuromere, *s.* : segment de tronc embryonnaire avec sa paire de nerfs et leurs ramifications.

hody-potsy, *s.* : forme de mycose mutilante sévissant à Madagascar, ressemble à la lèpre.

hoe, *s.* : grattoir *(stom.)*.

Hoffa's operation : mode de réduction de la luxation congénitale de la hanche.

Hoffmann's duct : canal de Wirsung.

Hoffmann's progressive muscular atrophy : atrophie musculaire progressive, type Charcot-Marie.

hog, *s.* : porc; **- cholera** : peste porcine; **- flu** : hog-flu, grippe porcine *(vétér.)*; **- herpes** : pseudorage.

Hogben test : test sur crapaud pour grossesse.

holandric, *adj.* : holandrique (transmis exclusivement par les gènes localisés sur le chromosome Y).

holarthritis, *s.* : polyarthrite.

Holden's line : sillon sous-inguinal allant du sillon fémoro-scrotal et se terminant entre le grand trochanter et l'épine iliaque antérieure supérieure.

hollow, *s.* : creux, cavité, excavation; *adj.* : creux, caverneux, évidé; **- back** : lordose; **- eyes** : yeux caves; **- horn** *or* **tail** : fièvre du Texas, piroplasmose des bovidés; **- tooth** : dent creuse.

Holmes' phenomenon : signe de Stewart-Holmes.

holo- : holo-, préfixe dénotant la totalité, l'intégralité.

holoblast, *s.* : œuf holoblastique.

holoblastic, *adj.* : holoblastique (qui se divise en deux).

holocentric, *adj.* : holocentrique (chromosome dont les centromères sont diffus et non localisés).

holocrine, *adj.* : holocrine (se dit d'une glande dans laquelle la cellule remplie de ses produits de sécrétion se détache tout entière et meurt, la sécrétion se faisant par fonte cellulaire).

holodiastolic, *adj.* : holodiastolique (se dit d'un souffle occupant toute la durée de la diastole).

holoenzyme, *s.* : holoenzyme (enzyme complète, formée de l'apoenzyme et du coenzyme).

hologenesis, *s.* : hologenèse.

hologynic, *adj.* : hologynique (transmis exclusivement par les gènes des chromosomes féminins).

holopathy, *s.* : 1. maladie constitutionnelle dont un trouble local n'est qu'une manifestation; 2. théorie selon laquelle les maladies localisées ne seraient que des manifestations d'un trouble d'ordre général.

holorrachischisis, *s.* : absence congénitale de canal rachidien.

holoschisis, *s.* : amitose, division amitotique, division acinétique, division de Remak.

holosystolic, *adj.* : holosystolique (se dit d'un souffle occupant toute la durée de la systole).

holotetanus, *s.* : tétanos généralisé.

holotomy, *s.* : excision chirurgicale totale d'un membre ou d'un organe.

holotonia, *s.* : *cf.* **holotetanus.**

Holthouse's hernia : hernie inguinale oblique, hernie inguino-crurale.

Homans' sign : signe d'Homans, douleur dans le mollet pendant la flexion du pied dans la phlébite.

homatropine, *s.* : homatropine (alcaloïde).

homaxial, homaxonial *or* **homaxonic**, *adj.* : à axes égaux.

home, *s.* : maison; **- care** : soins à domicile; **nursing -** : maison de santé, hospice *(U.S.)*.

Home's lobe : petite structure glandulaire entre la crête urétrale et le sphincter représentant le troisième lobe de la prostate.

homo -, homeo - *or* **homoeo** : préfixe indiquant une identité.

homeograft, *s.* : homœogreffe, greffe homœoplastique.

homeomerous, *adj.* : homœomère, réparti uniformément.

homeomorphous, *adj.* : homœomorphe, homologue.

homeo-osteoplasty, *s.* : ostéoplastie avec fragments osseux semblables à l'os à restaurer.

homeopath *or* **homeopathist**, *s.* : homœopathe, homéopathe.

homeopathic, *adj.* : homœopathique, homéopathique.

homeopathy, *s.* : homœopathie, homéopathie.

homeoplasia, *s.* : homœoplasie.

homeoplastic, *adj.* : homœoplastique.

homeostasis, *s.* : homœostasie (maintien à leur valeur normale des différentes constantes physiologiques de l'individu).

homeotherapy, *s.* : homéothérapie, isothérapie, thérapeutique par homœopathie.

homeothermal, *adj.* : homéotherme (se rapportant aux animaux à sang chaud).

homeotransplant, *s.* : hémœogreffe, greffe homœoplastique.

homesickness, *s.* : nostalgie, mal du pays.

homicidal, *adj.* : homicide, meurtrier.

homicide, *s.* : homicide.

homo, *s.*, *plur.* **homini** *(lat.)* : homme.

homoblastic, *adj.* : homoblastique.

homocentric, *adj.* : homocentrique, concentrique.

homochronous, *adj.* : homochrone (survenant à la même époque chez un sujet *ou* sur des générations successives).

homocladic, *adj.* : se rapportant à une anastomose entre les branches d'une même artère.

homocystine, *s.* : homocystine.

homodont, *adj.* : à dents semblables.

homodromous, *adj.* : homodrome (se mouvant *ou* agissant dans une même direction).

homodynamic, *adj.* : homodynamique (doué d'une activité métabolique constante).

homoeroticism, *s.* : homosexualité.

homogametic, *adj.* : homogamétique.

homogeneity, *s.* : homogénéité.

homogeneous, *adj.* : homogène.

homogenization, *s.* : homogénisation.

homogenous, *adj.* : se rapportant à l'homogénie.

homogeny, *s.* : homogénie, homogénésie.

homoglandular, *adj.* : se rapportant à la même glande.

homograft, *s.* : homœogreffe, homéogreffe.

homohaemotherapy, *s.* : homohémothérapie.

homokeratoplasty, *s.* : homokératoplastie (greffe de la cornée d'un sujet de même espèce).

homolateral, *adj.* : homolatéral.

homologous, *adj.* : homologue, homœomorphe.

homologue *or* **homolog,** *s.* : homologue.

homology, *s.* : homologie.

homonomous, *adj.* : homonome, se dit de structures de même morphologie *ou* soumises aux mêmes lois.

homonymous, *adj.* : homonyme; **- diplopia** : diplopie homonome.

homoplasmy, *s.* : à la fois homœoplastique et homœomorphe, c'est-à-dire le fait de présenter des ressemblances mimétiques.

homoplast, *s.* : 1. fusion de plastides; 2. organe présentant une ressemblance mimétique avec un autre.

homoplastic, *adj.* : homœoplastique.

homoplastid, *s.* : homoplastide (organisme provenant de cellules similaires).

homoplasty, *s.* : homoplastie.

homorganic, *adj.* : provenant des mêmes organes.

homosexual, *s.*, *adj.* : homosexuel.

homosexuality, *s.* : homosexualité.

homostimulant, *s.*, *adj.* : action particulière que les extraits organiques et les lipides exercent sur les organes auxquels ils correspondent.

homothermal, *adj.* : homothermal.

homotonic, *adj.* : ayant un cours régulier, une tension uniforme.

homotransplantation, *s.* : homotransplantation, homogreffe.

homotype, *s.* : organe homotype.

homotypical, *adj.* : homotype, homotypique.

homozygosis, *s.* : homozygotisme.

homozygote, *s.* : homozygote.

homunculus, *s.* : homoncule, homuncule, nabot.

honey, *s.* : miel; **- preparation** : mellite *(pharm.)*; **borax -** : mellite de borax *(pharm.)*.

honeycomb, *s.* : rayon de miel; **- bag** *or* **stomach** : *(vétér.)*, bonnet, deuxième estomac des ruminants; **- ringworm** : favus; **- structure** : structure alvéolée.

honorarium, *s.*, *plur.* **honoraria** *s.*, *(lat.)* : honoraires.

hood, *s.* : hotte (de laboratoire).

hoof, *s.* : sabot (de cheval).

hoofed, *adj.* : ongulé *(vétér.)*.

hook, *s.* : 1. crochet; 2. hanche (de vache); **- like** : unciforme, uncinulé.

hookworm, *s.* : ankylostome; **- disease** : ankylostomiase, anémie des mineurs.

hoove *or* **hooven,** *s.* : météorisation, météorisme, ballonnement, empansement *(vétér.)*.

hordeaceous, *adj.* : hordéacé, hordéiforme.

hordeolum, *s.* : orgelet, hordéole, compère-loriot; **- internum** : hordoleum interne.

hordeum, *s.* *(lat.)* : orge.

horizontal, *adj.* : horizontal.

hormion, *s.* : point craniométrique (point antérieur de la partie basilaire de l'os sphéno-occipital au croisement avec la ligne médiane).

hormonal, *adj.* : hormonal.

hormone, *s.* : hormone; **- banks** : implantation sous-cutanée d'hormones sous forme de boulettes; **follicle stimulating - (FSH)** : prolan A; **luteinizing -** : prolan B.

hormonogenesis, *s.* : hormonegenèse.

hormonogenic, *adj.* : hormonogénique.

hormonogogue, *s.* : hormonogène.

hormonopoiesis, *s.* : production des hormones.

hormonotherapy, *s.* : hormonothérapie.

horn, *s.* : corne; **- cell** : 1. cellule kératinisée de l'épiderme, morte; 2. neurone d'une des cornes de la moelle (anterior or posterior).

Horner's muscle : muscle de Horner (œil); **- symptom complex** : syndrome de Horner, syndrome oculaire sympathique, syndrome de Claude Bernard-Horner (association de myosis, de rétrécissement de la fente palpébrale et d'énophtalmie avec, presque toujours, élévation de la température de la joue et sudation d'un seul côté).

horny, adj. : corné, calleux; **- epithelium** : épithélium corné; **- layer** : couche cornée de la peau.

horopter, s. : horoptère (ligne droite parallèle à la ligne qui joint les centres des yeux et passant par le point où coïncident les axes optiques).

horopteric, adj. : horoptérique.

horripilation, s. : horripilation, chair de poule.

horror, s. : frisson symptomatique; **the horrors** : delirium tremens (vernac.).

horse, s. : cheval; **- bot** : larve d'œstre; **- doctor** : vétérinaire; **- drench** : breuvage, purge (pour chevaux); **- fly** : 1. taon; 2. hippobosque; 3. œstre; **- leech** : grosse sangsue; **- pox** : horse-pox, vaccine du cheval; **- sickness** : peste du cheval; **- tail** : 1. nerfs rachidiens postérieurs, queue de cheval; 2. equisetum (bot.).

horse radish, s. : raifort (bot.).

horseshoe, s. : fer à cheval; **- fistula** : trajet fistuleux semi-circulaire autour de l'anus; **- hymen** : hymen falciforme; **- kidney** : rein en fer à cheval (reins réunis par la partie inférieure).

hospital, s. : hôpital; **- attendant** : infirmier; **base -** : hôpital de l'intérieur; **- care** : soins hospitaliers; **clearing -** : hôpital de triage; **- cross infection** : contagion secondaire entre les membres de la collectivité hospitalière; **day -** : hôpital de jour; **fever -** : hôpital pour les maladies contagieuses; **- fever** : fièvre des hôpitaux; **field -** : hôpital de campagne; **patient in -** : malade hospitalisé; **lying -** : clinique d'accouchement, maternité; **- medical officers** : médecins des hôpitaux (internes et externes); **mental -** : asile d'aliénés; **open door -** : hôpital ouvert; **- ship** : navire-hôpital; **- staphylococcus** : staphylocoque d'hospitalisation résistant à la pénicilline; **United -** : en Angleterre, centre hospitalier universitaire; **to admit someone into -** : admettre quelqu'un à l'hôpital; **to send someone to -** : hospitaliser quelqu'un; **to walk the -** : assister aux leçons cliniques.

hospitalism, s. : hospitalism.

host, s. : hôte; 1. tout organisme parasité par un autre; 2. qui reçoit une greffe; **- range** : spectre d'activité.

hot spots : hot spots (régions du chromosome d'un phage qui mutent beaucoup plus fréquemment que d'autres).

Hottentot apron : tablier (hypertrophie des petites lèvres chez les négresses et surtout les Hottentotes); **- bustle** or **deformity** : stéatopygie (hypertrophie graisseuse des fesses); **- tea** : buchu (infusion de feuilles de Barosma).

hough, s. : jarret (vétér.).

hour-glass contraction : contraction de l'utérus, de l'estomac, se produisant au centre de l'organe et donnant l'aspect d'un sablier.

house, s. : 1. maison; 2. pavillon; **junior (senior) - officer** : médecin interne d'un hôpital, responsable d'une salle ou d'un pavillon; **- physician** : médecin résident, interne principal en médecine (d'un hôpital); **- surgeon** : chirurgien résident, interne principal en chirurgie (d'un hôpital).

housemaid's knee : hygroma du genou, hydarthrose du genou, épanchement de synovie.

Houston's folds or **valves** : valvules rectales, valvules de Houston; **- muscle** : muscle de Houston (pénis).

Howship's lacunæ or **pits** : lacunes de Howship (cavités creusées dans les lamelles osseuses par les myéloplaxes au cours des processus de décalcification).

Hoyle's medium : milieu bactériologique contenant du tellurite de potasse.

H-shaped ecchymosis : ecchymose en H produite par la rupture du tendon d'Achille.

huckle-bone, s. : astragale.

Hueck's ligament : ligament pectiné (œil).

Huguenin's edema : œdème cérébral aigu.

Hugier's canal : canal antérieur de la corde (canal de la scissure pétrotympanique où débouche la corde du tympan); **- circle** : anastomose formée par les branches des artères utérines autour de l'utérus à la jonction du corps de l'utérus avec le col; **- disease** : 1. élongation, hypertrophie de la partie sus-vaginale du col de l'utérus; 2. lupus de la vulve; **- glands** : glandes de Bartholin; **- operation** : mode de colotomie.

hum (venous) : bruit de diable (son perçu aux veines du cou dans certains cas d'anémie).

human, adj. : humain; **- beings** : êtres humains, hommes; **- chorionic gonadotrophin (HCG)** : gonadotrophine chorionique humaine; **- vaccines** : vaccins destinés aux êtres humains.

humanized, adj. : se dit d'un virus passé par l'homme; **- milk** : lait humanisé (lait animal dont la composition est modifiée pour la rapprocher de celle du lait de femme).

humectant, s., adj. : humecteur, délayant, diluant.

humectation, s. : humectation, humidification.

humeral, adj. : huméral.

humeroradial, adj. : huméro-radial.

humero-ulnar, adj. : huméro-cubital.

humerus, s. : humérus.

humid, adj. : humide, moite; **- gangrene** : gangrène humide; **- tetter** (vernac.) : eczéma.

humidifier, s. : humidificateur.

humidity, s. : humidité.

humour or **humor,** s. (lat.) : humeur (1. fluide du corps; 2. disposition); **aqueous -** : humeur aqueuse; **crystalline -** : cristallin (de l'œil); **vitreous -** : corps vitré.

humoral, *adj.* : humoral; **- pathology** : humorisme; **- reflex** : activité fonctionnelle déclenchée par une hormone; **- theory** : théorie humorale (immunité).

humpback, *s.* : bossu; **to have a -** : être bossu.

humus, *s.* : humus.

hunchback, *s.* : bossu.

hunger, *s.* : faim; **air -** : dyspnée; **- cure** : diète absolue; **- disease** : faim pathologique (liée généralement à l'hyperinsulinisme); **- œdema** *or* **edema** : œdème de famine; **- pains** : tiraillements d'estomac.

Hunter's (John) canal : canal de Hunter, canal du troisième adducteur; **- gubernaculum** : gubernaculum testis; **- method** : méthode de Hunter, méthode de Anel-Hunter (traitement de l'anévrisme artériel circonscrit par ligature au-dessus du sac).

Hunter's (William) ligament : ligament rond (utérus); **- line** : ligne blanche de l'abdomen.

Hunterian chancre : chancre huntérien, chancre induré (syphilitique).

Huntington's chorea : chorée de Huntington, chorée chronique.

Hurler's syndrome : syndrome de Hurler (gargoylisme).

Huschke's canal : canal formé par la réunion des tubercules de l'os tympanal; **- foramen** : perforation existant parfois dans le tegmen tympani; **- teeth** : échancrures de la lame spirale.

huskiness, *s.* : enrouement, raucité (de la voix).

Hutchinson's facies : faciès de Hutchinson (aspect de la face chez les malades atteints d'ophtalmoplégie); **- patch** : taie colorée en saumon sur la cornée du malade atteint de kératite syphilitique; **- prurigo** : prurigo de la dentition; **- teeth** : dents de Hutchinson (malformation des incisives médianes supérieures, caractéristique de syphilis); **- triad** : triade de Hutchinson (malformations dentaires, lésions oculaires et lésions auriculaires caractéristiques de la syphilis héréditaire).

Hutinel's disease : cirrhose du foie avec ascite, cyanose et œdème; **- erythema** : érythème des maladies infectieuses.

Huxley's layer, membrane *or* **sheath** : couche cellulaire à l'intérieur de la gaine de Henle (bulbe pileux).

hyalin, *s.* : 1. corps soluble provenant des hyalogènes; 2. paroi translucide des kystes hydatiques.

hyaline, *adj.* : hyalin; **- cartilage** : cartilage hyalin ; **- cast** *or* **cylinder** : cylindre hyalin ; **- degeneration** : dégénérescence hyaline ; **- membranes disease** : maladie des membranes hyalines.

hyalinosis, *s.* : hyalinose, dégénérescence hyaline.

hyalinuria, *s.* : présence de cylindres hyalins dans l'urine.

hyalitis, *s.* : hyalite, hyalitis (inflammation du corps vitré).

hyalo-, hyal- : hyalo-, hyal-, préfixe dénotant une ressemblance avec le verre.

hyalogen, *s.* : hyalogène.

hyaloid, *adj.* : hyaloïde, hyaloïdien; **- artery** : artère hyaloïdienne; **- canal** : canal de Stilling *ou* de Cloquet; **- fossa** : fossa patellaris; **- membrane** : membrane hyaloïdienne, membrane hyaloïde, membrane du corps vitré.

hyaloiditis : *cf.*, **hyalitis.**

hyaloma, *s.* : transformation de l'œil en masse hyaline.

hyalomucoid, *s.* : mucoïde du corps vitré.

hyalophagia, *s.* : manie de manger du verre.

hyaloplasm, *s.* : hyaloplasme (portion amorphe et homogène du protoplasme).

hyaloserositis, *s.* : inflammation d'une membrane séreuse avec formation d'exsudat d'apparence hyaline.

hyalosome, *s.* : structure d'aspect nucléolaire, mais ne se colorant que faiblement.

hyaluronidase, *s.* : hyaluronidase, facteur de Duran-Reynals, facteur de diffusion.

hyaluronic acid, *s.* : acide hyaluronique.

hybrid, *s.*, *adj.* : hybride.

hybridism *or* **hybridity,** *s.* : hybridisme, hybridité.

hybridization, *s.* : hybridation.

hydaleous, *adj.* : hydropique.

hydatic, *adj.* : hydatique.

hydatid, *s.* : 1. kyste hydatique; 2. hydatide; **- disease** : hydatide; **- fremitus** *or* **thrill** : frémissement hydatique; **- of Morgagni** : hydatide de Morgagni.

hydatidiform, *adj.* : hydatiforme; **- mole** : môle hydatiforme, môle vésiculaire.

hydatidocele, *s.* : hydatidocèle (tumeur du scrotum contenant des hydatides).

hydatidoma, *s.* : 1. tumeur composée de kystes hydatiques; 2. tumeur provoquée par la présence de kystes hydatiques.

hydatidosis, *s.* : hydatidose (maladie déterminée par le tænia échinocoque à l'état larvaire ou vésiculaire se présentant sous forme de kyste en un point quelconque de l'organisme).

hydatidostomy, *s.* : ponction d'un kyste hydatique.

hydatism, *s.* : hydatisme (bruit causé par la fluctuation du liquide contenu dans une cavité).

hydatochoea, *s.* : épanchement aqueux, flux d'eau abondant.

hydatogenesis, *s.* : formation d'eau dans les tissus ou cavités du corps.

hydatoid, *s.* : humeur aqueuse; *adj.* : 1. hydatiforme; 2. aqueux.

hydnocarpus, *s.* : chaulmoogra; **- oil** : huile de chaulmoogra.

hydr-, hydro- : hydr-, hydro-, préfixe dénotant un rapport avec l'eau ou avec l'hydrogène.

hydradenitis, *s.* : 1. hidradénite, hidroadénite; 2. adéno-lymphite; **- destruens suppurativa** : hidradénite, adénite sudoripare.

hydradenoma, *s.* : hydradénome, hidradénome.

hydraemia *or* **hydremia,** *s.* : hyperhydrémie.

hydraeroperitoneum, *s.* : accumulation de liquide (hydropéritoine, ascite) et d'air dans la cavité péritonéale.

hydragogue, *adj.* : hydragogue.

hydramnios *or* **hydramnion,** *s.* : hydramnios, hydropisie de l'amnios (abondance anormale du liquide amniotique).

hydrangiography *or* **hydrangeiography,** *s.* : description des vaisseaux lymphatiques.

hydrangiology, *s.* : science des vaisseaux lymphatiques.

hydrangiotomy *or* **hydrangeiotomy,** *s.* : dissection des vaisseaux lymphatiques.

hydrargyria, hydrargyriasis *or* **hydrargyrism,** *s.* : hydrargyrie, hydrargyrose, hydrargyrisme.

hydrargyromania, *s.* : démence par abus de mercure.

hydrargyrophobia, *s.* : phobie de la thérapeutique mercurielle.

hydrargyrophthalmia, *s.* : ophtalmie d'origine mercurielle.

hydrargyrosis, *s.* : 1. hydrargie; 2. friction mercurielle, fumigation mercurielle.

hydrargyrum, *s. (lat.)* : mercure.

hydrarthrosis, *s.* : hydarthrose, aposthème aqueux (épanchement d'un liquide séreux dans une cavité articulaire).

hydrate, *s.* : hydrate.

hydrated, *adj.* : hydraté.

hydration, *s.* : hydratation.

hydraulic, *adj.* : hydraulique.

hydraulics, *s.* : hydraulique, hydromécanique.

hydrazine, *s.* : hydrazine.

hydrectasis, *s.* : distension par l'eau *ou* un liquide aqueux.

hydremesis, *s.* : hydrémèse, vomissement aqueux.

hydremia, *s.* : *cf.,* **hydraemia.**

hydrencephalocele, *s.* : hydrencéphalocèle.

hydrenterocele, *s.* : entéro-hydrocèle.

hydrepigastrium, *s.* : sérosité entre le péritoine et les muscles abdominaux.

hydriatics, *s.* : hydriatrie, hydrothérapie.

hydric, *adj.* : hydrique.

hydrid, *s.* : hydrure.

hydriodic, *adj.* : iodhydrique.

hydroa, *s.* : hydroa (éruption vésiculeuse).

hydroappendix, *s.* : dilatation de l'appendice par un liquide aqueux.

hydrobiosis, *s.* : hydrobiose (origine et maintien de la vie dans un milieu liquide).

hydrobromate, *s.* : bromhydrate.

hydrobromide, *s.* : hydrobromure.

hydrocarbon, *s.* : hydrocarbure, carbure d'hydrogène.

hydrocarbonism, *s.* : hydrocarburisme (ensemble des troubles toxiques causés par l'inhalation des gaz hydrocarburés, etc.).

hydrocele, *s.* : hydrocèle.

hydrocelectomy, *s.* : excision d'une partie de la vaginale pour traitement de l'hydrocèle.

hydrocenosis, *s.* : évacuation d'eau par hydragogues ou par paracentèse.

hydrocephalic, *adj.* : hydrocéphale.

hydrocephalocele, *s.* : hydrocéphalocèle, hydrencéphalocèle.

hydrocephaloid, *s.* : forme d'hydrocéphalie infantile; *adj.* : se rapportant ou ressemblant à l'hydrocéphalie.

hydrocephalus, *s.* : hydrocéphalie, hydrencéphalie; **acquired -** : hydrocéphalie secondaire à une maladie cérébrale; **external -** : hydrocéphalie externe; **internal -** : hydrocéphalie interne *ou* ventriculaire.

hydrochinonuria, *s.* : présence d'hydroquinone dans l'urine.

hydrochlorate, *s.* : chlorhydrate.

hydrochloric acid : acide chlorhydrique.

hydrochloride, *s.* : hydrochlorure.

hydrocholecystis, *s.* : hydrocholécyste (dilatation de la vésicule biliaire non enflammée due à un obstacle au cours de la bile).

hydrocirsocele, *s.* : hydrocirsocèle (cirsocèle et hydrocèle existant simultanément).

hydrocolpocele, *s.* : tumeur séreuse du vagin.

hydrocolpos, *s.* : hydrocolpos, kyste vaginal rempli d'eau.

hydrocortisone, *s.* : hydrocortisone.

hydrocrania, *s.* : *cf.,* **hydrocephalus.**

hydrocyanic acid : acide cyanhydrique.

hydrocyanism, *s.* : empoisonnement par l'acide cyanhydrique.

hydrocyst, *s.* : kyste renfermant de la sérosité aqueuse.

hydroderma, *s.* : hydropisie cutanée.

hydrodiarrhea, *s.* : diarrhée grave.

hydrodiascope, *s.* : appareil pour corriger le kératocône et l'astigmatisme.

hydrodictiotomy, *s.* : incision chirurgicale de la rétine pour guérison de l'œdème.

hydrodiffusion, *s.* : mélange de deux liquides de densité différente.

hydrodipsomania, *s.* : dipsomanie pour l'eau.

hydrodiuresis, *s.* : diurèse aqueuse.

hydrodynamics, *s.* : hydrodynamique.

hydroelectric, *adj.* : hydroélectrique.

hydroencephalocele, *s.* : hydrocéphalocèle, hydrencéphalocèle, hydro-encéphalocèle.

hydroepiplocele, *s.* : épiplocèle renfermant de l'eau.

hydrofluoric acid : acide fluorhydrique.

hydrofuge, *adj.* : hydrofuge.

hydrogastria, *s.* : hydrogastrie (vaste dilatation d'estomac avec rétrécissement du pylore et stase alimentaire).

hydrogel, *s.* : hydrogel.

hydrogen, *s.* : hydrogène; **heavy -** : hydrogène lourd *ou* deutérium; **- peroxide** : eau oxygénée.

hydrogenase, *s.* : hydrogénase.

hydrogenation, *s.* : hydrogénation.

hydrogenesis, *s.* : 1. accumulation ou formation de liquide aqueux; 2. toute maladie présentant une dégénérescence de la sécrétion muqueuse, des graisses, de la bile, du lait.

hydrogenoid, *adj.* : se dit d'un tempérament *ou* d'une constitution ne tolérant pas l'humidité.

hydrogenous, *adj.* : se rapportant à l'hydrogène.

hydrogerous, *adj.* : renfermant de l'eau.

hydroglossia, *s.* : ranule, grenouillette.

hydrohaematocele, *s.* : hydrohématocèle (variété de pachyvaginalite dans laquelle le liquide épanché est sérohématique).

hydrohaematonephrosis, *s.* : association d'hématonéphrose et d'hydronéphrose.

hydrohaemostat, *s.* : appareil pour stopper l'hémorragie par pression hydrostatique.

hydrohaemothorax, *s.* : épanchement hémorragique dans la cavité pleurale.

hydrohepatosis, *s.* : accumulation de liquide aqueux dans le foie.

hydrokinetics, *s.* : cinétique des liquides.

hydrolactometer, *s.* : lactomètre pour doser le pourcentage d'eau dans le lait.

hydrolabile, *adj.* : hydrolabile, qui se décompose dans l'eau.

hydrolase, *s.* : hydrolase (enzyme agissant par hydrolyse).

hydrology, *s.* : hydrologie.

hydrolymph, *s.* : sang de certains animaux aquatiques *(zool.)*.

hydrolysis, *s.* : hydrolyse.

hydrolyte, *s.* : corps hydrolysé.

hydrolytic, *adj.* : hydrolytique.

hydrolyze, *v.* : hydrolyser.

hydroma, *s.*, *plur.* **hydromata** *(gr.)* : tumeur renfermant de l'eau, kyste rempli de liquide aqueux *ou* séreux, œdème, dilatation kystique d'un vaisseau lymphatique du cou.

hydromania, *s.* : soif intense, potomanie.

hydromediastinum, *s.* : épanchement séreux dans le médiastin.

hydromeningitis, *s.* : 1. méningite avec épanchement sérique; 2. descémétite, aquo-capsulite.

hydromeningocele, *s.* : hydroméningocèle, méningocèle.

hydrometer, *s.* : hydromètre (instrument pour déterminer le poids spécifique des liquides), aréomètre, densimètre; **acid -** : pèse-acide, acidimètre.

hydrometra, *s.* : hydrométrie (collection de liquide séreux dans l'utérus).

hydrometric, *adj.* : hydrométrique.

hydrometry, *s.* : hydrométrie, aréométrie.

hydromicrencephalia *or* **hydromicrencephaly,** *s.* : microcéphalie associée *ou* déclenchant un épanchement sérique dans la cavité crânienne.

hydromphalocele, *s.* : tumeur kystique du sac d'une hernie ombilicale.

hydromphalus, *s.* : hydromphale (tumeur liquide formée chez quelques ascitiques par la distension de la cicatrice ombilicale).

hydromyelia *or* **hydromyelus,** *s.* : hydromyélie (dilatation du canal de l'épendyme).

hydromyelitis, *s.* : syringomyélie.

hydromyelocele, *s.* : hydromyélocèle, myélocystocèle.

hydromyoma, *s.* : myome kystique renfermant de l'humeur séreuse.

hydromyringa *or* **hydromyrinæ,** *s.* : 1. distension de la membrane du tympan par épanchement d'eau; 2. épanchement dans l'oreille moyenne.

hydronephrectasia *or* **hydronephros,** *s.* : hypertrophie rénale d'origine hydropisique.

hydronephrosis, *s.* : hydronéphrose, uronéphrose (distension du bassinet); **intermittent -** : hydronéphrose intermittente.

hydronephrotic, *adj.* : se rapportant à l'hydronéphrose.

hydronosis, *s.* : maladie accompagnée d'hydropisie.

hydroparesis, *s.* : hydroparésie.

hydropathic, *adj.* : 1. se rapportant à l'hydropathie; 2. hydrothérapeutique.

hydropathy, *s.* : hydropathie, hydrothérapie, hydriatrie.

hydropedesis, *s.* : *cf.*, **hidropedesis.**

hydropenia, *s.* : hydropénie (manque d'eau dans l'organisme).

hydropericarditis, *s.* : association de péricardite et d'hydropéricarde.

hydropericardium, *s.* : hydropéricarde (hydropisie du péricarde).

hydroperididymia, *s.* : hydrocèle.

hydroperinephrosis, *s.* : accumulation de sérum dans le tissu conjonctif entourant le rein.

hydroperion, *s.* : liquide séro-albumineux se trouvant entre la caduque ovulaire et la caduque utérine.

hydroperipneumonia, *s.* : pneumonie avec épanchement pleural.

hydroperitoneum, *s.* : hydropéritoine, ascite.

hydroperitonitis, *s.* : péritonite avec ascite.

hydropexia *or* **hydropexis,** *s.* : hydropexie (fixation de l'eau par les cellules *ou* les tissus).

hydrophallus, *s.* : œdème hydropisique du pénis.

hydrophil, *s.* : hydrophile.

hydrophilism, *s.* : hydrophilie.

hydrophilous, *adj.* : hydrophile.

hydrophobe, *s.* : personne hydrophobe, sujet atteint de la rage.

hydrophobia, *s.* : hydrophobie (1. rage; 2. peur morbide de l'eau).

hydrophobic, *adj.* : hydrophobique.

hydrophobophobia, *s.* : phobie de la rage.

hydrophone, *s.* : hydrophone.

hydrophore, *s.* : sonde cannelée pour dilater et irriguer l'urètre.

hydrophthalmia, *s.* : hydrophtalmie (distension des enveloppes du globe oculaire par suite de l'augmentation de volume des différents milieux de l'œil).

hydrophysocele, *s.* : hernie renfermant liquide et gaz.

hydrophysometra, *s.* : collection d'eau et de gaz dans l'utérus.

hydropic, *adj.* : hydropique.

hydropigenous, *adj.* : hydropigène, qui détermine l'hydropisie.

hydroplasm, *s.* : constituant liquide du proto-plasme.

hydropneumatocele, *s.* : hydropneumatocèle (hernie contenant du gaz et du liquide).

hydropneumatosis, *s.* : accumulation d'eau et d'air dans les tissus.

hydropneumonia, *s.* : infiltration séreuse du poumon; œdème pulmonaire; épanchement pleu-ral concomitant de la pneumonie.

hydropneumopericardium, *s.* : hydropneumo-péricarde (épanchement d'air et de liquide dans la cavité péricardiaque).

hydropneumoperitoneum, *s.* : épanchement d'air et de liquide dans la cavité péritonéale.

hydropneumothorax, *s.* : hydropneumothorax (épanchement gazeux dans la cavité pleurale accompagné d'épanchement séreux *ou* séro-puru-lent).

hydroposia, *s.* : emploi unique de l'eau comme boisson.

hydrops, *s. (gr.)* : hydrops, hydropsie; **- capi-tis** : hydrocéphalie; **- foetalis** : œdème du nouveau-né en cas d'érythroblastose; **- gravi-darum** : œdème de la grossesse.

hydropyonephrosis, *s.* : distension du bassinet par du pus et de l'urine.

hydropyosalpinx, *s.* : association de pyosalpinx et d'hydrosalpinx.

hydropyretos, *s.* : suette miliaire.

hydroquinone, *s.* : hydroquinone.

hydrorachis, *s.* : hydrorachis, spina-bifida.

hydrorachitis, *s.* : hydrorachis avec inflammation

hydrorrhoea, *s.* : hydrorrhée (perte séreuse abondante provenant d'une muqueuse enflam-mée).

hydrosalpinx, *s.* : hydrosalpinx (collection séreuse enkystée dans la cavité d'une trompe utérine).

hydrosarcocele, *s.* : association de sarcocèle et d'hydrocèle.

hydroscheocele, *s.* : hernie scrotale hydropique.

hydroscopic, *adj.* : hydroscopique.

hydrosol, *s.* : hydrosol, solution colloïdale aqueuse.

hydrospermatocyst, *s.* : hydrocèle renfermant des spermatozoïdes.

hydrosphygmograph, *s.* : sphygmographe fonc-tionnant à l'eau.

hydrostat, *s.* : hydrostat.

hydrostatic, *adj.* : hydrostatique; **- lift** : poussée hydrostatique; **- test** : docimasie pulmonaire *(méd. légale)*.

hydrostatics, *s.* : hydrostatique (science trai-tant de l'équilibre des liquides).

hydrostomia, *s.* : élimination abondante d'eau par la bouche.

hydrosyringomyelia, *s.* : syringomélie par épan-chement d'eau dans la moelle épinière.

hydrotaxis, *s.* : hydrotropie (tropisme déterminé par l'eau).

hydrotherapeutics *or* **hydrotherapy,** *s.* : hydro-thérapie, hydriatrie (emploi thérapeutique de l'eau).

hydrothermal, *adj.* : hydrothermique.

hydrothoracic, *adj.* : hydrothoracique, se rap-portant à un hydrothorax.

hydrothorax, *s.* : hydrothorax (épanchement séreux de la cavité pleurale).

hydrotis, *s.* : épanchement dans l'oreille, hydro-pisie otique.

hydrotomy, *s.* : hydrotomie (procédé destiné à faciliter les dissections fines en injectant de l'eau dans les vaisseaux de l'organe à étudier).

hydrotropism, *s.* : hydrotropie.

hydrotympanum, *s.* : hydrotympan (épanche-ment hydropique dans la cavité de l'oreille moyenne).

hydroureter, *s.* : hydruretère, uretérhydrose.

hydrovarium, *s.* : hydropisie de l'ovaire, cys-tome de l'ovaire.

hydroxide, *s.* : hydrate.

hydroxyl, *s.* : hydroxyl (radical OH).

hydruria *or* **hydruresis,** *s.* : hydrurie (élimina-tion d'urine de faible densité).

hydruric, *adj.* : se rapportant à l'hydrurie.

hygiene, *s.* : hygiène.

hygienic, *adj.* : hygiénique.

hygienics, *s.* : science de l'hygiène.

hygienist, *s.* : hygiéniste.

hygienization, *s.* : hygiénisation.

hygrechema, *s.,* *plur.* **hygrechemata** *(gr.)* : son particulier que produit un liquide à l'aus-cultation.

hygric, *adj.* : humide.

hygro- : hygro-, préfixe dénotant l'humidité ou un rapport avec l'humidité.

hygroblepharic, *adj.* : humidifiant la paupière.

hygrodermia, s. : affection cutanée œdémateuse.

hygrology, s. : hygrologie (1. traité sur l'eau [phys.]; 2. traité sur les humeurs du corps humain [physiol.]).

hygroma, s. : hygroma.

hygromatous, adj. : se rapportant à, caractérisé par un hygroma.

hygrometric, adj. : hygrométrique, hygroscopique.

hygrometry, s. : hygrométrie.

hygrophobia, s. : phobie de l'eau, de l'humidité.

hygroscope, s. : hygroscope.

hygroscopic, adj. : hygroscopique.

hygroscopy, adj. : hygroscopie.

hygrostomia, s. : ptyalisme.

hyle, s. : matière embryonnaire non différenciée.

hylephobia, s. : phobie des doctrines matérialistes.

hylic, adj. : se rapportant à la matière primitive.

hylogenesis or **hylogeny,** s. : formation de la matière.

hylology, s. : hylologie, traité de la matière brute.

hyloma, s. : tumeur de tissu embryonnaire.

hylotropic, adj. : pouvant modifier son aspect sans changer sa composition (glace, eau, vapeur).

hymen, s. : hymen; **- circular, cribriform, denticular, fimbriate, imperforate, normal** : hymen circulaire, cribriforme, dentelé, à franges, imperforé, normal.

hymenal, adj. : hyménal; **- tubercles** : caroncules myrtiformes.

hymenectomie, s. : 1. excision d'une membrane; 2. excision de l'hymen.

hymenitis, s. : inflammation de l'hymen, d'une membrane.

hymenography or **hymenology,** s. : étude des membranes (nature, structure, fonctions, maladies).

hymenomalacia, s. : ramollissement anormal des tissus membraneux.

Hymenoptera, s. plur. : hyménoptères (entomol.).

hymenorrhaphy, s. : 1. fermeture, plus ou moins totale, du vagin, par suture de l'hymen.

hymenotome, s. : hyménotome (instrument pour inciser les membranes).

hymenotomy, s. : hyménotomie (1. incision de l'hymen dans les cas d'imperforation de cette membrane; 2. dissection des membranes).

Hyne's medium : milieu bactériologique contenant du désoxycholate de soude et du citrate ferrique.

hyoepiglottic or **hyoepiglottidean,** adj. : hyoépiglottique.

hyoglossal, adj. : hyoglosse.

hyoglossus muscle : muscle hyoglosse.

hyoid, adj. : hyoïde.

hyopharyngeus, s. : muscle hyopharyngien.

hyoscine, s. : hyoscine.

hyoscyamine, s. : hyoscyamine (alcaloïde).

hyoscyamus, s. (lat.) : jusquiame (pharm.).

hyothyroid, adj. : hyothyroïdien.

hypacidity, s. : hypo-acidité.

hypacousis, hypacusia or **hypacusis,** s. : hypo-acousie (diminution de l'acuité auditive).

hypalbuminosis, s. : abaissement du taux en albumine du sang.

hypalgesia, s. : hypo-algésie (diminution de la sensibilité à la douleur).

hypalgia, s. : douleur modérée, hypo-algésie.

hypamnios or **hypamnion,** s. : diminution de la quantité de liquide amniotique.

hypanacinesis or **hypanakinesis,** s. : diminution des mouvements de l'estomac et de l'intestin.

hypanisognathism, s. : inadaptation des dents de la mâchoire supérieure à celles de la mâchoire inférieure.

hypatonia, s. : atonie légère.

hypencephalon, s. : mésencéphale, pont et moelle.

hypeosinophil, s. : élément faiblement éosinophile; adj. : se colorant peu à l'éosine.

hyper- : hyper-, préfixe signifiant au-dessus, au-delà ou excessif (voir aussi le mot sans préfixe).

hyperacanthosis, s. : hyperacanthose (hypertrophie de la couche de Malpighi).

hyperacousis, hyperacusia or **hyperacusis,** s. : hyperacousie, hyperacusie, hypercousie (1. exaltation de l'ouïe avec audition douloureuse de certains sons; 2. exagération subjective de l'intensité du son sans que l'acuité auditive soit exagérée).

hyperacuity, s. : hyperacuité.

hyperacute, adj. : suraigu.

hyperadenosis, s. : hypertrophie des ganglions lymphatiques : maladie de Hodgkin.

hyperalbuminosis or **hyperalbuminaemia,** s. : hyperalbuminose (augmentation du taux de l'albumine).

hyperaldosteronism, s. : hyperaldostéronisme, syndrome de Conn.

hyperalgesia, s. : hyperalgésie (exaspération de la sensibilité à la douleur).

hyperalgia, s. : cf., **hyperalgesia.**

hyperaphia, s. : hyperaphie (sensibilité tactile excessive).

hyperazotemia, s. : hyperazotémie.

hyperazoturia, s. : hyperazoturie (augmentation de la quantité d'urée éliminée par l'urine).

hyperbaric, adj. : hyperbare.

hypercalcemia, s. : hypercalcémie (augmentation du calcium dans le sang).

hypercalciuria, s. : hypercalciurie (augmentation du calcium de l'urine).

hypercapnia, s. : hypercapnie (augmentation de l'acide carbonique contenu dans le sang).

hypercatharsis, s. : purgation excessive.

hypercele, s. : partie dorsale du quatrième ventricule.

hyperchlorhydria, s. : hyperchlorhydrie (excès d'acide chlorhydrique dans le suc gastrique).

hypercholesterolemia, s. : hypercholestérolémie (augmentation de la quantité de cholestérol en circulation dans le sang).

hypercholia, s. : hypercholie (augmentation de la sécrétion biliaire).

hyperchroma, hyperchromasia, hyperchromatism or **hyperchromatosis,** s. : hyperchromie (nom générique donné à toutes les exagérations de la pigmentation normale de la peau).

hyperchylia, s. : hypersécrétion; formation excessive de chyle.

hypercinesis, s. : hypercinèse, hyperkinésie, convulsion.

hypercrinia or **hypercrinism,** s. : hypercrinie (augmentation d'une sécrétion).

hyperdiastole, s. : hyperdiastolie.

hyperergasia, s. : hyperfonctionnement.

hyperemesis, s. : hyperémèse (vomissements continuels); **- gravidarum** : vomissements incoercibles de la grossesse.

hyperemia or **hyperaemia,** s. : hyperémie, hyperhémie, congestion; **active -** : hyperémie active.

hyperencephalus, s. : hyperencéphale (monstre exencéphale chez lequel la voûte crânienne fait défaut).

hyperendemic, adj. : haute endémicité, dans le cas du paludisme : hypertrophie de la rate chez 50 p. 100 de la population.

hyperephidrosis, s. : hyperéphidrose (sueurs excessives).

hyperepinephria, s. : hyperépinéphrie (exagération d'activité de la glande surrénale).

hyperesthesia, s. : hyperesthésie (exagération des divers modes de la sensibilité).

hyperestrinism, s. : hyperœstrogénie.

hyperexcitation, s. : surexcitation.

hyperextension, s. : hyperextension.

hyperflexion, s. : hyperflexion.

hyperfocal, adj. : hyperfocal (opt., phot.).

hyperfunction, s. : hyperactivité d'un organe; v. : manifester une hyperactivité.

hypergenesis, s. : hypergenèse (multiplication exagérée des éléments cellulaires d'un organe, d'un tissu ou d'un néoplasme).

hyperglobulinemia, s. : hyperglobulinémie (augmentation de la quantité de globuline contenue dans le sérum sanguin).

hyperglycemia, s. : hyperglycémie (excès de glucose dans le sang).

hyperglycorachia, s. : hyperglycorachie (augmentation de la quantité de glucose dans le liquide céphalo-rachidien).

hyperhedonia or **hyperhedonism,** s. : hyperhédonie (recherche pathologique du plaisir).

hyperhidrosis or **hyperidrosis,** s. : hyperhidrose, hyperidrose (exagération de la sécrétion sudorale).

hyperhydration, s. : superhydratation; **cellular -** : syndrome d'hyperhydratation cellulaire sans augmentation du volume liquidique extra-cellulaire.

hyperimmunization, s. : hyperimmunisation.

hyperinsulinism, s. : hyperinsulinisme (sécrétion par le pancréas d'une quantité exagérée d'insuline entraînant l'hypoglycémie).

hyperinvolution, s. : involution excessive d'un organe (diminution anormale de la taille de l'utérus après l'accouchement).

hyperkaliemia, s. : hyperkaliémie (augmentation du potassium dans le sang).

hyperkeratinisation, s. : kératodermie.

hyperkeratomycosis, s. : hyperkératose d'origine parasitaire.

hyperkeratosis, s. : 1. hyperkératose (dermatose caractérisée par une hyperplasie de la couche de Malpighi); 2. hypertrophie de la cornée; **arsenical -** : hyperkératose symétrique des extrémités (épaississement de la couche cornée de la paume des mains et de la plante des pieds dans l'arsenicisme).

hyperkinesia, s. : hyperkinésie, hypercinèse.

hyperlipemia or **hyperlipoidemia,** s. : hyperlipémie, hyperlipidémie (augmentation des lipides contenus dans le sang).

hypermastia, s. : hypermastie (1. hypertrophie mammaire; 2. développement de mamelles en surnombre).

hypermetamorphosis, s. : hypermétamorphose, hyperprosexie.

hypermetria, s. : hypermétrie (trouble de la motilité caractérisé par ce fait que le mouvement est démesuré et dépasse le but).

hypermetrope, s. : hypermétrope.

hypermetropia, s. : hypermétropie.

hypermetropic, adj. : hypermétrope.

hypermnesia or **hypermnesis,** s. : hypermnésie (exaltation de la mémoire).

hypernephroma, s. : hypernéphrome (1. nom générique donné aux tumeurs des capsules surrénales; 2. tumeur de Grawitz, aujourd'hui considérée comme carcinome rénal).

hypernitraemia, s. : hyperazotémie.

hyperonychia, s. : hyperonychose (hypertrophie des ongles).

hyperopia, s. : cf., **hypermetropia.**

hyperorchidism, s. : hyperorchidie (exagération de l'activité sécrétoire des testicules).

hyperorexia, s. : hyperorexie, boulimie.

hyperosmia or **hyperosphresis,** s. : hyperosmie (exaltation de l'olfaction).

hyperostosis, s. : hyperostose (épaississement osseux).

hyperparathyroidism, s. : hyperparathyroïdisme, hyperparathyroïdie.

hyperpepsia, *s.* : hyperpepsie (exagération du fonctionnement de la muqueuse gastrique avec exaltation du processus fermentatif).

hyperperistalsis, *s.* : hyperpéristaltisme.

hyperphrenia, *s.* : 1. exaltation démentielle ; 2. développement exceptionnel de l'intelligence.

hyperpituitarism, *s.* : hyperpituitarisme (fonctionnement exagéré de l'hypophyse).

hyperplasia, *s.* : hyperplasie, hyperplastie.

hyperplastic, *adj.* : qui appartient ou démontre l'hyperplasie.

hyperpnoea, *s.* : hyperpnée (exagération de l'amplitude des mouvements respiratoires).

hyperporosis, *s.* : formation excessive de cal osseux.

hyperpyrexia, *s.* : hyperpyrexie, hyperthermie.

hyperresonance, *s.* : hyperrésonance (à la percussion).

hypersaline, *adj.* : hypersodique.

hypersecretion, *s.* : hypersécrétion.

hypersensitive, *adj.* : hypersensible.

hypersensitivity, *s.* : hypersensibilité, anaphylaxie.

hypersomnia, *s.* : hypersomnie (exagération de l'aptitude au sommeil).

hypersplenia or **hypersplenism,** *s.* : hypersplénie, splénomégalie.

hypersusceptibility, *s.* : hypersensibilité, anaphylaxie.

hypersystole, *s.* : systole exagérée.

hypertelorism, *s.* : différence de largeur entre les deux organes d'une paire; hypertélorisme (écartement anormalement grand des deux yeux).

hypertensin or **angiotonin,** *s.* : hypertensine.

hypertensinase or **angiotonase,** *s.* : hypertensinase.

hypertension, *s.* : hypertension; **adrenal -** : hypertension d'origine surrénale; **benign -** : hypertension bénigne; **climacteric -** : hypertension de la ménopause; **essential -** : hypertension essentielle; **malignant -** : hypertension maligne; **paroxysmal -** : hypertension paroxystique (phaechromocytome); **pulmonary -** : hypertension pulmonaire; **renal -** : hypertension d'origine rénale.

hypertensive, *adj.* : hypertensif.

hypertensor, *adj.* : hypertenseur.

hyperthermia, *s.* : hyperthermie.

hyperthymia, *s.* : hyperthymie (1. hyperesthésie mentale; 2. trouble de l'humeur avec exacerbation de l'activité; 3. démence).

hyperthymization, *s.* : hyperthymisation, hyperthymisme, hyperthymie, syndrome hyperthymique.

hyperthyroid, *s.* : hyperthyroïde.

hyperthyroidism, *s.* : hyperthyroïdisme, hyperthyroïdie.

hyperthyrosis, *s.* : hyperthyréose, hyperthyroïdie.

hypertonia, *s.* : hypertonie.

hypertonic, *s.*, *adj.* : hypertonique; **- solution** : solution hypertonique.

hypertrichiasis or **hypertrichosis,** *s.* : hypertrichose, trichauxis (développement anormal du système pileux).

hypertrophy or **hypertrophia,** *s.* : hypertrophie.

hypertropia, *s.* : strabisme sursumvergent.

hyperuresis, *s.* : polyurie, énurésie.

hyperuricemia, *s.* : hyperuricémie (excès d'acide urique dans le sang).

hypervolemia, *s.* : hypervolhémie (augmentation de la masse de sang circulant).

hypesthesia, *s.* : hypoesthésie, hypesthésie (diminution des divers modes de sensibilité).

hypha, *s.* : hyphe (filament d'une moisissure).

hyphaemic, *s.* : 1. oligohémie, anémie; 2. hémorragie dans la chambre antérieure de l'œil.

hyphedonia, *s.* : hyphédonie (sensation diminuée du plaisir).

hyphidrosis, *s.* : sudation déficiente.

Hyphomycetes, *s.* : Hyphomycètes, moisissures.

hypinosis, *s.* : hypinose (diminution de la quantité de fibrine dans le sang).

hypnagogic, *adj.* : hypnagogique, qui conduit au sommeil.

hypnagogue, *s.*, *adj.* : hypnotique.

hypnalgia, *s.* : hypnalgie (douleur ressentie pendant le sommeil).

hypnesthesia, *s.* : somnolence.

hypnic, *s.*, *adj.* : hypnotique.

hypno- : hypno-, préfixe dénotant un rapport avec le sommeil *ou* l'hypnotisme.

hypnobatia, *s.* : somnambulisme.

hypnocyst, *s.* : hypnocyste (organisme unicellulaire ne pouvant pas sporuler).

hypnogenesis, *s.* : production du sommeil, de l'état hypnotique.

hypnoid or **hypnoidal,** *adj.* : hypnoïde, ressemblant au sommeil; **- state** : état intermédiaire entre le sommeil et le réveil, état crépusculaire.

hypnolepsy, *s.* : sommeil excessif, narcolepsie.

hypnology, *s.* : hypnologie.

hypnonarcoanalysis, *s.* : hypnonarcoanalyse (psychanalyse sous narcoanalyse).

hypnonarcosis, *s.* : hypnonarcose (hypnose et narcose combinées).

hypnophobia, *s.* : peur morbide du sommeil.

hypnopompic, *adj.* : se dit des visions perçues au moment du réveil *ou* juste avant le réveil.

hypnosia, *s.* : hypnosie, maladie du sommeil.

hypnosis, *s.* : hypnose; **induced -** : hypnose provoquée.

hypnotherapy, *s.* : thérapeutique par hypnotisme.

hypnotic, *s.*, *adj.* : 1. hypnotique; 2. somnifère; **indirect -** : médicament qui engendre le sommeil en guérissant la maladie qui produit l'insomnie.

hypnotism, *s.* : hypnotisme.

hypnotization, s. : production de l'hypnotisme.

hypnotize, v. : hypnotiser.

hypo- : hypo-, préfixe qui indique une diminution, une situation inférieure.

hypoadrenalism, s. : état surrénoprive.

hypobaric, adj. : à faible pression atmosphérique; **- therapy** : traitement sous pression atmosphérique abaissée.

hypobaropathy, s. : mal des montagnes, mal des aviateurs, mal d'altitude.

hypobasophilism, s. : maladie de Simmond, cachexie hypophysaire.

hypoblast, s. : entoderme.

hypobulia, s. : déficience de la volonté.

hypocalcemia, s. : hypocalcémie (diminution du calcium dans le sang).

hypocalcia, s. : hypocalcie (terme désignant tous les troubles morbides liés à l'insuffisance générale du calcium dans l'organisme).

hypocapnia, s. : hypocapnie, acapnie.

hypocelom or **hypocœlom,** s. : partie ventrale de la cavité cœlomique.

hypochloremia, s. : hypochlorémie (diminution de la quantité de chlore contenue dans le sang).

hypochlorhydria, s. : hypochlorhydrie (diminution de la quantité d'acide chlorhydrique du suc gastrique).

hypochloruria, s. : hypochlorurie (diminution de la quantité de chlorures éliminés par les reins).

hypocholesteremia, s. : hypocholestérolémie (diminution de la quantité de cholestérol en circulation dans le sang).

hypochondriac, s. : hypocondriaque, hypocondre; adj. : hypochondriaque.

hypochondriasis, s. : hypochondrie, hypocondrie.

hypochondrium, s. (lat.) : hypochondre, hypocondre.

hypochromaemia, s. : anémie et pâleur des érythrocytes.

hypochromasia, s. : 1. cf., **hypochromatosis;** 2. qui se colore peu (histol.).

hypochromatemia, s. : anémie hypochrome ou hypochromique.

hypochromatic, adj. : hypochrome, déficient en matière colorante.

hypochromatosis, s. : diminution pathologique de la chromatine du noyau.

hypochromia, s. : hypochromie (nom générique donné à toutes les diminutions de la pigmentation cutanée).

hypochromic, s. : 1. quantité faible d'hémoglobine; **- anemia** : anémie hypochromique; 2. faiblement coloré (histol.).

hypocoelum, s. : cavité ventrale (embryon).

hypochylia, s. : sécrétion déficiente du chyle.

hypocrine, adj. : qui appartient à une insuffisance des glandes endocrines.

hypocyclosis, s. : déficience du pouvoir d'accommodation.

hypodactylia, s. : nombre de doigts inférieur à la normale.

hypoderm, s. : tissu cellulaire sous-cutané.

Hypoderma, s. : Hypoderma (mouches dont les larves se développent en parasites hypodermiques; type Hypoderma bovis).

hypodermic, adj. : hypodermique, sous-cutané.

hypodipsia, s. : hypodipsie.

hypoesophoria, s. : trouble de l'équilibre oculomoteur caractérisé par une déviation à la fois convergente et descendante de l'axe visuel d'un œil.

hypoexophoria, s. : trouble de l'équilibre oculomoteur caractérisé par une déviation à la fois divergente et descendante de l'axe visuel d'un œil.

hypofibrinogenaemia, s. : carence de fibrine dans le sang.

hypogastralgia, s. : douleur de l'hypogastre.

hypogastric, adj. : hypogastrique.

hypogastrium, s. : hypogastre.

hypogastrocele, s. : hernie de la région hypogastrique.

hypogastrorrhexis, s. : éventration.

hypogenesis, s. : 1. développement défectueux; 2. développement direct sans génération alternante; **polar -** : développement défectueux d'une extrémité d'un fœtus (embryol.).

hypogenitalism, s. : hypogénitalisme, eunuchoïdisme.

hypogeusia, s. : hypogeusie (diminution des sensations gustatives).

hypoglobulia, s. : hypoglobulie.

hypoglossal, adj. : hypoglosse; **- nerve** : nerf grand hypoglosse.

hypoglossiadenitis, s. : inflammation de la glande sublinguale.

hypoglossitis, s. : hypoglossite (inflammation de la partie inférieure de la langue, de son frein).

hypoglottis, s. : face inférieure de la langue.

hypoglycemia, s. : hypoglycémie.

hypognathadenitis, s. : inflammation de la glande sous-maxillaire.

hypognathous, adj. : avoir la mâchoire inférieure plus longue que la mâchoire supérieure.

hypognathus, s. : hypognathe (monstre double caractérisé par l'implantation du parasite sur le maxillaire inférieur du sujet principal).

hypogonadism, s. : diminution de la sécrétion ovarienne ou testiculaire.

hypohaemia or **hypoemia,** s. : anémie.

hypohaemoglobulinaemia or **hypohemoglobinemia,** s. : anémie.

hypohepatia, s. : insuffisance hépatique.

hipohidrosis, s. : transpiration déficiente.

hypohypophysism, s. : hypopituitarisme.

hypo-immunity, s. : immunité insuffisante.

hypo-isotonic or **hypisotonic**, adj. : se dit des solutions hypotoniques.

hypo-insulinism, s. : hypo-insulinisme.

hypokinesia or **hypokinesis**, s. : déficience de réaction motrice sous l'influence d'un stimulus.

hypologia, s. : hypologie (trouble de la parole symptomatique de maladie cérébrale).

hypolymphemia, s. : taux leucocytaire inférieur à la normale.

hypomastia, s. : hypomastie (seins anormalement petits).

hypomenorrhea, s. : hypoménorrhée, opsoménorrhée (écoulement menstruel minime).

hypometropia, s. : myopie.

hyponychium, s. : tissu vasculaire (derme et couche de Malpighi) sur lequel repose l'ongle.

hyponychon, s. : ecchymose sous l'ongle.

hypopancreatism, s. : insuffisance pancréatique.

hypoparathyroidism, s. : hypoparathyroïdisme.

hypopepsia, s. : hypopepsie, hyposthénie gastrique (diminution du processus enzymatique de l'estomac).

hypophalangism, s. : absence congénitale d'un ou plusieurs doigts.

hypopharynx, s. : partie laryngienne du pharynx.

hypophobia, s. : hypophobie (absence de peur).

hypophoria, s. : trouble de la vision caractérisé par la déviation de l'axe visuel d'un œil en-dessous de l'axe visuel de l'autre œil.

hypophosphatasia, s. : hypophosphatasie (carence familiale et mortelle des phosphatases alcalines).

hypophrenia, s. : faiblesse d'esprit.

hypophyseal, adj. : hypophysaire.

hypophysectomize, v. : faire une hypophysectomie.

hypophysioprivic, s. : hypophyséoprive.

hypophyseoprivus, s. : dyspituitarisme.

hypophysial cachexia, s. : cachexie hypophysaire.

hypophysectomy, s. : hypophysectomie.

hypophysis, s. : hypophyse, corps pituitaire.

hypophysitis, s. : hypophysite (inflammation de l'hypophyse).

hypopiesis, s. : hypotension, tension artérielle anormalement basse.

hypopinealism, s. : hypopinéalisme (insuffisance du fonctionnement de la glande pinéale).

hypopituitarism, s. : hypopituitarisme.

hypoplasia, s. : hypoplasie.

hypopnea, s. : hypopnée.

hypoporosis, s. : malformation ou insuffisance du cal après fracture.

hypopraxia, s. : inactivité, apathie (souvent signe ou conséquence d'un trouble cérébral).

hypoprothrombinemia, s. : hypoprothrombinémie.

hypopyon, s. : hypopyon, hypopion.

hyporeflexia, s. : hyporéflectivité, hyporéflexie, subréflectivité (affaiblissement des réflexes).

hyposcheotomy, s. : ponction d'une hydrocèle à la partie inférieure de la vaginale.

hyposialadenitis, s. : inflammation de la glande sous-maxillaire.

hyposmia, s. : hyposmie, hypo-osmie (diminution de l'olfaction).

hypospadias, s. : hypospadias (malformation congénitale de l'urètre qui s'ouvre sur la face inférieure du pénis).

hypospadiac, s., adj. : hypospade, atteint d'hypospadias.

hypostasis, s. : 1. hypostase, hyperémie, congestion hypostatique; 2. sédiment; 3. dépôt.

hypostatic, adj. : hypostatique.

hyposthenia, s. : hyposthénie (diminution des forces).

hyposthenic, s., adj. : hyposthénique.

hyposthenuria, s. : hyposthénurie (émission d'urine faiblement minéralisée et ayant une densité abaissée).

hypostyptic, s., adj. : astringent faible.

hyposystole, s. : systole faible.

hypotaxia, s. : hypotaxie (diminution du pouvoir volontaire).

hypotension, s. : hypotension, hypotonie; **orthostatic** or **postural -** : hypotension de posture ou orthostatique.

hypotensor, s., adj. : hypotenseur.

hypotensive, adj. : 1. relatif à une affection hypotensive; 2. relatif à un malade hypotendu; 3. relatif à un médicament hypotenseur.

hypothalamus, s. : hypothalamus.

hypothenar, s. (gr.) : hypothenar, éminence hypothenar.

hypothermia or **hypothermy**, s. : hypothermie.

hypothesis, s. : hypothèse.

hypothymia, s. : hypothymie (diminution de l'activité accompagnée de tristesse).

hypothyroidism, s. : hypothyroïdie, hypothyroïdisme.

hypotonia or **hypotonus**, s. : hypotonie.

hypotrichosis, s. : hypotrichose (arrêt de développement des poils).

hypotrophy, s. : hypotrophie (défaut de nutrition d'un organe).

hypotropia, s. : forme de strabisme (un œil regarde vers le bas).

hypouremia, s. : diminution du taux normal de l'urée sanguine.

hypourocrinia, s. : déficience ou insuffisance d'élimination d'urine.

hypovaria, s. : retard de la puberté par déficience de sécrétion ovarienne.

hypoventilation, s. : hypoventilation.

hypovitaminosis, s. : hypovitaminose, avitaminose relative.

hypovolaemia, s. : hypovolémie.

hypoxanthine, s. : hypoxanthine (leucomaïne).

hypoxemia, s. : hypoxémie (diminution de la quantité d'oxygène contenue dans le sang).

hypoxia, s. : hypoxie.

hypsibrachycephalic, adj. : à crâne haut et large.

hypsicephaly, s. : hypsocéphalie, acrocéphalie.

hypsistaphylia, s. : état où la voûte du palais est haute et étroite (voûte ogivale).

hypso- : hypso, préfixe indiquant un rapport avec la hauteur.

hypsocephaly, s. : hypsocéphalie.

hypsonosus, s. : mal des montagnes, mal de l'altitude, mal des aviateurs.

hypsophobia, s. : acrophobie.

Hyrl's anastomosis or **loop** : anastomose occasionnelle entre deux nerfs hypoglosses; **- sphincter,** cf. : **Nelaton's sphincter.**

hyster- : hyster-, préfixe dénotant un rapport avec l'utérus, avec l'hystérie.

hysteralgia, s. : hystéralgie (douleur sourde siégeant dans l'utérus).

hysteratresia, s. : imperforation du col de l'utérus.

hysterectomy, s. : hystérectomie; **abdominal - :** hystérectomie abdominale ou par voie haute; **vaginal - :** hystérectomie vaginale ou par voie basse.

hysteredema or **hysteroedema,** s. : œdème de l'utérus.

hysterelcosis, s. : ulcération de l'utérus.

hysterergia, s. : résultats consécutifs à un remède ou à un mode de traitement.

hystereurysis, s. : dilatation du col de l'utérus.

hysteria, s. : hystérie, pithiatisme.

hysteric or **hysterical,** adj. : hystérique, pithiatique.

hystericism, s. : tempérament hystérique; prédisposition aux symptômes hystériques.

hystericoneuralgic, adj. : d'aspect névralgique, mais d'origine hystérique.

hysterics, s. : crise de nerfs.

hysteritis, s. : métrite.

hystero- : hystéro-, préfixe dénotant un rapport avec l'utérus, avec l'hystérie.

hysterobubonocele, s. : hystérocèle inguinal.

hysterocele, s. : hystérocèle.

hysterocleisis, s. : hystérocleisis, hystérostomatocleisis (suture des deux lèvres du col utérin).

hysterocyesis, s. : grossesse utérine.

hysterocystic, adj. : se rapportant à l'utérus et à la vessie.

hysterocystocele, s. : hystérocystocèle (hernie contenant l'utérus et la vessie).

hysterocystocleisis, s. : hystérocleisis vésical.

hysterodynamometer, s. : appareil pour enregistrer le nombre, l'intensité et les variations des contractions utérines.

hysterodynia, s. : douleur dans l'utérus.

hysteroepilepsy, s. : hystéroépilepsie.

hysterofrenic, adj. : hystérofrénateur, qui arrête ou atténue la crise hystérique.

hysterogenic or **hysterogenous,** adj. : hystérogène; **- areas, points** or **zones** : zones hystérogènes, zones spasmogènes.

hysterogeny, s. : déclenchement de l'état hystérique, du paroxysme.

hysterogram, s. : hystérogramme.

hysterography, s. : hystérographie (radiographie de l'utérus).

hysteroid, adj. : 1. ressemblant à l'hystérie; 2. se rapportant à l'hystéro-épilepsie.

hysterolaparotomy, s. : hystérectomie abdominale.

hysterolith, s. : calcul utérin.

hysterolithiasis, s. : formation de calculs utérins.

hysterology, s. : anatomie, physiologie, pathologie de l'utérus.

hysterolysis, s. : opération pour détacher l'utérus de ses adhérences.

hysteromalacia, s. : hystéromalacie.

hysteromania, s. : 1. démence hystérique; 2. nymphomanie.

hysteromyoma, s., plur. **hysteromyomata** (gr.) : myome de l'utérus.

hysteromyomectomy, s. : ablation d'un fibromyome et de l'utérus.

hysteromyotomy, s. : incision utérine pour excision d'un myome.

hysteroneurasthenia, s. : hystéro-neurasthénie.

hysteroneurosis, s. : névrose réflexe due à une irritation de l'utérus.

hystero-oophorectomy, hystero-oothecectomy or **hystero-ovariotomy,** s. : oophoro-hystérectomie (ablation de l'utérus et des ovaires).

hysteropathic, adj. : se rapportant à un trouble, une maladie de l'utérus.

hysteropathy, s. : maladie de l'utérus.

hysteropexy, s. : hystéropexie (1. fixation de l'utérus à la paroi abdominale [hystéropexie abdominale, gastrohystéropexie, gastrohystérorraphie, gastrohystérosynaphie, ventrofixation]); 2. fixation du col utérin à la paroi postérieure du vagin (hystéropexie vaginale, colpohystéropexie, vaginofixation).

hysteropsychopathy, s. : troubles cérébraux consécutifs à une maladie utérine.

hysteropsychosis, s. : association de troubles cérébraux et de maladie utérine.

hysteroptosis, s. : hystéroptose, prolapsus utérin.

hysterorrhagia, *s.* : métrorragie.

hysterorraphy, *s.* : 1. hystéropexie; 2. suture d'une incision utérine.

hysterorrhea, *s.* : écoulement d'origine utérine.

hystorrhexis, *s.* : rupture de l'utérus.

hysterosalpingo-oophorectomy *or* **hysterosalpingo-oothecectomy,** *s.* : excision de l'utérus, des ovaires et des trompes.

hysterosalpingostomy, *s.* : formation d'une fistule entre la trompe et l'utérus.

hysterosalpinx, *s.* : trompe de Fallope.

hysteroscope, *s.* : spéculum pour utérus.

hysteroscopy, *s.* : examen de l'utérus.

hysterospasm, *s.* : spasme de l'utérus.

hysterostomatocleisis, *s.* : hystérostomatocleisis, hystérocleisis.

hysterostomatomy *or* **hysterostomatotomy,** *s.* : incision du col de l'utérus; agrandissement du col de l'utérus par incision.

hysterotomotokia, *s.* : hystérotomotocie, opération césarienne.

hysterotomy, *s.* : hystérotomie.

hysterotrachelorrhaphy, *s.* : opération plastique pour déchirure du col de l'utérus.

hysterotrachelotomy, *s.* : incision du col de l'utérus.

hysterotraumatism, *s.* : hystéro-traumatisme (hystérie consécutive à un traumatisme).

hysterotrismus, *s.* : spasme de l'utérus.

hystrichiasis, *s.* : variété de trichose où le cheveu se dresse en l'air comme les épines d'un porcépic.

hystriciacis *or* **hystricism,** *s.* : 1. cf., **hystrichiasis**; 2. hystricisme, ichtyose hystrix.

hystrix, *s.* : ichtyose hystrix (variété papillomateuse d'ichtyose dans laquelle les écailles sont cornées, saillantes, rappelant la peau du porcépic).

hyter, *s.* : action de la chaleur et de l'humidité atmosphérique sur l'être humain.

I

iamatology, *s.* : science de la thérapeutique.

iatraliptic, *adj.* : iatraliptique, iatroliptique (se dit des méthodes thérapeutiques qui consistent à faire pénétrer les médicaments par frictions, onctions).

iatric, *adj.* : iatrique, se rapportant au médecin, à l'art médical.

iatrochemistry, *s.* : iatrochimie (doctrine médicale qui explique tous les actes vitaux physiologiques et pathologiques par des actions chimiques).

iatrogenic, *adj.* : iatrogène.

iatrology, *s.* : science de la médecine, traité sur les médecins.

iatrophysics, *s.* : iatrophysique.

iatrotechnics, *s.* : art de guérir.

ice, *s.* : glace; **- bag, - cap** : vessie, sac, poche à glace; **- chest** : glacière, réfrigérateur; **- compress** : compresse glacée; **dry -** : neige carbonique, carboglace; **- pack** : compresse glacée; *v.* : congeler, geler.

ichnogram, *s.* : dans un rapport judiciaire, enregistrement de l'empreinte des pieds.

ichor, *s.* : ichor (pus de mauvaise nature, sanguinolent et fétide).

ichorous, *adj.* : ichoreux.

ichorrhea, *s.* : ichor abondant.

ichthyism, *s.* : ichtyosisme.

ichthyoid, *adj.* : ichtyoïde.

ichthyol, *s.* : ichtyol.

ichthyology, *s.* : ichthyologie (science qui traite des poissons, anatomie, répartition et biologie).

ichthyophagous, *adj.* : ichtyophage.

ichthyophagy, *s.* : ichtyophagie.

ichthyophobia, *s.* : dégoût morbide pour se nourrir avec du poisson.

ichthyosis, *s.* : ichthyose, ichtyose; **- hystrix** : ichtyose hystrix, hystricisme; **- sebacea** : séborrhée; **- simplex** or **vulgaris** : xéroderme.

ichthyotic, *adj.* : se rapportant à l'ichtyose, atteint d'ichtyose.

ichthyotoxic, *adj.* : ichtyotoxique.

ichthyotoxin, *s.* : toxine du poisson d'origine bactérienne *ou* fongique.

icing, *s.* : congélation; **- heart** : péricardite séreuse; **- liver** : forme de cirrhose du foie avec périhépatite.

icon, *s.* : image, modèle, icône.

iconography, *s.* : iconographie, description par l'image.

ICSH (Interstitial Cell Stimulating Hormone) : ICSH, hormone hypophysaire stimulant les cellules interstitielles du testicule, donc la production de testostérone.

icteric, *adj.* : ictérique; **- fever** : fièvre bilioseptique, fièvre intermittente biliaire.

icteritious, *adj.* : 1. ictérique, d'aspect ictérique; 2. jaune.

icteroanemia, *s.* : ictère hémolytique.

icterogenic or **icterogenous,** *adj.* : ictérigène, produisant l'ictère.

icterohematuria, *s.* : ictère avec hématurie.

icterohemoglobinuria, *s.* : ictère avec hémoglobinurie.

icterohepatitis, *s.* : ictère avec inflammation du foie.

icteroid, *adj.* : ictéroïde, d'aspect ictérique.

icterophtisis, *s.* : tuberculose avec coloration jaune de la peau.

icterus, *s. (lat.)* : ictère, jaunisse; **achloruric -** : ictère achlorurique; **- febrilis** : ictère fébrile à rechute, ictère infectieux à recrudescence fébrile, maladie de Mathieu, maladie de Weil, typhus hépatique; **- gravis** : ictère grave, malin *ou* typhoïde, fièvre jaune nostras; **- gravis neonatorum** : ictère grave familial du nouveau-né, érythroblastose fœtale; **kernicterus** : ictère nucléaire du nouveau-né; **- neonatorum** : ictère physiologique du nouveau-né; **pancreatic -** : ictère par sténose pancréatique du cholédoque; **- saturnius** : ictère d'origine saturnine; **spirochetal -** : maladie de Weil.

ictometer, *s.* : instrument pour mesurer les battements du cœur.

ictus, *s.* : ictus; **- epilepticus** : crise d'épilepsie; **laryngeal -** : ictus laryngé, vertige laryngé; **- paralyticus** : attaque de paralysie; **- sanguinis** : ictus apoplectique; **- solis** : coup de soleil.

Id, *s. (lat.)* : 1. chromomère; 2. Id, ou ça *(psych.)*.

ID₅₀ : DI₅₀ (dose infectieuse 50 %).

idant, *s.* : idante (chromomère dans la théorie de Weissmann).

idea, *s.* : idée; **fixed -** : idée fixe; **imperative -** : obsession-compulsion.

ideal, *adj.* : idéal; **- paraplegia** : paraplégie réflexe d'origine émotionnelle; **- efficiency** : rendement optimum.

ideation, *s.* : idéation.

identical, *adj.* : identique; **- points** : coordonnées identiques; **- twins** : jumeaux uniovulaires.

identification, *s.* : identification; **anthropometric -** *or* **Bertillon system of -** : identification par anthropométrie, bertillonnage; **Galton system of -** : identification par empreintes digitales; **palm and sole system of -** : identification par empreintes palmaires et plantaires.

ideodynamism, *s.* : domination par une idée; contrôle exercé par une idée suggérée par les actes consécutifs d'une personne qui est ou a été hypnotisée.

ideology, *s.* : idéologie.

ideometabolic, *adj.* : se rapportant à une action métabolique déclenchée par une idée.

ideometabolism, *s.* : métabolisme d'origine mentale.

ideomotion, *s.* : mouvement *ou* action originaire d'une idée, ni strictement volontaire, ni réflexe.

ideomotor, *adj.* : idéomoteur, psychomoteur; **- center** : centre idéomoteur, centre psychomoteur; **- movements** : phénomènes idéomoteurs.

ideophrenia, *s.* : démence avec perversion mentale.

ideophrenic, *adj.* : se rapportant à, caractérisé par la démence avec perversion mentale.

ideosynchysia *or* **ideosynchysis,** *s.* : confusion cérébrale, délire.

idiempresis, *s.* : combustion spontanée, inflammation spontanée.

idioblast, *s.* : idioblaste (unité hypothétique des cellules).

idiochromosome, *s.* : idiochromosome.

idiocrasia, idiocrasis *or* **idiocrasy,** *s.* : idiosyncrasie.

idiocratic, *adj.* : idiosyncrasique.

idioctonia, *s.* : suicide.

idiocy, *s.* : idiotie, idiotisme.

idiogenesis, *s.* : origine des idiopathies.

idioglossia, *s.* : idioglossie (variété d'altération du langage).

idiohypnotism, *s.* : autohypnotisme.

idiolalia, *s.* : idiolalie.

idiologism, *s.* : mode d'élocution particulière à un individu, particulièrement un aliéné.

idiometritis, *s.* : inflammation du parenchyme de l'utérus.

idiomology, *s.* : étude des particularités de langage des différentes races.

idiomuscular, *adj.* : particulier au tissu musculaire.

idiopathetic *or* **idiopathic,** *adj.* : idiopathique.

idiopathy, *s.* : idiopathie, maladie idiopathique.

idiophrenic, *adj.* : dû à une maladie cérébrale (se dit de certaines formes de démence).

idioplasm, *s.* : idioplasma.

idiospasm, *s.* : spasme localisé.

idiosthenia, *s.* : force innée, spontanée.

idiosyncrasy, *s.* : idiosyncrasie.

idiosyncratic, *adj.* : idiosyncrasique; **- coryza** : rhume des foins.

idiotic, *adj.* : idiot.

idiotopy, *s.* : description topographique se rapportant aux rapports entre les différentes parties d'un même organe.

idiotype, *s.* : génotype.

idioventricular, *adj.* : idioventriculaire.

idrosis, *s.* : *cf.,* **hidrosis.**

igni-extirpation, *s.* : ablation d'un organe par cautérisation.

igni-operation, *s.* : opération par cautérisation.

ignipuncture, *s.* : ignipuncture (mode de cautérisation).

ignis, *s. (lat.)* : feu; **- sacer** *or* **- sancti Antonii** : érysipèle.

ignition, *s.* : ignition, mise à feu, contact électrique.

ileac, *adj.* : iléaque; **- passion** : iléus, passion iléaque, coliques de miserere.

ileadelphus *or* **iliadelphus,** *s.* : iléadelphe.

ileectomy, *s.* : excision de l'iléon.

ileitic, *adj.* : se rapportant à, atteint d'iléite.

ileitis, *s.* : iléite (inflammation de l'iléon); **regional** *or* **terminal -** : iléite régionale *ou* terminale, entérite interstitielle chronique phlegmoneuse *ou* ulcérante, maladie de Crohn.

ileocaecal *or* **ileocecal,** *adj.* : iléo-caecal; **- fossa** : fossette iléo-caecale; **- valve** : valvule iléo-caecale, valvule de Bauhin.

ileocaecostomy *or* **ileocecostomy,** *s.* : iléocaecostomie (anastomose chirurgicale de l'iléon avec le cæcum).

ileocleisis, *s.* : obstruction, occlusion de l'iléon.

ileocolic, *adj.* : iléocolique.

ileocolitis, *s.* : iléite et colite.

ileocolonic, *adj.* : iléocolique.

ileocolostomy, *s.* : iléocolostomie (entéro-anastomose entre l'intestin grêle et le gros intestin).

ileocolotomy, *s.* : incision sur l'iléon et le côlon.

ileocystoplasty, *s.* : iléocystoplastie.

ileo-ileostomy, *s.* : iléo-iléostomie (entéro-anastomose entre deux anses d'intestin grêle).

ileoparietal, *adj.* : se rapportant aux parois de l'iléon.

ileoproctostomy *or* **ileorectostomy,** *s.* : iléorectostomie (entéro-anastomose entre l'intestin grêle et le rectum).

ileorrhaphy, *s.* : iléorraphie (suture de l'iléon).

ileosigmoidostomy, *s.* : iléosigmoïdostomie (entéro-anastomose entre l'intestin grêle et l'anse sigmoïde).

ileostomy, *s.* : iléostomie (création d'un anus artificiel au niveau de la dernière partie de l'intestin grêle).

ileotomy, *s.* : incision de l'intestin grêle par voie abdominale.

ileotransversotomy, *s.* : iléotransversotomie (entéro-anastomose entre l'intestin grêle et le côlon transverse).

ileum, *s. (lat.)* : iléon, extrémité de l'intestin grêle.

ileus, *s.* : iléus, passion iléaque, coliques de miserere (occlusion intestinale aiguë ou chronique).

iliac, *adj.* : iliaque.

ilio- : ilio-, préfixe indiquant un rapport avec l'ilion ou le flanc.

iliocolotomy, *s.* : incision du côlon par la voie iliaque.

iliocostal, *adj.* : iliocostal.

iliofemoral, *adj.* : iliofémoral; **- ligament** : ligament iliofémoral, ligament de Bertin.

iliolumbar, *adj.* : iliolombaire.

iliotibial, *adj.* : se rapportant à, ou réunissant l'os iliaque et le tibia; **- band** : partie épaissie du fascia lata allant de la tubérosité externe du tibia à la crête iliaque, bandelette de Messiat.

ilium, *s. (lat.)* : 1. flanc; 2. ilion, ilium.

ill, *adj.* : malade, souffrant; **to be -** : être malade; **to fall -, to be taken -** : tomber malade; **to be - with a fever** : souffrir d'un accès de fièvre; **to be dangerously -** : être au plus mal; **- effects of** : effet pernicieux de.

illacrimation, *s.* : épiphora.

illaqueation, *s.* : technique opératoire pour modifier la direction des cils mal plantés.

illegitimacy, *s.* : illégitimité.

illegitimate, *adj.* : illégitime.

illinition, *s.* : onction, inunction.

illness, *s.* maladie.

illumination, *s.* : 1. illumination; 2. éclat (d'une lentille, d'un objectif *(opt.)*; **degree of -** : éclairement.

illuminism, *s.* : illuminisme *(psych.)*.

illusion, *s.* : illusion; **optical -** : illusion d'optique.

illusional, *adj.* : illusionnel.

illutation, *s.* : thérapeutique par bains de boue.

ima, *adj. (lat.)* : inférieure; **thyroidea -** : artère thyroïde inférieure.

image, *s.* : image; **acoustic -** : image acoustique; **body -** : image que l'on peut se faire de son propre corps; **false -** : spectre secondaire; **inverted -** : image renversée; **latent -** : image latente; **real -** : image réelle; **sensory -** : image du monde extérieur créée par les sensations; **virtual -** : image virtuelle *(opt.)*.

imagination, *s.* : imagination.

imago, *s.*, *plur.* **imagines** *(lat.)* : 1. image *(psych.)*; 2. imago, insecte parfait *(entomol.)*.

imapunga, *s.* : maladie du bétail en Afrique du Sud, de pathologie voisine de la fièvre charbonneuse.

imbalance, *s.* : déséquilibre; **autonomic** *or* **vasomotor -** : ataxie vasomotrice; **sympathetic -** : vagotonie.

imbecile, *s.* : imbécile (âge mental entre deux et sept ans), faible d'esprit; *adj.* : imbécile.

imbecility, *s.* : imbécillité, faiblesse d'esprit.

imbed, *v.* : faire une inclusion *(histol.)*.

imbedding, *s.* : inclusion *(histol.)*.

imbibe, *v.* : absorber, boire, s'imprégner, inhiber.

imbibing, *s.* : absorption.

imbibition, *s.* : imbibition.

imbricated, *adj.* : imbriqué.

imbrication, *s.* : imbrication, chevauchement.

imitation, *s.* : imitation.

Imlach's fat plug : bouchon de graisse situé à l'angle médian de l'anneau inguinal (sert de guide en chirurgie).

immaculate, *adj.* : immaculé, sans tache, non tacheté.

immature, *adj.* : immature, impubère.

immediate, *adj.* : immédiat; **- auscultation** : auscultation immédiate; **- contagion** : contagion par contact; **- union** : cicatrisation par première intention.

immedicable, *adj.* : incurable.

immersion, *s.* : immersion; **- foot** : pied d'immersion, syndrome de White; **- lens** : objectif à immersion *(micr.)*.

imminence, *s.* : danger imminent, menaçant.

immiscible, *adj.* : immiscible.

immobilization, *s.* : immobilisation.

immobilize, *v.* : immobiliser.

immune, *s.* : immun; *adj.* : immun, immunisé; **- antibody** : immun anticorps; **- reaction** : réaction immunologique; **- serum** : immun-sérum.

immunifacient, *adj.* : qui engendre l'immunité.

immunisin, *s.* : immunisine, sensibilisatrice, ambocepteur.

immunity, *s.* : immunité; **acquired -** : immunité acquise; **active -** : immunité active; **congenital** *or* **natural -** : immunité naturelle; **crossed -** : immunité croisée; **genetic -** : immunité héréditaire; **inborn** *or* **innate -** : immunité raciale; **passive -** : immunité passive; **pre-emptive -** : immunité due à l'interférence.

immunization, *s.* : immunisation.

immunize, *v.* : immuniser, déterminer l'immunité.

immunizer, *adj.* : immunisant.

immunizing, *adj.* : immunisant; **- dose** : dose immunisante; **- power** : pouvoir immunigène; **- serum** : sérum immunisant.

immunobiologic, *adj.* : qui a trait à l'immunité générale, à l'immunité en biologie.

immunochemistry, *s.* : immuno-chimie.

immunofluorescence, *s.* : immunofluorescence.

immunogenic, *adj.* : immunogène.

immunohematology, *s.* : immunohématologie.

immunologist, *s.* : immunologiste.

immunology, *s.* : immunologie.

immunomimetic, *adj.* : immunomimétique.

immunopathology, *s.* : immunopathologie.

immunoprotein, *s.* : immunoprotéine, anticorps.

immunosuppressive, *adj.* : immunodépresseur.

immunoreaction, *s.* : réaction immunologique.

immunotherapy, *s.* : immunothérapie.

immunotoxin, *s.* : antitoxin.

immunotransfusion, *s.* : immunotransfusion.

impact, *s.* : choc, impact, percussion; *v.* : encastrer.

impacted, *adj.* : encastré; **- fracture** : fracture avec impaction; **- tooth** : dent barrée.

impaction, *s.* : 1. commotion; 2. impaction (d'un os [*chir.*]), enclavement (de la tête [*obstét.*]) ; **- of the bowel** : occlusion intestinale.

impalpable, *adj.* : impalpable.

impaludation, *s.* : impaludation (1. envahissement d'un sujet par l'hématozoaire du paludisme; 2. syphilothérapie par inoculation du paludisme).

impaludism, *s.* : impaludisme, cachexie paludéenne.

impar, *adj.* : impair; **ganglion -** : ganglion coccygien.

impedance, *s.* : impédance, force contre-électromotrice; **oscillatory -** : impédance oscillatoire.

imperative, *adj.* : impératif.

imperception, *s.* : perception défectueuse.

imperforate, *adj.* : imperforé.

imperforation, *s.* : imperforation, occlusion.

impermeable, *adj.* : imperméable.

impervious, *adj.* : impénétrable, imperméable, étanche; **- to acids** : inattaquable par les acides; **- to radiant heat** : athermane, athermique.

imperviousness, *s.* : 1. impénétrabilité, imperméabilité, étanchéité; 2. inaccessibilité, imperviousness (trouble psychique, signe de tumeur du corps calleux).

impetigination or **impetiginization,** *s.* : impétiginisation (inoculation d'impétigo sur une plaie ou une lésion cutanée).

impetiginoid, *adj.* : *cf.*, **impetiginous.**

impetiginous, *adj.* : impétigineux.

impetigo, *s.* : impétigo; **- herpetiformis** : impétigo herpétiforme.

impetus, *s. (lat.)* : force, vitesse acquise.

impilation, *s.* : empilage, empilement (formation de rouleaux de globules rouges).

implacental, *adj.* : implacentaire, dépourvu de placenta.

implant, *s.* : implant, greffe; *v.* : greffer.

implantation, *s.* : implantation; **hypodermic -** : implantation sous-cutanée.

imponderable, *adj.* : impondérable.

importation, *s.* : importation; **- of disease** : infection importée.

impotence or **impotency,** *s.* : impuissance, décrépitude, impotence; **relative -** : impotence seulement nevers une *ou* plusieurs personnes particulières.

impotent, *adj.* : impuissant, impotent, décrépit, perclus.

impregnate, *v.* : imprégner, féconder (une femelle); 2. imprégner, imbiber, saturer.

impregnated, *adj.* : 1. imprégné, fécondé; 2. imprégné, saturé.

impregnation, *s.* : impregnation, fécondation.

impressio, *s. (lat.)* : empreinte; **- cardiaca** : empreinte cardiaque (lobe gauche, face supérieure du foie); **- colica** : empreinte colique (lobe droit, face inférieure du foie); **- duodenalis** : facette *ou* empreinte duodénale (lobe droit, face inférieure du foie); **- gastrica** : empreinte gastrique (lobe gauche, face inférieure du foie); **- pylorica** empreinte pylorique *(id.)*; **- renalis** : empreinte rénale (lobe droit, face inférieure du foie) ; **- suprarenalis** : empreinte surrénale (segment droit, face postérieure du foie).

impression, *s.* : 1. impression, empreinte; 2. impression *(psych.)*; 3. impression, moulage dentaire; **digital -** : impressions digitales (légères dépressions de la face interne des os du crâne); **- preparation** : frottis sur lamelle obtenu par décalcomanie sur la préparation bactérienne *ou* l'organe.

impressionable, *adj.* : impressionnable, sensible, susceptible, affectable, susceptible de recevoir une empreinte.

impressorium, *s. (lat.)* : siège des impressions *(psych.)*.

improcreance, *s.* : impossibilité de procréer, congénitale ou acquise.

improcreant, *s., adj.* : incapable de procréer, stérile.

impuberal, *adj.* : impubère.

impuberty, *s.* : impuberté.

impulse, *s.* : 1. impulsion, poussée motrice ; 2. impulsion, mouvement spontané, élan; **cardiac -** : battement de cœur perceptible au cinquième espace intercostal à la gauche du sternum; **episternal -** : battement vasculaire dans l'échancrure du sternum; **morbid -** : impulsion morbide.

impulsion, *s.* : impulsion, force impulsive.

impulsive, *adj.* : 1. impulsif, propulsif; **- force** : force impulsive, projective, force d'impulsion ; 2. impulsif; **- gesture** : geste spontané.

impure, *adj.* : impur.

impurity, *s.* : impureté (1. manque de propreté; 2. manque de netteté à l'auscultation cardiaque; 3. adultération chimique; 4. corps qui produit l'adultération par sa présence).

imputability, *s.* : imputabilité (en médecine légale, degré d'état d'esprit où l'individu est reconnu responsable de ses actes).

inacidity, *s.* : manque d'acidité, se dit pour une déficience chlorhydrique du suc gastrique.

inaction, *s.* : inaction, inertie.

inactivate, *v.* : inactiver, rendre inactif, décomplémenter.

inactivation, *s.* : inactivation.

inadequacy, *s.* : insuffisance, imperfection, état incomplet; **cardiac -** : insuffisance cardiaque; **renal -** : insuffisance rénale.

inanagenesis *or* **inanaphysis,** *s.* : régénérescence de la fibre musculaire.

inanimate, *adj.* : inanimé, sans vie.

inanition, *s.* : inanition.

inappetence, *s.* : inappétence, anorexie, manque d'appétit.

inarticulate, *adj.* : inarticulé (1. sans articulations; 2. [son] imparfaitement prononcé).

in articulo mortis (*lat.*) : au moment de la mort.

inassimilable, *adj.* : inassimilable.

inaxon *or* **inaxone,** *s.* : neurone à cylindraxe de grande longueur.

inborn, *s.* : inné, naturel.

inbred, *adj.* : inné, naturel, consanguin, se rapportant à un élevage consanguin.

inbreeding, *s.* : élevage consanguin.

inca bone : os épactal *ou* interpariétal.

incanate *or* **incanous,** *adj.* : blanchâtre.

incandescence, *s.* : incandescence.

incandescent, *adj.* : incandescent; **- light** : lumière à incandescence.

incanescence, *s.* : incanescence (le fait pour les cheveux de devenir gris).

incapsuled, *adj.* : capsulé, encapsulé.

incarcerated, *adj.* : incarcéré; **- hernia** : hernie incarcérée.

incarceratio placentae (*lat.*) : enchatonnement du placenta.

incarceration, *s.* : incarcération (hernie, placenta).

incarial bone : *cf.,* **inca bone.**

incarnant, *adj.* : incarnatif.

incarnatio, *s.* (*lat.*) : incarnation ; **- unguis** : incarnation de l'ongle, croissance de l'ongle en profondeur, onychogryphose.

incarnation *or* **incarnification,** *s.* : 1. incarnation; 2. granulation.

incest, *s.* : inceste.

inch, *s.* : pouce (= 2,54 cm).

incidence, *s.* : 1. incidence; **angle of -** : angle d'incidence (*opt.*); 2. incidence, fréquence.

incident, *adj.* : 1. incident; 2. afférent, centripète.

incineration, *s.* : incinération.

incipient, *adj.* : naissant, qui commence, incipiens (*lat.*).

incisal, *adj.* : se dit du bord coupant des incisives.

incise, *v.* : inciser, débrider.

incised, *adj.* : incisé, coupé; **- wound** : incision.

incision, *s.* : incision, débridement, boutonnière; **crucial -** : incision en croix.

incisive, *adj.* : 1. incisif, tranchant, coupant ; 2. incisive (dent) se rapportant à une incisive; **- bone** : os incisif, os intermaxillaire.

incisor, *s.* : 1. (dent) incisive; 2. nerf innervant les incisives.

incisura, *s., plur.* **incisurae** (*lat.*) : échancrure; **- acetabuli** : grande échancrure cotyloïdienne; **- cerebella** : incisure du cervelet; **- clavicularis** : facette latérale du sternum pour l'articulation avec la clavicule; **- ethmoidalis** : échancrure nasale de l'os frontal, **- ischiadica major** : grande échancrure sciatique; **- ischiadica minor** : petite échancrure sciatique; **- jugularis ossis occipitalis** : échancrure jugulaire de l'occipital, **- jugularis sterni** : fourchette sternale ; **- mandibulae** : échancrure sigmoïde de la mâchoire inférieure; **- mastoidea** : rainure digastrique *ou* mastoïdienne; **- radialis ulnae** : petite cavité sigmoïde du cubitus; **- semilunaris ulnae** : grande cavité sigmoïde du cubitus; **- supraorbitalis** : échancrure sus-orbitaire.

incisure, *s.* : rainure, fissure, échancrure, incisure; **- of Lantermann** *or* **- of Schmidt** : lignes obliques croisant les segments internodaux des fibres myélinisées.

inclination, *s.* : 1. inclination; 2. inclinaison, pente ; **- compass** : boussole d'inclinaison ; 3. inclination, penchant, tendance naturelle; 4. déviation d'une dent de la verticale.

inclinometer, *s.* : clinomètre, inclinomètre.

inclusi foetalis (*lat.*) : inclusion fœtale.

inclusion, *s.* : inclusion; **- body** : inclusion intracellulaire; **cellular** *or* **cytoplasmic** *or* **nuclear-body** : inclusion cellulaire, cytoplasmique, nucléaire; **fetal -** : inclusion fœtale; **- gonorrhoea** : urétrite à inclusions.

incoagulable, *adj.* : incoagulable.

incoercible, *adj.* : incoercible, incontrôlable ; **- vomiting** : vomissement incoercible.

incoherence, *s.* : incohérence.

incoherent, *adj.* : incohérent; **- molecules** : molécules incohérentes; **- ideas** : idées sans cohérence, idées hétéroclites.

incombustible, *adj.* : incombustible.

incompatibility, *s.* : incompatibility (*chim., pharm., immunol.*).

incompatible, *adj.* : incompatible.

incompetence *or* **incompetency,** *s.* : incompétence, insuffisance; **aortic -** : insuffisance aortique; **free -** : insuffisance sans sténose.

incompressible, *adj.* : incompressible.

incongruence, *s.* : défaut, manque de conformité; **retinal -** : inégalité de situation des éléments perceptifs des deux rétines.

inconscient, *adj.* : inconscient.

inconstant, *adj.* : inconstant, variable.

incontinence, *s.* : 1. incontinence (évacuation involontaire); 2. lubricité.

incontinentia urinae *(lat.)* : incontinence d'urine.

incoordination, *s.* : incoordination.

incorporation, *s.* : incorporation.

incrassate or **incrassated,** *adj.* : épaissi, enflé.

incrassation, *s.* : épaississement.

increment, *s.* : augmentation, accroissement, poussée.

incremental, *adj.* : se rapportant à un accroissement.

incretion, *s.* : incrétion, sécrétion interne.

incretory, *adj.* : endocrine, se rapportant à une sécrétion interne.

incrustation, *s.* : incrustation, action d'incruster, entartrage.

incubate, *s.* : 1. couver, incuber (des œufs); 2. être soumis à l'incubation; 3. couver (une maladie).

incubation, *s.* : incubation; **artificial -** : accouvage, couvaison artificielle; **- period** : période d'incubation (d'une maladie).

incubator, *s.* : 1. couveuse artificielle, incubateur; 2. étuve *(bactér.)*.

incudal, *adj.* : se rapportant à l'enclume.

incudectomy, *s.* : excision de l'enclume.

incudiform, *adj.* : en forme d'enclume.

incudius, *s. (lat.)* : muscle acoustico-malléen.

incudomalleal, *adj.* : se rapportant au marteau et à l'enclume.

incudostapedial, *adj.* : se rapportant à l'enclume et à l'étrier.

incuneation, *s.* : 1. impaction d'un os, enclavement (de la tête fœtale); 2. synarthrose.

incurable, *adj.* : incurable, inguérissable.

incurvated, *adj.* : incurvé, courbé en dedans.

incurvation, *s.* : incurvation, courbure, arqure en dedans.

incurved, *adj.* : incurvé, courbé; **- nail** : ongle recourbé, ongle en griffe.

incus, *s.,* plur. **incudes** *(lat.)* : enclume (de l'oreille interne).

incustapedic : *cf.,* **incudostapedial.**

incyclotropia, *s.* : trouble de l'équilibre oculomoteur avec déviation convergente du pôle vertical médian supérieur.

in di : abréviation pour *in dies* (par jour).

indagation, *s.* : investigation, recherche, toucher (explorateur).

indecent, *adj.* : indécent, inconvenant; **- behaviour** : attentat aux mœurs; **- exposure** : exhibitionnisme.

indecision, *s.* : indécision, irrésolution, aboulie.

indentation, *s.* : 1. dentelure, entaille, découpure, crénelure; 2. état dentelé, découpé, crénelé.

index *(lat.)* : 1. indice, index (rapport numérique de mesure par rapport à un étalon); **color** or **colour -** : valeur globulaire en hémoglobine; (G) normalement G = 1; **refractive -** : indice de réfraction. 2. index (second doigt de la main).

indexometer, *s.* : instrument pour déterminer l'indice de réfraction des liquides.

indican, *s.* : indican (urinaire).

indicanaemia, *s.* : indicanémie (présence de l'indican dans le sang).

indicant, *s.* : indication, fait *ou* symptôme indiquant un certain traitement; *adj.* : indiquant, servant d'indice, de guide.

indicanuria, *s.* : indicanurie.

indication, *s.* : indication.

indicator, *s.* : 1. indicateur (réaction chimique); 2. indicateur, index, aiguille.

indifference, *s.* : indifférence.

indifferent, *adj.* : indifférent, neutre, n'ayant pas d'affinité prépondérante.

indigenous, *adj.* : indigène.

indigestible, *adj.* : indigeste, difficile à digérer, indigestible.

indigestion, *s.* : dyspepsie, mauvaise digestion; **to have -** : avoir une indigestion; **touch of -** : léger embarras gastrique, crise de foie.

indigitation, *s.* : intussusception d'une portion d'intestin, invagination.

indigouria, *s.* : présence d'indigo dans l'urine (due à une décomposition de l'indican).

indirect, *adj.* : indirect; **- vision** : vision par un point de la rétine autre que la tache jaune.

indisposition, *s.* : indisposition, malaise.

indium, *s.* : indium.

indole, *s.* : indole (C_8H_7N).

indolaceturia, *s.* : présence d'acide indolacétique dans l'urine (se voit dans les troubles intestinaux).

indolence, *s.* : indolence : 1. paresse; 2. indolence, insensibilité (d'une tumeur, d'un ulcère).

indolent, *adj.* : indolent : 1. paresseux; 2. indolore, indolent, insensible; **- ulcer** : ulcère chronique et indolore.

indologenous, *adj.* : générateur d'indole.

indoluria, *s.* : indolurie (présence d'indole dans l'urine).

indoxyl, *s.* : indoxyle.

indoxylemia, *s.* : indoxylémie (présence d'indoxyle dans le sang).

indoxyluria, *s.* : indoxylurie (présence d'indoxyle dans l'urine).

induce, *v.* : induire.

induced, *adj.* : induit, provoqué; **- abortion** : avortement provoqué; **- hypnosis** : hypnose provoquée; **- mutation** : mutation provoquée.

inducer, *s., adj.* : inducteur.

inducible, *adj.* : inductible.

induction, *s.* : 1. mise en avant, énumération, apport; 2. induction; **to reason by -** : prouver par induction; 3. induction (électr.); **- coil** : bobine d'induction, bobine de self (électr.); 4. cause, production (d'un état, d'une maladie).

inductometer, *s.* : inductomètre (appareil pour évaluer le degré d'induction électrique).

inductothermy, *s.* : thermothérapie par électromagnétisme.

indurated, *adj.* : induré.

induration, *s.* : induration, tissu induré.

indurative, *adj.* : qui tend à s'indurer.

indurescent, *adj.* : s'indurant peu à peu.

indusium, *s., plur.* **indusia** (lat.) : 1. indusie (bot.); 2. amnios; 3. **- griseum** : indusium gris (corps calleux).

inebriant, *adj.* : enivrant, grisant, inébriant.

inebriate, *s.* : ivrogne, alcoolique; **home for -** : maison de santé pour alcooliques; *adj.* : cf., **inebriated;** *v.* : enivrer, griser, se griser.

inebriated, *adj.* : ivre, enivré.

inebriating, *adj.* : enivrant, qui grise.

inebriation, *s.* : 1. enivrement, action de s'enivrer; 2. cf., **inebriety.**

inebriety, *s.* : 1. ivresse, ébriété; 2. ivrognerie, alcoolisme.

inedia, *s.* : jeûne, diabète.

inedible, *adj.* : 1. immangeable; 2. non comestible.

inert, *adj.* : inerte, apathique, inactif.

inertia, *s.* : 1. inertie (phys.); 2. inertie, paresse.

in extremis (lat.) : in extremis.

infancy, *s.* : première enfance, bas âge.

infant, *s.* : 1. nourrisson; **- feeding** : alimentation des nourrissons; **- Hercules** : enfant hercule; **- mortality** : mortalité infantile; **new-born -** : nouveau-né; 2. individu mineur (législation anglaise).

infanticidal, *adj.* : infanticide.

infanticide, *s.* : 1. infanticide; 2. meurtre d'un enfant de moins d'un an.

infanticulture, *s.* : infanticulture, puériculture.

infantile, *adj.* : infantile, enfantin; **- diarrhea** : diarrhée infantile; **- hernia** : forme de hernie inguinale oblique située derrière la partie de la vaginale entourant le cordon spermatique; **- paralysis** : paralysie infantile, poliomyélite.

infantilism, *s.* : infantilisme, arrêt de croissance; **Lorain's type of -** : infantilisme type Lorain, chétivisme; **renal -** : néphrite et infantilisme.

infarct, *s.* : infarctus; **pale** *or* **white -** : infarctus anémique; **red -** : infarctus hémorragique.

infarcted, *adj.* : atteint d'infarctus.

infarction, *s.* : 1. infarctus; 2. infarcissement (formation d'un infarctus dans un organe); **cerebral -** : infarcissement cérébral.

infect, *v.* : infecter, contaminer; **to - someone with a disease** : communiquer une maladie à quelqu'un.

infected, *adj.* : infecté.

infectible, *adj.* : capable de s'infecter, d'être contaminé.

infecting, *adj.* : infectant.

infection, *s.* : infection, contamination; **centre of -** : foyer d'infection; **liable to -** : en état de réceptivité; **to spread -** : répandre l'infection.

infectiosity, *s.* : infectiosité, qualité de ce qui est infectieux, pouvoir infectant.

infectious, *adj.* : infectieux.

infectiousness, *s.* : nature infectieuse (d'une maladie).

infective, *adj.* : infectieux.

infectivity, *s.* : infectiosité.

infecundity, *s.* : stérilité, infécondité.

inferent, *adj.* : afférent.

inferior, *adj.* : inférieur.

inferiority, *s.* : infériorité; **- complex** : complexe d'infériorité.

inferocostal, *adj.* : se rapportant au bord inférieur d'une côte *ou* à la région située en dessous.

inferofrontal, *adj.* : se rapportant à la partie inférieure du lobe frontal.

inferolateral, *adj.* : infralatéral, situé inférieurement et latéralement.

inferoposterior, *adj.* : inféro-postérieur, situé inférieurement et postérieurement.

infertility, *s.* : stérilité, infécondité, infertilité.

infestation, *s.* : infestation.

infibulation, *s.* : infibulation (opération destinée à empêcher le coït (fixation du prépuce, suture des lèvres).

infiltrate, *s.* : infiltrat, infiltration; *v.* : infiltrer, imprégner, s'imprégner.

infiltration, *s.* : infiltration; **- anesthesia** : anesthésie locale par injections de novocaïne ou procaïne; **urinous -** : infiltration d'urine *ou* urineuse; **waxy -** : infiltration cireuse.

infinite, *adj.* : infini; **- distance** : toute distance au-delà de six mètres, distance à laquelle les rayons lumineux sont pratiquement parallèles (opt.).

infinity, *s.* : infini; **to focus on -** : mettre au point sur l'infini.

infirm, *adj.* : infirme, faible, maladif, débile.

infirmary, *s.* : hôpital, infirmerie.

infirmity, *s.* : infirmité. 1. débilité, faiblesse; 2. affection particulière.

inflame, *v.* : 1. enflammer, envenimer; 2. s'enflammer, s'envenimer.

inflammation, *s.* : inflammation, congestion; **- of the chest** : fluxion de poitrine; **- of the eyelids** : blépharite.

inflammatory, *adj.* : inflammatoire.

inflate, *v.* : gonfler, insuffler.

inflation, *s.* : inflation.

inflected, *adj.* : courbé, infléchi; **- ray** : rayon infléchi *(opt.)*.

inflection *or* **inflexion,** *s.* : inflexion, fléchissement; **- point** : point d'inflexion (d'une courbe); **- towards a source of light** : actinotropisme; 2. inflexion (changement de ton de la voix).

inflexed, *adj.* : *cf.,* **inflected.**

influenza, *s.* : grippe; **hog** *or* **swine - :** grippe porcine.

influenzal, *adj.* : grippal.

influx, *s.* : influx.

information, *s.* : information.

infra- : infra-, sous-, préfixes indiquant une position en dessous.

infra-axillary, *adj.* : infra-axillaire, sous-axillaire.

infraclavicular, *adj.* : sous-claviculaire.

infracommissure, *s.* : commissure inférieure du cerveau.

infraconscious, *adj.* : subconscient.

infraconstrictor, *s.* : muscle constricteur inférieur du pharynx.

infracortical, *adj.* : sous-cortical.

infracostal, *adj.* : sous-costal.

infracotyloid, *adj.* : situé sous la cavité cotyloïde.

infraction *or* **infracture,** *s.* : fracture incomplète.

infradian, *adj.* : inférieur à 24 heures.

infradiaphragmatic, *adj.* : sous-diaphragmatique.

infragenual, *adj.* : sous-rotulien.

infraglenoid, *adj.* : situé sous la cavité glénoïde.

infraglottic, *adj.* : situé sous la glotte.

infrahyoid, *adj.* : sous-hyoïdien.

infrainguinal, *adj.* : sous-inguinal.

infralemnisc, *s.* : partie inférieure du ruban de Reil.

inframammary, *adj.* : sous-mammaire.

inframandibular, *adj.* : situé sous la mâchoire inférieure.

inframarginal, *adj.* : sous-marginal; **- convolution** : quatrième circonvolution temporale.

inframaxillary, *adj.* : sous-maxillaire.

infraocclusion, *s.* : défaut d'opposition des dents, la mâchoire étant close.

infraorbital, *adj.* : sous-orbital, sous-orbitaire; **- canal** : canal sous-orbitaire; **- foramen** : gouttière sous-orbitaire.

infrapatellar, *adj.* : sous-rotulien.

infrapubic, *adj.* : sous-pubien.

infrarectus, *s.* : muscle droit inférieur de l'œil.

infrared, *adj.* : infrarouge *(opt.)*.

infrascapular, *adj.* : sous-scapulaire.

infrasonic, *adj.* : infrasonique; **- therapy** : infrasonothérapie.

infraspinatus, *s.* : muscle sous-épineux.

infraspinous, *adj.* : sous-épineux; **- fascia** : aponévrose du muscle sous-épineux; **- fossa** : fosse sous-épineuse; **- muscle** : muscle sous-épineux.

infrastapedial, *s.* : situé sous l'étrier.

infrasternal, *adj.* : sous-sternal; **- depression** : creux de la fourchette sternale.

infratemporal, *adj.* : situé sous l'os temporal.

infrathoracic, *adj.* : sous-thoracique.

infratonsillar, *adj.* : sous-amygdalien.

infratrochlear, *adj.* : sous-orbitaire; **- nerve** : nerf sous-orbitaire.

infraturbinal, *adj.* : situé sous les os turbinés (nez).

infraumbilical, *adj.* : sous-ombilical.

infravaginal, *adj.* : situé sous la voûte vaginale.

infriction, *s.* : friction avec un courant *ou* un liniment.

infundibular, *adj.* : en forme d'entonnoir, infundibuliforme.

infundibuliform, *adj.* : infundibuliforme; **- fascia** : gaine fibreuse du cordon.

infundibulum, *s., plur.* **infundibula** *(lat.)* : 1. organe ou conduit en forme d'entonnoir; 2. infundibulum, tige pituitaire; 3. infundibulum (sinus frontal); **- of brain** : infundibulum, tige pituitaire; **- of cochlea** : base infundibuliforme de la columelle; **- of ethmoid bone** : infundibulum (sinus frontal); **- of heart** : infundibulum (ventricule droit), cône artériel; **- of hypothalami** : infundibulum hypophysaire; **- of kidney** : pyramide du bassinet; **- of lung** : bronchiole terminale; **- of oviduct** : frange ovarique.

infused, *adj.* : infusé, macéré.

infusible, *adj.* : infusible, non fusible.

infusion, *s.* : infusion (1. extraction des principes actifs d'une substance par l'eau; 2. produit de cette extraction, injection intraveineuse lente).

infusorial earth : terre d'infusoires, kieselguhr.

infusum, *s. (lat.)* : infusion.

ingesta, *s. plur. (lat.)* : ingesta (nom générique donné à tous les aliments solides ou liquides).

ingestion, *s.* : ingestion.

ingestive, *adj.* : se rapportant à l'ingestion.

ingluveosis, *s.* : cardiospasme.

ingluvies, *s. (lat.)* : 1. jabot (oiseau); 2. rumen, herbier, panse (ruminants) *(zool.)*.

Ingrassias (processes *or* **wings of)** : petites ailes du sphénoïde, apophyses d'Ingrassias.

ingravescent, *adj.* : qui s'aggrave.

ingravidation, *s.* : imprégnation, fécondation.

ingrowing, *s.* : incarnation; *adj.* : qui croît en profondeur; **- nail** : ongle incarné.

ingrown, *adj.* : incarné.

inguen, *s. (lat.)* : aine.

inguinal, *adj.* : inguinal; **- canal** : canal inguinal; **- glands** : ganglions inguinaux; **- hernia** : hernie inguinale; **- ligament** : ligament inguinal.

inguino- : inguino-, préfixe dénotant un rapport avec l'aine.

ingulation, *s.* : introduction de quelque chose dans la gorge.

ingurgitation, *s.* : ingurgitation.

inhalant, *s.* : 1. produit pour inhalation; 2. inhalant.

inhalation, *s.* : 1. inhalation; 2. produit pour inhalation; **- diseases** : maladies dues à l'aspiration d'air renfermant des poussières ou des produits finement divisés (pneumoconiose, silicose); **- therapy** : thérapeutique par inhalations.

inhale, *v.* : inhaler, aspirer, humer, respirer.

inhaler *or* **inhalator,** *s.* : inhalateur; **atomizing -** : inhalateur pulvérisateur.

inherent, *adj.* : inhérent, naturel, propre; **- defect** : vice propre.

inheritance, *s.* : 1. héritage, succession; 2. atavisme, hérédité ancestrale *ou* en retour.

inherited, *adj.* : héréditaire; **- disease** : maladie héréditaire; **- taint** : tache originelle, héréditaire.

inhibit, *v.* : inhiber, arrêter, paralyser, empêcher.

inhibition, *s.* : inhibition, freinage.

inhibitor, *s.* : 1. agent inhibiteur; 2. nerf inhibiteur.

inhibitory, *adj.* : inhibitoire, inhibiteur; **- hormone** : antihormone; **- nerve** : nerf inhibiteur; **- reflex** : réflexe inhibiteur.

inhibitrope, *s.* : sujet présentant un arrêt fonctionnel partiel sous certaines influences.

inhumation, *s.* : inhumation, enterrement.

inio- : inio-, préfixe indiquant un rapport avec l'occiput.

inion, *s.* : inion, protubérance occipitale externe.

iniops, *s.* : iniope (monstre double caractérisé par l'existence de deux corps distincts au-dessous de l'ombilic et soudés au-dessus; la tête présente une face complète et une incomplète).

inirritative, *adj.* : non irritant, calmant.

initial, *adj.* : initial, premier; **- cells** : cellules germinatives; **- dosage** : dose initiale; **the disease is only in the - stages** : la maladie est au début de son évolution.

initis, *s.* : 1. inflammation de tissu fibreux ou musculaire; 2. inflammation d'un tendon, tendinite.

inject, *v.* : injecter, faire une piqûre.

injecta, *s. (lat.)* : corps introduits.

injectable, *adj.* : injectable.

injected, *adj.* : injecté; **to become - with blood** : s'injecter de sang.

injection, *s.* : injection (1. acte d'injecter; 2. produit injecté); **coagulation -** : injection coagulante; **course of -** : série de piqûres; **hypodermic -** : piqûre sous-cutanée; **intravenous -** : piqûre intraveineuse; **opaque** *or* **naked-eye -** : préparation anatomique pour injection (de matériel coloré); **rectal -** : lavement.

injector, *s.* : injecteur, bock.

injury, *s.* : blessure, lésion; **to do oneself an -** : se blesser; **internal -** : lésions internes;

severe - : blessures graves; **whiplash -** : le coup du lapin.

in-knee, *s.* : genou cagneux, genus valgum.

inlay, *s.* : inlay (obturation dentaire); inclusion, incrustation, greffe incluse *(chir., stom.).*

inlet, *s.* : entrée, admission, orifice d'admission; **- of the pelvis** : détroit supérieur du bassin.

Inman's disease : myalgie.

innate, *adj.* : inné, héréditaire, congénital.

innervation, *s.* : innervation (1. support nerveux; 2. décharge d'influx nerveux).

innidation, *s.* : développement et multiplication de cellules greffées; métastase.

innocent, *adj.* : bénin, inoffensif.

innocuity *or* **innocuousness,** *s.* : innocuité.

innocuous, *adj.* : inoffensif; **- microbes** : microbes banaux.

innominata, *s. (lat.)* : 1. os innominés; 2. artère innominée.

innominatal, *adj.* : se rapportant à l'os innominé.

innominate, *adj.* : innominé; **- artery** : artère innominée, tronc brachio-céphalique; **- bone** : os innominé, os coxal.

innominatum, *s. (lat.)* : os innominé.

innoxious, *adj.* : inoffensif.

innoxiousness, *s.* : innocuité, nature inoffensive.

innutrition, *s.* : défaut de nutrition.

innutritious, *adj.* : peu nutritif, peu nourrissant.

inoblast, *s.* : cellule conjonctive.

inocarcinoma, *s.,* plur. **inocarcinomata** *(gr.)* : carcinome avec prédominance de tissu fibreux.

inoccipitia, *s.* : absence de lobe occipital du cerveau.

inochondritis, *s.* : inflammation des tendons et des cartilages.

inochondroma, *s.* : fibro-chondrome, chondrofibrome.

inoculability, *s.* : inoculabilité.

inoculable, *adj.* : inoculable.

inoculate, *v.* : inoculer.

inoculation, *s.* : inoculation, vaccination; **challenge -** : inoculation d'épreuve; **curative -** : inoculation curative; **protective -** : vaccination préventive, immunisante.

inoculator, *s.* : inoculateur (personne, instrument).

inoculum, *s. (lat.)* : inoculum, matériel à inoculer.

inocyst, *s.* : capsule fibreuse.

inocystoma, *s.* : tumeur fibro-kystique.

inocyte, *s.* : cellule fibreuse.

inodorous, *adj.* : inodore.

inoendothelioma, *s.,* plur. **inoendotheliomata** *(gr.)* : fibrosarcome à cellules rondes.

ino-epithelioma, *s.* : carcinome médullaire à tissu fibreux.

inogen, *s.* : substance hypothétique du tissu musculaire se décomposant au cours des contractions.

inogenesis, *s.* : formation de tissu musculaire fibreux.

inoglia, *s.* : substance fondamentale du tissu conjonctif.

inohymenitis, *s.* : inflammation du tissu fibreux.

inoleiomyoma, *s.* : myome renfermant des fibres musculaires lisses.

inolith, *s.* : concrétion fibreuse.

inoma, *s.,* *plur.* **inomata** *(gr.)* : fibrome.

inomyoma, *s.* : fibromyome.

inomyxoma, *s., plur.* **inomyxomata** *(gr.)* : fibromyxome.

inoneuroma, *s.* : tumeur composée de tissu nerveux et de tissu fibreux.

inopeptic, *adj.* : se rapportant à l'inopexie.

inoperable, *adj.* : inopérable.

inopexia, *s.* : inopexie (exagération de la coagulabilité du sang).

inophlogosis, *s.* : inflammation du tissu fibreux.

inophragma, *s.* : inophragme.

inopolypous, *adj.* : de la nature d'un polype fibreux.

inopolypus, *s.* : polype fibreux.

inoscleroma, *s.* : sclérome fibreux.

inosclerosis, *s.* : sclérose fibreuse.

inoscopy, *s.* : inoscopie (méthode bactérioscopique pour déceler les microbes des liquides normaux ou pathologiques de l'organisme).

inosculate, *v.* : aboucher, unir par anastomose; 2. s'aboucher, s'anastomoser.

inosculation, *s.* : inosculation, anastomose; 2. abouchement.

inose, *s.* : inosite (sucre).

inosemia, *s.* : 1. excès de fibrine dans le sang; 2. présence d'inosite dans le sang.

inosite, *s.* : inosite (sucre).

inositis, *s.* : inflammation de tissu fibreux.

inositol, *s.* : inositol (hexahydroxycyclohexane, vitamine du complexe B).

inosituria, *s.* : inositurie, inosurie (présence d'inosite dans l'urine).

inosteatoma, *s.* : stéatome à éléments fibreux.

inosuria, *s.* : *cf.* **inosituria.**

inotropic, *adj.* : inotrope (se dit en physiologie de tout ce qui concerne la contractilité de la fibre musculaire).

inoxidizable, *adj.* : inoxydable.

inquest, *s.* : enquête; **to hold an - on a body** : procéder à une enquête pour déterminer la cause de la mort; **coroner's -** : enquête du médecin légiste.

insaccation, *s.* : enkystement.

insalivation, *s.* : insalivation, imprégnation des aliments par la salive.

insalubrious, *adj.* : insalubre, malsain.

insalubrity, *s.* : insalubrité.

insane, *adj.* : fou, folle, aliéné; **- asylum** : asile d'aliénés; **to become -** : tomber en démence, perdre la raison.

insanitary, *adj.* : insalubre, malsain.

insanity, *s.* : folie, démence, insanité, aliénation mentale; **diathetic -** : folie héréditaire; **moral -** : dépravation mentale; **periodic -** : cyclothymie; **- of pregnancy** : psychose puerpérale; **- of puberty** : hébéphrénie, démence précoce; **traumatic -** : psychose traumatique.

insatiability, *s.* : insatiabilité.

insatiable, *adj.* : insatiable, inassouvissable; **- appetite** : boulimie.

inscription, *s.* : partie d'une ordonnance mentionnant les médicaments à prendre et leur posologie.

inscriptiones tendinae : intersection tendineuse (muscle grand droit antérieur de l'abdomen).

insect, *s.* : insecte; **- collector** : entomologiste; **- eater** : insectivore; **- powder** : poudre insecticide, insecticide.

insecticide, *s., adj.* : insecticide.

insectifuge, *s., adj.* : insectifuge.

insemination, *s.* : insémination (1. ensemencement *(bot.)*; 2. introduction du sperme; 3. fécondation).

insenescence, *s.* : propriété de ne pas vieillir.

insensibility, *s.* : 1. insensibilité; 2. défaillance.

insensible, *adj.* : 1. insensible, imperceptible; 2. sans connaissance, évanoui; **to become -** : tomber en syncope, perdre connaissance.

insensitive, *s.* : insensible.

insensitiveness, *s.* : insensibilité.

insentient, *adj.* : insensible, qui n'éprouve aucune sensation.

insertion, *s.* : insertion (1. action d'insérer; 2. ce qui est inséré; 3. point d'attachement; 4. place *ou* mode d'attachement d'un organe à son support); **velamentous -** : insertion vélamenteuse du cordon.

insidious, *adj.* : insidieux; **- disease** : maladie insidieuse.

insipid, *adj.* : insipide, sans saveur.

insitio dentis *(lat.)* : implantation dentaire.

in situ *(lat.)* : in situ.

insolation, *s.* : 1. insolation, coup de chaleur; 2. ensoleillement, insolation *(phot.)*.

insolubility, *s.* : insolubilité.

insoluble, *adj.* : insoluble.

insomnia, *s.* : insomnie.

inspection, *s.* : inspection (se dit en médecine pour tout examen fait à vue sans auscultation); **sanitary -** : surveillance sanitaire.

inspiration, *s.* : inspiration, aspiration; **to take a deep -** : respirer à pleins poumons, respirer profondément.

inspirator, *s.* : inhalateur.

inspiratory, *adj.* : inspirateur, aspiratoire.

inspirometer, *s.* : appareil pour mesurer la quantité d'air inspiré.

inspissant, *s.* : agent épaississant (sang, liquides du corps); *adj.* : épaississant.

inspissate, *v.* : épaissir (un liquide).

inspissation, *s.* : épaississement (sang, etc.).

inspissator, *s.* : étuve à coagulation.

instauration, *s.* : première apparition d'un état physiologique, établissement d'une nouvelle fonction.

instep, *s.* : cou-de-pied.

instillation, *s.* : instillation.

instillator, *s.* : instillateur.

instinct, *s.* : instinct; **- centers** : couches optiques et régions sous-optiques *ou* sous-thalamiques.

instinctive, *adj.* : instinctif.

institute, *s.* : institut; **institutes of medicine** : principes fondamentaux de la science médicale (q.q.f. employé dans le sens de physiologie).

instrument, *s.* : instrument, appareil, mécanisme; **monitoring -** : appareils avertisseurs; **surveying -** : appareils détecteurs *(radiol.)*.

instrumental, *adj.* : instrumental, contributif ; **- labour** : accouchement dirigé *ou* médical (avec forceps).

instrumentation, *s.* : 1. instrumentation; 2. emploi d'instruments scientifiques ou chirurgicaux.

insuccation, *s.* : imbibition prolongée d'un médicament brut avant de l'utiliser en pharmacie.

insufficiency, *s.* : insuffisance (état d'infériorité physiologique d'un organe, d'une glande, incapables de remplir leurs fonctions dans leur intégralité); **aortic -** : insuffisance aortique; **- of the cardiac valves** : insuffisance valvulaire.

insufflation, *s.* : insufflation (injection, dans une cavité, de gaz ou de corps solides ou liquides pulvérisés).

insufflator, *s.* : insufflateur.

insula, *s.* *(lat.)* : 1. lobe de l'insula, îlot de Reil; 2. îlot de Langerhans (pancréas); 3. partie détachée d'un organe; 4. corpuscules à l'intérieur du mésoblaste au stade embryonnaire.

insular, *adj.* : 1. se rapportant au lobe de l'insula; 2. se rapportant aux îlots de Langerhans; 3. isolé, se manifestant par plaques.

insulate, *v.* : isoler, séparer, calorifuger, insonoriser.

insulated, *adj.* : isolé, étanche.

insulation, *s.* : détachement, isolement; **heat -** : calorifuge.

insulator, *s.* : isolant, isolateur; **heat -** : matière isolante, calorifuge.

insulin, *s.* : insuline; **- shock** : choc insulinique; **- treatment** : insulinothérapie.

insulinoid, *adj.* : ressemblant à l'insuline, ayant les propriétés de l'insuline.

insuloma, *s.* : adénome des îlots de Langerhans.

insult, *s.* : 1. injure, insulte; 2. blessure.

insultus apoplectiformis *(lat.)* : crise d'apoplexie; **- epileptiformis** : crise épileptique; **- syncopalis** : syncope.

insusceptibility, *s.* : non-susceptibilité, insensibilité, immunité, absence de contagiosité.

intake, *s.* : apport.

integrase, *s.* : intégrase.

integrate, *v.* : intégrer.

integration, *s.* : intégration, assimilation, anabolisme.

integrity, *s.* : état entier, intégrité, virginité.

integument, *s.* : intégument, tégument, enveloppe; **fœtal -** : membranes fœtales.

integumentary, *adj.* : tégumentaire.

intellect, *s.* : intellect, intelligence, esprit, entendement.

intelligence, *s.* : intelligence, entendement, sagacité.

intemperance, *s.* : 1. intempérance, inabstinence; 2. alcoolisme.

intensification, *s.* : 1. intensification; 2. renforcement, renforçage *(phot.)*.

intensimeter, *s.* : appareil pour mesurer l'intensité des rayons X.

intensity, *s.* : intensité, force, violence, puissance, énergie; **light -** : intensité lumineuse; **- of a negative** : densité d'un cliché *(phot.)*.

intensive, *adj.* : intensif.

intention, *s.* : 1. intention (dessein, but); 2. intention (action de tendre les lèvres d'une plaie pour les rapprocher; *cf.*, **healing**).

inter- : inter-, entre-, préfixe signifiant entre.

interaccessory, *adj.* : interépineux; **- muscles** : muscles interépineux.

interbrain, *s.* : diencéphale.

interbreed, *v.* : 1. croiser, entrecroiser (des races); accoupler (des animaux de races différentes); 2. se reproduire par croisement.

interbreeding, *s.* : 1. croisement, entrecroisement; 2. mariages consanguins.

intercadence, *s.* : intercadence (du pouls).

intercalatum, *s.* *(lat.)* : locus niger, substance noire de Soemmering (mésencéphale).

intercilium, *s.* *(lat.)* : glabelle.

intercondylar *or* **intercondyloid,** *adj.* : intercondylien, interglénoïdien; **- eminence** : épine du tibia; **- fossa** *or* **notch** : échancrure intercondylienne.

intercourse, *s.* : rapports, relations; **sexual -** : rapports sexuels, coït.

intercricothyrotomy, *s.* : intercricothyréotomie (laryngotomie inférieure).

intercurrent, *adj.* : intercurrent, se dit d'une complication ou d'une maladie survenant au cours d'une autre maladie.

interdental, *adj.* : interdentaire.

interdentium, *s.* *(lat.)* : espace interdentaire.

interface, s. : interface.

interfere, s. : entretaillure *(vétér.)*; v. : interférer.

interference, s. : 1. intervention, intrusion, ingérence; **- phenomenon** : phénomène d'interférence (action empêchante exercée par un virus sur un autre virus); 2. interférence *(phys.)*; **- refractometer** : réfractomètre interférentiel.

interferer, s. : agent interférant.

interferometry, s. : interférométrie.

interferon, s. : interféron.

interlobar, adj. : interlobaire; **- pleurisy** : interlobite, pleurésie interlobaire.

intermedin, s. : intermédine (hormone du lobe intermédiaire de l'hypophyse).

intermenstrual, adj. : intermenstruel, dans la période intercalaire des règles.

intermission, s. : rémission, intermission (fièvre), intermittence (pouls).

intermittent, adj. : intermittent.

intern, s. : interne (des hôpitaux).

internal, adj. : interne; **- capsule** : capsule interne (substance blanche des hémisphères) ; **- ear** : labyrinthe; **- medicine** : médecine interne.

internist, s. : médecin d'hôpital, praticien spécialisé en médecine générale.

internode, s. : 1. phalange; 2. espace compris entre les nodules de Ranvier; 3. entre-nœud, mérithalle *(bot.)*.

internus, s. *(lat.)* : 1. muscle droit interne de l'œil; 2. cf., **internal.**

interscapular, adj. : interscapulaire.

interscapulum, s., plur. **interscapula** *(lat.)* : 1. région interscapulaire; 2. épine de l'omoplate; 3. fosse sous-épineuse.

intersexual, adj. : intersexuel, intersexué.

intersexuality, s. : intersexualité.

interstice, s. : interstice, espace, pore.

interstitial, adj. : interstitiel (se dit des lésions inflammatoires qui frappent surtout le tissu conjonctif et les vaisseaux d'un organe, en respectant l'élément noble); **- keratitis** : kératite interstitielle diffuse *ou* parenchymateuse; **- kink** : coudure anormale, rétrécissement anormal de l'intestin; **- nephritis** : néphrite interstitielle; **- pneumonia** : cirrhose pulmonaire ; **- pregnancy** : grossesse tubaire *ou* isthmique évoluant au travers de la paroi utérine; **- tissue** : tissu conjonctif.

intersystole, s. : intersystole (temps très court qui s'écoule entre la systole des oreillettes et la systole des ventricules).

intertriginous, adj. : intertrigineux, qui concerne l'intertrigo.

intertrigo, s. : intertrigo, érythème intertrigo.

interval, s. : intervalle; **lucid -** : intervalle libre *ou* lucide (temps qui s'écoule entre le moment où un phénomène se produit et celui où il se manifeste cliniquement).

intervertebral, adj. : intervertébral; **- disc** : disque intervertébral; **anterior - foramen** : trou vertébral *ou* rachidien; **posterior - foramen** or **notch** : trou de conjugaison, trou intervertébral.

intestinal, adj. : intestinal; **- canal** : conduit intestinal; **- concretion** : entérolithe, concrétion intestinale; **- stasis** : constipation; **- worms** : vers intestinaux.

intestine, s. : intestin; **small -** : intestin grêle; **large -** : gros intestin.

intestinum, s. *(lat.)* : intestin; **caecum -** : cæcum; **- crassum** : gros intestin; **- ileum** : iléon; **- jejunum** : jéjunum; **- rectum** : rectum; **- tenue** : intestin grêle; **- tenue mesenteriale** : jéjuno-iléon.

intima, s. *(lat.)* : intima, tunique interne.

intimal, adj. : appartenant à l'intima.

intimitis, s. : inflammation de la tunique interne.

intine, s. : intine (tunique interne d'une endospore).

intoe, s. : hallux valgus (dévation en dehors du gros orteil).

intoeing, s. : démarche caractéristique de l'hallux valgus.

intolerance, s. : intolérance; **- of light** : photophobie.

intolerant, adj. : intolérant; **to be - to a drug** : ne pas supporter un médicament.

intonation, s. : 1. intonation, ton de la voix; 2. gargouillement dû à une flatulence intestinale.

intort, v. : tourner en dedans.

intoxicant, s. : boisson alcoolique, spiritueux; adj. : enivrant, grisant, capiteux.

intoxicate, v. : intoxiquer, enivrer, griser, rendre ivre.

intoxicated, adj. : intoxiqué, ivre, pris de boisson, en état d'ivresse; **to become -** : s'enivrer.

intoxication, s. : 1. intoxication; 2. ivresse.

intra- : intra-, préfixe signifiant dedans ou pendant.

intra-arterial, adj. : intra-artériel.

intracapsular, adj. : intracapsulaire (situé dans la capsule articulaire).

intracorneal, adj. : intracornéen.

intradermal or **intradermic,** adj. : intradermique.

intradermoreaction, s. : intradermo-réaction.

intractor, s. : pince hémostatique qui broie la tunique interne de l'artère et supprime la nécessiter de ligaturer.

intradural, adj. : intradure-mérien.

intrafœtation, s. : formation d'un fœtus dans un autre fœtus.

intramuscular, adj. : intramusculaire.

intra-ocular, adj. : intra-oculaire.

intra-partum *(lat.)* : au cours de la délivrance.

intraperitoneal, adj. : intrapéritonéal.

intrapial, adj. : intra-piemérien.

intrapontine, adj. : situé à l'intérieur de la protu-bérance annulaire ou pont de Varole.

intrasaccular, adj. : intrasacculaire.

intrascleral, adj. : intrascléral.

intrasellar, adj. : intrasellaire.

intraspinal or **intrathecal,** adj. : intrarachidien.

intrathecal, adj. : intrathécal.

intrathenar, adj. : situé entre l'éminence thénar et l'éminence hypothénar.

intravasation, s. : pénétration de substances étrangères dans un vaisseau.

intravascular, adj. : intravasculaire.

intravenous, adj. : intraveineux, endoveineux.

intraventricular, adj. : intraventriculaire.

intravertebral, adj. : cf., **intraspinal.**

intravital or **intra vitam** : au cours de la vie; **- stain** : coloration vitale.

intrinsic, adj. : intrinsèque; **- factor** : facteur intrinsèque (principe anti-anémique de Castle); **- muscle** : muscle intrinsèque.

intro- : intro-, préfixe signifiant dedans.

introcession, s. : dépression d'une surface.

introcision, s. : défloration rituelle (rupture de l'hymen à la puberté pratiquée chez certaines populations).

introducer, s. : appareil pour introduire quelque chose; sonde pour tubage.

introflexed, adj. : recourbé en dedans, concave.

introflexion, s. : recourbement en dedans.

introitus, s. (lat.) : entrée, ouverture; **- pelvis** : détroit supérieur du bassin; **- vaginae** : orifice inférieur du vagin.

intromission, s. : intromission (introduction du pénis dans le vagin).

introspection, s. : introspection.

introspective, adj. : introspectif.

introsusception, s. : 1. intussusception; 2. inva-gination.

introversion, s. : introversion, invagination; **- of the eyelid** : entropion.

introvert, s., adj. : introverti.

intubation, s. : 1. intubation, tubage; 2. cathé-térisme.

intubator, s. : intubateur.

intumescence, s. : intumescence, enflure, bour-soufflure.

intumescent, adj. : intumescent, tuméfié, bour-souflé, enflé.

intumescentia, s. (lat.) : intumescence; **- cervi-calis** : renflement cervical (moelle épinière); **- gangliformis** : ganglion géniculé (nerf facial); **- lumbalis** : renflement lombaire (moelle épi-nière); **- semi-lunaris** : ganglion de Gasser.

intussusception, s. : intussusception, invagination intestinale.

intussusceptum, s. (lat.) : portion invaginée de l'intestin dans l'intussusception.

intussuscipiens, s. (lat.) : portion de l'intestin où se trouve l'intussusceptum.

inulin, s. : inuline.

inunction, s. : inunction, onction.

inunctum, s. : onguent.

inustion, s. : cautérisation ou brûlure profonde.

in utero (lat.) : in utero.

invaccination, s. : inoculation accidentelle d'un autre microbe au cours de la vaccination.

invaginated, adj. : invaginé.

invagination, s. : invagination.

invalid, s., adj. : invalide, infirme; **confirmed -** : valétudinaire de longue date.

invasion, s. : invasion, début d'une maladie; **- stage (of an illness)** : période d'invasion (période allant de l'apparition des premiers symp-tômes à la période d'état).

invermination, s. : helminthiase, présence de vers intestinaux.

inverse, adj. : inverse, contraire.

inversion, s. : 1. inversion (anomalie de position d'un organe; invagination d'un organe); **sexual -** : inversion du sens génital, homosexualité; **tempe-rature -** : inversion thermique; 2. interversion (chim.).

invert, s. : inverti, homosexuel, uraniste; adj. : 1. inverti; 2. interverti (chim.); **- sugar** : sucre inverti.

invertase, s. : invertase, invertine.

invertebral, adj. : sans colonne vertébrale, inver-tébré.

invertebrata, s. plur. (lat.) : invertébrés.

invertebrate, s., adj. : invertébré.

invertin, s. : invertine, invertase.

invertor, s. : muscle qui déplace un organe vers l'intérieur.

investigation, s. : investigation, recherche; **ana-lytical -** : recherche analytique; **scientific -** : en-quête scientifique.

investing, adj. : engaînant, entourant.

investiture or **investment,** s. : gaine, enveloppe, revêtement.

inveterate, adj. : invétéré, enraciné, acharné.

invigoration, s. : action de fortifier, tonifier, revi-gorer.

invirility, s. : impuissance.

in vitro (lat.) : in vitro (dans le tube à essai).

in vivo (lat.) : in vivo (dans l'organisme).

involucre or **involucrum,** s., plur. **involucra** (lat.) : gaine osseuse entourant un séquestre.

involuntary, adj. : involontaire.

involute, adj. : involuté, involutif.

involution, s. : 1. involution (bot.); 2. involution (modification régressive d'un organe, d'une tumeur, de l'organisme); **- forms** : formes involu-tives; **senile -** : involution sénile; **- of the uterus** : involution utérine.

involutive, *adj.* : involutif.

inward, *adj.* : intérieur.

inyloma, *s.* : fibrome.

iodate, *s.* : iodate.

iod - Basedow *or* **iodbasedow** : iod - Basedow, Basedow iodique (hyperthyroïdisme provoqué par l'iode).

iodemia, *s.* : iodémie.

iodic, *adj.* : iodique; **- acid** : acide iodique.

iodide, *s.* : iodure.

iodine *or* **iodum,** *s.* : iode; **- liniment** : liniment ioduré; **tincture of -** : teinture d'iode; **- water** : eau iodée.

iodinophilous, *adj.* : iodophile.

iodism, *s.* : iodisme (ensemble des phénomènes toxiques consécutifs à l'absorption d'iode *ou* de composés d'iode).

iodized, *adj.* : iodé.

iodoform *or* **iodoformum,** *s.* : iodoforme.

iodoformism, *s.* : empoisonnement à l'iodoforme.

iodoformized, *adj.* : iodoformé.

iodometric, *adj.* : iodométrique.

iodometry, *s.* : iodométrie.

iodophilia, *s.* : iodophilie (affinité pour l'iode).

iodotherapy, *s.* : thérapeutique par l'iode ou les composés d'iode.

ioduria, *s.* : iodurie.

ion, *s.* : ion; **- exchange** : échange d'ions (*chim.*); **- exchange resin** : résine échangeuse d'ions.

ionic medication : cataphorèse, électrophorèse, ionothérapie.

ionization, *s.* : ionisation; **impact -** : ionisation par chocs.

ionize, *v.* : 1. ioniser; 2. s'ioniser.

ionizer, *s.* : ionisant, ionisateur.

ionizing, *adj.* : ionisant.

ionometer, *s.* : ionomètre (appareil de mesure des rayons X).

ionometry *or* **roentgenometry,** *s.* : ionométrie.

ionophoresis, *s.* : ionophorèse.

ionophose, *s.* : sensation lumineuse subjective violette.

iontophoresis *or* **iontotherapy,** *s.* : ionothérapie, cataphorèse (introduction de médicaments à travers la peau par l'intermédiaire de courants électriques).

iontoquantimeter, *s.* : appareil de mesure des rayons X par l'ionisation qu'ils déterminent.

iophobia, *s.* : iophobie (crainte morbide des poisons).

iotacism, *s.* : iotacisme (défaut de prononciation du son « e »).

ipecacuanha *or* **ipecac,** *s.* : ipécacuana, ipéca.

ipsilateral *or* **ipsolateral,** *adj.* : ipsilatéral, du même côté.

irascibility, *s.* : irascibilité, tempérament colérique.

iridadenosis, *s.* : affection adénomateuse de l'iris.

iridal, *adj.* : iridien, de l'iris.

iridalgia, *s.* : douleur dans l'iris.

iridauxesis, *s.* : tuméfaction de l'iris.

iridavulsion, *s.* : excision de l'iris.

iridectomesodialysis, *s.* : iridectomésodialyse (section des adhérences autour de l'iris et réalisation d'une pupille artificielle).

iridectomize, *v.* : exciser une partie de l'iris, faire une iridectomie.

iridectomy, *s.* : iridectomie (résection partielle de l'iris); **buttonhole -** : iridectomie périphérique.

iridectropium *or* **iridectropion,** *s.* : éversion d'une partie de l'iris.

iridaemia *or* **iridemia,** *s.* : hémorragie de l'iris.

iridencleisis, *s.* : iridencléisis (opération qui consiste à déterminer l'enclavement d'un lambeau de l'iris); **buttonhole -** : iridectomie périphérique.

iridentropium *or* **iridentropion,** *s.* : inversion d'une partie de l'iris.

irideremia, *s.* : absence totale ou partielle de l'iris.

iridescence, *s.* : iridescence, irisation.

iridesis, *s.* : *cf.*, **iridodesis.**

iridiagnosis, *s.* : iridodiagnostic, diagnostic par l'examen de l'iris.

iridic, iridial, *or* **iridian,** *adj.* : iridien, de l'iris.

iridicolour, *adj.* : iridescent.

iridium, *s.* : iridium.

iridization, *s.* : apparition subjective d'un halo iridescent chez les personnes atteintes de glaucome.

irido- : irido-, préfixe dénotant un rapport avec l'iris.

irido-avulsion, *s.* : avulsion de l'iris.

iridocapsulitis, *s.* : inflammation de l'iris et de la capsule du cristallin.

iridocele, *s.* : iridocèle (hernie de l'iris à travers une lésion de la cornée).

iridochoroiditis, *s.* : iridochoroïdite (inflammation de l'iris et de la choroïde).

iridocinesis *or* **iridocinesia,** *s.* : *cf.*, **iridokinesis.**

iridocoloboma, *s.* : partie de l'iris ôtée dans l'iridectomie; fissure congénitale de l'iris.

iridocyclectomy, *s.* : excision de l'iris et du corps ciliaire.

iridocyclitis, *s.* : iridocyclite (inflammation de l'iris et du corps ciliaire).

iridocyclochoroiditis, *s.* : inflammation de l'iris, de la choroïde et du corps ciliaire.

iridocystectomy, *s.* : opération pour faire une pupille artificielle.

iridodonesis, *s.* : iridodénèse, iridodonèse, iris tremulans, hippus.

iridodesis, s. : opération pratiquée dans le but de modifier la position de la pupille en tirant l'iris dans de petites ouvertures pratiquées dans la cornée et en le fixant.

iridodiagnosis, s. : diagnostic par examen de l'iris.

iridodialysis, s. : iridodialyse (1. déchirure traumatique de l'iris; 2. dissection et arrachement d'un lambeau d'iris pour pratiquer une pupille artificielle).

iridodiastasis, s. : iridodiastase (double pupille due à un défaut à la périphérie de l'iris).

iridokeratitis, s. : iridokératite.

iridokinesis, s. : mouvement de l'iris.

iridoleptynsis, s. : atrophie de l'iris.

iridomalacia, s. : ramollissement de l'iris.

iridomotor, adj. : qui provoque le mouvement de l'iris.

iridoncosis, s. : épaississement de l'iris.

iridoncus, s. : tumeur, œdème de l'iris.

iridoparalysis, s. : iridoplégie, paralysie de l'iris.

iridoparelkysis, s. : prolapsus opératoire de l'iris dans le but de déplacer la pupille.

iridoparesis, s. : légère paralysie, paralysie partielle, de l'iris.

iridoperiphakitis, s. : inflammation de l'iris et de la partie antérieure du cristallin.

iridoplania, s. : hippus, athétose pupillaire.

iridoplasty, s. : iridoplastie (section des adhérences autour de l'iris).

iridoplatinum, s. : iridium platiné.

iridoplegia, s. : iridoplégie.

iridopsia, s. : iridopsie.

iridoptosis, s. : prolapsus de l'iris.

iridopupillary, adj. : irido-pupillaire.

iridorrhexis, s. : iridorrhexie, iridorrhexis (arrachement d'un lambeau d'iris lorsque cette membrane adhère au cristallin par des synéchies postérieures).

iridoschisis or **iridoschisma,** s. : colobome de l'iris.

iridosclerotomy, s. : ponction de la sclérotique et sectionnement de l'iris.

iridotasis, s. : étirement de l'iris dans le glaucome.

iridotome, s. : iridotome.

iridotomy, s. : iridotomie, iritomie.

iridotromos, s. : hippus, iridodonèse.

iris, s. : iris.

irisopsia, s. : irisopsie (défaut de la vue qui fait voir les objets entourés d'un halo coloré).

iritic, adj. : de la nature de, se rapportant à, atteint d'iritis.

iritis, s. : iritis, inflammation de l'iris.

irito-ectomy, s. : excision d'une partie de l'iris et de la membrane de l'iris pour faire une occlusion de la pupille.

iritomy, s. : iridotomie.

iron, s. : 1. fer; **- lung** : poumon d'acier; 2. attelle-étrier : **walking -** : étrier pour la jambe.

irradiate, v. : irradier; **to - a patient** : traiter un malade par irradiation.

irradiated, adj. : rayonné, irradié.

irradiating, adj. : irradiant, rayonnant.

irradiation, s. : irradiation, traitement par irradiation, rayonnement.

irreductible, adj. : irréductible.

irregular, adj. : irrégulier, asymétrique, inégal; **- breathing** : respiration saccadée; **- features** : traits irréguliers; **- pulse** : pouls intermittent.

irrespirable, adj. : irrespirable.

irrigant, s. : produit pour lavage, irrigation.

irrigate, v. : irriguer (une plaie), injecter (une cavité).

irrigation, s. : irrigation.

irrigator, s. : irrigateur, injecteur, bock.

irritability, s. : irritabilité, incitabilité.

irritable, adj. : irritable (1. réagissant aux chocs; 2. facilement excité).

irritant, adj. : irritant.

irritate, v. : 1. irriter (un organe); aviver, envenimer (une plaie); 2. stimuler, exciter; 3. irriter, agacer.

irritating, adj. : irritant, irritatif, agaçant.

irritation, s. : irritation (1. énervement; 2. stimulation; 3. excitation nécessaire pour l'accomplissement d'une fonction); **- cell** : lymphocyte de Downey ou de Türk.

irritative, adj. : irritatif.

irrumation, s. : coït buccal, coitus ab ore.

isadelphia, s. : monstruosité double où les deux corps, normaux dans l'essentiel, sont réunis par des tissus secondaires (jumeaux siamois).

isadelphous, adj. : isadelphe, à nombre égal d'étamines (bot.).

Isambert's disease : maladie d'Isambert, angine scrofuleuse.

ischaemia or **ischemia,** s. : ischémie, anémie locale.

ischaemic or **ischemic,** adj. : ischémique, ischémié, se rapportant à l'ischémie.

ischesis, s. : rétention, suppression d'un épanchement, d'une sécrétion.

ischiadic, cf. : **ischiatic.**

ischiagra, s. : rhumatisme de la hanche.

ischial, adj. : ischiatique, se rapportant à l'ischion.

ischialgia, s. : ischialgie, douleur à la hanche.

ischialgic, adj. : se rapportant à, atteint de, ischialgie.

ischias or **ischiasis,** s., cf. : **ischialgia;** ischias scoliotica : scoliose passagère due à une maladie douloureuse des muscles ou des nerfs de la région dorsale.

ischiatic, *adj.* : ischiatique.

ischidrosis, *s.* : suppression de la sueur.

ischidrotic, *adj.* : produisant une rétention ou une suppression de la sueur.

ischigalactic, *s.* : médicament anti-galactique; *adj.* : tendant à arrêter l'écoulement du lait.

ischio-, : ischio-, préfixe dénotant un rapport avec l'ischion, la hanche.

ischiocavernosus, *s.* et *adj. (lat.)* : muscle ischio-caverneux.

ioschiocele, *s.* : ischiocèle, hernie au travers de l'échancrure sciatique.

ischiococcygeus, *s.* et *adj. (lat.)* : muscle ischio-coccygien.

ischiodidymus, *s.* : monstre double réuni aux hanches.

ischiofemoral, *s.* : muscle troisième adducteur de la cuisse; *adj.* : ischiofémoral.

ischioneuralgia, *s.* : sciatique.

ischioprostatic, *s.* : muscle transverse superficiel du périnée; *adj.* : ischioprostatique.

ischiopubic, *adj.* : ischiopubien.

ischiopubiotomy, *s.* : ischiopubotomie, pelvitomie, pélikotomie, opération de Farabeuf.

ischium, *s. (lat.)* : ischium, ischion.

ischo-, : préfixe dénotant la suppression, l'arrêt, la rétention.

ischochymia, *s.* : suppression de la digestion gastrique.

ischogyria, *s.* : état résultant d'un faible développement des circonvolutions cérébrales.

ischomenia, *s.* : aménorrhée.

ischuria, *s.* : ischurie (rétention urinaire, suspension de l'élimination urinaire); **- paradoxa** : incontinence par regorgement.

iseiconia, *s.* : égalité des images pupillaires.

isinglass, *s.* : colle de poisson, ichtyocolle.

island, *s.* : îlot; **- of Langerhans** : îlot de Langerhans; **- of Reil** : îlot de Reil.

islet, *s.* : *cf.,* **island; - tissue** : îlots de Langerhans.

iso-, : iso-, préfixe dénotant l'égalité ou, en chimie, l'isomérisme.

iso-agglutination, *s.* : iso-agglutination.

iso-agglutinin, *s.* : iso-agglutinine.

iso-agglutinogen, *s.* : iso-agglutinogène.

iso-allergy, *s.* : iso-allergie.

iso-antibody, *s.* : iso-anticorps.

iso-antigen, *s.* : iso-antigène.

isobar, *s.* : isobare *(phys.).*

isobolism, *s.* : tendance des fibres nerveuses motrices à montrer le maximum d'irritabilité sous l'influence d'un stimulus.

isochromatic, *adj.* : isochromatique, de teinte uniforme.

isochromatophil, *adj.* : se dit des tissus et des cellules qui se colorent également par le même colorant.

isochron, *adj.* : isochrone.

isochronism, *s.* : isochronisme (égalité de chronaxie entre deux fibres nerveuses, entre un nerf et un muscle).

isochronous, *s.* : isochrone.

isocoria, *s.* : isocorie (égalité de diamètre des deux pupilles).

isocortex, *s.* : isocortex, néopallium (partie du cortex cérébral qui se développe entre le sixième et le huitième mois de la vie fœtale).

isocytosis, *s.* : isocytose (égalité de dimension des globules rouges).

isodactylism, *s.* : isodactylie (égalité de longueur des doigts).

isodactylous, *adj.* : isodactyle.

isodiagnosis, *s.* : isodiagnostic.

isodimorphism, *s.* : dimorphisme caractérisé par l'aspect d'un corps sous deux formes similaires, mais incompatibles.

isodont, *s.* : isodonte.

isodynamia, *s.* : isodynamie.

isodynamic, *adj.* : isodyname (qui dégage la même quantité d'énergie).

iso-electric *or* **iso-electrical,** *adj.* : iso-électrique.

iso-enzyme, *s.* : iso-enzyme.

isogamous, *adj.* : isogame.

isogamy, *s.* : isogamie (formation d'un œuf par fusion de gamètes semblables).

isoglycaemia *or* **isoglycemia,** *s.* : isoglycémie.

isogonic, *adj.* : isogone, isogonique.

isograft, *s.* : isogreffe (greffe entre deux individus de génotypes identiques, qu'ils soient homo- ou hétérozygotes).

iso-haemagglutinin *or* **isohemagglutinin,** *s.* : iso-hémagglutinine.

iso-haemolysin *or* **isohemolysin,** *s.* : iso-hémolysine, isolysine.

iso-immunization, *s.* : iso-immunisation.

isolate, *v.* : isoler; **to - sick cattle** : cantonner des bestiaux malades *(vétér.);* *s.* : souche *(micr.).*

isolating, *s.* : isolement.

isolation, *s.* : isolement; **- hospital** : hôpital de contagieux; **- ward** : service des contagieux.

isologous, *adj.* : isologue.

isophobia, *s.* : peur morbide de la solitude.

isolysin, *s.* : isolysine, isohémolysine.

isolysis, *s.* : hémolyse isologue.

isolytic, *adj.* : se rapporte à l'isolysine, à l'hémolyse isologue.

isomer, *s.* : isomère.

isomeric, *adj.* : isomérique.

isomerism, *s.* : isomérisme.

isometric, *adj.* : isométrique.

isometropia, s. : égalité du pouvoir de réfraction des deux yeux.

isomolar, s. : isomoléculaire.

isomorphic, adj. : isomorphe.

isomorphism, s. : isomorphisme.

isoniazid, s. : isoniazide (INH).

isonomic, adj. : se dit en chimie de l'isomorphisme entre deux corps de composition analogue.

isopathotherapy, s. : cf., **isopathy.**

isopathy, s. : isopathie (immunisation active).

isophoria, s. : état où les deux yeux se trouvent sur le même plan horizontal.

isopia, s. : acuité de vision égale dans les deux yeux.

isoplastic graft : homéogreffe, greffe homoplastique.

isopters, s. : courbes de l'acuité visuelle relative de la rétine.

isoserum treatment : traitement avec le sérum d'un sujet affecté ou guéri de la même maladie que le malade en traitement.

isostemonous, adj. : isostémone, ayant le même nombre d'étamines.

isosthenuria, s. : isosthénurie.

isotherm, s., adj. : isotherme.

isothermognosis, s. : isothermognosie (incapacité de distinguer entre la chaleur et le froid).

isotonia, s. : isotonie.

isotonic, adj. : isotonique; **- salt solution** : solution physiologique.

isotonicity, s. : isotonie.

isotope, s. : isotope (chim.).

isotropic or **isotropous,** adj. : isotrope.

isotropy, s. : isotropie.

issue, s. : 1. épanchement, écoulement; décharge; 2. progéniture, descendance, postérité.

isthmectomy, s. : excision d'un isthme; spécifiquement de l'isthme du corps thyroïde dans le goitre.

isthmian or **isthmic,** adj. : 1. isthmique; 2. laryngé, se rapportant à la gorge.

isthmitis, s. : inflammation du gosier.

isthmo-, : préfixe signifiant gosier.

isthmocolosis, s. : angine accompagnée de troubles biliaires.

isthmodynia, s. : douleur dans l'isthme du gosier.

isthmoid, adj. : ressemblant à un isthme.

isthmopathy, s. : maladie de l'isthme du gosier.

isthmoplegia, s. : paralysie de l'ensemble du gosier.

isthmopolypus, s. : polype du gosier.

isthmopyra, s. : inflammation de la muqueuse du gosier.

isthmorrhagy, s. : hémorragie de la gorge.

isthmospasm, s. : spasme dans l'isthme du gosier.

isthmus, s. (lat.) : orifice, détroit, isthme; **- cerebri** : mésencéphale; **gyral -** : pli de passage; **- of the fauces** : isthme du gosier; **- rhombencephali** : sillon pontopédonculaire; **- of thyroid gland** : isthme du corps thyroïde.

itch, s. : 1. démangeaison; 2. gale; **barber's -** : sycosis; **baker's -** : psoriasis; **bricklayer's -** : gale du ciment; **coolie -** : uncinariose, phase préanémique de l'ankylostomiase; **Cuban -** : alastrim; **dhobie -** : épidermomycose tropicale; **frost -** : prurit hibernal; **mad -** : maladie d'Aujeszky, pseudorage; **- mite** : sarcopte de la gale, acare.

itching, s. : prurit, démangeaison.

itchy, adj. : prurigineux.

iteral, adj. : se rapportant à un passage, plus particulièrement à l'acqueduc de Sylvius.

ithykyphosis, s. : cyphose sans déviation latérale.

ithylordosis, s. : lordose sans déviation latérale.

-itis : -ite, suffixe désignant les maladies inflammatoires.

ivory, s. : ivoire; **- black** : noir animal; **dental -** : dentine.

ivy, s. : lierre; **poison -** : rhus toxicodendron, sumac vénéneux.

Iwanoff's oedema of the retina : dégénérescence kystique de la rétine.

Ixodes, s. (lat.) : ixode, tique.

ixodiasis, s. : infestation par les tiques; fièvre à tiques africaine.

ixodic, adj. : dû à des tiques.

ixyomyelitis, s. : inflammation de la partie lombaire de la moelle épinière.

J

jabber, *s.* : bredouillement, baragouin, bavardage; *v.* : bredouiller, baragouiner, jacasser.

Jaboulay's button : bouton de Jaboulay pour anastomose intestinale; **- operation** : procédé de Jaboulay (retournement de la vaginale pour cure radicale de l'hydrocèle).

Jaccoud's dissociated fever : fièvre avec pouls lent, irrégulier, dans la méningite tuberculeuse de l'adulte; **- sign** : signe de Jaccoud (mouvement de reptation systolique *ou* mouvement de roulis dans la symphyse cardiaque).

jacket, *s.* : veste, veston; **plaster-of-Paris -** : corset plâtré ; **strait -** : camisole de force ; **water -** : manchon thermostatique.

Jackson's membrane *or* **veil** : membrane de Jackson (voile de péricolite membraneuse s'étendant à la surface du côlon ascendant et du cæcum).

Jackson's sign : 1. dissociation entre le pouls et la contraction cardiaque; 2. prolongation de l'expiration à l'auscultation de la tuberculose pulmonaire.

Jackson's syndrome : syndrome de Jackson (association des paralysies unilatérales du voile du palais, de la langue, du larynx et des muscles trapèze et sternomastoïdien que l'on observe dans les lésions du bulbe).

Jacksonian epilepsy : épilepsie jacksonienne (épilepsie bravais-jacksonienne, épilepsie corticale partielle, bravaisienne); **- seizure** : crise d'épilepsie motrice, bravais-jacksonienne.

Jacobaeus (operation) : thoracocautérisation, section des adhérences pleuro-pulmonaires au cautère.

Jacob's membrane : couche des cônes et bâtonnets de la rétine; **- operation** : opération du trichiasis; **- ulcer** : ulcus rodens (épithélioma baso-cellulaire cutané siégeant surtout sur les paupières).

Jacobson's anastomosis *or* **plexus** : portion tympanique du nerf de Jacobson; **- canal** : canal de Jacobson; **- cartilage** : cartilage hyalin de l'organe de Jacobson; **- nerve** : nerf de Jacobson; **- organ** : organe de Jacobson; **- sulcus** : sillon de Jacobson.

Jacquart's angle : angle ophryospinal (angle facial).

Jacquemier's sign : signe de Jacquemier (coloration bleue de la muqueuse vaginale au cours de la grossesse).

Jacquet's disease : alopécie associée à des troubles dentaires.

jactitation, *s.* : jactation, jactitation (anxiété, agitation); **periodic -** : chorée.

jaculiferous, *adj.* : épineux *(zool.)*.

Jadassohn's disease : érythème maculopapulaire de Jadassohn.

Jadelot's lines *or* **furrows** : sillons constatés sur la figure dans certaines maladies.

jail-fever, *s.* : typhus.

Jaksch's disease : maladie ou syndrome de Jaksch-Hayem-Luzet, anémie infantile pseudo-leucémique.

jalapa, *s.* : jalap; **compound powder of -** : poudre de jalap composée *(pharm.)*.

Janet's disease : psychasthénie.

Jansen's operation : curettage du sinus frontal après ablation de la partie inférieure de la paroi antérieure.

jar, *s.* : récipient, bocal; **accumulator -** : bac d'accumulateur *(électr.)*; **Leyden -** : bouteille de Leyde *(électr.)*; **vacuum -** : cloche à vide.

jardon, *s.* : exostose, tumeur de la partie externe et inférieure de la jambe du cheval.

jargon, *s.* : jargon, charabia; **- aphasia** : jargonaphasie, paraphasie littérale.

Jarisch's reaction : réaction de Jarisch-Herxheimer, réaction d'Herxheimer (syphilis).

Jarjavay's muscle : muscle transverse supérieur (homme).

Jarvis' snare : serre-nœud (excision des polypes du nez et de la gorge).

jaundice, *s.* : jaunisse, ictère; **acholuric -** : ictère acholurique; **catarrhal -** : ictère catarrhal; **haemolytic -** : ictère hémolytique; **haemolytic - of the new-born** : ictère nucléaire du nouveau-né; **homologous serum -** : hépatite sérique; **infective -** : hépatite épidémique; **true -** : ictère vrai, ictère biliphéique; **spirochetal** *or* **leptospiral -** : ictère leptospirochétosique; **yellow fever -** : ictère amaril.

jaundiced, *adj.* : ictérique, bilieux.

javellization, *s.* : javellisation (procédé de purification des eaux).

jaw, *s.* : mâchoire; **big - :** actinomycose du bétail (*vétér.*); **- bone :** os maxillaire; **- jerk or clonus :** clonus du maxillaire inférieur; **lower - :** mâchoire inférieure; **tooth - :** molaire; **upper - :** mâchoire supérieure; **wolf - :** palais fendu.

Jaworski's sign : signe de Jaworski, signe de l'ectasie paradoxale (symptôme de sténose médiogastrique).

Janselme's nodules : nocardose avec nodules aux bras et aux jambes.

jecoral or jecorary, *adj.* : hépatique.

jejunal, *adj.* : jéjunal.

jejunectomy, *s.* : excision d'une partie ou de la totalité du jéjunum.

jejunitis, *s.* : inflammation du jéjunum.

jejunocolostomy, *s.* : formation d'une anastomose entre le jéjunum et le côlon.

jejuno-ileitis, *s.* : inflammation du jéjunum et de l'iléon.

jejuno-ileostomy, *s.* : formation d'une anastomose entre le jéjunum et l'iléon.

jejuno-ileum, *s.* : jéjuno-iléon.

jejunostomy, *s.* : jéjunostomie (création d'une bouche sur le jéjunum).

jejunotomy, *s.* : incision du jéjunum.

jejunum, *s.* : jéjunum.

Jellinek's sign : signe de Jellinek (pigmentation anormale des paupières et des téguments périorbitaires des malades atteints de goitre exolphtalmique).

jelly, *s.* : gelée; **mineral or petroleum - :** vaseline; **vegetable - :** pectine; **Wharton's - :** gelée de Wharton (tissu conjonctif embryonnaire gélatineux du cordon ombilical).

Jendrassik's manœuver : manœuvre de Jendrassik (manœuvre qui consiste à tirer fortement sur les deux mains unies par l'extrémité des doigts recourbés en crochet pour examiner les réflexes rotuliens).

jennerian, *adj.* : jennérien; **- vaccination :** vaccination jennérienne.

jennerization, *s.* : jennérisation.

jennerize, *v.* : faire la jennérisation (conférer l'immunité par inoculation répétée de virus affaibli).

jerk, *s.* : secousse, trémoussement, tic, réflexe tendineux; **ankle - :** réflexe tendineux de la cheville ; **knee - :** réflexe patellaire ou rotulien ; **muscle - :** secousse musculaire.

jerks, *s. plur.* : mouvements choréiques.

jerky, *adj.* : saccadé.

Jesuit's balsam : baume de benjoin; **- bark :** quinquina.

Jobert's fossa : creux poplité; **- operation :** opération de Jobert (opération de la fistule vésico-vaginale par autoplastie); **- suture :** mode de suture pour blessures intestinales transversales.

Joffroy's sign : signe de Joffroy, signe de Sainton (parésie du muscle frontal qui ne se contracte pas quand on fait porter le regard en haut [goitre exophtalmique]).

Johne's bacillus : *Mycobacterium johnei*, bacille spécifique de l'entérite chronique pseudo-tuberculeuse bovine; **- disease :** entérite chronique pseudo-tuberculeuse bovine.

joint, *s.* : 1. articulation; **ball and socket - :** articulation à rotule; **- bodies or mice :** arthrolithes, « souris articulaires »; **dry - :** arthrose sèche; **false - :** pseudarthrose; **hinge - :** articulation à poulie; **pivot or rotary - :** diarthrose rotatoire; **rheumatic - :** rhumatisme articulaire; **out of - :** disloqué, démis, déboité, luxé; **to put one's arm out of - :** se démettre le bras; 2. entre-nœuds (*bot.*); 3. joint, jointure.

Jolly's bodies : corps de Jolly (corpuscules arrondis, basophiles, que l'on voit dans certaines hématies au cours de certaines anémies graves).

Jonnesco's fossa : fossette duodéno-jéjunale ; **- method of anaesthesia :** mode d'anesthésie générale par injection sous-arachnoïdienne dorsale ou lombaire de solution alcaloïdique; **- operation :** opération de Jonnesco.

jugal, *adj.* : jugal, malaire, zygomatique; **- bone :** os malaire; **- point :** point jugal; **- process :** apophyse zygomatique.

jugate, *adj.* : 1. conjugué, accolé; 2. strié.

jugomaxillary, *adj.* : se rapportant à la veine jugulaire et aux maxillaires; **- muscle :** masséter.

jugular, *adj.* : jugulaire; **- foramen :** trou déchiré postérieur; **- fossa :** fosse jugulaire; **- ganglion :** ganglion jugulaire; **- notch :** creux de la fourchette sternale; **- process :** apophyse sternale.

jugulate, *v.* : stopper, arrêter, juguler.

juice, *s.* : jus, suc; **gastric, pancreatic - :** suc gastrique, pancréatique.

jujube, *s.* : jujube; **- paste :** pâte de jujube (*pharm.*).

julep, *s.* : julep.

jumpers, *s.* : malades atteints de chorée saltatoire.

jumps, *s.* : 1. chorée saltatoire; 2. delirium tremens.

junction, *s.* : jonction, raccordement, soudure; **line of - :** commissure.

June cold : rhume des foins.

jungle fever : fièvre de jungle (forme de fièvre jaune).

juniper, *s.* : genièvre; **- oil :** essence de genièvre.

junk, *s.* : éclisse (*chir.*), drogue.

junkel, *s.* : lait caillé à la présure.

jurisprudence, *s.* : jurisprudence; **medical - :** droit médico-légal.

jury, *s.* : jury; **- leg :** jambe de bois; **- mast :** attelle d'acier pour soutenir la tête des malades atteints de mal de Pott.

justo (*abl. lat.*) : droit, normal; **- major :** plus grand que la normale; **- minor :** anormalement petit (se dit du bassin).

juvenile, *adj.* : juvénile; **- cell :** cellule jeune, cellule embryonnaire.

juxta-articular, *adj.* : juxta-articulaire (près d'une articulation, dans une région articulaire).

juxtaposition, *s.* : juxtaposition.

K

Kader's method of gastrostomy : mode de gastrostomie.

Kahlbaum's disease : catatonie.

Kahler's disease : maladie de Kahler, myélome multiple.

Kahn's test : réaction de Kahn (syphilis).

kaif, *s.* : langueur, euphorie (état consécutif à l'usage d'opium, hachich).

kainophobe, *s.* : individu craignant tout ce qui est nouveau.

kakidrosis, *s.* : sueur fétide.

kala-azar, *s.* : kala-azar.

kaliaemia *or* **kaliemia**, *s.* : kaliémie (présence de potassium dans le sang).

kaligenous, *adj.* : donnant de la potasse.

kaligraph, *s.* : instrument permettant d'écrire aux individus atteints de crampe de l'écrivain.

kaliuria, *s.* : kaliurie.

kallak, *s.* : dermatite pustulaire sévissant parmi la race eskimo.

kallikrein, *s.* : kallicréine.

kangaroo, *s.* : kangourou; **- tendon** : tendon de la queue du kangourou utilisé pour ligatures en chirurgie.

kaolin *or* **kaolinum**, *s.* : kaolin.

kaolinosis, *s.* : forme de pneumoconiose.

kappa factor, *s.* : particule kappa (plasmagène).

Kaposi's disease : 1. xeroderma pigmentosum; 2. maladie de Kaposi.

Karell's treatment : cure de Karell (régime lacté et repos dans les cas d'asthénie cardiaque).

Kartagener's syndrome : syndrome de Kartagener, situs inversus multiple.

karyenchyma, *s.* : suc nucléaire.

karyo- : karyo-, caryo-, préfixe dénotant un rapport avec le noyau de la cellule.

karyo-anabiosis, *s.* : caryoanabiose (formation de cellules géantes multinucléées autour d'un corps étranger).

karyoblast, *s.* : caryoblaste.

karyochromatophile, *s.* : noyau colorable; *adj.* : à noyau colorable.

karyochrome, *s.* : caryochrome.

karyoclasis, *s.* : *cf.*, **caryorrhexis.**

karyocyte, *s.* : caryocyte.

karyogamic, *adj.* : se rapportant à la caryogamie.

karyogamy, *s.* : caryogamie.

karyokinesis, *s.* : caryocinèse, cinèse, division cinétique, mitose.

karyokinetic, *adj.* : caryocinétique.

karyoklasis, *s.* : *cf.*, **caryorrhexis.**

karyolobic, *adj.* : à noyau lobé.

karyolymph, *s.* : caryolymphe (suc nucléaire).

karyolysis, *s.* : caryolyse.

karyolytic, *adj.* : caryolytique.

karyomit, *s.* : chromosome.

karyomitome, *s.* : caryomitome.

karyomitosis, *s.* : caryocinèse.

karyomitotic, *adj.* : se rapportant à la caryocinèse.

karyon, *s.* : noyau de la cellule.

karyophage *or* **karyophagus**, *s.*, *plur.* **karyophagi** (*lat.*) : caryophage, parasite *ou* virus qui détruit le noyau cellulaire.

karyoplasm, *s.* : caryoplasme, protoplasme nucléaire.

karyorrhexis, *s.* : caryorexie (désintégration du noyau de la cellule).

karyosome, *s.* : caryosome.

karyostasis, *s.* : caryostase, phase statique du noyau.

karyostatic, *adj.* : se rapportant à la phase statique du noyau.

karyostenosis, *s.* : division directe, division simple du noyau de la cellule.

karyota, *s. plur.* : cellules à noyaux.

karyotype, *s.* : caryotype; *v.* : effectuer un caryotypage.

karyotheca, *s.* : membrane nucléaire.

Kaschin-Beck's disease : maladie de Kaschin-Beck (dystrophie ostéoarticulaire, endémique en Mandchourie, due à l'absorption d'une grande quantité de fer contenue dans les eaux de boisson).

katabolism, *s.* : catabolisme.

Katayama's disease : maladie de Katayama (maladie due à *Schistosoma japonicum*, caractérisée par des ulcérations de l'intestin et une forme spéciale de cirrhose du foie).

kathetometer, *s.* : 1. instrument pour mesurer le niveau des liquides; 2. appareil utilisé en craniométrie.

katolysis, *s.* : réduction partielle de corps complexes en corps plus simples.

Kayser's disease : maladie de Wilson (hépatite familiale juvénile avec dégénérescence du corps strié, dégénérescence lenticulaire progressive).

Kedani's disease : maladie de Kedani (fièvre fluviale du Japon, tsutsugamushi).

Keen's sign : accroissement du diamètre de la jambe au niveau de la malléole dans la fracture de Dupuytren.

kefir *or* **kefyr,** *s.* : kéfir, képhir (lait soumis à la fermentation par un mélange de *Lactobacillus bulgaricus* et *Torula kefir*).

Kehr's operation : opération de Kehr (résection de la vésicule biliaire et du canal cystique avec drainage du canal hépatique); **- sign** : douleur aiguë de l'épaule gauche dans les cas d'éclatement de la rate.

Keith's bundle : faisceau atrioventriculaire, faisceau de His; **- diaphysical aclasia** : exostose héréditaire multiple; **- node** : nodule sur la paroi auriculaire d'où part le faisceau de His.

kelectome, *s.* : instrument tranchant pour biopsie de tumeur.

kelis, *s., plur.* **kelides** *(gr.)* : 1. morphée, sclérodermie en plaques; 2. chéloïde.

keloid, *s.* : chéloïde; **Addison's -** : morphée.

keloidosis, *s.* : présence de chéloïdes.

kelotomy, *s.* : chélotomie (opération de la hernie étranglée).

kelvin, *s.* : kilowatt-heure; **- scale** : échelle Kelvin; échelle absolue de températures.

Kendall's compound A, E and F : 11-désoxycortisone, cortisone, 17-hydrocortisone.

kenophobia, *s.* : agoraphobie, peur des espaces.

kenosis, *s.* : 1. écoulement morbide; 2. inanition.

kenotoxin, *s.* : toxine s'élaborant au cours de l'activité musculaire et responsable de la fatigue.

Kerandel's sign : signe de Kérandel, signe de la clef (hypersensibilité des tissus profonds, symptôme de maladie du sommeil).

keraphyllous, *adj.* : composé de couches cornées.

kerat- *or* **kerato-** : kérat- *ou* kérato, préfixe dénotant un rapport avec la cornée ou la corne.

keratalgia, *s.* : douleur dans la cornée.

keratectasia, *s.* : protrusion de la cornée.

keratectomy, *s.* : kératectomie.

keratiasis, *s.* : état morbide caractérisé par le développement d'excroissances calleuses.

keratic, *adj.* : corné, calleux.

keratin, *s.* : kératine.

keratinization, *s.* : kératinisation (1. infiltration de kératine dans les couches superficielles de la peau; 2. enrobage de pilules à la kératine).

keratinized, *adj.* : kératinisé.

keratinoid, *s.* : kératinoïde.

keratinous, *adj.* : kératinique, corné.

keratitis, *s.* : kératite; **actinic -** : kératite actinique ; **- bullosa** : kératite bulleuse ; **neuropathic -** : kératite neuropathique; **phlyctenular -** : kératite phlycténulaire; **punctate -** : kératite ponctuée; **serpigenous -** : kératite serpigineuse, kératite à hypopyon; **- sicca** : kératite sèche; **traumatic -** : kératite traumatique.

kerato-acanthoma, *s.* : kérato-acanthome, verrucome de Gougerot.

kerato-angioma, *s.* : kérato-angiome.

keratocele, *s.* : kératocèle (hernie de la membrane de Descemet à travers une ulcération de la cornée).

keratocentesis, *s.* : ponction de la cornée.

keratochromatosis, *s.* : pigmentation de la cornée.

keratoconjunctivitis, *s.* : kérato-conjonctivite (inflammation simultanée de la cornée et de la conjonctive); **epidemic -** : kérato-conjonctivite épidémique (infection à adénovirus) ; **phlyctenular -** : kératoconjonctivite phlycténulaire ; **- sicca** : syndrome de Sjögren.

keratoconometer, *s.* : instrument pour déterminer l'astigmatisme.

keratoconus, *s.* : kératocône, staphylome pellucide conique, cornée conique (altération de la courbure de la cornée qui, tout en restant transparente, prend une forme conique).

keratocricoid, *s.* : muscle cricothyroïdien.

keratoderma, *s.* : kératodermie, kératose.

keratodermatitis, *s.* : 1. kératodermie; 2. kératite.

keratodermatomalacia, *s.* : cf., **keratomalacia.**

keratodermatosis, *s.* : toute maladie caractérisée par une modification de la couche cornée de la peau.

keratodermia, *s.* : kératodermie; **- erythematosa symmetrica** : kératodermie symétrique des extrémités (épaississement de la couche cornée de la paume des mains et de la plante des pieds).

kerato-ectasia, *s.* : protrusion de la cornée.

keratogenesis, *s.* : développement d'excroissances calleuses.

keratogenous, *adj.* : kératogène.

keratoglobus, *s.* : kératoglobe, staphylome pellucide globuleux, cornée globuleuse (extension générale de la cornée).

keratohaemia, *s.* : présence de sang dans la cornée.

keratohelcosis, *s.* : ulcération de la cornée.

keratohyalin, *s.* : substance se trouvant sous forme de granules dans les couches profondes du derme.

keratohyaline, *adj.* : de structure à la fois cornée et hyaline.

keratoid, *adj.* : kératoïde, qui a la forme ou les apparences de la cornée.

kerato-iridocyclitis, *s.* : kérato-iridocyclite.

kerato-iridoscope, *s.* : appareil pour examiner la cornée et l'iris.

kerato-iritis, *s.* : inflammation de la cornée et de l'iris.

keratoleptynsis, *s.* : ablation de la surface antérieure de la cornée et son remplacement par la conjonctive bulbaire.

keratoleukoma, *s.* : leucome, opacité blanchâtre de la cornée, taie.

keratolysis, *s.* : kératolyse (1. dissolution de la couche cornée de l'épiderme par des substances chimiques dans un but thérapeutique; 2. décollement de l'épiderme et desquamation).

keratolytic, *adj.* : kératolytique.

keratoma, *s.* : kératome, callosité.

keratomalacia, *s.* : kératomalacie (ramollissement de la cornée).

keratome, *s.* : kératome (couteau pour sectionnement de la cornée).

keratometer, *s.* : kératomètre.

keratometry, *s.* : kératométrie (mensuration du rayon de courbure de la cornée à l'aide du kératomètre).

keratomycosis, *s.* : kératomycose (infection cornéenne due au champignon *Aspergillus fumigatus*).

keratoncus, *s.* : kératome, tumeur cornée, calleuse.

keratonosis, *s.* : *cf.*, **keratosis.**

keratonosus, *s.* : maladie de la cornée, ou de la kératine cutanée.

keratonyxis, *s.* : kératonyxis (ponction de la cornée faite dans le but d'opérer une cataracte).

keratoplasia, *s.* : renouvellement de l'épiderme.

keratoplastic, *adj.* : se rapportant à la kératoplastie.

keratoplasty, *s.* : kératoplastie, greffe cornéenne.

keratorrhexis, *s.* : rupture de la cornée, par ulcération ou traumatisme.

keratoscleritis, *s.* : inflammation de la cornée et de la sclérotique.

keratoscope, *s.* : kératoscope.

keratoscopy, *s.* : 1. kératoscopie; 2. skiascopie, ophtalmoscopie (rare).

keratose, *adj.* : kératique.

keratosis, *s.* : kératose pilaire, lichen pilaire, ichtyose ansérine, xerodermie pilaire; **- senilis** : kératose sénile, crasse des vieillards.

keratotome, *s.* : kératotome.

keratotomy, *s.* : kératotomie (incision de la cornée).

keratotic, *adj.* : kératotique.

keraunics, *s.* : partie de la physique traitant de la chaleur et de l'électricité.

keraunoneurosis, *s.* : trouble nerveux provenant d'un choc dû à la foudre.

keraunophobia, *s.* : peur de la foudre.

kerectomy, *s.* : kérectomie (ablation d'une partie de la cornée).

kerion, *s.* : kérion (variété de trichophytie du cuir chevelu et de la barbe); **- Celsi** *or* **Celsus'** **-** : kérion de Celse.

keritherapy, *s.* : kérithérapie (thérapeutique par bains de paraffine).

Kerkring's folds *or* **valves** : valvules conniventes (intestin grêle); **- ossicle** : osselet de Kerkring (point d'ossification de l'occipital situé sur le bord postérieur du trou occipital).

Kernig's sign : signe de Kernig.

kernicterus, *s. (germ.)* : ictère nucléaire.

keroid, *adj.* : 1. corné, calleux; 2. ayant l'aspect de la cornée.

kerosene, *s.* : kérosène, pétrole lampant.

ketogenesis, *s.* : cétogénèse.

ketogenic, *adj.* : cétogène; **- diet** : régime cétogène; **- substances** : corps cétogènes.

ketogenic-antiketogenic ratio : rapport entre les substances du corps génératrices de glucose et celles génératrices d'acides gras.

ketol, *s.* : indole *(chim.)*.

ketolysis, *s.* : cétolyse.

ketolytic, *adj.* : cétolytique (qui détruit les corps cétoniques).

ketone, *s.* : cétone; **- bodies** : corps cétoniques.

ketonemia *or* **ketonaemia,** *s.* : cétonémie (présence normale des corps cétoniques dans le sang).

ketonuria, *s.* : cétonurie (présence de cétone dans l'urine).

ketose, *s.* : cétose (sucre).

ketosis, *s.* : cétose (1. excès de corps cétoniques dans l'organisme; 2. acidose).

ketosteroid, *s.* : cétostéroïde.

ketosuria, *s.* : cétosurie.

key, *s.* : 1. légende dans un système de classification; 2. clef, traduction, indice de repérage; **- words** : mots clefs, mots de repérage; 3. clef, ton (musique); **high - voice** : voix aiguë.

Key and Retzius' foramen : trou de Luschka (quatrième ventricule).

kibe, *s.* : crevasse de la peau provoquée par le froid; engelure crevassée.

kidney, *s.* : rein; **amyloid -** : rein amyloïde; **fatty -** : rein adipeux; **flea-bitten -** : rein scléreux; **floating -** : rein mobile, rein flottant, néphroptose; **horseshoe -** : rein en fer à cheval; **large white -** : gros rein blanc (néphrose); **large red -** : gros rein rouge (glomérulonéphrite); **mobile -** : rein flottant; **pregnancy -** : toute maladie des reins survenant pendant la grossesse; **polycystic -** : rein polykystique; **surgical -** : rein chirurgical.

Kienböch's (or Kienboeck) atrophy : lunarite, maladie du semi-lunaire; **- disease** : maladie de

Kienböch, myélomalacie traumatique ; **- unit** : unité de rayons X correspondant au dixième de la dose produisant un érythème.

Kiernan's spaces : espaces interlobulaires du foie, espaces portes (foie).

Kiesselbach's area or **space** : zone fine de la cloison nasale particulièrement susceptible de perforation.

Killian's line : crête sacrée; **- pelvis** : bassin atteint d'ostéomalacie.

kiln, s. : four, étuve, séchoir.

kilogram, s. : kilogramme (1 000 g ou 2,20462 livres).

kilometer, s. : kilomètre (1 000 m ou 1093,6 yard ou 0,62137 mile).

kilowatt, s. : kilowatt (1 000 watts).

kinase, s. : kinase (enzyme dont la présence est nécessaire pour l'activation d'une autre enzyme).

Kimmelstiel-Wilson syndrome : syndrome de Kimmelstiel-Wilson (gloméruio-hyalinose, gloméruloscIérose intercapillaire).

kinaemia or **kinemia**, s. : débit cardiaque.

kinemadiagraphy, s. : radiocinématographie interne.

kinematics, s. : cinématique.

kinematograph, s. : cinématographe.

kineplasty, s. : amputation orthopédique.

kineradiotherapy, s. : mode de radiothérapie (déplacement du faisceau de rayons X sur la zone malade au lieu de le localiser sur un point).

kinesalgia, s. : cinésalgie (douleur provoquée par la rupture des fibres musculaires).

kinescope, s. : kinéscope.

kinescopy, s. : kinéscopie, méthode de Holth (méthode de détermination de la réfraction oculaire).

kinesia, s. : mal des transports, cinépathie.

kinesiatric, adj. : se rapportant à la cinésithérapie.

kinesiatrics, s. : cinésithérapie.

kinesic, adj. : cinésique.

kinesiesthesiometer, s. : kinesthésiomètre (appareil destiné à indiquer le seuil de sensibilité profonde).

kinesio-, kine- : préfixe indiquant un rapport avec le mouvement.

kinesiology, s. : cinésiologie, science du mouvement dans les rapports avec l'éducation, l'hygiène et la thérapeutique.

kinesiometer, s. : cinésiomètre (instrument pour déterminer quantitativement le mouvement d'un organe).

kinesiometric, adj. : se rapportant à la mesure du mouvement.

kinesioneurosis, s. : maladie nerveuse fonctionnelle associée à des troubles de la motilité.

kinesiotherapy, s. : cf., **kinetotherapy**.

kinesipathic, adj. : se rapportant à la cinésithérapie.

kinesipathy, s. : cinésipathie (thérapeutique par la mobilisation).

kinesis, s. : terme général pour toutes les formes physiques de l'énergie.

kinesitherapy, s. : kinésithérapie, cinésithérapie.

kinesotherapy, s. : cf., **kinesitherapy**.

kinesthesia or **kinesthesis**, s. : 1. cénesthésie (ensemble des sensations donnant à l'individu conscience de ses mouvements et de sa position dans l'espace); 2. impulsion vertigineuse poussant un sujet sur une hauteur à se précipiter dans le vide.

kinesthetic, adj. : se rapportant à la cénesthésie, cinesthésique.

kinetia, s. : cinépathie (terme désignant toutes les formes de mal des transports, mal de mer, etc.).

kinetic, adj. : cinétique.

kinetics, s. : cinétique; **neutralization -** : cinétique de neutralisation.

kinetonucleus or **kinetoplast**, s. : cinétonucléus (micronoyau de quelques protozoaires).

kinetoplasme, s. : 1. partie fluide du protoplasme; 2. granules chromatophores des cellules nerveuses.

kinetoplast, s. : kinétoplaste (constitué par le blépharoplaste et le corps parabasal unis par une fine fibrille).

kinetosis, s. : mal des transports, cinépathie.

kinetotherapeutic, adj. : se rapportant à la kinésithérapie.

kinetotherapy, s. : kinésithérapie, cinésithérapie.

King's evil : scrofule; **- yellow** : sulfure d'antimoine ou trisulfure d'arsenic.

King-Armstrong unit : unité de mesure des phosphatases alcalines.

kink, s. : 1. faux plis, nœud, tortillon; **Lane's -** : crêtes ou valvules coliques; 2. perversion mentale.

kinometer, s. : appareil pour mesurer les ectopies de l'utérus.

kinotoxin, s. : ponogène, toxine due à la fatigue.

kiotome, s. : instrument pour excision de la luette.

Kittel's method : traitement de la goutte par massage des articulations malades.

kissing spine : néarthrose interépineuse.

kissing ulcer : ulcère en vis-à-vis.

Kirschner's nail : broches de Kirschner; **- medium** : milieu pour la culture de M. tuberculosis.

Kjeldahl's method : méthode de Kjeldahl (dosage de l'azote).

Klatsch-preparation : préparation par décalcomanie sur colonie bactérienne.

Klebs-Loeffler bacillus : bacille de Klebs, bacille de Loeffler, bacille de la diphtérie, Corynebacterium diphtheriae.

Klebsiella : genre de bactéries de la famille des Bacteriaceae, Gram négatif.

Kleine-Levine syndrome : syndrome de fatigue, faim et agitation.

kleptomania, s. : kleptomanie, clopémanie (tendance morbide à voler).

kleptomaniac, s. : kleptomaniaque.

Kline's syphilis test : réaction de Kline (diagnostic de la syphilis).

Klinefelter's syndrome : syndrome de Klinefelter (deux chromosomes X et un chromosome Y) (génét.).

Klippel's disease : maladie de Klippel, pseudo-paralysie générale arthritique.

Klippel-Feil syndrome : syndrome de Klippel-Feil (malformation de la colonne cervicale se traduisant par l'absence apparente du cou).

Klumpke's paralysis : paralysie de Klumpke, syndrome de Déjerine-Klumpke (association de paralysie radiculaire inférieure du plexus brachial et de troubles oculaires).

Knapp's angioid streaks : stries pigmentaires apparaissant accidentellement sur la rétine après une hémorragie; **- forceps** : pince pour traitement du trachome de la conjonctive palpébrale; **- operation** : mode d'opération de la cataracte par iridectomie et incision périphérique du cristallin.

kneading, s. : pétrissage (mode de massage).

knee, s. : genou; **- cap** or **pan** : rotule; **housemaid's -** : hygroma du genou, épanchement de synovie; **in -** : genu valgum; **- jerk, - reflex** or **- phenomenon** : réflexe patellaire ou rotulien; **- joint** : articulation du genou (diarthrose); **knock -** : genu valgum, genou cagneux; **out -** : genu varum, jambes arquées.

kneippism, s. : hydrothérapie, méthode Kneipp.

knife, s. : couteau, bistouri, scalpel.

knitting, s. : soudure (d'une fracture, des os).

knock-kneed, adj., or **knock-knees,** s. plur. : cagneux, qui a les genoux en dedans, genu valgum.

knot, s. : 1. nœud; 2. nodosité, amas entortillé.

knuckle, s. : 1. articulation, jointure des doigts; 2. anse intestinale.

Koch's bacillus : bacille de Koch, bacille de la tuberculose, Mycobacterium tuberculosis; **- lymph** : tuberculine; **- phenomenon** : phénomène de Koch.

Koch's operation : raccourcissement du ligament large par voie vaginale pour remédier à la rétrovision ou au prolapsus de l'utérus.

Koch-Weeks bacillus : bacille de Weeks (agent spécifique de la conjonctivite aiguë contagieuse).

kocherization, s. : opération de Kocher (extraction des calculs biliaires par ouverture préalable de la paroi antérieure du duodénum).

Koehler's disease : maladie de Koehler (1. scaphoïdite tarsienne; 2. ostéite localisée à la tête des métatarsiens).

Kohlmeier-Degos disease : maladie de Kohlmeier-Degos.

koilonychia, s. : coelonychie (altération des ongles, relèvement des bords latéraux, concavité de la partie médiane).

Kolmer's test : réaction de Kolmer (forme modifiée de la réaction de Wassermann), déviation du complément.

kolypeptic, adj. : empêchant, stoppant les processus digestifs.

kolyseptic, s., adj. : antiseptique.

Kondoleon's operation : traitement de l'éléphantiasis par excision de tissu conjonctif.

koniosis, s. : coniose (maladie produite par les poussières).

konimeter, koniometer or **konometer,** s. : coniomètre (appareil pour doser la quantité de poussière dans l'atmosphère).

kophemia, s. : cophémie.

kopiopia, s. : fatigue oculaire; **- hysterica** : symptômes indiquant une hyperesthésie des nerfs trigéminé et optique.

Koplik's sign or **spot** : signe de Koplik (rougeole).

Kopp's asthma : asthme de Kopp, laryngospasme phrénoglottisme, spasme glottique essentiel des nourrissons.

korocyte, s. : cellule jeune, indifférenciée.

koronion, s. : sommet de l'apophyse coronoïde (maxillaire inférieur).

Korsakoff's psychosis or **syndrome** : psychose ou syndrome de Korsakoff (troubles mentaux associés aux polynévrites).

koumis, s. : koumis (lait de jument fermenté).

Koyter's muscle : muscle sourcilier.

Krabbe's sclerosis : sclérose cérébrale diffuse de l'enfance.

Kraske's operation : opération de Kraske (résection partielle du rectum en l'abordant par la voie sacrée).

kratometer, s. : ensemble de prismes pour corriger le nystagmus.

kraurosis, s. (lat.) : kraurosis; **- penis** : kraurosis penis (atrophie sclérosante au niveau du prépuce); **- vulvae** : kraurosis vulvae (atrophie sclérosante de la vulve).

Krause (Fedor)'s operation : mode d'ablation du ganglion de Gasser par voie extra-durale dans les cas de névralgie du trifacial.

Krause (K.F.T.)'s glands : glandes acineuses de la conjonctive palpébrale; **- valve** : cul-de-sac lacrymal communiquant avec le canal lacrymo-nasal.

Krause (W.J.F.)'s corpuscles or **end-bulbs** : corpuscules de Krause corpuscules sphériques des terminaisons nerveuses dans certaines muqueuses; **- disc, line** or **membrane** : télophragme (bande transversale sombre qui divise en deux un élément translucide d'une fibre d'un muscle strié).

kreatine, s. : créatine.

Krebs' cycle : cycle de Krebs.

Krebs-Henseleit cycle : cycle de synthèse de l'urée de Krebs-Henseleit.

kreotoxism, s. : empoisonnement par viande avariée.

Kretzschmann's space : récessus hypotympanique (oreille moyenne).

Kreysig's sign : signe de Kreysig, signe de Heine et Kreysig (dépression systolique des espaces intercostaux au niveau de la pointe du cœur [symphyse cardiaque]).

Krishaber's disease : neuropathie cérébro-cardiaque.

Koenig's area : zone de résonance au-dessus du sommet des poumons; **- isthmus** : zone située au-dessus de la clavicule où se trouve le sommet des poumons.

Krompecher's tumor : ulcus rodens.

Krükenberg's tumor : tumeur de Krükenberg (tumeur ovarienne métastatique).

kryoscopy, s. : cryoscopie.

kubisagari, kubisgari or **kubisagaru,** s. (jap.) : kubisagari (vertige paralysant, maladie de Gerlier, tourniquet).

Kuemmell's disease : maladie de Kuemmell-Verneuil, spondylite traumatique; **- kyphosis** : cyphose d'origine traumatique à symptômes différés.

Kundrat's lymphosarcoma : lymphosarcome de Kundrat (forme de lymphosarcome ne frappant qu'un seul côté et qu'un petit groupe de ganglions).

Kupffer's cells : cellules de Kupffer (cellules étoilées du foie).

kuru, s. : kuru, syndrome neurologique à évolution lente sévissant sur une peuplade de Nouvelle-Guinée.

Kussmaul's aphasia : mutisme volontaire simulant l'aphasie, mutisme akinétique; **- coma** : coma diabétique; **- disease** : poliomyélite antérieure aiguë; **- paradoxic pulse** : pouls paradoxal, signe de Griessinger-Kussmaul; **- respiration** : respiration de Kussmaul et Kien (type respiratoire qu'on observe dans le coma diabétique); **- symptom** : turgescence des veines cervicales au cours de l'inspiration dans les cas de symphyse cardiaque et de tumeur du médiastin.

kwashiorkor, s. : kwashiorkor (hypotrophie grave par carence en protéines observée chez des enfants africains).

kymbocephaly, s. : cymbocéphalie, crâne en besace.

kymograph or **kymographion,** s. : hémodynamomètre.

kymography, s. : kymographie.

kyphoscoliosis, s. : cyphoscoliose (double déviation de la colonne vertébrale à convexité postérieure et latérale).

kyphoscoliotic, adj. : caractérisé par, se rapportant à la cyphoscoliose.

kyphosis, s. : cyphose (déviation de la colonne vertébrale à convexité postérieure); **- juvenile, - dorsalis juvenalis** or **osteochondropathica** : ostéochondrite déformante juvénile.

kyphotic, adj. : cyphotique (se rapportant à, de la nature de, atteint de cyphose).

kysthitis, s. : vaginite.

kysthoptosis or **kysthoproptosis,** s. : prolapsus vaginal.

L

Labbé's vein : veine anastomotique de Labbé.

label, *s.* : étiquette, marque.

labeled element : élément marqué, isotope radio-actif.

labial, *adj.* : labial.

labialism, *s.* : tendance à labialiser, labialisation.

labidometer, *s.* : *cf.*, **labimeter.**

labile, *adj.* : labile.

lability, *s.* : labilité, instabilité.

labimeter, *s.* : labimètre (instrument destiné à mesurer l'écartement des branches du forceps).

labio- : labio-, préfixe dénotant un rapport avec la lèvre.

labioalveolar, *adj.* : labioalvéolaire.

labiocervical, *adj.* : labiocervical.

labiochorea, *s.* : affection choréique des lèvres et le bégaiement qui en résulte.

labiodental, *adj.* : labiodental.

labioglossolaryngeal, *adj.* : labioglossolaryngé.

labioglossopharyngeal, *adj.* : labioglossopharyngé.

labiograph, *s.* : instrument pour enregistrer le mouvement des lèvres en parlant.

labiology, *s.* : étude des lèvres et de leurs mouvements.

labiomancy, *s.* : interprétation des paroles par le mouvement des lèvres, labio-lecture.

labiomental, *adj.* : se rapportant à la lèvre et au menton.

labiomycosis, *s.* : mycose labiale.

labionasal, *adj.* : labionasal.

labioplastic, *adj.* : se rapportant à la chéïlo-plastie.

labioplasty, *s.* : cheiloplastie.

labiotenaculum, *s.* : instrument pour tenir les lèvres dans la position voulue.

labitome, *s.* : pince coupante.

labium, *s.*, *plur.* **labia** (*lat.*) : lèvre; **- cerebri** : lobe du corps calleux; **- pudendi majus** or **- majus** : grande lèvre; **- pudendi minus** or **- minus** : petite lèvre; **- tympanicum** : rampe tympanique; **- vestibulare** : rampe vestibulaire.

labour or **labor**, *s.* : travail, couches, accouchement; **induced -** : accouchement provoqué; **instrumental -** : accouchement aux fers; **missed -** : rétention fœtale; **- pains** : douleurs de l'enfantement; **premature -** : accouchement prématuré, avant terme; **woman in -** : femme en couches, en travail.

laboratory, *s.* : laboratoire; **- technician** : laborantin; **- tests** : examens complémentaires.

Laborde's method of artificial respiration : méthode des tractions rythmées de la langue (respiration artificielle).

labyrinth, *s.* : 1. labyrinthe (oreille interne); 2. labyrinthe (substance corticale du rein).

labyrinthal, labyrinthic or **labyrinthine**, *adj.* : labyrinthique; **- vertigo** : vertige labyrinthique, syndrome de Ménière.

labyrinthectomy, *s.* : labyrinthectomie.

labyrinthitis, *s.* : labyrinthite (otite interne frappant spécialement le labyrinthe).

labyrinthus, *s.*, *plur.* **labyrinthi** (*lat.*) : labyrinthe.

laccase, *s.* : laccase.

lacerable, *adj.* : susceptible d'être lacéré, déchiré.

lacerated, *adj.* : lacéré, déchiré; **- wound** : déchirure, balafre.

laceration, *s.* : lacération, déchirure.

lacerator, *s.* : instrument pour dilacérer les tissus.

lacertus, *s.* (*lat.*) : 1. partie musculaire du bras; 2. faisceau musculaire; **- fibrosus** : expansion aponévrotique du biceps brachial.

lacinia, *s.*, *plur.* **laciniae** (*lat.*) : frange; **laciniae tubae** : franges (circonférence du pavillon des trompes de Fallope).

laciniate, *adj.* : lacinié, déchiqueté, effrangé.

lacrimal, *adj.* : lacrymal; **- apparatus** : appareil lacrymal; **- artery** : artère lacrymale; **- bone** : unguis, os lacrymal; **- canals** or **canaliculi** : conduits *ou* canalicules lacrymaux; **caruncle** : caroncule lacrymale; **- ducts** : canaux excréteurs des glandes lacrymales; **- fossa** : fossette lacrymale; **- gland** : glande lacrymale; **- lake**

lac lacrymal; - **papilla** : tubercules lacrymaux; - **puncta** : points lacrymaux; - **sac** : sac lacrymal.

lacrimation, *s.* : larmes.

lacrimatome, *s.* : instrument tranchant pour dilater les conduits lacrymaux.

lacrimotomy, *s.* : sectionnement des rétrécissements des voies lacrymales.

lacrimator, *s.* : gaz lacrymogène.

lactacid deshydrogenase (LDH) : déshydrogénase de l'acide lactique.

lactacidemia, *s.* : lactacidémie, lacticémie (présence d'acide lactique dans le sang).

lactacidogen, *s.* : corps hypothétique dont la dégradation donnerait l'acide lactique du muscle.

lactalbumin, *s.* : lactalbumine.

lactarium, *s.* : lactarium (établissement pour la collection et la distribution du lait de femme).

lactase, *s.* : lactase.

lactate, *s.* : lactate.

lactation, *s.* : lactation (1. allaitement; 2. sécrétion et excrétion du lait).

lactational, *adj.* : se rapportant à la lactation.

lacteal, *s.* : vaisseau lacté, conduit chylifère; *adj.* : lacté, laiteux; - **fever** : fièvre lactée, fièvre de lait; - **vessels** : vaisseaux lactés, conduits chylifères.

lacteous, *adj.* : laiteux, lactaire.

lactescence, *s.* : lactescence.

lactescent, *adj.* : lactescent.

lactic, *adj.* : lactique.

lactiferous, *adj.* : lactifère; - **duct** : canal galactophore; - **gland** : glande mammaire.

lactific, *adj.* : produisant du lait.

lactiform, *adj.* : ressemblant au lait.

lactifuge, *adj.* : lactifuge.

lactigenous, *adj.* : lactigène.

lactigerous, *s.* : *cf.*, **lactiferous.**

lactinated, *adj.* : renfermant du lactose.

lactiphagous, *adj.* : lactiphage, galactophage (se nourrissant de lait).

lactipotous, *adj.* : lactipote (buvant du lait).

lactisugium, *s.* : tire-lait.

lactivorous, *adj.* : lactivore (se nourrissant exclusivement de lait).

lacto- : lacto-, préfixe dénotant un rapport avec le lait.

Lactobacillus, *s.* : *Lactobacillus,* bacille de la fermentation lactique.

lactobutyrometer, *s.* : lactobutyromètre (instrument destiné à mesurer la quantité de beurre contenue dans le lait).

lactocele, *s.* : *cf.,* **galactocele.**

lactocrit, *s.* : appareil pour doser la quantité de matière grasse dans un échantillon de lait.

lactodensimeter, *s.* : lactodensimètre, lactomètre, galactomètre.

lactoflavin, *s.* : lactoflavine, riboflavine (constituant du complexe vitaminique B); - **deficiency** : ariboflavinose.

lactogenic, *adj.* : excitant la sécrétion lactée; - **hormone** : prolactine, lactostimuline (hormone du lobe antérieur de l'hypophyse).

lactogenesis, *s.* : lactogenèse.

lactoglobulin, *s.* : lactoglobuline.

lactometer, *s.* : lactomètre.

lactone, *s.* : lactone.

lactorrhea, *s.* : galactorrhée.

lactoscope, *s.* : lactoscope (instrument destiné à apprécier la valeur du lait d'après son opacité).

lactose, *s.* : lactose.

lactoserum, *s.* : 1. lactosérum, petit lait; 2. sérum sanguin d'un animal inoculé avec le lait d'un autre animal, sérum rendu ainsi capable de précipiter la caséine du lait de l'espèce animale ayant servi à l'inoculation.

lactosuria, *s.* : lactosurie (présence de lactose dans l'urine).

lactotoxin, *s.* : ptomaïne du lait.

lactovegetarian, *s., adj.* : lactovégétarien.

lactucarium, *s.* : lactucarium, suc épais et laiteux de *Lactuca virosa.*

lactucism, *s.* : intoxication par abus de médicaments hypnotiques à base de *Lactuca.*

lactumen, *s. (lat.)* : impétigo du cuir chevelu et eczéma.

lacuna, *s., plur.* **lacunae** *(lat.)* : lacune, espace interstitiel, follicule lymphatique; **absorption** - *or* **Howship's** - : lacune de Howship; - **amatorum** *or* **labili superioris** : sillon vertical central de la lèvre supérieure; - **cerebri** : infundibulum (cerveau); - **Graafianae** : follicules de Graaf; - **Morgagni** *or* **urethrales** : lacunes de Morgagni; - **of tongue** : trou borgne; - **muscularis** : espace interstitiel pour le passage des muscles au-dessous de l'arcade crurale; - **vasorum** : espace interstitiel pour le passage des vaisseaux au-dessous de l'arcade crurale.

lacunal, *adj.* : lacunaire.

lacunose, *adj.* : lacuneux.

lacunula, *s. (lat.)* : petite lacune, petite dépression.

lacus, *s. (lat.)* : creux, cavité dans un tissu; - **lacrimalis** : lac lacrymal; - **sanguineus** : lac sanguin (encéphale).

ladrerie, *s. (fr.)* : ladrerie (1. lèpre; 2. léproserie; 3. maladie causée par le développement, dans divers tissus de l'économie, de cysticerques [*parasit.*]; 4. maladie des porcs [*vétér.*]).

Laennec's catarrh : catarrhe suffocant de Laënnec, bronchite capillaire; - **cirrhosis** *or* **disease** : cirrhose de Laënnec, cirrhose atrophique; - **perls** : perles de Laënnec (asthme bronchique); - **rale** : forme de râle sous-crépitant; - **thrombus** : caillot formé dans le cœur atteint de dégénérescence graisseuse.

Lafora's bodies : corps de Lafora (*histol.*).

lag, *s.* : retard, décalage, ralentissement; **- period** : période de latence; **- tooth** : dent de sagesse.

lagarous, *adj.* : flasque, mou.

lagena, *s.* : coupole (limaçon).

lageniform, *adj.* : en forme de coupole, de ballon.

lagentomum, *s.* : bec-de-lièvre.

lagging, *s.* : mouvement répété de la cage thoracique du côté malade dans la tuberculose pulmonaire.

lagnea or **lagneia,** *s.* : 1. priapisme; 2. nymphomanie; 3. coït; 4. sperme.

lagnesis or **lagnosis,** *s.* : 1. priapisme; 2. nymphomanie.

lagocephalous, *adj.* : à tête de lièvre.

lagochilus or **lagochilos,** *s.* : bec-de-lièvre.

lagophthalmic, *adj.* : se rapportant à, atteint de lagophtalmie.

lagophthalmos, *s.* : lagophtalmie (brièveté des paupières, en particulier de la paupière supérieure, les empêchant de recouvrir complètement le globe oculaire).

Lagoria's sign : relâchement des muscles extenseurs dans la fracture du col du fémur (signe de Laugier).

lagostoma, *s.* : bec-de-lièvre.

Lagrange's operation : iridectomie et sclérectomie pour le glaucome.

lake-colored, laky or **laked blood** : sang laqué.

lalia or **lallia,** *s.* : parole, acte d'émettre des sons articulés.

lallation or **lalling,** *s.* : lallation, lalliement (1. balbutiement infantile; 2. lambdacisme).

lalognosis, *s.* : compréhension de la parole.

laloneurosis, *s.* : laloneurose (trouble nerveux du langage).

lalopathy, *s.* : lalopathie.

lalophobia, *s.* : phobie de parler due au bégaiement ou concomitante au bégaiement.

laloplegia, *s.* : laloplégie, aphémie, alalie, aphasie motrice.

Lalouette's pyramid : pyramide de Lalouette (corps thyroïde).

lamarckism, *s.* : lamarckisme, transformisme (hérédité des caractères acquis).

lambda, *s. (gr.)* : lambda (point de rencontre des sutures sagittale et lambdoïde).

lambdacism, *s.* : lambdacisme, lallation, lalliement.

lambdoid or **lambdoidal,** *adj.* : lambdoïde.

lambliasis, *s.* : lambliase, giardiase.

lame, *adj.* : boiteux, estropié; **to be - of one leg** : boiter d'une jambe; **to go -** : se mettre à boiter.

lamel, *s.* : disque imprégné de médicament pour soins oculaires.

lamella, *s., plur.* **lamellae** *(lat.)* : 1. lamelle; 2. *cf.* **lamel** ; 3. membrane basilaire; **- of bone** :

lamelle osseuse; **triangular -** : lamelle susoptique, lame terminale; **vascular -** : couche vasculaire de l'allantoïde.

lamellar, *adj.* : lamellaire, lamelliforme.

lameness, *s.* : claudication, boitement, boiterie.

lamina, *s., plur.* **laminae** *(lat.)* : lame, aile; **- affixa** : lamina affixa (prosencéphale); **- basalis** : portion membraneuse de la lame spirale; **- basilaris** : caduque utéro-placentaire; **- cribrosa** : lame criblée; **- interna ossium cranii** : lame vitrée; **- papyracea** : lame papyracée de l'ethmoïde; **- perpendicularis** : lame perpendiculaire de l'ethmoïde; **- spiralis** : lame spirale; **- velamentosa** : organe de Corti.

laminage, *s. (fr.)* : 1. laminage; 2. broyage de la tête fœtale pour faciliter la délivrance.

laminal or **laminar,** *adj.* : laminaire.

laminaria, *s.* : laminaire (algue); **- tent** : laminaire (tige de l'algue employée pour dilatation de la cavité utérine).

laminated, *adj.* : laminé, à lamelles.

lamination, *s.* : 1. structure lamellaire; 2. en embryotomie, opération consistant à couper le crâne en tranches.

laminectomy, *s.* : laminectomie (résection d'une *ou* de plusieurs lames vertébrales).

laminiform, *adj.* : laminiforme.

laminotomy, *s.* : sectionnement d'une lame vertébrale.

lamp, *s.* : lampe; **- black** : noir de fumée; **- oil** : pétrole lampant; **slit -** : lampe à fente.

lampas, *s.* : lampas, fève *(vétér.)*.

lampbrush chromosome : chromosome en goupillon.

lamprophonia, *s.* : voix sonore, clatronnante.

lamprophonic, *adj.* : à voix nette.

lance, *s.* : lancette, bistouri; *v.* : donner un coup de bistouri, percer, inciser.

lanceolate, *adj.* : lancéolé.

lancet, *s.* : lancette, bistouri.

lancinating, *adj.* : lancinant; **- pains** : élancements.

lancing, *s.* : coup de bistouri, coup de lancette, percement (d'un abcès).

Lancisi's nerves : tractus de Lancisi (corps calleux); **- sign** : pulsation cardiaque très faible perçue à la palpation dans la myocardite aiguë.

landmark, *s.* : point de repère, marque superficielle servant à guider, à indiquer des organes plus profonds.

Landolt's bodies : petits corps allongés claviformes situés entre les cônes et les bâtonnets sur la couche nucléaire externe de la rétine.

Landouzy-Déjerine's type of progressive muscular atrophy : type fascio-scapulo-huméral d'atrophie musculaire de Landouzy-Déjerine, atrophie musculaire progressive de l'enfance.

Landouzy's disease : maladie de Weil, ictère infectieux à recrudescence fébrile (leptospirose);

- ischialgie : névralgie sciatique avec atrophie musculaire correspondante; **- purpura** : typhus angio-hématique.

Landry's disease *or* **paralysis** : maladie ou syndrome de Landry, myélite aiguë diffuse, paralysie ascendante aiguë.

Lane's disease : stase intestinale chronique ; **- kink** : bride de Lane (intestin); **- operation** : opération de Lane (colectomie totale avec iléo-sigmoïdostomie préalable ou concomitante).

Lange's operation : résection du rectum avec greffe ostéoplastique de la partie anale.

Lange's spaces : réseau rhomboïdal de la couche réticulaire cutanée.

Langenbeck's rhinoplasty : méthode de Langenbeck (procédé opératoire destiné à remédier à la division du voile du palais).

Langerhans' bodies : cellules épithéliales modifiées des terminaisons nerveuses ; **- granular layer** : couche granuleuse (peau); **islets of -** : ilots de Langerhans (pancréas).

Langhans' layer : couche ectodermique du placenta.

language, *s.* : langue (d'un peuple), langage.

languor, *s. (lat.)* : langueur.

Lannelongue's tibia : tibia déformé dans la syphilis héréditaire.

lanolin, *s.* : lanoline.

Lantermann's incisures : interruptions partielles *ou* complètes de la gaine myélinique d'une fibre nerveuse, siégeant à intervalles irréguliers.

lanthanum, *s.* : lanthane.

lanuginose *or* **lanuginous,** *adj.* : lanugineux.

lanugo, *s.* : 1. lanugo (fin duvet qui recouvre les parties pileuses du corps chez le fœtus); 2. duvet (joues des femmes).

lanulous, *adj.* : duveté.

lapactic, *s.* : purgatif.

lapara, *s.* : 1. lombes (par extension, abdomen); 2. diarrhée.

laparectomy, *s.* : laparectomie (ablation d'une partie de la paroi abdominale).

laparo- : laparo-, préfixe dénotant un rapport avec l'abdomen.

laparocele, *s.* : laparocèle, hernie ventrale, latérocèle

laparocholecystotomy, *s.* : laparotomie et cholécystotomie.

laparoclysis, *s.* : injection dans la cavité abdominale.

laparocolostomy, *s.* : colostomie abdominale.

laparocolotomy, *s.* : colotomie abdominale *ou* inguinale.

laparocolpohysterotomy, *s.* : laparocolpohystérotomie (opération césarienne par la voie vaginale et abdominale combinées).

laparocolpotomy, *s.* : *cf.,* **laparoelytrotomy.**

laparocystectomy, *s.* : 1. enlèvement d'un kyste par laparotomie; 2. enlèvement du fœtus et des annexes dans les cas de grossesse extra-utérine.

laparocystidotomy, *s.* : *cf.,* **laparocystotomy.**

laparocystotomy, *s.* : 1. cystotomie sus-pubienne; 2. enlèvement du fœtus dans la grossesse extra-utérine.

laparocystovariohysterotomy, *s.* : oophorectomie et hystérotomie par voie abdominale.

laparoelytrotomy, *s.* : laparo-élytrotomie, gastro-élytrotomie (variante de l'opération césarienne).

laparoenterostomy, *s.* : entérostomie par voie abdominale.

laparoenterotomy, *s.* : entérotomie par voie abdominale.

laparogastroscopy, *s.* : laparogastroscopie (inspection de l'intérieur de l'estomac après gastrotomie).

laparogastrostomy, *s.* : gastrostomie par voie abdominale.

laparohepatotomy, *s.* : hépatotomie par voie abdominale.

laparohysterectomy, *s.* : hystérectomie par voie abdominale.

laparohystero-oophorectomy, *s.* : oophorectomie et hystérectomie par voie abdominale.

laparohysteropexy, *s.* : hystéropexie abdominale, gastrohysteropexie, gastrohystérorraphie, gastro-hystérosynaphie, ventrofixation.

laparohysterosalpingo-oophorectomy, *s.* : excision de l'utérus, des trompes et des ovaires par voie abdominale.

laparohysterotomy, *s.* : laparohystérotomie, opération césarienne.

laparoileotomy, *s.* : incision de l'iléon par voie abdominale.

laparokelyphotomy, *s.* : *cf.,* **laparocystotomy.**

laparomyitis, *s.* : inflammation de la partie musculaire de la paroi abdominale.

laparomyomectomy, *s.* : myomectomie par incision abdominale.

laparomyositis, *s.* : inflammation des muscles latéraux de l'abdomen.

laparomyotomy, *s.* : *cf.,* **laparomyomectomy.**

laparonephrectomy, *s.* : néphrectomie par voie abdominale.

laparonephrotomy, *s.* : néphrotomie par voie lombaire.

laparorrhaphy, *s.* : suture de la paroi abdominale.

laparosalpingectomy, *s.* : salpingectomie par voie abdominale.

laparosalpingo-oophorectomy, *s.* : oophorosalpingectomie.

laparosalpingotomy, *s.* : salpingotomie par voie abdominale.

laparoscopy, *s.* : laparoscopie, péritonéoscopie, cœlioscopie.

laparosplenectomy, *s.* : laparosplénectomie.

laparosplenotomy, *s.* : splénotomie par voie abdominale.

laparotomy, s. : laparotomie (incision chirurgicale de la paroi abdominale et du péritoine).

laparotrachelotomy, s. : opération césarienne allant jusqu'au col de l'utérus.

laparo-uterotomy, s. : hystérotomie abdominale.

laparovaginal, adj. : abdomino-vaginal.

laparozoster, s. : zona abdominal.

lapaxis, s. : évacuation.

lapilliform, adj. : lapilliforme, ayant l'aspect de petites pierres.

lapsus, s. : ptose; **- palpebrae superioris** : ptose de la paupière; **- pilorum** : alopécie; **- unguium** : chute des ongles.

laqueus, s. (lat.) : ruban de Reil; **- umbilicalis** : cordon ombilical.

larbish, s. : éruption due à la présence de larves de diptères sous la peau.

lard, s. : axonge, saindoux, panne, graisse de porc.

lardaceous, adj. : lardacé ; **- degeneration** : dégénérescence graisseuse, lardacée, amyloïde, amyloïdisme, amylose; **- kidney** : néphrite chronique.

Lardennois' method : mode d'anastomose entre l'intestin et le rectum.

lardeous or **lardiform,** adj. : d'aspect graisseux.

larinoid, adj. : lardacé.

Laroyenne's operation : incision du cul-de-sac de Douglas dans la suppuration pelvienne.

Larrey's amputation : amputation à lambeaux doubles (articulation scapulo-humérale, articulation coxofémorale); **- ligation** : ligature de l'artère fémorale juste en-dessous du ligament de Poupart.

larva, s., plur. **larvae** (lat.) : larve.

larvaceous, adj. : caché, masqué, latent, larvé.

larval, adj. : 1. larvaire, de larve, en forme de larve; 2. cf., **larvaceous; - fever** : fièvre larvée; **- pneumonia** : pneumonie larvée; **- scarlatina** : cas bénin de scarlatine sans éruption; **- stage** : stade larvaire (entomol.).

larvate, adj. : larvé, caché, masqué, latent.

larvicide, s., adj. : larvicide.

laryngalgia, s. : douleur, névralgie dans le larynx.

laryngeal, adj. : laryngé, laryngien; **- cavity** : cavité laryngienne; **- crisis** : crise laryngée; **- edema** : œdème du larynx par infiltration dans le tissu conjonctif sous-muqueux; **- phthisis** : phtisie laryngée; **- tube** : tube laryngien.

laryngectomy, s. : laryngectomie (extirpation totale ou partielle du larynx).

laryngemphraxis, s. : occlusion ou sténose du larynx.

laryngismal, adj. : se rapportant au laryngisme.

laryngismus, s. : laryngisme (contraction spasmodique des muscles du larynx et du cou et asphyxie qui en résulte); **- stridulus** : laryngite striduleuse ou sous-glottique aiguë, asthme de Millar, faux croup.

laryngitic, adj. : se rapportant à, causé par la laryngite.

laryngitis, s. : laryngite.

laryngo- : laryngo-, préfixe dénotant un rapport avec le larynx.

laryngocatarrh, s. : catarrhe du larynx.

laryngocele, s. : laryngocèle (tumeur gazeuse du cou, formée par une hernie de la muqueuse laryngée).

laryngocentesis, s. : ponction du larynx.

laryngofissure, s. : laryngofissure, laryngotomie totale.

laryngography, s. : description du larynx.

laryngologic or **laryngological,** adj. : laryngologique.

laryngologist, s. : laryngologiste, laryngologue.

laryngology, s. : laryngologie.

laryngometry, s. : mesure systématique du larynx.

laryngoparalysis, s. : paralysie des muscles du larynx.

laryngopharyngeal, adj. : laryngopharyngien.

laryngopharyngeus, s. : muscle constricteur inférieur du pharynx.

laryngopharyngitis, s. : laryngopharyngite.

laryngopharynx, s. : laryngopharynx, partie laryngienne du pharynx.

laryngophony, s. : son de la voix à l'auscultation du larynx.

laryngophthisis, s. : phtisie laryngée, tuberculose du larynx.

laryngoplasty, s. : opération plastique du larynx.

laryngoplegia, s. : laryngoplégie (paralysie complète ou incomplète des muscles du larynx).

laryngorhinology, s. : laryngorhinologie.

laryngorrhagia, s. : hémorragie du larynx.

laryngorrhea, s. : hypersécrétion de la muqueuse laryngée.

laryngoscleroma, s. : sclérome du larynx.

laryngoscope, s. : laryngoscope.

laryngoscopy, s. : laryngoscopie.

laryngospasm, s. : laryngospasme, asthme thymique ou de Kopp, phrénoglottisme, spasme glottique essentiel des nourrissons.

laryngostasis, s. : croup.

laryngostenosis, s. : laryngosténose.

laryngostomy, s. : laryngostomie (formation d'une fistule permanente dans le larynx par le cou et la trachée).

laryngostroboscope, s. : stroboscope pour l'examen des cordes vocales.

laryngostroboscopy, s. : examen des vibrations des cordes vocales au stroboscope.

laryngotomy, s. : laryngotomie (incision du larynx); **complete -** : laryngotomie totale, laryngofissure; **median -** : laryngotomie partielle; **sub-**

hyoid superior or **thyrohyoid -** : laryngotomie sus-thyroïdienne.

laryngotracheal, adj. : laryngotrachéal.

laryngotracheitis, s. : laryngotrachéite (inflammation du larynx et de la trachée).

laryngotracheoscopy, s. : trachéoscopie.

laryngotracheotomy, s. : trachéotomie avec sectionnement du cartilage cricoïde et d'un ou plusieurs anneaux supérieurs de la trachée.

laryngotyphoid or **laryngotyphus**, s. : laryngotyphoïde, laryngotyphus (fièvre typhoïde compliquée d'ulcérations du larynx).

laryngoxerosis, s. : sécheresse du larynx.

larynx, s. : larynx.

lascivia, s. : 1. satyrisme; 2. nymphomanie.

lascivious, adj. : lascif, lubrique.

Lasègue's law : lésions superficielles ou troubles fonctionnels simples d'un organe accroissant les réflexes, tandis que les lésions organiques les suppriment; **- sign** : 1. syndrome de Lasègue (hystérie); 2. signe de Lasègue (symptôme de la névralgie sciatique); **- type of persecution mania** : maladie de Lasègue, délire de persécution à évolution systématique, délire chronique à évolution systématique, psychose systématique progressive.

laser, s. : laser (Light Amplification by Stimulated Emission of Radiation).

lash, s. : 1. cil (pour eyelash); 2. flagelle.

lassitude, s. (fr.) : lassitude.

lata or **latah**, s. : mode d'hystérie type chorée saltatoire répandue à Java.

latency, s. : état latent, latence.

latent, adj. : latent, caché, secret, qui couve; **- heat** : chaleur latente; **- period** : période latente (1. incubation d'une maladie; 2. période s'écoulant entre l'incitation motrice et le phénomène en découlant).

laterad, adv. : orienté vers le côté.

laterality, s. : latéralité (tendance à employer les organes d'un côté de préférence à un autre).

lateralization, s. : latéralisation.

lateralized, adj. : latéralisé.

lateri cumbent, adj. : couché sur le côté.

laterigrade, s., adj. : latérigrade.

lateritious or **latericeous**, adj. : ayant l'aspect de la latérite, de la poussière de brique.

latero- : latéro-, préfixe signifiant d'un côté. latéral.

lateroduction, s. : mouvement latéral de l'œil.

lateroflexion, s. : latéroflexion.

lateroposition, s. : latéroposition (déplacement en totalité d'un côté).

lateropulsion, s. : latéropulsion (difficulté que les parkinsoniens éprouvent à reprendre leur équilibre lorsqu'on les a tirés de côté).

lateroversion, s. : latéroversion.

latex, s., plur. **latices** (lat.) : latex.

Latham's circle : si l'on prend pour centre d'un cercle (rayon 2,54 cm) le point intermédiaire

entre le mamelon gauche et l'extrémité inférieure du sternum, ce cercle représente la zone de matité péricardique.

lathyrism, s. : lathyrisme (intoxication provoquée par l'ingestion d'aliments contenant de la farine de gesse).

LATS (Long Acting Thyroid Stimuline) : LATS, hormone thyréostimulante.

lattice, s. : grille, réticulum; **- work of the thalamus** : formation réticulaire du thalamus.

latus, s., plur. **latera** (lat.) : côté, flanc.

laudable, adj. : louable; **- pus** : pus louable.

laudanum, s. : laudanum; **containing -** : laudanisé.

laugh, s. : rire; v. : rire; **canine** or **sardonic -** : rire cynique, rire sardonique (tétanos).

laughing, s. : rires; adj. : riant, rieur; **- gas** : gaz hilarant, protoxyde d'azote.

laughter, s. : rires; **to cause -** : provoquer l'hilarité.

Laugier's hernia : hernie de Laugier (hernie crurale caractérisée par l'issue de l'intestin à travers le ligament de Gimbernat); **- sign** : signe de Laugier (fracture de l'extrémité inférieure du radius).

laurel, s. : laurier; **- water** : eau de laurier-cerise; **- wax** : cire de myrica.

Laurence-Moon-Biedl syndrome : syndrome de Laurence Moon-Biedl.

lavage, s. (fr.) : lavage; **gastric -** : lavage d'estomac.

lavamentum, s. : injection.

lavement, s. (fr.) : lavement.

Laveran's crescent : croissant de Plasmodium falciparum (fièvre paludéenne tropicale); **- plasmodium** : hématozoaire de Laveran, parasite du paludisme.

lavipedium, s. : pédiluve, bain de pieds.

law, s. : loi, principe.

lax, adj. : lâche, relâché, mou, flasque.

laxarthrus, s. : luxation articulaire.

laxative, s., adj. : laxatif.

laxator, adj. : qui relâche; **- tympani** : muscle acoustico-malléen.

laxitas, s. : laxité, relâchement; **- alvi** or **intestinorum** : diarrhée; **- gingivarum** : gencives caverneuses; **- ventriculi** : atonie gastrique.

laxity, s. : laxité, flaccidité, mollesse, relâchement.

layer, s. : couche; **bacillar** or **bacillary -** : couche des cônes et des bâtonnets de la rétine; **cellular -** : couche endothéliale vasculaire; **cortical -** : écorce grise, couche corticale grise; **ganglionic -** : couche des cellules ganglionnaires (encéphale); **germ -** : feuillet embryonnaire; **horny -** : couche cornée (de la peau); **osteoblastic** or **osteogenetic -** : couche ostéoblastique (os); **rod -** : pourpre rétinien; **- of rods and cones** : couche des cônes et bâtonnets de la rétine; **serous -** : endocarde; **Waldeyer's -** : couche vasculaire de l'ovaire.

lazar, s. : 1. malade indigent; 2. lépreux; - **house** : hôpital de lépreux, léproserie, maladrerie.

lazaretto, s. : 1. cf., **lazar-house**; 2. lazaret (de quarantaine).

L-Dopa, s. : L-Dopa (pharm.).

leaching, s. : 1. filtration; 2. lessivage, lixiviation.

lead, s. : plomb; - **colic** : colique de plomb, saturnine; - **line** : liséré plombique, liséré de Burton; - **palsy** : paralysie saturnine; - **poisoning** : intoxication par le plomb, intoxication saturnine, saturnisme; **white -** : céruse; **yellow -** : massicot, protoxyde de plomb.

lead, s. : dérivation précordiale (circuit d'enregistrement sur l'électrocardiographe).

leader, s. : meneur, entraîneur.

leaf, s. : feuille; - **drop streak** : cf., **acropetal necrosis**; - **green** : chlorophylle; - **roll** : maladie de l'enroulement (virose de la pomme de terre provoquée par Corium solani [bot.]).

leaping, s. : saut, action de sauter; - **ague** : chorée saltatoire; adj. : sautillant, bondissant, capricant.

leathery, adj. : qui ressemble au cuir, coriace.

Leber's disease : maladie de Leber, atrophie optique bilatérale héréditaire.

Lecat's gulf : cul-de-sac bulbaire.

LE cells : cellules LE, du lupus érythémateux; - **factor** : facteur LE.

lechopyra, s. : fièvre puerpérale.

lecithinase, s. : lécithinase.

lecithin, s. : lécithine.

lecithoid, adj. : ressemblant à la lécithine.

lecithymen, s. : membrane vitelline.

lectual, adj. : alité, se rapportant au lit; - **disease** : maladie nécessitant l'alitement.

LD$_{50}$: abréviation pour : **Lethal Dose 50 p. 100** (dose mortelle pour 50 p. 100 des individus considérés), DL$_{50}$.

lectulum, s. (lat.) : matrice de l'ongle.

Lederer's anaemia or **anemia** : anémie aiguë de Lederer, anémie hémolytique aiguë.

Lee's ganglion : ganglion hypogastrique, ganglion de Lee, ganglion de Frankenhauser.

leech, s. : 1. sangsue; 2. médecin (terme péjoratif); **artificial -** : ventouse; **horse -** : vétérinaire (péjoratif).

leeches, s. : mycose affectant les mulets et le bétail (vétér.).

left, adj. : gauche; - **handed** : gaucher; - **handedness** : habitude de se servir de la main gauche; - **hander** : gaucher.

leg, s. : jambe (homme, cheval), patte (chien, oiseau, etc.); **badger -** : inégalité de longueur des jambes; **baker's -** : genu valgum, genou cagneux; **bandy -** or **bow -** : genu varum, jambe arquée; **Barbadoes -** : éléphantiasis; **bayonet -** : déplacement rétrograde des os de la jambe; **black -** : charbon; - **iron** : attelle en fer; **milk -** :

phlegmatia alba dolens, œdème blanc douloureux; **restless -** : syndrome des jambes sans repos; **scissor -** or **X -** : croisement des axes des jambes.

legal, adj. : légal; - **medicine** : médecine légale.

Legal's disease : céphalalgie pharyngo-tympanique; - **test for acetone in urine** : réaction de Legal (présence de l'acétone dans l'urine).

Legg-Calvé-Perthes disease : maladie de Legg, maladie de Legg-Perthes-Calvé, coxa-plana, arthrite déformante juvénile.

legitimacy, s. : légitimité.

legless, adj. : sans jambes; - **cripple** : cul-de-jatte.

leiasthenia, s. : liasthénie.

Leiner's disease : maladie de Leiner-Moussus, érythrodermie desquamative des nourrissons.

leiocephalous, adj. : à tête lisse.

leiodermatous, adj. : à peau lisse.

leiodermia, s. : dermatose caractérisée par un aspect lisse anormal de la peau et de l'atrophie.

leiomyofibrome, s. : léïomyofibrome.

leiomyoma, s. : liomyome, léïomyome.

leiotrichous or **liotrichous,** adj. : à cheveux lisses.

leiphemia, s. : appauvrissement du sang, déficience de sang, corruption du sang.

leipodermia, s. : déficience de la peau.

leipopsychia, s. : évanouissement, faiblesse, asphyxie.

leipothymia, s. : lipothymie, évanouissement, syncope.

leipothymic, adj. : évanoui, atteint de, se rapportant à un évanouissement, une syncope.

leipyria, s. : refroidissement des extrémités pendant une forte température.

lema, s. : chassie.

Lembert's suture : mode de suture intestinale.

lememia, s. : 1. présence du bacille de la peste dans le sang; 2. peste septicémique.

lemic, adj. : pestueux, épidémique.

lemma, s., plur. **lemmata** (gr.) : nom générique pour une membrane servant de limite ou de gaine (employé généralement en composition).

lemniscus, s. (lat.) : 1. faisceau, filet, ruban; 2. ruban de Reil, lemniscus médian.

lemnoblast cell : lemnoblaste, cellule primitive du périnèvre.

lemnocyte, s. : lemnocyte.

lemoparalysis, s. : paralysie de l'œsophage.

lemostenosis, s. : rétrécissement de l'œsophage ou du pharynx.

leniceps, s. : leniceps (forceps).

lenient, s., adj. : émollient, lénitif.

lenitis, s. : gastrite phlegmoneuse.

lenitive, s., adj. : lénitif, émollient, adoucissant.

lens, *s. (lat.)* : lentille, loupe, objectif *(phot., micr.)*; verre *(ophtal.)*; **biconvex, convergent, positive -** : lentille convergente; **biconcave, dispersing, negative -** : lentille divergente; **- cap** : bouchon d'objectif; **contact -** : verres de contact; **cylindrical -** : lentille cylindrique; **diffused - focus -** : objectif anachromatique; **- in focusing mount** : porte-objectif; **- paper** : papier de soie spécial pour nettoyage des lentilles; **- shaped** : lenticulé, lenticulaire, lentiforme; **- shutter** : obturateur d'objectif; **wide-angle -** : objectif grand angulaire; 2. cristallin (de l'œil); **crystalline -** : cristallin.

lenticel, *s.* : 1. glande ciliaire; 2. papille foliée (langue).

lenticula, *s.* : 1. noyau lenticulaire (télencéphale); 2. tache de rousseur.

lenticular, *adj.* : 1. lenticulaire, lentiforme; 2. se rapportant au cristallin; 3. se rapportant au noyau lenticulaire; **- arteries** : artères lenticulo-striées et artères lenticulo-optiques; **- ganglion** : ganglion ophtalmique; **- nucleus** : noyau lenticulaire.

lenticulate, *adj.* : lenticulé.

lenticulo-optic, *adj.* : lenticulo-optique.

lentiform, *adj.* : lentiforme.

lentiginose *or* **lentiginous,** *adj.* : lentigineux, affecté de lentigo.

lentiginosis, *s.* : lentiginose.

lentigo, *s., plur.* **lentigines** *(lat.)* : lentigo-éphélide, grain de beauté, tache de rousseur.

lenus, *s.* : pressoir d'Hérophile.

leontiasis, *s.* : léontiasis (hypertrophie de la face lui donnant un aspect léonin); **- ossea** : leontiasis ossea.

leper, *s.* : lépreux; **- hospital** : léproserie; **- house,** *cf.* : **lazar-house.**

lepidic, *adj.* : se dit des membranes limitantes caractérisées par l'absence de stroma intercellulaire.

lepidine, *adj.* : squameux.

lepido- : lépido-, préfixe dénotant un aspect écailleux, squameux.

lepidoma, *s.* : tumeur ayant une membrane pour point de départ, endothéliome.

lepidoid, *adj.* : squameux, écailleux.

lepidoptera, *s.* : lépidoptères.

lepidosarcome, *s.* : forme de sarcome buccal caractérisé par son aspect squameux.

lepidosis, *s.* : éruption écailleuse.

lepothrix, *s.* : lépothrix, trichomycose noueuse.

lepra, *s., plur.* **leprae** *(lat.)* : lèpre; **- anaesthetica** : lèpre anesthésique; **- asturiensis** : pellagre; **- maculose** : lèpre maculeuse ou tachetée; **- mutilans** : lèpre mutilante; **- tuberculosa** : lèpre tuberculeuse *ou* tubéreuse.

leprelcosis, *s.* : ulcération lépreuse.

lepriasis, *s.* : maladie caractérisée par une desquamation, lèpre, psoriasis.

lepride, *s.* : lépride, manifestation cutanée de la lèpre.

leprolin, *s.* : léproline (substance extraite du bacille de Hansen).

leprologist, *s.* : léprologue, médecin spécialisé dans le traitement de la lèpre.

leprology, *s.* : étude de la lèpre.

leproma, *s.* : léprome (tumeur nodulaire du derme des sujets atteints de lèpre à forme tuberculeuse).

lepromatous, *adj.* : lépromateux.

lepromin, *s.* : lépromine.

leprophobia, *s.* : peur morbide de la lèpre.

leprophthalmia, *s.* : ophtalmie à caractère lépreux.

leprosarium, *s. (lat.)* : léproserie.

leprosery, *s.* : léproserie.

leprosis, *s.* : lèpre.

leprosy, *s.* : lèpre.

leprotic *or* **leprous,** *adj.* : lépreux.

lepthymenia, *s.* : finesse d'une membrane.

lepto- : lepto-, préfixe signifiant mince.

leptocephalia, *s.* : petitesse anormale du crâne, microcéphalie.

leptocephalic *or* **leptocephalous,** *adj.* : à tête anormalement petite, microcéphale, leptocéphale.

leptocephalus, *s.* : leptocéphale (microcéphale par soudure de l'os frontal et du sphénoïde).

leptochroa, *s.* : finesse de la peau.

leptochymia, *s.* : anomalie des fluides du corps (trop liquides ou en trop faible quantité).

leptocyte, *s.* : leptocyte.

leptocytosis, *s.* : leptocytose : *cf.,* **Cooley's anemia.**

leptodactylous, *adj.* : leptodactyle.

leptodermic *or* **leptodermous,** *adj.* : à peau fine.

leptodontous, *adj.* : à dents fines.

leptomeningioma, *s.* : tumeur de la leptoméninge.

leptoméningitis, *s.* : leptoméningite (inflammation de la leptoméninge), piemérite.

leptomeninx, *s., plur.* **leptomeninges** *(gr.)* : leptoméninge (pie-mère et arachnoïde).

leptopellic, *adj.* : à bassin étroit.

leptophonia, *s.* : délicatesse, douceur, faiblesse de la voix.

leptophonic, *adj.* : de voix faible.

leptoprosope, *s.* : individu leptoprosope, à face allongée.

leptoprosopia, *s.* : allongement de la figure.

leptoprosopic *or* **leptoprosopous,** *adj.* : leptoprosope, à face allongée.

leptorhine, *adj.* : leptorhinien (à faible indice nasal).

leptosomatic *or* **leptosome,** *adj.* : leptosome.

Leptospira, *s.* : *Leptospira*, leptospire (spirochète); **- icterohemorrhagiae** : leptospire de l'ictère infectieux hémorragique.

leptospirosis, *s.* : leptospirose.

leptotrichia, *s.* : finesse anormale du cheveu.

leptotrichosis, *s.* : leptotrichose.

lesbianisme, *s.* : saphisme, tribadisme (homosexualité féminine).

Lesch-Nyhan syndrome : syndrome de Lesch-Nyhan.

lesion, *s.* : lésion; **local -** : nécroses apparaissant sur les feuilles inoculées; le virus ne s'épandant pas, on peut considérer ces nécroses comme des taches d'hypersensibilité.

Lesser's triangle : triangle de Pirogoff.

lethal, *adj.* : létal, mortel; **- dose** : dose mortelle; **- LD$_{50}$** : DL$_{50}$ (dose entraînant la mort de la moitié des animaux).

lethality, *s.* : létalité, mortalité.

lethargic, *adj.* : léthargique.

lethargogenic, *adj.* : produisant la léthargie.

lethargus, *s.* : maladie du sommeil.

lethargy, *s.* : léthargie; **African -** : léthargie d'Afrique, maladie du sommeil.

lethe, *s.* : amnésie.

letheon, *s.* : éther anesthésique.

lethiferous, *adj.* : soporifique, mortel.

Letterer-Siwe's disease : maladie de Letterer-Siwe, réticulo-endothéliose.

leucaethiopia, *s.* : albinisme chez un nègre.

leucaethiops, *s.* : nègre albinos.

leucic, *adj.* : leucique.

leucin, *s.* : leucine.

leucinosis, *s.* : 1. excès de leucine dans un organe; 2. atrophie jaune aiguë du foie.

leucinuria, *s.* : présence de leucine dans l'urine.

leucism *or* **leucismus,** *s.* : blancheur par décoloration, albinisme.

leucitis, *s.* : *cf.*, **scleritis.**

leuco- : leuco-, préfixe signifiant blanc (*cf.* aussi leuko-).

leucotomy, *s.* : leucotomie.

leukanemia, *s.* : leucanémie (état pathologique caractérisé par les signes hématologiques d'une anémie aiguë à allure pernicieuse et ceux d'une leucémie).

leukangeitis, *s.* : lymphangite.

leukasmus, *s.* : *cf.*, **leukodermia; congenital -** : albinisme.

leukemia *or* **leukaemia,** *s.* : leucémie, leucocythémie; **acute -** : leucémie aiguë; **- cutis** *or* **- of the skin** : leucémide; **fowl -** : leucémie aviaire; **lymphatic -** : leucémie lymphatique *ou* lymphoïde; **medullary, myelogenous, osseous** *or* **polymorphocyte -** : leucémie myélogène *ou* myéloïde.

leukemic, *s., adj.* : leucémique.

leukemoid, *adj.* : d'aspect leucémique, mais dû à des conditions hématopoïétiques modifiées.

leukoagglutinin, *s.* : leucoagglutinine (agglutinine pour les leucocytes).

leukoblast, *s.* : leucoblaste, cellule indifférenciée.

leukoblastic, *adj.* : leucoblastique.

leukoblastosis, *s.* : leucoblastose, leucémie aiguë.

leukocidin, *s.* : leucocidine, leucocytolysine.

leukocrystallin, *s.* : cristaux du sang des leucémiques.

leukocytal, *adj.* : leucocytaire.

leukocyte, *s.* : leucocyte, globule blanc.

leucocythemia, *s.* : leucocythémie, leucémie.

leukocythemic, *adj.* : leucémique.

leukocytic, *adj.* : leucocytaire.

leukocytoblast, *s.* : leucocytoblaste.

leukocytogenesis *or* **leukopoiesis,** *s.* : leucocytogenèse, leucogénie.

leukocytoid, *adj.* : ressemblant à un leucocyte.

leukocytolysin, *s.* : leucocytolysine, leucocitidine.

leukocytoma, *s.* : masse d'aspect tumoral formée de leucocytes.

leukocytometer, *s.* : tube capillaire pour leucocytométrie, numération des globules blancs.

leukocytopenia, *s.* : *cf.*, **leukopenia.**

leukocytoplasia, *s.* : passage des leucocytes à travers une membrane, diapédèse.

leukocytosis, *s.* : leucocytose (augmentation du nombre des globules blancs).

leucocytotaxis, *s.* : *cf.*, **leukotaxis.**

leukocytotherapy, *s.* : leucocytothérapie (emploi thérapeutique des leucocytes).

leukocytotic, *adj.* : se rapportant à la leucocytose.

leukocytozoa, *s.* : infusoires parasites des globules blancs (*parasit.*).

leukocyturia, *s.* : leucocyturie.

leukodermia, *s.* : leukodermie (variété d'achromie); **acquired -** : vitiligo.

leukodermic, *adj.* : atteint de, se rapportant à la leucodermie.

leukodiagnosis, *s.* : diagnostic par examen des leucocytes (leucémie).

leukodontous, *adj.* : à dents blanches.

leukodystrophy, *s.* : leukodystrophie.

leukoencephalitis, *s.* : leuco-encéphalite.

leukogenics, *s.* : substances leucogènes (qui provoquent la formation de globules blancs).

leukogram, *s.* : leucogramme, formule leucocytaire du sang.

leukokeratosis, *s.* : leucokératose, leucoplasie.

leucolysin, *s.* : leucolysine.

leukoma, *s.* : leucome, taie.

leukomaine, *s.* : leucomaïne.

leukomatoid, *adj.* : *cf.*, **leukomatous.**

leukomatorrhea, *s.* : hypersécrétion blanchâtre; **- salivalis** : salivation; **- urinalis** : albuminurie; **- vaginalis** : leucorrhée.

leukomatosis, *s.* : 1. leucomatose, dégénérescence amyloïde; 2. excès d'albumine dans un organe.

leukomatous, *adj.* : leucomateux.

leukomonocyte, *s.* : lymphocyte, monocyte.

leukomyelitis, *s.* : leucomyélite (inflammation des cordons blancs de la moelle épinière).

leukomyelopathy, *s.* : leuconévraxite (maladie du système nerveux central, dont les lésions sont localisées à la substance blanche).

leukonecrosis, *s.* : forme de gangrène sèche.

leukonychia, *s.* : leuconychie (décoloration partielle ou totale de l'ongle).

leukopathic, *adj.* : se rapportant à, atteint de leucopathie.

leukopathia *or* **leucopathy,** *s.* : leucopathie.

leukopedesis, *s.* : leucopédèse, diapédèse leucocytaire.

leukopenia, *s.* : leucopénie, aleucie, hypoleucie, hypoleucocytose; **malignant -** : agranulocytose.

leucophlegmasia, *s.* : 1. état caractérisé par une tendance à l'hydropisie avec peau flasque et pâle et œdème généralisé; 2. phlegmatia alba dolens, œdème blanc douloureux.

leukophthalmous, *adj.* : à yeux anormalement blancs.

leukoplakia, *s.* : leucoplasie, leucokératose.

leukoplania, *s.* : migration leucocytaire, diapédèse leucocytaire.

leukoplasia, *s.* : *cf.,* **leukoplakia.**

leukoplast *or* **leukoplastid,** *s.* : leucoplaste.

leukopoiesis, *s.* : leucopoïèse (formation des globules blancs).

leukoprophylaxis, *s.* : leucoprophylaxie, leucothérapie préventive.

leukopsin, *s.* : blanc visuel produit par la rhodopsine sous l'action de la lumière.

leukoprecipitin, *s.* : leucoprécipitine.

leukorrhagia, *s.* : leucorragie (hémorragie chez les malades atteints de lymphadénie leucémique).

leukorrhea, *s.* : leucorrhée.

leukorrheal, *adj.* : leucorrhéique.

leukosarcoma, *s.* : leucosarcome.

leukosis, *s.* : leucose, état leucémique; **fowl -** : leucémie *ou* leucose aviaire.

leukotaxis, *s.* : cytotropisme leucocytaire.

leukotherapy, *s.* : leucothérapie.

leukotoxic, *adj.* : leucotoxique.

leukotoxicity, *s.* : leucotoxicité.

leukotoxin, *s.* : leucotoxine.

leukotrichia, *s.* : leucotrichie, canitie.

leukotrichous, *adj.* : à cheveux blancs.

leukous, *adj.* : blanc.

leukuresis, *s.* : albuminurie.

levator, *s.* : *cf.,* **musculus.**

level, *s.* : niveau.

lever, *s.* : levier.

levicellular, *adj.* : à cellule lisse.

levigable, *adj.* : susceptible d'être pulvérisé, d'être délayé.

levigate, *s.* : léviger, réduire en poudre, délayer.

levigation, *s.* : lévigation, porphyrisation.

levitation, *s.* : lévitation.

levity, *s.* : légèreté.

levocardia, *s.* : lévocardie.

levocardiogram, *s.* : lévogramme (électrocardiogramme traduisant la prépondérance du ventricule gauche).

levoduction, *s.* : mouvement de l'œil vers la gauche.

levogyrate, *adj.* : lévogyre.

levophoria, *s.* : déplacement des lignes visuelles sur la gauche.

levorotation, *s.* : lévorotation.

levorotatory, *s.* : lévogyre.

levotorsion *or* **levoversion,** *s.* : torsion vers la gauche.

Levret's forceps, - law : forceps de Levret, loi de Levret.

levulose, *s.* : lévulose.

levulosemia, *s.* : lévulosémie (présence de lévulose dans le sang).

levulosuria, *s.* : lévulosurie.

levuride, *s.* : lévurides (groupe de réactions cutanées allant de l'eczéma au psoriasis).

Lewy bodies : corps de Lewy *(histol.).*

Leyden jar : bouteille de Leyde *(électr.).*

Leyden's ataxia : pseudo-tabès; **- cells** : cellules des cornes antérieures de la moelle dans la poliomyélite; **- crystals** : cristaux de Charcot-Leyden, cristaux asthmatiques; **- neuritis** : forme de névrite à infiltrations graisseuses; **- sign** : signe de Leyden (signe d'abcès sous-phrénique à évolution thoracique).

Leyden-Moebius' type of progressive muscular atrophy : atrophie musculaire type Leyden-Mœbius.

Leydig's cells : cellules interstitielles du testicule; **- duct** : canal de Wolff.

L forms : formes L *(bactér.).*

L.H. : abréviation pour : luteinic hormone, prolan B.

liberation, *s.* : 1. libération; 2. mise en liberté, dégagement *(phys., chim.)* ; **- of the arms** : dégagement des bras (dans la présentation par le siège).

libidinous, *adj.* : libidineux, lascif, lubrique.

libido, *s.* : libido, désir sexuel.

Libman-Sachs' disease *or* **syndrome** : syndrome de Libman-Sachs (maladie mortelle frappant les femmes jeunes, caractérisée par fièvre, arthralgie, lupus érythémateux aigu disséminé, pétéchies et manifestations viscérales).

lichen, *s.* : lichen; **- acuminatus** : variété de lichen rouge; **- agrius** : forme d'eczéma grave; **- disseminatus** : forme de lichen à lésions disséminées; **- nitidus** : lichen nitidus; **- pilaris** : lichen pilaire, kératose pilaire; **- planus** : lichen plan, lichen ruberplanus, lichen de Wilson; **- ruber** : variété de lichen à plaques rouges; **- scrofulosus** : lichen scrofulosorum; **- strophulosus** : strophulosus; **- tropicus** : lichen tropicus, bourbouille, eczéma aigu; disséminé, gale bédouine, impétigo miliaire, miliaire rouge; **- verrucosus** : lichen verruqueux.

licheniasis, *s.* : 1. formation du lichen; 2. état du malade atteint de lichen; **- strophulus** : strophulus.

lichenification, *s.* : lichénification.

lichenization, *s.* : développement des lésions du lichen.

lichenoid, *adj.* : ressemblant au lichen.

lichenous, *adj.* : lichéneux.

Lichtheim's disease : aphasie sous-corticale; **- sign** : signe de Lichtheim (aphasie sous-corticale); **- syndrome** : syndrome de Lichtheim, syndrome neuro-anémique (maladie de Biermer et troubles nerveux d'origine médullaire).

Lieben's test : réaction de Lieben (réaction révélant la présence d'acétone dans l'urine).

Lieberkühn's crypts or **glands** : glandes de Lieberkühn (muqueuse intestinale).

lien, *s. (lat.)* : rate; **- accesorius** : rate surnuméraire.

lienal, *adj.* : liénal, splénique.

lienenculus, *s.* : rate surnuméraire.

lienic, *adj.* : liénique, splénique.

lienitis, *s.* : splénite (inflammation de la rate).

lienocele, *s.* : hernie d'une partie ou de la totalité de la rate.

lienomalacia, *s.* : ramollissement morbide de la rate.

lienomedullary or **lienomyelogenous,** *adj.* : dérivant de la rate et de la moelle osseuse.

lienomalacia, *s.* : ramollissement de la rate et de la moelle osseuse.

lienotoxin, *s.* : cytotoxine ayant une action spécifique sur les cellules de la rate.

lienteric, *adj.* : lientérique.

lientery, *s.* : lienteris (diarrhée dont les selles sont formées d'aliments incomplètement digérés).

Lieutaud's sinus : sinus droit (ligne d'union de la faux du cerveau et de la tente du cercelet); **- triangle** : trigone de Lieutaud (orifices urétraux).

life, *s.* : vie; **animal -** : vie animale; **antenatal -** : vie fœtale; **change of -** : ménopause; **embryonic -** : vie embryonnaire; **expectation of -** : durée moyenne probable de la vie; **- giving** : vivifiant, animateur, fécondant; **- jacket** : gilet de sauvetage.

lifeless, *adj.* : sans vie (1. mort; 2. sans vigueur; 3. inanimé, froid).

lifting, *s.* : remodelage, regalbage (du visage, des seins [*chir. esth.*]).

ligament, *s.* : ligament; *cf.*, **ligamentum.**

ligamental or **ligamentary,** *adj.* ligamenteux.

ligamentopexis or **ligamentopexy,** *s.* : ligamentopexie (1. opération d'Alquié-Alexander, ligamentopexie extra-abdominale; 2. opération de Beck-Doléris, ligamentopexie intra-abdominale).

ligamentous, *adj.* : ligamenteux.

ligamentum, *s., plur.* **ligamenta** *(lat.)* : ligament; **- annulare radii** : ligament annulaire du radius; **- cardinal** : ligaments cardinaux; **- cruciata** or **decussata** : ligaments croisés; **- flava** or **interarcualia** : ligaments jaunes; **- ileofemorale** : ligament de Bertin; **- inguinale** : arcade crurale, ligament de Poupart; **- lacunare** : ligament de Gimbernat; **- latum uteri** : ligament large de l'utérus; **- nuchae** : ligament de la nuque, ligament cervical postérieur; **- patellae** : ligament de la rotule; **- poupartii** : *cf.*, **- inguinale**; **- sacrospinosum** or **sacrospinale** : petit ligament sciatique; **- sacrotuberosum** or **sacrotuberale** : grand ligament sciatique; **- stylomandibulare** : ligament stylomaxillaire; **- teres femoris** or **capitis femoris** : ligament rond ou intra-articulaire; **- teres hepatis** : ligament falciforme; **- teres uteri** : ligament rond de l'utérus; **- ventriculare** : corde vocale supérieure; **- vocale** : corde vocale inférieure.

ligase, *s.* : ligase (toute enzyme capable de réunir les cassures d'un brin de DNA d'une double hélice).

ligate, *v.* : ligaturer.

ligation, *s.* : ligature (action de ligaturer).

ligature, *s.* : ligature (1. nœud qui enserre un vaisseau pour arrêter le cours du sang; 2. fil qui sert à lier; 3. action de ligaturer); *v.* : ligaturer.

light, *s.* : lumière; **- bath** : bain photopique, bain de lumière; **- cure** : photothérapie; **- filter** : écran achromatique *(phot.)*; **Finsen -** : rayons lumineux chimiques employés en finsenthérapie; **fluorescent -** : lumière fluorescente; **- source** : source lumineuse *(opt.)*; **- treatment** : actinothérapie, chromothérapie.

lightning, *s.* : éclair, foudre; **- apoplexy** : apoplexie foudroyante; **- pains** : douleurs fulgurantes (ataxie locomotrice).

lign-aloes, *s.* : aloès *(pharm.)*.

ligneous, *adj.* : ligneux, qui a la consistance du bois.

Lignières' test : cuti-réaction *(vétér.)*.

lignification, *s.* : lignification.

lignum, *s. (lat.)* : bois; **- vitae** : bois de gaïac.

ligula, *s. (lat.)* : 1. ligule (quatrième ventricule); 2. petit organe en forme de langue.

ligule, *s.* : *cf.*, **ligula.**

limatura, *s.* : limaille; **- chalybis** or **ferri** : limaille de fer.

limb, *s.* : 1. membre; 2. structure allongée; **pelvic -** : jambe; **thoracic -** : bras.

limbic, *adj.* : limbique, marginal; **- lobe** : lobe limbique (du cerveau).

limbus, *s. (lat.)* : bord, bordure; **- corneae** : limbe sclérocornéen; **- laminus spiralis** : limaçon membraneux; **- sphenoidalis** : limbus sphenoidalis (sphénoïde).

limen insulae : pli falciforme, lobe de l'insula.

limit, *s.* : limite; **confidence -** : marge de certitude; **- dextrinosis** : dextrinose limite.

limiting, *adj.* : limite; **external - membrane** : couche externe de la rétine ; **internal - membrane** : couche interne de la rétine.

limitrophes, *s.* : ganglions sympathiques et leurs ramifications.

limoctonia, *s.* : mort par inanition; suicide par inanition.

limophoitos *or* **limophoitosis**, *s.* : démence par faim ou sous-alimentation.

limophthisis, *s.* : dépérissement par manque de nourriture.

limopsora, *s.* : forme de gale ou de prurit due à la sous-alimentation.

limopsorus, *s.* : maladie due à la sous-alimentation.

limosis, *s.* : 1. boulimie; 2. maladie caractérisée par un appétit dépravé.

limotherapy, *s.* : thérapeutique par diète partielle ou totale (traitement de l'anévrisme).

limp, *s.* : claudication, boitement; **to walk with a -** : boiter; *v.* : boiter, claudiquer.

limping, *s.* : claudication; **intermittent -** : claudication intermittente ischémique; *adj.* : boiteux.

lincture *or* **linctus**, *s.* : électuaire.

line, *s.* : ligne.

linea, *s.*, *plur.* **lineae** *(lat.)* : ligne; **- alba** : ligne blanche (de l'abdomen); **- arcuata** : ligne innominée (de l'os iliaque); **- aspera** : ligne âpre (du fémur); **- glutaea** : ligne semi-circulaire de la fosse iliaque externe; **- mylohyoidea** : ligne maxillaire interne; **- obliqua mandibulae** : ligne maxillaire externe; **- poplitea** : ligne oblique (du tibia); **- semi-circularis** : pli semi-lunaire de Douglas; **- semi-circularis ossis occipitalis** : ligne courbe occipitale.

lineage, *s.* : lignée, lignage, descendance, race.

lineal, *adj.* : linéal, en ligne directe; **- (descendant)** : descendant en ligne directe.

lineament, *s.* : linéature, galbe, trait, linéament.

linear, *adj.* : linéaire.

Ling's system *or* **lingism** : kinésithérapie.

lingua, *s.*, *plur.* **linguae** *(lat.)* : langue; **- exigua** : épiglotte; **- frenata** : ankyloglosse; **- geographica** : langue géographique, glossite exfoliatrice marginée; **- nigra** : langue noire, glossophytie.

lingual, *adj.* : lingual; **- artery** : artère linguale; **- bone** : os hyoïde; **- delirium** : forme de délire caractérisé par l'énoncé de paroles dénuées de sens; **- lobule** : lobule lingual (circonvolution subcalcarine); **- tonsil** : amygdale linguale.

Linguatula, *s.* : *Linguatule*, pentastome (parasite de la classe des Arachnides).

linguiform, *adj.* : linguiforme.

lingula, *s. (lat.)* : lingula (cervelet); **- auriculae** : épine de l'hélix; **- mandibularis** : épine de Spix, lingula mandibulae; **- sphenoidalis** : lingula (sphénoïde).

lingulate, *adj.* : lingulaire, lingulé.

liniment *or* **linimentum**, *s.* : liniment (topique onctueux).

linin, *s.* : linine (réseau de petits filaments réunissant les côtés du noyau de la cellule).

linitis, *s.* : linite (inflammation du tissu conjonctif de l'estomac); **- plastica** : linite plastique (lésion de l'estomac, type carcinome à stroma scléreux surabondant).

link, *s.* : liaison *(chim.)*.

linkage, *s.* : liaison *(chim.* et *génét.)*; **- map** : carte des gènes.

linking, *s.* : liaison *(chim.)*.

linseed, *s.* : graine de lin; **- meal** : farine de lin; **- oil** : huile de lin; **- poultice** : cataplasme de farine de lin.

lint, *s.* : charpie; **boracic -** : boriqué; **patent -** : charpie anglaise; lin, tissu, charpie.

linum, *s. (lat.)* : graine de lin.

lioderma, *s.* : anomalie de la peau caractérisée par un aspect lisse et satiné.

liomyofibroma, *s.* : tumeur présentant les caractéristiques du léïomyome et du fibrome (utérus).

liomyoma, *s.* : léïomyome (tumeur formée de tissu musculaire lisse).

liomyosarcoma, *s.* : tumeur présentant les caractéristiques du léïomyome (tissu musculaire lisse) et du sarcome (tissu conjonctif).

Lioville's icterus : ictère du nouveau-né.

lip, *s.* : lèvre; **cleft -** *or* **hare -** : 1. bec-de-lièvre; 2. repli de la vulve; 3. bord d'une plaie.

lipacidaemia *or* **lipacidemia**, *s.* : présence d'acides gras dans le sang.

lipaciduria, *s.* : présence d'acides gras dans l'urine.

lipaemia, *s.* : *cf.*, **lipemia**.

lipazia, *s.* : obésité.

liparocele, *s.* : lipocele, tumeur graisseuse (hernie graisseuse).

liparoid, *adj.* : ressemblant à la graisse.

liparomphalus, *s.* : lipome de l'ombilic ou du cordon ombilical.

liparoscirrhus, *s.* : squirre graisseux.

liparotrichia, *s.* : état anormalement gras des cheveux.

liparous, *adj.* : gras, obèse.

lipase, *s.* : lipase, enzyme lipolytique.

lipasuria, *s.* : présence de lipase dans l'urine.

lipectomy, *s.* : lipectomie (ablation de tissu graisseux).

lipemia, *s.* : lipémie, lipidémie, lipoïdémie (présence anormale de lipides dans le sang).

lipide, *s.* : lipide.

lipiodol, s. : lipiodol (pharm.).

lipo- : lipo-, préfixe signifiant gras ou graisseux.

lipo-arthritis, s. : lipo-arthrite.

lipocaic hormone : hormone lipocaïque (hormone sécrétée par les cellules A des îlots de Langerhans, intervenant dans le métabolisme lipidique).

lipocele, s. : lipocèle.

lipocere, s. : adipocire, gras de cadavre.

lipochondroma, s. : lipochondrome.

lipochrome, s. : lipochrome (pigment).

lipoclastic, adj. : désintégrant les graisses.

lipocyte, s. : cellule graisseuse.

lipodieresis, s. : lipodiérèse (destruction métabolique des graisses).

lipodystrophy, s. : lipodystrophie (dystrophie localisée du tissu sous-cutané par altération des cellules graisseuses); **intestinal -** : lipodystrophie intestinale (affection caractérisée anatomiquement par des dépôts de graisse et d'acides gras dans les tissus lymphatiques et anatomiquement par des arthralgies, de la diarrhée graisseuse, de l'ascite chyleuse et un amaigrissement progressif).

lipoferous, adj. : véhiculant la graisse.

lipofibroma, s. : lipofibrome (tumeur mixte composée de tissu adipeux et de tissu fibreux).

lipogenesis, s. : lipogenèse.

lipogenic, adj. : se rapportant à la lipogenèse.

lipogenous, adj. : lipogène.

lipogranulomatosis, s. : lipogranulomatose.

lipoid, s. : lipide; adj. : lipoïdique; **- histiocytosis** : histiocytose lipoïdique essentielle, maladie de Niemann-Pick ; **- nephrosis** : néphrose lipoïdique.

lipoidaemia or **lipoidemia,** s. : lipoïdémie, lipémie.

lipoidoproteinosis, s. : lipoïdoprotéinose (maladie familiale provoquée par un métabolisme des lipides défectueux).

lipoidosis, s. : lipoïdose.

lipogranuloma, s : lipogranulome.

lipolysis, s. : lipolyse (dédoublement des graisses au cours de la digestion intestinale sous l'influence de la bile et du suc pancréatique).

lipolytic, adj. : lipolytique.

lipoma, s. : lipome, adipome (tumeur formée de tissu adipeux); **cavernous -** : lipome caverneux; **diffuse -** : lipome diffus; **intrathymic -** : lipothymome; **- telangiectodes** : lipome vasculaire.

lipomasia, s. : 1. état de ramollissement des os; 2. état dans lequel l'os a un aspect réticulé, avec agrandissement des aréoles, qui sont remplies d'une moelle graisseuse anémique, d'où fragilité de l'os et tendance aux fractures.

lipomatosis, s. : lipomatose.

lipomatous, adj. : lipomateux.

lipomeria, s. : amélie.

lipometabolism, s. : métabolisme lipidique.

lipomphalus, s. : lipocèle ombilical.

lipomyoma, s. : lipomyome, myome à éléments adipeux.

lipomyxoma, s. : lipomyxome (tumeur complexe formée de tissu adipeux et de tissu muqueux).

lipopenia, s. : lipopénie.

lipopeptid, s. : corps formé d'acides aminés et d'acides gras.

lipophagia or **lipophagy,** s. : lipophagie.

lipophagic, adj. : capable d'absorber, de détruire les graisses.

lipophrenia, s. : manque de capacité mentale.

lipopsychia, s. : asthénie.

liposarcoma, s. : liposarcome.

liposarcous, adj. : maigre, émacié.

liposiderin, s. : liposidérine.

liposoluble, adj. : liposoluble.

lipospongosis, s. : formation d'une excroissance adipeuse.

lipostomatous, adj. : sans bouche.

lipostomosis, s. : absence de bouche.

lipostomy, s. : atrophie de la bouche.

lipothymia, s. : lipothymie, malaise sans perte de connaissance.

lipotrichia, s. : chute des cheveux.

lipotropic, adj. : lipotrope.

lipotropism, s. : lipotropisme.

lipovaccine, s. : lipovaccin (vaccin constitué par des microbes maintenus en suspension dans l'huile).

lipoxenous, adj. : se dit d'un parasite qui déserte son hôte et devient indépendant.

lipoxeny, s. : désertion de l'hôte par le parasite.

lipoxism, s. : empoisonnement par l'acide aléique.

lippa, s. : cf., **lippitude.**

lipping, s. : bec de perroquet (ostéophyte vertébral).

lippitude or **lippitudo,** s. : lippitude (état de celui qui a les yeux chassieux, caractérisé par une blépharite marginale ulcérative).

lipsotrichia, s. : chute des cheveux.

lipuria, s. : lipurie, adiposurie (présence de graisse dans l'urine).

liquable, adj. : capable d'être liquéfié.

liquation, s. : liquation.

liquefacient, s. : adj., liquéfiant.

liquefaction, s. : liquéfaction.

liquefactive, adj. : liquéfiable, liquéfiant.

liquefiable, adj. : liquéfiable.

liquescent, adj. : liquescient, qui peut ou qui est en train de se liquéfier.

liqueur, s. (fr.) : liqueur.

liquid, s. : liquide; **- measure** : mesure de capacité pour les liquides; adj. : liquide.

liquor, s. : 1. liqueur; boisson alcoolique; 2. solution, liqueur (chim., pharm.); **- potassi arsenitis** :

liqueur de Fowler; 3. liquide *(physiol.)*; **- amnii** : liquide amniotique; **- sanguinis** : plasma sanguin; **- Scarpae** : endolymphe (oreille interne); **- seminis** : fraction liquide (prostatique) du sperme.

liquorice, *s.* : jus de réglisse *(pharm.)*.

Lisfranc's amputation : amputation ou opération de Lisfranc (désarticulation tarso-métatarsienne); **- joint** : articulation tarso-métatarsienne; **- tubercle** : tubercule de Lisfranc (insertion du scalène antérieur sur la première côte).

lisp, *s.* : zézaiement, blèsement; *v.* : zézayer.

lisper, *s.* : enfant blèse, qui zézaie.

lisping, *s.* : zézaiement, blésité; *adj.* : blèse.

Lissauer's tract *or* **marginal zone** : zone marginale de Lissauer (moelle).

lissotrichous, *adj.* : à cheveux raides.

Lister's dressing : pansement de Lister; **- method** : méthode de Lister.

listeriosis *or* **listerellosis**, *s.* : listériose.

listerism, *s.* : traitement antiseptique et aseptique des blessures suivant les méthodes de Lister.

listerize, *v.* : traiter une blessure suivant les méthodes de Lister.

liter, *s.* : litre (1,76 imperial British pints; 2,01 U.S. pints).

lithagogectasia, *s.* : *cf.*, **lithectasy.**

lithagogue, *s.*, *adj.* : lithagogue.

lithangiuria, *s.* : maladie des voies urinaires due à la présence de calculs.

litharge, *s.* : litharge (oxyde de plomb).

lithate, *s.* : urate.

lithecboly, *s.* : expulsion d'un calcul par contraction de la vessie et dilatation du col.

lithectasy, *s.* : dilatation de l'urètre et du col de la vessie pour extraction des calculs.

lithectomy, *s.* : lithectomie (ablation d'un calcul).

lithemia, *s.* : lithémie, taux de lithium circulant.

lithiasis, *s.* : lithiase (formation de calculs dans un appareil glandulaire ou dans un réservoir).

lithiatry, *s.* : thérapeutique de la lithiase.

lithic, *adj.* : 1. se rapportant à un calcul; 2. se rapportant au lithium; **- acid** : acide urique; **- diathesis** : tendance à la goutte.

lithica, *s.* : agents neutralisant la lithiase.

lithicosis, *s.* : pneumoconiose.

lithium, *s.* : lithium.

lithiuria, *s. cf.*, **lithuria.**

litho- : litho-, préfixe dénotant un rapport avec un calcul.

lithobexis, *s.* : toux avec expectoration de particules calcaires.

lithocenosis, *s.* : extraction de fragments de calculs préalablement broyés.

lithoclast, *s.* : lithoclaste, lithotriteur.

lithoclasty, *s.* : lithoclastie, lithotritie, lithotripsie.

lithoclysmia, *s.* : injection de solvants liquides dans la vessie pour extraction des calculs.

lithocystotomy, *s.* : lithotomie.

lithocysturia, *s.* : maladie de la vessie due à un excès d'acide urique dans l'urine.

lithodialysis, *s.* : 1. dissolution des calculs dans la vessie; 2. écrasement d'un calcul avant de l'extraire.

lithofellic, *adj.* : se rapportant à la lithiase biliaire.

lithogenesis, *s.* : lithogénie (production de calcul).

lithogenous, *adj.* : lithogène.

lithogeny, *s.* : lithogénie.

lithoid *or* **lithoidal**, *adj.* : ressemblant à une pierre.

lithokelyophopedion, *s.* : calcification du fœtus et des membranes fœtales.

litholabe, *s.* : litholabe (pince pour saisir un calcul dans la vessie).

litholapaxy, *s.* : litholapaxie (lithotritie sous anesthésie générale avec broyage et évacuation de tous les calculs en une seule séance).

lithology, *s.* : lithologie (pathologie de la formation des calculs).

litholysis, *s.* : *cf.*, **lithodialysis.**

litholyte, *s.* : sonde pour traitement litholytique.

litholytic, *adj.* : litholytique, lithotriptique (se dit des substances qui dissolvent les calculs).

lithomalacia, *s.* : ramollissement d'un calcul dans la vessie, ramollissement d'un calcul.

lithometer, *s.* : instrument pour mesurer un calcul de la vessie.

lithometra, *s.* : ossification de *ou* dans l'utérus, concrétion de *ou* dans l'utérus.

lithomyl, *s.* : instrument pour pulvériser un calcul.

lithonephria, *s.* : maladie due à un calcul rénal, à un néphrolithe.

lithonephritis, *s.* : néphrite due à une néphrolithiase.

lithonephrosis, *s.* : néphrolithiase, lithiase rénale.

lithonephrotomy, *s.* : néphrolithotomie.

lithophthisis, *s.* : phtisie calculeuse.

lithoplatomy, *s.* : excision d'un calcul vésical par dilatation de l'urètre.

lithoprion, *s.* : instrument pour scier un calcul.

lithoprisy, *s.* : opération qui consiste à scier un calcul dans la vessie.

lithoscope, *s.* : instrument pour détecter et examiner des calculs de la vessie.

lithosis, *s.* : silicose, chalicose, cailloute, mal de Saint-Roch, phtisie des tailleurs de pierre.

lithotome, *s.* : lithotome.

lithotomy, *s.* : lithotomie (incision de la vessie pour excision de calcul).

lithotony, *s.* : extraction d'un calcul vésical par une fissure artificielle dilatée progressivement.

lithotresis, *s.* : forage de trous dans un calcul pour faciliter sa destruction et son excision.

lithotripsy, s. : lithotripsie.

lithotriptic, s. : lithotriptique.

lithotrite, s. : lithotriteur.

lithotrity, s. : lithoritie, lithotripsie, lithoclastie.

lithous, adj. : de la nature d'un calcul.

lithoxiduria, s. : taux élevé d'oxyde xanthique dans l'urine.

lithuresis, s. : émission de petits calculs dans l'urine.

lithureteria, s. : uretère malade par la présence de calculs.

lithuria, s. : état caractérisé par un excès d'acide urique ou d'urates dans l'urine.

litmus, s. : tournesol; - **paper** : papier tournesol.

litrameter, s. : instrument pour déterminer le poids spécifique des liquides.

litre, s. : cf., **liter.**

Litten's sign : signe de Litten (diminution de la mobilité du diaphragme du côté du poumon malade, signe de début de la tuberculose pulmonaire).

litter, s. : 1. litière, civière; 2. nichée, portée.

Little's disease : maladie ou syndrome de Little, rigidité spasmodique congénitale des membres.

little cherry : maladie virale du cerisier entraînant la formation de petites cerises.

Littré's colostomy : opération de Littré, colostomie iliaque; - **glands** : glandes de Littré (urètre); - **hernia** : hernie de Littré (hernie du diverticule de Meckel à travers l'orifice inguinal ou l'orifice crural); - **sinus** : sinus transverse.

live, adj. : vivant, en vie; - **birth** : naissance vivante, fœtus né vivant; - **blood** : palpitations spasmodiques de la paupière; v. : vivre.

livedo, s. : livedo, livor cutis.

liver, s. : foie; - **attack** : crise de foie, crise hépatique; **cardiac** - : foie cardiaque; - **disease** or **complaint** : maladie de foie; - **fluke** : douve du foie; **icing** - : foie glacé; **nutmeg** - : foie chamois; **wandering** - : foie flottant ou ptosique.

livid, adj. : livide, blême.

lividity, s. : lividité; **cadaveric** or **post-mortem** - : lividité cadavérique.

living, adj. : vivant; - **creatures** : les êtres vivants.

livor, s. : lividité.

lixiviation, s. : lixiviation, lessivage (chim.).

lixivium, s. : lessive, dissolution alcaline.

Loa loa : Loa loa, filaire Loa (filaire de la conjonctive et des tissus conjonctifs).

loasis, s. : infestation par la filaire Loa loa.

lobar, adj. : lobaire; - **pneumonia** : pneumonie lobaire.

lobate, adj. : lobé, lobaire.

lobe, s. : lobe.

lobectomy, s. : lobectomie, excision d'un lobe.

lobeline, s. : lobéline (alcaloïde).

lobengulism, s. : lobengulisme (syndrome caractérisé par l'association de l'obésité avec l'atrophie des organes génitaux et des poils et le développement exagéré des mamelles).

lobitis, s. : lobite (inflammation d'un lobe pulmonaire).

lobocyte, s. : polynucléaire.

lobopodium, s., plur. **lobopodia** (lat.) : lobopode, pseudopode.

lobose, adj. : lobé.

lobostomy, s. : lobostomie (drainage d'un lobe du poumon).

lobotomy, s. : cf., **leucotomy.**

Lobstein's cancer : forme de sarcome situé derrière le péritoine; - **disease** : maladie de Lobstein, ostéopsathyrose; - **placenta** : placenta de Lobstein, insertion vélamenteuse du cordon.

lobular, adj. : lobulaire.

lobulated, adj. : lobulé, lobuleux.

lobule, s. : lobule.

lobulet, s. : petit lobule, acinus.

lobuli epididymitis : cônes efférents.

lobulus s. (lat.) : lobule; - **centralis** : lobule central (du cervelet); - **paracentralis** : lobule paracentral; - **quadrangularis cerebelli** : ailes du lobule central; - **semi-lunaris superior cerebelli** : lobule du bourgeon terminal.

lobus, s., plur. **lobi** (lat.) : lobe; - **caudatus hepatis** : lobe de Spiegel, éminence porte postérieure du foie; **lobi cerebri** : lobes du cerveau; - **frontalis** : lobe frontal (du cerveau); - **olfactorius** : circonvolution olfactive; - **pyramidalis glandulae thyreoideae** : pyramide de Lalouette; - **quadratus hepatis** : lobe carré, éminence porte antérieure du foie.

local, adj. : local; - **anesthesia** : anesthésie locale; - **anesthetic** : anestésique local; - **remedy** : remède topique; - **asphyxia** : asphyxie locale (maladie de Raynaud).

localization, s. : localisation (1. détermination du siège d'une lésion; 2. limitation d'un processus en un point particulier; 3. faculté de situer les impressions sensorielles); **cerebral** - : localisation cérébrale.

localized, adj. : localisé.

location, s. : localisation.

lochia, s. (lat.) : lochies.

lochial, adj. : lochial.

lochiocolpos, s. : distension du vagin par rétention des lochies.

lochiocyte, s. : cellule de la caduque.

lochiometra, s. : lochiométrie (rétention des lochies dans l'utérus).

lochiometritis, s. : métrite puerpérale.

lochioperitonitis, s. : péritonite puerpérale.

lochiopyra, s. : fièvre puerpérale.

lochiorrhagia, s. : lochiorragie (lochies très abondantes).

lochiorrhea, s. : écoulement anormal de lochies.

lochioschesis, *s.* : suppression *ou* rétention des lochies.

lochodochium, *s.* : maternité.

lochometritis, *s.* : métrite puerpérale.

lochometrophlebitis, *s.* : phlébite des veines utérines de la femme en couches.

lochoperitonitis, *s.* : péritonite puerpérale.

lochopyra, *s.* : fièvre puerpérale.

lochotyphus, *s.* : fièvre puerpérale du type typhique.

Locke's solution : solution de Locke.

Lock-hospital : hôpital pour les maladies vénériennes.

lockjaw, *s.* : 1. trismus; 2. tétanos.

loco, *s.* : variété d'astragale *(U.S.)*; **- disease** : vertigo des chevaux (dû à l'absorption d'astragale).

locoed, *adj.* : atteint de vertigo.

locoism, *s.* : vertigo des chevaux.

locomotion, *s.* : locomotion.

locomotivity, *s.* : locomotivité.

locomotor, *adj.* : locomoteur; **- ataxia** : ataxie locomotrice.

locomotorium, *s.* : appareil locomoteur de l'organisme (os, muscles tendons).

locular *or* **loculated,** *adj.* : loculaire, loculé.

loculus, *s.*, *plur.* **loculi** *(lat.)* : cavité, locule, loge.

locum tenency : poste de remplaçant.

locum tenens : remplaçant d'un médecin; **to act as a - for a doctor** : faire l'intérim d'un médecin, faire un remplacement.

locus, *s.*, *plur.* **loci** *(lat.)* : place, lieu, macule; position d'un gène sur la carte génétique; **- cinereus, caeruleus** *or* **ferrugineus** : locus cinereus (quatrième ventricule); **- niger** : locus niger, substance noire du Soemmering (pédoncule du mésencéphale); **- perforatus** : 1. espace interpédonculaire, espace perforé postérieur (mésencéphale); 2. espace perforé antérieur (télencéphale); **- ruber** : noyau rouge (mésencéphale).

Loeffler's *or* **Löffler's bacillus** : bacille de Loeffler, bacille de Klebs, bacille de la diphtérie; **- syndrome** : syndrome de Loeffler.

loefflerria, *s.* : infection inapparente due au bacille diphtérique (infection des porteurs de germes).

loemophthalmia, *s.* : ophtalmie contagieuse.

Loewe's *or* **Löwe's ring** : cercle brillant paraissant dans le champ visuel quand la lumière passe du bleu au blanc.

logadectomy, *s.* : excision d'un morceau de conjonctivite.

logades, *s.* : sclérotique.

logaditis, *s.* : sclérite, sclérotite.

logadoblennorrhea, *s.* : blennorrhée conjonctivale.

logagnosia *or* **logagnosis,** *s.* : logagnosie (impossibilité de reconnaître un mot parlé ou écrit).

logagraphia, *s.* : agraphie.

logamnesia, *s.* : 1. cécité verbale, alexie; 2. surdité verbale.

logaphasia, *s.* : 1. aphasie verbale; 2. agrammatisme.

logasthenia, *s.* : logasthénie (difficulté à comprendre la parole).

logo- : logo-, préfixe dénotant un rapport avec la parole.

logoclonia *or* **logoklony,** *s.* : logoclonie.

logodiarrhea, *s.* : logorrhée, loquacité excissive ou manique.

logograph, *s.* : 1. sténogramme; 2. phonographe enregistreur.

logographic, *adj.* : sténographique; **- alalia** : agraphie, aphasie motrice graphique.

logokophosis, *s.* : logocophose, surdité verbale.

logomania, *s.* : 1. forme de démence caractérisée par la loquacité; 2. aphasie.

logoneurosis, *s.* : 1. logoneurose, dyslogie; 2. logonévrose.

logopathy, *s.* : logopathie, dyslogie.

logoplegia, *s.* : logoplégie, aphémie.

logorrhea, *s.* : logorrhée (flux de paroles, besoin irrésistible de parler qu'éprouvent parfois certains aliénés).

logospasm, *s.* : articulation verbale spasmodique.

loimia, *s.* : peste, maladie pestilentielle.

loimic, *adj.* : pesteux, pestilentiel.

loimography, *s.* : traité sur la peste.

loimology, *s.* : étude des maladies épidémiques contagieuses.

loimopyra, *s.* : fièvre pestilentielle.

loin, *s.* : lombe.

Lombardy leprosy : pellagre.

long, *adj.* : long; **- acting** : médication à action prolongée, médication retard; **- handed** : longimane; **- headed** : dolichocéphale; **- leaved** : longifolié; **- sighted** : presbyte; **- sightedness** : presbytie; **- stemmed** : longicaule; **- tailed** : longicaude; **- winged** *or* **feathered** : longipenne.

longevity, *s.* : longévité.

longimanus, *adj.* : longimane, à longues mains.

longing, *s.* : envie.

longipedate, *adj.* : longipède, à longs pieds.

longissimus, *(lat.)* : le plus long; **- capitis** : muscle petit complexus; **- cervicis** *or* **- colli** : muscle transversaire du cou; **- dorsi** : muscle long dorsal.

loop, *s.* : 1. anse, boucle *(anat.)*; **nerve -** : anse nerveuse; **- of Henle** : anse de Henle; 2. anse de platine (pour repiquage de cultures); 3. **oscillation -** : ventre de vibration.

loose, *adj.* : détendu, mou, lâche; **- bowels** : diarrhée; **- cough** : toux grasse.

looseness, *s.* : diarrhée; **- of skin** : flaccidité de la peau; **- of the teeth** : état branlant des dents.

Looser's zones : stries de Looser-Milkmann.

lophotrichea, *s.* : lophotriche (bacille ayant une houppe de cils vibratiles à son extrémité).

lophotrichous, *adj.* : lophotriche.

loquacity, *s.* : loquacité.

Lorain's type of infantilism : infantilisme type Lorain (infantilisme caractérisé par la débilité générale et la gracilité des formes), chétivisme.

lordoma, *s.* : *cf.*, **lordosis.**

lordoscoliosis, *s.* : association de lordose et de scoliose.

lordosis, *s.* : lordose (déviation de la colonne vertébrale à convexité antérieure).

lordotic, *adj.* : lordosique.

Loreta's operation : opération de Loreta, division digitale du pylore.

lotio, *s. (lat.)* : lotion.

lotion, *s.* : lotion.

Louis's angle : angle de Louis (ligne d'union du manubrium au corps du sternum).

Louis's laws : lois de Louis (tuberculose).

loupe, *s. (fr.)* : loupe.

louping-ill, *s.* : louping-ill.

louse, *s.* : pou; **body -** : pou du corps, *Pediculus corporis*; **crab -** : morpion, *Phtirius pubis*; **head -** : pou de tête; *Pediculus capitis (parasit.).*

lousiness, *s.* : pédiculose, phtiriase, maladie pédiculaire.

lousy, *adj.* : pouilleux, pédiculaire, pleins de poux.

low-chlorine diet : régime hypochloruré ou déchloruré.

Lower's tubercle : tubercule de Lower (paroi postérieure de l'oreillette droite).

loxarthron, *s.* : articulation en oblique.

lowarthrosis, *s.* : déviation, déformation articulaire.

lowia, *s.* : torticolis.

loxic, *adj.* : tordu, contorsionné, incliné, oblique.

loxocyesis, *s.* : déplacement en oblique d'un utérus gravide.

loxodont *or* **loxodontous**, *adj.* : à dents mal placées.

loxophthalmos, *s.* : strabisme.

loxotic, *adj.* : *cf.*, **loxic.**

loxotomy, *s.* : amputation par section oblique.

lozenge, *s.* : pastille, tablette; **cough -** : pastille pectorale; 2. losange.

LSD *pour* **Lysergik Säure Diethylamine** : acide lysergique; diéthylamine de l'acide lysergique (substance hallucinogène).

LTH (luteotropic hormone) : prolactine, LTH.

lubricant, *s., adj.* : lubrifiant.

lubrication, *s.* : lubrification, lubrifaction, graissage.

lubricity, *s.* : lubricité, lasciveté.

lubricous, *adj.* : onctueux, lisse, lubrique.

Lucas' sign : distension abdominale, signe prodromique du rachitisme.

Lucas-Championnière's disease : forme de bronchite chronique.

lucent, *adj.* : 1. brillant, lumineux; 2. clair, transparent.

lucid, *adj.* : lucide, luisant, visible à l'œil nu; **- interval -** : intervalle lucide, intervalle de lucidité *(psych.).*

lucidification, *s.* : éclaircissement *(histol.).*

lucidity, *s.* : luminosité, transparence, lucidité, intervalle lucide.

luciferase, *s.* : luciférase.

luciferin, *s.* : luciférine.

lucifugal, *adj.* : fuyant, évitant la lumière.

lucotherapy, *s.* : emploi thérapeutique des rayons lumineux.

Ludlow's sign : signe de Ludlow (signe de la fracture du petit trochanter).

Ludwig's angina : angine de Ludwig, maladie de Gensoul.

lues, *s.* : syphilis.

luetic, *adj.* : luétique, syphilitique.

luetin, *s.* : luétine; **- reaction** : luétine-réaction, réaction de Noguchi, luo-test.

Lugol's solution : solution de Lugol, lugol.

lukewarm, *adj.* : tiède.

lumbago, *s.* : lumbago.

lumbar, *adj.* : lombaire; **- colostomy** : colostomie lombaire, opération d'Amussat; **- puncture** : ponction lombaire.

lumbarization, *s.* : lombarisation, lombalisation (anomalie de la première vertèbre sacrée qui s'individualise et devient plus ou moins semblable à la cinquième vertèbre lombaire).

lumbifragium, *s.* : hernie lombaire.

lumbiplex, *s.* : plexus lombaire.

lumbo- : lumbo-, préfixe dénotant un rapport avec les lombes.

lumbocolostomy, *s.* : colostomie lombaire, opération d'Amussat.

lumbocolotomy, *s.* : colotomie lombaire.

lumbocostal, *adj.* : lumbocostal.

lumbodynia, *s.* : lumbago.

lumbrical, *adj.* : lombrical.

lumbricales, *s.* : *cf.*, **musculus.**

lumbricide, *s., adj.* : vermifuge.

lumbricoid, *adj.* : se rapportant à, ressemblant à un lombric.

lumbricosis, *s.* : lombricose (ensemble des accidents dus à la présence d'ascarides dans le tube digestif).

lumbricus, *s. (lat.)* : lombric, ascaris, ascaride, ver de terre.

lumbus, *s. (lat.)* : lombe.

lumen, *s., plur.* **lamina** *(lat.)* : 1. lumière (ouverture, passage d'un tube, d'un vaisseau); 2. lumen (unité de flux lumineux).

luminal, *adj.* : se rapportant à la lumière d'un tube, d'un vaisseau.

luminiferous, *adj.* : luminifère, qui répand, transmet la lumière.

luminosity, *s.* : luminosité.

lump, *s.* : 1. bosse, excroissance; 2. lourdaud.

lumpy, *adj.* : couvert de bosses, de protubérances; **- jaw** : actinomycose; **- skin disease** : dermatite nodulaire des bovidés.

lunacy, *s.* : aliénation mentale, folie, démence; **commission of -** : commission chargée de prononcer sur un cas présumé d'aliénation mentale; **commissioners in -** : inspecteurs des asiles d'aliénés; **master in -** : magistrat chargé d'examiner les cas présumés d'aliénation mentale et, le cas échéant, d'aviser à la tutelle du dément; 2. action *ou* idée folle, folie.

lunar, *adj.* : 1. lunaire, en forme de croissant; 2. d'origine lunaire; 3. composé d'argent; **- caustic** : pierre infernale (AgNO$_3$).

lunare *or* **os lunare** : os semi-lunaire.

lunaria, *s.* : menstruation.

lunate *or* **semilunar bone** : os semi-lunaire.

lunatic, *s., adj.* : lunatique, aliéné, dément; **certified -** : aliéné interdit; **- asylum** : maison, asile d'aliénés.

lunella, *s.* : hypopyon, pyophtalmie.

lung, *s.* : poumon; **- capacity** : capacité respiratoire; **collier's -** : anthracose; **- fever** : pneumonie; **honeycomb -** : poumon de la bronchopneumonie purulente; **inflammation of the -** : congestion pulmonaire; **iron -** : poumon d'acier; **- trouble** : maladie pulmonaire.

lungmotor, *s.* : respirateur, appareil à respiration artificielle.

luniferous *or* **luniform,** *adj.* : en forme de croissant.

lunula, *s.* : 1. lunule (ongle); 2. structure en forme de lunule.

lupiform, *adj.* : ayant l'aspect du lupus.

lupinosis, *s.* : cf., **lathyrism.**

lupoid, *s.* : lupoïde; **- hepatitis** : hépatite chronique lupique.

lupoma, *s.* : lupome, tubercule lupique (élément éruptif du lupus).

lupomania, *s.* : rage.

lupotome, *s.* : instrument coupant ou scarificateur pour traitement du lupus.

lupous, *adj.* : atteint, se rapportant au lupus.

lupus, *s.* : lupus; **- erythematosus** *or* **Cazenave's -** : lupus érythémateux, lupus de Cazenave; **- erythmetosus sebaceus** : lupus érythémato-folliculaire; **- exedeus** : lupus exedeus; **- pernio** : lupus pernio, **- vulgaris** : lupus tuberculeux ou vulgaire.

lupuscarcinoma, *s.* : carcinome prenant naissance sur un lupus.

lura, *s.* *(lat.)* : orifice contracté de l'infundibulum *ou* tige pituitaire après ablation de l'hypophyse.

luridity, *s.* : teint livide constaté chez les malades atteints de cachexie *ou* de paralysie atrophiante des membres.

Luschka's bursa : poche hypophysaire, poche de Rathke; **- fold** : repli mésentérico-cæcal; **- foramina** : trous de Luschka (quatrième ventricule); **- fossa** : fossette iléocæcale; **- gland** : 1. amygdale pharyngienne; 2. glande coccygienne, glande de Luschka; 3. glande carotidienne.

luscitas, *s.* : 1. l'état d'être aveugle d'un œil; 2. strabisme.

lust, *s.* : concupiscence, luxure, désir libidineux.

lustramentum, *s.* : purge.

lusus naturas *(lat.)* : anomalie de la nature.

lutecium *or* **lutetium,** *s.* : lutécium.

lutein, *s.* : lutéine, progestérone, progestine, hormone progestinogène.

luteinic, *adj.* : lutéinique.

luteoma, *s.* : tumeur se développant sur le corps jaune.

lux, *s.* : lux (unité d'intensité lumineuse).

luxate, *v.* : luxer, déboiter.

luxatio erecta : luxation de l'articulation scapulo-humérale.

luxation, *s.* : luxation, déboitement.

luximeter, *s.* : luxmètre.

Luys' body *or* **nucleus** : corps de Luys (région sous-thalamique).

lycanthrope, *s.* : malade atteint de lycanthropie.

lycanthropy, *s.* : lycanthropie (manie de se croire changé en loup).

lycorexis *or* **lycorrhexy,** *s.* : lycorexie, boulimie.

lycostoma, *s.* : gueule-de-loup (palais fendu avec bec-de-lièvre).

lyencephalous, *adj.* : à hémisphères cérébraux réunis de manière lâche.

lygophilia, *s.* : manie des lieux sombres.

lying, *adj.* : couché; **- in** : alitement, couches; **- hospital** : maternité, maison d'accouchement.

lyma, *s., plur.* **lymata** *(gr.)* : ordure, crasse, fuliginosités, lochies.

lymph, *s.* : lymphe; **- duct** : vaisseau lymphatique; **- gland** : ganglion lymphatique; **- sinus, spaces** : espaces, sinus lymphatiques.

lymphaden, *s.* : ganglion lymphatique.

lymphadenectasis, *s.* : dilatation des sinus d'un ganglion lymphatique.

lymphadenectomy, *s.* : excision d'un ganglion lymphatique.

lymphadenia, *s.* : lymphadénie, lymphadénomatose, diathèse lymphogène.

lymphadenitis, *s.* : adénolymphite, lymphadénite.

lymphadenocyst, *s.* : lymphadénokyste (dégénérescence kystique d'un ganglion lymphatique).

lymphadenoid, *adj.* : lymphadénoïde.

lymphadenoma, *s.* : lymphadénome, lymphome.

lymphadenopathy, *s.* : lymphadénopathie; **giant follicular -** : *cf.,* **Brill-Symmers' disease.**

lymphaemia *or* **lymphemia,** *s.* : lymphémie, leucémie.

lymphagogue, *s., adj.* : lymphagogue.

lymphangial, *adj.* : se rapportant à un vaisseau lymphatique.

lymphangiectasis, *s.* : 1. lymphangiectasie (dilatation variqueuse des ganglions et des vaisseaux lymphatiques); 2. éléphantiasis.

lymphangiectodes, *s.* : lymphangiectode, lymphangioma circumscriptum.

lymphangiitis, *s.* : lymphangite, angioleucyte, lymphatite, lymphite.

lymphangio-endothelioma, *s.* : endothéliome des vaisseaux lymphatiques.

lymphangiofibroma, *s.* : association de fibrome et de lymphangiome.

lymphangiography, *s.* : description des vaisseaux lymphatiques.

lymphangiology, *s.* : anatomie, physiologie et pathologie des vaisseaux lymphatiques.

lymphangioma, *s.* : lymphangiome (angiome développé au niveau des vaisseaux lymphatiques); **- capillare varicosum, - cavernosum** *or* **- circumscriptum** : lymphangioma circumscriptum, lymphangiectode.

lymphangion, *s.* : vaisseau lymphatique.

lymphangiophlebitis, *s.* : association de lymphangite et de phlébite.

lymphangioplasty, *s.* : lymphoplastie.

lymphangiopyra, *s.* : fièvre accompagnant, ou due à une maladie des vaisseaux lymphatiques.

lymphangiosarcoma, *s.* : association de lymphangiome et de sarcome.

lymphangioscopy, *s.* : scopie des vaisseaux lymphatiques.

lymphangiotomy, *s.* : dissection, anatomie des vaisseaux lymphatiques.

lymphapostema, *s.* : abcès lymphatique.

lymphatic, *adj.* : lymphatique; **- leukemia** : leucémie lymphatique ou lymphoïde.

lymphaticostomy, *s.* : création d'une ouverture sur un vaisseau lymphatique.

lymphatics, *s.* : vaisseaux lymphatiques.

lymphatism, *s.* : lymphatisme, tempérament lymphatique.

lymphatitis, *s.* : lymphatite, lymphangite.

lymphatocele, *s.* : tumeur des vaisseaux lymphatiques dilatés.

lymphatolysis, *s.* : destruction du tissu lymphatique, des vaisseaux ou des ganglions lymphatiques.

lymphectasis, *s.* : dilatation des vaisseaux lymphatiques.

lymphedema, *s.* : lymphœdème.

lymphenteritis, *s.* : 1. entérite avec infiltration séreuse; 2. péritonite.

lympherythrocyte, *s.* : globule rouge sans hémoglobine.

lymphization, *s.* : formation de la lymphe.

lympho- : lympho-, préfixe dénotant un rapport avec la lymphe ou les ganglions lymphatiques.

lymphoadenoma, *s.* : lymphadénome, lymphogonie, lymphome.

lymphoblast, *s.* : lymphoblast, lymphogonie, macrolymphocyte.

lymphoblastoma, *s.* : lymphoblastome (tumeur maligne formée par la prolifération des lymphoblastes).

lymphocele, *s.* : lymphocèle.

lymphocerastism, *s.* : lymphocytopoïèse (formation de lymphocytes).

lymphocyst, *s.* : lymphocèle.

lymphocyte, *s.* : lymphocyte.

lymphocythemia, *s.* : lymphocytémie (présence de lymphocytes dans le sang en grande abondance).

lymphocytic, *adj.* : lymphocytaire; **acute - choriomeningitis** : chorioméningite lymphocytaire aiguë, maladie d'Armstrong; **- lymphosarcoma** : lymphosarcome lymphocytaire.

lymphocytopenia, *s.* : lymphopénie (diminution du nombre des lymphocytes).

lymphocytopoiesis, *s.* : lymphocytopoïèse.

lymphocytosis, *s.* : lymphocytose.

lymphocytotoxin, *s.* : toxine bactérienne spécifique vis-à-vis des lymphocytes.

lymphodermia, *s.* : lymphodermie (manifestation cutanée de la leucose lymphoïde).

lymphogenesis, *s.* : lymphogenèse.

lymphogenic *or* **lymphogenous,** *adj.* : lymphogène.

lymphogonia, *s.* : lymphogonie, lymphoblaste.

lymphogranuloma, *s.* : maladie de Hodgkin; **- venereum** : lymphogranulomatose vénérienne, maladie de Nicolas et Favre.

lymphogranulomatosis, *s.* : maladie de Hodgkin, lymphogranulomatose maligne; **- benigna** : lymphogranulomatose bénigne, maladie de Besnier-Bœck-Schaumann; **- cutis** : lymphogranulomatose inguinale subaiguë, maladie de Nicolas et Favre.

lymphography, *s.* : lymphographie.

lymphoid, *adj.* : lymphoïde.

lymphoidectomy, *s.* : 1. incision de tissu lymphatique, de ganglions lymphatiques; 2. amygdalectomie.

lymphoidocyte, *s.* : lymphoïdocyte, cellule indifférenciée.

lymphoidotoxemia, *s.* : lymphatisme.

lympholeukocyte, *s.* : lympholeucocyte, grand mononucléaire.

lymphology, *s.* : étude du système lymphatique.

lymphoma, *s.* : lymphome, lymphadénome; **giant follicular -** : lymphome folliculaire, lymphome lympho-giganto-folliculaire, maladie de Brill-Symmers; **malignant -** : maladie de Hodgkin.

lymphomatosis, *s.* : lymphomatose, lymphocyto-matose; **- diffusa** : maladie de Hodgkin.

lymphomatous, *adj.* : lymphomateux.

lymphomyeloma, *s.* : 1. myélome du système lymphatique; 2. sarcome à cellules rondes.

lymphomyxoma, *s.* : myxome composé de tissu adénoïde.

lymphopathy, *s.* : toute maladie des organes lymphatiques.

lymphopenia, *s.* : lymphopénie (diminution du nombre des lymphocytes).

lymphopoiesis, *s.* : lymphopoïèse (formation de lymphocytes).

lymphorrhagie, *s.* : lymphorragie.

lymphorrhea, *s.* : lymphorrhée.

lymphosarcoma, *s.* : lymphosarcome, lympha-dénome malin, lymphadénosarcome, sarcome lym-phadénoïde; **Kundrat's -** : lymphosarcome de Kundrat.

lymphosarcomatosis, *s.* : lymphosarcomatose.

lymphostasis, *s.* : arrêt du flux lymphatique.

lymphotaxis, *s.* : réaction lymphocytaire.

lymphotrophy, *s.* : apport lymphatique aux cel-lules dans les régions mal vascularisées.

lymphotropic, *adj.* : lymphotrope.

lymphous, *adj.* : se rapportant, renfermant de, constitué par la lymphe.

lymphuria, *s.* : état caractérisé par une coagu-lation spontanée de l'urine.

lyo- : yo-, préfixe signifiant dissous.

lyoenzyme, *s.* : lyoenzyme (enzyme qui est dis-sous dans le protoplasma cellulaire).

lyophile, *adj.* : lyophile, aisément dissous.

lyophilisate, *s.* : lyophilisat.

lyophilization, *s.* : lyophilisation, *cf.,* **freeze-drying.**

lyophilised, *adj.* : lyophilisé.

lyophobe, *adj.* : insoluble.

lypemania, *s.* : lypémanie, mélancolie.

lypothymia, *s.* : mélancolie.

lyra, *s. (lat.)* : lyre (trigone cérébral).

lysate, *s.* : lysat.

lysemia, *s.* : dissolution du sang.

lysimeter, *s.* : lysimètre (appareil pour déterminer la solubilité d'un corps).

lysine, *s.* : lysine.

lysinosis, *s.* : forme de pneumoconiose due aux fibres du coton.

lysis, *s.* : 1. lyse (dissolution des tissus ou des bactéries); 2. lysis (défervescence lente et pro-gressive).

lysogen, *s.* : lysogène.

lysogenic, *adj.* : lysogène.

lysosome, *s.* : lysosome.

lysozyme, *s.* : lysozyme.

lyssa, *s.* : hydrophobie, rage.

lyssic, *adj.* : rabique.

lyssin, *s.* : virus de la rage.

lyssodexis, *s.* : morsure d'un chien enragé.

lyssoid, *adj.* : ressemblant à la rage.

lyssophobia, *s.* : lyssophobie (crainte morbide de la rage).

lyterian, *adj.* : symptomatique de la lysis, de l'évolution favorable d'une maladie.

lytic, *adj.* : lytique.

lyze, *v.* : lyser.

M

macao worm : larve de *Dermatobia noxalis* qui infeste la peau de l'homme et des animaux *(parasit.)*.

McArdle's disease : maladie de McArdle, déficit en G6P musculaire.

McArthur's method : entéroclyse après opération de la vésicule biliaire par l'intermédiaire d'une sonde passée dans le canal cholédoque.

McBurney's point : point de McBurney (diagnostic de l'appendicite).

maceration, *s.* : macération.

macerator, *s.* : macérateur, cuve de macération.

Macewen's operation : procédé de Macewen (traitement des anévrismes de l'aorte); **- osteotomy** : mode d'ostéotomie pour traitement du genou cagneux; **- sign** : signe de Macewen (diagnostic et différenciation des diverses formes de méningites); **- space or triangle** : triangle du conduit auditif (lieu pour trépanation).

macies, *s.* : atrophie, maigreur; **- infantum** : maladie tuberculeuse des ganglions mésentériques chez les enfants.

macilent, *adj.* : maigre, mince, atteint de macélie.

mackintosh, *s.* : tissu caoutchouté pour pansements chirurgicaux.

MacLean-Maxwell disease : hypertrophie et ramollissement de la partie postérieure du calcanéum.

MacLeod's capsular rheumatism : rhumatisme chronique déformant accompagné d'épanchements dans les poches synoviales, les gaines et les bourses.

macradenous, *adj.* : à larges glandes.

macroencephalic *or* **macrencephalous**, *adj.* : à crâne large ou long.

macro-, : macro-, préfixe signifiant large, long ou grand.

macrobiosis, *s.* : longévité.

macroblast, *s.* : mégaloblaste.

macrocephalia *or* **macrocephaly**, *s.* : macrocéphalie (augmentation du volume de la tête).

macrocephalous, *adj.* : macrocéphale.

macrocephalus, *s.* : macrocéphale.

macrocheilia, *s.* : macrochéilie, macrochilie (hypertrophie congénitale des lèvres formée par une variété de lymphangiome).

macrocheiria, *s.* : macrochirie (développement excessif des mains).

macrococcus, *s.* : coccus de grande taille.

macrocolia, *s.* : le fait d'avoir de longs membres.

macrocolon *or* **macrocoly**, *s.* : côlon anormalement long.

macrocornea, *s.* : kératoglobe.

macrocosm, *s.* : macrocosme.

macrocyst, *s.* : macrocyste.

macrocytase, *s.* : macrocytase (variété de cytase globulicide et cytolytique contenue dans les mononucléaires).

macrocyte, *s.* : macrocyte (hématie de 10 à 12 μ de diamètre).

macrocythemia, *s.* : présence de macrocytes dans le sang.

macrocytic, *adj.* : macrocytaire.

macrocytosis, *s.* : cf., **macrocythemia**.

macrodactylia, macrodactylism *or* **macrodactyly**, *s.* : macrodactylie (vice de conformation consistant en un développement monstrueux d'un ou de plusieurs doigts).

macrodont, *adj.* : macrodonte, à grandes dents.

macrodontia, *s.* : macrodontie, fait d'avoir des dents anormalement grandes.

macroerythroblast, *s.* : macro-érythroblaste.

macroesthesia, *s.* : déviation du sens tactile, les objets manipulés paraissant plus grands qu'ils ne sont.

macrogamete, *s.* : macrogamète *(parasit.)*.

macrogamy, *s.* : conjugaison de deux protozoaires adultes.

macrogenesis, *s.* : hypertrophie d'un organe ou d'un membre.

macrogenitosomia, *s.* : macrogénitosomie précoce, macrogénitosomie, protéléiose, syndrome de Pellizzi (précocité du développement physique et particulièrement génital).

macroglia, *s.* : cellule névroglique.

macroglobulinemia, s. : macroglobulinémie ; **Waldenstrom's -** : macroglobulinémie de Waldenström.

macroglossia, s. : macroglossie, lingua vituli, paraglosse.

macrogyria, s. : macrogyrie (dimensions excessives des circonvolutions cérébrales, avec peu de sillon).

macroleukoblast, s. : grand leucoblaste.

macromastia or **macromazia,** s. : hypertrophie mammaire.

macromelia, s. : macromélie (développement excessif d'un organe ou d'un membre).

macromelus, s. : individu atteint de macromélie.

macromere, s. : grand blastomère.

macronormoblast, cf., **megaloblast,** s. : macronormoblaste (globule rouge nuclée de grande taille).

macronosia, s. : maladie prolongée ou chronique.

macronucleus, s. : grand noyau.

macrophage, s. : macrophage.

macroplasia, s. : hypertrophie de certaines parties du corps.

macropodia, s. : macropodie (développement exagéré des pieds).

macroprosopia, s. : macroprosopie (développement exagéré de la face).

macropsis, s. : macropsie, macropie, mégalopsie (phénomène subjectif observé chez certains névropathes qui croient plus grands qu'ils ne sont en réalité les objets offerts à leur vue).

macrorrhinia, s. : hypertrophie congénitale du nez.

macroscelia, s. : macroskélie (développement exagéré des jambes).

macroscopic, adj. : macroscopique, visible à l'œil nu.

macroscopy, s. : macroscopie.

macrosigma, s. : hypertrophie de l'S iliaque.

macrosis, s. : accroissement de volume.

macrosomatia or **macrosomia,** s. : macrosomatie, macrosomie (variété de gigantisme caractérisée par la grosseur excessive de tout le corps).

macrospore, s. : macrospore.

macrostomia, s. : macrostomie (développement exagéré de la fente buccale).

macrotia, s. : macrotie (taille excessive des oreilles).

macula, s., plur. **maculae** (lat.) : macule, tache, macula; **- arcuata,** arc sénile, gérontoxon; **- cribrosae** : taches criblées; **- corneae** : taie de la cornée ; **- germinativa** : tache germinative ; **- lutea** : tache jaune, macula lutea, **- solaris** : éphélide, tache de rousseur.

maculate, adj. : maculé.

maculation, s. : maculation, maculage, disposition des macules.

maculo folliculi : stigma folliculaire.

maculopapular, adj. : maculopapulaire.

mad, adj. : fou, dément, aliéné; **- dog** : chien enragé; **- itch** : maladie d'Aujeszky; **raving -** : fou furieux.

madaroma or **madarosis,** s. : madarose, madarosis (calvitie du bord palpébral, due à la chute des cils).

madarotic or **madarous,** adj. : atteint de, se rapportant à la madarose.

madefaction, s. : madéfaction (l'acte d'humidifier).

Madelung's deformity : difformité ou maladie de Madelung, carpus curvus, carpocyphose, radius curvus, subluxation spontanée de la main.

madescent, adj. : devenant humide.

madhouse, s. : maison de fous, asile d'aliénés.

madisterion or **madisterium** : pince à épiler.

madman, s. : fou, insensé, aliéné.

madness, s. : 1. folie, fureur, démence; **fit of -** : accès de folie, accès démentiel; 2. rage (vétér.).

madreporic or **madreporiform,** adj. : madréporiforme.

Madura-foot : pied de Madura, périca (mycétome du pied appartenant à la variété dite maduromycose).

maduromycosis, s. : maduromycose, pied de Madura.

Magendie's foramen : trou de Magendie (réunit la cavité ventriculaire à l'espace sous-arachnoïdien); **- spaces** : confluents (espaces sous-arachnoïdiens).

maggot, s. : larve, apode, ver, asticot; **- therapy** : application de larves de mouches (asticots) sur les plaies.

magistral, adj. : magistral (se dit des médicaments dont la composition est indiquée par le médecin sur son ordonnance).

Magitot's disease : ostéopériostite alvéolo-dentaire, périostite alvéolo-dentaire, périodontite simple.

magma, s. : magma (pharm.).

Magnan's sign : forme d'hallucination constatée dans les cas d'intoxication chronique par la cocaïne; **- to and fro movement** : mouvement de va-et-vient de la langue chez les sujets atteints de paralysie générale.

magnesia, s. : magnésie, oxyde de magnésium.

magnesic, adj. : magnésique.

magnesium, s. : magnésium.

magnet, s. : aimant; **electro -** électro-aimant.

magnetic, adj. : 1. magnétique, aimanté, **- field** : champ magnétique; **- lens** : lentille magnétique; 2. magnétique, hypnotique.

magnetism, s. : magnétisme, aimantation; **animal -** : hypnotisme.

magnetization, s. : aimantation, magnétisation par hypnotisme.

magneto-electricity, s. : électricité magnétique.

22

magnetotherapy, *s.* : magnétothérapie (thérapeutique à l'aide d'aimants).

magniductor, *s.* : muscle troisième adducteur de la cuisse.

magnification, *s.* : grossissement.

magnifying, *adj.* : grossissant, amplifiant; **- glass** : loupe, verre grossissant; **- power** : grossissement (d'une lentille, d'un objectif).

magnum, *s.*, or **os magnum** : grand os du carpe.

Maher's disease : inflammation du tissu conjonctival autour du vagin.

Mahler's sign : signe de Mahler (signe précoce de phlébite, pouls grimpant sans fièvre).

maidenhead, *s.* : 1. hymen; 2. virginité.

maidism or **maidismus**, *s.* : intoxication par du maïs altéré, pellagre.

Maier's sinus : sinus de Maier (diverticule du sac lacrymal).

maieusiomania, *s.* : démence puerpérale.

maieutic, *s.* : poche de caoutchouc pour dilater l'utérus.

maieutics, *s.* : obstétrique.

maim, *v.* : estropier, mutiler.

maintenance, *s.* : équilibre du corps (rapport entre accroissement et excrément) à maturité.

Maisonneuve's bandage : appareil de Maisonneuve (gouttière plâtrée); **- urethrotome** : urétrotome.

Maissiat's band : bandelette de Maissiat.

maize, *s.* : maïs (*cf.*, **corn**).

Majocchi's disease : purpura annularis telangiectoides (forme de dermatose).

makro-, *cf.*, **macro-**.

mal, *s. (fr.)* : mal, maladie; **- comitial** : épilepsie; **- de Caderas** : mal de Caderas; **grand** or **haut -** : haut mal (épilepsie); **- perforant** : mal perforant, mal perforant plantaire; **petit -** : petit mal (épilepsie); **- del pinto** or **de los pintos** : pinta, mal del pinto, caraté (tréponématose cutanée observée en Amérique Centrale).

mal- : mal-, mé-, préfixes signifiant mal.

mala, *s. (lat.)* : 1. joue; 2. os malaire.

Malabar itch : variété de prurit sévissant aux Indes.

malabsorption, *s.* : malabsorption.

Malacarne's pyramid : pyramide ou éminence cruciale de Malacarne.

malachite green : vert de malachite (colorant utilisé pour différencier le colibacille du bacille typhique et pour le traitement de la trypanosomiase).

malacia, *s.* : 1. malacie (ramollissement); 2. malacia (trouble de l'appétit).

malacoma, *s.* : ramollissement d'un organe ou d'une partie du corps.

malacopeous, *adj.* : ramollissant, émollient.

malacoplakia vesicae *(lat.)* : malacoplasie, cystite en plaque.

malacosarcosis, *s.* : ramollissement tissulaire.

malacosis, *s.* : état caractérisé par un ramollissement anormal des tissus du corps.

malacosomous, *adj.* : à corps mou.

malacosteon or **malacosteosis**, *s.* : ostéomalacie.

malacotic, *adj.* : mou, ramolli; **- teeth** : dents de structure tendre les prédisposant aux caries.

malacotomy, *s.* : cœliotomie, laparotomie abdominale.

maladaptation, *s.* : défaut d'adaptation *(biol.)*.

malady, *s.* : maladie, mal.

malagma, *s.* : cataplasme.

malaise, *s. (fr.)* : malaise.

malalignement, *s.* : alignement dentaire défectueux.

malanders, *s.* : malandre, malandres *(vétér.)*.

malandria, *s.* : 1. malandrie (espèce d'éléphantiasis); 2. *cf.*, **malanders.**

malar, *adj.* : malaire; **- arch** : arcade zygomatique; **- bone** : os malaire; **- point** : point malaire (point situé sur le tubercule de la face externe de l'os malaire).

malaria, *s.* : malaria, paludisme; **- stricken** : impaludé.

malarial, *adj.* : paludéen, paludique, palustre; **- fever** : fièvre paludéenne; **- germ** : germe du paludisme *(cf.,* **Plasmodium**); **- infection** : infection paludéenne.

malarialize, *v.* : impaluder.

malariology, *s.* : malariologie *(impr.)*, paludisme, étude du paludisme.

malariotherapy, *s.* : malariathérapie *(impr.)*; paludothérapie (inoculation de l'hématozoaire du paludisme dans un but thérapeutique).

Malassez's disease : maladie kystique du testicule.

Malassezia, *s.* : spore de Malassez, bacille bouteille (parasite que l'on trouve en grande abondance dans les squames du pityriasis simplex).

malassimilation, *s.* : assimilation défectueuse.

malaxation, *s.* : malaxage.

malconformation, *s.* : mauvaise conformation.

maldigestion, *s.* : troubles de la digestion, mauvaise digestion.

male, *s.* : mâle; *adj.* : mâle, masculin.

Malecot's catheter : sonde de Malecot (sonde de caoutchouc pour cathétérisme de l'urètre).

malemission, *s.* : déficience de l'éjaculation.

malformation, *s.* : malformation, vice de conformation.

malformed, *adj.* : mal conformé, difforme.

Malgaigne's amputation : mode d'amputation ovale; **- hernia** : mode de hernie intestinale de l'enfance; **- hooks** : crochets doubles pour traitement des fractures de la rotule; **- triangle** : triangle stylo-digastrique ou rétro-stylo-hyoïdien (loge parotidienne).

malgenic, *adj.* : producteur de maladie.

maliasmus, s. : morve.

maliform, adj. : maliforme, en forme de pomme.

malign, adj. : cf., **malignant.**

malignancy, s. : malignité (caractère insidieux et redoutable d'une maladie; extension et généralisation d'une tumeur).

malignant, adj. : malin, maligne.

malimali, s. : tic convulsif observé aux Philippines.

malingerer, s. : faux malade, simulateur.

malinterdigitation, s. : malformation interdigitale.

malis, s. : nom donné à diverses maladies de peau, surtout type gale.

malleable, adj. : malléable.

malleability, s. : malléabilité.

malleal or **mallear,** adj. : se rapportant au marteau.

mallease, s. : cf., **mallein.**

malleation, s. : mouvement spasmodique des mains consistant à toucher continuellement tout objet proche.

malleiform, adj. : en forme de marteau.

mallein, s. : malléine (substance extraite des cultures du bacille de la morve et servant au diagnostic de la maladie); v. : malléiner, malléiniser.

malleinization, s. : injection de malléine.

mallenders, s. : cf., **malanders.**

malleoincudal, adj. : se rapportant au marteau et à l'enclume.

malleolar, adj. : malléolaire.

malleolus, s., plur. **malleoli** (lat.) : malléole.

malleotomy, s. : 1. incision ou sectionnement du marteau; 2. sectionnement des ligaments fixés aux malléoles.

mallet, s. : maillet; **- finger** : flexion permanente de la dernière phalange.

malleus, s., plur. **mallei** (lat.) : 1. marteau (oreille moyenne); 2. morve.

Mallory bodies : corps de Mallory (histol.).

Mallory-Weiss' syndrome : syndrome de Mallory-Weiss.

malnutrition, s. : nutrition défective, sous-alimentation.

malocclusion, s. : occlusion dentaire défectueuse.

maloplasty, s. : chirurgie plastique de la joue.

Malpighian, adj. : malpighien; **- body** : corpuscule de Malpighi; **- capsule** : capsule de Bowman; **- cells** or **vesicles** : alvéoles pulmonaires; **- pyramids** : pyramides de Malpighi; **rete germinatum** or **- stratum** : couche de Malpighi; **- tuft** : glomérule de Malpighi.

malposition, s. : position anormale ou défectueuse.

malpractice, s. : incurie (d'un médecin), négligence (de traitement), malversation, avortement provoqué.

malpresentation, s. : présentation défectueuse (obstét.).

malt or **maltum,** s. : malt; **- extract** : extrait de malt (pharm.); **- sugar** : maltose.

Malta fever : fièvre de Malte, mélitococcie, fièvre ondulante.

maltase, s. : maltase.

Malthus (doctrine of) : malthusianisme.

maltose, s. : maltose.

maltosuria, s. : maltosurie (présence de maltose dans l'urine).

malum, s., adj. (lat.) : mal; **- ægyptiacum** : diphtérie ; **- articulorum** : rhumatisme, goutte ; **- articulorum senilis** : arthrite déformante ; **- caducum** : épilepsie ; **- cotunii** : sciatique ; **- coxae** : coxalgie, **- perforans pedi** : ulcère perforant du pied; **- venereum** : syphilis.

malunion, s. : pseudarthrose.

mamanpian, s. (fr.) : mamanpian, ulcère du pian.

mamelon, s. : mamelon.

mamelonated, adj. : mamelonné.

mamilla, s. : cf., **mammilla.**

mamma, s., plur. **mammae** (lat.) : sein, glande mammaire, mamelle.

mammalgia, s. : douleur mammaire.

mammalia, s. plur. : mammifères.

mammalian, adj. : mammifère.

mammary, adj. : mammaire; **- glands** : glandes mammaires; **- tissue** : tissu mamellaire.

mammate, adj. : mamelé.

mammectomy, s. : mammectomie (ablation des glandes mammaires).

mammiform, adj. : mammiforme.

mammilla, s. : mamelon, bout de sein.

mammillaplasty, s. : mamilloplastie (opération qui a pour but de supprimer l'invagination du mamelon).

mammillary, adj. : mamillaire, en forme de mamelon, se rapportant au mamelon.

mammilated, adj. : mamelonné (ayant la surface couverte de mamelons).

mammillation, s. : granulation, en particulier sur une muqueuse.

mammilliform, adj. : en forme de mamelon.

mammilliplasty, s. : mamilloplastie.

mammillitis, s. : inflammation du mamelon.

mammilloid, adj. : en forme de mamelon.

mammillose, adj. : muni de plusieurs mamelons.

mammillothalmic fasciculus : faisceau de Vicq d'Azyr.

mammitis, s. : mammite, mastite.

mammo- : mammo-, préfixe indiquant un rapport avec la poitrine ou la glande mammaire; cf., aussi les mots commençant par : **masto-** et **mazo-.**

mammose, adj. : atteinte d'hypertrophie mammaire.

mammotomy, s. : cf., **mastotomy.**

mammotropin, s. : cf., **prolactin.**

man, s., *plur.* **men** : homme; **- eater** : anthropophage, cannibale; **- hater** : misanthrope, androphobe.

mancinism, s. : habitude de se servir de la main gauche.

mandible or **mandibula,** s. : mandibule, mâchoire inférieure.

mandibular, *adj.* : mandibulaire.

mandibulate, *adj.* : mandibulé.

mandrel or **mandrin,** s. : mandrin.

manducation, s. : mastication.

manducatory, *adj.* : masticatoire.

manganese, s. : manganèse.

manganic, *adj.* : manganique.

manganism, s. : manganisme (intoxication par le manganèse).

manganization, s. : adultération des médicaments.

manganous, *adj.* : manganeux.

mange, s. : gale animale; **fox -** : alopécie.

manginess, s. : état galeux.

mania, s. : manie, folie, délire, folie furieuse.

maniac, s., *adj.* : fou, maniaque.

maniacal, *adj.* : fou, de fou, maniaque.

manic, *adj.* : se rapportant à la folie, qui tient de la folie ; **- depressive psychosis** : psychose maniaco-dépressive.

manicure, s. : 1. soin des mains, toilette des mains; 2. manucure; v. : soigner les mains; **to - one's nails** : se faire les ongles.

manifold, s. : séchoir à crochets multiples, rampe à prises multiples, hérisson (lyophilisation).

manigraphy, s. : traité sur les maladies mentales, science des maladies mentales.

manikin, s. : 1. homoncule, nabot; 2. mannequin (pour études obstétricales *ou* anatomiques).

maniluvium, s. (*lat.*) : 1. manuluve, bain de mains 2. lotion pour les mains.

manipulation, s. : manipulation, exploration (des organes).

manipulative, *adj.* : de manipulation, accompli au moyen de manipulations; **- surgery** : thérapeutique manuelle.

manliness, s. : virilité.

mannerism, s. : maniérisme.

Manning's exanthem : exanthème septicémique, phénomène de complication grave de la scarlatine et de la diphtérie.

Mannkopf's sign or **Mannkopf-Rumpf's sign** : signe de Mannkopf.

mannoheptulosuria, s. : mannoheptulosurie.

manometer, s. : manomètre.

manometric, *adj.* : manométrique.

manometry, s. : manométrie.

manoscope, s. : instrument pour déterminer la densité de l'air.

Manson's pyosis : éruption vésiculaire *ou* bulbeuse évoluant vers une forme purulente sans ulcération.

mantle, s. : hémisphères cérébraux, corps calleux et trigone cérébral.

Mantoux reaction : réaction de Mantoux (tuberculose).

manual, *adj.* : manuel.

manubrial, *adj.* : se rapportant à une poignée, à un manche.

manubriate, *adj.* : muni d'une poignée, d'un manche.

manubrium, s., *plur.* **manubria** (*lat.*) : 1. manche, poignée ; 2. manubrium, poignée, pré-sternum ; **- of malleus** : manche du marteau (oreille moyenne); **- manus** : radius.

manuduction, s. : opération faite par les mains en pratique chirurgicale et obstétricale.

manudynamometer, s. : instrument indiquant la force exercée par la poussée d'un instrument.

manus, s. (*lat.*) : main; **- cava** : hyperconcavité de la paume des mains; **- curta** or **distorta** : main bote; **- extensa** : main bote à déviation antérieure; **- flexa** : main bote à déviation postérieure; **- valga** : main bote à déviation cubitale; **- vara** : main bote à déviation radiale.

manustupration, s. : masturbation.

manyplies, s. : feuillet (troisième poche de l'estomac des ruminants).

Manzullo's diphtheria test : réaction au tellurate de potassium pour diagnostiquer la diphtérie.

MAO (mono-amino-oxidase) inhibitors : inhibiteurs de la mono-amino-oxydase, IMAO (*pharm.*).

map, s. : carte (chromosomique).

maple bark disease : pneumoconiose par inhalation de sciure de bois.

maple syrup urine disease : maladie des urines à odeur de sirop d'érable.

mapping : arrangement linéaire des gènes sur le chromosome.

Maranon's sign : signe de Maranon, tache rouge thyroïdienne (maladie de Basedow).

marantic, *adj.* : marastique, qui se rapporte à l'état de marasme ; **- thrombosis** : thrombose marastique.

marasmic, *adj.* : atteint de marasme.

marasmoid, *adj.* : ressemblant *ou* simulant le marasme.

marasmus, s. (*lat.*) : marasme, maigreur extrême.

marble bone : ostéopétrose, maladie d'Albers-Schœnberg, os de marbre.

marbleization, s. : marbrure.

Marchiafava-Bignami's disease : encéphalopathie alcoolique de Marchiafava-Bignami.

Marchiafava-Micheli's disease : maladie de Marchiafava-Micheli.

marcid, *adj.* : rétréci, ratatiné, flétri, amaigri.

Marckwald's operation : opération du col de l'utérus pour la sténose.

Maréchal test for bile pigments : réaction de Maréchal (identification des pigments biliaires dans l'urine).

Marey's law : loi de Marey (1. loi de variation périodique de l'excitation cardiaque; 2. loi de l'uniformité de travail du cœur).

Marfan's disease : maladie de Marfan (paralysie spasmodique d'origine hérédosyphilitique ; **- syndrome** : syndrome de Marfan (arachnodactylie, cyphoscoliose, inocclusion de la cloison interventriculaire et ectopie du cristallin).

margaritoma, *s.* : cholestéatome.

margin, *s.* : marge, lisière ; 2. liseré *(phot.)* ; **gingival** *or* **gum -** : liseré *(stom.)*.

marginal, *adj.* : marginal; **- case** : cas limite; **- convolution** : scissure calloso-marginale (première frontale); **- sharpness** *or* **definition** : netteté aux bords de l'image *(phot.)*.

marginated, *adj.* : marginé.

marginoplasty, *s.* : chirurgie plastique du bord des paupières.

margo, *s. (lat.)* : marge, bord.

Marie's disease : maladie de Pierre Marie (1. acromégalie; 2. ostéo-arthropathie hypertrophiante pulmonaire; 3. ataxie cérébelleuse héréditaire; 4. ankylose de la colonne vertébrale et de l'articulation coxofémorale); **- sign** : tremblement des mains, des extrémités ou de tout le corps dans le goitre exophtalmique.

Marie-Strumpel arthritis : arthrite de Marie-Strumpell.

marihuana *or* **marijuana,** *s.* : marijuana (chanvre indien).

Marinesco's hand : refroidissement, décoloration et œdème des mains dans la syringomyélie.

Mariotte's blind spot : tache aveugle de la papille (rétine); **- law** : loi de Mariotte.

marisca, *s.* : marisque (tumeur d'origine hémorroïdale).

mariscous, *adj.* : hémorroïdal.

maritonucleus, *s.* : noyau de l'œuf fécondé.

mark, *s.* : marque, tache, signe, empreinte; **birth -** : envie, tache de naissance, naevus; **portwine -** : tache de vin (naevus vasculaire plan).

marked, *adj.* : accusé, prononcé.

marker, *s.* : marqueur; **genetic -** : marqueur génétique, facteur d'identification.

marrow, *s.* : moelle; **bone -** : moelle osseuse; **spinal -** : moelle épinière.

marsh, *s.* : marais, marécage; **- fever** : paludisme, fièvre paludéenne; **- gas** : méthane, gaz des marais.

Marsh's disease : maladie de Marsh, goitre exophtalmique.

Marsh's test for arsenic : réaction de Marsh (identification de l'arsenic).

Marshall's oblique vein : veine de Marshall, veine oblique de l'oreillette gauche; **- vestigial fold** : repli vestigial de Marshall.

marsupia patellaris *(lat.)* : ailerons rotuliens *(anat.)*.

marsupialization, *s.* : marsupialisation (suture, aux lèvres de l'incision cutanée, des bords de la cavité persistant après l'extirpation incomplète d'un kyste).

marsupium, *s. (lat.)* : 1. poche; 2. scrotum.

martial, *adj.* : ferrugineux, martial.

maschaladenitis, *s.* : inflammation des glandes axillaires.

maschale, *s.* : aisselle.

mascheleous, *adj.* : axillaire, se rapportant à l'aisselle.

maschalephidrosis, *s.* : éphidrose axillaire.

maschalhyperidrosis, *s.* : hyperidrose axillaire.

maschaliatria, *s.* : traitement par frictions *ou* onctions de la région axillaire.

maschalister, *s.* : axis, deuxième vertèbre cervicale.

masculinization, *s.* : masculinisation, virilisation.

masculine *or* **masculous,** *adj.* : masculin, mâle.

masculinity, *s.* : masculinité.

masculinize, *v.* : masculiniser.

masculonucleus, *s.* : noyau mâle.

masochism, *s.* : masochisme.

masochist, *adj.* : masochiste.

mass, *s.* : masse, amas, agglomération; **- media** : moyens collectifs d'information; **- miniature radiography** : radiophotographie en masse *(radiol.)*; **- treatment** : traitement collectif.

massae laterales sacri *(lat.)* : ailerons du sacrum.

massage, *s.* : massage; **scalp -** : friction; *v.* : masser (le corps); malaxer (les muscles).

masseter, *s.* : *cf.*, **musculus.**

masseteric, *adj.* : massétérique, massétérin.

masseur, *s. (fr.)* : 1. masseur; 2. instrument pour massage mécanique.

masseuse, *s. (fr.)* : masseuse.

massicot, *s.* : 1. massicot; 2. oxyde de plomb.

massive, *adj.* : massif; **- pneumonia** : pneumonie massive (variété de pneumonie lobaire due à l'oblitération des grosses bronches par des concrétions fibrineuses).

massotherapy, *s.* : massothérapie.

mastaden, *s.* : glande mammaire.

mastadenitis, *s.* : inflammation de la glande mammaire.

mastadenoma, *s.* : tumeur mammaire.

mastalgia, *s.* : douleur mammaire.

mastatrophia, *s.* : atrophie mammaire.

mastauxe, *s.* : hypertrophie mammaire.

mast-cells, *s.* : mastzellen, polynucléaires basophiles, mastocytes.

mastecchymosis, s. : ecchymose du sein.

mastectomy, s. : excision ou amputation du sein, mammectomie.

mastelcosis or **masthelcosis**, s. : ulcération du sein.

mastication, s. : mastication.

masticator, s. : 1. (muscle) masticateur; 2. (animal) masticateur; 3. masticateur, malaxeur.

masticatory, adj. : masticatoire (pharm.); adj. : masticateur; - **spasm** : trismus; - **teeth** : dents mâchelières (ruminants).

Mastigophora, s. : Mastigophores (protozoaires flagellés).

mastigosis, s. : flagellation employée dans un but thérapeutique.

mastitis, s. : mastite, mammite.

masto- : masto-, préfixe dénotant un rapport avec le sein.

mastocarcinome, s. : carcinome mammaire.

mastochondroma, s. : chondrome du sein.

mastocyte, s. : mastocyte.

mastodynia, s. : mastodynie.

mastoid, adj. : mastoïde; - **angle** : angle mastoïdien ou postéro-inférieur pariétal; - **antrum** : canal mastoïdien (temporal); - **cells** : cellules mastoïdiennes; - **disease** : mastoïdite; - **groove** or **notch** : rainure du digastrique; - **operation** : paracentèse ou trépanation des cellules mastoïdiennes; - **process** : apophyse mastoïde.

mastoidal, **mastoideal** or **mastoidean**, adj. : mastoïdien.

mastoidectomy, s. : mastoïdectomie (trépanation et évidement de l'apophyse mastoïde, de l'aditus et de l'antre pratiquée en cas de mastoïdite aiguë).

mastoideocentesis, s. : paracentèse de l'apophyse mastoïde.

mastoideum, s. : partie mastoïdienne du temporal.

mastoiditis, s. : mastoïdite; **Bezold's -** : mastoïdite de Bezold.

mastoidotomy, s. : mastoïdotomie.

mastologist, s. : médecin spécialisé dans les maladies de l'appareil mammaire.

mastology, s. : traité sur l'appareil mammaire, anatomie et maladies.

masto-occipital, adj. : se rapportant à l'apophyse mastoïdale et à l'os occipital.

mastoparietal, adj. : se rapportant à l'apophyse mastoïdale et à l'os pariétal.

mastopathy, s. : mastopathie.

mastopexy, s. : mastopexie (opération consistant à relever le sein et à le fixer au muscle pectoral).

mastoptosis, s. : mastoptosis.

mastorrhagia, s. : hémorragie mammaire.

mastoscirrhus, s. : squirre du sein.

mastosis, s. : mastose, hypertrophie mammaire.

mastospargosis, s. : hypertrophie ou œdème mammaire dû surtout à un excès de lait.

mastosquamous, adj. : se rapportant aux parties mastoïdienne et écailleuse du temporal.

mastosyrinx, s. : fistule mammaire.

mastotomy, s. : incision du sein, mastostomie.

mastous, adj. : à gros seins, mamelue.

masturbation, s. : masturbation.

mastzellen, s. (germ.) : mastzellen, polynucléaires basophiles, mastocytes.

masurium, s. : masurium (cf., **technetium**).

Matas' operation : opération de Matas, anévrismorraphie.

matching, s. : assortiment, appariement.

mate, v. : apparier, accoupler.

materia medica (lat.) : matière médicale.

materies morbi (lat.) : substance, agent provocateur de la maladie.

maternal, adj. : maternel.

maternity, s. : maternité; - **centre** : centre d'accouchement; - **hospital** : maison d'accouchement, maternité; - **ward** : salle des accouchées, service de la maternité.

maternology, s. : étude de la maternité.

Mathieu's disease : maladie de Mathieu, ictère infectieux à recrudescence fébrile.

mating, s. : appariement, conjugaison (génét.).

matrass, s. : matras, ballon à long col.

matricial, adj. : se rapportant à une matrice, matriciel.

matriculate, v. : 1. immatriculer (un étudiant); 2. passer l'examen d'entrée à l'Université et prendre ses inscriptions.

matriculation, s. : 1. immatriculation; 2. examen de fin d'études secondaires.

matrix, s., plur. **matrices** (lat.) : 1. matrice, moule; 2. alvéole (d'une dent), matrice (de l'ongle); 3. utérus; 4. substance intercellulaire d'un tissu (p. ex. cartilage).

matrixitis, s. : cf., **onychia**.

matroclinous, adj. : matrocline (hérité de la mère).

matter, s. : 1. matière, substance; 2. pus, sanie, chassie.

mattoid, s. : paranoïaque.

mattress, s. : matelas; **alternating -** : matelas alternant, ondulant.

maturate, v. : 1. mûrir, faire mûrir (un abcès); 2. mûrir, suppurer.

maturation, s. : maturation.

mature, adj. : mûr, v. : mûrir.

maturity, s. : maturité.

matutinal, adj. : matutinal, matinal, du matin.

Maunoir's hydrocele : hydrocèle du cou.

maxilla, s., plur. **maxillae** (lat.) : 1. os maxillaire; 2. maxillaire supérieur.

maxillary, adj. : maxillaire; - **antrum** : cf., **sinus**; - **bones** : os maxillaires; - **fissure** : fissure palatine; - **process** : apophyse maxillaire; - **sinus** : sinus maxillaire.

maxillate, *adj.* : muni de maxillaires.

maxillien, *adj.* : appartenant à l'os maxillaire même.

maxillitis, *s.* : 1. maxillite (ostéite des maxillaires); 2. inflammation d'une glande maxillaire.

maximal, *adj.* : se rapportant au maximum; **- thermometer** : thermomètre à maxima.

maximum, *s.* : maximum; **- breathing capacity** : capacité ventilatoire maximum.

Maydl's method : procédé *ou* opération de Maydl (procédé d'urétéroentérostomie appliqué à la cure radicale de l'extrophie de la vessie).

mayhem, *s.* : mutilation, action d'estropier quelqu'un.

Mayo-Robson's point : signe de Mayo-Robson (diagnostic de la pancréatite).

Mayo's methode : traitement de la névralgie du trifacial.

Mayo's operation : 1. cure radicale de la hernie ombilicale; 2. excision du pylore, suture de l'extrémité pylorique du duodénum suivie de gastrojéjunostomie.

maza, *s.* : placenta.

mazalysis, *s.* : rétention du placenta.

mazic, *adj.* : placentaire.

mazocacothesis, *s.* : implantation défectueuse du placenta.

mazodynia, *s.* : mastodynie.

mazolysis, *s.* : séparation du placenta.

mazopathy, *s.* : 1. maladie placentaire; 2. mastopathie.

mazopexy, *s.* : mastopexie.

mazoplasia, *s.* : hyperplasie du tissu mammaire.

mbori, *s.* : mbori (trypanosomiase des chameaux du Mali).

MDR (minimum daily requirement) : ration calorique quotidienne minimum.

meable, *adj.* : meuble.

meagre, *adj.* : maigre, décharné.

meal, *s.* : 1. farine, semoule (s'emploie pour désigner les farines de diverses céréales et de la pomme de terre); **oat -** : flocons d'avoine; 2. repas; **test -** : repas d'épreuve.

measle, *s.* : cysticerque (*Cysticercus cellulosae*) (*parasit.*).

measles, *s.* : 1. rougeole; 2. ladrerie (*vétér.*); **German -** : rubéole, roséole épidémique.

measly, *adj.* : 1. qui ressemble à la rougeole; 2. ladre, atteint de ladrerie.

meat, *s.* : viande.

meatal, *adj.* : se rapportant à un méat.

meatometer, *s.* : instrument pour mesurer le calibre d'un méat.

meatorrhaphy, *s.* : suture d'un méat après méatotomie.

meatoscopy, *s.* : méatoscopie (examen des méats urétéraux).

meatotomy, *s.* : méatotomie (incision du méat urinaire, opération qui a pour but d'augmenter le diamètre de cet orifice).

meatus, *s.*, *plur.* **meatus** (*lat.*) : méat, conduit; **- auditorius externus alvearium** : conduit auditif externe; **- auditorius internus** : conduit auditif interne; **- nasi communis** : orifice interne des fosses nasales; **- of nose** : méats (fosses nasales osseuses); **- urethrae** *or* **urinarius** : méat urinaire.

mechanism, *s.* : mécanisme.

mechanotherapy, *s.* : mécanothérapie, méthode de Zandler, de J. Rivière.

meche, *s. (fr.)* : mèche.

mecism, *s.* : état caractérisé par une élongation anormale d'une *ou* plusieurs parties du corps.

Meckel's cartilage : cartilage de Meckel; **- cavity** *or* **space** : cavum de Meckel (dure-mère); **- crural arch** : ligament de Poupart; **- diverticulum** : diverticule de Meckel; **- ganglion** : ganglion de Meckel *ou* sphéno-palatin.

meckelectomy, *s.* : excision du ganglion de Meckel.

mecometer, *s.* : instrument pour mesurer les nouveau-nés.

mecon, *s. (lat.)* : opium.

meconalgia, *s.* : douleur, névralgie consécutive à l'abus de l'opium.

meconate, *s.* : méconate (sel d'acide méconique).

meconeuropathia, *s.* : névrose consécutive à l'abus de l'opium ou de ses dérivés.

meconic, *adj.* : méconique, se rapportant à l'opium; **- acid** : acide méconique.

meconism, *s.* : intoxication par l'opium, thébaïsme.

meconium, *s.* : méconium (matières expulsées par le nouveau-né).

meconology, *s.* : étude botanique et pharmacologique de l'opium et de ses dérivés.

meconophagism, *s.* : opiophagie.

meconophagist, *s.* : opiophagiste, opiomane.

medea, *s.* : 1. organes génitaux; 2. aphrodisiaque.

media, *s. (lat.)* : 1. media, tunique moyenne d'un vaisseau; 2. plur. de medium : milieu; **culture -** : milieux de culture (*bactér.*); **- of eye (transparent)** : cornée, humeur aqueuse, cristallin et corps vitré.

mediad, *adv.* : orienté vers le plan médian, la ligne médiane.

medial, *adj.* : 1. *cf.*, **median**; 2. interne.

median, *adj.* : médian; **- artery** : artère médiane; **- bar** : prostatisme sans prostate; **- nerve** : nerf médian.

mediastinal, *adj.* : médiastinal; **- flutter** : balancement du médiastin.

mediastinitis, *s.* : médiastinite.

mediastinopericarditis, *s.* : médiastinopéricardite; **callous -** : médiastinopéricardite fibreuse.

mediastinotomy, *s.* : médiastinotomie.

mediastinum, *s.* *(lat.)* : médiastin; **- cerebelli** : faux du cervelet; **- testis** : mediastinum testis (testicule).

mediate, *adj.* : médiat, intermédiaire, interposé; **- auscultation** : auscultation médiate.

mediation, *s.* : médiation.

mediator, *s.* : 1. ambocepteur; 2. médiateur; **neurochemical -** : médiateur chimique.

medicable, *adj.* : guérissable.

medical, *adj.* : médical, de médecine; **Army - college** : école du service de santé militaire; **- attendance** : soins médicaux soins du médecin; **- board** : conseil de santé; **- department** : service de santé, corps de santé; **- diseases** : maladies relevant du domaine médical; **- ethics** : déontologie; **- jurisprudence** : médecine légale; **- man** : médecin; **- officer** : médecin militaire; **to come before the - officer** : passer à la visite; **- officer of health** : médecin d'état civil; **- profession** : corps médical, profession de médecin; **- school** : école de médecine; **- stores** : matériel sanitaire; **- student** : étudiant en médecine.

medicament, *s.* : médicament.

medicamentum, *s.* *(lat.)* : médicament; **- arcanum** : spécialité pharmaceutique, remède secret, arcane.

medicaster, *s.* : médicastre, charlatan.

medicated, *adj.* : médicamenté, médicamenteux.

medication, *s.* : médication, emploi de médicaments; **endermic** or **ionic -** : cataphorèse, électrophorèse; **hypodermic -** : médication ou thérapeutique hypodermique.

medicative, *adj.* : curatif, médicateur.

medicinal, *adj.* : médicinal, médicamenteux; **- bath treatment** : balnéothérapie; **- baths** : bains médicinaux; **taking of - baths** : balnéation; **- rash** : éruption médicamenteuse.

medicine, *s.* : 1. médecine; **forensic** or **legal -** : médecine légale; **nuclear -** : traitement des lésions provoquées par les radiations; **to practise -** : exercer la médecine; **to study -** : faire sa médecine; 2. médicament, remède; **patent -** : spécialité pharmaceutique, remède secret; **proprietary -** : spécialité pharmaceutique; **quack -** : remède de charlatan.

medicinerea, *s.* *(lat.)* : substance grise.

medicisterna, *s.* *(lat.)* : espace sous-arachnoïdien où passent les veines de Galien (cerveau).

medicochirurgic, *adj.* : médicochirurgical.

medicolegal, *adj.* : médicolégal.

medicommissure, *s.* : commissure grise (troisième ventricule).

medicophysical, *adj.* : médicophysique.

medicopsychological, *adj.* : psychiatrique.

medicophysiologie, *s.* : psychiatrie.

medicornu, *s.* : corne occipitale (ventricule latéral).

medicus, *s.* *(lat.)* : médecin.

medifixed, *adj.* : attaché au milieu.

medifrontal, *s.* : milieu du front.

Medina-worm : filaire de Médine *(parasit.)*.

medio- : médio-, préfixe signifiant milieu.

mediocentric, *adj.* : médiocentrique (se dit d'un chromosome dont le centromère est situé au milieu).

mediopeduncle, *s.* : pédoncule cérébelleux moyen.

medisection, *s.* : section dans le plan médian longitudinal antéro-postérieur.

Mediterranean anemia : thalassémie; **- fever** : fièvre méditerranéenne, brucellose, fièvre ondulante.

medium, *s.*, *plur.* **media** *(lat.)* : milieu; **culture -** : bouillon de culture; **overlay -** : milieu de recouvrement.

medius, *s.* *(lat.)* : 1. milieu; 2. médius.

medorrhea or **medorrhoea,** *s.* : épanchement des organes reproducteurs.

medulla, *s.*, *plur.* **medullae** *(lat.)* : 1. moelle; 2. bulbe rachidien; 3. corps ayant l'aspect de la moelle et remplissant des cavités; 4. olive cérébelleuse; **- of kidney** : substance médullaire (rein); **- oblongata** : bulbe rachidien; **- ossium** : moelle osseuse; **- spinalis** : moelle épinière.

medullar or **medullary,** *adj.* : médullaire; **- canal** : canal médullaire; **- carcinoma** : carcinome médullaire ou encéphaloïde; **- rays** : pyramides de Ferrein (rein); **- sheath** : myéline ou gaine de Schwann.

medullated, *adj.* : médulleux, à moelle; **- nerve fiber** : fibre nerveuse myélinisée (à gaine de Schwann).

medullation, *s.* : processus de la myélinisation.

medullispinal, *adj.* : se rapportant à la moelle épinière.

medullitis, *s.* : medullite; 1. ostéomyélite; 2. myélite.

medullization, *s.* : médullisation (envahissement du tissu compact des os par le tissu médullaire).

medullo-adrenal, *adj.* : médullosurrénal.

médullo-arthritis, *s.* : arthrite médullaire.

medulloblast, *s.* : médulloblaste, neurospongioblaste, spongioblastome.

medulloblastoma, *s.* : médulloblastome, neurospongiome.

medullocell, *s.* : myélocyte.

medulloculture, *s.* : médulloculture (ensemencement avec de la moelle osseuse).

medullo-encephalic, *adj.* : myélencéphalique.

medullo-epithelioma, *s.* : médullo-épithéliome; neuro-épithéliome.

medullose, *adj.* : à moelle, myélinisé.

medullosuprarenoma, *s.* : médullosurrénalome, phéochromocytome, surrénalome hypertensif.

medullous, *adj.* : cf., **medullose.**

mega- or **megalo-** : méga-, mégalo- : 1. préfixes signifiant grand; 2. préfixe indiquant un multiple représentant 10^6 fois l'unité (symbole M).

megacardia, s. : hypertrophie cardiaque.

megacephalia, s. : mégacéphalie (développement considérable du crâne, normal ou pathologique).

magacephalic or **megacephalous,** adj. : mégacéphale, mégalocéphale.

megacoccus, s. : coccus de grande taille.

megacolon, s. : mégacôlon, maladie de Hirschsprung, de Mya, de Ruysch.

megadont, adj. : à dents anormalement grandes.

megaduodenum, s. : dilatation idiopathique du duodénum.

megadyne, s. : mégadyne.

megakaryoblast, s. : mégacaryoblaste.

megakaryocyte, s. : mégacaryocyte.

megalacria or **megalakria,** s. : acromégalie.

megalgia, s. : douleur très grave.

megaloblast, s. : mégaloblaste (érythroblaste de grande taille et à gros noyau clair).

megalobulbus, s. : mégalobulbe (radiol.).

megalerythema ou **erythema infectiosum** : mégalérythème épidémique.

megalocardia, s. : forme d'hypertrophie cardiaque.

megaloencephalic or **megalocephalous,** adj. : mégalocéphale.

megalocephaly, s. : 1. mégalocéphalie, mégacéphalie; 2. leontiasis ossea (ostéose hypertrophiante diffuse bilatérale).

megalocheirous, adj. : atteint de mégalochirée, de chiromégalie, d'hypertrophie des mains et des doigts.

megalocoly, s. : dilatation uniforme du diamètre interne du côlon avec épaississement des parois.

megalocornea, s. : mégalocornée, kératomégalie.

megalocyte, s. : mégalocyte, hématie géante.

megalocytosis, s. : mégalocytose (anémie pernicieuse hyperchrome).

megalodactylous, adj. : ayant une hypertrophie digitale.

megalodont, adj. : à grandes dents.

megalodontia or **macrodontia,** s. : mégalodontie.

megaloenteron, s. : intestin très large.

megalogastria, s. : mégalogastrie, mégastrie (estomac volumineux sans dilatation).

megaloglossia, s. : cf., **macroglossia.**

megalohepatia, s. : hépatomégalie.

megalokaryocyte, s. : 1. mégalocaryocyte ; 2. mégacaryocyte.

megalomania, s. : mégalomanie (folie des grandeurs).

megalomaniac, adj. : mégalomane.

megalomelia, s. : monstre présentant une hypertrophie des membres.

megalonychosis, s. : hypertrophie de l'ongle et de la matrice.

megalopenis, s. : hypertrophie du pénis.

megalophonic or **megalophonous,** adj. : à voix forte.

megalophthalmus, s. : mégalophtalmie (anomalie congénitale de l'œil consistant en un agrandissement de ses diamètres).

megalopia, s. : cf., **megalopsia.**

megaloplastocyte, s. : macrothrombocyte.

megalopodia, s. : mégalopodie (hypertrophie partielle ou totale des pieds).

megaloporous, adj. : à larges pores.

megalopsia, s. : mégalopsie, macropsie, macropie.

megaloscope, s. : endoscope grossissant.

megaloscopy, s. : examen à l'endoscope grossissant.

megalosplenia, s. : splénomégalie, mégalosplénie (hypertrophie de la rate).

megalosporon, s. : trichophyton.

megalo-ureter, s. : mégalo-uretère (dilatation congénitale de l'uretère).

megaphone, s. : mégaphone.

megaprosopous, adj. : atteint d'hypertrophie faciale.

megarectum, s. : mégarectum (dilatation du rectum).

megascope s. : mégascope (microscope pour examen d'objets relativement grands).

megaseme, adj. : mégasème (se dit d'un crâne ayant un indice supérieur à 89°).

megasigmoid, s. : mégasigmoïde (dilatation et allongement de l'anse sigmoïde du côlon).

megasoma, s. : taille et stature anormalement grandes, mais n'atteignant pas le gigantisme.

megaspore, s. : macrospore, mégaspore.

megasthenic, adj. : puissant.

Megastoma, s. : genre d'infusoires.

megophthalmus, s. : kératoglobe.

megoxycyte, megoxyphil or **megoxyphilic,** s. : leucocyte à granulations éosinophiles.

megrim, s. : 1. migraine; 2. vertigo.

meibomanium, s. : hordéole interne.

Meibomian, adj. : de Meibomius; **- calculus** : sécrétion durcie des glandes de Meibomius accumulée à la surface interne des paupières; **- cyst** or **tumor** : chalazion ; **- foramen** : foramen cæcum (langue); **- glands** : glandes de Meibomius; **- sty** : orgelet interne.

meibomitis, s. : meibomitite (inflammation des glandes de Meibomius).

Meige's disease : syndrome de Meige, trophœdème.

Meinicke's test : réaction de Meinicke (réaction de floculation pour le diagnostic de la syphilis).

Meiner's form of enteroptosis : entéroptose des sujets chlorotiques.

meiosis, s. : méiose.

meiostagmin reaction : réaction de la méiostagmine ou miostagmine.

Meissner's corpuscles : corpuscules de Meissner (corpuscules ovoïdes des fibres nerveuses myélinisées des surfaces palmaires et plantaires des doigts des mains et des pieds); **- ganglia** : plexus sous-muqueux de Meissner.

Mejean's operation : opération pour remédier au rétrécissement des voies lacrymales.

mel, s. *(lat.)* : miel ; **- boracis** : miel boraté ; **- depuratum** *or* **despumatum** : miel clarifié ; **- rosse** : miel rosat.

melaena, s. : melæna, méléna (évacuation de sang mélangé *ou* non aux selles).

melagra, s. : mélagre (nom donné autrefois aux douleurs des membres d'origine rhumatismale ou goutteuse).

melalgia, s. : mélalgie (douleur des membres).

melamphonous, *adj.* : à voix rauque, enrouée.

melancholia *or* **melancholy**, s. : mélancolie, lypémanie, hypocondrie.

melancholiac, s., *adj.* : mélancolique, hypocondriaque.

melancholic, *adj.* : mélancolique.

melanedema, s. : mélanose pulmonaire.

melanemia, s. : mélanémie (présence de pigment dans le sang et accumulation de ce pigment au niveau de certains organes).

melanephidrose, s. : éphidrose noire.

melanic, *adj.* : mélanique, atteint de mélanose.

melanicterus, s. : ictère noir.

melanidia, s. : anthracose.

melanidrosis, s. : *cf.*, **melanephidrosis.**

melaniferous, *adj.* : renfermant de la mélanine ou un pigment noir.

melanin, s. : mélanine.

melanism, s. : mélanisme (état de la peau qui présente une pigmentation d'intensité variable, mais toujours diffuse et quelquefois généralisée).

melanistic, *adj.* : mélanique, se rapportant à la mélanose.

melano- : mélano-, préfixe signifiant noir ou dénotant une relation avec la mélanine.

melanoblast, s. : mélanoblaste.

melanoblastoma, s. : mélanosarcome, sarcome mélanique.

melanocancroid, s., *adj.* : *cf.*, **melanocarcinoma.**

melanocarcinoma, s. : carcinome mélanique.

melanochlorosis, s. : forme de chlorose où la peau prend un aspect vert noirâtre.

melanochroic *or* **melanochroous**, *adj.* : de teint foncé.

melanocomous, *adj.* : à cheveux noirs.

melanocyte, s. : mélanocyte, chromatophore; **- stimulating hormone (MSH)** : hormone mélanostimulante.

melanoderma *or* **melanodermia**, s. : mélanodermie, mélano-épidermie (coloration foncée de la peau due à l'infiltration de pigment dans la couche profonde de l'épiderme); **parasitic -** :

forme de mélanodermie due à l'infestation par les poux.

melanogen, s. : corps susceptible d'être transformé en mélanine.

melanoglossia, s. : mélanoglossie, langue noire, forme de glossophytie (coloration noire de la partie dorsale de la langue due à un champignon).

melanoid, *adj.* : mélanoïde.

melanoleukoderma, s. : peau marbrée; **- colli** : collier de Vénus.

melanoma, s., *plur.* **melanomata** *(gr.)* : mélanome.

melanomatosis, s. : mélanomatose.

melanomyces, s. : mélanomyces.

melanopathy, s. : maladie caractérisée par un dépôt de pigment noir.

melanoplakia, s. : pigmentation de la muqueuse buccale.

melanorrhagia, s. : forte évacuation de matières fécales noires.

melanorrhea, s. : *cf.*, **melaena.**

melanosarcoma, s. : mélanosarcome, sarcome mélanique, mélanome, chromatophorome.

melanosarcomatosis, s. : formation de mélanosarcomes, conditions favorisant leur formation.

melanoscirrhus, s. : squirrhe mélanique.

melanosis, s. : mélanose (accumulation de matière noire dans les différents tissus de l'économie); **- lenticularis progressiva** : xeroderma pigmentosum.

melanosity, s. : condition de celui qui est atteint de mélanose.

melanotic, *adj.* : mélanique.

melanotrichia lingua : mélanotrichie linguale, glossophytie.

melanotrichous, *adj.* : à cheveux noirs.

melanous, *adj.* : pigmenté, de teint noir, atteint de mélanose, mélanique.

melanuria, s. : mélanurie (orésence de pigment mélanique dans l'urine).

melanuric, *adj.* : se rapportant à, caractérisé par la mélanurie.

melanurin, s. : pigment mélanique.

melasicterus, s. : ictère noir, ictère avec coloration foncée de la peau.

melasme, s. : mélasme, mélanodermie (taches noires sur la peau); **- suprarenale** : maladie d'Addison.

melatonin, s. : mélatonine.

melatrophy, s. : atrophie des membres.

melena *or* **melaena**, s. : méléna, melæna.

melenemesis, s. : vomissement noir.

melenorrhagia, s. : *cf.*, **melena.**

meli- : méli-, préfixe signifiant sucré ou indiquant un rapport avec le miel.

melicera *or* **meliceris**, s. : mélicérie (loupe formée par l'accumulation dans le follicule pileux de matière jaunâtre ayant la consistance du miel).

melinous, *adj.* : de la couleur du coing.

melioidosis, *s.* : mélioïdose.

melitagra, *s.* : eczéma mélitagreux.

melitemia, *s.* : mélitémie, présence d'un excès de sucre dans le sang.

melitin, *s.* : mélitine.

melitis, *s.* : inflammation de la joue.

melitococcosis, *s.* : mélitococcie, fièvre de Malte, fièvre ondulante, brucellose.

melitoptyalismus, *s.* : production de salive sucrée.

melitoptyalon, *s.* : salive sucrée.

melitose, *s.* : mélitose (sucre $C_{12}H_{22}O_{11}$).

melituria, *s.* : méliturie, glycosurie.

Melkersson's syndrome : syndrome de Melkersson.

mellite, *s.* : mellite (préparation à base de miel).

mellitus, *adj.* : sucré; **diabetes -** : diabète sucré.

meloagra, *s.* : douleur arthritique ou rhumatismale dans les membres.

melon-seed-bodies : corps fibreux ressemblant aux graines de melon trouvés dans les articulations et gaines des tendons à la suite de synovite.

meloplastic, *adj.* : se rapportant à la méloplastie.

meloplasty, *s.* : méloplastie (restauration de la face par autoplastie).

melorrheostasis, *s.* : mélorrhéostose.

melos, *s.* : membre.

meloschisis, *s.* : fissure congénitale de la joue.

melosis, *s.* : sondage.

melotis, *s.* : sonde pour l'oreille.

melting, *s.* : dissociation, débicaténisation d'un acide nucléique *(génét.)* ; **- point** : point de fusion; **- pot** : creuset.

Meltzer's method : anesthésie par voie trachéale; **- sign** : diagnostic d'une contraction ou de l'occlusion de l'œsophage à l'auscultation cardiaque.

member, *s.* : membre.

membral, *adj.* : se rapportant à un membre.

membrana, *s.*, *plur.* **membranae** *(lat.)* : membrane; **- abdominis** : péritoine; **- adventitia** : 1. tunique adventice ; **-** 2. caduque ovulaire ; **- agnina** : amnios ; **- basilaris** *or* **propria** : membrane basilaire; **- caduca** *or* **decidua** : caduque ; **- eboris** : membrane cellulaire recouvrant la pulpe de la dent; **- flaccida** : membrane flaccide de Schrapnell; **- germinativa** : blastoderme; **- obturatoria** : membrane obturatrice ; **- tympani** : membrane du tympan; **- vestibularis** : membrane de Reissner.

membranaceous, *adj.* : membraneux.

membrane, *s.* : membrane; **false** *or* **diphtheritic -** : fausse membrane (diphtérie); **graded -** : membrane calibrée; **nictitating -** : membrane nictitante, paupière interne; **- transport** : transport transmembranaire.

membraniferous, *adj.* : à projection membraneuse.

membraniform, *adj.* : membraniforme.

membranin, *s.* : membranine (protéine de la capsule du cristallin et de la membrane de Descemet).

membranoid, *adj.* : d'aspect membraneux.

membranous, *adj.* : membraneux, membrané ; **- labyrinth** : labyrinthe membraneux; **- urethra** : urètre membraneux.

membroid, *s.* : cachet entérosoluble.

membrum, *s.*, *plur.* **membra** *(lat.)* : membre; **- muliebre** : clitoris; **- seminale** *or* **virile** : pénis.

menacme, *s.* : période de la vie de la femme entre la puberté et la ménopause.

menagogue, *adj.* : ménagogue, emménagogue.

menarche, *s.* : époque où commence la menstruation, puberté dans le sexe féminin.

Mendel's law : loi de Mendel (lois qui régissent l'hérédité).

Mendel's test : test cutané à la tuberculine.

Mendel-Bechterew's foot reflex : réflexe ou signe de Mendel-Bechterew, signe de Bechterew-Mendel, réflexe tarso-phalangien.

Mendeleev's law : loi de Mendeleev, loi périodique des éléments chimiques; **- periodic table** : tableau de Mendeleev.

mendelism, *s.* : mendélisme.

mendosus, *adj.* : faux, incomplet.

menelkosis, *s.* : ulcération de la jambe.

menellipsis, *s.* : ménopause.

Menetrier's disease : gastrite hypertrophiante de Ménétrier.

Ménière's disease : maladie de Ménière (vertige de Ménière).

meningeal, *adj.* : méningé; **- involvement** : complication méningée.

meningematoma, *s.* : hématome de la dure-mère.

meningeorrhaphy, *s.* : 1. suture des membranes; 2. suture des méninges.

meningina, *s.* : pie-mère et arachnoïde.

meningitis, *s.* : leptoméningite.

meningioma, *s.* : méningiome (tumeur habituellement bénigne développée dans les méninges aux dépens du tissu arachnoïdien).

meningism, *s.* : 1. troubles circulatoires dans les méninges d'origine toxique ou hystérique ; 2. méningisme, pseudo-méningite.

meningitic, *adj.* : méningitique; **- streak** : tache méningéale.

meningitiform, *adj.* : ayant l'aspect de la méningite.

meningitis, *s.* : méningite, arachnitis, céphalite.

meningo- : méningo- : préfixe dénotant un rapport avec les méninges.

meningocele, *s.* : méningocèle, hydroméningocèle (1. ectopie des méninges à la face externe du crâne; variété d'encéphalocèle; 2. ectopie des méninges le long du canal rachidien, variété de spina bifida).

meningococcemia, *s.* : méningococcémie, méningococcie.

meningocortical, *adj.* : méningocortical.

meningoencephalitis, *s.* : méningo-encéphalite (inflammation du cerveau et de ses enveloppes).

meningoencephalocele, *s.* : méningo-encéphalocèle (ectopie cérébrale qui contient une cavité provenant d'un diverticule des espaces sous-arachnoïdiens).

meningomalacia, *s.* : 1. méningomalacie; 2. ramollissement de membranes.

meningomyelitis, *s.* : méningomyélite.

meningomyelocele, *s.* : méningomyélocèle.

meningo-osteophlebitis, *s.* : méningite avec thrombophlébite par propagation d'une ostéopériostite.

meningopathy, *s.* : méningopathie.

meningorrhagia, *s.* : méningorragie, hémorragie méningée.

meningorrhea, *s.* : hémorragie méningée, épanchement sanguin dans les méninges.

meningosis, *s.* : union des parties osseuses au moyen d'une membrane.

meningotyphoid, *s.* : fièvre méningotyphoïde, méningotyphus.

meninguria, *s.* : émission de filaments membraneux dans l'urine.

meninx, *s.,* *plur.* **meninges** *(gr.)* : méninge.

meniscal, *adj.* : méniscal.

meniscitis, *s.* : méniscite.

meniscoid, *adj.* : ayant l'aspect d'un ménisque, falciforme.

meniscotomy, *s.* : excision d'un ménisque, en particulier du ménisque rotulien.

meniscus, *s.,* *plur.* **menisci** *(lat.)* : 1. ménisque intra-articulaire; 2. ménisque *(opt.)*; **positive** *or* **diverting -** : ménisque divergent, lentille concavoconvexe; **negative** *or* **converging -** : ménisque convergent, lentille convexo-concave.

meno- : méno-, préfixe dénotant un rapport avec les règles.

menolipsis, *s.* : aménorrhée.

menometastasis, *s.* : règles métastatiques, hémorragies compensatrices.

menopause, *s.* : ménopause.

menophania, *s.* : première apparition des règles.

menorrhagia, *s.* : ménorragie.

menorrhea *or* **menorrhoea,** *s.* : ménorrhée (écoulement des règles).

menoschesis, *s.* : rétention des règles.

menosepsis, *s.* : règles putrides.

menostasia *or* **menostasis,** *s.* : ménostase (rétention du flux menstruel).

menostaxis, *s.* : prolongation des règles due à une nécrose de l'endomètre, ménométrorragie.

mens, *s.* *(lat.)* : esprit; **compos mentis** : sain d'esprit.

menses, *s.* : règles, menstrues.

menstrua, *s. plur. (lat.)* : 1. menstrues; 2. *cf.,* **menstruum.**

menstrual, *adj.* : menstruel.

menstruant, *s.* : femme réglée; *adj.* : sujette à la menstruation.

menstruate, *v.* : avoir ses règles.

menstruation, *s.* : menstruation, flux menstruel; règles.

menstruous, *ad.* : menstrué, menstruel.

menstruum, *s.,* *plur.* **menstrua** *(lat.)* : solvant, véhicule (d'un produit pharmaceutique).

mensual, *adj.* : mensuel.

mensuration, *s.* : mensuration.

mentagra, *s.* : mentagre (variété de folliculite pileuse limitée au menton).

mentagrophyton, *s.* : moisissure produisant la mentagre.

mental, *adj.* : 1. mental; **- case** : aliéné; **- deficiency** : déficience mentale, débilité mentale ; **- defectives** : déficients, débiles intellectuels, irresponsables ; **- disease** : maladie mentale ; **- disorders** : troubles mentaux; **- hospital** : asile d'aliénés; **- retardation** : arriération mentale; **- reservation** : restriction mentale, arrière-pensée; **- specialist** : médecin aliéniste; 2. mentonnier; **- foramen** : trou mentonnier; **- point** : point mentonnier.

mentalis, *s.* : houppe du menton.

mentality, *s.* : mentalité, esprit.

menthol, *s.* : menthol.

mentism, *s.* : mentisme.

mentoanterior, *adj.* : à menton proéminent.

mentobregmatic, *adj.* : allant du menton au bregma.

mentohyoid, *adj.* : se rapportant au menton et à l'os hyoïde.

mentolabialis, *s.* : muscle carré du menton et houppe du menton considérés comme un seul muscle.

mentoposterior, *adj.* : à menton fuyant.

mentula, *s.* *(lat.)* : pénis.

mentulagra, *s.* : priapisme douloureux.

mentulomania, *s.* : masturbation.

mentum, *s.* *(lat.)* : menton.

mephitic, *adj.* : méphitique; **- gangrene** : gangrène foudroyante *ou* gazeuse accompagnée d'odeurs méphitiques.

meralgia, *s.* : méralgie (névralgie de la cuisse); **- paraesthetica** : névralgie paresthésique, maladie de Bernhardt.

meramausis, *s.* : amaurose partielle.

meranesthesia, *s.* : anesthésie partielle ou locale.

meratrophy, *s.* : 1. atrophie partielle; 2. atrophie d'un membre.

mercaptan, *s.* : mercaptan.

Mercier's bar : bourrelet postérieur (trigone de Lieutaud).

mercurial, *adj.* : mercuriel; **- palsy** : paralysie mercurielle, calambre; **- rash** : érythème mercuriel.

mercurialism, *s.* : mercurialisme, hydrargyrisme.

mercurialization, *s.* : mercurialisation (introduction dans l'organisme de mercure *ou* de composés mercuriels).

mercurialize, *v.* : mercurialiser.

mercuric, *adj.* : mercurique.

mercurochrome, *s.* : mercurochrome.

mercurous, *adj.* : mercureux;

mercury, *s.* : mercure.

meremphraxis, *s.* : obstruction partielle.

meridian, *s., adj.* : méridien.

meridional, *adj.* : méridional, méridien.

meridrosis, *s.* : transpiration locale.

merismopedia, *s.* : mérismopédie, mériste (colonie microbienne réunie en groupe de quatre cocci formant un carré).

merispore, *s.* : spore provenant de la division d'une autre spore.

merista, *s.* : *cf.,* **merismopedia.**

meristem, *s.* : méristème (tissu embryonnaire non différencié en voie de développement) *(bot.).*

meristic, *adj.* : méristique (symétrique, pouvant être divisé en parties symétriques).

meristiform, *adj.* : 1. ayant la forme d'une mériste; 2. se rapportant à une sarcine.

mero- : méro-, préfixe signifiant partie de.

meroblast, *s.* : méroblaste.

meroblastic, *adj.* : méroblastique (qui a une segmentation partielle); **- ovum** : œuf méroblastique.

merocele, *s.* : mérocèle (hernie crurale).

merocoxalgia, *s.* : affection présentant les caractéristiques de la méralgie et de la coxalgie.

merocrine, *adj.* : mérocrine (se dit d'une glande dans laquelle le produit de la sécrétion, formé à l'intérieur des cellules, est expulsé au dehors sans destruction du protoplasma).

merodialysis, *s.* : lyse partielle.

merodiastolic, *adj.* : mérodiastolique (se dit d'un phénomène qui n'occupe qu'une partie de la diastole).

merogastrula, *s., plur.* **merogastrulae** *(lat.)* : gastrula d'un œuf méroblastique.

merogenesis, *s.* : reproduction par segmentation.

merogony, *s.* : mérogonie (développement d'une partie de l'œuf).

merology, *s.* : anatomie générale.

meromicrosomia, *s.* : microsomie partielle.

meromyxis, *s.* : méromyxie (processus de formation des mérozygotes).

meropia, *s.* : cécité partielle.

meroraschischis, *s.* : rachischis partiel.

meros, *s.* : 1. organe; 2. fémur.

merosystolic, *adj.* : mérosystolique (se dit d'un souffle qui n'occupe qu'une partie de la systole).

merotomy, *s.* : mérotomie (opération qui consiste à détacher d'un organisme vivant un fragment pour observer les phénomènes de survie).

merozoite, *s.* : mérozoïte (1. fragment dans l'opération de la mérotomie; 2. une des phases du cycle évolutif des sporozoaires).

merozygote, *s.* : mérozygote (zygote incomplet, diploïde seulement pour une partie de son matériel génétique et haploïde pour le reste).

Merseburg triad : goitre, exophtalmie et tachycardie, les trois sympômes de la maladie de Basedow.

Mery's glands : glande de Cowper, de Méry ou bulbo-urétrale.

merycic, *adj.* : se rapportant au méricisme, ruminant.

merycism, *s.* : méricisme, action de ruminer.

mericole, *s.* : ruminant, individu atteint de méricisme.

mesad, *adj.* : orienté vers le centre *ou* vers une ligne médiane.

mesal, *adj.* : se rapportant à, situé sur le plan médian, la ligne médiane, médian.

mesameboid, *s.* : 1. cellule amiboïde non épithéliale dérivant du mésoderme; 2. leucocyte.

mesaortitis, *s.* : inflammation de la tunique moyenne de l'aorte.

mesaraic, *adj.* : mésaraïque, mésentérique.

mesarteritis, *s.* : mésartérite (inflammation de la tunique moyenne des artères).

mesaticephalic, *adj.* : mésaticéphale (se dit d'un crâne intermédiaire entre le crâne dolichocéphale et le crâne brachycéphale).

mesaticephalus, *s.* : crâne mésaticéphale, crâne atteint de mésaticéphalie.

mesatipelic *or* **mesatipelvic,** *adj.* : mésatipelvique (bassin dont l'indice se situe entre 90° et 95°).

mesectic, *adj.* : se rapportant à un sang ayant un taux anormal d'oxygène.

mescaline, *s.* : mescaline (substance hallucinogène extraite d'une cactée mexicaine).

mesembryo, *s.* : blastula (œuf de métazoaire).

mesencephal, *s.* : *cf.,* **mesencephalon.**

mesencephalic, *adj.* : mésencéphalique.

mesencephalon, *s.* : mésencéphale.

mesenchyma, *s.* : mésenchyme (tissu conjonctif et embryonnaire formant la plus grande partie du mésoderme).

mesenteric, *adj.* : mésentérique; **- arterial insufficiency** : insuffisance artérielle mésentérique.

mesenteriolum, *s.* : portion du mésentère, repli mésentérico-cæcal.

mesenteritic, *adj.* : se rapportant à la mésentérite.

mesenteritis, *s.* : mésentérite (inflammation du mésentère).

mesenterium, *s., plur.* **mesenteria** *(lat.)* : mésentère; **- commune** : mésentère commun.

mesenteroid, *adj.* : ressemblant au mésentère.

mesenteron, s. : mésentéron.

mesentery, s. : mésentère.

mesentoderm or **mesendoderm,** s. : division endodermique du mésoderme.

mesiad, adv. : cf., **mesad.**

mesial, adj. : médian, médial.

mesiris, s. : couche moyenne de l'iris.

mesmerian or **mesmeric,** adj. : mesmérien, mesmérique, magnétique, hypnotique.

mesmerism, s. : mesmérisme, magnétisme, hypnotisme.

meso- : méso-, préfixe signifiant moitié ou se rapportant au mésentère.

meso-appendix, s. : méso-appendice.

mesoarium, s. : mésovarium.

mesoblast, s. : mésoblaste, mésoderme (feuillet médian du blastoderme).

mesoblastema, s. : mésoderme considéré dans sa totalité.

mesoblastic, adj. : se rapportant au mésoblaste.

mesobronchitis, s. : inflammation de la tunique moyenne des tubes bronchiques.

mesocardia, s. : position du cœur dans la partie centrale et antérieure de la cage thoracique.

mesocardium, s. : mésocarde.

mesocecal, adj. : se rapportant à la partie du mésentère reliant le cæcum à la fosse iliaque droite.

mesocele, s. : aqueduc de Sylvius.

mesocephalon, s. : mésocéphale, protubérance annulaire, pont de Varole.

mesochoroidea, s. : tunique moyenne de la choroïde.

mesococcus, s. : coccus de taille moyenne.

mesocolic, adj. : mésocolique; **- band** : faisceau musculaire longitudinal correspondant à l'insertion du mésocôlon.

mesocolon, s. : mésocôlon.

mesocolopexy or **mesocoloplication,** s. : mésocolopexie (fixation du mésocôlon à la paroi).

mesocord, s. : cordon ombilical inséré non dans le placenta, mais dans un repli de l'amnios.

mesocornea, s. : cornée (partie située entre la conjonctive cornéenne et la partie de la membrane de Descemet qui adhère à la cornée).

mesocranium, s. : vertex (anthrop.).

mesocuneiform, s. : deuxième cunéiforme (tarse).

mesocyst, s. : mésocyste.

mesocyte, s. : lymphocyte de taille moyenne.

mesocytoma, s. : sarcome.

mesoderm, s. : mésoderme.

mesodesma, s. : partie du ligament large de l'utérus.

mesodiastolic, adj. : méso-diastolique.

mesodont, adj. : à dents de taille moyenne.

mesoduodenum, s. : mésoduodénum.

mesoepididymis, s. : feuillet viscéral de la vaginale.

mesogaster, s. : mésogastre.

mesogastric, adj. : mésogastrique.

mesogastrium, s. (lat.) : 1. région ombilicale; 2. mésogastre.

mesogenote, s. : mésogénote (génét.).

mesoglia, s. : mésoglie (comprend la microglie et l'oligodendroglie).

mesognathion, s. : suture intermaxillaire (maxillaire supérieur).

mesohyloma, s. : variété d'endothéliome.

mesoileum, s. : mésentère.

meso-inositol, s. : méso-inositol (vitamine B7).

mesojejunum, s. : mésentère du jéjunum.

mesolobus, s. (lat.) : corps calleux.

mesology, s. : mésologie, écologie.

mesolymphocyte, s. : lymphocyte de taille moyenne.

mesometritis, s. : inflammation du parenchyme de l'utérus.

mesometrium, s. (lat.) : mésomètre, ligaments larges (utérus).

mesomorphic, adj. : mésomorphe; 1. de taille moyenne; 2. intermédiaire entre l'état liquide et l'état cristallisé.

meson, s. : 1. plan imaginaire divisant le corps en deux moitiés symétriques; 2. méson (particule plus lourde qu'un électron mais plus légère qu'un proton).

mesophragma, s. : cf., **Hensen's line.**

mesonephric, adj. : se rapportant au corps de Wolff.

mesonephron or **mesonephros,** s. : 1. corps de Wolff; 2. méso du corps de Wolff.

mesoneuritis, s. : mésoneurite (variété de névrite interstitielle); **nodular -** : forme nodulaire de mésonévrite.

meso-omentum, s. : insertion de l'épiploon.

mesopexy, s. : opération destinée à raccourcir le mésentère.

mesophilic, adj. : se dit des micro-organismes qui se développent à une température voisine de celle du corps humain.

mesophlebion or **mesophlebium,** s. : 1. tunique moyenne d'une veine; 2. espace entre deux veines.

mesophlebitis, s. : inflammation de la tunique moyenne d'une veine.

mesophryon, s. : glabelle.

mesopleura, s. : espace intercostal.

mesopneumon, s. : feuillet viscéral de la plèvre.

mesoprosopic, adj. : mésoprosope (ayant une figure de taille moyenne).

mesopsyche, s. : mésencéphale.

mesorchium, s. : mésotestis.

mesorectum, s. : mésorectum.

mesoretina, s. : couche intermédiaire de la rétine (couche nucléaire et couche des cônes et des bâtonnets).

mesoropter, s. : mésoroptre (portée de la vision distincte).

mesorrachischiscis, s. : rachischisis partiel.

mesosalpinx, s. : mésosalpinx.

mesoscapula, s. : épine de l'omoplate.

mesoseme, s. : mésosème (se dit d'un crâne d'indice moyen).

mesosigmoid, s. : mésentère de l'anse sigmoïde, mésosigmoïde.

mesosigmoiditis, s. : mésosigmoïdite (inflammation du mésentère de l'anse sigmoïde).

mesosigmoidopexy, s. : mésosigmoïdopexie (fixation chirurgicale du mésentère de l'anse sigmoïde).

mesosomatous, adj. : de taille moyenne.

mesosome, s. : mésosome·

mesostate, s. : métabolites intermédiaires.

mesosternum, s. : mésosternum, lame, corps, sternum.

mesosyphilis, s. : syphilis secondaire.

mesosystolic, adj. : mésosystolique.

mesotendon, s. : replis de membrane synoviale allant du tendon à la fibre tendineuse.

mesothelial, adj. : se rapportant au tissu précurseur de l'endothélium.

mesothelioma, s. : mésothéliome.

mesothelium, s. : mésothélium, tissu précurseur de l'endothélium; variété d'épithélium originaire du mésoblaste.

mesothenar, s. : muscle court adducteur du pouce.

mesosthenic, adj. : de force musculaire moyenne.

mesothorax, s. : mésothorax.

mesotropic, adj. : tourné, orienté vers le centre.

mesoturbinate, s. : cornet moyen (ethmoïde).

mesovarium, s. : mésovarium.

mesozoon, s., plur. **mesozoa** (gr.) : mésozoaires (classe d'animaux intermédiaires entre les protozoaires et les métazoaires [zool.]).

mesozygote, s. : mésozygote (génét.).

messenger, s. : messager; **- RNA** : RNA ou ARN messager (génét.).

meta- : méta-, préfixe signifiant : 1. changement, transformation; 2. après ou voisin, suivant.

metabasis, s. : métabase, changement.

metabiosis, s. : métabiose.

metabolic, adj. : métabolique.

metabolimeter, s. : appareil pour mesurer le métabolisme basal.

metabolin, s. : produit intermédiaire formé au cours des processus métaboliques.

metabolism, s. : métabolisme; **basal -** : métabolisme basal, métabolisme de base, métabolisme minimum; **constructive -** : anabolisme; **destructive -** : catabolisme.

metabolite, s. : métabolite (produit formé au cours des processus métaboliques).

metabolize, v. : transformer par métabolisme.

metabology, s. : étude des processus métaboliques.

metacarpal, adj. : métacarpien.

metacarpen, adj. : appartenant au métacarpe même.

metacarpophalangeal, adj. : métacarpophalangien.

metacarpus, s. : métacarpe.

metacele, metacoele or **metacelia**, s. : toit, paroi postérieure du quatrième ventricule.

metacheirisis or **metacheirismus**, s. : manipulation en thérapeutique.

metachromasia, s. : métachromasie, métachromatisme.

metachromatic, adj. : métachromatique.

metachromatism, s. : métachromatisme.

metachrosis, s. : mimétisme, caméléonisme.

metachysis, s. : transfusion sanguine, injection intraveineuse.

metacondyle, s. : métacondyle, troisième phalange unguéale, cinquième métacarpien.

metacyesis, s. : grossesse extra-utérine.

metadermatosis, s. : production pathologique de l'épiderme.

metadiphtheric, adj. : accompagnant la diphtérie.

metafacial, adj. : en arrière de la face (anat.).

metagaster, s. : métagaster, intestin définitif (embryol.).

metagastrula, s. : métagastrula.

metagenesis, s. : métagenèse, alternance des générations.

metagranulocyte, s. : métagranulocyte.

metagrippal, adj. : post-grippal.

meta-icteric, adj. : post-ictérique.

meta-infective, adj. : post-infectieux.

metakaryocyte, s. : métacaryocyte.

metakinesis, s. : métakinèse (division cellulaire).

metal, s. : métal; **- fume fever** : pneumoconiose par inhalation de vapeurs métalliques.

metalepsy, s. : substitution (chim.).

metaleptic, adj. : 1. se rapportant à la substitution; 2. se rapportant à un muscle associé pour sa motilité à un autre muscle.

metallic, adj. : métallique.

metallodynia, s. : douleur par empoisonnement dû à un métal.

metalloid, s., adj. : métalloïde.

metalloscopy, s. : examen de l'action produite par l'application de métaux sur la surface du corps.

metallotherapy, *s.* : métallothérapie (1. emploi thérapeutique des métaux et de leurs sels; 2. application de certains métaux en nature).

metallotoxemia, *s.* : toxémie par ingestion de métal.

metamere, *s.* : métamère, protovertèbre, prévertèbre, somite (segment résultant de la division primitive de l'embryon).

metameric, *adj.* : métamère.

metamerism, *s.* : métamérie (1. forme d'isomérie; 2. division primitive de la corde dorsale et des tissus environnants en métamères).

metamorphic, *adj.* : métamorphique.

metamorphology, *s.* : science de la métamorphose animale et végétale.

metamorphopsia, *s.* : métamorphopsie (trouble de la vision où le malade voit les objets d'une autre forme que celle qu'ils ont réellement).

metamorphosing, *adj.* : métamorphosant, modifiant.

metamorphosis, *s.* : métamorphose.

metamorphous, *adj.* : amorphe avec tendance à la cristallisation.

metamyelocyte, *s.* : métamyélocyte.

metanephron or **metanephros**, *s.* : métanéphros, rein antérieur (*embryol.*).

metaneutrophil, *adj.* : ayant peu d'affinité tinctoriale pour les colorants neutres.

metanucleus, *s.* : noyau de l'œuf après son expulsion de la vésicule germinative·

metaphase, *s.* : métaphase (stade de la mitose où les chromosomes sont groupés en plaque équatoriale).

metaphlogosis, *s.* : inflammation grave, avec engorgement très prononcé, mais de courte durée.

metaplasia, *s.* : métaplasie, processus métaplasique.

metaplasis, *s.* : plein développement d'un organe.

metaplasm, *s.* : métaplasma, paraplasma (substances alimentaires élaborées par le protoplasma, isolées en enclaves dans la cellule).

metaplastic, *adj.* : métaplasique.

metaplex or **metaplexus**, *s.* : plexus choroïde (quatrième ventricule)·

metapneumonic, *adj.* : métapneumonique, postpneumonique.

metapophysis, *s.* : apophyse en forme de mamelon (vertèbre lombaire).

metaprotein, *s.* : protéine obtenue par hydrolyse d'une protéine.

metapsyche, *s.* : métencéphale.

metaptosis, *s.* : métastase, transformation métabolique brusque.

metapyretic, *adj.* : 1. se produisant au cours de la fièvre; 2. se produisant après la chute de la fièvre.

metastable, *adj.* : métastable (état de stabilité imparfait ou aléatoire).

metastasis, *s.* : métastase.

metastate, *s.* : tout corps produit par un processus métabolique.

metastatic, *adj.* : métastatique.

metasternum, *s.* : appendice xyphoïde.

metasyncrisis, *s.* : 1. crise provoquée; 2. guérison de tissus malades.

metasyphilis, *s.* : forme de syphilis héréditaire avec dégénérescence et troubles généralisés sans lésions localisées.

metasyphilitic, *adj.* : 1. se rapportant à la syphilis héréditaire; 2. se produisant après la syphilis.

metatarsal, *adj.* : métatarsien.

metatarsalgia, *s.* : métatarsalgie, maladie ou pied de Morton, pied rond, pododynie.

metatarsian, *adj.* : appartenant au métatarse même.

metatarsometatarsal, *adj.* : métatarso-métatarsien.

metatarsophalangeal, *adj.* : métatarso-phalangé.

metatarsus, *s.* : métatarse.

metatela, *s.* : voile médullaire postérieur, toile choroïdienne inférieure.

metathalamus, *s.* : corps genouillé externe et corps genouillé interne.

metathesis, *s.* : 1. métathèse (déplacement des toxiques fixés sur le protoplasma cellulaire par différents agents modificateurs); 2. décomposition double, substitution (*chim.*).

metathetic, *adj.* : se rapportant à la métathèse (*méd.*), à la substitution (*chim.*).

metatocia, *s.* : accouchement anormal.

metatopia, *s.* : métatopie.

metatrophia, *s.* : état morbide, processus nutritif morbide.

metatrophic, *adj.* : métatrophique (se dit d'une méthode thérapeutique qui consiste à modifier l'alimentation et la nutrition en même temps qu'on administre une substance médicamenteuse).

metaxeny, *s.* : métaxénie.

metazoon, *s.* : métazoaire.

Metchnikoff's phagocytic theory : théorie phagocytaire de Metchnikoff. ·

metencephalic, *adj.* : se rapportant au métencéphale.

metencephalon, *s.* : 1. métencéphale, cerveau postérieur proprement dit; 2. protubérance et cervelet.

meteoric, *adj.* : 1. se rapportant au météorisme; 2. atmosphérique.

meteorism, *s.* : météorisme, ballonnement.

meteorograph, *s.* : météorographe.

meteorology, *s.* : météorologie.

meteoropath, *s.* : individu hypersensible aux conditions atmosphériques.

meteoropathy, *s.* : météoropathie.

metepicele, *s.* : quatrième ventricule.

meter, *s.* : mètre (= 39,37 inches).

metergasis or **metergasia**, s. : changement de fonction.

metestrus or **metoestrus**, s. : diœstrus (période post-œstrale caractérisée par une prolifération leucocytaire sur les parois vaginales).

methane, s. : méthane, gaz des marais.

methanol, s. : méthanol (alcool méthylique).

methemoglobin or **methaemoglobin**, s. : méthémoglobine.

methemoglobinemia or **methaemoglobinemia**, s. : méthémoglobinémie.

methemoglobinuria or **methaemoglobinuria**, s. : méthémoglobinurie.

methionine, s. : méthionine.

methogastrosis, s. : troubles digestifs d'origine alcoolique.

methomania, s. : delirium tremens ; 2. dipsomanie.

methylene, s. : méthylène; **- blue** : bleu de méthylène.

methylenophile or **methylenophilous**, adj. : ayant une affinité tinctoriale pour le bleu de méthylène.

methylic, adj. : méthylique.

methylmania, s. : passion pour les boissons alcooliques.

methysis, s. : intoxication.

methystic, s. : boisson alcoolique; adj. : enivrant, grisant.

metoarion, s. : métoarion, corps jaune.

metodontiasis, s. : 1. dentition définitive; 2. anomalie dans la dentition.

metopantralgia, s. : douleur, névralgie dans le sinus frontal.

metopantritis, s. : inflammation du sinus frontal.

metopantron (gr.) or **metopantrum** (lat.), s. : sinus frontal.

metopic, adj. : métopique, se rapportant au front, situé sur le front; **- point** : point métopique (point situé sur la ligne médiane, entre les deux bosses frontales; **- suture** : suture métopique (suture qui divise l'os frontal en deux).

metopion, s. : point métopique.

metopism, s. : persistance de la suture métopique ou frontale chez l'adulte.

metopodynis, s. : migraine frontale.

metopon, s. : front.

metoplasty, s. : chirurgie plastique du front.

metoposcopy, s. : méthode de phrénologie utilisant l'examen du front pour déterminer le caractère d'un individu.

metoxenous, adj. : exigeant deux hôtes pour le cycle complet de son existence.

metoxeny, s. : 1. parasitisme sur plusieurs hôtes successifs; 2. changement d'hôte d'un parasite.

metra, s. (gr.) : utérus.

metralgia, s. : métralgie, douleur utérine.

metramaniac, s. : hystérique.

metranastrophe, s. : inversion de l'utérus.

metranemia, s. : anémie utérine.

metraneurysm, s. : dilatation de l'utérus ou de la vulve.

metranoikter, s. : dilatateur à deux ou quatre branches pour l'utérus (spécial pour les cas nécessitant une forte dilatation utérine prolongée).

metrapectic, adj. : se dit d'une maladie transmise par la mère quoiqu'elle n'en soit pas atteinte (ex. : hémophilie).

metratomy, s. : hystérotomie.

metratonia, s. : atonie utérine.

metratresia, s. : atrésie ou imperforation de l'utérus.

metrauxe, s. : hypertrophie utérine.

metre, s. : cf., **meter.**

metrechoscope, s. : instrument pour faire la mensuration et l'auscultation combinées.

metrectasia, s. : dilatation utérine.

metrectatic, adj. : atteint de, se rapportant à la dilatation utérine.

metrectomy, s. : excision, ablation de l'utérus.

metrectopia or **metrectopy**, s. : ectopie de l'utérus.

metrelcosis, s. : ulcération de l'utérus.

metremia, s. : congestion de l'utérus.

metreorrhagia, s. : métrorragie.

metreorrhoid, s. : varice des veines utérines.

metremphraxis, s. : congestion, infarctus des tissus de l'utérus.

metremphysema, s. : physométrie.

metrenchyta, s. : 1. seringue vaginale; 2. injection vaginale.

metreurynter, s. : forme de colpeurynter.

metreurysis, s. : cf., **colpeurysis.**

metrophlebitis, s. : phlébite utérine.

metrophlogosis, s. : métrite.

metrophyma, s. : tumeur de l'utérus.

metropolypus, s. : polype de l'utérus.

metroptosia or **metroptosis**, s. : métroptose (prolapsus de l'utérus).

metrorrhagia, s. : métrorragie.

metrorrhectic, adj. : se rapportant à une rupture de l'utérus.

metrorrhexis, s. : rupture de l'utérus.

metrorthosis, s. : redressement de l'utérus.

metrosalpingitis, s. : association de métrite et de salpingite.

metrosalpingorrhagia, s. : hémorragie des trompes et de l'utérus.

metrosalpingorrhexis, s. : rupture d'une trompe.

metrosalpinx, s. : trompe de Fallope.

metroscirrhus, s. : squirrhe de l'utérus.

metroscope, s. : métroscope (instrument pour examiner l'utérus).

metroscopy, s. : cf., **hysteroscopy.**

metrostaxis, s. : légère hémorragie utérine persistante.

metrostenosis, s. : contraction de la cavité utérine.

metrosteresis, s. : ablation de l'utérus, absence d'utérus.

metrotome, s. : instrument pour inciser le col de l'utérus.

metrotomy, s. : métrotomie, hystérotomie.

metrourethrotome, s. : urétrotome calibré.

metrypercinesis, s. : contraction utérine excessive.

metryperemia, s. : congestion de l'utérus.

metryperesthesia, s. : hyperesthésie de l'utérus.

metrypertrophia, s. : hypertrophie de l'utérus.

metyrapone test : test à la métopyrone pour le diagnostic des tumeurs surrénaliennes.

Meyer's disease : 1. hypertrophie de l'amygdale pharyngienne; 2. végétations adénoïdes du pharynx; **- sign** : 1. engourdissement des mains ou des pieds avec fourmillements observés au cours de la phase éruptive de la scarlatine; 2. œdème du repli semi-lunaire, signe prodromique de la rougeole.

Meynert's bundle : faisceau cortico-protubérantiel postérieur; **- cells** : cellules pyramidales du petit hippocampe; **- commissure** : commissure de Meynert (bandelettes optiques); **- dorsal tegmental decussation** : faisceau croisé interne (tubercules quadrijumeaux ant.); **- fiber** : bandelette longitudinale postérieure; **- field** : formation réticulaire (protubérance); **- layer** : troisième couche pyramidale (cortex cérébral); **- solitary cells** : cellules solitaires (écorce occipitale).

Meynet's nodosities : nodosités de Meynet (petites tumeurs sous-cutanées formées de tissu conjonctif en voie de prolifération active).

miasm or **miasma,** s., plur. **miasmata** (gr.) : miasme.

miasmal or **miasmatic,** adj. : miasmatique.

miasmatology, s. : science, étude des miasmes.

miasmifuge, adj. : préventif, destructif des maladies dites miasmatiques.

mica, s. : 1. croûte; 2. mica; **- panis** : mie de pain.

micaceous, adj. : composé de croûtes, friable.

mication, s. : 1. mouvement rapide; 2. cillement; 3. contraction systolique.

micella, s., plur. **micellae** (lat.) : micelle.

micracoustic, adj. : micracoustique (qui sert, qui contribue à augmenter l'intensité du son).

micranatomy, s. : histologie.

micrangiopathy, s. : maladie des capillaires.

micrangium, s. : capillaire.

micrencephalia, s. : microcéphalie.

micrencephalon, s. : 1. anomalie cérébrale caractérisée par la petitesse du cerveau; 2. cervelet.

micrencephalous, adj. : microcéphale.

micrencephalus, s. : microcéphale.

micro- : micro-, préfixe signifiant : 1. très petit; 2. un sous-multiple représentant 10^{-6} fois l'unité (symbole μ).

microaerophilic, adj. : microaérophilique, microaérophile.

micro-audiphone, s. : audiphone.

micro-analysis, s. : micro-analyse.

microbacteria, s. : microbactéries.

microbalance, s. : microbalance (phys. chim.).

microbe, s. : microbe (bactér.).

microbial, microbian or **microbic,** adj. : microbien.

microbicidal, adj. : microbicide.

microbicide, s., adj. : microbicide.

microbiohemia, s. : septicémie.

microbiological, adj. : microbiologique; **- assay** : dosage microbiologique.

microbiologist, s. : microbiologiste.

microbiology, s. : microbie, microbiologie.

microbion or **microbium,** s. : microbe.

microbiophobia, s. : peur morbide des microbes.

microbioscope, s. : microscope adapté à l'étude des tissus vivants.

microbiosis, s. : infection bactérienne.

microbism, s. : microbisme; **latent -** : microbisme latent.

microblast, s. : microblaste (érythroblaste de petite taille).

microblepharia, microblepharon, microblepharism or **microblephary,** s. : hypotrophie palpébrale.

microbrachia, s. : anomalie congénitale caractérisée par la petitesse des bras.

microbrachycephalia, s. : microbrachycéphalie.

microbrenner, s. : cautère électrique à pointe fine.

microcalorie or **microcalory,** s. : microcalorie.

microcardia, s. : microcardie.

microcaulia, s. : microcaulie (petitesse congénitale de la verge).

microcentrum, s. : centrosome.

microcephal, s. : microcéphale.

microcephalia, s. : microcéphalie (petitesse du crâne coïncidant avec un arrêt de développement du cerveau).

microcephalic, adj. : microcéphale.

microcephalism, s. : cf., **microcephaly.**

microcephalon, s. : tête anormalement petite.

microcephalus, s. : microcéphale.

microcephaly, s. : microcéphalie.

microcheilia, s. : anomalie congénitale caractérisée par la petitesse des lèvres.

microchemical, adj. : microchimique.

microchemistry, s. : microchimie.

microclimate, s. : microclimat.

microclysm, s. : 1. petit clystère; 2. clystère efficace en petites quantités.

Micrococcus, s. : *Micrococcus,* microcoque.

microcolon, s. : microcôlon (retard de développement du côlon).

microconidium, s., *plur.* **micronidia** *(lat.)* : microconidie.

microcoria, s. : myosis.

microcornea, s. : petitesse anormale de la cornée.

microcosm, s. : microcosme.

microcosmic, *adj.* : microcosmique.

microcrith, s. : unité pondérale équivalant au poids d'un atome d'hydrogène.

microcrystalline, *adj.* : formé de cristaux de taille microscopique.

microculture, s. : microculture.

microcytase, s. : microcytase.

microcyte, s. : microcyte, petite hématie.

microcythaemia, microcythemia or **microcytosis,** s. : microcytémie, microcytose.

microcytic, *adj.* : microcytaire.

microdactylia, s. : microdactylie (petitesse d'un *ou* de plusieurs doigts *ou* orteils due à un arrêt du développement *ou* à une absence congénitale de certaines phalanges).

microdetermination, s. : microdosage.

microdont, *adj.* : à petites dents.

microdontism, s. : microdontisme.

microdrepanocyte, s. : microdrépanocyte.

microdrepanocytosis, s. : microdrépanocytose.

microfilaria, s. : microfilaire.

microgamete, s. : microgamète.

microgametocyte, s. : microgamétocyte.

microgamy, s. : conjugaison de deux protozoaires au stade microgamète.

microgastria, s. : microgastrie.

microgenesis, s. : petitesse anormale d'un organe.

microgenia, s. : microgénie (petitesse anormale du menton).

microglia, s. : microglie.

microglossia, s. : microglossie.

micrognathia, s. : micrognathie (développement incomplet du maxillaire inférieur, soit congénital, soit acquis).

microgonidium, s., *plur.* **microgonidia** *(lat.)* : microgonidie.

microgram, s. : microgramme (symbole μg, souvent improprement γ).

micrograph, s. : micrographe.

micrography, s. : micrographie (1. description des corps qui ne se voient qu'au microscope; 2. écriture dont les lettres sont de dimensions réduites et souvent décroissantes, s'observe dans la maladie de Parkinson).

microgyria, s. : microgyrie.

microhepatia, s. : petitesse du foie.

microhistology, s. : histologie microscopique.

microkinesis, s. : mouvements musculaires involontaires, particulièrement chez les enfants.

microleutia, s. : à cristallin anormalement petit.

microlith, s. : petit calcul.

microlithiasis, s. : forme de lithiase caractérisée par des calculs très petits.

micrology, s. : micrologie (traité sur les corps microscopiques).

micromania, s. : forme de démence où le malade se croit amoindri physiquement et moralement.

micromanipulation, s. : micromanipulation.

micromanipulator, s. : micromanipulateur.

micromastia, s. : petitesse anormale des seins.

micromatous, *adj.* : ayant un œil anormalement petit.

micromazia, s. : *cf.,* **micromastia.**

micromegaly, s. : géromorphisme, nanisme sénile.

micromelia, s. : micromélie, brachymélie.

micromelus, s. : monstre micromélien.

micromerology, s. : science des segments anatomiques.

micrometer, s. : micromètre; **eyepiece** or **ocular -** : micromètre oculaire; **- screw** : vis micrométrique; **stage -** : micromètre objectif.

micrometry, s. : micrométrie.

micromyelia, s. : petitesse anormale de la moelle épinière.

micromyelolymphocyte, s. : myéloblaste.

micron, s. : micron (millième de millimètre, symbole μ).

microne, s. : particule visible au microscope.

micronemous, *adj.* : muni de filaments courts.

micronucleus, s. : 1. le plus petit des deux noyaux des protozoaires ciliés; 2. un petit noyau.

microorganism, s. : micro-organisme.

microparasite, s. : microparasite, microbe.

micropathological, *adj.* : 1. se rapportant à l'anatomie pathologique microscopique; 2. se rapportant à la pathologie microbiologique.

micropathology, s. : 1. anatomie pathologique microscopique; 2. pathologie microbiologique.

micropenis, s. : petitesse anormale du pénis.

microphage or **microphagus,** s. : microphage (phagocyte de petite dimension, leucocyte polynucléaire neutrophile et éosinophile).

microphallus, s. : petitesse anormale du pénis.

microphone, s. : microphone.

microphonoscope, s. : stéthoscope binauriculaire avec amplificateur de son.

microphotograph, s. : microphotographie.

microphthalmia, s. : microphtalmie (anomalie congénitale consistant en une diminution des différents diamètres de l'œil).

microphthalmus, s. : sujet atteint de microphtalmie.

microphysics, s. : microphysique.

microphyte, s. : microphyte (végétal microscopique).

micropia, s. : micropie, micropsie (phénomène subjectif consistant à croire plus petits qu'ils ne sont en réalité les objets offerts à la vue).

microplanar, adj. : se dit d'objectifs anastigmates parfaits employés en photomicrographie et en microprojection.

microplasia, s. : arrêt du développement.

microprosopa, s. : petitesse congénitale de la figure.

micropsia, s. : micropsie, micropie.

micropus, s. : petitesse anormale des pieds.

micropyle, s. : micropyle (petit orifice de la membrane vitelline de l'ovule par lequel passe le spermatozoïde lors de la fécondation).

microrchidia, s. : microrchidie.

microscope, s. : microscope; **binocular -** : microscope binoculaire; **darkfield** or **darkground -** : microscope à fond noir; **electron -** : microscope électronique; **fluorescence -** : microscope à fluorescence; **immersion -** : microscope à immersion; **phase contrast -** : microscope à contraste de phase; **polarizing -** : microscope polarisant; **slit-lamp -** : microscope cornéen à lampe à fente; **warm** or **hot stage -** : microscope à platine chauffante.

microscopic or **microscopical,** adj. : microscopique.

microscopy, s. : microscopie.

microseme, adj. : microsème, à petit indice céphalique.

microsmatic, adj. : à organes olfactifs déficients.

microsoma or **microsome,** s. : microsome.

microsomia, s. : microsomie, microsomatie, pygméisme.

microspectroscope, s. : microspectroscope.

microsphere, s. : microsphère (globule microscopique formé par l'agglomération de protéinoïdes).

microspherocyte, s. : forme plus ou moins sphérique d'hématie de faible diamètre.

microspherocytosis, s. : microsphérocytose.

microsphygmia or **microsphyxia,** s. : microsphygmie (petitesse du pouls).

microsplanchnous, adj. : à petits viscères.

microsplenia, s. : petitesse anormale de la rate.

microsporidia, s. : microsporidie (classe des protozoaires).

microsporon, s. : 1. microsporon; **- furfur** : microsporon furfur (champignon parasite, cause du pityriasis versicolor); 2. microspore (bot.).

microsporosis, s. : microsporose.

microstat, s. : statif, platine (micr.).

microstetophone or **microstethoscope,** s. : stéthoscope amplificateur.

microsthénique, adj. : de faible puissance musculaire.

microstomia, s. : microstomie.

microsurgery, s. : microchirurgie.

microtesia, s. : petitesse congénitale d'une partie du corps.

microtherm, s. : microtherme (organisme où les processus vitaux se font à basse température).

microtia, s. : microtie (petitesse anormale de l'oreille externe).

microtome, s. : microtome; **freezing -** : microtome à congélation.

microtomy, s. : microtomie, section au microtome.

microtrauma, s. : lésion, blessure microscopique.

microtrichia, s. : finesse du cheveu, peu de longueur du cheveu.

microxycyte, s. : cellule à granulations oxyphiles, à noyau plus ou moins pigmenté décelée dans l'exsudat péritonéal de sujets atteints de maladies infectieuses.

microzoon, s. : microzoaire.

microzyme, s. : enzyme bactérien.

miction, s. : cf., **micturition.**

mictocystis, s. : paroi (kyste, organe, etc.) formée de différents tissus.

mictopyous, adj. : mélangé de pus.

micturate, v. : uriner.

micturition, s. : miction, micturition, action d'uriner.

midaxilla, s. : centre de l'aisselle.

midbody, s. : masse granuleuse située à l'équateur dans le fuseau au cours de l'anaphase dans la mitose.

midbrain, s. : mésencéphale.

midcarpal, adj. : situé entre deux rangées d'os du carpe.

midfrontal, adj. : se rapportant au milieu du front.

midgut, s. : mésogastre.

midline granuloma : granulome médian de la face.

midpain, s. : douleurs de l'ovulation (entre les règles).

midriff, s. : diaphragme.

midsternum, s. : mésosternum.

midtarsal, adj. : situé entre deux rangées d'os du tarse.

midwife, s. : sage-femme.

midwifery, s. : obstétrique, pratique des accouchements; **specialist in -** : accoucheur.

migraine, s. (fr.) : migraine, hémicranie.

migrate, v. : errer, émigrer.

migration, s. : migration, déplacement; **external -** : passage de l'ovule à la trompe opposée; **internal -** : passage de l'ovule à la trompe opposée par l'intermédiaire de la trompe correspondante et de l'utérus; **- of ions** : transport des ions; **- of ovum** : passage de l'ovule de l'ovaire à la trompe de Fallope; **- of white corpuscles** : phénomène des cellules migratrices (diapédèse et migration des globules blancs dans les différents tissus).

Mikulicz's cells : cellules vésiculaires des tissus malades des individus atteints de rhinosclérome; **- disease** : maladie *ou* syndrome de Mikulicz (hypertrophie bilatérale des glandes lacrymales et salivaires); **- drain** : drainage et pansement de Mikulicz; **- operation** : 1. mode d'ablation des tumeurs de l'amygdale; 2. mode de tarsectomie; **- two-stage operation** : mode de résection intestinale en deux temps.

mil, *s.* : 1. millième de pouce (0,0254 mm); **circular -** : surface ayant un diamètre d'un millième de pouce; 2. millilitre.

mild, *adj.* : doux, bénin, tempéré; **- purgative** : purgatif bénin; **- tempered** : d'une disposition douce.

mildew, *s.* : mildiou, moisissure.

mildness, *s.* : bénignité (d'une maladie).

miliaria, *s.* : miliaire (forme d'éruption sudorale); **- alba** *or* **arthritica** : miliaire blanche; **- crystallina** : forme de miliaire dont le contenu des vésicules est limpide; **- papulosa** : lichen vésiculaire, bourbouille, suette miliaire, gale bédouine.

miliary, *adj.* : miliaire (1. de la dimension d'un grain de millet; 2. caractérisé par des lésions de la taille d'un grain de millet); **- fever** : miliaire, fièvre miliaire, suette miliaire; **- tuberculosis** : tuberculose miliaire aiguë, granulie.

milium, *s.* : milium, grutum, acné miliaire.

milk, *s.* : lait; **- crust** : croûtes de lait; **- diet** : régime lacté; **to be on a - diet** : être au lait; **- fever** : fièvre du lait, fièvre lactée; **- food** : lactage ; **- gauge** : lactodensimètre, pèse-lait ; **- leg** : œdème blanc douloureux, phlegmatia alba dolens; **- pox** : alastrim, milk-pox, paravariole; **- sickness** : maladie du bétail transmissible à l'homme par le lait ou la viande, caractérisée par des frissons, des tremblements, des vomissements et des troubles des fonctions digestives; **- spot** : strophulus ; **- sugar** : lactose ; **- teeth** : dents de lait; **- tumor** : tumeur du sein due à une rétention de lait; **virgin's -** : lait virginal (eau de rose additionnée de teinture de benjoin); **witch's -** : lait de sorcière (sécrétion mammaire chez le nouveau-né).

milking, *s.* : traite, mulsion.

Milkman's syndrome : syndrome de Looser-Milkman.

milky, *adj.* : laiteux, lactescent, blanchâtre.

Millar's asthma : laryngite striduleuse, faux croup, asthme de Millar.

Millar-Gubler's syndrome : syndrome de Millar-Gubler (hémiplégie alterne due à une atteinte protubérantielle).

Millikans's rays : rayons cosmiques les plus pénétrants.

Millon's reagent : réactif de Millon; **- test** : réaction de Millon (identification des protéines).

Mills's disease : forme d'hémiplégie ascendante.

millstone-maker's phthisis : forme de pneumoconiose (inhalation de particules au cours de la fabrication des meules).

mill-tooth, *s.* : molaire.

milphae *or* **milphosis** : atrichie palpébrale.

Milroy's disease : œdème persistant des jambes d'origine héréditaire.

milt, *s.* : 1. rate (des mammifères); 2. laitance (des poissons); **- sickness** : charbon *(vétér.)*.

mimesis, *s.* : 1. mimétisme; 2. aspect des symptômes d'une maladie que prend une autre maladie.

mimetic *or* **mimic,** *adj.* : mimétique, mimique, imitatif, imitateur; **- labor** : faux travail; **- paralysis** : paralysie faciale; **- spasm** : spasme facial.

mimicry, *s.* : 1. mimétisme; 2. imitation, mimique.

mimmation, *s.* : emploi abusif dans la conversation du son *m*.

mimography, *s.* : langage par signes des sourds-muets.

mimosis, *s.* : *cf.,* **mimesis.**

mind, *s.* : 1. souvenir, mémoire; 2. pensée, avis, idée; 3. esprit, âme; 4. raison; **to be out of one's -** : avoir perdu la raison, être hors de son bon sens; **to go out of one's -** : perdre la raison, tomber en démence; **sound in -** : sain d'esprit; **- blindness** : forme d'aphasie sensorielle, amnésie visuelle; **- deafness** : forme d'aphasie sensorielle, amnésie logophonique, surdité verbale; **- healer** : psychiatre.

miner's anemia, cachexia *or* **disease** : gourme des mineurs, incinariose, ankylostomiase; **- elbow** : tuméfaction de la bourse de l'olécrâne (mineurs); **- nystagmus** : nystagmus des mineurs; **- phthisis** : anthracose, pneumoconiose anthracosique.

mineral, *s.* : mineral; **- oil** : huile minérale; **- pitch** : goudron minéral, bitume; **- water** : eau minérale.

mineralization, *s.* : minéralisation.

mineralocorticoid, *s.* : minéralocorticoïde.

minim, *s.* : mesure pour les liquides (= 1/60 de fluidram), goutte *(pharm.)*.

minimal, *s.* : 1. minime; 2. minimum; **- dose** : dose minima (plus petite dose efficace).

minimum, *s.* : minimum; **- lethal dose** : dose minima mortelle.

minium, *s.* : minium (Pb_3O_4).

Minkowski's method : examen du rein par palpation après distension du côlon par insufflation d'air.

minor, *s.* : mineur (âge légal); *adj.* : petit, mineur; **- operation** : opération d'importance secondaire; **- surgery** : petite chirurgie.

minute, *s.* : minute (1. soixantième partie de l'heure; 2. soixantième partie du degré); moment, instant; *adj.* : ténu.

mio- : mio-, préfixe signifiant moins.

mioangioneurosis, *s.* : trouble nerveux des petits vaisseaux sanguins; trouble vasomoteur.

miocardia, s. : diminution du volume du cœur au cours de la systole.

mionectic, adj. : se rapportant au sang ayant une teneur en oxygène inférieure à la normale.

mionexia, s. : 1. diminution de la résistance corporelle; 2. abolition du désir d'acquérir, de posséder.

miopragia, s. : miopragie (activité fonctionnelle réduite).

miosis, s. : 1. miosis, myosis (rétrécissement permanent avec immobilité plus ou moins complète de la pupille); 2. diminution de l'intensité des symptômes; 3. méiose, division réductrice (génét.).

miostagmin reaction : réaction à la miostagmine.

miotic, s., adj. : miotic, myotique.

mire, s. : mire (ophtalmomètre).

mirror, s. : miroir; **head** or **frontal -** : miroir frontal; **- writing** : écriture en miroir, écriture spéculaire.

miryachit, s. : forme de névrose où le malade répète tout ce qu'il entend et fait des mouvements désordonnés.

misanthrope or **misanthropist,** s. : misanthrope, androphobe.

misanthropy, s. : misanthropie.

miscarriage, s. : fausse couche, avortement spontané; **to have a -** : faire une fausse couche, avorter.

miscarry, v. : faire une fausse couche, avorter, accoucher avant le sixième mois.

misce, v. (lat.) : mélanger (pharm.).

miscegenation, s. : métissage, croisement de races.

miscibility, s. : miscibilité.

miscible, adj. : miscible.

miscoding effect : résultat d'une erreur de codage (génét.).

miserere mei (lat.) : colique de miserere, étranglement ou volvulus intestinal, vomissement stercoral.

misocaina, s. : cf., **misoneism.**

misogamy, s. : misogamie (haine du mariage).

misogynist, s. : misogyne.

misogynous, adj. : misogyne.

misogyny, s. : misogynie.

misoneism, s. : misonéisme (éloignement ou méfiance de toute nouveauté, de tout changement à ce qui existe).

misopedia, s. : aversion pour les enfants, surtout ses propres enfants.

misopsychia, s. : dégoût morbide de la vie.

missed, adj. : manqué, passé; **- abortion** : rétention du fœtus dans la cavité utérine après sa mort avec quelques-uns des symptômes de l'avortement; **- cases** : cas de maladies qui ne sont pas reconnues cliniquement; **- labor** : rétention du fœtus après terme après l'apparition de quelques douleurs inefficaces.

mis-shapen, adj. : difforme, contrefait.

missio sanguinis (lat.) : saignée.

mistura, s. (lat.) : mélange, mixture.

Mitchell's disease : érythromélalgie, maladie de Mitchell; **- treatment** : cure de repos pour traitement de certains états nerveux fonctionnels.

mite, s. : acare; **tropical -** : trombidien, Trombicula akamushi; **harvest** or **red -** : rouget, aoûtat.

mitella, s. : mitelle, écharpe (chir.).

mithridatism, s. : mithridatisme.

mithridatize, v. : mithridatiser, immuniser quelqu'un contre un poison.

mitigate, v. : adoucir, atténuer, apaiser, alléger, mitiger, modérer.

mitigating, adj. : adoucissant, atténuant, mitigeant.

mitigation, s. : adoucissement (d'une douleur), amoindrissement (d'un mal), mitigation, réduction, atténuation.

mitochondria, s. : mitochondrie (chondriosome).

mitochysis, s. : multiplication de cellules (directe ou par mitose).

mitogenetic, adj. : mitogénétique.

mitoma or **mitome,** s. : mitome.

mitoplasm, s. : chromatine.

mitoschisis, s. : cf., **mitosis.**

mitosin, s. : mitosine.

mitosis, s. : mitose, caryocinèse.

mitosome, s. : mitosome (corps dérivé de l'appareil nucléaire des spermatocytes, qui donnerait naissance à la portion intermédiaire et au flagelle du spermatozoïde).

mitotic, adj. : se rapportant à la mitose.

mitra Hippocratis : bonnet ou capeline d'Hippocrate (valvule mitrale).

mitral, adj. : mitral; **- disease** : maladie mitrale; **- insufficiency** or **regurgitation** : insuffisance mitrale; **- murmur** : souffle de la valvule mitrale; **- obstruction** or **stenosis** : rétrécissement mitral; **- valve** : valvule mitrale.

mnemasthaenia or **mnemasthenia,** s. : manque de mémoire, asthénie mnésique.

mnemic, adj. : mnémonique, mnésique.

mnemonics or **mnemotechny,** s. : mnémonique, mnémotechnique.

moan, s. : gémissement, plainte; v. : gémir.

moaning, s. : gémissement; adj. : gémissant.

mobile, adj. : mobile, changeant ; **- medical column** : formation médicale itinérante; **- pain** : douleur vagabonde, errante; **- spasm** : spasme lent, irrégulier, se produisant dans des muscles différents, chez le malade atteint d'hémiplégie.

mobility, s. : mobilité; **- of features** : mobilité de physionomie.

mobilization, s. : mobilisation (acte de remuer un membre ankylosé).

modal number : nombre type.

moderator band : ruban de Reil.

modioliform, *adj.* : modioliforme, en forme de moyeu.

modiolus, *s. (lat.)* : 1. columelle (limaçon de l'oreille interne); 2. couronne d'un trépan.

modus, *s. (lat.)* : mode, manière; **- operandi** : façon, manière d'opérer.

Moebius' disease : maladie de Moebius, migraine ophtalmoplégique, paralysie oculo-motrice récidivante *ou* périodique; **- sign** : signe de Moebius (difficulté de la convergence des yeux observée dans la maladie de Basedow).

Moeller's disease : maladie de Moeller-Barlow, maladie de Barlow, scorbut infantile, rachitisme hémorragique.

Moeller's glossitis : forme de glossite accompagnée d'irritabilité nerveuse.

mogigraphia, *s.* : mogigraphie, crampe des écrivains.

mogiphonia, *s.* : mogiphonie (trouble de la phonation spécial aux professionnels de la voix).

mogitokia *or* **mogostocia**, *s.* : dystocie.

Mohrenheim's fossa : gouttière du sous-clavier (clavicule).

moist, *adj.* : humide, moite, purulent; **- chamber** : chambre humide ; **- eczema** : eczéma humide ; **- gangrene** : gangrène humide; **- rale** : râle humide.

moisten, *v.* : humecter, mouiller, amoitir (la peau), humidifier.

moistening, *s.* : humidification, humectation.

moistness, *s.* : humidité, moiteur (de la peau).

moisture, *s.* : humidité, buée; **- proof** : à l'épreuve de l'humidité.

mol, *s.* : mole (molécule-gramme).

mola, *s.* : môle, embryon informe *(obstét.)*.

molality, *s.* : molalité.

molar, *s.* : molaire *(stom.)*; *adj.* : 1. molaire, qui se rapporte à la masse (par opposition à moléculaire); **- solution** : solution molaire d'un sel ou d'un corps (à raison d'une molécule par litre [*chim.*]); 2. se rapportant à une môle *(obstét.)*; 3. molaire *(stom.)* : qui a trait à une meule ; **- death** : nécrose, gangrène ; **- pregnancy** : grossesse molaire; **- teeth** : dents molaires, molaires.

molariform, *adj.* : molariforme, qui ressemble à une dent molaire.

molarity, *s.* : molarité.

molasses, *s.* : mélasse.

mold, *s.* : 1. moisissure; 2. moule; *v.* : mouler.

mole, *s.* : 1. môle *(obstét.)*; 2. nævus; **blood -** *or* **carneous -** : masse formée de sang coagulé, de membranes fœtales et placenta restée dans l'utérus après une fausse couche; **cystic, hydatid, hydatiform** *or* **vesicular -** : môle, môle hydatiforme, môle vésiculaire; **false -** : môle non embryonnée; **pigmented -** : nævus pigmentaire; **true -** : môle formée de restes de l'œuf; 3. mole (symbole M) = 1 g de poids moléculaire par litre.

molecular, *adj.* : moléculaire; **- death** : carie, ulcération; **- force** : attraction moléculaire, force de cohésion; **- layer** : 1. toute couche formée de petits granules sans structure définie; 2. couche corticale du cerveau; **- lesion** : lésion très fine; **- weight** : poids moléculaire.

molecule, *s.* : molécule.

molilalia, *s.* : trouble de l'élocution, bégaiement, molilalie.

molimen, *s.*, *plur.* **molimina** *(lat.)* : molimen (ensemble des troubles morbides qui précèdent et préparent un phénomène critique).

Mollaret's recurrent meningitis : méningite récurrente de Mollaret.

mollescence, *s.* : ramollissement.

mollities, *s.* : mollesse, ramollissement ; **- ossium** : ostéomalacie.

molluscous, *adj.* : se rapportant aux mollusques.

molluscum, *s.* : 1. molluscum (terme donné à plusieurs maladies de peau); 2. molluscum, fibroma molluscum, molluscum vrai; **- contagiosum** *or* **sebaceum** : molluscum contagiosum, acné varioliforme; **- fibrosum** *or* **simplex**, *cf.* : 2.

molops, *s.* : tache rouge sur la peau (observée dans certaines maladies, après certains traumatismes).

molt, *s.* : mue; *v.* : muer *(zool.)*, plumer, tondre *(vétér.)*.

molting *or* **molting season** : mue.

Moltke's disease : polyarthrite.

molybdamaurosis, *s.* : amaurose saturnine.

molbdamblyopia, *s.* : amblyopie saturnine.

molybdanize, *v.* : imprégner avec un molybdate.

molybdate, *s.* : molybdate.

molybdencephalia, **molybdencephalopathia** *or* **molybdencephalopathy**, *s.* : encéphalopathie d'origine saturnienne.

molybdenum, *s.* : molybdène.

molybdepilepsia, *s.* : épilepsie d'origine saturnine.

molybdic, *adj.* : molybdique.

molybdocachexis, *s.* : cachexie saturnine, saturnisme chronique.

molybdocardialgia, *s.* : cardialgie d'origine saturnine.

molybdocolic, *s.* : colique saturnine, colique de plomb.

molybdodyspepsia, *s.* : dyspepsie d'origine saturnine.

molybdonosus, *s.* : saturnisme.

molybdoparesis, *s.* : paralysie partielle d'origine saturnine.

molybdosis, *s.* : saturnisme.

molybdospasmos, *s.* : spasme, crampe d'origine saturnine.

molybdosynolce, *s.* : contraction d'origine saturnine.

molybdotromos, *s.* : tremblement consécutif au saturnisme.

molybdous, *adj.* : molybdeux.

molysmophobia, *s.* : peur morbide de l'infection.

monad, *s.* : monade *(biol., chim.).*

monadenoma, *s.* : adénome monoglandulaire.

monadic, *adj.* : univalent, mono-atomique.

monarthric, *adj.* : mono-articulaire.

monaster, *s.* : segments engendrant les asters dans la mitose.

monathetosis, *s.* : athétose unilatérale.

monatomic, *adj.* : mono-atomique.

monaxial *or* **monaxonic,** *adj.* : à axe unique.

monaxon, *s.* : axone, prolongement cylindraxile.

Mondor's disease : maladie de Mondor, thrombose de la veine thoracique supérieure.

moner *or* **moneron,** *s.* : monère (organisme monocellulaire dépourvu d'enveloppe et formé d'une petite masse de protoplasma homogène et sans noyau).

monerula, *s.* : œuf fécondé au stade anucléaire.

Monge's disease : forme d'érythrémie due à l'altitude et rétrocédant immédiatement après retour au niveau de la mer.

Mongolian idiocy : mongolisme, idiotie ou imbécillité mongolienne.

mongolism, *s.* : mongolisme, syndrome de Down, trisomie 21.

mongoloid, *adj.* : mongolique; *s.* : mongoloïde.

monilethrix, *s.* : monilethrix (affection du système pileux).

Monilia, *s.* : *Monilia, Candida.*

moniliasis *or* **moniliosis,** *s.* : moniliase, moniliose.

moniliform, *adj.* : moniliforme.

monitor, *s.* : moniteur, surveillant avertisseur s'il s'agit d'un appareil.

monitoring, *s.* : pupitre biologique, poste de commande (appareillage pour contrôle biologique d'un groupe d'opérés).

monitoring instruments : appareils avertisseurs *(radiol.).*

mono- : mono-, préfixe signifiant un, unique.

monoanesthesia, *s.* : anesthésie d'un seul organe.

monoathetosis, *s.* : athétose localisée à un membre *ou* à une moitié du corps.

monobacillary *or* **monobacterial,** *adj.* : monobacillaire.

monobasic, *adj.* : monobasique.

monoblast, *s.* : monoblaste (cellule souche du monocyte analogue aux cellules indifférenciées).

monoblepsia *or* **monoblepsis,** *s.* : 1. monoblepsie (trouble de la vision où le pouvoir visuel d'un œil est supérieur à celui des deux yeux); 2. forme de daltonisme où l'individu ne perçoit qu'une seule couleur.

monobrachus, *s.* : manchot.

monocardian, *s.* : cœur élémentaire.

monocellular, *adj.* : unicellulaire, monocellulaire.

monocephalus, *s.* : monocéphale, monocéphalien (monstre double autositaire à tête double n'offrant aucune trace extérieure de duplicité).

monochorea, *s.* : monochorée (mouvements choréiques localisés à un seul membre).

monochroic, *adj.* : monochromatique, d'une seule couleur.

monochromasy, *s.* : perception d'une seule couleur.

monochromat, *s.* : individu qui ne perçoit qu'une seule couleur.

monochromatic, *adj.* : monochromatique.

monochromatophile, *s.* : cellule n'ayant d'affinité que pour un seul colorant; *adj.* : présentant une grande affinité pour un seul colorant.

monochromic, *adj.* : cf., **monochromatic.**

monocle, *s.* : monocle.

monoclinic, *adj.* : monoclinique (cristal).

monoclonal gammapathy : dysglobulinémie monoclonale, bénigne ou maligne (myélome).

monococcus, *s.* : coccus, coque *(bactér.).*

monocranus, *s.* : monstre double à tête unique.

monocrotic, *adj.* : se dit d'un pouls normal à pulsation unique.

monocular, *adj.* : monoculaire (vision, microscope).

monoculus, *s.* : 1. monstre n'ayant qu'un œil; 2. s'appliquant à un seul œil.

monocyclic, *adj.* : monocyclique.

monocyesis, *s.* : grossesse avec un seul fœtus *(obstét.).*

monocyst, *s.* : tumeur à kyste unique.

monocystic, *adj.* : composé de, ne renfermant qu'un seul kyste.

monocyte, *s.* : monocyte, grand mononucléaire.

monocytopenia, *s.* : diminution du taux des monocytes dans la circulation périphérique.

monocytosis, *s.* : monocytose.

monodactylism, *s.* : état caractérisé par la présence d'un seul doigt à la main ou au pied.

monodactylous, *adj.* : monodactyle.

monoderic, *adj.* : à couche unique.

monodidymus, *s.* : un jumeau.

monodiplopia, *s.* : diplopie monoculaire.

monodont, *adj.* : à dent unique.

monogamy, *s.* : monogamie.

monogastric, *adj.* : monogastrique, à une seule cavité générale.

monogenesis, *s.* : monogenèse, génération directe.

monogenetic, *adj.* : monogène, monogénétique.

monogenic, *adj.* : monogène, monogénétique.

monogenism, *s.* : monogénisme, monophylactisme *(anthrop.).*

monograph, *s.* : monographie.

monohemerous, *adj.* : éphémère, ne durant qu'un seul jour.

monohybrid, *s.* : hybride par une seule caractéristique.

monohydrate *or* **monohydrated,** *adj.* : monohydraté.

monohydric, *adj.* : monohydrique.

monoideism, *s.* : mono-idéisme.

mono-infection, *s.* : infection par une seule espèce de micro-organisme.

monolayer, *s.* : culture de tissu en couche monocellulaire.

monoma, *s.* : tumeur utérine douloureuse accompagnée d'hémorragies abondantes et continues évoluant vers la mort.

monomania, *s.* : monomanie, délire partiel, paranoïa.

monomaniac, *adj.* : monomane, monomaniaque.

monomelic, *adj.* : monomélique (affectant un seul membre).

monomeric, *adj.* : monomérique.

monometallic, *adj.* : 1. ne renfermant qu'un atome de métal dans la molécule; 2. monovalent; 3. formé d'un seul métal.

monommatous, *adj.* : borgne, uniloculé.

monomoria, *s.* : mélancolie.

monomorphic, *adj.* : monomorphe.

monomorphormism, *s.* : état d'être monomorphe, de ne pas subir de métamorphose.

monophormous, *adj.* : monomorphe, qui ne subit pas de métamorphose.

monomyositis, *s.* : myosite aiguë interstitielle.

monomyous, *adj.* : à muscle unique.

mononephrous, *adj.* : limité à un seul rein.

mononeural *or* **mononeuric,** *adj.* : 1. se dit d'une cellule nerveuse n'ayant qu'un seul névraxe; 2. muni d'un seul nerf.

mononeuritis, *s.* : mononévrite.

mononuclear, *s., adj.* : mononucléaire.

mononucleosis, *s.* : mononucléose; **infectious -** : mononucléose infectieuse.

monopagia, *s.* : céphalalgie limitée à un seul point, clou hystérique.

monoparesis, *s.* : parésie localisée à une seule partie du corps.

monoparesthesia, *s.* : paresthésie localisée à un membre *ou* un organe.

monopathic, *adj.* : se rapportant à une seule maladie, à la maladie d'un seul organe.

monopathy, *s.* : maladie simple d'un seul organe.

monophagia, *s.* : 1. désir pour un seul aliment; 2. ingestion d'un seul repas quotidien.

monophagism, *s.* : 1. habitude d'ingérer un seul aliment; 2. habitude de ne faire qu'un seul repas quotidien.

monophasia, *s.* : forme d'aphasie motrice vocale où l'élocution se limite à une syllabe, un mot, une phrase.

monophobia, *s.* : monophobie (appréhension angoissante que certains névropathes éprouvent dans la solitude).

monophthalmia, *s.* : monophtalmie.

monophthalmous, *adj.* : 1. monophtalme, qui n'a qu'un œil; 2. se rapportant à un bandage monoculaire.

monophyletic, *adj.* : monophylétique; **- hypothesis** : théorie monophylétique (théorie du transformisme intégral de Haeckel).

monoplasmatic, *adj.* : constitué d'une seule substance.

monoplast, *s.* : monoplaste, cellule unique.

monoplastic, *adj.* : monoplastique.

monoplastid, *s.* : monoplastide (organisme vivant formé d'un seul organisme cellulaire).

monoplegia, *s.* : monoplégie.

monops, *s.* : cyclope.

monopsia, *s.* : monophtalmie.

monopsychosis, *s.* : toute monomanie *ou* démence hallucinatoire de type immuable.

monopus, *s.* : monopode.

monoradicular, *adj.* : monoradiculaire *(stom.)*.

monorchid *or* **monorchis,** *s.* : monorchide (individu qui n'a qu'un seul testicule *ou* dont un seul testicule est descendu dans le scrotum).

monorchidism, *s.* : monorchidie.

monorhinous, *adj.* : n'ayant qu'une seule cavité nasale médiane.

monosaccharide, *s.* : monosaccharide.

monoscelous, *adj.* : n'ayant qu'une seule jambe.

monose, *s.* : monose, monosaccharide.

monosodic, *adj.* : monosodique.

monospasm, *s.* : spasme localisé (figure, membre, muscle, groupe musculaire).

monostratal, *adj.* : disposé en couche unique.

monosymptomatic, *adj.* : ne présentant qu'un seul symptôme dominant.

monothermia, *s.* : monothermie (identité entre la température matinale et la température vespérale d'un malade).

monotic, *adj.* : ne se rapportant qu'à une oreille.

monotonia, *s.* : monotonie, uniformité d'intonation.

monotrichous, *adj.* : monotriche (se dit des bacilles pourvus d'un seul cil vibratile).

monovalent, *adj.* : monovalent.

monoxenous, *adj.* : monoxène (se dit du parasitisme borné à un seul hôte).

monoxide, *s.* : protoxyde.

monozygotic, *adj.* : monozygote (se dit des jumeaux ayant un placenta commun provenant de la division anormale d'un œuf unique).

Monro (foramen of) : trou de Monro; **- line** : ligne qui joint l'épine iliaque antéro-supérieure droite à l'ombilic; **- point** : point de Monro, point appendiculaire (point situé à l'intersection du bord externe du muscle droit et de la ligne qui joint l'épine iliaque antéro-supérieure droite à l'ombilic); **- sulcus** : sillon de Monro (va de l'aqueduc de Sylvius au trou de Monro, indique la limite entre la couche optique et la région sousthalamique).

mons, s., plur. **montes** (lat.) : mont, éminence ; **- cerebelli** : cf., **monticulus; - pubis** : pénil; **- Veneris** : mont de Vénus.

monster, s. : monstre; **autositic -** : monstre autositaire; **- parasitic -** : monstre parasitaire.

monstricide, s. : destruction d'un monstre.

monstriferous, adj. : producteur de monstres.

monstruosity, s. : 1. monstruosité; 2. monstre.

Monteggia's dislocation : luxation de l'articulation coxofémorale.

Montgomery's cups : dépressions épithéliales hypertrophiées de la muqueuse utérine; **- glands** or **tubercles** : tubercules de Morgagni ou de Montgomery (aréole du sein).

monthlies (vernac.), s. : règles, menstrues.

monthly courses or **sickness** : règles.

monticulus, s. (lat.) : petite éminence; **- cerebelli** : partie centrale proéminente du vermis supérieur (cervelet).

mood, s. : humeur, disposition, état d'âme.

moon, s. : lune; **- blind** : 1. frappé de cécité passagère; 2. lunatique, sujet à l'ophtalmie périodique (vétér.); **- blindness** : 1. amblyopie attribuée au sommeil sous les rayons de lune; 2. héméralopie, cécité nocturne; 3. œil lunatique (vétér.); **- blink** : cf., **moon blindness** (1); **- calf** : môle.

morament, s. : faible d'esprit, individu dépourvu de sens moral.

moramentia, s. : état de l'individu dépourvu de sens moral.

Morand's disease : parésie des extrémités inférieures; **- foot** : présence de huit doigts de pied; **- foramen** : foramen cæcum (langue); **- spur** : ergot de Morand.

Morax-Axenfeld bacillus : diplobacille de Morax (microbe spécifique de la conjonctivite subaiguë).

morbid, adj. : morbide; **- anatomy** : anatomie pathologique.

morbidity, s. : morbidité (1. état de maladie; 2. conditions provoquant la maladie; 3. taux des individus malades par rapport à la population totale d'un pays).

morbific or **morbigenous,** adj. : morbifique, morbigène (qui cause ou produit la maladie).

morbilli, s. (lat.) : rougeole.

morbilliform, adj. : morbilliforme (qui ressemble à l'éruption de la rougeole).

morbillous, adj. : morbilleux (qui a rapport à la rougeole).

morbose, adj. : malade.

morbus, s., plur. **morbi** (lat.) : maladie; **- Addisonii** : maladie d'Addison, diabète bronzé; **- anglicus** : morbus anglicus, rachitisme; **- arcuati** :

ictère; **- Basedowii** : goitre exophtalmique, maladie de Basedow; **- brightii** : maladie de Bright, brightisme; **- caducus** : épilepsie; **- caeruleus** : cyanose congénitale; **- Celsi** : catalepsie; **cholera -** : choléra; **- caeliacus** : diarrhée chronique infantile; **- cordis** : phénomènes des maladies cardiaques chroniques; **- coxea** or **coxarius** : coxalgie; **- coxae senilis** : morbus coxae senilis, coxarthrie; **- cucullaris** : coqueluche; **- divinus** : épilepsie; **- gallicus** : syphilis; **- maculosus neonatorum** : maladie mortelle du nouveau-né caractérisée par des hémorragies disséminées; **- maculosus Werlhoffii** : purpura hémorragique, maladie de Werlhoff; **- magnus** or **major** : épilepsie; **- phlyctenoides** : pemphigus; **- regius** : ictère; **- sacer** : épilepsie; **- saltatorius** : chorée; **- tuberculosis pedis** : pied de Madura; **- vesicularis** : pemphigus; **- virgineus** : chlorose; **- vulpis** : alopécie.

morcellation or **morcellement,** s. (fr.) : morcellement (chir., obstét.).

mordacious, adj. : mordant, caustique, irritant, âcre, cuisant, aigu.

mordant, s. : mordant (chim., histol.); adj. : mordant, caustique; **- pain** : douleur aiguë; **- toning** : virage par mordançage (phot.); v. : mordancer.

mordanting, s. : mordançage.

Morel's delirium : délire émotionnel; **- ear** : oreille proéminente avec effacement des bords et des replis.

Morel's syndrome : syndrome de Morgagni, syndrome de Morgagni-Stewart-Greeg-Morel, hyperostose frontale interne.

Morel-Kraepelin's disease : démence précoce.

Morestin's operation : opération de Morestin (cancer du plancher de la bouche propagé au maxillaire inférieur).

Morgagni's cartilages : cartilages de Morgagni ou de Wrisberg (larynx); **- caruncle** : lobe moyen de la prostate, commissure préspermatique ou préséminale; **- cataract** : forme de cataracte sénile, **- columns** : colonnes de Morgagni (rectum); **- concha** : cornet supérieur (ethmoïde); **- cystic disease** : maladie cystique; **- disease** : maladie ou syndrome d'Adams-Stokes; **- foramen** : 1. trou borgne de Morgagni, foramen cæcum (langue); 2. orifice du diaphragme à la jonction du sternum et du septième arc costal; **- fossa** : 1. fosse naviculaire (urètre); 2. fossette pharyngienne (occipital); **- frenum** or **retinaculum** : valvule de Morgagni (prolongement cæcal de la valvule iléocæcale); **- glands** : glandes de Morgagni, (muqueuse urétrale); **- globules** or **spheres** : petits corps hyalins situés entre le cristallin et sa capsule surtout dans les cas de cataracte, **- humor** or **liquor** : humeur limpide formée après la mort dans le cristallin; **- hydatid** : hydatide sessile de Morgagni, pavillon de la trompe; **- lacunae** : lacunes de Morgagni (urètre); **- prolapse** : inflammation chronique des ventricules de Morgagni (larynx); **- sinus** : sinus prostatique (urètre); **- sinuses** or **valves** : valvules de Morgagni (rectum); **- syndrome** : syndrome de Morgagni-Stewart-Greeg-Morel, hyperostose frontale interne; **- tubercles** : 1. bulbe

olfactif; 2. tubercules de Morgagni (aréole);
- **ventricle** : ventricule de Morgagni (larynx).

Morgan's spots : taches rouges brillantes ayant
l'aspect de naevus, constatées sur la peau dans
les cas de cancer, mais sans valeur diagnostique.

moria, *s. (lat.)* : moria.

moribund, *s., adj.* : moribond.

morioplasty, *s.* : chirurgie plastique.

morning, *s.* : matin; - **after** *(vernac.)* : pituite
matinale (état de malaise matinal consécutif à des
libations abondantes); - **paralysis** : paralysie du
matin (forme atténuée de la maladie de Heine-
Medin); - **sickness** : nausées matinales se produisant au début de la grossesse; - **tongue** :
langue pâteuse, xylostomie.

morococcus, *s.* : microcoque agglutiné en amas
(bactér.).

morocomium or **morodochium**, *s.* : asile d'aliénés.

moron, *s.* : 1. faible d'esprit, idiot; 2. enfant
arrêté dans son développement mental (stade
entre sept et douze ans); 3. terme péjoratif
(U.S.).

moronity or **morosis**, *s.* : démence.

morphea or **morphoea**, *s.* : morphée, sclérodermie en plaques.

morphia or **morphine**, *s.* : morphine; - **addict** :
morphinomane; - **habit** : morphinomanie; **to be
addicted to** - : se piquer à la morphine.

morphinia, *s.* : maladie due à un abus de la
morphine.

morphinism, *s.* : morphinisme (intoxication chronique par la morphine ou par ses sels).

morphinization, *s.* : production des effets physiologiques de la morphine.

morphinodipsia, *s.* : morphinomanie.

morphinomania or **morphiomania**, *s.* : morphinomanie (habitude morbide de la morphine).

morphinomaniac, *s., adj.* : morphinomane.

morphinophagia or **morphiophagy**, *s.* : opiophagie (fait de manger de l'opium).

morphinum or **morphinium**, *s.* : morphine.

morphiometry, *s.* : dosage de morphine dans
un médicament *ou* un échantillon d'opium.

morphogenesis or **morphogeny**, *s.* : morpho-
génèse, morphogénie.

morphogenic, *adj.* : morphogénique.

morphography, *s.* : morphographie, morphologie.

morpholecithal, *adj.* : 1. germinatif; 2. se rapportant à la tache germinative.

morpholecithus, *s.* : tache germinative.

morphological, *adj.* : morphologique.

morphology, *s.* : morphologie.

morphometry, *s.* : mesure de la forme des organismes.

morphon, *s.* : élément individuel d'un organisme
de forme définie (cellule, segment).

morphonosus, *s.* : modification anormale dans la
morphologie d'un organe *ou* d'un membre.

morphophyly, *s.* : développement de la forme
des organes du corps.

morphosis, *s.* : morphose (acte, mode, ordre de
formation d'un organisme).

morphoplasm, *s.* : morphoplasme (substance du
réticulum cellulaire).

morphotic, *adj.* : se rapportant à la morphose;
- **proteins** : protéines jouant un rôle dans la
structure des tissus.

morpio, *s. (lat.)* : morpion, *Phthirius pubis.*

morrhua, *s. (lat.)* : morue; **oleum morrhuae** :
huile de foie de morue.

Morris' appendix : dégénérescence fibreuse de
l'appendice vermiculaire.

mors, *s. (lat.)* : mort; - **improvisa** or **subita** : mort
subite; - **putativa** : mort apparente.

morsal, *adj.* : se rapportant à la partie coupante
ou broyeuse d'une dent.

morselling, *s., adj.* : cf., **morcellation.**

morsulus, *s.* : pastille.

morsus, *s. (lat.)* : morsure; - **diaboli** : frange
ovarienne, ovarique, tubo-ovarique ou de Richard;
- **muris fever** : sodoku.

mortal, *adj.* : mortel.

mortality, *s.* : mortalité.

mortar, *s.* : mortier.

mortician, *s.* : entrepreneur *ou* ordonnateur des
pompes funèbres *(U.S.).*

mortiferous, *adj.* : mortel, fatal.

mortification, *s.* : mortification, gangrène, sphacèle; - **is setting in** : la plaie se gangrène.

mortified, *adj.* : gangrené, mortifié, sphacélé.

mortinatality, *s.* : mortinatalité (rapport entre le
nombre des mort-nés et le chiffre total des naissances).

Morton's cough : toux de Morton, toux éméti-
sante (tuberculose).

Morton's disease or **foot** : pied, maladie ou
névralgie de Morton.

mortuary, *s.* : dépôt mortuaire, salle mortuaire
(hôpital), morgue; *adj.* : mortuaire.

morula, *s.* : morula (phase de la segmentation
de l'œuf).

morulation, *s.* : morulation.

moruloid, *adj.* : ayant l'aspect de la morula.

morum, *s. (lat.)* : 1. condylome; 2. naevus.

Morvan's chorea : chorée fibrillaire de Morvan;
- **disease** : maladie *ou* panaris de Morvan, panaris
analgésique (lèpre).

mosaic, *s.* : mosaïque (symptôme caractérisé chez
les plantes par une altération des feuilles due à
la présence d'un virus [mosaïque du tabac, mosaïque aucuba, mosaïque due au virus X, mosaïque
due au virus A]); **aucuba** - : mosaïque aucuba,
panachure infectieuse (virose végétale); **barley
stripe** - : mosaïque striée de l'orge; **brome-
grass** - : mosaïque du brome (inerme); **cow-
pea** - : mosaïque de *Vina sinensis*; **maize**

dwarf - : nanisme du maïs; **mild -** : mosaïque plane (pomme de terre); **petunia asteroid -** : mosaïque astéroïde du pétunia; **revere -** : frisolée (pomme de terre); **rugose -** : symptôme décrit chez la pomme de terre provoqué par le complexe virus X et virus Y; **southern bean -** : mosaïque du haricot; **sow bean -** : mosaïque des chénopodes; **wheat streak** or **strike -** : mosaïque en stries du blé; **wrinkle -** : frisolée de la pomme de terre.

mosaicism, s. : mosaïcisme (en génétique, existence chez un individu de cellules de différentes constitutions chromosomiques).

Mosler's diabetes : polyurie due à la présence d'un excès d'inositol dans le sang.

mosquito, s. : moustique; **- bite** : piqûre de moustique; **- control** : lutte préventive contre les moustiques; **- net** : moustiquaire; **- proof** : débarrassé de ou à l'abri des moustiques; **yellow fever -** : stégomyie.

moss, s. : mousse; **Iceland -** : mousse d'Islande (Cetraria islandica).

mossy foot : pied couvert d'épaisses excroissances verruqueuses.

Moszkowicz's test : épreuve de Moszkowicz (épreuve pour déterminer le niveau de l'oblitération dans l'artère d'un membre atteint d'artérite).

mother, s. : 1. mère; 2. source; **- abcess** : abcès primaire; **- cell** : cellule mère; **- cyst** : kyste échinococcique; **- liquor** : eau mère; **- mark** : nævus; **- substance** : substance génératrice; **- of vinegar** : mère de vinaigre; v. : donner naissance à, enfanter.

mothercraft, s. : puériculture.

motherhood, s. : maternité.

mothership, s. : soins maternels, puériculture.

motile, adj. : mobile, doué de mouvement.

motility, s. : motilité, mobilité.

motion, s. : 1. mouvement; 2. évacuation, selle; **to have a -** : aller à la selle; **- sickness** : mal des transports.

motive, adj. : moteur; **- energy** : énergie cinétique; **- power** : force motrice.

motofacient, adj. : doué de motricité.

motor, adj. : moteur; **- aphasia** : aphasie motrice; **- area** : zone motrice (cerveau); **- nerve organs, - nerve plates** or **- sprays** : voies motrices (nerfs); **- oculi** : nerf moteur oculaire commun; **- points** : centres moteurs, localisations cérébrales.

motorial, adj. : moteur; **- end-plate** : axone, prolongement cylindraxile.

motorium, s. : 1. centre moteur; 2. voies nerveuses et musculaires motrices considérées comme une entité.

motorius, s. : nerf moteur.

motormeter, s. : appareil enregistreur des mouvements de l'estomac.

motorpathy, s. : cinésithérapie.

mottle, s. : tache, marbrure; **bean pod -** : marbrure de la gousse du pois; **- faced** : au

visage couperosé, au teint brouillé; **green ring -** : mosaïque en anneau vert; v. : tacheter, marbrer.

mottled, adj. : tacheté, moucheté, marbré.

mottling, s. : marbrure, tacheture, diaprure; **- of the gelatine** : réticulation de la gélatine (phot.); **- of soybean seed coats** : moucheture du tégument des graines de soja.

mould, s. : cf., **mold.**

moult, s. : cf., **molt.**

mounding, s. : coup de fouet (muscle).

mountain anemia, s. : ankylostomiase; **- sickness** : mal des montagnes.

mountebank, s. : charlatan.

mounting, s. : 1. montage, préparation (histol., anat.); 2. collage (phot.).

mouth, s. : 1. bouche; 2. ouverture, embouchure, lumière; **- wash** : collutoire, eau dentifrice.

movement, s. : mouvement; **bowel -** : selle; **Brownian -** : mouvement brownien; **passive -** : gymnastique passive (massive); **peristaltic -** : péristaltisme; **remedial** or **Swedish -** : cinésithérapie.

moxa, s. : moxa.

moxibustion, s. : cautérisation avec des moxa.

mucedin, s. : mucédine (corps azoté provenant du gluten).

Much's granules : granules de Much (éléments ténus du bacille tuberculeux tantôt acido-résistants, tantôt ayant perdu cette qualité).

Much-Holzmann reaction : sérum d'un malade atteint de démence précoce empêchant l'hémolyse par le venin de cobra.

mucic, adj. : mucique, mucilagineux ; **- acid** : acide mucique.

mucid, adj. : mucilagineux.

muciferous, adj. : sécrétant du mucus.

muciform, adj. : muciforme.

mucifying hormone : hormone de la muqueuse vaginale déclenchant les sécrétions muqueuses du vagin.

mucigen, s. : corps produisant la mucine (contenu dans les cellules épithéliales).

mucigenous, adj. : producteur de mucine.

mucilage, s. : mucilage.

mucilaginous, adj. : mucilagineux.

mucin, s. : mucine (substance albumineuse caractéristique du mucus).

mucinase, s. : mucinase.

mucinemia, s. : présence de mucine dans le sang.

mucinoblast, s. : 1. mastzell; 2. cellule caliciforme des membranes muqueuses.

mucinoid, adj. : mucinoïde, mucoïde.

mucinuria, s. : présence de mucine dans l'urine.

muciparous, adj. : mucipare, muqueux.

mucitis, s. : inflammation d'une membrane muqueuse.

mucivorous, adj. : subsistant dans le mucus.

mucocele, s. : mucocele (1. tumeur formée par du mucus; 2. tumeur formée par le sac lacrymal).

mucocolitis, s. : colite ou entérite mucomembraneuse.

mucocolpos, s. : amas de mucus dans le vagin.

mucoderm, s. : couche profonde d'une membrane muqueuse.

mucoenteritis, s. : entérite mucomembraneuse.

mucoid, adj. : mucoïde.

mucoids, s. : corps ou substances mucoïdes.

mucomembranous, adj. : mucomembraneux.

mucoperiosteum, s. : périoste à surface muqueuse.

mucopolysaccharidosis, s. : mucopolysaccharidose (type I, de Hürler; type II, de Hunter; type III, de Sanfillipo; type IV, de Morquio; type V, de Scheie).

mucoproteins, s. : mucoprotéines.

mucopurulent, adj. : mucopurulent.

mucopus, s. : mucopus.

mucor, s. : mucor (moisissure).

mucoriferous, adj. : couvert de moisissures.

mucosa, s. : membrane muqueuse.

mucosal, adj. : muqueux.

mucosanguineus, adj. : muqueux et sanguinolent.

mucosedative, adj. : calmant les muqueuses.

mucoserous, adj. : muqueux et séreux.

mucosin, s. : mucosine (mucine des muqueuses nasale, bronchique et utérine).

mucosity, s. : mucosité.

mucous, adj. : muqueux; - **casts** : cylindres muqueux (entérite membraneuse); - **catarrh** : catarrhe de la membrane muqueuse; - **disease** : entéro-colite ; - **glands** : glandes muqueuses ; - **membrane** : membrane muqueuse; - **patch** : plaque muqueuse (syphilis); - **tumor** : myxome.

mucro, s. : mucro, pointe; - **cordis** : pointe du cœur; - **sterni** : appendice xiphoïde (sternum).

muculent, adj. : riche en mucus.

mucus, s. : mucus, mucosité, glaire.

mud, s. : boue; - **bath** : bain de boue, illutation; - **fever** : leptospirose ictéro-hémorragique à Leptospirosa grippotyphosa.

mudificant, cf., **mundificative.**

mulatto, s. : mulâtre.

mulberry, s. : mûrier; - **calculus** : calcul ayant la forme et la couleur d'une mûre; - **mark** : nævus.

Mulder's test for glucose : réaction d'identification du glucose; - **test for proteins** : réaction xanthoprotéique.

mule, s. : mulet.

mule's ear disease of peach : maladie en oreille de mulet du pêcher.

Mules' operation : opération de Mules (ophtal.).

muliebria, s. (lat.) : organes génitaux femelles.

muliebris, s., adj. (lat.) : se rapportant à la femme.

muliebrity, s. : féminité, féminéité.

mull, s. : cf., **muslin.**

Müller's blood motes or **dust-bodies** : hémoconie, hématoconie, - **duct** or **canal** : canal de Müller; - **experiment** : cf., **Valsalva;** - **law** : loi de Müller (toute tumeur est formée d'un tissu ayant son analogue dans l'organisme normal, soit à l'état embryonnaire, soit à l'état de complet développement).

Müller's fibers : cellules de Müller de la neuroglie rétinienne; - **muscle** : 1. muscle palpébral supérieur; 2. faisceau circulaire de fibres musculaires faisant partie du muscle ciliaire et situé près de l'iris.

Müller's fluid : fixateur de Müller (histol.).

Müller's sign : signe de Frederick-Müller (battement du voile du palais et des amygdales dans l'insuffisance aortique).

Müllerian cyst : kyste müllérien (kyste du vagin développé aux dépens des restes du canal de Müller).

multangulum, s. : os présentant plusieurs angles.

multiarticulate or **multiarticular,** adj. : à plusieurs articulations.

multi- : multi, préfixe signifiant plusieurs (for words beginning by multi : cf., the word without prefix).

multigesta or **multigravida,** s. : multigeste.

multimammae, s. : polymastie.

multipara, s. : multipare (se dit d'une femme qui a eu plusieurs enfants).

multiparity, s. : condition, état, fait d'être multipare.

multiparous, adj. : multiparous.

multiple, adj. : multiple; - **myeloma** : myélome multiple, maladie de Kahler; - **sclerosis** : sclérose en plaques.

multiplicity reactivation : réactivation par multiplicité d'infection.

multivalent, adj. : multivalent, polyvalent.

mumbling, s. : bredouillement.

mummification, s. : momification, gangrène sèche.

mummified, adj. : momifié.

mumps, s. : oreillons, fièvre ourlienne, parotidite épidémique.

mundificative, adj. : détergent, cicatrisant.

Munro's point : point de Munro, point appendiculaire.

mural, adj. : se rapportant à une paroi ; - **abscess** : abcès de la paroi abdominale après laparotomie; - **gestation** or **pregnancy** : grossesse isthmique tubaire (extrémité utérine); - **thrombus** : thrombus mural.

muramidase, s. : muramidase, lysozyme.

murmur, s. (lat.) : murmure, souffle (auscultation).

Murphy's button : bouton de Murphy (appareil pour anastomose de deux segments d'intestin);

- **sign** : signe de Murphy (lithiase vésiculaire);
- **treatment** : méthode de Murphy (traitement de la péritonite).

murrain, *s.* : 1. épizootie; 2. fièvre aphteuse; **bloody -** : piroplasmose des bovidés.

murrained, *adj.* : (troupeau) atteint d'une épizootie *(vétér.)*.

Murray Valley encephalitis : encéphalite de la vallée de la Murray.

mus, *s.,* plur. **mures** *(lat.)* : 1. muridé; 2. arthrophyte; **mures articulares** or **articulorum** : arthrophyte.

muscae volitantes *(lat.)* : mouches volantes, myiodopsie, myodésopsie.

muscle, *s.* : muscle.

musculus, *s.,* plur. **musculi** *(lat.)* : muscle; **- abductor digiti quinti manus** : muscle abducteur du petit doigt; **- abductor digiti quinti pedis** : muscle court abducteur du petit orteil; **- abductor hallucis** : muscle court abducteur du gros orteil; **- abductor pollicis brevis** : muscle court abducteur du pouce; **- abductor pollicis longus** : muscle long abducteur du pouce; **- adductor brevis** : muscle deuxième adducteur de la cuisse; **- adductor longus** : muscle premier adducteur de la cuisse; **- adductor magnus** : muscle troisième adducteur de la cuisse; **- adductor hallucis** : muscle adducteur du gros orteil; **- anconœus** : muscle anconé; **- arrector pili** : muscle pilomoteur; **- arytœnoideus** : muscle aryténoïdien; **- auriculares** : muscles auriculaires; **- azygos uvulæ** : muscle palatostaphylin; **- biceps brachii** : muscle biceps du bras; **- biceps femoris** : muscle biceps de la cuisse; **- biventer cervicis** : portion interne du transversaire épineux du cou; **- biventer mandibulæ** : *cf.,* **- digastricus;** **- brachialis** : muscle brachial antérieur; **- brachialis internus** : *cf.,* **- brachialis; - brachioradialis** : muscle long supinateur; **- buccinator** : muscle buccinateur; **- bulbocavernosus** : muscle bulbo-caverneux, **- caninus** : muscle canin; **- cephalopharyngicus** : muscle constricteur supérieur du pharynx; **- ceratopharyngeus** : portion du muscle constricteur moyen s'attachant aux grandes cornes de l'os hyoïde; **- chondroglossus** : muscle chondroglosse; **- chondropharyngeus** : portion du muscle constricteur moyen s'attachant aux petites cornes de l'os hyoïde; **- ciliaris** : muscle ciliaire; **- coccygeus** : muscle ischio-coccygien; **- complexus major** : muscle grand complexus; **- complexus minor** : muscle petit complexus; **- complexus narium** : muscle transverse du nez; **- constrictores pharyngis** : muscles constricteurs du pharynx; **- coracobrachialis** : muscle coracobrachial; **- corrugator supercilii** : muscle sourcilier; **- cremaster** : muscle crémaster; **- cricoarytœnoideus lateralis** : muscle crico-aryténoïdien latéral; **- cricoarytœnoideus posterior** or **dorsalis** : muscle crico-aryténoïdien postérieur; **- cricothyreoideus** : muscle cricothyroïdien; **- crotaphites** : *cf.,* **- temporalis; - cruralis** : *cf.,* **- vastus intermedius; - cucullaris** : *cf.,* **- trapezius; - deltoideus** : muscle deltoïde; **- depressor alæ nasi** : muscle dilatateur des narines; **- depressor anguli oris** : *cf.,* **- triangularis oris; - depressor glabellæ** : *cf.,* **- procerus; - depressor labii inferioris** : *cf.,* **- quadratus labii inferioris ;**

- depressor septi or **origo nasalis musc. orbic. oris** : muscle myrtiforme; **- detrusor urinæ** : couche externe de la musculeuse de la vessie; **- digastricus** : muscle digastrique; **- dorsalis (caudalis, cranialis)** : *cf.,* **- serratus; - epicranius** : muscle épicrânien, muscle occipito-frontal; **- extensor brachii triceps** : muscle triceps du bras; **- extensor carpi radialis brevis** : muscle deuxième radial externe; **- extensor carpi radialis longus** : muscle premier radial externe; **- extensor carpi ulnaris** : muscle cubital postérieur; **- extensor communis longus digitorum pedis** : muscle extenseur commun des orteils; **- extensor cruris quadriceps** : *cf.,* **- quadriceps; - extensor digiti quinti proprius** : muscle extenseur propre du petit doigt; **- extensor digitorum manus communis** : muscle extenseur commun des doigts; **- extensor digitorum pedis brevis** : muscle pédieux; **- extensor digitorum pedis longus** : muscle extenseur commun des orteils; **- extensor hallucis brevis** : portion interne du muscle pédieux se dirigeant vers le gros orteil; **- extensor hallucis longus** : muscle extenseur propre du gros orteil; **- extensor indicis proprius** : muscle extenseur propre de l'index; **- extensor pollicis brevis** : muscle court extenseur du pouce; **- extensor pollicis longus** : muscle long extenseur du pouce; **- femoralis** : *cf.,* **- vastus intermedius; - fibulares** : *cf.,* **- peronœi; - flexor carpi radialis** : muscle grand palmaire; **- flexor carpi ulnaris** : muscle cubital antérieur; **- flexor digiti quinti manus brevis** : muscle court fléchisseur du petit doigt; **- flexor digiti quinti pedis brevis** : muscle court fléchisseur du petit orteil; **- flexor digitorum fibularis** : *cf.,* **- flexor hallucis longus; - flexor digitorum manus perforans** : muscle fléchisseur profond des doigts; **- flexor digitorum manus perforatus** : muscle fléchisseur superficiel des doigts; **- flexor digitorum manus profundus** : muscle fléchisseur profond des doigts; **- flexor digitorum manus sublimis** : muscle fléchisseur superficiel des doigts; **- flexor digitorum pedis brevis** : muscle court fléchisseur commun des orteils; **- flexor digitorum pedis longus** : muscle long fléchisseur commun des orteils; **- flexor hallucis brevis** : muscle court fléchisseur du gros orteil; **- flexor hallucis longus** : muscle long fléchisseur du gros orteil; **- flexor pollicis brevis** : muscle court fléchisseur du pouce; **- flexor pollicis longus** : muscle long fléchisseur propre du pouce; **- frontalis** : muscle frontal; **- gastrocnemius** : muscle gastrocnémien; **- gemelli pelvis** : muscles jumeaux pelviens; **- gemellus inferior** : muscle jumeau inférieur; **- gemellus superior** : muscle jumeau supérieur; **- genioglossus** : muscle génioglosse; **- geniohyoideus** : muscle géniohyoïdien; **- glossopalatinus** : muscle pharyngostaphylin; **- glossostaphylinus** : *cf.,* **- glossopalatinus; - glutæus maximus** : muscle grand fessier; **- glutæus medius** : muscle moyen fessier; **- glutæus minimus** : muscle petit fessier; **- gracilis** : muscle droit interne; **- hyoglossus** : muscle hyoglosse; **- hyopharyngicus** : muscle constricteur moyen du pharynx; **- iliacus** : muscle iliaque; **- iliocostalis** : muscle sacrolombaire; **- iliopsoas** : muscle psoas iliaque; **- infraspinatus** or **infra spinam** : muscle sous-épineux; **- interarytœnoideus** : *cf.,* **- ary-**

thœnoideus; - **intercostales** : muscles intercostaux; - **interossei** : muscles interosseux; - **interspinales** : muscles interépineux; - **intertransversarii** : muscles intertransversaires; - **ischiocavernosus** : muscle ischiocaverneux; - **laryngopharyngicus** : muscle constricteur inférieur du larynx; - **latissimus colli** : muscle peaucier du cou; - **latissimus dorsi** : muscle grand dorsal; - **laxator tympani** : muscle acousticomalléen; - **levator anguli oris**, *cf.*, - **caninus**; - **levator ani** : muscle releveur de l'anus; - **levatores costarum** : muscles surcostaux; - **levator labii superioris alæque nasi** : portion interne du muscle élévateur de la lèvre supérieure; - **levator menti** : *cf.*, - **mentalis**; - **levator palpebræ superioris** : muscle releveur de la paupière supérieure; - **levator scapulæ** : muscle angulaire de l'omoplate; - **levator uvulæ** : muscle palato-staphylin; - **levator veli palatini** : muscle péristaphylin interne; - **lingualis** : muscle lingual; - **longissimus capitis** : muscle petit complexus; - **longissimus cervicis** : muscle transversaire du cou; - **longissimus colli** : *cf.*, - **longissimus cervicis**; - **longissimus dorsi** : muscle long dorsal; - **longitudinalis inferior** *or* **profundus linguæ** : portion inférieure du muscle lingual; - **longitudinalis superior** *or* **superficialis linguæ** : portion supérieure du muscle lingual; - **longus capitis** : muscle grand droit antérieur de la tête; - **longus colli** : muscle long du cou; - **lumbosacralis** : muscle sacrolombaire; - **lumbricales** : muscles lombricaux; - **malaris** : faisceaux inférieurs du muscle orbiculaire des paupières; - **mallei** : muscle du marteau; - **masseter** : muscle masséter; - **mentalis** : houppe du menton; - **multifidus spinæ** : muscle multifide du rachis, muscle transversaire épineux; - **mylohyoideus** : muscle mylohyoïdien; - **nasalis** : muscles transverse du nez et dilatateur des narines; - **obliquus abdominis externus** : muscle grand oblique de l'abdomen; - **obliquus abdominis internus** : muscle petit oblique de l'abdomen; - **obliquus ascendens** : *cf.*, - **obliquus abdominis internus**; - **obliquus capitis inferior** *or* **atlantis** : muscle grand oblique de la tête; - **obliquus capitis (superior)** : muscle petit oblique de la tête; - **obliquus descendens**, *cf.* : - **obliquus abdominis externus**; - **obliquus oculi** *or* **bulbi inferior** : muscle petit oblique de l'œil; - **obliquus oculi** *or* **bulbi, superior** : muscle grand oblique de l'œil; - **obturator externus** : muscle obturateur externe; - **obturator internus** : muscle obturateur interne; - **occipitalis** : muscle occipital; - **omo-hyoideus** : muscle omo-hyoïdien; - **opponens digiti quinti manus** : muscle opposant du petit doigt; - **opponens digiti quinti pedis** : muscle opposant du petit orteil; - **opponens pollicis** : muscle opposant du pouce; - **orbicularis oculi** : muscle orbiculaire des paupières; - **orbicularis oris** : muscle orbiculaire des lèvres; - **palatoglossus** : *cf.*, - **glossopalatinus**; - **palatopharyngeus** : *cf.*, - **pharyngopalatinus**; - **palatostaphylinus** : *cf.*, - **levator uvulæ**; - **palmaris brevis** : muscle palmaire cutané; - **palmaris longus** : muscle petit palmaire; - **papillares** : muscles papillaires; - **pectinati** : colonnes charnues des oreillettes et des ventricules; - **pectineus** : muscle pectiné; - **pectoralis major** : muscle grand pectoral; - **pectoralis minor** : muscle petit pectoral; - **peronœus** *or* **fibularis brevis** : muscle court péronier latéral; - **peronœus** *or* **fibularis, longus** : muscle long péronier latéral; - **peronœus** *or* **fibularis, tertius** : portion détachée du côté externe du muscle extenseur commun des orteils, - **perpendicularis linguæ** : portion verticale du muscle lingual; - **petrostaphylinus** : muscle péristaphylin interne; - **pharyngopalatinus** : muscle pharyngostaphylin; - **piriformis** : muscle pyramidal (du bassin); - **plantaris** : muscle plantaire grêle; - **popliteus** : muscle poplité; - **procerus** : muscle pyramidal du nez; - **pronator quadratus** : muscle carré pronateur; - **pronator teres** : muscle rond pronateur; - **psoas major** : muscle grand psoas; - **psoas minor** : muscle petit psoas; - **pterygoideus externus** *or* **lateralis** : muscle ptérygoïdien externe; - **ptérygoideus internus** *or* **medialis** : muscle ptérygoïdien interne; - **pyramidalis** : muscle pyramidal de l'abdomen; - **pyriformis** : *cf.*, - **piriformis**; - **quadratus femoris** : muscle carré crural; - **quadratus labii inferioris** *or* **mandibularis** : muscle carré du menton; - **quadratus labii superioris** : muscle élévateur de la lèvre supérieure; - **quadratus lumborum** : muscle carré des lombes; - **quadratus plantæ** : muscle accessoire du long fléchisseur des orteils; - **quadriceps femoris** : muscle triceps crural avec le muscle droit antérieur de la cuisse; - **radialis externus** : *cf.*, - **extenseur carpi radialis**; - **radialis internus** : *cf.*, - **flexor carpi radialis**; - **rectus abdominis** : muscle grand droit antérieur de l'abdomen; - **rectus capitis anterior** *or* **ventralis** : muscle petit droit antérieur de la tête; - **rectus capitis lateralis** : muscle droit latéral de la tête; - **rectus capitis posterior** *or* **dorsalis, major** : muscle grand droit postérieur de la tête; - **rectus capitis posterior** *or* **dorsalis, minor** : muscle petit droit postérieur de la tête; - **rectus femoris** : muscle droit antérieur de la cuisse; - **rectus oculi externus** : *cf.*, - **rectus oculi lateralis**; - **rectus oculi** *or* **bulbi, inferior** : muscle droit inférieur de l'œil; - **rectus oculi internus** : *cf.*, - **rectus oculi medialis**; - **rectus oculi lateralis** *or* **bulbi temporalis** : muscle droit externe de l'œil; - **rectus oculi medialis** *or* **bulbi nasalis** : muscle droit interne de l'œil; - **rectus oculi** *or* **bulbi, superior** : muscle droit supérieur de l'œil; - **rhomboideus** : muscle rhomboïde; - **risorius** : muscle risorius de Santorini; - **rotatores** : muscles rotateurs (de vertèbres); - **sacrolumbalis** : muscle sacrolombaire; - **sacrospinalis** : masse commune des muscles du dos; - **sartorius** : muscle couturier; - **scalenus anterior** *or* **ventralis** : muscle scalène antérieur; - **scalenus posterior** *or* **dorsalis** : muscle scalène postérieur; - **semimembranosus** : muscle demi-membraneux; - **semispinalis capitis** : *cf.*, - **transverso-occipitalis**; - **semitendineus** : muscle demi-tendineux; - **semitendinosus** : *cf.*, - **semitendineus**; - **serratus anterior** *or* **lateralis** : muscle grand dentelé; - **serratus posterior inferior** *or* **dorsalis caudalis** : muscle petit dentelé inférieur; - **serratus posterior superior** *or* **dorsalis cranialis** : muscle petit dentelé supérieur; - **soleus** : muscle soléaire; - **sphenostaphylinus** : muscle péristaphylin externe; - **sphincter ani** : muscle sphincter de l'anus; - **sphincter urethræ membranaceæ** *or* **diaphragmaticæ** : muscle de Wilson; - **spinalis** : faisceaux épineux

du long dorsal; **- splenius capitis** : muscle splénius de la tête; **- splenius colli** : muscle splénius
du cou; **- stapedius** : muscle de l'étrier; **- sternocleidomastoideus** : muscle sternocléido-mas-
toïdien; **- sternohyoideus** : muscle sternohyoïdien;
- sternothyreoideus : muscle sternothyroïdien;
- styloglossus : muscle styloglosse; **- stylohyoideus** : muscle stylohyoïdien; **- stylopharyngeus**
or **stylopharyngicus** : muscle stylopharyngien;
- subclavius : muscle sous-clavier; **- subcostales** : muscles sous-costaux; **- subcutaneus
colli** : muscle peaucier du cou; **- subscapularis** :
muscle sous-scapulaire; **- supinator** : muscle
court supinateur; **- supinator brevis** : cf., **- supinator; - supinator longus** : cf., **brachioradialis;
- supraspinatus** or **supra spinam** : muscle sus-
épineux; **- temporalis** : muscle temporal; **- tensor
fasciæ latæ** : muscle tenseur du fascia lata;
- tensor tympani : muscle du marteau; **- tensor
veli palatini** : muscle péristaphylin externe;
- teres major : muscle grand rond; **- teres minor** : muscle petit rond; **- thyreoarytænoideus** :
muscle thyroaryténoïdien; **- thyreohyoideus** :
muscle thyrohyoïdien; **- tibialis anterior** : muscle
jambier antérieur; **- tibialis posterior** : muscle
jambier postérieur; **- trachelomastoideus** : cf.,
- longissimus capitis; - transversalis capitis :
cf., **- longissimus capitis; - transversalis cervicis** : cf., **- longissimus cervicis; - transversalis
dorsi** : cf., **- longissimus dorsi; - transversalis
plantæ** : portion transverse du muscle adducteur
du gros orteil; **- transverso-occipitalis** : muscle
transversaire épineux; **- transverso-urethralis** :
cf., **- transversus perinœi profundus; - transversus abdominis** : muscle transverse de l'abdomen; **- transversus linguæ** : portion transverse
du muscle lingual; **- transversus menti** : portion
transverse du muscle triangulaire des lèvres;
- transversus perinœi profundus : muscle profond du périnée, muscle de Guthrie; **- transversus perinœi superficialis** : muscle transverse
superficiel du périnée; **- transversus thoracis** :
muscle triangulaire du sternum; **- trapezius** :
muscle trapèze; **- triangularis oris** : muscle triangulaire des lèvres ; **- triangularis sterni** : cf.,
transversus thoracis; - triceps brachii : muscle
triceps brachial; **- triceps surœ** : muscle triceps
sural; **- ulnaris externus** : cf., **- extensor carpi
ulnaris; - ulnaris internus** : cf., **- flexor carpi
ulnaris; - urethralis** : cf., **- transversus perinœi
profundus; - uvulœ** : muscle palatostaphylin;
- vastus externus : cf., **- vastus lateralis; - vastus intermedius** : muscle crural; **- vastus internus** : cf., **vastus medialis** or **tibialis; - vastus
lateralis** or **fibularis** : muscle vaste externe;
- vastus medialis : muscle vaste interne; **- vastus
medius** : cf., **- vastus intermedius; - verticalis
linguœ** : portion verticale du muscle lingual;
- zygomaticus major : muscle grand zygomatique; **- zygomaticus minor** : muscle petit zygomatique.

muscular, adj. : 1. musculaire; 2. musculeux,
musclé.

muscularity, s. : 1. muscularité; 2. musculosité,
vigueur musculaire.

musculation, s. : musculature.

musculo- : musculo-, préfixe dénotant un rapport
avec les muscles.

muscus, s. (lat.) : mousse, lichen.

mushroom, s. : champignon; v. : s'aplatir (se dit
d'une balle, d'un obus).

musician's cramp : crampe des pianistes (crampe
fonctionnelle ou professionnelle).

musicomania, s. : musicomanie, mélomanie.

musicotherapy, s. : emploi de la musique en
thérapeutique (maladies nerveuses, maladies mentales).

musk, s. : musc.

muslin or **mull**, s. : mousseline.

Musset's sign : signe de Musset (secousses
rythmées de la tête chez les malades atteints
d'insuffisance aortique).

mussitation, s. : mussitation.

must, s. : 1. moût; 2. moisi, moisissure.

mustard, s. : moutarde; **to infuse with -** : sina-
piser un remède; **- gas** : ypérite, gaz moutarde
(sulfure d'éthylène dichloré); **nitrogen -** : moutarde azotée; **- paper** : sinapisme; **- poultice** :
cataplasme sinapisé.

mutacism, s. : mutacisme (emploi trop fréquent
du son m, emploi du son m pour d'autres lettres).

mutagen or **mutagenic**, adj. : mutagène.

mutant, s. : mutant; **reverse -** : mutant reverse.

mutation, s. : 1. mutation, altération, changement; 2. changement brusque dans le mode de
présentation du fœtus; 3. mutation explosion, saltation (génét.); **missense -** : mutation, contresens
(remplacement d'un codon spécifique d'un acide
aminé par un autre codon correspondant à un
autre acide aminé); **nonsense -** : mutation non-
sens (qui échange un codon spécifiant un acide
aminé contre un codon qui n'en spécifie aucun
(nonsense codon); **- rate** : taux de mutation (la
possibilité d'une mutation par entité biologique
[virus, cellule, individu] par génération); **reverse -** :
mutation reverse (modification héritable d'un gène
du mutant qui lui restitue sa séquence initiale de
nucléotide) (génét.).

mute, s., adj. : muet; **deaf -** : sourd-muet.

muteness, s. : 1. mutisme; 2. mutisme, silence.

mutilate, v. : mutiler, estropier.

mutilation, s. : mutilation.

mutism, s. : mutisme.

mutitas, s. (lat.) : mutité; **- atonica** : mutité
consécutive à des troubles des nerfs linguaux;
- organica : mutité par absence de langue;
- pathemotiva : mutité due à la peur ou à la
colère; **- spasmodica** : mutité spasmodique;
- surdorum : mutité consécutive à une surdité
congénitale.

mutualism, s. : mutualisme, symbiose.

mutualist, s. : organisme vivant en symbiose,
symbiote.

muzzle, s. : 1. museau; 2. muselière (vétér.).

muzzling, s. : infibulation; v. : action de museler.

Mya's disease : maladie de Mya, maladie de
Hirschprung, mégacôlon.

myalgia, *s.* : myalgie.

myalgic, *adj.* : se rapportant à, atteint de myalgie.

myameba or **myamoeba**, *s.* : cellule musculaire considérée comme une entité.

myasis, *s.* : *cf.*, **myiasis**.

myasthenia, *s.* : myasthénie; **- gravis pseudoparalytica** : myasthénie, syndromes d'Erb et d'Erb-Goldflam, asthénie bulbospinale, paralysie bulbaire asthénique.

myasthenic, *adj.* : myasthénique.

myatonia, *s.* : myotonie (absence ou destruction de la tonicité musculaire); **- congenita** : myotonie congénitale (affection de la première enfance qui consiste en une paralysie flasque complète ou incomplète avec atonie musculaire, mais sans atrophie).

myatrophy, *s.* : myatrophie, amyotrophie (atrophie musculaire).

mycelial, *adj.* : mycélien.

mycelioid, *adj.* : fongiforme.

mycelium, *s.* : mycélium.

mycetes, *s.* : mycètes, champignons.

mycethemia, *s.* : présence de levures dans le sang.

mycetism, *s.* : mycétose toxique.

mycetogenesis, *s.* : mycétogenèse (origine et développement des champignons).

mycetogenetic or **mycetogenous**, *adj.* : produit par le développement des champignons.

mycetoid, *adj.* : fongoïde, ressemblant à un champignon.

mycetology, *s.* : mycologie.

mycetome, *s.* : mycétome (1. maduromycose, type pied de Madura; 2. actinomycose).

Mycetozoa, *s.* : mycétozoaires.

mycetozoic, *adj.* : de la nature d'un mycétozoaire.

mychmus or **mychthismus**, *s.* : gémissement.

myco- : myco-, préfixe signifiant : 1. moisissure, fongoïde; 2. mucus.

Mycobacterium, *s.* : *Mycobacterium* (microbe de la famille des mycobactériacées, type *M. tuberculosis*).

mycoderm or **mycoderma**, *s.* : membrane muqueuse.

Mycoderma, *s.* : *Mycoderma* (moisissure); **- aceti** : *Mycoderma aceti* (germe de la fermentation acétique).

mycodermatitis, *s.* : inflammation d'une membrane muqueuse, catarrhe.

mycogastritis, *s.* : forme de gastrite catarrhale.

mycography, *s.* : mycologie.

mycohemia or **mycohaemia**, *s.* : état caractérisé par la présence de levures dans le sang.

mycoid, *adj.* : fongoïde.

mycology, *s.* : mycologie.

mycomyringitis, *s.* : inflammation fongique du tympan.

mycophthalmia, *s.* : forme d'ophtalmie d'origine fongique.

mycophylaxin, *s.* : anticorps microbicide.

mycoplasma, *s.* : mycoplasme.

mycoprotein, *s.* : mycoprotéine.

mycosis, *s.* : 1. mycose; 2. mycosis (affection caractérisée par des excroissances *ou* tumeurs fongueuses de la peau); **- cutis chronica** : bouton d'Orient; **- favosa** : favus; **- framboesioides** : pian; **fungoid -** : mycose fongoïde, maladie d'Alibert; **- intestinalis** : charbon.

mycothrix, *s.* : élément filiforme d'une bactérie.

mycotic, *adj.* : mycosique; **- endocarditis** : endocardite infectieuse.

mycoticopeptic, *adj.* : mycosique et peptique.

mycotoxination, *s.* : injection de toxine bactérienne.

mycteric, *adj.* : se rapportant aux cavités nasales.

mycterophonia, *s.* : voix nasale.

mycteroxerosis, *s.* : sécheresse des narines.

mydesis, *s.* : 1. putréfaction; 2. blennorrhée palpébrale.

mydriasis, *s.* : mydriase.

mydriatic, *adj.* : mydriatique.

myectomy, *s.* : excision d'une portion de muscle.

myectopia, *s.* : ectopie musculaire.

myel, *s.* : moelle épinière.

myelalgia, *s.* : douleur dans la moelle épinière.

myelalgic, *adj.* : se rapportant à, caractérisé par une douleur de la moelle épinière.

myelanalosis, *s.* : 1. dégénérescence de la moelle épinière; 2. tabès.

myelapoplexy, *s.* : hématomyélie, hémorragie de la moelle épinière.

myelasthenia, *s.* : myélasthénie, neurasthénie spinale.

myelatelia, *s.* : développement défectueux de la moelle épinière, de la moelle osseuse.

myelatrophy, *s.* : dégénérescence, atrophie de la moelle épinière.

myelaxis, *s.* : colonne vertébrale.

myelemia, *s.* : myélémie (présence dans le sang de globules jeunes qui, normalement, ne se trouvent que dans la moelle osseuse).

myelencephal, *s.*, *adj.* : *cf.*, **myelencephalon**.

myelencephalic, *adj.* : se rapportant au système nerveux central.

myelencephalitis, *s.* : myélencéphalite.

myelencephalon, *s.* : 1. myélencéphale; 2. métencéphale.

myelencephalospinal, *adj.* : cérébrospinal.

myeleterosis, *s.* : altération morbide de la moelle épinière.

myelic, *adj.* : se rapportant à la moelle épinière.

myelin, *s.* : myéline (1. substance blanche de la gaine de Schwann; 2. substance isolée du tissu nerveux).

myelination, *s.* : *cf.* : **myelinization.**

myelinic, *adj.* : 1. myélinique; 2. myélique.

myelinization, *s.* : myélinisation.

myelinogenesis, *s.* : myélinisation.

myelinopathy, *s.* : dégénérescence de la substance blanche consécutive à une intoxication par l'oxyde de carbone.

myelitic, *adj.* : se rapportant à, atteint de myélite.

myelitis, *s.* : 1. myélite (nom donné à la plupart des maladies intrinsèques de la moelle épinière); 2. ostéomyélite (inflammation de la moelle osseuse).

myelo- : myélo-, préfixe dénotant un rapport avec la moelle épinière *ou* avec la moelle osseuse.

myeloblast, *s.* : myéloblaste (cellule souche des leucocytes granuleux).

myeloblastemia, *s.* : myéloblastomatose, myéloblastose (variété de leucémie aiguë caractérisée par la présence de myéloblastes).

myelobrachium, *s.* : pédoncule cérébelleux inférieur.

myelocele, *s.* : 1. canal central de la moelle, canal épendymaire; 2. myélocèle, spina bifida.

myelocerebellar, *adj.* : cérébellospinal.

myelocyst, *s.* : kyste de la moelle épinière.

myelocystocele, *s.* : myélocystocèle (tumeur kystique de la moelle épinière).

myelocystomeningocele, *s.* : myélocystoméningocèle (variété de spina bifida).

myelocyte, *s.* : myélocyte.

myelocythemia, *s.* : myélocytémie, myélémie, myélocytose (présence de myélocytes dans le sang).

myelocytis, *adj.* : dénotant la présence de myélocytes.

myelocytoma, *s.* : myélocytome, tumeur à médullocèles, myéloblastome.

myelocytosis, *s.* : *cf.*, **myelocythemia.**

myelodiastasis *or* **myelodiastema,** *s.* : maladie, désintégration de la moelle épinière.

myelodysplasia, *s.* : myélodysplasie (vice de développement congénital très minime de la moelle).

myeloencephalitis, *s.* : encéphalomyélite; **epidemic -** : poliomyélite antérieure aiguë.

myelofibrosis, *s.* : myélofibrose.

myelogangliitis, *s.* : forme aiguë de choléra consécutive à une inflammation des ganglions du plexus solaire et du plexus hépatique.

myelogenetic, myelogenic *or* **myelogenous,** *adj.* : myélogène, d'origine médullaire ; **- leukemia** : leucémie myélogène.

myelogone, *s.* : myélogonie, myéloblaste, cellule indifférenciée.

myelogram, *s.* : myélogramme; 1. skiagramme de la moelle; 2. cytologie médullaire.

myelography, *s.* : 1. myélographie (étude de la moelle osseuse); 2. épreuve de Sicard (radiodiagnostic des affections intrarachidiennes).

myeloid, *adj.* : myéloïde (1. ressemblant à la moelle osseuse; 2. se rapportant à la moelle épinière) ; **- cell** : myéloplaxe, cellule angioplastique; **- sarcoma** : sarcome myéloïde, sarcome à myéloplaxes.

myeloidin, *s.* : myéloïdine (substance azotée renfermant du phosphore existant dans le névraxe).

myelolymphangioma, *s.* : éléphantiasis.

myelolymphocyte, *s.* : lymphocyte de la moelle osseuse.

myeloma, *s.* : myélome (variété de lymphadénome caractérisée par la prédominance des myélocytes); 2. myélome, myélocytome, ostéomyélome (tumeur maligne développée aux dépens du tissu médullaire); **multiple -** : myélome multiple, plasmocytome, maladie de Kahler.

myelomalacia, *s.* : myélomalacie.

myelomalacosis *or* **myelomalaxis,** *s.* : *cf.*, **myelomalacia.**

myelomatosis, *s.* : myélomatose.

myelomeningitis, *s.* : méningomyélite.

myelomeningocele, *s.* : myéloméningocèle, hydrorachis externe, myélorachischisis, myéloschisoméningocèle, myélocèle (variété de spina bifida avec hernie de la moelle et d'une partie des méninges).

myelomeninx, *s.* : méninge rachidienne.

myelomere, *s.* : myélomère.

myelomonocyte, *s.* : myélocyte.

myelon, *s.* : moelle épinière.

myelonal *or* **myelonic,** *adj.* : rachidien, spinal.

myeloneuritis, *s.* : association de névrite diffuse et de myélite.

myeloparalysis, *s.* : paralysie rachidienne.

myelopathic, *adj.* : myélopathique.

myelopathy, *s.* : myélopathie.

myelopetal, *adj.* : s'orientant vers la moelle (se dit des fibres nerveuses).

myelophthisical, *adj.* : myélophtisique (*inus.*), tabétique.

myelophthisis, *s.* : 1. myéloptisie (*a.* myélose aphasique; *b.* panmyélophtisie, aleucie hémorragique, panhémocytophtisie); 2. tabès.

myeloplaque, *s.* : myéloplaxe, mégacaryocyte, ostéoclaste.

myeloplast, *s.* : cellule de la moelle osseuse appartenant à la lignée blanche.

myeloplax, *s.* : myéloplaxe, mégacaryocyte.

myeloplaxoma, *s.* : myéloplaxome, tumeur à myéloplaxes.

myeloplegia, *s.* : paralysie d'origine rachidienne.

myelopoiesis, *s.* : myélopoïèse.

myelopore, *s.* : ouverture du canal rachidien.

myelorrhagia, *s.* : hématomyélie (hémorragie dans la moelle épinière).

myelorrhaphia, *s.* : suture de lésion rachidienne.

myelosarcoma, *s.* : myélosarcome, myélosarcomatose, sarcome myéloïde.

myeloschisis, *s.* : myéloschisoméningocèle, spina bifida.

myelosclerosis, *s.* : myélosclérose (1. sclérose en plaques localisées à la moelle; 2. ostéopétrose).

myelosis, *s.* : formation de myélomes.

myelospasm, *s.* : spasme de la moelle.

myelospongium, *s.* : tissu spongieux de la paroi du canal neural formé par l'intrication des spongioblastes.

myelosyphilis, *s.* : syphilis médullaire.

myelosyphilosis, *s.* : syphilis médullaire.

myelosyringosis, *s.* : syringomyélie.

myelotherapy, *s.* : thérapeutique par extraits de moelle osseuse.

myelotome, *s.* : appareil pour myélotomie.

myelotomy, *s.* : myélotomie.

myelotoxic, *adj.* : caractérisé par, se rapportant à un corps ayant un pouvoir toxique sur la moelle osseuse.

myelotoxin, *s.* : cytotoxine ayant une action spécifique sur les cellules de la moelle osseuse.

myenergie, *s.* : énergie musculaire.

myentasis, *s.* : extension musculaire.

myenteric, *adj.* : se rapportant à la paroi musculaire de l'intestin.

myenteron, *s.* : tunique musculaire de l'intestin.

Myer's sign : engourdissement et fourmillement des mains dans la scarlatine.

myesthesia, *s.* : sensibilité musculaire, perception d'une contraction musculaire.

myiasis, *s.* : myiase.

myiocephalon, *s.* : infime prolapsus de l'iris dû à une perforation de la cornée.

myiodeopsia or **myiodesopsia**, *s.* : myiodiopsie, mouches volantes.

myiosis, *s.* : *cf.*, **myiasis.**

myistos or **myistus**, *s.* : tissu musculaire.

myitis, *s.* : myitie, myosite.

mylacri, *s.* : molaires.

mylacris, *s.* : rotule.

myle, *s.* : 1. môle de l'utérus; 2. rotule; 3. maxillaire.

mylic, *adj.* : 1. se rapportant aux molaires; 2. se rapportant à une môle.

mylo- : préfixe dénotant un rapport avec le maxillaire inférieur ou les molaires.

mylodus, *s.* : molaire.

myloglossus, *s.* : 1. partie du muscle constricteur supérieur du pharynx; 2. lambeau anormal fixant le muscle styloglosse.

myo- : myo-, préfixe dénotant un rapport avec le muscle.

myoatrophy, *s.* : atrophie musculaire.

myoblast, *s.* : myoblaste.

myoblastoma, *s.* : myoblastome.

myocardia, *s.* : myocardie, hypodynamie myocardique.

myocardial, *adj.* : myocardique.

myocarditis, *s.* : myocardite.

myocardium, *s.* : myocarde.

myocardosis, *s.* : myocardose.

myocele, *s.* : myocèle (hernie d'un muscle à travers son aponévrose d'enveloppe).

myocelitis, *s.* : inflammation des muscles abdominaux.

myocellulitis, *s.* : affection caractérisée par une association de myosite et de cellulite.

myoceptor, *s.* : partie du muscle qui reçoit l'impulsion du nerf.

myocerosis, *s.* : dégénérescence graisseuse du tissu musculaire.

myochorditis, *s.* : inflammation des muscles des cordes vocales.

myochrome, *s.* : myochrome (tout pigment musculaire).

myochronoscope, *s.* : myochronoscope (instrument destiné à mesurer la vitesse de propagation, jusqu'aux muscles, de l'excitation nerveuse).

myoclonia, *s.* : spasme myoclonique ; **infectious -** : myoclonie, chorée électrique.

myoclonus, *s.* : spasme myoclonique ; **- multiplex** : paramyoclonus multiplex.

myocomma, *s.* : segment transverse qui divise le tissu musculaire à l'état embryonnaire.

myocrismus, *s.* : grincement des muscles au cours de la contraction.

myocyst, *s.* : tumeur kystique musculaire.

myocyte, *s.* : cellule musculaire.

myocytoma, *s.* : tumeur avec prédominance de cellules musculaires.

myodegeneration, *s.* : dégénérescence musculaire.

myodemia, *s.* : dégénérescence graisseuse du tissu musculaire.

myodes, *s.* : muscle peaucier du cou; *adj.* : musculaire.

myodesopsia, *s.* : myodésopsie (mouches volantes).

myodiastasis, *s.* : 1. écartement entre les deux extrémités d'un muscle sectionné; 2. traumatisme du muscle surmené ou étiré.

myodynamia, *s.* : pouvoir, force musculaire.

myodynamics, *s.* : étude dynamique de l'action musculaire.

myodynia, *s.* : myodynie, douleur musculaire.

myoedema, *s.* : 1. *cf.*, **myoidema**; 2. œdème musculaire.

myoendocarditis, *s.* : myoendocardite.

myoepithelium, *s.* : épithélium musculaire.

myofibrilla, *s.* : myofibrille.

myofibroma, *s.* : fibromyome.

myofibrosis, *s.* : fibrose musculaire.

myofibrositis, *s.* : myofibrosite (inflammation du périmysius).

myogaster, *s.* : ventre du muscle.

myogelosis, *s.* : durcissement d'une partie de muscle.

myogenesis, *s.* : myogénie (développement du tissu musculaire).

myogenetic, myogenic or **myogenous,** *adj.* : myogène (se dit de tout ce qui est d'origine musculaire).

myoglia, *s.* : fin réseau du tissu musculaire.

myoglobin, *s.* : myoglobine.

myognathus, *s.* : myognathe (monstre double, chez qui la tête surnuméraire est adhérente au maxillaire inférieur du sujet principal par des muscles et de la peau).

myogram, *s.* : myogramme (tracé du myographe).

myograph, *s.* : myographe (appareil enregistreur et amplificateur des contractions musculaires).

myographic, *adj.* : myographique.

myography, *s.* : myographie (1. description des muscles; 2. emploi du myographe).

myohematin, *s.* : myohématine (cytochrome du muscle).

myohysterectomy, *s.* : mode d'hystérectomie abdominale.

myoid, *adj.* : myoïde.

myoidema, *s.* : myo-œdème (contractilité idiomusculaire, nodosité produite par choc ou friction des muscles, en particulier chez les cachectiques).

myoideum, *s.* : tissu d'aspect musculaire.

myoischemia, *s.* : anémie localisée au tissu musculaire.

myokerosis, *s.* : *cf.,* **myocerosis.**

myokymia, *s.* : myokymie (contractions musculaires de caractère ondulatoire avec troubles de la sensibilité).

myolemma, *s.* : myolemme, sarcolemme.

myolipoma, *s.* : lipomyome.

myologic, *adj.* : myologique.

myologist, *s.* : myologiste, myologue.

myology, *s.* : myologie.

myolysis, *s.* : myolyse (résolution de la fibre musculaire en ses éléments constitutifs).

myoma, *s.* : myome (tumeur formée par du tissu musculaire); **- telangiectodes** : angiomyome.

myomalaceous, *adj.* : se rapportant à la myomalacie.

myomalacia, *s.* : myomalacie (dégénérescence du muscle qui se transforme en tissu conjonctif mou).

myomatosis, *s.* : myomatose (maladie caractérisée par la formation de myomes).

myomatous, *adj.* : myomateux.

myomectomy, *s.* : myomectomie (ablation d'un fibromyome par voie vaginale ou abdominale en respectant l'utérus).

myomelanosis, *s.* : mélanose du tissu musculaire.

myomere, *s.* : myomère, myotome, segment musculaire.

myometer, *s.* : instrument pour mesurer la contraction musculaire.

myometritis, *s.* : inflammation du tissu musculaire de l'utérus.

myometrium, *s. (lat.)* : myomètre.

myomohysterectomy, *s.* : association de myomectomie et d'hystérectomie.

myonarcosis, *s.* : engourdissement musculaire.

myonème, *s.* : myonème (longue fibrille contractile existant chez certains protozoaires).

myoneoplasma, *s.* : myome, néoplasme du tissu musculaire.

myoneural, *adj.* : 1. musculo-nerveux; 2. se rapportant aux terminaisons nerveuses du tissu musculaire.

myoneuralgia, *s.* : névralgie musculaire.

myoneurasthenia, *s.* : relaxation musculaire dans la neurasthénie.

myoneure, *s.* : cellule nerveuse motrice suppléant un muscle.

myoneuroma, *s.* : tumeur composée de tissu musculaire et de tissu nerveux.

myonicity, *s.* : capacité de contraction et de relâchement du muscle vivant.

myonosus, *s.* : maladie musculaire.

myonymy, *s.* : nomenclature musculaire.

myopachynsis, *s.* : hypertrophie musculaire; **- lipomatosis** : paralysie musculaire pseudo-hypertrophique.

myopalmus, *s.* : fibrillation musculaire.

myoparalysis, *s.* : paralysie musculaire.

myoparesis, *s.* : parésie musculaire.

myopathic, *s.* : individu atteint de myopathie, se dit surtout d'un malade souffrant de myocardie; *adj.* : myopathique; **- facies** : faciès myopathique (aspect que présente la figure de certains malades atteints de myopathie primitive progressive).

myopathy, *s.* : 1. myopathie (non générique donné aux affections du système musculaire); 2. myopathie primitive progressive (groupe de maladies caractérisées par un affaiblissement progressif associé à une atrophie musculaire et une absence de contractilité fibrillaire).

myope, *s.* : myope.

myopericarditis, *s.* : affection caractérisée par une association de myocardite et de péricardite.

myoperitonitis, *s.* : inflammation des muscles abdominaux combinée à la péritonite.

myophage, *s.* : phagocyte des myoblastes.

myophagism, *s.* : dégénérescence du tissu musculaire dans l'atrophie musculaire.

myophone, *s.* : instrument pour percevoir les sons que produit la contraction musculaire.

myophonia, *s.* : bruit musculaire.

myopia, *s.* : myopie.

myopic, *adj.* : myope.

myoplasm, s. : caillot rétractile (myosine) du myoplasma.

myoplast, s. : cellule myogène.

myoplastic, adj. : myogène, se rapportant à une cellule myogène.

myoplasty, s. : myoplastie, réfection musculaire.

myoplegia, s. : état d'affaiblissement musculaire, de parésie musculaire.

myopolar, adj. : se rapportant à la polarité musculaire.

myoporthosis, s. : traitement de la myopie.

myopresbytia, s. : affection caractérisée par une association de myopie et de presbytie.

myoprotein, s. : protéine musculaire.

myopsis, s. : myodésopsie.

myopsychopathy or **myopsychy,** s. : myopsychie.

myopsychosis, s. : affection présentant une association de myopathie, de maladie neuro-musculaire et de troubles mentaux.

myorrhaphy, s. : myorraphie, suture musculaire.

myorheuma, s. : rhumatisme musculaire, myalgie.

myorrhexis, s. : déchirure musculaire.

myosalgia, s. : myosalgie, myalgie.

myosalpingitis, s. : inflammation du tissu musculaire d'une trompe de Fallope.

myosarcoma, s. : sarcome composé de tissu musculaire, myosarcome.

myosclerosis, s. : 1. myosclérose (induration musculaire); 2. paralysie musculaire pseudo-hypertrophique.

myoscope, s. : appareil pour observer les phénomènes de contraction musculaire.

myoseism, s. : symptôme caractérisé par des arrêts répétés au cours des contractions musculaires entraînant des mouvements saccadés.

myoseptum, s. : septum intermusculaire (siégeant entre les métamères, comme chez les poissons).

myoserum, s. : myosérum, sérum musculaire.

myosin, s. : myosine, fibrine musculaire.

myosinogen, s. : myosinogène (protéine musculaire).

myosinuria, s. : présence de myosine dans l'urine.

myosis, s. : myosis, myose.

myositic, adj. : se rapportant à, atteint de : 1. myosis; 2. myosite.

myositis, s. : myosite (inflammation du tissu musculaire); **interstitial -** or **fibrosa -** : inflammation du tissu conjonctif du muscle; **- ossificans** : myosite ossifiante; **- ossificans progressiva** : myosite ossifiante progressive, polymyosite ossifiante progressive; **- ossificans traumatica** : myosite ossifiante consécutive à un traumatisme; **parenchymatous -** : myosite parenchymateuse; **specific** or **syphilitic -** : myosite d'origine syphilitique ; **- trichinosa** : myosite due à la présence de trichines.

myosome, s. : substance contractile du muscle.

myospasis, s. : spasme musculaire.

myospasm, s. : spasme musculaire, crampe.

myospasmia, s. : myospasie (nom générique désignant les affections nerveuses se traduisant par des spasmes musculaires).

myostroma, s. : stroma musculaire.

myosuria, s. : présence de myosine dans l'urine.

myosuture, s. : suture d'un muscle.

myosynizesis, s. : adhérence de deux ou plusieurs muscles.

myotactic, adj. : myotactique ; **- contraction** : réflexe myotactique.

myotactive, adj. : se rapportant à la sensibilité musculaire, au pouvoir tactile du muscle.

myotalgia, s. : crampes douloureuses; **- senilis** : crampes douloureuses dans les jambes chez les individus âgés qui veulent se mouvoir.

myotasis, s. : tension passive d'un muscle.

myotenontoplasty, s. : association de myoplastie et de ténontoplastie (sert pour la cure radicale de hernie).

myotenotomy, s. : section chirurgicale des muscles et des tendons.

myothelium, s. : éléments cellulaires du métamère.

myothermic, adj. : se rapportant aux conditions thermiques du muscle.

myotic or **miotic,** adj. : myotique.

myotility, s. : contractilité musculaire, tonicité.

myotome, s. : 1. instrument pour myotomie; 2. cf., **myocomma.**

myotomy, s. : myotomie (1. section des muscles, ténotomie; 2. dissection des muscles).

myotonia, s. : myotonie (état des muscles contracturés et présentant la réaction myotonique); **- congenita** or **hereditaria** : myotonie congénitale, maladie de Thomsen; **- acquisita** : myotonie acquise.

myotonic, adj. : myotonique.

myotonometer, s. : myotonomètre.

myotrophy, s. : nutrition du tissu musculaire.

myotyrbe, s. : 1. chorée; 2. incoordination des mouvements musculaires.

myrcia, s. : myrthe; **oleum myrciae** : huile essentielle de myrthe; **spiritus -** : alcool de myrthe.

myriachit, s. : forme de chorée saltatoire.

myriapodiasis, s. : infestation par des myriapodes.

myringa or **myrinae,** s. : membrane du tympan.

myringectomy, s. : myringodectomie.

myringitis, s. : myringite (inflammation de la membrane du tympan).

myringo- : myringo-, préfixe indiquant un rapport avec la membrane du tympan.

myringodectomy, s. : excision d'une partie ou de la totalité de la membrane du tympan.

myringodermatitis, s. : inflammation de la partie externe de la membrane du tympan avec formation de pustules à la partie interne ou derrière le marteau.

myringomycosis, *s.* : mycose de la membrane du tympan.

myringoplastic, *adj.* : myringoplastique.

myringoplasty, *s.* : myringoplastie.

myringoscope, *s.* : spéculum auriculaire avec loupe grossissante.

myringotome, *s.* : instrument pour myringotomie.

myringotomy, *s.* : myringotomie (incision du tympan).

myrisma, *s.* : inuction, onction.

myrmecia, *s.* : verrue palmaire ou plantaire.

myrmeciasis *or* **myrmeciasm,** *s.* : formication, fourmillement.

myrtiform, *adj.* : myrtiforme; **- caruncle** : caroncules myrtiformes (vagin); **- fossa** : fosse myrtiforme du maxillaire supérieur.

myrtiformis, *s.* : *cf.,* **musculus depressor alae nasi, musculus compressor narium.**

mysophobia, *s.* : mysophobie, phobie du contact, phobie de la saleté.

mytacism, *s.* : mytacisme (vice de prononciation qui consiste à substituer les lettres *m, p, b* à d'autres lettres).

mythomania, *s.* : mythomanie.

mytophobia, *s.* : peur morbide de ne pas dire la vérité absolue.

mytoplasty, *s.* : mytoplastie, hystérie.

myurous, *adj.* : myure (se dit du pouls dont les pulsations deviennent de plus en plus faibles).

myxa, *s.* : mucus.

myxadenitis, *s.* : inflammation des glandes muqueuses.

myxadenoma, *s.* : adénomyxome.

myxameba, *s.* : cellule amiboïde.

myxangitis, *s.* : inflammation du conduit d'une glande muqueuse.

myxasthenia, *s.* : hypersiccité d'une muqueuse, atténuation du pouvoir de sécrétion.

myxedema *or* **myxoedema,** *s.* : myxœdème; **operative -** : myxœdème opératoire, cachexie strumiprive.

myxematoid, *adj.* : ressemblant au myxœdème.

myxedematous, *adj.* : myxœdémateux.

myxemia, *s.* : accumulation de mucine dans le sang.

myxoneurysma, *s.* : forme de lymphangiome caverneux.

myxidiotie, *s.* : crétinisme.

myxiosis, *s.* : épanchement muqueux.

myxoadenoma, *s.* : adénomyxome.

myxochondrofibrosarcoma, *s.* : myxochondrome renfermant des éléments fibreux et sarcomateux.

myxochondroma, *s.* : myxochondrome (tumeur mixte formée de tissu cartilagineux et de tissu muqueux, évoluant souvent comme une tumeur maligne).

myxochondrosarcoma, *s.* : tumeur mixte formée de tissu cartilagineux muqueux et conjonctif.

myxocylindroma, *s.* : sarcome myxomateux où le tissu muqueux se trouve dans les réseaux du sarcome.

myxocystitis, *s.* : inflammation de la membrane muqueuse de la vessie.

myxocystoma, *s.* : cystome à éléments muqueux.

myxocyte, *s.* : grande cellule polyédrique ou étoilée du tissu muqueux.

myxodermia, *s.* : ramollissement de la peau.

myxodes, *adj.* : ressemblant au mucus.

myxoendothelioma, *s.,* *plur.* **myxoendotheliomata** *(gr.)* : endothéliome renfermant du tissu muqueux.

myxofibroma, *s.* : fibromyxome.

myxofibrosarcoma, *s.* : myxofibrosarcome.

myxoglioma, *s.* : gliome à dégénérescence myxomateuse.

myxoid, *adj.* : mucoïde.

myxoidedema, *s.* : forme grave de grippe avec œdème pulmonaire.

myxoinoma, *s.* : fibrome à éléments myxomateux.

myxolipoma, *s.* : lipomyxome (tumeur complexe formée de tissu adipeux et de tissu muqueux).

myxoma, *s.* : myxome (tumeur formée par du tissu muqueux); **infectious -** : myxome infectieux du lapin, myxome de Sanarelli.

myxomatosis, *s.* : 1. dégénérescence myxomateuse; 2. état caractérisé par la présence de myxomes; 3. **- cuniculi** : infection virale mortelle du lapin.

myxomatous, *adj.* : myxomateux; **- degeneration** : dégénérescence mucoïde, myxomateuse.

Myxomycetes, *s.* : myxomycètes (moisissures).

myxoneuroma, *s.* : 1. gliome; 2. tumeur composée de tissu nerveux à éléments fibreux.

myxoneurosis, *s.* : forme de névrose à sécrétion muqueuse anormale; **- intestinalis membranacea** : catarrhe intestinal associé à une sécrétion muqueuse d'origine nerveuse.

myxopapilloma, *s.* : papillome à éléments muqueux.

myxopod, *s.* : schizonte.

myxorrhea, *s.* : myxorrhée, mucorrhée (écoulement abondant de mucus).

myxosarcoma, *s.* : myxosarcome (tumeur à tissu muqueux et sarcomateux).

myxospore, *s.* : myxospore (spore produite dans la masse gélatineuse sans asque distinct [*bot.*]).

Myxosporidia, *s.* : myxosporidies (sporozoaires [*parasit.*]).

myxovirus, *s.* : myxovirus.

myzesis, *s.* : succion, aspiration.

N

Nabothian cysts or **ovules** : œufs de Naboth (petits kystes muqueux dus à l'oblitération des conduits excréteurs des glandes du col utérin); **- follicles** or **glands** : glandes de l'orifice externe du col utérin; **- menorrhagia** : épanchement muqueux d'un utérus gravide dû à une hypersécrétion glandulaire.

nacre, s. : nacre.

nacreous, adj. : nacré.

naevus or **nevus**, s. : nævus; **- pigmentosus** : nævus pigmenté.

nagana, s. : nagana, trypanosomiase du bétail.

Nägele's or **Naegele's obliquity** : obliquité bipariétale (obstét.); **- pelvis** : bassin de Naegelé : bassin cyphotique, bassin lordotique, bassin oblique ovalaire (obstét.).

nail, s. : ongle; **- bed** : matrice de l'ongle; **- biting** : onychophagie; **- fold** : repli épidermique sur l'ongle; **hang -** : envie; **ingrowing** or **ingrown -** : ongle incarné; **- matrix** : matrice de l'ongle; **turtle-back -** : ongle hippocratique.

nailed, adj. : 1. pourvu d'ongles; 2. cloué.

nailer's consumption : sidérose pulmonaire.

nailless, adj. : sans ongles.

naked, adj. : nu; **- eye** : à l'œil nu.

nakra, s. : forme de grippe sévissant au Bengale.

nanism, s. : nanisme (ensemble des caractères que présentent les nains).

nano- : nano-, préfixe indiquant : 1. un sous-multiple représentant 10^{-9} fois l'unité (symbole n); 2. signifiant petit.

nanocephalia, s. : nanocéphalie (exiguïté anormale de la tête dans sa totalité ou seulement dans quelques-unes de ses parties).

nanocephalous, adj. : nanocéphale.

nanocephalus, s. : nanocéphale.

nanocormia, s. : nanocormie (extrême petitesse du tronc).

nanoid, adj. : d'aspect nain.

nanomelia, s. : nanomélie (brièveté anormale d'un ou de plusieurs membres dans leur totalité ou seulement dans un de leurs segments).

nanomelus, s. : nanomèle (monstre atteinte de nanomélie).

nanosomia, s. : nanosomie, nanisme.

nanosomus, s. : nanosome, nain.

nanous, adj. : nain.

nap, s. : sieste, court somme.

nape, s. : nuque.

naphtha, s. : naphte, huile de naphte; **coal-tar -** : naphte de houille, huile de houille; **petroleum -** : naphte brut; **shale -** : naphte de schiste; **wood -** : alcool méthylique.

naphtholism, s. : intoxication par abus d'applications de naphtol.

naphthomania, s. : naphtomanie (habitude d'inhaler des vapeurs de naphte).

napiform, adj. : napiforme, en forme de navet.

Narath's operation : fixation de l'épiploon au tissu sous-cutané de la paroi abdominale pour établir une circulation collatérale dans les cas d'obstruction porte.

narceine, s. : narcéine (alcaloïde).

narcism or **narcissism**, s. : narcissisme.

narco- : narco-, préfixe dénotant un rapport avec la narcose, la torpeur.

narcoanalysis, s. : narcopsychanalyse.

narcoanesthesia, s. : anesthésie par narcose.

narcobiotic, adj. : narcobiotique.

narcohypnia, s. : torpeur au moment du réveil.

narcolepsy, s. : narcolepsie (exagération pathologique du besoin de dormir, tendance irrésistible au sommeil, survenant par accès).

narcolysis, s. : narco-analyse, narcopsychanalyse, narcosynthèse.

narcoma, s. : torpeur consécutive à l'usage de narcotiques.

narcomania, s. : 1. démence caractérisée par la torpeur; 2. démence due à l'abus des narcotiques; 3. abus des narcotiques.

narcomaniac, s. : individu abusant de l'usage des narcotiques.

narcomatous, adj. : se rapportant à, atteint de, de la nature de, la torpeur consécutive à l'usage des narcotiques.

narcopepsia or **narcopepsis**, *s.* : digestion lente.

narcose, *s.* : narcose, sommeil, sommeil artificiel.

narcosis, *s.* : narcose (provoquée par un narcotique, un anesthésique); **medullary -** : anesthésie rachidienne, rachianesthésie.

narcospasm, *s.* : spasme avec torpeur.

narcotic, *s.*, *adj.* : narcotique, stupéfiant.

narcotism, *s.* : narcotisme (nom donné à l'ensemble des effets produits par les substances narcotiques).

narcotize, *v.* : narcotiser, donner un narcotique.

naris, *s.*, *plur.* **nares** (*lat.*) : narine.

nasal, *adj.* : nasal; **- fossae** : fosses nasales; **- ganglion** : ganglion sphéno-palatin; **- spine** : 1. épine nasale antérieure; 2. épine nasale du frontal.

nasalis, *s.* : *cf.*, **musculus.**

nascent, *adj.* : naissant; **- state** : état naissant (*chim.*).

nasiform, *adj.* : en forme de nez.

nasioalveolar, *adj.* : se rapportant à, *ou* reliant le point nasal et le point alvéolaire.

nasiobregmatic, *adj.* : se rapportant au point nasal et au bregma.

nasioinial, *adj.* : se rapportant au point nasal et à l'inion.

nasiomental, *adj.* : se rapportant au point nasal et au menton.

nasion, *s.* : point nasal (point situé à la racine du nez au milieu de la suture nasofrontale).

nasitis, *s.* : *cf.*, **rhinitis.**

Nasmyth's membrane or **cuticle** : cuticule dentaire.

naso- : naso-, préfixe dénotant un rapport avec le nez (pour les mots commençant par **naso-,** *cf.* le mot sans préfixe).

nasoantritis, *s.* : rhinite avec inflammation de l'antre de Highmore.

nasology, *s.* : étude des nez.

nasopharyngeal, *adj.* : nasopharyngien.

nasopharyngitis, *s.* : rhinopharyngite.

nasopharynx, *s.* : rhinopharynx.

nasorhysis, *s.* : forme de saignement de nez ayant l'aspect du rhume de cerveau.

nasoscope, *s.* : rhinoscope.

nasoseptitis, *s.* : inflammation de la cloison nasale.

nasosinusitis, *s.* : rhinosinusite.

nasta, *s.* : tumeur charnue du cou près des épaules.

nasus, *s.*, *plur.* **nasi** (*lat.*) : nez.

nasute, *adj.* : à nez fort.

natal, *adj.* : 1. natal; 2. qui a trait à la région fessière (*cf.*, **nates**).

Natal sore : bouton d'Orient.

natality, *s.* : natalité.

natant, *adj.* : nageant, natant.

nates, *s.* : fesses; **- of brain** : tubercules quadrijumeaux antérieurs.

natiform, *adj.* : natiforme, en forme de fesses.

natimortality, *s.* : mortinatalité (rapport entre le nombre des mort-nés et le chiffre total des naissances).

native, *adj.* : natif, naturel, indigène; **- substance** : principe immédiat (*chim.*).

natremia, *s.* : natrémie (taux de sodium contenu dans le sang).

natrium, *s.* : sodium.

natriuresis, *s.* : natriurèse.

natriuretic, *s.* : natriurétique (agent provoquant la natriurèse); *adj.* : provoquant la natriurèse.

natuary, *s.* : service de maternité; salle d'accouchement.

natural, *adj.* : naturel; **- history** : histoire naturelle (zoologie, botanique); **- philosophy** : physique; **- sciences** : sciences naturelles.

naturism, *s.* : naturisme.

naturopathy, *s.* : thérapeutique par l'air, la lumière, l'eau, les vibrations, la chaleur, l'électricité, la psychothérapie, la diététique et le massage, excluant les médicaments, la chirurgie, les rayons X et le radium.

naupathia, *s.* : naupathie, mal de mer.

nausea, *s.* : nausée; **creatic** or **kreatic -** : aversion morbide pour les aliments carnés; **- gravidarum** : nausée matinale de la femme enceinte; **- marina** or **navalis** : mal de mer.

nauseant, *s.* : tout produit déclenchant la nausée; *adj.* : nauséeux, écœurant.

nauseating or **nauseous**, *adj.* : écœurant.

nausiosis, *s.* : 1. nausée; 2. hémorragie veineuse par jets.

navel, *s.* : nombril, ombilic; **- string** (*vernac.*) : cordon ombilical.

navicula, *s.* (*lat.*) : 1. fosse naviculaire; 2. fossette naviculaire.

navicular, *adj.* : naviculaire; **- bone** : scaphoïde, os naviculaire (pied); **- fossa** : fosse naviculaire; 2. fossette naviculaire.

naviculare, *s.* : scaphoïde, os naviculaire (pied).

naviculararthritis, *s.* : encastelure, maladie naviculaire (inflammation du scaphoïde et des tissus amenant une extension articulaire partielle et une tuméfaction du sabot [*vétér.*]).

naviculoid, *adj.* : scaphoïde.

Neapolitan fever : fièvre de Malte; **- ointment** : onguent mercuriel.

near point : punctum proximum (point le plus rapproché de vision directe); **absolute -** : punctum proximum pour chaque œil sans effort d'accomodation; **relative -** : punctum proximum des deux yeux avec accomodation.

near-sighted, *adj.* : myope.

near-sightedness, *s.* : myopie.

nearthrosis, *s.* : néarthrose (articulation de nouvelle formation).

nebenkern, *s. (germ.)* : paranucleus, noyau accessoire.

nebula, *s., plur.* **nebulae** *(lat.)* : 1. néphélion, taie (tache transparente de la cornée n'interceptant pas complètement la lumière); 2. liquide pour vaporisation.

nebulization, *s.* : vaporisation.

nebulize, *v.* : vaporiser.

Necator americanus, *s.* : ankylostome *(parasit.)*.

neck, *s.* : 1. cou; 2. col; **anatomical** *or* **surgical -** : col anatomique *ou* chirurgical (humérus); **back of -** : nuque; **- band** : lésions cutanées du cou dans la pellagre; **cephalic -** : bras conjonctival (cerveau); **Derbyshire -** : goitre; **Madelung's -** : lipome du cou; **Nithsdale -** : goitre; **pit of -** : fourchette sternale; **- of a tooth** : collet; **- of womb** : col de l'utérus; **wry -** : torticolis.

necremia, *s.* : perte de vitalité du sang.

necrencephalus, *s.* : ramollissement du cerveau.

necretomy, *s.* : excision du tissu nécrosé.

necro- : nécro-, préfixe signifiant mort.

necrobacillosis, *s.* : actinomycose des bovidés *(vétér.)*.

necrobiosis, *s.* : nécrobiose (modification dans la structure d'un organe dont la circulation a été abolie, mais qui se trouve à l'abri de l'infection).

necrobiotic, *adj.* : nécrobiotique, qui a rapport à la nécrobiose.

necrocedia, *s.* : processus de l'embaumement.

necrocomium, *s.* ; morgue.

necrocytosis, *s.* : nécrocytose (désagrégation cellulaire).

necrocytotoxine, *s.* : nécrocytotoxine (matière toxique provenant de la désagrégation cellulaire).

necrodermatitis, *s.* : gangrène cutanée.

necrogenic *or* **necrogenous**, *adj.* : nécrogène (naissant sur des substances mortes).

necrologist, *s.* : nécrologue.

necrometer, *s.* : balance servant à peser les organes au cours de l'autopsie.

necronectomy, *s.* : excision d'un organe nécrosé (se dit surtout pour l'excision des osselets).

necroparasite, *s.* : saprophyte.

necrophagous, *adj.* : nécrophage (qui vit de cadavres, de chair putréfiée).

necrophagy, *s.* : nécrophagie.

necrophile, *s.* : vampire.

necrophilia, *s.* : 1. nécrophilie; 2. vampirisme.

necrophilism, *s.* : *cf.*, **necrophilia**.

necrophily, *s.* : *cf.*, **necrophilia**.

necrophobia, *s.* : 1. nécrophobie (crainte morbide des cadavres); 2. thanatophobie (crainte morbide de la mort).

necropneumonia, *s.* : gangrène pulmonaire.

necropsy, *s.* : nécropsie, nécroscopie, autopsie.

necropyoculture, *s.* : ensemencement de pus dont les leucocytes sont morts.

necroscopic, *adj.* : nécropsique.

necroscopy, *s.* : nécroscopie, autopsie.

necrose, *v.* : 1. nécroser, produire la nécrose; 2. se nécroser.

necrosemiotic, *adj.* : servant de signe de mort.

necrosis, *s.* : nécrose (mortification des os et des cartilages; on étend parfois cette dénomination à la destruction des autres tissus : *cf.*, gangrène, sphacèle); **acropetal -** : nécrose acropète, bigarrure avec chute des feuilles (symptôme présenté par certaines variétés de pommes de terre infectées par le virus Y); **coagulation** *or* **coagulative -** : nécrose de coagulation, dégénérescence fibrinoïde; **phosphorus -** : nécrose phosphorée de la mâchoire; **tobacco -** : nécrose du tabac (virose végétale); **top -** : nécrose du sommet (symptôme présenté par certaines variétés de pommes de terre lorsqu'on leur inocule par greffe un virus, « virus X », vis-à-vis duquel elles sont hypersensibles).

necrosozoic, *adj.* : préservatif, embaumant.

necrospermia, *s.* : infertilité par immobilité des spermatozoïdes.

necrosteon, *s.* : nécrose osseuse.

necrotic, *adj.* : nécrotique, nécrosique.

necrotize, *v.* : 1. nécroser; 2. se nécroser.

necrotomic, *adj.* : 1. se rapportant à la dissection d'un cadavre; 2. se rapportant à l'excision d'un os ou d'un tissu nécrosé.

necrotomy, *s.* : 1. autopsie; 2. excision d'un os ou d'un tissu nécrosé.

necrotoxin, *s.* : nécrotoxine.

nectareous, *adj.* : nectaré.

nectary, *s.* : nectaire *(bot.)*.

needle, *s.* : aiguille; **Bowman's suture -** : aiguille de Bowman; **- carrier, forceps** *or* **holder** : porte-aiguille; **cataract -** : aiguille à cataracte; **paracentesis -** : aiguille à paracentèse; **suture -** : aiguille à suture; **tattoing -** : aiguille à tatouer; *v.* : opérer une cataracte avec l'aiguille.

needling, *s.* : opération de la cataracte à l'aiguille.

neencephalon, *s.* : néencéphale (cortex cérébral).

nefrens, *s., plur.* **nefrendes** *(lat.)* : édenté (se dit des enfants et des vieillards).

Neftel's disease : atrémie.

negative, *s.* : négation, valeur négative, quantité négative, négatif (cliché [*phot.*]); **dense -** : cliché opaque; *adj.* : négatif; **- electrode** : cathode *(électr.)*; **- optical system** : système optique divergent *(opt.)*; **- phase** : phase décroissante du pouvoir opsonique consécutive à l'injection; **- variation of the muscle-current** : abaissement de la force de tension musculaire au cours de la contraction tétanique.

negativism, *s.* : négativisme (trouble de l'activité volontaire observé dans les vésanies).

negligible, *adj.* : quantité ne dépassant pas 0,0005 g *(pharm. U.S.)*.

Negri bodies : corps de Négri (rage).

negro, *s.* : nègre; **- lethargy** : maladie du sommeil.

Negro sign : signe de Negro (dans la paralysie faciale d'origine périphérique, le globe oculaire du côté paralysé remonte plus haut que celui du côté sain).

Neisseria or **Neisser's coccus** : gonocoque.

Nelaton's catheter : sonde de Nélaton; **- dislocation** : luxation ascendante de la cheville, l'astragale étant coincé entre le tibia et le péroné; **- hematocele** : hématocèle de la trompe de Fallope; **- line** : ligne de Nélaton *ou* Nélaton-Roser; **- tumor** : tumeur desmoïde de la paroi abdominale.

nelavan, *s.* : maladie du sommeil.

nem, *s.* : valeur calorique de 1 g de lait de femme.

nematochometer, *s.* : instrument pour mesurer la rapidité de transmission des influx dans les nerfs périphériques.

nemathelminth, *s.* : hémathelminthe *(parasit.)*.

nematoblast, *s.* : spermatoblaste.

nematocide, *adj.* : destructeur de nématodes.

nematocyst, *s.* : nématocyste.

nematoda, *s. plur.* : nématodes, nématoïdes.

nematode, *s.* : 1. nématode; 2. filament des granules du protoplasme; *adj.* : filiforme, se rapportant aux nématodes *(parasit.)*.

nematoid, *s.* : *cf.*, **nematode**.

nematospermia, *s.* : spermatozoaire filiforme (sperme humain).

nemeline myopathy : myopathie néméline, congénitale.

nemomena, *s.* : ulcères perforants.

neoarthrosis, *s.* : néarthrose.

neoblast, *s.* : parablaste.

neocyte, *s.* : néocyte (leucocyte de nouvelle formation).

neocytosis, *s.* : présence de néocytes dans le sang périphérique.

neodymium, *s.* : néodyme.

neoformation, *s.* : néoformation, néoplasie.

neogala, *s.* : colostrum.

neogenesis, *s.* : néogenèse, régénération tissulaire.

neogenetic, *adj.* : néogénétique.

neohymen, *s.* : néomembrane, fausse membrane.

neokinetic, *adj.* : terme s'appliquant aux nerfs et muscles dont la fonction est la plus spécialisée et la dernière apparue au cours du développement.

neologism, *s.* : néologisme.

neomembrane, *s.* : néo-membrane, fausse membrane.

neomorphism, *s.* : développement d'une nouvelle forme.

neon, *s.* : néon; **- light** : éclairage au néon.

neomycin, *s.* : néomycine.

neonatal, *adj.* : néo-natal, se rapportant au nouveau-né.

neonatus, *s. (lat.)* : nouveau-né.

neopallium, *s.* : hémisphères cérébraux à l'exclusion des lobes olfactifs.

neopathy, *s.* : 1. forme nouvelle de maladie; 2. complication *ou* aspect différent d'une maladie chez le malade.

neophilism, *s.* : passion morbide pour la nouveauté.

neophobia, *s.* : néophobie (horreur de la nouveauté).

neophrenia, *s.* : troubles mentaux de l'adolescence.

neoplasia, *s.* : néoplasie, processus néoplastique.

neoplasm, *s.* : néoplasme, tumeur (tissu morbide qui résulte du processus néoplastique); **inflammatory fungoid -** : mycosis fongoïde.

neoplasmatic or **neoplastic**, *adj.* : néoplastique.

neoplasty, *s.* : néoplastie (restauration par autoplastie).

neorickettsia, *s.* : néorickettsie.

neostomy, *s.* : néostomie.

neostriatum, *s. (lat.)* : noyau caudé et putamen.

neoteny, *s.* : néoténie.

neothalamus, *s. (lat.)* : portion corticale de la couche optique.

nepenthe or **nepenthes**, *s.* : nepenthès (remède qui, d'après Homère, chassait la mélancolie).

nephalisme, *s.* : absence totale de boissons alcoolisées.

nephela, *s.* : 1. leucome; 2. turbidité de l'urine.

nephelium, *s.* : néphélion, taie.

nepheloid, *adj.* : néphéloïde, trouble.

nephelometer, *s.* : néphélémètre.

nephelometry, *s.* : néphélémétrie (1. détermination du degré de turbidité d'un liquide; 2. procédé pour évaluer le nombre des bactéries contenues dans une émulsion microbienne).

nephelopia, *s.* : vision faible ou trouble due à une opacité des milieux oculaires.

nephradenoma, *s.*, *plur.* **nephradenomata** *(gr.)* : adénome rénal.

nephralgia, *s.* : néphralgie (douleur siégeant au niveau du rein sans lésion anatomique appréciable de l'organe).

nephralgic crises : crises néphralgiques (douleurs paroxystiques de la région rénale dans l'ataxie locomotrice).

nephranuria, *s.* : anurie vraie.

nephrapostasis, *s.* : abcès, inflammation suppurative des reins.

nephrarctia, *s.* : contraction du rein.

nephrauxe, s. : hypertrophie rénale.

nephrectasia, s. : dilatation rénale.

nephrectomize, v. : pratiquer une néphrectomie, néphrectomiser.

nephrectomy, s. : néphrectomie (ablation totale ou partielle d'un rein); **abdominal -** : néphrectomie par voie abdominale; **lumbar -** : néphrectomie par voie lombaire.

nephredema, s. : œdème rénal.

nephrelcosis, s. : ulcération rénale.

nephremia, s. : congestion rénale.

nephremorrhagia, s. : hémorragie rénale.

nephremphraxis, s. : obstruction vasculaire rénale.

nephresia, s. : maladie rénale.

nephretic, adj. : néphrétique.

nephria, s. : néphrite chronique (mal de Bright).

nephric, adj. : rénal.

nephridium, s. : 1. néphridion (graisse qui entoure les reins); 2. capsule surrénale; 3. canalicule wolffien.

nephrism, s. : état du patient atteint de maladie rénale grave.

nephritic, adj. : 1. néphritique; 2. rénal.

nephritis, s. : néphrite.

nephro- : néphro-, préfixe désignant un rapport avec le rein.

nephro-abdominal, adj. : se rapportant aux reins et à l'abdomen.

nephro-angiosclerosis, s. : néphro-angiosclérose, sténose hypertensive de l'artère rénale.

nephrocapsectomy or **nephrocapsulectomy,** s. : décapsulation du rein.

nephrocapsulotomy, s. : incision de la capsule rénale.

nephrocardiac, adj. : se rapportant aux reins et au cœur.

nephrocele, s. : néphrocèle.

nephrochalazosis, s. : rein granuleux.

nephrocolic or **nephrocolica,** s. : colique néphrétique.

nephrocolopexy, s. : néphrocolopexie (fixation chirurgicale du rein et du côlon par le ligament néphrocolique).

nephrocoloptosis, s. : néphrocoloptosis (descente du rein et du côlon).

nephrocystanastomosis, s. : formation chirurgicale d'une anastomose entre le rein et la vessie.

nephrocystitis, s. : association de néphrite et de cystite.

nephrocystosis, s. : rein kystique, formation de kystes dans le rein.

nephroerysipelas, s. : association de néphrite et d'érysipèle.

nephrogenic, nephrogenetic or **nephrogenous,** adj. : néphrogène.

nephrogram, s. : néphrogramme.

nephrography, s. : néphrographie (image radiologique du parenchyme rénal).

nephrohemia, s. : cf., **nephremia.**

nephrohydrose or **nephrohydrosis,** s. : hydronéphrose, uronéphrose.

nephrohypertrophy, s. : hypertrophie rénale.

nephroid, adj. : en forme de rein, réniforme, ressemblant à un rein.

nephrolith, s. : néphrolithe.

nephrolithiasis, s. : néphrolithiase, lithiase rénale.

nephrolithic, adj. : se rapportant à un néphrolithe, ayant un calcul rénal.

nephrolithocolica, s. : colique néphrétique calculeuse (due à un calcul).

nephrolithotomy, s. : néphrolithotomie (opération qui consiste à inciser un rein pour extraire le ou les calculs contenus dans le bassinet).

nephrologist, s. : néphrologue, néphrologiste.

nephrology, s. : néphrologie.

nephrolysin, s. : substance toxique capable de désintégrer les cellules du rein.

neprolysis, s. : 1. néphrolyse (libération chirurgicale du rein et résection de son atmosphère celluleuse); 2. désintégration des cellules rénales sous l'action d'une substance toxique.

nephrolytic, adj. : se rapportant à la néphrolyse.

nephromalacia, s. : ramollissement du rein, mollesse anormale du rein.

nephromegalia or **nephromegaly,** s. : hypertrophie rénale.

nephromere, s. : portion du mésoblaste d'où se développe le rein.

nephromiosis or **nephromeiosis,** s. : contraction rénale.

nephron, s. : 1. rein; 2. néphron.

nephroncus, s. : tumeur rénale.

nephroparalysis or **nephroparesis,** s. : paralysie du rein.

nephropathy, s. : néphropathie.

nephropexy, s. : néphropexie, néphrorraphie (fixation d'un rein mobile).

nephrophthisis, s. : néphrophtisie.

nephroplasty, s. : néphroplastie.

nephroplegia, s. : paralysie du rein.

nephrophlegmasia, s. : inflammation du rein.

nephropoietin, s. : substance stimulant le développement du tissu rénal.

nephroptosis or **nephroptosia,** s. : néphroptose.

nephropyelitis, s. : pyélonéphrite (inflammation du bassinet et du rein).

nephropyeloplasty, s. : opération plastique sur le bassinet.

nephropyic, adj. : se rapportant à la suppuration du rein.

nephropyosis, s. : pyonéphrose (rétention de pus dans le bassinet distendu avec pyonéphrite et périnéphrite).

nephrorosein, *s.* : pigment de l'urine.

nephrorrhagia, *s.* : néphrorragie (hémorragie d'origine rénale).

nephrorrhaphy, *s.* : 1. néphrorraphie, néphropexie (fixation d'un rein mobile); 2. suture d'une blessure rénale.

nephros, *s.* : rein.

nephroscleria *or* **nephrosclerosis,** *s.* : induration rénale.

nephrosclerotic, *adj.* : néphrosclérotique.

nephrosis, *s.* : néphrose; **Epstein's -** : néphrose lipoïdique; **glomerular -** : glomérulose.

nephrosonephritis, *s.* : néphrosonéphrite (fièvre hémorragique de Corée).

nephrospasis *or* **nephrospasia,** *s.* : grande mobilité rénale.

nephrospastic, *adj.* : se rapportant à un spasme rénal.

nephrostegnosis, *s.* : cirrhose du rein.

nephrostome *or* **nephrostoma,** *s.* : orifice interne d'un canalicule wolffien.

nephrostomy, *s.* : néphrostomie.

nephrotic, *adj.* : néphrotique; **- syndrome** : syndrome néphrotique.

nephrotome, *s.* : structure embryonnaire donnant naissance aux conduits excréteurs des reins.

nephrotomy, *s.* : 1. néphrotomie (incision pratiquée sur le rein dans le but d'extraire un calcul *ou* d'évacuer une collection liquide); 2. néphrotomie superficielle (débridement de la capsule propre du rein); **abdominal -** : néphrotomie par voie abdominale; **lumbar -** : néphrotomie par voie lombaire.

nephrotoxic, *adj.* : néphrotoxique (1. se rapportant à la néphrotoxine; 2. se rapportant à une désintégration cellulaire).

nephrotoxin, *s.* : néphrotoxine (toxine produite au cours des néphrites aux dépens de l'épithélium rénal altéré et qui, passant dans le sang, élèverait la pression artérielle).

nephrotresis, *s.* : établissement d'une fistule rénale permanente avec suture des bords de l'incision rénale sur les bords de l'excision interne.

nephrotyphoid *or* **nephrotyphus,** *s.* : néphrotyphus.

nephro-ureterectomy, *s.* : néphro-urétérectomie (ablation simultanée d'un rein et de son uretère).

nephrozymase, *s.* : néphrozymase.

nephrozymosis, *s.* : 1. état dû à une maladie enzymatique du rein; 2. état favorisant une maladie enzymatique du rein.

nephrus, *s.* : rein.

nephrydrops *or* **nephrydrosis,** *s.* : hydronéphrose, uronéphrose; **subcapsular -** : hydronéphrose externe, périnéale ou sous-capsulaire, hygroma du rein.

nephrydrotic, *adj.* : se rapportant à l'hydronéphrose.

nepiology, *s.* : pédiatrie des nourrissons.

neptunium, *s.* : neptunium.

nerval, *adj.* : nerval, neural.

nerve, *s.* : nerf (*cf.,* **nervus**); **afferent -** : nerf centripète (sensitif); **- case** : névropathie; **- cell** : neurone, cellule nerveuse; **efferent -** : nerf centrifuge (moteur); **- endings** : terminaisons nerveuses; **- fiber** : fibre nerveuse; **- ganglion** : ganglion nerveux; **- impulse** : influx nerveux; **- involvement** : complication nerveuse ou neurologique, atteinte d'un nerf; **- patient** : névropathe; **- specialist** : neurologue; **sympathetic -** : nerf sympathique.

nervus, *s., plur.* **nervi** (*lat.*) : nerf; **- abducens** : nerf moteur oculaire externe; **- accessorius** : nerf spinal; **- acusticus** *or* **statoacusticus** : nerf auditif; **- alveolaris inferior** *or* **mandibularis** : nerf dentaire inférieur; **- alveolares superiores** : nerfs alvéolaires postérieurs; **- anales** : nerfs hémorroïdaux supérieurs ; **- auricularis magnus** : branche auriculaire du plexus cervical; **- auricularis posterior** : rameau auriculaire postérieur du nerf facial; **- auriculotemporalis** : nerf auriculotemporal; **- axillaris** : nerf axillaire *ou* circonflexe; **- canalis pterygoidei** : nerf vidien; **- cerebrales** *or* **capitales** : nerfs crâniens; **- cochleæ** : nerf cochléen; **- crotaphitico-buccinatorius** : *cf.,* **- masticatorius**; **- cruralis** : *cf.,* **- femoralis**; **- cutaneous antibrachii lateralis** *or* **radialis** : branches terminales du nerf musculocutané du bras; **- cutaneus antibrachii medialis** *or* **ulnaris** : nerf brachial cutané interne; **- cutaneus brachii externus** : *cf.,* **- cutaneus antibrachii lateralis**; **- cutaneus brachii internus major** : *cf.,* **- cutaneus antibrachii medialis**; **- cutaneus brachii internus minor** : *cf.,* **cutaneus brachii medialis**; **- cutaneus brachii medialis** *or* **ulnaris** : nerf accessoire du brachial cutané interne; **- cutaneus brachii posterior** *or* **dorsalis** : filet cutané du nerf radial; **- cutaneus colli** : branche cervicale transverse du plexus cervical; **- cutaneus femoris externus** : *cf.,* **- cutaneus femoris lateralis**; **- cutaneus femoris internus** : nerf musculo-cutané interne; **- cutaneus femoris lateralis** : nerf fémoro-cutané; **- cutaneus femoris medius** : nerf musculo-cutané externe; **- cutaneus femoris posterior** *or* **dorsalis** : branche fémorale du nerf fessier inférieur; **- cutaneus suræ lateralis** *or* **fibularis** : nerf saphène péronier *ou* accessoire du saphène externe; **- cutaneus suræ medialis** *or* **suralis** : nerf saphène externe; **- ethmoidalis anterior** : nerf nasal externe; **- ethmoidalis posterior** : nerf nasal interne; **- facialis** : nerf facial; **- femoralis** : nerf crural; **- fibularis** : *cf.,* **- peronœus**; **- frontalis** : nerf frontal, **- genitocruralis** : *cf.,* **- genito-femoralis**; **- genitofemoralis** : nerf génitocrural; **- glossopharyngeus** *or* **glossopharyngicus** : nerf glossopharyngien; **- glutœus inferior** *or* **caudalis** : nerf fessier inférieur, petit nerf sciatique; **- glutœus superior** *or* **cranialis** : nerf fessier supérieur; **- hypoglossus** : nerf grand hypoglosse; **- iliohypogastricus** : nerf grand abdominoscrotal *ou* abdomino-génital supérieur; **- ilioinguinalis** : nerf petit abdomino-scrotal *ou* abdomino-génital inférieur; **- infraorbitalis** : nerf maxillaire supérieur dans la gouttière sous-orbitaire; **- intercostales** : nerfs intercostaux; **- intermedius** : nerf intermédiaire de Wrisberg; **- ischiadicus** :

grand nerf sciatique; - **lacrimalis** : nerf lacrymal;
- **laryngeus inferior** *or* **caudalis** : nerf laryngé
inférieur; - **laryngeus superior** *or* **cranialis** :
nerf laryngé supérieur; - **lingualis** : nerf lingual;
- **lumboinguinalis** : branche crurale du nerf
génito-crural; - **mandibularis** : nerf maxillaire
inférieur; - **massetericus** : nerf massétérin;
- **masticatorius** : nerf masticateur; - **maxillaris** :
nerf maxillaire supérieur; - **medianus** : nerf médian; - **mentalis** : nerf mentonnier; - **musculocutaneus** : nerf musculo-cutané; - **mylohyoideus** : nerf mylohyoïdien; - **nasales posteriores** :
filet pharyngien de Bock; - **nasociliaris** : nerf
nasal (du trijumeau); - **nasopalatinus** : nerf
de Scarpa; - **obturatorius** : nerf obturateur;
- **occipitalis major** : grand nerf occipital; - **occipitalis minor** : branche mastoïdienne du plexus
cervical; - **oculomotorius** : nerf moteur oculaire
commun; - **olfactorius** : nerf olfactif; - **ophthalmicus** : nerf ophtalmique de Willis; - **opticus** :
nerf optique; - **palatini** : nerfs palatins; - **palatinus anterior** : nerf grand palatin; - **patheticus** :
cf., - **trochlearis; - peronœus,** *or* **fibularis, communis** : nerf sciatique poplité externe; - **peronœus,** *or* **fibularis, profundus** : nerf tibial antérieur; - **peronœus,** *or* **fibularis, superficialis** :
branche musculocutanée du sciatique poplité
externe; - **petrosus profundus** : nerf pétreux
profond; - **petrosus superficialis major** : nerf
grand pétreux superficiel; - **petrosus superficialis
minor** : nerf petit pétreux superficiel; - **phrenicus** : nerf phrénique; - **plantaris lateralis** *or*
fibularis : nerf plantaire externe; - **plantaris medialis** *or* **tibialis** : nerf plantaire interne; - **pudendus** *or* **pudendalis** : nerf honteux interne; - **radialis** : nerf radial; - **rectales caudales** : nerfs
hémorroïdaux inférieurs; - **rectales craniales** :
nerfs hémorroïdaux supérieurs; - **recurrens vagi** :
nerf récurrent du pneumogastrique; - **saphenus** :
nerf saphène interne; - **spermaticus externus** :
branche génitale du nerf génito-crural; - **spinales** : nerfs rachidiens; - **splanchnici** : nerfs
splanchniques; - **stapedius** : nerf du muscle de
l'étrier; - **staticus** : nerf vestibulaire; - **statoacusticus** : *cf.,* - **acusticus; - subclavius** : nerf du
sous-clavier; - **subcutaneus malœ** : *cf.,* - **zygomaticus; - suboccipitalis** : petit nerf occipital;
- **subscapulares** : nerf du sous-scapulaire; - **supraclaviculares** : branche susclaviculaire du plexus
cervical; - **supraorbitalis** : nerf frontal externe *ou*
sus-orbitaire; - **suprascapularis** : nerf sus-scapulaire; - **supratrochlearis** : nerf frontal interne; - **suralis** : *cf.,* - **cutaneus surœ medialis; - sympathicus** : nerf grand sympathique; - **thoracalis** : *cf.,*
- **thoracicus; - thoracicus longus** : *cf.,* - **thoracodorsalis; - thoracici anteriores** *or* **ventrales** : nerfs
thoraciques antérieurs; - **thoracici posteriores** *or*
dorsales : nerfs thoraciques postérieurs; - **thoracodorsalis** : nerf thoracique postérieur; - **tibialis** : nerf sciatique poplité externe avec le nerf
tibial postérieur; - **trigeminus** : nerf trijumeau;
- **trochlearis** : nerf pathétique; - **tympanicus** :
nerf de Jacobson; - **ulnaris** : nerf cubital,
- **vagus** : nerf pneumogastrique; - **vestibulus** :
cf., - **staticus; - vidianus** : *cf.,* - **canalis pterygoidei; - zygomaticus** : rameau orbitaire du
maxillaire supérieur.

nerviduct, *s.* : canal osseux où passe le nerf.

nervimotility, *s.* : capacité de mobilité nerveuse.

nervimotion, *s.* : mouvement produit par la stimulation d'un nerf.

nervimotor, *s.* : cause produisant le mouvement
d'origine nerveuse; *adj.* : 1. se rapportant à, produisant le mouvement dû à la stimulation d'un
nerf; 2. se rapportant à un nerf moteur.

nervimuscular, *adj.* : 1. se rapportant à un nerf
et à un muscle; 2. se rapportant à l'apport nerveux
d'un muscle.

nervin, *s.* : 1. nervine (substance tonifiant les
nerfs); 2. extrait de substance grise de cerveau
de mouton; *adj.* : 1. nerveux; 2. nervin.

nervocidine, *s.* : nervocidine (alcaloïde).

nervosism, *s.* : nervosisme, névrosisme (état de
susceptibilité nerveuse).

nervosity, *s.* : nervosité.

nervous, *adj.* : 1. nerveux, des nerfs; - **breakdown** : dépression nerveuse; - **diathesis** : nervosisme; - **involvement** : complication nerveuse;
- **system** : système nerveux; 2. nerveux, excitable, irritable; - **debility, exhaustion** *or* **prosta-
tion** : neurasthénie.

nervousness, *s.* : nervosité, état nerveux, état
d'agitation.

nervule, *s.* : petit nerf.

nesidioblastoma, *s.* : nésidioblastome (tumeur
des cellules de Langerhans du pancréas).

nesis, *s.* : suture.

Nessler's reagent : réactif de Nessler (recherche
de l'ammoniaque dans l'eau).

nest, *s.* : nid; **Brunn's epithelial -** : groupe de
cellules épithéliales de la vessie; **cell -** : globe
corné.

nesteia, *s.* : 1. jeûne; 2. jéjunum.

nestiatria, *s.* : thérapeutique par la diète.

nestiostomy, *s.* : jéjunostomie, opération de Surmay.

nestis, *s.* : 1. diète; 2. jéjunum.

nestoposia, *s.* : fait de boire à jeûn.

netlike, *adj.* : rétiforme.

netraneurysm, *s.* : anévrisme fusiforme.

nettle, *s.* : ortie; **stinging -** : ortie urticante.

nettlerash, *s.* : urticaire, cnidosis, stigmasie,
stigmatodermie.

Nettleship's dots : petits points blancs éparpillés
en grand nombre entre la tache jaune et la périphérie de la rétine; ces taches, souvent congénitales, sont en liaison avec des modifications pigmentaires et de la nyctalopie.

network, *s.* : réseau; **Gerlach's -** : réseau de
prolongements de cellules nerveuses de la substance grise de la moelle épinière; **Haller's -** :
réseau de Haller, réseau testiculaire, rete testis.

neu, *s.* : *cf.,* **neurilemma.**

Neubauer's artery : artère thyroïde moyenne de
Neubauer; - **ganglion** : ganglion formé par la
soudure du ganglion cervical inférieur et du
premier ganglion thoracique.

Neufeld's reaction : gonflement des capsules du pneumocoque lorsque celui-ci est mélangé à l'antisérum spécifique.

Neumann's corpuscles : érythrocytes à noyaux décelés dans le sang dans les cas d'activité régénérative, réticulocytes; **- crystals** : cf., **Charcot's crystals; - sheaths** : gaines de dentine formant les parois des structures tubulaires des dents.

Neumann's disease : pemphigus végétant.

neura, s. : neurone.

neurad, adv. : orienté vers la moelle épinière.

neuradynamia, s. : cf., **neurasthenia.**

neuragmia, s. : arrachement d'un tronc nerveux au-dessus ou en dessous de son ganglion pour étudier les modifications trophiques qui en résultent.

neural, adj. : neural; **- arch** : arc neural (neurapophyse); **- axis** : moelle épinière; **- canal** : 1. canal dorsal de l'embryon; 2. cavité du crâne et de la colonne vertébrale (renfermant le système nerveux central); **- groove** : sillon longitudinal antérieur de la gaine embryonnaire du blastoderme; **- lamina** : zygapophyse (arc neural); **- spine** : neurépine (vertèbre).

neuralgia, s. : névralgie (syndrome caractérisé par des douleurs spontanées ou provoquées, continues ou paroxystiques, siégeant sur le trajet des nerfs); **facial -** : tic douloureux de la face.

neuralgic, adj. : névralgique.

neuralgiform, adj. : névralgiforme, ressemblant à la névralgie.

neuramebimeter, s. : appareil pour mesurer le temps de réaction des nerfs.

neuranagenesis, s. : régénérescence du tissu nerveux.

neurapophysis, s. : neurapophyse (vertèbre).

neurarchy, s. : contrôle exercé sur le corps par le système nerveux.

neurasthenia, s. : neurasthénie, épuisement nerveux, psychasthénie; **cerebral -** : neurasthénie cérébrale, cérébrasthénie; **sexual -** : neurasthénie avec troubles psychogénésiques.

neurastheniac, s. : neurasthénique.

neurasthenic, adj. : neurasthénique.

neurataxia or **neurataxy**, s. : 1. ataxie d'origine cérébrospinale; 2. neurasthénie.

neuratrophia or **neuratrophy**, s. : atrophie nerveuse.

neuratrophic, adj. : se rapportant à l'atrophie nerveuse, caractérisé par l'atrophie nerveuse.

neuraxis, s. : 1. névraxe; 2. cylindraxe.

neuraxitis, s. : 1. névraxite (inflammation du névraxe); 2. encéphalite; **epidemic -** : névraxite épidémique, encéphalite épidémique ou encéphalomyélite diffuse, maladie de Cruchet, maladie de von Economo.

neuraxon, s. : prolongement cylindraxile, axone.

neure, s. : neurone.

neurectasia, neurectasis or **neurectasy**, s. : allongement des nerfs.

neurectomy, s. : neurectomie, névrectomie (résection d'un nerf sur une partie pus ou moins longue de son trajet).

neurectopia or **neurectopy**, s. : déplacement d'un nerf, anomalie de distribution d'un nerf.

neurenteric, adj. : se rapportant au canal dorsal embryonnaire et à l'intestin; **- canal** : communication temporaire entre le canal dorsal et l'intestin de l'embryon.

neurepithelium, s. : cf., **neuro-epithelium.**

neurergic, adj. : se rapportant à l'activité nerveuse.

neurexairesis, s. : extraction d'un nerf pour soulager une névralgie.

neuria, s. : tissu nerveux.

neuriasis, s. : hypocondrie hystérique.

neuriatry, s. : étude et traitement des maladies nerveuses.

neuric, adj. : nerveux.

neuricity, s. : force nerveuse, fonction des nerfs.

neurilemma, s. : 1. neurilème, membrane de Schwann; 2. périnèvre.

neurilemmitis, s. : 1. inflammation de la membrane de Schwann; 2. inflammation du périnèvre.

neurilemmoma or **neurilemoma**, s. : neurilemome.

neurility, s. : névrilité.

neurin or **neurine**, s. : neurine.

neurinoma, s. : neurinome, gliome; **acoustic -** : neurinome de l'acoustique.

neurite, s. : prolongement cylindraxile, axone (neurone).

neuritic, adj. : névritique, se rapportant à la névrite.

neuritis, s. : névrite (lésion nerveuse, inflammatoire ou dégénérative).

neuro- : neuro-, préfixe dénotant un rapport avec un nerf.

neuro-anatomy, s. : anatomie du système nerveux.

neuro-arthritism, s. : diathèse goutteuse et nerveuse.

neuro-arthropathy, s. : association de maladie du système nerveux central et d'arthropathie.

neurobiology, s. : biologie du système nerveux.

neurobiotaxis, s. : tendance des cellules en voie de développement de s'orienter vers leur source de nutrition et d'activité.

neuroblast, s. : neuroblaste (cellule dérivée de l'ectoderme primitif, donnant naissance à une cellule nerveuse).

neuroblastoma, s. : neuroblastome.

neurocanal, s. : canal épendymaire.

neurocardiac, adj. : se rapportant au système nerveux et au cœur; **- disease** : goitre exophtalmique.

neurocele, s. : ensemble des cavités et ventricules du névraxe.

neurocentral, adj. : se rapportant à l'arc neural et au corps de la vertèbre.

neurocentrum, s. : corps, centrum (vertèbre).

neurochemistry, s. : neurochimie.

neurochitin, s. : chitine des fibres nerveuses.

neurochorioretinitis, s. : inflammation du nerf optique, de la choroïde et de la rétine.

neurochoroiditis, s. : chorionévrite (inflammation de la choroïde et du nerf optique).

neurocirculatory asthenia : asthénie neurocirculatoire.

neurocranium, s. : boîte crânienne.

neurocrinia, s. : neurocrinie.

neurocyte, s. : neurone.

neurocytome, s. : tumeur formée de cellules du système nerveux non différenciées.

neurodealgia, s. : douleur rétinienne.

neurodeatrophia, s. : atrophie de la rétine.

neurodendrite, s. : prolongement protoplasmique, dendrite (neurone).

neurodendron, s. : 1. neurone; 2. dendrite.

neurodermatitis, s. : forme de neurodermatose.

neurodermatosis, s. : neurodermatose (nom donné aux dermatoses ayant comme signe dominant le prurit qui est de nature nerveuse).

neurodermatrophia, s. : atrophie cutanée d'origine nerveuse.

neurodes, s. : rétine.

neurodiastasis, s. : séparation des nerfs.

neurodocitis, s. : névrodocite (inflammation des canaux osseux, fibro-osseux ou aponévrotiques, dans lesquels passe un tronc nerveux déterminant un syndrome névralgique).

neurodynamia, s. : force, énergie nerveuse.

neurodynamic, adj. : se rapportant à la puissance des courants nerveux, aux forces nerveuses.

neurodynia, s. : névralgie.

neuro-electrotherapeutics, s. : électrothérapie des affections nerveuses.

neuro-epidermal, adj. : se rapportant aux nerfs et à la peau.

neuro-epithelial, adj. : se rapportant au neuro-épithélium, de nature neuro-épithéliale.

neuro-epithelioma, s. : neuro-épithéliome, médullo-épithéliome.

neuro-epithelium, s. : neuro-épithélium (structures épithéliales constituant les terminaisons nerveuses des organes sensoriels; couche des cônes et des bâtonnets de la rétine, cellules olfactives, cellules de l'organe de Corti, cellules gustatives des papilles gustatives).

neurofibril, s. : neurofibrille.

neurofibroma, s. : neurofibrome.

neurofibromatosis, s. : neurofibromatose, polyfibromatose neurocutanée pigmentaire, maladie de Recklinghausen, gliofibromatose, neuro-ectodermatose, neurogliomatose.

neurofibrositis, s. : fibrosite impliquant les fibres d'un nerf sensoriel et un muscle.

neurofil, s. : réseau de prolongements protoplasmiques naissant du cylindraxe et entourant la cellule.

neuroganglitis, s. : inflammation d'un ganglion nerveux.

neuroganglion, s. : ganglion nerveux.

neurogastric, adj. : neurogastrique.

neurogenesis, s. : neurogenèse, formation des nerfs.

neurogenetic, adj. : se rapportant à la formation des nerfs.

neurogenous, adj. : neurogène.

neurogeny, s. : cf., **neurogenesis.**

neuroglia, s. : neuroglie, névroglie.

neurogliacyte, s. : cellule de la névroglie.

neuroglial or **neurogliar,** s. : névroglique.

neuroglioma, s. : neurogliome (1. cérébrome, ganglioneurome; 2. tumeur développée au niveau de la lésion d'un nerf et formée par le pelotonnement des tubes nerveux sectionnés).

neurogliomatosis, s. : neurogliomatose.

neurography, s. : neurographie, névrographie (anatomie et physiologie du système nerveux).

neurohistology, s. : histologie du système nerveux.

neurohumor, s. : excitateur chimique du neurone qui active le neurone voisin.

neurohypnology, s. : étude de l'hypnotisme.

neurohypophysis, s. : lobe postérieur ou lobe cérébral de l'hypophyse.

neuroid, adj. : ressemblant à un nerf, au tissu nerveux.

neuroinduction, s. : suggestion.

neurokeratin, s. : kératine du périnèvre et de la substance blanche de Schwann.

neurokinet, s. : appareil pour stimuler un nerf par percussion mécanique.

neurokyme, s. : énergie nerveuse.

neuroleptic, adj. : neuroleptique.

neurologic or **neurological,** adj. : neurologique.

neurologist, s. : neurologiste, neurologue.

neurology, s. : neurologie (anatomie, physiologie et pathologie du système nerveux).

neurolues, s. : neurosyphilis.

neurolymph, s. : liquide céphalorachidien.

neurolysin, s. : cytolysine des cellules nerveuses.

neurolysis, s. : neurolyse (1. épuisement d'un nerf par surmenage; 2. étirement d'un nerf pour abaisser une tension exagérée; 3. libération chirurgicale d'un nerf comprimé par une cicatrice ou une chéloïde intra- ou extra-nerveuse; 4. désintégration du tissu nerveux).

neuroma, s., plur. **neuromata** (gr.) : névrome, neurome (1. tumeur formée de tissu nerveux; 2.

tumeur développée sur le trajet d'un nerf); **amputation -** : névrome d'amputation.

neuromalacia, *s.* : ramollissement du tissu nerveux.

neuromast, *s.* : protubérance nerveuse jouant le rôle d'organe sensoriel.

neuromatosis, *s.* : tendance morbide au développement des névromes.

neuromatous, *adj.* : de la nature d'un névrome.

neuromimesis, *s.* : phénomènes hystériques ressemblant à une maladie organique.

neuromimetic, *adj.* : neuromimétique.

neuromuscular, *adj.* : neuromusculaire.

neuromyelitis, *s.* : neuromyélite (inflammation de la moelle épinière, de la myéline).

neuromyology, *s.* : classification des muscles en fonction de leur innervation.

neuromyopathic, *adj.* : se rapportant aux maladies musculaires et nerveuses.

neuromyositis, *s.* : neuromyosite, polymyosite infectieuse aiguë.

neuron *or* **neurone,** *s.* : 1. système cérébrospinal; 2. neurone, cellule nerveuse.

neuronal *or* **neuronic,** *adj.* : se rapportant à un neurone.

neuronephric, *adj.* : se rapportant aux systèmes nerveux et rénal.

neuronitis, *s.* : neuronite (inflammation du neurone intéressant à la fois le corps cellulaire et son prolongement).

neuronophagia *or* **neuronophagy,** *s.* : neuronophagie, neurophagie (phagocytose de la cellule nerveuse, notamment au cours des infections du système nerveux central).

neuronosis, *s.* : névrose.

neuronymy, *s.* : nomenclature neurologique.

neuronyxis, *s.* : ponction des nerfs.

neuroparalysis, *s.* : paralysie d'origine nerveuse.

neuroparalytic, *adj.* : se rapportant à une paralysie d'origine nerveuse.

neuropath, *s.* : névropathe.

neuropathic, *adj.* : 1. caractérisé par un système nerveux malade ou imparfait; 2. dépendant, se rapportant à une maladie nerveuse; **- eschar** : escarre consécutive à une maladie de la moelle épinière.

neuropathist, *s.* : neurologue.

neuropathogenesis, *s.* : développement d'une maladie du système nerveux.

neuropathology, *s.* : neuropathologie (pathologie des maladies du système nerveux).

neuropathy, *s.* : neuropathie (nom générique donné à toutes les affections nerveuses).

neurophlegmon, *s.* : névrite.

neurophysiology, *s.* : physiologie du système nerveux.

neuropil, neuropile *or* **neuropilem,** *s.* : réseau dense de fibrilles formé par les branches collatérales des prolongements cylindraxiles.

neuroplasm, *s.* : protoplasme situé dans les interstices des fibrilles des cellules nerveuses.

neuroplasty, *s.* : opération plastique sur les nerfs; greffe nerveuse.

neuroplex *or* **neuroplexus,** *s.* : plexus nerveux.

neuropoietin, *s.* : enzyme du suc gastrique jouant un rôle dans la nutrition du système nerveux central.

neuropore, *s.* : neuropore (petite ouverture à l'extrémité antérieure du télencéphale (*embryol.*).

neuropotential, *s.* : énergie du neurone.

neuropraxis, *s.* : neuropraxie.

neuroprobasia, *s.* : neuroprobasie.

neuropsychiatry, *s.* : neuropsychiatrie.

neuropsychology, *s.* : neuropsychologie.

neuropsychopathic, *adj.* : se rapportant aux psychopathies d'origine nerveuse.

neuropsychopathy, *s.* : psychopathie d'origine nerveuse.

neuropsychosis, *s.* : neuropsychose.

neurorecidive *or* **neurorelapse,** *s.* : neurorécidive (accident syphilitique portant sur le système nerveux, survenant après la guérison apparente de la maladie).

neuroretinitis, *s.* : neurorétinite (inflammation du nerf optique et de la rétine).

neurorrhaphy, *s.* : neurorraphie (suture des deux bouts d'un nerf sectionné).

neurorrheuma, *s.* : force nerveuse.

neurorrhexis, *s.* : extension forcée d'un nerf dans le traitement de la névralgie persistante.

Neurorrhyctes hydrophobiae : corps de Negri.

neurosarcokleisis, *s.* : opération pour guérir la névralgie par résection partielle du canal osseux où passe le nerf et greffe du nerf dans un tissu mou.

neurosclerosis, *s.* : sclérose du tissu nerveux.

neurosecretion, *s.* : neurosécrétion.

neurosis, *s.* : névrose; **occupation** *or* **professional -** : névrose fonctionnelle ou professionnelle; **traumatic -** : névrose traumatique *ou* névrose d'Oppenheim; **Westphal's -** : syndrome de Westphal-Strümpell, pseudo-sclérose en plaques.

neurosism, *s.* : neurasthénie.

neuroskeleton, *s.* : squelette intérieur des vertébrés.

neurosomes, *s.* : petits granules situés sur les points nodaux du protoplasme des cylindraxes.

neurospasm, *s.* : spasme nerveux d'un muscle.

neurosplanchnic, *adj.* : se rapportant aux systèmes cérébro-spinal et sympathique.

neurospongioma, *s.* : neurospongiome, glioblastome gisomorphe, médulloblastome, neuroglioblastome.

neurospongium, *s.* : rétine ciliorétinienne.

neurosthenia, *s.* : névrosthénie, surexcitation nerveuse.

neurosurgeon, *s.* : neurochirurgien.

neurosurgery, s. : neurochirurgie.

neurosuture, s. : neurorraphie.

neurosyphilis, s. : neurosyphilis.

neurotabes, s. : nervotabès, tabès périphérique.

neurotagma, s. : disposition linéaire des éléments structurels d'un neurone.

neurotension, s. : cf., **neurectasia.**

neurothecitis, s. : inflammation du périnèvre, de la gaine de Schwann.

neurothele, s. : papille nerveuse.

neurotheleitis or **neurothelitis,** s. : inflammation d'une papille nerveuse.

neurotherapy, s. : thérapeutique des maladies nerveuses.

neurothlipsis, s. : compression d'un nerf.

neurotic, adj. : nerveux, névrosé, neurotique.

neurotica, s. : maladies nerveuses fonctionnelles.

neuroticism, s. : état de troubles du système nerveux, état de névrose.

neurotization, s. : neurotisation (restauration fonctionnelle du nerf).

neurotmesis, s. : neurotmésis.

neurotology, s. : étude des affections du cerveau et du système nerveux dues à des lésions de l'oreille.

neurotome, s. : 1. neurotome (segment du système nerveux central de l'embryon correspondant à un métamère); 2. bistouri en forme d'aiguille utilisé en neurotomie.

neurotomy, s. : neurotomie, névrotomie (section d'un nerf).

neurotonic, adj. : 1. se rapportant à une élongation mécanique, à la tension d'un nerf; 2. ayant une action tonique sur les nerfs; **- reaction :** réaction électrique présentant un tremblement tétanique persistant des muscles après excitation des racines nerveuses.

neurotony, s. : élongation mécanique ou tension d'un nerf pour traiter la névralgie, les contractions spasmodiques et autres états pathologiques.

neurotoxic, adj. : ayant une action toxique sur les neurones.

neurotoxin, s. : neurotoxine (toxine agissant sur le système nerveux central en déterminant la paralysie ou la contracture).

neurotrauma, s. : lésion nerveuse.

neurotripsy, s. : neurotripsie (écrasement des nerfs).

neurotrophasthenia, s. : nutrition défectueuse des nerfs.

neurotrophic, adj. : neurotrophique, trophoneurotique (qui se rapporte à des troubles trophiques d'origine nerveuse).

neurotrophy, s. : nutrition du tissu nerveux.

neurotropic, adj. : neurotrope (se fixant de façon élective sur le tissu nerveux); **- ectodermosis :** ectodermose neurotrope (maladies causées par des virus de l'ectoderme s'adaptant au système nerveux [Levaditi]).

neurotropism, s. : neurotropisme (affinité pour le tissu nerveux).

neurotrosis or **neurotrosmus,** s. : blessure d'un nerf.

neurovaccine, s. : neurovaccine (virus vaccinal adapté au système nerveux).

neurovaricosis, s. : varicosité sur une fibre nerveuse, formation d'une varicosité sur une fibre nerveuse.

neurovascular, adj. : neurovasculaire.

neurovisceral, s. : cf., **neurosplanchnic.**

neurovoltmeter, s. : voltmètre pour mesurer les variations des réactions nerveuses.

neutral, adj. : neutre, indifférent, inerte.

neutralization, s. : neutralisation.

neutralize, v. : neutraliser.

neutropenia, s. : neutropénie (diminution du nombre des leucocytes neutrophiles).

neutrophil or **neutrophile,** s. : leucocyte neutrophile; adj. : neutrophile.

neutrophilia, s. : 1. accroissement du nombre des leucocytes neutrophiles dans le sang; 2. affinité pour les colorants neutres.

nevoid or **naevoid,** adj. : ayant l'aspect du nævus; **- elephantiasis :** hypertrophie scrotale due à une distension des vaisseaux lymphatiques et une hyperplasie tissulaire.

nevolipoma or **naevolipoma,** s. : forme rare de lipome renfermant un grand nombre de vaisseaux sanguins.

nevose or **naevose,** adj. : tacheté, à nævus.

nevus or **nœvus,** s., plur. **nœvi** (lat.) : 1. nævus; 2. tumeur érectile, angiome proéminent ou caverneux.

newborn, s., adj. : nouveau-né.

Newcastle's disease : maladie de Newcastle (vétér.).

newgrowth, s. : néoplasme, tumeur.

Newton's color-rings : anneaux de Newton (aberration chromatique).

nexus, s. : connexion, entrelacement; **- nervorum opticorum :** chiasma optique; **- stamineus oculi :** corps ciliaire.

niacin, s. : acide nicotinique.

nibble, v. : grignoter, ronger.

niccolum (lat.) : nickel.

niche, s. (fr.) : niche (image radiologique d'un ulcère gastrique ou duodénal); **Haudek's - :** niche de Haudek, image diverticulaire.

nickel, s. : nickel.

Nicol's prism : nicol.

Nicolaier's bacillus : bacille de Nicolaier, bacille du tétanos.

Nicolas-Favre's disease : maladie de Nicolas et Favre (lymphogranulomatose vénérienne).

nicotianine, s. : nicotianine.

nicotianomania, s. : désir morbide de fumer.

nicotinamide, s. : nicotinamide, vitamine antipellagreuse, vitamine PP.

nicotine, s. : nicotine.

nicotinic acid : acide nicotinique.

nicotinism, s. : nicotinisme (ensemble des accidents morbides aigus ou chroniques produits par le tabac).

nictitate, v. : cligner des yeux, ciller.

nictitating, adj. : nictitant; - **membrane** : membrane nictitante, clignotante ; paupière interne ; - **spasm** : blépharospasme.

nictitation, s. : nictitation, nictation, clignotement, cillement.

nidal, adj. : se rapportant à un nid.

nidation, s. : nidation (fixation de l'œuf fécondé en un point de la muqueuse utérine).

nidulus, s. : noyau d'un nerf.

nidus, s. (lat.) : nid, amas, foyer, source.

Niemann's or **Niemann-Pick disease** : maladie de Niemann-Pick, histiocytose lipoïdique essentielle.

night, s. : nuit; - **blind** : héméralope, héméralopique; - **blindness** : héméralopie, cécité nocturne; - **cries** or - **pain** : douleur nocturne (symptôme de coxalgie : douleur de la hanche ou du genou au cours de la relaxation musculaire du membre pendant le sommeil); - **palsy** : engourdissement au cours du sommeil, paralysie du sommeil ; - **sweat** : hypersudation nocturne dans la tuberculose pulmonaire et la consomption; - **terrors** : terreurs nocturnes, pavor nocturnus; - **walking** : noctambulisme, somnambulisme.

nightmare, s. : cauchemar.

nigredo, s. : mélasme.

nigrescent, adj. : nigrescent, noirâtre, qui tire sur le noir.

nigrismus, s. (lat.) : mélasme; - **linguæ** : langue noire.

nigritia or **nigrities,** s. : mélasme; - **linguæ** : langue noire, glossophytie.

nigrosine, s. : nigrosine.

ninth nerve : nerf glossopharyngien.

niobium, s. : niobium ou columbium.

niphablepsia or **niphotyphlosis,** s. : cécité des neiges.

nippers, s. : pince.

nipple, s. : mamelon, bout de sein; - **protector** or **shield** : bout de sein en caoutchouc.

nirls or **nirles,** s. : forme d'herpès.

nirlus, s. : éruption papulaire éphémère consécutive à la rougeole, à la scarlatine.

Nisbet's chancres : abcès nodulaire du pénis consécutif à une lymphangite aiguë du chancre mou.

Nissl's bodies : corps de Nissl (corpuscules chromophiles de la cellule nerveuse); - **degeneration** : atrophie lente du neurone avec altérations chromatiques; - **stain** : bleu de méthylène.

nisus, s. (lat.) : 1. effort; 2. désir périodique de procréer qui se manifeste au printemps chez certains animaux; 3. contraction du diaphragme et des muscles abdominaux pour expulser l'urine ou les fèces.

nit, s. : 1. œuf de pou, lente; 2. a unit of brilliance (1 candela/m²).

nitrate, s. : nitrate.

nitrated, adj. : nitré.

nitration, s. : nitration (chim.).

nitremia or **nitrœmia,** s. : azotémie (présence dans le sang de produits d'excrétion azotée).

nitric, adj. : nitrique ; - **acid** : acide nitrique (HNO_3); - **acid test** : réaction d'identification de l'albumine.

nitrification, s. : nitrification.

nitrifier, s. : bactérie nitrifiante.

nitrify, v. : 1. nitrifier; 2. se nitrifier.

nitrifying, adj. : nitrifiant.

nitrile, s. : nitrile.

nitrite, s. : nitrite; **amyl -** : nitrite d'amyle.

nitritoid, adj. : nitritoïde; - **reaction** : crise nitritoïde (crise consécutive à l'injection intraveineuse d'arséno-benzol).

nitrituria, s. : excès de nitrites dans l'urine.

nitro- : nitro-, préfixe dénotant; 1. combinaison avec le radical NO_2; 2. combinaison avec l'azote.

nitrobacteria, s. : bactéries nitrifiantes.

nitrocotton, s. : cotton-poudre ($C_6H_7[NO_2]_3O_5$).

nitrogen, s. : azote; - **equilibrium** : équilibre azoté; - **lag** : temps s'écoulant entre l'ingestion d'une protéine et la présence dans l'urine d'une quantité d'azote équivalente à l'azote protéidique; - **monoxide** : protoxyde d'azote; - **mustard** : ypérite azotée, moutarde à l'azote; - **partition** : dosage de l'azote présent dans les constituants azotés de l'urine; - **peroxide** : peroxyde d'azote.

nitrogenized or **nitrogenous,** adj. : azoté.

nitrogenuric diabetes : diabète azoturique.

nitroglycerin, s. : nitroglycérine ($C_3H_5[NO_3]_3$).

nitrometer, s. : nitromètre.

nitroso- : nitroso-, préfixe dénotant une combinaison avec le radical NO.

nitrous, adj. : nitreux; - **oxide** : protoxyde d'azote, gaz hilarant.

niveau diagnosis : localisation du niveau exact d'une lésion ou d'une tumeur.

noasthenia, s. : faiblesse d'esprit.

noble cells or **elements** : cellules nobles (par opposition aux cellules épithéliales et conjonctives); - **gases** : gaz inertes (hélium, néon, argon, krypton, xénon, niton); - **metals** : métaux nobles (qui ne s'oxydent pas à l'air).

Nocard's bacillus : bacille de Nocard.

Nocardia, s., plur. : Nocardia (actinomycètes).

nocardiosis, s. : nocardose (maladie due aux Nocardia).

nociceptive, *adj.* : nociceptif, capable de recevoir ou de transmettre un choc, une douleur.

nociceptor, *s.* : partie du système nerveux périphérique qui transmet les chocs, les douleurs au cerveau.

nocifensor nerves : système autonome des nerfs cutanés.

noci-influence, *s.* : influence nocive.

nociperception, *s.* : perception des influences nocives par les centres nerveux.

noctambulant, *adj.* : somnambule, noctambule.

noctambulation, *s.* : noctambulisme, somnambulisme.

noctiphobia, *s.* : peur morbide de la nuit.

nocturnal, *adj.* : nocturne; **- emission** *or* **pollution** : pollution nocturne; **- enuresis** : énurésie nocturne; **- epilepsy** : crises épileptiques nocturnes.

nocuity, *s.* : nocivité, nocuité.

nocturia, *s.* : hypnurie.

nocuous, *adj.* : nocif, nuisible.

nod, *s.* : inclinaison de la tête, penchement de la tête; *v.* : incliner de la tête, dodeliner de la tête.

nodal, *adj.* : nodal, septal, atrio-ventriculaire; **- points** : points nodaux; **- rhythm** : rythme nodal.

nodding spasm : inclination de la tête consécutive à un spasme du muscle sternomastoïdien.

node, *s.* : nodule, nodosité, nœud; **atrioventricular** *or* **auriculoventricular -** : nœud auriculoventriculaire *ou* atrioventriculaire; **lymph** *or* **lymphatic -** : ganglion lymphatique; **sinoatrial** *or* **sinoauricular -** : nœud sino-auriculaire ; **sinusal -** : nodule sinusal; **singer's -** : granulome des cordes vocales; **syphilitic -** : nodule syphilitique.

nodose, *adj.* : noueux.

nodositas, *s. (lat.)* : nodosité; **- crinium** : trichorrexie noueuse.

nodosity, *s.* : 1. nodosité, état noueux; 2. nodosité, nœud, renflement, protubérance.

nodular, *adj.* : nodulaire; **- leprosy** : lèpre tuberculeuse.

nodulation, *s.* : formation, présence de nodules.

nodule, *s.* : nodule; **lymphoid -** : nodule lymphoïde (amas de tissu adénoïde rencontrés dans différents organes).

nodulus, *s.*, *plur.* **noduli** *(lat.)* : nodule, tubercule; **- cerebelli** : tubercule lamineux de Malacarne; **- lymphatici aggregati** : plaques de Peyer ; **- lymphatici solitarii** : follicules de Peyer; **- valvarum semilunarium** *or* **velorum semilunarium** : nodules de Morgagni, tubercules d'Arantius.

noematachograph, *s.* : appareil pour enregistrer la vitesse de l'activité mentale.

noematachymeter, *s.* : appareil pour estimer le temps nécessaire à enregistrer une simple perception.

noesis, *s.* : noésis.

noetic, *adj.* : noétique.

Noguchi's luetin reaction : réaction de Noguchi, luétino-réaction, luo-test.

noisome, *adj.* : nocif, nuisible, fétide, méphitique.

noli-me-tangere, *s.* : noli-me-tangere, ulcère rongeur.

noma, *s.* : noma (stomatite gangréneuse, se rencontrant chez les enfants, secondaire à des maladies générales infectieuses); **- pudendi** *or* **vulvæ** : ulcération gangréneuse de la vulve chez les enfants.

nomadic, *adj.* : étendu, se répandant (se dit des ulcères).

nomenclature, *s.* : nomenclature.

nomogram, *s.* : nomogramme, abaque.

nomography, *s.* : nomographie.

nomotopic, *adj.* : se produisant au lieu habituel.

non- : non-, in-, sans-, préfixes indiquant la négation.

nona, *s.* : nona (forme d'encéphalite léthargique).

nonan, *adj.* : ayant une récurrence de neuf jours.

non compos mentis *(lat.)* : dément.

nonconductor, *s.* : non conducteur, calorifuge, isolant *(élect.)*.

non-disjunction, *s.* : échec de la séparation des chromosomes dans la méiose.

non-motile, *adj.* : ne pouvant se mouvoir spontanément.

Nonne's syndrome : syndrome de Nonne, syndrome vermien *ou* du vermis.

nonparous, *s.*, *adj.*, *cf.*, **nulliparous.**

non-restraint, *s.* : absence de contrainte (suppression de tous les moyens de contention employés autrefois dans les asiles d'aliénés).

non-sexual, *adj.* : asexué, asexuel.

non-stop, : continu (traitement).

nonus, *s. (lat.)* : nerf hypoglosse (le neuvième dans l'ancienne classification des nerfs crâniens).

nonviable, *adj.* : non viable.

noopsyche, *s.* : processus mental.

nor- : préfixe signifiant nitrogen ohne radical *(germ.)* : azote sans radical.

noradrenalin, *s.* : noradrénaline.

Nordau's disease : dégénérescence.

norepinephrine, *s.* : noradrénaline.

norm, *s.* : norme.

norma, *s.* : aspect du crâne.

normal, *adj.* : normal; **- saline solution** : serum isotonique.

normality, *s.* : normalité *(chim.)*.

normalization, *s.* : normalisation.

normoblast, *s.* : normoblaste (érythroblaste de la moelle normale).

normoblastosis, *s.* : normoblastose.

normochromic, *adj.* : normochromique.

normocyte, s. : normocyte, hématie normale.

normocytosis, s. : normocytose.

normodromal, adj. : normodrome (cardiol.).

normo-orthocytosis, s. : accroissement du taux des leucocytes, mais proportion de globules normale.

normotonic, adj. : se rapportant à une contraction musculaire normale, à un muscle fonctionnant dans des conditions physiologiques normales.

normotopique, adj. : normotopique (cardiol.).

Norwegian itch : forme de gale aiguë constatée chez les lépreux.

nose, s. : nez; **- bleeding** or **- bleed** : épistaxis, saignement de nez; **bottle -** : hyperoodon; **bridge of -** : arête du nez; **hammer -** : rhinophyma; **- piece** : porte-objectifs (micr.); **revolving - piece** : revolver porte-objectifs (micr.); **- sprayer** : insufflateur.

nosema, s. : 1. maladie; 2. genre de microsporidie.

noseresthesia, s. : perversion de la sensibilité.

noserous, adj. : malade.

nosetiology, s. : étiologie des maladies.

noso- : noso-, préfixe signifiant maladie.

nosochthonography, s. : géographie des maladies endémiques.

nosocomial, adj. : nosocomial, qui dépend des hôpitaux; **- gangrene** : gangrène nosocomiale, pourriture d'hôpital.

nosocomium, s. : hôpital.

nosode, s. : remède homéopathique.

nosogenesis, s., cf., **nosogeny.**

nosogenetic, adj. : se rapportant à la nosogénie.

nosogeny, s. : nosogénie (étude des causes et du développement des maladies).

nosographic, adj. : se rapportant à la nosographie.

nosography, s. : nosographie (classification méthodique des maladies).

nosohemia or **nosohaemia,** s. : maladie du sang.

nosointoxication, s. : auto-intoxication due à des processus pathologiques modifiant le métabolisme normal.

nosological, adj. : nosologique (se rapportant à la nosologie).

nosology, s. : nosologie (étude des caractères distinctifs qui permettent de définir les maladies).

nosomania, s. : nosomanie (exagération de l'hypochondrie où le sujet se préoccupe de sa santé et se croit atteint d'une ou de plusieurs maladies).

nosomycosis, s. : maladie d'origine fongique.

nosonomy, s. : nomenclature des maladies.

nosoparasite, s. : micro-organisme décelé dans un organisme malade, capable de modifier le cours de cette maladie sans en être la cause.

nosophobia, s. : nosophobie.

nosophthoria, s. : disparition d'une maladie par les mesures prophylactiques.

nosophyte, s. : micro-organisme végétal pathogène.

nosopoietic, adj. : produisant la maladie.

nosotaxy, s. : classification des maladies.

nosotherapy, s. : nosothérapie (application thérapeutique des chocs infectieux et des chocs anaphylactiques ou protéiniques).

nosotoxic, adj. : se rapportant à une toxine produite dans l'organisme par un microbe pathogène.

nosotoxicity, s. : toxicité produite dans l'organisme par un microbe pathogène.

nosotoxicosis, s. : nosotoxicose, auto-intoxication.

nosotoxin, s. : toxine engendrée dans l'organisme par un microbe pathogène.

nosotrophy, s. : soin des malades.

nostalgia, s. : nostalgie, mal du pays.

nostalgic, adj. : nostalgique.

nostalgy, s. : nostalgie.

nostology, s. : étude de la sénilité.

nostomania, s. : monomanie nostalgique.

nostosite, s. : parasite situé dans ou sur l'hôte permanent (parasit.).

nostras, adj. : nostras, se dit des maladies spéciales à notre région.

nostrate, adj. : endémique.

nostril, s. : narine, aile du nez, naseau.

nostrum, s. (lat.) : remède secret, remède de charlatan, panacée.

notal, adj. : dorsal.

notalgia, s. : notalgie (douleur dans la région dorsale).

notch, s. : échancrure; **interlobar -** : sillon interlobaire du foie; **sciatic -** : échancrure sciatique.

notched, adj. : échancré, dentelé.

note, s. : note, son; **- blindness** : amusie.

Nothnagel's symptom or **Nothnagel's type of facial paralysis** : paralysie des muscles de la face, moins marquée dans les mouvements volontaires que dans les mouvements causés par une émotion (symptôme de tumeur de la couche optique).

nothrous, adj. : lent, abruti, atteint de torpeur.

notifiable, adj. (fr.) : notifiable (se dit des maladies à déclaration obligatoire).

notochord, s. : notocorde, notochorde.

notogenesis, s. : développement de la notocorde.

notomyelitis, s. : inflammation de la moelle épinière.

noumenal, adj. : se rapportant à l'intuition rationnelle indépendamment de la perception sensuelle.

noumenon, s. : quelque chose compris ou apprécié par des sens autres que la vue.

nousic, adj. : se rapportant ou atteignant les puissances intellectuelles.

novocain, s. : novocaïne (chlorhydrate de procaïne).

noxa, s. *(lat.)* : principe nuisible, microorganisme pathogène.

noxious, *adj.* : nocif, nuisible, malfaisant, malsain, pernicieux, méphitique, contagieux.

noxiousness, s. : nocivité, nocuité, nature malfaisante, pernicieuse.

nozzle, s. : canule (de seringue), bout, embout, ajutage.

nubecula, s. : 1. opacité de l'urine; 2. opacité de la cornée.

nubile, *adj.* : nubile.

nubility, s. : nubilité (état de l'individu qui est apte au mariage).

nucha, s. *(lat.)* : nuque.

nuchal, *adj.* : de la nuque.

Nuck's canal : canal de Nuck; **- diverticulum** : aileron antérieur (ligament rond); **- gland** : glande de Blandin *ou* de Nuhn (langue); **- hydrocele** : hydrocèle de la femme.

nuclear, *adj.* : nucléaire; **- sex** : sexe chromatinien.

nuclease, s. : nucléase.

nucleated, *adj.* : nucléé.

nucleic acid : acide nucléique.

nucleiform, *adj.* : en forme de noyau, nucléiforme.

nuclein, s. : nucléine; **- therapy** : emploi thérapeutique de la nucléine.

nucleo- : nucléo-, préfixe dénotant un rapport avec le noyau ou la nucléine.

nucleoalbumin, s. : nucléo-albumine.

nucleoalbuminuria, s. : présence de nucléoalbumine dans l'urine.

nucleoalbumose, s. : nucléo-albumose.

nucleofugal, *adj.* : s'éloignant du noyau.

nucleohistone, s. : nucléohistone.

nucleohyaloplasm, s. : hyalocaryoplasma (substance incolore du noyau contribuant avec la chromatine à former les chromosomes).

nucleoid, s. : substance fibrillaire ou granulaire du globule rouge provenant du noyau; *adj.* : en forme de noyau.

nucleolar, *adj.* : nucléolaire.

nucleolin, s. : substance constituant le nucléole.

nucleolus, s., *plur.* **nucleoli** *(lat.)* : nucléole.

nucleomicrosome, s. : nucléomicrosome (grains de la chromatine).

nucleonic, *adj.* : se rapportant au noyau.

nucleopetal, *adj.* : se rapprochant du noyau.

nucleoplasm, s. : nucléoplasme.

nucleoprotein, s. : nucléoprotéine.

nucleoreticulum, s. : réseau de l'intérieur du noyau.

nucleosidase, s. : nucléosidase.

nucleoside, s. : nucléoside.

nucleosome, s. : nucléosome (satellite situé à la surface du nucléole).

nucleospindle, s. : fuseau se formant au cours de la mitose.

nucleotidase, s. : nucléotidase.

nucleotide, s. : nucléotide (acide nucléique en combinaison avec une base).

nucleotoxin, s. : 1. toxine dérivant du noyau cellulaire; 2. toxine attaquant le noyau cellulaire.

nucleus, s., *plur.* **nuclei** *(lat.)* : noyau *(biol., chim., anat.)*; **- amygdalæ** : noyau amygdalin, ganglion olfactif de Luys; **- caudatus** : noyau caudé; **- dentatus cerebelli** : corps rhomboïdal du cervelet, olive cérébelleuse; **- globosus cerebelli** : noyau splénique du cervelet; **- lentiformis** : noyau lenticulaire (cerveau); **- olivaris** *or* **olivæ** : lame olivaire; **- post-pyramidal** : noyau de Goll; **- tegmenti** : olive supérieure.

nudism, s. : nudisme.

Nuel's space : espace triangulaire situé entre les cellules épithéliales externes et les piliers externes de l'organe de Corti (oreille interne).

Nuhn's gland : glande de Nuhn *ou* de Blandin (glande linguale).

nuisance, s. : dommage, atteinte (médecine légale).

nullipare, s. : nullipare.

nulliparity, s. : état de la nullipare.

nulliparous, *adj.* : nullipare.

numb, *adj.* : engourdi, gourd; **hands - with cold** : mains engourdies par le froid.

number, s. : nombre, numéro; **atomic -** : nombre atomique; **nodal -** : nombre type.

numbness, s. : engourdissement, torpeur; **waking -** : acroparesthésie.

nummiform, *adj.* : nummulaire.

nummular, *adj.* : nummulaire (en forme de pièce de monnaie); **- sputum** : crachat nummulaire.

nummulation, s. : agrégat de globules.

Nun's murmur : bruit de diable (auscultation).

nunnation, s. : nunnation (1. action de prononcer un son nasal; 2. son nasal).

nurse, s. : 1. nourrice; **dry -** : nourrice sèche; **wet -** : nourrice; 2. infirmier, infirmière; **army -** : ambulancière; **graduate -** : infirmière diplômée; **hospital -** : infirmier; **male -** : infirmier; **monthly -** : garde d'accouchée; **probationer -** : élève infirmière; **professional -** : infirmier *ou* infirmière professionnelle; **registered -** : infirmière inscrite au tableau de l'Etat où elle exerce; **sick -** : garde-malade; 3. tête (d'un ténia); v. : 1. nourrir, allaiter; 2. soigner; **to - a cold** : soigner un rhume.

nursery, s. : pouponnière, crèche.

nursing, s. : 1. allaitement; 2. soins; 3. profession d'infirmière; 4. bercement, dorlotement; *adj.* : 1. nourricier, qui nourrit; **- home** : maison de santé, clinique, maison de retraite; **room for - mothers** : chambres d'allaitement; 2. qui soigne; **- staff** : personnel des infirmières.

nursling, s. : nourrisson.

nutation, *s.* : nutation (oscillation de la tête); **- of sacrum** : rotation partielle du sacrum sur son axe transversal.

nutmeg, *s.* : noix muscade; **- liver** : foie muscade (cirrhose atrophique du foie).

nutriant, *s.* : agent modifiant les processus de la nutrition.

nutriceptor, *s.* : nom donné par Ehrlich à un récepteur qui se combine avec les matières nutritives.

nutrient, *s.* : aliment, substance nutritive; *adj.* : nutritif, nourrissant ; **- foramen** : canal osseux d'un vaisseau nutritif; **- vessel** : vaisseau nutritif.

nutriment, *s.* : nutriment, nourriture.

nutrition, *s.* : nutrition.

nutritional, *or* **nutritive,** *adj.* : nutritif, nourrissant.

nutritionist, *s.* : hygiéniste alimentaire, diététicien, expert en matière d'alimentation.

nutritorium, *s.* : appareil nutritif.

nutritory, *adj.* : se rapportant aux processus de la nutrition.

nux vomica *(lat.)* : noix vomique *(pharm.)*.

nyctalope, *s.* : héméralope.

nyctalopia, *s.* : héméralopie, ambliopie crépusculaire, cécité nocturne, hespéranopie. (N.B. — *Les Anglo-Saxons donnent au mot* **nyctalopia** *un sens exactement opposé au français* **nyctalopie**.)

nyctamblyopia, *s.* : vision imparfaite à la nuit.

nycterine, *adj.* : 1. se produisant à la nuit ; 2. obscur.

nycto- : nycto-, préfixe indiquant un rapport avec la nuit ou l'obscurité.

nyctohemeral, *adj.* : nycthémère.

nyctophobia, *s.* : peur morbide de la nuit.

nyctophonia, *s.* : perte hystérique de la voix au cours de la journée.

nyctotyphlosis, *s.* : nyctalopie.

nycturia, *s.* : nycturie (excrétion urinaire à prédominance nocturne).

nygma, *s.* : blessure ponctionnée.

nympha, *s.*, *plur.*, **nymphæ** *(lat.)* : nymphe, petite lèvre.

nymphectomy, *s.* : nymphectomie (excision d'une ou des deux nymphes).

nymphitis, *s.* : inflammation des nymphes.

nympho- : nympho-, préfixe indiquant un rapport avec les nymphes ou petites lèvres.

nymphocaruncular *or* **nymphohymeneal sulcus** : sillon nymphohyménéal.

nympholepsy, *s.* : extase érotique.

nymphomania, *s.* : nymphomanie, aphrodisie (exagération des désirs sexuels chez la femme).

nymphomaniac, *s.* : nymphomane.

nymphoncus, *s.* : tumeur, œdème des nymphes.

nymphotomy, *s.* : nymphotomie (excision d'une partie des nymphes).

nystagmic, *adj.* : nystagmique.

nystagmiforme, *adj.* : nystagmiforme, ressemblant au nystagmus.

nystagmograph, *s.* : appareil pour enregistrer les mouvements du globe oculaire dans le nystagmus.

nystagmus, *s.* : nystagmus (mouvements oscillatoires et quelquefois rotatoires du globe oculaire).

nystatin, *s.* : nystatine.

nystaxis, *s.* : cf., **nystagmus.**

Nysten's law : la rigidité cadavérique atteint en premier les muscles de la mastication, puis la face, le cou, le tronc, les bras et enfin les extrémités inférieures.

nyxis, *s.* : paracentèse, ponction chirurgicale.

O

oarialgia *or* **oorialgia,** *s.* : ovarialgie, oophoralgie.

oariocele, *s.* : ovariocèle (hernie de l'ovaire).

oariocyesis, *s.* : grossesse ovarienne.

oariopathy, *s.* : maladie ovarienne.

oariorrhexis, *s.* : rupture de l'ovaire.

oarioscirrhus, *s.* : squirrhe de l'ovaire.

oariosteresis *or* **oariotomy,** *s.* : ovariotomie.

oaritis, *s.* : ovarite (inflammation de l'ovaire).

oariule, *s.* : oariule, corps jaune.

oasis, *s.* : se dit en chirurgie d'une zone tissulaire saine entourée de tissus malades.

oaten grits : grutum.

oatmeal, *s.* : flocons d'avoine (bouillie ou cataplasmes).

ob- : ob-, préfixe signifiant dessus, contre, devant, vis-à-vis.

obcœcation *or* **obcecation,** *s.* : cécité partielle.

obdormition, *s.* : engourdissement local dû à un trouble d'origine nerveuse; état d'un membre qu'on dit « endormi ».

obduction, *s.* : nécropsie, autopsie.

O'Beirne's sphincter : faisceau circulaire de fibres musculaires situé dans le rectum, en dessous de la jonction du rectum et du côlon.

obeliac, *adj.* : se rapportant à, situé près de l'obélion.

obeliad, *adv.* : orienté vers l'obélion.

obelion, *s.* : obélion (suture sagittale).

Obermeier (spirillum of) : spirochète d'Obermeier, *Borrelia recurrentis* (fièvre récurrente).

obese, *adj.* : obèse.

obesity, *s.* : obésité.

obex, *s. (lat.)* : obex, verrou (bec du calamus scriptorius).

obfuscation, *s.* : 1. assombrissement, nébulosité (de la cornée); 2. trouble mental.

object, *s.* : 1. objet; 2. but, objectif; **- blindness** : apraxie psycho-sensorielle ; **- glass** *or* **- lens** : objectif *(micr.)*; **- slide** : porte-objet *(micr.)*.

objective, *s.* : objectif *(micr.)* ; **immersion -** : objectif à immersion; *adj.* : objectif (1. qui a rapport au monde extérieur et peut être révélé par les sens; 2. se dit des symptômes découverts par le médecin, par opposition aux signes subjectifs perçus seulement par le malade).

oblative, *adj.* : oblatif *(psych.)*.

obligate, *adj.* : obligatoire.

oblique, *adj.* : oblique.

obliquity, *s.* : obliquité.

obliquus, *s., adj., cf.,* **musculus.**

obliteration, *s.* : ablation d'un organe, excision, oblitération (de la lumière d'un canal, d'un vaisseau).

oblongata, *s. (lat.)* : bulbe rachidien.

oblongatal, *adj.* : bulbaire (se rapportant au bulbe rachidien).

obmutescence, *s.* : aphonie.

obnubilation, *s.* : obnubilation (état vertigineux dans lequel les objets sont vus comme à travers un nuage).

obscurantism, *s.* : obscurantisme *(psych.)*.

observation, *s.* : observation (examen, étude systématique des phénomènes); **experiment carried under out the - of** : expérience conduite sous la surveillance de; **ward -** : salle des malades en observation.

obsession, *s.* : obsession, hantise, monomanie.

obsessional, *adj.* : obsessionnel.

obsessive *or* **obsessive-compulsive,** *adj.* : obsessionnel.

obsolescence, *s.* : 1. vieillissement, tendance à devenir vieux; 2. atrophie, contabescence *(biol.)*.

obsolescent, *adj.* : suranné.

obsolete, *adj.* : suranné, obsolète *(biol.)*; **- tooth** : dent dont il reste à peine une trace.

obstetric *or* **obstetrical,** *adj.* : obstétrical (qui a rapport à l'art des accouchements); **- position** : *cf.,* **position** (2).

obstetrician, *s.* : accoucheur, obstétricien.

obstetrics, *s.* : obstétrique, obstétricie (art des accouchements).

obstetrist, *s.* : accoucheur.

obstinacy, *s.* : persistance (d'une maladie).

obstinate, *adj.* : obstiné, tenace; **- fever** : fièvre rebelle.

obstipation, *s.* : constipation obstinée.

obstruction, *s.* : obstruction, occlusion, oblitération (1. état; 2. acte; 3. obstacle).

obstructive, *adj.* : obstructif, obstruant.

obstruent, *s. adj.* : obstruant.

obstupefacient, *adj.* : narcotique, stupéfiant.

obtund, *v.* : émousser, atténuer.

obtundent, *s., adj.* : émollient, calmant.

obturation, *s.* : obturation (1. fermeture d'une ouverture congénitale ou accidentelle; 2. remplissage de la cavité d'une dent; 3. occlusion).

obturator, *s. adj.* : obturateur; **- foramen** : trou obturateur; **- membrane** : membrane obturatrice; **- muscle** : muscle obturateur; **- nerve** : nerf obturateur; **- sign** : modification de l'ombre radiologique de l'obturateur, symptôme d'une atteinte de l'articulation de la hanche.

obtuse, *adj.* : obtus, émoussé; **- pain** : douleur sourde.

obtuseness, *s.* : inintelligence, stupidité.

obtusion, *s.* : atténuation, affaiblissement de la sensibilité (symptôme de certaines maladies).

occipital, *adj.* : occipital; **- artery** : artère occipitale; **- bone** : os occipital, occipital; **- cross** : protubérance occipitale interne; **- lobe** : lobe occipital; **- protuberance** : protubérance occipitale (interne, externe); **- section** : scissure interhémisphérique (lobe occipital); **- triangle** : région triangulaire ayant pour limites le muscle sternomastoïdien, le trapèze et le muscle omohyoïdien.

occipitalis, *s. (lat.)* : partie postérieure du ventre du muscle occipito-frontal.

occipiten, *adv.* : appartenant à l'os occipital même.

occipito- : occipito-, préfixe dénotant un rapport avec l'occipital ou l'occiput (*cf.*, aussi le mot sans préfixe).

occiput, *s.* : occiput.

occlude, *s.* : 1. fermer, clore, obstruer; 2. s'emboîter les unes dans les autres (molaires).

occluding *or* **occlusal,** *adj.* : occlusif.

occlusion, *s.* : 1. occlusion; **- of the pupil** : occlusion de la pupille; 2. recouvrement (d'une plaie); 3. occlusion (*chim.*); 4. emboîtement (des molaires supérieures et inférieures).

occlusive, *adj.* : obstruant, occlusif; **- dressing** : pansement occlusif.

occult, *adj.* : occulte, secret; **- blood** : hémorragie masquée, occulte; **- disease** : maladie occulte.

occupation, *s.* : profession.

occupational, *adj.* : professionnel; **- disease** : maladie professionnelle; **- disease of brick-makers** : maladie du brai; **- neurosis** : spasmes fonctionnels ou professionnels, crampes fonctionnelles *ou* professionnelles, dyscinésie professionnelle (crampe des écrivains, crampe des télégra-

phistes); **- therapy** : traitement par l'occupation, ergothérapie.

ocellate *or* **ocellated,** *adj.* : ocellé, oculé.

ocellus, *s., plur.* **ocelli** *(lat.)* : ocelle : 1. œil simple; 2. élément d'un œil composé; 3. miroir (plume d'oiseau).

ochlesis, *s.* : maladie due à la surpopulation et au manque d'air.

ochlophobia, *s.* : peur morbide de la foule.

ochre, *s.* : ochre (codon non-sense) *(génét.)*.

ochriasis, *s.* : ton jaunâtre du teint.

ochrodermatosis, *s.* : teint jaunâtre observé sur les habitants des tropiques.

ochrodermia, *s.* : ochrodermie (peau jaunâtre).

ochrometer, *s.* : instrument pour mesurer la pression sanguine dans les capillaires.

ochronosis, *s.* : coloration variant du gris brun au noir des cartilages, des tendons et de certaines zones cutanées.

ochronosus, *s.* : ochronose (affection caractérisée par une coloration variant du gris brun au noir des cartilages, des tendons et de certaines zones cutanées).

octad, *s.* : élément *ou* radical octovalent; *adj.* : octovalent.

octan, *adj.* : octane (récurrentiel le huitième jour); **- fever** : fièvre octane.

octavalent, *adj.* : octovalent.

octivalent, *adj.* : octovalent.

octo- : octo-, préfixe dénotant un rapport avec le nombre huit.

octoroon, *s.* : rejeton d'un individu de race blanche et d'une quarteronne, d'un quarteron et d'une blanche.

ocular, *s.* : oculaire *(micr.)*; *adj.* : oculaire, **- pressure test** : mesure de la pression intraoculaire.

ocularist, *s.* : oculariste (fabricant de prothèse oculaire).

oculentum, *s.* : onguent oculaire.

oculist, *s.* : oculiste, ophtalmologiste.

oculo- : oculo-, préfixe dénotant un rapport avec l'œil.

oculocardiac reflex : réflexe oculo-cardiaque, signe d'Aschner.

oculogyration, *s.* : oculogyration.

oculogyric, *adj.* : oculogyre (qui fait tourner les yeux.

oculomoteur, *adj.* : oculomoteur (1. qui fait mouvoir le globe oculaire; 2. qui se rapporte au nerf oculomoteur).

oculomycosis, *s.* : maladie oculaire d'origine fongique.

oculoreaction, *s.* : oculoréaction, ophtalmoréaction (réaction inflammatoire de la conjonctive des typhiques, des tuberculeux, quand on leur instille dans l'œil de la toxine typhique, de la tuberculine au centième).

ocyodinic, *adj.* : ocytocique (qui hâte l'accouchement).

odaxesmus, s. : 1. fait de mordre la langue, la lèvre ou la joue au cours d'une crise d'épilepsie; 2. démangeaison des gencives.

odaxetic, adj. : qui cause une sensation piquante, qui déclenche la démangeaison.

odd, adj. : 1. impair; 2. se dit d'un nombre quelconque ou indéterminé; 3. étrange, bizarre, inhabituel.

Oddi's sphincter : sphincter d'Oddi.

odditis, s. : odditis (inflammation du sphincter d'Oddi).

odinagogue, s. : cf., **oxytocic**.

odontagra, s. : odontalgie d'origine goutteuse.

odontalgia, s. : odontalgie, mal de dents.

odontalgic, s., adj. : odontalgique.

odontalith, s. : dent pétrifiée.

odontatrophy, s. : atrophie dentaire.

odontexesis, s. : nettoyage, grattage, polissage des dents.

odontia, s. : 1. odontalgie; 2. anomalie dentaire; - **deformis** : déformation dentaire (forme, position, malformation des mâchoires, des gencives); - **incrustans** : tartre des dents.

odontiatria, s. : chirurgie dentaire.

odontic, adj. : dentaire, odontique.

odontinoid, adj. : d'aspect dentaire, de nature dentaire.

odontitis, s. : odontite (inflammation de la pulpe dentaire).

odonto- : odonto-, préfixe dénotant un rapport avec les dents, signifiant dent.

odontoblast, s. : odontoblaste (cellule de la dentine).

odontoblastoma, s. : tumeur formée de dentine.

odontobothritis, s. : alvéolite, périoste alvéolodentaire, périostite dentaire, périodontite simple.

odontobothrium, s. : alvéole d'une dent.

odontocele, s. : kyste alvéolodentaire.

odontochalix, s. : cément.

odontocia, s. : odontocie.

odontoclasis, s. : brisement, fracture d'une dent.

odontoclast, s. : cellule protoplasmique qui absorbe la racine des dents de lait.

odontocnesis, s. : démangeaison douloureuse des gencives.

odontodynia, s. : mal de dents.

odontogen, s. : substance produisant la dentine.

odontogeny, s. : odontogénie (formation des follicules dentaires et des dents).

odontoglyph, s. : instrument pour décaper les dents.

odontogram, s. : cliché reproduisant les inégalités de la surface dentaire et montrant l'épaisseur des dents.

odontograph, s. : appareil pour enregistrer les inégalités de la surface des dents et l'épaisseur de l'émail.

odontography, s. : anatomie descriptive des dents.

odontoid, adj. : odontoïde, d'aspect dentaire; - **ligament** : ligament odontoïde; - **process** : apophyse odontoïde.

odontolith, s. : odontolithe, tartre des dents (incrustation pierreuse qui se forme à la base des dents).

odontolithiasis, s. : odontolithiase (accumulation de tartre).

odontologist, s. : odontologiste, stomatologiste.

odontology, s. : odontologie (étude des dents et de leurs maladies).

odontoloxia or **odontoloxy**, s. : irrégularité, obliquité des dents.

odontolysis, s. : odontolyse.

odontoma or **odontome**, s. : 1. odontome, dentome; 2. odontome odontoplastique.

odontonecrosis, s. : nécrose dentaire.

odontoneuralgia, s. : névralgie d'origine dentaire.

odontonomy, s. : nomenclature dentaire.

odontonosology, s. : nosologie dentaire.

odontoparallaxis, s. : irrégularité des dents.

odontopathy, s. : maladie dentaire.

odontoperiosteum, s. : cf. **periodontium**.

odontophobia, s. : 1. peur causée par la vue d'une dent d'animal; 2. peur des opérations dentaires.

odontoplerosis, s. : obturation dentaire.

odontoprisis, s. : broyage par les dents.

odontoptosia, s. : chute des dents.

odontoradiograph, s. : radiographie dentaire.

odontorrhagia, s. : odontorragie (hémorragie consécutive à l'avulsion d'une dent).

odontorthosia or **odontorthosis**, s. : redressement des dents.

odontoscope, s. : miroir dentaire.

odontoseisis, s. : état branlant des dents consécutif à une destruction d'origine gingivale, partielle ou totale des alvéoles.

odontosis, s. : odontogénie.

odontosteophyte or **odontosteophyton**, s. : ostéophyte dentaire.

odontosteresis, s. : perte des dents.

odontotechny, s. : odontotechnie, art dentaire.

odontotheca, s. : odontothèque (follicule dentaire).

odontotherapy, s. : thérapeutique des maladies dentaires.

odontotomy, s. : forage et obturation dentaires.

odontotripsis, s. : abrasion normale, usure des dents.

odontotrypy, s. : forage d'une dent pour enlever le pus ou la pulpe malade.

odorator, s. : vaporisateur à parfums.

odoriferous, adj. : odoriférant, parfumé.

odour or **odor**, s. (lat.) : odeur, parfum.

odourless, adj. : inodore.

odynacousis or **odynacusis**, s. : douleur consécutive aux bruits.

odyne or **odynia** : odynie, suffixe désignant les phénomènes douloureux.

odynolysis, s. : atténuation de la douleur.

odynopeic, adj. : ocytocique.

odynophagia, s. : odynaphagie, déglutition douloureuse.

odynophobia, s. : algophobie (crainte morbide de la douleur).

odynuria, s. : miction douloureuse.

œdema : cf., **edema.**

Œdipus' complex : complexe d'Œdipe.

Œhl's layer : couche translucide de l'épiderme.

œnilism, s. : œnilisme (alcoolisme provoqué par l'abus du vin).

Œrtel's method : méthode d'Œrtel, cure de terrain (thérapeutique des affections cardiaques chroniques).

œse, s. (germ.) : anse de platine fixée sur tige de verre pour ensemencements bactériologiques.

œsophagostomiasis, s. : maladie due à la présence dans l'intestin d'un ver parasitaire type œsophagostome.

œsophagus, etc. : cf., **esophagus**, etc.

œstrus, etc., s. : cf., **estrus**, etc.

official, adj. : se dit des médicaments autorisés par la pharmacopée.

officinal, adj. : officinal.

offspring, s. : descendance, progéniture.

Ogino-Knaus method of birth control : loi d'Ogino-Knaus (loi physiologique déterminant les jours où la femme est fécondable).

ogmomele, s. : sonde cannelée.

Ogston's operation : opération d'Ogston (opération destinée à remédier au pied plat valgus douloureux).

Ohara's disease : tularémie.

ohmmeter, s. : ohmmètre.

-oid : -oïde, ide, suffixe qui signifie en forme de et indique la ressemblance.

oidiomycetes, s. : groupe de moisissures comprenant l'oïdium.

oidiomycosis, s. : oïdiomycose (maladie produite par le champignon du muguet).

Oidium albicans : *Candida albicans* (champignon du muguet).

oikoid, s. : stroma des globules rouges.

oikology or **œkology**, s. : étude des problèmes de l'habitation.

oikomania, s. : humeur acariâtre se manifestant surtout chez soi.

oikophobia, or **œkophobia**, s. : aversion pour sa maison.

oikosite, s. : parasite fixé sur son hôte.

oil, s. : huile; **essential -** : huile essentielle, essence.

oily, adj. : huileux.

ointment, s. : onguent, pommade; **blue** or **mercurial -** : onguent mercuriel double, onguent napolitain; **dhobie itch -** : pommade antiprurigineuse; **diachylon -** : onguent diachylon; **sulphur -** : pommade soufrée; **zinc -** : pommade à l'oxyde de zinc.

-ol : -ol, terminaison indiquant que la substance est un alcool.

old, adj. : vieux; **- age** : vieillesse.

oleaginous, adj. : oléagineux.

oleate, s. : oléate.

olecranal, adj. : olécranien.

olecranarthritis or **olecranarthrocace**, s. : inflammation de l'olécrâne.

olecranarthropathy, s. : maladie de l'olécrane.

olecranoid, adj. : ressemblant à l'olécrane; **- fossa** : cavité olécranienne (humérus).

olecranon, s. : olécrane.

oleic, adj. : oléique; **- acid** : acide oléique.

oleo- : oléo-, préfixe dénotant un rapport avec une huile.

oleobalsamic mixture : 1. lotion calmante oléobalsamique. 2. liniment oléobalsamique.

oleo-infusion, s. : solution huileuse d'un médicament.

oleolith, s. : oléolithe.

oleoma, s. : oléome, paraffinome.

oleometer, s. : oléomètre.

oleothorax, s. : oléothorax (injection d'huile dans la plèvre au cours du pneumothorax artificiel).

oleum, s. (lat.) : 1. huile; 2. oléum (chim.).

olfaction, s. : olfaction (exercice du sens de l'odorat).

olfactive, adj. : olfactif.

olfactometer, s. : appareil pour déterminer le pouvoir olfactif.

olfactometry, s. : olfactométrie (détermination du degré de l'olfaction).

olfactory, adj. : olfactif; **- bulb** : bulbe olfactif; **- cells** : cellules olfactives; **- glomerulus** : terminaison des rameaux du nerf olfactif dans le bulbe olfactif; **- lobe** : lobe olfactif; **- membrane** : membrane de Schneider, membrane pituitaire; **- nerve** : nerf olfactif; **- sulcus** : gouttière olfactive (ethmoïde).

olibanum, s. : oliban, encens mâle.

olighaemia or **oligemia**, s. : oligaimie, oligémie, olighémie, anémie, spanémie.

olighidria or **oligidria**, s. : sudation déficiente.

olighydria, s. : déficience des liquides du corps.

oligo- : oligo-, préfixe signifiant insuffisance ou déficience.

oligoamnios, s. : cf., **oligohydramnios.**

oligoblennia, s. : sécrétion déficiente de mucus.

oligocardia, s. : bradycardie, brachycardie.

oligocholia, s. : déficience biliaire.

oligochromemia, s. : oligochromémie (diminution de la coloration du sang par suite de la diminution du taux d'hémoglobine).

oligochrosis, s. : déficience d'hémoglobine des globules rouges.

oligochylia, s. : déficience de chyle.

oligochymia, s. : déficience de chyme.

oligocystic, adj. : ne renfermant qu'un petit nombre de kystes.

oligocythæmia or **oligocytosis,** s. : oligocythémie (diminution du nombre des globules sanguins).

oligodacrya, s. : déficience lacrymale.

oligodactylia, s. : état caractérisé par une déficience du nombre de doigts.

oligodendria, s. : cf., **oligodendroglia.**

oligodendroglia, s. : oligodendroglie.

oligodendroglioma, s. : oligodendrogliome, oligodendrocytome (variété de gliome formée de petites cellules à noyau arrondi; se développe surtout dans le lobe pariétal).

oligodipsia, s. : oligodipsie (diminution ou absence presque complète de la sensation de la soif).

oligodynamic, adj. : oligodynamique (actif en petites quantités).

oligo-erythrocythaemia, s. : 1. déficience en matière colorante des globules rouges; 2. déficience en globules rouges.

oligogalactia, s. : sécrétion lactée déficiente.

oligogenesis, s. : nombre restreint de rejetons.

oligogenics, s. : malthusianisme.

oligohaemia, s. : cf., **olighaemia.**

oligohydramnios, s. : oligohydramnios, oligoamnios, oligohydramnie (insuffisance de la quantité de liquide amniotique).

oligohydria, s. : cf., **olighydria.**

oligohydruria, s. : urine à taux hydrique faible; urine fortement concentrée.

oligoleukocytosis, s. : cf., **leukopenia.**

oligomania, s. : démence partielle.

oligomelus, s. : 1. maigreur congénitale des membres; 2. déficience numérique des membres.

oligomenorrhea, s. : oligoménorrhée (règles rares et insuffisantes).

oligomorphic, adj. : se dit des organismes n'ayant qu'un nombre restreint de stades évolutifs.

oligopepsia, s. : digestion déficiente.

oligophosphaturia, s. : diminution du taux des phosphates dans l'urine.

oligophrenia, s. : oligophrénie (faiblesse d'esprit allant de la débilité mentale à l'idiotie).

oligoplasmia, s. : abaissement de la quantité de plasma dans la circulation.

oligoplastic, adj. : manquant de capacité régénératrice.

oligopnea or **oligopnœa,** s. : abaissement de la respiration en profondeur ou en fréquence.

oligoposia or **oligoposy,** s. : oligoposie (ingestion habituelle d'une quantité insuffisante de boisson).

oligopsychia, s. : fatuité, imbécillité.

oligoptyalism or **oligosialia,** s. : sécrétion salivaire déficiente.

oligospermatic, adj. : se rapportant à l'oligospermie.

oligospermatism or **oligospermia,** s. : oligospermie (faible abondance de spermatozoïdes dans le sperme).

oligosteatosis, s. : déficience de la sécrétion sébacée.

oligotrichia or **oligotrichosis,** s. : oligotrichie (développement incomplet du système pileux qui n'existe qu'à l'état de simple duvet, fin et grêle).

oligotrophy, s. : nutrition défectueuse ou imparfaite.

oliguria, s. : oligurie (diminution de la quantité des urines).

olive, s. : 1. olive; 2. olive bulbaire.

Oliver's symptom : signe d'Oliver, signe de la trachée (anévrisme aortique).

Ollier's disease : maladie d'Ollier, dyschondroplasie.

olophonia, s. : élocution anormale due à une malformation des voies vocales.

omacephalus, s. : omacéphale (monstre acéphale, privé de membres thoraciques et terminé à la région de l'épaule).

omagra, s. : goutte dans l'épaule.

omalgia, s. : omalgie, scapulalgie.

omarthralgia, s. : douleur de l'articulation scapulaire.

omarthritis, s. : inflammation de l'articulation scapulaire.

ombrophobia, s. : peur morbide de la pluie.

omental, adj. : omental (se rapportant à l'épiploon).

omentectomy, s. : résection de l'épiploon.

omentitis, s. : inflammation de l'épiploon.

omentocèle, s. : hernie de l'épiploon.

omentopexy, s. : omentofixation, omentopexie, opération de Talma, épiplopexie.

omentorrhaphy, s. : suture de l'épiploon.

omentoplasty, s. : omentoplastie (emploi de greffes d'épiploon).

omentosplenopexy, s. : omentopexie suivie de splénopexie pour développer la circulation complémentaire dans certaines lésions hépaticospléniques.

omentovolvulus, s. : volvulus de l'omentum.

omentum, s. : épiploon; **gastrocolic - or - majus** : grand épiploon; **gastrohepatic - or - minus** : petit épiploon; **gastrosplenic -** : épiploon gastrosplénique; **pancreaticosplenic -** : épiploon pancréaticosplénique.

omitis, *s.* : inflammation de l'épaule.

omnivorous, *adj.* : omnivore.

omo-, préfixe dénotant un rapport avec l'épaule.

omocace, *s.* : maladie de l'épaule.

omoclavicular, *adj.* : se rapportant à l'épaule et à la clavicule.

omodynia, *s.* : douleur scapulaire.

omohyoid, *adj.* : omohyoïdien; **- muscle** : muscle omohyoïdien.

omophagia, *s.* : omophagie (boulimie pour la viande crue).

omophagic *or* **omophagous**, *adj.* : omophage (se nourrissant de viande crue).

omoplate, *s.* : omoplate.

omositia, *s.* : omophagie.

omosternal, *adj.* : se rapportant à l'épaule et au sternum.

omosternum, *s., plur.* **omosterna** *(lat.)* : fibro-cartilage interarticulaire de l'articulation sterno-claviculaire.

omotocia, *s.* : omotocie (naissance prématurée).

omphalectomy, *s.* : omphalectomie (résection de l'ombilic).

omphalelcosis, *s.* : ulcération de l'ombilic.

omphalexoche, *s.* : exomphale (hernie ombilicale).

omphalic, *adj.* : ombilical; **- duct** : canal vitellin *(embryol.)*.

omphalitis, *s.* : omphalite (inflammation de l'ombilic).

omphalo- : omphalo-, préfixe dénotant un rapport avec l'ombilic.

omphalocele, *s.* : omphalocèle, hernie ombilicale.

omphalogenesis, *s.* : développement de l'ombilic.

omphaloid, *adj.* : ombiliciforme (ayant la forme d'un ombilic).

omphalolysis, *s.* : section du cordon ombilical.

omphaloma, *s.* : 1. tumeur de l'ombilic; 2. œdème ombilical.

omphalomesaraic *or* **omphalomesenteric**, *adj.* : omphalomésentérique; **- artery** : artère omphalo-mésentérique; **- duct** : conduit omphalomésentérique.

omphalopagus, *s.* : omphalopage (monstre double n'ayant qu'un seul nombril).

omphalophlebitis, *s.* : phlébite ombilicale.

omphaloproptosis, *s.* : protrusion ombilicale anormale.

omphalorrhagia, *s.* : omphalorragie (hémorragie ombilicale).

omphalorrhea, *s.* : épanchement de lymphe au niveau de l'ombilic.

omphalorrhexis, *s.* : 1. rupture de l'ombilic; 2. rupture du cordon ombilical.

omphalos, *s.* : ombilic.

omphalosite, *s.* : omphalosite (un des jumeaux dont la vie est parasitaire de l'autre par l'intermédiaire du cordon ombilical).

omphalosoter, *s.* : instrument pour replacer un cordon ombilical descendu.

omphalotaxis, *s.* : remise en place du cordon ombilical descendu.

omphalotome, *s.* : instrument pour sectionner le cordon ombilical.

omphalotomy, *s.* : omphalotomie (section du cordon ombilical).

omphalotripsy, *s.* : omphalotripsie (écrasement du cordon ombilical à l'aide de l'omphalotribe).

omphalus, *s.* : ombilic.

o.n. (omni nocte) : chaque soir.

onanism, *s.* : onanisme.

onanist, *s.* : individu pratiquant l'onanisme.

Onchocera, *s.* : onchocerque (nématode).

onchocerciasis *or* **onchocercosis**, *s.* : onchocercose (infestation par la filaire *Onchocerca volvulus*).

onco- : onco-, préfixe dénotant un rapport avec une tumeur, une masse.

oncocyte, *s.* : cellule oncogène.

oncogenesis, *s.* : oncogenèse (formation des tumeurs).

oncogenic, *adj.* : oncogène.

oncograph, *s.* : oncographe.

oncography, *s.* : oncographie (enregistrement des changements de volume d'un corps *ou* d'un organe).

oncology, *s.* : étude des tumeurs.

oncolysis, *s.* : destruction des cellules cancéreuses, des cellules d'une tumeur.

oncoma, *s.* : tumeur, tuméfaction.

oncometer, *s.* : instrument pour mesurer les variations de volume d'un organe.

oncometry, *s.* : mesure de la taille d'un viscère.

oncornavirus, *s.* : oncornavirus, virus oncogènes.

oncosphere, *s.* : embryon de ténia.

oncothlipsis, *s.* : pression exercée par une tumeur.

oncotomy, *s.* : ouverture, incision d'une tumeur.

oncotropic, *adj.* : ayant une affinité pour les cellules des tumeurs.

one, *adj.* : un; **- armed** : à un seul bras, manchot; **- eyed** : unioculé *(zool.)*; borgne; **to be - eyed** : être borgne; **- eyed man** *or* **woman** : borgne; **- footed** : monopode *(zool.)*; **- handed** : manchot; **- leaved** : unifolié, unifeuillé; **- legged** : qui n'a qu'une jambe, amputé de la jambe; monopode *(zool.)*.

oneiric *or* **oniric**, *adj.* : onirique (se rapportant aux rêves).

oneirism, *s.* : onirisme, délire subaigu.

oneirodynia, *s.* : onirodynie, cauchemar; **- activa** : somnambulisme.

oneirogmus, *s.* : spermatorrhée nocturne.

oneirology, *s.* : étude scientifique des rêves.

oneironosus, *s.* : 1. troubles se manifestant au cours des rêves; 2. rêve morbide.

oneiroscopy, *s.* : étude analytique des rêves.

oniomania, *s.* : oniomanie (impulsion morbide à faire des achats).

onkinocele, *s.* : inflammation des gaines tendineuses avec œdème.

onlay, *s.* : apposition, greffe apposée.

onomatology, *s.* : onomatologie (science des noms et de leur classification).

onomatomania, *s.* : onomatomanie (nom donné à diverses formes d'obsession qui ont ce caractère commun qu'un nom ou un mot occupe spécialement l'esprit du malade).

onomatophobia, *s.* : forme d'onomatomanie.

onomatopoiesis, *s.* : création de mots par les déments.

onset, *s.* : début (d'une maladie), départ (d'une réaction), période d'invasion.

ontogenesis *or* **ontogeny,** *s.* : ontogenèse, ontogénie (développement de l'individu).

onyalai, *s.* : onyalai (maladie sévissant en Afrique, ni infectieuse, ni contagieuse, rappelant le purpura hémorragique).

onychatrophia *or* **onychatrophy,** *s.* : onychatrophie (atrophie congénitale ou acquise des ongles).

onychauxis, *s.* : onychauxis (hypertrophie congénitale ou acquise des ongles).

onychexallaxis, *s.* : dégénérescence des ongles.

onychia *or* **onychitis,** *s.* : onyxis (nom donné primitivement à toutes les inflammations du derme sous-unguéal ou rétro-unguéal); **- parasitica** : onychomycose.

onycho- : onycho-, préfixe dénotant un rapport avec les ongles.

onychoclasis, *s.* : brisement d'un ongle.

onychocryptosis, *s.* : incarnation de l'ongle.

onychogram, *s.* : enregistrement des variations de pression sanguine par l'onychographe.

onychograph, *s.* : onychographe (instrument pour mesurer et enregistrer la pression des vaisseaux unguéaux).

onychogryposis, *s.* : onychogryphose, onychogrypose (hypertrophie de l'ongle se faisant d'une manière irrégulière).

onychohelcosis, *s.* : ulcération de l'ongle.

onychoid, *adj.* : ayant l'aspect d'un ongle.

onycholysis, *s.* : onycholyse (séparation spontanée de l'ongle et de la pulpe unguéale).

onychoma, *s.* : tumeur de la matrice de l'ongle.

onychomalacia, *s.* : ramollissement de l'ongle.

onychomycosis, *s.* : onychomycose (lésion produite au niveau des ongles par des champignons parasites).

onychonosus, *s.* : onychopathie (toute maladie des ongles).

onychopathic, *adj.* : se rapportant à une onychopathie.

onychopathy, *s.* : onychopathie (nom générique donné à toutes les affections unguéales).

onychophagist, *s.* : individu se livrant à l'onychophagie.

onychophagy, *s.* : onychophagie (habitude de se ronger les ongles).

onychophosis, *s.* : maladie des ongles des orteils caractérisée par une accumulation de couches cornées épaissies de l'épiderme sous l'ongle.

onychophyma, *s.* : dégénérescence morbide de l'ongle.

onychoptosis, *s.* : onychoptose, chute des ongles.

onychorrhexis, *s.* : onychorrhexis (fragilité extrême des ongles due à des fissures longitudinales).

onychorrhiza, *s.* : racine de l'ongle.

onychosarcoma, *s.* : excroissance charnue de l'ongle.

onychoschizia, *s.* : onychoschizie.

onychosis, *s.* : onychose (nom générique donné aux troubles trophiques des ongles).

onychostroma, *s.* : matrice de l'ongle.

onym, *s.* : nom technique d'un organe, d'une espèce.

onyx, *s.* : 1. ongle; 2. hypopyon.

onyxis, *s.* : onyxis.

ooblast, *s.* : ovoblaste.

oocyesis, *s.* : grossesse ovarienne.

oocyst, *s.* : ovocyste.

oocyte, *s.* : ovocyte.

oodeocele, *s.* : hernie obturatrice.

oogamy, *s.* : oogamie (conjugaison de deux gamètes de taille dissemblable).

oogenesis, *s.* : oogenèse (*biol.*).

oogenetic, *adj.* : se rapportant à l'oogenèse.

oogenous, *adj.* : ovigène.

oogonium *or* **ovogonium,** *s.*, *plur.* **oogonia,** (*lat.*) : oogonie, ovogonie.

ookinesis, *s.* : modifications de l'ovule au cours de la maturation, la fécondation et la segmentation.

ookinete, *s.* : oocinète, zygote (œuf mobile résultant de l'union des gamètes au cours de la phase de reproduction sexuée des sporozoaires).

oolemma, *s.* : membrane vitelline de l'œuf.

oophagia *or* **oophagy,** *s.* : fait de se nourrir exclusivement d'œufs.

oophoralgia, *s.* : oophoralgie, ovarialgie (douleur siégeant au niveau de l'ovaire et se rencontrant en dehors de toute altération anatomique de cet organe).

oophorauxe, *s.* : hypertrophie de l'ovaire.

oophorectomy, *s.* : oophorectomie, castration, ovariotomie.

oophoritis, *s.* : oophorite, oophoritis, ovarite.

oophoro- : oophoro-, préfixe dénotant un rapport avec l'ovaire.

oophorocystectomy, *s.* : excision d'un kyste ovarien.

oophorocystosis, s. : formation de kystes ovariens.

oophorohysterectomy, s. : oophorohystérectomie.

oophoroma, s. : kyste dermoïde de l'ovaire caractérisé par la possibilité de métastase.

oophoromalacia, s. : ramollissement de l'ovaire.

oophoromania, s. : oophoromanie.

oophoromyeloma, s. : myélome ovarien.

oophoron, s. : ovaire.

oophoropathia, s. : toute maladie de l'ovaire.

oophorosalpingectomy, s. : oophorosalpingectomie (ablation des ovaires et des trompes).

oophorosalpingitis, s. : oophorosalpingite, salpingo-ovarite.

oophorosalpingotomy, s. : oophorosalpingotomie (ablation des ovaires et des trompes).

oophorostomy, s. : incision d'un kyste ovarien pour le ponctionner.

oophorrhaphy, s. : oophorraphie (opération qui consiste à fixer l'ovaire).

ooplasma, s. : vitellus.

ooplasty, s. : processus de la fécondation.

ooscope, s. : appareil pour observer l'évolution d'un œuf fécondé.

oosperm, s. : cellule formée par la fusion de l'ovule et du spermatozoïde.

oosphere, s. : oosphère (biol.).

Oospora, s. : Oospora (champignon).

oospore, s. : oospore (biol.).

oosporosis, s. : oosporose (maladie produite par des champignons du genre Oospora).

ootheca, s. : 1. ovaire; 2. enveloppe de l'œuf.

oothecalgia, s. : névralgie ovarienne.

oothecitis, s. : inflammation d'un ovaire.

oothecocentesis, s. : ponction ovarienne, ponction d'un kyste ovarien.

oothecocyesis, s. : grossesse ovarienne.

oothecocystosis, s. : formation, présence d'un kyste ovarien.

oothecohysterectomy, s. : excision de l'utérus et des ovaires.

oothecoma, s. : tumeur ovarienne.

oothecomania, s. : oophoromanie.

oothecopathy, s. : toute maladie de l'ovaire.

oothecopexy, s. : oophorraphie.

oothecosalpingectomy, s. : oophorosalpingectomie.

oothectomy, s. : ovariectomie.

ooze, v. : suinter, filtrer.

opacification, s. : opacification.

opacimetry, s. : opacimétrie.

opacity, s. : opacité.

opalescent, s. : opalescent.

opalgia, s. : névralgie faciale.

opaque, adj. : opaque (imperméable à la lumière).

open, adj. : ouvert (1. se dit d'une blessure exposée à l'air; 2. se dit d'un circuit électrique interrompu); **- door treatment** : cure libre (psych.).

opening snap : claquement d'ouverture valvulaire.

opeocele, s. : hernie.

operable, adj. : opérable (chir.).

operant, s. : opérateur; adj. : opérant, efficace, actif.

operate, s. : opérer; **to - someone in the acute stage** : opérer quelqu'un à chaud; **to - between attacks** : opérer à froid; **to be operated upon** : subir une opération.

operating, adj. : qui opère; **- room** : salle d'opération; **- surgeon** : chirurgien opérateur; **- table** : table d'opération; **- theatre** : salle d'opération, amphithéâtre.

operation, s. : opération; **emergency -** : opération à chaud; **illegal -** : avortement provoqué par des manœuvres criminelles; **interval -** : opération à froid; **mode of -** : mode opératoire; **second look -** : révision chirurgicale.

operative, adj. : 1. opératif, actif, efficace; 2. opératoire; **- field** : champ opératoire.

operator, s. chirurgien ; opérateur (région du chromosome susceptible de réagir directement [ou indirectement] avec un répresseur spécifique et de contrôler ainsi le fonctionnement d'un opéron adjacent) (génét.).

opercular, adj. : operculaire.

operculate, adj. : operculé.

operculum (lat.) : 1. opercule (de l'insula de Reil); 2. opercule (zool., bot.).

operon, s. : opéron (unité génétique composée de gènes adjacents qui fonctionnent de façon coordonnée sous le contrôle conjoint d'un opérateur et d'un répresseur) (génét.).

ophiasis, s. : ophiase, ophiasis (forme de pelade en ondes).

ophidism, s. : ophidisme (ensemble des accidents causés par la morsure des serpents venimeux).

ophiophobia, s. : peur morbide des serpents.

ophryitis, s. : inflammation sus-orbitaire.

ophryoiniac, adj. : se rapportant à l'ophryon et à l'inion.

ophryon, s. : ophryon, point sus-orbitaire (anthrop.).

ophryosis, s. : spasme des sourcils.

ophryphtheiriasis, s. : pédiculose des cils et des sourcils.

ophrys, s. : sourcil.

ophrytic, adj. : se rapportant aux sourcils.

ophthalmagra, s. : rhumatisme oculaire.

ophthalmalgia, s. : ophtalmalgie, névralgie oculaire.

ophthalmatrophy, s. : atrophie oculaire.

ophthalmecchymosis, s. : épanchement sanguin dans la conjonctive.

ophthalmectomy, s. : excision de l'œil.

ophthalmencephalon, s. : appareil optique nerveux.

ophthalmia, s. (lat.) : ophtalmie (nom générique de toutes les affections inflammatoires de l'œil); **catarrhal -** : conjonctivite; **caterpillar-hair -** or **- nodosa** : ophtalmia nodosa; **Egyptian -** : trachome; **gonorrheal -** : forme aiguë et grave de conjonctivite purulente à gonocoques; **migratory** or **sympathetic -** ; ophtalmie sympathique; **neonatorum -** : ophtalmie gonococcique ou purulente du nouveau-né; **phlyctenular -** : ophtalmie phlycténulaire, kérato-conjonctivite phlycténulaire.

ophthalmiatric, adj. : se rapportant au traitement des maladies ophtalmiques.

ophthalmiatrics, s. : traitement des maladies ophtalmiques.

ophthalmic, adj. : ophtalmique ; **- hospital** : hôpital ophtalmologique; **- remedy** : collyre.

ophthalmitis, s. : ophtalmite.

ophthalmo- : ophtalmo-, préfixe dénotant un rapport avec l'œil.

ophthalmocace, s. : maladie oculaire.

ophthalmocopia, s. : asthénopie.

ophthalmodiagnosis, s. : diagnostic par l'ophtalmo-réaction.

ophthalmodynamometer, s. : ophtalmodynamomètre (appareil destiné à mesurer la pression artérielle rétinienne).

ophthalmodynia, s. : ophtalmodynie (douleur rhumatismale de l'œil).

ophthalmofundoscope, s. : appareil pour examiner le fond de l'œil.

ophthalmoleukoscope, s. : appareil pour contrôler le sens de la couleur à l'aide de la lumière polarisée.

ophthalmolith, s. : calcul de l'œil.

ophthalmologic or **ophthalmological,** adj. : ophtalmologique.

ophthalmologist, s. : ophtalmologiste.

ophthalmology, s. : ophtalmologie.

ophthalmomalacia, s. : ophtalmomalacie.

ophthalmometer, s. : ophtalmomètre.

ophthalmometry, s. : ophtalmométrie (détermination de l'indice de réfraction des divers milieux de l'œil, et mensuration de ces milieux réfringents).

ophthalmopathy, s. : toute maladie oculaire.

ophthalmoplasty, s. : ophtalmoplastie, prothèse oculaire.

ophthalmoplegia, s. : ophtalmoplégie (paralysie des muscles de l'œil); **- externa** : ophtalmoplégie externe; **- interna** : ophtalmoplégie interne; **nuclear -** : ophtalmoplégie nucléaire (polio-encéphalite supérieure).

ophthalmoptosis, s. : exophtalmie.

ophthalmoreaction, s. : ophtalmoréaction, oculo-réaction.

ophthalmorrhea, s. : ophtalmorrhée (sang suintant de l'œil).

ophthalmorrhexis, s. : ophtalmorrhexie (rupture du globe oculaire).

ophthalmos, s. : œil.

ophthalmoscope, s. : ophtalmoscope (instrument destiné à la fois à éclairer et à examiner le fond de l'œil).

ophthalmoscopy, s. : ophtalmoscopie, rétinoscopie.

ophthalmostat, s. : ophtalmostat (instrument destiné à écarter les paupières et à fixer le globe oculaire).

ophthalmostatometer, s. : appareil pour déterminer la position des yeux.

ophthalmostatometry, s. : mesure de la position des yeux.

ophthalmosteresis, s. : perte ou absence d'un ou des deux yeux.

ophthalmotomy, s. : ophtalmotomie, incision de l'œil.

ophthalmotonometry, s. : ophtalmotonométrie (mesure de la tension intra-oculaire).

ophthalmotoxin, s. : cytotoxine obtenue par injections d'émulsions dans le corps ciliaire.

ophthalmula, s. : cicatrice oculaire.

ophthalmus, s. : œil.

opiate, s. : opiat, opiacé, narcotique, électuaire; v. : opiacer.

opiomania, s. : désir morbide pour l'opium.

opiomaniac, s. : opiomane.

opiophagia, s. : cf., **opiophagism.**

opiophagic, s. : opiophage (mangeur d'opium).

opiophagism, s. : opiophagie (habitude de manger de l'opium).

opiophile, s. : opiophage, fumeur d'opium.

opisthen, s. : arrière-train d'un animal.

opisthenar, s. : dos de la main.

opisthencephalon, s. : cervelet.

opisthion, s. : opisthion (point médian du bord postérieur du trou occipital).

opistho- : opistho-, préfixe signifiant en arrière ou ayant un rapport avec le dos.

opisthognathism, s. : opisthognathisme (développement moindre de l'un des maxillaires par rapport à l'autre).

opisthoporeia, s. : marche arrière involontaire.

opisthorchiasis, s. : infestation du foie par des nématodes du genre Opistorchis.

Opistorchis, s. : genre de nématode.

opisthotic, adj. : se rapportant aux parties postérieures de l'appareil auditif.

opisthotonic, adj. : opisthotonique (se rapportant à l'opisthotonos).

opisthotonos, s. : opisthotonos (variété de tétanos caractérisée par la prédominance de la contraction des extenseurs).

opium, s. : opium; **- addiction, - habit** or **opiumism** : usage habituel de l'opium; **- poisoning** : intoxication par l'opium, thébaïsme.

opocephalus, s. : opocéphale (monstre unitaire autosite).

opodeldoc, s. : opodeldoch (pharm.).

opotherapy, s. : opothérapie (emploi thérapeutique de tissus, de glandes ou d'organes).

Oppenheim's disease : maladie ou amyotonie d'Oppenheim, myotonie congénitale; **- reflex** : signe d'Oppenheim.

oppilation, s. : opilation, obstruction.

oppilative, s. : médicament constipant; adj. : constipant, obstructif.

opponens, s. (lat.) : opposant; cf., **musculus.**

opsialgia, s. : névralgie faciale.

opsinogen or **opsogen,** s. : substance productrice d'opsonine.

opsinogenous, adj. : producteur d'opsonine.

opsionosis, s. : maladie de l'œil, de la vision.

opsitocia, s. : grossesse anormalement longue.

opsiuria, s. : opsiurie (retard de l'élimination aqueuse de l'urine après les repas).

opsoclonia, s. : opsoclonie.

opsomania, s. : opsomanie (besoin morbide d'une alimentation particulière).

opsomaniac, s. : opsomane (individu atteint d'opsomanie).

opsonic, adj. : opsonique; **- index** : indice opsonique.

opsonin, s. : opsonine (facteur du sérum favorisant la phagocytose).

opsonization, s. : processus par lequel les bactéries sont rendues sensibles à la phagocytose.

opsonize, v. : opsonifier.

opsonometry, s. : mesure de l'indice opsonique.

opsonotherapy, s. : thérapeutique par accroissement du pouvoir opsonique du sang.

opsophagia, s. : délicatesse pathologique de l'appétit.

optesthesia, s. : sensibilité visuelle.

optic or **optical,** adj. : optique; **- aphasia** : aphasie optique; **- atrophy** : atrophie du nerf optique; **- axis** : axe optique; **- center** : centre optique; **- chiasm** or **commissure** : chiasma des nerfs optiques; **- disc** : papille optique; **- foramen** : trou optique; **- groove** : gouttière optique; **- lobes** : tubercules quadrijumeaux; **- radiations** : bandelettes optiques (joignant la couche optique au cortex); **- thalamus** : couche optique; **- tract** : fibres optiques; **- vesicle** : vésicule optique (diverticule de la vésicule antérieure chez l'embryon).

optician, s. : opticien.

opticocinerea, s. : substance grise des tubercules quadrijumeaux.

optics, s. : optique.

optimism, s. : optimisme.

optimum, s. : optimum.

opto- : opto-, préfixe signifiant visible ou indiquant une relation avec la vue.

optomeninx, s. : rétine.

optometer, s. : optomètre.

optometrist, s. : optométricien.

optometry, s. : optométrie (1. détermination des limites de la vision distincte à l'aide de l'optomètre; 2. dioptrique de l'œil).

optomyometer, s. : instrument pour mesurer la force des muscles de l'œil.

optostriate, adj. : optostrié (se rapportant à la couche optique et au corps strié).

optotype, s. : test-type pour mesure de l'acuité visuelle.

ora, s. (lat.) : marge, bord; **- serrata** : ora serrata (rétine).

orad, adv. : orienté vers la bouche.

oral, adj. : oral, buccal; **- administration of a drug** : administration d'un médicament par voie buccale, par la bouche; **- cavity** : cavité orale, buccale.

orale, s. (lat.) : point situé à l'extrémité du bord alvéolaire de l'apophyse montante du maxillaire supérieur, côté lingual.

oralogy, s. : étude de l'hygiène buccale.

orbicular, adj. : orbiculaire, sphérique.

orbiculare, s. : os orbiculaire (enclume).

orbit, s. : orbite.

orbital, adj. : orbitaire; **- index** : indice orbitaire (anthrop.).

orbitocele, s. : 1. tumeur de l'orbite; 2. exophtalmie.

orbitotomy, s. : incision de l'orbite.

orcheodesmosarcoma, s. : éléphantiasis scrotal.

orchestromania, s. : chorée, danse de Saint-Guy.

orchi-, orchid- or **orchio-** : orchi-, orchid-, orchio-, préfixe dénotant un rapport avec le testicule.

orchialgia, s. : orchialgie (névralgie testiculaire).

orchic, adj. : se rapportant au testicule.

orchichorea, s. : mouvements irréguliers des testicules dus à une contraction du crémaster.

orchidalgia, s. : cf., **orchialgia.**

orchidatonia, s. : atonie testiculaire, flaccidité des testicules.

orchidatrophia, s. : atrophie testiculaire.

orchidauxe, s. : hypertrophie des testicules.

orchidectomy, s. : orchidectomie (extirpation d'un testicule [orchidectomie simple] ou de deux testicules [orchidectomie double]).

orchidemphraxis, s. : obstruction des vaisseaux du testicule.

orchidion, s. : petit testicule.

orchiditis, s. : orchite.

orchidocatabasis, s. : descente du testicule dans le scrotum.

orchidocelioplasty, *s.* : opération destinée à re-placer dans l'abdomen un testicule mal descendu.

orchidoncus, *s.* : tumeur, tuméfaction du testicule.

orchidopexia *or* **orchidopexy,** *s.* : orchidopexie, célorraphie, orchidorraphie (fixation opératoire dans les bourses d'un testicule ectopique).

orchidoptosis, *s.* : orchidoptose (relâchement du scrotum avec abaissement du testicule et vari-cocèle).

orchidorrhaphy, *s.* : *cf.,* **orchidopexia.**

orchidoscheocele, *s.* hernie scrotale avec hyper-trophie testiculaire.

orchidospongioma, *s.* : tumeur tuberculeuse du testicule.

orchidotherapy, *s.* : orchidothérapie, méthode de Brown-Séquard (emploi thérapeutique d'extrait testiculaire).

orchidotomy, *s.* : orchidotomie (incision d'un testicule).

orchidotyloma, *s.* : nodule calleux du testicule.

orchiepididymitis, *s.* : orchi-épididymite.

orchiocele, *s.* : 1. orchiocèle (tumeur du testi-cule); 2. hernie scrotale.

orchiodynia, *s.* : douleur testiculaire.

orchioplasty, *s.* : opération plastique sur le scrotum.

orchioscirrhus, *s.* : squirrhe du testicule.

orchis, *s.* : testicule.

orchitic, *adj.* : se rapportant à l'orchite.

orchitis, *s.* : orchite (nom générique donné à toutes les inflammations aiguës ou chroniques du testicule).

orchos, *s.* : cartilage du tarse.

orchotomy, *s.* : 1. castration; 2. excision des car-tilages du tarse.

order, *s.* : 1. ordre, arrangement systématique; 2. ordre (groupe dans la classification biologique).

orectic, *adj.* : stimulant l'appétit.

orderly, *s.* : infirmier, ambulancier.

orf, *s.* : 1. ecthyma infectiosum; 2. dermatose des moutons contagieuse pour l'homme.

orexis, *s.* appétit.

organ, *s.* organe; **special senses - :** organes sensoriels, organes des sens.

organelle, *s.* : organelle, organite.

organic, *adj.* : 1. organique; **- chemistry :** chimie organique; **- compound :** composé organique; **- disease :** maladie organique; 2. organisé; **- beings :** êtres organisés.

organism, *s.* : organisme.

organization, *s.* : 1. organisation; 2. organisme; 3. conversion en organe, en tissu vivant.

organizer, *s.* : organite, élément cellulaire; orga-nisateur *(embryol.).*

organo- : organo-, préfixe dénotant un rapport avec les organes.

organofaction, *s.* : développement d'un organe du corps.

organogenesis *or* **organogeny,** *s.* : organogé-nésie, organogenèse, organogénie (étude de la formation et du développement des différents organes de l'économie).

organography, *s.* : organographie, organologie (description des organes).

organoid, *adj.* : organoïde (ressemblant à un organe).

organoleptic, *adj.* : organoleptique.

organology, *s.* : organologie.

organoma, *s.* : tumeur formée de portions d'organes.

organon, *s.* : organe.

organonomy, *s.* : ensemble des lois naturelles de la conduite et des fonctions de la vie organique.

organonym, *s.* : nom d'un organe, d'un membre.

organonymy, *s.* : système de nomenclature des organes.

organopathism, *s.* : doctrine de l'étude patholo-gique de chaque organe.

organopathy, *s.* : organopathie (affection à la-quelle correspond une lésion organique, par op-position aux affections *sine materia*).

organopexia *or* **organopexy,** *s.* : fixation chirur-gicale d'un organe déplacé.

organoplastic, *adj.* : organoplastique.

organoplasty, *s.* : organoplastie.

organotherapeutic, *adj.* : se rapportant à l'orga-nothérapie.

organotherapy, *s.* : organothérapie (thérapeu-tique par les tissus, les glandes, les organes à l'état cru).

organotrophic, *adj.* : se rapportant à la nutrition des tissus organisés.

organotropic, *adj.* : organotrope (ayant tendance à se fixer sur un organe).

organotropy, *s.* : organotropisme (affinité pour un organe).

orgasm, *s.* : orgasme.

oriental, *adj.* : oriental; **- boil** : bouton d'Orient; **- plague** : peste.

orientation, *s.* : orientation.

orifacial, *adj.* : se rapportant à la bouche et à la figure.

orifice, *s.* : orifice.

oriform, *adj.* : en forme de bouche.

origin, *s.* : origine.

ornithosis, *s.* : ornithose.

orodiagnosis, *s.* : sérodiagnostic.

oro-immunity, *s.* : immunité passive.

oronosus, *s.* : maladie répandue dans les mon-tagnes, mal des montagnes.

oropharynx, *s.* : pharynx; oropharynx.

Oroya fever : fièvre de la Oroya, verruga du Pérou.

orpiment, *s.* : orpiment, trisulfure d'arsenic.

24

orrho- : orrho-, préfixe indiquant une relation avec le sérum.

orrhodiagnosis, s. : sérodiagnostic.

orrhoimmunity, s. : immunité passive.

orrhology, s. : sérologie.

orrhoreaction, s. séroréaction.

orrhorrhea, s. : épanchement de sérum, épanchement aqueux, selle riziforme.

orrhos, s. : sérum, petit-lait.

orrhotherapy, s. : sérothérapie.

ortharthragra, s. : goutte.

ortho- : ortho-, préfixe signifiant : 1, droit, normal, vrai; 2. position de deux atomes adjacents d'hydrogène sur l'anneau benzénique (chim.).

orthoarteriotony, s. : pression artérielle normale.

orthobiosis, s. : vie normale, vie conforme aux règles de l'hygiène.

orthocardiac sign : signe décelant l'hypotonie cardiaque.

orthocephalic, adj. : mésaticéphalique.

orthocephalism, s. : cf., **orthocephaly.**

orthocephalous, adj. : orthocéphale, mésaticéphale.

orthocephaly, s. : mésaticéphalie (forme du crâne intermédiaire entre la brachycéphalie et la dolichocéphalie).

orthochorea, s. : mouvements choréiques dans la position debout.

orthochromatic, adj. : orthochromatique (phot.).

orthochromophil, adj. : neutrophile.

orthocrasia, s. : réaction normale du corps envers les médicaments, les protéines.

orthocytosis, s. : état du sang ne renfermant que des corpuscules normaux.

orthodiagram, s. : orthodiagramme (image obtenue par orthodiagraphie).

orthodiagraph, s. : appareil radiographique pour orthodiagraphie.

orthodiagraphy, s. : orthodiagraphie (procédé permettant de déterminer les dimensions réelles d'un organe d'après son image radioscopique).

orthodiascopy, s. : orthodiascopie (projection normale sur l'écran fluorescent des contours des organes que l'on veut étudier).

orthodontics, s. : orthodontie, orthodontosie (partie de l'art dentaire qui s'occupe de la prophylaxie et du traitement des difformités congénitales ou acquises des dents).

orthogenics, s. : orthogenèse.

orthognatic, adj. : orthognathe.

orthognathism, s. : orthognathisme (disposition générale de la face telle que la ligne du profil allant du front au menton soit verticale).

orthognathous, adj. : orthognathe.

orthograde, adj. : marchant debout.

ortholiposis, s. : état de l'individu où le rapport poids-hauteur est normal.

orthometer, s. : instrument pour mesurer le degré relatif de protrusion oculaire.

orthomorphia, s. : orthomorphie, orthomorphisme (art de prévenir et de corriger les difformités du corps).

orthopedic or **orthopœdic,** adj. : orthopédique.

orthopedics, s. : orthopédie.

orthopedist, s. : orthopédiste.

orthopercussion, s. : mode de percussion où la dernière phalange du doigt explorant est perpendiculaire à la surface examinée.

orthophony, s. : orthophonie.

orthophoria, s. : 1. tendance au parallélisme visuel; 2. équilibre normal des muscles oculaires.

orthophrenia, s. : orthophrénie, mentalité normale.

orthopia, s. : orthopie (traitement du strabisme).

orthoplasy, s. : orthoplasie (influence directrice ou déterminante de la sélection naturelle dans le développement).

orthopnea or **orthopnœa,** s. : orthopnée (dyspnée empêchant le malade de rester couché et l'obligeant à s'asseoir ou à rester debout).

orthopneic, adj. : atteint d'orthopnée.

orthopraxis or **orthopraxy,** s. : correction des difformités corporelles.

orthopsychiatry, s. : troubles du comportement et leur traitement.

orthoptic, adj. : se rapportant à la vision binoculaire normale.

orthoptics, s. : orthopie.

orthoptoscope, s. : instrument employé pour éduquer la vision binoculaire.

orthopygium, s. : coccyx.

orthoroentgenography, s. : orthodiagraphie.

orthoscope, s. : orthoscope (appareil destiné à examiner sous l'eau l'œil, et plus particulièrement la chambre antérieure et l'iris).

orthoscopic, adj. : orthoscopique.

orthoscopy, s. : examen de l'œil avec l'orthoscope.

orthosis, s. : redressement d'un organe, d'un membre tordu.

orthostatic, adj. : orthostatique (se dit des phénomènes provoqués par la station debout); - **albuminuria** : albuminurie orthostatique.

orthostatism, s. : orthostatisme (station debout et phénomènes qui en résultent).

orthostat, s. : appareil pour redresser les déviations des os longs.

orthotic, adj. : 1. se rapportant au redressement d'un organe, d'un membre; 2. orthostatique.

orthotonos, s. : orthotonos (variété de tétanos caractérisée par la contracture synergique des muscles extenseurs et fléchisseurs, qui maintiennent le corps dans la rectitude).

orthotrophy, s. : nutrition correcte ou normale; processus normal de la nutrition.

orthotropic, *adj.* : se rapportant à un développement en droite ligne.

orthotropism, *s.* : développement vertical.

os, *s., plur.* **ora** *(lat.)* : bouche, orifice, ouverture; **- uteri** *or* **- uteri internum** : orifice interne de l'utérus; **- uteri externum** : orifice externe de l'utérus.

os, *s., plur.* **ossa** *(lat.)* : os; **- acetabuli** : acétabulum; **- basilare** : occipital; **- calcis** : calcanéum; **- capitatum** : grand os du carpe; **- coccygis** : coccyx; **- costale** : côte; **- coxae** : os coxal; **- cuboideum** : cuboïde; **- cuneiform intermedium** *or* **secundum** : deuxième cunéiforme; **- cuneiform lateral** *or* **tertium** : troisième cunéiforme; **- cuneiform medial** *or* **primum** : premier cunéiforme; **- hamatum** : os crochu; **- hyoideum** : os hyoïde; **- ilium** : os iliaque; **- ischii** : ischion; **- lunatum** : semi-lunaire; **- mastoideum** : mastoïde de l'os temporal; **- mulangulum majus** : os trapèze du carpe; **- mulangulum minus** : os trapézoïde du carpe; **- naviculare** : os scaphoïde; **- palatinum** : palatin; **- pisiforme** : pisiforme; **- planum** : os plat (côte, os du crâne, sternum...); **- pneumaticum** : os creusé de cavités aériennes, de sinus; **- pubis** : branche pubienne de l'os iliaque; **- radiale** : scaphoïde; **- sedentarium** : tubérosité ischiatique de l'os iliaque; **- sesamoidea manus** : os sesamoïdes de la main; **- sesamoidea pedis** : os sesamoïdes du pied; **- tarsi fibulare** : calcanéum; **- triquetrum** : os pyramidal; **- unguis** : os lacrymal; **- vesalanium pedis** : tubérosité externe du cinquième métatarsien; **- wormi** : os wormiens; **- zygomaticum** : os malaire.

oscedo, *s. (lat.)* : 1. bâillement; 2. aphte.

oschea, *s.* : scrotum.

oscheal, *adj.* : scrotal.

oscheitis, *s.* : inflammation du scrotum.

oscheo- : oschéo-, préfixe dénotant un rapport avec le scrotum.

oscheocele, *s.* : oschéocèle, hernie scrotale.

oscheohydrocele, *s.* : hydrocèle du sac de la hernie scrotale.

oscheolith, *s.* : calcul scrotal.

oscheoma, *s.* : tumeur scrotale.

oscheoncus, *s.* : tumeur scrotale, œdème du scrotum.

oscheoplasty, *s.* : oschéoplastie (autoplastie du scrotum).

oscillation, *s.* : oscillation.

oscillator, *s.* : oscillateur.

oscillometer, *s.* : oscillomètre.

oscillometric, *adj.* : oscillométrique.

oscillometry, *s.* : oscillométrie (étude de la tension artérielle et de l'amplitude des oscillations artérielles à l'aide de l'oscillomètre).

oscillopsia, *s.* : oscillopsie.

oscitation, *s.* : bâillement.

osculation, *s.* : anastomose.

osculum, *s. (lat.)* : petite ouverture.

-ose : -ose, suffixe indiquant que le corps est un sucre *(chim.).*

-osis : -ose, suffixe qui désigne les maladies chroniques.

Osler's disease : érythrémie, maladie *ou* syndrome de Vaquez, polycythémie; **- sign** *or* **spots** : nodule d'Osler (nodosité rouge, douloureuse, se développant dans l'épaisseur du derme de la pulpe des doigts et des orteils chez les malades atteints de maladie de Jaccoud-Osler).

osmatic, *adj.* : à odorat développé.

osmesis, *s.* : acte de sentir.

osmesthesia, *s.* : sensibilité olfactive.

osmic, *adj.* : osmique; **- acid** : acide osmique (OsO_4, fixateur cytologique).

osmics, *s.* : science des odeurs.

osmidrosis, *s.* : osmidrose, osmhidrose, bromidrose (trouble de la sécrétion sudorale caractérisé par une sueur abondante répandant une odeur désagréable).

osmium, *s.* : osmium; **- tetroxide** : *cf.,* **osmic acid.**

osmodysphoria, *s.* : intolérance vis-à-vis de certaines odeurs.

osmogen, *s.* : osmogène.

osmol, *s.* : osmole (unité standard de pression osmotique).

osmology, *s.* : 1. osmologie (science des odeurs); 2. partie de la physique traitant de l'osmose.

osmometer, *s.* : 1. appareil pour doser le sens de l'odorat; 2. appareil pour mesurer l'osmose.

osmosis, *s.* : osmose.

osmotherapy, *s.* : osmothérapie (méthode thérapeutique basée sur les lois de l'osmose et qui consiste en injections intraveineuses de solutions hypertoniques).

osmolality, *s.* : osmolalité.

osmotic, *adj.* : osmotique (se rapportant à l'osmose); **- fragility test** : test de résistance globulaire; **- pressure** : pression *ou* tension osmotique.

osphresiology, *s.* : science de l'odorat, des odeurs et des parfums.

osphresis, *s.* : odorat.

osphretic, *adj.* : olfactif.

osphus, *s.* : lombe.

osphyalgia, *s.* : douleur lombaire.

osphyitis, *s.* : inflammation lombaire.

osphyomyelitis, *s.* : myélite de la moelle épinière au niveau de la région lombaire.

ossature, *s.* : ossature.

ossein, *s.* : osséine.

osselet, *s.* : osselet.

osseous, *adj.* : osseux.

ossicle, *s.* : osselet; **Andernach's -** *or* **epactal -** : os wormien; **auditory -** : osselet (oreille moyenne); **Kerckring's -** : osselet de Kerckring (occipital).

ossiculectomy, s. : ossiculectomie (extirpation des osselets de l'oreille moyenne).

ossiculotomy, s. : incision des osselets de l'oreille moyenne.

ossiculum, s., plur. **ossicula** (lat.) : osselet.

ossiferous, adj. : renfermant, produisant du tissu osseux.

ossific, adj. : ossifique.

ossification, s. : ossification.

ossifluence, s. : ostéolyse.

ossifluent, adj. : ossifluent (s'accompagnant de fonte osseuse).

ossiform, adj. : ossiforme.

ossify, v. : ossifier, s'ossifier.

ossifying, adj. : ossifiant; - **chondroma** : chondrome ossifiant; - **myositis** : myosite ossifiante progressive.

ostagra, s. : pince pour os.

ostalgia, s. : ostéalgie (douleurs osseuses spontanées ou provoquées).

ostalgic, adj. : se rapportant à une ostéalgie.

ostalgitis, s. : inflammation osseuse accompagnée de douleur.

osteal, adj. : osseux.

ostealleosis, s. : métamorphose de la substance osseuse.

osteamoeba or **ostameba,** s. : ostéoblaste.

osteanabrosis, s. : atrophie osseuse.

osteanagenesis or **osteanaphysis,** s. : régénérescence osseuse.

ostearthrocace, s. : carie au niveau d'une articulation osseuse.

osteauxe, s. : hypertrophie osseuse.

ostectomy, s. : excision d'une portion d'os.

ostectopy, s. : déplacement d'un os.

osteitic, adj. : se rapportant à l'ostéite.

osteitis, s. : ostéite (nom générique donné à toutes les affections inflammatoires des os); **condensing -** : ostéite condensante, ostéite productive; - **deformans** : ostéite déformante hypertrophique, maladie osseuse de Paget; - **fibrosa cystica** : ostéite fibro-kystique, maladie osseuse de Recklinghausen; **rarefying -** : ostéite raréfiante; **sclerosing -** : ostéosclérose.

ostembryon, s. : lithopédion.

ostemia, s. : état morbide de l'os caractérisé par de la turgescence d'origine sanguine.

ostempyesis, s. : suppuration de l'os.

osteo- : ostéo-, préfixe dénotant un rapport avec les os.

osteoanabrosis, s. : dissolution de l'os, destruction de l'os par les ostéoclastes.

osteoaneurysm, s. : anévrisme des artères d'un os.

osteoarthritis, s. : 1. ostéoarthrite (arthrite se compliquant de lésions osseuses au niveau des surfaces articulaires); 2. ostéoarthrite hypertrophiante dégénérative.

osteoarthropathy, s. : ostéo-arthropathie (lésion simultanée d'une articulation et des extrémités osseuses adjacentes); **hypertrophic pulmonary -** : ostéoarthropathie pneumonique hypertrophiante.

osteoarthrotomy, s. : excision de l'extrémité articulaire d'un os.

osteoblast, s. : ostéoblaste.

osteoblastic, adj. : ostéoblastique.

ostéoblastome, s. : ostéoblastome.

osteocachexia, s. : cachexie consécutive à une maladie osseuse.

osteocampsia, s. : déviation de l'os sans fracture.

osteocarcinoma, s. : 1. carcinome de l'os; 2. carcinome ossifiant.

osteocartilaginous, adj. : ostéocartilagineux.

osteocele, s. : 1. substance d'aspect osseux trouvée dans les sacs herniaires; 2. durcissement du testicule.

osteocephaloma, s. : sarcome encéphaloïde de l'os.

osteochondritis, s. : ostéochondrite; - **deformans juvenilis** : ostéochondrite déformante juvénile, coxa-plana, arthrite déformante juvénile, épiphysite fémorale supérieure, maladie de Perthes, maladie de Legg-Calvé, caput planum, luxation congénitale larvée; - **deformans juvenilis dorsi** : ostéochondrite vertébrale infantile, vertebra plana; - **dissecans** : ostéochondrite disséquante, maladie de Kœnig; **juvenil deforming metatarsophalangeal -** : maladie de Pellegrini-Stida, de Köhler-Stieda ou de Stieda.

osteochondrodystrophia deformans : maladie de Morquio.

osteochondroma, s. : ostéochondrome, chondrome ossifiant.

osteochondromatosis, s. : ostéochondromatose, maladie de Henderson-Jones.

osteochondropathica, s. : affection caractérisée par une déformation de la colonne vertébrale.

osteochondrophyte, s. : tumeur formée d'os et de cartilage.

osteochondrosarcoma, s. : ostéochondrosarcome.

osteochondrous, adj. : se rapportant à, composé de, os et cartilage.

osteoclasia or **osteoclasis,** s. : ostéoclasie (1. processus de résorption osseuse dans laquelle l'os est attaqué par des ostéoclastes; 2. méthode thérapeutique consistant à redresser certaines difformités des os et des articulations en fracturant un os).

osteoclast, s. : ostéoclaste, ostoclaste (1. myéloplaxe; 2. appareil pour ostéoclasie).

osteoclastoma, s. : sarcome myéloïde de l'os.

osteocomma, s. : segment osseux, vertèbre.

osteocope or **osteocopic,** adj. : ostéocope; - **pain** : douleur ostéocope.

osteocranium, s. : crâne fœtal après son ossification.

osteocystoma, s. : tumeur kystique de l'os.

osteocyte, s. : ostéocyte.

osteodentin, s. : ostéodentine.

osteodermia, s. : formations osseuses dans la peau.

osteodiastasis, s. : détachement d'un fragment osseux sans fracture.

osteodynia, s. : ostéodynie, douleur ostéocope.

osteodystrophy, s. : ostéodystrophie.

osteoepiphysis, s. : épiphyse osseuse.

osteofibrolipoma, s. : tumeur à éléments osseux, fibreux et adipeux.

osteofibroma, s. : association d'ostéome et de fibrome.

osteogen, s. : couche ostéogène.

osteogenesis, s. : ostéogenèse, ostéogénie (formation et développement du tissu osseux); - **imperfecta** : osteogenesis imperfecta.

osteogenetic, osteogenic or **osteogenous,** adj. : ostéogène, ostéogénique; - **layer** : couche ostéogène.

osteogeny, s. : cf., **osteogenesis.**

osteography, s. : ostéographie (description des os, traité sur les os).

osteohalisteresis, s. : diminution du taux des constituants minéraux de l'os.

osteohelcosis, s. : carie osseuse.

osteoid, s. : ostéome; adj. : ostéoïde; - **sarcoma** : sarcome ostéoïde.

osteoidosis, s. : ostéoïdose.

osteolipochondroma, s. : chondrome à éléments osseux et adipeux.

osteolith, s. : os pétrifié.

osteologist, s. : ostéologue.

osteology, s. : ostéologie (partie de l'anatomie qui traite des os).

osteolysis, s. : ostéolyse (destruction graduelle, sans intervention cellulaire, du tissu osseux dont il ne reste que la trame conjonctive).

osteolytic, adj. : se rapportant à l'ostéolyse.

osteoma, s. : ostéome (tumeur bénigne formée de tissu osseux adulte, à développement lent et à évolution locale).

osteomalacia, s. : ostéomalacie.

osteomalacial or **osteomalacic,** adj. : se rapportant à, atteint d'ostéomalacie.

osteomalacosis, s. : cf., **osteomalacia.**

osteomatoid, adj. : ayant l'aspect d'un ostéome.

osteomatosis, s. : ostéomatose.

osteomere, s. : segment osseux, vertèbre.

osteometry, s. : ostéométrie (étude des proportions et mesures du squelette).

osteomiosis, s. : désintégration de l'os.

osteomyelitis, s. : ostéomyélite (inflammation simultanée de l'os et de la moelle osseuse).

osteomyelum, s. : moelle osseuse.

osteoncus, s. : 1. tumeur osseuse; 2. exostose.

osteonecrosis, s. : nécrose osseuse.

osteoneuralgia, s. : ostéonévralgie, ostéite à forme névralgique.

osteonosus, s. : maladie osseuse.

osteoparectasis, s. : 1. allongement anormal d'un os; 2. surextension dans le traitement des fractures.

osteopath or **osteopathist,** s. : praticien manipulateur des os et des articulations.

osteopathic, adj. : se rapportant à l'ostéopathie.

osteopathy, s. : 1. ostéopathie (nom générique de toutes les affections osseuses); 2. traitement par manipulation des os et des articulations; 3. théorie médicale qui préconise ce mode de traitement.

osteopedion, s. : ostéopédion (fœtus enkysté et incrusté de calcaire).

osteoperiosteal, adj. : se rapportant à l'os et au périoste.

osteoperiostitis, s. : ostéopériostite (inflammation aiguë ou chronique du périoste et de l'os sousjacent).

osteopetrosis, s. : ostéopétrose, maladie d'Albers-Schönberg, os de marbre.

osteophage, s. : ostéoclaste, myéloplaxe.

osteophlebitis, s. : inflammation des veines de l'os.

osteophone, s. : audiphone.

osteophony, s. : transmission des sons au travers des os.

osteophore, s. : pince dentaire pour écraser l'os.

osteophthisis, s. : atrophie osseuse.

osteophyma, s. : tumeur osseuse.

osteophyte, s. : ostéophyte (production osseuse exubérante développée aux dépens du périoste).

osteophytosis, s. : ostéophytose.

osteoplaque, s. : 1. couche osseuse; 2. ostéome plat.

osteoplast, s. : ostéoblaste.

osteoplastic, adj. : 1. se rapportant à l'ostéogenèse; 2. se rapportant à l'ostéoplastie.

osteoplasty, s. : ostéoplastie (opération ayant pour but la restauration d'un os).

osteopœcilia or **osteopoikilosis,** s. : ostéopœcilie (forme d'ostéite condensante généralisée).

osteoporosis, s. : ostéoporose (raréfaction du tissu osseux due à l'atrophie des trabécules, entraînant l'agrandissement des cavités et des espaces médullaires).

osteoporotic, adj. : ostéoporeux.

osteopsathyrosis, s. : ostéopsathyrose, maladie de Lobstein, syndrome de Van der Hœwe, osteogenesis imperfecta tarda.

osteorrhagia, s. : hémorragie d'origine osseuse.

osteorrhaphy, s. : suture des os.

osteosarcome, s. : ostéosarcome, sarcome ostéogénique.

osteosarcomatous, adj. : de la nature d'un ostéosarcome.

osteoscirrhus, s. : squirrhe de l'os.

osteosclerosis, s. : ostéosclérose (éburnation des os); **- fragilis generalisata** : cf., **osteopetrosis.**

osteoscope, s. : appareil standard pour le calibrage des machines radioscopiques.

osteoseptum, s. : portion osseuse de la cloison nasale.

osteosis, s. : formation de l'os.

osteospongioma, s. : tumeur spongieuse de l'os.

osteosteatoma, s. : ostéostéatome (ostéome ayant subi la dégénérescence graisseuse).

osteostixis, s. : ponction osseuse.

osteosuture, s. : cf., **osteorrhaphy.**

osteosynovitis, s. : synovite avec ostéite des os adjacents.

osteosynthesis, s. : ostéosynthèse (1. réunion des fragments d'un os fracturé à l'aide de vis, fils, paques, etc.; 2. opération destinée à provoquer l'ankylose d'une articulation).

osteotabes, s. : forme de dégénérescence osseuse, surtout infantile.

osteoteleangiectasis, s. : 1. dilatation des vaisseaux sanguins d'un os; 2. ostéosarcome avec télangiectasie.

osteothrombosis, s. : thrombose des veines osseuses.

osteotome, s. : 1. ostéotome (instrument pour ostéotomie); 2. instrument utilisé en embryotomie pour sectionner les os de la tête fœtale.

osteotomy, s. : ostéotomie (section chirurgicale d'un os long).

osteotribe or **osteotrite,** s. : instrument pour grattage des os cariés, curette, rugine.

osteotrophy, s. : nutrition du tissu osseux.

osteotylus, s. : cal.

osteulcus, s. : pince pour os.

osthelcus, s. : carie osseuse.

osthexia, s. : formation de tissu osseux à des points anormaux.

osthistos, s. : tissu osseux.

ostial, adj. : se rapportant à un orifice.

ostitis, s. : cf., **osteitis.**

ostium, s., plur. **ostia** (lat.) : orifice; **- abdominale** : orifice abdominal (trompe de Fallope); **- arteriosum cordis** : orifice des artères dans les ventricules du cœur; **- pharyngeum** : orifice pharyngien, pavillon de la trompe (trompe d'Eustache); **- tympanicum** : orifice postérieur ou tympanique (trompe d'Eustache); **- uterinum** : ostium uterinum (trompe de Fallope); **- vaginæ** : orifice inférieur du vagin; **- venosum cordis** : orifice auriculo-ventriculaire du cœur.

ostreotoxismus, s. : empoisonnement par les huîtres.

O.T. (old tuberculin) : tuberculine brute.

otacoustic, s. : cornet acoustique; adj. : auditif.

otacousticon, s. : cornet acoustique.

otagra, s. : cf., **otalgia.**

otalgia, s. : otalgie, otodynie (douleur siégeant au niveau de l'oreille).

otalgic, adj. : otalgique.

otectomy, s. : ossiculectomie.

othelcosis, s. : ulcération de l'oreille.

othaematoma or **othematoma,** s. : othématome (hématome du pavillon de l'oreille).

othaemorrhagia or **othemorrhagia,** s. : hémorragie du pavillon de l'oreille.

othaemorrhea or **othemorrhea,** s. : épanchement sanguinolent de l'oreille.

otiatric, adj. : se rapportant à la thérapeutique des maladies de l'oreille.

otiatrics, s. : étude des maladies de l'oreille et de leur traitement.

otic, adj. : otique; **- ganglion** : ganglion otique ou d'Arnold.

oticodinia, s. : oticodinie, oticodinose, syndrome de Ménière.

otitic, adj. : se rapportant à l'otite.

otitis, s. : otite (nom donné à toutes les inflammations aiguës ou chroniques de l'oreille); **- aero** : forme d'otite constatée chez les aviateurs; **- externa** : otite externe; **furuncular -** : formation de furoncles dans le conduit auditif externe; **- interna** : otite interne; **- labyrinthica** : otite labyrinthique, syndrome de Ménière; **- mastoidea** : mastoïdite; **- media** : otite moyenne.

oto- : oto-, préfixe dénotant un rapport avec l'oreille.

otoantritis, s. : otomastoïdite.

otoblennorrhea, s. : épanchement muqueux anormal dans l'oreille.

otocatarrh, s. : catarrhe de l'oreille.

otocerebritis, s. : inflammation cérébrale consécutive à une maladie de l'oreille.

otocleisis, s. : occlusion de l'oreille.

otoconium, s., plur. **otoconia** (lat.) : otolithe, otoconie (concrétion dans l'oreille interne).

otocrane or **otocranium,** s. : os tympanal (temporal).

otocyst, s. : otocyste, vésicule auditive.

otodynia, s. : otodynie, otalgie.

otoencephalitis, s. : cf., **otocerebritis.**

otoganglion, s. : ganglion otique ou d'Arnold.

otogenous, adj. : prenant naissance dans l'oreille.

otography, s. : otographie (description de l'oreille, traité sur l'oreille).

otohemineurasthenia, s. : surdité monolatérale sans lésion apparente de l'appareil auditif.

otolith s. : otolithe (1. concrétion calcaire située dans le labyrinthe membraneux; 2. osselet [oreille moyenne]).

otological, adj. : otologique (se rapportant à l'otologie).

otologist, s. : auriste.

otology, s. : otologie (étude de l'oreille et des maladies qui lui sont spéciales).

otomassage, s. : massage de la cavité tympanique et des osselets.

-otomy : -otomie, suffixe désignant le fait de couper, de disséquer.

otomyasthenia, s. : 1. faiblesse des muscles de l'oreille; 2. ouïe défective, consécutive à une parésie du muscle de l'étrier et du muscle du marteau.

Otomyces, s. : Aspergillus se développant dans l'oreille.

otomycosis, s. : otomycose (affection due au développement d'un Aspergillus dans le conduit auditif externe).

otoncus, s. : tumeur, œdème de l'oreille.

otonecrectomy or **otonecronectomy,** s. : excision de parties nécrosées de l'oreille.

otoneuralgia, s. : otalgie.

otoneurasthenia, s. : déficience de l'appareil auditif.

otopathy, s. : otopathie (nom générique de toutes les affections de l'appareil auditif).

otopharyngeal tube : trompe d'Eustache.

otophone, s. : cornet acoustique.

otopiesis, s. : 1. compression labyrinthique entraînant la surdité; 2. affaissement de la membrane tympanique consécutif à la raréfaction de l'air dans la cavité tympanique.

otoplasty, s. : otoplastie (opération qui a pour but de restaurer l'oreille externe détruite ou déformée).

otopolypus, s. : polype de l'oreille.

otopyorrhea, s. : écoulement purulent de l'oreille.

otopyosis, s. : suppuration dans l'oreille.

otorhinolaryngology, s. otorhinolaryngologie.

otorrhagia, s. : otorragie (hémorragie par le conduit auditif externe).

otorrhea, s. : otorrhée (écoulement par le conduit auditif externe).

otosalpinx, s. : trompe d'Eustache.

otoscleronectomy, s. : excision des osselets sclérosés et paralysés dans l'otite moyenne chronique.

otosclerosis, s. : otosclérose (variété d'otite chronique avec lésions de la caisse et du labyrinthe).

otoscope, s. : otoscope (instrument destiné à l'examen de l'oreille).

otoscopic, adj. : otoscopique.

otoscopy, s. : otoscopie (examen de l'oreille).

otosis, s. : le fait de mal entendre.

otospongiosis, s. : otospongiose.

otosteon, s. : 1. osselet; 2. otolithe.

ototomy, s. : ototomie (dissection de l'oreille).

ouabain, s. : ouabaïne (glucoside toxique employé en cardiologie).

ouloid, s. : 1. chéloïde; 2. forme de cicatrice caractéristique du lupus, de l'éléphantiasis et de la syphilis.

oulorrhagia, s. : hémorragie des gencives.

ounce, s. : once (28,35 g).

out, adj. : extérieur, à l'extérieur; **- patient** : malade qui vient consulter à l'hôpital; **- patient department** : polyclinique, dispensaire, service des malades extérieurs, consultation externe; **- relief** : secours à domicile.

outbreak, s. : début, commencement; **- of an epidemic** : première manifestation d'une épidémie; **at the - of an epidemic** : lorsqu'une épidémie se déclare; **- of pimples** : éruption; **new - of an epidemic** : recrudescence d'une épidémie.

outburst, s. : accès.

outgrowth, s. : excroissance.

outlet, s. 1. détroit inférieur du bassin; 2. orifice d'émission, issue, sortie, évacuation.

outline, s. : 1. linéature (traits, visage), configuration (organe), galbe. 2. silhouette, schéma, résumé.

output, s. : débit; **cardiac -** : débit cardiaque.

oval, adj. : 1. ovale, en forme d'œuf; 2. se rapportant à un œuf; **- foramen** : trou ovale; **- window** : fenêtre ovale.

ovalbumin, s. : ovalbumine.

ovalocyte, s. : ovalocyte (globule rouge elliptique).

ovalocytosis, s. : ovalocytose.

ovaralgia or **ovarialgia,** s. : ovarialgie, oophoralgie.

ovarian, adj. : ovarien.

ovariectomy, s. : ovariectomie (ablation des ovaires).

ovario- : ovario-, préfixe dénotant un rapport avec l'ovaire.

ovariocele, s. ovariocèle (hernie de l'ovaire).

ovariocentesis, s. : ponction de l'ovaire, d'un kyste ovarien.

ovariocyesis, s. : grossesse ovarienne.

ovariodysneuria, s. : névralgie ovarienne.

ovariohysterectomy, s. : ovariectomie et hystérectomie.

ovarioncus, s. : tumeur de l'ovaire.

ovariopexy or **adnexopexy,** s. : ovariopexie (fixation de l'ovaire et des trompes de Fallope à la paroi abdominale).

ovariorrhexis, s. : rupture d'un ovaire.

ovariosalpingectomy, s. : oophoro-salpingectomie.

ovariosteresis, s. : extirpation d'un ovaire.

ovariostomy : cf., **oophorostomy.**

ovariotomy, s. : ovariotomie.

ovaritis, s. : ovarite (inflammation de l'ovaire).

ovarium, s., plur. **ovaria** (lat.) : ovaire; **- masculinum** : hydatide de Morgagni.

ovary, s. : ovaire.

overbite, s. : manque d'adaptation entre les dents de la mâchoire supérieure et celles de la mâchoire inférieure.

overcompensation, s. : surcompensation.

overcrowding, s. : surpeuplement.

overdetermination, s. : le fait d'attribuer trop d'importance à un symptôme, à un rêve, etc.

overeat, v. : trop manger.

overexcitement, s. : surexcitation, exaltation.

overexertion, s. : surmenage.

overextension, s. : hyperextension.

overfeed, v. : 1. suralimenter; 2. se nourrir trop abondamment.

overfeeding, s. : suralimentation.

overflow, s. : débordement, écoulement continu d'un liquide.

overgrown, adj. : ayant grandi trop vite; **to be -** : être trop grand pour son âge.

overgrowth, s. : surcroissance, croissance excessive, hypertrophie, hyperplasie.

overlap, s. : chevauchement.

overlying of child : mort par suffocation d'un enfant en bas âge (étouffé au lit par une personne ou un objet).

overriding, s. : chevauchement (des fragments d'un os fracturé).

overshadowed, adj. : masqué.

overstrain, s. : 1. tension excessive; 2. surmenage; v. : surmener; **to - oneself with working** : se surmener à travailler.

overstrung, adj. : surexcité, énervé.

overswollen, adj. : gonflé à éclater.

overtoe, s. : forme de hallux varus où le gros orteil chevauche l'orteil voisin.

overwork : surmenage; **mental -** : surmenage cérébral.

ovicapsule, s. : follicule de de Graaf.

ovicell, s. : ovule non fécondé.

oviduct, s. : oviducte, trompe de Fallope.

oviferous, adj. : ovifère, ovigère.

ovification, s. : ovulation.

oviform, adj. : oviforme, ovoïde.

ovigenetic or **ovigenous,** adj. : ovigène; **- layer** : couche ovigène (ovaire).

ovigerm, s. : cellule-mère d'un ovule ou d'un œuf.

ovigerous, adj. : ovigère.

ovination, s. : inoculation avec la variole ovine.

ovinia, s. : variole ovine.

oviparity, s. : oviparité.

oviparous, adj. : ovipare (dont les œufs sont pondus après la fécondation, leur développement se faisant hors de l'organisme maternel).

oviposit, v. : pondre, plus spécialement pondre au moyen d'un ovipositeur (insectes) (entomol.).

oviposition, s. : ponte, oviposition (dépôt des œufs) (entomol.).

ovipositor, s. : ovipositeur, pondoir.

ovisac, s. : ovisac, follicule de de Graaf.

ovi vitellus (lat.) : jaune de l'œuf, vitellus.

ovo-, ovi- s. : ovo-, ovi-, préfixe indiquant un rapport avec l'œuf.

ovoblast, s. : ovoblaste.

ovocenter, s. : ovocentre.

ovocyte, s. : cf., **oocyte.**

ovogenesis, s. : ovogénie (étude du développement de l'ovule).

ovoglobulin, s. : ovoglobuline.

ovoviviparous, adj. : ovovivipare (dont les œufs se développent dans l'organisme maternel, les œufs étant pondus à maturation).

ovular, adj. : ovulaire.

ovulation, s. : ovulation (rupture de l'ovisac et mise en liberté de l'ovule).

ovule, s. : ovule.

ovulin, s. : sécrétion interne de l'ovaire.

ovulogenous, adj. : ovuligère.

ovulum, s., plur. **ovula** (lat.) : ovule.

ovum, s., plur. **ova** (lat.) : œuf, ovule.

oxalate, s. : oxalate.

oxalemia or **oxalœmia,** s. : oxalémie (présence d'acide oxalique dans le sang).

oxalic, adj. : oxalique; **- acid** : acide oxalique.

oxalism, s. : empoisonnement par l'acide oxalique ou les oxalates.

oxalosis, s. : oxalose.

oxaluria, s. : oxalurie (présence dans l'urine d'oxalate de chaux).

oxidant, s. : oxydant.

oxidase, s. : oxydase.

oxidation, s. : oxydation.

oxidation-reduction, s. : oxydo-réduction.

oxide, s. : oxyde.

oxidise, v. : oxyder.

oxigram, s. : diagramme de l'oxygénation artérielle.

oxim or **oxime,** s. : oxime (chim.).

oxinhalator, s. : inhalateur portatif d'oxygène.

oxy- : oxy-, préfixe (1. indiquant la présence d'oxygène dans un composé; 2. signifiant aigu, vif, acide).

oxyacusis, s. : hyperacousie.

oxyaphia, s. : acuité anormale du sens du toucher.

oxyarteritis, s. : artérite aiguë.

oxyblepsia, s. : acuité visuelle.

oxybolia, s. : éjaculation prématurée de sperme.

oxybutyria, s. : 1. présence d'acide oxybutyrique dans le sang; 2. élimination d'acide oxybutyrique par l'urine.

oxycephalia, s. : oxycéphalie, acrocéphalie.

oxychloride, s. : oxychlorure.

oxyencephalitis, s. : encéphalite aiguë.

oxyendocarditis, s. : endocardite aiguë.

oxyesthesia, s. : hyperacuité de la sensibilité.

oxygen, s. : oxygène; **- carrier** : transporteur d'oxygène; **- powder** : peroxyde de sodium; **- tent** : tente à oxygène; **- therapy** : oxygénothérapie.

oxygenase, s. : oxygénase.

oxygenated, adj. : oxygéné.

oxygenation, s. : oxygénation.

oxygeusia, s. : hyperacuité du goût.

oxyhemoglobin or **oxyhaemoglobin,** s. : oxyhémoglobine.

oxyhydrogen, adj. : oxhydrique; **- blowpipe** : chalumeau oxhydrique.

oxylalia, s. : rapidité d'élocution.

oxymel, s. : oxymel (médicament composé de miel et de vinaigre).

oxyntic, adj. : à sécrétion acide; **- cells** : cellules gastriques (supposées sécréter l'acide chlorhydrique); **- gland** : glande à sécrétion acide.

oxyopia, s. : hyperacuité visuelle.

oxyopter, s. : unité de mesure de l'acuité visuelle.

oxyosis, s. : acidose.

oxyosmia, s. : oxyosmie (acuité de l'odorat).

oxyosphresia, s. : hyperacuité de l'odorat.

oxypathia, s. : 1. maladie grave; 2. incapacité de l'organisme d'éliminer les acides.

oxyphil, adj. : oxyphile, éosinophile.

oxyphonia, s. : stridence de la voix.

oxypodia, s. : pied bot, talus équin.

oxythine, adj. : 1. à nez pointu; 2. à sens olfactif développé.

oxyrygmia, s. : oxyregmie (éructation acide).

oxytocia, s. : accouchement rapide.

oxytocic, s., adj. : ocytocique, oxytocique (qui hâte l'accouchement).

oxytocin, s. : ocytocine, oxytocine, hypophamine x, pitocine (hormone du lobe postérieur de l'hypophyse qui excite les contractions de l'utérus au moment de l'accouchement).

oxytoxin, s. : toxine oxydée.

oxytropism, s. : tendance de certains organismes à être attirés par l'oxygène.

oxyuriasis, s. : oxyurase, oxyurose (infestation par les oxyures).

oxyuricide, s. : anthelminthique spécifique des oxyures (parasit.).

Oxyuris, s. : oxyure (nématode) (parasit.).

ozena or **ozœna,** s. : ozène, rhinite atrophique, rhinite chronique fétide.

ozocerite or **ozokerite,** s. : ozocérite, ozokérite, cire minérale (sert dans les maladies de peau).

ozochrotia, s. : odeur nauséabonde de la peau.

ozochrotous, adj. : à peau ayant une odeur nauséabonde.

ozonator, s. : ozonateur.

ozone, s. : ozone (forme allotrope de la molécule d'oxygène, O_3).

ozonisation, s. : ozonisation.

ozonize, v. : ozoniser, ozoner.

ozoniser, s. : ozonateur, ozoniseur, ozoneur.

ozonometer, s. : ozonomètre.

ozonometry, s. : ozonométrie (dosage de l'ozone atmosphérique).

ozonophore, s. : 1. élément granulaire du protoplasme; 2. hématie.

ozonoscope, s. : papier réactif saturé d'amidon et d'iode pour dosage de l'ozone athmosphérique.

ozostomia, s. : odeur fétide de la bouche, de l'haleine, fœtor oris.

P

pabular, *adj.* : se rapportant à la nutrition.

pabulin, *s.* : substance albuminoïde et lipidique décelée dans le sang juste après les processus de la digestion.

pabulum, *s. (lat.)* : nourriture, aliment.

Pacchionian glands *or* **bodies** : granulations de Pacchioni (arachnoïde); **- depressions** : dépressions de la paroi osseuse creusées par les granulations de Pacchioni; **- foramen** : foramen ovale de Pacchioni (tente du cervelet).

pace maker : 1. nœud sinusal, nœud de Keith et Flack; 2. stimulateur (nœud excito-moteur artificiel); 3. rythmeur cardiaque, pace-maker.

pachemia *or* **pachaemia,** *s.* : cf., **pachyemia.**

Pachon's method : cardiographie faite avec le malade couché sur le côté gauche; **- test** : épreuve de Pachon (épreuve d'insuffisance cardiaque).

pachy- : pachy-, préfixe signifiant épais.

pachyacria, *s.* : acromégalie.

pachyblepharon, *s.* : pachyblépharose (épaississement des paupières).

pachyblepharosis, *s.* : pachyblépharose chronique.

pachycephalic *or* **pachycephalous,** *adj.* : atteint de pachycéphalie.

pachycephaly, *s.* : pachycéphalie (épaississement des parois du crâne avec synostose des pariétaux et de l'occipital).

pachycheilia, *s.* : épaississement d'une ou des deux lèvres.

pachycholia, *s.* épaississement de la bile.

pachychromatic, *adj.* : ayant un réseau épais de chromatine.

pachychymia, *s.* : forte concentration des liquides du corps.

pachydactylia, *s.* : état caractérisé par une forte épaisseur des doigts.

pachyderma *or* **pachydermia,** *s.* : 1. pachydermie (accroissement persistant de l'épaisseur de la peau dans son ensemble, dû à une hyperplasie fibreuse interstitielle); 2. éléphantiasis; **- laryngis** : pachydermie blanche laryngée, leucoplasie laryngée.

pachydermatocele, *s.* : 1. pachydermatocèle, pachydermocèle; 2. dermatolyse.

pachydermatosis, *s.* : 1. pachydermie chronique; 2. acné hypertrophique *ou* éléphantiasique, rhinophyma.

pachydermatous, *adj.* : pachydermique, à peau épaisse.

pachyemia *or* **pachyhaemia,** *s.* : épaississement morbide du sang.

pachyemic, pachyhaemic *or* **pachyemous,** *adj.* : à sang épais.

pachygastrous, *adj.* : à large abdomen.

pachyglossal *or* **pachyglossate,** *adj.* : à langue épaisse.

pachyglossia, *s.* : épaississement de la langue.

pachygnathous, *adj.* : à mâchoires épaisses.

pachyleptomeningitis, *s.* : méningite.

pachylosis, *s.* : peau sèche, dure, écailleuse, surtout sur les jambes.

pachymenia, *s.* : épaississement de la peau ou d'une membrane.

pachymeningitic, *adj.* : atteint de, se rapportant à, la pachyméningite.

pachymeningitis, *s.* : pachyméningite (inflammation de la dure-mère); **cerebral -** : pachyméningite cérébrale; **- cervicalis hypertrophica** : pachyméningite cervicale hypertrophique; **external -** : pachyméningite externe, scléroméningite; **hemorrhagic -** *or* **- haemorrhagica interna** : pachyméningite interne ou hémorragique; **spinal -** : pachyméningite rachidienne.

pachymeninx, *s.* : dure-mère.

pachymeter, *s.* : pachomètre *(phys.)*.

pachynsis, *s.* : épaississement.

pachyntic, *adj.* : 1. se rapportant à un épaississement *ou* un durcissement anormal d'un organe; 2. accroissant l'épaisseur.

pachyonychia, *s.* : pachyonychie, pachyonyxis (épaississement des ongles des mains et des pieds).

pachyotia, *s.* : oreilles épaisses.

pachypelviperitonitis, *s.* : pachypelvipéritonite (péritonite pelvienne avec dépôt fibreux sur l'utérus).

pachyperitonitis, s. : pachypéritonite (épaississement de la membrane péritonéale d'origine inflammatoire).

pachypleuritis, s. : pachypleurite (épaississement de la plèvre, formé de tissu conjonctif très vasculaire, observé fréquemment dans les pleurésies chroniques).

pachypodous, adj. : à pieds épais.

pachyrhinic, adj. : à nez épais ou anormalement large et plat.

pachysalpingitis, s. : pachy-salpingite, salpingite chronique parenchymateuse, salpingite chronique hypertrophique.

pachysalpingo-oothecitis or **pachysalpingo-ovaritis**, s. : inflammation de l'ovaire et de la trompe de Fallope avec épaississement des organes.

pachysomia, s. : hypertrophie des parties molles du corps.

pachytes, s. : 1. grosseur; 2. pachyblépharose.

pachytic, adj. : 1. gros, obèse; 2. capable d'épaissir les liquides du corps.

pachytrichous, adj. : à cheveux épais.

pachyvaginalitis, s. : pachyvaginalite, hématocèle vaginale, périorchite, vaginalité plastique (inflammation chronique de la séreuse qui enveloppe le testicule s'accompagnant d'épaississement et d'hémorragie).

pachyvaginitis, s. : pachyvaginite (inflammation du vagin s'accompagnant d'épaississement des parois).

Pacinian bodies or **corpuscles** : corpuscules de Pacini, corpuscules de Krause.

pacinitis, s. : inflammation des corpuscules de Pacini.

pack, s. : 1. enveloppement; **cold** - : enveloppement froid; **hot** - : enveloppement chaud; **wet** - : enveloppement humide; 2. emplâtre.

packer, s. : instrument pour insérer des tampons ou des pansements dans une cavité tel le vagin.

packing, s. : 1. bourrage d'une bessure ou d'une cavité; 2. substance employée pour faire ce bourrage; - **sheet** : enveloppement.

pad, s. : 1. coussinet (de support); 2. tampon, compresse; 3. pelote digitale, pulpe (du doigt, de l'orteil), patte (animaux); - **of corpus callosum** : bourrelet du corps calleux; **dinner** - : serviette pliée placée sur l'estomac avant de faire un corset plâtré pour permettre la distension de l'estomac au cours des repas; **sucking** - : boule graisseuse de Bichat.

paed-, paedo-, cf. aussi les mots commençant par **ped-, pedo-**.

Page's disease : 1. railway-brain; 2. railway-spine (syndromes se rattachant à l'hystéro-neurasthénie traumatique).

Pagenstecher's ointment : onguent ophtalmique; - **thread** : fil de lin enduit de celluloïde.

Paget's abscess : abcès résiduel; - **disease** : 1. maladie de Paget du sein; 2. maladie osseuse de Paget, ostéite déformante hypertrophique; - **quiet necrosis** : processus de nécrose locale et de formation de séquestre dans les couches superficielles d'un os long; - **recurrent fibroid** : sarcome fusocellulaire du tissu sous-cutané.

pagiorrheumatism, s. : rhumatisme chronique.

pagoplexia, s. : gelure, froidure.

-pagus : suffixe latin dénotant la fixation.

paidonosology, s. : pédiatrie.

pain, s. : 1. douleur (sens général du mot), souffrance; 2. douleurs (obstét.); **after** - : tranchées utérines; **bearing-down** - : sensation douloureuse de pesanteur des organes pelviens de la femme, analogue aux douleurs du travail; **false** - : fausses douleurs; **fulgurant** or **fulgurating** - : douleur fulgurante, douleur lancinante; **girolle** - : sensation douloureuse comparable à une ceinture serrant la taille, symptomatique d'une affection de la moelle épinière; **growing** - : douleurs de croissance; **labor** - : cf. (2); **osteocopic** - : ostéodynie, douleur, ostéocope; **referred** - : irradiations; **terebrating** or **terebrant** - : douleur térébrante; - **killer** : anodin, antalgique, calmant; - **killing** : anodin, antalgique, calmant.

painful, adj. : douloureux; **to become** - : s'endolorir; - **heel** : 1. pododynie, métatarsalgie; 2. achillodynie.

painfulness, s. : nature douloureuse, pénible.

painless, adj. : sans douleur; - **tumor** : tumeur indolente, indolore; - **whitlow** : panaris de Morvan, ou panaris analgésique.

painlessness, s. : absence de douleur, indolence (d'une tumeur).

painter's colic : colique saturnine, colique de plomb; - **palsy** : paralysie d'origine saturnine.

pair, s. : paire.

Pajot's maneuver or **method** : mode de décapitation du fœtus en embryotomie.

pala, s. (lat.) : 1. lame épithéliale (corps bordant); 2. syphilis (Hawaï).

palatal, adj. : palatal.

palate, s. : palais; **cleft** - : bec de lièvre; **hard** - : palais; **soft** - : voile du palais.

palatic, adj. : palatal.

palatiform, adj. : palatiforme.

palatine, adj. : palatal, palatin, du palais; - **arches** : piliers du voile du palais; - **bone** or **vault** : voûte du palais.

palatitis, s. : palatite (stomatite localisée au palais).

palato- : palato-, préfixe dénotant un rapport avec le palais.

palatoglossal, adj. : pharyngostaphylin.

palatoglossus, s. : cf., **musculus**.

palatognathous, adj. : à bec de lièvre.

palatognathus, s. : à bec de lièvre.

palatoplasty, s. : palatoplastie, staphyloplastie.

palatoplegia, s. : paralysie du voile du palais.

palatorrhaphy, s. : staphylorraphie.

palatoschisis, s. : palatoschisis (prolongement à la voûte palatine de la fissure du bec-de-lièvre).

palatum (lat.) : palais; - durum : palais; - fissum : palais fendu; - mobile, molle or pendulum : voile du palais.

paleo- : paléo-, préfixe signifiant vieux.

paleocerebellum, s. : paléocérébellum.

paleo-encephalon, s. : palencéphale.

paleontology, s. : paléontologie.

paleopathology, s. : paléopathologie (étude des maladies que peut révéler l'examen des débris humains ou animaux des temps anciens).

paleophrenia, s. : schizophrénie.

paleothalamus, s. : paléothalamus.

pali- : pali-, préfixe signifiant de nouveau, dénotant souvent une répétition pathologique.

palikinesia, s. : palicinésie (syndrome caractérisé par la répétition spontanée et involontaire du même geste).

palilalia, s. : palilalie (trouble de la parole).

palimbolous, adj. : changeant souvent (se dit des maladies dont les symptômes sont inconstants).

palimptosis, s. : retour à la position antérieure.

palinal, adj. : se déplaçant en arrière.

palindromia, s. : rechute, récurrence (d'une maladie).

palindromic, adj. : palindromique.

palinesthesia, s. : retour à la sensibilité après l'anesthésie, par injection intraveineuse d'acide chlorhydrique dilué.

palingenesis, s. : palingénésie (reproduction des mêmes traits, des mêmes évolutions).

palinodia, s. : récurrence, rechute d'une maladie

palinphrasia, s. : palimphrasie (répétition continuelle d'un mot, d'une phrase, d'une rime ou d'un vers).

palirrhea, s. : 1. récurrence d'un écoulement muqueux; 2. régurgitation.

palisade cell : cellule en palissade; - parenchyma or tissue : palissade; - worm : strongle géant.

palladium, s. : palladium.

pallanesthesia, s. : pallanesthésie (abolition de la sensibilité vibratoire).

pallesthesia, s. : pallesthésie (sensibilité vibratoire, étudiée à l'aide du diapason appliqué sur la peau).

palliating, adj. : lénitif.

palliation, s. : palliation, atténuation.

palliative, s. : palliatif, lénitif, anodin; adj. : lénitif.

pallid, adj. : pâle, blême.

pallidal, adj. : se rapportant au globus pallidus.

pallidness, s. : pâleur.

pallidum, s. : globus pallidus (noyau lenticulaire).

pallium, s. (lat.) : manteau (ensemble du cortex).

pallor, s. : pâleur; - luteus or virginum : chlorose.

palm, s. : 1. paume (de la main); 2. palmier.

palma, s., plur. palmæ (lat.) : paume (de la main); palmæ plicatæ : crêtes ou rides du vagin.

palmar, adj. : palmaire (anat.).

palmaris, s. : cf., musculus.

palmature, s. : palmature, syndactylie.

palmic, adj. : 1. palmitique; 2. se rapportant au pouls, à la palpitation; 3. se rapportant à une forme de chorée saltatoire.

palmiped, s., adj. : palmipède.

palmitate, s. : palmitate.

palmitic, adj. : palmitique; - acid : acide palmitique.

palmodic, adj. : se rapportant à, ressemblant à, atteint d'une forme de chorée saltatoire.

palmoplantar, adj. : palmo-plantaire; - sign : signe palmo-plantaire (coloration jaune spéciale qui prennent les régions palmaires et plantaires pendant certaines maladies fébriles).

palmoscopy, s. : examen du pouls.

palmus, s. : 1. forme de chorée saltatoire; 2. palpitation, pulsation; 3. battement de cœur.

palpable, adj. : palpable (1. que l'on peut toucher; 2. évident).

palpate, v. : palper.

palpation, s. : palpation, palper.

palpatometer, s. : appareil pour mesurer la tension artérielle.

palpatometry, s. : mesure de la plus grande pression supportable sans douleur.

palpatopercussion, s. : association de la palpation et de la percussion.

palpatorium, s. : appareil pour déceler les points douloureux de l'abdomen.

palpebra, s., plur. palpebræ (lat.) : paupière; - inferior : paupière inférieure; - superior : paupière supérieure.

palpebral, adj. : palpébral; - angle : angles de l'œil (angle externe ou petit angle; angle interne); - cartilage : tissu conjonctif des paupières; - fascia : expansion aponévrotique de l'aponévrose de Tenon; - fissure : orifice palpébral, fente palpébrale; - follicles : glandes de Meibomius; - muscle : muscle orbiculaire des paupières.

palpebrate, adj. : muni de paupières; v. : cligner des yeux.

palpebration, s. : clignement de l'œil, nictitation.

palpebritis, s. : inflammation palpébrale, blépharite.

palpitate, s. : palpiter.

palpitation, s. : palpitation.

palsy, s. : paralysie; Bell's - : paralysie de Bell (paralysie du nerf facial); birth - : toute affection paralytique consécutive à un accident au moment de la naissance; bulbar - : paralysie bulbaire; Erb's - : paraplégie d'Erb; lead - or painter's - : paralysie d'origine saturnine; local - or wast-

ing - : atrophie musculaire progressive; **scrivener's -** : crampe des écrivains; **shaking -** : maladie de Parkinson, paralysie agitante.

Paltauf's nanism : nanisme associé au lymphatisme.

paludal, *adj.* : paludéen, paludique; **- patient** : paludéen.

paludide, *s.* : paludide (accidents cutanés paraissant provenir de l'infection palustre).

paludism, *s.* : paludisme.

palustral, *adj.* : palustre, paludéen.

pampiniform, *adj.* : en forme de vrille, pampiniforme; **- plexus** : plexus veineux spermatique.

pampinocele, *s.* : varicocèle du plexus spermatique.

pamplegia, *s.* : paralysie générale.

pan, *s.* : bassin; **bed -** : bassin; **brain -** or **head -** : boîte crânienne; **douche -** : bock laveur; **knee -** : rotule.

pan- : pan-, préfixe signifiant tout, la totalité.

panacea, *s.* : panacée, remède universel.

panagglutinin, *s.* : panagglutinine.

Panama fever : 1. forme de paludisme; 2. fièvre jaune; **- paralysis** : béribéri.

panangiitis, *s.* : panangéite (1. inflammation de tous les vaisseaux sanguins d'une région ; 2. inflammation de toutes les tuniques d'un vaisseau sanguin).

panantibody, *s.* : pananticorps.

panaris, *s.* : panaris (nom générique donné à toutes les inflammations suppurées aiguës des doigts).

panarteritis, *s.* : 1. inflammation de plusieurs artères en même temps; 2. inflammation de toutes les tuniques artérielles.

panarthritis, *s.* : panarthrite (forme de rhumatisme articulaire généralisé).

panasthenia, *s.* : neurasthénie.

panatrophy, *s.* : 1. atrophie de toutes les parties d'un organe, d'un système; 2. atrophie généralisée.

panbioma, *s.* : principe général de vie.

panblastic, *adj.* : se rapportant à toutes les couches du blastoderme.

pancarditis, *s.* : pancardite (inflammation des trois tuniques cardiaques).

panchrestous, *adj.* : universel, guérissant tous les maux.

panchrestus, *s.* : panacée, remède universel.

panchromatic, *adj.* : panchromatique *(phot.)*.

Pancoast syndrome : syndrome de Pancoast-Tobias.

pancreas, *s.* : pancréas; **accessory -** : pancréas accessoire ou aberrant; **head of the -** : tête du pancréas; **lesser -** : petit pancréas, crochet; **tail of -** : queue du pancréas.

pancreatalgia, *s.* : douleur pancréatique.

pancreatectomy, *s.* : pancréatectomie (extirpation totale ou partielle du pancréas).

pancreatemphraxis, *s.* : obstruction du canal de Wirsung.

pancreathelcosis, *s.* : ulcération pancréatique.

pancreatic, *adj.* : pancréatique; **- duct** : canal de Wirsung; **- fluid** or **juice** : sécrétion pancréatique.

pancreaticogastrostomy, *s.* : pancréatogastrostomie (établissement d'une fistule faisant communiquer le canal pancréatique avec l'estomac).

pancreatin, *s.* : pancréatine.

pancreatism, *s.* : fonctionnement pancréatique normal.

pancreatitis, *s.* : pancréatite (nom donné à toutes les inflammations aiguës ou chroniques du pancréas).

pancreatoduodenectomy, *s.* : excision de la tête du pancréas et de l'anse duodénale qui l'entoure.

pancreatogenic or **pancreatogenous,** *adj.* : pancréatogène.

pancreatolith, *s.* : calcul pancréatique.

pancreatolithotomy, *s.* : excision d'un calcul du pancréas.

pancreatolysis, *s.* : destruction du pancréas.

pancreatolytic, *adj.* : se rapportant à la destruction du pancréas.

pancreatomy, *s.* : *cf.,* **pancreatotomy.**

pancreatoncus, *s.* : tumeur pancréatique.

pancreatopathy, *s.* : toute maladie du pancréas.

pancreatoprivic, *adj.* : pancréatoprive.

pancreatorrhagia, *s.* : hémorragie pancréatique.

pancreatostomy, *s.* : pancréatostomie.

pancreatotomy, *s.* : pancréatotomie (incision chirurgicale du pancréas).

pancreatropic or **pancreatotropic,** *adj.* : pancréatotrope (qui a des affinités pour le pancréas); **- hormone** : hormone pancréatotrope, pancréatostimuline.

pancreopathia or **pancreopathy,** *s.* : maladie du pancréas.

pancreozymin, *s.* : pancréozymine.

pancytolysis, *s.* : pancytolyse (lyse de tous les types de globules sanguins).

pancytopenia, *s.* : pancytopénie, panhématopénie.

pandemia, *s.* : pandémie, épidémie généralisée.

pandemic, *s.* : pandémie; *adj.* : pandémique.

Pander's islands : 1. plaques jaune rougeâtre de la couche blastodermique; 2. neurones bulbothalamiques; **- layer** : couche blastodermique.

pandiculation, *s.* : pandiculation (action automatique et forcée par laquelle on porte les bras en haut en renversant la tête et le tronc en arrière et en allongeant les jambes; s'accompagne de bâillements).

Pandy's test : réaction de Pandy (diagnostic de la méningite).

panelectroscope, *s.* : instrument pour examiner à la lumière électrique les divers organes creux du corps.

panendoscope, *s.* : cystoscope à grande visibilité pour la vessie.

panesthesia, *s.* : 1. sensation totale, générale; 2. anesthésie; 3. capacité sensorielle indifférenciée du germe.

pang, *s.* : douleur aiguë fugitive; **breast -** : angine de poitrine.

pangen, *s.* : pangène *(biol.)*.

pangenesis, *s.* : pangenèse (théorie sur l'hérédité).

pangenetic, *adj.* : se rapportant à la pangenèse.

panglossia, *s.* : loquacité.

panhidrosis, *s.* : *cf.,* **panidrosis.**

panhydrometer, *s.* : instrument pour déterminer le poids spécifique d'un liquide.

panhygrous, *adj.* : humide sur toute la surface.

panhyperemia *or* **panhyperhaemia,** *s.* : pléthore.

panhypopituitarism, *s.* : panhypopituitarisme.

panhysterectomy, *s.* : hystérectomie totale.

panhysterocolpectomy, *s.* : hystérocolpectomie totale.

panic, *s.* : panique.

panicula, *s. (lat.)* : œdème, tumeur.

panidrosis, *s.* : transpiration généralisée.

panis, *s. (lat.)* : pain; **mica -** : mie de pain.

panivorous, *adj.* : se nourrissant de pain.

panleucopenia, *s.* : aleucémie; **malignant - of cats** : leucopénie infectieuse des chats *(vétér.)*.

panmeristic, *adj.* : panméristique *(biol.)*.

panmixia, *s.* : panmixie (1. participation de l'individu à la perpétuation de l'espèce par opposition à la sélection ; 2. reproduction *ou* croisement d'une espèce sans considération de lignage).

panmnesia, *s.* : mémoire puissante.

panmyelophthisis, *s.* : panmyélophtisie, aleucie hémorragique, aplasie de toutes les lignées médullaires.

pannecrotomy, *s.* : nécropsie généralisée à tous les individus.

panneuritis, *s.* : névrite généralisée; **- epidemica** : béribéri.

panniculitis, *s.* : panniculite (inflammation du tissu graisseux sous-cutané ou pannicule adipeux).

panniculus, *s.* : pannicule, couche; **- adiposus** : pannicule adipeux; **- carnosus** : couche carnée; **- cordis** : péricarde; **- hymeneus** *or* **virginis** : hymen; **- subtilis** : pie-mère; **- transversus** : diaphragme.

pannus, *s.* : 1. pannus (affection de la cornée caractérisée par la vascularisation avec injection conjonctivale intense); 2. chloasma; **- carateus** : caraté, pinta, mal del pinto; **- carnosus** *or* **crassus** : pannus crassus; **- tenuis** : pannus tenuis.

panophobia, *s.* : pantophobie (peur morbide de toutes choses).

panophthalmia *or* **panophthalmitis,** *s.* : panophtalmie, panophtalmite, ophtalmie purulente profonde, phlegmon de l'œil.

panoptic, *adj.* : panoptique.

panoptosia, *s.* : pantoptose, ptose généralisée.

panosteitis, *s.* : inflammation de toutes les structures d'un os.

panotitis, *s.* : otite généralisée.

panpharmacon, *s.* : panacée.

panphobia, *s.* : *cf.,* **panophobia.**

panplegia, *s.* : paralysie généralisée.

pansclerosis, *s.* : sclérose totale d'un organe, d'un membre.

pansinusitis, *s.* : sinusite généralisée.

panspermatism *or* **panspermia,** *s.* : panspermie (dissémination universelle des germes vivants).

pansphygmograph, *s.* : sphygmographe enregistreur du pouls, des contractions cardiaques et de la respiration.

pansymmetry, *s.* : symétrie totale.

pantachromatic, *adj.* : complètement incolore.

pantalgia, *s.* : douleur généralisée.

pantamorphia, *s.* : difformité généralisée.

pantamorphic, *adj.* : complètement difforme.

pantanencephalia, *s.* : anencéphalie congénitale.

pantanencephalic, *adj.* : atteint d'anencéphalie congénitale.

pantanencephalus, *s.* : monstre atteint d'anencéphalie.

pantaphobia, *s.* : absence totale de peur.

pantatrophia *or* **pantatrophy,** *s.* : atrophie généralisée.

panthodic, *adj.* : se dit de l'influx nerveux irradiant dans tout le corps.

pantogamy, *s.* : pantogamie, accouplement sans discrimination.

pantograph, *s.* : pantographe.

pantography, *s.* : 1. description générale; 2. pantographie.

pantomorphia, *s.* : 1. faculté de revêtir toutes les formes; 2. symétrie généralisée.

pantophobia, *s.* : pantophobie (terreur de toutes choses exagérée et démonstrative).

plantoplethora, *s.* : hyperémie généralisée.

pantothenic, *adj.* : pantothénique; **- acid** : acide pantothénique (vitamine B5, constituant du coenzyme A).

pantropic, *adj.* : pantrope.

panus, *s. (lat.)* : ganglion lymphatique enflammé sans suppuration; **- faucium** : glande congestionnée dans la gorge; **- inguinalis** : bubon.

pap, *s.* : 1. mamelon; 2. bouillie; **fed on -** : nourri de bouillies.

papain, *s.* : papaïne.

papainase, *s.* : papaïnase.

Papanicolaou's test : test de Papanicolaou (cytodiagnostic du cancer du col de l'utérus).

paper, *s.* : papier; **filter -** : papier filtre; **gaslight -** : papier au gélatino-chlorure d'argent, papier pour épreuves à la lumière *(phot.)*; **hard -** :

papier à contrastes (phot.); **lens -** : papier de soie spécial pour nettoyage des lentilles (opt.); **printing-out -** : papier à noircissement direct (phot.); **self-toning -** : papier autovireur (phot.).

papilla, s., plur. **papillæ** (lat.) : 1. mamelon; 2. papille; 3. papille optique; **acoustic -** : organe de Corti; **bile - or - duodeni** : ampoule de Vater; **circumvallate -** : papille caliciforme (de la langue); **filiform -** : papille filiforme (de la langue); **fungiform -** : papille fongiforme (de la langue); **gustatory papillæ** : papilles gustatives; **lacrimal -** : caroncule lacrymal ; **renal -** : papille rénale.

papillary, adj. : papillaire; **- necrosis** : nécrose papillaire; **- tumor** : tumeur papillaire.

papillectomy, s. : excision de papilles.

papilledema, s. : papillite.

papilliferous, adj. : papillifère.

papilliform, adj. : papilliforme.

papillitis, s. : papillite (œdème de la papille optique).

papilloadenocystoma, s. : association de papillome, d'adénome et de cystome.

papillocarcinoma, s. : 1. carcinome à excroissances papillaires; 2. papillome malin.

papilloma, s. : papillome; **branching -** : papillome pédiculé.

papillomatosis, s. : papillomatose (affection contagieuse et inoculable, caractérisée par l'existence de multiples papillomes cutanés ou muqueux).

papillomatous, adj. : papillomateux.

papilloretinis, s. : association de papillite et de rétinite.

papillose, adj. : papilleux, papillé.

papillotomy, s. : papillotomie (incision de l'ampoule de Vater dans la cholécystite).

papillula, s. : 1. petite papille; 2. mamelon.

pappataci fever : fièvre à pappataci, fièvre de trois jours, fièvre d'été, fièvre de Pym.

pappus, s. : duvet des joues et du menton.

papula, s. : cf., **papule.**

papular, adj. : papulaire.

papulation, s. : dans les maladies éruptives, stade caractérisé par la formation des papules.

papule, s. : papule; **moist -** : condylome syphilitique.

papuliferous, adj. : boutonneux, papuleux.

papyraceous, adj. : papyracé; **- bone** : ethmoïde.

Paquelin's cautery : thermocautère.

par, s. (lat.) : paire; **- vagum** : nerfs pneumogastriques.

para- : para-, préfixe signifiant : 1. voisinage, opposition, défectuosité; 2. position des atomes d'hydrogène ou des radicaux sur l'anneau benzénique.

PARA-adenovirus (Particle Aiding Replication Adenovirus) : particule aidant à la réplication des adénovirus.

para-aminobenzoic acid : acide para-aminobenzoïque (vitamine B6).

para-analgesia, s. : analgésie limitée à l'extrémité inférieure du corps.

para-anesthesia, s. : anesthésie de la partie inférieure du corps.

para-appendicitis, s. : para-appendicite, pérityphlite (péritonite localisée au voisinage de l'appendice, mais ne s'accompagnant pas de lésion de cet organe).

parabiosis, s. : 1. parabiose (union de deux individus permettant entre eux des échanges physiologiques); 2. parabiose des nerfs (suspension temporaire de la conductivité du nerf).

parabiotic, adj. : se rapportant à, caractérisé par la parabiose.

parablast, s. : parablaste, feuillet vasculaire du mésoblaste.

parablastic, adj. : parablastique.

parablastoma, s. : tumeur composée de tissu parablastique.

parablepsis, s. : vision erronée, perversion de la vision.

parabulia, s. : perversion de la volonté.

paracanthoma, s. : tumeur de la couche de Malpighi.

paracanthosis, s. : toute dermatose caractérisée par une anomalie de la couche de Malpighi.

paracele or **paracœle,** s. : ventricule latéral (cerveau).

paracentesis, s. : paracentèse, ponction.

paracentral, adj. : paracentral; **- lobule** : lobule paracentral.

paracholia, s. : paracholie (trouble de la sécrétion biliaire).

parachordal, adj. : situé à côté de la notochorde.

parachrea or **parachroia,** s. : décoloration morbide, modification du teint.

parachroma, s. : changement de couleur, en particulier de la peau.

parachromatin, s. : partie du caryoplasme qui forme les filaments pendant la mitose.

parachromatism or **parachromatoblepsia,** s. : fausse perception des couleurs.

parachromatopsia, s. : daltonisme, achromatopsie.

parachromatosis, s. : maladie cutanée pigmentaire.

parachromophoric or **parachromophorous,** adj. : ayant une couleur inhérente à la cellule, tel un produit de métabolisme passif.

parachrosis, s. : maladie cutanée pigmentaire.

parachymosin, s. : variété de labferment.

parachymosis, s. : état morbide d'une sécrétion ou d'un organe de sécrétion.

paracinesis, s. : parakinésie (défaut de coordination dans les mouvements volontaires).

paracme, s. : 1. dégénérescence d'un groupe d'organismes après qu'ils ont atteint l'acmé de leur développement; 2. période de déclin d'une maladie.

paracnemidion or **paracnemis**, s. : péroné.

paracolitis, s. : paracolite (inflammation du tissu cellulaire mésocolique ou rétrocolique).

paracolon, s. : nom donné aux bacilles du groupe intermédiaire entre le bacille typhique et le colibacille.

paracolpitis, s. : inflammation du tissu conjonctif entourant le vagin.

paracolpium, s. : tissu conjonctif entourant le vagin.

paracoxalgia, s. : paracoxalgie.

paracrisis, s. : trouble dans les sécrétions.

paracrusis, s. : 1. démence, délire; 2. arrêt d'une éruption, d'un exanthème.

paracusia or **paracusis**, s. : paracousie (anomalie dans la perception des sons); **- duplicata** : paracousie double, diplacousie; **- obtusa** : dureté d'oreille; **- perversa** or **Willisiana** : paracousie de Willis.

paracyclesis, s. : troubles de la circulation.

paracyesis, s. : grossesse extra-utérine.

paracystic, adj. : situé près, le long de la vessie.

paracystitis, s. : paracystite, extra-cystite, phlegmon prévésical.

paracystium, s. : gaine allantoïdienne (vessie).

paradenitis, s. : inflammation du tissu aréolaire entourant une glande.

paradental, adj. : autour, à côté d'une dent.

paradidymis, s. : paradidyme, corps innominé de Giraldès.

paradox, s. : paradoxe, antinomie.

paradoxical, adj. : paradoxal, antinomique; **- ankle reflex** : réflexe achilléen paradoxal; **- contraction** : contraction musculaire paradoxale; **- pulse** : pouls paradoxal, signe de Griessinger-Kussmaul.

paradysentery, s. : forme bénigne de dysenterie.

para-eccrisis, s. : toute anomalie dans les excrétions.

para-enteric fever : fièvre paratyphoïde.

para-epilepsy, s. : aura (épilepsie).

paraffin, s. : paraffine; **crude -** : graisse minérale; **liquid -** : huile de vaseline, huile de paraffine; **- oil** : pétrole, pétrole lampant; **soft -** : vaseline.

paraffinoma, s. : paraffinome, oléome (prolifération fibreuse qui se développe parfois au niveau des injections prothétiques de paraffine).

paraflagellum, s., plur. **paraflagella** (lat.) : petit flagelle supplémentaire.

parafunctional, adj. : dénotant une anomalie de fonction.

paragammacismus, s. : incapacité de prononcer le g, le k.

paraganglia cells : cellules chromaffines.

paraganglioma, s. : paragangliome (tumeur développée dans la médullaire surrénale ou aux dépens des formations aberrantes du même tissu que l'on peut trouver dans les plexus et ganglions sympathiques abdominaux de la région surrénale).

paraganglion, s. : paraganglion.

parageusia or **parageusis**, s. : parageustie, paragueusie (anomalie ou perversion du sens du goût).

paragglutination, s. : agglutination du bacille typhique par le sérum anti-bacille paratyphique.

paraglobin or **paraglobulin**, s. : paraglobine, paraglobuline, substance fibrinoplastique.

paraglobinuria, s. : présence de paraglobine dans l'urine.

paraglossa, s. : paraglosse, macroglossie, lingua vituli.

paraglossia, s. : inflammation des muscles et du tissu conjonctif sous la langue.

paragnathous, adj. : paragnathe.

paragnathus, s. : paragnathe (monstre polygnathien chez lequel la mâchoire inférieure surnuméraire est placée latéralement).

paragomphosis, s. : enclavement de la tête fœtale dans le canal pelvien.

paragonimiasis, s. : paragonimiatis (hémoptysie endémique de l'Extrême-Orient due à *Paragonimus westermani*).

Paragonimus, s. : *Paragonimus* (ver trématode) (parasit.).

paragonorrheal, adj. : ayant un rapport indirect avec la gonorrhée.

paragraphia, s. : paragraphie (trouble du langage écrit, caractérisé par la confusion des mots).

parahepatitis, s. : périhépatite, inflammation des structures avoisinant le foie.

parahypnosis, s. : sommeil anormal d'origine hypnotique ou narcotique.

parahypophysis, s. : fragment d'hypophyse se trouvant parfois dans le repli pituitaire.

para-infection, s. : symptômes simulant une maladie infectieuse sans la présence de l'agent causal.

para-influenza virus : virus paragrippal (ou myxovirus type II).

parakeratosis, s. : parakératose (dermatose caractérisée par un trouble de l'évolution cornée des cellules épidermiques).

parakinesis, s. : parakinésie (défaut de coordination dans les mouvements volontaires).

paralalia, s. : paralalie, paraphémie (trouble du langage parlé, caractérisé par la confusion des mots).

paralambdacism, s. : impossibilité de prononcer la lettre *l*, ou son remplacement par *t*, *r*, *s*, *v*.

paraleipsis, s. : trouble de la sécrétion sébacée.

paraleprosis, s. : forme atténuée, modifiée de lèpre.

paralepsy, s. : psycholepsie.

paralerema, s. : délire.

paraleresis, s. : délire, faibles troubles mentaux.

paralexia, s. : paralexie (trouble de la lecture dans lequel le malade substitue des mots vides de sens aux mots du texte).

paralgesia, s. : 1. sensation douloureuse anormale; 2. paresthésie douloureuse.

paralgia, s. : toute sensation cutanée pénible (formication, froid, brûlure, etc.).

parallactic, adj. : parallactique (se rapportant à la parallaxe).

parallagma, s. : chevauchement des extrémités d'un os fracturé.

parallax, s. : parallaxe (opt.); **binocular -** : angle de convergence des axes visuels; **crossed** or **heteronymous -** : déplacement apparent des objets regardés avec un seul œil vers l'œil occlus; **homonymous -** : déplacement apparent des objets vers l'œil découvert; **vertical -** : déplacement apparent des objets vers le haut ou vers le bas.

parallelism, s. : 1. parallélisme; 2. isopathie.

parallergy, s. : parallergie, coallergie, pathergie.

paralogia, s. : difficulté à penser de manière logique; **thematic -** : état où la pensée est faussement concentrée sur un seul sujet.

paralogism, s. : paralogisme, faux raisonnement.

paralyse, v. : paralyser.

paralyser, s. : agent paralysateur.

paralysing, adj. : paralysant, paralysateur.

paralysis, s. : paralysie; **acute amyotrophic spinal -, acute atrophic -, atrophic spinal -** or **infantile -** : paralysie infantile, poliomyélite; **acute ascending -** or **acute progressive -** : paralysie ascendante aiguë, maladie de Landry; **- agitans** : paralysie agitante, maladie de Parkinson; **asthenic bulbar -** : paralysie bulbaire, asthénique, syndrome d'Erb, myasthénie, asthénie bulbospinale, myasthénie grave pseudo-paralytique; **atrophic bulbar -** or **bulbar -** : paralysie bulbospinale (variété de paralysie labioglosso-laryngée); **Bell's -, facial -, histrionic -** or **mimetic -** : paralysie de Bell; **Brown-Séquard's -** : paralysie motrice monolatérale avec paralysie sensorielle de l'autre côté; **crutch -** : paralysie des béquillards; **Cruveilhier's -** or **wasting -** : atrophie musculaire progressive; **divers' -** : maladie des caissons; **Duchenne's -** : paralysie musculaire pseudo-hypertrophique; **Erb's -** : myopathie primitive progressive, dystrophie musculaire progressive; **general - of the insane** : paralysie générale progressive, périencéphaloméningite chronique diffuse, encéphalite chronique interstitielle diffuse, maladie de Bayle; **glossolabial -** : paralysie labioglossolaryngée, syndrome de Duchenne; **ischemic -** : paralysie ischémique, rétraction musculaire ischémique de Volkmann; **Klumpke's -** : paralysie de Klumpke, syndrome de Déjerine-Klumpke; **lead -** : paralysie d'origine saturnine; **Little's -** : maladie ou syndrome de Little; **morning -** : paralysie du matin; **- spinalis** : paraplégie; **- vacillans** : chorée; **writers' -** : crampe de l'écrivain.

paralyssa, s. : rage de l'Amérique Centrale et de l'Amérique du Sud causée par la morsure de vampires.

paralytic, s., adj. : paralytique; **- stroke** : attaque de paralysie; **to have a - stroke** : tomber en paralysie.

paralyzant, s. : paralysant.

paralyzer, s. : agent paralysateur.

paramastitis, s. : paramastite, phlegmon périmammaire.

paramastoid, s. : apophyse jugulaire (occipital); adj. : situé près de l'apophyse mastoïdienne.

Paramecium, s. : paramécie (prot.).

paramedian, adj. : paramédian; **- sulcus** : septum paramédian (moelle épinière).

paramenia, s. : troubles de la menstruation.

parameningococcus, s. : paraméningocoque.

parametric, adj. : situé près de l'utérus.

parametrism, s. : spasme douloureux des fibres musculaires lisses du ligament large.

parametritic, adj. : se rapportant à, de la nature de, atteint de paramétrite.

parametritis, s. : paramétrite (inflammation aiguë, « phlegmon juxta-utérin » ou chronique du tissu cellulaire du ligament large de l'utérus développée dans l'espace pelvirectal supérieur de Richet).

parametrium, s. : paramètre, tissu conjonctif entourant l'utérus.

paramimia, s. : paramimie, parasémie (trouble de l'utilisation des gestes qui ne correspondent plus aux idées ni aux sentiments).

paramitome, s. : paramitome (protoplasme).

paramnesia, s. : paramnésie (trouble de la faculté d'expression).

paramorphia, s. : anomalie structurelle.

paramorphism, s. : variété de pseudomorphisme.

paramusia, s. : paramusie (trouble de la faculté musicale).

paramycetoma, s. : paramycétome.

paramyoclonus multiplex : paramyoclonus multiplex (syndrome caractérisé par des contractions musculaires cloniques, involontaires et instantanées, ordinairement bilatérales, ne produisant pas de mouvements étendus).

paramyotonia, s. : paramyotonie (perversion de la tonicité musculaire caractérisée par des spasmes); **- congenita** : paramyotonie congénitale.

paranephritis, s. : 1. paranéphrite, périnéphrite (inflammation de l'enveloppe cellulo-adipeuse du rein); 2. inflammation de la capsule surrénale.

paranephros, s. : capsule surrénale.

paraneural, adj. : situé à côté ou près d'un nerf.

paraneurismus, s. : trouble nerveux, perversion de la fonction nerveuse.

parangi, s. : parangi, pian.

paranœa or **paranoia,** s. : paranoïa, monomanie d'Esquirol.

paranoiac, s., adj. : paranoïaque.

paranoid, adj. : paranoïde (ressemblant à la paranoia).

paranoidism, *s.* : état de l'individu atteint de paranoïa.

paranomia, *s.* : paranomia (trouble du langage).

paranuclear, *adj.* : se rapportant au paranucléus.

paranucleate, *adj.* : ayant un paranucléus.

paranuclein, *s.* : paranucléine (dénaturation d'une nucléo-albumine par hydrolyse pepsique acide).

paranucleolus, *s.* : paranucléole (corps irrégulier se trouvant parfois à l'intérieur du noyau avant la division de la cellule).

paranucleus, *s.* : paranucléus.

para-omphalic, *adj.* : para-ombilical, situé près de l'ombilic.

para-operative, *adj.* : se rapportant aux détails des côtés accessoires d'une opération.

parapancreatic, *adj.* : situé à côté ou près du pancréas.

paraparesis, *s.* : paralysie partielle des extrémités inférieures.

paraparetic, *adj.* : se rapportant à, atteint de paralysie partielle des extrémités inférieures.

parapathia, *s.* : démence.

parapedesis, *s.* : passage d'une sécrétion, d'une excrétion par une voie autre que la normale.

paraperitoneal, *adj.* : situé près du péritoine.

parapestis, *s.* : forme bénigne de peste bubonique.

paraphasia, *s.* : paraphasie (trouble de l'utilisation des mots, dans lequel ceux-ci ne sont pas employés dans leur sens véritable).

paraphasic, *adj.* : se rapportant à la paraphasie.

paraphemia, *s.* : paraphémie (trouble du langage parlé, caractérisé par la confusion des mots).

paraphia, *s.* : anomalie du sens du toucher.

paraphimosis, *s.* : paraphimosis (stricture du gland par un prépuce phimosique).

paraphobia, *s.* : phobie à un faible degré.

paraphonia, *s.* : paraphonie (trouble de la phonation caractérisé par de la discordance dans l'émission des sons); **- clangens** : stridence de la voix; **- puberum** or **pubescentium** : voix de mue (voix rauque, grave et discordante des adolescents au moment de la puberté).

paraphora, *s.* : 1. léger trouble mental; 2. déséquilibre consécutif à une intoxication.

paraphrasia, *s.* : paraphrasie, paraphasie.

paraphrenesis, *s.* : délire, démence.

paraphrenia or **paraphrenitis,** *s.* : phrénitis (1. délire aigu avec fièvre intense, carphologie, pouls petit et serré; 2. inflammation du diaphragme, pleurésie diaphragmatique, paranéphritis).

paraphronesis, *s.* : état paraphronique (délire hystéro-hypnotique à caractère monoïdéique).

paraphysis, *s.* : paraphyse *(anat.)*, filament stérile *(bot.)*.

paraphyton, *s.* : parasite végétal.

paraplasm, *s.* : paraplasma, métaplasma (protoplasme).

paraplastic, *adj.* : 1. de la nature du paraplasma; 2. morbigène; 3. difforme.

paraplastin, *s.* : substance cellulaire voisine de la chromatine.

paraplectic, *adj.* : frappé de paraplégie, paraplégique.

paraplegia, *s.* : paraplégie; **- simplex senilis** : paraplégie sénile; **spastic -** : paraplégie spasmodique.

paraplegic, *adj.* : paraplégique.

paraplegiform, *adj.* : ayant l'aspect de la paraplégie.

parapleuritis, *s.* : parapleurésie (1. pleurodynie; 2. pleuropneumonie).

paraplexus, *s.* : plexus choroïde latéral.

parapneumonia, *s.* : maladie présentant les symptômes de la pneumonie lobaire sans pneumocoques.

parapophysis, *s.* : parapophyse (vertèbre).

parapoplexy, *s.* : forme masquée ou bénigne d'apoplexie.

parapraxia, *s.* : parapraxie (variété d'apraxie secondaire à l'agnoscie).

paraproctitis, *s.* : inflammation du tissu conjonctif entourant le rectum.

paraproctium, *s.* : tissu conjonctif entourant le rectum.

paraprostatitis, *s.* : inflammation des tissus entourant ou voisins de la prostate.

parapsis, *s.* : perversion du sens tactile.

parapsoriasis, *s.* : parapsoriasis (dermatose caractérisée par une éruption papuleuse ayant l'aspect de syphilides ou d'éléments très petits de psoriasis).

parapsychology, *s.* : parapsychologie, partie de la psychologie étudiant la télépathie, la voyance et autres phénomènes extra-sensoriels.

parapyknomorphous, *adj.* : se dit d'une cellule nerveuse présentant des troubles moyennement intenses de la colorabilité.

paraqueduct, *s.* : portion latérale de l'aqueduc de Sylvius.

pararectal, *adj.* : situé près, à côté du rectum; **- pouch** : cul-de-sac de Douglas.

parareflexion, *s.* : pararéflectivité (toute perturbation des réflexes).

pararthrema or **pararthresis,** *s.* : subluxation.

pararthria, *s.* : trouble de l'élocution.

parasacral, *adj.* : situé à côté, près du sacrum.

parasalpingitis, *s.* : périannexite, inflammation des tissus entourant les annexes.

parasecretion, *s.* : 1. anomalie de la sécrétion; 2. tout corps anormalement sécrété.

paraserum reaction : *cf.,* **paragglutination.**

parasigmatism, *s.* : impossibilité de prononcer le son s.

parasinoidal, *adj.* : situé près, le long d'un sinus cérébral.

parasite, *s.* : parasite.

parasitemia *or* **parasitaemia,** *s.* : parasitémie.

parasitic, *adj.* : parasitaire, parasite.

parasiticide, *s., adj.* : parasiticide.

parasitifer, *s.* : hôte du parasite.

parasitism, *s.* : parasitisme.

parasitize, *v.* : vivre en parasite.

parasitized, *adj.* : parasité, infesté de parasites.

parasitogenesis, *s.* : 1. formation des parasites; 2. état favorisant le développement des parasites.

parasitogenic *or* **parasitogenetic,** *adj.* : 1. dû aux parasites; 2. favorisant le parasitisme.

parasitologist, *s.* : parasitologue.

parasitology, *s.* : parasitologie.

parasitophobia, *s.* : parasitophobie (crainte excessive qu'éprouvent certains sujets de contracter des maladies cutanées parasitaires, en particulier la gale).

parasitosis, *s.* : parasitose (nom générique désignant les maladies déterminées par des parasites).

parasitotrope *or* **parasitotropic,** *adj.* : parasitotrope (se dit d'une substance qui, introduite dans l'organisme, a tendance à se fixer sur les parasites, y compris, pour certains auteurs, les germes pathogènes).

parasitotropy, *s.* : affinité chimiothérapique de certains parasites.

parasmallpox, *s.* : alastrim, paravariole.

parasoma, *s.* : corps paracentral.

parasomnia, *s.* : parasomnie, coma profond.

paraspadia, *s.* : état dans lequel l'urètre s'ouvre sur un côté du pénis.

paraspasm, *s.* : 1. spasme des extrémités inférieures; 2. paraplégie spastique.

parastata, *s.* : 1. épididyme; 2. prostate; **- adenoides** *or* **glandulosa** : prostate; **- cirsoides** : épididyme; **- varicosa** : 1. épididyme; 2. trompe de Fallope.

parastatadenitis *or* **parastatitis,** *s.* : 1. épididymite; 2. prostatite.

parasteatosis, *s.* : trouble de la sécrétion sébacée.

parasternal, *adj.* : situé près, à côté du sternum.

parasthenia, *s.* : état caractérisé par un fonctionnement tissulaire anormal.

parastramnia *or* **parastremma,** *s.* : distorsion de la bouche ou de la figure.

parastruma, *s.* : parastrume (variété de goitre développé aux dépens des glandules parathyroïdes).

parasympathetic system : système nerveux autonome, parasympathique.

parasympathicotonia, *s.* : parasympathicotonie, vagotonie, cholinergie.

parasynapsis, *s.* : union latérale des chromosomes.

parasynovitis, *s.* : inflammation des structures avoisinant une articulation.

parasyphilis, *s.* : parasyphilis, accidents parasyphilitiques.

parasyphilitic, *adj.* : parasyphilitique.

parasystole, *s.* : parasystole.

paratarsium, *s.* : tissu conjonctif recouvrant le tarse.

parathelioma, *s.* : tumeur voisine du mamelon.

parathenar, *adj.* : se dit des muscles adducteur et fléchisseur du premier métacarpien.

parathormone, *s.* : hormone de la glande parathyroïde.

parathymia, *s.* : parathymie (déviation des réflexes émotionnels).

parathyroid, *s.* : glande parathyroïde, parathyroïde; *adj.* : parathyroïde.

parathyroidectomy, *s.* : parathyroïdectomie, opération de Mandl (ablation d'une glande parathyroïde).

parathyroiditis, *s.* : parathyroïdite.

parathyroidoma, *s.* : parathyroïdome.

parathyroprivic, *adj.* : parathyréoprive (se rapportant aux accident aigus et chroniques survenant après l'extirpation ou l'atrophie des glandes parathyroïdes).

parathyrotropic hormone : hormone parathyréotrope (hormone du lobe antérieur de l'hypophyse).

paratonia, *s.* : paratonie (anomalie de la contraction musculaire).

paratopia, *s.* : déplacement.

paratrichosis, *s.* : état caractérisé par une anomalie capillaire (1. cheveux poussant mal; 2. cheveux poussant sur des points anormaux).

paratrimma, *s.* : intertrigo, érythème intertrigo.

paratrope, *s.* : torsion d'un membre.

paratrophic, *adj.* : parasitaire.

paratrophy, *s.* : 1. nutrition anormale, pervertie, hypertrophie; 2. adipose douloureuse, maladie de Dercum.

paratuberculosis, *s.* : paratuberculose.

paratuberculous, *adj.* : paratuberculeux.

paratyphlitis, *s.* : pérityphlite (phlegmon du tissu cellulaire de la fosse iliaque droite).

paratyphoid *or* **paratyphus,** *s.* : fièvre paratyphoïde, paratyphoïde.

paratypical, *adj.* : irrégulier, de caractère atypique.

para-umbilical, *adj.* : para-ombilical.

para-undulant fever : forme bénigne, anormale de la fièvre ondulante.

para-urethral, *adj.* : situé près de l'urètre.

paravaginal, *adj.* : situé près du vagin.

paravaginitis, *s.* : périvaginite, inflammation du tissu conjonctif entourant le vagin.

paravariola, *s.* : alastrim.

paravertebral, *adj.* : situé près de la colonne vertébrale.

paravesical, *adj.* : situé près de la vessie ; **- pouch** : cul-de-sac vésico-rectal, cul-de-sac de Douglas.

paravitaminosis, *s.* : paravitaminose.

paraxial, *adj.* : situé près de l'axe du corps.

paraxon, *s.* : branche collatérale de prolongement cylindraxile.

parazoon, *s.* : ectoparasite.

parazygosis, *s.* : monstre double avec union des troncs au-dessus de l'ombilic.

parchment, *s.* : parchemin; **- crackling** : son particulier émis par la pression sur les os du crâne des enfants atteints de rachitisme ou de syphilis congénitale, dû à une hypertrophie osseuse; **- face** : figure parcheminée; **- induration** : forme de chancre, de lésion syphilitique primaire.

parectama *or* **parectasis,** *s.* : étirement excessif, hyperdilatation.

parectropia, *s.* : parectropie.

parelectronomic, *adj.* : ne réagissant pas vis-à-vis d'un influx électromoteur.

parelectronomy, *s.* : condition électrique de la section transverse d'un muscle et de son tendon comparée avec la surface naturelle du muscle : le premier est négatif, le second positif.

paremptosis, *s.* : 1. luxation; 2. forme d'amaurose.

parencephalia, *s.* : malformation congénitale du cerveau.

parencephalitis, *s.* : inflammation du cervelet.

parencephalocele, *s.* : hernie du cervelet.

parencephalon, *s.* : cervelet.

parencephalous, *adj.* : se rapportant à : 1. une malformation congénitale du cerveau; 2. au cervelet; 3. une malformation congénitale du cerveau.

parencephalus, *s.* : malformation congénitale du cerveau.

parenchyma, *s.* : parenchyme.

parenchymal, *adj.* : parenchymal.

parenchymatic, *adj.* : parenchymateux.

parenchymatitis, *s.* : parenchymatose (dégénérescence granulo-graisseuse d'origine infectieuse qui frappe simultanément plusieurs viscères).

parenchymatous, *adj.* : parenchymateux.

parenchymula, *s.* : stade embryonnaire succédant à la blastula.

parenteral, *adj.* : parentéral.

parepicele, *s.* : récessus latéral du quatrième ventricule.

parepididymal, *adj.* : se rapportant au paradidyme.

parepididymis, *s.* : paradidyme, corps innominé de Giraldès.

parepithymia, *s.* : habitude, désir morbide, dépravé.

parerethisis *or* **parerethism,** *s.* : excitation anormale.

paresis, *s.* : parésie (paralysie légère consistant dans l'affaiblissement de la contractilité); **general -** : paralysie générale, maladie de Bayle.

pareso-analgesia, *s.* : parésie avec analgésie (symptôme de la maladie de Morvan).

paresthesia, *s.* : paresthésie (anomalie de la perception des sensations).

paresthetic, *adj.* : se rapportant à, atteint de paresthésie.

paretic, *adj.* : parétique (se rapportant à la parésie); **general -** : paralytique général.

pareunia, *s.* : coït.

parfocal, *adj.* : parafocal (se dit d'un oculaire ou d'un objectif dont la substitution ne change pas la mise au point d'un microscope).

parhedonia, *s.* : anomalie sexuelle (exhibitionnisme, masturbation).

paridrosis, *s.* : toute condition anormale dans la sécrétion sudoripare.

paries, *s.,* *plur.* **parietes** *(lat.)* : paroi; **- anteriori** : paroi antérieure; **- carotica tympani** : paroi antérieure *ou* tubocarotidienne de la caisse du tympan; **- jugularis tympani** : paroi inférieure *ou* jugulaire de la caisse du tympan, planches de la caisse du tympan, récessus hypotympanique inférieur; **- labyrinthica tympani** : paroi interne *ou* labyrinthique de la caisse du tympan; **- lateralis** : paroi latérale; **- mastoidea tympani** : paroi postérieure *ou* mastoïdienne de la caisse du tympan; **- medialis** : paroi médiane; **- membranacea tympani** : paroi externe *ou* tympanique de la caisse du tympan; **- posterior** : paroi postérieure; **- superior** : paroi supérieure; **- tegmentalis tympani** : paroi supérieure *ou* crânienne de la caisse du tympan, toit de la caisse du tympan, tegmen tympani.

parietal, *adj.* : pariétal (1. situé sur une paroi; 2. se rapportant à l'os pariétal); **- angle** : angle pariétal *(anthrop.)*; **- bone** : os pariétal, pariétal; **- cells** : cellules pariétales (estomac); **- lobe** : lobe pariétal; **- section** : sillon interpariétal.

parietale, *s.* : os pariétal.

parietalia, *s. (lat.)* : os pariétaux.

parietitis, *s.* : pariétite (inflammation d'une paroi).

parieto- : pariéto-, préfixe dénotant un rapport avec le pariétal.

Parinaud's conjunctivitis : conjonctivite de Parinaud (conjonctivite caractérisée par la formation de végétations, une adénopathie préauriculaire et sous-maxillaire pouvant suppurer et s'accompagnant parfois de symptômes d'infection générale); **- ophthalmoplegia** : syndrome de Parinaud (paralysie verticale du regard, associée parfois à une paralysie de la convergence, intéressant les mouvements volontaires, les mouvements automatico-réflexes ou les deux à la fois).

Paris' disease : acrodynie.

Paris green : vert de Paris (acéto-arsénite de cuivre).

paristhmic, *adj.* : se rapportant aux amygdales.

paristhmion, *s.,* *plur.* **paristhmia** : amygdale.

paristhmitis, *s.* : amygdalite.

parity, s. : 1. égalité, parité; 2. état de la femme capable de concevoir.

Parkinson's disease : maladie de Parkinson, paralysie agitante; **- facies** or **mask** : faciès parkinsonien.

parkinsonian, s. : parkinsonien, sujet atteint de la maladie de Parkinson.

parkinsonism, s. : maladie de Parkinson.

paroccipital, s. : apophyse mastoïdienne; adj. : situé près de la région occipitale.

parodontid or **parodontis,** s. : épulide, épulie, épulis.

parodontitis, s. : parodontis, parulie (abcès des gencives).

parodynia, s. : parturition difficile, dystocie.

parolivary, adj. : situé près de l'olive bulbaire; **- body** : olive accessoire.

parolive, s. : olive accessoire.

paromphalocele, s. : paromphalocèle (hernie de la paroi abdominale au voisinage de l'ombilic).

paroniria, s. : rêve morbide; **- ambulans** : somnambulisme; **- salax** : insomnie accompagnée de spermatorrhée et de rêves lascifs.

paronychia, s. : tourniole, panaris; **- tendinosa** : inflammation des tendons fléchisseurs et des gaines tendineuses des doigts.

paronychial, adj. : ayant les caractéristiques du panaris.

paronychosis, s. : 1. état maladif des tissus avoisinant l'ongle; 2. ectopie d'un ongle.

paroophoritis, s. : 1. inflammation du paroophore; 2. inflammation des tissus entourant l'ovaire.

paroophoron, s. : paroophore, parovarium (reliquat wolffien chez la femme).

parophobia, s. : hydrophobie.

parophthalmia, s. : parophtalmie (inflammation périoculaire ou palpébrale).

parophthalmoncus, s. : tumeur voisine de l'œil.

paropia, s. : angle externe, petit angle (œil).

paroplexia, s. : paraplégie.

paropsia or **paropsis** s. : paropsie (trouble de la vision).

parorasis, s. : perversion de la vision, de la perception des couleurs.

parorchidium, s. parorchidie (position vicieuse d'un ou de deux testicules).

parorchidoenterocele, s. : hernie inguinale associée à un déplacement du testicule.

parorchis, s. : épididyme.

parorexia, s. : parorexie (trouble ou perversion de l'appétit.

parosmia or **parosphresis,** s. : parosmie (perversion de l'odorat).

parosteal, adj. : parostéal, parostal.

parosteitis, s. : cf., **parostitis.**

parosteosis, s. : cf., **parostosis.**

parostia, s. : trouble de l'ossification.

parostitis, s. : parostéite, parostite (inflammation du tissu cellulaire parostéal).

parostosis, s. : ossification du tissu cellulaire parostéal.

parotic, adj. : parotique, situé près de l'oreille.

parotid, s. : parotide; adj. : parotide, parotidien; **- abscess** : abcès de la parotide; **- gland** : parotide, glande parotide.

parotidectomy, s. : parotidectomie (ablation totale ou partielle de la glande parotide).

parotiditis, s. : cf., **parotitis.**

parotidoscirrhus, s. : squirrhe de la parotide.

parotidosclerosis, s. : sclérose de la parotide.

parotis, s. (lat.) : parotide; **- accessoria** : parotide accessoire.

parotitic, adj. : atteint de parotidite, des oreillons.

parotitis, s. : 1. parotidite (inflammation de la parotide observée dans le cours ou le décours de certaines maladies infectieuses); 2. oreillons, parotidite épidémique.

parous, adj. : ayant eu un ou plusieurs enfants.

parovarian, adj. : 1. situé près de l'ovaire; 2. se rapportant au paroophore.

parovarium, s. : paroophore.

paroxia, s. : cf., **pica.**

paroxyntic, adj. : paroxysmique.

paroxysm, s. : paroxysme, crise, accès; **- of tooth-ache** : rage de dents.

paroxysmal or **paroxysmic,** adj. : paroxysmique, paroxysmal, paroxystique.

Parrot's atrophy of the newborn : athrepsie, algidité progressive des nouveau-nés; **- disease** : pseudo-paralysie ou maladie de Parrot, ostéite syphilitique des nouveau-nés; **- nodes** : ostéophytes du frontal et du pariétal, autour de la fontanelle antérieure, dans la syphilis héréditaire; **- sign** : dilatation de la pupille après pincement de la peau (méningite); **- ulcers** : plaques blanchâtres ou jaunâtres dans le muguet.

parrot, s. : perroquet; **- beak nails** : ongles fortement recourbés (en bec de perroquet); **- disease** : psittacose.

parrotry, s. : psittacisme.

Parry's disease : goitre exophtalmique.

pars, s. (lat.) : partie; **- basilaris** : apophyse basilaire de l'occipital; **- calcaneo-cuboidea** : ligament calcanéo-cuboïdien interne; **- calcaneo-navicularis** : ligament calcanéo-scaphoïdien externe; **- cavernosa** ou **spongiosa** : urètre spongieux (mâle), **- centralis** : carrefour ventriculaire (ventricule latéral); **- ciliaris retinæ** : rétine ciliorétinieuse; **- convoluta** : labyrinthe du parenchyme rénal; **- flaccida** : membrane de Shrapnell; **- horizontalis** : partie horizontale de l'os du palais; **- intercartilaginea** : glotte cartilagineuse; **- intermembranacea** : glotte membraneuse ou vocale; **- iridica retinæ** : uvée; **- laryngea** : laryngopharynx; **- mastoidea** : partie mastoïdienne de l'os temporal; **- membranacea** : urètre membraneux (mâle); **- nasalis** : nasopharynx; **- oralis** : partie buccale du pharynx; **- papil-**

laris : couche papillaire (peau); **- perpendicu-laris** : plaque verticale de l'os du palais; **- pe-trosa** : portion pétreuse (temporal); **- prostatica** : urètre prostatique; **- pylorica** : sphincter pylorique (estomac); **- radiata** : pyramides de Ferrein; **- sphincteria inferior** : cardia (œsophage); **- triangularis** : circonvolution frontale; **- tympanica** : portion tympanique (temporal).

Parson's disease : goitre exophtalmique.

part, s. : 1. partie, part, membre, organe; 2. portion de cadavre pour dissection.

parthenochlorosis, s. : chlorose, anémie essentielle des jeunes filles.

parthenogenesis, s. : parthénogenèse (reproduction de certains êtres sans fécondation).

particle, s. : particule.

particulate, adj. : particulaire.

partigen, s. : partigène, antigène partiel (élément constitutif d'un antigène).

Partridge's hernia : hernie fémorale externe.

parturiency, s. : 1. fait d'être parturiente; 2. parturition.

parturient, adj. : en parturition, à terme, en travail, sur le point d'accoucher, sur le point de mettre bas; **- woman** : parturiente.

parturifacient, s., adj. : agent provoquant la parturition.

parturiometer, s. : instrument pour évaluer le degré du travail en mesurant la force expulsive de l'utérus.

parturition, s. : parturition, accouchement normal, travail, enfantement, mise bas.

partus, s. (lat.) : parturition, travail; **- agrippinus** : présentation par le siège; **- cæsarius** : opération césarienne; **- difficilis** : dystocie; **- immaturus** : accouchement prématuré; **- maturus** : accouchement à terme.

parulis, s. : parulie, abcès des gencives.

parumbilical, adj. : situé à côté, se produisant à côté de l'ombilic.

paruria, s. : anomalie de l'élimination urinaire.

parurocystis, s. : diverticulum, produit par la formation de poche dans la vessie.

parvicellular, adj. : se rapportant à, composé de petites cellules.

parvule, s. : boulette médicinale, granule.

PAS : abréviation de : 1. **para-aminosalicylic acid**; 2. acide periodique (colorant de Schiff [periodic acid Schiff]).

pasma, s., plur. **pasmata** (gr.) : 1. poudre pour aspersion d'une surface; 2. poudre amalgamée en pâte.

pass, v. : 1. passer; 2. évacuer (fèces); 3. uriner; 4. transmettre; 5. introduire un instrument.

passion, s. : 1. douleur, souffrance; **ileac -** : iléus, passion iliaque; 2. passion, emportement; 3. passion, amour.

passional, adj. : passionnel.

passive, adj. : passif; **- congestion** : congestion passive, stase sanguine; **- immunity** : immu-nité passive; **- interval** : période de repos cardiaque; **- motion** : mouvement passif.

passivism, s. : passivisme (forme de perversion sexuelle).

passivity, s. : passivité (psych.).

pasta, s., plur. **pastæ** (lat.) : pâte.

paste, s. : pâte; **tooth -** : dentifrice.

paster, s. : partie ovale ou circulaire d'une lentille bifocale utilisée pour la vue de près.

pastern, s. : paturon; **- bone** : os coronaire; **- joint** : boulet (vétér.).

Pasteur effect : effet Pasteur (diminution de la fermentation par aération).

Pasteur treatment : traitement Pasteur (prophylaxie de la rage).

Pasteurella, s. : *Pasteurella.*

pasteurellosis, s. : pasteurellose (septicémie hémorragique à pasteurelle).

pasteurism, s. : méthode pasteurienne.

pasteurization, s. : pasteurisation.

pasteurize, v. : pasteuriser.

pasteurizer, s. : pasteurisateur.

pastil or **pastille,** s. : pastille, tablette, trochisque.

patch, s. : 1. plaque, tache, pièce (chir.); **moth -** : chloasma; **mucous -** : plaque muqueuse; **Peyer's -** : plaques de Peyer; 2. emplâtre; **eye -** : couvre-œil; **- test (Vollmer - test, Lederle - test, tuberculin - test)** : test de Vollmer, test percutané, percuti-réaction au timbre (réaction cutanée inflammatoire obtenue en cas d'allergie tuberculeuse par l'application du timbre tuberculinique).

patella, s. (lat.) : rotule.

patellapexy, s. : fixation de la rotule à l'extrémité du fémur pour bloquer l'articulation.

patellar, adj. : patellaire, rotulien; **- reflex** or **- tendon reflex** : réflexe patellaire.

patellectomy, s. : patellectomie (ablation de la rotule).

patelliform, adj. : en forme de rotule.

patelloplasty, s. : patelloplastie.

patency, s. : état ouvert, inobstrué.

patent, adj. : 1. ouvert, inobstrué; 2. breveté; 3. persistant (cardiol); **- medicine** : spécialité pharmaceutique.

pathabolism, s. : état maladif consécutif à des troubles du métabolisme.

pathema, s. : état maladif, morbide.

pathemate, adj. : se rapportant à une excitation d'ordre émotionnel.

pathematology, s. : cf., **pathology.**

pathergia, s. : pathergie, parallergie, coallergie.

pathetic, adj. : 1. pathétique, triste; 2. pathétique (anat.); **- muscle** : muscle pathétique, grand oblique de l'œil; **- nerve** : nerf pathétique.

pathetism, s. : hypnotisme, mesmérisme, magnétisme animal.

pathetist, s. : hypnotiseur.

pathfinder, *s.* : bougie filiforme pour repérer les rétrécissements urétraux.

pathic, *adj.* : malade, pathologique.

patho- : patho-, préfixe dénotant la maladie.

patho-anatomy, *s.* : anatomo-pathologie.

pathobiology, *s.* : pathologie.

pathodixia, *s.* : exhibition ostentatoire et constante d'une maladie *ou* d'une blessure.

pathogen, *s.* : microbe pathogène.

pathogenesis, *s.* : pathogenèse, pathogénie, pathogénésie *(inus.).*

pathogenic *or* **pathogenetic,** *adj.* : pathogénique, pathogène, pathogénétique.

pathogenicity, *s.* : pathogénicité, pouvoir pathogène.

pathogeny, *s.* : *cf.,* **pathogenesis.**

pathognomonic, *adj.* : pathognomonique, diacritique.

pathognomy, *s.* : pathognomonie (étude des signes caractéristiques d'une maladie).

pathognostic, *adj.* : pathognomonique.

pathography, *s.* : description des maladies.

pathologic *or* **pathological,** *adj.* : pathologique; **- anatomy** : anatomo-pathologie; **- histology** : histopathologie.

pathologist, *s.* : 1. pathologiste. 2. anatomo-pathologiste.

pathology, *s.* : 1. pathologie (science qui a pour objet l'étude des maladies); 2. anatomo-pathologie. [N.-B. — *Pour ce mot comme pour le précédent, le sens (2) prévaut et constitue l'acception habituelle.*]

patholysis, *s.* : dissolution morbide des tissus.

pathomania, *s.* : forme de démence.

pathometry, *s.* : statistique sanitaire.

pathomimesis, *s.* : pathomimie (état morbide caractérisé par le besoin de simuler une maladie).

pathomorphism, *s.* : morphologie anormale.

pathonomia, *s.* : étude des lois des états pathologiques.

pathophobia, *s.* : pathophobie (crainte morbide des maladies).

pathophoric *or* **pathophorous,** *adj.* : vecteur de maladie (se dit de certains insectes).

pathopoiesis, *s.* : origine de la maladie.

pathopsychology, *s.* : psychopathologie.

- pathy : -pathie, (suffixe désignant un état morbide, une maladie).

patient, *s.* : malade; **- lifter** : chariot élévateur (pour malade); **in -** : malade hospitalisé; **out -** : malade soigné à domicile, malade venant à la consultation externe; **out - department** : service des malades extérieurs, consultation externe.

patrilineal, *adj.* : par la ligne paternelle.

patroclinus, *adj.* : patrocline (hérité du père).

pattern, *s.* : 1. modèle, patron, type, dessin, motif, module, canevas, faciès, configuration; 2. motif antigénique.

Patterson's corpuscles : corpuscules du molluscum contagiosum.

patting, *s.* : tapotement (massage).

patulous, *adj.* : ouvert, bâillant.

Paul's sign : faible choc de la pointe avec influx vigoureux sur le cœur dans la symphyse péricardique.

paulocardia, *s.* : sensation subjective d'arrêt momentané du cœur.

paunch, *s.* : panse, ventre, abdomen.

paunchiness, *s.* : corpulence.

Pauzat's disease : périostite ostéoplastique des métatarsiens.

pavement epithelium : épithélium pavimenteux.

pavillion, *s.* : 1. pavillon (oreille, trompe de Fallope); 2. structure en forme de pavillon; **- of the pelvis** : portion évasée du bassin comprise entre les ailes iliaques.

pavimentum, *s. (lat.)* : plancher; **- orbitæ** : plancher de l'orbite; **- ventriculi** : plancher ventriculaire (cerveau).

pavitation, *s.* : terreur, crainte accompagnée de tremblements.

Pavlov method : expérience du repas fictif de Pavlov, réflexe conditionné.

pavor, *s. (lat.)* : terreur, crainte; **- nocturnus** : pavor nocturnus, terreurs nocturnes.

Pavy's disease : maladie de Pavy, albuminurie intermittente cyclique; **- joint** : arthrite de la fièvre typhoïde.

Pawlik's folds : colonnes antérieures du vagin; **- triangle** : triangle de Pawlik (vagin).

Paxton's disease : trichose noueuse de la moustache.

PCS syndrome : syndrome post-cardiotomie.

peach rosette willow leaves virus : maladie de la rosette du pêcher donnant à l'arbre atteint l'aspect d'un saule pleureur.

peak, *s.* : pic, sommet (d'une courbe).

pea leaf rolling virus : virus de l'enroulement des feuilles de pois.

Pean's method : mode de gastrectomie, opération de Péan.

pearl, *s.* : 1. perle, globule *(pharm.);* 2. cataracte; 3. disposition particulière des cellules épithéliales; **- ash** : carbonate de potasse brut; **- disease** : forme de tuberculose des membranes séreuses du bétail; **epidermic** *or* **epithelial -** : perles épidermiques, forme de cellules épithéliales (papillome, épithélioma, cholestéatome perlé); **Laënnec's -** : perles de Laënnec (crachats asthmatiques); **- tumor** : cholestéatome perlé, épithélioma pavimenteux perlé.

pebbles, *s.* : lentilles en cristal de roche *(opt.).*

pébrine, *s. (fr.)* : pébrine (maladie infectieuse épidémique du ver à soie).

pechyagra, *s.* : goutte dans l'articulation du coude.

Pecquet (cistern of *or* **reservoir of)** : citerne de Pecquet.

pecten, *s.*, *plur.* **pectines** *(lat.)* : 1. pubis; 2. structure, organe en forme de peigne.

pectin, *s.* : pectine.

pectinase, *s.* : pectinase.

pectinate or **pectinated**, *adj.* : pectiné.

pectination, *s.* : structure pectinée.

pectineal, *adj.* : 1. pectiné; 2. pubique.

pectineus, *s.* : *cf.*, **musculus.**

pectiniform, *adj.* : pectiniforme, pectiné.

pectoral, *s.* : pectoral; *adj.* : pectoral *(pharm., anat.)* ; **- ridge** : crête sous - trochitérienne (humérus).

pectoralgia, *s.* : douleur névralgique dans la poitrine.

pectoralis, *s.* : *cf.*, **musculus.**

pectoriloquy, *s.* : pectoriloquie (modification de la voix perçue à l'auscultation); **aphonic -** : pectoriloquie aphone.

pectorophony, *s.* : hyperrésonance vocale perçue à l'auscultation de la poitrine.

pectunculi, *s.* *(lat.)* : stries longitudinales des parois de l'aqueduc de Sylvius.

pectus, *s.* *(lat.)* : thorax; **- carinatum** : thorax en carène.

pedal, *adj.* : 1. pédal, du pied; 2. se rapportant au pied du pédoncule (cerveau); **- system** : système ganglionnaire du cerveau.

pedarthrocace, *s.* : carie ou ulcération nécrotique des articulations chez les enfants.

pedatrophia or **pedatrophy**, *s.* : 1. toute maladie caractérisée par le dépérissement chez les enfants; 2. tuberculose des ganglions mésentériques de l'enfance.

pederast, *s.*: pédéraste.

pederasty, *s.* pédérastie, sodomie.

pedesis, *s.* : mouvement brownien.

pedialgia, *s.* : douleur dans le pied.

pediatrician, *s.* : pédiatre.

pediatrics or **pediatry**, *s.* : pédiatrie, médecine infantile.

pediatrist, *s.* : pédiatre.

pedication, *s.* : *cf.*, **pederasty.**

pedicle, *s.* : pédicule (1. partie rétrécie rattachant au corps certaines tumeurs ou certains organes; 2. partie de la vertèbre joignant le corps à la lame).

pedicterus, *s.* : ictère des nouveau-nés.

pedicular, *adj.* : 1. pédiculé; 2. pédiculaire (concernant les poux).

pediculation, *s.* : 1. état de l'individu atteint de pédiculose; 2. processus de développement d'un pédicule.

pediculicide, *s.*, *adj.* : pédiculicide.

pediculophobia, *s.* : peur morbide des poux.

pediculosis, *s.* : pédiculose, phtiriase, maladie pédiculaire.

pediculous, *adj.* : pédiculaire, infesté de poux.

pediculus, *s.*, *plur.* **pediculi** *(lat.)* : pou; **- capitis** : pou de tête; **- corporis** or **vestimenti** : pou du corps; **- pubis** : pou du pubis, morpion.

pedicure, *s.* : 1. pédicure; 2. chirurgie pédicure.

pediluvium, *s.* *(lat.)* : pédiluve, bain de pieds.

pedion or **pedium**, *s.* : 1. enfant, fœtus; 2. plante du pied.

pedionalgia, *s.* : pédionalgie, névralgie plantaire.

pediphalanx, *s.* : phalange du pied, os du tarse.

pedistibulum, *s.* : étrier *(anat.).*

peditis, *s.* : complication grave de la fourbure, inflammation du sabot s'étendant jusqu'au périoste *(vétér.).*

pedobaromacrometer, *s.* : appareil pour mesurer et peser les enfants.

pedobarometer, *s.* : balance pour enfants.

pedodontia, *s.* : odontologie de l'enfant.

pedodontist, *s.* : médecin spécialisé dans la stomatologie infantile.

pedodynamometer, *s.* : instrument pour mesurer la force musculaire de la jambe.

pedogenesis, *s.* : pédogenèse; 1. reproduction à l'état larvaire (néoténie); 2. le cycle reproducteur de la fécondation à la naissance.

pedologist, *s.* : spécialiste en pédologie.

pedology, *s.* : pédologie (étude expérimentale de l'enfant).

pedometer, *s.* : 1. podomètre, compte-pas; 2. pédomètre, instrument pour déterminer le poids et la longueur d'un nouveau-né.

pedometry, *s.* : 1. emploi du podomètre; 2. mesure du nouveau-né.

pedonosology, *s.* : pédiatrie, nosologie des maladies du nourrisson et de l'enfant.

pedonosos or **pedonosus**, *s.* : maladie de l'enfance.

pedopathy, *s.* : science des maladies de l'enfance, leur traitement, etc.

pedophilia, *s.* : amour des enfants.

pedophobia, *s.* : phobie des enfants.

pedotrophy, *s.* hygiène de l'enfance.

peduncle, *s.* : pédoncule; **callosal -** : espace perforé antérieur; **cerebral -** : pédoncule du cerveau; **inferior cerebellar -** : pédoncule cérébelleux inférieur; **middle cerebellar -** : pédoncule cérébelleux moyen; **superior cerebellar -** : pédoncule cérébelleux postérieur; **- of the pineal gland** : pédoncule antérieur de la glande pinéale, habena, habenula.

peduncular, *adj.* : pédonculaire.

pedunculate or **pedunculated**, *adj.* : pédonculé.

pedunculus, *s.* : *cf.*, **peduncle.**

peeling, *s.* : exfoliation chimique *(derm.)*, abrasion *(chir.).*

peg, *s.* : cheville (bois, métal); **- leg** : jambe de bois; **- teeth** : dents de Hutchinson.

pegmatic, *adj.* : se rapportant à, produisant la coagulation.

peinotherapy, *s.* : traitement par la diète.

pelada *or* **pelade,** *s.* : 1. pelade; 2. forme de pellagre.

peladic, *adj.* : péladique (qui concerne la pelade).

pelage, *s.* : système pileux, pelage, robe (du cheval), toison (du mouton).

pelagism, *s.* : naupathie (mal de mer).

Pel-Ebstein disease : maladie de Pel-Ebstein (lymphadénome avec poussées fébriles périodiques).

pelicochirometresis, *s.* : pelvimétrie manuelle.

pelioma, *s.* : péliome (tache livide de la peau, cuivrée, verte, jaune).

peliosis, *s.* : péliose *(inus.),* purpura : **- rheumatica** : péliose rhumatismale, maladie de Schœnlein, purpura exanthématique rhumatoïde, purpura myélopathique.

pellagra, *s.* : pellagre.

pellagraphobia, *s.* : peur morbide de la pellagre.

pellagrin, *s.* : pellagreux, malade atteint de pellagre.

pellagrous, *adj.* : pellagreux.

pellant, *adj.* : dépuratif.

pellentia, *s. (lat.)* : médicaments abortifs.

pellet, *s.* : 1. pillule, pastille, comprimé, grain, bol *(pharm.)*; 2. culot (de centrifugation); 3. implantation (thérapeutique endocrine).

pellicle, *s.* : pellicule, membrane.

pellicula, *s.* : épiderme.

pellicular *or* **pelliculous,** *adj.* : pelliculaire, membraneux; **- enteritis** : entérite mucomembraneuse.

pelliculate, *adj.* : couvert d'une pellicule, d'une membrane.

pellis, *s. (lat.)* : peau.

pellous, *adj.* : à peau foncée.

pellucid, *adj.* : pellucide, transparent, translucide; **- zona** : membrane pellucide, membrane vitelline.

pelma, *s.* : 1. surface inférieure des orteils; 2. plante du pied.

pelmatic, *adj.* : se rapportant à la plante du pied.

pelmatogram, *s.* : empreinte de la plante du pied.

pelo- : pélo-, préfixe indiquant un rapport avec la boue.

pelohemia, *s.* : densité excessive du sang.

pelopathy, *s.* : thérapeutique par application de boues, tourbe, etc.

pelor, *s.* : monstruosité fœtale présentant une hypertrophie de certains organes.

peltation, *s.* : immunité conférée par la sérothérapie.

pelveoperitonitis, *s.* : pelvipéritonite, pelvimétrosalpingite (péritonite localisée à la cavité pelvienne).

pelveoscope, *s.* : pelvimètre.

pelvic, *adj.* pelvien; **- arch** *or* **girdle** : ceinture pelvienne; **- cellulitis** : pelvicellulite (cellulite pelvienne, inflammation du tissu cellulaire du bassin); **- fascia** : aponévrose du bassin; **- index** : indice pelvien; **- inlet** : détroit supérieur du bassin; **- outlet** : détroit inférieur du bassin.

pelvicliseometer, *s.* : instrument pour déterminer l'inclinaison et les diamètres du bassin.

pelvifixation, *s.* : fixation chirurgicale d'un organe pelvien déplacé.

pelvigraph, *s.* : appareil pour enregistrer automatiquement les contours du bassin.

pelvilithotomy, *s.* : excision d'un calcul rénal du bassinet.

pelvimeter, *s.* : pelvimètre.

pelvimetry, *s.* : pelvimétrie, pelvigraphie.

pelvioperitonitis, *s.* : pelvipéritonite.

pelvioplasty, *s.* : 1. pelvitomie; 2. incision du bassinet.

pelvioscopy, *s.* : examen du bassin.

pelviostomy, *s.* : résection du bassinet avec implantation de l'uretère sur l'extrémité inférieure.

pelviotomy, *s.* : pelvitomie, ischio-pubiotomie.

pelviperitonitis, *s.* : pelvipéritonite.

pelvis, *s.* : 1. bassin; 2. bassinet; **contracted -** : bassin rétréci; **false -** : petit bassin, excavation pelvienne; **inlet of -, apertura - superior** *or* **aditus -** : détroit supérieur du bassin; **- of the kidney** *or* **- renalis** : bassinet; **kyphotic -** : bassin cyphotique, bassin lordotique, bassin oblique ovalaire, bassin de Nægeli; **osteomalacic -** : bassin ostéomalacique, bassin plat; **outlet of -, apertura - inferior** *or* **exitus -** : détroit inférieur du bassin; **rachitic -** : bassin rachitique, bassin scoliotique; **Robert's -** : bassin de Robert, bassin oblique ovalaire double; **spider -** : bassinet arachnoïdien *(radiol.)*; **straits of -** : détroits du bassin; **true -** : grand bassin.

pelvisacrum, *s.* : bassin et sacrum.

pelvisection, *s.* : sectionnement d'un *ou* de plusieurs os du bassin.

pelvisternum, *s.* : cartilage de la symphyse pubienne.

pelvitherm, *s.* : appareil électrique pour appliquer la chaleur aux viscères du bassin.

pelvitomy, *s.* : pelvitomie, ischio-pubiotomie, pelykotomie, opération de Farabeuf.

pelviureterography, *s.* : radiographie du bassinet et de l'uretère après injection de liquide opacifiant.

pelycalgia, *s.* : douleur dans le bassin.

pelycogram, *s.* : rœntgenogramme du bassin.

pelycography, *s.* : description du bassin.

pelycology, *s.* : traité sur le bassin.

pelycometer, *s.* : pelvimètre.

pelycometry, *s.* : pelvimétrie.

pelycotomy, *s.* : *cf.,* **pelvitomy.**

pelyometer, *s.* : pelvimètre.

pelyometresis, *s.* : pelvimétrie.

pemmican, *s.* : pemmican (1. viande d'ours séchée, employée dans les régions subarctiques de l'Amérique du Nord; 2. aliment concentré à base de graisse, protéine, hydrates de carbone donné aux combattants).

pemphigoid, *adj.* : pemphigoïde.

pemphigous, *adj.* : qui tient du pemphigus, atteint de pemphigus.

pemphigus, *s.* : pemphigus (dermatose caractérisée par une éruption de bulles remplies d'un liquide séreux); **- benignus** or **vulgaris** : forme chronique de pemphigus; **- foliaceus** : pemphigus foliacé ; **- neonatorum** : pemphigus aigu des nouveau-nés.

Pendred's syndrome : syndrome de Pendred (goitre et surdité, affection héréditaire transmise sur le mode récessif autosomal).

pendulous, *adj.* : pendant, oscillant, pendulaire.

pendulum motion : mouvement de va-et-vient des bras, tel un pendule, constaté dans certaines maladies nerveuses mal définies.

penetrance, *s.* : pénétrance (*génét.*).

penetrating, *adj.* : pénétrant; **- power** : pouvoir de la lentille de donner des images nettes à différentes distances; **- wound** : blessure perforante.

penetration, *s.* : 1. pénétration; 2. profondeur de champ (*micr.*); 3. copulation.

penetrometer, *s.* : appareil pour mesurer le pouvoir pénétrant des rayons X.

-penia : -pénie, suffixe indiquant la diminution ou l'absence.

penial, *adj.* : pénien.

penicillate, *adj.* : pénicillé.

penicilliform, *adj.* : pénicilliforme.

penicillin, *s.* : pénicilline; **depot -** : pénicilline retard; **- fast** : pénicillino-résistant; **- sensitive** : allergique à la pénicilline (malade), sensible à la pénicilline (germe).

penicillinase, *s.* : pénicillinase.

Penicillium, *s.* : *Penicillium* (moisissure).

penicillus, *s.,* *plur.* **penicilli** (*lat.*) : rameau de l'artère splénique.

penis, *s.* : pénis, verge, membre viril.

penischisis, *s.* : épispadias, hypospadias.

penitis, *s.* : pénitis (inflammation totale de la verge).

Penjdeh ulcer : bouton d'Orient (Turkestan).

penniform, *adj.* : penniforme.

penologist, *s.* : individu versé dans la criminologie.

penology, *s.* : 1. criminologie; 2. étude des régimes pénitentiaires.

penoplasty, *s.* : opération plastique sur le pénis.

penoscrotal, *adj.* : se rapportant au pénis et au scrotum.

pent- : pent-, préfixe signifiant cinq.

pentad, *s.* : élément, radical pentavalent.

pentastoma, *s.* : pentastome, linguatule.

pentavaccine, *s.* : vaccin pentavalent.

pentavalent, *adj.* : pentavalent.

pentose, *s.* : pentose (*chim.,* $C_5H_{10}O_5$).

pentosuria, *s.* : pentosurie (présence de pentose dans l'urine).

peotillomania, *s.* : péotillomanie (habitude de porter la main au niveau de la région génitale).

peotomy, *s.* : amputation du pénis.

pepsic, *adj.* : cf., **peptic.**

pepsin, *s.* : pepsine.

pepsiniferous, *adj.* : producteur de pepsine.

pepsinogen, *s.* : pepsinogène.

pepsinogenous, *adj.* : pepsinogène, producteur de pepsine.

pepsis, *s.* : digestion, pepsie.

peptic, *adj.* : pepsique, peptique, gastrique ; **- glands** : glandes gastriques; **- ulcer** : ulcère simple de l'estomac, ulcère de Cruveilhier.

pepticity, *s.* : eupepsie.

peptide, *s.* : peptide.

peptidolytic, *adj.* : peptidolytique.

peptization, *s.* : peptisation (processus de transformation d'un corps solide en solution colloïdale ou de dispersion dans un milieu liquide).

peptogaster, *s.* : appareil digestif.

peptogastric, *adj.* : 1. se rapportant à l'appareil digestif; 2. peptique.

peptogen, *s.* : substance peptogène (dont l'ingestion augmente la production de pepsine du suc gastrique).

peptogenic or **peptogenous,** *adj.* : peptogène.

peptolysis, *s.* : hydrolyse des peptones, rupture de la molécule de peptone.

peptone, *s.* : peptone.

peptonemia, *s.* : présence de peptone dans le sang.

peptonization, *s.* : peptonisation (processus de conversion des protéines en peptones).

peptonic, *adj.* : se rapportant à, renfermant de la peptone.

peptonize, *v.* : 1. digérer par la pepsine; 2. convertir en peptone.

peptonuria, *s.* : peptonurie (présence de peptone dans l'urine).

per, *prep.* (*lat.*) : par; **- os** : per os, par voie buccale; **- rectum** : par voie rectale.

per- : per-, préfixe signifiant : 1. très; 2. terme le plus élevé dans la série (*chim.*).

peracidity, *s.* : hyperacidité, excès d'acidité.

peracute, *adj.* : suraigu, très aigu.

perarticulation, *s.* : diarthrose.

peratodynia, *s.* : douleur à l'extrémité cardiaque de l'estomac.

percept, *s.* : 1. l'objet perçu (par les sens) ; 2. la perception (de l'objet).

perception, *s.* : perception, sensibilité, faculté perceptive, chose perçue.

perceptive, *adj.* : perceptif; **- faculties** : facultés perceptives; **- organs** : organes de la perception.

perceptivity, *s.* : perceptivité, faculté perceptive.

perchloride, *s.* : perchlorure.

percolate, *s.* : solution obtenue par percolation; *v.* : filtrer, s'infiltrer, passer, soumettre à la percolation.

percolation, *s.* : percolation, infiltration, filtration.

percolator, *s.* : percolateur.

percuss, *v.* : percuter (auscultation).

percussion, *s.* : 1. percussion; **auscultatory -** : percussion à l'auscultation; **deep -** : percussion profonde; **finger -** : percussion directe avec deux doigts; **immediate -** : percussion directe; **instrumental** *or* **mediate -** : percussion indirecte ; **light -** : percussion superficielle; **- note** : son émis à la percussion; **- wave** : principale onde ascendante du tracé sphygmographique; 2. percussion (mode de massage).

percutaneous, *adj.* : percutané ; **- reaction** : percuti-réaction.

percutor, *s.* : instrument utilisé pour le massage par percussion et la flagellation thérapeutique.

perdomia, *s.* : flatuosité.

perencephalia *or* **perencephaly**, *s.* : état caractérisé par de multiples tumeurs kystiques au cerveau.

Perez's bacillus : micro-organisme supposé être l'agent causal de l'ozène; **- sign** : son de frottement perçu au-dessus du sternum (le malade levant et abaissant les bras) dans les cas d'anévrisme de la crosse de l'aorte et de tumeurs du médiastin.

perflation, *s.* : 1. insufflation d'air dans une cavité pour en évacuer le liquide; 2. mode de ventilation.

perforans, *adj.* : perforant, pénétrant (se dit d'un muscle, d'un nerf).

perforate, *adj.* : perforé, percé; *v.* : pénétrer, perforer, déterminer une perforation.

perforated, *adj.* : perforé, troué; **anterior - space** : espace perforé antérieur (scissure de Sylvius); **posterior - space** : espace perforé postérieur, espace interpédonculaire (mésencéphale).

perforating, *adj.* : perforant, pénétrant; **- ulcer** : ulcère perforant; **- wound** : plaie pénétrante.

perforation, *s.* : perforation (1. trou, orifice; 2. acte de perforer, de percer un trou).

perforator, *s.* : tréphine.

perforatorium, *s.* : 1. partie antérieure de la tête du spermatozoïde, acrosome; 2. céphalotome.

perforatus, *adj.* : perforé.

perfrication, *s.* : inunction, onction.

perfrigeration, *s.* : froidure, gelure bénigne.

perfusion, *s.* : perfusion (opération qui consiste à injecter un liquide dans l'artère principale d'un organe pour pratiquer une sorte de lavage); **isolation -** : perfusion d'un organe *ou* membre isolé de la circulation générale.

peri- : péri-, préfixe signifiant à l'entour de.

periadenitis, *s.* : périadénite (inflammation de l'atmosphère conjonctive périganglionnaire).

periangiocholitis, *s.* : périangiocholite (inflammation et suppuration du tissu hépatique autour des voies biliaires).

periapical, *adj.* : périapical.

periappendicitis, *s.* : plastron appendiculaire.

periapt, *s.* : périapte, amulette, talisman.

periarteritis, *s.* : périartérite (inflammation de la tunique externe des artères); **- nodosa** : périartérite noueuse, artérite noueuse, maladie de Kussmaul.

periarthritis, *s.* : périarthrite (altération avec ou sans inflammation des tendons et des bourses séreuses qui entourent une articulation).

pericardiac *or* **pericardial**, *adj.* : péricardique.

pericardicentesis, *s.* : ponction du péricarde.

pericardiectomy, *s.* : péricardiectomie, péricardiectomie (décortication du cœur).

pericardiolysis, *s.* : péricardiolyse (1. libération du péricarde dans toute la région antérieure ; 2. opération de Delorme).

pericardiotomy, *s.* : péricardiotomie (incision faite au péricarde dans le but d'évacuer une collection liquide de cette séreuse).

pericarditic, *adj.* : se rapportant à la péricardite.

pericarditis, *s.* : péricardite (inflammation du péricarde, aiguë *ou* chronique, sèche *ou* avec épanchement).

pericardium, *s. (lat.)* : péricarde; **parietal -** : feuillet pariétal (de la séreuse péricardique) ; **visceral -** : feuillet viscéral (de la séreuse péricardique).

pericardosis, *s.* : infection microbienne du péricarde.

pericardotomy, *s.* : péricardotomie, péricardiotomie.

pericarp, *s.* : péricarpe *(bot.)*.

pericecitis, *s.* : pérityphlite.

pericholecystitis, *s.* : péricholécystite (inflammation du tissu cellulaire qui entoure la vésicule biliaire).

perichondritis, *s.* : périchondrite (inflammation souvent suppurative du périchondre).

perichondrium, *s. (lat.)* : périchondre (membrane fibreuse entourant un cartilage).

perichondroma, *s.* : périchondrome, chondrome externe.

perichord, *s.* : gaine de la notochorde.

periclasis, *s.* : fracture comminutive.

pericolitis *or* **pericolonitis**, *s.* : péricolite (péritonite localisée autour du côlon, plastique ou suppurée, consécutive, le plus souvent, à une colite segmentaire).

pericoronaritis, *s.* : péricoronarite *(stom.)*.

pericowperitis, *s.* : péricowpérite.

pericoxitis, *s.* : inflammation des tissus entourant l'articulation coxofémorale.

pericranitis, *s.* : inflammation du péricrâne.

pericranium, *s. (lat.)* : péricrâne (périoste de la surface externe du crâne).

pericystitis, *s.* : péricystite (inflammation de l'espace celluleux qui entoure la vessie).

pericystium, *s.* : 1. paroi vasculaire d'un kyste; 2. tissus entourant la vessie.

pericyte, *s.* : péricyte.

peridentitis, *s.* : pyorrhée.

periderm, *s.* : 1. épiderme; 2. couche de Malpighi; épitrichium.

peridesmitis, *s.* : inflammation de la gaine des ligaments.

peridesmium, *s. (lat.)* : gaine de ligament.

peridiastole, *s.* : intervalle entre la diastole et la systole.

perididymis, *s.* : pérididyme, tunique albuginée du testicule.

perididymitis, *s.* : pérididymite (inflammation de la pérididyme).

peridiverticulitis, *s.* : péridiverticulite (variété de périsigmoïdite due à l'inflammation de diverticules du côlon.

periduodenitis, *s.* : périduodénite (péritonite chronique localisée autour du duodénum, déterminant des brides et des adhérences avec les organes voisins).

periencephalitis, *s.* : périencéphalite (inflammation de l'écorce grise accompagnant la méningite).

perienteron, *s.* : cavité viscérale primitive.

periesophagitis, *s.* : périœsophagite (inflammation du tissu cellulaire qui entoure l'œsophage).

perifolliculitis, *s.* : périfolliculite pilaire *ou* pilo-sébacée (inflammation de la peau qui entoure les follicules pileux).

perigastritis, *s.* : périgastrite (péritonite localisée au pourtour de l'estomac).

periglottis, *s.* : muqueuse linguale.

perihepatitis, *s.* : périhépatite (inflammation de la capsule fibreuse du foie *ou* du péritoine qui entoure cet organe).

perilymph, *s.* : périlymphe (liquide remplissant les espaces périlymphatiques de l'oreille interne).

perilymphatic, *adj.* : périlymphatique.

perimadarous, *adj.* : se dit d'un ulcère où l'épiderme desquame avant sa propagation.

perimeningitis, *s.* : pachyméningite.

perimeter, *s.* : 1. périmètre; 2. campimètre *(opt.)*.

perimetritis, *s.* : périmétrite, périmétrosalpingite (pelvipéritonite secondaire à une affection des annexes).

perimetrium, *s.* : revêtement péritonéal de l'utérus.

perimetrosalpingitis, *s.* : périmétrosalpingite.

perimetry, *s.* : périmétrie (mesure du champ visuel).

perimyelis, *s.* : 1. couche membraneuse vasculaire du tissu conjonctif tapissant la cavité médullaire osseuse; 2. pie-mère rachidienne.

perimyelitis, *s.* : inflammation de la pie-mère rachidienne.

perimyositis, *s.* : inflammation du tissu cellulaire entourant le muscle.

perimysiitis, *s.* : inflammation du périmysium.

perimysium, *s.* : périmysium (tissu conjonctif lâche entourant les fibres musculaires); **- externum** : périmysium externe (faisceaux secondaires); **- internum** : périmysium interne (faisceaux primitifs).

perineal, *adj.* : périnéal ; **- body** : périnée ; **- fossa** : creux pelvirectal inférieur; **- section** : urétrotomie externe.

perineauxesis, *s.* : périnéauxésis (variété de colpo-périnéorraphie).

perineo- : périnéo, préfixe dénotant un rapport avec le périnée.

perineocele, *s.* : périnéocèle, hernie périnéale.

perineocolporectomyomectomy, *s.* : myomectomie par incision du périnée, du vagin et du rectum.

perineoplasty, *s.* : périnéoplastie (autoplastie de la région périnéale).

perineorrhaphy, *s.* : périnéorraphie (suture des deux lèvres d'un périnée déchiré au cours d'un accouchement).

perineosynthesis, *s.* : mode de périnéorraphie.

perineotomy, *s.* : périnéotomie, incision du périnée.

perinephritis, *s.* : périnéphrite, paranéphrite.

perinephrium *or* **perinephros,** *s.* : enveloppe cellulo-adipeuse du rein.

perineum, *s.* : périnée.

perineuritis, *s.* : périnévrite.

perineurium, *s.* : périnèvre (gaine de tissu conjonctif entourant le nerf).

period, *s.* : période; **childbearing -** : période allant de la puberté à la ménopause, où une femme est fécondable; **menstrual** *or* **monthly -** : règles, menstrues; **- of a disease** : stades, phases d'une maladie.

periodic, *adj.* : 1. périodique, récurrent; 2. dérivé de l'iode.

periodicity, *s.* : périodicité, fréquence.

periodology, *s.* : ensemble des connaissances concernant la tendance à la récurrence de certaines maladies et phénomènes morbides.

periodontal, *adj.* : 1. périodontique, entourant une dent; 2. se rapportant au périoste alvéolo-dentaire.

periodontia, *s.* : partie de la stomatologie traitant de la prophylaxie et du traitement de la périostite alvéolo-dentaire.

periodontic, *adj.* : périodontique.

periodontitis, *s.* : périodontite.

periodontium, *s.* : membrane périodontique.

periodontoclasia, *s.* : processus maladif produisant *ou* tendant à produire une destruction de la membrane périodontique.

periods, *s.* : règles, menstrues, époques.

periodynia, s. : douleur vive généralisée.

periomphacous, adj. : non mûri (se dit d'un abcès).

periomphalic, adj. : situé autour ou près de l'ombilic.

perion, s. : caduque (obstét.).

perionychia or **perionyxis,** s. : périonyxis (inflammation des replis péri-unguéaux).

perionychium, s. : repli périungéal.

periophthalmitis, s. : périophtalmite, capsulite (inflammation de la capsule de Tenon).

periople, s. : périople (vétér.).

perioptic, adj. : 1. entourant l'orbite; 2. se rapportant aux tissus entourant l'œil.

perioptometry, s. : mesure des limites du champ visuel.

periorbit or **periorbita,** s. : périoste orbitaire.

periorbitis, s. : inflammation du périoste orbitaire.

periorchitis, s. : périorchite, pachyvaginalite.

periosteal, adj. : périostal, périostéal, périostique.

periosteitis, s. : périostite.

periosteoma, s. : ostéome périostique.

periosteomedullitis, periostomedullitis or **periosteomyelitis,** s. : périostéomédullite (inflammation du périoste et de la moelle des os).

periosteophyma, s. : 1. œdème du périoste ; 2. ostéophyte.

periosteophyte, s. : ostéophyte.

periosteosis, s. : 1. périostose ; 2. ostéome périostique; 3. formation d'une tumeur du périoste.

periosteosteitis or **periostosteitis,** s. : association de périostite et d'ostéite.

periosteotome, s. : rugine, instrument pour inciser le périoste et le racler.

periosteotomy, s. : incision du périoste.

periosteum, s. : périoste (membrane fibreuse qui recouvre les os); **- alveolare** : périoste alvéolo-dentaire; **- cranii** : péricrâne.

periostitic, adj. : se rapportant à, ressemblant à, atteint de périostite.

periostitis, s. : périostite (nom générique donné à toutes les inflammations aiguës ou chroniques du périoste); **- albuminosa** : périostite albumineuse; **dental -** : périostite alvéolo-dentaire ou dentaire; **diffuse -** : inflammation aiguë du périoste des os longs; **hemorrhagic -** : périostite avec hémorragie sous-périostéale.

periostoma, s. : cf., **periosteoma.**

periostosis, s. : périostose (lésion non inflammatoire du périoste pouvant se transformer en exostose).

periostosteitis, s. : association d'ostéite et de périostite.

periotic, s. : portion pétrotympanique du temporal; adj. : 1. situé autour de l'oreille; 2. se rapportant aux organes avoisinant l'oreille interne.

peripachymeningitis, s. : péripachyméningite (inflammation de la face externe de la dure-mère spinale et du tissu conjonctif qui la sépare de la colonne vertébrale).

peripatetic, adj. : ambulant, ambulatoire.

periphacitis, s. : inflammation de la capsule du cristallin.

periphacus, s. : capsule du cristallin.

peripherad, adv. : orienté vers la périphérie.

peripheral or **peripheric,** adj. : périphérique.

periphery, s. : périphérie.

periphlebitis, s. : périphlébite (inflammation du tissu conjonctif qui entoure une veine).

periplast, s. : cytoplasme.

peripleuritis, s. : péripleurite (inflammation du tissu cellulaire compris entre la plèvre pariétale et la paroi thoracique).

peripneumonia, s. : péripneumonie (1. nom sous lequel on décrivait autrefois la pneumonie; 2. maladie infectieuse, contagieuse et épizootique de la race bovine [vétér.]).

periproctitis, s. : périproctite (inflammation périrectale).

periprostatitis, s. : périprostatite inflammatoire du tissu cellulaire qui entoure la prostate).

peripyemia, s. : suppuration autour d'un organe, d'un tissu.

perirectitis, s. : périrectite (inflammation du tissu cellulaire périrectal).

perirhizoclasia, s. : périradiculite dentaire.

perisalpingitis, s. : périsalpingite (inflammation du péritoine qui entoure la trompe).

perisalpinx, s. portion du péritoine recouvrant le bord supérieur de la trompe de Fallope.

perisigmoiditis, s. : périsigmoïdite.

perisinuitis or **perisinusitis,** s. : inflammation des tissus avoisinant un sinus.

perispermatitis, s. : hydrocèle vaginale.

perisphlanchnitis, s. : périviscérite.

perisplenitis, s. : périsplénite.

perispondylitis, s. : perispondylite (inflammation des tissus entourant une vertèbre).

peristalsis, s. : péristaltisme, contractions péristaltiques.

peristaltic, adj. : péristaltique.

peristaphyline, adj. : péristaphylin (situé près de la luette).

peristaphylitis, s. : inflammation des tissus entourant la luette.

peristole, s. : péristaltisme.

peristoma, s. : cf., **peristome.**

peristomal or **peristomatous,** adj. : entourant la bouche.

peristome, s. : péristome (biol., bot., zool.).

peristroma, s. : paroi couverte de villosités (intestin).

peristrumitis, s. : inflammation des tissus entourant un goitre.

perisystole, s. : périsystole (intervalle entre la systole et la diastole).

peritectomy, s. : excision d'un anneau de conjonctive autour ou près de la cornée.

peritendineum, s. : gaine d'un tendon.

peritendonitis, s. : 1. inflammation de la gaine d'un tendon; 2. inflammation des tissus entourant un tendon ; 3. inflammation autour du tendon d'Achille.

peritenon, s. : gaine d'un tendon.

peritenonitis, s. : inflammation de la gaine d'un tendon.

perithelial, adj. : se rapportant au périthelium.

perithelioma, s. : périthéliome (tumeur maligne due à la prolifération des cellules conjonctives du périthélium).

perithelium, s. : périthélium (tunique adventice des capillaires).

perithyroiditis, s. : inflammation de la capsule de la glande thyroïde.

peritomize, v. : circoncire.

peritomy, s. : 1. excision d'une bande de tissu conjonctival et sous-conjonctival de la cornée chez les malades atteints de pannus; 2. péritomie, circoncision.

peritoneal, adj. : péritonéal.

peritonealgia, s. : névralgie du péritoine.

peritoneopathy, s. : toute maladie du péritoine.

peritoneopericardial, adj. : se rapportant au péritoine et au péricarde.

peritoneopexy, s. : hystéropexie par voie vaginale.

peritoneorrhexis, s. : rupture du péritoine.

peritoneoscope, s. : laparoscope.

peritoneoscopy, s. : péritonéoscopie, laparoscopie.

peritoneotomy, s. : incision du péritoine.

peritoneum, s. : péritoine.

peritonism, s. : péritonisme, pseudo-péritonite.

peritonitic, adj. : se rapportant à, atteint de péritonite.

peritonitis, s. : péritonite (inflammation aiguë ou chronique du péritoine); **adhesive -** : péritonite avec adhérences entre le feuillet pariétal et le feuillet viscéral; **biliary -** : cholédopéritonite; **diffuse -** : péritonite généralisée; **parietal -** : péritonite localisée à la séreuse péritonéale; **perforative -** : péritonite par perforation; **puerperal -** ; péritonite puerpérale; **tuberculous -** : péritonite tuberculeuse.

peritonsillar, adj. : situé autour de l'amygdale.

peritonsillitis, s. : inflammation des tissus entourant l'amygdale.

peritracheitis, s. : inflammation du tissu conjonctif entourant la trachée.

Peritricha, s. : péritriches (variétés de bactéries munies de cils vibratiles sur tout leur pourtour).

peritrichous, adj. : péritriche.

periureteritis, s. : périurétérite.

periurethritis, s. : périurétrite.

perivaginitis, s. : périvaginite (inflammation du tissu conjonctif entourant le vagin).

perivascular, adj. : périvasculaire.

perivasculitis, s. : périvascularite (inflammation des espaces périvasculaires).

perivenitis, s. : inflammation autour d'une veine.

perivesiculitis, s. : périvésiculite (inflammation des tissus entourant les vésicules séminales).

perivisceritis, s. : périviscérite (inflammation chronique des séreuses qui entourent les viscères).

perivitelline, adj. : entourant le vitellus; **- space** : espace entre la membrane vitelline et le vitellus.

perixenitis, s. : inflammation autour d'un corps étranger inclus dans les tissus.

perizona, s. : 1. ceinture; 2. bandage herniaire; 3. zona.

perlèche, s. (fr.) : perlèche, pourlèche, bridon (maladie contagieuse, infectieuse, caractérisée par une exulcération siégeant au niveau de la commissure des lèvres).

perloids, s. : cachets (pharm.).

perlsucht, s. : forme de tuberculose bovine, pleurale ou péritonéale.

permanent, adj. : permanent, fixe; **- teeth** : dents permanentes.

permanganate, s. : permanganate.

permeable, adj. : perméable, pénétrable.

permease, s. : perméase.

permeate, v. : filtrer à travers, passer à travers.

permeation, s. : pénétration, infiltration, imprégnation.

permixion, s. : mélange parfait (chim.).

perna disease : acné d'origine chlorhydrique.

pernicious, adj. : pernicieux, malsain, délétère; **- anemia** : anémie pernicieuse; **- vomiting** : vomissements incoercibles de la grossesse.

perniosis, s. : engelure, pernion, érythème pernio.

pernoctation, s. : insomnie.

pero- : péro-, préfixe signifiant mutilé ou déformé.

pero, s. : couche externe du bulbe olfactif.

perochirus or **perocheirus,** s. : anomalie caractérisée par l'absence ou un développement imparfait de la main.

perocormus, s. : monstre caractérisé par un développement défectueux du tronc.

perodactylia, s. : développement défectueux des doigts ou des orteils.

perodynia, s. : cardialgie.

peromelia, s. : malformation tératique des membres.

peromelus, s. : péromèle (monstre caractérisé par l'absence plus ou moins complète d'un ou de plusieurs membres).

peromoplasty, s. : formation d'un nouveau moignon.

peronarthrosis, *s.* : articulation par emboîtement réciproque.

perone, *s.* : péroné.

peroneal, *adj.* : péronier.

peroneo- : péronéo-, préfixe dénotant un rapport avec le péroné.

peronia, *s.* : mutilation, malformation.

peroplasia, *s.* : malformation due à une anomalie dans le développement.

peropus, *s.* : anomalie caractérisée par une malformation des pieds.

peroral, *adj.* : par voie buccale.

perosis, *s.* : état caractérisé par une formation anormale *ou* défectueuse chez le poulet.

perosomus, *s.* : monstre caractérisé par une anomalie de la totalité du corps.

perosplanchnica, *s.* : malformation des viscères.

perosseous, *adj.* : au travers d'un os.

peroxidase, *s.* : peroxydase.

peroxidate *or* **peroxidize,** *v.* : peroxyder.

peroxide, *s.* : peroxyde; **hydrogen -** : eau oxygénée.

perpendicular, *adj.* : perpendiculaire; **- plate** : lame perpendiculaire (ethmoïde).

perplication, *s.* : plicature d'un vaisseau coupé avec suture de l'extrémité dans sa propre paroi.

persecution, *s.* : persécution; **- mania** : délire de la persécution.

perseveration, *s.* : persévération.

persistence, *s.* persistance, continuité; **- time** : prédiastole.

personal, *adj.* : personnel; **- equation** : équation personnelle.

personality, *s.* : personnalité.

perspirable, *adj.* : transpirable, perspirable.

perspiration, *s.* : 1. perspiration, sudation, transpiration; **fetid -** : bromidrose; **to be in a -** : être en transpiration, en sueur; **to break into -** : entrer en moiteur; 2. sueur; **streaming with, bathed in -** : trempé de sueur; **fetid -** : sueur fétide.

perspiratory, *adj.* : sudorifère, sudoripare, sudorifique.

perspire, *v.* : transpirer, suer.

perspiring, *adj.* : en sueur, suant.

perstriction, *s.* : arrêt de l'hémorragie par ligature.

persulfate *or* **persulphate,** *s.* : persulfate.

Perthes' disease : maladie de Perthes, coxaplana, arthrite déformante juvénile, épiphysite fémorale supérieure, maladie de Legg-Calvé.

pertubation, *s.* : insufflation tubaire.

perturbation, *s.* : perturbation, agitation, inquiétude, trouble.

pertussal, *adj.* : se rapportant à la coqueluche.

pertussis, *s.* : coqueluche.

Peruvian, *adj.* : péruvien; **- bark** : quinquina; **- wart** : verruga du Pérou, fièvre de la Oroya, maladie de Carrion.

perversion, *s.* : perversion (déviation des instincts); **- of the appetite** : dépravation de l'appétit; **sexual -** : perversion sexuelle.

pervert, *s.* : perverti; **sexual -** : inverti.

perverted, *adj.* : perverti, dénaturé.

pervigilium, *s.* : insomnie.

pervious, *adj.* : perméable.

pes, *s.*, *plur.* **pedes** *(lat.)* : 1. pied; 2. structure en forme de pied; **- accessorius** : éminence collatérale (de la corne d'Ammon); **- anserinus** : 1. patte d'oie; 2. plexus nerveux parotidien du facial; **- calcaneo-valgus** : pied bot talus valgus; **- calcaneus** : pied bot talus; **- arcuatus, cavus** *or* **excavatus** : pied bot avec arcure de la voûte plantaire; **- equinus** : pied bot équin; **- febricitans** : éléphantiasis; **- gigas** : macropodie; **- hippocampi** : corne d'Ammon; **- olfactorius** : pédoncule olfactif (lobe olfactif); **- planus** : pied plat; **- valgus** : pied bot valgus; **- varus** : pied bot varus.

pessary, *s.* : pessaire.

pessima, *s.* *(lat.)* : dermatose caractérisée par des lésions pustulaires indurées et jaunâtres entourées par des aréoles congestionnées sur tout le corps.

pessulum *or* **pessum,** *s.* : pessaire.

pest, *s.* : 1. peste; **- house** : hôpital pour les pestiférés, lazaret, maladrerie; 2. pestilence, fléau; 3. nom générique pour divers parasites.

pesticemia, *s.* : 1. présence du cocco-bacille de Yersin dans le sang; 2. forme septicémique de peste.

pesticide, *s.*, *adj.* : insecticide, antibiotique.

pestiferous, *adj.* : pestiféré, pestilent, nuisible.

pestilence, *s.* : peste, pestilence.

pestilential, *adj.* : pestilentiel, contagieux, pestifère.

pestis, *s.* *(lat.)* : peste; **- americana** : fièvre jaune; **- bubonica, inguinaria** *or* **orientalis** : peste; **- minor** : forme bénigne de peste bubonique; **- variolosa** : variole.

pestle, *s.* : pilon (pour mortier); *v.* : piler, broyer.

pestology, *s.* : étude des différentes formes de peste.

petechia, *s.*, *plur.* **petechiæ** *(lat.)* : pétéchies (variété d'hémorragie cutanée).

petechial, *adj.* : petéchial; **- fever** : 1. fièvre typhoïde; 2. méningite cérébrospinale; **- typhus** : typhus pétéchial, typhus exanthématique.

pétiole, *s.* : pétiole.

petiolus, *s.*, *plur.* **petioli** *(lat.)* : manche du marteau (oreille moyenne); **- glandula pinealis** : pédoncule de la glande pinéale, habena, habenula.

Petit's canal : canal de Petit (espace injectable compris entre le zonule de Zinn et le corps vitré); **- sinus** : sinus de Valsalva (crosse de l'aorte).

Petit's hernia : hernie de J.-L. Petit (hernie lombaire se faisant par le triangle de J.-L. Petit);

- **ligament** : ligament de J.-L. Petit, torus uterinus; - **triangle** : triangle de J.-L. Petit (paroi abdominale).

Petri capsule, dish *or* **plate** : boîte de Petri (*bactér.*).

petrifaction *or* **petrification**, *s.* : pétrification.

petrissage, *s.* *(fr.)* : pétrissage (mode de massage).

petrolatum, *s.* : 1. vaseline officinale (*pharm.*); 2. graisse verte; - **liquidum** : huile de pétrole.

petroleum, *s.* : huile minérale, pétrole; **refined** *or* **rectified** - : pétrole lampant.

petrolization, *s.* : pétrolage.

petromastoid, *adj.* : pétromastoïdien; - **canal** : canal pétromastoïdien; - **foramen** : orifice tympanique du canal pétro-mastoïdien.

petrosa, *s.* : portion pétrotympanique (temporal).

petrosal, *s.* : portion pétrotympanique du temporal; *adj.* : se rapportant à la portion pétrotympanique.

petrositis, *s.* : pétrosite, rochérite (ostéite profonde du rocher, presque toujours consécutive à une otite moyenne).

petrosphenoid, *adj.* : sphénopétreux; - **suture** : gouttière sphénopétreuse *ou* tubaire.

petrosquamosal *or* **petrosquamous**, *adj.* : pétrosquameux; - **fissure** *or* **suture** : scissure pétrosquameuse; - **sinus** : sinus pétrosquameux.

petrous, *adj.* : pétreux; - **bone** : rocher; - **portion of the temporal bone** : portion pétreuse de l'os temporal.

Pettenkofer's test for bile acids : réaction de Pettenkofer (identification des acides biliaires dans l'urine).

Peutz-Jeghers' syndrome : syndrome de Peutz-Jeghers.

-pexia : -pexie, suffixe indiquant la fixation.

pexis, *s.* : pexie (fixation des bactéries, des colloïdes dans les tissus).

Peyer's glands *or* **patches** : plaques de Peyer.

Peyerian fever : fièvre typhoïde.

Pfeiffer's glandular fever : maladie de Pfeiffer, adénolymphoïdite aiguë bénigne, mononucléose infectieuse; - **phenomenon** *or* **reaction** : phénomène *ou* expérience de Pfeiffer (transformation en boule de certains bacilles quand on les injecte dans la cavité péritonéale d'un cobaye immunisé).

Pflüger's tubes : canaux de Pflüger (1. ovariens; 2. salivaires).

Pfuhl *or* **Pfuhl-Jaffe's sign** : signe de Pfuhl (signe permettant de déterminer la situation par rapport au diaphragme d'un épanchement purulent).

pH : pH, symbole exprimant la concentration des ions hydrogène libres.

phace *or* **phacea**, *s.* : cristallin (œil).

phacentocele, *s.* : déplacement du cristallin dans la chambre antérieure de l'œil.

phacicous, *adj.* : 1. appartenant au cristallin; 2. en forme de lentille.

phacitis : *cf.*, **phakitis**.

phaco- : phaco-, préfixe dénotant un rapport avec : 1. une lentille; 2. le cristallin.

phacoanaphylaxis, *s.* : anaphylaxie du cristallin.

phacocele, *s.* : phacocèle.

phacocyst, *s.* : capsule du cristallin, cristalloïde.

phacocystectomy, *s.* : excision d'une partie de la capsule du cristallin.

phacocystitis, *s.* : inflammation de la capsule du cristallin.

phacoerysis, *s.* : phacoérisis (opération de la cataracte qui consiste, après section de la cornée et iridectomie, à extraire le cristallin et sa capsule simultanément à l'aide de l'érisiphaque).

phacoglaucoma, *s.* : modification de la structure du cristallin consécutive au glaucome.

phacohymenitis, *s.* : inflammation de la capsule du cristallin.

phacoid, *adj.* : enforme de lentille.

phacoiditis, *s.* : *cf.*, **phakitis**.

phacoidoscope, *s.* : *cf.*, **phacoscope**.

phacolysis, *s.* : 1. dissolution, désintégration du cristallin; 2. opération destinée à corriger la myopie par discission du cristallin suivie d'extraction.

phacolytic, *adj.* : se rapportant à : 1. désintégration du cristallin; 2. discission du cristallin.

phacomalacia, *s.* : phacomalacie (ramollissement du cristallin).

phacometachoresis, *s.* : luxation du cristallin.

phacometecesis, *s.* : déplacement du cristallin dans la chambre antérieure de l'œil.

phacometer, *s.* : 1. instrument pour déterminer l'indice de réfraction des lentilles; 2. *cf.*, **phacoscope**.

phacopalingenesis, *s.* : reproduction du cristallin.

phacoplanesis, *s.* : hypermobilité du cristallin.

phacosclerosis, *s.* : phacosclérose (induration du cristallin).

phacoscope, *s.* : instrument pour observer les modifications du pouvoir d'accommodation du cristallin.

phacoscopy, *s.* : observation et estimation des modifications du cristallin dues aux influences de l'accommodation.

phacoscotasmus, *s.* : nébulosité du cristallin.

phacotherapy, *s.* : héliothérapie.

phaeochromocytoma, *s.* : phaeochromocytome (chromaffinome des surrénales).

phage, *s.* : phage, bactériophage; - **therapy** : emploi thérapeutique des bactériophages; - **typing** : lysotypie (application des bactériophages au typage des espèces microbiennes).

phagedena, *s.* : phagédène, ulcère phagédénique, ulcère rongeant, ulcère rongeur; - **sloughing** : gangrène nosocomiale; - **tropica** : ulcère tropical.

phagedenic, *adj.* : phagédénique (qui ronge).

phagedenism, *s.* : phagédénisme (tendance de quelques plaies, ulcères, chancres, à s'étendre en surface et en profondeur et à résister aux traitements).

phagedenoma, *s.* : ulcère phagédénique.

phagocytal, *adj.* : phagocytaire.

phagocyte, *s.* : phagocyte.

phagocytic, *adj.* : phagocytaire; **- index** : image d'Arneth.

phagocytoblast, *s.* : phagocytoblaste.

phagocytolysis, *s.* : 1. dissolution, destruction des phagocytes; 2. perte du pouvoir phagocytaire.

phagocytosis, *s.* : phagocytose.

phagodynamometer, *s.* : appareil pour mesurer la force déployée en mastiquant.

phagokaryosis, *s.* : présomption d'une action phagocytaire du noyau de la cellule.

phagolysis, *s.* : phagolyse (dissolution des phagocytes dans le liquide où ils sont plongés).

phagomania, *s.* : phagomanie (état psychique caractérisé par de l'hyperorexie et l'impuissance à résister au désir de manger).

phagopyrosis, *s.* : phagopyrose.

phagotherapy, *s.* : phagothérapie (emploi thérapeutique des régimes alimentaires).

phakitis, *s.* : inflammation du cristallin.

phakomatosis, *s.* : phacomatose (génoneurodermatose, neurodermatose héréditaire).

phalacrosis, *s.* : calvitie.

phalacrotic *or* **phalacrous,** *adj.* : chauve.

phalangeal, *adj.* : phalangien.

phalangette, *s.* : phalangette.

phalangitis, *s.* : inflammation d'une phalange; **- syphilitica** : dactylite syphilitique.

phalangization, *s.* : phalangisation (opération consistant à sectionner la commissure du pouce *ou* des doigts pour permettre l'utilisation d'une main mutilée *ou* l'adaptation d'un appareil prothétique sur cette main).

phalangophalangeal, *adj.* : phalango-phalangien.

phalangosis, *s.* : 1. phalangose, trichiasis (déviation congénitale ou acquise des cils); 2. ptose.

phalanx, *s.,* *plur.* **phalanges** *(lat.)* : 1. phalange; **second -** : phalangine; **third -** : phalangette; 2. partie de l'organe de Corti.

phallalgia, *s.* : douleur dans le pénis.

phallanastrophe, *s.* : torsion du pénis.

phallaneurysm, *s.* : anévrisme d'un vaisseau du pénis.

phallectomy, *s.* : ablation du pénis.

phallic, *adj.* : phallique.

phalliform, *adj.* : ressemblant au pénis.

phallitis, *s.* : inflammation du pénis.

phallocampsis, *s.* : érection douloureuse avec torsion du pénis.

phallodynia, *s.* : douleur au pénis.

phalloid, *adj.* : phalloïde.

phalloncus, *s.* : tumeur, œdème du pénis.

phalloplasty, *s.* : chirurgie plastique, réparatrice du pénis.

phallorrhagia, *s.* : hémorragie du pénis.

phallotomy, *s.* : incision du pénis.

phallus, *s.* : phallus, pénis, verge.

phanero- : phanéro-, préfixe signifiant visible, apparent.

phanerogam, *s.* : phanérogame.

phanerogenic, *adj.* : phanérogénétique (se dit d'une maladie dont l'origine est connue).

phaneroscope, *s.* : instrument destiné à rendre la peau translucide (sert dans les dermatoses).

phaneroscopy, *s.* : examen de la peau.

phanerosis, *s.* : fait de devenir translucide.

phantasia, *s.* : apparence imaginaire.

phantasm, *s.* : phantasme, fantasme [1. objet qu'un malade croit percevoir; 2. rêverie à l'état de veille *(psychanal.)*].

phantasmology, *s.* : science des phantasmes.

phantasmoscopia, *s.* : vision de phantasmes (délire, démence).

phantasy *or* **fantasy,** *s.* : fantaisie (déformation psychique de la réalité).

phantom, *s.* : fantôme (1. apparition; 2. modèle d'un organe ou du corps tout entier pour études chirurgicales); **- corpuscle** : plaquette, thrombocyte; **- limb** : membre fantôme; **- tumor** : grosseur d'aspect tumoral produite par une contraction musculaire, un choc.

phaochrome, *adj.* : chromaffine.

phaochromoblast, *s.* : cellule engendrant une cellule chromaffine.

phaochrome, *adj.* : chromaffine.

phaochromoblast, *s.* : cellule engendrant une cellule chromaffine.

pharcidous, *adj.* : ridé, rugueux.

pharmacal, pharmaceutic *or* **pharmaceutical,** *adj.* : pharmaceutique.

pharmaceutics, *s.* : pharmacie.

pharmacist, *s.* : pharmacien.

pharmaco- : pharmaco-, préfixe dénotant un rapport avec des médicaments.

pharmacodynamics, *s.* : pharmacodynamie.

pharmacognosis, pharmacognosy, pharmacognostics *or* **pharmacography,** *s.* : pharmacognosie, matière médicale (partie de la pharmacie traitant des drogues à l'état naturel).

pharmacologist, *s.* : pharmacologiste, pharmacologue.

pharmacology, *s.* : pharmacologie (étude des médicaments).

pharmacomania, *s.* : pharmacomanie, pharmacophilie (besoin impérieux qu'éprouvent certains sujets d'absorber des médicaments).

pharmacopedics, *s.* : pharmacopée (art de préparer les médicaments).

pharmacopeia, s. : pharmacopée (1. art de préparer les médicaments; 2. codex).

pharmacopeial, adj. : contenu dans, sanctionné par la pharmacopée.

pharmacophobia, s. : dégoût morbide pour tout médicament.

pharmacopsychosis, s. : pharmacopsychose, toxicomanie, addiction.

pharmacotherapy, s. : pharmacothérapie (1. emploi thérapeutique des médicaments; 2. étude de l'action des médicaments sur l'organisme malade).

pharmacy, s. : pharmacie (1. art de reconnaître, de recueillir, de conserver les drogues simples et de préparer les médicaments composés; 2. officine où se débitent les médicaments).

pharyngalgia, s. : douleur dans le pharynx.

pharyngeal, adj. : pharyngien; - **spine** or **tubercle** : tubercule pharyngien (occipital); - **tonsil** : amygdale pharyngienne.

pharyngectomy, s. : pharyngectomie (ablation, totale ou partielle du pharynx).

pharyngemphraxis, s. : obstruction du pharynx.

pharyngeus, s. : cf., **musculus.**

pharyngismus, s. : pharyngisme (contraction spasmodique des muscles du pharynx).

pharyngitic, adj. : se rapportant à, atteint de, de la nature de la pharyngite.

pharyngitis, s. : pharyngite (inflammation du pharynx).

pharyngo- : pharyngo-, préfixe dénotant un rapport avec le pharynx.

pharyngoamygdalitis, s. : pharyngo-amygdalite (inflammation du pharynx et des amygdales).

pharyngocele, s. : hernie pharyngienne.

pharyngodynia, s. : douleur dans le pharynx.

pharyngokeratosis, s. : épaississement de la muqueuse pharyngienne avec formation d'exsudat.

pharyngolaryngitis, s. : pharyngolaryngite (inflammation simultanée du pharynx et du larynx).

pharyngolith, s. : concrétion dans les parois du pharynx.

pharyngology, s. : pharyngologie (étude du mécanisme, des fonctions, des maladies du pharynx).

pharyngolysis, s. : paralysie des muscles du pharynx.

pharyngomycosis, s. : mycose d'origine pharyngienne.

pharyngonasal, adj. : nasopharyngien; - **cavity** : nasopharynx, rhinopharynx, arrière-cavité des fosses nasales, partie nasale du pharynx.

pharyngo-oral, adj. : buccopharyngien; - **cavity** : partie buccale du pharynx.

pharyngoparalysis : cf., **pharyngoplegia.**

pharyngopathy, s. : toute maladie du pharynx.

pharyngoperistole, s. : cf., **pharyngostenia.**

pharyngoplasty, s. : chirurgie plastique du pharynx.

pharyngoplegia, s. : paralysie des muscles du pharynx.

pharyngorhinitis, s. : rhinopharyngite (inflammation du rhinopharynx).

pharyngorhinoscopy, s. : rhinoscopie postérieure (examen des fosses nasales par le pharynx à l'aide d'un miroir introduit derrière le voile du palais).

pharyngorrhagia, s. : hémorragie du pharynx.

pharyngorrhea, s. : écoulement muqueux du pharynx.

pharyngosalpingitis, s. : pharyngosalpingite (inflammation du pharynx et de la trompe d'Eustache).

pharyngoscleroma, s. : sclérome pharyngien.

pharyngoscope, s. : pharyngoscope.

pharyngoscopy, s. : pharyngoscopie (examen de la cavité du pharynx à l'aide du pharyngoscope).

pharyngospasm, s. : contraction spasmodique du pharynx.

pharyngostenia, s. : rétrécissement du pharynx.

pharyngotherapy, s. : traitement des maladies du pharynx.

pharyngotome, s. : pharyngotome.

pharyngotomy, s. : pharyngotomie (ouverture chirurgicale du pharynx).

pharyngotonsillitis, s. : pharyngo-amygdalite (inflammation du pharynx et des amygdales).

pharyngotyphoid, s. : fièvre typhoïde débutant par une angine ou une douleur pharyngienne.

pharyngoxerosis, s. : sécheresse du pharynx.

pharynx, s. : pharynx.

phase, s. : 1. phase, période, stade; - **of an illness** : période d'une maladie; **labour has two -** : l'accouchement comprend deux temps; - **alpha** : œstrus (période de l'ovulation); - **beta** : préœstrus (phase folliculinique); 2. phase (électr.); - **adjustment** : mise en phase; - **displacement** : diphasage; **in -** : en phase; **out of -** : diphasé; - **contrast microscope** : microscope à contraste de phase.

phatne, s. : alvéole.

phatnorrhagia, s. : hémorragie alvéolo-dentaire.

Phelps' operation : opération de Phelps-Kirmisson (cure radicale du pied bot varus équin).

phenakistoscope, s. : phénakistoscope (forme de stroboscope).

phengophobia, s. : photophobie.

phenicism, s. : rubéole.

phenigmus, s. : dermatose caractérisée par une rougeur diffuse sans fièvre.

phenol, adj. : phénique; - **acid** : acide phénique, phénol. cf., **carbolic.**

phenology, s. : phénologie (étude du comportement des plantes et des animaux vis-à-vis des perturbations météorologiques).

phenolsulfonphthalein, s. : phénolsulfone-phtaléine (chim.); - **test** : épreuve de la phénolsulfonephtaléine (perméabilité rénale).

phenomenon, s., plur. **phenomena** : phénomène.

phenotype, s. : phénotype (caractères apparents du stock héréditaire).

phenotypic, *adj.* : phénotypique.

phenylketonuria, *s.* : phénylcétonurie.

pherhormone, pherormone *or* **pheromone,** *s.* : pherhormone, phérormone, phéromone (hormone des invertébrés, hormone sociale).

phial, *s.* : fiole, flacon, ampoule.

philanthropist, *s.* : philanthrope.

philanthropy, *s.* : philantropie.

-philia : -philie, suffixe dénotant l'affinité, l'amour de.

philocytase, *s.* : philocytase, sensibilisatrice.

philoneism, *s.* : amour du neuf, du nouveau.

philopatridomania, *s.* : nostalgie, mal du pays.

philter *or* **philtre,** *s.* : philtre.

philtrum, *s.* : 1. enfoncement de la lèvre supérieure situé immédiatement sous la cloison du nez; 2. philtre, breuvage.

phimosientomy *or* **phimosiotomy,** *s.* : incision du phimosis.

phimosis, *s.* : phimosis (étroitesse congénitale *ou* accidentelle de l'anneau préputial); **- adnata** *or* **puerilis** : phimosis congénital; **- œdematodes** : phimosis avec œdème du prépuce; **- oris** : phimosis labial (atrésie de l'orifice buccal); **- palpebrarum** : blépharophimosis ; **- vaginalis** : atrésie du vagin.

phimotic, *adj.* : se rapportant au phimosis.

phleb- : phleb-, préfixe signifiant veine.

phlebalgia, *s.* : phlébalalgie, phlébalgie (douleur siégeant sur le trajet des veines variqueuses).

phlebangioma, *s.* : anévrisme veineux.

phlebarteriectasia, *s.* : phlébartériectasie (dilatation des artères et des veines observée dans l'anévrisme cirsoïde).

phlebarteriodialysis, *s.* : anévrisme artérioveineux.

phlebectasia *or* **phlebectasis,** *s.* : phlébectasie (dilatation veineuse, varice).

phlebectomy, *s.* : phlébectomie (résection d'un segment plus ou moins étendu d'une veine).

phlebectopia, *s.* : déplacement, position anormale, d'une veine.

phlebemphraxis, *s.* : obstruction d'une veine.

phlebeurisma, *s.* : varice.

phlebexairesis, *s.* : extraction d'une veine.

phlebismus, *s.* : œdème, turgescence d'une veine.

phlebitic, *adj.* : se rapportant à, de la nature de, atteint de la phlébite.

phlebitis, *s.* : phlébite (inflammation aiguë, subaiguë ou chronique, d'une veine); **sclerosing -** : phlébosclérose.

phlebo- : phlébo-, préfixe dénotant un rapport avec une veine.

phlebocarcinoma, *s.* : extension d'un carcinome aux parois d'une veine.

phlebocholosis, *s.* : paralysie veineuse, maladie veineuse.

phleboclysis, *s.* : phléboclyse (injection intraveineuse d'une plus ou moins grande quantité de soluté physiologique *ou* d'un liquide médicamenteux).

phlebogram, *s.* : phlébogramme (1. courbe obtenue avec un appareil qui enregistre les battements de la jugulaire interne; 2. image obtenue par phlébographie).

phlebograph, *s.* : phlébographe.

phlebography, *s.* : phlébographie (1. inscription des battements de la veine jugulaire interne; 2. phlébographie directe, radiographie d'une veine après injection d'un produit opaque aux rayons X *ou* phlébographie indirecte, radiographie d'un groupe de veines après injection d'un produit opaque dans l'artère correspondante).

phleboid, *adj.* : 1. veineux; 2. d'aspect veineux.

phlebolite *or* **phlebolith,** *s.* : phlébolithe.

phlebolithiasis, *s.* : formation de phlébolithes.

phlebolithic, *adj.* : se rapportant à, caractérisé par des phlébolithes.

phlebology, *s.* : phlébologie.

phlebonarcosis, *s.* : phlébonarcose (narcose par injection intraveineuse).

phlebopexy, *s.* : phlébopexie (opératon pratiquée pour la cure du varicocèle).

phlebophebostomy, *s.* : anastomose entre deux veines.

phlebophlogosis, *s.* : phlébite.

phlebophthalmotomy, *s.* : scarification de la veine conjonctivale.

phlebopiezometry, *s.* : phlébopiézométrie (mesure de la pression veineuse).

phleboplasty, *s.* : opération plastique sur une veine.

phleboplerosis, *s.* : distension veineuse.

phleborrhagia, *s.* : hémorragie veineuse.

phleborrhaphy, *s.* : suture d'une veine.

phleborrhexis, *s.* : rupture d'une veine.

phlebosclerosis, *s.* : phlébosclérose (1. sclérose des veines; 2. phlébite chronique).

phlebosis, *s.* : phlébose (inflammation non infectieuse d'une veine).

phlebostasis, *s.* : 1. forme de phlébotomie; 2. ralentissement de la circulation dans une veine.

phlebostenosis, *s.* : sténose veineuse.

phlebostrepsis, *s.* : torsion d'une veine.

phlebothrombosis, *s.* : thrombose veineuse.

phlebotome, *s.* : phlébotome, lancette, flammette.

phlebotomize, *v.* : saigner (quelqu'un).

Phlebotomus, *s.* : phlébotome, mouche hématophage.

phlebotomus fever : fièvre à pappataci, fièvre à phlébotomes.

phlebotomy, *s.* : phlébotomie, saignée veineuse.

phledonia, *s.* : délire.

phlegm, s. : 1. flegme, pituite, phlegme; **to cough up -** : tousser gras, cracher gras; 2. flegme, patience, impassibilité.

phlegmasia, s. : phlegmasie, inflammation; **- adenosa** : adénite; **- alba dolens, - dolens** or **- lactea** : phlegmatia alba dolens, œdème blanc douloureux, leucophlegmasie; **- cellularis** : cellulite; **- malabarica** : éléphantiasis des Arabes; **- myoica** : myosite.

phlegmatic, adj. : phlegmatique, flegmatique.

phlegmon, s. : phlegmon (inflammation du tissu conjonctif qui sépare les organes).

phlegmonodœa, s. : 1. forme d'entérite idiopathique; 2. péritonite.

phlegmonoid, adj. : ressemblant à un phlegmon.

phlegmonous, adj. : phlegmoneux, flegmoneux.

phloem, s. : phloème, liber; **- necrosis** : nécrose du liber (caractéristique de la maladie de l'enroulement de la pomme de terre).

phlogistic, adj. : phlogistique.

phlogosis, s. : 1. phlogose, inflammation; 2. érysipèle.

phlogotherapy, s. : phlogothérapie (action thérapeutique déterminée par le choc obtenu en injectant certaines substances, protéines, vaccins, etc.).

phlogotic, adj. : inflammatoire, se rapportant à, caractérisé par de la phlogose, de l'inflammation.

phloridzin, s. : phloridzine (chim.); **- diabetes** : diabète toxique (consécutif à l'action de la phloridzine sur le rein); **- test** : épreuve de la phloridzine (fonctionnement rénal).

phlyctœna or **phlyctena**, s. : phlyctène (vésicule, bulle).

phlyctenar, adj. : atteint de phlyctène, se rapportant à une phlyctène.

phlyctenosis, s. : éruption caractérisée par la présence de phlyctènes.

phlyctenula, s. : phlycténule (petite phlyctène de la cornée).

phlyctenular, adj. : phlycténulaire.

phlyctenule, s. : phlycténule.

phlysis, s. : 1. phlycténule; 2. panaris.

phlyzacion or **phlyzacium**, s. : pustule phlyzaciée (pustule large reposant sur une base indurée).

phobia, s. : phobie (appréhension irraisonnée, obsédante et angoissante).

-phobia : -phobie, suffixe désignant la peur morbide de l'objet ou de l'acte désigné par la première partie du mot.

phobodipsia, s. : hydrophobie.

Phocas' disease : mastite fibreuse chronique.

phocomelus, s. : phocomèle.

phonacoscope, s. : appareil pour auscultation et percussion combinées.

phonacoscopy, s. : auscultation et percussion au moyen d'un appareil.

phonal, adj. : se rapportant à la voix, au son.

phonasthenia, s. : phonasthénie (faiblesse des sons articulés).

phonation, s. : phonation (ensemble des phénomènes qui concourent à la production de la voix).

phonatory, adj. : vocal.

phonautogram, s. : diagramme enregistré par le phonautographe.

phonautograph, s. : phonautographe (appareil enregistreur des vibrations sonores).

phoneme, s. : phonème (hallucination auditive verbale).

phonendoscope, s. : phonendoscope (stéthoscope biauriculaire).

phonendoscopy, s. : phonendoscopie.

phonetic, adj. : phonétique.

phonetics, s. phonétique.

phoniatrics or **phoniatry**, s. : étude et traitement de la voix.

phonic, adj. : phonique (se rapport à la voix); **- spasm** : spasme phonique.

phonism, s. : sensation auditive due à une impression sur un des autres sens.

phono- : phono- préfixe dénotant un rapport avec la voix, le son.

phonocardiogram, s. : phonocardiogramme (courbe obtenue par l'enregistrement graphique des bruits du cœur).

phonocardiography, s. : phonocardiographie.

phonochorda, s., plur. **phonochordæ** (lat.) : corde vocale.

phonogram, s. : sténogramme (enregistrement de paroles ou de sons).

phonograph, s. : phonographe.

phonology, s. : phonétique, phonologie.

phonomassage, s. : action des vibrations sonores sur le tympan.

phonometer, s. : phonomètre, acoumètre.

phonomyoclonus, s. : perception à l'auscultation d'un son sur un muscle dénotant des contractions fibrillaires.

phononosus or **phonopathy**, s. : maladie de la voix, trouble de la voix.

phonophobia, s. : phonophobie (1. crainte de parler à voix haute; 2. crainte morbide du son, du bruit).

phonophore, s. : 1. osselet (considéré comme vecteur du son); 2. forme de stéthoscope.

phonopsia, s. : perception des couleurs par des sensations auditives.

phonoscope, s. : phonoscope (stéthoscope amplificateur).

phonoscopy, s. : phonoscopie.

phonostethograph, s. : stéthoscope enregistreur, phonocardiographe.

phonotherapy, s. : pouvoir curatif de la musique.

phony peach : rabougrissement du pêcher.

phoro- : préfixe dénotant le mouvement *ou* le fait de porter.

phoroblast, *s.* : tissu conjonctif.

phorocyte, *s.* : cellule du tissu conjonctif.

phorocytosis, *s.* : accroissement du nombre des cellules du tissu conjonctif.

phorology, *s.* : instrument pour mesurer la force relative des muscles oculaires.

phoro-optometer, *s.* : optomètre pour déterminer les déficiences musculaires.

phoroplast, *s.* : tissu conjonctif.

phorotone, *s.* : appareil pour exercer les muscles oculaires.

phose, *s.* : sensation lumineuse subjective.

phosgene, *s.* : qui produit de la lumière; **- gas** : phosgène (chlorure de carbonyle, $COCl_2$).

phosis, *s.* : formation d'une sensation lumineuse subjective.

phosphatase, *s.* : phosphatase (enzyme).

phosphate, *s.* : phosphate.

phosphatemia, *s.* : phosphatémie (quantité de phosphates contenue dans le sang).

phosphatide, *s.* : phosphatide (ester de l'acide orthophosphorique, se trouve dans le cerveau).

phosphatometer, *s.* : appareil pour doser les phosphates dans l'urine.

phosphatoptosis, *s.* : précipitation spontanée des phosphates dans l'urine.

phosphaturia, *s.* : phosphaturie (excès de phosphates dans l'urine).

phosphene, *s.* : phosphène (sensation lumineuse que l'on provoque en comprimant un point du globe oculaire).

phosphin *or* **phosphine**, *s.* : phosphine, hydrogène phosphoré PH_3.

phospho- : phospho-, préfixe dénotant un rapport avec le phosphore ou ses composés.

phosphoglycerate-kinase, *s.* : phosphoglycérate-kinase.

phosphohexokinase, *s.* : phosphohexokinase.

phosphonecrosis, *s.* : nécrose phosphorée.

phosphorated, *adj.* : phosphoré.

phosphorescence, *s.* : phosphorescence.

phosphorescent, *adj.* : phosphorescent.

phosphoric, *adj.* : phosphorique; **- acid** : acide phosphorique.

phosphoridrosis *or* **phosphorhidrosis**, *s.* : sécrétion de sueur phosphorescente.

phosphorism, *s.* : phosphorisme (intoxication par le phosphore).

phosphorized, *adj.* : phosphoré.

phosphorous, *adj.* : phosphoreux; **- acid** : acide phosphoreux.

phosphoruria, *s.* : 1. phosphorescence de l'urine; 2. phosphaturie.

phosphorus, *s.* : phosphore; **- necrosis** : nécrose phosphorée.

phosphorylase, *s.* : phosphorylase.

phossy jaw : nécrose phosphorée de la mâchoire.

phot, *s.* : phot (unité d'intensité lumineuse = 10 000 lux/cm²).

photalgia, *s.* : douleur consécutive à une trop forte intensité lumineuse.

photesthesia, *s.* : 1. sensibilité à la lumière; 2. photophobie.

photic, *adj.* : se rapportant à la lumière.

photism, *s.* : photisme, sensation visuelle secondaire, pseudo-photesthésie, pseudo-chromesthésie, audition colorée.

photo- : photo-, préfixe dénotant un rapport avec la lumière.

photobiotic, *adj.* : vivant exclusivement à la lumière.

photocampsis, *s.* : réfraction de la lumière.

photo-cell, *s.* : cellule photo-électrique.

photoceptor, *s.* : terminaison nerveuse sensible à la lumière.

photochemical, *adj.* : photochimique.

photochemistry, *s.* : photochimie.

photochromatic, *adj.* : photochromatique.

photocoagulation, *s.* : photocoagulation (coagulation causée par la lumière, par exemple par le laser).

photodermatosis, *s.* : photodermatose, photodermatite.

photodynamic, *adj.* : photodynamique.

photodynia, *s.* : 1. douleur consécutive à une trop forte intensité lumineuse; 2. photophobie poussée au paroxysme.

photodysphoria, *s.* : intolérance à la lumière, photophobie.

photoelectric, *adj.* : photo-électrique; **- cell** : cellule photo-électrique.

photoelectricity, *s.* : photo-électricité.

photoerythema, *s.* : photoérythème (produit par les rayons actiniques).

photogen, *s.* : bactérie photogène.

photogene, *s.* : image persistante sur la rétine.

photogenesis, *s.* : production de la lumière, de la phosphorence.

photogenic *or* **photogenous**, *adj.* : photogène (qui engendre la lumière).

photogram, *s.* : représentation photographique d'un agrandissement obtenu au microscope.

photography, *s.* : photographie.

photohemotachometer, *s.* : hémotachomètre permettant de photographier les modifications de niveau du sang.

photokinetic, *adj.* : produisant le mouvement par la lumière.

photology, *s.* : science de la lumière.

photolysis, *s.* : photolyse (décomposition par l'action de la lumière).

photolyte, *s.* : photolyte (substance se décomposant sous l'action de la lumière).

photoma, *s.* : photome (sensation visuelle subjective).

photomagnetism, *s.* : magnétisme produit par l'action de la lumière.

photomania, *s.* : 1. accroissement des symptômes de folie sous l'influence de la lumière; 2. désir morbide de la lumière.

photometer, *s.* : photomètre.

photometry, *s.* : photométrie.

photomicrograph, *s.* : photomicrographie (photographie prise au microscope [souvent appelée improprement microphotographie]).

photomicrography, *s.* : photomicrographie.

photonosus, *s.* : toute maladie consécutive à l'exposition continue à la lumière intense (cécité des neiges, etc.).

photoparesthesia, *s.* : défaut *ou* perversion de la sensibilité rétinienne.

photopathy, *s.* : *cf.,* **photonosus.**

photoperceptive, *adj.* : capable de recevoir, de percevoir les rayons lumineux.

photophilic, *adj.* : recherchant, aimant la lumière.

photophobia, *s.* : photophobie (crainte de la lumière).

photophobic, *adj.* : atteint de, se rapportant à la photophobie.

photophone, *s.* : photophone, radiophone (appareil transcrivant graphiquement les ondes sonores).

photophore, *s.* : photophore, endoscope à éclairage électrique.

photopsia, *s.* : photopsie (visions subjectives d'apparence lumineuse frappant l'œil sain aussi bien que l'œil malade, dues à des excitations directes de la rétine et du nerf optique).

photoptic, *adj.* : se rapportant à la photopsie.

photoptometer, *s.* : instrument pour déterminer l'acuité visuelle.

photoptometry, *s.* : mesure de la perception de la lumière.

photoradiograph, *s.* : radiophotographie.

photoradiometer, *s.* : instrument pour mesurer la quantité de rayons X passant à travers une surface donnée.

photoreceptive, *adj.* : capable de recevoir et de percevoir les rayons lumineux.

photoreceptor, *cf.,* : **photoceptor.**

photoscope, *s.* : 1. fluoroscope; 2. instrument pour examiner l'antre de Highmore par transparence des parois.

photoscopy, *s.* : épreuve par tirage d'une radiographie.

photosensitive, *adj.* : photosensible.

photosensitization, *s.* : photosensibilisation.

photoskioptic, *adj.* : radiographique.

photosyntax, *s.* : processus d'élaboration des hydrates de carbone par les plantes; *cf.,* **photosynthesis.**

photosynthesis, *s.* : photosynthèse (processus par lequel les parties chlorophylliennes de la plante absorbent les rayons lumineux et produisent des substances organiques complexes).

phototachometer, *s.* : appareil pour déterminer la vitesse des rayons lumineux.

phototactic, *adj.* : se rapportant à la phototaxie.

phototaxis, *s.* : phototaxie, phototropisme.

phototherapy, *s.* : 1. photothérapie (méthode de traitement utilisant soit l'action de la lumière blanche, soit celle des différents rayons du spectre); 2. finsenthérapie.

phototonus, *s.* : accroissement de la motilité vitale, de l'irritabilité vitale par exposition à la lumière.

phototropism, *s.* : phototropisme, phototaxie, phototactisme (propriété que possède le protoplasma de réagir à la lumière).

photuria, *s.* : émission d'urine phosphorescente.

phren, *s. (gr.)* : 1. diaphragme; 2. esprit.

phrenalgia, *s.* : 1. mélancolie; 2. névralgie du diaphragme.

phrenasthenia, *s.* : 1. parésie du diaphragme; 2. faiblesse d'esprit congénitale.

phrenasthenic, *s.* : faible d'esprit; *adj.* : se rapportant à : 1. parésie du diaphragme; 2. faiblesse d'esprit congénitale.

phrenasthesia, *s.* : idiotie.

phrenatrophia, *s.* : atrophie du cerveau, idiotie.

phrenauxe, *s.* : hypertrophie cérébrale.

phrenesiac, *s.* : dément.

phrenesis, *s.* : délire, démence, frénésie.

phrenetic, *adj.* : délirant, fou.

phrenic, *adj.* : phrénique (1. qui appartient ou qui a rapport au diaphragme; 2. se rapportant au cerveau).

phrenicectomy, *s.* : phrénicectomie (résection d'une partie du nerf phrénique).

phrenico-exeresis, *s.* : phrénicectomie avec exérèse.

phrenicotomy, *s.* : phrénicotomie (section du nerf phrénique).

phrenicotripsy, *s.* : phrénicotripsie (écrasement du nerf phrénique).

phrenitic, *adj.* : se rapportant à la phrénite.

phrenitis, *s.* : 1. phrénite, phrenitis (inflammation du diaphragme); 2. phrenitis (délire aigu avec fièvre intense, carphologie, pouls petit et serré).

phreno- : phréno-, préfixe dénotant un rapport avec : 1. cerveau; 2. diaphragme.

phrenoblabia, *s.* : trouble cérébral.

phrenocardia, *s.* : phrénocardie (névrose avec retentissement cardiaque).

phrenocolopexy, *s.* : fixation d'un côlon déplacé ou descendu sur le diaphragme.

phrenodynia, *s.* : phrénodynie (douleur dans le diaphragme).

phrenoglottic, *adj.* : phrénoglottique.

phrenoglottismus, *s.* : phrénoglottisme, spasme phrénoglottique, laryngospasme.

phrenograph, *s.* : instrument pour enregistrer les mouvements du diaphragme.

phrenolepsia, *s.* : démence.

phrenologist, *s.* : phrénologiste.

phrenology, *s.* : phrénologie, crâniologie, crânioscopie.

phrenoparalysis, *s.* : cf., **phrenoplegia.**

phrenopath, *s.* : aliéniste.

phrenopathy, *s.* : phrénopathie, maladie mentale.

phrenoplegia, *s.* : 1. attaque brusque de démence; 2. paralysie du diaphragme.

phrenoptosis, *s.* : prolapsus du diaphragme.

phricasmus, *s.* : réaction ansérine, chair de poule.

phrictopathic, *adj.* : se rapportant à, accompagné d'une sensation de frisson.

phronesis, *s.* : état sain de l'esprit, du jugement.

phrynoderma, *s.* : 1. peau de crapaud; 2. éruption de papules sur la peau consécutive à une déficience en vitamine A.

phtheiriasis *or* **phthiriasis,** *s.* : phtiriase, maladie pédiculaire, pédiculose.

phthinode, *s.* : phtisie.

phthinoid, *adj.* : d'aspect tuberculeux.

phthinoplasm, *s.* : dégénérescence du plasma.

phthiremia, *s.* : dégénérescence sanguine.

Phthirius, *s.* : pou; **- pubis** *or* **inguinalis** : pou du pubis, morpion.

phthisic, *s.* : phtisique; *adj.* : phtisique (atteint de, de la nature de, se rapportant à la phtisie).

phthisical, *adj.* : phtisique.

phthisiogenesis, *s.* : génération de la phtisie.

phthisiology, *s.* : phtisiologie (étude de la phtisie).

phthisiophobia, *s.* : phtisiophobie (crainte morbide de la tuberculose pulmonaire).

phthisiotherapy, *s.* : phtisiothérapie (thérapeutique de la tuberculose pulmonaire).

phthisis, *s.* : phtisie (consumption, maladie chronique du poumon, tuberculose pulmonaire); **black -** : anthracose, phtisie des mineurs; **- bulbi** : contraction du globe oculaire; **fibroid -** : 1. pneumonie interstitielle; 2. tuberculose pulmonaire chronique; **filecutter's** *or* **grinder's -** : phtisie des tailleurs de pierre, chalicose; **- florida** : phtisie galopante; **glandular -** : tuberculose des ganglions lymphatiques; **hepatic -** : tuberculose du foie; **laryngeal -** : phtisie laryngée, laryngite tuberculeuse; **- nodosa** : tuberculose miliaire des poumons; **- pancreatica** : phtisie pancréatique (émaciation et cachexie consécutives à une maladie du pancréas); **phlegmatic -** : phtisie sans perte de poids; **pulmonary -** : 1. tuberculose pulmonaire; 2. l'une des formes de pneumoconiose chronique (anthracose, silicose, etc.); **tuberculous -** : tuberculose pulmonaire; **- ventriculi** : atrophie de la muqueuse et amincissement des parois de l'estomac.

phthora, *s.* : 1. corruption; 2. peste; 3. abortion.

phygogalactic, *s.* : agent stoppant la sécrétion de lait; *adj.* : stoppant la sécrétion lactée.

phylacagogic, *adj.* : stimulant la production des anticorps protecteurs.

phylactic, *adj.* : phylactique; **- agent** : agent phylactique; **- power** : réaction phylactique.

phylaxiology, *s.* : immunologie, science de la protection contre l'infection.

phylaxis, *s.* : phylaxie (pouvoir de défense de l'organisme contre l'infection).

phyletic, *adj.* : se rapportant à la phylogenèse.

phylogenesis *or* **phylogeny,** *s.* : phylogenèse, phylogénie (développement de l'espèce).

phylogenetic *or* **phylogenic,** *adj.* : se rapportant à la phylogenèse.

phylogeny, *s.* : phylogénie, phylogenèse.

phylum, *s.* : phylum (souche primitive d'où est issue une série d'êtres).

phyma, *s.* : 1. tumeur cutanée, nodule; 2. exsudat plastique localisé; 3. œdème cutané localisé.

phymatiasis, *s.* : tuberculose.

phymatoid, *adj.* : ayant l'aspect d'une tumeur cutanée.

phymatorhusin, *s.* : pigment des dépôts métastatiques des mélano-sarcomes.

phymatosis, *s.* : 1. phymatose, phymie, tuberculose; 2. maladie caractérisée par la présence de nodules.

phyraliphore, *s.* : cavité renfermant des vésicules d'origine cellulaire endogène.

physalis, *s.,* plur. **physalides** *(gr.)* : cellule épithéliale géante d'un carcinome à cellules géantes.

physconia, *s.* : hypertrophie abdominale; **- adiposa** : corpulence; **- aquosa** : ascite; **- biliosa** : distension de la vésicule biliaire; **- mesenterica** : tuberculose des ganglions mésentériques.

physiatrics, *s.* : force curative de la nature.

physiantotherapia, *s.* : médecine expectante.

physic, *s.* : 1. médecine ; 2. médicament ; *v.* : médicamenter, droguer, purger.

physical, *adj.* : physique; **- defect** : défaut, vice de conformation; **- diagnosis** : diagnostic par inspection, palpation, percussion, auscultation, etc.

physician, *s.* : médecin; **consulting -** : médecin consultant; **house -** : interne, médecin résidant; **senior -** : médecin-chef.

physicist, *s.* : 1. physicien; 2. adhérent du physicisme.

Physick's encysted rectum : dilatation hypertrophique des culs-de-sac du rectum.

physicochemic or **physicochemical**, adj. : physicochimique.

physicogenic, adj. : produit par des causes physiques.

physics, s. : physique, sciences physiques.

physinosis, s. : nom générique des maladies causées par les agents physiques.

physiobathmism, s. : force de croissance contrariée par des agents physiques.

physiognomony, s. : physiognomonie (étude de la forme générale de la tête et du visage, faite dans le but de connaître le caractère et les inclinations d'un sujet).

physiologic or **physiological**, adj. : physiologique; **- saline** or **- salt solution** : solution, soluté physiologique (improprement sérum physiologique).

physiologist, s. : physiologiste, physiologue.

physiology, s. : physiologie; **cellular -** : physiologie cellulaire; **pathogenetic** or **pathological -** : physiologie pathologique, physiopathologie.

physiolysis, s. : désintégration des tissus morts par les processus naturels.

physiomedicalism, s. : thérapeutique par remèdes naturels.

physiopathic, adj. : physiopathique (troubles nerveux non psychopathiques).

physiopathology, s. : physiopathologie, physiologie pathologique.

physiotherapy, s. : physiothérapie, physicothérapie.

physocele, s. : physocèle (hernie scrotale distendue par des gaz).

physocephalus, s. : œdème emphysémateux de la tête.

physohematometra, s. : accumulation de gaz, d'air, de sang dans l'utérus.

physohydrometra, s. : accumulation de gaz et d'eau dans l'utérus.

physometra, s. : physométrie (présence de gaz dans l'utérus).

physopyosalpinx, s. : pyosalpinx avec présence d'air dans la trompe de Fallope.

physoscheocele, s. : emphysème scrotal.

physospasmus, s. : colique avec flatulence.

phyto- : phyto-, préfixe dénotant un rapport avec les plantes.

phytobezoar, s. : phytobézoard (corps étranger de l'estomac formé par des débris végétaux d'origine alimentaire).

phytochemistry, s. : phytochimie, chimie végétale.

phytogenesis, s. : phytogenèse (science de l'origine et du développement des plantes).

phytogenetic, adj. : se rapportant à la phytogenèse.

phytogenous, adj. : phytogène (qui est produit ou engendré par des plantes).

phytogeny, s. : cf., **phytogenesis**.

phytohormone, s. : phytohormone, auxine.

phytoid, adj. : ayant l'aspect d'une plante.

phytoparasite, s. : phytoparasite (parasite d'un végétal).

phytopathogenic, adj. : pathogène pour un végétal.

phytopathology, s. : phytopathologie (étude des maladies des plantes).

phytophagous, adj. : 1. phytophage; 2. végétarien.

phytoplasm, s. : protoplasme végétal.

phytosis, s. : 1. toute maladie due à la présence de parasites végétaux; 2. production d'une maladie par des parasites végétaux; 3. présence de parasites végétaux.

phytosyntax, s. : cf., **photosynthesis**.

phytotoxin, s. : toxine végétale.

phytozoon, s. : phytozoaire, zoophyte.

pia or **pia mater**, s. : pie-mère; **- encephali** : pie-mère cérébrale; **- spinalis** : pie-mère rachidienne.

pial, adj. : se rapportant à la pie-mère, piemérien.

pian, s. : pian (spirochétose à manifestations cutanéo-osseuses de la zone intertropicale).

piano-player's cramp : crampe des pianistes.

piarachnitis, s. : leptoméningite, arachnoïdite, arachnoïdopiemérite (inflammation de la pie-mère et de l'arachnoïde).

piarachnoid, s. : leptoméninge (pie-mère et arachnoïde).

piarolytic, adj. : formant des émulsions avec les graisses.

piarrhemia, s. : piarrémie (état du sang contenant de la graisse en émulsion).

pica, s. : pica (trouble de l'appétit consistant en une tendance à manger des substances non alibiles).

Pick's disease : syndrome de Pick (péricardite constrictive avec ascite, gros foie, cyanose, distension et hypertension veineuses, œdème des jambes); **- syndrome** : hépatomégalie avec ascite sans ictère ni symptômes cardiaques.

Pickwickian syndrome : syndrome de Pickwick (hypersomnie par hypercapnie chez l'obèse).

pico- : pico, préfixe indiquant un sous-multiple, représentant 10^{-12} fois l'unité (symbole p).

picorna virus : pour **pico-RNA virus** (petit virus à RNA).

picture, s. : image, tableau, photographie; **blood -** : formule sanguine; **clinical -** : tableau clinique; **colour -** : photographie en couleurs; **moving -** : film cinématographique.

piedra, s. : piedra, trichomycose noueuse, trichosporie.

piesesthesia, s. : perception de la pression.

piezo-electricity, s. : piézo-électricité.

piezograph, s. : piézographe.

piezography, s. : piézographie.

piezotherapy, s. : piézothérapie (pneumothorax artificiel).

piezometer, s. : piézomètre (phys.).

pigment, s. : pigment (1. colorant; 2. matière colorante organique du corps; 3. colorant pour histologie; 4. agent thérapeutique colorant appliqué sur la peau); **- cell** : cellule pigmentaire.

pigmentary, adj. : pigmentaire, colorant.

pigmentation, s. : pigmentation.

pigmentodermia, s. : dermatose pigmentaire progressive, maladie de Schamberg.

pigmented, adj. : pigmenté.

pigmentolysin, s. : anticorps produisant la destruction des pigments.

pigmentophage, s. : phagocyte détruisant les pigments, en particulier des cheveux.

pigmentous, adj. : pigmentaire, pigmenteux.

pigmentum nigrum : pigment brun de la surface externe de la choroïde.

Pignet's formula : indice de Pignet, coefficient de robusticité.

piitis, s. : inflammation de la pie-mère.

pilar or **pilary,** adj. : pilaire.

pilaster, s. : cf., **pilastered femur.**

pilastered, adj. : en forme de colonnes, de pilastres, disposé en colonnes; **- femur** : hyperconcavité de la diaphyse et proéminence de la ligne âpre du fémur.

pilatio, s. : fissure crânienne.

pile, s. : 1. hémorroïde; **bleeding -** : hémorroïdes fluentes; **bleeding of -** : flux hémorroïdal; **blind -** : hémorroïdes sèches; **- clamp** : pince à hémorroïdes; **to remove a -** : faire l'ablation d'une hémorroïde; 2. pile, tas; **prostatic -** : état d'hypertrophie prostatique déclenchant l'hémorragie; **sentinal -** : paroi épaissie d'un cul-de-sac anal (fissure); 3. pile (électr.); **atomic -** : pile atomique; **thermo-electric -** : pile thermo-électrique.

pileous, adj. : pileux.

pileum, s., plur. **pilea** (lat.) : 1. crâne (oiseau); 2. l'un des lobes externes du cervelet.

pileus, s. : 1. pileus, chapeau de champignon; 2. bout de sein en caoutchouc; **- hippocraticus** : capeline (bandage de tête); **- ventriculi** : 1. grosse tubérosité (estomac); 2. première portion, portion sous-hépatique (duodénum).

piliation, s. : formation et production des cheveux.

piliform, adj. : piliforme, capilliforme.

pilimiction, s. : pilimiction (émission d'urine contenant des filaments muqueux capilliformes).

pill, s. : pilule; **- mass** : excipient pour pilule; **small -** : globule; **the -** (vernac.) : pilule anti-conceptionnelle.

pillar, s. : pilier, colonne; **- of the abdominal ring** : piliers interne et externe de l'anneau inguinal; **- of the fauces** : piliers du voile du palais; **anterior - of the fornix** : pilier antérieur du trigone cérébral; **posterior - of the fornix** : pilier postérieur du trigone cérébral.

pillet, s. : petite pilule, globule.

pilleus or **pilleum,** s. (lat.) : coiffe (obstét.); **- ventriculi** : 1. grosse tubérosité (estomac); 2. première portion, portion sous-hépatique (duodénum).

pilo- : pilo-, préfixe dénotant un rapport avec les cheveux, signifiant chevelu.

pilocarpin or **pilocarpine,** s. : pilocarpine (pharm.).

pilocystic, adj. : se dit des tumeurs enkystées renfermant des cheveux et de la graisse.

pilomotor, adj. : pilomoteur; **- nerves** : nerfs pilomoteurs; **- reflex** : réflexe pilomoteur.

pilonidal, adj. : renfermant un amas de cheveux; **- cyst** : kyste formé autour de cheveux; **- fistula** or **sinus** : fistule près du rectum, due à une masse de poils inclus dans les tissus.

pilose or **pilous,** adj. : pileux, poilu.

pilosebaceous, adj. : pilosébacé.

pilosis, s. : développement anormal ou exagéré des cheveux.

pilosity, s. : pilosité.

pilot's fatigue : trouble psychosomatique constaté chez les pilotes aviateurs.

Piltz's reflex : réflexe pupillaire.

pilula, s., plur. **pilulæ** (lat.) : pilule.

pilular, adj. : pilulaire.

pilule, s. : petite pilule.

pilus, s., plur. **pili** (lat.) : 1. cheveu; 2. corps d'aspect chevelu (biol.); **pili annulati** : cheveux crépus, leucotrichie en anneaux; 3. appendices des souches mâles d'Escherichia coli qui fixent les phages à RNA.

pimeladen, s., plur. **pimeladenes** : glande sébacée.

pimelecchysis, s. : hypersécrétion sébacée.

pimelitis, s. : congestion du tissu adipeux, du tissu conjonctif en général.

pimelo- : pimélo-, préfixe indiquant un rapport avec la graisse, les lipides.

pimeloma, s., plur. **pimelomata** (gr.) : lipome.

pimelopterygium, s. : ptérygion sébacé.

pimelorrhea, s. : 1. écoulement graisseux; 2. stéatorrhée, émission de matières fécales renfermant des lipides non digérés.

pimelorthopnea, s. : orthopnée due à l'obésité.

pimelosis, s. : 1. conversion en graisse; 2. dégénérescence graisseuse d'un tissu; 3. obésité, corpulence.

pimeluria, s. : lipurie (présence de graisse dans l'urine).

pimple, s. : pustule, bouton, phlyctène, papule.

pimpled or **pimply,** adj. : pustuleux, boutonneux.

pin, *s.* : épingle, clavette; **safety - :** épingle de nourrice, épingle de sûreté.

Pinard's sign : signe de Pinard, une douleur aiguë consécutive à une pression sur le fond de l'utérus après le sixième mois de la grossesse est un signe de présentation par le siège.

pincement, *s. (fr.)* : pincement (massage du tissu sous-cutané).

pincers, *s.* : pince.

pineal, *adj.* : pinéal; **- body** *or* **gland** : glande pinéale, épiphyse; **- eye** : troisième œil rudimentaire de certains vertébrés (lacertiens), homologue de la glande pinéale des mammifères; **- habena** *or* **habenula** : habena, habenula, pédoncule antérieur de la glande pinéale; **- ventricle** : récessus pinéal.

pinealectomy, *s.* : excision de la glande pinéale.

pinealism, *s.* : troubles consécutifs à une anomalie de sécrétion de la glande pinéale.

pinealoma, *s.* : pinéalome (tumeur de l'épiphyse).

pinenchyma, *s.* : tissu composé de cellules plates.

pinguecula *or* **pinguicula,** *s.* : pinguécula, pinguicula (petite saillie jaunâtre sur la conjonctive formée par un amas de cellules épithéliales et du tissu conjonctif).

pinguedo cordis *(lat.)* : dépôt graisseux dans le cœur.

pinguid, *adj.* : gras, onctueux, graisseux.

pinhole, *s.* : 1. très petite ouverture *(phot.);* 2. sténopé *(phot.);* **- camera** : sténoscope; **- os** : atrésie de l'orifice externe du col de l'utérus; **- photography** : sténopéphotographie; **- pupil** : pupille punctiforme (contraction de l'iris consécutive au thébaïsme, à certaines maladies cérébrales, à l'ataxie locomotrice).

piniforme, *adj.* : en forme de pomme de pin.

pink disease : pink disease, érythrœdème épidémique.

pink-eye, *s.* : 1. ophtalmie périodique *(vétér.);* 2. conjonctivite contagieuse aiguë de l'homme.

pinna, *s.* : pavillon (de l'oreille); **- nasi** : aile du nez.

pinnal, *adj.* : se rapportant au pavillon de l'oreille.

pinning (of fractures), *s.* : enclouage.

pinocytosis, *s.* : pinocytose.

pinotherapy, *s.* : thérapeutique par la diète.

pins and needles : fourmillement, formication.

Pins' sign : signe de Pins, signe de Perret et Devic (dans la péricardite, les phénomènes pseudo-pleurétiques disparaissent dans la position genu-pectorale).

pint, *s.* : pinte (= 0,568 l).

pinta : caraté, pinta, mal del pinto.

pinus, *s.* : 1. glande pinéale; 2. pin.

pinworm, *s.* : oxyure.

pio- : pio-, préfixe indiquant un rapport avec la graisse.

pio-épithélium, *s.* : épithélium renfermant de la graisse.

pionemia, *s.* : lipémie.

piorthopnea, *s.* : orthopnée due à l'obésité.

pioscope, *s.* : variété de galactoscope.

pip, *s.* : pépie (de la volaille) *(vétér.).*

piperism, *s.* : empoisonnement par le poivre, se manifestant par une gastrite aiguë.

pipette, *s. (fr.)* : pipette *(chim., bactér.);* comptegouttes *(pharm.);* **graduated - :** pipette graduée.

piptonychia, *s.* : chute des ongles.

piqûre, *s. (fr.)* : piqûre; **- glycosuria** : glycosurie expérimentale déclenchée par piqûre du centre diabétique du bulbe.

Pirogoff's amputation *or* **operation** : opération de Pirogoff (procédé d'amputation du pied).

Piroplasma, *s.* : *Piroplasma* (hématozoaire).

piroplasmosis, *s.* : piroplasmose, babésiose (nom générique donné aux maladies produites par des hématozoaires endoglobulaires du genre *Piroplasma).*

Pirquet's reaction (von) : réaction *ou* test de von Pirquet, cuti-réaction à la tuberculine.

pisiform, *adj.* : pisiforme; **- bone** : os pisiforme.

pistol-shot : bruit de pistolet *(cardiol.).*

pit, *s.* : 1. petite cavité, alvéole, creux, aisselle, fossette; 2. cicatrice, marque (de variole); 3. favéole *(bot.);* **arm - :** creux axillaire; **- of the stomach** : épigastre, creux de l'estomac; **tear - :** sinus lacrymal; *v.* : 1. piquer, trouer, enfoncer; 2. grêler, marquer (variole).

pitch, *s.* : 1. hauteur d'un son; **- of the voice** : intonation de la voix; 2. poix, brai; **- blende** : pechblende.

pith, *s.* : moelle, médule *(bot.);* *v.* : abattre par énervation, couper toutes les connexions des centres nerveux du cerveau avec la périphérie par transfixion du cerveau et de la moelle.

pithecoid, *adj.* : simiesque.

pithiatic, *adj.* : pithiatique (se dit des troubles guérissables par la persuasion).

pithiatism, *s.* : pithiatisme (état pathologique se manifestant par des troubles qu'il est possible de reproduire par suggestion, et qui sont susceptibles de disparaître sous l'influence de la persuasion seule).

pithiatric, *adj.* : pithiatrique.

pithing, *s.* : décérébration, énervation.

pithless, *adj.* : mou, flasque, sans moelle.

pitocin, *s.* : pitocine, ocytocine (hormone du lobe postérieur de l'hypophyse excitant les contractions de l'utérus au moment de l'accouchement).

Pitres' sign : signe de Pitres (1. signe du cordeau [mode d'exploration du thorax]; 2. anesthésie du testicule à la pression dans le tabès).

pitressin, *s.* : pitressine, vasopressine (hormone du lobe postérieur de l'hypophyse).

pitted, *adj.* : piqué, troué, alvéolé, favéolé, grêlé (variole).

pitting, *s.* : 1. marques (de variole) sur la peau, piqûre ; 2. godet (signe d'œdème).

pituita, *s. (lat.)* : pituite, mucus, mousse.

pituital, *adj.* : se rapportant à la pituite.

pituitary, *adj.* : pituitaire, hypophysaire, pituitarien ; **- basophilism** : basophilisme pituitaire *ou* hypophysaire, maladie de Cushing ; **- body** *or* **gland** : hypophyse, glande pituitaire ; **- membrane** : muqueuse pituitaire (fosses nasales).

pituitotrope, *s.* : individu présentant un syndrome hyperhypophysaire.

pituitotropic, *adj.* : se rapportant à, caractérisé par un syndrome hyperhypophysaire.

pituitotropism, *s.* : état caractérisé par un syndrome hyperhypophysaire.

pituitous, *adj.* : pituiteux.

pituitrin, *s.* : pituitrine, rétropituitrine (extrait du lobe postérieur de l'hypophyse).

pityriasic, *adj.* : se rapportant au pityriasis.

pityriasis, *s.* : pityriasis (affection cutanée caractérisée par une fine desquamation) ; **- capitis** : 1. forme d'alopécie ; 2. pellicules du cuir chevelu ; **- furfuracea** : séborrhée sèche ; **- rubra** : pityriasis rubra, érythrodermie ; **- versicolor** : pityriasis versicolor.

pityrosporum ovalis : champignon produisant les pellicules dans la séborrhée.

pivot, *s.* : pivot, axe ; **- joint** : diarthrose rotatoire ; **- tooth** : dent à pivot.

placebo : placebo, remède factice.

placenta, *s.* : placenta, délivre, arrière-faix ; **battledore -** : placenta ayant un cordon à insertion marginale ; **- prævia** : placenta prævia (insertion vicieuse du placenta sur le segment inférieur de l'utérus) ; **retained -** : placenta incarcéré, enchatonné, en rétention ; **- sanguinis** : caillot sanguin.

placental, *adj.* : placentaire ; **- bruit, murmur** *or* **souffle** : souffle placentaire.

placentation, *s.* : placentation (formation et mode d'insertion du placenta).

placentitis, *s.* : placentite (inflammation du placenta).

placentoid, *adj.* : ayant l'aspect du placenta.

placentoma, *s.* : placentome, chorio-épithéliome.

placentotherapy, *s.* : thérapeutique par préparations de placenta.

placentula, *s.* : petit placenta.

Placido's disk : forme de kératoscope.

placodes, *s.* : hypertrophie cellulaire de l'ectoderme sur la tête de l'embryon.

pladaroma *or* **pladarosis,** *s.* : verrue, tumeur de la paupière.

plagiocephalic, *adj.* : ayant un crâne, atteint de plagiocéphalie.

plagiocephalism, *s.* : cf., **plagiocephaly.**

plagiocephalous, *s., adj.* : cf., **plagiocephalic.**

plagiocephaly, *s.* : plagiocéphalie (déformation du crâne consistant en un élargissement avec aplatissement du front).

plague, *s.* : peste ; **- bacillus** : bacille pesteux, cocco-bacille de Yersin ; **bubonic -** : peste bubonique ; **cattle -** : peste bovine ; **fowl -** : peste aviaire ; **lung -** : pleuropneumonie des bovidés ; **- spot** : 1. lésion, tache occasionnée par la peste ; 2. foyer d'infection ; **- stricken** : pestiféré ; **swine -** : peste porcine.

planarthagra, *s.* : forme de goutte articulaire.

plancus, *s.* : individu à pieds plats ; *adj.* : à pieds plats.

plane, *s.* : plan ; **polarization -** : plan de polarisation.

planiceps, *adj.* : à tête plate.

planigraphy, *s.* : tomographie, planigraphie.

planimeter, *s.* : planimètre.

planipes, *adj.* : à pieds plats.

planithorax, *s.* : représentation tomographique du thorax.

planning, *s.* : plan, projet, programme, planification ; **family -** : planisme familial.

plano- : plano-, préfixe signifiant : 1. plan ; 2. errant.

planocellular, *adj.* : à cellules plates.

planoconcave, *adj.* : plan-concave *(opt.)*.

planoconvex, *adj.* : plan-convexe *(opt.)*.

planocyte, *s.* : cellule errante.

planodia, *s.* : passage artificiel fait par un instrument.

planomania, *s.* : désir morbide d'errer.

planorheumatism, *s.* : rhumatisme métastatique.

planotopokinesia, *s.* : planotopocinésie (perturbation du pouvoir d'orientation dans l'espace).

planta, *s. (lat.)* : plante du pied.

plantar, *adj.* : plantaire ; **- arch** : voûte plantaire ; **- reflex** : réflexe plantaire.

plantigrade, *s., adj.* : plantigrade.

planum, *s. (lat.)* : plan, surface ; **- popliteum** : espace poplité (espace intercondylien du fémur) ; **- sternale** : face antérieure du sternum.

planuria, *s.* : miction par un passage anormal.

plaque, *s. (fr.)* : 1. plaque, tache ; **opaline -** : plaques muqueuses (syphilis) ; 2. plage (bactériophage, virus en cultures cellulaires).

plasma, *s.* : plasma (partie liquide qui entre dans la composition de certains tissus) ; **- cell** : plasmocyte ; **dried -** : plasma sec *ou* desséché.

plasmablast, *s.* : myéloblaste.

plasmacyte, *s.* : plasmocyte.

plasmagene, *s.* : plasmagène (facteur héréditaire du cytoplasme).

plasmalogen, *s., adj.* : plasmalogène.

plasmameba, *s.* : sporozoaire parasite de la dengue.

plasmapheresis, *s.* : plasmaphérèse (réinjection intraveineuse après lavage des hématies prélevées par prise de sang).

plasmase, *s.* : plasmase, fibrin-ferment, thrombase, thrombine.

plasmasome, *s.* : corpuscule du protoplasme.

plasmatic *or* **plasmic**, *adj.* : protoplasmique.

plasmatherapy, *s.* : plasmathérapie.

plasmatosis, *s.* : liquéfaction du protoplasme.

plasmexhidrosis, *s.* : exsudat de plasma des vaisseaux.

plasmic, *adj.* : protoplasmique.

plasmid, *s.* : plasmide (nom générique pour toutes les inclusions intracellulaires douées de continuité génétique : plasmagènes, etc.).

plasmin, *s.* : plasmine, fibrinogène.

plasminogen *or* **fibrinogen**, *s.* : plasminogène (précurseur de la plasmine).

plasmo- : plasmo-, préfixe dénotant un rapport avec le plasma.

plasmocyte, *s.* : plasmocyte (de la moelle osseuse).

plasmocytoma, *s.* : plasmocytome (myélome avec prolifération de plasmocytes).

plasmodial, *adj.* : se rapportant au plasmodium.

Plasmodium, *s.*, *plur.* **Plasmodia** (*lat.*) : Plasmodium, hématozoaire du paludisme, **- falciparum** : Plasmodium falciparum ou præcox; **- malariæ** : Plasmodium malariæ; **- vivax** : Plasmodium vivax.

plasmogen, *s.* : protoplasme formatif, bioplasme.

plasmology, *s.* : histologie.

plasmolysis, *s.* : plasmolyse, plasmoschise (phénomène d'osmose à travers la membrane des cellules).

plasmolytic, *adj.* : caractérisé par la plasmolyse.

plasmolyze, *v.* : plasmolyser.

plasmoma, *s.* : plasmome, granulome.

plasmophagous, *adj.* : vivant sur le protoplasme.

plasmoptysis, *s.* : libération du protoplasme de la cellule par rupture de la paroi cellulaire.

plasmorrhexis, *s.* : rupture de la cellule avec libération ou perte du protoplasme.

plasmoschisis, *s.* : plasmoschise.

plasmosome, *s.* : 1. élément structurel granulaire de la cellule; 2. nucléole.

plasmotropic, *adj.* : produisant la dégénérescence protoplasmique.

plasmozyme, *s.* : thrombogène.

plasome, *s.* : unité hypothétique du protoplasme.

plasson, *s.* : protoplasme primitif, non différencié.

plastauxia, *s.* : accroissement de la plasticité.

plaster, *s.* : 1. emplâtre; **corn -** : emplâtre contre les cors; **sticking** *or* **adhesive -** : sparadrap; **court -** : taffetas gommé; **lead -** : (emplâtre) diachylon; 2. plâtre; **- cast** : moulage en plâtre, appareil plâtré; **- of Paris jacket** : corset plâtré; *v.* : mettre un emplâtre sur (un membre, une plaie); **- of Paris** : plâtre à modeler, plâtre de Paris.

plastic, *adj.* : plastique (1. réparateur, formateur, 2. capable d'être moulé); **- bronchitis** : bronchite pseudo-membraneuse; **- linitis** : cirrhose de l'estomac; **- surgery** : chirurgie plastique, chirurgie esthétique, autoplastie; **- surgeon** : praticien de la chirurgie plastique.

plasticity, *s.* : plasticité.

plastics, *s.* : chirurgie plastique.

plastid, *s.* : plastide (1. organisme cellulaire élémentaire; 2. tout organe spécialisé de la cellule autre que le noyau et le centrosome).

plastidule, *s.* : plastidule (plus petite unité de protoplasme vivant).

plastin, *s.* : plastine (protéine du noyau cellulaire).

plastodynamia, *s.* : pouvoir plastique nutritif.

plastogamy, *s.* : accouplement cellulaire permanent limité au cytoplasme.

plastron, *s.* : sternum et cartilages costaux.

plate, *s.* : 1. plaque, partie aplatie, apophyse osseuse aplatie; **auditory -** : toit de la caisse de l'oreille moyenne; **cribriform -** : os planum (ethmoïde); **- culture** : culture sur plaques (*bactér.*); **dental -** : appareil dentaire; **equatorial -** : plaque équatoriale (mitose); **tympanic -** : parois et plancher de la caisse de l'oreille moyenne; 2. dentier, denture artificielle; **back -** : contre-plaque (*stom.*); **raised -** : empreinte fonctionnelle (*stom.*); 3. plaque (*phot.*); **sensitive -** : plaque sensible; **sensitized -** : plaque sensibilisée; **- holder** : châssis, porte-plaque; **- tester** : opacimètre.

plateau, *s.* : plateau (partie plate d'une courbe).

platelet, *s.* : plaquette, thrombocyte.

plating, *s.* : 1. enrobement; 2. formation de plages; **- efficiency** : capacité de formation des plages; **- experiment** : expériences en plages.

platinic, *adj.* : platinique.

platiniferous, *adj.* : platinifère.

platinode, *s.* : pôle négatif (*électr.*).

platinum, *s.* : platine; **- black** : noir de platine; **- sponge** *or* **spongy -** : mousse de platine.

platy- : platy-, préfixe signifiant large.

platybasia, *s.* : platybasie.

platycelian *or* **platycelous**, *adj.* : concave par devant, convexe par derrière.

platycephalic *or* **platycephalous**, *adj.* : (crâne) atteint de platycéphalie.

platycephaly, *s.* : platycéphalie (type de crâne aplati dont la voûte est surbaissée).

platycnemia, *s.* : platycnémie (aplatissement transversal et courbure du tibia en lame de sabre).

platycnemic, *adj.* : platycnémique.

platycnemism, *s.*, *cf.* **platycnemia.**

platycoria *or* **platycoriasis**, *s.* : mydriase.

platycrania, *s.* : aplatissement du crâne.

platycyte, *s.* : cellule de taille intermédiaire entre une cellule géante et un leucocyte.

Platyhelminthes, s. : Plathelminthes, platodes (classe de vers comprenant les ténias, les douves, les planaires, etc.).

platyhieric, adj. : à sacrum large.

platymeric, adj. : atteint de platymérie (aplatissement du fémur d'avant en arrière).

platymorphia, s. : aplatissement de l'œil et raccourcissement du diamètre antéropostérieur produisant de l'hypermétropie.

platyonychia, s. : platyonychie.

platyopia, s. : le fait d'avoir la figure large.

platyopic, adj. : à figure large.

platypellic, adj. : à bassin large.

platypodia, s. : platypodie, pied plat.

platyrrhine, adj. : platyrrhinien (ayant un indice nasal entre 53 et 58)

platyrrhiny, s. : fait d'être platyrrhinien.

platysma, s. : 1. objet de grande superficie; 2. plâtre; **- myoides** : muscle peaucier.

platyspondylitis, s. : platyspondylie (affection congénitale caractérisée par un aplatissement des vertèbres avec ou sans division du corps vertébral ou de l'arc postérieur, associée souvent à une scoliose).

platystencephalia or **platystencephaly,** s. : le fait d'un crâne très large à l'occiput, avec mâchoires proéminentes.

platytrope, s. : homologue latéral (biol.).

Plaut's angina : angine de Vincent.

plectrum, s. : 1. apophyse styloïde (temporal); 2. langue; 3. luette; 4. marteau (oreille moyenne).

pledget, s. : tampon (de compresse, de charpie), bourdonnet.

plegaphonia, s. : son que produit la percussion du larynx quand la glotte est ouverte au cours de l'auscultation.

-plegia : -plégia, suffixe signifiant paralysie ou attaque.

pleiades, s. : pléiade ganglionnaire (groupe de ganglions hypertrophiés).

pleiochroism, s. : pléochroïsme (propriété que possèdent certains corps minéraux d'offrir un grand nombre de colorations suivant la direction des rayons lumineux qui les frappent).

pleiotropia, s. : pléiotropie (manifestations multiples d'un caractère hérité).

pleo- : pléo-, préfixe signifiant plus.

pleochromocytoma, s. : pléochromocytome.

pleocytosis, s. : pléïocytose (accroissement du nombre des leucocytes dans le liquide céphalorachidien).

pleomastia or **pleomazia,** s. : polymastie, pléiomazie, pléomazie (fait d'avoir plus de deux mamelles).

pleomorphic, adj. : pléomorphe, polymorphe.

pleomorphism, s. : pléomorphisme (propriété que possèdent certaines bactéries de changer de forme sous des influences déterminées).

pleomorphous, adj. : pléomorphe, ou (improp.) polymorphe.

pleonasm, s. : pléonasme.

pleonectic, adj. : se dit du sang sursaturé d'oxygène.

pleonexia, s. : 1. désir ou envie pathologique de possession; 2. augmentation de la résistance du corps.

pleonosteosis, s. : pléonostéose (anomalie familiale de développement du système osseux).

plerosis, s. : 1. restauration de tissu détruit; 2. pléthore.

plesiomorphic, adj. : de forme presque identique.

plesiomorphous, adj. : plésiomorphe (se dit des corps dont l'isomorphisme est réduit à la forme cristalline seulement).

plesiopia, s. : hyperconvexité du cristallin produisant la myopie.

plessesthesia, s. : percussion palpatoire.

plessigraph, s. : forme de plessimètre enregistreur.

plessimeter, s. : plessimètre (instrument pour pratiquer la percussion médiate).

plessimetric, adj. : plessimétrique (se rapportant à la plessimétrie).

plethora, s. : pléthore.

plethoric, adj. : pléthorique.

plethysmograph, s. : pléthysmographe.

plethysmography, s. : pléthysmographie (enregistrement du changement de volume d'une partie du corps).

pleura, s. : plèvre; **costal -, - costalis** : plèvre costale; **- diaphragmatica** or **- phrenica** : plèvre diaphragmatique; **- mediastinalis** : plèvre médiastinale; **- parietalis** : feuillet pariétal de la plèvre; **pulmonary -** or **- visceralis, - pulmonalis** : feuillet viscéral de la plèvre.

pleuracentis, s. : cf., **pleurocentesis.**

pleuracotomy, s. : incision de la paroi thoracique avec insertion d'un drain dans la plèvre.

pleural, adj. : pleural.

pleuralgia, s. : douleur dans la plèvre, névralgie intercostale.

pleuralgic, adj. : se rapportant à, atteint de douleur dans la plèvre.

pleurapophyseal, adj. : se rapportant à une pleurapophyse.

pleurapophysis, s. : pleurapophyse (arc pleural).

pleurapostema, s. : collection purulente dans la cavité pleurale.

pleurarthrocace, s. : 1. maladie des articulations costovertébrales; 2. carie des côtes.

pleurarthron, s. : articulation d'une côte.

pleurectomy, s. : pleurectomie (résection d'une partie de la plèvre, que l'on pratique parfois au cours de la décortication pleuropulmonaire).

pleurisy, s. : pleurésie, pleurite; **diaphragmatic -** : pleurésie diaphragmatique; **dry -** *or* **- sicca** : pleurésie sèche; **false -** : pleurodynie; **interlobar -** : pleurésie interlobaire; **mediastinal -** : pleurésie médiastine; **purulent -** : pleurésie purulente; **serofibrinous -** : pleurésie sérofibrineuse; **wet -** : pleurésie avec épanchement.

pleuritic, *adj.* : pleurétique.

pleuritis, s. : pleurite (pleurésie sèche).

pleuro- : pleuro-, préfixe dénotant un rapport avec la plèvre, le côté, une côte.

pleurocele, s. : 1. hernie du poumon; 2. épanchement dans la cavité pleurale.

pleurocentesis, s. : ponction de la plèvre.

pleurocentral, *adj.* : se rapportant à une épapophyse.

pleurocentrum, s., *plur.* **pleurocentra** *(lat.)* : épapophyse (vertèbre).

pleurocholecystitis, s. : inflammation simultanée de la plèvre et de la vésicule biliaire.

pleuroclysis, s. : 1. injection dans la cavité pleurale; 2. lavage de la cavité pleurale.

pleurocollesis, s. : adhérence des feuillets de la plèvre.

pleurodont, *adj.* : pleurodonte (se dit des reptiles qui ont les dents implantées sur la face interne de la mâchoire).

pleurodynia, s. : pleurodynie, point de côté (douleur ne correspondant pas toujours à une lésion définie); **epidemic** *or* **infectious -** : pleurodynie épidémique, maladie de Bornhölm.

pleurogenic *or* **pleurogenous,** *adj.* : provenant de, naissant dans la plèvre.

pleurohepatitis, s. : inflammation de la plèvre et du foie.

pleurolith, s. : calcul dans la plèvre.

pleurolysis, s. : pleurolyse (libération des adhérences pleurales *ou* section des brides qui unissent les deux feuillets d'une plèvre).

pleuropericardial, *adj.* : pleuropéricardique.

pleuropericarditis, s. : pleuropéricardite (inflammation simultanée de la plèvre et du péricarde).

pleuroperitoneal, *adj.* : pleuropéritonéal.

pleuroperitonitis, s. : syndrome pleuro-péritonéal (association de péritonite tuberculeuse à forme ascitique et d'une pleurésie de même nature uni- ou bilatérale).

pleurophorous, *adj.* : muni de membrane.

pleuropneumonolysis, s. : pleuropneumolyse thoracoplastique, opération de Friedrich.

pleuropneumonia, s. : pleuropneumonie (pneumonie accompagnée d'une pleurésie); **bovine -** : péripneumonie des bovidés *(vétér.)*; **- like organism** (often abbreviated as **P.P.L.O.)** : organisme microbien filtrable ayant la morphologie générale du microbe de la péripneumonie des bovidés.

pleuropulmonary, *adj.* : pleuropulmonaire.

pleuropyesis, s. : pleurésie purulente.

pleurorrhagia, s. : hémorragie pleurale.

pleurorrhea, s. : épanchement pleural.

pleuroscopy, s. : pleuroscopie, thoracoscopie.

pleurosomus, s. : pleurosome (monstre caractérisé par une éventration latérale avec atrophie du membre thoracique du côté de l'éventration).

pleurospasm, s. : crampe, spasme latéral.

pleurosthotonos *or* **pleurothotonis,** s. : pleurothotonos (position en arc de cercle, que prend parfois le corps du malade dans le tétanos).

pleurotomy, s. : pleurotomie (ouverture de la plèvre au bistouri).

pleurotyphoid, s. : fièvre pleurotyphoïde, pleurotyphus (fièvre typhoïde débutant par une pleurésie).

plexal, *adj.* : se rapportant à, de la nature d'un plexus.

plexalgia, s. : plexalgie (1. névralgie affectant un plexus, sympathique en particulier; 2. syndrome de fatigue).

plexiform, *adj.* : plexiforme.

pleximeter, s. : plessimètre.

pleximetric, *adj.* : plessimétrique.

pleximetry, s. : plessimétrie.

plexitis, s. : plexite (inflammation du plexus nerveux rachidien).

plexor, s. : percuteur (auscultation).

plexus, s. : plexus; **solar -** *or* **- cœliacus** : plexus solaire.

-plexy : -plexy, suffixe signifiant une attaque *ou* une crise.

plica, s., *plur.* **plicæ** *(lat.)* : pli, repli; **- fimbriata** : repli frangé (langue); **- lata uteri** : ligament large de l'utérus; **plicæ palmatæ** : plis palmés (arbre de vie de la cavité du col de l'utérus); **- polonica** : plique (enchevêtrement des cheveux avec parasites, poussière, graisse); **- salpingopalatina** : pli salpingo-palatin; **- semilunaris** : repli semi-lunaire.

plicate, *adj.* : plié, replié, plicatile.

plication, s. : pli, repli.

plicotomy, s. : sectionnement du pli postérieur de la membrane tympanique.

pliophite, *adj.* : riche en réserves nutritives (se dit d'une cellule).

ploidy, s. : ploïdie (nombre de jeux chromosomiques par cellule).

plomb, s. *(fr.)* : plombage, substance pour obturation *(stom.)*.

plombage, s. *(fr.)* : plombage (remplissage d'une cavité).

ploration, s. : larmes.

plough-share, s. : vomer *(anat.)*.

plug, s. : tampon, tampon d'ouate; bourdonnet *(chir.)*; **Dittrich's -** : bouchons de Dittrich (gangrène pulmonaire); v. : tamponner.

plugger, s. : fouloir (instrument pour insérer et consolider les plombages [*stom.*]).

plugging, s. : tamponnement, bouchage, obturation.

plumbic, adj. : plombique; **- poisoning** : intoxication saturnine, saturnisme.

plumbism, s. : saturnisme.

plumbum, s. (lat.) : plomb.

Plummer's disease : adénome toxique de Plummer, adénome thyroïdien ou thyrotoxique.

Plummer-Vinson syndrome : syndrome de Plummer-Vinson (variété d'anémie hypochrome essentielle de l'adulte, caractérisée par l'existence d'une glossite et d'une dysphagie intense).

plumose or **plumous,** adj. : plumeux.

plumpness, s. : embonpoint, rondeur.

plumula, s., plur. **plumulæ** (lat.) : sillons du toit de l'aqueduc de Sylvius.

pluriceptor, s. : récepteur ayant plus de deux groupes pour le complémenter.

plurifetation, s. : grossesse multiple.

pluriglandular, adj. : pluriglandulaire; **- syndrome** : syndrome pluriglandulaire de Claude et Gougerot.

plurigravida, s. : cf., **multigravida.**

plurilocular, adj. : pluriloculaire.

pluripara, s. : cf., **multipara.**

pluriparity, s. : le fait d'avoir mis au monde plusieurs enfants.

plutomania, s. : plutomanie.

plutonium, s. : plutonium.

pluviometric, adj. : pluviométrique.

pnein, s. : corps thermostable hypothétique, présent dans la plupart des tissus, accélérant les phénomènes respiratoires.

pneo- : pnéo-, préfixe indiquant une relation avec la respiration.

pneocardiac reflex : modification du rythme cardiaque consécutive à l'inhalation d'une vapeur irritante, réflexe pneumo-cardiaque.

pneodynamics, s. : dynamique de la respiration.

pneogaster, s. : appareil respiratoire.

pneograph, s. : appareil pour enregistrer la force et le caractère du courant d'air pendant la respiration.

pneometer, s. : spiromètre, pnéomètre.

pneophore, s. : appareil pour faciliter la respiration artificielle chez les asphyxiés.

pneopneic reflex : modification du rythme respiratoire consécutive à l'inhalation d'une vapeur irritante.

pneoscope, s. : pnéoscope.

pneuma, s. : 1 air; 2. haleine, souffle; 3. principe vital.

pneumameter, s. : appareil pour faire travailler les poumons après empyème.

pneumarthrosis, s. : pneumarthrose (présence d'air dans une synoviale articulaire, accidentelle à la suite d'une plaie ou provoquée en vue d'un examen radiologique).

pneumatelectasis, s. : atélectasie, état fœtal du poumon, pneumonie marginale.

pneumathemia, s. : présence d'air ou de gaz dans les vaisseaux sanguins.

pneumatic, adj. : pneumatique (1. se rapportant à l'air, aux fluides aériformes; 2. se rapportant à la respiration; 3. se rapportant à l'air comprimé, raréfié).

pneumatics, s. : branche de la physique traitant des propriétés physiques de l'air et des gaz.

pneumato- : pneumato-, préfixe dénotant un rapport avec air, gaz, respiration.

pneumatocardia, s. : pneumocardie (présence d'air dans le cœur).

pneumatocele, s. : pneumatocèle (1. tumeur gazeuse et quelquefois emphysème; 2. pneumocèle [hernie du poumon]; 3. pneumatocèle vaginale [distension de la tunique vaginale par des gaz]).

pneumatodyspnea, s. : dyspnée emphysémateuse.

pneumatogeny, s. : respiration artificielle.

pneumatology, s. : pneumatologie.

pneumatometer, s. : pneumatomètre.

pneumatometry, s. : pneumatométrie.

pneumatomphalocele, s. : hernie ombilicale flatulente.

pneumatorachis, s. : pneumorachie (présence d'air dans le canal rachidien).

pneumatoscope, s. : 1. appareil pour mesurer les gaz dans l'air expiré; 2. instrument pour auscultation interne du thorax; 3. instrument pour constater la présence de pus dans les sinus mastoïdiens; 4. pneumographe.

pneumatosis, s. : pneumatose (état morbide causé par la présence de gaz dans les tissus, organes ou cavités); **- abdominis** : tympanite.

pneumatotherapy, s. : 1. pneumatothérapie, cure d'air; 2. pneumothérapie.

pneumaturia, s. : 1. pneumatothérapie, cure d'air; 2. pneumothérapie.

pneumaturia, s. : pneumaturie (émission de gaz par l'urètre).

pneumatype, s. : dépôt humide formé par l'haleine expirée par le nez sur une plaque de verre ou de métal et dont le dessin sert au diagnostic des obstructions nasales.

pneumectomy, s. : pneumectomie, pneumonectomie.

pneumo-, pneumono- : pneumo-, pneumono-, suffixe indiquant un rapport avec les poumons.

pneumoarctia, s. : contraction des poumons.

pneumobacillus, s. : pneumobacille, bacille de Friedländer.

pneumocace, s. : gangrène du poumon.

pneumocele, s. : 1. pneumocèle (hernie du poumon); 2. pneumatocèle.

pneumocentesis, s. : paracentèse du poumon.

pneumocephalus, *s.* : pneumocéphale, pneumo-céphalie (présence d'air dans la cavité crânienne, emphysème péricrânien).

pneumochirurgia, *s.* : chirurgie pulmonaire.

pneumochysis, *s.* : œdème pulmonaire.

pneumococcal, *adj.* : pnemococcique.

pneumococcemia, *s.* : pneumococcémie (septi-cémie provoquée par le pneumocoque).

pneumococcia, *s.* : pneumococcie (ensemble des accidents morbides provoqués par le pneumo-coque).

pneumococcosis, *s.* : pneumococcose.

Pneumococcus, *s.* : pneumocoque (diplocoque de la pneumonie).

pneumocolon, *s.* : pneumocolie (présence d'air ou de gaz dans le côlon).

pneumoconiosis, *s.* : pneumoconiose (ensemble des altérations causées par l'inhalation et la fixa-tion dans le poumon des particules solides répan-dues dans l'atmosphère).

pneumocrania *or* **pneumocephalus,** *s.* : pneumo-crâne.

pneumocystography, *s.* : pneumocystographie (radiographie de la vessie préalablement vidée et remplie d'air).

pneumoderma, *s.* : emphysème sous-cutané.

pneumoencephalography, *s.* : pneumo-encépha-lographie, encéphalographie gazeuse.

pneumoenteritis, *s.* : inflammation des poumons et de l'intestin (*cf.,* **hog cholera** : peste porcine).

pneumoerysipelas, *s.* : association de pneumo-nie et d'érysipèle.

pneumogalactocele, *s.* : galactocèle renfermant air ou gaz.

pneumogastric, *adj.* : pneumogastrique.

pneumogram, *s.* : pneumogramme (tracé donné par un pneumographe).

pneumograph, *s.* : pneumographe, stéthographe (instrument enregistrant sous forme de courbe les mouvements respiratoires).

pneumography, *s.* : pneumographie.

pneumohemorrhagia, *s.* : hémorragie pulmonaire.

pneumohemopericardium, *s.* : présence d'air et de sang dans le péricarde.

pneumohemothorax, *s.* : amas d'air *ou* de gaz et de sang dans les poumons.

pneumohemothorax, *s.* : amas d'air *ou* de gaz et liquide dans l'utérus.

pneumohydropericardium, *s.* : collection liquide et gazeuse dans le péricarde.

pneumohydrothorax, *s.* : collection séreuse et gazeuse dans la cavité pleurale.

pneumohypoderma, *s.* : emphysème sous-cutané.

pneumokidney, *s.* : pneumopyélographie, pyélo-graphie gazeuse (radiographie du bassinet et du rein après insufflation d'air par une sonde urété-rale).

pneumolith, *s.* : pneumolithe (concrétion solide dans le parenchyme pulmonaire).

pneumolithiasis, *s.* : formation de pneumolithes.

pneumology, *s.* : pneumologie, pneumonologie.

pneumolysis, *s.* : pneumolyse (libération du pou-mon immobilisé par des adhérences plus ou moins intimes des deux plèvres).

pneumomalacia, *s.* : ramollissement anormal du poumon.

pneumomassage, *s.* : massage de la membrane du tympan et des osselets par des moyens pneu-matiques.

pneumometer, pneumatometer *or* **pneumono-meter,** *s.* : pneumomètre (instrument qui permet de déterminer la pression sous laquelle l'air est inspiré et expiré).

pneumometry *or* **pneumatometry,** *s.* : 1. mesure du pouvoir respiratoire; 2. thérapeutique des ma-ladies pulmonaires et circulatoires par appareil pneumatique.

pneumomycosis, *s.* : mycose pulmonaire.

pneumomyelography, *s.* : pneumomyélographie.

pneumonalgia, *s.* : douleur pulmonaire, point de côté.

pneumonatelectasis, *s.* : atélectasie du poumon.

pneumonectasia *or* **pneumonectasis,** *s.* : emphy-sème du poumon.

pneumonectomy, *s.* : pneumonectomie, pneumec-tomie.

pneumonedema, *s.* : œdème pulmonaire.

pneumonemia, *s.* : congestion pulmonaire.

pneumonemphraxis, *s.* : obstruction des pou-mons, des bronches.

pneumonemphysema, *s.* : emphysème pulmo-naire.

pneumonia, *s.* : pneumonie; **acute -** : pneumonie lobaire ; **bronchial** *or* **catarrhal -** : pneumonie catarrhale, bronchopneumonie; **deglutition -** : pneumonie de déglutition ; **desquamative -** : pneumonie disséquante; **double -** : pneumonie double; **fibroid** *or* **fibrous -** : pneumonie fibri-neuse *ou* lobaire; **hypostatic -** : pneumonie hypo-statique; **insular -** : bronchopneumonie; **inter-stitial -** : pneumonie lobaire, franche *ou* fibri-neuse; **lobular -** : pneumonie lobulaire, broncho-pneumonie; **massive -** : pneumonie massive; **pleu-ritic -** : pleuropneumonie; **purulent -** : pneumo-nie purulente; **white -** : pneumonie blanche.

pneumonic, *adj.* : pneumonique.

pneumonitis, *s.* : pneumonie.

pneumonocele, *s.* : pneumocèle (hernie du pou-mon).

pneumonocirrhosis, *s.* : cirrhose du poumon, pneumonie interstitielle.

pneumonodynia, *s.* : douleur pulmonaire, point de côté.

pneumonoenteritis, *s.* : association de pneumo-nie et d'entérite.

pneumonoerysipelas, *s.* : pneumonie avec éry-sipèle.

pneumonokoniosis, *s.* : pneumonoconiose, pneumoconiose.

pneumonopaludism, *s.* : *cf.,* **pneumopaludism.**

pneumonoparalysis, *s.* : paralysie pulmonaire.

pneumonopathy, *s.* : pneumopathie (nom donné à toutes les affections du poumon).

pneumonopexy, *s.* : pneumopexie (fixation du poumon à la paroi thoracique pour remédier à un pneumothorax).

pneumonophlebitis, *s.* : inflammation des veines pulmonaires.

pneumonophthisis, *s.* : phtisie pulmonaire.

pneumonopleuritis, *s.* : pleuropneumonie.

pneumonorrhagia, *s.* : pneumorragie (apoplexie pulmonaire, infiltration de sang dans le tissu pulmonaire).

pneumonorrhaphy, *s.* : suture des déchirures pulmonaires.

pneumonosepsis *or* **pneumonosepticemia,** *s.* : septicémie pulmonaire.

pneumonosis, *s.* : pneumopathie.

pneumonostenosis, *s.* : sténose d'un poumon.

pneumonotherapy, *s.* : pneumothérapie, pneumatothérapie.

pneumonotomy, *s.* : pneumotomie (incision faite au poumon dans un but thérapeutique).

pneumopaludism, *s.* : pneumopaludisme du sommet (complication pulmonaire du paludisme consistant dans l'induration du sommet du poumon et simulant la phtisie au début).

pneumoparesis, *s.* : congestion progressive des poumons due à une déficience vasomotrice; trouble de la respiration.

pneumopericarditis, *s.* : péricardite avec collection gazeuse dans le sac péricardique.

pneumopericardium, *s.* : pneumopéricarde, pneumatose péricardique (épanchement d'air *ou* de gaz dans le péricarde).

pneumoperitoneum, *s.* : pneumopéritoine (épanchement gazeux dans la cavité péritonéale).

pneumoperitonitis, *s.* : pneumopéritonite (pneumopéritoine et péritonite).

pneumopexy, *s.* : pneumopexie.

pneumophthisis, *s.* : phtisie pulmonaire.

pneumopleuritis, *s.* : inflammation des poumons et de la plèvre.

pneumoptysis, *s.* : hémoptysie.

pneumopyopericardium, *s.* : présence d'air *ou* de gaz et pus dans le sac péricardique.

pneumopyothorax, *s.* : pneumopyothorax (épanchement de pus et d'air dans le thorax).

pneumopyra, *s.* : bronchite maligne.

pneumorachis, *s.* : pneumorachie.

pneumorrhagia, *s.* : hémoptysie, pneumorragie.

pneumoscrotum, *s.* : emphysème scrotal.

pneumosepticemia, *s.* : forme aiguë de pneumonie grippale.

pneumoserothorax, *s.* : présence d'air ou de gaz et de sérum dans la cavité pleurale.

pneumotherapy, *s.* : pneumothérapie.

pneumothermomassage, *s.* : application thérapeutique de courants d'air à différentes pressions et différentes températures.

pneumothorax, *s.* : pneumothorax (épanchement spontané *ou* provoqué d'air ou de gaz dans la cavité pleurale); **artificial -** : pneumothorax artificiel, opératoire *ou* thérapeutique, méthode de Forlanini, piézothérapie pulmonaire ; **extrapleural -** : pneumothorax extra-pleural; **valvular -** : pneumothorax à soupape *ou* suffocant.

pneumotomy, *s.* : pneumotomie (incision faite au poumon dans un but thérapeutique).

pneumotoxin, *s.* : toxine du pneumocoque.

pneumotropic, *adj.* : pneumotrope (1. ayant une affinité pour les poumons; 2. ayant une affinité pour les pneumocoques).

pneumotyphoid *or* **pneumotyphus,** *s.* : fièvre pneumotyphoïde, pneumotyphus.

pneumotympanum, *s.* : pneumotympan.

pneusimeter, *s.* : spiromètre pour mesurer la capacité thoracique au cours de la respiration.

pneusis, *s.* : respiration; **- pertussis** : coqueluche.

pnigophobia, *s.* : peur de suffoquer accompagnant parfois l'angine de poitrine.

pock, *s.* : pustule (de variole); **- mark** : marque, stigmate de variole; **- marked** *or* **- pitted** : marqué de variole; **- marked face** : visage grêlé.

pocked, *adj.* : marqué, grêlé.

pocket, *s.* : sac, cul-de-sac, diverticulum communiquant avec une cavité.

pocketing, *s.* : 1. mode de traitement du pédicule dans l'ovariotomie assurant sa fixation à la paroi; 2. enfouissement du moignon.

pocky, *adj.* : pustuleux.

poculent, *adj.* : potable, buvable.

poculum, *s.* : 1. tasse; 2. potion; **- Diogenis** : creux de la main.

podagra, *s.* : podagre, goutte (du pied).

podagral, podagric *or* **podagrous,** *adj.* : podagre, goutteux.

podalgia, *s.* : douleur du pied.

podalic, *adj.* : podalique; **- version** : version podalique *(obstét.)*.

podarthritis, *s.* : inflammation des articulations du pied.

podarthrum, *s.* : articulation métatarsophalangienne.

podedema, *s.* : œdème du pied.

podelcoma, *s.* : pied de Madura.

podencephalus, *s.* : podencéphale (monstre dont l'encéphale est situé en grande partie hors de la boîte crânienne, à la voûte de laquelle il est réuni par un pédicule).

podex, *adj.* : se rapportant à l'anus et à la région fessière.

podiater or **podiatrist**, s. : podologue.

podiatry, s. : chirurgie pédicure; traitement des maladies des pieds.

podobromidrosis, s. : transpiration malodorante des pieds.

pododynamometer, s. : dynamomètre pour mesure de la force musculaire des pieds et des jambes.

pododynia, s. : pododynie, métatarsalgie.

podogram, s. : podogramme, empreinte de la plante du pied, tracé extérieur du pied.

podograph, s. : podographe, appareil pour faire un tracé de la plante du pied.

podology, s. : podologie (étude du pied normal et pathologique).

podotrochilitis, s. : maladie naviculaire (vétér.).

poecil- : préfixe (pour les mots commençant par - : cf., **poikilo-**).

pogoniasis, s. : 1. développement excessif de la barbe; 2. développement de la barbe chez la femme.

pogonion, adj. : point antérieur de la symphyse mentonnière.

pogonium, s. : 1. petite barbe; 2. cf., **pogonion**.

-poietic : poïétique.

poikilionia, s. : variation du pH du sang.

poikilo- : poïkilo-, préfixe signifiant à la fois varié et irrégulier.

poikiloblast, s. : érythrocyte de forme et de taille irrégulières.

poikilocyte, s. : poïkilocyte (érythrocyte déformé).

poikilocytosis, s. : poïkilocytose, pœcilocytose (déformation d'une partie des globules rouges).

poikiloderma atrophicans vasculare : poïkilodermie atrophique vasculaire, maladie de Petges-Cléjat, sclérose atrophique de la peau et myosite généralisée, poïkilodermatomyosite.

poikilothermal or **poikilothermic**, adj. : poïkilotherme, pœcilotherme (se dit des animaux à température variable).

poikilothermism, s. : état des animaux poïkilothermes.

point, s. : 1. pointe; 2. point; **boiling -** : point d'ébullition; **craniometric -** : point crâniométrique; **freezing -** : point de congélation; **lacrimal -** : points lacrymaux ; **- light** : source lumineuse ponctuelle; **melting -** : point de fusion; **motor -** : point moteur; **vital -** : point vital (bulbe).

pointer, s. : aiguille (d'une balance).

pointillage, s. (fr.) : pointillage, pointillement (mode de massage).

pointing, s. : aboutissement (d'un abcès).

points douloureux : points de Valleix (points douloureux observés dans les différentes névralgies sur le trajet des nerfs malades; leur localisation obéit aux lois de Valleix).

Poirier's line : ligne nasolambdoïde de Poirier, employée en topographie crânio-cérébrale.

poise, s. : 1. poise : unité de viscosité (nombre de grammes par cm²/sec.); 2. attitude de calme.

Poiseuille's law : loi de Poiseuille (écoulement des liquides) (phys.); **- layer** or **space** : couche de Poiseuille (zone au contact de la paroi vasculaire où les leucocytes se déplacent plus lentement que le sang dans la lumière du vaisseau).

poison, s. : poison; **to take -** : s'empoisonner; **to die of -** : mourir empoisonné; **- bearing** : vénénifère ; **- gas** : gaz toxique, asphyxiant ; **- gland** : glande à venin; **- ivy** or **- oak** : Rhus toxicodendron; **- nut** : noix vomique; **- sumach** : Rhus vernix; v. : empoisonner; **poisoned wound** : plaie envenimée.

poisoning, s. : empoisonnement, intoxication ; **occupational -** : intoxication professionnelle.

poisonous, adj. : toxique, intoxicant, empoisonné, venimeux, vénéneux ; **- gas** : gaz asphyxiant, toxique, délétère.

poisonousness, s. : toxicité, caractère pernicieux.

poker-back, s. : spondylose rhizomélique, polyarthrite ankylosante, spondylarthrite ankylosante.

polar, adj. : polaire; **- bodies, cells** or **globules** : globules ou cellules polaires; **- curve** : courbe en coordonnées polaires; **- rays** : filaments achromatiques de l'aster (caryokinèse); **- star** : aster (caryokinèse).

polarimeter, s. : polarimètre.

polarimetry, s. : polarimétrie.

polariscope, s. : polariscope.

polariscopic, adj. : polariscopique.

polaristrobometer, s. : polarimètre stroboscopique.

polarity, s. : polarité; **change of -** : renversement de polarité; **reversed -** : polarité inversée (électr.).

polarization, s. : polarisation.

polarize, s. : polariser, se polariser.

polarizer, s. : polariseur (électr.).

polarograph, s. : polarographe.

polarography, s. : polarographie.

pole, s. : pôle; **positive -** : anode; **negative -** : cathode; **- changer** : inverseur de pôles (électr.).

polemophthalmia, s. : forme d'ophtalmie.

policeman's disease : tarsalgie.

policlinic, s. : policlinique.

poliencephalitis or **polioencephalitis**, s. : polioencéphalite (inflammation de la substance grise de l'encéphale); **- acuta** : polioencéphalite aiguë; **infective** or **infectious -** : encéphalite épidémique ; **inferior -** : polioencéphalite inférieure (forme de paralysie bulbaire); **superior -** : polioencéphalite supérieure, ophtalmoplégie nucléaire.

polio- : polio-, préfixe indiquant un rapport avec la matière grise du système nerveux.

polioencephalomeningomyelitis, s. : polioencéphalo-méningomyélite.

polioencephalomyelitis, s. : maladie de Heine-Médin, poliomyélite antérieure aiguë.

polioencephalopathy, s. : polioencéphalopathie.

poliomyelencephalitis, s. : poliomyélencéphalite.

poliomyelitis, s. : poliomyélite (inflammation de l'axe gris de la moelle épinière); **acute anterior -** : poliomyélite antérieure aiguë, maladie de Heine-Medin; **anterior chronic -** : poliomyélite chronique, atrophie musculaire progressive.

poliomyelopathy, s. : poliomyélopathie.

polioneuromere, s. : métamère donnant naissance à la substance grise.

poliosis, s. : poliose (décoloration des poils).

poliothrix, s. : canitie.

poliovirus, s. : poliovirus, virus poliomyélitique.

Polish plait : plique.

Politzer's bag : poire de Politzer; **- luminous cone** : triangle lumineux du tympan; **- method** : expérience de Politzer.

politzeration, s. : expérience de Politzer (manœuvre qui consiste à insuffler de l'air dans la caisse du tympan à l'aide d'une poire en caoutchouc, dont l'embout est introduit dans une narine).

poll, s. : tête; **- evil** : mal de taupe, mal de nuque, dermite (vétér.).

pollakicoprosis, s. : pollakicoprose (fréquence anormale de défécation).

pollakiuria, s. : pollakiurie (fréquence exagérée des mictions).

pollen, s. : pollen.

pollenosis, s. : rhume des foins.

pollex, s. (lat.) : 1. pouce; 2. gros orteil; **- pedis** : gros orteil.

pollicar, adj. : se rapportant au pouce.

pollinosis, s. : pollinose (réaction allergique au pollen des plantes transporté par l'air [asthme, rhume des foins, etc.]).

pollution, s. : pollution (1. souillure; 2. émission de sperme, en dehors du coït); **self -** : masturbation.

polocyte, s. : corpuscule polaire.

polonium, s. : polonium.

poltophagy, s. : mastication totale avant déglutition.

polus, s. : pôle; **- frontalis** : pôle frontal; **- occipitalis** : pôle occipital.

poly- : poly-, préfixe indiquant, soit un certain nombre, soit un nombre ou une abondance exagérés.

polyacid, adj. : polyacide.

polyacoustic, s. : amplificateur de son; adj. : amplifiant le son.

polyadenia, s. : maladie de Hodgkin.

polyadenitis, s. : polyadénite, polyadénopathie.

polyadenoma, s. : polyadénome, adénome multiglandulaire.

polyadenopathy, s. : polyadénite.

polyadenous, adj. : polyadène, à glandes nombreuses, impliquant plusieurs glandes.

polyandry, s. : polyandrie.

polyanemia, s. : anémie s'étendant à tous les éléments figurés du sang.

polyarteritis, s. : polyartérite; **- nodosa** : périartérite noueuse.

polyarthric, adj. : polyarticulaire.

polyarthritis, s. : polyarthrite (inflammation aiguë ou chronique frappant simultanément plusieurs articulations); **- rheumatica acuta** : polyarthrite aiguë fébrile, rhumatisme articulaire aigu; **vertebral -** : inflammation des disques intervertébraux sans carie vertébrale.

polyarticular, adj. : polyarticulaire.

polyatomic, adj. : polyatomique.

polyaxon, s. : 1. neurone à plusieurs axones; 2. corps à axes de développement multiples.

polybasic, adj. : polybasique.

polyblast, s. : terme désignant les diverses cellules du tissu conjonctif néoformatif.

polycardia, s. : tachycardie.

polycellular, adj. : polycellulaire.

polycentric, adj. : à centres multiples, à noyaux multiples.

polyceptor, s. : ambocepteur à plusieurs groupes complémentaires.

polycholia, s. : polycholie (sécrétion biliaire exagérée).

polychrest or **polychrestus,** s. : polychreste (médicament homéopathique).

polychrestic, adj. : polychreste.

polychroism, s. : polychroïsme.

polychromasia, s. : cf., **polychromatophilia.**

polychromatic, polychrome ou **polychromic,** adj. : polychrome.

polychromatophil, s. : érythrocyte polychromatophile (ayant des affinités à la fois acidophiles et basophiles); adj. : polychromatophile.

polychromatophilia, s. : polychromatophilie, polychromasie (état des globules rouges qui se colorent par deux ou trois couleurs différentes : signe de destruction et de réparation des globules).

polychromatophilic, adj. : polychromatophile.

polychromemia, s. : augmentation de la matière colorante du sang (séquelle de l'érythrémie).

polychromia, s. : polychromie.

polychylia, s. : hypersécrétion de chyle.

polychylic, adj. : se rapportant à un excès de chyle.

polyclinic, s. : polyclinique.

polyclonia, s. : polyclonie (maladie caractérisée par des spasmes cloniques ininterrompus).

polycoria, s. : polycorie (anomalie congénitale ou acquise de l'iris, existence de deux ou de plusieurs orifices pupillaires).

polycrotic, adj. : se dit d'un pouls atteint de polycrotisme.

polycrotism, s. : polycrotisme (série de soulèvements que l'on observe sur la ligne de descente dans les tracés sphygmographiques).

polycyesia or **polycyesis,** s. : 1. grossesse multiple; 2. occurrence de grossesses fréquentes.

polycystic, adj. : polykystique (comportant plusieurs kystes).

polycythemia, s. : polycythémie, érythrémie, maladie ou syndrome de Vaquez; **- hypertonica** : maladie de Geisböck; **- myelopathica** : maladie de Vaquez; **- rubra** : érythrocytose.

polycytoma, s. : polycytome.

polycytosis, s. : polycytose (abondance d'éléments cellulaires dans un liquide organique).

polydactylism, s. : polydactylisme, polydactylie (anomalie congénitale consistant en l'existence de doigts surnuméraires).

polydipsia, s. : polydipsie, soif excessive.

polyembryony, s. : polyembryonie (formation de plusieurs embryons par le même ovule).

polyemia or **polyhaemia,** s. : accroissement anormal du volume sanguin, pléthore.

polyergic, adj. : ayant une activité multiple.

polyesthesia, s. : polyesthésie (trouble de la sensibilité, dans lequel une excitation unique produit des sensations multiples).

polygalactia, s. : polygalactie, polygalie (hypersécrétion lactée).

polyganglionic, adj. : 1. à plusieurs ganglions; 2. atteignant plusieurs ganglions.

polygastria, s. : hypersécrétion gastrique.

polygastric, adj. : 1. à plusieurs ventres (muscle); 2. à plusieurs estomacs (ruminants).

polyglandular, adj. : pluriglandulaire.

polyglobulia, s. : polyglobulie (augmentation du nombre des globules rouges).

polyglobulism, s. : polycythémie.

polygnathus, s. : polygnathien (monstre double parasitaire atteint de polygnathie).

polygonal, adj. : polygonal.

polygraph, s. : forme de sphygmographe permettant d'enregistrer en même temps plusieurs tracés.

polygroma, s. : gros hygroma.

polygyria, s. : surnombre de circonvolutions cérébrales.

polyhedral, adj. : polyédrique.

polyhedrosis, s. : polyédrose (maladie à virus des insectes).

polyhidrosis, s. : transpiration excessive.

polyhybrid, s. : rejeton différant par plus de trois caractères de ses parents.

polyhydramnios, s. : polyhydramniose, hydramnios, hydropisie de l'amnios.

polyhydruria, s. : accroissement du débit urinaire.

polyinfection, s. : infection d'origine microbienne multiple.

polypeptic, adj. : caractérisé par de multiples rémissions et exacerbations.

polymastia, s. : polymastie, pleïomazie (multiplicité des mamelles).

polymastigate, s. : organisme pluriflagellé.

polymazia, s. : cf., **polymastia.**

polymenia, s. : ménorragie.

polymenorrhea, s. : polyménorrhée (augmentation de la fréquence des règles avec raccourcissement de la période intermenstruelle).

polymer, s. : polymère (chim.).

polymerase, s. : polymérase.

polymeria, s. : polymérie.

polymeric, adj. : polymère.

polymerid, s. : polymère.

polymerism, s. : polymérisme.

polymerization, s. : polymérisation.

polymetameric, adj. : à plusieurs métamères.

polymicrobic, adj. : polymicrobien.

polymicrotome, s. : forme de microtome.

polymorph, s. : leucocyte polynucléaire, polynucléaire.

polymorphic or **polymorphous,** adj. : polymorphe.

polymorphism, s. : polymorphie, polymorphisme.

polymorphocellular, adj. : à cellules polymorphes.

polymorphocyte, s. : polynucléaire.

polymorphonuclear, adj. : polynucléaire.

polymyositis, s. : polymyosite.

polymyxin, s. : polymyxine.

polynesic, adj. : se produisant en plusieurs foyers.

polyneural or **polyneuric,** adj. : se rapportant à, innervé par plusieurs nerfs.

polyneuralgia, s. : polynévralgie.

polyneuritis, s. : polynévrite, névrites multiples; **- gallinarum** : béribéri expérimental des poules.

polynuclear, adj. : polynucléaire.

polynuclearneutrophilic, adj. : polynucléaire neutrophile.

polynucleate, adj. : polynucléaire.

polynucleosis, s. : polynucléose (variété de leucocytose dans laquelle l'augmentation du chiffre des leucocytes porte exclusivement sur les polynucléaires).

polyodontia, s. : présence de dents supplémentaires.

polyoma, s. : polyome.

polyonychia, s. : présence d'ongles supplémentaires.

polyopia or **polyopsia,** s. : polyopie, polyopsie (vision de plusieurs images pour un seul objet); **- monophthalmica** : polyopie monoculaire.

polyorchidism, *s.* : polyorchidie (existence de plus de deux testicules).

polyorchis, *s.* : individu atteint de polyorchidie.

polyorexia, *s.* : polyorexie, boulimie.

polyorrhomeningitis, polyorrhymenitis or **polyhorrhymenosis,** *s.* : polysérite, maladie de Concato.

polyotia, *s.* : oreille en surnombre (monolatérale ou bilatérale).

polyp or **polypus,** *s.* : polype.

polypapilloma tropicum : pian.

polypagus, *s.* : polypage (monstre monocéphale avec deux corps).

polyparesis, *s.* : paralysie générale progressive.

polypathia, *s.* : 1. présence de plusieurs maladies en même temps; 2. récurrence d'une maladie.

polypeptide, *s.* : polypeptide.

polypeptidorrhachia, *s.* : 1. polypeptidorachie (présence de polypeptides dans le liquide céphalorachidien); 2. méningite due à la polypeptidorachie.

polyphagia, *s.* : polyphagie.

polyphalangism, *s.* : phalange supplémentaire sur un doigt, un orteil.

polypharmacy, *s.* : polypharmacie (1. prescription simultanée de plusieurs médicaments; 2. abus des médicaments).

polyphobia, *s.* : polyphobie, peur morbide d'un grand nombre de choses.

polyphrasia, *s.* : polyphrasie (manie de la parole).

polypiferous, *adj.* : portant des polypes, donnant des polypes.

polyplasmia, *s.* : extrême fluidité du sang.

polyplast, *adj.* : 1. formé de nombreuses structures différentes; 2. ayant subi de multiples modifications au cours des processus de développement.

polyplastic, *adj.* : 1. se dit des cellules formées de plusieurs substances; 2. subissant de multiples modifications au cours du développement.

polypleurodiaphragmotomy, *s.* : résection de plusieurs côtes et incision par le diaphragme pour atteindre le foie.

polyploid, *adj.* : polyploïde (qui a plus de deux jeux de chromosomes).

polyploidy, *s.* : polyploïdie.

polypnea or **polypnœa,** *s.* : polypnée (respiration rapide et superficielle).

polypoid, *adj.* : polypoïde.

Polyporus, *s.* : polypore (champignon).

polyposis, *s.* : 1. polypose (maladie constituée par le développement de polypes); **- ventriculi** : état mamelonné (muqueuse gastrique); 2. polydipsie.

polypotome, *s.* : polypotome (instrument pour couper le pédicule des polypes).

polypotrite, *s.* : instrument pour écraser les polypes.

polypous, *adj.* : polypeux.

polypus, *s.* : *cf.,* **polyp.**

polyradiculitis, *s.* : polyradiculite.

polyradiculoneuritis, *s.* : polyradiculonévrite (syndrome de Guillain-Barré).

polyrrhea or **polyrrhœa,** *s.* : hypersécrétion humorale.

polysaccharide, *s.* : polysaccharide, polyoside.

polysarcia, *s.* : polysarcie (développement exagéré soit des muscles, soit de la graisse dans tout l'organisme).

polysarcous, *adj.* : polysarque, atteint d'embonpoint excessif.

polyscope, *s.* : polyscope, endoscope.

polyserositis, *s.* : polysérite (inflammation de plusieurs séreuses).

polysialia or **ptyalism,** *s.* : polysialie, ptyalisme.

polysinuitis or **polysinusitis,** *s.* : inflammation simultanée de plusieurs sinus.

polysome or **polyribosome,** *s.* : polysome.

polyspermia or **polyspermism,** *s.* : polyspermie (surabondance de sperme).

polyspermy, *s.* : polyspermie, surfécondation (présence dans l'œuf fécondé de plus d'un pronucléus mâle).

polystichia, *s.* : présence de deux ou plusieurs rangées de cils.

polystomatous, *adj.* : à plusieurs bouches, ouvertures.

polysuspensoid, *s.* : système colloïdal présentant plusieurs phases dans les divers stades de dispersion.

polysynovitis, *s.* : polysynovite (inflammation simultanée de plusieurs membranes synoviales).

polysyphilide, *s.* : présence de plusieurs lésions syphilitiques en même temps.

polythelia or **polythelism,** *s.* : polythélie (multiplicité des mamelons sur une seule mamelle).

polytrichia or **polytrichosis,** *s.* : polytrichie, polytrichose (surabondance de cheveux ou de poils).

polytrophia or **polytrophy,** *s.* : polytrophie (nutrition trop active).

polyuria, *s.* : polyurie (sécrétion d'urine en quantité abondante).

polyuric, *s.* : malade polyurique, atteint de polyurie; *adj.* : polyurique.

polyvalent, *adj.* : polyvalent; **- serum** : sérum polyvalent.

pomade or **pomatum,** *s.* : pommade.

Pompe's disease : maladie de Pompe.

pompholyx, *s.* : pompholyx, pemphigus.

pomphus, *s.* : papule, élevure rosée.

pomum Adami : pomme d'Adam.

ponderable, *adj.* : pondérable.

ponderal, *adj.* : pondéral.

Ponfick's shadows : achromatocyte.

ponogen, *s.* : ponogène (qui produit la fatigue).

ponogenic, *adj.* : ponogène.

ponograph, *s.* : appareil pour déterminer et enregistrer la sensibilité à la douleur, à la fatigue.

ponopalmosis, *s.* : asthénie neurocirculatoire.

ponophobia, *s.* : peur anormale du surmenage, paresse, indolence.

ponos, *s.* : ponos (nom donné dans les îles Spezzia et Hydra à une forme d'anémie, qui n'est probablement que le kala-azar).

pons, *s. (lat.)* : 1. pont, apophyse (reliant deux parties d'un organe); 2. pont de Varole; **- basilaris** : apophyse basilaire (occipital); **- cerebelli** : pont de Varole; **- Tarini** : espace perforé postérieur; **- Varolii** : pont de Varole, protubérance annulaire; **- zygomaticus** : extrémité antérieure du segment antérieur de l'apophyse zygomatique.

pontibrachium, *s. (lat.)* : pédoncule cérébelleux moyen.

pontic, *s.* : *cf.,* **pontile.**

ponticinerea, *s.* : amas de substance grise du pont de Varole.

ponticulus, *s. (lat.)* : sillon bulbo-protubérantiel.

pontile *or* **pontine,** *adj.* : protubérantiel, se rapportant au pont de Varole; **- hemiplegia** : hémiplégie protubérantielle; **- nuclei** : noyau du pont.

pontobulbar, *adj.* : pontobulbaire.

pontocrural, *adj.* : pontopédonculaire.

pontoon, *s.* : anse de l'intestin grêle.

pool, *s.* : mise en commun, mélange, réserve des acides aminés dans la cellule.

poples, *s. (lat.)* : région poplitée.

poplitead, *adv.* : orienté vers la région poplitée.

popliteal, *adj.* : poplité; **- aneurysm** : anévrisme de l'artère poplitée.

popliteus, *s. (lat.)* : région poplitée.

poradenitis, *s.* : poradénite, maladie de Nicolas et Favre, lymphogranulomatose vénérienne.

porcellaneous *or* **porcellanous,** *adj.* : porcelanique (aspect de la peau chez les malades pyrétiques).

porcupine disease : *cf.,* **ichthyosis.**

pore, *s. (fr.)* : pore.

porencephalia *or* **porencephalus,** *s.* : porencéphalie (variété d'encéphalopathie infantile caractérisée par la présence de cavités s'ouvrant à la surface des hémisphères et communiquant avec les ventricules).

porencephalic, *s., adj.* : *cf.,* **porencephalous.**

porencephalitis, *s.* : encéphalite avec tendance à la porencéphalie.

porencephalous, *adj.* : atteint de porencéphalie.

Porges reaction *or* **Porges Meier reaction** : réaction de Porgès (syphilis).

poriomania, *s.* : esprit de fugue.

poroadenitis venerea : *cf.,* **Nicolas - Favre disease.**

pornography, *s.* : pornographie.

porocele, *s.* : hernie scrotale calleuse.

porocephalosis *or* **porocephaliasis,** *s.* : porocéphalose.

porokeratosis, *s.* : porokératose, hyperkératose figurée centrifuge atrophiante.

poroma, *s.* : callosité.

poropathy, *s.* : méthode thérapeutique par absorption des médicaments par les pores de la peau.

poroplastic, *adj.* : poreux et plastique; **- felt** : feutre employé pour attelles et corsets.

poroscopy, *s.* : étude des glandes sudoripares.

porosis, *s.* : 1. formation de callosité; 2. état poreux; **cerebral -** : porose cérébrale (lésion cadavérique de l'encéphale due au développement de microbes anaérobies).

porosity, *s.* : porosité.

porotic, *adj.* : favorisant la formation de callosité, de nature calleuse.

porotomy, *s.* : méatotomie.

porous, *adj.* : poreux.

porphyreus, *adj.* : présentant des taches pourpres sur un fond d'une autre teinte.

porphyrin, *s.* : porphyrine.

porphyrinuria, *s.* : porphyrinurie, hématoporphyrinurie.

porphyrization, *s.* : porphyrisation (réduction d'une substance médicamenteuse en poudre très fine par broyage sur plaque de porphyre).

porphyruria, *s.* : présence de purpurine dans l'urine.

porraceous, *adj.* : porracé, de couleur vert pâle; **- vomiting** : vomissements porracés.

porriginous, *adj.* : alopécique, se rapportant au porrigo.

porrigo, *s.* : porrigo (nom donné à différentes variétés d'alopécies) ; **- decalvans** : porrigo decalvans, pelade; **- favosa** : favus; **- larvalis** : impétigo du cuir chevelu avec eczéma.

Porro's operation *or* **Porro-cesarean section** : opération de Porro, opération césarienne.

porta, *s. (lat.)* : hile (par où passent les vaisseaux); **- hepatis** *or* **jecoris** : hile du foie; **- labyrinthi** : fenêtre ronde ; **- omenti** : hiatus de Winslow.

portacaval shunt : shunt portocave, fistule d'Eck.

portal, *adj.* : porte, se rapportant au hile d'un organe; **- circulation** : circulation porte; **- fissure** : espace porte, espace interlobulaire; **- vein** : veine porte.

Porter's sign : signe d'Oliver, signe de la trachée.

portio, *s. (lat.)* : portion, partie; **- alba cerebri** : substance blanche du cerveau; **- corporis striati externa** : noyau lenticulaire; **- corporis striati interna** : noyau caudé; **- infravaginalis** : partie vaginale du col de l'utérus; **- pylorica ventriculi** *or* **ventriculi lienalis** : extrémité pylorique de l'estomac; **- splenica ventriculi** : extrémité œsophagienne de l'estomac.

portiplex *or* **portiplexus,** *s.* : toile choroïdienne supérieure.

port-wine mark *or* **stain** : tache de vin congénitale, nævus.

porus, *s. (lat.)* : 1. pore, trou; 2. callosité.

Posadas (protozoic disease of) : forme de dermatite à blastomycètes.

posiomania, *s.* : dipsomanie.

position, *s.* : 1. position, posture, attitude; 2. présentation *(obstét.)*; **- of the fetus** : présentation obstétricale; **vertex, face, breech, shoulder -** : présentation de l'occiput, de la face et du front, du siège, de l'épaule; **frank breech -** : siège décomplété ; *abréviations* : **O (occiput)** : O.I. (occipito-iliaque); **F (front)** : F.I. (fronto-iliaque); **S (sacral)** : S.I. (sacro-iliaque); **D (dorsal)** : D.I. (dorso-iliaque); **L (left)** : G (gauche); **R (right)** : D (droite); **A (anterior)** : A (antérieure); **P (posterior)** : P (postérieure); **L.O.A.** : O.I.G.A. ; **L.O.P.** : O.I.G.P.; **R.O.A.** : O.I.D.A.; **R.O.P.** : O.I.D.P.; **L.S.A.** : S.I.G.A.; **L.S.P.** : S.I.G.P.; **R.S.A.** : S.I.D.A.; **R.S.P.** : S.I.D.P.; **L.F.P.** : F.I.G.P.; **L.F.A.** : F.I.G.A.; **L.D.A.** : F.I.R.A.; **L.D.P.** : F.I.D.P.; **L.D.A.** : D.I.G.A.; **L.D.P.** : D.I.G.P.; **R.D.A.** : D.I.D.A.; **R.D.P.** : D.I.D.P.; **obstetric -** *or* **English -** : position de l'accouchement (dans les pays anglo-saxons, la parturiente est placée sur le côté gauche, la cuisse et la jambe droite en flexion forcée); **dorsosacral -** : position de la taille.

positive, *s.* : positif *(phot.)*; *adj.* : positif, formel, sûr; **- electrode** : anode; **- pole** : pôle positif; **- phase** : phase active (indice opsonique).

posological *or* **posologic,** *adj.* : posologique.

posology, *s.* : posologie.

post- : post-, préfixe signifiant après, derrière.

postbrachium, *s.* : bras conjonctival postérieur (tubercules quadrijumeaux).

postcisterna, *s.* : confluent cérébello-médullaire (pie-mère et arachnoïde).

postcommissure, *s.* : commissure blanche postérieure (cerveau).

postcornu, *s.* : corne occipitale (ventricule latéral).

postcribrum, *s.* : espace perforé postérieur (mésencéphale).

posterior, *adj.* : postérieur; **- chamber** : chambre postérieure (œil).

postero- : postéro-, préfixe signifiant postérieur.

posterula, *s.* : orifice pharyngien, pavillon de la trompe (trompe d'Eustache).

postfovea, *s.* : aile grise, fovea inferior, trigone du pneumogastrique *ou* du vague (plancher du quatrième ventricule).

post-gastrectomy syndrome : syndrome de chasse post-gastrectomie, dumping syndrome.

postgeminum, *s.* : tubercules quadrijumeaux postérieurs.

postgeniculatum *or* **postgeniculum,** *s.* : corps genouillé interne.

posthalgia, *s.* : douleur dans le pénis.

posthetomy, *s.* : posthectomie, posthéotomie, circoncision.

posthioplasty, *s.* : chirurgie plastique du prépuce.

posthitis, *s.* : posthite (inflammation du prépuce).

postholith, *s.* : calcul du prépuce.

posthumous, *adj.* : posthume; **- child** : enfant posthume (1. né après la mort du père; 2. extrait par césarienne sur la mère morte).

posthypophysis, *s.* : lobe postérieur *ou* cérébral de l'hypophyse.

postinsula, *s.* : insula postérieure (lobe de l'insula).

postmaturity, *s.* : post-maturité (résultat d'une gestation prolongée).

postmediastinum, *s.* : médiastin postérieur.

postmortem, *s. (lat.)* : post-mortem (1. nécropsie; 2. se produisant après la mort).

postnares, *s.* : narines postérieures.

postnasal, *adj.* : situé derrière le nez; **- catarrh** : catarrhe du rhinopharynx.

postoblongata, *s.* : portion bulbaire du plancher du quatrième ventricule.

postoperculum, *s.* : circonvolution temporale (recouvrant le lobe de l'insula).

postopticus, *s.* : l'un des tubercules quadrijumeaux postérieurs.

postpallium, *s.* : partie postérieure du manteau (cortex cérébral).

postpartum, *s. (lat.)* : post-partum (se dit d'un phénomène postérieur à l'accouchement); **- fever** : fièvre puerpérale.

postpeduncle, *s.* : pédoncule cérébelleux inférieur.

postperforatus, *s.* : espace perforé postérieur.

postpone, *v.* : 1. remettre, ajourner; 2. être en retard (se dit d'un accès de fièvre).

postponent, *adj.* : dont la récurrence est retardée.

postpontile, *adj.* : situé derrière la protubérance annulaire; **- recess** : foramen cæcum.

postpyramidal, *adj.* : situé derrière le faisceau pyramidal; **- nucleus** : noyau du faisceau de Goll.

postramus, *s.* : branche horizontale de l'arbre de vie du cervelet.

postulate, *s.* : postulat.

postural, *adj.* : postural, se rapportant à la posture; **- albuminuria** : albuminurie orthostatique, de posture, de la station debout; **- hypotension** : hypotension de posture *ou* orthostatique.

posture, *s.* : posture, pose, attitude, position.

postvermis, *s.* : vermis inférieur (cervelet).

potable, *adj.* : potable, buvable.

Potain's apparatus : appareil de Potain (appareil destiné à aspirer le liquide pleural au cours d'une thoracocentèse).

potamophobia, s. : potamophobie (crainte morbide des cours d'eau).

potash, s. : carbonate de potassium (K_2CO_3); **caustic -** : potasse (KOH).

potassic, adj. : potassique.

potassium, s. : potassium.

potatoe spindle tuber virus : virus du tubercule en fuseau de la pomme de terre.

potency, s. : puissance, efficacité, activité (d'un médicament), force, degré (d'une boisson alcoolique), taux (de dilution d'un médicament homéopathique).

potentia, s. (lat.) : puissance, pouvoir, capacité; **- coeundi** : capacité d'accomplir le coït; **- generandi** : capacité de procréation.

potential, s. : potentiel; **- difference** : différence de potentiel; **- drop** : chute de potentiel; adj. : en puissance, potentiel; **- energy** : énergie potentielle; **- function** : fonction potentielle.

potentialization, s. : traitement des médicaments homéopathiques pour les activer.

potentiate, v. : potentialiser.

potentize, v. : activer (un médicament), rendre puissant.

potio, s. (lat.) : potion.

potion, s. : potion.

potocytosis, s. : faculté des cellules d'absorber des solutions.

potomania, s. : potomanie (impulsion morbide qui pousse certains malades à boire un liquide quelconque en grande abondance).

Pott's aneurysm : varice anévrismale, anévrisme artérioveineux, anévrisme par transfusion, anévrisme variqueux, phlébartérite simple de Broca; **- curvature** or **gibbus** : gibbosité (constatée dans le mal de Pott); **- disease** : mal de Pott, mal vertébral; **- fracture** : fracture de Dupuytren, fracture de Pott (inus.); **- gangrene** : forme de gangrène des extrémités chez les vieillards; **- paraplegia** : paraplégie (du mal de Pott); **- puffy tumor** : œdème localisé superficiel du cuir chevelu concomitant avec une ostéomyélite crânienne.

potter's asthma or **consumption** : forme de pneumoconiose causée par l'inhalation de la poussière d'argile; **- bronchitis** : forme de bronchite causée par la poussière d'argile; **- lung** : inflammation chronique des poumons chez les potiers, due à l'inhalation de poussière d'argile.

potus, s. : boisson.

pouch, s. : bourse, sac, poche ventrale (des marsupiaux), poche sac (du pélican), abajoue (de singe), sac (de plante); **laryngeal -** : sac muqueux s'ouvrant dans les ventricules de Morgagni (larynx); **pressure -** : saillie de la paroi de l'œsophage due à la débilité.

Poulet's disease : ostéopériostite rhumatismale.

poultice, s. : cataplasme; **linseed -** : cataplasme de farine de lin; **mustard -** : sinapisme; v. : mettre, appliquer un cataplasme.

pound, s. : livre (cf. table of weights).

Poupart's ligament : ligament de Poupart, arcade crurale ou fémorale.

powder, s. : poudre; **bleaching -** : chlorure de chaux; **grinding -** : poudre abrasive.

power, s. : pouvoir, vigueur, force, énergie, puissance.

powerful, adj. : puissant, fort, vigoureux; **- dose** : forte dose (d'un médicament); **- remedy** : remède énergique, efficace.

powerfulness, s. : puissance, force, vigueur (musculaire).

powerless, adj. : 1. impuissant; 2. inefficace (remède).

powerlessness, s. : 1. impuissance; 2. inefficacité (d'un remède).

pox, s. : 1. toute maladie vésiculeuse ou pustulaire (se dit parfois pour variole, varicelle); 2. syphilis (employé en langage vulgaire); **chicken -** : varicelle; **cow -** : vaccine, variole; **great -** : syphilis; **horse -** : variole équine; **mouse -** : ectromélie infectieuse; **scrum -** : impétigo; **sheep -** : clavelée; **small -** : variole.

P. p. : punctum proximum.

P. r. : punctum remotum.

practice, s. : 1. pratique, exercice; **- of medicine** : exercice de la médecine; 2. clientèle (de médecin); **to buy a -** : acheter une clientèle, un cabinet; 3. habitude, coutume; 4. exercice.

practician, s. : cf., **practitioner.**

practise, v. : pratiquer, exercer (une profession); **to - medicine** : exercer la médecine.

practitioner, s. : praticien; **medical -** : médecin; **general -** : médecin et chirurgien omnipraticien; **he is a general -** : il fait de la médecine générale; **local -** : médecin de quartier, de l'endroit.

præ, prefix, cf., **pre-.**

pragmatagnosia, s. : pragmatoagnosie (défaut de reconnaissance des objets); **visual -** : forme d'agnosie visuelle.

pragmatamnesia, s. : agnosie; **visual -** : agnosie visuelle.

prairie-itch, s. : forme de dermatite des prés.

prandial, adj. : prandial, se rapportant aux repas; **post-** : post-prandial, survenant après les repas.

praseodymium, s. : praséodyme.

Prausnitz-Küstner reaction : épreuve de Prausnitz-Küstner (épreuve de l'anaphylaxie passive sur l'homme pour le diagnostic des états anaphylactiques).

Pravaz's syringe : seringue de Pravaz.

praxinoscope, s. : stroboscope pour examen laryngologique.

praxiology, s. : science du comportement.

pre- : pré-, préfixe signifiant devant, avant.

precipitate, s. : précipité; adj. : précipité, fait à la hâte, irréfléchi; v. : précipiter, se précipiter.

precipitation, s. : précipitation (chim., bactér.).

precipitin, s. : précipitine.

precipitinogen, s. : précipitinogène (tout corps capable de déclencher la production d'une précipitine spécifique).

precipitinoid, s. : précipitine inactive modifiée par chauffage à 60°.

precipitophore, s. : le groupe dans la précipitine qui induit la précipitation (par opposition à l'haptophore).

precocity, s. : précocité.

precommissure, s. : commissure antérieure (cerveau).

precordia, s. : 1. nom donné autrefois au diaphragme, aux viscères thoraciques ou à la région épigastrique; 2. région précordiale.

precordial, adj. : précordial.

precordialgia, s. : précordialgie (nom donné à toutes les douleurs de la région précordiale, et notamment aux fausses angines de poitrine).

precornu, s. : corne temporale (ventricule latéral).

precribrum, s. (lat.) : espace perforé antérieur (cerveau).

precuneus, s. : avant-coin (lobe pariétal).

precursor, s. : précurseur (génét.).

prediabetes, s. : état prédiabétique ou paradiabétique.

prediastolic, adj. : prédiastolique (précédant la diastole cardiaque).

predicrotic, adj. : précédant l'onde dicrote (tracé sphygmographique du pouls).

predigested, adj. : prédigéré.

predigestion, s. : prédigestion.

predisposed, s. : prédisposé.

predisposing, adj. : prédisposant.

predisposition, s. : prédisposition.

prednisolone, s. : prednisolone, hydrocortancyl, delta-hydrocortisone.

prednisone, s. : prednisone, deltacortisone.

predormition, s. : stade d'inconscience précédant le sommeil.

prefontanel, s. : fontanelle antérieure ou bregmatique.

preformation, s. : préformation (biol.).

prefrontal, s. : partie médiane de l'ethmoïde; adj. : préfrontal (situé dans la partie antérieure du lobe frontal); - **leucotomy** : leucotomie préfrontale.

pregeminal, adj. : se rapportant aux tubercules quadrijumeaux antérieurs.

pregeminum, s. : tubercules quadrijumeaux antérieurs.

pregeniculatum, s., or **pregeniculum** (lat.) : corps genouillé externe.

pregnancy, s. : grossesse; **abdominal -** : grossesse abdominale; **bigeminal -** : grossesse gémellaire; **ectopic** or **extra-uterine -** : grossesse extra-utérine ou ectopique; **interstitial** or **intramural,** or **parietal -** : grossesse interstitielle; **false** or **phantom -** : grossesse nerveuse, fausse grossesse; **multiple -** : grossesse multiple; **ovarian -** : grossesse ovarienne; **tubal -** : grossesse tubaire; **tuboabdominal -** : grossesse tubo-abdominale ou infundibulaire.

pregnandiol, s. : prégnandiol (produit d'élimination de la progestérone).

pregnant, adj. : enceinte, gravide.

pregneninolone, s. : prégnéninolone (éthynyl testostérone).

pregnenolone, s. : pregnénolone.

prehemiplegic, adj. : se produisant avant une attaque d'hémiplégie.

prehensile, adj. : préhensile, préhenseur; - **tailed** : caudimane, à queue prenante.

prehension, s. : préhension, prise.

prehypophysis, s. : lobe antérieur de l'hypophyse.

preinsula, s. : région céphalique du lobe de l'insula.

Preiser's disease : ostéoporose du scaphoïde du carpe consécutive à un choc.

prelum, s. (lat.) : pression; - **abdominale** : contraction des viscères abdominaux entre le diaphragme et la paroi abdominale (défécation, miction, parturition); - **arteriale** : garrot.

premature, adj. : prématuré; - **labor** : accouchement prématuré.

prematurity, s. : prématurité (effet d'une naissance prématurée).

premaxilla, s. : os intermaxillaire.

premaxillary, adj. : intermaxillaire; - **bone** : os intermaxillaire.

premedication, s. : médication préopératoire (1. diminuant la salivation et les sécrétions; 2. produisant la torpeur [morphine avant anesthésie]).

premenstruel, adj. : prémenstruel, précédant les règles.

premolar, s. : petite molaire, avant-molaire; adj. : prémolaire.

premonitory, adj. : prémonitoire.

premunition, s. : 1. prémunition, prémunité, immunité d'infection; 2. prémunition, prémunisation.

premunitive, adj. : prémunitif.

premyelocyte, s. : myéloblaste.

prenaris, s. : narines antérieures.

prenatal, adj. : prénatal.

preoblongata, s. : extrémité supérieure ou base du bulbe.

preoperculum, s. : circonvolution frontale.

preopticus, s. : tubercules quadrijumeaux antérieurs.

prepallium, s. (lat.) : circonvolution frontale ascendante.

preparation, s. : préparation (1. acte de préparer; 2. anat.; 3. histol.; 4. pharm.).

preparative or **preparator,** s. : ambocepteur.

prepatellar, adj. : situé devant la rotule.

prepeduncle, s. : pédoncule cérébelleux antérieur.

preperforatus, s. : espace perforé antérieur.

prephthisis, s. : état prétuberculeux, prédisposition à la tuberculose.

prephyson, s. : hormone du lobe antérieur de l'hypophyse.

preponderance (directional), s. : sens où le nystagmus bat le plus rapidement.

prepotency, s. : prépotence (biol.).

prepotent, adj. : dominant (biol.).

prepuce, s. : prépuce.

prepucectomy, s. : circoncision.

prepucotomy, s. : incision du prépuce.

preputial, adj. : préputial.

preputiectomy, s. : excision du prépuce, circoncision.

prepyramid, s. : pyramide antérieure du bulbe.

preramus, s. : branche verticale (antérieure ou céphalique) de la tige de l'arbre de vie du cervelet.

presbyacusia, s. : cf., **presbycusis.**

presbyatrics, s. : gérontologie.

presbycusis, s. : presbyacousie.

presbyonosus, s. : toute maladie spécifique de la vieillesse.

presbyope, s. : presbyte.

presbyophrenia, s. : presbyophrénie (psych.).

presbyopia, s. : presbyopie, presbytie (diminution de l'amplitude de l'accommodation due à la vieillesse empêchant de voir sans fatigue de près).

presbyopic, adj. : presbyte, atteint de presbytie.

presbyosphacelus, s. : gangrène sénile.

presbytia, s. : presbytie.

presbytic, adj. : presbyte.

presbytism, s. : presbytie.

presclerosis, s. : présclérose (état morbide caractérisé par une hypertension artérielle et des symptômes d'insuffisance rénale précédant l'artériosclérose).

prescribe, v. : faire une ordonnance, indiquer un traitement.

prescript, s. : ordonnance.

prescription, s. : ordonnance; **to write a - :** rédiger une ordonnance.

presecretion, s. : hormone.

presenility, s. : sénilité précoce.

present, v. : se présenter (obstét.).

presentation, s. : présentation (obstét.); cf., **position** (2).

preservative, s. : antiseptique, bactériostatique.

preserve, s. : conserve alimentaire; v. : conserver.

presphenoid, s. : présphénoïde.

presphygmic, adj. : présphygmique, protodiastolique.

pressor, s. : corps vasomoteur secrété par la tige pituitaire; adj. : vasomoteur; **- agent** : agent vasomoteur; **- nerves** : nerfs vasomoteurs.

pressoreceptor, s. : pressorécepteur (terminaison nerveuse réagissant aux agents hypertenseurs).

pressure, s. : pression, poussée; **blood - :** tension artérielle; **high blood - :** hypertension; **low blood - :** hypotension; **pulse - :** pression exprimée par la différence entre la pression systolique et la pression diastolique.

pressurize, v. : pressuriser.

presternum, s. : présternum, manubrium, poignée.

presylvian fissure : prolongement antérieur ou horizontal de la scissure de Sylvius.

presystole, s. : présystole, systole auriculaire.

presystolic, adj. : présystolique; **- murmur** : souffle présystolique.

preurethritis, s. : inflammation de la région vestibulo-urétrale du vagin.

preventive, adj. : préventif, prophylactique; **- medicine** : prophylaxie.

preventorium, s. : préventorium.

preventriculosis, s. : cardiospasme, phrénospasme, rétrécissement essentiel cardio-œsophagien.

prevermis, s. : vermis supérieur (cervelet).

Prévost's symptom : phénomène de Prévost (déviation conjuguée de la tête et des yeux observée à la suite de l'ictus apoplectique).

prezygapophysis, s. : apophyse articulaire supérieure (vertèbre).

priapism, s. : priapisme.

priapitis, s. : inflammation du pénis.

Price-Jones' method : courbe de Price-Jones (globules rouges dans l'anémie pernicieuse).

pricking, s. : 1. ponction (d'une ampoule); 2. picotement lancinant; **- sensation** : picotement, fourmillement.

prickle, s. : piquant, épine, aiguillon; **- cell** : cellule de la couche de Malpighi; **- layer** : couche muqueuse de Malpighi; v. : fourmiller, avoir des picotements.

prickling, s. : picotement, fourmillement; adj. : (sensation) de picotement, de fourmillement.

prickly, adj. : 1. épineux; 2. (sensation) de picotement, de fourmillement; **- heat** : dyshydrose tropicale, lichen vésiculaire, bourbouille, gale bédouine.

primæ viæ (lat.) : appareil digestif.

primary, adj. : premier, primitif, primaire, originel, primordial, principal, essentiel; **- amputation** : amputation primaire; **- bubo** : bubon d'emblée; **- lesion** : lésion primaire, originelle; **- sore** : manifestation primaire de la syphilis.

primate, s. : primate (zool.).

primer : initiateur (chim.); matrice (génét.).

primigravid, adj. : primigeste.

primigravida, s. (lat.) : femme enceinte pour la première fois.

primipara, s. : primipare.

primiparity, s. : primiparité.

primiparous, adj. : primipare.

primisternal or **primisternalis,** adj. : se rapportant au manubrium (sternum).

primitiæ, s. (lat.) : eaux (expulsées avant le fœtus).

primitive, adj. : originel, primitif; **- groove** : ébauche de la gouttière neurale (embryol.); **- streak** or **trace** : sillon primitif de la tache germinative (embryol.).

primordial, adj. : primordial, primitif, originel; **- kidney** : corps de Wolff.

primordium, s. : organe, structure, à son stade primitif.

princeps, s. (lat.) : premier, originel, principal.

principle, s. : principe, constituant essentiel défini; **active -** : principe actif, élément actif.

print, s. : 1. empreinte, impression, trace; **finger -** : empreinte digitale; 2. épreuve, photographie, copie (phot.); **hard -** : épreuve contrastée; **soft -** : épreuve douce.

printers' palsy : intoxication à l'antimoine.

printing, s. : tirage (phot.); **daylight -** : tirage par noircissement direct; **- frame** : châssis; **gaslight -** : tirage par développement; **- mask** : cache; **projection -** : tirage par projection.

prism, s. : prisme; **dispersing -** : prisme à dispersion; **reflecting -** : prisme réflecteur; **total-reflection -** : prisme à réflexion totale; **polarizing -** or **nicol -** : nicol.

prismatic, adj. : prismatique; **- condenser** : condensateur prismatique ou de Fresnel.

prismoid, adj. : d'aspect prismatique.

prismoptometer, s. : forme d'optomètre à deux prismes.

prismosphere, s. : appareil formé d'un prisme et d'une lentille sphérique.

private pars or **privates,** s. (vernac.) : organes génitaux.

pro- : pro-, préfixe signifiant pour, avant, devant.

proaccelerin, s. : proaccélérine (cofacteur de la thromboplastine).

proamnion, s. : proamnios (portion de l'aire embryonnaire située au voisinage de la tête de l'embryon qui reste longtemps dépourvue d'amnios).

proatlas, s. : atlas primitif (première vertèbre cervicale primitive).

probang, s. : sonde molle œsophagienne; **ball -** : sonde boutonnée.

probe, s. : sonde; v. : sonder, explorer.

proboscis, s. : trompe (d'un insecte).

procaine, s. : procaïne.

procatarctic, adj. : primaire, prédisposant.

procatarxis, s. : maladie par prédisposition.

procedure, s. : mode opératoire, technique.

procelous, adj. : concave devant et convexe derrière.

procephalic, adj. : procéphalique, situé en avant de la tête.

process, s. : 1. processus; 2. apophyse (cf., **processus**); 3. méthode, réaction, mode opératoire ; **panchromatic -** : film panchromatique (phot.).

processus, s., plur. **processi** (lat.) : apophyse, **- alveolaris** : portion alvéolaire du maxillaire supérieur; **- cerebelli ad cerebrum** or **ad corpus quadrigeminum** : pédoncules cérébelleux supérieurs; **- cerebelli ad medullam** : pédoncules cérébelleux inférieurs; **- cerebelli ad pontem** : pédoncules cérébelleux moyens; **- ciliares** : procès ciliaires; **- clinoideus anterior** : apophyse clinoïde antérieure; **- clinoideus posterior** : apophyse clinoïde postérieure; **- condyloideus,** or **articularis mandibulæ** : condyle de la mâchoire; **- coracoideus** : apophyse coracoïde; **- coronoideus,** or **muscularis mandibulæ** : apophyse coronoïde; **- ensiformis** : cf., **processus xiphoideus**; **- frontalis** : apophyse montante du maxilaire; **- jugularis ossis occipitalis** : apophyse jugulaire; **- jugularis ossis temporalis** : cf., **processus zygomaticus**; **- mastoideus** : apophyse mastoïdienne; **- pterygoideus** : apophyse ptérygoïde; **- spinosus** or **spinalis** : apophyse épineuse; **- styloideus** : apophyse styloïde; **- temporalis** : apophyse orbitaire; **- transversus** : apophyse transverse; **- uncinatus** : apophyse unciforme (de l'ethmoïde); **- vermiformis cœci** : appendice vermiculaire; **- xiphoideus** or **ensiformis** : appendice xiphoïde; **- zygomaticus ossis frontalis** : apophyse orbitaire externe.

prochilon, s. : proéminence du centre de la lèvre.

prochoresis, s. : activité motrice de l'estomac.

prochromatin, s. : paranucléine.

procident, adj. : atteint de procidence.

procidentia, s. (lat.) : procidence (chute d'une partie).

proconvertin, s. : proconvertine (cothrombine).

procreate, v. : procréer, engendrer.

procreation, s. : procréation, engendrement.

proctagra, s. : douleur soudaine dans la région anale.

proctalgia, s. : proctalgie, névralgie anale.

proctatresia, s. : imperforation anale, rectale.

proctectasia or **proctectasis,** s. : dilatation anale, rectale.

proctectomy, s. : proctectomie (résection d'un lambeau de la paroi de l'ampoule rectale pour remédier au prolapsus du rectum).

proctenclisis, *s.* : rétrécissement anal, rectal.

procteurynter, *s.* : dilatateur anal (instrument pour dilater l'anus, le rectum).

proctitis, *s.* : proctite, anite (inflammation de l'anus).

procto- : procto-, préfixe dénotant un rapport avec l'anus ou le rectum.

proctocele, *s.* : proctocèle, proctoptose (chute du rectum).

proctoclysis, *s.* : proctoclyse, lavement.

proctococcypexy, *s.* : fixation du rectum au coccyx.

proctocolitis, *s.* : rectocolite (association de proctite et de colite).

proctocolonoscopy, *s.* : rectosigmoïdoscopie.

proctocolpoplasty, *s.* : rectocolpoplastie (fermeture d'une fistule rectovaginale).

proctocystoplasty, *s.* : opération plastique sur le rectum et la vessie dans les cas de fistule recto-vésicale.

proctocystotome, *s.* : instrument pour pratiquer la lithotomie par voie rectale.

proctocystotomy, *s.* : lithotomie par la paroi du rectum.

proctodeum *or* **proctodœum,** *s. (lat.)* : anus primitif (invagination de l'ectoderme de l'embryon vers le cloaque jusqu'à fusion de l'ectoderme et de l'endoderme et ouverture extérieure de l'intestin).

proctodynia, *s.* : douleur dans l'anus, le rectum.

proctoelytroplasty, *s.* : élytroproctoplastie (opération plastique sur le rectum et le vagin pour traitement de fistule rectovaginale).

proctological, *adj.* : proctologique, se rapportant à l'étude du rectum.

proctologist, *s.* : médecin spécialiste des voies rectales.

proctology, *s.* : étude du rectum (anatomie, fonctions, maladies).

proctoparalysis, *s.* : paralysie du sphincter anal.

proctopexy, *s.* : proctopexie (fixation du rectum).

proctophobia, *s.* : peur morbide des maladies du rectum.

proctoplasty, *s.* : proctoplastie (opération autoplastique qui a pour but de remettre et de fixer à sa place normale un anus ectopique).

proctoplegia, *s.* : *cf.,* **proctoparalysis.**

proctopolypus, *s.* : polype du rectum.

proctoptoma, *s.* : *cf.,* **proctoptosis.**

proctoptosis, *s.* : proctoptose, procidence du rectum.

proctorrhagia, *s.* : proctorragie (écoulement de sang par le rectum).

proctorrhaphy, *s.* : suture du rectum, de l'anus.

proctorrhea, *s.* : proctorrhée (écoulement muqueux par l'anus).

proctoscope, *s.* : proctoscope, rectoscope.

proctoscopy, *s.* : proctoscopie, rectoscopie (examen de l'anus et du rectum).

proctosigmoidectomy, *s.* : rectosigmoïdectomie.

proctospasm, *s.* : spasme du rectum.

proctostasis, *s.* : forme de constipation d'origine motrice.

proctostenosis, *s.* : rétrécissement anal, rectal.

proctostomy, *s.* : opération pour établir une fistule rectale.

proctotome, *s.* : instrument pour proctotomie.

proctotomy, *s.* : proctotomie (opération sur l'anus et le rectum pour en combattre le rétrécissement).

proctotoreusis *or* **proctotresia,** *s.* : ouverture opératoire d'un anus imperforé.

proctovalvotomy, *s.* : incision des valvules rectales.

procumbent, *adj.* : couché sur le ventre.

procursive, *adj.* : courant en avant.

procurvation, *s.* : inclinaison du corps en avant.

prodigiosin, *s.* : pigment rouge du bacille prodigiosous.

prodromal, *adj.* : prodromique, avant-coureur.

prodrome, *s.* : prodrome, signe avant-coureur.

prodromic *or* **prodromous,** *adj.* : *cf.,* **prodromal.**

product, *s.* : produit, résultat.

productive, *adj.* : productif, générateur, fécond.

proeminent, *adj.* : proéminent; **- vertebra** : vertèbre proéminente (septième vertèbre cervicale).

proencephalon, *s.* : protencéphale (cerveau antérieur).

proenzyme, *s.* : proenzyme.

proerythroblast, *s.* : hématoblaste.

proferment, *s.* : proferment.

professional, *adj.* : professionnel.

profluvium, *s. (lat.)* : écoulement, suppuration, épanchement, flux; **- alvi** : diarrhée; **- lactis** : galactorrhée; **- muliebre** : leucorrhée; **- sanguinis** : hémorragie; **- seminis** : 1. spermatorrhée; 2. écoulement de sperme du vagin après le coït.

profondometer, *s.* : appareil pour déterminer le lieu d'un corps étranger à l'aide des rayons X.

profundus, *adj. (lat.)* : situé profondément.

profuse, *adj.* : profus, abondant; **- bleeding** : hémorragie abondante; **- sweating** : sueurs profuses.

progamous, *adj.* : se dit des espèces dont le sexe de l'individu est fixé avant fécondation de l'œuf.

progenerate, *s.* : individu supérieurement doué, génie.

progenitalis, *adj.* : situé sur les organes génitaux externes.

progenitor, *s.* : aïeul, ancêtre.

progeny, *s.* : progéniture, descendance, lignée, postérité.

progeria, s. : progérie, nanisme sénile.

progesterone or **progestin,** s. : progestérone.

proglossis, s. : le bout de la langue.

proglottid or **proglottis,** s. : segment de ténia arrivé à maturité.

prognathic, adj. : cf., **prognathous.**

prognathism, s. : prognathisme, prognathie.

prognathous, adj. : prognathe.

prognosis, s. : prognose, pronostic; **to give a very serious -** : pronostiquer au plus grave.

prognostic, s. : pronostic, signe pronostique, symptôme; adj. : pronostique.

prognosticate, v. : pronostiquer.

prognosticatory, adj. : symptomatique.

progonic triad or **progonism** : existence d'un rein lobulé, d'une rate crénelée et d'un appendice infundibuliforme (se voit normalement chez le nouveau-né).

progranulocyte, s. : cellule de la série granulocytaire intermédiaire entre le granuloblaste et le granulocyte.

progression, s. : progression, manière d'avancer, mode de locomotion; **back-ward -** : progression rétrograde (se voit dans certains cas de lésions nerveuses); **cross-legged -** : mode de progression les jambes presque croisées (se voit parfois dans la coxalgie bilatérale et la paralysie cérébrale spastique).

progressive, adj. : progressif; **- muscular atrophy** : atrophie musculaire progressive; **- ossifying myositis** : myosite ossifiante progressive.

proiosystole, s. : extrasystole (systole prématurée).

proiotia or **proiotes,** s. : précocité sexuelle.

projectile, adj. : projectile, jeté en avant.

projection, s. : projection, lancement, avancement, prolongement.

prokaryocyte, s. : cellule de la série des érythrocytes, intermédiaire entre le karyoblaste et le karyocyte.

prolabium, s. : 1. partie extérieure des lèvres; 2. proéminence centrale des lèvres.

prolactin, s. : prolactine, lactostimuline (hormone du lobe antérieur de l'hypophyse excitant la sécrétion lactée).

prolan, s. : prolan (hormone gonadotrope).

prolapse, s. : prolapsus, procidence (chute ou abaissement d'un organe, d'une partie d'organe); **- of the cord** : procidence du cordon.

prolapsus, s. : prolapsus; **- ani** : prolapsus ani (prolapsus incomplet du rectum dans lequel la muqueuse sort par l'anus).

prolepsis, s. : 1. retour d'un paroxysme avant le moment prévu; 2. pronostic.

proleptic, adj. : 1. proleptique, avant-coureur; **- fever** : fièvre proleptique; 2. pronostique.

proleukemia, s. : leucanémie (état pathologique caractérisé par les signes hématologiques d'une anémie aiguë à allure pernicieuse et ceux d'une leucémie).

proleukocyte, s. : leucoblaste.

proliferate, v. : proliférer, se multiplier.

proliferation s. : prolifération.

proliferative or **proliferous,** adj. : prolifère.

prolific, adj. : prolifique, fécond, fertile.

prolification, s. : 1. procréation, génération, fécondité, fertilité; 2. prolifération.

prolificness, s. : fécondité, fertilité, qualité prolifique.

proligerous, adj. : proligère, prolifère; **- cyst** : kyste prolifère ou proligère, cysto-épithéliome; **- disc** : disque proligère.

prolymphocyte, s. : monocyte, cellule lymphocytaire intermédiaire entre le lymphoblaste et le lymphocyte.

promegaloblast, s. : promégaloblaste.

promegalokaryocyte, s. : précurseur de mégacaryocyte.

promethium, s. : prométhium.

prominence, s. : 1. proéminence, saillie; 2. état de ce qui est proéminent.

prominentia, s., plur. **prominentiæ** (lat.) : saillie, proéminence; **- encephali** : tubercules quadrijumeaux; **- laryngea** : pomme d'Adam; **- lentiformis** : noyau lenticulaire; **- natiformis** : tubercules quadrijumeaux antérieurs; **- orbiculares minores** or **- testiformes** : tubercules quadrijumeaux postérieurs; **- semiovalis** : olive bulbaire; **- sphærica** : circonvolution du cerveau.

promnesia, s. : sensation paradoxale de se souvenir de choses jamais arrivées.

promonocyte, s. : monocyte jeune intermédiaire entre le monoblaste et le monocyte évolué.

promontory, s. : 1. promontoire (saillie osseuse de la paroi interne de la caisse du tympan); 2. promontoire, éperon (cloison qui sépare les deux orifices intestinaux dans l'anus contre nature); **- of sacrum** or **sacrovertebral** : promontoire (saillie de l'angle sacro-vertébral sur le bassin [obstét.]).

promotor, s. : promoteur (génét.).

promyelocyte, s. : promyélocyte (myélocyte jeune, intermédiaire entre le myéloblaste et le myélocyte).

pronœus, s. (lat.) : cf., **pronaus** : 1. vagin; 2. vestibule du vagin.

pronate, v. : mettre en pronation.

pronation, s. : pronation.

pronator, s. : muscle pronateur; adj. : pronateur.

pronaus, s. : vestibule du vagin.

prone, adj. : 1. en pronation; 2. couché sur le ventre; **to fall -** : tomber face contre terre; **to be - to something** : être enclin à quelque chose; **to be - to a disease** : être prédisposé à une maladie.

proneness, s. : disposition, propension; **- to accidents** : prédisposition aux accidents.

pronephric, *adj.* : se rapportant au corps de Wolff.

pronephron or **pronephros,** *s.* : corps de Wolff, pronéphros.

pronograde, *adj.* : marchant à quatre pattes.

pronormoblast, *s.* : pronormoblaste.

pronucleus, *s.* : pronucléus (*biol.*).

prootic, *adj.* : situé devant l'oreille.

proovarium, *s.* : paroophore.

propagate, *v.* : 1. propager, disséminer, transmettre; 2. se propager, se reproduire, se multiplier.

propagation, *s.* : multiplication, propagation reproduction (d'un germe, d'un virus).

propane, *s.* : propane (C_3H_8).

prop-cells : cellules de Deiters (organe de Corti).

propedeutical, *adj.* : propédeutique.

propedeutics, *s.* : propédeutique.

propepsin, *s.* : propepsine.

propeptone, *s.* : propeptone, hémialbuminose (mélange de produits d'hydrolyse peptique).

propeptonuria, *s.* : propeptonurie, albumosurie (présence de propeptone dans l'urine).

properdine, *s.* : properdine.

properitoneal, *adj.* : situé devant le péritoine; **- hernia** : hernie des parois abdominales.

prophage, *s.* : prophage (stade intégré d'un bactériophage lysogène).

prophase, *s.* : prophase (premier stade de la mitose).

prophylactic, *s.*, *adj.* : prophylactique.

prophylaxis, *s.* : prophylaxie.

proplexus, *s.* : plexus choroïde latéral (ventricule latéral).

propons, *s.* : renflement transversal du foramen cæcum se propageant jusqu'à l'émergence du nerf facial.

proprietary medicine : spécialité pharmaceutique.

proprioceptive impulses : influx nerveux centripète dont le stimulus prend naissance dans les tissus mêmes.

proprioceptor, *s.* : récepteur agissant sous des influences centripètes issues de l'organisme.

propriospinal, *adj.* : se rapportant : 1. à la colonne vertébrale; 2. à la moelle épinière.

proprius, (*lat.*) : individuel, spécial, propre à.

proptometer, *s.* : instrument pour mesurer le degré d'exophtalmie.

proptosis, *s.* : prolapsus, procidence.

propulsion, *s.* : propulsion (1. acte de pousser en avant; 2. tendance de certains parkinsoniens à accélérer leur marche).

pro re nata (*lat.*) : selon le cas.

prorsad, *adv.* : orienté en avant, du côté antérieur.

prorsal, *adj.* : en avant, antérieur.

proscolex, *s.* : embryon de cestode (*parasit.*).

prosecretin, *s.* : prosécrétine (substance spécifique contenue dans la muqueuse duodénale).

prosect, *v.* : disséquer (anatomie).

prosector, *s.* : prosecteur.

prosectorium, *s.* : laboratoire d'anatomie, chambre de dissection.

prosencephalon, *s.* : prosencéphale, protencéphale.

proso- : proso-, préfixe signifiant en avant ou antérieur.

prosocele, *s.* : cavité du prosencéphale.

prosodemic, *s.* : maladie se propageant par contage individuel.

prosogaster, *s.* : segment embryonnaire correspondant au pharynx, à l'œsophage, à l'estomac et au duodénum.

prosopalgia, *s.* : prosopalgie (névralgie faciale, névralgie du trijumeau).

prosopalgic, *adj.* : atteint de prosopalgie.

prosopantritis, *s.* : inflammation des sinus frontaux.

prosopantrum, *s.* : sinus frontal.

prosopectasia, *s.* : hypertrophie de la figure.

prosopic, *adj.* : facial.

prosopodiplegia, *s.* : prosoplégie double.

prosopodynia, *s.* : douleur faciale, névralgie.

prosoponeuralgia or **prosopoplegia,** *s.* : prosoplégie, paralysie faciale.

prosopoplegic, *adj.* : se rapportant à, atteint de prosoplégie.

prosoposchisis, *s.* : fissure congénitale de la face, de la bouche à l'orbite, s'accompagnant généralement de malformation cérébrale.

prosopospasm, *s.* : rire sardonique, rire cynique (faciès observé dans le tétanos).

prosopotocia, *s.* : présentation par la face.

prostata, *s.* : prostate.

prostatalgia, *s.* : prostatalgie (*inus.*); douleur dans la prostate.

prostatauxe, *s.* : hypertrophie de la prostate.

prostate, *s.* : prostate.

prostatectomy, *s.* : prostatectomie (extirpation de la prostate en totalité ou en partie).

prostatelcosis or **prostathelcosis,** *s.* : ulcération de la prostate.

prostatic, *adj.* : prostatique.

prostaticovesical, *adj.* : se rapportant à la prostate et à la vessie.

prostatism, *s.* : prostatisme (ensemble des accidents déterminés par l'hypertrophie de la prostate).

prostatitic, *adj.* : atteint de prostatite.

prostatitis, *s.* : prostatite (inflammation de la prostate).

prostatocele, s. : hypertrophie de la prostate.

prostatocystitis, s. : inflammation de la prostate et de la vessie.

prostatocystotomy, s. : incision de la prostate et de la vessie.

prostatodynia, s. : douleur dans la prostate.

prostatolith, s. : calcul de la prostate.

prostatolysin, s. : cytotoxine obtenue à partir de tissu prostatique.

prostatomegaly, s. : hypertrophie de la prostate.

prostatometer, s. : instrument pour mesurer la taille d'une prostate hypertrophiée.

prostatomy, s. : prostatotomie.

prostatomyomectomy, s. : excision d'un myome de la prostate.

prostatorrhea, s. : prostatorrhée (écoulement, en dehors de l'éjaculation, d'un liquide muqueux; s'observe dans la prostatite chronique).

prostatotomy, s. : prostatotomie (incision de la prostate).

prostatotoxin, s. : cytotoxine de la prostate.

prostatovesiculitis, s. : association de prostatite et de vésiculite.

prostheon, s. : cf., **prosthion.**

prosthesis, s. : prothèse; **dental -** : prothèse dentaire.

prosthetic, adj. : 1. prothétique (chir., stom.); prosthétique (chim.).

prosthetics, s. : partie de la chirurgie traitant de la prothèse.

prosthetist, s. : fabricant d'appareils de prothèse.

prosthion, s. : point alvéolaire (anat.).

prosthodontia, s. : prothèse dentaire.

prosthodontist, s. : dentiste spécialisé dans l'art de la prothèse dentaire.

prostigmine, s. : prostigmine.

prostitution, s. : prostitution.

prostrate, adj. : prosterné, étendu, abattu, accablé, prostré; v. : coucher, étendre, abattre, mettre dans un état de prostration.

prostrated, adj. : accablé, prostré, abattu; **- by fever** : accablé par la fièvre; **the patient is -** : le malade est abattu.

prostration, s. : prostration, abattement, affaissement, adynamie; **nervous -** : effondrement nerveux, prostration nerveuse.

protal, adj. : premier, primaire, initial, héréditaire.

protaminase, s. : protaminase.

protamine, s. : protamine (chim.).

protanomalia or **protanomalopia,** s. : protanomalie.

protanopia, s. : protanopie, anérythropsie (nonperception de la couleur rouge, daltonisme pour le rouge).

protean, adj. : protéen, protéiforme, protéique, changeant.

protease, s. : protéase (enzyme protéolytique).

protectin, s. : substance se développant dans le sérum sanguin in vitro et protégeant les globules rouges contre l'action hémolytique.

protective, s., adj. : protecteur, préservatif.

proteic, adj. : protéique; **- substances** : protéines.

proteid, s. : cf., **protein.**

proteiform, adj. : protéiforme.

protein, s. : protéine; **- shock** : choc protidique.

proteinase, s. : protéinase.

protein-therapy, s. : protéinothérapie.

proteinuria, s. : présence de protéines dans l'urine.

proteolysis, s. : protéolyse (dissolution et digestion des substances protéiques).

proteolytic, adj. : protéolytique.

proteometabolic, adj. : se rapportant aux processus de métabolisme des protéines.

proteometabolism, s. : métabolisme des protéines.

proteopeptic, adj. : se rapportant à la digestion des protéines.

proteopexic, adj. : protéopexique.

proteopexy, s. : fixation des protéines dans le corps.

proteose, s. : protéose.

proteosotherapy, s. : protéosothérapie (emploi thérapeutique des protéoses, en particulier dans les maladies infectieuses).

proteosuria, s. : présence de protéoses dans l'urine.

proteuria, s. : présence de protéines dans l'urine.

prothesis, s. : prothèse.

prothetic, adj. : prothétique, se rapportant à la prothèse.

prothrombinase, s. : prothrombinase.

prothrombin, s. : prothrombine, thrombogène, sérozyme; **- consumption test** : taux de consommation de la prothrombine; **- time test** : temps de prothrombine, temps de Quick.

prothymia, s. : vigueur intellectuelle.

protide, s. : protide.

protist, s., plur. **protista** (lat.) : protiste (biol.).

protistologist, s. : microbiologiste.

protistology, s. : microbiologie.

proto- : proto-, préfixe signifiant : 1. premier; 2. le plus bas d'une série de composés des mêmes éléments (chim.).

protoactinium, s. : protoactinium.

protobe, s. : protobactérie, protobe.

protobios bacteriophagus : bactériophage (d'Hérelle).

protoblast, s. : protoblaste.

protoblastic, adj. : se rapportant au protoblaste.

protocol, s. : protocole (1. historique clinique; 2. notes sur les différentes étapes d'une expérience).

protodiastolic, *adj.* : protodiastolique, se rapportant à la première partie de la diastole après l'ouverture des valvules auriculo-ventriculaires.

protogala, *s.* : colostrum.

protogaster, *s.* : tube embryonnaire correspondant au pharynx, à l'œsophage, l'estomac et le duodénum.

protogen, *s.* : protogène (composé albumineux ne coagulant pas par chauffage en solution aqueuse).

protogonocyte, *s.* : l'une des deux cellules résultant de la division de l'ovule fécondé.

protometer, *s.* : instrument pour mesurer le degré d'exophtalmie.

proton, *s.* : proton (nucléon positif, 1 840 fois plus lourd que l'électron, porteur d'une charge positive).

protonephron, *s.* : protonéphros, corps de Wolff.

protoneuron, *s.* : forme particulière de neurone bipolaire.

protopathic, *adj.* : 1. primaire, se rapportant à une lésion primaire; 2. se rapportant à la première preuve du retour d'une fonction; 3. se rapportant aux nerfs, dont la sensibilité est minime.

protopathy, *s.* : protopathie (affection qui n'est ni la suite ni la conséquence d'une autre).

protopepsia, *s.* : processus primaire de la digestion.

protophyte, *s.* : protophyte (forme la plus élémentaire du règne végétal).

protoplasis, *s.* : formation primaire de tissu.

protoplasm, *s.* : protoplasme, protoplasma, cytoplasme, sarcode.

protoplasmatic *or* **protoplasmic,** *adj.* : protoplasmique; **- process** : prolongement protoplasmique, dendrite.

protoplast, *s.* : protoplaste (cellule bactérienne ou végétale ayant perdu sa paroi).

protosyphilis, *s.* : syphilis primaire.

protovertebra, *s.* : protovertèbre, provertèbre, métamère, somite.

protovertebral, *adj.* : protovertébral.

protoxide, *s.* : protoxyde.

protozoacide, *s., adj.* : destructeur de protozoaires.

protozoal *or* **protozoan,** *adj.* : protozoaire.

protozoiasis, *s.* : présence de protozoaires dans les selles.

protozoologist, *s.* : spécialiste en protozoologie.

protozoologie, *s.* : protozoologie.

protozoon, *s., plur.* **protozoa** *(gr.)* : protozoaire.

protraction, *s.* : protraction (d'un muscle).

protractor, *s.* : 1. instrument pour extraire des corps étrangers des blessures; 2. (muscle) protracteur; *adj.* : protracteur.

protruding, *adj.* : en saillie, saillant; **- bowel** : intestin hernié; **- forehead** : front bombé; **- lips** : lèvres lippues.

protrusion, *s.* : saillie, protubérance, protrusion.

protuberance, *s.* : protubérance; **annular** *or* **cerebral -** : protubérance annulaire, pont de Varole; **external occipital -** : protubérance occipitale externe; **internal occipital -** : protubérance occipitale interne; **mental -** : éminence mentonnière; **parietal -** : bosse pariétale.

proud flesh : 1. chair fongueuse, tissu bourgeonnant, fongosité; 2. bouillon *(vétér.).*

prove, *v.* : éprouver, faire l'essai ; **proved remedy** : remède éprouvé.

provertebra, *s.* : provertèbre, somite, vertèbre.

provirus, *s.* : provirus (état d'un virus qui se trouve incorporé au chromosome de la cellule-hôte et se transmet donc d'une génération à l'autre de cette dernière).

provisional, *adj.* : provisoire, temporaire; **- callus** : cal temporaire.

provitamin, *s.* : provitamine (substance qui, sous certaines influences, se transforme en vitamine : carotène en vitamine A, stérols en vitamine D).

Prowazek's bodies : corps d'inclusion de la vaccine (corps de Guarnieri); **- inclusion bodies** : corps élémentaires des cellules épithéliales des lésions du trachome.

proximad, *adv.* : orienté vers l'extrémité la plus proche.

proximate, *adj.* : proche, prochain, immédiat.

proximo-ataxia, *s.* : forme d'ataxie consécutive à un manque de coordination des muscles à la racine des membres.

prurience, *s.* : 1. démangeaison; 2. lubricité.

pruriginous, *adj.* : prurigineux.

prurigo, *s.* : prurigo.

pruritic, *adj.* : pruriteux.

pruritus, *s.* : prurit.

Prussak's pouch *or* **space** : poche de Prussak (oreille moyenne).

psalix, *s.* : trigone cérébral, voûte à quatre piliers.

psalterium, *s.* : 1. corps psalloïde, lyre du trigone cérébral; 2. fibres longitudinales du plancher de l'aqueduc de Sylvius; 3. feuillet (troisième poche de l'estomac des ruminants).

psamma, *s.* : dépôt de sable dans l'urine.

psammoma, *s.* : psammome, endothéliome à nodules calcifiés.

psammosarcoma, *s.* : sarcome renfermant des zones de dégénérescence calcaire.

psammotherapy, *s.* : usage des bains de sable en thérapeutique.

pselaphesis, *s.* : 1. carphologie, crocidisme ; 2. chatouillement, sensibilité au chatouillement.

pselaphia, *s.* : 1. examen, exploration digitale; 2. *cf.,* **pselaphesis.**

psellism, *s.* : psellisme, nom générique de tous les vices de la parole.

pseud- *or* **pseudo-** : pseudo-, préfixe qui signifie la fausseté d'une chose, l'erreur d'une sensation, la similitude avec un état morbide.

pseudacousia, pseudacousma *or* **pseudacusis,** *s.* : trouble de l'ouïe où la propre voix de l'individu paraît modifiée.

pseudacromegaly, *s.* : forme d'acromégalie non consécutive à un trouble hypophysaire.

pseudactinomycosis, *s.* : *cf.,* **pseudoactinomycosis.**

pseudagraphia, *s.* : pseudo-agraphie (forme d'agraphie où l'individu ne peut écrire de lui-même, mais peut copier correctement).

pseudamnesia, *s.* : 1. forme d'amnésie d'aspect transitoire; 2. *cf.,* **pseudomnesia.**

pseudankylosis, *s.* : pseudarthrose, articulation fausse, ankylose fibreuse.

pseudarthrosis, *s.* : pseudarthrose (articulation accidentelle produite entre les deux extrémités d'un os fracturé et non consolidé).

pseudesthesia, *s.* : pseudesthésie (1. perception de deux sensations différentes provoquée par l'excitation d'un seul organe sensoriel; 2. sensation perçue sur une partie amputée).

pseudiater, *s.* : charlatan.

pseudinoma, *s.* : squirrhe.

pseudoakromegaly, *s.* : ostéoarthropathie pneumique hypertrophiante de Pierre Marie.

pseudoangina, *s.* : 1. fausse angine; 2. douleur cardiaque ressemblant à l'angine de poitrine, mais plus courte, moins aiguë et accidentelle.

pseudoangioma, *s.* : formation d'un angiome temporaire (cicatrisation des moignons) ; **urethral -** : caroncule urétrale.

pseudoanorexia, *s.* : pseudo-anorexie (refus de nourriture consécutif à des troubles de l'estomac).

pseudoapoplexy, *s.* : pseudo-apoplexie (état ressemblant à l'apoplexie, mais ne présentant pas d'hémorragie cérébrale à l'autopsie).

pseudoappendicitis, *s.* : 1. état simulant une appendicite, mais sans lésion appendiculaire ; 2. état simulant l'appendicite chez les hystériques ou les syphilitiques (état secondaire).

pseudoasthma, *s.* : dyspnée.

pseudobacillus, *s.* : 1. cristaux trouvés dans les crachats, se colorant comme le bacille de Koch, mais reconnaissables par leur taille variable et leur solubilité dans l'éther et le chloroforme ; 2. fragments de globules rouges observés dans la poïkilocytose.

pseudoblepsia *or* **pseudoblepsis,** *s.* : pseudo-blepsie (perversion du sens de la vue).

pseudobulbar, *adj.* : pseudo-bulbaire; **- paralysis** : paralysie *ou* syndrome pseudo-bulbaire.

pseudocele, *s.* : cinquième ventricule (cerveau).

pseudochalazion, *s.* : lésion maligne de la conjonctive ressemblant au chalazion.

pseudochlorosis, *s.* : forme de chlorose sans diminution du taux des hématies.

pseudochorea, *s.* : forme de chorée fausse d'origine hystérique.

pseudochromesthesia, *s.* : pseudo-chromesthésie, photisme, sensation visuelle secondaire.

pseudochromosome, *s.* : pseudo-chromosome (corps de Golgi en forme de bâtonnets présents dans les spermatocytes).

pseudocirrhosis, *s.* : pseudo-cirrhose péricardique (variété de foie cardiaque due à la symphyse péricardique).

pseudocoxalgia, *s.* : maladie de Perthes, coxa-plana, luxation congénitale larvée.

pseudocroup, *s.* : faux croup, laryngite striduleuse.

pseudocyesis, *s.* : grossesse nerveuse.

pseudocyst, *s.* : organe de la reproduction asexuée *(bot.).*

pseudodiascope, *s.* : pseudo-diascope *(opt.).*

pseudodiphtheria, *s.* : angine à fausses membranes, inflammation caractérisée par la présence de fausses membranes.

pseudodyspepsia, *s.* : dyspepsie nerveuse.

pseudoencephalitis, *s.* : forme d'hydrocéphalie.

pseudoendometritis, *s.* : état ressemblant à l'endométrite et caractérisé par des modifications vasculaires, de l'hyperplasie glandulaire et de l'atrophie.

pseudoepilepsy, *s.* : troubles d'origine rachitique simulant l'épilepsie.

pseudoerysipelas, *s.* : inflammation du tissu cellulaire sous-cutané ressemblant à l'érysipèle.

pseudogastralgia, *s.* : douleur simulant la gastralgie, d'origine non stomacale souvent aortique.

pseudogeusesthesia, *s.* : pseudo-gueuesthésie (état caractérisé par une sensation colorée accompagnant une sensation gustative).

pseudogeusia, *s.* : fausse perception du goût.

pseudoglioma, *s.* : inflammation du corps vitré due à une irido-choroïdite et présentant l'aspect d'un gliome de la rétine.

pseudogonorrhea, *s.* : urétrite non gonococcique.

pseudogout, *s.* : chondrocalcinose.

pseudohaemophilia *or* **pseudohemophilia,** *s.* : maladie de von Willebrand.

pseudohay-fever, *s.* : rhinite vasomotrice.

pseudohematocele, *s.* : pseudo-hématocèle (hématocèle extra-péritonéal *ou* sous-péritonéo-pelvien).

pseudohemoptysis, *s.* : crachement de sang ne provenant pas des voies respiratoires.

pseudohermaphrodism, *s.* : pseudo-hermaphrodisme (malformation des organes génitaux caractérisée par la présence de quelques-uns des caractères apparents des deux sexes).

pseudohernia, *s.* : sac herniaire vide présentant l'aspect de la hernie étranglée avec inflammation.

pseudohydarthrosis, *s.* : hydropisie apparente de l'articulation rotulienne consécutive à un épanchement entre la rotule et la tubérosité du tibia et dans le tissu adipeux de la bourse synoviale.

pseudohydronephrosis, *s.* : pseudo-hydronéphrose (kyste paranéphrétique).

26

pseudohypertrophic, *adj.* : pseudo-hypertrophique; **- muscular paralysis** : paralysie musculaire pseudo-hypertrophique.

pseudohypertrophy, *s.* : forme d'hypertrophie fausse avec diminution fonctionnelle de l'organe.

pseudo-icterus, *s.* : décoloration de la peau non consécutive à des troubles du foie *ou* des voies biliaires.

pseudo-ileus, *s.* : 1. iléus consécutif à un rétrécissement du mésentère, à la pression d'une tumeur ovarienne pédiculée, à une contusion du testicule *ou* de l'abdomen, à un rein flottant; 2. hyperdilatation gastrique; 3. constipation opiniâtre consécutive à une paralysie de la paroi intestinale.

pseudoleprosy, *s.* : *cf.,* **punudos.**

pseudoleukemia, *s.* : pseudoleucémie (terme employé pour diverses lymphadénies sans leucémie); **infantile -** : anémie infantile pseudo-leucémique, maladie *ou* syndrome de von Jaksch-Hayem-Luzet.

pseudolipoma, *s.* : pseudo-lipome (masse graisseuse diffuse, située le plus souvent dans la fosse sus-claviculaire).

pseudolupus, *s.* : maladie présentant l'aspect du lupus vulgaire et dû à un oïdium.

pseudolyssa, *s.* : 1. maladie ressemblant à la rage; 2. lyssophobie (crainte de contracter la rage).

pseudomania, *s.* : 1. forme de démence; 2. manie du mensonge.

pseudomelanosis, *s.* : coloration noire des parties gangrénées *ou* des tissus après la mort due au dépôt de sulfure ferreux formé par réaction de l'hydrogène sulfuré sur l'hémoglobine.

pseudomembrane, *s.* : pseudo-membrane.

pseudomembranous, *adj.* : pseudo-membraneux.

pseudomeningitis, *s.* : pseudo-méningite, méningisme.

pseudomnesia, *s.* : perversion de la mémoire.

Pseudomonas : *Pseudomonas,* bacille pyocyanique.

pseudomucin, *s.* : corps voisin de la mucine se trouvant dans les kystes ovariens.

pseudoneoplasm, *s.* : 1. tumeur fantôme; 2. turgescence temporaire d'origine inflammatoire.

pseudoneuralgia, *s.* : pseudo-névralgie.

pseudoneuroma, *s.* : pseudo-névrome d'attrition (épaississement cicatriciel limité d'un tronc nerveux).

pseudo-osteomalacia, *s.* : forme de rachitisme avec distorsion du bassin rappelant l'ostéomalacie.

pseudoparalysis, *s.* : pseudo-paralysie (forme de paralysie non consécutive à une lésion du système nerveux).

pseudoparasite, *s.* : objet ressemblant *ou* pris pour un parasite.

pseudopellade, *s.* : pseudo-pelade (alopécie avec plaques cicatricielles où le cheveu ne repousse plus).

pseudoperitonitis, *s.* : pseudo-péritonite, péritonisme.

pseudophlegmon, *s.* : pseudo-phlegmon, aspect de furoncle produit par une lésion nerveuse trophique.

pseudophotesthesia, *s.* : pseudo-photesthésie, photisme, sensation visuelle secondaire.

pseudophthisis, *s.* : émaciation et dépérissement d'origine non tuberculeuse.

pseudopneumonia, *s.* : maladie pulmonaire ayant l'aspect de la pneumonie.

pseudopod *or* **pseudopodium,** *s.* : pseudopode, lobopode.

pseudopregnancy, *s.* : grossesse nerveuse.

pseudopsia, *s.* : pseudoblepsie (perversion du sens de la vue).

pseudopterygium, *s.* : faux ptérygion, ptérygion cicatriciel.

pseudoptosis, *s.* : forme de ptosis causé par un repli cutané et graisseux sur le bord de la paupière.

pseudorabies, *s.* : maladie d'Aujeszky *(vétér.).*

pseudorexia, *s.* : perversion de l'appétit.

pseudohrachitis, *s.* : ostéite déformante.

pseudorheumatism, *s.* : pseudo-rhumatisme; **infectious -** : pseudo-rhumatisme infectieux, rhumatisme infectieux (manifestations articulaires apparaissant dans le décours de certaines maladies infectieuses aiguës).

pseudorhonchus, *s.* : faux râle.

pseudoscarlatina, *s.* : éruption scarlatiniforme consécutive à une infection puerpérale, à une gonococcie.

pseudosclerosis, *s.* : affection présentant les mêmes symptômes que la sclérose en plaques, mais sans lésions anatomiques.

pseudosmia, *s.* : pseudosmie (hallucination de l'odorat).

pseudospleen, *s.* : rate surnuméraire.

pseudotabes, *s.* : pseudo-tabès; **pupillotonic -** : maladie d'Adie.

pseudotetanus, *s.* : forme rare de tétanos, où ne sont principalement impliqués que les muscles masséter et dorsaux.

pseudotrichinosis, *s.* : forme de polymyosite aiguë.

pseudotrichosis, *s.* : croissance de cheveux en un lieu anormal.

pseudotuberculosis, *s.* : pseudo-tuberculose (nom donné à un groupe de maladies caractérisées par des lésions rappelant celles de la tuberculose, bien que non causées par le bacille de Koch).

pseudotyphoid, *s.* : affection simulant la fièvre typhoïde, mais ne présentant ni les lésions ni le bacille de cette maladie.

pseudoxanthoma, *s.* : pseudo-xanthome élastique (dermatose rare, frappant la peau des régions périarticulaires, qui devient épaisse, molle et relâchée et prend une teinte jaune).

pseudulcus, s. : faux ulcère; **- ventriculi** : névrose sensorielle gastrique ressemblant à l'ulcère gastrique.

psilosis, s. : 1. psilose, alopécie; 2. psilosis, sprue.

psilothric, adj. : dépilatoire.

psilothron, s. : dépilatoire.

psittacosis, s. : psittacose.

psoadic, adj. : se rapportant au muscle psoas.

psoadotomia, s. : incision du muscle psoas.

psoas, cf., **musculus; - abcess** : psoïte, psoïtis.

psodymus, s. : psodyme (monstre double disomien caractérisé par deux corps distincts au-dessus de la région lombaire où a lieu la fusion).

psoitis, s. : psoïte, psoïtis (inflammation, ordinairement suivie d'abcès, du muscle psoas).

psora, s. : 1. psore, gale; 2. psoriasis.

psorelcosis, s. : ulcération se formant au cours de l'évolution de la gale.

psorenteria, s. : psorentérie (lésion due à la tuméfaction des follicules clos dans les inflammations intenses de l'iléon).

psorenteritis, s. : inflammation intense de l'iléon caractérisée par la présence de psorentéries.

psoriasic, adj. : psoriasique.

psoriasiform, adj. : ayant l'aspect du psoriasis.

psoriasis, s. : psoriasis; **- buccalis** : psoriasis buccal, leucoplasie buccale; **- universalis** : psoriasis généralisé.

psoriatic, adj. : psoriasique.

psoric, adj. : psorique, galeux.

psorocomium, s. : hôpital pour galeux.

psoroid, adj. : d'aspect galeux.

psorophthalmia, s. : psorophtalmie, blépharite marginale.

psorosis, s. : psorose des citrus (virose végétale caractérisée par des déchirures de l'écorce avec formation de gomme).

psorosperm, s. : coccidie ou sporozoaire (protozoaire parasite).

psorospermal or **psorospermic,** adj. : se rapportant à, atteint de psorospermie.

psorospermiasis, s. : psorospermie (état caractérisé par la présence de coccidies ou sporozoaires).

psorospermosis, s. : psorospermose (maladie produite par les psorospermies); **proliferative follicular -** : psorospermose folliculaire végétante, maladie de Darier.

psorous, adj. : galeux.

P.S.P. (phenolsulphonphthalein) : P.S.P., épreuve de la phénolsulfonephtaléine.

psychagogia, s. : excitation, activité mentale.

psychalgia, s. : psychalgie (variété exceptionnelle de névralgie dans laquelle prédomine l'élément psychopathique).

psychalia, s. : état morbide caractérisé par des hallucinations.

psychanalysis, cf., **psychoanalysis.**

psychasthenia, s. : psychasthénie (1. indécision de l'esprit, tendance au doute, aux appréhensions instinctives et irraisonnées; 2. neurasthénie).

psychataxia, s. : altération du pouvoir de concentration mentale.

psyche, s. : âme, ensemble des qualités mentales et intellectuelles d'un individu.

psycheclampsia, s. : psycho-éclampsie.

psychedelic or **psycadelic,** adj. : psychédélique.

psycheism, s. : hypnotisme.

psychentonia, s. : épuisement cérébral, surmenage intellectuel.

psychiater, s. : psychiatre, aliéniste.

psychiatric, adj. : psychiatrique.

psychiatrics, s. : psychiatrie, médecine mentale.

psychiatrist, s. : psychiatre.

psychiatry, s. : psychiatrie.

psychic or **psychical,** adj. : psychique.

psychics, s. : métapsychique, métapsychisme.

psychinosis, s. : psychonose, atteinte ou trouble de l'état psychique.

psychlampsia, s. : manie considérée comme phénomène exutoire d'une perversion de l'activité cérébrale.

psycho- : psycho-, préfixe dénotant un rapport avec l'esprit.

psychoanalysis, s. : psychanalyse.

psychobiology, s. : psychobiologie.

psychochemistry, s. : psychochimie (application de l'analyse chimique aux réactions psychologiques).

psychodrama, s. : psychodrame.

psychogenesis, s. : psychogenèse (développement normal ou pathologique des facultés mentales).

psychogenetic, adj. : 1. se rapportant à la psychogenèse; 2. psychogène.

psychognosis, s. : psychodiagnostic (méthode d'examen mental).

psycholepsy, s. : psycholepsie (baisse subite de la tension psychologique).

psychologic or **psychological,** adj. : psychologique.

psychologist, s. : psychologue.

psychology, s. : psychologie.

psychometry, s. : psychométrie (enregistrement et mensuration de l'activité intellectuelle).

psychomotor, adj. : psycho-moteur.

psychoneurosis, s. : psychonévrose (terme générique servant à désigner un certain nombre d'affections nerveuses dont le point de départ est surtout psychique).

psychoneurotic, s. : atteint de psychonévrose; **- child** : enfant caractériel.

psychonomy, s. : science des lois de l'action psychique.

psychonosema, s. : maladie mentale.

psychonosis, s. : psychonose (nom générique des maladies altérant le psychisme).

psychooptic, adj. : se rapportant à la perception psychique de la lumière; **- area** : zone corticale de la perception des impressions rétiniennes.

psychoparesis, s. : affaiblissement cérébral.

psychopath, s. : psychopathe, personne moralement irresponsable.

psychopathic, adj. : psychopathique (se rapportant à, dépendant d'une maladie mentale).

psychopathist, s. : psychiatre.

psychopathologist, s. : spécialiste en psychopathologie.

psychopathology, s. : psychopathologie (étude des maladies mentales).

psychopathy, s. : psychopathie (maladie mentale).

psychopharmacology, s. : psychopharmacologie.

psychophysical, adj. : psychophysique; **- law** : loi de Fechner (la sensation varie comme le logarithme de l'excitation).

psychophysics, s. : psychophysique, psychophysiologie (science exacte des rapports de l'âme et du corps, ces rapports étant envisagés du point de vue phénoméniste).

psychophysiology, s. : psychophysiologie.

psychoplegia, s. : trouble mental se déclenchant soudainement.

psychoplegic, s. : médicament atténuant l'excitabilité et supprimant la réceptivité; adj. : se rapportant à un brusque trouble mental.

psychoreaction, s. : réaction psychique.

psychorrhagia, s. : agonie de la mort.

psychosensorial or **psychosensory,** adj. : psychosensoriel.

psychosis, s. : psychose, vésanie (nom générique donné à toutes les maladies mentales); **Korsakoff's -** : psychose de Korsakoff (troubles mentaux associés aux polynévrites).

psychosomatic, adj. : psychosomatique.

psychotherapeutic, adj. : se rapportant à la psychothérapie.

psychotherapeutics or **psychotherapy,** s. : psycho-thérapeutique, psychothérapie.

psychotic, adj. : 1. se rapportant à la psychose; 2. analeptique.

psychralgia or **psychroalgia,** s. : état morbide caractérisé par une sensation subjective douloureuse de froid.

psychrapostema, s. : abcès froid.

psychro- : psychro-, préfixe signifiant froid.

psychroesthesia, s. : sensation subjective de froid.

psychrometer, s. : psychromètre (appareil pour doser l'humidité de l'atmosphère).

psychrophilic, adj. : se dit des micro-organismes qui se développent entre 15° et 20° C.

psychrophobie, s. : 1. peur morbide du froid; 2. sensibilité maladive au froid.

psychrophore, s. : appareil pour psychrothérapie.

psychrotherapy, s. : psychrothérapie (emploi thérapeutique du froid).

psydracia, s. : éruption psydraciée.

psyllium, s. : plantago, psyllium (pharm.).

ptarmic, s., adj. : sternutatoire.

ptarmus, s. : éternuement.

pteric, adj. : se rapportant au ptérion.

pterion, s. : ptérion (région où se rencontrent les sutures des os frontal, pariétal, temporal et sphénoïde, en formant ordinairement un H).

pterna, s. : calcanéum.

pternalgia, s. : pternalgie, tatalgie.

ptero- : préfixe dénotant une ressemblance avec une aile, ou en forme d'aile.

pteroylglutamic acid : acide ptéroylglutamique, acide folique.

pterygial, adj. : se rapportant à un ptérygion.

pterygium, s. : ptérygion, onglet (épaississement membraneux de la conjonctive, qui présente la forme d'un triangle à base périphérique et à sommet dirigé vers la cornée, sur laquelle il tend à gagner de plus en plus); **- colli** : ptérygion du cou, pterygium colli (replis cutanés, simples ou multiples, tendus de la région mastoïdienne à la région acromiale de chaque côté du cou).

pterygoid, adj. : ptérygoïde; **- fossa** : échancrure ptérygoïde (sphénoïde).

pterygoma, s. : 1. œdème chronique des petites lèvres empêchant le coït; 2. lobe de l'oreille.

ptiloma, s. : partie de la paupière privée de cils par suite de ptilose.

ptilosis, s. : ptilose (inus.); chute des cils.

ptisan, s. : tisane, décoction d'orge, eau de grains.

ptoma, s. : cadavre.

ptomainaemia or **ptomainemia,** s. : présence de ptomaïne dans le sang.

ptomaine, s. : ptomaïne, ptomatine (nom générique des alcaloïdes d'origine putride).

ptomainotoxism, s. : empoisonnement par les ptomaïnes.

ptomatine, s. : cf., **ptomaine.**

ptomatinuria, s. : présence de ptomaïne dans l'urine.

ptomatopsia, s. : nécropsie.

ptosis, s. : 1. ptose (déplacement d'un viscère par relâchement de ses moyens de fixation) ; **abdominal -** : entéroptose; 2. ptosis, blépharoptose (chute de la paupière supérieure).

ptotic, adj. : atteint de, se rapportant à : 1. la ptose; 2. le ptosis.

ptyalagogue, s. : sialalogue (médicament qui active la salivation).

ptyalin, s. : ptyaline.

ptyalism, s. : ptyalisme, sialorrhée, flux salivaire, salivation.

ptyalith, s. : calcul salivaire.

ptyalocele, s. : kyste consécutif à une obstruction du canal d'une glande salivaire ; **sublingual -** : ranule, grenouillette.

ptyalogogue, s. : sialagogue.

ptyalolith, s. : calcul salivaire.

ptyalolithiasis, s. : formation, présence de calculs salivaires.

ptyalorrhea, s. : ptyalisme, sialorrhée.

ptyocrine, adj. : se dit de la sécrétion indirecte d'une cellule.

ptysis, s. : acte de cracher, crachement.

ptysma, s. : salive.

ptysmagogue, s. : sialagogue.

puben, adj. : appartenant au pubis même.

puber, s. (lat.) : adulte, individu pubère.

puberal, adj. : pubère.

pubertas, s. (lat.) : puberté.

puberty, s. : puberté.

pubes, s. (lat.) : 1. poils du pubis; 2. région pubienne; 3. pubis.

pubescence, s. : pubescence.

pubescent, adj. : pubescent.

pubetrotomy, s. : section du pubis et de la paroi abdominale inférieure.

pubic, adj. : pubien, se rapportant au pubis ; **- bone** : os pubien, pubis.

pubiotomy, s. : pubiotomie, opération de Gigli, taille latéralisée du pubis, hébotomie, hébostéotomie.

pubis, s. : os pubien, pubis.

pubo- : pubio-, préfixe dénotant un rapport avec le pubis.

pudendagra, s. : 1. douleur dans les organes génitaux externes; 2. syphilis primaire (organes génitaux femelles); **- pruriens** : prurit vulvaire.

pudendal, adj. : se rapportant aux organes génitaux externes.

pudendum, s., plur. **pudenda** (lat.) : organes génitaux externes; **- muliebre** : vulve.

puericulture, s. : puériculture.

puerile, adj. : puéril; **- respiration** : respiration puérile (respiration exagérée).

puerilism, s. : puérilisme.

puerpera, s. (lat.) : femme en couches.

puerperal, adj. : puerpéral, relatif à l'accouchement; **- fever** : fièvre puerpérale; **- insanity** : folie puerpérale.

puerperalism, s. : puerpéralité, état puerpéral.

puerperium, s. (lat.) : puerpérium, état puerpéral.

puff, s. : puff (site sur le chromosome où la synthèse d'ADN est particulièrement intense) (génét.).

puff-ball, s. : vesse-de-loup.

puffiness, s. : boursouflure, vultuosité, bouffissure; **- round the eyes** : bouffissure des yeux.

puffy, adj. : bouffi, boursouflé, adipeux, obèse; **- eyes** : yeux gonflés; **to be - under the eyes** : avoir des poches sous les yeux.

pugil or **pugillus,** s. (lat.) : poignée, main pleine.

puking, s. : vomissement; **- fever** : maladie du bétail, transmissible à l'homme par le lait ou la viande, caractérisée par des frissons, des tremblements, des vomissements et des troubles des fonctions alimentaires.

pulex, s., plur. **pulices** (lat.) : puce.

pulicaris, adj. : marqué de taches semblables à des piqûres de puce; **- morbus** : typhus.

pulicatio, s. : état d'infestation par les puces.

pulicicide or **pulicide,** s. : insecticide (pour puces).

pulicosis, s. : pulicose (irritation causée par les piqûres de puces).

pulled elbow : coude déboîté.

pulling, s. : mouvement de gymnastique suédoise; **- out** : arrachage (d'une dent).

pullulate, v. : germer, pousser, pulluler, proliférer.

pullulation, s. : pullulation, germination, pousse.

pulmo, s., plur. **pulmones** (lat.) : poumon.

pulmometer, s. : spiromètre.

pulmometry, s. : spirométrie (mesure à l'aide du spiromètre, de la capacité vitale du poumon).

pulmonary, adj. : pulmonaire.

pulmonate, adj. : pulmoné.

pulmonectomy : cf., **pneumonectomy.**

pulmonic, adj. : pulmonaire, pulmonique.

pulmonitis, s. : pneumonie.

pulmotor, s. : appareil pour produire la respiration artificielle.

pulp, s. : 1. pulpe (des doigts, dentaire); **- cavity** : cavité dentaire; **dental -** or **- of a tooth** : pulpe dentaire; **digital -** or **- of the finger** : pulpe des doigts; **spleen** or **splenic -** : pulpe splénique; 2. pulpe (d'un fruit); 3. pulpe (matière végétale réduite en bouillie [pharm.]).

pulpa, s. (lat.) : pulpe.

pulpal or **pulpar,** adj. : pulpeux.

pulpation or **pulpifaction,** s. : pulpation, action de pulper.

pulpiform, adj. : pulpeux.

pulpify, v. : réduire en pulpe, pulper.

pulpitis, s. : pulpite (inflammation de la pulpe dentaire).

pulpy, adj. : pulpeux pultacé, charnu; **- kidney disease** : maladie du rein pulpeux (entérotoxémie du mouton).

pulsate, v. : battre, palpiter, vibrer, avoir des pulsations.

pulsatile, *adj.* : pulsatile, qui dépend des battements cardiaques.

pulsating, *adj.* : pulsatif, battant, qui a des pulsations.

pulsation, *s.* : pulsation.

pulse *or* **pulsus,** *s.* : pouls; **alternating -** *or* **pulsus alternans** : pouls alternant; **bigeminal -** *or* **pulsus bigeminus** : pouls bigéminé; **capillary -** : pouls capillaire; **caprizant** *or* **bounding -** : pouls capricant; **Corrigan's -** *or* **locomotive** *or* **water-hammer -** : pouls de Corrigan; **- curve** : sphygmogramme; **dicrotic -** : pouls dicrote; **to feel someone's -** : tâter le pouls à quelqu'un; **intermittent -** *or* **irregular -** : pouls intermittent; **low -** : pouls faible; **paradoxic -** *or* **pulsus paradoxus** : pouls paradoxal, signe de Griessinger-Kussmaul; **pulsus quadrigeminus** : pouls quadrigéminé; **pulsus trigeminus** : pouls trigéminé ; **quick -** : pouls fréquent, précipité ; **thready -** : pouls filiforme; **tricotic -** : pouls tricoté; **venous -** : pouls veineux; *v.* : **to - through the arteries** : circuler dans les artères par pulsations rythmées.

pulseless, *adj.* : sans pouls, dépourvu de pulsations; **- disease** : syndrome de l'arche aortique.

pulsellum, *s.* : forme de flagelle.

pulsimeter, *s.* : sphygmomètre, pulsimètre.

pulsion, *s.* : pulsion (trouble de l'équilibre obligeant les parkinsoniens à avancer ou à reculer, parfois précipitamment, comme s'ils étaient poussés).

pulsus, *s. (lat.)* : pouls.

pultaceous, *adj.* : pultacé, pulpeux.

pulverization, *s.* : pulvérisation.

pulverize, *v.* : 1. pulvériser, broyer, porphyriser *(pharm.)*; atomiser, vaporiser; 2. se pulvériser, se vaporiser.

pulverulence, *s.* : pulvérulence, état poudreux.

pulverulent, *adj.* : pulvérulent, poudreux.

pulvillus, *s. (lat.)* : tampon de charpie ovale pour tamponner les plaies profondes.

pulvinar, *s. (lat.)* : 1. pulvinar (couches optiques); 2. tubercule précotyloïdien (cavité cotyloïde) ; 3. tampon chirurgical; 4. emplâtre médicinal.

pulvinate, *adj.* : pulviné (se dit des cultures bactériennes à surface convexe).

pulvis, *s. (lat.)* : poudre.

pulvule, *s.* : pilule.

pumice, *s.* : ponce, pierre ponce.

pump, *s.* : pompe; **air -** : pompe à air; **breast -** : pompe à lait, tire-lait; **dental -** : pompe à salive *(stom.)* ; **stomach -** : pompe stomacale ; **vacuum -** : pompe à vide; **water -** : trompe *(chim.)*.

punctate *or* **punctated,** *adj.* : pointillé, ponctulé.

punctilum, *s.,* plur. **punticula** *(lat.)* : petit point, pétéchie.

punctiform, *adj.* : ponctulé, punctiforme.

punctio, *s.* : ponction, pointillage.

punctum, *s.,* plur. **puncta** *(lat.)* : point; **- cœcum** : punctum cæcum (point d'entrée du nerf optique dans le fond de l'œil); **puncta dolorosa** : points de Valleix (points douloureux observés dans les différentes névralgies sur le trajet des nerfs malades); **puncta lacrimalia** *or* **lacrimal puncta** : points lacrymaux; **- proximum** : punctum proximum (point le plus rapproché de vision distincte); **- remotum** : punctum remotum (point le plus éloigné de vision distincte).

punctura, *s. (lat.)* : ponction.

puncturatio, *s. (lat.)* : acte de ponctionner.

puncture, *s.* : ponction; **diabetic -** : piqûre, du quatrième ventricule déclenchant la glycosurie; **cisternal -** : ponction sous-occipitale; **exploratory -** : ponction exploratrice; **lumbar** *or* **spinal -** : ponction lombaire, rachicentèse; *v.* : ponctionner (une ampoule, un abcès).

punctured, *adj.* : ponctionné, crevé, perforé.

pungency, *s.* : acuité (d'une douleur), odeur piquante.

pungent, *adj.* : piquant, cuisant, aigu, caustique.

punktograph, *s.* : ponctographe (appareil servant à la localisation radiologique des corps étrangers).

punudos, *s.* : affection sévissant au Guatemala, présentant l'aspect de la lèpre, mais sans bacille de Hansen.

pupa, *s.* : pupe, nymphe, chrysalide; **burrowing -** : nymphe souterraine; **- case** : enveloppe de chrysalide, pupe.

pupate, *v.* : se métamorphoser en nymphe, en chrysalide.

pupation, *s.* : nymphose, pupation.

pupil, *s.* : pupille; **Argyll Robertson -** : signe d'Argyll-Robertson (abolition du réflexe pupillaire à la lumière et conservation du réflexe à l'accommodation, avec myosis permanent); **cat's eye -** : élongation de la pupille; **pinhole -** : myosis.

pupilla, *s. (lat.)* : pupille.

pupillary, *adj.* : pupillaire; **- reflex** : réflexe pupillaire.

pupillometer, *s.* : pupillomètre.

pupilloscopy, *s.* : pupilloscopie, skiascopie, kératoscopie, méthode de Cuignet.

pupillotonia, *s.* : pupillotonie, Adie's syndrome.

pupillotonic pseudotabes : maladie *ou* syndrome d'Adie, syndrome de Weill et Reys (pupillotonie et abolition des réflexes tendineux).

pure, *adj.* : pur.

purgation, *s.* : purgation.

purgative, *s., adj.* : purgatif, cathartique.

purge, *s.* : 1. purge, purgatif; 2. purgation; *v.* : purger, purifier (le sang), clarifier (un liquide).

purging, *s.* : purge, purgation, purification, clarification; *adj.* : purgatif.

purification, *s.* : purification.

purified, *adj.* : purifié, épuré, dépuré.

purify, *v.* : purifier.

puriform, *adj.* : puriforme (qui a l'apparence du pus).

purinaemia or **purinemia**, s. : présence de bases puriques dans le sang.

purine, s. : purine; **- bases** or **bodies** : bases puriques.

Purkinje's cells : cellules de Purkinje (cellules nerveuses volumineuses de l'écorce grise du cervelet); **- corpuscles** : espaces lacunaires des os (entre les lamelles concentriques des canaux de Havers); **- fibers** : fibres de Purkinje (ventricules du cœur); **- figures** : arbre ou figures de Purkinje (perception de l'ombre projetée par les vaisseaux rétiniens sur la couche postérieure de la rétine); **- vesicle** : vésicule de Purkinje, vésicule germinative.

purohepatitis, s. : hépatite purulente.

purple (visual) : pourpre rétinien.

purples, s. : 1. purpura; 2. pétéchies; 3. rouget du porc.

purposive, adj. : qui remplit une fonction, qui remplit un but (se dit d'un organe); **- acts** : actes intentionnels.

purpura, s. : purpura (lésion élémentaire de la peau caractérisée par l'issue des globules rouges hors des vaisseaux); **- annularis telangiectodes** : purpura annularis telangiectoides; **- fulminans** : purpura fulminans ; **- hœmorrhagica** : purpura hémorragique, maladie de Werlhof; **- rheumatica** : purpura rhumatoïde ou exanthématique, péliose rhumatismale, maladie de Schœnlein.

purpuraceous, adj. : de couleur pourpre.

purpuric, adj. : 1. purpurique; 2. se rapportant, ressemblant au purpura.

purpuriferous or **purpurigenous**, adj. : produisant un pigment pourpre.

purpurin, s. : purpurine (chim.).

purpurinuria, s. : porphyrinurie.

purr, s. : ronron, murmure faible.

purring thrill : frémissement cataire.

purulence or **purulency**, s. : purulence.

purulent, adj. : purulent.

puruloid, adj. : d'aspect purulent.

pus, s. : pus; **laudable -** : pus louable.

pustula maligna : pustule maligne, charbon.

pustulant, s. : corps irritant, qui donne naissance à des pustules; adj. : produisant des pustules.

pustular, adj. : pustuleux, pustulé.

pustulate, v. : 1. couvrir de pustules; 2. se former en pustules, se couvrir de pustules.

pustulation, s. : formation de pustules.

pustule, s. : pustule; **malignant -** : pustule maligne (forme la plus commune du charbon chez l'homme).

pustuliform, adj. : d'aspect pustuleux.

pustuloderma, s. : dermatose caractérisée par la présence de pustules.

pustulose or **pustulous**, adj. : pustuleux, pustulé.

pustulosis, s. : pustulose (état caractérisé par une éruption de pustules).

pusula, s. (lat.) : 1. pustule; 2. érysipèle.

putamen, s. (lat.) : putamen (noyau lenticulaire).

putrefaction, s. : putréfaction.

putrefactive, adj. : putréfactif, putréfiant, de putréfaction; **- alkaloid** : ptomaïne; **- fermentation** : fermentation putride.

putrefiable, adj. : putréfiable, pourrissable.

putrefy, v. : putréfier, corrompre, pourrir; 2. se putréfier, suppurer, s'envenimer, se gangréner.

putrefying, adj. : en putréfaction, en pourriture, putrescent.

putrescence, s. : putrescence.

putrescent, adj. : putrescent, en putréfaction, en pourriture.

putrescentia, s. (lat.) : putrescence; **- uteri** : endométrite gangréneuse).

putrescibility, s. : capacité de putréfaction.

putrescible, adj. : putrescible, pourrissable.

putrid, adj. : putride; **- fever** : typhus; **- sore throat** : pharyngite gangréneuse.

putridness or **putridity**, s. : putridité, pourriture.

putrilage, s. : putrilage (matière pultacée produite par la nécrose et la putréfaction des tissus dans la gangrène).

putrilaginous, adj. : putrilagineux (réduit à l'état de putrilage).

puzzle, s. : problème, énigme, casse-tête.

puzzling, adj. : embarrassant (cas).

pyœmia, s. : cf., **pyemia.**

pyapostasis, s. : pus métastatique.

pyarthrosis, s. : pyarthrite, pyarthrose, arthrite purulente.

pycno- : cf., **pykno.**

pyecchysis, s. : épanchement purulent.

pyedema or **pyœdema**, s. : pyœdème.

pyelectasia, s. : pyélectasie (dilatation du bassinet).

pyelitic, adj. : se rapportant à, atteint de pyélite.

pyelitis, s. : pyélite.

pyelo- : pyélo-, préfixe dénotant un rapport avec le rein ou le bassinet.

pyelocystitis, s. : pyélocystite (association de pyélite et de cystite).

pyelocystostomosis, s. : formation d'une anastomose entre le rein et la vessie.

pyelogram, s. : pyélogramme (radiogramme obtenu par pyélographie).

pyelography, s. : pyélographie; **ascending, instrumental** or **retrograde -** : pyélographie ascendante ; **- by elimination, excretion** or **intravenous -** : pyélographie descendante, excrétrice ou d'élimination, urographie.

pyelolithotomy, s. : pyélolithotomie.

pyelometer, s. : pelvimètre.

pyelonephritic, adj. : se rapportant à la pyélonéphrite.

pyelonephritis, s. : pyélonéphrite (inflammation du bassinet et du rein).

pyelonephrosis, s. : pyélonéphrose (hydronéphrose partielle, dans laquelle seul le bassinet est dilaté).

pyeloplication, s. : plicature chirurgicale d'un bassinet hypertrophié.

pyeloscopy, s. : pyéloscopie.

pyelostomy, s. : pyélostomie (établissement d'une fistule chirurgicale au niveau du bassinet).

pyelotomy, s. : pyélotomie (incision pratiquée dans le bassinet).

pyelo-ureterography, s. : pyélo-urétérographie.

pyelovenous back flow : reflux pyélo-veineux.

pyemesis, s. : pyoémèse (inus.); vomissement de pus.

pyemia, s. : pyémie, pyohémie, infection purulente.

pyemic, adj. : pyohémique, se rapportant à la pyohémie.

pyemide, s. : manifestation cutanée consécutive à des métastases dans la pyohémie.

pyencephalus, s. : abcès du cerveau.

pyesis, s. : suppuration.

pygal, adj. : se rapportant à la région fessière.

pygalgia, s. : douleur dans la région fessière.

pygmalionism, s. : forme d'érotomanie.

pyic, adj. : purulent.

pyin, s. : pyine (matière albuminoïde extraite du pus).

pyknic, adj. : pycnique, épais, court.

pykno- : pycno-, préfixe signifiant épais, compact, fréquent.

pyknocardia, s. : tachycardie.

pykno-epilepsy, s. : pycnolepsie, petit mal comitial.

pyknoleptic, adj. : pycnoleptique; **- attack** : petit mal.

pyknometer, s. : pycnomètre, flacon à densité.

pyknomorphic or **pyknomorphous,** adj. : pycnoïde.

pyknophrasia, s. : état empâté du langage.

pyknosis, s. : pycnose.

pyknosphygmia, s. : tachycardie.

pyknotic, adj. : pycnotique, propre à épaissir les humeurs.

pyla, s. (gr.) : passage entre le troisième ventricule et l'aqueduc de Sylvius.

pyle, s. : veine porte.

pylema, s. : sang de la veine porte.

pylemphraxis, s. : obstruction de la veine porte.

pylephlebectasis, s. : dilatation de la veine porte.

pylephlebitis, s. : pyléphlébite (phlébite de la veine porte).

pylethrombophlebitis, s. : association de pyléphlébite et de pyléthrombose.

pylethrombosis, s. : pyléthrombose (thrombose de la veine porte).

pylic, adj. : se rapportant à la veine porte.

pyloralgia, s. : douleur dans la région du pylore.

pylorectomy, s. : pylorectomie (résection du pylore).

pyloric, adj. : pylorique; **- orifice** : pylore, orifice duodénal, orifice pylorique; **- sphincter** or **valve** : valvule pylorique.

pyloristenosis, s. : sténose du pylore.

pyloritis, s. : pylorite (inflammation interstitielle de la muqueuse pylorique, se traduisant par un syndrome douloureux tardif).

pyloro- : pyloro-, préfixe dénotant un rapport avec le pylore.

pylorochesis, s. : obstruction du pylore.

pylorodilator, s. : appareil pour dilater l'orifice pylorique.

pylorodiosis, s. : opération de Loreta, divulsion digitale du pylore (dilatation forcée du pylore dans les cas d'insuffisance pylorique).

pyloroduodenitis, s. : pyloroduodénite (inflammation des muqueuses du pylore et du duodénum).

pylorogastrectomy, s. : pylorogastrectomie, gastropylorectomie.

pyloroplasty, s. : pyloroplastie, opération de Heinicke-Mikulicz.

pyloroptosis, s. : ptose du pylore.

pyloroscirrhus, s. : squirrhe du pylore.

pyloroscopy, s. : scopie du pylore.

pylorospasm, s. : pylorospasme.

pylorostenosis, s. : rétrécissement du pylore.

pylorostomy, s. : pylorostomie (fistule gastrique destinée à remédier à une sténose œsophagienne et pratiquée au niveau du pylore).

pylorotomy, s. : pylorotomie, opération de Fredet (incision longitudinale de la couche musculaire hypertrophiée du pylore, opération pratiquée dans la sténose du pylore des nourrissons).

pylorus, s. (lat.) : 1. pylore, orifice pylorique, orifice duodénal; 2. valvule pylorique; **antrum of -** : antre pylorique.

pyo- : pyo-, préfixe dénotant un rapport avec le pus.

pyoblenna, s. : muco-pus.

pyoblennorrhea, s. : écoulement mucopurulent.

pyocele, s. : hernie purulente.

pyocelia, s. : pus dans la cavité abdominale.

pyocenosis, s. : évacuation d'une cavité purulente.

pyocephalus, s. : pyocéphalie (épanchement de liquide purulent dans les ventricules cérébraux); **circumscribed -** : abcès du cerveau.

pyochezia, s. : selles purulentes.

pyococcus, *s.* : tout coccus pyogène.

pyocolpocele, *s.* : tumeur suppurante du vagin.

pyocolpos, *s.* : pyocolpos (collection purulente intravaginale).

pyocyanase, *s.* : diastase du bacille pyocyanique.

pyocyanic, *adj.* : pyocyanique.

pyocyanine, *s.* : pyocyanine.

pyocyanogenic, *adj.* : produisant de la pyocyanine.

pyocyanolysin, *s.* : hémolysine du bacille pyocyanique.

pyocyst, *s.* : kyste purulent.

pyocyte, *s.* : pyocyte, cellule du pus.

pyodermatitis, pyodermatosis, pyodermia *or* **pyodermitis,** *s.* : pyodermie, pyodermite (ensemble des lésions suppuratives de la peau).

pyogenesis, *s.* : pyogénie (production du pus).

pyogenic, pyogenetic *or* **pyogenous,** *adj.* : pyogène (qui fait suppurer); **- membrane** : membrane pyogène; **- microorganisms** : microbes pyogènes.

pyohaemia *or* **pyohemia,** *s.* : pyohémie, infection purulente, pyémie.

pyohaemothorax *or* **pyohemothorax,** *s.* : épanchement purulent et sanguin dans la cavité pleurale.

pyoid, *adj.* : pyoïde *(inus.)*; qui ressemble au pus.

pyolabyrinthitis, *s.* : pyolabyrinthite.

pyolymph, *s.* : lymphe purulente.

pyometra, *s.* : pyomètre, pyométrie (collection purulente intra-utérine).

pyomyositis, *s.* : pyomyosite.

pyonephritis, *s.* : pyonéphrite.

pyonephrolithiasis, *s.* : association de pyonéphrite et de lithiase rénale.

pyonephrosis, *s.* : pyonéphrose.

pyonephrotic, *adj.* : se rapportant à la pyonéphrose.

pyo-ovarium, *s.* : abcès ovarien.

pyopericarditis, *s.* : péricardite purulente.

pyopericardium, *s.* : pyopéricarde (épanchement purulent dans la cavité péricardique).

pyoperitoneum, *s.* : pyopéritoine (épanchement purulent dans le péritoine).

pyoperitonitis, *s.* : péritonite purulente.

pyophagia, *s.* : pyophagie (déglutition, volontaire ou non, de pus).

pyophthalmia, *s.* : pyophtalmie, hypopyon (collection purulente de la chambre antérieure de l'œil).

pyophylactic, *adj.* : protégeant contre le pus; **- membrane** : membrane tapissant la cavité d'un abcès.

pyophysometra, *s.* : infection purulente et gazeuse de l'utérus.

pyoplania, *s.* : infiltration purulente dans les tissus.

pyopneumocyst, *s.* : pyopneumokyste (collection purulente et gazeuse dans un kyste).

pyopneumopericarditis, *s.* : péricardite avec collection purulente et gazeuse dans le péricarde.

pyopneumopericardium, *s.* : pyopneumopéricarde (épanchement purulent et gazeux de la cavité péricardique).

pyopneumoperitoneum, *s.* : collection purulente et gazeuse dans la cavité péritonéale.

pyopneumoperitonitis, *s.* : péritonite avec collection purulente et gazeuse dans la cavité péritonéale.

pyopneumothorax, *s.* : pyopneumothorax (épanchement gazeux de la cavité pleurale accompagné d'épanchement purulent).

pyopoiesis, *s.* : suppuration.

pyopoietic, *adj.* : suppuratif.

pyoptysis, *s.* : expectoration de pus.

pyorrhagia, *s.* : épanchement abondant de pus.

pyorrhea *or* **pyorrhœa,** *s.* : pyorrhée (écoulement de pus); **- alveolaris** : pyorrhée alvéolo-dentaire, gingivite expulsive, maladie de Fauchard, périodontite expulsive.

pyosalpingitis, *s.* : salpingite purulente.

pyosalpinx, *s.* : pyosalpinx (forme de salpingite suppurée).

pyosapremia, *s.* : *cf.,* **pyemia.**

pyoscheocele, *s.* : œdème suppuratif du scrotum.

pyosepticæmia *or* **pyosepticemia,** *s.* : association de pyohémie et de septicémie.

pyosis, *s.* : 1. suppuration; 2. suppuration de l'œil; **Manson's -** : éruption vésiculeuse contagieuse purulente.

pyostatic, *s.* : agent stoppant la sécrétion de pus; *adj.* : empêchant la formation du pus.

pyotherapy, *s.* : pyothérapie (emploi thérapeutique du pus).

pyothorax, *s.* : pyothorax, pleurésie purulente.

pyotorrhea, *s.* : otorrhée purulente.

pyoureter, *s.* : collection purulente dans l'uretère.

pyramid, *s.* : pyramide; **anterior -** : pyramide antérieure (bulbe); **- of the cerebellum** : pyramide *ou* éminence cruciale de Malacarne (cervelet); **- of Ferrein** : pyramides de Ferrein (rein); **lateral -** : corps restiforme (bulbe); **Malpighian -** : pyramide de Malpighi (rein); **posterior -** : pyramide postérieure (bulbe); **renal -** : *cf.,* **Malpighian and Ferrein's pyramid; temporal -** : rocher (os temporal); **thyroid** *or* **Lalouette's -** : pyramide de Lalouette (glande thyroïde); **- of the tympanum** : pyramide de la caisse du tympan; **Wistar's -** : cornets.

pyramidal, *adj.* : pyramidal; **- bone** : os pyramidal *ou* cunéiforme du carpe; **- tract** : faisceau pyramidal.

pyramidale, *s.* : os pyramidal du carpe.

pyramis, *s.,* *plur.* **pyramides** *(gr.)* : 1. pyramide; 2. columelle (limaçon de l'oreille interne); 3. pyra-

mide de Lalouette; 4. rocher; 5. pyramide antérieure du bulbe; 6. pénis; **- cerebelli, - laminosa**
or **- vermis** : éminence cruciale de Malacarne;
- cochlœ : columelle; **- ossis temporis** *or* **- tri-
gona** : rocher.

pyrenaemia *or* **pyrenemia,** *s.* : présence d'érythrocytes à noyaux dans le sang.

pyrenin, *s.* : pyrénine (substance contenue dans
le nucléole).

pyrenoid, *s.* : pyrénoïde (globules inclus dans les
chromatophores des algues vertes et de certains
invertébrés).

pyretic, *adj.* : pyrétique, fébrile.

pyreticosis, *s.* : état fiévreux, fébrilité.

pyreto- : pyréto-, préfixe signifiant fièvre.

pyretogen, *s.* : agent pyrétogène.

pyretogenesia *or* **pyretogenesis,** *s.* : pyrétogé-
nèse (condition et mécanisme de la production de
la fièvre).

pyretogenic *or* **pyretogenous,** *adj.* : pyrétogène,
qui donne la fièvre.

pyretography, *s.* : traité sur les fièvres.

pyretologist, *s.* : spécialiste en pyrétologie.

pyretology, *s.* : pyrétologie (partie de la pathologie qui s'occupe des maladies fébriles).

pyretolysis, *s.* : diminution de la fièvre.

pyretometer, *s.* : thermomètre clinique.

pyretotherapy, *s.* : pyrétothérapie (emploi thérapeutique de l'hyperthermie provoquée).

pyretotyphosis, *s.* : délire causé par la fièvre.

pyretotyposis, *s.* : fièvre intermittente.

pyrexia, *s.* : pyrexie.

pyrexial, *adj.* : se rapportant à la pyrexie.

pyridine, *s.* : pyridine (C_5H_5H [*chim.*]).

pyridoxine, *s.* : pyridoxine (constituant de la vitamine B6).

pyriform, *adj.* : pyriforme, piriforme, en forme de
poire.

pyrimidine, *s.* : pyrimidine (*chim.*).

pyrocatechin *or* **pyrocatechol,** *s.* : pyrocatéchine.

pyrogenic, *adj.* : pyrogène, qui provoque la
fièvre.

pyrolagnia, *s.* : pyromanie érotique.

pyroligneous, *adj.* : pyroligneux.

pyrolysis, *s.* : destruction de la matière organique par élévation de température.

pyromania, *s.* : pyromanie, monomanie incen-
diaire.

pyrometer, *s.* : pyromètre.

pyronixis, *s.* : pointes de feu, ignipuncture.

pyrophobia, *s.* : pyrophobie.

pyroptothymia, *s.* : forme de démence où le
malade se croit environné de flammes.

pyropuncture, *s.* : ignipuncture.

pyroscope, *s.* : pyroscope, pyromètre (instrument
pour déterminer l'intensité des radiations caloriques).

pyrosis, *s.* : pyrosis (sensation de brûlure qui
part de l'épigastre, s'accompagne d'éructation et
de renvoi d'un liquide acide et brûlant).

Pyrosoma, *s.* : *Piroplasma* (hématozoaire endoglobulaire); **- bigeminum** : parasite de la fièvre
du Texas du bétail.

pyrotic, *adj.* : 1. inflammable; 2. caustique.

pyrotoxic, *s.* : poison caustique.

pyrotoxin, *s.* : agent toxique engendré au cours
de l'évolution d'un processus fébrile.

pyrrole, *s.* : pyrrole.

pyruvatekinase, *s.* : pyruvate-kinase.

pythogenesis, *s.* : produit résultant d'une décomposition.

pythogenic, *adj.* : produit par, engendré de la
décomposition; **- fever** : fièvre typhoïde.

pythogenous, *adj.* : cf., **pythogenic.**

pyuria, *s.* : pyurie (émission d'urine mélangée de
pus).

pyxis, *s.* : cavité cotyloïde.

Q

Q fever : Q fever, fièvre du Queensland.

q. h. (quaque hora) : toutes les heures; **q. 2 h. (quaque secunda hora)** : toutes les deux heures; **q. 3 h. (quaque tertia hora)** : toutes les trois heures.

q. i. d. (quater in die) : quatre fois par jour.

q. l. (quantum libet) : autant qu'on veut.

q. p. (quatum placet) : autant qu'il vous plaît.

q. P. (quanti Pirquet's reaction) : réaction *ou* test de von Pirquet (cuti-réaction à la tuberculine).

Q.R.S.T. : complexe Q.R.S.T. (électrocardiogramme).

q. s. (quantum sufficit) : q.s.p., q.s (quantité suffisante).

quack, *s.* : charlatan, guérisseur; **- remedy** : remède de charlatan.

quackery, *s.* : charlatanisme, empirisme médical.

quader, *s.* : lobule quadrilatère (lobe pariétal).

quadrangular, *adj.* : quadrangulaire, quadrangulé, tétragone.

quadrant, *s.* : quadrant.

quadrantanopsia, *s.* : perte de la vision d'environ un quart du champ visuel.

quadrate, *adj.* : carré; **- bone** : os carré (*orn., rept.*); **- cartilages** : plaques cartilagineuses carrées des ailes vomériennes; **- lobe** : 1. lobe carré du foie; 2. lobe du cervelet; **- lobule** : lobule quadrilatère (lobe pariétal).

quadratus, *s. (lat.)* : carré; **- musculus** : *cf., musculus.*

quadribasic *adj.* : quadribasique (*chim.*).

quadriceps, *s. (lat.)* : à quatre têtes.

quadricuspid or **quadricuspidate**, *adj.* : quadricuspidé.

quadridigitate, *adj.* : quadridigité.

quadrigemina, *s. (lat.)* : tubercules quadrijumeaux.

quadrigeminal, *adj.* : quadrijumeau; **- bodies** : tubercules quadrijumeaux.

quadrigeminum, *s. (lat.)* : l'un des tubercules quadrijumeaux.

quadrilateral, *s.* : quadrilatère; **Marie's -** : quadrilatère de Pierre-Marie (entre la paroi du ventricule latéral et l'insula de Reil); *adj.* : quadrilatéral, quadrilatère.

quadrille, *s. (fr.)* : quadrille (mouvements effectués par les centrosomes dans la mitose [*embryol.*]).

quadripara, *s.* : IV pare.

quadriparity, *s.* : état de la femme qui a accouché quatre fois.

quadriparous, *adj.* : IV pare.

quadriplegia, *s.* : quadriplégie, quadruplégie, tétraplégie (paralysie des quatre membres).

quadrisect, *v.* : diviser en quatre.

quadritubercular, *adj.* : quadricuspide.

quadroon, *s. f.* : quarteron (rejeton d'un blanc et d'une mulâtresse, d'une blanche et d'un mulâtre).

quadrumane, *s.* : quadrumane.

quadruped, *s.* : quadrupède.

quadrumanous, *adj.* : quadrumane.

quadrupedal, *adj.* : quadrupède.

quadruplet, *s. (fr.)* : quadruplet; **birth of -** : accouchement quadrigémellaire.

Quain's fatty heart : dégénérescence graisseuse des fibres musculaires du cœur.

qualification, *s.* : 1. diplôme conférant licence de pratiquer; 2. le fait d'être reçu à un examen universitaire.

qualify, *v.* : acquérir les connaissances, se qualifier; **to - for medicine** : étudier la médecine; **to - as doctor** : être reçu médecin.

qualimeter, *s.* : appareil pour mesurer les caractères qualitatifs du faisceau de rayons X.

qualitative, *adj.* : qualitatif; **- analysis** : analyse qualitative; **- assay** : épreuve qualitative.

quality, *s.* : 1. qualité; 2. timbre (d'un son, de la voix).

Quant's sign : dépression en T dans l'os occipital constatée parfois dans le rachitisme.

quantimeter, *s.* : appareil pour mesurer la dose quantitative de rayons X.

quanti-Pirquet's reaction : mode de réaction quantitative de von Pirquet (symbole q.P.).

quantitative, *adj.* : quantitatif; **- analysis** : analyse quantitative.

quantum, *s.*, *plur.* **quanta** *(lat.)* : 1. quantum, quantité définie; **- theory** : théorie des quanta; 2. quantité; **- libet** : autant qu'on veut; **- sufficit** : en quantité suffisante.

quarantine, *s.* : quarantaine; **- service** : service quarantenaire, service de santé (autorité sanitaire d'un port maritime); *v.* : mettre en quarantaine.

quart, *s.* : un quart de gallon (= 1,136 l. [*G.-B.*]; = 0,946 l. [*U.S.A.*]).

quartan, *s.* : fièvre quarte; **double -** : fièvre double quarte; *adj.* : quarte (ayant une récurrence de quatre jours); **- fever** *or* **ague** : fièvre quarte; **- parasite** : *Plasmodium malariæ.*

quarter-crack, *s.* : fissure de la sole à l'une des pattes antérieures du cheval *(vétér.).*

quarter-evil, *s.* : charbon symptomatique *(vétér.).*

quarter-ill, *s.* : charbon symptomatique.

quartisect, *v.* : diviser en quatre.

quartisternum, *s.* : portion du corps du sternum correspondant à la quatrième échancrure costale.

quassation, *s.* : broyage *(pharm.)*; **Surinam -** : quassia amara.

quassia, *s.* : quassia *(pharm.).*

quaternary, *adj.* : quaternaire; **- syphilis** : parasyphilis.

Quatrefages (parietal angle of) : angle pariétal de Quatrefages (craniométrie).

quatuor, *s. (lat.)* : quatre.

quebrachine, *s.* : québrachine (alcaloïde).

Queckenstedt's test : épreuve de Queckenstedt *ou* Queckenstedt-Stookey (diagnostic des compressions de la moelle).

Queensland fever : fièvre de Queensland, fièvre Q.

Quénu's operation of thoracoplasty : opération de Quénu-Sobottin (mode de thoracoplastie).

quick, *s.* : vif, chair vive; **to bite one's nails to the -** : ronger ses ongles jusqu'au vif; *adj.* : 1. rapide; **- pulse** : pouls fréquent, rapide; **- recovery from illness** : prompt rétablissement; 2. se dit d'un fœtus dont les mouvements actifs sont perceptibles; **- with child** : enceinte, dans un état de grossesse assez avancé.

Quick's test : détermination, en pourcentage, du temps de prothrombine sanguine.

quicken, *v.* : 1. accélérer (le pouls); 2. donner des signes de vie (fœtus *in utero*), sentir les premiers mouvements du fœtus (femme enceinte).

quickening, *s.* : 1. accélération (du pouls); 2. premiers mouvements du fœtus *(obstét.).*

quicklime, *s.* : chaux vive.

quicksilver, *s.* : mercure.

quigila, *s.* : maladie infectieuse ressemblant à la lèpre sévissant au Brésil.

quill-suture *or* **quilled suture** *or* **quilted suture** : suture sur bourdonnet.

Quincke's disease *or* **oedema** : maladie de Quincke, œdème rhumatismal à répétition, angioneurose cutanée ou muqueuse, œdème aigu paroxystique; **- pulse** *or* **sign** : pouls de Quincke, pouls veineux progressif; **- puncture** *or* **- spinal puncture** : ponction lombaire de Quincke, rachicentèse; **- space** : espace situé entre le troisième et la quatrième vertèbre lombaire.

quinine, *s.* : quinine (alcaloïde).

quininism *or* **quinism,** *s.* : quininisme, quinisme.

quiniometry, *s.* : détermination du taux en alcaloïdes de l'écorce de quinquina.

Quinlan's test for bile : la présence de la bile est décelée à l'examen spectroscopique par des bandes d'absorption dans le violet.

quinology, *s.* : étude scientifique des arbres de quinquina et de leurs alcaloïdes.

Quinquaud's disease : forme de folliculite produisant la calvitie par plaques; **- panaris** : inflammation phlegmonneuse des doigts et des orteils, d'origine nerveuse, différant de la maladie de Morvan par la présence de douleurs, l'absence de phénomènes parétiques et de nécrose des phalanges; **- sign of chronic alcoholism** : signe de Quinquaud (crépitation phalangienne perçue chez les individus atteints d'alcoolisme).

quinquina, *s.* : quinquina.

quinsy, *s.* : angine, amygdalite purulente.

quintan, *s.* : fièvre quintane.

quintessence, *s.* : quintessence.

quintisternum, *s.* : portion du corps du sternum correspondant à la cinquième échancrure costale.

Quinton treatment : thérapeutique par injection d'eau de mer.

quintuplet, *s.* : quintuplet; **birth of - s** : accouchement quintigémellaire.

quiver, *s.* : tremblement, frisson, frémissement, palpitation; **- of the eyelid** : battement de paupière; *v.* : trembler, frémir, frissonner, palpiter.

quivering, *s.* : tremblement, frémissement, tressaillement, frissonnement, palpitation; **- of the eyelids** : battement de paupières; *adj.* : tremblant, frissonnant, frémissant, tressaillant, palpitant.

quotidian, *s.* : fièvre quotidienne; **double -** : fièvre quotidienne double; *adj.* : quotidien, journalier.

quotient, *s.* : quotient; **blood -** : valeur globulaire; **D -** : rapport glucose/azote dans l'urine; **respiratory -** : quotient respiratoire.

q. v. : 1. **quantum vis** : q. v., autant qu'on veut; 2. **quod vide** : ce qu'on voit.

R

R$_x$: sur les ordonnances, « prendre », du latin recipel.

R (rough) colony : colonie R (rugueuse).

R-factor : facteur R (facteur de résistance [génét.]).

Raabe's test for albumin : mode d'identification de l'albumine par l'acide trichloracétique.

rabic, adj. : rabique.

rabid, adj. : enragé, rabique.

rabies, s. : rage, hydrophobie; **dumb -** : rage mue; **paralytic -** : rage mue, muette, ou paralytique; **pseudo -** : maladie d'Aujeszky (vétér.); **street -** : rage des rues.

rabific, adj. : rabigène.

race, s. : race.

raceme, s. : racème, grappe.

racemization, s. : racémisation (chim.).

racemose, adj. : racémeux, en forme de grappe; **- aneurysm** : anévrisme cirsoïde, anévrisme par anastomose, angiome rameux, tumeur cirsoïde, tumeur érectile pulsatile, varice artérielle.

rachi- : rachi-, préfixe dénotant un rapport avec la colonne vertébrale.

rachial, adj. : rachidien.

rachialbuminimetry, s. : mesure de l'albumino-rachie.

rachialgia, s. : rachialgie.

rachialgitis, s. : méningo-rachialgie.

rachianalgesia, s. : rachianalgésie.

rachianaesthesia or **rachianesthesia,** s. : rachianesthésie (mode d'anesthésie partielle par injection dans le canal rachidien).

rachicele, s. : hernie des méninges dans la spina bifida.

rachicentesis, s. : rachicentèse, ponction lombaire.

rachidial or **rachidian,** adj. : rachidien.

rachilysis, s. : traitement de la déviation latérale de la colonne vertébrale par traction et pression combinées.

rachio- : rachi- (qui a trait à la colonne vertébrale).

rachiocampsis, s. : déviation de la colonne vertébrale.

rachiocentesis, s. : ponction lombaire.

rachiochysis, s. : accumulation d'eau ou d'humeur aqueuse dans le canal rachidien.

rachiodynia, s. : douleur spasmodique dans la colonne vertébrale.

rachiokyphosis, s. : cyphose.

rachiometer, s. : appareil pour mesurer le degré de déviation de la colonne vertébrale.

rachiomyelitis, s. : myélite.

rachioparalysis, s. : paralysie des muscles de la colonne vertébrale.

rachiophyma, s. : tumeur rachidienne.

rachioplegia, s. : paralysie rachidienne.

rachiorrheuma, s. : rhumatisme de la colonne vertébrale.

rachioscolioma, s. : scoliose, déviation latérale du rachis.

rachiostrophosis, s. : déviation de la colonne vertébrale.

rachiotome, s. : cf., **rachitome.**

rachiotomy, s. : 1. section de ou dans la colonne vertébrale; 2. rachitomie, embryotomie rachidienne.

rachis, s. : rachis, colonne vertébrale.

rachischisis, s. : spina bifida.

rachitic, adj. : rachitique; **- rosary** : chapelet rachitique.

rachitism, s. : rachitisme.

rachitome, s. : rachitome (instrument avec lequel on peut ouvrir le canal rachidien sans léser la moelle).

rachitomy, s. : 1. rachitomie, embryotomie rachidienne; 2. section de la colonne vertébrale.

racial, adj. : racial.

rack, s. : portoir.

racking, adj. : atroce, déchirant (douleur); **- tooth-ache** : rage de dents.

rad, s. : rad (unité de radiation absorbée, 1 rad = 100 ergs/g [radiol.]).

radectomy, s. : excision de la racine d'une dent, en totalité ou en partie.

radiability, s. : propriété de pouvoir être irradié.

radial, adj. : 1. rayonnant, divergent, radial ; 2. radial (anat.).

radiale, s. : scaphoïde (du carpe).

radialis, adj., s. (lat.) : radial, se rapportant au radius (cf., **arteria, musculus, nervus**).

radian, s. : radian (arc ou angle).

radiance, s. : rayonnement, radiation, radiance.

radiant, s. : point radiant, foyer lumineux, foyer de rayonnement; adj. : radiant, rayonnant; - **heat** : rayons infrarouges; - **point** : point radiant.

radiate, adj. : radié, rayonné.

radiating, s. : radiation, rayonnement; - **capacity** : pouvoir radiant, pouvoir rayonnant; adj. : 1. radiant, rayonnant; 2. radié, rayonné, rayonnant, radiaire.

radiation, s. : 1. radiation; **to emit -** : émettre des radiations; **hard -** : rayons durs (radiation d'ondes courtes de haut voltage [80-10^6 kV]); **scattered -** : radiations dispersées ; **soft -** : rayons mous (radiation d'ondes relativement longues de bas voltage [1-10^2 kV]); **stray -** : radiation parasite; 2. irradiation, rayonnement; - **of light** : rayonnement lumineux.

radical, s. : radical (chim. bactér.); adj. : radical (1. se rapportant à la racine ; 2. attaquant la cause d'une maladie; 3. fondamental).

radicle, s. : 1. petite racine (d'un vaisseau, d'un nerf); 2. radical (chim.).

radicotomy, s. : radicotomie, rhizotomie (section chirurgicale des racines médullaires).

radicule, s. : cf., **radicle**.

radiculalgia, s. : radiculalgie (névralgie des racines des nerfs).

radicular, adj. : radiculaire (1. se rapportant aux racines des nerfs crâniens ou rachidiens; 2. se rapportant aux racines des dents).

radiculectomy, s. : 1. excision d'une petite racine nerveuse; 2. résection des racines des nerfs rachidiens postérieurs.

radiculitis, s. : radiculite (inflammation des racines des nerfs crâniens ou rachidiens).

radiculoganglionitis, s. : inflammation des racines postérieures et des ganglions des nerfs rachidiens.

radiculomeningomyelitis, s. : inflammation des racines des nerfs, de la moelle épinière et des méninges.

radiculomyelopathy, s. : maladie de la moelle épinière, des racines des nerfs.

radiculoneuritis, s. : polynévrite aiguë.

radiculoneuropathy, s. : maladie des racines postérieures des racines des nerfs entre la moelle et les trous sacrés.

radio- : radio-, préfixe signifiant se rapportant : 1. au radium, à l'énergie de rayonnement; 2. au radius.

radioactive, adj. : radioactif.

radioactivity, s. : radioactivité.

radioautograph, s. : radioautographie.

radiobicipital, adj. : radiobicipital.

radiobiology, s. : radiobiologie (étude de l'action des radiations sur les êtres vivants).

radiocardiography, s. : radiocardiographie (injection de substances radioactives dans le cœur).

radiocarpal, adj. : radiocarpien.

radiochemistry, s. : radiochimie.

radiochronometer, s. : instrument pour mesurer les caractères qualitatifs du faisceau de rayons X.

radiocystitis, s. : inflammation chronique de la vessie consécutive aux radiations.

radiode, s. : appareil électrique pour application de radium.

radiodermatitis, s. : radiodermite (lésion cutanée déterminée par l'application de rayons X).

radiodiagnosis, s. : radiodiagnostic (application des rayons X au diagnostic des maladies et à la recherche des corps étrangers).

radiodigital, adj. : 1. se rapportant au radius et aux doigts; 2. se rapportant au côté radial des doigts.

radiodontics, s. : radiographie des dents et des tissus adjacents.

radiondontist, s. : spécialiste en radiologie dentaire.

radio-element, s. : radioélément.

radiograph, s. : radiographie; v. : radiographier.

radiographer, s. : technicien en radiologie.

radiography, s. : radiographie ; **mass miniature -** : radiophotographie en masse.

radiohumeral, adj. : radiohuméral.

radio-immunisation, s. : radiorésistance acquise.

radio-immunity, s. : haute radiorésistance.

radioisotope, s. : radio-isotope.

radiolesion, s. : radiolésion.

radiologist, s. : radiologue.

radiology, s. : radiologie (partie de la physique concernant les rayons X et les applications qui en sont faites).

radiolucency, s. : état de perméabilité aux rayons X.

radiolucent, adj. : perméable, translucide aux rayons X, à l'énergie de rayonnement.

radiometer, s. : radiomètre.

radiomimetic, adj. : radiomimétique.

radiomutation, s. : radiomutation.

radion, s. : particule radioactive.

radionecrosis, s. : radionécrose (nécrose déterminée par l'emploi des rayons X).

radioneuritis, s. : forme de névrite consécutive aux manipulations radiologiques.

radio-opacity, s. : état d'imperméabilité aux rayons X.

radio-opaque, *adj.* : radio-opaque.

radiopalmar, *adj.* : se rapportant au radius et à la paume; 2. se rapportant au côté externe de la paume.

radioparency, *s.* : transparence aux rayons X.

radioparent, *adj.* : permettant le passage des rayons X.

radiopelvimetry, *s.* : radiopelvimétrie (application de la radiographie à la mensuration des divers diamètres du bassin).

radioresponsive *or* **radiosensitive,** *adj.* : radio-sensible.

radioresistant, *adj.* : radiorésistant.

radioscopy, *s.* : radioscopie.

radiosensibility, *s.* : radiosensibilité.

radiostereoscopy, *s.* : stéréoradioscopie.

radiotherapeutic, *adj.* : radiothérapique.

radiothermy, *s.* : thermothérapie radioactive.

radiotomy, *s.* : radiotomie.

radiotoxaemia *or* **radiotoxemia,** *s.* : radiotoxé-mie (toxémie consécutive à un traitement radio-actif).

radioulnar, *adj.* : radiocubital.

radium, *s.* : radium ; **- emanation** : radon ; **- puncture** : insertion d'aiguille de radium.

radiumization, *s.* : application de rayons du radium.

radiumize, *v.* : traiter au radium.

radius *(lat.)* : 1. rayon; 2. radius *(anat.)*.

radix, *s.,* *plur.* **radices** *(lat.)* : racine; **- arcus ver-tebræ** : pédicule (vertèbre).

radon, *s.* : radon.

raffinase, *s.* : raffinase (enzyme attaquant le raffi-nose).

raffinose, *s.* : raffinose (saccharide).

rag-picker's disease : charbon atteignant les chiffonniers.

rage, *s.* : 1. fureur, furie, emportement; 2. maladie très douloureuse; 3. rage, hydrophobie.

raging, *adj.* : furieux, en fureur; **- fever** : fièvre ardente.

ragle, *s. (fr.)* : ragle (forme d'hallucination visuelle dans le désert).

ragweed, *s.* : jacobée *(bot.)*.

rake teeth : dents écartées.

rale, *s.* : râle; **amphoric -** : râle amphorique; **bubbling -** : râle bulbeux; **cavernous -** : râle caverneux; **clicking -** : râle cliquetant; **conso-nating -** : râle soufflant; **crackling -** : craque-ment; **crepitant** *or* **vesicular -** : râle crépitant; **dry -** : râle sec, ronchus; **extra-thoracic -** : râle extra-thoracique ; **friction -** : frottement-râle ; **gurgling -** : gargouillement; **guttural -** : râle gut-tural; **moist -** : râle humide, crépitations; **mu-cous -** : râle muqueux; **redux** *or* **de retour -** : râle de retour; **sibilant -** : râle sibilant; **sono-rous -** : râle ronflant; **subcrepitant** *or* **Hirtz's -** : râle sous-crépitant.

rally, *v.* : reprendre des forces, se ranimer ; **to - from an illness** : se remettre d'une maladie.

ramal, *adj.* : ramaire, se rapportant à un rameau.

Ramdohr's operation : mode d'entérorraphie ; **- suture** : invagination de deux portions de l'intestin suivie de suture.

ramicotomy, *s.* : cf., **ramisection**.

ramification, *s.* : ramification.

ramify, *v.* : ramifier, se ramifier.

ramisection, *s.* : ramisection, ramicomie, sym-pathectomie (section des rameaux communicants).

Rammstedt's operation : opération préconisée dans les cas de sténose du pylore.

ramolescence, *s.* : amollissement, ramollissement.

ramollissement, *s. (fr.)* : ramollissement morbide.

ramose *or* **ramous,** *adj.* : rameux, branchu.

Ramsay-Hunt syndrome : zona du nerf facial.

Ramsden's operation : ligature de l'artère sous-clavière.

ramulus, *s.,* *plur.* **ramuli** *(lat.)* : petite branche, rameau.

ramus, *s.,* *plur.* **rami** *(lat.)* : 1. branche (artère, veine, nerf); 2. petite apophyse.

rancid, *adj.* : rance.

random, *s.* : hasard; **- mating** : croisement au hasard *(génét.)*; **- number** : nombre aléatoire; **- sampling** : échantillonnage au hasard.

randomization, *s.* : répartition par le hasard.

randomize, *v.* : répartir au hasard, exprimer en nombre aléatoire.

range, *s.* : étendue, portée, champ; **- of acco-modation** : degré de l'accommodation; **- of audi-tibility** : champ d'audibilité; **- finder** : télémètre; **host -** : spectre d'activité; **- of vision** : étendue, portée de la vue.

ranine, *adj.* : ranin; **- artery** : artère ranine ; **- tumor** : ranule, grenouillette.

rankle, *v.* : s'envenimer, s'enflammer, s'ulcérer, être ulcéré.

Ransohoff's operation : discission de la plèvre.

ranula, *s.* : ranule, grenouillette (tumeur kystique sublinguale).

ranular, *adj.* : se rapportant à une ranule.

Ranvier's accessory plexus : plexus superficiel de la cornée; **- cells** : corpuscules de tissu conjonctif dans les tendons; **- membrane** : couche sépa-rant le derme de l'épiderme; **- nodes** : nodules de Ranvier; **- tactile discs** : terminaisons ner-veuses de Ranvier dans l'épiderme.

rape, *s.* : viol; **statutory -** : viol ainsi défini par la loi *(méd. légale)*.

raphania, *s.* : raphanie (maladie convulsive attri-buée à l'intoxication par les semences de *Rapha-nus raphanistrum* mêlées avec le blé; serait la forme convulsive de l'ergotisme).

raphe, *s.* : raphé.

rarefaction, *s.* : raréfaction; **- of bone** : raré-faction du tissu osseux.

rarefy, v. : raréfier, se raréfier.

raritas, s. (lat.) : rareté.

rasceta, s. (lat.) : rascette (lignes transversales de la surface palmaire du poignet).

rash, s. : éruption, efflorescences, exanthème, rash; **diaper -** : cf., **napkin rash; drug** or **medicinal -** : éruption iatrogénique, éruption médicamenteuse; **heat -** : strophulus; **napkin -** : efflorescence des nouveau-nés provoquée par les couches; **nettle -** : urticaire; **rose -** : roséole; **scarlet -** : éruption scarlatiforme; **serum -** : éruption sérique; **tonsillotomy -** : rash apparaissant deux ou trois jours après une amygdalotomie; **tooth -** or **teething -** : gourme.

Rasmussen's aneurysm : anévrisme de Rasmussen (petit anévrisme situé sur un rameau de l'artère pulmonaire et cheminant dans les parois des cavernes tuberculeuses).

raspatory, s. : râpe.

rasping, s. : raclage; **- murmur** : bruit de scie, de râpe, râpe (du cœur); **- sound** : bruit de frottement.

rat, s. : rat; **cotton -** : rat sigmodon (*Sigmodon hispidus hispidus*), réceptif au virus poliomyélitique; **- bite fever** : sodoku, fièvre par morsure de rat (maladie due au *Spirillum minus* ou à *Actinomyces muris*); **- control** : extermination des rats; **- proofing** : mise hors d'atteinte des rats; **- tail** : queue de rat; **- tail suture** : suture chirurgicale avec fibres de queue de rat remplaçant la soie ou le catgut.

rate, s. : 1. taux; **birth -** : natalité, taux de la natalité; **case -** : taux de morbidité; **death -** : mortalité, taux de mortalité; **mortality -** : cf., **case -; parasite -** : proportion, dans une population, des porteurs de parasites; **stillbirth -** : taux de mortinatalité; 2. vitesse; **blood sedimentation -,** or **erythrocytes sedimentation -** : vitesse de sédimentation ; **- of flow** : vitesse d'écoulement; **pulse -** : fréquence du pouls.

Rathke's duct : portion du canal de Müller (*embryol.*); **- columns** : poutrelles de Rathke (deux cartilages à l'extrémité crânienne de la notochorde); **- folds** : replis du mésoderme fœtal, qui formeront le cul-de-sac de Douglas; **- pouch** : poche de Rathke, poche hypophysaire; **- trabeculae** : poutrelles du crâne (précurseurs de la selle turcique).

raticide, s. : raticide.

rating scale : échelle, tableau gradué.

ratio, s. (lat.) : proportion, index, raison, rapport (*math.*); **A/G - (albumin/globulin -)** : rapport albumine/globuline; **hand -** : rapport entre la longueur de la main et sa largeur; **height-span -** : rapport entre la taille d'un malade et l'envergure de ses bras en extension latérale.

ration, s. : ration ; **emergency -** : ration de secours.

rational, adj. : rationnel.

rationale, s. : 1. raisonnement; 2. raisons fondamentales d'une action donnée.

ratoon stunting disease virus : rabougrissement du jet de la canne à sucre.

rattle, s. : râle; **death -** : râle de la mort; v. : râler.

Rau's process or **apophysis** : apophyse de Rau, apophyse longue, apophyse antérieure (marteau).

raucedo, s. (lat.) : raucité.

raucous, adj. : rauque; **- voice** : voix rauque, éraillée.

rave, v. : délirer, avoir le délire.

raving, s. : délire, divagation; adj. : délirant, en délire; **- lunatic** : fou furieux.

raw, adj. : cru; **- material** : matière première.

ray, s. : rai, rayon, radiation; **renal medullary -** : substance médullaire du rein.

Raynaud's disease : maladie ou syndrome de Raynaud; **- phenomenon** : troubles vaso-moteurs siégeant aux doigts dans la maladie de Raynaud.

re- : re-, préfixe signifiant encore.

reaching, s. : cf., **retching.**

reactant, s. : réactif (*chim.*).

reaction, s. : réaction (1. action contraire; 2. réponse d'un organe, d'un membre à un stimulus défini; 3. processus par lequel des corps chimiques se transforment en d'autres corps) ; **- blanching** : réaction d'extinction de Schultz (scarlatine); **cross -** : réaction croisée; **delayed -** : réaction retardée; **false -** : réaction faussement positive ou négative; **leukaemic -** : réaction leucémoïde; **pain -** : dilatation pupillaire due à la douleur; **paternity -** : épreuve de paternité.

reactivate, v. : réactiver.

reactivation, s. : réactivation (*sérol.*).

reactive, adj. : réactif (*phys., chim.*); **- movements** : mouvements réactionnels (*physiol.*).

reactivity, s. : réactivité.

reader's cramp : spasme des muscles oculaires, consécutif à une lecture prolongée.

reagent, s. : réactif; **- paper** : papier réactif.

reagin, s. : réagine.

reamer, s. : élargisseur.

reanimate, v. : réanimer.

reanimation, s. : réanimation, anabiose.

reanniling, s. : renaturation, remise sous forme bicaténaire (*génét.*).

rearrangement, s. : réarrangement (*génét.*).

Reaumur's thermometer : thermomètre Réaumur (1° R = 1,25° C = 2,65° F).

rebound, s. : ricochet.

rebreathing, s. : système d'anesthésie qui comporte la réutilisation de l'air expiré par le malade, réinhalation.

recalcification, s. : recalcification.

Recamier's operation : opération de Récamier, hystérectomie vaginale.

receding, s. : éloignement, recul; **- gums** : déchaussement des dents; adj. : qui s'éloigne, qui recule; **- chin** : menton effacé; **- forehead** : front fuyant.

receiver, *s.* : 1. récipient de condensation *(chim.)*; 2. cloche (à distillation, à vide); 3. bol *ou* gobelet qui sert à recevoir un produit médicinal.

receptacular, *adj.* : se rapportant à un réceptacle.

receptaculum, *s., plur.* **receptacula** *(lat.)* : réceptacle; **- chyli** *ou* **Pecqueti** : citerne de Pecquet; **- seminis** : cul-de-sac postérieur du vagin; **receptacula lacti** : sinus *ou* ampoule galactophore.

reception, *s.* : réception; **- center** : centre d'observation pour malades; **- order** : permis d'internement (aliéné); **faculty of -** : réceptivité, faculté de recevoir les impressions *(psych.)*.

receptive, *adj.* : réceptif.

receptiveness *or* **receptivity**, *s.* : réceptivité (facilité plus ou moins grande de l'organisme à se laisser envahir par l'infection).

receptor, *s.* : 1. récepteur; 2. terminaison nerveuse périphérique (dans la peau et les organes sensoriels); **stretch -** : récepteur fusiforme..

recess *or* **recessus**, *s.* : excavation, repli, enfoncement, fosse, dépression anatomique.

recession, *s.* : régression, recul; **- of the gums** : déchaussement des dents par régression gingivale.

recessive, *adj.* : récessif; **- character** : caractère récessif *(génét.)*.

recidivation, *s.* : récidive (apparition d'une maladie chez un individu qui a déjà souffert de cette même maladie).

recidivist, *s.* : récidiviste *(méd. légale, crimin.)*.

recipe *(lat.)* : 1. recipe, prenez, prendre (formule de début d'une ordonnance); 2. ordonnance.

recipient, *s.* : receveur; **universal -** : receveur universel.

reciprocal, *adj.* : 1. réciproque; **- reception** : emboîtement réciproque (articulation); 2. inverse (d'un nombre).

Recklinghausen's disease : 1. polyfibromatose; 2. ostéite fibrokystique.

reclination, *s.* : réclinaison (de la cataracte).

Reclus' disease : maladie de Reclus, maladie kystique de la mamelle.

recombinant, *s.* : recombinant *(génét.)*.

recombination, *s.* : recombinaison *(génét.)*.

reconstituent, *s. adj.* : reconstituant.

record, *s.* : 1. enregistrement; **matter of -** : fait enregistré; 2. mention, note; **- of a case** : observation, dossier (du malade); *v.* : enregistrer, consigner, prendre acte; **to - an observation** : faire une note d'une observation.

recovery, *s.* : réveil, guérison, rétablissement; **the patient is on the way to -** : le malade est en bonne voie de guérison; **to be past -** : être dans un état désespéré; **- room** : salle de réveil, de réanimation.

recrement, *s.* : récrément (ensemble des déchets de fonctionnement et des produits de sécrétion qui demeurent dans l'économie).

recrementitious, *adj.* : récrémenteux, récrémentitiel.

recrudescence, *s.* : recrudescence (aggravation d'une maladie, après une rémission temporaire).

recrudescent, *adj.* : recrudescent.

recruitment, *s.* : 1. recrutement (audiométrie); 2. augmentation maximale d'un réflexe en réponse à une stimulation prolongée.

rectal, *adj.* : rectal; **- crises** : crises de douleurs rectales et de ténesme dans l'ataxie locomotrice; **- injection** : lavement.

rectalgia, *s.* : proctalgie, névralgie rectale.

rectification, *s.* : rectification, redressement *(chim., chir.)*.

rectified, *adj.* : purifié, raffiné.

rectifier, *s.* : rectificateur, redresseur.

rectitis, *s.* : rectite (inflammation du rectum).

recto- : recto-, préfixe dénotant un rapport avec le rectum.

rectocele, *s.* : rectocèle, colpocèle postérieur (saillie du rectum dans le vagin dont il repousse la paroi postérieure).

rectoclysis, *s.* : proctoclyse continue, goutte-à-goutte rectal.

rectococcypexia *or* **rectococcypexy**, *s.* : rectococcypexie (fixation du rectum au tissu fibreux qui entoure le coccyx).

rectocolitis, *s.* : rectocolite (inflammation simultanée du rectum et du côlon).

rectocystotomy, *s.* : cystotomie par voie rectale.

rectofistula, *s.* : fistule du rectum.

rectolabial, *s.* : se rapportant au rectum et à la vulve.

rectoperineorrhaphy, *s.* : chirurgie plastique du rectum et du périnée.

rectopexia *or* **rectopexy**, *s.* : rectopexie (suspension du rectum aux parois du bassin préconisée pour la cure des prolapsus du rectum).

rectoplasty, *s.* : *cf.*, **proctoplasty.**

rectoromanoscope, *s.* : rectoscope (variété d'endoscope destiné à examiner le rectum et l'anse sigmoïde).

rectorrhaphy, *s.* : réparation chirurgicale du rectum.

rectosigmoidectomy, *s.* : ablation du rectum et de l'anse sigmoïde.

rectoscope, *s.* : rectoscope, endoscope rectal.

rectoscopy, *s.* : rectoscopie (examen de la cavité rectale).

rectosigmoidoscopy, *s.* : rectosigmoïdoscopie (examen du rectum et de l'anse sigmoïde).

rectostenosis, *s.* : sténose du rectum.

rectostomy, *s.* : *cf.*, **proctostomy.**

rectotome, *s.* : bistouri pour rectotomie.

rectotomy, *s.* : rectotomie (incision du rectum).

rectum, *s.* : rectum.

rectus, *s. (lat.)* : droit (*cf.*, **musculus**).

recumbent, *adj.* : couché, étendu, récliné.

recuperate, *v.* : 1. rétablir, guérir; 2. se remettre, se rétablir.

recuperation, *s.* : rétablissement, guérison.

recuperative, *adj.* : 1. (pouvoir) de rétablissement; 2. (remède) restauratif, réparateur, régénérateur.

recurrence, *s.* : récurrence, récidive.

recurrent, *adj.* : 1. récurrent, périodique; **- fever** : fièvre récurrente; 2. récurrent (*anat.*); **- artery** : recurrent, artère récurrente.

recurring, *adj.* : périodique, se reproduisant.

recurvation, *s.* : acte de recourber en arrière.

red, *s., adj.* : rouge; **- blind** : atteint d'anérythropsie ; **- blindness** : anérythropsie, daltonisme; **- gum** : strophulus; **- nucleus** : noyau rouge de Stilling; **- out** : situation se produisant pendant l'acrobatie aéronautique durant laquelle le pilote voit tout en rouge; **- reflex** : reflet rouge de la rétine (ophtalmoscopie); **- water** : hématurie (*vétér.*).

redistillation, *s.* : redistillation, rectification.

redresser, *s.* : redresseur.

redressement *or* **redressment,** *s.* : redressement (1. correction d'une difformité; 2. mise en place d'un membre luxé); **- forcé** (*fr.*) : redressement forcé.

reduce, *v.* : réduire (1. remettre en place un os luxé ou fracturé, un organe déplacé; 2. désoxygéner [*chim.*]); 3. maigrir.

reduced, *adj.,* : réduit (*chir., chim.*).

reducible, *adj.* : réductible.

reducing, *adj.* : réducteur, amaigrissant; **- agent** : réducteur (*chim.*), affaiblisseur (*phot.*); **- diet** : régime amaigrissant.

reductase, *s.* : réductase.

reduction, *s.* : 1. réduction, amaigrissement; **- of a swelling** : résolution d'une tuméfaction; **delayed -** : réduction retardée; 2. réduction (d'une fracture); **closed -** : réduction par voie non sanglante; **open -** : réduction par voie sanglante; 3. réduction, désoxydation (*chim.*).

reductor, *s.* (*lat.*) : instrument pour faire une réduction (*chir.*).

redundancy, *s.* : redondance.

redundant, *adj.* : redondant.

reduplication, *s.* : duplication, doublement; **- of the heart-sounds** : redoublement des bruits du cœur.

redux, *adj., s.* (*lat.*) : redux, de retour; **- rale** : râle de retour; **- chancre** : chancre redux.

reed, *s.* : abomasum (quatrième estomac des ruminants [*vétér.*]).

re-education, *s.* : rééducation.

reel (cerebellar) : titubation, chancellement (symptomatique des maladies du cervelet, surtout des tumeurs).

referred pains : irradiations douloureuses.

refill, *s.* : recharge, ampoule de rechange.

refine, *v.* : raffiner, purifier.

reflected, *adj.* : réfléchi, projeté, replié (*anat.*); **- light** : lumière réfléchie; **- wave** : onde réfléchie.

reflection, *s.* : 1. réflexion (*opt.*); **study of -** : catoptrique; 2. se dit des plis d'une membrane (péritoine); **point of - of a curve** : point de rebroussement d'une courbe.

reflector, *s.* : réflecteur, appareil à surface réfléchissante.

reflex, *s.* : réflexe; **Achilles** *or* **heel-tap -** : réflexe achilléen; **ankle -** : clonus du pied; **behaviour** *or* **conditioned -** : réflexe conditionné; **biceps -** : réflexe bicipital; **chin -** : réflexe mentonnier; **conditioned -** : cf., **behaviour -**; **consensual** *or* **crossed -** : réflexe consensuel; **corneal -** : réflexe cornéen; **cremasteric -** : réflexe crémastérien; **faucial -** : réflexe pharyngé; **gag -** : haut-le-cœur; **gluteal -** : réflexe fessier *ou* glutéal; **grasping -** : réflexe de préhension; **Haab's pupil -** : réflexe de Haab, réflexe idiomoteur *ou* de l'attention; **knee** *or* **patellar -** : réflexe patellaire *ou* rotulien; **mass -** : réflexe total; **palatal, palatine** *or* **swallowing -** : réflexe de déglutition; **pupillary** *or* **attention -** : réflexe pupillaire; **triceps -** : réflexe tricipital, réflexe olécranien; **unconditioned -** : réflexe absolu *ou* inconditionnel; **winking** *or* **blinking -** : réflexe palpébral; **wrist -** : réflexe cubito-pronateur.

reflexa, *s.* (*lat.*) : caduque ovulaire *ou* réfléchie (*obstét.*).

reflexogenic, *adj.* : réflexogène (qui détermine un réflexe).

reflexograph, *s.* : instrument pour mesurer et enregistrer graphiquement les réflexes rotuliens et tendineux.

reflexometer, *s.* : instrument pour mesurer la force requise pour produire le réflexe myotatique.

reflexophile, *adj.* : caractérisé par l'activité des réflexes.

reflexotherapy, *s.* : réflexothérapie (forme de thérapeutique basée sur l'excitation des régions périphériques).

reflux, *s.* : reflux.

refract, *v.* : 1. réfracter; 2. courber en arrière; mesure des vices de réfraction oculaire.

refracting, *adj.* : réfringent, réfractif, réfractant, réfracteur; **doubly -** : biréfringent; **- optical system** : dispositif optique à réfraction.

refraction, *s.* : réfraction (1. acte de courber en arrière; 2. déviation d'un rayon lumineux; 3. réfraction oculaire [degré, troubles]; 4. correction des troubles de la réfraction oculaire); **double -** : biréfringence; **- error** : trouble de réfraction (*ophtal.*); **index of -** : indice de réfraction.

refractive, *adj.* : réfractif, réfringent; **- index** : indice de réfraction; **- power** : réfringence.

refractivity, *s.* : réfringence.

refractometer, *s.* : réfractomètre (1. pour mesurer l'indice de réfraction oculaire; 2. pour mesurer l'indice de réfraction des liquides).

refractor, s. : 1. milieu réfringent; 2. dispositif réfringent, lentille, loupe.

refractory, adj. : réfractaire (1. au traitement; 2. à la chaleur); opiniâtre.

refracture, s. : fracture d'os fracturés mal soudés.

refresh, v. : aviver les bords d'une plaie.

refreshing, s. : avivement (d'une plaie).

refrigerant, s., adj. : réfrigérant (abaisseur de température [méd.]).

refrigeration, s. : réfrigération.

refringency, s. : réfringence.

refrigerator, s. : réfrigérateur; **deep freeze -** : congélateur, réfrigérateur à très basse température (—20°, —30° C).

refringent, adj. : réfringent.

Refsum's disease : maladie de Refsum.

refuse, s. : détritus, déchets.

refusion, s. : opération consistant à prélever le sang et à le réinjecter.

regenerate, v. : régénérer.

regeneration, s. : régénération (méd., chim.).

regimen, s. : régime (mode de vie prescrit par le médecin et convenant au malade).

region, s. : région.

regional, adj. : régional; **- anatomy** : anatomie topographique.

register, s. : registre (de la voix), étendue (de la voix).

registrar, s. : 1. médecin des hôpitaux de grade entre chef de service consultant et interne; 2. archiviste.

registration, s. : enregistrement, inscription (naissances, décès, etc.).

regression, s. : 1. régression (retour d'un tissu ou d'un organe à une des phases antérieures de son évolution); 2. rétrogression.

regressive, adj. : régressif.

regular, adj. : régulier.

regulation, s. : 1. réglage; 2. régulation (génét.).

regulator, adj. : régulateur (génét.)

regurgitant, adj. : régurgitant.

regurgitate, v. : 1. régurgiter, regorger; 2. refluer, regorger.

regurgitation, s. : régurgitation (1. des aliments dans la bouche; 2. du sang dans le cœur ou les gros vaisseaux).

rehabilitation, s. : rééducation professionnelle, réadaptation, réhabilitation.

rehydration, s. : réhydratation.

Reichert's canal : canalis reuniens de Hensen (oreille interne); **- membrane** : membrane de Bowman (cornée).

Reichmann's disease : maladie ou syndrome de Reichmann, gastrosuccorrhée; **- sign** : présence dans l'estomac à jeun d'une quantité de matières alimentaires très acide, symptomatique de gastrosuccorrhée et de sténose du pylore.

Reil's ansa : couronne rayonnante de Reil (couche optique); **- covered band** : 1. fibres longitudinales du trigone cérébral; 2. bandelette ansi-forme (cœur); **island of -** : lobe de l'insula; **- line** : bord circonférentiel (cervelet); **- sulcus** : sillon circulaire, sillon de Reil.

reimplantation, s. : réimplantation.

reinfection, s. : réinfection.

reinforcement, s. : renforcement.

reinnervation, s. : greffe d'un nerf dans un muscle paralysé.

reinoculation, s. : réinoculation.

reinversion, s. : remise en place d'un utérus inversé par pression sur le fond.

Reissner's canal : canal cochléaire, limaçon membraneux (oreille interne); **- membrane** : membrane de Reissner (canal cochléaire).

Reiter's disease : maladie ou syndrome de Reiter, pseudo-gonococcie entéritique, syndrome de Fiessinger et Leroy, syndrome oculo-urétro-synovial.

rejection, s. : rejet (d'une greffe, etc.).

rejuvenescence, s. : rajeunissement, revivification.

relapse, s. : rechute.

relapsing fever : fièvre récurrente.

relation, s. : 1. relation, rapport; 2. parenté; 3. position relative des parties du corps (anat.).

relax, v. : 1. relâcher, détendre; 2. se relâcher, se détendre.

relaxant, s., adj. : relâchant, laxatif, médicament relaxant.

relaxation, s. : relâchement, détente, relaxation, repos, décontraction.

relaxed, adj. : relâché, relaxé; **- throat** : pharyngite subaiguë.

releaser, s. : libérateur.

reliable, adj. : fiable, éprouvée (une technique).

reliability, s. : fiabilité.

relief, s. : soulagement, allégement, secours; **- incision** : incision pour abaisser la tension.

rem (Roentgen equivalent for man) : rem (unité de radiation absorbée en radiothérapie).

Remak's (Robert) band : cylindraxe (fibre nerveuse); **- fibre** : fibres de Remak, fibres amyéliniques; **- layer** : couche fibreuse interne longitudinale de l'intima des grosses artères; **- type of palsy** : syndrome de Remak, paralysie radiculaire moyenne du plexus brachial.

remedial, adj. : curatif.

remedy, s. : remède; **New and Nonofficial -, N.N.R.** : codex américain; v. : remédier.

remission, s. : rémission, rémittence.

remittent, adj. : rémittent.

removal, s. : enlèvement, suppression (d'un mal), ablation (d'une tumeur).

remove, v. : enlever, opérer l'ablation (chir.).

renal, adj. : rénal; **- apoplexy** : ischurie; **- calculus** : calcul rénal; **- inadequacy** : insuffisance rénale.

renaturation, s. : renaturation (génét.).

Rendu's tremor : tremblement hystérique provoqué *ou* accru par des mouvements volontaires.

Rendu-Osler-Weber's disease : maladie de Rendu-Osler, angiomatose hémorragique familiale.

reniform, *adj.* : réniforme, en forme de rein.

renin, *s.* : rénine (substance hypertensive extraite de la corticale des reins).

reniportal, *adj.* : se rapportant : 1. au hile du rein; 2. à la circulation des capillaires veineux du rein.

renipuncture, *s.* : ponction de la capsule du rein.

renitis, *s.* : inflammation du rein.

rennet or **rennin,** *s.* : présure.

reorganization, *s.* : 1. réorganisation; 2. réparation (d'un tissu).

reovirus (respiratory and enteric origin), *s.* : réovirus.

repair, *s.* : réparation, cicatrisation; **dark - system** : système de réparation à l'obscurité *(génét.)*.

repatency, *s.* : réouverture d'un organe, d'un vaisseau; **- of a vessel** : après ligature, réouverture de la lumière d'un vaisseau ligaturé.

repellent, *adj.* : 1. répulsif; **- force** : force répulsive; 2. déclenchant la résolution d'un état morbide; *s.* : produit révulsif; **insect -** : enduit protégeant contre les insectes; **water -** : enduit hydrofuge.

repercolation, *s.* : percolation répétée.

repercussion, *s.* : 1. répercussion, contrecoup; 2. dispersion d'une tumeur, d'une éruption.

repercussive, *s.* : médicament déclenchant la résolution des processus morbides; *adj.*, cf., **repellent** (2).

replacement transfusion : exsanguino-transfusion.

replanation, *s.* : replantage, replantement.

repletion, *s.* : réplétion, plénitude d'estomac.

replicase, *s.* : réplicase.

replication, *s.* : 1. plicature double d'un organe; 2. réplication, duplication; **sequential -** : réplication séquentielle (à partir d'un point) *(génét.)*.

replicon or **duplicon,** *s.* : réplicon (unité de réplication [génét.]).

report, *s.* : rapport; *v.* : rapporter, relater, signaler; **to - sick** : se faire porter malade.

reposition, *s.* : remise en position normale (luxation, hernie, utérus).

repressed, *adj.* : réprimé *(génét.)*.

repressible, *adj.* : répressible *(génét.)*.

repression, *s.* : 1. refoulement *(psych.)*; 2. répression *(génét.)*.

repressor, *s.* : répresseur *(génét.)*.

reprint, *s.* : tiré à part.

repoussoir, *s.* : repoussoir *(stom.)*.

reproduction, *s.* : reproduction; **asexual -** : reproduction asexuée; **endogenous -** : reproduction endogène; **sexual -** : reproduction sexuée.

reproductive, *adj.* : reproductif, reproducteur; **- organs** : organes reproducteurs.

repullulation, *s.* : récidive d'une excroissance morbide.

repulsion, *s.* : répulsion (1. acte de repousser; 2. influence tendant à séparer).

repulsive, *adj.* : répulsif.

repulsiveness, *s.* : force répulsive.

research, *s.* : recherche; **- department** : service de recherches, bureau d'études; **scientific -** : recherche scientifique; **to do -,** *v.* : faire des recherches.

resect, *v.* : réséquer *(chir.)*.

resection, *s.* : résection *(chir.)*; **- of a joint** : résection articulaire.

reservoir, *s.* : réservoir; **- of Pecquet** : citerne de Pecquet; **virus -** : réservoir de virus.

residual, *s.* : résidu; *adj.* : résiduel, résiduaire; **- air** : air résiduel.

residue, *s.* : résidu.

residuum, *s.* *(lat.)* : 1. résidu; 2. nom donné par Behring à la masse de bacilles de Koch servant à la fabrication de la tuberculine.

resilience, *s.* : 1. élasticité; 2. réaction saine.

resilient, *adj.* : élastique; **- stricture** : stricture se contractant immédiatement après la dilatation.

resin, *s.* : résine; **ion exchange -** : résine échangeuse d'ions; **polyacrylic acid -** : résine utilisée pour le traitement de l'œdème.

resina, *s.* : colophane.

resinoid, *adj.* : résinoïde.

resinous, *adj.* : résineux; **to become -** : se résinifier.

resistance, *s.* : résistance; **acquired -** : résistance acquise; **bacterial -** : résistance bactérienne; **- coil** : bobine de résistance; **- factor (RF)** : facteur de résistance; **field -** : rhéostat de champ; **natural -** : résistance naturelle; primitive; **penicillin -** : pénicillino-résistance; **peripheral -** : résistance périphérique à la circulation sanguine; **- transfer factor** : facteur du transfert de la résistance aux antibiotiques.

resolution, *s.* : résolution.

resolve, *v.* : résoudre *(méd., chim.)*.

resolvent, *s., adj.* : résolvant, résolutif.

resolving power : pouvoir séparateur d'un objectif.

resonance, *s.* : résonance; **tympanic -** : son tympanique.

resonant, *adj.* : résonant.

resonator, *s.* : résonateur.

resorb, *v.* : résorber.

resorbent, *s.* : agent résorbant; *adj.* : résorbant, favorisant la résorption.

resorcin, *s.* : résorcine *(chim.)*.

resorcinism, *s.* : état toxique produit par l'abus de la résorcine.

resorption, *s.* : résorption (disparition partielle *ou* totale d'un organe ou d'un produit pathologique solide, liquide ou gazeux, dont les éléments sont repris par la circulation sanguine *ou* lymphatique).

resort, *s.* : lieu de séjour; **summer -** : lieu de séjour d'été, de vacances, station estivale; **health -** : lieu de cure.

respirable, *adj.* : respirable, capable de respirer.

respiration, *s.* : respiration; **hissing -** : respiration sibilante; **jerking, interrupted** *or* **cog wheel -** : respiration saccadée.

respirator, *s.* : respirateur, masque respirateur.

respiratory, *adj.* : respiratoire ; **- disorders** : troubles de la ventilation; **- syncytial virus** : virus syncytial respiratoire.

respire, *v.* : respirer.

respirometer, *s.* : appareil pour déterminer les caractéristiques de la respiration.

response, *s.* : réponse, réaction; **triple -** : réaction triple après injection d'histamine.

responsibility, *s.* : responsabilité *(méd. légale).*

rest, *s.* : 1. repos; **- cure** : cure de repos, stabulation; 2. résidu, reste; **embryonic -** : résidu fœtal; *v.* : 1. reposer, se reposer; 2. rester, demeurer.

restibrachium, *s. (lat.)* : pédoncule cérébelleux inférieur.

restiform, *adj.* : restiforme; **- body** : corps restiforme (partie externe du pédoncule cérébelleux inférieur).

restis, *s. (lat.)* : corps restiforme.

restitutio ad integrum *(lat.)* : retour à la santé, à l'état normal.

restitution, *s.* : 1. restitution; 2. rotation de la tête fœtale à la naissance *(obstét.).*

restless legs : syndrome des jambes sans repos.

restlessness, *s.* : inquiétude, insomnie, nervosité.

restorative, *s., adj.* : reconstituant, fortifiant.

restore, *v.* : restaurer.

restraining, *s.* : restriction, contrainte; **- apparatus** : moyen de contention *(vétér.).*

restraint, *s.* : 1. contrainte, restriction, entrave; 2. contrainte par corps, interdiction (d'un aliéné); **lunatic under -** : aliéné interdit; **mechanical -** : contrainte des aliénés par moyens mécaniques; **medicinal -** : contrainte des aliénés par l'emploi des narcotiques et des sédatifs.

restringent, *s. adj.* : astringent.

resupinate, *adj.* : résupiné *(bot.),* retourné.

resuscitate, *v.* : 1. ressusciter, faire revivre, réanimer; 2. ressusciter, revenir à la vie.

resuscitation, *s.* : ressuscitation, réanimation.

resuscitator, *s.* : réanimateur.

retardation, *s.* : retardement, retard.

retarder, *s.* : 1. retardateur, ralentisseur; 2. retardateur, modérateur *(phot.).*

retarding, *adj.* : retardateur, en retard, différé; **- ague** : forme de fièvre dont le paroxysme retarde tous les jours d'une heure.

retch, *s.* : effort pour vomir, haut-le-cœur; *v.* : faire des efforts pour vomir, avoir des haut-le-cœur.

retching, *s.* : vomituration, effort pour vomir, haut-le-cœur.

rete, *s.,* plur. **retia** *(lat.)* : réseau; **- Halleri** *or* **- vasculosum testis** : rete testis, réseau testiculaire, réseau de Haller; **- majus** : grand épiploon; **- Malpighii** : couche muqueuse de Malpighi.

retentio mensium : rétention des règles (par atrésie des voies génitales).

retention, *s.* : 1. rétention (acte de retenir une sécrétion; accident ou état consécutif à la rétention d'une sécrétion ou d'un produit); 2. contention; **- of a fracture in position** : contention d'une luxation; **- of urine** : rétention d'urine.

retial, *adj.* : se rapportant à, de la nature d'un réseau.

reticle, *s.* : réticule *(opt.).*

reticula, *s. (lat.)* : formation réticulaire de la moelle.

reticular, *adj.* : réticulaire, en réseau; **- formation** : formation réticulaire de la moelle; **- lamina** : membrane recouvrant l'organe de Corti; **- layer of the skin** : couche réticulaire (peau); **- tissue** : stroma du tissu glandulaire, tissu glandulaire, tissu conjonctif.

reticulated, *adj.* : réticulé, rétiforme.

reticulitis, *s.* : réticulite.

reticulocyte, *s.* : réticulocyte, hématie granuleuse, hématie granulo-réticulo-filamenteuse.

reticulocytosis, *s.* : réticulocytose (présence dans le sang de réticulocytes en plus ou moins grande abondance, caractérisant diverses variétés d'anémie).

réticulo-endothelial system : système réticulo-endothélial.

reticulo-endothelioma, *s.* : réticulo-endothéliome (néoformation développée aux dépens du tissu réticulo-endothélial).

reticulo-endotheliosis, *s.* : réticulo-endothéliose, réticulose, histiocytose, histiocytomatose.

reticulo-endothelium, *s.* : réticulo-endothélium.

reticuloma, *s.* : réticulome.

reticulose, *adj.* : réticulé.

reticulum, *s.,* plur. **reticula** *(lat.)* : 1. réseau, réticulum, tissu réticulé; 2. réseau, réticulum, bonnet (second estomac des ruminants).

retiform, *adj.* : réticulaire, réticulé.

retina, *s.* : rétine; **detachment of the -** : décollement de la rétine; **epilepsy of -** : migraine ophtalmique; **leopard, tiger** *or* **tigroid -** : aspect de la rétine dans la rétinite pigmentaire chronique.

retinaculum, *s.,* plur. **retinacula** *(lat.)* : ligament, bande, membrane (soutenant un organe, un membre).

retinal, *adj.* : rétinien, de la rétine; **- apoplexy** : hémorragie de la rétine; **- image** : image rétinienne ; **- ischemia** : anémie de la rétine ; **- purple** : pourpre rétinien.

retinitis, *s.* : rétinite (nom générique de toutes les inflammations de la rétine); **- albuminurica** : rétinite albuminurique; **diabetic** *or* **glycosuric -** : rétinite diabétique; **- pigmentosa** : rétinite pigmentaire; **syphilitic -** : rétinite syphilitique.

retinochoroiditis, *s.* : choriorétinite (inflammation de la choroïde et de la rétine).

retinocytoma, *s.* : rétinocytome, gliome de la rétine.

retinoid, *adj.* : d'aspect résineux.

retinopapillitis, *s.* : inflammation de la rétine et des papilles optiques.

retinopathy, *s.* : toute maladie de la rétine, rétinite.

retinophotoscopy, *s.* : *cf.,* **retinoscopy.**

retinoscopy, *s.* : rétinoscopie, ophtalmoscopie.

retinosis, *s.* : rétinose (affection dégénérative non inflammatoire de la rétine).

retort, *s.* : cornue, colonne à distiller *(chim.).*

retract, *v.* : rétracter, tirer, écarter (les lèvres d'une plaie).

retractile, *adj.* : rétractile.

retractility, *s.* : rétractilité.

retraction, *s.* : rétraction; **clot -** : rétraction du caillot de sang; **- of the nipple** : rétraction du mamelon; **systolic -** : dépression systolique du sternum.

retractor, *s.* : 1. muscle rétracteur; **eyelid -** : releveur de la paupière; 2. rétracteur, écarteur *(chir.)* ; **hook -** : écarteur à crochet; **self-retaining -** : rétracteur automatique; **toothed -** : rétracteur à griffe.

retrahens aurem : (muscle) rétracteur de l'oreille.

retro- : rétro-, préfixe signifiant derrière, en arrière, dos.

retroact, *v.* : réagir.

retroaction, *s.* : réaction, contre-coup.

retrobulbar neuropathy : névrite optique rétrobulbaire.

retroclusion, *s.* : mode d'hémostase par blocage de l'artère à l'aide d'une aiguille.

retrocollis, *s.* : rétrocolis (variété de torticolis dans laquelle la tête est rejetée en arrière par suite de la contracture des muscles de la nuque).

retrodeviation *or* **retrodisplacement,** *s.* : rétrodéviation.

retroflexion, *s.* : rétroflexion.

retrogradation, *s.* : dégénérescence, régression.

retrograde, *s.* : dégénéré ; *adj.* : rétrograde ; **- metabolism** : catabolisme; **- pyelogram** : pyélogramme rétrograde.

retrogression, *s.* : 1. dégénérescence; 2. régression; 3. rétrocession (d'une éruption).

retro-infection, *s.* : infection de la mère par le fœtus *in utero.*

retromorphosis, *s.* : catabolisme.

retroperitoneal fibrosis : fibrose rétropéritonéale.

retroperitoneum, *s.* : espace rétropéritonéal.

retroperitonitis, *s.* : rétropéritonite.

retropharyngeal, *adj.* : rétropharyngien.

retropharynx, *s.* : espace rétropharyngien.

retroposition, *s.* : rétroposition de l'utérus (déplacement en totalité de l'utérus en arrière).

retropulsion, *s.* : rétropulsion (1. action de repousser; 2. tendance des parkinsoniens à accélérer de plus en plus leur marche en arrière lorsqu'ils ont commencé à reculer).

rétrospection, *s.* : rétrospection.

retrostalsis, *s.* : inversion du péristaltisme.

retrovaccination, *s.* : rétrovaccination (régénération du vaccin par inoculation de vaccin humain à la génisse).

retroversion, *s.* : rétroversion ; **- of uterus** : rétroversion de l'utérus.

Retzius' capsule : feuillet inférieur de l'aponévrose périnéale moyenne; **- fibers** : filaments rigides des cellules de Deiters (organe de Corti); **- ligament** : feuillet superficiel de la lame supérieure du ligament annulaire antérieur du tarse; **- space** : cavité de Retzius, espace prévésical; **- veins** : veines anastomotiques entre les veines mésentériques et la veine cave inférieure.

reunion, *s.* : réunion; **- of wound** : réunion (des lèvres d'une plaie), cicatrisation.

Reverdin's method for skin-grafting : greffe de Reverdin.

reversal, *s.* : 1. renversement; **- of polarity** : renversement de polarité; 2. inversion *(phot., électr.)*; **- positive** : positif par inversion.

reverse, *s.* : retourné (manœuvre destinée à assurer la parfaite application d'une bande de pansement); *adj.* : inverse, contraire, opposé ; **- mutation** : mutation réverse *(génét.)*; *v.* : inverser.

reversibility, *s.* : reversibilité, possibilité d'un retour à un état antérieur.

reversible, *adj.* : réversible.

reversion, *s.* : réversion (1. anomalie réversive *[anthrop.]*; 2. retour *[biol.]*; réversion *[génét.]*; **- to type** : réversion au type primitif; 3. nouvelle poussée exanthémateuse survenant dans les fièvres éruptives, peu après la disparition du premier exanthème).

reversionary, *adj.* : atavique.

revert, *v.* : revenir, retourner, réverser *(génét.)*; **to - to type** : revenir au type primitif.

Révilliod's sign : signe de Charles Bell.

revitalization, *s.* : revivification.

revive, *v.* : 1. ressusciter, revenir à la vie; 2. faire revivre, ressusciter, réanimer (quelqu'un); 3. revivifier *(chim.).*

revivescence, *s.* : reviviscence *(zool.).*

revivification, *s.* : 1. revivification *(psych. chir.)*; 2. réduction *(chim.).*

revulsant, s., adj. : révulsif.

revulsion, s. : révulsion.

revulsive, s., adj. : révulsif.

revulsor, s. : 1. appareil pour produire la révulsion par l'alternance du chaud et du froid; 2. appareil muni d'aiguilles pour déclencher la révulsion.

Reybard's suture : mode de suture non continue pour blessures intestinales.

Rh (or **rhesus**) **factor** : facteur rhesus, facteur Rh.

rH or **rH index** : indice rH₂, coefficient d'oxydoréduction.

Rhabditis, s. : Rhabditis (nématode de la famille des anguillulidés).

rhabdium, s. : fibre de muscle strié.

rhabdocyte, s. : granulocyte.

rhabdoid, adj. : en forme de tige; **- suture** : suture sagittale (pariétal).

rhabdomyoma, s. : rhabdomyome (myome à fibres striées).

rhabdomyosarcoma, s. : rhabdomyosarcome.

Rhabdonema, s. : genre de nématode.

rhabdophobia, s. : 1. peur morbide des coups; 2. peur suscitée par la vue d'un bâton.

rhabdovirus, s. : rhabdovirus.

rhacoma, s. : 1. excoriation, déchirure, crevasse, gerçure; 2. scrotum penduleux.

rhacous, adj. : lacéré, ridé.

rhagadia or **rhagades,** s. : rhagade, crevasse.

rhagadiformis, adj. : crevassé.

rhagoid, adj. : en forme de grappe.

rhamma, s. : suture.

rhenium, s. : rhénium.

rheo- : rhéo, préfixe dénotant un rapport avec le courant.

rheobasis, s. : rhéobase (le plus faible courant à début brusque capable d'exciter).

rheochord, s. : cf., **rheostat.**

rheogram, s. : rhéogramme.

rheology, s. : rhéologie.

rheometer, s. : 1. galvanomètre; 2. appareil pour mesurer la vitesse du courant sanguin.

rheophore, s. : rhéophore (nom donné aux fils qui réunissent la source d'électricité aux électrodes).

rheoscope, s. : galvanoscope.

rheostat, s. : rhéostat.

rheotachygraphy, s. : enregistrement de la courbe montrant la variation de l'action électromotrice des muscles.

rheotaxis, s. : rhéotaxie (réaction d'un organisme vis-à-vis d'un courant liquide, soit qu'il suive, soit qu'il remonte le courant).

rheotome, s. : rhéotome, coupe-circuit.

rheotrope, s. : rhéotrope, commutateur, inverseur de courant.

rheotropism, s. : cf., **rheotaxis.**

Rhesus factor (Rh) : facteur rhesus (Rh).

rheumarthritis or **rheumarthrosis,** s. : rhumatisme articulaire aigu.

rheumatalgia, s. : douleur rhumatismale.

rheumatic, s. : rhumatisant; adj. : rhumatismal; **- diathesis** : diathèse rhumatismale; **- fever** : rhumatisme articulaire aigu, fièvre rhumatismale.

rheumatism, s. : rhumatisme; **acute articular -** : rhumatisme articulaire aigu, maladie de Bouillaud; **chronic -** : rhumatisme chronique; **gonorrheal -** : rhumatisme blennoragique; **inflammatory -** : rhumatisme articulaire aigu; **muscular -** : douleurs musculaires, avec ou sans pyrexie, accompagnées de symptômes rhumatismaux; **synovial -** : trouble rhumatismal des membranes synoviales, avec accumulation de sérosité; **tuberculous -** : rhumatisme de Poncet (variété de rhumatisme dû à la forme inflammatoire de la tuberculose).

rheumatismal, adj. : rhumatismal; **- œdema** : rhumatisme accompagné d'œdème sous-cutané douloureux.

rheumatocelis, s. : association de purpura et de rhumatisme.

rheumatodynia, s. : douleur rhumatismale sourde.

rheumatoid, adj. : rhumatoïde; **- arthritis** : rhumatisme chronique déformant, rhumatisme articulaire, polyarthrite rhumatoïde; **- factor** : facteur rhumatoïde, protéine C réactive.

rheumatosis, s. : polysérite rhumatismale avec endocardite.

rheumotorrhea, s. : ororrhée d'origine rhumatismale.

rheumic, adj. : se rapportant à un rhume, à un écoulement, chassieux.

rheumodontalgia, s. : odontalgie d'origine rhumatismale.

rheumoparotiditis, s. : parotidite rhumatismale.

rheumophthalmia, s. : ophtalmie d'origine rhumatismale.

rheumorchitis, s. : orchite d'origine rhumatismale.

rheumotorrhea, s. : otorrhée d'origine rhumatismale.

rheumotylus, s. : cal d'origine rhumatismale.

rhexis, s. : rupture d'un vaisseau, d'un organe.

Rh factor : facteur Rh.

rhicnosis, s. : froncement de la peau consécutif à l'atrophie musculaire.

rhigos, s. : cf., **rigor.**

rhin- ou **rhino-** : rhin-, rhino-, préfixe dénotant un rapport avec le nez.

rhinaesthesia or **rhinesthesia,** s. : sens de l'odorat.

rhinal, adj. : siégeant dans le nez, se rapportant au nez.

rhinalgia, s. : douleur dans le nez.

rhinantralgia, s. : douleur siégeant dans les cavités nasales.

rhinedema, *s.* : œdème nasal.

rhinelcos, *s.* : rhinelcose (ulcération d'une narine).

rhinencephalia, *s.* : monstruosité caractérisée par une élongation du nez.

rhinencephalic, *adj.* : 1. se rapportant à un rhinencéphale; 2. se rapportant au lobe olfactif.

rhinencephalon, *s.* : lobe olfactif, rhinencéphale.

rhinencephalus, *s.* : rhinencéphale, rhinocéphale (monstre cyclocéphalien dont l'appareil nasal est représenté par une trompe qui s'insère au bas du front).

rhinenchysis, *s.* : douche des voies nasales.

rhinenchyta, *s.* : seringue nasale.

rhinesthesia, *s.* : sens de l'odorat.

rhineurynter, *s.* : appareil pour insufflations nasales.

rhinhaematoma *or* **rhinhematoma,** *s.* : hématome nasal.

rhiniatry, *s.* : *cf.,* **rhinology.**

rhinic, *adj.* : nasal.

rhinion, *s.* : rhinion, point inférieur de la suture des os du nez.

rhinism *or* **rhinismus,** *s.* : voix nasale.

rhinitis, *s.* : rhinite, coryza; **acute -** : rhinite aiguë ; **atrophic -** : rhinite atrophiante, atrophique *ou* chronique fétide; **chronic -** : rhinite chronique hypertrophique ; **fibrinous -** : forme rare de rhinite, caractérisée par la présence de fausses membranes dans le nez; **vasomotor -** : rhume des foins.

rhino- : rhino-, préfixe dénotant un rapport avec le nez.

rhino-antritis, *s.* : affection caractérisée par une rhinite et une antrite.

rhinoblennorrhea : *cf.,* **rhinorrhea.**

rhinobyon, *s.* : tampon nasal.

rhinocace, *s.* : ulcération fétide nasale.

rhinocanthectomy, *s.* : *cf.,* **rhinommectomy.**

rhinocarcinoma, *s.* : carcinome nasal.

rhinocatarrhus, *s.* : coryza.

rhinocaul, *s.* : pédoncule olfactif.

rhinocele, *s.* : prolongement du ventricule latéral dans le lobe olfactif (stade embryonnaire, disparaît chez l'homme).

rhinocephalus, *s.* : rhinocéphale, rhinencéphale.

rhinocheiloplasty, *s.* : chirurgie plastique du nez et des lèvres.

rhinocleisis, *s.* : obstruction nasale.

rhinocnesmus, *s.* : démangeaison nasale.

rhinodacryolith, *s.* : calcul lacrymal dans les voies nasales.

rhinoderma, *s.* : kératose pilaire, ichtyose ansérine, xérodermie pilaire.

rhinodynia, *s.* : douleur nasale.

rhinogenous, *adj.* : originaire du nez.

rhinogramma, *s.* : ligne nasale.

rhinokyphosis, *s.* : rhinocyphose (nez à arête proéminente busquée).

rhinolalia, *s.* : rhinolalie, rhinophonie; **- aperta** : rhinolalie ouverte; **- clausa** : rhinolalie fermée.

rhinolaryngitis, *s.* : rhinolaryngite (inflammation simultanée de la muqueuse nasale et du larynx).

rhinolaryngology, *s.* : rhinolaryngologie (anatomie, physiologie et pathologie du nez et du larynx).

rhinolerema *or* **rhinoleresis,** *s.* : perversion du sens olfactif.

rhinolethrum, *s.* : destruction du nez.

rhinolith, *s.* : rhinolithe (calcul des fosses nasales).

rhinolithiasis, *s.* : formation des rhinolithes.

rhinological *or* **rhinologic,** *adj.* : rhinologique.

rhinologist, *s.* : spécialiste en rhinologie.

rhinology, *s.* : rhinologie (étude du nez, des fosses nasales et des affections qui leur sont propres).

rhinomanometer, *s.* : manomètre pour mesurer le degré d'obstruction nasale.

rhinometaplasty, *s.* : *cf.,* **rhinoplasty.**

rhinometer, *s.* : instrument pour mesurer le nez.

rhinomeiosis, *s.* : raccourcissement chirurgical du nez.

rhinommectomy, *s.* : excision de l'angle interne de l'œil.

rhinomycosis, *s.* : présence de moisissures dans la membrane muqueuse et dans les sécrétions nasales.

rhinonecrosis, *s.* : nécrose des os du nez.

rhinopharyngeal, *adj.* : nasopharyngien.

rhinopharyngitis, *s.* : rhinopharyngite (inflammation du rhinopharynx).

rhinopharyngolith, *s.* : calcul du nasopharynx.

rhinopharynx, *s.* : nasopharynx.

rhinophonia, *s.* : rhinophonie, rhinolalie.

rhinophyma, *s.* : rhinophyma, acné hypertrophique *ou* éléphantiasique.

rhinoplastic, *adj.* : rhinoplastique; **- operation** : rhinoplastie.

rhinoplasty, *s.* : rhinoplastie (opération destinée à remédier aux difformités de pertes de substance du nez en le reconstituant en totalité ou en partie).

rhinopolyp *or* **rhinopolypus,** *s.* : polype nasal.

rhinopsia, *s.* : strabisme convergent.

rhinoreaction, *s.* : rhinoréaction (réaction nasale à la tuberculine).

rhinorrhagia, *s.* : rhinorragie, épistaxis, hémorragie nasale.

rhinorrhaphy, *s.* : rhinorraphie (suture des bords d'une plaie au nez).

rhinorrhea *or* **rhinorrhoea,** *s.* : rhinorrhée (écoulement nasal en dehors de tout phénomène inflammatoire).

rhinosalpingitis, *s.* : rhinosalpingite (inflammation de la muqueuse de la trompe d'Eustache).

rhinoscleroma, *s.* : rhinosclérome.

rhinoscope, *s.* : rhinoscope.

rhinoscopy, *s.* : rhinoscopie (examen des fosses nasales).

rhinosporidiosis, *s.* : invasion des fosses nasales par le *Rhinosporidium kinealyi*.

rhinostenosis, *s.* : obstruction nasale.

rhinothrix, *s.*, *plur.* **rhinotriches** *(lat.)* : vibrisses, pilosités endonasales.

rhinotomy, *s.* : rhinotomie (opération qui consiste à pratiquer une large brèche dans la face pour découvrir la partie antérieure des fosses nasales).

rhinovaccination, *s.* : vaccination par voie nasale.

rhinovirus, *s.* : rhinovirus.

Rhipicephalus, *s.* : Rhipicéphale (variété de tique).

rhizagra, *s.* : élévateur (instrument pour extraire les racines des dents).

rhizo- : rhizo-, préfixe signifiant racine.

rhizodontropy, *s.* : fixation d'une couronne artificielle sur la racine d'une dent.

rhizoid, *s.* : 1. forme de culture bactérienne; 2. rhizoïde *(bot.)*; *adj.* : ayant l'aspect d'une racine.

rhizoma *or* **rhizome**, *s.* : rhizome.

rhizomelic, *adj.* : rhizomélique (qui se rapporte à la racine des membres ou à leurs segments proximaux).

rhizomorphoid, *adj.* : de la forme d'une racine.

rhizoneure, *s.* : cellule des racines nerveuses.

rhizoneuron, *s.* : neurone moteur.

rhizonychia *or* **rhizonychium**, *s.* : racine de l'ongle.

rhizopod, *s.* : rhizopode (protozoaire).

rhizotomy, *s.* : rhizotomie, radicotomie (section chirurgicale des racines médullaires).

Rhodesian sleeping sickness : maladie du sommeil.

rhodium, *s.* : rhodium.

rhodo- : rhodo-, préfixe signifiant rouge.

rhodogenesis, *s.* : régénérescence du pourpre rétinien décoloré par la lumière.

rhodophane, *s.* : pigment rouge des cônes de la rétine.

rhodophylaxis, *s.* : propriété de l'épithélium de la rétine de régénérer le pourpre rétinien décoloré par la lumière.

rhodopsin, *s.* : pourpre rétinien (bâtonnets de la rétine).

rhœbdesis, *s.* : absorption, résorption.

rhombencephalon, *s.* : rhombencéphale.

rhombocele *or* **rhombocœlia**, *s.* : dilatation du canal rachidien au niveau de la région sacrée.

rhomboid, *adj.* : rhomboïde, rhomboïdal; **- body, fossa** *or* **sinus** : quatrième ventricule (cerveau); **- ligament** : ligament costo-claviculaire; **- muscle** : muscle rhomboïde.

rhonchal *or* **rhonchial**, *adj.* : se rapportant à, produit par un râle sec.

rhonchus, *s.* : rhonchus, râle : *cf.*, **rale.**

rhotacism, *s.* : rhotacisme (vice de prononciation caractérisé par la difficulté ou l'impossibilité de prononcer la lettre *r*).

Rhus toxicodendron : rhus, sumac vénéneux *(pharm.)*.

rhyptic, *adj.* : détergent, purifiant, cathartique.

rhythm, *s.* : rythme; **gallop -** : bruit de galop; **Berger -** : ondes alpha (encéphalogramme).

rhythmic, *adj.* : rythmique.

rhythmophone, *s.* : microphone amplificateur des battements de cœur.

rib, *s.* : côte; **cervical -** : côte cervicale; **false, floating, short** *or* **asternal -** : fausses côtes, côtes flottantes, côtes asternales; **true** *or* **sternal -** : vraies côtes.

Ribes' bag : ballon de Champetier (de Ribes [*obstét.*]).

riboflavin, *s.* : riboflavine, lactoflavine, vitamine nutritive (vitamine B2).

ribonuclease, *s.* : ribonucléase.

ribonucleic, *adj.* : ribonucléique.

ribonucleotide, *s.* : ribonucléotide.

ribosome, *s.* : ribosome.

rice, *s.* : riz; **- water evacuations** : selles riziformes.

Richet's aneurysm : anévrisme fusiforme.

Richter's hernia : entérocèle partiel (forme de hernie intestinale étranglée n'impliquant qu'une partie de la lumière de l'intestin).

ricin, *s.* : ricine (protéine toxique extraite de la graine de ricin).

rickets, *s.* : rachitisme; **to have -** : être rachitique.

Rickettsia, *s.* : Rickettsie (agents des fièvres exanthématiques, de la fièvre Q, des rickettsioses animales; type : *Rickettsia prowazeki* du typhus, etc.).

rickettsial, *adj.* : produit par des rickettsies; **- pox** : rickettsiose vésiculeuse.

rickettsiosis, *s.* : rickettsiose (maladie causée par des rickettsies).

rickety, *adj.* : rachitique; **- rosary** : chapelet rachitique.

Ricord's chancre : chancre de Ricord, chancre parcheminé (syphilis).

rictus, *s.* : rictus, **- lupinus** : palais fendu.

Ridell's operation : ablation des parois antérieure et inférieure du sinus frontal dans les cas d'inflammation chronique.

rider's bone : formation osseuse dans les muscles adducteurs de la jambe chez les cavaliers ostéome des cavaliers; **- bursa** : bourse séreuse produite de même chez les cavaliers; **- leg** : foulure des muscles adducteurs de la cuisse.

ridge, s. : arête, crête; **pectoral -** : crête sous-trochantérienne; **- of the back** : épine dorsale.

ridgel, s. : à demi châtré.

riding of bones : chevauchement des extrémités d'un os fracturé.

Riedel's struma or **woody thyroiditis** : thyroïdite ligneuse.

Riegel's pulse : pouls s'amenuisant au cours de l'expiration; **- disease** or **syndrome** : tachycardie associée à des troubles simulant l'asthme.

Riesman's myocardosis : myocardite scléreuse non inflammatoire.

Rieux's hernia : hernie de Rieux (hernie d'une anse intestinale dans la loge rétrocæcale).

RIF (right iliac fossa) : foss iliaque droite.

rifampicine, s. : rifampicine.

Rift Valley fever : fièvre de la vallée du Rift, Rift valley fever, hépatite enzootique.

Riga's disease : maladie de Riga, subglossite diphtéroïde.

Rigal's suture : mode de suture pour opération du bec-de-lièvre.

Rigg's disease : périostite alvéolo-dentaire.

right, adj. : droit; **- handed** : droitier; **- handedness** : droiterie.

rigid, adj. : raide, rigide.

rigiditas, s. (lat.) : rigidité, raideur; **- articulorum** : fausse ankylose; **- cadaverica** : rigidité cadavérique.

rigidity, s. : rigidité, raideur; **anatomical - of the cervix uteri** : rigidité obstétricale du col; **cadaveric -** : rigidité cadavérique; **cerebellar -** : rigidité des muscles rachidiens consécutive à une lésion du cervelet; **muscular -** : hypertonie de la maladie de Parkinson; **pathological - of the cervix uteri** : sténose cicatricielle ou organique du col utérin; **spasmodic - of the cervix uteri** : rigidité du col.

rigor, s. : rigor, frisson; **- mortis** : rigidité cadavérique; **- nervorum** : tétanos.

rim, s. : bord; **- of the ear** : ourlet, rebord de l'oreille.

rima, s., plur. **rimæ** (lat.) : scissure, fente; **- glottidis, laryngis** or **vocalis** : glotte; **- palpebrarum** : fente palpébrale; **- pudendi** or **vulvæ** : fente vulvaire séparant les grandes lèvres.

rimose or **rimous,** adj. : crevassé, fendu, rimeux.

rimula, s. (lat.) : petite fissure, petite scissure.

rinderpest, s. : peste bovine (vétér.).

ring, s. : anneau; **abdominal -** : partie du fascia transversalis par où passe le ligament rond chez la femme, le cordon spermatique chez l'homme; **apricot - pox** : pustule en anneau de l'abricotier; **- bodies** : corps en anneaux trouvés dans les globules rouges des malades atteints d'anémie pernicieuse, de leucémie, de saturnisme; **- cartilage** : cartilage cricoïde; **contraction -** :

anneau de Bandl (obstétr.); **- spot** : taches en anneaux (symptômes décrits chez le tabac où ils peuvent être provoqués par les virus Annulus tabaci et Marmor dubium).

Ringer's solution : solution physiologique de Ringer.

ringworm, s. : teigne tonsurante, teigne tondante, teigne annulaire, herpès tonsurant; **crusted** or **honeycomb -** : teigne faveuse.

Rinne's test : épreuve de Rinne (test acoustique).

Riolan's arch : arcade de Riolan; **- bouquet** : les trois muscles styliens (stylo-hyoïdien, stylo-glosse, stylo-pharyngien); **- muscle** : muscle de Riolan, muscle ciliaire (faisceaux de la portion palpébrale longeant le bord libre des paupières du muscle orbiculaire des paupières).

ripa, s. : ligne de réflexion de l'épendyme (sur les plexus choroïdes ou le toit des 3e et 4e ventricules).

Ripault's sign : modification de la forme de la pupille (transitoire au cours de la vie, permanente après la mort) par pression sur le globe oculaire.

ripe, adj. : mûr.

risidontropy, s. : forage d'une racine dentaire.

risipola lombarda : pellagre.

risorius : cf., **musculus.**

risus, s. (lat.) : rire; **- caninus** or **sardonicus** : rire sardonique, rire cynique (facies observé dans le tétanos).

Ritter's disease : maladie de Ritter, dermatite exfoliatrice des nouveau-nés.

rivalry, s. : rivalité (s'applique à la concurrence entre les deux yeux en cas d'inégalité de perception des couleurs, contours, etc.).

Rivalta's test : épreuve de Rivalta.

river blindness : cécité par onchocercose.

Rivinian canal or **duct** : canal de Rivinus ou de Bartholin (canal excréteur de la glande sublinguale); **- foramen** : canal de la membrane du tympan; **- gland** : glande sublinguale; **- ligament** : membrane flaccide de Schrapnell; **- notch** or **segment** : échancrure du bord supérieur du sulcus tympanicus.

Rivolta's disease : actinomycose.

riziform, adj. : riziforme.

RNA (ribonucleic acid) : ARN ou RNA (acide ribonucléique).

mRNA (messenger RNA) : ARN ou RNA messager.

rRNA (ribosomal RNA) : ARN ou RNA ribosomique.

sRNA (soluble RNA) : ARN ou RNA soluble ou de transfert.

tRNA (transfer RNA) : ARN ou RNA de transfert.

RNase : ribonucléase.

roaring, s. : cornage (vétér.).

Robert's pelvis : bassin de Robert, bassin vicié par une ankylose double sacro-iliaque.

Robinson's circle : anastomose artérielle (utérine, ovarienne, aorte abdominale, iliaque interne, iliaque primitive).

robor, s. (lat.) : force.

roborant, s., adj. : fortifiant.

Robson's point : diagnostic de l'inflammation de la vésicule biliaire par la grande sensibilité ressentie au toucher d'un point situé au tiers de la ligne joignant l'ombilic au mamelon droit.

Rocky mountain spotted fever : fièvre pourprée des Montagnes Rocheuses.

rod, s. : bâtonnet (rétine); **- and cone layer** : couche des cônes et des bâtonnets de la rétine; **- layer** : pourpre rétinien; **- bacterium** : bacille en bâtonnet; **- like** : bacilliforme; **discharging -** : excitateur (électr.).

rodent, s. : rongeur (zool.); adj. : rongeur; **- ulcer** : ulcère rongeur.

rodonalgia, s. : érythromélalgie.

rœntgen, s. : rœntgen (unité internationale des rayonnements X et γ).

Rœntgen rays : rayons X, rayons Rœntgen.

rœntgenism, s. : 1. thérapeutique par rayons X; 2. maladie consécutive à un abus, un mauvais usage des rayons X.

rœntgenization, s. : rœntgenisation, radiothérapie.

rœntgenogram, s. : radiographie, radiogramme.

rœntgenograph, s. : cf., **rœntgenogram.**

rœntgenography, s. : radiographie, rœntgenographie.

rœntgenologist, s. : radiologue.

rœntgenology, s. : radiologie, rœntgenologie.

rœntgenometry, s. : rœntgenométrie.

rœntgenoscope, s. : fluoroscope.

rœntgenoscopy, s. : radioscopie, rœntgenoscopie.

rœntgenotherapy, s. : radiothérapie, rœntgenthérapie.

Roger's disease : maladie de Roger (malformation congénitale du cœur); **- symptom** : température subnormale au cours du troisième stade de la méningite tuberculeuse.

Rokitansky's disease : maladie de Rokitansky-Fredrichs, atrophie jaune aiguë du foie; forme fulgurante de l'hépatite virale; **- pelvis** : difformité du bassin due à un glissement des vertèbres lombaires; **- tumor** : tumeur ovarienne formée d'un grand nombre de kystes.

Rolandic, adj. : rolandique (décrit par Rolando); **- area** : zone excitomotrice des hémisphères cérébraux (circonvolutions frontale ascendante et pariétale ascendante); **- fissure** : scissure de Rolando.

Rolando's arciform fibers : fibres arciformes externes (bulbe); **- fissure** : scissure de Rolando; **- funiculus** : cordon latéral (moelle épinière); **- gelatinous substance** : substance gélatineuse de Rolando (moelle épinière); **- tubercle** : noyau de terminaison du trijumeau.

roller-drum, s. : rouleau (pour cultures de tissus).

roller-tube : tube roulant (cultures de tissus).

rolling disease : tournis de la souris (vétér.).

romanoscope, s. : speculum pour l'examen de l'anse sigmoïde.

Romberg's disease or **trophoneurosis** : maladie de Romberg, trophonévrose de la face, hémiatrophie faciale progressive; **- signs** : signes de Romberg (1. impossibilité de garder l'équilibre, quand, debout, les talons joints, on fait fermer les yeux; 2. douleur le long du nerf obturateur, irradiée jusqu'au genou, observée dans la hernie obturatrice étranglée).

roof, s. : toit (anat.); **- of the mouth** : voûte, dôme du palais, palais; **- cell** : cellule nerveuse des noyaux du toit; **- nucleus** : noyau du toit (cervelet).

root, s. : racine (anat., bot.); **- arteries** : vaisseaux radiculaires; **- of a nerve** : racine nerveuse; **- sheath** : bulbe pileux; **- zone** : faisceau de Burdach (moelle épinière).

rooting, s. : enracinement (psych., sociol.).

rootlets, s. : fila radicularia, fibres des racines nerveuses.

ropy, adj. : filant.

rosacea (acne rosacea) : rosacée (acné), couperose.

rosalia, s. : 1. scarlatine; 2. rougeole; 3. érythème.

rosary, s. : chapelet; **rachitic** or **rickety -** : chapelet costal ou rachitique; **scorbutic -** : chapelet scorbutique.

rose, s. : rose; **- catarrh** or **- cold** : variété de rhume des foins; **- rash** : roséole.

Rose's operation : excision du ganglion de Gasser dans les cas de névralgie du trifacial; **- position** : position de Rose (tête pendante au-delà du bord de la table d'opération [toute opération sur le palais]).

Rosenbach's disease : maladie de Rosenbach, érysipéloïde; **- signs** : signes de Rosenbach (1. persistance du réflexe abdominal, malgré l'anesthésie cutanée, dans l'hémiplégie hystérique, abolition du réflexe si l'hémiplégie est d'origine organique; 2. tremblement plus ou moins rapide des paupières apparaissant après leur occlusion : signe constant dans la maladie de Basedow et fréquent dans les syndromes encéphalitiques et la paralysie générale); **- syndrome** : syndrome de Rosenbach, variété de tachycardie paroxystique.

Rosenheim's sign : frottement perçu à l'auscultation sur l'hypocondre gauche dans la périgastrite fibreuse.

Rosenmueller's fossa : fossette de Rosenmueller (pharynx); **- gland** : 1. portion palpébrale de la glande lacrymale; 2. ganglion de Cloquet (ganglion inguinal profond situé dans l'anneau crural); **- organ** : organe de Rosenmueller, époophore (mésosalpinx); **- valve** : valvule de Rosenmueller (bord supérieur de l'orifice du canal d'union dans le sac lacrymal).

Rosenthal's canal : canal spiral de Rosenthal (columelle); **- hyperacid vomiting** : maladie de Rossbach, gastroxynsis; **- vein** : veine basilaire.

roseola, *s. (lat.)* : roséole.

roseolous, *adj.* : ayant l'aspect de la roséole.

Roser-Braun's sign : signe de Roser-Braun (absence de pulsations de la dure-mère, constatée au cours de la trépanation, en cas d'abcès du cerveau).

Roser-Nélaton's line : ligne de Roser-Nélaton, ligne de Nélaton-Roser.

roset or **rosette,** *s.* : 1. rosette, rosace; 2. masse cellulaire de la couche neuroépithéliale de la rétine caractéristique de gliome de la rétine; 3. toute structure ayant la forme d'une rose héraldique.

Ross (cycle of) : cycle évolutif de *Plasmodium malariæ* chez le moustique.

Rossbach's disease : maladie de Rossbach, gastroxynsis, gastroxie.

Rossolimo's reflex or **sign** : réflexe *ou* signe de Rossolimo (flexion des orteils provoquée par la percussion de leur face plantaire, chez les malades atteints d'une lésion du faisceau pyramidal).

rostral, *adj.* : rostral.

rostrate, *adj.* : rostré, muni d'un bec.

rostriform, *adj.* : rostriforme, en forme de bec.

rostrum, *s. (lat.)* : bec, apophyse en forme de bec; **- corporis callosi** : bec du corps calleux; **- sphenoidale** : bec du sphénoïde.

rot, *s.* : 1. pourriture, putréfaction, carie; **foot -** : fourchet *(vétér.)*; **liver -** : distomatose, cachexie aqueuse *(vétér.)*; *v.* : pourrir, se pourrir, se putréfier, se carier.

rotary, *adj.* : rotatif, rotatoire, circulaire; **- joint** : diarthrose rotatoire.

rotate, *adj.* : rotiforme, rotacé, en forme de roue; *v.* : tourner, faire tourner en rond.

rotating, *adj.* : tournant, rotatif, à rotation.

rotation, *s.* : rotation; **- joint** : diarthrose rotatoire.

rotator, *s.* (muscle) : rotateur.

rotatory, *adj.* : rotatoire.

Rotch's sign : signe de Rotch (zone de matité à la partie interne du cinquième espace intercostal droit : signe d'épanchement péricardique).

Roth's disease or **Roth's symptom-complex** : méralgie paresthésique, maladie de Bernhardt; **- spots** : taches blanches près de la papille optique et de la macula lutea dans les cas de rétinite infectieuse.

Rotor syndrome : ictère de Rotor.

rotula, *s.* : 1. rotule; 2. trochisque, pastille.

rotular, *adj.* : rotulien, patellaire.

Rouge's operation : opération de Rouge, rhinotomie sous-labiale.

Rouget's bulb : plexus veineux de l'ovaire; **- cells** : cellules de la paroi externe des capillaires qui, par leur contraction, modifient la lumière des capillaires; **- motorial end-plates** : éléments cellulaires des terminaisons des nerfs moteurs.

rough, *adj.* : rugueux; **- or R-colony** : colonie rugueuse.

Rougnon-Heberden's disease : maladie de Rougnon-Heberden, angine de poitrine.

rouleau, *s. (fr.)* : pile de globules rouges.

round ligament : ligament rond (1. utérus; 2. foie; 3. articulaton coxo-fémorale.)

roundworm, *s.* : ascaride, lombricoïde.

roup, *s.* : 1. diphtérie des poules, angine croupeuse *ou* diphtérique *(vétér.)*; 2. maladie du croupion.

route, *s.* : voie (d'administration).

routine (examination, treatment) : examen, traitement systématique, courant, habituel, d'usage.

Roux's serum : sérum de Roux, sérum antitétanique.

Rovighi's sign : frémissement hydatique, signe de Récamier (percussion du kyste hydatique).

Rovsing's sign : signe de Rovsing (diagnostic de l'appendicite par la douleur consécutive à la pression sur le point de MacBurney).

rpm (revolutions per minute) : tours par minute.

rub, *s.* : frottement, friction; **pleural -** : bruit de frottement (pleurésie sèche); *v.* : frotter.

rubber, *s.* : caoutchouc; **- dam** : digue *(stom.)*; **- tissue** : gutta-percha en feuilles.

rubbery wood of apple tree : bois caoutchouc des pommiers (maladie à virus).

rubbing, *s.* : friction, frottement, frottis.

rubedo *(lat.)* : rougeur.

rubefacient, *s., adj.* : rubéfiant.

rubefaction, *s.* : rubéfaction.

rubella *(lat.)* : rubéole, roséole épidémique; **- scarlatinosa** : rubéole scarlatiniforme, maladie de Dukes-Filatow, fourth disease, quatrième maladie.

rubeola, *s.* : 1. rougeole; 2. rubéole.

rubeolin, *s.* : toxine spécifique de la rougeole.

rubescence, *s.* : rougeur.

rubescent, *adj.* : rubescent.

rubidium, *s.* : rubidium.

rubidomycin, *s.* : rubidomycine.

rubiginous, *adj.* : rubigineux, couleur de rouille.

Rubin's test : méthode de Rubin (insufflation gazeuse utéro-tubaire).

rubor, *s. (lat.)* : rougeur due à une inflammation.

rubrum, *s. (lat.)* : noyau rouge de Stilling.

ructation, *s.* : éructation.

ructus, *s. (lat.)* : éructation.

rudiment, *s.* : 1. ébauche; 2. rudiment.

rudimentary, *adj.* : rudimentaire.

rue, *s.* : rue (plante emménagogue).

ruga, s., plur. **rugæ** (lat.) : ride, pli, sillon; **palatal rugæ** : crêtes palatines; **rugæ vaginales** : rides du vagin.

rugose or **rugous,** adj. : rugueux, ridé.

rugosity, s. : rugosité.

Ruhmkorff's coil : bobine de Ruhmkorff (électr.).

rumbling, s. : borborygme.

rumen, s. : rumen, panse, herbier (premier estomac des ruminants).

rumenotomy, s. : incision du rumen.

ruminant, s., adj. : ruminant.

rumination, s. : rumination, mérycisme.

Rummo's disease : cardioptose.

rump, s. : croupe, croupion.

Rumpel-Leede sign : phénomène de Rumpel-Leede, signe du lacet (signe de fragilité des capillaires).

run, v. : 1. courir; 2. s'écouler, suppurer; 3. s'étendre.

run away : fuite, échappée (pharm.).

running, adj. : s'écoulant, suppurant; **- nose** : nez qui coule; **- ulcer** : ulcère qui suppure.

runnings, s. plur. : fractions (d'une distillation); **first -** : tête de distillation; **last -** : queue de distillation.

rupia, s. : rupia (lésion de la peau caractérisée par la formation d'une croûte centrale noirâtre soulevée par du pus et entourée d'une auréole inflammatoire).

rupophobia, s. : rupophobie (crainte obsédante de la saleté).

ruptio, s. (lat.) : rupture.

rupture, s. : rupture, éclatement, hernie, effort.

ruptured, adj. : hernié, éclaté; **to be ruptured** : avoir une hernie.

Russell's bodies : corpuscules de Russell (corps acidophiles hyalins ou corpuscules amyloïdes que l'on rencontre dans le cancer, où ils simulent des parasites).

rust, s. : 1. rouille; 2. rouille, nielle (bot.).

Rust's disease : spondylite tuberculeuse localisée à l'atlas et à l'axis; **- symptom** : symptôme de carie ou de carcinome des vertèbres cervicales supérieures quand, à chaque mouvement du corps, le malade soutient sa tête avec sa main.

rusty, adj. : rouillé; **- expectoration** : crachat sanguinolent.

rut, s. : rut; v. : être en rut.

ruthenium, s. : ruthénium.

rutidosis, s. : ridement, plissement.

rutin, s. : rutine.

Ruysch's glomerulus : cf., **Malpighian tuft; - membrane** : couche capillaire de la choroïde.

rytidosis corneæ : plissement de la cornée après la mort.

S

saber shin : tibia à convexité antérieure (se voit dans l'hérédosyphilis).

sabulous, *adj.* : graveleux, sableux.

saburra, *s.* : saburre (matières muqueuses se produisant dans l'estomac, sur la langue, pendant les mauvaises digestions).

sac, *s.* : sac; **air -** : alvéole du poumon; **allantoid -** : membrane allantoïde; **amniotic -** : amnios; **conjunctival -** : sac conjonctival (œil); **dorsal -** : récessus supra-pinéal; **- of the epididymis** : feuillet viscéral de la vaginale; **epiploic** *or* **omental -** : bourse du grand épiploon, bursa omentis majoris; **hernial -** : sac herniaire; **lacrimal -** : sac lacrymal; **lesser -** : bursa omentalis; **pericardial -** : péricarde, sac péricardique; **peritoneal -** : cavité péritonéale; **pleural -** : cavité pleurale; **vitelline** *or* **umbilical -** : sac vitellin; **yolk -** : sac vitellin.

saccade, *s. (fr.)* : réflexe de la déglutition.

saccate *or* **saccated,** *adj.* : en forme de sac, sacciforme, enkysté.

saccharase, *s.* : invertine.

saccharephidrosis, *s.* : hyperhidrose caractérisée par la présence de sucre dans la sueur.

saccharide, *s.* : saccharide.

sacchariferous, *adj.* : saccharifère.

saccharification, *s.* : saccharification; **- of starch** : amylolyse.

saccharimeter, *s.* : saccharimètre.

saccharimetry, *s.* : saccharimétrie (méthode de dosage du sucre).

saccharin, *s.* : saccharine.

saccharogalactorrhea, *s.* : galactorrhée caractérisée par la présence d'un excès de sucre dans le lait.

saccharometabolic, *adj.* : se rapportant au métabolisme du sucre.

saccharometabolism, *s.* : métabolisme du sucre.

saccharometer *or* **saccharimeter,** *s.* : saccharimètre.

Saccharomyces, *s.* : *Saccharomyces* (champignon ascomycète); **- *albicans*** : *Saccharomyces albicans* (champignon du muguet); **- *cerevisiæ*** : *Saccharomyces cerevisiæ* (levure de bière).

saccharomycetic, *adj.* : se rapportant à, causé par des *Saccharomyces*.

saccharomycosis, *s.* : saccharomycose (maladie produite par les *Saccharomyces*).

saccharorrhoea, *s.* : glycosurie; **- cutanea** : cf., **saccharephidrosis; - lactea** : cf., **saccharogalactorrhea; - pulmonalis** : écoulement de crachats sucrés; **- urinosa** : diabète sucré.

saccharose, *s.* : saccharose.

saccharosuria, *s.* : saccharosurie (présence de saccharose dans l'urine).

sacciform, *adj.* : en forme de sac, sacciforme; **- disease of the anus** : distension et inflammation des culs-de-sac du rectum.

saccular, *adj.* : sacculaire.

sacculated, *adj.* : divisé en saccules.

sacculation, *s.* : 1. état d'être divisé en saccules; 2. formation de saccules.

saccule, *s.* : 1. saccule (petit sac); 2. saccule (labyrinthe membraneux).

Sachs-Georgi reaction : réaction de Sachs-Georgi (réaction de précipitation pour le diagnostic de la syphilis).

sacrad, *adv.* : orienté vers le sacrum.

sacra media *(lat.)* : artère sacrée moyenne.

sacral, *adj.* : sacré, du sacrum; **- bone** : sacrum; **- flexure** : courbe du rectum devant le sacrum; **- index** : indice sacral (largeur du sacrum multipliée par 100 et divisée par la longueur); **- plexus** : plexus sacré.

sacralgia, *s.* : douleur dans le sacrum.

sacralization, *s.* : sacralisation (anomalie de la cinquième vertèbre lombaire consistant dans l'élargissement de l'une *ou* des deux apophyses transverses, les rendant analogues aux ailerons sacrés).

sacrarthrogenic, *adj.* : provenant d'une lésion de l'articulation du sacrum.

sacrectomy, *s.* : résection d'une partie du sacrum.

sacred, *adj.* : sacré, saint.

sacrify, *v.* : sacrifier, tuer.

sacro- : sacro-, préfixe dénotant un rapport avec le sacrum.

sacroanterior, *adj.* : sacro-antérieur *(obstét.).*

sacrococcygeal, *adj.* : sacro-coccygien.

sacrocoxalgia *or* **sacrocoxitis,** *s.* : sacrocoxalgie (arthrite chronique de la symphyse sacro-iliaque).

sacrodynia, *s.* : douleur siégeant dans la région du sacrum.

sacroiliac, *adj.* : sacro-iliaque; **- disease** : sacrocoxalgie ; **- synchondrosis** : symphyse sacro-iliaque.

sacrolisthesis, *s.* : sacrolisthésie, sacrum basculé, hiérolisthésis.

sacrolumbalis, *s.* : *cf.,* **musculus.**

sacrolumbar, *adj.* : sacrolombaire; **- angle** : angle sacrovertébral, promontoire.

sacroposterior, *adj.* : sacropostérieur (se dit du fœtus dont le sacrum est orienté en arrière).

sacropromontory, *s.* : promontoire (du sacrum), angle sacrovertébral.

sacrosciatic, *adj.* : sacrosciatique.

sacrospinal, *adj.* : sacrospinal.

sacrospinalis, *s. (lat.)* : masse commune des muscles du dos.

sacrotomy, *s.* : excision de la partie inférieure du sacrum.

sacro-uterine, *adj.* : se rapportant au sacrum et à l'utérus.

sacrovertebral, *adj.* : sacrovertébral; **- promontory** : promontoire du sacrum.

sacrum, *s.* : sacrum.

sactosalpinx, *s.* : obstruction et dilatation des trompes de Fallope par rétention de sécrétion.

saddle, *s.* : selle; **- arch** : voûte dentaire en forme de selle; **- back** : lordose; **- joint** : articulation dont chaque surface est concave d'un côté, convexe de l'autre; **- nose** : nez camard; **turkish -** : selle turcique, fosse pituitaire.

sadism, *s.* : sadisme.

sadist, *s.* : sadique.

sadistic, *adj.* : sadique.

Sœmisch's operation : mode d'opération pour la kératite à hypopyon ; **- ulcer** : ulcère de Sœmisch, kératite à hypopyon.

sœpimentum, *s.* (lat.) : 1. tissu entourant les trois vaisseaux ombilicaux; 2. pont de Varole, protubérance annulaire.

safety, *s.* : sécurité; **- factor** : coefficient de sécurité ; **- film** : film ininflammable *(phot.)*; **- light** : filtre d'éclairage des laboratoires photographiques; **- officer** : personne responsable de la sécurité du personnel des laboratoires de radiologie et de radiations; **- pin** : épingle de sûreté, épingle de nourrice.

saffron, *s.* : safran *(bot.).*

sage, *s.* : 1. sauge *(bot.);* 2. sage, prudent.

sagittal, *adj.* : sagittal; **- nucleus** : noyau du nerf moteur oculaire commun; **- plane** : plan médian du corps; **- sinus** : sinus longitudinal; **- suture** : suture sagittale.

Sagnac rays : rayons β secondaires produits par les rayons X *ou* les rayons γ en contact avec un corps.

St. Anthony's fire : feu de Saint-Antoine, ergotisme.

St. Hubert's disease : rage.

St. Roch's disease : peste.

St. Vitus' dance : chorée, danse de Saint-Guy.

sal, *s. (lat.)* : sel; **- volatile** : sels.

salaam convulsion : tic de salaam, spasmus nutans, nictatio spastica.

salicyl, *adj.* : salicyle *(chim.).*

salicylage, *s.* : addition d'acide salicylique aux aliments pour leur conservation.

salicylate, *s.* : salicylate.

salicylism, *s.* : symptômes toxiques produits par le mauvais usage ou l'emploi abusif de l'acide salicylique *ou* de ses sels.

saliferous, *adj.* : salifère, salicole.

salifiable, *adj.* : salifiable.

salimeter, *s.* : salinomètre (hydromètre pour déterminer la concentration des solutions salines).

saline, *s.* : solution de sel; *adj.* : salin, salé; **- solution** *or* **normal** *or* **physiological -** : eau physiologique *ou* isotonique (solution de NaCl dans H_2O à 7,5 p. 1.000).

salines, *s. pl.* : nom donné aux purgatifs hydragogues (type : sulfate de magnésium, sulfate de soude, etc.).

salinometer, *s.* : salinomètre.

Salisbury treatment : traitement de l'obésité par un régime de viande maigre et d'eau chaude.

saliva, *s. (lat.)* : salive; **- pump** : pompe salivaire *(stom.).*

salivant, *s. adj.* : sialagogue.

salivary, *adj.* : salivaire; **- calculus** : calcul salivaire; **- enzyme** : ptyaline; **- fistula** : fistule salivaire; **- glands** : glandes salivaires.

salivate, *v.* : saliver, faire saliver.

salivation, *s.* : salivation.

salivator, *s.* : sialagogue.

salivolithiasis, *s.* : formation de calctls salivaires.

sallenders, *s.* : crevasses du pli du jarret chez le cheval, malandre *(vétér.).*

sallow, *adj.* : d'un teint pâle ou jaunâtre.

salmon patch : *cf.,* **Hutchinson's patch.**

Salmonella, *s.* : groupe de bactéries présentant de nombreux caractères communs, réunies sous le nom de *Salmonellæ.*

salmonellosis, *s.* : salmonellose.

salol, *s.* : salol, salicylate de phényle *(pharm.).*

salolism, *s.* : empoisonnement par le salicylate de phényle.

salpingectomy, *s.* : salpingectomie (ablation de l'une ou des deux trompes utérines).

salpingemphraxis, *s.* : 1. obstruction d'une trompe de Fallope; 2. obstruction de la trompe d'Eustache.

salpingian *or* **salpingic,** *adj.* : salpingique (1. se rapportant à la trompe de Fallope; 2. se rapportant à la trompe d'Eustache).

salpingion, *s.* : point situé à la surface inférieure de la pointe du rocher.

salpingitis, *s.* : salpingite (1. inflammation aiguë ou chronique d'une des trompes de Fallope ; 2. inflammation de la trompe d'Eustache).

salpingo- : salpingo-, préfixe dénotant un rapport avec : 1. la trompe de Fallope; 2. la trompe d'Eustache.

salpingocatheterism, *s.* : cathétérisme de la trompe d'Eustache.

salpingocele, *s.* : hernie de la trompe de Fallope.

salpingocyesis, *s.* : grossesse tubaire.

salpingolysis, *s.* : salpingolysis (opération qui consiste à libérer la trompe et son pavillon par section des adhérences péritubaires).

salpingography, *s.* : salpingographie radiologique.

salpingomallearis *or* **salpingomalleus,** *s.* : muscle du marteau.

salpingo-oophorectomy, *s.* : salpingo-ovariectomie.

salpingo-oophoritis, *s.* : salpingo-ovarite, tubo-ovarite, oophorosalpingite, annexite.

salpingo-oophorocele, *s.* : protrusion herniaire de l'ovaire et de la trompe de Fallope.

salpingo-oothecectomy, *s.* : *cf.,* **salpingo-oophorectomy.**

salpingo-oothecitis, *s.* : *cf.,* **salpingo-oophoritis.**

salpingo-oothecocele, *s.* : *cf.,* **salpingo-oophorocele.**

salpingo-ovariectomy, *s.* : *cf.,* **salpingo-oophorectomy.**

salpingo-ovariotomy, *s.* : *cf.,* **salpingo-oophorectomy.**

salpingo-ovaritis, *s.* : *cf.,* **salpingo-oophoritis.**

salpingopalatal, *adj.* : salpingostaphylin (se rapportant à la trompe d'Eustache et au palais); **- fold** : pli du releveur (muscle péristaphylin interne *ou* sphéno-salpingo-staphylin).

salpingoperitonitis, *s.* : péritonite localisée à la partie concernant les trompes de Fallope.

salpingopexy, *s.* : fixation chirurgicale de l'une ou des deux trompes de Fallope.

salpingopharyngeal, *adj.* : salpingopharyngien.

salpingorrhaphy, *s.* : salpingorraphie (suture de la trompe).

salpingosalpingostomy, *s.* : opération destinée à réunir les deux trompes de Fallope.

salpingoscope, *s.* : salpingoscope.

salpingostenochoria, *s.* : sténose de la trompe d'Eustache.

salpingostomy, *s.* : salpingostomie (création d'un pavillon artificiel sur une trompe de Fallope).

salpingotomy, *s.* : salpingotomie (ouverture d'une trompe kystique).

salpingysterocyesis, *s.* : grossesse interstitielle.

salpinx, *s.* : 1. trompe de Fallope; 2. trompe d'Eustache.

salt, *s.* : 1. chlorure de sodium; 2. corps résultant de l'action d'un acide sur une base; **acid -** : sel acide; **bile -** : sel biliaire; **common -** : sel de cuisine ; **- free diet** : régime déchloruré ; **- retention** : natrémie.

saltation, *s.* : saltation.

saltatory, *adj.* : saltatoire; **- spasm** : chorée saltatoire.

salted, *adj.* : 1. salé; 2. immunisé (*vétér.*); 3. salé (*phot.*).

salting out : relargage (*chim.*).

saltpeter, *s.* : salpêtre.

salubrious, *adj.* : salubre, sain.

salubrity, *s.* : salubrité.

salutary, *adj.* : salutaire.

salvarsan, *s.* : salvarsan, « 606 ».

salve, *s.* : onguent, baume, pommade.

samarium, *s.* : samarium.

sample, *s.* : échantillon, prise, prélèvement.

sampler, *s.* : dispositif à échantillonnage; **slit -** : dispositif pour la numération des bactéries dans l'air.

Sampson's implants : manifestation de l'endométriose caractérisée par la formation d'amas d'aspect glandulaire entourés par un épithélium cylindrique et séparés par le stroma cellulaire de l'endomètre.

sanative, *adj.* : curatif, guérisseur.

sanatorium, *s.* : sanatorium.

sanatory, *adj.* : *cf.,* **sanative.**

sand, *s.* : sable; **auditory -** : calcul du labyrinthe; **- bath** : bain de sable; **brain -** : acervule (plexus choroïdes, glande pinéale); **- crack** : seime (*vétér.*); **- flea** : puce pénétrante, chique (*entomol.*); **- tumor** : psammome.

Sanders' sign : signe de Sanders, signe de Heine et Sanders (mouvement continu d'ondulation épigastrique coexistant avec le retrait systolique de l'épigastre dans la symphyse cardiaque); **- disease** : kératoconjonctivite épidémique due à un adénovirus.

sandfly-fever, *s.* : fièvre à pappataci, fièvre de trois jours.

Sandström's bodies *or* **glands** : glandes parathyroïdes.

sane, *adj.* : sain d'esprit, sensé.

Sanfillipo's disease : mucopolysaccharidose type III.

sanguicolous, *adj.* : sanguicole.

sanguiferous, *adj.* : transportant le sang.

sanguification, *s.* : 1. sanguification, formation du sang; 2. transformation des corps en sang.

sanguimotion, *s.* : circulation sanguine.

sanguimotory, *s.* : se rapportant à la circulation sanguine.

sanguine, *adj.* : sanguin.

sanguineous, *adj.* : sanguin, pléthorique.

sanguinolent, *adj.* : sanguinolent.

sanguis, *s. (lat.)* : sang.

sanguisuction, *s.* : aspiration de sang par succion (sangsue, etc.).

sanies, *s.* : sanie (matière purulente, fétide, mêlée de sang, qui s'écoule des plaies infectées *ou* des ulcères non soignés).

sanitarian, *s.* : hygiéniste.

sanitarium, *s.* : sanatorium, maison de convalescence.

sanitary, *adj.* : sanitaire, hygiénique; **- care** : précautions hygiéniques; **- cordon** : cordon sanitaire; **- police** : administration sanitaire; **- science** : science de l'hygiène et de la santé publique; **- towel** : serviette hygiénique.

sanitas, *s. (lat.)* : santé, hygiène.

sanitation, *s.* : hygiène, assainissement, salubrité publique, système sanitaire; **to improve the - of a town** : assainir une ville; *(vernac.)* hygiène des latrines et lieux d'aisance.

sanity, *s.* : santé d'esprit, jugement sain, bon sens.

Sansom's signs : 1. extension de la matité entre les deuxième et troisième espaces intercostaux : signe d'épanchement péricardique; 2. bruit rythmé transmis par l'air expiré par la bouche sur laquelle a été appliqué le stéthoscope; signe d'anévrisme de l'aorte; 3. affaiblissement perçu à la base du second son du cœur; signe de rétrécissement mitral.

Sanson's images : images de Purkinje *(ophtal.)*.

Santini's booming sound : ronflement perçu à la percussion par auscultation du kyste hydatique.

Santorini's cartilage : cartilage de Santorini, cartilage corniculé; **- duct** : canal de Santorini; **- fissures** : échancrures de la portion cartilagineuse du conduit auditif externe ; **- muscle** : muscle risorius de Santorini; **- papilla** : tubercule de Santorini, papille du duodénum; **- veins** : veines de Santorini, veines émissaires.

sap, *s.* : sève; **cellular -** : suc cellulaire ;

saphena, *s., plur.* **saphenæ** *(lat.)* : saphène; **long** *or* **internal -** : grande saphène; **short** *or* **posterior -** : petite saphène.

saphenous, *adj.* : saphène; **- nerves** : nerfs saphènes; **- opening** : orifice de l'aponévrose du canal de Hunter; **- veins** : veines saphènes.

sapid, *adj.* : sapide, savoureux.

sapidity, *s.* : sapidité.

saponaceous, *adj.* : saponacé, savonneux.

saponaria, *s.* : saponaire *(bot.)*.

saponifiable, *adj.* : saponifiable.

saponification, *s.* : saponification.

saponiform, *adj.* : ayant l'aspect et la consistance du savon.

saponify, *v.* : saponifier.

saponin, *s.* : saponine.

saporific, *adj.* : produisant la saveur, le goût.

saporosity, *s.* : sapidité.

Sappey's accessory portal veins : veines cystiques profondes (groupe des veines portes accessoires).

sapphism, *s.* : saphisme, tribadisme.

sapræmia *or* **sapremia,** *s.* : saprémie (empoisonnement du sang par putréfaction).

sapræmic *or* **sapremic,** *adj.* : atteint de, de la nature de, se rapportant à la saprémie.

sapro- : sapro-, préfixe signifiant pourriture, putréfaction.

saprodontia, *s.* : carie dentaire.

saprogen, *s.* : micro-organisme saprogène.

saprogenic *or* **saprogenous,** *adj.* : saprogène.

saprophagous, *adj.* : saprophage.

saprophilous, *adj.* : saprophyte.

saprophyte, *s.* : saprophyte.

saprophytic, *adj.* : saprophyte.

saprostomous, *adj.* : ayant une haleine nauséabonde.

saprozoic, *adj.* : vivant sur de la matière organique en putréfaction.

Sarbo's sign : analgésie du nerf sciatique observée parfois dans le tabes.

sarcepiplocele, *s.* : sarco-épiplocèle (hernie épiploïque compliquée d'un sarcocèle).

sarcidium, *s.* : excroissance charnue.

Sarcina, *s., plur.* **Sarcinæ** *(lat.)* : sarcine (microbe saprophyte en groupements cubiques).

sarcinic, *adj.* : se rapportant à, produit par des sarcines.

sarcinuria, *s.* : élimination de sarcines dans l'urine.

sarcitis, *s.* : inflammation du tissu musculaire.

sarco- : sarco-, préfixe dénotant un rapport avec la chair.

sarcoadenoma, *s.* : adénosarcome.

sarcoblast, *s.* : 1. masse protoplasmique blastodermique; 2. *cf.,* **sarcoplast.**

sarcocarcinoma, *s.* : carcinome sarcomateux.

sarcocele, *s.* : sarcocèle (nom donné à toutes les tuméfactions du testicule et de l'épididyme, quelle que soit leur nature); **- malleosa** : sarcocèle dû au bacille de la morve; **syphilitic -** : orchite syphilitique.

Sarcocystis, *s.* : groupe de sporozoaires.

sarcocyte, *s.* : ectoplasme.

sarcode, *s.* : sarcode, protoplasme, cytoplasme.

sarcodina, *s.* : amibe.

sarcoenchondroma, *s.* : enchondrome sarcomateux.

sarcoepiplomphalus, *s.* : sarco-épiplomphale (hernie ombilicale formée par l'épiploon).

27

sarcogenic, *adj.* : producteur de chair, de muscle.

sarcoglia, *s.* : sarcoplasma.

sarcohydrocele, *s.* : sarco-hydrocèle (sarcocèle accompagné d'une hydrocèle).

sarcoid, *s.* : sarcoïde (néoplasie de nature fibroïde ressemblant au sarcome); **- of Bœck** : sarcoïde cutané *ou* dermique, lupoïde bénin disséminé, lupoïde miliaire; **Darier-Roussy -** : sarcoïde hypodermique de type Darier-Roussy ; *adj.* : d'aspect, de nature fibroïde.

sarcoidosis, *s.* : sarcoïdose.

sarcolemma, *s.* : sarcolemme, myolemme.

sarcolemmic *or* **sarcolemmous**, *adj.* : se rapportant à, de la nature du sarcolemme.

sarcoma, *s.* : sarcome, tumeur fibroblastique, tumeur maligne d'origine mésoblastique; **angiolithic -** : psammome; **- botryoides** : forme de sarcome en grappe du col de l'utérus; **- carcinomatodes** : cancer de nature squirrheuse; **- deciduocellulare** : déciduome malin; **- lymphadenoides** : lymphosarcome, maladie de Hodgkin; **melanotic -** : sarcome mélanique, mélanosarcome; **myeloid -** : sarcome myéloïde, sarcome à myéloplaxes; **round-celled -** : sarcome à cellules rondes; **spindlecelled -** : sarcome fusocellulaire.

sarcomatoid, *adj.* : d'aspect sarcomateux.

sarcomatosis, *s.* : sarcomatose (maladie caractérisée par la formation de sarcomes).

sarcomatous, *adj.* : sarcomateux.

sarcomere, *s.* : segment de fibrille musculaire entre deux cloisonnements.

sarcomoscheocele, *s.* : tumeur scrotale sarcomateuse.

sarcomphalocele *or* **sarcomphalon**, *s.* : tumeur ombilicale de nature sarcomateuse.

sarcomyces, *s.* : excroissance sarcomateuse de nature fongoïde.

sarcophyma, *s.* : tumeur sarcomateuse, sarcome.

sarcoplasm, *s.* : sarcoplasma (protoplasma des cellules musculaires).

sarcoplasmic, *adj.* : se rapportant au sarcoplasma.

sarcoplast, *s.* : cellule capable d'évoluer en cellule musculaire.

sarcoplastic, *adj.* : sarcoplastique.

sarcopoietic, *adj.* : stimulant *ou* déterminant la formation du muscle.

Sarcopsylla, *s.* : genre d'aphaniptère; **- penetrans** : puce pénétrante, chique.

Sarcoptes, *s.* : sarcopte; **- scabiei** : sarcopte de la gale, acare.

sarcosepsis, *s.* : présence de bactéries dans les muscles.

sarcosis, *s.* : sarcose (1. sarcomatose diffuse; 2. développement anormal de chair).

Sarcosporidia, *s.* : variété de sporozoaires trouvée dans les muscles des mammifères.

sarcosporidiosis, *s.* : maladie causée par les sporozoaires se trouvant dans les muscles des mammifères.

sarcostosis, *s.* : formation osseuse dans le tissu musculaire.

sarcostroma, *s.* : fausse membrane épaisse et charnue.

sarcostyle, *s.* : fibrille longitudinale d'une fibre de muscle strié.

sarcotherapeutics *or* **sarcotherapy**, *s.* : régime carné.

sarcotic, *adj.* : se rapportant, produisant la sarcose.

sarcotome, *s.* : instrument chirurgical pour le morcellement des tissus mous.

sarcotripsy, *s.* : sarcotripsie, écrasement linéaire, histotripsie.

sardonic grin *or* **risus sardonicus**, *s.* : rire sardonique.

sartorius, *s.* *(lat.)* : muscle couturier.

satellite, *s.* : satellite; **- virus** : virus satellite; **bacterial -** : bactéries satellites *(H. influenzæ)*.

satellitism, *s.* : satellitisme, symbiose.

satellitosis, *s.* : état caractérisé par l'accumulation de noyaux libres autour des cellules ganglionnaires du cortex cérébral (paralysie générale, encéphalopathies, etc.).

satiety, *s.* : satiété.

Satterthwaite's method of artificial respiration : méthode de respiration artificielle consistant en pressions abdominales alternant avec la relaxation pour permettre l'abaissement du diaphragme.

Sattler's vascular layer : couche vasculaire de la choroïde.

saturated, *adj.* : saturé *(chim.)*.

saturation, *s.* : saturation; **- point** : point de saturation; **- voltage** : tension de saturation *(électr.)*.

saturnine, *adj.* : saturnin, de plomb; **- breath** : haleine caractéristique du saturnisme; **- encephalopathy** : encéphalopathie d'origine saturnine; **- poisoning** : saturnisme, intoxication par le plomb; **- symptoms** : symptômes de saturnisme.

saturnism, *s.* : saturnisme, intoxication par le plomb *ou* les sels de plomb.

satyriasis, *s.* : satyriasis (aphrodisie *ou* exagération des désirs sexuels chez l'homme).

satyromania, *s.* : *cf.*, **satyriasis**.

Sauerbruch's cabinet : cabine à pression atmosphérique variable servant pour les opérations thoraciques.

sauriasus, sauriderma, sauriosios *or* **saurodermia**, *s.* : sauriasis, ichtyose.

sausage-poisoning, *s.* : botulisme.

sausarism, *s.* : 1. paralysie de la langue; 2. sécheresse de la langue.

Sauvineau's ophthalmoplegia : paralysie du muscle droit interne d'un œil et spasme du muscle droit externe de l'autre œil.

Savill's disease : forme d'érythrodermie.

Saviotti's canals : petits conduits artificiels formés par les cellules du pancréas à la suite d'une injection brusque de liquide coloré dans les vaisseaux pancréatiques.

saw, s. : scie; **Adam's -** : scie droite; **crown -** : trépan; **Gigli's -** : scie de Gigli; **Hey's -** : scie circulaire.

saxifragant, adj. : saxifrage, propre à dissoudre les calculs.

saxifrage, s. : saxifrage (bot.).

Sayre's apparatus or **jacket** : corset plâtré pour traitement orthopédique du mal de Pott par la méthode de Sayre.

S.B.E. (sub-acute bacterial endocarditis) : endocardite bactérienne subaiguë.

scab, s. : 1. croûte, eschare; 2. gale; v. : former une croûte, se cicatriser.

scabbard, s. : fourreau (vétér.).

scabbed, adj. : cf., **scabby.**

scabbiness, s. : 1. état croûteux (d'une blessure); 2. état galeux (d'un animal).

scabby, adj. : 1. croûteux, scabieux; 2. galeux.

scabicide, s. : sarcopticide.

scabies, s. : gale, scabies, psore; **- agria** : gale bédouine, lichen tropicus; **Bœck's -** or **- crustosa** : gale norvégienne; **- capitis favosa** : forme de favus; **- fera** : ecthyma; **- humida** or **miliaris** : eczéma.

scabiophobia, s. : peur morbide de la gale.

scabiosus, adj. : croûteux, scabieux, écailleux, squameux, galeux.

scabrities, s. : scabrosité, rugosité; **- unguium** : anomalie des ongles caractérisée par l'épaisseur et la rugosité.

scaevolism, s. : scaevolisme (mutilation volontaire par brûlure).

scala, s., plur. **scalæ** (lat.) : échelle, rampe; **- anterior cochleæ, - externa cochleæ** or **- vestibuli** : rampe vestibulaire; **- clausa, - inferior cochleæ, - interna cochleæ** or **- tympani** : rampe tympanique; **- media** : canal cochléaire; **- rhythmica** : noyau de l'hypoglosse (quatrième ventricule).

scalariform, adj. : scalariforme, en forme d'échelle.

scald, s. : 1. brûlure due au contact avec un liquide ou une vapeur chaude; 2. dermatose caractérisée par la formation de dartres; **- head** : favus, teigne faveuse.

scale, s. : 1. écaille, squame; 2. balance; 3. échelle, graduation; **graduated -** : échelle, tableau gradué; **salary -** : barème des traitements; **temperature -** : échelle des températures; v. : détratrer (les dents).

scalene, adj. : scalène, à côtés inégaux; **- muscle** : muscle scalène; **- tubercle** : tubercule antérieur (insertion du scalène antérieur).

scalenotomy, s. : scalénotomie.

scalenus, s. : cf., **musculus.**

scaler, s. : 1. rugine (instrument pour détartrer les dents); 2. dispositif de comptage des pulsations électroniques.

scaliness, s. : squamosité de la peau.

scaling, s. : mode d'évaporation de solutions médicamenteuses concentrées sur plaques de verre (pharm.); adj. : desquamant, produisant des écailles; **- of the teeth** : détartrage des dents; **- unit** : cf., **scaler** (2).

scall, s. : favus, impétigo, psoriasis, eczéma (ou autres dermatoses); **dry -** : psoriasis, gale; **milk -** : séborrhée du cuir chevelu chez le nourrisson; **moist -** : eczéma.

scalled, adj. : atteint de dermatose.

scalloping, s. : festonnage (radiol.).

scalp, s. : épicrâne, cuir chevelu, tégument chevelu; v. : scalper.

scalpel, s. : scalpel, bistouri.

scalprum, s. : 1. forme de râpe à dents pour térébration et enlèvement des os cariés; 2. gros scalpel.

scaly, adj. : écailleux, squameux; **- skin** : maladie cutanée contagieuse des îles du Pacifique, probablement d'origine fongoïde; **- tetter** : psoriasis.

scan, v. : mesurer, examiner, scruter, explorer, balayer; s. : balayage, examen, balayage cathodique.

scandium, s. : scandium.

scanning : 1. scansion (trouble de la prononciation qui consiste à détacher les syllabes de chaque mot comme l'on fait en scandant un vers); **- speech** : scansion; 2. balayage électronique; **radio-isotope -** : scintigraphie.

Scanzoni's operation : rotation de la tête du fœtus avec le forceps pour hâter la délivrance; **- second os** : anneau de Bandl (obstét.).

scaphocephalic or **scaphocephalous**, adj. : atteint de scaphocéphalie.

scaphocephaly, s. : scaphocéphalie, sphénocéphalie.

scaphocuboid, adj : ayant trait aux os scaphoïde et cuboïde.

scaphohydrocephalus or **scaphohydrocephaly**, s. : scaphocéphalie consécutive à une hydrocéphalie.

scaphoid, adj. : scaphoïde, os scaphoïde; **- abdomen** : ventre en bateau (méningite, émaciation); **- fossa** : fosse scaphoïde.

scaphoiditis, s. : scaphoïdite tarsienne, maladie de Kœhler.

scapula, s., plur. **scapulæ** (lat.) : omoplate; **winged -, alar -,** or **alata** : scapulæ alatæ (omoplates détachées du thorax par suite d'une atrophie musculaire).

scapulacromial, adj. : se rapportant au sommet de l'acromion.

scapulalgia, s. : scapulalgie, omalgie.

scapular, adj. : scapulaire.

scapulary, s. : scapulaire (bandage pour épaule).

scapulectomy, s. : scapulectomie (ablation partielle ou totale de l'omoplate, avec conservation du membre supérieur).

scapulo- : scapulo-, préfixe dénotant un rapport avec l'épaule.

scapulodynia, s. : scapulalgie, omalgie.

scapulohumeral, adj. : scapulo-huméral; **- amputation** : amputation du bras au niveau de l'articulation scapulohumérale; **- periarthritis** : périarthrite de l'articulation scapulohumérale.

scapulopexy, s. : fixation opératoire de l'épaule sur les côtes.

scapus, s. (lat.) : tige, axe, corps (d'un objet); **- penis** : corps de la verge; **- pili** : tige du poil.

scar, s. : 1. cicatrice, couture, balafre; 2. cicatrice, hile; **- face** : balafré; **keloidal -** : chéloïde; **- tissue** : tissu cicatriciel; **tissue paper -** : cicatrice ressemblant à du papier de soie, surtout sur des ulcères syphilitiques; v. : laisser une cicatrice sur, marquer d'une cicatrice, balafrer.

scarfskin or **scurfskin,** s. : épiderme.

scarification, s. : scarification.

scarificator, s. : scarificateur.

scarify, v. : scarifier.

scarlatina, s. : scarlatine; **puerperal -** : scarlatine puerpérale.

scarlatiniform, scarlatinal, scarlatinoid or **scarlatinous,** adj. : scarlatinoïde, scarlatiniforme; **- nephritis** : néphrite aiguë consécutive à la scarlatine.

scarlatinella, s. : rubéole scarlatiniforme, maladie de Dukes-Filatow, quatrième maladie.

scarlet, adj. : écarlate; **- fever** : scarlatine.

Scarpa's fascia : couche profonde du fascia superficialis de l'aponévrose de l'abdomen; **- fluid** or **liquor** : endolymphe; **- foramina** : canaux secondaires latéraux du canal palatin antérieur ou incisif (transmettent les nerfs naso-palatins); **- ganglion** : ganglion de Scarpa, ganglion d'origine du nerf vestibulaire; **- membrane** : tympan secondaire (fenêtre ronde de l'oreille moyenne); **- nerve** : nerf naso-palatin; **- staphyloma** : staphylome postérieur (cornée); **- triangle** : triangle de Scarpa (région inguino-crurale).

scarred, adj. : couturé (de cicatrices), portant des cicatrices, balafré; **face - with smallpox** : figure grêlée par la variole.

scatacratis, s. : cf., scoracratia.

scataemia or **scatemia,** s. : auto-intoxication par rétention des matières fécales.

scatologia or **scatology,** s. : scatologie, étude des fèces.

scatoma, s. : scatome, accumulation de fèces dans le côlon ou le rectum.

scatophagous, adj. : scatophage (qui mange des excréments).

scatophilia, s. : cf., coprophilia.

scatoscopy, s. : examen des fèces.

scattering, s. : 1. dispersion (psych.); 2. diffusion des radiations.

scavenger, s. : insecte ou animal nécrophage, scatophage; **- cells** : cellules errantes (du système nerveux) qui phagocytent les débris.

Sc. D. : Doctor of Science.

scelalgia, s. : douleur dans la jambe; **- puerperarum** : œdème blanc douloureux, phlegmatia alba dolens.

scelotyrbe, s. : faiblesse dans la démarche, démarche indécise (souvent d'origine paralytique); **- agitans** or **festinans** : maladie de Parkinson; **- pituitosa** : entérite pseudomembraneuse; **- spastica** : spasmes chroniques des membres inférieurs déclenchant la claudication; **- tarantismus** : chorée.

scent, s. : 1. parfum, senteur, odeur; **- gland** or **organ** : glande à sécrétion odoriférante; **- pore** : orifice d'une glande à sécrétion odoriférante; 2. odorat, flair.

Schacher's ganglion : ganglion ophtalmique.

Schachowa's spiral or **irregular-tube** : section du tube urinifère unissant le tube contourné à l'anse de Henle.

Schapiro's sign : le malade étant étendu, pas de diminution de la vitesse du pouls dans les cardiopathies d'origine myocardique.

Schaumann's disease : lymphogranulomatose bénigne, maladie de Besnier-Bœck-Schaumann.

Schede's method : mode de traitement de la carie osseuse (prélèvement du tissu malade, bourrage de la cavité par un caillot de sang recouvert de gaze aseptique); **- operation** : opération de Schede (résection très étendue d'une partie de la cage thoracique chez les malades atteints d'empyème chronique).

schedule, s. : plan, horaire, nomenclature.

Scheele's acid : solution d'acide cyanhydrique à 4 p. 100; **- green** : arsénite de cuivre.

Scheie's syndrome : mucopolysaccharidose type V.

schema, s. : 1. schéma, schème (tracé figurant d'une façon simplifiée la disposition d'un organe ou d'un appareil); 2. diagramme.

schematic, adj. : schématique.

scheme, s. : arrangement, combinaison, résumé, plan.

schemograph, s. : campimètre, appareil pour tracer le contour du champ visuel.

scheroma, s. : xérophtalmie, xérome (état de sécheresse avec atrophie de la conjonctive bulbaire entraînant l'opacité de la cornée).

Schick's reaction or **test** : réaction de Schick, (intradermoréaction pratiquée avec la toxine diphtérique).

Schiefferdecker's intermediate discs : substance emplissant l'espace des nœuds de Ranvier entre la gaine de Schwann et le cylindraxe.

Schilder's disease : maladie de Schilder-Foix, sclérose cérébrale centrolobaire, encéphalite périaxiale diffuse.

Schiller's test : test de Schiller (épreuve destinée à révéler les lésions précancéreuses du col utérin).

Schilling's test : test de Schilling pour le diagnostic de l'anémie de Biermer.

Schindler's gastroscope : forme de gastroscope flexible.

schindylesis, *s.* : schindylèse (synarthrose où l'une des surfaces, en forme de crête, s'enclave dans la surface opposée en forme de rainure; *ex.* : articulation du vomer avec le sphénoïde).

schisto- *or* **schiz-** : schisto-, schiz-, préfixe signifiant fendu, fissuré.

schistocelia, *s.* : fistule abdominale.

schistocystis, *s.* : fistule de la vessie.

schistocyte, *s.* : 1. schistocyte (globule nain provenant de la fragmentation des hématies); 2. nom donné par Ehrlich aux poïkilocytes.

schistocytosis, *s.* : 1. amas de schistocytes dans le sang; 2. processus de fragmentation des hématies.

schistoglossia, *s.* : langue fendue.

schistomelus, *s.* : monstre dont l'extrémité inférieure est fendue.

schistoprosopia, *s.* : schizoprosopie (division de presque toute la face par le prolongement en haut de la fissure du bec-de-lièvre).

schistorachis *or* **schistorhachis,** *s.* : spina-bifida.

schistosis, *s.* : schistose (pneumoconiose chez les ouvriers travaillant l'ardoise).

Schistosoma, *s.* : vers trématodes.

schistosomiasis, *s.* : schistosomiase (maladie endémique due à *Schistosomum japonicum* caractérisée par une hypertrophie du foie et de la rate avec ascite, diarrhée et anémie).

schistotrachelus, *s.* : fente du cou.

schizaxon, *s.* : axone divisé en deux (neurone).

schizo- : schizo-, préfixe signifiant divisé ou indiquant une relation avec la division.

schizoblepharia, *s.* : fente palpébrale.

schizocyte, *s.* : *cf.,* **schistocyte.**

schizocytosis, *s.* : *cf.,* **schistocytosis.**

schizogenesis, *s.* : fissiparité.

schizognathism, *s.* : fissure de la mâchoire.

schizogonic, *adj.* : schizogonique.

schizogony, *s.* : 1. fissiparité; 2. schizogonie (phase de multiplication asexuée des sporozoaires).

schizoid, *adj.* : schizoïde.

schizoidism, *s.* : schizomanie.

Schizomycetes, *s.* : schizomycète, schizophyte (bactérie se reproduisant par fissiparité).

schizomycetic, *adj.* : se rapportant à, produit par des schizomycètes.

schizomycosis, *s.* : maladie causée par des schizomycètes.

schizont, *s.* : schizonte, agamonte (nom donné aux éléments des sporozoaires qui, au cours

de la schizogonie, vivent en parasite dans les cellules).

schizonticide, *s.* : schizonticide.

schizonychia, *s.* : schizonychie.

schizophasia, *s.* : schizophasie (élocution incompréhensible, désordonnée des schizophrènes).

schizophrenia, *s.* : schizophrénie.

schizophrenic, *adj.* : schizophrène.

schizophyte, *s.* : schizophyte *(bot.).*

schizosis, *s.* : schizose, autisme.

schizothorax, *s.* : schizothorax.

schizothymic, *adj.* : atteint de schizothymie, schizophrène.

schizotrichia, *s.* : schizotrichie (division du cheveu *ou* du poil à son extrémité).

Schlange's sign : dilatation intestinale en amont d'une occlusion, absence de péristaltisme en aval.

Schlatter's disease : maladie de Schlatter, ostéite apophysaire.

Schlemm's canal : canal de Schlemm (cornée).

Schlesinger's type of syringomyelia : syringomyélie type dorsolombaire.

Schmidt's syndrome : syndrome de Schmidt (association d'une hémiparalysie du voile du palais avec une paralysie du récurrent et de l'épaule).

Schmiedel's anastomosis : anastomose anormale entre la veine cave et une veine porte.

scholarship, *s.* : 1. bourse d'études ; 2. érudition.

Schœnlein's disease : maladie de Schœnlein, péliose rhumatismale; **- triad** : manifestations articulaires, éruptions cutanées et phénomènes gastro-intestinaux caractéristiques de la péliose rhumatismale.

Schreger's lines : lignes de l'émail des dents, parallèles à la surface.

Schreiber's manœuvre : friction de la peau de la cuisse et de la jambe pour renforcer le réflexe rotulien et le réflexe achilléen.

Schrœder's contraction ring : anneau de Bandl *(obstét.).*

Schüffner's dots *or* **stippling** : granulés rouges décelés sur les hématies après coloration au Romanowski dans les fièvres paludéennes tierces *(P. vivax).*

Schüller's ducts : canaux excréteurs des glandes de Skene.

Schüller-Christian's disease : maladie de Schüller-Christian, dysostose craniohypophysaire, granulomatose *ou* granulome lipoïdique des os.

Schultz-Charlton phenomenon, reaction *or* **test** : phénomène de Schultz-Charlton (extinction localisée de l'éruption scarlatineuse par injection intradermique de sérum de convalescents de scarlatine *ou* même d'individus normaux; toujours négative avec le sérum de scarlatineux à la période d'éruption).

Schultze's cells : cellules olfactives; **- granules** : fines masses granulaires dans le sang formées par la désintégration des plaquettes.

Schultze's comma tract : virgule de Schultze.

Schultze-Chvostek's sign : signe de Chvostek (excitabilité mécanique des nerfs et des muscles dans la tétanie, en dehors des accès).

Schwabach's test : épreuve de Schwabach (mesure de la conduction osseuse des vibrations acoustiques).

Schwalbe's convolution : première circonvolution occipitale (lobe occipital); **- fissure** : scissure située entre la partie inférieure du lobe temporosphénoïdal et le lobe occipital; **- nucleus** : noyau vestibulaire; **- sheath** : gaine des fibres élastiques; **- space** : espace situé sous la gaine du nerf optique.

Schwann (primitive bundle of) : fibre musculaire; **- sheath** : gaine de Schwann; **- white substance** : myéline.

schwannoma, s. : schwannome (tumeur développée dans le système nerveux aux dépens des éléments cellulaires de la gaine de Schwann).

sciage, s. (fr.) : sciage (massage).

sciatic, adj. : sciatique (se rapportant à la hanche).

sciatica, s. : sciatique.

science, s. : 1. science; **applied -** : science expérimentale; **bachelor of - (B.Sc.)** : licencié ès sciences; **doctor of - (D.Sc.)** : docteur ès sciences; **man of -** : savant, homme de science; **to study -** : étudier les sciences; 2. science, savoir.

scientific, adj. : scientifique; **- instruments** : instruments de précision; **- men** : hommes de science.

scientist, s. : savant, chercheur, homme de science.

scieropia, s. : trouble de la vision où les objets paraissent sombres.

scillism, s. : empoisonnement par la scille (vomissements, ralentissement du pouls, inconscience).

scillitoxin, s. : scillitoxine (chim.).

scillocephalus, s. : 1. déformation congénitale de la tête caractérisée par la petitesse et l'élongation en forme de cône; 2. individu, généralement idiot, présentant un crâne petit et allongé en forme de cône.

scintigram, s. : scintigramme, scintillogramme.

scintigraphy, s. : scintigraphie.

scion, s. : greffon (bot.).

scintillascope, s. : cf., **spinthariscope.**

scintillation, s. : scintillation, scintillement; **- counter** : scintillateur.

scirrhencanthus, s. : squirrhe de la glande lacrymale.

scirrhoblepharoncus, s. : squirrhe de la paupière.

scirrhocele, s. : squirrhe du testicule.

scirrhoid, adj. : ayant l'aspect du squirrhe, d'aspect squirrheux.

scirrhoma, s. : cf., **scirrhus; - caminarorium** : cancer des ramoneurs (épithélioma du scrotum).

scirrhophthalmia, s. : squirrhe du globe oculaire.

scirrhosarca, s. : sclérème, sclérème des nouveau-nés.

scirrhous, adj. : squirreux, squirrheux.

scirrhus, s. : squirre, squirrhe.

scissile, adj. : scissile, fissile.

scission, s. : scission, division, coupage avec un instrument tranchant.

scissiparity, s. : fissiparité, scissiparité.

scissor leg : déformation des jambes consécutive à une coxalgie double ayant pour conséquence le croisement des jambes en marchant.

scissors, s. : ciseaux; **curved -** : ciseaux courbés; **- curved on the flat** : ciseaux courbés sur le plat; **enucleation** or **excision -** : ciseaux à énucléer; **iris -** : ciseaux ultrafins pour iridectomie; **sharp pointed -** : ciseaux à lame pointue; **strabismus -** : ciseaux à strabisme; **spring -** : ciseaux à ressort.

scissura or **scissure,** s. (lat.) : scissure, fissure; **- pilorum** : fourchure des cheveux (pointes bifides).

Sclavo's serum : sérum anti-charbon.

sclera, s. : sclérotique; **- testis** : albuginée (testicule).

scleradenitis, s. : sclérose glandulaire.

scleral, adj. : scléreux.

sclerangia, s. : 1. sensation de durcissement d'un vaisseau; 2. cf., **angiosclerosis.**

scleratheroma, s. : artériosclérose nodulaire.

scleratitis, s. : cf., **scleritis.**

scleratogenous, s. : sclérogène.

sclerectasia, s. : protubérance localisée à la sclérotique.

sclerecto-iridectomy, s. : sclérotomie et iridectomie combinées dans les cas de glaucome.

sclerecto-iridodialysis, s. : sclérectomie et détachement de l'iris.

sclerectomy, s. : sclérectomie (résection de la sclérotique pratiquée dans le glaucome chronique).

scleredema, s. : cf., **scleroedema.**

sclerema, s. : sclérème (induration de la peau avec perte de la mobilité des téguments sur les parties profondes); **- adultorum** : sclérème des adultes; **- cutis** : sclérodermie, sclérémie; **- neonatorum** : sclérème des nouveau-nés; **- oedematosum** : cf., **scleredema; partial -** : sclérodermie en plaques, morphée; **- universale** : dermatite exfoliatrice généralisée.

sclerencephalia, s. : sclérose du tissu cérébral.

sclerenchyma, s. : sclérenchyme (bot.).

scleriasis, s. : cf., **scleroderma.**

scleriritomy, s. : incision de la conjonctive, de la sclérotique et de l'iris suivie d'excision d'une partie de l'iris et de la capsule antérieure dans les cas de staphylome de la cornée et de glaucome secondaire.

scleritic, *adj.* : scléreux, fibreux.

scleritis, *s.* : sclérite, sclérotite (inflammation de la sclérotique).

sclero- : scléro-, préfixe signifiant : 1. dur; 2. dénotant un rapport avec la sclérotique.

sclero-atrophic, *adj.* : scléro-atrophique.

scleroblastema, *s.* : tissu embryonnaire à partir duquel se forment les os.

sclerocataract, *s.* : cataracte scléreuse.

sclérochoroiditis, *s.* : sclérochoroïdite (affection caractérisée par une atrophie partielle de la choroïde).

scleroconjunctival, *adj.* : se rapportant à la sclérotique et à la conjonctive.

scleroconjunctivitis, *s.* : scléroconjonctivite (inflammation simultanée de la sclérotique et de la conjonctive).

sclerocornea, *s.* : sclérotique et cornée.

sclerocorneal, *adj.* : se rapportant à la sclérotique et à la cornée.

sclerocyclotomy, *s.* : mode de division du muscle ciliaire.

sclerodactylia *or* **sclerodactyly**, *s.* : sclérodactylie (sclérodermie limitée aux doigts).

scleroderma, *s.* : sclérodermie, sclérémie, sclérème des adultes.

sclerodermatitis, *s.* : sclérodermie.

sclerodermatous, *adj.* : atteint de scléroderme.

sclerodermitis, *s.* : sclérodermie.

sclerodesmia, *s.* : sclérodesmie (durcissement des ligaments).

scleroedema, *s.* : sclérœdème, myxœdème; **- adultorum** : sclérœdème de Buschke, sclérœdème aigu.

sclerogenous, *adj.* : sclérogène.

scleroid, *adj.* : d'aspect scléreux, dur, fibreux.

sclero-iritis, *s.* : sclérite et iritis combinés.

sclerokeratitis, *s.* : sclérite et kératite combinées.

sclerokerato-iritis, *s.* : sclérite, kératite et iritis combinées.

scleroma, *s.* : sclérome.

scleromalacia, *s.* : scléromalacie; **- perforans** : scléromalacie nécrosante.

scleromatocystis, *s.* : induration d'une vésicule, en particulier de la vésicule biliaire, de la vessie.

scleromeninx, *s.* : dure-mère.

scleromere, *s.* : métamère, somite.

sclerometer, *s.* : scléromètre (instrument pour mesurer la dureté des corps).

scleronychia, *s.* : scléronychie (induration et épaississement des ongles).

scleronyxis, *s.* : scléroticonyxis (nom donné à la ponction de la sclérotique).

sclero-oophoritis *or* **sclero-oothecitis**, *s.* : sclérose de l'ovaire.

sclerophthalmia, *s.* : sclérophtalmie, xérophtalmie, xérome.

scleroplasty, *s.* : scléroplastie.

scleroprotein, *s.* : scléroprotéine.

sclerosal, *adj.* : de nature sclérosée.

sclerosarcoma, *s.* : épulide, épulie, épulis, sclérosarcome (*inus.*) (petite tumeur du rebord alvéolaire des gencives).

sclerose, *v.* : scléroser, se scléroser.

sclerosed, *adj.* : sclérosé, scléreux.

sclerosing, *adj.* : sclérosant; **- injection** : injection sclérosante; **- phlebitis** : phlébosclérose.

sclerosis, *s.* : sclérose (induration pathologique d'un organe ou d'un tissu); **amyotrophic lateral -** : sclérose latérale amyotrophique, maladie de Charcot; **bone** *or* **ossium -** : ostéite condensante, ostéite productive; **- circumscripta pericardii** : péricardite constrictive progressive; **disseminated, multiple** *or* **multiple cerebrospinal -** : sclérose en plaques; **familial centrolobular -** : maladie de Wilson; **lateral** *or* **primary lateral -** : sclérose des cordons latéraux; **lens** *or* **nuclear -** : cataracte sénile; **lichen -** : lichen sclerosis; **- of the lungs** : pneumonie interstitielle; **nodular -** : artériosclérose; **postular spinal -** : sclérose des cordons postérieurs, tabes dorsalis, ataxie locomotrice progressive; **postero-lateral -** : maladie de Friedreich, ataxie *ou* tabès héréditaire; **renal -** : néphrite interstitielle; **- testis** : sarcocèle; **vascular -** : artériosclérose.

scleroskeleton, *s.* : ossifications autres que celles du squelette de soutien (*biol.*).

sclerostenosis, *s.* : 1. sclérose avec sténose; 2. sclérodermie; **- cutanea** : sclérodermie.

Sclerostoma, *s.* : sclérostome (ver nématode); **- duodenale** : ankylostome (*parasit.*).

sclerostomy, *s.* : incision de la sclérotique dans le traitement du glaucome.

sclerothrix, *s.* : 1. dureté anormale du cheveu; 2. genre de mycobactérie.

sclerotic, *adj.* : sclérotique; **- coat** : membrane sclérotique, sclérotique.

scleroticectomy, *s.* : excision d'une partie de la sclérotique.

scleroticochoroiditis, *s.* : sclérochoroïdite.

scleroticonyxis, *s.* : *cf.*, **scleronyxis**.

scleroticopuncture, *s.* : *cf.*, **scleronyxis**.

scleroticotomy, *s.* : scléroticotomie, sclérotomie (incision de la sclérotique).

sclerotidectomy, *s.* : *cf.*, **scleronyxis**.

sclerotitis, *s.* : sclérotite, sclérite.

sclerotium, *s.* : amas d'hyphes se formant au cours de stades évolutifs de certaines moisissures (*bot.*), ergot de seigle.

sclerotome, *s.* : 1. bistouri utilisé pour incision de la sclérotique; 2. tissu séparant les segments transversaux du tissu musculaire embryonnaire; 3. tissu squelettique d'un métamère embryonnaire.

sclerotomy, *s.* : sclérotomie, scléroticotomie (incision de la sclérotique).

sclerotonyxis, *s.* : sclérotonyxis (opération de la cataracte par ponction de la sclérotique et dépression du cristallin).

sclerous, *adj.* : scléreux.

sclerozone, *s.* : insertions musculaires des muscles dérivés d'un segment embryonnaire donné *(embryol.).*

scleciform, *adj.* : ayant l'aspect d'un scolex.

scolecoid, *adj.* : 1. vermiforme; 2. ayant l'aspect d'un scolex.

scolex, *s., plur.* **scolices** *(lat.)* : scolex (partie antérieure pourvue de ventouses des vers cestoïdes).

scoliokyphosis, *s.* : cyphoscoliose.

scoliolordosis, *s.* : scoliose et lordose combinées.

scoliometer *or* **scoliosometer,** *s.* : instrument pour mesurer l'étendue de la scoliose.

scoliorachitic, *adj.* : se rapportant à, produit par la scoliose et le rachitisme.

scoliosiometry, *s.* : estimation du degré de difformité dans la scoliose.

scoliosis, *s.* : scoliose (déviation latérale du rachis).

scoliosometer, *s.* : instrument pour mesurer le degré de difformité dans la scoliose.

scoliotic, *adj.* : scoliotique.

scoliotone, *s.* : appareil pour élongation de la colonne vertébrale et diminution de la rotation dans la scoliose.

scoop, *s.* : curette; **aural -** : cure-oreilles; **lens -** : instrument pour extraction du cristallin.

-scope : -scope, suffixe signifiant voir ou examiner.

scopolamine, *s.* : hyoscine, scopolamine.

scopometer, *s.* : néphélomètre, turbidimètre.

scopomorphinism, *s.* : toxicomanie pour la morphine et la scopolamine.

scopophobia, *s.* : peur morbide d'être vu.

-scopy : -scopie, suffixe dénotant l'inspection, l'examen.

scoracratia, *s.* : défécation involontaire.

scorbutic, *adj.* : scorbutique.

scorch, *s.* : brûlure superficielle; *v.* : roussir.

scorched, *adj.* : roussi, légèrement brûlé.

scorching, *adj.* : brûlant, ardent; **- heat** : chaleur torride.

scordinema, *s.* : pandiculation (s'étirer en bâillant).

score, *s.* : 1. éraflure, couture, entaille; 2. trait de repère, repère; 3. nombre de points, de coups; encoche, marque; *v.* : inscrire le nombre de points, de marques, etc.

scored, *adj.* : éraflé, couturé; **face - with scars** : visage couturé de cicatrices.

scoretœmia *or* **scoretemia,** *s.* : auto-intoxication due à l'absorption de matières putrides de l'intestin.

scorings, *s.* : lignes transversales dans les métaphyses des os en croissance.

scoto- : scoto-, préfixe indiquant un rapport avec l'obscurité.

scotodinia, *s.* : scotodinie, vertige apoplectique.

scotogram, *s.* : *cf.,* **skiagram.**

scotograph, *s.* : 1. instrument pour permettre aux aveugles d'écrire; 2. rayons X.

scotography, *s.* : *cf.,* **skiagraphy.**

scotoma, *s.* : scotome (tache immobile qui masque une partie du champ visuel); **scintillating -** : *cf.,* **teichopsia; wandering -** : scotome errant.

scotomatous, *adj.* : se rapportant à, atteint de scotome.

scotometer, *s.* : 1. instrument pour détecter, localiser et mesurer les scotomes; 2. instrument utilisé pour la détection des scotomes situés au centre du champ visuel.

scotophilia, *s.* : scotophilie.

scotophobia, *s.* : scotophobie.

scotoscopy, *s.* : *cf.,* **retinoscopy.**

scotosis, *s.* : *cf.,* **scotoma.**

scourge, *s.* : fléau, maladie épidémique mortelle; **white -** : tuberculose; *v.* : fouetter, flageller.

scouring, *s.* : 1. purgation; 2. diarrhée.

scraper, *s.* : grattoir, racloir; **bone -** : rugine; **tongue -** : racloir, gratte-langue.

scrapie, *s.* : tremblante du mouton *(vétér.).*

scraping, *s.* : éraflement.

scratch, *s.* : 1. égratignure, éraflure, coup d'ongle, coup de griffe, coup de patte; **- test** : épreuve par scarification; 2. grattement; *v.* : égratigner, griffer, écorcher; **to - one's head** : se gratter la tête; **to - oneself** : s'égratigner, se gratter.

scratching, *s.* : 1. écorchement, éraflure; 2. grattage.

screen, *s.* : écran; **Bunsen -** : écran photométrique *(opt.);* **colour -** : écran coloré; **fluorescent -** : écran de radioscopie; **heat, draught, radiation -** : écran protecteur contre la chaleur, les courants d'air, les radiations; **- test** : test éliminatoire; *v.* : 1. faire passer un malade à la radioscopie; 2. munir d'un écran; 3. pratiquer des épreuves éliminatoires.

screening, *s.* : 1. examen radiologique avec écran fluorescent; 2. sélection, dépistage; **- test** : épreuve de criblage.

screw, *s.* : vis; **- clip** : pince de Mohr; **- worm** : larve de la mouche *Chrysomia macellaria* (mortelle pour l'homme en Amérique centrale par pénétration dans les voies nasales et auditives).

scribomania, *s.* : graphomanie.

scrivener's palsy : crampe de l'écrivain.

scrobiculate, *adj.* : scrobiculé, scrobiculeux, parsemé de fossettes.

scrobiculus, *s.* *(lat.)* : dépression, creux, fossette; **- cordis** : épigastre; **- variolæ** : cicatrice de variole.

scrofula, *s.* : scrofule.

scrofulonychia, *s.* : forme d'onychose caractérisée par un ulcère de la matrice de l'ongle.

scrofulophyma, *s.* : scrofuloderme tuberculeux.

scrofulosis, *s.* : état scrofuleux.

scrofulotuberculosis, *s.* : scrofulotuberculose, forme atténuée de tuberculose.

scrofulous, *adj.* : scrofuleux.

scroll, *s.* : rouleau, enroulement, spirale; **- bone** : os turbiné, cornet; **olfactory -** : cornets.

scrotal, *adj.* : scrotal, **- hernia** : hernie scrotale.

scrotitis, *s.* : inflammation du scrotum.

scrotocele, *s.* : hernie scrotale, scrotocèle.

scrotum, *s.* : scrotum ; **- cordis** : péricarde ; **lymph -** : éléphantiasis du scrotum.

scrubbing, *s.* : 1. récurage, nettoyage; 2. lavage, épuration *(chim.)*.

scruff, *s.* : peau de la nuque.

scrumpox, *s.* : impétigo contagieux.

scruple, *s.* : mesure de poids pharmaceutique (20 grains = environ 1,20 g).

scrupulosity, *s.* : scrupulosité, esprit scrupuleux.

scurf, *s.* : pellicules du cuir chevelu, farine (d'une datre).

scurfy, *adj.* : pelliculeux; **- affection of the skin** : dartre.

scurvied, *adj.* : scorbutique.

scurvy, *s.* : scorbut (maladie par carence, due à l'absence ou à l'insuffisance dans l'alimentation de la vitamine C); **- of the Alps** : pellagre; **- grass** : *Cochlearia officinalis* (crucifère) ; **infantile -** : scorbut des nourrissons; **land -** : purpura thrombocytopénique; **sea -** : scorbut des marins.

scute, *s.* : 1. écaille *(zool.)*; 2. paroi externe de l'attique *(anat.)*.

scutellar, *adj.* : scutellaire *(entomol.)*.

scutellaria, *s.* : scutellaire *(bot.)*.

scutellate, *adj.* : 1. scutelliforme *(bot.)*; 2. pourvu d'une scutelle, couvert de scutelles *(zool.)*.

scutellum, *s.*, *plur.* **scutella** *(lat.)* : scutelle.

scutiform, *adj.* : scutiforme.

scutulum, *s.*, *plur.* **scutula** *(lat.)* : 1. croûte faveuse; 2. épaule.

scutum, *s.*, *plur.* **scuta** *(lat.)* : 1. plaque osseuse protectrice; 2. cartilage thyroïde; 3. rotule; **- cordis** : sternum; **- genu** : rotule; **- pectoris** : thorax; **- thoracis** : sternum; **- tympanum** : paroi externe de l'attique (entre l'attique et les cellules mastoïdiennes).

scybalum, *s.*, *plur.* **scybala** *(gr.)* : scybales (masses dures d'excréments).

scyphoid, *adj.* : scyphonoïde, scyphiforme, en forme de coupe.

scythian disease : atrophie des organes génitaux mâles, accompagnée de perte d'énergie.

scythrospasmus, *s.* : traits tirés et expression fatiguée (du visage), considérés comme un mauvais symptôme dans une maladie grave.

scytitis, *s.* : dermatite.

scytoblastema, *s.* : stade embryonnaire du développement de la peau.

scytoblastesis, *s.* : état embryonnaire et évolution du développement de la peau.

S. D. (standard deviation) : déviation standard.

S. E. (standard error) : erreur standard.

sea, *s.* : mer; **- air** : air marin; **- air cure** : thalassothérapie; **- sick** : qui a le mal de mer; **to be - sick** : avoir le mal de mer; **- sickness** : mal de mer, naupathie; **- tangle** : laminaire; **- urchin** : oursin.

seal, *s.* : 1. sceau, cachet; 2. dispositif d'étanchéité; **water -** : siphon.

seal-fin deformity : déformation divergente des doigts (rhumatisme chronique).

sear, *v.* : cautériser.

searing-iron, *s.* : cautère.

sebaceous, *adj.* : sébacé; **- crypt, gland** *or* **follicle** : glande sébacée; **- cyst** : kyste sébacé.

sebiferous *or* **sebiparous,** *adj.* : sécrétant de la matière sébacée, du sébum.

sebocystomatosis, *s.* : sébocystomatose (maladie caractérisée par la présence d'une multitude de kystes sébacés).

sebolith, *s.* : calcul dans une glande sébacée.

seborrhagia, *s.* : *cf.,* **seborrhea.**

seborrhea *or* **seborrhœa,** *s.* : séborrhée (augmentation de la sécrétion des glandes sébacées); **- congestiva** : séborrhée congestive, lupus érythémato-folliculaire; **- oleosa** : séborrhée graisseuse *ou* huileuse; **- sicca** : séborrhée sèche.

seborrheal, *adj.* : se rapportant à la séborrhée.

seborrheic *or* **seborrhoic,** *s.* : individu atteint de séborrhée; *adj.* : atteint de séborrhée.

seborrheid, *s.* : séborrhéide (dermatose caractérisée par des éléments pityriasiques squameux *ou* squamo-croûteux, apparaissant avec prédilection sur les peaux grasses; correspond à l'eczéma séborrhéique de Unna).

sebum, *s.* : 1. sébum, matière sébacée; 2. graisse animale; **- palpebrale** : chassie, sécrétion glandulaire desséchée des paupières; **- præputiale** *or* **præputii** : smegma (du sillon balanopréputial).

secernent *or* **secerning,** *s.* : fonction de sécrétion (d'une glande, d'un follicule).

second, *s.* : seconde; *adj.* : second, deuxième; **- intention** : cicatrisation par deuxième intention *ou* médiate; **- look** : révision *(chir.)*; **- nerve** : nerf optique; **- sight** : seconde vue, clairvoyance *(psych.)*.

secondaries, *s.* : métastases cancéreuses; accidents secondaires (de la syphilis).

secondary, *adj.* : secondaire; **- cataract** : cataracte capsulaire; **- coil** : enroulement secondaire (*électr.*); **- infection** : surinfection.

secreta, *s.* : secreta (ensemble des produits de sécrétion).

secretagogue, *s.* : agent stimulant les sécrétions; *adj.* : stimulant les fonctions de sécrétion.

secrete, *v.* : 1. soustraire; 2. sécréter.

secretin, *s.* : sécrétine (hormone extraite de la muqueuse duodénale).

secreting, *adj.* : produisant la sécrétion.

secretion, *s.* : sécrétion (1. acte physiologique, en vertu duquel certains tissus produisent des substances plus ou moins liquides; 2. substance sécrétée); **external -** : sécrétion externe; **internal -** : sécrétion interne; **menstrual -** : sang menstruel; **sebaceous -** : sébum.

secretodermatosis, *s.* : toute affection de l'appareil sécréteur de la peau.

secretomotory, *adj.* : se dit des nerfs jouant un rôle dans les fonctions de sécrétion.

secretory, *s.* : organe sécréteur; *adj.* : sécréteur, sécrétoire.

sectile, *adj.* : capable d'être coupé.

sectio, *s. (lat.)* : section, division, coupure, tranche; **- abdominis** : cœliotomie, laparotomie; **- alta** : taille hypogastrique; **- cadaveris** : autopsie; **- cæsarea** or **agrippina** : opération césarienne; **- lateralis** : taille périnéale; **- mariana** or **mediana** : lithotomie médiane; **- nympharum** : nymphotomie.

section, *s.* : 1. sectionnement, section, coupage, division ; 2. tranche, coupe, surface coupée ; **abdominal -** : cœliotomie; **cesarean -** : opération césarienne; **- cutter** : microtome; **perineal -** : urétrotomie externe; **Pitres' -** : coupes de Pitres, série de coupes du cerveau pour examen; **sigaultian -** : symphyséotomie, synchondrotomie; 3. coupe histologique; **ultra-thin -** : coupe ultrafine; **serial -** : coupes en série, ruban de coupes; *v.* : couper, opérer, faire des coupes histologiques.

sector, *s.* : secteur.

sedate, *v* : calmer, donner un sédatif.

sedateness, *s.* : manière posée, maintien calme.

sedation, *s.* : sédation, apaisement.

sedative, *s.* : *adj.* : sédatif, calmant; **- draught** : potion calmante.

sedentary, *adj.* : sédentaire.

sediment, *s.* : sédiment, culot de centrifugation.

sedimentation, *s.* : sédimentation (formation de sédiment); **red cell** or **erythrocyte - test** or **rate (E.S.R.)** : sédimentation globulaire, vitesse de sédimentation.

Sedlitz powder : sulfate de magnesium, sel d'Epsom.

seed, *s.* : 1. ovule fécondé; 2. sperme; 3. rejeton; 4. graine; **millet -** : graine de millet (mesure comparative en pathologie : environ 2 mm).

Seeligmüller's sign : mydriase du côté malade dans les cas de névralgie.

seep, *v.* : suinter, s'infiltrer.

seepage, *s.* : suintement, infiltration.

Seessel's pocket or pouch : légère dépression du revêtement épithélial de la membrane pharyngienne derrière la poche de Rathke.

Séglas' type of paranoia : forme de paranoïa de type psycho-moteur.

segment, *s.* : 1. segment; 2. segment, anneau, métamère, somite; **R.S.T., S.T. -** : partie du complexe QRST de l'électrogramme; *v.* : se partager en segments, se segmenter.

segmental, *adj.* : segmentaire.

segmentation, *s.* : segmentation; **- cavity** : blastocèle; **complete, total** or **holoblastic -** : segmentation holoblastique; **direct -** : amitose, division amitosique, division de Remak (division directe des cellules); **duplicative -** : segmentation particulière au gonocoque (caractérisée par un espace entre les deux segments « grain de café »); **germ -** : segmentation de l'ovule fécondé; **incomplete, partial** or **meroblastic -** : segmentation partielle ou discoïdale; **- sphere** : blastomère.

segregation, *s.* : ségrégation, séparation, isolement.

segregator, *s.* : appareil pour recueillir l'urine dans chaque rein, sans risque de mélange (*obstét.*).

Seguin's signal symptom : convulsion initiale dans la crise d'épilepsie jacksonienne, indicatrice du siège de la lésion corticale.

Seignette salt : sel de Seignette (*chim.*).

Seiler's cartilage : petite pointe cartilagineuse située sur l'apophyse vocale du cartilage aryténoïde (plus développée chez la femelle que chez le mâle).

seismesthesia, *s.* : perception d'une secousse, d'un choc.

seismotherapy, *s.* : thérapeutique par vibrations mécaniques.

seizure, *s.* : 1. attaque brusque (d'une maladie; crise épileptique); 2. prise d'un organe (*chir.*).

sejunction, *s.* : arrêt de la continuité des complexes d'association amenant une rupture de la personnalité (*psych.*).

selection, *s.* : sélection; **natural -** : sélection naturelle.

selective, *adj.* : sélectif, sélecteur.

selector, *s.* : sélecteur.

selene unguium, *s.* : lunule de l'ongle.

selenic, *adj.* : sélénique; **- acid** : acide sélénique.

seleniferous, *adj.* : sélénifère.

selenium, *s.* : sélénium.

selenoplegia or **selenoplexia,** *s.* : apoplexie attribuée autrefois à l'exposition aux rayons lunaires.

selenosis, *s.* : empoisonnement par le sélénium.

self, *s.* : le moi, la personnalité; *adj.* : de même, pareil; *pron.* : soi-même; **- abuse** : masturbation; **- demand** : régime alimentaire individuel; **- digestion** : auto-digestion ; **- fertilization** : auto-fécondation, pollinisation directe; **- incasement** : auto-incarcération de l'intestin dans le mésentère ; **- induction** : self-induction, auto-induction; **coefficient of - induction** : inductance; **- infection** : auto-infection; **- pollution** : masturbation.

sella turcia, *s. (lat.)* : selle turcique.

sellar, *adj.* : sellaire (se rapportant à la selle turcique).

semantics, *s.* : sémantique.

semeiology, *s.* : sémiologie, séméiologie, séméiotique (partie de la médecine qui étudie les signes des maladies).

semeiotic *or* **semiotic,** *adj.* : sémiologique.

semen, *s.* : semen (1. semence; 2. sperme).

semester, *s.* : semestre.

semi- : semi-, préfixe signifiant moitié.

semicanal, *s.* : sillon.

semicanalis, *s.* : sillon; **- humeri** : gouttière bicipitale; **- nervi vidiani** : canal du nerf vidien (os temporal); **- tensor tympani** : gouttière tympanique du muscle du marteau; **- tympanicus** : canal tympanique.

semicircular, *adj.* : semi-circulaire; **- canals** : canaux semi-circulaires (oreille).

semilunar, *adj.* : semi-lunaire; **- bone** : os semi-lunaire (carpe) ; **- cartilages** : fibro-cartilages semi-lunaires (genou); **- fold** : repli semi-lunaire (œil); **- space of Traube** : espace semi-lunaire de Traube (région de la paroi thoracique en rapport avec la face antérieure de l'estomac qui présente un tympanisme aigu à la percussion).

semilunare, *s. (lat.)* : os semi-lunaire (carpe).

seminal, *adj.* : séminal; **- cyst** : kyste du cordon spermatique; **- fluid** : liquide séminal; **- vesicle** : vésicule séminale.

semination, *s.* : 1. insémination; 2. sémination *(bot.)*.

seminiferous, *adj.* : séminifère.

seminific, *adj.* : séminifère, producteur de sperme, de semence.

seminoma, *s.* : séminome, dysgéminome du testicule.

seminuria, *s.* : spermaturie.

semiology, *s.* : *cf.,* **semeiology.**

semipronation, *s.* : position de supination partielle.

semiprone, *adj.* : en supination partielle; **- posture** : position de Sims (pour opérations vaginales).

semis *(abbrev.* **ss.**)**,** *s. (lat.)* : moitié *(pharm.)*.

semisideratio, *s.* : hémiplégie.

semisupination, *s.* : position intermédiaire entre la supination et la pronation.

Semon's sign : altération de la mobilité des cordes vocales dans le carcinome du larynx.

Semple's method *or* **vaccine** : vaccin phénolé antirabique.

senectitude, *s.* : vieillesse.

senescence, *s.* : sénescence, vieillissement (affaiblissement déterminé par l'âge).

senescent, *s.* : qui tend à la sénescence.

senile, *adj.* : sénile; **- decay** : dégénérescence sénile; **- gangrene** : gangrène sénile.

senilism, *s.* : sénilisme, gérontisme (état d'un enfant *ou* d'un adulte qui présente un aspect rappelant plus ou moins celui du vieillard).

senility, *s.* : sénilité (affaiblissement progressif des facultés corporelles et mentales chez le vieillard).

senium, *s. (lat.)* : sénilité; **- præcox** : sénilité précoce.

senki, *s.* : maladie ressemblant à la lèpre, avec troubles coliques, sévissant au Japon.

senna, *s.* : séné; **- leaf** *B.P.,* **- fruit** *B.P.* : préparation pharmaceutique de séné.

sensation, *s.* : sensation (impression produite par l'intermédiaire des nerfs centripètes); **to have a - of discomfort** : éprouver une sensation de malaise; **after -** : image consécutive *(psych.)*; **external -** : sensation externe (transmise par un organe sensoriel périphérique); **general, internal** *or* **subjective -** : sensation subjective; **girdle -** : sensation constrictive autour du corps; **gnostic -** : sensation fine et de haute précision; **objective -** : sensation objective; **psychovisual -** : visions (sensations de choses vues sans impression sur la rétine); **referred -** : sensation réfléchie; **special -** : toute sensation produite par les organes des sens.

sense, *s.* : 1. sens; **special - organs** : organes des sens; **genesic -** : instinct sexuel; 2. santé d'esprit, connaissance; **to lose one's -** : perdre connaissance; 3. sensation, sens; 4. bon sens, intelligence, jugement.

sensibility, *s.* : sensibilité (propriété que possèdent certaines parties du système nerveux de recevoir, de transmettre ou de percevoir des impressions); **range of -,** *cf.,* **Fechner's law; transference** *or* **externalization of -** : sensibilisation.

sensibilization, *s.* : sensibilisation (action de rendre sensible un être vivant, un organe ou un tissu à un agent physique, chimique ou biologique).

sensibilizer, *s.* : sensibilisateur, catalyseur *(chim.)*.

sensible, *adj.* : sensible, perceptible, raisonnable.

sensibleness, *s.* : bon sens, jugement, intelligence, raison.

sensiferous, *adj.* : vecteur de sensations.

sensigenous, *adj.* : donnant naissance à une impulsion sensorielle.

sensimeter, *s.* : instrument pour déterminer la sensibilité de la peau.

sensitive, *adj.* : sensible, sensitif (1. capable de sentir, de transmettre une sensation; 2. réagissant à un stimulus).

sensitivity, *s.* : 1. sensibilité, sensitivité, faculté de sentir; 2. sensibilité, susceptibilité; **- of an emulsion** : rapidité d'une émulsion *(phot.).*

sensitizable, *adj.* : sensibilisable *(phot.).*

sensitization, *s.* : sensibilisation.

sensitize, *v.* : rendre sensible, sensibiliser.

sensitized, *adj.* : 1. sensibilisé *(biol.);* 2. sensible, impressionnable *(phot.).*

sensitizer, *s.* : 1. sensibilisatrice, ambocepteur, corps immunisant, fixateur; 2. agent sensibilisateur *(phot.).*

sensitizing, *s.* : sensibilisation; *adj.* : sensibilisateur; **- bath** : bain à sensibiliser *(phot.).*

sensitometer, *s.* : sensitomètre *(phot.).*

sensomobile, *adj.* : mobile par stimulation.

sensomobility, *s.* : capacité de mouvement en réponse à un stimulus sensoriel.

sensomotor, *adj.* : sensitivo-moteur.

sensoparalysis, *s.* : paralysie sensorielle.

sensorial, *adj.* : sensoriel.

sensorimotor, *adj.* : sensitivo-moteur.

sensorimuscular, *adj.* : sensitivo-musculaire.

sensorivascular *or* **sensorivasomotor,** *adj.* : effet des sensations sur les vaisseaux.

sensorivolitional, *adj.* : sensitivo-volontaire.

sensorium, *s. (lat.)* : sensorium (le cerveau, considéré comme foyer intellectuel et centre où aboutissent toutes les sensations).

sensory, *adj.* : sensoriel.

sensual, *adj.* : sensuel.

sensualism *or* **sensuality,** *s.* : sensualité.

sentient, *adj.* : sentant, sensible.

sentiment, *s.* : sentiment.

sentinel pile, *s.* : lambeau à l'orifice extérieur d'une fistule anale.

separator, *s.* : 1. instrument pour séparer les dents; 2. instrument pour détacher le péricrâne; 3. appareil pour empêcher le mélange dans la vessie de l'urine des uretères.

sepsin, *s.* : sepsine (ptomaïne).

sepsis, *s.* : état septique; **gas -** : gangrène gazeuse; **puerperal -** : fièvre puerpérale.

septal, *adj.* : se rapportant à une cloison, à un septum.

septan, *adj.* : septane; **- fever** : fièvre septane (forme de fièvre intermittente dans laquelle les accès reviennent le septième jour).

septate, *adj.* : cloisonné.

septatome, *s.* : instrument pour inciser une cloison.

septavalent, *s.* : septivalent.

septectomy, *s.* : excision d'une partie de la cloison nasale.

septaemia *or* **septemia,** *s.* : *cf.,* **septicemia.**

septic, *adj.* : septique; **- fever** : septicémie; **- tank** : fosse septique.

septicaemia *or* **septicemia,** *s.* : septicémie; **phlebitic -** : pyohémie.

septicœmic *or* **septicemic,** *adj.* : septicémique.

septicophlebitis, *s.* : phlébite septique.

septicopyaemia, *s.* : pyohémie.

septicopyaemic, *adj.* : se rapportant à la pyohémie.

septimetritis, *s.* : métrite d'origine septique.

septipara, *s.* : VII pare.

septivalent, *adj.* : septivalent, heptavalent.

septomarginal, *adj.* : se rapportant au bord d'une cloison.

septometer, *s.* : 1. appareil pour mesurer l'épaisseur de la cloison nasale; 2. appareil pour vérifier la quantité de matières septiques dans l'air.

septonasal, *adj.* : se rapportant à la cloison nasale.

septopyaemia, *s.* : *cf.,* **septicopyaemia.**

septotome, *s.* : instrument pour réséquer la cloison nasale.

septotomy, *s.* : septotomie (résection de la cloison nasale).

septulum, *s., plur.* **septula** *(lat.)* : petite cloison.

septum, *s., plur.* **septa** *(lat.)* : cloison, septum.

septuplet, *s.* : jumeaux septuplés; l'un des sept jumeaux.

sequel, *s., or* **sequela,** *plur.* **sequelæ** *(lat.)* : séquelle *(méd.),* suite de couches *(obstét.).*

sequence, *s.* : 1. succession, séquence; 2. séquelle.

sequential, *adj.* : conséquent, consécutif.

sequester, *s.* : séquestre (partie d'un os frappée de nécrose).

sequestration, *s.* : 1. formation d'un séquestre; 2. séquestration, isolement.

sequestrectomy *or* **sequestrotomy,** *s.* : séquestrectomie, séquestrotomie (extraction d'un séquestre inclus dans un os vivant).

sequestrum, *s., plur.* **sequestra** *(lat.)* : séquestre.

seralbumin, *s.* : séro-albumine, sérum-albumine.

Sergent's white line : signe de Sergent : ligne blanche apparaissant sur la peau de l'abdomen à la suite d'un léger coup de crayon ou du doigt, symptomatique de la maladie d'Addison et des maladies caractérisées par une faible tension artérielle.

serial, *adj.* : en série, formant série; **- sections** : coupes en série, ruban de coupes.

sericeps, *s.* : lacs (rubans de traction employés pour compléter l'action du forceps ou y suppléer [*obstét.*]).

sericum, *s. (lat.)* : soie.

series, *s.* : série; **aliphatic -** : série aliphatique *(chim.);* **aromatic -** : série aromatique *(chim.).*

seriflux, s. : émission aqueuse *ou* séreuse.

serin, s. : sérine.

serioscopy, s. : sérioscopie (procédé d'examen radiologique donnant une infinité de tomographies intéressant toute l'épaisseur de l'organe examiné).

serious, *adj.* : grave (se dit d'une maladie, d'une blessure, etc.).

seriscission, s. : sectionnement d'un tissu par une ligature de soie (excroissance, verrue).

sero- : séro-, préfixe dénotant un rapport avec le sérum.

serochrome, s. : pigment du sérum normal.

serocolitis, s. : inflammation de la tunique séreuse du côlon.

seroculture, s. : culture sur sérum sanguin.

serocyst, s. : tumeur formée de kystes remplis de sérum.

serodermatosis, s. : dermatose caractérisée par un épanchement séreux dans le tissu dermique.

serodermitis, s. : maladie cutanée inflammatoire caractérisée par un épanchement séreux.

serodiagnosis, s. : sérodiagnostic, séroréaction.

sero-enteritis, s. : inflammation de la séreuse de l'intestin grêle.

serofibrinous, *adj.* : sérofibrineux.

seroglobulin, s. : sérumglobuline, séroglobuline.

serohepatitis, s. : inflammation du péritoine hépatique.

seroid, *adj.* : ayant l'aspect d'une membrane séreuse.

sero-immunity, s. : immunité passive.

serolactescent, *adj.* : ayant les caractéristiques du sérum et du lait.

serolemma, s. : couche embryonnaire externe de l'amnios.

serologic *or* **serological,** *adj.* : sérologique.

serologist, s. : sérologiste.

serology, s. : sérologie.

seroperitoneum, s. : 1. ascite, hydropéritoine; 2. tunique séreuse des organes du bassin.

serophyte, s. : microbe qui pousse dans les humeurs.

seropneumothorax, s. : pleurésie avec épanchement séreux et pneumothorax.

seroprevention, s. : séroprévention (protection passive, avec sérum de convalescent).

seroprophylaxis, s. : séroprophylaxie (injection dans un but prophylactique d'un sérum immunisant, soit d'un animal préparé, soit d'un convalescent).

seropus, s. : mélange de sérum et de pus.

seroreaction, s. : séroréaction, sérodiagnostic.

serosa, s. *(lat.)* : séreuse, membrane séreuse.

serosanguineous, *adj.* : de nature séreuse et sanguine.

serositis, s. : inflammation d'une membrane séreuse.

serosity, s. : sérosité (1. liquide contenu dans la cavité des séreuses; 2. liquide des hydropisies, des œdèmes et des phlyctènes).

serosynovitis, s. : synovite avec accroissement du liquide synovial.

serotherapy, s. : sérothérapie (emploi thérapeutique du sérum sanguin).

serothorax, s. : *cf.,* **hydrothorax.**

serotina, s. : caduque utéro-placentaire.

serotonin, s. : sérotonine.

serotype, s. : sérotype (d'un germe).

serous, *adj.* : séreux, sérique; **- effusion** : exsudat séreux, épanchement séreux; **- fluid** : lymphe; **- inflammation** : inflammation caractérisée par la formation d'un exsudat séreux; **- membrane** : membrane séreuse, séreuse.

serovaccination, s. : sérovaccination (procédé d'immunisation qui réunit l'action des vaccins et des sérums).

serozyme, s. : sérozyme, prothrombine.

serpens, *adj. (lat.)* : sinueux, rampant; **ulcus -** : ulcère fistuleux, forme d'ulcère de la cornée.

serpentine, *adj.* : serpentin, sinueux, tortueux.

serpiginous, *adj.* : serpigineux; **- ulcer** : ulcère serpigineux.

serpigo, s. *(lat.)* : teigne tonsurante, herpès, serpigo, croûte serpigineuse.

serrate *or* **serrated,** *adj.* : denté, dentelé, en dents de scie.

serration, s. : dentelure, denture, engrenure (du crâne).

serratus, s., *adj. (lat.)* : dentelé; *cf.,* **musculus.**

serrefine, s. : serrefine (pince à pression continue employée pour réunir les deux lèvres d'une plaie).

serrenœud, s. *(fr.)* : serre-nœud.

serrulate, *adj.* : serrulé, denticulé.

Sertoli's cells *or* **columns** : cellules de Sertoli (tubes séminifères).

serum, s. : sérum; **Dried Human -,** *B.P.* : sérum humain lyophilisé pour perfusion; **heated -** : sérum décomplété; **- lactis** : petit lait; **protective -** : sérum immunisant; **- rash** : exanthème sérique; **- sickness** : accidents sériques, maladie du sérum.

serumal, *adj.* : se rapportant à, dérivé du, sérum; **- calculus** : calcul formé autour des dents par l'exsudat des gencives malades.

serumuria, s. : albuminurie.

sesamoid, *adj.* : sésamoïde; **- bone** : os sésamoïde; **- cartilage** : cartilage sésamoïde (nez).

sesamoiditis, s. : sésamoïdite (ostéite d'un os sésamoïde).

sesqui- : sesqui-, préfixe signifiant un et demi.

sesquioxide, s. : sesquioxyde *(chim.).*

sessile, *adj.* : sessile.

session, s. : séance.

set, s. : garniture, lot, jeu (chromosomes); v. : 1. réduire (une fracture); 2. solidifier, coaguler, durcir.

setaceous, adj. : soyeux, en forme de soie, de poil.

setiferous, adj. : sétifère, sétigère.

setigerous, cf., **setiferous.**

seton, s. : séton (1. mèche passée sous la peau par une ouverture et une contre-ouverture pour entretenir un exutoire; 2. exutoire entretenu par le séton).

Setschenow's inhibitory center : centre inhibiteur des réflexes, situé dans les tubercules quadrijumeaux et le bulbe.

seven-day fever : fièvre de sept jours, fièvre septane.

seventh nerve : nerf facial.

severe, adj. : grave.

severity, s. : gravité.

Sever's disease : épiphysite du calcaneum.

seviparous, adj. : sébifère, producteur de graisse.

sevum, s. (lat.) : suif.

sewage, s. : eaux d'égouts, souage (hyg.); - **disposal** : évacuation des eaux usées; - **farming** : emploi des eaux d'égouts comme engrais.

sewer, s. : égout; - **gas throat** : amygdalite aiguë des égoutiers; - **gas** : miasme, gaz d'égout.

sewerage, s. : 1. système d'égouts; 2. eaux d'égouts.

sex- : sex-, hexa, préfixe signifiant six.

sex, s. : sexe; - **factor** : facteur sexuel, facteur F; - **linked** : lié au sexe. (génét.).

sexdigital or **sexdigitate,** adj. : sexdigital, six-digitaire.

sexdigitism, s. : sexdigitisme, hexadactylie (anomalie congénitale consistant en l'existence d'un doigt surnuméraire).

sexduction or **F-duction** : transfert des caractères génétiques par le facteur sexuel (génét.).

sexivalent, adj. : hexavalent.

sexology, s. : sexologie, étude du sexe et des rapports sexuels.

sextipara, s. : VI pare.

sextuplet, s. : sextuplé.

sexual, adj. : sexuel; - **diseases** : maladie des organes sexuels; - **intercourse** : rapports sexuels; - **inversion** : inversion sexuelle; - **involution** : ménopause; - **organs** : organes sexuels; - **perversion** : perversion sexuelle; - **system** or **method** : classification linnéenne (bot.).

sexuality, s. : sexualité.

SGOT : transaminase glutamo-oxalique sérique.

SGPT : transaminase glutamo-pyruvique sérique.

shackle, s. : entrave; - **joint** : forme d'articulation (poisson).

shade, s. : ombre, nuance; **coloured -** : verre coloré; **lens -** : parasoleil.

shadow, s. : 1. ombre; 2. cellule fantôme; - **casting** : coloration négative (micr. électr.); **radiological -** : ombre se manifestant avec les rayons X; - **test** : rétinoscopie, ophtalmoscopie; plur. zones claires dénotant une opacité aux rayons X (radiol.).

shadowgram, s. : cf., **skiagram.**

shadowgraph, s. : cf., **skiagraph.**

shaft, s. : 1. diaphyse (d'un os long); 2. axe, tige.

shake, s. : secousse; v. : 1. secouer, ébranler; 2. trembler.

shakes, s. plur. : maladie qui se caractérise par des tremblements ou des frissons.

shaken, adj. : secoué, ébranlé; **to feel - after a fall** : se ressentir d'une chute.

shakiness, s. : manque de stabilité, faiblesse, tremblement.

shaking, s. : mouvement de gymnastique utilisé dans le traitement des maladies nerveuses; - **palsy** : maladie de Parkinson.

sham, v. : feindre, simuler (une maladie); s. : feinte; - **experiment** : expérience à blanc; - **rage** : attitude agressive des animaux décérébrés.

shampoo, s. : schampooing, shampooing; v. : shampooiner, se shampooiner.

Sharpey's intercrossing fibres : fibres ostéogènes (canaux de Havers); - **perforating fibres** : fibres élastiques (canaux de Havers).

shave, v. : raser, se raser.

shaven, adj. : rasé; - **beard appearance** : aspect particulier des plaques de Peyer dans la fièvre typhoïde.

shawl-muscle, s. : muscle trapèze.

shears, s. : grands ciseaux, cisailles; **bandage -** : ciseaux à pansement.

shear-stress, s. : cisaillement.

sheath, s. : gaine, enveloppe, fourreau; **contraceptive -** : condom; **induction -** : écran inductif (électr.).

sheathed, adj. : revêtu d'une enveloppe, entouré d'une gaine, vaginé.

shed, v. : 1. perdre (ses dents, ses feuilles), jeter (sa peau), dépouiller (sa carapace); 2. répandre, verser.

shedding, s. : 1. perte, chute, mue; 2. effusion; **without - of blood** : sans effusion de sang.

sheep, s. : mouton; - **pox** : variole ovine, clavelée des moutons.

sheet, s. : 1. drap (de lit); **draw -** : alèze; **packing -** : enveloppement; 2. feuille; - **of paper** : feuille de papier; - **of tissue cell culture** : tapis confluent de cellules en culture in vitro.

shell, s. : coque, capside.

shell-shock, s. : psychose traumatique, commotion cérébrale (à la suite d'éclatement d'obus).

Shepherd's fracture : fracture de Shepherd (fracture des tubercules postérieurs de l'astragale, et plus particulièrement du tubercule externe).

shield, *s.* : dispositif de protection; **nipple -** : bout de sein (en caoutchouc); **- shaped** : clypéiforme, scutiforme, pelté *(hist. nat.).*

shift, *s.* : changement de position, glissement, transition; **- to the left, - to the right** : déviation à gauche, à droite (image d'Arneth); **chloride -** : échange d'ions chlore contre des ions bicarbonate dans la respiration cellulaire.

Shiga's bacillus : bacille de Shiga, *Shigella dysenteriæ.*

shigellosis, *s.* : shigellose.

shimamushi, *s.* : fièvre de tsutsugamushi.

shin, *s.* : 1. devant du tibia; 2. canon du cheval; **- bone** : tibia.

shingles, *s.* : zona.

shiver, *s.* : frisson; *v.* : frissonner, trembler.

shock, *s.* : choc, traumatisme, commotion ; **electric -** : commotion électrique **to get a fatal electric -** : être électrocuté; **postoperative -** : choc postopératoire; **- proof** : à l'épreuve des secousses (se dit d'un instrument scientifique); *v.* : donner une secousse, blesser; heurter, offenser.

shocked, *adj.* : bouleversé, commotionné; **to be -** : être commotionné, offensé, souffrir de choc.

shoddy fever : maladie causée par l'inhalation de poussières dans des usines de textiles.

shoemaker's cramp : crampe des muscles de la main et du bras chez les cordonniers.

short, *adj.* : court; **- circuit** : court-circuit; **- circuiting** : 1. court-circuitage, mise à la masse *(électr.);* 2. mode d'entérotomie *(chir.);* **- focus** : (objectif) de courte distance focale *(opt.);* **- headed** : brachycéphale; **- sighted** : myope; **- sightedness** : myopie; **- wave** : onde courte; **- wave therapy** *or* **diathermy** : diathermie par ondes courtes; **- winded** : anhéleux, à l'haleine courte; **- windedness** : dyspnée.

shorten, *v.* : raccourcir, abréger.

shot-gun prescription : ordonnance comportant plusieurs médicaments à la fois.

shoulder, *s.* : épaule ; **- blade** : omoplate ; **- hand syndrome** : syndrome épaule-main; **- joint** : articulation scapulo-humérale; **slipped** *or* **splayed -** : épaule luxée; **- wrench** : luxation de l'épaule.

show, *s.* : 1. écoulement de sang antérieur au travail; 2. première apparition des règles.

shower, *s.* : averse, douche; **- bath** : douche.

Shrapnell's membrane : membrane flaccide de Shrapnell (tympan).

shreds, *s* : filaments (urine), substances pelliculeuses (matières fécales [fausses membranes, dépouilles de la muqueuse intestinale, flocons de mucus solidifié]).

shrinkage *or* **shrinking,** *s.* : rétraction, atélectasie.

shrivel, *v.* : rider, ratatiner, recroqueviller, dessécher.

shudder, *s.* : frisson, frissonnement, frémissement; *v.* : frissonner.

shunt, *s.* : shunt, dérivation; **peritoneocaval -** : dérivation du liquide ascitique vers la veine cave par l'intermédiaire d'une soupape (opération pour ascite intraitable); **portocaval -** : shunt portocave ; **Trueta's -** : shunt artério-veineux des reins; **to put in -** : mettre en dérivation, en shunt, shunter; *v.* : shunter, dériver (un circuit), monter (un condensateur) en dérivation; court-circuiter, mettre en communication.

shutter, *s.* : obturateur *(phot.).*

shuttle-bone, *s.* : os scaphoïde.

Shwartzman's phenomenon : phénomène de Schwartzman (l'injection intradermique au lapin de certains filtrats microbiens est suivie d'une réaction hémorragique locale aboutissant à la nécrose, si on pratique le lendemain une injection intraveineuse du même filtrat).

siagonagra, *s.* : douleur rhumatismale dans le maxillaire.

siagonantritis, *s.* : inflammation de l'antre de Highmore.

sialadenitis, *s.* : inflammation d'une glande salivaire.

sialadenoncus, *s.* : tumeur d'une glande salivaire.

sialagogue, sialagog *or* **sialogog,** *s., adj.* : sialogue (qui fait saliver).

sialaporia, *s.* : déficience salivaire.

sialemesis, *s.* : vomissement hystérique de salive.

sialic *or* **sialine,** *adj.* : de nature salivaire.

sialism *or* **sialismus,** *s.* : ptyalisme, sialorrhée.

sialo-, sial- : sialo-, préfixe indiquant un rapport avec la salive ou les glandes salivaires.

sialolith, *s.* : sialolithe.

sialoadenitis, *s.* : *cf.,* **sialadenitis.**

sialonarophagy, *s.* : sialophagie avec aérophagie.

sialoangitis, *s.* : inflammation des canaux salivaires.

sialodochitis, *s.* : sialodochite (inflammation du canal excréteur d'une glande salivaire); **- fibrinosa** : sialodochite fibrineuse (forme de sialodochite caractérisée par l'existence, à l'orifice du canal, d'un bouchon fibrino-purulent, qui provoque une crise de grenouillette aiguë).

sialodochium, *s.* : conduit salivaire.

sialoductitis, *s.* : inflammation du canal de Sténon.

sialogenous, *adj.* : sialogène, qui provoque la salivation.

sialogram, *s.* : sialogramme.

sialography, *s.* : sialographie.

sialoid, *adj.* : se rapportant à la salive, ressemblant à la salive.

sialolith, *s.* : calcul salivaire.

sialolithiasis, *s.* : présence de calculs salivaires.

sialorrhoea, *s.* : sialorrhée, ptyalisme; **pancreatic -** : écoulement de suc pancréatique.

sialoschesis, *s.* : suppression de la sécrétion salivaire.

sialosemeiology, *s.* : sialo-séméiologie (étude clinique du chimisme salivaire).

sialostenosis, *s.* : occlusion d'un canal salivaire.

sialosyrinx, *s.* : 1. fistule salivaire; 2. seringue pour lavage des canaux salivaires; 3. drain pour canal salivaire.

sialozemia, *s.* : écoulement involontaire de salive, salivation.

sib, *s.* : *cf.,* **sibling.**

sibbens, *s.* : maladie autrefois endémique en haute Ecosse identifiée à la syphilis pour les uns, au pian pour d'autres.

sibilant, *adj.* : sibilant; **- rale** : râle sibilant, râle sonore aigu (auscultation).

sibilation, *s.* : sibilation, sifflement, chuintement.

sibilismus, *s. (lat.)* : 1. sifflement, chuintement; 2. râle sibilant; **- aurium** : tintement d'oreilles.

sibilus, *s.* : râle sibilant.

sibling, *s.* : frère *ou* sœur ayant au moins un parent commun; **full -** : individus ayant les deux parents en commun; **half -** : individus qui n'ont qu'un parent en commun.

siccant *or* **siccative,** *s., adj.* : siccatif.

sicchasia, *s.* : 1. dégoût morbide de la nourriture; 2. nausée; 3. nausées de la grossesse.

siccolabile, *adj.* : altérable, destructible par dessiccation.

siccostabile *or* **siccostable,** *adj.* : résistant à la dessiccation.

siccus, *adj. (lat.)* : sec.

sick, *adj.* : 1. malade; **to report -** : se faire porter malade; **to be - of a fever** : avoir la fièvre; **to be on the - list** : être porté malade; **- bed** : lit de malade, lit de douleur; **- headache** : migraine; **- leave** : congé de maladie; **- list** : rôle des malades; **- room** : chambre de malade; 2. nauséeux; **to be -** : vomir; **sea -** : atteint de mal de mer.

sicken, *v.* : 1. tomber malade; 2. languir, s'étioler, dépérir *(bot.)*; 3. rendre malade, donner mal au cœur, dégoûter, faire vomir.

sickening, *adj.* : écœurant.

sickish feeling : malaise, léger mal de cœur.

sicklaemia *or* **sicklemia,** *s.* : drépanocytose.

sickle, *s.* : faucille; **- cell** : cellule falciforme, drépanocyte; **- cell anemia** : anémie à hématies falciformes, drépanocytose; **- germs** : stade falciforme dans l'évolution des coccidies; **- shaped** : falciforme, falculaire; **- trait** : drépanocytose latente.

sickliness, *s.* : 1. état maladif, mauvaise santé, pâleur (du teint); 2. étiolement *(bot.)*.

sickly, *adj.* : 1. maladif, souffreteux, malingre; 2. étiolé, débile *(bot.)*; 3. pâle, terreux (teint); 4. malsain, insalubre (climat); 5. fade, écœurant.

sickness, *s.* : 1. maladie, le fait d'être malade; **on account of -** : par suite de maladie; **bed of -** : lit de malade, lit de douleur; **- benefit** : prestations de maladie; **- insurance** : assurance-maladie; 2. mal, maladie; **air -** : mal de l'air; **bleeding -** : hémophilie; **Ceylon -** : béribéri; **creeping -** : ergotisme chronique; **falling -** : épilepsie; **green -** : chlorose; **height -** : mal des montagnes; **jumping -** : forme de chorée saltatoire; **miners' -** : ankylostomiase; **monthly -** : menstrues, règles; **motion -** : mal des transports, cinépathie; **radiation -** : mal des rayons; **sea -** : mal de mer, naupathie; **serum -** : maladie du sérum; **sleeping -** : maladie du sommeil (trypanosomiase); **sleepy -** : maladie de von Economo; **spotted -** : pinta, mal del pinto; **sweating -** : suette miliaire, suette anglaise; 3. mal de cœur, nausées; 4. menstruation.

side, *s.* : côté, flanc; **- bone** : os de la hanche; **- chain** : chaîne latérale *(chim.)*; **- chain theory** : théorie de l'immunité d'Ehrlich; **- effect** : effet secondaire, indésirable; **- face** : profil.

siderant *or* **siderante,** *adj.* : sidéral, funeste.

sideration, *s.* : sidération (anéantissement subit des forces vitales, se traduisant par l'arrêt de la respiration et un état de mort apparente [foudre, courants électriques, apoplexie, etc.] attribué autrefois aux influences astrales).

siderocyte, *s.* : sidérocyte.

siderodromophobia, *s.* : sidérodromophobie (phobie du chemin de fer).

sideropenia, *s.* : sidéropénie (carence en fer).

siderophilin, *s.* : sidérophiline, transferrine.

siderophilous, *adj.* : se dit des cellules qui ont une affinité pour le fer (globules rouges).

sideroscope, *s.* : sidéroscope (instrument pour la détection des éclats de fer dans les yeux).

siderosis, *s.* : 1. sidérose (infiltration des tissus par le fer venant de l'extérieur ou formé dans l'organisme); 2. sidérose pulmonaire; **hepatic -** : sidérose hépatique, hémochromatose.

siderous, *adj.* : renfermant du fer.

Siebold's operation : hébotomie, pubiotomie.

Siegle's otoscope *or* **speculum** : forme d'otoscope.

Siemerling's nucleus : portion ventrale du groupe antérieur des noyaux oculomoteurs (au voisinage de l'aqueduc de Sylvius).

Sieur's sign : signe du sou (signe obtenu au moyen de la percussion plessimétrique du thorax, combinée avec l'auscultation lorsque la cavité pleurale est occupée par un épanchement liquide).

sieve, *s.* : tamis, crible; **- bone** : ethmoïde; **- cells** : cellules en passoire *(bot.)*.

sift, *v.* : tamiser, passer au crible, filtrer.

sifting, *s.* : tamisage, criblage.

Sigault's operation *or* **Sigaultian operation** : symphyséotomie, synchondrotomie.

sigh, *s.* : soupir; **to heave a -,** *v.* : pousser un soupir, soupirer.

sighing, *s.* : soupirs, le fait de soupirer; *adj.* : qui soupire, soupirant.

sight, *s.* : 1. vue; **day -** : héméralopie; **far -** or **long -** : hypermétropie; **night -** : nyctalopie; **old -** : presbyopie, presbytie; **short -** : myopie; **- testing** : examen de la vue; **weak -** : asthénopie, kopiopie; 2. appareil de visée, œilleton (de viseur), lumière (de sextant), voyant (de mire, de nivellement); **- compass** : boussole à pinnule; *v.* : apercevoir, viser, observer.

sightless, *adj.* : aveugle.

sigillation, *s.* : marque d'une cicatrice.

sigma, *s.* *(gr.)* : Σ. 1. S iliaque; 2. syphilis; **- reaction** : réaction de floculation pour le diagnostic de la syphilis.

sigmatism, *s.* : sigmatisme (vice de prononciation caractérisé par la difficulté ou l'impossibilité de prononcer la lettre S).

sigmodon or **cotton-rat**, *s.* : sigmodon (*Sigmodon hispidus hispidus*).

sigmoid, *adj.* : sigmoïde (1. en forme de S; 2. se rapportant à l'anse sigmoïde); **greater - cavity** : grande cavité sigmoïde (cubitus); **lesser - cavity** : petite cavité sigmoïde (cubitus); **- flexure** : anse sigmoïde, côlon ilo-pelvien; **- fossa** : sillon en forme de S sur l'apophyse mastoïde (temporal); **- mesocolon** : mésocôlon sigmoïde; **- notch** : échancrure sigmoïde (séparant le condyle de l'apophyse coronoïde du maxillaire inférieur); **- valves** : valvules sigmoïdes (cœur).

sigmoidectomy, *s.* : sigmoïdectomie (excision d'une partie de l'anse sigmoïde).

sigmoiditis, *s.* : sigmoïdite (inflammation de l'anse sigmoïde).

sigmoido- : sigmoïdo-, préfixe dénotant un rapport avec l'anse sigmoïde.

sigmoidoproctostomy, *s.* : anastomose de l'anse sigmoïde et du rectum.

sigmoidoscope, *s.* : sigmoïdoscope.

sigmoidoscopy, *s.* : sigmoïdoscopie.

sigmoidovesical fistula : fistule faisant communiquer la vessie et l'anse sigmoïde.

sign, *s.* : 1. signe (phénomène permettant le diagnostic et le pronostic); 2. indice; 3. symbole.

signal, *s.* : signe; *adj.* : unique, notable; **- symptom** : signal-symptôme (symptôme permettant de localiser le siège d'une lésion des centres nerveux).

signalization, *s.* : bertillonage, identification.

signature, *s.* : 1. signature; 2. posologie sur une ordonnance médicale.

Signorelli's sign : la pression sur la cavité glénoïde devant l'apophyse mastoïde est douloureuse dans les cas de méningite.

siguatera, *s.* *(esp.)* : 1. symptômes consécutifs à l'ingestion de certains poissons toxiques des pays chauds; 2. empoisonnement par ingestion de nourriture fraîche, non polluée par des bactéries, mais renfermant une leucomaïne formée par l'activité physiologique des tissus.

silica, *s.* : silice.

silicate, *s.* : silicate.

silicatosis, *s.* : silicatose (pneumoconiose due aux silicates).

siliceous, *adj.* : siliceux.

silicic, *adj.* : silicique.

silicium or **silicon**, *s.* : silicium.

silicone, *s.* : silicone (matière plastique synthétique dont la structure est caractérisée par la substitution de la silice au carbone).

silicosis, *s.* : silicose (pneumoconiose due à la silice).

silicotic, *adj.* : silicotique.

siliquose, *adj.* : siliqueux; **- cataract** : forme de cataracte.

silk, *s.* : soie; **- gland** : glande séricigène; **- moth** : papillon du ver à soie.

silkworm, *s.* : ver à soie; **- gut** : fil du ver à soie.

sillonneur, *s.* *(fr.)* : sillonneur (scalpel à trois lames employé en ophtalmologie).

silver, *s.* : argent; **- nitrate**, *B.P.* : solution pharmaceutique du nitrate d'argent.

Silvester's artificial respiration : mode de respiration artificielle par mouvements des bras (méthode de Silvester).

similimum, *s.* : remède homéopathique.

Simmond's disease : maladie de Simmonds, cachexie hypophysaire.

Simon's (Charles E) sign : immobilité ou rétraction de l'ombilic pendant l'inspiration dans la méningite tuberculeuse.

Simon's (Gustave) operation : 1. opération de Simon, opération de Marckwald (forme de périnéorraphie); 2. colpocléisis; **- position** : position dorsale avec fléchissement des jambes et des cuisses (hanches surélevées et cuisses déplacées).

simple, *adj.* : simple.

simples, *s.* : simples (herbes ayant une valeur médicinale).

Simpson's plug or **splint** : tampon à insérer dans les narines pour arrêter l'épistaxis ou pour bloquer les organes après une opération sur la cloison nasale.

Sims' depressor : valve de Sims (instrument pour abaisser la paroi vaginale); **- position** : position latérale en demi-flexion pour opérations vaginales; **- speculum** : spéculum vaginal bivalve.

simulation, *s.* : simulation (imitation des symptômes d'une maladie).

sinal, *adj.* : se rapportant à, situé dans un sinus.

sinapism, *s.* : sinapisme (cataplasme de moutarde).

sinapize, *v.* : traiter, mélanger avec de la moutarde.

sincipital, *adj.* : sincipital, se rapportant au sinciput.

sinciput, *s.* : sinciput.

sinew, *s.* : tendon; **weeping - :** ganglion synovial.

singer's nodes *or* **nodules :** chordite tubéreuse, laryngite granuleuse.

singulation, *s.* : le fait d'avoir le hoquet.

singultous, *adj.* : se rapportant au hoquet, atteint de hoquet.

singultus, *s.* : hoquet.

sinister, sinistra, sinistrum *(lat.)* : gauche.

sinistrad, *adv.* : orienté vers la gauche.

sinistral, *adj.* : sinistrorse, sénestre, du côté gauche, ayant une affinité pour effectuer des actes avec les organes situés du côté gauche.

sinistrality, *s.* : le fait de préférer se servir de la main, du pied, de l'œil, etc. gauche.

sinistration, *s.* : 1. déplacement, gyration vers la gauche; 2. *cf.,* **sinistrality.**

sinistraural, *adj.* : entendant mieux de l'oreille gauche.

sinistren, *adv.* : appartenant au côté gauche même.

sinistro- : sinistro-, préfixe signifiant gauche ou vers le côté gauche.

sinistrocardia, *s.* : sinistrocardie (déplacement du cœur vers la gauche).

sinistrocerebral, *adj.* : 1. situé dans l'hémisphère cérébral gauche; 2. fonctionnant de préférence avec le côté gauche du cerveau.

sinistrocular, *adj.* : ayant l'œil gauche plus fort.

sinistrogyration, *s.* : déplacement, gyration vers la gauche.

sinistrogyric, *adj.* : sinistrogyre, sénestrogyre.

sinistromanual, *adj.* : gaucher.

sinistropedal, *adj.* : utilisant de préférence le pied gauche.

sinistrophoria, *s.* : déplacement de l'axe visuel vers la gauche.

sinistrosis, *s.* : sinistrose (syndrome psychique observé chez les victimes d'accidents du travail ou de bombardements).

sinistrotorsion, *s.* : torsion vers la gauche.

sino-atrial, *cf.,* **sino-auricular.**

sino-auricular, *adj.* : sino-auriculaire; **- block :** déficience du nœud sino-auriculaire de Keith et Flack; **- node :** nœud sino-auriculaire de Keith et Flack.

sinobronchitis, *s.* : bronchite et sinusites.

sinography, *s.* : radiographie des sinus.

sinual, *adj.* : ayant les caractéristiques d'un sinus.

sinuate, *adj.* : sinué.

sinuation, *s.* : 1. le fait d'être sinué, sinueux; 2. circonvolution cérébrale.

sinu-auricular, *adj.* : sino-auriculaire.

sinuitis, *s.* : *cf.,* **sinusitis.**

sinuose, *adj.* : sinueux.

sinuosity, *s.* : sinuosité, anfractuosité.

sinuous, *adj.* : sinueux, anfractueux.

sinus, *s. (lat.)* : sinus, antre; **aortic - :** sinus de Valsalva; **- circular iridis :** canal de Schlemm; **- irregularity :** irrégularité dans les intervalles de la diastole; **- of the larynx :** ventricule de Morgagni (larynx); **pilonidal - :** sinus ou fistule contenant des cheveux; **- rhythm :** rythme sino-auriculaire (du cœur).

sinusitis, *s.* : sinusite (inflammation des sinus de la face).

sinusoid, *adj.* : 1. ressemblant à un sinus; 2. sinusoïde de la rate ou du pancréas.

sinusoidal, *adj.* : sinusoïdal; **- current :** courant sinusoïdal.

sip, *v.* : boire à petites gorgées, boire goutte à goutte.

siphon, *s.* : siphon; *v.* : 1. siphonner; 2. se transvaser, s'écouler.

siphonage, *s.* : siphonage, siphonement.

siphonoma, *s.* : tumeur composée d'éléments tubulés.

Sippy's method *or* **treatment :** traitement de l'ulcère gastrique par un régime diététique pour neutraliser l'acidité du suc gastrique.

siriasis, *s.* : coup de soleil.

sit, *v.* : s'asseoir, être assis.

sitting, *s.* : 1. session, séance; 2. couvaison, incubation; *adj.* : 1. assis; 2. en train de couver.

site, *s.* : emplacement.

sitieirgia, *s.* : anorexie hystérique.

sitiology *or* **sitology,** *s.* : sitiologie, diététique (étude *ou* traité des aliments).

sitiomania *or* **sitomania,** *s.* : sitiomanie (besoin irrésistible de manger).

sitiophobia *or* **sitophobia,** *s.* : sitiophobie (refus absolu de prendre des aliments).

sito- : sito-, préfixe indiquant un rapport avec la nourriture.

sitosterol, *s.* : sitostérol.

sitotherapy, *s.* : réglementation thérapeutique du régime.

sitotoxin, *s.* : toxine engendrée dans les légumes par le développement des bactéries ou des champignons.

sitotoxism, *s.* : empoisonnement par des légumes contaminés par des bactéries et des champignons.

situs, *s. (lat.)* : position, place; **- perversus :** anomalie de position viscérale; **- transversus** *or* **- viscerum inversus :** situs inversus (inversion viscérale).

sixth nerve : nerf moteur oculaire externe.

Sjögren's syndrome : syndrome de Sjögren (sarcoïdose).

skein, *s.* : 1. écheveau; 2. spirème.

skelalgia, *s.* : skélalgie paresthésique.

skeletal, *adj.* : squelettique.

skeletins, *s.* : nom donné à des produits épi-théliaux insolubles qui se trouvent principalement chez les invertébrés.

skeletization, *s.* : squelettisation (action de pas-ser à l'état de squelette).

skeleto- : squeletto-, préfixe dénotant un rapport avec le squelette.

skeletogenous, *adj.* : producteur de squelette, de tissu squelettique.

skeletology, *s.* : squelettologie (traité du sque-lette).

skeleton, *s.* : squelette; **appendicular -** : sque-lette des membres; **axial -** : squelette de la tête et du tronc; **cartilaginous -** : structure car-tilagineuse à partir de laquelle, par ossification, se forme le squelette.

Skene's glands : glandes de Skene, glandes para-urétrales (urètre de la femme).

skeneoscope, *s.* : endoscope pour examen des glandes de Skene.

skenitis, *s.* : skénite (inflammation des glandes de Skene).

skia- : skia-, préfixe indiquant un rapport avec les ombres.

skiagram *or* **skiagraph,** *s.* : radiographie, radio-gramme.

skiagraphy, *s.* : radiographie.

skiametry, *s.* : rétinoscopie.

skiascope, *s.* : ophtalmoscope.

skiascopy, *s.* : rétinoscopie.

skiatherapy, *s.* : radiothérapie (application thé-rapeutique des rayons X).

skin, *s.* : peau; **anserine -** : chair de poule; **- atrophy** : atrophie de la peau; **- bound** : sclérodermie; **- bound disease** : sclérodermie des nouveau-nés; **bronzed -** : maladie bronzée, maladie d'Addison; **- congestion** : congestion de la peau; **crocodile -** : ichtyose grave; **deci-duous -** *or* **- shedding** : kératolyse; **- disease** : dermatose; **elastic -** : cutis hyperelastica; **fish -** : ichtyose; **glossy -** : glossy-skin (trouble trophique de la peau consistant en un aspect lisse et luisant, avec disparition presque com-plète des plis de flexion); **goose -** : peau ansé-rine, chair de poule; **- grafting** : greffe épider-mique; **- hospital** : hôpital pour maladies de la peau; **- like** : cuticuleux; **outer -** : épiderme; **pig -** : peau œdémateuse; **- planning** : abra-sion *(derm.)*; **- test** : cuti-réaction; **true -** : derme; *v.* : 1. écorcher, dépouiller; 2. se dépouiller, des-quamer; **to - over** : se cicatriser.

skinning, *s.* : desquamation.

skinny, *adj.* : 1. cutané, membraneux; 2. dé-charné, maigre.

Skoda resonance sign *or* **tympany** : bruit sko-dique, skodisme (son tympanique léger donné par la percussion du sommet d'un poumon sain, dans le cours de la pleurésie avec moyen épan-chement).

Skodaic resonance : bruit skodique, skodisme.

skoliosis, *s.* : *cf.,* **scoliose.**

skull, *s.* : crâne; **- cap** : calotte crânienne.

slake, *v.* : 1. étancher, apaiser (la soif); 2. désin-tégrer par l'eau.

slakeless, *adj.* : se dit d'une soif inextinguible.

slaking, *s.* : étanchement, assouvissement (de la soif).

slant, *adj.* : incliné; **- culture** : culture inclinée.

slaughter, *s.* : abattage; *v.* : abattre; **- house** : abattoir.

slaver, *s.* : bave, salive; *v.* : baver.

sleep, *s.* : sommeil; **- begetting, - causing** *or* **- inducing** : narcotique, somnifère, soporifique; **- epilepsy** *or* **paroxysmal -** : narcolepsie; **hyp-notic, magnetic** *or* **mesmeric -** : sommeil hyp-notique; **lethargic -** : sommeil léthargique, sopor; **twilight -** : demi-sommeil provoqué, « chloro-forme à la reine »; **- walker** : somnambule; **- walking** : somnambulisme; *v.* : dormir.

sleeping, *s.* : sommeil; *adj.* : dormant, endormi, engourdi; **- bag** : sac de couchage; **- dropsy** *or* **sickness** : 1. maladie du sommeil, cathypnose, hypnosie, léthargie d'Afrique, narcotisme des nègres; 2. encéphalite léthargique; **- draught** *or* **tablet** : narcotique, somnifère, potion sopori-fique.

sleepiness, *s.* : 1. envie de dormir, sommeil, som-nolence; 2. apathie, indolence, léthargie.

sleepless, *adj.* : sans sommeil; **- night** : nuit d'insomnie.

sleeplessness, *s.* : insomnie.

sleepy, *adj.* : 1. somnolent; **to be -** : avoir som-meil; 2. apathique, indolent, léthargique.

slender, *adj.* : mince, ténu, fusiforme.

slide, *s.* : lame (pour examen microscopique); préparation histologique; diapositive, cliché de projection; **- calipers** : pied à coulisse; **- contact** : curseur; **focusing -** : tube de réglage (microscope); **- projector** : projecteur pour diapositives; **- rule** *or* **ruler** : règle à calcul.

slim, *adj.* : svelte, élancé, mince; *v.* : s'amincir; maigrir.

slimming remedy : médicament obésifuge; **- treatment** : traitement obésifuge, cure d'amai-grissement.

slimness, *s.* : sveltesse, gracilité, taille mince.

sling, *s.* : écharpe; **to have one's arm in a -** : porter le bras en écharpe.

slit, *s.* : fente, fissure; **- lamp of Gullstrand** : lampe à fente (appareil pour examen de l'endo-thélium de la surface postérieure de la cornée).

slough, *s.* : 1. escarre; 2. dépouille, mue (ser-pent, insecte).

sloughing, *s.* : formation d'une escarre; 2. mue; **- of the hoof** : avalure du sabot *(vétér.)*.

Sluder's method : mode d'amygdalectomie; **- guillotine** : guillotine pour amygdalectomie.

sludge, *s.* : 1. vase, fange, bourbe, résidus d'égout; 2. agrégat, empilement *(hématol.)*.

sludging, *s.* : encrassement.

slumber, s. : assoupissement, sommeil léger; v. : s'assoupir.

smallpox, s. : variole; **black** or **hemorrhagic - :** purpura variolique, variole hémorragique; **classical - :** variole; **- lymph :** lymphe variolique; **- pustules :** pustules varioliques; **milk - :** alastrim; **- vaccine :** vaccin antivariolique.

smear, s. : frottis; **- culture :** culture bactérienne ensemencée par frottis; **blood - :** étalement de sang.

smegma, s. : smegma; **- clitoridis :** smegma; **- embryonum :** vernix caseosa (enduit sébacé du nouveau-né); **- præputii :** smegma.

smegmatic, adj. : se rapportant au smegma.

smell, s. : 1. odorat; 2. odeur; v. : 1. flairer, sentir, respirer; 2. sentir.

Smellie-Mauriceau-Veit manoeuvre or **method :** manœuvre de Mauriceau-Smellie-Veit (obstét.).

smelling, s. : action de sentir, de flairer; adj. : odoriférant, odorant; **- bottle :** flacon de sels; **- salts :** sels.

smile, s. : sourire; v. : sourire.

Smith's (Albert J.) pessary : pessaire pour le traitement de la rétroversion de l'utérus.

Smith (Erwin F.) - Noguchi medium : milieu de culture bactériologique.

Smith's (Eustace) disease : forme de colite muqueuse; **- sign :** signe de Smith (murmure veineux perçu à l'aide du stéthoscope placé sur la première pièce du sternum lorsque la tête est fortement renversée en arrière).

Smith's (Henry) operation : 1. mode d'opération des hémorroïdes (écrasement par clamp suivi de cautérisation au thermocautère après excision des parties saillantes); 2. mode d'opération de la cataracte capsulaire.

Smith's Indian method : cf., **Smith's (Henry) operation.**

Smith (Marius N.) - Petersen nail : broche pour les fractures du col du fémur.

Smith's (Robert W.) dislocation of the foot : luxation de tous les métatarsiens et du cunéiforme interne; **- fracture :** fracture transversale à cinq centimètres au-dessus de l'extrémité inférieure du radius.

Smith's (Tom) disease : nécrose de la tête du fémur chez les enfants.

smoker, s. : fumeur; **- cancer :** cancer des fumeurs; **- dyspepsia :** forme de dyspepsie consécutive au tabagisme; **- sorethroat :** forme de catarrhe du pharynx et du larynx avec raucité de la voix, courant chez les fumeurs.

smooth, adj. : lisse; **- (S) colony;** colonie lisse, colonie S; **- muscle :** muscle lisse.

smudging, s. : trouble du langage caractérisé par l'abandon des consonnes difficiles à prononcer.

snaggle-tooth, s. : dent saillante.

snap, s. : bruit sec; **- ampoule :** ampoule autocassante; **- finger :** doigt à ressort; **- opening :** bruit sec à l'auscultation provoqué par la sténose mitrale.

snare, s. : serre-nœud (chir.); **cold - :** serre-nœud normal; **galvanocaustic** or **hot - :** serre-nœud électrique.

sneeze, s. : éternuement; v. : éternuer.

sneezing, s. : éternuement, sternutation.

sniff, s. : 1. reniflement; 2. cocaïne (vernac.); v. : renifler, priser; **to - up a solution :** aspirer une solution par le nez.

sniffing, s. : reniflement, aspiration, humage; adj. : qui renifle, morveux.

snore, s. : ronflement; v. : ronfler.

snoring, s. : ronflement; adj. : qui ronfle.

snow, s. : neige; **carbon dioxide - :** neige carbonique; **carbon dioxide - pencil :** cryocautère; **- blind :** atteint de la cécité des neiges; **- blindness :** cécité des neiges.

snuff, s. : 1. reniflement; 2. poudre à priser; 3. tabac à priser; v. : 1. renifler; 2. priser.

snuffles, s. : forme de coryza d'origine syphilitique.

soap, s. : savon; **castille - :** savon de Marseille; **green - :** savon vert.

sob, s. : sanglot; v. : sangloter.

socia parotidis : parotide accessoire.

social, adj. : social; **- evil :** fléau social; **- science :** science sociale.

sociology, s. : sociologie.

sock, s. : 1. chaussette; 2. semelle intérieure.

socket, s. : cavité articulaire, glène, cotyle; **dry - :** alvéole d'une dent qui s'infecte après extraction; **eye - :** orbite (de l'œil); **tooth - :** alvéole (d'une dent).

soda, s. : soude; **baking - :** bicarbonate de soude; **caustic - :** soude caustique; soda (vernac.); **washing - :** carbonate de soude; **- water :** eau de Seltz, eau gazeuse bicarbonatée.

sodaemia, s. : hypernatrémie.

sodic, adj. : sodique.

sodium, s. : sodium.

sodoku, s. : sodoku, sokosho, fièvre par morsure de rat (maladie due au Spirochæta morsus muris).

sodomist or **sodomite,** s. : sodomite, pédéraste.

sodomy, s. : sodomie, pédérastie (coït anal).

Soemmering's bone : apophyse orbitaire (os malaire); **- foramen** or **yellow spot :** tache jaune (rétine); **- ganglion** or **- gray substance :** substance noire de Soemmering, locus niger (région pédonculaire); **- nerve :** nerf honteux interne.

soft, adj. : mou; **- focus :** objectif anachromatique (phot.); **- palate :** voile du palais; **- rays :** rayons mous (radiol.).

softening, s. : ramollissement, amollissement; **acute gastric - :** ramollissement de l'estomac post mortem; **- application :** application émolliente; **- of the bones :** ostéomalacie; **- of the brain :** ramollissement cérébral, cérébromalacie, encéphalomalacie; **- of the heart :** myomalacie du cœur; **mucoid -** : dégénérescence myxomateuse; **red -** : infarctus; *adj.* : adoucissant, amollissant *(pharm.)*.

softness, *s.* : 1. douceur, mollesse; 2. flou *(phot.)*; **chromatic -** : flou chromatique.

soil, *s.* : 1. sol, terrain; 2. souillure, saleté.

sokosho, *s.* : *cf.*, **sodoku.**

sol, *s.* : sol, colloïde en solution, solution colloïdale.

solanism, *s.* : empoisonnement par les solanacées.

solar, *adj.* : solaire; **- plexus** : plexus solaire.

solarity, *s.* : syndrome solaire.

solarium, *s.* : solarium.

solarization, *s.* : 1. exposition à la lumière solaire et les effets qui en résultent *(méd.)* ; 2. solarisation *(phot.)*.

sole, *s.* : plante du pied; **- plate** : 1. sole *(vétér.)*; 2. plaque motrice (muscle); **- reflex** : réflexe plantaire.

solenoid, *s.* : solénoïde *(électr.)*.

solenoma, *s.* : solénome.

soleus, *s. (lat.)* : muscle soléaire.

solid, *s.* : solide; *adj.* : solide, consistant, massif, plein.

solidarity, *s.* : solidarité.

solidification, *s.* : solidification.

solitary, *adj.* : solitaire; **- bundle** *or* **fasciculus** : faisceau solitaire (bulbe); **- follicles** *or* **glands** : follicules clos (muqueuse intestinale).

solubility, *s.* : solubilité.

soluble, *adj.* : soluble.

solute, *s.* : soluté.

solution, *s.,* *or* **solutio** *(lat.)* : solution (1. division, séparation des parties; **- of contiguity** : déplacement, luxation; **- of continuity** : solution de continuité, fracture; **- retinæ** : décollement de la rétine; 2. liquide contenant un corps dissous; **standard -** : solution étalon, solution standard; **normal saline -** : eau physiologique; 3. terminaison, résultat).

solvent, *s. adj.* : solvant, dissolvant.

soma, *s.* : soma (ensemble de l'organisme, abstraction faite du tissu génital *ou* germen).

somatic, *adj.* : somatique ; **- cells** : cellules parenchymateuses; **- death** : mort somatique.

somaticosplanchnic *or* **somaticovisceral,** *adj.* : se rapportant au corps et aux viscères.

somatoblast, *s.* : cytoblaste agrégé dans le protoplasme de la cellule en dehors du noyau.

somatochrome, *s.* : cellule nerveuse chromatophile.

somatodidymus, *s.* : monstre double caractérisé par la fusion des troncs.

somatodymia, *s.* : monstruosité double caractérisée par la fusion des troncs.

somatogenic, *adj.* : se rapportant à l'acquisition des caractères somatiques.

somatogeny, *s.* : acquisition des caractères somatiques.

somatologic, *adj.* : somatologique.

somatology, *s.* : somatologie (science, traité des parties solides du corps).

somatome, *s.* : 1. somite, métamère; 2. embryotome.

somatomegaly, *s.* : gigantisme.

somatomic, *adj.* : se rapportant à un somite, un métamère.

somatoplasm, *s.* : protoplasme des cellules.

somatopleural, *adj.* : se rapportant à la somatopleure.

somatopleure, *s.* : somatopleure (feuillet du mésoderme appliqué contre l'ectoderme et limitant le cœlome en dehors).

somatopsychic, *adj.* : se rapportant au corps et à l'esprit.

somatotrophic, *adj.* : somatotrophe; **- hormone** : hormone de croissance.

somatotype, *s.* : somatotype (type de conformation du corps).

somaesthetic *or* **somesthetic,** *adj.* : se rapportant aux structures sensorielles.

somite, *s.* : somite, métamère, protovertèbre.

somnambulant, *s., adj.* : somnambule.

somnambulism, *s.* : somnambulisme (état d'automatisme ambulatoire se produisant pendant le sommeil); **artificial -** : somnambulisme provoqué, hypnotisme.

somnambulist, *s.* : somnambule.

somnial, *adj.* : se rapportant aux rêves.

somniation, *s.* : rêves, songes.

somniative *or* **somniatory,** *adj.* : se rapportant aux rêves, produisant des rêves.

somniculous, *adj.* : somnolent, assoupi.

somnifacient, *s., adj.* : hypnotique, narcotique, somnifère.

somniferous, *adj.* : somnifère, soporifique, narcotique.

somnific, *adj.* : soporifique.

somnifugous, *adj.* : antisoporifique.

somniloquence, somniloquism *or* **somniloquy,** *s.* : somniloquie (état de l'individu somniloque, qui parle en dormant).

somniloquent *or* **somniloquous,** *adj.* : somniloque.

somniloquist, *s.* : somniloque (individu qui parle en dormant).

somnolence, *s.* : somnolence, assoupissement.

somnolent, *adj.* : somnolent, assoupi.

somnolism, *s.* : hypnotisme.

somnopathist, *s.* : individu susceptible d'être hypnotisé.

somnopathy, *s.* : 1. trouble du sommeil; 2. somnambulisme d'origine hypnotique.

somnus, s. *(lat.)* : sommeil.

somopsychosis, s. : psychose avec une prédominance de symptômes somatiques.

sonication, s. : traitement par les ultrasons.

sonitus, s. : *cf.,* **tinnitus.**

sonometer, s. : sonomètre.

sonorous, *adj.* : sonore; **- rales** : râles sonores, bronchiques, vibrants *ou* secs (auscultation).

soot-cancer or **soot-wart,** s. : cancer des ramoneurs (épithélioma du scrotum).

sophisticate, v. : sophistiquer, falsifier.

sophistication, s. : sophistication, falsification.

soporate, v. : provoquer l'assoupissement.

soporifacient, s. : soporifique, hypnotique.

soporiferous, *adj.* : soporatif, soporifique (qui provoque le sommeil).

soporific, s., *adj.* : soporifique, soporatif, somnifère, soporifère.

soporose, *adj.* : soporeux (s'accompagnant d'un assoupissement profond).

sorbefacient, s. : médicament qui favorise l'absorption; *adj.* : favorisant, facilitant l'absorption.

sorbic, *adj.* : sorbique; **- acid** : acide sorbique.

sordes, s. : crasse, fuliginosités; **- aurium** : cerumen; **- gastricae** : saburre d'origine gastrique.

sordid, *adj.* : sordide, sale, infect, fétide.

sore, s. : plaie, blessure, écorchure; **bed -** : escarre de décubitus; **cold -** : herpès labial; **Delhi, Penjdeh -** : bouton d'Orient; **hard -** : chancre induré; **soft -** : chancre mou; **water -** : forme de dermatose vésiculeuse superficielle siégeant aux pieds, causée par la larve de *Uncinaria duodenalis*; *adj.* : 1. douloureux, endolori; **- to the touch** : douloureux au toucher; 2. enflammé, irrité, ulcéré; **Ceylon - mouth** : sprue, psilosis; **spotted - throat** : amygdalite folliculaire; **- throat** : mal de gorge; **- throat of Fothergill** : angine ulcéro-nécrotique de Hénoch.

soreness, s. : endolorissement.

Soret's band : bande d'absorption à l'extrémité du violet dans le spectre du sang : caractéristique de l'hémoglobine.

sororiation, s. : accroissement de la taille des seins à la puberté.

souffle, s. : souffle; **cardiac -** : souffle cardiaque; **uterine** or **placental -** : souffle utérin, souffle placentaire.

soul, s. : âme; **- blindness** : cécité psychique, apraxie.

sound, s. : 1. son, bruit; **bandbox -** : son retentissant (son à la percussion, typique de l'emphysème du poumon); **bell** or **coin -** : signe du sou ; **bellows -** : bruit de soufflet, bruit de souffle; **cracked-pot -** : bruit de pot fêlé; **flapping -** : claquement valvulaire; **friction -** : frottement pleural *ou* péricardique; bruit de cuir neuf; **sawing -** : bruit de scie, bruit de râpe; **to-and-fro -** : frottement (pleural *ou* péricardique); **suc-**

cussion **-** : bruit d'Hippocrate; **tic-tac -** : rythme fœtal; **tubular -** : souffle tubaire; **- wave** : onde sonore; 2. sonde; **urethral -** : cathéter, bougie; **uterine -** : hystéromètre; *adj.* : sain; **- of mind** : sain d'esprit; v. : 1. sonner, résonner, retentir; 2. sonder.

sounding, s. : 1. résonnement, retentissement; 2. auscultation, percussion; *adj.* : sonnant, sonore.

soundness, s. : état sain, bon état.

sour, *adj.* : aigre, acide, sûr.

Souques' phenomenon, signe de Souques, phénomène des doigts, phénomène des interosseux (hémiplégie).

Southey's drainage-tube : tube de Southey (tube métallique court et de petit calibre que l'on introduit sous la peau pour évacuer l'œdème en cas d'anasarque irréductible).

soya or **soy bean,** s. : soja; **- inhibitor** : inhibiteur de la trypsine.

sow, v. : semer, ensemencer *(micr.)*.

space, s. : espace, intervalle, cavité.

spagirism, s. : spagirie, alchimie médicale (Paracelse).

spanaemia or **spanemia,** s. : spanémie, anémie.

spaniocardia, s. : bradycardie, brachycardie.

spanomenorrhea, s. : spanioménorrhée (allongement de l'intervalle qui sépare les règles).

spanopnea or **spanopnœa,** s. : spanopnée (ralentissement du rythme respiratoire).

sparadrap, s. : sparadrap.

sparganosis, s. : sparganose (maladie déterminée par *Sparganum mansoni* observée en Annam et qui frappe surtout l'appareil oculaire).

spargosis, s. : 1. hypertrophie d'un membre, d'un organe; 2. hypertrophie des seins consécutive à l'accumulation du lait; 3. éléphantiasis.

spark, s. : étincelle.

sparteine, s. : spartéine (alcaloïde).

spartism, s. : intoxication par la spartéine.

spasm, s. : spasme (contraction involontaire d'un groupe musculaire, d'un muscle ou même d'un faisceau isolé); **- of accommodation** : spasme des muscles ciliaires; **Bell's -** : tic facial convulsif; **bronchial -** : spasme bronchique; **clonic -** : spasme *ou* convulsion clonique; **convulsive tic -** : *cf.,* **habit -;** **cynic -** : spasme cynique; **facial -** : spasme facial; **fatigue, functional, handicraft, occupation** or **profesional -** : spasme fonctionnel *ou* professionnel, crampes fonctionnelles *ou* professionnelles, dyscinésie professionnelle; **fixed -** : rigidité permanente d'un muscle; **Friedreich's -** : paramyoclonus multiple; **glottic -,** or **- of the glottis** : spasme glottique essentiel des nourrissons, laryngospasme; **habit -** : tic fonctionnel de la face *ou* des membres supérieurs; **idiopathic muscular -** : crampe spontanée; **infantile -** : crise épileptique des très jeunes enfants; **laryngeal congenital -** : *cf.,* **glottic -;** **masticatory -** : trismus; **mimic -** : *cf.,* **habit -;** **nodding -** : hochement spastique, spasmus nutans; **perineal -** : vaginodynie, vaginisme; **respiratory -** : spasme du diaphragme *ou* des muscles respiratoires; **salaam -** : cf., **nodding -; tetanic -** : 1. spasme du tétanos; 2. spasme tonique; **writer's -** : crampe de l'écrivain.

spasmo- : spasmo-, préfixe dénotant un rapport avec un spasme.

spasmodic, adj. : spasmodique, spastique (s'accompagnant de contracture); **- spinal paralysis** : sclérose latérale amyotrophique, maladie de Charcot.

spasmodism, s. : états nerveux provenant d'une excitation médullaire.

spasmodyspnea, s. : dyspnée produite par un spasme d'un muscle respiratoire.

spasmolygmus, s. : hoquet.

spasmolytic, adj. : spasmolytique (supprimant l'état spasmodique).

spasmophemia, s. : dysphémie spasmodique.

spasmophilia, s. : spasmophilie, diathèse spasmophile ou spasmogène (prédisposition souvent héréditaire aux convulsions et aux accès de contracture).

spasmophilic, adj. : spasmophile.

spasmotoxin, s. : tétanotoxine.

spasmous, adj. : de la nature d'un spasme.

spasmus, s. (lat.) : spasme.

spastic, adj. : spastique, spasmodique; **- diplegia** : paraplégie spinale spastique, tabès dorsal spasmodique; **- paralysis** : paralysie spastique.

spasticity, s. : spasticité, état de ce qui est spastique, spasmodique.

spatial, adj. : spatial.

spatula, s. (lat.) : spatule.

spatulate, adj. : spatulé; **- fingers** : doigts en spatule.

spatule, s. : 1. spatule; 2. structure de forme spatulée.

spavin, s. : éparvin (vétér.); **bog -** : jarde (vétér.); **bone -** : éparvin calleux (vétér.).

spavined, adj. : atteint d'éparvin, boiteux (vétér.).

spay, v. : ovariectomiser, castrer une femelle.

spaying, s. : castration (vétér.).

specialist, s. : spécialiste.

speciality or **specialty,** s. : spécialité.

species, s. : 1. espèce; 2. espèce, sorte, genre.

specific, s. : spécifique, médicament spécifique; adj. : spécifique; **- gravity** : poids spécifique; **- heat** : chaleur spécifique; **- remedy** : spécifique, médicament spécifique.

specificity, s. : spécificité (ensemble des caractères qui constituent une espèce).

specillum, s., plur. **specilla** (lat.) : 1. sonde; 2. lentille.

specimen, s. : spécimen, échantillon, exemple, exemplaire.

spectacles, s. : lunettes.

spectral, adj. : spectral.

spectro- : spectro-, préfixe dénotant un rapport avec le spectre.

spectrocolorimeter, s. : spectrocolorimètre.

spectrograph, s. : spectrographe.

spectrometer, s. : spectromètre; **grating -** : spectromètre à réseau.

spectrometry, s. : spectrométrie.

spectrophotometer, s. : spectrophotomètre.

spectrophotometry, s. : spectrophotométrie, photométrie spectrale.

spectropolarimeter, s. : spectropolarimètre.

spectroscope, s. : spectroscope; **grating -** : spectroscope à réseau.

spectroscopic, adj. : spectroscopique.

spectrotherapy, s. : emploi thérapeutique des rayons décomposés par un prisme.

spectrum, s., plur. **spectra** (lat.) : spectre; **absorption -** : spectre d'absorption, **- analysis** : analyse spectrale; **antibiotic sensitivity -** : antibiogramme; **auditory -** : photisme, audition colorée; **bacterial -** : antibiogramme; **- band** : bande du spectre; **continuous -** : spectre continu; **diffraction -** : spectre de diffraction; **emission -** : spectre d'une source d'énergie; **gas -** : spectre d'émission (raies brillantes); **line -** : raie noire du spectre, **solar -** : spectre solaire; **X ray -** : spectre radiologique.

speculum, s., plur. **specula** (lat.) : spéculum.

speech, s. : 1. parole; **bulbar -** : dysarthrie des syndromes bulbaires; **clipped -** : dysarthrie avec élision; **explosive -** : dysarthrie explosive; **jumbled -** : anarthrie; **- reading** : cécité verbale; **scamping -** : cf., **clipped -; slurred -** : cf., **clipped -; scanning -** : parole scansée; 2. paroles, propos; 3. discours; **- center** : troisième circonvolution frontale gauche (centre régulateur de la parole).

speed, s. : 1. vitesse, rapidité; 2. rapidité (d'une émulsion [phot.]); **- of a lens** : luminosité, rapidité d'un objectif.

spell-bone, s. : péroné.

Spencer Wells or **Spencer Wells forceps** : pince hémostatique.

Spens' syndrome : syndrome d'Adams-Stokes.

spent, adj. : épuisé; **- acid** : acide épuisé (chim.); **- syphilis, tuberculosis** : maladie passée à un stade lent et chronique.

sperm, s. : sperme; **- cell** : spermatoblaste; **- nucleus** : noyau du spermatozoïde; **- oil** : huile de baleine, huile de spermaceti.

spermaceti, s. : spermaceti, blanc de baleine.

spermacrasia or **spermatacrasia,** s. : 1. défectuosité du sperme; 2. spermatorrhée.

spermaduct, s. : canal déférent.

spermatanergia s. : stérilité du mâle.

spermatemphraxis, s. : obstacle à l'émission du sperme.

spermatic, adj. : spermatique; **- cord** : cordon spermatique; **- plexus** : plexus pampiniforme; **- rete** : rete testis.

spermaticide or **spermicide**, s. : spermicide (détruisant les spermatozoïdes).

spermatid, s. : spermatide.

spermatine, s. : spermatine (substance inodore, mucilagineuse du sperme).

spermatitis, s. : déférentite (inflammation des canaux déférents).

spermato- : spermato-, préfixe dénotant un rapport avec le sperme.

spermatoblast, s. : spermatoblaste, cellule de Sertoli.

spermatocele, s. : spermatocèle (tuméfaction formée par l'accumulation de sperme dans le testicule ou dans l'épididyme).

spermatocide, s. : agent destructeur de spermatozoïdes, spermicide.

spermatoclemma or **spermatocratia**, s. : spermatorrhée.

spermatocyst, s. : spermatocyste, vésicule séminale.

spermatocystectomy, s. : spermatocystectomie, vésiculectomie (ablation des vésicules séminales).

spermatocystic, adj. : se rapportant à un spermatocyste, à une vésicule séminale.

spermatocystitis, s. : spermatocystite, vésiculite (inflammation des vésicules séminales).

spermatocystotomy, s. : vésiculotomie (incision des vésicules séminales).

spermatocyte, s. : spermatocyte.

spermatogeny, s. : spermatogenèse.

spermatogonium, s. : spermatophore.

spermatology, s. : spermatologie.

spermatolysin, s. : substance détruisant ou dissolvant les spermatozoïdes.

spermatolysis, s. : destruction, dissolution des' spermatozoïdes.

spermatomere, s. : spermatomère, spermatocyte.

spermatopathia, s. : maladie des cellules spermatiques.

spermatophore, s. : spermatophore.

spermatopoietic, adj. : se rapportant à la production du sperme, à la sécrétion séminale.

spermatorrhea or **spermatorrhoea**, s. : spermatorrhée (émission involontaire de sperme); **- dormientum** : spermatorrhée nocturne; **false -** : spermatorrhée sans perte de spermatozoïdes; **true -** : spermatorrhée avec perte de spermatozoïdes.

spermatoschesis, s. : suppression du liquide séminal.

spermatovum, s. : ovule fécondé, œuf fécondé.

spermatozoal, **spermatozoan** or **spermatozoic**, adj. : se rapportant à un spermatozoïde.

spermatozoicide, s. : agent destructeur de spermatozoïdes; adj. : détruisant les spermatozoïdes.

spermatozoid or **spermatozoon**, s., plur. **spermatozoa** (gr.) : spermatozoïde.

spermaturia, s. : spermaturie (présence de spermatozoïdes dans l'urine).

spermectomy, s. : résection d'une partie du canal déférent.

spermic, adj. : 1. spermique; 2. séminal.

spermicide : cf., **spermaticide.**

spermiduct, s. : canal déférent et canal éjaculateur.

spermine, s. : spermine (chim.).

spermoblast, s. : cf., **spermatoblast.**

spermolith, s. : spermolithe (calcul des voies spermatiques).

spermolysin, s. : spermotoxine.

spermolysis, s. : dissolution des spermatozoïdes.

spermoneuralgia, s. : névralgie dans les testicules et le cordon spermatique.

spermoplasm, s. : protoplasme du spermatozoïde.

spermorrhagia, s. : spermatorrhée.

spermorrhea or **spermorrhoea**, s. : spermatorrhée.

spermotoxic, adj. : toxique pour le sperme.

spermotoxin, s. : spermotoxine.

sphacelate or **sphacelated**, adj. : sphacélé, gangréné.

sphacelation, s. : sphacélisme, mortification, formation de sphacèle, état gangréneux, nécrose.

sphacelism, s. : 1. sphacélisme; 2. nécrose; 3. inflammation cérébrale.

sphaceloderma, s. : gangrène cutanée, gangrène symétrique des extrémités.

sphacelus, s. : sphacèle, gangrène sèche, nécrose.

sphagiasmus, s. : spasme épileptique des muscles du cou.

sphagitis, s. : 1. inflammation de la veine jugulaire; 2. mal de gorge.

sphenencephalus, s., adj. : cf., **sphenocephalus.**

sphenic, adj. : cunéiforme.

spheno- : sphéno-, préfixe dénotant un rapport avec le sphénoïde.

sphenobasilar, adj. : sphénobasilaire (commun au sphénoïde et à l'apophyse basilaire de l'occipital).

sphenocephalus, s. : sphénocéphale, sphénencéphale (monstre otocéphalien caractérisé par la configuration du sphénoïde dont la forme rappelle celle du sphénoïde des oiseaux).

sphenoid, s. : os sphénoïde, sphénoïde; adj. : sphénoïde; **- bone** : sphénoïde, os sphénoïde.

sphenoidale, s. : sphénoïde; **- basilare anterius** : face antérieure du corps du sphénoïde; **- basiposticum** : face inférieure du corps du sphénoïde; **- laterale posterius** : face latérale du corps du sphénoïde; **sphenoidalia lateralia** : grandes ailes du sphénoïde.

sphenoides, s. : sphénoïde.

sphenoiditis, *s.* : sphénoïdite (inflammation de la muqueuse du sinus sphenoïdal).

sphenoidostomy, *s.* : sphénoïdostomie (ablation de la paroi antérieure du sinus sphénoïdal).

sphenomaxillary, *adj.* : sphénomaxillaire.

sphenopalatine, *adj.* : sphénopalatin; **- foramen** : trou sphénopalatin; **- ganglion** : ganglion sphénopalatin, ganglion de Meckel; **- notch** : échancrure sphénopalatine.

sphenoparietal, *adj.* : sphénopariétal.

sphenosis, *s.* : incarcération du fœtus dans le bassin.

sphenotemporal, *adj.* : sphénotemporal.

sphenotic, *s.* : portion du sphénoïde, distincte chez le fœtus, formant les parties adjacentes du canal carotidien; **- foramen** : trou carotidien.

sphenotribe, *s.* : sphénotribe.

sphenotripsy, *s.* : sphénotripsie.

sphenoturbinal bones : cornets de Bertin.

spheral, *adj.* : sphérique.

sphere, *s.* : 1. sphère; 2. milieu, sphère; **- of attraction** : sphère attractive (centrosome).

spheresthesia *or* **sphœrœsthesia,** *s.* : perversion de la sensation donnant l'impression du contact d'une sphère.

spheric *or* **spherical,** *adj.* : sphérique.

Spherococcus, *s.* : microcoque.

spherocyte, *s.* : sphérocyte (érythrocyte biconvexe de volume normal, mais avec un diamètre diminué et une épaisseur augmentée).

spherocytosis, *s.* : sphérocytose, microsphérocytose.

spheroid, *s.* : sphéroïde; **oblate -** : sphéroïde aplati; **prolate -** : sphéroïde allongé; *adj.* : sphéroïdal.

spheroma, *s.* : tumeur sphérique, protubérance sphérique.

spherometer, *s.* : sphéromètre (instrument pour la mesure de la courbure des verres correcteurs).

spheroplast, *s.* : sphéroplaste (cellule sphérique bactérienne ou végétale, ayant perdu tout ou partie de sa paroi).

spherospermia, *s.* : état rond et écaudé des spermatozoïdes.

spherule, *s.* : sphérule, petite sphère.

sphincter, *s.* : sphincter.

sphincteral *ou* **sphincteric,** *adj.* : sphinctérien.

sphincteralgia, *s.* : sphinctéralgie (contraction spasmodique douloureuse d'un sphincter).

sphincterectomy, *s.* : sphinctérectomie (résection d'un sphincter).

sphincterismus, *s.* : sphinctérospasme (du sphincter anal).

sphincterolysis, *s.* : séparation de l'iris de la cornée dans la synéchie antérieure.

sphincteroplasty, *s.* : formation d'un sphincter artificiel par chirurgie plastique.

sphincterotomy, *s.* : incision d'un sphincter.

sphinctrate, *adj.* : contracté, resserré.

sphingomyelin, *s.* : sphingomyéline (cérébroside).

sphingolipidosis, *s.* : sphingolipidose.

sphingosine, *s.* : sphingosine.

sphygmic *or* **sphygmical,** *adj.* : sphygmique (1. qui se rapporte au pouls; 2. se dit de la période de la systole ventriculaire pendant laquelle le sang est chassé dans les artères).

sphygmo- : sphygmo-, préfixe dénotant un rapport avec le pouls.

sphygmobolometer, *s.* : sphygmobolomètre.

sphygmocardiograph *or* **sphygmocardioscope,** *s.* : sphygmocardiographe.

sphygmochronograph, *s.* : sphygmographe enregistreur.

sphygmodynamometer, *s.* : dynamomètre pour le pouls.

sphygmogram, *s.* : sphygmogramme, artériogramme (tracé sphygmographique du pouls).

sphygmograph, *s.* : sphygmographe (instrument enregistreur du pouls et des variations de pression sanguine).

sphygmography, *s.* : sphygmographie.

sphygmoid, *adj.* : ressemblant à, de la nature d'une pulsation continue.

sphygmomanometer, *s.* : sphygmomanomètre.

sphygmomanometry, *s.* : mesure de la tension artérielle par le sphygmomanomètre.

sphygmometer, *s.* : sphygmographe.

sphygmometroscope, *s.* : sphygmomanomètre.

sphygmo-oscillometer, *s.* : forme de sphygmomanomètre où la pression diastolique et la pression systolique sont indiquées par une aiguille oscillante.

sphygmopalpation, *s.* : palpation du pouls.

sphygmophone, *s.* : forme de sphygmographe où les vibrations du pouls sont sonores.

sphygmoscope, *s.* : sphygmoscope (appareil destiné à enregistrer le tracé du pouls).

sphygmoscopy, *s.* : 1. inscription de la courbe du pouls avec le sphygmoscope; 2. examen du pouls.

sphygmosystole, *s.* : portion du sphygmogramme correspondant à la systole.

sphygmotonograph, *s.* : instrument enregistrant simultanément la tension artérielle, le souffle cardiaque apexien et le pouls.

sphygmotonometer, *s.* : appareil pour mesurer l'élasticité des parois artérielles.

sphygmous, *adj.* : sphygmique.

sphygmoviscosimetry, *s.* : mesure de la tension artérielle et de la viscosité du sang.

sphygmus, *s.* : pouls, pulsation, battement.

sphyra, *s.* : marteau (oreille moyenne).

sphyrectomy, *s.* : excision du marteau.

sphyrotomy, s. : excision d'une partie du manche du marteau *ou* du marteau et du manche du marteau avec une partie de la membrane du tympan.

spica, s. : 1. éperon, épi; 2. spica (bandage croisé appliqué au niveau de la racine d'un membre).

spicular, *adj.* : spiculaire, apiciforme.

spicule, s. : corps pointu, éperon; **bony -** : fragment d'os, os apiciforme.

spider, s. : araignée, naevus stellaire *(derm.)*; **- cells** : cellules de Deiters; **- lines** : fils d'araignée, fils réticulaires, réticule *(opt.)*; **- naevus** : angiome stellaire; **- web** : toile d'araignée (utilisée comme hémostatique, comme moxa).

Spigelius' line : ligne semi-lunaire de Spiegel; **- lobe** : lobe de Spiegel (foie).

spike, s. : spicule, pointe, projection *(virol.)*.

spiloma, s. : nævus.

spiloplania, s. : 1. état caractérisé par des taches éphémères *ou* mobiles sur la peau; 2. lèpre, éléphantiasis des Grecs.

spiloplaxia, s. : état caractérisé par des taches symptomatiques de l'éléphantiasis; 2. lèpre.

spilus, s. : nævus.

spin, v. : 1. faire tourner; 2. avoir le vertige; 3. *(fam.)* centrifuger; s. : spin, moment magnétique d'un électron *(phys.)*.

spina, s., plur. **spinae** *(lat.)* : 1. épine; 2. épine dorsale, colonne vertébrale; **- angularis** *or* **- ossis sphenoidalis** : épine du sphénoïde; **- bifida** : spina-bifida, rachischisis; **- bifida occulta** : spina-bifida occulte *ou* latente; **- dorsalis** : épine dorsale; **- frontalis** *or* **- nasalis ossis frontalis** : épine nasale du frontal; **- iliaca anterior inferior** : épine iliaque antéro-inférieure; **- iliaca anterior superior** *or* **- iliaca ventralis** : épine iliaque antéro-supérieure; **- iliaca posterior inferior** *or* **- iliaca dorsaliscaudalis** : épine iliaque postéro-inférieure; **- ischiadica** *or* **- ossis ilei** : épine sciatique; **spinae mentalis** : apophyses géni (supérieures et inférieures); **- nasalis** : épine nasale; **- scapulae** : épine de l'omoplate; **- supra meatum** : épine sus-méatique (temporal); **- ventosa** : spinaventosa (variété de tuberculose osseuse).

spinal, *adj.* : 1. spinal, rachidien; 2. vertébral; **- column** : colonne vertébrale; **- cord** *or* **marrow** : moelle épinière; **- curvature** : déviation de la colonne vertébrale; **- fluid** : liquide céphalorachidien spinal.

spinalgia, s. : spinalgie (sensibilité à la pression des apophyses épineuses).

spinalis, s. : cf., **musculus.**

spinant, s. : tout corps agissant directement sur la moelle épinière.

spinate, *adj.* : épineux.

spindle, s. : fuseau, structure fusiforme; **- cataract** : forme de cataracte capsulaire caractérisée par une opacité fusiforme; **- cell** : cellule fusiforme, fibroblaste; **- celled** : fusocellulaire; **- celled sarcoma** : sarcome fusocellulaire; **enamel -** : partie de l'émail des dents; **muscle** *or* **neuromuscular -** : fuseau proprioceptif des muscles; **neurotendinal** *or* **tendon -** : corpuscule de Golgi; **nuclear -** : fuseau achromatique; **- shanked** *or* **- legged** : à jambes de fuseau, aux jambes longues et grêles; **- shaped** : fusiform, fuselé.

spine, s. : 1. épine dorsale, colonne vertébrale; 2. épine; **cleft** *or* **clover -** : spina bifida; **hysterical -** : psychonévrose avec symptômes vertébraux; **kissing -s** : point de contact entre les épines voisines de la colonne vertébrale; **poker -** : rigidité totale de la colonne vertébrale due à l'arthritisme, maladie de Marie-Strumpell.

Spinelli operation : mode d'opération du prolapsus de l'utérus par incision de la paroi antérieure et renversement de l'organe.

spinicerebrate, *adj.* : muni de cerveau et de moelle épinière.

spinifugal, *adj.* : influx nerveux s'éloignant de la moelle épinière.

spinipetal, *adj.* : influx nerveux se rapprochant de la moelle épinière.

spinitis, s. : myélite.

spinobulbar, *adj.* : se rapportant à la moelle et au bulbe.

spinocellular, *adj.* : spinocellulaire, fusocellulaire.

spinocerebellar, *adj.* : spinocérébelleux, se rapportant à la moelle et au cervelet.

spinocortical, *adj.* : se rapportant à la moelle et au cortex.

spinogalvanization, s. : galvanisation de la moelle épinière.

spinoglenoid, *adj.* : se rapportant à l'épine de l'omoplate et à la cavité glénoïde.

spinograph, s. : radiographie de la colonne vertébrale.

spinomuscular, *adj.* : se rapportant à la moelle et aux muscles.

spinose, *adj.* : épineux.

spinous, *adj.* : 1. spinal; 2. épineux; **- process** : apophyse épineuse (vertèbre).

spinthariscope, s. : spinthariscope (instrument destiné à observer l'émission des rayons α).

spintherism, s. : cf., **spintheropia.**

spintherometer *or* **spinthometer,** s. : spinthéromètre.

spintheropia, s. : spinthéropie (maladie de la rétine caractérisée par la perception subjective de points brillants comme des étincelles).

spiradenitis, s. : hidrosadénite phlegmoneuse.

spiradenoma, s. : adénome des glandes sudoripares.

spiral, *adj.* : spiral; **- bandage** : spiral; **- canal** : canal spiral de Rosenthal; **- lamina** : lame spirale.

spiramycine, s. : spiramycine.

spirem, spirema *or* **spireme,** s. : spirème, mitose.

spirillosis, s. : spirillose (nom générique donné aux maladies déterminées par les différentes variétés de spirilles).

Spirillum, *s., plur.* **Spirilla** *(lat.)* : spirille.

spirit, *s. or* **spiritus** *(lat.)* : 1. esprit, âme; 2. courage, cœur; 3. solution alcoolique d'un corps volatil; **Industrial Methylated -** : 95 % alcool éthylique, 5 % alcool méthylique brut ; **methylated -** : 95 % alcool éthylique, 4,5 % alcool méthylique brut, 0,5 % pyridine brute et colorée avec du violet de méthyle; **proof -** : 57,1 % v/v alcool éthylique; **surgical -** : *cf.,* **Industrial Methylated-**; **wood -** : alcool méthylique brut; **petroleum -** : essence; 4. alcool.

spirituous, *adj.* : alcoolique.

spiro- : spiro-, préfixe signifiant : 1. spirale, spiralé; 2. se rapportant à la respiration.

spirobacterium, *s., plur.* **spirobacteria** *(lat.)* : spirille, spirochète, vibrion.

spirochaetales, *s.* : ordre de schizomycètes qui comprend les organismes dits spirochètes.

Spirochaeta, *s.* : Spirochète; *Treponema, Borrelia, Leptospira.*

spirochaetaemia *or* **spirochetemia**, *s.* : présence de spirochètes dans le sang.

spirochaeticide *or* **spirocheticide**, *s.* : spirochéticide (agent destructeur de spirochètes).

spirochaetosis *or* **spirochetosis**, *s.* : spirochétose (nom générique donné aux maladies déterminées par les différentes variétés de spirochètes).

spirochetal, *s.* : spirochétien; **- jaundice**, *s.* : ictère leptospirochétosique.

spirograph, *s.* : instrument pour enregistrer la respiration.

spirography, *s.* : spirographie.

spiroid, *adj.* : spiroïde.

spiroma, *s.* : *cf.,* **spiradenoma.**

spirometer, *s.* : spiromètre, pnéomètre.

spirometry, *s.* : spirométrie (mesure de la capacité vitale du poumon).

spironolactone, *B.P.* : spironolactone, diurétique dérivé de l'androstérone.

spirophore, *s.* : spirophore (instrument pour pratiquer la respiration artificielle chez les asphyxiés).

spiroscope, *s.* : spiroscope.

spiroscopy, *s.* : spiroscopie (examen de la respiration à l'aide du spiroscope, qui mesure le volume d'air expulsé).

spissated, *adj.* : épaissi, condensé.

spissitude, *s.* : épaississement.

spit, *s.* : crachat, salive; *v.* : cracher.

spitting, *s.* : crachement, expectoration.

spittle, *s.* : salive, crachat, bave.

Spix's spine *or* **ossicle** : épine de Spix.

splanchna, *s.* : 1. intestins; 2. viscères.

splanchnaesthesia *or* **splanchnestesia**, *s.* : cénesthésie, sensibilité viscérale.

splanchnapophysis, *s.* : apophyse vertébrale, *ou* excroissance d'une vertèbre, du côté ventral.

splanchnectopia, *s.* : ectopie viscérale.

splanchnemphraxis, *s.* : obstruction intestinale.

splanchnic, *adj.* : splanchnique (se rapportant aux viscères).

splanchnicectomy, *s.* : splanchnectomie, splanchnicectomie (résection d'un nerf splanchnique sur une plus ou moins grande étendue).

splanchno- : splanchno-, préfixe dénotant un rapport avec les viscères.

splanchnoblast, *s.* : ébauche jouant un rôle dans la formation d'un *ou* de plusieurs viscères.

splanchnocele, *s.* : 1. protrusion d'un viscère abdominal; 2. *cf.,* **splanchnocœle.**

splanchnocœle, *s.* : splanchnocèle (cavité générale du corps de l'adulte).

splanchnoderm, *s.* : *cf.,* **splanchnopleure.**

splanchnodiastasis, *s.* : déplacement d'un viscère, détachement d'un viscère.

splanchnodynia, *s.* : douleurs dans un organe abdominal.

splanchnography, *s.* : anatomie descriptive des viscères.

splanchnolith, *s.* : calcul dans un viscère.

splanchnolithiasis, *s.* : état caractérisé par la présence de calculs dans l'intestin.

splanchnology, *s.* : splanchnologie (partie de l'anatomie qui s'occupe de la description des viscères).

splanchnomegaly, *s.* : hypertrophie viscérale.

splanchnomicria, *s.* : splanchnomicrie.

splanchnopathy, *s.* : maladie viscérale.

splanchnopleure, *s.* : splanchnopleure (feuillet viscéral du mésoderme, en contact avec l'endoderme, et limitant le cœlome en dedans).

splanchnoptosis *or* **splanchnoptosia**, *s.* : splanchnoptose, viscéroptose (syndrome caractérisé par le relâchement des divers moyens de fixation des viscères abdominaux).

splanchnosclerosis, *s.* : sclérose viscérale.

splanchnoscopy, *s.* : endoscopie.

splanchnosomatic, *adj.* : splanchnique et somatique.

splanchnotomy, *s.* : 1. splanchnotomie (dissection des viscères); 2. méthode *ou* opération de Pende (résection des deux nerfs splanchniques gauches).

splanchnotribe, *s.* : instrument pour écraser l'intestin et obturer sa lumière avant d'en pratiquer la résection.

splashing, *s.* : bruit de fluctuation, clapotage (auscultation).

splay-foot, *s.* : pied plat valgus.

spleen, *s.* : rate; **accessory -** : rate surnuméraire; **diffuse waxy** *or* **sago -** : rate amyloïde; **floating** *or* **wandering -** : rate flottante; **hard baked -** : rate dans la maladie de Hodgkin ; **iced -** : périsplénite; **- pulp** : pulpe splénique.

splen- *or* **spleno-** : splen-, spléno-, préfixe dénotant un rapport avec la rate.

splenadenoma, *s.* : hyperplasie du tissu lymphoïde de la rate.

splenalgia, s. : splénalgie (douleur au niveau de la rate).

splenauxe, s. : hypertrophie de la rate.

splenectasis or **splenectasia**, s. : hypertrophie de la rate.

splenectomize, v. : pratiquer une splénectomie.

splenectomy, s. : splénectomie (extirpation totale ou partielle de la rate).

splenectopia or **splenectopy**, s. : ectopie de la rate.

splenelcosis, s. : abcès de la rate.

splenemphraxis, s. : congestion splénique.

spleneolus, s. : rate surnuméraire.

splenetic, adj. : splénétique, atrabilaire, hypocondriaque.

splenial, adj. : 1. servant de bandage ou d'attelle; 2. se rapportant au bourrelet du corps calleux; 3. se rapportant à un muscle splenius.

splenic, adj. : splénique, liénal, liénique.

splenicterus, s. : inflammation de la rate accompagnée d'ictère.

splenified, adj. : se dit d'un tissu dont l'aspect ressemble au tissu splénique.

spleniform, adj. : ayant l'aspect de la rate.

splenitis, s. : splénite (inflammation de la rate); **spodogenous -** : splénite spodogène (splénite consécutive à l'accumulation de débris globulaires).

splenium, s. : 1. bandage; 2. bourrelet du corps calleux.

splenius, s. : cf., **musculus**.

splenization, s. : splénisation (lésion du poumon caractérisée par une induration de son tissu qui prend l'aspect du tissu splénique).

spleno- : spléno-, préfixe dénotant un rapport avec la rate.

splenocele, s. : 1. splénocèle (hernie de la rate); 2. tumeur de la rate.

splenocolic, adj. : se rapportant à la rate et au côlon.

splenodynia, s. : douleur dans la rate.

splenogram, s. : splénogramme.

splenogranulomatosis siderotica : splénogranulomatose sidérosique, maladie de Banti.

splenography, s. : splénographie (radiographie de la rate après injection intraveineuse de substance opaque aux rayons X).

splenohepatomegaly, s. : hypertrophie du foie et de la rate.

splenoid, adj. : splénoïde, ayant l'apparence de la rate.

splenokeratosis, s. : induration splénique.

splenology, s. : splénologie, traité sur la rate.

splenolysis, s. : destruction du tissu splénique.

splenoma, s. : splénome, splénocytome.

splenomalacia, s. : ramollissement de la rate.

splenomedullary, adj. : se rapportant à la rate et à la moelle osseuse.

splenomegaly or **splenomegalia**, s. : splénomégalie, mégalosplénie (hypertrophie de la rate); **egyptian -** : schistosomiase; **tropical -** : kala-azar.

splenomyelogenous, adj. : cf., **splenomedullary**.

splenomyelomalacia, s. : ramollissement de la rate et de la moelle osseuse.

splenoncus, s. : splénome.

splenonephric, adj. : se rapportant à la rate et au rein.

splenopancreatic, adj. : se rapportant à la rate et au pancréas.

splenopathy, s. : splénopathie (nom générique donné à toutes les affections de la rate).

splenopexy or **splenopexia**, s. : splénopexie (fixation de la rate).

splenophrenic, adj. : se rapportant à la rate et au diaphragme.

splenophthisis, s. : atrophie de la rate.

splenopneumonia, s. : splénopneumonie, corticopleurite, maladie de Grancher.

splenoptosis, s. : ptose de la rate.

splenorrhagia, s. : hémorragie de la rate.

splenorrhaphy, s. : splénorraphie (suture de la rate).

splenotomy, s. : splénotomie (incision de la rate).

splenule, splenulus or **splenunculus**, s. : rate surnuméraire.

splint, s. : 1. attelle, éclisse; **caliper -** : attelle-étrier; **cock-up -** : attelle qui assure la dorsiflexion du poignet; 2. suros (vétér.); v. : éclisser, mettre une attelle.

splinter, s. : esquille.

split, s. : 1. fente, fissure, crevasse, gerçure; 2. clivage; **- pelvis** : séparation congénitale des os du bassin à la symphyse pubienne; v. : trancher.

splitting, s. : fractionnement, dédoublement hydrolyse; **acid -** : coupure acide; **- of the heart sounds** : dédoublements des bruits cardiaques.

spoke-shave, s. : bistouri pour opérations dans les fosses nasales.

spondyl- or **spondylo-** : spondyl-, spondylo-, préfixes dénotant un rapport avec une vertèbre.

spondylalgia, s. : douleur localisée à une vertèbre.

spondylarthritis, s. : spondylarthrite (arthrite des articulations des vertèbres entre elles).

spondylarthrocace, s. : carie d'une vertèbre, mal de Pott.

spondylaxarthrosis, s. : luxation d'une vertèbre.

spondyle, s. : vertèbre, spondyle (inus.).

spondylitic, adj. : se rapportant à la spondylite.

spondylitis, s. : spondylite (inflammation aiguë ou chronique des vertèbres); **ankylosing -** : maladie de Marie-Strumpell; **- cervicalis** : arthrite des vertèbres cervicales; **- tuberculosa** : spondylite tuberculeuse, mal de Pott.

spondylizema, s. : spondylizème (affaissement de la colonne vertébrale dû à la lésion d'un ou de plusieurs corps vertébraux).

spondylo-arthrosis, s. : ostéoarthritisme de la colonne vertébrale.

spondylocace, s. : cf., **spondylarthrocace.**

spondylodiagnosis, s. : diagnostic par percussion vertébrale combinée à l'étude des réflexes viscéraux.

spondylodynia, s. : douleur dans une vertèbre.

spondylolisthesis, s. : spondylolisthésis (glissement d'un segment de la colonne vertébrale sur le segment inférieur, se produisant surtout à l'union des parties lombaire et sacrée et déterminant une viciation du bassin).

spondylolisthetic, adj. : se rapportant à, produit par le spondylolisthésis.

spondylolysis, s. : spondylolyse, spondylolysis.

spondylomalacia, s. : spondylomalacie (ramollissement des vertèbres).

spondylomyelitis, s. : cf., **spondylitis.**

spondylopathia or **spondylopathy,** s. : toute affection des vertèbres.

spondylopyosis, s. : inflammation suppurative d'une ou plusieurs vertèbres.

spondyloschisis, s. : spondyloschisis.

spondylosis, s. : spondylose (ankylose vertébrale).

spondylotherapy, s. : spondylothérapie, méthode d'Abrams.

spondylotomy, s. : 1. rachitomie, embryotomie rachidienne; 2. section d'une vertèbre pour corriger une déviation de la colonne vertébrale.

spondylous, adj. : vertébral.

sponge, s. : éponge; v. : nettoyer, éponger, laver, lotionner (une plaie); **- bath** : lotions à l'éponge (traitement ou hygiène d'un malade alité); **- gatherer's disease** : éruption cutanée et intoxication par les actinies; **- holder** : pince porte-éponge; **prepared -** : éponge préparée.

spongiform, adj. : spongiforme.

sponging, s. : nettoyer à l'éponge, lotionnement d'une plaie.

spongioblast, s. : spongioblaste (cellule embryonnaire qui formera une cellule de la neuroglie).

spongioblastoma, s. : spongioblastome (variété de gliome).

spongiocyte, s. : cellule de la neuroglie.

spongioid, adj. : spongoïde, d'apparence spongieuse.

spongioplasm, s. : spongioplasma (partie filamenteuse du protoplasma).

spongiosa, s. : substance grise de la moelle épinière, exception faite de celle qui forme la tête de la corne postérieure et celle entourant le canal épendymaire.

spongiosis, s. : spongiose.

spongy, adj. : spongieux; **- body** : corps caverneux; **- portion of urethra** : urètre spongieux.

spontaneous, adj. : spontané, naturel; **- abortion** : fausse couche, avortement non provoqué; **- generation** : génération spontanée.

spoon, s. : cuiller, cuillère (instrument ou partie d'instrument ayant la forme d'une cuillère); **cataract -** : cuiller à cataracte; **- nail** : ongle concave.

spoonful, s. : cuillerée (5 ml).

spora, s. : cf., **spore.**

sporadic, adj. : sporadique; **- cholera** : choléra, choléra morbus.

sporadoneure, s. : cellule nerveuse isolée.

sporangial, adj. : se rapportant à un sporange.

sporangium, s., plur. **sporangia** (lat.) : sporange.

spore, s. : spore; **- capsule** or **- case** : sporange.

sporicidal, adj. : destructeur de spores.

sporicide, s. : agent destructeur de spores.

Sporidium, s., plur. ***Sporidia*** (lat.) : sporidie; **- vaccinale** : *Sporidium vaccinale* (protozoaire trouvé dans les pustules vaccinales).

sporiferous, adj. : sporifère.

sporification, s. : formation de spores.

sporiparous, adj. : se reproduisant par spores.

sporo- : sporo-, préfixe désignant un rapport avec une spore.

sporoblast, s. : sporoblaste.

sporocyst, s. : sporocyste (1. sporange; 2. sac germinatif des douves).

sporocyte, s. : sporocyste, sporange.

sporoduct, s. : sporoducte (tube qui se développe dans certains sporocystes et par où s'échappent les œufs).

sporogenesis, s. : sporogenèse (développement des spores, reproduction par spores).

sporogenous, adj. : sporogène, producteur de spores.

sporogeny, s. : cf., **sporogenesis.**

sporogonium, s., plur. **sporogonia** (lat.) : sporogone.

sporogony, s. : 1. sporogenèse; 2. sporogonie (a. multiplication des zygotes; b. mode de reproduction sexuée des sporozoaires).

sporont, s. : sporonte.

sporophore, s. : sporophore (partie du champignon portant les spores).

sporophyte, s. : sporophyte.

sporoplasm, s. : cytoplasme du sporocyste.

sporotheca, s. : 1. sporange; 2. enveloppe d'une cellule à spores.

Sporothrix : cf., ***Sporotrichum.***

sporotrichosis, s. : sporotrichose (maladie parasitaire due à différents champignons du genre *Sporotrichum*).

Sporotrichum, s. : sporotriche (champignon).

sporozoite, *s.* : sporozoïte (élément fusiforme résultant de la multiplication des zygotes, qui représente un stade de la reproduction sexuée de l'hématozoaire du paludisme).

sporozooid, *s.* : 1. l'une des deux cellules falciformes produite par les spores des coccidies; 2. moisissure.

sporozoon, *s.*, *plur.* **sporozoa** (*gr.*) : sporozoaire.

sporozoosis, *s.* : sporozoose.

sport, *s.* : 1. sport, pratique d'un sport; 2. animal *ou* plante de type anormal, lusus naturæ.

sporular, *adj.* : de nature sporulée.

sporulated, *adj.* : sporulé.

sporulation, *s.* : sporulation.

sporule, *s.* : sporule.

sporuliferous, *adj.* : sporulé.

spot, *s.* : tache, repère; **beauty -** : grain de beauté; **Bitot's -** : tache *ou* signe de Bitot (*ophtal.*); **blind -** : papille optique; **blue -** : tache bleue sacrée, tache mongolique; **café-au-lait spots** : taches brunes de la neurofibromatose de von Recklinghausen; **cherry-red -** : apparence rouge de la macule lors : 1. de thrombose de l'artère centrale de la rétine *ou* 2. de la maladie de Tay-Sachs; **corneal -** : leucome; **- disease** : pébrine; **- film device** : dispositif à film réduit (*radiol.*); **germinal, germ** *or* **embryonic -** : tache germinative; **light -** : cône lumineux (membrane du tympan); **mother's -** : nævus; **rose** *or* **typhoid -** : rosées lenticulaires (fièvre typhoïde); **wine -** : tache de vin, fraise; **yellow** *or* **Sœmmering's -** : tache jaune, macula lutea.

spotted, *adj.* : tacheté; **- fever** : 1. fièvre pourprée, pétéchiale *ou* tachetée des Montagnes Rocheuses; 2. typhus; 3. méningite cérébrospinale.

sprain, *s.* : entorse, foulure; *v.* : se donner une entorse, se fouler.

spray, *s.* : 1. nuage, brouillard, spray (*a.* pulvérisation d'un liquide antiseptique pour assurer l'asepsie de l'air ambiant; *b.* atmosphère chargée de gouttelettes antiseptiques); 2. liquide pour vaporisation; 3. atomiseur, nébuliseur, pulvérisateur; *v.* : pulvériser, vaporiser, atomiser.

spraying, *s.* : pulvérisation, vaporisation.

spread, *s.* : extension, diffusion, propagation; *v.* : répandre, épandre, propager, s'étendre.

spreading, *s.* : propagation, diffusion, dispersion; **- of a disease** : propagation d'une maladie; **- of bacteria** : développement des bactéries au-delà de la ligne d'inoculation ou d'ensemencement; **- factor** : facteur de diffusion, hyaluronidase.

Sprengel's deformity : maladie *ou* déformation de Sprengel, élévation congénitale de l'omoplate.

spring, *s.* : 1. printemps; **- conjunctivitis** : conjonctivite vernale; **- fever** : lassitude; 2. ressort; **- finger** : doigt à ressort; **- knee** : genou à ressort; **- ligament** : ligament calcanéo-scaphoïdien inférieur (articulation médio-tarsienne *ou* de Chopart); **- nail** : envie (ongle); *v.* : sauter.

sprue, *s.* : sprue, stéarrhée tropicale; **non-tropical -** : stéarrhée alimentaire, allergie au gluten.

spud, *s.* : 1. instrument pour détachement des muqueuses en lambeaux dans les opérations nécessitant l'ablation des os; 2. courte lame aplatie pour excision de corps étrangers.

spume, *s.* : spume (liquide organique couvert d'écume).

spumescence, *s.* : spumosité.

spumescent, *adj.* : spumescent.

spur, *s.* : 1. éperon; 2. ramification (veine, artère); 3. ergot; 4. ergot de seigle; **- like** : calcariforme.

spurious, *adj.* : faux, falsifié; **- croup** : faux croup; **- pregnancy** : grossesse nerveuse.

spurred, *adj.* : éperonné, ergoté, calcarifère.

sputum, *s.*, *plur.* **sputa** (*lat.*) : crachat, expectoration, sputum; **- positive** : crachat contenant *M. tuberculosis*.

squama, *s.*, *plur.* **squamae** (*lat.*) : squame, écaille; **- frontalis** : partie verticale *ou* frontale de l'os frontal; **- occipitalis** : écaille de l'occipital; **- temporalis** : écaille du temporal.

squamate, *adj.* : squamé, écailleux.

squamo- : préfixe dénotant un rapport avec l'écaille de l'un des os du crâne.

squamoid, *adj.* : d'aspect squameux.

squamosa *or* **squamosal**, *s.* : écaille (du temporal, de l'occipital, du frontal).

squamous, *adj.* : 1. squameux (caractérisé par l'abondance plus ou moins grande de squames); **- state** : squamosité; 2. écailleux (se rapportant à l'écaille de l'un des os du crâne); **- portion of the temporal bone** : écaille du temporal.

squarious, squarrous *or* **squarrose**, *adj.* : squarreux, rude au toucher, dartreux, pelliculeux.

squarra, *s.* : dartre, croûte; **- tondens** : alopécie en aires.

squatting, *s.* : accroupissement; *adj.* : accroupi.

squint, *s.* : strabisme; *v.* : loucher.

squinter, *s.* : strabique.

squinting, *s.* : strabisme, louchement; *adj.* : strabique, louche.

Squire's sign : dilatation et contraction pupillaire dans la méningite.

stab-culture, *s.* : culture en profondeur, culture ensemencée par piqûre.

stable *or* **stabile**, *adj.* : stable, fixe; **- current** : courant stable (courant électrique continu lorsque les rhéophores restent fixés immobiles sur une région); **heat -** : thermostable.

stability, *s.* : stabilité.

stabilizer, *s.* : stabilisateur, stabilisant.

Stacke's operation : excision des parois postérieure et supérieure du conduit auditif.

stactometer, *s.* : stalagmomètre, compte-gouttes.

Staderini's nucleus : noyau intercalé (amas cellulaire situé entre le noyau dorsal du pneumogastrique et le noyau d'origine de l'hypoglosse).

staff, s. : 1. sonde cannelée; 2. personnel, cadres de direction, cadres techniques; **medical -** : corps médical; **nursing -** : personnel infirmier.

stage, s. : 1. stade (période ou phase distincte d'une maladie); 2. platine (du microscope); **mechanical -** : platine à chariot; **warm -** : platine chauffante.

staggers, s. : vertigo, avertin, tournis, lourd vertige (vétér.).

stagnation, s. : stagnation, stase.

stain, s. : 1. tache; **port-wine** or **claret -** : tache de vin, nævus vasculaire plan; 2. colorant (histol.); v. : 1. tacher; 2. colorer, se colorer (histol.).

stainable, adj. : colorable.

staining, s. : coloration; **supravital -** : pour différencier les différents types de leucémie, emploi de colorant en solution alcoolique versé directement sur le sang frais; **vital -** : coloration vitale.

stainless steel, adj. : acier inoxydable.

stalagmometer, s. : stalagmomètre, comptegouttes.

stalagmometry, s. : stalagmométrie (détermination du nombre de gouttes d'un liquide correspondant au centimètre cube pour établir un rapport entre la tension superficielle de ce liquide et celle de l'eau distillée).

stalk, s. : tige, pédoncule.

staltic, adj. : styptique, astringent.

stamen, s. : étamine (bot.).

stamina, s. : force vitale, vigueur, résistance.

staminode, s., or **staminodium,** plur. **staminodia** (lat.) : staminode (bot.).

stammer, s. : bégaiement, balbutiement; v. : bégayer, balbutier.

stammerer, s. : bègue.

stammering, s. : bégaiement; adj. : bègue; **- speech** : bégaiement; **urinary -** : spasmes des muscles de l'urètre d'origine psychique.

stanch, v. : étancher; **to - a wound** : étancher le sang d'une blessure.

stanching, s. : étanchement.

stand, s. : 1. manière de se tenir debout, place, position; 2. support, socle, statif (de microscope), valet (de laboratoire), affût (de télescope); **testing -** : banc d'épreuve, banc d'essai.

standard, s. : 1. étalon, type, point cinétique; **- deviation** : écart-type; **- solution** : solution étalon; 2. modèle, type, niveau, norme, mesure; adj. : normal, courant, normalisé; **- deviation** : écart-type; **- error** : erreur type; **- serum** : sérum étalon; **- technique** : méthode normalisée; **- température and pressure** : 0° C et 760 mmHg.

standardization, s. : 1. titrage, étalonnage, normalisation; 2. standardisation.

standardize, v. : 1. normaliser; 2. titrer.

standstill, s. : arrêt, immobilisation.

stannate, s. : stannate (chim.).

stannic, adj. : stannique.

stanniferous, adj. : stannifère.

stannous, adj. : stanneux.

stapedectomy, s. : stapédectomie, excision de l'étrier.

stapedial, adj. : stapédien (1. se rapportant à l'étrier; 2. en forme d'étrier).

stapediotenotomy, s. : ténotomie du muscle de l'étrier.

stapediovestibular, adj. : se rapportant à l'étrier et au vestibule.

stapedius, s. (lat.) : muscle de l'étrier, stapédien.

stapes, s. (lat.) : étrier (oreille moyenne).

staphyle, s. : luette.

staphylectomy, s. : excision de la luette.

staphylhematoma, s. : staphylhématome (épanchement sanguin dans l'épaisseur de la luette).

staphyline, adj. : staphylin; **- glands** : glandes palatines.

staphylinus, s. : cf., **musculus.**

staphylion, s. : point médian de l'épine nasale postérieure.

staphylitis, s. : staphylite (inflammation de la luette).

staphylo- : staphylo-, préfixe dénotant un rapport avec la luette.

staphyloangina, s. : angine staphylococcique.

staphylococcal, adj. : staphylococcique.

staphylococcaemia or **staphylococcemia,** s. : staphylococcémie (présence de staphylocoque dans le sang).

staphylococcia, s. : staphylococcie.

staphylococcic, adj. : staphylococcique.

Staphylococcus, s. : staphylocoque.

staphylodermatitis, s. : dermatite staphylococcique.

staphylodialysis, s. : relâchement de la luette.

staphylolysin, s. : staphylolysine.

staphyloma, s. : staphylome (lésion du globe de l'œil consistant en une saillie de sa coque due à un affaiblissement local de la paroi); **annular -** : staphylome entouré complètement d'une choroïde atrophiée; **- corneæ** : staphylome cornéen; **Scarpe's -** : staphylome postérieur.

staphylomatic or **staphylomatous,** adj. : se rapportant à, de la nature de, atteint de, staphylome.

staphyloncus, s. : tumeur de la luette.

staphylopharyngeus, s. (lat.) : muscle pharyngostaphylin.

staphylopharyngorrhaphy, s. : mode de staphylorraphie.

staphyloplasty, s. : staphyloplastie, palatoplastie (autoplastie destinée à compenser une perte de substance du voile du palais).

staphyloptosia or **staphyloptosis,** s. : élongation de la luette.

staphylorrhaphy, s. : staphylorraphie (opération ayant pour but de remédier à la division congénitale du voile du palais).

staphyloschisis, s. : division congénitale du voile du palais.

staphylotome, s. : staphylotome.

staphylotomy, s. : 1. staphylotomie (1. incision du staphylome opaque cornéen ou iridocornéen; 2. incision ou excision de la luette).

staphylotoxin, s. : staphylotoxine (toxine sécrétée par le staphylocoque).

star, s. : structure étoilée (biol.); **- of Verheyen** : étoiles de Verheyen (veines du rein).

starch, s. : amidon; **animal -** : glycogène; **- paste** : empois d'amidon; **- water** : eau d'amidon.

stare, s. : regard fixe; v. : regarder fixement, fixer.

Starling's law : loi de Starling.

starter, s. : 1. le premier inoculum dans une fermentation; 2. inducteur (anesthésiol.).

starvation, s. : inanition, famine, privation ou manque de nourriture, affamement; **to die of -** : mourir d'inanition; **- treatment** : diète totale pendant quelques jours suivie d'une diète partielle avec très peu d'hydrates de carbone dans le traitement du diabète.

starve, v. : 1. mourir de faim, manquer de nourriture; 2. refuser de la nourriture à quelqu'un.

starved, adj. : affamé, famélique.

starving, s. : inanition, privation de nourriture, régime affamant, médication par une diète absolue; adj. : mourant de faim, affamé, famélique.

stasibasiphobia, s. : stasobasophobie; cf., **stasiphobia.**

stasimetry, s. : estimation de la consistance des corps mous.

stasimorphy, s. : difformité consécutive à un arrêt du développement.

stasiphobia, s. : stasophobie (appréhension morbide de la station debout).

stasis, s. : stase (arrêt ou ralentissement considérable de la circulation ou de l'écoulement d'un liquide de l'économie); **glomerular -** : glomérulostase.

state, s. : état, condition; **carrier -** : état de porteur de germes; **- medicine** : médecine étatisée; **steady -** : équilibre cinétique; **typhoid -** : état typhoïde; **twilight -** : état crépusculaire.

statement, s. : déclaration, exposé, énoncé, procès-verbal.

static or **statical,** adj. : statique; **- electricity** : électricité statique.

statim, adv. (lat.) : immédiatement, tout de suite.

station, s. : position debout.

stationary, adj. : stationnaire, immobile, fixe.

statistical, adj. : statistique.

statistics, s. : statistique; **medical** or **vital -** : statistiques démographiques.

statometer, s. : appareil pour mesurer le degré de l'exophtalmie.

stature, s. : stature, taille.

status, s. (lat.) : 1. état; **- cribrosus** : état criblé du cerveau (autopsie); **- gastricus** : gastrite; **- lymphaticus** : lymphatisme des nourrissons; **- mormoratus** : état marbré des nourrissons; **- præsens** : état actuel; 2. statut.

statuvolence, s. : autohypnotisme, somnambulisme volontaire.

stealing artery syndrome : syndrome de l'artère voleuse.

steam, s. : vapeur.

stearate, s. : stéarate.

stearic, adj. : stéarique; **- acid** : acide stéarique.

stearin, s. : stéarine, acide stéarique.

stearodermia, s. : maladie des glandes sébacées de la peau.

stearrhoea or **stearrhea,** s. : stéarrhée.

steatadenoma, s. : adénome des glandes sébacées.

steatitis, s. : inflammation du tissu adipeux.

steato- : stéato-, préfixe signifiant gras, graisseux.

steatocele, s. : stéatocèle (kyste sébacé du scrotum).

steatocryptosis, s. : trouble du fonctionnement des glandes sébacées.

steatogenous, adj. : producteur de graisse.

steatolysis, s. : stéatolyse (dissolution et digestion des substances grasses).

steatolytic, adj. : stéatolytique.

steatoma, s. : stéatome (1. kyste sébacé; 2. lipome de consistance dure); **Mueller's -** : lipofibrome.

steatopathy, s. : maladies des glandes sébacées.

steatonecrosis, s. : stéatonécrose, cytostéatonécrose.

steatopygia, s. : stéatopygie (hypertrophie graisseuse des fesses [Vénus hottentote]).

steatopygous, adj. : stéatopyge (caractérisé par un développement anormal des fesses).

steatorrhoea, s. : 1. stéatorrhée, stéarrhée (excès de matières grasses excrétées avec les fèces; **idiopathic -** : stéatorrhée non tropicale des adultes; 2. séborrhée.

steatosis, s. : stéatose (1. maladie des glandes sébacées; 2. dégénérescence graisseuse).

steatozoon, s. : Demodex folliculorum (parasite vermiforme de l'ordre des Acariens que l'on trouve dans les glandes sébacées et les follicules pileux).

steel, s. : acier; **stainless -** : acier inoxydable.

Steel's sign : signe de Steel (expansion systolique, constatée radiologiquement, de l'anévrisme pariétal du cœur).

Steel's or **Graham Steel's murmur** : bruit à l'auscultation cardiaque, caractéristique du rétrécissement mitral.

Steenbock unit : unité internationale valant 2,7 unités de vitamine D.

steeple-skull, s. : oxycéphalie.

stege, s. : couche interne des piliers de Corti.

stegnosis, s. : constipation, arrêt d'une sécrétion, sténose, fermeture d'un conduit ou d'un canal.

stegnotic, adj. : astringent, constipant.

Stegomyia, s. : Stegomyia, stégomyie (moustique du genre Aedes) (parasit.).

Steinert's disease : maladie de Steinert (dystrophie myotonique).

Stein-Leventhal's syndrome : syndrome de Stein-Leventhal.

Steinmann extension or **pin** : broche de Steinmann (tige métallique que l'on passe au travers du fragment inférieur d'un os fracturé et par laquelle on exerce sur celui-ci une traction continue capable de réduire le déplacement).

stellate, adj. : étoilé, en étoile, radié; **- cells** : cellules nerveuses du cortex; **- veins** : étoiles de Verheyen (rein).

stellectomy, s. : stellectomie (ablation du ganglion étoilé).

Stellwag's sign : signe de Stellwag (allongement de la fente palpébrale avec occlusion incomplète des yeux quand le malade croit les avoir fermés; se voit dans le goitre exophtalmique).

stem, s. : origine, pédoncule (d'une tumeur), tige (bot.), cheveu (considéré sans la racine); **brain -** : tronc cérébral; **- cell** : cellule à l'origine d'un clone; **- pessary** : pessaire à tige; v. : contenir, endiguer; **to - the bleeding** : contenir l'hémorragie.

stenagma or **stenagmus,** s. : soupir.

stenion, s. : point de la fosse temporale où le diamètre transversal du crâne est au minimum (crâne osseux) (anat.).

steno- : sténo-, préfixe dénotant l'étroitesse, le rétrécissement.

stenobregmate, s. : état caractérisé par un rétrécissement de la partie bregmatique de la tête.

stenocardia, s. : sténocardie, angine de poitrine.

stenocephalous, adj. : atteint de sténocéphalie.

stenocephaly, s. : sténocéphalie (étroitesse du crâne).

stenochoria, s. : sténose, rétrécissement, stricture, obstruction partielle.

stenocompressor, s. : instrument pour comprimer le canal de Stensen au cours des opérations dentaires.

stenocoriasis, s. : contraction pupillaire.

stenocrotaphia or **stenocrotaphy,** s. : rétrécissement de la région temporale du crâne.

stenodont, adj. : à dents étroites.

Stenon's duct, cf. : **Stensen's duct.**

stenopaeic or **stenopeic,** adj. : sténopéique, à sténopé (opt.).

stenosal, adj. : se rapportant à une sténose.

stenosed, adj. : sténosé, resserré.

stenosis, s. : sténose, rétrécissement, étroitesse; **aortic -** : rétrécissement aortique; **cardiac -** : sténose cardiaque; **cicatricial -** : sténose cicatricielle; **Dittrich's -** : rétrécissement du cône artériel; **mitral -** : rétrécissement mitral.

stenostegnosis or **stenostenosis,** s. : sténose du canal de Sténon.

stenostomatous, adj. : à bouche étroite.

stenostomia, s. : rétrécissement d'un orifice.

stenothermal, adj. : sténotherme (ne pouvant supporter qu'une faible échelle de modifications thermiques).

stenothorax, s. : sténothorax (étroitesse thoracique).

stenotic, adj. : caractérisé par la sténose, produit par la sténose.

Stensen's duct : canal de Sténon (glande parotide); **- foramina** : les deux demi-gouttières latérales qui forment le canal palatin antérieur ou incisif; **- plexus** : plexus veineux entourant le canal de Sténon; **- veins** : vasa vorticosa, veines vorticineuses (choroïde).

stent, s. : pâte à empreintes (odont.).

stentorophonous, adj. : à voix forte, à voix de stentor.

step, s. : pas, enjambée.

steppage, s. : steppage, démarche en équin.

step test or **two-step test** : épreuve du marche-pied.

stephanion, s. : stéphanion (point d'intersection de la suture coronale avec le bord du temporal).

steppage-gait : steppage.

stepwise, adv. : par étapes, en échelons.

stercobilin, s. : stercobiline.

stercolith, s. : concrétion fécale.

stercoraceous, stercoral or **stercorary,** adj. : stercoraire, stercoral, fécal.

stercoremia, s. : stercorémie, coprémie.

stercoroma, s. : stercorome, scatome.

stercorous, adj. : stercoraire, stercoral.

stercus, s. (lat.) : fèces.

stereo- : stéréo-, préfixe signifiant solide, se rapportant à la solidité.

stereoagnosis, s. : stéréoagnosie, astéréognosie (perte du sens stéréognostique).

stereoanaesthesia, s. : forme de stéréoagnosie.

stereoarthrolysis, s. : libération par intervention sur l'articulation d'une jointure ankylosée.

stereochemistry, s. : stéréochimie.

stereocognosis or **stereognosis,** s. : stéréognosie (reconnaissance de la forme et du volume des objets).

stereognostic, adj. : stéréognostique.

stereogram, s. : stéréogramme (radiol.).

stereograph, s. : 1. stéréographe; 2. stéréogramme.

stereography, *s.* : stéréographie.

stereo-isomer, *s.* : stéréo-isomère.

stereo-isomeric, *adj.* : stéréo-isomère.

stereo-isomerism, *s.* : stéréo-isomérie.

stereometer, *s.* : stéréomètre.

stereophotography, *s.* : stéréophotographie.

stereopsis, *s.* : vision stéréoscopique.

stereoradiography *or* **stereorœntgenography,** *s.* : stéréoradiographie (1. application de la vision binoculaire à l'examen radiographique; 2. examen à l'aide d'un stéréoscope de deux radiographies prises simultanément).

stereoscope, *s.* : stéréoscope.

stereoscopic, *adj.* : stéréoscopique; **- vision** : vision stéréoscopique, vision binoculaire.

stereoscopy, *s.* : stéréoscopie.

stereoskiagraphy, *s.* : stéréoradiographie.

stereotactic *or* **stereotaxic,** *adj.* : stéréotaxique.

stereotaxis, *s.* : stéréotaxie.

stereotypy, *s.* : stéréotypie.

sterigma, *s., plur.* **sterigmata** *(gr.)* : tige, pédoncule.

sterile, *adj.* : stérile (1. infécond, infécondable; 2. aseptique).

sterility, *s.* : stérilité (incapacité de procréer).

sterilization, *s.* : stérilisation (1. destruction des germes par des moyens physiques ou chimiques; 2. opération ayant pour but de priver un être vivant de la possibilité de se reproduire).

sterilize, *v.* : stériliser.

sterilized, *adj.* : stérilisé.

sterilizer, *s.* : stérilisateur, autoclave.

sternad, *adv.* : orienté vers le sternum.

sternal, *adj.* : sternal.

sternalgia, *s.* : sternalgie, angine de poitrine.

Sternberg's giant cells *or* **Sternberg-Reed cells** : cellules géantes de Sternberg (maladie de Hodgkin).

sternebra, *s.* : sternèbre (segment du sternum).

sterno- : sterno-, préfixe dénotant un rapport avec le sternum.

sternodymia, *s.* : monstruosité double réunie par le sternum.

sternodynia, *s.* : sternalgie.

sternopagia, *s.* : *cf.,* **sternodymia.**

sternotomy, *s.* : incision du sternum.

sternotrypesis, *s.* : trépanation du sternum.

sternum, *s.* : sternum.

sternutatio, *s. (lat.)* : éternuement, sternutation; **- convulsiva** : éternuement paroxysmique (rhume des foins).

sternutation, *s.* : éternuement, sternutation.

sternutator, *s.* : sternutatoire.

steroid, *adj.* : stéroïde.

sterol, *s.* : stérol.

sterolytic, *adj.* : stérolytique (qui dissout les stérols).

stertor, *s.* : stertor, respiration stertoreuse (respiration bruyante s'accompagnant de ronflement).

stertorous, *adj.* : stertoreux.

stetharteritis, *s.* : inflammation des artères thoraciques.

stethemia, *s.* : accumulation de sang dans les vaisseaux pulmonaires.

stetho- : stétho-, préfixe dénotant un rapport avec la poitrine.

stethogoniometer, *s.* : instrument pour mesurer la courbure de la poitrine.

stethograph, *s.* : stéthographe, pneumographe.

stethophone, *s.* : 1. stéthoscope; 2. stéthoscope électrique pour plusieurs auditeurs.

stethophonometer, *s.* : instrument pour mesurer les phénomènes décelés par l'auscultation.

stethoscope, *s.* : stéthoscope; **binaural -** : stéthoscope biauriculaire.

stethoscopic, *adj.* : stéthoscopique.

stethoscopy, *s.* : stéthoscopie (étude de la cavité thoracique à l'aide du stéthoscope).

Stevens-Johnson disease *or* **syndrome** : maladie de Stevens-Johnson.

sthenia, *s.* : sthénie *(inus.),* dynamisme d'une fonction.

sthenic, *adj.* : sthénique, puissant, actif.

stibialism, *s.* : empoisonnement par l'antimoine.

stibiated, *adj.* : stibié.

stibiation, *s.* : usage excessif de l'antimoine ou de ses sels.

stibium, *s (lat.)* : antimoine.

Stibophen, *B.P.* : composé à base d'antimoine utilisé dans la cure de la schistosomiase.

stichochrome : selon Nissl, cellule nerveuse où la matière chromophile est disposée en assises concentriques.

Sticker's disease : érythème infectieux.

sticking plaster : sparadrap.

sticky, *adj.* : visqueux, gluant.

Stifel's figure : appareil pour déterminer la position et la taille de la papille optique.

stiff, *adj.* : raide, rigide, dur, inflexible; **- joint** : ankylose; **- neck** : torticolis; **- neck fever** : méningite cérébrospinale épidémique.

stiffness, *s.* : raideur, rigidité, ankylose; **- of the legs** : courbatures dans les jambes.

stifle, *s.* : 1. grasset; 2. affection du grasset; *v.* : étouffer, suffoquer; **- bone** : os du grasset *(vétér.);* **- joint** : grasset *(vétér.).*

stigma, *s., plur.* **stigmata** *(gr.)* : stigmate (1. orifice microscopique que les cellules migratrices produisent en perforant les cellules endothéliales, lorsqu'elles sortent d'un capillaire par diapédèse; 2. marque laissée par une plaie cicatrisée; 3. nom donné à des signes certains et caractéristiques qui permettent de diagnostiquer certaines affections; 4. partie du pistil qui reçoit le pollen).

stigmatism, *s.* : 1. stigmatisme *(ophtal.)*; 2. présence de stigmates.

stigmatization, *s.* : stigmatisation.

stilbœstrol, *B.P.* : stilbœstrol (œstrogène de synthèse).

stilette, *s.* : 1. petite tige pointue insérée dans une canule; 2. fil d'une sonde flexible.

still, *s.* : alambic; *v.* : distiller; *adj.* : immobile; **keep -** : ne bougez pas.

stillbirth, *s.* : mise au monde d'un enfant mort-né.

stillborn, *adj.* : mort-né.

Still-Chauffard symptom-complex : symptômes de la maladie de Chauffard-Still observés dans la pseudo-tuberculose.

Still's disease : maladie de Still, maladie *ou* syndrome de Chauffard-Still.

Stiller's sign : signe de Stiller (mobilité anormale de la dixième côte se rencontrant chez les sujets atteints de ptose viscérale et particulièrement de rein mobile ou de dilatation atonique de l'estomac).

stillicidium, *s.* : écoulement d'un liquide, d'une sécrétion, goutte à goutte; **- lacrimarum** : épiphora ; **- narium** : coryza ; **- urinœ** : incontinence d'urine par regorgement.

Stilling's bundle : faisceau solitaire (bulbe); **- canal** : 1. canal épendymaire (moelle épinière) ; 2. canal de Stilling ou de Cloquet (corps vitré); **- cells** or **columns** : noyau de substance grise (correspondant à la colonne vésiculaire de Clarke) situé dans la corne postérieure des régions cervicale et lombaire de la moelle ; **- gelatinous substance** : substance gélatineuse centrale (moelle épinière); **- nucleus** : 1. noyau rouge; 2. noyau de l'hypoglosse (quatrième ventricule).

Stilling-Clarke's cells or **dorsal nucleus** : colonne vésiculaire de Clarke (moelle épinière).

stimulant, *s. adj.* : stimulant, remontant.

stimulate, *v.* : stimuler.

stimulating, *adj.* : stimulant, remontant, excitant.

stimulation, *s.* : stimulation (1. action de stimuler; 2. effet d'un stimulant).

stimulator, *s.* : stimulant, dispositif électrique de stimulation.

stimulon, *s.* : stimulon (antagoniste de l'interféron).

stimulus, *s.* : stimulus, incitation motrice (1. perturbation extérieure ébranlant la cellule; 2. tout ce qui est de nature à produire une excitation); **heterotopic -** : excitation du cœur provenant d'un foyer autre que les nœuds sino-auriculaire et auriculo-ventriculaire ; **noxious -** : excitant nocif; **threshold -** : excitation au seuil de la sensibilité.

sting, *s.* : 1. dard, aiguillon, crochet venimeux; 2. piqûre; *v.* : piquer.

stinging, *adj.* : piquant, cuisant, mordant; **- plant** : plante urticante.

stipatio, *s. (lat.)* : agrégation produisant une obstruction; **- telœ cellulosœ infantum** : sclérème des nouveau-nés.

stippled, *adj.* : pointillé; **- red cell** : hématie pointillée de petites taches.

stir, *v.* : agiter, mélanger.

stirps, *s.* : 1. groupe, lignée, famille; 2. total des unités organiques héréditaires dans l'œuf fécondé.

stirpiculture, *s.* : eugénisme.

stirrer, *s.* : mélangeur, agitateur.

stirring rod : agitateur.

stirrup or **stirrup bone** : étrier (oreille moyenne).

stitch, *s.* : 1. douleur soudaine, aiguë et lancinante dans le côté, sous les côtes; **- in the side** : point de côté; 2. point de suture *(chir.)*; *v.* : suturer.

stith or **stithe,** *s.* : enclume (oreille moyenne).

stock, *s.* : solution-stock, substance-stock, souche (se dit d'une solution, d'une substance, de microbes, de virus gardés comme matériel de départ pour l'expérimentation);

stockage, *s.* : stockage.

stoichiometry, *s.* : stoichiométrie (mathématiques des lois chimiques).

Stokes (astigmatic lens of) : appareil formé de deux lentilles, l'une concave, l'autre convexe, utilisé pour le diagnostic de l'astigmatisme.

Stokes' disease : goitre exophtalmique; **- pulse** : pouls de Corrigan; **- syndrome** : maladie de Stokes-Adams, maladie *ou* syndrome d'Adams-Stokes, pouls lent permanent.

Stokes-Adams' symptom-complex or **disease** : cf., **Stokes' syndrome.**

stolon, *s.* : stolon (greffon par marcottage [*bot. biol.*]).

stoma, *s.*, plur. **stomata** *(gr.)* : stomate.

stomacace, *s.* : stomacace (ulcération fétide de la bouche).

stomach, *s.* : estomac; **- ache** : douleurs d'estomac; **bilocular** or **hour glass -** : estomac en sablier; **- complaint** : maux d'estomac; **- cough** : toux gastrique; **hour glass -** : cf., bilocular -; **first -** : panse *(zool.)*; **second -** : bonnet *(zool.)*; **third -** : feuillet *(zool.)*; **fourth -** : caillette *(zool.)*; **fish hook -** or **« J » -** : estomac en forme de J; **- pump** : pompe stomacale; **thoracic -** : estomac partiellement dans le thorax (hernie diaphragmatique); **- tube** : sonde stomacale; **- worm** : ascaride, lombricoïde.

stomachal, *adj.* : stomacal, gastrique.

stomachalgia, *s.* : gastralgie.

stomachic, *s., adj.* : stomachique (favorisant la digestion gastrique).

stomatal, *adj.* : se rapportant à un stomate, à stomates.

stomatalgia, *s.* : douleur buccale.

stomatic, *adj.* : stomatique, se rapportant à la bouche.

stomatitis, *s.* : stomatite (nom générique donné aux inflammations de la muqueuse buccale); **angular -** : stomatite due à l'avitaminose B; **aphthous -** : stomatite aphteuse; **gangrenous - :**

noma; **- intertropica** or **tropical -** : stomatite due à la stéarrhée tropicale; **mycotic** or **parasitic -** : stomatite crémeuse, muguet, **- simplex** : simple stomatite (à ne pas confondre avec stomatite herpétique); **ulcero-membranous -** : stomatite de Vincent.

stomato- : stomato-, préfixe dénotant un rapport avec la bouche.

stomatocatharsis, s. : 1. salivation; 2. désinfection de la bouche.

stomatodynia, s. : douleur buccale.

stomatodysodia, s. : haleine fétide.

stomatogastric, adj. : stomatogastrique.

stomatolalia, s. : stomatolalie, rhinolalie fermée.

stomatologic or **stomatological**, adj. : stomatologique.

stomatologist, s. : stomatologiste.

stomatology, s. : stomatologie.

stomatomalacia, s. : ramollissement buccal, desquamation buccale.

stomatomy, s. : incision de l'orifice externe du col de l'utérus.

stomatomycosis, s. : maladie buccale d'origine fongique, oïdiomycose, muguet.

stomatonecrosis or **stomatonoma**, s. : noma.

stomatopathy, s. : toute maladie de la cavité buccale.

stomatoplastic, adj. : stomatoplastique.

stomatoplasty, s. : stomatoplastie (1. chirurgie plastique des malformations congénitales ou acquises de la bouche; 2. opération autoplastique sur l'orifice du col de l'utérus).

stomatorrhagia, s. : stomatorragie, hémorragie buccale; **- gingivarum** : gingivite hémorragique.

stomatoscope, s. : stomatoscope (instrument pour examiner la cavité buccale).

stomatosis, s. : maladie de la bouche.

stomatotomy, s. : incision de l'orifice externe du col de l'utérus.

stomodœum, s. : cavité buccale embryonnaire.

stomoschisis, s. : fissure buccale, en particulier du voile du palais.

-stomy : -stomie, suffixe indiquant la création chirurgicale d'une ouverture artificielle dans un organe creux (colostomie), ou une nouvelle ouverture entre deux structures creuses (gastroentérostomie).

stone, s. : 1. pierre, calcul; **- blind** : complètement aveugle; **- deaf** : complètement sourd; **ear -** : otolithe; **gall -** : calcul biliaire; **metabolic -** : calcul de cholestérol de la vésicule biliaire; 2. unité de poids anglaise (6,348 kg).

stools, s. : selles, matières fécales, fèces; **bilious -** : selle bilieuse; **caddy -** : selle en marc de café; **fatty -** : selle stéatorrhéique; **lead-pencil -** or **pipe-stem -** : selle filiforme; **mucous -** : selle muqueuse; **pea-soup -** : selle verdâtre liquide; **rice-water -** : selle à grains riziformes; **sheep-dung -** : selles ovillées.

stop, s. : arrêt, interruption, dispositif de blocage, diaphragme (opt., phot.); **- bath** : bain d'arrêt, bain acide pour arrêt du développement (phot.); **- cock** : robinet d'arrêt, obturateur; **- needle** : aiguille pour discission avec saillie d'arrêt; v. : étancher, tamponner, arrêter, empêcher, obturer.

stoppage, s. : arrêt, suspension, suppression, obstruction; **intestinal -** : occlusion intestinale.

stopper, s. : bouchon, obturateur, diaphragme; **- dropper** : bouchon compte-gouttes; v. : boucher.

stoppered, adj. : bouché.

stout, adj. : 1. fort, vigoureux; 2. gros, corpulent.

stoutness, s. : embonpoint, corpulence.

stove, s. : étuve, four.

strabism, s. : cf., **strabismus**.

strabismal or **strabismic**, adj. : strabique.

strabismus, s. : strabisme (défaut de convergence des deux axes visuels vers le point fixé); **concomitant -** : strabisme concomitant; **convergent** or **internal -** : strabisme convergent; **divergent** or **external -** : strabisme divergent; **paralytic -** : strabisme paralytique; **sursumvergens -** : strabisme sursumvergent.

strabometer, s. : strabomètre (instrument destiné à mesurer le degré de déviation dans le strabisme).

strabometry, s. : mesure du degré de déviation oculaire dans le strabisme.

strabotome, s. : bistouri pour strabotomie.

strabotomy, s. : strabotomie (déplacement de l'insertion scléroticale de l'un des muscles de l'œil pour remédier au strabisme).

strain, s. : 1. tension, surtension, effort, fatigue, surmenage; **eye -** : fatigue oculaire; **mental -** : surmenage intellectuel; **shoulder -** : écart d'épaule (vétér.); 2. race, lignée, souche; **standard - of a microbe** : souche, type d'un microbe; v. : 1. fatiguer, forcer; **to - oneself** : se surmener; **to - one's heart** : se forcer le cœur; 2. filtrer, passer, tamiser, essorer.

strained, adj. : 1. tendu, forcé; 2. filtré, tamisé.

strainer, s. : filtre, tamis.

straining, s. : 1. tension, surtension, fatigue; 2. filtrage.

strait, s. : détroit; **inferior - of the pelvis** : détroit inférieur du bassin; **superior - of the pelvis** : détroit supérieur du bassin; adj. : étroit; **- jacket** : camisole de force.

strand, s. : brin, chaîne (de l'hélice d'ADN); **+ -** : brin positif; **— -** : brin négatif.

stranded, adj. : caténaire; **double -** : bicaténaire; **single -** : monocaténaire.

strangles, s. : gourme (vétér.).

strangulate, v. : étrangler.

strangulated, adj. : étranglé; **- hernia** : hernie étranglée.

strangulation, s. : strangulation, étranglement.

stranguria or **strangury**, s. : strangurie (miction douloureuse, goutte par goutte, avec ténesme vésical).

strap, s. : bande longue (sparadrap); v. : mettre des bandelettes, de l'emplâtre adhésif (à une blessure), maintenir par des bandages.

strapping, s. : emplâtre adhésif.

stratification, s. : stratification.

stratified, adj. : stratifié.

stratiform, adj. : stratiforme.

stratigraphy, s. : stratigraphie, tomographie.

stratum, s., plur. **strata** (lat.) : couche, membrane; - **bacillatum**, **bacillosum** or **bacillorum** : couche des cônes et des bâtonnets de la rétine; - **cinereum** : couche corticale grise; - **corneum** : couche cornée (peau); - **ferrugineum** : couche rouillée (assise granulaire du cervelet); - **granulosum** : couche granuleuse (peau); - **lucidum** : couche transparente (peau); - **Malpighii** or **spinosum** or **germinativum** : couche muqueuse de Malpighi (peau).

strawberry, s. : fraise; - **mark** : fraise, tache de vin; - **tongue** : énanthème lingual caractéristique de la scarlatine.

streak, s. : 1. raie, bande, strie, sillon; **Knapp's angioid -** : sillons pigmentaires apparaissant parfois sur la rétine après une hémorragie; **meningitic -** : tache cérébrale; - **plate** : plaque de biscuit pour essais à la touche (chim.); **primitive -** : sillon primitif de l'embryon; **black - on a negative** : vermicelles noirs sur un cliché (phot.); **reflex -** : reflet argenté des vaisseaux du fond de l'œil, surtout lors de l'artériosclérose (ophtal.); 2. bigarrure (maladie des végétaux caractérisée par des nécroses de la face inférieure de la feuille, parfois du pétiole et de la tige, dues au virus Y).

stream, s. : flux, jet, courant; **blood -** : courant sanguin; v. : couler, s'écouler.

stremma, s. : foulure.

strength, s. : force, intensité.

strengthen, v. : fortifier, se fortifier, prendre des forces.

strengthener, s. : fortifiant.

strengthening, s. : renforcement, raffermissement; adj. : fortifiant, remontant.

strephenopodia, s. : stréphénopodie, talipes varus, pied-bot varus.

strephexopodia, s. : stréphexopodie, talipes valgus, pied-bot valgus.

strephopodia, s. : stréphopodie, talipes equinus, pied-bot équin.

strephosymbolia, s. : 1. cécité verbale, alexie; 2. difficulté pour apprendre à lire; 3. tendance de lire à l'envers.

strepitus, s. (lat.) : son, bruit; - **aurium** : tintement d'oreilles; - **coriaceous** : bruit de cuir neuf (frottements pleuraux ou péricardiques); - **uteri** : souffle utérin, souffle placentaire.

strepto- : strepto-, préfixe signifiant spiralé.

strepto-angina, s. : angine pseudomembraneuse d'origine streptococcique.

streptobacillus, s. : strepto-bacille.

streptobacteria, s. : bactéries en chaînettes.

streptococcal, **streptococcic** or **streptococcous**, adj. : streptococcique.

streptococcæmia or **streptococcemia**, s. : streptococcémie.

streptococcolysin or **streptocolysin**, s. : hémolysine sécrétée par le streptocoque dans les cultures.

Streptococcus, s. : streptocoque.

streptococcicosis or **streptocosis**, s. : streptococcie (nom générique de toutes les maladies dépendant d'une infection streptococcique).

streptodermatitis, s. : dermatite streptococcique.

streptodornase, s. : strepsodornase.

streptokinase, s. : streptokinase.

streptolysin, s. : streptolysine.

streptomycin, s. : streptomycine (antibiotique).

streptomycosis, s. : maladie provoquée par un champignon du genre *Streptomycetales*.

streptosepticemia, s. : septicémie streptococcique.

streptothricin, s. : streptothricine.

streptothricosis, s. : streptotrichose (maladie causée par un streptothrix).

streptothrix, s. : streptothrix.

stress, s. : 1. agression (subjective), tension, perturbation réactionnelle, réponse biologique à l'agression; 2. contrainte; - **syndrome** : syndrome de réaction à la tension.

stretch, s. : allongement, extension; v. : s'étirer, s'étendre.

stretcher, s. : civière.

stretching, s. : élongation.

stria, s., plur. **striæ** (lat.) : raie, strie, sillon; **striæ acusticæ** or **medullares** : stries acoustiques ou médullaires (barbes du calamus scriptorius); **striæ atrophicæ** or **gravidarum** : vergetures (peau); - **cornea** : lame cornée (noyau caudé); - **medullaris** : sillon choroïdien (couches optiques); - **medullaris thalami** : sillon opto-strié (couches optiques); **pineal -** : sillon de l'habenula (couches optiques); - **terminalis** : bandelette semi-circulaire (noyau caudé).

striatal, adj. : se rapportant au corps strié.

striate or **striated**, adj. : strié; - **body** : corps strié; - **muscle** : muscle strié, muscle volontaire.

striation, s. : striation (1. action de strier; 2. état de ce qui est strié).

stricken, adj. : frappé, blessé, affligé, éprouvé, - **by a disease** : frappé d'une maladie; **plague -** : 1. pestiféré; 2. frappé de la peste.

striction, s. : striction, constriction, resserrement.

stricture, s. : stricture, rétrécissement; **hourglass -** : stricture en sablier; **functional** or spasmodic - : rétrécissement spasmodique; **passable** or **permeable** - : rétrécissement perméable; **string** - : stricture du côlon faisant un passage extrêmement rétréci ou en ficelle (radiol.); **valvular** - : rétrécissement valvulaire.

stricturotome, s. : instrument pour débrider un rétrécissement, une stricture.

stricturotomy, s. : stricturotomie (débridement d'un rétrécissement).

stridor, s. : stridor, respiration striduleuse; - **decutium** : grincement de dents.

stridulous, adj. : stridoreux, striduleux; - **laryngismus** : laryngite striduleuse.

stringent, adj. : astringent, constipant.

stringiness, s. : coarctation (du pouls), viscosité (d'un liquide).

stringy, adj. : coarcté (pouls), visqueux (liquide).

stripe, s. : raie, bande, zébrure.

stripper, s. : tire-veine.

stripping, s. : déshabillement, dépouillement, démoulage; phlébectomie par tringlage; - **film** : papier négatif pelliculaire (phot.); - **method** : méthode ou technique par pelliculage (micr.).

strobic, adj. : strobosique (opt.).

strobilaceous, adj. : strobilacé (bot.).

strobilation, s. : strobilation (biol.).

strobile, s. : strobile (1. inflorescence des conifères; 2. forme annelée des ténias).

strobilus : cf., **strobile** (2).

stroboscope, s. : stroboscope.

stroboscopic, adj. : stroboscopique.

stroke, s. : attaque brusque et grave, coup; **apoplectic** - : attaque d'apoplexie; **heat** - : coup de chaleur, insolation; **paralytic** - : attaque de paralysie; v. : caresser de la main.

stroking, s. : effleurage (massage).

stroma, s. : stroma (trame d'un tissu); **cancer** - : élément fibreux d'un cancer; - **fibrin** : fibrine formée directement du stroma (par opposition à la fibrine du plasma); - **plexus** : plexus nerveux cornéen.

stromal, adj. : se rapportant au stroma.

stromatic, adj. : ressemblant au stroma.

stromatolysis, s. : dissolution du stroma.

stromuhr, s. : rhéomètre de Ludwig.

strongylosis, s. : strongylose, eustrongylose (infestation par les strongles).

Strongylus, s. : strongyle (nématode de la famille des strongylidés).

strontium, s. : strontium.

strophocephaly, s. : 1. distorsion de la tête; 2. état de l'individu qui présente une distorsion de la tête.

strophulus, s. : strophulus (dermatose prurigineuse caractérisée par des papules lenticulaires reposant sur une base urticarienne).

structural, adj. : structural, de structure.

structure, s. : structure.

structureless, adj. : amorphe (biol.).

struma, s., plur. **strumae** (lat.) : struma, strume, goitre, scrofule; **Hashimoto's** - : struma lymphomateux; **Riedel's** - : thyroïdite fibreuse; - **maligna** : strume post-branchiale; - **suprarenalis** : strume rénale, surrénalome, hypernéphrome; - **lipomatodes aberratæ renis** : tumeurs de Grawitz.

strumectomy, s. : strumectomie (ablation totale ou partielle d'un goitre).

strumiform, adj. : d'aspect strumeux.

strumiprival or **strumiprivous**, adj. : strumiprive, thyréoprive; - **cachexia** : cachexie strumiprive (accidents de myxœdème consécutifs à l'ablation totale ou partielle de la glande thyroïde goitreuse).

strumitis, s. : strumite (inflammation d'une glande thyroïde atteinte de goitre).

strumose, adj. : strumeux, goitreux.

strumous, adj. : strumeux, scrofuleux.

Strümpell's disease : 1. polio-encéphalite ; 2. inflammation chronique de la colonne vertébrale; - **type of spastic paralysis** : paraplégie spasmodique familiale, type Strümpell-Lorrain (hérédodégénérescence spino-cérébelleuse).

Strümpell-Leichtenstern's disease : encéphalite aiguë post-infectieuse de l'enfance.

Strümpell-Marie's disease : spondylose rhizomélique, polyarthrite ankylosante, spondylarthrite ankylosante.

strychnine, s. : strychnine (alcaloïde).

strychninism or **strychnism**, s. : strychnisme.

stub, s. : tronçon, bout; - **thumb** : pouce à phalange tronquée; - **tooth** : chicot (de dent).

stump, s. : moignon (de bras, de jambe), racine (de dent); - **foot** : pied bot.

stun, v. : étourdir, assommer.

stunting, s. : rabougrissement (viroses végétales).

stupe, s. : 1. compresse pour fomentation; 2. tampon de charpie; v. : fomenter (une plaie).

stupefacient, s., adj. : stupéfiant, narcotique.

stupefaction, s. : stupéfaction, stupeur, torpeur.

stupefactive, s., adj. : stupéfiant, narcotique.

stupefier, s. : stupéfiant.

stupemania, s. : état de torpeur mentale associée à la démence.

stupid, adj. : stupide, bête.

stupor, s. (lat.) : stupeur (engourdissement général ou local); - **formicans** : formication, fourmillement; **lethargic** - : transe; - **vigilans** : catalepsie.

stuporous, adj. : stuporeux (se rattachant à l'état de stupeur).

sturdiness, s. : vigueur, robustesse.

sturdy, s. : tournis (vétér.); adj. : vigoureux, fort, hardi.

Sturge-Kalischer's disease : maladie de Sturge-Weber-Krabbe, angiomatose neurocutanée.

stutter, v. : cf., **stammer.**

stuttering, s. : bégaiement, bredouillement; adj. : bègue.

sty or **stye,** s. : orgelet, hordéole.

style or **stylet,** s. : stylet (chir.).

styliform, adj. : styliforme (bot.).

stylo- : stylo-, préfixe dénotant un rapport avec l'apophyse styloïde du temporal.

styloglossal, adj. : styloglosse.

styloglossus, s. : cf., **musculus.**

stylohyal, s. : arc hyoïdien.

stylohyoid, adj. : stylohyoïdien.

styloid, adj. : styloïde; **- process** : apophyse styloïde.

styloiditis, s. : inflammation de l'apophyse styloïde.

stylomastoid, adj. : stylomastoïdien.

stylomaxillary, adj. : stylomaxillaire.

stylostaphyline, adj. : se rapportant à l'apophyse styloïde du temporal et au voile du palais.

stylosteophyte, s. : exostose pointue.

stylus, s. (lat.) : stylet.

styma, s. : priapisme.

stymatosis, s. : priapisme avec hémorragie.

stype, s. : tampon.

styphage or **stypage,** s. : stypage (traitement des névralgies par refroidissement local obtenu en promenant sur les téguments un tampon imbibé de chlorure de méthyle).

stypsis, s. : 1. constipation; 2. emploi d'un styptique.

styptic, s., adj. : styptique, astringent.

stypticity, s. : astringence.

sub- : sub-, sous-, préfixe signifiant sous, dessous, déficience.

subclinical, adj. : infraclinique.

subconscious, s., adj. : subconscient; **- self** : inconscient.

subconsciousness, s. : subconscience.

subculture, s. : sous-culture, culture secondaire; v. : repiquer.

subcutaneous, adj. : sous-cutané, hypodermique.

subcutis, s. : derme.

subdelirium, s. : subdélire, subdélirium (délire doux et tranquille avec intervalles lucides).

subduction, s. : subduction.

subfebrile, adj. : subfébrile.

subhyoid, adj. : sous-hyoïdien; **- bursa** : bourse séreuse de Boyer.

subicteric, adj. : subictérique.

subiculum, s. (lat.) : crochet de la circonvolution de l'hippocampe.

subinfection, s. : 1. infection bénigne; 2. forme d'intoxicaton chronique causée par de petites doses fréquentes d'un agent toxique introduit ou secrété dans le corps.

subintrant, adj. : subintrant (se dit d'accès de fièvre tellement rapprochés que l'un commence avant la fin du précédent).

subinvolution, s. : subinvolution, involution incomplète; **- of the uterus** : subinvolution de l'utérus (hypertrophie de l'utérus, persistant de façon définitive au-delà des suites de couches).

subject, s. : sujet.

subjective, adj. : subjectif (1. se rapportant au sujet; 2. se dit des symptômes qui ne sont perçus que par le malade).

subjectivity, s. : subjectivité (psych.).

sublethal, adj. : sublétal.

sublimate, s. : sublimé (chim.); **corrosive -** : chlorure de mercure.

sublimation, s. : sublimation (chim., psych.).

subluxation, s. : subluxation, luxation incomplète.

submedian, adj. : submédian (se dit d'un chromosome dont le centromère est situé presque au milieu).

submissio, s. (lat.) : abaissement; **- cordis** : systole.

suboperculum, s. (lat.) : segment orbitaire (deuxième frontale).

subplacenta, s. : caduque utérine.

subseptate, adj. : partiellement divisé; **- uterus** : utérus subseptus.

subsidence, s. : résolution, délitescence (d'une tumeur), apaisement (d'une fièvre).

subsigmoid, adj. : sous l'anse sigmoïde, rétrosigmoïde; **- fossa** : cavité rétrocolique du mésosigmoïde.

subsistence, s. : subsistance, vivres.

substage, s. : porte-condensateur (microscope).

substance, s. : substance, matière; **alpha -** : substance réticulaire des érythrocytes; **beta -** : corps de Heinz (érythrocytes); **ground** or **interstitial -** : collagène; **non threshold -** : toute matière se trouvant dans le sang qui est immédiatement éliminée par le rein; **sensibilizing** or **sensitizing -** : ambocepteur; **molecular -** : matière non cérébelleuse de la substance grise.

substantia, s., plur. **substantiae** (lat.) : **- adamantina** or **- filamentosa dentium** : émail des dents; **- eburnea** or **ossea dentium** : dentine; **- medullaris** : substance médullaire; **- nigra** : locus niger, substance noire de Soemmering.

substitute, s. : succédané, suppléant; v. : substituer, remplacer.

substitution, s. : substitution; **double -** : double décomposition (chim.).

substrate or **substratum,** s. : 1. couche inférieure; 2. corps réagissant vis-à-vis d'une enzyme; 3. substrat.

subsultory, adj. : capricant, clonique.

subsultus, s. : convulsion clonique, tic, crispation nerveuse.

subthalamic, adj. : situé sous la couche optique.

subthalamus, s. : hypothalamus.

subtilin, s. : subtiline.

sububeres, s. (lat.) : enfants au sein.

subvolution, s. : mode d'opération à lambeaux du ptérygion pour éviter les adhérences.

succagogue or **succagog,** s. : 1. médicament agissant sur les fonctions de sécrétion; 2. agent stimulant la sécrétion de suc gastrique.

succedaneum, s. : succédané (médicament ayant les mêmes propriétés qu'un autre et qui peut lui être substitué).

succenturiate, adj. : accessoire; - **kidney** : rein supplémentaire.

succiferous, adj. : producteur de suc, de jus.

succinate, s. : succinate.

succinic, adj. : succinique; - **acid** : acide succinique.

succinum, s. (lat.) : ambre.

succinylcholine : cf., **suxamethonium.**

succinylsulphathiazole, B.P. : sulfamide mal absorbé par l'intestin et utile dans le traitement des infections alimentaires.

succorrhea, s. : écoulement excessif d'une sécrétion.

succulent, adj. : succulent (se dit d'un organe ou d'une partie de l'organisme augmentés de volume par un afflux anormal de lymphe).

succus, s. (lat.) : suc; - **entericus** : suc intestinal; - **gastricus** : suc gastrique; - **pancreaticus** : suc pancréatique.

succussio Hippocratis : succussion hippocratique.

succussion, s. : succussion (action de secouer).

suck, s. : action de sucer; v. : sucer; **the child won't -** : l'enfant ne prend pas le sein; **to - a wound** : pratiquer la succion d'une plaie.

sucking, s. : succion, aspiration; adj. : qui tète; - **bottle** : biberon; - **pad** : masse graisseuse autour du muscle buccinateur très développée chez les nourrissons.

suckle, v. : allaiter, nourrir, donner le sein.

suckling, s. : 1. allaitement; - **time** : a. mois de nourrice; b. : période d'allaitement; 2. nourrisson, enfant au sein.

Sucquet-Hoyer canals : canaux dérivatifs.

sucrase, s. : sucrase.

sucrate, s. : sucrate.

sucrose, s. : saccharose, hexobiose.

suction, s. : succion, aspiration; **to filter with -** : filtrer à la trompe, filtrer dans le vide; - **flask** : fiole à vide; - **line** : canalisation à vide; - **pump** : trompe.

suctorial, adj. : suceur.

sudamen, s., plur. **sudamina** (lat.) : sudamina (petites vésicules très fines, transparentes apparaissant à la suite de transpirations abondantes).

sudan, s. : soudan (série de colorants lipidiques).

sudation, s. : sudation.

sudatory, adj. : sudatoire.

sudomotor, adj. : sudorifère; - **nerves** : nerfs des glandes sudoripares.

sudor, s. (lat.) : sueur; - **anglicus** : suette anglaise; - **cruentus** or **sanguinosus** : sueur de sang, hémathidrose, hématidrose; - **urinosus** : uridrose.

sudoral, adj. : se rapportant à, caractérisé par, la transpiration.

sudoresis, s. : forte sudation.

sudoriferous, adj. : sudorifère, sudoripare.

sudorific, s., adj. : sudorifique, diaphorétique (qui provoque la sudation).

sudorikeratosis, s. : kératose des canaux sudorifères.

sudoriparous, adj. : sudoripare, sudorifère.

sudorrhoea, s. : transpiration excessive, hyperhidrose.

suet, s. : suif.

suffer, v. : 1. souffrir; **to - from rheumatism** : souffrir de rhumatismes; 2. souffrir, endurer, ressentir; **to - hunger** : souffrir la faim.

sufferance, s. : 1. souffrance, douleur; 2. tolérance.

suffering, s. : souffrance; adj. : souffrant.

suffocate, v. : étouffer, suffoquer, asphyxier.

suffocating, adj. : suffocant, étouffant, asphyxiant.

suffocation, s. : suffocation, étouffement, asphyxie.

suffocative, adj. : suffocant; - **catarrh** : catarrhe suffocant, bronchite capillaire.

suffumigation, s. : 1. fumigation; 2. substance pour fumigation.

suffusion, s. : suffusion, épanchement.

sugar, s. : sucre; **barley -** : sucre d'orge; **brown -** : cassonade; **diabetic -** : sucre dans l'urine des diabétiques (à ne pas confondre avec la saccharine); - **of lead** : acétate de plomb; **liver -** : glycogène; **reducing -** : tout sucre qui réagit avec les solutions de Benedict et de Fehling.

suggestibility, s. : suggestibilité (d'un sujet hypnotique).

suggestible, adj. : suggestible, influençable par la suggestion.

suggestion, s. : suggestion (1. action de faire naître une pensée; 2. pensée imposée au cerveau); **hypnotic -** : suggestion hypnotique; **self -** : autosuggestion; - **therapy** : pithiatisme.

suggillation or **sugillation,** s. : sugillation (légère ecchymose de la peau).

suicidal, adj. : qui a rapport au suicide; - **mania** : suicidomanie; - **maniac** : suicidomane.

suicide, s. : 1. suicide; **to commit -** : se suicider; 2. suicidé; v. : se suicider.

suint, s. : suint.

sulcal, adj. : se rapportant à un sillon.

sulcate, adj. : sillonné, coupé de sillons, rayé, cannelé.

sulciform, *adj.* : sulciforme, en forme de sillon.

sulculus, *s. (lat.)* : petit sillon.

sulcus, *s.,* plur. **sulci** *(lat.)* : sillon, scissure, scissure, fissure, gouttière ; **- centralis** : scissure de Rolando ; **- chiasmatis** : gouttière optique (sphénoïde) ; **- costæ** : gouttière costale ; **- frontalis superior** : scissure de Sylvius ; **- frontalis medius** : scissure de Rolando ; **- horizontalis cerebelli** : sillon circonférentiel de Vicq d'Azyr ; **- hypothalamicus** *or* **Monro's -** : sillon de Monro (couches optiques) ; **- intertubercularis** : coulisse bicipitale (humérus) ; **- limitans** : sillon opto-strié (couches optiques et noyau caudé) ; **- postcentralis** : sillon post-rolandique ; **- precentralis** : sillon prérolandique ; **- temporalis superior** : scissure de Sylvius ; **- temporalis medius** : segment latéral de la fente de Bichat ; **- temporalis inferior** : scissure perpendiculaire externe (temporal).

sulfa *or* **sulpha drugs** : sulfamides (médicaments comprenant le *p*-amino-benzène-sulfamide et les corps organo-soufrés chimiquement voisins).

sulphate *or* **sulfate,** *s.* : sulfate.

sulphaemoglobin *or* **sulfhemoglobin,** *s.* : sulfhémoglobine (produit résultant de la transformation de l'hémoglobine au cours de l'intoxication par l'hydrogène sulfuré et par les sulfamides).

sulphaemoglobinaemia *or* **sulfhemoglobinemia,** *s.* : sulfhémoglobinémie (présence de sulfhémoglobine dans le sang).

sulphide *or* **sulfide,** *s.* : sulfure.

sulphite *or* **sulfite,** *s.* : sulfite.

sulpho *or* **sulfo-** : sulfo-, préfixe dénotant une teneur en soufre ou en SO_2.

sulfoxism, *s.* : empoisonnement par l'acide sulfurique.

sulpharsphenamine, *B.P.* : composé utile contre la syphilis.

sulphathiazole, *B.P.* : aminobenzene-sulfonamidothiazole : sulfamide très souple et très actif.

sulphonamide *or* **sulfonamide,** *s.* : sulfonamide, sulfamide.

sulphopyretotherapy, *s.* : sulfopyrétothérapie (fièvre provoquée par injections de solutions soufrées).

sulphur *or* **sulfur,** *s.* : soufre.

summation, *s.* : sommation, addition latente, facilitation (phénomène consistant dans l'efficacité de stimulations électriques répétées d'un nerf, alors que les mêmes stimulations, isolées, restent sans effet).

summational, *adj.* : produit par la sommation.

summer, *s.* : été ; **- catarrh** : rhume des foins ; **- complaint** : choléra infantile, entérite cholériforme ; **- diarrhoea** : diarrhée provoquée par *Shigella sonnei* ; **- granulations** : trachome ; **- rash** : lichen tropicus, bourbouille, eczéma aigu disséminé, gale bédouine, impétigo miliaire, miliaire rouge ; **- resort** : station estivale.

sun, *s.* : soleil ; **- bath** : bain de soleil ; **to - bathe** : prendre des bains de soleil, s'insoler ; **- bathing** : bains de soleil, insolation ; **- lamp** : lampe UV, lampe de soleil, lampe d'héliothérapie ; **- ray treatment** : héliothérapie.

sunburn, *s.* : 1. hâle ; 2. coup de soleil ; héliodermite.

sunburned *or* **sunburnt,** *adj.* : hâlé, basané, brûlé par le soleil.

sunlight, *s.* : lumière solaire ; **- treatment** : héliothérapie.

sunstroke, *s.* : insolation, coup de soleil.

sunstruck, *adj.* : frappé d'insolation.

super- : super-, préfixe signifiant dessus, sur, excessif.

superactivity, *s.* : suractivité.

superciliary, *adj.* : sourcilier ; **- ridges** : arcades sourcilières.

supercilium, *s.,* plur. **supercilia** *(lat.)* : sourcil.

superconception, *s.* : cf., **superfœtation.**

superfecundation, *s.* : superfécondation, superembryonnement (fécondation de deux ou de plusieurs ovules s'opérant en plusieurs coïts dans la même période d'ovulation).

superfetation *or* **superfœtation,** *s.* : superfétation (fécondation de deux ovules s'opérant en deux coïts dans des périodes d'ovulation différentes).

superimpregnation, *s.* : superimprégnation (fécondation de deux ou de plusieurs ovules dans plusieurs coïts plus ou moins éloignés).

superinfection, *s.* : superinfection, surinfection.

superinvolution of the uterus : superinvolution de l'utérus (exagération de l'involution post-puerpérale).

superlactation, *s.* : galactorrhée.

supernatant, *adj.,* or **supernate,** *s.* : surnageant (liquide).

supervention, *s.* : état surajouté, complications dans une maladie (ex. : troubles pulmonaires dans la rougeole).

supinate, *s.* : effectuer la supination.

supination, *s.* : supination (1. décubitus dorsal la tête renversée ; 2. mouvement de l'avant-bras, qui a pour résultat de faire exécuter à la main une sorte de rotation de dedans en dehors).

supinator, *s.* : cf., **musculus.**

supine, *adj.* : en supination.

supplemental, *adj.* : supplémentaire ; **- air** : fraction de l'air respiratoire émis par respiration forcée.

support, *s.* : support, appui, soutien.

supporter, *s.* : support, appareil de soutien.

suppository, *s.* : suppositoire.

suppression, *s.* : suppression (arrêt brusque d'une sécrétion) ; **- of the menses** : arrêt des règles.

suppressor, *s.* : suppressor (génét.).

suppurant, *s.,* *adj.* : suppuratif.

suppuration, *s.* : suppuration (production de pus).

suppurative, *s.,* *adj.* : suppuratif ; **- fever** : pyohémie.

supra- : supra-, sus-, sur-, préfixe signifiant sur, dessus.

suprarenal, *adj.* : surrénal (1. situé au-dessus du rein; 2. se rapportant à la capsule surrénale); **- body** *or* **capsule** : capsule surrénale; **- carcinoma** : tumeur de Grawitz.

suprarenalectomy, *s.* : surrénalectomie (extirpation d'une glande surrénale).

suprarenalopathy, *s.* : affection résultant d'un mauvais fonctionnement des glandes surrénales.

suprarenoma, *s.* : surrénalome (tumeur de la glande surrénale).

suprasonic, *adj.* : *cf.*, **ultrasonic.**

supravergence, *s.* : strabisme sursumvergent.

sura, *s.* *(lat.)* : mollet.

suralimentation, *s.* : suralimentation.

surcingle, *s.* : queue du noyau caudé (corps strié).

surditas, *s.* *(lat.)* : surdité; **- verbalis** : surdité verbale (variété d'aphasie sensorielle).

surdity, *s.* : surdité.

surdomute, *s., adj.* : sourd-muet.

surdomutitas *or* **surdomutism,** *s.* : surdimutité.

surexcitation, *s.* : surexcitation.

surface, *s.* : surface; **- tension** : tension superficielle; **- active,** *adj.* : tensio-actif.

surfactant, *adj.* : tensio-actif.

surfusion, *s.* : surfusion *(phys.)*.

surgeon, *s.* : chirurgien; **dental -** *or* **- dentist** : chirurgien-dentiste; **house -** : chirurgien résident *ou* interne en chirurgie; **veterinary -** : médecin vétérinaire.

surgeonship, *s.* : fonction de chirurgien.

surgery, *s.* : chirurgie; **plastic -** : chirurgie plastique, chirurgie esthétique, autoplastie; **reformative -** : chirurgie réparatrice; **veterinary -** : chirurgie vétérinaire.

surgical, *adj.* : chirurgical; **- case** : 1. cas relevant de la chirurgie; 2. trousse de chirurgien; **- knife** : bistouri; **- neck** : col chirurgical (humérus); **- operation** : intervention chirurgicale.

surra, *s.* : surra (trypanosomiase des bovidés).

surrogate, *s.* : succédané *(pharm.)*.

sursumduction, *s.* : mouvement de rotation en haut d'un œil pour : 1. réaliser la fusion des images lorsque l'un des yeux est placé derrière un prisme vertical; 2. obtenir la divergence verticale des axes visuels; déplacer le regard de l'un des yeux en haut et en dehors.

sursumvergence, *s.* : divergence verticale des yeux obtenue par sursumduction.

sursumversion, *s.* : mouvement simultané des deux globes oculaires vers le haut.

surumpe, *s.* : nom donné dans les Andes à une hyperesthésie de la rétine, observée aux grandes altitudes.

survey, *s.* : revue, étude, investigation, expertise, enquête; *v.* : étudier, examiner.

survivorship, *s.* : survivance *(méd. légale)*.

susceptibility, *s.* : sensibilité, réceptivité.

susceptible, *s.* : sensible, réceptif.

susceptibility, *s.* : susceptibilité, suggestibilité.

suscitability, *s.* : la qualité de pouvoir être facilement suscité.

suscitation, *s.* : acte d'exciter, de faire naître.

suspended, *adj.* : 1. suspendu, en suspension; **- particles** : particules en suspension; 2. suspendu, interrompu; **- animation** : arrêt momentané des fonctions vitales, syncope.

suspensiometer, *s.* : néphélomètre.

suspension, *s.* : suspension. 1. traitement consistant à suspendre le malade; 2. arrêt momentané d'une fonction; 3. dispersion d'un produit insoluble dans un véhicule liquide.

suspensorium, *s.* *(lat.)* : suspensoir; **- hepatis** : ligament suspenseur du foie; **- testis** : crémaster.

suspensory, *s.* : suspensoir; *adj.* : suspenseur; **- bandage** : suspensoir; **- ligament** : ligament suspenseur.

suspiration, *s.* : soupir.

suspirous respiration : respiration suspirieuse (respiration dont le bruit est analogue à celui du soupir).

sustentacular, *adj.* : jouant un rôle de support; **- cells** : cellules de support (testicule).

sustentaculum, *s.* *(lat.)* : support; **- tali** : petite apophyse du calcanéum, sustentaculum tali.

susurration, *s.* : susurration, susurrement, murmure.

Sutton's disease : maladie de Sutton (affection cutanée caractérisée par un nævus pigmentaire situé au centre d'une tache de vitiligo).

sutura, *s.* *(lat.)* : *cf.*, **suture.**

sutural, *adj.* : sutural, de suture.

suture, *s.* : suture (1. ligne de jonction; 2. réunion, à l'aide de fils, de parties divisées) ; **bolster, compound** *or* **quilled -** : suture à tampons; **buried -** : suture intradermique; **buttonhole -** : suture en boutonnière; **chain** *or* **stitch -** : surjet double; **cobbler -** : point de Pelletier *ou* surjet simple ; **continuous -** : surjet simple ; **Cushing -** : suture en surjet; **delayed -** : suture secondaire; **far-far, near-near -** : point de Blair-Donnati; **figure of eight -** : point en X; **flat -** : suture plane; **Glover's -** : suture à points passés; **Halstedt's -** : surjet en U; **intermaxillary -** : suture intermaxillaire; **lambdoid -** : suture lambdoïde; **mediofrontal** *or* **metopic -** : suture métopique; **primary -** : suture primaire; **purse string -** : suture en bourse; **relaxation -** : suture de première intention ; **sagittal -** : suture sagittale; **subcuticular -** : surjet intradermique.

suxamethonium, *B.P.* : composé quaternaire qui bloque la transmission neuromusculaire, ressemblant à l'acétylcholine.

Suzanne's gland : glande muqueuse du plancher de la bouche, située près de la ligne médiane.

svedberg (S) : svedberg (unité de sédimentation).

swab, *s.* : tampon, badigeon, écouvillon; **to take a - from some-one's throat** : faire un prélèvement dans la gorge de quelqu'un; **alginate -** : tampon en alginine (se dissout spontanément); **- culture** : culture d'un prélèvement sur écouvillon; **wound -** : écouvillon d'une blessure; *v.* : nettoyer, écouvillonner; **to - a wound** : badigeonner une blessure.

swallow, *v.* : avaler.

swallowing, *s.* : déglutition.

swamp, *s.* : marais; **- fever** : fièvre paludéenne, paludisme.

swarm, *s.* : essaim, pullulation, pullulement ; **- spore** : zoospore.

swarming, *s.* : essaimage, essaimement; *adj.* : fourmillant, pullulant, essaimant; **- bacteria** : bactéries en multiplication intensive.

sweat, *s.* : sueur, transpiration; **bloody -** : sueur de sang, hématidrose; **- duct** : canal excréteur d'une glande sudoripare, conduit sudorifère; **English -** : suette anglaise; **- gland** : glande sudoripare; **- house** : sudatorium; **night -** : sueurs nocturnes; *v.* : suer, transpirer, faire transpirer; **urinary -** : transpiration et cristallisation d'urée sur la peau dans certains cas d'urémie grave.

sweating, *s.* : transpiration, sudation; **- room** : salle de sudation; **- sickness** : suette anglaise, suette miliaire.

sweep, *s.* : balayage (rayon cathodique).

sweet, *adj.* : sucré.

swell, *v.* : enfler, se tuméfier.

swelling, *s.* : tuméfaction, turgescence, gonflement, boursouflement, tumeur, fluxion, enflure ; **glassy -** : dégénérescence amyloïde; **white -** : abcès arthrifluent, tumeur blanche; *adj.* : tumescent.

swine, *s.* : porc; **- erysipelas** : rouget du porc; **- fever** : rouget du porc; **- influenza** : grippe porcine; **- plague** : peste porcine.

swirl, *v.* : tournoyer, tourner, mélanger, agiter.

swiss, *s.* : suisse ; **- mice** : souris blanche ; **- neck** : goitre.

swoon, *s.* : syncope; *v.* : s'évanouir, avoir une syncope.

swooning, *s.* : syncope, évanouissement; *adj.* : évanoui.

sycephalus, *s.* : *cf.,* **syncephalus.**

sycoma, *s.* : verrue, condylome.

sycosiform, *adj.* : sycosiforme.

sycosis, *s.* : sycosis, sycosis arthritique, eczéma récidivant, impétigo sycosiforme de la lèvre supérieure; **keloid** *or* **hyoid -** : sycosis lupoïde.

Sydenham's chorea : chorée de Sydenham, chorée rhumatismale, chorea minor, danse de Saint-Guy; **- cough** : spasme des muscles respiratoires dans l'hystérie.

syllabic, *adj.* : syllabique; **- blindness** : aphasie syllabique; **- utterance** : articulation scandée.

syllabize, *v.* : diviser les mots en syllabes en parlant.

syllable-stumbling, *s.* : forme de dysphasie.

syllabus, *s.* : programme, sommaire.

syllepsiology, *s.* : physiologie de la conception et de la grossesse.

syllepsis, *s.* : conception, imprégnation.

sylvan *or* **sylvatic,** *adj.* : sylvatique; **- plague** : peste sylvatique (forme de peste bubonique entretenue aux U.S.A. par des rongeurs sauvages); **- yellow fever** : fièvre amarile sylvatique.

Sylvian, *adj.* : se rapportant à Sylvius; **- aqueduct** : aqueduc de Sylvius (mésencéphale) ; **- artery** : artère sylvienne, artère cérébrale moyenne; **- fissure** : scissure de Sylvius; **- fossa** *or* **valley** : fosse de Sylvius; **- ventricle** : cinquième ventricule.

sylviduct, *s.* : aqueduc de Sylvius.

symbion *or* **symbiont,** *s.* : symbiote.

symbiosis, *s.* : symbiose, commensalisme; **antagonistic -** : parasitisme.

symbiote, *s.* : symbiote.

symbiotic, *adj.* : de symbiotes, associé en symbiote, se rapportant à la symbiose.

symblepharon, *s.* : symblépharon (adhérence entre les paupières et le globe de l'œil).

symblepharopterygium, *s.* : symblépharon associé à un ptérygion.

symblepharosis, *s.* : symblépharon, synéchie palpébrale.

symbol, *s.* : symbole.

symbolia, *s.* : capacité de reconnaître un objet par le toucher.

symbolism, *s.* : interprétation hallucinatoire des événements et des objets (se voit dans certaines formes de démence).

Syme's operation : 1. amputation *ou* opération de Syme (amputation du pied dans l'articulation tibiotarsienne, avec résection des malléoles et formation du lambeau avec la peau du talon); 2. opération de Syme (urétrotomie externe).

symmetric *or* **symmetrical,** *adj.* : symétrique ; **- gangrene** : gangrène symétrique des extrémités.

symmetry, *s.* : symétrie.

symparalysis, *s.* : paralysie conjuguée.

sympathectomy *or* **sympatheticectomy,** *s.* : sympathectomie, sympathicectomie (résection d'un nerf sympathique sur une plus ou moins grande longueur); **medical** *or* **chemical -** : administration de composés qui bloquent les ganglions sympathiques.

sympatheoneuritis, *s.* : névrite d'un nerf sympathique.

sympathetic, *adj.* : sympathique; **- ophthalmia** : ophtalmie sympathique; **- nervous system** : sympathique, système nerveux sympathique.

sympathicoblastoma *or* **sympathoblastoma,** *s.* : blastome de la glande surrénale.

sympatheticomimetic, *adj.* : sympathicomimétique, sympathomimétique (se dit d'une substance dont l'action imite celle du sympathique).

sympatheticotonia, *s.* : *cf.,* **sympathicotonia.**

sympatheticotonus, *s.* : tonicité excessive du système nerveux sympathique.

sympathetiplex, *s.* : plexus sympathique.

sympathiconeuritis, *s.* : névrite d'un nerf sympathique.

sympatheticopathy, *s.* : maladie due à un dérèglement du système nerveux sympathique.

sympathicotonia, *s.* : sympathicotonie, adrénergie (sensibilité spéciale du système nerveux sympathique).

sympathicotripsy, *s.* : sympathicotripsie (broiement du ganglion cervical supérieur).

sympathicotropic, *adj.* : sympathicotrope.

sympathicus, *s.* : sympathique, système nerveux sympathique.

sympathoblast, *s.* : cellule nerveuse sympathique au stade embryonnaire.

sympathogonia, *s.* : sympathogonie.

sympatholytic, *adj.* : sympatholytique, sympathicolytique (se dit de ce qui paralyse le système nerveux sympathique).

sympathoma, *s.* : sympathome embryonnaire (tumeur maligne constituée par des éléments analogues à ceux des ébauches embryonnaires du sympathique).

sympathomimetic, *adj.* : sympathomimétique, sympathicomimétique.

sympathy, *s.* : sympathie.

symphalangism, *s.* : symphalangie (absence d'articulation entre la phalange et la phalangine).

symphyseal, *adj.* : symphysaire.

symphyseorrhaphy, *s.* : suture d'une symphyse divisée.

symphyseotome, *s.* : instrument utilisé en symphyséotomie.

symphyseotomy, *s.* : symphyséotomie, synchondrotomie (section de l'articulation pubienne pour obtenir un écartement des deux os iliaques, par suite un élargissement du bassin et faciliter l'accouchement).

symphysion, *s.* : point antérieur de la symphyse mentonnière.

symphysis, *s.* : symphyse (1. articulation de deux os, fixe ou peu mobile, par l'intermédiaire de fibrocartilage; 2. adhérence anormale des deux feuillets d'une séreuse); **- cartilaginosa** : synchondrose; **- ligamentosa** : syndesmose; **- mandibulæ** *or* **- menti** : symphyse mentonnière; **- pubis** : symphyse pubienne; **sacrococcygeal -** : articulation sacro-coccygienne; **sacroiliac -** : articulation sacro-iliaque.

symphysodactylia, *s.* : syndactylie.

symphysopsia, *s.* : cyclopie.

symphysoskelia, *s.* : état caractérisé par une fusion des extrémités inférieures.

sympodia, *s.* : état caractérisé par la fusion des extrémités inférieures.

sympodium, *s.,* *plur.* **sympodia** *(lat.)* : sympode *(bot.).*

symposium, *s.* : congrès, colloque.

symptom, *s.* : symptôme (phénomène particulier que provoque dans l'organisme l'état de maladie); **- complex** : syndrome.

symptomatic, *adj.* : symptomatique; **- anthrax** : charbon symptomatique *(vétér.)* ; **- treatment** : médication symptomatique.

symptomatologic, *adj.* : symptomatologique.

symptomatology, *s.* : symptomatologie (étude des symptômes des maladies).

sympus, *s.* : vice du développement caractérisé par la fusion des membres inférieurs.

syn- : syn-, préfixe signifiant avec, ensemble.

synalgia, *s.* : synalgésie, synalgie.

synanastomosis, *s.* : anastomose de plusieurs vaisseaux.

synanche, *s.* : synanche, synancie, angine.

synanthema, *s.* : éruption.

synapse *or* **synapsis,** *s.* : synapse (lieu de connexion de deux neurones).

synaptic, *adj.* : synaptique.

synarthrodial, *adj.* : synarthrodial, se rapportant à, de la nature d'une synarthrose.

synarthrosis, *s.* : synarthrose (articulation immobile).

syncephalus, *s.* : monstre ayant deux têtes fusionnées.

synchilia *or* **syncheilia,** *s.* : syncheilie, synchilie (atrésie, d'origine cicatricielle, de l'orifice buccal).

synchondrosis, *s.* : synchondrose.

synchondrosteotomy, *s.* : synchondrostéotomie (extroversion de la vessie par section au travers des ligaments sacro-iliaques et fermeture de l'arcade pubienne).

synchondrotomy, *s.* : synchondrotomie, symphyséotomie.

synchronism, *s.* : synchronisme.

synchronous, *adj.* : synchrone.

synchysis, *s.* : synchisis, synchysis (lésion du globe oculaire consistant en un ramollissement du corps vitré s'accompagnant d'opacités); **- scintillans** : synchisis étincelant (ramollissement du corps vitré et présence de paillettes de cholestérol).

synclitism, *s.* : synclitisme *(obstét.).*

synclonus, *s.* : contractions cloniques successives de plusieurs muscles à la fois; 2. maladie caractérisée par des convulsions cloniques (chorée).

syncopal, *adj.* : syncopal.

syncope, *s.* : syncope (arrêt ou affaiblissement considérable des battements cardiaques, avec suspension plus ou moins complète de la respiration et perte subite et totale de la connaissance); **- anginosa** : syncope et angine de poitrine; **laryngeal -** : vertige laryngé, ictus laryngé.

syncopexia, *s.,* *or* **syncopexy** : *cf.,* **tachycardia.**

syncopic, *adj.* : syncopal.

syncytial, *adj.* : syncytial; **respiratory - virus** : virus respiratoire syncytial.

syncytiolysin, *s.* : cytolysine produite par des injections d'une émulsion de tissu placentaire.

syncytioma, *s.* : syncytiome (tumeur formée aux dépens du syncytium); **- malignum** : déciduome malin, placentome, chorio-épithéliome.

syncytiotrophoblast, *s.* : syncytiotrophoblaste, cellule du syncytium (placenta).

syncytium, *s.*, *plur.* **syncytia** *(lat.)* : syncytium (1. masse protoplasmique pourvue de nombreux noyaux; 2. couche de protoplasma granuleux tapissant les villosités choriales).

syndactyl *or* **syndactylous,** *adj.* : syndactyle.

syndactylia, syndactylism *or* **syndactyly,** *s.* : syndactylie (malformation congénitale consistant dans la soudure des doigts entre eux).

syndectomy, *s.* : *cf.,* **peritomy.**

syndesis, *s.* : l'état de ce qui est attaché, lié ensemble.

syndesmectopia, *s.* : ectopie ligamenteuse.

syndesmitis, *s.* : 1. inflammation d'un ligament; 2. conjonctivite.

syndesmo- : syndesmo-, préfixe indiquant un rapport avec le tissu conjonctif, spécialement les ligaments.

syndesmodiastasis, *s.* : séparation des ligaments.

syndesmography, *s.* : syndesmographie (description des ligaments).

syndesmology, *s.* : syndesmologie (traité sur les ligaments).

syndesmoma, *s.* : tumeur de tissu conjonctif.

syndesmoplasty, *s.* : syndesmopexie (opération ayant pour but de remédier à la rupture d'un ligament).

syndesmorrhaphy, *s.* : suture d'un ligament.

syndesmosis, *s.* : syndesmose (articulation mobile des os maintenue par des ligaments).

syndesmotomy, *s.* : syndesmotomie (section des ligaments articulaires).

syndesmus, *s.* : ligament.

syndrome, *s.* : syndrome (réunion d'un groupe de symptômes qui se reproduisent en même temps dans un certain nombre de maladies).

syndromic, *adj.* : se rapportant à un syndrome.

synechia, *s.* : synéchie (1. adhérence; 2. adhérence de l'iris à la cornée ou au cristallin).

synechotome, *s.* : instrument pour sectionner les adhérences.

synechotomy, *s.* : synéchotomie (section de brides *ou* d'adhérences).

synencephalocele, *s.* : synencéphalocèle (encéphalocèle présentant des adhérences avec le placenta, le cordon *ou* les membranes).

synergetic *or* **synergic,** *adj.* : synergique.

synergism, *s.* : *cf.,* **synergy.**

synergist, *s.* : muscle *ou* agent synergique.

synergy, *s.* : synergie.

synesis, *s.* : faculté de comprendre.

synaesthesia *or* **synesthesia,** *s.* : synesthésie (trouble dans la perception des sensations).

synaesthesialgia *or* **synesthesialgia,** *s.* : synesthésalgie, synesthésie douloureuse.

syngamous, *adj.* : se dit des espèces dont le sexe de l'individu est déterminé au moment de la fécondation de l'ovule.

syngamy, *s.* : reproduction sexuée.

syngenesis, *s.* : syngénésie *(biol., bot., génét.).*

syngenetic, *adj.* : syngénésique.

syngenic, *adj.* : congénital.

syngenote, *s.* : syngénote.

synidrosis, *s.* : association de phénomènes de transpiration avec un autre syndrome.

synkaryon, *s.* : syncarion (noyau du zygote résultant de la fusion des noyaux mâle et femelle pendant la fécondation).

synkinesis, *s.* : syncinésie, mouvements associés.

synocha *or* **synochus,** *s.* : fièvre synoque.

synophrys, *s.* : synophrys (réunion des sourcils).

synophthalmus, *s.* : cyclope.

synopsia, *s.* : fusion congénitale des deux yeux.

synopsis, *s.* : résumé, sommaire, tableau synoptique.

synorchidism *or* **synorchism,** *s.* : synorchidie (réunion des deux testicules soudés sur la ligne médiane du corps).

synoscheos, *s.* : adhérence entre la peau du pénis et la peau du scrotum.

synosteography, *s.* : synostéographie (description des articulations).

synosteology, *s.* : synostéologie (traité des articulations et des moyens d'union des os).

synosteophyte, *s.* : synostose congénitale.

synosteotomy, *s.* : arthrotomie.

synostosed, *adj.* : se dit des os soudés.

synostosis, *s.* : synostose (soudure des os).

synostotic, *adj.* : se rapportant à une synostose, de la nature d'une synostose.

synotus, *s.* : monstre caractérisé par la fusion des oreilles.

synovectomy, *s.* : synovectomie.

synovia, *s.* : synovie.

synovial, *adj.* : synovial; **- bursa** : bourse synoviale.

synovioma, *s.* : tumeur siégeant sur une membrane synoviale.

synoviparous, *adj.* : sécrétant de la synovie.

synovitis, *s.* : synovite (inflammation aiguë ou chronique, sèche ou avec épanchement, des membranes synoviales); **acute suppurative -** : pyarthrite; **chronic purulent -** *or* **fungous -** : arthrite fongueuse, synovite fongueuse; **chronic**

serous - : hydarthrose; **dry -** or **fibrinous -** : synovite sèche.

synovium, s. : membrane synoviale.

syntasis, s. : étirement, tension.

syntaxis, s. : 1. articulation des mots; 2. réduction; 3. suture.

syntenosis, s. : ginglyme avec tendons.

synteresis, s. : prophylaxie.

syntexis, s. : tabes, phtisie, tabescence.

synthermal, adj. : isotherme.

synthesis, s. : 1. synthèse, réunion; 2. synthèse (chim.).

synthetase, s. : synthétase.

synthetic, adj. : synthétique.

synthetism, s. : somme des opérations et moyens nécessaires pour réduire une fracture et garder les parties en apposition.

synthesize or **synthetize,** v. : synthétiser, faire la synthèse.

syntopy, s. : rapport d'un organe ou d'un membre avec les viscères.

syntripsis, s. : fracture comminutive.

syntrophoblast : cf., **syncytiotrophoblast.**

syntrophus, s. : maladie congénitale.

syntropic, adj. : semblable et orienté dans la même direction.

synulosis, s. : cicatrice, cicatrisation.

synulotic, adj. : cicatrisant.

syphilide, s. : syphilide (nom générique donné à l'ensemble des manifestations cutanées de la syphilis en dehors du chancre).

syphilidophthalmia, s. : ophtalmie syphilitique.

syphilis, s. : syphilis, vérole.

syphilitic, adj. : syphilitique.

syphilocerebrosis, s. : syphilis cérébrale.

syphilogenesis or **syphilogeny,** s. : développement de la syphilis.

syphilographer, s. : syphiligraphe.

syphilography, s. : syphiligraphie, syphiliographie, syphilographie.

syphiloid, s., adj. : syphiloïde.

syphilology, s. : syphilologie.

syphiloma, s. : syphilome.

syphilomatous, adj. : syphilomateux.

syphilonychia, s. : onychose d'origine syphilitique.

syphilopathy, s. : toute maladie syphilitique.

syphilophobe, s. : individu atteint de syphilophobie.

syphilophyma, s. : 1. syphilome cutané; 2. grosseur d'origine syphilitique.

syphilosis, s. : maladie syphilitique.

syphonoma, s. : syphonome.

syrigmophonia, s. : 1. râle sibilant; 2. état sifflant de la voix.

syrigmus, s. : toute sensation subjective auditive.

syringadenoma, s. : tumeur de glande sudoripare; syringome.

syringe, s. : seringue.

syringeal, adj. : se rapportant à une fistule, à la trompe d'Eustache.

syringectomy, s. : excision d'une fistule.

syringious, adj. : fistuleux.

syringitis, s. : inflammation de la trompe d'Eustache.

syringo- : syringo-, préfixe indiquant un rapport avec un tube ou avec une fistule.

syringobulbia, s. : syringobulbie (affection du bulbe).

syringocele or **syringocœlia,** s. : canal épendymaire (moelle épinière).

syringocystadenoma, s. : syringo-cystadénome, syringome, hidradénome.

syringoid, adj. : d'aspect tubulaire, fistuleux.

syringoma, s. : syringome, alénome d'une glande sudoripare.

syringomeningocele, s. : forme de méningocèle syringomyélique.

syringomyelia, s. : syringomyélie.

syringomyelitis, s. : syringomyélite (myélite causant ou accompagnant la syringomyélie).

syringomyelocele, s. : syringomyélocèle (spina-bifida où la masse nerveuse extrophiée communique avec les cavités du névraxe).

syringomyelus, s. : syringomyélie.

syringotome, s. : instrument pour inciser une fistule.

syringotomy, s. : syringotomie, incision d'une fistule.

syrinx, s. : 1. trompe d'Eustache; 2. fistule.

syrup, s. : sirop.

syrupy, adj. : sirupeux.

sysoma, s. : sysomien (monstre double caractérisé par la fusion des deux corps, les deux têtes restant distinctes).

syssarcosis, s. : syssarcose (anat.).

syssomus, s. : sysomien.

system, s. : 1. système, arrangement méthodique; 2. système, ensemble de parties formant un tout; 3. organisme; **Bertillon -** : bertillonnage; **centimeter-gram-second -** : système C.G.S.; **digestive -** : appareil digestif; **nervous -** : système nerveux; **portal -** : système porte.

systematic, adj. : systématique.

systematology, s. : systématique, science de la classification.

systemic, adj. : général, généralisé, du système, de l'organisme; **- circulation** : grande circulation; **- infection** : infection généralisée; **- lupus erythematus** : lupus érythémateux aigu disséminé.

systole, s. : systole (contraction du muscle cardiaque).

systolic, adj. : systolique.

systremma, s. : crampe des muscles du mollet.

T

T.A.B. : T.A.B. (vaccin contre le bacille typhique et les paratyphiques A et B).

tabacism or **tabacosis**, s. : tabacosis (pneumoconiose due à l'inhalation de poudre de tabac).

tabacum, s. *(lat.)* : tabac.

tabagism, s. : nicotisme.

tabanid, s. : tabanide (nom générique des insectes de la famille des taons).

tabardillo, s. : 1. typhus mexicain; 2. maladie infectieuse endémique au Mexique; nom espagnol pour désigner l'angine diphtérique.

tabby-cat striation : striation particulière des muscles ayant subi une dégénérescence graisseuse.

tabefaction, s. : tabescence, émaciation, marasme.

tabella, s., plur. **tabellae** *(lat.)* : tablette, comprimé, pilule *(pharm.)*.

tabes, s. : tabès, tabes dorsalis, ataxie locomotrice progressive, sclérose des cordons postérieurs, leucomyélite postérieure, dégénérescence des cordons postérieurs, maladie de Duchenne de Boulogne; **burnt out -** : tabès non progressif; **hereditary -** : tabès héréditaire, maladie de Friedreich; **- mesenterica** : tuberculose du mésentère; **spasmodic -** : tabès dorsal spasmodique, paralysie spinale spasmodique ou spastique, sclérose primitive des cordons latéraux.

tabetic, adj. : tabétique, ataxique.

tabetiform, adj. : d'aspect tabétique.

tablature, s. : tablature (le fait pour un os de préserver deux surfaces parallèles, ou tables, séparées par du tissu spongieux).

table, s. : 1. table; **operating -** : table d'opération; 2. table (crâne); **vitreous -** : table vitrée (crâne); 3. table, tableau, répertoire.

tablespoon, s. : cuiller à soupe (environ 15 ml).

tablet, s. : tablette, comprimé *(pharm.)*.

taboo, s. : tabou.

taboparalysis or **taboparesis**, s. : association de tabès et de paralysie générale.

tabophobia, s. : peur morbide du tabès.

tabula vitrea *(lat.)* : lame vitrée.

tabular, adj. : tabulaire, disposé en lamelles.

tac, s. : 1. influenza, grippe; 2. distomatose (vétér.).

tache, s. *(fr.)* : tache; **- blanches** : taches blanches (foie); **- bleuâtre** : tache bleuâtre (fièvre typhoïde); **- cérébrale** or **méningéale** : tache cérébrale ou méningéale (peau); **- spinale** : tache spinale.

tacheometer, s. : cf., **tachometer.**

tachitoscope, s. : stéréoscope à fentes mobiles.

tacho- : tacho-, préfixe indiquant un rapport avec la vitesse.

tachogram, s. : graphique du courant sanguin.

tachography, s. : enregistrement de la vitesse du courant sanguin.

tachometer, s. : tachymètre (instrument pour enregistrer la vitesse du courant sanguin).

tachy- : tachy-, préfixe signifiant rapide.

tachycardia, s. : tachycardie (accélération du rythme des battements cardiaques); **nodal -** : tachycardie paroxysmale ayant son origine dans un foyer situé près du nœud auriculo-ventriculaire; **orthostatic -** : tachycardie orthostatique; **paroxysmal -** : tachycardie paroxystique; **reflex -** : tachycardie symptomatique.

tachycardiac, adj. : se rapportant à la tachycardie, atteint de tachycardie.

tachymeter, s. : tachymètre.

tachyphagia, s. : tachyphagie (action de manger rapidement).

tachyphasia, tachyphemia or **tachyphrasia**, s. : tachyphémie (accélération paroxystique du débit de la parole).

tachyphrenia, s. : activité mentale excessive.

tachypnoea, s. : tachypnée.

tachyrhythmia, s. : tachycardie.

tachysystole, s. : tachysystolie (rapidité anormale des systoles cardiaques).

tact, s. : tact, toucher.

tactile, adj. : tactile; **- anæsthesia** : anesthésie tactile; **- aphasia** : aphasie tactile; **- cells** : cellules tactiles; **- corpuscles** : corpuscules tactiles; **- perceptions** : perceptions tactiles.

taction, s. : toucher, sens tactile.

tactometer, s. : appareil pour mesurer la sensibilité tactile.

tactor, s. : tout organe sensoriel tactile.

tœdium vitœ (lat.) : dégoût de la vie.

taenia or **tœnia,** s. : 1. ténia, tænia, ver solitaire; 2. bandage en ruban, en rouleau (chir.); 3. bandelette, structure en forme de bande (anat.); **- of the fornix** : pédoncule antérieur de la glande pinéale, habena, habenula; **- of the hippocampus** : fimbria, corps bordant, (corne d'Ammon); **- of the fourth ventricle** : ligula, taenia (quatrième ventricule); **- of the third ventricle** : bandelette de substance blanche adjacente à l'habenula.

taeniacide, s. : ténicide.

taeniafuge, s. : ténifuge.

taenial, s. : se rapportant à un ténia.

taeniasis, s. : infestation par le ténia.

taenioid, s. : en forme de ruban, de ténia.

tag, s. : étiquette; v. : marquer, ajouter.

tagged, adj. : marqué; **fluorescein -** : marqué à la fluorescéine.

tagma, s. : tagma (agrégat de molécules).

tail, s. : 1. queue; 2. structure caudiforme ; **axillary - of the breast** : prolongement axillaire de la glande mammaire; **- bone** : coccyx; **- end** : extrémité, arrière ; **- of pancreas** : queue du pancréas.

tailed, adj. : caudifère, caudé, à queue.

Taillefer's valve : valvule de Taillefer (canal lacrymo-nasal).

tailless, adj. : acaudé, sans queue, écaudé, anoure.

tailor's cramp or **spasm** : spasmes des muscles du bras et de la main constatés chez les tailleurs (spasme fonctionnel); **- muscle** : muscle couturier.

taint, s. : infection, tare héréditaire, tache, souillure.

tainted, adj. : infecté, corrompu; **- food** : aliment corrompu; **- heredity** : hérédité chargée; **to be - with insanity** : être atteint d'insanité.

Tait's knot : mode de ligature dans l'ovariotomie; **- law** : nécessité de faire une laparotomie exploratrice chez le malade atteint d'affection abdominale ou pelvienne grave d'origine non infectieuse; **- method** or **operation** : périnéorraphie.

Takata-Ara reaction or **test** : réaction de Takata-Ara (réaction de précipitation de certains sérums ou de sérosités pathologiques en présence d'une solution de sublimé et de fuchsine : signe de trouble du fonctionnement hépatique).

Takayasu's syndrome : maladie des femmes sans pouls, syndrome de l'arche aortique.

take, s. : prise (de greffes, de vaccin, de maladie expérimentale); v. : prendre; **to - medicine** : prendre un médicament; **not to be taken** : (médicament) pour l'usage externe.

takosis, s. : maladie contagieuse mortelle de la chèvre.

talalgia, s. : talalgie, pternalgie (douleur au niveau de la face inférieure du talon).

Talbot's law : loi de Talbot (opt.).

talc or **talcum powder,** s. : talc.

talcosis, s. : talcose.

taliped, s. : individu qui a le pied bot talus.

talipedic, adj. : se rapportant au pied bot talus, ayant le pied bot talus.

talipes, s. : pied bot, pied bot talus; **- arcuatos** or **cavus** : pied bot à arcure excessive de la voûte plantaire ; **- calcaneovarus** : pied talus varus; **- equinovarus** : pied varus équin; **- planus** : pied plat; **spasmodic -** : pied bot d'origine non congénitale dû à une contraction musculaire; **- valgus** : pied bot valgus; **- varus** : pied bot varus.

talipomanus, s. (lat.) : main bote.

tall, adj. : grand, de haute taille, haut, élevé.

tallow, s. : suif; **- faced** : au visage blême.

Tallquist's haemoglobin method or **scale** : méthode de détermination du taux d'hémoglobine par adsorption d'une goutte de sang sur un morceau de buvard.

Talma's disease : myotonie acquise; **- operation** : opération de Talma, omento-fixation, épiplopexie, omentofixation.

talo- : préfixe dénotant un rapport avec la cheville, avec l'astragale.

talus, s. : 1. astragale; 2. cheville.

tama, s. (lat.) : œdème des pieds et des jambes.

tambour, s. (fr.) : tambour (utilisé en physiologie), capsule manométrique.

tampon, s. : tampon; **vaginal -** : garniture interne vaginale; v. : tamponner.

tamponade, s. : tamponade; **cardiac** or **heart** : compression du cœur par un épanchement de la cavité péricardique; **chronic -** : compression du cœur par une péricardite constrictive.

tan, s. : hâle; v. : 1. hâler, bronzer; 2. tanner.

Tangier's disease : maladie de Tangier.

tank, s. : réservoir, cuve; **accumulator -** : caisse d'accumulateur ; **developing -** : cuve (phot.); **proof -** : cuve de sécurité (radiol.); **septic -** : fosse septique; **sludge, digestion, hydrolytic, settling -** : bassin de décantation.

tannic acid : acide tannique ($C_{14} H_{10} O_9$).

tannin, s. : tanin.

tanning, s. : tannage.

Tanret's reagent for albumin : réactif de Tanret (identification de l'albumine).

tantalum, s. : tantale.

tantrum, s. : accès de colère, crise de nerfs; **to throw a -** : piquer une crise.

taon, s. : nom donné dans les îles Philippines au béribéri infantile.

tap, s. : 1. tape, petit coup ; 2. ponction ; **abdominal -** : paracentèse abdominale, ponction d'ascite; **bloody -** : ponction lombaire souillée de sang; 3. nom donné à la trypanosomiase aux Indes; 4. robinet; v. : ponctionner.

tape, s. : bande magnétique; **scotch -** : ruban adhésif.

tapetal, adj. : se rapportant au tapetum.

tapetum, s. (lat.) : 1. tapetum (corps calleux); 2. couche réfléchissante des yeux des animaux nocturnes, qui les rend visibles la nuit.

tapeworm, s. : tænia, ténia, ver solitaire; **broad -** : Diphyllobothrium latum ; **dwarf -** : Hymenolepis nana; **hytatid -** : Echinococcus granulosus.

Tapia's syndrome : syndrome de Tapia (paralysie laryngée unilatérale avec hémiplégie linguale du même côté, sans hémiparalysie correspondante du voile du palais).

tapir mouth : épaississement des lèvres avec atrophie du muscle orbiculaire des lèvres (se voit parfois dans le faciès myopathique, myopathie primitive progressive, type Landouzy-Déjerine).

tapiroid, adj. : se dit d'une élongation du col de l'utérus.

tapotement, s. (fr.) : tapotement (mode de massage).

tar, s. : goudron, brai; **coal -,** B.P. : goudron (pharm.).

tarantism or **tarantismus,** s. : tarentisme (variété de chorée hystérique).

tarantula, s. : 1. tarentule (araignée venimeuse); 2. tarentisme ou dansomanie.

taraxacum (lat.) : pissenlit.

taraxis, s. : conjonctivite bénigne, trouble oculaire.

tarbagan plague : peste bubonique en Sibérie et en Mongolie dont le tarbagan (rongeur sauvage) est le réservoir.

Tardieu's ecchymose or **spots** : taches de Tardieu (taches ecchymotiques sous-pleurales fréquentes dans les cas d'asphyxie).

tare, s. : tare; v. : tarer, faire la tare.

target, s. : cible, but, objectif, mire; **- cell** : cellule cible; **- organ** : organe cible.

Tarin's band : corps godronné (corne d'Ammon); **- fossa, pons** or **space** : espace perforé postérieur, espace interpédonculaire; **- tenia** : bandelette semi-circulaire (noyau caudé); **- valve** : valvule de Tarin (cervelet).

Tarnier's sign : signe de Tarnier (disparition de l'angle séparant les parties supérieure et inférieure de l'utérus, signe de fausse couche inévitable).

tarsadenitis (meibomica), s. : inflammation des glandes de Meibomius et des tarses des paupières.

tarsal, adj. : tarsien, du tarse (1. du tarse du pied; 2. du tarse des paupières); **- arteries** : arteriæ tarsæ laterales; **- cartilage** : tarse des paupières; **- cyst** : chalazion; **- glands** : glandes de Meibomius.

tarsale, s. : os du tarse.

tarsalgia, s. : tarsalgie.

tarsalis, s. (lat.) : muscle du tarse.

tarsectomy, s. : 1. tarsectomie (ablation des os du tarse); 2. excision d'un tarse des paupières.

tarsectopia, s. : déplacement d'un os du tarse.

tarsitis, s. : 1. tarsite (inflammation des cartilages tarses); 2. blépharite.

tarso- : tarso-, préfixe dénotant un rapport avec le tarse.

tarsocheiloplasty, s. : chirurgie plastique du tarse des paupières.

tarsoclasis, s. : tarsoclasie.

tarsomalacia, s. : ramollissement du tarse des paupières.

tarsometatarsal, adj. : tarsométatarsien.

tarsophyma, s. : tumeur du tarse.

tarsoplasty, s. : tarsoplastie, blépharoplastie.

tarsoptosis, s. : pieds plats, tarsoptose.

tarsorrhaphy, s. : tarsorraphie, blépharorraphie.

tarsotomy, s. : tarsotomie (1. section pratiquée dans le tarse à travers le squelette, sans résection des os; 2. opération pratiquée en cas d'entropion et qui consiste à réséquer une partie du cartilage tarse).

tarsus, s. (lat.) : 1. tarse (pied); 2. tarse des paupières, cartilage tarse.

tartar, s. : tartre (chim., odont.); **cream of -** : bitartrate de potasse.

tasikinesia, s. : tasicinésie, tasikinésie (désir morbide de bouger ou de marcher).

taste, s. : goût, sens du goût; **after -** : arrière-goût; **- bud, bulb** or **ending** : papille gustative; **- cell** : cellule gustative.

tatter leaf virus : virus de la déchiqueture des feuilles.

tattooing, s. : tatouage.

taurine, s. : taurine (bile).

taurocholate, s. : taurocholate.

taurocholic acid : acide taurocholique.

tautomeral or **tautomeric,** adj. : tautomère.

tautomerism, s. : tautomérie.

Tawara's node : nodule atrio-ventriculaire.

taxis, s. : 1. arrangement; 2. taxis, manipulation (chir.); 3. tropisme, taxie.

taxology or **taxonomy,** s. : taxinomie, biotaxie (science de la classification).

Tay's choroiditis : forme de choroïdite caractérisée par des taches irrégulières jaunâtres autour de la macula lutea.

Tay-Sachs' disease : maladie de Tay-Sachs, idiotie amaurotique familiale.

TB : abréviation pour tuberculose, tuberculeux.

T-bandage : bandage en forme de T.

tea, s. : thé; **- poisoning** : théisme.

teak, s. : teck, tek.

Teale's amputation : mode d'amputation du bras *ou* de la jambe.

tear, *s.* : 1. larme; 2. larme (résine, verre); **- bag** : larmier *(zool.)*; **- duct** : conduit lacrymal; **- gas** : gaz lacrymogène; 3. déchirement; *v.* : déchirer; **to - a muscle** : claquer un muscle.

tearing, *s.* : déchirement; **- of a muscle** : rupture d'un muscle, déchirure musculaire, coup de fouet.

tease, *v.* : dilacérer.

teaspoon, *s.* : cuiller à thé (environ 5 cm³).

teat, *s.* : 1. mamelon, bout de sein, téton; 2. tette, trayon (animaux); 3. capuchon (de compte-gouttes), poire.

teated, *adj.* : à tettes, à trayons; **- pipette** : pipette munie d'une poire.

technic : *cf.,* **technique.**

technical, *adj.* : technique ; **- school** : collège technique.

technician, *s.* : technicien; **medical laboratory -** : laborantin d'analyse médicale.

technique, *s.* : technique, méthode, protocole.

technocausis, *s.* : cautérisation produite par la chaleur.

technologist, *s.* : technicien *(U.S.)*.

tecnocyte, *s.* : jeune granulocyte.

tecnology, *s.* : étude scientifique de l'enfance.

tectiform, *adj.* : en forme de toit, de couvercle.

tectology, *s.* : tectologie, morphologie structurelle.

tectonic, *adj.* : se rapportant à la chirurgie plastique.

tectorial, *adj.* : en forme de toit; **- membrane** : membrana tectoria.

tectorium *(lat.)* : 1. structure recouvrante, en forme de toit; 2. membrane de Corti.

tectospinal, *adj.* : se rapportant à la moelle épinière et aux tubercules quadrijumeaux.

tectum, *s. (lat.)* : toit, structure recouvrante; **- of the mid brain** : tubercules quadrijumeaux.

teeth, *s.* : *cf.,* **tooth.**

teethe, *v.* : faire ses dents.

teething, *s.* : dentition de lait; **- rash** : strophulus infantum.

tegmen, *s.* : 1. voûte; **- tympani** : toit de la caisse du tympan, tegmen tympani; 2. *cf.,* **tegmentum** (2).

tegment, *s.* : *cf.,* **tegmentum** (1).

tegmentum, *s.* : 1. calotte du pédoncule; 2. ce qui couvre, tegmen; **- tympani** : tegmen tympani; **- of the pons** : calotte du pédoncule; **- of the hind brain** : tegmen du rhombocéphale.

tegument, *s.* : tégument.

Teichmann's crystals : cristaux de Teichmann, hémine (chlorhydrate d'hématine) ; **- haemin test** : réaction de Teichmann (réaction utilisée en médecine légale pour rechercher la présence du sang).

teichopsia, *s.* : scotome scintillant.

tela, *s. (lat.)* : tissu, toile; **- adiposa** : tissu adipeux; **- aranea** : toile d'araignée; **- cellulosa** : tissu conjonctif; **- choroidea** : toile choroïdienne; **- choroidea ventriculi quarti** : toile choroïdienne du quatrième ventricule, toile choroïdienne inférieure; **- choroidea ventriculi tertii** : membrana tectoria du troisième ventricule; **- epithelialisis** : tissu épithélial; **- erectilis** : tissu érectile; **- vasculosa** : plexus choroïde.

telalgia, *s.* : douleurs irradiées.

telangiectasia *or* **telangiectasis,** *s.* : télangiectasie; **- faciei** : acné rosacée; **hereditary haemorrhagic -** : maladie de Rendu-Osler; **- lymphatica** : lymphangiectasie; **spider -** : naevus arachnoïde (défaillance hépatique).

telangiectatic, *adj.* : se rapportant à, caractérisé par la télangiectasie.

telangiectodes, *adj.* : dénotant des tumeurs très vascularisées.

telangiectoma, *s.* : angiome simple, naævus congénital.

telangiitis, *s.* : inflammation des capillaires.

telangioma, *s.* : tumeur capillaire.

telangion, *s.* : artériole éloignée du cœur.

telangiosis, *s.* : maladie des capillaires.

telar, *adj.* : tissulaire.

tele- : télé-, préfixe signifiant : 1. à distance; 2. en relation avec l'extrémité.

telecardiophone, *s.* : télécardiophone (stéthoscope microphonique avec amplificateur électrique).

telecurietherapy, *s.* : *cf.,* **teleradiotherapy.**

telediastole, *s.* : télédiastole (dernière phase de la diastole).

telediastolic, *adj.* : télédiastolique.

telegonidia, *s.* : spore terminale (à l'extrémité d'une bactérie).

telegony, *s.* : télégonie, hérédité d'influence, imprégnation.

telelectrotherapeutics, *s.* : électrothérapie sans contact direct.

telencephal, *s.* : télencéphale.

telencephalic, *adj.* : se rapportant au télencéphale.

telencephalon, *s.* : télencéphale.

teleneurite, *s.* : filament terminal d'un prolongement cylindraxile.

teleneuron, *s.* : neurone terminal (dans l'influx d'un acte physiologique).

teleologic, *adj.* : téléologique.

teleology, *s.* : téléologie (recherche des causes finales).

teleorganic, *adj.* : nécessaire à la vie organique.

teleotherapeutics, *s.* : thérapeutique par suggestion.

telepathist, *s.* : adepte de la télépathie.

telepathy, *s.* : télépathie.

telephotographic *or* **telephoto lens** : téléobjectif.

teleradiography, *s.* : téléradiographie (radiographie obtenue en éloignant assez la source des rayons pour que la déformation de l'image soit négligeable).

teleradiotherapy, *s.* : télécuriethérapie (curiethérapie employée à distance de la cible).

telergy, *s.* : automatisme.

teleroentgenography, *s.* : *cf.*, **teleradiography.**

telescope, *s.* : télescope; **phase -** : télescope servant à mettre au point les anneaux de phases en microscopie.

telestereoroentgenography, *s.* : stéréoradiographie à distance.

telestereoscope, *s.* : télestéréoscope.

telesthesia, *s.* : perception à distance.

telesystole, *s.* : télésystole (dernière phase de la systole).

telesystolic, *adj.* : télésystolique (se dit d'un phénomène qui se passe dans la dernière partie de la systole).

teletherapy, *s.* : 1. *cf.,* **teleradiotherapy**; 2. psychothérapie à distance.

tellurate, *s.* : tellurate.

telluric, *adj.* : tellurique (1. qui a rapport à la terre); 2. se rapportant au tellure; **- acid** : acide tellurique).

tellurism, *s.* : tellurisme, magnétisme animal, influence du sol sur les maladies.

tellurium, *s.* : tellure.

telo- : telo-, préfixe indiquant une relation avec une extrémité.

teloblast, *s.* : téloblaste (*biol.*).

telodendron, *s.* : arborisation terminale du processus cylindraxile.

telolecithal, *adj.* : télolécithe (se dit de l'ovule à segmentation partielle dans lequel le vitellus formatif est séparé et distinct du vitellus nutritif).

telolemma, *s.* : membrane recouvrant l'éminence de Doyère (point d'entrée d'un nerf moteur dans une fibre musculaire).

telocentric, *adj.* : télocentrique (chromosome dont le centromère est situé à l'extrémité).

telophase, *s.* : télophase, phase terminale de la mitose.

telophragma, *s.* : télophragme *ou* membrane de Krause.

telosporidia, *s.* : sporozoaires dont la vie individuelle s'arrête au stade de la formation des spores.

telosynapsis, *s.* : union des chromosomes bout à bout.

temper, *s.* : 1. coefficient de dureté, trempe; 2. humeur, caractère, tempérament, colère; **- tantrum** : violent accès de colère; *v.* : 1. broyer, tremper; 2. tempérer, modérer.

temperament, *s.* : tempérament.

temperance, *s.* : tempérance, abstinence, modération, retenue, sobriété; **- society** : association pour combattre l'usage des boissons alcooliques.

temperate, *adj.* : 1. tempérant, sobre, modéré; 2. tempéré; **- phage** : phage tempéré; **- zone** : zone tempérée.

temperature, *s.* : température, fièvre ; **absolute -** : température absolue; **- chart** : feuille de température ; **critical -** : température critique ; **room -** : température du local, du laboratoire; **- sense** : sens par lequel sont appréciées les différences de température (cryesthésie, thermoesthésie) ; **- sensitive mutant** : mutant thermosensible; **to have a high -** : avoir de la fièvre, être fiévreux.

template, *s.* : matrice, modèle.

temple, *s.* : tempe; **- bone** : os temporal.

tempolabile, *adj.* : changeant avec le temps, instable.

temporal, *s.* : temporal, os temporal; *adj.* : 1. temporal; 2. se rapportant au temps; **- arteritis** : sclérose de l'artère temporale provoquant des migraines; **- artery** : artère temporale; **- bone** : temporal, os temporal; **- crest** : crête temporale de l'os frontal; **- diplopia** : forme de diplopie; **- fossa** : fosse temporale; **- muscle** : muscle temporal; **- nerve** : nerf temporal; **- operculum** : opercules de l'insula, pli falciforme de Broca.

temporary, *adj.* : temporaire, provisoire; **- ligature** : ligature d'attente (*chir.*); **- filling** : plombage provisoire (*stom.*); **- teeth** : dents de lait.

temporization, *s.* : médecine expectante, expectation.

temporo- : temporo-, préfixe dénotant un rapport avec la tempe, le temporal.

tempostabile, *adj.* : non modifié avec le temps, immuable.

temulence, *s.* : ivresse, ébriété.

tenacious, *adj.* : tenace, visqueux, opiniâtre, obstiné; **- sputum** : crachat gluant.

tenacity, *s.* : ténacité, sûreté, obstination.

tenaculum, *s.* : tenaculum (*chir.*).

tenalgia, *s.* : ténalgie (douleur au niveau des tendons); **- crepitans** : ténalgie crépitante, synovite crépitante.

tend, *v.* : soigner, panser.

tendency, *s.* : tendance, inclination, disposition, penchant.

tender, *adj.* : tendre, sensible, susceptible.

tenderness, *s.* : sensibilité douloureuse à la pression ou la palpation; **rebound -** : douleurs à la décompression lors de la palpation abdominale (signe d'irritation du péritoine).

tendinitis, *s.* : tendinite, ténosite (inflammation d'un tendon).

tendinoplasty, *s.* : ténoplastie, ténontoplastie (greffe tendineuse).

tendinosuture, *s.* : ténorraphie, ténontorraphie (suture des tendons).

tendinous, *adj.* : tendineux.

tendo, *s., plur.* **tendines** (*lat.*) : tendon; **- Achillis** *or* **- calcaneus** : tendon d'Achille; **- Achillis reflex** : réflexe achilléen; **- oculi** *or* **- palpebræ** : ligament palpébral interne.

tendolysis, *s.* : opération pour détacher le tendon des aponévroses.

tendon, *s.* : tendon; **- reflex** : réflexe tendineux; **- of Zinn** : tendon de Zinn (œil).

tendosynovitis, *s.* : *cf.,* **tenosynovitis.**

tendovaginal, *adj.* : se rapportant au tendon et à la gaine.

tendovaginitis, *s.* : ténosynovite (inflammation simultanée d'un tendon et de la gaine synoviale qui l'entoure); **- crepitans** : ténosynovite aiguë sèche, synovite crépitante, ténosite crépitante, ténalgie crépitante.

tenesmic, *adj.* : de la nature de, se rapportant à un ténesme.

tenesmus, *s.* : ténesme.

tenfold, *s.* : décuple, au dixième.

tenia, *s.* : *cf.,* **taenia.**

tennis arm *or* **elbow** : épicondylite douloureuse.

teno- : téno-, préfixe dénotant un rapport avec un tendon.

tenodesis, *s.* : ténodèse (transformation du tendon d'un muscle paralysé en un ligament d'arrêt extra-articulaire).

tenodynia, *s.* : ténalgie.

tenomyoplasty, *s.* : ténomyoplastie.

tenomyotomy, *s.* : téno-myotomie, opération d'Abadie (cure du strabisme).

Tenon's capsule, fascia *or* **membrane** : capsule de Tenon (œil); **- space** : cavité *ou* espace de Tenon (œil).

tenonectomy, *s.* : excision d'une partie d'un tendon.

tenonitis, *s.* : 1. ténonite, capsulite, périophtalmite; 2. tendinite, ténosite.

tenonometer, *s.* : appareil pour mesurer la tension du globe oculaire.

tenontagra, *s.* : rhumatisme tendineux (goutte).

tenontitis, *s.* : ténosite, tendinite.

tenontodynia, *s.* : ténalgie.

tenontography, *s.* : anatomie descriptive des tendons.

tenontology, *s.* : ténontologie.

tenontomyoplasty, *s.* : *cf.,* **tenomyoplasty.**

tenontomyotomy, *s.* : ténotomie et myotomie.

tenontophyte, *s.* : excroissance tendineuse.

tenontoplasty, *s.* : *cf.,* **tenoplasty.**

tenontothecitis, *s.* : ténosynovite; **- prolifera calcarea** : nécrobiose tendineuse avec dépôt calcaire.

tenophony, *s.* : son émis par les cordages tendineux (auscultation du cœur).

tenophyte, *s.* : excroissance osseuse ou cartilagineuse sur un tendon.

tenoplasty, *s.* : ténoplastie, ténontoplastie, greffe tendineuse.

tenorrhaphy, *s.* : ténorraphie, ténontorraphie, suture des tendons.

tenositis, *s.* : ténosite, tendinite.

tenostosis, *s.* : ossification d'un tendon.

tenosuture, *s.* : ténorraphie.

tenosynovitis, *s.* : ténosynovite (inflammation simultanée d'un tendon et de la gaine synoviale qui l'entoure).

tenotome, *s.* : ténotome (instrument destiné à sectionner un tendon).

tenotomy, *s.* : ténotomie (surtout en ophtalmologie).

tenovaginitis, *s.* : inflammation de la gaine d'un tendon.

tense, *adj.* : tendu, rigide, raide.

tensiometer, *s.* : appareil servant à mesurer la tension superficielle d'un liquide.

tension, *s.* : tension, raideur, rigidité, pression, voltage; **arterial -** : tension artérielle; **premenstrual -** : syndrome psychique prémenstruel; **surface -** : tension superficielle.

tensive, *adj.* : tensif; **- pain** : douleur tensive.

tensor, *s.* : muscle tenseur; *cf.,* **musculus.**

tent, *s.* : tente (1. dispositif en tissu ayant la forme d'une tente; 2. faisceau d'une substance augmentant de volume par hydrophilie, qu'on introduit entre les lèvres d'une plaie ou d'une ouverture à dilater); **laminaria -** : laminaire; **oxygen -** : tente à oxygène.

tentacle, *s.* : tentacule.

tentative, *s.* : essai; *adj.* : expérimental, à titre d'essai.

tenth cranial nerve : nerf pneumogastrique.

tentiginous, *adj.* : lascif.

tentorial, *adj.* : se rapportant à la tente du cervelet; **- sinus** : sinus droit.

tentorium, *s.,* *or* **tentorium cerebelli** *(lat.)* : tente du cervelet; **- of the hypophysis** : tente de l'hypophyse.

tenuis, *s. (lat.)* : ténu, mince; **- mater** : pie-mère.

tenuity, *s.* : ténuité.

tenuous, *adj.* : ténu, mince, très fin.

tephromalacia, *s.* : ramollissement de la substance grise.

tephromyelitis, *s.* : téphromyélite (inflammation des cornes de l'axe gris de la moelle épinière).

tephrosis, *s.* : incinération.

tephrylometer, *s.* : appareil pour mesurer l'épaisseur de la substance grise cérébrale.

tepid, *adj.* : tiède.

tepidarium, *s. (lat.)* : bain tiède.

tepidity, *s.* : tiédeur.

tepor, *s. (lat.)* : chaleur modérée.

tera- : téra-, préfixe indiquant un multiple représentant 10^{12} fois l'unité (symbole T).

teramorphous, *adj.* : de nature monstrueuse.

teratic, *adj.* : tératique, monstrueux.

teratism, *s.* : tératisme, monstruosité.

terato- : térato-, préfixe dénotant un rapport avec un monstre.

teratoblastoma, s. : tératome, tumeur organoïde ou tératoïde.

teratogenesis or **teratogeny,** s. : tératogenèse, tératogénie (production de monstres ou de monstruosités).

teratoid, adj. : tératoïde; - **tumor** : tumeur tératoïde, tératome.

teratology, s. : tératologie (étude des anomalies et des monstruosités des êtres organisés).

teratoma, s. : tératome, tumeur organoïde ou tératoïde.

teratomatous, adj. : de la nature d'un tératome, ayant l'aspect d'un tératome.

teratophobia, s. : 1. peur morbide des monstres; 2. peur morbide qu'une femme enceinte a d'accoucher d'un enfant malformé.

teratosis, s. : 1. difformité congénitale; 2. tératisme, monstruosité.

terbium, s. : terbium.

tere, v. (lat.) : frotter.

terebene, s. : térébène (pharm.).

terebentene or **terebenthene,** s. : térébenthène, essence de térébenthine.

terebinth, s. : térébenthine.

terebrachesis, s. : opération destinée à raccourcir le ligament rond de l'utérus.

terebrant or **terebrating,** adj. : térébrant; - **pain** : douleur térébrante.

terebration, s. : térébration, perforation.

teres, adj. (lat.) : rond; **ligamentum -** : ligament rond : cf., **musculus.**

terete, adj. : cylindrique.

tergal, adj. : se rapportant au dos, à l'aspect dorsal.

tergum, s. (lat.) : dos.

term, s. : 1. terme, borne, fin, limite, période, règles; 2. trimestre.

terma, s. (lat.) : lame terminale (cerveau).

terminal, adj. : 1. terminal, distal; 2. examen de fin de trimestre.

terminate, v. : mettre fin; - **pregnancy** : avorter.

termination, s. : fin; - **of pregnancy** : avortement.

terminology, s. : terminologie.

termone, s. : termone.

ternary, adj. : ternaire.

terpene, s. : terpène.

terpineol, B.P. : terpinéol.

terra, s. (lat.) : terre.

terracing a suture : suturer par plans successifs.

terrain, s. : terrain, idiosyncrasie, prédisposition organique.

Terrillon's operation : guérison des hydatides par ligature.

tertian, adj. : tierce; - **fever** : fièvre tierce.

tertiarism, s. : tertiarisme, période tertiaire de la syphilis, syphilis tertiaire.

tertiary, adj. : tertiaire; - **syphilis** : tertiarisme.

Terylene, s. : Tergal (nom déposé).

teslaization, s. : darsonvalisation.

tessellated, adj. : tessellé, disposé en damiers; - **epithelium** : épithélium pavimenteux.

test, s. : épreuve, essai, test, examen, expérience, réactif, - **bench** : banc d'essai; **blood -** : examen du sang; - **case** : cas juridique qui fera jurisprudence; - **dose** : dose d'épreuve; **endurance -** : épreuve d'endurance; **eye -** : examen visuel; - **meal** : repas témoin; - **object** : test d'objet (opt.); - **paper** : papier réactif; **patch -** : test de Vollmer, test percutané, patch test, test au timbre; - **plate** : micromètre de Albe, boîte de Petri servant à un test; **potency -** : épreuve d'activité; **screening -** : test éliminatoire (radiol.); **skin -** : cutiréaction; - **tube** : tube à essais, éprouvette (cf. aussi au nom du test); v. : 1. tester, faire subir des tests; 2. éprouver, contrôler, vérifier, expérimenter.

testectomy, s. : castration, orchidectomie.

testibrachium, s. (lat.) : pédoncule cérébelleux supérieur.

testicle, s. : testicule.

testicond, adj. : à testicules ectopiques.

testicular, adj. : testiculaire; - **feminization** : testicule féminisant; - **fluid** : sperme; - **therapy** : organothérapie par extraits testiculaires.

testis, s., plur. **testes** (lat.) : testicule; **caput -** : épididyme; - **muliebris** : ovaire; - **virilis** : testicule.

testitis, s. : orchite.

testitoxicosis, s. : intoxication consécutive à une ligature des canaux déférents.

testosterone, s. : testostérone; - **implants,** B.P. : petits cylindres de testostérone pour implantation intramusculaire (pharm.).

testudo, s. : bandage en tortue (mode de bandage pour articulations).

tetania, s. (lat.) : tétanie; - **gravidarum** : tétanie de la femme enceinte; - **parathyreopriva** : tétanie parathyréoprive.

tetanic, adj. : tétanique; - **convulsion** : convulsion tétanique; - **post-potentiation** : exaltation du galvanisme nerveux à la suite d'une excitation tétanique; - **state** : tétanisme.

tetaniform, adj. : tétaniforme, tétanoïde.

tetanigenous, adj. : produisant le tétanos, les spasmes tétaniques.

tetanin, s. : cf., **tetanotoxin.**

tetanism, s. : tétanisme, maladie des nourrissons ressemblant au tétanos, mais non provoquée par C. tetanus.

tetanization, s. : tétanisation (production de phénomènes tétaniques).

tetanize, v. : tétaniser.

tetano- : tétano-, préfixe dénotant un rapport avec le tétanos.

tetanode, *adj.* : se rapportant au stade de repos entre les spasmes tétaniques.

tetanoid, *adj.* : tétaniforme, tétanoïde; **- para-plegia** : paraplégie spasmodique.

tetanolysin, *s.* : tétanolysine.

tetanometer, *s.* : instrument pour mesurer les spasmes tétaniques.

tetanomotor, *s.* : appareil pour tétanisation.

tetanophobia, *s.* : peur morbide du tétanos.

tetanospasmin, *s.* : toxine spasmo-productrice du bacille tétanique.

tetanotoxin, *s.* : fraction spasmoproductrice de la toxine de *C. tetanus.*

tetanus, *s.* : 1. tétanos, trismus, mal des mâchoires; 2. tétanie; **artificial -** : tétanie d'origine médicamenteuse; **cephalic, cerebral** *or* **kopf -** : tétanos céphalique *ou* hydrophobique de Rose; **- neonatorum** *or* **- infantum** : tétanos ombilical; **postoperative -** *or* **surgical -** : tétanos postopératoire; **postserum -** : tétanos après transfusion de sang ou de sérum; **toxic -** *or* **artificial -** : tétanos consécutif à une intoxication par la noix vomique, la strychnine; **traumatic -** : tétanos d'origine traumatique.

tetany, *s.* : tétanie; **epidemic -** : tétanie épidémique; **gastric -** : tétanie bovine; **hyperventilation -** : tétanie provoquée par l'alkalémie qui suit une période d'hyperventilation pulmonaire; **lactation -** : tétanie survenant pendant la période d'allaitement; **parathyroid -** : tétanie provoquée par une carence des sécrétions de la glande parathyroïde.

tetarelle, *s.* : téterelle (appareil se plaçant sur le mamelon du sein, permettant à la mère d'aider, à l'aide d'une aspiration buccale, la succion insuffisante du nourrisson).

tetartanopia *or* **tetartanopsia,** *s.* : tétartanopie, tétartanopsie (anopsie en quadrant).

tetartocone, *s.* : pointe postéro-interne d'une molaire supérieure.

tetartoconid, *s.* : pointe postéro-interne d'une molaire inférieure.

tetra- : tétra-, préfixe signifiant quatre.

tetrabasic, *adj.* : tétrabasique.

tetrablastic, *adj.* : embryon à quatre feuillets embryonnaires (ectoderme, endoderme, splanchnopleure et somatopleure).

tetrabrachius, *s.* : monstre à quatre bras.

tetrabromophenolsulphonephthalein, *B. P. C.* : bleu de bromophénol.

tetracheirus, *s.* : monstre à quatre mains.

tetrachloride, *s.* : tétrachlorure.

tetrachloroethylene, *B.P.* : tétrachlorure d'éthylène ($CCl_2 CCl_2$).

tetrachloromethane, *s.* : tétrachlorure de carbone (CCl_4).

tetracoccus, *s.* : tétracoque, tétragène.

tetracrotic, *adj.* : se dit du tracé du pouls présentant une ondulation supplémentaire.

tetracycline, *s.* : tétracycline.

tetrad, *s.* : 1. élément ayant quatre pour valence; 2. groupe de quatre.

tetradactyl, *adj.* : tétradactyle, à quatre doigts.

tetraethylammonium, *B.P.C.* : bromure de tétraéthyl d'ammoniaque ($C_2H_5)_4$ NBr.

tetragenic *or* **tetragenous,** *adj.* : tétragène.

tetragon *or* **tetragonum,** *s.* : carré, tétragone, quadrilatère; **tetragonum lumbale** : carré des lombes.

tetraiodothyronine, *s.* : thyroxine.

tetralogy of Fallot : tétralogie de Fallot.

tetramastia, *s.* : *cf.,* **tetramazia.**

tetramastigote, *adj.* : à quatre flagelles.

tetramazia, *s.* : présence de quatre seins.

tetramerism, *s.* : la condition d'être tétramère, divisé en quatre.

tetramerous, *adj.* : tétramère.

tetranitrol, *s.* : tétranitrate d'érythrityl.

tetranopsia, *s.* : tétratanopsie.

tetra-ophthalmus *or* **tetrophthalmus,** *s.* : monstre à quatre yeux (diprosope).

tetracous *or* **tetrotus,** *s.* : monstre à quatre oreilles (diprosope).

tetraplegia, *s.* : tétraplégie, quadriplégie.

tetraploid, *s.* : noyau, cellule ou organisme caractérisé par la quadruplication du nombre de chromosomes.

tetrapod, *s., adj.* : tétrapode (à quatre pieds).

tetrapodesis, *s.* : marche à quatre pattes (par exemple chez les petits enfants).

tetrascelus, *s.* : monstre à quatre jambes.

tetraschistic, *adj.* : tétragène.

tetrasome, *s.* : association de quatre chromosomes de même espèce.

tetraster, *s.* : aspect de la mitose caractérisé par quatre asters résultant de la segmentation du noyau en quatre.

tetrastichiasis, *s.* : disposition des cils sur quatre rangées.

tetrastoma, *s.* : trématode, tétrastome.

tetratomic, *adj.* : tétratomique.

tetravaccine, *s.* : tétravaccin.

tetravalent, *adj.* : tétravalent, quadrivalent; **- vaccine** : vaccin renfermant quatre anergènes.

tetrelle, *s.* : *cf.,* **tetarelle.**

tetter, *s.* : 1. herpès, eczéma, psoriasis; **brawny -** : séborrhée localisée à la tête; **dry -** : eczéma squameux; **milky -** : séborrhée du cuir chevelu des nourrissons; **pustular -** : impétigo; **scaly -** : psoriasis; 2. bouquet (*vétér.*).

tety, *s.* : maladie cutanée sévissant à Madagascar, caractérisée par une éruption pustuleuse *ou* squameuse au voisinage de la bouche et des narines.

Texas fever : fièvre du Texas, piroplasmose des bovidés.

texis, *s.* : grossesse.

text, *s.* : texte; **- blindness** : forme d'aphasie verbale; **- book** : manuel.

textiform, *adj.* : réticulé.

textoblastic, *adj.* : régénérateur.

textoma, *s.* : tumeur formée de cellules complètement différenciées.

textural, *adj.* : tissulaire.

texture, *s.* : texture, grain (de la peau), contexture (des os, des muscles).

textus, *s.* : tissu.

T-fiber, *s.* : fibre située à angle droit d'un processus cylindraxile.

thalamencephalic, *adj.* : se rapportant au diencéphale.

thalamic, *adj.* : thalamique (se rapportant au thalamus); **- epilepsy** : épilepsie sensorielle consécutive à une lésion des couches optiques ; **- syndrome** : syndrome thalamique, syndrome de Déjerine-Roussy.

thalamo- : préfixe dénotant un rapport avec le thalamus.

thalamocele *or* **thalamocœle,** *s.* : troisième ventricule.

thalamomamillary, *adj.* : se rapportant aux couches optiques et aux corps *ou* tubercules mamillaires ; **- fasciculus** : faisceau de Vicq d'Azyr.

thalamus *s. (gr.)* : thalamus.

thalassaemia *or* **thalassanemia,** *s.* : thalassémie, syndrome *ou* anémie de Cooley, anémie méditerranéenne.

thalassophobia, *s.* : thalassophobie.

thalassotherapy, *s.* : thalassothérapie (emploi thérapeutique des bains de mer, du climat marin ou des voyages en mer).

thalidomide, *s.* : thalidomide.

thallium, *s.* : thallium.

thallophyte, *s.* : thallophyte *(bot.)*.

thallus, *s.* : thalle *(bot.)*.

thamuria, *s.* : micturition fréquente.

thanato- : préfixe dénotant un rapport avec la mort.

thanatobiologic, *adj.* : se rapportant à la vie et à la mort.

thanatognomonic, *adj.* : symptomatique de la mort.

thanatoid, *adj.* : ressemblant à la mort.

thanatology, *s.* : thanatologie (étude des signes, des conditions, des causes et de la nature de la mort).

thanatomania, *s.* : manie homicide.

thanatophidia, *s. pl.* : serpents venimeux.

thanatophobia, *s.* : thanatophobie (crainte morbide de la mort).

thanatopsy, *s.* : autopsie, nécropsie.

thaumatrope, *s.* : appareil utilisé pour estimer la durée des impressions visuelles.

thaumatropy, *s.* : transformation tissulaire.

thaw, *v.* : dégeler.

thebaic, *adj.* : thébaïque (se rapportant à, dérivé de l'opium); **- extract** : extrait thébaïque, extrait d'opium.

thebaine, *s.* : thébaïne, alcaloïde de l'opium.

thebaism, *s.* : thébaïsme, empoisonnement par l'opium.

Thebesius' foramina : pores de Vieussens, foraminula de Lannelongue; **- valve** : valvule de Thébésius; **- veins** : veines de Thébésius.

theca, *s. (gr.)* : 1. thèque, asque, gaine, enveloppe; 2. dure-mère; **- folliculi** : membrane entourant le follicule de Graaf; **- tendinis** : gaine synoviale d'un tendon; **- vertebralis** : méninges rachidiennes.

thecal, *adj.* : thécal, se rapportant à la dure-mère; **- abcess** : ténosynovite, panaris.

thecitis, *s.* : inflammation de la gaine d'un tendon.

thecodont, *adj.* : à dents recouvertes dans l'alvéole.

thecoma, *s.* : thécome.

thecostegnosis, *s.* : contraction des gaines tendineuses.

theileriasis, *s.* : theilériose (piroplasmose bovine de l'Afrique du Nord due à *Theileria dispar*).

theine, *s.* : théine, caféine, xanthine.

theinism *or* **theism,** *s.* : théisme (intoxication par le thé).

thelalgia, *s.* : thélalgie (sensibilité douloureuse du mamelon).

thelasis *or* **thelasmus,** *s.* : succion.

thele, *s. (gr.)* : mamelon.

theleplasty, *s.* : chirurgie plastique du mamelon.

thelerethism, *s.* : thélotisme.

thelitis, *s.* : thélite (inflammation du mamelon).

thelium, *s.* : 1. papille; 2. mamelon; 3. couche de cellules.

thelophlebostemma, *s.* : cercle veineux entourant le mamelon.

thelorrhagia, *s.* : thélorragie (hémorragie se faisant par le mamelon).

thelotism, *s.* : thélotisme (érection des mamelons par contraction des muscles de l'aréole).

thelyblast, *s.* : noyau d'un œuf fécondé.

thelygonia, *s.* : procréation d'un rejeton femelle.

thelymania, *s.* : satyriasis.

thenal, *adj.* : se rapportant : 1. à la paume de la main; 2. à l'éminence thénar.

thenar, *s.* : 1. paume de la main; 2. éminence thénar; **- eminence** : éminence thénar; **- muscles** : muscles adducteur et fléchisseur du pouce.

theobromine, *s.* : théobromine (alcaloïde du cacao, $C_7H_8N_4O_2$).

theophylline, *B.P.* : théophylline.

theoplegia, *s.* : apoplexie.

theoretical, *adj.* : théorique; **- chemistry** : chimie pure; **- mechanics** : mécanique rationnelle.

theory, *s.* : théorie.

therapeutic *or* **therapeutical,** *adj.* : thérapeutique.

therapeutics, *s.* : thérapeutique; **alimentary -** : régime alimentaire; **empirical -** : thérapeutique empirique; **mediate -** : thérapeutique du nourrisson par le lait de la mère; **rational -** : thérapeutique rationnelle; **specific -** : thérapeutique spécifique; **suggestive -** : thérapeutique par hypnotisme.

therapeutist, *s.* : thérapeute.

therapia sterilisans magna : therapia sterilisans magna (thérapeutique par la méthode d'Ehrlich).

therapic, *adj.* : thérapeutique.

therapist, *s.* : thérapeute.

therapy, *s.* : thérapie; **blunderbuss -** : thérapie par polypharmacie; **collapse -** : pneumothorax et collapsus d'un lobe pulmonaire dans le traitement de la tuberculose; **deep X-ray -** : thérapie par rayons X entre 200 et 1 000 kV; **electric convulsive - (E.C.T.)** : sismothérapie électrique; **infrasonic -** : infrasonothérapie; **infrared -** : infrathermothérapie; **insulin shock -** : choc insulinique: **occupational -** : thérapie par réhabilitation ou par une quelconque activité manuelle; **replacement -** : thérapie destinée à remplacer une substance naturelle ; **serum -** : sérothérapie ; **shock -** : *cf.,* **electric convulsive -, superficial X-ray -** : thérapie par rayons X de moins de 200 kV.

theriodic, *adj.* : malin.

therioma, *s.* : tumeur maligne.

theriomimicry, *s.* : imitation des actes des animaux.

theriotherapy, *s.* : thérapeutique vétérinaire.

theriotomy, *s.* : anatomie animale, dissection des animaux.

therm, *s.* : 1. mesure de chaleur; 2. 1 Therm = 100 000 British Thermal Units (B. T. U.) = 25 200 kilocalories.

thermacogenesis, *s.* : pyrexie médicamenteuse (élévation de la température du corps sous l'action des médicaments).

thermæ, *s. (lat.)* : thermes.

thermaerotherapy, *s.* : application thérapeutique de l'air chaud.

thermaesthesia, *s.* : 1. sens de la chaleur; 2. thermoesthésie (sensibilité à la chaleur).

thermaesthesiometer, *s.* : thermoesthésiomètre (instrument pour mesurer la sensibilité à la chaleur).

thermal, *adj.* : 1. thermal, thermique, calorifique; **British - unit** : unité de chaleur, chaleur nécessaire pour élever 1 livre (450 g) d'eau de 1° F; 252 grandes calories; **- efficiency** : rendement calorifique; **- output** : quantité de chaleur transmise; 2. thermal; **- baths** : thermes, **- springs** : eaux thermales; **- water** : eau thermale.

thermalgesia, *s.* : douleur causée par la chaleur.

thermalgia, *s.* : thermalgie, causalgie.

thermanalgesia, *s.* : *cf.,* **thermoanalgesia.**

thermatology, *s.* : thérapeutique par la chaleur, les eaux thermales.

thermesthesia, *s.* : 1. sens de la chaleur; 2. thermo-esthésie (sensibilité à la chaleur).

thermesthesiometer, *s.* : thermo-esthésiomètre (instrument pour mesurer la sensibilité à la chaleur).

thermic, *adj.* : thermique; **- balance** : bolomètre; **- fever** : insolation; **- sense** : sens permettant la perception de la chaleur.

thermionic, *s.* : thermo-ionique; **- valve** : lampe de T.S.F.

thermo- : thermo-, préfixe signifiant chaleur.

thermoaerophore, *s.* : appareil pour applications locales d'air chaud dans un but thérapeutique.

thermoanalgesia, *s.* : thermoanalgésie, thermoanesthésie (abolition de la sensibilité normale à la chaleur).

thermoanaesthesia, *s.* : thermoanesthésie.

thermobiosis, *s.* : thermobiose.

thermocauterectomy, *s.* : résection (d'un organe) par cautérisation.

thermocautery, *s.* : thermocautère.

thermochemistry, *s.* : thermochimie.

thermochroic, *adj.* : transmettant certains rayons thermiques et en absorbant d'autres.

thermochroism, *s.* : propriété de certains corps de transmettre certaines radiations thermiques et d'en absorber d'autres.

thermochros, *s.* : propriété de réflection, réfraction et absorption que possèdent les rayons lumineux.

thermocoagulation, *s.* : thermo-coagulation.

thermocouple, *s.* : thermocouple, élément thermo-électrique.

thermocurrent, *s.* : courant électrique produit par la chaleur.

thermodiffusion, *s.* : thermodiffusion (diffusion produite par la chaleur).

thermodynamic, *adj.* : thermodynamique.

thermodynamics, *s.* : thermodynamique.

thermo-electric *or* **thermo-electrical,** *adj.* : thermo-électrique, électrothermique.

thermo-electricity, *s.* : thermo-électricité.

thermo-electrometer, *s.* : électromètre thermique.

thermo-element, *s.* : élément thermo-électrique.

thermo-excitory, *adj.* : thermo-excitateur, excitant la production de chaleur.

thermogen, *s.* : appareil thermogène.

thermogenesis, *s.* : thermogenèse, thermogénie.

thermogenetic, thermogenic *or* **thermogenous,** *adj.* : thermogène.

thermogenics, *s.* : thermodynamique.

thermogram, *s.* : enregistrement du thermographe.

thermograph, *s.* : thermographe.

thermohyperalgesia, *s.* : sensation douloureuse perçue par contact avec un corps chaud.

thermohyperesthesia, *s.* : hyperesthésie à la chaleur.

thermohypesthesia or **thermohypoesthesia,** *s.* : hypoesthésie à la chaleur.

thermo-inhibitory, *adj.* : thermo-inhibiteur, empêchant la production de chaleur.

thermoionic or **thermionic,** *adj.* : thermo-ionique; **- valve** : lampe thermo-ionique, lampe de T.S.F.

thermolabile, *adj.* : thermolabile.

thermologist, *s.* : personne spécialisée en thermologie et dans ses applications.

thermology, *s.* : thermologie (partie de la physique relative à la chaleur).

thermolysis, *s.* : thermolyse (1. dissociation par la chaleur; 2. perte de la chaleur animale par radiation).

thermolytic, *adj.* : thermolytique.

thermomagnetism, *s.* : thermo-magnétisme.

thermomassage, *s.* : massage avec application de chaleur.

thermometer, *s.* : thermomètre; **air -** : thermomètre à air; **alarm -** : thermomètre avertisseur; **alcohol -** : thermomètre à alcool; **axilla -** : thermomètre axillaire médical; **calibrated -** : thermomètre contrôlé; **centigrade -** : thermomètre centigrade; **clinical -** : thermomètre médical; **depth -** : thermomètre d'organes internes ; **dry bulb -** : thermomètre à boule sèche; **Farenheit -** : thermomètre Farenheit ; **half-minute -** : thermomètre fonctionnant en une demi-minute; **maximum and minimum -** : thermomètre à maxima et à minima; **moist bulb -** : thermomètre à boule mouillée; **rectal -** : thermomètre rectal ; **resistance -** : thermomètre à résistance électrique; **self-recording -** : thermomètre enregistreur. (*Nota.* — Pour la conversion des degrés thermométriques des différentes échelles, *cf.* les formules et tables dans la partie de cet ouvrage consacrée aux données numériques.)

thermometric, *adj.* : thermométrique.

thermometrograph, *s.* : thermométrographe, thermomètre enregistreur.

thermometry, *s.* : thermométrie.

thermoneurosis, *s.* : pyrexie d'origine vasomotrice.

thermopalpation, *s.* : thermopalpation (mode d'examen basé sur la différence des sensations thermiques éprouvées par la main qui palpe la région précordiale).

thermopenetration, *s.* : thermopénétration, diathermie, transthermie.

thermophile, *s.* : microbe thermophile.

thermophilic, *adj.* : thermophile (se dit des êtres végétaux ou animaux qui vivent et se développent à des températures fort élevées).

thermophobia, *s.* : thermophobie.

thermophore, *s.* : 1. tout appareil destiné à maintenir la chaleur; 2. récipient renfermant des produits chimiques qui absorbent la chaleur pendant la fusion et la cèdent au cours de la recristallisation.

thermophylic, *adj.* : résistant à la chaleur.

thermopile, *s.* : pile thermo-électrique, thermopile.

thermoplegia, *s.* : insolation.

thermopolypnoea, *s.* : respiration rapide due à la chaleur ou à la fièvre.

thermoreceptor, *s.* : thermorécepteur, terminaison nerveuse sensible à la chaleur.

thermoregulator, *s.* : thermorégulateur, thermostat.

thermoresistant, *adj.* : thermorésistant.

thermoscope, *s.* : thermoscope.

thermostabile or **thermostable,** *adj.* : thermostabile, thermostable.

thermostat, *s.* : thermostat, thermorégulateur.

thermostatic, *adj.* : thermostatique.

thermosteresis, *s.* : privation de chaleur.

thermostromuhr, *s.* : instrument pour la mesure du flux sanguin.

thermosystaltism, *s.* : contraction due à l'influence de la chaleur.

thermotactic or **thermotaxic,** *adj.* : régulateur de la température du corps.

thermotaxis, *s.* : 1. thermotaxie; 2. thermotropisme.

thermotherapy, *s.* : thermothérapie (emploi thérapeutique de la chaleur).

thermotics, *s.* : science de la chaleur.

thermotolerant, *adj.* : thermotolérant.

thermotonometer, *s.* : appareil pour mesurer la quantité de contraction musculaire provoquée par la chaleur.

thermotoxin, *s.* : toxine produite dans le corps par la chaleur.

thermotracheotomy, *s.* : trachéotomie par cautérisation.

thermotropism, *s.* : thermotropisme.

theroid, *adj.* : bestial, à penchants bestiaux.

theromorph, *s.* : monstre ressemblant à un animal.

theromorphism, *s.* : réversion apparente d'un sujet humain vers une forme animale inférieure.

thesaurosis, *s.* : thésaurismose (nom sous lequel on désigne des états pathologiques divers, caractérisés par l'aspect désordonné dont sont constituées les réserves).

thesis, *s.* : thèse.

thiamin, *s.* : thiamine, aneurine, vitamine B_1.

thick, *adj.* : épais; **- lipped** : lippu, à lèvres épaisses; **- skinned** : à peau épaisse, peu sensible (*vernac.*); **- walled** : à parois épaisses; **- wind** : troubles respiratoires chez le cheval.

thickness, *s.* : épaisseur, consistance, grosseur.

Thiersch's method of skin-grafting : greffe de Thiersch, greffe épidermique.

thigh, s. : cuisse; **- bone** : fémur; **- joint** : articulation coxofémorale.

thigmaesthesia, s. : sensibilité au toucher.

thigmotaxis or **thigmotropism,** s. : thigmotropisme (influence exercée par le contact sur la direction que prennent les tissus en croissance).

thimble, s. : dé à coudre; **obstetric -** : instrument pointu servant à la rupture des membranes.

thin, adj. : mince, maigre; **- lipped** : aux lèvres minces; **- section** : coupe mince (histol.); **tall - figure** : taille grêle; **- voice** : voix fluette; v. : maigrir, s'amincir.

thinness, s. : maigreur, minceur, fluidité.

thio- : thio-, préfixe dénotant la présence d'un radical soufre.

thioalcohol, s. : mercaptan.

thiocyanate, s. : thiocyanate, sulfocyanate.

thiocyanic acid : acide sulfocyanique.

thiogenic, adj. : thiogène (se dit des bactéries métabolisant H_2S en composés soufrés).

thiopectic or **thiopexic,** adj. : thiopexique, fixant le soufre.

thiophilic, adj. : ayant une affinité pour le soufre.

thiosulfate, s. : thiosulfate, hyposulfite.

third, adj. : troisième; **- corpuscle** : plaquette, globulin; **- cranial nerve** : nerf moteur oculaire; **- intention** : cicatrisation par troisième intention; **- tonsil** : amygdale tubaire; **- ventricle** : troisième ventricule.

thirst, s. : soif; **excessive -** : polydipsie.

thirsty, adj. : altéré, assoiffé.

Thiry's fistula : fistule intestinale pour obtention de suc intestinal.

Thoma's ampulla : dilatation de l'extrémité d'une artère interlobulaire dans la rate; **- Zeiss counting chamber** : cellule pour numération globulaire.

Thomas' splint : attelle de Thomas-Lardennois.

Thompson's line : liséré rouge constaté fréquemment au bord des gencives dans la tuberculose pulmonaire.

Thomsen's disease : maladie de Thomsen, myotonie congénitale.

Thomson's disease : maladie de Thomson (poïkilodermose congénitale [lésions congénitales d'hyperkératose et de xérodermose]).

thoracalgia, s. : douleur thoracique.

thoracectomy, s. : thoracectomie.

thoracentesis, s. : thoracocentèse.

thoracic, adj. : thoracique; **- aorta** : aorte thoracique; **- axis** : artère acromiothoracique; **- duct** : canal thoracique; **- index** : rapport entre les diamètres antéro-postérieur et transversal du thorax (exprimé en pour cent); **- nerve** : nerfs thoraciques antérieur et postérieur.

thoraco- : thoraco-, préfixe dénotant un rapport avec le thorax.

thoracocautery, s. : thoracocaustie, thoracocaustique, opération de Jacobœus (section, à l'aide du galvanocautère et sous le contrôle de la thoracoscopie, des brides et adhérences pleurales).

thoracocentesis, s. : thoracocentèse.

thoracocoeloschisis, s. : fistule congénitale du thorax et de l'abdomen.

thoracocyllosis, s. : difformité thoracique.

thoracocyrtosis, s. : courbure anormale du thorax.

thoracodelphus, s. : cf., **thoradelphus.**

thoracodidymus, s. : thoracodidyme (monstre soudé par le thorax).

thoracodynia, s. : douleur thoracique.

thoracogastrodidymus, s. : monstre double réuni par le thorax et l'abdomen.

thoracogastroschisis : cf., **thoracocoeloschisis.**

thoracograph, s. : instrument pour enregistrer les mouvements et le contour de la paroi thoracique.

thoracolaparotomy, s. : thoraco-phréno-laparotomie.

thoracolysis, s. : section chirurgicale des adhérences thoraciques.

thoracometer : cf., **stethometer.**

thoracometry, s. : mesure des mouvements des parois thoraciques.

thoracomyodynia, s. : douleur dans les muscles thoraciques.

thoracopagus, s. : thoracopage (monstre double formé par deux individus réunis entre eux au niveau du thorax).

thoracopathy, s. : thoracopathie.

thoracoplasty, s. : thoracoplastie (traitement de la tuberculose pulmonaire par collapsus du poumon après résection costale).

thoracopneumoplasty, s. : cf., **thoracoplasty.**

thoracoschisis, s. : fistule congénitale du thorax.

thoracoscope, s. : 1. thoracoscope; 2. stéthoscope.

thoracoscopy, s. : thoracoscopie, pleuroscopie.

thoracostenosis, s. : contraction, compression des parois thoraciques.

thoracostomy, s. : thoracostomie (résection costale).

thoracotomy, s. : thoracotomie (incision des espaces intercostaux).

thoradelphus, s. : toradelphe (monstre double monocéphalien, caractérisé par la présence de deux troncs nettement séparés au-dessous de l'ombilic et confondus en un seul au-dessus).

thorax, s. : thorax; **paradoxical -** : thorax paradoxal.

thorium, s. : thorium.

Thorn's test : test de Thorn.

Thornton's sign : violente douleur dans le côté; signe de néphrolithiase.

Thornwaldt's disease : angine de Thornwaldt (catarrhe rétronasal chronique, localisé à l'un des récessus de l'amygdale pharyngée).

thoron, s. : thoron, émanation du thorium.

thought, s. : pensée; **- reading** : lecture de la pensée; **- transference** : télépathie; **- wave** : onde télépathique.

thread, s. : filament, fil; **- cell** : nématocyste, cnidoblaste; **- like** : filiforme; **mycelial -** : hyphe de mycélium; **nuclear -** : fibrille de chromatine du noyau.

threadworm, s. : *Enterobius vermicularis,* nématode.

thready, adj. : fibreux, filamenteux, filiforme; **- pulse** : pouls filiforme.

three, s., adj. : trois; **- cleft** : trifide; **- coloured** : trichrome, trichromatique; **- cornered bone** : os cunéiforme du carpe; **- day fever** : fièvre à papattaci (*impr.* dengue); **- lens condenser** : condenteur triple; **- limb tube** : tube en T; **- necked** : à trois tubulures; **- phase** : triphasé; **- pointed** : à trois pointes, tricuspide; **- way** : à trois voies (robinet, soupape), à trois directions (commutateur).

thremmatology, s. : science de la reproduction, de l'élevage, lois de l'hérédité et des mutations.

threpsology, s. : science de la nutrition.

threshold, s. : seuil; **- of audibility** or **auditory -** : seuil de la perception acoustique; **stimulus -** : seuil de l'excitation; **- of consciousness** : seuil de la conscience; **above the -** : supraliminal; **below the -** : subliminal; **- erythema dose (T. E. D.)** or **erythema -** : quantité de rayonnement qui donne le seuil visible de l'érythème dans 80 p. 100 des cas (ne correspond pas à H. E. D. [Haut Erythem Dosis] qui est la dose érythémateuse française); **renal** or **sugar -** : seuil de la réabsorption rénale.

thrill, s. : thrill, frémissement vibratoire (frémissement particulier perçu au niveau des anévrismes artério-veineux); **presystolic -** : souffle présystolique; **purring -** : frémissement cataire.

throat, s. : gorge; **aneurysmal -** : frémissement dû à un anévrisme; **aortic -** : frémissement dû à l'aorte; **clergyman's sore -** : pharyngite chronique; **- ring** : anneau lymphatique de Waldeyer; **- spray** : insufflateur, pulvérisateur; **- swab** : prélèvement de gorge; **- wash** : gargarisme.

throatiness, s. : qualité gutturale (de la voix).

throb, s. : palpitation, battement, pulsation (cœur, pouls), élancement (douleur).

throbbing, s. : battement, palpitation, pulsation, élancement, lancination; adj. : palpitant, vibrant, lancinant; **- pain** : douleur lancinante, élancement.

throes, s. : douleur, spasme; **the - of child-birth** : les douleurs de l'enfantement; **in the - of child-birth** : en travail; **death -** : les affres de la mort, l'agonie.

thrombase, s. : cf., **thrombin.**

thrombasthenia, s. : thrombasthénie (insuffisance qualitative des plaquettes sanguines); **hemorrhagic -** : maladie de Werlhof, purpura hémorragique, morbus maculosus hemorragicus.

thrombectomy, s. : thrombectomie.

thrombin, s. : thrombase, thrombine.

thrombo- : thrombo-, préfixe dénotant un rapport avec un thrombus.

thromboangiitis, s. : thromboangéite; **- obliterans** : thromboangéite oblitérante, maladie de Buerger.

thrombo-arteritis, s. : thromboartérite, artérite oblitérante.

thromboblast, s. : thromboblaste.

thromboclasis, s. : thrombolyse.

thrombocystis, s. : enveloppe entourant parfois le thrombus.

thrombocyte, s. : thrombocyte, plaquette.

thrombocythaemia or **thrombocythemia,** s. : thrombocytose.

thrombocytolysis, s. : thrombocytolyse.

thrombocytopenia, s. : thrombocytopénie, thrombopénie (diminution du taux des plaquettes sanguines).

thrombocytopoiesis, s. : thrombocytopoïèse.

thrombocytozyme, s. : thrombocytozyme, facteur des plaquettes.

thrombo-embolism, s. : thromboembolie.

thrombo-endarteritis, s. : thromboartérite.

thrombo-endocarditis, s. : endocardite et thrombose.

thrombogen, s. : thrombogène, facteur V.

thrombogenic, adj. : 1. se rapportant au thrombogène; 2. producteur de caillots.

thromboid, adj. : ayant l'aspect d'un caillot, de la nature d'un caillot.

thrombokinase, s. : thrombokinase, cytozyme, thromboplastine, thrombozyme.

thrombolymphangitis, s. : lymphangite avec thrombose.

thrombolysin, s. : thrombolysine.

thrombolysis, s. : thrombolyse.

thrombolytic, adj. : thrombolytique.

thrombopenia, s. : thrombopénie, maladie de Werlhof, purpura hémorragique.

thrombophilia, s. : thrombophilie.

thrombophlebitis, s. : thrombophlébite.

thromboplastic, adj. : thromboplastique (se dit des substances qui favorisent la coagulation).

thromboplastin, s. : thromboplastine.

thrombosed, adj. : thrombosé.

thrombosis, s. : thrombose.

thrombostasis, s. : thrombostase (syndrome de la stase veineuse).

thrombostatic, adj. : thrombostatique.

thrombotic, adj. : se rapportant à, produit par la thrombose.

thrombus, s. : thrombus; **agonal -** : thrombus dans le cœur se manifestant à la mort; **bile -** : un caillot de bile dans le canal biliaire; **calcified -** : thrombus calcifié; **currant-jelly -** : caillot post-mortem; **fibrinous -** : thrombus surtout composé de fibrine; **haemostatic -** : thrombus se manifestant pendant la stagnation du sang; **infective -** : thrombus septique; **laminated -** : thrombus laminé; **mural -** : thrombus sur les parois endocardiques; **- neonatorum** : céphalématome, bosse séro-sanguine; **organised -** : thrombus organisé; **parietal -** : thrombus des parois vasculaires; **primary -** : thrombus situé au site même de coagulation; **progressive -** : thrombose vasculaire progressive; **white -** : thrombus composé de leucocytes et de plaquettes.

throttle, v. : étouffer, étrangler.

throttling, s. : étranglement, strangulation.

throwback, s. : réversion, télégonie; v. : retourner à un type antérieur, à un type primitif.

thrush, s. : 1. muguet; 2. teigne (vétér.); échauffement de la fourchette (chez le cheval).

thrypsis, s. : fracture comminutive.

thulium, s. : thulium.

thumb, s. : pouce; **- print** : empreinte du pouce; **- stall** : doigtier pour pouce.

thumps, s. : hoquet (maladie du cheval identique au hoquet chez l'homme [vétér.]).

thylacitis, s. : inflammation des glandes sébacées, acné rosacée.

thymasthma, s. : asthme thymique, asthme de Kopp.

thyme, s. : thym (bot.).

thymectomy, s. : thymectomie (extirpation partielle ou totale du thymus).

thymic, adj. : thymique (1. dérivé du thym; 2. qui concerne le thymus; 3. se rapportant au comportement extérieur de l'individu); **- acid** : thymol; **- asthma** : asthme thymique, asthme de Kopp, laryngospasme, phrénoglottisme, spasme glottique essentiel des nourrissons.

thymicolymphatic, adj. : thymolymphatique.

thymine, s. : thymine (base pyrimidique des acides nucléiques).

thymion, s. : verrue, condylome.

thymiosis, s. : 1. pian; 2. état caractérisé par la formation de verrues.

thymitis, s. : inflammation du thymus.

thymocyte, s. : lymphocyte originaire du thymus.

thymocytoma, s. : cf., **thymoma.**

thymokesis, s. : hypertrophie du thymus chez l'adulte.

thymol, s. : thymol.

thymoma, s. : thymome (nom générique donné à toutes les tumeurs du thymus, bénignes ou malignes).

thymopathy, s. : 1. maladie du thymus; 2. trouble mental.

thymopexy, s. : fixation du thymus.

thymoprivic, thymoprivous or **thymoprious,** adj. : se rapportant à, causé par une ablation ou une atrophie prématurée du thymus.

thymotropism, s. : type endocrinien présentant une prédominance du thymus.

thymus, s. : thymus; **- death** : mort subite par hypertrophie du thymus.

thyrasthenia, s. : neurasthénie consécutive à une déficience thyroïdienne.

thyremphraxis, s. : atténuation ou abolition de la fonction thyroïdienne.

thyreo- : cf., **thyro-**.

thyreogenic, adj. : thyréogène.

thyro- : thyro-, préfixe dénotant un rapport avec la glande thyroïde.

thyroadenitis, s. : inflammation de la glande thyroïde.

thyroaplasia, s. : aplasie de la glande thyroïde.

thyrocalcitonia, s. : hypercalcémie d'origine thyroïdienne.

thyrocalcitonin, s. : thyrocalcitonine.

thyrocarditis, s. : toute maladie du cœur due à l'hyperthyroïdisme.

thyrocele, s. : goitre, thyréocèle.

thyrochondrotomy, s. : incision du cartilage thyroïdien.

thyrocricotomy, s. : trachéotomie cricothyroïdienne (par la membrane cricothyroïde).

thyrogenic or **thyrogenous,** adj. : thyréogène, d'origine thyroïdienne.

thyroglobulin, s. : thyroglobuline.

thyroid, s. : thyroïde, glande thyroïde; adj. : thyroïde, thyroïdien.

thyroidectomy, s. : thyroïdectomie (ablation totale ou partielle de la glande thyroïde).

thyroidism, s. : thyroïdisme (1. ensemble des accidents provoqués par l'intoxication thyroïdienne; 2. troubles consécutifs à une hypertrophie thyroïdienne; 3. troubles consécutifs à la thyroïdectomie).

thyroiditis, s. : thyroïdite, goitre inflammatoire, (nom générique donné à toutes les inflammations de la glande thyroïde).

thyroidization, s. : thérapeutique par extraits thyroïdiens.

thyroidomania, s. : thyroïdomanie.

thyroidotherapy or **thyrotherapy,** s. : thyroïdothérapie.

thyroidotomy, s. : incision de la glande thyroïde.

thyro-intoxication, s. : thyréotoxicose (intoxication par les produits élaborés par la thyroïde malade).

thyroncus, s. : goitre.

thyroparathyroidectomy, s. : excision des glandes thyroïde et parathyroïde.

thyropenia, s. : diminution de l'activité thyroïdienne sans symptômes cliniques.

thyrophyma, s. : hypertrophie thyroïdienne; **- acutum** : goitre inflammatoire, goitre aigu.

thyroprival, adj. : thyréoprive, strumiprive.

thyroprotein or **thyroproteid,** s. : protéine toxique de la thyroïde.

thyroptosis, s. : thyréoptose (déplacement de la glande thyroïde qui se trouve abaissée et située dans la partie supérieure du thorax).

thyrosis, s. : trouble causé par un fonctionnement anormal de la thyroïde.

thyrotherapy, s. : thyroïdothérapie.

thyrotomy, s. : thyrotomie (laryngotomie pratiquée au niveau du cartilage thyroïde que l'on incise).

thyrotoxicosis, s. : thyréotoxicose, thyrotoxicose.

thyrotoxin, s. : thyrotoxine.

thyrotrope, s. : individu ayant une constitution de type thyroïdien.

thyrotropic, adj. : thyréotrope, ayant des affinités pour la glande thyroïde; **- hormone** : hormone thyréotrope.

thyrotropin, s. : thyréotrophine, thyréostimuline.

thyrotropism, s. : constitution où l'influence de la glande thyroïde prédomine.

thyroxin, s. : thyroxine (hormone thyroïdienne, naturelle ou de synthèse).

thysanothrix, s. : thysanotrix, Trichostasis spinulosa.

tibia, s. : tibia; **sabre -** : tibia en forme de sabre (déformité due à une périostite gommeuse); **shaft of the -** : axe du tibia.

tibial, adj. : tibial.

tibialgia, s. : douleur dans le tibia.

tibien, adv. : appartenant au tibia même.

tibio- : tibio-, préfixe dénotant un rapport avec le tibia.

tic, s. : tic; **- convulsif** or **convulsive -** : tic convulsif; **- douloureux** : tic douloureux de la face, névralgie épileptiforme; **impulsive -** : maladie des tics convulsifs; **- rotatoire** ou **giratoire** : tic rotatoire, torticolis spasmodique.

tick, s. : tique; **- fever** : 1. tick fever, fièvre à tiques africaine; 2. fièvre à tiques, fièvre du Texas, fièvre pourprée des Montagnes Rocheuses; **- bite fever** : tick bite fever, fièvre par morsure de tique, fièvre à tiques non récurrente de l'Afrique du Sud; fièvre de Natal; **Colorado - fever** : fièvre à tiques du Colorado.

tickle, s. : chatouillement; v. : chatouiller.

tickling, s. : chatouillement; adj. : chatouillant; **- cough** : toux d'irritation.

tictology, s. : obstétrique.

t. i. d. (ter in die) : trois fois par jour.

tidal air : air de respiration; **- breathing** : respiration de Cheyne-Stokes; **- wave** : sur le sphygmogramme, onde.

tide, s. : laps de temps déterminé, va-et-vient; **acid -** : diminution transitoire du pH urinaire après le jeûne; **alkaline -** : augmentation transitoire du pH urinaire après un repas.

tiger-lily appearance : aspect tacheté du myocarde dans l'anémie pernicieuse.

tight, adj. : étanche, serré, imperméable; **air -, water -** : étanche à l'air, à l'eau.

tightness, s. : étanchéité, imperméabilité; **- of the chest** : oppression de la poitrine.

tigretier, s. : chorée hystérique, particulière au Tigré (Ethiopie).

tigroid, adj. : tigroïde (se dit des corpuscules chromophiles); **- bodies** or **masses** : corps de Nissl (cellule nerveuse).

tigrolysis, s. : désintégration des éléments, chromophiles d'une cellule.

Tillaux-Phocas' disease : maladie de Tillaux et Phocas, maladie noueuse de la mamelle, maladie kystique de la mamelle.

tilma, s. : charpie.

tilmus, s. : carphologie.

tilting, adj. : inclinable, basculant.

timbre, s. : timbre, qualité musicale d'un son; **metallic -** : timbre métallique lors de l'auscultation de l'aorte.

time, s. : temps; **- lag** : retard, temps de latence; **- exposure** : pose (phot.).

timer, s. : minuterie.

timing, s. : horaire, minutage, rythme, calendrier, prévision.

tin, s. : étain.

tincæ (os) : museau de tanche (anat.).

tinctorial, adj. : tinctorial.

tinctura, s. (lat.) : teinture.

tincture, s. : teinture (pharm.).

tinea, s. (lat.) : teigne (terme générique désignant autrefois toutes les affections de cuir chevelu, aujourd'hui un groupe de dermatoses parasitaires du cuir chevelu); **- amiantacea** or **asbestina** : teigne amiantacée; **- favosa** : teigne faveuse ou favique, favus; **- furfuracea** : séborrhée sèche; **- imbricata** : tokélau, tinea imbricata; **- tarsi** : blépharite ulcéreuse; **- tonsurans** : teigne microscopique ou tondante, trichophytie; **- versicolor** : tinea flava, pityriasis versicolor.

tinge, s. : teinte, nuance; v. : teinter, colorer, nuancer.

tingibility, s. : propriété d'être colorable.

tingible, adj. : colorable.

tingle, s. : picotement, fourmillement.

tinkling or **metallic tinkling** : tintement métallique (auscultation des cavernes et des pneumothorax).

tinnitus or **tinnitus aurium** : tintement d'oreilles acouphène.

tint, s. : teinte, nuance; v. : teinter, colorer.

tintometer, s. : colorimètre.

tintometric, adj. : colorimétrique.

tintometry, s. : colorimétrie.

tip, s. : bout, extrémité, pointe, sommet; **- foot** : pied bot équin; **Woolner's -** : sommet de l'hélix (oreille).

tire, v. : 1. fatiguer, lasser; 2. se fatiguer, se lasser.

tireballe ou **tirbal,** s. (fr.) : tire-balle (chir.).

tirefond, s. (fr.) : tire-fond (chir.).

tisane, s. : tisane.

tisic, adj. : phtisique ou asthmatique.

tissue, s. : tissu; - **bank** : banque de tissus; - **fluids** : humeurs; **hard** - : tissu scléreux; **soft** - : parties molles.

tissular, adj. : tissulaire.

titanium, s. : titane.

titer, s. : titre.

titillation, s. : titillation, chatouillement.

titillomania, s. : titillomanie.

titration, s. : titrage, dosage, analyse volumétrique.

titre, s. : titre.

titrimetry, s. : titrimétrie.

titubation, s. : titubation; **lingual** - : bégaiement.

to and fro : va-et-vient.

tobacco, s. : tabac; **california - rattle virus** : virus rattle du tabac; - **etch virus** : virus « etch » du tabac; - **mosaic** : mosaïque du tabac; - **necrosis** : nécrose du tabac (virose végétale).

tobaccoism, s. : tabagisme.

toco- : toco-, préfixe indiquant un rapport avec l'accouchement.

tocodynamometer, s. : dynamomètre pour mesurer la force expulsive des contractions utérines au cours de l'accouchement.

tocograph, s. : dynamomètre enregistreur pour mesurer la force expulsive des contractions utérines au cours de l'accouchement.

tocography, s. : tocographie.

tocology, s. : tocologie (traité des accouchements).

tocomania, s. : démence puerpérale.

tocometer, s. : cf., **tocodynamometer.**

tocopherol, s. : tocophérol, vitamine E, vitamine de reproduction.

tocophobia, s. : peur morbide de l'accouchement.

tocus, s. (gr.) : parturition, accouchement.

Todds' cirrhosis : cirrhose hypertrophique du foie; - **paralysis** : paralysie post-épileptique.

toe, s. : orteil, doigt de pied; **big** - : pouce du pied; - **clonus** : contraction du gros orteil consécutive à une extension brusque de la première phalange; **flexed** - or **hammer** - or **mallet** - : orteil en marteau, orteil en cou de cygne; **Morton's** - : pied, maladie ou névralgie de Morton; - **reflex** : réflexe médioplantaire; **webbed** - : orteil palmé.

toilet, s. : 1. détersion, mondification (chir. obstét.); 2. cabinet d'aisance, w.-c.; - **seat** : siège de cabinets.

Tokelau ringworm : tokélau, tinea imbricata.

tolbutamide, B.P. : tolbutamide.

tolerance, s. : tolérance : **drug** - : tolérance d'un remède; - **dose** : dose tolérée (radiol.).

tolerant, adj. : tolérant; **subject - of a drug** : sujet tolérant vis-à-vis d'un remède.

Tolu (balsam of) : baume de Tolu.

toluene, s. : toluène.

toluidine, s. : toluidine; - **blue** : bleu de toluidine.

Tomaselli's disease : maladie de Tomaselli, fièvre quinique.

tomato, s. : tomate; - **spotted virus** : virus de la maladie bronzée de la tomate; - **yellow leaf curl virus** : virus de l'enroulement des feuilles de la tomate.

tomentous, adj. : tomenteux (se dit d'une surface couverte de fibrilles courtes et serrées ressemblant à un duvet).

tomentum cerebri (lat.) : réseau vasculaire de la pie-mère.

tomogram, s. : tomogramme (image radiographique obtenue par la tomographie).

tomography, s. : tomographie, planigraphie, radiotomie, stratigraphie.

tomomania, s. : 1. manie de faire des opérations; 2. désir anormal de se faire opérer.

tomotocia, s. : opération césarienne.

-tomy : -tomie, suffixe indiquant l'action de couper, d'inciser.

tonophasia, s. : tonophasie (paramnésie dans laquelle les notes n'éveillent pas les sons correspondant aux signes).

tone, s. : 1. son, accent, timbre, ton, voix; - **deafness** : amusie sensorielle; 2. tonicité; **want of** - : atonie ; 3. ton, nuance ; 4. ton (d'une épreuve [phot.]); v. : 1. accorder, régler la tonalité; 2. tonifier; 3. virer (phot.).

tongs, s. : pince; **crucible** - : pince à creuset.

tongue, s. : langue; **black** - : langue noire, glossophytie; **blue** - : blue tongue ou fièvre catarrhale du mouton (vétér.); - **bone** : os hyoïde; **coated** - : langue chargée; - **depressor** : abaisse-langue; **filmy** - : langue enduite; **geographical** - : langue géographique, glossite exfoliatrice marginée ; **parrot** - : langue de perroquet; **saburral** - : langue saburrale; - **tie** : ankyloglosse.

tonic, s., adj. : tonique; - **muscular spasm** : spasme tétanique.

tonicity, s. : tonicité, tonus musculaire.

tonicize, v. : tonifier.

tonicoclonic, adj. : tonico-clonique, se rapportant aux contractions musculaires.

toning, s. : virage (phot.); - **bath** : bain de virage.

tonitrophobia or **tonitruphobia,** s. : peur morbide du tonnerre.

tonofibril, s. : tonofibrille (pont intercellulaire).

tonogram, s. : tonogramme, enregistrement de la pression artérielle.

tonograph, s. : tonographe (appareil pour enregistrer la tension artérielle).

tonometer, s. : sphygmotonométrie (appareil pour mesurer la tension).

tonometry, *s.* : tonométrie (mesure des diverses tensions).

tonophant, *s.* : appareil pour rendre visibles les vibrations acoustiques.

tonoplast, *s.* : petit corps intracellulaire.

tonoscope, *s.* : instrument pour examen de l'intérieur du crâne par l'acoustique.

tonsil, *s.* : amygdale (1. gorge; 2. cervelet); **cerebellar -** : amygdale du cervelet; **Gerlach's tubal -** : amygdale tubaire; **lingual -** : amygdale linguale; **Luschka's -** *or* **pharyngeal -** : amygdale pharyngienne; **palatine -** : amygdale palatine.

tonsillar *or* **tonsillary,** *adj.* : amygdalien.

tonsillectome, *s.* : amygdalotome, tonsillitome, tonsillotome.

tonsillectomy, *s.* : amygdalectomie.

tonsillitis, *s.* : amygdalite, angine.

tonsillolith, *s.* : calcul dans une amygdale.

tonsillopharyngeus muscle : faisceau amygdalien du muscle pharyngostaphylin.

tonsillotome, *s.* : amygdalotome.

tonsillotomy, *s.* : amygdalotomie (section des amygdales).

tonus, *s.* : 1. tonus, tonisme.

tooth, *s., plur.* **teeth** : dent; **- ache, racking toothache** : rage de dents; **- buck** : dents saillantes; **- cough** : toux réflexe consécutive à une irritation dentaire; **to cut one's -** : faire, percer ses dents; **deciduous, temporary** *or* **milk -** : dents de lait; **eye -** : dent œillère; **impacted -** : dent barrée; **- like** : dentiforme; **permanent -** : dents permanentes, dentition définitive; **- plugger** : fouloir; **- pulp** : pulpe dentaire; **- rash** : strophulus, gomme; **wisdom -** : dent de sagesse.

toothed, *adj.* : denté, crénelé, dentelé; **- vertebra** : axis (deuxième vertèbre cervicale).

toothless, *adj.* : sans dents, édenté.

topalgia, *s.* : douleur dans une région circonscrite sans origine nerveuse.

top, *s.* : sommet, haut, tête; **- necrosis** : nécrose du sommet (*cf.*, **acronecrosis**); **- component** : capside vide, particule migrant dans la partie la moins dense d'un gradient (*virol.*).

topectomy, *s.* : lobectomie frontale.

topesthesia, *s.* : sensibilité tactile, locale.

tophaceous, *adj.* : tophacé.

tophus, *s., plur.* **tophi** (*lat.*) : tophus, concrétion tophacée (concrétions d'urate de soude qui se déposent autour des articulations et sur le bord du pavillon de l'oreille chez les goutteux).

topic *or* **topical,** *adj.* : topique, local.

topo- : topo-, préfixe signifiant localisé.

topoalgia, *s.* : topoalgie (douleur fixe dont le siège n'est pas en rapport avec un territoire anatomique ou physiologique).

topoanaesthesia *or* **topoanesthesia,** *s.* : impossibilité de localiser une sensation cutanée.

topodysaesthesia, *s.* : dysesthésie locale.

topognosia, *s.* : topognosie (localisation d'une excitation).

topographic *or* **topographical,** *adj.* : topographique; **- anatomy** : anatomie topographique.

topography, *s.* : topographie.

topology, *s.* : 1. anatomie topographique; 2. mode de présentation du fœtus.

toponarcosis, *s.* : anesthésie locale.

toponeurosis, *s.* : névrose localisée.

toponymy, *s.* : toponymie.

topophobia, *s.* : topophobie (crainte morbide de certains endroits).

topophylaxis, *s.* : topophylaxie (injection intraveineuse d'un médicament irritant *ou* anaphylactisant dans un segment de membre isolé par un garrot).

topothermaesthesiometer, *s.* : instrument pour mesurer la sensibilité locale thermique.

topovaccinotherapy, *s.* : immunisation locale.

torcular Herophili (*lat.*) : pressoir d'Hérophile.

tormen, *s., plur.* **tormina** (*lat.*) : coliques, tranchées.

torosity, *s.* : force musculaire.

torpent, *s., adj.* : 1. dont l'activité fonctionnelle est suspendue; 2. sédatif, calmant.

torpescence, *s.* : engourdissement, inertie, torpeur.

torpid, *adj.* : torpide, engourdi, inerte.

torpidity *or* **torpidness,** *s.* : torpeur, engourdissement, inertie.

torpor, *s.* (*lat.*) : torpeur, accablement, assoupissement; **- intestinorum** : constipation; **- retinæ** : affaiblissement du pouvoir de perception de la rétine.

torrefaction, *s.* : torréfaction.

torsiometer, *s.* : instrument pour mesurer le degré de rotation du globe oculaire.

torsion, *s.* : torsion; **- balance** : balance de torsion; **- electrometer** : électromètre de torsion, balance de Coulomb; **- spasm** : spasme en torsion.

torsiversion, *s.* : torsiversion (*odont.*).

torso, *s.* : torse.

torso-occlusion, *s.* : se dit d'une dent ayant pivoté autour de son axe d'implantation.

tort, *v.* : déplacer le méridien vertical de l'œil.

torticollar, *adj.* : atteint de torticolis.

torticollis, *s.* : torticolis; **congenital -** : torticolis congénital provoqué par un hématome du muscle sterno-cléido-mastoïdien; **fixed -** : torticolis qui provoque un raccourcissement du muscle et fixation du cou; **spasmodic -** *or* **- spastica** : torticolis spasmodique; **spurious -** : faux torticolis.

tortipelvis, *s.* : maladie de Ziehen-Oppenheim, dysbasie lordotique progressive, dystonie musculaire progressive.

tortuous, *adj.* : tortueux, sinueux.

Torula, *s.* : *Torula* (levure).

torulose or **torulous**, *adj.* : toruleux.

torulosis, *s.* : torulose, cryptococcose.

torulus, *s.*, *plur.* **toruli** *(lat.)* : protubérance.

torus, *s.*, *plur.* **tori** *(lat.)* : 1. tore *(math.)*; 2. protubérance, proéminence; 3. tuber cinereum (diencéphale).

total anomalous pulmonary veins connection : retour pulmonaire veineux anormal total.

total body counter : anthroporadiamètre.

Toti's operation : dacryocystorhinostomie, dacryorhinostomie plastique.

touch, *s.* : 1. toucher, sens du toucher; 2. palpation *(obstét.)*; **double -** : toucher recto-vaginal; **rectal -** : toucher rectal ; **vaginal -** : toucher vaginal.

tour de maître : méthode d'introduction d'une sonde urétrale chez l'homme.

Tourette's disease : maladie des tics convulsifs (syndrome épisodique de la dégénérescence héréditaire, caractérisé par des tics, de la coprolalie, de l'échomatisme).

Tournay's sign : réaction *ou* réflexe de Tournay *(ophtal.)*.

tourniquet, *s.* : garrot, tourniquet, compresseur *(chir.)*; **Esmarch's -** : bande d'Esmarch.

tow, *s.* : filasse chirurgicale.

toxaemia or **toxemia**, *s.* : 1. toxémie (accumulation dans le sang d'une quantité excessive de poisons d'origine endogène ou exogène); 2. toxémie de la grossesse.

toxaemic or **toxemic**, *adj.* : se rapportant à, atteint de, causé par la toxémie.

toxalbumin, *s.* : toxalbumine.

toxalbumose, *s.* : albumose toxique.

toxanaemia or **toxanemia**, *s.* : anémie d'origine toxique.

toxic or **toxical**, *adj.* : toxique.

toxicant, *s.*, *adj.* : toxique.

toxicide, *s.* : remède, principe destructeur d'agents toxiques.

toxicity, *s.* : toxicité (1. caractère de ce qui est toxique; 2. la plus faible quantité d'une substance pouvant nuire à un animal).

toxicodendrol, *s.* : essence de toxicodendron (toxique, non volatile).

toxicodendron, *s.* : toxicodendron, sumac vénéneux.

toxicoderma, *s.* : *cf.*, **toxicodermatitis.**

toxicodermatitis, *s.* : dermatite d'origine toxique.

toxicodermatosis, *s.* : *cf.*, **toxicodermatitis.**

toxicogenic, *adj.* : toxigène, producteur de toxines.

toxicohaemia or **toxicohemia**, *s.* : toxémie.

toxicoid, *adj.* : d'aspect toxique.

toxicological, *adj.* : toxicologique.

toxicologist, *s.* : toxicologue.

toxicology, *s.* : toxicologie (science des poisons).

toxicomania, *s.* : 1. toxicomanie (usage habituel et excessif de médicaments toxiques); 2. toxophobie.

toxicopathy, *s.* : maladie d'origine toxique.

toxicophidia, *s. pl.* : serpents venimeux.

toxicosis, *s.* : toxicose, intoxication, maladie toxique ; **auto -** or **endogenic -** : intoxication endogène, auto-intoxication; **exogenic -** : intoxication exogène.

toxidermatosis, *s.* : toxidermie.

toxidermitis, *s.* : toxidermie.

toxiferous or **toxigenous**, *adj.* : toxigène, producteur de toxines.

toxigenic, *adj.* : toxigène.

toxin, *s.* : toxine; **normal -** : toxine dont 0,01 ml tue un cobaye de 250 g en 4 jours.

toxinfection, *s.* : toxi-infection (action exercée sur l'organisme par les toxines sécrétées par les microbes).

toxinic, *adj.* : toxinique, qui a rapport aux toxines.

toxiphobia, *s.* : toxophobie (crainte morbide d'être empoisonné).

toxitherapy, *s.* : toxithérapie, toxinothérapie (emploi thérapeutique de certaines toxines).

toxituberculid, *s.* : toxituberculide, tuberculide (lésion cutanée, d'origine tuberculeuse probable, mais où l'on ne trouve pas de bacilles de Koch).

toxogenin, *s.* : toxogénine, sensibilisine.

toxoid, *s.* : anatoxine, toxoïde (toxine ayant subi une modification, supprimant sa toxicité et respectant son pouvoir antigène).

toxolysis, *s.* : toxolyse *(biol., chim.)*.

toxon, *s.* : toxone (produit sécrété par les bactéries et analogue à la toxine).

toxonosis, *s.* : maladie d'origine toxique.

toxophile, *adj.* : ayant une affinité pour les toxines.

toxoplasma, *s.* : toxoplasme (organisme parasitaire monocellulaire).

toxoplasmosis, *s.* : toxoplasmose.

toxuria, *s.* : toxurie.

Toynbee's corpuscles : corpuscules de la cornée; **- experiment** : épreuve de Toynbee, épreuve de Valsalva; **- otoscope** : otoscope servant dans l'expérience de Politzer.

trabal, *adj.* : se rapportant au corps calleux.

trabecula, *s.*, *plur.* **trabeculæ** *(lat.)* : trabécule, colonne; **trabeculæ carneæ** : colonnes charnues (cœur); **- cerebri** : corps calleux; **- cinerea** : commissure grise (cerveau); **- cranii** or **Rathke's -** : poche de Rathke, poche hypophysaire.

trabecular, *adj.* : trabéculaire; **- region** : poche de Rathke, poche hypophysaire.

trace, *s.* : 1. trace, empreinte; 2. trace, vestige.

tracer, *s.* : 1. instrument pour dilacérer le tissu conjonctif afin d'isoler les nerfs et les vaisseaux; 2. marqueur, corps marqué *(radiol.)*; **- radio-element** : élément radioactif.

trachea, *s.* : trachée.

trachea-ectasy, *s.* : dilatation de la trachée.

tracheal, *adj.* : trachéal.

trachealgia, *s.* : 1. douleur dans la trachée ; 2. croup.

tracheitis, *s.* : trachéite (inflammation de la trachée).

trachelagra, *s.* : rhumatisme du cou.

trachelectomy, *s.* : excision du col de l'utérus.

trachelematoma, *s.* : trachelhématome (hématome du sterno-cléido-mastoïdien).

trachelian, *adj.* : cervical.

trachelismus, *s.* : trachélisme (contraction spasmodique des muscles du cou).

trachelitis, *s.* : cervicite (inflammation du col de l'utérus).

trachelo- : trachélo-, préfixe dénotant un rapport avec le cou, le col.

trachelocyllosis, *s.* : torticolis.

trachelocystitis, *s.* : cervicite (inflammation du col de la vessie).

trachelokyphosis, *s.* : déviation antérieure de la partie cervicale de la colonne vertébrale.

trachelopanus, *s.* : tuméfaction des ganglions lymphatiques cervicaux.

trachelopexy, *s.* : trachélopexie (fixation du col de l'utérus).

trachelophyma, *s.* : œdème du cou.

tracheloplasty, *s.* : opération plastique sur le col de l'utérus.

trachelorrhaphy, *s.* : trachélorraphie, opération d'Emmet (avivement et suture d'une des commissures du museau de tanche pour réparer la déchirure du col utérin consécutive à un accouchement).

trachelorrhectes, *s.* : instrument utilisé en embryotomie pour écraser les vertèbres cervicales.

tracheloschisis, *s.* : fissure congénitale du cou.

trachelosyringorrhaphy, *s.* : opération d'une fistule vaginale avec fixation au col de l'utérus.

trachelotomy, *s.* : incision du col de l'utérus.

tracheo- : trachéo-, préfixe dénotant un rapport avec la trachée.

tracheoaerocele, *s.* : diverticule de la trachée.

tracheoblennorrhea, *s.* : écoulement de mucopus de la trachée.

tracheobronchitis, *s.* : trachéobronchite (trachéite accompagnée de bronchite).

tracheobronchoscopy, *s.* : trachéobronchoscopie, bronchoscopie.

tracheocele, *s.* : 1. trachéocèle (tumeur gazeuse du cou formée par un épanchement limité d'air en communication avec la trachée); 2. goitre.

tracheofistulization, *s.* : trachéofistulisation (ponction du larynx, entre les cartilages thyroïde et cricoïde, avec une aiguille *ou* une canule courbe de petit calibre).

tracheolaryngotomy, *s.* : trachéotomie et laryngotomie combinées.

tracheomalacia, *s.* : trachéomalacie.

tracheopathia osteoplastica : dépôt cartilagineux et osseux sur la muqueuse de la trachée.

tracheophony, *s.* : son perçu à l'auscultation sur la trachée.

tracheoplasty, *s.* : chirurgie plastique de la trachée.

tracheopyosis, *s.* : trachéite purulente.

tracheorrhagia, *s.* : hémorragie de la trachée.

tracheorrhaphy, *s.* : trachéorraphie.

tracheoschisis, *s.* : fissure de la trachée.

tracheoscopic, *adj.* : se rapportant à la trachéoscopie.

tracheoscopy, *s.* : trachéoscopie (examen endoscopique de la trachée).

tracheostenosis, *s.* : trachéosténose (rétrécissement de la trachée).

tracheotome, *s.* : instrument pour trachéotomie.

tracheotomy, *s.* : trachéotomie (incision chirurgicale de la trachée); **inferior -** : trachéotomie basse; **superior -** : trachéotomie supérieure; **- tube** : canule laryngienne.

trachoma, *s.* : trachome, conjonctivite granuleuse.

trachomatous, *adj.* : trachomateux.

trachychromatic, *adj.* : se dit d'un noyau fortement chromatophile.

trachyphonia, *s.* : voix rauque.

track, *s.* : 1. trajet, parcours; 2. fusée purulente.

tract, *s.* : tract, faisceau, appareil, voie, ensemble d'organes se rapportant à une fonction.

tractellum, *s.*, plur. **tractella** *(lat.)* : flagelle locomoteur d'un protozoaire.

traction, *s.* : traction, tirage; **- aneurysm** : anévrisme dû à une distension de l'aorte résultant d'une oblitération incomplète du canal artériel; **axis -** : traction sur le fœtus dans l'axe du vagin; **- diverticulum** : sacculation circonscrite de l'œsophage consécutive à des adhérences; **weight -** : traction sur un membre par la suspension d'un poids; **windlass -** : traction sur une jambe par un treuil.

tractotomy, *s.* : tractotomie (section d'un tract nerveux).

tractus, *s.* *(lat.)* : tract; **- iliotibialis** : bandelette iliopectinée; **- olfactorius** : voies olfactives; **- opticus** : bandelette optique; **- solitarius** : faisceau solitaire.

trade disease : maladie professionnelle.

tragacanth, *s.* : tragacanthe *(bot.)*; **- gum** : gomme adragante.

tragal, *adj.* : se rapportant au tragus.

tragomaschalia, *s.* : transpiration fétide des aisselles.

tragophonia *or* **tragophony,** *s.* : égophonie.

tragopodia, *s.* : genou cagneux.

tragus, s. : 1. tragus; 2. poil de l'oreille.

training, s. : entraînement, formation professionnelle, éducation, instruction; **autogene -** : restauration autogène de l'esprit, du corps, training autogène (psychothér.); **physical -** : éducation physique; **- school** : école professionnelle; **vocational -** : éducation professionnelle.

trait, s. : trait du caractère; **sickle cell -** : drépanocytose sans anémie.

trajector, s. : instrument pour localiser une balle de fusil.

tramitis, s. : tramite.

trance, s. : extase, catalepsie; **death -** : léthargie; **ecstatic -** : catalepsie; **hypnotic -** : transe, hypnose; **hysterical -** : état de transe se voyant parfois dans les crises d'hystérie.

tranquilizer, s. : tranquillisant.

trans- : trans-, préfixe signifiant au travers, à travers de.

transaminase, s. : transaminase.

transamination, s. : transamination.

transanimation, s. : fait de pratiquer la respiration artificielle sur un enfant mort-né.

transaudient, adj. : permettant la transmission du son.

transcalent, adj. : perméable aux radiations chaudes.

transcriptase, s. : transcriptase; **reverse -** : transcriptase réverse.

transducer, s. : transducteur.

transduction, s. : transduction.

transductor, adj. : transducteur.

transection, s. : section transversale (d'un organe).

transfection, s. : transfection (infection d'une cellule par l'acide nucléique isolé d'un virus, ce qui donne lieu à la formation d'un virus complet) (génét.).

transfer, s. : transfert.

transference, s. : 1. cf., **transfer**; 2. télépathie, transfert affectif; 3. migration.

transferrin, s. : transférine, sidérophilline.

transfix, v. : transpercer.

transfixion, s. : 1. transfixion; 2. mode d'amputation.

transforation, s. : transforation, craniotripsie (opération qui consiste à percer le crâne d'un fœtus).

transforator, s. : transforateur.

transformation, s. : transformation (1. modification génétique provoquée par l'incorporation, à une cellule, de DNA de cellule ou de virus; 2. modification provoquée dans une cellule par la présence d'un virus); dégénérescence, métamorphose.

transformer, s. : transformateur (électr.).

transformism, s. : transformisme, lamarckisme.

transformist, s., adj. : transformiste; **- theory** : transformisme, théorie transformiste.

transfuse, v. : 1. transfuser, faire une transfusion; 2. transvaser, transfuser.

transfusion, s. : 1. transfusion (a. injection de sang; b. introduction de sang, eau physiologique ou autre liquide dans une veine); 2. transvasement, transfusion; **arterial -** : transfusion sanguine par voie intra-artérielle; **direct or immediate -** : transfusion sanguine directe (de bras à bras); **indirect or mediate -** : transfusion de sang conservé; **venous -** : transfusion sanguine par voie intraveineuse.

transic, adj. : se rapportant à l'état de transe.

transient, adj. : fugace, transitoire, temporaire.

transillumination, s. : transillumination, diaphanoscopie, diascopie.

transition, s. : transition, passage; **- stage** : période transitoire; **- tumor** : tumeur bénigne qui tend à se transformer en tumeur maligne.

transitory, adj. : transitoire, temporaire.

translation, s. : 1. translation, changement de lieu; 2. traduction.

translocation, s. : translocation (génét.).

translucence or translucency, s. : 1. translucidité, diaphanéité; 2. transparence.

translucent, adj. : 1. translucide, diaphane; 2. transparent.

transmigration, s. : transmigration, diapédèse.

transmissibility, s. : transmissibilité.

transmissible, adj. : transmissible.

transmission, s. : 1. transmission; 2. hérédité.

transmutation, s. : transmutation.

transonance, s. : transmission de la résonance (auscultation).

transparency, s. : 1. transparence, limpidité; 2. diapositif; **colour -** : diapositif.

transparent, adj. : transparent, diaphane, limpide.

transperitoneal, adj. : transpéritonéal, qui traverse le péritoine.

transpiration, s. : transpiration (1. exhalation; 2. substance exhalée).

transpire, v. : transpirer.

transplant, s. : greffe; v. : greffer.

transplantation, s. : greffe; **- of cornea** : greffe cornéenne, kératoplastie.

transpleural, adj. : transpleural, qui traverse la plèvre.

transport, v. : transférer, transporter.

transposition, s. : transposition; **- of the viscera** : transposition des viscères, situs inversus.

transprocess, s. : apophyse transverse.

transsection, s. : section transversale.

transthermia, s. : diathermie.

transthoracotomy, s. : 1. thoracotomie; 2. section transversale du thorax (dissection).

transudate, s. : transsudat.

transudation, s. : transsudation.

transude, *v.* : transsuder.

transurethral, *adj.* : transurétral.

transvaginal, *adj.* : transvaginal.

transversal, *adj.* : transversal.

transversalis, *cf.,* **arteria, musculus.**

transverse, *adj.* : transverse, en travers, oblique; - **presentation** : présentation transverse (*obstét.*).

transversectomy, *s.* : excision de l'apophyse transverse d'une vertèbre.

transversion, *s.* : 1. transversion (remplacement d'une base pyrimidique par une base purique (ou inversement) de la chaîne polynucléotide de DNA) (*génét.*); 2. transposition d'une dent par une autre.

transvestism, *s.* : travestisme (manie masculine de s'habiller en femme, plus rarement l'inverse).

transverstite, *s.* : personne qui s'habille à la manière du sexe opposé, travesti.

trap, *s.* : trappe, siphon, coupe-air (égoût, évier); - **door flap** : lambeau semi-circulaire (trépanation); **radiation -** : dispositif de sécurité sur certains éviers pour empêcher la contamination des égoûts par des déchets radioactifs; - **valve** : soupape à clapet.

trapezial, *adj.* : se rapportant : 1. à l'os trapèze; 2. au muscle trapèze.

trapeziform, *adj.* : trapéziforme.

trapezium, *s.* : 1. os trapèze; trapèze (carpe); 2. fibres arciformes du bulbe.

trapezius, *s.* : *cf.,* **musculus.**

trapezoid, *s.* : 1. trapézoïde, os trapézoïde (carpe); 2. trapézoïde (*géom.*); *adj.* : - **bone,** *cf.,* **trapezoid** (1); - **ligament** : ligament trapézoïde; - **line** : ligne d'insertion du ligament trapézoïde sur la clavicule (segment antérieur de la tubérosité coracoïdienne).

trapping, *s.* : signe du clapet, blocage.

Traube's corpuscles : hématies incolores; - **curves** : larges ondulations rythmiques du tracé sphygmographique après l'arrêt de la respiration; - **dyspnea** : forme de dyspnée constatée dans le diabète; - **phenomenon** : double ton de Traube (double ton que l'on entend en auscultant l'artère fémorale sans la comprimer : signe d'insuffisance aortique), - **plugs** : bouchons de Dittrich; - **semi-lunar space** : espace de Traube (normalement sonore, sa matité révèle un épanchement pleural gauche abondant).

traulism *or* **traulismus,** *s.* : blésité (le fait de bléser en parlant).

trauma, *s.* : trauma, blessure; **birth -** : trauma du fœtus à la naissance; **psychic -** : choc émotionnel.

traumasthenia, *s.* : asthénie traumatique, psychasthénie commotionnelle.

traumatic, *adj.* : traumatique; - **degeneration** : dégénérescence wallérienne (nerfs); - **fever** : fièvre traumatique.

traumatism, *s.* : traumatisme.

traumatize, *v.* : traumatiser, blesser.

traumatology, *s.* : traumatologie (partie de la pathologie externe consacrée à l'étude des blessures).

traumatonesis, *s.* : suture d'une blessure.

traumatopathy, *s.* : maladie d'origine traumatique.

traumatopnoea, *s.* : traumatopnée (entrée et sortie de l'air par l'orifice d'une plaie thoracique mettant en communication la plèvre avec l'air extérieur).

traumatopyra, *s.* : fièvre traumatique.

traumatosepsis, *s.* : gangrène nosocomiale, pourriture d'hôpital.

traumatosis, *s.* : traumatisme.

travail, *s.* (*fr.*) : travail, enfantement; - **pains** : douleurs de l'enfantement; **woman in -** : femme en travail.

tray, *s.* : plateau (pour instruments); **developing -** : cuvette à développeur (*phot.*); **impression -** : porte-empreinte (*dent.*).

treacle, *s.* : 1. mélasse; 2. **Venice -** : thériaque.

treat, *v.* : traiter (*méd., chim.*).

treatment, *s.* : traitement : *cf.,* **therapy; fresh air -** : cure d'air; **causal, empirical, preventive** *or* **prophylactic, specific, symptomatic -** : traitement causal, conservateur, empirique, préventif, spécifique, symptomatique.

trefoil tendon : centre phrénique (diaphragme).

Treitz's fossa : fossette duodénale inférieure ; - **hernia** : hernie de Treitz (hernie d'une anse intestinale dans l'hiatus de Winslow); - **muscle** : muscle de Treitz.

Trélat's sign : taches jaunâtres dans le voisinage des ulcères tuberculeux de la bouche; - **speculum** : spéculum rectal à deux valves.

trematode, *s.* : trématode (ver de la classe des helminthes) (*parasit.*).

trematodiasis, *s.* : infestation par les trématodes.

tremble, *s.* : tremblement, frisson; *v.* : trembler, frissonner, frémir.

trembles, *s.* : 1. tremblante, milksickness (*vétér.*); 2. maladie de Parkinson.

trembling, *s.* : tremblement, tremblotement; - **fit** : accès de tremblement nerveux, tremblement de fièvre; *adj.* : tremblant, tremblotant; - **palsy** : maladie de Parkinson.

tremelloid *or* **tremellose,** *adj.* : tremblotant, qui tremble, ayant l'aspect de la gelée.

tremogram, *s.* : courbe faite par l'appareil à enregistrer les tremblements.

tremograph, *s.* : appareil pour enregistrer les tremblements.

tremophobia, *s.* : trémophobie (peur de trembler).

tremor, *s.* : tremblement, trémulation, trépidation; - **artuum** : maladie de Parkinson; **coarse -** : tremblement lent et accentué; **epileptoid -** : trémulation épileptoïde, clonus; **fascicular, fibrillary** *or* **muscular -** : tremblement fasciculaire; **fine -** : tremblement rapide et fin; **intention, volitional** *or* **intermittent -** : tremblement intentionnel ; **pas-**

sive - : tremblement passif, tremblement au repos; **persistent -** : tremblement passif et intentionnel; **toxic -** : tremblement d'origine toxique.

tremorless, *adj.* : sans tremblement.

tremulation, *s.* : trémulation, tremblement.

tremulor, *s.* : appareil pour faire des massages vibratoires.

tremulous, *adj.* : tremblant, tremblotant.

trench fever : fièvre des tranchées (rickettsiose); **- foot** : pied des tranchées; **- mouth** : stomatite ulcéro-membraneuse; **- nephritis** : forme de néphrite constatée chez les soldats dans les tranchées.

trend, *s.* : orientation, tendance.

Trendelenburg's position : position de Trendelenburg, position dorso-sacrée déclive.

trepan, *s.* : trépan; *v.* : trépaner.

trepanation, *s.* : trépanation.

trepanning, *adj.* : forant, trépanant ; **- instruments** : instruments pour la trépanation.

trephination, *s.* : *cf.*, **trephining.**

trephine, *s.* : tréphine (*chir.*); **- biopsy** : biopsie par trépanoponction; *v.* : opérer avec la tréphine.

trephining, *s.* : térébration.

trepidation, *s.* : trépidation, tremblement.

Treponema, *s.* (*lat.*) : tréponème; **- *pallidum*** : *Treponema pallidum*, tréponème pâle (syphilis); **- *pertenue*** : *Treponema pertenue* (pian).

treponemiasis, *s.* : tréponémose, tréponématose (nom générique donné aux maladies causées par les tréponèmes).

treponemicidal, *adj.* : tréponémicide.

tresis, *s.* : perforation; **- punctura** : ponction; **- vulnus** : blessure.

Treves' bloodless fold : repli iléo-appendiculaire.

tri- : tri-, préfixe signifiant trois.

triakaidekaphobia *or* **triskaidekaphobia**, *s.* (*gr.*) : peur morbide du chiffre treize.

trial, *s.* : essai, épreuve; **double blind -** : essai à double insu; **- case** : boîte d'essai (*ophtal.*); **- frame** : monture d'essai; **- glasses** *or* **lenses** : verres d'essai.

triangle, *s.* : triangle; **anterior - of the neck, posterior - of the neck** : triangle antérieur *ou* postérieur du cou; **- of auscultation** : triangle d'auscultation sur le dos entre l'omoplate, le trapèze et le grand dorsal; **extravesical -** *or* **Pawlik's -** : triangle de Pawlik (vagin); **femoral -** : trigonum femorale, triangle de Scarpa; **vesical -** : trigone de Lieutaud (vessie).

triangular, *adj.* : triangulaire.

triatomic, *adj.* : triatomique.

tribadism, *s.* : tribadisme, saphisme.

tribasic, *adj.* : tribasique (*chim.*).

tribasilar, *adj.* : à trois bases; **- synostosis** : synostose de l'occipital, du sphénoïde et du temporal à la base du crâne.

triceps, *s.* : *cf.*, **musculus.**

trichangeiectasis, *s.* : dilatation des capillaires.

trichatrophia, *s.* : état cassant des cheveux consécutif à une atrophie des bulbes pileux.

trichauxis, *s.* : trichauxis, hypertrichose.

trichesthesia, *s.* : *cf.*, **tricho-aesthesia.**

trichiasis, *s.* : trichiasis (déviation congénitale *ou* acquise des cils en arrière vers le globe oculaire).

Trichina *or* **Trichinella**, *s.* (*lat.*) : trichine (ver nématode); **- *spiralis*** : trichnine, *Trichina spiralis* (nématode parasite de l'intestin de l'homme et du porc [*parasit.*]).

trichinelliasis *or* **trichinellosis**, *s.* : trichinose.

trichiniferous, *adj.* : trichiné.

trichinization, *s.* : infestation par les trichines.

trichinosis, *s.* : trichinose (maladie causée par l'ingestion de viande de porc trichinée).

trichismus, *s.* : 1. fracture à peine perceptible; 2. fissure capillaire.

trichitis, *s.* : inflammation des bulbes pileux.

trichiurus, *s.* : trichocéphale (ver nématode).

trichloroethylene, *B.P.* : CCl_2 $CHCl$, trichloro-éthylène.

tricho-aesthesia, *s.* : sensation ou douleur perçue quand un cheveu est touché, trichodynie.

trichobacteria, *s.* : bactéries flagellées.

trichobezoar, *s.* : trichobézoard (corps étranger de l'estomac formé par un amas de poils ou de cheveux).

trichocardia, *s.* : inflammation du péricarde avec projections pseudo-membraneuses.

trichocephaliasis, *s.* : trichocéphalose (maladie causée par les trichocéphales; troubles intestinaux variés accompagnés parfois d'anémie [*parasit.*]).

Trichocephalus, *s.* : trichocéphale (ver nématode [*parasit.*]).

trichocirsus, *s.* : dilatation capillaire anormale.

trichoclasia, *s.* : trichoclasie, rupture des cheveux.

trichoclasty, *s.* : trichoclastie.

trichocryptosis, *s.* : maladie des follicules pileux.

trichocyst, *s.* : trichocyste (petits organes acérés que l'on rencontre chez certains infusoires holotriches).

trichodangeia, *s.* : capillaire sanguin.

trichodangeitis, *adj.* : inflammation des vaisseaux capillaires.

trichodarteria, *s.* : artériole.

trichodarteriitis, *s.* : inflammation des artérioles.

trichodophlebitis, *s.* : inflammation des veinules.

tricho-epithelioma, *s.* : tricho-épithéliome.

trichogen, *s.* : corps stimulant la poussée des cheveux.

trichogenous, *adj.* : stimulant la poussée des cheveux.

trichoglossia, *s.* : trichoglossie (état pathologique de la langue qui fait qu'elle semble couverte de poils).

trichoid, *adj.* : trichoïde.

trichokryptomania, *s.* : *cf.,* **trichorrhexomania.**

tricholabis *or* **tricholabium,** *s.* : pince à épiler.

tricholith, *s.* : concrétion chevelue.

trichologia, *s.* : 1. carphologie; 2. épilation de ses propres cheveux.

trichology, *s.* : 1. trichologie (étude des cheveux et de leurs maladies); 2. *cf.,* **trichologia.**

trichoma, *s.* : trichome, plique.

trichomania, *s.* : trichotillomanie, alopécie par grattage, manie dépilatoire.

trichomatosis, *s.* : plique.

Trichomonas, *s.* : *Trichomonas* (protozoaire piriforme).

trichomoniasis, *s.* : état caractérisé par la présence de trichomonas.

trichomonicide, *s.* : trichomonocide.

trichomyces, *s.* : *cf.,* **trichophyton.**

Trichomycetes, *s.* : groupe de champignons, dont les *Actinomycètes,* les *Streptothrix,* les *Cladothrix* et les *Leptothrix.*

trichomycosis, *s.* : trichomycose (affection parasitaire de la tige du bulbe); **- nodosa** : trichomycose noueuse, piedra.

trichonocardiasis, *s.* : nocardose affectant les cheveux et le système pileux.

trichonosis *or* **trichonosus,** *s.* : toute maladie des cheveux, trichopathie.

trichopathophobia, *s.* : crainte morbide concernant les cheveux (développement, couleur, maladies).

trichopathy, *s.* : trichopathie (toute maladie des cheveux).

trichophagia *or* **trichophagy,** *s.* : trichophagie, fait de manger des cheveux.

trichophytic, *s.* : produit exaltant la poussée des cheveux; *adj.* : 1. exaltant la poussée des cheveux; 2. se rapportant aux trichophytons.

trichophytid, *s.* : trichophytide (manifestation cutanée en rapport avec la trichophytie).

trichophytobezoar, *s.* : bézoard formé de cheveux, matières végétales et déchets alimentaires.

trichophyton, *s.* : trichophyton (champignon parasite se développant sur la peau et ses annexes).

trichophytosis, *s.* : trichophytie (maladie causée par le développement sur la surface cutanée d'un champignon parasite, en particulier *Trichophyton tonsurans*).

trichopoliosis, *s.* : canitie.

trichoptilosis, *s.* : trichoptilose, trichorrhexie.

trichorrhea, *s.* : perte rapide des cheveux.

trichorrhexis, *s.* : trichorrhexie, trichoptilose ; **- nodosa** : trichorrhexie noueuse, trichorrhexis nodosa.

trichoschisis, *s.* : division du cheveu.

trichoscopy, *s.* : examen des cheveux.

trichosis, *s.* : trichose (terme générique désignant les maladies et anomalies des poils et des cheveux); **- athrix** : alopécie; **- decolor** : décoloration morbide des cheveux ; **- distrix** : trichoptilose ; **- poliosis** : canitie; **- sensitiva** : sensibilité du cuir chevelu.

trichosporon, *s.* : trichosporon (champignon).

trichosporosis, *s.* : trichosporie, piedra, trichomycose noueuse.

trichothecium, *s.* : parasite végétal des cheveux.

trichotillomania, *s.* : trichomanie, alopécie par grattage, manie dépilatoire.

trichotomy, *s.* : trichotomie, division par trois.

trichroic, *adj.* : trichroïque.

trichroism, *s.* : trichroïsme.

trichromat, *s.* : individu dont l'œil est trichromate.

trichromic, *adj.* : trichromate (se dit de l'œil normal qui perçoit les trois couleurs fondamentales du spectre, rouge, vert et violet).

trichuriasis, *s.* : trichocéphalose *(parasit.).*

trichuris, *s.* : genre de ver nématode ; **- trichiura,** . trichocéphale *(parasit.).*

tricorn, *s.* : ventricule latéral (cerveau).

tricornis, *s. (lat.)* : à trois cornes (nom donné aux ventricules latéraux).

tricornute, *adj.* : tricorne.

tricrotic, *adj.* : tricrote (se dit du pouls dont le tracé sphygmographique présente un sommet et deux soulèvements dans la ligne de descente).

tricrotism, *s.* : état du pouls tricrote.

tricrotous, *adj.* : tricrote.

tricuspid, *adj.* : 1. tricuspide; 2. se rapportant à la valvule tricuspide, tricuspidien.

tridactyl *or* **tridactylous,** *adj.* : tridactyle.

trident *or* **tridentate,** *adj.* : tridenté.

tridermic, *adj.* : tridermique (qui possède les trois feuillets du blastoderme).

tridermoma, *s.* : tumeur tridermique, embryome, dysembryome tératoïde.

trielcon, *s.* : instrument à trois griffes pour extraire des corps étrangers, des balles.

trifid, *adj.* : trifide.

triflagellate, *adj.* : bactéries à trois flagelles.

trigastric, *adj.* : trigastrique (se dit d'un muscle formé d'une série longitudinale de trois faisceaux charnus distincts séparés par des tendons).

trigeminal, *adj.* : 1. trijumeau; 2. se rapportant au trijumeau (nerf trijumeau).

trigeminus, *s. (lat.)* : nerf trijumeau.

trigger, *s.* : poussoir à ressort, détente; **- area** : zone sensible du corps dont l'irritation déclenche des phénomènes physiologiques ou pathologiques sur un autre point ; **- finger** : doigt à ressort ; **- knee** : blocage articulaire du genou, syndrome des ménisques (arrêt brusque de mouvement du genou au cours du fléchissement ou de l'extension); **- zone** : zone gâchette; *adj.* : déclenchant;

- action : rôle déclenchant; **- area** : zone de propulsion d'influx.

triglyceride, s. : triglycéride.

trigone, s. : trigone; **- of the bladder** : trigone vésical, trigone de Lieutaud; **olfactory -** : trigone olfactif.

trigonid, s. : les trois pointes d'une molaire inférieure.

trigonitis, s. : trigonite (cystite localisée au trigone vésical).

trigonum, s. : triangle, trigone.

trihybrid, s. : rejeton différent des parents par trois caractéristiques.

trilaminar, adj. : à trois couches (biol.).

trilateral, adj. : trilatéral.

trilobate, adj. : trilobé.

trilocular, adj. : triloculaire.

trimanual, adj. : se rapportant à une manœuvre faite par trois mains.

trimastigote, adj. : à trois flagelles.

trimester, s. : trimestre.

trimorphism, s. : trimorphisme.

trinitrophenol, s. : réactif d'Esbach, $C_6H_2(NO_2)_3OH$.

triorchidism, s. : triorchide (anomalie consistant dans la présence de trois testicules dans les bourses).

triotus, s. : diprosope à trois oreilles et généralement quatre yeux.

trioxide, s. : trioxyde.

trip, s. : 1. excursion; 2. faux pas; **- gear** : démarche trébuchante; 3. hallucination (des toxicomanes); v. : trébucher.

tripara, s. : III pare.

tripes, s., adj. (lat.) : 1. monstre à trois pieds; 2. à trois pieds.

triphalangia, s. : présence de trois phalanges dans le pouce ou le gros orteil.

triphasic, adj. : triphasique.

Tripier's amputation : modification de l'amputation de Chopart consistant dans l'ablation de la partie du calcanéum située sous la petite apophyse du calcanéum.

triple, adj. : triple; **- nerved** : triplinervé (bot.).

triplegia, s. : triplégie (hémiplégie accompagnée de paralysie d'un membre du côté opposé).

triplet, s. : 1. triplet; **to give birth to -** : mettre au monde trois jumeaux; **birth of -** : accouchement trigémellaire ; 2. triplet (opt.) ; 3. triplet (génét.).

triplex, adj. (lat.) : triple.

triploblastic, adj. : à trois membranes blastodermiques.

triploid, adj. : triploïde.

triplocoria, s. : iris à trois pupilles.

triplopia, s. : triplopie.

tripod, s. : trépied; **anatomical -** : les trois points de contact du pied quand un individu est debout (1. talon; 2. les trois métatarsiens internes; 3. les deux métatarsiens externes); **Haller's -** : plexus cœliaque; **vital -** : trépied vital (cœur, poumon, cerveau).

tripos, s. : examen de l'Université de Cambridge équivalent à la licence.

triprosopus, s. : monstruosité caractérisée par la fusion de trois faces en une.

tripsis, s. : 1. trituration; 2. massage.

triptocoria, s. : état caractérisé par la présence de trois pupilles distinctes dans l'iris.

triquetous, adj. : triangulaire, triguètre (inus.); **- bone** : cf., **triquetrum.**

triquetrum, s. : 1. os wormien; 2. os cunéiforme du carpe.

triradial or **triradiate,** adj. : rayonnant dans trois directions ; **- pelvis** : bassin en trèfle (obstét.).

trismoid, s. : forme de trismus du nouveau-né consécutif à une pression sur l'occipital au cours du travail.

trismus, s. : trismus (constriction intense des mâchoires par contracture des muscles masticateurs, symptôme du tétanos).

trisomy or **trisomia,** s. : trisomie (cas où un chromosome formant normalement une paire donne lieu à trois chromosomes au lieu de deux) (génét.).

tristichiasis, s. : forme de distichiasis congénital caractérisé par trois rangées de cils.

tristimania, s. : mélancolie.

trisubstituted, adj. : trisubstitué.

trisulcate, adj. : à trois sillons.

tritanopia, s. : tritanopie (trouble visuel caractérisé par l'incapacité de voir le violet).

triticeous, adj. : triticé (ayant la forme d'un grain de froment); **- cartilage** or **nodule** : cartilage triticé (ligament thyrohyoïdien).

triticeum, s. : cartilage triticé.

tritium or **triterium,** s. : tritium (isotope de l'hydrogène).

tritocone, s. : cuspide externe des prémolaires supérieures.

tritoconid, s. : cuspide externe des prémolaires inférieures.

tritubercular, adj. : tricuspide.

triturable, adj. : triturable.

triturate, s. : triturat, poudre finement divisée; v. : triturer, réduire en poudre.

trituration, s. : trituration.

trivalve or **trivalvular,** adj. : trivalve, à trois valves.

trocar, s. : trocart, trois-quarts (instrument destiné à pratiquer la ponction).

trochanter, s. : trochanter (fémur); **greater -** or **- major** : grand trochanter; **lesser -** or **- minus** : petit trochanter.

trochanteric, adj. : trochantérien.

troche, *s.* : dragée, pastille, pilule, trochisque (*inus.*) (petite masse médicamenteuse à laquelle on donne diverses formes).

trochin, *s.* : trochin (humérus).

trochiter, *s.* : trochiter (humérus).

trochlea, *s.* (*lat.*) : trochlée (forme de diarthrose où l'une des surfaces a la forme d'une poulie); **- of the astragalus** : poulie astragalienne; **- of the femur** : trochlée fémorale; **- of the humerus** : trochlée humérale; **- labyrinthi** : limaçon; **- nerve** : nerf pathétique.

trochlear, *adj.* : trochléen.

trochleariform, *adj.* : en forme de poulie.

trochocardia, *s.* : rotation du cœur sur son axe.

trochocephalia *or* **trochocephaly,** *s.* : trochocéphalie (malformation du crâne caractérisée par sa forme arrondie).

trochoginglymus, *s.* : diarthrose présentant les caractéristiques de la condylienne et de la trochléenne.

trochoid, *adj.* : trochoïde.

trochoides, *s.* : trochoïde (diarthrose).

Troisier's ganglion *or* **sign** : ganglion *ou* signe de Troisier (ganglion sus-claviculaire gauche hypertrophié secondairement à un cancer de l'estomac ou de l'intestin).

Trolard's vein : grande veine anastomotique de Trolard.

Trombicula, *s.* : *Trombicule,* genre d'acarien dont les vecteurs du typhus et de la fièvre tsutsugamushi, rouget, trombidion, août.

trombidiosis, *s.* : trombidiose (dermatose provoquée par la pénétration dans la peau par l'acare *T. autumnalis*).

Trombidium, *s.* : *Trombidium* : *cf.,* **Trombicula.**

tromomania, *s.* : delirium tremens.

tropesis, *s.* : inclinaison.

trophe, *s.* : aliment.

trophedema, *s.* : *cf.,* **trophœdema.**

trophesy, *s.* : nutrition défectueuse d'un organe dû à un trouble des nerfs, trophonévrose.

trophic, *adj.* : trophique; **- centers** : centres, nerfs trophiques.

trophicity, *s.* : trophicité.

trophism, *s.* : 1. trophisme (état dynamique de la nutrition); 2. trophicité.

tropho- : tropho-, préfixe dénotant un rapport avec la nutrition.

trophoblast, *s.* : trophoblaste.

trophoblastoma, *s.* : déciduome malin, placentome.

trophocyte, *s.* : trophocyte, cellule nutritive des testicules.

trophoderm, *s.* : trophoblaste.

trophœdema, *s.* : trophœdème, dystrophie œdémateuse, myxœdème localisé, œdème rhumatismal chronique.

trophology, *s.* : trophologie (science de l'alimentation).

trophoneurosis, *s.* : trophonévrose; **disseminated -** : sclérodermie; **muscular -** : atrophie musculaire progressive; **- of Romberg** *or* **facial -** : maladie de Romberg, trophonévrose de la face, hémiatrophie faciale progressive.

trophoneurotic, *adj.* : trophoneurotique, neurotrophique.

trophonosis, *s.* : trophonose (nom générique des maladies causées par des agents de nutrition).

trophonucleus, *s.* : noyau d'une cellule binucléée qui joue un rôle dans la nutrition de la cellule.

trophopathy, *s.* : trophopathie (affection due au trouble de la nutrition des tissus).

trophosome, *s.* : zone mitochondriale périnucléaire (*biol.*).

trophospongia, *s.* : couche la plus externe des cellules de la somatopleure (*biol.*).

trophospongium, *s.* (*lat.*) : réseau de canalicules dans le cytoplasme de certaines cellules, considéré autrefois comme jouant un rôle dans la circulation du matériel nutritif.

trophotaxis, *s.* : *cf.,* **trophotropism.**

trophotherapy, *s.* : réglementation thérapeutique du régime.

trophotonos, *s.* : rigidité du tissu contractile consécutive à des troubles trophiques.

trophotropic, *adj.* : présentant du trophotropisme.

trophotropism, *s.* : trophotropisme.

trophozoite, *s.* : stade du développement d'un protozoaire parasite se nourrissant sur les cellules de l'hôte.

tropin, *s.* : tropine.

tropism, *s.* : tropisme, taxie; **chemo -** : chimiotropisme; **photo -** : phototropisme.

tropometer, *s.* : 1. instrument pour mesurer la torsion d'un os long; 2. instrument pour mesurer la rotation du globe oculaire.

Trousseau's disease : vertige stomacal; **- marks** : raie de Trousseau, raie méningitique; **- phenomenon** : signe de Trousseau (tétanie); **- point apophysaire** : point apophysaire de Trousseau; **- roseola** : rubéole; **-'s sign** : signe de Trousseau.

true, *adj.* : vrai; **- aneurysm** : anévrisme artériel circonscrit *ou* vrai; **- pelvis** : grand bassin; **- rib** : vraie côte; **- skin** : derme; **- vocal bands** : cordes vocales inférieures.

truncal, *adj.* : du tronc.

truncate, *v.* : amputer, tronquer.

truncus, *s.,* plur. **trunci** (*lat.*) : tronc (*cf.,* **trunk**); **persistent - arteriosus** : persistance anormale du canal artériel.

trunk, *s.* : 1. tronc (torse); 2. tronc nerveux, tronc lymphatique, tronc veineux, tronc artériel.

trusion, *s.* : position vicieuse d'une ou de plusieurs dents.

truss, *s.* : bandage herniaire; **French -** : bandage rigide (pour hernie inguinale); **- maker** : bandagiste.

trypaflavine, *s.* : trypaflavine.

trypanocidal, *adj.* : trypanocide.

trypanolysis, *s.* : trypanolyse.

trypanocides, *s.* : agents trypanocides.

Trypanosoma, *s.* : trypanosome (protozoaire flagellé, fusiforme, parasite du sang).

trypanosomiasis, *s.* : trypanosomiase, trypanosome, trypanosomatose (nom générique donné aux maladies déterminées par les différentes variétés de trypanosomes); **- asylum** : hypnoserie.

trypanosome, trypanozoon, *s.* : trypanosome.

trypanosomid *or* **trypanosomide,** *s.* : lésion cutanée dans la trypanosomiase.

trypesis, *s.* : trépanation.

trypsin, *s.* : trypsine.

trypsinise, *v.* : trypsiner.

trypsinogen, *s.* : trypsinogène.

tryptase, *s.* : tryptase.

tryptic, *adj.* : tryptique.

tryptolytic, *adj.* : protéolytique.

tryptophan, *s.* : tryptophane.

tsetse, *s.* : tsé-tsé, glossine (tabanide agent vecteur des trypanosomes).

TSH (thyroid stimulating hormone) : TSH, hormone thyréotrope.

tsutsugamushi disease : tsutsugamushi, fièvre fluviale du Japon, rickettsiose orientale.

tuba, *s. (lat.)* : trompe; **- acustica, auditiva** *or* **Eustachii** : trompe d'Eustache; **- fallopiana, Fallopii** *or* **uterina** : trompe de Fallope.

tubage, *s.* : tubage, drainage; **- of the glottis** : intubation.

tubal, *adj.* : tubaire; **- pregnancy** : grossesse tubaire; **- respiration** : souffle tubaire.

tube, *s.* : tube, canal, conduit, trompe; **air -** : bronche; **alimentary -** : tube digestif; **auditory** *or* **auricular -** : canal auditif externe; **capillary -** : tube capillaire; **- casts** : cylindres (reins); **Crookes' -** : ampoule de Crookes *(radiol.);* **delivery** *or* **outlet -** : tube de dégagement; **drainage -** : drain; **Eustachian -** : trompe d'Eustache; **extension -** : tube allonge *(phot.);* **Fallopian -** : trompe de Fallope; **- fed** : nourri à la sonde; **feeding -** : sonde stomacale; **gastric biopsy -** : sonde stomacale avec dispositif pour biopsie de la paroi de l'estomac; **intubation -** : tube métallique pour tubage du larynx; **- like** : fistulaire; **roller -** : tube roulant; **sealed -** : tube scellé; **sediment -** : tube pour sédimentation urinaire; **stomacal** *or* **stomach -** : sonde stomacale; **test -** : tube à essai; **uterine -** : trompe de Fallope; **vacuum -** : tube à vide; **X ray -** : ampoule à rayons X; **gas -** : ampoule à rayons X sans filaments; **hot cathode -** : ampoule à rayons X avec filaments.

tubectomy, *s.* : excision d'une trompe (trompe de Fallope).

tuber, *s., plur.* **tubera** *(lat.)* : protubérance, tubérosité, bosse; **- calcanei** : tubérosité du calcanéum; **- cinereum** : tuber cinereum (troisième ventricule); **- cochleæ** : promontoire (oreille moyenne); **- frontale** : bosse frontale; **tubera**

geniculata : corps genouillés; **- ischiadicum** *or* **ischii** : tubérosité de l'ischion; **- maxillæ** : tubérosité du maxillaire supérieur; **- parietale** : bosse pariétale; **- vermis** : nodule (cervelet).

tubercle, *s.* : tubercule; 1. nodule; 2. petite éminence naturelle d'un os ou d'une autre structure; 3. lésion spécifique de la tuberculose; **anatomical** *or* **dissection -** : tubercule anatomique; **fibrous -** : tubercule fibreux; **miliary -** : tubercule miliaire; **olfactory -** : bulbe olfactif; **painful -** : petite masse douloureuse sous la peau.

tubercular, *adj.* : tuberculeux, à tubercules.

tuberculate *or* **tuberculated,** *adj.* : tuberculé.

tuberculation, *s.* : formation de tubercules, disposition en tubercules (d'une lésion).

tuberculide *or* **tuberculid,** *s.* : tuberculide, toxituberculide (lésion cutanée, d'origine tuberculeuse probable, mais où l'on ne trouve pas de bacilles de Koch).

tuberculin, *s.* : tuberculine; **old -** : tuberculine brute (Koch); **- Purified Protein Derivative, P.P.D.,** *B.P.* : tuberculine purifiée.

tuberculitis, *s.* : inflammation des tissus entourant un nodule tuberculeux.

tuberculization, *s.* : tuberculisation (envahissement de l'organisme par le bacille de Koch).

tuberculize, *v.* : tuberculiser, se tuberculiser.

tuberculocele, *s.* : maladie tuberculeuse du testicule.

tuberculoderma, *s.* : tuberculide.

tuberculoid, *adj.* : 1. ressemblant à un tubercule; 2. ressemblant à la tuberculose.

tuberculoma, *s.* : tuberculome (1. abcès tuberculeux; 2. tubercules conglomérés formant une sorte de tumeur qui ne subit pas nécessairement la transformation caséeuse).

tuberculo-opsonic index : indice opsonique dans l'infection tuberculeuse.

tuberculosis, *s.* : tuberculose; **acute miliary -** : tuberculose miliaire aiguë, granulie; **avian -** : tuberculose aviaire; **bovine -** : tuberculose bovine; **closed -** : tuberculose sans expectoration de mycobactéries; **open -** : tuberculose avec expectoration de mycobactéries; **pulmonary -** : tuberculose pulmonaire; **surgical -** : tuberculose osseuse, tuberculose articulaire (passible de traitement chirurgical).

tuberculostatic, *adj.* : tuberculostatique.

tuberculotherapy, *s.* : traitement de la tuberculose.

tuberculotoxin, *s.* : toxine de *M. tuberculosis.*

tuberculous, *adj.* : tuberculeux, de la tuberculose, atteint de tuberculose; **- liver** : foie tuberculeux; **- patients** : tuberculeux.

tuberculum, *s.* : *cf.,* **tubercle.**

tuberose, *adj.* : tubéreux.

tuberositas, *s. (lat.)* : tubérosité.

tuberosity, *s.* : tubérosité; **greater -** : trochiter, grosse tubérosité (humérus); **malar -** : tubérosité du zygomatique; **- of the ischium** : tubérosité de l'ischion; **lesser -** : trochin, petite tubérosité (humérus); **- of the os calcis** : tubérosités du calcanéum; **- of the radius** : tubérosité bicipitale (radius).

tuberous, *adj.* : tubéreux; **- sclerosis** : sclérose tubéreuse de Bourneville.

tubes, *s.* : stéthoscope *(fam.)*.

tubing, *s.* : 1. tubage, drainage *(chir.)*; 2. tube, tuyau, tuyautage; **gas -** : tuyautage du gaz; **rubber -** : tuyau en caoutchouc.

tubo- : tubo-, préfixe dénotant un rapport avec un tube, une trompe.

tubo-abdominal, *adj.* : tubo-abdominal; **- pregnancy** : grossesse tubo-abdominale.

tubo-adenopexy, *s.* : fixation chirurgicale des annexes.

tubocurarine, *s.* : tubocurarine (substitut du curare, antispasmodique).

tubo-ovarian, *adj.* : tubo-ovarien; **- pregnancy** : grossesse tubo-ovarienne.

tubo-ovariotomy, *s.* : oophoro-salpingotomie.

tubo-uterine, *adj.* : utérotubaire; **- pregnancy** : grossesse tubaire interstitielle.

tubular, *adj.* : tubulaire; **- breathing** : souffle tubaire; **- epithelioma** : épithéliome tubulé, carcinome des glandes salivaires; **- glands** : glandes de Lieberkühn; **- gestation** : grossesse tubaire; **- rale** : râle bronchique.

tubulature, *s.* : tubulure.

tubule, *s.* : tubule; **collecting** *or* **straight -** : tubes droits; **convoluted -** : tubes contournés; **dentinal -** : canalicule de la dentine; **seminiferous -** : tube séminifère.

tubuliform, *adj.* : en forme de tubule.

tubulization, *s.* : tubulisation (chirurgie nerveuse).

tubulocyst, *s.* : dilatation kystique se produisant dans un conduit obstrué.

tubulodermoid, *s.* : épithéliome tubulé, tumeur dermoïde siégeant dans une structure tubulaire fœtale.

tubulus, *s.*, *plur.* **tubuli** *(lat.)* : tube, tubule; **- contorti** : tubes droits (rein); **- lactiferi** : canaux galactophores; **- seminiferi** : tubes séminifères.

tubus, *s.*, *plur.* **tubi** *(lat.)* : tube, canal; **- medullaris** *or* **vertebralis** : canal rachidien.

Tuerck's bundle : faisceau de Tuerck, faisceau pyramidal direct; **- degeneration** : dégénérescence secondaire parenchymateuse des faisceaux nerveux rachidiens.

tuft, *s.* : touffe; **glomerular -** : glomérule; **malpighian -** : glomérule rénal.

tularaemia *or* **tularemia,** *s.* : tularémie.

tularin, *s.* : tularine (antigène extrait de *Pasteurella tularensis*).

tulle gras, *s. (fr.)* : tulle gras stérile.

tumefacient, *adj.* : tuméfiant.

tumefaction, *s.* : tuméfaction.

tumefied, *adj.* : tuméfié.

tumescence, *s.* : tumescence, tuméfaction.

tumescent, *adj.* : tumescent.

tumid, *adj.* : enflé, gonflé.

tumor, *s.* : tumeur, néoplasme; **blood -** : hématome; **cellular -** : tumeur riche en cellules; **cystic -** : tumeur kystique; **dentinoid -** : ostéome dentaire; **desmoid -** : fibrome; **fibroid -** : fibrome; **fungating -** : tumeur maligne d'aspect fongueux; **giant cell -** : tumeur à cellules géantes, ostéoclastome; **glomous -** : glomangiome; **granulation -** : granulome; **gummatous** *or* **gummy -** : gomme syphilitique; **innocent** *or* **benign -** : tumeur bénigne; **mixed -** : tumeur constituée par plusieurs types de tissus néoplasiques; **mucous -** : myxome; **muscular -** : myome; **oat cell -** : carcinome; **potato -** : endothéliome de la glande carotide; **pressure resisting -** : tumeur rénitente; **sebaceous -** : kyste sébacé; **sheath -** : méningiome; **teratoid -** : tératome, tumeur organoïde *ou* tératoïde; **vascular -** : angiome.

tumorous, *adj.* : tumoral.

tunga penetrans : puce-chique, chique.

tungsten, *s.* : tungstène.

tunic, *s.* : tunique.

tunica, *s.*, *plur.* **tunicæ** *(lat.)* : tunique; **- adnata** : conjonctive oculaire; **- adventitia** *or* **extima** : tunique externe *ou* adventice (artère); **- albuginea corporum cavernosum** : albuginée (des corps caverneux); **- albuginea oculi** : sclérotique; **- albuginea ovarii** : albuginée de l'ovaire (couche conjonctive sous-corticale); **- albuginea testis** : albuginée du testicule; **- intima** : tunique interne, endartère, tunique de Bichat (artère); **- media** : tunique moyenne, tunique propre (artère); **- vaginalis** : vaginale (testicule).

tuning-fork, *s.* : diapason.

tunnel, *s.* : tunnel; **carpal -** : canal carpien; **- syndrome** : paresthésie des doigts provoquée par un rétrécissement du canal carpien et la stricture du nerf médian, syndrome du canal carpien.

tuphos, *s. (gr.)* : tuphos (état de stupeur semi-comateux caractérisant les formes graves de la fièvre typhoïde et des typhus exanthématiques).

turbid, *adj.* : trouble; **- pneumonia** : forme de pneumonie consécutive aux injections de tuberculine.

turbidimeter, *s.* : turbidimètre.

turbidimetry, *s.* : *cf.*, **nephelometry.**

turbidity *or* **turbidness,** *s.* : état trouble, turbidité; **- test** : réaction de turbidité.

turbinal, *adj.* : turbiné.

turbinate, *adj.* : turbiné; **- bodies** : cornets (revêtus de leurs membranes vasculaire et muqueuse); **- bones** : cornets osseux, os turbinés.

turbinectomy, *s.* : turbinectomie, conchotomie (ablation d'un des cornets des fosses nasales).

turbinotome, *s.* : instrument utilisé pour inciser un cornet.

turbinotomy, *s.* : incision d'un cornet.

turgescence, *s.* : turgescence.

turgescent, *adj.* : turgescent, boursouflé.

turgid, *adj.* : congestionné, gonflé, turgide.

turgor, *s. (lat.)* : turgor, turgescence non œdémateuse.

Türk cell : cellule de Türk, cellule d'irritation.

Turkestan ulcer : bouton d'Orient.

turn, *s.* : 1. tour; 2. version *(obstét.)*; **- of life** : ménopause; *v.* : 1. tourner, faire tourner; 2. faire une version *(obstét.)*.

Turner's syndrome : syndrome de Turner (agénésie ovarienne conditionnée par la présence d'un seul chromosome sexuel, un seul X).

turning, *s.* : version *(obstét.)*.

turn-over, *s.* : renouvellement.

turpentine, *s.* : térébenthine; **oil of -** : essence de térébenthine.

turricephaly, *s.* : turricéphalie.

tussal, *adj.* : se rapportant à la toux.

tussiculation, *s.* : toux sèche et pénible.

tussiculum, *s.* : toux faible.

tussis, *s. (lat.)* : toux.

tussive, *adj.* : se rapportant à la toux; **anti-** : médicament anti-tussif.

tutamen, *s.,* *plur.* **tutamina** *(lat.)* : organe de défense, de protection; **tutamina cerebri** : crâne et meninges cérébrales; **- oculi** : paupières, cils et sourcils.

twang, *s.* : bruit sec; **to speak with a -** : parler du nez, nasiller; *v.* : nasiller.

twanging, *s.* : nasillement.

tween, *s.* : tween (détergent) ester de polyoxyéthylène (nom déposé).

twelfth cranial nerve : nerf hypoglosse.

twilight sleep : demi-sommeil provoqué, « chloroforme à la reine » *(obstét.)*.

twin, *s.* : jumeau; *v.* : accoucher de jumeaux; **to - with someone** : être le jumeau *ou* la jumelle de quelqu'un.

twinge, *s.* : élancement, douleur vive et courte, point de côté; **- in the stomach** : tiraillement.

twinning, *s.* : accouchement gémellaire.

twitch, *s.* : 1. élancement (de douleur); 2. contraction ou petits mouvements convulsifs, tic; **facial -** : tic convulsif.

twitching, *s.* : contraction, *ou* petits mouvements convulsifs répétés.

two, *s., adj.* : deux; **- cleft** : bifide; **- handed** : ambidextre; **- headed** : à deux têtes, bicéphale.

Twort-d'Hérelle phenomenon : phénomène de Twort-d'Hérelle (bactériophagie).

tyle *or* **tyloma,** *s.* : tylome *(inus.)*; callosité de l'épiderme, cor.

tylosis, *s.* : tylose, tylosis (1. cor; 2. blépharite ciliaire); **- linguæ** : leucokératose de la langue.

tylosteresis, *s.* : excision d'un cor.

tympanal, *adj.,* *cf.* **tympanic ring.**

tympanectomy, *s.* : excision de la membrane du tympan.

tympanic, *adj.* : tympanique; **- bone** *or* **plate** : paroi de la caisse du tympan; **- cavity** : caisse du tympan; **- membrane** : membrane du tympan; **- ring** : anneau tympanal (temporal); **- tegmen** : toit de la caisse du tympan, tegmen tympani.

tympanicity, *s.* : qualité d'être tympanique.

tympaniform, *adj.* : en forme de tympan.

tympanism *or* **tympanites,** *s.* : tympanisme, son tympanique, tympanite.

tympanitic, *adj.* : causé par le tympanisme, de la nature du tympanisme; **- abscess** : abcès tympanique; **- resonance** : tympanisme, son tympanique.

tympanitis, *s.* : tympanite, otite moyenne.

tympanomastoid, *adj.* : qui se rapporte au tympan et aux cellules mastoïdiennes.

tympanomastoiditis, *s.* : tympanite et mastoïdite.

tympanophonia *or* **tympanophony,** *s.* : 1. tintement d'oreilles; 2. bruits exagérés dans l'oreille lors d'une otite.

tympanoplasty, *s.* : tympanoplastie, opération de l'oreille moyenne pour la cure des otites chroniques.

tympanotomy, *s.* : incision de la membrane du tympan.

tympanous, *adj.* : tympanique.

tympanum, *s.* : tympan.

tympany, *s.* : tympanisme, son tympanique.

Tyndall effect *or* **phenomenon** : diffusion de la lumière par des particules suspendues dans un milieu transparent.

tyndallization, *s.* : tyndallisation (procédé de stérilisation).

type, *s.* : type; **- culture** : culture type; **wild -** : souche sauvage *(micr.)*.

typembryo, *s.* : embryon type (stade du développement de l'embryon où les caractéristiques de l'espèce deviennent apparentes).

typescript, *s.* : manuscrit dactylographié.

typewriters' backache : courbature des dactylographes; **- cramp** : crampe des dactylographes.

typhlatonia *or* **typhlatony,** *s.* : typhlatonie.

typhlectasis, *s.* : typhlectasie (dilatation du cæcum).

typhlectomy, *s.* : excision du cæcum.

typhlenteritis, *s.* : appendicite.

typhlitis, *s.* : typhlite (inflammation du cæcum; le plus souvent : appendicite).

typhlo- : typhlo-, préfixe dénotant un rapport avec le cæcum.

typhlocele, *s.* : hernie cæcale.

typhlocolitis, *s.* : typhlocolite (colite à localisation cæcale prédominante).

typhloempyema, *s.* : abcès accompagnant l'appendicite.

typhloenteritis, *s.* : *cf.,* **typhlitis.**

typhlolithiasis, *s.* : formation de calculs dans le cæcum.

typhlomegaly, *s.* : typhlomégalie (hypertrophie du cæcum).

typhloptosis, *s.* : prolapsus du cæcum.

typhlospasm, *s.* : spasme du cæcum.

typhlostenosis, *s.* : sténose du cæcum.

typhlostomy, *s.* : typhlostomie, cæcostomie (création d'un anus artificiel au niveau du cæcum).

typhlotomy, *s.* : cæcotomie (ouverture chirurgicale du cæcum).

typho- : typho-, préfixe dénotant un rapport avec la typhoïde.

typhoid, *s.* : fièvre typhoïde, typhoïde ; *adj.* : typhoïde; **- condition** *or* **state** : état typhoïde; **- fever** : fièvre typhoïde, typhoïde.

typhoidal, *adj.* : typhoïque, typhoïdique.

typhomalarial, *adj.* : typhopaludéen; **- fever** : fièvre typhopaludique (fièvre typhoïde dont l'allure clinique est modifiée par le paludisme).

typhomania *or* **typhonia,** *s.* : typhomanie (délire observé dans la fièvre typhoïde et le typhus).

typhopaludism, *s.* : fièvre typhopaludéenne.

typhopneumonia, *s.* : pneumotyphus, fièvre pneumotyphoïde.

typhose, *adj.* : typhique.

typhosepsis, *s.* : empoisonnement généralisé dans la fièvre typhoïde.

typhosis, *s.* : état typhoïde.

typhus, *s.* : typhus, typhus exanthématique, historique *ou* pétéchial; **abdominal -** : fièvre typhoïde; **- biliosus** : leptospirose hépatique, ictère infectieux à rechutes, spirochétose ictéro-hémorragique, maladie de Weil; **- icterodes** : typhus amaril, fièvre jaune; **- levissimus** : typhus levissimus (forme anormale et atténuée du typhus exanthématique); **Mexican -** : typhus bénin, typhus murin, typhus exanthématique mexicain, tabardillo;

murine - : typhus murin; **- petechialis** : typhus exanthématique historique *ou* pétéchial; **- recurrens** : typhus récurrent *ou* à rechute, fièvre récurrente; **scrub -** : typhus de brousse.

typical, *adj.* : typique.

typing : typage, détermination du type (d'un microbe, etc.); **phage -** : lysotypie.

tyraminase, *s.* : tyraminase.

tyramine, *s.* : tyramine.

tyrannism, *s.* : cruauté morbide *ou* sadique.

tyrein, *s.* : caséine coagulée.

tyremesis, *s.* : vomissement caséeux (chez les nourrissons).

tyriasis, *s.* : 1. éléphantiasis; 2. alopécie.

tyrocidine, *s.* : tyrocidine.

Tyrode's solution : solution de Tyrode.

tyrogenous, *adj.* : produit par *ou* dans le fromage.

tyroid, *adj.* : caséeux.

tyroleucine, *s.* : tyroleucine (*chim.*).

tyroma, *s.* : 1. masse caséeuse; 2. tumeur tuberculeuse.

tyromatosis, *s.* : dégénérescence caséeuse.

tyrosin *or* **tyrosine,** *s.* : tyrosine (acide aminé).

tyrosinase, *s.* : tyrosinase.

tyrosinuria, *s.* : présence de tyrosine dans l'urine.

tyrosis, *s.* : dégénérescence caséeuse.

Tyrothrix, *s.* : nom générique de bacilles comprenant les *Bacillus, Lactobacillus* et *Clostridium.*

tyrotoxism, *s.* : empoisonnement par le fromage.

Tyson's glands : glandes de Tyson (glandes sébacées siégeant à la face interne du prépuce et sécrétant le smegma).

U

uber, *s.,* *plur.* **ubera** *(lat.)* : 1. glande mammaire; 2. mamelon; **uberis apex** : mamelon.

uberous, *adj.* : prolifique, fécond, riche en lait.

uberty, *s.* : fécondité, prolificité.

udder, *s.* : mamelle, pis (de vache) *(zool.).*

Uhtoff's sign : nystagmus caractéristique de la sclérose en plaques.

ula, *s.* : gencives.

ulaemorrhagia, *s.* : hémorragie des gencives.

ulalgia, *s.* : douleur gingivale.

ulaganactesis, *s.* : irritation gingivale.

ulatrophia, *s.* : contraction des gencives.

ulcer, *s.* : ulcère; - **like** : ulcériforme; **arterial** - : ulcère superficiel consécutif à une artériopathie; **atheromatous** - : ulcère consécutif à un athérome artériel; **autochthonous** - : chancre; **carious** - : ulcère gangréneux; **catarrhal** - : forme d'ulcère intestinal; **chancroidal** - : chancroïde, chancre mou; **Curling's** - : ulcère de Curling (ulcère du duodénum survenant chez les grands brûlés); **endemic** - : bouton d'Orient; **erethistic** *or* **irritable** - : ulcère douloureux (anus, matrice de l'ongle); **exuberant** *or* **fungous** - : ulcère avec granulations fongueuses; **fissured** - : déchirure du col de l'utérus; **gastric** - : ulcère simple de l'estomac, ulcère rond, maladie de Cruveilhier, gastrite ulcéreuse; **hard** - : chancre; **indolent** - : ulcère chronique sans douleur; **Jacob's** -, *cf.,* **rodent ulcer; kissing** - : ulcère de contact; **Marjolin's** - : ulcère siégeant sur une ancienne cicatrice; **peptic** - : ulcère peptique, ulcère récidivant; **perforating** - : ulcère perforant; **phagedenic** -, **Aden** - *or* **Annamite** - : ulcère phagédénique des pays chauds, ulcère annamite, ulcère du Gabon; **rodent** - : ulcus rodens (variété d'épithélioma baso-cellulaire cutané); **Sæmisch's** - : ulcère de Sæmisch, kératite à hypopyon; **serpiginous** - : ulcère serpigineux; **simple** - : forme bénigne d'ulcère (ne relevant ni d'un poison, ni d'une maladie généralisée); **snail-track** - : ulcère serpigineux de la syphilis secondaire; **symptomatic** - : ulcère symptomatique; **varicose** - : ulcère variqueux; **venereal** - : 1. chancre; 2. chancroïde, chancre mou.

ulcerate, *v.* : 1. ulcérer; 2. s'ulcérer.

ulcerated, *adj.* : ulcéré, ulcéreux.

ulceration, *s.* : ulcération.

ulcerative, *adj.* : ulcératif; - **colitis** : rectocolite ulcéro-hémorragique.

ulceromembranous, *adj.* : ulcéro-membraneux, pseudo-membraneux.

ulcerous, *adj.* : ulcéreux.

ulcus, *s.,* *plus.* **ulcera** *(lat.)* : ulcère, ulcus; - **cancrosum** : 1. cancer; 2. ulcus rodens; 3. chancre; - **exedens** : ulcus rodens; - **grave** : pied de Madura, périçal; - **induratum** : chancre; - **molle** : chancroïde, chancre mou; - **rodens** : ulcus rodens; - **phagedænicum** : ulcère phagédénique des pays chauds; - **tuberculosum** : lupus; - **venereum** : 1. chancre; 2. chancroïde, chancre mou; - **venereum molle** : chancroïde, chancre mou; - **ventriculi** : ulcère rond, ulcère simple de l'estomac.

ule, *s.* : cicatrice.

ulectomy, *s.* : excision de tissu cicatriciel.

ulegyria, *s.* : circonvolutions cérébrales.

ulemorrhagia, *s.* : 1. hémorragie cicatricielle; 2. hémorragie des gencives, gingivorragie.

ulerythema, *s.* : ulérythème (groupe de dermatoses caractérisées par de l'érythème et une atrophie superficielle des téguments); - **centrifugum** : lupus érythémateux; - **ophryogenes** : ulérythème ophryogène (kératose pilaire de la face); - **sycosiforme** : ulérythème sycosiforme, sycosis lupoïde.

uletic, *adj.* : 1. gingival; 2. cicatriciel.

uletomy, *s.* : incision d'une cicatrice.

ulexine, *s.* : ulexine (alcaloïde).

uliginous, *adj.* : uligineux, uliginaire.

ulitis, *s.* : ulite, gingivite.

ulna, *s.* : cubitus.

ulnad, *adv.* : orienté vers le cubitus.

ulnar, *adj.* : cubital, ulnaire.

ulnare, *s.* : os cunéiforme du carpe.

ulnaris *(lat.)* : 1. *cf.,* **ulnar;** 2. muscle cubital.

ulnen, *adv.* : appartenant au cubitus même.

ulnocarpal, *adj.* : cubitocarpien.

ulnoradial, *adj.* : cubitoradial.

ulo- : ulo-, préfixe indiquant un rapport : 1. avec une cicatrice; 2. avec les gencives.

ulocarcinoma, *s.* : carcinome des gencives.

ulodermatitis, *s.* : dermatite avec formation de cicatrices.

uloglossitis, *s.* : gingivite et glossite.

uloid, *adj.* : d'aspect cicatriciel; **- cicatrix** : lésion d'aspect cicatriciel due à une dégénérescence sous-cutanée.

ulon, *s.* : gencives.

ulorrhagia, *s.* : hémorragie des gencives, gingivorragie.

ulorrhea, *s.* : saignement des gencives.

ulosis, *s.* : cicatrisation.

ulotic, *adj.* : se rapportant à une cicatrice, cicatrisant.

ulotomy, *s.* : ulotomie; 1. incision des tissus cicatrisés; 2. incision de l'intestin.

ulotrichous, *adj.* : ulothrique (se dit des races humaines dont les représentants ont les cheveux crépus).

ultimate, *adj.* : ultime, final; **- analysis** : analyse élémentaire (*chim.*).

ultimum (*lat.*) : dernier; **- moriens** : 1. oreillette droite; 2. partie supérieure du muscle trapèze qui échappe habituellement à l'atrophie musculaire progressive.

ultra- : ultra-, préfixe dénotant soit un excès, soit quelque chose qui est situé au-delà des limites considérées.

ultrabrachycephaly, *s.* : brachycéphalie dans laquelle l'indice céphalique dépasse 90.

ultracentrifuge, *s.* : ultracentrifugeur *ou* ultracentrifugeuse.

ultradian, *adj.* : qui dure plus de vingt-quatre heures.

ultradolichocephaly, *s.* : dolichocéphalie dans laquelle l'indice céphalique est inférieur à 64.

ultrafiltration, *s.* : ultrafiltration.

ultraligation, *s.* : ligature d'un vaisseau au-delà d'une ramification.

ultramicroscope, *s.* : ultramicroscope.

ultramicroscopical, *adj.* : ultramicroscopique.

ultramicroscopy, *s.* : ultramicroscopie.

ultrared, *adj.* : infrarouge.

ultrasomes, *s.* : corps ultramicroscopiques.

ultrasonic *or* **suprasonic**, *adj.* : ultrasonique, ultrasonore, se rapportant aux ultrasons.

ultrasonication, *s.* : sonication.

ultrasound, *s.* : ultrason.

ultratherm, *s.* : appareil de diathermie à ondes courtes.

ultratoxon, *s.* : toxine faible.

ultraviolet, *adj.* : ultraviolet.

ululation, *s.* : ululation, ululement, hurlement.

umbel *or* **umbella**, *s.* : ombelle (*bot.*).

umber, *s.* : terre d'ombre, terre de Sienne.

umbilectomy, *s.* : excision de l'ombilic.

umbilical, *adj.* : ombilical; **- cord** : cordon ombilical; **- ring** : anneau ombilical; **- vesicle** : vésicule ombilicale.

umbilicate *or* **umbilicated**, *adj.* : ombiliqué, déprimé en ombilic.

umbilication, *s.* : ombilication.

umbilicus, *s.* (*lat.*) : ombilic, nombril.

umbo, *s.*, *plur.* **umbones** (*lat.*) : protubérance.

umbonate, *adj.* : bosselé, à protubérance.

umbonation, *s.* : formation d'une protubérance.

umbrascopy, *s.* : rétinoscopie, ophtalmoscopie.

unacted, *adj.* : inattaquable (*chim.*).

unaffected, *adj.* : impassible, insensible, indemne, résistant, inattaquable, réfractaire.

unaltered, *adj.* : inaltéré.

unavoidable, *adj.* : inévitable; **- hemorrhage** : hémorragie consécutive à une rupture du placenta.

unbalance, *s.* : déséquilibre.

unbalanced, *adj.* : déséquilibré.

unbearable, *adj.* : insupportable, intolérable; **- agony** : douleur atroce.

unciform, *adj.* : unciforme, uncinulé, onguiforme, crochu; **- bone** : os crochu (carpe); **- eminence** : ergot de Morand; **- process** : apophyse unciforme.

unciforme, *s.* (*lat.*) : os crochu (carpe).

uncinal, *adj.* : uncinulé, unciforme, crochu.

uncinaria, *s.* : ankylostome (*parasit.*).

uncinariasis, *s.* : uncinariose, ankylostomiase (maladie produite par *Ankylostoma duodenale* [*parasit.*]).

uncinate, *adj.* : uncinulé, unciforme, crochu; **- convolution** *or* **gyrus** : uncus de l'hippocampe.

uncinatum, *s.* : os crochu (carpe).

uncipressure, *s.* : mode d'hémostase à l'aide de crochets.

unclean, *adj.* : impur, obscène, sale; **- tongue** : langue chargée.

uncoating, *s.* : décapsidation (*virol.*).

uncomplemented, *adj.* : décomplémenté, inactivé; **- serum** : sérum décomplémenté *ou* chauffé.

unconscious, *adj.* : inconscient.

unconsciousness, *s.* : 1. inconscience; 2. évanouissement, insensibilité.

unco-ossified, *adj.* : non réunis en un seul os.

unction, *s.* : 1. onction, inunction; 2. onguent.

unctuous, *adj.* : onctueux, graisseux.

uncture, *s.* : onguent.

uncus, *s.* (*lat.*) : 1. crochet; 2. uncus de l'hippocampe; **- gyri hippocampi** : cf., **uncus** (2).

under, *prep.* : sous, au-dessous de; **- exposure** : sous-exposition (*phot.*); **- horn** : corne temporale (ventricule latéral); **- toe** : forme de hallux varus.

underdevelopment, *s.* : retard de croissance.

underfed, *adj.* : sous-alimenté.

underfeeding, *s.* : sous-alimentation.

undergrowth, *s.* : croissance insuffisante, rabougrissement.

undifferentiation, s. : anaplasie, cataplasie (processus par lequel certaines cellules perdent une partie de leurs caractères propres, sans pourtant retourner à l'état de cellules primitives).

undine, s. : œillère (ophtal.).

undinism, s. : ondinisme (association d'idées sexuelles avec l'eau, y compris l'urine et la miction).

undulant, adj. : ondulant, variable, oscillant; **- fever** : fièvre ondulante, mélitococcie; brucellose (autrefois : fièvre de Malte).

undulation, s. : ondulation, fluctuation; **jugular -** : pouls veineux; **respiratory -** : variations de la pression sanguine dues à la respiration.

undulatory, adj. : ondulatoire, vibratoire.

unequal, adj. : inégal, irrégulier; **- pulse** : pouls irrégulier.

ung, s. (abbreviation for **unguentum**) (lat.) : onguent.

ungual, adj. : unguéal ; **- phalanx** : phalange unguéale, phalangette.

unguentum, s. (lat.) : onguent.

unguiculate, adj. : unguiculé.

unguinal, adj. : unguinal (inus.), unguéal.

unguis, s. (lat.) : 1. ongle; 2. unguis, os lacrymal.

ungula, s. : instrument pour extraire un fœtus mort; 2. griffe.

ungulate, adj. : ongulé.

uni- : uni-, mono-, préfixe signifiant un.

unicism, s. : théorie uniciste (s'applique particulièrement à la théorie ancienne selon laquelle il n'y avait qu'un seul virus vénérien, ou aujourd'hui à l'unicité des maladies à tréponèmes [syphilis-pian-carate]).

unicorn, adj. : à une seule corne; **- uterus** : utérus unicornis (utérus réduit à une de ses moitiés par suite de l'atrophie d'un des canaux de Müller).

unigravida, s. : femme enceinte pour la première fois.

uninuclear, adj. : mononucléaire.

unilateral, adj. : unilatéral.

unilocular, adj. : uniloculaire.

unipara, s. : femelle unipare, femme unipare.

uniparous, adj. : unipare.

unipotent, adj. : univalent (se dit d'un tissu embryonnaire dont la destinée évolutive est fixée).

unisexual, adj. : unisexué, unisexuel.

unisexuality, s. : unisexualité.

unit, s. : unité (1. qualité, état de ce qui est un; 2. terme de comparaison entre des quantités de même espèce).

unitary, adj. : unitaire (1. se rapportant à, ayant les qualités de, l'unité; 2. se dit des monstres qui ne sont constitués que par un seul individu).

univalence or **univalency,** s. : univalence, monovalence.

univalent, adj. : univalent, monovalent.

universal, adj. : universel; **- joint** : emboîtement réciproque (diarthrose).

univitelline, adj. : univitellin.

Unna's dermatosis : séborrhéide, eczéma séborrhéique de Unna; **- paste** : colle de Unna (utilisée pour les ulcères variqueux).

Unna Tænzer stain : colorant de Unna (histol.).

unofficial, adj. : non officiel, non autorisé.

unorganized, adj. : non organisé.

unsaturated, adj. : non saturé.

Unschuld's sign : crampes dans le mollet (symptôme précoce de diabète).

unsex, v. : castrer, châtrer, émasculer (un mâle), déféminiser (une femelle).

unsexual, adj. : asexué, asexuel.

unsound, adj. : malsain, maladif; **of - mind** : privé de raison.

unsoundness, s. : débilité, faiblesse, mauvaise santé; **- of mind** : faiblesse d'esprit.

unstriated, adj. : non strié; **- muscle** : muscle lisse.

Unverricht's disease : syndrome de Unverricht-Lundborg, myoclonie épileptique progressive familiale.

unwell, adj. : 1. souffrant, mal portant; 2. ayant ses règles.

urachal, adj. : se rapportant à l'ouraque.

urachus, s. : ouraque.

uracrasia or **uracratia,** s. : énurésie, incontinence d'urine.

uraemia, s. : cf., **uremia.**

uraemic, adj. : cf., **uremic.**

uraemigenic, adj. : cf., **uremigenic.**

uragogue, adj. : diurétique, uragogue.

uraniscochasma, s. : perforation du voile du palais.

uranisconitis, s. : inflammation du palais.

uraniscoplasty, s. : uranoplastie, uranostéoplastie (opération autoplastique destinée à restaurer le voile du palais et à fermer les perforations congénitales ou acquises de la voûte).

uraniscorrhaphy, s. : staphylorraphie (opération pour remédier à la division du voile du palais).

uraniscus, s. : palais.

uranism, s. : uranisme.

uranist, s. : uraniste, homosexuel.

uranium, s. : uranium.

uranomania, s. : manie religieuse accompagnée d'exaltation.

uranoplastic, adj. : se rapportant à l'uranoplastie.

uranoplasty, s. : uranoplastie, uranostéoplastie.

uranoplegia, s. : paralysie des muscles du voile du palais.

uranorrhaphy, s. : staphylorraphie.

uranoschisis or **uranoschism,** s. : fissure du voile du palais.

uranostaphyloplasty, s. : uranostaphyloplastie.

uranostaphylorrhaphy, s. : uranostaphylorraphie, uranoplastie en double pont.

urapostema, s. : abcès urineux.

uraroma, s. : odeur de l'urine.

urarthritis, s. : arthrite consécutive à un excès d'acide urique.

urase, s. : cf., **urease.**

urate, s. : urate.

uratemia, s. : excès d'urates dans le sang.

uratic, adj. : se rapportant à, caractérisé par des urates; **- diathesis** : diathèse précipitante; **- inspissation** : infiltration des tissus par l'acide urique, uratohistéchie.

uratohistechia, s. : uratohistéchie (teneur anormalement élevée d'un tissu en urée, acide urique ou urates).

uratolysis, s. : décomposition des urates.

uratolytic, adj. : capable de dissoudre les urates.

uratoma, s., (lat.) : tophus, concrétion tophacée.

uraturia, s. : uraturie (présence d'urates dans l'urine).

urbanization, s. : urbanisme (aménagement et assainissement des agglomérations urbaines).

urceiform or **urceolate,** adj. : urcéolé.

urea, s. : urée $[CO_2(NH)_2]$; **- clearance test** : épreuve d'élimination de l'urée sanguine par le rein; **- frost** : givre uréique (dépôts de cristaux d'urée sur la peau).

ureal, adj. : uréique.

ureameter, s. : uréomètre.

ureametry, s. : uréométrie (dosage de l'urée dans l'urine et les liquides organiques).

urease, s. : uréase.

urechysis, s. : infiltration d'urine (épanchement d'urine dans le tissu conjonctif).

uredema or **urœdema,** s. : distension des tissus consécutive à une infiltration d'urine.

uredo, s. : 1. urédo (moisissure) ; 2. urticaire ; 3. sensation de brûlure de la peau.

urelcosis, s. : ulcération de l'urètre, des organes urinaires.

uremia, s. : urémie (1. taux de l'urée présente dans le sang; 2. ensemble des troubles produits par la rétention de l'urée et l'intoxication qui en résulte).

uremic, adj. : urémique (se rapportant à l'urémie).

uremigenic, adj. : urémigène.

ureometer, s. : uréomètre.

ureometry, s. : uréométrie.

ureorrhea, s. : polyurie (sécrétion d'urine en quantité abondante).

ureosecretory, adj. : uréosécrétoire.

uresiesthesis, s. : désir constant d'uriner.

uresis, s. : urèse (inus.); miction.

ureter, s. : uretère.

ureteral, adj. : urétéral.

ureteralgia, s. : urétéralgie (douleur dans les uretères).

uretercystoscope, s. : cf., **ureterocystoscope.**

ureterectasis, s. : dilatation d'un uretère.

ureterectomy, s. : urétérectomie (résection partielle ou totale de l'uretère).

ureteric, adj. : urétérique.

ureteritis, s. : urétérite (inflammation des uretères).

uretero- : urétéro-, préfixe dénotant un rapport avec l'uretère.

ureterocele, s. : urétérocèle (dilatation kystique du segment intravésical de l'uretère).

ureterocervical, adj. : se rapportant à, reliant l'uretère et le col de l'utérus.

ureterocystoneostomy, s. : urétéro-cysto-néostomie (réimplantation de l'uretère dans la vessie, dans le cas de section accidentelle de l'uretère, de rétrécissement de l'uretère, ou de fistule urétéro-vaginale).

ureterocystoscope, s. : urétérocystoscope (cystoscope permettant de placer un cathéter urétéral).

ureterocystostomy, s. : urétérocystostomie (abouchement d'un uretère dans la vessie).

ureterodialysis, s. : rupture de l'uretère.

ureteroenterostomy, s. : urétéro-entérostomie (opération qui consiste à aboucher l'uretère dans l'intestin).

ureterography, s. : urétérographie, urétéropyélographie rétrograde (radiographie de l'appareil urinaire après injection d'un liquide opaque aux rayons X).

uretero-intestinal anastomosis : anastomose urétéro-intestinale (faite dans l'ectopie de la vessie).

ureterolith, s. : calcul dans l'uretère.

ureterolithiasis, s. : présence, formation de calculs dans l'uretère.

ureterolithotomy, s. : urétérolithotomie (incision de l'uretère pratiquée pour enlever un calcul enclavé).

ureterolysis, s. : rupture de l'uretère.

ureteroneocystostomy : cf., **ureterocystostomy.**

ureteroneopyelostomy : cf., **ureteropyeloneostomy.**

ureteronephrectomy, s. : excision du rein et de son uretère.

ureterophlegma, s. : présence de mucus dans l'uretère.

ureterophlegmasia, s. : urétérite.

ureteroplasty, s. : urétéroplastie (réfection chirurgicale de l'uretère).

ureteroproctostomy, s. : urétérorectostomie.

ureteropyelitis, s. : inflammation de l'uretère et du bassinet.

ureteropyelography, s. : pyélographie.

ureteropyeloneostomy, s. : urétéropyélonéostomie (opération qui consiste à pratiquer un nouvel abouchement de l'uretère dans le bassinet).

ureteropyelonephritis, s. : urétéropyélonéphrite, pyélonéphrite.

ureteropyosis, *s.* : inflammation purulente de l'uretère.

ureterorectostomy, *s.* : urétérorectostomie (opération qui consiste à aboucher l'uretère dans le rectum).

ureterorrhagia, *s.* : hémorragie de l'uretère.

ureterorrhaphy, *s.* : urétérorraphie (suture d'une incision ou d'une plaie d'un uretère).

ureterosigmoidostomy, *s.* : urétérosigmoïdostomie (opération qui consiste à aboucher un uretère dans l'anse sigmoïde du côlon).

ureterostegnosis, ureterostenonia or **ureterostenosis,** *s.* : rétrécissement de l'uretère.

ureterostoma, *s.* : 1. orifice de l'uretère; 2. fistule urétérale.

ureterostomy, *s.* : urétérostomie (taille d'un uretère pratiquée par la voie lombaire ou iliaque, avec implantation de l'uretère à la peau).

ureterotomy, *s.* : urétérotomie (incision de la paroi d'un uretère rétréci ou obstrué par un calcul).

ureteroureteral, *adj.* : urétéro-urétéral; **- anastomosis** : urétéro-urétérostomie.

ureteroureterostomy, *s.* : urétéro-urétérostomie (abouchement entre les uretères ou entre deux segments d'un même uretère).

ureterouterine, *adj.* : se rapportant à l'uretère et à l'utérus.

ureterovaginal, *adj.* : se rapportant à l'uretère et au vagin.

ureterovesical, *adj.* : urétérovésical.

urethra, *s.* : urètre ou urèthre; **- muliebris** : urètre féminin; **- virilis** : urètre masculin.

urethral, *adj.* : urétral.

urethralgia, *s.* : urétralgie (douleur névralgique de l'urètre sans lésion appréciable).

urethratresia, *s.* : 1. occlusion de l'urètre; 2. imperforation de l'urètre.

urethrectomy, *s.* : urétrectomie (excision totale ou partielle de l'urètre).

urethremphraxis, *s.* : sténose urétrale.

urethreurynter, *s.* : appareil pour dilater l'urètre.

urethrism or **urethrismus,** *s.* : irritabilité de l'urètre.

urethritis, *s.* : urétrite (inflammation de la muqueuse de l'urètre).

urethro- : urétro-, préfixe dénotant un rapport avec l'urètre.

urethrobulbar, *adj.* : urétrobulbaire.

urethrocele, *s.* : urétrocèle (1. dilatation de l'urètre qui fait saillie dans le vagin; 2. premier degré de cystocèle vaginale).

urethrocystitis, *s.* : urétrocystite (urétrite postérieure dont l'inflammation s'étend à la vessie et qui s'accompagne de symptômes de cystite du col).

urethrocystography, *s.* : urétrocystographie (radiographie de l'urètre et de la vessie après injection d'une substance opaque aux rayons X).

urethrogram, *s.* : radiogramme de l'urètre.

urethrograph, *s.* : instrument pour enregistrements graphiques du calibre de l'urètre.

urethrography, *s.* : urétrographie (radiographie de l'urètre après injection de liquide opaque aux rayons X).

urethrometer, *s.* : instrument pour déterminer le calibre de l'urètre, pour mesurer la lumière d'un rétrécissement urétral.

urethropenile, *adj.* : urétropénien.

urethroperineal, *adj.* : urétropérinéal.

urethroperineoscrotal, *adj.* : se rapportant à l'urètre, au périnée et au scrotum.

urethroplasty, *s.* : urétroplastie (opération autoplastique destinée à combler une perte de substance ou à fermer une fistule urétrale).

urethroprostatic, *adj.* : urétroprostatique.

urethrorectal, *adj.* : urétrorectal.

urethrorrhagia, *s.* : urétrorragie, hémorragie de l'urètre.

urethrorrhaphy, *s.* : urétrorraphie (suture de l'urètre sectionné en totalité ou en partie).

urethrorrhea, *s.* : urétrorrhée (écoulement plus ou moins abondant de l'urètre).

urethroscope, *s.* : urétroscope.

urethroscopic, *adj.* : urétroscopique.

urethroscopy, *s.* : urétroscopie (examen de la cavité urétrale à l'aide de l'urétroscope).

urethrospasm, *s.* : urétrospasme (spasme de l'urètre).

urethrostaxis, *s.* : suintement de sang par la muqueuse urétrale.

urethrostenosis, *s.* : urétrosténie (rétrécissement de l'urètre).

urethrostomy, *s.* : urétrostomie (ouverture de l'urètre et création d'un méat artificiel, en cas de rétrécissement infranchissable).

urethrotome, *s.* : urétrotome.

urethrotomy, *s.* : urétrotomie (incision de la paroi de l'urètre dans le but de rétablir le cours de l'urine); **external -** : urétrotomie externe (1. opération de Sédillot; 2. opération de Syme); **internal -** : urétrotomie interne.

urethroureteral, *adj.* : urétro-urétéral.

urethrovaginal, *adj.* : urétrovaginal.

urethrovesical, *adj.* : urétrovésical.

uretic, *s.*, *adj.* : diurétique.

urhidrosis, *s.* : *cf.*, **uridrosis.**

uriasis, *s.* : lithiase.

uric, *adj.* : urique; **- acid** : acide urique.

uricacidemia, *s.* : uricémie, hyperuricémie.

uricaciduria, *s.* : uricurie.

uricase, *s.* : uricase.

uricemia, *s.* : uricémie, hyperuricémie.

uricolysis, *s.* : uricolyse (destruction de l'acide urique dans l'organisme).

uricolytic, *adj.* : uricolytique.

uricometer, *s.* : appareil pour doser rapidement l'acide urique de l'urine.

uridrosis, *s.* : uridrose, urhidrose (sueur chargée d'urée, pouvant cristalliser sur la peau).

urina, *s.* *(lat.)* : urine.

urinal, *s.* : urinal.

urinalysis, *s.* : analyse d'urine.

urinary, *adj.* : urinaire; **- bladder** : vessie; **cast -** : cylindre urinaire; **- organs** : organes des voies urinaires; **- output** : débit urinaire; **- sediment** : sédiment d'urine; **- stuttering** : bégaiement urinaire; **- system** : voies urinaires.

urinate, *v.* : uriner.

urination, *s.* : urination, miction.

urinative, *s.* : diurétique.

urine, *s.* : urine.

urinemia, *s.* : urinémie, urémie.

uriniferous, *adj.* : urinifère.

urinific, *adj.* : 1. excrétant de l'urine; 2. diurétique.

uriniparous, *adj.* : urinipare.

urino- : urino-, préfixe dénotant un rapport avec l'urine.

urinocryoscopy, *s.* : cryoscopie de l'urine.

urinogenital, *adj.* : *cf.,* **urogenital.**

urinogenous : *cf.,* **urogenous.**

urinoglucosometer, *s.* : appareil pour dosage du glucose dans l'urine.

urinologist, *s.* : *cf.,* **urologist.**

urinology, *s.* : urologie.

urinoma, *s.* : kyste renfermant de l'urine.

urinometer, *s.* : uromètre (densimètre destiné à donner le poids spécifique de l'urine).

urinometry, *s.* : urométrie.

urinoscopy, *s.* : *cf.,* **uroscopy.**

urinose *or* **urinous,** *adj.* : urineux.

urinosexual, *adj.* : génito-urinaire.

urisolvent, *adj.* : dissolvant l'acide urique.

uritis, *s.* : inflammation consécutive à une blessure.

uro- : uro-, préfixe dénotant un rapport avec l'urine ou l'acide urique.

uroacidimeter, *s.* : instrument pour mesurer le degré d'acidité de l'urine.

uroazotometer, *s.* : instrument pour dosage des substances azotées de l'urine.

urobacillus, *s.* : bactérie de la fermentation ammoniacale de l'urine.

urobenzoic acid : acide hippurique.

urobilin, *s.* : urobiline (pigment dérivé des pigments biliaires par réduction de ces derniers dans l'intestin).

urobilinaemia *or* **urobilinemia,** *s.* : présence d'urobiline dans le sang.

urobilinicterus, *s.* : pigmentation de la peau, de la cornée, etc., renfermant de l'urobiline par absorption de sang extravasé.

urobilinogen, *s.* : urobilinogène.

urobilinuria, *s.* : urobilinurie (présence d'urobiline dans l'urine).

urocele, *s.* : urocèle (tumeur formée par l'infiltration d'urine dans les bourses).

urocheras, *s.* : dépôt graveleux dans l'urine.

urochesia, *s.* : émission d'urine par le rectum.

urochrome, *s.* : urochrome.

uroclepsia, *s.* : miction inconsciente.

urocrisis *or* **urocrisia,** *s.* : 1. crise dans une maladie se manifestant par une urination excessive; 2. diagnostic par examen de l'urine; 3. douleur spasmodique intense de la vessie dans l'ataxie locomotrice.

urocriterion, *s.* : réaction particulière décelée dans l'urine examinée dans le but de faire un diagnostic.

urokinase, *s.* : urokinase.

urothyrin, *s.* : purpurine *(chim.).*

urocyanosis, *s.* : indicanurie.

urocyst *or* **urocystis,** *s.* : vessie.

urocystic, *adj.* : vésiculaire.

urocystitis, *s.* : inflammation de la vessie, cystite.

urodialysis, *s.* : arrêt partiel et temporaire de la sécrétion urinaire.

urodochium, *s.* : urinal.

urodynia, *s.* : urodynie, miction douloureuse.

urogaster, *s.* : voies urinaires embryonnaires.

urogenital, *adj.* : uro-génital; **- duct** : canal de Müller.

urogenous, *adj.* : producteur d'urine.

uroglycosis, *s.* : diabète sucré.

urography, *s.* : urographie, pyélographie d'élimination.

urohematonephrosis, *s.* : distension du bassinet par du sang et de l'urine.

urokinetic, *adj.* : dû à un réflexe de l'appareil urinaire.

urolagnia, *s.* : urolagnie.

urolith, *s.* : urolithe, calcul urinaire.

urolithiasis, *s.* : 1. formation de calculs urinaires; 2. présence de calculs urinaires; 3. état caractérisé par la présence de calculs urinaires.

urolithic, *adj.* : se rapportant à, de la nature des calculs urinaires.

urolithology, *s.* : science des calculs urinaires.

urolithus, *s.* *(lat.)* : urolithe.

urologic *or* **urological,** *adj.* : urologique.

urologist, *s.* : urologue.

urology, *s.* : urologie.

urolytic, *adj.* : capable de dissoudre des calculs urinaires.

urometer, *s.* : uromètre (densimètre destiné à donner le poids spécifique de l'urine).

uronephrosis, *s.* : uronéphrose, hydronéphrose.

uropepsin, *s.* : uropepsine.

urophan, s. : nom générique donné aux substances qui, prises dans le corps, apparaissent sans modifications chimiques dans l'urine.

urophanic, adj. : apparaissant dans l'urine.

urophein, s. : pigment donnant à l'urine son odeur caractéristique.

urophthisis, s. : diabète sucré.

uroplania, s. : 1. présence d'urine dans des organes autres que les organes urinaires; 2. miction par un orifice anormal.

uropoiesis, s. : uropoïèse, fonction uropoïétique.

uropoietic, adj. : uropoïétique.

uroporphyrin, s. : uroporphyrine.

uropsammus, s. : gravelle dans l'urine.

uropyonephrosis, s. : uropyonéphrose (distension du bassinet par de l'urine purulente).

uropyoureter, s. : collection de pus et d'urine dans l'uretère.

urorrhagia, s. : urorragie (inus.), flux abondant d'urine.

urorrhea, s. : 1. flux normal d'urine; 2. miction involontaire.

uroschesis, s. : rétention urinaire.

uroscopy, s. : uroscopie (examen clinique des urines).

urosemiology, s. : sémiologie par examen de l'urine.

urosepsis, s. : toxémie d'origine urinaire.

urosis, s. : maladie des organes des voies urinaires.

urospasm, s. : spasme d'un organe de l'appareil urinaire.

urostealith or **urosteatoma,** s. : urostéatome substance grasse se trouvant dans certains calculs urinaires.

urotoxia, s. : cf., **urotoxy.**

urotoxic, adj. : urotoxique; **- coefficient** : coefficient urotoxique.

urotoxicity, s. : toxicité de l'urine.

urotoxin, s. : toxine de l'urine.

urotoxy, s. : urotoxie.

uroureter, s. : blocage partiel ou total de l'urine dans l'uretère.

urous, adj. : de nature urinaire.

urtica, s. (lat.) : 1. ortie; 2. papule.

urticaria, s. : urticaire, fièvre ortiée, cnidosis, stigmasie, stigmatodermie; **- factitia** or **factitious -** : dermographie, dermographisme, autographisme, dermatose stéréographique; **giant -, - gigans** or **œdematosa** : œdème de Quincke; **- medicamentosa** : urticaire consécutive à une intoxication médicamenteuse; **- pigmentosa** : urticaire pigmentée, **- tuberosa** : urticaire tubéreuse, érythème noueux.

urticarial or **urticarious,** adj. : urticarien.

urticate, v. : 1. ortier; 2. piquer comme une ortie.

urticating, adj. : urticant.

urtication, s. : urtication (1. flagellation avec une poignée d'orties fraîches et rubéfaction ainsi obtenue; 2. sensation analogue à celle qui est produite par les orties).

use, s. : 1. emploi, usage; **directions for -** : mode d'emploi; **for external -** : pour l'usage externe (pharm.); 2. jouissance, usage; **to lose the - of an eye** : perdre l'usage d'un œil.

U-shaped : en forme de U.

U.S.P. (abbreviation for **United States pharmacopœia**) : pharmacopée (codex) des Etats-Unis.

ustulation, s. : dessiccation, séchage, grillage.

ustus, adj. (lat.) : brûlé, calciné.

usure, s : atrophie circonscrite d'un membre ou d'un organe consécutive à la pression d'un néoplasme, à des anévrismes ou de la dégénérescence graisseuse.

uta, s. : léishmaniose cutanée du Pérou.

uteralgia, s. : utéralgie, névralgie utérine.

uterectomy, s. : hystérectomie.

uterine, adj. : utérin; **- appendages** : annexes (ovaires et trompes de Fallope); **- pregnancy** : grossesse utérine; **- souffle** : souffle utérin.

uterism, s. : utéralgie.

uterismus, s. : contractions utérines spasmodiques et douloureuses.

uteritis, s. : métrite.

utero- : utéro-, préfixe dénotant un rapport avec l'utérus.

uterofixation, s. : hystéropexie.

uterogestation, s. : gestation utérine.

uterography or **hysterography,** s. : hystérographie.

uteromania, s. : nymphomanie.

uterometer, s. : hystéromètre (instrument pour mesurer l'utérus et déterminer sa position).

utero-ovarian, s. : utéro-ovarien.

uteropexia or **uteropexy,** s. : hystéropexie.

uteroplacental, adj. : utéroplacentaire.

uteroplasty, s. : opération plastique sur l'utérus.

uteroscope, s. : spéculum utérin.

uterotome, s. : hystérotome.

uterotomy, s. : hystérotomie.

uterotractor, s. : forceps à lames dentelées pour permettre la traction sur le col de l'utérus.

uterus, s. : utérus; **- acollis** : utérus acollis; **- arcuatus** : forme d'utérus bicornis; **- bicornis** : utérus bicornis; **- biforis** : utérus biforis; **- biparititus unicollis** : utérus unicollis; **- didelphys** or **duplex** : utérus didelphe, utérus diductus; **gravid -** : utérus gravide; **infantile -** : utérus infantile; **- masculinus** : sinus prostatique (urètre); **- parvicollis** : utérus parvicollis; **- septus** : utérus septus, utérus bilocularis; **- subseptus** : utérus subseptus; **- unicornis** : utérus unicornis.

utricle, s. : 1. utricule (oreille); 2. utricule prostatique.

utricular, adj. : utriculaire.

utriculitis, *s.* : inflammation de l'utricule.

utriculosaccular, *adj.* : se rapportant à l'utricule et au saccule (oreille).

utriculus, *s. (lat.)* : utricule.

utriform, *adj.* : utriforme.

utter, *v.* : dire, prononcer, articuler, proférer, faire entendre.

utterance, *s.* : articulation, prononciation, émission (d'un son); **to have a defective -** : avoir un défaut de prononciation.

uttering, *s.* : articulation, prononciation.

U-tube : tube en U.

uva, *s., plur.* **uvæ** *(lat.)* : raisin.

uvæformis *(lat.)* : couche médiane de la choroïde.

uvea, *s. (lat.)* : uvée (membrane de l'œil qui comprend l'iris, le corps ciliaire et la choroïde).

uveal, *adj.* : uvéal.

uveitic, *adj.* : se rapportant à l'uvéite.

uveitis, *s.* : uvéite (inflammation de l'uvée).

uveoparotid fever *or* **uveoparotitis,** *s.* : uvéoparotidite, syndrome de Heerfordt (affection ordinairement fébrile caractérisée par l'association de lésions inflammatoires du tractus uvéal et des glandes parotides et lacrymales).

uviform, *adj.* : uviforme (en forme de raisin, de grappe de raisin).

uviol, *s.* : verre perméable aux rayons ultraviolets.

uviolize, *v.* : soumettre à l'action des rayons ultraviolets, soumettre à l'uviothérapie.

uvioresistant, *adj.* : résistant aux rayons U.V.

uviosensitive, *adj.* : sensible aux rayons U.V.

U.V.R. : R.U.V. (rayons ultraviolets).

uvula, *s.* : *(lat.)* : uvule, luette; **- cerebelli** *or* **- vermis** : amygdale (cervelet); **- palatina** : luette.

uvular, *adj.* : uvulaire.

uvulitis, *s.* : uvulite (inflammation de la luette).

uvuloptosis, *s.* : procidence de la luette.

uvulotome, *s.* : instrument pour couper la luette.

uvulotomy, *s.* : excision de la luette.

V

vac. *abbreviation for* **vacuum** : vide.

vaccigenous, *adj.* : vaccinogène.

vaccinable, *adj.* : vaccinable.

vaccinal, *adj.* : vaccinal; **- fever** : fièvre bénigne consécutive à la vaccination.

vaccinate, *v.* : vacciner (1. inoculer avec le virus de la vaccine; 2. inoculer avec un vaccin pour conférer l'immunité).

vaccination, *s.* : vaccination (1. inoculation de la vaccine; 2. administration d'un vaccin); **arm-to-arm -** : vaccination de bras à bras (procédé de Jenner); **compulsory -** : vaccination obligatoire; **Jennerian -** : inoculation de la vaccine; **- rash** : éruption postvaccinatoire (eczéma, érythème).

vaccinator, *s.* : 1. vaccinateur; 2. vaccinostyle.

vaccine, *s.* : 1. vaccine; 2. vaccin; **autogenous -** : autovaccin; **bacterial -** : vaccin bactérien; **bovine -** : vaccine d'origine bovine; **corresponding** *or* **stock -** : stock-vaccin; **heterogenous -** : vaccin hétérogène; **humanized -** : vaccine obtenue à partir d'une pustule chez l'homme; **lymph -** : vaccine; **- lymph** : lymphe vaccinale; **mixed -** : vaccin polyvalent (vaccin préparé avec différents microbes); **multivalent** *or* **polyvalent -** : vaccin polyvalent (vaccin avec plusieurs races de microbes de même espèce); **- pustule** : pustule vaccinale; **virus -** : vaccin viral; *adj.* : vaccinal, de la vaccine.

vaccinee, *s.* : qui est vacciné.

vaccinella, *s.* : vaccinelle, vaccinoïde, fausse vaccine.

vaccinia, *s.* : vaccine, virus vaccinal.

vaccinial, *adj.* : causé par la vaccine.

vaccinid, *s.* : vaccinide (manifestation cutanée d'une vaccination).

vaccinifer, *s.* : individu vaccinifère, animal vaccinifère (individu, animal auquel on prend le vaccin pour l'inoculer à d'autres).

vacciniform, *adj.* : vacciniforme (ayant l'aspect de la vaccine).

vacciniola, *s.* : vaccinelle.

vaccinism, *s.* : théorie de l'efficacité de la vaccination.

vaccinization, *s.* : vaccination par inoculations répétées.

vaccinogen, *s.* : individu vaccinifère, animal vaccinifère.

vaccinoid, *s.* : vaccinoïde, vaccinelle, fausse vaccine.

vaccinophobia, *s.* : peur morbide de la vaccination.

vaccinostyle, *s.* : vaccinostyle (plume métallique servant à pratiquer la vaccination jennérienne et la cutiréaction).

vaccinotherapy, *s.* : vaccinothérapie (partie de la thérapeutique qui s'occupe de l'emploi des vaccins pour le traitement des maladies).

vacuo (in) *(lat.)* : dans le vide.

vacuolar, *adj.* : vacuolaire.

vacuolate *or* **vacuolated,** *adj.* : renfermant des vacuoles.

vacuolation, *s.* : 1. formation de vacuoles; 2. état caractérisé par la présence de vacuoles.

vacuole, *s.* : vacuole.

vacuolization, *s.* : *cf.,* **vacuolation.**

vacuum, *s. plur.* **vacua** *(lat.)* : vide; **- arc lamp** : lampe à arc dans le vide; **- cell** : cellule à vide poussé *(radiol.)*; **- desiccator** : cloche à vide; **- distillation** : distillation dans le vide; **- drier** : étuve à vide; **- freezing** : lyophilisation; **- gauge** : indicateur de vide, vacuomètre; **high -** : vide poussé, vide presque parfait; **- pump** : pompe à vide; **Torricellian -** : vide de Torricelli, chambre barométrique; **- tube** : tube à vide.

vagabond's disease : maladie des vagabonds (état particulier de la peau caractérisé par l'épaississement et la pigmentation des téguments déterminés par la phtiriase et le manque de soins).

vagal, *adj.* : se rapportant au nerf vague, pneumogastrique; **- attack** : état caractérisé par une sensation de mort imminente, de la dyspnée, des malaises cardiaques, de la défaillance; serait dû à un spasme vaso-moteur.

vagina, *s.* : 1. vagin; 2. gaine, enveloppe; **- bulbi** *or* **oculi** : capsule de Tenon; **bulb of -** : bulbe vestibulaire *ou* vulvaire; **- cordis** : péricarde; **- femoris** : fascia lata.

vaginal, *adj.* : 1. vaginal; **- douche** : injection vaginale; **- fornix** : cul-de-sac vaginal; **- retractor** : valve *(chir.)*; 2. vaginal, engainant, vaginant.

vaginalectomy : *cf.*, **vaginectomy.**

vaginalitis, *s.* : vaginalite (inflammation aiguë *ou* chronique de la vaginale du testicule).

vaginant, *adj.* : engainant, vaginant, vaginal.

vaginapexy, *s.* : 1. *cf.*, **vaginopexy;** 2. colpopexie.

vaginate, *adj.* : vaginé, engainé.

vaginectomy, *s.* : 1. excision du vagin; 2. excision de la vaginale du testicule.

vaginicoline, *adj.* : vivant dans le vagin.

vaginiferous, *adj.* : vaginifère (qui porte une gaine).

vaginismus, *s.* : vaginisme, vaginodynie (contraction spasmodique douloureuse du constricteur du vagin).

vaginitis, *s.* : 1. vaginite (inflammation du vagin); 2. inflammation d'une gaine; **senile** *or* **atrophic -** : atrophie du vagin après la ménopause; **- testis** : inflammation de la vaginale du testicule.

vagino- : vagino-, préfixe dénotant un rapport avec le vagin.

vagino-abdominal, *adj.* : vagino-abdominal.

vaginocele, *s.* : colpocèle, coléocèle.

vaginodynia, *s.* : vaginodynie.

vaginofixation, *s.* : 1. vaginofixation (fixation du vagin); 2. vaginofixation de l'utérus, hystéropexie vaginale.

vaginolabial, *adj.* : vaginolabial.

vaginomycosis, *s.* : mycose vaginale.

vaginoperineal, *s.* : se rapportant au vagin et au périnée.

vaginoperitoneal, *adj.* : vaginopéritonéal.

vaginopexy, *s.* : 1. vaginofixation; 2. conservation de la vaginale dans les cas d'excision du testicule pour varicocèle.

vaginoplasty, *s.* : opération plastique sur le vagin.

vaginoscope, *s.* : spéculum vaginal.

vaginoscopy, *s.* : examen du vagin.

vaginotome, *s.* : instrument pour inciser le vagin.

vaginotomy, *s.* : colpotomie (incision du vagin).

vaginovesical, *adj.* : vaginovésical.

vaginovulvar, *adj.* : vaginovulvaire.

vagitis, *s.* : inflammation du pneumogastrique.

vagitus, *s. (lat.)* : vagissement; **- uterinus** : vagissement du fœtus encore dans l'utérus; **vaginalis -** : vagissement de l'enfant, la tête encore dans le vagin.

vagomimetic, *adj.* : vagomimétique, parasympathicomimétique (se dit d'une substance dont l'action imite celle du nerf vague).

vagotomized, *adj.* : se dit d'un individu, d'un animal ayant subi la vagotomie.

vagotomy, *s.* : vagotomie (section du nerf vague *ou* pneumogastrique).

vagotonia *or* **vagotony**, *s.* : vagotonie, parasympathicotonie, cholinergie (anomalie constitutionnelle particulière, caractérisée par une sensibilité spéciale du système nerveux autonome régi par le pneumogastrique).

vagotonic, *adj.* : vagotonique.

vagotonin, *s.* : vagotonine (hormone vagomimétique sécrétée par le pancréas).

vagotropic, *adj.* : vagotrope.

vagotropism, *s.* : vagotropisme.

vagrant, *adj.* : errant, vagabond; **- disease** : maladie des vagabonds.

vagus, *s. (lat.)* : nerf pneumogastrique, nerf vague; **- pulse** : pouls lent consécutif à l'action inhibitrice du pneumogastrique sur le cœur.

valence *or* **valency**, *s.* : valence, atomicité.

valerian, *s.* : valériane *(pharm.)*.

valetudinarian, *s., adj.* : valétudinaire.

valetudinarianism, *s.* : 1. valétudinarianisme; 2. hypocondrie, tendance à se croire malade.

valgus, *s. (lat.)* : valgus (se dit d'un membre ou d'un segment de membre dévié en dehors).

valine, *s.* : valine.

vallate, *adj.* : évasé, en forme de cuvette.

vallecula, *s., plur.* **valleculæ** *(lat.)* : fissure, fosse, sillon; **- cerebelli** : grande scissure médiane du cervelet; **- epiglottica** : fossette glosso-épiglottique; **valleculæ linguæ** : replis glosso-épiglottiques; **- ovata** : fossette cystique.

Valleix's points douloureux : points de Valleix (points douloureux observés dans les différentes névralgies sur le trajet des nerfs malades, en particulier dans la sciatique).

valley of the cerebellum : grande scissure médiane du cervelet.

vallis, *s. (lat.)* : grande scissure médiane du cervelet; **- alarum** : aisselle; **- femorum** : vulve.

Valsalva's antrum : vestibule; **- experiment** : manœuvre *ou* signe de Valsalva (bradycardie par excitation du pneumogastrique provoquée, chez le sujet normal, après inspiration profonde, par un effort bloqué d'expiration forcée, nez et bouche fermés); **- ligaments** : ligaments extrinsèques (pavillon de l'oreille); **- method** : méthode de Valsalva (traitement de l'anévrisme artériel circonscrit); **- sinus** : sinus de Valsalva (crosse de l'aorte); **- test** : épreuve de Valsalva (insufflation d'air dans la caisse du tympan, obtenue en faisant souffler le malade lorsqu'il a la bouche et le nez fermés).

Valsuani's disease : forme d'anémie pernicieuse progressive se produisant au cours de la grossesse.

value, *s.* : valeur; **globular -** : valeur globulaire *ou* hémoglobinique; **iodine -** : indice d'iode.

valval *or* **valvar**, *adj.* : valvaire.

valvate, *adj.* : valvé, valvaire.

valve, *s.* : 1. soupape; 2. valvule, valve *(anat.)*; 3. lampe de radio; **- shaped** : valviforme; 1. **- cock** : robinet, valve; **inlet** *or* **induction -** : soupape d'admission, soupape d'arrivée; **outlet** *or* **exhaust -** : soupape de déchargement, soupape d'échappement; **pressure-reducing -** : détendeur; **safety -** : soupape de sûreté; **stop -** : soupape *ou* robinet d'arrêt, obturateur; 2. **auriculoventricular -** : valvules auriculo-ventriculaires; **laryn-**

geal - : cordes vocales supérieures; **mitral** *or* **bicuspid** - : valvule mitrale; **prosthetic** - : prothèse valvulaire; **sigmoid** *or* **semilunar** - : valvules sigmoïdes (cœur); **tricuspid** - : valvule tricuspide, triglochine; **thermionic** - : tube thermoionique, lampe de T.S.F.

valved, *adj.* : valvé, valvaire, à valve, à soupape.

valveless, *adj.* : sans valve, sans soupape.

valviform, *adj.* : valviforme.

valvotomy, *s.* : section opératoire d'une valvule.

valvula, *s.,* *plur.* **valvulæ** *(lat.)* : valvule.

valvular, *adj.* : valvulaire; **- disease of the heart** : valvulite, insuffisance valvulaire.

valvule, *s.* : valvule.

valvulitis, *s.* : valvulite, endocardite valvulaire, cardivalvulite, cardiovalvulite.

valvulotome, *s.* : instrument pour sectionner les valvules.

valvulotomy, *s.* : valvulotomie.

vampirism, *s.* : 1. vampirisme, nécrophilie; 2. forme de démence qui pousse les individus à croire qu'on leur suce leur sang pendant la nuit.

vanadium, *s.* : vanadium.

vanadiumism, *s.* : forme chronique d'intoxication due à l'absorption du vanadium.

van Buren's disease : infiltration chronique des corps caverneux; **- operation** : cautérisation de la muqueuse dans le prolapsus de l'anus.

van der Bergh's reaction : réaction de dosage de la bilirubine de van der Bergh.

van Hook's operation : urétéro-urétérostomie.

vanillism, *s.* : vanillisme professionnel.

vanilloyl-mandelic acid : acide vanillo-mandélique *ou* VMA.

van't Hoff's law : loi de van't Hoff *(phys.)*.

vapocauterization, *s.* : atmokausis (cautérisation par un jet de vapeur à haute température).

vapor *or* **vapour,** *s.* : vapeur.

vaporarium *(lat.)* : 1. bain de vapeur; 2. institut hydrothérapique pour bains de vapeur.

vaporimeter, *s.* : vaporimètre.

vaporish, *adj.* : hystérique, atrabilaire, hypocondriaque.

vaporium, *s.* : appareil pour donner des bains de vapeur.

vaporization, *s.* : vaporisation, pulvérisation.

vaporize, *v.* : 1. vaporiser, gazéifier, pulvériser; 2. se vaporiser, se gazéifier, se pulvériser.

vaporizer, *s.* : vaporiseur, vaporisateur, pulvérisateur, atomiseur.

vapors *or* **vapours,** *s. pl.* : vapeurs (forme d'hystérie).

Vaquez's disease : maladie *ou* syndrome de Vaquez, érythrémie, polycythémie.

variability, *s.* : variabilité, inconstance.

variable, *adj.* : variable, changeant, inconstant.

variant, *s.* : variant.

variation, *s.* : variation, changement; **- of species** : variation des espèces; **- compass** : boussole de déclinaison.

varicated, *adj.* : variqueux.

varication, *s.* : 1. formation de varices; 2. système de varices.

varicella, *s.* : varicelle; **- gangrænosa** : varicelle avec ulcérations gangréneuses; **pustular -** : varioloïde; **- zoster virus** : Herpesvirus varicellae.

varicellation, *s.* : inoculation préventive de la varicelle.

varicelliform, *adj.* : caractérisé par une éruption ressemblant à la varicelle.

varicelloid, *adj.* : ressemblant à la varicelle.

varicellous, *adj.* : de la varicelle, affecté de la varicelle.

varices, *s.,* *plur.* : *cf.,* **varix.**

variciform, *adj.* : ayant la forme d'une varice.

varicoblepharon, *s.* : varice de la paupière.

varicocele, *s.* : varicocèle (dilatation variqueuse des veines du cordon spermatique).

varicocelectomy, *s.* : excision d'une partie du scrotum et des veines dilatées pour guérison du varicocèle.

varicoid, *adj.* : ressemblant à une varice.

varicomphalus, *s.* : varice de l'ombilic.

varicose, *adj.* : variqueux; **- aneurysm** : anévrisme variqueux, anévrisme artérioveineux; **- ulcer** : ulcère variqueux; **- vein** : varice.

varicosis, *s.* : état variqueux.

varicosity, *s.* : 1. état variqueux; 2. varice.

varicotomy, *s.* : excision d'une varice.

varicula, *s.* : varice de la conjonctive.

variegation, *s.* : panachure, diaprure *(bot.)*.

variety, *s.* : variété.

variform, *adj.* : de forme variable, diversiforme.

variola, *s.* : variole, petite vérole; **coherent -** : variole cohérente; **confluent - or - confluens** : variole confluente; **hemorrhagic** *or* **black -** : variole hémorragique; **modified -** : varioloïde; **- notha** : varicelle.

variolar, *adj.* : variolaire.

variolate, *v.* : inoculer avec le virus de la variole; *adj.* : variolé.

variolated, *adj.* : atteint de variole, ayant eu la variole.

variolation *or* **variolization,** *s.* : variolisation (inoculation de la variole faite autrefois dans un but prophylactique).

variolic, *adj.* : variolique, varioleux.

varioliform, *adj.* : varioliforme.

varioloid, *s.* : varioloïde (forme bénigne de la variole caractérisée par l'absence de suppuration et la brièveté de l'évolution totale).

variolous, *adj.* : varioleux, variolique.

variolovaccine, *s.* : lymphe *ou* pustule de variole-vaccine.

variolovaccinia, *s.* : variolo-vaccine, variole-vaccine (transformation de la variole en vaccine par passage sur un animal plus ou moins réfractaire).

varix, *s.*, *plur.* **varices** *(lat.)* : varice, phlébectasie (dilatation permanente d'une veine) ; **aneurysmal -** : anévrisme variqueux, anévrisme artérioveineux, varice anévrismale; **- lymphaticus** : varice lymphatique, lymphangiectasie ; **œsophageal -** : varices des veines de l'œsophage.

varolian, *adj.* : se rapportant au pont de Varole, à la protubérance annulaire.

Varolii (pons) : pont de Varole, protubérance annulaire.

varus, *s. (lat.)* : varus (se dit d'un membre ou d'un segment de membre tourné en dedans).

vas, *s.*, *plur.* **vasa** *(lat.)* : vaisseau; **- aberrans** : vas aberrans de Haller; **vasa brevia** : vaisseaux courts (artère splénique); **- deferens** : canal déférent; **vasa recta** : tubes droits (voies spermatiques); **vasa centralia retinœ** : artère centrale et veines de la rétine; **vasa vorticosa** : veines vorticineuses.

vasal, *adj.* : vasculaire.

vascular, *adj.* : vasculaire, vasculeux; **- bundle** : faisceau fibrovasculaire.

vascularity, *s.* : vascularité.

vascularization, *s.* : vascularisation.

vascularize, *v.* : vasculariser.

vasculature, *s.* : système vasculaire.

vasculitis, *s.* : vascularite (inflammation des vaisseaux d'un organe); **nodular -** : érythrocyanose crurum.

vasculomotor, *adj.* : vasomoteur.

vasectomy, *s.* : vasectomie (résection des canaux déférents).

vaseline *(nom déposé)*, *s.* : vaseline préparée *ou* médicamenteuse.

vasifactive, *adj.* : donnant naissance à de nouveaux vaisseaux.

vasiform, *adj.* : vasiforme.

vaso- : vaso-, préfixe dénotant un rapport avec un vaisseau.

vasoconstriction, *s.* : vasoconstriction (diminution du calibre d'un vaisseau par contraction de ses fibres musculaires).

vasoconstrictor, *adj.* : vasoconstricteur.

vasodilatation, *s.* : vasodilatation (dilatation d'un vaisseau).

vasodilator, *adj.* : vasodilateur.

vaso-inhibition, *s.* : vaso-inhibition (inhibition des nerfs vasomoteurs).

vasoligation, *s.* : opération de Steinach.

vasomotion, *s.* : contraction *ou* dilatation d'un vaisseau.

vasomotor, *adj.* : vasomoteur.

vasoneurosis, *s.* : angioneurose.

vasoparesis, *s.* : parésie des nerfs vasomoteurs.

vasopressin, *s.* : vasopressine, hypophamine β, pitressine (hormone du lobe postérieur de l'hypophyse).

vasopuncture, *s.* : ponction du canal déférent.

vasorelaxation, *s.* : diminution de la tension vasculaire.

vasorrhaphy, *s.* : suture du canal déférent.

vasosection, *s.* : section du canal déférent, vasectomie.

vasospasm, *s.* : vasoconstriction spasmodique.

vasostomy, *s.* : établissement d'une fistule dans le canal déférent.

vasotomy, *s.* : vasotomie (section du canal déférent).

vasotonia, *s.* : vasotonie.

vasotonic, *adj.* : vasotonique.

vasotribe, *s.* : vasotribe.

vasotripsy, *s.* : vasotripsie, angiotripsie (écrasement des vaisseaux à l'aide du vasotribe pour assurer l'hémostase immédiate).

vasotropic, *adj.* : vasotrope.

vasovagal, *s.* : se rapportant au système vasculaire et au nerf vague; **- attack** : syndrome cardiaque dû au nerf vague.

vasovesiculectomy, *s.* : vasovésiculectomie (ablation totale du canal déférent et de la vésicule séminale).

Vater's ampulla : ampoule de Vater (duodénum); **- corpuscles** : corpuscules de Krause.

vault, *s.* : dôme, voûte (de la vessie, etc.).

vector cardiogram, *s.* : vectocardiogramme.

vecordia, *s.* : démence, idiotie.

vection, *s.* : transport de germes d'une personne malade à une personne saine.

vectis, *s.* : forceps à branche unique (utilisé pour aider le passage de la tête fœtale [*obstét.*]).

vector, *s.* : 1. vecteur (hôte intermédiaire transmettant une infection) ; 2. force ; **cardiac -** : la somme de toutes les forces électriques agissant sur le cœur à un moment donné; **- diagram** : vectogramme.

V. D. *(abbreviation for* **venereal diseases***)* : maladies vénériennes.

vegetable, *s.* : 1. végétal; 2. légume; **- diet** : régime végétal; *adj.* : végétal.

vegetal, *adj.* : végétal.

vegetality, *s.* : végétalité (1. premier degré de la vitalité, nutrition et reproduction; 2. nature des végétaux).

vegetarian, *s.*, *adj.* : végétarien.

vegetarianism, *s.* : végétarianisme, végétarisme.

vegetation, *s.* : végétation (papillome siégeant au niveau des replis de la peau ou des muqueuses); **adenoid -** : végétations adénoïdes; **bacterial** *or* **verrucous -** : végétation sur les valvules du cœur.

vegetative, *adj.* : végétatif.

vegeto- : végéto-, préfixe dénotant un rapport avec le règne végétal.

vehicle, *s.* : véhicule, excipient *(pharm.).*

veil, *s.* : voile, coiffe *(anat.);* **acquired -** : voix voilée (laryngite chronique); **uterine -** : diaphragme (membrane tendue sur le col utérin dans un but anticonceptionnel).

vein, *s.* : veine; **angular -** : veine angulaire; **auricular -** : 1. veines auriculaires; 2. veines cardiaques, veines coronaires; **axillary -** : veine axillaire; **azygos -** : veines azygos; **basilar -** : veine basilaire; **basilic -** : veine basilique; **brachial -** : veine humérale; **cephalic -** : veine céphalique; **cerebral -** : veines cérébrales; **coronary -** : 1. grande veine coronaire (cœur); 2. veine coronaire stomachique; **emissary -** : veine émissaire; **facial -** : veine faciale; **femoral -** : veine fémorale; **deep femoral -** : veine fémorale profonde; **frontal -** : veine frontale *ou* préparate; **- of Galen** : veines de Galen, veines cérébrales profondes; **gastric -** : veine gastro-épiploïque; **hemiazygos -** : veines petites azygos; **hemorroidal -** : veines hémorroïdales; **common iliac -** : veine iliaque primitive; **external iliac -** : veine iliaque externe; **internal iliac -** : veine iliaque interne; **innominate -** : tronc brachiocéphalique; **anterior jugular -** : veine jugulaire antérieure; **external jugular -** : veine jugulaire externe; **internal jugular -** : veine jugulaire interne; **- of Marshall** : *cf.,* oblique vein; **internal maxillary -** : veine maxillaire interne; **median basilic -** : veine médiane basilique; **median cephalic -** : veine médiane céphalique; **inferior mesenteric -** : veine petite mésaraïque; **superior mesenteric -** : veine grande mésaraïque; **oblique - of Marshall** : veine de Marshall, veine oblique de l'oreillette gauche; **ophthalmic -** : veine ophtalmique; **plantar -** : semelle veineuse; **popliteal -** : veine poplitée; **portal -** : veine porte; **pulmonary -** : veines pulmonaires ; **superficial radial -** : veine radiale superficielle *ou* médiane; **ranine -** : veines ranines; **renal -** : veines rénales; **long** *or* **internal saphenous -** : veine saphène interne; **short** *or* **external saphenous -** : veine saphène externe; **spermatic -** : veines spermatiques; **splenic -** : veine splénique; **stellate -** : étoiles de Verheyen (rein, plexus sous-capsulaire) ; **subclavian -** : veine sous-clavière; **temporal -** : veines temporales; **- of Trolard** : grande veine anastomotique de Trolard (encéphale); **ulnar -** : veine cubitale; **umbilical -** : veine ombilicale.

velamen, *s. (lat.)* : voile, membrane recouvrante, coiffe; **- nativum** : peau; **- vulvæ** : tablier des Hottentotes.

velamentous, *adj.* : vélamenteux, en forme de voile.

velamentum, *s., plur.* **velamenta** *(lat.)* : voile, membrane recouvrante; **- abdominale** : péritoine; **- cerebrale** : méninge; **- corporis commune** : peau, **- infantis** : l'une des membranes fœtales; **- linguæ** : ligament glosso-épiglottique.

velar, *adj.* : vélamenteux, se rapportant à une enveloppe.

vellicate, *v.* : se tordre, se contorsionner spasmodiquement.

vellication, *s.* : convulsion spasmodique des fibres musculaires.

vellus, *s.* : poils fins ou duvet des enfants.

velosynthesis, *s.* : staphylorraphie.

Velpeau's bandage : bandage pour l'épaule ; **- deformity** : déformation en « dos de fourchette », dans la fracture de Pouteau; **- hernia** : hernie inguinale en avant de la fémorale.

velum *(lat.)* : voile, structure membraneuse; **anterior medullary -** : valvule de Vieussens; **- interpositum** *or* **triangulare** : membrana tectoria (troisième ventricule); **- palati** *or* **staphylinum** : voile du palais; **posterior medullary -** *or* **- Tarini** : valvule de Tarin (cervelet); **- terminale** : lame terminale.

vena, *s., plur.* **venæ** *(lat.)* : veine; **azygos, azygos major** *or* **azygos dextra** : veine azygos; **- cava inferior** : veine cave inférieure; **- cava superior** *or* **- cava anterior** : veine cave supérieure; **- corporis striati** : veine du corps strié; **- minimæ cordis** : petites veines cardiaques, veines cardiaques accessoires; **vena hemiazygos** *or* **azygos minor** : veine petite azygos; **- vorticosæ** : veines vorticineuses.

venenation, *s.* : empoisonnement.

veneniferous, *adj.* : vénénifère.

venenific, *adj.* : vénénifique, vénénipare.

venenous, *adj.* : vénéneux.

venepuncture, *s.* : ponction veineuse.

venereal, *adj.* : vénérien; **- diseases** : maladies vénériennes; **- sore** : chancre.

venereologist, *s.* : vénéréologue.

venereology, *s.* : vénéréologie, cypridologie *(inus.).*

venereophobia, *s.* : 1. peur de l'acte sexuel ; 2. peur des maladies vénériennes.

venesection, *s.* : phlébotomie, saignée veineuse.

venesuture, *s.* : suture d'une veine.

venipuncture, *s.* : ponction d'une veine.

venisuture : *cf.,* **venesuture.**

venography, *s.* : phlébographie.

venom, *s.* : venin; **- antiserum** : sérum antivenimeux.

venomotor, *adj.* : phlébomoteur.

venomous, *adj.* : 1. venimeux; 2. vénéneux.

venopressor, *adj.* : phlébotenseur, actif sur la pression veineuse.

venosclerosis, *s.* : phlébosclérose (transformation scléreuse des parois des veines).

venosity, *s.* : vénosité.

venostasis, *s.* : arrêt de la circulation veineuse.

venotomy, *s.* : phlébotomie, saignée veineuse.

venous, *adj.* : veineux; **- blood** : sang veineux; **central - pressure** : pression veineuse centrale; **- hum** : bruit perçu à l'auscultation d'une veine; **- sinus** : sinus veineux (cerveau).

venovenostomy, *s.* : anastomose d'une veine dans une veine.

venter, *s.* : abdomen.

ventilate, *v.* : aérer, ventiler.

ventilation, *s.* : ventilation, aération.

ventilator, s. : 1. ventilateur; 2. forme particulière de tente à oxygène.

ventouse, s. : ventouse.

ventral, adj. : ventral, abdominal (1. se rapportant à l'abdomen; 2. se rapportant à la partie antérieure du corps; 3. se rapportant à l'orientation en fléchissement des membres; **- decubitus** : décubitus abdominal; **- hernia** : hernie ventrale; **- rupture** : rupture ventral; **- segment** : ventre (phys.).

ventricle, s. : ventricule; **aortic -** : ventricule gauche (cœur); **- of the brain** : ventricules du cerveau; **- of cord** or **- of myelon** : canal épendymaire (moelle épinière); **- of corpus callosum** : scissure sous-frontale ou calloso-marginale; **fifth -** : cinquième ventricule (cerveau); **fourth -** : quatrième ventricule (cerveau); **- of larynx** : ventricules de Morgagni (larynx); **lateral -** : ventricules latéraux (cerveau); **left - of heart** : ventricule gauche (cœur); **pineal -** : recessus pinéal (épiphyse); **right - of heart** : ventricule droit (cœur); **terminal -** : ventricule terminal de la moelle ; **third -** : troisième ventricule (cerveau).

ventricornu, s. : corne antérieure (substance grise de la moelle épinière).

ventricose, adj. : bombé, renflé, ventru.

ventricular, adj. : ventriculaire; **- aqueduct** : aqueduc de Sylvius; **- bands** : cordes vocales supérieures ; **- muscle** : muscle thyro-épiglottique ; **- septum** : 1. cloison interventriculaire (cœur) ; 2. cloison transparente (cerveau).

ventriculitis, s. : ventriculite (méningite localisée aux ventricules cérébraux).

ventriculogram, s. : ventriculogramme (image obtenue par ventriculographie).

ventriculography, s. : ventriculographie.

ventriculometry, s. : mesure de la pression intraventriculaire.

ventriculopuncture, s. : ponction d'un ventricule.

ventriculoscopy, s. : examen des ventricules cérébraux par l'endoscope.

ventriculus, s. (lat.) : 1. ventricule; 2. estomac; **- cerebri** : ventricule du cerveau; **- cordis** : ventricule du cœur; **- dexter** : ventricule droit; **- lateralis** : ventricule latéral; **- medius** : troisième ventricule; **- quartus** : quatrième ventricule; **- sinister** : ventricule gauche; **- tertius** : troisième ventricule; **- tricornis cerebri** : ventricule latéral.

ventricumbent, adj. : couché sur le ventre.

ventriduction, s. : rapprochement d'une jambe vers le ventre.

ventriloquism, s. : ventriloquie.

ventripyramid, s. : pyramide antérieure (bulbe).

ventro- : ventro-, préfixe dénotant un rapport avec l'abdomen.

ventrocystorrhaphy, s. : marsupialisation (d'un kyste).

ventrofixation or **ventrifixation,** s. : ventrofixation.

ventrohysteropexy, s. : ventrofixation de l'utérus, hystéropexie abdominale.

ventroptosis, s. : gastroptose.

ventroscopy, s. : ventroscopie (examen direct des cavités abdominale et pelvienne).

ventrose, adj. : ventru.

ventrosity, s. : corpulence.

ventrosuspension, s. : ventrofixation.

ventrotomy, s. : cœliotomie, laparotomie abdominale.

ventrovesicofixation, s. : fixation de l'utérus à la vessie et à la paroi abdominale.

venule, s. : veinule, petite veine.

veratrum, s. : vératre, ellébore.

verdunization, s. : verdunisation (stérilisation de l'eau par le chlore telle qu'elle a été pratiquée à Verdun en 1916).

vergences, s. : terme donné aux mouvements associés disjoints des yeux (convergence, divergence).

vergens, adj. (lat.) : penché, dévié; **- deorsum** : déorsumvergent (dévié en bas); **- sursum** : sursumvergent (dévié en haut).

vergetures, s. (fr.) : vergetures, vibices (petites raies d'aspect cicatriciel, qui sillonnent la peau soumise à une distension exagérée).

Verheyen's stars : étoiles de Verheyen (rein).

Verhœff's operation : mode de sclérotomie avec ponctions électrolytiques dans les cas de décollement de la rétine.

Vermale's amputation : amputation à double lambeaux.

vermicidal, adj. : vermifuge (qui détruit les vers intestinaux).

vermicide, s. : vermifuge (substance ayant une action vermifuge), vermicide.

vermicular, adj. : vermiculaire; **- motion** : péristaltisme.

vermiculate, adj. : vermiculé.

vermiculation, s. : péristaltisme, mouvement péristaltique, mouvement vermiculaire.

vermicule, s. : vermisseau, larve.

vermiculose or **vermiculous,** adj. : 1. vermiforme, vermiculaire; 2. infesté de vers, de larves.

vermiform, adj. : vermiforme, helminthoïde; **- appendix** : appendice vermiculaire, appendice iléocæcal; **inferior - process** : vermis inférieur (cervelet); **superior - process** : vermis supérieur (cervelet).

vermifugal, adj. : vermifuge, helminthagogue.

vermifuge, s. : vermifuge, anthelminthique, helminthagogue.

vermilion, s. : vermillon, cinabre (sulfure mercurique); **- border** : ligne de jonction de la peau et de la muqueuse labiale.

vermin, s. : vermine.

verminal, adj. : se rapportant à, dû à des vers.

vermination, s. : vermination (1. infestation par les vers; 2. formation des vers).

verminosis, s. : maladie vermineuse, infestation par les vers.

verminous, *adj.* : vermineux (1. couvert de vermine; 2. infesté par les vers); **- disease** : maladie vermineuse.

vermis, *s. (lat.)* : 1. ver; 2. vermis (vermis inférieur et vermis supérieur); **inferior -** : vermis inférieur (cervelet); **superior -** : vermis supérieur (cervelet).

vermix, *s.* : appendice vermiculaire.

vernal, *adj.* : vernal, du printemps; **- catarrh** *or* **conjunctivitis** : conjonctivite vernale; **- fever** : paludisme.

Vernes' test : réaction de Vernes (syphilis).

Vernet's syndrome : syndrome de Vernet, syndrome du trou déchiré postérieur.

Verneuil's neuroma : névrome cirsoïde; **- operation** : colotomie iliaque.

vernier, *s.* : vernier; **calliper** : jauge micrométrique; **- setting** : repère pour mise au point précise du calage du vernier.

vernix caseosa *(lat.)* : vernix caseosa, enduit sébacé des nouveau-nés.

verruca, *s. (lat.)* : verrue; **- necrogenica** : tubercule anatomique.

verruciform, *adj.* : d'aspect verruqueux.

verrucose *or* **verrucous,** *adj.* : verruqueux.

verruga, *s.* : 1. *cf.,* **verruca**; 2. verruga peruana; **- peruana** : verruga du Pérou, fièvre de la Oroya, maladie de Carrion.

versicolour, *adj.* : versicolore (de couleurs variées).

version, *s.* : version *(obstét.)*; **abdominal** *or* **external -** : version par manœuvres externes; **bipolar -** : version bipolaire; **cephalic -** : version céphalique; **combined** *or* **mixed -** : version bipolaire mixte; **internal -** : version par manœuvres internes; **podalic -** : version podalique; **spontaneous -** : version spontanée.

vertebra, *s. (lat.)* : vertèbre; **basilar -** : cinquième lombaire; **cranial -** : basi-occiput et basisphénoïde du crâne; **- dentata** : axis (deuxième cervicale); **false -** : 1. vertèbre sacrée; 2. vertèbre coccygienne; **- magna** : sacrum; **- plana** : vertèbre dans la maladie de Calvé-Perthes; **- prominens** : septième cervicale; **rotation vertebræ** : atlas et axis (première et deuxième cervicale); **true -** : vertèbre cervicale, dorsale *ou* lombaire.

vertebral, *adj.* : vertébral; **- column** : colonne vertébrale; **- groove** : gouttière vertébrale; **- ribs** : onzième et douzième côtes.

vertebrarium, *s.* : colonne vertébrale.

vertebrata, *s. plur.* : vertébrés *(zool.)*.

vertebrate, *adj.* : vertébré.

vertebrectomy, *s.* : excision d'une partie de vertèbre.

vertebro- : vertébro-, préfixe dénotant un rapport avec une vertèbre.

vertex, *s., plur.* **vertices** : vertex, sommet de la tête.

vertical, *adj.* : 1. vertical; 2. se rapportant au vertex.

verticil, *s.* : verticille *(biol., bot.)*.

verticillate, *adj.* : verticillé.

vertiginous, *adj.* : vertigineux.

vertigo, *s. (lat.)* : vertige; **auditory, aural** *or* **labyrinthine -** : vertige auriculaire, vertige labyrinthique, syndrome de Ménière; **cerebral -** : vertige consécutif à des troubles cérébraux; **epileptic -** : vertige associé à, ou précédant une crise d'épilepsie; **gastric** *or* **stomachal -** : vertige stomacal; **paralyzing -** : vertige paralysant, maladie de Gerlier, Kubisagari, tourniquet.

verumontanitis, *s.* : syndrome du veru montanum.

verumontanum, *s.* : veru montanum.

vesania, *s.* : vésanie, psychose.

vesanic, *adj.* : vésanique.

vesica, *s., plur.* **vesicæ** *(lat.)* : vessie, vésicule; **- fellea** : vésicule biliaire; **- urinaria** : vessie.

vesical, *adj.* : vésical; **- calculus** : calcul de la vessie; **- crisis** : douleurs paroxysmiques aiguës dans la vessie, constatées dans l'ataxie locomotrice; **- triangle** : trigone vésical, trigone de Lieutaud.

vesicant, *s., adj.* : vésicant.

vesication, *s.* : vésication.

vesicle, *s.* : vésicule (1. sac membraneux semblable à une petite vessie; 2. élevure hémisphérique ou conique de l'épiderme, formant une cavité pleine de sérosité limpide); **auditory -** : vésicule auditive *(embryol.)*; **germinal -** : vésicule germinale, noyau (ovule, œuf); **Graafian -** : follicule de Graaf; **ocular -** : vésicule oculaire; **prostatic -** : utricule prostatique; **seminal -** : vésicule séminale.

vesico- : vésico-, préfixe dénotant un rapport avec la vessie.

vesicocele, *s.* : cystocèle.

vesicoclysis, *s.* : injection de liquide dans la vessie.

vesicofixation, *s.* : 1. cystopexie; 2. cystohystéropexie.

vesicosigmoidostomy, *s.* : cystosigmoïdoplastie (abouchement de la vessie à l'anse sigmoïde).

vesicotomy, *s.* : cystotomie.

vesicula, *s., plur.* **vesiculæ** *(lat.)* : vésicule : **- fellis** : vésicule biliaire; **- Graafiana** : follicule de Graaf ; **vesiculæ Nabothii** : œufs de Naboth ; **- prostatica** : sinus prostatique ; **- seminalis** : vésicule séminale.

vesicular, *adj.* : vésiculaire, vésiculeux; **- eczema** : eczéma vésiculeux; **- murmur** : murmure vésiculaire de la respiration; **posterior - column** : colonne vésiculaire de Clarke (moelle épinière); **- pustule** : vésico-pustule; **- rale** : râle vésiculaire, râle crépitant; **- stomatitis** : stomatite vésiculeuse.

vesiculate, *adj.* : vésiculeux.

vesiculation, *s.* : vésiculation.

vesiculectomy, *s.* : vésiculectomie, spermatocystectomie.

vesiculiferous, *adj.* : vésiculifère.

vesiculiform, *adj.* : vésiculiforme.

vesiculitis, s. : vésiculite. spermatocystite.

vesiculography, s. : vésiculographie (radiographie des vésicules séminales).

vesiculose, adj. : vésiculeux.

vesiculotomy, s. : vésiculotomie (incision des vésicules séminales).

vesiculous, adj. : vésiculaire, vésiculiforme.

vespajus, s. : inflammation folliculaire avec suppuration du cuir chevelu.

vesperal, adj. : vespéral; **- hallucinations** : hallucination crépusculaire (sans narcolepsie).

vessel, s. : 1. vaisseau; **blood -** : vaisseau sanguin; **chyliferous** or **lacteal -** : vaisseau chylifère; 2. vase, récipient; **graduated -** : vase gradué.

vestibular, adj. : vestibulaire.

vestibule, s. : vestibule; **- of the ear** : vestibule (1. labyrinthe osseux; 2. labyrinthe membraneux); **- of the mouth** : vestibule de la bouche; **- of the nose** : vestibule du larynx; **- of the vagina** or **- of the vulva** : vestibule de la vulve.

vestibulotomy, s. : opération destinée à pratiquer une ouverture dans le vestibule du labyrinthe.

vestibulum, s. (lat.) : vestibule (oreille).

vestige, s. : vestige, organe persistant à l'état rudimentaire.

vestigial, adj. : rudimentaire; **- fold** : vestige péricardique de la veine innominée gauche.

vestigium, s. (lat.) : cf., **vestige.**

veterinarian, s. : vétérinaire (U.S.).

veterinary, adj. : vétérinaire; **- medicine** : médecine vétérinaire; **- surgeon** : médecin vétérinaire.

via, s., plur. **viæ** (lat.) : voie; **viæ naturales** : voies naturelles.

viability, s. : viabilité (état du fœtus né viable).

viable, adj. : viable, apte à vivre.

vial, s. : fiole.

vibex, s., plur. **vibices** (lat.) : vergeture, vibices.

vibrate, v. : 1. vibrer, trépider, osciller; 2. faire vibrer, faire osciller.

vibrating, adj. : vibrant, vibratoire, oscillant.

vibration, s. : vibration, oscillation, pulsation.

vibrative, adj. : caractérisé par des vibrations.

vibrator, s. : vibrateur, vibreur, oscillateur.

vibratory, adj. : vibratoire.

vibrio, s. : vibrion.

vibrissæ (lat.) : vibrisses (poils implantés à l'intérieur des narines).

vibromassage, s. : massage vibratoire, vibromassage, sismothérapie.

vibromasseur, s. : vibromasseur.

vibrometer, s. : appareil employé dans le traitement de la surdité, qui communique des vibrations rapides à la membrane du tympan.

vibrophone, s. : appareil destiné à appliquer des massages à la membrane du tympan pour pallier la surdité.

vibrotherapeutics, s. : application thérapeutique des mouvements vibratoires.

vicarious, adj. : vicariant, substitutif.

vice, s. : vice (1. défaut physique; 2. défaut moral).

vicious, adj. : 1. vicieux, corrompu, dépravé; 2. défectueux, incorrect.

Vicq d'Azyr's band or **stripe** : sillon circonférentiel de Vicq d'Azyr; **- bundle** : faisceau de Vicq d'Azyr; **- foramen** : foramen cæcum (bulbe); **- operation** : trachéotomie par la membrane crico-thyroïdienne.

vidian, adj. : vidien; **- artery** : artère vidienne; **- canal** : canal vidien; **- nerve** : nerf vidien.

Vieussens' annulus : anse de Vieussens (artère sous-clavière); **- centrum ovale** : centre ovale de Vieussens; **- ganglion** : plexus solaire; **- valve** : valvule de Vieussens; **- ventricle** : cinquième ventricule.

view, s. : vue, regard, aperçu, opinion, but; **field of -** : champ (opt.); **- finder** : viseur (phot.); **front -** : vue de face; **side -** : vue de côté; **stereoscopic -** : vue stéréoscopique.

vigil, s. : veille; **coma -** : coma vigil, coma agrypnode.

vigilambulism, s. : vigilambulisme (état d'automatisme ambulatoire avec dédoublement de la personnalité se produisant pendant la veille).

vigilance, s. : vigilance.

Vigouroux's sign : signe de Vigouroux (diminution de la résistance électrique de la peau dans le goitre exophtalmique).

Villard's button : bouton de Villard (modification du bouton de Murphy [chir.]).

villiferous, adj. : villifère.

villiform, adj. : villiforme.

villiplacental, adj. : à placenta villeux.

villoma, s. : tumeur villeuse.

villose or **villous,** adj. : villeux.

villositis, s. : inflammation de la surface villeuse du placenta.

villosity, s. : villosité (petites saillies filiformes couvrant certaines surfaces auxquelles elles donnent un aspect velu).

villus, s., plur. **villi** (lat.) : villosité.

Vincent's angina : angine de Vincent, amygdalite chancriforme; **- bacillus** : bacille de Vincent (Fusiformis fusiformis); **- spirillum** : spirochète de Vincent, Borrelia vincenti.

vinculum, s., plur. **vincula** (lat.) : ligament, frein, filet; **- linguæ** : filet de la langue; **- præputii** : frein du prépuce; **- umbilicale** : cordon ombilical.

vinegar, s. : vinaigre.

vinyl, adj. : vinyl (chim.).

violation, s. : viol.

violet, s. : violet; **- blindness** : achromatopsie pour le violet; **gentian -** : violet de gentiane (histol.).

violinist's cramp or **violin-player's cramp** : variété de crampe professionnelle du violoniste.

viomycin, *s.* : viomycine.

viper, *s.* : vipère.

viperine, *s.* : toxalbumine du venin de vipère; *adj.* : vipérin.

Vipond's sign : signe de Vipond (adénopathie généralisée, observée pendant la période d'incubation de certaines maladies infectieuses aiguës).

viraginity, *s.* : état de la femme, d'aspect, de tempérament et de goûts masculins.

viral, *adj.* : viral.

Virchow's axiom : « omnis cellula e cellula » (toute cellule vient d'une cellule); **- degeneration** : dégénérescence amyloïde; **- disease** : leontiasis ossea.

viraemia *or* **viremia,** *s.* : virémie.

virgin, *s.* : vierge; **-'s milk** : lait virginal.

virginal, *adj.* : virginal; **- membrane** : hymen.

virginity, *s.* : virginité.

virile, *adj.* : viril, mâle.

virilia, *s.* (*lat.*) : organes reproducteurs mâles.

virilismus, *s.* : virilisme (syndrome observé chez la femme, consistant en un développement du système pileux et des caractéristiques mâles).

virility, *s.* : virilité.

virion, *s.* : virion.

viripotent, *adj.* : nubile.

viroid, *s.* : viroïde (particule infectieuse se comportant comme un virus, mais de structure plus élémentaire).

virologist, *s.* : virologue, virologiste.

virology, *s.* : virologie.

viropexis, *s.* : viropexie.

virose *or* **virous,** *adj.* : vireux, vénéneux, fétide.

virtual, *adj.* : virtuel; **- cautery** : application de substances caustiques ; **- focus** : foyer virtuel (*opt.*); **- image** : image virtuelle (*opt.*).

virucidal, *adj.* : virulicide.

virulence, *s.* : virulence.

virulent, *adj.* : virulent.

virus, *s.* : virus; **ARBOR -** (*pour* : **arthropod borne virus**) : virus arbor; **arbovirus** : arbovirus; **attenuated -** : virus atténué; **bacterial -** : bactériophage; **croup associated -** : virus paragrippal 2; **- disease** : maladie à virus, virose; **ECBO -** (*pour* : **enteric cytopathogenic bovine orphan virus**); **ECDO -** (*pour* : **enteric cytopathogenic dog orphan virus**); **ECHO -** (*pour* : **enteric cytopathogenic human orphan virus**) ; **ECMO -** (*pour* : **enteric cytopathogenic monkey orphan virus**); **ECSO -** (*pour* : **enteric cytopathogenic swine orphan virus**); **enveloped -** : virus encapsulé; **fixed -** : virus fixe (rage); **foamy -** : virus spumeux; **helper -** : virus auxiliaire; **humanized -** : lymphe vaccinale humaine; **influenza -** : virus grippal; **(tobacco) mosaic -** : virus de la mosaïque du tabac; **parainfluenza -** : virus paragrippal, **- pneumonia** : pneumonie à mycoplasme ; **street -** : virus des rues (rage) ; **Y -** : virus Y (virus de l'enroulement des feuilles de la pomme de terre).

vis, *s.*, *plur.* **vires** (*lat.*) : force; **- inertiæ** : force d'inertie; **- vitæ** : force vitale.

viscerad, *adv.* : orienté vers les viscères.

visceral, *adj.* : viscéral.

visceralgia, *s.* : viscéralgie.

visceralism, *s.* : doctrine selon laquelle toutes les maladies seraient d'origine viscérale.

viscero- : viscéro-, préfixe dénotant un rapport avec les viscères.

viscid, *adj.* : visqueux.

viscidity, *s.* : viscidité, viscosité.

viscose, *s.* : viscose; *adj.* : visqueux.

viscosimeter, *s.* : viscosimètre.

viscosimetry, *s.* : viscosimétrie.

viscosity, *s.* : viscosité; **specific -** : viscosité spécifique.

viscous, *adj.* : visqueux, gluant.

viscus, *s.*, *plur.* **viscera** (*lat.*) : viscère.

visibility, *s.* : visibilité, vue, champ visuel.

visible, *adj.* : visible.

vision, *s.* : vision, vue; **binocular -** : vision binoculaire; **double -** : diplopie; **entoptic -** : perception visuelle anormale due à un défaut de la rétine; **field of -** : champ visuel; **half -** : hémianopie; **halo, iridescent** *or* **rainbow -** : vision avec halo autour de points lumineux (glaucome, cataracte); **- null** : zone de cécité dans le champ visuel; **shaft** *or* **tunnel -** : contraction du champ visuel ($\pm$ 10°).

visual, *adj.* : visuel; **- angle** : angle visuel, angle optique; **- cells** : couche des cônes et bâtonnets de la rétine; **- field** : champ visuel; **- focus** : foyer optique; **- nerve** : nerf optique; **- purple** : pourpre rétinien.

visualization, *s.* : évocation à l'esprit.

visuognosis, *s.* : appréciation et reconnaissance des impressions visuelles.

visuometer, *s.* : campimètre (appareil pour déterminer l'étendue du champ visuel).

vita, *s.* (*lat.*) : vie.

vita glass : verre qui transmet les rayons ultraviolets.

vital, *adj.* : vital ; **- capacity** : capacité vitale ; **- center** *or* **knot** : centre vital; **- signs** : respiration, pouls et température ; **- statistics** : statistiques démographiques.

vitalism, *s.* : vitalisme.

vitality, *s.* : vitalité.

vitamin, *s.* : vitamine; **- A** : vitamine A, axérophtol; **- B₁** : vitamine B$_1$, aneurine; **- B₂** *or* **G** : vitamine B$_2$, lactoflavine; **- B₆** : vitamine B$_6$, pyridoxine; **- B₁₂** : vitamine B$_{12}$, cyanocobalamine; **- C** : vitamine C, acide ascorbique; **- D** : vitamine D, vitamine antirachitique; **- D₂** : vitamine D$_2$, calciférol; **- D₃** : vitamine D$_3$, vitamine antirachitique des huiles de poisson; **- E** : vitamine E, tocophérol; **- K** : vitamine K, vitamine de coagulation; **- P** : vitamine P (anti-pellagre); **- deficiency** : carence vitaminique.

vitasterol, s. : vitastérol, vitastérine (nom proposé pour les vitamines thermorésistantes exemptes d'azote et solubles dans l'huile).

vitellary, adj. : vitellin.

vitellin, s. : vitelline (globuline).

vitelline, adj. : vitellin; **- membrane** : membrane vitelline.

vitellus, s. : vitellus, jaune d'œuf.

vitiation, s. : viciation.

vitiligo, s., plur. **vitiligenes** (lat.) : vitiligo (affection caractérisée par un trouble de la pigmentation de la peau); **- capitis** : alopécie en aires.

vitiligoidea, s. : xanthome.

vitium, s., plur. **vitia** (lat.) : vice, défaut, maladie; **- caducum** : épilepsie ; **- cordis** : cardiopathie ; **- primum conformationis** : malformation congénitale.

vitreous, adj. : vitreux, hyalin; **- body** or **humor** : corps vitré, humeur vitrée; **- degeneration** : dégénérescence vitreuse; **- table** : lame vitrée (crâne).

vitreum, s. (lat.) : corps vitré (œil).

vitrifaction or **vitrification,** s. : vitrification, conversion en verre, en structure hyaline.

vitrina, s. (lat.) : corps vitré ; **- auditoria** or **- auris** : endolymphe; **- oculi** : corps vitré.

vitriol, s. : vitriol, acide sulfurique.

vitritis, s. : glaucome.

vitro-dentine, s. : émail des dents.

vitropression, s. : manœuvre de la vitropression (utilisée en dermatologie pour préciser certains diagnostics).

vitrum, s. (lat.) : verre.

vitular, adj. : se rapportant à un veau, au vêlage; **- apoplexy** : apoplexie de la vache au moment du vêlage ; **- fever** : 1. cf., **vitular apoplexy** ; 2. fièvre consécutive au vêlage chez la vache (vétér.).

vividialysis, s. : vividialyse (dialyse à travers une membrane vivante).

vividiffusion, s. : hémo-dialyseur, rein artificiel.

vivification, s. : vivification, vivifiement.

viviparity, s. : viviparité, viviparisme, viviparie.

viviparous, adj. : vivipare.

vivipation, s. le fait, pour un ovule, d'arriver à maturation dans l'utérus (zool.).

viviperception, s. : étude de la physiologie basée sur l'observation, sans vivisection ni dissection.

vivisect, v. : pratiquer la vivisection.

vivisection, s. : vivisection.

vivisectionist, s. : 1. vivisecteur; 2. partisan de la vivisection.

vivisector, s. : vivisecteur.

vocal, adj. : vocal; **- bands** or **cords** : cordes vocales; **- process** : apophyse vocale du cartilage aryténoïde.

Vogt's point : point de Vogt-Hueter (point où l'on pratique la trépanation dans le cas d'épanchement sanguin traumatique intracrânien).

Vogt-Koyanagi syndrome : uvéite avec troubles endocriniens, alopécie, perte des cils, arthrite.

voice, s. : voix; **change of -** : mue (de la voix).

void, v. : évacuer; **to - urine** : uriner.

voidance, s. : évacuation, élimination.

vola, s. (lat.) : 1. paume de la main; 2. plante du pied; **- manus** : cf., **vola** (1); **- pedis** : cf., **vola** (2).

volar, adj. : 1. palmaire; 2. plantaire.

volatile, adj. : volatile.

volatilization, s. : volatilisation.

volatilize, v. : 1. volatiliser; 2. se volatiliser.

Volhard's tests : épreuves de Volhard (1. épreuve de la concentration [destinée à mesurer la capacité de concentration globale des reins]; 2. épreuve de la dilution [permettant d'étudier la perméabilité du rein pour l'eau]).

Volhard's volumetric method : dosage des halogènes par la méthode de Volhard (sulfocyanate d'ammonium).

Volhynia fever : fièvre de Volhynie, fièvre des tranchées (rickettsiose).

volition, s. : volition, volonté.

volitional, adj. : volitif, volitionnel, de la volonté.

Volkmann's contracture or **ischemic paralysis** : maladie, syndrome, contracture ou rétraction musculaire ischémique de Volkmann; **- deformity** : difformité ou déformation de Volkmann.

volley, s. : série d'impulsions nerveuses.

volsella, s. : forceps muni de crochets (obstét.).

volt, s. : volt.

voltage, s. : voltage, tension; **high -** : haute tension; **plateau -** : tension en plateau; **- recorder** : voltmètre enregistreur; **- transformer** : transformateur de tension; **working -** : tension d'alimentation.

voltaic, adj. : voltaïque; **- arc** : arc voltaïque; **- electricity** : galvanisme.

Voltolini's disease : forme de labyrinthite (syndrome de Ménière).

volume, s. : volume; **mean corpuscular - (M.C.V.)** : indice du volume moyen des hématies; **packed cell - (P.C.V.)** : hématocrite; **stroke -** : volume de sang pompé par le ventricule à chaque contraction; **tidal -** : volume de l'air expiré à chaque respiration; **specific -** : volume spécifique.

volumetric, adj. : volumétrique; **- analysis** : analyse ou dosage volumétrique.

volumination, s. : accroissement de la taille des bactéries sous l'action du sérum, en particulier de l'immunsérum.

voluntary, adj. : volontaire ; **- muscle** : muscle strié, muscle volontaire.

voluntomotory, adj. : ayant trait aux mouvements volontaires.

volute, adj. : en volute; **- chamber** : canal collecteur (de pompe centrifuge).

volution, s. : circonvolution (anat.).

volvulus, s. : volvulus.

vomer, s. : vomer (anat.).

vomerine, adj. : se rapportant au vomer.

vomeronasal, adj. : se rapportant au vomer et à l'os nasal; **- organ** : organe de Jacobson.

vomica, s., plur. **vomicæ** (lat.) : 1. caverne pulmonaire; 2. vomique (expectoration de sérosités, de pus ou de sang; **- laryngis** : périchondrite du larynx; **nux -** : noix vomique (pharm.).

vomicose, adj. : purulent, ulcératif.

vomit, s. : vomissement, matières vomies; **bilious -** : vomissement biliaire; **black -** : vomito-negro (fièvre jaune); **coffee-ground -** : vomissements marc de café (cancer gastrique); **- nut** : noix vomique (pharm.); v. : vomir, rendre.

vomiting, s. : vomissement; **cyclic -** : vomissements cycliques ou périodiques ; **pernicious -** : vomissements incoercibles ou graves de la grossesse; **stercoraceous -** : vomissement stercoracé (occlusion intestinale).

vomitive, s., adj. : vomitif, émétique.

vomito negro, : vomito-negro, fièvre jaune.

vomitory, s. : 1. vomitoire; 2. vomitif; adj. : vomitif.

vomitus, s. (lat.) : vomissement, matière vomie; **- cruentus** : hématémèse; **- marinus** : mal de mer, naupathie; **- matutinus** : vomissement matinal de la femme enceinte, au début de la grossesse; **niger -** : vomito-negro.

von Economo's disease : encéphalite de von Economo.

von Euler's disease : maladie de von Euler.

von Gierke's syndrome : enzymopathie de von Gierke.

von Hippel's disease : maladie de von Hippel.

von Recklinghausen's disease : neurofibromatose de Recklinghausen.

vonulo, s. : maladie des bronches en Afrique occidentale.

von Willebrand's disease : thrombasthénie.

Voorhees bag : ballon dilatateur (pour le col de l'utérus).

voracious, adj. : vorace.

vortex, s., plur. **vortices** (lat.) : tourbillon (phys.); **- of the heart** : vortex des fibres du cœur.

vorticose, adj. : giratoire, rotatoire, tourbillonnant; **- veins** : veines vorticineuses.

vox, s. (lat.) : voix; **- capitis** : voix de fausset; **- rauca** : voix rauque.

vuerometer, s. : instrument pour mesurer la distance interpupillaire.

vulcanite, s. : vulcanite, ébonite.

vulcanize, v. : vulcaniser.

vulnerable, adj. : vulnérable.

vulnerary, s., adj. : vulnéraire.

Vulpian's type of progressive muscular atrophy : atrophie musculaire progressive spinale, type Vulpian.

Vulpian-Prévost's law : loi de Vulpian et Prévost (apoplexie).

vulsella or **vulsellum,** s. : cf., **volsella.**

vultus, s. (lat.) : figure, aspect.

vulva, s. : vulve (1. organes génitaux externes de la femme; 2. fosse triangulaire du ventricule moyen) ; **connivens -** : vulve fermée ; **- hians** : vulve béante.

vulval or **vulvar,** adj. : vulvaire.

vulvectomy, s. : vulvectomie (résection partielle ou totale de la vulve).

vulvismus, s. : vaginisme, vaginodynie.

vulvitis, s. : vulvite (inflammation de l'une ou de plusieurs des parties anatomiques qui constituent la vulve).

vulvovaginal, adj. : vulvo-vaginal; **- gland** : glande de Bartholin.

vulvovaginitis, s. : vulvo-vaginite (inflammation de la vulve et du vagin).

W

wabain, s. : ouabaïne (glucoside extrait de *Carissa shimperi*, cardiotonique).

Wachendorff's membrane : 1. membrane pupillaire (fœtus); 2. membrane cellulaire.

wad, s. : tampon de charpie, tampon d'ouate.

wadding, s. : rouleau d'ouate.

wafer, s. : pain azyme, hostie (pour cachets, pour ovules).

Wagner-Jauregg treatment : traitement de la paralysie générale par impaludation.

Wagner's corpuscles : corpuscules de Meissner (doigts, orteils).

wagnerism, s. : cf., **Wagner-Jauregg treatment.**

Wagstaffe's fracture : fracture de Wagstaffe, fracture de Le Fort (fracture verticale par arrachement de la malléole externe, due à l'abduction forcée du pied et ne s'accompagnant presque jamais de déplacement).

Wahl's sign (von) : signe de von Wahl (météorisme abdominal localisé par distension de l'anse susjacente à l'obstacle, observé au début de l'occlusion intestinale aiguë).

waist, s. : taille (partie du corps située entre le thorax et les hanches).

waiter's cramp : variété de crampe professionnelle (garçons de café) caractérisée par des spasmes des muscles du dos et du bras droit.

wakeful, adj. : éveillé, sans sommeil; **- night** : nuit d'insomnie.

wakefulness, s. : insomnie, état de veille.

wakening, s. : réveil.

waking, s. : 1. veille; **suggestion in the - state** : suggestion à l'état de veille; 2. réveil; **on -** : au réveil; adj. : éveillé, de veille; **- hours** : heures de veille.

Walcher's position : position de Walcher (obstét.).

Walcheren fever : forme grave de paludisme.

Waldenström macroglobulinaemia : hyperglobulinémie de Waldenström.

wall, s. : paroi; **- eye** : 1. leucome; 2. strabisme divergent; **- tooth** : molaire.

Wallerian degeneration : dégénérescence wallérienne (lésions dégénératives d'un nerf séparé de son centre trophique).

wambles, s. : cf., **milk-sickness.**

wander, v. : errer, marcher au hasard, être égaré.

wandering, s. : égarement (de l'esprit), délire; **in his -** : dans ses divagations; adj. : 1. mobile, flottant; **- kidney** : rein flottant; 2. errant, vagabond; **- cell** : macrophage; 3. délirant.

Wangensteen's technique : mode d'orchidopexie.

ward, s. : salle (d'hôpital); **isolation -** : service des contagieux; **labor -** : salle de travail; **probationary -** : salle de quarantaine.

warding, s. : admission à l'hôpital.

Wardrop's disease : maladie de Wardrop (variété d'onyxis malin); **- operation** : méthode de Wardrop (mode de traitement de l'anévrisme artériel circonscrit par ligature à distance au-dessous du sac).

warehouseman's itch : eczéma palmaire des ouvriers d'entrepôt.

war fever : typhus.

warm, adj. : chaud; **- blooded** : à sang chaud.

warming, s. : chauffage; adj. : réchauffant.

wart, s. : verrue; **acuminate, gonorrhoeal** or **venereal -** : condylome ; **anatomical** or **postmortem -** : tubercule anatomique; **blood -** : téléangiectasie; **common -** : verrue vulgaire; **Peruvian -** : verruga du Pérou; **plantar -** : verrue plantaire; **seborrhoeic -** : séborrhéide; **vitreous -** : petite tumeur de la membrane de Descemet.

Warthin's sign : accentuation du bruit pulmonaire dans la péricardite aiguë.

warty, adj. : verruqueux.

wash, s. : 1. lotion; **hair -** : lotion capillaire; **mouth -** : collutoire; **stomach - out** : lavage d'estomac; **throat -** : 1. gargarisme; 2. lavage; **- bottle** : flacon laveur, barbotteur; v. : laver; **to - away** or **to - off** : éliminer par lavage; **to - out** : extraire par lavage, épuiser; **to be washed out** : être épuisé (prop. et fig.); **he is washed out** : il est complètement épuisé (vernac.).

washerwoman's itch : eczéma des blanchisseuses.

washing, s. : lavage; **- out** : épuisement; **- out of the stomach, bladder** : lavage de l'estomac, de la vessie; plur. : produits ou liquides de lavage; **- soda** : cristaux de soude, Na_2CO_3.

wasp, s. : guêpe.

Wassermann reaction or **test** : réaction de Bordet-Wassermann (syphilis); **- fast** : Wassermann irréductible (se dit d'un sujet restant Wassermann positif en dépit du traitement).

wasting, s. : dépérissement, atrophie (d'un membre), élésie, dénutrition, contabescence, tabescence, consumption; adj. : qui dépérit, qui s'amaigrit, tabescent; **- palsy** : atrophie musculaire progressive.

water, s. : eau; **aerated** or **soda -** : eau gazeuse; **- balance** : équilibre hydrique; **- bag** : bouillote en caoutchouc; **- bath** : bain-marie; **- bed** : matelas à eau; **- borne** : d'origine hydrique; **- for injection** (B.P.) : eau distillée sans pyrogène, stérilisée; **- brash** : pyrosis; **- cure** : hydrothérapie; **- glass** : solution de Na_2SiO_3; **- hammer pulse** : pouls de Corrigan; **- heavy -** : eau lourde; **- jacket** : chemise d'eau, **- of crystallization** : eau de cristallisation; **- on the brain** : hydrocéphalie; **- on the knee** : épanchement du genou; **- pox** : varicelle; **- pump** : trompe à eau; **- purified** (B.P.) : eau distillée; **- repellent** : hydrofuge; **- wheel sound** : bruit de moulin; plur. : 1. eaux, liquide amniotique; **bag of -** : amnios; 2. eaux thermales.

waterlogged, adj. : alourdi par l'eau, œdème grave.

Waterhouse-Friderichsen syndrome : syndrome de Waterhouse-Friderichsen (syndrome provoqué par le méningocoque, caractérisé par un purpura généralisé, fébrile, d'apparition brutale aboutissant à la mort).

watery, adj. : aqueux; **- eye** : épiphora.

Watson-Crick helix : double hélice du DNA dont chaque chaîne contient l'information complémentaire de l'autre chaîne.

watt, s. : watt (électr.); **- hour** : watt-heure.

wattage, s. : wattage, puissance ou consommation en watts.

wattmeter, s. : wattmètre, voltampèremètre.

wave, s. : onde; **- length** : longueur d'onde; **light -** : onde lumineuse; **- motion** : mouvement ondulatoire.

wax, s. : cire; **ear -** : cérumen.

waxen, adj. : cireux; **- complexion** : teint de cire; **- pallor** : pâleur cireuse.

waxy, adj. : cireux; **- cast** : cylindre amyloïde; **- degeneration** : dégénérescence amyloïde; **- faced** : au teint cireux; **- liver** : amylose du foie.

weak, adj. : faible, débile, infirme, chétif; **- eyed** : aux yeux faibles; **- minded** : faible d'esprit; **- sight** : asthénopie.

weaken, v. : affaiblir, s'affaiblir.

weakening, s. : affaiblissement, amollissement; **- of will** : déperdition de volonté; adj. : affaiblissant, anémiant.

weakmindedness, s. : faiblesse d'esprit.

weakness, s. : faiblesse, débilité.

wean, v. : sevrer.

weaning, s. : sevrage; **- brash** : diarrhée de sevrage.

weanling, s. : nourrisson sevré.

weariness, s. : lassitude, fatigue.

web, s. : 1. tissu, toile, structure membraneuse; 2. palmure, membrane (d'un palmipède); 3. cul de verre (vétér.); **choroid -** : toile choroïdienne; **- eye** : ptérygion, onglet; **- fingered** : syndactyle; **- footed** : palmipède.

webbed, adj. : palmé, membrané; **- fingers, toes** : doigts, orteils palmés; **- penis** : pénis incarcéré dans le scrotum.

Weber's glands : glandes de Weber (langue); **- pouch** : utricule prostatique.

Weber's symptom or **syndrome** : syndrome de Weber, hémiplégie alterne supérieure ou pédonculo-protubérantielle.

Weber's test : épreuve de Weber (comparaison de l'acuité auditive des deux oreilles, à l'aide d'un diapason appuyé au milieu du front).

wedge, s. : 1. coin; 2. écarteur (stom.); **- bone** : os cunéiforme; **- colorimeter** : colorimètre à coin; **- constant** : coefficient du coin (opt.); **photometric -** : coin optique.

wedged, adj. : cunéiforme, en forme de coin.

weed, s. : 1. fièvre de lait; 2. lymphangite du cheval.

Weeks' bacillus : bacille de Weeks, bacille de Koch-Weeks (conjonctivite aiguë contagieuse).

weep, v. : pleurer, exsuder.

weeping, s. : 1. pleurs; 2. exsudation; adj. : 1. pleurant; 2. suintant, humide; **- eczema** : eczéma humide.

Wegener's granulomatosis : granulomatose de Wegener.

weigh, v. : peser.

weighing, s. : pesée; **- bottle** : flacon à tare, pèse-filtre; **double -** : double pesée; **- room** : salle des balances; **- tube** : tube à tare.

weight, s. : poids; **atomic -** : masse atomique; **molecular -** : masse moléculaire; **specific -** : poids spécifique, densité; **mean specific -** : densité moyenne.

Weil's disease : leptospirose ictérohémorragique, ictère leptospirochétosique.

Weil-Felix bacillus : Proteus X 19; **- reaction** : réaction de Weil-Felix (sérodiagnostic du typhus exanthématique).

Weinberg's reaction : réaction de Weinberg (application de la réaction de déviation du complément au diagnostic de l'échinococcose).

Weir-Mitchell's disease : maladie de Weir-Mitchell, érythromélalgie; **- treatment** : traitement des états nerveux fonctionnels par le repos absolu, le massage, l'électricité et une nourriture abondante avec beaucoup de lait.

Weiss' reflex : réflexe du disque optique, signe prodromique de myopie.

Weiss' sign : signe de Weiss (contraction de l'orbiculaire provoquée par la percussion de l'angle externe de l'orbite observée dans la tétanie).

Welch's aortitis : aortite syphilitique chronique.

welfare, s. : bien-être; **- center** : dispensaire; **child -** : puériculture sociale; **- work** : assistance sociale.

well-being, s. : bien-être.

Wells' facies : faciès de Spencer Wells, faciès ovarien.

wen, s. : loupe, tumeur enkystée, goitre; **adipose -** : stéatome, lipome, loupe graisseuse; **honeyed -** : méliceris; **mealy -** : athérome.

Werlhof's disease : maladie de Werlhof, purpura hémorragique, morbus maculosus hemorragicus.

Wernekinck's commissure : commissure de Wernekinck (mésencéphale).

Wernicke's aphasia : aphasie de Wernicke; **- disease** : maladie de Wernicke, polioencéphalite hémorragique; **- reaction** or **sign** : réaction hémiopique de Wernicke.

Wertheim's operation : opération de Wertheim (hystérectomie abdominale élargie).

Westbrook's operation : paracentèse du cœur.

West Nile fever : encéphalopathie à virus West Nile.

Westphal's neurosis : syndrome de Westphal-Strümpell, pseudo-sclérose en plaques; **- sign** : signe de Westphal (abolition du réflexe patellaire).

wet, adj. : mouillé, humide; **- assay** : essai par voie humide; **- bulb thermometer** : thermomètre à boule mouillée; **- cupping** : application de ventouses scarifiées; **- nurse** : nourrice; **- pack** : enveloppement humide; **- plate** : plaque au collodion humide (phot.); **- scald** : eczéma du mouton; **- tetter** : eczéma humide.

Wharton's duct : canal de Wharton (glande sous-maxillaire); **- jelly** : gelée de Wharton (tissu conjonctif gélatineux du cordon ombilical).

whartonitis, s. : inflammation du canal de Wharton.

wheal, s. : papule.

Wheatstone's bridge : pont de Wheatstone (électr.).

wheel chair : petite voiture de malade.

Wheelhouse's operation : urétrotomie externe.

wheeze, s. : respiration bruyante, asthmatique, sifflante; v. : respirer péniblement, faire entendre un sifflement en respirant.

wheezing, s. : 1. sifflement, respiration asthmatique; 2. cornage (vétér.); adj. : asthmatique.

whelk, s. : papule, acné rosacée, couperose (s'applique particulièrement au faciès des alcooliques).

whetstone crystals : cristaux de xanthine (dans l'urine).

whey, s. : petit-lait.

whiff, s. : bouffée, halenée; **oral -** : son perçu à l'expiration bouche ouverte dans les cas d'anévrisme thoracique.

whip lash : coup du lapin.

Whipple's disease : maladie de Whipple : stéatorrhée, décoloration de la peau, dépérissement, hypocalcémie, hypokaliémie et atrophie des muqueuses intestinales.

Whipple's method : méthode de Whipple (traitement de l'anémie grave et de l'anémie pernicieuse par ingestion de foie et d'extraits hépatiques).

whirl, s. : mouvement giratoire, giration, tourbillon; v. : tourbillonner, faire tourbillonner, entraîner à toute vitesse.

whisky, s. : whisky (alcool distillé d'orge ou de blé); **bourbon -** : alcool de maïs et de mélasse (U.S.); **- liver** : cirrhose alcoolique; **rye -** : alcool de seigle.

whisper, s. : chuchotement, murmure; v. : chuchoter, parler bas.

white, s. : 1. blanc, couleur blanche; 2. blanc d'œuf; 3. blanc de l'œil; plur. leucorrhée; adj. : blanc; **- cell** or **corpuscle** : leucocyte; **- commissure** : commissure blanche (moelle épinière); **- gangrene** : gangrène blanche; **- gum** : strophulus; **- haired** : aux cheveux blancs; **- leg** : phlegmatia alba dolens, œdème blanc douloureux; **- line** : ligne blanche (de l'abdomen); **- matter** : substance blanche, **- pneumonia** : bronchopneumonie du nouveau-né hérédosyphilitique; **- spot disease** : forme de sclérodermie; **- substance of Schwann** : myéline; **- swelling** : 1. hydarthrose; 2. arthrite tuberculeuse.

White's disease : kératose pilaire.

White's operation : castration pour traitement de l'hypertrophie prostatique.

Whitehead's operation : opération ou procédé de Whitehead (méthode de cure sanglante des hémorroïdes).

whitlow, s. : panaris; **herpetic -** : herpès traumatique du doigt; **painless -** : maladie ou panaris de Morvan, panaris analgésique.

Whitman's operation : opération de Whitman (cure radicale du pied bot varus équin).

Whitmore's fever : mélioïdose.

W.H.O. (abbreviation for **World Health Organization**) : Organisation Mondiale de la Santé (O.M.S.).

whoop, s. : quinte (caractéristique de la coqueluche), chant du coq.

whooping-cough, s. : coqueluche.

whorl, s. : 1. verticille (bot.); 2. vortex des fibres du cœur; 3. circonvolution, volute.

wick, s. : mèche (chir.).

Widal's reaction or **test** : réaction de Widal, séro-diagnostic, séro-réaction.

wide angle lens : objectif grand angulaire (phot.).

Wilks' disease : néphrite parenchymateuse chronique; **- symptom-complex** : syndrome d'Erb, myasthénie.

Williams' sign : signe de Williams (diminution de la saillie inspiratoire à gauche dans la symphyse cardiaque).

Willis (circle of) : hexagone artériel de Willis; **- disease** : maladie de Willis, diabète sucré; **- ophthalmic branch** : branche ophtalmique de Willis.

Wilms' tumour : tumeur de Wilms (adénosarcome du rein observé uniquement chez les jeunes enfants).

Wilson's disease : maladie de Wilson, dermatite exfoliatrice généralisée; **- lichen** : lichen plan.

Wilson's syndrome : maladie de Wilson, syndrome hépatolenticulaire, hépatite familiale juvénile avec dégénérescence du corps strié.

Winckel's disease : maladie de Winckel, tubulhématie, maladie bronzée hématurique des nouveaunés.

windlass (Spanish) : garrot de fortune (mouchoir avec un bâton formant tourniquet).

window, s. : 1. fenêtre; 2. fenêtre (anat.).

windpipe, s. : trachée.

wine, s. : vin; **medicinal -** : vin médicinal; **- press of Herophilus** : pressoir d'Hérophile, confluent postérieur, torcular.

wing, s. : aile.

Winiwarter's operation : opération de von Winiwarter, cholécystentérostomie.

wink, s. : clignement d'œil, clignotement; v. : cligner des yeux, clignoter.

winking, s. : clignotement; adj. : clignotant; **- muscle** : orbiculaire des paupières; **- spasm** : blépharospasme (contraction spasmodique de l'orbiculaire des paupières).

Winslow's foramen : hiatus de Winslow; **- ligament** : ligament postérieur (articulation du genou); **- pancreas** : petit pancréas, crochet; **- pouch** : petit épiploon.

winter, s. : hiver; **- itch** : prurit hibernal; **- sleep** : sommeil hibernal; **- vomiting disease** : maladie vomitive d'hiver.

wintergreen, s. : 1. pyrole; 2. gaulthérie; **oil of -** : essence de gaultheria (pharm.).

Wintrich's change of pitch : signe de Wintrich.

wiring, s. : 1. cerclage (fixation des fragments d'un os brisé par fils métalliques), coagulation sur fil, coagulfilage; 2. montages électriques; **- diagram** : plan électrique.

Wirsung (canal or duct of) : canal de Wirsung (pancréas).

wiry, adj. : filiforme; **- pulse** : pouls filiforme.

wisdom-tooth, s. : dent de sagesse.

witch-hazel, s. : hamamélis (pharm.).

withers, s. : garrot (cheval, bœuf).

Wœlfler's operation : gastro-entérostomie.

Wolff's law : loi de Wolff, loi de Delpech (croissance des os).

Wolffian body : corps de Wolff, reins primordiaux; **- cyst** : kyste du ligament large de l'utérus; **- duct** : canal de Wolff; **- tubules** : canalicules de Wolff.

Wolff-Parkinson-White syndrome : syndrome de Wolff-Parkinson-White.

wolfram, s. : tungstène.

womb, s. : utérus.

wood, s. : bois; **- alcohol** : alcool méthylique; **- charcoal** : charbon de bois; **- sugar** : xylose; **- spirit** : méthanol; **- vinegar** : vinaigre de bois; **- wool** : ouate de cellulose.

Wood's filter : filtre de Wood (écran filtrant absorbant les rayons lumineux et laissant passer les radiations ultraviolettes).

wooden tongue or **wooden jaw** : actinomycose.

wool-fat, s. : 1. suint; 2. lanoline.

woolsorter's disease : charbon.

word, s. : mot, vocable, parole; **- blindness** : alexie, cécité verbale; **- deafness** : surdité verbale.

work, s. : travail; **team -** : travail d'équipe.

working, s. : travail, fonctionnement; **- distance** : distance entre l'objet à examiner et l'objectif (micr.); **- voltage** : tension de régime (électr.).

worm, s. : ver; **- powder** : vermifuge.

wormian bone : os wormien (crâne).

wound, s. : blessure, plaie, trauma; **bite -** : morsure; **contused -** : plaie contuse; **gunshot -** : blessure par coup de feu; **incised -** : blessure par incision, coupure; **lacerated -** : déchirure; **open -** : plaie ouverte; **operation -** : incision chirurgicale; **penetrating -** : plaie pénétrante; **poisoned -** : blessure empoisonnée; **punctured -** : plaie punctiforme; **subcutaneous -** : plaie sous-cutanée à ouverture réduite; **- tumor virus** : virus de la tumeur des blessures; v. : blesser, faire une blessure.

wounded, s. pl. : blessés; adj. : blessé; **seriously -** : grièvement blessé.

W.R. (Wassermann reaction) : réaction de Bordet-Wassermann, B.-W.

wrapping, s. : enveloppement.

Wreden's test : épreuve de Wreden, docimasie auriculaire.

wrench, v. : tordre; **to - a joint** : se faire une entorse.

wrinkle, s. : ride; v. : rider, se rider.

wrinkling, s. : 1. ridement; 2. rides; 3. réticulation (phot.).

Wrisberg's ansa memorabilis : anse mémorable de Wrisberg (pneumogastrique droit, ganglion semi-lunaire droit et grand splanchnique droit) ; **- cartilages** : cartilages de Wrisberg ou de Morgagni (larynx); **- ganglion** : 1. ganglion de Wrisberg (plexus cardiaque antérieur ou superficiel); 2. ganglion de Gasser; **- nerve** : nerf intermédiaire de Wrisberg.

wrist, s. : poignet, carpe; **- action** : mouvement du poignet, ressemblant à l'action du poignet ; **- bone** : os du carpe; **- clonus** : clonus du poignet; **- drop** : fléchissement du poignet, paralysie des extenseurs de la main; **- joint** : articulation du poignet ou radio-carpienne.

writer's cramp : crampe de l'écrivain.

wryneck, s. : torticolis.

Wunderlich's law or **curve** : lois de Wunderlich (propositions relatives à la température dans la fièvre typhoïde).

Wutzer's operation : opération pour la cure radicale de la hernie inguinale.

Wyeth's operation : mode d'amputation sans effusion de sang de la hanche ou de l'épaule.

Wylie's drain : sorte de pessaire à tige pour drainage de l'utérus; **- operation** : opération de Wylie (plicature des ligaments ronds dans leur portion sous-péritonéale, destinée à corriger la rétroflexion et la rétrodéviation de l'utérus).

X

xanthein, *s.* : xanthéine.

xanthelasma, *s.* : xanthélasma, xanthome plan.

xanthelasmoidea, *s.* : urticaire pigmentaire.

xanthic, *adj.* : xanthique, jaune, jaunâtre.

xanthine, *s.* : xanthine; **- bases** : bases puriques.

xanthinuria, *s.* : présence de xanthine en excès dans l'urine.

xantho- : xantho-, préfixe signifiant jaune.

xanthochroia, *s.* : xanthodermie, xanthochromie, xanthochromie cutanée, lipochromie, xanthosis.

xanthochromia, *s.* : xanthochromie (1. coloration jaune de la peau; 2. coloration jaune du liquide céphalorachidien).

xanthochromic, *adj.* : xanthochromique, se dit surtout des liquides céphalorachidiens de couleur jaune.

xanthocyanopia or **xanthocyanopsia,** *s.* : trouble de la vision caractérisée par la perception des couleurs jaune et bleue et la non-perception du rouge.

xanthocyte, *s.* : cellule sécrétant un pigment jaune.

xanthoderma or **xanthodermia,** *s.* : xanthodermie (coloration jaune de la peau).

xanthodont or **xanthodontous,** *adj.* : à dents jaunes.

xanthoglobulin, *s.* : hypoxanthine.

xanthokyanopy : *cf.,* **xanthocyanopia.**

xanthoma, *s.* : xanthome (dermatose caractérisée par de petites tumeurs cutanées renfermant un éther gras du cholestérol); **- diabeticorum** : association de xanthome et de diabète sucré; **- planum** or **palpebrarum** : xanthome plan, xanthélasma; **- tuberculatum** or **tuberosum** : xanthome éruptif, xanthome tubéreux multiple.

xanthomatosis, *s.* : xanthomatose, maladie xanthomateuse (terme générique pour désigner les maladies du métabolisme lipidique); **- cornœ** : dégénérescence lipidique de la cornée; **essential -** : xanthomatose essentielle; **- generalisita ossium** : maladie de Hand-Schuller-Christian; **idiopathic -** : xanthomatose essentielle; **- of the lids** : xanthome plan.

xanthomatous, *adj.* : xanthomateux.

xanthopathy, *s.* : *cf.,* **xanthoderma.**

xanthophane, *s.* : pigment jaune des cônes de la rétine.

xanthophore or **lipophore,** *s.* : xanthophore (chromatophore des animaux à sang froid).

xanthophose, *s.* : impression subjective jaune.

xanthophyll, *s.* : xanthophylle.

xanthopia, *s.* : *cf.,* **xanthopsia.**

xanthoprotein, *s.* : xanthoprotéine.

xanthopsia, *s.* : xanthopsie.

xanthopsin, *s.* : jaune rétinien (produit par l'action de la lumière sur le pourpre rétinien).

xanthopsydracia, *s.* : présence de papules jaunes sur la peau.

xanthorrhea or **xanthorrhoea,** *s.* : écoulement vaginal purulent jaune.

xanthosis, *s.* : xanthosis, xanthochromie cutanée.

xanthous, *adj.* : jaune.

xanthuria, *s.* : *cf.,* **xanthinuria.**

X-bodies : corps X (inclusions intracytoplasmiques amorphes constituées par condensation de virus [virose végétale]).

xenembole or **xenenthesis,** *s.* : introduction d'un corps étranger dans l'organisme.

xenodiagnosis, *s.* : xénodiagnostic (procédé de diagnostic des maladies parasitaires utilisant certains hôtes intermédiaires pour la mise en évidence de parasites rares ou invisibles dans le sang du malade), *ou* diagnostic par la recherche du vecteur responsable.

xenogamy, *s.* : fécondation croisée.

xenogenesis, *s.* : xénogenèse, hétérogenèse.

xenogenetic, xenogenic or **xenogenous,** *adj.* : hétérogène.

xenogeny, *s.* : *cf.,* **xenogenesis.**

xenomenia, *s.* : menstruation vicariante.

xenon, *s.* : xénon.

xenophobe, *s., adj.* : xénophobe.

xenophobia, *s.* : xénophobie.

xenophonia, *s.* : xénophonie (trouble de la phonation qui donne à la voix un accent étrange).

xenophthalmia, *s.* : conjonctivite d'origine exogène, conjonctivite consécutive à une blessure.

xenopus pregnancy test : diagnostic de grossesse par injection d'urine dans le sac dorsal lymphatique du crapaud.

xeransis, *s.* : dessiccation.

xerasia *or* **xerasis,** *s.* : maladie des cheveux caractérisée par la sécheresse et un arrêt du développement.

xero- : xéro-, préfixe signifiant sec.

xerocollyrium, *s.* : collyre sec.

xeroderma *or* **xerodermia,** *s.* : xérodermie (variété d'ichtyose dans laquelle la peau est simplement sèche et la desquamation pulvérulente) ; **- pigmentosum** : xeroderma pigmentosum, maladie de Kaposi.

xerodermosteosis, *s.* : xérodermostéose.

xeroma, *s.* : *cf.,* **xerophthalmia.**

xeromenia, *s.* : troubles mensuels sans écoulement de sang.

xeromycteria, *s.* : sécheresse des voies nasales.

xerophagia *or* **xerophagy,** *s.* : xérophagie (usage d'aliments secs *ou* desséchés).

xerophthalmia, *s.* : xérophtalmie, xérome (état de sécheresse avec atrophie de la conjonctive bulbaire).

xerosis, *s.* : 1. xérose; 2. xérosis.

xerostomia, *s.* : xérostomie, aptyalisme.

xerotic, *adj.* : sec.

xerotripsis, *s.* : friction sèche.

xiphisternum, *s.* : xiphisternum, pointe *ou* appendice xiphoïde (sternum).

xiphodynia, *s.* : xiphoïdalgie (douleur au niveau de l'appendice xiphoïde).

xiphoid, *adj.* : xiphoïde; **- appendix, cartilage** *or* **process** : xiphisternum, pointe *ou* appendice xiphoïde.

xiphoiditis, *s.* : inflammation de l'appendice xyphoïde.

x-knee *or* **x-leg** : genu valgum, genou cagneux.

X-ray, *s.* : rayon X ; *adj.* : se rapportant aux rayons X ; **- dermatitis** : radiodermite ; **- diagnosis** : radiodiagnostic; **- examination** : examen radiographique, examen radioscopique; **- photograph** : radiographie, radiogramme; **- photography** : radiographie, actinographie; **- treatment** : radiothérapie, radiologie ; **- tube** : ampoule à rayons X.

XXY syndrome : mutation génétique donnant un sexe (génétique) XXY.

xylen *or* **xylene,** *s.* : xylène *(chim.).*

xylol, *s.* : xylol (nom usuel du xylène).

xyloma, *s.* : tumeur ligneuse des arbres, des plantes.

xylose, *s.* : xylose.

Y

yahourth, s. : cf., **yogurt.**

yard, s. : yard; (= 0,914 m) (cf. tables de conversion).

yava-skin, s. : éléphantiasis.

yawn, s. : bâillement; v. : bâiller.

yawning, s. : bâillement.

yaws, s. : pian.

Y-cartilage : cartilage de la cavité cotyloïde (embryol.).

yeast, s. : levure, ferment, champignon; **brewer's -** : levure de bière, Saccharomyces cerevisiæ.

yellow, s., adj. : jaune; **- edge** : symptôme dû à un virus décrit chez le fraisier (diminution de la taille des folioles dont le bord prend une coloration jaune); **- fever** : fièvre jaune; **- fever jaundice** : ictère amaril; **- gum** : ictère des nouveau-nés; **- Jack** : fièvre jaune; **- softening** : ramollissement cérébral accompagné de coloration jaune; **- spot** : tache jaune, macula lutea; plur. : 1. jaunisse, ictère; 2. jaunisse (virose végétale).

yerba, s. (span.) : maté.

Yersin-Roux serum : sérum de Yersin-Roux, sérum antipesteux.

yield, s. : rendement; v. : céder.

yogurt or **yoghurt,** s. : yoghourt.

yohimbine, s. : yohimbine (alcaloïde).

Y-ligament : ligament iliofémoral, ligament de Bertin.

yolk, s. : jaune d'œuf, vitellus; **- sac** : sac vitellin; **- sac membrane** : membrane vitelline; **- stalk** : cordon ombilical.

young, adj. : jeune; **- person** : adolescent entre 14 et 17 ans (méd. légale).

Young's syndrome : sclérose latérale amyotrophique de type bulbaire associée à un crâne platybasique.

Young's rule : formule pour calculer la posologie infantile.

youth, s. : adolescence.

yperite, s. : ypérite, gaz moutarde (sulfure d'éthylène dichloré).

ytterbium, s. : ytterbium.

yttrium, s. : yttrium.

Y-tube, s. : tube en Y.

Z

Zaglas's ligament : ligament de Zaglas.

Zahn's ribs : caillot blanc (leucocytaire) à la surface d'un thrombus.

Zambesi ulcer : ulcère du pied *ou* de la jambe constaté chez des individus travaillant près du Zambèze.

Zander's system : méthode de Zander, *ou* de Joseph Rivière, mécanothérapie, mécano-physio-thérapie.

Zang's space : fossette sterno-cléido-mastoïdienne du creux sus-claviculaire.

Zappert's chamber *or* **cell** : cellule pour numération globulaire.

zarathan, *s.* : squirrhe du sein.

Zaufal's sign : nez camard, en lorgnette *ou* en selle anglaise (signe de syphilis).

zein, *s.* : zéine (protéine du maïs).

zeism, *s.* : zéisme (troubles dus à l'ingestion de maïs).

Zeissian glands : glandes de Meibomius (cils); **- sty** : orgelet.

zelotypia, *s.* : 1. zèle morbide ; 2. jalousie démente.

Zenker's crystals : cristaux de Charcot-Leyden, cristaux asthmatiques; **- degeneration** *or* **- disease of muscles** : dégénérescence amyloïde *ou* hyaline des muscles dans les maladies infectieuses; **- paralysis** : parésie et troubles sensoriels des extrémités inférieures ; **- solution** : liquide de Zenker (agent fixateur).

Zenker's diverticulum : diverticule rétropharyngien.

zeoscope, *s.* : appareil pour déterminer le degré alcoolique d'un liquide par son point d'ébullition.

zero, *s.* : zéro; **absolute -** : zéro absolu; **- point** : point zéro, origine.

zestocausis, *s.* : atmokausis.

zestocautery, *s.* : cathéter double pour atmokausis.

Ziegler's operation : mode d'iridotomie en V.

Ziehen-Oppenheim disease : maladie de Ziehen-Oppenheim, dysbasie lordotique progressive, dystonie musculaire déformante.

Ziehl's solution : fuchsine de Ziehl (*histol.*).

Ziehl-Neelsen method : coloration de Ziehl-Neelsen (*histol.*).

zimb, *s.* : mouche du genre *Pangonia*, rencontrée dans l'Est africain.

Zimmerlin's type of progressive muscular atrophy : amyotrophie type Zimmerlin.

zinc *or* **zincum,** *s.* : zinc.

Zinn's artery : artère centrale de la rétine ; **- circle** : anneau de Zinn; **- membrane** : zone de Zinn, zone ciliaire; **- tendon** *or* **ligament** : tendon de Zinn; **- zonula** *or* **zonule** : zonule de Zinn, ligament suspenseur du cristallin.

zirconium, *s.* : zirconium.

zoamylin, *s.* : glycogène, zoamyline.

zoanthropy, *s.* : zoanthropie (nom générique donné par quelques aliénistes à toutes les vésanies dans lesquelles le malade se croit transformé en un animal).

zoescope, *s.* : stroboscope.

zoetic, *adj.* : vital.

zoetrope, *s.* : stroboscope.

zoiatria *or* **zoiatrics,** *s.* : art vétérinaire.

zoic, *adj.* : zoïque (se rapportant à la vie animale).

zoism, *s.* : zoïsme (ensemble des caractères et propriétés qui font qu'un organisme vivant appartient à la catégorie des animaux).

zomotherapy, *s.* : zomothérapie (méthode de traitement qui utilise le plasma musculaire).

zona, *s. (lat.)* : 1. zone, région; 2. zona, herpès zoster, syndrome radiculo-ganglionnaire ; **- arcuata** : portion interne de la membrane basilaire de l'extrémité inférieure du limaçon à la base de l'organe de Corti (oreille interne); **- cartilaginea** : limbe de la lame spirale (limaçon); **- ciliaris** : zone ciliaire; **- denticulata** : zone interne de la membrane basilaire; **- fasciculata** : partie centrale du cortex de la capsule surrénale; **- glomerulosa** : partie réticulée superficielle du cortex de la capsule surrénale; **- incerta** : partie antérieure de la formation réticulaire située dans la couche optique; **- ophthalmica** : zona du nerf ophtalmique; **- orbicularis** : épaississement du ligament capsulaire autour de l'acetabulum; **- pecti-**

nata : partie externe de la membrane basilaire; **- pellucida** : membrane vitelline; **- perforata** : extrémité inférieure de la spirale du limaçon ; **- reticularis** : partie réticulée interne du cortex de la capsule surrénale; **- tecta** : portion interne de la membrane basilaire, portant l'organe de Corti.

zonal, *adj.* : 1. zonal, se rapportant à une zone; 2. se rapportant au zona.

Zondek-Aschheim test : méthode de Zondek et Aschheim (diagnostic biologique de la grossesse).

zone, *s.* : *cf.*, **zona.**

zonesthesia, *s.* : *cf.*, **girdle-pain.**

zonula, *s.* : zonule.

zonular, *adj.* : zonulaire; **- cataract** : cataracte zonulaire (variété de cataracte incomplète présentant une zone d'opacité autour du noyau du cristallin).

zonule, *s.* : zonule ; **- of Zinn** *or* **- ciliaris** : zonule de Zinn, ligament suspenseur du cristallin.

zonulitis, *s.* : inflammation du zonule de Zinn.

zoo- : zoo-, préfixe signifiant animal, *ou* se rapportant à un animal.

zoobiology, *s.* : zoobiologie.

zoobiotics, *s.* : biotique.

zooblast, *s.* : cellule animale.

zoochemistry, *s.* : zoochimie, chimie animale.

zoochemical, *adj.* : zoochimique.

zoocyst, *s.* : zoocyste (rhizopode enkysté).

zoocytium, *s.* : matière gélatineuse sécrétée par certains infusoires.

zoodermic, *adj.* : se rapportant à la peau d'un animal, pris sur la peau d'un animal (employé dans les cas de zoogreffe).

zooerastia, *s.* : coït avec un animal, bestialité.

zoogamete, *s.* : zoogamète.

zoogamy, *s.* : zoogamie (reproduction sexuée dans la série animale).

zoogenesis, *s.* : *cf.*, **zoogeny.**

zoogenic, *adj.* : zoogénique.

zoogeny, *s.* : zoogénie (partie de la zoologie qui traite du développement progressif des animaux et de leurs organes).

zooglea, *s.* : zooglée (groupe de bactéries arrondies dont les éléments sont agglutinés par une gelée plus ou moins épaisse et résistante).

zoogonia, *s.* : zoogonie, génération vivipare.

zoogonous, *adj.* : vivipare.

zoograft, *s.* : zoogreffe (greffe dermo-épidermique dont on emprunte les éléments à un animal).

zoografting, *s.* : utilisation de la zoogreffe.

zoography, *s.* : zoographie.

zooid, *s.* : 1. zoophyte; 2. cellule animale indépendante; *adj.* : zooïde.

zoolagnia, *s.* : désir sexuel envers les animaux.

zoolite *or* **zoolith**, *s.* : zoolite (animal fossile, partie d'animal fossile).

zoologist, *s.* : zoologiste.

zoology, *s.* : zoologie.

zoomagnestism, *s.* : magnétisme animal.

zoomania, *s.* : amour morbide pour les animaux.

zoometry, *s.* : zoométrie (mensuration des animaux).

zoonite, *s.* : zoonite, métamère animal.

zoonomia *or* **zoonomy**, *s.* : zoonomie (ensemble des lois qui régissent la vie animale).

zoonosis, *s.* : zoonose (maladie communiquée par un animal).

zooparasite, *s.* : parasite animal.

zoopathology, *s.* : zoopathologie.

zoopery, *s.* : expérimentation sur les animaux.

zoophagous, *adj.* : zoophage.

zoopharmacology, *s.* : pharmacologie vétérinaire.

zoophilism, *s.* : zoophilie.

zoophobia, *s.* : zoophobie.

zoophysiology, *s.* : physiologie animale.

zoophyte, *s.* : zoophyte (invertébré inférieur).

zooplasty, *s.* : chirurgie plastique par zoogreffes.

zoopsia, *s.* : zoopsie (hallucination visuelle consistant en vision d'animaux).

zoopsychology, *s.* : psychologie animale (science de l'activité mentale des animaux).

zooscopy, *s.* : forme de zoopsie.

zoosis, *s.* : 1. maladie d'origine parasitaire; 2. zoonose.

zoosperm, *s.* : spermatozoïde.

zoospore, *s.* : zoospore (spore mobile).

zootechnics *or* **zootechny**, *s.* : zootechnie.

zootherapy, *s.* : thérapeutique vétérinaire.

zootomist, *s.* : zootomiste.

zootomy, *s.* : zootomie (dissection des animaux).

zootoxin, *s.* : toxine d'origine animale.

zootrophic, *adj.* : zootrophique (se rapportant à la nutrition animale).

zootrophotoxism, *s.* : empoisonnement par des aliments animaux avariés.

zoster, *s.* : zona (*impr.* : herpès zoster).

zosteriform, *adj.* : zostériforme.

Zuckerkandl's convolution : espace perforé antérieur.

zygal, *adj.* : appareillé, accouplé.

zygapophysis, *s.* : zygapophyse (vertèbre).

zygo- : zygo-, préfixe indiquant une jonction.

zygoma, *s.* : 1. zygoma (extrémité antérieure de l'apophyse zygomatique, articulation du temporal et de l'os malaire); 2. os malaire, zygoma.

zygomatic, *adj.* : zygomatic; **- arch** : arcade zygomatique.

zygomatico- : zygomatico-, préfixe dénotant un rapport avec l'os malaire.

zygomaticus, *s.* (*lat.*) : muscle zygomatique (*cf.*, **musculus**).

zygoneure, *s.* : cellule nerveuse établissant un relais entre d'autres cellules nerveuses.

zygosis, *s.* : zygose, conjugaison.

zygosperm *or* **zygospore,** *s.* : zygospore.

zygote, *s.* : zygote (œuf fécondé).

zymase, *s.* : zymase.

zymo- : zymo-, préfixe dénotant un rapport avec une enzyme ou avec la fermentation.

zymogen, *s.* : zymogène, pro-enzyme.

zymogenic *or* **zymogenous,** *adj.* : zymogène.

zymohydrolysis, *s.* : zymohydrolyse, hydrolyse par fermentation.

zymology, *s.* : zymologie.

zymoma, *s.* : enzyme.

zymometer, *s.* : zymosimètre, zymoscope.

zymonematosis, *s.* : blastomycose.

zymophore, *s.* : portion active d'une enzyme.

zymophyte, *s.* : microorganisme produisant la fermentation.

zymoplastic, *adj.* : producteur d'enzyme.

zymosan, *s.* : zymosan.

zymosis, *s.* : 1. fermentation; 2. état de l'individu atteint de maladie zymotique; 3. maladie infectieuse.

zymosthenic, *adj.* : zymosthénique (se dit de la propriété que présentent certaines enzymes de renforcer l'action des enzymes analogues, quand celles-ci ont perdu leur pouvoir zymotique propre).

zymotechnics, *s.* : zymotechnie (technique des fermentations et de leurs applications).

zymotic, *adj.* : zymotique (se rapportant à la fermentation); **- disease** : maladie infectieuse.

zymotoxic, *adj.* : se rapportant à l'action hémolytique du groupe toxophore (théorie d'Ehrlich).

zymurgy, *s.* : étude des fermentations industrielles.

Dépôt légal : 1er trimestre 1974.
Flammarion et Cie, éditeurs (n° 9173).
Soulisse et Cassegrain, imprimeurs (n° 1256).